道 与 物

——《老子》通微

（上）

杨占光 著

群众出版社

·北京·

图书在版编目（CIP）数据

道与物：《老子》通微：全 2 册/杨占光著 . —北京：群众出版社，2016.1
ISBN 978-7-5014-5483-9

Ⅰ.①道… Ⅱ.①杨… Ⅲ.①道家②《道德经》研究 Ⅳ.①B223.15

中国版本图书馆 CIP 数据核字（2016）第 006247 号

道 与 物
——《老子》通微（上、下册）
杨占光 著

出版发行：群众出版社
地　　址：北京市西城区木樨地南里
邮政编码：100038
经　　销：新华书店
印　　刷：北京普瑞德印刷厂

版　　次：2016 年 3 月第 1 版
印　　次：2016 年 3 月第 1 次
印　　张：82.25
开　　本：787 毫米×1092 毫米　1/16
字　　数：1689 千字

书　　号：ISBN 978-7-5014-5483-9
定　　价：288.00 元（上、下册）

网　　址：www.qzcbs.com
电子邮箱：qzcbs@sohu.com

营销中心电话：010-83903254
读者服务部电话（门市）：010-83903257
警官读者俱乐部电话（网购、邮购）：010-83903253
公安综合分社电话：010-83901870

前　言

　　《老子》一书是中国最早具有体系雏形的哲学专著，也是发行量仅次于《圣经》的世界文化名著。《老子》文论简约，虽只有五千言，但涉猎领域很广，已自觉运用哲学思维来观察、思考"哲学"问题，从宇宙到人生无不有所论及。它与《论语》共同成为引领和带动中国思想发展的两个重要源泉和引擎，给璀璨的中国文化烙上了"别具一格"的风格和特征。借用 A. N. 怀特海将"文明"界定为由行为、情感、信仰模式与各种技术四大因素组成（引自《观念的冒险》，贵州人民出版社 2000 年版，第 199 页）的观念，可以说《老子》在其产生后的两千多年文化发展史中，已成为中国人的一种处世行为、心灵情感和信仰模式，即使在现代中国人的某些生存方式中仍能看到其"文化情结"式的痕迹和传统。

　　春秋战国时代，中国文化发展出现了一次大裂变，产生了一批思想巨擘，他们引领中国古代文明走向了一个文化自觉自省的黄金时期或"轴心期"。在这样的时代背景下，酝酿产生了诸如《老子》《论语》《孟子》《庄子》和《荀子》等伟大的思想名著，它们运用人类特有的理性和睿智，毅然开启了人类理解自己、理解自己所处社会、自然环境的反思大门，自觉地选择和构建人生的模式和社会的理想，追求理性自由，成就博大人格。《老子》哲学文本的出现，代表了当时中华民族文明探索和理性思考的一个顶峰，在其中建构起了对自然、对社会、对人生的一种认知模型和文化理式。作者忧患于先秦时期民不安生的乱世状况，胸怀济世慈生之心，为当时社会开出了一剂王道的"救世药方"，用张载的语言就是"为天地立心，为生民立命，为往圣继绝学，为万世开太平"。他希望通过自己的理性思考，给"殉名"、"殉利"、"殉国"的浑浊世道，注入一支唤起世人反省的清醒剂，尤其期望唤醒人主进行反思，回归于王道政治。虽然作者在文本中也感伤发出"吾言甚易知，甚易行。天下莫能知，莫能行"的喟叹，但这并没有动摇其先觉启后觉、唤醒人理性的济世情怀，彰显了作为人类理性智者的思想批判和构建新模式的责任，这是何等的博大！在《老子》中，既可体会到"道之大"，也可体悟到"德之真"。学界过去多强调其自然无为之真，而对其"博大"

（《庄子·天下篇》）"德溥"（《老子》第 54 章）之义有所疏略。实际上，"道大"（《老子》第 25 章）"德溥"才是《老子》真正的奥义。真者无为，无为方能博大。其字里行间无不浸润着执著理性、忧患悯人的精神，希望以"道德经"导引人主修道于身，以至于德溥于天下，进而弘扬"民本"或"王道"传统，建立人民安居乐业的"小国寡民"社会理想。

在中国古代，"哲"代表着聪明、智慧，一般指聪明而具有智慧的人。"知人则哲，能官人"（《尚书·皋陶谟》）。孔安国传云："哲，智也。无所不知，故能官人。"孔颖达疏云："知人善恶，则为大智。能用官，得其人矣。"（引自《尚书正义》，上海古籍出版社 2007 年版，第 103 页）这里的"哲"是官人治理的智慧，它本自"知人"，效验在于官人、安民，以期达至天下归往之"王"。知人首先在于自知，知人之本在于自明。《老子》云："知人者智，自知者明。"只有"自知者明"，方能"知人者智"，本末关系当下可见。知人的前提在于以人为本，这就要摒弃自矜、自是，"毋意，毋必，毋固，毋我"。这种思维模式与西方古希腊哲学家苏格拉底的"认识你自己"相类，苏格拉底虽为智者，然总是自称"一无所知"。己无偏见，方能真正认识别人，因人识人。当然，与西方先哲求知的关注点有所不同，中国古代哲人更侧重于探讨人伦关系和"官人"治理的知识，求"知"的学问在于修身、齐家、治国和平天下。或者说，"哲"的关注点主要集中于"成仁"和"为政"上，而非专注于自然科学类的"物理"。在价值层次上，比"知"更高的价值概念是"圣"。孔孟以仁且智为圣，将"仁"放在"智"之前的第一位置，传递的一个重要信息是：知为仁所统摄，成仁必以"智"为凭借，然有"知"不一定能"仁"。张载云："仁不得义则不行，不得礼则不立，不得智则不知，不得信则不能守，此致一之道也。"（引自《经学理窟》，载《张载集》，中华书局 2006 年版，第 274 页）统一来说，成仁则智内涵其中。牟宗三指出，"哲字的原意是明智，明智加以德性化和人格化，便是圣了。"（引自《中国哲学的特质》，上海世纪出版集团 2008 年版，第 9 页）归结而言，先人"哲"的学问，乃在于探索人生之路、社会治理之路，故又谓之"道"的学问。它的宗旨，既为了"成己"，也为了"立人"、"达人"。"立人"、"达人"是"成己"的延伸和拓展，齐家、治国、平天下何尝不是"成己"？《中庸》云："诚者非自成己而已也，所以成物也。成己，仁也。成物，知也。性之德也，合外内之道也，故时措之宜也。"陆九渊解云："成己成物一出于诚，彼其所以成己者，乃其所以成物者也，非于成己之外复有所谓成物。"（引自《陆九渊集》，中华书局 1980 年版，第 335-336 页）对此，成中英有过精当的阐述，"仁是使人成为一个人的根本原则。因为人是以仁为基础来成人成己和成己成人的"。（引自《中国哲学的特性》，载《成中英文集》第一卷，湖北人民出版社 2006 年版，第 7 页）《老子》虽揭示出万物生成以及自然变化律则的"道"，但主旨在于建立万物归往的玄德之性、王道之术、社会理想和帝王人格。"道"论不过在于给"德"寻找一个牢固的根基而已。与儒家"天人合一"思维类似，它是"道人合一"

的思维架构。当然，说其主旨在于道术和德行，并非否定其宇宙观和自然观的思想价值，因为"道经"与"德经"是相互并重的。"道"为"德"确立了地基和根源，"德"为"道"提供了延伸和拓展。张岱年曾以中国人的思维角度，把哲学概括理解为"人生立身处世所必须具有的有理的信念之学"。（引自《张岱年学术文化随笔》，中国青年出版社 1996 年版，第 87 页）在中国古代，最高学问是对人生道路的信念，对《老子》来说就是对"道德"的信念。成中英曾概括中国哲学有四种特征，其一就是"内在的人文主义"。他认为，就中国哲学来说，"自然被认定内在于人的存在，而人被认定内在于自然的存在"。所谓的"内在"性是，"人是道或天最高的创造活动之结果，人是可与天地合其德、与日月合其明、与四时合其序、与鬼神合其吉凶的"。中国先人心中有一种信念："人有一种宇宙的潜能来实现在自然中的价值和使自己成为完人。"（以上引自《中国哲学的特性》，载《成中英文集》第一卷，湖北人民出版社2006 年版，第 15 页）此种思维模式在先秦儒家和道家《老子》中是相通的，人能弘道，内圣而外王。

　　《老子》"道"论能否被称为是一种哲学思维？它与西方的理念概念又有何异同？作为西方古典哲学的集大成者黑格尔在其所著的《哲学讲演录》中，曾以西方中心主义的立场，断然否定中国古代思想（包括《老子》在内）具有哲学思维。出现这样的误解，在于其对哲学的定义，"哲学的目的就在于掌握理念的普遍性和真形相"。（引自《小逻辑》，商务印书馆 1996 年版，第 25 页）他将哲学定义为"对于事物的思维着的考察"。（《小逻辑》导言）以这样的标准来衡量，哲学就从存在被以普遍的方式加以把握时才开始出现。"什么地方普遍者被认作无所不包的存在，或什么地方存在者在普遍的方式下被把握或思想之思想出现时，则哲学便从那里开始。"（引自《哲学史讲演录》第一卷，商务印书馆 1997 年版，第 93 页）由于其心中存在着哲学思维的先见或偏见，故有如此的定义、界定。"哲学真正的起始是从这里出发：即绝对已不复是表象，自由思想不仅思维那绝对，而是把握住绝对的理念了：这就是说，思想认识思想这样的存在是事物的本质，是绝对的全体，是一切事物的内在本质。这本质一方面好像是一外在的存在，但另一方面却被认作思想。"（同上页）正是从绝对理念自我认识的角度，形成了绝对精神自我展开、自我实现、自我反思的辩证体系。同时，他还为哲学的出现提出了一个社会环境的条件标准。"在历史上哲学的发生，只有当自由的政治制度已经形成了的时候"。（同上书，第 95 页）东方人的境界，"诚然并不是没有品格的高尚、伟大、崇高，但仅表现为自然的特性或主观的任性——而没有伦理和法律的客观规定：为全体所尊重，通行有效于全体，并且为全体所承认"。（同上页）所有法律和伦理在东方国家还是有的，不过采取"自然、家长式"的形式，不是建筑在"主观的自由"上，既没有"良心"，也没有"内心道德"。（同上书，第 97 页）可见，在黑格尔那里，哲学概念服从于他的绝对精神的真理体系，而西方的法律伦理和道德政治正是绝对精神在现实社会制度上的展开、实现。从这样的西方哲学思维中心观出

发，不免导致其对中国古代哲学的"讲演"乃是他所说的"主观的任性"。黑格尔哲学体系带有明显的西方传统——知识论的传统，对绝对知识的追求是其哲学思考的初衷和最终归宿。在西方的古希腊时代，哲学被定义为"爱智"，为求知的学问。这种传统经由柏拉图对"理念"和"善"本质的发现，到亚里士多德的形式逻辑学和物理学，再到康德的三大理性批判、黑格尔的"绝对精神"，以至于近代胡塞尔"本质直观"和面向事物的现象学，以及当代分析哲学，无不是对"知"的探求。罗蒂将之归为"镜相文化"，它企图建立绝对科学。"把哲学的目的看作是真理（即关于为一切人类研究和活动提供最终公度性的词语的真理），就是把人看作客体而非主体，看作现存的自在，而非看作既是自在又是自为，看作既是被描述的客体、又是描述着的主体。"（引自《哲学和自然之镜》，商务印书馆 2003 年版，第 353 页）要么是黑格尔采用了在他之前的先哲的成见，要么是由于对《老子》语言翻译上的限制，或者是其逻辑理念为中心的哲学范畴标准，致使其对《老子》哲学造成了理解上的"一己之见"。要恢复《哲学》的本来面目，特别是揭示其"恒道"的真谛，就需要对《老子》文本进行体系重构的诠释。正如伽达默尔所说："本文的意义超越它的作者，这并不只是暂时的，而是永远如此的。因此，理解就不只是一种复制的行为，而始终是一种创造性的行为。"（引自《真理与方法》，上海译文出版社 2004 年版，第 383 页）《老子》"恒道"是否具有普遍性和统一性，是否是黑格尔所谓的"真理的体系"和"大全"，这就是本书所要进行的工作。

统观《老子》思想体系，有着对社会现实的洞彻和对宇宙、人生独到的悟解，其"道"论虽然还不够系统全面，略显概要，但无疑是对宇宙自然和社会存在的直观证悟和深刻体察，已然构建了独树一帜的万物生成、存在和变化的世界统一模式。刘笑敢说："《老子》五千言不是一部哲学专著，但在分散的格言式、语录式、诗歌式的记载中却可以看到一个虽非严密，却大体融贯的思想体系。"（引自《诠释与定向》，商务印书馆 2009 年版，第 334 页）奥哉！妙哉！《老子》一书字字珠玑，章章玄思。尽管在语言表达上不免简略，在章节次序上不甚紧密，在逻辑推演上方法欠缺严密，但言简述略中蕴涵着深刻的思想奥义。无怪乎间以两千年之距，在与《老子》文本的交流沟通中，愈研愈感其"深奥难识"的震撼，"仰之弥高，钻之弥坚"，让人"欲罢不能"。其道德论说犹如一束理性之光，穿越千年仍能照亮人类的心灵；又似一个个振聋发聩的回响，绵绵不绝，回荡苍穹。

一、文本形成与作者

《老子》一书为何人撰写，成书于何时？历来众说纷纭。高诱认为，"老聃学于无为而贵道德，周史伯阳也，三川竭，知周将亡，孔子师之也。"（《吕氏春秋·重言》注）质疑《老子》早出的梁启超认为，孔子乐道人之善，而《史记》有"老子犹龙"之述，既言孔子乐以为师，那么为什么孔子的著述中未尝对之称道？其又从世系比较、孔子问礼以及《老子》思想内涵、文字用语等六个方面进行了辨析，认为《老子》为战国晚期之作。（参见《十家论老》，上海人民出版社 2006 年版，第 20-59 页）章学诚认为，诸子之奋起因道术既裂而各执一端所成，其"持之有故，言之成理"者，乃推衍学术根源而传之其徒。"苟足显其术而立其宗，而援述于前，与附衍于后者，未尝分居立言之功"。（引自《文史通义校注》，中华书局 2004 年版，第 171 页）以"老子"名书，其内容可能包涵后学弟子所述，而"人之观之者，亦以其人而定为其家之学，不复辨其孰为师说，孰为徒说"。（同上书，第 172 页）古人多将师、徒之说汇集，而以师名为著述作者。冯友兰以章学诚"自孔子以前，尚无有私人著述之事"的观念为依据，断定"《老子》一书亦系晚出"。他说："《老子》这部书，虽然很短，统共不过五千来字，但也和大部分的先秦著作一样；是一部总集，而不是某一个人于某一个确定时期的个人专著。所以其中有许多前后不一致，甚至有互相矛盾的地方。"（引自《十家论老》，上海人民出版社 2006 年版，第 83 页）他指出，有些言论可能出于老莱子，有些可能出自太史儋，最后由李耳进行汇集，加上自己创作而编辑成书。以《老子》文本非一人所著的观点，通过对出土的不同版本——楚简本与帛书本的比较看，可以说已经得到了验证。郭沫若认为，"老子确是孔子之师老聃，《老子》书也确是老聃的语录……特集成《老子》这部语录的是楚人环渊，……他用自己的文笔来润色了先师的遗说，故尔饱和着他自己的时代色彩。"（同上书，第 116 页）虽然文本形成非一人所就，但《老子》的主要思想产生很早，有一个接续发展的过程。钱穆认为，《老子》晚于《庄子》著述年代，又晚于孔孟。为证此说，他旁征博引，多方论述辨析。从"仁"之概念产生先后的逻辑看，《论语》重言"仁"，而《老子》曰："失道而后德，失德而后仁"，又云："天地不仁"，可证《老子》晚于《论语》。《墨子》有《尚贤》篇，而《老子》曰："不尚贤，使民不争"（此句楚简本无），可证《老子》晚出于《墨子》。庄惠两家皆言万物一体，《庄子》本于道以为说，惠施本于名以立论。今《老子》书开宗明义，兼举并重"道"与"名"，可知《老子》当晚于两家（《老庄通辨》自序）。他还从社会政治背景、思想发展进程，来阐明《老子》较孔子、墨子思想玄深，孔墨尚若质实，而《老子》独言玄妙，其"决然是战国末期的晚出书"。

二十世纪七十年代末，马王堆汉墓出土了帛书《老子》甲、乙本，此虽与王弼本略有些文字上的差异和章节次序上的不同，然大体皆同。帛书本的出现，确证了《老子》一书最晚出于战国后期。后来又有楚简本的出土，更将《老子》一书产生年代推前，学界认为应肇始于春秋。对比两个版本，不论在章节次序和文字内容上都差距很大，此进一步证明了《老子》一书并非成于一时，而是经历很长时期，最少经由两人以上著述（有内容上的创新或汇编）而成。李存山指出，"尽管对简本《老子》的性质有不同见解，但老子思想或通行本《老子》中的部分思想出现于春秋末或战国初是可以肯定的。郭店楚简的出土已经否认了《老子》成书于战国中晚期说。"（引自《气论与仁学》，中州古籍出版社 2009 年版，第 97 页）徐复观认为，《老子》一书有一部

分是原始思想的记录，此外是学徒对其思想的疏释，早期版本非编纂而成。有关宇宙论部分在《老子》早本中只有端绪，主要部分为学徒发展完成。这些学徒当在庄周之前，且可能是亲传弟子。（参见《中国人性论史》，上海三联书店2002年版，第288页）他又指出，现行《老子》思想出自于老聃，其人盖在孔墨之后、庄周之前，与《礼记·曾子问篇》中的老聃并非一人。现行《老子》系编纂而成，成篇于《庄子》之后。通过举证辨析，现行《老子》不曾出现"性"字，而"性"字的流行当在战国初期以后，可证《老子》为战国初期或以前的作品。（同上书，第289页）针对学界上认为《老子》既常说"无名"，若非名家思想盛行之后便不会出现反名家的"无名"思想，可证《老子》在战国中期之后的说法。徐复观认为春秋世纪重"礼"，也重"名"，可证《老子》"无名"思想与名家无关。（同上书，第292页）后来在《有关老子其人其书的再检讨》一文中，他根据《庄子》中阐述现行《老子》思想的内容，对以前观点进行了修正。他认为，老聃与孔子同时，且年辈较长。因为现行《老子》多为《庄子》内篇、外篇和杂篇所援用。可见战国中期以后，《老子》思想已影响及于诸家。（同上书，第413-429页）《老子》一书的著者，"当是春秋之末，战国初期的人物，即是老子的直接门徒（或是关尹令喜）"。（同上书，第438页）帛书《老子》一书中标有"圣人"、"古之"、"昔之"、"是谓"、"建言有之"、"盖闻"等文句，当是老聃思想的原始记载，此外的内容便由弟子疏释、发展而成。从早期文本看，内容只注意人生问题，道的形而上问题少有提及，即使有也是启示性的，并非以"体系"形态而出现。当代注解老庄的大家陈鼓应在《论〈老子〉晚出说在考证方法上常见的谬误》一文中，批驳了冯友兰的"晚出说"观点，认为老子虽是春秋末期人，但没有留下著作，《老子》只是战国时一个讲老学的人的讲义。（引自《老庄新论》，商务印书馆2008年版，第66页）主要根据在于《老子》所批评的种种现象，都是"春秋时代所盛行的社会现象，而且是春秋末期已淤积了几百年的社会弊端"。（同上书，第69页）在《老学先于孔学》一文中，他又指出，"《老子》一书出现于春秋末年"。其考证的逻辑与徐复观相同，认为应先有孔子的仁义，才有《老子》的"绝仁弃义"；先有孔子的"举贤"，墨子的"尚贤"，才有《老子》的"不尚贤"。在《老子其人其书》一文的引言中，他又对自己的观点进行了一些订正，"老子和孔子同时代，大约比孔子年长20岁；老聃自著的《老子》，成书要早于《论语》。"（同上书，第15页）何新提出，"《老子》一书内容，春秋甚至春秋前已存在，本为史家所辑兵政及养生格言及故谚。至战国后为老氏之徒（老聃、老莱子等）所纂辑扩充，编成一部系统著作。而太史伯阳（又称伯阳父，父者，老也。）处周之末世，知天下将大乱而避世出走。至函谷关为尹喜所拘。尹喜可能早闻此书，强命伯阳为之传记，于是传讲其家学秘诀即今本《道德经》。今本《老子》中多战国时观念及语言，因此最后成书，应在战国之际。"（《老子新解》序）在《老子考论》中，他又认为，《老子》一书当时应是"简略而原始的传本"，即为近年出土的郭店楚简本。而今本《老子》是根据"老聃、庄周一派思想，洗练演绎而成"。在战国初叶，系"太史儋出函谷关入秦见秦献公，以老氏宿学为渊源，乃为关吏尹喜作书五千言，'分上下经以闻'"，此即传世今本《道德经》及帛书本《道德经》的原型。（引自《老子新解》，北京工业大学出版社2007年版，第174页）对比帛书甲、乙本之间及与传世本存在的明显差异，可以说明到西汉初年，《道德经》一书尚无"统一的定本"。（同上书，第183页）再就文本以《老子》称名的问题，何新考证认为，"唯一可能的解释是，老氏之族世为太史（主天道之官），传承在千年以上。则老子并非一人之名。换句话说，所谓'老子'与其认为是一个人，不如认为是一个老氏群体，一个世族，也是一个学派。"（《老子新解》序）就"老聃"一名谓，他辨析指出，"其实'老聃'并非人名，而是年老而耳朵大者之通称"。聃、耽字义皆为大耳朵，为同源字，又通作瞻。《说文》云："瞻，垂耳也。南方有瞻耳之国（即大耳之国）。"由此可以认为，"凡大耳者，皆可称聃（耽），一如凡高年者，皆可称为'老'。"（同上书，第165页）最后，他得出三点结论，一是史传中所谓的"老子"，本来并非一人，而是一个老氏史官及天官家族的群体之通名。二是"老聃"亦非专名。凡高寿又耳大者，秦汉前语言皆可称之为"老聃"、"老耽"或"老儋"。三是老氏家族传自楚祖老童、重黎，故老学确为楚学。尹振环提出了"两个老子"说，认为"帛、今本《老子》为李耳、太史儋合著，简本《老子》著作权则只能归诸李耳一人"。庄子、韩非子应看到过帛书《老子》文本。（参见《楚简老子辨析》）沈善增认为，帛书甲、乙本均是《德经》在前，《道经》在后。《道经》主讲"基础理论"，而《德经》则讲的是"应用理论"。因此可说，"五千言非老聃一人创作。《德经》为其所编撰，《道经》才是老聃所撰的对《德经》的注"。（引自《还吾老子》，上海人民出版社2004年版，第21页）本人认为，"德"为"行"立命，是经验总结。"道"为"德"立根，是逻辑建构。"恒道"论，可能是在批判当时"自察"显学的"可道"论说而建立的。目前学术界公认，郭店楚墓葬于公元前300年上下，其文献之成书，包括《老子》应更早于此年代。

综合各家观点和考据史实，可见《老子》一书并非一人所著，乃经多人集合而成。原因有四：一是楚简本、帛书本与今本在内容上多有增撰和修改，此可证《老子》文本的确经历了一定的发展过程。二是古人推衍学术有以宗师为本的传统，多将自己所述归之于先师学术之衍，纳入宗师言论之中。比如《墨子》、《孟子》和《庄子》等都是由师徒多人撰述而成，有的内容是记述学师之言，有的是传述之言，还有的为推衍之言，但皆以宗师命名其学术流派和著述书名。马叙伦在《老子校诂》中考证了老子、老莱子、太史儋、老彭非是一人。三是就道德分编和先后撰述而言，楚简《老子》偏重于"德"论，论"道"的内容很少，可证明"道"论乃后出。帛书《老子》中大幅增加了论"道"的内容，"德"论部分也增加不少。四是从文本结构体系角度看，《老子》的前期版本可能是对历史思考的"格言"汇编，到《帛书》本"形上道论"的成型，《道德经》方成为一部自成体系、思想融贯、寓意深刻的哲学专著。鉴于目前学界

对《老子》一书作者的考证尚未有定论，本书暂且抛开作者为谁这一争论，在诠释上直接以《老子》文本为基准，让文本直接对我们述说。

二、思想传承和影响

《老子》思想源流或道统何在？对后来的思想发展产生了什么样的影响？这两个问题涉及道家，特别是《老子》思想在中国思想文化史上的地位和作用。《老子》一书，一直被认为是一本深奥难解的古代思想著作，其思考的深度、涉猎的广度，承先启后，影响深远，成为了后来学术思想追溯的理论根源。中国近现代哲学的一些基本命题，都可从中找到"一以贯之"的发展脉络。陈鼓应在《老子与先秦道家各流派》一文中指出，"哲学史上的重要论题如道德说、有无说、动静说、虚实说、天人说、一万说、常变说、反复说、渐著说等范畴，都溯源于《老子》。"（引自《老庄新论》，商务印书馆 2008 年版，第 172 页）《老子》本身为继承和创新的产物，是对中华文明发源以来先人哲思的集大成者，亦是后世哲思范畴的"活水源头"。王夫之云："当春秋时，功利之习方兴，名法之学已起，古帝王修己治人之道将泯，而天下亦且散而无纪。"（引自《四书训义》，载《船山遗书》第三卷，北京出版社 1999 年版，第 1684 页）正是在这样的历史背景下，传承于先圣文化道统，以治国救弊、回归本原为宗旨，"道德"论说应运而生。从历史文献创制的考证来看，古人创立文化建制乃由官方系统来完成，其中史官担当了"捉笔"的使命。章学诚云："古未尝有著述之事也，官师守其典章，史臣録其职载。文字之道，百官以之治，而万民以之察，而其用已备矣。是故圣王书同文以平天下，未有不用之于政教典章，而以文字为一人之著述者也。"（引自《文史通义校注》，中华书局 2014 年版，第 62 页）古时先人的政教典章只能由王者来"作"，文制也要以圣王一人"书同文以平天下"，故孔子"述而不作"。不在其位则不"作"，只能"祖述尧舜，宪章文武"。在孔子之前，王道言论或文制只能由史官来记录、传述。班固云："道家者流，盖出于史官，历记成败存亡祸福古今之道，然后知秉要执本，清虚以自守，卑弱以自持，此君人南面之术也。"（引自《汉书》，中华书局 2006 年版，第 1732 页）道家出于史官，其职责是"历记"之事，而记的内容为"成败存亡祸福古今之道"，它是历史经验教训的总结。《庄子》云："周之征藏史有老聃者，免而归居。"（《天道》）此可作老聃为"史"者的一个佐证。薛蕙云："老子，古之史官，孔子之所严事。"（《老子集成》，下同不再标注）其书尽皆性命之说，多出于"上古圣人之遗言"。魏源认为，《老子》之道是"太古道"，其书是"太古书"，所道者为"中国上古之道"。关于史官之制的来由，"古之王者世有史官，君举必书，所以慎言行，昭法式也。左史记言，右史记事，事为《春秋》，言为《尚书》，帝王靡不同之"。（同上书，第 1715 页）古史官的职能，在于"君举必书"。其目的在于：一是警戒人主，慎于言行；二是昭为法式，供后世遵循。史官作为人主的"御用文人"，地位尊崇，责任重大。王国维指出，"史为掌书之官，自古为要职。"（引自《释史》，载《大家国学

王国维卷》，天津人民出版社 2009 年版，第 133 页）何新认为，史官在上古的职责是"复杂和全面"的，他们不仅是"占星术士"，也是"主持重大宗教典礼的司祭、执事"，还是"重大事件的记录者"。（引自《老子新解》，北京工业大学出版社 2007 年版，第 167 页）班固所云的"左史记言，右史记事"，是史官职能的分离，为后来发展的结果。张尔田认为，"自孔子以上，诸子未分以前，学术政教皆聚于官守，一言以蔽之，曰史而已。"（引自《史微》，上海书店出版社 2006 年版，第 1 页）《尚书》作为史书，为记事之作。顾颉刚考证认为，《尚书》多是后人所撰。孔子居乱世，"为乱臣贼子惧"，不得已作《春秋》。作为记事之史，可以看作是继三皇五帝和西周史记后对春秋时史的增撰。从实质上看，古"史"的一个主要功能是记事，而"记言"本是史官的一个分内职责，后来才经历了分化、分职的过程。"周之东迁，天子失官，百家始分，诸子之言纷然淆乱，司徒之官衍为儒家……而史官之大宗独降为道家。"（同上书，第 2 页）道家出于太史，"太史，主知天道者也，故道家以法天为要归"。（同上书，第 31 页）上面何新所说的"占星术士"和主持重大宗教典礼的"司祭"、"执事"等，应是史官分化的产物。在"天人合一"的原始思维中，天道、人事本来是一体的，在记录重大事件时也本是一体的。对此，金春峰指出，从《周礼》与《左传》的有关记载来看，西周太史的职责是，"记载君王的言论，保管与整理历史、政治档案，兼管天文地理、气候星象，国家有大事时，则参与占卜，因此它的专业范围是双重的：一方面是神学的方面，另一方面是学术的知识性的工作"。（引自《〈周易〉经传梳理与郭店楚简思想新释》，中国言实出版社 2004 年版，第 30 页）只有随着"天命靡常"以及"天不祐恶"等观念的产生，亦即人认识到天帝命令的"权威"，才会敬命法行，产生对"主知天道"的专门知识需求，造成史官一体职能的分化，形成神学与道学的分工。在古"史"的分工上，东汉荀悦有着与班固相似的观点，"古者天子诸侯，有事必告于庙，朝有二史，左史记言，右史记动，动为春秋，言为尚书。君举必记，臧否成败，无不存焉。下及士庶，等各有异，咸在载籍，或欲显而不得，或欲隐而名章，得失一朝而荣辱千载，善人劝焉，淫人惧焉。故先王重之，以嗣赏罚，以辅法教，宜于令者，官以其方，各重其尽，则集之于尚书。若史官使掌典其事，不书诡常，为善恶则书，言行足以为法式则书，立功事则书，兵戎动众则书"。（《申鉴·时事》）在"史"所书写的内容中，"道"与政典一样是法式，故必书。章学诚说："六经皆史也。古人不著书，古人未尝离事而言理，六经皆先王之政典也。"（引自《文史通义校注》，中国言实出版社 2004 年版，第 1 页）"六经皆史"，揭示出"史"者记书内容及其职能的分化，同时可揭示出道家思想秉承的一本根源，统一来自史官对为政者言行的记载。此可佐证《老子》为王道之学。政典作为礼义的常制、事理的遵循，皆是可道之道。"六经皆史"观念，为章太炎所承说。（参见《国学十六讲》，长征出版社 2008 年版，第 13 页）举例来说，《老子》中的一些言论来自史书。《战国策》是最早引用《老子》文句的史书，在《魏策》中将"将欲败之，必姑辅之；将欲取之，必姑予之"归之于

"《周书》曰"。《吕氏春秋·行论》称之为"《诗》曰"。《老子》很多言论，可能源自史官的记事、记言。何新认为《老子》一书，"其天道哲学当源自天官重黎，其治国政德之理论当源自史官彭祖"。（引自《老子新解》，北京工业大学出版社2007年版，第174页）天官、史官的分工，同样是史官职能分化的结果。天道与人事的分离，催生了古代儒、道两大思想传统的诞生。陈鼓应深刻指出，"老子受到《易经》的影响要远大于孔子，而老子对于《易传》的影响也远大于孔子；在天道观方面，老子思想是从《易经》到《易传》的承先启后的中间环节，而孔子则是'罕言天道'的。"（引自《老庄新论》，商务印书馆2008年版，第25页）在儒、道两大思想流派的分野上，"至少从周初开始，中国思想中就存在着两大传统：即自然主义的传统和德治主义的传统。这两种传统在春秋末期分别被老子和孔子系统化，从而开创了后来在中国思想史上产生过重大影响的儒家和道家。儒家将关注的重点放到了伦理、政治问题上，因而对自然天道方面的问题不甚感兴趣，而道家则大谈太一、有无之论，从而在中国历史上第一个建立了系统的宇宙学说。以后中国思想史的宇宙论传统无一不从道家那里汲取了大量养料"。（引自《〈象传〉与老庄》，载《易传与道家思想》，商务印书馆2007年版，第7页）至少从现有文献记载来看，两个思想传统的确存在思维取向的侧重和关注点的不同。但要看到，虽然有关注点上的分别，也非是绝对，二者皆是"天人合一"的思维框架。《老子》所谓"天道"、"玄德"也为人事而立，服务于王道政治和人生理想。楚简《老子》以"德"论为主，就是明证。当然，《老子》所云"德"的内涵与孔孟有所不同，它来自"恒道"之悟，为"法天而行"思维的产物，只不过《老子》将"天"提升为"道"而已。"道法自然"，成为最终的归依。"道"为"德"寻找内在根据，或者说是为加强"德"的权威性而进行的延伸思考。章学诚指出，"上古详天道，而中古以下详人事之大端。"（引自《文史通义》，中华书局2004年版，第12页）上古，因生活条件和人类能力所限，信从上天的权威，故重天道。随着人类文明的发展，对人类自身的认识也在逐渐加深，人的自觉能动性在提高。上天从人类命运的绝对主宰者，变成了对人类从善行为的辅助者。"皇天无亲，惟德是辅。"（《尚书》）天道在人事之中，人事之中必含有天道的保佑。"自天祐之，吉无不利。"（《易传》）既然《老子》与《易经》同源，同来自史官对王事或历史言论的记录，思维模式上也必同类，表现在认知上为"观"，在行为上为"法"，在功用上为"趋利避害"，最终目的在于"无咎"或"有罪以免"。章太炎正确指出，"周秦诸子，道、儒两家所见独到。这两家本是同源，后来才分离的。《史记》载孔子受业于徵藏史，已可见孔子学说的渊源。"（引自《国学十六讲》，长征出版社2008年版，第23页）从仁义观的相互参较辨析上，陈鼓应得出了"儒道同源"的结论，二者共同继承了殷周以来的德治思想与人文精神。"孔、老临春秋礼坏乐崩之际，如何重构周制礼乐文明的新精神及新价值，出于二者的人文关怀，只是所走的路向不同罢了。"（引自《老庄新论》，商务印书馆2008年版，第105页）孔子重在以内在的道德理性与情感，奠定礼乐仪文的价值基础，通过礼乐来调和人性。同时由伦理面切入，深入人性自觉而向上体认形上永恒之天。《老子》不由此径，而由天地视域透视形上之道，以此作为万物总体存在的基础与根源，使之在价值上成为人间理想的依托。"展现于人间，'道'成为价值的母体，透过'德'的中介，仁义、礼乐植根在人性的天真本德中。"（同上页）《老子》由"道"下降为"德"，最后成就人性。儒家则从人伦开始，提出仁义礼智之道，然后上达天命以"正命"。二者同归于"天人合一"的思维取向。叶适曾言："《周官》言道则兼艺，贵自国子弟，贱及民庶皆教之。其言'儒以道得民'，'至德以为道本'，最为要切，而未尝言其所以为道者。虽《书》自尧舜时亦已言道，及孔子言道尤著明，然终不得言道是何物。岂古人所谓道者，上下皆通知之，但患所行不至邪？老聃本周史官，而其书尽遗万事而特言道，凡其形貌朕兆，眇忽微妙，无不悉具。余尝疑其非老聃所著，或隐者之辞也。而《易传》及子思、孟子亦争言道，皆定为某物，故后世之于道始有异说，而又益以庄、列西方之学，愈乖离矣。今且当以'儒以道得民'，'至德以为道本'二言为证，庶学者无畔援之患，而不失古人之统也。"（引自《习学记言序目》，中华书局2009年版，第86页）以《周官》为据来定道之标准，殊不允当。"道则兼艺"，乃言人生的准则，非形上道之道。人生何尝只有人事的道艺，而可不求"所以为道"者？只有解决天道的问题，才能真正为人性自觉奠定基础，坚信践行"为仁由己"的信念。若执于"不失古人之统"的定论，将桎梏对天道自然的思考，无疑是故步自封。况且《老子》一书何尝"尽遗万事而特言道"？在《老子》中，"道"本即在"德"之中，有"德"方见"道"之功用和实存。所言之"德"皆为事而立，无人事则"德"者何为。在道与事的一体关系上，王阳明有过精当的论说，"以事言谓之史，以道言谓之经，事即道，道即事。《春秋》亦经，'五经'亦史。《易》是包犧氏之史，《书》是尧舜以下史，《礼》、《乐》亦只是史。其事同，其道同，安有所谓异？"（引自《传习录上》，载《王阳明全集》第一册，浙江古籍出版社2009年版，第11页）《老子》何尝不是言"道"以为事？因"道法自然"，而"以无事取天下"。因"玄德"，而"辅助万物自然而不敢为"。"吾有三宝"，哪个不是为事？关键在于：事有本末，道为做事的遵循。南怀瑾指出，道家渊源远古，原初并未与儒者分出。"道家者流，则高推圣迹，相传发轫于黄帝，通常以黄老并称。周代前，儒道本不分家，儒术亦属道之一种学问，道即儒之全体。迨周秦间，儒道始分为二。历汉至南北朝间，始成宗教之道教，与儒佛鼎足而三。"（引自《禅海蠡测》，复旦大学出版社2002年版，第206页）儒家、道家之"道"，源于本初一统，然因实务原因，儒术乃从道一统中分出，成为君子弘道的显学，实则是王道与君子之学的分畔。孔子为士人立命，以成为君子为务，力求从教化入手，使人人循于仁义礼乐的伦理，变成统治中的"正能量"，达致人人和谐、安乐的社会理想。《老子》专为人主、王侯立命，通过确立道德境界，建立道纪楷式，以期改变人主德性，施行道术，回归于王道。二者的切入点不同，然殊途同归。尹振环就帛书《老子》对楚简《老子》思想内容的发展，

概括为十三个方面。一是"道"与"名"论（1章、14章、21章、34章）。二是劝导侯王要"无德"，秉持"孤、寡、不谷"价值（39章、42章）。"以百姓心为心"（49章）。三是"上善若水"（8章）。四是"非以明民，将以愚之"（65章）。五是小国寡民（80章）。六是处理政治危机方略（72-79章）。七是知己，知人（33章），知德（81章），不出户知天下（47章）。八是为言（23章、43章），知言（70章、80章）。九是慈、俭、不敢为天下先（67章）。十是用兵内容（68章、69章）。十一是致柔（10章），守谦（15章），守雌守辱（28章），勿自我标榜（22章、24章），光而不耀、直而不肆（58章）等。十二是不尚贤（3章），无私成私（7章），善行无迹（27章），欲弱先强（36章），利器不示（36章），摄生不入死地（50章），以谦下取小邦、聚大邦（61章）等。十三是关于道的描述。楚简本19次提及"道"，帛书增至76次。增加内容如"似万物之宗"（4章），玄德（10章、51章、65章），形状（14章、21章），生成万物（42章），以及万物恃之生养（14章、51章）等。在比较版本内容增减之外，他还分析了两种版本在重要思想内容上的差异。比如楚简《老子》提出"绝智弃辩，民利百倍；绝巧弃利，盗贼亡有；绝伪弃虑（或诈），民复稚子。三言（者）以为辨不足"，帛书《老子》将之改为"绝圣弃智，民利百倍；绝仁弃义，民复孝慈；绝巧弃利，盗贼无有。此三言以为文，不足。"在郭店楚简《老子》中，绝弃的除巧、利、智外，另外的三个字为辨、伪、诈（虑），而帛书本写作圣、仁、义。许多学者据此以及不见于郭店楚简《老子》的内容，认为楚简本并没有今本的"反儒"倾向。深入解剖今本《老子》"道"与"名"的思想，也可明晓所谓的"圣、仁、义"是"有以为"的行为，具有"私"和"伪"的负面特性。对此，李零提出了两个令人深思的疑问，即为什么凡是今本批评的东西，简本就正好没有，或几乎没有，这是耐人寻味的；为什么楚简《五行篇》提倡的，简本《老子》不批评，今本《老子》要批评？（参见《郭店楚简校读记》，中国人民大学出版社2007年版，第22页）从帛书《老子》重无名、无爵、无功和不见贤等思想中，可见到这些疑问的端倪。对这些问题将在文本诠释中逐一辨析解答。

《老子》之后，道家思想经历了三个发展阶段。傅斯年在《性命古训辨证》一文中指出，"道家一名，亦汉代所立，循名责实，老子之学盖有不同之三期。"其一为"关老"哲学。盖是老学之本体、道德之正宗，与庄周非是一宗。其二为"黄老"政治。此时偏重君相南面之术，其政教思想每每忘却《老子》思想之积极面，而力求发挥消极面，此以《老子》释黄帝治术。它又分化为南北两派，北方的道家不反对仁义，如《管子》中的《心术》（上下）、《内业》《心术》等篇，道德、仁义、礼法并提，南方道家则反对仁义，如《黄帝四经》。从本源看，"道"与"法"本不相通，但在汉朝却已成联体，是一种道法结合的产物。其三为"老庄"阶段。此时尽舍用世之义，形成了"看破一切"、"与时俯仰"的人生观。此以《老子》释《庄子》。《老子》"虽任自然，亦并不抹杀德义，惟以世儒为泥守不达耳。庄子则逍遥于德义之外，为极端之自然论，二者之天道说，亦大有不同处"。（引自《大家国学傅斯年卷》，天津人民出版社 2009 年版，第 333 页）在三个不同时期，为什么能将两个不同的道家人物思想结合在一体，并称显耀一时？除了有时代的需求之外，是否有思想上的共鸣或互通？《庄子·天下篇》对多家道术进行概括、评论，但其偏重于"德"和"术"一面，并未能概括《老子》思想的全部，因为其是以庄周思想为至论作为评价基调的，至于《老子》"道"论、政治和兵术思想并未论及。《关尹子》原著已失，而现存本系后人伪作，但有些内容基本合其本旨。《天下篇》开宗明义提出关尹、老聃学术的共同点为"澹然独与神明居"。这里的"神明"就是"道观"，用《庄子》语为"寓诸无竟"的"照旷"。薛蕙云："至人静而无为，有不待言，至于动而应物，则又顺物自然而无容私焉，是亦未始有为也。故曰在己无居，形物自著，其动若水，其静若镜，其应若响，此至人之心已。"此言正合关尹之旨。关尹重虚己、镜观，强调因物照物，因循无方。而老聃之说更重视"守雌"、"守辱"、"处下"、"取后"、"取虚"、"笑巧"、"曲全"、"深为根"、"约为纪"、"宽容于物，不削于人"等道术涵义。关尹重于"修真"，其"博大"在于曲观万物而不执。老聃重"圣德"，居高临下而以"谦下"、"无为"自处，其"博大"在于助万物"各得其所"。二者的"道术"观明显不同，一为修心、成真，一为修身、成圣。《老子》立宗以后，道家思想逐渐成为一派。《庄子》虽为道家主要代表著作，在一些方面继承发展了《老子》思想，但也是别立一宗。朱熹正确看到老庄思想之间的差别，认为，老子犹要做事在，庄子都不要做了，又却说道他会做，只是不肯做。言《老子》犹要去做事，固是。然云《庄子》事都不要做，非确。庄子娶妻、家贫"贷粟"、不受官禄等都是有所事，皆在社会人伦之中，"以与世俗处"。不过，庄周既处于世俗之中，又高傲而超脱。庄子"不欲仕"（《列御寇》），然又做过"漆园吏"。可见，其对事不是"不肯做"，而是抉择要做什么的问题。朱子又认为，老子则犹自守箇规模子去做，到得庄子出来，将他那窠窟尽底掀番了，故他自以为一家。老子极劳攘，庄子极平易。《老子》收敛，齐脚敛手；《庄子》恣肆，不拘绳墨。《老子》玄奥，博大难测；《庄子》通达，开阔高远。"劳攘"者，怀济世之心；"平易"者，谈自然之性。"规模"者，有"玄德"、"楷式"可循、可行；"掀番"者，摒弃世俗一切执为。《老子》犹以道德劝行，回归道术；《庄子》以逍遥自适，与造化一。叶适提出，"教孔子者必非著书之老子，而为此书者必非礼家所谓老聃，妄人讹而合之尔。"（引自《习学记言序目》上册，中华书局 2009 年版，第 189 页）以教孔子者非著书作者，间接否定了老聃的知礼，将其学说与礼视为"水火不容"，岂是如此？正因为《老子》作者深谙于礼，方能针砭其弊，提出拯救之方。陈鼓应认为，"庄子哲学是从老子哲学发展而来的，不过论及哲学论题的深度、广度及其繁复性，庄子则大大超过了老子。"（引自《老庄新论》，商务印书馆 2008 年版，第 427 页）《庄子》哲学继承发展了《老子》，然在某些篇章曲解了《老子》思想，正如郭象以某些篇章宗旨曲解了《庄子》一样。固然，《老子》哲学为《庄子》之本，《庄子》内篇在道的

意境体悟、修身体验上发展了《老子》，外杂篇不少作者更突出地拓展了《老子》对形上学问题的诠释空间，使道家哲学得到了进一步的升华发展。然《庄子》立论的宗旨更侧重于对逍遥自由的精神追求以及个体道观的体验，德术思想已然淡化，在心灵意境上更接近于关尹子思想，而与注重道术的《老子》有别，《庄子》非能全然包涵《老子》思想。陈鼓应也正确看到，"老子讲治道，在这一点上，老庄有很大的不同"。（同上书，第482页）《老子》以王道、圣治为宗，《庄子》以达观、逍遥为宗。就二者思想的区别，清儒王夫之指出，"内篇虽与老子相近，而别为一宗，以脱卸其矫激权诈之失。外篇则但为老子作训诂，而不能探化理于元微。故其可与内篇相发明者，十之二三，而浅薄虚嚣之说，杂出而厌观；盖非出一人之手，乃学庄者杂辑以成书。"（引自《庄子解》，载《船山遗书》第七卷，北京出版社1999年版，第3954页）言《庄子》内篇思想"别为一宗"，甚是。然以《老子》有"矫激权诈之失"，则非是。《庄子》外杂篇虽多为《老子》作训诂，但也有发展《老子》意旨的至理名言，如《天道》《天地》《知北游》《则阳》等篇。当然也有如《骈拇》《马蹄》《胠箧》等篇改弦易辙，纯以自然为性，以去知无为、虚静恬淡为本，以摒弃仁义礼乐、否定内圣外王道德为归趣。它们更是"蔽于天而不知人"（《荀子·解蔽》）。从《老子》思想看，提出的"以道佐人主"、"以道莅天下"和"玄德"、"弱者道之用"以及"丧礼处之"、"以慈卫之"等观念，皆是谈及救治时弊之方。《老子》突出居高临下、博大宽容的圣境王道，而《庄子》多篇强调的是去己齐物、达观自由的精神体验，一是为王者立命，回归王道政治；一是为心灵架梯，建构精神家园。一是从上视下，"以天下观天下"；一是从内视外，"以道观之"。二者虽皆以物性自得、"道通为一"为宗旨，然内涵有所不同。一是站在"恒道"的高度，俯视天下万物群生，通过去己妄为而辅助万物自然，以博大德溥莅临天下，达至无为而无不为的政治境界。一是突出个性存在，关注个体生命的体验，希望通过"去己"、"齐物"而解脱心累桎梏，达致通达无碍、与造化为一，实现"独与天地精神往来"的心灵逍遥境界。《庄子》将《老子》的达观心识落在了心灵体验和精神境界上。一是彰显着博大宽容的慈德，一是透显出空灵无羁的智慧。将老庄列为同宗者，自《史记·老子韩非列传》始。司马迁认为，《庄子》其学"无所不窥"，然其要本"归于老子之言"。《渔父》、《盗跖》、《胠箧》三篇诋孔子之徒，乃以明"老子之术"。《老子》"贵道，虚无，因应变化于无为"；《庄子》"散道德，放论，要亦归之自然"。（引自《史记》，中州古籍出版社1996年版，第613页）可见，作者看到了老庄思想的差异。宋学者叶适指出，"庄周知圣人最深，而玩圣人最甚。不得志于当世，而放意狂言，其怨愤最切。然而人道之伦，颠错而不叙；事物之情，遗落而不理。以养生送死、饥食渴饮之大节，而付之悦荡不羁之人，小足以亡身，大足以亡天下，流患盖未已也。"（引自《宋元学案·水心学案下》，载《黄宗羲全集》第五册，浙江古籍出版社2005年版，第182页）以儒者之"是"为是，故有《庄子》流患未已之论。以《庄子》治世固不可，然其说又何尝不是一种个体心灵境界的提升？尤其在"天下无道"之世，何尝不是一种自适、自足的精神生活体验？此与儒家思想何尝不有其相通之处？"天下有道则见，无道则隐。邦有道，贫且贱焉，耻也。邦无道，富且贵焉，耻也。"（《论语·泰伯》）"无道则隐"，是入仕知识分子"独善其身"的一种精神体验，而"逍遥自得"何尝不是知识分子独立人格的体现？"时命大谬"则"隐"，此非退隐山林之谓，而是圣人处于"道无以兴乎世，世无以兴乎道"之中的"道隐"。"当时命而大行乎天下，则反一无迹；不当时命而大穷乎天下，则深根宁极而待"（《庄子·缮性》）。大行天下而反一无迹，正是《老子》所谓的"玄德"，功成而不居；大穷天下而深根宁极，正是不与世俗同污，不随波逐流。这何尝不是一种"独善其身"？就老庄并列一宗的历史，汪春泓考证认为，"老庄"一词连用，其实在《吕氏春秋》和《淮南子》中就已暗含其意，同时的《史记》则将老与庄并连列传，更加明确传递出老庄同道的意蕴。依据《汉书·疏广传》中记载疏广、疏受叔侄俩宦成名立后归老返乡、以寿天年的人生经历，他认为此导引了老庄"归隐"思潮的兴起。"《老子》所谓'知足不辱，知止不殆'、'功成身退，天之道'，本是对执政者而言的，自二疏以下，却成为一般士人的处世信条，南面之术的政治哲学一转而为智者的人生观"。（引自《诸子学刊》第二辑，上海古籍出版社 2009 年版，第 127 页）实际上，这恰好是士大夫"优游往来于政统及道统之间的津梁"。作者正确看到了《老子》立论对象和角度是"执政者"，而后人将之进行了应用对象上的泛化。《庄子》整体上对儒家政治持淡漠或否定的态度，"若认为是《庄子》首先窜改了《老子》本来所谓的'绝智弃辨'，此种可能性是存在的"。（同上辑，第 132 页）《庄子》某些篇窜改了《老子》本旨，非是全部。虽然有些篇章阐明意旨是以孔子的口吻进行的，非全是"绝圣弃智"，而是以"大知"去"小知"，以"大辩"弃"以辩饰知"。《庄子》无疑将《老子》从王道政治之学引入了实用目的的人生修为，已将思想触角、焦点转向个人自得、自适以及精神自由。《庄子》的思维转向和对象泛化，无疑影响了此后对《老子》思想解读的角度和取向。

　　《韩非子》不仅有《解老》、《喻老》两篇解文，而且其思想从某种程度上可说是师从道家，虽然所立论的角度也有所不同。司马迁看到了法家与道家在思想上的相通处，"韩子引绳墨，切事情，明是非，其极惨礉少恩。皆原于道德之意，而老子深远矣"！（引自《史记》，中州古籍出版社 1996 年版，第 613 页）法家何以传承于道家？因为早期道家就有任法而不尚贤的思想。早期道家取"公而不党，易而无私"之术，而其中代表人物就是慎到。慎子之学，"弃知去己，而缘不得已，泠汰于物以为道理，……谋鄙无任而笑天下之尚贤"，又以为"动静不离于理"（《庄子·天下》）。公而无私、动静循理、弃知去己和缘不得已、不尚于贤，正是道家的本旨，亦是"法"的精髓。何以用法而不尚贤？这可从下面的论述中得以领悟："上世亲亲而爱私，中世上贤而说仁，下世贵贵而尊官。上贤者，以道相出也；而立君者，使贤无用也。亲亲者，以私为道也；而中正者，使私无行也。"（《商君书·开塞》）亲亲者，所亲有别，

亲其自亲，非"不独亲其亲"，故为"爱私"。爱私则"务胜则争，力争则讼"。因无仁爱公正，故贤者出，而"立中正，设无私"。民悦其仁，故"上贤立"。仁者"以爱为务"，而贤者"以相出为道"。民众无制，久而相出为道，则有乱。圣人因人情而制分，分定而立禁，禁立则立官以有司掌执。百官设，则立君以一统，故君立则"上贤"废，而立贵贵。亲亲，则不免爱流于私；上贤，则不免仁流于伪；贵贵，则官尊而法行。"民道弊而所重易"，"世事变而行道异"，慎子因世移时易更其政制，故非圣不尚贤，而"贵贵而尊官"。不尚贤而贵贵尊官，正是立法的来由，立"法"以取代"尚贤"，设无私而立中正。同时"法"的因世更易性，也与《老子》"动善时"思想吻合。《韩非子》继承和发展了慎道、商鞅等思想，更对《老子》"道德"论有着"情有独钟"式的吸收和利用。"明主使法择人，不自举也；使法量功，不自度也。"（《有度》）因为"法不阿贵，绳不挠曲"，正是"引绳墨，切事情，明是非"之旨。法家的"惨礉少恩"，乃因其用"公"而不用"私"所然。"善为主者，明赏设利以劝之，使民以功赏而不仁义赐；严刑重罚以禁之，使民以罪诛而不以爱惠免。"（《奸劫弑臣》）正因法不以"仁义赐"、"爱惠免"，故"少恩"。法的本质，正合于《老子》"天地不仁，以万物为刍狗"以及"绝仁弃义"、"容乃公"、"为无为"等思想观念。当然，《韩非子》所取以为用的还有立"法"基础上的"权、术、势"，以此言可以说其并没有真正吸取《老子》"道法自然"的道德慈善宗旨，不可避免地使道学走向了"权诈"。章太炎云："韩非解喻备矣，未及内心也。"（《章氏·检论卷三》）"未及内心"，即不得《老子》的本宗，由自然"玄德"变成了驾驭上的"道术"。韩非子以荀卿为师，而《荀子》"礼"制思想也吸收了道家"公而无私"的思想成分。

秦王暴政，不久即亡。汉初统治者不得不吸取教训，为避免重蹈覆辙的恶果，不得不克制约束"无所不为"的权势和妄作，与民以休养生息。《老子》思想正好满足了这一需求，其要求人主修身节欲、辅助自然无为和因民所欲等观念成为当时的政治显术。但世风浇薄，民风远朴，臣宦争名逐利，"法"的治术不可或缺，黄老政治应运而生。汪春泓在对《汉书·艺文志》所载道家类思想著作进行辨析后认为，其核心主旨是君臣政治。从政治哲学角度看，《老子》其实与《汉志》道家类中的大部分著作异趣，而在政治及人生哲学方面祖述《老子》者唯有《庄子》而已。"黄老入世进取近乎刑名法家，而庄老则出世清静如隐君子"。（引自《诸子学刊》第二辑，上海古籍出版社2009年版，第116页）此说不全确当，在社会政治哲学上，祖述《老子》者应以《文子》为主。老庄主旨并非"出世清静如隐君子"，《老子》是王道政治学，《庄子》主旨是内圣外王学（然道术内涵不彰）。因为《老子》本身思想就与刑名法家相通，故能形成黄老道术。文、景帝用人特重申韩法家，汉初的黄老之中"黄"主要是刑名法家，所代表的是君权；而"老"代表着臣权和人民的呼声。黄老所代表的君主与臣民之两端，前者主刚，后者主弱，前者主动，后者主静，前者主进取有为，后者则退让无为。"两者相互制衡，在一定程度上扭转了秦王朝极端专制的政治态势，抑制

了君权的膨胀"。（同上辑，第119页）通过达致妥协，故黄与老既相反又相成，形成了汉初的黄老之学，此不可不谓之一种政治上的智慧选择。实际从思想内涵看，《老子》思想强调"帝治"之功以及王道之术，非是代表臣权和人民的呼声，相反却是为人主施政立无为因循、处下用人等纲纪，期望以之成就帝王之道。无为清静、因民用人和居下守卑等皆是成就帝道的道术，亦是对人主行为的节制纠偏。《老子》言"司杀者杀"、"大匠斫"等皆是刑法观念。作为黄老之术的代表作《黄帝四经》，主要是教君王怎么做，"顺天者昌，逆天者亡。毋逆天道，则不失所守"（《经·姓争》）。《老子》则更多劝诫人主什么不要做，"为之者败之，执之者失之。是以圣人无为也，故无败也；无执，故无失。"一为统治术，一为王道术，二者分畛迥异。黄老政治吸收的是《老子》的治术，"以百姓心为心"的民本主义内在其中。《老子》以柔弱为德，主张尚柔自胜，以弱自持。而《黄帝四经》却主张刚柔、文武并用，主用治术。"柔者道之刚也，弱者道之强也。"（《经法·道原》）虽引"老子曰"却与《老子》思想不合。"弱者道之用"，是以道为本。"柔弱"之用的根本，是因循、顺从。而"弱者道之强"是以弱为强的权谋道术，失去了"柔弱"的根本意蕴。虽然其亦以因循为术，"因天之生也以养生，谓之文，因天下之杀也以伐死，谓之武"。（《经法·君正》）《老子》主因循，力戒有为，强调利而不害。《黄帝四经》却静以待时，"当天时而断"（《经·观》），贵在用权因循。因《老子》思想包统兼容，从中可衍生"法"的思想，故黄老治术也是以《老子》为本，顺应时代要求而增加了一些"法治"思想。"道生法。法者，引得失以绳，而明曲直者也。"（《经法·道法》）"法"者平物以公准，正如执道为天下纪。陈柱认为，"老子之术，平时和易，遇大事则一发而不可当，自来学老子而至者，惟文帝一人耳。"（引自《国学十六讲》，长征出版社2008年版，第68页）在《庄子》之后，衣《老子》之钵的专著有《文子》，其大体不离《老子》之旨，但《上仁》《上义》和《上礼》等篇无疑将《老子》道德与仁义礼法融合了起来。它的重要意义在于看到，若绝对否定仁义礼，则道德之实将不存。实则，道德并不否定仁义礼之实。继有《淮南子》，尝试进行以老为本、统儒之末的思想融合，虽然文言多同于《文子》。这之后，老庄思想逐渐与儒法佛家思想进行相互吸收、融合。东汉思想家王充在其所著的《论衡》中就吸取了《老子》"自然"观的因素。"天地合气，万物自生。……谓天自然无为者何？气也，恬澹无欲，无为无事者也。"（《自然》）但此"自然"观已然失去德性、治术的特征，而变成了客观自在、自为的属性。《鹖冠子》传承《老子》，在思想上一以贯之。魏晋时期产生了一批"玄学"思想者，对道家哲学有所创新发展。他们企图以老庄思想为骨架，调和儒道，会通"自然"与"名教"，中心讨论"有无本末"的形而上本体论问题。王弼著《老子道德经注》、郭象著《庄子注》，两人将老庄哲学发展到了一个新的阶段。王弼以"无"解"道"，并对《老子》思想进行了"要旨"式解读，提出一言以蔽之不过"崇本以息末"、"守母以存子"而已。汤一介指出，"王弼虽然提出'无因于有'这样'体用如一'的本体论思想，但

他并未能彻底贯彻。因此，在他的体系中，既有'崇本息末'的思想，又有'崇本举末'的思想。"（引自《郭象与魏晋玄学》，北京大学出版社 2009 年版，第 111 页）沿着"崇本息末"思维走下去的是嵇康、阮籍，他们提出"越名教而任自然"。进一步论证本末一体的是向秀的"以儒道为一"。郭象以"独化"、"自然"和"性分"思想注《庄子》，实则是以庄注我。他否定"无"或"造物主"，而把"有"作为其哲学体系中最基本的概念，是唯一的存在，名教即自然。徐复观指出，"庄子较老子，形上意味较轻。郭象则将其完全去掉，此乃郭象注《庄》，并不能与庄相吻合之一。"（引自《中国人性论史》，上海三联书店 2002 年版，第 348 页）这里所说的形上意味，是对道之实体的论述。在郭象思想中，体现为对"造物者"的摒弃。《抱朴子》提出了道本儒末的融合说。其后，张湛有《列子注》。《列子》一书学界多认为是伪书，但其内容也多与《庄子》相符。"虚者无贵也。非其名也，莫如静，莫如虚。静也虚也，得其居矣；取也与也，失其所也。"（《天瑞》）此观点与先秦列子思想相合，"子列子贵虚"（《吕氏春秋·不二》）。取与则必有执，故非虚。列子以虚静为因循，即是御风而行。现有《列子》明显具有老庄思想风格的印记。"行善不以为名，而名从之；名不与利期，而利归之；利不与争期，而争及之。故君子必慎为善。"（《说符》）此是"为善近名"的意旨，为善而近名利，则不免于争。"至游者，不知所适；至观者，不知所视。"（《仲尼》）心虚，方能游于无穷。不自视，方能"以道观之"。贵虚是道术，非是空寂之说。僧肇以道家名谓阐释释学，也对道家思想发展有所推动。现存《关尹子》一书，学界多认为系唐宋间学者所伪撰，其思想既有《庄子·天下篇》所云的关尹之说，又杂老庄与释氏之学，趋向有禅宗的归趣，但思想性也很高。其主"体用不二"，认为"即体即用，即用即体"。"圣人不以一己治天下，而以天下治天下。天下归功于圣人，圣人任功于天下。所以尧舜禹汤之治天下，天下皆曰自然。"（《三极》）此类于《老子》"以天下观天下"以及"以道莅天下"之旨。"圣人御物以心，摄心以性，则心同造化，五行亦不可拘。"（《六匕》）此类于《庄子》的"复通为一"思维。"知心无物，则知物无物；知物无物，则知道无物。"（《五鉴》）此类于佛氏不住于相之说。"意有变，心无变；意有觉，心无觉。惟我一心，则意者，尘往来尔；事者，欲起灭尔。吾心有大常者存。"（《五鉴》）此类于禅宗的自然宗趣。宋以来，邵雍、周敦颐以《老子》道论和《易经》合而建立自己的象数学和《太极图》，张载吸收老庄学形成太虚气化论，程朱吸取《老子》"道"论发展为"理"学。宋儒虽对《老子》多取批判态度，但其理学明显吸收了"道"论的思维方式。《老子》有"道一分殊"思维，程朱将其改造为"理一分殊"。陆九渊、王阳明、王畿进一步"纳道入儒"，吸收了老庄"大心"、"虚无"和"镜观"等思想。清大儒王夫之吸收老庄自然观以佐证他的"自然生化论"，并存在儒道互释的思维趣向。宋明清诸儒往往以《易经》、《易传》为媒介吸收老庄思维，他们看到了《老子》与《易经》之间的思维同构性和本源式关系。现代新儒家更着力打通儒、道、释三者思维的隔阂，实行相互为用、融合提升。以上只是简要概述了《老子》对中国古代思想史发展的深刻影响，详细解说留在文本阐释中进行。

归纳起来，《老子》主要从四个方向对后世思想产生了深远影响。一是经由《荀子》《韩非子》得到思想上的扩展。《荀子》在探求"礼"的根源和本质、"性恶"论以及"虚壹以静"认识观等方面，都有着《老子》思想影响的影子。《韩非子》法的"自然"、"公道"和"与时俱进"的特性，以及"权"、"术"、"势"的运用等，深受《老子》启迪和影响。这些都为后来理学、心学、气学思想家所吸收和借鉴。二是经由汉初的黄老政治而成为显学，大兴于一时，经《文子》《淮南子》《鹖冠子》和《抱朴子》等儒道融合，对各家思想进行了发散式的影响。三是经由《庄子》的发展而为一些儒学大家所吸收，这其中就包括苏轼、张载和王夫之。（参见李似珍《张载天道观中的〈庄子〉影响》、林明照《船山庄学中的以庄释儒》，二者均见于《诸子学刊》第三辑，上海古籍出版社2009年版）四是通过魏晋时的"三玄"（《易》《老》《庄》）而大行其"道"，王弼以《老子》注《易》开创儒道统合之先。因应佛教东入的"相"论挑战，理学吸收《老子》宇宙观的思维架构，建立了理或气的一本生成论。这在周敦颐、张载、程明道以及朱熹、陆九渊、王廷相的思想中得到充分反映。老学的发展，还得益于历代帝王的重视——从唐代始皆有御注《道德经》——以及儒、道、释三家学者对《老子》的注释、传播和推广。

三、各家论述评说

《老子》文要思玄，因时代语言表达和语用环境的差异，以及历代注家因思想观念、思考角度、诠释方法和采用版本的不同，导致其成为了思想注解史上的"显学"，迄今注疏家多达二百多人（南怀瑾曾有过考证）。注解多殊，以至于注解本身就成为老学体系的一个重要组成部分，有的还产生过诠释学史上的重大影响。其中道、物、器、自然、无为、守弱、慈俭，以及静观、玄览、美善等哲学范畴到底蕴含什么深刻哲理？是消极被动、宿命退守、明哲保身的倒退学说？还是一种博大、仁慈、自制、包容的进步学说？有的认为《老子》消极避世，圆滑诡谲，宗旨在于明哲保身；有的批评《老子》开历史倒车，让时代倒退于原始鸿蒙年代；还有的认为《老子》站在没落奴隶主立场，宣扬唯心主义，耍弄阴谋权术。从历史上看，对《老子》哲学的评价呈相反的两极倾向，道学者尊为思想宗师，道教尊为太上老君，而儒家，尤其是朱熹、王夫之等多持否定态度。兹按照时代顺序，概略列举主要代表人物的评述，以见老学的价值地位和底蕴。

（一）先秦时期

《庄子》多载老聃的言论事迹，虽多为寓言，但体现了作者的价值取舍。孔子见老聃而语仁义，老聃云以"仁义惨然，乃愦吾心，乱莫大焉"（《天运》）。孔子弟子以为

其应有规言于老聃，而孔子却以老聃为"龙"："吾乃今于是乎见龙。"孔子与老聃的各自言说，表明了二者思想上的价值层级。又孔子见老聃，老聃以德不修而自在，孔子以其德配天地犹假至言以修心，认为古之君子无有高此者。"丘之于道也，其犹醯鸡与！微夫子之发吾覆也，吾不知天地之大全也。"（《田子方》）以孔子的自叹不如，高扬了老聃之说。认为老聃思想"可谓至极"（《天下》），其为"古之博大真人"，显然对《老子》其书其人持充分赞许和敬意的态度。《荀子》对当时各家观点进行了比较概说，"老子有见于诎，无见于信"（《天论》）。从其"道者，体常而尽变，一隅不足以举之"（《解蔽》）的思想标准看，认为《老子》"见诎不见信"明显是"观于道之一隅"的有蔽者。实则，"体常而尽变"正是《老子》恒道的存在质性。叶适指出，荀子以"己之所明而号人以蔽"，人安得而受？（引自《习学记言序目》下册，中华书局2009年版，第652页）《韩非子》有《解老篇》《喻老篇》，对《老子》思想基本上是持肯定认可态度的。《吕氏春秋》言"老聃则至公"，又认为《老子》之说为"三皇五帝之德"。"天地大矣，生而弗子，成而弗有，万物皆被其泽，得其利，而莫知其所由始。"（《贵公》）无疑，作者对《老子》学说怀有敬慕赞叹的立场，所谓的"三皇五帝之德"即是《老子》的"玄德"。

（二）汉代时期

汉代学者司马谈评价道家之术：因阴阳大顺，采儒、墨之善，撮名、法之要。其用"无所不宜"，其文"指约而易操"，其效"事少而功多"。（引自《太史公自序—论六家要旨》，载《史记》，第914页）对道家之术的评述，必然包括《老子》。认为道家思想大备，言寡旨要，无为而无不为，无疑是持高度的赞许态度。班固在《汉书·艺文志》中指出，"道家所以法天"，以道之大原出于天，故"清虚以自守，卑弱以自持"。"法天"，即与儒家"顺帝之则"具有同样的思维结构。《孔子家语》多有评价《老子》之文。有以孔子之语赞老子其人，"吾闻老聃博古通今，通礼乐之原，明道德之归，则吾师也。今将往矣"。（《观周》）站在师从的角度，显然已将《老子》思想地位放于孔子学说之上。又言老子之行，"蹈忠而行信，终日言不在尤之内，国无道处贱不闷，贫而能乐"（《弟子行》）。此中老子已成为儒家思想的践行者，是否为道家的老子？实际上，《老子》与《论语》思想有很多相通之处。东汉王充对道家的自然观极具赞成态度，"道家德厚，下当其上，上安其下，纯蒙无为，何复谴告？"（《论衡·自然》）他认为，"老子、文子似天地者也"。

（三）逮至魏晋

魏晋时期，阮籍著有《老子赞》，以为《老子》之道，"阴阳不测，变化无伦，飘飘太素，归虚反真"。（引自《魏晋全书》第二册，吉林文史出版社2006年版，第498页）"不测"、"无伦"，揭示了道大。"太素"、"归虚反真"，揭示了道真。王弼在《老子指略》中认为，《老子》之文"指约而易操"，对其"崇本息末"、"守母存子"

等要旨赞叹有加。康中乾指出，"王弼明言孔子是第一等的圣人，老子的地位自然次于孔子，而庄子在此根本未入流。"（引自《有无之辨》，人民出版社2003年版，第7页）实际上，三者立言角度不同，不可简单论以等次。郭象推崇《庄子》，认为是"百家之冠"。"庄子推平天下，故每寄言以出意，乃毁仲尼，贱老聃，上掊击乎三皇，下痛病其一身"（《山木》注）。《庄子》并非全"毁"仲尼，更非"贱"老聃，倒是郭象的独化观在"毁仲尼，贱老聃"。"掊击三皇"、"痛病一身"者，正是郭象独化观的遵循。裴頠在《崇有论》中指出，"老子既著五千之文，表摭秽杂之弊，甄举静一之文，有以令人释然自夷，合于《易》之损、谦、艮、节之旨。""释然自夷"，即给人"豁然开悟"之感。《列子》作为魏晋伪书，然其多引用《老子》之言以为宗本。北齐刘昼认为，道家"以空虚为本，清静为心，谦抑为德，卑弱为行。处无为之事，行不言之教，裁成宇宙不见其迹，亭毒万物不有其功"。然其薄而蔽者，"全弃忠孝，杜绝仁义，专任清虚，欲以为治"（《刘子·九流》）。此将道家分为两个等次，前者肯定指的是《老子》本身，后者是《庄子》外、杂篇中某些训诂《老子》的薄弊之作。北周高僧道安在《二教论》中指出，老氏之旨，"本救浇浪，虚柔善下，修身可矣。不尚贤能，于治何绩"？（引自《中国佛教高僧名著精选》，四川出版集团巴蜀书社2000年版，第34-35页）老氏之旨，"盖虚无为本，柔弱为用，浑思天元，恬高人世，浩气养和，得失无变，穷不谋通，达不谋己"。以为《老子》"修身可"，为"治"不可，正是《庄子》某些篇章的主旨，而非《老子》宗旨。东晋道士葛洪著有《抱朴子》，在内篇中他认为，道家之道为"百家之君长"（《明本》）。在外篇中他又认为，道家之言，"高则高矣，用之则弊"（《用刑》）。以其摒弃一切礼教仁政为弊。南北朝道士葛玄在《五千文序》中认为，"老子体自然而然，生乎太无之先，起乎无因，经历天地终始，不可称载。"以其"终乎无终，穷乎无穷，极乎无极"为"无极"，以其"与大道而伦化，为天地而立根，布气于十方，抱道德之至淳"为浩荡"不可名"，以其"焕乎其有文章，巍巍乎其有成功"为"不可量"和"神明之宗"，以其"三光持以朗照，天地禀以得生，乾坤运以吐精"为"覆载无穷"和"普弘大道"，以其"匠成万物不言我为"为"玄之德"，如此，则为"众圣所共尊"。"斯文尊妙，可不极精乎！"此已将《老子》放在了至圣的地位，无以复加。

（四）隋唐时期

唐玄宗著有《御注道德真经》《道德真经疏》，在《序》中他将《道德经》大旨分为两类。"可得而言"之要，在于理身、理国。"理国则绝矜尚华薄，以无为不言为教；理身则少私寡欲，以虚心实腹为务"。"殆不可得而言传"者，是"穷理尽性，闭缘息想，处实行权，坐忘遗照，损之又损，玄之又玄"。在《老子》为文上，"其教圆，其文约，其旨畅，其言通，故游其廊庑者皆自以为升堂睹奥，及其研精覃思，然后知其秋毫之端，万分未得其一"。无疑，该《御注》具有将《老子》变成修身养生人生哲

学的趣向。成玄英著《老子道德经义疏》，认为《道德经》是"三教之冠冕，众经之领袖"。之所以如此，在于其"大无不包，细无不入，穷理尽性，不可思议"。此以佛教、道教思维作解，"道是虚通之理境，德是志忘之妙智，境能发智，智能匙境，境智相会，故称道德。"其将《老子》放在三教之首，足见其至尊地位。李约认为，"六经乃黄老之枝叶"。陆希声著《道德真经传》，认为老子之术，"道以为体，名以为用，无为而无不为"而"格于皇极"。他指出，"自昔言老氏术者，独太史公近之；为治少得其道，唯汉文耳。"可见，已将《老子》推之至极。唐代高僧法琳认为，佛教高于老氏。"李聃禀质，有生有灭，畏患生之生，反招白首；释迦垂象，示灭示生，归寂灭之火，乃耀金躯。"《老子》既患有身，欲求无恼，则未免白头。（引自《辨正论·十喻篇上》，载《中国佛教高僧名著精选》，四川出版集团巴蜀书社 2000 年版，第 92 页）在《老子》言，"修之于身，其德乃真"。身为道之寄，何患有身？所患之身，在于"生生之厚"。清静恬淡，生有何恼？修之于身，何求无恼？与道为一，故有长生久视之道。佛教苦求解脱肉身，何尝不恼？念念不住，因为有恼。

（五）逮至宋代

宋儒多有对《老子》赞扬有加者，然为理学家所批判。欧阳修云："老子之为书，其言虽若虚无，而于治人之术至矣。"以为治术之至，已悉《老子》立论宗旨，晓其为君人南面之术。苏辙著有《老子解》，认为孔子"虑后世也深"，示人以器，使中人以下者守其器而道不晦，中人以上者"自是而上达"而不失为君子。《老子》志于"明道"，急于"开人心"，示人以道而薄于器，以为学者惟器之知则道以隐，故绝仁义、弃礼乐以明道。以道器分阶，以心识分等，则《老子》"明道"而为帝王作。程伊川认为《老子》一书，"其初意欲谈道之极玄妙处，后来却入做权诈者上去。"（引自《二程集》，中华书局 2004 年版，第 235 页）《老子》"玄德"旨趣何来权诈？不可以其术流变为法家权诈，就以为本身即为权诈之说。自伊川始，以权诈观念视《老子》，渐成为理学家的"成见"。陈亮指出，"老庄氏思天下之乱无有已时，而归其罪于三王，而尧、舜仅免耳。……当其是非未大明之时，老庄氏之至心岂能遽废而不用哉！"（引自《宋元学案·龙川学案》，载《黄宗羲全集》第五册，浙江古籍出版社 2005 年版，第 218 页）《老子》虽言"失道而后德，失德而后仁，失仁而后义，失义而后礼"，然非是一概摒弃仁义礼乐。朱熹认为，《老子》甚"害伦理"，流于申韩权诈术，兵家也祖其说。他认为《老子》"自私其巧"，为"关机巧便"。（引自《朱子语类》第八册，第 2986-2988 页）叶适云："盖老子之学，乃昔人之常，至其能尽去谬悠不根之谈，而精于事物之情伪，执其机要以御时变，则他人之为书固莫能及也。"（引自《习学记言序目》上册，中华书局 2009 年版，第 209-210 页）虽认为《老子》所言为过时之常，然对其精于事物情伪、"御时变"思想则给予了肯定的态度。彭耜认为，《老子》以"自然"为体，"无为"为用，赅"治世出世之法"。以之治世则反朴还淳，以之出世

则超凡入圣，足见"孔老无异法"。天生二圣人，"迭为宾主"，以道诏于天下后世，"其功至不浅"。孔老同为圣人，何可诋訾？

（六）明代时期

明太祖指出，惟知《道德经》是"万物之至根，王者之上师，臣民之极宝"，非是"金丹之术"。王阳明对《老子》之学持开放态度，认为老子"以知礼闻"，孔子所尝问礼，"未尝一言攻其非"。其学始也非欲乱天下，卒以乱天下是徒者之罪。其修身养生，以合于道，岂乖于孔子之道？"独其专于为己而无意于天下国家"，然后与孔子不同。"善学之，则虽老氏之说无益于天下，而亦可以无害于天下；不善学之，则虽吾夫子之道，而亦不能以无弊"。（引自《王阳明全集》第三册，浙江古籍出版社 2011 年版，第 903 页）在阳明看来，《老子》自有其可学之处，关键在于如何学而得用之。《老子》言"以道莅天下"、"以无事取天下"，"修之于天下，其德乃溥"等，何尝不是有意于天下国家？言"无意于天下国家"，又落入《庄子》杂篇等后徒之说。至于言不善学则夫子之道亦不能无弊，则揭示出申韩等学《老子》流入权诈的原委。王阳明进而指出，"盖乡愿之同乎流俗而合乎污世，即老氏之所谓'和其光而同其尘'者也；和光同尘之说，盖老氏之徒为之者，而老氏亦有以启之。故吾夫子之攻乡愿，非攻老氏也；攻乡愿之学老氏而又失之也，后世谈老氏者皆出于乡愿，故曰'夫子盖尝攻之也'。"（同上页）以"和光同尘"为老氏之徒所为，非是。它是《老子》本旨，具有特定内涵，为"光而不耀"、"功成弗居"一类的内涵。以《老子》非乡愿之学，则甚是。薛蕙著《老子集解》，认为《老子》其书"辞约"而"道大"，"测之而益深，穷之而益远"；其道，"惟导人反其天性，而非异端之流"。性命作为道为天下之一本，圣人同传之，非是"异术"。"道者修之身以及天下，天下之事无不统"。后世直以道家为养生，非是。高攀龙指出，"老氏气也，佛氏心也，圣人之学乃所谓性学。老氏之所谓心，所谓性，则气而已。佛氏之所谓性，则心而已。非气心性有二，其习异也。性者天理也，外此以为气，故气为老氏之气，外此以为心，故心为佛氏之心。圣人气则养其道义之气，心则存其仁义之心，气亦性，心亦性也。或者以二氏言虚无，遂讳虚无，非也。虚之与实，有之与无，同义而异名，至虚乃至实，至无乃至有，二氏之异，非异于此也。性，形而上者也；心与气，形而下者也。老氏之气，极于不可名，不可道；佛氏之心，极于不可思，不可议，皆形而上者也。二氏之异，又非异于道器也。其端绪之异，天理而已。"（引自《明儒学案·东林学案一》，载《黄宗羲全集》第八册，浙江古籍出版社 2005 年版，第 770 页）以老氏、佛氏和圣人之学三者之异，非是"习"、"虚无"和道器之别，甚是。《老子》何尝光有"气"，无有"心"、"性"？虽不见"性"字、寡言"心"，但章章谈心谈性，皆为道之心性。与养道义之气、存仁义之心一样，《老子》是养道德之气，存道德之心。道德之中，何尝不有仁之生生、义之亭毒和礼之理序？

（七）清代时期

王夫之著《老庄申韩论》，以儒家思想为标准，认为老庄是异端之说。"建之为道术，推之为治法，内以求心，勿损其心，出以安天下，勿贼天下；古之圣人仁及万世，儒者修明之而见诸行事，唯此而已。求合于此而不能，因流于诐，老、庄也。"（引自《船山遗书》第七卷，北京出版社1999年版，第4214页）《老子》何尝不是修明而见诸"仁及万世"之行事？在《老子衍》中，他又指出《老子》有"三失"："天下之言道者，激俗而故反之，则不公；偶见而乐持之，则不经；凿慧而数扬之，则不祥。三者之失，老子兼之矣。故于圣道所谓文之以礼乐、以建中和之极者，未足以与其深也。"若"犹龙"之叹，云出仲尼之徒者，吾何取焉！王夫之以《老子》不合礼乐中和者为非，不过是以自是为是。其"三失"之论，不免落于"激反"的"自察"。焦竑著《老子翼》，认为《老子》非是专言于兵，而是"明道之书"；非是绝仁义礼智、举一以废百，而是"明有之无"。只有审知"有之即无"，方能"为无为，事无事，而为与事举，不得以碍之"。魏源认为，圣人之学是"经世书"，而《老子》是"救世书"，在于"明道救时"。其书"概古今，通上下"，不仅可以"救时"，而且可以"经世"，"上之可以明道，中之可以治身，推之可以治人"。至于后起兵谋权术之兴，乃非善学所致，非《老子》所本。善学者则"清静慈祥"，不善学者则"深刻坚忍"。梁启超云："常人多说老子是厌世哲学，我读了一部《老子》，就没有看见一句厌世的话，他若是厌世，也不必著这五千言了。老子是一位最热心热肠的人，说他厌世的，只看见'无为'两个字，把底下'无不为'三个字读漏了。"（引自《十家论老》，上海人民出版社2004年版，第58页）以《老子》为厌世之作，不若说是为忧患救世而作。熊元锷认为，老子为"阅世久而富于经验之人"，其所言"悉得于天道、人事、物理之会通"，为吾国哲学之"滥觞"。

（八）近现代时期

李宗吾在《中国学术之趋势》中认为："释氏专言出世法，孔子专言世间法，老子则把出世法和世间法，打通为一。"（引自《厚黑学》，中国文史出版社2003年版，第287页）《老子》以道为宗，以德为本。德为现实而作，道因玄思而奥。"修之于身"与"弘道由己"一样，皆是"求诸己"而"取天下"，为内圣、外王的统一。既有出世的玄思境界，又为入世的王道之学。王国维认为，春秋以前道德政治思想可分为二派：一是帝王派，一是非帝王派。前者称道于尧舜禹汤文武，后者出于上古的隐君子，或托之于上古帝王。前者为"近古学派"，后者为"远古学派"。前者为"贵族派"，后者为"平民派"。前者为"入世派"，后者为"遁世派"。前者为"热性派"，后者为"冷性派"。前者为"国家派"，后者为"个人派"。前者"大成于孔子、墨子"，而后者"大成于老子"。（引自《屈子文学之精神》，载《大家国学王国维卷》，天津人民出版社2009年版，第254页）这样的区分，不甚妥当。《老子》更应是法古的帝王派，而非是"平民派"、"个人派"。后者以说《庄子》更为妥当。《老子》道术在救济时弊，非是遁世。重治术圣德，为真正的王道派。从《老子》"针砭时弊"言，可谓是"冷性派"。胡适指出，"老子和孔子所寻求的'道'不是别的，而只是谋求整顿世界秩序之'道'。但老子和孔子都在直率地赞扬自然和指斥现实的邪恶和污浊时，却都无意地播下了出世哲学的种子。"（引自《十家论庄》，上海人民出版社 2004 年版，第 12 页）《老子》与孔子之学一样，都是拯救时世之作，非是出世哲学。他又认为《老子》废除现实礼仪文化，主张倒退回纯朴、无为原始状态，从而把变化和历史观念弄歪曲了。可见，《老子》变化观不大像是从"简单"、"细微"到"复杂"、"困难"的一个连续展开过程，反是一个倒退原始状况的循环过程。（引自《先秦名学史》，安徽教育出版社 2006 年版，第 28 页）实际与此相反，《老子》针对私有观念产生后的历史乱象，开出了一剂"复古"药方，是对王道传统的回归。它无疑具有批判现实、回归道德的进步价值。以"动善时"的思维看，非是否定变化而倒退至原始状态。郭沫若云："不过庄周比关尹、老聃退了一步，是并不想知雄守雌，先予后取，运用权谋诈术以企图损人利己而已。"（引自《十家论庄》，人海人民出版社 2004 年版，第 119 页）《老子》何尝以权谋诈术企图损人利己？反之，"无为"为不伤人，"寡欲"在于克己。新儒家熊十力认为，"老学本出于《易》"，道家之学可以"益人理趣"，而无可"养人恻隐之端、刚之大气"。（引自《原儒》，中国人民大学出版社 2006 年版，第 207 页）其道出了《老子》与《易》的本源关系，然又指出了道家与儒家在思想价值上的差异。《老子》言道之公、德之大，何不博大？怀济世之心，念念在兹，何不气刚？张尔田认为，道家为明天者，儒家为明人者。孔子之道，则以人持天者。道家之学，"君人南面之术，六艺之宗子，百家之祖，而我孔子所师承"。（引自《史微》，上海书店出版社 2006 年版，第 25 页）道家之于仁义、百家，"实已无所不包"，故其"小仁义与百家"，却"非毁之"。诚以仁义百家皆知"治之具"，而非知"治之道"，是"可用于天下而不足以用天下"。道家专重君道，"重君道则于仁义百家不能不在所缓"。（同上书，第 27 页）他又引《尹文子》之说云："大道治者则名、法、儒、墨自废，以名、法、儒、墨治者则不得离道。"此正确看到了道家与其他诸家的关系，以及各自思想指示的对象和侧重点。崇本自能举末，守母自能存子。

（九）当代

侯外庐认为，《老子》作者是怀疑思想家，"在社会理想方面怀疑了现实世界，在人类道德方面怀疑了私学。在历史方面怀疑了发展，在信心方面怀疑了个体，在阶级方面怀疑了斗争。"（引自《十家论老》，上海人民出版社 2004 年版，第 162 页）说怀疑世界，不若说批判现实；说怀疑私学，不若说抨击俗学；说怀疑发展，不若说拨乱反正；说怀疑个体，不若说提升个体；说怀疑斗争，不若说寄予王道复兴。汤一介认为，大体可以说"孔子接近康德，老子接近于黑格尔，庄子从一个有限的方面看则接

近于谢林或者亚里士多德"。三者在真、善、美的价值层次上次序不同。孔子为：善←美←真；老子为：真←善←美；庄子为：美←善←真。（参见《汤一介学术文化随笔》，中国青年出版社 1996 年版，第 29 页）老子把"道"作为其哲学体系的最高范畴，以为人生的目的就在于：若掌握了"道"也就掌握了真理。《老子》认为，"人和道的关系不是把'道'作为一般认识的对象（因'道'无形无名），而是应'体道'，即与'道'合一，所以'同于道'只是一种极高的人生境界，一种超越世俗的'得道'的境界"。（同上书，第 36-37 页）先秦儒家孔孟思想，是以道德理想的提升达到超越自我和世俗的限制，以实现其超凡入圣的天人合一的境界；道家老庄的特征是"内在超越"，以其精神的净化而达到超越自我和世俗的限制，以实现对自由精神境界的追求。牟宗三指出，我们讲道家是取它的智慧、玄理，取它在人生态度上的贡献，这才是本质所在，而"将法家与道家相连而言法术，是政治上的运用"。（引自《中国哲学十九讲》，上海古籍出版社 2007 年版，第 159 页）《老子》思想中有人本价值和工具价值理念之分，后者是实现前者的道术，无此道术则人本价值无从实现。工具价值作为中性观念，可为其他学说所嫁接利用。台湾佛学家南怀瑾提出，"老子学说，主'清静无为'为道之宗旨，'以无为而无不为'为道之用，以'虚心实腹'、'专气致柔'为养生入道之方，以'以正治国'、'以奇用兵'、'以无事取天下'为治世之则。"（引自《禅海蠡测》，复旦大学出版社 2002 年版，第 207 页）此所言的是《老子》人生实用之道，并未对恒道的存在质性进行揭示。"以孔子学无常师，从而问礼，既不足增老氏之华，自亦非孔子之陋，学术探求，理应如是。而老氏告诫之语，与乎孔子赞叹之词，其人其行，均可想见其高远。"（同上书，第 268 页）孔老思想同于仁慈济世，但途径有异。儒家偏重伦理，留心入世，善则有侠气，弊则易入霸道。道家偏重生理，从形质入门，善则出神入化，弊则易落私吝。终外于形器，则达形而上者。在《老子他说》中，南怀瑾提出了一个很有见地的观点：几千年来解读道家，往往偷偷运用《庄子》（以《外篇》、《杂篇》为多）学术思想进行，而现代人解读也是采取"汉、唐以后的人所持的观念"。秦汉以前，道家与孔孟之学原本没有分开，统归于一个"道"字，一同代表着中国的宗教观和哲学。（引自《南怀瑾选集》第二卷，复旦大学出版社 2003 年版，第 7 页）解读《老子》若"先入为见"，无疑制约了对《老子》思想的正确解读。当然，不能否认历史上汉唐以后很多学者在"以老解老"。钱穆指出，"老子尚不免重内轻外，重自然忽人文。"（引自《晚学盲言》，广西师范大学出版社 2004 年版，第 110 页）《老子》重"修之于身"，"知天下"，皆为了"治之于未乱"，"无事取天下"，何尝不是内圣外王的"会通知合"？"礼者，忠信之薄，而乱之首"，何尝不知"人文"？"庄老之书好言道与德，皆直指人心言。"（同上书，第 478 页）道家主张拨去外面人事以明己心，儒家则主张建本于内心以尽人事。因立论角度不同，由心理学上有异见，遂于社会学上有异想。《老子》先明恒道，然后明己心，持精定神，方可感通外面人事。儒家具有道德式的宗教精神，是"淑世教"、"天人合一教"和"一己

教"。道家批评儒学为"明乎礼义而陋于知人心"（《庄子·田子方》）。"庄子对教育，对政治，仍与孔子儒家有吾道一贯先后相承之大义存在。而老子则言之过激。"（同上书，第526页）不可简单以字面涵义就褒《庄子》贬《老子》。《老子》很多文言具有当时语境的特性，虽曰"绝圣弃智"，然何尝废弃圣人？如"圣人之治"、"圣人恒善救人"和"圣人恒无心"等，可见所绝弃的是名伪之圣。虽曰"绝学无忧"，但也曰"知常曰明"，何尝废知？陈鼓应深研《老子》，对其提出了"七大弊端"，然也认为《老子》"道"论的展开，是试图为变动的事物寻求稳固的基础，以从宇宙的规模上来把握和提升人的存在。它破除了神造之说，拓展了人的思维范围，流露出伟大的人道主义精神，对世俗生活具有批判性和启示性。（参见《老子注译及评价》，中华书局2003年版，第43-46页）徐复观认为，《老子》思想带有形而上的性格，只有通过对客观存在"道"的观照，以作为生活行为的依据，然后与外在世界进行连结。其立论的目的，在于从变动中寻找常道，对于变化保持距离。《庄子》主旨还是《老子》思想的进一步发展。（引自《中国人性论史》，上海三联书店2002年版，第322-323页）《老子》具有德的博大，《庄子》拥有智的洒脱。《老子》求知常，更在于揭示无常之常。成中英指出，"《易》的方法论直接影响先秦百家中的道家和儒家"，若比较道、儒两家，显然道家"更重视以本体论来涵盖与包含人生论"，而儒家则"更重视以人生论来涵盖与包含本体论"，故一为"道的导向的方法论"，一为"人的导向的方法论"。在道的方法论中，"一切以道为法，依道而成明，了解'有无相生'的宇宙，依道而体悟圣人至德，也依道而确定人的本然及价值"。（引自《中国哲学中的方法诠释学——非方法论的方法论》，载《成中英文集》第四卷，湖北人民出版社2006年版，第305页）儒道思想体系同是"天人合一"的思维模式，虽殊途而同归。何新认为，《道经》是老子的自然哲学和方法论，《德经》是老子的历史哲学和政治论。"老子既是一位高深的思辨玄学家，又是一位有权术的政治谋略家"。（引自《老子新解》，北京工业大学出版社2007年版，第184页）基本上，"老子是反对物质文明，反对科技与工艺，甚至反对理性和知识的"。（同上书，第191页）与其说其反对"物质文明"，不如说反对人主的贪得无厌，好大喜功；与其说其"反对科技与工艺知识"，不若说是反对虚伪机巧和沽名钓誉；与其说其反对理性知识，不如说是反对滋长名利贪欲的凿智。孙隆基认为，儒家、道家反映出的行为倾向是互补的，"在中国文化传统中，儒家正是'心学'，道家则可以说是一种'身学'。'心'的表现就是人与人之间的互相照顾与关怀，而这种照顾与关怀的对象就是彼此的'身'"。（引自《中国文化的深层结构》，广西师范大学出版社2004年版，第16页）道家的"保身"、"全身"、"养生"、"尽年"等原理，皆是"上古宗教式的神秘主义"。此在一般人的日常生活中往往表现为"活命哲学或乌龟哲学"。心在儒家是天理之心、仁义之心，在《老子》是"道心"、"真心"；身在儒家、道家皆贵于"修"。邹新明指出，"儒家是由人道证天道，为人道寻求最高的根本依据；道家则是由天道探讨人道，从'道法自然'出发，探讨人道如何效法天道，达到自然无为。"（引自《敬天的信仰》，北京语言文化大学出版社 2001 年版，第 8 页）不若说儒家因仁求证于天命，道家因德求证于道本。

最后，简要说明之所以把诠释《老子》思想的书名定为《老子通微》的缘由。钱穆认为，"求学问"应是："精微中有广大，广大中亦有精微。……故唯精微必求广大，……而广大亦必有其精微，乃始得之。"（引自《晚学盲言》，广西师范大学出版社 2004 年版，第 636 页）《老子》提出了很多关乎宇宙本体存在、人生意义和社会理想的哲学问题，内容丰富、深邃而统一。"道"在其中居于统领和主导地位，其他每一个范畴都是这个总纲的一个子范畴，每个子范畴之间又相互联结，共同编制成一个体系之网。在诠释《老子》文本上，要运用整体诠释学的方法，把之作为统一的整体，通过体系的融贯性来进行解读。要以"道"为统领，使之一以贯之于每个子范畴之中，做到"致广大"与"尽精微"的统一。"通"者取其贯通、致广大之义，在诠释视界上以《老子》为本，佐以《庄子》《文子》，扩至道家一派，并从思想史上纵横参较儒、法、名、佛等诸家学说，以及借用西方哲学概念、范畴和诠释方法进行解析。"微"者取其"尽精微"之义，通过小之一词一句，大至一章一段，都要在《老子》哲学的整个体系中去观照把握，通达领会。通者无微不通，致广大在尽精微之中，尽精微在致广大之内。解读《老子》文本，将从下面五个领域进行。

《老子》给我们提出一个什么样的"道"论？展示一个什么样的"物"观？揭示出一个何样的天地形相？提供一个什么样的道物关系？这就是第一部书《道与物》所要呈现给大家的。

《老子》给我们提出一个什么样的"德"论？揭示一个什么样的真、善、美价值层级？提供一个何样的法道而行的道术？展示一个何样的"与道为一"的德品？这就是第二部书《德与术》所要呈现给大家的。

《老子》给我们提出一个什么样的"观"论？展示一个什么样的"真知"观？揭示出一个何样的思维取向？提供一个什么样的"心"相？这就是第三部书《静观与虚明》所要呈现给大家的。

《老子》给我们提出一个什么样的"治"论？展示一个什么样的"兵"观？揭示出一个何样的君德内涵？提供一个什么样的政治理想？这就是第四部书《正与奇》所要呈现给大家的。

《老子》给我们提出一个什么样的人格理想或模式？这个模式有什么样的特定内涵？与儒家之人格理想又有怎样的差异？这就是第五部书《圣与真》所要呈现给大家的。

本人不揣二十多年的学习心得注疏《老子》，以待有识者不吝赐教。在诠释版本的选取上，以现存今本《老子》（王弼本）的高明校对本为定本，同时对照楚简本、帛书本进行内涵辨析。

目 录
Contents

第一章　恒道先久

恒道（区别于可道之道）是否存在于时间之中，它有没有起源和终结？恒道是有时间性的存在，还是无时间性的存在？解答这些疑问，是《老子》哲学关注的重要问题。就恒道存在的时间问题，可以从两个维度来进行解析。一是恒道存在的无时间性及其质性，一是万物存在的时间性以及形式，二者是一个问题的两个角度。本章旨在从纷纭万状的世界中探究什么是万物的源泉和根本？是否有比天帝更原始的存在？如果有的话，那么又有什么样的质性？

第一节　象帝之先

《老子》提出，恒道在"象帝之先"，它既是对宇宙存在原始本宗的一个回溯探寻，也是对象形直观思维的一个超越。从现有古文献看，《老子》首先提出了"大象无形"的创新思维，突破了固执具体物象和形状的知见思维的定限或桎梏，将象形直观思维提升到一个新的层次。恒道的不可名状，有类于海德格尔的"存在"观念，它是对作为"物"的存在者思维的超越或提升，"物物而不物于物"。

一、文字校解

《老子》第四章云："吾不知谁之子，象帝之先。"帛书《老子》甲本"谁"字缺损，乙本与今文大同。楚简本《老子》无此句。可见，此一文句是后哲者对楚简《老子》原始本的发展，也是对恒道存在质性的深入思考和揭示。要真正掌握整个文句的确切内涵，首先要对前后文本的文字差别以及所蕴含的意义进行解析。

（一）"谁"与"子"

"谁"者，《说文》解为"何"，相当于"哪个"这类疑问代词。"不知谁"，即言不知为何？"谁"字有虚指之义，表示不确定的对象，它类于"似或存"、"其可左右"的句式用法。由虚指的不定性引申为泛指之称，表示"任何人"或"所有人"，如"泛兮"表达形式。

"子"者，甲骨文像初生婴儿形，本义为出生的婴儿，即父母所生之子。如"有子七人。母氏劳苦！……有子七人，莫慰母心！"（《诗·邶风》）又如"有男女然后有夫

妇，有夫妇然后有父子"（《易·序卦》）。"子"常与"孙"字连用，表示人类衍生后代之义。"宜尔子孙"（《诗·周南》）。后又引申为能够再生长的种子、果实和卵等，同于"籽"。《说文》云："子，十一月阳气动，万物滋，人以为称。象形。""子"者，内涵生生不息之义。

（二）"象"与"帝"

"象"者，象形字，甲骨文像一头大鼻子象形。《说文》云："象，长鼻牙，南越大兽，三年一乳。象耳牙四足之形。"此以大兽的形象解说。"四牡翼翼，象弭鱼服。"（《诗·小雅》）毛亨传云："象弭，弓反末也，所以解紒也。"郑玄笺云："弭弓反末弩者，以象骨为之"。（引自《毛诗正义》，北京大学出版社 1999 年版，第 594 页）再如，"人希见生象"（《韩非子·解老》）。前言象骨，后言活象，皆为大象之物。"象"由物引申为形象之象，以其为视觉显像成为可见之象。又"象"有类似、想象等义。历代注家对"象帝"之"象"大略有六种不同的解法。一解为"似如"。主要代表有王弼、李约、陈景元、唐明皇、高亨、陈鼓应等。李约注："象，似也。"二解为"形象"。王介甫云："象，有形之始也"。曹道冲近之。吴澄云："象言天有象"。三解为"可见"。宋徽宗注"象"为"物之始见"。林希逸认为，曰"象"，皆以其"可见而不可见，可知而不可知，设此语以形容其妙"。四解为"有无"。刘仲平注："盖其体也，在有无之先。有无者，所谓象也。"有与无，是存在者的属性，故为象状的变化。五解为"于"。何新在《〈道德经〉详解》一文中认为，"象，旧释为似。象古音豫，可借为'于'。于帝之先，即在天地之先。"（引自《老子新解》，北京工业大学出版社 2007 年版，第 90 页）六解为"效法"。沉善增注"象"为效法。从以上六解综合来说，"象"包含三个层面，即"形象"、"映像"和"法象"，它们在一个认知事件中同时存在、并作为一个整体而不可分割。"事件"用语，来自于怀特海对认知过程的整体描述。他认为，在认知行为中，包含同时存在的三个因素：认知者、认知对象以及认知行动。要形成一个认知结果，必有一个可视感的外在对象，且需要通过认知媒介（感官），去认知它。仿此思维模式，可解"象"为三种涵义：一是本体存在属性，就存在物的自身存在言。"元龟象齿，大赂南金。"（《诗·周颂》）作为存在者的"物"，必具有外在形态或形状。"在天成象，在地成形，变化见矣。"（《易·系辞上》）正是相对此类属性，《老子》云"大象无形"，以恒道为"无物之象"。二是视觉中的映像，就其为感官认知言。"见乃谓之象"、"法象莫大乎天地"（《易·系辞上》）。三为行为上的法效，就其作为器用言。如"圣人有以见天下之赜，而拟诸其形容，象其物宜，是故谓之象。"（《易·系辞上》）再如"夫乾确然示人易矣。夫坤隤然示人简矣。爻也者，效此者也。象也者，像此者也。"（《系辞下》）"像此"，效法之谓。在形象、映像和法象之间具有一体的关系，"天垂象，见吉凶，圣人象之。河出图，洛出书，圣人则之。《易》有四象，所以示也。"（《易·系辞上》）"垂象"之"象"是形状之象，"象

之”之“象”经过“见乃谓之象”这个感觉中介，形成为法象之象。法象既来自对“垂象”的观视，同时来自可取法以为卦象，并作为器用“四象”以为人所利用。

“帝”者，历来解说多殊，总的说来，学界比较接受“花蒂”、“束茅”说。谷衍奎在所编《汉字源流字典》中解“帝”为扎柴草为神形，燔烧以祭天神。郭沫若认为，帝为“蒂”的初字，是生殖崇拜之意。《唐汉解字》以“帝”为氏族中最早的女性崇拜。“帝”由神祇，引申指祖先、君王。《说文》云：“帝，谛也。王天下之号也。”作为帝王的名谓，“五帝修名立功，修德成化，统调阴阳，招类使神，故称帝。”（《春秋·运斗枢》）就“帝”观念的形成，傅斯年进行过详细的考证。他据孙海波《甲骨文编》统计出甲骨文中有六十四个“帝”字，再从卜辞“帝”出现的次数和意义看，除去重出的一个“帝”字，总得六十三个“帝”字，其中单称“帝”者二十六个，用为动词即后来“禘”字者十七个，称先王名号者有六个（祖甲，文丁，皆殷商晚世之名王），残缺义不详者十四个。“殷人之单称‘帝’者，必为其所奉为祖宗者之一，以其对此单称帝者并无祭祀也。”（引自《大家国学傅斯年卷》，天津人民出版社2009年版，第263页）他进而考证认为，“先王不皆受禘祭，受禘祭者不皆为先王，先王不皆号帝，号帝者不皆为先王，知禘礼独尊，帝号独异，专所以祠威显，报功烈者矣。”帝者最初仅有此不冠字之帝，后来得配天而受禘祭者乃冠帝字。“冠帝字者既有，然后加‘上’字于不冠字之主宰帝上，而有‘上帝’一名。”（同上书，第266页）卜辞中仅有一“上帝”，而周人袭用之，更失其宗神性，而为普遍（无党无偏）的上帝。再以各地古宗教史征之，“抽象之上帝皇天绝不是原始时代之天神观念。早年之图腾标识，自然物与自然力，以及祖先，乃是初民崇拜之对象，从此演进，经若干步程，方有群神之主宰，方有抽象之皇天，方有普照之上帝。”（同上书，第259页）原初各族都有各自的一宗神，后来族群融合，才形成大一统之神。在《性命古训辨证》中，他又指出，“周初人之敬畏帝天，其情至笃，……其心中之上帝，无异人王，有喜悦，有暴怒，忽眷顾，忽遗弃，降福降祸，命之讫，此种之‘人生化上帝观’本是一切早期宗教所具有，其认定惟有修人事者方足以永天命，自足以证其智能之开拓，却不足以证其信仰之坠落。”（同上书，第281页）邹新明指出，“到了殷商时代，虽然已经出现‘天’、‘帝’字样，但它们都还不是指至上神。从卜辞记载来看，‘帝’在当时的地位只是众神之一，殷人更重视祖先神灵。一般认为，真正作为至上神的‘天’，是周人推翻殷商王朝、建立西周王朝之后的发明。”（引自《敬天的信仰》，北京语言文化大学出版社2001年版，第3页）由此可见，“帝”者为图腾、象征之属，离不开具体的物象，故每一个族群分别有其不同的神灵崇拜者。即使是后来形成的普遍性“天帝”，也是拟人化的、具有喜怒主宰特性的有象存在。董仲舒的天人同构观念，即是“象帝”思维的产物。历代注家多解“帝”为“主宰”、“宗主”，王弼、李约以为是“生物之主”，王安石认为是“生物之祖”，吴澄、徐大椿注为“天之主宰”。

（三）"先"

"先"者，会意字，甲骨文会在前之义。《说文》云："先，前进也。从人，从之。"有"先"则有"从"。"主人与客让登，主人先登，客从之"。引申为祖先、上代。"先君之思，以勖寡人。"（《礼记·曲礼上》）从存在或辈分看，"先"指为祖先。"宗庙之礼，所以祀乎其先也。"（《中庸》）高亨注《老子》云："古者祖先亦称曰'先'。"何新认为，"先，祖也。"后"先"字转指"上古的"涵义。"必则古昔，称先王"；"卜筮者，先圣王之所以使民信时日、敬鬼神、畏法令也（《礼记·曲礼上》）。"先"与"后"相对而言。"君子将营宫室：宗庙为先，厩库为次，居室为后。凡家造：祭器为先，牺赋为次，养器为后。"（《礼记·曲礼下》）在《老子》中有云"后身而身先"。"象帝"之"先"，既是回溯古先，亦是相对于"象帝"而言先后次序，故具有标识恒道与物时间关系的意义。有先后者为物性，"象帝之先"是无先之先。

二、文句解析

在文字校解的基础上，下面对《老子》文本的两个断句分别进行诠释。

（一）"不知谁之子"

"子"为具有物形的存在者，凡存有"子"必有所由生的具体能生者"母"。在世俗观念看来，一切具象之"母"，原初之本为"象帝"。《老子》以"不知谁之子"，便将恒道存在时间的"起始"无限逆推向前。对于感知思维，"子"对"母"言，二者相对而指称，有子则必有母，无母也必不有子。《老子》之所以言"不知谁之子"，正在于揭示"不知其母"。若以为其为"子"，则必知有所自之"母"。而"不知"者正在于告知其非有定在、具象之母。否定了其作为"谁之子"，也就确定了其是本根存在、原初存在。不可闻知，故无名。《老子》云："无名，天地之始"。以象形思维言，假如有一个先在定象之"母"，则其也可为"子"，就不是最先的存在。先此"母"的存在，必有早于其存在的更先之"母"。《老子》言"不知谁之子"，正是揭示恒道非是作为"子"而存在，它是无有所生之"母"。它本身是能生生的一本之"母"，而非是为它所生之"子"。此种思维类似亚里士多德对第一存在者的追溯。在其看来，运动是永恒的，因此必然有导致永恒运动的推动者。这个推动者本身不能被被动的，否则就必须得再追溯一个更高一级的推动者。这个自身不动而作为万物运动原因的推动者，就是第一推动者，为万有动力的永恒赋予者。在《庄子》中，也可看到这样的思维形式。"有先天地生者物邪？物物者非物。物出不得先物也，犹其有物也。犹其有物也，无已。"（《知北游》）家世父解云："先天地者道也。既谓之生矣，是道亦物也。既谓之物矣，是其先物者又何自而生耶？物与物相嬗而不已，而推求物之始，以得其先物而生者，是物岂有已耶？有已，则或开而先之；无已，孰开而先之？是以谓之物出不

得先物也。"（引自《庄子集释》，中华书局 2004 年版，第 764 页）"有已"的"开而先之"，是立一个原初本始，为"象帝"之类。恒道作为"先"，是一个强名，并非是一个具在的原始存在者或实体。"无已"的"孰开而先之"，在于否定一个本始存在物的存在，"物与物相嬗而不已"。"物出不得先物"，在于揭示物生者虽形化无穷，然皆是不同形化之物，不脱一个"物"性的存在者界域。所生之物必为能生之物所生，而能生者若也是为于它生，则必也是物性的存在者，此就是"既谓之生矣，是道亦物"的深意所在，也是"物出不得先物"的思维真谛。恒道作为"自本自根"的绝对存在，不为它生，方能为生生的本宗，"物物者非物"的逻辑内涵即在于此。当然作为"物物者"或"生生者"，恒道具有两种存在形态，一是"道生一"的宇宙生成论，它作为"天地之始"、"独立不改"的存在；一是"万化未始有极"的造化自然观，它作为"万物之奥"、"周行不殆"的存在。《老子》从母子相对关系入手，自子求母，直至于"不知谁之子"，这样就将之界定为是绝对之"母"，而不能是相对之"子"。除了恒道只能为绝对存在的"母"之外，其他一切存在物都可以既是"母"，也可以是"子"，永远是处于母子相对关系中的存在。能为此"母"，同时即为彼"子"。通过否定一个泛指的"谁"，已然摒去了恒道作为"子"存在的一切可能性。它非为"子"，就非是为它生的存在，而是绝对性的第一存在，或者说是绝对的"物物者"或"生生者"。以这样的思维角度来解读《老子》"吾不知谁之子"，方能把握其玄旨所在。这里，老庄虽与亚里士多德用词或表达形式不同，然皆运用逆推、否定逻辑来寻找万物存在的本原，由此可证中西方先贤在本原追溯上有着相类的思维方式，皆从有形之物中探寻无形存在。当然，在追求本原的内涵上，二者也有所不同。一为追求宇宙万物运动、变化的动力原。一为寻求宇宙生生、化化的本原。

再看主要注家之解。河上公解为"不知道所从生"，此为文句直解，虽然意义无不确，然未指出本文的深意。不知所从生，即言恒道是自本自根的存在。李荣指出，"道深甚奥，虚无之渊，迎随之所不能知终，恶乎而可定。故言不知谁子。"恒道是"大象无形"、"无状之状"存在，微妙虚无，不可迎随，不可定知，不可以"子"名之，无有生"子"之母。母子相形，无子无母则为无形存在。李约解云："但识其能，莫知其父"。"能"以功用言其存在，非是空无。"莫知其父"，揭示其无有生之者，它是无母之母。《老子》多以母子对言，不以父子相对。恒道作为"无母之母"的存在，方是绝对的"万物之母"。因万物之子而言有母，然此母非是定象之母，而是无待、无形之母。陈景元云："道既无祖无宗，谁敢言孙言子？"在象思维言，有祖宗则有子孙。"无祖无宗"，是"无母之母"。既非是子，则非有祖宗。万物作为"子"，有其"始母"，故恒道为"万物之母"。恒道可以为天下"始母"，然本自无有"始母"。宋徽宗云："视之不见，听之不闻，搏之不得，有乎？出而莫见其门，孰知之者？"以恒道"不可致诘"解之，然并未指出"谁之子"的玄妙。恒道本非为"子"，然能"子"生万物。刘巨济云："道出于无，则道无之子也。"恒道本身既是作为绝对本体存在的"无"，

何尝出于无？如果出于"无"，那么岂非"无"为恒道之"母"？恒道岂不为"无"之子？既言"无"为母，"道"为子，何以言"不知谁之子"？牛妙传指出，既然天地万物以"形其生"而有"自来"，故可以言"母子"。"独道之一字，虚无自然，生无所自，固宜太上称'吾不知其谁之子也'。且道之为义，极乎不闻不见之境，则道之妙者为难名，藏于无声无臭之天。则道之至者为难知，推之于前则不见其始之合，引之于后则不见其终之离。孰知其谁之子哉？"母子以形生，是"有无相生"思维。天地万物生有自来，是"万物生于有"的思维。其中，能生与所生形成了母子一样的相对关系。独恒道者自本自根，生无所自，"生生者而不生"，故不为"谁之子"。恒道"可以为天地母"，但不可以为"谁之子"。"有生于无"，恒道作为"不闻不见"、难名难知的微妙"无"，无有古今、先后、始终，正以为如此，方能至神其功用，神于无方，无不生成。《老子》以恒道为一本之始，儒家以"无声无臭之天"为一本之始，二者在存在等级上相同。若以恒道"藏于无声无臭之天"，是将天视为第二层次上的存在，也即是物以载道意义上的"天道"，它是"万物之奥"的存在样式。恒道分有生成天地万物，并寓于天地万物之中。徐大椿云："天之主宰亦不能违乎道，则道能生帝，而为帝之先矣。帝且先之，安更有子之者乎？"此从"象帝之先"角度解"不知谁之子"。固然，前后两句是相互界定、相互补充的关系，前文需通过后句来证解，后句也需通过前文来界定。因"象帝之先"，而证"不知谁之子"；因"不知谁之子"，可知其为"象帝之先"。恒道能生天帝，故为有形之先。以无形为本，故不知谁子。无有"子之"者，则无有其母。既不知其为"谁之子"，则知其无有有形之母，故必在"象帝之先"。既然"道法自然"，则所生"象帝"必是"辅助万物自然而不敢为"。

（二）"象帝之先"

历代注家对"象帝之先"大略有五种解法。

一从生之先后解。河上公云："道自在天地之前，此言道乃先天地生也。至今在者，以能安静湛然不劳烦，欲使人修身法道。"恒道"先天地生"，则见其存在于天地之先。天地作为世俗所谓的"象帝"，为恒道所生，故恒道为"象帝之先"。既言"先"，就是自古已固存。"至今在"者，是恒道寓于万物之中，为"万物之奥"。"修身法道"，以恒道固存为前提。"法道"，是取法于恒道自然。李约云："群化皆处其后，唯道能居其先。"以"先"相对"群化"言，则道为群化之先，为"一不化"的"造化"者。杜光庭认为，"万化厥初，即有主宰"，以其"形象肇立，牧之以君"，故谓之"象帝"。大道者，以其"冲用"能"生万化"，故在"象帝之先"。之所以"设此疑似之词"，乃在于用晓"迷方之俗"。"象帝"宰化有体，大道生化无形。无形生有形，故恒道为"象帝之先"。"迷方之俗"，执方以为方；大道至神，功用无方。王雱认为，"象，有形之兆。帝，有物之尊。""象帝"为有形之尊，而大道为无形之尊。宋徽宗指出，"象帝"者，为"群物之始"。而大道"神鬼神帝，生天生地"，故云

"道实先之"。"群物之始"为"象帝"，是天地鬼神的统称，仍是"象"之属。恒道生之，故先之。"群物之始"是"众父"，"象帝之先"是"众父父"。前者是有形可名的存在者，后者是无形无名的绝对存在。在"帝"、"象"的内涵上，"帝者，神之应物，物生而后有象，帝出而后妙物。"物生则有象，"帝"出则妙物，皆恒道使然。曹道冲认为，"有象之太"者"莫大于天"，故为"象帝之君"。然"杳冥生真精，真精生冲气，冲气生天地，天地生万物"，故"惟道自然，非物能生"。"象帝"即"天帝"，其先者有冲气、真精、杳冥，不知何者是道？其实，在《老子》看来，恒道从其不可闻见言是"杳冥"，从其确有情实言是真精，从其为物之和言是冲气，三位一体，非有先后之别。吴澄云："天亦由道而生，故曰象帝之先。"以"象帝"言"天"，无疑缩小了"象帝"的范围。实则，天地、鬼神等皆可谓为"象帝"。高亨云："象帝之先，犹言似天地之祖也。"只言"天地之祖"，并未揭示出"象帝"的意蕴所在。"天地之祖"，为无祖之祖。

二从功用大小解。王弼云："地守其形，德不能过其载；天慊其象，德不能过其覆。天地莫能及之，不亦似帝之先乎！"天、地皆为"象帝"，因有形象而各有其功能，同时自限其功能。地囿于其形而大不过载，天限其象而大不过覆。从功能大小的比较上看，恒道兼有天地的功能，故恒道高于天地。"先"，既是尊贵之先，又是先后之先。王氏又解"象帝"为"天帝"，认为"象帝之先"就是"大象"。"大象，天象之母也。""大象"作为绝对存在本体，是"天象"的来源，功用至大，故为至先存在。唐玄宗指出，"兆见曰象"，而"象帝"者作为"生物之帝"，能"兆见物象"。"象帝"类于世人所谓的"天帝"，作为生物之主，它是有为主宰，故具有形象。凡言主宰者皆是以我宰物，不免于局限。恒道自然不仁，然无弃物，曲成其全。在"象帝"之先，同时证明了恒道"容乃公"、"德善"的无限存在质性。叶适云："老子曰：'非子也，象帝也，非独帝也，象帝之先也'，所以深言其道之可贵也。"（引自《习学记言序目》上册，中华书局 2009 年版，第 211 页）非为"子"，也非"独帝"，故为"象帝之先"。因道高于"帝"，故可贵。

三从强而名之解。成玄英云："既能生天生地，似如天地之先也。"作为"先天地生而不为老"者，至道幽玄，寂寥恍惚，"不生不灭，不先不后"。而今言先者，欲明"先而不先，不先而先"，故"加以象"。"似如天地之先"，是"加以象"的强名。"象帝之先"，是"先而不先"。以其相对生天生地言为先，然本自幽玄微妙无有先后。虽是"不先"，然可假天地以强名先，无有"象帝之先"，则恒道无以显，故云"不先而先"。与释氏先后双遣的思维不同，《老子》揭示恒道先于天地的潜在和无限性。苏辙云："道虽常存，终莫得而名之，然亦不可谓无也，故曰此岂象帝之先耶。帝先矣而又先于帝，则莫或先之者矣。"以认知层次言，"象帝"可名，而恒道不可名。恒道虽不可得名，但非空无无有，故强名为"象帝之先"。既是"象帝之先"，则莫有先之者，它就是"至先"者。至先者，超脱先后对待的"先"，故是无先之先。有先有后，就

是有待存在，或存或亡。恒道常存，故自古以固存。因"象帝"而言"先"，正如因万物之"子"而强名为"万物之母"。"象帝之先"，即恒道之容。道虽无形，及其运而为德，则有容。德为道之见，众有之容皆道之见于物。"象帝"是"道之见于物"，见于天帝的存在者。以所寓物的有先后，揭示本自的无先无后。陈象古云："帝之先谓始之以虚无，终之亦以虚无故也。"大道虚无微妙，无有始终，然因存在物而言始终。牛妙传云："言象如帝之未主已先，是何面目，是何光景也？"将"象"解为"似乎"，与"帝"分离，已失《老子》本意。恒道因"象"而言"大象无形"，它的一个"面目"、"光景"就是"象帝之先"。王一清云："鸿蒙混沌，无象无光，二气未彰，五行未立，溟溟悖悖，难以象求。"恒道作为"象帝之先"，固然难以象求，因为它是"无物之象"。恒道也不可以帝名，因为它是"万物归焉而弗为主"。王夫之云："虽有泰帝，不能轶其先。岂尝歆彼之俎豆，而竞彼之步趋哉？似而象之，因物之不能违，以为之名也。""泰帝"，为太古存在的"天帝"，以其有象有极，故不能作为表征恒道存在的"先"性。因物不能违之，功存实有，故有"帝"用。以"似而象之"解"象"，若以"帝"为具有形朕和主宰属性的存在者，亦可。

四从不知可否解。印玄散人云："万物皆帝之子，而帝处其先。道则生天神帝，又似帝之先，谁复能子道哉？太上言我不知道从何而生，所谓无名天地之始也。"恒道无先无后，不可致诘，不可形名，故不知道由何生？只可以无名名其为生天生地之始。若以万物为帝之子，道为帝之先，则生有二本，实则天地万物一并由恒道所生。以世俗视天帝为最高存在言，又推其极而假名"象帝之先"。在《老子》思维中，无名高于有名，无形大于有形。魏源认为，就体道之人言之，此是复"道之本然"。"诸家皆谓推极然问道为谁氏之子，既太支离；而推道为象帝之先又太幻渺，故并不取"。推极问道为谁子，是以物为道，故太支离；推道为象帝先，不可名状，故太幻渺。既言恒道存在，就是无名与强名的统一。刘萧和云："帝之先本不知谁何之境也（既名为帝，已自非道）。人能不自知其谁何，斯象乎帝之先矣。""帝"者主宰，有其情感定容，可象可名，以之为道是"可道"，而非"不可道"的恒道。"谁何之境"作为"不可道"者，正是恒道存在的强名。不知是不可感知其存在形状，非是不可推知其功用实存。

五从有无之先解。有无相待存在，或有或无，是"有无相生"的物性。恒道存在既是"有无一体"，又是超越有无对待之上的绝对存在"无"。刘仲平云："盖其体也，在有、无之先。有、无者所谓象也，其先则亦无有无者也；其用也，在有为之先。有为者所谓帝也，其先则无为之为也。""有"与"无"作为相待者，固是"象"的存在属性。与此相反，恒道无形无象，故为"有无之先"。超越有无相待存在的无有无无，正是"象帝之先"的强名质性。从其体言，恒道超脱物象，故为"象"之先。从其用言。恒道超脱"有为"之"帝"，故为"帝"之先。有为者"帝"，在"帝"之先即在"有为"之先。"象帝"作为《老子》的一个专有名词，指谓有形至大、有为至贵

者。有形有为者是"有"，而无形无为者是"无"或恒道。恒道以体言是"无状之状，无物之象"，以用言是"无为之为"，二者合一就是"象帝之先"的深刻寓意。

从《老子》全书来看，恒道只有超越"象帝"，才能在本源存在和德性价值上高于"象帝"，也才能为"无为"、"无名"和"无功"等思想提供本体存在上的根据和实存上的地基。"象帝之先"观念，在《老子》中占有很突出的地位，有着重要的深刻寓意，与"名"、"象"、"有为"等范畴紧密相连。"玄德"、"自然"、"弗为主"、"不欲见贤"等观念，皆以之为地基衍生而成。《老子》以"象帝之先"的思维，来超越"上帝"存在的主宰性，而突出无为的"长而不宰"内涵；来摆脱形名存在的功利性，而强调无名的"上德不德"意蕴。恒道先于"象帝"，更先于万物，澄明了恒道之于物的超时间性。也可以说万物的时间性乃肇始于恒道作为造物者的存在质性。万物以形化生，为它所生，有生有死，有始有终，而恒道则"生生者而不生"，无始无终，无先无后，"迎之不见其首，随之不见其后"。但其"无先无后"的无时间性，是相对于天地万物作为时间中的存在而言，是就其"超越"性以假言况谓，并非在思想上予以逃避或消解之。"象帝之先"，正是强名超越时间性的无时间性。

三、传承发展

《庄子》继承《老子》"象帝之先"的思想，加以进一步阐说。"夫道，……自本自根，未有天地，自古以固存；神鬼神帝，生天生地；在太极之先而不为高，在六极之下而不为深，先天地生而不为久，长于上古而不为老。"（《大宗师》）大道"生天生地"，故在天地之先。天地者，为有形的最大者，亦是恒常的存在者，先之故可证明大道"无形"；大道"神鬼神帝"，故在鬼帝之先。鬼帝者，是有为的至能者，亦是主宰的存在者，先之故可见证大道"无为"。作为"无为无形"的存在，与有形有为的天地、鬼帝相比，就是"象帝之先"。"自本自根"，非为它生，存在于"未有天地"之"先"，就是至先的存在。作为至先存在，又是"不为久"、"不为老"的存在，故为"无先之先"。恒道之先，是因"象帝"而有"先"，本自作为永恒、无限存在，非有先后相对待之"先"。在"太极之先"，是因太极存在而有"先"，而"不为高"是"无先之先"。"先天地生"、"长于上古"，皆是相对天地、上古而言"先"、"长"，而"不为久"、"不为老"则是"无先之先"。"自古以固存"，犹言无有长久、先于其上者，揭示其为绝对性、超时间性的无限存在。把"神鬼神帝"放在了"生天生地"之前，次序上绝非无意而为，必有着深刻的内涵和先后的逻辑。生以形言，神以德言，其与《老子》"德畜"、"物形"顺序相类。"帝"与"天"相对，"鬼"与"地"相对，有"神"而后"形"生。此"神"生"形"，是"道"通过"德畜之"神功而与物以形。以《老子》"象帝"思维言，"象"对天地有形言，"帝"对有为神功言，大道超越于二者，"神鬼神帝，生天生地"，故能无名、无功。恒道作为"象帝之先"，就是在"神鬼之帝"、"天地之象"之先。"象帝"二字是同一所指，共同揭示恒道生

成万物过程的两个逻辑阶段，即与《老子》"道生之，德畜之，物形之，势成之"思想相吻合。"神"是赋予鬼帝以"德"，成其灵性；"生"是赋予天地以"形"，成其物状。至先者，为"无端之纪"，它游于万物的终始。"凡有貌象声色者，皆物也，物与物何以相远？夫奚足以至乎先？是色而已。则物之造乎不形，而止乎无所化，夫得是而穷之者，物焉得而止焉！彼将处乎不淫之度，而藏乎无端之纪，游乎万物之所终始。"（《达生》）物有形色貌象属性，是有限存在。物不得先物，相互不能为远，故不可作为"至先"者。因为"玄德深矣，远矣，与物反"。万物始造于"不形"者，起止于"无所化"者。前者是"不形之形"，为万形之先；后者是"一不化"，为万化之先。有度、有端者为物，而道与物反。得此之道，物不可止而穷其至极。作为"不淫之度"、"无端之纪"，它是无先无后者。只有体于"无先无后"，方能"游乎万物之所终始"。无先后始终者，不限于先后始终，方能成物先物后、物始物终，无不为始（先），无所不终（后），成遂万物的一切先后、始终。《庄子》多以"始"言"先"，并以"道"观揭示物性的起始。在它看来，以物物之间的先后相对关系，追溯起始，便会循环不穷，造成"无已"的困惑。只有以"无古无今，无始无终"来解"天地之先"这个存在，才能解脱循环不已的困境。同样，对宇宙起源的逻辑推演，只能是相对的界定。"有始也者，有未始有始也者，有未始有夫未始有始也者，有有也者。有无也者；有未始有无也者，有未始有夫未始有无也者。"（《齐物论》）有始，有未始"有始"，有未始有"未始有始"；有"有"，有"无"，有未始有"无"，有未始有"未始有无"。它们逐个递进，相互否定，揭示出在始终、有无上的不可固执。始终不可定执，方能齐于始终，达致道通为一。此并非否定以始揭示大道的"先"，相反却认为其"先"必然是相对的强名；并非否定以始终揭示物的存在时间性，相反是对每一存在物先后、始终的肯定。这里，显现出从追溯万物本始到探究万物始终"齐一"、"通一"的思维转变。就每一存在物言，皆有所始，也皆有所终。对认知言，关键是不要以己之始终，强为物之始终，正确的立场是"无适焉，因是已。"止于物是，方为最是。去己之执，方能还物以本己的始终性。因循物的时间性，则各始其始，各终其终。相对物象的先后、始终，推知其无先之先、无始之始，故强名以"象帝之先"。以"象帝之先"为世界万物的起始立一个"可道"的存在，然后以之揭示"不可道"的存在。至极而无极，有限的极限是无限。否定有限，同样是肯定其为至极的存在。伴随这种思维的转换，《庄子》更从造物者"物物"、造化者"化化"的角度，揭示其"无始而非卒"的思想内涵。"化其万物而不知其禅之者，焉知其所终？焉知其所始？正而待之而已耳。"（《山木》）造化者，禅化万物，自然而然，而不知其始，亦不知其终。不知始终，因其无有始终。人对于其的正确态度，是"正而待之"，与造化合一。只有随任迁化，日新不已，方能所遇皆适。《庄子》进一步将《老子》恒道的无时间性或永恒性，展现于"为物不贰"、"生物不测"之中。造化者，化化而未始有极，故无始无终。造化者虽与每一存在者的物化相反，然造化之化即是万物之化。造化的无穷性，体现在

万物万化的"未始有极"上。大道的无限性，就展现在造物或物物的无穷性之中。这一思维，又体现在"物物者非物"上：

冉求问于仲尼曰："未有天地可知邪？"仲尼曰："可。古犹今也。"冉求失问而退。明日复见，曰："昔者吾问'未有天地可知乎？'夫子曰：'可。古犹今也。'昔日吾昭然，今日吾昧然，敢问何谓也？"仲尼曰："昔之昭然也，神者先受之；今之昧然也，且又为不神者求邪？无古无今，无始无终。未有子孙而有子孙，可乎？"冉求未对。仲尼曰："已矣，未应矣！不以生生死，不以死死生。死生有待邪？皆有所一体。有先天地生者物邪？物物者非物。物出不得先物也，犹其有物也。犹其有物也，无已。"（《知北游》）

冉求提出未有天地之"先"是否可知的疑问，孔子先答以可知，因为"古犹今"。今之天地即是古之天地，天地常存，无未有之时。"未有子孙而有子孙"，是对"未有天地"之"先"的消解。变化不止的天地，古今一如，始终如一。陆德明云："传世故有子孙，不得无子而有孙也。如是，天地不得先无而今有"。家世父曰："天地运行而不息，子孙代嬗而不穷。浸假而有子孙矣，求之未有子孙之前，是先自惑也。天地大化之运行，无始无终，未有天地，于何求之！故曰古犹今也，相与为无穷之词也。"（引自《庄子集释》，中华书局 2004 年版，第 763 页）始终相待，始乃终之始，终是始之终。无待者，恒存不变，故"无古无今，无始无终"。这里，天地就是古始的存在，亦是永恒的存在，有类于恒道存在的质性。儒家以天地为宇宙本原，而道家多以大道为本始存在。不论为何，其无限性、永恒性的属性是同一的。"古犹今"，揭示的是永恒性。"无古无今，无始无终"，揭示的是无限性，它是对时间相对性的否定。若以古、今别，则必以"古犹今"为昧，因为古今不同，必有天地古今的不同，即有可能"未有天地"之时。《老子》正是以"自今及古，其名不去"的横贯性揭示永恒性，同时又以"象帝之先"揭示其无限性。永恒性与无限性，二者相互界定，相为阐发。没有自古以固存，何来无限性？若执著于先后、始终，何来永恒性？否定有限，就在于揭示无限。有限的极限是"古犹今"。"以生生死"、"以死死生"，是以死生为相待，犹如以古今为对待。有待古今，则以今别古，不能古今通一。好生恶死，则死生不能一条。以生死为"有所一体"，则"古犹今"；"不以生生死，不以死死生"，则始终不待，故"无古无今，无始无终"。无所始、无所终，则终始通于一，恒自固存。在《老子》言，恒道是"物物者非物"的存在，然作为"非物"乃是"独立不改"的存在，然其又体现于"周行不殆"之中。此篇作者通过"物出不得先物"的立论观点，来否定"先天地生"问题的合理性。天地即是物物无已的存在，自古已固存。它无疑在消解先天地存在的寻视，而在于着手建构以天地为绝对本体的思维。若以为天地之上有物，则又可逆推其上更有它物，故"无已"。天地本是强名的无限存在，故不必再言"未有天地"之时。这里的"天地"类于恒道作为"万物之奥"，非是"象帝"一类的"天地"。由此可以看出《老子》与《庄子》此篇在"天地"观上的重要区别。恒道从

"象帝之先"的存在质性，已然过渡为作为"道通为一"的存在样态。"天地"作为物物者，是通物的存在，为"道通为一"的存在。《庄子》一书，特别是外篇、杂篇，主旨在于构造以万物为一体的世界现象观，万物起源的宇宙论思想逐步淡化。郭象正是沿着这样的思路一直走下去，进一步明确否定了"造物者"的存在，消解了"象帝之先"问题的存在。"无也，岂能生神哉？不神鬼帝而鬼帝自神，斯乃不神之神也；不生天地而天地自生，斯乃不生之生也。故夫神之果不足以神，而不神则神矣，功何足有，事何足恃哉！言道之无所不在也……无所不在，而所在皆无也。"（《大宗师》注）郭象转换了《庄子》"神鬼神帝，生天生地"的先始内涵，消解了宇宙本先的存在。"不神之神"、"不生之生"等思维结构和语言表达方式，在《老子》那里皆是揭示恒道作为"象帝之先"的绝对存在质性。恒道生物而不恃生，本自不为生、故是"不生之生"。它神化万物而不自恃其神，故为"不神之神"。郭象则以万物各自生言"不生之生"，以万物各自神言"不神之神"。在否定宇宙本源存在上，郭象又云："谁得先物者乎哉？吾以阴阳为先物，而阴阳者即所谓物耳。谁又先阴阳者乎？吾以自然为先之，而自然即物之自尔耳。吾以至道为先之矣，而至道者乃至无也。既以无矣，又奚为先？然则先物者谁乎哉？而犹有物无已。明物之自然，非有使然也。"（《知北游》注）此说明显受《庄子》追溯起始思维的影响，可说二者在思维形式上相类，然本质内涵有别。在《庄子》某些篇章，天地尚有"使然"的存在质性，在郭象思想中天地成为自然总名，非为"使然"者。《庄子》尚言有"先物者"、"造物者"存在，逮至郭象完全否定了物物者或生生者的存在。《文子》作为继《庄子》后传承《老子》思想的一部重要文献，对"道之始"同样进行了阐发。"夫道者，陶冶万物，终始无形，寂然不动，大通混冥。"（《道原》）道者，始于无形，故为"寂然不动"的"混冥"，正如"有物混成"为"象帝之先"。另一方面，大道陶冶万物有形，然不居其形，而保持为"无形"，故终于为"不形之形"。正因为如是，它方能"大通"于万形，而本自无形。这里的"寂然不动"犹如"独立不改"，"大通混冥"犹如"周行不殆"，二者合为一体。大道"始无形"，是"无形者作始"，因"有形产于无形"，故言"无形者有形之始"。无形之始，相对有形而言，非本自有始，它是"无始之始"，正如"无先之先"。大道作为绝对本体存在，既有因万物而揭示其本源的生成论上的起始，它是"天地之始"；亦有因万物始终而揭示其无限性的"无先无后"，它是"象帝之先"。通于万物之始，即是大道之始。"夫道者，原产有始，始于柔弱，成于刚强；始于短寡，成于众长。"（《道德》）大道作为"始"者，是"道生一"之始；万物之始，是"得一"的物化之始。恒道虽非存在物，然存在物之所以然就是恒道之寓，无物之化非道之化，无物之始非道成始。恒道于物，是"善始且善成"。"原产有始"，从道动通则上看是"势成之"之始，亦即作为每一物运动、变化和发展的起始。然从万物本源上看，是"天下有始"。"天下有始，莫知其理，唯圣人能知所以。非雄非雌，非牝非牡。生而不死，天地以成，阴阳以形，万物以生。"（《自然》）"天下有始"，亦即"万物之

始"。因其为"无始之始"，不可形名，只能因万物追溯本源而强名，故"莫知其理"。理作为分殊存在质性，必可知。大道之始，虽不可形名，然可通过追溯万物起源，以"知所以"强名其为"始"。作为不可形名的本原存在，它是"无始无终"，而"非雄非雌，非牝非牡"正是其同一思维结构。因天下万物之众有所从来，即为"有始"，然大道本身无始，若有"始"则为有限存在，就有另一个作始者为其始，限于逻辑循环的悖论。"生而不死"，是同样的逻辑结构。生生者不测，故不死，犹如"谷神不死"。"不死"，方能生生不息，用之不既，"周行不殆"。若有"死"，就非是永恒的绝对存在。只有"生而不死"，方能是作为"象帝之先"的恒道存在质性。恒道本自无始无终，亘古以固存，虽然存在的形态不同，既有无形混成的原初样态（"有物混成"），也有寓于万物存在的第二样态（"万物之奥"）。前者是"至微无形，天地之始"，后者是"万物同于道而殊形"。从宇宙本源上看，天地有形，而以无形为始；从存在物运动、变化看，万物有形，而以内在之道而成始。恒道存在样态的转换，将随着对《老子》道论诠释的展开而呈现其深刻内涵。《淮南子》一书综采各家，尤其对老庄、《文子》思想予以集成性的汇辑。对道的先始观念，又进行了阐述和发展。"有始者，有未始有有始者，有未始有夫未始有有始者。有有者，有无者，有未始有有无者，有未始有夫未始有有无者。所谓有始者，繁愤，未发萌兆牙蘖，未有形埒垠堮，无无蠕蠕，将欲生兴而未成物类。有未始有有始者，天气始下，地气始上，阴阳错合，相与优游竞畅于宇宙之间，被德含和，缤纷茏苁，欲与物接而未成兆朕。有未始有夫未始有有始者，天含和而未降，地怀气而未扬，虚无寂寞，萧条宵霓，无有仿佛，气遂而大通冥冥者也。有有者，言万物掺落，根茎枝叶，青葱苓茏，萑蔰炫煌，蠉飞蠕动，蚑行哙息，可切循把握而有数量。有无者，视之不见其形，听之不闻其声，扪之不可得也，望之不可极也，储与扈冶，浩浩瀚瀚，不可隐仪揆度而通光耀者。有未始有有无者，包裹天地，陶冶万物，大通混冥，深闳广大，不可为外，析豪剖芒，不可为内，无环堵之宇，而生有无之根。有未始有夫未始有有无者，天地未剖，阴阳未判，四时未分，万物未生，汪然平静，寂然清澄，莫见其形，若光耀之问于无有，退而自失也，曰：'予能有无，而未能无无也。及其为无无，至妙何从及此哉！'"（《俶真训》）此说虽与《庄子》内篇内容相近，然其赋予了宇宙发生学上的阶段序列和内涵界定，已不同于原意。在《庄子》那里意在否定"始"或"先"观念的固执确定性，而揭示出它在认识上的相对性，而《淮南子》赋予其宇宙论上的本体存在性，将之确定化、实体化，揭示出宇宙发生学上的有"始"观。一是"未始'未始有始'"阶段。此时天地之气无交不通，虚无寂寞，大通玄冥。二是"未始'有始'"阶段。此时天地阴阳之气错合，氤氲游畅，被德含和，然未成兆朕。三是"有始"阶段。此时虽有"繁愤"潜具，欲生然未成形状物类。从"玄冥"到"无朕"，再至"无物"，揭示出从"无有"到"潜有"的生成过程。以有无言生成次序是：一是"未始'未始有无'"阶段。此时寂然无形，因以"无"为有，故为"无无"之妙。二是"未始'有无'"阶段。此

时虽为混冥而周流通贯，无处不有，为有无之根。三是"有'无'"阶段。此时微眇不可致诘、搏得，虽浩瀚广大，然无可揆度，犹如光耀之无。四是"有'有'"阶段。此时万物形色行止已判，状可把握，体有数量。固然，上述"始"的阶段之分，不免有牵强附会之嫌，不如老庄宇宙发生阶段论那样明确妥当，然亦是对宇宙发生"先"或"始"的一种探求。《淮南子》又从"天文"的生成上揭示"道之始"。"天坠未形，冯冯翼翼，洞洞灟灟，故曰太昭。道始生虚廓，虚廓生宇宙，宇宙生气，气有涯垠。清阳者薄靡而为天，重浊者凝滞而为地。清妙之合专易，重浊之凝竭难。故天先成而地后定。天地之袭精为阴阳，阴阳之专精为四时，四时之散精为万物。积阳之热气生火，火气之精者为日；积阴之寒气为水，水气之精者为月。日月之淫气精者为星辰。天受日月星辰，地受水潦尘埃。"（《天文训》）太昭者，无形之道。虚廓、宇宙、气、天地、阴阳、火水、日月星辰、四时和万物依次为其所生，这样的生成序列乃是强为之说，不合老庄意旨。虚廓是宇宙的虚廓，也是道体的虚廓，三者一体，只是从不同角度而言罢了。宇宙的内涵在于揭示空间时间存在，虚廓的内涵在于揭示气之太虚的絪缊状态，道的内涵则在于揭示统一的一本。道自涵气，气自有变化，变化自有宇宙的存在方式。且天地、日月星辰以及万物，皆是恒道在分有、生物时一齐俱生，何尝有天地而无万物之时？"宇宙生气"，是宋儒以为老庄"虚生气"观的由来。"日月星辰"就是天文，何尝有无日月星辰之天？在解《老子》"道生一，一生二，二生三，三生万物"之说上，作者接云："道始于一，一而不生，故分而为阴阳，阴阳合和而万物生。"在《老子》是"道生一"，何尝言"道始于一"？若言"道始于一"，则"一"为本，与"道"同一等级，它就是"太一"，为万物统一的一本来源。在《老子》看来，恒道虽是"混而为一"，而"道生一"之"一"，是万物"得一"之"一"，也即分有之一，散殊之一。此中玄旨留待后论。在揭示宇宙本始的存在上，又继云："无古无今，无始无终，未有天地而生天地，至深微广大矣。"（《说林训》）此正是以"无古无今，无始无终"况谓宇宙本源存在的无时间性，因为"无古无今"是古今相待的否定，"无始无终"是始终对偶的否定，对有限的否定即是无限。只有以无限界定本始存在的绝对质性，才能生成有限，永恒于生成有限的无限过程中，"周行不殆"。"未有天地"，在天地剖判之前，无形故"深微"。能"生天地"，功成故"广大"。"至深微广大"，正是恒道作为"象帝之先"的存在质性。"言道而不明终始，则不知所仿依；言终始而不明天地四时，则不知所避讳；言天地四时而不引譬援类，则不知精微。"（《要略》）正如《易》理赅备于六十四卦一样，大道备于分殊之理，无理之殊则道不备。无万物之众则无以知道，道之大备在于万物之中。以始终言，正因物有始有终，方可以揭示大道本自无始无终。无物之始终，则无以揭示天下有始。正如无形而生成有形一样，因恒道"无始无终"、"不先不后"，方能化物以始终、先后。明儒刘宗周引用"象帝"云："道以忘我为大，心超象帝而诚"。（引自《文编上》，载《刘宗周全集》第三册，浙江古籍出版社2007年版，第545页）"象帝"观念，即来自

《老子》之文，虽非同一意指，但思维上传承了"象帝"的执著形名的意蕴。执于"象帝"则有我，诚者以道行之，无为自然。

最后，对"不知谁之子，象帝之先"思想作以简要概述。恒道作为"自本自根"的存在，与作为万物本根的存在，二者是同一绝对本体存在的两面。因万物之"子"，而知其为"万物之母"。"万物之母"非形化、卵生有形之母，而是绝对的无形之母，同时是独立无偶之母。恒道作为"万物之母"，与万物作为"子"成为两极，它是恒道存在的两个样态。子从母来，母在子中。正因有"象帝"存在，而界定恒道为"象帝之先"。"象"者形物"有"之属，追溯其本始的绝对之"先"只能是"无"，它与"大象无形"、"无状之状、无物之象"以及"有物混成"等观念融贯一体。"帝"者主宰之谓，追溯其绝对的本源之"先"，只能是具有"长而不宰"等"玄德"质性的恒道，它与"功成不居"、"辅助自然"以及"无为"、"弗为主"等思想"一以贯之"。构建了"象帝之先"的观念，也就脱离了形物宰化的观念桎梏，创新确立了恒道独立、无限的"无先之先"、"无始无终"的深刻寓意，揭示出"玄德深矣，远矣，与物反"以及"物物而不物于物"的玄妙所在，并为"无极而太极"观念奠定了思维基础。"象帝之先"，是"无先之先"，因"象帝"而言"先"。恒道是"无先而有先"，揭示了恒道与万物的玄妙关系。恒道既因万物以生而有先，"天下有始，以为天下母"；亦因生生自本而无先，生生不息故"无始无终"。"生生者不生"、"化化者不化"的真谛，即在于此。"无始"方能"作始"。若有先后、始终，即是有限存在，非为"独立"、"无待"的存在。恒道有"先"，方有"道纪"。恒道无"先"，方是"独立不改"。就恒道存在质性言，是"不先"与"有先"、无名与强名的统一，二者相互界定、缺一不可，正如"独立不改"与"周行不殆"的关系一样。"能知古始"，是因有始而持无始，因无始而摄有始。既是"为物"作始，又是"万物作而弗始"。这里的重点在于揭示：恒道存在的原始性、永久性、无限性、绝对性。

第二节　先天地生

《老子》言恒道"先天地生"，无疑在思想史上提出了一个"别开天地"的观念，对以天地为本的儒家等习俗思维无疑是一个巨大冲击。宋代叶适曾云："按自古圣人中天地而立，因天地而教，道可言，未有于天地之先而言道者。"（引自《习学记言》，载《中国哲学史资料简编》，中华书局 1973 年版，第 218 页）儒家道统是未有言道于天地之先，与道家在学说上具有重大差别。《老子》为何提出这样的论断？其中又蕴含着什么样特殊的深刻寓意？解答这一问题，将会揭示出《老子》在当时哲学思维上的独树一帜。

一、文字校解

《老子》第二十五章云："有物混成，先天地生。……可以为天地母。"这一文句

同"象帝之先"一样，旨在追问万物存在的起源，以及恒道与天地的先后关系。帛书《老子》甲、乙本"先天地生"一文，与今本同。这里，特别需要提及的是，楚简《老子》也有言之，且是其论"道"不多文言中的一个重要论断。对"有物混成"一文的诠释，将在后面进行，在此只要明了"混"的字义即可，因为"混"者为不分、整全的况谓，针对天地分畔有畛而立说。

在诠释"先天地生"一文之前，首先要辨析"生"的语用字义。在上节曾提及"有先天地生者物邪"（《庄子·知北游》）一文，并未就"生"字的特定涵义进行深入解析。"先天地生"，是先于天地而存在，非是在天地以前产生。如果以为恒道先于天地而生，那其为何者生？有"生"必有生其所生者，若有生成恒道者，则恒道非是本始、本宗，更非独立无匹的"第一存在"。此"生"字专言天地的为生、它生，因所生天地而言恒道为"先"。"先天地生"是简写句，扩充写法应是"先于天地之生"，或者写为"先于天地有生"。恒道作为"生物不测"者，既是"生生"存在，万物以之生，无物不从其所由生。同时是"不生"，它不为它生而生，自本自根，自古以固存。恒道是"生生"与"不生"的统一，虽"生生"而"不生"，因"不生"而能"生生"，二者是一体的两面，故云"生生者不生"。

二、文句解析

明确了恒道"生生而不生"的意蕴，也就解开了恒道"先天地生"的深刻内涵。天地作为有形存在，在世人看来是存在物中的至大者，虽为"至大"然犹有所以生者，它是"为生"而非"本生"。以这样的思维转换，就颠覆了以天地为至尊至贵的本来价值观念。从现有文献看，先秦儒家等学派，皆未有提出先于天地之生的存在观念。天地作为法象至大者，对其认知仍限于"象帝"的感知形象思维，而非达致恒道无状、恍惚一样的模糊混沌思维。固然，恒道因物而有其存，然它又非物，即物又离物，此玄妙质性首先由道家《老子》开出，并予以阐发。历来注家多解"先天地生"为恒道先于天地之存在。河上公云，道者，"在天地之前"。"前"是"象帝之先"之"先"。王弼云："不知其谁之子，故先天地生。"天地可为"子"，故知其必有母；恒道不可为"子"，故不知谁之子。在它生和自本的对比上，先后关系自判。李荣云："原其本，则先天地生也。"以先于天地之生的恒道为万物之本。李约云："元气圆凝之时，未有天地"。"未有天地"，是天地之先。以"元气圆凝"解本源绝对存在恒道，是受到汉初以来"元气"观的影响。宋徽宗云："天地亦待是而后生，故云先天地生。"从天地因以生，而言恒道为先，明确它们作为能生和为生的先后关系。陈象古云："天地有形，因道而生"。恒道是"大象无形"，而能生有形天地，则无形为有形之先。范应元云："有天地然后万物生，道先天地生，则非物也。道本无生，亦以其生物而言。"以道非物，故"道本无生"。"无生"是不自生，不为生。道能生物，是"生生不测"的绝对存在。二者合言，恒道之生是"生生而不生"。以其构成万物为"生生"，以其本

自不为它生为"不生"。概言之，各家注解不越恒道存在于天地先前的观点。

三、传承发展

天、地作为分殊存在，必然各自有其自性，每一个皆不能代替另一个存在。彭蒙、田骈和慎到等道家皆"齐万物以为首"，认为"天能覆之而不能载之，地能载之而不能覆之，大道能包之而不能辩之"（《庄子·天下》）。大道能包之，则兼天地之能，然大道又不能以天地分判而辨称之。大道通于天地，故不可以天、地之分名称大道。然若以大道脱离天地，为另一作为实体的存在，也非是。在《庄子》中，道与天地何为至尊，不同篇中存在摇摆不定的现象。如"道与之貌，天与之形"（《德充符》）。以道、天并称，赋予天以"与之形"的功能，显然已具有与道共尊的地位。至于言"受命于地"、"受命于天"，更是以天地为至贵。"帝王之德，以天地为宗，以道德为主，以无为为常。"（《天道》）以天地为宗，与《易传》"与天地准"的思维同类。《庄子》有直接以天地为万物之母的观念，"天地者，万物之父母也。"（《达生》）有将天地视为万物所生本源的论说，"至阴肃肃，至阳赫赫。肃肃出乎天，赫赫发乎地。两者交通成和而物生焉，或为之纪而莫见其形。"（《田子方》）显然，其与《易传》思维相类。天地成为生养万物的根本存在，"天地之养也一"（《徐无鬼》）。天地具有与《老子》恒道一本生养存在的同样功能。在天地自身的存在质性上，认为身为"天地之委形"，生为"天地之委和"，性命为"天地之委顺"，子孙为"天地之委蜕"（《知北游》）。此一思维已然与恒道作为"万物之奥"的存在质性相类。恒道寓于万物之中，万物皆为恒道存在的分有、展现。"夫大备矣，莫若天地。"（《徐无鬼》）在《老子》中，"大全"存在质性唯一于恒道自身，而此却给予了天地存在。"天与地无穷，人死者有时。"（《盗跖》）天地无穷，等同于《老子》的"道乃久"。在人所取法的至尊存在上，《庄子》多言"法天"思维，而非是"孔德之容，惟道是从"。"不离于宗，谓之天人"。古人"以天为宗"，能"备于天地之美"、"天地之纯"（《天下》）。它们皆以天地为本宗，非是"同于道"。可见，《庄子》外、杂篇以天地为本宗的思想，更接近于《易》，而与《老子》恒道存在质性具有很大差别。然《庄子》内篇继承了《老子》以恒道先于天地存在的思维，并多有阐发。"乘天地之正，而御六气之辩，以游无穷者"（《逍遥游》）。"游无穷"，是"道通为一"。"游无穷"的道境，虽非《老子》实体存在样态的恒道，然无疑具有超越于天地之分、包涵天地在内的质性，它与恒道先天地生、涵摄天地的思维相近。作为"混成"者，恒道必潜涵天地于其内，否则何以生出天地？至于言"天地与我并生，而万物与我为一"（《齐物论》），更以"并生"、"为一"而否定天地生我以及为万物本源、担负生生功能的存在质性，天地的自然存在或"象帝"存在者属性更加彰显。"无所逃于天地之间"（《人间世》），既言"天地之间"，它就是存在的空间，确立了天地作为自然存在者的质性。"虽天地覆坠，亦将不与之遗。"（《德充符》）天能覆、地能坠，即非永恒的绝对存在。"天无不覆，地无不载"，揭示

的不过是天地职能的自然分工。《庄子》内篇，还有与《老子》恒道"先天地生"思想同样的论说，道者，"未有天地，自古以固存……生天生地……先天地生而不为久"（《大宗师》）。此文虽短，且在整篇文义中有些不类，但在哲学史上却占有重要地位，这不仅是因为它继承了《老子》以恒道为宇宙本始存在的思想，而且因为其对揭示《老子》恒道存在质性有着进一步的传承和发展。恒道只有"自本自根"，方能"生天生地"；只有"先天地生而不为久"，方是"自古以固存"。"自本自根"，揭示了恒道"独立"，自在自足，生生而不生。它为万物所生的根本，在其外再无有生生的根本或本源。宣颖云："道为事物根本，更无有为道之根本者，自本自根耳。"（《庄子集解》）"自古以固存"，揭示恒道永恒存在的质性。"自古"则早于天地而存在，"先天地生"；"固存"，则生成天地后持续存在，与天地万物并存而在。《老子》"以阅众甫"、"其名不去"，即言此谓。"未有天地"，揭示恒道为"象帝之先"，先于天地存在而存在。"生天生地"，揭示恒道为"天地根"，可以为"天地母"。"先天地生而不为久"，揭示"道乃久"，久于天地之存。有天地则有古今，而体于大道则能"无古今而后能入于不死不生"（《大宗师》）。"不死不生"的境界，是"杀生者不死，生生者不生。"无古无今、不死不生，皆揭示的是恒道存在的超时间性、无限质性。"生生"者，不为生，非自它生，方能生生不息，生物不测。"杀生"者，不可死，非自它杀，方能杀生不测，杀杀不止。若有生有死，则何以能永恒于"生生"、"杀生"？生死有时，而不死不生则无限。天地为生，则有始有先。恒道生天地，而本自"不生"，故"无始无终"、"不先不后"。"先天地生"之说，道出了大道为天地未分、未有之前的宇宙存在样态，或者说它就是天地由之孕育而生的一种潜在状态。之所以把天地作为参照，以分先后，乃因当时以"天地"为本原的观念习为定识，成为普遍的共识、成见。老庄别立一宗，就是要以先于或高于天地之在的恒道为本宗，将人的思维以及人生境界提升至一个更高的层次。以天地存在为区别之界，《老子》将恒道存在分为两个样态，一是"先天地生"的存在样态，它是"有物混成"、"天地之始"，亦是"道生一"、"玄牝之门"的存在。一是"生天生地"后的存在样态。它是"万物之奥"，以万物"得一"的样态而存在，同时是"泛兮其可左右"。二者合言，是"独立不改"的绝对存在本体，为一个无所不包罗的大全存在。《庄子》所言的"道通为一"，揭示的正是恒道后一个样态的存在质性，或者说是内在生生不测的宇宙机体系统存在。作为宇宙机体存在，是以"大宗师"称名的"造物者"，它"长于上古而不为老，覆载天地、刻雕众形而不为巧"（《大宗师》）。既能"覆载天地"，则造物者高于天地。天地覆载之能，是造物者的赋予使然，通一于造物者本身。造化者作为"大冶"，是"以天地为大炉"，无疑天地成为造化的承载者。"先天地生"者，是非物的"物物"者。"有先天地生者物邪？物物者非物。"（《知北游》）以"物物者非物"为逻辑推理原则，揭示了物物者不能为物的道理，确立了以天地为物性存在的本体论思维，其与恒道作为绝对本体存在的质性有别。从思维实质看，恒道非物，故不能视为逆推无穷追溯的"物"。物与物之

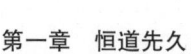

间递推，必然是"无已"。而作为"先物"的恒道存在，非等同于物，它是"第一存在"，其与天地的关系是造物者与受造者的关系，亦是绝对与有待、无限与有限的关系。大道，必是高于天地的存在。"天地者，形之大者也；阴阳者，气之大者也；道者为之公。"（《则阳》）既然是"公"，就在内涵上大于天地。天地有形，虽是"形之大"，然必是"定有"者。"道不可有，有不可无。道之为名，所假而行。"道不可"有"，一切"定有"皆非可当其存在之性，相反它是存在之"无"。万物作为"有"不能为"无"，而大道可以为"无"，涵摄一切存在物之"有"。法家的《管子》，具有同样的思想内容。"道在天地之间也，其大无外，其小无内"（《心术上》）。道与天地在范围上相同，可以把之看作是道分有于天地后的存在样态。在揭示天地自然的常则上，"天之常"在于"覆万物，制寒暑，行日月，次星辰"，"地之则"在于"地生养万物"，故天"覆万物而制之"，地"载万物而养之"，四时"生长万物而收藏之"，古以至今，"不更其道"（《形势解》）。天地常则，可以看作是恒道寓于天地之中，以为天地的功用，犹如"万物之奥"。《管子》中更有"先天地生"的论说，"道生天地，德出贤人。道生德，德生正，正生事"（《四时》）。就存在的次序言，"道生天地"，与"先天地生"为同一涵义。至于"天地未形"（《势篇》）等观念，与此相类。

《文子》象《庄子》一样，既在揭示大道先天地存的同时，又有将天地作为万物生成本始的言论。通观全书，明显可以看到其受《易传》天地观思维的影响。"有物混成，先天地生。"（《道原》）开篇即引《老子》语，立之以为全书思想的宗本。正因为大道"先天地生"，故能"苞裹天地"，使"天运地墆"。"苞裹"者，揭示恒道分有为天地万物，故在范围上大于天地。"运墆"者，揭示恒道寓于天地之中，以"势成之"而使其有功。大道在时间上先于天地，而在功能质性上高于天地。"水为道也……上天为雨露，下地为润泽，万物不得不生，百事不得不成……与天地洪同，是谓至德。"水载于道，内涵道性，故既能上天又能下地，"与天地洪同"。"洪同"者，是"道通为一"。天地因得道致其高厚，"天致其高，地致其厚，日月照，列星朗，阴阳和，非有为焉，正其道而物自然。"（《精诚》）大道自然，同时辅助万物自然；天地日月等行其内藏之道，故自然而然。天地以道而定，故遂其载、立之功。"天不定，日月无所载；地不定，草木无所立"。天地、日月、列星和阴阳皆因"得一"而分有于恒道，又各自分担着恒道生畜成遂万物的功能。赋予天地职分，并不与《老子》"先天地生"思想相背，反而具有内涵上的拓展。正因为"先天地生"，才能分与于天地以职分，使天地成为自己的"分身"。天地有形有声，而"道无形无声"。强以"一"字为名，揭示大道为"有物混成"之"一"，大道以"一"分为"天地之道"。天子效法天地之道，故"以天地为品"、"与天地配"。通行于天地，即是"大道"之"德"，故"不可不轨大道，以为天下母"。"天下母"，也是天地母。在《老子》思想中，天地观同样占有极其重要的地位，天地成为恒道生成万物后生化功能的主要承载者。恒道分化之后，以天地等存在继续显示其生物、造化的存在质性，彰显其"周行不殆"的功用。寻求天

地之生的本源，是作为"浑而为一"存在的大道。"天地未形，窈窈冥冥，浑而为一，寂然清澄。"（《九守》）"浑一"相对天地形分言，二者具有存在先后和内涵范围上的根本区别和分判。大道一而分二，则"重浊为地，精微为天"，进而生精神、骨骸。"精神本乎天，骨骸根于地"，或者说是"精神者所受于天"，"骨骸者所禀于地"。"人受天地变化而生"是次生，恒道方是本生，以《老子》思维言是"道生一，一生二，二生三，三生万物"。这里的关键问题，不在于否定二级生生功能的存在，而在于确立统一的来源和一本的大道，故不可以天地取代大道的存在。圣人"法天顺地"，"以天为父，以地为母"，是取法于"可道"的"象帝"，以此揭示恒道存在作为"象帝之先"的"不可道"质性。通过寓于"天静以清，地定以宁"的存在质性，证明了天地"得一"于恒道的内涵意旨。因为天地禀赋大道自然质性，故上圣通过"法天"和"治天地之道"，用其"虚静为主"的"虚静之道"，以体行绝对本体的恒道。法天则"勿挠勿缨"，故"虚无不受"；法地则"勿惊勿骇"，故"静无不持"。人不违反天地自然，故万物将自清、自理。此皆在于阐释《老子》"天地不仁"、"天法道，道法自然"的思想内涵。再有，《文子》以"无形"者为万物之祖，与《老子》以恒道为"先天地生"思维相通。"夫无形者，物之太祖；……是故不道之道，芒乎大哉！……万物有所生，而独如其根。"（《道原》）"太祖"作为至初本宗，无物先之，故必先于天地。因天地亦一大物，也在万物之中。就"道通为一"言，"与天地俱生"是体于道的"独与天地精神往来"。"不化者与天地俱生"（《九守》），"不化者"即"化化者"，"化化者未尝化，其所化者即化"。"不化者"作为恒道存在的异名，必然展现于"万化未始有极"之中。若非能化化，则不必言"不化"。正因为能化而不滞于化，本自不为所化，方能化化不测。恒道作为"不化者"，在"与天地俱生"中展现其化化的存在质性。离开天地万物之化，则恒道化化功能不存。此是《老子》恒道"独立而不改，周行而不殆"的深刻寓意所在。在《文子》中，沿着《庄子》外、杂篇的思维取向，有以天地取代恒道生生质性的倾向。"畜之养之，遂之长之，兼利无择，与天地合，此之谓德。"（《道德篇》）言"与天地合"，即将原属于恒道功能质性"畜之养之，遂之长之，兼利无择"，转移到天地身上。在《老子》中，天地固然分有承担恒道一定生生职能，然畜养、遂长和兼利无择等功能并非仅仅限于天地，还有水、神等，万物之间构成一个生生系统，相互为生养、为畜利、为遂成。否则，为何立一个生生之本"道生之"？在《老子》中，天地是同谷、神等万物相同的生生自然存在，并未能完全承载或取代恒道生生的一本功能质性。《文子》存在着将天地取代大道绝对本体存在的问题，故将天地视为万物的统一体，成为了道生天地，天地生万物的生生模式。"执一无为，因天地与之变化"，在《老子》中是"以道莅天下"的思维。天地为万物总名，故因天地以变化，就是因万物而变化。"道"与"天地"成为了同一层次的存在，后者为恒道存在的第二个样态。"积道德者，天与之，地助之，鬼神辅之。"（《道德》）这里，明显是儒家的思维，自天地鬼神祐之，则吉无不利。"天与"、"地助"、"鬼神

辅"，虽然实质内涵并不与恒道作为"万物之母"、"万物之奥"的存在质性相悖，然完全没有了大道存在的身影，相反"道德"成为了一种行为准则。以《老子》思维言，"重积德"是"同于道"、"修之于身"使然。能如此，则作为大道的承载者，自然"天与之，地助之，鬼神辅之"。在道德的内涵上，儒道二家虽皆是来自对客观存在律则的取法，然有内涵上的不同。儒家强调建立功德名位，而道家突出自然无名。既言"天气下，地气上，阴阳交通，万物齐同"，又言"天道为文，地道为理，一为之和，时为之使，以成万物，命之曰道"（《上德》），虽亦不违《老子》"万物负阴而抱阳，冲气以为和"之义，然"道"已是寓于万物之中的存在，宇宙万物本源的涵义荡然无存。"道"成为了天地阴阳交和生物的名谓，呈现了儒道思想交融的趋向，它来自《老子》与《易传》在天地生生观上的本体思维同构性。"高莫高于天"，以其"尊卑有叙"，故"天下定"；"地载万物而长之，与而取之，故骨骸归焉"。在天地的关系上，"地承天，故定宁。"天高地宁、天覆地载等，皆不违《老子》思想之旨，可以作为对恒道寓于天地之中的内涵拓展。"道者，所谓无状之状，无物之象也。无违其意，天地之间可以陶冶而变化也。"（《微明篇》）这里，打通了恒道与天地之间的先后相承关系。作为"无状之状，无物之象"的存在，恒道既是本源"有物混成"、"大象无形"的存在，亦是作为"万物之奥"的无形无名存在，二者统一构成其为无限存在。恒道散殊为万物后，作为寓于万物之中的存在，就是天地之间或宇宙的生生者或造化者。两种存在样态的同一性，在于"陶冶变化"的生化功能。作为本源的"陶冶"者，它是"非雄非雌，非牝非牡。生而不死，天地以成，阴阳以形，万物以生"（《自然》）。以"非雄非雌，非牝非牡"的思维言，恒道是"非天非地"。区别于"天地以成"的它生，恒道"生而不死"是生生者的"不生不死"，生生而不生。"天地以成"，是恒道"先天地生"的反论。大道生成天地，寓于天地之中，故可"体圆而法方"。它赋予天以"圆而无端"，故不得观其形；赋予地以"方而无涯"，故莫得窥其门。它使"天化遂"而无形状，使"地生长"而无计量。无形状、计量，正承载着恒道生生不测的功能，亦是恒道寓于万物之中无限性存在的呈现。恒道独立无二、生物不测故无朕，而天地作为存在物必有形朕。天地之近于恒道，就在于体有形分，而功用无穷。虽然如此，恒道作为"至大"者却是"天地不能函"（《下德》）。天地不能涵，则恒道必较其为大，故有先后、大小之分。至于言天地之气成和而生，更是对《老子》万物"冲气以为和"思想的发展。"天地之气，莫大于和。和者，阴阳调，日夜分。故万物春分而生，秋分而成；生与成，必得和之精。故积阴不生，积阳不化，阴阳交接，乃能成和。"（《上仁》）恒道分有成为万物之后，并不否定以天地之气的形式或样态化生万物。

　　《淮南子》思想以道家为主，集《老子》、《庄子》和《文子》思想于一体，并吸收儒家、法家和阴阳家等学派的观念。在揭示恒道与天地的先后关系上，不免有与《老子》思想龃龉之处。"古之真人，立于天地之本，中至优游，抱德炀和而万物杂累焉。"（《俶真训》）以天地为本，则非以恒道为本。然其中多有以天地为道所生之论。

"道始生虚廓,虚廓生宇宙,宇宙生气,气有涯垠。清阳者薄靡而为天,重浊者凝滞而为地。……故天先成而地后定。"(《天文训》)虽然在道与虚廓、宇宙和气的本体关系上,所言有些牵强附会,但将天地视为后道而生,其次序思维合于《老子》恒道先于天地的存在质性。以天先成、地后定,则不合《老子》天地"得一"并生之旨。"古未有天地之时,惟像无形,窈窈冥冥,芒芠漠闵,澒濛鸿洞,莫知其门。有二神混生,经天营地,……是故精神天之有也,而骨骸者地之有也。"(《精神训》)此文有与《文子》近同处,皆以天地生成分为前后不同的阶段。"未有天地之时"的本源存在,具有"无形"、"窈冥","鸿洞"、"莫知其门"等质性,类于《老子》恒道"先天地生"的存在质性。然又有思想上的不同,"二神混生,经天营地"将道与天地之间硬插入一个环节,与《老子》思想不符。《庄子》言大道"神鬼神帝,生天生地",也非是以鬼帝二神来经营天地,而是揭示出生生的逻辑结构。在《老子》言,恒道与天地是无形与有形之分,亦是无限与有限之别,二者对反,不可有中间状态存在。以无形者能包天地,正揭示出这样的存在质性。"日不知夜,月不知昼,日月为明而弗能兼也,唯天地能函之。能包天地,曰唯无形者也。"(《缪称训》)天地是有形之大者,而无形者方为至大者,涵摄天地。在揭示万物"冲气以为和"的内在机理上,"天地之气莫大于和,和者,阴阳调,日夜分,而生物。"(《氾论训》)"和"是"和气",也为"冲气"。和气生物,是恒道分有于万物之后所形成的气化生机系统内在机理。在恒道浑一与天地分判的先后区分上,"洞同天地,浑沌为朴,未造而成物,谓之太一。"(《诠言训》)"太一"者"浑沌为朴",正针对天地剖分言,正如"有物混成,先天地生"的思维结构。"洞同天地",是"道通为一"的思维结构。"洞同"者,潜在早备;"未造"者,先于天地;"成物"者,生天生地。天地有形,而"太一"无形。"寒不能生寒,热不能生热,不寒不热,能生寒热。故有形出于无形,未有天地能生天地者也,至深微广大矣!"(《说山训》)"不寒不热"者无形,能生寒热有形。"未有天地"时的存在,是"非天非地"的存在样态。它是无形潜在,能生有形天地,正如恒道与天地的先后生成关系。"未有天地而生天地"(《说林训》),是恒道"先天地生"。"未有天地",是原始存在的"有物混成";"生天地",是"天地之始"。至于言"天地之生物有本末,其养物也有先后"(《泰族训》),则类于《易传》思想,是儒家以天地为本的宗旨。通观《淮南子》,因融合杂糅众家思想,故在阐述《老子》思想上不免产生前后不能圆融之处。王弼以"先天地生"者为"无",天地为"有",而"凡有皆始于无"(1章注)。王弼并不否定先于天地的存在,郭象注《庄子》则完全否定了先于天地的存在。他以《庄子》外篇、杂篇自然观为本,提出"独化"的自然论,消解了恒道作为先于天地的绝对本体存在性。他认为,一切存在者都是"独化"自然,世界中的一切存在物皆非恒道以生。"谁得先物者乎哉?……吾以至道为先之矣,而至道者乃至无也。既以无矣,又奚为先?"(《知北游》注)郭象谓"至道"为"至无",其不得先物,未得老庄"无形"与"有形"关系的玄妙。《老子》言有、无以形言,非以存在言,它不是分析

逻辑或形式逻辑上的有无，更类似于黑格尔辩证思维的有无观。"至无"乃是"至有"，涵摄一切存在之"有"。

四、思维同构

以天、地分言，认为各有功能分工，各有自身特性，是先秦儒家共有的思维趣向。《诗》言天盖高、地盖厚，《中庸》言天高明、地博厚，《易传》云"天尊地卑"、"易与天地准"和"天行健"、"地势坤"等，皆是以天地并称，共为至上至高者，虽然功能质性不同。在《论语》、《诗》、《中庸》以及《尚书》、《左传》中，尚存在以"天"为至高至上存在的观念，当然它具有人格性的"天命"、"天祐"、"天祸"等功能。《论语》既有以"天"为人立命说，也有"天何言哉！四时行焉，百物生焉"（《阳货》）的生生涵义。"天"的生生功能，揭示其为绝对本体存在。《诗经》就多次出现这样的观念，"悠悠昊天，曰父母且。"（《小雅》）以"天"与"父母"相关联，赋予其父母的生生功能，故为"昊"。"悠悠"者，形容其存在的况谓。"天"既有生生之功，亦有惩罚之威。"昊天不惠，降此大戾。"（《小雅》）"大戾"是灾祸，"天"成为人间的主宰。再有言"天命"和"天赋"，"有命自天，命此文王。"（《大雅》）上天有"命"，是天命观；"天生烝民，有物有则。民之秉彝，好是懿德。"（《大雅》）上天赋"则"，是天赋观。"谓天盖高？不敢不局。谓地盖厚？不敢不蹐。"（《小雅》）郑玄笺云："局蹐者，天高而有雷霆，地厚而有沦陷也。"孔颖达疏："时有人言，谓此上天盖实高矣，而有雷霆击人，不敢不曲其脊以敬之。以喻己恐触王之忌讳也。谓此下地盖实厚矣，而有陷溺杀人，不敢不累其足以畏之。以喻己恐陷在位之罗网也。言上下可畏如天地然。"（引自《毛诗正义》，北京大学出版社1999年版，第712页）天地可畏，同样在于揭示其有人格的主宰性，然"高"、"厚"又是其自然存在的特征。《中庸》既言"天命之谓性"，又言"致中和，天地位焉，万物育焉。"天命者，具有人格上的给予、命令属性；"天地位"，又是实体存在上的自然状态。以天地为自然存在的还有，"君子之道，造端乎夫妇，及其至也，察乎天地。"天地与夫妇皆是实存，其中蕴含着"道"。察于天地之道，故能与天地参。"唯天下至诚，为能尽其性；能尽其性，则能尽人之性；能尽人之性，则能尽物之性；能尽物之性，则可以赞天地之化育；可以赞天地之化育，则可以与天地参矣。"天地之性，在人性之中。天地有化育万物之功，人有参赞之能，此即是"天人合一"思维。天地有多大，人就有多大，故"万物皆备于我"。至诚之性，即天地之性。天地化育，是自然之功；人参赞之能，是天命之性。"参"是"叁"，意指天地与人同为至高至贵者，"道"虽涵在其中然不作为与天地人并列的"大"者，其与《老子》"四大"思想有别。以天地为本，则生生之道内涵其中。"至诚无息，不息则久，久则征，征则悠远，悠远则博厚，博厚则高明。博厚，所以载物也；高明，所以覆物也；悠久，所以成物也。博厚配地，高明配天，悠久无疆。如此者，不见而章，不动而变，无为而成。天地之道，可一言而尽也：其为

物不贰，则其生物不测。天地之道，博也，厚也，高也，明也，悠也，久也。今夫天，斯昭昭之多，及其无穷也，日月星辰系焉，万物覆焉。今夫地，一撮土之多，及其广厚，载华岳而不重，振河海而不泄，万物载焉。"此进一步揭示人与天地参的意蕴。博厚、高明和悠久，既是人的德性，亦是天地的道德。人可以具有与天地化育一样的功德。天地化育万物有"道"，是"为物不贰"、"生物不测"。既然作为"道"就是化育的所以然，然同时是理则，可以效法的楷式。天地之道，在于覆载万物的自然质性之中。天地生生的自然存在质性，从其可以效法言是生生的德性。在这里，天地生物的道德，与天命的至诚之性，一言自然质性，一言人格特质，二者皆为"天地"所共有，实现了两个特征的统一。"至诚之性"，在天地是"诚"，在人是"率性"，实现的工夫在于"修道"中。至诚之性虽内涵天地之性，然需要修道自觉以尽性，而前提是知性以知天，知天以知性，二者相资为用。这样的思维构造，与《老子》思维相合。恒道以自然性言是"玄德"，以赋予性言是"得一"。前者是恒道的自然之功，后者是侯王的遵循之用。人性之中虽内涵道德，然亦要通过"修之于身"、"勤而行之"的工夫，前提是知道以知我。人能通过"以身观身"、"以物观物"，以至于"以天下观天下"，然后以"玄德"楷式"辅助万物自然"，就能"以道莅天下"，成为"其德乃溥"的博大真人。《中庸》继云："大哉圣人之道！洋洋乎，发育万物，峻极于天。""天"为"峻极"者，故能"发育万物"。天发育万物是自然生生，而人能取法于天，为圣人之道。"天"为本宗，与《老子》自然生生的恒道存在质性相类。天地之所以为大，在于"无不持载，无不覆帱"，在于"小德川流，大德敦化"，在于"万物并育而不相害，道并行而不相悖"。以《老子》的思维言，就是"容乃公"，"曲则全"和"利而不害"。"溥博如天"、"浩浩其天"，犹如"万物恃之以生而不辞"；"配天"，犹如"修之于天下，其德乃溥"。"天地之道"，犹如恒道存在的生生质性；"达天德"，犹如"知天下"、"见天道"。"道"言自在之性，"德"言可效法得之于身。此一思维又与《老子》道德关系相通。恒道生生的自然性为"玄德"，侯王"得一"以"同于道"为"孔德"。《中庸》虽以天地为本，然其绝对存在质性皆类于恒道，二者具有思维上的同构性。在《孟子》中，人格之天与自然之天并存。为自然之天的有："塞于天地之间"（《公孙丑上》），"天时不如地利"（《公孙丑下》）、"上下与天地同流"（《尽心上》）等；为人格之天的有："天不言，以行与事示之而已"（《万章上》），"天视自我民视，天听自我民听。"又如"天将降大任于是人"（《告子下》），等等。以天地为自然存在，类于《老子》思维质性。在《荀子》中，天地为本的自然性更加凸显。"天地为大矣，不诚则不能化万物"（《不苟》）。"诚"为天地生生的自然质性。"天地者，生之始也；……故天地生君子，君子理天地。"（《王制》）以天地为"生之始"，视为生物的本根、本源。君子"理天地"，犹如圣人"以道莅天下"。"天地生之，圣人成之。"（《富国》）天地以生、圣人以成的思维，正如《老子》"万物得一以生，侯王得一以为天下贞"。在揭示本宗存在上，天地为"生之本"（《礼论》），天地合则"万物

生"。在《易传》中，以天地为生物之本乃是主旨。"大哉乾元，万物资始，乃统天"（《乾卦·彖》）；"至哉坤元，万物资生，乃顺承天。坤厚载物，德合无疆。含弘光大，品物咸'亨'"（《坤卦·彖》）。天地具有"资始"、"资生"之能，虽有分工，然共同成为生物之本。至于言"天地交而万物通"（《泰卦·彖》），"天地不交而万物不通"（《否卦·彖》）等，更进一步揭示天地相合为生生之本的意义。在天地生生的功能上，还有"天地以顺动，故日月不过，而四时不忒"（《豫卦·彖》），"天地养万物"（《颐卦·彖》），"天地感而万物化生"（《咸卦·彖》），"天地解而雷雨作"（《解卦·彖》），"天地相遇，品物咸章"（《姤卦·彖》），"天地革而四时成"（《革卦·彖》），以及"天地节而四时成"（《节卦·彖》）等。这些生生之功，皆是自然而然的质性。在《象传》中，同样如此。如："天地交，泰"（《泰卦·大象》），"天地不交，否"（《否卦·大象》）。在《文言》中，如"天地变化，草木蕃"（《坤卦》）。在《系辞传》中，以自然性言天地的言论比比皆是。例如，"在天成象，在地成形，变化见矣。"（《系辞上》）再如，"天地设位"，"天垂象，见吉凶"，"天地变化"，等等；揭示天地生生之德的有："天地之大德曰生"（《系辞下》）。在《说卦》中，如"天地定位，山泽通气，雷风相薄，水火不相射。"在《序卦》中，更明确将天地作为万物生生的本始。"有天地，然后万物生"。当然也要看到《易传》中的"一本"思维："是故易有太极，是生两仪。"（《系辞上》）后人就有以天地解"两仪"，以"太极"为"先天地生"者。孔颖达疏："太极谓天地未分之前，元气混而为一，即是太初、太一也。故《老子》云：'道生一。'即此太极是也。又谓混元既分，即有天地，故曰'太极生两仪'，即《老子》云'一生二'也。不言天地而言两仪者，指其物体，下与四象相对，故曰两仪，谓两体容仪也。"（引自《周易正义》，第289页）如以《老子》恒道解《易》之"太极"，无疑看到了二者在思维上的同构性。"天地未分之前"，是"先天地生"；"混而为一"，是"有物混成"。至于"元气"，是与恒道具有相同质性的绝对本始存在。

《老子》恒道"先天地生"这一思想，对宋以后诸儒的理论建构产生很大影响，后学的"气一本论"，"理一本论"，无不受其生生"一本"思维的影响。即使他们皆不承认有着直接的传承关系，而将其宗本归于《易》及其《易传》。邵雍云："道生天地万物，而不自见也。天地万物，亦取法乎道矣"。（引自《皇极经世》，第505页）虽然此"道"不离阴阳之属，然已吸收了《老子》"道生天地"的思维。朱熹曾以"太极"为"浑沦未判之气"，"方浑沦未判，阴阳之气，混合幽暗；及其既分，中间放得开阔光朗，而两仪始立。"（引自《宋元学案·晦翁学案》，载《黄宗羲全集》第四册，浙江古籍出版社2005年版，第839页）两仪为阴阳，其先为阴阳混一之气。此虽非言道者"先天地生"，然与《老子》具有思维同构性。在揭示太极为理上，"太极只是天地万物之理"，未有天地之先，毕竟是"先有此理"。有此理，便有此天地。若无此理，便无天地。"有理，便有气流行，发育万物。"（引自《朱子语类》第一册，中华书局2004年版，第1页）太极只是一个理，理在天地之先，生天生地，这里不过

以"理"取代"道"成为宇宙一本而已。既言"无理之气",又言"无气之理"。理、气或为先,又是本无先后,在"理"论上的前后相异,正见其在本体论和宇宙论思维上的不同取向。陈淳指出,太极是理之极致者,总天地万物之理,不可离了天地万物而外立一个存在。然他又说毕竟未有天地万物之先先有此理。"老氏说'道在天地之先',也略有此意。但不合都离了天地人物外,别说个悬空底道理,把此后都做粗看了。"(引自《北溪字义》,中华书局2009年版,第45页)前后抵牾,即从朱熹前后不一的思想中来。"夫未有天地之先,只自然之理而已"。(同上书,第81页)"自然之理",毕竟"先天地生",未脱离《老子》的思维模式。王廷相云:"老、庄谓道生天地,宋儒谓天地之先只有此理,此乃改易面目立论耳,与老、庄之旨何殊?"(引自《雅述上》,载《王廷相集》第三册,中华书局1989年版,第841页)宋儒以"理"取代"道",而王氏又何尝不是以"元气"取代"道",内中的思维同构性留待后论。"天地未判,元气混涵,清虚无间,造化之元机也。"(引自《慎言·道体篇》,同上册,第751页)"天地未判",是"先天地生"者。"混涵"如"混成","元机"若"谷神"、"玄牝"。刘宗周云:"太极出在两仪外,又入在两仪中。出在两仪外则生阴生阳,入在两仪中则以阳领阴。此易道至妙处。"(引自《周易古文钞上》,载《刘宗周全集》第一册,浙江古籍出版社2007年版,第9页)"太极出在两仪外",正如《老子》恒道"先天地生"思维;太极"入在两仪中",正如恒道为"万物之奥"思维。他又认为,道器可以上下言,不可以先后言,"'有物先天地',异端千差万错,总从此句来。"(引自《子刘子学言》卷二,载《黄宗羲全集》第一册,浙江古籍出版社2005年版,第306页)以道器为上下,并没有解决器物之所从来的起源统一问题。把"有物先天地"视为"异端",也就将《老子》视为"异端"。实际上,《老子》以恒道先于天地,正是探讨有形与无形、有名与无名、潜在与现实、一与多、微与显等关系问题。道器上下的关系问题,正是"万物之奥"中恒道与物的寓存关系问题。道物先后、上下的关系是兼容于一体的。王夫之曾就道先于天地思想大加抨击,他认为,"道者,天地精粹之用,与天地并行而未有先后者也。使先天地以生,则有有道而无天地之日矣,彼何寓哉?"(引自《周易外传》,载《船山遗书》第一卷,北京出版社1999年版,第271页)以道与天地并行为是,然何尝不可言"有道而无天地之日"?"无天地之日",是"先天地生"的"有物混成"。他认为"道之生天地"者,是"即天地之体道"。"天体道以为行则健而乾,地体道以为势则顺而坤,无有先之者矣。体道之全,而行与势各有其德,无始混而后分矣。"(同上书,第272页)天体道行健而乾,地体道势顺而坤。这里的"体道"犹如天地的"得一"思维。以道为天地"精粹之用",是造化功用和理则之道,非是绝对本体论之道。不信"无天地之日",视天地"自古以固存",非是一种理论信仰?以道与天地为一体,则道在天地之中,它作为运行机理而存在,此在《老子》中为"万物之奥"、"势成之"的恒道存在。从宗本或根源言,恒道是大全,为万物和万化的来源,必然包括寓涵于万物之中的运行规则。宇宙论与本

体论是一而二、二而一的关系。将"道生天地"转换为天地"体道"，不过是将恒道从"象帝之先"向"万物得一"的存在样态转换而已。在生生本源上的不同，固然是道家与儒家思想体系的一个重要区别，由此产生了道德内涵和思维上的一系列不同。在王夫之看来，气自有理，无无理之气。以天地为生生之本，又何尝不可追问天地何来？法象天地与万物之间犹有"象帝"上的关联和趋同，而恒道方是思维上的超越，不可见闻、无形无名。即使儒家也有以"无声无臭"况谓"天"者，可见儒道在思维上的相通性。恒道作为万物生生者，与天地作为生生者，二者之间并非有不可调和的矛盾，只要象《老子》那样区分开恒道的先后不同存在样式，就可解决这个问题。怀特海曾提出过调和二者的思维模式，将宇宙创生的本体"上帝"区分为两个本性，一为"原初本性"，这是"概念样板"，它原初自在，永恒完善，自由完满，无意识，充当凝聚原则。一为"后现本性"，随着世俗万物而丰富发展自己，它不完全，被决定，然永恒真实，具有因果性，且有意识。上帝是一个整体，前后本性维持着这个世界的存在。世上每一种暂时的场合，都体现着上帝，也在上帝身上体现出来。现实世界中的个别事物，要以上帝为预设前提，因为上帝是原初的样板。（参见《过程与实在》，中国城市出版社 2003 年版，第 624 页）上帝的本性是两极的，既有一种原初本性，又有后来出现的后现本性。前者是概念的，后者是"上帝的物质感受对其原初概念的组合"。现实世界借助上帝智慧而得以实现。就《老子》思想言，恒道原初本性担任着万物生生功能，后现本性担任着维持万物存在、变化和发展的功能。恒道散殊于万物、为万物分有后，天地作为万物机体系统中的重要存在，固然分担着一定的生生功能。恒道原初赋予的是物质、能量和结构，而作为"万物之奥"赋予的还有形态、机理和关系。前者是本原给予，是造物；后者是形化、卵生和气化，造化中蕴涵着理式。就"太极生两仪"之义，戴震辨析指出，后世儒者言太极、两仪，非孔子赞《易》太极两仪之本指。它是"据作《易》言之"，非是"气化之阴阳得两仪四象之名"。"孔子以太极指气化之阴阳，承上文'明于天之道'言之，即所云'一阴一阳之谓道'，以两仪、四象、八卦指《易》画。后世儒者以两仪为阴阳，而求太极于阴阳之所由生，岂孔子之言乎！"（引自《孟子字义疏证》，中华书局 2008 年版，第 23 页）以太极、两仪、四象、八卦为作《易》之名，非为揭示气化阴阳之义，此说甚是。太极是"一阴一阳之谓道"，非于阴阳之外有道和太极。后世儒者以两仪为阴阳，另立一太极为阴阳由生者，此是外阴阳以立超阴阳的存在。戴震的主旨在于摒弃太极生阴阳之说，然还是没有解决阴阳两分之前的状态为何？以《老子》的思维言，也非能认为恒道脱离阴阳存在，它是阴阳混涵和氤氲交融的两种存在样态而已，前者是天地阴阳之气的"元气混涵"，后者是天地之气交和的"一阴一阳之谓道"。"元气混涵"至"一气氤氲"，是"道生一"。前者是非天非地、非阴非阳的"有物混成"思维，后者是"一阴一阳"的"天地相合"。法国哲学家埃德加·莫兰借用道家之"道"，对宇宙生成的本始存在给予了解说。他认为，浑沌本身是一个发生学上的观念，为万物分解、区别和对立之

前的状态，融内在破坏力和创造力、无序和有序、解体与组织于统一。（引自《方法：天然之天性》，北京大学出版社 2002 年版，第 38 页）所谓的"混沌"存在犹如"道"，"先天地生"是万物分解、区别和对立前的存在状态。他还提出，"浑沌"是具有组织能力的解体过程，它"分崩离析、支离破碎"；另一方面，它又进行"原子化、组织化和次序化"。二者是同一过程，"对立统一"。"浑沌虽然生成了有序和组织，但无序的对抗和补充作用也一刻不可或缺。"（同上书，第 40 页）混沌超脱分别、相待，是原始混一的绝对本体存在。有序与无序的共生统一关系，是生成万物后的"有无一体"思维结构。组织化、次序化、解析化等与"无序"的对抗和补充作用，正是"反者，道之动"。

最后，对本节内容作以简要概述。对起源的追溯，对原初绝对本体存在的拷问，是人类早期认知中共同探讨的世界性课题。《老子》追求万物之"始"或"母"——"寻根"，意欲何为？根本宗旨在于建立同一个"始"或"母"，来作为万物统一的来源，以建构一个整全完备的绝对本体，使之成为以道一统摄万殊的"道纪"存在。它既是从宇宙发生学上对"一"与"多"内在关系的揭示，亦是从纷纭复杂中寻找秩序、统一，更是对象形思维的超越和提升。从《老子》哲学可以看到，对宇宙原始、原初、原本存在的追溯，从生成论来说无疑在于寻找天地之始、万物之母，然后解开万物由之以生养的根本，进而昭明"本然混一"与"朴散为器"这一潜在与现实、无名与有名、整全与分割的关系。从诠释理解的认知维度来说，通过"以一贯万"而达到"一以贯之"，建构整体、系统的世界观，以解除人心中的自是执迷和浅见困惑，消除"象帝"主宰的神秘力量，重新奠定以自然无为而容公无私的世界图式。"先天地生"的观念，既是超越形名象状的思维展现，也是追求一统、一本根源的思维建构，依靠确立一个与"象帝"不同质性的更高一级存在，为"长而不宰"的"玄德"思想奠基。

第三节　古今不去

"象帝之先"、"先天地生"，重点在于揭示恒道为万物本始、本源，然恒道之为恒常者还有一个是否有终，是否穷尽的问题。在前面，曾就恒道的始终问题揭示出其为"无古无今、无始无终"的存在，澄明其为无限的绝对本体存在。恒道存在的无限性，因寓于万物中的存在有限性得以彰显。如果脱离万物的始终有限存在，也就没有了本己的绝对存在质性，以至于变成为空无。恒道既是无始而有始，也是无终而有终，在古今始终中作为恒在揭蔽自己的无限质性。

一、文字校解

《老子》第二十一章云："自古及今，其名不去，以阅众甫。吾何以知众甫之状

哉？以此。”“自古及今”一文，在帛书《老子》甲、乙本中写作“自今及古”。“阅”皆写为“顺”字。“甫”者，帛书甲本写作“亻父”，乙本写为“父”。“状”皆写为“然”。楚简《老子》无此章此句，可见其乃后学所加，重点在于揭示恒道与众父的关系。

“自今及古”与“自古及今”之间，存有顺序、矢向上的差异，何以如此？高亨订正云：“‘道’这个物，是古时就有。‘道’这个名是老子今天给的。用‘道’的名以称古时的物，乃‘自今及古’，不是‘自古及今’”。就回溯探究的认知过程言，此说有一定根据。然“自今及古”是通过证于今而知古，因今之有而知其功用不绝，故言“不去”。“自古及今”作为描述语、表达式，是在回溯探究证见的基础上，从描述恒道存在的纵深历史性而来。二者虽表达方式不同，然在揭示“其名不去”的“古今一如”内涵上相同。

（一）“阅”与“顺”

“阅”者，《说文》解为“具数于门中”。徐锴曰：“春秋大阅，简车马也。具数，一一数之也。”又曰“察”，为“出门者察而数之”。由计量、查点、历数引申为检阅、查看和阅历。注家解“阅”主要有五义：一为禀赋之“禀”，以河上公注为代表。二为言说之“说”，以王弼、梁启超解为代表。三为披览之“览”，以成玄英注为代表。陈鼓应解为“观察”，类此。四为经历之历，以王道等为代表。五为从出之出，以高亨等为代表。从“阅”具有顺生涵义看，它与“顺”通用，且“阅”更能突出万物出由的意蕴。

“顺”者，“会意川流”。《说文》解为“理”。“理”由“顺”的本义“因循”而来，《释名》云：“顺，循也，循其理也。”所因者为理则。《玉篇》释为“从”。循理即是顺从。“不识不知，顺帝之则。”（《诗·大雅》）孔颖达疏：“不待问而自识，不由学而自知。其所动作，常顺天之法则。”（引自《毛诗正义》，北京大学出版社1999年版，第1033页）“顺”者不违，前提是去己凿智知故。又“有觉德行，四国顺之”。郑玄笺云：“得贤人则天下教化，与其俗有大德行，则天下顺从其政。”（同上书，第1163页）又“顺”具有遵循和效法之义。“昔者圣人之作《易》也，将以顺性命之理。”（《易·说卦》）“顺”，与“与以……为准”同谓。《老子》云：“玄德深矣，远矣，与物反矣，然后乃至大顺。”物者以自执自是，而恒道因循曲全。从其“圣人无心，以百姓心为心”的逻辑看，可知恒道以“顺”为德，非以主宰为性。“顺”者“顺物”，因循万物，因物付物，是“长而不宰”、“辅助万物自然”的意蕴。只有“顺”，才能符合物理，遂物“自然”。顺者，因循辅助。后人根据“何以知”和“以此”的认知义，将“顺”改为“阅”，并赋予其“从……以出”的意蕴。

（二）“父”与“甫”

“父”者，《说文》解为“矩”，“家长率教者从之”。《白虎通》言与此同。“为人

父者，慈惠以教"（《管子·五辅》）。此是引申义，从父教的职能而来。"父"原为长者的尊称，如父亲，天子与诸侯之父。"以速诸舅"（《诗·小雅》）。孔颖达疏："《礼》，天子谓同姓诸侯、诸侯谓同姓大夫，皆曰父。异姓则称舅。故曰'诸父'、'诸舅'也。"（引自《毛诗正义》，北京大学出版社 1999 年版，第 579 页）"生曰父、母、妻，死曰考、妣、嫔。"（《礼记·曲礼下》）可见，"父"有生生涵义。"父为考，母为妣。父之考为王父，父之妣为王母。王父之考为曾祖王父，王父之妣为曾祖王母。曾祖王父之考为高祖王父，曾祖王父之妣为高祖王母。父之世父叔父为从祖祖父，父之世母叔母为从祖祖母。……父之从祖祖父为族曾王父，父之从祖祖母为族曾王母。"（引自《尔雅注疏》，上海古籍出版社 2010 年版，第 117 页）每一宗族皆有众父之父，它为原始之父，犹如一族一始父。

"甫"者，《说文》解为"男子美称"，"从用、父，父亦声"。"甫"与"父"形近、音类，义有相同。又"甫"有"开始"涵义。"父，甫也。始生已者。"（《释名》）因古注家并未能看到帛书本原字为"父"，故以"甫"为解。河上公、王弼、焦竑等注"甫"为"始"。苏辙、林希逸、吴澄等解"众甫"为"众美"或"万有之美"。徐大椿解为"类"。魏源云："甫者，称谓之直词，众甫犹言众有。""甫，众也。"（《广雅》）王夫之云："甫，从用、从父省。男子以有用为美，故为男子之美称。……借为大也、美也，皆言其用之美大也。又借为方也、始也。"（引自《说文广义》，载《船山遗书》第五卷，北京出版社 1999 年版，第 2781 页）父者，从其能生生谓之"始"、"生"，以其能生物谓之"大"、"美"。在《老子》中，"众父"与"教父"一样，皆揭示生养化育之始。黄维翰以"甫"为"我"者，是以《尔雅》所云为据。

（三）"状"与"然"

"状"者，形声字，《说文》解为"犬形"。另解"犬"字云："犬，狗之有悬蹄者也。象形。孔子曰：'视犬之字如画狗也。'"《玉篇》释为"形"。本义为狗的形状，引申为状态、状况、样子，义近于"形"，多与"形"字连用为一合成词"形状"，以况物之体状。

"然"者，会意兼形声字，会燃烧之意。《说文》云："然，烧也。""若火之始然"（《孟子·公孙丑上》）。借作代词，表示"这样"、"如此"。就"高宗谅阴，三年不言"之谓，孔子曰："何必高宗，古之人皆然。"（《论语·宪问》）又如："万物尽然"，"恶识所以然？恶识所以不然？"（《庄子·齐物论》）又用于指事物所是的样子。"道行之而成，物谓之而然。恶乎然？然于然。恶乎不然？不然于不然。物固有所然，物固有所可。"（《庄子·齐物论》）再作语助尾词，"望之俨然"（《论语·子张》）。《老子》"之然"，即"所以然"之谓。

二、文句解析

下面，分三个断句对《老子》此文进行解读。

（一）"自今及古，其名不去"

先看主要注家之解。河上公云："道常在不去"。以"其"解"道"，以"常"解"自古及今"，将"名"解"在"。固然，《老子》以此文揭示恒道存在的永恒质性。本章前有"道之为物"的"道"，故这里以"名"呼应之。名虽为强名，然必有实存而名，因道恒在而有恒名。"常在"性，从"以阅众甫"中可证。《老子想尔注》云："古今常共此一道，不去离人也。"大道贯穿古今而恒一存在，不离人不去，同时是存在的永恒不去。为什么《老子》言道恒"无名"，又言"其名不去"，莫非是前后相悖？王弼看到了这个问题，并有意识地进行了解说。他认为，"至真之极，不可得名。无名则是其名也。自古及今，无不由此而成，故曰'自今及古，其名不去'。"一方面，恒道作为"至真之极"，不能以"名"。但另一方面，万物"无不由此而成"，故又可因其生长之功而强为之名。从形状可名之名的思维看，恒道作为"无状之状"，必然无名。然因生物而有其实存性，故必有名，因物而强为之名。以"无名"为其"名"，实则各有所指。"无名"，揭示的是其无形可名，"其名不去"揭示的功用不穷。在《老子指略》一文中，又进一步云："虽古今不同，时移俗易，此不变也，所谓'自古及今，其名不去'者也。"（引自《魏晋全书》第二册，吉林文史出版社 2006 年版，第 121 页）王弼以"无"作为"道"的另一别名，作为绝对本体存在，不随"时移俗易"，本自不变其常。"无"者恒存，故不去。对"道"之为"无"的质性，可以用具体实在的否定式来表达。"五物之母，不炎不寒，不柔不刚；五教之母，不皦不昧，不恩不伤。"五物是相对、有待存在，故或皦或昧，或恩或伤，或炎或寒，或柔或刚，变化不一。作为绝对存在的始母，非是定在，故未尝变化。《老子》恒道之为恒（常），就在于不变之变，变之不变，它是"独立"与"周行"的统一。"其名不去"，既是恒道作为"无名"者的不去，亦是作为"无"者的不去。王弼以《老子》"有生于无"为根据，视"无"为本体，因其恒存揭示"其名不去"，甚得《老子》要旨。在《老子》中，"其名不去"承上文"道之为物，惟恍惟惚"的质性而来。恍惚固不可名，然"其中有信"则必有"其名"。从贯通古今、为物不止言，固虽经历万物存在上的今古变迁，然本自始终如一，一以贯之为"无"。成玄英云："时乃有古有今，而道竟无来无去。"物有古今不同，变化有来有去，而道亘古不变，生生而不生。以无时观的"超古今"来解道者"其名不去"，也说得通。物以时化为存在形态，而恒道与物反，故贯通古今、"独立不改"。唐玄宗云："言道自古及今，生成万物，物得道用，因用立名。生成之用，既今古是同，应用之名，故古今不去。"恒道具有不变的生生之功，故"今古是同"。恒道因物而显用，用为实存而可"名"，道用"不可既"故"其名不去"。他又为其疏："道德生成之功，窈冥真精之信，始终无极，今古不渝，故物得道用之名，天清地宁之类，自古及今，常不去也。"道用恍惚中有"真精之信"，恒存而不渝。物得道用，则有天清地宁。因用立名，其用不去故"其名不去"。陈景元认为，

道 与 物

道者，"上至往古，下及来今，湛然常存而不去，形虽不见名常在焉"。恒道虽无形不可名，然可因生生功用的不去、恒存而强其为名。可名者以指具体之实，万物变化则可名不常。强名虽不能具体指谓形物，然可假言以示道。恒道以恒名名，故谓之"其名不去"。王雱云："常道常名，未尝变易。"恒道"独立不改"，故"未尝变易"；恒道不变其恒，故"其名不去"。陆佃直接以"其名不去"为"常名"，甚是。"常名"，就是"恒名"。《老子》云："名可名，非恒名。"可名之名，是状物之名。恒名是反于可名的强名、假名。恒名者，是假名于恒在的恒道。王道云："众甫与化迁流，而道则终古常存。""与化迁流"，是"万化未始有极"；"终古常存"，是"一不化"。以恒道质性言，前者是"为物"的"周行不殆"，后者是"为物"的"独立不改"。"其名不去"，揭示的是恒道在"为物"周行中的"独立"。刘肃和云："确有真际而可凭信，自古及今，万物有变，此道不变，故不可名之，终不能去。"又云："道如空间，陈设诸物，新陈递换，而空间常在。"恒道窈冥中有信，故是"确有真际"。功用恒存，故"终不能去"。虽不可形名，然可假言以名。大道非是绝对空间存在，非是宇宙空间以"陈设诸物"。相反，恒道寓于"新陈递换"的万物流变之中，万物变化无常正揭示其不变其变的存在质性，它是在"周行不殆"中揭蔽"独立不改"，在"生物不测"中见证其"为物不贰"，在"通于万化"中呈现"一不化"。正如"生生者不生"一样，恒道有恒，不为改变，方能变化万物。若本自为变，就非是绝对存在。可道者以可名，不可道则不可名，恒道则假以恒名。恒道是以"不可道"寓于"可道"的无极中，其至极思维是"道通为一"；恒名是以"不可名"寓于"可名"的无限中，其至极思维是"其名不去"。恒道常在、恒存，为不变存在，它是一个贯通万化而本自一不化、贯通古今而又超时间性的绝对存在。与此相对应，恒名的"强为之名"贯通恒易的"可名之名"而本自"其名不去"。

(二)"以阅众甫"

万物迁化不息，而恒道独立不改，在"万化未始有极"中有"一不化"者存，以"其名不去"者观之，则通天下之化，亘古今之变，以"独立不改"成遂万物生化芸芸。河上公以恒道与万物之间的禀赋关系来解，"道禀与万物，始生从道受气"。以"道之为物，惟恍惟惚"为据，揭示恒道的生生、禀与之德，从义理上看是如此。以"阅"为禀与，以"甫"为始。恒道分有于万物，而万物始"得一"以为生。"众甫"为"众父"，含有"众始"之意。父是生之始。"阅"本字为"顺"，"以顺众父"，即揭示恒道成遂"众父"。禀与是顺物以生生的内涵之义。它在"辅助自然"中生生不息，接续不止，功用绵绵若存。王弼因《老子》"无名，天地之始"解"阅"的主语为"无名"，以"众甫"为"物之始"，认为是"以无名说万物始"。以"阅"为"说"，是从语言表达上揭示万物由以生的本源问题。在《老子指略》一文中，他认为，"物生功成，莫不由乎此，故'以阅众甫'也。"（引自《魏晋全书》第二册，吉

林文史出版社 2006 年版，第 121 页）这里，"物生功成"是"众甫"的所以然，而"莫不由乎此"揭示的正是"阅"的内涵。前后对照，则"众甫"为"物之始"。甫、始、父、母在生生本宗上意义相通。一物类一太极，万物各有其有形至极之始，而恒道为"天下始"、"万物之母"，是无形始母，犹如"万物总体一太极"的思维结构。唐玄宗以"阅"为"度阅"，以"甫"为"本始"，认为至道应用，"度阅众物本始，各遂生成之用"。万物"本始"是恒道，然一物类各有其殊性本宗。"各遂生成之用"正是"度阅"的真正内涵。陈景元云："以喻至人得道长年，故能阅度万物之本，始知其皆始于道，故阅之以成形质也。"固然，"阅度"是站在人的角度，揭示"何以知众甫之状"的认知行为。"阅之以成形质"，是从绝对本体生成的角度，揭示万物皆"始于道"。王雱云："万物之美，迁易不常，唯道常住，故能遍阅之。""遍阅"是"以道观之"，正因大道通于万物，故能如此。以"甫"为"美"，则不能揭示恒道为"众父父"的一本意蕴。王道以"众甫"为"天地万物凡自道而出者"，实则"众父"是"万物生于有"的有形之始。王夫之指出，"阅，乃自门而出者，一一而数之，言道如门，万物皆自此往也。"以"自门而出"解"阅"，则与"万物所由"义相通。然"一一而数"则使"阅"具有了"历数"的涵义，它是"品物"的真谛。高亨以"阅"为"出"，如"万物之总，皆阅一孔。百事之根，皆出一门。"（《淮南子·原道训》）"阅"与"出"相对而言，言皆出于一孔一门。"众父"是"万物各有其父"，众父皆"生于道"，故曰"以阅众父"。以"阅"为出由、品物、辅助、因循等，皆在于揭示恒道生物的一本意蕴。高明云："'以顺众父'，继前文则谓以常存之道循历万物之始也。""循历"是认知行为，而非本体生生行为。以"众父"为"万物之始"，非是。物类各有其始，而恒道可通万殊之始，故为无始之始。前者是万物各自"得一"以为始，后者是"道生一"。大道涵摄万殊"得一"，"道生一"之"一"就是"得一"之"一"。"甫"者。帛书《老子》为"父"，每一父生子是定一之父，恒道与万物的关系虽犹父子，然是"无父之父"，为"众父父"。"众父"者，象帝之属，有形可名之父，世俗所执的生生之始。参照《庄子》文，对此可以得出正确的判断。"人之有所不得与，皆物之情也。彼特以天为父，而身犹爱之，而况其卓乎！"（《大宗师》）"卓"者是"不如两忘而化其道"之"道"。"以天为父"，不如以"道"为父，前者是"众父"，而后者是"众父父"。生身之父是一父，天是众父，恒道方是"众父"之父，《老子》以此揭示恒道为"象帝之先"的思维质性。"虽然，有族，有祖，可以为众父，而不可以为众父父。"（《天地》）之所以为"众父"，因有"族"；之所以为"众父父"，因有"祖"。家世父解云："族者，比类之迹也。祖者，生物之原也。从其比类而合之，则万物统于一，而主宰夫物者群生之归也；从其生物之原而求之，则万物托始于无，而生物者枝流之衍也。未究乎生物之原，而窃窃焉比类以求合，而治乱繇以生，君臣之祸繇以起矣。"（引自《庄子集释》，中华书局 2004 年版，第 419 页）"比类之迹"是以形相生相化的"枝流之衍"，"万物统于一"是犹如一物类一太极的

"万物生于有"。"生物之原"是"有生于无"。从层级定位看，"众父"相当于"象帝"，"以阅众父"者是"象帝之先"的"玄牝"、"谷神"和"天下母"等异名同谓的绝对本体存在。"以阅众父"，既可以是"玄德"性辅助自然的"大顺"，也可以是"以天下观天下"和"以道莅天下"。

（三）"吾何以知众甫之状哉，以此"

如果说"以阅众父"揭示的是恒道存在与万物之间的实质关系的话，那么"知众父之状"则从认知思维的角度揭示"众父之状"的所以然。前者是功成的道用，后者是玄览的道观。河上公云："以今万物皆得道精气而生，动作起居非道不然。"根据文义，"此"是恒道的"以阅众甫"，或者说是"道之为物"。"众父"之所以然，在于恒道以阅"众父"，恍惚无形而生物之功真信。"众父"者，是形化生生的存在者，它们所以能生生乃在于恒道使然，"万物得一以生"。"得一"是"众父"，为一物类的本始祖宗，它是品殊、特定的有形本始。分别言之，植物类、动物类、人类各自有不同的来源。每一种类中又有众多的分殊族祖。然它们皆统一于恒道或"无"，本于"道生一"的意旨。恒道是无所不容、无所不公的"万物总体一太极"。"一"是万物得道以生者，为一物类一太极。前者是"众父父"的无形无名者，后者是"众父"的有形可名者。有形可名者，本自于无形无名者。王弼云："此，上之所云也。言吾何以知万物之始于无哉？以此知之也。"习俗执著于"象帝"的"众父"，知"万物生于有"。在《老子》看来，"万物生于有"本于"有生于无"，"众父"源自"众父父"的"无"或恒道。知"众父之状"，要推本于"以阅众父"的"无状之状"。"无"才是众父的所以然者。吕惠卿云："欲知天地万物之所以为天地万物者，莫不始于此而已"。"众父"作为万物形化、卵生的有形生生者，以其统一本源言固然涵盖天下万物，然本身非即是天下万物。苏辙指出，万物之美"不免于变"，圣人之所以知万物之所以然者，在于"能体道而不去"。"众父"是造化的形化，故"不免于变"。圣人所以知众父的所以然，在于"以道观之"。宋徽宗以《易传》无思、无为思想作解，"无思也而寂然，无为也而不动。然感而遂通天下之故，则思为之端起，而功业之迹著。非天下之至精，其孰能与于此。"《易》体"寂然不动"，故无思、无为。其用"感而遂通"，故能成"盛德大业"。因"盛德大业"可以推知《易》用"感而遂通"，进而推知《易》理"广大兼备"。与此思维相类，因万物之有推知其所以然为"众父"，知"众父之然"以推知其"以阅众父"的所以然。既知恒道为"众父之然"的所以然，就可"以道观之"。李嘉谋云："圣人所以能观群有之始，而知群有之所由然，以其体于至无"。"至无"，是绝对本体存在的恒道。"体于至无"，则以之为"道观"。以道观之，则可以"道生一"知万物"得一"，就能"以天下观天下"。它既是"知通为一"，也是因物观物。"群有之所由然"是"象帝"式的"众父"，以此可知"万物生于有"；"群有之始"是"天地之始"，以此可知"有生于无"。恒道以"至无"生出"群有之始"，

又通过寓于"群有之始"而成为"群有之所由然"，进而生成万物。圣人知此，故知"众父之状"以及其以形化生物。薛蕙云："盖以其同出于道，得其母则知其子"。"同出于道"者，"众父父"之谓。知子究母是逆推思维。得母知子是通观思维。王夫之云："阅其变而不迁，知其然而不往；故真莫尚于无实，信莫大于不复，名莫永于彼此不易，而容莫美于万一不殊。"以"阅"为知，揭示的仍是圣人的道观。恒道的"以阅众父"，是造化而不为物化，体万变而本自不变。作为至真存在，成遂众实，而本自非为定实；作为至信存在，信成万物之复，而本自不复；作为至名存在，虽涵摄众有之名，然本自无名；作为至容存在，容成万殊存在，然本自不殊。恒在"周行不殆"中保持"独立不改"，是"以阅众父"的绝对本体存在的恒道质性。反过来说，既知道境，就能阅知万变之化而守其不迁之本，知其所为然而持其所以然。以为修真，则不落于迹；以为诚信，则不期以复；以为圣名，则不为可名；以为德容，则不欲见贤。因物变化而与时俱进，则知不自是，不执物化之迹而求物化的所以然，得于"不际之际"。刘鄘和解云："吾何以知宇宙诸物种之状哉？正以其大道全体中含得有是一物耳。"以"诸物种"解"众父"，看到了"众父"或"得一"的品殊。《老子》的恒道不可道，正在于揭示其所生成、涵摄物类万殊不一，如果只言物类之同，不言物类之殊，就不能揭示恒道之大，"容乃公"。"得一"之"一"本身就是一与多的统一，以同类存在物言，本始是同一；对不同物类的各自本始为一言又是殊一。"众父之状"，揭示的正是这样的内涵。此一思维，将在后面详加解析。

　　《老子》先发设问："吾何以知众父之然哉"？然后以"以此"作答。此是对前文"道之为物，惟恍惟惚。惚兮恍兮，其中有象；恍兮惚兮，其中有物。窈兮冥兮，其中有精；其精甚真，其中有信"的进一步申说。要知"众父之然"，必须参透"道之为物，惟恍惟惚"的意蕴。之所以言"惟恍惟惚"，就因为恒道虽为无状、无然存在，但可以通过其成遂万状、然万物所然的功迹，追溯、推知其作为"无状之状"、"无然之然"的绝对本体存在质性。同样，可以因"众父"所成遂的万物具体实在，推知其为"一物类一本始"，进而推知"以为天下始"的"无始之始"。《老子》虽言物生有母、有根、有始，然只有"以阅众父"者才是原本的绝对本体存在。通过《庄子》可以看到，"众父"是道家的固有观念。《老子》以"以阅众父"进一步证"道之为物"的存在。《中庸》以"为物不贰"、"生物不测"言天地之道，《老子》则以"道之为物，惟恍惟惚"揭示宇宙万物生成的本源。先期儒家以天地为"为物"的绝对本体存在，而《老子》借由"先天地生"证见恒道"为物"的"恍惚"、"窈冥"质性。"恍惚"、"窈冥"揭示的正是恒道为无形无名、至神不测的存在质性。只有"无"，方可为"天地之始"，才能"自古及今，其名不去"。恒道"其名不去"的常存质性，可以从两种思维上进行表达，或以无古无今的否定性逻辑形式来揭示，或以贯通古今常在不改的逻辑形式来昭示。《老子》正是在有古今与无古今的一体关系中，在肯定与否定、有限与无限的对待关系中，来澄明恒道存在的绝对存在质性。"自今及古，其名不去"，采

取的是第二种表达方式，它以今古一如存在，穿越古今而常在，古今不变而恒存揭示恒道存在的绝对性。从贯通古、今揭示"不去"的恒存，在思维上与"泛兮，其可左右"相类。正如恒道泛然无左右而可左右一样，恒道无古今而有古今，以有古今揭蔽其无古今。言其有古今，在于揭示恒道寓于万物中，贯通万物时变而恒久存在，一如无间地存在；言其无古今，在于澄明恒道非是在时间中的存在，它本自无有古今的分别、间限，为超越时间性的存在。恒道正因为无古今而能历古今而恒存，若以古、今分别、定限之，则等同于物性。凡事物皆有古今、始终等时间界别属性，无界别则无限制，无限制则无定在。定在必为一时之在，而非是常在。古今是揭示变化的形式，物因古今而言变化，证实其为有限性的具体实在。恒道之所以为大，因其"与物反"，无有成毁的分割，"道通为一"。《老子》言"自今及古，其名不去"，正是针对世间万物变化的古今分别，而揭示其"与物反"的存在质性。事物变化不息，故其名可去。通过否定今、古的分别、间隔和有待性，以其不随事物的古今变化而揭示其恒存性。"其名不去"，是"道通为一"的思维，贯通古今则非古非今。古今有定，可名，可状，故非是恍惚。"惟恍惟惚"，正在于揭示恒道"为物"的"无状之状"，无穷不测，体现在时间上是"无古今"与"有古今"的统一。恒道以"为物"而存在，它无古今然能生遂经历古今的万物。因万物古、今不同，凭借存在物不同时间中的具在、实有，方能证验恒道存在上的不变恒存。它不可以形状来揭示，只能因其为物不贰、生物不测，或者说是"独立不改"、"周行不殆"的存在质性，来揭蔽其"为物"存在的不测性、无限性。恒道不可名，因万物可名而揭蔽其为"其名不去"。相对于万物的时间性存在，恒道古今恒在，故可以"执古之道以御今之有"。相对于万物的有限存在，恒道是无限存在，故可以"能知古始"而揭蔽其为"无古无今"。"古始"作为"道纪"，就是即始终而无始终。恒道有"今"，是存在于物之"今"中。"以阅众父"，揭示的是"其名不去"的所以然，亦即从恒道"为物"的实存上证明"其名不去"。"自古及今"是贯通古今，"其名不去"又是"无古无今"。名可名，故有古今。反之，"其名不去"是对"名可名，非恒名"思想的进一步揭示。有古今则可名，无古今则不可名，它是无名。"其名不去"的另一种表达方式，就是"道褒无名"。

三、传承影响

《老子》通古今而无古今的思想，在《庄子》中得以传承发展。"见独，而后能无古今；无古今，而后能入于不死不生。"（《大宗师》）"见独"是在外天下、外物、外生、朝彻等"坐忘"后的境界，"独"者"无古今"、"不死不生"，它是无待的存在。从认知思维上言，"无古今"是去时间中的分别、定执，摒弃一曲之见。"独"的"无古今"非是冥于物化，无有知识，而是在于贯通古今，以古今为一。从存在质性上言，"无古今"是非古非今的存在，非是古今不一、今古不同的有限存在。今古是时间性，在时间中存在就是有限存在。同样，"不死不生"思维的真谛在于："生生者不生，杀

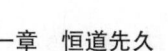
生者不死"。只有"不生"，不为生，方能恒自生生；只有"不死"，非有亡，方能恒自杀生。"不死不生"，是脱离生死短暂性、有限性的永恒存在。成玄英疏："任造物之日新，随变化而俱往，不为物境所迁，故无古今之异。"（引自《庄子集释》，中华书局2004年版，第254页）古今以情境异，而"独"者不化以待尽。造物者"日新"于造物，生生不息，生物不测，而本自非是"日新"的存在。若本自"日新"，则为物化存在，就非能"不死不生"。有生有死者，不能为永恒的生生、杀生者。只有"独立不改"，方能"周行不殆"。无穷存在，只能以无限性名谓之。"随变化而俱往"，是与造物者为一。"不为物境所迁"，就是"见独"。"无古今之异"，则为恒一存在。无古无今，方是"独"。"独"者无限，不可以古今界别而定其限。再看以"古今不二"揭示"常然"之义。"天下有常然。常然者，曲者不以钩，直者不以绳，圆者不以规，方者不以矩，……故古今不二，不可亏也。"（《骈拇》）"古今不二"，揭示的是"常然"天性的"不可亏"，而非是"常然"质性的"不可亏"。"常然"作为"古今不二"者，还有另一种存在质性，它是《老子》恒道的"独立不改"，《庄子》造化者的"一不化"。正因恒道或造化者的"古今不二"、"不可亏"，故能成遂古今变化中万物存在。在上节揭示"先天地生"时，曾就"古犹今"以及"无古无今"（《知北游》）的关系进行过辨析，在那里指出前者是恒一常在，后者是无限存在。正如"未有子孙而有子孙"一样，"未有天地而有天地"亦是一种悖论。今古同则天地恒在，未有无天地之时。先前昭然于"古犹今"，是以天地历经古今而恒存，无未有之时。后"昧然"是因为天地既有古今，则非是恒常存在。有古今之别，是物的存在形式，然物者不得先物，揭示天地不得以有古今而言其恒存，只能以"无古无今"来揭蔽其存在质性。正如"物物者非物"的思维一样，只有作为"无古无今"的绝对本体存在，方能成遂古今的存在形式。天地为物"无已"，故恒存。因万物古今而言"古犹今"，正如因物有成毁而言"道通为一"。有古则有今，古今是变化更易、有待的名谓。天地作为非有待的存在，不可以古、今对言，只能以"有待"的否定，或以"无古无今"的"无待"质性来揭蔽其存在。这里，已然触及到康德所谓的世界有始与无始的二律背反问题，此将在论"宇宙"观时详解。《文子》对《老子》"自古及今，其名不去"思想也有所阐发。"凡事之要，必从一始，时为之纪，自古及今，未尝变易，谓之天理。"（《自然》）以"自古及今，未尝变易"揭示天理之常，同样可以用于对《老子》上述思想的揭示。事变有时，然"一"作为"纪"古今不变，恒一其存，常在不去。以"时为之纪"言，"一"为"天理"在于"时中"，它是古今一如与无古无今的统一。以"中"的无不宜言，是同于道理之宜的古今一；"中"又无定常，古今不一，不可执于或古或今而要"动善时"，以"无古无今"的思维曲因其变，使古、今各当其宜。

　　道家"古犹今"与"无古无今"的一体思维，影响了宋明儒的思维。周敦颐的"无极而太极"思想，即由此来。若以"太极"为有始，则非是绝对的存在，故以"无极"假名无限的绝对存在。太极是至极，自古及今恒在；无极是无穷，无古无今无

限。作为朱熹的弟子，陈淳云："太极只是理，理本圆，故太极之体浑沦。以理言，则自末而本，自本而末，一聚一散，无所不极其至。自万古之前，与万古之后，无端无始，此浑沦太极之全体也。"（引自《北溪字义》，中华书局 2009 年版，第 85 页）"浑沦"者，类于恒道的"有物混成"。太极之理，从其恒常性言，"无所不极其至"，故贯通古今。自"万古之前"与"万古之后"，又是"无端无始"。"万古之前"是无始，故"无古"；"万古之后"是"无端"，故"无终"。"无古"、"无终"，同样是"无古无今"。太极之理只有作为无限存在，方能聚散不测，成化万方。在《老子》言，恒道本自"无古"，因万物始生而言"古"，它是万物的"古始"存在。这里的"古"是万物始生之古，非是恒道本身存在有"古"。恒道若是有"古"，则是在时间中的存在。恒道是无古而有古，因万物之生而有"古"，也因"与物反"而无"古"，这就是玄妙思维。王阳明云："道无方体，不可执著。却拘滞于文义上求道，远矣。……谓日月风雷即天，不可；谓人物草木不是天，亦不可。道即是天，若识得时，何莫而非道？人但各以其一隅之见认定，以为道止如此，所以不同。若解向里寻求，见得自己心体，即无时无处不是此道。亘古亘今，无终无始，更有甚同异？"（引自《王阳明全集》第一册，浙江古籍出版社 2011 年版，第 23 页）此思维即来自《老子》"道可道，非恒道"，且与"自古及今，其名不去"思维同类。恒道作为"无方体"、不可道的存在，其中就包涵"无古无今"的质性。若拘滞于古今，则悖于恒道之性。"亘古亘今"，是贯通古今的"古犹今"；"无终无始"，是无待的"无古无今"。后者借助前者而得以揭蔽，前者是"道通为一"，后者是"道与物反"。正如不可离物以言道一样，亦不可脱于古今揭示"无古无今"。古今中莫不有道，然道又非限于古或今，而是面向未来的无限存在。揭示恒道存在的无"时间"性，必须经由万物的时间性，即古今以揭示"无古无今"。这里，"亘古亘今"就是"自今及古"的常存，"无终无始"就是"其名不去"。

最后，对本节内容作以简要概述。《老子》"自今及古，其名不去"思想，蕴含丰富的寓意。通过否定古与今的变化不常，或者说借助否定古与今作为一时定在的形式，来揭示恒道"无古无今"的恒常存性。此与上节"无始而有始"思想相通，不过上节重点在于揭示恒道作为本源存在的内涵，此节重点在于澄明其恒存不去的意蕴。在这里，既在于揭示恒道与万物在时间上的对反关系，同时在于揭示恒道存在质性与万物存在属性之间的相反关系。万物固有所然，无物不然。万物之然，首先本自"众父之然"，进而源于"以阅众父"的"然其然"者。"其名不去"与"独立不改"相通，"以阅众父"与"周行不殆"相通。"不去"者，正可以揭示恒道作为"为物"存在的"不改"、"不殆"，亦即"不间"、"不止"、"不穷"，用《中庸》的语言是"生物不测"、"为物不贰"以及"至诚无息"。"其名不去"蕴涵着"无名"与"有名"的一体玄妙关系。作为强为之名的"恒名"，是"道褒无名"。无名，故"名不去"。

第四节　道乃久

上一节主要从"自古及今，其名不去"的角度揭示恒道的常存质性，在那里曾经提及恒道常存的两种逻辑表达方式，一是从否定古今分限而言"无古无今"，从无时间性上揭示恒道的恒存不变性。另一种是从横贯古今，古今一如的角度，来揭示恒道弥贯古今的恒久不去内涵。古今一如、"古犹今"，就是《老子》所言的"道乃久"。言其为"久"，同样是从相对于物性的"短暂"出发，以揭示恒道"与物反"的存在质性。

一、文字校解

《老子》第十六章云："天乃道，道乃久，没身不殆。"帛书《老子》甲、乙本"久"字皆缺损。但从其后文"没身不殆"看，补正为"久"，当可。又帛书甲本中"没"写为"沕"。楚简《老子》无此文，显然是后哲者所加。

（一）"久"

"久"者，象形字，可从以下方面解析其义。一为永久。"久"与"永"义通，可从"永"中揭示"久"的内涵。《说文》云："永，长也，象水巠理之长。""长"即是"久"。"我行永久"（《诗·小雅》）。郑玄笺云："日月长久"。（引自《毛诗正义》，北京大学出版社1999年版，第640页）又"久"为"永终"。"四海困穷，天禄永终。"（《论语·尧曰》）"永终"，亦是"永保"。"钦崇天道，永保天命。"（《尚书·仲虺之诰》）不论"久"，还是"永"，皆从时间上言恒存。永久的同义词，否定的称谓形式是"不朽"。"大上有立德，其次有立功，其次有立言，虽久不废，此之谓不朽"。（《左传》襄二十四年）二为长久。《说文》云："长，久远也。""长"与"久"通义。"不仁者不可以久处约，不可以长处乐。"（《论语·里仁》）以"长"与"久"对文，正揭示二者同谓，后联结一词为"长久"。时间的连续无间为"长久"，如"哀乐不失，乃能协于天地之性，是以长久。"（《左传》昭二十五年）"久"作为"长"，具有相对的属性。"楚之南有冥灵者，以五百岁为春，五百岁为秋；上古有大椿者，以八千岁为春，八千岁为秋。而彭祖乃今以久特闻，众人匹之，不亦悲乎！"（《庄子·逍遥游》）各有所"久"，固执不通故悲。三为久远。"久"又与"远"通义。《说文》云："远，辽也。""远"本指空间距离大的遥远，后以言时间上的久远。"惠者，多赦者也，先易而后难，久而不胜其祸；法者，先难而后易，久而不胜其福。"（《管子·法法》）"久"与"远"同谓，而成连接词"久远"。"尧舜，古之明主也。天下推之而不倦，誉之而不厌，久远而不忘者，有使民不忘之道也。"（《管子·形势解》）久远不忘，即名垂后世。时间跨度大，就是久远。四为恒久。恒久即恒常。《说文》云："恒，

常也"。"久"与"恒"义通。"恒，久也。……'恒亨无咎。利贞'，久于其道也。天地之道，恒久而不已也。'利有攸往'，终则有始也。日月得天而能久照，四时变化而能久成。圣人久于其道，而天下化成。"（《易·恒卦·彖》）恒者，持续不间断，故为久。不恒其常，则不可久。二者亦有区别，恒以持续、连续不间断言，久以长度、间距大言。"'亢龙有悔'，盈不可久也。"（《易·乾卦·大象》）"盈"非恒然，故不可久。五为不息。息者，止息、短暂之谓。"杨、墨之道不息，孔子之道不著。"（《孟子·滕文公下》）"息"的反面，就是"久"。"不息则久"（《中庸》）。以"不息"解"久"，是否定性的界说。"不息"，是"不已"之久。"贵其'不已'。如日月东西相从而不已也，是天道也；不闭其久，是天道也。"（《礼记·哀公问》）"不闭其久"，与"不已"同谓。六为不暂。短暂的对反词"不暂"，即是长久之"久"。"仁义，先王之蘧庐也，止可以一宿而不可久处。"（《庄子·天运》）"一宿"者短暂，其反语就是"久"。"久"与"一时"相对而言。何谓"不处不可久"？在于"不偷取一时"（《管子·牧民》）。"一时"，短暂之称，其反者为"久"。

在揭示"久"的内涵上，古人往往以"弥异时"来表示，亦即通过贯通具体的时间来呈现长久的意谓。"久，弥异时也。"（《墨子·经上第四十》）以具体言，久是"古今旦暮"（《经说上》）。古与今、旦与暮，皆时间性的两端、两分，"弥其时"则通贯其间，故为"久"。"久"是前后时间的连续、连接，它是每一时间段的汇合。"日三省吾身"（《论语·学而》）。一日即一天，泛指每日、每天，无日不是，日日如此。日日相续而不间断，就是"久"。"莒、鲁争郓，为日久矣，苟无大害于其社稷，可无亢也。"（《左传》昭元年）"日久"者，久于日日如此。《老子》云："人之迷，其日固久。"日日如此，长此以往，故为"久"。在"旷日弥久"（《韩非子·说难》）中，"旷日"是累积多日，"弥久"是弥时很长。二者合言为历时久远。"致远力多，久于岁数"（《韩非子·外储说左上》）。"岁数"者，一岁一岁的多数。叠加而连贯，故成为"久"。"夫死，其视万岁犹一瞬也。人之寿，久之不过百，中寿不过六十。以百与六十为无穷者之虑，其情必不相当矣。以无穷为死者之虑，则得之矣。"（《吕氏春秋·安死》）以"百"言"久"，是"弥异时"之久。这样的"久"不免具有相对性，可以"万岁"之久为"一瞬"，可以百岁为无穷。以上所言的"久"，采取的是集合归纳式思维，"久"为不同时间单位如日、月、岁等的累积、汇集和总和。"弥异时"之"久"，是时间集合思维。"久"还有一种表达方式，为否定有限的思维方式。通过对短暂时间、时期的否定，从否定时间性而言无穷，"不息"、"不已"即是此谓。"分分兮其有终始也，猒猒兮其能长久也"（《荀子·儒效》）。时间以分，则有终始两端。长久者，无间，"与万世同久"（《王制》）。

（二）"沕"与"没"

"沕"者，深微、潜藏之谓。"沕穆无穷兮，胡可胜言！"（《贾谊·鹏鸟赋》）"沕

穆"者，深微之貌。"汩深潜以自珍"（《弔屈原赋》），这里的"汩"即是沉潜。深、潜，与"没"字义通。"潜"者，《说文》释为"涉水"，一曰"藏"。藏者隐藏无有，是没身之谓。"至人潜行不窒"（《庄子·达生》）。"潜行"者，在水下行走。《易·文言》释"潜龙勿用"为"龙德而隐"，又释"潜"为"下"，以为"阳气潜藏"。藏则不见。

"没"者，会意字。篆文上从回（洄水），下从又（受），会手入水下有所取之意。引申为沉入。"其子没于渊，得千金之珠"（《庄子·列御寇》）。由沉入引申为沉没、消失，进而为终尽，特指为"终"或"全"。如"君子疾没世而名不称焉"（《论语·卫灵公》），"没世不行寻常"（《庄子·天运》）。

二、文句解析

《老子》"天乃道，道乃久，没身不殆"一文，在于揭示恒道的存在质性。兹分两个断句进行诠释。

（一）"天乃道，道乃久"

先看主要注家对"天乃道，道乃久"一文的疏解。河上公云："德与天通，则与道合同也。"在《老子》言，"道"高于"天"。德通于天，然后才能同于道。"天乃道"，非是前后等同意谓，而有渐进层级的价值意蕴。在"道"与"久"之间，是自然的因果关系，有此道则必久。之所以言"道乃久"，就在于"与道合同，乃能长久。""道"是所以能"长久"者。何以能长久？《老子》云："天地所以能长且久者，以其不自生，故能长生。"不自生而长生，即是"生生者不生"。恒道分化而为寓于天地万物中的存在样态，作为"万物之奥"而使天地秉持此能，达致"天长地久"。以通万物的存在质性言，恒道在"独立不改"、"周行不殆"中恒久存在。它是生物而不自生，不落于物生物化。己"不生"，故能"长生"，"无时不生"，生生不息。生生自然不息，固然能久。《老子想尔注》认为，"天能长久"，在于"法道故"。法道，实质是存在质性分于道。以"道能久"为"人法道意，便能长久"。之所以以"人法道"，在于前文是"知常容"，后句是"没身不殆"。虽然如此，并不否定它揭示道性。首先道自能久，然后法之才能长久、永久。王弼云："与天合德，体道大通，则乃至于极虚无"。只有"与天合德"，才能"体道大通"。在时间上，"大通"是贯彻古今的"久"。"极虚无"作为"至无"，无有形质、时空的限制，故为无所不通的"大通"。"极虚无"，既可是恒道的存在质性，亦可是体道境界上的"虚无"；既可是"通行于万物"的"大通"，"周行而不殆"，又是微妙玄达意义上的"知通为一"。正因恒道本体虚无无有，生生不自生，故乃"久"。王弼从体道的心境上解"道乃久"，认为"穷极虚无，达道之常，则乃至于不穷极"。这里，以穷极虚无为"达道之常"。"道之常"，就是"道乃久"。"虚无"何以能"不穷极"？恒道作为"虚无"存在，乃是"无状之状"

的存在，为"大通"的"虚无"。"虚无"与"大通"是一体两面，正如恒道是"恒有欲"与"恒无欲"的统一。恒道"虚无"无碍必能"大通"，"大通"必为"虚无"。能生成万有者，必是绝对本体存在"无"。因为"无"才是"有"的否定，对有限的否定。有限的否定，方是无限的存在。"道乃久"，是时间上久长的至极，"不穷极"则是时间上的无极，二者相互界定。作为至极而无极、无极而至极的表达方式，共同揭示恒道之所以为恒常存在的一个根本质性。李荣以"自古以固存"为"道能久"，它是长于上古而不为久。"久"非是恒自存在物的固定、持存，而是久于为物、生物的"周行不殆"。李约解"天乃道"为"其功莫大，又能忘之"。天以神功而有名，道以至功无功为无名。正因为"生而不有，为而不恃，长而不宰"，功成不居然后不测，故为"道乃久"。生生而不生，方能恒久。王安石以"天与道合而为一"作解，此是采儒家之说。在《老子》意旨，"天"与"道"有别。正因恒道高于天，方有"天法道"、"天乃道"。"天法道"，是天法于恒道的长生。天为恒道生，有始故有古。大道"无古无今"，故"道乃久"。恒道之久，既是时间长远之久，"自古及今"，贯通古今；又是无限之久，为"无久之久"，无古无今。苏辙云："天犹有形，至于道则极"。天以神功而主宰，故为有始的"象帝"。恒道生不有、长不宰，至功无功，故无形无名，在"象帝之先"。宋徽宗云："天地人莫不由之者，道也。尽人则同乎天，体天则同乎道。"既然以"道"为"天地人莫不由"，则尽人必体道。然修身有渐，故由法地，体天，而后同于道。恒道无形无体，而天地有形以载道。天地法于道而自然，自然固能覆载长久。黄茂材云："道者，自本自根，未有天地自古以固存"。"自本自根"，是"生生而不生"、"生生不息"，就是"周行不殆"的无古无今。恒道之在，是以生养功为而存在，也是以亭毒万物而存在。"自古以固存"，既体现在"先天地生"上，又展现在生生不息的永恒之中，故为"道乃久"。薛蕙云："道者，均育万物，惟天为肖之。王道克配于天，则亦克肖于道，故曰天乃道。"王道配天，然后肖道，层级之分固是。"天为肖之"，天有待而道无待。圣人至诚，何功之自恃？功成身退，故能长久。大道诚于"为物"，自能"乃久"。王一清云："德与天通，无为自然。性成道备，悠久无疆。"性分有于道，故备于人性知能。若能修道以行，尽己之诚，故能悠久无疆。尽性不息，本自"道乃久"。

《老子》还有多处言"久"，然皆以"道乃久"为根据。如"天长地久。天地所以能长且久者，以其不自生，故能长生。"（7章）此在上面已经提及，天地长久因恒道长久而使然，"道乃久"在天地长久中彰显恒存。又如"不失其所者久"（33章），"不失其所"是修道于身，故能久。再如"知足不辱，知止不殆，可以长久。"（44章）体道虚静，故知足、知止。之所以能长久，就在于以知足、知止克己修身，然后体道以行，辅助万物自然，利不害物，己不为害，这样就能真正达到"不辱"、"不殆"的"长久"境界。它与俗人所持的道术大相径庭。俗人在自保中求长久，而《老子》在克己修身、成己成人中来获得。还有"唯啬，是谓早服；早服谓之重积德；重积德则

无不克；无不克则莫知其极；莫知其极，可以有国；有国之母，可以长久；是谓深根固柢，长生久视之道"（59章）。"啬"之性在于收敛，修己无妄为。之所以言为"早"，在于以此为本，正如《大学》所云"皆以修身为本"一样。"服"者得之于身，备于我，楚简《老子》谓之为"早备"。能"早备"，是"修之于身"而同于道，故谓之"重积德"。以此"德"为本，自能有"莫知其极"的"无不克"、"有国之母"的效验，故能长久。以道为本，即是"深根固柢"，故能"长生久视"。"道乃久"表现在体道修为上，是"勤而行之"，以"修之于身"直至"修之于天下"，达致"其德乃溥"。德配于大道，自能生生不殆止。就"道乃久"的内涵质性，《老子》中又有"谷神不死"，"用之不勤"等可作为辅证。司马光云："天地有穷而道无穷，故曰不死。"宋徽宗云："生生而不穷，如日月焉，终古而不息"。无穷、不息，就是恒道之"久"。恒道之"久"，是万物所以能久于存在、变化、发展的所以然和通一者。在"万物芸芸"、"万化未始有极"中，证验着恒道"周行不殆"的"道乃久"。它是久于生生，生生而不自生，虽久于生生而不以为久。

（二）"没身不殆"

"没身不殆"是体道以为的自然、固然效验。从"没身不殆"中，可以证验"道乃久"。河上公云："能公能天，通天合道，四者纯备，道德弘远，无殃无咎，乃与天地俱没，不危殆也。"德合于道，自然涵"天"之性，自涵"公"之德。道内涵"容"、"公"、"全"、"天"四者之德，故能悠久无疆。人能体道，则与道同久，自然不陷于殆止。固然，"道德弘远"，则"无殃无咎"。"与天地俱没"，则同于"天长地久"。人虽是"四大"之一，在"久"上则不如天，因有"死"。"与天地俱没"，是通道为我。人虽不免于形灭，然精神能同于道永存，独与天地精神往来。"死而不亡者寿"，揭示的正是此意。形身可死，道我永生，它是一种精神体验。儒家言"与天地同寿"，"寿"非是身体长寿，而是人的立德、立功、立言的"三不朽"。这里，《老子》以"没身不殆"重在于揭示"道乃久"在人生上的应用。依《老子》本旨，"殆"非是危殆，而是殆止之殆，同于道则"周行不殆"。王弼云："无之为物，水火不能害，金石不能残，用之于心，则虎兕无所投其齿角，兵戈无所容其锋刃，何危殆之有"。在《老子》言，"无"非是作为存在者的物，而是"无物之物"。借用海德格尔的语言，就是"存在"。既然为"无"，自然水火、金石不能残害。表面看来，理是如此，实则不然，因为其没有说到实理。《老子》的本意在于揭示：恒道辅助万物自然，不逆物性，因物付物，故能生生"不殆"、"为物不贰"。以道为行，生生而不自生，故不殆不息。以道而为，不与天下争，则天下莫能与之争。虽然按照《老子》全书的意旨，可以对"没身不殆"作保全自身的解说。如体道行事，则"事善能，动善时"，故无有罹患；"以道莅天下"，鬼神不伤人。"两不相伤，故德交归"；体之于心，则动静无处"死地"，祸害不及身。"虎兕无所投其齿角，兵戈无所容其锋刃"是"居善地"，

处于"无死地"。这些作为《老子》的宗趣，皆非是退避隐身的自保术，权谋论者的"明哲保身"术。此章的重点在于揭示，恒道以辅助万物的"玄德"而长久，体道之人以因循万物"自然"而能久长。"道法自然"，因物以成物，使物自然。生生不息，"用之不可既"，方是"道乃久"。李荣云："与天为期，与道同久，终于此身，永无危殆也。"既然体于"道乃久"，就非是保身的"永无危殆"，而是圣人或人主的生生大德，不息其辅助化育之功。道士、道教以养生保身解之，已然脱离《老子》作为王道之学的本旨。唐玄宗云："同天行道"，故"没身不殆"。同于道，则德亦得之，何殆之有？恒道有生生不息之德，修身当有"德乃溥"之德。李约云："至人立功、立事、立言、立法，万古不朽，身谢而神存"。"身谢而神存"，揭示体道以为的"四不朽"。立功则"功成身退"，故为万世功业；立事则"事善能"，故为万世师表；立言则"言善信"，故为万世习觉；立法则"与时变"，故为万世遵循。不朽的非是定理、定法，而是时中、不可道的恒道。《老子》以"知常容"开始，直至"没身不殆"，本意在于揭示："大人者，与天地合其德，与日月合其明，与四时合其序，与鬼神合其吉凶。先天下而天弗违，后天而奉天时。天且弗违，而况於人乎？况於鬼神乎？"(《易·乾卦·文言》）动静时中，不失于理，顺物自然，生生不息，方能"没身不殆"。要达致此种境界，就要"宽容于物"，"公而不党"，曲成无遗，然后功成弗居，独于"不死不生"的生生。如果以"没身不殆"为保全于身，则将违背恒道的"玄德"质性。若以"不殆"为自保，则不必言容、公、全、久四大德。"没身不殆"，相对于"周行不殆"言，周行无穷极方是"道乃久"的真谛所在。司马光云："虚则无所违拒，静则无所侵犯，何危之有？"无违拒，则顺物辅助；无侵犯，则利而不害。恒道生生，因物付物，自然不宰，故周行不殆。圣人体道生物，故无咎无疆。林希逸云："人能得此常道，则终其身无非道也，又何殆之有？"以"终其身"解"没身"，甚是。《老子》正是以此告诫人主应"体道而行"，在同于道中行其长久之道。终身不殆于"因物付物"，就是"为物不贰"。薛蕙云："帝王之功，圣人之余事也。有道者，功被万物，其神明虚静而不变，虽没身不殆可也。"又接云："虚静之学成，则帝王之道备于己，非虚静之外别有余事也。其道复不亦甚约乎！兹老庄道术之大端"。"虚静"固是体道之境，然非是死寂之静、无有之虚，而是虽"功被万物"而不居其功，因"神明"而保持"不变"。"虚静"者，是功成事遂而"身退"、"不名有"。学成"虚静"之道，非仅是"坐忘"，还是"大通"于生物。以"没身不殆"解功成身退，则终身行之，无有怠止。帝王之道非只是"虚静"，"修之于身，其德乃真"，更重要的在于"修之于天下"，成为"以道莅天下"的"其德乃溥"。圣人以帝王之功为"余事"，是功成而不名有，不以居功自伐。帝王之功是功成之迹，至功无功，不测其功。在《老子》思想中，"虚静"是动而静，实而虚，非仅是"万物无足以挠心"(《庄子·天道》)，不伤于物，更重要的是生生而不生，"生而不有"。薛蕙虽正确看到"功被万物"而"虚静不变"的"玄德"内涵，然并未能明确道出《老子》一书的"甚约"和"大端"。以恒道存在质

性言，"大端"在于"道纪"；以德术言，"甚约"在于"玄德"。刘鬴和云："唯道可经无尽之久，如有人体会得不生不灭，殁身无危殆"。因"道乃久"，故体道可经无尽之久。"道乃久"，是"不生不灭"的恒存。人体会得，则终身行之，而非是"若存若亡"和"大笑之"。

三、传承发展

《庄子》继承《老子》，对大道存在的时间性给予更多的关注。"在太极之先而不为高，在六极之下而不为深，先天地生而不为久，长于上古而不为老"（《大宗师》）。"道乃久"，就在于不以"先"、"久"和"老"等时间性而自居，因为此种自居同时是在限制自己。太极者，有物的至极，先之则"无物"。因"无物"，故不为"高"。"先天地生"则"生生者不生"，"无生"何以为"久"？以为"久"，则执于长久。自以为久，反不是至久。有久之执，则自限于"久"。在世俗看来，"上古"不可谓不久，为时间起始之极，然不过是"有极"。超于此则为"无极"。既"无极"，则何以为"老"？"长于上古"，既否定了有极，则必是"不为老"。因为"为老"亦是有极。依《庄子》本义，虽"久"而无久，虽"老"而无"老"，它是无穷、无限之"久"。以为"久"、"老"，是可名之谓，非为恒名。郭象云："在久为无久，在老为无老，……与化俱移者，不得言久也；终始常无者，不可谓老也。"其所谓的"不得言久"，在于"与化俱移"。虽然它否定对"久"的执著，然却从感知上否定了"久"的意识，成为"玄冥"之境。《庄子》言"与化俱移"，一方面在于摒弃自我的固执，另一方面也碍于要与造化者游，以"不化"而体验"万化"的无穷。郭象以"终始常无"言"玄冥"，虽"不为久"，然也无有了对无穷的体验。《庄子》的"不为老"，是对始终相对性的超越，在始而无始，"作而弗始"，在终而无终，"周行不殆"。虽久而不自恃以为久，则虽久而无久，故为"无久之久"。生生自然而不息，不自限于久，故能悠久无疆。大道之久，体现于"维斗得之，终古不忒；日月得之，终古不息"之中。维斗、日月的终古不忒、不息，也在证验大道的久。"终古"者，从古至今，为所有时间单位的总和，它是时间量相加的至极。"不息"者，无间、不止之谓，它是无穷无限。"终古"与"不息"，是从集合肯定与分限否定的双向角度，以揭示"道乃久"的内涵。久的至极，是无极。"立乎不测，而游于无有"（《应帝王》）。"不测"，是不止、不终；"无有"，是无限、无极。"体尽无穷，而游无朕"，无穷则无待，无朕则无限。"若夫乘天地之正，而御六气之辩，以游无穷者，彼且恶乎待哉！"（《逍遥游》）有待者，古今、始终、昼夜之类。无待者，不测、无穷之谓。"入无穷之门，以游无极之野"（《在宥》）。体于无穷之道，方能游于无所终穷的无极。至久者，无有终穷。"尝相与游乎无有之宫，同合而论，无所终穷乎！……寥已吾志，无往焉而不知其所至，去而来不知其所止。吾已往来焉而不知其所终；彷徨乎冯闳，大知入焉而不知其所穷。"（《知北游》）"无有之宫"，是"无何有之乡"（《应帝王》）。"有"者，定限之属，可

以终，可以穷。"无有"者、为无穷，"无所终穷"。体道者无时不游，故无穷。道者作为"不际之际，际之不际"者，是无限存在。正因为此，它赋予物以有际。万物的时间性，就在于大道的际物中。"往"必有"至"，否则何往？"无往"者，不知其所终，故无有终穷；"去而来"者，不知其所止，故无有终止。在无穷上，《庄子》既有言"道乃久"，又有言天地无穷。"天与地无穷，人死者有时。操有时之具，而托于无穷之间，忽然无异骐骥之驰过隙也。不能说其志意、养其寿命者，皆非通道者也。"（《盗跖》）生死有时、有穷，为"有时之具"；天地无穷，无有终极。通道者，知久于无穷。

　　《文子》继《庄子》后，对大道的长久与无穷的存在质性进行了深入阐发。"圣人执道，虚静微妙，以成其德。故有道即有德，有德即有功，有功即有名，有名即复归于道。功名长久，终身无咎"（《道原》）。圣人功名之所以能长久，在于执道，虽功成名遂而不恃其有。"复归于道"，是功成身退，保持"虚静微妙"的"玄德"。"虚静"者，是虽有功而不居有；"微妙"者，是不居有而功成不测。有此二者之德，故能功名长久。居功自恃，则不能神妙莫测。求于功名，则为而有恃，故非能长久。只有"执道之要"，方能"观无穷之地"。这里，"终身无咎"仿佛是对《老子》"没身不殆"的解说，实则不然。在《老子》中，"没身不殆"是"长生久视"之道，具有"玄德"质性，非只是"无咎"。功为长久，方是"没身不殆"。以水禀有道言，"长极无穷，远沦无涯"。长极、远沦，是从肯定的至极思维揭示"久"的恒常。无穷、无涯，是从否定的无极思维揭示"久"的不可测量。长极则无穷，远沦则无涯，它们从不同思维形式揭示出水之为道的悠久无疆质性。上仁虽非道德，然秉持有道德之久。"为上不矜其功，为下不羞其病；于大不矜，于小不偷，兼爱无私，久而不衰，此之谓仁也。"（《道德》）久者，长远之极；"不衰"，短暂之反。二者合言即是生生不息，至极而无极。矜功者无功，"不自伐故有功"；羞病者不病，"唯病病，是以不病"。不矜、不偷，则无所执著，故"无私"。无私兼爱，则虽久而不以为久，久而无执，故"不衰"。《文子》打通了"上德"与"上仁"的关系，虽然二者之间有层次之别，然后者却无疑秉持了前者功成弗居的悠久无疆质性。禀赋于恒道的"周行不殆"，则"天行不已"。"天行不已，终而复始，故能长久"（《上德》）。"天行不已"，是儒家所说的绝对存在本体，以《老子》言是天"得一"而成其"不已"。"终而复始"，是"道乃久"寓于万物中的"复"，它是"反者，道之动"。"不已"则"长久"，"长久"必"不已"。"已"之反，就是无穷。以恒道寓于万物之中而为生生本体言，"不长有，故能终而复始。终而复始，故能长久。""长有"者，是"有"的久居。只有"不长有"，即不以"长有"为"久"，不执不息不已，方是无穷的"长久"。有而不自恃已有，功成不居，故能不测其功，而可以长久。从万物芸芸的生死无端言，"终而复始"是生生的循环不止。从万物芸芸之生的所以然言，是恒道的生生不息、生物不测。"道乃久"，既是恒道作为绝对本体存在在"为物"上悠久无疆，也是圣人体道以为的"至诚不

息"和"自强不息"。二者一体，相互印证。

四、思维同构

《老子》的"道乃久"，与《中庸》"悠久无疆"思想相合，二者具有思维上的同构性。《中庸》云："至诚无息"，"不息则久，久则征。征则悠远，悠远则博厚，博厚则高明。博厚，所以载物也。高明，所以覆物也；悠久，所以成物也。博厚配地，高明配天，悠久无疆。如此者，不见而章，不动而变，无为而成。天地之道，可一言而尽也：其为物不贰，则其生物不测。"天地之道"悠久无疆"，正如恒道"周行不殆"；"至诚无息"，正如"没身不殆"。"不息"可"久"，"久"在"不息"之中。《老子》言"道乃久"，在《中庸》是"悠久无疆"。正如"道乃久"体现在"周行不殆"之中，"悠久无疆"就在于"至诚无息"之中。"无疆"而"悠久"，也是无极而至极思维。"悠久"而"无疆"，是至极而无极思维。"悠久无疆"，在于揭示"天地之道"的"为物不贰"、"生物不测"。分开言，所以能"悠久"，因为"不贰"；所以能"无疆"，因为"不测"。"不贰"则"不息"、"不止"，故能"不测"。之所以"不息"，就在于"不贰"，自然而然。天地之道的"悠久无疆"，与《老子》"道乃久"，二者是无极而至极思维，揭示的都是绝对本体存在的质性。《中庸》又云："《诗》云：'维天之命，於穆不已！'盖曰天之所以为天也。'於乎不显，文王之德之纯！'盖曰文王之所以为文也，纯亦不已。""维天之命，於穆不已"，来自《诗经》的《周颂·维天之命》，它的本意在于揭示天道的化育"不已"。"於穆不已"，就是"至诚无息"、"悠久无疆"。"纯亦不已"，正如体道的"没身不殆"。程子云："天道不已，文王纯于天道，亦不已。纯则无二无杂，不已则无间断先后。"（引自《四书集注》，第42页）"已"者有间断、止息，"不已"则是"无疆"。"无二"者，持之以恒，就是"不贰"。张敬夫云："天命之全体，流行无间，贯乎古今，通乎万物者也。众人自昧之，而是理也，何尝有间断。"（引自《宋元学案·南轩学案》，载《黄宗羲全集》第四册，第962页）"无间"者，"贯乎古今"之"通"，反之则是"间断"。"贯乎古今"，是通一性的至极思维；"流行无间"，是否定性的无极思维。朱子以"为仁之道"为"生生而不穷"，又以"天理流行"为"元有间断"。（引自《朱子全书》第23册，第3271页）"不穷"、"无间"，是"不息"、"不已"之谓，正是"道乃久"的另一种表达方式。刘宗周云："《大学》谓明德，《中庸》谓天命，通于昼夜，贯于古今，即时候有转换，吾心无变迁。有转换者，气运往来之时，属于人；无变迁者，灵明主宰之时，属乎天。属乎天，为太极无极之时，阴阳五行之时，时即行健之心，心即不息之学也。"（引自《刘宗周全集》第一册，第556-557页）"贯于古今"，为通贯弥时之久。时候转换、气运往来，为有时之间。"无变迁"者，时运不息，为否定有息的无限思维。太极者，行健之极；无极者，行健不息。二者是至久而无穷，永恒与无限，同样为至极而无极的思维。就《中庸》的"不息"内涵，文天祥云："天久而不坠也以运，地久而不陨

也以转，水久而不腐也以流，日月星辰久而常新也以行，天下之凡不息者，皆以久也。……圣人之久于其道，亦法天地而已矣。天地以不息而久，圣人亦以不息而久，外不息而言久焉，皆非所以久也。……圣人之运，亦可谓不息矣。然既往之不息者易，方来之不息者难；久而不息者易，愈久而愈不息者难。……不息于外者，固不能保其不息于内；不息于此者，固不能保其不息于彼。乍勤乍怠，乍作乍辍，则不息之纯心间矣。"（引自《宋元学案·巽斋学案》，载《黄宗羲全集》第六册，第480-481页）天地之久，体现于恒常运转的"不坠"、"不隤"中。水久于不息，体现于"流水不腐"中。日月星辰之久，体现于常新行健之中。"不息"者必"久"，"久"者必"不息"，二者表达方式不同，然同在于揭示恒行的意蕴。以心性言，体道之纯，则自能"不息"而"久"。圣人久于其道，在于法天地的"不息"。天地所以能悠久，在于运化的"不息"中。天地至诚，固然"不息"。人性有诚、伪之别，若自恃已往的"既往之不息"，则难于成为"方来之不息不贰"；若滞于"久而不息"，则难于成为"愈久而愈不息"。前者是久而有执，后者是久于不久。心纯于诚，在于效法"天行健"以"自强不息"。《老子》的"道乃久"，正在于揭示"不息之纯"；"没身不殆"，正在于揭示"愈久而愈不息"。王夫之云："无息也，不贰也，不已也，其义一也。……天地之不贰，惟其终古而无一息之间。……无息者，以其初终不间言也。……'其为物不贰'者，天行之健不息也。"（引自《四书大全说》，载《船山遗书》第四卷，第2406页）惟其"不贰"，方能终古无一息之间，此正如"独立不改"方能"周行不殆"。惟其"无息"，方能"初终不间"。正如"道乃久"在于"其用不可既"之中，"天行健"的"不息"既在于"为物不贰"之中，也在于"生物不测"之中。只有"不贰"，方能"不测"，正如"不改"方能"不殆"。"无息"即"不已"，本于"不贰"。在解《论语》"逝者如斯夫"一文上，他又指出，"川流既与道为体，逝者即道体之本然。川流体道，有其逝者之不舍；道体之在人心，亦自有其逝者，不待以道为成型而法之。此逝者浩浩于两间，岂但水为然哉！……天德乾，地德坤，君子固自有天行之健、地势之坤，而以之自强，以之载物，无所烦其执柯睨视之劳也。……道体自然，如何障塞得？只人自间断，不能如道体何也。天地无心而成化，故其体道也，川流自然而不息。"（同上卷，第2492页）"舍"于昼夜是有间，便非不息。水之"逝"在川流中不息，它是道体自然。"与道为体"，犹如《老子》所谓的分有于道。这里，出现了道与物的关系问题。儒者以天道为绝对存在本体，若以水道为"与道为体"，则水中涵有天道，自是语用不通。《老子》以万物"得一"分有于恒道，恒道不息就体现在天道不息、水流不息之中。这里，天道、水道统一于"不可道"的恒道中，就消除了语言表达上天道、水道不可兼容的矛盾问题。以天地体道，则道一而天地为殊，此正是《老子》道一而分有万殊中的天地"得一"思维。儒者既以"天"为绝对本体存在，自然不息而久。然又分天地为二为自然之道，前后容易出现表达不能融贯的问题。道体自然不息，不息即久。儒家一方面用"不息"、"不已"、"无疆"、"不舍"等否定有限的

思维来揭示无限之久，另一方面也以"古今恒一"、古来如此的时间集合思维揭示长远的至极、永恒之久。可见，儒家、道家在揭示绝对本体存在的永恒性、绝对性上，同样具有肯定式至极和否定式无极的两种通用思维方式。在何以"不息"的德性上，《中庸》谓之"至诚"，《论语》谓之"忠恕"，《老子》谓之"玄德"。"玄德"者自然，物物而不物于物，不自生故能长生，功成不有而无穷。"绵绵若存，用之不勤。"

最后，对本节内容作以简要概述。"道乃久"，既在于揭示恒道本体的存在质性，亦在于揭示体道者的修为境界。体道，在于法道。有恒道的实存，方有可以取法者的"同于道"。之所以能"久"，因有容、公、全的德性。容者，无物不容，也是无时不容；公者，周遍公平，也是无时不公。全者，无有遗弃，也是无时有弃。恒道在三者之中成其为久，也因三者而方可为久。既言"道乃久"，就是久于不久，虽久而不以为久，自然而然，不息则久。就人的习性言，往往自恃已"久"，执著所"久"，故难于久于不久。只有圣人法道自然，至诚德纯，所以能自然不息、不殆于久。"道乃久"，从存在质性上言是"独立不改"的"周行不殆"，从体道德性上言是"玄德"的"功成不有"。以《庄子》用语言，是"生生者不生，杀生者不死"；以《中庸》用语言，是"为物不贰"、"生物不测"。生生不息、不已，故悠久无疆。以《易传》用语言，是"天行健"，君子"自强不息"。道家、儒家在揭示道的"悠久无疆"上走向了思维统一。把握"道乃久"之"久"，要从时间"无限"意义上来揭示，它具有超时间性，因时间中的"久"揭示其无限的"无久之久"。作为重要象征是"谷神不死"，表现于功用上是"用之不勤"、"用不足既"。"道乃久"之"久"，既是无限的无极，也是弥时的至极，它是"自古及今，其名不去"，自古已固存。恒道存在的永恒性，是为物、生物上之久，在与物的关系中体现其为"道乃久"。恒道存在，既超越于万物存在时间上的"久"，然又寓于万物之"久"中。万物之"久"在芸芸的反复中，而其所以然就在于恒道之"久"。恒道的超时间性，与所生之物在时间中，揭示出无限与有限的玄妙关系。恒道之"久"，既是"周行不殆"，又是"独立不改"。前者是不息不已，通于古今，无极而至极；后者是不贰不滞，无始无终，至极而无极。恒道自然，虽久而不以为久，不息于生物、成物，故"不测"、"无穷"。

第二章 混一之道

　　"象帝之先"揭示的是恒道为万物本源存在的超时间性和"大象无形"质性，然它还有一个以什么样态存在的问题。"有物混成"，正是以为揭示恒道的原初存在样态。这一观念，与"象帝之先"、"道生一"、"有生于无"以及为"万物之宗"、"万物之母"、"玄牝之门"等，共同构成了世界万物生成的本源学说。当然，《老子》"混成"说的立论主旨，不仅在于阐述世界万物的产生根源，更重要的是从逆向思维的角度，来界定恒道之为恒道的原本存在质性。"混成"观究竟揭示出恒道的哪些内涵？具有什么特殊的意义？这就是本章所要诠释的要义所在。

第一节 有物混成

　　《老子》以作为万物本源存在的恒道为"先天地生"，它的存在样态是"有物混成"。从全书思想的一体性言，无疑此观念具有本源性、根基性的地位。在上一章已从万物起源、本始上对"先天地生"内涵进行了诠释。恒道作为"有物混成"，难道只是揭示其先于天地存在而已，还是具有更特别的用意？本节对这一观念内涵进行重点揭示。

一、文字校解

　　《老子》第二十五章云："有物混成"。又第十四章云"混而为一"，可见"混成"、"混一"是《老子》恒道存在的重要质性。帛书《老子》甲、乙本"混"字皆写作"昆"。楚简《老子》"物"字写为"状"。"状"以形态的单一性言，而"物"以存在的整体性言，故以"物"更能揭示"混成"的寓意。今本"混"字多出，然在帛书本中显示为不同的字形，需要逐文进行解析。

　　"昆"者，会意字。从字源来看，从日，从比（两人相并），会太阳为天下人所共有（享）之意。《说文》云："昆，同也"。段玉裁注："从日者明之义，亦同之义。从比者，同之义。"古文"昆仑"多写为"崑崙"。《周礼》中注"混沦"即为"崑崙"。"混沦"，混同之谓。"昆仑旁薄"（《扬子·太玄经》），其中"昆仑"就是"浑沦"。可见，"昆"的原意为"混同"，后随字义变迁而转言他义，而以"混"表示"浑同"的涵义。

"混"者，原指水大不分，引申为混一、无分别。《说文》解"混"为"丰流"，又云"一曰杂流，或作浑"。"丰流"，广大无边。"杂流"，是混流。谷衍奎认为，"混"来自"丨"之象形字，篆文象一根竖棍形。《说文》云："丨，上下通也。""丨"类似"棍"，因棍棒上下同一，故引申为"混同"。"混混水浊，可以濯吾足乎?"(《文子·上德》)"混"与"浊"并用，杂而不分。因"不分"而言一体、并同之义。"有二神混生，经天营地"(《淮南子·精神训》)。"混"者，混合之谓。"混"与"溟"通，《庄子》有言"混溟"。"上神乘光，与形灭亡，是谓照旷。致命尽情，天地乐而万事销亡，万物复情，此之谓混溟。"(《天地》)"混溟"为浑全不分、大朴之境。"大同乎涬溟"(《在宥》)，"涬溟"是"大同"之境。"溟"与"冥"同谓，"大通混冥"(《文子·上礼》)。"混冥"因其浑全不分，而与"大通"义合。"冥"者，昏暗不明，分不清楚。"混"又同"溷"字。《说文》解"溷"为"水浊"。浊者，浑杂而浊。"世溷浊而不分"(《屈原·离骚》)。世人随波逐流、混同于俗。"溷"者"不分"，通"混"。

"浑"者，《说文》解为"混流声"。概略而言，"浑"有三义：一为混浊、污下貌。《老子》言"混兮其若浊"，而《文子》改为"浑兮其若浊"(《道原》)，可见"混"、"浑"同谓，与"浊"通义。二为广大、浑全貌。"守大浑之朴"(《文子·九守》)，"浑"既为"大"，亦为"全"。"浑元运物"(《班固·幽通赋》)，运物者必为大物，同时是浑元之物。"浑元"者，朴全之性。"浑浑苍苍，纯朴未散，旁薄为一"(《淮南子·俶真训》)。"浑"与"苍"，皆"纯朴未散"貌，也是混一之容。三为浑然、齐同貌。"天化育而无形象，地生长而无计量，浑浑沉沉，孰知其藏。凡物有朕，唯道无朕。"(《淮南子·兵略训》)"浑沉"者，无形象，无计量，也即"无朕"。王夫之云："浑，本训混流声也……混流者，流之盛大者也。浑流之声，洪洪洞洞，大而不激，故有含宏厚重之意，借为'浑厚'、'浑朴'、'浑沌'字。天体曰'浑天'，亦所含者宏也。今俗谓'全是'为'浑是'，亦此义"。(引自《说文广义》，载《船山遗书》第五卷，第2754页)可见，"浑"涵混、大、同、厚、朴、沌、全等涵义。

"混"、"浑"又与"滚"通。《集韵》解"滚"为"大水流貌，或作混、浑。""源泉混混，不舍昼夜，盈科而后进，放乎四海。"(《孟子·离娄下》)"财货浑浑如泉源"(《荀子·富国》)。"混混"、"浑浑"，皆为"滚滚"。不管是"源泉"，还是"泉源"，皆指本根、本有、本始之谓。作为"本根"之泉者，流而不息、不已，故为"滚滚"。"滚滚"，正揭示本始存在的生生不息意蕴，正如《老子》所言"谷神不死"一样，"绵绵若存，用之不勤"。

"混"、"浑"往往与"沌"并用，二者义通。楚简《老子》正是将"混"写为"屯"或"坉"者，而其即为"沌"的本字。《正韵》云："混沌，元气未判"。"未判"，混一不分。"混沌"又云"浑沌"，《庄子》多言之。"中央之帝为浑沌"(《应帝王》)。崔譔注："浑沌，无孔窍也。"李颐注："清浊未分"。(引自《庄子集释》，第

309-310 页）有孔窍，则非混一。"浑沌"，混成不分之状。"浑浑沌沌，终身不离。"（《在宥》）混沌不分，故"不离"。又以"浑沌"揭示本性朴全而不割之义。"修浑沌氏之术"："识其一，不识其二；治其内，而不治其外。夫明白入素，无为复朴，体性抱神，以游世俗之间者"（《天地》）。识一、素朴、"体性抱神"，皆浑全不分之性。以为本始存在质性，就是混成的"太一"。"洞同天地，浑沌为朴，未造而成物，谓之太一。"（《淮南子·诠言训》）浑沌之朴，洞同天地，天地潜在其中而为一。混沌万物，象太一之容。"混沌"，还有不可识见的意谓。"混沌无端，莫见其根"（《扬子·太玄经》）。"无端"，莫见其朕端。更有以"沌"为朴大义。"圣人用其心，沌沌乎博而圜。"（《管子·枢言》）"沌沌"者，博圜之状。

"成"者，《说文》释为"就"，完成之谓。《老子》言"功成"即是此义。何新认为，"成，读为然。混成，混然也。"（引自《老子新解》，北京工业大学出版社 2007 年版，第 111 页）这里，为什么不能言"成"而言"然"？因为"成"必有所以成之者。如果恒道为它物所成，就非"独立"、"无偶"者，即与恒道为万物本宗以及"象帝之先"思想相矛盾。此"成"正如"先天地生"的"生"一样，皆相对成物、生物言，非是本自为"成"为"生"。

二、文句解析

就《老子》"有物混成"一文，各家注解大略有七类。

一从"无形混沌"上说。河上公解为"无形混沌"。物有形分判，而道在"物形"之先，故为混同未分的存在样态。"混沌"与"无形"，异名而同指，"混沌"自然"无形"，"无形"体现为"混沌"。无"混沌"则"无形"将失去存在的根本，"无形"是"混沌"的内在质性。"无形"相对于"物形"言，"混沌"相对于分畔言。言"混沌"则不必云"无形"。"混沌无形"，正是恒道原本存在的样态。混沌是质朴之性，潜有早备；无形是本初之状，无状之状。李荣认为，"有物"为"道"，道之为物是"惟恍惟惚"的"混沌无形"，自然而得。以存在质性言，"有物混成"是"混沌无形"。之所以言"有物"，在于万物由以生；之所以言"混成"，在于其为"无状之状"。因其不可定状，苏辙以"非清非浊，非高非下，非去非来，非善非恶"等谓之为"混然而成体"。物性对分，恒道与之反，分判的否定就是"混成"。《老子》正是以"混成"而与具体存在、有规定性的万物进行对反区别。陈象古认为，"道无定象"，不可以形象求，而天地有形"因道而生"。由能生物逆推其"有物"，与物有象分判相反为"混成"。"混成"固是"无定象"，然它是生成万象的"大象"。刘萧和认为，"混成无象，寂寥无声"者是"无"。恒道作为绝对本体存在的"无"，就是"有物混成"的"潜有"。"有物混成"的本体思维，是"无状之状，无物之象"。

二从"不可致诘"上说。王弼认为，道者"混然不可得而知"。此以《老子》"混而为一"思维作解，"视之不见，名曰微；听之不闻，名曰希；搏之不得，名曰夷。此

三者不可致诘，故混而为一。""可得而知"者，是具有分析属性、分别形状的存在物。凡存在物皆可感知、闻知，而恒道"混成"，故不可致诘。恒道"混成"固是不可以形状知，"先天地生"的主旨就在于推知揭示天地未生以前、天地潜在其中的原始存在样态。李荣云："道之为物，惟悦惟惚，不可以有无议，不可以阴阳辩"。有、无分，则可议；阴、阳判，则可辩。以存在质性言，"有物混成"是"混沌无形"；从认知况谓言，"窈冥恍惚"是"不可致诘"。二者，是存在与认知的统一。李嘉谋指出，"谓之有物"者，是"不可名"；"谓之混成"者，是"不可修"。恒道作为绝对本始存在，虽言"有物"实则无物，作为"无物之象"固然不可名；恒道不可搏得，作为"不可道"者，固然不可执著，然非不可修，否则《老子》何以言"修之于身"以至于"修之天下"。《庄子》更有言"修浑沌氏之术"。"有物混成"的认知思维，是"不可致诘"的"混而为一"。高明认为，恒道是视而不见、听而不闻、循而不得的存在，它不可知，不可名，既不知其所生，更不知其所由生。恒道本自生物，何尝不知其所生？"万物恃之以生"，万物皆是它所生，故为"万物之母"。"先天地生"，则知其本无所由生，它是"自本自根"的"有物混成"存在。不知所生，何以知其存在？何以名之为道？

三从"一不可分"上说。李约认为，道是未有天地之前的"元气圆凝之时"。此采汉以后的"元气"说，以"先天地生"的圆凝元气为宇宙本源存在的混成之道。从《老子》"万物冲气以为和"，"万物得一以生"，到《庄子》"通天下一气"的思想看，恒道也可说是"元气"。"圆"者，以况"元气"圆融混一之性；"凝"者，以况其绷缊未分的存在状态。"元气"已分，则有天地之气，以及交通成和的气化。"圆凝"者，浑全为一，寂然不动，无有分化，"道朴无名"。"元气"者，既是精、气、神等生生要素的原初混一，也是生生混元机体的不为破坏。"元气圆凝"说，后在张载那里表现为"太虚之气"，在王廷相那里体现为"元气混涵"。王道直接以"混成"为"一而不可分"。混一，既是万物本源上的统一，又是不可分判的整全。王一清认为，"有物混成"是"浑沦无分"，它是"无首无尾，不变不更，非无非有，非形非方，无余无欠，不减不增，无来无去，不灭不生，不黄不赤，不白不青，无内无外，无迎无将，无声无臭，不低不昂。寥廓太虚，无象无光，若有若无，若存若亡，用之则行，卷之则藏。出入无时，莫知其乡。生于天地之先，寂然不见其有，寥然不见其边。"作为首、尾等定性存在的否定，"有物混成"是浑朴、大同之"无"，非定在而实在。

四从"理一分殊"上说。陈景元以"有物混成"为"道之宗"，其中"有物"是"至理湛然而常存"，"混成"是"真道万派而莫分"。因"混成不可得而知，万物由之以生"，故云"有物混成"。"混成"，既是其中"甚精"的"有信"，又是非定有、具体的存在"无"。以其"万物由之以生"是一本之一，以其"真道万派而莫分"是万物潜备。吕惠卿以"气形质浑沦而未相离"解，它采汉初《易纬》思维。"混成"是浑沦的未有分判状态，无有分判则为混一，它是统一、一体的思维。王雱云："盖由万

殊而观，则此为道之全。而由道本以观，则虽混成者，犹散殊也。目之为物，则明更有物物之妙耳。"由万殊观，万物之殊本自"有物混成"，故为道一浑全。由道本观，"道生一"则"万物得一以生"，"混成"中潜在涵摄"散殊"。言其"有物"，实则是"物物之妙"，虽本于一"无"，而生出万有。吕知常认为，道为浑沦之状，含太易、太初、太始、太素之全。"太易者，未见气也。太初者，气之始也。太始者，形之始也。太素者，质之始。气形质具而未离，故曰浑沦。"（引《易纬·乾凿度》，第81-82页）"浑沦"是浑一，而气、形、质是分殊。吴澄认为，"混成"是"不分判而完全"者。"完全"者，整全而不分，无有外者。从逻辑形式上说，徐大椿认为，道者"混成不凿而自成体"。此以《庄子》"浑沌者"作解，"不凿"是朴素浑全。

五从"有无一体"上说。唐玄宗认为，"有物混然而成，含孕一切"。它是"妙物"，"含孕众象"。以《老子》思维言，"有物"是生成万物的潜有或"含孕众象"，"混成"是无有定形而能"妙物"的绝对本体"无"。从"有物混成"与"先天地生"的一体关系看，前者是潜在、生生的潜能，后者天地生成，为前者内在潜能的实现，功成于生生之能。这种思维方式，类似于"未发之中"和"已发之和"的关系，和是中的实现，中是和的潜备。杜光庭以为，"有物混成"为"道之宗"，"先天地生"为"道之元"。作为"宗"是天下母，作为"元"是天下始。大道作为天地万物的起源，本初存在质性是"无状之状，无象之象，无物之物，无名之名"。以其如此，则为"无宗无祖，无名无形"的"无"。"无"是潜有，"含众象于内而未明，藏万化于中而未布"。有此体则有"冲而用之，渐彰于有"之用，"渐彰于有"是分殊的具体定在。《老子》云"有生于无"，"无"以微妙无形、混沌不分言，是内涵众有的本初潜在，能生成万有。"无"非是空无无有，而是物性定有的否定思维界定。"真道万流而莫分"，是潜在性的"无"，"万物由之以生"就是现实性的"有"。因物恒有，则知其所以然者恒道亦必潜有。即使是恒道分有、分化而为万物，也是以"道通为一"的存在样态存在，或者说是宇宙机体系统。以"有物混成"的浑朴一体言，是潜在的"无所不含"、"无所不有"；以"道通为一"的大全一体言，是寓于万物中的存在样态，统摄万物，无不包通。以其非定有为"无"，以其涵万有为"有"。

六从"即物非物"上说。成玄英认为，道者，"非有而有，非物而物，混沌不分，而能生成庶品"。它是"不混而混，虽混而成。不成而成，虽成而混"。"非物"，是非为存在物，与物反则为"混沌不分"；"而物"，是生物、物物的存在，"生成庶品"。若以释氏思维言，是即物遣物的不住。即不混以混，即不成以成，或混而成、或成而混，是遣之又遣，而非是玄之又玄。杜光庭以为，"有物混成"是"无状之状，无象之象，无物之物"，"本自非物而物由以生"，故为"无物之物"。恒道非是作为存在者的物，它是"无物"。然在"为物"、生物中揭示其存在，故为"有物"。范应元认为，"道本不可以物言"，然不曰"有物"，则无以"明道"。"有物"是从"为物"的"其中有信"中证验其象存在物一样的实有，同时是万物从之出的实有。道虽"不可道"，

然可因物以"可道"，此即是"即物非物"思维。恒道不可离物以揭示其存在，它在"物物而不物于物"中展现其存在。无物则恒道不在、不显。"混然而成"，是万物的潜在、潜有，万物生成是"有物混成"的分化、世界化。恒道存在的质性是"无物之物"。"有天地然后万物生，道先天地生，则非物也。"天地是存在物，恒道与物反，反其为物则为"无物"。在生成次序上，《老子》不如此言。天地与万物一样，皆因"得一"而生成，非是先有天地而后生成万物。恒道作为"道通为一"的存在，寓于物而通于物。

七从"无极而太极"上说。宋徽宗认为，大道好比"浑沦"，它是所谓的"太极"。"浑沦"者，是浑全未分的太一。《老子》云"道生一"、万物"得一"，"一"与"道"的关系是"有生于无"。"一"为太极，"道"为无极。"道生一"，是无极而太极的思维。太极是一物类一太极，无极是万物总体一太极。就恒道存在本性言，以其为无限"得一"言是无极，以其涵摄万殊"得一"言是至极，也可谓之太极。叶梦得云："谓太极为生两仪，则有易居其上；谓太极为生于易，则未见太极之有间。故寄之曰有，则易为无也。"以"易有太极，是生两仪"解，揭示出"有物混成"蕴含着无极而太极的思维结构。"易有太极"，犹如"道生一"。林希逸直接以"无极而太极"解之。恒道既是"有物"，又是"无物"。"有物"是能生成万物的至极存在，"无物"是功成不测的无极存在。杜道坚指出，"天地之先"当为"无物"，然言"有物混成"是何物？作为"万物浑沦而未相离"者，非是太极？"有物混成"，以其为"万物之宗"的生物始极是太极，以其为生物无穷的至神不测是无极。

以上注解从不同角度、不同侧面揭示恒道存在的玄妙质性，"有物混成"涵摄混然无形、圆凝不离、浑沦大全，无极太极、一体不分、即物非物、理一分殊等思维质性。恒道"不可道"，固然有不尽的存在质性，然因其与物的不同关系而有分殊的具体质性。解析"有物混成"思维结构，有以下涵义。一是潜在、潜能。恒道作为天地未分和产生之前、"先天地生"的存在样态，必然包含天地之为天地的潜在"因子"或"种子"。既然它不仅能生出"天"，而且能生出"地"，因此必然是一种潜在的大全。就像"谷神"、"玄牝"一样，"有物混成"作为"潜在"者，具有生生不息的潜能，故为"天地之根"、"万物之宗"，"可以为天下母"。二是混一、大全。天地已生，即为剖判、分殊之物。恒道能生天地，本自先于天地而存在，作为一本而天地潜藏其中。"混成"，是混沌一体的存在样态，便是不分、不割的"大全"。天地为物中最大者，而恒道能包天地，万物以之生，故为独一的"至大"者。正因为恒道大全，所以能展开为万物之间的对偶、变化、和谐、矛盾等交织的万殊质性。因万殊归于一本，则一本之道必是混全的存在。三是同一、统一。天地未分，尊卑不形，故"混成"。"有物混成"，既是天地万物的原始混同，亦是天地万物的本源统一。以万物分判言，同一于一本的恒道；以万物殊分言，统一于一体的大全。从万物由来说，是同根、同源和同宗的同一。从万殊所自说，是一宗、一本、一源的统一。天地万物作为分殊存在，可

统一于"混成之物"。《老子》言"先天地生"仿佛在"复古",实则是借以寻找"一统"的"古始"。恒道在它的"朴散"过程中,必然保存和显现其起初的作为一体性和包容性的存在质性,变为"道通为一"的存在样态。四是无形、无状。恒道之所以为"混成",正是因为其为"无状之状"、"无物之象",同时是先于天地有形存在的"大象无形"、"象帝之先"。作为"无状"、"无形"者,恒道非是有形状的存在物,而是作为"混成"样态存在的绝对本体。五是构成、元始。《老子》"有物混成"的关键点,在于"生天生地"上。从天地万物向上追溯,恒道以什么生天地?有什么内在东西能生天地?这就是生物的潜在构造以及构成因素问题。恒道是天地的潜在,天地分有于恒道,则其必拥有构造、生成万物的内在质料或因素。天地由何构成,恒道就潜在地拥有这种构成基质和元素,就像种下一粒种子能收获众多粒粮食一样。作为本源一本存在,恒道必是内涵统一和谐、万殊差异的潜在整体,所谓"万象森然已具"。六是无名、不称。恒道为"有物混成",同时是窈冥、恍惚的存在。相对于存在物的分判、有形、具体、可名,它是视不见,听不闻,搏不得,不可名,不可道,为"混而为一"的"不可致诘"存在。"混成"与"混一"一样,具有混沌不分、不可辨识的模糊思维涵义。"不可致诘"的"混一",正是恒道作为"混成"的显像样态、或认识况谓,它是"无状之状,无象之象,无物之物,无名之名"。此外,还有无极太极、物物非物、理一分殊、有无一体等思维结构,上面已进行了揭示。可见"有物混成"同"道可道,非恒道"等一样,在《老子》思想中是具有奠基性的核心观念。"混成"说,无疑是对执于分别、固执一端思维的提升。在道术的历史发展上,存在着从"原于一"到"将为天下裂"、从"其备"到"一察焉以自好"、从"大体"到"一曲"的过程,以至于后世学者"不幸不见天地之纯,古人之大体"(《庄子·天下》)。《老子》正是通过提出"有物混成"观建立大全本体,进而为"朴散"提供"复通为一"的根据,为"器"奠定"官长"的基础。

三、传承发展

《庄子》虽不曾言本源实体为"混一",然揭示出大道寓于万物之中的存在质性,"道通为一"、"道行之而成"等观念就从《老子》思想中来。恒道以"有物混成"为本始存在样态,在生成万物中,就作为万物以生的"得一",而成为"万物之奥",以本自分有、分化而寓于万物之中。万物生存、变化和发展是"有物混成"样态在现实中的展开,或者说"有物混成"转化为以"道通为一"的样态而存在。如果没有天地万物,"混成"就没有立论上的依据和证验。"有物混成"与"道通为一",虽是两种存在样态,然二者相互揭示,融贯一体。《庄子》正是以"道通为一"接言《老子》恒道从"有物混成"向寓于万物存在样态的转换。"道行之而成,物谓之而然。恶乎然?然于然。恶乎不然?不然于不然。物固有所然,物固有所可。无物不然,无物不可。故为是举莛与楹,厉与西施,恢诡憰怪,道通为一。其分也,成也;其成也,毁

也。凡物无成与毁，复通为一。"（《齐物论》）"道行之而成"，是恒道"周行不殆"，为"万物之奥"存在样态。正因有"有物混成"的潜能、潜在，方有无物不成的"功成"，也有"无物不然"的"辅助自然"。就每一存在物言，因同分有于恒道之"得一"，而"无物不然，无物不可"。在每一物的存在自性中，皆分有、寓有大道，性分自得，则"然于然"、"不然于不然"。恒道为"万物之奥"，生成、亭毒、运化万物，使物"固有所然"、"固有所可"。楹与楹有纵横之分，厉与西施有美丑之别，恢诡憰怪有乖离之殊，道者通其为一。成毁分隔，则物各执一端。"知通为一"、"复通为一"，是对大道作为寓于万物之中的存在质性的揭示。可见，"道通为一"是对"混成"作为潜在统一、"大同"思维的衔接，或者说是"有物混成"在宇宙化、世界化、机体化思维质性上的展现。如果说"有物混成"是从先天地万物生言其同一、统一，那么"道通为一"则从恒道分有、寓于万物之中揭示其统一、通一。恒道"混成"无形状，而能生万化形状，大全潜能就成为现实一体化的宇宙和世界。恒道作为大全存在，又是通万物为一体的存在。宇宙或世界就是恒道的另一种存在样态。要认识恒道或世界，就要"以天下观天下"，用《庄子》语是"以道观之"。"自其异者视之，肝胆楚越也；自其同者视之，万物皆一也。"（《德充符》）以肝胆为楚越，则不见于一身；以"万物皆一"，则是"玄同"、"道观"。在《庄子》外、杂篇中，除"以道观之"（《秋水》）、"无所不在"（《知北游》）、"道者为之公"（《则阳》）、"太一形虚"（《列御寇》）、"无乎不在"（《天下》）等观念外，"混成"思想更多表现在对人性本初、本真的"抱一"、复朴上，虽为本全之真，但多已失去"道通为一"的思维质性。"古之人，在混芒之中，与一世而得澹漠焉。"（《缮性篇》）"混芒"者，保持本初之德，本真性情不离，具有机理整全之和。体现在德性上，是"卫生之经"的"抱一"（《庚桑楚》）。以本性不失、全性保真为存身、养生之道，则失去了贯通、玄同的认知通达之妙。

《文子》传承于《老子》，开篇就引用《老子》思想云："有物混成，先天地生，惟象无形，窈窈冥冥，寂寥淡漠，不闻其声，吾强为之名，字之曰道。"（《道原》）"混成"何谓？一是"先天地生"，在天地剖判之前，故为"混一"或"太一"；二是"惟象无形"，在"象帝之先"，故为"大象无形"；三是"窈窈冥冥"，恍惚无形中有精有信；四是"寂寥淡漠"，"独立而不改，周行而不殆，可以为天地母"；五是"不闻其声"，"不可致诘"，故"混而为一"；六是"强为之名"，混成不分本不可名，然因生物有功实有，故强以为名；七是"字之曰道"，道者无不通行，万物生化所由，故假名为"道"。以上对"有物混成"思维的界定，固然以本始存在质性为根本，然《文子》接着便对"道通为一"的存在质性进行了揭示。"高不可极，深不可测，苞裹天地"，揭示"混成"展开、实现在宇宙万物之中，无所不包；"禀受无形"，揭示"混成"为"无状之状，无物之象"；"原流泏泏，冲而不盈"，揭示"混成"的含孕万物，"施之无穷"；"约而能张，幽而能明，柔而能刚，含阴吐阳，而章三光"，揭示

"混成"的"无所不能";"山以之高，渊以之深，兽以之走，鸟以之飞，麟以之游，凤以之翔，星历以之行"，揭示"混成"可为万殊的"得一";"古者三皇，得道之统，立于中央，神与化游，以抚四方"，揭示"混成"可为"道纪"，执一以应万方;"天运地墆，轮转而无废"、"水流而不止"、"风兴云蒸，雷声雨降"、"和阴阳，节四时，调五行，润乎草木，浸乎金石"等，揭示"混成"之为"含德之所致"，寓于万物之中而为"万物之奥";"忽兮恍兮"，揭示"混成"的"不可为象";"恍兮忽兮"，揭示"混成"的"用之不可既";"窈兮冥兮"，揭示"混成"的化物不测;"遂兮通兮"，揭示"混成"的通行万物;"与刚柔卷舒兮，与阴阳俯仰兮"，揭示"混成"的"周行不殆"。可见，"有物混成"作为《老子》思想体系的一个根本观念，以之可贯通其他诸多观念，它是"潜有"、大备的思维存在。在"有物混成"与"先天地生"的关系上，"老子曰：天地未形，窈窈冥冥，浑而为一，寂然清澄。重浊为地，精微为天。离而为四时，分而为阴阳，精气为人，粗气为虫。刚柔相成，万物乃生。精神本乎天，骨骸根于地。……道生一，……冲气以为和。"（《九守》）"天地未形，窈窈冥冥"，无有形朕，不可分判，是"有物混成";"重浊为地，精微为天"，是"有物混成"分化为天地。"浑而为一"，是"混成"的"混而为一";"万物乃生"，是恒道分化、分有而成为万物，寓于万物之中，无所不在。"道生一"之"道"，是"浑而为一"存在，"一"者能判生万物就为"得一"。"一"潜在是"多"，"多"是"一"的展开。"冲气以为和"，是万物"得一"的内在机理。恒道在"混成"中孕育、包涵着万物的潜在、潜有，万物以生则是恒道由潜有变成实有。在揭示"有物混成"的内涵质性上，《淮南子》有相类之文，它解"无形"为"一"又较《文子》更见恒道存在质性的要妙。"无形"者，为"物之大祖"，它就是"一"之谓。"所谓一者，无匹合于天下者也。卓然独立，决然独处，上通九天，下贯九野，员不中规，方不中矩，大浑而为一，叶累而无根，怀囊天地，为道关门，穆忞隐闵，纯德独存，布施而不既，用之而不勤。"（《原道训》）"有物混成"，固是"无形"，然谓之"一"则是"浑然一体"的"本一"或"太一"。以其为"无匹合于天下"言，是"独一";以其"卓然独立，决然独处"言，是"至一";以其"上通九天，下贯九野"言，是"道通为一";以其"大浑而为一"言，是"混一";以其为"怀囊天地"、"穆忞隐闵"言，是"统一";以其"布施而不既，用之而不勤"言，是功成的"大一"。以其"一立而万物生"言，是同宗的"同一"。道一而万殊，故为"万物之宗"、"万物之奥"。

魏晋时期，王弼以"无"为绝对本体存在，然其正是"有物混成"的变形。他以"无形无名"者为万物之宗，然作为绝对本体又是"不温不凉，不宫不商"、"不炎不寒，不柔不刚"、"不曒不昧，不恩不伤"，此类思维结构就是对物性或柔或刚等分析质性的否定，正如"混成"对物性分判的否定。葛洪提出了大道与万物一体的观念："道者涵乾括坤，其本无名。论其无，则影响犹为有焉;论其有，则万物尚为无焉。……以言乎迩，则周流秋毫而有余焉;以言乎远，则弥纶太虚而不足焉。"（《抱朴子内篇·

道意》）道本"无"，然"涵乾括坤"则是潜有，二者合言为"混成"的"无"。从其潜在未分化为现实存在言，是"无有"；从其"有影响"、"万物尚为无"言，是"潜有"；从其分化为现实万物言，是"实有"。这里，道出了恒道现实与潜在的一体性，明确阐发了万物与恒道为先后一体的存在质性。"周流"、"弥纶太虚"，正揭示恒道分有、展开于万物之中，以寓于万物之中存在。"无"与"混成"，"周流"、"弥纶"与"道通"，无疑二者之间具有思维上的同构性。《列子》吸收《易纬·乾凿度》思想，以揭示本始"浑沦"的存在质性。"有太易，有太初，有太始，有太素。太易者，未见气也；太初，气之始也；太始者，形之质也；太素，质之始也。气形质具而未相离，故曰浑沦。浑沦者，言万物相浑沦而未相离也。"（《天瑞》）以"气形质具而未相离"言"浑沦"，正是"有物混成"。至于将其分化过程分为四个不同阶段，从逻辑构成上言则有些牵强附会。"浑沦"是万物潜备、"森然已具"，它相对生成万物的展开、分化言。以"道"为"浑沦"，在《关尹子》中亦有体现。"其来无今，其往无古；其高无盖，其低无载；其大无外，其小无内；其本无一，其末无多；其外无物，其内无人；其近无我，其远无彼。不可析，不可合；不可喻，不可思。惟其浑沦，所以为道。"（《八筹》）道不可道，混一不分，故往来无今古，高下无盖载，大小无外内，本末无一多，外内无人物，远近无彼我。固然，它超脱分判、分析思维，而具有统一、玄同质性。虽无今古而有往来，虽无盖载而有高下，虽无外内而有大小，虽无一多而有本末，虽无人物而有外内，虽无彼我而有远近，是在"分析"中见其"浑沦"。执于一而无分析，亦是不可。"浑沦"必以"分别"彰显其蕴。因析而合，知合以析；因喻而思，思必以喻。无析合、喻思，则无以知浑沦之道。浑沦因分殊而澄明，正如恒道"混成"以所生天地万物而见其质性。"混成"与分判相对而言，无天地万物分判，则无以言"有物混成"和"道通为一"。"混成"与分判非是相对的有待存在，它是绝对存在质性，既是对分判有限的否定，同时又是分判的来源，分判、有待存在无不由之以来。

　　"浑一"的大全思维，在《易经》中有其同类。如"大衍之数五十，其用四十有九。分而为二以象两。"（《系辞上》）"大衍之数"，万数因此生。它是"混成"思维，相对数的分判言。再如"《易》有太极，是生两仪，两仪生四象，四象生八卦"（《系辞上》）。"太极"作为能分化、成多之体，必是"早备"的"混成"，六十四卦皆来自此。王弼解《易》以"太极"为"无"，它无不生、无不由，也是以之为潜在大全。郭雍云："上古之时，天道胜人，人知有天，而不知其他也。故包牺氏始画八卦，其意若曰：是道之一，列而有三，如是而天，如是而地，如是而人。……然天道不以天高而大于地，地道不以地广而大于人，人道不以人微而小于天地；故三画皆无差殊。要其至也，混而为一，复于太极，故名曰卦。……是以圣人经以三才而太极分，纬以八卦而太极复。一经一纬，而六十四卦由之以备，天下之能事毕矣。所以太极为《易》之体，而《易》者用太极之名。太极之道，方其混然一成，物莫能破，人安得而用之？

及乎包牺判而三之才之离为八，文王重而六之，离为六十四，然后天下后世以之修身、齐家、治国、平天下，始可得而议矣。"（引自《宋元学案·兼山学案》，载《黄宗羲全集》第四册，浙江古籍出版社2005年版，第290页）"道一"列为三才，天、地、人由潜在变成具在、实在。从《易》理言，是由卦一道而分三才之道。"混而为一"，是天地人"三才之道"咸备，融为一体。太极兼此三才之道，而生六十四卦。因理无所不备，故用以修身、齐家、治国、平天下。"议"者，是分析与综合的统一。如果守其"混然一成"，无有万殊分理，安得用以应万变？郭氏通过《易》卦爻所含妙理，阐明了分而合之、合以分之的一体思维质性。《易》既是"广大悉备"，又是理一万殊。与此思维同构，《老子》恒道既是"有物混成"的潜在无不有、无不备，同时又是可为"万物之奥"的万物无不涵、无不通。宋明儒云"万象森然已具"之意，正是本于此类思维。王夫之在《庄子解》中，对气的"浑沦"说进行了重点解析。"浑然之一气，无生则无死，无形则无覆坠。"（《德充符》解）无生无死、无形无覆坠，是一体无分、无有朕形的绝对本体存在，故为"浑沦而一"。若有生死、覆坠，就非是生生不息的恒常存在。宇宙之间，就是"浑沦一气"。"观浑天之体，浑沦一气。"（《知北游》解）一气之为"浑沦"，因为无有分判。"夫天亦均尔，恶有所谓天者！无天、无人、无吾，浑然一气。"（《庚桑楚》解）正因"浑然"，故无"天"、"人"、"吾"之分；正因"一气"，故有"天"、"人"与"吾"之生。一气浑然，同时是"流动充满"。"环中者，天也。……容成氏之言浑天得之矣。……终古一环，偕行而不替。无内无外，通体一气。……天之体，浑然一环而已。……其浑然一气流动充满。"（《则阳》解）"浑天"、"浑沦"或"浑然"，正是"有物混成"的思维结构。"终古一环"，揭示"一气"的"独立不改"；"通体一气"、"浑然一环"，揭示"一气"的"浑然一体"；"偕行不替"、"流动充满"，揭示"一气"的"周行不殆"。合起来说，"浑沦一气"是"造化之机"，犹如恒道之生成天地万物。就《老子》"有物混成"的思维内涵，德国古典哲学家谢林认为，《老子》已"完全无条件地和一般地闯进存有的最深根据之中"。（引自《谢林选集》第六卷，香港道风书社2011年版，第562页）《老子》之"无"就是："生命的伟大艺术与智能，是在这种纯粹潜能的实现之中形成的，这种纯粹潜能就是无，而同时也是大全。整本《道德经》透过大量丰富极富创造力的比喻，向我们展示了无的伟大而不可逾越的力量。"（同上卷，第564页）这里所说的"纯粹潜能"，就是"混成之道"。作为"纯粹潜能"，从其潜在非定有、无形状言是"无"；作为"不可逾越的力量"，是"万物赖之以生"，为"万物之奥"；作为"大全"，是万物无不由以生，万化无不由以成。它既是"无"，又是"一切"。他还指出，《老子》"道"的学说，虽然不能算是一种发展缜密的体系，并未能提供世界产生的详细铺叙，但它却在讨论"一种原理"，并以多样的形式，阐述了"基于这一原理建立起来的实践学说"。谢林对《老子》的评述，显然高于黑格尔的"哲学演讲"，真正把握了《老子》"有物混成"作为"无"所蕴含的深刻涵义。当代新儒家熊十力认为，"老氏所谓

道，盖合虚、神、质三者，而为混然不可分割之全体。"（引自《原儒》，中国人民大学出版社 2006 年版，第 201 页）"有物混成"之道，是涵摄虚、神、质的全体，亦是浑一的大全存在。

对本源存在"混成"之始、"混沌"之"全"的揭示，古希腊哲学有着同样的哲学论述。文德尔班认为，早在古希腊，阿那克西曼德就以抽象概念形式，复制出一种虚构的混沌的、不清楚的概念，名为"宇宙始基"——一个无定型的物质东西。它既是一，也是全。这个无限物还有另一属性"神性"，具有神力。（参见《哲学史教程》上卷，商务印书馆 1997 年版，第 52 页）"宇宙始基"，是本始绝对存在。以其"无定形"为"混成"，以其有"神力"则为生成宇宙万物的潜力、潜能。作为"一"，是"混而为一"；作为"全"，是"万象森然已具"。怀特海指出，在柏拉图的《蒂迈欧篇》中，现代宇宙纪元的起源可以追溯到某种原来的"无序、混沌状态"，这种学说是"机体哲学的进化学说"。（引自《过程与实在》，中国城市出版社 2003 年版，第 174 页）"混沌状态"，是"混成"状态。"无序"，则无有分析条理。柏拉图的"宇宙纪元"，是理型的本源。理念用逻各斯创造万物，万物是对理念的分有和模仿。与此不同，《老子》恒道作为宇宙存在的本源，在分化过程中从浑然一体的"有物混成"，形成和谐一体的宇宙机体系统。万物自然相生相化，而非是理念的模仿、复制。

最后，对本节内容作以简要概述。恒道本初存在为"有物混成"，它既是生成天地万物的潜能，也是万物统一的生成根源，具有浑然一体的大全质性。恒道的"混成"思想，具有丰富的质性，从其为天地万物之母言是"本宗"，从其"先天地生"言是"古始"，从其为万物统一来源言是"太一"，从其能生成天地万物言是"潜能"，从其混然不分离言是"整全"，从其无状、无物和无象言是"混沌"，从其为万物一本言是"大全"，从其为生生之极言是"太极"，从其不可穷极言是"无极"，从其"不可致诘"言是"混一"。"有物混成"观念，内在包涵"独立不改"、"周行不殆"等观念，与"万物之宗"、"万物之奥"、"有生于无"和"道生一"等相互融贯一体，为现实万物建构了坚实的统一根基。在此基础上，《庄子》将之继承发展为"道通为一"的存在样态，并成为一种认知思维和精神境界。经《文子》、《淮南子》等进一步诠释发展，内涵更加丰富、具体。

第二节 有生于无

"有生于无"观念，是《老子》思想体系中的一个核心观念，也是先秦思想发展中一个具有开创性、独特性的观念。它的提出，开辟出一个玄思的思维路向，标志着古代中国哲学思维发展到了一个新阶段、新层次。这一观念，究竟具有什么样的深刻内涵？在《老子》思想中占有何样的地位和价值？揭开这些疑问，就是本节诠释的要旨所在。

道 与 物

一、文字校解

《老子》第四十章云："天下万物生于有，有生于无。"帛书《老子》甲本无有此句，而乙本"有生于无"中脱一个"生"字，写作"天下之物生于有，有于无"。楚简《老子》写为："天下之物生于有，生于亡。"比较今本《老子》与楚简本文字上的差别，陈鼓应指出，"前者是属于万物生成论问题，而后者则属于本体论范畴"。今本"有生于无"观念与第一章"无名"、"有名"思想无法对应。"'有'和'无'本是道体的一体两面，共同指称道体（'同出而异名'），二者间原本并无本末先后的问题，但今本'有生于无'导致了本末先后的判断，给老学体系带来了不一致的解释。"（引自《老庄新论》，商务印书馆 2008 年版，第 94 页）在《老子》中，既有以"有生于无"追溯本源的问题，亦有以"有无一体"揭示恒道存在质性问题，还有"有利无用"的存在论问题，三者分属不同的层面和角度，不可一概而论。何新认为，"有生于无"是《老子》的本体论，自河上公、王弼以来从未得到历代注释家的真正理解。（引自《老子新解》，北京工业大学出版社 2007 年版，第 175 页）文字上些许之差，就可给注解上带来迥然不同的差别。楚简《老子》"生于有"与"生于亡"之间是递进关系，故与帛书《老子》乙本"有生于无"思维相合。

（一）"万"与"之"

今本《老子》"天下万物"与帛书《老子》"天下之物"虽有"万"与"之"的一字之差，然在意义上相同。"之物"可以指"个体存在物"，然有"天下"作为定语，就可指天下中的每一物。"万物"作为"总称"，是泛指一切存在物。"天下万物生于有"，是泛指一切存在物皆在"有"中生，它是"万物以形相生"（《庄子·知北游》）的深刻寓意。有形相生，是"万物生于有"。"天下之物生于有"，揭示天下每一个体存在物皆来自"有"。二者意义相同，不过以"万物"言更能强调表达"物生于有"无有其外的涵义。

（二）"有"与"无"

"有"者，象形字，甲骨文象牛头形，用牛头表示占有、据有之义。金文由"又"、"月"字旁合而成，变为会意字，会手（又）持有"肉（月旁）"之义。《说文》解为："有，不宜有也。《春秋传》曰：'日月有食之'。从月，又声。"此是根据篆文的解说，也是与"无"相对而言。《玉篇》释"有"为"不无"。对"无"的否定即是"有"。

"无"者，象形字，甲骨文中無、舞、无是同一个字，像一人手持舞具举手投足舞蹈之形。篆文分为三形。庞朴提出"无"字有三种写法。一是"亡"。"有而后无"。（引自《中国文化十一讲》，中华书局 2008 年版，第 81 页）甲骨文的"有"写作"虫"型，造字者用它的缺失或未全，也即左半（y 形）或右半（反 y 形）来表示。

"亡"不能离开"有"，它与"有"相依存、相对待而成立。"'亡'（无）就是'有'的缺失。"（同上书，第82页）《说文》解"无"为"亡"，又解"亡"为"逃"。逃跑也是"有"的缺失。庞朴认为，古"有"字象右手形，因右手方便灵活，经常拿东西，进而用"右"来表示"有"。后区别起见，在"右手"形下加一"横"，表示"有"。总之，"有了'右'，就有了'有'；有了'有'，取它的一半儿就是'亡'（无）"。（同上书，第83页）"有"的否定是"无"。楚简《老子》中"无"多用"亡"来表示。二是"無"。从字形看是"舞"形，从字义看是"无"，"虚而不无，实而不有"。远古先民为有神论者和万物有灵论者，相信神灵存在是"有"，感觉不到神灵的存在就以为是"无"。怎么表示这个"现象"，就想到了跳舞。跳舞原本是一种跟神灵打交道的手段。"'无'表示的确有，真的在那儿，只是一般人看不见、摸不着，它是虚而不无的。"（同上书，第84页）那些宣称能窥视这个秘密的人，就是"巫"。《说文》云："巫，祝也。女能事无形以舞降神者也；象人两袖舞形。"巫以舞蹈祝神降。"国大旱，则率巫而舞雩"（《周礼·司巫》）。"舞雩"者，以舞蹈祈祷求雨。这样说来，"無"就有三层含义：一为跳舞的舞，二为神灵的无，三为巫婆的巫。合起来就是：事无形之巫者，以跳舞为媒介，去和神灵打交道。"无"作为看不见的实有，是决定了现象"有"之本质的"有"。在这个意义上，"无可以说比'有'还要'有'"。（同上书，第86页）举例说，比如多草为芜，很多房子连在一起叫庑。人们对那种同具体的实有没有关系、无力感知其存在、但又确信其有的对象，造出了"无"以表示。它所揭示的是到处弥漫、主宰一切的涵义。三是"无"。它是"绝对的无"，即在抽象思维能力基础上的"纯无"。"无不必待有。说在有'无'。"（《墨子·经上》）何谓"无"？"无，若无'焉'，则有之而后无。无'天陷'，则无之而无。"（《经说上》）"焉"为鸟名，无之是"有而后无"。而"无天陷"是"绝对之无"，它不与"有"相对。以出土文字来看，秦以前尚无此"无"字，后专用于《易经》，殆得力于"无"与元、天形近。《说文》云："无，奇字，无也。通于元者，虚无道也。王育说：天屈西北为无。"元的本义是开始。"道教思想中的'无'，是第二个'無'，即十二笔的繁体字'無'。"（同上书，第88页）按最保守的估计，《老子》应是战国中期人，这时没有抽象之无，"有生于无"之"无"只能是"無"，也即不可见而实有之"無"。郭店楚简里不见"无"，而在马王堆帛书中，"无"字又频繁出现。《帛书》中"无"是"無"的"奇字"。第一形、二形"無"·在《老子》中皆见，只有绝对之"无"尚不能见其为用。庞朴对先古"无"字的考证，对理解《老子》有、无思想具有重要的思想价值。从"无"的内涵变化，亦可证见《老子》、王弼之"无"与郭象之"无"的区别，前者是无中实有，后者是纯无，"无"既无，则不能生"有"。郭象所言的"无"正是《墨经》所释绝对的"无"。此"无"是"有"的否定，而"天陷"之名为类推而得。"陷"是象形字，天是形大者，二者皆可感知。"天陷"虽然可能不曾见过，但可以想象得到。"可无也，有之而不可去，说在尝然。"（《经下》第161说）

"有"不可去，就是曾经之有。"已然，则尝然，不可无也。"（《经说下》）说以前曾经存在过的，不可视为"纯无"。"无不必待有，说在所谓。"（《经下》第149说）解云："若无马，则有之而后无。无天陷，则无之而无。"（《经说下》）无马，是对有马而言"无"，为有而后亡。"无不待有"者，如"无天陷"，非以有待言，它本自为"无"。"求白马焉，执驹焉，说求之舞（无之繁文）说非也。"（《大取》）白马以形色称谓，驹以形小而命名，二者形态不同。如果以"形之异"为实名，则二者不同，故求白马非执驹。但若以类性言，则二者也可通用。求白马是求马，执驹也是执马。"求之舞而说非"，即是因所求物"不同形"而说"非有"，如白马非驹。可见，《墨经》所言"无"涵盖了庞朴所所的三形"无"。

就"无"以名词出现的思维上的意义，刘笑敢指出，"因为一个词是否名词化是判断它是否已经转化为哲学概念的第一步"。（参见《经典诠释与体系建构：中国哲学诠释传统的成熟与特点刍议》，载《儒家经典诠释方法》，华东师范大学出版社2008年版，第30-31页）在《老子》中"无"字出现一百余次，绝大部分是形容词或副词，仅有一两处用作名词，一处是"天下万物生于有，有生于无"。此"无"是名词，显示抽象思维已达到一定水准。另一处是："三十辐，共一毂，当其无有室之用；……故有之以为利，无之以为用"。然其中的"无"非是典型的名词用法。《老子》出现"无"字的"名词化"，也即将其进行了"本体化"，"无"便成为了恒道的别名。王弼正是秉承《老子》"无"的实体化思维，直接将"无"等同于绝对本体存在的恒道。

二、文句解析

明确了帛书《老子》中的"无"，是不可视见的"实有之无"（舞），就可揭开《老子》的有无关系。在不同的有无关系上，"有生于无"是关涉绝对本体、本源上的观念，它所揭示的是宇宙万物或世界的来源和生成问题，也是本源、本始存在的样态问题。万物是具有、定有之"有"，而"与物反"的恒道必是"无"。此"无"具有"混成"、"无状之状、无物之象"以及"不可致诘"、"无名"、"天下有始"等涵义，同时它是生成万物的"潜有"、"大有"，可"强名"为"有母"、"有始"等。在"有生于无"中的"无"与"有"之间，是先后生成、混一与分化、潜在与实现、无限与有限的关系，与"道生一"具有思维同构性，它是无名与有名、无欲与有欲、大与小等关系质性的前提基础。在"有生于无"与"有无相生"的关系上，前者是本源论、宇宙论，后者是本体论、存在论。前者"无"潜在涵摄于"有"，后者是有、无并存一体或转化。前者"无"是本源存在、绝对本体，后者"无"是相对、有待存在。"有生于无"，揭示的是实有的起源、来源，而"有无相生"揭示的是存在物的存在方式。正如从变化中寻找第一推动者一样，《老子》正是在物化的"有无相生"形态转变中推导出"有生于无"。"有"者为存有、居有，它是有待的变化存在，就非是"一不化"或"无形"者。反过来说，正因"有生于无"，亦即从本源"无"中生出万有，

或者说本源"无"分有"得一"于"有"中，方有"有无相生"的物化之化、万化未始有极。"有无相生"是物化，既可是"有生于无"，亦可是"无生于有"，二者相对而成一体，共同构成物化的相生相克形态。作为恒道存在质性的"有无一体"，则是双向互摄，"有"以"无"为前提，"无"以"有"为前提，二者皆是相待的属性，而非是"有无相生"的物化形态。恒道作为绝对本体存在，以本源言，是从"无"生"有"。以质性言，是"生而不有"的"玄德"，以及为"恒有欲"与"恒无欲"、无名与有名、无为与有为等属性的统一。以呈现言，恒道寓于万物之中，成为"有无相生"的无穷物化。至于"有之以为利，无之以为用"中的有无关系，是空间共在的一体互用关系，它是物化的一种存在形态。理清这样的相互关系，就可看出《老子》思想的融贯一体性，观念之间并未有相互矛盾的地方。

就"天下万物生于有，有生于无"一文，历代注家给予不同的解说，主要有六种取向的解法。

一从有形无形上解。河上公云："天下万物皆从天地生，天地有形位，故言'生于有'也。"又云："天地神明，蜎飞蠕动，皆从道生。道无形，故言'生于无'。"以有形位的天地为"有"，以"道"的"无形"为"无"，有形生于无形即是"有生于无"，基本符合《老子》本旨。然以"有"定为"天地"则非是，因天地是存在物，在万物之中。这里的"有"，是"得一"或"道生一"之"一"，"一"固是"有形质"者，然非是定一，而是万殊之一。以"有"为"天地"，则将万物之生的本宗分为两层，万物源自天地，而天地源自恒道，也即将生生过程分为两个阶段，恒道生天地，天地生万物。在《老子》言，天地与万物一齐俱生，同生于恒道，非有次序分别，其中理由待解"得一"内涵时详加阐明。严君平解《老子》"万物之奥"云："木之生也，末因于条，条因于枝，枝因于茎，茎因于本，本因于根，根因于天地，天地受之于无形。华实生于有气，有气生于四时，四时生于阴阳，阴阳生于天地，天地受之于无形。吾是以知：道以无有之形、无状之容，开虚无，导神通，天地和，阴阳宁。调四时，决万方，殊形异类，皆得以成。"在《老子》中，"有生于无"涵摄"有物混成"和"万物之奥"两种存在样态的思维质性。以"无"为"无有之形、无状之容"，"有"为"天地"，思维上同于河上公。陆希声云："天下之物皆生于有形，有形之物必生于无形。"这里，"有形"与"无形"的关系，非是对反的相待关系，而是否定的绝对关系，无形者无限，它生成、涵摄有形。"生于有形"是形化。董思靖以"凡物皆自气化而形生"为"生于有"，然"原其始之所以生"则为"道"。"道"者"初无形容声臭之可即"，故为"无"。以气化形生为"生于有"，甚是。万物相生于形气之化，它是一气之化，而本源在于"一不化"的"无"。恒道作为"无形"者，必是"寂然不动"，动则气化形生。《庄子》"通天下一气"，揭示的正是"万物生于有"的内涵。吴澄云："万物以气聚而有形，形生于气，气生于道，其形有而道则无"。将"气"与"道"分为两个阶段，并不影响以有形生于无形解"有生于无"。这里的"气"在《老

子》相当于"德畜之"，"道"相当于"道生之"。前者是"得一"的气化以生，后者是"道生一"，由元气混涵分化为一气之化。陈鼓应认为，"'无'、'有'乃是道产生天地万物时由无形质落向有形质的活动过程。"恒道本初固然"无形质"，然"无形质"毕竟只是恒道一方面的存在质性，不能涵括"无"的全部内涵。"无"是"太一"，万物分有的构成要素皆潜在蕴藏其中，故为"早备"的"大全"。"有生于无"与"道生一"具有同样的思维结构。

二从绝对本体上解。如果说河上公等以形质言"有无"，将"无形"的"无"视为恒道存在根本质性的话，到王弼则从本体思维上来揭示"有无"问题。他认为，"天下之物皆以有为生，有之所始，以无为本，将欲全有，必反于无也。"以"有"况万物的来源，显然已将"有"解为万物构成的共同之有，视为一切存在物共通性的"得一"之"一"。一物类一太极，"一"是分殊、众多的"一"，故非是"太一"，非为"全有"。万物构成性的"有"，其根源不能是"有"，必是其否定性的"无"。只有绝对之"无"，作为一切存在物构成要素的殊"有"或定有的否定，方是一切存在有的"潜有"或"大全"。存在物的构成"有"，是分殊、有限的"定有"，因为每一物类在生生构成上就有不同的基质或种子，而其否定的样态则为无限的"大全"。《老子》以否定性的思维方式，通过对物类生成"有"的分判的否定，来揭示恒道是能生一切有的无所不有的"潜有"。"得一"之"一"是"有"，不同"得一"的无限性是"无"，这里"得一"之"一"是具有通于一与个数一的统一，其思维内涵将在诠释"道生一"和万物"得一"中进行解析。王弼秉持《老子》思维，将"无"作为了绝对本体恒道的别名。李荣以"有"为"天地有形"，以"无"为"道"，认为"天覆地载，物得以生"是"生于有"，"天地从道生"是"有生于无"。此思维同于河上公，然他又认为"虚者天地之根，无者万物之源"。显然，"无"作为绝对本体存在，是天地万物的统一本源。林希逸认为，"物生于有"是"有天地然后有万物"，"有生于无"是"天地之始生于太虚"。"太虚"同于"无"的存在质性，沿袭了河上公的思维结构。王道认为，"天下之物生于有"是"有名万物之母"，"有生于无"是"无名天地之始"。"有名万物之母"是揭示恒道生物的功成实存，"其中有信"；"无名天地之始"是揭示恒道生物的不测功用，"不可致诘"。二者一体，同为绝对本体存在恒道的共存质性，非是先后存在关系。高亨认为，"天下之物"当为"天地万物"，正见其一本于恒道。熊十力认为，"虚无者，是万物所从生之根也。"（引自《原儒》，中国人民大学出版社2006年版，第224页）以"根"为喻，根必生枝末，自有内在生机活力，故是"潜有"。可以成为参天大树，既是潜在的"大有"，亦是统一的根源。陈鼓应指出，"老子的'无'是含藏着无限的未显现的生机，'无'乃蕴涵着无限之'有'的"。（引自《老庄新论》，商务印书馆2008年版，第382页）绝对本体"无"能生"有"，它潜在蕴藏着生机，万有从中出。

三从"道"和"一"关系上解。陈景元云："有"为"一"，它是"元气"。天下

万物皆生于元气。元气属于"有光而无象"，虽有光景而出于虚无。"虚无者，道之体也。"以"虚无"为"道"体，是绝对本体"无"。将"元气"视为"有"或"一"，显然秉承了汉儒的元气说，然要在思维结构上符合《老子》意旨，还要明确"元气"为"万物得一以生"的"一"。元气作为万物本源，是分化之气，亦是分殊的一气。固然，"通天下一气"，然物类不同则所禀赋的元气也不同。以相通说是气一，以物类相异有不同的基质言是一气分殊。万物得不同质性的元气而成为不同的存在种类，其中的分殊性就在于元气所内含的理殊之中。古棣认为，"有生于无"的"无"是"常道"，它的存在质性既是"常无"，也是"常有"。"万物生于有"之"有"，是常道所产生的，有其不存在的时候，当然不是"常有"。这个"有"可解为混沌未分化的原初物质。"'道'生出'有'，'有'又生出万物"。其与"道生一，一生二，二生三"的关系，在于这里的"一"、"二"、"三"相当于"有"。"有"是第二性的，被派生出来的，它是道到具体之物的中间环节。（参见《十家论老》，上海人民出版社 2006 年版，第 302-303 页）以恒道为"常无"，是非为定有；以其为"常有"，是所有"有"皆从此生。"常无"与构成万物的原初物质的关系是"道生一"。"万物生于有"之"有"，是"通天下一气"之"有"，或是万物以形生形化之"有"，或是"阴阳"或"元气"，以及"精神"之"有"，以其不可定故认为是"未分化的混沌的原初物质"。固然，在"道生一"至"三生万物"之间的"一"、"二"和"三"，皆是"有"。它为"无"所生，是第二性的、派生的。"有"作为中介环节，则既是"道"的分化、分殊，又是万物的本源、原本。其中的逻辑内涵就是"无极而太极"。一物一太极，而统体一太极就是无极。在"常无"与"常有"的关系上，它是"有物混成"的思维内涵。在"常有"与"有"的关系上，是"道生一"。

　　四从"有无相生"上解。杜光庭云："无者道之本，有者道之末。因本而生末，故天地万物形焉。""形而相生"是"生于有"，而"考其所以，察其所由，皆资道而生，是万有生于妙无"。无为本、有为末，只能相对而言，实则天地万物方为末。"形而相生"是形化物生的"有无相生"，它本于"资道而生"的"有生于无"。王雱云："无以生有，有复为无，反复相生，万物一致。""反复相生"的有无关系，是物化的"有无相生"，为第二性的有无关系，它是存在物的变化律则。陈象古云："生则为有，不生则无，利害相因，存亡相继，唯反者弱者理契于无。""存亡相继"也是第二性的有无关系，然"理契于无"接近绝对本体"无"的思维质性。恒道作为"无"，必然是生生而不有，虽功成万有而始终保持"无"的质性，它就是"玄德"所彰显的意蕴。冯友兰认为，"这不一定是说，有一个时候只有'无'，没有'有'。然后于次一时，'有'从'无'生出。这不过是说，若分析天地万物之'有'，则见必先须先有'有'，然后，可有天地万物。"（引自《新原道》，载《冯友兰集》，群言出版社 1996 年版，第 361 页）"有"与"无"非是知性逻辑或形式概念上的观念，非是对立、对待的存在，而是实体逻辑上的观念。"无"是"潜有"，"有"为"共有"。万物同从出于

"有"，故它是共通的"有"，分有的"得一"之"有"。

五是从理气一体上解。印玄散人云："有者，冲气也，而理寓焉。""天下之物生于有"，是"冲气以为和"。"无者，太虚也，而气乘焉。""有生于无"是"太极本无极"。他又引朱熹云："无者无物，却有此理。""老氏有生于无，和理也无。"作者此说为谬。《老子》之"有"是"天地絪缊，万物化醇"。《老子》之"无"是"上天之载，无声无臭"。"有无不离理气，理气何分有无?"万物皆祖于虚，生于气，虚为物之府，气为生之户。以"有"为"冲气"，则"冲气"就是"道生一"之"一"，或者说是万物构成因子的元气。元气或冲气，分化为阴阳之气，然后交合絪缊为三，"三生万物"。"理寓"，是"一阴一阳之谓道"。"天下之物生于有"的"有"是"冲气"，涵摄"一生二，二生三"的逻辑结构。从本源言，"冲气"为阴阳一体不分的和气、元气，从分化造化言，它是阴阳交合的絪缊之气。绝对本体"无"作为"太虚"是"太虚之气"，"气乘"是气化功用内涵其中。"有生于无"是一物类之元气分有、分得于元气混涵的"太虚之气"，故具有"太极本无极"的思维结构。《易》云"天地絪缊，万物化醇"，正合于《老子》"冲气"之"有"。儒者"上天之载，无声无臭"，正是"有物混成"的"太虚之气"。以无物有理、和理也无，是理气而分。理气一体，则有无一体。"万物皆祖于虚"，是总体一太极。"物之府"为本宗，"万物之宗"。"生于气"，是一物类一太极。"生之户"为本原，"万物得一以生"。

六是从"境界形态"上解。牟宗三认为，《老子》"有生于无"非是"体用殊绝"，道家体用观自不同于儒家。《老子》"有生于无"之"生"，是"道生之"、"道生一"之生。"其言'生'首先是肯认道之为'本'义，言天地万物以道或无为本、为根据。是则'生于'或'生'首先是言诠上义理地'出自'义或'推至'某某，此皆是形式语。然则老子言如许之'生'究有否形而上的实际意义? 有否实际的作用? 曰自然有。"（引自《心体与性体》上卷，上海古籍出版社2007年版，第396页）此实际的作用有着特别的意义，"道生、德畜，亦可以说天地万物是实际存在地由无而生出。由无而生出实即由无而开出。但此实际存在地由无而生出或开出究是何种意义或形态，实有确切规定之必要，盖此确有特殊之意义。"（同上页）牟氏认为，《老子》宇宙论地言"无"为天地万物之始、之本，"道"显似有客观性、实体性及现实性。然此三性说穿了只是一种"姿态"，实则并无一正面实体性的东西曰"无"，并可以客观存在地（存有论地）生天地万物，或者说天地万物存有论地、实际存在地由"无"而生出。盖"无"是一遮诠字，由否定人为的造作有为而显。其原初之义是由生活上而体验出。道家盖对于人为造作之苦确有实感，故遮此"有为"即显"无为"，遮此"造作"即显"自然"。"无"一遮词所显示的正面意义只是"自然"，而它是一种境界，无实物可指，非名所能定，非称所能谓。他又以王弼所云"自然者，无称之言，穷极之辞"为佐证，认为"道"或"无"的客观性、实体性只是一种"姿态"，由"本"、"根据"义而示，其实可消化于"主体之自在、自然、自适、自得"而为一种境界。"道

家之形上学乃澈底'境界形态'之形上学，非'实有形态'之形上学"。（同上页）在有无关系上，"'生于有'是在'有'中呈现其实际之生长，'有生于无'是在无之境界（不塞不禁）中各畅其流、各成其为有"。（同上卷，第397页）以此为基础，"道"的实现性就是境界形态下的实现性。"'道生之'是境界形态下不塞不禁之'不生之生'而成其自生，成其自生即是开出其自生之道，是亦即生之也——不著之生。而万物之实际存在地由此不塞不禁之无而开出亦是因由于此无始能畅其生之流而有存在也。"（同上页）如果认为它是一种"存有论"，亦是境界形态上的、主观作用的，而非是实有形态、客观实体意义上的存有论。牟宗三对《老子》"万物生于有，有生于无"给予了别开生面的注解，肯定《老子》"有生于无"非是"体用殊绝"，固是。然以为"无"为天地万物之始、之本实际只是一种"姿态"，并无"实体性"的意义，则非是。若非实体，何以能为"万物之母"，"生天生地"？认为"无"为"遮诠"字，无客观性、实体性，非是。否则，何以言"有物混成"，"万物恃之以生"和"万物归焉"？作为"无"的恒道，固然"道法自然"，然"自然"也非仅是一种境界，它还有本体涵义。否则，何以能"辅助万物之自然"？在《老子》看来，恒道虽有两种样态，其寓于万物存在、"道通为一"的样态仿佛无"实物"可指，而是"泛兮其可左右"。然万物毕竟来自恒道，是其现实实现，为恒道"潜有"、"早备"的展开和证明。无"万物"，则恒道无以见其内涵。牟宗三的"境界形态"，可能来自对《庄子》"道通为一"、"知通为一"的把握，"主体的一种自在、自然、自适、自得的境界"即来自"自适其适"的"逍遥游"和"道观"基础上的"与造物者一"等观念。在《老子》看来，"道生之"之"生"，既是生成天地万物的本源质性，同时是作为宇宙机体生生的存在质性。作为"万物之奥"，恒道是生生不息的宇宙机体。至于"自然"，既是作为绝对本体存在的质性，也是"玄德"、"上德"意义上的境界形态或主体德性。道家与儒家一样，绝对本体的体用是生生实体，具有能生、生起、引发、感润、妙运等内涵，虽然在主宰内涵上有些不同。

三、传承发展

《庄子》继承发展了《老子》这一思想，使之成为对万物统一构成要素或因子的探寻。"泰初有无，无有无名；一之所起，有一而未形。"（《天地》）太初有"无"，是"无有无名"的存在。相对于"有"为"一之所起"言，"无有"是"无一"的存在，或者说是"浑一"存在。因"无有"，故"无名"。对比《老子》"有生于无"思想，这里的"无"是"无有无名"的太初之"无"，而"有"是"一之所起"之"一"。世界本始为"无"或"道"，而"一之所起"是"道生一"。"一之所起"之"一"，作为"万物生于有"之"有"，是"有一而未形"的存在。之所以言其"未形"，因之尚未成为"二"，只是构成生物的潜在种子或因子。相对于"一生二"言，正因"有一而未形"，故为"森然已具"的混合之"一"。此"一"与太初之"无"，为同一原

始本体的两个逻辑阶段。"一"从一物类一太极言,"无"揭示的是物类不同太极的无限性、混一性。有无数种类,就有无限的太极"因子"或"基质",虽然皆可通名为"有"。二者关系就是"无极而太极"。就一物一太极言,"一"是"万物得一以生"的"一"。此"有"或"一"又是"气"。就人的生存言,"察其始而本无生,非徒无生也而本无形,非徒无形也而本无气。杂乎芒芴之间,变而有气,气变而有形,形变而有生,今又变而之死。是相与为春秋冬夏四时行也"(《至乐》)。人本无"生",察其始为无形无气。这里的"本无气"是就人形体构成言,非是宇宙自然中本无气。"杂乎芒芴之间"是"混成"之"无","变而有气"是"有"或"一"。"变而有气"是生成人的因子"元气"。"形"、"生"虽是"有",然却是"物形之,势成之"的逻辑阶段。对于《庄子》言,"有生于无"是"物之造乎不形而止乎无所化"(《达生》)。物者有形是"有","不形"和"无所化"是"无"。《老子》之所以在万物与恒道之间的生成关系上,中间插上一个"有"的环节,就在于揭示万物相生与万物本生的差别,前者是"有无相生",后者是"有生于无"。同时在于以"有"揭示"一生二,二生三,三生万物"的内在机理。相对于"有无相生"的物化不止言,"止乎无所化"是"一不化"的"无"。物化是形化之"有",而"一不化"是无化之"无"。"不化"者能化化,成物化之"有"。物化之"有"源自造化"不化"之"无"。"万物生于有"的"有",亦是"一气"。"人之生,气之聚也;聚则为生,散则为死。……故万物一也,……'通天下一气耳。'"(《知北游》)"通天下一气",揭示万物之化皆为"一气"聚散所成。"气"对万物不可无,然可有状态之殊,同一于"气"。万物皆以"一气"化生,则"万物生于有"。作为本原"得一"的元气,又是氤氲潜备,内涵逻辑结构为理一万殊。以其无形无名、无限不测言,是"混涵"之"无",为涵摄万殊的统体一太极。同一元气内涵造化机理的不同,故有万类众品的造化。"一气"超脱了一切气化形态,而成为万物本源上共有或普遍意义上的实有之"有"。从"化"言,万物形化皆是"有"之化,而混成元气无化,故为"无"。在揭示《老子》"有生于无"的意蕴上,"无"是"冥冥"、"无形"存在,而"有"又是"精"。"夫昭昭生于冥冥,有伦生于无形,精神生于道,形本生于精,而万物以形相生。故九窍者胎生,八窍者卵生。""形生"涵"胎生"、"卵生",作为生生因子是"精"。"精"是气之精,内涵于"神"。"精气"为万物共通的生生因子,是"一"或"有",为同一性的共同分有,它是抽去具体之殊的"有一而未形"。"万物以形相生"在于"形本生于精",它是"万物生于有";"精神生于道",是"有生于无"。精神者虽未形而有"有",它是"有伦"、"昭昭"形生者的本始因子,故为"得一"之"一",也是"道生一"之"一"。"道"者冥而无形,混成为一,故是潜在的"无"。从无极之"无"言为"道",从万物太极之"有"言是"一"。在"有"与"无"的生成次序上,前者必出自后者。"有乎生,有乎死,有乎出,有乎入,入出而无见其形,是谓天门。天门者,无有者,万物出乎无有。有不能以有为有,必出乎无有,而无有一无有。"(《庚桑

楚》）何以"有不能以有为有"？如果以"有"为"有"，则"有"自"有"生，就会循环"无已"，所以本源必是"无有"。同样，它是对"有生于无"的逻辑解说。其中，生死、出入是化变之"有"，无形、无有的"天门"是"无"。"万物出乎无有"，是有形生于无形。"无有一无有"，是"无"或"道"的自本自根。

《文子》重点从"一"与"无"的统一上，揭示"有生于无"的思想内涵。"无形者，一之谓也。一者，无匹合于天下也。布德不既，用之不勤，视之不见，听之不闻，无形而有形生焉，无声而五音鸣焉，无味而五味形焉，无色而五色成焉，故有生于无，实生于虚。"（《道原》）"有生于无"，是有形生于无形。以"无形"为"一"，是混全早备之"浑一"，非是有待、分数之一。以其为"独"则天下无双，以其"布德不既，用之不勤"为无待、绝对存在。"有生于无"中的"有"和"无"观念何来？有形生于无形，五音鸣于无声，五味形于无味，五色成于无色，诸如此类，抽去"形"、"声"、"味"和"色"等具体形属、殊相，就是"有生于无"。可见，"有"是对具有"形"、"声"等殊相存在物的抽象，或者说是"通于一"、共通之"有"。绝对本体"无"是"无形"、"无声"、"无味"和"无色"等的"通一"和"统一"。道者作为无形绝对本体之"一"，潜涵万类品性，分立为"一"是"道者一立而万物生"。作为恒道的"一"者作用至神，可施于四海，可察于天地。虽名以"无"，实潜在是"万有已具"。万类生于"有"，则"有"包括"形"、"声"、"味"和"色"等万殊之"一"者，而"统体一太极"就是"道"或"无"（潜在万有）。"一物一太极"是"一立"或万物"得一"之"一"。"有"或"一"本身是一而多的思维结构，从涵盖不同物类之"一物一太极"言是"多"，从其为每一品类的生成因子言是"一"。前者"混成"为"道"或"无"，后者分殊为每一物类的生生因子或"得一"之"一"。形象地说，作为"因子"的存在是事物的"种子"，一类植物有一类种子，万殊种子是"得一"的分殊"一"。在《淮南子》中，也有阐述"万物生于有，有生于无"的观念。如"物莫不生于有"，"无形而生有形"（《俶真训》）。再从人生的本原上提出，"稽古太初，人生于无，形于有，有形而制于物。能反其所生，若未有形，谓之真人。"（《诠言训》）人以形有，而生于无。"有"是形生之属，而一本根源为"无"。

魏晋学者谈"玄"，多言及《老子》之"无"。道者为"无"，而生万有。"魏正始中，何晏、王弼等祖述老庄，立论以为天地万物皆以'无'为本。"（《晋书·王衍传》）以"无"为本，是玄学的基本哲学纲领。何晏云："有之为有，恃无以生。事而为事，由无以成。……员方得形而此无形，白黑得名，而此无名。"（引自《魏晋全书》第一册，吉林文史出版社2006年版，第508页）"有"生成于"无"，"无"是"无形"、"无名"者。他在《无为论》中又云："天地万物，皆以无为本。无也者，开物成务，无往不存者也。阴阳恃以化生，万物恃以成形。贤者恃以成德，不肖者恃以免身，故无之为用，无爵而贵矣。"（同上页）将"无"作为一个绝对存在本体来言，即与恒道齐名，然从言道体过渡为谈玄理。"开物成务"，"无往不存"，"无爵而贵"

等，揭示出"无"实为"潜有"的神妙大用。阴阳以化生，万物以成形，贤者以成德，不肖者以免罪，揭示"无"中的用"有"。王弼以"无"注《老子》的恒道，其内涵何谓？因为恒道之名是"强为之名"，"可名"非能涵括恒道之实，而"无"更符合"道可道，非恒道"之旨。恒道区别于"可道之道"或可名之物，故假"无"名以指实。称其为"无"，也是强为之一名，假言为潜在万有的"无形无名"。因其非是"具在之有"，故不能谓之实有；因之能生万有，故可谓之"潜有"。二者异名而同指。"无"的名谓，是相对万殊定有而言。郭象以"自然"、"独化"为主旨，否定了《老子》"有生于无"之旨。在解《庄子》"无有一无有"上云："一无有则遂无矣。无者遂无，则有自欻生明矣。"（《庚桑楚》注）"有"者自生，非从"无"所生。以有、无对反、相隔，则落入知性观念或分析逻辑。"任其自生而不生生"，一切皆是自生，无有"生生"者，进一步否定了本体"无"生"有"的"生生"功能。"无不待有而无"。（《大宗师》注）"无"者本无，"有"者自有，"无"与"有"毫无相生关系，是各自独在。《列子》同样以有形生于无形解"有生于无"，在"万物生于有"上，视"有"为"形变之始"之"一"。"夫有形者生于无形，则天地安从生？……易无形埒，易变而为一，一变而为七，七变而为九。九变者，穷也，乃复变而为一。一者，形变之始也。清轻者上为天，浊重者下为地，冲和气者为人，故天地含精，万物化生。"（《天瑞》）"精"、"化生"，皆同于"万物生于有"的生生因子"有"。"精"者为气，"化"者为形，统一于"一"，即"有"。"一"者来自"太易"或浑沦之"无"。"太易"之所以为"无"，在于"无形埒"，为"无有"。从见闻知得上言，绝对本体之"无"或"道"，无形故视不见，无声故听不闻，无体故循不得。天、地、人得"一"，则并生。就《列子》"有形者生于无形"观念，张湛认为，"生者则不无，无者则不生。故有无之不相生，理既然矣，则有何由而生？忽尔而自生。忽尔而自生，而不知其所以生。不知所以生，生则本同于无。本同于无，而非无也。此明有形之自形，无形以相形者也"（《天瑞》注）。能生者，无形生有形，因有功为"有"，故非"空无"。作为"无形"的"无"者，本自"不生"，若为生就非是生生之"无"，而是"有形"之化生。与物化"有无相生"不同，生生者的"有无不相生"是"有生于无"，非是"物生于有"。本"无"非"有"，方能生成一切有，而非为存在物之"有"。存在物作为"有"者是自生而不知所以生，因为其所本之"无"是无形莫见。本"无"虽为无形无名之"无"，然作为生生之本非是"空无"，而是生物不测的莫知之"无"。有形者自形，是"忽尔而自生"的形化；"无形以相形"，是有形生于无形的"道生之"和"物形之"。张湛杂、向秀、郭象之说，又认为"天地无所从生，而自然生"（《天瑞》注）。天地自生，则无"无"者能生生，就是有形与无形互不相生。"无形"非生"有形"，"有形"非是形形者赋形，正是郭象的形化说。他又引何晏、向秀之注以言"无"为本体。何晏云："有之为有，恃无以生"。向秀云："明夫不生不化者，然后能为生化之本也。"前者明言"有生于无"，后者"不生不化"者为"无"，作为生化之

本是"无"中生"有"。"至无者，故能为万变之宗主也。"（《天瑞》注）"至无"者，是能生能化的"不生不化"者。"夫禀生受有谓之形，俛仰变异谓之化。……孰识生化之本归之于无物哉?"（《周穆王》注）"无物"者是绝对本体存在"无"，而形、化者皆是"有"，二者之间为生成关系。"禀生受有"是形化，"俛仰变异"是物化，而"无物"是"一不化"和"造化"者。

魏晋玄学之风，远离实际大谈有无关系问题，直究宇宙人生的根本问题。宋儒深受影响，为迎接思想挑战，也对"有无"问题给予了极大的关注。张载以"太虚即气"为本，认为无"无气"之"无"，但太虚之气是无有实状的"无"。"知虚空即气，……则深于《易》者也。若谓虚能生气，则虚无穷，气有限，体用殊绝，入老氏'有生于无'、'自然'之论，不识所谓有无混一之常"。（引自《张载集》，中华书局2006年版，第8页）又云："知太虚即气，则无无"。（同上页）张子继承郭象的"无"的知性逻辑观念，以解《老子》恒道，故未悟得其"无"的玄奥。恒道作为绝对本体之"无"，何尝是"虚空"之"无"？"虚空"之说，来自《庄子》"宇宙"观和"六合"之说，非言恒道之实。在《老子》思想中，恒道原初为"混成"，何尝云其为"虚空"？就是《庄子》也不以"虚空"论"道"，而言"道行之而成"（《齐物论》），或"无乎逃物"（《知北游》）。《庄子》论"道"虽内涵多义，有内、外和杂篇之别，但不外乎实体说、道观说、境界说以及道术说等，未曾以"虚空"作为"实体"来况谓恒道。可见，张载误解了《老子》恒道存在之旨。实则，"太虚即气"与"有物混成"具有思维上的同构性。从《老子》思想的内在逻辑看，无疑可从"万物冲气以为和"推衍出恒道为"元气混涵"之论。至《庄子》提出"通天下一气"，则更可推出本源的蕴含有"气"。张子将"太虚"与"气"合一，实则是《老子》绝对本体存在的"混成"本源。"混成"者，虽有浑沌无形的模糊性，然包涵万物为"潜有"和"大全"。从一体上言，"混成"是"太虚"与"气"的统一，亦即"有"与"无"的统一。以《老子》的思维看来，"太虚"只不过是"气"的"无有形状"存在样态。张载以《老子》"无"为虚空，实则是误解了它的意蕴。固然，《老子》以"天地之间"犹"橐籥"，但此是恒道生成万物后的存在样态，为"虚而不屈，动而愈出"的宇宙机体，何尝为"虚空"？恒道本初"混成"，它无形状、独立，与"本气"无形、无灭相同。张子认为，"虚空"是"本气"的虚空，"本气"是"虚空"中的本气，无疑将二者"二分"，仿佛"气"与"虚空"为二物，犹如柏拉图的虚空"容器"说或绝对时空观。它可能受到《文子》、《淮南子》等宇宙观的影响。它们脱离实在言"宇宙"，"虚空"观就来自此。《老子》与《易》的思维相类，"精气为物，游魂为变，是故知鬼神之情状。"（《系辞上》）鬼神为气之良能，"游魂为变"是鬼神无所不在，非言"气"在"虚空"之中，不可脱离气以言鬼神。以"虚能生气"比于《老子》"有生于无"，非是。"虚无"在老庄中具有特定的内涵，它是无形的实有，而非空虚无有。前面已然揭示出，"气"是"有"，其上则为"无"，不过是混成、无形之"无"。"有

生于无"之"无"，非是"虚空"，而是"潜有"。张载从其虚、气二分入手，强以言"虚空"生"气"。实则"虚空"即是"气"之氤氲状态。何有"虚无穷，气有限"之说？强以己说为老说，而不明《老子》思想的真谛，不亦自是其是？以《老子》思维看，"无"是宇宙本始存在的"混成"，为非定有、无形状的存在样态。以"气"言，是"元气混涵"或"太虚之气"。张子的"太虚即气"是本体论的范畴，非是宇宙论的思维，二者不可比对。即使如此，元气混涵必是太虚，太虚不过是元气混涵的存在样态而已。气变便有时空，时空非离物存在。就《老子》"自然"言，是"有物混成"的生生自然，何尝是虚空所为？绝对本体之"无"，虽无形无名，然有生物之功，即用而言体，何尝"体用殊绝"？恒道作为"无"是"潜有"或潜在"大全"，何尝不是"有无混一之常"？同样，张载的"有无混一"仍是本体论观念，非是宇宙生成本源的观念。张子以"太虚"即"气"，则"太虚"即是气的絪缊状态，相类于"混成"。张子心中的"无"，是"虚空"，非是《老子》"有物混成"的"无"。王廷相继承张载的"气"一本论，也对"气"的有无关系进行了阐发。他以"元气混涵"为宇宙本始存在，以"两仪未判，太虚固气"揭示万物本源存在状态，无疑形成了与《老子》恒道存在质性相类的思维同构性。

四、思维同构

《老子》何以言"有生于无"？从"有"、"无"前后关系看，"无"是对"有"的否定，同时是对"有"的潜在涵摄，"有"是"无"的呈现、实现。就此种"有"、"无"思维观念的产生，柏格森从人类认知的角度，以肯定与否定相互界定的思维方式，尝试进行了解说。他认为，"否定像肯定一样，是自我完满的"。（引自《创造进化论》，华夏出版社 2003 年版，第 247 页）"全部"的观念，是肯定思维的结果。通过肯定一个事物，然后肯定另一事物，如此继续以至于无穷，最后就会形成"全体"意识。"否定"也具备着创造观念的力量，不过是"否定"的观念。通过逐一否定每一个事物，以至最终否定全部，然后形成了"全无"观念。肯定思维是一种智力行动，而"否定"思维意味着存在一种非智力因素。否定总是要将一种可能的肯定建立在它旁边。否定与严格意义上肯定的区别在于："否定是第二级的肯定：它肯定了一个肯定的某种东西，而那个肯定则肯定了一个对象的某种东西。"（同上书，第 248 页）否定一个事物，依然意味着含蓄地肯定用其他事物来替代这个事物。这样，否定判断的"幻影"就跨越了所依附的肯定判断的具体现实，而将自身予以客观化，于是"空白"、"无"观念就形成了。也就是说，替换那假定要被替换的事物的，便不是另一具体事物，而是被替换事物留下的"空白"或"无"（被替换物自身的否定）。由于这种操作能应用于任何事物，便获得了绝对的"无"观念。然"无"与"有"相互界定，"无"是"全有"。所以说，"'无'的观念的最显著特征就是包罗万象和充盈，如同'全有'的观念一样充盈，一样无所不包，'无'非常接近'全有'这个观念。"（同上

书，第255页）柏格森的研究，无疑有助于理解《老子》"无"的观念。但要澄清，"否定"思维同样是一种智力因素。肯定与否定同时存在，只不过取向不同罢了。没有"否定"也同样没有肯定，此是同一律、排中律和矛盾律的统一，正如黑格尔所谓的肯定中有否定，否定中有肯定那样。就《老子》思维言，否定了物的形状、同时界定了恒道的无形，因为二者对反。每一个对物否定的判断，同时是对恒道存在质性的界定。同样，在恒道的否定判断中，可以界定物的存在属性。物有形而恒道无形，物可名而恒道不可名。恒道一本而万物分殊，恒道潜有而万物实有，恒道"无"而万物"有"。就为什么存在"在事物存在之前存在作为事物存在基础的无"这个信念问题，柏格森指出，"人类的每一种行动，无疑都以某种不满足为其起点，因而也就是以某种欠缺感为起点。不事先确定目的，我们就不应当做出行动；只有当我们感到缺少某种东西时，我们才去寻求它。"（同上书，第256页）在寻求中，我们才能走向充实。它是在有限中追求无限。寻找万物之极，或是太极，或是无极，皆是肯定或否定思维的相互界定使然，故有"无极而太极"之说。如果说柏格森从思维方式上揭示出"有"、"无"概念的来源，也指出了"无"为"全有"的思维质性，那么海德格尔则指明了"无"的敞开、无限质性。在《形而上学是什么》一文中，他指出，如若没有"无"源始的"可敞开"，就没有自在存在，没有"自由"。"'无'既不是一个对象，也根本不是一个存在者。'无'既不自为地出现，也不出现在它仿佛与之亦步亦趋的那个存在者之旁。'无'乃是一种可能性，它使存在者作为这样一个存在者得以为人的此在敞开出来。'无'并不首先提供出与存在者相对的概念，而是源始地属于本质本身。在存在者之存在中，发生着无之不化。"（引自《路标》，商务印书馆2001年版，第133页）"无之不化"，既非对存在者的消灭，也非言存在者是从一种否定中产生的，而是说它："先行使一般存在者的可敞开状态成为可能"。（同上书，第132页）"无"是现实存在者的对立概念，是对现实存在者的实在、已在的否定。同时，它又是"存在"，也即存在者之存在的面向未来、不停止的可能性。"无"始终不是存在者的不确定的对立面，而倒是揭示自身为归属于存在者之存在的。存在者去存在，正是因为本身中有"无"，"无"让存在者无止，正如恒道生物"不测"。"存在与'无'是共属一体的，但并非因为这两者——从黑格尔思想观念出发看来——在其无规定性和直接性中是一致的，而是因为存在本身在本质上是有限的，并且只有在那个嵌入无之中的此在的超越中才自行启示出来。"（同上书，第138-139页）"无规定性"，是辩证逻辑的否定性；"直接性"，是辩证逻辑的肯定性。"存在"之能去存在，因为其有"无"的本性，超越有限此在的定限，而得以存在"存在化"。在"存在化"中，既是对已成为现实存在者的否定，又是对即将成为现实者的肯定。在此在的"无"中，存在者整体才按其最本己的可能性达到自身，亦即以有限的方式达到自身。只有当人作为此在，把自身嵌入"无"中时，才能对存在者有所作为，展现自己本真的存在。海德格尔通过对西方形而上学传统的叩问和反思，得出了不同以往的"存在"真谛，就是："对存在者的超出活

动发生在此在之本质中，但这种超出活动就是形而上学本身。"（同上书，第140页）它认为西方形而上学哲学的本源应是"无"，而不是"有"。在他那里，"无"是无待的自在，具有本源性、创造性和敞开性。海德格尔所揭示的"无"观念，正可从本体和实存上澄明《老子》恒道"无"。恒道作为"无"是否定性，超越自我，外化实现于万物之中。这种生化万物或分有构成万物的活动，是"无"的本性使然，自然而然。从"无"实现为"有"的不断过程，就是"道乃久"。恒道作为"无"，也是肯定之"有"，它在逐步成为现实的"大有"或"全有"。恒道作为绝对本体的"无"，就其对于所生化的具体个物言，或者说相对生物功迹言，是"生而不有"、"功成不居"。它不停留于已有的定在，不执著成为的已有。它面向未来，生生不息，"用之不既"，含摄万有，生出万有。二者合起来是"物物而不物于物"，用海德格尔的语言是"存在存在化"，用萨特语言是"不是其所是"、"是其所不"。同样，恒道"无"是绝对的敞开状态，为一种本真的体验。"敞开状态"揭示恒道的生化不测、存在无限。因为恒道生化一物，就分有而寓于其中。"本真体验"，在于"同于道"中，在自然的"玄德"中，同样在"独与天地精神相往来"之中。当然恒道作为绝对"无"，与海德格尔的存在论、生存论有别，因为前者还具有宇宙论的思维取向。"无"生出"有"，进而生成万物。其之所以能生物不测，在于"独立不改"，它是"无"的本性使然，"其用不可既"。它不以"有"为有，而以"生而不有"为"有"，虽已有而非有，作为"无有"而生生万有。这里，"有生于无"中的本源"无"，作为无限绝对存在自然涵摄"生而不有"的"无"，也可以说后者内在于前者之中，并作为一个根本质性。它的真谛何在，留在"生而不有"中加以进一步解说。

成中英正确看到，"认为老子把'道'看成'无'，或者认为对老庄而言，'有'乃生于'无'，都是错误的看法。'道'绝不是'无'的同义字，而'有'也绝非从'无'而来。"（引自《〈易经〉中的'理'与'气'》一文，载《易学本体论》，北京大学出版社2006年版，第132页）"道"同时涵盖了"有"与"无"，"'有'、'无'相生于道；'道'涵盖二者，而又不受拘限。因为'道'容许了从'有'到'无'，或从'无'到'有'的创化，'道'无为，而创化无穷。"（同上页）在"有生于无"与"有无相生"的一体关系上，后者是前者在物化中的体现。恒道涵盖"有"、"无"，然"有"、"无"在不同存在样态中亦有不同。恒道作为本源的"无"，本是"潜有"；作为寓于万物之中存在的绝对本体"无"，是"生而不有"的"无"，生成万有而本自独立为"无"。他断言指出，"道家对'有'、'无'的看法，基本上支持并加强了《易经》哲学中'易'与'化'的观念。"（同上书，第133页）固然，《老子》有无关系与《易》"神无方而易无体"玄妙观念具有思维上的同构性，二者相为阐发、补充。《老子》正是以有无观念揭示这种蕴藏于本源与万物中的实在的、内在的、活泼泼的生机潜力和能力，以及丰富性中统一性，统一中的分殊性。在《老子》中，"无"无疑是实体观念，虽非有形可名，然为无形无名的绝对本体存在。恒道作为"无"，既有本

体上的"无"，亦有功用上的"无"。前者是无限、无体、无名等，后者是无有、无为、无功。既是生物不测，又是"生而不有"，功成而弗居，始终保持自性、独立的"虚无"质性。

最后，对本节内容作以简要概述。恒道存在是"有"与"无"的统一，然"实有"决不能从"空无"中生出，它非是知性逻辑上的"无"，"实有"也不能从这个"无"中生出。《老子》"万物生于有，有生于无"中的有、无观念，非是形式逻辑或抽象概念，而是"实体"性的观念。以绝对本体为"无"，无疑在思维上具有开创性意义。"有"作为"共名"、"通一"者，同样是哲学思维提升上的一个重要标志。"有"是这样的一种"共有"，代表或指称一切构成万物基质和本根的"有"，比如"红"的概念包含所有红的事物。正如"物质"概念指谓一切存在物的共性一样，"有生于无"的"有"是实在基质"有"的"共有"、"通有"，也即以"共名"指称的"有"。正如指称"物质"为客观实在性一样，"有"是万物原初构成因子的同一性。绝对本体存在"无"的观念，包涵无声、无味、无形、无名、无始、无欲、无为等质性，既是对每一定限、分殊"有"的否定，同时是万殊定有的涵摄、统一；既是"不可致诘"的"无状之状、无物之象"，又是无形无名的"有物混成"。作为"混成"、"浑沦"是"潜有"，作为"无状之状、无物之象"是"与物反"的功用无穷，"不可致诘"是"不可道"。"无名"则"不可名"，"无始"则超时间性，"无欲"则功成不居，"无为"则无所不为。恒道作为"无"，是绝对、无待存在，既为一切"有"生成的根源，又为一切"得一"之"有"的大全。既为无限性的"潜有"，又为有限性的否定，它具有有、无相互界定的存在质性。

第三节　元气混涵

"元气"观念不曾在《老子》中出现，为什么单把之列为一节专题阐释？因为历代注家有以"元气"注解恒道者，又因为儒家有以之作为宇宙起源者，其与恒道有着相同的思维结构，二者同谓宇宙原始存在以及生生功能的承担者，特别是具有"有"、"无"统一的思维内涵。恒道与元气观有什么渊源？又有什么不同？解开这两者之间的异同，将有助于更进一步澄明恒道的原始存在质性，以及它对后期学术思想的影响。

一、元的内涵

"元"者，《说文》和《尔雅·释诂》云："元，始也。"有始，则有成。始者，成就之始，为所以生生者。就"元"者的资生、资始内涵，《易经》早有论述。"大哉乾'元'，万物资始，乃统天。"（《易·乾卦·彖》）"至哉坤'元'，万物资生，乃顺从天。"（《易·坤卦·彖》）因"元"者能资生、资始，故又有"本"、"大"和"长"等义。"乾'元'者，始而亨者也。""'元'者，善之长也。"（《文言》）可见，从

"元"的文字校解看，在时间上，有"始"和"初"之义；在生成上，有"资"和"生"之义。"元"者能生，但何以生？必以气。"变一为元，元者，气也，无形以起，有形以分，造起天地，天地之始"。汉何休解诂云："《春秋说》云：'元者，端也。气泉。'"唐徐彦疏："元为气之始，如水之有泉，泉流之原，无形以起，有形以分，窥之不见，听之不闻。"（引自《春秋公羊传注疏》，上海古籍出版社2014年版，第6页）"元"，是"气一"之原，与恒道原始、无形、"造起天地"、窥不见和听之闻等质性相同。以其"有形以分"为"元气"，是"一物一太极"的"元"；以其为"元气混涵"的混一言，是"道生一"的"道"或"无"。

以"元气"揭示万物始源，来自对万物构成的溯源：先从探究构成万物的同一因素或共同因子入手，由"同一"性的构成溯源为"统一"性的本源存在。万物因气而构成，自然推出原本以气而造化。这里，内在的逻辑前提是："气"恒存于原初本始存在与作为构成万物因子的全程，"气不灭"。如果原初本始存在"道"中无"气"，那么万物中"气"自何来？难道"气"从"道"外而来？这样，无疑就会陷入一个哲学悖论。就世界构成言，构造行为是一个"事件"整体，它必包含三个要素：一是以为构造的元素，它是始基质料或材料。二是以什么形式或方式来构造，它是"形式"或"理"。三是谁来构成，有行为者的存在。如果再加上一个为何构造的问题，就还有一个构造目的的存在。在古代中国的认知中，追溯生生之始，儒家一般以为"天"或"上帝"，《老子》则以恒道强名之。至《庄子》、《荀子》中逐渐以自然"天地"，《易经》以"太极"或天地乾坤来况谓生生之始。其间还有《太一生水》的"水"、"阴阳"和"精气"。在从"天帝"到"天地"、从恒道到"元气"这个探索"生生原始者"的历程中，无疑老庄思想在其中发挥了重要的推进作用。李存山认为，"元气"观念最早见于战国末期《鹖冠子》一书。（见《气论与仁学》，中州古籍出版社2009年版，第127页）然有学者也认为，"元气"观念大概首先见于《海南子》中，"道始于虚廓，虚廓生宇宙，宇宙生元气"（《天文训》）。"元气"观内涵的形成，可溯源于老庄。作为观念雏形来自《庄子》，《庄子》中已形成"气"为万物本始和构成的思想。至于其本源则可更早溯于《老子》思想中的胚胎。李存山指出，"在中国哲学史上，第一个把'气'作为万物之元素的可能是《老子》。"（同上书，第17页）《老子》言"搏气致柔，能如婴儿乎"，"心使气曰强"，"气"已成为人体构成，而云"万物负阴而抱阳，冲气以为和"，更是揭示出了万物由"气"以构成的实在内涵。虽然《老子》对"气"观念的论述有些简略，但"气"的构成说已然初具雏形。

二、道家元气观

从现有注释《老子》文本看，以"元气"注恒道的当为河上公。他在注《老子》"无名，天地之始"一文上云："始者道本也，吐气布化，出于虚无，为天地本始也。"此虽未直接将"道"视为"元气"，然作为本始"虚无"却"吐气布化"，以"气"

化成天地万物。由此可推知，"气"即来自道本。在注"生而不有"上，他直接以"元气"取代"道本"，"元气成生万物而不有"。以成生万物者为"元气"，则使之成为了万物生生的一本。"不有"，是其"无"的内涵。在注"玄牝之门，是谓天地根"一文上，又言"鼻口之门，是乃通天地之元气所从往来"。"元气"通于天地，是"通天下一气"的"道通为一"思维。在解"以阅众甫"一文上认为："道禀与，万物始生，从道受气"。又云："以今万物皆得道精气而生"。万物之生"受气"，它是"道禀与"，可见"精气"为道所赋予。在注"逝曰远"一文上，以道为"布气天地，无所不通"。在解"万物归焉"一文上，以为"万物皆归道受气"。这里的"气"皆为道所"布"、"授"，犹如"道生一"。在解"冲气以为和"一文上，认为"万物中皆有元气，得以和柔，若胸中有藏，骨中有髓，草木中有空虚与气通，故得久生"。万物中的"元气"，是"万物得一以生"的"一"，或者是"万物生于有"的"有"。从以上注解看，"元气"是本始存在恒道的赋予者，已成为恒道与万物在生成上的中介和媒介，它是调和《老子》恒道与汉初元气观的产物。这里，"元气"成为了构成"万物之奥"者，它既有生物之能，又分有而寓于万物之中，成为万物的内化机理。"元气"是精气，河上公又以"精气"揭示"道"性之说。在解"抱一"观念上云："一者，道始所生，太和之精气也。"太和精气，来自道始所生的"得一"，为"道生一"的"一"或"元气"。在解"善贷且成"一文上，"道善禀贷人精气，且成就之"。人之精气，来自恒道的"禀贷"，正如"元气"来自大道的"禀与"。在解"不窥牖，见天道"一文上，"天道与人道同，天人相通，精气相贯"。"精气相贯"，是通于一气。至此不免要问，河上公为何以"元气"解"道"的存在？其间有什么深奥之处？因为在他看来，道生天地，天地生万物，在生成上必有一个以何构成的问题。在解《老子》"有名，万物之母"一文上，他亮出了谜底。"万物母者，天地含气生万物，长大成熟，如母之养子也。"天地以"气"生万物，"气"成为构成因子。作为"一物一太极"言，它就是"元气"。万物无不涵气，"气"是"通天下一气"的共有因子。正如《庄子》"通天下一气"那样，河上公是从《老子》所言万物中涵气推导出本始为"元气"。万物涵气，"万物冲气以为和"。从万物构成之"气"，推其本极为"道"所禀赋的太极之"气"，故以"元气"名之，以为"道生一"之"一"。恒道自然涵有"气"的因子，否则万物所涵"气"何来？恒道是生生"一本"，故万物构成因子必从"得一"中分有。恒道生生，包含道生、德畜、物形、势成四个方面，它们既是万物的构成因素，也是万物存在的理式，同时是万物变化的动力。用亚里士多德的语言，是包括质料因、结构或形式因和动力因。以万物本始为"元气"，虽更易使人看到万物构成的始基，但却出现"理自何来"的困扰，以至于造成理一本，还是气一本的分歧，最后只能以理气一体、气自有理的"气一本"来解决这一问题。宋儒以理一本解说，理不含气，偏离了大本浑全一体质性的轨道。还有万物殊品何以构成的问题。物类不同，则其本源亦必不同，故又要在太极上言无极，或元气混涵。溯求本始，恒道与"元气"二者孰优孰

劣？因立论的角度不同，只能在不同思想体系中方能界定其内涵，不可言彼优此劣。只要厘清恒道或"元气"的真正涵义，就可看到二者相通处。以恒道为"潜在"、"全有"，也可以"元气"为"潜在"、"大全"。李约以"元气"解恒道，认为"有物混成，先天地生"为"元气圆凝之时，未有天地"。"元气圆凝"，是"有物混成"的"无"或"道"。吴澄云："橐，象太虚包含周遍；籥，象元气氤氲流行之用"。元气与太虚合一。严君平在《道德真经指归》（现存文本）中虽不曾言及"元气"，然也认为"气"来自"道"。"下德之君，性受道之正气"。道，既是"性命"之本，也是气之所本。在解"得一"观念上又云："天地之外，毫厘之内，禀气不同，殊形异类，皆得一之一以生，尽得一之化以成。""得一"之"一"，即是"气"。"禀气不同，殊形异类"，则气有分殊之理。"天地未始，阴阳未萌，寒暑未兆，明晦未形，有物参立，一浊一清，清上浊下，和在中央，三者俱起，天地以成，阴阳以交，而万物以生。""有物参立"作为"元"者，它成天地，交阴阳之气，而生万物，本自就是"混成"的"一"，为万殊品类的潜有存在。

"元气"观的雏形，来自《庄子》对"气"的论说，气化观形成了自成一体的思想。"元气"与"气母"便有异名同谓之妙。"伏戏氏得之，以袭气母"（《大宗师》）。有"气母"，必有"气子"，"母"对"子"言是"一原"。"游乎天地之一气"，"一气"贯乎天地，成为了天地万物同构之"气"，已具备了作为"万物一原"的物质构成"因子"功能。"一气"，既为"气母"，又是"阴阳之气"。阴阳是一气之分。"气"又为"云气"。"龙，合而成体，散而成章，乘乎云气而养乎阴阳。"（《天运》）以"龙"为喻而言"气"，聚散有"化"，可以成为"云气"、"阴阳"，故说因乘、顺养。"云气"，也是构成因子式的存在。"阴阳之气"，贯通天地万物。"天下之水，莫大于海，万川归之，不知何时止而不盈；尾闾泄之，不知何时已而不虚；春秋不变，水旱不知。此其过江河之流，不可为量数。而吾未尝以此自多者，自以比形于天地而受气于阴阳，吾在于天地之间，犹小石小木之在大山"（《秋水》）。"阴阳之气"，通行于天地万物之间，无疑为至大。"天地者，形之大者也；阴阳者，气之大者也"（《则阳》）。阴阳作为"气"，何以大？"阴阳于人，不翅于父母。"（《大宗师》）"阴阳"可为造化父母，不可谓不大。"天地有官，阴阳有藏。"（《在宥》）阴阳自在，其运化之功则使万物自化。阴阳作为造化至大者，弥纶天地之间。"寇莫大于阴阳，无所逃于天地之间"（《庚桑楚》）。天地之间，无非阴阳气化。"阴阳相照相盖相治，四时相代相生相杀。"（《则阳》）阴阳者，能"照"、"盖"和"治"，功能至大，故成为了宇宙中生杀的根本存在。从阴阳见"气"，进而见"气"的生化作用，揭示出阴阳之气无所不在的生生、运化功能。人之生，"察其始而本无生，非徒无生也而本无形，非徒无形也而本无气。杂乎芒芴之间，变而有气，气变而有形，形变而有生"（《至乐》）。这里，"气"无疑成为了"形"与"生"的本始，变为了万物以生的本源构成因子。同时，还要看到"气"是"变而有"，其先为"杂乎芒芴之间"而"本无气"。"气"成为次生根源因子，就是类似"道生一"之"一"。因为"气"是"一之所起"，相同于"得一"之"一"，更是分殊性的"一物一太极"之"一"。宇宙有造化之机，它是一气之化。"生也死之徒，死也生之始，孰知其纪！人之生，气之聚也；聚则为生，散则为死。若死生为徒，吾又何患！故万物一也，是其所美者为神奇，其所恶者为臭腐；臭腐复化为神奇，神奇复化为臭腐。故曰：'通天下一气耳。'"（《知北游》）万物为"一气"聚散之化，"气"是物化形化中"通一"之"常"。"通天下一气"，则"气"无不在，无不寓。"一气"作为"不化"者，而能化化，又寓于万物之中，此具有比肩于恒道为"万物之奥"的存在质性。"通天下一气"，为"道通为一"的思维，是恒道寓于万物之中而存在的思维结构。李存山认为，"虽然老庄都认为'道'比'气'更为根本，但老庄哲学中有气论的思想则是无可否认的。"（引自《气论与仁学》，中州古籍出版社2009年版，第17页）从《老子》"万物冲气以为和"，至《庄子》内篇言"游天地之一气"，到外篇提出"通天下一气"观念，"一气"变成了万物的统一构成因子，成为了万物构成、生化的一种固有、不灭的基本因子。在解析《老子》"道生一，……冲气以为和"一文中，他又指出，"前后文互释，'道生一'的'一'显然就是指'气'。"（同上书，第101页）可是，他又认为此与"道与一同"的思维相矛盾，也与楚简一起出土的《太一生水》思想相矛盾。在"太一生水"中，不能在其前加上"道生太一"。实质上，这是不明"道"即"太一"。恒道作为"太一"，是无极的"混而为一"，它从"万物总体一太极"上立言。相对而言，"道生一"之"一"就是"一气"，它从万物构成上"一物一太极"上立言。从《老子》内在思想看，"道"与"一"是逻辑存在的两个阶段，并非一指。此待下文解析。在"太一生水"中，"水"犹如"万物得一以生"的"一"，而"太一"是生水之"一"的"浑一"。不过"水"为"一"是因子上的同一，失去了"得一"之"一"的品类万殊。

沿着《庄子》开辟的道路，"元气"观逐步形成。"黄帝曰：'芒芒昧昧，因天之威，与元同气。'……帝者同气，王者同义，霸者同力"（《吕氏春秋·应同》）。此文已见儒、道观的融合。"天之威"为儒家语，"与元同气"是道家语。在《庄子》中，"威"来自阴阳之气。这里，将"元"与"气"为同一存在，虽指谓角度有异，"元"以本始言，"气"以基质言。然作为"元"之"气"，在宇宙生生的价值层级中就是至尊者。"气"是本始，也是至贵。《鹖冠子》以"气"为生生之本。"有一而有气，有气而有意，有意而有图，有图而有名，有名而有形，有形而有事，有事而有约。约决而时生，时立而物生。故气相加而为时，约相加而为期，期相加而为功，功相加而为得失，得失相加而为吉凶，万物相加而为胜败。莫不发于气，通于道，约于事，正于时，离于名，成于法者也。"（《环流》）"发于气"，则以"气"为本。"气"虽能生时进而生物，然次于"一"的生生功能。这里，"一"是浑全之"一"，而"气"是"得一"之"一"。"气"无不贯通，"物无非类者，动静无非气者"。"立之谓气"，就是"道一立而万物生"。作者又提出，天地为气化之本。"天者，万物所以得立也。地者，

万物所以得安也。故天定之，地处之，时发之，物受之，圣人象之。"（《道端》）天地为万物父母，而气源自天地之分。以"天地"为本，则气从生之。天为神、地为形，二者生水火，然后生阴阳之气。"水火不生"，则"阴阳无以成气"，"万物无以成类"（《度万》）。"气"虽以成"万类"，然并非为本始绝对存在，在生生序列上处于天地水火之后。阴阳为"气之正"，天地为"形神之正"。天非是"苍苍之气"，而是"然物而无胜"者；地非是"塼塼之土"，而是"均物而不可乱"者。在阴阳之气与天地的关系上，天地先于阴阳，故云"天地阴阳"。又以为"气由神生，道由神成"，将"神"视为宇宙本始存在。宋儒"神"生万物说即可能源自此，它非《老子》之正。"泰一者，执大同之制，调泰鸿之气，正神明之位者也。"（《泰鸿》）"泰一"是"太一"，而"泰鸿之气"是作为"得一"因子的"气"。陆佃云："泰一含元气者，故曰调泰鸿之气。鸿蒙，元气也。泰鸿，元气之始也。"（引自《鹖冠子彙校集注》，中华书局 2004 年版，第 223 页）"泰鸿之气"作为"元气之始"，是"道生一"之"一"，而作为"鸿蒙"、"泰一"的"元气"是"道生一"中的"道"。太一元气是元气混涵，而"元气之始"是一气成化的因子。"天地成于元气，万物成于天地"（《泰录》）。以"元气"为"先天地生"的本始，类于《老子》"象帝之先"的"无"或"道"。在《鹖冠子》中，或云先有天地后有阴阳，或云阴阳在天地之中，或云元气生成天地，在何者为本的问题上出现了逻辑上的不圆融处。

《文子》继承老庄气论，提出了"气为生之元"的思想。"精诚内形，气动于天，景星见，黄龙下，凤凰至，醴泉出，嘉谷生，河不满溢，海不波涌"（《精诚》）。天人同构、相通，因"气"通一于万物存在，故能相互感通。"万物有以相连，精气有以相薄"。"精气"无不存，且相互"感通"。"阴阳之气"具有生化功能，然来自"浑而为一"存在。"天地未形，窈窈冥冥，浑而为一，寂然清澄。重浊为地，精微为天，离而为四时，分而为阴阳。精气为人，粗气为虫，刚柔相成，万物乃生。"（《九守》）"气"可为人、为虫，以至于"万物乃生"，无疑"气"为万物始母。然它来自"浑而为一"的本始存在，是"有生于无"思维的另一种表达。就天人同构于"一气"言，"天有风雨寒暑，人有取与喜怒。胆为云，肺为气，脾为风，肾为雨，肝为雷。人与天地相类，而心为之主。耳目者日月也，血气者风雨也。"在天为云气风雨雷，在人为胆肺脾肾肝，日月风雨与耳目血气同构，证明一气通于天下。由一气相通形成了"气"为"生之元"的观念。"夫形者生之舍也，气者生之元也，神者生之制也，一失其位即三者伤矣。"生之源在于"气"，"气"成"生之舍"为"形"，内涵"生之制"为"神"。神与形，是气之化与迹。又"气"为人机体的生气。就"通天下一气"言，"阴阳陶冶，万物皆乘一气而生。"（《下德》）"一气"是阴阳之气，为万物生化的同一因子。一气生化的机理，是以"阴阳"成遂"陶冶"。"气"为物生之始，又为形化之因。在这里，"元气"的始生构成观念基本成型。《淮南子》含有《文子》所不言处。"古之人同气于天地，与一世而优游。"（《本经训》）"同气于天地"，是天地人通于

"一气"。《太平经》中有同类的"元气"说。"夫道，何等也？万物之元首，不可得名者。六极之中，无道不能变化。元气行道，以生万物，天地大小，无不由道而生者也。故元气无形，以制有形"（《守一明法》）。"元气行道，以生万物"，无疑将"道"视为"元气"之载，或者视为"元气"的内在质性和功能。然又云"无道不能变化"，则将"道"视为万物元首，为万物变化的造化者。"元气无形，以制有形"，则揭示出"元气"与万物有形者的关系，它为万物的本始存在。至于"物始于元气"，"元气恍惚"等，更将"元气"赋予了《老子》恒道同样的存在质性，恒道与"元气"走向了内涵质性上的统一，变成了"异名同指"。

深受道家影响的《管子》，改造了道家恒道为本始的思想，认为"本原"是"精气"。"凡物之精，化则为生。下生五谷，上为列星。流于天地之间，谓之鬼神；藏于胸中，谓之圣人。是故此气，杲乎如登于天，杳乎如入于渊，淖乎如在于海，卒乎如在于己。"（《内业》）"精气"是"万物生于有"的"有"，无所不在，故通天下于"一"。"气"成为了生者的本质构成。"有气则生，无气则死，生者以其气"（《枢言》），"气者身之充"（《心术下》）。人身中无处非"气"，可引申为万物无非"气之充"。从《管子》全书来看，"气"已成为万物的基本构成因子，是万物生化的内在动力。

三、儒家元气观

在孔孟思想中，虽然没有论及"元气"思想，但也言及了"气"观念。在《论语》中，有云"辞气"（《泰伯》），"屏气"、"食气"（《乡党》），"血气"（《季世》），"气"者在人身上无所不在。《孟子》云"浩然之气"（《公孙丑上》），"平旦之气"、"夜气"（《告子上》），"气"已有了贯通、涵养之义。在《中庸》中只云"血气"，而在《荀子》中言"气"便多了起来，在"血气"之外尚有"争气"（《劝学》），"治气"（《修身》），"邪污之气"、"逆气"和"顺气"（《乐论》），"气"成为性命的内涵。"失气而死"（《解蔽》），"气"成为了生命之所以然的内在构成。以上所言"气"皆未脱离人性范畴，它是思想所关注的侧重点使然。在《左传》中，提出"天有六气"之说。"天有六气，降生五味，发为五色，征为五声，淫生六疾。六气曰阴、阳、风、雨、晦、明也。分为四时，序为五节，过则为灾。"（昭元年）又云："民有好、恶、喜、怒、哀、乐，生于六气。是故审则宜类，以制六志。"（昭二十五年）"六气"虽有生成万物的功能，然毕竟还没有上升为"一气"或"阴阳"等抽象观念上，尚处在以本源为"具体物"的阶段。汉儒元气说专为建构宇宙生成模式立论，是要解决"世界之为世界"的构成，以及"世界之所由来"的本源等重大现实理论问题。"随真人兮翱翔，食元气兮长存。"（《楚辞·九思》）"元气"作为本源、本真存在，与现实、现今浑浊之气相区别。西汉末年，《易纬》渐兴，它们吸收汉初"元气"观，逐渐发展为太极元气说。"元者，气之始"（《春秋纬·元命包》）。元者为端，是至极之称。

气始于元气，故为"太极"。太极，是太初。"太初者，气之始"（《乾凿度》）。"气之始"，是元气。"易有太极，是生两仪，两仪未分，其气混沌。"（《河图·括地象》）混沌之气，即元初之气、混涵之气。"元气无形，汹汹隆隆，偃者为天，伏者为地。"（《河图纬》）无形"元气"，生天生地，故为生生之本，类似绝对本体存在的"无"。"元气以为天，混沌无形体。"（《春秋说解题》）混沌无形之气，显然受到《老子》"有物混成"思维的影响。"未分"、"混沌"和"无形"，正是恒道原初的存在质性。班固云："天之为言镇也。居高理下，为人镇也。地者，元气之所生，万物之祖也。地者，易也。万物怀任，交易变化。"（引自《白虎通疏证》，中华书局1997年版，第420页）以"地"为元气所生，而"地"又为万物之祖，可见"元气"为天地之始，也为万物之祖。"天地"在"元气"与"万物"之间充当了生生环节的中介。王充著《论衡》一书，秉承儒家以天为本的宗旨，而将"元气"归之于天。"人禀元气于天，各受寿夭之命，以立长短之形"（《无形》）。"天"为至大，故"元气"从此出，而赋予人。"元气"，亦是"本气"。"失本气于天，何能得久寿?"（《道虚》）"气"源自"天"，故"纯于天"。"凡天地之间，气皆纯于天，天文垂象于上，其气降而生物。气和者养生，不和者伤害。本有象于天，则其降下，有形于地矣。"（《订鬼》）天气降有形于地，可见"天"高于"地"。生生之本在"天"，其气降则生物，其气和则养生。他又指出，儒者有以"元气"为本者。"说《易》者曰：'元气未分，浑沌为一。'儒书又言：'溟涬濛澒，气未分之类也。及其分离，清者为天，浊者为地。'"（《谈天》）"天地"为含气自然，分离前为"浑沌为一"、"溟涬濛澒"的"元气"。此"元气"说，就与王充"禀元气于天"说产生了层阶上的分别。"天禀元气，人受元精，岂为古今者差杀哉!"（《超奇》）在人之分有为"元精"，在天所赋予为"元气"，二者因对象之别而有异名。以天禀与元气，则元气后于天。"草木之生者湿，湿者重，死者枯。枯而轻者易举，湿而重者难移也。然元气所在，在生不在枯。"（《状留》）"元气"所在固能"生"，"不在枯"是"元气"无。以生死气化言，"枯"只是"气"化之散。王充又以生生之本为"天地合气"，造成思维上的前后不一。"天地合气，万物自生，犹夫妇合气，子自生矣。"（《自然》）天地皆是"气"，冲合便有万物生。万物"自生"，生于天地所施气之中。"天之动行也，施气也。体动气乃出，物乃生矣。"天气已出，则物资生。"气"者亘古今一如，通于一。"上世之天，下世之天也，天不变易，气不改更。上世之民，下世之民也，俱禀元气。元气纯和，古今不异，则禀以为形体者，何故不同? 夫禀气等则怀性均；怀性均，则形体同；形体同，则丑好齐；丑好齐，则夭寿适。一天一地，并生万物。万物之生，俱得一气。气之薄渥，万世若一。"（《齐世》）"天"不变易，则"气"不更改，二者相对而言，"天"即为"元气"。"一天一地，并生万物"，是天地合气为万物以生的"俱得一气"。这里，"元气"、"一气"和天地之气，三者合一。"共禀一气而生"，则气为统一的本源因子。既言"共禀一气而生"，又言"元气纯和，古今不异"，则何以又有"禀气"上的等差? 宋儒就以此而论人性不齐。

实则，在"万物得一以生"中，以其为太极的单一因子言是同一，就每一物类所得"一"不同又是万殊。这样看来，若以元气为太极因子，则非是"古今不异"，而是通殊一为一。只有以元气为混成太一，方是独立不改。"人未生，在元气之中；既死，复归元气。元气荒忽，人气在其中。"（《论死》）未生在元气之中，死而复归元气，则元气是类似于恒道的绝对本始存在。"荒忽"是"元气"的"浑一"，"人气在其中"揭示"元气"为"人气"的潜在。"万物之生，皆禀元气，元气之中，有毒螫乎？"（《言毒》）"元气"为万物生生之本，无毒螫是至善，非是相对的存在。"精气"次于"元气"，成为生物的"得一"因子。"人之所以生者，精气也，死而精气灭。"（《论死》）"精气"之与"元气"，正如《老子》"有生于无"。在天地与元气的关系上，王充云："元气，天地之精微"（《四讳》）。天地涵元气，"元气"只不过是其"精微"而已。因不能明了《老子》"道生一"的内涵，故在元气、气与天地间造成前后思维的混乱。张衡将《老子》"有物混成，先天地生"思想与"元气"观杂合了起来。"太素之前，幽清玄静，寂寞冥默，不可为象，厥中惟无，如是者永久焉，斯谓冥涬，盖乃道之根也。道根既建，自无生有，太素始萌。萌而未兆，并气同色，浑沌不分。故道志之言云：有物混成，先天地生。其气体未可得而形，其迟速固未可得而纪也。如是者又永久焉，斯谓庞鸿，盖乃道之干也。道干既育，育物成体，于是元气剖判，刚柔始分，清浊异位，天成于外，地定于内。"（《灵宪》）"无"为"道之根"，在"太素之前"，是"冥涬"的"浑一"，与"元气"不同。道"自无生有"，是《老子》所云的"有生于无"。"太素"作为"道之干"，是"始萌而未兆"者，为"道生一"之"一"、"万物生于有"之有。"并气同色"、"气体未可得而形"的"庞鸿"，是"有一而未形"的太极因子，方为"元气"。这里，"元气"又成为了"道生一"之"一"，已然降低为次于恒道的神化因子。作为"一物一太极"的生成因子，"元气"同样是无形无状、"浑沌不分"，它相对于剖判生天地的"一生二"言。郑玄笺在注《易纬·乾凿度》"易始于太极"一文上云："易始于太极，气象未分之时，天地之始也。""气象未分"，是混一之气，与"元气混涵"相类。刘歆云："太极元气，函三为一"（《汉书·律历志》）。"函三为一"的"浑全元气"，为"混一"之"一"，是太极本无极，而非是"太极"的"元气"，"一物一太极"。天地人各有"一极"，不可合三以为太极，而是"无极"。王符著《潜夫论》，将"道"视为"气之根"，回到了"道在气先"的观点。"道者，气之根也。气者，道之使也。必有其根，其气乃生；必有其使，变化乃成。是故道之为物也，至神以妙；其为功也，至强以大。天之以动，地以之静，日以之光，月以之阴，四时五行，鬼神人民，亿兆丑类，变异吉凶，何非气然？"（《本训》）"气"因"道"而生，也因"道"而化，故"道"既是"气"之源，也是"气"之使。"道"者通过"气"有其"神妙"、"强大"之功。天地动静、日月光阴、四时五行、鬼神人民等一切存在和变化，无非"气"者，为《老子》"得一"之旨。王符"道"与"气"关系说，具有与朱熹理气观同样的思维模式。"道"为"气"所生之

本，类于理在气先；"道"使"气"，类于理为气主宰。"上古之世，太素之时，元气窈冥，未有形兆，万精合并，混而为一，莫制莫御。若斯久之，翻然自化，清浊分别，变成阴阳。阴阳有体，实生两仪，天地壹郁，万物化淳，和气生人，以统理之。"（《本训》）"上古"、"太素"为本始，是"元"。"元气窈冥"，同于恒道为"无物之象"的存在质性，"寂兮寥兮"、"窈兮冥兮"；"未有形兆"，同于"象帝之先"，"先天地生"则无有限状；"万精合并"、"混而为一"，同于"有物混成"的"无"，为潜有大全；"莫制莫御"，同于恒道"虽小，天下莫敢臣"，为独立无偶；"变成阴阳"、"和气生人"，同于"万物负阴而抱阳，冲气以为和"。将清浊、阴阳、两仪、天地分出层次，无疑是《易传》、《老子》思想的大杂烩，实则四者异名而同谓。汤用彤曾指出，"汉学主万物依元气而始生。元气永存而执为实物。自宇宙构成言之，万物未形之前，元气已存。万物全毁以后，元气不灭。如此，则似万有之外、之后别有实体。……汉学元气化生，固有无物而有气之时。"（引自《魏晋玄学论稿》，上海世纪出版集团2005年版，第55页）"元气"固有"无物而有气之时"，正如恒道为"象帝之先"、"先天地生"的"无"。"元气不灭"，正如恒道"独立不改"的固存。"无物而有气"，是浑一的"元气"。"元气"，是超脱形态、形状而成为不灭的一种存在，非是"万有之外、之后别有实体"，万有为"元气"所寓存在。在汉儒思想中存在本始生生一本"元气"与构成万物、寓于万物之中的"一气"不能融贯的问题，不如《老子》以"有物混成"与"泛兮其可左右"为恒道存在两种样态的一体融贯性。从探讨宇宙生成之本的思想发展历程看，自战国末期到西汉已经分出了两途，一是"道"为始元，以道家为主；一是太极、太一、太始之气或"元气"为始元，以汉儒为主。东汉以来，又出现了"道"与"元气"的合一、杂糅倾向。唐孔颖达在解《易·系辞上》"易有太极，是生两仪"一文上云："太极谓天地未分之前，元气混而为一，即是太初、太一也。"（引自《周易正义》，第289页）杂《老子》"混而为一"与汉儒"元气"说解"太极"之义，看到了两者的思维同构性。恒道、"元气"、"太初"和"太一"，成为了名谓不同而具有同样内涵指称的本始存在。

宋明诸儒气化论思维就从道家而来，又吸收了汉儒的"元气"说，构建了理与气一体的宇宙生成论。因吸收了《庄子》思想，故在对待老庄思想上，知道否定《庄子》就否定了自己，不得已将道家分为两派，对《老子》大加挞伐，却以为《庄子》有内圣外王之道。殊不知，《庄子》思想是《老子》思想的发展，其内圣外王内涵不能尽于《老子》"玄妙"。邵雍视太极为"气"，并提出了"气一本"的思想。"本一气也，生则为阳，消则为阴，故二者一而已，六者三而已矣，八者四而已矣。"（引自《皇极经世》，九州出版社2003年版，第508页）"一气"为太极的别名，两仪已备，而言"道生天地"，则将"一气"与"道"相称。张载提出了"太虚即气"说，太虚之气如"元气混涵"。程朱以"理"取代《老子》"道"，"理"便在宇宙生成论和万物本质观上占据了主体地位，虽然在朱熹那里出现了理一本或气一本上的徘徊。既以

"理"为"生物之本"，"气"为"生物之具"，（引自《朱子全书》第23册，上海古籍出版社、安徽教育出版社2010年版，第2755页）又认为"有理，便有气流行，发育万物"，而"理无形体"。（引自《朱子语类》第1册，第1页）理无形体，犹如"有物混成"思维；理生天地，犹如"先天地生"思维。他又吸收汉儒的元气说，认为"天地初间只是阴阳之气"，元气分化而为"清刚者为天，重浊者为地"。（同上册，第6页）元气、阴阳之气，是混涵之气。文天祥曾以"元气"论述万物本源，"茫茫堪舆，块圠无垠，浑浑元气，变化无端。"（引自《宋元学案·巽斋学案》，载《黄宗羲全集》第六册，浙江古籍出版社2005年版，第470页）"浑浑元气"，类似《老子》的恒道存在质性。正因具有此种质性，方能变化无端，为"不可道"的独立存在。"未有人心，先有五行；未有五行，先有阴阳；未有阴阳，先有无极太极；未有无极太极，则太虚无形，冲漠无朕，而先有此道"。（同上页）虽然，这里不免有生成阶段逻辑层次的牵强附会，然"太虚无形"是道家的观念，"冲漠无朕"是儒家的观念，皆在于揭示绝对本体存在的"有物混成"，也是"元气混涵"的存在质性。它们即是"道"，非是"先有此道"。王阳明认为，元气、元神、元精"只是一件"，"流行为气，凝聚为精，妙用为神"。（引自《传习录上》，载《王阳明全集》第一册，浙江古籍出版社2011年版，第21页）三者合一，是道之本体。《老子》恒道作为"有物混成"，何尝不是元气、元神、元精的浑一？元气，既是精气，也是神气。精以言质地之微，气以言形质之有，神以言气化不测。以"元气"言，元神、元精内涵其中，故为绝对本体。王廷相"元气"观，更是深受《老子》思维的影响，具有恒道存在质性的玄妙性，同时也是汉儒以来元气说的集大成者。在揭示"元气"为本始存在质性上，"天地未判，元气混涵，清虚无间，造化之元机也。"（引自《慎言·道体篇》，载《王廷相集》第三册，中华书局1989年版，第751页）以"先天地生"言"元气"，则"元气"与恒道同有"象帝之先"的原始质性。"未判"、"混涵"，是"元气"的"混成"；"造化"，是"生之畜之"等功能；"元机"，是"善始且善成"；"清虚"，是"无形"、"无物"；"无间"，是"泛兮"存在。"元气"虽"混涵"，然"清虚无间"，内存造化元机。正如恒道虽"大象无形"、"有物混成"，但"周行不殆"，可以为"万物之母"和"万物之奥"。造化元机"实未尝泯"，正如恒道"以阅众父"而"其名不去"。在揭示"元气"为"潜有"上，"人一受元气以生，天地之美无不备具，故知至于道，行极于德，谓之完人，足以答天矣。"（引自《慎言》，同上册，第780页）人得元气一生，则备具天地之美，故知"元气"中潜涵天地之美。"完人"者，"备具"道德，故是"大全"。"阴阳即元气，其体之始，本自相浑，不可离析，故所生化之物，有阴有阳，亦不能相离，但气有偏胜，遂为物主矣。"（引自《答何柏斋造化论》，同上册，第964页）"元气"作为本始，是阴阳"相浑"的不可离析之体，为"潜有"之体。阴阳之气混涵，是冲和之气的潜在。阴阳絪缊，方为冲和之气。元气"未分之时"，是"形、气、神冲然皆具"。（同上册，第971页）"元气"冲然，备具形、气、神三者，

就是"混成"。这里，不过以"元气"代替恒道而已。实际上，《老子》恒道在"为物"中本"有象"、"有物"和"有精"，"其精甚真，其中有信"，可以谓精气神具备。他又云："天地、水火、万物皆从元气而化，盖由元气本体具有此种，故能化出天地、水火、万物。如气中有蒸而能动者，即阳即火，有湿而能静者，即阴即水，道体安得不谓之有？且非湿则蒸无所附，非蒸则湿不化，二者相须而有，欲离之不可得者，但变化所得有偏胜，而盛者常主之，其实阴阳未尝相离也。其在万物之生，亦未尝有阴而无阳，有阳而无阴也，观水火阴阳未尝相离可知矣。故愚谓天地、水火、万物皆生于有，无'无'也，无'空'也。其无而空者，即横渠之所谓'客形'耳，非元气本体之妙也。"（同上册，第973—974页）以"种子"揭示"元气"的"潜有"，比喻甚切。之所以言天地、水火、万物皆生于有，在于皆是气化聚散，而元气无"空无"之时。《老子》恒道的"无"是相对具体定有而言的"混成大全"。在揭示道与气的关系上，基于对"理一本"论的反对，王廷相云："有形亦是气，无形亦是气，道寓其中矣。有形，生气也；无形，元气也，元气无息，故道亦无息。是故无形者，道之氐也；有形者，道之显也。"（引自《慎言》，同上册，第751页）在这里，首先将"有形"与"无形"进行区分，此是《老子》的思维模式。"气"贯有形、无形于一体，正如恒道为无形存在和寓于有形的两种样态。无形为道根，有形为道显，道寓于无形气、有形气中，显然与《老子》"万物之宗"、"万物之奥"玄旨合。以"道"与"气"并存，"道"为"气"之道，"气即道，道即气"，已是"气一本"论。然以"有形"为"生气"，以"无形"为"元气"，又是将"气"分成两个阶段和样式。"生气"来自"元气"，正如《老子》"有生于无"。"元气即道体。有虚即有气，有气即有道。气有变化，是道有变化。气即道，道即气，不得以离合论者。或谓气有变，道一而不变，是道自道，气自气，岐然二物，非一贯之妙也。"（引自《王廷相集》第三册，中华书局1989年版，第848页）"虚"是涵气之虚，故为太虚之气；"气"是有"道"之气，故为"气即道，道即气"；"变化"是"气"之所然的"道"。这样一来，"气一本"论一以贯之。气变为道，则道是变化之道，已是第二层次的律则之道。正如元气一而不变，道一不变是绝对存在的本体，"独立不改"。"气"有变化，是否"元气"也在变化？"元气"不能变，若变即非绝对存在。气变是形态之变，而"元气"无形态。"元气者，天地万物之宗统。有元气则有生，有生则道显。故气也者，道之体也；道也者，气之具也。以道能生气者，虚实颠越，老、庄之谬谈也。"（引自《慎言》，载《王廷相集》第三册，中华书局1989年版，第809页）把"元气"认作天地万物的宗统，有生生之功，正如恒道为"万物之母"。"气"为"道"体，"道"为气"具"，进一步明确了二者的一体关系。气为一本，则"道"为所属第二性。王廷相虽然回归儒家的气一本论，以"道"为气化律则，然却赋予"元气"以与《老子》恒道同样的存在质性。在揭示老庄与宋儒本始存在观念的关系上，"老、庄谓道生天地，宋儒谓天地之先只有此理，此乃改易面目立论耳，与老、庄之旨何殊？愚谓天地未生，只有元

气，元气具则造化人物之道理即此而在，故元气之上无物，无道，无理。"（引自《雅述上》，同上册，第841页）认宋儒"理"与老庄"道"只不过是"改易面目"，然"元气"与恒道何尝不是思维内涵上的同一实指？"元气"备具，固然造化人物道理皆从此出，然恒道何尝不是如此？恒道为"万物之母"，人物"得一"以生；恒道"周行不殆"，造化以此而成；恒道转为"道纪"、"玄德"，道理以此而出。"元气"是恒道，内涵有"理"。"理"是"气"之理，理气合一为恒道所涵。"气有常有不常，则道有变有不变，一而不变，不足以该之也。为此说者，庄、老之绪余也，谓之实体，岂其然乎？"（同上册，第848页）元气有"常"，正如恒道"独立不改"；元气有"不常"，正如恒道"周行不殆"。"一而不变"体现在"变化莫测"中，正如"独立不改"体现在"周行不殆"中。后儒重点揭示物化无常，很少揭示本始不化。"道体本有本实，以元气而言也。元气之上无物，故曰太极，言推究于至极，不可得而知，故论道体必以元气为始。有虚即有气，虚不离气，气不离虚，无所始无所终之妙也。气为造化之宗枢，安得不谓之有？……但老氏之所谓虚，其旨本虚无也，非愚以元气为道之本体者"。（同上册，第964页）为什么以"元气"为道体？因为作为造化的宗枢，故"本有本实"。"元气之上无物"，正如恒道为"象帝之先"。"元气"是不可知、无始无终的"太虚之气"。《老子》所谓"虚"、"无"，是"有物混成"，何尝是"空无"？否则何以能生万物？王廷相以万物必生于有的思维，来否定《老子》"有生于无"的思想，实则他并未真正把握恒道作为"无"的存在质性。以元气无形可以生有形，难道恒道"无形"就不能生有形万物？在揭示"元气"与"一气"的关系上，"天地之间，一气生生，而常有变，万有不齐，故气一则理一，气万则理万。世儒专言理一而遗万，偏矣。天有天之理，地有地之理，人有人之理，物有物之理，幽有幽之理，明有明之理，各各差别。统而言之，皆气之化，大德敦厚，本始一源也；分而言之，气有百昌，小德川流，各正性命也。若曰天乃天，吾心亦天，神乃神，吾心亦神，以之取喻可矣。即以人为天，为神，则小大非伦，灵明各异，徵诸实理，恐终不相类矣。"（同上页）"一气"生生，既是万物同以之生的"元气"，也是"一物一太极"的"一气"。"常有变"者，一气万殊，故"万有不齐"。此即《老子》万物因"得一"而"万殊"的思维。从"理"、"气"一体上言，固是"气一则理一，气万则理万"，正如万物"得一"各成其品类。程朱言气化不同就在于理之殊，理不同正是气化万殊的根本原因。万物殊理个个差别，故有种属类之别，此正如《老子》道一而万殊。统而言之，"本始一源"的是"元气混涵"，"元气混涵"则万物之理潜备；分而言之，臭腐、神奇相生相化的是"通天下一气"的"一气"。气理万殊，故"各正性命"。"太极者，道化至极之名，无象无数，而天地万物莫不由之以生，实混沌未判之气也。故曰'元气'。儒者曰：'太极散而为万物，万物各具一太极'，斯言误矣。何也？元气化为万物，万物各受元气而生，有美恶，有偏全，或人或物，或大或小，万万不齐，谓之各得太极一气则可，谓之各具一太极则不可。太极，元气混全之称，万物不过各具一支耳"。（同上

册，第849-850页）"元气"者，以其为天地万物莫不由以生的造化至极言，可谓之"太极"；以其为"无象无数"、"混沌未判"，可谓之"无极"。王廷相正确看到太极理一与万殊之间的张力。"万物各具一太极"是万殊中的"理一"，内涵"一物一太极"的"理一"，二者内涵不同。前者"理一"是万殊品类不同性质上的通一，后者是同类存在物在数量上的统一。"太极"，既有统一，又有分殊。"太极散为万物，万物各具一太极"，是"一物一太极"，故"万万不齐"。"元气化为万物，万物各受元气而生"，正是这一思维。"元气混全"，是"统体一太极"的思维结构，故物各得"太极一气"。在"元气"与"一气"的关系上，"一气"是"元气"的"各具一支"或"分有"。此正是《老子》"有物混成"的"浑一"与万物以生的"得一"之间的关系。表现在"万物生于有，有生于无"上，"无"是混一元气，"有"是"一气"，"一物一太极"是对"无"的分有。这里的"有"，是不同殊性"有"的通名，正如"通天下一气"的"一气"一样。以每一物类得"有"的不同言，是殊异的"一有"。以万殊混一的"全有"或"大有"言，是无所不有的"无"。这一思维，在周敦颐那里发展为"无极而太极"说。"元气"作为"混全"者，是"万万不齐"之"一气"的统摄，元气无定限，一气有定限。就每一物类之生言，"一物一太极"的"元气"又为"精气"，它是构成、生成一物类的"因子"或"种子"。从万物总体上的生生言，本始存在"元气混涵"，是"万物总体一太极"。前者是万物"得一"，后者是"有物混成"。同《老子》一样，王廷相欲回答和解决的是宇宙生成与自然化生的统一问题。他以"元气"为造化者本在，使之不仅成为万物生成的始基或因子，而且成为决定万物存在的根据和运化万物的内在动力。这些思维角度与方式，无疑都打上《老子》思维影响的烙印，区别只不过是以"元气"取代恒道而已。清代大儒王夫之在《庄子解》中，也提出了"浑沦一气"说。"浑然之一气"（《德充符》），"浑沦一气"（《知北游》解），"浑然一气"（《庚桑楚》解），"浑然一气流动充满"（《则阳》解）。"浑沦"或"浑然"者，是"混涵"；"浑然一气"，是元气的"混成"。"流动充满"中，无非一气之化，万类品化。

成中英指出，古代"气"观有三个涵义：第一，气起初以纯粹同质、无定的姿态出现，而后才逐渐分化、异化。第二，气之中转形与变化的动力是气所固有的，而非得自外在的来源，因为毕竟气之外实已无他物可言。第三，"气——创生性"导向分化与异化的过程与结果，并不足以穷尽或取代"气——创生性"原本无形未定、同质浑化的自然状态。（参见《世纪之交的抉择——论东西方哲学的会通与融合》一文，载《成中英文集》第一册，湖北人民出版社2006年版，第300页）"气"有本初存在样态与分化异化形态的区别，前者揭示的是宇宙生成论所探寻的本源，后者是探究世界变化的本质以及事物之间的同一构成。二者有层级上之分，为探寻"同一"与"统一"之别。"统一"在于解决"一"如何统"多"的问题，它是寻求起源上的"一本"。"同一"是"共有"问题，分析事物存在与构成之"同"，解决以什么来沟通万物之间

的构成关系。《老子》恒道以"统一"与"同一"两个面目出现，从原初存在看是"统一"，万物归于一本，"万物生于有，有生于无"；从创生后宇宙万物即世界存在看，是万物同由的"同一"，万物"得一"以为"德"。"得一"之"一"同来自一个恒道。从其内在逻辑推衍看，恒道必为"大全"存在，具有成就万物、品类万殊的潜在质性。作为"大全"的绝对本始存在，既不能是"全无"或"一无所有"，也不能是"定有"或"殊有"。作为万物共源的"统一"者，绝对本始存在就要"同一"分有于纷繁万象中，前者是"大全"的潜有，后者是分有于万物的无所不有。从生生过程言，"潜在"作为"全有"非为现实则为"无"。以"气"的思维言，起初的纯粹同质、无定是"元气混涵"，犹如"有物混成"的"潜在大全"。气为造化元机，生物不测，正如恒道为"万物之母"，其用不穷。逐渐分化、异化的是气的分殊构成，为一气万化。二者之间，是"道生一"与"万物得一以生"的关系。

最后，对本节内容作以简要概述。以"元气"况万物由来，与《老子》恒道有着相同的哲思和功能，虽然在内涵上也有不同。相同之处在于：二者皆是对宇宙原初本始的追问，寻找揭示万物的来源或始基存在，同言为"混涵"的"潜在"，蕴含生机，功用不测。不同之处在于：《老子》恒道更强调本始的"无限"、"大全"，相对于天地万物的分殊性更突出"混成"或"混一"的存在质性，以"有生于无"来揭示有形生于无形的思想。儒家元气说更突出万物由以构造生成的因子或基质，强调本始之"有"。在"溯源"上，也有思维方式的差异。《老子》从与万物"有"的质性相反、否定"有"的限制的思维角度入手，探求一本原始存在的无形无名和无限性。"元气"说，则从万物构成中以求统一的本原因子，确立至极的构成"种子"。

第四节　太虚之气

《老子》不曾言"太虚"观念，但历代注家多有以"太虚"或"太虚之气"解《老子》的绝对本体存在恒道。特别是宋儒张载以"太虚之气"作为宇宙的本源，并以之批驳《老子》思想为"虚无"。《老子》恒道与"太虚"、"太虚之气"在思维内涵上有什么异同？解答此一问题，将有助于深化对《老子》恒道意蕴的理解，并可以看到《老子》对宋儒思想的影响。

一、太虚观念

"太虚"一词最早可能来自于《庄子》，"不过乎昆仑，不游乎太虚"（《知北游》）。"太虚"与"昆仑"，皆是至大的存在，然后者以"实"言，前者以"虚"言。"太虚"者，作为"虚"之极，虚则无碍，无所拘束，故可况谓无待、自由的精神境界。在战国帛书《黄帝四经》中，也出现"太虚"观念。"恒无之初，迥同大虚。虚同为一，恒一而止。"（《道原》）"大虚"，即是"太虚"，等同于"恒无之初"，已然

揭示出了"太虚"的本初质性"恒无"。"虚同为一",是"有物混成"。"恒一而止",是"独立不改"。"恒无"(或"大虚")与"恒一",二者一体,所言各有侧重,因其无物、无形、"莫知其名"谓之"太虚",因其"万物得之以生,百事得之以成"谓之"恒一"。"一者其号",而"虚者其舍"。"无有形"者,"一"之名;"无有处"者,"虚"之谓。要把握"太虚"内涵,首先要明确"虚"的内涵。

"虚"者,与"丘"字共生。古人造穴,先在高地挖坑,然后予以覆盖,形成土山内空的室穴。《说文》解"虚"为"大丘",又说"昆仑丘谓之昆仑虚"。"昆仑之虚,黄帝之所休"(《庄子·至乐》)。可见,"虚"与"丘"二者一体相生。概括说来,"虚"字大略具有以下八个方面涵义。

一为处所。同"墟",为废墟之虚。"舜有膻行,百姓悦之,故三徙成都,至邓之虚而十有万家。"(《庄子·徐无鬼》)此中"虚"同"墟",为废墟之地。"井蛙不可以语于海者,拘于虚也。"(《秋水》)"虚"为"井"中空间之所,因被四周实物所障碍,故为有限的区间。拘于有限的"虚",故不能远观于大海。

二为空无。"虚"具有空间内涵,则与充实无间相对,故中间为空虚、空无。"众窍为虚"(《庄子·齐物论》)。"虚"者,即非实有的空无。"川竭而谷虚,丘夷而渊实"(《庄子·胠箧》)。"虚"与"实"对,以谷言是空谷,以室言是"室虚"(《则阳》)、"室无空虚"(《外物》)。"虚"是实有的否定,空无无有。"仓廪虚而图圄实"(《管子·五辅》)。"虚"者空间,故能容"实"。"变动不居,周流六虚。"(《易·系辞下》)"六虚"即"六位",位本无体,因爻实之而始见,故称"虚"。有"虚",方能"六爻相杂",故"六位而成章"(《说卦》)。空位以待,是"六虚"的内涵所在。

三为不盈。"虚"与盈满相对,为盈满之反,二者相待而生。"虚而为盈"(《论语·述而》),"消息满虚"(《庄子·田子方》),"虚则欹,中则正,满则覆"(《荀子·宥坐》),"消息盈虚"(《管子·戒》),"天地盈虚,与时消息"(《易·丰卦·彖》)等,皆视"虚"与"盈"或"满"相对,二者相待以转化。

四为心虚。心虚相对有欲、成见、妄为言,故又与"静"合为"虚静"一词,成为一种德性。"有若无,实若虚"(《论语·泰伯》)。"实若虚",是以"虚"持守其"实"。古之真人,"张乎其虚而不华"(《庄子·大宗师》)。"虚"则无执于"华"。"尽其所受乎天而无见得,亦虚而已!"(《应帝王》)"虚静恬淡寂漠无为"者,为"天地之平而道德之至"、"万物之本"(《天道》)。虚静无为,则能辅助万物自然。"无所于忤,虚之至"(《刻意》)。不忤逆物性,则为至虚之德。"虚无恬淡,乃合天德。"合于"天德"的条件,在于心中"虚无"。"虚者之无为也,不以无为为有常。不以无为为有常,则虚;虚,则德盛;德盛之为上德。故曰:'上德无为而无不为也。'"(《韩非子·解老》)心虚,则不妄为,非是一无所为、恒于无为。

五为虚通。虚而无碍,故清通。太和之气,"清通而不可象为神"。(引自《张载集》,中华书局2006年版,第7页)通而无碍,则神化不滞。"清虚者,天之明也。"

（《文子·自然》）清者，通透；虚者，无碍。"明"因清虚而得以明。以言心境，是心灵通透、包容博大。"同乃虚，虚乃大。"（《庄子·天地》）心虚能容，故能大。古之至人，"以游逍遥之虚"（《天运》）。"逍遥之虚"，是自由无拘的境界。"人貌而天虚，缘而葆真，清而容物。"（《田子方》）天虚则清通，清通则容物。"虚而敖游"（《列御寇》），能"虚"则无待，故能逍遥恣肆。又"虚静无为"为"道之情"，"去喜去恶，虚心以为道舍"（《韩非子·扬权》）。"虚无服从于道理"（《解老》）。虚无的目的在于服从道理，以为舍道。心未尝"不臧"，然而有所谓"虚"，故为"虚壹而静"（《荀子·解蔽》）。"志"为"臧"，然守以"虚"，在于"不以所已臧害所将受"。"虚者，无藏也。故曰去知则奚求矣，无藏则奚设矣。无求无设则无虑，无虑则反复虚矣。"（《管子·心术上》）已有固执之"藏"，则不能虚心应于所受。"无求无设"，则心无固执。

　　六为虚术。"虚无"为道用，进而成为道术。"气也者，虚而待物者也。唯道集虚。"（《庄子·人间世》）"虚"是"心斋"，为"虚室生白"，其与"坐驰"相对。"虚则无为而无不为"（《庚桑楚》）。"无为"的前提，在于心虚无欲。作为道术，是"以空虚不毁万物为实"（《天下》），"人皆取实，己独取虚"。虚则顺物，宽容于物。虚心，以为因循。"虚而委蛇"（《应帝王》），"形充空虚，乃至委蛇"（《天运》）。能"委蛇"，则心同于物化。"未得道而求道者，谓之虚壹而静。"（《荀子·解蔽》）"虚壹而静"，是求道的工夫。

　　七为道体。"道不可闻，闻而非也；道不可见，见而非也；道不可言，言而非也。知形形之不形乎！道不当名。"（《庄子·知北游》）"不可道"，是恒道的存在质性。在《管子·心术上篇》中，以"虚"揭示了道体的四个涵义。一云"虚无无形谓之道，化育万物谓之德"。"虚无无形"作为道体是"无有"、"无为"。无有而成众有，"无为而无不为"。二云"天之道虚，地之道静。虚则不屈，静则不变，不变则无过"。何以虚静之道能"不忒"？就在于"虚其无形"，不连逆于物，故能因物付物，"遍流万物而不变"。三云"虚者，万物之始也"。因为虚无生万物，方能为万物始。"殊形异执，不与万物异理"，故"可以为天下始"。与万物一，就是"同于道"。四云"道也者、动不见其形，施不见其德，万物皆以得，然莫知其极。"无形、无极，是道体之"虚"。

　　八为境界。"虚"为道性，体验之则为心灵境界。"傥然立于四虚之道"（《庄子·天运》）。"四虚之道"，是无道之道，"游于无何有之乡"。"外不观乎宇宙，内不知乎大初。是以不过乎昆仑，不游乎太虚"（《知北游》）。"宇宙"是事物存在的集合体，"太虚"是本始存在的"无有"样态。"示之以虚"，方有"天子之剑"。"以燕谿石城为锋，齐岱为锷，晋魏为脊，周宋为镡，韩魏为夹；包以四夷，裹以四时；绕以渤海，带以常山；制以五行，论以刑德；开以阴阳，持以春夏，行以秋冬。此剑，直之无前，举之无上，案之无下，运之无旁。上决浮云，下绝地纪。"（《说剑》）据"太虚"，乃能为至大，无不通用。

　　"虚"者，还有"虚伪"、"虚弱"等义。"子之道狂狂汲汲，诈巧虚伪事也，非可

以全真"(《庄子·盗跖》)。

二、太虚即道

《老子》虽不曾以"太虚"揭示恒道的存在质性，但注家多有以"太虚"注解《老子》恒道者，因为"太虚"是道家首创的观念。河上公注《老子》，尚未以"太虚"解恒道，但提出了"出于虚无"的观念。"始者道本也，吐气布化，出于虚无，为天地本始也。"以道之本始为"虚无"，它是"太虚"的别名。严遵多以"虚"解《老子》文义，直接将"太虚"视为恒道。他以"虚之虚"作为恒道的别名，而将"得一"之"一"视为"道之子"或"虚"。在解《老子》"得一"一文上，"一者，道之子，神明之母，太和之宗，天地之祖。""道之子"为"一"，则"道"非"一"，而是"虚冥"。"天地生于太和，太和生于虚冥。""虚冥"为"道"的"虚之虚"，有分则有"一"的"虚"。这里，"虚冥"与"太和"当为同一绝对本体，不过各有侧重，正如"无"与"混成"。在解"道生一"上云："有虚之虚者开导禀受，无然然者而然不能然也；有虚者陶冶变化，始生生者而生不能生也"。从层次上分，"虚之虚"为"道"，而"虚"为"一"。谷神子正是如此注解。"元"者、"然然"者，为"一"、"虚"；"无然然者"，为"虚之虚"、"无"。"始生生"者作为物生成的因子"一"，故能"陶冶变化"。作为"虚之虚"所生的"虚"，就非是"生不能生"者。若是"生不能生"，就是"虚之虚"、"无然然"者。只有原始绝对本体，方是能"生"而不为生。"虚之虚者，生虚虚者"，它是"道生一"的思维结构。"无无无始不可存在，无形无声不可视听，禀无授有不可言道，无无无之无，始末始之始，万物所由，性命所以，无有所名者谓之道"。"禀无授有"，是"虚"、"一"，为授予万物以生的"有"。它来自"无"、"道"。前者是"无无"、"未始"，后者是"无无无之无，始未始之始"。"无无"者为"一"，它的否定、先在即为无"无无"的"无"或"道"。"未始"者为"一"，而始"未始"之始为"道"。有、无对待，无有无无则为绝对存在，它是"无无之无"。若以"无"为同于"始"的思维存在，则"无无"为"无"的否定无，"无无无之无"就为"无无之无"的思维结构。"道虚之虚，故能生一。"从次序上看，"虚之虚"作为"道"，在作为"一"之"虚"的先前，故可谓之"太虚"。"虚"为"一"，能生"虚"者是"虚之虚"，二者正如"一"与"太一"的关系。在解"下德为之有以为"一文上，"下德之君，性受道之正气，命得一之下中，性命比于自然，情意几于神明，动作近于太和，取舍体于至德。托神于太虚，隐根于玄冥，动反柔弱，静归和平。""神"只有在"太虚"之中，方能显示其"神性"。"太虚"者，清通无碍，故可逍遥神游。大丈夫之"为化"，在于"体道抱德，太虚通洞"。道德之体，是"通洞"的"太虚"。"通洞"以言贯通无碍，"太虚"以言虚无无形。就人的性命由来，"道德变化，陶冶元首，禀授性命乎太虚之域、玄冥之中，而万物混沌始焉。神明交，清浊分，太和行乎荡荡之野、纤妙之中，而万物生焉。"万物生

于混沌之始，就来自"太虚之域"。"太虚"混沌无分，故为"玄冥"不识。"太虚之域、玄冥之中"，同是道德存在的样态和方式。性命之"有"来自"虚无"："原我未兆之时，性命所以，精神所由，血气所始，身体所基，以知实生于虚，有生于无，小无不入，大无不包也。本我之生，在于道德。孕而未育，所以成形。""实生于虚"，为"有生于无"的思维同构。"虚无"能禀授我以为人，它是"无所不有"，无所不涵。"孕而未育"是潜在，故为虚无。何以知有"虚无"存在？就因为"圣智之术"。"圣智之术，不自天下，不由地出，内在于身，外在于物。督以自然，无所不通；因循效象，无所不竭。故道虚德无，不失其心；天尊地卑，不违其节。何则？以有知无，由人识物。物类之无者生有，虚者生实，见微知著，观始睹卒。非有巧能，自然之物，圣人因之，与天周密。是故知道以太虚之虚无所不禀，知德以致无之无无所不授；道以无为之为品于万方而无首，德以无设之设遂万物之形而无事，故能陶性命，冶情意，造志欲，化万事。"对道德作为"虚无"的认知，就要通过"以有知无"、"见微知著，观始睹卒"，因为"无者生有，虚者生实"。大道的存在质性，是以"太虚之虚"无不禀与，以"无为之为"品物万方。德作为"无"来自道之"太虚"，故以"至无之无"无不授予，以"无设之设"成遂万物。"无首"则不测无名，"无事"则因循以资。"太虚"即"道"，德之"无"来自道之"虚"。大道作为"太虚"，又是潜在"全有"，因为它能"陶性命，冶情意，造志欲，化万事"。在解"含德之厚"一文上，"道德虚无，神明寂泊，清静深微，太和滑淖。"道德"虚无"质性体现在：一是独立无匹。"天不能裹，地不能囊，规不能圆，矩不能方，度不能度，而量不能量。金玉不能障蔽，水火不能壅落，万物莫之能领，患祸莫之能作。"二是无限无穷。"上下不穷，东西无极"；"道无不有而不施与，故万物以存"。三是混成通一。它是"浑沌磅礴"。四是无所不能。"沉浮翱翔"，"陶冶禀授，万天以作，群物得之，滋滋哑哑"。它是"无所不能而无所为"，故万物以之使然。五是不可视见。"听之寂寥，视之虚易"。六是不可执得。"心无所栖，形无区宅"，"知虑不能得，有为不能获，思之愈远，为之益薄。执之不我擒，纵之不我释"。道体"虚无"的奥妙在于："道体虚无而万物有形，无有状貌而万物方圆，寂然无音而万物有声"。由此观之，"道不施不与而万物以存，不为不宰而万物以然。然生于不然，存生于不存，则明矣！"，"然生于不然，存生于不存"，是"有生于无"的思维同构。"虚无"相对于物性的"有"言，它是通过对有限的否定而揭示无限。"不施不与"是无为，"万物以存"是"无不为"，二者一体于道术。"不为不宰"，是"弗为主"，"万物以然"是"然于然"，二者统一于"玄德"。在"道"与"天地"的区别上，严遵云："夫无形无声而使物自然者，道与神也；有形有声而使物自然者，地与天也。神道荡荡而化，天地默默而告；荡而无所不化，默而无所不告。"道无形，而天地有形，二者相反。二者在"使物自然"上虽相同，然"道"作为"无形无声"的"太虚"能"使物自然"，它是无所不化。而天地"默默而告"，则相资相助。天地不如道，亦即"有"不如"无"。在解"人之生也柔弱"一文

中，明确提出了"生于太虚"的观念，已将本始生生者视为"太虚"。"有物俱生，无有形声，既无色味，又不臭香。出入无户，往来无门，上无所蒂，下无所根。清静不改，以存其常，和淖纤微，变化无方。与物糅合，而生乎三，为天地始，阴阳祖宗。在物物存，去物物亡，无以名之，号曰神明。生于太虚，长于无物，禀而不衰，授而不屈，动极无穷，静极恍惚，大无不包，不无不入，周流无物之外，经历有有之内。"这里的"有物俱生"，是万物无不以之生，本自"有物混成"。作为本始"太虚"存在，非为定有，故无形无声、无色无味、无臭无香，无户无门、无蒂无根。正因为其"无体"，故能功用至神，"变化无方"，能"为天地始，阴阳祖宗"，在物则物存，去物则物亡，周流无外。道以体"无"言，"太虚"与"无物"异名而同谓；道以用"无"言，"禀而不衰，授而不屈，动极无穷"，功用不测、无穷。严遵"太虚"观，具有《老子》恒道的存在质性。王弼以"无"解"道"，然也有言"太虚"，不过是心欲上的"虚无"。在注《老子》"恒无欲，以观其妙"一文上云："万物始于微而后成，始于无而后生。故常无欲太虚可以观始物之妙。""无欲太虚"，是"致虚极"之谓。陈景元在注"天网恢恢"上云："张自然之网故曰天网。纵太虚之宽，故曰恢恢。""太虚"为宇宙的别名。之所以言"虚"，就在于揭示畅通无碍的广阔内涵。刘骥在注"无狎其所居，无厌其所生"一文上云："居者性之宅也，扩而充之，无狭其所居，则居天下之广居，与万物同其情，与虚无同其体。生者气之聚也，宝而持之，无厌其所生，则含太虚之至精，与天地合其德，与日月合其明。""与虚无同其体"，则与宇宙存在为一，"泛兮其可左右"。"太虚"内涵"至精"，故谓"太虚之至精"。吕知常在注"惚兮恍兮，其中有象；恍兮惚兮，其中有物"一文中云："谓之无，则能妙万物；谓之有，则莫见其形。太虚之象，似有而无，造化生焉，万物兆焉；太虚之物，似无而有，风雷生焉，霜露降焉。""太虚"者兼"有"、"无"，无而能妙有。"太虚之象"，是"无物之象"；"太虚之物"，是"有物混成"。"太虚"已是绝对本始存在恒道的别名。然其在注"大道泛兮，其可左右"一文上又云："包藏宇宙而无表里，充塞太虚动静不失往来"。这里的"充塞太虚"与"包藏宇宙"相对而言，皆用以揭示恒道无所不在、无所不有的存在质性，"宇宙"以言时空存在形态的范围，"包藏宇宙"是无不涵容；"太虚"以言无形存在样态的通行，"充塞太虚"是"有物混成"。林希逸更直接将《老子》"有生于无"中之"无"释为"太虚"，"太虚"与"无"、恒道成为了异名同指，并与"有物混成"、"无物之象"等观念相呼应。

在简要列举注家以"太虚"解恒道存在质性的基础上，再回过来对道家诸子的传承发展进行概说。前面在解析"虚"的内涵上，已对《庄子》的"虚无"、"太虚"观进行了梳理。《文子》作为继《庄子》后、传承《老子》的道家文本，对大道"虚无"质性又有了进一步的阐发。"道者，虚无、平易、清静、柔弱、纯粹素朴，此五者，道之形象也。虚无者道之舍也，……虚者中无载也，……嗜欲不载，虚之至也"。（《道原》）以"虚无"为"道之形象"，因为只有"中无载"，才能为"道之舍"。"道"以虚无无有为体，则"生而不有，为而不恃，长而不宰"，功成不居则为物不贰，生物不测。以为道术是"嗜欲不载"则为"孔德之容，惟道是从"。体道于心，"虚"则能舍万物，包容、因循万物。"虚无"作为"道之形象"，既是恒道作为绝对本体存在的虚无质性，亦是体行恒道的道境虚无。前者以虚无而生物不贰、不测，后者以虚无而曲成万物。恒道以"虚无"而不滞、不留，生生不息，方能"独立不改"、"周行不殆"。真人体之以"虚无"，则"不与物杂"，而得"至德天地之道"，以至于"怀天道，包天心"。又"虚无恬淡者"为"万物之祖"，之所以如此在于"沦于无形"，能生有形。"沦于无形"，是恒道之为"虚无"、"太虚"。虽为"虚无"然生实有，"有生于无，实生于虚"。以"虚无"为本源，近于"太虚"观念。《文子》此篇之旨，继承了《庄子》"虚静恬淡寂寞无为者"为"天地之平而道德之至"，以及为"万物之本"的思想。恒道"虚无"即无形、无声、无色、无味、无为、无欲等"无"的统一或涵摄，它是无限的"无"，正与有限的有形、有为等通一的"有"相对。即"有限"揭示"无限"，"无限"涵摄"有限"，就是有无一体。有形则有声，无形则无声，"有形产于无形"，故无形者为"有形之始"。这里的"无形"既是绝对存在意义上的"无"，然又是绝对存在意义上的"有"。"有生于无"，揭示的正是恒道与万物之间的无限生生关系。恒道因"虚无"的存在质性，无为而无不为。无为是"无"，不自伐有为，不执于为，功成不名有则为物不贰；"无不为"是"无"，不定限于一为，无所不为则生物不测。只有站在这样的思维角度来看，才能真正揭示以"太虚"、"虚无"作为恒道别名的真谛。"虚无"作为"道之舍"，是"道之所居"。"天静以清，地定以宁，万物逆之死，顺之生，故静漠者神明之宅，虚无者道之所居。"（《九守》）正如天居以静故清、地居以定故宁一样，道居以"虚无"则无为不宰，顺物自然，功成不居。"道者，寂寞以虚无，非有为于物也，不以有为于己也。是故举事而顺道者，非道者之所为也，道之所施也。"（《微明》）道以寂寞虚无则无为，无为则无不为。大道的寂寞虚无主要体现在两个方面，一方面就于物言，是非强加妄为，不伤害于物；另一方面就于己言，是己无有为，不欲宰为，二者合言是"因物付物"的"玄德"。顺道以举事，就是因事举事，遵循道理自然，非自为其施。得道以虚无为，则"志弱而事强，心虚而应当"。"志弱"与"心虚"通于"安静无为"。己无以为，方能"执道以耦变"，则因时以举事，"因循而应变"。"动不失时"，则"应化揆时"，事无不遂，应无不当。"行柔而刚"，则"力无不胜"。恒道"虚无"，则无为而无不为；人道虚心，则因物而付物。圣人"执道"，即以"虚静微妙"而成其"德"，正如"圣人无心，以百姓心为心"。功名既成，则"复归于道"，"生而不有"，生生而不止。大道"虚无"以法自然，圣人法道则"以无应有，必究其理，以虚受实，必穷其节"（《九守》）。秉持"虚无"，方能因物究理，因物穷节，因循而无为。道以虚无而"容乃公"，心以"和愉虚无"而"所以据德"。虚则通于道，以至于"达观"。"凡学者，能明于天人之分，通于治乱之本，澄心清意以存之，见其终始，反于虚无，可谓达矣。"（《上义》）"澄心

清意"，去己之执，方能"反于虚无"，以至于"通明"。至人之学，就在于"反性于无，游心于虚"，以得"至道之要"。圣人之游，是"太虚"之境。"若夫圣人之游也，即动乎至虚，游心乎太无，驰于方外，行于无门，听于无声，视于无形，不拘于世，不系于俗。"（《精诚》）"至虚"与"太无"、"方外"、"无门"、"无声"、"无形"，皆是"无"。圣人之游，是游于"无何有之乡"，立于不测之境，即与道为一。治天下者，只有"反之于虚"，方能"达性命之情"，然后因循而为，辅助万物自然。体"道"以"虚无"，就是"精神之所能登假于道"，故"有而若无，实而若虚"。体行虚无之道，非是执于虚无，而是"廓然而虚，清静而无"，就是"以道为循，有待而然"。虚则能廓，无则不逆，故"日夜无隙而与物为春"。同时，秉持虚无，方能"审于无假，不与物迁，见事之化，而守其宗"。虽处万化之中，而独守不化之"无"。因为只有"一不化"，方能万化未始有极。"精神畅达"，关键在于"不失于无"。心无在于知通为一，则"以千生为一化，以万异为一宗"。体于虚无之道，一方面能"其寝不梦，其智不萌"，另一方面能"其动无形，其静无体，存而若亡，生而若死，出入无间"。体道真人，虚心以应化，"以不化应化，千变万转，而未始有极"。"不化"是虚无，"化"是"有"。"以不化应化"，是以"无"持"有"，成于万有。道以"虚静"为主，不贰于为物，则"独立不改"；"虚无不受，静无不持"，不测于生物，则"周行不殆"。知虚静之道，则能与万物终始。在为政上，虚静之道的表现在于"勿挠勿缨"、"勿惊勿骇"，它的宗旨以为"万物将自清"、"万物将自理"。上圣所以以虚静治，因法道以虚无无为，勿挠缨，勿惊骇，让万物自清、自理。圣人以"虚心无有"而"见不足"，故能"成其贤"。在听治上，虚静之道体现为"听之理"，"虚心清静，损气无盛，无思无虑，目无妄视，耳无苟听，专精积稸，内意盈并"（《道德》）。人能"虚心清静"以听，从肯定方面言是"专精积稸，内意盈并"，既得之则"必固守之，必长久之"。从否定方面言是"损气无盛，无思无虑"，进而"目无妄视，耳无苟听"。所谓的"虚无之道"，非是固执于"虚"，空守虚无，无所作为，而是虚以无执，以无持有。"欲在于虚则不能虚，若夫不为虚而自虚者，此所欲而无不致。"执"虚"者非真"虚"，真"虚"者顺而无固，因而不执。"虚"与"因"是一体的两面。"通于道者如车轴，不运于己，而与毂致于千里，转于无穷之原"。车轴何以"转于无穷之原"？因为它"与毂致于千里"。与此相类，道者虚无，因物而成物，"不化以待化，动而无为"。己不执化，因物而化，故能万化未始有极。善动者静己而无为，为物之所为，故虽为而无为，"虚无因循"（《上德》）。大道虚无，方能"无所不可"。何以能此？就在于因循以为。"可在其理，见可不趋，见不可不去，可与不可，相为左右，相为表里"（《自然》）。大道的"虚无"之性，内涵丰富。以其体现在"虚静"上，是通循于物，"虚静之道，天长地久。"以其体现在"无为"上，是"至德无为，万物皆容"。以其体现在"不宰"上，是"神微周盈，于物无宰"。一言以蔽之，虚无而能无不有，无不容，无不为，无不盈。道者无执，因物之可而可，故"无所不可"。道生万物，则

"各得其所"。圣人体道以虚无无为，则"各使自然"。大道之经，在于"常虚而无为"，"虚静无有"。虚无为本，则"自胜者强"。"胜人者有力，自胜者强。能强者，必用人力者也；能用人力者，必得人心者也；能得人心者，必自得者也。未有得己而失人者也，未有失己而得人者也。故为治之本，务在安人；安人之本，在于足用；足用之本，在于不夺时；不夺时之本，在于省事；省事之本，在于节用；节用之本，在于去骄；去骄之本，在于虚无。"（《下德》）能体道"虚无"，则"无己"、"无身"，必能"去骄"，至其极则"以道莅天下"。圣人"贵虚"，在于"以道为本"。因为唯有道者，能"遗物反己"。至人之治，在于"虚无寂寞"，以为"循自然之道"，静以体德，动以通理。《文子》"虚无"观，虽多在于阐释道术，然道术来自对绝对本体存在质性的通达和运用。对"虚无"之道或道之"虚无"的揭示，无疑是对恒道作为虚无存在或"太虚"存在样态的进一步发展。心体"虚无"以为"太虚"之境、"虚无"德性，是对恒道"虚无"存在质性的深化、延伸和证验。在"虚心得道"和"虚无因循"、"虚静以为"中，无疑见证了恒道作为"虚无"存在的玄妙质性。《文子》已用"虚无"指谓了恒道或"有物混成"本始存在，与"太虚"只不过名谓不同罢了。在《淮南子》中，出现了"虚廓生宇宙"的观念，"虚廓"已成为仅次于"道"的生生存在者。"道始生虚廓，虚廓生宇宙，宇宙生气，气有涯垠。"（《天文训》）"虚廓"是"虚无"存在的别名，接近于"太虚"存在。在"虚廓"与"气"之间，又形成了先后生成次序，为宋儒"太虚即气"思想的形成提供了思想基础。"虚廓生宇宙"，与其"道始于一，一而不生，故分而为阴阳，阴阳合和而万物生"的思想相背。两相对照，"一"是"道"，就为"元气"，中间并没有经过虚廓和宇宙的生生环节。宋儒看到这样的问题所在，故直接言"太虚即气"、虚廓即宇宙。在《庄子》中，"宇宙"是"道通为一"思维的产物，而从《老子》思想内涵看，它是恒道生成万物后、寓于万物作为整体、一体存在的样态。《列子》及张湛《列子注》也对"虚"多有论述。"地积块耳，充塞四虚，亡处亡块。"（《天瑞》）"四虚"者，前后左右四方之虚，虽未言上下之虚，然已在"太虚"之中。"亡处亡块"，从否定思维角度揭示出"无乎处"的宇宙内涵。张湛注《列子》，更将"至虚"认定为群有之宗。在《序》中，他认为《列子》的书旨大略在于，"明群有以至虚为宗，万品以终灭为验"。"群有以至虚为宗"，是"有生于无"。"至虚"作为"无"，与"太虚"内涵已趋于一致。"唯寂然至虚，凝一而不变者，非阴阳之所终始，四时之所迁革"（《天瑞》注）。"至虚"作为绝对本体存在，"寂然"为其容，"凝一"为其态，"不变"为其体。"至虚"者"不变"，是"独立不改"。在注"太易，未见气"一文上云："凝寂于太虚之域，将何所见耶？如《易》、《系》之太极，老氏之浑成也。"（《天瑞》注）以《老子》"混成"解"太虚"，"太虚"即与"道"同谓。当然，张湛将"太虚"视为"域"，已将"太虚"视为抽象空间或独立、绝对空间，等同于宇宙时空观念。在解"鬼，归也，归其真宅"一文上，将"真宅"直接解为"太虚之域"，其空间存在的内涵更加见显。在解"日

月星宿，亦积气中之有光耀者"一文上，"气亦何所不胜，虽天地之大，犹安于太虚之域，况乃气气之相举者也？"气无所不胜，则气通天地日月星宿等万物而为一。天地虽大，然作为"积气"，尚安于太虚之域。无所不有之气，安于太虚之中，则气为物，"太虚"为宇宙空间。这里，"太虚"尚没有成为"气"的存在样态，张载的"太虚即气"即针对此问题而生。"太虚"容天地，含万物。"夫含万物者，天地，容天地者太虚。"如此，则"太虚"为无限空间。"太虚也无穷，天地也有限。以无穷而容有限，则天地未必形之大者"（《汤问》注）。天地为上下之极，故含万物于其中。天地虽大，然作为"积气"、"积块"寓于"太虚之辽廓"中，故"有形之域皆寄于太虚之中"。"太虚"无疑为宇宙空间存在而已，它才是"形之大者"。以"气"寓于"太虚"之中，则二者二分，尚没有达到"太虚即气"的一体观念。"虚"者，清澈无碍，故"无所不至"。"虚无所不至，神无所不通，气无所不同，形无所不类。"（《化书·老枫》）"虚"是空间无限，"神"是充满之物，故能"无所不通"。以质地言，"气"为"神"之所运，故"无所不同"。"形"是"神"的气化之迹，无化无状，故"无所不类"。四者，皆内涵于张载的"太虚"观念中。唐代学者孔颖达云："太一虚无，无形无数，是非可数也。然有形之数，由非数而得成也。……凡有皆从无而来，故《易》从太一为始也。"（引自《周易正义》，第280页）"太一虚无"，本自"太一形虚"。"太一"者，万有的始极；"虚无"者，潜有的未形无数。"太一"与"虚无"一体，有形有数皆从此中来，是"有生于无"。至此，"虚无"作为绝对本体存在观念，内涵不断拓展，逐步具有了"本始"、"浑沌"、"潜有"、"无形"、"包容"、"不变"、"生生"、"空间"、"无限"、"清通"等质性，已成为了恒道的别名。后期注家从《淮南子》开始，吸收墨家、名家思维，逐步将"太虚"视为宇宙空域，与"气"二分，这又背离了老庄的一体思维。太虚作为宇宙空域观念，为张载所继承，开启了"太虚即气"的观念。以"太虚即气"将"太虚"与"气"二者合一，又回归了老庄的思维本旨。

三、太虚之气

自宋儒开始，"太虚"与"气"观念实现了思维观念上的"合一"，变为"太虚之气"，它成为了与《老子》恒道、汉儒"元气"具有同为本始绝对存在质性的思维结构。

（一）张载之论

张载深受《庄子》"气"论思想影响，又得益于"太虚"观念的发展，形成了"太虚即气"的思想观念，它成为取代《老子》恒道的绝对本体存在。张载认为，道家"太虚"观秉承于"有生于无"之"无"，它是"空无"之"无"，实则他是以郭象的"无"观看待《老子》之"无"，混淆了二者的内涵差别。在思维发展的继承中，他又自觉地贯彻了《老子》恒道的思维质性。殊不知"太虚之气"的思维结构，就是

恒道之为"无"的思维同构。"太虚之气",是"有物混成"的思维变相。

1. 太虚即气

张载指出,"太虚无形"为气之本体,它是独立存在的根本存在,而气化聚散是变化客形。"太虚无形,气之本体,其聚其散,变化之客形尔。"(引自《正蒙》,载《张载集》,中华书局 2006 年版,第 7 页)"太虚"的质性在于"无形",正如《老子》"大象无形",二者同作为"本体",同作为"无形"存在,同具有造化功能,同具备生成"客形"的潜能,具有思维上的同构性。唯一区别的是,不过以"太虚之气"代替了恒道。气之本体,为"块然太虚",正如"有物混成"。"块然",即如《庄子》"大块"的质性,为浑然一体的存在样态。"太虚"者,无形而清通。气体的聚散,则从"絪缊"中来。何谓絪缊或氤氲?"天地絪缊,万物化醇。男女构精,万物化生。"(《易·系辞下》)这里,"化醇"、"化生"同义,揭示的是"客形"的产生。"天地絪缊"与"男女构精"同一思维,揭示的是乾坤、阴阳交融媾和的过程,正如《老子》所云的"万物负阴而抱阳,冲气以为和"。"絪缊"者,是"冲气",亦是"合气"、"和气"。"絪缊"既可以是天地"合气"、万物"冲气"、"和气",亦可以是万物本始存在的"混成之气"或"元气"。"太虚无形"作为"气之本体",当然为绝对本体存在,可见"元气混涵"、"太虚之气"与"有物混成"是同一实指,只不过因所揭示的侧重点不同而有殊名。"元气混涵"者,侧重于从"实有"上揭示万物的同一本始或根本;"太虚之气",侧重于从"无形"上揭示气体原本实在的浑然通透样态;"有物混成",则侧重于从"潜有"上揭示与物性相反的无畛存在质性。"太虚之气"的聚散气化,是"万物化醇"、"万物化生"的生生不息过程。"太虚之气"的生化功能,与气化为"客形"的作用不同,前者就万物总体"生化"功为来说,后者就万物"客形"相互转化而言,张载是兼而言之。就总体、本在言,"太虚之气"是"无形之气",它超脱于聚散行为,因为聚散是形态变化,以"有形"为前提。张载的"太虚之气"或"无形之气",是绝对本体存在之气,在思维层次上来自《老子》"大象无形"、"有物混成"观,其与《易传》所谓"絪缊之气"有别。后者,是"合气"或"冲气"、"和气"。有分方有和,天地已分方有絪缊之合。既言分合,就是气化。张载本来欲以《易传》"絪缊之气"的思维,来解释世界的构成以及形态变化,但因为以"气之无形"或"太虚之气"为本体,就进入了一本存在的思维探索旅程,而偏离了《易传》以天地之气分合构造万物的思维,最终回归于了《老子》的一本思维。之所以出现这样的问题,乃在于"太虚即气"存在两种样态:本始绝对存在的"太虚无形"样态和天地氤氲的宇宙气化样态。后者是《易传》天地生万物的交合思维,而前者是"有物混成"或"元气混涵"的一本思维。以《易传》天地并存思维看来,就没有纯粹"无"的"太虚之气",只有天地之间的"太虚之气",或者说只有聚散共存一体的"太虚之气"。天地作为万物的生生者或造物者,怎么能是"太虚"无形?天地合气生万物,既然天地已分,怎么能是"无形"?天地已分,然后作为"积气"、"积

块"已然是"聚",何以有宇宙自然的"无形"存在。可见,《易传》的絪缊气化观已是聚散气化观,并没有绝对的"太虚无形"存在样态。只有以"先天地生"的"有物混成"为本始存在样态,才真正是"太虚之气"。就天地与"太虚"关系,"天地以虚为德,至善者虚也。虚者天地之祖,天地犹虚中来。"(引自《张载集》,中华书局2006年版,第326页)天地以"虚"为"德",是得自"太虚之气",故"虚"者为"天地之祖"。这里,"天地"已非本始存在,而从"虚中来"。它类于《老子》恒道"可以为天地母"、天地"得一"以清宁的思维结构。天地是"有",而从"虚中来"就是"德"得自于"道","有生于无"。当然,这里的"虚"在张载看来是"气之本体",正如《老子》的"有物混成"。无疑,其与道家同把"太虚"作为本始的无形存在。唯一的不同,他以道家的"太虚"为"空无",而以己的"太虚"为"气之本体"。张载合并"气"与"太虚",虽以"太虚即气"为一体,然仍保留着二者相分的质性,亦即以"气"存在于"太虚"之中。依据《老子》思维,"太虚之气"是"有物混成"。"太虚"或"无形",只是恒道存在的"混成"样态,"气"相当于"有物"。"有物混成"是有无一体,"太虚之气"亦是如此。他对《老子》"有生于无"观念的误解,来自以《淮南子》"虚廓"、张湛"太虚之域"的空间"空无"来解道家的"无",以这样的思维为诠释前提,形成了"太虚"与"气"关系上的逻辑矛盾和"张力"。张载云:"气之为物,散入无形"。(同上书,第7页)以《易传》思维看,万物皆是气化,也是形态之化。"散"相对"聚"而言,"无形"只是气散的状态。就一气聚散言,有客形与无形之分。然他又云:"太虚不能无气,气不能不聚而为万物,万物不能不散而为太虚。"(同上页)既以为"太虚即气",则"不能无气"是对"太虚"空无性的否定。气聚为万物,万物散为太虚,无疑从总体上揭示聚散的两端或两极,前者为万现生成思维,后者为"复归于无物"思维。聚则有物,散则无物,以"有物"与"无物",或"有形"与"无形"对分,正如《老子》恒道与物反的二分、二极思维。张载"太虚之气",本来是传承《庄子》"通天下一气"的"道通为一"的思维,只不过以"聚散一体"代之以"有无相生"而已。它与"有生于无"非是同一思维。以《易传》思维看来,现实存在的必是聚散共在一体,有聚就有散,无无聚之散,也无无散之聚,进一步说就是没有纯粹绝对的气聚和气散的两种极端存在样态。有绝对、唯一的"气聚",就没有实物可以在其中运动的空间。"气聚"作为"积气"、"积块",是实在不通之物。若有绝对、唯一的"气散",就是无状无物的"太虚之域"或无有实在。"气之聚散于太虚,犹冰凝释于水,知太虚即气,则无无"。(同上书,第8页)"于"是"在","气之聚散"与"太虚"之间形成了一种寓存关系,它是聚散运动存在于另一境域之中。冰与水作为聚散不同形态的存在者,毕竟是实有的形化。言"气之聚散于太虚",无疑在于揭示太虚之中涵容气化聚散一体的形态变化。"散"本身是"无形"之虚,以之存于太虚之中,无疑视"太虚"为存在的绝对空间,或者说是聚散气化所寓其中的场所。张载"太虚即气"观,是二分合一的产物,具有拼凑

的痕迹，而非具有《老子》"无"即"有物混成"、"无形"即"潜有"的一体融贯性。"潜有"是其内在实质，"无形"是其存在样态和属性，二者一体和融。《老子》以"无"为绝对存在，是以"潜有"为前提条件的，否则何以生成天地万物？"无状之状"、"无物之象"和"有物混成"，皆是用以揭示"潜有"的存在质性。更不用说"其用不可既"、"无为而无不为"等功用质性。以"太虚"为"空无"存在或"绝对空间"，又另安上一个"气"，则"气"是寓存于绝对空间或"太虚"境域之中的存在。这样，"太虚即气"就有了两种存在质性：一是气的存在样态，一是气的存在境域。张载虽揭示出本始绝对存在无"无"之时，但在如此立论的同时也即界定了此"无'无'"中的后一个单引号中的"无"，即是空间境域性的"太虚"，也就是把"太虚"认作是空间的"空无"。若以"太虚"即"气"，则就不必言"太虚"无"无"。按照张载的想法，"太虚即气"实则是言"太虚之气"。有"即"就把"太虚"与"气"作为两个相对的存在来对待，也即将"太虚"视为别于"气"的另一个存在，或者说将"太虚"视为无"气"的"空间"以与"气"的"实有"相对待。如果说是为了批判道家以"空无"为"太虚"，也不应把"太虚"视为可"寓于其中"或"在……中"的境遇内涵。作为"绝对空间"，同样是"空无"的存在。虽然，他曾提出"太虚之气"的观念，视"太虚"与"气"为一体存在样态。"太虚之气，阴阳一物也，然而有两体，健顺而已。"（同上书，第231页）"阴阳一物"，道出了"太虚之气"的本始一体性和不可分析性。健顺两体作为阴阳的功能质性，是乾坤、天地的逻辑形式同构。"太虚之气"作为"阴阳一物"，就与作为具有健顺两体的阴阳分判存在，在内涵上有所不同，二者是"一而二"的逻辑建构，正如《老子》恒道与天地的分判。在《易传》本旨，"一阴一阳之谓道"思维，与"天地絪缊，万物化醇；男女构精，万物化生"，"乾道成男，坤道成女"以及"有天地，然后万物生"的生生构成说同类。这里的构成是"一阴一阳"中的阴阳二分、健顺两体，它的思维前提在于乾坤二分、天地分立。而"阴阳一物"与"易有太极，是生两仪"具有思维同构性，它类似"一气"或"元气"的"太极"说。"太虚之气"，既是太极的"一气"，又是"无形"的样态，就含有"道生一"的思维结构，具有"无极而太极"的思维质性。"太虚之气"作为"无形"者，是"阴阳一物"的"混一"存在，以否定的思维形式说是"非阴非阳"。而"一阴一阳"是万化不离其宗的"一气"。从"万物总体一太极"与"一物一太极"的统一思维结构看，是"太虚之气"与"一气氤氲"的关系，或者说是"非阴非阳"与"一阴一阳"的关系。张载在不觉中吸取《老子》的一本思维，然又以《易传》二分思维批判《老子》，故陷入思想上的内在分裂。"知虚空即气，则有无、隐显、神化、性命通一无二，顾聚散、出入、形不形，能推本所从来，则深于《易》者也。"（同上书，第8页）知"虚空即气"，则宇宙间皆"一气之化"。"通一无二"，是《庄子》的"通天下一气"思维。"聚散、出入、形不形"，只是"一气"之化的不同样态，为"精气为物，游魂为变，是故知鬼神之情状"（《易·系辞

上》）的内涵。这里，是宇宙万物如何构成、变化如何形成的本体论思维。以此为依据，对《老子》"有生于无"宇宙起源思维进行了批判。"若谓虚能生气，则虚无穷，气有限，体用殊绝，入老氏'有生于无'、'自然'之论，不识所谓有无混一之常。"（同上页）"虚能生气"，来自《庄子》，非来自《老子》。它的原文是："杂乎芒芴之间，变而有气，气变而有形，形变而有生"（《天地》）。"形变而有生"，是"胎生"、"卵生"之生；"气变而有形"，是"胎"、"卵"一类精物。"变而有气"，是"一之所起，有一而未形"的"精气"。"杂乎芒芴之间"，是太初无有无名的"无"。"精气"是"通天下一气"的"一气"，为构成万物的本原因子。作为"精气"就是分殊的存在，"一物一太极"，物类得不同的"得一"以为殊品。就"万物总体一太极"言，它是"精气"万殊的浑然一体、混而为一。从概念次序上看，是先有"混沌之一"或"太一"，再分化为"一物一太极"的分殊之一，然后"万物得一以生"，成遂万品殊类的存在物。《老子》"有生于无"就是此思维结构。对老庄"无"的观念不能以"纯无"、"空无"的逻辑概念来把握，而应以实体性存在的"无"来揭示，它是潜在之"有"，类似于能生出枝叶果实的种子或长成参天树的本根存在。《老子》言窈冥恍惚中有物、有象和有精，是"无"中涵"有"。把握这样的思维内涵，恒道何尝不可言为"太虚"或"太虚之气"？只不过"异名同谓"而已。在老庄看来，作为本始存在者是"潜有"的"无"，而作为万物构成因子的"气"是"无形之有"。若"气"有形，便是具体存在物，而非是构成万物的基质。"虚"是"元气"的存在样态，故是绝对性的存在质性，超越了聚散、有无的对待分别。恒道以"有物混成"为"万物之宗"，正如"太虚之气"作为造化元机，各自本有"良能"，就非是"体用殊绝"。"有无混一之常"，正是《老子》恒道的玄妙存在质性。张载认为，"此道不明，正由懵者略知体虚空为性，不知本天道为用，反以人见之小因缘天地。明有不尽，则诬世界乾坤为幻化。幽明不能举其要，遂躐等妄意而然。不悟一阴一阳，范围天地，通乎昼夜，三极大中之矩，遂使儒、佛、老、庄混然一途。语天道性命者，不罔于恍惚梦幻，则定以'有生于无'，为穷高极微之论。入德之途，不知择术而求，多见其蔽于诐而陷于淫矣。"（引自《张载集》，中华书局2006年版，第8页）以"虚空为性"批驳佛氏之说则可，《老子》何尝不是"本道为用"？《老子》云"万物负阴而抱阳，冲气以为和"，是"一阴一阳之谓道"，何尝"不悟"？此非臆断？"范围天地，通乎昼夜"，不过是《庄子》的"通天下一气"。不知"有生于无"深义，而以为是"穷高极微之论"，不亦是"蔽于诐"？张载用以作为评判标准的"有无混一之常"，其实就是《老子》"有无一体"思维。在他思想那里，"有"是有，"无"也是有，"无"道出的涵义不过是散、隐、神的状态和属性，并非"虚无"无"有"。怎么没有看到《老子》绝对本体"无"的"无无"？后儒对《老子》的误解即从此来。黄百家评述其学说云："先生（张载）以'虚能生气'、'有生于无'为诐淫，足见先生之学粹然，可为吾道大中之准。盖虚空即气，为物不二者也。若谓虚能生气，则有无自相隔碍，凡夫理气、

心性、体用、动静，无之非二矣。此二氏以无为真，常有为幻妄之根本也。《大传》曰'一阴一阳之谓道。'阴阳迭运者气也。两间无无气之处。"（引自《宋元学案·横渠学案上》，载《黄宗羲全集》第三册，浙江古籍出版社2012年版，第805页）张载以"虚空即气"为"为物不二"，然《老子》何尝是"有无自相隔碍"？又何尝"以无为真，常有为幻妄"？若以"常有"为"幻妄"，何尝言玄德、修行、道纪？"无无气之处"，何尝不是"有物混成"？否则，万物冲气何来？恒道是"万物之宗"，也必是万物负阴抱阳"冲气"的来源。张载又云："运于无形之谓道，形而下者不足以言之。"（引自《张载集》，中华书局2006年版，第14页）此形上、形下的分畔，是以"有形"与"无形"为界定标准，取用的是《老子》的思维结构。何谓"运于无形"？以"无形"样态而运，通行于万物，以无形造化有形，不正是恒道"周行不殆"，为"万物之宗"？"'形而上者'是无形体者，故形而上者谓之道也；'形而下者'是有形体者，故形而下者谓之器。"（同上页）以有无形体而言道器，以"无形迹者即道"，以"有形迹者即器"，正是"大象无形"和"物形之"的思维结构。《易传》形上、形下与道器关系，类如《老子》恒道寓于万物存在的思维质性。以无形、有形相对，则包涵先后生成、表里隐显两种关系，前者是"有生于无"，后者是"道寓于物"。"太虚之气"与一气之化是先后生成关系，揭示的是"万物总体一太极"与"一物一太极"的关系；一气之化作为"通天下一气"，是聚散幽明的"有无相生"。后者是自然造化、构成论，前者是宇宙本源、万物本宗论。王廷相正是看到这一思维结构，以"元气混涵"为本始存在，以与"一阴一阳"的构成论相对。

2. 太虚至实

"太虚即气"，揭示气充塞于宇宙之中。"太虚"既是一种独立存在的"绝对空间"，同时也是无不充塞、无所不在的"气"。正因为"气"充满于"太虚"之中，故"太虚"为"至实"。以老庄思维，"太虚之气"，既是"有物混成"的绝对本始存在，又是"道通为一"的天地橐籥式存在。太虚作为空间，只是气存在的方式。有气存在必以一存在方式存在。对"有物混成"言，"有物"就以"混成"方式存在。混成之在，就是"无状之状"。张载云："由太虚，有天之名；由气化，有道之名"。（引自《正蒙》，载《张载集》，第9页）"太虚"为"天"，是一本思维，为生生、运化的本源。气化之道，是"一阴一阳之谓道"。"人鲜识天，天竟不可方体，姑指日月星辰处，视以为天。阴阳言其实，乾坤言其用，如言刚柔也。"（同上书，第177页）"不可方体"，正是"太虚无形"的本义。阴阳为实，无无气之时，则太虚充塞一气。乾坤之用，即阴阳有健顺两体，生化不测。"天惟运动一气，故万物而生，无心以恤物。"（同上书，第185页）若以"太虚之气"为根本存在，则"天"必是"一气"所化，何以言"天惟运动一气"？这里，"天"为本始造化存在，而"一气"成为万物的构成因子。"天"即"太虚"，故又可言"太虚"运动"一气"。张载又言"太虚"在"天"之中。若以天为本源，则为"太虚之气"，作为造化元机就有一气之化的良能。"与天

同原谓之虚"。（同上书，第 325 页）既以"天"为"太虚之气"，是一本绝对存在。又以天地为形物，则天地是"太虚之气"的产物，为气化的"客形"。前后存在着思维上的非融贯性。"天地之道无非以至虚为实，……金铁有时而腐，山岳有时而摧，凡有形之物即易坏，惟太虚无动摇，故为至实。"（同上书，第 325 页）认天地之道以"至虚"为实，则视"太虚"为"至实"。之所以如此，就在于太虚无形，不可以形化，它是独立存在，有类于恒道存在质性。形物易坏，是形态上的转变，并没有泯灭"一气"的存在。"太虚无动摇"，正如《庄子》的"一不化"。本自"无动摇"，却能动摇万物以变化，正如《庄子》所言的"万化未始有极"。前者的思维正如恒道的"独立不改"，后者正如恒道的"周行不殆"。以"太虚之气"为"至实"，揭示的是其恒存性、不变性。当然，张载所谓的太虚"至实"，是"絪缊"、"以息相吹"之实。"气块然太虚，升降飞扬，未尝止息，《易》所谓'絪缊'，庄生所谓'生物以息相吹'、'野马'者与！此虚实动静之机，阴阳、刚柔之始。"（同上书，第 8 页）"未尝止息"，是一气聚散上的"不贰"、"不测"。"絪缊"者，是"一阴一阳之谓道"。"生物以息相吹"、"野马"观念来自《庄子》，"野马也，尘埃也，生物之以息相吹也。"（《逍遥游》）郭象注"野马"为"游气"。司马彪认为是"春月泽中游气"。成玄英云："青春之时，阳气法动，遥望薮泽之中，犹如奔马，故谓之野马"。（引自《庄子集释》，中华书局 2004 年版，第 6 页）"生物以息相吹"，是天地之间的"生物气息更相吹动"。它们的意旨，是《易传》所谓的"精气为物，游魂为变"。"块然"来自《庄子》，"大块噫气"（《齐物论》），"大块载我以形，劳我以生"（《大宗师》）。虚实者，气化的幽明；动静者，气化的聚散。既言"机"、"始"，则必为先在，就是造化或阴阳混成的"太和"。"太和所谓道，中涵浮沉、升降、动静相感之性，是生絪缊相荡、胜负、屈伸之始。其来也几微易简，其究也广大坚固。起知于易者乾乎！效法于简者坤乎！散殊而可象为气，清通而不可象为神。不如野马、絪缊，不足谓之太和。语道者知此，谓之知道，学《易》者见此，谓之见《易》。"（引自《正蒙·太和篇》，载《张载集》，中华书局 2006 年版，第 7 页）"太和"，是本始的阴阳氤氲混涵，而非是阴阳交媾性的氤氲。浮沉、升降、动静相感，是一气之化；中涵此性，则"太和"是潜在大全，犹如《老子》的"有物混成"。絪缊相荡、胜负、屈伸，是一气为化。作为其始者，就是潜在的"太和"。能生絪缊相荡、胜负、屈伸，就是造化者。"殊而可象"之"气"，是气化的客形，在形化之迹中见显；"清通而不可象"之神，是气化的不测。前者是精气，非是"太虚之气"。"太和"与"太虚"的关系，正如"有物混成"与"无"关系。至无者，同时是至实存在。"清通"对"客形"有碍言，"不可象"对"客形"有象言，二者合为"神"，它又相对于物形言。神以形化而见，形化以神而不测。神是气化之神，本自无体。"气有阴阳，推行有渐为化，合一不测为神。"（同上书，第 16 页）神为气化之神，神为气化之能。然又云"万物形色，神之糟粕"（同上书，第 10 页），则"神"为独立存在，又残留着神不灭论的痕迹。戴震正是批评

宋儒以"神"取代《老子》之"道"。朱熹曾评述认为,"横渠'清虚一大'却是偏。他后来又要兼清浊虚实言,然皆是形而下。盖有此理则清浊虚实皆在其中。"(引自《张载集》,中华书局2006年版,第343页)朱子不明"清虚一大"揭示的是本原本体存在的"无形"、"混涵",朱子以理中涵清浊虚实揭示的正是其旨。"太虚"绝对本体,只既是"散"或"无",又是"潜有"或"混成",而不能有"聚"之"客形"。若"聚"为"客形",何有"太虚"?清浊虚实皆在理中,就是"太虚之气"涵摄一气之化的"潜有"思维。若落入"清浊虚实"之对待中,就没有"太虚之气"。气"清"为天,气"浊"为地,天地已成,何来"太虚"?气的"太虚"存在样态与气化聚散的"虚"的形态不同,前者是从绝对意义上揭示恒存潜有之"无",后者从相对意义上揭示有无之变化。朱熹没有理清本始绝对存在与自然构成存在的关系,落入了理、气何者为先的前后不一之中。"理"作为分殊之理,就不能成为本始绝对存在,故必以"理一"为根本。理不能离气存在,故以"气"在先。作为"理一"之"气",就是"太虚之气"。因为"理一"是万殊之理的"潜有",它是总体一太极。本始之气的"理一"与天地之间的"理一而已"不同,后者以"天地"先在,以"二气交感"为前提,故是气化之理。后者的"理一"是《易传》"天地絪缊"思维,而前者是《易传》"易有太极"的思维。朱熹解张载"由太虚,有天之名;由气化,有道之名"一文认为:"本只是一个太虚,渐细分得密耳。且太虚便是四者之总体,而不离乎四者而言。'由气化,有道之名',气化是阴阳造化,寒暑、昼夜、雨露、霜雪、山川、木、石、金、水、火、土,皆是。只此便是太虚,但杂却气化说。虽杂气化说,而实不离乎太虚。未说到人物各具当然之理处。"(引自《宋元学案·横渠学案上》,载《黄宗羲全集》第三册,浙江古籍出版社2012年版,第807页)"太虚"作为绝对本体存在只能是"总一",无不涵摄,理气一体。气化之道只是气化的理则,相对于气以言理,与气二分。朱子以"仁"统"仁义礼智",《易》"元"统"元亨利贞"四目的思维结构,来解析太虚与天、道、性、心关系。太虚为天,则为"一本"的本根存在,它与"太虚无形,气之本体"思想相合。"太虚"为"一本"、"总体"是潜在,而天、道、性、心皆是实有,它的思维结构亦是"有生于无"。

3. 气之良能

"太虚"作为气之本体,尚有鬼神良能,它是"太虚"的"至实"。太虚不能无气,气不能不生万物。"气之性本虚而神,则神与性乃气所固有,此鬼神所以体物而不遗也。"(引自《正蒙》,载《张载集》,第63页)鬼神作为气化的良能,是实在实有,而"本虚而神"是潜有。王夫之解云:"性,谓其自然之良能,未聚而虚,虚而能有,故神。虚则入万象之中而不碍,神则生万变之质而不穷。"(引自《船山遗书》第六卷,第3759页)"未聚而虚"是"本虚",是绝对存在的质性,超越聚散的相对性。"太虚"涵摄"气聚",又非是"气聚"。"虚而能有"是潜有生为实有。气之所以神在于"虚而能有",正如恒道之妙在于"有生于无"。以"虚"无形,能"入万象之中而

不碍"，虽符合"无有入无间"之旨，然气虚能化为万象并非作为存在物"入"万象中，它是造化之为。就张载的"鬼神所以体物而不遗"观念，王夫之解云："鬼神者，气之往来屈伸者也，物以之终，以之始，孰能遗之，此言天下当有之物，皆神之所流行，理之所融结……形形色色，重浊凝滞之质皆沦浃其中，与为屈伸。"（同上页）气以往来屈伸而有鬼神之能，万物聚散、幽明、终始正是气之鬼神良能的证验。就"至虚"之"实"的内涵，张载又云："惟屈伸动静终始之能一也，故所以妙万物而谓之神，通万物而谓之道，体万物而谓之性。至虚之实，实而不固；至静之动，动而不穷。实而不固，则一而散；动而不穷，则往且来。"（引自《张载集》，第64页）太虚之气，通于屈伸、动静、终始等气化为"一"，故能无不有，无所遗。它犹如"道通为一"的思维结构。"神"以"妙万物"的功用言，"生物不测"；"道"以"通万物"的理则言，"无物不由"；"性"以"体万物"的知行言，"心包宇宙"。这些，是"至虚之实"、"至静之动"。之所以为至虚而实，在于它是"实而不固"。犹如"生而不有"，功成不居而能成功不测一样，不执不固，故能"一而散"，气一散成万品，生生不息。之所以为至静而动，在于"动而不穷"。正如恒道"独立不改"而"周行不殆"一样，至静而不滞，故能"往且来"，一气而成万化，生物不测。"太虚者，气之体。气有阴阳，屈伸相感之无穷，故神之应也无穷；其散无数，故神之应也无数。虽无穷，其实湛然；虽无数，其实一而已。阴阳之气，散则万殊，人莫知其一也；合则混然，人不见其殊也。形聚为物，形溃反原，反原者，其游魂为变与!"（引自《张载集》，第66页）屈伸者，聚散之化；相感者，絪缊之感。无穷者，氤氲交感的气化不测。"神应"者，感化无方，聚散一体。"湛然"、"实一"，揭示的是气化不贰，恒其如此。因为"湛然"故能相感无穷，因为本一故能神应无穷，二者犹如"独立"而"周行"。"散则万殊"中有"一"，"合则混然"中有"殊"。以《老子》恒道存在质性言，人见其"有物混成"，而不见其潜有万殊；人见"散则为器"，而不见"道朴无名"。"万殊"，万物众有；"混然"，太虚无形。此揭示的是有与无、潜在与实存、理一与分殊的关系，犹如《老子》"万物生于有，有生于无"思维。形聚为物，如"万物生于有"；形溃为虚，如"复归其根"；"游魂为变"，如"反者道动"。"气有阴阳"，犹如"冲气以为和"。高忠宪解云："天地之间，一气而已。气，湛然太虚而已。虽屈伸聚散无穷无数，而其体不易，其为物不贰，此所以为神也。湛合，谓万物散归太虚。"（引自《宋元学案·横渠学案上》，载《黄宗羲全集》第三册，第901页）一气之运，固能屈伸聚散无穷、无数，正如恒道造化万方。"湛然"者，"一气"能化万化，然不改其化化之体，化而不贰，正如"独立不改"。化者无穷，神妙莫测，正如"周行不殆"。因"为物不贰"，故能"生物不测"。正如因"独立"而能"周行"。在"万殊"与"湛一"的关系上，"气本之虚则湛一无形，感而生则聚而有象。有象斯有对，对必反其为；有反斯有仇，仇必和而解。故爱恶之情同出于太虚，而卒归于物欲，倏而生，忽而成，不容有毫发之间，其神矣夫!"（引自《正蒙》，载《张载集》，第10页）虚者

气之本体，正因"湛一无形"故能神化不测，犹如无为而无不为。"太虚之气"无待，而生爱恶有对。一本而万殊，游气纷扰，合而成质，生人物万殊。毫发有间，则气化有止，便非不测。"天大无外，其为感者絪缊二端而已焉。物物所以相感者，利用出入，莫知其乡，一万物之妙者与！"（同上页）天者太虚之名，至大无外，故为"独立"。"莫知其乡"，则"神无方"。"一万物之妙"，则"一故神"。神者，"太虚妙应之目"。万物千变万化，不越一个鬼神良能，不脱一个絪缊二端，不离"一阴一阳"，不过一个"太虚之气"。正如恒道为"万物之宗"、"万物之奥"。"太虚"即"气"，气不能不化，故为鬼神良能。气有清浊，是一气之化的形态，非是太虚本身有清浊。因为太虚无待，而气化有待。在言气之本体至实、鬼神良能上，张载亦有逻辑相悖处。"太虚为清，清则无碍，无碍故神；反清为浊，浊则碍，碍则形。凡气清则通，昏则壅，清极则神。故聚而有间则风行，风行则声闻具达，清之验与！不行而至，通之极与！"（同上书，第9页）"太虚"之所以能"神"，首先在于"一故神"，而清浊只是"两故化"。或清或浊之化，方能为"神"。"清则无碍"非是"神"，"清则无碍"与浊则碍形是"两故化"。"清之验"、"通之极"，只是气化的形态属性。"虚"为气之本体，其所以为至大，在于"言其大则天下莫能载，言其小则天下莫能破"。（同上书，第322页）《中庸》言道"费而隐"在于揭示其无所不在，张载言"虚之大"以况气无不涵容。《中庸》言道大思维，类于《老子》"泛兮其可左右"、《庄子》"无乎逃物"思想。"虚之大"在于"涵容"，因为"无不容然后尽屈伸之道。至虚则无所不伸矣。"（同上书，第36页）太虚之气的至大，在于无不贯通，无不容是就涵盖范围言，非言气体本身能容。"至虚"的"无所不伸"，是涵摄一气之化的无所不能。逻辑混乱又体现在"天之不御莫大于太虚"观念中。"天之明莫大于日，故有目接之，不知其几万里之高也；天之声莫大于雷霆，故有耳属之，莫知其几万里之远也；天之不御莫大于太虚，故必知廓之，莫究其极也。"（同上书，第25页）正如以日、雷霆为"天"的所有一样，天就是太虚。以"太虚"为"天"的"不御"之大，则将"太虚"视为宇宙时空，为"天"的一种属性，失去了"太虚"即"天"的一本绝对存在质性。张载"太虚即气"观，无疑深受老庄思想的影响。在太虚与气的关系上，二者是一而二、二而一，是一体之两面。"太虚"是"气"的本源存在样态，作为天地之祖就具有本宗、本始存在的质性。以"太虚"为"絪缊"、"野马"，不得不为万物，不得不聚散、屈伸等，则是气化本体论。以"太虚"清通，具有包容、广大之量，又是"气"的空间存在方式。在"太虚之气"（元气混涵）与"构成之气"（一阴一阳）、"太虚之气"与"天地之间"、"万物之祖"与"一气化生"等之间，存在着前后论说不能融贯的裂痕。冯耀明就张载宇宙论与本体论之间的矛盾归纳为三个层面：一是既言"气本之虚，则湛一无形，感而生则聚而有象"（《正蒙·太和》），又云"有气方有象，虽未形，不害象在其中"（《易说·系辞下》）；二是既言太虚"至静无感，性之渊源"（《正蒙·太和》），又云"无所不感者虚也，感即合也，咸也"（《正蒙·乾称》）；三是既言"一物

两体，气也"（《正蒙·太和》）、"气能一有无"（《易说·系辞上》），又云"一物而两体者，其太极之谓与"（《易说·说卦》）、"有无虚实通为一物者，性也"（《正蒙·乾称》）。（参见《儒家经典诠释方法》，华东师范大学出版社 2008 年版，第 50-56 页）这些"矛盾"，若以《老子》思维解释将可以解决。"太虚之气"从"湛一无形"至"聚而有象"，是从本始"无形"生成万象"有形"，是"有生于无"；"有气方有象"是一气为万化，是"有无相生"。二者是"道生一"和"万物得一以生"的关系。"至静无感"是超越聚散形态之上的寂然不动，作为"性之渊源"是"独立不改"；"无所不感"是天地之间的无非二气絪缊感合，为"周行不殆"。二者是"一不化"与"万化未始有极"的关系。气有"两体"是一气成为聚散的分化两态，有体分则有变化。"一有无"是气一涵摄聚散形态的神化，两种形态的变化不测方为神。二者是"两故化"与"一故神"关系。此中并无矛盾。"太极"是"阴阳絪缊"的"潜在"、"一本"思维；"有无虚实通为一物"是通"聚散"、"虚实"等两态为一。二者是"有物混成"与"道通为一"的关系，或者说是潜在与分化的关系。张载在"太虚之气"的生生"一本"与阴阳絪缊的生生"构成"思维之间游动，故出现上面的问题。司马光继承张载学说，提出了"万物祖于虚"的思想。"万物皆祖于虚，生于气，气以成体，体以受性，性以辨名，名以立行，行以俟命。故虚者物之府也，气者生之户也，体者质之具也，性者神之赋也，名者事之分也，行者人之务也，命者时之遇也。"（引自《宋元学案·涑水学案下》，载《黄宗羲全集》第三册，浙江古籍出版社 2012 年版，第 365 页）从命、行、名、性、体所自来的角度，揭示"虚"为万物祖府，"气"为生生之户的观念。"府"者，物所来之地。"户"者，生赖之以由。"气"为生生的因子，"虚"为生生的本源，二者关系类似"道生一"。"气"为"万物得一以生"的"一"或"有"，"虚"为"道生一"的"道"或"无"。"虚"与"气"合一，是"太虚即气"思维。南宋儒者张成行秉承张载"太虚"说、气化论和"太极"、"神"的观念，形成了"太虚无体"、"神生气"的思想。他说："虚者，道之体。神者，道之用。神者，诚也。诚则有精，精则神。变化自然，莫知其然。故道生天者，太虚之中，自然絪缊，而神生气也。"（引自《梅花易数》，九州出版社 2003 年版，第 387 页）以"虚"为道体，"虚"中涵"神"，变化自然，莫知其极。依张载的观念看，"天"为生生一本，是"太虚之气"，是"絪缊二端而已"，是"一阴一阳之谓道"，是生物不测之"神"，一以贯之。张成行却以"道"为"太虚"、"神"，以"自然絪缊"为"天"、"气"，形成了"道生一"的思维结构。恒道作为"有物混成"和"万物之奥"存在，与"太虚之气"为同一思维层次。张载偏重揭示自然气化而已。"天以辰为体，无物之一气也，与太极相为无极，故天不可尽也。实者有限，虚者无穷。神，理不可尽者，以虚而已。"（同上书，第 388 页）以"天"为"无物之一气"，是"无极"存在。"一气"作为万物生生始极，又是"太极"。"无极而太极"说来自周敦颐，亦是《老子》的"有生于无"思维。在这里，把"天"等同于"道"，与其"道生天"思

想相背。作者以"神"为"道"，而在《老子》言"神得一以灵"，"神"是恒道分化成的一种存在。《易传》言"一阴一阳之谓道"，又云"阴阳不测谓之神"。"不测"之"神"，是气化之"道"的存在质性。"知变化之道者，其知神之所为乎！"（《系辞上》）"变化之道"的"道"，非是本体，其本体为造化自然。与之对应，"神之所为"的"神"也非本体，而是变化的所以然。他又以"虚"与"气"言太极之体、性。"太极之虚为乾坤之性，太极之气为乾坤之体。太极，一也。有动有静，是为阴阳，是为柔刚。乾坤既分，性体斯辨。"（同上书，第390页）"太极"为"虚"与"气"的一体，此从"太虚之气"分化而来。"乾坤既分"之前，是"太极"潜涵乾坤一体，其思维方式上犹如"有物混成，先天地生"。"太极者，太虚也。"（同上页）以"太虚"为"太极"，是以之为至极存在。在解邵雍"气者，神之宅也。体者，气之宅"一文上云："地以体为体而宅气，天以气为体而宅神。太虚无体，神自生焉。"（同上书，第395页）在邵雍看来，"神"以"气"为宅的载体，"气"以"体"为所宅之所。天是一气之化的散态，地是一气之化的聚状。"太虚"超脱聚散二态，本自无体而一气混涵，本自有神故"神自生"。"神"是气化不测之用，而用必是体之用，故"神"必是"无体"自有。张氏认为，虚者非无，而是"至实"："《易》所谓天地絪缊，《老子》所谓绵绵若存，子思所谓喜怒哀乐未发谓之中，孟子所谓诚者"。"虚"者为"气之未聚"，它有"气之用"，而无"气之累"。（同上页）"气之未聚"是"太虚之气"，超脱于气化聚散对待两态。太虚作为"气之本体"，自然生化不测，神妙其用。然之所以能"不测"在于为化"不贰"，不滞于成迹，不以所化为累，化化而不留，正如《老子》所谓的"生而不有"、"功成不居"。

（二）明儒太虚观

王廷相肯定和继承了张载"太虚之气"论，直接以之作为宇宙的本始存在和性之本原，虽将"太虚之气"与"性"贯通一体，然有思想不融贯之处。"道体不可言无，生有有无。天地未判，元气混涵，清虚无间，造化之元机也。有虚即有气，虚不离气，气不离虚，无所始，无所终之妙也。不可知其所至，故曰太极；不可以为象，故曰太虚，非曰阴阳之外有极有虚也。二气感化，群象显设，天地万物所由以生也，非实体乎？是故即其象，可称曰有；及其化，可称曰无，而造化之元机，实未尝泯。"（引自《慎言》，载《王廷相集》第三册，中华书局1989年版，第751页）"生有有无"，是对《老子》"有无一体"思维的运用。与张载一样误以为《老子》之"无"为空无，而非视为"有物混成"之"无"。道体兼有、无，非只是一个"无"，因为作为本始存在样态，"天地万物所由以生"是生生之"有"，而"清虚无间"、"不可以为象"是形体之"无"。它正如《老子》恒道为微妙而至神的体无用有思维。"天地未判，元气混涵"作为造化之机，何尝不是《老子》"有物混成，先天地生"的思维同构？"混涵"者，是"清虚无间"的"混成"，其中"清虚"是"不可为象"的"无形"，"无间"

是"清通"的无有其外。"清虚无间",是太虚无形,犹如"大象无形"。"元气"者,是"造化之元机"的"有物"。"气"与"虚"一体,相互界定,有这样的"混涵"、"无间"一体性,方能成为绝对本体的造化元机。"无所始,无所终",正揭示本源存在的绝对性、永恒性。"元气混涵"者,以其阴阳不分、清虚无象谓之"太虚",以其"二气感化"、造化元机谓之"太极",以其"不可知其所至"谓之"无极","无极而太极"思维,正是《老子》"有物混成"的思维同构。一阴一阳作为造化元机是太极,阴阳不测作为用未尝泯是无极,故曰"非阴阳之外有极有虚"。以《老子》"有物混成"思维言,以其为"天地之始"为太极,以其大全无限为无极;以其为"万物之宗"为太极,以其"用之不竭"为无极。"独立不改"是太极,"周行不殆"是无极。就"太虚"与天地的关系,"有太虚之气而后有天地,有天地而后有气化,有气化而后有牝牡,有牝牡而后有夫妇,有夫妇而后有父子,有父子而后有君臣,有君臣而后名教立焉。是故太虚者,性之本始也;天地者,性之先物也;夫妇父子君臣,性之后物也。"(同上册,第752页)"太虚之气"为"先天地生",是本始绝对存在。从"有天地而后有气化"来看,是阴阳二气絪缊交合、交融。前者本自《老子》思维,后者来自《易传》思维。杂合而为生成结构的三阶段论:先有"太虚之气",继有"天地",然后有"气化"。以"性之本始"为"太虚","天地"为"性之先物",夫妇父子君臣为"性之后物",是性的三阶段论。实则,在《老子》中,天地也是气化产物。在《老子》看来,天、地、神、谷以及万类在"得一"中同时而生。《老子》云"无名,天地之始;有名,万物之母",其中天地、万物不过是以存在物为证验存在揭示恒道存在的"有无一体"质性。对应于这样的三段论生成模式,以"太虚之气"言,应有"元气混涵"、"天地中虚"以及"一气聚散"的三种存在形态。然又以"两仪未判"和"天地万物不越乎气机聚散"为"太虚之气"的两种存在样态,前后思维不符。"两仪未判,太虚固气也;天地既生,中虚亦气也,是天地万物不越乎气机聚散而已。是故太虚无形,气之本体清通而不可为象也;太和絪缊,万物化醇,生生而不容以息也,其性命之本原乎!"(同上册,第758页)天地既是气机聚散的产物,就非是先有天地而后有气化。以"太虚"与"太和"合一,揭示其为"气之本体",来自张载思想,同时是《老子》"有物混成"的"有无一体"。"太虚"侧重从清虚无象立名,"太和"侧重从混涵潜备立称,实则二者一体互摄,同为性命本源。王廷相又认为,"太虚之气"是"冲然元气",为"万形之种皆备于内"的"潜有"。"天地未形,惟有太空,空即太虚,冲然元气。气不离虚,虚不离气,天地日月万形之种,皆备于内,一絪缊萌蘖而万有成质矣。是气也者乃太虚固有之物,无所有而来,无所从而去者。今曰'未见气',是太虚有无气之时矣。又曰'气之始',是气复有所自出矣,其然,岂其然乎?元气之上无物,不可知其所自,故曰太极;不可以象名状,故曰太虚耳。"(引自《雅述上》,同上册,第849页)"冲然元气"本自"冲气以为和"思维结构,不过将之从构成论提升为绝对本体论。"太空"是"太虚之域",是"冲然元气"的存在方

式和属性。"元气"无所有来、无所从去，是"自古固存"。"未见气"、"气之始"，来自《庄子》之说。前者是"两仪未判"的"元气混涵"，并非言"太虚有无气之时"；后者是阴阳絪缊激荡成为造化因子的"一气"。"一絪缊萌蘖而万有成质"，是"元气混涵"分化为万殊气化因子。"天地日月万形之种，皆备于内"，是"无状之状"的潜备。《庄子》既言"通天下一气"，就无"无气"之时。"元气之上无物"，是自本自根；"不可知其所自"，是"不知谁之子"。以其至极为太极，以其不可名状为太虚或"无极"。在"太虚"与"天"之关系上，王廷相认为，"天者，太虚气化之先物也，地不得而并焉。天体成，则气化属之天矣；譬人化生之后，形自相禅也。是故太虚真阳之气感于太虚真阴之气，一化而为日星雷电，一化而为月云雨露，则水火之种具矣。有水火，则蒸结而土生焉。……土则地之道也，故地可以配天，不得以对天，谓天之生之也。有土，则物之生益众，而地之化益大。金木者，水火土之所出，化之最末者也。"（引自《慎言》，同上册，第752页）前言"太虚之气"生天地，是天地一并而生，此言"天"为"太虚气化"的先物，地不得与之并生，出现了两类"天"。一是"一本"之天，包地在其中的"天"；二是《易传》天地并存之"天"，自然形物的"天"。"天"生成有"体"，则"气化"功能就落在"天"上，"天"成为气化本体，接替"太虚之气"成为絪缊气化者。"天"分有"太虚"的真阳、真阴之气，用二气絪缊感化而为万物。这样形成了太虚之气、天的二阶段生生逻辑结构，犹如《老子》的"有物混成"和天地橐龠（宇宙机体）的两种存在样态。"气至而滋息，伸乎合一之妙也；气返而游散，归乎太虚之体也。是故气有聚散，无灭息。"（同上册，第753页）"滋息"是阴阳絪缊交合，故有"合一之妙"。气返游散，是气化之散的状态，在"合一"之中，非是"归乎太虚之体"。"气返而游散，归乎太虚之体"，本自《老子》"复归其根"思维，然它是"有无相生"思维。"根"是有体一体，既是前物的消失，又是后物的孳生。"太虚之体"作为造化元机，通于气至滋息、气返游散两种存在样态，故"无灭息"。若以气返游散为归太虚之体，则将气至滋息视为其外。"太虚之气"作为"元气混涵"的绝对存在，一经落入聚散气化，就非有"太虚"本源存在。正如恒道作为"有物混成"存在，一经生成万物，就只有寓于万物之中的"道通为一"存在。王廷相曾专对《老子》思想进行辨析。"天内外皆气，地中亦气，物虚实皆气，通极上下造化之实体也。是故虚受乎气，非能生气也；理载于气，非能始气也。世儒谓'理能生气'，即老氏道生天地矣；谓理可离气而论，是形性不相待而立，即佛氏以山河大地为病，而别有所谓真性矣，可乎？不可乎？由是，'本然之性超乎形气之外'，'太极为理，而生动静阴阳'，谬幽诬怪之论作矣。"（引自《慎言》，同上册，第753页）"气"无所不在，囊括天地内外、物之虚实，作为"造化之实体"犹如《老子》恒道寓于万物之中为"万物之奥"？以"虚受乎气"就将"虚"作为一种"容器"，认为"虚"与"气"为本始相互"共在"，既与《老子》"有物混成"观念有别，也与其"元气混涵"思想有背。以"虚能生气"为老庄思想，是来自张载以来学

界的误解。"理能生气",是来自朱熹学说,非是《老子》思想。恒道作为绝对存在,应内涵理、气于潜在一体。理可离气,是佛氏之说。"理能生气",秉承邵雍"神能生气"思想。在张载、王廷相思想中,也可看到"神生气"观念的痕迹。"太极为理",是朱熹之说。太极生动静阴阳,是周敦颐之说。虽然皆吸收《老子》思维,然皆未得其正。太虚之气生天地,与道生天地何尝不是思维同构?"虚者气之本,故虚空即气;质者气之成,故天地万物有生。生者,'精气为物',聚也;死者,'游魂为变',归也。归者,返其本之谓也。返本,复入虚空矣。佛氏、老、庄之徒见其然,乃以虚空、返本、无为为义,而欲弃人事之实,缪矣。"(同上册,第808页)"精气为物"、"游魂为变",揭示气化聚散一体的存在质性。聚散同为物化。生、死只是聚散的一种形态,非是全部。返本是聚散相互为本,非是入于虚空,《老子》以"根"言之正是此意。既然无无气之时,则"气散"只是"气聚"的潜在形态,非是虚空空无。此正是《老子》"有无相生"的真谛所在,无非是空无,而是有的潜在。《庄子》以"死"为气之归,是气的散于无形而复于气之聚。姑不论佛氏所宗,老庄何尝欲弃人事?若弃人事,《老子》何以言"修之于身"以至于"修之天下"?王阳明从区别仙家、儒圣和佛氏所言"虚"、"无"不同涵义的角度,提出了圣人之"虚"即"良知"的观念。"良知之虚,便是天之太虚;良知之无,便是太虚之无形。日月风雷民物,凡有貌象声色,皆在太虚无形中发用流行,未尝作得天的障碍。"(引自《传习录下》,载《王阳明全集》第一册,第117页)"良知"即"天",良知之"虚"、"无"即是"天之太虚"、"太虚无形"。良知、天、太虚,同为一本。然以貌象声色皆在太虚无形中发用流行,未尝有所障碍,是将"太虚"视为气散状态的"太虚之域"。实则,貌象声色等是气聚形态的存在,它们所存在的虚无空间只是气散状态的存在,二者一体共存。非是有一个太虚无形的绝对空间任发用流行。太虚气化聚散,在气聚为天地日月等存在的同时,又气散为稀疏空气的虚无作为容纳实物的空间。宇宙空间,只是以气散状态涵容气聚的实物。作为阳明弟子的王畿,对《老子》"虚"论给予了阐发。他认为,"太虚本体",是"未发之中"。"夫未发之中是太虚本体,随处充满,无有内外。发而中节处,即是未发之中。若有在中之中另为本体,与已发相对,则诚二本矣。"(引自《答耿楚侗》,载《王畿集》,凤凰出版社2007年版,第242页)以"太虚"本体为"未发之中",继续将之纳入心性之学的范畴,犹如寂然不动感而遂通的思维。"随处充满,无有内外",是气充塞宇宙的"至实"。未发与已发、中与和是潜在与现实的关系,就如《老子》"有生于无"。秉持"良知"即"太虚"观,王氏指出,"夫识与良知,同出而异名,所争只毫厘。识有分别,知体浑然;识有去来,知体常寂。故曰:'良知如太虚。万变纷纭,隐见于太虚之中,而太虚之体廓然无碍。'其机只在一念入微取证。"(引自《答梅纯甫》,同上书,第319页)以"良知"如"太虚",则"良知"之体"浑然"、"常寂",为绝对本体。知有分别、去来,是相对存在。二者是良知为大全"潜有"与感知为现实"万象"的关系。"隐见"是气化聚散,"万变纷纭";"太

虚之中"是虚无之域，"廓然无碍"。"隐见于太虚之中"，正是以气化寓于空间之中，为气在太虚中存在的思维结构。它与《老子》道散为宇宙机体存在、分化为气散以容受气聚的思维相背。宇宙空间只是万物存在的方式和属性，它随万物生成一并产生，是万物之间的一种关系存在，气散存在者容受气聚实物，包括天清地宁。"入微取证"，正是在"万物得一以生"、"聚为万物"中揭蔽"有物混成"、"元气"的存在。王畿认为，儒、道共有"虚"的观念。"老氏曰'致虚'，又曰'谷神'。谷亦虚也。天地间惟万物，万物成象于天地之间，而无一物能为之碍者，虚故也。……《咸》之'象'曰：'君子以虚受人。'此孔门家法也。而世之学者反以虚之说出于老氏，讳而不敢言，其亦未之思耳。……而虚之为用，大矣。"（引自《虚谷说》，同上书，第497页）《老子》以"谷神"喻恒道，它是"天地根"。"谷神"虽"虚"，然天地从此出，便是至实。以"虚"者无碍，仍保留着"太虚之域"的思维，与《老子》思想有别。在《老子》"天地之间"若橐籥，是天地若大冶的一气生化自然。若以万物"成象于天地之间"，则天地先在为空间，然后万物以成其中，天地在万物之外。"无一物能为之碍"，是形容天地中虚如此，非是绝对本体太虚之气。《老子》以"致虚"观万物之"复"，它是"虚壹而静"。《易传》"以虚受人"，虽用意角度有不同，但在揭示"虚"心为"容乃公"、"大而观"上与《老子》有着相同的寓意。"太虚"为"易之体"。"日月者，易之象也；太虚者，易之体也。清通而无际者，神也；流布而有象者，气也；凝聚而有形者，质也。神散而为气，气敛而为质。易也者，神之变化，气质之所由以运者也。故君子之学，以体易为要，以穷神为机。良知者，虚之灵、神之窍也。良知致，则存变达化、阴阳合德、日月合明，而自无气质偏胜之为患矣。"（引自《变化说示浚士美》，同上书，第505页）以"太虚"说解《易传》，更是开出一片新天地。日月为悬象实物，"悬象著明莫大乎日月"（《系辞上》）。但"易无体"、故为"太虚"。日月之象、太虚之体，共存一体而为宇宙自然。以清通无际为"神"，来自张载说，是宋儒思维不精处，为另立一神物有如道、元气。实则，"清通无际"者为太虚之气。流布有象，是气化以成天象；凝聚为形，是气敛以成地质。以《易》言，"神"是气化之理，非是神物为散。以《老子》思维言，太虚之气散成（分有）两类之气的因子，它是气聚气散的一阴一阳，然以之成就万类品物。气散以为稀疏、空虚，成为气聚实物的存在之所。没有绝对空无的空间，只有空疏、清通的气体充塞。"气质所由以运"者，是太虚之气为造化元机。良知是太虚之气的良能，气化感通的孔窍。体于太虚之气，则与造化为一，与鬼神合德，与日月合明。"譬之太虚之涵万象，风雨云雷倏聚倏散，往来于虚空之中，而太虚之体未尝有所碍也。"（引自《龙溪会语卷六·天山问答》，同上书，第777页）太虚涵万象，实则是气散存在容受气聚之象，气聚气散合一方为无所不包的太虚之气。"万象"往来于虚空之中，是一气聚散于天地之间。风雨云雷"倏聚倏散"，是物化形变态化，通一于一气聚散之化。这里，已见王氏思想的不精处。章潢对张载"太虚"与"太和"关系给予了一体性的解说。"虚空不可描画矣，而虚空

万物之有无，不可以形容其近似乎？彼由太虚有天之名，则太虚即天也，雷风雨雪亦莫非天也。雷风之未动，雨雪之未零，寂然杳然一太虚而已矣。时乎雷之震，风之嘘，雨之润，雪之寒，阴阳各以其时，不其冲然太和矣乎！自雷风雨雪之藏诸寂，谓之为太虚也。太虚本含乎太和之气，谓其本无此雷风雨雪，不可也，何也？及其有也，由太虚而出，非自太虚之外来也。自雷风雨雪之动以时，谓之为太和也。太和即寓于太虚之中，谓其始有此雷风雨雪，不可也。何也？方其无也，未尝不太和，特不可以太和名也。是太虚之中，本自有太和者在，而太和之外，未尝别有太虚者存。太虚太和，名有不同，天则一而已矣，太虚太和亦一而已矣。"（引自《明儒学案·江右王门学案九》，载《黄宗羲全集》第七册，第666-667页）"太虚"无有无形，固然不可描画，然"有无"可近似形容。既然以"太虚即天"，则雷风雨雪莫非是"天"。然其有"寂然杳然"存在之时，它是"气散"之"无"。虽为"太虚"然有冲然太和之妙。从本始存在言，"太虚"的"冲漠无朕"是"无"，"太和之气"是其"潜有"。雷风雨雪是"太和之气"聚为"实有"。"太虚"充塞无间自无外，有外既非至极。"太和"为万物气化至极故无外，有外即非至极。"太和"与"太虚"二者一体互摄，不可言"寓于…之中"，不必言"太虚之中，本自有太和者在"。以"天"为一本言，"太虚"是其清虚"无"，"太和"是其元机"有"，二者统一一体。太虚、太和一体互摄，是绝对本体存在质性，犹如"有物混成"，不可以性的中和言。"喜怒哀乐之未发谓之中，非人之太虚乎？发皆中节，非人之太和乎？太虚之中，朕兆莫窥，而无一不包，无一非天；未发之中，冲漠无朕，而何一不备，何一非性乎？故未发非无也，特不可以有言也。虽由己之所独知也，然默而识之，无形之可睹，无声之可闻，亦廓然太虚而已矣。及一有所感，遇可喜而喜，遇可怒而怒，遇可哀而哀，遇可乐而乐，发虽在我，而一无所与。"（引自《明儒学案·江右王门学案九》，载《黄宗羲全集》第七册，第667页）以喜怒哀乐的"未发之中"为"太虚"，以"发皆中节"为"太和"，非是。二者太虚之气转化为人性的气化形态。前者是"潜有"的虚无，后者是潜在的实现。然若以宇宙之性言，"冲漠无朕"、"朕兆莫窥"和"廓然太虚"，可侧重揭示其为"太虚"的虚无，"无一不包，无一非天"、"何一不备，何一非性"和"一有所感"可侧重揭示其为"太和"的潜有。"太和"与"太虚"是同体而异谓，皆是"性"的赅备。以"中"、"和"为知行言，独知之"中"为无定之"中"，"感而遂通"是无处不"中"、无时不"中"。"一无所与"，是虚无无为，"寂然不动"。如此方能"因物付物"，无所不为。哀乐相生皆是"已发"、"有待"之"有"，已非"盎然太和"。固然，"中"是"和"的"未发"，不可在"中"外求"和"，也不可在"和"外求"中"。明代学者刘宗周以"虚即气"否定"虚生气"说。"或曰：'虚生气。'夫虚即气也，何生之有？吾溯之未始有气之先，亦无往而非气也。当其屈也，自无而之有，有而未始有；及其伸也，自有而之无，无而未始无也。非有非无之间，而即有即无，是谓太虚，又表而尊之曰太极。"（引自《学言中》，载《刘宗周全集》第二册，第407-408

页）在张载看来，"虚即气"，然"屈"、"伸"是气化的两种形态，二者相互转化。"屈"者为"伸"，是自无而有；"伸"者为"屈"，是自有而无。刘子赋予二者以"太虚之气"的本体存在质性。其屈是自无之有，有未始有；其伸是自有之无，无未始无。以《老子》思维言，前者是"道生一"，然后是"有一而未形"；后者是"有生于无"，然后知无者非无。"非有非无"，是有无一体，不执一端；"即有即无"，是有而无、无而有，一体互摄。"惟天太虚，万物皆受铸于虚，故皆有虚体。非虚则无以行气，非虚则无以藏神，非虚则无以通精。即一草一木皆然，而人心为甚。人心，浑然一天体也。"（引自《学言中》，同上册，第410页）万物受铸于虚，"皆有虚体"，是"万物得一以生"的思维。人心"浑然一天体"，是"孔德之容，惟道是从"的思维。"虚"为一本的绝对存在，故非虚无以行气、藏神、通精。虚以行气，是道行万物；虚以藏神，是微妙至神；虚以通精，是通于一气。"人心与太虚同体，不惹纤毫物累。才有物累，四者便循环而起。"（引自《论语学案》，同上书第一册，第397页）人心与"太虚"同体，在《老子》是"同于道"。去四物累，是"子绝四"。"子绝四，首云'毋意'。圣人心存太虚，一疵不存，了无端倪可窥，即就其存主处，亦化而不有，大抵归之神明不测而已。惟毋意，故并无必固我，自意而积成为我，才说得私意，今意云私意，是以念为意也。"（同上册，第423-424页）"心存太虚"，正如体于恒道而"为而不恃"。"化而不有"，犹如"生而不有"；"神明不测"，犹如"独立不改"而"周行不殆"。"无必固我"，则"一无所与"。"以念为意"，是专于己是。"心体浑然至善。以其气而言，谓之虚；以其理而言，谓之无。至虚，故能含万象；至无，故能造万有。而二氏者虚而虚之，无而无之，是以蔽于一身之小而不足以通天下之故，逃于出世之大而不足以返性命之原，则谓之无善也亦宜。"（同上册，第410页）以"浑然至善"为心体，是"太虚至实"。气无定执为虚，理无定中为无，犹如"神无方而《易》无体"思维，在《老子》是微妙而至神思维。"至虚"含"万象"，是张载的"太虚之气"；"至无"造"万有"，是朱熹的"理一分殊"。以佛氏"虚而虚之，无而无之"则可，因为"念念不住"，然以言《老子》则不可。《老子》"致虚极"以为"以天下观天下"，"以道莅天下"，何尝不是"通天下之故"？"归根曰命"、"抱一"，何尝不是"返性命之原"？"修之天下"，何尝是"蔽于一身之小"、"逃于出世之大"？既有"道纪"、"玄德"，何尝为"无善"？就"太虚"之名，刘宗周又指出，"心与理一，则心无形；理与事一，则理无形；事与境一，则事无形；境与时一，则境无形。无形之道至矣乎，吾强而名之，曰'太虚'。"（引自《学言中》，同上册，第425页）以"太虚"为"无形"，是张载的"太虚无形"，类于《老子》"大象无形"的思维模式。太虚涵摄万有，无形涵摄万形。心同"太虚"，则"与理一"。只有"己无所与"，方能"唯义所适"。理同"太虚"，则"与事一"。只有"寂然不动"，方能"感而遂通"。事同"太虚"，则"与境一"。只有"己无与"，方能"事善能"。境同"太虚"，则"与时一"。只有"时中"，方能"动善时"。道家以"无形"为"因"，因循无为则无

所不为。

（三）清儒太虚观

王夫之对"太虚"说也有辨析。"《中庸》一部书，大纲在用上说。即有言体者，亦用之体也。乃至言天，亦言天之用；即言天体，亦天用之体。大率圣贤言天，必不舍用，与后儒所谓'太虚'者不同。若未有用之体，则不可言'诚者天之道'矣。舍此化育流行之外，别问窅窅空空之太虚，虽未尝有妄，而亦无所谓诚。"（引自《四书大全说》，载《船山遗书》第四卷，第 2390 页）"太虚"不可舍用"实"而言体"无"，不可离"诚"而言"太虚"。舍"化育流行"别问窅空太虚，是以"太虚"为空无，非不合《中庸》，亦不合《老子》本旨。恒道以其至用而言无体，微妙以至神求。"道者，天地人物之通理，即所谓太极也。阴阳异撰，而其絪缊于太虚之中，合同而不相悖害，浑沦无间，和之至矣。"（引自《船山遗书》第六卷，第 3641 页）道为"通理"，是"万物总体一太极"。然以阴阳二气为"絪缊于太虚之中"，就将"太虚"视为"容器"式的空间存在。实则，"太虚之气"通过絪缊二气化成万物，非是"虚中有气"。"浑沦无间"，即"元气混涵，清虚无间"。"和之至"，为"太和"。"太虚"和"太和"二者一体。"阴阳异撰"，是二气交融的"冲和"。"虚空者，气之量；气弥沦无涯而希微不形，则人见虚空而不见气。"（同上卷，第 3644 页）以"虚空"为气量，为范围、空间、容积，实则它是气散的存在形态。"弥沦无涯"，即"充塞无间"；"希微不形"，即"太虚无形"。前者犹如"无所不在"，后者犹如"混而为一"。王夫之指出，"老氏以天地如橐龠，动而生风，是虚能于无生有，变幻无穷；而气不鼓动则无，是有限矣，然则孰鼓其橐龠令生气乎？有无混一者，可见谓之有，不可见遂谓之无，其实动静有时而阴阳常在，有无无异也。"（同上页）《老子》以天地如橐龠，是"虚而不屈，动而愈出"。天地万物生于道，是"有生于无"。绝对本体"无"，是"无状之状"，本自无状而万状以其成。虚不屈动愈出，以喻造化元机，正是"万物冲气以为和"。"阴阳常在"，正是不屈愈出的"无灭息"。天地橐龠分有恒道的"势成之"，其"动"是内在鼓动，非需要外在推动。"虚而不屈"，正揭示"天地之间"非一团死寂，而有生机寓于其中，因不穷屈所以见其恒动。"动而愈出"，虽动而不滞，"用之不可既"，犹如聚散无间。以可见、不可见为有、无，正是《老子》"混而为一"的思维。以《老子》的思维言，气化聚散在天地之间犹如橐龠，自然而动，"动静有时"。《老子》云"飘风不终朝，骤雨不终日。孰为此者？天地。"风雨是动静有常，以恒道为本。恒道"周行不殆"，然后成就万物"有无相生"、"动静有常"。静、无只是气散、潜在、不显，非是空无无有。

儒者"太虚之气"观，与《老子》"有物混成"具有思维同构性，它与古希腊亚里士多德的"虚空"观不同。亚氏总结前人思想，归纳"虚空"有两种内涵。一是"虚空被理解为里面什么也没有的空间。"论证的依据是："存在"者皆被理解为"物

体"或"实体",而一切物体都在空间里,以这样来推导,则里面没有任何物体的空间就是空的。"如果能接纳可触知物体的,它就是虚空,否则就不是。"二是认为,"虚空里面没有任何'这个',也就是说没有任何有形实体的地方。"(参见《物理学》,商务印书馆2004年版,第109-110页)按照第一种观点,"空间"是一种"存在",它是与实体相对存在的"空间"。"虚空"相对"实体"而"可容纳"。根据第二种观点,是"绝对空间"。以"太虚之气"言,绝对空间是本源"气"的存在形态或方式,是"太虚之域",存在于万物生成之前。相对空间产生于万物生成之后,是一气聚散之化的相互存在关系,为实体与空疏的一体互摄。无虚无实,无实无虚,虚、实相待而存,占据与容受共在。

　　最后,对本节内容作以简要概述。儒者"太虚即气"观,既吸收了《庄子》"通天下一气"思想,以为宇宙之间无时无处无"气";又吸收了《老子》"有物混成"的思想,以为太虚之气混涵、无形,具有生生不测的功能;且继承了魏晋"太虚之域"观念,以为"太虚"是清通无碍的空间存在。从"有物混成"中,以其"大象无形"开出"太虚无形",以其"万物之宗"开出"造化元机"以其潜有大备开出"万形之种皆备于内",以其无古无今开出无所始、无所终,以其"自本自根"开出无有其外,以其能"周行不殆"开出清通无间,以其转化为"万物之奥"开出天地氤氲气化,以其转化为"冲气以为和"开出"冲然元气",以其为"无物之象"开出"不可为象",以其"混而为一"开出"不可知其至",以其"有无一体"开出无极而太极,以其"道生一"和万物"得一"开出"理一分殊",等等。《庄子》"通天下一气"、魏晋"太虚之域"观,也皆从"有物混成"思维中来。

第三章　恒道之在

　　解析恒道之为恒道，既要知其为"象帝之先"和"有物混成"的存在，还要揭示其分有而寓于万物之中的存在质性。在《老子》思想中，"存在"是恒道一切内涵展开的本体论前提，也是展现和彰显其成遂万物质性的基地，更是彰显其功能、功用实存的居所。揭开其寓于万物的存在性，具体说来是要澄明恒道存在的"泛兮"、"或存"和"无形"质性。这些存在质性揭示出恒道是一个什么样的存在？又有什么特殊的涵义？

第一节　湛然之在

　　《老子》第四章提出一个命题："湛兮，似或存。"这一命题虽简洁明要，但揭示出恒道之作为存在或实在的一种存在样态。它有别于作为"物"的存在者之存在，而具有"或存"的特质。与固定于"一所"、"一域"的"物存在"或"存在者存在"相反，恒道存在是"湛兮"之在，也是"似或存"之在。只有确切把握恒道实存的这一质性，才能揭示出恒道与万物的依存关系，克服恒道与万物相隔的二分思维模式，真正把握恒道寓于万物存在的真谛。

一、文字校解

　　"湛兮，似或存"一文，见于今本《老子》第四章。帛书《老子》甲本缺损"湛兮，似"文，帛书乙本"兮"写作"呵"，"似"写作"佁"。楚简《老子》无此文句，可见是后哲者发展先前文本增撰所成。这一论断富有深刻的涵义，在《老子》思想中占有极重要的地位。

（一）"湛"与"沉"

　　"湛"者，音"沈"，多义。一为"茂盛"。"湛湛露斯"（《诗·小雅》）。毛亨传云："兴也。湛湛，露茂盛貌。"郑玄笺云："兴者，露之在物湛湛然，使物柯叶低垂。"孔颖达疏："露之所沾，必在草木。"（引自《毛诗正义》中册，北京大学出版社1999年版，第622页）"湛"者，不离于物。物得露而低，又引申为重厚貌。"忠湛湛而愿进兮"（《楚辞·九章》）。又言为"深澄"，《增韵》解"湛"为"澄"、"澹"。

"人心譬如盘水，正错而勿动，则湛浊在下而清明在上，则足以见须眉而察理矣。微风过之，湛浊动乎下，清明乱于上，则不可以得大形之正也。"（《荀子·解蔽》）"湛"者，深沉之谓。进而引申为"沉没"。《说文》解"湛"为"没"。古"湛"字写作"沈"或"默"，形与"沉"同。《说文》云："一曰浊默也。""浊默"，即是湛浊、沉浊。古"沉"字，或作"湛"。"载沈载浮"（《诗·小雅》）。沈与浮对文，意谓没于水中。《正韵》解"沉"为"深邃貌"，《集韵》云："湛"为"潭水貌"。"沉"又与"浸"同，《字林》解为"投物水中"。再引申指人性情上的耽沉、沉湎。"惜哉，子之蚤湛于人伪而晚闻大道也。"（《庄子·渔父》）沉湎人间浮伪，是"湛于礼义有间"。"原人之性无邪秽；久湛于物，即易；易而忘其本"（《文子·道原》）。"久湛于物"，是耽迷于物欲。叶适云："论人之性其犹水，水有五易，非水之性，而所以为性则然。按孔子言'性相近，习相远'，亦畏其所以湛之也。而孟子乃谓'水无有不下'犹'性无有不善'，不畏其所以湛而独守其所以下，虽曰有救而言，亦恐未尽也。"（引自《习学记言序目》上册，第228页）"湛之"，为浸染其中。耽沉进一步引申为"乐淫"。"锡尔纯嘏，子孙其湛。其湛曰乐，各奏尔能。"（《诗·小雅》）毛亨传云："湛，乐也。"（引自《毛诗正义》中册，第885页）"夫旱，火变也；湛，水异也。"（《论衡·感虚》）"湛"，同"霪"，久雨。"变复之象，以久雨为湛"（《论衡·明雩》）。"水异"内涵泛滥之意，进而引申为莽而无际。"沉者，莽也，言其平望，莽莽无涯际也。沉泽之无水，斥卤之类也。"（《风俗通·山泽》）归结而言，"湛"本同"沈"字，多用于"沉"，因沉而有深、耽、淫、浸、没、澄和厚等貌。王夫之云："湛"之一字，本训"没"，谓沈没于水中。"从水从甚"，因入水甚则没。借为"湛乐"，"沈溺于乐"。（引自《说文广义》，载《船山遗书》第五卷，第2757页）没于水中，有幽深之象，又借为幽暗不明之深，而非清澈入微之深。"浮屠氏以寂灭为道，欲其没而不欲生，欲其暗而不欲明，故以'湛'言妙。君子极深研几，而称虚明曰'湛朓'，则亦误入于异端而不知也。"（同上页）"湛然"，有深澄之义，不可一概以为异端。

（二）"兮"与"呵"

"呵"者，同"啊"，既作叹词，又作助词，与"兮"义相似。帛书《老子》本多以"呵"为句末语气词，今本改为"兮"。前后义不变。

（三）"似"与"佁"

"佁"者，《集韵》释为"固滞貌"，《说文》解为"痴貌"。痴騃，不灵敏状。"似"者，肖、况之谓。"仿佛而有似"（《贾谊·旱云赋》）。二字音近，"佁"以况"湛"的厚重貌，而"似"以言"或存"义。

（四）"或"与"存"

"或"者，《说文》解为"邦"，本义为邦国。字形从"口"、从"一"、从"戈"。"囗"为一界域，意谓四框之内所有物都为"或"之所有，后遂为"总称"。借为不定

代词，用以"泛指"，与《老子》"泛兮"义同。"季真之莫为，接子之或使"（《庄子·则阳》）。"或使"之"或"，是"莫"字的对文。俞樾曰："莫，无也；或，有也。""或"者，既是"有"，又是不固定的"有"。"或有"，介于具在之有与"无有"之间，与"湛兮"相呼应，揭示恒道普遍存在而非具体存在的意蕴。从此可见《老子》运文之精、用字之妙。

"存"者，篆文从"子"为"初生婴儿"，从"才"为"草木初生"，会意"生存"。既指生机勃勃之蕴，也有以朴不散、本性不离况"全然"、"纯然"的涵义。"百骸、九窍、六藏赅而存焉，吾谁与为亲？"（《庄子·齐物论》）又"初生"有呈现、显露的意蕴。"存，在也，察也。"（《尔雅·释诂》）"在"是存在，"察"是察知。"笾豆之事，则有司存。"（《论语·泰伯》）"自古以固存"（《庄子·大宗师》）。从存在引申为存有、持有。"操则存，舍则亡"（《孟子·告子上》）。"存"与"亡"对。"死生、存亡、穷达、贫富、贤与不肖、毁誉、饥渴、寒暑，是事之变、命之行也。"（《庄子·德充符》）再以"察"言为"告存"。"年八、十月告存"（《礼记·王制》）。孔颖达疏："君每月使人致膳，告问存否。"（引自《礼记正义》上册，上海古籍出版社 2008 年版，第 424 页）进而引申为"恤问"。"致爱则存"（《礼记·祭义》），孝子致其爱亲之心则若亲有存。"存"以行为言，又有存有、保存、保留等涵义。"六合之外，圣人存而不论"（《庄子·齐物论》）。"存而不论"者，是保存原有，而不分判以论说。"当时命而大行乎天下，则反一无迹；不当时命而大穷乎天下，则深根宁极而待：此存身之道也。"（《庄子·缮性》）"存"，是保存、维持。

二、文句解析

下面，分两个断句进行诠释。

（一）"湛兮"

从主要注家之解看，"湛兮"多用以形容恒道存在的不同属性。

一况安静。河上公云："湛然安静"。以"安"解"湛"，亦有其义。戴震云："扬雄方言曰：'湛，安也。'郭璞注：'湛然，安貌。'"（引自《孟子字义疏证》卷上，中华书局 2008 年版，第 2 页）能"安"，故静。王安石云："湛，静也。"因安静而言"沉寂"。刘骥云："湛然常寂，若亡而存"。以安静、沉寂解"湛"，揭示的是自身的存在，与寓于万物存在的"似或存"文义不合。恒道在寓于万物中存在，非是作为存在者的独立存在。

二况长久。河上公云：以"湛"之所得，故"长存不亡"。长存，来自"湛"，则因安静而长久。李荣以"湛然清静而常存"作解，苏辙解为"湛然其常存"。何新认为，"湛，久也。久而长存。"（引自《老子新解》，北京工业大学出版社 2007 年版，第 86 页）"湛"有沉湎、沉溺涵义，故亦可解为"久"。然"久"来自"存"，并非揭

示"存在"的样态。从文义看，"湛"是用以况谓"似或存"的存在性。若以"久"解，则与"似或"的意蕴不符。

三况清澄。吕惠卿云："湛兮者，言乎其清也。"石潭云："湛，澄彻也。"吴澄云："湛，澄寂之意。道之体虚，故其存于此也。"王一清解"湛"为"静而明"。恒道非是具体存在物，不可以清澄解之，若以为是清澄性的存在，就不必言"似或存"。

四况不见。陆希声解为"不可得窥"，林希逸解为"湛然微茫而不可见"。"湛"具有莽然之义，以恒道寓于万物存在而无自体言，固是微妙不可见。奚侗云："道不可见，故云'湛'。"既是"湛兮"存在，则可见其迹象。陈鼓应云："湛，沉，深，形容'道'的隐而未形。"然"隐而未形"，是恒道存在之初，相当于"有物混成"阶段。如此解，则与"似或存"不符。

五况不染。陈景元云："归根则湛然不染"。此解"湛"为沉溺之谓。就恒道存在言，固是不染于物，然后"物物而不物于物"。就本文言，"不染"与"似或存"语义不合。

六况沉潜。薛庸斋云："湛兮，存乎万物之表而不流。""存乎万物之表"，正与《诗》"湛湛露斯"所言的"沾"、"依附"意义合，揭示出恒道寓于万物之中而存在。"不流"，是"不染"之谓。恒道是分有、分化为万物，沉入万物之中，非是存于其表。"不流"，则"物物而不物于物"。

以上解说从不同侧面，揭示了《老子》恒道的某一存在质性。以恒道存在的丰富内涵言，寓于物中，何不沉潜？"道乃久"，何不长久？"独立不改"，何不安静？恒道纯朴，何不澄澈？恒道"不可致诘"，何尝可见？等等，不可胜数。但限于文义，就有一个以何义为佳的取舍问题？当以沉入、寄寓涵义为佳。"湛兮，似或存"与"渊兮，似万物之宗"一文，共同揭示"道冲，而用之或不盈"的存在内涵。"渊兮"以揭示恒道为"象帝之先"的"万物之宗"的本始存在质性，"湛兮"以揭示恒道作为"万物之奥"的"泛兮其可左右"的存在样态。正因"湛兮"的"似或存"，而证验其"渊兮"为"似万物之宗"的存在质性，进而揭示"象帝之先"的存在质性。以《老子》思维言，恒道虽在原初曾作为"先天地生"的"有物混成"存在，但一经"道生一"的"朴散"，就分有而化作万物的"德畜之"，内存于物之中，为"万物得一以生"。就其与现实存在物的关系言，非是独立于存在物以外的高高在上的主宰存在者，否则就与"长而不宰"思维相背。恒道非如作为物的存在者一样存在，相反以"泛兮，其可左右"存在，成为"万物之奥"，寓于万物存在。恒道非是主宰者，非为万物有灵、泛神论式的存在。概言之，恒道作为绝对本体存在，是一个以万物"得一"为证，沉入、寄寓万物之中，内化为万物之德，成为万物之奥，以万物存在为体的存在。"湛兮"作为样态，揭示的正是这样一种存在质性。

（二）"似或存"

无疑，"似或存"与"湛兮"相呼应，相互界定、阐发。归纳各家注解，代表性

的大略有七种解法。

一为长存不亡。河上公云："湛然安静，故能长存不亡"。虽"长存不亡"，与"湛"同"霮"的"久"内涵相合。恒道非是存在物，固然具有"长存不亡"的绝对存在质性。然如此何以言"存"的"似"、"或"？可见其并没有真正揭示出恒道"似或存"的寓意所在。《老子想尔注》以"湛似常存"为文，解云："如此湛然，常常在不亡。"以"常"字取代"或"字，已偏离了文义。湛然常存的是存在物，而湛然或存的方是恒道存在。陆希声云："绵绵乎若存"。绵绵，是"用之不勤"的存在质性，非是"或存"的存在质性。吴澄注："似或存，而非实有一物存于此也。""非实有一物"，正揭示出"或"字的深刻涵义。"或"是不定在，故非是存在物的存在。

二为保持本色。王弼云："锐挫而无损，纷解而不劳，和光而不污其体，同尘而不渝其真，不亦湛兮似或存乎。"此从上下文的贯通上解，然对"挫其锐，解其纷，和其光，同其尘"一文，学界多认为是它章窜入之文。湛然则不污不渝，或存则无损不劳。李约云："用无不同，性无所杂。"湛然则不杂，或存则用无不同。陈景元认为，因为"不染"，故能"寻其妙本杳然而虚，约其施为昭然而实"。恒道妙本为"杳然而虚"是本体为"无"，施为"昭然而实"是本用为实。体无用有，揭示了恒道作为"似或存"存在的本真。

三为有无一体。陈象古云："无中之有，有中之无故也。""有"以言"存"，"无"以言"似"、"或"。恒道虽然固有此类存在质性，然未能明确"湛兮"的意旨，没有揭示出恒道寓于物存在的真谛。李嘉谋云："湛然自住而不住于湛然"。"湛兮"本身是实有而非定在的样态，故不可以"湛然"为定性，言其为"住"或是"不住"。陆农师云："有似乎有而非有，有似乎无而非无"。恒道之"有"，是实有，又是"似乎有"。"有"非定有，故为"似乎有"的不定之有。"非有"，是不定于具在的"有"。恒道无物自体，非定在，无形，故"似乎无"。"非无"，因为万物赖以生存。王一清认为，"若存"者，是"非有非无"。非为定有，故为"非有"；为"万物之宗"，故为"非无"。

四为若亡而存。司马光云："湛然不动，若有若亡。"恒道是绝对存在，虽是"独立不改"，但也是"周行不殆"。道行于万物，则非是"湛然不动"。若以"独立不改"解，则是"为物不贰"，而非是"若有若亡"。王安石云："虽不见迹"，又"似或存"。不见其迹，是无形可见；然可见其功成之迹，因之以揭蔽其存在。正如神因化迹而显一样，道因物而显用。"不见"，只能解"似存"，然"或"者何谓？吕惠卿云："非可以为定存"。非为定存，正是"或"字的意蕴。王雱云："存而定有之，则非道也。似或者，不可定有之谓。"以"似或存"为"不可定有"，正揭示出恒道与物反的存在质性。林希逸注："若存若亡，似有而似无"。"似有"，无物无有，无有道则物不生；"似无"，非为存在物而若"无物"。石潭云："似若虽存而似未尝存也。""存"是定在之有，"或存"是不定之有。"似若虽存"，因物而见。"似未尝存"，非物存在。存亡

一体，正如有无一体的思维结构。

五为见而不见。王一清指出，"若存"者，是"非有非无，恍惚渺漠，不可定见"。以其"周流乎天地之中，无物不有，无所不在，祷之则灵，感之则应"，故不得谓之无；以其"莫能测其端倪，莫能见其踪迹，莫知其所以然"，故不得谓之有。不能定以为无，也不能定以为有，以其"恍惚有象，渺漠难求"，故"自非至人，孰能拟议"。《老子》以为拟议的是"湛兮，似或存"。"似或存"，是"非有非无"，以其本体"恍惚渺漠"为"无物之象"，以其视闻"不可定见"为"混而为一"。以其恒存言，"无物不有，无所不在"，功用神妙，周流贯通；以其恒"无"言，端倪莫测，踪迹莫见，"莫知其所以然"，为"无状之状"。正因"无"而周流泛存。严灵峰以为，"道不可见"故为"湛"。"道若可见"，故为"似或存"。实则，"似或存"本身是可见与不可见的统一。"湛兮，似或存"作为恒道存在质性，既为人所描述、揭示，就是可见。何以见之？从万物芸芸中静观"复归其根"，就可以知"常"进而知恒道之"存"。假物以认知道，是"可见"；恒道非是物，不可视闻和直接感知，又是不可见。

六为居无常所。薛庸斋云："存乎万物之表而不流。庄子曰：物物而不物于物。""表"字，古文既言为外表、表征，如《玉篇》解为"衣外"，也有解为"末"者，如《韵会》释为"杪"、"末"。"存乎万物之表"，既揭示恒道遍在万物之中，以万物为自身之"表"，同时揭示出万物以恒道存在为"奥"，成为自己存在的根本。何谓"流"？"乐胜则流"（《礼记·乐记》）。乐本是"为同"、"敦和"，流则"流湎以忘本"。恒道是"物物而不物于物"。"物物"，从本始生生言是分有以成物，从为"万物之奥"言是化育芸芸万物。恒道在"为物"中见功，即物而在。生生而"不流"，则成物而不落入物化。正因"不流"，方能沉湎于一物，不拘限于一物。若"物于物"，就非是"生而不有"。《老子》以恒道非为具体存在或定限实在，故否定其"居有定所"。

七为体用一体。李道纯云："常应常静。"以体用关系作解，即用即体。"常应"者，如恒道"周行不殆"，物求必应，"万物恃之以生而不辞"。应无不在，用无不存。"常静"者，是寂然不动，功成不居，"物物而不物于物"。憨山德清指出，大道妙用，"变化无方"，而其体则"湛然不动"，故是"用而无迹"。"变化无方"，是"神无方"；"用而无迹"，是"藏诸用"。前者是功用无不在，故恒存；后者是功成不名有，故无名。用而无用，体而无体，故为"似或存"。

恒道以"湛兮"揭蔽其为寓于万物之中的存在，是"在……之中"的存在；以"或存"揭蔽其自身非是存在物那样的定在、固在，而是泛然不定，"周行不殆"的存在。"湛兮似或存"，与"有物混成"，分别揭示出恒道存在的两个不同样态，后者是作为万物本始、本源的存在，它是"象帝之先"、"先天地生"的"无"。前者是作为"万物之奥"的存在，亦是"泛兮其可左右"的寓于万物中的存在。《老子》以"湛兮"否定了恒道外在于万物的可能性。以"或存"否定了作为存在物而定在的可能性。二者皆针对习俗认知言，前者是所谓的高高在上的上天主宰，后者是人所常见、作为

存在物的实在。从《老子》文本其他况恒道之在的语句看，如"泛兮"，"恍惚"等，可知以"居无常所"和"在无定在"来解读"或存"，更能揭示恒道之在的玄妙质性，符合《老子》哲学"玄之又玄"的奥义。恒道因物之在"或存"，但又非定在为一物。恒道"或存"的存在质性，既是"物物"，寓于万物之中，又是"不物于物"，非限制于存在物。"似"者，揭示出可见与不可见的统一。

三、传承发展

对《老子》恒道作为"湛兮似或存"的存在质性，《庄子》既有"物物而不物于物"（《山木》）的论说，又有至道为"无乎逃物"（《知北游》）存在的言论。至道寓于万物存在，以其不脱于物可谓之"湛兮"，以其为"周遍咸"存在可谓之"似或存"。此种玄妙质性，待在诠释"泛兮其可左右"中加以详解。就大道的"似或存"存在质性，《文子》以"无有"解之。"道以无有为体，视之不见其形，听之不闻其声，谓之幽冥"（《上德》）。以"无有"况恒道之体，揭示出恒道存在非是具有、定有，而是无定有之在。有形、有声的定在，为物性之属，显像为认知是"见其形"、"闻其声"。相反，恒道存在是若无而有，虽有而非定有。"山以之高，渊以之深，兽以之走，鸟以之飞，麟以之游。凤以之翔，星历以之行"，"天运地㙟"，"水流而不止"，"风兴云蒸，雷声雨降"（《道原》）等，皆从无物不寓道中证见恒道寓于物的"似或存"。《淮南子》有道载于物的论述。"洞同天地，浑沌为朴，未造而成物，谓之太一。同出于一，所为各异，有鸟、有鱼、有兽，谓之分物。方以类别，物以群分，性命不同，皆形于有。隔而不通，分而为万，莫能及宗，故动而谓之生，死而谓之穷。皆为物矣，非不物而物物者也，物物者亡乎万物之中。"（《诠言训》）万物分有于"太一"，正如"万物得一以生"。物物各异所性，也异所处，"隔而不通"，故成为定存、具在的"分物"。物与物相隔，不能互通，故有生、有死，不能"一条"。物物者通于物，故不离乎物。"物物"者"非物"，是非作为存在物存在的存在。恒道寓于万物之中，以其非定在、泛然而在，是"亡乎万物之中"。"同出于一，所为各异"，是物物者分散为"万一"以成万物。恒道从混成之在、统一之存的"太一"，分析、散殊而成为万物。固然，万物之中就每一个存在物而言皆非恒道，然恒道也非"亡乎万物之中"。恒道作为本始"太一"的存在，分有于万物之中是"道通为一"的存在。在这样一个转化过程中，恒道成物而不居于一物，"生而不有，为而不恃"，功成而弗居。借用萨特在《存在与虚无》中形容"意识之在"的语言来况谓，恒道是"是其所不是"，又"不是其所是"。恒道物物，成其所未成，物物其所未物，生物不穷，化物不息，面向未来无有止境，永远保持"存在化"的创新状态，此是"是其所不是"。同时，恒道又不以生物而有之，不滞于物，不以所生之物为累，功成而不居，永远保持"虚无"的质性，没有"完全已是"的存在之时，此是"是其所不是"。二者合一，是"物物而不物于物"。《老子》用"湛兮似或存"一文，揭示恒道从作为"有物混成"向寄物

于"得一"以存的样态转换，同时通过沉入之深来描摹恒道寓于万物之中的"恍惚"不定之状。恒道之于物的"分有"，"道生之，德畜之，物形之"，是沉入其中、潜藏于中而成为"万物之奥"的过程。恒道这样的存在质性，具有见之于物而又超乎万物的特征。王一清对此有着精当的解说，恒道之为"有"，非是定有，而是"泛兮"存在，"无物不有，无所不在"，从视见上言是"不可定见"。恒道之为"无"，非是空无，而是莫测、无形的存在，寓于万物之中存在。恒道的"湛兮"，是分殊、分与及分有于万物，沉潜于万物之中，以寓于万物揭蔽自己的存在。"似或存"，澄明了本为一体虚无、无状存在的恒道，变为了沉潜于万物，成为不定在、遍有的存在。在后面将会看到，这样的存在样态是有机一体的机体自然，亦是"道通为一"的虚拟实体。

《老子》恒道"似或存"与《易传》"神无方而易无体"思想有"异曲同工"之妙。《易》者，"与天地准"，"范围天地之化而不过，通乎昼夜之道而知"。"无体"者，以揭示《易》的卦爻不定于一所一位，周流旁通；"无方"者，以揭示《易》因其"知周乎万物"，故感而通天下之故。恒道作为寄寓万物之中的"物物而不物于物"，以其功用不拘于成遂一物，故"无方"；以其不"物于物"，不以物为体而旁通万物，故"无体"。二者具有思维上的同构性，同成为中国古代的"大全"思维模式。刘宗周深受《老子》这一思维的影响，揭示了"帝"者"无方之方"、"居无定所"的涵义。"惟帝之出入不可见，而乘万物以出入，有莫知其所以然者，是以谓之神，又谓之妙。神即帝之灵处，而其妙在及物处，却又有合并交致之机默运其间，以见群动只是一原，妙物本之无物。此阴阳之变化所以无方而万物尽归其陶铸者也，则乾坤之功于是尤著矣。"（引自《周易古文钞下》，载《刘宗周全集》第一册，浙江古籍出版社2007年版，第256页）帝者"出入不可见"，类似恒道沉潜于万物、非为定在，"不可道"；"乘物以出入"，犹如恒道"湛兮"沉潜于物，"周行不殆"；"妙在及物处"、"妙物本之无物"，正如"物物而不物于物"；"机默运其间"，类如恒道"似或存"；"群动只是一原"，"万物尽归其陶铸"，正合恒道为"万物之宗"、"万物之奥"的旨意。这里，唯一不同的是，在《老子》谓之为恒道，在刘宗周谓之为"帝"。恒道是万物"一本"和"通一"之名，而"帝"者是造化、运物的统称，二者皆即物而彰显神妙。

最后，对本节内容作以简要概述。"湛兮似或存"思想，与"泛兮"、"恍惚"、"无形"等一样，同在揭示恒道普遍于万物、假于物而存在的质性，四者相互诠释，融贯一体。河上公注"惟恍惟惚"为"道之于万物，独怳忽往来于其无所定"，王弼注为"恍惚无形，不系之叹"。无定、不系，正是"似或存"的寓意。王雱解"似万物之宗"为"道生万物而体未尝离物，自物之散殊而观之，则似为之宗"。"体未尝离物"，澄明了恒道寓于物而不拘于一物的存在质性。"或存"是"泛兮其可左右"、"恍惚"、"无形"的存在样态。《老子》"湛兮似或存"论断，与"万物之宗"、"万物得一以生"、"万物之奥"以及"惟恍惟惚"、"道生之，德畜之"等观念融贯一体，相互

阐释、界定。为"万物之宗"、"道生之，德畜之"是无所不生，为无所不存；为"万物得一以生"、"万物之奥"是寓于物存在，分散于存在物中以存在；"惟恍惟惚"是不定存在，居无定所而又为"周遍咸"的存在。

第二节　恍惚之在

《老子》以恒道为"无状之状，无物之象"的"恍惚"，进一步揭示恒道存在的"在而不定在"、"存而不滞居"的独特质性。"无状之状"，是"大状"；"无物之象"，是"大象"。作为"恍惚"存在，非是虚无无有，而是无所不有的"大有"。"恍惚"者，实有而非为具象，实存而非有形状。恒道虽有而非定有、虽存而非定居，是谓"恍惚"。"恍惚"者，从视觉显像上确证了"似或存"的内涵质性。

一、文字校解

《老子》第十四章云："其上不皦，其下不昧。绳绳兮不可名，复归于无物。是谓无状之状，无物之象，是谓恍惚。随之不见其后，迎之不见其首。"帛书《老子》甲、乙本在此文前有"一者"两字，它是接上文"混而为一"而来。作为过渡词，为后文明确主词、主语。有"一"，方可言其上、其下之分。"皦"字，帛书《老子》甲本写作"亻收"，音"收"，订正后写为"攸"；乙本写为"谬"。"昧"字，帛书甲、乙本均写作"忽"。帛书甲本中"恍惚"缺损，乙本写作"沕望"。帛书本中"兮"写作"呵"，后两"之"字写作"而"，因意义不变，故不予解析。楚简《老子》无此章，可见其为后哲增撰，以进一步揭示恒道的存在质性。

（一）"皦"与"攸"、"谬"

"皦"者，会意字，形"白"表示白光，形"放"表示流动，会光亮闪耀之意。《说文》云："敫，光景流也。"又解"皦"为"玉石之白"。"皦"与"皎"同。"谷则异室，死则同穴，谓予不信，有如皦日。"（《诗·王风》）"皦"者，皎明之谓。"皦"者，又与"攸"同，皆有"流逝"之义。

"攸"者，《说文》解为"行水"。"攸然而逝"（《孟子·万章上》）。赵岐注："攸然，迅走趣水深处也。"（引自《孟子注疏》，上海古籍出版社1990年版，第248页）与"倏"义近，故有"倏忽"一词。"倏"，会犬走急之意。

"谬"者，通"缪"。"绸缪牖户"（《诗·豳风》）。郑玄笺云："绸缪，犹缠绵也"。（引自《毛诗正义》中册，北京大学出版社1999年版，第515页）"圣人达绸缪。"（《庄子·则阳》）解云："绸缪犹缠绵，又云深奥也。""谬"又与"穆"同，有厚、清之义。

通言之，白、亮、清、缠绵等义皆可与"昧"相对而言，若解为"倏忽"，则

"不皦"与后文"随之不见其后，迎之不见其首"意义不合。

（二）"昧"与"忽"

"昧"者，《说文》解为"爽旦明"，又一曰"暗"。"先王昧爽丕显，坐以待旦。"（《尚书·太甲》）孔颖达疏："'昧'是晦冥，'爽'是未明，谓时从夜向晨。《释诂》云：'丕，大也。显，光也。'"（引自《尚书正义》，上海古籍出版社 2007 年版，第 209 页）古有言"昧谷"，为幽谷之称。"昧"字，本义为昏暗，引申为模糊、不明白。

"忽"者，金文、篆文从"勿"，表示云层间射出阳光形，会变幻不定之意。《说文》云："忽，忘也。忽忽不省事也。"《楚辞》以"忽"状"不确定"、"不自觉"貌。"岁忽忽而不反"（《惜誓》）。"忽忽"者，迅疾不觉。"情慌忽以忘归兮"（《九叹》）。"慌忽"者，不能自省。《广韵》解"忽"为"倐忽"。《尔雅·释诂下》释为"尽"。郭璞注："忽然，尽貌。"（引自《尔雅注疏》，第 27 页）又"忽"者为荒空无著。"荒忽兮远望"（《楚辞·九歌》）。"廖廓忽荒兮，与道翱翔。"（《贾谊·服赋》）"荒忽"、"忽荒"者，幽远不定。"与道翱翔"，是周行恣肆。"忽"字本就有心神不定义，后加"忄"旁写作"惚"。与"忘"义近，而"忘"者金文、篆文写作"心上有所亡"，会不记得之意。引申有"忽略"之谓。

杨训乾云："皦"应为"亻收"字，是秦始皇"书同文"（废除一些文字）以前的字体，以后规范为收。"收"与"忽"是两个相对峙的长度单位。他引敦煌千佛洞《算经一卷并序》云："凡度之所起，起于忽。从蚕口中吐蚕丝为一忽。""忽"者，是不可计量之谓。《集韵》云："一蚕为一忽，十忽为一丝。""忽"又有微小、微妙之义。其又引《立成算经》云："三丈为收"。"收"者，也是计量不尽之谓。（引自《惠施十句·老子十字》，四川大学出版社 2008 年版，第 72-74 页）"元元本本，数始于一，产气黄钟，造计秒忽。"（《前汉书·班固叙传》）"秒忽"者，微妙之谓。"道至眇者，无度量。"（《淮南子·齐俗训》）微妙，故不可度量。从文义看，不论是"收"、"攸"，还是"忽"，皆是不可定见、不可识见之谓。若在前面另加一个"不"字，双重否定，则与本义不符。固然，古人有字义反用之说，如以"乱"言"治"义等。后人为更明其义，故以"皦"字改之，以与"昧"对。"忽"字又与"惚"形近义同，容易产生重复、累赘之嫌，故以上下不皦不昧对言以揭示恒道作为"混而为一"之状。《老子》正是通过对物性对待属性的否定，来揭示恒道的泛然不定存在。

（二）"汹"与"惚"

"汹"者，古人或写作"忽"字。"汹穆无穷"（《贾谊·鹏鸟赋》）。"汹穆"者，深远貌。此与"恍"义近似。"恍"，通"怳"字。"临风怳兮浩歌"（《楚辞·九歌》）。朱熹注："失意貌"。

（三）"恍"与"望"

"惚"者，不确定之状。"心怅焉怆焉，惚焉忾焉，心绝志悲而已矣。"（《礼记·

问丧》）王夫之解云："惚，瞀乱也。"（引自《船山遗书》第二卷，第1258页）"瞀"者，目眩，心绪纷乱。"望"者，视远之谓。《释名》云："望，惘也。视远，惘惘也。"因"惘惘"而弗及视见。"瞻望弗及"（《诗·邶风》）。"恍"与"望"二义相通。

"恍惚"，又名"惚怳"。"神心惚怳"（《扬子·法言》）。"惚怳"者，迷惘不定。又与《庄子》"芒芴"义近同。"芒乎芴乎，而无从出乎！芴乎芒乎，而无有象乎！"（《至乐》）又有云："芒乎何之？忽乎何适？"（《天下》）"芒"者，通"恍"；"忽"者，同"惚"。《庄子》正是以"芒乎昧乎"的"未之尽"者，来揭示"其理不竭，其来不蜕"之谓。"未之尽"，是"不可致诘"。从对"芒芴"用法看，它是变化不定、混而未分，同时也有认识上不可穷极之义。与此相类，"恍惚"在于揭示恒道"冲漠难状"的"微妙不测"貌。云其"难状"，云其"不测"，并非虚无无有，而是泛然不拘、不囿于定在之谓。

帛书《老子》甲本又有云："忽呵，其若海；望呵，其若无所止。"乙本"忽"也写作"沕"。恒道之"忽"，若"海"，大海宽阔无垠，看不到边际。恒道之"望"，"无所止"，广大而无边无际，看不到尽止。"翱翔乎忽荒之上"（《淮南子·人间训》）。"忽荒"者，是"无何有之乡"。恒道以其在感官视觉上显现言谓之"恍惚"，以其实际存在样态言就是"荒忽"、"沕望"和"无所止"。

二、文句解析

下面，分句以解读之。

（一）"上不皦"与"下不昧"

在诠释"其上不皦"与"其下不昧"之前，先对主要注家之解进行一下概说。

一以上下分别而不明不暗。河上公云："一在天上不皦"，"一在天下不昧"。"一者"分为天上、天下，一为不明，一为不暗。在《老子》中，"一"为恒道别名，本不可以"天上"、"天下"分，因为分则有别，恒道无有形朕。虽如此，然可通过否定定在的形式揭示之，"不皦"、"不昧"则为"混而为一"，正与"恍惚"涵义相合。李荣云："皦，明也。昧者，暗也。"至道者，"不皦不昧，不可以明暗名；非色非声，不可以视听得"。恒道既是"混而为一"，何以又言"其上不皦，其下不昧"？不能形名、可名，然非不可以强名、以否定可名而名之。恒道虽是上不皦下不昧，然成万物上或皦下或昧。无形生有形，有形的否定为无形。有形与无形相互界定。陆希声云："上有日月齐照而其光不皦，下与瓦砾同寂而其明不昧"。恒道寓于上，则为日月齐照，然"光而不耀"；寓于下，则为无逃于物，然"明道若昧"。"不皦"则涵昧，"不昧"则含明，明昧混一。万物有定形，恒道通于物形。以本始存在言，是"有物混成"；以其泛然不定，则为"道通为一"。吕惠卿云："夫失道者，上见光而下为土，吾得之也，

其上非光也故不皦，其下非土也，故不昧。"此以《庄子》所言作解。"失道"者，以上见光、下为土为执，与其相反，得道者以上非光而不皦、以下非土而不昧。虽寄寓上下，而不执不固。以有无言之，是"惚恍而不皦"。不皦则"疑于无物"，而非"无物"。恍则不昧，不昧则"疑于有物"，而非"有物"。固然，不可以"不皦"为"无物"，亦不可以"不昧"为"有物"，实则是"有无一体"，它是对"不可致诘"的进一步阐说。苏辙云："道虽在上而不皦，虽在下而不昧，不可以形数推也。""以形数推"，是上下、皦昧的分执。李嘉谋指出，"方其未散，混而为一，虽寄于明而不可谓明，故曰其上不皦。虽不可谓明，亦不可谓不明，故曰其下不昧。"恒道以"混而为一"为认知上的存在质性，故明、昧不可定性，而是不皦不昧。

二是无上无下则无皦无昧。李约云："凡物皆上明而下暗，惟道高而无上，故不皦；卑而无下，故不昧。"凡物之性固有上下之别、明暗之分，故形状、形象可见。既然恒道存在与物性相反，必然无定于上下，无分于明暗，故是"混而为一"。"高而无上"、"卑而无下"，是恒道超脱有限而为无限存在，实则是高而无高、卑而无卑。恒道既为绝对存在，就周遍于万物的上下之中。无上下有待，何以超越有限而成为无待？恒道不离万物，故有高卑、明暗之寓。唐玄宗认为，形质之物皆有定方，"在上者则明，在下者则暗"，唯道者"于上非上，在上亦不明。于下非下，在下亦不昧"。"于上非上"，不定于上；"于下非下"，不系于下。在上不明，则或明；在下不昧，则或暗。因"妙本惚恍不可定名"，故既是"在上亦不明，在下亦不昧"，又是"能上能下，能明能暗"。"非天下之至赜，其孰能与于此乎？""能上能下，能明能暗"，是恒道周遍于物，为"通一"周遍的至极思维。"在上亦不明，在下亦不昧"，是恒道不定存于物，为否定定在的无极思维。二者相互界定，共同揭示恒道存在的绝对质性。陈景元认为，形色之物皆有"涯分"，而大道超然出于"九天之表"，故"处阳而不明"；虽存乎"太极之先"，而"不为高"。以使学者体之，"居上与日月齐照，而其光不皦"。大道沉然没于"九地之外"，故"处阴而不暗"；虽流乎"六极之下"，而"不为深"。以使学者体之，"在下与瓦甓同寂，而其明不昧"。这里，超出"九天之表"、高存"太极之先"，是在上无上的无极。沉没"九地之外"、深流"六极之下"，是在下无下的无极。"处阳不明"，则不拘于阳，不恃于明；"与日月齐照"，是明并日月。己不自居其明，方能无所不明。"处阴不暗"，则不蔽于阴，不曲于暗；"与瓦甓同寂"，是与物同寂。己不自执其昧，方能因昧而昧。恒道寓存于宇宙万物之中，因物而有上下、明昧之通。恒道作为绝对存在，既是"与物反"的无极，也是"道通为一"的至极。

三分形上形下以与明暗对。宋徽宗云："形而上者，阴阳不测，幽而难知，兹谓至神，故不皦"；"形而下者，一阴一阳，辨而有数，兹谓至道，故不昧"。以形上、形下分，以阴阳思维为解，是采《易》的思维，将《易》与《老子》"二玄"之学加以贯通。以"阴阳不测"为"至神"，是功用不执、不息。若以"上"为"皦"，则是有

"执"，而非自然。非执于曒，则不滞、不测，神妙莫测，故"幽而难知"。固然，恒道以"微妙"、"至神"而"不可致诘"。"一阴一阳"之为"形而下"者，是形器存在，故"辨而有数"。作为"至道"，道不离阴阳，寄寓阴阳而不测其化，故"一阴一阳之谓道"。"不昧"，亦是不执、不固。若以"下"为"昧"，则是有"执"，而非自然。非执于昧，则是"似或存"，假物以言道，故"辨而有数"。《易》形上、形下是道器关系，《老子》无形、有形是道物关系，二者内涵有别。道器是表里显微、然与所以然的关系，道物是本末先后、分有与通一的关系。

四从体道德性上揭示明暗之持。陈象古指出，"不曒"，谓"道行于己，不自明其功"；"不昧"，谓"道施于物，不可隐蔽于其理"。"不曒"、"不昧"，既是恒道存在质性，就其可为"道纪"、以为德行言就是"玄德"。以"道行于己"的修为言，"不自明其功"是功成而身退；以"道施于物"的"为物"言，不蔽于其理是"以天下观天下"，因物为物。固然，以绝对本体质性言，是"为而不恃"，功遂身退。以辅助万物自然言，是因物付物，曲循于理。恒道"施于物"，是辅助万物自然，故不昧于物理。恒道"行于己"，是不居成功事迹，故不曒于自伐。薛蕙认为，恒道存在以"无物"为"其本"，故"在上不加明，在下不加晦，动而为万物，终则复归于无物"。恒道作为"无物"，自然而然，不为明，不能晦。虽能生成万物而保持于"无物"，永远是"物物而不物于物"。

五以升降前后言不见不无。司马光云："道之升，万物以生而不可见。道之降，万物以息而未尝亡。"道生万物，"惟恍惟惚"，故"不可见"。道寓于物，万物归根，故"未尝亡"。"不曒"、"不昧"，正是"道之为物，惟恍惟惚"的思维内涵。然恒道存在本无升降，只可假言以喻道之两性。王夫之云："未有色声形以前，不可分晰；逮有色声形以后，反而溯之，了然不昧。"恒道既有"道朴无名"的本始存在样态，亦有朴散为物、分有于物的存在样态。前者作为"混一"样态，无有色声形味等物性，"不可致诘"，自是"不可分晰"。色声形味以分，则恒道分化而为万物，假物以反溯其宗本，"能知古始"，故"了然不昧"。

从上下文的"混而为一"、"无物"和"随不见其后，迎不见其首"来看，《老子》以"上不曒"与"下不昧"的"可分"，揭示"不可分"之理，澄明恒道作为"一"者非可以上与下、曒与昧所能"致诘"。同时，假以上与下分，借形物之属，以昭示恒道的"混一"质性。相对曒昧分析的物性，通过"不曒"与"不昧"的否定思维，揭示恒道的"不可道"。何以言"不可致诘"？因分析而言混一，以形物而见其实存。恒道作为绝对本体存在，固然无形状，不可涯分，以其不测不限故不可穷知；然其"有物"、"有精"、"有信"，并非飘忽无有、空无不存，故又是假功存以喻道。今本《老子》作者以曒、昧对分，改易帛书《老子》的"攸"、"谬"，是从存在样态（无状之状、无物之象）的"沕望"，转变为认知况谓上的"恍惚"。这种文字上的改动，赋予了"恍惚"以两种质性：既可从本体存在样态上去把握，"道之为物，惟恍惟惚"；也

可从视觉或认知形象上去把握，"无状之状，无物之象，是谓恍惚"。从这样的思维角度切入，就可理解《老子》帛书本与河上公版本的亲缘关系，正确解读《老子》此章的真正内涵。据此可以大胆推测，《帛书》本所揭示的是恒道的"实存样态"，而非"认知况谓"。河上公本"其上不曒，其下不昧"文，揭示的是恒道的"认知况谓"。二者主旨是一个认知行为的两面，存在与显象，或者说是认知对象与认知映像。两种不同的揭示方式，在《庄子》中有所运用和例证。"至道之精，窈窈冥冥；至道之极，昏昏默默。"（《在宥》）以"至道之精"对"至道之极"，以"窈窈冥冥"对"昏昏默默"，这种对文并非重复使然，而是各从一个侧面阐述至道之性。"精"以言"至道"的本然存在质性，故以"窈冥"况谓。《老子》云："窈兮冥兮，其中有精；其精甚真，其中有信"。"极"以言"至道"的"不可致诘"，故用"昏默"形容。"昏默"是视觉性的用词。前者是太极之"有"，后者是无极之"无"。二者从认知显像与实在样态上，共同揭示了恒道的存在质性。人有执则以道有穷，"彼其物无穷，而人皆以为有终；彼其物无测，而人皆以为有极。得吾道者，上为皇而下为王；失吾道者，上见光而下见土。"以"物无穷"对"人皆以为有终"，以"物无测"对"人皆以为有极"，这两个对文皆在于批驳以存在物或名象认知思维来认知恒道存在质性的现象，并进而澄明道寓于物而无定在的样态。得道者，则上为皇、下为王。皇王者为全，"容乃公，公乃全"。失道者，上见光、下见土，是执于一曲，不谙本始大全。就"上见光"的偏执内涵，《庄子》以一则寓言给予了解说。"光曜"问于"无有"："夫子有乎？其无有乎？"，"无有"弗应。"光曜"不得所问，然熟视其状貌，则"窅然空然"，终日视之而不见，听之而不闻，搏之而不得。"光曜"云："至矣！其孰能至此乎！予能有无矣，而未能无无也；及为无有矣，何从至此哉！"（《知北游》）"上见光"，是"光曜"的虽无形而自恃于"有"，"有'无'"是执，而"无'无'"是自然。就"下见土"的偏执言，"物视其所一而不见其所丧，视丧其足犹遗土"（《德充符》）。"遗土"者，因"视其所一"，则通得失为一。"吾所学者，直土埂耳！"（《田子方》）土埂有状，皆为定有、可道之属。只有"复归于无物"，方能得于大道，知于"不道之道"。

（二）"无状之状，无物之象"与"恍惚"

在解"无状之状，无物之象"的"恍惚"上，历来注家多从有无体用上解前者，而从名实关系上解后者。

1. "无状之状，无物之象"

河上公正确看到，恒道为无状与有状、无物与有物之间的一体玄妙关系。"一"者，"无形状而能为万物作形状"，"无物质而为万物设形象"。无形状、无物质者，作为独立之"一"，能为万物形状、形象的本宗。恒道作为"无形"、"无状"和"无名"者，是"有生于无"的"无"，亦是"万物生于有"的大全"潜有"。作为"无物"的绝对本体存在，是"物物而不物于物"。恒道以能生物、畜物、形物、成物为"物

物"，"道生之，德畜之，物形之，势成之"。然它又非是存在物，以"与物反"而有
"玄德"之性，物物而不物于物。恒道以"无物"为体，以"为万物作形状"、"为万
物设形象"为用，"无状之状，无物之象"是因用以言体。王弼云："欲言无耶，而物
由以成；欲言有耶，而不见其形，故曰无状之状，无物之象也。"从无形状的体中见有
"功成"之用，在用"有"中见其体"无"。在《老子指略》中，他更是大畅其义。
"物之所以生，功之所以成，必生乎无形，由乎无名。无形无名者，万物之宗也。"无
形无名者，是"无形状"、"无物质"者。正因恒道为象"无形"，方能为"品物之宗
主，苞通天地，靡使不经"。"五物之母，不炎不寒，不柔不刚；五教之母，不曒不昧，
不恩不伤。"无曒无昧，则复归其为"万物之母"。成玄英认为，"妙本希夷"，故称
"无状无物"；然"迹能生化"，故云"之状之象"。以《老子》思维言，前者是微妙无
形，后者是神妙莫测。李荣云："超有物而归无物，无物亦无色，视听而契希夷，希夷
还寂，恐迷途之未悟，但执无形，示失路之有归。更开有象无状之状，此乃从体起用，
无物之象，斯为息应还真。息应还真，摄迹归本也。从体起用，自寂之动也。自寂之
动，语其无也，俄然而有。摄迹归本，言其有也，忽尔而无。"恒道之为"无物"，是
"超有物"，即物而非物。虽"无物"、"希夷"，然不可归寂落执，而要以"无状之状，
无物之象"为体，起用从体。寂而感通，是"从体起用"，因用而见有。"息应还真"，
是"摄迹归本"，功成而不有。恒道为"有无一体"，是功成不测，微妙而至神。"有"
与"无"共存而恒在，非是"俄然而有"、"忽尔而无"。李约以"不可名"解"无
状"，以"生于众状"解"之状"。前者言恒道"无名"，后者言恒道为"万物之宗"。
唐玄宗云："妙本混成，本无形质，而万化资禀，品物流形，斯可谓有无状之形状，有
无物之物象"。恒道的"混成"，以本体存在言是"无状之状，无物之象"，它的内涵
是"有无一体"。"本无形质"是"无"，"万化资禀，品物流形"是"有"，体无而用
有，"有生于无"。陈景元解云："于无形状之中，而能造一切形状。于无物象之中，而
能化一切物象。欲言有邪，而不见其形，是即有而无也。欲言无邪，而物由之以成，
是即无而有也。"于无形状中造一切形状，是"无状之状"的意蕴；于无物象中化一切
物象，是"无物之象"的真谛。恒道为"潜有"，然无形可见，故为"即有而无"。恒
道为"无"，然功成万物，故为"即无而有"。苏辙认为，人见其"运而不绝"，则以
为"有物"，不知其"卒归于无"。"运而不绝"，是因于物生物化而见其功用；"卒归
于无"，是"生而不有"，"功成弗居"。恒道微妙，虽无状、无物，然可名为"无物之
象"的"大象"。"大象无形"，即是"无物之象"。范应元云："道不可以状言，而万
状由之而著，故曰无状之状；道不可以象言，而万象由之而见，故曰无物之象。"
"状"、"象"，为物性之属，是感知思维，故不可用以揭示恒道的绝对存在质性。恒道
虽微妙而无形无状，然非是绝对空无，而是"万状由之而著"的至神存在。以其能生
万状，故"无状之状"乃是至状、无限之状。恒道是"大象无形"，其"与物反"，虽
"无物"而"万象由之而见"，故强名为"无物之象"。"无物之象"，是至极的"大

象"。薛蕙云："物以形器而可见，道以虚无而不测。""形器"者，是定在、定有、定状；故可见、可分、可得。恒道非定有、定在、无状，不测其用，故若"虚无"。"虚无"非是"空无"、"寂灭"，而是生众有之"无"，为绝对本体存在的"无"。它无所不有，泛然或存，不可计量，故功用"不测"，万状以之成。印玄散人认为，"无状之状"是"无物而能物物"，故"莫显乎微"；"无象之象"，则"莫见乎隐"。"无物"是造物者或物物者的绝对存在质性"无"，无物能物物犹如无形生有形的"有生于无"。因为体本"无物"，方能神"无方"。同时只有保持"无物"，方能"不物于物"，而不息、不测其生物。无物能物，微妙而至神，故"莫显乎微"；"大象无形"，杳冥而至精，故"莫见乎隐"。憨山德清指出，"无状之状"是"杳冥之内，而至精存焉"；"无象之象"是"恍惚之中，而似有物焉"。至精无形，而万物以生；恒道恍惚，而物物不穷。

《庄子》虽无有对"无状之状，无物之象"的阐述，但也有相类的论说。"泰初有无，无有无名；一之所起，有一而未形。物得以生，谓之德；未形者有分，且然无间，谓之命；留动而生物，物成生理，谓之形；形体保神，各有仪则，谓之性。"（《天地》）从泰初"无有"，到物成"性有"，是无形生有形，以"无状之状"成万状之状。"凡有首有趾无心无耳者众，有形者与无形无状而皆存者尽无。其动，止也；其死，生也；其废，起也。此又非其所以也。"家世父曰："有首有趾，人物之所同也；无心而不能虑事，若鸟兽是也；无耳而不能闻声，若虫鱼是也。其动止，其死生，其废起，一皆天地之化机也。化机之在天地，不穷于物，无形无状。推移动盪天地之中者，皆化机也。"（引自《庄子集释》，中华书局2006年版，第429页）有形者常拘于物迹，而无形无状者为万化之机。机者化物而不化于物，故"不穷于物"。"化机"者即恒道的别名，虽"无形无状"然推移动盪天地万物万状，故为"无状之状，无物之象"。《韩非子》云："人希见生象也，而得死象之骨，案其图以想其生也，故诸人之所以意想者皆谓之'象'也。今道虽不可得闻见，圣人执其见功以处见其形，故曰：'无状之状，无物之象'。"（《解老》）"生象"虽"希见"，然并非不可得其"象"。人可案图死象之骨，以意想其"生象"。恒道也是如此，虽不得闻见，但从其"见功"、"为物"处，索见其"无状之状，无物之象"。《吕氏春秋》云："道也者，视之不见，听之不闻，不可为状。有知不见之见、不闻之闻、无状之状者，则几於知之矣。道也者，至精也，不可为形，不可为名，强为之名，谓之太一。"（《大乐》）"太一"作为"不可为状"、"不可为形"者，是"至精"神妙，故为"无状之状"。《文子》对"无状之状，无物之象"内涵，进行了深入揭示。"道无正而可以为正。譬若山林而可以为材。材不及山林，山林不及云雨，云雨不及阴阳，阴阳不及和，和不及道。道者，所谓无状之状，无物之象也。"（《微明》）恒道虽"无正"，然可"为正"，正如无状生万状，无物能物物。推理所由生者，譬若材、山林、云雨有状，而源自无状的"道"。恒道正因"无物"而为"至微"存在，故能周行于万物，有善利万物之功。"至微无物，故

能周恤"(《自然》)。"至微无物"是"无物之象","周恤"是成遂万物万状。陈献章有以问答形式解"道"与"状"关系的论说,其思维是"无状之状"。

或曰:"道可状乎?"曰:"不可。此理之妙不容言。道至于可言,则已涉乎粗迹矣。""何以知之?"曰:"以吾知之。吾或有得焉,心得而存之,口不可得而言之,比试言之,则已非吾所存矣。故凡有得而可言,皆不足以得言。"曰:"道不可以言状,亦可以物乎?"曰:"不可。物囿于形,道通于物,有目者不得见也。""何以言之?"曰:"天得之为天,地得之为地,人得之为人,状之以天则遗地,状之以地则遗人,物不足状也。"曰:"道终不可状欤?"曰:"有其方则可。举一隅而括其三隅,状道之方也;据一隅而反其三隅,按状之术也。然状道之方非难,按状之术实难。人有不知弹,告之曰:'弦之形如弓,而以竹为之。'使其知弓,则可按也。不知此道之大,告之曰:'道大也,天小也,轩冕金玉又小。'则能按而不惑者鲜矣!故曰'道不可状',为难其人也。"(见于《明儒学案·白沙学案上》,载《黄宗羲全集》第七册,第96页)

"道"若"可言",就入于"粗迹",拘于形器。以认知言,它是拘束于感知现象,而不能达于事物现象背后之妙理。"道"可"心得而存",但不可言以得,落于"言"即已非"吾所存"。心体可存,而言非能尽,故"言者不知"。凡有得、可言者,即以言状表,分畔其体,故不足以尽"大全"之体。物以形拘囿,"道"则不可以"物",它贯通于万物中。凡"状"必是定在、分限之状,"道"者无状而能涵摄万状。目者见"物",非能见"道"。"无状"即"混一",天得一以为天,地得一以为地,人得一以为人,就是以无状成众状。若状可状,则别于它状,必有所"遗",故状以天则遗地,状以地则遗人。凡"物"因有状得以名状,"道"无状故不可名状。"状道之方"非难,因无物无方不是道。"举一隅而括其三隅",正是以"无"摄"有",知"有生于无"。"据一隅而反其三隅"作为"按状之术",是即"有"见"无",知"无状之状"。"实难"在于:人不能"按图索骥",以"一状"按求"无状"。以恒道言,因与物反,故不可以"状"状之,只能反其状为"无状"。

2. "恍惚"

河上公以"忽恍"文为本,"一忽忽恍恍者,若存若亡,不可见之"。"若存若亡",揭示恒道存在的客观实况,非有非无,有无一体。"不可见之",揭示恒道在视闻上的不可感知。王弼以"不可得而定"解,因为若可得而定,则可以致诘,就非是"恍惚"。成玄英虽以禅意的"遣之又遣"思维作解,但正确把握了恒道"恍惚"所蕴含的思维质性。"妙本非有,应迹非无,非有非无,而无而有,有无不定,故言惚恍"。恒道之所以为"玄",正是"有"中涵"无","无"中摄"有",它是"即有即无"。"妙本非有"的思维,可以揭示出恒道存在于"象帝之先",无为无形。"应迹非无",可以揭示出恒道存在的功用"绵绵若存"。"非有非无",可以揭示出恒道存在的不定有而无,虽无而非是空无,虽有而非是定有。"而无而有",可以揭示出恒道存在的有无一体,既是实有又是无形。"有无不定",可以揭示出恒道存在的非定有非空无。李

荣云："忽尔而无，无非定无，恍然而有，有非定有。有无恍惚，无能名焉。""无非定无"，非执于无，落入空无；"有非定有"，不滞于有，落入迹有。有无一体、共在，故为"无能名"的"恍惚"。既是"有无一体"，则不可言"忽尔而无"和"恍然而有"。李约云："恍，有也。惚，无也。"以"惚"为"无"、以"恍"为"有"，非是。"恍"与"惚"，皆是"有无一体"之状，实有而不可名是"恍惚"。唐玄宗云："不可名有，不可名无，无有难名，故谓之恍惚"。可名的是或有或无，它为物性。与此相反，就是"无有难名"的"恍惚"。妙本混成，"有无一体"，故"不可名之为有，亦不可格之于无"。虽有然有中涵无，故不可名为"有"；虽无而无中摄有，故不可称以"无"。陈景元云："有无不定，是谓恍惚。惚，无也，言无而非无；恍，有也，言有而非有。"恒道固是有而无形，无而有功，有无一体，即有而无，因无而有。吕惠卿以"惚"为"不皦"，以"恍"为"不昧"，也非是。王雱云："有而不可见。有而不可得。忽者，有之疑于无。恍者，无之疑于有。道之为物，非有非无，不可定名。""有"不可见、得，故不可道。非"有"、非"无"，故不可定名。"恍"和"惚"皆是有无相涵。"有之疑于无"，是"似或存"；"无之疑于有"，是"似万物之宗"。李嘉谋云："恍惚者，出入变化不主，故曰常之谓也。"恒道以"无状之状，无物之象"为体，故它是恒道存在之"常"。以其"出入变化不主"，又是"生而不有，为而不恃，长而不宰"的"玄德"之常。"玄德"，何尝不是"有无一体"的"恍惚"存在？范应元借用《庄子》"芴芒"作喻，"道不可以有无言，是谓芴芒。芴则于芴非无；芒则于有非有"。在《庄子》中非以芒、芴分言有、无，"芒乎芴乎，而无从出乎！芴乎芒乎，而无有象乎！"（《至乐》）以芒芴一体言，是"杂乎芒芴之间"。"芒芴之间"，就是"无从出"、"无有象"的"恍惚"。虽亦可分言，"芒乎何之？忽乎何适？"（《天下》）虽以"芒"、"忽"分言，然"何之"与"何适"同谓，可见二者义近。"芒忽"者，是"寂漠无形，变化无常"。郭象认为，观《庄子》一书，"超然自以为己当，经崑仑，涉太虚，而游惚恍之庭"。"惚恍之庭"，就是"无何有之乡"。奚侗认为，"恍惚"与"仿佛"同谓，是所见不能审谛。

《文子》有以"忽恍"揭示道性之论。"忽兮恍兮，不可为象兮。恍兮忽兮，用不诎兮。"（《道原》）可"象"、用"诎"，是物性。"忽恍"者，不定、不穷之谓，故为道性。"不可为象"是"无状"、"无物"，"用不诎"是以"无状"为万状、以"无物"成其"物物"。"立天下之道，执一以为保。反本无为，虚静无有，忽恍无际，远无所止。视之无形，听之无声，是谓大道之经。"（《自然》）"忽恍"者"无际"，是"远无所止"的无限存在，同时作为"大道之经"，又是功用至神的绝对存在。"无际"者无形无状，无为无有；"忽恍"者，为"无际"存在，故是"无状之状"。"恍惚"与"无状之状，无物之象"融贯一体。

（三）"随之不见其后，迎之不见其首"

同上下、曒昧对文一样，《老子》又以随与迎、后与首对文，揭示恒道的"不定"

存在质性。河上公认为，一者，以其"无端末"，故"不可预待"；以其"无影迹"，故"不可得而看"。所谓的"一"者，是"混一"的"无状"、"无物"，故无端末、影迹之分。分而别之，是可道之道，就非是恒道。"预待"者，相待之属。以绝对本体存在言，恒道固是"不可预待"，然以为"道纪"之用则可以"预待"。恒道之体，固然无形状可见，但以其所生物状，而可见其功用。李荣云："有也，有前可接；无也，无后可追。迎之不见，非有；随之不见，非无。"前接、后追，则有待。恒道是非有非无，故不可分别得执。无首无后，方为绝对存在。李约认为，恒道是"无来时"，也"无去日"。就绝对存在质性言，恒道固是无始无终，无古无今。唐玄宗云："无始，故迎之不见其首。无终，故随之不见其后。"以《老子》思维言，迎不见首则首无有定，随不见后则后非定执。恒道非是不可迎随，亦非无有首后。正如"无状之状"的思维一样，其"首"是"无首之首"，成物无不是首；其"后"是"无后之后"，寓物无不是后。恒道本自无首，故首不可迎；本自无后，故后不可随。作为恒道"不可道"中的"可道"，每一个"可道"何尝不能迎随？陆希声云："莫知其始，故迎之不见其首。莫知其终，故随之不见其后。"若"莫知其始"，则何以言"能知古始"？《老子》也以迎不见首、随不见后，揭示出恒道寓于万物的无不是首、无不是后，因事物时变而为"首"、"后"。陈景元云："道先乎天地，长于上古，湛然何来，莫知其始，故迎之不见其首。而又终古不息，后乎亿劫，寂而常存，莫知其终，故随之不见其后"。以恒道超越时间性言，固是如此。然恒道的无时间性又必须在万物的时间性上见显。正因"不古不今"，而能古能今。"无前无后"，成物可前可后。王雱云："物有定体，乃分前后，道既无形，孰为首尾？此言道之运用，故可迎随。虽曰迎随，而迎随在物，道未尝异。""道之运用"，是在为物、成物中迎随，然后见有终始、首尾。"迎随在物"，因物而成其首尾；"道未尝异"，是"道通为一"，无有固执。苏辙云："道无所不在，故无前后可见。""无前后可见"，是恒道无有定前，无有定后，正如"中"无有定体。无定体，故不见。曹道冲云："周流无端，故无首尾。""周流"者，无所不行；"无端"者，不测其用。若有首尾，则用者有方，而非为"无方之方"。迎随有执，则不能"事善能，动善时"。印玄散人指出，"其来无始，迎之不见其首也，何分于古？其去无终，随之不见其后也，何分于今？""来无始"，则迎无定首；"去无终"，则随无定后。若无始无后是空无无有，则何分于古、今，何以言"自古及今"、贯通古今？从无极上言，恒道是无始无后，无定始、后；从至极上言，恒道是通于始后，涵摄万殊始、后。

最后，对本节内容作以简要概述。《老子》以"恍惚"之名，以"迎之不见其首，随之不见其后"的妙旨，揭示恒道非为"定在"而又"无所不在"的存在质性。这可从两个方面进行揭示，一是视域上的"不定"、"不测"，二是实存上的"潜有"或"无"。前者是非有非无，"恍惚"、"混而为一"；后者是"有无一体"，"无"为潜有，"有"非定有。有迎有随以见道用万殊之"有"，无首无后以见道体无状之"无"。恒

道作为"无状之状"的存在，是非曒非昧而能曒能昧、非首非后而能首能后的"泛兮其可左右"存在，又是"不可得"、"不可执"以及"有不具有"、"无而遍有"的存在。"恍惚"与"大象无形"、"道朴无名"、"大道不称"、"不可致诘"、"惟恍惟惚"、"绳绳兮不可名"以及"微妙玄通"、"道大似不肖"等思想融贯互释，共同揭示恒道"不可道"而"无物非道"的玄奥内涵。

第三节　无形之在

《老子》提出"大象无形"观念，它与上节所诠释的"无状之状、无物之象，是谓恍惚"思想具有"异曲同工"之妙。"大象无形"与"物形之"观念一起，共同揭示了恒道与物在"形"上的本质区别，澄明了恒道无形与万物有形之间关系的深刻内涵，奠定了道家宇宙论的哲学基础。此与《易》道器关系一样，成为了认知思维层次提升的标志。

一、文字校解

《老子》第四十一章云："大象无形"。帛书《老子》甲、乙本"大"写作"天"，乙本"形"写为"刑"。楚简《老子》写作"天象亡形"。从楚简、帛书与今本《老子》不同版本的文字差别看，其中"亡"与"无"、"形"与"刑"字义相同，主要差别在于：一写作"天象"，一写为"大象"。这可能并非抄写之误，而是认知思维发展使然。固然，楚简《老子》有"天大、地大、道大"之文，另有"设大象"之论，然仍保留着古代以"天"为至上的历史痕迹。"天象"，形象具体，更符合当时以"天"为至尊的思维模式。不过楚简《老子》针对"天象"之"形象"，提出了"无形"的反说，赋予其"象帝之先"的涵义。后哲者改为"大象"，是向抽象思维的过渡和发展，使之与高于"天"的恒道相符，亦与"执大象"文相呼应和融贯。此一文字的改变，蕴含着丰富的涵义，表明"大象"观念已走到了超越"象"的层面，成为了绝对本体存在的代名词或思维范畴。

"象"者，本作为存在物的形象，以及对人类感官所显现的一种视觉表象或"镜像"。这里所用的"镜像"概念，来自美国哲学家理查德·罗蒂的思想。在《哲学和自然之镜》一书中，他将西方知识论传统认作是镜像文化，对知识的执著信仰。在中国古代文献中，《易传》就有相类的思维趣向，"易与天地准"（《系辞上》）。"象"以见道，表征万物万事之理。"见乃谓之象，形乃谓之器"（《系辞上》）。有"见"方有"象"，有"形"方可为器物。在"见"中，既有事物客观存在的形象和表象，也有为认知感官视觉所显像的摹象、映像。从感性思维看，"大象"非是物象，而是"无物之象"。因其"无形"，就不可以"形"观，不能产生相应的指示摹象、映像。人类受感知形象思维限制，往往执著于物象，不能认知"无形"的"大象"，或者说思考超越

物象的绝对本体存在。但随着人类从形象思维向抽象思维的发展，对"大象"作为无形存在的认知，便体现在《老子》思想之中。《老子》确信恒道实存为"大象"，并赋予其"无形"的存在内涵。"大象"并非空无无"象"，作为"无物之象"亦是一种存在之象，不过这个"大象"需因"物象"揭蔽其存在。

二、文句解析

"大象无形"观念，既来自对恒道作为绝对本体存在的揭示，亦是对其作为主观认知况谓的澄明，它既可从认知显像上来诠释，也可从客观实在上进行阐发。概括注家对"大象无形"的解说，可分类于以下几个思维角度。

（一）本体存在

严遵以"大状无容"作解，"大状"为"大象"，揭示"大象"的不可状性，大状无状。此一思维来自《老子》的"无状之状、无物之象"。正因为"大状"无定容，故为能形著万状的"无状"。就"大状无容"的内涵，他进而指出，"进而万物存，退而万物丧，天地与之俯仰，阴阳与之屈伸，劲之象之若影随形"。"大状"无体，以万物存丧、天地俯仰、阴阳屈伸等为体，以万物之状揭蔽本己质性的"无状之状"。王弼从对恒道存在质性的解析入手，认为"有形则有分，有分者不温则炎，不炎则寒"，故"象而形者非大象"。之所以如此，在于"象而形"者偏于一曲、居于一方、执于一性，而不能达至整全、遍在的存在质性。这里，或温或凉、或宫或商，是物形物象，而不温不凉，不宫不商是"大象"的"无形"存在质性。有限的否定，就是无限。李荣云："虚无罗于有象，故言大象。大象无象，故曰无形。""大象无象"，与"无状之状"是同一思维，虽为"无象"然万象以之成，故为"大象"。从恒道作为本始存在言，"虚无罗于有象"是"有物混成"的潜在大全。从寓于万物存在言，它是"道通为一"的"周遍咸"存在。无形者生有形，大象者成万象，同于"有生于无"。唐玄宗认为，"大象"之为"大"，在于能"应万类"。涉形器者"滞于一方"，唯大象之道是"本无形质，随感而应，能状众形"。器有形质，有畛故滞于一方。"大象"者是"无物之象"，然能"状众形"，故不可限定于形、局限于状。"随感而应"，来自空谷响应，偏离《老子》意旨。"不言而善应"，方是本旨。陆希声云："事无事，莫睹其用，斯大象无形也。"以道用而言，其"用之不可既"，功用不测，"神无方"，故"莫睹其用"；"事无事"，是"事善能"，无为而无不为，无形而无所不形。体无体、用无方，正是"大象无形"的深刻意蕴。体用一体，也是"无状之状"的思维结构。杜光庭以"大象"为"道"，认为"道非象"，故"抟之则微，岂善清浮为天，浊厚为地，大为日月，小为星辰，而昭昭可见乎？必在乎反视内明，含光中朗，然后见非色之色，睹无形之形"。大道"惟大象，寂寥无形"，然后能"成生众形，彫刻万象"，故"万象生化，在大象之中"。固然，恒道之象微妙，非为物象，不以昭昭见。因为昭昭者，

生于窈冥。"反视内明"，是"玄览"。"非色之色"、"无形之形"，是"无状之状"的思维结构。恒道作为"大象"存在，以体言是"寂寥无形"，以用言是"彫刻万象"，以能言是"成生众形"，以万象生化皆在大象之中谓之"道之为物，惟恍惟惚"。王雱云："能赋万物之形，而其体常廓然不可得而有，此道之全体，由其有物，故曰大象。"恒道作为"大象"是"全体"存在，而"廓然不可得而有"又是"无形"存在。本始存在样态是"有物混成"，以"物形之"赋行生天生地以至于万物；寓于万物样态是"道通为一"，涵摄一切生成化育之功。二者皆以"赋万物之形"的功用揭蔽、显现其作为"无形"的绝对存在质性。范应元云："大道无象，而众象由是而见，乃象之大者"。"众象"因"无象"而生化，"大象"因"众象"而显见。大象"无象"，方是绝对本体存在。薛蕙云："大象，众象之宗，反杳冥而无形也。""大象"为"众象之宗"，正是恒道为"万物之宗"。有形者有限，对有限的否定是杳冥无形的无限。

　　以"无形"者为绝对本体存在，虽"无形"而功成万形，故又是"至神"的存在。《庄子》继承发展了这一思想。"道有情有信，无为无形"（《大宗师》）。"有情有信"，是大道的用"有"，为功成之验。"无为无形"者，是道体的"无"。前者体现在"神鬼神帝，生天生地"以及"覆载天地、刻雕众形"中。后者是前者的所以然，具有涵摄、陶冶万形的"潜能"。从存在质性言，"大象无形"是"至精无形"（《秋水》）。"至精"超乎精粗之对，脱乎形物之属。作为"无形"者，是"数之所不能分"、"不期精粗"的无待存在。"无形"作为绝对本体，是有形存在者的宗本。"然察其始而本无生；非徒无生也，而本无形；非徒无形也，而本无气。杂乎芒芴之间，变而有气，气变而有形，形变而有生。"（《至乐》）有形生于无形，有气有形来自无气无形。形是气之形，无形是气的"混涵"状态。"气变而有形"是"有伦"存在，而"有伦生于无形"（《知北游》）。作为绝对本体存在的"无形"者，又是"无有"。"入出而无见其形，是谓天门。天门者，无有也。万物出乎无有。"（《庚桑楚》）生死出入，皆是物化。"天门"无形，故能化物。物物者无物，成有者无有。"无物"方能为万物之宗，"无有"方能为众有之门。"无物"者，虽非器物，然是"大物"；"无有"者，虽非定有，然是"潜有"。《韩非子》继有言道为"大象无形"存在。"道者，弘大而无形"（《扬权》）。因"弘大"而"无形"，然"无形"者非是形之大，而是"形之不形"、"不形之形"。无形至大，非离物而为大，而是在万殊不同的"通一同情"中展现其大。"凡道之情，不制不形，柔弱随时，与理相应。"（《解老》）道本无形，即生物成形，又通一无形。"大制不割"，不制则不形。随时则无定形，"与理相应"则理一万殊。理无定常，因物殊理，因时异理，故无不适宜。在新出土的《黄帝四经》中，提出了"无形者，有形之始"（《经法·道原篇》）的重要论断。《吕氏春秋》提出，"天无形而万物以成，至精无象而万物以化"（《君守》）。虽仍保留"天"为至高存在的传统，然与"至精"同谓。"无形而万物以成"、"无象而万物以化"的思想，是"无形而有形以生"的思想，恒道为"无状之状"、"大象无形"思维。《文子》在

诠释《老子》"大象无形"思想上，坚持以"无形"为本、"有形"为末，并对二者间的相对关系进行了深入阐发。道者，"高不可极，深不可测，苞裹天地，禀受无形"（《道原》）。恒道"无形"，体现在"高不可极，深不可测"中，它既是"窈兮冥兮"，亦是"应化无形"。前者是不可视见，后者是功用不测。以本体言，"无形者，一之谓也。""一"是相对有形分化而言的"混一"。"混一"的分化，就是有形的生成。绝对本体存在，正因"无形"故"有形"以之生，所以说无形者为"物之太祖"，是"万物之宗"、"天地之母"。在无形与有形的关系上，"无形大，有形小；无形多，有形少；无形强，有形弱；无形实，有形虚。有形者，遂事也。无形者，作始也。遂事者，成器也。作始者，朴也。"（《道原》）这里的大与小、多与少、强与弱、实与虚，非是相待的对反关系，而是涵摄、生成关系。"无形"是大全的"太一"，故为"作始"之"朴"。"朴"者整全不分，潜在无形，故道家多以之况"道"的存在质性。"朴至大者无形状，道至大者无度量。"（《自然》）"道"与"朴"二者同谓而异名。"有形"者作为"遂器"的存在，是分有"无形"绝对本体的品殊存在。"无形"者分有散殊于"有形"之中，故大是至大，强是至强，实是至实。一言而概之，是"有形产于无形"。以功用言，"无为"者无形，"大道无为。无为即无有，无有者，不居也。不居者即处无形。无形者不动，不动者，无言也。无言者，即静而无声。"（《精诚》）恒道"无为"，不拘于一为，功为不居，功成不测，故为"至神"。恒道"无有"，不滞于一有，而无所不有。"无形"者不动，而造化于万化。若其可动，则非"独立不改"。"无言"者，不限于有言，而是无化不为言。"道之为宗"，因为"有形者皆生"（《符言》）。"无形"者微妙，而有至神之功。"至微无形，天地之始。万物同于道而殊形，至微无物，故能周恤。"（《自然》）"至微"者为"无物之象"，故"无形"。然正因为其"无形"、"无物"，方为"至神"存在，可为"天地之始"，能"周恤"万物。天地之性，禀于大道。"天圆而无端，故不得观其形；地方而无涯，故莫窥其门。天化遂，无形状，地生长，无计量。夫物有胜，唯道无胜。所以无胜者，以其无常形势也。"天地的无端、无涯、无门、无量，是体用上的"无形"，它们皆来自大道的"无朕"。恒道"无常形势"，故能使天化遂而无形状，地生长而无计量。《淮南子》虽言"无形"多与《文子》同，但亦有思想上的拓展。"陶冶万物，终始无形。"（《原道训》）"陶冶万物"，是功用不测，无为无形。终而无形，是"生而不有"的"复归于无物"。始于无形，是"生物不测"的"有生于无"。以本始存在言，是"古未有天地之时，惟象无形。"（《精神训》）"惟象无形"，是"象帝之先"、"有物混成"的"大象无形"。"无形"者作为至大，能包容天地有形最大。"能包天地，曰唯无形者也。"（《缪称训》）惟"无形"者能涵摄万形，故"大道无形"（《诠言训》）。在道与物关系上，一个本质区别是"有朕"还是"无朕"。"凡物有朕，唯道无朕。所以无朕者，以其无常形势也。轮转而无穷，象日月之运行，若春秋有代谢，若日月有昼夜，终而复始，明而复晦，莫能得其纪。制刑而无刑，故功可成；物物而不物，故胜而不屈。"

（《兵略训》）朕者，形迹、朕兆之谓。"刑"者，同"形"。"无朕"，即无形。恒道因"无常形势"而名"无朕"，它是"制刑而无刑"。"制刑"者成形于众形。"物物"者成物于万物。恒道"无朕"，方能朕于物。"无常形势"，方能为物"势成之"。王弼在《老子指略》中指出，"可道之盛，未足以官天地；有形之极，未足以俯万物。""可道"者，有形之属，即使至极未足以"官天地"、"俯万物"。物生功成必生乎"无形"，因"无形"者为"万物之宗"。正因"为象也则无形"，故能为"品物之宗主"。恒道以"无形"为本，然有生成万物，为"品物之宗主"、"无所不经"的大用，故强名为"大象"。"品物之宗主"，是从万形存在的"源"上，揭示恒道作为绝对本体存在的"大象无形"，它是"有物混成"的"无形"；"无所不经"，是从通行于万物的"周遍咸"上，揭示恒道作为"万物之奥"的"大象无形"，它是"道通为一"的"无形"。

（二）认知况谓

王弼认为，"无形"者在感知上是不可听闻，不可视彰，不可体知，不可味尝。它是"不可致诘"，故"混而为一"。鬼谷子云：道者，"先天地而成，莫见其形，莫知其名，谓之神灵。"（《本阴符经·盛神法五龙》）莫见形、莫知名，是不可感知。"神灵"，无疑是大道的别名。吕惠卿以"大象无形"为"视之不可见"，叶梦得解为"不使得以见"，林希逸解为"天地之形谁得而尽见之"。它们皆从视觉官能的局限角度，揭示恒道"无形"的不可直接视见性。何以知其为"大象"？苏辙给予了解说，"大象无形"虽非是"目之所得见"，然"道之所寓，无所不见"。恒道作为"大象"存在本身，固然不为目所见，然可以其所寓之物，假以功成之物，揭蔽其存在。无物无道，即物见道，然不可以物为道。因物无所不见，以揭蔽其见之所不见者、然之所以然者。林志坚认为，"大象无形"，是《老子》所说的"视之不见名曰夷"。"大象无形"，是"不可致诘"的"混而为一"，非只是"夷"。恒道之为绝对本体存在，正因其不可道，不可视闻得，不可以穷尽，我们认知的皆是现有可道之道。无疑它对以"绝对知识"、"绝对真理"自居的"自以为是"打了一支"清醒剂"。告诫人们在"知"上，永远不要以为"全知"，不要拘执于"已知"，而要对"知"保持无限开放的态度，以"知不知"向着"大知"、"道观"的无限认知真理拓展、延伸。

《庄子》继承《老子》对大道不可视闻的观念给予了进一步的阐发。"视之无形，听之无声，于人之论者，谓之冥冥，所以论道而非道也。"（《知北游》）"冥冥"者，无有形畛，无有形声可为视听。有形声的昭昭者，生于冥冥。可论之道，非是恒道。以形声分别可言之道，非是恒道。论者有不论，正如辩者有不辩。因为"道昭而不道，言辩而不及"，故"大道不称，大辩不言"（《齐物论》）。无形不可形名，无有不可指称。以为"天乐"，是"听之不闻其声，视之不见其形，充满天地，苞裹六极"（《天运》）。无形不可见，方能为"天乐"。《文子》继以言之。因其听不闻声，视不见形，

故"无形而有形生"（《道原》）。大道作为"无形无声"者，是微妙至神的存在。"无形者，视之不见，听之不闻，是谓微妙，是谓至神"（《精诚》）。"无形"者，以其"不可致诘"为"微妙"，以其神化不测为"至神"。"道以无有为体，视之不见其形，听之不闻其声，谓之幽冥。幽冥者，所以论道而非道也。"（《上德》）"无有"者"无形"，在感知上是"视之不见其形，听之不闻其声"的"幽冥"。可论之道，是可道之道。"幽冥"又是"大道之经"，"视之无形，听之无声，是谓大道之经。"（《自然》）作为"无形"的至大存在，可通过对直接感知映像的否定，而揭示其不可感知的无限存在质性。恒道虽不可感知，但并非不可以得知。在《老子》的思维中，"以道观之"是"以身观身，以家观家，以乡观乡，以邦观邦，以天下观天下"的"玄览"、"静观"。《庄子》提出了"知通为一"的"莫若以明"（《齐物论》），以及与"以物观之"、"以俗观之"、"以差观之"、"以功观之"和"以趣观之"相反的"以道观之"（《秋水》）。《淮南子》提出要通过超越感官限制，以体知大道。以形观者，不可以知"大象"。"察一曲者，不可与言化；审一时者，不可与言大"（《缪称训》）。"其见不远者，不可与语大；其智不闳者，不可与论至"（《齐俗训》）。"见远"、"智闳"思维，是"语大"、"论至"的前提。"至"、"大"者，是"无形"的"道观"。"天道玄默，无容无则，大不可极，深不可测，常与人化，知不能得。"（《主术训》）天道以"玄默"而无声，故不可闻；以"无容"而无状，故不可见；以"无则"而无纪，故不可法。以"大"言则无界，故不可极；以"深"言则无量，故不可测；以"化"言则在身，故不可离；以"知"言则无搏，故不能得。"知不能得"的"知"，是感官的感知，非是静观之知。王弼在《论语释疑》中解"志于道"提出了"道不可体"思维，"道者，无之称也，无不通也，无不由也。况之曰道，寂然无体，不可为象。是道不可体，故但志慕而已。"（引自《魏晋全书》第二册，吉林文史出版社2006年版，第87页）以"无"称"道"，是以"无形"揭示恒道存在质性，非是空无无有。"道不可体"，就是"大象无形"的内涵。相对可形可象者言，它是"无不通"、"无不由"，故不可感知于"具体"。张载云："凡不形以上者，皆谓之道，惟是有无相接与形不形处，知之为难。"（引自《横渠易说》，齐鲁书社2004年版，第173页）"形不形"者，是"无形"或"形而上"者。以其不可直接感知，故言"知之为难"。"有无相接"，是有无一体；"形不形"，是不形之形、形之不形。二者皆是"大象无形"的思维，"大象"是"有"为"至极"，"无形"是"无"为"无极"。

（三）人生境界

河上公云："大法象之人，质朴无形容。"从"大法象之人"的角度进行解说，虽偏离了揭示恒道存在质性的方向，然在《老子》中恒道与"玄德"相互揭示、证解。人体于恒道，就是"大法象"。"大法象"之本，根于恒道的存在质性。"质朴无形容"，是进一步揭示恒道作为"大法象"的内涵所在，它是无形无状。"质朴无形容"

作为"无状之状"，以人性德容言是"微妙玄通"。《老子》不亦云："古之善为道者，微妙玄通，深不可识。"恒道存在质性是"不可致诘"，善为道者是"深不可识"。以本体言是"无状"、"无形"，以德容言是"微妙"；以本体言是无状生成万状、无形涵摄万形，以德容言是"玄通"。在恒道可强名为"大"、"玄"、"深"、"反"、"朴"以及"谷神"、"玄牝"、"宗母"等不定之象，在人则名为"豫兮若冬涉川；犹兮若畏四邻；俨兮其若客；涣兮其若凌释；敦兮其若朴；混兮其若浊；旷兮其若谷"。"无形容"非是绝对"空无"或"无有"，而是"质朴"、"抱一"的"混而为一"或"大全"。"朴散则为器"，"器"是"分有"、"具有"，具有分割、分离、分别的属性。它来自道朴的散殊，本自"得一"的"分有"。在《老子》中，"朴"是恒道一个存在质性，浑然纯备，一而不分。它是"大有"，也是"全有"。以质朴无畔为本，存在于"物形之"之前，故不可以"形"况谓。"质朴"偏于从溯源角度来解"大象无形"，容易忽略恒道"泛兮其可左右"的存在之容，或者说是"道通为一"之容。以"质朴无形容"揭示"大法象之人"的德容，不若以"微妙玄通"来况谓。《庄子》以"逍遥游"、"知通为一"、"与道参差"、"与道徘徊"、"以道观之"等思想，揭示了恒道作为人生境界形态的体现和体验。"若夫乘天地之正，而御六气之辩，以游无穷者，彼且恶乎待哉！故曰：至人无己，神人无功，圣人无名。"（《逍遥游》）恒道"无形"，能周行于万物。至人"无己"、"无功"、"无名"，方能同于无形造化，"乘天地之正"，"御六气之辩"，以游"无穷"之境。这里，逍遥游的境界以"知通为一"为前提，以不拘有形为基础。"无一而行，与道参差。"（《秋水篇》）恒道"无形"，方能不束于一形，因形而形，无所不形。至人者体此，故"无一而行"，而行于"无方"；"与道参差"，而能"兼怀万物"，行于万方。行于"无形"，方能不测不形，无形不可形。"独成而意，与道徘徊。"（《盗跖》）恒道"无常形势"，故无定形。至人"与道徘徊"，故无定处。体于"无形"，则"独与天地精神往来，而不敖倪于万物"（《天下》）。"以道观之"与"大象无形"具有思维同构性，正如"道通为一"与"知通为一"的关系。大象以无形生成。涵摄万形，故通万象于一。因"大象无形"，故要求"以天下观天下"，而它正是"以道观之"的思维。《文子》继有这样的思维论说。"清静者，德之至也。柔弱者，道之用也。虚无恬淡者，万物之祖也。三者行，则沦于无形。无形者，一之谓也。"（《道原》）恒道"无形"为"一"，至人体之"执一而无为"。清静、柔弱、虚无、恬淡为道之形象，秉持此德则能达至"无不为"的"无形"境界。真人者，"性合乎道"，故"有而若无，实而若虚"，"居不知所为，行不知所之"，以至于"廓然而虚，清静而无"。至人者，"以道为循"，故"以千生为一化，以万异为一宗"，"动无形"，"静无体"，"出入无间"，"合而生时于心"。圣人者，"形有靡而神未尝化，以不化应化，千变万转而未始有极，化者复归于无形"（《九守》）。从本体存在言，"无形"者无为，无为则无不为，正如不化而万化未始有极。从体道境界言，守于虚静不化的"无形"，故虽"千变万化未始有极"，然则"复归于无形"。"无形"则不滞于

形，而无所不形。对本体"无形"的体验、体行，有赖于人生境界上的体悟。对此，牟宗三指出，《老子》的恒道非是"存有论"意义上的概念，而是作为"境界形态"的存在。它是"本体论的体悟"和"宇宙论的体悟"，故《老子》哲学是"境界形态的形上学"。（引自《中国哲学十九讲》，上海古籍出版社 2007 年版，第 116 页）从《老子》思想来说，恒道生成万物后，既没有主宰宇宙万物的功能，又非是独立于万物之外的存在物，相反是自身无体而寓于万物之中的一个存在。这一存在质性决定了恒道不可能作为一个存在物存在，也不能认作是"客观精神"。但从原初存在上论，恒道是"有物混成"，且"道生一"，为"天地之母"、"万物之宗"，而且具有"泛兮"、"或存"以及"大象"、"万物之奥"等存在质性，可见它是一个实体存在，故认为恒道是境界形态意义上的存在非妥。"境界形态"的认知，来自对"道通为一"的体悟。

（四）道术之用

"大象无形"是《老子》思想中的一个核心价值观念，因体悟而有应用，成为"无常形势"的道术。《老子》虽非言权诈之术，但多言谋略之术，主旨是以"无形"道术成就王道境界。如"无为而无不为"、"上德不德"、"至誉无誉"、"无私成私"、"功成弗居"等。《庄子》以此为"应帝王"。体于"无形"则虚己，"无为名尸，无为谋府，无为事任，无为知主。"（《应帝王》）虚己则能与造化为一，进而"体尽无穷，而游无朕"。以老庄的本意，道术只是达致人生境界的前提和工夫，功利色彩较淡，服务于本真境界。后来，随着社会政治的发展，道术逐渐衍化为达致目的的手段和工具性的准则、方略。"虚无无形谓之道"（《管子·心术上》），心术、权术已然兴起。经由法家，权术之用逐渐彰显。"无形"道术，可以为霸术兵略。善者为兵之道，"使敌若据虚，若搏景"。因"无设无形"，故"无不可以成"；因"无形无为"，故"无不可以化"（《管子·兵法》）。以兵法言，道术来自道之"无形"存在质性。"无设"者，不定一设，无形以设，故能潜藏以无不以成；"无形"者，无一定形，不拘于一形，故能潜藏以无所不形。"无形"为道术之体，是无体之体；"无为"，是道术之用，无为之为。无为者，不滞于一，方能因循以为，无所不为，无所不化。道无形无体，故能无为而无不为。这里的思维内涵是：否定也是肯定，因所否定的是肯定的"确定"。对肯定之状的否定，就得到否定性的肯定。"无形"本为否定性的称谓，但否定性假借象形之状的肯定性，而得为"大象"。恒道虽为无形、无象，但可制用物象有形存在者。"起事于无形，而要大功于天下，是谓微明。"（《韩非子·喻老》）"无形"、"微明"，成为"要大功"的权术。《文子》吸收了法家思维，对"无形"道术有了进一步阐发。"藏于无形，行于无怠。不为福先，不为祸始。始于无形，动于不得已。欲福先无祸，欲利先远害。"（《符言》）执于有形，即落于著迹之殆，"执者失之，为者败之"。有为者有形，以己为则不免妄为。"始于无形"，不主先唱，则因物成始；"动于不得已"，则因循自然。"福先"、"祸始"，是心有固执的有为。无为则无执，"无祸"、

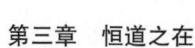

"远害"在于无妄为。以"大象无形"为道用，是"无为而无不为"。"夫道，无为无形，内以修身，外以治人。"（《道德》）"内以修身"，是无为无执；"外以治人"，是以人治人。大道无形，涵摄万形，因物赋形。"夫道者，……变化无常，得一之原，以应无方，是谓神明。"（《自然》）"无常"、"无方"，是"无形"之用。"神明"道术，是以无形制有形，"得一之原，以应无方"。以道性言，是"制形而无形"，故"胜而不屈"；以道术言，是以无形胜有形，则功可成。用在兵法上，"无形"的道术是"善用兵者，用其自为用；不能用兵者，用其为己用"。"用其自为用"者，用于无形之用，因众形之用，故无所不用，"天下莫不可用"。反之，"用其为己用"，则"无一人之可用"。"建之无形"者，功用神化。"唯神化者，物莫能胜。"（《上仁》）设以无形，则心无所执，故"中欲不出"，而"外邪不入"。它是"物莫能胜"之"神化"。"所贵道者，贵其无形也。"（《淮南子·兵略训》）用"无形"之道，则"运于无形，出于不意"，进退屈伸，莫知其所。圣人"藏形于无，而游心于虚"，故无所不宜。

三、形上形下

在《易传》中，对"形上"与"形下"的关系，分别从道与器、阴阳与道关系两个方面进行揭示。《老子》"大象无形"与《易》"形而上"思维有何同异？

（一）形上形下

《易》云："乾坤其《易》之缊邪？乾坤成列，而《易》立乎其中矣。乾坤毁，则无以见《易》。《易》不可见，则乾坤或几乎息矣。是故形而上者谓之道，形而下者谓之器。"（《系辞上》）何谓"器"？"以制器者尚其象"，"见乃谓之象，形乃谓之器"。"器"者，具有形象的存在，故谓之"形而下"者。道以乾坤见，乾坤是象器，它源自圣人"见天下之赜"而"拟诸其形容，象其物宜"。象器有形，故为"形容"。乾坤中有《易》道，因"器"以知"道"，"道"因"器"而见。"形而上"者，寓于"形而下"者之中。"形而下"者，蕴藏着"形而上"者。《易》的道器关系，既有别于《老子》道物关系，又有思维相通处。《老子》的恒道具有两种存在样态：一是作为一本生成万物的"有物混成"，二是寓于万物存在的"道通为一"。作为后者，就与道器思想存有思维同构性。恒道以无形生有形，是本末生成关系。恒道作为"万物之奥"，又以无形寓于万物之中，就有类于道器关系。"大道无形，陈器有名。"（《尹文子·大道上》）"陈器"即形器，有形故可名。韩康柏解《易》"神无方而易无体"云："方、体者，皆系于形器者也。神则阴阳不测，易则唯变所适，不可以一方、一体明。"孔颖达疏："方是处所之名，体是形质之称"。（引自《周易正义》，中国致公出版社 2009年版，第 268 页）形器、处所，有形之属，"成形曰器"。"无方"者无为，一是"神则不见其处所云为"，二是"周游运动，不常在一处"。前者是功用不测，后者是功成不居。"无体"者无形，一是"自然而变，不知变之所由，是无形体"，二是"随变而

往，无定在一体"。以方体为形器，以兆见、成形为象器，可见"器"为形象、可见之属，正与道"无方无体"有别。这样的思维质性，与《老子》道物内涵相近。孔颖达正是以《老子》思维解《易》，"凡有从无而生，形由道而立，是先道而后形，是道在形之上，形在道之下。故自形外已上者谓之道也，自形内而下者谓之器也。形虽处道器两畔之际，形在器，不在道也。既有形质，可为器用，故云'形而下者谓之器'也。"（同上书，第 292 页）先道后形论，来自《老子》"象帝之先"以及"道生之"、"物形之"思想，其与《易》道器表里关系不同。《老子》也有恒道为"万物之奥"、"万物得一以生"思想，就与道器思维相类。器用藏道显道，正如万物为恒道的展现、证验。在《易》言，道即是器，器即是道，二者一体共存，器以载道，道以器见。分以"形而上"、"形而下"，只是就有形与无形、见与不见而别。设乾坤之卦，则《易》立于其中。《易》理非离卦象而别著，然也非卦象所能尽。《易》之为书，"广大悉备"，兼有天道、人道和地道。"道有变动，故曰爻。爻有等，故曰物。物相杂，故曰文。文不当，故吉凶生焉。"（《系辞下》）以《易》言，道在物中是理在爻变之中。爻物之变，彰显道理。万物芸芸，静观其复，恒道何尝离物而存？以《老子》思维言，道是本源，而物是所生；道是混一，而物是分判；道是大全，而物是有限；道是根本，而物是寄寓。只是作为"万物之奥"的本体论形态，才与道器关系相类。以《易》言，道不离器，器以载道，然也有一个卦象能否完全展现道蕴的问题，它是"书不尽言，言不尽意"。"乾坤成列"，固然《易》立其中；"乾坤毁"，固然无以见《易》。器固然表寓《易》理，道器一体，相互涵摄。恒道与物也是一体关系。从另一方面言，"《易》不可见，则乾坤或几乎息"，无"道"而器"或几乎息"。《易》之为书，"为道屡迁"，"不可为典要，唯变所适"（《系辞下》）。可见，器在载道上也有一个不断展开、穷神尽化的问题。这一思维类于《老子》"知者不言，言者不知"。在道器的认知上，贤人"见道不见器"，众人则"见器不见道"（《关尹子·三极》），只有圣人方能见器中道，见道中器。胡宏曾以性与物对言，"形而上者谓之性，形而下者谓之物。性有大体，人尽之矣。一人之性，万物备之矣。论其体，则浑沦乎天地，博浃于万物，虽圣人，无得而名焉；论其生，则散而万殊，善恶吉凶百行俱载，不可掩遏。论至于是，则知物有定性，而性无定体矣，乌得以不能自变之色比而同之乎？"（引自《释疑孟》，载《胡宏集》，中华书局 2009 年版，第 319 页）"性"与"物"的关系思维，来自《易》道器观，同样类于《老子》恒道与物的关系思维结构。性体"浑沦乎天地，博浃于万物"，"善恶吉凶百行俱载"，同于"有物混成"；"无得而名"，类于"道褒无名"；"散而万殊"，同于"万物得一以生"；"性无定体"，同于"泛兮其可左右"。朱熹认为，"形是这形质，以上便是道，以下便是器，这个分别得最亲切，故明道云：'惟此语截得上下最分明'。"（引自《朱子语类》第五册，中华书局 1999 年版，第 1935 页）以形质为分，正如无形与有形分。道寓于形器而非形器，正如恒道寓于物而非物。"器亦道，道亦器，有分别而不相离也。"（同上册，第 1935 页）道、器一体，

然有分别。无离器之道，无无道之器。类此，恒道寓于物，无物无道，而道非物。"形以上底虚，浑是道理；形以下底实，便是器。"（同上页）器是形质实物，道理寓于器物之中，是通体的存在，犹如"道通为一"。"'形而上者'指理而言，'形而下者'指事物而言。事事物物，皆有其理；事物可见，而其理难知。"（同上页）事必是理之事，理必是事之理，理通无形而事者有形。此思维正如恒道为"万物之奥"。是物就有道，以有形载无形。物可见闻，而恒道不可视闻。"指器为道，固不得；离器于道，亦不得。"（同上页）器者非道，正如《老子》认为物非道；得道不离于器，正如恒道因万物而为"宗"、"奥"。王畿云："器是泥于居方，是为典要。不器便是变动不居之学。器为方圆，不器是为无方圆之规矩。"（引自《王畿集》，凤凰出版社 2007 年版，第 71页）器居方正如物有形有化，不器不居无方正如恒道微妙无形、至神无方。刘宗周云："天者，万物之总名，非与物为君也；道者，万器之总名，非与器为体也；性者，万形之总名，非与形为偶也。"（引自《学言中》，载《刘宗周全集》第二册，浙江古籍出版社 2007 年版，第 408 页）天与物、道与器、性与形类似于《老子》恒道与物的关系，"无形"涵摄"有形"，故"道通为一"。"非与物为君"、"非与器为体"、"非与形为偶"，就如恒道"与物反"，独立而无待。在形上、形下的关系上，"道，形而上者。虽上而不离乎形，形下即形上也。故曰'下学而上达'。下学非只在洒扫应对小节，即未离乎形者皆是。乃形之最易溺处，在方寸隐微中，故曰'人心惟危，道心惟微'，即形上、形下之说也。……是故无微显、无精粗、无内外，无之非下学，则无之非上达，又安见视、听、言、动非所以求仁哉？喜怒哀乐非所以致中和哉？人情事变非所以立大本哉？道固不涉空虚，学亦不落象罔，此古圣贤相传心法，所以迥别二氏。"（引自《文编上》，同上书第三册，第 299 页）以"无微显、无精粗、无内外"揭示形上形下、道器关系，正如《老子》因物以观道，即物而体道。以"道通为一"的存在样态言，恒道周行于万物，是"物物而不物于物"。以知行思维言，要"以道莅天下"必须"以道观之"，或者说是"以天下观天下"。只有"因物观物"，才能"以道莅天下"，此何尝不是"下学而上达"？道理非空虚，正如恒道非空无；学非落象罔，正如见道非执物。"离器而道不可见，故道器可以上下言，不可以先后言。'有物先天地'，异端千差万错，从此句来。"（引自《学言中》，同上书第二册，第 408 页）《易》的道器一体思维，正如恒道与物的一体思维。然器作为存在物，还有一个来源问题。《老子》正是以"朴散则为器"，揭示道器的先后关系。"朴"者为道，"器"者为物。"有物先天地"，与《易》以天地为万物本的思维，同是以绝对本体为统摄性的存在。邹守益云："盈天地皆形色也。就其不可睹、不可闻、超然声臭处指为道，就其可睹、可闻、体物不遗指为器，非二物也。今人却以无形为道，有形为器，便是裂了宗旨。"（引自《明儒学案·江右王门学案一》，载《黄宗羲全集》第七册，浙江古籍出版社2005 年版，第 394 页）在《老子》思维，"无形"、不可睹闻者为道，有声臭可睹闻的"有形"为物，然恒道寓于万物之中。割裂恒道与万物的这种关系，便是另立一个外于

万物的主宰存在，便与"辅助自然"的思维相背。汪俊著《道器说》，正确看到了张载、朱熹与程子思想的区别。张载认为，运于无形为道，形而下者不足以明之；散殊可象为气，清通不可象为神。以太虚为气之本体，其为性为神，故为"形而上"。聚成天地法象，为神化糟粕，故为"形而下"。朱子认为，理为"形而上"，气为"形而下"。人生得理以为性，得气以成形。推于人事，以事为"形而下"，其理为道。然若事不合理，则是有器而无道。理气分，道器别，"歧而二之"，非与程子说合。程子认为，视听思虑动作皆"天"，所谓"器亦道"。但要识真妄，妄则不诚无物，何器之有？（参见《明儒学案·诸儒学案中二》，载《黄宗羲全集》第八册，浙江古籍出版社2005年版，第453-454页）张载、朱子思想中，皆有《老子》的宇宙论思维，表现在太虚先而气化后、理先而气后。程子贯彻道器思维，以道在器中，无器则非道。气是理之气，无气无理，理自在气中。以《老子》思维言，理气一体既是恒道存在，也是物性存在。前者是理气混涵的存在样态，后者是气化有理的存在样态。王夫之认为，"形而上者，非无形之谓。既有形矣，有形而后有形而上。"（引自《周易外传》，载《船山遗书》第一卷，北京出版社1999年版，第251页）"形而上"与"形而下"，是卦象与《易》理的表象与奥理关系。《易》理蕴藏于卦象中，故以"无形"言"形而上"。言"非无形"，是否定"无形"者的先在。以"有形"后有"形而上"，是物生而道具。此种思维结构是理气一体关系，也是物与理则的关系，它与《老子》"无形生有形"的思维不同。既有形而后有形而上，是道器思维，否定了器外有道，消解了器来自道的问题。在解"天降衷"上认为，"衷"非但是人之衷，亦是天之衷。"形而下者人之性，形而上者天之理，故'衷'曰'降'。非其丽乎人而遂离乎天也，天下逮于人，人之'衷'，即天之'衷'也。……形而上衷乎天，形而下衷乎人。由天以之人，因其可成可载而降之人；乃受于天，亦既主形主气，而莫不以为性之藏也，故曰'恒'。"（引自《尚书引义》，同上卷，第515页）以性理分形上、形下，本将"衷"上下一贯，然人外有"衷"，不亦是二分。天降衷后若还在，岂非人外有主宰？尚不如恒道分有成为万物之后的物外无道思维。"天者道，人者器，人之所知也。天者器，人者道，非知德者其孰能知之！'潜虽伏矣，亦孔之昭'。'相在尔室，尚不愧于屋漏'。非视不见，听不闻，体物而不可遗者乎！天下之器，皆以为体而不可遗也。人道之流行，以官天府地裁成万物而不见其迹。故曰天者器，人者道。"（引自《思问录》，同上书第六卷，第3772-3773页）天为道，"视不见，听不闻，体物而不可遗"，犹如鬼神之为德，非"无形"感通"有形"乎？天为器，是人以天道为器"官天府地"，此非以"无形"制"有形"乎？这里，就出现了两类"天"，前者是绝对存在，犹如恒道；后者是道理之得，犹如"同于道"。以道器关系言，"道者器之道，器者不可谓之道之器"。（引自《周易外传》，同上书第一卷，第358页）以道器一体言，道寓于器中，无器无道，器是载道之器。老庄思维与此有别，恒道有非物之时，为"有物混成"；有寓于物时，为"泛可左右"。物固非道，道亦非物。非道物无由生，物是道的

分有。道寓于物，无物则道不显。可见，道器思维是形上形下，一体互摄；道物思维是无形有形，先后本末。当然，在常与无常，"可道"与"不可道"的统一关系上，二者又有思维相通处。戴震以古人"之谓"与"谓之"言辞内涵的不同，对形上、形下与道器观进行了辨正。古人言"谓之"者，是"以下所称之名辨上之实"。《易》云"形而上者谓之道，形而下者谓之器"，本非为道器而言，而是以道器区别其形而上、形而下。形为"已成形质"，"形而上"犹曰"形以前"，"形而下"犹曰"形以后"。器者"一成而不变"，道者"体物而不可遗"。（引自《孟子字义疏证》，中华书局 2008 年版，第 22 页）戴震大力否定老庄思想，然此解无疑是《老子》的道先物后、无形先有形后思维。在儒家主旨，形而上、形而下为表里关系，非先后关系。器"一成不变"，犹如《老子》所认为的"可道"为定执；"体物不遗"者，犹如《老子》"曲全"、"周行"之说。钱穆解道、器内涵认为，"形则必可分别。限于其分别以为形者谓之形而下。每一形必各有其用，故以谓器。"（引自《晚学盲言》，广西师范大学出版社 2004 年版，第 52 页）器者分割，各有其用；道者整全，无所不用。以分别、分判解"形而下"，正是《老子》"朴散为器"的思维。"亦可谓象即形而上者，非超诸形之外而谓之形而上，乃会合诸形而谓之形而上，诸形则皆为此身之用，其用则谓之道。"（同上页）"道"通其用，故"大制不割"。"道通为一"，何尝不是"形而上"？"气无形，是气亦形而上者。故中国人称道气，不称道形。亦只称形器，不能称器气。"（同上页）气"无形"，是元气或太虚之气，也是"通天下一气"。前者是混涵之气，无朕无形。后者是通一之气，泛然不定。气与形之间是无形与有形的关系。形与器皆为形质，与道、气分别而言。气为天地万物之所以成者，故天地万物皆"形而下"。"中国之言形而上，主要在其通而和。西方之言形而上，主要在其变而别。唯其主通而和，故天地万物可以为一体。唯其主变而别，则天地万物亦无成为一体之可能。"（同上页）"通而和"，是于"形而下"处见"形而上"，二者一体，为全体与分殊关系。《老子》的道物思维正是如此。西方人以"形而上"为在"形而下"之外，如古希腊和宗教哲学。黑格尔的绝对理念或精神哲学体系或真理大全，以自然、精神世界为逻辑的展现、实现，犹如《老子》恒道之分有、寓于万物的思维结构。《易》以道器言"形而上"、"形而下"，是"表里"、"内外"和"显微"关系，思维形式上虽类于西方哲学"本质"与"现象"、"理念"与"表象"关系，但内涵有本质区别。道者无形难见，故谓之"微"；器者形质易知，故谓之"显"。二者体用一源，显微无间。成玄英云："事虽彰著，非理不通；理既幽微，非事莫显。"（引自《庄子集释》，中华书局 2004 年版，第 6 页）道向器的贯注，与器向道的超升，是双向辅成的。可见，"形而上"与"形而下"是"一体"、"无间"。西方哲学认为，本质是现象的所以然，而《易》之器是道的显示者。只是到了宋儒以后，以理气言道器，则道器方具有了然与所以然的关系。在《老子》思想看来，"无形"之于"有形"当分成两种关系：一是生生者与为生者的生成关系，二是分有为"一"与"得一"以生的寄寓关系。恒道作为

"无形"存在，既是"万物之宗"，"万物赖之以生"，为"有形"存在的来源、根本；又是"万物之奥"，"万物得一以生"，"有形"存在者分有于"无形"存在。无"有形"物，则恒道无有"泛兮其可左右"的寄寓存在，无有"功成事遂"以显示自己实在。恒道"长而不宰"，分有于万物之中，就成为万物内在的自然。万物之间有机一体，成为自平衡、自组织的有序宇宙机体，这里已没给上帝的外在主宰留下位置。只有"无形"，才是超脱形体的独立实体，方能以万物之体为体，寄寓万物之中，成为"万物之奥"以辅助自然，具有"长而不宰"的玄德。儒家以理气一体的机理揭示宇宙变化的所以然，道家则以造化者或道来揭示万物存在、变化的所以然。理对气言，为气化所以然，恒道分与于物为理气一体的存在。

（二）阴阳与道

《易》道器关系体现在"阴阳"观上，是"一阴一阳之谓道"。魏晋"三玄"兴起，出现了以道解易的学术倾向。王弼以"非阴非阳"为"一阴一阳"的本源，正是以无形生有形的思维加以解说。韩康伯云："道者何？无之称也，无不通，无不由也，况之曰道。寂然无体，不可为象。必有之用极，而无之功显，故至乎'神无方，而易无体'，而道可见矣。故穷变以尽神，因神以明道，阴阳虽殊，无一以待之。在阴为无阴，阴以之生；在阳为无阳，阳以之成，故曰'一阴一阳'也。"（引自《周易正义》，中国致公出版社2009年版，第268页）道以"无"称，是恒道无名、无形、无物的思维；"无不通，无不由"，是"万物之宗"、"万物之奥"的思维；"寂然无体"，是窈冥恍惚、"大象无形"、"不可致诘"的思维；"有之用极"，是恒道为"万物之母"、"天地根"的思维；"无之功显"，是"有生于无"思维；以无方无体见道，是"道可道，非恒道"思维。迥异于儒家解说，以在阴无阴而阴以生、在阳无阳而阳以成解"一阴一阳"，是"无形生有形"的思维。这里，出现了以宇宙论思维注解本体论学说的转变。《老子》虽未明言"穷变尽神"、"因神明道"观念，但却有"动善时，事善能"的"惟变所适"思想。变化莫测为神，神的思维无形无限，故几于道。就"一阴一阳"的"一"，唐代学者孔颖达采《老子》思想疏解之，"一谓无也，无阴无阳，乃谓之道。一得为无者，无是虚无，虚无是太虚，不可分别，唯一而已，故以一为无也。若其有境，则彼此相形，有二有三不得为一。故在阴之时，而不见为阴之功；在阳之时，而不见为阳之力，自然而有阴阳，自然无所营为，此则道之谓也。故以言之为道，以数言之谓之一，以体言之谓之无，以物得开通谓之道，以微妙不测谓之神，以应机变化谓之易，总而言之，皆虚无之谓也。圣人以人事名之，随其义理，立其称号。"（同上书，第268-269页）"一"为"无"，是"有生于无"的思维。作为"太虚"，是"不可分别"的"混一"，亦是"无状之状，无物之象"。"唯一而已"，是"独立"的无待存在。若以数言，"一"是分殊最小的数量。恒道无数，不可以数言。"唯一"的"一"，是"无数"之"一"。前者"一"，是"道生一"的"一"，它是构成万物

的本源因子，而后者"一"是混一的"道"。前者是"有"，后者是"无"。《易》无体而神无方。犹如无形能制有形。在阴无阴，故不见功；在阳无阳，而不见力。无所营为，而无所不为。"一"为总体一太极，"无"为"无状之状，无物之象"，道为万物所由，神为微妙不测，易为应机变化，各随义理而异其称号。可见，"道"、"无"、"一"、"神"、"易"五者相互涵摄，皆是一而四、四而一的逻辑结构。以"无阴无阳"为道，既是本源的混成"无形"，亦是"泛兮其可左右"、"无常形势"的"无形"。程伊川云："'一阴一阳之谓道'，此理固深，说则无可说。所以阴阳者道，既曰气，则便是二。言开阖，已是感，既二则便有感。所以开阖者道，开阖便是阴阳。老氏言虚而生气，非也。阴阳开阖，本无先后，不可道今日有阴，明日有阳。如人有形影，盖形影一时，不可言今日有形，明日有影，有便齐有。"（引自《二程集》，中华书局2004年版，第160页）此中所论，并未深谙《老子》"非阴非阳"的真谛。"非阴非阳"，非是"今日有阴，明日有阳"，而是阴阳的混一、潜在，内涵"所以阴阳者"。阴阳开阖，是氤氲交感的一气之化。"离了阴阳更无道，所以阴阳者是道也。阴阳，气也。气是形而下者，道是形而上者。"（同上书，第162页）以道与气为形而上、形而下，是道器、理气思维，与《老子》恒道为"万物之奥"思维不同。作为阴阳之气，是构造万物的原初因子，与阴阳气化所以然同为"形而上"者。只有成为存在物的构成和机理，方是"形而下"者。"道外无物，物外无道。"（同上书，第1169页）道在物中，物是涵道之物，从范围上言犹如《老子》"道通为一"。朱熹云："阴阳是气，不是道，所以为阴阳者，乃道也。若只言'阴阳之谓道'，则阴阳是道。今曰'一阴一阳之谓道'，则是所以循环者乃道也。"（引自《朱子语类》第五册，凤凰出版社2013年版，第1896页）"所以为阴阳者"，在《庄子》言为"造化者"，它不过是宇宙的化机而已，亦非独立于物的外在存在，正如恒道寓于万物而非离物存在。"所以循环者乃道"，是气化所以然的理式。以理气关系言，"道，须是合理与气看。理是虚底物事，无那气质，则此理无安顿处。《易》说'一阴一阳之谓道'，这便兼理与气而言。阴阳，气也；'一阴一阳'，则是理矣。……盖阴阳非道，所以阴阳者道也。"（同上页）理是气运之理，气是理所以运之气，二者一体不分。理气合一作为道，是宇宙的生化之机。"所以循环者乃道"，与气有别，就与理气一体的道不同。前者是理气思维，分为形上、形下，道为理，不涵气；后者是道物思维，道是理气一体的存在，物也是理气一体的存在，二者是分有的关系。道为理气一体存在，作为生物化物者是无形存在，气是构成因子，理内涵其中成为构成因子的不同殊质；物为理气一体存在，气以成为形质，理为内在理式和机理。以理在气先，又如恒道为"象帝之先"思维，虽然内涵不同。"理未尝离乎气。然理形而上者，气形而下者。自形而上下言，岂无先后！理无形，气便粗，有渣滓。"（同上册，第3页）理气有先后，与理气本一思想相背。气粗有渣滓，是形质物气，非是构成因子之气。"天地之间，有理有气。理也者，形而上之道也，生物之本也；气也者，形而下之器也，生物之具也。是以人物之生，必禀此理然后有性，

必禀此气然后有形。其性其形虽不外乎一身，然其道器之间分际甚明，不可乱也。"（引自《答黄道夫》，载《朱子全书》第 23 册，上海古籍出版社、安徽教育出版社 2010 年版，第 2755 页）以理为性、气为形，则必然有生物上的"本"、"具"二分，必以理为"形而上"之道，以气为"形而下"之器。气有渣滓说，是为性恶说留下地盘。若以气为渣滓，则理便是形式因、动力因的混合，消解了元气作为动力因的本源质性。这里，混合了天命之性与天道之性两种思维模式的区别，前者是理则，后者是气化。同时混淆了气的两种形态，或为元气、精气，或为形质之气。元气、精气不可以精粗言，它是至精无形，而气有渣滓是物性形质粗气。以《老子》思维言，理气一体既有本源上的存在样态，亦有构成万物的存在形态。元气混涵中，理是潜具，气无形则理无形；一气生化中，理是气作为构成的结构、功能，气与理同为通一的"无形"。结构是阴阳作为基质质料构成的殊型，功能是阴阳气化的变化所以然。作为精气，神在其中，它是阴阳不测的变化之理。一气涵理成为人，则有肉体、机能之分。有物有则，在物"则"是物理，在人"则"来自作为社会存在属性的关系中，非在机理之中。当然，机理备则认知官能生，然后理性得以有。"性"不过是人对自己社会性的认知所得而已。以《老子》思维言，人形是分有于恒道为机体，道理来自观知、体行，"修之于身"。陈淳认为，自"形而上"言，"隐然不可见"者为"道"；自"形而下"言，"显然可见"者为"器"。道不离器，道只是器之理。人事有形状处皆器，人事中之理即道。就事事物物上看，各自有个"当然之理"。道流行于天地之间，"无所不在，无物不有，无一处欠缺"。就《易》"一阴一阳之谓道"言，"阴阳，气也，形而下者也。道，理也，只是阴阳之理，形而上者也。"（引自《北溪字义》，中华书局 2009 年版，第 38-40 页）此说大抵不脱朱子之论，然以显微、见与不见言道器，同于《老子》无形与有形分。"道流行于天地之间"，正如恒道"周行不殆"；无物不有，正如"泛兮其可左右"。"道"既是"阴阳之理"，则天地间流行的是"气"，而非是"道"。王廷相、王夫之都有"太虚无形，气之本体"之论。王夫之认为，理在气里面，"形而上"者不离一阴一阳，同时无无理之气，一阴一阳为道，错综则变化。（参见《读四书大全说》，载《船山遗书》，北京出版社 1999 年版，第 2654-2655 页）在"太虚无形"与理气一体的关系上，有其思维的不通融处。"太虚无形"，是具有宇宙论思维的本源观念；而理气一体是自然本体论的思维。戴震云："气化之于品物，则形而上下之分也。形乃品物之谓，非气化之谓。《易》又有之：'立天之道，曰阴与阳。'直举阴阳，不闻辨别所以阴阳而始可当道之称，岂圣人立言皆辞不备哉？一阴一阳，流行不已，夫是之谓道而已。"（引自《孟子字义疏证》，中华书局 2008 年版，第 22 页）以"气化"和"品物"为形上、形下之分，正是看到了无形与有形的区别。气化无形，是通天下于一气；品物形化，是聚散以为象物。二者思维具有不同内涵。"流行不已"，是阴阳不测，以功言是"神"，以妙言是"道"。"一阴一阳"是"气化"，理内涵其中。成为五行的水火木金土，因"有质可见"方为"形而下"者。因"人物咸

禀受于此"，又为"形而上"者。同一个气何以有形与无形之分？无形是禀赋本源的因子，有形是以质成物的质料。以《老子》思维言，"道生一"之"一"，以万类各得其一则有万殊之一，是通一的无形。以作为每一物类的构成因子言又是分殊之一，"有一而未形"。至于成为物构成基质则是形质之一。戴震正确看到，宋儒以天理、人欲相隔，故有理气二分之隔。先儒言气质则具气化，阴阳中自有变化之机，"一阴一阳"中自赅气质与气化之理。气质是构成质料，气化之理是构成机理。《老子》言物负阴抱阳是构成上的一体，"冲气以为和"是气化的所以然。他指出，宋儒"从事老、庄、释氏有年，觉彼之所指，独遗夫理义而不言，是以触于形而上下之云，太极两仪之称，顿然有悟，遂创为理气之辨，不复能详审文义。其以理为气之主宰，如彼以神为气之主宰也。以理能生气，如彼以神能生气也。"（同上书，第24页）宋儒"理气之辨"，固是因应老庄、释氏以揭示宇宙本源，然神主宰气、神能生气，来自"神不灭论"，而非来自老庄。在《老子》言，恒道与物非是神气关系，而是分有与寄寓的相为包含关系。固然，二者在思维形式上相类，然内涵截然不同。当代新儒家牟宗三也有论天道之言，"天道诚体实有能生能化之神用，然其生无生相，其化无化相，故只是一神用，而神无方所、无形迹，故亦曰寂然真几也。而一落在气上，则有迹矣。"（引自《心体与性体》上卷，上海古籍出版社2007年版，第295页）"能生能化"，是功用之神。"生无生相"、"化无化相"的"无方所、无形迹"，是神用不测的无形无方。一落在气上有迹，正是神用的见证、证物。道以神用为见证，假万物生成发展以证其功。气固有迹，然在迹上见神，迹象的变化不测就是神。由此可见，神是迹与所以迹的统一。《易》之所以在"神无方而易无体"后，继言"一阴一阳之谓道"，必然有其内在关联。"无体"者，不固定于一体，而无所不体，故"范围天地之化而不过"；"无方"者，不固执于一方，而无方不方，故"曲成万物而不遗"。以《系辞》言，"一阴一阳"从爻位言是六爻之动，"变动不居，周流六虚。上下无常，刚柔相易"是《说卦》所谓的"分阴分阳，迭用柔刚，故《易》六位而成章"。变化无常亦为无形，是恒道的"不可道"。《易》效法自然，"一阴一阳"的变化不测就是无形。

此外，还可以《易传》的寂感思维来揭示无形与有形的关系。《易》云："无思也，无为也，寂然不动，感而遂通天下之故"（《系辞上》）。"寂然不动"作为"无形"，是《易》理的大全早备，"万象森然在中"。"感而遂通"作为"无形"，是"神无方"。朱熹云："无思虑也，无作为也；其寂然者无时而不感，其感通者无时而不寂也。是乃天命之全体、人心之至正，所谓体用之一源，流行而不息者也。……然于其未发也，见其感通之体；于已发也，见其寂然之用，亦各有当而实未尝分焉。"（引自《易寂感说》，载《朱子全书》第23册，上海古籍出版社、安徽教育出版社2010年版，第3257-3258页）比照《老子》"无为而无不为"思维，"无思虑"、"无作为"是无为的无形，"无时不寂"；"感而遂通"是无不为的无形，"无时不感"。"未发"是理备无形时，"已发"理用有形时。以《老子》与《易》相对应的思维结构言，"未发"、"寂

然"犹如"有物混成"和"独立不改"思维，"已发"、"感通"犹如"万物之宗"、"周行不殆"思维。

最后，对本节内容作以简要概述。"大象无形"思想，是贯穿《老子》一书的核心思想，它与"无物之象"、"无状之状"以及"道朴无名"、"混而为一"、"无为而无不为"以及"大制不割"、"大方无隅"等思想融贯一体，共同揭示恒道微妙而至神的大全质性。"大象无形"观念，开创了一种全新性的思维方式，即超脱具体形象、分定有限而走向遍在、整合以及无限的认知思维方式。恒道作为"无形"存在，既是一种绝对性的实在，或为"有物混成"，或为"道通为一"；又是一种心境存在，与造化为一，游于无穷之乡；还是一种思维方式，知通为一，以道观之。"大象无形"，是绝对性、无限性、通于一的思维统一，对后世学术思想产生了深远影响。后儒解形上形下、道器、阴阳与道、理气等都自觉不自觉地运用了这一思维质性。

第四节　泛兮之存

"大道氾兮，其可左右"，是《老子》揭示恒道绝对存在质性的又一个重要论说。虽然"言简"，只有八个字，却蕴含丰富的意义，它与"周行不殆"、"万物得一以生"等思想融贯一体，相为印证。如果说恒道作为"无形"之在，是通过对"定形"、"有状"存在者的否定，以揭示本自为生成涵摄万形万状的"无状之状，无物之象"的话，那么此一论说则从肯定的思维角度，揭示恒道兼在、遍在的"周遍咸"存在质性。

一、文字校解

《老子》第三十四章云："大道泛兮，其可左右。"帛书《老子》甲本此句缺损，乙本"泛"字写作"渢"。"大道"无"大"字。至晚从河上公本已将"道"写为"大道"。可能因看到其"泛"与"可左右"的内涵，加"大"字以突出表"道"大的存在质性。楚简《老子》无此句，显然是后哲扩展道论而为。比较楚简《老子》与帛书《老子》论"道"的存在质性，楚简本重点从宇宙本源上揭示恒道与天地的生生与为生的关系，极少提及恒道与万物之间的寓存关系。换句话说，楚简本更侧重论述恒道生万物的历时性关系，突出其生成万物的"本始"价值。而帛书《老子》增加了恒道寓于万物之中的共时性关系，更着重强调了恒道寓于物而存在的"普遍"价值。帛书《老子》对楚简《老子》恒道内涵的发展，具有重要的思想价值，使恒道作为绝对存在，具备了两个不同存在阶段和存在样态。第一个存在样态，恒道是"象帝之先"的"有物混成"，作为"天地之始"、"玄牝之门"。此时作为不剖分、未始有封的"混一"者，是一个孕育生成万物的原初之在，可以为"万物之宗"、"万物之母"。第二个存在样态，是朴散而为万物。恒道分化为万物，是"泛兮其可左右"的普遍存在，它为"道通为一"，作为宇宙机体存在，同样承担着"万物之宗"、"万物之母"的

作用。

（一）"渢"与"氾"、"汎"、"泛"

"渢"者，《玉篇》释为"水声"，一曰"弘大声"。又音"泛"，同"泛"义。今本《老子》将其改为"泛"字。古又有"氾"、"汎"字，今皆写作"泛"。

"汎"者，《说文》解为"浮貌"，一曰"任风波自纵"。本义为漂浮不定。"汎彼柏舟，亦汎其流。"（《诗·邶风》）毛亨传云："汎，流貌。"汎汎其流，"不以济渡"。郑玄笺云："舟，载渡物者，今不用，而与物汎汎然俱流水中。"（引自《毛诗正义》，北京大学出版社1999年版，第113-114页）"汎汎杨舟，载沉载浮。"（《诗·小雅》）郑玄笺云："舟者，沉物亦载，浮物亦载。喻人君用士，文亦用，武亦用，于人之材，无所废。"（同上书，第630页）"无所废"，内涵兼用之义，"汎爱众"（《论语·学而》）。"汎汎杨舟"（《诗·小雅》）。郑玄笺云："杨木之舟，浮于水上，汎汎然东西无所定。"（同上书，第902页）"无所定"，不固定于一处。从以上"汎"字用义看，具有漂流不定的意谓，内涵"无所不在"的意蕴。

"氾"者，《玉篇》解以"普博"。又为不定之辞。《楚辞》多用此意。"氾潏潏其前后兮"（《九章》）。"氾"兼前后，正如"其可左右"。"将氾氾若水中之凫，与波上下"（《卜居》）。"与波上下"，犹言"其可左右"。"氾"与"滥"同谓，意谓大水漫流、横流。"凌阳侯之氾滥兮"（《九章》），"何氾滥之浮云兮"（《九辨》），"涉青云以汎滥游兮"（《远游》），"且倘佯而氾观"（《九叹》）。"氾观"，就是通观。"汎淫兮无根"（《九怀》）。以"无根"为"汎"，是浮萍的漂浮不定。"氾兮，若不系之舟。"（《前汉·贾谊传》）"不系"者，无有固定。

"泛"者，《说文》解为"浮"或"流"，象大水漫流或水上漂行，以言扩展领域之广，喻无处不在之义。"尧让贤，以为民，泛利兼爱德施均。"（《荀子·成相》）"泛利"为德施之溥。"泛"为兼并，"先为人而后自为，类名号言，泛爱天下，谓之圣。"（《韩非子·诡使》）"泛爱"，恩惠广及。又言物之极其微小貌，因"不定"、"普遍"而"微妙"、"缥缈"。《老子》正是以"泛兮"况恒道"遍在"、"无形"的存在样态。"泛"者，泛指整个、全部。"王侯懈怠，泛世无名"（《文子·精诚》）。"泛世"，一生一世。

（二）"左"与"右"

"左"、"右"二字相对而分，合者为全。凡物定在，故有左、右之畛。《说文》云："左，手相左助也。""右，手口相助也。""左"本义为帮助，后以偏旁借指左手、左边、向左等义。"右"本义同"祐"，本义为保佑。后借为"又"，表示右手、右边、向右等义。"参差荇菜，左右流之……参差荇菜，左右采之……参差荇菜，左右芼之"（《诗·周南》）。郑玄笺云："左右，助也。"（引自《毛诗正义》，北京大学出版社1999年版，第25页）"以左右民"（《易·泰卦》）。孔颖达疏："左右，助也，以助养

· 157 ·

其人"。(引自《周易正义》,第66页)此"左"、"右"同"佐"、"佑",是辅助、保佑的本义。后与上下,并言方位之属。"漂翻翻其上下兮,翼遥遥其左右。"(《楚辞·九章》)"席则有上下,车则有左右"(《礼记·仲尼燕居》)。"左右"对"上下",直言方位之分。左、右为德之分,"请言其畛:有左,有右,有伦,有义,有分,有辩,有竞,有争,此之谓八德。"(《庄子·齐物论》)"德"者,即分有之。后左、右以言礼节秩序,以明等位之分。"祥车旷左,乘君之乘车,不敢旷左,左必式。"(《礼记·曲礼上》)孔颖达疏:"旷,空也。车上贵左,仆在右。空左以拟神也。"(引自《礼记正义》,上海古籍出版社2008年版,第99页)又以左、右分言其助。"天子所右,寡君也右之。所左,亦左之。"(《左传》襄十年)孔颖达疏:"人有左右,右便,而左不便,故以所助者为右,不助者为左。"(引自《春秋左传正义》,北京大学出版社1999年版,第893页)左、右定位,是左与右相对。人道尚右,以右为君。左、右以分,成为职位。"左右既立,开门而当。"(《韩非子·扬权》)"分天下以为左右,曰二伯"(《礼记·王制》)。有左、右之分,便有左、右之合。"文王陟降,在帝左右。"(《诗·大雅》)郑玄笺云:"文王能观知天意,顺其所为,从而行之。"孔颖达疏:"文王升则以道接事于天,下则以德接治于人,常观察天帝之意,随其左右之宜,顺其所为,从而行之。"(引自《毛诗正义》,北京大学出版社1999年版,第957页)有左之宜,有右之宜,合而言之,即是"左右之宜"。"顺其所为,从而行之",正是恒道于物的"泛分其可左右"的内涵。"夫礼,死生存亡之体也。将左右周旋,进退俯仰,于是乎取之。"(《左传》定十五年)"左右"者,兼合两方,故为"周旋"。"左右前后,周而复所。"(《管子·白心》)有左右、前后之分,便以"周而复所"言其通、合。

归结而言,"左"、"右"是分离、分开、分裂的分析之属。物有"左"、"右",便有了分别取舍和分畛取向。而"可左右"是可左、可右,是对或左或右分判的否定,而为兼取、兼并、兼有之谓。相对物之分殊而言通兼,就是无所不在,无所不有,无所不为,便成为"普遍"和"大全"。正如"曲则全"的思维,全中的殊分是"一曲"。因分以分,曲无所遗,就是全。或左或右是分畛,而"可左右"则兼并之。它既是不定于一左或一右,又有兼其左右之谓,故以"泛分"况谓之。

二、文句解析

先对主要注家之解进行评述,然后阐述道家后学继承、发展的大致脉络。

(一)"大道泛兮"

"大道"者,恒道别名,恒道固是"大道"。因何而大?就在"泛"的存在质性上。对其注解大略有五义。

一为"浮沉"说。河上公云:"道泛泛若浮若沉,若有若无,视之不见,说之难殊。""泛"固有浮沉涵义,然以或浮或沉解恒道的"若有若无",非是。从"其可左

右”看，左、右皆言存在，非言“无”。以通于左右而不定其在言，固是“视之不见，说之难殊”。因为可见、可道的皆是或左、或右的存在物。

二为“泛适”说。王弼解为“无所不适”，苏辙解为“无可无不可”。恒道之于物，固是无所不宜，无所不可。物固有所可、所然，而大道无所不可，无所不然。大道通万物之适，周万物之可。以为用言，是“不逆于理”。陈象古云：“人能弘道，道不离于人，取之则来，行之则是，不逆于理，故曰其可左右。”理有可左、可右之宜，不逆物理，因物付物，故应无不当，左、右皆适。

三为“周流”说。陆希声云：“大道之用，其犹鬼神之德乎。汎汎乎可在乎左，可在乎右。”鬼神之为德，无所不至。范应元解为“周流无穷”，薛蕙解为“周流无滞”，徐大椿解为“道活泼无定，泛滥周流”，任继愈解为“大道像泛滥的河水一样啊，它周流在左右。”“周流”者，无滞而无所不至，它是充满的“遍在”。王真解为“大道汎然盈满天下”，陈景元解为“汎汎兮满乎太仓”。“盈满”，周遍无不至。何新云：“泛者，遍也，无所不至也。”（引自《老子新解》，北京工业大学出版社 2007 年版，第 123 页）陈鼓应认为，大道广泛流行，无所不到。“周流”说，采自“周行不殆”思维。

四为“无系”说。成玄英云：“汎，汎无系也，亦普遍之名。言大道虚玄，汎然无著，慈悲普遍，感而遂通。”“无系”是对固定的否定，无不在故普遍。以存在至极言是周遍，以存在无极言是无系，以功用至极言是感通。李荣以“不系”为“无滞于西东”，“虚舟汎而不系，大道汎而玄通”。“不系”，故通行。唐玄宗解“汎”为“无系之貌”。李约以“泛”为“不系于一方”，陈景元解“汎”为“无系著貌”，王雱解为“泛然不定”。宋徽宗云：“泛然无所系，故动静不失，往来不穷”。“动静不失”，是“泛适”；“往来不穷”，是“周流”。二者皆与“无系”涵义相通。

五为“广大”说。《老子想尔注》云：“汜，广也，道甚广大，处柔弱不与俗人争”。此以“汜”解道之所以为“大”。李道纯解为“广大悉备”，此是以《易》语解大道之“泛”，揭示恒道涵摄万物，道外无物。

以上诸说，除“浮沉”说不类外，其他说都揭示出恒道一方面的存在质性。“泛适”言恒道“无所不宜”，突出的是恒道成物的“无所不可”；“周流”言恒道“无所不至”，强调的是恒道行于万物的“周遍咸”；“无系”言恒道“无所系碍”，侧重的是恒道之于物的通行不滞；“广大”言恒道“广大悉备”，重点揭示的是恒道的大全无限。《老子》恒道存在质性兼有此四义，“无所不适”，在于“善利不争”；“无所不至”，在于“周行不殆”；“不系一方”，在于“道可道，非恒道”；“广大悉备”，在于“道通为一”。以存在性言，是“无所不在”；以功用性言，是“物物而不物于物”。恒道存在于功成万物之中。

（二）“其可左右”

历代注家解“其可左右”大略有三类。

道 与 物

一为"无所不可"。河上公解为"无所不宜",它是"无所不可"的"泛适"。"以道莅天下",固然无所不宜。李荣云:"玄通者,宁封于左右?是以入毫芒而遗小,弥宇宙而忘大,影见非一,灵化难常,物无不应,何为不可也。""玄通",通达于左右。"物无不应",是泛应曲当,故无为不可。唐玄宗云:"道之为物,非阴非阳,非柔非刚,汎然无系,能应众象,可左可右,无所偏名"。恒道以其非定在言,是"非左非右";以其周遍言,是"可左可右";以其泛应言,是"能应众象";以其强名言,是"无所偏名"。吕知常云:"至高无上,至深无下,莫测其涯涘,莫寻其根源,其唯道乎!包藏宇宙而无表里,充塞太虚动静不失往来,无穷泛然无所系碍,游于万物左之右之而无不可,其用大矣。"假"其可左右",可揭示恒道存在的不同涵义。以领域至大言,是"至高无上,至深无下";以范围至极言,是"包藏宇宙"、"莫测涯涘";以分布至广言,是"充塞太虚";以通行无极言,是"无所系碍";以功用至神言,是无所不可。薛蕙解"其可左右"为"无所不可",认为"举左、右以例其余"。以"可左右"为例,通言"可上下"、"可前后"、"可方圆"等,皆就分殊存在以言"兼并"质性。范应元认为,它是"可以左、可以右","无可无不可,无在无不在"。可以左、右,是无所不能;"无可无不可",是善利善成;"无在无不在",是无所不在。

二为"无所不至"。王弼云:道者"可左右上下周旋",其用则"无所不至"。"周旋",必"可左右"。"周"者普遍,"可左右"者通达。"无所不至",是"周行不殆"。成玄英云:"虽复非阴非阳,而应乎左右。欲明方圆任物,馨无不宜。"以《老子》思维言,"应乎左右",则用无不适。"方圆任物",则辅助自然,左右各适。李约认为,"可左、可右"是"略举两端",以"明备万物",揭示"广大悉备"的存在质性。王真认为,它是"可左可右",揭示万物"无不从"、"无不在"。陆希声云:"汎汎乎可在乎左,可在乎右。洋洋乎若在乎上,若在其前后。""洋洋"者,体物而不遗。陈景元认为,"泛"以言道体,"其可左右"以言道用。恒道的"泛",是"至高无上,至深无下,平乎准而直乎绳,圆乎规而方乎矩,包裹宇宙而无表里,洞同覆盖而无所砭"。恒道之用,是"或可于左,或可于右,皆逢其源,而无所不周"。实则,"泛"从普遍不定言,"其可左右"从通于分殊言,二者既可言道体,也可言道用。吕惠卿认为,"在物一曲"者,"可以左而不可以右,可以右而不可以左"。"大道"与物"居于定在"相反,"无乎不在"。李道纯以"无限量"解之,是假"可左右"揭示无限的存在质性。王雱解为"用之无所不通",为万物所共由。徐大椿云:"左右,无方也"。恒道"其可左右",正如"神无方而《易》无体"。左、右为定方或各执一方,而"可左右"是无方之方。

三为"佐佑辅助"。林东云:"左右为佐佑",是"辅万物之自然"。以"左右"为辅助,是用"左右"的本源字义。恒道之在物,是辅助其自然的无所不宜。恒道寓于万物,本身是生物、为物的存在。在生物、为物的功用中揭蔽其存在,在生物不测的功用无限揭示其存在的"其可左右"。

通观《老子》全文意旨，可以在"其可左右"的诠释上，取以上诸解的综合义。

一从分殊而言统一。恒道的普遍存在质性，体现于万物"众多"和"万殊"的丰富性、广泛性中。借助兼并、周行的"可左右"，可以揭示出恒道遍在万物之中，它无所不在，充塞宇宙。"可左右"的思维，是《墨子》所言的"弥"。"宇，弥异所也。"（《经上》41说）"异所"者，不同居所、殊异方位，正是或左或右。"弥异所"，是"东西南北"（《经说上》）的通一思维。

二从功成中见辅助。《老子》言恒道生养万物而不辞，衣被万物而不为主，功成事遂不名有等，皆可证恒道在世界的每一个存在物中都有其生养或辅助的功用。它"周行不殆"，无所不至。恒道在辅助万物功用上的"无所不有"，证验着恒道"其可左右"的存在质性。恒道在分化为万物后，非是独立于万物之外，而是在"为物不贰"、"生物不测"的至神功用中揭蔽自己为"其可左右"的存在。

三从众适中言齐适。《老子》云："道法自然"。万物自化、自足、自和，可证恒道在辅助万物中"无所不适"。"万物负阴而抱阳，冲气以为和"。此中的"和"，就是万物的众适和自适。《庄子》提出了"物固有所然，物固有所可。无物不然，无物不可"（《齐物论》）的"众适"观。万物的各得所适，验证了大道成物的"无所不适"。在众适中可以揭示恒道存在的"周行不殆"，在"齐适"中可以揭示恒道存在的"道通为一"。

四从无碍中见周流。《老子》对"水性"肯定有加，曾以水的"无有入无间"质性，揭示恒道于物的无所不入内涵。恒道，沉入万物之表，深藏万物之中，游于万变之间，成为"万化之奥"。"周流"者，是"周行"、"无碍"、"不系"。有"碍"、"系"，则行必不能"周"。无所不行，即可左、可右。《老子》的"可左右"思想，分别从一分殊、能佐佑、各自适、不可碍等不同角度，揭示恒道"无所不在"的存在内涵。

三、传承发展

《老子》"泛兮，其可左右"思想，在后来道家诸子著述中得到了继承发展。《庄子》多用"泛"字，内涵正合《老子》"大道泛兮"旨意。一为"不系"。"闷然而后应，氾而若辞。"（《德充符》）成玄英疏："氾若者，是无的当不系之貌也。"《释文》解"氾"为"不系"。"巧者劳而知者忧，无能者无所求，饱食而敖游，汎若不系之舟，虚者敖游者也。"（《列御寇》）"不系"者，无所羁縻、无所拘束。此可能是许多注家解"泛"的所本和依据。二为"周遍"。"墨子泛爱兼利而非斗，其道不怒。"（《天下》）惠施所辩，"泛爱万物，天地一体"。"泛爱"者，是"兼爱"，不只爱己一方，而是扩充其爱，普惠于人。三为"无穷"。"泛泛乎其若四方之无穷，其无所畛域。"（《秋水》）从"四方无穷"、"无所畛域"可知"泛泛乎"具有两类无限的表达方式：一为无穷、不测之量，一为不受限制、不定一所。"无穷"为"畛域"的否定，

"畛域"是对"无穷"的否定。就恒道无所不存的内涵看,"夫道,于大不终,于小不遗,故万物备。广广乎其无不容也,渊乎其不可测也。"(《天道》)"于大不终",是"无限之大";"于小不遗",是无微不存。"广广乎",是无不包容;"渊乎",是深不可测。"万物备",是无所不赅,这些正是恒道之于物的"其可左右"存在内涵。《庄子》载一则寓言揭示大道的"无所不在":就东郭子提出的"道恶乎在"命题,庄子答以"无所不在"(《知北游》),指出道在蝼蚁,在稊稗,在瓦甓,在屎溺之中。既是对"定在"的否定,也是对"可左右"的肯定。道者"无乎逃物",遍寓万物,故为"周遍咸"的存在。在揭示恒道"泛兮"存在之蕴的基础上,《庄子》又发展出一个主观心境上的"泛观"或"道观"内涵。"圣人和之以是非,而休乎天钧,是之谓两行"(《齐物论》)。王夫之解云:"无不可行者,不分彼此而两之。"(引自《庄子解》,载《船山遗书》第七卷,北京出版社1999年版,第3922页)"两行",是心识上的"其可左右"。"道合大小、长短、天人、物我而通于一,不能分析而为言者也。有真知者,并其通为一者而无朕,是未始有夫未始有始,未始有夫未始有无者。"(同上卷,第3924页)道合物性之分而通于一,故"道可道,非恒道"。真知者,通一而无朕,在万殊中得其道一。"以道泛观而万物之应备"(《天地》)。"以道泛观",是"以天下观天下"。因物观物,则不逆物理,故备应万物,应无不宜。"泛观"作为心识,是心境和思维上的一大跃升,它来自对"道通为一"的体悟。正如黑格尔的绝对精神在于自我认知一样,恒道只有"以道观之",才能揭示其"广大悉备"的存在质性,才有大全真理。"以道观之,何贵何贱,是谓反衍;无拘而志,与道大蹇。何少何多,是谓谢施;无一而行,与道参差。严乎若国之有君,其无私德;繇繇乎若祭之有社,其无私福;泛泛乎其若四方之无穷,其无所畛域。兼怀万物,其孰承翼?是谓无方。万物一齐,孰短孰长?道无终始,物有死生,不恃其成。"(《秋水》)贵贱是取舍的一观,物者"自贵而相贱",而"反衍"是反于"道观"。泛观万物,齐万物以为一,则无物不然,无物不可。物各自足、自适,何贵何贱?齐均万量,则无少无多;无私无方,兼怀万物;因道参差,曲全其行;与时俱化,动善其时。郭象正是注"无方"为"泛泛然无所在",正因"无方",故能"以万物为方"。成玄英疏"泛泛"为"普遍之貌"。(引自《庄子集释》,中华书局2004年版,第586页)"普遍",是"周遍咸"之名,揭示的是恒道的"无所不在"。以大道存在质性言,是泛然可于左右;以大道的自我认知言,是泛观因物观物。"道观"作为"泛观",是以物观物的静观,犹物理自照,各当其宜。通过昭示恒道广大无限、神功不测的存在质性,又在"道观"的反思中,达到了存在与思维上的统一。《老子》所言的恒道存在,既是"先天地生",又是"其可左右"。此中思维转换揭示了恒道由作为"有物混成"的浑一实体,至分有散殊于万物的"道通为一"。恒道以"其可左右"遍在于万物之中,以万物为体,囊括万有,无所在又无所不在,变成"无乎逃物"的"大全"存在。《老子》"可左右"思维,以为"帝"的存在就是"无常处"。"黄帝曰:'帝无常处也,有处者乃无处也。'……今五

音之无不应也，其分审也。宫、徵、商、羽、角，各处其处，音皆调均，不可以相违，此所以无不受也。"（《吕氏春秋·圜道》）"无常处"者，非定于一处，不限于一所。无所不在是"有处"，不定其在是"无处"。"各处其处"，是或左或右；"无不受"，是"可左右"。"无常处"寓于、遍在"各处其处"中。之所以"无不受"，在于"各处其处"。理一，即在分殊之中；分殊，即在理一之下。"无常受"，方能受无不受，各当其分。《文子》继言"泛兮"之谓。恒道兼有殊能，"约而能张，幽而能明，柔而能刚，含阴吐阳"（《道原》），也是存在上的"其可左右"。"大道无为。无为即无有，无有者，不居也。不居者即无处无形。"（《精诚》）"无有"者，不居于一有，居无定所，无所不居。"无处"者，是无定在，不系不滞。"神微周盈，于物无宰。十二月运行，周而复始。金木水火土，其势相害，其道相待。故至寒伤物，无寒不可；至暑伤物，无暑不可；故可与不可皆可。是以大道无所不可，可在其理，见可不趋，见不可不去。"（《自然》）"神微"者，周尽于精微；"周盈"者，以至于广大；"无宰"者，无定执其功。"周而复始"，是周遍其时；五行相待，是用"可左右"；"无所不可"，是无所不在。"可与不可"，是"相为左右，相为表里"。"相为左右"，就是"其可左右"。往古来今为宙，四方上下为宇，"道在其中而莫知其所"。宇宙是"可左右"的周全思维，而"莫知其所"是无有常在的思维，为无方之所。《淮南子》也有"泛"论。"一之理，施四海；一之解，际天地。其全也，纯兮若朴；其散也，混兮若浊。……澹兮其若深渊，泛兮其若浮云；若无而有，若亡而存。"（《原道训》）"一"者"无形"，而"泛"若浮云，则浮游不定。"泛"是左右散殊基础上的普遍，故为"施四海"之"一"，而非是空廓之"一"。"泛"是左右的周全，故"际天地"。"不定在"，故"若无而有"。仿若"不定在"的"亡"，而实是"泛兮"的"存"。"至得无私，泛泛乎若不系之舟"（《鹖冠子·世兵》）。"不系"者无所定执，故泛然无不至。"无私"者，"容乃公"，无有其外。王弼正确看到道家与《易》在思维上的亲缘关系，坚持以道释儒，打通了道家与儒家思想的隔墙，实现了思想上的融和。"一阴一阳者，或谓之阴，或谓之阳，不可定名也。夫为阴则不能为阳，为柔则不能为刚。唯不阴不阳，然后为阴阳之宗；不柔不刚，然后为刚柔之主。故无方无体，非阳非阴，始得谓之道，始得谓之神。"（引自《魏晋全书》第二册，吉林文史出版社2006年版，第125页）此是以道家"可左右"思维解《易》的"一阴一阳之谓道"。左右以分，是"或谓之阴，或谓之阳"；"可左右"，是"不可定名"。在《老子》言，凡物皆可左而不可右，或可右而不可左；在《易》言，为阴不能为阳，为柔不能为刚。两者是同一思维结构。在《老子》言，恒道作为"其可左右"的存在，是对或左或右的否定。在《易》言，卦变为"非阳非阴"，是对或阴或阳的否定。这里，"其可左右"，是非左非右的另一种表达方式。二者是至极而无极的思维表达方式。在《易》言，是"神无方而《易》无体"；在《老子》言，是"无状之状"、"大象无形"。"泛兮其可左右"，类于"无方无体"的"广大悉备"。以《老子》的道、德关系言，道的"无不在"，就

在事物之得中，因德是道的分有，故有理有宜。德之"殊"中，有道之"一"，此是"道一分殊"。就《庄子》以物有左、右之畛而"道未始有封"的论说，郭象云："道无封，故万物得恣其分域。"（《齐物论》注）"恣其分域"，是"可左右"。成玄英疏："夫道无不在，所在皆无，荡然无际，有何封域也。"因无封域，非定在，故"所在皆无"；"荡然无际"，无不在，故"无所不在"。道在万物之中，是物殊无所不然。"群物纠纷，有理存焉，万事参差，各随宜便者也。"（引自《庄子集释》，中华书局2004年版，第83-84页）"纠纷"、"参差"者，万殊之理。"理存"，既是"理一"，又是"殊分"。"各随宜便"，是"曲而全"。郭象注"无乎逃物"认为，"道而不周，则未足以为道"（《知北游》）。必其逃物，何以周遍？知道无不在，方能与道为一，而"游彼无穷"，周行于万物。成玄英疏："无者，无为道也。夫大道，无不制围。"（引自《庄子集释》，第751页）以"无"为道，是"旷荡"而"无不制围"，范围万物而不过。恒道寓于万物之中的"可左右"思维，深刻影响了后来佛学、禅宗。以《关尹子》为例，举一以见其概。"天地寓，万物寓；我寓，道寓。苟离于寓，道亦不立。"（《二柱》）此"寓"虽与《老子》、《庄子》恒道"寓于物"思想有着本质上的区别，但同样揭示出道的"可左右"思维质性。在佛学、禅宗，"寓"是"即物显识"、即物相见无相，它是以有无相证。"无相"之境，在"即有相"的"遣"中。有无双遣，相为境证，故为"道无不在"。"殊不知道无不在，不可舍此就彼。"（《八筹》）"舍此就彼"，即是心执、住相。"道无不在"，是念念不留、如如不住。禅宗云："一华一世界，一叶一如来"。道识，在于即物而在，无物无相，无相非境。即左非左，即右非右，可左可右，非左非右，不执不空，方是"无所来，也无所往"的禅宗境界。王夫之在解"不际之际，际之不际"（《知北游》）一文上云："道唯无际，故可各成一际。道惟无在，故可随在而在，无在无不在。其际莫穷，乃于其中随指一物，而自然之理不遗。"（引自《庄子解》，载《船山遗书》第七卷，北京出版社1999年版，第4016页）物各有一际，则为定在；道无际而成物之际，故无所不在。"无在无不在"，是非定在而无处不在，是寓物有在而非为物定在的绝对存在。

四、思维同构

恒道的"泛兮，其可左右"思维质性，在儒家思想中也有近似论述。《中庸》云："鬼神之为德，其盛矣乎！视之而弗见，听之而弗闻，体物而不可遗。使天下之人齐明盛服，以承祭祀。洋洋乎如在其上，如在其左右。……夫微之显，诚之不可掩如此夫。""盛"者，犹如"泛"，揭示鬼神的真实无妄，体物不遗。"德"是"微之显"，发见于祭祀之中。虽不可闻见，但在齐明盛服中可感知其如在左右。"在其左右"，犹如"其可左右"。体物不遗，是无所不在。恒道作为"泛兮其可左右"的存在，既是无所不在，就非是视闻可知见的具体存在物。"流于天地之间，谓之鬼神"（《管子·内业》）。"流于天地"，是"周流"。朱熹注："鬼神无形与声，然物之始终，莫非阴阳

合散之所为，是其为物之体，而物所不能遗也。"（引自《四书集注》，北京古籍出版社 2000 年版，第 32 页）成"物之始终"，而"物不能遗"，揭示鬼神寓于物而无有所遗，正是"其可左右"。王夫之指出，鬼神之为德，"无一物焉而非其所寓也，无一处焉而非其所在也，无一时焉而非其所行焉，则天下之至盛者与!"（引自《四书训义》，载《船山遗书》第三卷，北京出版社 1999 年版，第 1631-1632 页）鬼神之所以为"天下至盛"，乃因其无一物不寓，无一处不在，无一时不行，故为"如在左右"。犹如《老子》恒道之于万物，作为"万物之奥"，它"周行不殆"，"善始且善成"。就鬼神之微的内涵，王夫之认为，"人所可见者形也，而就形以视之而不得。夫形有大小，各有其量，而无形者无量之可测焉。……此天下之至隐者乎! 乃其不可见不可闻者，固非无也。万物各有其体，而居于体之中，以使成物之体，则鬼神之能体之也。无物不有其生，无物不有其死，无物不有其所成之功能，无物不有其无方之变化，皆鬼神之体之也，无有遗焉者矣。盖视之不见，而非不能为形矣；听之不闻，而非不能为声矣；然则天下之可见者形尽于可见之中，可闻者声止于可闻之际，而此之不遗者，则尽天下无形之境，无声之时，而皆其性情功效之实有者焉，则岂不极盛矣乎?"（同上卷，第 1632 页）鬼神作为"至隐"者，非是"空无"，而是不可测量的"无形"，故为"极盛"。鬼神不可视闻，然又体物不遗，无所不在。它正如恒道的"泛兮其可左右"，为微妙与至神的统一。正因为无形、不测，视不见、听不闻，方是"泛"、"可左右"的存在质性。若可见可闻、有形有量，就是定在的存在物。鬼神的"体物不遗"，体现在无物不以之生死、成毁以及变化，犹如恒道之在天下。"于斯时也，洋洋乎不可见之中，若有形焉；不可闻之中，若有声焉。流动于两间而充满乎庙中，如在其上，而与相陟降焉。若在其左右，而与相酬酢焉。"（同上页）此思维类于《庄子》之说，"视乎冥冥，听乎无声。冥冥之中，独见晓焉；无声之中，独闻和焉。"（《天地》）"洋洋乎不可见之中，若有形"，犹如"冥冥之中，独见晓"；"不可闻之中，若有声"，犹如"无声之中，独闻和"。流动充满、"相陟降"和"相酬酢"，犹如道与万物接"至无而供其求，时骋而要其宿，大小、长短、修远"。鬼神的"无处不在"是其德的极乎其盛，正如恒道的无所不在体现在"为物"的"周行不殆"中。"夫鬼神本微也，故不可得而见，不可得而闻也，而其无物不体，无处不流动充满，无时不降格人心，则莫有显于此者。"（同上页）以其"不可见闻"为"隐"，以其"体物不遗"为"显"，正如恒道的"有无一体"，为"泛兮其可左右"。二者的思维同构性表现在：《老子》言恒道为"泛"，《中庸》言"鬼神"为"盛"；《老子》言恒道"其可左右"，《中庸》言鬼神"在其左右"；《老子》言恒道"无形"、不可见闻，《中庸》言鬼神"不可得而见，不可得而闻"；《老子》言恒道"微妙"、功成而有，《中庸》言鬼神"微之显"；《老子》言恒道为"无所不在"然为"无状之状"，《中庸》言鬼神"费而隐"。儒家以鬼神"体物不遗"揭示其德无所不在，《老子》以恒道"无弃材"、"无弃人"的"德善"揭示其德无所不在。张载云："天体物不遗，犹仁体事无不在也。'礼仪三百，

威仪三千',无一物而非仁也。'昊天曰明,及尔出王,昊天曰旦,及尔游衍',无一物之不体也。"(引自《正蒙》,载《张载集》,中华书局 2006 年版,第 13 页)物物分判,故有左右之别。天"体物不遗",仁者泛然体现于三百仪礼、三千威仪之中,犹如恒道辅助自然的"泛兮其可左右"。在解《易》上云:"体不偏滞,乃可谓无方无体。偏滞于昼夜阴阳者,物也,若道则兼体而无累也。以其兼体,故曰'一阴一阳',又曰'阴阳不测',又曰'一阖一辟',又曰'通乎昼夜'。"(同上书,第 65 页)物偏滞于阴阳,是或左或右;道者"兼体",是"其可左右"。"无方无体"、"通乎昼夜",正是"泛兮"思维。张行成在衍邵雍《观物外篇》的内涵上,揭示了神之于形的"无所在,无所不在",其思维就传承于《老子》恒道之于物的"泛兮其可左右"思维。"形可分,神不可分。可分者不能分,不可分者能分。犹可变者不能变,不可变者能变也。……神寓于形,形有殊而神则一,故一体动,而四支应者,神本一故也。"(引自《梅花易数》,九州出版社 2012 年版,第 396 页)以"神"代《老子》"道",以"形"代"物",揭示二者关系的思维同构性。可分者是物,形是其表现;不可分者是混一的道,神是其功。"不可分者能分"、"不可变者能变",正是造化者"一不化"成"万化未始有极"的思维。神寓于形,正如恒道寓于物;"形有殊而神则一",正如物万殊而道一。当然这里的"神"是机体的神识。与《老子》恒道的内涵实质大有不同。"神无所在,无所不在。"(同上书,第 399 页)神"无所在",正如恒道非定在,"与物反";神"无所不在",正如恒道"泛兮其可左右"。文天祥在《御试策》中对"道寓于物"说得更透彻,"道之在天下,犹水之在地中,地中无往而非水,天下无往而非道。水一不息之流也,道一不息之用也。"(引自《宋元学案·巽斋学案》,载《黄宗羲全集》第六册,浙江古籍出版社 2005 年版,第 470 页)"天下无往而非道",正如恒道为"万物之奥",有物则道行;"道一不息之用",正如恒道"周行不殆"。传承于程朱思想,陈淳云:"道流行天地之间,无所不在,无物不有,无一处欠缺。子思言'鸢飞'、'鱼跃'、'上下察'以证之,有以见道无不在,甚昭著分晓。在上则鸢飞戾天,在下则鱼跃于渊,皆是这个道理。程子谓此是子思喫紧为人处,活泼泼地。……此正如颜子所谓'卓尔',孟子所谓'跃如'之意,都是真见得这道理分明,故如此说。"(引自《北溪字义》,中华书局 2009 年版,第 683 页)"道流行天地之间",犹如周行于万物;"无所不在,无物不有",正是"泛兮其可左右"的"道无不在"。王阳明以"良知"即天道、天理,认为它是"无所不在"。"人的良知,就是草木瓦石的良知。……天地无人的良知,亦不可为天地矣"。(引自《传习录下》,载《王阳明全集》第一册,浙江古籍出版社 2011 年版,第 118 页)以"良知"泛见于天地万物之中,此是道家"道观"思想的转型,同样体现了"泛兮其可左右"的思维。欧阳德云:"道塞乎天地之间,所谓阴阳不测之神也。……神无方无体,其在人为视听,为言动,为喜怒哀乐;其在天地万物,则发育峻极者,即人之视听言动、喜怒哀乐者也。鸢之飞、鱼之跃,以至山川之流峙,草木之生生化化,皆人之视听言动、喜怒哀乐者也。故人

之喜怒哀乐、视听言动，与天地万物周流贯彻，作则俱作，息则俱息，而无彼此之间，神无方体故也。故格吾视听言动、喜怒哀乐之物，则范围天地之化而不过，曲成万物而不遗，神无方体故也。视听喜怒之外，更有何物？盖古之言视听喜怒者，有见于神通天地万物而为言，后之言视听喜怒者，有见于形对天地万物而为言，通则一，对则二，不可不察也。"（引自《明儒学案·江右王门学案二》，载《黄宗羲全集》第七册，中华书局 2009 年版，第 423－424 页）同一个"无方无体"之"神"，在人为视听言动、喜怒哀乐，在天地万物为发育峻极，从其周流贯通言是无所不在。神之寓于人物，以及"范围天地之化而不过，曲成万物而不遗"，皆如《老子》恒道之于万物的"其可左右"思维。"神通天地万物"，是"道通为一"的思维变型。刘宗周云："性即理也，理无往而不在，则性亦无往而不在。"（引自《会录》，载《刘宗周全集》第二册，浙江古籍出版社 2007 年版，第 517 页）性理"无往而不在"，同样是"泛兮其可左右"的思维同构。

　　最后，对本节内容作以简要概述。"大道泛兮，其可左右"思想，揭示了恒道作为存在的一种样态，它寓于万物之中，非定居于一处，非定存于一所，因万物而在，寄万物以存，存无常处、居无常所。离物无道，无道无物。以其功用存在言，是物物而不物于物，在而不在，存而不存。道无在而无不在，周行而无不有。此一思想，与恒道"无形"、"恍惚"以及"或存"等观念具有思维融贯性，同时与"无名"、"无为"和"玄德"等观念具有相为印证的思维一体性。正因恒道不定于一左一右，而是"其可左右"，无定存，故为"无形"、"无为"和"无名"。正因恒道"泛兮"存在，故为"恍惚"、"或存"、"道通为一"。正因恒道泛应、善信，故"万物恃之以生而不辞"；正因恒道不定其有，故"功成遂事而不名有"；正因恒道泛然无主，故"万物归焉而不为主"；正因恒道不滞于"定有"，故"生而不有"；正因恒道周流贯通，故"周行不殆"。

　　本章通过对恒道作为湛然之在、恍惚之在、无形之在和泛兮之在，亦即"在"之为"在"的解析，可以确证恒道与具体存在物间有着不可割离的联结关系。恒道并非是外在于存在物的另一个独在，相反却是寄寓于物，凭借于"为物"之功而显现其为"在"，在生养、覆育、亭毒、成遂万物中展示其存在。恒道作为绝对存在，非是以存在者、存在物的方式存在，也非是以西方古希腊哲学所言的"神"或上帝、"理念"或"逻辑"实体样式存在，它是一个由抽象思维创造的作为生成万物的一本，以及遍在万物之中发挥"辅助自然"功用的"无形"、"周遍咸"存在。恒道存在于万物之中，既寄寓万物以居有，辅助万物以存在，"泛兮其可左右"。又本自"无方无体"，物物而不物于物。道"无所不在"，"无乎逃物"，确证了万物内在有道，道在万物之中。

第四章　道与宇宙

　　"往古来今谓之宙，四方上下谓之宇"。在中国古代的学术思想中，很早就形成了"宇宙"观念，它的形成极大地提升了对时空观的认知。《老子》恒道的存在质性与宇宙观之间有何关系？恒道是否具有时空特性？先人时空观与西方的哲学思维有何不同？这些就是本章将要予以诠释的内容。

第一节　宇宙之间

　　"宇宙"观，在中国古代思想中表现出两种揭示方式，一是肯定式的思维结构，一是否定式的表达方式。它们皆来自先人的生活实践和玄思，为哲学思想体系的内在发展使然。"宇宙"观反映着道物观，或者说宇宙观与本体论、自然观是相互融贯一体的体系。在揭示"宇宙"的内涵上，关键所在是道与物的关系。

一、文字校解

　　"宇"者，《说文》解为"屋边"，本义为"房檐"。"七月在野，八月在宇"（《诗·豳风》）。陆德明云："宇，屋四垂为宇，《韩诗》云：'宇，屋溜也。'"（引自《毛诗正义》，北京大学出版社 1999 年版，第 502 页）"后世圣人易之以宫室，上栋下宇，以蔽风雨。"（《易·系辞下》）引申指房室，词义拓展后意指上下左右的整个空间。《玉篇》释为"方"，为"四方上下"。"宇"进而拓展指天地之间的空间。"至高谓之天，至下谓之地，宇中六指谓之极"（《荀子·儒效》）。王先谦云："六指，上下四方也。尽六指之远则为六极。"（引自《荀子集解》，中华书局 2008 年版，第 144 页）上天下地，加前后四方，就是"宇"的内涵。可见，在中国古代的空间观念中，"宇"是万物存在的场所、空间。"万物同宇而异体"（《荀子·富国》）。万物之体各自有异，然同在一个"宇"中。"宇"中无所不包，"宇中万物生人之属，待圣人然后分"（《荀子·礼论》）。万物与生人之类存在，或者说一切存在皆在"宇"中。"宇"是万物存于其中之宇。先秦儒家认为，天地自然存在，而"宇"由天地所构成，是天地之间的境域。"宇"者自然存在，然对"宇"者何来的问题还要进行反思。道家特别是《老子》提出了"先天地生"的存在，无疑也就提出了"宇"的来源问题。

　　"宙"者，字形从"宀"，表示房屋的"栋梁"。《说文》云："栋，极也。""极"

字，繁文为"橒"，从"木"，从"亟"，原意为"脊檩"。《说文》解"宙"为"舟舆所极覆"。此是引申义，泛指舟车所到的一切地方。《玉篇》释"宙"为"居"。徐铉曰："凡天地之居万物，犹居室之迁，贸而不觉。"舟舆所至、"居室之迁"，皆是位移、变动之属。有变动，就有时间的连续，极至处是古往今来的所有时间。"宙"是古人的时间观。

从宇宙造字来看，二者相连一体，紧密相关。从空间的位移中形成时间，时间在空间之中。"天地四方曰宇，往来古今曰宙。"（《尸子》）"往来"，是空间的位移、变化，它有往来先后之别，就有古今之分。以天地四方为"宇"，以往来古今为"宙"，是一种时空观上的"集合"式思维。天地之间，四方之内，空间距离之极，是"宇"；汇集往来的距离、古今的时间，是"宙"。此也是《墨经》中的思维方式。《墨子》解"宇"为"弥异所"，解"久"为"弥异时"（《经上》）。同时将"久"释为"古今旦暮"（《经说上》）。"弥"者，弥漫、充满之谓，借助数量、体积上的累加扩展，达至无所不极，它是集合思维。"宇"是不同居所的叠加至极，"宙"是横贯古今的扩展至极。

二、道家宇宙观

"宇宙"一词，《现代汉语词典》释为："一切物质及其存在形式的总体（"宇"指无限空间，"宙"指无限时间）"。这里的内涵，非只是绝对的时空，而且包涵物质。追溯其来源，"宇宙"一词最早载于春秋时期晋国程本（字子华）所著《子华子》一书的《孔子赠》篇。"惟道无定形，虚凝为气，散布为万物，宇宙也者，所以载道而传焉者也"。宇宙"载道而传"，是容纳道的时空存在。道散在万物之中，就载在宇宙之中。"道无定形"，是《老子》所谓的"大象无形"；"虚凝为气，散布为万物"，是"元气"、"太虚之气"的思维。到了战国时期，鲁国的尸佼在其所著《尸子》一书中，第一次明确定义了宇宙内涵："上下四方曰宇；往古来今曰宙"。《老子》虽未曾提及"宇宙"一词，但在揭示恒道"泛兮其可左右"和"自古及今，其名不去"中，间接揭示出了一种宇宙观。更重要的是《老子》从"先天地生"、"万物之宗"的角度，提出了宇宙的由来问题。天地万物生，宇宙也一并而生，宇宙是万物存在的方式和形式。"自古及今"，是"弥异时"的集合思维。"泛兮其可左右"，是"弥异所"的集合思维。然《老子》又有否定式的揭示方式，它体现在恒道的存在质性中。以时间性言，恒道作为"天地之始"，是无始之始。它是无古无今，无始无终。以空间性言，恒道是无形存在、绝对存在，它是无左无右、无上无下。二者统一起来，宇宙思维是"象帝之先"。"宇宙"思想，在《庄子》中更多表现为万物本体存在意义上的"道通为一"。具体表现为两种揭示方式：一是"万物一体"的肯定思维，一是有限之否定即是无限的表达样式。"奚旁日月，挟宇宙"（《齐物论》）。"旁日月"，是将日月作为存在者而可"傍"。与之相对，"宇宙"可"挟"，即将之作为一种实体存在而得以"与道参

差"。这里的宇宙，既是指万物存在其中的空间，同时是指宇宙中的万物。郭象云："以死生为昼夜，旁日月之喻也；以万物为一体，挟宇宙之譬也。""以死生为昼夜"，是时间上的通于一。"以万物为一体"，是空间上的通于一。宇宙者，无所不包，为整体大全，就是"道通为一"。"外不观乎宇宙，内不知乎大初。是以不过乎昆仑，不游乎太虚"（《知北游》）。宇宙是广大无垠的万物全体，它与"太初"相对。"太初"，是宇宙的起源，"象帝之先"。"昆仑"是宇宙中的至大存在者，而"太虚"是宇宙非实物状态的空虚境域。"昆仑"在宇宙之中，"太虚"是宇宙中的"无何有之乡"。虽然，这里重点强调的是空间，然空间就在时间之中。"昆仑"是遥远大山，过之是时间的横贯性，就是"久"或"宙"的时间性。"游乎太虚"，是时间上的自由逍遥。有"太虚"必有"宇"，"太虚"本身即是"宇"。有"大初"必有"宙"，"宙"是"大初"的拓展、延伸。"太虚"在"大初"时是"有物混成"，在"宙"中是涵摄万物的"自古及今"。以气言，太虚是气的散漫、清通存在样态。《庄子》还明确指出了一个不同于四方上下、往来古今的宇宙表达方式。"道通，其分也，其成也毁也。……以有形者象无形者而定矣！出无本，入无窍。有实而无乎处，有长而无乎本剽，有所出而无窍者有实。有实而无处者，宇也；有长而无本剽者，宙也。"（《庚桑楚》）以"有形"象"无形"，是假"有"以揭示"无"。成、毁有分，则有始、终之别。无分无毁，则道通为一。有本、有窍、有处者，是存在物。"处"者，《说文》解为"止"。凡处必有可以处的定所，而定所必有止限。存在物是实在，必有定处，故有乎处。"无乎处"者，正如"泛兮其可左右"思维一样，非有定处，而无乎不处。"宇"的"无处"，是对存在物"有乎处"的否定。然它非是空间性的存在，还是"有实"，只不过非定处而已。"长"者，与"短"相对，是形物属性。凡"长"必有止限，存在物是具有"长"的时间性存在，故必有"本剽"。"无本剽"者，正如"弥异时"思维一样，非有定"长"，而是无限之"长"。"宙"的"无本剽"，是对存在物"有本剽"的否定。它非是时间性的存在，还是"有长"，只不过非定"长"而已。宇宙作为"道通为一"的存在，同时是无限的存在，相当于恒道生成万物后的"万物之奥"，为宇宙机体的存在样态。这里的宇宙非是空虚之域，非为绝对的时空存在。"出无本，入无窍"作为本根存在，是"入出而无见其形"的"天门"，是"万物出乎无有"的"无有"。《庄子》的"宇宙"观，从否定有极而言无极，假有极的否定以界定无极。无极不能离开有极而自我界定，正如恒道不能离开万物而言自身存在一样。从语言表达逻辑来看，立一有极"可道"，否定之则为"不可道"的恒道。无极是假名、强名，非是可名之名。家世父云："形者，实也，无所处乎其形，故有出；无形之形，所以长也，而更无始终本末之可言，故有入；出入无窍也，而固有实。天地六合曰宇，宇以言乎其广也；古往今来曰宙，宙以言乎其长也。"（引自《庄子集释》，中华书局 2004 年版，第 800页）以"无形之形"、"无始终本末"为"长"，是超越长短相对的无长之长、无限之长。然若只以集合式的"时空"观解之，就非能真正把握《庄子》"宇宙"观的玄妙。

对宇宙的认知，必要有"真知"。"小夫之知，不离苞苴竽牍，敝精神乎蹇浅，而欲兼济道物，太一形虚。若是者，迷惑于宇宙，形累不知太初。彼至人者，归精神乎无始而甘冥乎无何有之乡。"（《列御寇》）"无始"与"太初"是无极而有极的关系，它们是"宙"的两种起始本源揭示方式。"太初"作为万物之始言，是时间的起始。"无始"就"宙"的自性言，是无时间性的无限。"无始"则无终，它是万物变化上的"宙"无穷。"无何有之乡"与"弥异所"是无穷与至极的关系，它们是"宇"的两种思维表达方式。"弥异所"作为万物存在境域言，是空间的至极。"无何有之乡"就"宇"自性言，是无空间性的无限。"迷惑于宇宙"，局限于"小夫之知"，以形为累，执著有限，故不知太初的无限性。以《庄子》本旨言，宇宙不离形物存在，它是恒道的存在样态。然也有将宇宙视为时空存在的例外，"余立于宇宙之中"（《让王》），但它非是本旨。《庄子》的"宇宙"观还体现在精神体验上，"若夫乘天地之正，而御六气之辩，以游无穷者，彼且恶乎待哉！"（《逍遥游》）"游无穷"，是"独与天地精神往来"，为与天地万物而一的境界。"精神四达并流，无所不极，上际于天，下蟠于地，化育万物，不可为象，其名为同帝。"（《刻意》）"精神"是"道通为一"的境界，故能"四达并流，无所不极"，游于无何有之乡。"精神"者，既是无所不极的绝对本体存在，又是自由贯通的心灵境界。这种体验，为陆九渊发展为"宇宙便是吾心、吾心便是宇宙"的境界。这里的"宇宙"观念，是万物皆备的统称，又是恒道或造化者的别名。赵沛霖指出，《庄子》的时空观内在具有两种矛盾。第一个矛盾是：一方面言宇宙没有开端，具有无始无终的永恒性；另一方面又云道在宇宙之前，宇宙生于道而有开端。第二个矛盾是：一方面言宇宙无限和永恒，具有统一性；另一方面又把宇宙分为六合之内与六合之外。这两种矛盾内在于《庄子》中，不能调和（参见《诸子学刊》第三辑，第26-28页）。"宇"有六合内外之分，"六合之内"是有限之极，为俗人境界或世俗境界。"六合之外"是至人境界和逍遥境界。实则，《庄子》是在"通"与"分"、有穷与无穷的关系上，来界定"六合"内外的。以"宇宙"没有开端，具有无始无终的永恒性，并将之视为"道"，是混淆了二者的区别。宇宙只是恒道分化为万物后的"道通为一"存在样态，"天地之始"是宇宙之始，故可说宇宙生于道而有开端。"道"在宇宙之前，为"象帝之先"。恒道是绝对存在，故无始无终；而宇宙有始而无终，因为它是恒道的另一种存在样态，内在于恒道的无限中。恒道具有无限和永恒的统一性，"六合之外"是未始有物的无极状态，而"六合之内"是宇宙作为"道通为一"的存在样态。"六合之内"是可以感知之所，它包括九州、八极，除泛指地上所载的一切之外，还包括附近的近空空间。"六合之外"是"神人"、"至人"所体验的"逍遥境界"，泛指天地间之外的高空空间。"六合之外，圣人存而不论。六合之内，圣人论而不议。"（《齐物论》）"六合之外"，不可致诘，是对有限的否定，"象帝之先"；"六合之内"，知而不言，是有限的集合，"通而为一"。前者是"未始有物"，后者是"未始有封"。因恒道与宇宙具有生与为生的关系，天地已生，则宇宙形

成。道生天地，天地已成的天地之间是"六合之内"，而恒道本来是"六合之外"。有六合内外之分，方可言其统一性。没有分殊，何谈统一？没有有限的至极，何谈无限？无限是对有限的否定。因有限而成其无限。无限不是有限的集合，而是有限的否定，它不可名言表。否定亦是肯定，因天地言道生天地。恒道无限是绝对存在，它的质性为一切有限存在的否定，假"六合之内"言"六合之外"。这里，非是"六合之内"的外面有个独立存在的"六合之外"。二者之分是有限与无限的关系，是就认知思维的不同质性言，前者是肯定式的至极思维，后者是否定式的无极思维。"六合为巨，未离其内；秋毫为小，待之成体。"（《知北游》）"六合"虽大，以其生于恒道，故在恒道之内。宇宙是恒道寓于万物的存在样态，宇宙与恒道之间是所生与能生的关系。非恒道外有宇宙，也非宇宙外有恒道。相对于宇宙存在，恒道作为"六合"内外存在，从时间上言为至极而无限，从时间上言为不息而无穷。"六合"非即是宇宙，然宇宙包涵"六合之内"，因为"六合"是宇宙的空间属性。相对于宇宙空间言，恒道是无畛无限。"夫道未始有封"（《齐物论》）。"未始有封"，是无边界的无限之域，又是对物性有畛的否定，"道通为一"。"泛泛乎其若四方之无穷，其无所畛域。"（《秋水》）恒道寓于万物之中，作为"道通为一"的宇宙存在，它因物有畛而言"无畛"。大道是因定在而言"无所不在"（《知北游》）。大道与物性反，故无限。它是"宇"者"无处"的内涵。相对于宇宙时间言，恒道没有始终，不息而无极。"有始也者；有未始有始也者；有未始有夫未始有始也者。……莫寿于殇子，而彭祖为夭。"（《齐物论》）追溯本始无尽，故揭示时间无始"存而不论"。"彼其物无穷，而人皆以为有终；彼其物无测，而人皆以为有极。"（《在宥》）"无穷"、"无测"，从时间上言无限；"有终"、"有极"，则从时间上言有限。前者是"论而无议"，后者是议而有辩。恒道的无穷体现于万物的无穷中，因为恒道已成为寓于万物中的存在。"吾观之本，其往无穷；吾求之末，其来无止。"（《则阳》）往来无穷止，为恒道的"周行不殆"，是其作为"道通为一"存在样态的时间无限。恒道的无限时空观，与其变化观相互印证。"若人之形者，万化而未始有极也，其为乐可胜计邪？"（《大宗师》）形固有化，而化未始有极，它是无穷之化。生死是化，生死循环不息是无穷变化。就人物个性言，生死之化有极，而通万物之化则无极。"化则无常"（《大宗师》），"一龙一蛇，与时俱化"（《山木》）。造化者不化，而成万化未始有极，正如恒道"独立"而"周行"。本自不化，方能随物俱化。"变化齐一，不主故常。"（《天运》）"故常"，是定常的化有息止。"效物而动，日夜无隙，而不知其所终。"（《田子方》）"无隙"者，不息不止；不知所终，无有终穷。纯粹的时空观，或者说脱离于物而言的时空存在，是名家的观念。惠施云："至大无外，谓之大一；至小无内，谓之小一。"（《天下》）司马彪云："无外不可一，无内不可分，故谓之一也。天下所谓大小皆非形，所谓一二非至名也。至形无形，至名无名。"（引自《庄子集释》，中华书局2004年版，第1103页）内外之分，是相对空间。无外无内的"大一"、"小一"，方是无可分之一。相对于形有内外，则"至形无形"。《庄子》

的"宇宙"观，不离于物而揭示其无限性。"宇"作为万物存在之名，具有活生生的机体自然特性，而非解析式的逻辑抽象；"宙"是自然机体或造化者无始无终、永无休止的生生过程，而非是计量上的时间。张岱年指出："合而言之，宇宙即是整个的时空及其所包含的一切。"（引自《中国哲学大纲》，中国社会科学出版社 1982 年版，第 2 页）就恒道两个存在样态的时空属性，《管子》以道与德的关系揭示之。"始乎无端，道也；卒乎无穷，德也。"（《幼官图》）"始乎无端"，揭示道的超时间性，无起始性，犹如"象帝之先"。"卒乎无穷"，明确揭示恒道分于物成为"万物之奥"，它是作为物性之得（"德畜之"）存在样态的时间不尽性。时空存在作为物性，是有形之"象"。"德"来自"道"，它是万物"得一"以为"德"。恒道分化为万物之德，就转化为宇宙存在样态。"天地，万物之橐也，宙合有橐天地。天地苴万物，故曰万物之橐。宙合之意，上通于天之上，下泉于地之下，外出于四海之外，合络天地，以为一裹。散之至于无间，不可名而止。是大之无外，小之无内，故曰有橐天地。"（《宙合》）"宙合"，以揭示宇宙空间的无限涵义。天地之间，是范围、囊括万物的空间。然以"橐"或"裹"言，就同于惠施的大小思维。"宙合"作为"一裹"，通于天上，深于地下，在四海之外，即外于天地而能整合笼络天地。散而无间，则弥漫无不在。大而无外，则无不涵容。小而无内，则无物不有。在"万物之橐"上，另立一个"宙合"存在，类似于《庄子》的"六合"内外。"道"是"通乎无上，详乎无穷，运乎诸生"。"无上"，则通无不至。"无穷"，则无所不涵。运诸生，则无物不化。此同样是因物揭示道性，与老庄思想合。《吕氏春秋》言"宇宙"，是万物存在的统称。"精通乎天地，神覆乎宇宙；其於物无不受也，无不裹也，若天地然"（《本生》）。精神是就圣人境界言，与天地、宇宙为同一思维层次。圣人制万物，在于"全其天"，同于天地。天地无不涵，即是宇宙。宇宙是天地与所涵万物的统一。圣人"以天为法，以德为行，以道为宗"，故"与物变化而无所终穷，精充天地而不竭，神覆宇宙而无望"（《下贤》）。万物、天地和"宇宙"三者异名而同谓。"与物变化"、"精充天地"和"神覆宇宙"，是肯定思维上的至极，而无穷、"不竭"和"无望"是否定思维上的无限。以其无限，故"莫知其始，莫知其终，莫知其门，莫知其端，莫知其源"。始终、端源者，有朕、有畛之属。否定之，即无穷之谓。至于"其大无外，其小无内"思维，又同于惠施观点，是纯粹逻辑意义上的空间观。至于言"广之则极宇宙"（《执一》），亦是将"宇宙"视为至极存在，正如恒道至大而"容乃公"。

《文子》传承《老子》思想，然其"宇宙"观吸收了名家思想。"朴至大者无形状，道至大者无度量。……往古来今谓之宙，四方上下谓之宇，道在其中而莫知其所。"（《道原》）"至大"者，非形大、量大之极，而是有形有状等有限存在的否定。朴无形状而散成物之形状，道无度量而能成物数量。朴与道异名而同谓，同具有至极而无极思维的揭示方式。往古来今、四方上下的宇宙，是纯粹时空观念。道在宇宙中，揭示了恒道以宇宙万物为存在样态，并非恒道作为存在者存在于宇宙之中。以道在时

空至极中，无疑是看到它在"宇宙"中无所不在，无所不有，充满其中。"莫知其所"，揭示的正是此类质性。这里的"宇宙"观念，具有时空境域的属性，已与恒道寓于万物作为宇宙机体的存在质性大相径庭。以《老子》思维看，时空的"宇宙"即在恒道寓于天地万物的存在之中，时空是天地万物的存在方式和属性。恒道作为宇宙机体或造化者，它"陶冶万物，终始无形，寂然不动，大通混冥"（《道原》）。无终始、不动，皆是无极的绝对存在质性，而"大通"、"混冥"是至极的绝对存在质性，二者正如"独立"与"周行"。然言"深闳广大，不可为外；析毫剖芒，不可为内；无环堵之宇，而生有无之总名"，又是名家的时空观或领域观，揭示道的无所不存。广大无外，是"大一"；析毫无内，是"小一"。"宇"无"环堵"，是绝对空间。《淮南子》的"宇宙"观，有与《文子》同文者，如"往古来今谓之宙，四方上下谓之宇，道在其间而莫知其所"（《齐俗训》）。然又有不同论述，多以宇宙为时空存在领域。"大宇宙之总"（《原道训》）。"宇宙之总"，是"大"的内涵。"总"者，集合之谓，是分殊的统一。从中看出，宇宙是万物存在的总和。"相与优游竞畅于宇宙之间"（《俶真训》）。这一思维，与《庄子》不同。逍遥游，是与造化为一，与宇宙万物一体。而这里所谓的"宇宙"已然是时空境域。造化者与宇宙已是两种存在，非如老庄那样的同一存在。"陶冶万物，与造化者为人，天地之间，宇宙之内，莫能夭遏"宇宙内涵，高于天地之间，包涵天地在内。在道与宇宙的生成关系上，"道始生虚廓，虚廓生宇宙，宇宙生气，气有涯垠。"（《天文训》）宇宙虽由虚廓所生，然本于道生。宇宙生气，则明显将其视为一实体存在。"宇宙"与"宇宙之内"观念内涵不同。至于以"天地宇宙"为"一人之身"（《本经训》），是将"天地之间"与"宇宙之内"合说。"道至高无上，至深无下……包裹宇宙而无表里，洞同覆载而无所碍。"（《缪称训》）无上无下，是无限至极；"包裹宇宙"，是至大至极。有表里是物性。相对于宇宙，道本身无"表里"，宇宙为道之"里"。此是名家思维。"覆载而无所碍"是"天地之间"。以为道包裹宇宙，则恒道就非是作为"道通为一"的存在样态。从中，可见《淮南子》与《老子》、《文子》思想的不合处。"日照宇宙，昭昭之光，辉烛四海"（《道应训》）。"四海"在宇宙内，而"日照宇宙"，则宇宙必为清通的虚空。"受光于隙，照一隅；受光于牖，照北壁；受光于户，照室中无遗物；况受光于宇宙乎！天下莫不藉明于其前矣。"（《说山训》）隙、牖和户，皆是有限的存有空间，而宇宙为空间至极，天下万物在其中。宇宙受光，故莫不照明。"天之所覆，地之所载，包于六合之内，托于宇宙之间，阴阳之所生，血气之精……其情一也"（《修务训》）。天覆地载之间，即"六合之内"，同于"宇宙之间"。此外，宇宙还是一种认知境界。"至是之是无非，至非之非无是，此真是非也。若夫是于此而非于彼，非于此而是于彼者，此之谓一是一非也。此一是非，隅曲也；夫一是非，宇宙也。"（《齐俗训》）"隅曲"者有是有非，分而有别，自是非彼。"宇宙"者无自恃是非，而是其所是，非其所非，故为至是至非。它就是"知通为一"的"以道观之"。以思维认知言，"宇宙"之观就是具有通一性、无限

性的"道观"。物理殊分无穷,观也无穷,宇宙之观亦无穷。《鹖冠子》云:"独立宇宙无封,谓之皇。浮悬天地之明,委、命相离,谓之时。通无离,谓之道。连万物,领天地,合膞同根,命曰宇宙。知宇,故无不容也。知宙,故无不足也。"(《天权》)"宇宙"无封,故"独立"。"皇"以"通无离"言为"道"大的境界。"无不容",涵万物在内;"无不足",涵万化于中。宇宙因此而能连接万物,统领天地。"合膞同根",是天地万物皆以之生的"万物之宗"。至于其所言的"无封之宇"就是"无环堵之宇",以揭示无穷内涵。"道"与宇宙同名而异谓,以通行无不由为道,以无所不包涵就是宇宙。

从以上道家著作中,可见"宇宙"观内涵发生了很大变化。《庄子》从否定固定、有限思维出发,以"在而无在"、"居而无处"而又"无所不在"、"无乎不处"来称谓"宇";以无终无始,超越始终来称谓"宙"。它是恒道寓于物的"泛兮其可左右"或"道通为一"。《文子》以"四方上下"为"宇","往来古今"为"宙",吸收了《墨子》"弥异时"、"弥异所"等名家的思维,然仍存在大道与宇宙合一的论述。至《淮南子》提出"虚廓生宇宙,宇宙生气","宇宙"便成为了万物生成的本源。然"道在其间"的论说,已将宇宙视为绝对的时空存在。古棣在《老子通》中认为,"'道'是超时空的绝对,就是说'道'不占有时间,即无生、无灭,无始、无终;不占有空间,即无形体。"(引自《十家论老》,上海人民出版社2006年版,第297页)不占有时空,也即对时空有限性的否定。道家言"时无止","化无尽",无有生灭,正揭示出恒道作为绝对本体存在的"超时空"内涵质性。

三、儒者宇宙观

儒家思想因强调历史与文化的延续、继承性,以及圣人道理的恒常性,故多注重揭示古今如一的时间绵延性和横亘性。因思想关注的侧重点不同,孔孟虽多言时间性的观念,但对宇宙观不曾言及。《中庸》虽没有明确提出"宇宙"的观念,然言鬼神"体物而不可遗"已具有无所不在的绝对时空内涵。再如"天之所覆,地之所载"的无不持载、无不覆帱,也具有"天地之间"的绝对空间涵义。至《荀子》已多用"宇宙"一词,上面已在解析字义时多次引用为时空观念。这里,再举一例包涵万物的时空存在观念。"大清明"的心知,能"疏观万物而知其情,参稽治乱而通其度,经纬天地而材官万物,制割大理,而宇宙里"(《解蔽》)。"里"当为"理"。"宇宙里",即理于宇宙,使之秩序有伦,通于"材官万物"。"制割大理",是分殊的条理。宇宙,是作为万物的存在之所。宋儒张载的"太虚"观就存在宇宙空间的内涵。张载继承魏晋时的"太虚之境"观念,为克服"太虚"空间的"空无",另在"太虚"之中加上一个"气",然这样一来无疑使"太虚"成为一个有别于"气"的另一个存在。"太虚",变成了"天地之间"。"太虚之气"的生机运化思维,类似于《老子》的"天地之间,其犹橐籥乎?虚而不屈,动而愈出。""天地之间",既是空间观念,更是机体存

在。它是恒道分化为天地万物而成的宇宙机体。《老子》与《庄子》(《大宗师》等篇除外)的重要区别，就在于前者认为恒道才是宇宙产生的根源，而后者认为"宇宙"是本然自在的一种存在。前者认为"天地之间"是恒道生成天地的产物，而后者主旨认为天地是自在的本体。《庄子》的天地观和气化论，比较接近《易传》思维。张载承接《庄子》气化论和宇宙观，又吸取诸子解《老子》提出的"太虚"观，杂糅一体，遂造成了思想上的非融贯性。陆九渊既有以"四方上下曰宇，往古来今曰宙"(引自《陆九渊集》，中华书局1980年版，第273页)的名家思维，亦有同于道家《文子》、张载的思想。在道与宇宙的关系上，"道塞宇宙，非有所隐遁，在天曰阴阳，在地曰刚柔，在人曰仁义。"(同上书，第9页)"塞"者，充满、弥贯之谓。"道塞宇宙"，同于《文子》的"道在其中"，也同于张载的"太虚即气"的思维。以道充满宇宙，是揭示道无所不存的意蕴，犹如恒道"泛兮其可左右"。"此道充塞宇宙，天地顺此而动，故日月不过，四时不忒。"(同上书，第132页)"宇宙"已变成万物存在之所。道与理通，前者为总称，后者为理殊，前者是道一分殊，后者是理一分殊。"道充塞宇宙"，是理在宇宙间。"充塞宇宙，无非此理"(同上书，第28页)。"无非此理"，则理无不存。 "塞宇宙一理耳，学者之所以学，欲明此理耳。此理之大，岂有限量？……自理而言，而曰大于天地，犹之可也。自人而言，则岂可言大于天地？"(同上书，第161页)"塞宇宙一理"，是理一涵摄万殊。"理一"是以通一言，故限量大于天地，包涵天地。人是个体存在，故不可言大于天地。然人的心量可以通于宇宙。"宇宙便是吾心，吾心便是宇宙。"(同上书，第273页)宇宙是一种心境容量至大的表达，同时是"物我胞与"的器宇。"万物森然于方寸之间，满心而发，充塞宇宙，无非此理。"(同上书，第423页)心量境界"充塞宇宙"，便是《孟子》的"万物皆备于我"。"宇宙之间，如此广阔，吾身立于其中，须大做一个人。"(同上书，第439页)宇宙，广阔之量，已非时空观念。陆子在揭示道、理与宇宙之间的关系上，具有同于老庄"道通为一"的思维。"此理塞宇宙，所谓道外无事，事外无道。"(同上书，第474页)"道外无事，事外无道"，正如恒道寓于万物之中存在的思维质性。明儒王阳明虽不言"宇宙"观念，但赋予道以绝对时空的质性。"道无方体，不可执著。……亘古亘今，无终无始，更有甚同异？心即道，道即天。知心则知道、知天。"(引自《传习录上》，载《王阳明全集》第一册，浙江古籍出版社2011年版，第23页)无时无处不是"道"，则"道"具有绝对时空的存在质性。"宙"既是"亘古亘今"，又是"无终无始"。前者是"往来古今"，后者是"无古无今"。"宙"兼有这两种表达方式。刘宗周云："一元生生之理，亘万古尝存，先天地而无始，后天地而无终。"(引自《学言上》，载《刘宗周全集》第二册，浙江古籍出版社2007年版，第374页)亘万古而常存，是时间上的永恒。"先天地而无始"，是无始之始；"后天地而无终"，是"无终之终"。前者是"宙"的集合式的至极逻辑表达，后者是否定式的无极逻辑表达。理不离物，此理充塞宇宙是寓于万物无所不在。以上只是概要性阐释儒家一些代表人物的

"宇宙"观念，因为儒者的关注重点在理气、道器和天人等实体关系上，故在时空自身特性或宇宙的逻辑表达上不甚着墨。钱穆指出，"空间静而实动，离去空间，又何由见有动，见有时间。"（引自《晚学盲言》，广西师范大学出版社2004年版，第27页）空间是存在物的存在方式，存在物变化不止，故其空间"静而实动"，在变化中呈现时间性的存在方式。《庄子》提出了物性标准相对的问题，一切时空存在皆是相对的。然对相对性的否定和超越就是绝对，恒道和"道通为一"观的提出就是为相对存在提供一个绝对存在的地基。恒道生成天地万物之后，作为"万物之奥"，就有使物"善始且善成"的功能，也即有了万物形态上的始、终等时间性。存在物的时间性，来自恒道的无时间性。同样，存在物的空间性，来自恒道的无空间性。恒道寓于时空之中，因为恒道寄寓于处在时空中的万物上。没有物的具体时空，恒道的无限性就无以揭示、彰显。恒道蕴藏于变化不止的物中，是对物的时空定在的否定，同时作为通贯时空的形式存在。这里的绝对时空非是独立存在，而是在揭示恒道存在质性上的逻辑思维建构。作为绝对本体存在的方式和属性，没有恒道的存在，就没有这一思维建构。恒道以"宇宙"机体为存在样态，则绝对时空是它的存在方式和属性。绝对时空是相对万物的时空存在而建构的。

　　最后，对本节内容作以简要概述。"宇宙"作为时空统一的观念，是先哲对世界存在质性的揭示和澄清。《老子》虽不曾提出"宇宙"观念，但对恒道"久"、"其名不去"以及"泛兮"、"无形"等存在质性的论说，隐含着对"宇宙"观的揭示。恒道存在所蕴含的绝对时空属性，蕴含在它与万物的关系中。道家"宇宙"观，不可脱离于物以揭示，非是纯粹的时空逻辑形式。恒道久长、遍在以及从否定有限揭示无限的思维方式，对后来道家甚至儒家、法家的时空观产生了深远影响。对"宇宙"内涵的揭示，存在于两种思维表达方式：一是肯定式的集合思维，它是有限时空的叠加至极。如"自今及古"、"泛兮其可左右"。二是否定有限的无限表达式。如"象帝之先"、"先天地生"。"周行不殆"、"用之不既"等思想也是时间有终的否定。恍惚之在、无形之在等是空间上的无所不在。"宇宙"观的提出，是对恒道分化为万物后、作为世界存在样态的揭示，它是"道通为一"的存在质性，为万物存在的总名。作为对存在物时空存在性的否定，"宇宙"发展为绝对时空观。恒道存在的时空无限性，是在时空之中，又超越时空性。恒道的时间无限性体现在作为"万物之母"中，它独立不改，周行不殆，生物不测。恒道的空间无限性体现在"泛兮其可左右"中，生物不测，寓于物周遍无极。时间在空间中实现，空间在时间中展开。二者合为一体，就是绝对时空观。

第二节　西方时空观

　　西方古希腊哲学对时空的认知与古代中国有何不同？通过对中西时空观或宇宙观的简略对比互较，可以进一步深化对道家宇宙观的认识和领悟。宇宙观或绝对时空观，

是关于存在"永恒"、"普遍"的问题。通过比较、参照，可以看到早期道家时空观的思维特性。本节拟通过对西方古代绝对时空观的概述，以期对《老子》宇宙观或绝对时空观进行深入阐释。

一、永恒时间

古希腊巴门尼德认为，"永恒者没有时间"。因为时间是相对性的存在。作为西方思想的一个源头，柏拉图继承这一传统，对时间问题给予了极大的关注，并进行了深入探索。在所著《蒂迈欧篇》中，他将时间同宇宙的创造性联在一起，认为是造物主创造了时间。它是绝对的存在，一经创生就永远存在，自行流动着。后来在辩证问思后，他又指出，永恒既在时间之中，又超出时间。如果说永恒者过去、现在、将来都是，就是说永远都是，但因为其间存在差异，所以就不能成为同一的绝对性，故这种论断不能成立。相反，如果过去、现在、将来之间没有差异，时间划分也就没有意义。离开时间形式，就无法对永恒赋予意义。因此说，永恒必须在时间语言中加以述说。柏拉图最后得出结论："永恒者现在是"（参见《蒂迈欧篇》，上海世纪出版集团 2003年版，第 103 页）。从"现在是"这个用法上可以发现一个悖论：一方面，"现在"作为时间的一个量度，是在时间中的一种切割和划分。在"现在是"中已隐含了"过去是"和"将来是"。另一方面，作为对永恒的指称，"现在是"将排斥"过去是"和"将来是"。类此，离开了"过去是"和"将来是"，同样无法对"现在是"进行定义。这个悖论是形式思维使然。他将过去、现在和将来切割为三个不同阶段，但却没有看到三者的辩证一体性。柏拉图认为时间是"一"，作为整个时间的"一"是现在的流动。"现在永远伴随一经过整个的是；因为一无论在何时，那时候永远是现在"（引自《巴曼尼得斯篇》，商务印书馆 1982 年版，第 237 页）。既言现在，就必内含与过去、未来之别，否则就没有"现在"。既言"何时"，就内在包含不同现在之时，所以"一"必是整个的含不同现在之时。"那时候永远是现在"，此就是《庄子》所言的"齐一"，因其时所是而是其时所是，总是在"现在之是"。然"现在"毕竟是相对于其"此时"言，非"此时"将又是一个"现在"。不同"现在"，即是不同的"此时"。"一"与不同个个"现在"的关系，是全体与个别的关系，又是理一分殊的关系，故《庄子》言"道通为一"。"齐一"，就是"通一"。通于一，才能齐一。齐一，方能通于一。二者一体统一，相互界定，虽然所言的侧重点或角度不同。"永远是现在"，不过是万殊不同"此时"的通于一或齐一。柏拉图提出，如若一个在时间里的移动，以时间流动的速度为它自己的速度，那么它移动历程里的一切互相衔接的变化阶段，将依次垂直、等同于流动历程中的许多互相衔接的时间阶段。虽将"时间"与"流动"相对应，作为平行存在，然"时间"毕竟是绝对存在，而非是流动的表现形式，或者说非是事物存在、变化的表达方式。"整个时间只是现在的流动；时间历程中的每一阶段皆是现在。"（引自《巴曼尼得斯篇》，商务印书馆 1982 年版，第 237-245

页）流动固可以用"现在"来表示，然对不同时间中的认知言，流动既然是流动，就是不同时段中的时间流动。如果流动是同一个流动，则是不流动的静止。绝对流动必是不同时间中持续的流动，永远的流动，而每一时间中的流动方是流动的"现在"。以时间有历程，是说经历不同现在阶段的历程。没有流动的过去、未来，也没有现在的流动。同样没有时间的过去、未来，也就谈不上现在。柏拉图对时间的哲思方式，与惠施、公孙龙等名家思维相类，即脱离具体存在的实物以揭示纯形式的时间。历史若没有差异的发展进程，世界总是它原来的样子，生命运动将会终止。在柏拉图看来，"时间"既是独立存在的流动变化，又有与之平行的存在物的变化，它是世界本身的一种外在结构、秩序因素。这样说来，时间既是客观的实在，又是一种对存在物质性的揭示和表达方式。亚里士多德认为，"只有柏拉图一个人主张时间是产生得来的，他认为宇宙是产生得来的，时间和宇宙同时生成。"（引自《物理学》，商务印书馆 2004 年版，第 220 页。另参见柏拉图《蒂迈欧篇》，上海世纪出版集团 2003 年版，第 38 页）这里的"宇宙"是世界万物。时间与宇宙同时生成，意味二者是独立生成，而非是时间随着宇宙万物的生成而附带存有，时间与宇宙万物是分别的平行而生。《庄子》继承《老子》，以实物作为载体而言宇宙存在，是把宇宙时空寓于万物存在之中，认为宇宙是恒道生成万物后的产物。正如将存在划分为"永恒不变"和"永恒变化"两种一样，柏拉图的时间观也有两种：一是造物者永恒，永不消逝，时间上永存，它是"无时间性"。一是把天体或宇宙设定为有规则、依据数字运动的，这种被造的动态形象或形式就是时间，它随天体创造一同产生也一同消失。如白天、晚上、年月、过去是、将来是等，都是时间的样式。永恒者只有现在时，过去、将来是对变化形态的揭示，"它们在时间中，是变化的。"（引自《蒂迈欧篇》，上海世纪出版集团 2003 年版，第 33-34 页）柏拉图提及的宇宙万物的创生问题，以及永恒造物者与所造者在时间上的差别，其思维方式与《老子》近同。不同之处在于，《老子》认为万物变化与时间"宙"一并由恒道所生，"宙"只是万物变化的一种表达方式或揭示形式，非是平行产生的两个独立存在。柏拉图以理念这个绝对实体作为逻各斯寓于万物之中，它主宰万物变化而有流动，并与理念创造的时间性并行，此异于《老子》之说。恒道生成天地万物之后，就有使物以始终的时间性。存在物的时间性，来自恒道的无时间性，它类于柏拉图的造物者永恒而物有时间性的关系思维。亚里士多德对时间问题给予了特别的关注，他认为，时间是位移，计量和度量，它是井井有条的秩序。"数"产生抽象的"度"，空洞的时间均匀延伸，一切变化都可以以时间来刻度、揭示。"'现在'是时间的一个环节，连结着过去的时间和将来的时间，它又是时间的一个限；将来时间的开始，过去时间的终结。"（引自《物理学》，商务印书馆 2004 年版，第 132 页）现在既将过去、未来加以分离，同时又将过去、未来联结为一体。"现在"一方面是"时间的一个潜在的分开者"，一方面是"两部分时间的限，是合一者"。"分开者和合一者不仅在现实上同一，而且因为都是同时为两种限，所以是同一的，但分开者和合一者在

本质上是不同的。"（同上书，第132-133页）同一中有分别，分别中包含同一，此正是其形式逻辑的同一律、差异率的统一。就时间的永恒性，他认为，"只要运动永远存在，时间是一定不会消失的。"（同上书，第133页）因为时间是运动的形式，运动存在则时间必然存在。"时间也不会消灭，因为它总是在开始着。"（同上页）运动永恒不会停止，所以时间必然总在开始和继续。万物作为时空中的存在，将不断产生和灭亡。"万物皆在时间里产生和灭亡。"（同上书，第134页）就宇宙运动的普遍、绝对意义上说是时间永恒，而就万物个体存在言，每一个物皆有产生、灭亡的时间变化，它在永恒时间里持续生灭着。此类时间的思维，类于《老子》。恒道是永恒的存在，"道乃久"，而事物变化不测，故要"动善时"，这里存在着永恒与变化时间的统一。正如恒道寓于万物存在一样，永恒必在"善时"的变化之中。在万物存在的时间性中揭蔽出恒道存在的永恒性、无时间性。在亚里士多德看来，时间有两种无限，一为"分割"，一为"延续"。"或分起来的无限，或延伸上的无限。"（同上书，第169页）无限可分，就有无限的"现在"，进而有无限个相对于"现在"的过去、未来。此"现在"是人在生存实践中所感知的现在。时间延续是分割时间的相互联结。"时间无限，量也无限，量无限，时间也无限"。（同上页）这里的"量"是时间之量。时间无限可分，就有无限之量。同样无限之量也可揭示时间的无限。因为时间的存在以运动为前提、基础，而运动以位移数量为基准和设定，故位移之量决定着时间之量。后来他又提出"质变"观念，"质变是谈不上和位移相等的"，因此"不是所有的运动都可以相互比量的"（同上书，第209页）。质变虽然不可比量，但是一定数量的终结，也是另一种量的重新开始。在时间无限上，亚里士多德的基准假设是：自然存在物的运动，永远存在而不会静止，故作为运动存在方式的时间也不会停止。他又提出了"圆周无限"的命题，"圆周线上运动的起点和终点是合一的，并且，这种运动是唯一的完成的运动"（同上书，第260页）。始终一体，生灭一体，"通于一"，故为"完成"。然事物质变、增加都不能无限和持续下去，而"圆周上的运动能够永恒"（同上书，第261页）。这里，存在着一种角色互换："一个是：循环运动是一切运动的尺度，所以它必然是第一运动（因为一切事物都是被它们之中的第一者计量的）；另一个是：因为循环运动是第一运动，所以它是其他运动的尺度。"（同上书，第262-263页）圆周运动，因无固定的开始、终止，"循环无端"，故可作为"第一运动"的"永恒"。既然从运动中找出了一个"第一运动"，那么它就应成为其他运动的尺度。这样，钟表的刻度时间就应运诞生了。亚里士多德的时间观源自其自然观，思维类于《庄子》。《庄子》多言物死生、终始的时间性，如"物有死生"，"消息盈虚，终则有始"（《秋水》），如"时有终始"（《则阳》）。犹如圆周时间和圆周运动思维，"道通为一"的"道"则无始终，循环无端。"反复终始，不知端倪"（《大宗师》），"道无终始"（《秋水》），"始终相反乎无端，而莫知乎其所穷"（《田子方》）。终始循环无端的"道"，具有永恒的无限时间性。相对于有始有终之物，无始无终者是大道。犹如亚里士多德的第一推动

者本自不动而推动万物之动一样，《庄子》的时间思维来自不化者而能能化化的思想，永恒时间是不化者的存在质性，而有始有终便是变化者或物化者的属性。无始无终者，能产生、运化有始有终者，前者因后者而彰显其无限，而后者是前者的实在根基。无时间性也就没有永恒，永恒针对时间性而有其名。时间虽非永恒，但能见证永恒实在。从中西方古代思想发展看，出现了惊人的相似。《老子》言恒道为宇宙起源，永恒存在，正相似柏拉图的永恒绝对存在，无时间性；《庄子》言造化者永恒而万物变化无常，犹如亚里士多德的第一推动者永恒而万物时变不穷。

　　西方哲学发展至莱布尼茨，他认为，"上帝的永恒性不依赖于时间"（引自《莱布尼茨与克拉克论战书信集》，商务印书馆 1996 年版，第 89 页）。因为时间是有限存在者的属性，而上帝超越相对而为绝对。康德将"绝对时间"观改造成一种认知的前提，时间是一种直观形式。人的认知以此，而形成认知物像。至于实体的物质本身，因不能认知，就谈不上时间。黑格尔站在概念逻辑、辩证逻辑的角度，对知性时间观进行了批判。他认为，知性逻辑把过去、现在和将来看作是相互外在的，不能将时间作为内在一贯的整体来把握。而为了寻找绝对时间，就不得不抛弃这样的时间区分。"时间作为己外存在的否定的统一性，同样也是一种完全抽象的、观念性的存在，这种存在当其存在时，便不存在，当其不存在时，便存在。"（引自《哲学科学全书纲要》，上海世纪出版集团 2003 年版，第 154 页）时间作为"己外存在"，是直观中的单纯的变易时间观。而时间中潜藏着否定，"现在"当其存在，内在隐藏的"将来"即会自然到来，"将来"就可变成现在，而"现在"就变成了过去。"时间本身是永恒的，因为时间不是某一时，也不是此时，反之，时间之为时间就是它的概念。"（同上页）作为"否定之否定"的时间"概念"，具有时间之为时间的内在联结力量，它是过去、现在和将来的内在过渡和统一。自然存在物，因为是有限的存在，故从属于时间，为时间所界定。而绝对精神或绝对理念是永恒的。永恒不是在时间后到来，或者是脱离时间的单纯的抽象，应当说时间在其概念内就是永恒的东西，并且因此是绝对的现在（同上书，第 155 页）。绝对精神自我展开，时间内在其中，永恒存在于时间之中，时间的发展证明着永恒。"永恒的现在"非是"有限的现在"，二者有着本质的区别。"有限的现在"作为此时，它的过去、将来作为外在存在就与它本身区别开来。永恒性作为"概念"包含着这些环节：它的具体统一性不是此时，不是消失于"无有"的东西，而是"变易"本身。"此时"本身，只是这种存在消失于无有和无有消失于存在的活动。活动是"变易"，它永恒无限。"因为正是在感性和直观中时间是最初作为变而呈现的东西，时间就是变的第一种形式。时间在直观中是纯粹的变。时间是纯粹的变化，是纯粹的概念，是从绝对的对立中和谐地产生的单纯之物。"（引自《哲学史讲演录》第一卷，上海人民出版社 2013 年版，第 304 页）时间作为存在，是相对于感官、直观而呈现，它是对变的形式上的认知。时间是这样的东西："它在有中直接地不存在，在非有中直接地存在，时间是这种从有到非有的转变，是这种抽象的概念，但是就其对

我们的关系而言，这种概念是在客观的形式中（即被直观的）。"（同上页）在直观中，时间作为物体的存在形式，是对转变的揭示、表达。转变之为直观，是不同存在的转变，转变前后即为两个不同的存在。绝对精神或绝对理念，通过时间自我展现、揭示，这个过程是一体的、永恒的、无限的。绝对精神的展开既然要有不同阶段、过程，所以作为自我展现表达的时间也必是有分别的时间。虽说是永恒的现在，但是扬弃中的绝对现在。绝对精神的永恒以现在为中介环节，是含有过去、未来的辩证统一。当然，此种统一毕竟是绝对精神自我认知上的统一，它只能用其自身的逻辑来认知，此自身的逻辑是辩证法。黑格尔的绝对精神在时间中展开，正如《老子》恒道在万物时变中呈现。海德格尔指出，黑格尔的时间是流俗时间观，"黑格尔的时间解释完全沿着流俗时间领会的方向进行。"（引自《存在与时间》，生活·读书·新知三联书店2006年版，第486页）黑格尔从"现在"出发来标画时间，而其中设为前提的是："现在的总体结构一直被遮蔽着、敉平着，以便能够把现在作为现成事物加以直观，尽管在这里现在只是'观念上'的现成事物。"（同上书，第487页）在黑格尔看来，"现在"具有非常的权力，时间只是"现在"。只有"现在"存在，这之前和之后都不存在，但具体的现在是过去的结果，并孕育着将来，所以真正的现在是永恒性，此思维传承于古希腊。绝对精神必然现相于时间之中，但也要消灭时间，进而把握自己的纯粹概念。在海德格尔看来，黑格尔没有照明被敉平的时间源头，也即未对以下问题加以考察："如果不根据源始的时间性，精神的本质建构究竟还怎么可能作为否定的否定存在？"（同上书，第491页）海德格尔通过"此在"生存论的分析工作，以便把时间性作为使生存成为可能的源始存在性揭示出来。"'精神'并非才始落入时间之中，它作为时间的源始到时而生存；时间性使世界时间到时；而在世界时间的视野上'历史'才能够作为时间内的演历'现相'。'精神'不落入时间，而是：实际生存作为沉沦的生存，从源始而本真的时间性'沦落'。"（同上书，第492页）时间性是存在的源始结构，时间开启存在的存在性，存在在时间的时间化中成为存在。以时间为"存在"（相当于《老子》的恒道）的内在源始结构，则时间的时间化就是存在的存在化，它是后面诠释《老子》"动善时"所要揭示的内涵。时间的统一如何在人的认知中形成？黑格尔在客观的辩证逻辑中给出了时间的统一，它是绝对精神的自我认知，然并没有给出人如何得以认知的问题。奥古斯丁在《忏悔录》中通过记忆的"当下"和"希望"给了"现在是"一种解决途径。心中的度量时间，具有了很长的记忆和很长远的指望。柏格森正是通过"记忆"这个认知功能而揭示出时间的绵延性。"绵延是过去的持续进展，它逐步地吞噬着未来，而当它前进时，其自身也在膨胀。过去在不停地成长，因此，其持续的时间也是没有限制的。"（引自《创造进化论》，华夏出版社2003年版，第10-11页）绵延，是过去的持续进展，也是未来的持续拥有。它持续无限，故绵延无限。"记忆是一种机制，它或是将回忆放进一个抽屉里，或是为它们登记造册。……在现实中，过去被其自身自动地保存下来。过去作为一个整体，在每个瞬间都跟随着我们。"

（同上书，第11页）记忆作为一种机制，它可以不断对过去的"回忆"进行储存，使之在每一个现实中作为现在的一部分或当下的一个整体而重现。记忆并非仅限于在意识之中，作为人类历史全程的一切文化痕迹、一切记载，皆是人类的记忆。通过文字、文化传承，现实都是历史的纵深。罗素指出，"柏格森谈到过去，他所指的并不是过去，而是我们现在对过去的记忆。"（引自《西方哲学史》下卷，商务印书馆2004年版，第364页）柏格森所言的"过去"，是过去的在现在时的观念。怀特海认为，西方形而上学有个"广延连续统"的存在假定。它认为，全部实际存在物都是相互联系的，连续统存在于每一实际存在物中，每一存在物也遍布在连续统中。"除了其空间性和时间性以外，广延性是关于种种关系的普遍图式，它提供了一种接纳能力，许多客体凭借这种能力便能融合到由一种经验所组成的实在的统一性中。"（引自《过程与实在》，中国城市出版社2003年版，第123页）统一性，赋予客体以认知上的意义和价值，正是统一性的图示使客体打上了先定的烙印，成为人们相互认知、交流所必不可少的一种媒介。"广延性是实在的潜在性所具有的最普遍的图式，它为所有其他有机体的关系提供了背景。"（同上页）这里的"背景"是进行认知的基础和前提，也是赋予事物以意义的思维形式。"造物是有广延性的，但是它的生成活动是没有广延性的。"（同上书，第126页）造物生成活动是永恒的，故不能以广延性来表达。而造化产物却是有广延性的，广延性包涵时间性。以老庄思维言，永恒是恒道的生物不测，具有广延性的是每一个具体存在物。"自然界处于永远超越自身的过程之中。这正是自然界的创造性进展。"（同上书，第529页）创造性，超越自身，是时间的展开或延伸。它犹如老庄恒道和造化者"物物"的创新性。就时间对人类的意义，怀特海指出，"如果没有时间，那么目标、希望、恐惧、活力等等都失去了意义。"（引自《思想方式》，华夏出版社2007年版，第92页）时间是人类生存意义的一个重要中介，正因为有时间，我们才有了对意义和价值的追寻。时间即是广延性内涵，"过去客观地存在于现在，而现在又超越自身存在于未来。"（引自《观念的冒险》，贵州人民出版社2000年版，第223页）过去以客观存在者或精神文化的状态存留于现实之中，成为现实的一个组成部分。在时间的长河之中，作为时间印记的文献既保留了人类的智能，同时也削弱了对第一手直觉知识的强调。现实中总有创新的内在驱力将现实引向未来。如果割断了将来，现在便崩溃了，失去了自身的内在潜能。当前的存在要求将来插入现在的裂缝之中。没有将来，现实就是一潭死水。"将来之所以内在于现在，其原因是：现在的实质中负载有它以后与将来的关系。因此，它的实质中包括有将来必须与之一致的必然性。将来就在现在之中，这是属于事物本性的一个普遍事实。"（同上书，第226-227页）现在是将来的潜在，将来是现在的发展。将来在现在中有其客观存在，但是它不同于过去在现在中的客观存在。过去的各种具体事态存在着，并作为现在的客体把握而各自发挥作用。过去的个体事态对现在构成因果关系，而现在与将来产生因果关系。"现在之中的客观的东西便是现实事态将来的必然性，而且这些将来事态，它们与现在事

态的实质所固有的诸条件必然保持一致。将来属于现在事态的本质，而且只具有现在事态的现实性，但是，它与现在事态的具体关系已在现在事态的天性中实现了。"（同上页）现实中包含着将来的种子。现实的世界，不是因为它自身的活动，而是因为从过去而来的活动被认识的。过去是制约现实世界、同时制约现实接受者的过去。现实之所以成为现实，以及被认知，正是因为过去的活动和印记。过去决定着现实，而现实是过去面向将来进展为现实。每个将来都会有现实，每个现实都会有过去，它是历史因果条件的链接。怀特海用"广延连续统"图说，揭示了时间流的内在统一，历史发展的统一。再看西方上帝的永恒性，上帝不论在过去，还是未来均是永恒存在的。一方面，上帝存在于时间之中；另一方面，上帝存在既无始点也无终点。对上帝来说，时间是现时，没有过去、现在、未来之分。永恒的现时是永恒的存在。上帝的永恒性在于他的"超时间性"。有时间，即有变化。完善者始终如一，永不改变，它脱离于时间之流。诘难上帝者认为，假若上帝是人类和世界的创造者，它的创造活动必然导致上帝神圣属性的重大改变。而上帝属性的辩护者认为，世界或人类完全处于时间之流与变化过程，恰恰是上帝永恒意志的体现。上帝之为创世主，就在于它与世界或宇宙的关系（参见《猫头鹰与上帝的对话》，东方出版社 1996 年版）。上帝的永恒思想，来自柏拉图、亚里士多德的思维模式，又吸收了黑格尔的思想。上帝创造宇宙前后的两种样态，最后体现在怀特海两个上帝的解答之中。就《老子》言，恒道生物不息，同时"生而不有"，它是一个生物不测的永恒过程。所生之物，既是恒道作为生生者的过去。"不有"，是不止于过去。生生的存在是现实，"不息"、"不测"是面向未来的永恒生生，为生生过程中的未来。恒道以"生物不测"、"周行不殆"成为连绵的过程，"绵绵若存，用之不勤"。正是恒道分有成为万物，在万物生成中见证了生物不测的永恒存在质性。存在物在过去、现在和未来的时间中流变，时间流变中揭示着恒道存在"善始且善成"的无限过程。恒道在"周行不殆"和"功成弗居"中呈现为"不是其所是"、"是其所不是"的过程，实现了"为物"上过去、现在和未来的统一。

二、永恒空间

西方古代哲学家认为，物体外必有空间，无空间则物体不能运动。有"有限时空"，方有对立的"无限时空"。空间与时间一样，独立存在。在宇宙中，密度大的谓之物质，稀薄的能容纳物质的就为空间。柏拉图将空间形容为一种"容器"，这种思维方式后来体现在牛顿的绝对时空观中。在柏拉图看来，世界的存在和被认知得益于三个存在：首先有理型的存在，它不生不灭，既不容纳他物于自身，也不会进入其他事物中。它不可见不可感觉，只能为思想所把握。其次是模仿理型而形似的存在物，它在运动、变化、来去匆匆，且可以为感知，为知觉和信念所把握。第三为空间的存在，它不朽而永恒，并作为一切生成物运动变化的场所。它只能依靠不纯粹的理性推理来认知。任何事物都得占个地方，同一物，不能你中有我，我中有你，也不能既是一也

是二（参见《蒂迈欧篇》，上海世纪出版集团2003年版，第49页）。从此开始，西方哲学对空间的存在逐渐产生了两种思维方式，一是把空间从事物中抽象出来，变成一种绝对的实在，然后把之归于绝对存在者，成为容纳万物存在、发展的一个"空囊"或"绝对空间"。一是把空间专门赋予物，成为物的存在的一种属性和方式，而把绝对者描述为没有空间的存在。前者以柏拉图、牛顿等为代表，后者以亚里士多德、莱布尼茨等为代表。莱布尼茨云："上帝的广阔无垠是不依赖于空间的，正如上帝的永恒性不依赖于时间一样。"（引自《莱布尼茨与克拉克论战书信集》，商务印书馆1996年版，第89页）绝对空间与属性空间之间也存在着相互的关系，永恒的绝对空间是对存在物属性和方式的有限空间的否定。它是否定有限的思维模式，正如《老子》恒道绝对存在质性是对物性有限的否定。亚里士多德作为西方哲学的一个重要思想源头，对后世时空观影响很大。他认为，空间是事物存在的属性和方式。首先，空间有三维，为物体的容积、容器，定限一切物体。但空间不能是物体，因为在同一个空间里不能有两个物体。其次，每一生长事物的空间必须和它们一起长大，空间等于事物的大小。第三，空间分为两类，一为共有的空间，所有事物存于其中；一为个体物占有的空间（引自《物理学》，商务印书馆2004年版，第94-95页）。最后，空间可以和事物分离，而质料和形式不可分离（同上书，第96页）。三维空间、事物空间以及个体物占有空间，皆说的是具体空间，而与此相对、可以与事物分离、共有的空间，就是绝对空间。绝对空间与物相分离，是二分式的空间思维。在《物理学》中，亚里士多德主要探讨了具体事物的物理空间，他将空间归纳为八种特性：（1）空间是一事物的直接包围者，而又不是该事物的部分。空间为容器。（2）直接空间既不大于也不小于内容物，它是具体存在物的体积。（3）空间可以在内容事物离开以后留下来。空间独自存在。（4）整个空间有上和下之分。空间可以分割。（5）形式是事物的限，而空间是包围物体的限。空间为事物的边界、界限。（6）空间是不能移动的容器。空间静止不动。（7）空间和事物符合，如果一物体有另一物体在它外面包围着，它就是在空间里。事物之间具有相对的空间存在。（8）宇宙作为整体，既然没有任何物体包围着它，就不能说是在某处，也不能说在任何空间里。宇宙无外。一切事物都在宇宙里，因为宇宙是万有。"空间不是宇宙，而是宇宙的一个与运动物体接触的静止的内限。"（引自《物理学》，商务印书馆2004年版，第100-105页）共有空间，是绝对存在的空间，也是脱离和外在于事物存在的实在空间。在某处、在空间里，皆是物之为物的属性。而宇宙非是物之空间，而是纯粹至大的绝对空间，它包含万有，为万有运动、变化提供场所。以《老子》思维言，恒道寓于万物之中是宇宙，空间不过是宇宙的容量、范围，它是具体存在物空间的通一集合和否定。绝对空间只不过是万物相互间的一种存在方式，它随万物生成而产生，非离开事物而独立存在。宇宙包涵空间，然不止空间。天地万物存在，必然以空间形式和空间关系而存在。《老子》言恒道居于万物之中，无所不在。万物所形成的极致空间关系，就是恒道作为宇宙存在的绝对空间。绝对空间只是恒道作

为"道通为一"存在样态的存在形式。在中国古代的名家思维中，才有绝对空间的思维。对绝对空间的揭示，一方面通过具体空间的集合扩展，另一方面通过对有限空间的否定。亚里士多德以宇宙为整体，不在某处，也不在任何空间，宇宙无外，这些思想类似老庄思维。恒道非是绝对空间，也非脱离万物而存在的实在，它在生成万物后万物存在以及空间关系的总称。天地之间是空间，随天地生成后自然形成，非是先有一个空间存在，然后天地万物生成其中。《庄子》提出了无穷空间的存在，是继承《老子》"泛兮其可左右"的思想使然。就空间与物体的关系，亚里士多德指出：（1）空间不必须和它里面的物体同时增长。空间与物体是两个独立存在。（2）点没有空间。空间必是大于点方成其为空间。（3）两个物体不能在同一空间里。同一空间只能容纳同一样体积的物体。（4）空间不是一个独立的体积。空间在某处，为受限物体上的限。因为只有能运动的事物才在空间里。体积是物体的体积，而空间与物体分离。在某处空间是指具体存在的容器、容积。因为有运动，故有运动的具体空间，而这必然以虚空存在为前提。在虚空属性上，他进而指出：（1）没有虚空，就根本不可能有位移或增长等空间方面的运动。物体体积为实，则必有容此实的虚空。（2）有些事物能收缩或被压缩在虚空里。因将空间等同于容器，故容积不变，而物体收缩必是容器出现空余地方或虚空。（3）增长因为虚空而实现。增长是体积扩大，必有包容的虚空。（4）虚空是分离和区分者，它将可数的自然物区分开来（同上书，第108-109页）。有虚空存在，才使物得以变化、分裂。在亚里士多德看来，虚空是通常被理解为里面什么也没有的空间。"如果能接纳可触知物体的，它就是虚空，否则就不是。"虚能容实，虚空是"没有任何有形实体的地方"（同上书，第110页）。虚空是一种相对于实在物空间而独立存在的空间。亚里士多德又认为，"有运动绝不必然有虚空"，因为"实的事物是可以有性质变化的"，且事物之间是能够互相提高位移式的空间的，空间容量也可相对地增减（同上书，第111页）。空气不是虚空，因为虚空不能是一种存在物。归结看来，亚里士多德的空间观具有内在的矛盾。他将空间分成三种，一是存在物的体积，二是容纳物的容器，三是可以含物体增长和位移的虚空。因空间概念的不统一，所以造成相互间的混乱。空间既与物为一体，又与物平行存在，还是独立存在。在中国古代的宇宙观中，宇宙空间与物体是虚实关系，气化有聚散，二者在形态上统一于一体，或虚或实中就产生了事物之间的包容与充实关系。空间不过是气化的存在形式罢了。虚空或太虚是气的散漫状态，没有脱离气而存在的绝对虚空。宇宙虚空充满絪缊之气，气之聚散是物之生灭、变化的根本所在。太虚与气的一体关系，正如《老子》的"有物混成"、"万物冲气以为和"思维。在西方哲学的时空观上，牛顿继承前人，提出了绝对时空的科学学说。笛卡尔、莱布尼茨认为，物质一定是普遍存在的，而空无一物的空间是不存在的，他们否定了绝对空间的存在。康德将空间看作是感性直观的主观形式，无此则无法去认知。黑格尔从概念的逻辑出发，认为空间是知性认知的抽象普遍性，是事物无中介统一、相互外在的不相干性。"空间是完全观念性

的相互并列，因为它是己外存在，并且是完全连续的，因为这种相互外在还完全是抽象的，在自己内不具有什么确定的区别。"（引自《哲学科学全书纲要》，上海世纪出版集团2003年版，第150页）空间首先为互不相干的三维，通过否定环节而进展为点，点成为线，由线经过中介转化为面。"面"，一方面是与"线"、"点"对立的规定性，是对抽象空间的否定，同时也是对空间总体的恢复，分离出或过渡为具有个别性和整体性的空间（同上书，第152页）。可见，在黑格尔那里，空间存在是知性直观思维的形式产物，在这种形式中事物被认为相互外在，还没有通过时间的递进成为一体空间。就空间的逻辑构成言，点线面的分离和整合，方成为具体而真实的空间。空间是逻辑概念发展的中介环节。就绝对精神来说，绝对空间是其逻辑展开为自然、精神所形成的一体、大全的存在整体和范围境域，也是辩证理念自我认知的思维形式。柏格森对空间在认知上的作用以及空间观念如何形成问题，给予了深入的阐释。他认为，空间是心灵所用以构成数目的材料，是心灵用以安置数目的媒介。数目为人们设想为一种在空间的并排置列，"所有相加的过程都意味着有多个部分同时被我们觉到"（引自《时间与自由意志》，商务印书馆2004年版，第62页）。数目并排置列、同时被察觉，是知性思维的认知能力。"完整的空间性，应当是各个局部的完整外在性之间的良好协调一致，换句话说，各个局部的外在性应当彼此依赖。"（引自《创造进化论》，华夏出版社2003年版，第175页）罗素认为，柏格森的思想中隐含着一个荒谬主张："运动是由不动性做成的"。现实的实质是，运动是由运动着的东西做成的。确认运动存在，即表示有如下事实："对象在不同时间可以在不同地点，无论时间多么接近，所在地点仍可以不同。"（引自《西方哲学史》下卷，商务印书馆2004年版，第363页）运动有其时间表达，并非仅由人内在的构造机制使然，它具有内在的呈现形式和为认知的方式。

三、时空一体

在时间与空间关系上，亚里士多德认为时间是物体位移的运动，而位移是空间存在的改变。黑格尔提出，"时间的抽象的过去和将来就是空间，正如被扬弃的空间首先是点，是时间"（引自《哲学科学全书纲要》，上海世纪出版集团2003年版，第203页）。正因为有空间之分，才有时间节点之别。空间，作为直观的存在，是不相干的相互外在存在，而它与无区别的连续性相矛盾，故必向时间转化。空间使自己成为位置上的个别外在性，而时间是位置间的否定，使之成为连续的存在。"空间在时间内的这种消逝和再生，与时间在空间内的这种消逝和再生，就是运动。"（同上书，第159页）时间、空间皆是运动或变易的内在形式表达，二者统一一体。"在运动中，时间从空间上把自己设定为位置，但这种不相干的空间性同样也直接变成时间的；位置会变成另一位置。"（同上书，第165页）时间以空间位置的改变而有过去、现在、将来之别，而位置变化又使时间成为连续的。在知性逻辑看来，空间与时间是空的存在，可以从

外面用物体来充实。辩证逻辑认为，物体作为时间在其中被扬弃了的空间存在，是持久的；物体作为不相干空间在其中被扬弃了的时间，是暂时的。物体是在对立中联结两者的统一性，它本质上具有运动、重力现象，是"变易"。变易是时间、空间的统一，二者相互否定、界定，而又构成一体存在。就时间与空间的关系，柏格森认为，"倘若我们把时间解释为一种媒介并在其中区别东西和计算东西，则时间不是旁的而只是空间而已。"（引自《时间与自由意志》，商务印书馆2004年版，第67页）因为空间是数目，所以作为区别、计算东西的媒介，时间是空间的分析化。时间与空间一样同是纯一媒介，不过空间是同时出现，时间是陆续出现而已。"我们所以在陆续出现的东西之中引入次序，乃是由于陆续出现已被变为同时发生，并被投入到空间去"（同上书，第75页）次序观念的产生，首先通过时间意识的空间化，然后在空间中产生前后、上下等次序。绵延可逆系列或时间先后次序的观念，内含有空间的表象。空间可分割、区分。测量时间，就是在测量空间数量。位移运动，是共识共在的。科学认知的前提是："科学要把那主要的、性质式的因素先行去掉，即从时间里去掉绵延，从运动中去掉可动性。"（同上书，第85页）空间是时间存在的前提和基础，运动的绵延、一体和前后联结，都要经过空间的纯一媒介而形成。运动首先是空间上的运动，然后才有时间上的观念。"所以主要是靠了运动的帮助，绵延才呈现为一种纯一的媒介，而且时间才被投入空间去。"（同上书，第92页）时间投入空间，然后形成次序，绵延是一种次序。此中思维转换，靠着记忆的综合。事物的运动过程，在感知中被连续记忆，靠记忆的当下综合，并统一于空间观念之中。姑且不论柏格森的时间空间化、空间次序化以及直观共在共识化等认知的科学性，不可否认的是，他为解决时空观的认知问题提供了一个启示途径。就时空观在文化学上的涵义，卡西尔认为，空间和时间的经验有着各种根本不同的类型。最低层次是有机体的空间和时间。新生动物似乎就具有很准确的空间距离感和方位感。在高级动物那里就有知觉空间。人则另辟蹊径，获得了抽象的几何空间观念（参见《人论》，西苑出版社2003年版，第74-76页）。抽象几何空间，是逻辑构造的形式空间。在时空定位上，"我们必须在一个总体化的体系中指定这个对象的位置并规定它在体系中的地位。"（同上书，第80页）人对事物的定位，要能从总体上去把握，从不同角度来认定。此类于《庄子》的"齐物"相对观，以及"道通为一"的整体观。《庄子》这些思想直接传承于《老子》。卡西尔进而认为，"有机物绝不定位于一个单一的瞬间。在它的生命中，时间的三种样态——过去、现在、未来——形成了一个不能被分割成若干个别要素的整体。"（同上书，第86页）时间作为整体，是有机物生存的一个官能。时间整体的形成，本自生命存在现象以及意识的自我感知。至少从莱布尼茨起，就出现了时间上的一体观，"现在包含着过去，而又充满了未来。"就时空性的一体性，怀特海以"广延性"图式来解说。"空间的广延性实际上就是广延性的空间性；时间的广延性实际上就是广延性的时间性。物理的时间所表达的是一般的可分性进入并列可分性的反映。"（引自《过程与实在》，中国城市出

版社 2003 年版，第 528 页）"广延性"是存在的时空属性，而物理时间是进行图式有序化、分析化的反映。"时间与空间都是自然的特征，它们预设了那种广延性的图式。"（同上书，第 529 页）"图式"既是宇宙存在的方式，也是文化上传承、历史性积淀的产物。"如果没有空间，就不会有完满。空间表达的是所达到的境地的终止，它象征直接的现实化的复杂性。它是一个完成的事实。"（引自《思想方式》，华夏出版社 2007 年版，第 92 页）完成的事实，是相对的事实，它是时间的静止。空间中蕴含着时间的存在。以《老子》思维言，"高下相倾"揭示出存在物空间性的相对性，又是时间性的相对性。空间变化在时间中完成，时间的变化是空间的变易。以恒道思维言，"绵绵若存"是恒道的"连续性"、永恒性，它是生物不测、"周行不殆"。"泛兮其可左右"，是"周遍咸"的存在，存在于万物中具有空间"连续性"。恒道在生成万物上，生生是时间性，而已生万物是空间性的存在。在生生不息的时间"连续性"中，成就了"宇"的空间"连续性"。"道乃久"，悠久无疆。恒道在"有物混成"时，是太虚式的潜在无限空间。生成万物之后，是万物相互关系所构成的无限之"域"。恒道本自无时间，因生物有时间。生物的过程，是永恒、无限，无有时空性，而所生之物却是时空统一性的具体存在。海德格尔以"存在存在化"揭示"空间空间化"的内在机制（参见《在通向语言的途中》，商务印书馆 2004 年版，第 209 页）。空间化是"存在"存在于空间之中，同时是揭蔽、展示在空间之中。通过时间化，"存在"的空间化得以在时间中进行揭示。空间空间化，就是时间时间化，二者同是"存在"存在化的质性。首先有存在存在化的时空化，作为世俗时空的本源生成机制，才能产生日常生活中的时空观。"空间为地方和诸位置设置空间，把它们开放出来，并且同时使一切事物释放到地方和位置中去，把相同到时者接纳为时间—空间。空间本身在其本质整体中并不运动，而是寂静地宁息着。"（同上书，第 210 页）空间虽然在其本质整体中寂静宁息着，但在时间时间化中，空间也在空间化。空间中涵摄时间。犹如海德格尔的存在与时间，恒道作为本源存在为万物开启时空境域，它在时间化中生物不测，在空间化中成为无限之物。作为生存论的体道境界，是在"动善时"中成就"事善能"，达致"与善仁"的境界。苏联哲学家舍尔巴茨基对印度佛学逻辑进行了深入研究，认为对印度实在论说来，"空间同样也是实体，亦为一为常且含容一切。其存在从所有广延性物体具有不可入性的质碍性而推知，因为这些物体在位置上是相互排斥的。"（引自《佛教的逻辑》，中国社会科学出版社 1970 年版，第 99 页）印度实在论因物有体积空间、相互排斥，而推求与之相反能"包容一切的容器"。与此不同，佛教否认时空两个"容器"的各自实在性。"每一点刹那都可视为时间微粒、空间微粒或某一可感觉属性，其间的区分只是我们对待点刹那的思想态度差异所致。"（同上书，第 100 页）此是时空上的"唯识论"，一切时空观念皆来自"识"的"点刹那"。罗素认为，"人类的时间和空间总有个'此时'和'此地'。"（引自《人类的知识——其范围和限度》，商务印书馆 2003 年版，第 12 页）在它附近清晰分明，离之越远越模糊不清。人类的时空观，都离

不开我们所处的时空定位。我们对于一个事件的全部知识都是从一个时空中心向外辐射出去的。时空点位，给了我们认知事物的一种参照。就人所认知的公共时间，他认为，其中的内涵不仅包含有物理的事件，而且还含有心理事件或个人的时间感受，此种观感存在于记忆和预料的时间之中。公共空间是物理学上的空间，它为公共的物体所占有，不能被感觉到，而是依靠推理和逻辑结构加在一起得到的结论。可感觉的空间和物体，对每一个人来说都不相同。作为个人，我的全部空间在物理学的空间中是"这里"。但在不同的个人空间中也有不同个人的"这里"。我的全部时间也是一样，在公共时间中是"现在"，但在不同的个人时间观感中也有不同个人的"现在"（同上书，第110-111页）。在这样的思维架构中，罗素将"我"定义为"注意这件事物的那个人"，"现在"为"注意这件事物的那个时间"，"这里"为注意这个事件的人所在"现在"的地点或坐标。他还认为，时空连续性是人类认知上最少的公设之一。绝对时空观，或公共时空，是思维逻辑构造的结果，然在人类古代代表着哲学认知的水平。近代的观点认为，空间既不是一种牛顿所言的实体，也不是伸展的物体的一个容器，而是种种关系的体系。自爱因斯坦以后，距离只是存在于事件之间，而不是存在于事物之间了，并且它既包括时间，也包括空间（引自《西方哲学史》上卷，上海译文出版社2004年版，第104页）。事件是因果关系，也是时空的统一。公共时空，是逻辑建构的形式，而个人的时空则在事件之中。"事件之间"的时空观，是相对论。保罗·蒂利希认为，"时空是所有实存之物和整个有限领域所依属的主要实存结构。实存意味着有限、意味着处于时空之中，这一点适用于我们这个世界中的一切事物。"（参见《文化神学》，工人出版社1988年版，第36页）实存结构——时空，是物赖以存在的存在属性，也是有限的存在结构。"持续重复的循环运动剥夺了属于时间的方向性力量。"（同上书，第37页）时间之所以有方向，是人类实践的价值需求，并非仅仅存在直线运动之中。在《老子》思想看来，循环之反中蕴含着正面的方向性价值，"归根"是至高价值。古人依靠感官在对自然存在物的空间存在以及运动、变化和发展的揭示或标量中，首先形成的是上下、前后、左右的位置空间，以及先后、快慢、长短和过去、现在、将来等差别的时间。因物物有差别，故对物的感知揭示必有分别，进而以数量来表示，就形成了距离、体积、方位等数量空间，以及四时、征候和刻度等数量时间。时空无限，首先来自对时空有限的揭示，然后才有否定有限的无限。之所以在概说西方时空观上将绝对时空与物之时空统一来阐述，就源自此。在物的存在中，时空观诞生了，进而无限时空观就逐步形成了。

最后，对本节内容作一简要概述。参校西方哲学的时空观思想，《老子》认为，宇宙和时空是由恒道所生成，时空是次生的存在属性。原初，恒道作为"无形"存在，是无时空的绝对存在。因为时空是有限存在物的存在方式。时间与空间的"间"即表明了此义。恒道生物后，有物存在就有了时空存在方式。因具体物的时空，而逆推形成无限的时空。道家的时空观，非脱离于物而言绝对存在，是在万物之间所形成的一

种时空形态或样式。万物固然在时空中存在，恒道作为"道通为一"存在样态寓于万物或宇宙之中，因物时空而通于一。时空性既在恒道生成万物后形成，则作为"象帝之先"的混成之物就非可以时空观来表达。它只能假借所生之物，通过否定物性的有限时空来揭蔽。恒道生成时空之物后，本无定所、定时，至大者无时空。然它的无时空性，需要通过否定存在物的时空性来认知。至大无大，至极无极。揭示恒道的无时空性，并不否定可知、可名的时间、空间，也非否定集合、汇总式的时空。相反，在宇宙中见证着恒道的无限。恒道的超时空性或无时空性，正是在否定有限时空或在集合有限时空中形成。

第三节　无限与有限

"宇宙"是至大之名，作为"至极"存在便关涉到时空的"界限"问题，它是有限还是无限，或者说是有穷还是无穷？二者的关系如何？它们是中西方先贤思考的重要问题。本节拟通过相互比较、参校，以见中西方在无限与有限关系上的异同。

一、中国古代无穷观

在中国古代的思想中，无穷与有穷相对，有穷的否定或反面即是无穷。何谓"穷"？"穷"者，《说文》解为"极"。王夫之在解"极"字上云："极，栋也。……屋至于栋而止矣，无可进也，善则极善，恶则极恶之象也，故又为穷也。"（引自《说文广义》，载《船山遗书》第五卷，第2787页）"穷"是"无可进"的"极"，也是不可进的"止"，它为至极之名。"穷"作为至极之称，是尽止的穷尽。以尽止为"穷"，《庄子》外、杂篇多有言及处。"存形穷生"（《天地》），"穷"是"尽"、"终"，它具有到头、达至界限处的意义。古之王天下者，"能虽穷海内，不自为"（《天道》）。"穷海内"，是穷尽于海内，为海内无有超过其外者。"止之于有穷，流之于无止"（《天运》）。有"止"必有穷极、封限。"以其至小，求穷其至大之域"，"困百家之知，穷众口之辩"（《秋水》）。"穷有八极，……美、髯、长、大、壮、丽、勇、敢，八者俱过人也，因以是穷"（《列御寇》）。有至极则为"穷"。"穷响以声"（《天下》）。有声则有响，响以应声。若以"声"穷尽其"响"，则不得其所。《荀子》多言穷极的"穷"义。"骥一日而千里，驽马十驾，则亦及之矣。将以穷无穷，逐无极与？其折骨绝筋，终身不可以相及也。将有所止之，则千里虽远，亦或迟、或速、或先、或后，胡为乎其不可以相及也！不识步道者，将以穷无穷，逐无极与？意亦有所止之与？夫'坚白'、'同异'、'有厚无厚'之察，非不察也，然而君子不辩，止之也"（《修身》）。"穷无穷"，不可以尽。逐于无穷，奔于不止，终身不休，是不得于道。"穷"有不可穷者，亦有可穷尽者。"穷本极变，乐之情"（《礼论》）。"本"可"穷"，正如"变"可极。就穷之有极，《管子》多有言说。"穷四竟之内"（《乘马》），四境有封

道 与 物

界，有尽处故可"穷"。"举所美，必观其所终；废所恶，必计其所穷。"（《版法》）"终"与"穷"相对，皆有止极之谓。"穷"可"计"，"计"是可止之计。"原本穷末"（《小匡》），"穷则反"（《四时》），"穷天地"、"穷于四极"（《内业》），这些"穷"皆是可穷尽、可截止的意义。《老子》云"多闻数穷，不如守中"，用的正是"穷"的止尽、有终涵义。

"穷"者有极、有止，"无穷"则无可穷尽、无有终止。《庄子》多言"无穷"观念。"若夫乘天地之正，而御六气之辩，以游无穷者，彼且恶乎待哉！"（《逍遥游》）"无穷"者无待，为绝对自由的境界。"枢始得其环中，以应无穷。是亦一无穷，非亦一无穷也。"（《齐物论》）"环中"者，圆环内空，无端、无际，故可应于无穷。自是之是、相非之非，在物所执，无有穷尽。要达至"应无穷"的境界，就要"和之以天倪，因之以曼衍"，进而成为"忘年忘义，振于无竟"的"寓诸无竟"。"竟"者，"境"之有极，而"无竟"者无穷。"彼其物无穷，而人皆以为有终；彼其物无测，而人皆以为有极。"（《在宥》）"无穷"与"无测"，意义相通。只有"入无穷之门"，才能"游无极之野"。"无穷"与"有终"对反，而与"无极"同义。针对世人自以为的物有极、有终，《庄子》提出了"无穷"、"无测"观。以《老子》的思维言，前者是"可道"、"可名"，后者即是"不可道"的恒道、"不可名"的"恒名"。"物之造乎不形而止乎无所化，夫得是而穷之者，物焉得而止焉！彼将处乎不淫之度，而藏乎无端之纪，游乎万物之所终始，……以通乎物之所造。"（《达生》）物造于无形，是造化者造化。正因其"止乎无所化"，方能化化无穷。穷于无穷，则物不能尽。"万物之所终始"，是造化者的无终无始，故为"无端之纪"。造化者的无穷，一方面为不可致极，"物焉得而止"。有穷的否定是无穷；一方面为"道通为一"，"通乎物之所造"。物者至于万类，通其一则为至极。"夫物，量无穷"（《秋水》）。"量无穷"，证验了大道的"泛泛乎其若四方之无穷"。正是在物的无穷中，揭蔽出大道的生物不测。对《老子》言，恒道生物不测体现在万物芸芸之中。对《庄子》言，造化无穷体现在"万化未始有极"之中。"生有所乎萌，死有所乎归，始终相反乎无端，而莫知乎其所穷。"（《田子方》）知其可"穷"，就非是"无端"的无穷。生、死有穷，而循环变化则无穷。无穷体现在有穷之属中，正如"阴阳不测"体现在"一阴一阳"中。"吾观之本，其往无穷；吾求之末，其来无止。"（《则阳》）"无穷"与"无止"义近，皆终始无尽之谓。"天与地无穷，人死者有时。操有时之具，而托于无穷之间，忽然无异骐骥之驰过隙也。"（《盗跖》）天地长久，故"无穷"；人死为物化，故有时之穷。若以死生为一条，同于大化，又是"无穷"。再看惠施的辩题："南方无穷而有穷"（《天下》）。李颐云："四方无穷，故无四方，上下皆不能处其穷，会有穷耳。一云：知四方之无穷，是以无无穷无穷也。"（引自《庄子集释》，第1104页）举一隅南方以类其他三方。从相对性上言，南方可追溯，然南方必有南方的南方，以至于无极。南方作为定极，故有穷。况且南方是四方之一，非是四方无穷。然南方又是无有其外者，故无极。既以南方为

·192·

无穷，则再就没有超出其外的无穷。无穷的否定是有穷。若以四方为无穷，则再无
"无穷"的无穷，故必有穷。再看先秦儒家、法家"无穷"论说。"今夫天，斯昭昭之
多，及其无穷也，日月星辰系焉，万物覆焉。"（《中庸》）"多"以数量言，至于"无
穷"则无物不覆。"万物"虽为有穷之名，然可以指无穷之物。古人以"万"为至极
之数，亦是无限之数。《荀子》多言应变的不穷之义。圣人之辩，"居错迁徙，应变不
穷"（《非相》）。王者之人，"举措应变而不穷"（《王制》）。大圣者，"知通乎大道，
应变而不穷"（《哀公》）。通于"大道"，故能"应变不穷"。大道为"所以变化遂成
万物"者，故为无穷。以人的知能言，可极以致知物理，故应变无穷。"天者，高之极
也；地者，下之极也；无穷者，广之极也；圣人者，人道之极也"（《礼论》）。高下之
极，是天地有极，它是"至极"。然以"广之极"为"无穷"，则是无极、至极的一
体。《管子》更是多言道术的"无穷"意蕴。"始乎无端，道也；卒乎无穷，德也。道
不可量，德不可数。"（《幼官》）以数量言，道德无端、无穷，是不可数量。"道也者，
通乎无上，详乎无穷，运乎诸生。"（《宙合》）"通乎无上"，是通一无外；"详乎无穷"
是详于无限。二者皆是就至极而言无极。

　　《文子》传承于《老子》，又吸收诸家之说，揭示了大道无穷与穷极的一体关系。
"道者，高不可极，深不可测"（《道原篇》），高深不可极、测是否定有穷的无穷。以
水为道言，"广不可极，深不可测，长极无穷"。广、深、长极，皆是至极之名；不可
极、不可测、无穷，皆是无极之谓。以无穷名谓揭示至极，是无穷与穷极的统一。从
恒道的功用上言，它是"施之无穷"，体现于"富赡天下而不既，德施百姓而不费，行
不可得而穷极"。不既、不费、不可穷极，皆以否定思维揭示无穷意蕴。从道术上
言，体道者"佚而不穷"。"用人之力"，故"佚"。"用之不可既"，故"不穷"。然无
穷之用在穷极事理中，"以无应有，必究其理，以虚受实，必穷其节。"（《九守》）"以
无应有"、"以虚受实"作为道术，它的前提在于究理、穷节，为穷尽至极的思维结构。
以无穷之道方能应化不穷，然无穷之道在穷极物理中。穷极物理，就要知于不知，达
致神明，而不落于有穷之形。"神制形则从，形胜神则穷，聪明虽用，必反诸神，谓之
大通。"（《符言》）形有穷而神无穷，通于事理在于穷极物理。以神制形，是大通于无
穷。只有在穷极物理中，才能达至无穷神明。"通于道者如车轴，不运于己，而与毂致
于千里，转于无穷之原也。"（《道德》）道运"不已"，正如车轴转于无穷。这里，以
"无穷之原"为穷极之用，它的真谛是"因循"的道术。"得道之宗，并应无穷。故不
因道理之数，而专己之能，其穷不远也。"（《下德》）"得道之宗"，是执于"道纪"的
"因道理之数"。所以能"并应无穷"，就在于因物付物。因物付物的穷极，既是"并
应"，也是应的"无穷"。统一言，为"道理之数"；分殊言，为物理之数。通于物理
就是道理。"专己之能"，则固执定理，故必穷以止。《列子》载有穷极与无穷关系的
寓言辩说。

　　殷汤问于夏革曰："古初有物乎？"夏革曰："古初无物，今恶得物？后之人将谓今

之无物，可乎？"殷汤曰："然则物无先后乎？"夏革曰："物之终始，初无极已。始或为终，终或为始，恶知其纪？然自物之外，自事之先，朕所不知也。"殷汤曰："然则上下八方有极尽乎？"革曰："不知也。"汤固问。革曰："无则无极，有则有尽；朕何以知之？然无极之外复无无极，无尽之中复无无尽。无极复无无极，无尽复无无尽。朕以是知其无极无尽也，而不知其有极有尽也。"汤又问曰："四海之外奚有？"革曰："犹齐州也。"汤曰："汝奚以实之？"革曰："朕东行至营，人民犹是也。问营之东，复犹营也。西行至豳，人民犹是也。问豳之西，复犹豳也。朕以是知四海、四荒、四极之不异是也。故大小相含，无穷极也。含万物者，亦如含天地。含万物也故不穷，含天地也故无极。朕亦焉知天地之表不有大天地者乎？亦吾所不知也。然则天地亦物也。物有不足，故昔者女娲氏炼五色石以补其阙；断鳌之足以立四极。其后共工氏与颛顼争为帝，怒而触不周之山，折天柱，绝地维；故天倾西北，日月星辰就焉；地不满东南，故百川水潦归焉。"（《汤问》）

此思维论辩本自于《庄子》。古今如一，故物不得先物，必其有物。以今有物，知古初亦有物。不知"物之外"、"事之先"，是"不知谁之子，象帝之先"的思维。先后、始终的循环无极，是"道通为一"思维，故恶知其纪？上下八方若有极是至极，然无极之外复"无'无极'"，无尽之中复"无'无尽'"，无极复"无'无极'"，无尽复"无'无尽'"。无极作为至极，又是无极。否定的否定，是不可穷极。如此追溯，则无极无尽，故不知其"有极有尽"。然无穷的否定是至极，正如知四方"无穷"，则无"无穷"的无穷便是"有穷"。"不知其有极有尽"者，陷入了逻辑悖论。"大小相含"的无穷极，是无穷涵摄有穷。极于含万物、含天地，同时是"无极"。不知天地之表，是"六合之外"不可议论。在无极与至极的关系上，应是因无极之外必无"无极"，故以"无极"为至极。以天地为物犹有不足，它是有极，而含天地者必是无极。有穷与无穷相对而言，本身不可陷入相对性的循环。无穷本身已是绝对性的质性，是有穷的至极。对无穷内涵的揭示，离不开至极的思维方式。

在揭示"有穷"与"无穷"关系的基础上，再回过来对《老子》论述进行简要解析。《老子》以"穷"的"穷极"揭示无穷的内涵。一方面，"多闻数穷"的"穷"是尽止，另一方面，"大盈若冲，其用不穷"中的"不穷"是功用上的无穷。就空间意义上的穷与无穷言，恒道"泛兮其可左右"，其中"泛"是"周遍咸"的至极，"可左右"是"无所不在"的无极。前者为范围、领域上的至极，后者为否定定在、定限的无极。这种思维表达方式，揭示的是恒道寓于万物的无所不在，为世界化的存在样态。就时间存在上的穷与无穷言，恒道是"自今及古，其名不去"。"自今及古"，是贯通古今、通一时间集合上的至极，故为"道乃久"。"其名不去"是否定的无限，为"象帝之先"。它与"用之不既"的思维相同，"不既"是无穷之谓。这种思维表达方式，揭示的是恒道寓于万物存在的悠久无疆，为永恒化的存在样态。恒道存在的周遍性、永恒性，归根于生物化物的无有止息。"周行不殆"，"周行"是普遍至极，"不

殆"是不息、不已的无极。以穷极揭示无极，用无极表示至极，是《老子》的通用思维。"无状之状"、"无物之象"、"大象无名"、"至誉无誉"等，皆是穷极与无穷的统一。恒道存在的至极和无极皆是相对于存在物而言，一方面"道通为一"，是涵摄一切存在物，故为"周遍咸"的至极存在。然就其"与物反"的思维质性言，又是对具体存在物有限性的否定。因物有形而言无形，因物有化而言不化，因物有量而言无量，因物定在而言无处，因物有穷而言无穷，等等。恒道作为至极存在，是"独立不改"、"为物不贰"，作为无极存在是"周行不殆"、"生物不测"。

二、西方无限观

亚里士多德认为，无限没有自己的根源，这是因为有根源就会有限度。无限自身，作为其他事物的根源，必然包容一切，主宰一切。人之所以相信有无限存在，主要在于五点根据：（1）时间是无限的。（2）量具有无限可分性。（3）产生和灭亡是无穷无尽的，事物是由无限产生的。（4）有限的事物总是以别的事物为限，只有无限才没有最后的限。（5）因为思想不可想象有任何限制，所以以无尽的事物都被认为是无限的（引自《物理学》，商务印书馆2004年版，第77-78页）。他进而论证道，"不可能有感性物体是无限的"，因为"所有感性物体本性都有一个处所，并且各物皆有自己特定的空间"。一事物"在某处"，就意味着在空间里，在空间里就是在某处。由此，他得出结论说，"没有现实的无限物体"（同上书，第85页）。在排除现实存在物体无限存在的可能性后，他对事物"存在"的意谓进行了解析。"事物被说成'存在'，一种指潜能的存在，另一种是指现实的存在。"（同上书，第85页）根据这一论证前提，他认为对现实事物而言，无限的真正涵义不能是"此外全无"，而应是"此外永有"。因为"此外再无"意味着是"完成的"或"完全的"。完成是终止、尽止，它否定发展的可能、潜能。真正的完全者，是"本身不缺少什么的东西"（同上书，第87-88页）。无限者，只能是潜能意义上的无限，不能是现实意义上的完全者。作为"无限"的存在，它不是"包容"而是"被包容"（同上书，第89页）。从作为绝对存在的角度来说，与潜能无限的"此外永有"相反，宇宙至极是"此外全无"，因为还缺少什么，故不是万有。无限表现在量、运动和时间上是不同的，其中后一个无限性皆因前一个无限而被说成是无限的，也即每一个后者皆因前一个无限而被界定为无限。亚里士多德认为，无限者的本质是"缺失"（同上书，第90页）。现代存在主义者萨特正是将"虚无"作为他哲学思想的主要根基，并将之概括为："不是其所是"和"是其所不是"。它是"缺失"的无限。黑格尔从绝对精神的一体或整体出发，通过辩证法的内在动力，将绝对精神从内在逻辑向外在自然、精神世界发展而为不同阶段、各个环节，进而赋予其辩证统一的内涵，揭示了有限与无限的内在统一关系。就绝对精神处在自在阶段言，"当我们说事物是有限的，我们的意思是说：它们不仅有规定性，质不仅是实在和自在之有的规定，它们也不仅仅是有界限的——在界限之外，它们还有实有——而且

还不如说，非有构成它们的本性，它们的有。有有限的事物，但是它们的自身关系却是使它们否定地自身相关，甚至在这种自身关系中使它们超出自身，超出它们的有。"（引自《逻辑学》上卷，商务印书馆1991年版，第125页）有限物的概念包含着"应当"与"限制"两个环节。"某物只是在规定中有否定之时，才有限制；而规定又是扬弃了的限制。"（同上书，第130页）限制同时是肯定、否定。从肯定意义上说，是现实存在上的"此个"；从否定意义上说，是潜在意义上的"彼个"。"限制"与"应当"相互界定，"应当"是"限制"的否定。"在应当中，开始超出有限，即无限。应当是那样的东西，即在向前发展中，按照那种不可能性，它表现自身是到无限中的进展。"（同上书，第130-131页）有"应当"，就能突破自己的限制，向外过渡、展开自己为无限的存在。"应当"本身包含"限制"，"限制"也包含"应当"。所以，"有限物是自身矛盾；它扬弃自身，并且消灭"（同上书，第133-134页）。消灭，否定自己，则不会禁锢自身。有限物与无限物相互规定，也相互否定。因为规定同时是否定。"无限是有限物的无，是有限物的自在之有和应当，但这又是作为自身反思的、完成了的应当，只是自身关系的、完全肯定的有。"（同上书，第137页）"应当"由潜在过渡或实现为现实，所以为"完成了的应当"。完全肯定的"有"，是实现了的"无"。"有限物只是对应当或无限物的关系说，才是有限的；无限物也只是对有限物的关系而言，才是无限的。它们不可分离，同时又绝对互为他物；每一个都在它自身那里有它的他物；所以每一个都是它自己和它的他物的统一，是在它的规定性中的实有，而这个实有却并非既是它本身又是它的他物那样的东西。"（同上书，第140页）有限物与无限物相对而言，互相进入对方，互相成为对方，也即成为它自己与它相对的他物的统一。然物与物之间尚不是一体之物，也即自我实现之物，还尚在相对关系之中。"无限物怎么变成了有限的这一问题的回答是：并没有一个无限物，原先是无限，尔后又必须变成有限，超越到有限性；它乃是本身既有限，又无限"（同上书，第154页）。无限必须通过有限的质量进展为质量的无限。"无限大作为大，应该是一个定量，而无限又应该不是定量。同样，无限小，作为小，也是一个定量，因此对无限物说来，它仍然是绝对的太大了，即就质而言，是太大了，并且与无限物是对立的。无限进展的矛盾在无限大和无限小两者之中都保持下来，进展应该在两者那里找到它的目标。"（同上书，第244-245页）无限大与无限小，都是无限的进展，进而实现为质量统一的尺度的无限。绝对精神要经过力的无限性、无限判断等环节，最后达到绝对理念的无限。"唯有绝对理念是有，是不消逝的生命，自知的真理并且是全部真理。"（同上书，第529页）生命之有，是自我实现其全部规定性，而且这实现也是自我把握的实现。绝对理念，"因为它自身包含全部规定性，并且它的本质就在于通过它的自身规定或说特殊化而回归到自身，所以它具有不同的形态"（同上页）。不同形态的展开，是自身的实现和成全。回归到自身，是解除自身抽象的自我禁锢，而在世界中揭示、完成自己。它是无限与有限的统一，无限在有限中或通过有限的展开、完善而实现。

　　参照西方的逻辑论说，可以对《老子》恒道的无限性进行揭示。恒道自本自根，生生者不生，然为"万物之宗"。此思维正如亚里士多德的无限本自无根源，而为其他事物根源。至于无限存在的根据，皆可在恒道存在质性中找到。恒道是独立不贰、"本身不缺少什么的东西"的大全无限，是无时间性的无限，是生物不测的量无限，是形成事物生灭无穷无尽的无限，是本自无形无待的无限，是不可感知、"无处"的无限，是周行不殆的"此外永有"的潜能无限，同时作为宇宙存在样态又是"此外全无"的无限。在无限与有限的关系上，恒道非禁锢自己为"有物混成"存在样态，它要实现自己为万物，通过生成万物、寓于万物之中而实现自己、见证自己。当然，恒道非是绝对精神的自我认知、自我把握、自我实现，而是客观实在，自然而然，生物、化物是命定必然。恒道是万物源泉、本宗，非以逻辑理念创造自然世界、精神世界，相反在生成万物中理则形式在万物中一同生成，并没有一个逻辑理念的生成阶段。在万物中可揭蔽恒道的存在质性。万物分有恒道，它们的属性或形式皆是恒道赋予，故可归于恒道。恒道是有无一体，"无"既是微妙无形的体，亦是功为不测的用。在功用不测中，既是潜能的无限，又是在生物、化物的有限中彰显其用。功成不居，是"不是其所是"；不息不测其功为，是"是其所不是"。"虚无"是它的"生而不有，为而不恃，长而不宰"、"功成弗居"、"作而弗始"等，以《庄子》的语言是"物物而不物于物"。恒道在"物物"中成为万物以肯定自己、展现自己，同时在"不物于物"中否定自己、忘掉自己，最后在生物不测、周行不殆的无限循环中见证其"独立"、"自本自根"的大全自己。这里虽没有逻辑形式的推演，然已然具备肯定、否定和否定之否定的思维结构。恒道存在的无限性，体现于"为物"或生物中，生物过程是无限的，然无限的生生过程展现于有限存在物的生成、变化中，无有限存在物的变化、生成则恒道存在的无限性无以揭蔽、澄明。

三、二律背反

　　西方古典哲学在揭示时空内涵上，既承认有永恒时空，也认为世界为有限时空，这就产生了康德所指出的"二律背反"。

　　（一）时间上的二律背反

　　正题是：世界在时间上有一开始，它是有限的。康德的证明理由是：假如世界没有开始，则每一已知时间点，一定都经过一个永恒时间，因而在世界中已经流过了事物彼此继续状态的无限系列。但一个系列之所以无限，又恰恰在于它永远不能由继续的综合来完成，因为这是不可能的。结论必然是：开始是世界存在的必要条件。"无限"，不能用综合来实现，也即不能用集合来表示。黑格尔运用辩证思维，以"真理是体系和全体规定性的证明"为理念，给予了解答。他说，假定"一个已知的时间点"，正是需要证明的，而却作为存在了的，成为推论的前提。"开始"必须由真理体系的完

成而成其为开始，而"流过去"本身是一个界限和终结。假如它是量的无限，要超出界限，就不是"流过去"，而是继续流动。这一时间点既对过去是个界限，但同时又是未来的开始，因为"每一时间点"本身是过去与未来的统一点。"未来"需要从"现在"这个点得以展开或存在去证明。康德假设"一已知时间点"，实际上是对过去的终结，作为"有限"故为"流过去"。但无限之所以为无限，是无法靠继续的综合完成的，因为无限没有终结。说"流过去"，是把这以前的过去看做已经完成，自身不再延续，也即说与现在这个时间点毫无关系，同时其中也就没有潜在的将来。黑格尔从证明康德论据自身存有矛盾入手，否定了其论证理由，进而否定其论据前提的绝对性。

反题是：世界没有开始，因此是无限的。康德的证明理由是：开始，既然是一种存在，而在那以前，先有时间没有事物，那么就是必须已经先过了一个时间，不曾有过世界的空虚时间。但任何事物都没有在空虚时间发生的可能。世界中事物的某些系列可以有开始，但世界本身却不能有开始，而就过去时间看来是无限的。对此，黑格尔反驳道，它先假定了一个世界存在的彼岸，即一个空虚的时间，然后这个世界的存在又同样超出自身进入这个空虚的时间而延续自身，又无限地继续这个存在。"假定"是这样造成的：世界作为存在须以另一在时间中的有条件的存在为前提。如此等等，以至无限。在康德认为，说世界有开始，必然存在一个无世界的空虚时间。但任何事物都不能在空虚时间中发生，所以世界只能没有"开始"，才能与虚空时间重合。结论是：世界只能从自身时间中产生，而不是从虚空时间中产生。然在黑格尔看来，说世界存在以假定无世界的空虚时间为前提，这是不对的。实际上，世界就是时间，二者不可分离。

以《老子》思维言，恒道存在是时间上的有始而无始。《老子》云："无名，天地之始；有名，万物之母"。一方面，天地作为有形之大者，它的产生揭蔽出恒道"为物"上的起始，为"万物之母"，宇宙或世界因此而有始。另一方面，恒道是"先天地生"的"有物混成"，存在于宇宙和世界生成之前，为"象帝之先"、"天地之始"。相对于天地万物或世界言，又是无始。天地万物和世界有始可名，而恒道无始则无名。无名是一切可名的否定，无限故无名。然从万物的来源上说，因万物以生有母，故又是强名的"有名"。恒道在时间上有始，是作为"万物之宗"以言"天下有始"。然作为绝对存在又是无始，若有始就不是"自本自根"的存在。因生万物有始而言无始。若不立一个本始则宇宙和世界无根源，恒道无限的绝对存在质性不可得以揭示。世界有始是从存在物的有始，追溯于万物的本始。因为有本始，则万物有根源，可以本始来认知。世界无始是从与物相反的思维，揭示至极者无极。因为世界是万物的大全、无限，正如"道通为一"思维。若世界有始，就是物性存在，而非绝对存在。世界的有始与无始，是至极而无极思维，正是恒道存在的思维。世界本始存在是恒道，无始存在也是恒道。黑格尔绝对精神就是有始与无始、至极与无极的统一，就其潜在无限言是无极，就其作为真理全体言是至极。

（二）空间上的二律背反

正题是：就空间来说，它是封闭在界限之内的，故为有限。康德的证明理由为：一个在空间中无限的世界，综合其部分需要无限时间，因空间中的世界不能被看作是正在变的东西，而是一个已经完成的东西，所以这个时间就必须被认为已经"流过去"了。但把一个无限时间当作已经过去是不可能的。这是以时间上的不可能证明空间上的不可能。

反题是：世界在空间中没有界限，它是无限的。在黑格尔看来，无限不外一方面是空虚的空间，另一方面是世界与之的关系，是空虚空间的充实。空间是空虚的，同时又是充实的。世界与空虚空间的这种矛盾在证明中直接成了基础。费尔巴哈云："意识的本质特性，就是总括一切、无限。无限者的意识，不外是对意识之无限性的意识。或者说，在无限者的意识中，意识把自己的本质之无限性当作对象。"（引自《基督教的本质》导论，第30页）"无限"是意识的一种能力，也是意识自我的外化，更是意识的自我反思。"总括一切"，是集合性的"无限"。在无限与有限的关系上，"有限"是"无限"意识的根源，以有限者表征无限者。"无限性"来自对"有限性"的综合或否定。无限物需要以有限物来彰显、实现自己。

以《老子》思维言，恒道存在是空间存在上的有限而无限。借用数学上无限数列与有限数集的关系来说，无限数列是否为有限数列的集合？有限数列扩充至极能否变为无限数列？如果无限数列是有限数列相加至极的结果，那么无限系列就变成了有限系列，因为有限加有限，不管加到何时为止，毕竟还是有限之数。同样，无限数列如果不来自有限数的集合构成，那么无限数就是空无。恒道作为"泛兮其可左右"，它既是对物性或左或右定在的否定，同时是左、右上的无所不在，故为"道通为一"。恒道以"周遍咸"存在为至极，然作为"道通为一"的存在，又是在生物不测基础上的空间无限拓展，万物生生不穷则恒道寓于万物的存在无限。空间存在的至极是时间中的相对性。恒道之于万物是无所不在的至极，以其生物不测则"物物"的拓展无限。

最后，对本节内容作一简要概述。《老子》的恒道存在是无极与至极的统一，蕴含着无限与有限的统一，对揭示"二律背反"提供了另一种可能。以时空思维揭示世界无限与有限关系，是一种针对不同存在质性而做出的假定。开始必是终结的开始，正如无限必是有限的无限。在老庄看来，无限是与有限相对而言的，没有有限就无法界定无限。恒道存在的无限性，正是通过"与物反"而形成无名、无形、独立、周行等质性。"无穷"并不是一种抽象的存在，而是恒道之于万物生生、生化不测的潜能。《老子》对无限性与有限性矛盾的解决，就类如黑格尔的辩证思维。恒道存在的无限性，归根结底体现在功用的无限性上。"万物恃之以生而不辞"、"衣被万物"、"万物得一以生"等，揭示的是恒道功用上的至极，万物生化无脱其外；"用之不既"、"周

道 与 物

行不殆"等，揭示的是恒道功用的无穷，生物不测，化物不已。恒道本自无始，因生物有始；恒道无定在，因寓于万物成为周遍存在；恒道无穷，因生物不测见证自己的无极。恒道的"无穷"性，体现在"生而不有"、"功成弗居"的"玄德"中，蕴藏在面向未来生生不息、运化不已的功用"不测"中，建立在"不是其所是"，"是其所不是"的"虚无"中，奠基于"物物而不物于物"的过程中。

第五章　道之恒常

前四章在解读《老子》恒道存在质性上，重点揭示了其为"先帝之先"的永恒存在，"泛兮其可左右"的周遍存在，其中还澄明了无限与有限的一体关系。在此前提基础上，要对恒道之为"恒"或"常"的内涵给以澄明。恒道与"可道"之"道"有什么区别？在"道"之前加一个"恒"或"常"字的深意何在？只有明确回答这一问题，才能真正把握恒道思维内涵的真谛，进而为其他内涵质性的诠释提供一个明确而坚实的根基。

第一节　恒常之道

对"道理"的探寻，是人类在与自然打交道过程中谋求生存、发展的理性选择。依靠对准则、规律的探索追求和应用，人成为自然界的主人。遵循自然规律，利用自然规律，人就开启了自由生存、发展的大门。同时人作为群体性的社会存在，"道理"的探索建立，也是谋求人人和谐共存、社会有序发展的必要手段和教化工具。人类有了恒常的"道理"，就有了成功遂事以及社会治理的统一依据和规范。对恒道、"常理"的探求，是人类认知思维能力发展的一个重要标志。

一、文字校解

今本《老子》多言"恒"或"常"字，然在帛书、楚简本中况"道"者多写为"恒"，后来因避讳皇名而皆改为"常"。从楚简、帛书《老子》文本看，以"恒"况谓"道"的质性，主要分布在三章。一是"道可道，非恒道"、"恒无欲，以观其妙；恒有欲，以观其徼"（1章）。二是"道恒无名，朴"（22章）。三是"万物归焉而不为主，则恒无欲也，可名于小"（34章）。其他还有"恒德"以及作为状语用的"恒"字。然在此两个不同版本中，也言"常"，如"复命曰常，知常曰明。不知常，妄作，凶。知常容"，"是谓袭常"以及"知和曰常，知常曰明"等。显然，在帛书、楚简本《老子》中，"恒"与"常"是同用共存的。据此可以推知，"恒"与"常"在原来用意上是有区别的。以"恒"揭示"道"性是否具有特殊的内涵？"常"者又有什么样的含义？

道 与 物

（一）"恒"的字义

"恒"者，会意字，甲骨文写作"亘"。谷衍奎在编《汉字源流字典》中认为，"恒"之本字为"亘"，从"二"表示天地，两横中间从"上弦月"，会意天地之间"上弦月"渐盈之意，天地之月运动永恒。此解的依据可能来自"如月之恒，如日之升"（《诗·小雅》），月上弦渐进于盈。尽管日有阴晴、月有圆缺，但升落在天地之间。金文另加心，表示心永恒不变。《说文》云："恒，常也。从心舟在二之间上下，心以舟施，恒也。""恒"的观念在中国古代思想文化中占据重要地位，《易》专有恒卦，《系辞》屡次提出恒的价值内涵。陈鼓应从帛书《系辞》有"易有大恒"文句，论证认为《系辞》等《易传》论说属于道家的论著。"恒"者有以下诸义。

一为至极之名。"易有大恒，是生两仪"（帛书《系辞》），通行本《系辞》写作"易有太极，是生两仪"。对照来看，"恒"是"极"。"恒先无有，朴、静、虚。朴，大朴；虚，大虚。"（郭店楚简《恒先》）"恒"为"先"之极，具有先初、本始之义，犹如恒道"象帝之先"。"恒"者"无有"，为"虚"，正如恒道为"有生于无"的"无"。为"朴"，正如"道无名，朴"。"朴"者是"大朴"，是未分离、未雕琢的形态，犹如"有物混成"；"虚"者是大虚，是《庄子》所谓的"无有一无有"。"恒"者之所以能作为本始存在，就在于它具有"如月之恒"的无常、不息质性。作为绝对本体的本自无常（独立不改），而能成万物之常，故为恒道。

二为经久不息。"恒，久也。"恒之为名，长久为义。"天地之道，恒久而不已"（《易·恒卦·彖》）。"不已"，是不息而长久。"天地之道，博也，厚也，高也，明也，悠也，久也。……《诗》云：'惟天之命，於穆不已！'盖曰天之所以为天也。"（《中庸》）"於穆不已"，是"不息则久"。文天祥在《御试策》中云："天久而不坠也以运，地久而不隤也以转，水久而不腐也以流，日月星辰久而常新也以行，天下之凡不息者，皆以久也。"（引自《宋元学案·巽斋学案》，载《黄宗羲全集》第六册，第480页）以"久"为"不息"，是持续不断，故为永恒存在。

三为随时变易。"亘"像上弦月渐盈，它是一个不断渐进盈满的过程，引申为运动的连续而不间断状况。程颐注《易·恒卦》云："天地造化，恒久而不已者，顺动而已。"（引自《程氏易传》，载《二程集》，中华书局2004年版，第861页）"恒久不已"是"常"，然恒久之道非守一隅而不知变。"天下之理，未有不动而能恒者也。动而终而复始，所以恒而不穷。凡天地所生之物，虽山狱之坚厚，未有能不变者也，故恒非一定之谓也，一定则不能恒矣。唯随时变易，乃常道也"（同上书，第862页）。以"随时变易"为"常道"，正确揭示了"常道"的内涵，间接澄明了恒道之为"恒"的内涵。恒者非一定，而是无常。"久于其道"，知变之谓。惧人泥于常，故以"不可道"为恒道。

四为常在不变。因始终如此，不变其故，故为恒式、经常。"恒，常也。"（《尔雅·释诂》）恒为久常，常在则固定不变。"嗟尔君子！无恒安处。……嗟尔君子！无

恒安息。"（《诗·小雅》）"无恒安处"、"无恒安息"，虽是反言"恒"义，但揭示了其常然如此的意义。《孟子》多言此义。"无恒产而有恒心者，惟土为能。若民，则无恒产，因无恒心"（《梁惠王上》）。"爱人者，人恒爱之；敬人者，人恒敬之。"（《离娄上》）《左传》亦多用"恒"的不变涵义。如"夜，恒星不见"（庄七年），"天事恒象"（昭十七年）。此中的"恒"是"恒然"、"恒是"，永远不更易。

五为恒一恒性。因至始至终皆如此，故为始终如一，恒一如此。"方且与物化而未始有恒"（《庄子·天地》）。"未始有恒"，是不能如一、恒一如此。"洁哉，民性有恒！曲为曲，直为直。"（《韩非子·说林下》）性有"恒"，则本性恒一不易。"万民有恒事，贵贱有恒位，畜臣有恒道，使民有恒度"（《黄帝四经·经法·道法》）。四个"恒"，皆是恒定、恒在的意谓。"政贵有恒，辞尚体要，不惟好异。"（《尚书·毕命》）"政贵有恒"，揭示政治应保持常态、恒法，可期以信用。"法者不可不恒也，存亡治乱之所以出，圣君所以为天下大仪也。"（《管子·任法》）法者恒一其用，则不变其理。"夫乾，天下之至健也，德行恒易以知险。夫坤，天下知至顺也，德行恒简以知阻。"（《易·系辞下》）有"恒易"、"恒简"，方有恒常之理。

六为持之以恒。由事物恒性转用言心之志向和毅力，效法"天行健"而有"自强不息"。"至诚不息"（《中庸》），是持之以恒。"善人，吾不得而见之矣；得见有恒者，斯可矣。亡而为有，虚而为盈，约而为泰，难乎有恒矣。"（《论语·述而》）"恒"者，恒一其德，坚持不懈。"不恒其德，或承之羞。"（《子路》）《易》多言此义："恒，德之固"；"恒，以一德"；"恒，杂而不厌"（《系辞下》）。"固"是恒固，"一"是恒一，"不厌"是不怠。"圣人久於其道，而天下化成"（《恒卦·彖》）。"久於其道"作为"恒"，是一以为道，"以立不易方"（《大象》）。"不易方"，不改其恒，是"从一而终"（《小象》）。始终如一，始是"一之"，终也是"一之"。"恒"作为德性，又是"纯亦不已"（《中庸》）。"不已"者，恒而不贰，久而不息。

七为恒德恒式。以"恒"者为道术是"恒式"，以为德性是"恒德"。《老子》云："恒德不离"、"恒德不贰"，即用此义。"不离"、"不贰"方为"恒"。"宇泰定者，发乎天光。发乎天光者，人见其人，物见其物。人有修者，乃今有恒。有恒者，人舍之，天助之。人之所舍，谓之天民；天之所助，谓之天子。"（《庄子·庚桑楚》）"有恒"者，修乎道德而"宇泰定"。体有恒德，为人所舍则为"天民"，为天所助则为"天子"。"明王之所恒者二：一曰明法而固守之，二曰禁民私而收使之，此二者主之所恒也。夫法者，上之所以一民使下也；私者，下之所以侵法乱主也。"（《管子·任法》）"所恒"者，是恒式或道术，一为明法固守，一为禁私收使。"法"以为道术是恒式，以为道理是恒则。"一民"者，治民恒一于法。

八为必然如此。"日月得天而能久照，四时变化而能久成……观其所恒，而天地万物之情可见矣。"（《易·恒卦·彖》）因事物恒然如此，无不如此，概言之是势所必然的"恒"律。天地万物有"恒"是情理，自然无"恒"则无有秩序。以为事理，是必

然通则。"志业于好，讲礼于等。示威于众，昭明于神。自古以来，未之或失也。存亡之道，恒由是兴。"（《左传》昭十三年）存亡恒由于是，是必然如此的通则。"爱人者，人恒爱之；敬人者，人恒敬之。"（《孟子·离娄下》）此中的"恒"揭示的是社会伦常的必然趋势。"良将之所以必胜者，恒有不原之智，不道之道，难以众同也。"（《淮南子·兵略训》）道理有定常，如三纲五常，亦有无常，如"不道之道"。只有恒于"不原之智"，方能无常形势，以无形胜有形。

（二）"常"的字义

"常"者，本为"裳"，形声字，篆文从巾、尚声，意指古代衣服的"下裙"。《说文》云："常，下裙也。"徐铉曰："下直而垂，象巾，故从巾。"王夫之云："常、裳二字，一也。……倍寻曰'常'者，裳下肖之广十六尺也。寻、常，皆近也，因近而易见，有平而无奇之义。常近而无奇，则无变；不变，则可久。展转相因，皆自'衣裳'之'常'通之，犹言不下带，言目前耳。"（引自《说文广义》，载《船山遗书》第五卷，第 2738 页）后"常"的衣裙义由"裳"替代。至于寻常的计量单位，现仍沿用。"常"与"恒"通义，"体道之人，……恒满而不溢，常虚而易赡。"（《文子·道原》）"恒"与"常"可互换。"达道之人，……常满而不溢，恒虚而易足"（《淮南子·汜论训》）。然二者亦有不同，"恒"者不用以名定理之常，专指定理中的必然趋向、趋势；"常"注重揭示事物存在的关系、性质或功能，也表示事物运动、发展和变化的规律、通则。它的内涵有如下诸义。

一为日常习常。"裳"为"下裙"，为生活习用之物，故引申为"日常的"、"常用的"。"农有常业，女有常事。一农不耕，民有为之饥者；一女不织，民有为之寒者。"（《管子·揆度》）衣食为生民之本，故农耕为常业，织布为常事，它们皆是民众生活所必须的劳作、事业。此"常"不得不为，习以为常，故谓之"日常"。民无之不能生存，故为"常用"。为什么不用"恒"？因"恒"为时间连续不间断，而农耕、织布皆是时间上循环反复的有间断者。

二为经常通常。由常见、常用引申为普遍适用的、一般存在的，它是"经"常、"通"常。"君子不履丝屦，马不常秣"（《礼记·少仪》）。"马不常秣"，则非是恒然。若"常"是厉兵秣马，"乐杀人"者。就"马不常秣"本身言，它是君子必须遵守的常则。"圣人因杀以制节，此丧之所以三年。贤者不得过，不肖者不得不及，此丧之中庸也，王者之所常行也。"（《礼记·丧服四制》）"庸"者，平常。程子云："中者，天下之正道。庸者，天下之定理。"（引自《四书集注》，北京古籍出版社 2000 年版，第 23 页）"常行"通于"天下"，是普用之行、经常之则。

三为恒常不变。由一般、普遍引申为常在不易，通于"恒"。《玉篇》释"常"为"恒"。《庄子》多以"常"为恒常，"常因自然而不益生"（《德充符》），"莫之为而常自然"（《缮性》）。"言无常信，行无常贞，唯利所在，无所不倾，若是则可谓小人

矣。"（《荀子·不苟》）"无常"者，无恒其德行。"常"者"据于德"，主以德，故与"唯利所在"相反。小人无常，而君子有常。君子道中庸，而无时不中。小人反中庸，而无所忌惮。"君子以常德行，习教事。"（《易·坎卦·大象》）"常"者，恒一不变。区别于"恒"，"常"有定常、固常之义。"夫子焉不学？而亦何常师之有？"（《论语·子张》）反于定常，而为无常。无常师，则无所不可以为师。"社稷无常奉，君臣无常位，自古以然。"（《左传》昭二十三年）"常奉"、"常位"，皆是固定不变之属。

四为本所固有。以"常"言"性"，是"常性"。"彼民有常性，织而衣，耕而食，是谓同德。"（《庄子·马蹄》）此"常性"即上所言"恒性"，然二者亦有分别，衣食于人不可少，本性不离，故为恒性。伦理纲常，于人不可无，然有离的可能，故为常性。"长民者，衣服不贰，从容有常，以齐其民，则民德壹。"（《礼记·缁衣》）"有常"本于性情，故为"常容"。"天有常象，地有常形，人有常礼。一设而不更，此谓三常。"（《管子·君臣上》）"常"作为"一设而不更"，是本所固有，恒然不离。"三常"者，固有之常，不可更易。

五为规律常则。"常"用于揭示事物相互联系以及发展的固定趋向、固有节奏等理则，是常则、规律。"天道皇皇，日月以为常，明者以为法，微者则是行，阳至而阴，阴至而阳，日困而还，月盈而匡。古之善用兵者，因天地之常，与之俱行"（《周语·越语下》）。天行有"常"，日月、阴阳有"常"，成为人们生活、生产必须遵循的固定规则。天地有常，故可"因"以利用。"死生，命也；其有夜旦之常，天也。"（《庄子·大宗师》）"夜旦之常"，是变化之常，为循环更替的规则。"动静有常"（《易·系辞上》），各有其常则有殊理。"日月为大常"（《周礼·夏官》），日月之常作为根本常则故为"大"。在《大戴礼记·夏小正篇》中，揭示的都是事物之间的联系规律，为因循时令而从事的规则。

六为纲常伦常。"常"用在人伦上，是伦理纲常，为人们相处之道和规范行为的遵循。"天降大常，以理人伦。制为君臣之义，著为父子之亲，分为夫妇之辨。是故小人乱天常以逆大道，君子理人伦以顺天德。……昔者君子有言曰：'圣人天德'，盖言慎求之于己，而可以至顺天常矣。……是故君子慎六位以俟天常。"（楚简《成之闻之》）"常"因是天降，人所不可或缺，故为"天常"、"大常"。制义、著亲、分辨，是人伦大道、性命天德。"天德"作为"常"，来自顺"天常"。"天常"不可忤逆，故曰"俟"。"六位"者，"夫智妇信、父智子仁、君义臣忠"，它们是"天常"的内涵。君子顺"天常"以为"天德"，修身以俟"天命"。"天常"是不可更易的纲常。伦理纲常通用天下是"示民有常"："以著其义，以考其信，著有过，刑仁讲让"（《礼记·礼运》）。纲常本于天地："圣人作乐以应天，制礼以配地。礼乐明备，天地官矣。天尊地卑，君臣定矣。卑高已陈，贵贱位矣。动静有常，小大殊矣。"（《乐记》）礼乐是伦理教化纲常的总名。

七为常法常道。以"常"言法术是规章制度的常法、常经。"隆礼至法则国有常，

尚贤使能则民知方"(《荀子·君道》)。"常"与"方"皆是可以遵循、依据的法则和制度。"治民有常道，而生财有常法"(《管子·君臣上》)。以"常道"治民，以"常法"生财，则行有据、动有规，自能功遂利就。"常道"、"常法"具有社会治理的政治涵义，非限于教化伦理。它是"王建大常"(《周礼·夏官》)，"率由典常"(《尚书·微子之命》)，又是治国常道。"臣事君，子事父，妻事夫，三者顺则天下治，三者逆则天下乱，此天下之常道也，明王贤臣而弗易也。"(《韩非子·忠孝》) 伦理的政治化，是天下"常道"。"常道"包括常法，而常法是"常经"。"国毋常经，则民妄行矣。"(《管子·法法》) 作为"常经"又是"大顺"。"大顺者，所以养生送死、事鬼神之常也。"(《礼记·礼运》)"大顺"者，是纲纪天下的"常法"。

八为常然如此。以"常"揭示事物发展必然趋势，就与"恒"义相合，具有固然如此的因果必然性，它是规律的别名。"恒"多指事物变化的趋势，而"常"多从不同事物间相互关系的角度揭示规律性。然二者涵义又有交叉，"恒"中有"常"，"常"中有"恒"。"以巧斗力者，始乎阳，常卒乎阴，泰至则多奇巧；以礼饮酒者，始乎治，常卒乎乱，泰至则多奇乐。凡事亦然，始乎谅，常卒乎鄙"(《庄子·人间世》)。"凡事亦然"，揭示了事理之常。始卒、始毕皆是发展趋势，它是"恒"，又是"常"。然"常"可通于不同事物，故为"通常"。"先义而后利者荣，先利而后义者辱；荣者常通，辱者常穷；通者常制人，穷者常制於人：是荣辱之大分也。材悫者常安利，荡悍者常危害；安利者常乐易，危害者常忧险；乐易者常寿长，忧险者常夭折：是安危利害之常体也。"(《荀子·荣辱》) 荣辱的"大分"、安危利害的"常体"，揭示的是事理的因果关系，它可非是绝对普遍性的恒其必然。"仁义德行，常安之术也，然而未必不危也；污僈突盗，常危之术也，然而未必不安也。故君子道其常，而小人道其怪。""道其常"者，"居易以俟命"，故"坦荡荡"。小人"行险以徼幸"，故"长戚戚"。"上下无常，非为邪也。进退无恒，非离群也。"(《易·乾卦·文言》)"常"指爻位，意指空间排列的关系。"恒"指爻变进退的非定。

前面解析"恒"、"常"字义，分别从事物起始的有极性、发展的连续性、变化的多样性、联系的有序性、运动的规则性、道德的普遍性、事理的必然性、治法的不变性、性命的固然性以及言行的有循性等方面进行揭示，这些构成了恒道之为"恒"或"常"的基础和内涵。何新认为，"道"是道路，也是秩序。作为哲学本体论的"道"观念的形成，首先建立于一个前提，即确信宇宙中的万象虽然是变动不居的，而其运动服从于某种不变的秩序，即所谓不变的"常"。"常有二义：(1) 通尚，上也；(2) 通长，不变曰常，经常、恒常、永恒。"(引自《〈道德经〉详解》，载《老子新解》，第84页) 常者，以其无所不在、无时不在，故为价值层次的至上。作为经常，又是恒存的久常。他又认为"道"的观念先型，是商周书中所谓"常"的观念。因为传说尧舜时代的民谚就有"日月有常，星辰有行"的观念。实则，"道"思维观念的先型是"恒"，后以"常"代之。

二、恒常之常

"恒"和"常"作为一种稳定规则、普遍律则和行为准则，给人类生存提供了可以预期、规范有序和科学合理的利用价值，它们是人类文化发展不可或缺的基石。从先秦儒家的思维倾向来看，传承于道统，更注重对恒定、固常等规范性定理的探索，这是由其教化、治理和追求和谐秩序的社会伦理、政治观所决定的。厘定纲常、伦常，建立"礼仪三百"、"威礼三千"的规范，构建礼教制度、道德刑法，无不彰显其对"恒"或"常"思维倾向的认知追求。在儒家看来，规则、常制的推行能够整饬人际间的关系，规避人们的不良利欲追求，建构和谐秩序的社会。他们的认知思维模式和取向，坚持以世界可知、天命有秩为前提，是认识上的可知论，穷理尽性、穷神知化。即使是《易》，虽言"唯变所适"，然是以"天下之理得"为追求目标。《易》与天地准，它"知周乎万物，而道济天下"。因《易》以为用，则能"范围天地之化而不过，曲成万物而不遗，通乎昼夜之道而知"。《易》虽是"神无方"，然以为"感而遂通天下之故"。定理俱在，故"广大悉备"。虽提出"书不尽言，言不尽意"的问题，然秉持的思维却是："圣人立象以尽意，设卦以尽情伪，系辞焉以尽其言，变而通之以尽利，鼓之舞之以尽神"。总之，皆以知识可尽、理可格致为取向，强调"恒"、"常"在认知和知识上的"可道"性。道家老庄虽然对人们的认知和知识存在着一定的怀疑，但绝非是绝对的不可知论，而是温和的怀疑论。他们思想的重点在于批判习俗自以为是的不变固常、执著一曲的"可道"知识，要求抛弃万古不变的"本本主义"倾向，保持开放、相对的真理观，在事物变化中进行静观，推崇无常之"常"、变化之"恒"，使认知的常变对象在镜鉴中得以自我澄明、揭蔽。

一为人伦有常。孔孟等儒家思想注重对人伦恒常的构建，他们的恒常观念主要体现在对人性和三纲、五常等道德伦理的揭示上。"天生烝民，有物有则。民之秉彝，好是懿德。"（《诗·大雅》）"则"是"懿德"、"敬止"，在《论语》中是仁义礼智信。"弟子入则孝，出则弟，谨而信，泛爱众，而亲仁。"（《学而》）孝弟为仁之本。"民无信不立"（《颜渊》），"信近于义"而"恭近于礼"（《学而》）。君子之于天下无适无莫，"义之与比"（《里仁》），故"喻于义"。在仁与礼的关系上，"克己复礼为仁。一日克己复礼，天下归仁焉。"（《颜渊》）君子复礼，是"非礼勿视，非礼勿听，非礼勿言，非礼勿动"。在知上，"不患人之不己知，患不知人"（《学而》）。仁义礼信以知为前提。"择不处仁，焉得知？"（《里仁》）作为人伦之常的仁义礼智信，在《论语》中基本成型。它成为人性的根本，虽只云"性相近，习相远"（《阳货》），然"相近"的是"万物皆备于我"的潜能，而"相远"在于"操则存，舍则亡。出人无时，莫知其乡。"（《孟子·告子上》）《中庸》打通了人性与天命之常的关系，"天命之谓性"。未发之中是性的潜有，已发之和是性的功用，二者以理言是"寂然不动，而感而遂通天下之故"（《易·系辞上》）。在"率性之谓道，修道之谓教"（《中庸》）上，所教之道

是"大学之道"(《大学》)中。未发之中,要求以格物、致知、诚意、正心为前提,然后成为修身、齐家、治国、平天下的已发之和。未发之中在《孟子》中是"性善",理义之心,"可欲之谓善,有诸己之谓信,充实之谓美";已发之和,是推而扩充的"充实而有光辉之谓大,大而化之之谓圣,圣而不可知之之谓神"(《尽心下》)。在《尚书》中,以人性为"明德",以天命为"明命"。至于《荀子》,以"隆礼"为要,"体恭敬而心忠信,术礼义而情爱人"(《修身》)。人之为行,在于"行礼","贵者敬焉,老者孝焉,长者弟焉,幼者慈焉,贱者惠焉"(《大略》)。"礼者,贵贱有等,长幼有差,贫富轻重皆有称者也。"(《富国》)"称"是有"辨","辨"就是"分"。"辨莫大於分,分莫大於礼,礼莫大於圣王"(《非相》)。先王之道,"比中而行","中"即礼义。礼义作为道,"非天之道,非地之道",而是"人之所以道"、"君子之所道"。(《儒效》)礼义来自"分","两贵之不能相事,两贱之不能相使,是天数也。埶位齐而欲恶同,物不能澹则必争,争则必乱,乱则穷矣。先王恶其乱也,故制礼义以分之,使有贫富贵贱之等,足以相兼临者,是养天下之本"(《王制》)。人道有常,治也有常。以礼义则治,非礼义则乱,君子以为"治礼义",非治于"非礼义"(《不苟》)。义之为用,"内节于人而外节于万物","上安于主而下调于民"。凡为天下之要,"义为本,而信次之"(《强国》)。"治也者,治常者也;道也者,道常者也。"(《韩非子·忠孝》)以"常"为治、为道,则常为可循之常、"可道"之道。人主有"牧万民,治天下,莅百官"(《管子·形势解》)之常,"治之以法"则终而复始。主不失其常,则"群臣得其义,百官守其事"。父母有"和子孙,属亲戚"之常,"治之以义"则终而复治。父母不失其常,则"子孙和顺,亲戚相欢"。臣下有"敦敬忠信"之常,以事其主则终而复始。臣下不失其常,则"事无过失,而官职政治"。子妇有"爱亲善养,思敬奉教"之常,以事其亲则终而复始。子妇不失其常,则"长幼理而亲疏和"。"用常者治,失常者乱"。"则"者也是"常"。主之则在于"治安百姓",不易其则故"百姓安"。父母之则在于"教护家事",不易其则故"家事辨"。臣下之则在于"正谏死节",不易其则故"主无过失"。子妇之则在于"尽力共养",不易其则故"亲养备具"。"用则者安,不用则者危"(《管子·形势解》)。仁义礼智信,作为"五常"是定常。当然,先秦原始儒家经典也强调时中、权变,至于后来习儒执著固常,失去时变的灵活性,更有甚者以五常为权诈,沽名钓誉,已失本来的理性精神。老庄道家正是针对此种弊端,而提出无常之常、"上德不德"的论说。

二为天行有常。提出"天行有常"与提出"天命靡常"一样,皆是先秦儒家思想发展中的一大认知飞跃,前者是将意志天向自然天转变的一个重要观念,后者是将命运天向佑善天转变的一个重要观念,二者同是人类理性自觉的产物。前者突出对自然规律的探寻,后者强调对道德伦常的追求。前者受到道家、《易经》静观思维的影响,以《荀子》为主要代表,通过提出"虚壹而静"认识论,强调对自然恒常的认知把握。"天行有常,不为尧存,不为桀亡。应之以理则吉,应之以乱则凶。强本而节用,

则天不能贫；养备而动时，则天不能病；循道而不贰，则天不能惑。故水旱不能使之饥渴，寒暑不能使之疾，袄怪不能使之凶。本荒而用侈，则天不能使之富；养略而动罕，则天不能使之全；背道而妄行，则天不能使之吉。……故明于天人之分，则可谓至人矣。"（《天论》）相对于《尚书》的天祐有德、降祸于不德言，以天行为有常，则坚持了《易》与天地准的仰观俯察思维，它将天的"德祐"改为"理辅"，从"敬天"改为"顺天"，从"仁以体天"到"理以循天"。理的顺与不顺，应之是否以理，便成为吉凶效验的前因，这是"祸福自召"观念的转型。强本节用，养备动时，循道不贰，是因循天时物理，按照客观规律办事，故天不能以贫、病和惑。水旱、寒暑和袄怪，是自然现象，并非决定人祸福的决定因素，关键在于人是否能"兴利除弊"、"转祸为福"。天行有常，则吉凶祸福的"不常"非由乎天，而在于人的自身，人成为了自己命运的主宰者。"明于天人之分"，实则是明于天常，明于己分。天有自然规律，人有认知并加以利用的能力。在孔孟那里，并非不重视客观自然之常，然将重点落在伦常之常上。孔孟的仁义和王道观，皆以客观之常为前提。仁政的侧重点不在于是否按照自然规律行事，而在于能否不扰民时，敬授以时，让民众按照客观律则从事生产，进而分享生产成果。孔子以"老者安之，朋友信之，少者怀之"为"大同"，《孟子》云"与民同乐"，皆是如此。天行有常的内涵，关键在于天地以自然存在，不以人的意志而转移。"天不为人之恶寒也辍冬，地不为人之恶辽远也辍广；……天有常道矣，地有常数矣"（《天论》）。"天行有常"的客观存在思想，较《老子》的自然天、天道观更为彻底。在《老子》中，"天道"仍保留着"德"性，赋予了自然人格特征，虽然这种"德"性与孔孟有所不同。《荀子》客观存在的自然天观念，直接影响了王充的自然观。天地有"常道"、"常数"，是客观规律、必然规则。在《黄帝四经》中，已对天地恒常进行了明确揭示。"天地之恒常：四时、晦明、生杀、柔刚"（《经法·道法》）。四时、晦明、生杀、柔刚更迭循环，是天地之"恒"；就四时、晦明、生杀、柔刚的每一个存在言，是无常定在，因时变化。《管子》更以"常"为道，"修阴阳之从，而道天地之常"（《势》）。天地有常，以为客观存在的道理，故必遵从。"有常而有经"（《五行》），因"常"以为"经"，则可以遵循。天地有"常"，在于"不变"。"天不变其常，地不易其则，春秋冬夏不更其节，古今一也。"（《形势》）"古今一"，不变，故为"常"。何谓"天不变其常"？"天，覆万物，制寒暑，行日月，次星辰，天之常也。"（《形势解》）天之"常"在恒覆中，在寒暑更迭、日月迭照、星辰秩序中。"治之以理，终而复始。"天理的内涵是"终而复始"，它既是客观自然的律则，又是人得以认知加以利用的道理。天不失常，则人生有常循。地以"则"为常："生养万物"，不易其则故"万物生"。地以"则"而不易，故"所以安"。四时不更其节是"常"："春夏生长，秋冬收藏"。"春者，阳气始上，故万物生。夏者，阳气毕上，故万物长。秋者，阴气始下，故万物收。冬者，阴气毕下，故万物藏。"各有其常，则常的内涵有殊。"天，覆万物而制之；地，载万物而养之；四时，生长万物而收藏之。古

以至今，不更其道。""不更其道"是"常"上的通一，而各有所"常"是分殊，合而言之是常中有不常。恒道之常类此思维。《鹖冠子》有与此相近的论说，"天不变其常，地不易其则，阴阳不乱其气，生死不俛其位，三光不改其用，神明不徙其法。"（《世兵》）各有其常，则常非一常。至大之常，含万不同之常。

三为天道之常。《老子》多言天道之常，直接明说"天之道"者就有四章。"功遂身退，天之道也。"（9章）天以"功遂身退"为道，同时是功用自然上的恒常。"天之道，不争而善胜，不言而善应，不召而自来，繟然而善谋。"（73章）自然无为，而无所不为，固是天道恒常。"天之道，其犹张弓与？高者抑之，下者举之；有余者损之，不足者补之。天之道，损有余而补不足。"（77章）一切自然而然，必然如此，同样是天道的恒常。"天之道，利而不害。"（81章）"利而不害"，既是自然的存在质性，又是玄德之常。可见，《老子》并非否定天道恒常，相反则在于肯定天道恒常的存在。对恒常的肯定，证明了《老子》一书蕴含道理的可循、有实。至《庄子》继言天地有常。"天下有常然。常然者，曲者不以钩，直者不以绳，圆者不以规，方者不以矩，附离不以胶漆，约束不以纆索。"（《骈拇》）"常然"者，既是固然之理，也是自然、本然之常。"天之自高，地之自厚，日月之自明"（《田子方》）。正因"天地固有常"（《天道》），故要"循天之理"（《刻意》）。天地之常，既是自然，又是必然。"天不得不高，地不得不广，日月不得不行，万物不得不昌，此其道与!"（《知北游》）天有固然之理，也是恒常。"同类相从，同声相应，固天之理也。"（《渔父》）天理是自然界中的恒常关系。《文子》也多言恒、常之义。"大常之道，生物而不有，成化而不宰"（《道原》）。"大常"内涵，既有"生物"之"常"，还有"不有"之"常"。恒道之为"大常"，在于不固定于已有一常，而以生物不测、成化无常为常。无物不以道为反，故"反者道之常"。常是"反"的通一、恒然。事物之理是天道，天道涵摄一切自然事理，故因物穷理循理。

四为道用之常。事物之常，不以人的意志为转移，故只能在格物穷理的基础上，按照事物本身的律则而因循利用。"圣人者，以己度者也。故以人度人，以情度情，以类度类，以说度功，以道观尽，古今一也。类不悖，虽久同理，故乡乎邪曲而不迷，观乎杂物而不惑，以此度之。"（《荀子·非相》）为什么能"度"？因为"类不悖"，则"虽久同理"，"古今一"。怎么去"度"？在于"以人度人，以情度情，以类度类，以说度功"，因物以究理，格致万物殊理是"以道观尽"的通观。恒常作为治国之用是纲常。"尚贤使能，赏有功，罚有罪，非独一人为之也，彼先王之道也，一人之本也，善善恶恶之应也，治必由之，古今一也"（《强国》）。"先王之道"是"治必由之"的"常道"。"古今一"的"常道"还有"有擅国，无擅天下"（《正论》），"凡礼，事生，饰欢也；送死，饰哀也；祭祀，饰敬也；师旅，饰威也"（《礼论》），以及"尊圣者王，贵贤者霸，敬贤者存，慢贤者亡"（《君子》）等。"尚贤使能，等贵贱，分亲疏，序长幼"这些"常道"，成为万世治理的不变律则。"常"者内含无常，因为贤能、贵

贱标准随时变而不同，如等、分、序者非恒不变。变中有不变，异中有同。万事之生"异趣而同归"（《管子·形势》），"利民"是"治国"之"常"。"治国有常，而利民为本。"（《文子·上义》）务"本"同样是"常"。常与无常的统一，既是事物固然的道理，同时是人类认知的思维使然。但对"古今一"的固执，则容易导致固化、因循守旧。"今之於古也，犹古之於后世也；今之於后世，亦犹今之於古也。故审知今则可知古，知古则可知后，古今前后一也。故圣人上知千岁，下知千岁也。"（《吕氏春秋·长见》）圣人之知，贵在时中，而非在于"上知千岁，下知千岁"。"常"又是"理"，贵在于"理会应变"。"常"者道理许多，未能理会得尽，如何便要理会变？每一"常"是定理，不同之"常"是殊理，二者合言是理一分殊的思维。圣贤无所不通，无所不能，故事理无不会得？在无常中致"常"，在"常"中通变。挪威哲学家G·希尔贝克和N·伊耶在谈及古希腊哲学家赫拉克利特"一个人不能同时踏进同一条河流"这个命题时指出，万物处于流动状态之中，但是变化是根据一种不变的定则发生的，定则包含了对立面的相互作用，作为一个整体创造了和谐（参见《西方哲学史》，商务印书馆2004年版，第11页）。在强调变化的绝对性和无常性上，赫拉克利特的思想与老庄道家合，以《老子》语言表达是在"独立不改"中"周行不殆"。海德格尔扣问存在者的"存在"，他认为存在者是"存在存在化"或说是"去存在存在"的产物，然西方形而上学一直驻留于对"存在者"的思考，而将"存在"予以遗忘。哲学上的形而上学，始终处于"存在"的被遗忘状态，它是那个给出存在的东西的遮蔽和隐逸的历史（引自《面向思的事情》，商务印书馆2002年版，第49页）。存在者是故常、固常、定常，而"存在"是无常、常无，成遂万物之常。在《老子》思想看来，习俗人们往往执著于"可道之道"、经常之常，而对恒道无常、权用不常却始终给予了忽略、轻视甚至是遗忘，而实质上"无常之常"、"常于无常"方是绝对存在本体的"真常"、"恒常"。

最后，对本节内容作一简要概述。对"常"的探究、追寻，是人类追求有序、遵循利用的一种认知和实践价值取向。天地万物有常，则可因循以用；社会治理有常，则可序以治理。"常"者的内涵，既有事物变化之道，也有事物之间关系，还有事物内在机理，涵盖自然、社会和人生等各个方面。"常"作为恒常、经常，在时间上是恒一的。因为只有具备恒一不变、相对静止的质性，"常"才具有持续性、稳定性和可预期性，成为秩序、规则和律动等道理，便于人将生产实践和社会生活进行规范化、制度化、统一化和条理化。"常"作为恒常，即是定常、故常、固常，就有流于偏执、固化和守旧的可能，"天不变，道也不变"。然"常"又是万殊之常，还是变化之常，故为无常之常，常之无常。

第二节　经之与权

"经"与"权"是中国古代学术史上的一对重要思想观念，它将常与变关系的本

体论思维应用于道德论、人生论和政治论。经权思维多为儒家学者所运用，但道家并非无此观念，然因思考对象和角度不同而有不同的论说，或者以另一种表达方式来揭示这种思维内涵。通过对经权思想的解析，有助于深入理解《老子》"可道"与"不可道"的玄奥关系。

一、经之与权

在揭示经、权关系思想之前，首先对两字的各自涵义进行解析。

（一）经的涵义

"经"者，本字为"巠"，象形字。因"巠"作了偏旁，后另加义符"糸"写作"经"来表示。经能贯纬，至始至终，故有恒常之义，转义为常道、常理。《论语》虽未直接提出"经"的问题，但儒家思想作为"经书"的内涵已在其中初具理型。"经"是仁义的准则、道理，"人而不仁，如礼何？人而不仁，如乐何？"（《八佾》）"克己复礼为仁。"（《颜渊》）仁为人之所由，是礼乐之本，为礼乐之经。经是恒常，而礼乐以仁为本、为常，本身非必然为常。"仁者安仁"；"不仁者不可以久处约，不可以长处乐"；"君子无终食之间违仁，造次必于是，颠沛必于是。"（《里仁》）。礼可随仁而权变。"择不处仁，焉得知？"仁为知之本，知是仁之用，"知者利仁"。知仁然后权变分别是"义"。"义"在"仁"中，故为经之"变宜"，"君子之于天下也，无适也，无莫也，义之与比。""义"为天下言行之本，又为"常"。"君子喻于义，小人喻于利。"利者无常，无所忌惮，故没有原则、经常。以仁义为经，《孟子》使之更加明确。"仁，天之尊爵也，人之安宅也。莫之御而不仁，是不智也。不仁不智，无礼无义，人役也"（《公孙丑上》）。"天之尊爵"，是天命所在；"人之安宅"，是人之所以为人的所在。得仁为智，无仁则无智。无仁无智，更无礼义。"仁，人之安宅也；义，人之正路也。"（《离娄上》）人无宅则不安，无路则无由，旷安宅弗居，舍正路不由，故为人生最大悲哀。仁义不可须臾离，它是人生的经常。"言非礼义"，"不能居仁由义"，是自暴自弃。《孟子》赋予"义"同于"仁"为"经"的价值地位。"生亦我所欲也，义亦我所欲也；二者不可得兼，舍生而取义者也。生亦我所欲，所欲有甚于生者，故不为苟得也；死亦我所恶，所恶有甚于死者，故患有所不辟也。"（《告子上》）义之所在，不论生死。"仁义而已矣。杀一无罪非仁也，非其有而取之非义也。居恶在？仁是也；路恶在？义是也。居仁由义，大人之事备矣。"（《尽心上》）大人所为、所志，不过"居仁由义"而已。仁义并称，为万事的本经。在《孟子》中，已提出了"经"的问题。"孔子曰：'恶似而非者：恶莠，恐其乱苗也；恶佞，恐其乱义也；恶利口，恐其乱信也；恶郑声，恐其乱乐也；恶紫，恐其乱朱也；恶乡原，恐其乱德也。'君子反经而已矣。经正，则庶民兴；庶民兴，斯无邪慝矣。"（《尽心下》）朱熹注"经"为"常"，以为万世不易的常道、常则。"反经"者，反于本常而已。它是尧舜之道，是仁义礼乐

信的中道。经作为中道的恒常，是"中庸"。"君子中庸，小人反中庸。君子之中庸也，君子而时中。小人之中庸也，小人而无忌惮也。"（《中庸》）"时中"者，随时以处中。"中"为经，贯穿于时化，时措无不以"中"为"常"。"中"为恒常，是不偏不倚、无过不及的平常之理。"时"是无常之常。"时中"，随时之变而有常经。朱子解云："盖中无定体，随时而在，是乃平常之理也。君子知其在我，故能戒谨不睹。恐惧不闻，而无时不中。"（引自《四书集注》，第24页）"中"之为经，常在而不失。"回之为人也，择乎中庸，得一善，则拳拳服膺而弗失之矣。"（《中庸》）以"中庸"为常经，故择善"拳拳服膺而弗失"。《左传》言"经"多出，表明"经"观念在当时已然确立。"伐叛，刑也；柔服，德也。二者立矣，……民不罢劳，君无怨讟，政有经矣。"（宣十二年）政有经，为德与刑。武之"善经"在于"兼弱攻昧"。"武"之经，在于兼取于弱，攻取于昧。"会朝，礼之经也；礼，政之舆也；政，身之守也；怠礼失政，失政不立，是以乱也。"（襄二十一年）礼之为经，在于"会朝"，贯穿于政治、修身之中。经正，则政平、身守，而无乱。"礼，王之大经也。一动而失二礼，无大经矣。言以考典，典以志经，忘经而多言举典，将焉用之？"（昭十五年）礼为"大经"，是典、言之本。"夫礼，天之经也，地之义也，民之行也。"（昭二十五年）天以礼为经，成其为天。礼是天之理，亦是地之经、民行之经。作为"天地之经纬"、"民之所以生"，先王尚之以为"上下之纪"。"义"之为经，"私仇不及公，好不废过，恶不去善"（哀五年）。以"礼"、"义"为"经"，是因为二者皆是条理、治理的纲纪。"凡为天下国家有九经"（《中庸》），经涵修身、尊贤、亲亲等，然"所以行之者一"。九经的每一经皆是"常"，作为"九经"则非定于一常，它是殊分之常。统于一经是"诚"，"唯天下至诚，为能经纶天下之大经，立天下之大本，知天地之化育。""大经"之用，在于"经纶天下"，成为天下恒常的大本。《荀子》进一步揭示"经"的纲纪、条贯内涵。"和而无经"者，"不恤是非，不论曲宜，偷合苟容，迷乱狂生"（《臣道》）。"经"者，以正是非、曲宜，防止"偷合苟容，迷乱狂生"。"著诚去伪，礼之经也。"（《乐论》）礼之为经的根本宗旨，在于"著诚去伪"。诚者，礼之本；伪者，文之饰。"治之经，礼与刑，君子以修百姓宁。"（《成相》）"礼与刑"，成为治理的常经。"人无礼不生，事无礼不成，国家无礼不宁。君臣不得不尊，父子不得不亲，兄弟不得不顺，夫妇不得不驩，少者以长，老者以养。"（《大略》）"礼"之为经，无不以为条理。《荀子》也有言"义"、"乐"为经，合而言之是以"道"为经。"道也者，治之经理也。"（《正名》）以"道"为经，揭示殊经之总。与"理"通，犹如"理一分殊"。以道为经，经治则能理，无不治理。秉持王霸之术的宗旨，《管子》多言治国、正民之"经"。"顺民之经，在明鬼神，祗山川，敬宗庙，恭祖旧。……不明鬼神则陋民不悟，不祗山川则威令不闻，不敬宗庙则民乃上校，不恭祖旧则孝悌不备。四维不张，国乃灭亡。"（《牧民》）经者为常，是为治之维。犹如理一分殊思维，《管子》提出了"礼有八经"的学说，对"礼"作为经进行了分解。"上下有义，贵贱有分，长

幼有等，贫富有度。凡此八者，礼之经也。故上下无义则乱，贵贱无分则争，长幼无等则倍，贫富无度则失。……八者各得其义，则为人君者，中正而无私；为人臣者，忠信而不党；为人父者，慈惠以教；为人子者，孝悌以肃；为人兄者，宽裕以诲；为人弟者，比顺以敬；为人夫者，敦懞以固；为人妻者，劝勉以贞。"（《五辅》）总摄"八经"为一"礼"之经，经一而分殊。礼是大经，涵摄八者而为一。之所以为大经，在于无不条贯，贯穿于政治、人伦之中。国有常经，不可或缺。"国无常经，民力必竭，数也。"（《法法》）作为霸王之术，经是立朝廷的本纪。"爵授有德，则大臣兴义；禄予有功，则士轻死节。上帅士以人之所戴，则上下和；授事以能，则人上功。审刑当罪，则人不易讼；无乱社稷宗庙，则人有所宗。毋遗老忘亲，则大臣不怨；举知人急，则众不乱。"（《问》）为国之本，在于"得天之时而为经，得人之心而为纪，法令为维纲，吏为网罟，什伍以为行列，赏诛为文武"（《禁藏》）。经纪、维纲、网罟、行列和文武，皆可通称为经，虽然是经的分殊。正民有经，"宪律制度必法道，号令必著明，赏罚必信必"，如此则"君不私国，臣不诬能"（《法法》）。为兵有经，它是君之所以卑尊、国之所以安危者。"诛暴国必以兵，禁辟民必以刑。然则兵者外以诛暴，内以禁邪。"（《参患》）作为尊主安国之经，不可废。《管子》有言天地四时之经。"阴阳者，天地之大理也；四时者，阴阳之大经也"（《四时》）。"大理"、"大经"者，天地、阴阳存在的内在条理。阴阳理天地之宜，故为大；四时经阴阳之和，故为大。经纪来自法天地之位，以为治理利用。"天地之位，有前有后，有左有右，圣人法之，以建经纪。春生于左，秋杀于右；夏长于前，冬藏于后。生长之事，文也；收藏之事，武也。是故文事在左，武事在右，圣人法之，以行法令，以治事理。"（《版法解》）天地四时有常，故取法为文武之经。再看《吕氏春秋》所言"经"说。生有大经："天地有始，天微以成，地塞以形，天地合和，生之大经也。"（《有始》）"大经"者，生生的根本，造化之理。作为生生本始，无不统贯，故为"大经"。人君有"大经"："欲无壅塞，必礼士；欲位无危，必得众；欲无召祸，必完备。"（《骄恣》）作为人君的"大经"，三者为必据所行者。宋儒张载对"经"的内涵，给予了本源式的解说。"生有先后，所以为天序；小大、高下相并而相形焉，是谓天秩。天之生物也有序，物之既形也有秩。知序然后经正，知秩然后礼行。"（引自《正蒙》，载《张载集》，中华书局 2006 年版，第 19 页）"经"的本源在于秩序，天生物有先后之序，物有"小大、高下相并而相形"之秩。秩序作为事物的根本道理，是经的本质。

（二）权的涵义

《论语》言"权"主要有两处。"可与共学，未可与适道；可与适道，未可与立；可与立，未可与权。"（《子罕》）与共学、适道、与立和与权，是人生学行上的四个不同境界。"可与共学"，是知所以求之，知学为己；"可与适道"，是知所往，学足以明善；"可与立"，是笃志固执而不变，行不违道；"可与权"者，是权以称物之宜，权

衡以使行为合理义。"权"是"时中","从心所欲而不逾矩"。"身中清,废中权。"（《微子》）"身中清",是清而不污。"废中权",是放言自废,合道之权。守于一节,则不能权变无不宜。"无可无不可",是"时中",无所不宜。《孟子》赋予"权"以与"经"相对的思想内涵。"权,然后知轻重;度,然后知长短。"（《梁惠王上》）权与度一样,可因轻重、长度不同而量其量,因物称宜。权、度既有常量、定准,又能无常其称量。称量一物,则有定常之准;称不同物,则准量无常。"权"中,内涵常与无常的统一。在"权"之用上,以"礼"的通常标准言,是"男女授受不亲"。然在"嫂溺"的特殊情况下,就要变通,"援之以手"（《离娄上》）。如果嫂溺不援,无疑与仁爱思想相背,而为"豺狼"。这里,提出了仁与礼的关系问题。礼虽是常,然要以仁义为本。就一般境况言,"男女授受不亲"是经,遇到"嫂溺"境况"援之以手"是权。"礼"之权,在于以仁义为经。无"权"的变易,就不能完全贯彻"经"的要求。然"权"必以经为本,不能失去经常、原则。嫂溺可援之以手,贯彻了仁道。然天下溺要"援之以道",不能迎合世俗而违背天下正道。同样,若"执中无权",亦是不合道理。"杨子取为我,拔一毛而利天下,不为也。墨子兼爱,摩顶放踵利天下,为之。子莫执中,执中为近之。执中无权,犹执一也。所恶执一者,为其贼道也,举一而废百也。"（《尽心上》）王夫之解"执中无权"认为,道有立之在己,己重而物轻者;有推之及人,天下重而非己可私者;有斟酌于人己之宜而皆成者。杨朱以人各自足于己,则天下各得,有见于道之为我,故专于为己。以为名功礼乐治教皆劳己以役天下者,是适一己以为累,故拔一毛利天下而不为。盖杨朱始因见天下鹜名丧己之弊,而欲矫正以为之,以至于矫枉过正,"执一"而锢蔽仁爱之理。墨子以为爱本天下之公,一意于兼爱,以情无别、理无殊而视亲疏等杀皆违物之情,故忘己济物而恐不及,虽摩顶至踵利天下而皆为之。墨子有见于道以成物,故专于徇人。情苟一念,力即赴之;力不可逮,而志犹营之,无吝于己。子莫认为己未可尽忘,物未可尽置,故执杨、墨之中而兼用杨、墨之道,以求身无损而有益于物,自以为人可共由的至中定理。然无权犹不免于"执一"。在孟子看来,道本在于"内不失己而外不失人",故以权中为至。权者,"轻重无定在而各得其平"。宜重于己,则"敝屣天下而不为废物";宜重于物,则"忘身博济而不为屈己";宜正己而物自正,则"修之己而自可见功于物";宜成物而后成己,则"推之物而乃以自尽其己"。子莫虽执两端以避咎,然无审定物我轻重之权:宜致重于己而却杂以徇物,以至于不得重己;宜致重于物却退而恤己,以至于不得重物。立一"固执不通"之说,以调和杨子、墨子之偏,虽"执中"而不免于与"执一"同病。杨朱"为我"贼仁,贼仁则失义分,故贼义;墨子"兼爱"贼义,贼义则有二本,故贼仁;子莫"无权"贼中,贼中则仁不成仁,义不成义,故并贼仁义。道者广大,"一致而百虑,时措而咸宜"。道者无行不中,无时不宜。"立一己于天下",则天下皆是一己,故天下皆废,己非其己,物非其物,故"见有所穷,力有所锢",不足以立教于天下。（参见《四书训义·孟子》,载《船山遗书》第四卷,北京

出版社 1999 年版，第 2280-2281 页）为我害仁，兼爱背义，而"执中"害于时中。权于"中"者，因物而中，无物不中；因时而中，无时不中。相对于"取为我"言，不利天下，何以成其私？《论语》云己立立人、己达大人，《老子》云"无私成其私"，《中庸》言成己成物，皆是对杨朱思想的批判。《孟子》之所以贬其为"无君"，乃因为君者为爱民的极圣。相对于"兼爱"言，如果爱无先后，则将造成求名务虚的流弊。人只有先老吾老、幼吾幼，然后推及于人之老、人之幼，符合人性的感情常理。《孟子》之所以贬其为"无父"，乃因为父者是生之始、爱之初，仁者首先在于以孝为本。"博施于民而能济众"的"兼爱"，是推己及人，"尧舜其犹病诸！"（《论语·雍也》）博施济众，是扩充之为。

就"权"的思维内涵，《墨子》进行了逻辑解析。"于所体之中而权轻重之谓权。权，非为是也，亦非为非也。权，正也。断指以存腕，利之中取大，害之中取小也。害之中取小也，非取害也，取利也。其所取者人之所执也：遇盗人而断指以免身，利也；其遇盗人，害也。"（《大取》）谭戒甫云："惟利害亦有理存，两利取大，两害取小，即理也。于理中而权轻重，故权与正同矣。"（《墨辨发微》）权以度轻重是功利上的取舍，与孔孟经权思想有别。论理则有是非，论事则有利害。以利害权是功利，孔孟之权是仁义的时中。《荀子》的"权"论更为丰富。经权作为"天下之行术"，以事上必通，以为仁必圣，故"立隆而勿贰"。作为经，"少事长，贱事贵，不肖事贤"是天下之通义。作为权，"时诎则诎，时伸则伸"（《仲尼》）是天下之通宜。"欲恶取舍之权"，在于见可欲则必前后虑其可恶，见可利则必前后虑其可害。"兼权"而"孰计"（《不苟》），然后定欲恶取舍。权者有"五权"，是权有分殊。"无欲将而恶废，无急胜而忘败，无威内而轻外，无见利而不顾其害，凡虑事欲孰而用财欲泰"（《议兵》）。兼虑熟计，方是权之为用。权以正者为"道"："道者，古今之正权也；离道而内自择，则不知祸福之所托。"（《正名》）无道，则权不能正。权不正则惑于祸福之托，或祸托于欲而人以为福，或福托于恶而人以为祸。权犹类于"易"：以一易一，人曰无得亦无丧；以一易两，人曰无丧而有得；以两易一，人曰无得而有丧。"计者取所多，谋者从所可"。权从道而出，犹"以一易两"而无丧；离道内自择，犹"以两易一"而无得。不明其数，虽"累百年之欲"，而"易一时之嫌"。权以道是正权，无不得，即使一时有丧而终必得。这里，《荀子》所言的"权"是轻重的权度，而非经权的变宜。然又言时措之宜的权变。"不时宜，不敬文，不骥欣，虽指非礼也。"（《大略》）"时宜"就是权宜。《韩非子》继承了权轻重的功利说。"法有立而有难，权其难而事成则立之；事成而有害，权其害而功多则为之。无难之法，无害之功，天下无有也。"（《八说》）法以权而立，功以权而建。权者，权其利害、轻重、大小。通于权者，务无易之事。"圣人不求无害之言，而务无易之事。""无易之事"，权衡无枉之谓。人不事衡石，非因为其贞廉而远利，而在于石不能为人多少，衡不能为人轻重，求索不能得。权因物称物，如鉴照妍媸自见，故无不知、无不得。《管子》言"权"

者有分殊。权不可不度，故"权有三度"。"上度之天祥，下度之地宜，中度之人顺，此所谓三度。……故民必知权，然后举错得"（《五辅》）。民知权，则应天时，顺地宜，而举措得。"权"者，因理举事，顺时立功。"天以时为权，地以财为权，人以力为权，君以令为权。失天之权，则人地之权亡。"（《山权数》）天地人等各有其权，然天权为权的根本。权衡以起轻重之数，人不求私非在于心恶利，而在于权衡不能偏私数量。"人知事权衡之无益，故不事也。"（《明法解》）明主在上位，以权衡听治，则"官不得枉法，吏不得为私"。民若知事吏无益，故"财货不行于吏"。"权衡平正而待物，故奸诈之人不得行其私。"有权衡之称，则不可欺以轻重。朱熹对"权"的内涵给予了深入揭示。"权，称锤也，称物轻重而往来以取中者也。权而得中，是乃礼也。"（引自《四书集注》，北京古籍出版社 2000 年版，第 298 页）"中"者，是道之中，道在无不仁。救嫂于溺，是权于礼，中于仁。仁为礼之本，礼的价值服从于仁。"权"称物以取中，揭示经的可以为权宜。"权者，权衡之权，言其可称物之轻重，而游移前却以适于平，盖所以节量仁义之轻重而时措之，非如近世所谓将以济乎仁义之穷者也。"（引自《答宋深之》，载《朱子全书》第 23 册，上海古籍出版社、安徽教育出版社 2010 年版，第 2770 页）节量仁义而时措之，是取经的时中，故仁道无外。"济乎仁义之穷"，是仁义之外立权。"权是用那义"，"以义权之，而后得中。义似称，权是将这称去称量，中是物得其平处。"（引自《朱子语类》第三册，中华书局 2004 年版，第 987 页）权是义的适宜，也是时措之宜的中。陈淳云："秤锤之为物，能权轻重以取平，故名之曰权。权者，变也。在衡有星两之不齐，权便移来移去，随物以取平。亦犹人之用权度揣度事物以取其中相似。"（引自《北溪字义》，中华书局 2009 年版，第 51 页）以不变应变，是权衡之权。权非只是变，而是理之变通。聂豹云："盖中无定体，惟权是体，权无定用，惟道是用。权也者，吾心天然自有之则，惟戒慎不睹、恐惧不闻，然后能发无不中，变易从道，莫非自然之用。不然，则以中而贼道者何限？自尧、舜之学不明，往往以中涉事为，若将随事随处，精察而固执之，以求所谓当然之节，而不知瞬息万变，一毫思虑营欲著不得，是谓'后天而奉天时'也。若临事而择，己不胜其憧憧，非但惟日不足，顾其端无穷，胶凝固滞，停阁废弃，中亦袭也，况未必中乎。"（引自《明儒学案·江右王门学案二》，载《黄宗羲全集》第七册，浙江古籍出版社 2005 年版，第 441-442 页）"中"固无定体，以权为体，是取其时措之宜。权者，时称物而无不宜。权无定用，以道为用是时中。时中，就是权宜。中者时中，就是权用。"权"以言时措功用，非用以言道德之性，故不可以为"吾心天然自有之则"。"则"者，未发之中，是非之端。权是已发之和，是非之择。"戒慎不睹、恐惧不闻"，是存性工夫，非权用工夫。"发无不中"，是权用时中。变易即道，从道即变通。执中者，以定中为常，不能适变以时中，故为贼道。时中是"惟精惟一"、"精义入神"的境界，袭中者是"胶凝固滞，停阁废弃"的废于时中。王夫之既对"执中无权"进行了辨析，又就大孝行权给予了阐释。孝子事亲以心，"权之度之，须吾心有用

权度者在，固亦非外。然权度生于心，而人心之轻轻、重重、长长、短短者，但假权度以熟，而不因权度以生”。(引自《四书训义·孟子》，载《船山遗书》，第四卷，北京出版社 1999 年版，第 2134 页）圣人虽精义入神，也须有观物之智，取于物理以为则。以吾心轻重长短茫无定则，因以权称度量而义以出，则与义外之说贼道更甚。权度源自何来？非是天地以生，而是来自人之所为。“人心之则，假于物以为正，先王制之，而使愚不肖相承用之，是以有权度。权度者，数也，理也；而为此合理之数者，人心之义也。”(引自《读四书大全说》，同上书第五卷，第 2648 页）“义”固是人心之义，同时来自物理之则。权度虽人心所定，然是因物理而为。“义”者非心内非心外，而是内外之统一。权也是如此，既来自精义入神，又来自对现实的时措之宜。“制天下有权，权者，轻重遐如其分之准也，非诡重为轻、诡轻为重，以欺世而行其私者也。重也，而予之以重，适如其数；轻也，而予之以轻，适如其数；持其平而不忧其忒，权之所审，物莫能越也。”（引自《读通鉴论》，同上卷，第 3136 页）以权制天下，如权衡称物，因物付物。权者循物理而至公，轻重自准，无所不理，故天下平。戴震对“权”字进行了疏证，他认为，权为所以别轻重者，凡此重彼轻而千古不易的是常，它是显然共见、千古不易的重轻。而重者为轻、轻者为重是变，非智之尽莫能辨察事情以准。(参见《孟子字义疏证》，中华书局 2008 年版，第 52 页）以权为常与变的统一，甚是。权之为识，是精义入神。“虽守道卓然，知常而不知变，由精义未深，所以增益其心知之明使全乎圣智者，未之尽也，故‘未可与权’。”（同上书，第 52-53 页）权之为用，一方面非全乎圣智不能精密，另一方面不可执著于自是的成见。古今不乏严气正性、疾恶如雠之人，是其所是，非其所非。“实不知有时权之而重者于是乎轻，轻者于是乎重。其是非轻重一误，天下受其祸而不可救。岂人欲蔽之也哉？自信之理非理也。然则孟子言‘执中无权’，至后儒又增一‘执理无权’者矣。”（同上书，第 54 页）“执中无权”、“执理无权”，皆是固常、守成的自是之类，非是时措之宜。摒除意见之偏，心明至于辨察事情而准，一以贯之方为权。

二、儒家经权一体观

《论语》虽以仁义为经，然更重视权用，权是经的时用而无不宜。《孟子》以孔子为“圣之时”、“集大成”者，知时中而无不理，故内涵经权合一的思想。“男女授受不亲”是经，嫂溺“援之以手”是权，权是基于仁义对经的变通。《荀子》对经权关系给予了深入阐发。既以道为“古今之正权”（《正名》），权以道为经；又以“执神而固”为道，“尽善挟治之谓神，万物莫足以倾之之谓固”（《儒效》）。神中涵权，“应变曲当，与时迁徙，与世偃仰，千举万变”。权是经的时措，经是权的通正。“礼之于正国家也，如权衡之于轻重也，如绳墨之于曲直也。”（《大略》）礼作为正国家之经，如权衡轻重、绳墨曲直。权衡、绳墨虽因物称量，但其常准一定不易，称量只是时用。《管子》对经权关系有了进一步的揭示。既提出“权出于道”观念，又言“礼出乎义，

义出乎理，理因乎宜者"（《心术上》）。"理因乎宜"，是时措之宜，为经权的统一。道是权之道，也是权之经。经以权有万殊之适，权有经当其所宜。《易》含有丰富的经权观，每一卦理皆是经，而爻变占卜是权。经有权之用，权不离经。"权者反于经，然后有善者也。权之所设，舍死亡无所设。行权有道：自贬损以行权，不害人以行权。杀人以自生，亡人以自存，君子不为也。"（《公羊传》桓十年）以权反经，直接道出经权的一体关系。经为权之本，权不离经方有其善，损人利己无有权用。行权之道作为行权之经，在于"自贬损"、"不害人"。董仲舒云："夫权虽反经，亦必在可以然之域。不在可以然之域，故虽死亡，终弗为也。"（《春秋繁露·玉英》）"可以然之域"，是时中之宜。权以反经，然亦有嫂溺援手之权。韩婴指出，"夫道二，常之谓经，变之谓权。怀其常道而挟其变权，乃得为贤。"（《韩诗外传》）以常、变解经权关系，无疑是经权思想上的一大发展。以经为道是常，然常中涵无常，经以时变而更宜；以权为道也是常，虽时措之用无常，然不离"中"道。北齐思想家刘昼提出，"循理守常曰道，临危制变曰权。权之为称，譬犹权衡也。衡者，测邪正之形；权者，揆轻重之势。"（《刘子·明权》）"循理守常"为道固是常经，然理无定常，因时更易，故权在其中。"临危制变"为权，然权变非无道理可据，它是经权的统一。以权衡类权，则权是经以时用，尚未触及经权关系中的冲突、悖论问题。东晋韩康伯在揭示《易》"巽以行权"思想中认为，"权，反经而合道，必合乎巽顺，而后可以行权也。"（《周易正义》）"巽顺"者，时措之宜。唐孔颖达疏："既能顺时合宜，故可以行权也。若不顺时制变，不可以行权也。"（引自《周易正义》，中国致公出版社2009年版，第315页）时宜制变为权之本，然经在其中。时中之权，本即是经，它是中庸。柳宗元以权为"所以达经"者，权只是时措之宜，时中便是权。天地之常是经，古今通义是权。经或不及权用，然权用之理亦可成为通义，变为常经。权是无限开放的经，经是涵摄权的经。"知中然后能权，由权然后得中。中者，理所当然而无过不及者也。权者，所以度事理而取其当然，无过不及者也。"（引自《北溪字义》，中华书局2009年版，第52页）中为时中便是权。天下事到经所不及处，须要理明义精，然后用权。权固义精然后得用不差，然经是无义不得。"盖合当用经时须用经，当用权时须用权，度此得宜便是义，便是二者都不可无义。"（同上页）精义入神，方是时中之道。经是义之经，无无义之经，也无无权之义。义之知处皆是经，不知处以权合经。处物为事时，无有经则以穷理得经。义精者通乎事理，用权固不差。然用经时须以权为用，非经权有二分。度得其宜便是经权合一，为义理之常与实践之遇无常的统一。

　　逮至宋儒，更给予经权思想以重点关注。邵雍云："汉儒以反经合道为权，得一端者也。权所以平物之轻重，圣人行权，酌其轻重而行之，合其宜而已。故执中无权者，犹为偏也。"（引自《梅花易数》，九州出版社2003年版，第239页）以反经合道为权，是得经道之常的一端，落入"执中无权"的窠臼。权以合宜，则非可执于定理。张载云："权，量宜而行，义之精，道之极者，故非常人所及。取名则近，取材则难，即道

也，不可妄分。"（引自《张载集》，中华书局 2006 年版，第 321 页）"权"作为一种能力，固是义精、道极的极致境界，它无所不宜，无所不尽。只有精义入神，方能权变合宜。程伊川认为，汉儒以反经合道为权，而有权变，权术之论。权只是经。"世之学者，未常知权之义，于理所不可，则曰姑从权，是以权为变诈之术而已也。夫临事之际，称轻重而处之以合于义，是之谓权，岂拂经之道哉？"（引自《二程集》，中华书局 2004 年版，第 1176 页）时措合义是道德行为上的权变，然"义"内涵本身是基于仁的行有变更。以时中言，"义"是适宜。"义者宜也，权量轻重之极。"（同上书，第 105 页）权是"义"，然"义以上更难说，在人自看如何"。（同上书，第 164 页）"义"是精义入神，故难说。"在人自看如何"，须是自我穷理实践达致。"姑从权"是求功利而不计于道理，非是在时宜中变通其理。言行时中，然仁义常道绝不可弃。以"权术"为非固可，但认"权只是经"也非至论。经权毕竟有所不同。权有时是经的变易，然又是新的常经。斟酌古今取舍，虽须尺度权衡在胸中可处以无差，然道理非是尺度权衡，亦有变易之宜。"欲知'中庸'，无如权，须是时而为中"。（同上页）正如中无定体，经也无定体。"时中"本身，方是不变的常理。胡宏云："义者，权之行也。仁，其审权者乎！"（引自《知言》，载《胡宏集》，中华书局 2009 年版，第 3 页）以义为权之行，是"处物为义"的时措之宜，非言道义之义。"义"者，以其为分殊宜理为道，以其措行适宜为权，涵经权于一体。"义"是仁之义，以爱人为本。无义仁不成仁，无仁则义非为义。仁义皆为经，皆为审权者。若认仁涵义，说也不误。朱熹解《孟子》"舜不告而娶"一文云："告者，礼也；不告者，权也。"（引自《四书集注》，北京古籍出版社 2000 年版，第 301 页）告为礼之经，不告是礼之权。这里，存在价值层次的辨别。虽不告然以"无后"为大，无后不孝甚于告之礼。"无后为大"的价值，高于"不告而娶"，故云"权而得中"则不离于正。"天下之道，有正有权。正者万世之常，权者一时之用。常道人皆可守，权非体道者不能用也，盖权出于不得已者也。"（同上页）理有时变之宜，何有万世之常？万世之常，只是通一之常。以仁义言，爱人作为常道，不可更易；然如何爱人作为义，又是权变。时中作为通常，是不易的恒常；时中无常定中，故时易世变。因人爱人是不易常理，而人之所需不同，故爱的内涵不同。变则通，通则道。权固为经之时用，然非只是"一时之用"，如嫂溺援手之权亦是常，可转化为经。在一定时期中，经者不变，则权宜不离于经。权不离经，是"一以贯之"的妙用。经来自事物之理，权亦是如此。若以"权出于不得已"，则将权视为例外，非是恒常。以《老子》思维言，权方是不易之经。朱子又认为，"经自经，权自权。但经有不可行处，而至于用权，此权所以合经也"。（引自《朱子语类》第三册，中华书局 2004 年版，第 987 页）"经有不可行处"，是经非无权；权以合经，是权非无经。圣人之权虽异于经，然事到那时合当如此去做方好。圣人精义入神，方可与权。经权之间非是两隔而不能互转。"权者，乃是到这地头，道理合当恁地做，故虽异于经，而实亦经也。且如冬月便合著绵向火，此是经。忽然一日燠，则亦须使

扇，当风坐，此便是权。"（同上册，第988页）权者合宜，若能通用，便是经。权固是宜，经亦是宜。合宜之中，何尝不是经？然以二分言，经毕竟是常，权毕竟是变。从经常与权变的关系言，"经是万世常行之道，权是不得已而用之，大概不可用时多。"此"权"是权宜之用，非是时中之权。权是时中，不中则无以为权。从名谓上言，二者名谓有别。经以名常行道理，而权以名"常理行不得处"，它是"不得已而有所通变"的道理。"权得其中，固是与经不异，毕竟权则可暂而不可常"。（同上册，第990页）权与经固是两义，论权全离乎经固不是，然权也非全是不常用的物事。有些经不及处，以权合宜则充经之不足，最后成为常经。"大抵汉儒说权，是离了箇经说；伊川说权，便道权只在经里面。"（同上册，第991页）以权离经，非是；以权在经中，非确。"经只是一箇大纲，权是那精微曲折处。"（同上页）以经为大纲，以权为精微曲折处，是通常与分殊定常的关系。权虽细密，然非见理的"大段精审"不能识此。"盖经者只是存箇大法，正当底道理而已。盖精微曲折处，固非经之所能尽也。所谓权者，于精微曲折处曲尽其宜，以济经之所不及耳。所以说'中之为贵者权'，权者即是经之要妙处也。"（同上册，第992页）以权为经之要妙微密处，是经者通常，权者曲宜。非见道理精密、透彻、纯熟，不足以行权。道理本身是"理一分殊"的内涵，为经权的统一。以道言，"经者，道之常也；权者，道之变也。道是箇统体，贯乎经与权。"（同上册，第989页）以道涵常与变、经与权于一体，这是一个具有深刻内涵的思想观念，具有思维的辩证性。经是通行的道理，故贵为统摄简要的大纲。权是用道理于时遇的权宜，处物为宜。从历史事实言，权以反经者如汤武诛桀纣，以臣弑君；周公诛管蔡，以弟杀兄。道理当如此做，虽反经却自合道理。若反经不合道理，则不可。"合于权，便是经在其中。"（同上页）"合于权"，是定理有变通。变通定理合乎道义，是经在其中。从义上言，"'义'字大，自包得经与权，自在经与权过接处，如事合当如此区处，是常法如此，固是经；若合当如此，亦是义当守其常。事合当如此区处，却变了常法恁地区处，固是权；若合当恁地，亦是义当通其变。"（同上册，第995页）"义"兼经与权，正如道兼常与变，因为它本身是道。"义"者，既是通义之道，亦有权宜定理，是经也是权，兼经权而用之。作为"常法"是通则之经，"当通其变"是变通之权。陈淳继承朱子论说，对经、权关系给予了进一步的申说。他认为，经与权相对而言，经是日用常行的道理，权是非可以"常行"者，然可以"济经之所不及"。（引自《北溪字义》，中华书局2009年版，第51页）以权为经所不及，是以权在经外，变通其经为权。经所不及，故须用权以通之。权虽经所不及，然实与经不悖，经穷则须用权以通之。这里的"经穷"只是我们所定的已有规则、道理，不能涵摄一切真理，它是相对的，可以随时变易、完善的。陆九龄曰："道者，古今之正；权者，道之用也。权之所在，即道之所在，又焉有不正者？"（引自《宋元学案·梭山复斋学案》，载《黄宗羲全集》第五册，浙江古籍出版社2005年版，第262页）道以通一言，故为古今皆正。权作为道用，是时中的定理，故权在即道在，无有不正。经不离权，权不

悖经。权所揭示的是道无常道、经无常经。明儒王阳明云："经，常道也。其在于天谓之命，其赋于人谓之性，其主于身谓之心。心也，性也，命也，一也。通人物，达四海，塞天地，亘古今，无有乎弗具，无有乎弗同，无有乎或变者也。是常道也，其应乎感也，则为恻隐，为羞恶，为辞让，为是非；其见于事也，则为父子之亲，为君臣之义，为夫妇之别，为长幼之序，为朋友之信。是恻隐也，羞恶也，辞让也，是非也；是亲也，义也，序也，别也，信也：一也。"（引自《文录四》，载《王阳明全集》第一册，浙江古籍出版社 2011 年版，第 270-271 页）以经为常道，则兼存在本体、心体与经书为一体，兼心、性、命为一。"常道"作为经，无有弗具则广大悉备，无有弗同则道通为一，无有或变则独立不改，无感不应则事善其能，它显然是绝对的良知，有类于《老子》绝对存在的恒道。以本体、心体言若是可以，然以为六经则不可。六经虽是圣人之作，然不可能通晓一切，不能涵盖无常变化。常经只能是相对的真理，为当世求索的历史真理。经有仁义礼智信之大纲，通古今一如，明行为所据，然每一纲皆有不同事宜、时宜。王畿以大德与小德关系，揭示"经"与"权"的区别，具有独到的见解。"经权无定位，大德亦有行权时，小德亦有守经时，未可执一"。（引自《书累语简端录》，载《王畿集》，凤凰出版社 2007 年版，第 76 页）经无定位，则经无常经，无有止限，权变自在其中；权无定位，则权非恒变，循以变通然经自在其中。经以时变合宜为权，权因通变而成为经，二者在一定条件下相互转化。"大德"周备，然有行权时，是惟变所适；"小德"曲变，然有守经时，是时措不离中。恒变无常、恒常不易，二者是"执一"。无常则流于迁就，而权之用失；固常未免偏执，而权之用滞。经中虽有权，然经是相对稳定之常；权中虽有经，然权是变化变通之宜。"惟立而有常，始能处变。……故可与立，而后可与权。君子之学也，虽然恒，非一定之谓，一定则非恒矣。随时变易，乃常道也。……不能体常，不可与适变；不能尽变，不可以处常。……君子自立以达于权之义也。"（引自《附录一》，同上书，第 664 页）立常是通变、把握根本，故为处变的纲领、指导。体有常方可适变，有立才能达权。无立则权是权术，正如无仁则礼乐流于饰伪。常道的真谛，非是一定，而是随时变易。尽变方为恒常，不能尽变则常流于固执。君子立"不易方"，是立"常"。君子时措而宜，是通"变"。就权之为用的所以然，吕坤云："天下之事，有速而迫之者，有迟而耐之者，有勇而劫之者，有柔而折之者，有愤而激之者，有喻而悟之者，有奖而歆之者，有甚而淡之者，有顺而缓之者，有积诚而感之者。要在相机因时，舛施未有不败者也。"（引自《呻吟语》，载《处事经典》上卷，当代世界出版社 1998 年版，第 404 页）天下事事不同，非能一概虑，不可以定为，相机而动、因时而为方能得宜。达权之才，是能"将事而能弭，当事而能救，既事而能挽"。（同上卷，第 402 页）"权"用境界高，非常人所能尽致。"将事"者，虑之于未兆，未雨绸缪，故为"能弭"；"当事"者，止之于未乱，当机立断，故为"能救"；"既事"者，亡羊而补牢，吃堑长智，故为"能挽"。三者不同，然权用当宜。权之为用，关键在于循物。刘宗周云：

"权度虽在我，而轻重长短之形，仍听之于物，我无与焉，所以情顺万事而无情也。"（引自《说·应事说》，载《刘宗周全集》第二册，浙江古籍出版社 2007 年版，第 306 页）感应酬酢莫非事务，事物千万变化无有尽止，故度物必以权，虽一一取裁于心，然是因物以付物，曲成万物而不遗。"我无与"，方能权度因物。他认为，道体千变万化而不离于中，故权为道之体。《易》"巽以行权"，是入道之微。权者是无为而无不为，无为是"天下之至静而不可测"，以静制动；无不为是"天下之至动而不可离"，动而不妄。二者合一，是"因物付物而轻重准焉"。"权之理主常，而准诸事主变，理即事，事即理。其常也，乃所以为变也。"（引自《论语学案》，载《刘宗周全集》第一册，浙江古籍出版社 2007 年版，第 410 页）"反经合道"，固执于常则诚非；"权之与经"二分，无常亦非是。嫂溺援手之权，正是道理合当如此，为所以为经者使然。"经者权之体，权者经之用。合而言之，道也。礼仪三百，威仪三千，皆经也；神而明之，妙用出焉，权也。二而一者也。"（同上页）经与权是常与变的关系，非是体用关系。经有不尽处，则权以补充之。权成为通则，则经以涵摄之。经与权，皆是道体，因为常道是常与变的统一。若以经为权体，则权不能改其经；若以权为经用，则经不得适其变。经与权是相对的存在，二者一体。经不能尽理，故权以济之；权不能便用，故经以助之。礼仪、威仪是经，亦是权。以其变化、增补而成言，是权变中合为经；以其不脱礼之本旨言，是经以分殊为权。神明妙用，是认知、运用上的境界。经若为固常，则嫂溺援手之权是"离经叛道"。权之为用，正揭示出时代所谓"经"的局限性和相对性。大道"无可无不可"，正是经权一体之用。清康熙帝云："盖天下不止有一经常不易之理，时有推迁，世有变易，随时斟酌，权衡轻重，而不失其经，此即所谓权也"。（引自《帝王家训》，中国文史出版社 2003 年版，第 65 页）经常不易之理，只能是变化的不易、无常的恒常。以遵循为用言，理有万殊，变易不定，故无有定常。然言"不失其经"，仍以权衡之准喻经，经者不变则权以准量万物，权用而经行，权得而经充。与时中内涵不同，"随时斟酌，权衡轻重"是理以处物的殊用。

就经与权的关系，王夫之给予了深入的析论。"《春秋》无恒予夺，《六经》无恒进退，故学者不可以不知权。"（引自《春秋家说》，载《船山遗书》第三卷，北京出版社 1999 年版，第 1360 页）"无恒"则非是固常，而是"惟变所适"。可见，原始儒家文献《春秋》、《六经》等，无不体现了权变的思维内涵。在解孔子"义之与比"思想上，他指出，事所宜然为"义"，它是一定不易的矩则。万事变迁皆不逾于当然定理，然一事当前则一因其固然准则。见为然必行之，专意以行而无所挠是"适"。君子"无适"者，志于行或待而后行，或终止不行。若无意于行，何谓"无适"？见为不然必不行，决意于此而无所通，是"莫"。唯酌之已精，审之已定，知此事宜在此、彼事宜在彼，则义处其常而守其常，义当其变而随其变，"与义相依"无有背离。"天下之事，欲行焉则固不可中立以废义，必有适也；不可行焉，则固不可委曲以枉义，必有莫也。"（引自《四书训义》，同上卷，第 1721 页）以"义"为事所宜然，是统体而

言，正如时中为一定不易矩则一样，实质在于揭示权变的无所不在。"义"者，既可是理一的无所不涵，万事变迁不脱其当然；又是分殊的万变不离其宗，时措其宜。就通则言是"己所不欲，勿施于人"、忠恕之道；就泛应曲当言，是时措之宜。二者是常与变的统一，又是理一分殊的思维。因循物理的固然准则，是因物付物的时中。固然，惟义所循为"比"，然有"无适"、"无莫"的变通。为事既不可无"义"以为原则，也不可死守固常而不能通变。当如孔子"无可无不可"，在义为常用其常，在义为宜用其变。无经不正，何有权？经有不宜，则以权易经。精义通变，方可用权。只有尽万事变化，方能定一心正权。无适而有适，无莫而有莫，经权一体。以礼言，"礼定于道之贞一，而权因于事之轻重。故君子审经以定礼，而因礼以达权。故男女授受不亲，礼也；礼定而理得，可以达情。嫂溺援之于手，权也，权审而初不失礼。盖先王制礼，尽权度之宜于得为之际。而方溺之时，非行礼之日，故权伸而不损于礼，又何疑乎！"（同上书第四卷，第2127页）以"道之贞一"为礼，则视为固常。以因事轻重为权，则视为变宜。礼是当时之经，何以"审经以定礼"？权是时礼之变，何以"因礼以达权"？在王氏心中，以经为道，礼为道表。男女授受不亲作为经，是礼之别文，宗旨在于分别防止淫乱，正人情得正理。嫂溺援之于手作为权，是礼之质，宗旨在于践行仁者爱人，故本不失礼。礼本身是经、权的统一，亦是变与常的统一。礼有仁本饰末，本为通则，可为久常；末者时用，不可定常。先王制礼，是就通常以立制，非尽权度之宜。嫂溺之时，非是"非行礼之日"，而是非行别饰之礼常，故权伸于救人而不损于礼。权是以礼本济礼饰的不足。礼本于生生之仁，以别分为饰用。"以无道而溺，则援之必以其道。士节伸则道重，功利诎则道行，故吾之所以不屈于礼、不贬其德者，所以援天下也。若夫嫂溺，则初非无礼之故而溺，则援重而礼轻，故援之以手，可屈礼以从权。"（同上卷，第2128页）礼有本末，故有价值层次之分。援者有道与无道之分，故有可援与不可援之别。道以伸士节，诎功利。以正道援，则礼饰可不顾。在揭示经权一体关系上，"孔子之道，以持己，以应世，有经有权，而权不爽于经，经亦自有权焉。盖于己于人，苟无伤于大义，则可以行吾因时济物之大志，而不绝人以不可近之高。内不失己，外不失人，经权之大用合矣。"（同上卷，第2197页）以道有经有权，是通一于变与常的辩证思维。权不爽经，是权不离常；经自有权，是经涵于变。经以涵权，则通于变化而不固滞；反之，执中无权则胶于定中。权以合经，则通于本原而不妄作，因时济物而不离大义。从历史发展看，经者成文，作为习常可道之经，自有历史的局限性，因时事之殊、世事之别，变易不可穷止。犹如法的判例，一经可为"常循"就是通用的根据。"内不失己，外不失人"为仁义之本，是经权之用的本质，又是经权妙用之源。道本虽内不失己而外不失人，然君子之道以执中为至，唯其权而已。权者，轻重无定在而各得其平。宜重于己，则敝屣天下而不为废物；宜重于物，则忘身博济而不为屈己；正己而物自正，则修己见功于物；成物而后成己，则推物以尽其己。道者广大，一致百虑，时措咸宜。执一者举其一，道会通万物于一己。

若立一己于天下，私用天下，则皆废。（同上卷，第2280-2281页）时措咸宜，曲尽其宜，是《老子》的"动善时"。道会万物，是"容乃公"。对经权的不同立意角度，王夫之也分别给予了辨析。从文义上言，治丝为经，经者贯维，犹如纲领，"挈持要妙"；称物为权，权而平物，犹如因循，"分析微密"。经分厚薄、定长短，权以审轻重。从先后上言，"物之轻重既审，而后吾之厚薄长短得施"，故权先而经后。从事为上言，汉儒"反经合道"是就事上说，据经理事，非可一概否定。"经纬"是以经持纬，"经纶"是以经理伦，"固非有体而无用"。学问心德岂有反经？从理变上言，凡所以处事物者，以其理则为经，以其应变为权，经权皆是"宜"。从疏密上言，经为天下事的通理，不尽该乎曲折之宜，"经疏而纬密"。从学问上言，"经"该一切，虽知有不尽仍可以无不涵摄者而名之，如《易》"弥纶天地之道"；从理一分殊上言，经大无不尽，权是其分殊之曲。一言"理一"，一言"万殊"。权是经之分，经是权之统，非是经疏权密。从实用统一上言，审物轻重为权，然不得无经，无经何以审？权中有经，经中有权，这样"经非疏而权非密"，且"权不与经为对"。从体用上言，经为天下之体，权为吾心之用，犹如《易》"寂然不动"而"感而遂通"。经外无权，非权不足以为经，经即权之经，权即经之权。有如权衡称万物。权是以经称物，经是以权量物。"经外无权，而况可反乎？"从"可与权"上言，权定轻重，犹矩定句股，然权随在得平，无可限量，尤精于矩。必是"从欲不逾矩"，方可"即心即权"。从"前豫"上言，万事交于身，万理交于事，事物轻重无常，然待审于权者以正等。圣贤用权在制治未乱上，以其聪明睿智而行神武不杀之功。非是待不得已临头全是守正，然后反经以行。从常与变上言，"经、权一也，因事之常变而分"圣贤之权，每用之常而不用之变，时措其宜。从境界上言，圣贤用权只有极深研几，如风达物无微不彻，和顺义理而发其光辉。圣人非以权衡知轻重，而本自即是权衡，"从心所欲，不逾矩"。"不逾矩"是经权合一的相互为用。天下无一定的轻重，而有一定之权。若因轻重不同而辄易之，则不足以为权。（参见《读四书大全说》，载《船山遗书》第四卷，北京出版社1999年版，第2493-2495页）一定之权，本已是经。权衡之为权，止用其常而无不定。如此，方可言权不爽经，经自有轻重取裁之度。它的思维是理一分殊，经一权殊，万变不失其经。有可权，则权以合经；无可权，则亦无经。权虽是将道理用于事物行为，犹如一般原理与个别事件的结合，然道理总有不尽事为处，此时只能权变而宜。权是已然之经的发展、补充、更改，因理无常准，常而无常，故只能析理求本，另立为经。在历史发展中，经权常有不合、相悖和相互取代的阶段，此是改革与守旧的斗争。从转化上言，"审经以为权，权之常；反经以行权，权之变。"（引自《读通鉴论》，载《船山遗书》第五卷，第3024页）"审经以为权"，是经的实用。此时，是经处于相对稳定期，尚合世宜事理，不为变革，故为"权之常"；待经已不合时宜，"积习深而事势违"，不可再用，就要"反经以行权"，通过"权之变"重新形成合适之经。如此循环往复，最后臻至经权合一之极。再有，"事无可为，只拚一死，更何经之有哉！"（引

自《读四书大全说》，同上卷，第 2579 页）王夫之认为，无可权只能舍生取义，但求于心而不求之事。然事无可为，舍生取义何尝不是经？在生与义的轻重贵贱中取舍，何尝不是权？以经权无不涵，又以舍生取义为无经权，岂非是矛与盾之悖？

三、道家经权观

前面主要对儒家、法家等经权思想进行了概略阐述，揭开了经权思想的基本内涵。现在对王弼以前道家主要文本涉及的经权思想进行一下略览。《老子》虽不曾以经权关系揭示道用，然在"道可道，非恒道"中已内含这样的思维意蕴。经是道纪、楷式、天下式、恒德等，权是"动善时，事善能"等。《庄子》多处论及经权观念。"为善无近名，为恶无近刑，缘督以为经，可以保身，可以全生，可以养亲，可以尽年。"（《养生主》）以缘督为经，已然含有恒常理则的指导意义。郭象注为"顺中以为常"，认为"苟得中而冥度，则事事无不可"。经作为已成之常，是"经式义度"。"告我君人者以己出经式义度，人孰敢不听而化诸！"（《应帝王》）"经式义度"是法制典常之经，亦是统一规范之经。以其执于定常、故常而谓之"欺德"，它是以己治天下，非以天下治天下。以之治天下，"犹涉海凿河而使蚊负山"。圣人之治，"正而后行，确乎能其事者而已"。万物各自得，各自适，方是至治。"经式义度"作为己出之经，以己制人则失物之情，何能化诸？己不宰化于经常，则万物自能以权变。这里揭示出"己出经式义度"之弊，然并非一概否定其存在之宜。因为"经式义度"也是事物所当然者，在万物自为适宜之中。若一概否定"经式义度"之常，不亦否定了人类认知的渐进性、知识的积累性以及追求真理的相对进展性？岂非因噎而废食？人类的自由在于：不再重走直接见知的简单重复，而站在前人认知真理上进一步丰富对世界的认知、穷理。对《庄子》言，人类不是不需要常经，而是要对其保持一种谦虚、开放的"知不知"态度，因为一切现在所谓的真理，皆是相对真理。以真理为万古不变，自居为绝对真理，本身非是科学态度。自然存在固有其经，"天德而出宁，日月照而四时行，若昼夜之有经，云行而雨施矣！"（《天道》）天德宁，日月照，四时行，昼夜更，云行雨施，皆是常、经。经为恒常，恒常可为经。"四时迭起，万物循生。一盛一衰，文武伦经。"（《天运》）四时迭运、一盛一衰，犹如文武并存的"伦经"。伦、经皆是道理之常。在经与权的关系内涵上，"礼义法度"是世俗以为治之经，然"应时而变"是权。"三皇五帝之礼义法度，不矜于同而矜于治。故譬三皇五帝之礼义法度，其犹柤梨橘柚邪！其味相反而皆可于口。故礼义法度者，应时而变者也"。"礼义法度"，是求同为治的习常，然非是求治之常。治之所以治者，在于"应时而变"。正如男女授受不亲是礼饰之常，非是仁的本常。在揭示经、权的内在关系上，《庄子》认为孔子治《诗》、《书》、《礼》、《乐》、《易》、《春秋》六经，欲以济世为经，然"一君无所钩用"。"夫六经，先王之陈迹也，岂其所以迹哉！今子之所言，犹迹也。夫迹，履之所出，而迹岂履哉！……性不可易，命不可变，时不可止，道不可壅。苟得于道，无自而不可；失焉

者，无自而可。"(《天道》)"六经"如"经式义度"，以导人人于正道。"六经"有常，故可使小人于"无忌惮"为"行于常道"，此在为治上固不可少。孔子不为世用，并非"六经"不可用，而在于"六经"在春秋无义战的时代，王道方策不为人主所取用。道在导人，然道不虚行，贵在人用。"文武之政，布在方策。其人存，则其政举；其人亡，则其政息。"(《中庸》)道家重视变化之道，认为世移道殊，故以"六经"为先王为治的陈迹。固然"所以迹"为"六经"之本，"六经"应随着时代、事物的变易而更改。然一概舍去，则忽略了文化的历史传承性、相对稳定性。固然"性不可易，命不可变，时不可止，道不可壅"，不可固常。然得道的目的在于可于可、然于然，使无可不可，无然不然，同样是因循曲成的恒常。这里并非否定有常，而是否定过去陈迹之常，提出了常与变的关系。常、经者，不可因循守旧、泥古不化，而要因时代而变易。孔子的"不与化为人，安能化人"的论说，正道出了这一思想内涵。"与化为人"，是人与变化俱进，故能因时举事，因世治人，权变而宜。经者有"卫生之经"："能抱一乎？能勿失乎？能无卜筮而知吉凶乎？能止乎？能已乎？能舍诸人而求诸己乎？能翛然乎？能侗然乎？能儿子乎？儿子终日嗥而嗌不嗄，和之至也；终日握而手不掜，共其德也；终日视而目不瞬，偏不在外也。行不知所之，居不知所为，与物委蛇而同其波"(《庚桑楚》)。"卫生之经"作为经，非是定常不化之经，而是"与物委蛇而同其波"的权变之经。至人者，"相与交食乎地而交乐乎天，不以人物利害相撄，不相与为怪，不相与为谋，不相与为事，翛然而往，侗然而来"。如此，则"祸亦不至，福亦不来"。此虽言经，实言权。"知道者必达于理，达于理者必明于权，明于权者不以物害己。"(《秋水》)道以理达，达理必以权明，明权则不以物害己。"明于权"，是"察乎安危，宁于祸福，谨于去就"，犹如精义入神。权变而宜，方是真正的达理知道，故"至德者，火弗能热，水弗能溺，寒暑弗能害，禽兽弗能贼"。道理的真谛，在于时变明权之中。道者无所不可，理者无所不宜，权者无所不适。道是通变之理，理是变化之道，权是时措之宜。权者顺物而为，各当其性，各尽其理。因物付物，物各自遂。"害己"者，迷于所执，不能权变，故与时变悖，逆物之情。权在认识上，是"道观"、"齐物"；在功用上，是"权变"、"善应"。

　　《文子》对经权思想给予了深入阐发，主要有以下几个方面。一言大道之经。天子者，以天道立天下。"立天下之道，执一以为保，反本无为，虚静无有，忽恍无际，远无所止，视之无形，听之无声，是谓大道之经。"(《自然》)正如"道纪"是无纪之纪一样，"大道之经"作为无常之常，是无常之经，无定之经。它既是"立天下之道"的"执一"，亦是无际、无止和无形的通一之道，二者统一一体。"执一"之"一"是独立无偶之一、无常之经，故不可致诘。体于此道，以虚静无为为常，以因循辅助为经，常于无为而无所不为。虚静则不妄动，无为则不妄作，因循以为则因物付物，顺物则为其固然、遂其当然。"大道之经"是因循之经，以物理物则涵摄所有"可道"之经。可经者，皆是定常之经，故非大常之经。世人所执之经，定于一常，而不能变

通，故不能权变于大道之经。"事不本于道德者，不可以为经；言不合于先王者，不可以为道。便说掇取一行一功之术，非天下信道也。"（《上义》）"信道"者，是恒道、大道。恒道者，无有不经，非是一行一功之经。以"道德"为经，是无常之经，因事理以为经。先王者，德配神明，知大备，故非以自察一好为经。二言无为为经。以无为为常，秉承老庄，它是道家的常经，显然与习儒所谓的定常之经相反。"清虚者，天之明也；无为者，治之常也。去恩慧，舍圣智，外贤能，废仁义，灭事故，弃佞辩，禁奸伪，则贤不肖者齐于道矣。静则同，虚则通，至德无为，万物皆容，虚静之道，天长地久，神微周盈，于物无宰。"（《自然》）在世人看来，经必是可循定理、可道之常。道可道，方能为其所以为。然以己而为，常背于物理，不免于妄为、强加以为。只有无为，去己执为、妄作，才能齐物因为，顺物之性、循物之理，为所当为，无所不为，无为不宜。世俗以可定为、可常为为经，而道家更强调以变通之为、无常之为为经。因为物物各有殊理，必然有其固然可为，人类不能背逆物理固然以己妄为。它是以"无为"为经的要旨。因"为"可循，那么"无为"就可法，法于因循以为，摒弃"常而不变"的固常之为。天以"清虚"而明，故物各自照，此是天明之经。治以"无为"为常，因民而为，无所不为，此是圣治之经。去恩慧、舍圣智、废仁义等，皆是"不自专为"；用人之为，故贤不肖齐于道；虚静无己，则通同于物，于物无宰；至德无为，则宽容于物，神微周盈。虚静无为之道，无所不为，功成事遂，故为大常之经。三言权为独见。以权为独见，乃见其为至理，是难得、至高境界，非圣人明察尽理不可得。"权者，圣人所以独见。夫先迕而后合者，之谓权；先合而后迕者，不知权。不知权者，善反丑矣"（《道德》）。"先迕而后合"者，不为物先，不先物为，而因循物理，时措其宜，故谓之权。相反，"先合而后迕"者，自执成见，固执故常，先于物而妄臆，常忤逆于物，故必不知权。"知权"者必明于理，达于道，故为"独见"。"独见"者，必是"道观"。"以道观之"，则齐物于各有所然、各有所可，因物观物则可其可、然其然，无可不知，无然不明。"道观"者，"知通为一"，为于"大知"。"独见"类似于《易》的"穷神知化"和"精义入神"，它是镜鉴之照，仿佛物来自照。在心鉴玄览中，妍媸自现。权之"独见"，要求在对物的认知中始终保持感知静观的"知不知"。要摆脱固执旧有的思维框架，挣脱旧有观念的束缚，面向未来，按照事物本来的样子穷其物理。固然，在现实认知中，人类要依赖前见来认知，达致认识的深入、全面、明澈。"独见"必是儒家所要求达到的博学约思、融会贯通的境界。何以"独见"为贵？"事或可言而不可行者，或可行而不可言者；或易为而难成者，或难成而易败者"（《微明》）。各有不同，故为"明者之所独见"。只有"智圆"者，方能"无不知"。"必有独见之明，独闻之聪，然后能擅道而行。"（《上义》）"擅道而行"，是因循事理，无行不宜，故必有"独见之明"、"独闻之聪"，达于权的"独见"。四言权变而宜。"圣人者，应时权变，见形施宜，世异则事变，时移则俗易，论世立法，随时举事。"（《道德》）时不止，变化不息，化化不同，故必应以权变。权变者，

因时举事，因物付物。有形者必有定常，各有殊性，各具殊理。"见形施宜"者，见形于不定之形，故因形之殊施其所宜。若固执于形的定常，则不能应形之变而时措，必失其所宜。之所以要以权变为经，是因为世异则事变，时移则俗易，无有故常、固常。权变的内涵要求是，因世而立法，随时而举事。要达致的效验是，法称其世，事当其时，无不合理，无不遂事。是否能权变，则有君子、小人之别。"义载乎宜，谓之君子；遗义之宜，谓之小人"（《微明》）。"义载乎宜"，举措合宜，通达权变；"遗义之宜"，执一无权，贻误时机，动静失理。五言圣人权用。"上言者，下用也。下言者，上用也。上言者，常也。下言者，权也。唯圣人为能知权。言而必信，期而必当，天下之高行。直而证父，信而死汝，孰能贵之？故圣人论事之曲直，与之屈伸，无常仪表，祝则名君，溺则捽父，势使然也。"（《道德》）"上言"者，经常之言，因其可循可用，世人以为经，故以为"上"。"下言"者，权变之言，非通行之常，习人以为"下"，而圣人以为用，故为"上用"。变无常体，不可豫设，必神而明之，故知权为难。"知权"为难，故言不必信，行不必果，惟义所在。义者为宜，非知权者不能尽其宜。世人以言必信、期必当为天下高行，故有"直而证父，信而死汝"之直。此虽为经，然不合情理，孰能贵之？圣人知权为贵，故论事曲直而与之屈伸，无常仪表而因循事理。虽在经以不可捽父为常，然溺则可以权变；虽在经以不可以名君为常，然祝则可以权为。权变之为，是势所不得不然。六言权事以谋。"人皆知治乱之机，而莫知全生之具，故圣人论世而为之事，权事而为之谋。圣人能阴能阳，能柔能刚，能弱能强，随时动静，因资而立功；睹物往而知其反，事一而察其变；化则为之象，运则为之应，是以终身行之无所困。"（《微明》）"治乱之机"，人所易见，情欲所感，故"皆知"；"全生之具"，必时中通达，超脱凡俗，故"莫知"。论世为事，则因循不守旧，因时而举事；权事为谋，则应变不固常，循事而立功。权于事为，则因物付物，故无所不能，无为不宜。睹物往知其反，见事一察其变，正以为"独见"。睹往知反，则安不忘危；事一察变，则未雨绸缪。动静随时，是"动善时"；立功因资，是"事善能"。化则为象，是以不化应化；运则为应，是以感通而应。无所不知，无为不宜，故"行无所困"。权变之术，在于贵道的"龙变"，它是"内有一定之操，而外能屈伸，与物推移，万举而不陷"。"一定之操"，是一不化的"执一"；"外能屈伸"，是变化的无常；"与物推移"，是因循于物化；万举不陷，是"周行不殆"。在道家思维看来，权变是"执一无为"的因循以为，它的前提在于摒弃固执的"前识"、"自是"，因为"守一节，推一行，虽以成满犹不易，拘于小好，而塞于大道"。自察于一己所好，则不能权变，而悖于无常之常的大道。七言经常之经。"权衡规矩，一定而不易，常一而不邪，方行而不留。一日形之，万世传之，无为之为也。一者无为也，百王用之，万世传之，为而不易也"（《下德》）。权衡规矩作为"万世传之"的经常之准，固然一定不易，常一不邪，方行不留。以其因物量物，故为无为之为。虽有称量之为，然若物自称量，没有人为的私与。权衡规矩一准而无为，故作为常式而不易，为百王效用，

万世传用。这里的"一定"、"常一"，是经常；"方行"、"不留"，是权变。权衡规矩作为定准，量万物而恒一其度，其与道作为常式犹有不同，不可以之等同于道。大道非是执无，无有定常，它并非摒弃常经。"君子无德则下怨，无仁则下争，无义则下暴，无礼则下乱。四经不立，谓之无道。无道不亡者，未之有也。"（《道德》）德仁义礼作为"四经"，是道的内涵。无有可道，则非大道。无有可道之经，则不能体于大道。何以经于世？就在于"知天之所为，知人之所行"。"知天而不知人，即无以与俗交。知人而不知天，即无以与道游。"（《微明》）知人以与俗交，是经；知天以与道游，亦是经。得道之人，在于"外化而内不化"。外化以知人，是经；内不化以全身，亦是经。《淮南子》言经权多与《文子》同，但也有拓展，兹列举两义。一言权不可常。"道德可常，权不可常。"（《说林训》）"道德可常"，是可道之道、经常之经；"权不可常"，是恒道之常，无常之权。权固不可常，然亦不能无常，否则何以用"权"？权是常于无常，不滞于常，又因循物理，故常在其中。二言权术非本。"五帝三王之道，天下之纲纪，治之仪表也。今商鞅之启塞，申子之三符，韩非之孤愤，张仪、苏秦之从衡，皆掇取之权，一切之术也，非治之大本，事之恒常，可博闻而世传者也。"（《泰族训》）纲纪、仪表是可道之道、治理之经，然法家、纵横家的权是工具、手段的权术，非是道家的道术。道术者，权用不自利不伤人，而权术无用不极，惟利所在。王弼云："权者，道之变。变无常体，神而明之，存乎其人，不可设豫，尤至难者也。"（引自《论语释疑》，载《魏晋全书》第二册，吉林文史出版社2006年版，第88页）以权为道之变，则道涵经权为一体，是常与变的统一。"变无常体"，则变之不变，唯变所适。"神而明之"，则穷神知化，以道观之。"存乎其人"，非圣人精义入神不能用权之至。钱穆指出，权者通变达变，因变而有权宜。通变合宜是权。凡言权言变必须有智，非智无以通权而达变。（参见《晚学盲言》，广西师范大学出版社2004年版，第426页）经与权、常与变，是一种辩证思维。

最后，对本节内容作以简要概述。通过对儒家、道家经权思想的阐发，可以进一步揭示大道的经与权一体、常与无常一体。一方面，权是经的具体应用，权不离经。一般道理、通则要见诸具体实践，经以权行，犹如理论指导实践。无经则权便茫然无措。另一方面，经在权变中拓展其常，权是超出已有定常走向另一个新的定常，它是实践认知的发展、提升，形成新的理论。无权则经是死常。经与权的一体关系，本源于常与变统一的道理，见显于认知与实践的发展，表征于相对真理与绝对真理的统一中。

第三节　无常之常

前面阐述了古人对恒常之道和经权之理的探寻，提出对恒常性的知求是人类文明、文化发展的一个重要标志。在其中，曾提示性指出"常"与无常的思维一体性。为什么相对于"可道"之道，而言恒道？此中蕴含着什么样的涵义？在本节里，侧重对

"无常"问题进行追问。有了"无常"思维，则"常"与"无常"的一体玄妙性将得以彰显、揭蔽，进而明晓《老子》以"道可道，非恒道"为全书纲要的真正用意，以统领对后面其他《老子》思想观念的解读和诠释。

一、恒道无常

"常"者作为可道、可循者，固然有其可用的价值，但正如"无用"也是"用"一样，"无常"也是一种"常"。相对于儒家侧重于强调定常的价值，道家则偏重于揭示无常的利用。《老子》云："道，可道，非恒道。"这一论述，重在澄明什么是恒道的内涵，虽然它是以否定性的思维来进行揭示。"可道"者，是定常、故常、固常，而恒道是不常于固常，为无常之常。在道家看来，习人常执著可道之道，"自察以自好"，以自是为是。固执于"可道"，则不能睹宇宙大全。恒道作为大道，为"不可道"之道，它是不测之道。道有万殊，无不涵摄方为恒道。恒道寓于万物之中，"道通为一"。正如一物有一太极一样，万物不同、变化迥殊，故道有品殊。就通于一言，恒道为"万物之奥"，必为万理之全。作为无物不理的不测之道，恒道何尝能可道？世人自执，自以为己之所道就是真道，殊不知已落于"可道"的一曲之执，而非是真正的恒道。恒道是大全之道，也是无常之道。其中的深刻涵义，可在《韩非子》的解说中得到揭示。"道者，万物之所然也，万理之所稽也。理者，成物之文也；道者，万物之所以成也。故曰：'道，理之者也。'物有理，不可以相薄；物有理不可以相薄，故理之为物之制。万物各异理，万物各异理而道尽。稽万物之理，故不得不化；不得不化，故无常操。……凡道之情，不制不形，柔弱随时，与理相应。"（《解老》）《老子》的恒道是"大道"，它是"万物之所然"、"万理之所稽"。恒道存在，是有万殊则通于一，故为"道通为一"。大道理物，是无物不成，无所不理。物有定理，它是可道之殊道，"万物各异理"。恒道是品类万物所以成的通一之理，"万物各异理而道尽"。恒道之大，尽于万物殊理的"不可道"大全中，"稽万物之理"。"无常操"，则惟变所适。作为不可道的不测者，恒道必是"不制不形"。制者，裁制之制。无形能制万形，故"各正性命"。以其辅助万物自然、成遂万品，故为"动善时"。物理万殊，恒道因物成物，故为"与理相应"。物理分殊，每一殊理，故为定理。"凡理者，方圆、短长、粗靡、坚脆之分也，故理定而后物可得道也。故定理有存亡，有死生，有盛衰。夫物之一存一亡，乍死乍生，初盛而后衰者，不可谓常。唯夫与天地之剖判也俱生，至天地之消散也不死不衰者谓'常'。而常者，无攸易，无定理。无定理，非在于常，是以不可道也。圣人观其玄虚，用其周行，强字之曰'道'，然而可论。故曰：'道之可道，非常道也'。"方圆、短长、粗靡、坚脆、存亡、死生和盛衰之分，是理之分殊，各有定理。一物类一定理，"物可得道"，故为可道之道。物一存一亡，乍死乍生，初盛后衰，变化无常，故不可为大常。大常者，存亡一体、生死一条，涵摄万殊变化之理，"道通为一"。恒道与天地剖判俱生，是生天生地；至天地消散不死不衰，是独立不改，生生者

不生。大常者，非固执于攸易，非可道于定理。大道无定理，非在于定常，故不可道。"玄虚"者无定有，"周行"者无不有，强名为道是不可道的恒道。既言恒道，就是"可论"，它是假可道之道以揭蔽自己为"不道之道"。正如"不形之形，形之不形"一样，"道可道，非恒道"的思维，是无常之常，常于无常。

《庄子》揭示"无常之常"多体现在"无待"、"无穷"的论述中。"若夫乘天地之正，而御六气之辩，以游无穷者，彼且恶乎待哉！故曰：至人无己，神人无功，圣人无名。"（《逍遥游》）此虽言逍遥游的境界，然它来自于与造化者为一，以《老子》的语言是"同于道"。列子御风而行，然犹有所待定常，不若无待之常。"风"有"常"而为御，它仍为一常，而不能以无待为常。无待之常，常于无常，"乘天地之正"，"御六气之辩"。所乘所御无常，故能游于无穷。逍遥者，无不通行。无己、无功、无名，是不执不滞的"无常"。有己则囿于私，有功则居自伐，有名则恃于有。无己而能大己，以天地万物为己；无功而能大功，功成而弗居；无名而能大名，人无能名。正如恒道作为"无状之状"揭示的是道物关系一样，《庄子》同样以道物关系揭示"无常之常"。"道行之而成，物谓之而然。恶乎然？然于然。恶乎不然？不然于不然。物固有所然，物固有所可。无物不然，无物不可。……道通为一。"（《齐物论》）从每一物类言，固有所然、所可，是各自行道，各有分理之常。从万物总体言，无物不然、不可，是通于"得一"，各遂性命。物得一以成"固有所然"、"固有所可"之常，大道周行万物，成遂万类，"无物不然，无物不可"，无常其常。以万物之理分殊不测言，"道通为一"是无常之常。物类有常道，方成其为类；物类间无常道，方是大道。道"未始有封"，非可道所能致诘；"言未始有常"，非言所能尽道。常于仁者拘于一亲之仁，故"仁常而不成"。而至仁无亲，各亲其亲，无所不亲。无常之常，是同于不同，化于万化。"同则无好也，化则无常也。"（《大宗师》）己无一私之好，方能与物同，同于万殊的不同，而成为涵摄万不同的大同。化于一化，是一常之化。而"化则无常"，是无常之化，无所不化。它是"化化而不化于化"的大化、造化。大常无常，非是无"常"，而是无有定常，常于不常的定常。"吾与日月参光，吾与天地为常。"（《在宥》）天、地各自为常，天地涵摄万物之常。"与天地为常"，则为常于无常。就无常之常的内涵，《庄子》又以"至乐"寓言给予了深入阐发。这里，无常寓于"常"中，"常"在无常之中。黄帝张咸池之乐于洞庭之野，北门成其人"始闻之惧，复闻之怠，卒闻之而惑"，不能自得。黄帝曰："至乐者，先应之以人事，顺之以天理，行之以五德，应之以自然。然后调理四时，太和万物。四时迭起，万物循生。一盛一衰，文武伦经。一清一浊，阴阳调和，流光其声。蛰虫始作，吾惊之以雷霆。其卒无尾，其始无首。一死一生，一偾一起，所常无穷，而一不可待。汝故惧也"（《天运》）。人事、天理、五德、自然、四时和万物，皆有定常、固常。或盛或衰、或清或浊、或死或生、或偾或起以及文武、阴阳、首尾等，皆是一常、定常。"一盛一衰"、"一清一浊"、"一死一生，一偾一起"等迭起、循生，循环不止，无首无尾，是"常"在无常

之中。无常于定常，故"所常无穷"。"一常"不常，故"一不可待"。常不可待，常于无常，故初闻而惧。继以言"复闻之怠"："吾又奏之以阴阳之和，烛之以日月之明。其声能短能长，能柔能刚，变化齐一，不主故常。在谷满谷，在坑满坑。涂卻守神，以物为量。其声挥绰，其名高明。是故鬼神守其幽，日月星辰行其纪。吾止之于有穷，流之于无止。予欲虑之而不能知也，望之而不能见也，逐之而不能及也。傥然立于四虚之道，倚于槁梧而吟。目知穷乎所欲见，力屈乎所欲逐，吾既不及已夫！形充空虚，乃至委蛇。汝委蛇，故怠。"阴阳更和，日月迭明，"能短能长，能柔能刚"，"在谷满谷，在坑满坑"，是常于无常。"变化齐一"，一于变化，是常于变化之常。"不主故常"，无定于常，故常于无常。鬼神守幽，日月星辰行纪，是无常中有"常"。止于有穷，是寓于有常；流于无止，是常于无常。至乐不可道，"立于四虚之道"，故虑不能知、望不能见、逐不能及，正如恒道不可致诘。"空虚"者，无心无身，是不主故常；"委蛇"者，随顺于物，是常于无常。不逆于变，无常其常，故怠息其惧。再言"卒闻之而惑"："吾又奏之以无怠之声，调之以自然之命。故若混逐丛生，林乐而无形；布挥而不曳，幽昏而无声。动于无方，居于窈冥，或谓之死，或谓之生；或谓之实，或谓之荣；行流散徙，不主常声。世疑之，稽于圣人。圣也者，达于情而遂于命也。天机不张而五官皆备。此之谓天乐，无言而心说。故有焱氏为之颂曰：'听之不闻其声，视之不见其形，充满天地，苞裹六极。'汝欲听之而无接焉，而故惑也。""无怠"者，无所不适；"自然"者，大化无息。乐以至此，则与变化为一。"丛生"者勃发、自恣，"混逐"者与化俱化、与变同一；"林乐"者天籁，无常故无形。布挥不曳、"动于无方"、"行流散徙"，皆为至神不测；幽昏无声、"居于窈冥"、"不主常声"，微妙无形。达情遂命，无己而化。"天机不张"，则无心顺化。无言心说，则常于无常。听不闻声、视不见形，然充满天地、苞裹六极，不可致诘，常于无常，故惑于不接。至乐者，始于惧，"惧故祟"，未悟大道；次之以怠，"怠故遁"，心有觉悟；卒之于惑，"惑故愚"，几于大道。"愚"方能同于道，"道可载而与之俱"。合于无常之道，则同于大化之境。概言之，它是"应物不穷"。执著定常，犹如"推舟于陆"的古今一。"夫水行莫如用舟，而陆行莫如用车。以舟之可行于水也而求推之于陆，则没世不行寻常。古今非水陆与？周鲁非舟车与？今蕲行周于鲁，是犹推舟于陆也，劳而无功，身必有殃。彼未知夫无方之传，应物而不穷者也。"古今犹水陆有异，周鲁如舟车有别，时移世殊，不可拘于常法。"无方之传"，是无方之方；应物不穷，是应无常应。二者皆是无常之常的思维结构。变化无常，时间不止，因时应变，因物付物，故"应物不穷"。无常来自事物的变化，而恒道之常通一于变化，故为无常之常。"夫物，量无穷，时无止，分无常，终始无故。"（《秋水》）每物虽有定分，然"终始无故"，变化不息，无有故常。因物不一性，时不一时，故事不一事，为不一为。知分无常，故复通为一。以贵贱言，时变无常。"昔者尧、舜让而帝，之、哙让而绝；汤、武争而王，白公争而灭。由此观之，争让之礼，尧、桀之行，贵贱有时，未可以为常也。"以器技言，无常

质性。"梁丽可以冲城而不可以窒穴，言殊器也；骐骥骅骝，一日而驰千里，捕鼠不如狸狌，言殊技也；鸱鸺夜撮蚤，察毫末，昼出瞋目而不见丘山，言殊性也。"器、技和性有殊，则不同定常。常而不同，则是无常之常。既然一切无常，则不能师是而无非，师治而无乱。"天地之理"、"万物之情"，变化无常。执著固常，师天无地，师阴无阳，必不可行。若"语而不舍"，故是"非愚则诬"。以历史变化言，"帝王殊禅，三代殊继"。若逆于时变，"差其时，逆其俗"，则为"篡夫"；"当其时，顺其俗"，则为"义之徒"。贵贱无常，故不可执常，而要无常其常。"以道观之，何贵何贱，是谓反衍；……无一而行，与道参差。……道无终始，物有死生，不恃其成。一虚一满，不位乎其形。年不可举，时不可止。消息盈虚，终则有始。是所以语大义之方，论万物之理也。"（《秋水》）就每一具体存在物的时空定存言，贵贱有常。通于变化无常言，则无贵无贱，既无常贵亦无常贱。"以道观之"，是以无常观常。无行于常一，则不定于一常。参差不一，道通无常。终与始、死与生、虚与满各为一常、定常。大道"无终始"，则终始无常。"不恃其成"，则终始无故。"不位其形"，是"其可左右"。从"道通为一"角度言，大道是"大义之方"、"万物之理"。"大义之方"，是无常定方；"万物之理"，是无常定理。可举、可止者，为定常、故常。"年不可举，时不可止"，正如"道不可道"，无常可道。变化无常，故"消息盈虚，终则有始"。物各有常性，而道者通于万物。"夫天下也者，万物之所一也。得其所一而同焉，则四支百体将为尘垢，而死生终始将为昼夜，而莫之能滑，而况得丧祸福之所介乎！……贵在于我而不失于变。且万化而未始有极也，夫孰足以患心！已为道者解乎此。"（《田子方》）"万物所一"，是"道通为一"。视死生终始为昼夜，则复通为一。"不失于变"，则为"万化未始有极"。体道者不失大常之性，常于无常，不常于固常，一不化而万化无极。化于化，则止于一化，常于一化。一不化者化化，化无常化，不息其化。《老子》恒道的"无常之常"质性，是"建之以常无有，主之以太一"（《天下》）。"常无有"者，无常定有，不常于定有，故无所不有。主以"太一"，则不常于"一"；一而不常，则常于无常。

　　《文子》继承老庄思想，对"无常"和"因常"观念给予了更多论说。"万物之总，皆阅一孔，百事之根，皆出一门，故圣人一度循轨，不变其故，不易其常，放准循绳，曲因其常。"（《道原》）万物、百事，殊于可道之道；"一孔"、"一门"，统一于可道之道。作为可道的"总"、"根"，是常于无常。圣人体于大道，常于无常。以道为常，正如"一度循轨"、"放准循绳"。大道是无常之常，正如准绳量物常于无常。"不变其故"，则守于大道；"不易其常"，则恒于因循；"曲因其常"，则常于无常。恒道辅助自然，因循万物以生。圣人体此因循，因物以成遂物。这里，"常"是因循道术，"无常"是循物殊用。"道者，体圆而法方，背阴而抱阳，左柔而右刚，履幽而戴明，变化无常"（《自然》）。恒道作为至大存在，无常能而无所不能，无常在而无所不在。"变化无常"，是恒道寓于万物、涵摄万化的质性。虽无常其化，然又是一不化的

"常"。大道无常，故无常朕兆。"夫物有胜，唯道无胜。所以无胜者，以其无常形势也。"恒道作为大全存在，自身并无"变化"，是变之不变。如果自己也变，就不是一不化的绝对本体存在。正因道自身不变，故能成万变之变，以"为物"的变化不测为常。大道作为"大常"，是无常万变，以不同"变常"为体，故恒道是"常变"的"常"。恒道"万变"不变其"常变"，故为无常之常。形者、势者必是有限的定常。"无胜"的大道，无常形势，常于无常，则无所不常。恒道是"朕朕者而不朕于一朕"，正如"物物而不物于物"。以行事言，"无常之常"是"事生者应变而动，变生于时，无常之行"。行于无常，因循时变，故"应变而动"。每一时变，皆是定常；不测其变，方是无常。以化化言，是"以不化应化"。"以不化应化，千变万转，而未始有极"（《九守》）。"不化"者，是"化化者未尝化"的常；"千变万转"，是"其所化者即化"的无常。"以不化应化"，是常于无常。以"常"制于无常，是"以不化应化"。以能为言，常于无常是"兼覆并有"。"言无常是，行无常宜者，小人也。察于一事，通于一能，中人也。兼覆而并有之，技能而才使之者，圣人也。"（《符言》）"言无常是"，无有常理；"行无常宜"，无有常义。"察于一事"，犹如佝偻承蜩，"唯蜩翼之知"；"通于一能"，犹如庖丁解牛，"游刃必有余地"。圣人者，无常其能，因人技能而裁度兼使之，用众能之常，故为无常之常。以治用言，治者不同其用。"仁者，人之所慕也；义者，人之所高也。为人所慕，为人所高，或身死国亡者，不周于时也，故知仁义而不知世权者，不达于道也。五帝贵德，三皇用义，五伯任力，今取帝王之道，施五伯之世，非其道也。……得道之人，外化而内不化。外化，所以知人也；内不化，所以全身也。"（《微明》）仁义的常用在于"为人所慕"、"为人所高"，然它们也有时变无常的"世权"。身死国亡，是"不周于时"的无常。"达于道"者，知仁义有常更有无常，故因世而权变。"五帝贵德，三皇用义，五伯任力"，是知达世权的常于无常。世不同，则道不同。以全身言，常于无常是"外化而内不化"。得道之人，外化以知人，内不化以全身。知人，则动而因理，常于无常；全身，则不为物化，守一于常。"内不化"有"常"，"外化"则是"无常"，它是常与无常的统一。以神明言，是无常的"无方"。"得一之原，以应无方，是谓神明。"（《自然》）恒以"一之原"为"常"，应于无常之化。以政治言，用于大道的"无常之常"，则"法与时变，礼与俗变"。"治国有常，而利民为本；政教有道，而令行为右。苟利于民，不必法古；苟周于事，不必循俗。故圣人法与时变，礼与俗变。"（《上义》）治国、政教有常道，以"利民"、"令行"为本常，它是恒常、不变之常；然"常"中有无常，必须因循时变。"法古"、"循俗"者，执著故常、定常。礼法是一定的固常，而"与时变"、"与俗变"是无常，它是"无常"和"常"的统一。制于法则不可与"达举"，拘于礼不可使"应变"。制于法，则固执已成定法；"达举"者，则"法与时变"。拘于礼，则固守既定仪则；"应变"者，则"礼与俗变"。"法制礼乐"作为"治之具"，是故常，而非"所以为治"的无常。以时变言，是"简于世而谨于时"。"道德之备犹日月，夷

道 与 物

狄蛮貊不能易其指，趣舍同即非誉在俗，意行均即穷达在时，事周于世即功成，务合于时即名立。是故立功名之人，简于世而谨于时，时之至也，即间不容息。"（《上义》）道德之备，是常于无常。日月恒照是"常"，不同其照则为无常。"趣舍同"、"意行均"，是"常"；"非誉在俗"、"穷达在时"，是无常。时间的"间不容息"，是常与无常的统一。变化不定是无常，不息其变是常。时世无常，而功名有常，故"五帝异道而德覆天下，三王殊事而名后世"（《上礼》）。"五帝异道"、"三王殊事"，是无常；"德覆天下"、"名垂后世"，是同"常"。先王之制"不宜即废"，是常于无常；末世之事"善即著之"，是常于故常。圣人"制礼乐者而不制于礼乐，制物者不制于物，制法者不制于法"，皆是秉持大道的"无常之常"以为利用。制礼乐法物者，是法道无常之常；制于礼乐法物者，是泥于物化之常。在揭示常与无常的关系上，《淮南子》文多与《文子》同，然也有创新之论。"生生者未尝死也，其所生则死矣；化物者未尝化也，其所化则化矣"（《精神训》）。"生生者未尝死"，是常生常化的恒"常"；"化物者未尝化"，是不生不化的恒"常"。正因有这两个"常"，而使所生所化者无常，物性无常变化。以道用言，"常故不可循，器械不可因"（《氾论训》）。"常故"者，习性之常。"器械"者，俗用之常。因循不执，是无常之常。以兵略言，是"动无常体"。"一龙一蛇，动无常体，莫见其所中，莫知其所穷。攻则不可守，守则不可攻。"（《兵略训》）兵略之"常"在于神秘不测的无常，不见其"中"、"穷"是无常之常。以己攻的无常，攻敌的常守，故必"不可守"；以己守的无常，守于敌的常攻，故"不可攻"。葛洪云："人才无定珍，器用无常道。进趋者以适世为奇，役御者以合时为妙。"（《抱朴子外篇·广譬》）无定、无常，在于以适世、合时为常。《列子》对绝对本体存在的"常"与"无常"质性给予了明确解析。"有生，不生；有化，不化。不生者能生生，不化者能化化。生者不能不生，化者不能不化，故常生常化。常生常化者，无时不生，无时不化，阴阳尔，四时尔。不生者疑独，不化者往复。往复其际不可终，疑独其道不可穷。……故生物者不生，化物者不化。自生自化，自形自色，自智自力，自消自息。谓之生化、形色、智力、消息者，非也。"（《天瑞》）"有生不生"者，是"生物者不生"，它是"生生者不生"。正因其"不生"，故能"生生"。"生者不能不生"，是生生的"常"。"有化不化"者，是"化物者不化"，它是"化化者不化"。正因其"不化"，故能"化化"。"化者不能不化"，是化化的"常"。作为不生不化的"常"，而能常生常化于无常，它是"无时不生，无时不化"。"际不可终"、"道不可穷"，是无常之常。"自生自化"等，是生生不测的无常；而生化、形色、智力、消息者，是物化无常。后者来自前者，前者展现于后者。有生有化者，不定于一生、不固于一化，无时不为生、无时不为化，故为"常生常化"。"无所由而常生者，道也。由生而生，故虽终而不亡，常也。由生而亡，不幸也。有所由而常死者，亦道也。由死而死，故虽未终而自亡者，亦常也。由死而生，幸也。故无用而生谓之道，用道得生谓之常；有所用而死者亦谓之道，用道而得死者亦谓之常。"（《仲尼》）"无所由"，不

为它生的独立之"常"；"常生"者，生生不测之"常"。两者合，是恒道之"常"。"有所由"，物以之生，见证了恒道生生之"常"；"常死"者，不得不死，见证了恒道杀生之"常"。前者是"独立不改"之"常"，后者是"周行不殆"之"常"。前者是生生者不死，后者是死而生、生而死。"由生而生"，是因道以生，故虽终不亡。"死而不亡"，是"生死一条"。"由死而死"，是因道而死，故道未终而物自亡。"由生而亡"，是失道而亡，故为"不幸"，它是"不道早已"。"由死而生"，当死而求生，是侥幸使然。"无用而生"，是"无所由而常生"；"用道得生"，是"由生而生"。前者是恒道生生，后者是万物为生。"有所用而死"，是"有所由而常死"；"用道而得死"，是"由死而死"。前者是恒道杀生，后者是万物为死。大道自然而然，万物不得不然，二者皆是固然之"常"。然"常"中有无常，前者是生物的"品物流形"，后者是万物的"各正性命"。万物变化中常与无常的统一，见证了恒道生生中常与无常的统一。

二、思维同构

儒家、法家同样有言"无常之常"观念。在《中庸》是"时中"，在《孟子》是"集大成"的"圣之时"，这些思想将在后面阐释"动善时"时加以详解。在《荀子》是"体常而尽变"。"墨子蔽于用而不知文。宋子蔽于欲而不知得。慎子蔽于法而不知贤。申子蔽于埶而不知知。惠子蔽于辞而不知实。庄子蔽于天而不知人。故由用谓之道，尽利矣。由欲谓之道，尽嗛矣。由法谓之道，尽数矣。由埶谓之道，尽便矣。由辞谓之道，尽论矣。由天谓之道，尽因矣。此数具者，皆道之一隅也。夫道者体常而尽变，一隅不足以举之。"（《解蔽》）正如《庄子·天下篇》对诸子学说所进行的"自察以自好"评论一样，各家以"蔽"为"常"，皆是"道之一隅"的定常。以差观之，则有尽利、尽嗛、尽数、尽便、尽论和尽因的"固常"。与此相反，道者"体常而尽变"。"体常"者，无常不为体，涵盖万殊之常。"尽变"者，涵于万化之变，无变不包。"道"者，既是大全之常，也是无常之常。既是万物万变的"总名"，也是无限的"通一"。前面在阐释《老子》恒道无常观念上，已就《韩非子》的无常之常论说进行了引述。这里，再引用几句文论予以申说。"物有常容，因乘以导之，因随物之容，故静则建乎德，动则顺乎道"（《喻老》）。凡物容有常，它是物所以为物的定常。道德者，因循而无常。物各有客观定常，不可忤逆，故必因随其常而导之以宜。每一物有常容，而道德则无常容。心"静"则因物万殊无常，故建德常于"宽容于物"；举"动"则循物万殊无常，故顺道常于"因物付物"。圣人"无常行"，而无所不为。"不行而知"，在于"能并智"；"不见而明"，在于"能并视"；"不为而成"，在于"随时以举事，因资而立功，用万物之能而获利其上"。它们皆是以无常涵摄众常，不拘于常而常于无常。"无常行"，体现在民治上是时移治易。"治民无常，唯治为法。法与时转则治，治与世宜则有功。……时移而治不易者乱，能治众而禁不变者削。故圣人之治民治，法与时移而禁与能变"（《心度》）。治者无常，与世宜则有功；法者无常，与时

转则为治。"治不易"、"禁不变"者，是拘于故常。"法与时移"、"禁与能变"，是无常之常。至常之治，在于因民更治，无常于治；至常之法，在于因时更禁，无常于禁。无常涵万变，万变成大常。再看《管子》的有关论说。以教行言，是"教无常，行无常"。"因便而教，准利而行。教无常，行无常。两者备施，动乃有功。"（《兵法》）"便"、"利"因时而异，它是无常。"因便而教，准利而行"，是常于无常。教无常教，行无常行，故各得所宜，功成事遂。以治乱言，是无常善治。"天下者，无常乱，无常治。不善人在则乱，善人在则治"（《小称》）。治乱无常，在于善人无常在。以心术言，是"知时以为度"。圣人之治，"静身以待之，物至而名自治之。……名正法备，则圣人无事。不可常居也，不可废舍也。随变断事也，知时以为度"（《白心》）。"静身以待"，以为因循无常；物至名治，因为常于无常。圣人以无事为常，"名正法备"，则常于无常。以其"不可常居"是无常，以其"不可废舍"是"常"。"断事"、"为度"是"常"。随变断事、知时为度，是以无常待常的用"常"。以法言，是"言异而典殊"。先王之法，经乎上世而来，人或益之、或损之，胡可得而法？"虽人弗损益，犹若不可得而法。东夏之命，古今之法，言异而典殊。故古之命多不通乎今之言者，今之法多不合乎古之法者。殊俗之民，有似於此。其所为欲同，其所为异。……人以自是，反以相诽。……先王之法，胡可得而法？虽可得，犹若不可法。凡先王之法，有要於时也。时不与法俱至，法虽今而至，犹若不可法。故择先王之成法，而法其所以为法。先王之所以为法者，何也？先王之所以为法者，人也，而己亦人也。故察己则可以知人，察今则可以知古。古今一也，人与我同耳。"（《吕氏春秋·察今》）先王之法或益或损，"有要於时"，无常故不可得法。作为"故常"的典礼成法，因非是时变之宜，"时不与法俱至"，故不可得法。言异典殊，不主故常，故常于无常。法其所以为法者，在于"人"。它既有"常"，因为"人与我同"，故可察己知人、察今知古；又有"无常"，因为"其所为异"，故不可自以为是。世移俗异，则因循无常。譬若良医治病，"病万变，药亦万变"。举事之常，在于"循法以动"；变法之常，在于"因时而化"。宋儒陆九渊对"变之无常"与"不变之常"观念，曾有精当的论述。"天下有不易之理，是理有不穷之变。诚得其理，则变之不穷者，皆理之不易者也。……以不易之理，御不穷之变，于是乎在矣。"（引自《陆九渊集》，中华书局 1980 年版，第379 页）"不易之理"，是"不穷之变"，为变化的不变，以无常为恒常。一方面是恒常的定常，"常"不可无，理不可去；另一方面是无常其定常，理无固常，无有绝对不变的定理。"不易之理"，既是"理一"或"常一"，也是变易之理。"不易之理"中涵万变之理，方能"备物致用"。正如"独立不改"中涵摄"周行不殆"。知"不易之理"，方能"御不穷之变"。王阳明以《易》的《恒卦》内涵，揭示无常之常的内涵。"《恒》，所以亨而无咎，而必利于贞者，非《恒》之外复有所谓贞也，久于其道而已。贞即常久之道也。天地之道，亦惟常久而不已耳，天地之道无不贞也。'利有攸往'者，常之道，非滞而不通，止而不动之谓也。是乃始而终，终而复始，循环无端，周

流而不已者也。使其滞而不通，止而不动，是乃泥常之名，而不知常之实者也，岂能常久而不已乎？…以常道而行，何所往而不利！无所往而不利，乃所以为常久不已之道也。天地之道，一常久不已而已。……圣人之所以能成而化，化而复成，而妙用不穷者，一天道之常久不已也。夫天地、日月、四时，圣人之所以能常久而不已者，亦贞而已耳。观夫天地、日月、四时，圣人之所以能常久而不已者，不外乎一贞，则天地万物之情，其亦不外乎一贞也，亦可见矣。……君子体夫雷风为《恒》之象，则虽酬酢万变，妙用无方，而其所立，必有卓然而不可易之体，是乃体常尽变。"（引自《续编一》，载《王阳明全集》第三卷，浙江古籍出版社2011年版，第1026页）"泥常"者，滞而不通，止于不动，是固执于一时定常。"常之实"者，常久而不已。作为"常久之道"，贞是恒一之常，犹如"独立不改"之常。天地之道"久而不已"，是悠久无疆。"久而不已"是"无不贞"的"恒常"，然又是"终而复始，循环无端，周流而不已"的"无常"，犹如"周行不殆"涵常与无常的统一。正如恒于"为物不贰"方能常于"生物不测"一样，"无所往而不利"的"无常"质性来自"一常久不已"之"常"。用的周遍、无所不宜，来自一其用而不改。圣人之所以能妙用不穷，在于一诚于天道的"常久不已"。"常久不已"，犹如"周行不殆"的"无常"；"不外乎一贞"，犹如"独立不改"的"常"。天地、日月、四时和圣人，各有"常久而不已"之"常"，通涵之是道的"无常"。"久而不已"之"常"，体现在"周流而不已"之"无常"中。恒道之"常"是常于无常，无常之常。它是思维形式，犹如《庄子》的"形之不形、不形之形"。以君子体道言，"酬酢万变，妙用无方"是用无常用，"卓然而不可易"是其体独立。"体常尽变"，是常于无常，无常而一于常，正如一不化而成万化。王畿认为，"君子观风雷之象，以立不易方。仁为君方，敬为臣方，慈为父方，孝为子方。止仁，止慈，止敬，止孝，是谓能立。惟立而有常，始能处变。日月有恒，始能得天而久照；四时有恒，始能变化而有成。……不能体常，不可与适变；不能尽变，不可以处常。见此谓之见易，知此谓之知道。"（引自《王畿集》，凤凰出版社2007年版，第664页）"不易方"是不变之常。"止仁，止慈，止敬，止孝"，是无常之方。惟其"不易"有"常"，故能处变无常。日月、四时有"常"，故能无常变化。体常适变，是常于无常；尽变处常，是无常其常。"易"、"道"者，是常与变的统一。刘宗周云："夫道，常而已矣，天地大常而已矣，人心大常而已矣。"（引自《原旨》，载《刘宗周全集》第二册，浙江古籍出版社2007年版，第282页）道道作为"常"，是天地、人心的"大常"。合天、地、人"三才"之道，则为"大常"之道。"大常"者，无常其常，常于不常。吕坤直接提出"天道以无常为常"的观念。（引自《呻吟语》，载《处事经典》上卷，当代世界出版社1998年版，第463页）"无常"者，涵万不同的定常，非定于一常，故为大常。恒道之"常"，是以无常为常，常于不常，为无常之常。王夫之以《易》、《春秋》为据，揭示变与不变、定与不定的一体关系。"《易》无定变，《春秋》无定征。……时异而德异，无定矣。……无定变，可无定占。

无定征，斯无定应。无定占者，天无定象也。无定应者，天无定心也。天无定象，君子有定仪；天无定心，君子有定理。……君子有定仪，则不忧变之无定象，体《乾》之行，自强不息，效《坤》之势，厚德载物，道亦博矣，而不乱也；君子有定理，则不患征之无定应，捍患御灾，侧身修行，道亦约矣，而不泥也。故君子之于灾异也，知其为天之异，人之灾而已矣。……以其定理修人之天，则承天治人之道尽。……故君子之知天，知人之天也；君子之应天，应天之于人者也。"（引自《春秋家说》，载《船山遗书》第三卷，北京出版社1999年版，第1331-1332页）"定"者为"常"，"无定变"者变化"无常"，"无定征"者征象"无常"，它们体现在"时异而德异"中。天无常变，故无常象，无有常占。天无常心，故无常征，无常应。天者无常，变无定象，征无定应。体行《乾》以有"自强不息"之"常"，效势《坤》有"厚德载物"之"常"。人之存在的关键在于构建一个可道、有"常"的世界，若任之以无常则不知何以为"天"，何以为"由"？从无常中寻求定常，故道虽博而要约；从不测之理中探究定理，故道虽约而不泥。有"常"则行不乱，有无常则不泥。"知天"是知人所格致之天，"应天"是应人所建构之天。人为天地立心，定理、常道是其"常"，生物不测、变化无穷是其"无常"。人所建构的天，是常与无常的统一。仁义作为定常，是固常。"一曲之仁，不足以周万物；一端之义，不足以通古今。可名者固非常名。名且不常而况于法，法固不常而况于道乎？遇方而方，遇圆而圆，合者自合，离者自离。因其常然，则仁可也，义可也，非仁非义可也，性命之情也。"（引自《庄子解》，载《船山遗书》第七卷，北京出版社1999年版，第3955页）"一曲之仁"，仁则有亲，故不能周万物，"仁常而不成"；"一端之义"，义则有割，故不能通古今，"薄于义而积"。可名者，"一曲之仁"、"一端之义"，固非常名。"大义之方"者，因其常然，无物不然，无物不可，犹如"遇方而方"。性命之情，各正性命，故仁无不可、义无不可。常道不常于定常，常于无所不常，无常于物殊的不一定常。

三、恒道内涵

儒家多从聚合众殊之常以揭示"大常"的内涵，它是"范围"、"曲成不遗"以及"理一分殊"的思维。《易》更强调"大常"涵万变之"常"，它是分殊之理的通一，"万变"汇会于一"不变"者，"大常"容万殊之"常"。老庄等道家侧重从否定思维揭示"无常"的内涵，它是不居定常的不可常的"恒常"，为无常不涵的无常之常。恒道一而万变，容万不常。二家可以说是"殊途同归"。儒家将此思维转换为经权之辩，道家将之变成"道可道，非恒道"论说。以《老子》思维言，"无状之状"是无常之常，"至誉无誉"是至常无常，"无为而无不为"是无常而无不为，"上德不德"是上常不常。恒道之常，是常与无常的统一，是无常之常，常于无常。它内涵无限丰富，凡世界存在物的定常属性，皆可在它那里潜涵其中。以恒道化物言，是不变之常、常于变化、变化无常三者的统一，或为"独立不改"、"周行不殆"和"万物芸芸"的

统一。在万物变化中揭示恒道"为物"的"周行不殆"，在"周行不殆"中揭示"独立不改"。下面结合注家对恒道观念给予的不同角度、不同侧面解读，兹略陈"无常之常"为如下诸义。

（一）无始之始

相对于存在物的有始有终，而恒道是无始无终的绝对存在。有始有终是定常、固常，而无始无终是无常。无始无终者成遂有始有终者，以其有如此功用，故又具有为天下始的功能。可见，恒道是无始而有始，既是"象帝之先"，又为天下始。恒道是有始而无始，既是万物之宗，又是"有生于无"。同样，恒道无终然使万物有终，"善始且善成"。王安石云："常者，庄子谓无古无今、无终无始也。"有始有终与无始无终的统一，正是恒道作为无常之常的一个重要存在质性。

（二）无根之根

恒道既是"天地根"，又是"自本自根"，前者是"万物之母"，后者是"独立不改"。"自本自根"则为无根，而为天地根是有根。恒道是无根与有根、无母与有母的统一。成玄英云："夫道者。何也？虚无之系，造化之根，神明之本，天地之源"。"造化之根"是有根，然作为"虚无之系"又是无根。同样，以"神明之本，天地之源"为言，是无本之本。恒道之为无根，是绝对的无限存在。道大无外，其微无内，浩瀚无端。以无形无根生有形有根者，有根者生于无根者，正是"有生于无"的真谛所在。

（三）无物之物

恒道是"无物之象"，本自与物反而为无物，然它又是"有物混成"，故为无物与有物的统一。作为"无物"是独立不贰，超越于物；作为"有物"是万物之源，是物物者或造物者。造物是独立的恒常，"无物"或"不物于物"是无常，同样是有常与无常的统一。"制物者，不制于物"（《文子·上礼》）。制物者，物物；不制于物，不物于物。司马光云："常人之所谓道者，凝滞于物。"叶梦得云："道无物，不可得而名。"若"凝滞于物"是"物于物"的定常，大道作为"无物"是"不物于物"的无常。

（四）无道之道

河上公以"可道"为经术政教之道，以常道为"当以无为养神，无事安民，含光藏晖，灭迹匿端，不可称道"。前者是有道，后者是无道，虽然没有揭示出二者的玄妙关系。李荣认为，人间常俗之道，"贵之以礼义，尚之以浮华，丧身以成名，忘己而徇利"，它是可道之道；恒道者，是"虚极之理"，不可以有无分象、上下格真。它是妙而难思，深不可识，只能借"圆通之名，目虚极之理"而强为之名。江澂以"常道"为"不道之道"，认为常之为义在于"以其成而不变，久而不已"，它是"独立不改"。"成而不变"是独立的恒常，"久而不已"是无常之常。

（五）无常之常

王雱云："可道之道，适时而为，时徙不留，道亦应变。盖造化密移，未尝暂止，昔之所是，今已非矣。"造化"应变"，不留不止，是无常。造化的"无常"在"适时而为"的有常之中。无有常，则无无常。苏辙云："莫非道也，而可道者不可常。"可道之道不可常，变化无常，而常道者涵摄一切可道，故莫非是道。李嘉谋以"常"为"不变"，"物有变而道无变"。物化凋谢有穷，而大道无穷。冯友兰认为，"常"是"不变地如此"，为"自然的法律"。（引自《冯友兰集》，群言出版社1996年版，第361页）自然法律既是定理、有常，使万物运动遵循规则，又是无常定理，呈现出生动、丰富、多彩的世界。

（六）无体之体

王弼认为，常之为物，"不偏不彰，无曒昧之状，温凉之象"，然"能包通万物，无所不容"。偏彰、曒昧、温凉，为定限之体；道者"无所不容"，则为无体之体。无体者涵无常之体，通其万殊之常而为一。韩康伯认为，道一而有体用，"先体立而后用有以行"。常久自然之道，"有而无形，无而有精"，虽体无定体，然以无常用为体。章安云："道至虚也，寓天下之群实而不见其畛畦，故无体之可言。"至虚不见畛畦，故无体；寓于天下群实，则莫非其体。它正如《易》的思维结构。邵雍指出，《易》虽无体，然既有"典常"则是有体。恐人执著有体，又曰"不可为典要"。"《易》无体"在于"神无方"，"滞于一方则不能变化"，故非神。"有定体则不能变通"，故非易。"易虽有体，体者象也，假象以见体，而本无体也。"（引自《皇极经世》，九州出版社2003年版，第595-596页）无体而有体，是变中有常；有体而无体，是常中有变。王阳明认为，"道无方体，不可执著"。谓日月风雷即天，不可；谓人物草木不是天，亦不可。若以一隅之见，认定道止如此，则非是。若识得时，何莫而非道？"无时无处不是此道"。（引自《传习录上》，载《王阳明全集》第一册，浙江古籍出版社2011年版，第23页）恒道散为万物，无一定之体，又非体之空无，故为无所不在的无体之体。

（七）无久之久

吕惠卿依据《老子》"道乃久，没身不殆"和"自古及今，其名不去"思想，认为常道是"不殆不去"。物之久是定常，道之久是悠久，"不殆"、"不去"是无久之久。恒道是假物可知之久，以揭示无穷之久。王一清认为，"常者，常住不灭之意。盖其不变不易，无始无终，不生不灭，无欠无余，本然之妙也。……先天地以常存，后天地而不灭。""常住不灭"、"不变不易"是恒常，为无久之久的绝对存在。然无物之不久则何以知其为生物的悠久无疆？恒道的悠久无疆，正体现在万物的变易无久之中。

（八）无在之在

恒道"泛兮其可左右"、"周遍咸"，故无所不在。它非是定在，不定居一处，无

常于一物之在。虽遍寓万物之在，然不定于常在，故为无在之在。李约以"惟恍惟惚"解"常"，正是揭示恒道是在与不在的统一。苏辙认为，仁义礼智是可道之道，"仁不可以为义，而礼不可以为智"，各有定分，不可通常。"惟不可道，然后在仁为仁，在义为义，在礼为礼，在智为智，彼皆不常而道常不变，不可道之能常如此"。仁义礼智是定常，恒道无所不有，故是常于无常，无常之常。

（九）无方之方

"理无常是，事无常非"，故"用与不用，无定是非"（《列子·说符》）。先日所用，今或弃之；今之所弃，后或用之。用于无方，无常其方，方能无所不方。知无方之方，才能方于无方。唐玄宗云："道者，虚极之妙用。"妙用虚极，故无方。"应用且无方，则非常于一道。"以其"用可于物"的"可道"言，是用有方。以"妙本生化，用无定方，强为之名，不可遍举"的"非常道"言，是"不常于一道"的用无方。以"妙本通生万物，是万物之由径"言，万物有由有方，通生万物无方，二者合一是无方之方。杜光庭以"散为万物，不拘一方"为"用无定方"。既有用有方，又不拘一方，故为无方之方。章安认为，道者"至静"，以其"不涉于绪使"为无方，以其成"天下之群动"为有方。

（十）不生之生

凡物之生是有定限之生，有生则有死。恒道是无生之生，它为"万物之宗"，是无所不生、利润众生，"万物得一以生"。它又是生生而不生，本自不为生，方能生生不息、生生不测。生物之生有常，生生不测是无常。杜光庭认为，道者"至虚至极，非形非声"、"不始不终"是本自不生，然以通生万物为"万物之母"彰显其本自生生。圣人"以通生之用可彰，寻迹而本可悟"，故强名为"道"。犹如"一不化"能"万化未始有极"为"无化之化"一样，恒道生生不生是独立不改的恒常，生物不息、不测是生化的无常，二者合一是生生不生、不生之生。

（十一）不变之变

恒道独立不改是本自"为物"的不贰、不易，而周行不殆是"为物"不息、不测的常变。严遵云："可道之道，道德彰而非自然也。"自然者，非定于一常，而常于无常。自然而然，则为无常之常。陈景元云："常道者，自然而然，随感应变核物不穷。"常道"自然"，本自不变，方能应变不穷。邵若愚认为，"常"是无始无终的"常存不改"，犹如"独立不改"。然"独立不改"的"不变"体现在"周行不殆"的"常变"中。吕知常认为，"常道"是"亘古亘今，历千万世不变不易"。"不变不易"是恒常，"历千万世"是无常。林希逸以"常"为"不变不易"，吴澄以为是"常久不变"。恒道自本自根，恒在不变，如此才能成遂万变的"未始有极"。若本自有化，则不能不变其成化，成为无化之化。

（十二）不形之形

有形者，定于一形，而"大象无形"；万物有状，定于一状，而恒道为"无状之状"。大象正因为"无形"，方能形形而不定于有形。无形生有形，有形来源于无形，故恒道为形之不形，不形之形。无形既生有形，就能涵无限有形，故无形为大，有形为小。恒道作为"无状"，然万物形状赖以为生成。恒道无状能生成万状，是通成一切形状而为"无状之状"。万物形状各有定常，而恒道生成万物形状则为无常。

（十三）无名之名

名以定形，称以象形，象形是可道之道、可名之名。相对于物的可名之名，而恒道不可名，故强为之名。王雱云："道者，万物之所道，在体为体，在用为用，无名无迹，而无乎不在者是也。"恒道无名，因其为"万物之所道"，故不可定名。以其浑全是"道朴无名"。恒道又是"自古及今，其名不去"的恒名，恒名涵摄万变功用之名。从"以阅众甫"言，则无可名能名，而是强为之名。道不当名，正因为其不可名，方能成遂万物的可名之名。陈象古以道为"渊乎其无名"，它是"道褒无名"。无名生有名，有名来自无名，它是"无名之名"。

（十四）无言之言

道不可言，言而非道。恒道不可尽言，故在言语称谓之外。恒道又要假言以彰显，故是言而不言，不言之言。假言以喻道，故"知者不言，言者不知"。《庄子》谓之"大道不称"。言为道的糟粕，"言弗能言"，故可道非常道。虽言以载道，然道非尽于言。王雱云："圣人之言，常在其一曲，虽在一曲而异乎诸子百家者，不失理而当于时而已。"言当于一理，即假言以喻道。司马光云："道亦可言道耳，然非常人之所谓道也。"无言则不可以喻道。宋徽宗云："道不可言，言而非也。"博学多闻，执著于言，而不免于惑。范应元解"道"为"言"，认为可道为可言。成中英认为，"语言是分裂的、多样的，而道则是一体的、整体的。所以，真正懂得道的人并不言语。"（引自《在易学基础上的儒家和道家的本体论》，载《易学本体论》，北京大学出版社2006年版，第178页）道不可言，言而非；知道者非不言语，而是不执于言语，忘言而得道。言不足以尽道，然一世之言有近于道的相对真理，故为"无言之言"。

（十五）无法之法

物有形状、定理，故可效法遵循，"藏小大有宜，犹有所循"。然"恒物之大情"，是"若夫藏天下于天下而不得所循"（《庄子·大宗师》）。物理具体而分析，故可循可法。天下事物万殊，不可定于一循，故无有定法。林志坚以恒道是"道法自然"。"道法自然"，则为无法之法。礼乐之法可道可言，然所以制礼乐者不可道不可言。"法其所以为法者，与化推移"（《文子·道德》）。"制法者，不制于法"（《上礼》）。道可道，非常道。制于礼乐者，是"末世之事善，即著之"；制礼乐者，是"先王之制不

宜，即废之"。可道者俱有可法，非常道者是无有定法。恒道之法，在善为善法，在恶为恶法，无在无不在。恒道涵摄无限之法，无法而无不法，故言说不能尽。以其用不定为无常法，以其"无法不法"为涵众法，故为"无法不法"。

（十六）上善无善

事物善、恶相对，相互转化，故"天下皆知美之为美，斯恶已；皆知善之为善，斯不善已。"可道之道，常于一善，因其执善，故不能善以无善，以不善为善。正如上德不德、至仁无仁一样，上善不善。上善无善，则不与恶对，故为至善。为善不自恃于善，方能善利万物而不争，故为上善；为善不执，若天地不仁，至仁无亲，利而不害，无所不善，故为"德善"。至善无善，是无善之善。恒道者，"与善仁"，"动善时"，"事善能"，无所不宜，故以万物之性为性，各遂自然适宜。无不适宜，无所不善。善于一善，非是恒善。恒道恒善，本自无善然成众善，故为"无善之善"。

（十七）无极之极

恒道为"万物之宗"，是天下有始，故为生生的本源和太极、至极。然又是无根之根，生物不测，故又是无极。太极本无极，是"有生于无"；无极而太极，是"道生一"。葛玄云："老子体自然而然，生乎太无之先，起乎无因，经历天地终始不可称载。终乎无终，穷乎无穷，极乎无极，故无极也。"（《老子道德经序诀》）天地有终始，故为有极；大道终于无终、穷于无穷，是极于无极。成玄英云："道以虚通为义常，以湛寂得名，所谓无极。"恒道无极，然因有极以对言。一物类一太极，是至极；万物通体一太极，是无极。恒道是无极与至极的统一。

（十八）无为之为

凡有为者必定于一为，执于有限之为。无为者，用物之为，为当所为，因循万殊之理，故无所不为，河上公云："当以无为养神，无事安民，含光藏晖，灭迹匿端，不可称道"。世俗执为，而大道无为，然无为非是"灭迹匿端"的空无无为、隐匿其为。道非无所为，而是不执于一为。只有不定其为，方能无不因为。陈景元解为"无为而无不为"。陆农师认为，"常道以无体为用"，而无体者"无乎不为"。以《易》言，"寂然不动"是"无为"，"感而遂通"是"无不为"。至为无为，而无所不为。为无为，是无为之为。

（十九）无知之知

道本不能尽知，而自以为知，故为"病"；虽有所知，然知其非尽知，故为"上"。恒道相对于见闻言，是不可闻，执闻则非；是不可见，拘于见则非。《庄子》以今之体道者，犹"秋豪之端万分未得处一"，而大道于人之论是"视之无形，听之无声"的"冥冥"，故"论道而非道"（《知北游》）。论道是"可道"之道，恒道之常是"不可道"。陈景元认为，道者"杳然难言"，非是"心口所能辩"，故"心困焉，不能

知。口辟焉，不能议"。知是感知，议是分析。分判之类，不能知大道无限。"道，通也。万物得之，无所不通。"无所不通，则为无穷。因其"不可以言传，不可以智索"，故只能"体冥造化"、"默通其极"。虽然，恒道非是不能知，而是"可传不可受，可得而不可见"。顾欢认为，常道者不可以"名言辩"、"思虑知"，因其"妙绝希夷，理穷恍惚"，然也可应运说经，垂世立教。至观者"不知所眠"，而"物物皆观"（《列子·仲尼》）。不执所观，而观于无穷，是无知之知。

（二十）无一之一

恒道既是"混而为一"，又是"道生一"、"万物得一以生"。前者是混一，后者是太一。以物类各有太极是太一，然物类不可计数则太一是不测之一，故为无一之一。若以道为一，就是一物的一本，而非万类的一本。至一不一，道一涵万殊之一。程大昌认为，道未为德是"混然茫然"，然"涵万有而一之"，其中所蕴是"能刚能柔，能实能虚，能短能长"。以"遂所感以出"言，虽"有万不同之应"，而非"因所应以附丽于一事一物"。以其"何所感而不能，何所施而不遂"言，故无"彼此今昔之异"。以体言，一事一物是定一，而"涵万有而一"是无穷之一，万一森然而具。以用言，"有万不同之应"是应有万一，而"附丽于一事一物"是执着一应。无感不能、无施不遂，是无常其应。董思靖云："道者，万理之总名。"常之为言是"自然长存，无时不然，无处不有"。无时、无处者，既是不一的不测，又是一一泛应曲备。

以上只是概略简述恒道之为"恒"的内涵，它博大精深，因物性定常变化揭示大备无常。

最后，对本节内容作以简要概述。事物变化中有不变，不变中有变。恒道之为"恒"的关键是在变中寻找不变，揭开那个使变化无常的不变者为何。有常有变，变必是定常之变；变之无常，同时是变之恒常。恒道存在是"可道"之常与"不可道"无常的统一。可道之道是一时、一域、一资之常，它是事物变化无常中的每一个定常。恒道独立存在，作为恒常正体现在"周行不殆"的无常之中。如果无可道之道的定常，恒道何以有其"恒"？恒道的不可道，在于成遂万殊不同的可道之道，同时涵摄万殊的可道之道。有万殊不尽的可道之道，方能成为无常之常的常道。恒道者，无道不可以道，非止于现实存在的可道之道，还有无尽的可道之道需要去道其可道。恒道既寓于一物定常中，又超越其成为无常之常。儒家、道家皆从事物变化中寻求常道，在探寻常与变、经与权的关系中，触及到了宇宙的多样性与统一性、变化性与秩序性的统一性问题。《老子》既有揭示规则性、规律性之常的一面，也是对无常之常通一思维的探索。儒家注重可道之道，目的以导民由经以通行，故形成了准则、纲常体系之"常"，赋予了"常"以普遍性、规范性。然以时中为权又构建了经权、变常统一的思想。《老子》站在大道一统的高度，重视以无常统摄有常，目的在于使每一定常各得其所，赋予了"大恒"以包容性、万殊性。儒道二家在常与无常的统一上，可谓是殊途而同归。

第六章　微妙浑一

　　恒道从实存质性上看是居无定所、无形无状，然从认知上看它的显像为何？呈现出什么样的现象特性？恒道无形，故不可视知；恒道无声，故不可耳闻；恒道无味，故不可嗅觉；恒道无物，故不可得献。以其不可致诘，故为"恍惚"、"窈冥"。恒道虽无法依凭感官直接觉知，但却可通过其所寓之物、生成之功和为物之迹见证其存在。因其"万物以生"，为"万物之奥"，通过"为物"恍惚中的有象、有物和有精，其"不可知"又成为"可知"。

第一节　不可致诘

　　前面在揭示恒道存在质性中，曾指出其为"湛然存在"、"恍惚之在"、"无形之在"以及"泛兮之在"，并提及在解读、诠释上的两维角度，一是揭示其本体存在或实存的样态，一是揭示其实存性在人类认知中的显像样态。就恒道存在在认知思维中的显像或况谓，《老子》有着多方面的论述。本节重点从"不可致诘"的维度揭示恒道存在在认知上的玄妙质性。

一、文字校解

　　《老子》第十四章云："视之不见，名曰夷；听之不闻，名曰希；搏之不得，名曰微。此三者不可致诘，故混而为一。"帛书《老子》甲本云："视之而弗见，名之曰微；听之而弗闻，名之曰希；捪之而弗得，名之曰夷。三者不可至计，故囷【而为一】。"帛书乙本与甲本相校，"名"写为"命"，"囷"写为"绲"。以今本与帛书本相较，"微"、"希"对调，"至计"为"致诘"，"囷"或"绲"写为"混"。其他如"不"写为"弗"、以及加"而"、"之"和"此"等行文助词、代词，对文义非有影响。楚简《老子》无此章，但它在楚简本中也有论述。今本《老子》第三十五章云："视之不足见，听之不足闻。"此在楚简丙本中有所体现，不过其中"听"字写作"圣"，然古文听、声、圣同源义近。从版本对比来看，可以推测帛书本第三十五章思想是根据楚简本发展而来，而帛书第十四章文句不过是对三十五章思想的展开、深化而已。

 **道 与 物**

（一）"微"与"夷"

"微"者，会意兼形声字，会隐蔽行踪之义，《说文》解为"隐行"。引申为隐微、隐蔽，"隐微之中"（《文子·九守》）。"微"与"眇"常结合而用，后合写为微妙。"心之所虑，非特知于粗粗也，察于微眇"（《管子·水地》）。班固云："昔仲尼没而微言绝"。李奇曰："隐微不显之言也。"颜师古注："精微要妙之言耳。"（引自《汉书》，中华书局 2006 年版，第 1701 页）"微言"者，大道之言隐微而不常见于世，以赞圣人探赜索隐之神明。转言为"不明"，《玉篇》解"微"为"不明"。"彼月而微，此日而微"（《诗·小雅》）。"微"即暗而不明。又谓微小，如"式微式微"（《诗·邶风》），"微小短瘠"（《荀子·非相》），"慎小事微"（《管子·君臣下》）等。再引申为精微、先兆，如"知微知彰"（《易·系辞下》），"以微知明"（《荀子·非相》）。再以无形言精微，"大参乎天，精微而无形"；"精微乎毫毛"（《荀子·赋》）。既以小为精微，又言大而无形为精微。从"微"字诸义看，可分为三类，一是事物存在的极小形态，因微小而隐匿、幽微。二是事物不易感知的性状，因微而不明、不显。三是精妙、精微，以言事物的潜在或无形。因微而能妙，虽极小却能生成至大。《老子》取其微妙不见而至大义。

"夷"者，象形字。《说文》云："夷，平也。从大，从弓。"引申有铲平、消灭、平坦和安放等义。"夷，灭也。"（《广雅·释诂》）注家对"夷"之解，大略有四义。一为无色。河上公云："无色曰夷。"二为平易。成玄英、李约注："夷，平也。"三为玄妙。陈景元注："无形之形，天地以生，谓之夷。"四为隐暗。何新云："夷，古音唵也，暗也，隐也，无象也。"（引自《老子新解》，北京工业大学出版社 2007 年版，第 99 页）既然"夷"字本就有隐暗之义，故通"微"。《老子》云："夷道若颣"。《说文》解"颣"为"丝节"。"颣"因有丝节，而有瑕疵。"明月之珠，不能无颣"（《淮南子·泛论训》）。正如《老子》"盛德若不足"等为"正言若反"句式一样，"夷"字应与"颣"字义相反。"夷道"应解为无棱角、丝节的平易大道，揭示有与无的统一。"无色"、"平易"、"玄妙"和"隐暗"，皆可揭示出恒道存在在感官认知中的况谓质性。相较"微"与"夷"二字，皆有幽暗微眇的字义，可通用。然"夷"字还具有玄同、无形意义，以为搏之不得，更为确切。

（二）"希"与"搏"

"希"者，会意字。《集韵》释之为"寡"。《尔雅·释诂下》解为"罕"。邢昺疏："简少之称也。"（引自《尔雅注疏》，第 40 页）"寡"、"罕"皆为希少之义。"鸟兽希革"（《尚书·尧典》）。孔安国传："夏时鸟兽毛羽希少改易。"（引自《尚书正义》，上海古籍出版社 2007 年版，第 29 页）"希"同"稀"。"伯夷、叔齐不念旧恶，怨是用希。"（《论语·公冶长》）"人之所以异于禽兽者几希"（《孟子·离娄下》）。"众所怨诅，希不灭亡"（《管子·四称》）。又"希"为希望。"希意道言，谓之谄"

（《庄子·渔父》）。《老子》取"希"的罕少义。

"搏"字，帛书《老子》甲本写作"捪"。"捪"，同"抿"字。《说文》解为"抚"，又曰"摩"。《说文》解"搏"为"索持"。"搏"又谓手击、攫取。成玄英疏："搏，触也。""君则搏执之"（《孟子·离娄下》）。"搏执"者，强行以执，非以道礼为。可见，不管是"捪"，还是"搏"，皆言手持的行为。严遵在《道德真经指归》中以"道之为物"是"窥之无户，察之无门，捪之无体"。可证"捪"者为《老子》本文的原字。它本或有写为"指"。"指"与"捪"形近而伪。《淮南子》云"循之不得其身"（《原道训》），"扪之不可得"（《俶真训》），"搏之不可得"（《道应训》）。"循"、"扪"和"搏"三者皆以言不可得。"循"借用于"捪"，解为抚摩、安抚。"扪"者，《说文》解为"抚持"。"搏"与"扪"、"捪"同义，而"搏"与"捪"义通。

（三）"诘"与"计"

"诘"者，《说文》解为"问"，《广雅》释为"责"和"让"，《玉篇》释为"治"和"遣"。"度作刑以诘四方"（《尚书·吕刑》）。"诘"者，由责问、问政而言治理。古以治理为听政，诘问是听政一类。又通"喆"字，为古"哲"字，借言"明"。诘、喆形近，故常混用。薛蕙云："诘，察也。"何新云："诘，究也。"以"察"、"究"解为佳。

"计"者，有筹策、计度、计数之义。《说文》云："计，会也，算也。"《老子》云："善数者不用筹策"。"至计"，是不可胜计，不能明察。"至"是"致"之至。故"至计"、"致诘"皆言恒道不可明察、"不可测知"。正如此，才言为"混而为一"。

（四）"混"、"囷"与"绲"。

"混"者，帛书《老子》甲本写为"囷"，乙本写为"绲"。此两字不知何义。马叙伦案："混，借为楃。古书言混沌者，皆谓未分析。《说文》：'楃完木未析也。今通用混。'"《老子》取"混"的不分判义。

二、文句解析

在文字校解基础上，再列举注家解说逐文进行解读。

（一）"视之不见，名曰夷"

何以谓"微"？河上公云："无色曰夷"。无色，故不可视。《老子想尔注》云："夷者，平且广"，叹道之德美。在《老子》看来，世人往往借助视见这样一种媒介而感知事物存在，然恒道为"大象"，故无形可见。恒道不可以囷以形见，正因为不可见，方为恒道存在的微妙质性。成玄英以"平"解"夷"，齐同故无色。凡有色者参差不同，惟无色方能夷然平等。李荣认为，大道甚夷，眼所不见。"圣人体之，独见晓焉，名之曰夷。""独见晓"，晓于其生成万物的功用之中。李约云："目可观色，不可

以观道"。"夷"者，"漠漠然无异见"。"无异见"，是不可分析的"窈冥"、"恍惚"。唐玄宗云："道非色，故视不可见。以其于无色之中而能色焉，故名曰夷。"既曰"夷"就是有所体知，而体知必假借于有色，故因道的能色而推知其虽为无色而为夷。陈景元认为，道非色固不可目视而见，然"无形之形，天地以生"，于无色能色众色中，假名为夷。"夷"者，"漠然平夷无涯涘貌，在色而无色"。"无涯涘"貌，则不可视见。在色无色，非是释氏"遣之"的不住相，而是无色之色，以无色生成、涵摄有色，犹如"无状之状"。吕惠卿云："视者，无有也，故视之不见；虽不见也，然能玄能黄，不可名之以无色也，曰夷而已"。恒道存在，虽以视见言是"无有"，然其非是空无，而生就彩色"能玄能黄"的"无"。以无色生有色，乃为"夷"。"夷"者，揭示了恒道微妙而至神、体无而用有的"无物之象"存在质性。

（二）"听之不闻，名曰希"

何以谓之"希"？历代注家大略有五解。一为无声。河上公云："无声曰希，言一无音声不可得听而闻之。"以"无声"况恒道，正如以无形揭示恒道的存在质性。在《老子》看来，世人往往借助听闻这样一种媒介而感知事物存在，然恒道作为"大音"，是"希声"不可闻。二为微少。唐玄宗云："希者，声之微也。道非声，故听之不闻。以其于无声之中独能和焉，故名曰希。"声是有形存在的一个具体属性，而道无畛故无声。虽无声然"大音"在，故"独能和"。李约认为，声可以耳闻，然道不可以聆，故"听之者但得其希"。"希，无也，亦少也。或终身不得，或亦得之。""希"非是听"但得其希"，而是因其功为所就的声属而推知之。执著声闻，故终身不得；闻声知其所自，故得其妙。之所以不直言"听之不闻"为"无"，乃因为恒道非是绝对空无，而是似无实有。三为玄妙。陈景元云："无声之声，五音以始，谓之希。"此以《老子》"大音希声"说作解。"希"者，是恒道在"为物"功用中形成的存在质性，窈冥中有精信。吕惠卿云："听者，无有也，故听之不闻；虽不闻也，然能宫能商，不可名之以无声也，曰希而已。"恒道无形无声，虽不能以听闻，但"能宫能商"，在成物实有中揭蔽其存在。四为疏静。陆德明云："希，疏也，静也。"声音稀疏、安静无扰，正是恒道无形无声的一种存在质性。五为失声。何新云："希，古读如'喑'，即哑也。"（引自《老子新解》，北京工业大学出版社2007年版，第99页）若读"喑"，则应解为"哑"。"哑"者，是人之声带器官受损所致，故为"失声"。恒道是微妙无声，而非自损失声。实则，无声是恒道微妙中的一个存在质性。"听之不闻，是谓微妙"（《文子·精诚》）。"希"是微妙的一个内涵。

（三）"搏之不得，名曰微"

"搏之不得"，是执持不得。何以谓"微"？河上公云："无形曰微。"微者，小之极，故无形。其以"微"与"搏之不得"对言，显然取其无形不可执持的意谓。"一无形体不可搏持而得之"。恒道存在为"无状之状"，故不可索持而得。然"微"与

"几"义通。《说文》云："几，微也。"傅奕云："几者，幽而无象"。"微"又有幽隐不明之义。恒道存在微而无形，故不可见。帛书《老子》正是以"微"言不可视。"夷"者平易无形，故不可得持。唐玄宗云："微，妙也。道无形，故执持不得。以其于无形之中而能形焉，故名曰微。"微妙无形，故不可执持。无形生有形、涵摄万殊之形，故为微妙而至神。李约以为，恒道微妙，"仿佛似有，追之又失"。功用无处不在，故"似有"；执持不得，故"又失"。人手可以执于物类，然不可以执道，以其搏之不得故名微。道不可执持，并非不可得，这就要以另外方式得之，它是在执于物类中体其"玄通"，"知通为一"。陈景元云："无绪之绪，万端以起，谓之微。"虽"微"不可见其形有，然可从其所生成的端绪、征迹中见其实存。它是即有形而见无形，因为有形生于无形。吕惠卿认为，"搏者，无有也，故搏之不得。"就搏持言，恒道虽为"无有"不可得，然并非空无，而是"能阴能阳，能柔能刚，能短能长，能圆能方，能生能死，能暑能凉，能浮能沉，能出能没，能甘能苦，能羶能香"。以所生之物可搏持，而推知其本自不可索持。体无形而用有功，不可名，故强名为"微"。从《老子》恒道存在质性看，"微"以况谓玄妙，包涵三义：一为幽微、隐微，揭示恒道无形而遮蔽的存在质性；二为不可著见，此从认知显像、映像上揭示其无有定象；三为微而能显、无能生有，揭示出恒道有无一体的玄妙质性。"夷"、"希"同样具有这些涵义。只有通贯三义，才能揭示出恒道存在的真正内涵。"夷"、"微"文字互换，并不影响揭示恒道的存在质性。《老子》文本中，"妙"本为"眇"，"眇"与视见有关。恒道正因不可见之"眇"，而有"似无实有"之妙。"微"、"夷"、"希"三者，正在于揭示恒道存在的窈冥、隐微、遮蔽性，在"为物"的恍惚中揭蔽自己，显现为澄明之有。

（四）"不可致诘，故混而为一"

恒道存在以视而不见，听而不闻，搏而不得，分别谓之"微"、"希"和"夷"。三者皆从感知、感触索得上揭示恒道呈现于人的存在质性。河上公云：恒道无色、无声、无形，既然口不能言，书不能传，就当"受之以静，求之以神，不可诘问而得之"。"受之以静"，若执静，更非得之；"求之以神"，若离于化，更不可得。以"不可诘问而得"解"不可致诘"，失去原文统称之旨。"不可致诘"是统言"视之不见"、"听之不闻"和"搏之不得"三者的不可尽于感知。感知的是具象有限，而恒道无限，故不可以感知尽其知。"口不能言"，是言而不尽其意，并非不能言；"书不能传"，是书不尽其旨，并非不能书。否则，《老子》一书何以成？何以言"吾言甚易知，甚易行"？正确的观点在于言而不执，书而不固。"不可致诘"或"不可至计"，揭示的正是此意。在恒道之得上，《老子》的思维呈现为两类：一为见知，"知古始"、"见天道"以及"知不知"；二为"同于道"、法于玄德，以及"修之于身"，"勤而行之"。在解"混而为一"上，河上公认为是"合于三名之为一"。混一者，不分、无畛之谓，揭示恒道一体的无限质性。色、声和形，是相对感官知觉言的三个可感知属性，举三

道 与 物

者以为触类旁通，非是以无色、无声、无形之合为恒道存在质性的全体。"致诘"针对
"视见"、"听闻"和"揾得"而言，"混而为一"相对"微"、"希"和"夷"而言。
后三者中的每一名谓或质性，皆是混一在感知感触上的模糊况谓。《老子》言"大道甚
夷"，得道者"微妙玄达"，正在于揭示此种模糊一体的思维。严遵将之况谓"无"：
"道之为物，窥之无户，察之无门，揾之无体，象之无容，意不能尽，而言不能通，万
物以生，不为之损，物皆归之，不为之盈，上下不穷，广大无涯"。无户可窥，无门可
察，无体可揾，无容可象，正是视而不见，听而不闻，搏而不得。从语言表达上来说，
是"意不能尽"、"言不能通"。"上下不穷，广大无涯"，是混一无畛。"万物以生"、
"物皆归之"，正揭示出恒道在功用上的实有，虽为不可见闻的"无"，然又是实在之
"有"。损、盈者，有形属性。不为损盈，在于揭示恒道"无形"的存在质性。恒道的
存在质性，既是本体微妙，同时是功用至神。"游于秋毫不以为少，包裹万天不以为
多，青紫光耀不为易志，幽冥枯槁不为变化，运行并施无所爱好，禀受性命无所不为，
德流万物而不可复，恩结泽缔而不可归，赡足天下而不费，成功遂事而不衰"。"游于
秋毫"、"包裹万天"，是无所不在；"青紫光耀"、"幽冥枯槁"，是混而为一；"运行并
施"、"无所不为"和"成功遂事"，是功为不测；"德流万物"、"赡足天下"和"恩
结泽缔"，是德善无穷。这些，皆是至神的"博大"体现、验证。而不以为多少，不为
易志、变化，无所爱好，不可复归，不费不衰，正是为物不贰、独立不改的意蕴，为
无有形体的"自然"表现。大道自然的本质，在于不固执、无自体，博大则不囿限、
不致诘。"混而为一"，是无所不涵的"大全"。《老子想尔注》云："道者天下万事之
本，诘之者所况多，竹素不能胜载也，故还归一。多者何？伤朴散淳，薄更入耶，故
不可诘也。"诘者以穷极为致，故竹素不能尽载。"还归一"，是体悟于无朕的无穷。执
著于多，必然伤朴散淳，不能全其混一。王弼认为，正因为大道"无状、无象、无声、
无响"，故能"无所不通，无所不往"。作为无穷存在，故"不得而知"。诘问者，是
致竭其全体之谓。恒道无状能状，无象生象，无声以声，无响能响，非定而通遍周
往，故不可"致诘"。相对于耳目感知的有限性，恒道存在质性是不能尽知、不可致
诘，故为"混而为一"。在《老子指略》中，他又指出："'道'、'玄'、'深'、'大'、
'微'、'远'之言，各有其义，未尽其极者也。……言之者失其常，名之者离其真，
为之者则败其性，执之者则失其原矣。……然则老子之文，欲辩而诘者，则失其旨也；
欲名而责者，则违其意也。"（引自《魏晋全书》第二册，吉林文史出版社 2006 年版，
第 121 页）恒道存在质性虽具有无穷内涵，然可根据其不同质性、功能而强名其名，
如"道"、"玄"以及"万物之母"、"天地根"等，这些名谓既各有其义，故未尽其
极。以绝对本体存在言，它是涵摄这些质性的统一，每一个强名都是无限大全中的内
涵。就其涵摄无穷质性言，则不能"致诘"。《老子》一书的思维模式，是以有限存在
揭示无穷存在质性。若执著于定象、定名和定言，则将失其旨、违其意。"混一"者，
是一体模糊的称谓，为无限的强名，它必包涵"道"、"玄"、"深"、"大"、"微"、

"远"等质性，然又不止于这些质性。"混而为一"，是恒道无限大全质性的假名或强名，正如"有物混成"一样。李约认为，恒道无所得知，故不若"混而为一"。恒道无体，固然不可直接感知、索持，然并非不可认知、修行。"不可致诘"，是对以感知分析穷尽真理观的摒弃，同时是对模糊浑全思维的确认。因为恒道"不可道"，故以"混而为一"的模糊思维揭蔽、澄明之。王雱认为，夷、希、微三者本一体，而人以求之"或以视，或以听，或以搏"，随事强名，其实一指。虽然，"所用求者，与夫所欲求者，未尝不一"。唯"了悟一"，则"与彼一"，故"昭然为一"。推而上溯，至于"无初之初"，乃知"物无所从来"，则得"道之情"。若以为物无所从来，则何以知道的情实？或以视，或以听，或以搏，是感觉感触于物的感性思维，以知物故可"昭然为一"，然揭示恒道则为"混而为一"，因为"道昭而不道"。即使是"道通为一"，亦是以至极言无极，"知通为一"。黄茂材云："老子虑夫人之溺于无，而不知其有，于是为之别白而言曰：是道也，分之则为三，夷、希、微是也。合之则为一，混然者是也。"固然，恒道既是实有就可以言说，夷、希、微是假言以得意，以其不可执故复于混然之一。王夫之云："物有间，人不知其间，故合之，背之，而物皆为患。道无间，人强分其间，故执之，别之，而道仅为名。以无间乘有间，终日游，而患与名去。患与名去，斯'无物'矣。夫有物者，或轻，或重；或光，或尘；或作，或止；是谓无纪。一名为阴，一名为阳，而冲气死。一名为仁，一名为义，而太和死。道也者，生于未阴未阳，而死于仁义者与！"凡物有畛有分有间，轻重以分，光尘以别，作止以析，而习人强以为合，背物之性，故皆成为患。道本无间，而习人强分以间，故执以别之，以道为"可名"。若以无间乘有间，则物物而不物于物，故终日游于其中，而无有执患。物者变化无常，无有常"纪"。"道纪"，是无常可纪。若执着一曲，不能通一，则"冲气"、"太和"为死物。"未阴未阳"，正是不可致诘的"混而为一"。

三、传承发展

《庄子》继承《老子》，对本体存在的不可见闻执持性给予了进一步阐发。"若有真宰，而特不得其朕"（《齐物论》）。朕者，形征、迹象之谓。真宰无形，故不可以形视。"道有情有信，无为无形；可传而不可受，可得而不可见"（《大宗师》）。正因"无为无形"，非是存在物，故不可受见。然又"可传"、"可得"，因为道可修为。成玄英云："寄言诠理，可传也。体非量数，不可受也。方寸独悟，可得也。离于形色，不可见也。"（引自《庄子集释》，中华书局2004年版，第247页）恒道以"寄言"可传，是"言有宗"；"可得"者，既是"得一"以生，也是体之于心、可循的"道纪"。"同于道"，则修之于身以至于天下。至乐者，奏以无怠之声，调以自然之命，故"幽昏而无声"。虽"居于窈冥"，听之无声，然"动于无方"，或死或生、或实或荣，"行流散徙，不主常声"（《天运》）。它既是"听之不闻其声，视之不见其形"，又是"充满天地，苞裹六极"。作为窈冥无方，故"不可致诘"。就道者的不知、不得，《庄子》

道 与 物

多以寓言进行论说。兹以《知北游篇》的五则寓言加以诠释。

第一则寓言：

知北游于玄水之上，适遭无为谓。知谓无为谓曰："予欲有问乎若：何思何虑则知道？何处何服则安道？何从何道则得道？"三问而无为谓不答。非不答，不知答也。知不得问，返而睹狂屈。知以之言问于狂屈。狂屈曰："予知之，将语若。"中欲言而忘其所欲言。知不得问，反于帝宫，见黄帝而问焉。黄帝曰："无思无虑始知道，无处无服始安道，无从无道始得道。"知问黄帝曰："我与若知之，彼与彼不知也，其孰是邪？"黄帝曰："彼无为谓真是也，狂屈似之，我与汝终不近也。夫知者不言，言者不知，故圣人行不言之教。道不可致，德不可至。仁可为也，义可亏也，礼相伪也。故曰：'失道而后德，失德而后仁，失仁而后义，失义而后礼。礼者，道之华而乱之首也。'故曰：'为道者日损，损之又损之，以至于无为。无为而无不为也。'今已为物也，欲复归根，不亦难乎！其易也，其唯大人乎！"知谓黄帝曰："吾问无为谓，无为谓不应我，非不我应，不知应我也；吾问狂屈，狂屈中欲告我而不我告，非不我告，中欲告而忘之也；今予问乎若，若知之，奚故不近？"黄帝曰："彼其真是也，以其不知也；此其似之也，以其忘之也；予与若终不近也，以其知之也。"狂屈闻之，以黄帝为知言。（引文有裁剪）

此则寓言，阐述了道不可知的宗旨。然《老子》云"失道而后德，失德而后仁，失仁而后义，失义而后礼"，以及"为道者日损，损之又损之，以至于无为"，并非否定对恒道之知，而是提出要回归于大知。虽然道、德、仁、义、礼具有渐趋衰伪的历史发展次序，然道为本，就含有后四者之实？"上德不德，是以有德"。上德不德，并非摒弃一切德，而是以"自然"和"不名有"为德。至于"损之又损"，是损去名利之欲、感知之执，而为了"无不为"。圣人何尝不能言！如果不言，何以谓"言有宗"？"知者不言"，是以"道可道，非恒道"为本旨，批驳以言为道的固执之论。《老子》的真意在于告诫我们，不可执于言辞、拘于可名之名，而忘却那现实活生生、变化不息的实在。"道不可致"、"德不可至"，正是"不可致诘"。恒道虽不可测知、尽知，但并非一无所知，否则何谈"道纪"？"上德"、"玄德"作为"德"，何尝不可言？"仁可为"、"义可亏"、"礼相伪"，是世俗固执有为定常、损人利己行为的必然写照。以礼之本言，天地之理、人伦之实何可否定？礼重于分，天地万物何尝无分？泥于流弊，则执于形饰，邀名则伪。《庄子》之所以言"无思无虑始知道，无处无服始安道，无从无道始得道"，在于揭示只有心无有执、无有"前识"方能合于大道的真谛。可以思虑、处服和从道者，皆可道之道，非是本真的恒道。以"不知应我"为"真是"，以"欲告而忘"为似是，以以为知者为不知，正揭示出道大不可尽知、不可自恃已知的意蕴，非是落入不言不知的"玄冥"。在得道上，不自以为得，才是真得。

第二则寓言：

舜问乎丞："道可得而有乎？"曰："汝身非汝有也，汝何得有夫道！"舜曰："吾

身非吾有也，孰有之哉?”曰：“是天地之委形也；生非汝有，是天地之委和也；性命非汝有，是天地之委顺也；子孙非汝有，是天地之委蜕也。故行不知所往，处不知所持，食不知所味。天地之强阳气也，又胡可得而有邪！”

如果说上一则寓言从认知角度论“道不可得”的内涵，那么此寓言则从得之于身的层面揭示道不可得。身非有，生非有，性命非有，子孙非有，皆言不可执持。无常定行，故不知所往；无常定处，故不知所持；无常定食，故不知所味。道大，己之所有皆是天地之委，无己方能与道通于一。人生于天地之间，只有融于天地大化之中，无有固执，方能与道为一，得道于身。既无私己，则不为“可得”。既有所得，即非无穷。

第三则寓言：

孔子问于老聃曰：“今日晏闲，敢问至道。”老聃曰：“汝齐戒，疏瀹而心，澡雪而精神，掊击而知。夫道，窅然难言哉！将为汝言其崖略：夫昭昭生于冥冥，有伦生于无形，精神生于道，形本生于精，而万物以形相生。故九窍者胎生，八窍者卵生。其来无迹，其往无崖，无门无房，四达之皇皇也。邀于此者，四肢强，思虑恂达，耳目聪明。……且夫博之不必知，辩之不必慧，圣人以断之矣！若夫益之而不加益，损之而不加损者，圣人之所保也。……生物哀之，人类悲之。解其天韬，堕其天帙。纷乎宛乎，魂魄将往，乃身从之。乃大归乎！不形之形，形之不形，是人之所同知也，非将至之所务也，此众人之所同论也。彼至则不论，论则不至；明见无值，辩不若默；道不可闻，闻不若塞：此之谓大得。”

道，窅然难言，虽“不可致诘”，不能尽知，然可言其“崖略”。即使如此，要“得道”就必须斋戒。“疏瀹而心”、“掊击而知”，则“致虚极”。虚则无执，方能体于大道。“来无迹”，“往无崖”，“无门无房”，“四达皇皇”，皆揭示恒道微妙不测的质性，不可以视听而致诘。“思虑恂达，耳目聪明”，是“微妙玄达”的“知不知”；“博之不必知”，是“知者不博，博者不知”；“辩之不必慧”，是“辩不若默”、“大辩若讷”。所谓的“真知”，是“益之而不加益，损之而不加损”。有真人方有真知。“生物哀之，人类悲之”，是自是、自执所致。只有解此“天韬”，堕其“天帙”，方乃“大归”。真知、真得者，知得于“不形之形，形之不形”，故无有壅塞。至知不以论辩尽，执于议论辩析则不得至道，因为辩者有不辩。“道不可闻”，是听不可闻；“闻不若塞”，是“混而为一”的“大得”。道不以闻见、论辩得，而从去知固、去己执的“混而为一”以得。老庄思想的主旨并非只在于言不知、不得，而在于“大得”。

第四则寓言：

泰清问乎无穷：“子知道乎？”无穷曰：“吾不知。”又问乎无为。无为曰：“吾知道。”曰：“子之知道，亦有数乎？”曰：“有。”曰：“其数若何？”无为曰：“吾知道之可以贵，可以贱，可以约，可以散。”泰清以之言问乎无始，“无穷之弗知，与无为之知，孰是而孰非乎？”无始曰：“不知深矣，知之浅矣；弗知内矣，知之外矣。”于是泰

清叹曰："弗知乃知乎！知乃不知乎！孰知不知之知？"无始曰："道不可闻，闻而非也；道不可见，见而非也；道不可言，言而非也。知形形之不形乎！道不当名。"又曰："有问道而应之者，不知道也。虽问道者，亦未闻道。道无问，问无应。无问问之，是问穷也；无应应之，是无内也。以无内待问穷，若是者，外不观乎宇宙，内不知乎大初，是以不过乎昆仑，不游乎太虚。"

"道不可闻"，是"听之不闻"；"道不可见"，是"视之不见"；"道不可言"，是"言者不知"。以闻见、言辩求道，是以有形见无形，终非是道。形形者，不可以形见言。"不知深"、"弗知内"，知道不可以听闻尽知，故以所知为不知。知者以形知，自恃己知为尽知，故为不知。"问道而应"者，是以道为"可道"而应，然"道可道，非恒道"，故为不知道。"问道"者，以道为"可道"方求之以问，故为"未闻道"。只有"道无问，问无应"，方是"真知"。"无问问之"，是道本不可问而强以为问，自穷以问，故为"问穷"；"无应应之"，是道本不可应而强以为应，应以徇外，故为"无内"。以"无内"之殆待"问穷"之谬，则外不能观宇宙之大，内不知太初之本。知道"无穷"，故以"不知"为"真知"。王夫之解此认为，以言论相诘问已是不知道，而答以贵贱约散则更是不知道。道为"不得已之辞"，实则非有所谓道。道者，因"无贵无贱，无约无散，周遍咸于大方"，故不可尽言。遭之即是，奚问奚答！（引自《庄子解》，载《船山遗书》第七卷，北京出版社1999年版，第4017页）"不可言尽"非不可知，而要达于"大知闲闲"和"大言炎炎"（《齐物论》），因为"去小知而大知明"（《外物》）。《庄子》认为，以分析肯定之知不能尽知恒道之全，惟有保持开放、不执的心态，以否定有限的思维方式方能近于恒道之识。大道作为无限存在，必以有限存在为寄托，否则就是"无有"，无有得以揭示自己存在者。以道有数，则执于定常。然若无数则道又不可见显。大道有分数，然不尽于数。今于知道是"秋毫之端万分未得处一"，故"论道而非道"。

第五则寓言：

光曜问乎无有曰："夫子有乎？其无有乎？"无有弗应也。光曜不得问，而孰视其状貌，窅然空然，终日视之而不见，听之而不闻，搏之而不得也。光曜曰："至矣，其孰能至此乎！予能有无矣，而未能无无也。及为无有矣，何从至此哉！"

"无有"者，视不见，听不闻，搏不得，"光而不耀"，故为"无无"。"光曜"者自以为有，故显明、彰著自己。本"无"而有执，故为"有"，合之为"有无"。光耀以己"有无"而言"无有"的"无无"，是以"无问问之"，故问穷。如果把肯定判断强加于道的存在质性上面，就会把其等同于有限、相对的可经验事物，丧失大道的绝对性与普遍性。郭象从"自得"入手，解至道"非言之所得"，而是通过"冥识"而得。否定言、知，走向"玄冥"之路，则与《庄子》"大知"思想相背。此外，"道通为一"、"以道观之"，与"混而为一"思维相贯通。

《文子》对此思维，亦有传承发展。"道以无有为体，视之不见其形，听之不闻其

声，谓之幽冥。幽冥者，所以论道而非道也。夫道者，内视而自反，故人不小觉不大迷，不小惠不大愚。"（《上德》）"无有"者，"不可致诘"；"幽冥"者，"混而为一"。论道非道，是"大道不称"。内视自反，观物而不执，若玄鉴自见，任物自照。执于"小觉"、"小惠"者，是"自见者不明"。不执于知，知于不知，方是真知。《淮南子》论说与此相近，然在"视之不见其形，听之不闻其声"之外，又言"循之不得其身"（《原道训》），它是"搏之不得"。王弼在《老子指略》中指出，物之所以生必生于无形，功之所以成必由于无名。作为"万物之宗"的"无形无名"者，本自是"不温不凉，不宫不商"，故"听之不可得而闻，视之不可得而彰，体之不可得而知"。（引自《魏晋全书》第二册，吉林文史出版社2006年版，第120页）听不得闻，视不得彰，体不得知，是"不可致诘"。"不温不凉，不宫不商"，是"混而为一"。"混一"为"有"，在于其为"万物之宗"，为宫商、温凉等物之母。张湛引何晏论道曰："夫道之而无语，名之而无名，视之而无形，听之而无声，则道之全焉。"（《列子·天瑞》注）以无语、无名、无形、无声况道之大全，非确。恒道大全在于其具有无限存在质性，并非在于感知的"不可致诘"。相反，正因为有前者而后才有后者。《关尹子》指出，爱道、观道、逐道、言道、思道者，皆离其本情，而不能登于大道。惟有"心既未萌，道亦假之"，方能契道。道本无名、无迹、无法、无情，不可以言、行、学、识而求。凡思虑、分析、判断、归纳等思维，必将使道我离析，不得其真。天下方术所尚，或晦或明，或强或弱，然"执之皆事，不执之皆道"（《一宇》）。"执之皆事"，是滞于一隅、住于一所，故为定分之事。反之，不执则居不定，寓不碍，方得大道。事因具体定在、为于一为而为有限之"有"，道通于万物，无所不由，无不可为，故为无限的"无"。从《老子》思想看，"不执"是"不自见，故明；不自视，故彰；不自伐，故有功；不自矜，故长"。对恒道存在质性的揭示，必须超越现象、表象的感官认知思维，凭借恒道寓于万物现象之中的作用、功能来证知、体知，亦即在存在者的存在中揭蔽恒道的存在。对恒道"混而为一"质性的认知，蕴含着揭示大千世界纷繁现象的整体统一。它既是生生一本的统一思维、万殊存在的通一思维，也是以用为体、因用见在的思维模式。恒道以生养万物之用见显其存在之体。认知恒道只能依靠其作用、功能和势力，来揭示其存在质性。或者说，只有依凭事物赖以发展、运动、变化的趋势和动态过程，感受"道"的存在、作用和影响，证实它的力量和能量，这些主要体现于"德畜之，物形之，势成之"中。恒道是独立的、周行的、共在的和作用的，它在万物中变化无常，循环反复，通达而统一，归本而同一。对恒道微、希、夷存在质性的澄明，揭示了感知与理性思维之间的背离和悖论。人类虽可以通过感官直接感知每个生动具体和具有形象特征的存在物，但以视、听、搏等感知的分析思维去认知统一、无限存在，就会产生康德式的"二律背反"，以《老子》思维言为"不可致诘"和"混而为一"。微、希、夷作为"恍惚"思维，正是对以感知认知抽象存在（恒道无体）思维悖论的一种描述，也是体悟恒道存在所形成的"意象"。

四、思维影响

《老子》"不可致诘"、"混一"思维模式，产生了深远影响。《管子》的道家四篇继承之，"大道可安而不可说"（《心术上》）。道可安以体行，因为"万物皆以得"；然不可以辩说，因为它是"动不见其形，施不见其德"的"莫知其极"。"万物皆以得"，合于《老子》"万物得一以生"；"动不见其形"，类于"道之为物，惟恍惟惚"；"施不见其德"，类于"上德不德"；"莫知其极"，是"不可致诘"。"道者，……谋乎莫闻其音，卒乎乃在于心；冥冥乎不见其形，淫淫乎与我俱生。不见其形，不闻其声，而序其成，谓之道。……是故卒乎其如可与索，眇眇乎其如穷无所。彼道之情，恶音与声，修心静意，道乃可得。道也者，口之所不能言也，目之所不能视也，耳之所不能听也，所以修心而正形也"（《内业》）。"莫闻其音"、"不见其形"，目不能视，耳不能听，口不能言，是"不可致诘"。大道虽如此，然非不可体，因"与我俱生"而可在于心。"可与索"，在于万物以成；"穷无所"，在于无音声形色可执。"修心静意"，无为固执，故"道乃可得"。"心静气理"，同于大通，故"道乃可止"。从《吕氏春秋》中可见到《老子》思维影响的痕迹。"道也者，至精也。不可为形，不可为名。强为之名，谓之太一。"（《大乐》）至精无形，作为微妙存在，不可形名，是"不可致诘"。"太一"，是"混而为一"。《老子》此一思维，在儒家文献中具有思维同构性。《论语》载有闻"道"的"不可致诘"说。"夫子之文章可得而闻也，夫子之言性与天道，不可得而闻也。"（《公冶长》）文章可闻，但其所以言者"道"则不可得闻。朱熹云："文章，德之见乎外者，威仪、文辞皆是也。性者，人所受之天理。天道者，天理自然之本体。其实一理也。"（引自《四书集注》，北京古籍出版社2000年版，第87页）威仪、文辞，是可见可闻者；性、天理和天道，大无不包，故非文章所能尽言。邵雍云："阳尊而神，尊故役物，神故藏用。是以道生天地万物，而不自见也。"（引自《皇极经世》，九州出版社2003年版，第505页）道生天地万物，因物显功，然"神故藏用"、"不自见"是"不可致诘"。苏轼云："'大哉乾元，万物资始，乃统天'。此论元也。元之为德，不可见也，所可见者，万物资始而已。天之德不可胜言也，惟是为能统之。"（引自《宋元学案·苏氏蜀学略》，载《黄宗羲全集》第六册，浙江古籍出版社2005年版，第852页）"元"不可见，因"万物资始"可见，正如恒道微妙而作为"万物之宗"、"万物之奥"的功用以彰显。天德乾元为"大"，故不可胜言。以为"统天"，则无有遗。朱熹评论此说云："四德之元，犹四时之春；五常之仁，乃天地造化发育之端，万物之所从出，故曰'万物资始'，言取其始于是也。存而察之，心目之间，体段昭然，未尝不可见也。然惟知道者乃能识之，是以苏氏未之见耳。不知病此，顾以己之不见为当然，而谓真无可见之理，不亦惑之甚与?"（同上页）"万物资始"之始，固然以言"四德"之"元"、"五常"之"仁"，然是假以生物名为天下始，实则为无始之始。朱子以万物所从出为"始"，故认为存察心目之间未尝不可见。天地之

道生物不测，何见其"体段昭然"？苏轼以"万物资始"言一本有始，实则"元"作为绝对本始存在本自不可以有始。若见其有始，就为一有限存在，而非是绝对存在。与苏轼揭示"元"的自在质性不同，朱子则从揭示万物本源上言"始"，故是有始之始。二者合一，是《老子》的思维模式。恒道虽不可名、不可见闻，然万物以生，因为万物始，它是无始与有始的统一。苏轼又云："古之君子，患性之难见也，故以可见者言性。以可见者言性，皆性之似也。"（同上册，第853页）以可见者为性，是性之似，非是性之全。此思维正如《老子》"道大，似不肖。夫唯不肖，故能大。若肖，久矣其细也夫"。所见、所言者，皆为"性"之身段。以可见言性，则性为存在物，非是生生之本。对此，朱子驳曰："古之君子，尽其心则知其性矣，未尝患其难见也。其言性也，亦未尝不指而言之，非但言其似而已也。且夫性者，又岂有一物似之，而可取此以况彼邪？然则，苏氏所见，始徒见其似者，而未知夫性之未尝有所似也。"（同上页）性涵四端，是理义之性，然还有情欲之性。性无所不包，不可尽言，故云"夫子之言性与天道，不可得而闻"。先儒因心见性，则性是天命之性。心、性、天一以贯之，然是见性之大端，非尽性之全体。道大不测，性大不可致诘，然并不否定以可道、定常揭示其内涵。王畿认为，"文章即性与天道不可见者，非有二也。性与天道，夫子未尝不言，但闻之有得与不得之异耳。"（引自《王畿集》，凤凰出版社2007年版，第73页）从统体上言，性与天道是不可见闻致诘者，然必以文章揭示其内涵，因为道器合一。无文章固然性道不显，然性道也非文章所能尽。陈献章认为，道不可状，此理之妙不容言。物囿于形，道通于物，故有目者不得见。凡状有畛，不足状道。然有"举一隅而括其三隅"的"状道之方"，"据一隅而反其三隅"的"按状之术"。（参见《明儒学案·白沙学案上》，载《黄宗羲全集》第七册，浙江古籍出版社2005年版，第96页）道大无状，不可以物言，正是视闻搏得上的"不可致诘"。以形状知，是视闻的感知思维。以形状揭示大道，是以物为道。道通乎物，又可因物状其方，证其存。举一隅括其三隅，因可状以见无状，故为"方"；据一隅反其三隅，见可状而不执于状，反于无状，故为"术"。此皆假视闻可状而体知无状之状的大道。刘宗周从道、言合一的角度，阐明了道之可得。"天命流行，物与无妄，天之道也。人得之以为性。天不离人，性不离形也。推之日月、动静，以致纲常伦理之大，溲渤瓦砾之小，无往而非性，则无往而非天道。性者道之本然，而天道即其自然者也。……盖无言非性，无言非天道，历历在人耳边，而学者终不可得而闻，滞于言而不得其所以言，则有当面错过者矣。……则夫子之言皆性天发见流行之妙，如四时之行，如百物之生，秩然灿然，文而且章，故曰文章云耳。"（引自《论语学案》，载《刘宗周全集》第一册，浙江古籍出版社2007年版，第328页）人得天命流行之道以为性，犹如《老子》"得一"思维。天人、性形不离，无往非性与天道，正如恒道为"万物之奥"。言以载道，圣人所言、文章无非性天发见流行之妙，正如《老子》以"万物芸芸，复归其根"见于恒道存在。"性"与"天道"，和"性"与"天命"关系非同。"天道"生成"性"，正

如恒道之与"德畜"。天道若是言可尽知，何以为神妙不测？所闻文章者，在于假言以体悟得意，故孔子多处言仁，而不定其义为固常。滞于言而不得其所以言，正是"言而不知"的意旨。王夫之认为，圣人之道见于威仪、文辞，无非所性之德，与天合其道。在天为道、为命，在人为性、为德，善学者因威仪、文辞达一原之理。然其会归至极，则人所受于天与天化育流行之理，抑必有穷本知化之教，以示学者于豁然贯通之后。"夫子之言性、言天道，则不但文章也。"（引自《四书训义》，载《船山遗书》第三卷，北京出版社 1999 年版，第 1739 页）以"会归"言之，则道、德、性与威仪、文辞通于一体，故豁然贯通；以"至极"言之，则文章达于性与天道之本，故能穷本知化。非文章无以导入见性、明了天道，但天道、性命自在无非言教，非只是文章而已。性与天道的"不可知"，只是不易见，非见之而不可识。"人之所不易见者，唯至精至密者而已。虽云不可知，却是一定在，如巧者之于正鹄然。天之有四时，其化可见，其为化者不可见。……若天之有时，绵绵密密，而所以为寒暑生杀者，总在视不见、听不闻之中。孔子之不显其德以为载于无声无臭者，下学而上达，知之者唯天。"（引自《读四书大全说》，同上卷，第 2640 页）天道"不可知"，非只是不易见，亦非不可识，而是就其神化言的不可尽识。至精至密者虽一定在，然无形故不易见知。四时化迹可见，而其为化之神功不可见，正如恒道至神不可见闻然可通过其功迹万物揭蔽其存在。恒道微妙不可见，然因所生之物以识其为"万物之宗"。在自然生化的迹象中识造化的玄妙，不正是下学而上达？上达者，是即物而见其物物者。章学诚认为，"可形其形而名其名者，皆道之故，而非道也。道者，万事万物之所以然，而非万事万物之当然也。人可得而见者，则其当然而已矣。"（引自《文史通义》，中华书局 2004 年版，第 120 页）道者非物，故不可执为定常。"万事万物之所以然"，是神化不测的无常之常。人可得见的"万事万物之当然"，是各有其则的定常之理。人若执于"道之故"，则为"则故"，正如《庄子》以"仁义"为"先王之蘧庐"（《天运》）。"所以然"者，物物而不物于物，故"不可致诘"；"当然"者，是物固有所可的定理，也是可行的可道之道。

最后，对本节内容作以简要概述。恒道是不可视、不可闻、不可持的存在，对其的认知只得以"混而为一"名之。夷、希、微三名，皆况恒道为人感知所呈现的恍惚之妙。以"混一"名，在于揭示恒道存在的整体性、一体性和无限性。恒道以"混一"名，来自"有物混成"、"道通为一"的两种存在样态。它虽是无形无畛，不可视闻，不可致诘，然非是空无、抽象的无限，而是以生物、为物证其不测之妙。恒道既是微妙的"混而为一"，又是无不生成、无不周行的至神存在，它在能生能为的功用迹象中揭蔽自己的存在。对人而言，若执著物象，以存在者为本体，便将丧失澄明恒道作为绝对存在的可能。《老子》"不可致诘"的思想，贯穿于"道褒无名"、"知者不言"、"知者不博"、"知不知"和"大辩若讷"等观念之中。"混而为一"与"有物混成"、"无状之状，无物之象"、"大象无形"以及窈冥、恍惚等观念融会贯通。微、希、夷三者既在于揭示恒道的幽深、窈冥、不可视闻等微妙存在质性，又在于揭示道大不肖、"周行不殆"、"其用不可既"等博大质性，二者不可分离。

第二节　玄同不得

上一节，曾针对世俗所执之道而揭示恒道的"搏之不得"意旨。可执之道，必是可道之道，也是分析、有状之道。如果说"不可致诘"是从感知分析思维的认知上揭示恒道的不可得，那么本节则从不可得以亲疏、贵贱的维度，揭示恒道自然存在的玄同质性，以及为什么因此而倍显其贵？在人与恒道的关系上，《老子》要求"势大象"，"同于道"，以为器的"官长"，"大制不割"，这在体行上是否为不可执得？

一、文字校解

《老子》第五十六章云："不可得而亲，不可得而疏；不可得而利，不可得而害；不可得而贵，不可得而贱。故为天下贵。"帛书、楚简《老子》与今本同，可见此一思想成型很早，主要侧重于揭示大道所以为贵的因由，以及我们对恒道所应采取的态度。也就是说，正因为道不可得以亲疏、利害、贵贱，方显见其为贵中的至贵。

（一）"亲"与"疏"

"亲"者，形声字。《说文》云："亲，至也。"本义为亲近。由亲近而有疏远之别。"疏"者，会意兼形声字。《说文》云："疏，通也。"本义指子生出的通畅。又与"亲"字相对，有亲则有疏，或亲或疏。"君子淡以亲，小人甘以绝，彼无故以合者，则无故以离。"（《庄子·山木》）以利而亲，"甘以绝"则无故合、离；以淡而亲，无以为故无离、合。为亲必有所以亲者，它是爱利。"凡众者，爱之则亲，利之则至。是故明君设利以致之，明爱以亲之。"（《管子·版法解》）亲、利者，为人之所共求，人情所不可免。有爱则亲，有利则至。利为实物给予，爱是伦理施为。有利无爱则不亲，有爱不利则不至。有亲则有不亲，亲疏有别，则所亲有限。"有亲，非仁也。"（《庄子·大宗师》）至仁，无亲。"以家为乡，乡不可为也；以乡为国，国不可为也；以国为天下，天下不可为也。"（《管子·牧民》）"以家为乡"，则家者亲，乡者疏，故"乡不可为"。其它例此。"以家为家，以乡为乡，以国为国，以天下为天下"，则如"如地如天，何私何亲"。因亲有限，故有广亲之德。"亲而不可不广者，仁也。"（《庄子·在宥》）广亲是兼爱而无亲。对习俗之人言，"无亲则不爱，不爱则不孝"（《庄子·天运》）。相反，"至仁无亲"。"以敬孝易，以爱孝难；以爱孝易，而忘亲难；忘亲易，使亲忘我难；使亲忘我易，兼忘天下难；兼忘天下易，使天下兼忘我难。"至仁者，"德遗尧、舜而不为"，"利泽施于万世，天下莫知"，岂直仁孝？孝悌仁义，忠信贞廉，皆"自勉以役其德"者，故"不足多"。亲者有真伪之分，真者精诚，伪者

"强亲"。"强亲者虽笑不和"，而"真亲未笑而和"（《渔父》）。真者"精诚之至"，故用于人理"事亲则慈孝"。事亲贵在"以适为主"，"不论所以"。亲亲以为礼节，是世俗礼制所强为，而真者"所以受于天"，"自然不可易"。父母亲子，自然而诚，故子也以亲孝之。以言莅民亲民也是如此。"莅民如父母，则民亲爱之。道之纯厚，遇之有实，虽不言曰吾亲民，而民亲矣。"（《管子·形势解》）亲民若父母爱子之诚，则无所不亲，故"道之纯厚"。以其公正无私，故"遇之有实"。"召远者使无为焉，亲近者言无事焉"（《文子·精诚》）。各亲其亲，故无事。以礼言则亲疏有分，以道言则至仁无亲。亲其所亲，是伦理要求；齐于所亲，是大道之贵。"天道之极，远者自亲。人事之起，近亲造怨。"（《管子·形势》）行天道，出公理，各亲其亲，是大道之行；废天道，行私为，亲己所亲，故"近亲造怨"。不私其亲，故善于"德善"。"乌集之交，虽善不亲。"不亲，则无弃。"未之见而亲焉，可以往矣。"无私己亲，则无所不亲，故天下归往。"法天合德，象地无亲，参于日月"（《版法》）。天地无私亲则无私疏，故一视同仁，无所不亲。广爱则得众，"悦众在爱施，有众在废私"。人君能法天象地，则"覆载万民而兼有之，烛临万族而事使之"（《版法解》）。兼覆之，则万物受命；兼载之，则诸生皆殖；兼照之，则美恶不隐。"无亲"，非是己者无爱不亲，而是无私其亲、公其所亲。"爱之、生之、养之、成之，利民不德，天下亲之，曰德。"（《正第》）爱生养成，是亲者的内涵。正如"势大象，天下往"，"天下亲之"是公亲无私的效验。"利民不德"，是无恃其亲，则亲者自然，诚而不息。亲私是治国的大患。"攻而毁之者六"："亲也，贵也，货也，色也，巧佞也，玩好也。"（《重令》）先王不为私亲等变更号令。无私亲则公正，故"远近一心"，"众寡同力"，可以为"天下政治"。主上法道无亲，是为了各自相亲，并非摒弃亲其所亲，而是各当其亲。"贵贱相亲"（《管子·四称》）。若私亲、甚亲，反以害身。"爱臣太亲，必危其身。"（《韩非子·爱臣》）亲此疏彼，则不能行以公道。亲其私臣，则不能用贤能。"亲臣进而故人退，不肖用事而贤良伏"（《韩非子·亡征》），故祸患及身。亲近，则疏远。"近者已亲，而远者不结，则名不称实者也。"（《韩非子·功名》）名不称实，则不能公亲。人主甚于亲爱，欲以离之，则不得行。

（二）"利"与"害"

"利"者。会意字，会割禾之意，引申为锋利。"工欲善其事，必先利其器。"（《论语·卫灵公》）由锋利好用，引申为有利。"恶利口之覆邦家"（《阳货》）。进而引申为利益、财利。"放于利而行，多怨。"（《里仁》）财利占为己有，就是私利。人之于利，有贪欲与知足之分。"尊势厚利，人之所贪，比之身则贱"（《文子·九守》）。势尊利厚，人情之所欲求，然过求则贱。何谓贪？"利人土地，欲人财货，谓之贪。"（《文子·道德》）贪者伤人之利，图为己利。在人之情性，皆"好高而恶下，好得而恶亡，好利而恶病，好尊而恶卑"（《文子·九守》）。若情不为节制，则众人为之反不

能有，众人执之反不能得。财物有限，欲望无限。人人执为，则必相伤而不能得。圣人知此而法天，以为"弗为而成，弗执而得"。古之为道者，"理情性，治心术，养以和，持以适，乐道而忘贱，安德而忘贫，性有不欲，无欲而不得"。理、治以为节制，养、持以为自适，乐、安以为持守。无欲，则不贪得。无益于性，则不执；不便于生，则不欲。"无益于性者，不以累德。不便于生者，不以滑和。"己不纵身肆意妄得，则"制度可以为天下仪"。"量腹而食，制形而衣，容身而居，适情而行，余天下而不有，委万物而不利"。"不利"，不以为利，无执于利。"圣人食足以充虚接气，衣足以盖形御寒，适情辞余，不贪得，不多积"（《文子·九守》）。圣人反太素而无好憎，故适情辞余。知养生之和、通内外之符，知足恒足，故不可悬以利、诱于势。古之存己者，"乐道而忘贫，故利不动心"（《符言篇》）。"圣人安贫乐道，不以欲伤生，不以利累己，故不违义而妄取。"（《文子·上仁》）道家以修道制利、节利，儒家以仁义节制于利，二者通一于公理之制。"君子喻于义，小人喻于利。"（《论语·里仁》）利或公有、或私有，故有义、利之辨。利者人所共求，然取之有道。"见利思义"（《宪问》）。义者，公其利，人己宜得。道家以道莅天下，使利宜而不害。儒家治国以仁政，利国者不在于"利"而在于"仁义"。若"上下交征利"，则治国国危。若"后义而先利"，则"不夺不餍"，无有满足之时。行仁义者利在其中，"未有仁而遗其亲"（《孟子·梁惠王上》）。王道之治，则父子、兄弟去利，"怀仁义以相接"（《告子下》）；反之，若人人"怀利以相接"，则国未有不亡者。民之所以为利不同，故为政必因利以利之。"因民之所利而利之"（《论语·尧曰》）。若以己之所利利人，或不能利人，甚至反害于人。《老子》有"利而不害"思想，它是因循以利，辅助自然，使各得自利。"至人精诚内形，德流四方，见天下有利也，喜而不忘，天下有害也，忧若有丧"（《文子·精诚》）。利于天下之利，故"喜而不忘"；去天下之害，故"忧若有丧"。此既符道家意旨，也合儒家思想。善恶有分，公利则善。"欲知舜与跖之分，无他，利与善之间也。"（《孟子·尽心上》）盗跖者，自利者；圣人者，利人者。道家认为，世俗为仁义者皆出于名利，"行以仁义"。"爱利出乎仁义，捐仁义者寡，利仁义者众。夫仁义之行，唯且无诚，且假乎禽贪者器。"（《庄子·徐无鬼》）世俗以仁义为爱利，故以行以求，本已"无诚"。若以仁义为工具而求利，是"假乎禽贪者器"。仁义既可利天下，也可败天下。"为之仁义以矫之，则并与仁义而窃之"（《庄子·胠箧》）。何以知其然？因为"窃仁义圣知"，则"窃国者为诸侯，诸侯之门而仁义存"。利与不利相生，只有不自为利者方为至利。神人恶众至，因为"众至则不比，不比则不利"。众至者，天下归往。以利欣之，故不比。真人无所甚亲，无所甚疏，"抱德炀和以顺天下"。以利利之，必以利害之。"待利而登溺者，必将以利溺之"（《文子·上德》）。"待利而后拯溺人，亦必以利溺人"（《淮南子·说林训》）。高诱注："利溺人者，利人之溺得其利也。"以利为利者，也必以所利而害之。利与害相生。

　　"害"者，会意兼形声字，会相伤之义。《说文》云："害，伤也。从宀，从口。

穴、口，言从家起也。"由伤害引申为有害。"不夭斤斧，物无害者"（《庄子·逍遥游》）。去害即是利。"欲福先无祸，欲利先远害"（《文子·符言》）。无利则无害。"誉见即毁随之，善见即恶从之，利为害始，福为祸先。不求利即无害，不求福即无祸。"物或益之而损，或损之而益。"众人皆知利利，而不知病病；唯圣人知病之为利，利之为病。"利病相化，犹如利害相生。"大利者反为害"。利害与祸福相关。"祸与福同门，利与害同邻"（《文子·微明》）。"事或欲利之，适足以害之。惑欲害之，乃足以利之。"知道利害相生，则不以利累德。

（三）"贵"与"贱"

"贵"者，会意兼形声字，本义为有价值。《说文》云："贵，物不贱也。""贱"者，形声兼会意字。《说文》云："贱，贾（价）少也。"贵贱以价值分，又引申指地位、身份的高低。贵贱之分，是比较而言，相对而说。《老子》既有从否定性言贵与不贵，如"不贵难得之货"，"贵大患若身"等；也有从正面或肯定性方面言说，如"贵食母"，"尊道而贵德"，"贵此道"等；还有从贵贱的联系或相生关系言，如"富贵而骄"，"贵以贱本"。这些皆非揭示恒道在贵贱上的存在质性。唯有不可得贵、贱之论，方在于揭示恒道存在的质性。人之情性皆"好贵而恶贱"（《文子·九守》），贵贱以分、有差，故定为礼之用、礼之制。"登降揖让、贵贱有等、亲疏之体谓之礼"（《管子·心术上》）。贵贱以分，则上下有序。至人之德，贵贱不以累于身。达于心术者，外其嗜欲好憎，故无所喜、怒。以为"万物玄同"，则"无非无是"。如此，则"不待势而尊，不须财而富，……不以贵为安，不以贱为危，形神气志，各居其宜"（《文子·九守》）。有贵贱，则有是非取舍，好憎喜怒在其中。圣人玄同，心无贵贱，故能不贵、贱为安危。以"德全"为修，故无不适宜。当贵则贵，当贱则贱，贵而不骄，贱而不卑，以自得为适。身全为上，贵贱为寄。"身以全为常，富贵其寄"（《文子·符言》）。以富贵为寄，则能外天下，方是真"存己"。古之存己者，"乐德而忘贱，故名不动志；乐道而忘贫，故利不动心"。道德者，纯朴无伪，贵贱不以累形，不以伤性。贵贱以分，则伤道德之性。机械载于心，则纯白不备。治世之道，不知"贵贱美恶"，而"以度量断之"，故"贵不能威，富不能禄，贱不能事"（《管子·任法》）。人主若私贵、甚贵，反为所害。"人臣太贵，必易主位。"（《韩非子·爱臣》）贵贱有宜，不可僭越。

二、文句解析

只有在解析亲疏、利害、贵贱涵义的基础上，我们才能揭示恒道何以"不可得而亲，不可得而疏；不可得而利，不可得而害；不可得而贵，不可得而贱"。亲疏、利害和贵贱之分，是相对而言。一方面，就其相互转化言，亲疏、利害和贵贱无常，不可固执；另一方面，就物性分殊言，亲疏、利害和贵贱各有其分，相生相待。正如物有

始终之分而道无始终之别一样，恒道是至仁无亲，利而不害，贵而无贱，故为"天下贵"。凡事物有所贵则有所贱，不能恒贵，因为时有变迁，事有变化，人有异趣。恒道因物付物，善动以时，故无所不宜。凡物，可得而亲者必可得而疏，可得而利者必可得而害，可得而贵者必可得而贱。恒道通于物，故与物反而玄同。"玄同"者，齐亲疏、利害和贵贱而通一。

（一）不可得亲疏、利害和贵贱

先看注家对这一论说的解说，归纳起来大略有五个角度。

一从人之德性上解。河上公云："不以荣誉为乐，独立为哀。志静无故，与人无怨。身不欲富贵，口不欲五味。不与贪争利，不与勇争气。不为乱世主，不处暗君位。不以秉权故骄，不以失志故屈。"此以《老子》"及吾无身，吾有何患"以及"修之于身，其德乃真"等思想作解，修道于身则为真人待人处事的修为。真人者，与习人德性相反。世人乐于荣誉、哀于独立，而至人不为之累。世人与人争怨，而至人志静无故。世人贪欲富贵五味，而至人恬淡无欲知足。世人贪利斗勇逞狠，而至人不与争斗。世人趋名务利无所忌惮，而至人穷则独善其身。世人秉权骄、失志屈，而至人贫贱不移、威武不屈。有远近则亲疏明，存得失则利害生，定上下则贵贱成。至人之修是体道在心，以玄同为境。李荣云："爱憎平等，亲疏不能入，毁誉齐一，利害不能干，荣辱同忘，贵贱无由得"。玄同则齐一，无有取舍轻重之别。正如《庄子》以"齐一"与"通一"为思维一体一样，《老子》以"无身"与"玄同"为思维一体。体于"玄同"，自能宠辱不惊，达致"无身"。唐玄宗云："玄同无私"，则不可亲狎；"泛然和众"，则和于顺物；"恬淡无欲"，不可得从而利之；"处不争之地"，不可得犯而害之；"体道自然"，非爵禄所可得贵；"洗然无滓"，超然绝累不可得贱。"玄同"之境，一方面在于无有分别，去己偏执，体现在性情上就是恬淡、无欲、无私，包涵儒家的"四毋"。另一方面在于通于物我，以彼此为一，体现在德性上是和众、自然，"知通为一"。亲疏、利害、贵贱之别在于固执，以道言之则无分不可得析。吕惠卿认为，若得玄同之道，则"万物一府，死生同状"，无所甚于亲疏，故不可得以亲疏；"不就利，不就害"，故不可得以利害；"不荣通，不丑穷"，故不可得以贵贱。体道以为"玄同"之德，则去己之执，不自亲则不为疏，不自利不为害，不自贵则不贱人。林志坚以《老子》观念解之，认为不得亲疏在于"欲不欲，不贵难得之货"，不得利害在于"生而不有，为而不恃"，不得贵贱在于"自爱不自贵"。"不贵难得之货"虽在亲疏之中，然非在于揭示大道存在质性。"生而不有，为而不恃"是"玄德"，自然能"利而不害"。"自爱不自贵"，在于有"玄同"之德，故不得以贵以贱。固然，《老子》有以道修身之说，然不止于此，尚有修道于天下的"其德乃溥"。若只言修身以真，得以自保存世，则悖于大道之旨，流于道教、禅佛之说。

二从恒道存在质性上解。严遵云："贫贱不以为辱，富贵不以为荣，欲隐而隐，欲

彰而彰，阴阳不能损益，人主不能蔽明。魁然独立，卓而无双，声色不能悦，五味不能甘，万物不能与之争，知力不能与之讼。无取无与，无得无去，闭门杜户，绝端灭绪。……故好之不能近，恶之不能远，赏与不能加，赋税不能取，爵禄不能高，贫贱不能下。无奈万物何，故万物不能役；无以天下为，故天下不能有也。"人物常性，固有荣辱、损益、悦甘、争讼、远近、高下和加取、取与、得去等取舍之分，然而恒道玄同，自在自然，不为损益，无所不当，"欲隐而隐，欲彰而彰"。与物性相对、对偶相反，大道是独立无双，故天下莫能臣，万物不能与争、役使。大道自然，以万物为刍狗，一视同仁，无弃人材。正因为如此，故不为人私得私取。体于大道，能"无以天下为"，故无事取天下，功成而不有。不可得亲疏、利害、贵贱，正揭示恒道存在的恒常自然和公正无私。至仁无亲，无有遗弃；至利无害，"利而不害"；至贵无贱，德善德信。司马光云："守道故不动。"以德行言，是不为外物所动。以恒道自性言，是"独立不改"，自然而然，无有私与，不为所引。陈象古云："大道所在，名非常名，不可见其形，不可闻其声，况可得而亲疏利害贵贱乎?"大道无形无名，"混而为一"，故不可分取。若恒道可亲可疏、可利可害、可贵可贱，则非是绝对存在。无物不道，存亡不离。人之于大道没有取舍的问题，只有得失的问题。得道则存，不道早已。薛蕙以"望之崇深"解"不可得而亲"，以"饮人以和"解"不可得而疏"，以"少私寡欲"解"不可得而利"，以"含德之厚"解"不可得而害"，以"不羡宠荣"解"不可得而贵"，以"不嫌卑辱"解"不可得而贱"。"望之崇深"，无有私与；"饮人以和"，无有遗弃；"少私寡欲"，无有以为；"含德之厚"，善利德善；"不羡宠荣"，自然而然；"不嫌卑辱"，为所必然。辅助万物自然，因循恒善，曲成无遗。徐大椿认为，物用有亲疏、利害、贵贱之别，而玄同之道"能用物而不为物用"，无所不用故不得亲疏、利害、贵贱。恒道至用，故无用不用。

三从玄同意旨上作解。王弼根据《老子》"玄同"的立意，本着"天下皆知美之为美，斯恶已；皆知善之为善，斯不善已"的逻辑，指出"可得而亲"则将"可得而疏"，"可得而利"则将"可得而害"，"可得而贵"则将"可得而贱"。拘于亲疏、利害、贵贱之别，则执一而不觉，偏党而不知，就不能达到以"抱一"为"天下式"以及"玄同"的境界。成玄英以佛学的"道契重玄，境智双绝"为本旨，认为能物我两忘则"一观乎亲疏"，能"死生无变于己"则利害不间于心，能毁誉不动其心则"宠辱莫惊"。固然，其思维类于《庄子》不就利、不违害的论说，然非是求一个"境智双绝"的心识，而是追求一个"容乃公"的道德境界。"双绝"在于不执不住，"玄同"在于"道通为一"，二者具有本质区别。李约以"仁不见"解不得亲，以"迹无污"解不得疏；以"善外物"解不得利，以"不贪饵"解不得害；以"抱道德"解不得贱，失注"不可得而贵"。以《老子》思维言，大道是恒与善应，有求必得，故人不必求其亲己，亦不必忧其疏己。于人一视同仁，故不可使之有疏，亦不可使之有亲。利害、贵贱例此，皆以玄同为本。"抱道德"者，非只是"玄同"在己，更是以"玄

同"待人。"仁不见",是大道不陈思维;"迹无污",是"为而不恃"思维;"善外物",是"坐忘"的思维;"不贪饵",是"欲不欲"的思维;"抱道德",是"知通为一"的思维。一言以蔽之,就是"玄同"思维。吴澄认为,只有采取"玄同"的标准,才能达至这样的境界:"恩虽如父母而人与之相忘",故不可得而亲;"邈然如途人而人不认相远",故不可得而疏;"外名位货财而人莫能相益",故不可得而利;"外死生祸福而人莫能相损",故不可得而害;"势遂如君长而人与之相狎",故不可得而贵;"眇然如匹夫而人莫能相慢",故不可得而贱。人能与道同性,则能善利而不辞,非只是"无身"而宠辱不惊、福祸不累。恒道"玄同"于万物,"以万物为刍狗"。李嘉谋认为,既得其同,则反以持之。"谓之亲而远,谓之疏而近,谓之利而不喜,谓之害而不惧,谓之贵而不高,谓之贱而不下"。此是《老子》"正言若反"的思维。知万物"玄同"者,以亲疏对待、转化不有其常,故反以持之。以贵言,人以为贵而己不自贵,这样方能得其至贵。其他思维例此。

　　四从相对、绝对关系上解。苏辙继承王弼之解,认为可亲则可疏,利害贵贱类此。因"情计之所不及",故为天下贵。情计者,是权衡、取舍、思虑、计较等。恒道是超越亲疏、利害、贵贱等对待关系的绝对存在,超越亲疏而为无亲无疏,它是"至仁无亲";超越利害而为无利无害,它是"利而不害";超越贵贱而为无贵无贱,它是"为天下贵"。以亲疏言,亲疏对待共存,有亲有疏,不能同一于亲。相反,无私亲,则无有疏。至仁无亲,无亲无疏,则一视同仁。利害、贵贱的相对与绝对思维类此。"体道者,均覆万物,而孰为亲疏?等观逆顺,而孰为利害?不知荣辱,而孰为贵贱?"对待、偏执的反面是"玄同"。体道均覆万物,是至仁无有亲疏。以恒道存在质性言亦是如此,不过是"自然"如此。"均覆"者"无弃人","无弃材",物求即予,善利不辞。"等观"者,"道通为一",恒与善人,"利而不害"。"不知荣辱"者,"宠辱若惊,贵大患若身","及吾无身"则吾有何患。宋徽宗云:"世之人爱恶相攻而有亲疏之态,情伪相感而有利害之见,用舍相权而有贵贱之分"。爱恶以言喜好,亲疏以言取舍,爱恶生则亲疏分。情伪以言欲求,利害以言计较,情伪生则利害离。用舍以言权衡,贵贱以言等次,用舍生而贵贱别。"反覆更代未始有极",故不足以为天下贵。至贵者不自贵,也不贱彼。爱恶相攻、情伪相感、用舍相权,皆是"有无相生"一类的对待思维,亲疏、利害、贵贱与此相同,皆是有待的偏执。范应元认为,"近之不迩,远之不遐",故不得亲疏;"淡然无欲,超然无累",故不得利害;"莫之爵也,无能逾也",故不得贵贱。恒道与物相反,玄同而通一于物,故能如此。以恒道绝对存在质性言,齐一于物,无有远近,无有取舍,无有损益,故不得亲疏、利害、贵贱。魏源综合《老子》全章意旨云:"人之相接,或以言亲,或以貌疏。塞兑闭门,无可欣厌,则不可得而亲疏矣;锐以争利,纷以取害,挫锐解纷,则不求利而害亦不至矣;光贵尘贱,和而同之,则不自贵而人亦不得贱之矣。"有"欣厌"方有"亲疏",有"争取"方有"利害",有"等差"方有"贵贱"。只有和同万物,付以"道观",则齐物通一。《老

子》不可得贵贱、利害、贵贱思想，既是齐物思维，也是通一思维。

五从体道境界上解。陈景元认为，"上交于道而不諂，举世举之而不劝"，故不可得以亲昵；"下交于器而不渎，举世非之而不沮"，故不可得而疏隔；"澹泊无欲守分知足"，故不可得而利诱；"处卑不辱，在丑不争"，故不可得而陷害；"爵禄不能污，权势不能动"，故不可得而贵宠；"失志不屈，居贫愈安"，故不可得而贱鄙。得道至人的境界是忘己独立，不为外物所诱所牵。世人举劝非沮，则亲疏自在其中。唯有不諂不渎，方能亲疏不容于心。澹泊无欲则不为诱，守分知足则不为争，不辱不争则安于命，如此则利害不藏于心。爵禄不污则不累，权势不动则不屈，失志不移则不流，贵贱不存于心。在恒道质性是不为亲疏、利害、贵贱而损害"容乃公"的自性，故此所谓的至人真性是道教的人格理想，而非是《老子》的王道圣人。吕知常云：体道者，"上与造物者游，下与外生死无始终者为友"。无求于物，安能亲？物于物者，方有亲。无有厌恶，安能疏？因恶而生疏。无求于用，利莫能浸。有以为用，故利染。无心于物，害莫能及。不迫于物，故不害。高爵厚禄不足以动心，不以荣为贵。以荣为贵，故有所动心。蒙垢守耻不足以移志，不以污为贱。以污为贱，故有以移志。本己独立无求，故物莫能累。若以"上与造物者游"的境界言，非只是守己真性的独善其身，还是精神自由的境界。以《老子》思维言，最高境界是"修之于天下，其德乃溥"。曹道冲云："未尝与物交焉，能亲也；不使欲厌焉，能疏也；不妄求取焉，能利也；不犯禁忌焉，能害也；不取荣盛焉，能贵也；不处卑猥焉，能贱也。""能亲"者至为亲，无所不亲。若"与物交"，则亲其所爱。"能疏"者至为疏，当其所疏。"使欲厌"者，是私情之疏。"能利"者是至为利，利当其利。"妄求取"者，专为利己。"能害"者至为害，不避所害。"犯禁忌"者，自求其害。"能贵"者是至为贵，贵其自贵。"取荣盛"者，是巧取其贵。"能贱"者是至为贱，当贱则贱。"处卑猥"者，阳奉阴违。以道观之，无己情执，因理所为，各当其宜。《老子》并非一概否定亲疏、利害、贵贱之分，若无此则物性何以别，道性何以通？在物自然是或亲或疏、或利或害、或贵或贱，关键要因时而宜。当贱时为其贱，以其宜而反为贵。当贱时反为贵，以其背道则更为贱。这里，贵贱不在己，而在于物性。贵贱在物是客观性的价值区分，贵贱在己则是主观性的价值取舍。若因物贵贱而以为贵贱就是道性，以己贵贱而宰于物性则是情执。亲疏、利害例此。圣人之境，因物观物，因物付物，无容己私，己无宰执，辅助万物自然，各当其宜。董思靖云："惟其周而不比，执而圆机，以应无穷，故不住乎一境，岂情计之所能及哉。""周而不比"，是无容有私；"执而圆机"，是玄同万物。"应无穷"，是"感而遂通"。不住一境，是"不物于物"。情计所及，是有限之属。陆佃认为，大道正因不可得亲疏、利害、贵贱，故能"无对于物"，达到"旁日月，挟宇宙，天地为一官，万物为一府，其余绪足以为天下国家，其土苴足以治天下"的精神境界。天地一官，万物一府，正是"道通为一"、"与造化一"的境界。"无对于物"，揭示的是大道的绝对存在质性。以《老子》思维言，体于大道者至仁无亲，然无有不亲，此

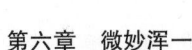

思维犹如"无为而无不为"。圣人只有无所不亲，方能使人真正各亲其亲，在亲疏有别中呈现先后之序，扩充而推己及人，达致"其德乃溥"。利害、贵贱例此。这里，出现仁义的两个层次，一为道德境界，一为伦理境界。前者的至仁在于无所不亲，至义在于使各亲其亲；后者的至仁在于诚于亲亲，后者的至义在于先亲后疏。作为人主，兼涵这两种境界。道家偏重于前者，儒家偏重于后者。全真道教在于求真升仙而远离亲疏伦理，释氏在于求识般若而消解亲疏伦理。

（二）"为天下贵"

大道"玄同"，何以为天下至贵？河上公认为，其德如此，"天子不得臣，诸侯不得屈，与世沉浮，容身避害"，故为天下贵。固然，可臣可屈者，皆是有待之属，而道恒无名，天下莫敢臣。正因恒道微妙无形，故能为"万物之奥"。若只是"与世沉浮，容身避害"者，只是修身保真、容身避害的"天下贵"。恒道之为天下贵，乃是衣被万物而不为主的至贵。王弼解为"无物可以加之"，揭示恒道独立无双，故无物以加其上。若可加其上，就非是绝对无待的存在。成玄英云："既道荡乎亲疏，又虚忘乎利害，毁誉不间其虑，贵贱莫介乎怀，故苍生荷戴而不辞，群品乐推而不厌，是以天下人间尊而贵之也。"道者玄同大通，故无有所执。善利不争，生物不辞，故万物归往。以体道圣人言，辅助苍生群品，故天下尊贵之，乐推而不厌。唐玄宗云："体了无滞，言忘理畅，锐纷尽解，光尘亦同，既难亲疏，不可贵贱，故为天下至贵矣。"以《老子》思维言，大同无我，"容乃公"，均施万物，故不可以亲疏、利害、贵贱而离析之，故为天下贵。这里，不可以混同于物、同于流俗而为至贵。既为"玄同"，则不可得以亲疏、贵贱析取。陆希声云："道德自尊，非人使然，此所以为天下之至贵。"道德本自尊贵，"道之尊，德之贵"，固然非人有以使然。然为天下贵，在于超越万物之贵，和人之以为贵。陈景元认为，至人"不荣通，不丑穷，无天怨，无人非，无物累，无鬼责"，故为天下贵。此种德性仍是真人，而非是"以道莅天下"的圣人。吕惠卿认为，可得亲疏、利害、贵贱者，贵在于物而物能贱之。若"贵在于我"，而"物不能贱"。内不化，则外不能化。"贵在于物"，是"物于物"；"贵在于我"，是"不物于物"。恒道存在作为至贵者，既在于"不物于物"，又在于"物物"，不可偏于一端。只有能"物物"，方能成物之或贵或贱，而本自无贵无贱，不落入物性。王雱以可亲疏、利害、贵贱者为物，而以"物物而不物于物"为"莫之爵而常贵"者。存在物有待，故可以亲疏、利害、贵贱分别、析取。恒道作为"天下贵"者，非是脱离于物而自求其贵，相反是在成遂物性有待而不落于有待中揭蔽其为至贵。吕知常认为，至高至极之道，"可以存生，可以养形"，故举天下而不可得及之。存生养形，是道教归趣的至贵，而非是衣被万物的至贵。王夫之认为，"即之则大似不肖，违之又不出于此"，故不可得亲疏；"雨不能濡空使有生，日不能暵空使有热"，故不可得利害；"贵贱者名也。繇贵有贱，无名则无贵而无贱"，故不可得贵贱。"大似不肖"，是无形无状故不可

即亲；"不出于此"，是无所不有故不可离疏。大道质性固是如此。生生者恒自其生，故不可得利害。反之，若是雨濡使有生、日暵使有热，则可或利或害。贵贱相对可名，无贵无贱则无名。恒道存在，非是以无名而无贵无贱，相反是因无贵无贱而无名。无贵无贱则无形无名，然有形有名以之生，故为"天下贵"。"至人之游处，显则与万物共其本，晦则与虚无混其根，语默随时而不殊，卮言日出而应变，足以谓之玄同也。"以人主法大道的至贵言，则无有显晦之别，辅助万物自然则无功不显，功成而不名有则隐于无名。以圣人处世的至贵言，天下有道则达以兼善天下，天下无道则修身以俟。"与万物共其本"是"功成"；"与虚无混其根"是"不有"。"语默随时而不殊"，是"两行"；"卮言日出而应变"，是"环中"。从恒道存在的至贵言，是以"一不化"成"万化未始有极"。从体道"玄同"言，非是玄冥无识，而是以"内不化"应万殊的"外化"。

以上注解选取角度不同，然从《老子》思想体系看，皆有其所依据，可以互相印证。因为恒道存在质性是多面、整全的存在，也是与人有着同一关系的存在。既可从道性本身来立论解读，厘清其究竟为何，阐明恒道所以不可得亲疏、利害和贵贱的独特特性；还可从恒道质性体现于人的德性上来立论，厘清玄德是什么，阐明玄德之为玄同大德的质性。既可从价值取舍的角度来解读，厘清《老子》心中的亲疏、利害和贵贱观，阐明其所取价值立场和价值评估的立足点；还可从思维方式的维度，厘清"玄同"究竟意谓什么，阐明其"道通为一"的认知思维。既可从人的追求境界维度，厘清体道之境是什么，阐明得道践德的心灵境界；还可从人与道之间的关系，阐明认知与存在本体的互动关系。《老子》文本的言简意赅，给阐释者留下了充分解读的空间，让我们无法采取单一的方式来解读，而要尽可能采取综合贯通的方式，全面阐释多种可能性。由于对《老子》文本解读的多重、多维度性，使注家多种诠释本身成为老学的一部分，并在哲学解释学上发挥着"效果历史"的作用。归纳看来，《老子》的论说主要有以下几种思维内涵。

一是揭示恒道存在的独立性。亲疏、利害和贵贱，是相对、有待的物性。有亲则有疏，有利则有害，有贵则有贱。恒道与此相反，它是无亲无疏、无利无害，无贵无贱。正因为如此，方能揭示出恒道微妙无形的存在质性，同时揭示出成遂存在物或亲或疏、或利或害、或贵或贱的功用至神质性。微妙而至神，独立而无偶，故为天下贵。从恒道存在的不可得亲疏、利害、贵贱以析取中见证了其的独立性、齐一性、通一性和曲全性，构成了其绝对性的重要内涵。

二是揭示恒道为物的齐一性。世俗执著利欲情识，爱恶相攻故有亲疏之态，情伪相感故有利害之见，用舍相权故有贵贱之别。亲近疏远，自利害它，贵此贱彼。人徇于物则为物化，常"物于物"而不能"物物"。以自是为是，则固执于或亲或疏、或利或害、或贵或贱，不能因物以然以可，故不能均平、公正，一视同仁。只有齐一于物，因物观物，因物付物，各遂自得，则亲疏自理，利害各宜，贵贱当分。

三是揭示恒道生物的通一性。正如"物或损之而益，益之而损"一样，物者为时间中的变化存在，或此时为贵，或彼时为贱，或此处为贵，或彼处为贱，贵贱不可为常。可得而贵，则固执于贵，不知已落于贱。物性贵贱相待而然，可贵可贱，各有其时，而道通为一，通一于贵贱。物者时贵时贱，然皆因恒道使然。恒道虽不可得贵贱，然万物得以或贵或贱。至贵者虽无可得贵，然无物不以之生，无物不以之成，无有不利，无所不亲，通生周施万物，故为天下贵。恒道不可得利害、亲疏，例此。只有秉持"无亲疏、无利害、无贵贱"的大心，方能泛爱天下万物，均覆天下，善利万物，达到亲而不疏、利而不害、贵而不贱。

四是揭示恒道功成的曲全性。贵贱者有所取舍，贵此贱彼，只能是有限之贵，而至贵者无所不贵，故为天下贵。恒道无贵无贱，故于物无弃。以体道至人言，通于贵贱，或贵或贱，不可为典要，各当其时，各当其宜。贱不常贱，贵不恒贵。贵而能贱，贱而能贵。曲成万物而不遗。以利害言，恒道存在是利而不害，非是或利或害，至利无不利，因物所利而利之，善利万物而不争。以亲疏言，恒道存在是至仁无亲，非是或亲或疏，至亲无所不亲，它是"德善"、"德信"，故"无弃人"、"无弃材"。

三、传承发展

就道与物的贵贱关系，《庄子》有着明确的阐述。"以道观之，物无贵贱；以物观之，自贵而相贱；以俗观之，贵贱不在己。以差观之，因其所大而大之，则万物莫不大；因其所小而小之，则万物莫不小；知天地之为稊米也，知毫末之为丘山也，则差数覩矣。以功观之，因其所有而有之，则万物莫不有；因其所无而无之，则万物莫不无；知东西之相反而不可以相无，则功分定矣。以趣观之，因其所然而然之，则万物莫不然；因其所非而非之，则万物莫不非；知尧桀之自然而相非，则趣操覩矣。"（《秋水》）家世父云："道者，通乎人我者也；物者，心有所据以衡人者也；俗者，徇俗为贵贱者也；差者，万物之等差也；功者，人我两须之事功也；趣者，一心之旨趣也。"（引自《庄子集释》，中华书局2004年版，第578页）物以己为贵，故衡彼非贵；道者齐物贵贱，故非贵此贱彼。俗者以世俗贵贱观为标准，而贵其贵，贱其贱。以差观之，因其差等相较，自大其大、小其小，大小不定，故无物不贵、无物不贱。以功观之，各约其分于所致功，贵贱不足以辩。以趣观者，各贵其所贵，贱其所贱，相贵互贱。"争让之礼，尧桀之行，贵贱有时，未可以为常"。礼行因时而变，故贵贱不可为常。滞于贵贱，则不知时变中所贵者已为贱，所贱者可为贵。"以道观之，何贵何贱，是谓反衍。"反衍者，贵贱无常，因其贵而贵之，因其所贱而贱之，贵贱齐一，则无贵无贱。贵贱无常，则"与道参差"；物无贵贱，则"万物一齐"。王夫之认为，唯以道观之，并育于天地之中，无有贵贱。以物情观之，各自贵其贵，而贱异己者。唯己之意，则贵贱相倪。人各有所贵，若贱其所不贵，则贵贱纷纭。又其下者，信从人之好恶：誉尧者不知尧，唯人之誉而贵之；非桀者不知桀，唯人之毁而贱之；人倪之，己因增

长之，而贵贱之垒故坚。若以道观者，非但通于一以成纯，而两行不碍，各得其逍遥。以差等观之：小者非必小，以大视小；而见其大者非必大，以小视大而见其大。知小者更有小者，大者更有大者，小无所终，大无所竟，是虽差等相形而有小大，抑知其不可止量，而无必然贵贱。以为功观之：则当其为功，无物可无；当其不为功，则无物必于有；有此则可无彼，而必有彼而后有此，亦各约其分于所致功，而有无不足辨。以趣向观之：所向者其所然，所背者其所非；夏然葛而非裘，而裘未然非；冬然裘而非葛，而葛未尝非；天下无不然而无不非，而是非不足辨。"夫既大小、有无、是非之无定，而从乎差类、功能、趣向以观，则又不妨大者自大，小者自小，贵者自贵，贱者自贱，各约其分而不必尽铲除之，以明一致，此大小贵贱之名所自立，存乎观之者耳。观之者因乎时，而不执成心以为师，则物论可齐，而小大各得其逍遥矣。"（引自《庄子解》，载《船山遗书》第七卷，北京出版社 1999 年版，第 3990 页）以道观之，非仅是"无贵无贱"，还要把握齐物论的旨意，秉持差类、功能和趣向等相对观，不执于大小、有无和是非等定常，因物固然固可而与时俱进，若妍媸自照，贵者自贵，贱者自贱。"大知"者，不执于成心，任性分自得，各得逍遥。大道的不可得亲疏、利害、贵贱，既在于本身的"道通为一"，亦即齐物自然，无亲无疏、无利无害、无贵无贱，又是善利而无弃，无物不得，无物可遗，"德善"、"德信"。就道不可得的意蕴，《庄子》也有申论。道者，"可传而不可受"（《大宗师》）。传者寄言以喻义，受者以物执得。恒道可传，然是"不可道"的无方之传，假言以载道。可受者，是视闻、搏得之属。"彼未知夫无方之传，应物而不穷者也。"（《天运》）大道本无方，故为"无方之传"，不滞于定方。因其无方，故应物不穷。"无方之传"，是"言而足，则终日言而尽道"（《则阳》）。不可受，则不可进献使人得。"道不可献"（《天运》），因为假如道可以献，则人莫不献于君；如果可进，则人莫不进于亲；假如可告，则人莫不告兄弟；如果可与，则人莫不与子孙。然不可献者，无它故，在于"中无主而不止，外无正而不行"。"由中出者，不受于外，圣人不出；由外入者，无主于中，圣人不隐。"家世父曰："由中出者"，是"师其成心"；"由外入者"，是"私自说者"。"师其成心，则外有所不能受，圣人不能出而强之使受也；学一先生之言而私自说，则中莫得所主，圣人不能隐于其心而为之主也。"（引自《庄子集释》，中华书局 2004 年版，第 518 页）中出者，固执而不循，故"圣人不出"；由外入者，执于自说，故"圣人不隐"。反之，"中无主"则因循，与道为一。"不止"者，不固执于可道之道。有主者，则执于可道之道。"无正"，则感于外物，故无常其正。"师其成心"、"私自说"，虽得而非是真得，执于已得而反为不得。正确的态度是，"自外入者，有主而不执；由中出者，有正而不距"（《则阳》）。应物感应，则"物物而不物于物"；以内不化外应于化，则万化未始有极。外入则因循不执，中出则循物不距。"至道之精"，不可执得。"至道之精，窈窈冥冥；至道之极，昏昏默默。"只有"入无穷之门"、"游无极之野"（《在宥》）方为得道，"上为皇而下为王"。反之，失道则"上见光而下见土"。道不可得而

有，因为人身，生、性命、子孙非汝有，而是天地委形、委和、委顺和委蜕。既是"天地之强阳气"（《知北游》），胡可得而有？道不可得有，乃由于人之所得不能与道同其为大。若道为己有，则己大而道小，道就非是绝对存在。得于道者，必与大化为一，与道为游。无己无得，方为真得。在人心得道上，出现两种倾向：一以本性自然为道之得，来自《老子》"万物得一以生"。道教以为本性自然在于真，故一切功为在于复于其真。清静则自真。以《老子》思维言，万物机体之得固是以"得一"以生成。然本性、情欲往往因外物而流于物化、异化，这就需要进行修为。只有"修之于身"，方能"其德乃真"。此思维犹如《中庸》"修道"以复"率性"。一以取法大道为得于道，来自《老子》"同于道，则德亦得之"。人可以法天地，进而取法"道法自然"。"孔德之容，惟道是从"。勤而行之，修之于身以至于天下。前者偏于言民性之朴素，后者偏言于"侯王得一以为天下贞"。可见，道之可得者，既是"得一以生"之得，亦是"同于道"之得，前者是形质、机体、本性之得，后者是玄览、德性、境界之得。道教偏执于人的真性，而去除了人的道性，失去了对"以道莅天下"圣人理想的追求。以《老子》和《庄子》内篇倾向于道之可得，以"可道"揭示其"不可道"性，虽然非是感知以得。在《庄子》外篇、杂篇的某些篇章中倾向于道不可得，然提出"以道观之"就是以为大道可得，虽是在"因物观物"中逐渐求得。法家继承《老子》不可得亲疏、利害、贵贱的思想，并将"玄同"质性转换为法术。就道的玄同质性言，大道于物亲而无疏，"无德无怨，无好无恶，万物崇一，阴阳同度，曰道。"（《管子·正第》）恒道是"上德不德"，兼济万物，一以同度，无有作好，无有亲疏，故"道通为一"。无私与亲，则无有私怨。恒道一视同仁，故"万物崇一"。至德化育万物，故无私。"爱民无私曰德，会民所聚曰道"。道者弘大无形，德者覈理普至。通一同情于物，则无私亲。不可得而亲，也不可得而疏，故为"独一"。"道无双，故曰一。"（《韩非子·扬权》）因为有可亲就有取舍，则不能"两行"。"若天若地，是谓累解。若地若天，孰疏孰亲？"天地无亲无疏，同时是大道的玄同质性。以为法术，是"圣君任法而不任智，任数而不任说，任公而不任私，任大道而不任小物，然后身佚而天下治。"（《管子·任法》）智、说和小物，偏私而一曲。法数与大道一样"容乃公"，故公而无私，为天下治的至贵。主上行于大道，"爱人不私赏"，"恶人不私罚"，故"置仪设法以度量断"。度量者，一定不易，公正不偏，故为玄同质性。以法术行治，则"贵不能威，富不能禄，贱不能事，近不能亲，美不能淫"。治世之道，"不知亲疏远近"，行以法制而以度量断，如"天地之无私"，故杀戮而不怨，赏赐而不德。"以公正论，以法制断"，则"任天下而不重"，"官无私论，士无私议，民无私说"，故治天下若"烹小鲜"。天道、公理在心，则为"天植"。"天植者，心也。天植正，则不私近亲，不孽疏远。不私近亲，不孽疏远，则无遗利，无隐治。"（《管子·版法解》）无私亲疏，则无弃人，故德善德信。如此，则"事无不举，物无遗者"，无不利则无不治。在道之得上，因其"所以充形"而人不能固，虽然"莫闻其音"然可"乃在于

心"、"与我俱生"（《管子·内业》）大道无所，然"彼道不远，民得以产；彼道不离，民因以知"。只有心静气理，"道乃可止"；修心静意，"道乃可得"。心无固执，方能真得于道。心静气理则道自得，正成为道家修道成真、明心见性的重要思想来源。

再看《文子》对《老子》大道玄同而不可执得思想的传承发展。"以无应有，必究其理，以虚受实，必穷其节。恬愉虚静，以终其命。无所疏，无所亲。抱德炀和，以顺于天。与道为际，与德为邻。"（《九守》）此从恒道玄同质性，转言体道之行。"无"、"虚"者，无有亲疏、利害贵贱之执，故"无所疏，无所亲"。以虚无恬静与道德为一，固无亲无疏，玄同万物。"天道无亲，唯德是与。"（《符言》）"无亲"非无爱不施，而是无有德者不与。有亲则不能恒与有德。有德者，天佑善以助之。遵循天理，必得善利。知天道如此，则"福之至，非己之所求，故不伐其功。祸之来，非己之所生，故不悔其行。"心中恬淡，不以天佑而亲、利、贵，不以天祸而疏、害、贱，玄同其得，故"非誉不能生，宠辱不能惊"。同于天地无亲故无疏一样，无与故无夺，无德故无怨，无利故无害。相反，"善怒者必多怨，善与者必善夺"，利害相生，唯随自然而能胜理，辅助万物自然而无不适宜。自然平均，故无怨无仇，无利无害。以自然均，无所亲疏，故无怨无夺。体道玄同质性，则为"兼利无择"的大德。"畜之养之，遂之长之，兼利无择，与天地合，此之谓德。"（《道德》）"兼利无择"，是善利于物，无亲无疏，无利无害，无贵无贱，一视同仁。"御之以道，养之以德"，则"无处可利，无见可欲"。"无处可利"，是"兼利无择"。圣人体于大道，"天覆地载，日月照临，阴阳和，四时化，怀万物而不同，无故无新，无疏无亲"（《自然》）。天地无不覆载，日月无不照临，阴阳四时无不和化，故"兼利无择"。"无故无新"，是无有取舍；"无疏无亲"，是齐同均平。"道至亲不可疏"，若可疏非至亲。大道超越亲疏对待，自然而然，无处不有。可疏则无道，"不道早已"。道若可疏，则非是绝对、普在之道。大道作为至亲者，"不可得而亲，不可得而疏"。至道之度，玄同无弃，故"去好去恶，无有知故"。去好恶、知故，就是摒弃亲疏、利害和贵贱等取舍之执、之必、之固和之我。就大道玄同自然不可以亲疏、利害、贵贱取舍的意蕴，《淮南子》给予了进一步的阐释。"天有明，不忧民之晦也，百姓穿户凿牖，自取照焉；地有财，不忧民之贫也，百姓伐木芟草，自取富焉。至德道者若丘山，岿然不动，行者以为期也。直己而足物，不为人赣，用之者亦不受其德，故宁而能久。天地无予也，故无夺也；日月无德也，故无怨也。……利则为害始，福则为祸先。唯不求利者为无害，唯不求福者为无祸。"（《诠言训》）天地自然、自均，无有亲疏、利害、贵贱之分别、取舍，故民"自取照"、"自取富"期于必然。"至德道"者若此，"直己"则均平，"足物"则普惠，"自然"则无私，善利则不害。在世俗言，利为害始，福为祸先。求利自私，反为害。惟道自然均利，不可得以利，也不可得而害。唯不可得以利、害者，方能利而不害。僧肇以"菩提"取代"道"，认为菩提是"无所得故为得"，"得无所得"方是真得。"玄道在于绝域，故不得以得之"。（引自《肇论·涅盘无名论》，载《魏晋全书》第一

册，吉林文史出版社 2006 年版，第 456 页）以不得为得，非是"实得"，乃是"无得之得"。其思维类如恒道无体，故不可执得，因为可执得者为存在物。大道不可得以亲疏、利害、贵贱，因其"无物"何以索得？僧肇的"无得之得"，是不住于得，即物而不住物，得而不得。它与《老子》、《庄子》思维有别。老庄以全得、善得为得，是"实得"。一方面，道不可得，因所得皆是可道之道，执著可道非是恒道。另一方面，恒道不可执得，然非一无所得，否则何以言"从事于道者，同于道"？以亲疏、利害、贵贱析取之，是求有以得，以己得为得，非是以道得之，同于道以得。《关尹子》认为，"天下之理，舍亲就疏，舍本就末；舍贤就愚，舍近就远。可暂而已，久则生害。"（《八筹》）世人循于俗，执己所是，亲疏固执，不能通变，故久生害。"道无人"、"道无我"（《一宇》）。无人、无我，则无有亲疏。"以不有道，故不无道。以不得道，故不失道。"有道为执，故为非道。道者无常体，故不可有。以《老子》言，恒道非可道，故不可得。道若有人、我分离，则道何能无外？有得就有失，执者失之。"圣人不望道而歉，不恃道而丰；不借道于圣，不贾道于愚"（《一宇》）。不歉、不丰、不圣、不愚，正是不可得以亲疏、利害、贵贱而执。释氏亲疏、利害、贵贱双遣，"如如不住"；道家去亲疏、利害、贵贱之执，玄同为一。

最后，对本节内容作以简要概述。恒道以"玄同"为存在质性，区别于存在物而独立无双。"玄同"既是"有物混成"的混同，又是"道通为一"的大通。它非是一同、趋同，而是同之不同，不同之同。恒道因物付物，物求必与，物需必资，自然均平，兼利无择。与世俗存在物的可为亲疏、利害和贵贱不同，大道于人物一视同仁，无有取舍，不为人物所亲所疏，所利所害，所贵所贱，不可以执得。恒道是"德善"、"德信"，容公均普，曲成不遗，一视同与，故为至亲无亲，利而不害，何贵何贱。就其寓于物言，则为人或亲或疏，或利或害，或贵或贱。正因物不同时、不同类而有亲疏、利害和贵贱之分，方见证其不可得亲疏、利害和贵贱的"玄同"质性。亲疏、利害和贵贱是相生相化的存在之属，万殊不同揭示了恒道"玄同"，正如"周行"方可见证其"独立"。恒道若可得以亲疏、利害、贵贱，就非是"恒"、"公"之在。恒道是至亲者无亲无疏，无所不亲，不为人所亲而甚亲，不为人所以为疏而不亲。它是至利的无利无害，不为人所利而甚利，不为人所以为害而不利。它是至贵的无贵无贱，不为人所贵而甚贵，不为人所以为贱而不贵。不可得亲疏、利害和贵贱，正是其"容乃公"的"玄同"质性，见证了它为独立、齐一、通一、曲全的绝对存在，故为天下贵。

第三节　道之无味

恒道既不可视闻，不可搏得，不可致诘，"混而为一"；又是不可得以亲疏、利害和贵贱，而为"玄同"。它还是"淡兮无味"，故"不足既"。如果"不可致诘"揭示

的是恒道存在质性在感知上的不可尽得，"玄同"揭示的是恒道"容乃公"的"德善"、"德信"，而"淡乎无味"揭示的是"用之不足既"。本节重点在于揭示恒道功用上的"淡兮无味"质性。

一、文字校解

《老子》第三十五章云："乐与饵，过客止。道之出口，淡乎其无味。视之不足见，听之不足闻，用之不足既。"帛书《老子》甲、乙本"客"写作"格"，"口"写作"言"，"淡乎其无味"句前多写一"曰"字。帛书甲本"饵"字缺损，"淡"写作"谈"。乙本"视之"缺损。楚简《老子》丙本"道"字前加一"古"字，"言"或"口"字缺损。

（一）"乐"与"饵"

"乐"字，《老子》文多出，此文之外还有："胜而不美，而美之者，是乐杀人。"（31章）"天下乐推而不厌"（66章），"甘其食，美其服，安其居，乐其俗"（80章）。前两个"乐"字作副词，后一个作动词，而本章"乐"为名词。"乐与饵"与《老子》"名与身"、"身与货"句式同。"乐"作副词、动词，为"喜乐"、"喜好"。"与民偕乐"（《孟子·梁惠王上》）"乐天知命"（《易·系辞上》）。"乐"作名词含有以下涵义：一为"音乐"、"曲乐"。《说文》解"乐"为"五声八音之总名"。"先王作乐崇德，殷荐之上帝，以配祖考。"（《易·豫卦·大象》）"大乐与天地同和。"（《礼记·乐记》）二为"乐好"。"益者三乐"（《论语·季氏》）。"乐"是陶冶身心、修身养性的德行。三为礼乐。"移风易俗莫善于乐。"（《孝经》）礼乐为儒家重要治术，儒家有"乐以道和"（《庄子·天下》）的教化纲常。四为政和。"逝将去女，适彼乐国；乐国乐国，爰得我直。"（《诗·魏风》）周敦颐云："乐者，本乎政也。政善民安，则天下之心和。故圣人作乐，以宣畅其和心，达于天地，天地之气，感而大和焉。"（引自《通书》，载《周敦颐集》，中华书局2009年版，第30页）。五为喜好。"民生各有所乐兮"（《楚辞·离骚》）。"乐"是生活的需求、乐趣。

"饵"者，从字义看是古代一种上等美食，喻人人喜爱的食物，用之以饫饱。《说文》解为"粉饼"。许慎云："饵之言坚洁若玉饵也。"通为"食"、"饼"和"餈"。"糁取牛羊豕之肉三如一，小切之与稻米。稻米二、肉一，合以为饵煎之。"（《礼记·内则》）河上公注"饵"为"美"。正如"如享太牢"、"如登春台"一样，"饵"与"乐"一样具有感官喜爱、容易沉溺的属性。"君子有酒，嘉宾式燕以乐。"（《诗·小雅》）酒与饵为食物类，乐为声乐类，二者合言感官之欲。

（二）"客"与"格"

"客"与"格"二字皆以"各"为部首，且作为义符。"格"与"止"义通，前后文重复。且楚简《老子》作"客"，故应以"客"字为准。"客"者，本义为"来

客"，引申为"宾客"。《说文》解为"寄"。"大行人掌大宾之礼及大客之仪。"（《周礼·秋官》）"大宾"者，为五等诸侯；"大客"者，即其孤卿。客与主对言，"天子无客礼，莫敢为主"（《礼记·郊特牲》）。凡自外来者皆为客。"有不速之客三人来"（《易·需卦》）。"顺风波以从流兮，焉洋洋而为客。"（《楚辞·哀郢》）"外寇"也为"客"。"重门击柝，以御暴客。"（《易·系辞下》）"过客"者，从外而自的路过者。《老子》以之喻人与恒道的关系：作为"过客"之人，见到能令感官愉悦和满足的"乐与饵"，就会停下前行的脚步。而见到"淡兮无味"的恒道，又该有什么反应呢？

（三）"谈"与"淡"

"谈"与"淡"二字是形近而混，"谈"虽可呼应"道之出言"，然"淡"可以呼应"无味"。帛书《老子》乙本即写作"淡"。从上文"乐与饵"看，应以"淡"字为准。"淡"者，《说文》解为"薄味"。又是甘味之反。"君子之交淡若水，小人之交甘若醴"（《庄子·山木》）。"君子淡以成，小人甘以坏。"（《礼记·表记》）"淡"为"五味之中"。"淡也者，五味之中也。是以水者，万物之准也，诸生之淡也"（《管子·水地》）。又从"薄味"引申为返璞归真的一种精神追求和虚静的一种心态。君子之道，"淡而不厌"（《中庸》）。此义，在《庄子》中多有显现。如"游心于淡"（《应帝王》），"虚无恬淡，乃合天德"（《刻意》）。"淡"从"味道"引申为存在的一种性状。"淡淡焉若有物。"（《列子·汤问》）"道微而明，淡而有功。"（《说苑·谈丛》）"淡而有功"，正是无味而用不既。

（四）"口"与"言"

"口"与"言"二字意通，以帛书《老子》"言"字为准。帛书《老子》在"不足既"前加上一个"用"字，界定了其为何所指。校正后的文句应为："乐与饵，过客止。道之出言，淡乎其无味。视之不足见，听之不足闻，用之不可既。"

二、文句解析

根据文义，下面分三个断句进行解读。

（一）"乐与饵，过客止"

河上公云："人能乐美于道，则一留止也。一者去盈而处虚，忽忽如过客。""乐"为喜乐之乐，以"乐与饵"譬"乐美于道"，以"过客"喻道的去盈处虚、不可固得。可解说为：如果人象对待"乐美于饵"那样"从事于道"，就会"同于道"。反之，因为大道虚而不盈，过行不滞，不乐则不得。"一"者，是"忽忽如过客"的道之别名。有"饵"则过客止，道虽非饵，然乐美于道者也留止于身。此解偏离了《老子》的文义。成玄英以"乐"为"丝竹宫商"，"饵"为"饮食滋味"，乐有声可悦，饵有味可尝。暂过之客，"逢必止住就爱"。躭于感官欲求，固是习人的常情。李荣以"五音之声"为"乐"，以"八珍之味"为"饵"，以"百年寄身"为"过客"。认为若留心于

丝竹，依身于兰桂，故难于安泰。李约认为，过客所以留止，在于"其有阅目实腹之物"。陆希声指出，"夫乐可以悦耳，饵可以适口，则旅人为之流连，行客为之欢赜，虽即时有感，然非其所安，不可久处。"过客所止，在于"乐与饵"，然既然为过客，故不可久。陈景元认为，"音乐之和，人必为之少留，馔饵之美，客必为之暂止"。此是世俗的一种自然现象。宋徽宗云："悦声与味者，世之人累乎物而不能自解者，物有结之，故止。""乐与饵"皆是物欲，习人徇物，故往往止而不能自拔。范应元曰："张乐设饵以留过客，过客非不为之止也。然乐饵终，则客去"。乐饵者，既让人驻留，也易以过去。王夫之云："乐作饵熟，则虽有遄行之客，而游情以止，非以其归于情耶?"情者使然，是习俗所谓。"乐与饵，过客止"，揭示了世人耽于感官物欲的一种习情现象。《老子》以此为对照，揭示恒道存在之性。

(二)"道之出口，淡乎其无味"

河上公云："道出入于口，淡淡非如五味有酸碱苦甘辛也。"五味者，人之感觉所好。"口之于味也，有同耆焉"（《孟子·告子上》），刍豢悦我口是人之感性。道之出言，是"信言不美"。以其淡然无味，而与世人习性相背，故产生"天下莫能知，莫能行"的局面。同时，正因为如此，方是"知我者希，则我者贵"。《老子想尔注》云："道之所言，反俗绝巧，于俗人中甚无味也。无味之中有大生味，故圣人味无味之味。"淡为五味之原，是"大生味"，故为"无味之味"。虽无味，然五味以之生。与习俗以五味为趣相反，道性以无味为宗。王弼指出，"道之深大"，故人闻道言，"更不如乐与饵，应时感悦人心"。将"乐与饵"与"道"相对，以揭示道言淡然的存在质性。正因不能"应时感悦人心"，故见大道质性的"深大"。成玄英认为，与"音乐有声，行者为之止住"相反，道言无味故"学者罕见留心"。"乐与饵"有形有声，而"至道虚寂，其体希夷"，故其出言"澹然无味"。世人悦于有味之味，不能咀嚼"无味之味"。李荣指出，在人性物情言，所悦者在于"繁华"。因以情悦为美，故不能安于"虚寂"，进而"呼之为淡"。唐玄宗云："人君以道德清净为教，初出于口，淡乎其无味，不似俗中言教，有亲誉畏侮等也。"俗中言教，亲誉畏侮，为可道之道。大道为不言之教，"希言自然"，清静无为。王安石提出，道者，"非味而常淡然"，正惟其"不悦于味"而为"无味"。正如无味使五味呈一样，道言无味而为天下贵。陈景元以"信言不美"解之，然不能涵盖无味能味的意蕴。宋徽宗云："味之所味者尝矣，而味味者未尝呈，故淡乎其无味。"有味者可尝，然味味者未呈而五味以之呈。淡而无味功用至大，故为"味味者"。曹道冲指出，道"深远久大"，为言本是"简淡"，初闻"甚淡"，但并非"无味"，而是"久之味在其中"。此"玄妙"质性，非"玄览"莫能见，非"听幽"莫能闻。虽无"近利"，然久用之始知其"无尽"。何心山认为，大道可"静以修身"，"俭以养生"，故能"声色有所不乐"，"滋味有所不嗜"，而能"游心于淡，合气于漠"。只有"养其无象"，象固长存；"守其无体"，体固全真。道言正因淡

而无味，故其用至极。魏源指出，淡者"和心而养人"，浓者"荡神而爽口"。其以《老子》"罪莫大于可欲"为据，认为"有可欲即有所害"，而"无可欲亦无所害"。前者是"用之必穷"，后者是"用之不既"。"无味之味"作为"至味"，终身"甘之而不厌"。"淡兮无味"的玄妙质性正在于此，为"道之出言"的寓意所在。《老子》言"味无味"，其实并非一无有味，而是味于本味，而不是象"五味"那样令人"口爽"。躭于五味让人离开本味，也就断除了品尝五味的可能性。只有保持"无味"，方能味其所味，终身甘之不厌。无味之味，味不齐之味，味味而不味于一味。在世人看来，道不如"乐与饵"能使"过客止"，因其淡兮无味故少有人问津。"乐与饵"是适己所适，常以能满足自己感觉为适。道者常在于克己制己，以百姓心为心，因逆己感性而莫能知行。在《老子》看来，俗人躭于五声之乐，终日执迷于五味，就会令人"耳聋"、"口爽"，连真正美声、美味也会感觉无味、无声。只有淡以无味，方能品味五味。恒道虽是"淡兮无味"，然其用不穷，于人生为用至大，不尽可以修身，而且可以莅天下。岂"乐与饵"之可比哉？对大道这样不为世人所"赏识"和"令人神往"的特性，《老子》深有忧患意识，故申述其大用以劝勉王者体道而行。与此思想相呼应，《老子》又云"众人熙熙，如享太牢，如春登台。我独泊兮，其未兆；沌沌兮，如婴儿之未孩；儽儽兮，若无所归"。享太牢、春登台，正如"乐与饵，过客止"一样，为世人所崇尚。而"我"因为体味到大道"淡兮无味"的妙用，故能独泊然未兆、沌沌然如婴儿未孩，儽儽然若无所归。综合上下文来看，正如大象无形故"执大象"具有"天下往"、"安平泰"的效验一样，大道淡然无味而无所不味，其用不可既，具有无穷的妙用。

（三）"视之不足见，听之不足闻"

前面已就恒道视听上的"不可致诘"进行过诠释，这里的"不足见"、"不足闻"在于进一步揭示恒道作为"淡乎无味"存在的微妙至神质性。对"用之不可既"的诠释，留待揭示恒道之用的质性时进行。河上公指出，大道无形，非若"五色有青黄赤白黑可得见"、"五音有宫商角徵羽可得听闻"。从否定五色、五音的感知可得上揭示大道的"不可致诘"性，进一步申言道不可执得、微妙无形的存在质性。就习俗感官的欲求，《孟子》有云："为肥甘不足于口与？轻暖不足于体与？抑为采色不足视于目与？声音不足听于耳与？"（《梁惠王上》）人主感官情欲希求不餍，则不能行于王道。在《老子》言，只有"势大象"，方可"天下往"。《老子想尔注》云："道乐质朴，辞无余。视道言，听道诚，或不足见闻耳，而难行"。道大无非言教，故道之言、诚不足以见闻致诘。"淡兮无味"，非在于揭示道之言的质朴，而在于揭示言以载道的内涵和意旨非如"乐与饵"那样使人乐得践行。大道难行首先在于难知，不乐于求得。若能"视道言，听道诚"，岂非是"勤而行之"，何尝难行？成玄英认为，"至道窈冥，妙绝形色，非如饵馔等法，故不可以眼识求。大音希声，体非商角，岂如钟鼓，可以耳闻。

圣道出言，其例亦尔。"以释氏思维言，形色商角、饵馔钟鼓是等法，可以眼识、耳闻。正如"大音希声"一样，至道窈冥，不住于法。圣道出言，是即言而不言，不落于言筌。吕惠卿以为，它是"非乐之可乐"，而是乐于不乐。"乐之可乐"者，是感官感觉上欲求、喜悦和体验。而"乐于不乐"是以得道为乐，乐可乐之所以乐。宋徽宗云："色之所色者彰矣，而色色者未尝显，故视之不足见。声之所声者闻矣，而声声者未尝发，故听之不足闻。"与味味者未尝呈、淡乎不可品尝一样，色色者未尝显，声声者未尝发。无色、无声和无味，共同从否定感知可得上揭示大道的微妙存在质性。然微妙中蕴藏着至神的妙用，故为至贵存在。何心山指出，恒道之性是"视无视而明，闻无闻而聪"。视可视、闻可闻，可以致诘，非是至明至聪。至明者无所不可视，故为无视之视；至聪者无所不可闻，故为无闻之闻。它揭示出"道可道，非恒道"的玄妙意蕴。魏源提出，"希声之声是为大音，终身听之而不烦；无象之象是为大象，终身执以用之而无害"。以"大音希声"、"大象无形"作喻，揭示恒道微妙而功用不测的内涵。从《老子》"五音令人耳聋"和"大音希声"思想看，显然认为声乐之乐、美食之饵皆具有对人类本性的诱惑、牵引和侵蚀作用，易乱人心性，使人迷执不拔，颓废不振。与此相反，"淡乎无味"思想无疑具有令人清醒的批判精神，它要求回归大道的本然质性，具有"以道镇之"的理性精神，警示人们要味无味之味，视无色之色，听无声之声，回归道德的本性。

三、发展影响

《庄子》对《老子》"淡兮无味"思想给予了深入阐发，使之成为一种德性、境界。一是将"恬淡"视为"万物之本"。"虚静恬淡寂漠无为者，万物之本"（《天道》）。以恬淡为本，无疑建构了与恒道存在质性"合一"的思维模式。"淡乎无味"是味的本源存在，以此为喻故为万物之本。"天地之道，圣人之德"，是"淡然无极而众美从之"（《刻意》）。"淡"作为无味之极，乃是众美之源，故众美以从。"淡"作为万物之本，是造化者的根本存在质性，天地之道因此而成，圣人之德由此而生，故为"天地之平而道德之质"。作为至德，"淡之至"在于"不与物交"。"不与物交"，方能"物物而不物于物"。"恬淡寂漠"，则"淡而无为"。"虚无无为"，方能无不为。《文子》继承老庄思想，进一步阐发了"淡"的观念。"虚无恬淡者，万物之祖也。"（《道原》）以"虚无恬淡"为"万物之祖"，与《庄子》以为"万物之本"思想一脉相承，皆本自《老子》恒道为"万物之宗"的存在质性。"虚无"者，以道性言是无形无状，以德性言是心无有执；"恬淡"者，以道性言是"淡兮无味"，以德性言是清静寡欲。以为体道境界，是圣人所游，"动乎至虚，游心乎太无，驰于方外，行于无门，听于无声，视于无形，不拘于世，不系于俗"（《精诚》）。"至虚"是虚无清静，"太无"是恬淡无为。至虚、太无、方外、无门、无声、无形等与无味一样，共同构成恒道存在的微妙质性。作为绝对存在的恒道，既可以无形无声为假名，也可以"淡兮无味"为代

称，异名而同谓。"道无形无声，故圣人强为之形，以一字为名。"拘世系俗者，执于有为，往往流于肆欲妄作。王者得其欢心，在于以江海自处，以"淡兮无味"为本。"淡兮无味，用之不既，先小而后大。"（《道德》）江海处下无为，而为百谷王。"江海无为以成其大，宠下以成其广，故能长久。为天下溪谷，其德乃足。无为，故能取百川。"（《自然》）《老子》正是以江海譬喻恒道的质性。"淡兮无味"者，微妙至神，故"用之不既"。实则，功成不居、功用不测皆是恒道微妙的内涵质性。《淮南子》对"味"与"乐"的观念多有言说。"古人味而弗贪也，今人贪而弗味。歌之修其音也，音之不足于其美者也。金石丝竹助而奏之，犹未足以至于极也。"（《缪称训》）执于五味，就会鲜能知味。沉溺五味，就会"令人口爽"。只有不执于味，守于"无味"，方能味当其味。乐也是如此。歌以修音，而音不足美，虽助以奏五音，也不能过其极。否则，"五声令人耳聋"。"喜武非侠也，喜文非儒也，好方非医也，好马非驷，知音非瞽也，知味非庖也，此有一概而未得主名也。"（《说山训》）知音、知味，耽于所执，故不能得道。瞽者耽于音声，故往往不知音之所从生；庖者常味于味，故不知味之所从来。只有反于淡味、希声，才能不执滞于音、味。"《韶》、《夏》之乐也，声浸乎金石，润乎草木。今取怨思之声，施之于弦管，闻其音者，不淫则悲，淫则乱男女之辨，悲则感怨思之气，岂所谓乐哉！……太羹之味，可食而不可嗜也；朱弦漏越，一唱而三叹，可听而不可快也。故无声者，正其可听者也；其无味者，正其足味者也。"（《泰族训》）可快之声、可嗜之味，具有"乐与饵，过客止"的功效，然不能长久，容易造成淫乱、口爽之患。以道为乐，则"声浸乎金石，润乎草木"，方为至乐。"太羹之味"以其"无味"正其足味，"大音希声"以其"无声"正其可听。"至味不慊"，"至音不叫"。"怒出于不怒，为出于不为。视于无形，则得其所见矣；听于无声，则得其所闻矣。至味不慊，至言不文，至乐不笑，至音不叫，……得道而德从之矣。"（《说林训》）得道德从，则以不怒出怒，以无为出为，故怒不怒，为无为。"视于无形"，则见道为"微"；"听于无声"，则闻道为"希"。执而不得，真得不执。"至味不慊"，则味而不嗜；"至乐不笑"，则乐而不淫；"至音不叫"，则声而不夺。由"为出于不为"思维，可知五声出于无声，五味出于无味。道为"有生于无"，而德为"以无持有"。在一味、五味和无味的关系上，刘劭云："凡偏材之人，皆一味之美。故长于办一官，而短于为一国，何者？夫一官之任，以一味协五味；一国之政，以无味和五味。"（引自《人物志》，载《魏晋全书》第一册，第433页）"一味之美"者，有执之能。"协"者，条理、统治之谓。以一味协五味，是以一御五，为殊中之通。以无味和五味，是因循以为，为理一分殊。"无味"不主一味，故能因味而味，和其五味。尹振环认为，"道之出言"是"对古时大道的评论"。（引自《楚简老子辨析》，第328页）"淡兮无味"，是相对乐饵浓味而言，揭示出古道出言中保持着本原的道性，与恒道存在质性相符。《庄子》认为，古之所谓道术者，无乎不在。"圣有所生，王有所成，皆原于一。"（《天下》）"无乎不在"、"原于一"，皆是道出言无执的"淡兮无味"，而

"天下多得一察焉以自好"则是偏执的"一味之美"。

就"味"与"言"的关系，先秦文献中多有言及。"口内味而耳内声，声味生气。气在口为言，在目为明；言以信名，明以动时；名以成政，动以殖生。政成生殖，乐之至也。若视听不和，而有震眩，而味入不精，不精则气佚，气佚则不和，于是乎有狂悖之言，有眩惑之明，有转易之名，有过匿之度。"（《国语·周语下》）从中可以明确看出，口、味、精与言、信等之间具有生成关系。古人认为口味等生理感觉与言、信等心理感知间有着内在的关联统一。先有声味内生之情：声味内在生气，则气在口为言，言以信名，名以成政，政成生殖，以至于为"乐之至"。后有声味外至之实：若视听不和，就会"味入不精"，导致"气佚则不和"，成为"狂悖之言"、"转易之名"，以至于"过匿之度"。"道之出言"，是以淡无味而内生，外可以成为"其用不可既"，而非是过度的不可久。就节制"乐与饵"的欲望言，"先王不处大室，不为高台，味不众珍，衣不燀热。……五者圣王之所以养性也，非好俭而恶费也，节乎性也"（《吕氏春秋·重己》）"味不众珍"等节制行为，并非"好俭而恶费"，而是"节乎性"。外在可欲，易使人沉溺其中而不拔。《老子》的"五色令人目盲，五音令人耳聋，五味令人口爽，驰骋田猎令人心发狂，难得之货令人行妨"，揭示的正是此义。"俭"作为"三宝"之一，"俭故能广"。"俭"以德言，而礼以制度言，二者皆在于节制欲望。乐声之隆非极音，食飨之礼非至味，先王制礼乐非以"极口腹耳目之欲"，将以教民"平好恶而反人道之正"（《礼记·乐记》）。大飨之礼，"尚玄酒而俎腥鱼"，大羹不和则有"遗味"。只有"礼乐皆得"，方可谓之"有德"。对此，王夫之云："口腹耳目之欲，或顺或逆，流激而成不正之好恶，以和平冲澹养之，则好恶各安其节，而人所以异于禽兽者，反其天则矣。"（引自《船山遗书》第二卷，北京出版社 1999 年版，第 1094 页）以"和平冲澹"养口腹耳目之欲，即以"淡"节制性欲。"天则"为礼乐之制，"各安其节"则好恶各正。以道理言，"大味必淡，大音必希"，是以"声之眇者不可同于众人之耳，形之美者不可棍于世俗之目，辞之衍者不可齐于庸人之听"（《汉书·扬雄传》）。"辞之衍"为"淡"，"大味必淡"正是"淡兮无味"；"声之眇"为"希"，"大音必希"就是"大音希声"；"形之美"为"微"，"大象无形"者美不胜收。周敦颐云："乐声淡则听心平，乐辞善则歌者慕，故风移而俗易矣。妖声艳辞之化也，亦然。"（引自《通书》，载《周敦颐集》，中华书局 2009 年版，第 30 页）淡乐平心，无疑可以净化心灵。"妖声艳辞"，则腐蚀人心。王畿云："道如玄酒，天下之至味存焉，有滋味便是欲。人不好淡，却只好闹热，一切逐外。有精神可逞，皆闹热心也。"（引自《抚州拟岘台会语》，载《王畿集》，凤凰出版社 2007 年版，第 23 页）玄酒"淡兮无味"，故为至味。人可欲者是滋味，而"淡"是人生的真趣。恬淡虚静，则精神不逞不狂。人不能养之以淡，将心逐外物，挠其精神，躁动而伤性。刘宗周认为，"寡思虑，绝嗜欲，薄旨味"三者是"养身之要"。（引自《学言上》，载《刘宗周全集》第二册，浙江古籍出版社 2007 年版，第 361 页）可见，"薄旨味"是一种人生志趣，淡

然则不物于物，故能保持独立节操，富而不骄，穷则独善其身。

最后，对本节内容作以简要概述。《老子》的"淡兮无味"在于揭示出"道之出言"是："配神明，醇天地，育万物，和天下，泽及百姓，明于本数，系于末度，六通四辟，小大精粗，其运无乎不在。"（《庄子·天下》）。因淡而无味，故意味悠长，"用之不可既"。"淡兮无味"与"视之不见"、"听之不闻"等质性一样，共同揭示恒道的"不可致诘"、"混而为一"的微妙存在质性。犹如"大音希声"、"大象无形"等思想一样，"淡兮无味"作为恒道存在的绝对本性，是万物之本，无疑具有道德价值观上的至高旨归，奠基了后来国人的一种人生情趣，成为了历史上道家学子、文人墨客的一个人生志趣和心境写意。以立志言，淡泊明志；以交友言，君子之交淡如水；以饮食言，粗茶淡饭；以生活言，平平淡淡最是真；以德性言，恬淡淡定，淡然处之；以心境言，云淡风轻、清淡无忧；以写意言，平淡无奇。

第七章 道之有名

"无名"，是《老子》哲学中的一个重要观念，在其思想中占据着重要的地位，它通贯全书，与其他范畴相互得以界定、相互得以阐发。就恒道的绝对存在质性言，《老子》言其为"无名"，不可名状，然"无名"不亦是有名？"无名"即为恒道之名。恒道若是不可名的"无名"，何以名之为"道"？又何以言"名可名，非恒名"？"恒名"与可名之"名"相对而命名，它指称的就是恒道存在，虽然不过是一个假名。"恒名"有什么深刻内涵？本章将对此予以诠释揭示。

第一节 强为字名

《老子》多言恒道"无名"，又言"名可名，非恒名"，然恒道有"名"，可强以"字"、"名"。强以字名的思想，不仅是名谓方式上的一大创新，同时是理论思维上的一大提升。通过揭示强名的思维意蕴，可以进一步揭示恒道之为恒常的存在质性。

一、文字校解

《老子》第二十五章云："吾不知其名，字之曰道，强为之名大。"帛书《老子》甲、乙本"不"写为"未"，二字义同。"强"字前增一"吾"字。楚简《老子》写作："未知其名，字之曰道，吾强为之名曰大。"与此相较，今本《老子》将"吾"移至于首字"未"之前。综合三种版本，主要文字及文义没有差殊。《老子》此文道明了恒道何以能为人所名的原因，指明了恒道之强名的所从由来。

（一）"字"与"名"

"字"者，会意兼形声字。《说文》云："字，乳也。"从其文义演变看，主要有以下三义。一为孳生。由字形"宀"下有"子"，会意"生育孩子"。"字"与"牸"通。"牸"者，牲畜之牝者能孕字，故以牝为"字"。"楚虽大，非吾族也，其肯字我乎？"（《左传》成四年）"字"为生养、养育。"礼也者，小事大、大字小之谓。事大在共其时命，字小在恤其所无。"（《左传》昭三十年）大以养小为"字"。又引申为"爱"。"诞寘之隘巷，牛羊腓字之。"（《诗·大雅》）毛亨云："字，爱也。"（引自《毛诗正义》，中华书局 2009 年版，第 1063 页）"于父不能字厥子，乃疾厥子。"（《尚

书·康诰》）"字"为养育、爱护。二为文字。"字"者，因孽而借言六义相生的无穷。仓颉初作书，盖依类象形谓之文，也谓之像。其后形声相益，又谓之"字"。"天子建德，因生以赐姓，胙之土而命之氏。诸侯以字，为谥，因以为族。"（《左传》隐八年）姓氏、名字有别。三为成人礼。"男子二十冠而字"（《礼记·曲礼上》）。又女许嫁也曰字。"女子许嫁，笄而醴之，称字"（《仪礼·士昏礼》）。"女子贞，不字，十年乃字"（《易·屯卦》）。"字"者，女子嫁人。王夫之云："字，从宀从子。子在屋下，未能下堂，须乳字之，故字为乳也。借为文字之字者，以在乳之子，口不能言，须乳母曲达其意；古今之隔，远近之差，有言不能相闻，须文字曲达之。通为'冠而字之'之'字'者，以文字分别之，使可见之简牍。童子之名，呼而已矣，字之乃始见于书。"（引自《说文广义》，载《船山遗书》第五卷，北京出版社 1999 年版，第 2761 页）借为文字者，以乳母曲达其意，引申为以文字见之简牍，间接表达古今、远近相隔而不能互闻者。"字"者以"生"为本，"女子许嫁笄而字"、"男子二十冠而字"皆与此义相关。

"名"者，会意字，甲骨文左从"口"，右从"夕"，会意天黑相互看不见，只好呼叫名字之意。名谓之属，来自人类实践生活的需要，用于生产、生活的交流中相互称呼、区别。"国君不名卿老世妇，大夫不名世臣侄娣，士不名家相长妾。"（《礼记·曲礼下》）"名"者，呼人之名。《说文》解"名"为"自命"，因"冥不相见"，故"以口自名"。在黑天的人际语境中，单个人相互联系用"嘿"音即可，而多人区别时则有分名。"自命"者，"自报姓名"。王弼在《老子指略》中，对"称"与"名"进行了辨别。他认为，"名也者，定彼者也；称也者，从谓者也。名生乎彼，称出乎我。""名"以谓彼，重点在明了对象。而"称"出之于我，重点在于主体表达自己。"自称曰老夫，于其国则称名。"（《礼记·曲礼上》）名以定彼，故强名绝对存在恒道为"大"。

（二）内涵区别

"名"与"字"关系密切，也有区别。给以"字"者，乃敬其名。"冠而字之，敬其名也。君父之前称名，他人则称字也。"（《仪礼·士冠礼》）贾公彦疏："君父之前称名，至于他人称字"。（引自《仪礼注疏》，上海古籍出版社 2008 年版，第 55 页）字以敬名，然各有所谓。"父前子名，君前臣名。"（《礼记·曲礼上》）王夫之云："既字则恒以字称之，惟臣于君前名其父及僚长，子于父前名其兄，孙于王父前名其父，则不敢以字行。"（引自《船山遗书》第二卷，北京出版社 1999 年版，第 834 页）"名"与"字"皆有礼的内涵。所名者，也有谦称之用意。在他人，则称之为字，敬而谓之。"掌达书名于四方"（《周礼·春官宗伯外史》）。郑玄云："古曰名，今曰字，使四方知书之文字，得能读之。"贾公彦疏："云'古曰名，今曰字'，古者之文字少，直曰名，后代文字多，则曰字。字者，滋也，滋益而名，故更称曰字，正其名字，使四方知而

读之也。"（引自《周礼注疏》，上海古籍出版社 2010 年版，第 712 页）以"字"而区别"名"，使名有所正指。林希逸云："字者，代名之谓也。"实际上，《老子》以"字"言"道"，蕴藏着深刻的涵义，揭示其生生的内涵。以"大"而强名，因为大与小对，皆有形之称，然强名为"大"，此"大"乃是"至大"。在"名"与"字"的区别上，薛蕙认为，"名者，自命也；字者，人所呼也。""自命"者，自报其名。人所呼，共所称谓之。"字依乎名，既有字不可反无名。"有"名"，人才能"字"之，故"字依名"。但"字"以定"名"，故"字不可反无名"。"字"又有表德的用法。成玄英云："名以召体，字以表德。""召体"者，将人的个体存在以名谓揭示出来，使之自见于语言。"表德"者，以字称颂人的德功事迹，使之昭见于世，人人得以传称、效仿。"下，土也，而谓之地。上，气也，而谓之天。道以其字也。清昏其名。"（《太一生水》）"清昏"，或为"青昏"，夏德安认为是天地之名。"清"者，清气上而为天，《老子》云天得一以为"清"；"昏"者为冥，昏暗不明，浊气下沉而为地。名以事物形象而言谓，"字"以生生而称谓。"道"以其"字"生天地，而"字之曰道"。"天地名字并立，故过【讹】其方，不思相【当】"。李零认为："名"是可以指称事物的名，即它的本名；"字"是不能指称事物，只起符号作用的概念性术语，它是以抽象概念代表和涵盖具体事物。（参见《郭店楚简校读记》，中国言实出版社 2004 年版，第 49 页）"名"与"字"在造字上有区别，"名"一般来自对事物形态或象形映像的描摹，而"字"者更有通贯的抽象意蕴。"名"更重形象、会意，而"字"更重事物意义、德性价值。比如天地各有名字，"土"、"昏"是地的名，而"土"是它的"实"；"清"是天之名，"气"是它的构成。天地是有形之物，所以有名。又能生物、载物，虽有分工，然皆有生生功能，故谓之"字"。天地二者交合方有"字"的生生功能，故"名字并立"。如果"讹其方"，彼此二者错位，争强好胜，就会两败俱伤，"不思相当"。道本无称，因其万物无不由生而"字"之。正因为道超越有形，通于天地，故凭借这个"字"者做事，就能把事做好，又不受伤害。"以道从事者必托其名，故事成而身长；圣人之从事也，亦托其名，故功成而身不伤。""以道从事"用其"字"，故功成事遂；"托其名"言"名"，假名而用其"字"的功用、德性。二者合是"名字并立"。陆希声云："字因名立，名因用生，既与之为字，则知其有名"（《老子》25 章注）。有名有字，有字有名。"强字之曰道"（《韩非子·解老》），"字"者本身是"超形象"的称谓，加"强"字为赘。

二、文句解析

根据文义，下面逐句加以解析。

（一）"吾不知其名"

就何以"不知其名"的内涵，注家大略有四解。

　　一为不见其形容。河上公认为，我不见道的"形容"，故不知因何以名之？名因形容而可名，无有形体容状，故不可得名。陆希声解为"其体不可以名得"，无体故不可得以名状。吕惠卿认为，道是气形质浑沦而不离散者，"视之不可见，听之不可闻，搏之不可得"。因其形"不可得而见"，故不知其名而命之。以不得形见而不知其名，皆从形名认知的角度，揭示恒道无以言表、名状的存在质性。王弼指出，"名号生于形状，称谓出乎涉求。名号不虚生，称谓不虚出。故名号则大失其旨，称谓则未尽其极。"（引自《魏晋全书》第二册，吉林文史出版社2006年版，第122页）名号因形状而生，故"不虚生"。恒道无形状，故不可名号、称谓。若以恒道为可"名号"者，就会"大失其旨"；若以其为可"称谓"，就不能"尽其极"。

　　二为无有定形。王弼从"名以定形"的逻辑前提出发，认为恒道"混成无形"，故不可得定于形。无形可定，故"不知其名"。李荣认为，"天有形者立称，无象者绝名"。"大象无形"，是"无名"的根本。司马光沿袭这一思维，认为大道"混然无形"，故不可得而定。此从恒道存在本性的角度，揭示其不可名谓。同王弼一样，陈景元既从本体存在质性、又从认知思维角度进行揭示。名以指实，无形故无名。"大道无形"，它是"无形声端绪"；以其听莫闻，搏不得，故不知其名。陈象古认为，大道"无实体"，故"不可以定名"。定名必来自定形。恒道无所不包，体物不遗，涵摄万象，故不可以定名举。

　　三以无名为本。此以《老子》"道褒无名"、"道朴无名"等观念为依据，认为恒道本身是"无名"者。成玄英认为，"道本无名"，故"不可以智知"。恒道先于名谓而存在，而名谓不过是万物已生之后的称谓，故"无名，天地之始"。天地作为有形的大者，可以认知。其所生之始则无名，故不可智知。苏辙、薛蕙也以"道本无名"作解。以"无名"为恒道的存在质性，则回避了恒道何以为"无名"的认知问题。

　　四为至大不称。《庄子》持有此说，"大道不称，……道昭而不道"（《齐物论》）。"不称"者，是不可形名。道昭则分畛，故为"不道"。"夫道，窅然难言哉！将为汝言其崖略。"（《知北游》）"难言"，无以名，但并非无以认知，故可言其"崖略"。唐玄宗云："妙本生化，冲用莫穷，寂寥虚静，不可定其形状。先天地生，难以言其氏族"。"先天地生"，作为"天地之始"，故无名。道大，不可形容，故不知其名。这里，揭示了恒道何以不知其名的根源。林志坚正是以《老子》的"道隐无名"观念作解。

　　对《老子》此文的诠释，当综合以上注解，如此方能领略恒道"不知其名"的玄妙。恒道之所以"不知其名"，一是因为其本自无形无状，"先天地生"，为"天地之始"而"无名"；二是因为其"泛兮其可左右"，无定体、无定形，故"道褒无名"，"大道不称"；三是因为道至大，微妙不见其形容，至神无以名谓指称，不可感知。虽不可感知其体，然可体之于用，以"字之"、"强名"澄明其存在质性。

道 与 物

（二）"字之曰道"

对《老子》的"字之曰道"思想，注家主要有二类解法。

一为"通生之德"。成玄英认为，所以"字之曰道"，是"取其通生之德"。《老子》云："有名，万物之母"。以通生为"字"，保留了文本的原意。"通生之德"，揭示恒道为"万物之母"、"万物之宗"。"德"是生生，有功则可名；"通"是无外，至大不可形名。李荣云："约通生而为用，字之曰道"。"通生"以德用言，神无方来自无体。本自无有形体容状，故以"字"表示。"字"者，揭示出绝对本体大道"用有而体无"的玄妙思维质性。唐玄宗云："吾见有物生成，隐无名氏，故以通生表其德，字之曰道"。道的大德，在于"通生"，故以"字"表之。"字"者兼有称名其德的内涵。陆希声认为，恒道有用，故"不可谓无名"。陈景元指出，既言道为有物，"有物混成"，就有体用。"体用既彰，通生万物，就用表德"。以"通生万物"的功用表大道之德，故"字"以立。吕知常认为，"字之曰道"的根据在于："以其神用无方，通生万类"。"神用无方"与"通生万类"，相互界定。或因"无方"而能"通生"，或因"通生"以证"无方"，二者是实有而不定有的统一。因有这一存在质性，故以抽象的"字"来表之。

二为"物无不由"。河上公以为，"万物皆从道所生"，故言"字之曰道"。以生物之功、生生之能揭示恒道的功用、德性，故以字表之。"字"与"道"，皆有生生内涵，故二者相通。王弼认为，"涉之乎无物而不由"，则"称之曰道"。（引自《魏晋全书》第二册，吉林文史出版社2006年版，第122页）以"称"解"字"，强调"道"谓己出，是约定之言、表德之言，"字以称可"。"无物而不由"，是无所不可，可其固然，它为功成实有与功为不测的统一。以"字"况"道"，既用其表德之意，又用其生生之实。司马光以"字之曰道"为"取于无物不由"，苏辙认为是"圣人见万物无不由"。实则，"万物无不由"是恒道通生万物的另一种表达方式，虽然二者立意的主体不同。前者是就物而言道，追溯生生本源；后者是就道而言物，揭示生生德性。

《老子》之所以言"字之曰道"，在于"字"具有生生生的本义，以与恒道生生质性形成思维同构的关系。古"字"通"牸"，具有"牝"的生育德性。"玄牝之门，是谓天地根"。至于"生之畜之，长之育之，亭之毒之，养之覆之"，更是揭示恒道的"字"内涵。"字"者在揭示恒道"孳生"、"生生"质性的同时，也有通谓的涵义。"字"在指称上具有约定、普遍和通常的意指，而恒道正以万物无不由、通生为万物母为存在质性，二者具有逻辑形式上的同构性。"道"者，不可形名言，只能以孳生万物"字"之，又取万物无不由通称为"道"。正如《老子》以"母"、"玄牝"、"谷神"等喻恒道一样，"字"也是以会意揭示恒道的生生质性。"字"者，既可从数字、序列上，也可从德行、功绩等不同方面进行"冠字"，故不为形状所局限，带有强名的抽象约定质性。

（三）"强为之名大"

就"强为之名大"一文中的"强"字寓意，李荣认为是"理无名，无名而名"。虽本"无名"，然又要赋予其名，故为强名。以"大"为名是强名，因为"大"不足以尽言恒道的存在质性。"大"与"小"相对，皆是象形字。甲骨文"大"字，象正面站立的大人形。《说文》云："大，天大、地大、人亦大，故大象人形。""大"的本义，指通过在容量、体积、强度、面积、数量、力量、年龄或重要性等方面相比较所形成的相对认知质性。在视觉、感知上，天地为有形的至大者，而人为万物之灵。许慎解字，沿袭了这一象形认知模式。强名恒道为大，是无大之大的至大。它非是有形之大，而是超越有形，成为有形之反的无形之大。有形之"大"可以名，而无形之大无以名。以其天地万物等有名者，皆赖以生成，故强以名之。王弼指出，之所以为"强名"，在于"责其字定之所由则系于大，大有系则必有分，有分则失其极"。"大"者有分，就非"混而为一"的至大，故"失其极"。恒道作为绝对存在，若从形名思维上称之为"大"，同样也可因其"有分"而谓之"小"。"强名"为"大"，就是超脱"系于大"的思维，反于可名之名。就"强名为大"的内涵，注家从五个不同侧面进行了解说和诠释。

一为"包容之大"。河上公以"高而无上，罗而无外，无不包容"解"大"，然脱离"字"的内涵，则流入以时空的范围质性解读。"无不包容"的"大"，是宇宙时空思维，非是恒道生生的存在质性。以《老子》思维言，"容乃公"在于"曲成万物而不遗"，依靠"通生万物"而言其无不范围。李荣以为，"名之曰大"的根据在于"无一法而不包"。大道通行万物，故无有其外。言"法"，是释氏思维。唐玄宗认为，"强名曰大"在于"以包含目其体"。见其"包含无外"，故将欲定其"至无之体"。以"无"为"至大"，虽揭示出道大不测的内涵，然并未能澄明恒道生生不息的存在质性。陈景元云："包含天地，其体极大"。"包含天地"，则"道通为一"。"其体极大"，是无体之体。无体则不可形名，只能强名。陈象古云："大则无所不含容也，故总曰大。"总之以为"大"，是归纳综合思维，非是强名思维。强名者，本于道大无以形容，是否定思维的表达方式。道大的名字，是以其至极而言无极。"通生"是"道通为一"的总名、至极思维、"无不由"是"周行不殆"的无限、无极思维。范应元认为，道者"旷荡"，"无不制围"。"旷荡"者，无有涯际，广大无垠。"制围"者，"范围万物而不过"。二者是至极而无极的名家思维方式。

二为"物无不由"。从《老子》的本意言，"大"必然来自"字"的"为天下母"，本于"独立不改"、"周行不殆"的生生不测质性。《老子》云："万物归焉而不为主，可名为大。""大"来自"生而不有"、"长而不宰"的"玄德"。"万物归焉"揭示恒道"通生"、"无不由"的存在质性，然"不为主"则揭示功成不居的存在质性，二者合言是生物不测的内涵，同样为至极而无极的思维方式。"可名为大"，实则

是无形之大，为"无大之大"的绝对存在质性。王弼认为，大道是"混成之中可言之称最大"，盖因"取于无物而不由"。无物不由，正是以功用不测解"大"。恒道以其普施善利而万物无不由以生，以其生物不辞故无物不归往，以其"泛兮其可左右"而无所不在，三者统一皆可强名为"大"。"大"是强名之名，非是"可言之称最大"中的可名之名。陆希声云："寻其名未知所谓，究其用见其极大，因强名其用谓之为大"。"大"必以况于用，无用无"大"。即用见体，故体也为"大"。道体是微妙之"大"，道用是至神之"大"，二者皆是超脱可名的强名思维。

三为"体无涯迹"。成玄英认为，道者，"体无涯迹，故名为大。""涯迹"者，是存有分限、畛际，为存在物的属性。正因"泰初有无，无有无名"，故是"不大为大"。恒道是即用以见体，用无定用则神无方，体无定体则体无形。恒道以本源言，体是"有物混成"，然为"无状之状"；以寓于物言，体是"道通为一"，然是"不形之形"。体是无体之体，则用是无用之用，"大"是"不大为大"。相对于物的形体之大，"不大为大"是无大之大，它正是强名的思维真谛。王弼认为，言其为"大"，是取其"弥纶而不可极"。然"大"者有其名，未能尽其极。正因"微妙无形"，故"不可名大"。（引自《魏晋全书》第二册，吉林文史出版社 2016 年版，第 121 页）若言之为"大"，则失其常；名之为"大"，则离其真。正因"体无涯迹"，故"大"不可名；然以其弥纶无极的功用言又有实指，故可强名为"大"。"大"之强名，建立在可名之大的基础之上，无有形之大则无强名之大。

四为"物莫能加"。专以用言，恒道是"周行不殆"，既是"其用或不盈"，又是"其用不可既"，合言之是独一无二、"物莫能加"的绝对存在。王雱云："道譬万物，则无乎不周，可谓大矣。虽然，大名既立，全体已亏。"以万物譬道，是道寓于万物之中。以其周行万物，故无所不周。既立"大"名，若以为可名之名，则道体已亏。强名的"大"，只能以否定思维揭示之，是无大之大。苏辙云："见万物莫能加也，故强为之名曰大。""莫能加"，是天下万物无以匹之。否定万物可"加"，揭示其为"独立"存在。凡可加者皆是对待或相对存在，"万物莫能加"是无限的绝对存在。吕知常云："凡物之大皆有边际，唯道之大，化成宇宙，莫可加焉，强名之以大"。正如因存在物揭示恒道为"无物"存在质性一样，强名以"大"是因形大揭示无限之大，因可名而言强名。

五为不足尽表。吕惠卿云："道之为物，用之则弥满六虚，而废之莫知其所，则大岂足以名之哉？强为之名而已。""大"不足以名，则不可以其尽道。"大"者可名，而强名之"大"是无名之大。"弥满六虚"，充满宇宙，故无有其外；"莫知其所"，无乎定处，故无所不在。前者是至极思维，后者是无极思维。形大有尽者，天地之谓。道"大"无形，岂可以形"大"而名之，形名本不可以极其"大"。林希逸认为，功用无限，悠久无疆，故不足尽。强名为"大"，实则揭示的是恒道虽不足以尽表，然并非无言以譬道，无名以揭蔽其存在质性。强名正是超越形名的指谓表达思维。恒道体

无形、用无方、大无名，然因其德性、功用无穷而假名为"大"，揭蔽其功为实存的存在质性。林志坚以"道法自然"解之，然"无大之大"必是"无法之法"。至大无大，既不足以形大而名之，也不可以定法而法之。

三、传承影响

就《老子》强名恒道为"大"的思想意蕴，《庄子》传承之，提出了"道者为公"的论说。"今计物之数，不止于万，而期曰万物者，以之多者号而读之也。是故天地者，形之大者也；阴阳者，气之大者也；道者为之公。因其大以号而读之则可也，已有之矣，乃将得比哉！"(《则阳》)万物之"号"，来自其计数之多而名读之，故为一切存在物的统称、合称。"万"者，表数之极，为数多的强名。"道"也是如此，因其为天地、阴阳等形大者之公，故强名之为"大"。它是假有形至极而言无形的无极，假可名而言强名。"公"者，无不包通。以"强为之名"言，是假名以名之。"有名有实，是物之居；无名无实，在物之虚。……道不可有，有不可无。道之为名，所假而行。或使莫为，在物一曲，夫胡为于大方？言而足，则终日言而尽道；言而不足，则终日言而尽物。道物之极，言默不足以载；非言非默，议有所极。""道之为名"是"所假而行"，故"道物之极"则"言默不足以载"。道之为名，可假而行，在于有所假者，它是可名的存在物。有物是有实有名，无物是无名无实。恒道"无物"，是无实无名。或使、莫为之说，未离于可名，若以一察自好，故终以为过。或使为实，莫为为虚。虚实相对，皆为有待之属，故在于一曲。"道物之极"者，道者通物，有无一体。或言、或默作为有待之类，故不足以载道。相反，非言、非默则不执于一端，故"议有所极"。"议"者分辩，执于"或使"、"莫为"，故不能通于道。道不可以"有"名，也不可舍"有"言"无"，二者缺一皆不可名道。假名者，非以言尽意，而是假言以得意。郭象云："求道于言意之表则足。不能忘言而存意则不足。"在道家认为，感官认知不免有其表面性（现象）、片面性（分析）和偶然性（静态），而道不可以形象名，不可以分割言，不可静止观，所以必须从批判感官的执著入手，去寻找超脱其外的认知途径。这就是以用见体、因化知神的思维样式。恒道虽不可视闻搏得，不可以名言，但却可从其为"万物之母"以假名。就言与意的关系，留待后文"得意忘言"中详解。"凡道无根无茎，无叶无荣，万物以生，万物以成，命之曰道。"(《管子·内业》)这里，"道"呈现着微妙和至神的统一思维。无根茎、叶荣，微妙无形；万物以生成，神功至大。"命"者，约定之名，故通于强名。通过"字之曰道"和强名为大的指谓"可论"性，绝对本体存在方能向我们呈现出来，得以揭蔽。"圣人观其玄虚，用其周行，强字之曰道，然而可论。"(《韩非子·解老》)"玄虚"者，本体微妙；"周行"，功用至神。以用见体，以字、强名论之。既言"字"，则不必言"强"，"字"与"强名"是同样的约定、抽象思维表达方式。对绝对本体存在的"道"，还可强名为"太一"。"道也者，至精也。不可为形，不可为名。强为之名，谓之太一。"

道 与 物

（《吕氏春秋·大乐》）可见，"强名"思维已成为当时通用的一种认知表达模式。"道"可强名为"大"，也可强名为"太一"，可强名者不可数穷，然每一强名者皆揭蔽出恒道存在的某方面质性。"至精"者，不可形名计数，超出有数之一，而为无数的"太一"。《文子》赋予了"强名"、"字"以新的涵义。"有物混成，先天地生。惟象无形，窈窈冥冥，寂寥淡漠，不闻其声，吾强为之名，字之曰道。"（《道原》）"强名"不曰"大"，而为"字之曰道"，二者通用。这里，"强名"、"字"进一步脱离实指思维，而走向约定意上的命名思维。在道家思想中，"强名"思维与否定性思维共同构成了揭蔽恒道存在性的表达方式。"不道之道"，是"芒乎大哉"！（《道原》）道之所以"芒乎大"，在于"不道之道"。可道之道，非是"大道"。与"不道之道"思维相应，"芒乎大"是无形之大，不大之大。"道无形无声，故圣人强为之形，以一字为名。"（《精诚》）既"无形无声"，又何以"强为之形"？因为大道虽视之不见，听之不闻，却有"绵绵若存"的功用，因其遂物功迹而推知其"有"，强为形容为"不形之形"，或者是"大象无形"、"无状之状"和恍惚等。虽无形而生有形，故为"大象"。以"一"名"道"，是取其通生万物为一的"一"，亦是天下无有匹合之"一"。它是通一思维的揭示，假"万"以言"一"。"道可以弱，可以强；可以柔，可以刚；可以阴，可以阳；可以幽，可以明；可以包裹天地，可以应待无方。……夫道不可闻，闻而非也；道不可见，见而非也；道不可言，言而非也。孰知形之不形者乎？"（《微明》）道兼弱强、柔刚、阴阳等，"包裹天地"，它是"周遍咸"式、肯定思维上的"至大"。然大道本身却非是或弱或强、或柔或刚、或阴或阳等物性的有待存在，它是"应待无方"的无有定体，故不可闻、不可见、不可言，不可以形容。既赋形又不定于形，故强名为"形之不形"。大道既有数，是"可以弱，可以强；可以柔，可以刚；可以阴，可以阳；可以窈，可以明；可以包裹天地，可以应待无方"（《淮南子·道应训》），然又非是数，故为无数之数，是"形形之不形"。葛洪云："强名为道，已失其真，况复乃千割百判，亿分万析，使其姓号至于无垠，去道辽辽"（《抱朴子内篇·道意》）。"强名"者，寄言以喻道，本身非是可名之名，而是不可名、无名的假名。既为假名，就非有"失其真"的问题。恒道存在多少内涵质性，就可有多少强名，但每一强名都潜在涵摄其它强名属性。以"道"强名为绝对本体存在，它就是"不可道"的无限存在，非是定名以名。"千割百判，亿分万析"，是可名之名。"姓号至于无垠"，正揭示恒道存在不可以定名求，它只能假名，侧重于言指其某一方面质性而暂寄存其它存在质性。固然，执于名言将离道愈远。然若以"强名"为寄言，言以得意，得意而忘言，则虽言而不言，假名以为不可名，仍可揭蔽恒道存在的无限质性。王夫之云："曰道，曰德，曰性，曰心，曰神，曰天，可名言者皆寓也，斯须之循者也。"（引自《庄子解》，载《船山遗书》第七卷，第4045页）凡可名言者皆为"寓"，故为"寓言"。言以寓意，非言以尽意。可"循"者为定常，而"斯须之循"是无常之常，不可道之道。休乎天均，随所寓则众理皆成，故能通于万有。循随所寓之常，而不主故常，则无常其常，

常于无常。常在者可名，无常在则无恒名。既可强名绝对本体存在为"恒道"，也可以强名其假名为"恒名"，故为"其名不去"。

最后，对本节内容作以简要概述。《老子》"字之曰道"、"强为之名大"具有特定的思想内涵，足见《老子》用字之精、思维之妙。这里，"字"具有双关涵义，一是生生的名谓，一是表德的命名。"强名"者，假物性可名以揭蔽恒道的绝对存在质性。无可名之名，则无法"强名"。"强名"者，既是假以行名，就非是定名。"恒道"作为"恒名"者，虽不可以形名，然在有名的分判中，凭借肯定性的通一总名、否定性的不可名以及假名性的强名，以揭蔽自己为无限的存在。它是这样的一种玄妙思维：正因对物性可名的无垠分析，方可见证对恒道认知的深广无穷，证见恒道大全的不可测知。如果没有物性分析之名，恒道作为大全的质性就无法得以揭蔽。"恒名"作为恒道的"不可名"性，通过"无名"对"可名"的否定，对"有名"的涵摄，揭蔽出其"泛兮其可左右"的质性。左、右可名，"其可左右"是通于或涵摄左名、右名的总名、通名。又从其非左非右言，它是非左名、非右名的无名、不可名。既是总名，又是无名，则可予以强名。强名，是假可名的总名以揭示不可名的无名。物性可名的愈丰富，则恒道"强名"的大全、无限质性愈加得以揭蔽。正如恒道作为无限存在以"物物而不物于物"中得以揭蔽一样，恒名作为至名在假可名而不执可名中得以揭示。读老庄之书，切不可偏执于"无"、"有"等定名，而要在实有的无限丰富性中，在万物的无穷分判中，澄明其大全、无限的质性。老庄正是在对偏执分析的批判中，建立了整全之道。它非是否定分析之殊，而是使之成为认知揭示恒道一体整全质性的凭借。

第二节　道不可名

《老子》论说恒道"不可名"的内涵质性，分言在两章，一是"名可名，非常名"，一是"绳绳兮不可名"。如果说"字"、"强名"思维在于揭示恒道可以假言以得意的话，那么"不可名"思维，则重在揭示恒道存在的无限质性，名言者无法表述、表达以尽其大全。然"不可名"的不可言说，又因物性可名而得以言说。

一、文字校解

《老子》第一章云："名可名，非常名。"帛书《老子》"常"字写作"恒"，正如恒道一样，"恒"应为本字。楚简《老子》无此章，此文同"道可道，非恒道"一样，具有统领全书的作用，为后哲思维发展所撰。恒道作为绝对存在，要予以揭蔽，就必须借助名字来澄明。而恒道是不可形名者，故不得已以"恒名"来强为之名。

《老子》第十四章云："绳绳兮不可名，复归于无物。"帛书《老子》甲、乙本"绳绳"写作"寻寻"。绳绳、寻寻都与计量有关，义近同。乙本"名"写作"命"，义也相同。此文在楚简《老子》中无有，显然是后哲深思所增撰。

"寻"者，会意字，会伸张两个手臂量尺寸之意。原为长度单位。"音以八相生，故人修八尺，寻自倍，故八尺而为寻。"（《淮南子·天文训》）与"常"并称为"寻常"。"以舟之可行于水也而求推之于陆，则没世不行寻常。"（《庄子·天运》）古代八尺为"寻"，倍寻为"常"。"寻"字，由测量长度引申为动词意义的探求、寻找。进而为"连续"的涵义。"寻寻"作为联词，表示连绵不断。

"绳"者，绳索之谓。"绳绳"作为联词，用作多义。"宜尔子孙，绳绳兮。"（《诗·周南》）毛亨云："绳绳，戒慎也。"（引自《毛诗正义》，北京大学出版社 1999 年版，第 45 页）戒慎以长远不辍。"子孙绳绳，万民靡不承。"（《诗·大雅》）毛亨、郑玄笺皆训"绳绳"为"戒慎"，此义来自《尔雅》。"兢兢、憴憴，戒也。"（《释训》）邢昺云："绳、憴音义同。"（引自《尔雅注疏》，上海古籍出版社 2010 年版，第 95 页）"绳绳"与"憴憴"义又有所不同，"子孙绳绳"，犹子子孙孙。"子子孙孙，引无极也。"郭璞注："世世昌盛长无穷。"邢昺疏："舍人曰：'子孙长行美德，引无极也。'"（同上书，第 103 页）"子子孙孙，勿替引之。"（《诗·小雅》）"替"者，"废"之义；"引"者，长之谓。因戒慎而长无极。"君子绳绳乎慎其所先"（《管子·宙合》），"末世绳绳乎唯恐失仁义"（《淮南子·缪称训》）。从前后文对比看，"唯恐"、"慎"与"绳绳"同谓，既有"戒慎"涵义，也应有"恒常"、"不间断"的意义。合起来言，是"恒自戒慎"。可见，寻寻、绳绳皆有恒常的涵义。朱熹说："绳绳，不绝貌"。（引自《诗集传》，载《朱子全书》第一册，上海古籍出版社、安徽教育出版社 2010 年版，第 406 页）《集韵》云："绳"音"泯"，"绳绳，无涯际貌。一曰运动不绝意。"绵绵不绝，正是《老子》所取义。河上公注"绳绳"为"动行无穷极"，李约注为"长远不绝"，苏辙注为"运而不绝"，刘骥注为"绵绵不绝，运用无穷"，吴澄注"续而不绝"，李嘉谋注为"未尝须臾可离可去"。然也有以"众多"解之者，如林希逸解为"多"。薛蕙解为"众多"。

二、文句解析

下面，分从两个文句上逐个诠释之。

（一）"名可名，非恒名"

1. "名可名"

"名可名"的第一个"名"字，为名词，意指当时世俗流行的所谓假形象或会意的可命名之"名"。它既涵指命名、形名之名，也指显名、功名、名位之名，皆为限定之名。"名"者来自"命"，因对象而有命，"命"是形名的界定、约定。古代先人以象形、指事、会意等造字，故"名"来自对现实事物镜像性、指示性的模仿、组合等。"名"的造字原理，限定了其所界定事物种类以及外延的范围。凡有形状、声音、颜色和味觉等可感知的存在，方可以名，而无形、不可感知以得的就不可名。这里，"可

名"之"名"是一个有具体指称、具体限定的称谓，它的本质涵义在于在命名、指称中因有所分别、限定而可以命名、称道和加以区别。指事之名，目的在于用以称谓事物来表达和沟通交流。功名、名誉之名，目的在于称道、传颂，它是为人记住、流传的名声、名号。名位。虽为命名之名，但却与职位爵禄等相对应，具有贵贱等级的区分。注家解"名"主要有四类。一为显名。河上公云："富贵尊荣，高世之名也。""高世之名"，是名声、名誉之名，犹如"举世闻名"。二为指称。王弼解"名"为"指事造形"者，它是指事之名。唐明皇云："名者，物得之所称。"名与实相副。三为形名。范应元、苏轼认为，名者因分别而成，凡物有形方可以名。王雱云："名生于实，实有形数。""形数"者，分析可数的具在之形。物形分殊有别，它是"名"产生的逻辑前提。四为强名。陈景元以"道"为体，以"名"为用，"用因体生，名自道出。既标其名，即可称用。称用既立，故曰可名。可名既著，即非常名。"显然，"名自道出"是将此"名"看作是"道"的"强名"，因用而生名，标名以称用。以"可名"称用，是"强名"。"名"者，是同一、差异的统一。有同一，则有共名、通名；有差异，则有不同种类的殊名。二者的统一，正是"名"的功用所在。"名"的认知逻辑就在于：在不同、差异中寻求同一、统一，在统一、共名中把握差异、区别。

第二个"可名"之"名"，为造字命名行为的动词，是指事摹形的"物称其名"，它使存在物通过文化符号得以彰显、传达和交流。名因称物而定名，名自命则成为约名。何以可名？因对象有分、有象、有形，为具体可感知的存在物。"可名"的认知行为，来自存在者有形以见，有色以视，有声以闻，有状可持等，它是对存在物时空、状象、质量等属性的感知。物者生化不止，种类复杂，故类名中又可分出若干分殊的属名。种属之间是统一与分殊的名谓关系。命名的思维行为，本质在于赋予存在物以符号、文字上的静态结构、规范样式。名一经命名、可名，就成为定名、常名，与变化的存在形态不免会产生裂痕、背离，甚至是相反的思维现象。陈景元认为，"可名既著"，就成为故常、固常，非是"常名"。王雱指出，"名生于实，实有形数，形数既具，衰坏随之，其可常乎？"名位之名，与利害、贵贱相关，既有"扬名立万"，"声名远播"的追求，就会产生沽名钓誉的社会现象。严遵云："可名之名，功名显而非素真也。"只有"功成而不名有"，方能纯朴无名，释而自然，虽有名而保持无名的素真状态。世人往往执为于"可名"，不知"可名"之弊，故导致"殉名"。《老子》见此之害，故以"无名"济之。名既可因体称名，亦可因用强名。唐玄宗云："名生于用，故云可名。"事物功用实存，然不可形名之谓，故只有"强名"之。与"可名"之名对反，"恒名"是"强名"。司马光认为，"名亦可强名"。命名行为，既有指事造形的形名、可名之名，也有指定、约定的假名、强名。前者是与事物形状、属性对应的象形、执事、会意之名，后者是人名、代号的字名、假名。

2. "恒名"

"恒名"之名，是《老子》所常用的"强名"，也是与当时世俗"可名之名"的对

反之名。"恒名"因"可名之名"而立，针对"可名之名"以强名。恒名与可名的逻辑关系是相互界定。可名之名，是肯定物性的命名；恒名之名，是否定可名而后形成的命名。以名谓的认知思维言，否定因肯定而有立，无肯定则不存在否定。否定也是一种肯定，只不过是否定式的肯定。否定性作为存在质性，因肯定的存在性而得以界定、反映。"恒名"超脱象形、指事、会意等法象、感知思维而为强名，它彰显着象形感知观念向抽象观念的发展。这里，所谓的"抽象"，非是归纳思维的"共相"模式，而是"无形无名"的否定思维。正如恒道是可道与不可道的统一一样，"恒名"是可名与不可名的统一。对反于"因名指形"名谓的强名，虽不可名，却有实在性，只不过是"不可名"的存在而已。恒道"无名"思想，与禅宗"因名显相"而又"遣名"的思维有着迥异的差别。"恒名"者，同恒道存在一样是"自古及今，其名不去"。这个"恒名"，与恒道绝对实在具有指称对应的强名关系。与物之可名相反，只有不执于"可名"，方能有其"恒名"。"恒名"作为无名者，又是至名。有名者皆以无名者而生成，正如有形生于无形。何为"恒名"？历来注家之解大略有七类。

一为质朴之名。河上公解"恒名"为"自然常在之名"，"常名如婴儿之未言，鸡子之未分，明珠在蚌中，美玉处石间。内虽昭昭，外如愚顽"。"自然"者，纯朴不离，"道朴无名"；"常在"者，恒自存在，"其名不去"。"恒名"若只是潜在不割、保持原初本性，虽与"高世之名"相反，然却没有玄妙质性。《老子》固然重视本始之朴，然更强调玄达或玄通。朴散为器，器者分割，为具在之物，而圣人用之以为官长。"官长"者，以道朴镇之，犹如"知子守母"。实际上，内昭外愚非是尽言本原朴质，而是虽有名而守于无名。"恒名"既是"常在"，就应涵摄恒道存在的原始混成和道通为一两种样态。

二为强为其名。叶梦得云："道无物，不可得名。圣人无意于言即已，苟欲言，非名之则无以显其道，故存其不可道不可名者，以为之常，而设为可道之道、可名之名，以寄其非常。"物者可名，是定常之名。大道是"无物"存在，故不可得以名称。然无言则恒道不为人见，故存其"不可名"，而假可名之名以寄其非常之名。可名是常名、定名，而"恒道"作为"非常"存在，只能以"恒名"揭示其"不可名"的"无名"。此思维来自以"可道"揭示"不可道"的"恒道"。

三为无常可名。陆希声云："道本无名，则名无不可，故曰可名。所可名者，以名求体也。夫以名求体，是物之变，非名之常，故曰非常名也。"此从"名"、"可名"与"非常名"三者的关系上揭示恒道之名的内涵。恒道之名本是"无名"，然作为"可名"则是"名无不可"。之所以以为"可名"，在于"以名求体"。物变则名异，道者体涵万变，故无常定名。名常者，一定之名，物者之名。相对于物性的定名、常名，假有名以揭示无名，则无名是"非常名"。他以"常名"为物之定名，以与此相反的"非常名"为恒道本名的"无名"。虽也是在有名与无名、常名与非常名的相对关系中进行相互界定，揭示出恒道之名的特殊内涵，然因没有正确把握恒道、恒名之"恒"

的特定涵义，故出现以"常"为定常、非是无常之常的另类解法。苏辙云："名既立，则圆方曲直之不同，不可常矣。"道通万物，而物名分殊别异，故不一于常。物者变化不定，不可以一名举。"夫大为马，小为驹；长为鸡，小为雏；大为牛，小为犊；人生为儿，长为老。岂有定名哉？"（《太平广记》卷一七三）物性可以定名，然变化不一又不可常名。道通万殊，无常定理，不可一于可名之名，故只能假无常之名以揭蔽之。范应元云："惟常久自然之道，为万物之母而无形"，故"不可名"。微妙无形，不可定名。李道纯云："唤作一物即不中。"一物一名，以物而名，故不中其性。正如恒道恒于无常一样，恒名是无常可名。

四为常在之名。王弼以"指事造形"为"非其常"。"指事造形"者，形以定名、事以指称，名其可名。它是命名之名的固常，而非是名以无常的恒名。恒道者，常于无常。虽无常而常在，"其名不去"，故为"恒名"。宋徽宗以道者"自本自根，未有天地自古以固存"，故"其名不去"。可名之名，因物成毁，而不恒其名。恒道恒在，不更其名，故可强名为"恒名"。恒道的存在质性，以其"独立不改"为恒常，以其"周行不殆"为无常。与此相应，恒名是独立的"其名不去"。李嘉谋以"常"为"不变"，认为物变而道不变，恒名者是不变之名，常在之名。林希逸认为，可名者变易，如四季以分则春不为夏。而"常"者不变不易，恒名是不易之名。黄茂材以"常"为"长"、"久"，认为恒名非是变易的可名之名，而是长久之名。陆佃云："其名不去，常名是也。""恒名"，与可变之名相反，是不可去之名。

五为该遍之名。唐玄宗云："物殊而名异，则非常于一名。"大道通于万物，故涵摄万殊之物。因物无常其名，则"恒名"不定于可名之名，而通一于可名之名。陈景元云："常名者，谓应用无方，支离其德也。"一德一用必可名，而用无方、德支离，则无常的可名。"常名"是涵摄无数"可名"的总名。王雱云："唯体此不常，乃真常也。""真常"之名，因名不可常，即可名而无名，故周遍于可名。刘骥云："道言其体，名言其用。可道可名，犹百家众技也。各有所长，时有所用，不该不遍，非真常也。"可名之名，各有所称，时用有殊，变化无常。执著可名，正如"一察以自好"的"一曲"一样，不能通变，故为"不该不遍"。拘于可名，则不幸不见"神明之容"。道有殊用、时用，固然用无常名。然即用言体，神无方而道无体，无定体则无常名。恒道者无常其用，故广大该备。恒名亦是如此，它通一于可名，该遍殊用的可名之名。

六为无名之名。成玄英认为，教者可名，非常名。然"至论造极处，无可无不可，亦非常非不常。"释氏是有名、无名"双遣"，故无可无不可、非常非不常。以《老子》思维言，恒名，既是无名，亦是有名。执于不可名，非是。执于可名，亦非是。王安石认为，"名生于义"，故有名。"义"者，分殊别宜，故可名。可名、有名，来自无名。"道本无名，有可名则非吾之常名。""无名"，因其不可名，故为"恒名"。"无名"为潜在之全，有名为存在的万殊，有名生于无名。无名涵摄有名，正如"无状之状"思维一样，它是无名之名。陆佃云："常名以无方为体"。"无方"者，无定形，

故无定名。相对于可名之名，恒名是无有定名的无名。正如"无方"者"无乎不在"，恒道无名寓于万物有名之中，因物有名而解蔽其为无名。无存在物的"可名之名"，也就没有恒道的"无名之名"。林志坚以"道隐无名"作解，"隐"是遮蔽的意蕴，而非是隐匿的意谓。执著有名就将遮蔽无名。无名即在有名之中，如恒道寓于万物；无名又超脱于有名，如恒道"不物于物"。

七为常人所名。李荣以"名"为"大道之称号"，认为"德立理体，运之不壅，包之乃无极"，昭大道之体必以大道之名，故道名可名。大道之名非是"常名"，"非常俗荣华之虚名"，故《老子》欲令"去无常以归真常"。"真常"之名，是大道之名；"常俗"之名，是荣华的虚名。"昭大道之体必以大道之名"，是强名、假名之名。此以"常名"为习名，以"名可名"为《老子》所立之名，虽前后倒转，然因名谓界定明确，不失其意。由此可见，"名"的内涵可因定义而有不同。与其解相反，若以"名可名"为习俗所名，则"恒名"就为恒道的真常之名。司马光解"恒名"为"常人之谓名"，常人所谓名是"苛察缴绕"的可名之名、习常之名。陈象古认为，"可名"是"众人之所见者"，然可见未能尽道之妙理。"众人常名者，非所谓名也"。"众人常名"，是习俗所见的可名。因可名者分纷，故非是可言道之名。

（二）"绳绳兮不可名，复归于无物"

1."绳绳兮不可名"

注家站在不同的角度，主要有三类解法。

一因不测而不可名。河上公云："不可名者，非一色也，不可以青黄白黑别；非一声也，不可以宫商角徵羽听；非一形也，不可以长短大小度之也。"恒道因"绳绳"的"动行无穷极"，故不可以一性名。"一色"、"一声"和"一形"者，皆是物殊的一性、一质。凡物因此定性而成其为现实存在的"个物"。此"一"既是物物相对互别的分殊之一，也是一物以为定性定名的"一"。恒道周行无极，涵摄无穷，故不可名以定名。这里的"不可名"，是"恒道"的不能尽于可名。唐玄宗以"绳绳"为"运动不绝"，大道"不皦不昧，运动无穷，生物之功，名目不得"。功用有穷，则有名目。"名目不得"，是不可名。何以如此？因为生物功用不测，不绝于功为。陈景元以"绳绳"为"接连不绝之貌"，认为它是"无际"的存在。"绳绳运动"，故"无穷无绝"。道生育万物，而不属物生；变化万物，而不属物化。万物自生自化，不可以其指名于道。宋徽宗云："道之体若昼夜之有经，而莫测其幽明之故"。昼夜之经变化更迭，无常其运，故"莫测幽明"。或幽或明，可以定名、形名。"莫测"则貌像声色不可得以形容，故不可得以名。恒道是功用上的"神无方"，故不可以形名。它是否定有限而无穷极的不可名思维。

二因周遍而不可名。《老子想尔注》以为，大道上不皦、下不忽，故"不可见名"。非是定在，故非可定名。葛玄云："道入皮肤骨节之中，故曰绳绳不可名"。无所

不在，故不可形名。李荣以"绳绳"为"乘乘"，认为其犹"泛泛"。乘物以游，则无所系，故不可名。吕知常云："不可以名称，不可以迹见，德备不显"。"名称"、"迹见"，皆物之属。"德备不显"，大备而不可以名。林希逸以为，大道是"多而不可名"。多为总体、通体，故不可分析以名谓。李道纯认为，它是"虽有条目"，而"实无名唤"。条目无穷，故不可定名以名。王夫之认为，"名有则失无，名无则失有。""有"、"无"可以分别名，而名不可得兼"有"、"无"。道者是有、无一体，故不可形名。恒道是存在上的"周遍咸"，故不可以形名。它是肯定式涵摄包容至极的不可名思维。

三因微妙而不可名。成玄英以"绳绳"为运动之貌，"至道运转天地，陶铸生灵，而视听莫寻，故不可名"。"视听莫寻"，是希夷之在。大道微妙，不可见闻，故不可以像定名。以《老子》思维言，恒道是"不可致诘"的"混而为一"存在，同时是微妙无形，为"无物之象"的存在。可名的前提来自对物的可感知，故以可状以况之、名之。恒道作为不可感知的存在，故不可以感知的可名思维以名之，只能采取强名、假名的约定命名。恒道是本体上的"体无体"，故不可以形名。它是不可感知以形名的不可名思维。

实则，功用不测、存在周遍以及微妙无形，三者一体，相互贯通，因角度不同而有侧重。恒道存在的微妙无形体现于功用不测、存在周遍之中，非是另外的存在质性。微妙无形不是空无，而是恍惚无限，"为物"不测，"湛兮似或存"。从上下文看，"不可名"与上句"其上不皦，其下不昧"、下句"是谓无状之状，无物之象，是谓恍惚"具有融贯的一体性，"绳绳"重点在于揭示一种连绵接续而不间断的存在样态，它是恒道生物不测的存在样态。正因为非是静止性的存在，故不可得以分析名谓思维以名之。

2. "复归于无物"

河上公解"无物"为"无质"，而作为气形质之"质"是构成物体的原始精物、因素。"太素者，质之始"（《易纬·乾凿度》）。《老子》的本旨在于，虽生物不测，物物不穷，然"生而不有"，"不物于物"。非是返回于无质的本原状态。《老子想尔注》解为"如无所有"，虽"有"而若"无"，不执于"有"。李荣以玄之又玄、遣之又遣的思维解之，"无，无所有，何所归，复须知无物，无物亦无"。以释氏思维言，以有物遣无物，又以无物遣有物，故言"无物亦无"。以《老子》思维言，"复归于无物"，正是大道恒自生物、物物的本性所在。只有功成不居，方能功为不测。唐玄宗以为，"非物能物"，常生物者"未始有物"。生物不息，而"妙本湛然"，故复归于无物。"非物能物"是《庄子》所言的"无物"者能"物物"的思维，然"复归于无物"的"无物"非是绝对本体存在的"无"，而是保持"妙本湛然"的内在质性。生物者不自生，故"未始有物"。以《老子》思维言，"复归于无物"蕴含在"独立不改"的思维之中，为功成而不自囿。它是宗旨在于功为于不测，"周行不殆"。陆希声以为，它是"虽千变万化复归于无物"，虽万化未始有极，然不落入物化，而反本于"一不化"。

造物者成物然保持无物，方能造化万物，"物物而不物于物"。陈景元认为，"既而寻本究原，归于杳冥，复于沉默，斯乃道之运用生化之妙数"。以"复归"为"寻本究原"，以"无物"为"归于杳冥，复于沉默"，已然偏离《老子》的意旨。实则，恒道生化妙旨在于"生而不有，为而不恃，长而不宰"的"玄德"中，它是"功成而不名有"的思维意蕴。吕惠卿认为，"惚则不皦，不皦则疑于无物也，而非无物也；恍则不昧，不昧则疑于有物也，而非有物也。"恍惚一体，就是无、有的统一。以其不执于所有，谓之"无物"，为"窈兮冥兮"的不可名；以其生化不测万物，谓之"有物"，为有精有信的可假名。"复归于无物"的意旨，同样在于恒道"为物"的"惟恍惟惚"中。一方面是不居已有、定有，一方面是生物不测的不滞已有。"复归于无物"，揭示出恒道在生物功存中显示其有，又不拘于已有的"为物"机制内涵。苏辙云："人见其运而不绝，则以为有物矣。不知其卒归于无也。"在世俗认知看来，凡存在皆"物"，无"物"则无存在。因万物芸芸、变化不止而见其"运而不绝"，故若为"有物"存在。然恒道化育功成若"有物"，实则"复归于无物"。只有如此，方能不成为物，而又作为"造物"、"物物"存在。这样，在宇宙中就存在两种"存在"，一是以"无物"为存在样态的绝对本体存在恒道，一是居有定所、具有固定属性和作为定在的存在物。恒道作为"无物"存在，既在成物中存在，无物不在，又不定于一物，非作为存在物以存在。《老子》云："玄德深矣，远矣，与物反矣"。恒道只有"与物反"，成为"无物"存在，才能不变为存在者的物性存在。薛蕙以"无物"为"本"，认为虽"动而为万物"，然终则"复归于无物"。恒道本自"无物"而能"物物"，"物物"而又"不物于物"。对应于恒道"复归于无物"的存在质性，从"绳绳兮不可名"言是"复归于无名"。"道朴无名"，虽本自无名而生成万物的可名、有名。虽生成有名。可名之物，然保持无名，"道褰无名"。"无名"作为"绳绳兮不可名"，是道大不可名，不滞于可名。

二、发展影响

《老子》恒道的"不可名"思想，为道家、法家所传承发展。《庄子》提出了"大道不称"的观念。"夫大道不称，……道昭而不道，……孰知不言之辩，不道之道？"（《齐物论》）"称"者，称谓、名称之称。成玄英云："大道虚廓，妙绝形名，既非色声，故不可称。"（引自《庄子集释》，中华书局2004年版，第86页）有形声色者，有称有名，而大道无形声色，不可致诘，故不可称名。《说文》解"昭"为"日明"。"日月，昭察万物者也"（《管子·形势解》）。"昭察"，使显示、彰显，相互区别以为具在。它以视觉可感知为前提，而感知者是具在、分析的形名之物。"昭"与"隐"相对，"有隐行者，必有昭名"（《文子·上德》）。"昭名"者，可昭之名。名可昭，必是可。道昭有名，它的对反是"道隐无名"。大道不昭，故不可感知、不可形名。"不道之道"，既是不可道之道，也是不可名之名。以道言是恒道，以名言是恒名。恒

道"不可名"，体现在技巧之道上是不可言，《庄子》多以寓言表示。

　　桓公读书于堂上。轮扁斲轮于堂下，释椎凿而上，问桓公曰："敢问，公之所读者何言邪？"公曰："圣人之言也。"曰："圣人在乎？"公曰："已死矣。"曰："然则君之所读者，古人之糟粕已夫！"桓公曰："寡人读书，轮人安得议乎！有说则可，无说则死。"轮扁曰："臣也以臣之事观之。斲轮，徐则甘而不固，疾则苦而不入。不徐不疾，得之于手而应于心，口不能言，有数存焉于其间。臣不能以喻臣之子，臣之子亦不能受之于臣，是以行年七十而老斲轮。古之人与其不可传也死矣，然则君之所读者，古人之糟粕已夫！"（《天道》）

　　圣人之言，"宪章文武，祖述尧舜"，它是可名之名。圣人已死，教言虽存，然所存者已是陈迹、故为旧的"糟粕"。斲轮之术，徐缓不固，疾急不入，不徐不疾方为得宜。道有"数"存，然"口不能言"，也不能喻、受。以之为喻，足见古人所传者已灭于古，教当与时变，而读古人之书不亦是执于糟粕？此从书言所载与变化事实的张力关系上，揭示出书言当与时变，才能与所言事实相符。语言文字一经"可名"，就是定常之名。事物恒于时变，作为反映事物存在的语言文字，要经常审视其与现实脱离甚至背离的问题。道不可名的另一个重要观念，是"道不当名"（《知北游》）。在"名"与"道"之间存在着非对称而相反的关系。恒道"不可名"，主要在于"名"的分析有限性与"道"的无体无限性存在着不能吻合、甚至是背离的关系。每一个形名、定名皆无以表达"道"的意旨，故道不可名。《文子》对"名可名，非常名"思想进行了阐发。"书者，言之所生也，言出于智，智者不知，非常道也。名可名，非藏书者也。"（《道原》）"书"者，诗书礼乐之类；"言"者，先王圣贤之论。二者皆是"可名"之属。书以载言，言以成书。言出于智，而智者不知。古人之智，不知今之时变。真知者，知大道不道，故知者不言。恒道，无常其可道。智者藏书，反为"不知"。言者不知，非是"常道"。书为刍狗陈迹，非今之所实指。名之可名，当因时而实指，故非藏书所能言。此从名与实关系上揭示事物"名可名"的内涵，虽与《老子》用以揭示恒道存在质性的意旨有殊，然若以道通行万物、"动善时"的思想来看，则是恒名的无常其名。"著于竹帛，镂于金石，可传于人者，皆其粗也。三皇五帝三王，殊事而同心，异路而同归。末世之学者，不知道之所体一，德之所揔要，取成事之迹，跪坐而言之，虽博学多闻，不免于乱。"（《精诚》）著镂于竹帛、金石者，是陈迹糟粕的可传之言，而非是所以言者。若取"成事之迹"，执于可名之名，泥古不化，故虽博学多闻不免于惑乱。古来圣人因循时变，以道"体一"，一以因化；以德"总要"，通于时变。知时变则无常名，名可名而不执名，各得其名所以名。"诵先王之书，不若闻其言；闻其言，不若得其所以言。得其所以言者，言不能言也。"（《上义》）"言不能言"，是"名可名，非恒名"的思维结构。书以载言，所以言者不能言。"所以言"者，言不可执，名不可滞，言无常言。《淮南子》以历史发展的视角，对"得其所以言者，言弗能言"思想进行了阐释。"王道缺而《诗》作，周室废、礼义坏而《春秋》

作,《诗》、《春秋》学之美者也,皆衰世之造也。儒者循之以教导于世,岂若三代之盛哉!以《诗》、《春秋》为古之道而贵之,又有未作《诗》、《春秋》之时。夫道其缺也,不若道其全也。"(《氾论训》)礼乐因时变而制,制之不宜则废,未始有常。学之美者《诗》、《春秋》为衰世之造,是王道缺损使然。贵《诗》、《春秋》之道缺,不若贵其未作前的"道全"。先时可名可言的诗书,不若无常可名的道全无名。"言弗能言",在于当时以言。《关尹子》直接以不可名、不可言为道。"非有道不可言,不可言即道。非有道不可思,不可思即道。"(《一宇》)在《老子》本旨,恒道为客观实有的存在,而言、思是主观认知、学思的行为。言、思者皆是可道之道,不可言、不可思是不可道的恒道。"道不可言",是言不尽于表道,道者无穷而言者有限。《关尹子》的"道"为心境之道,"不可言即道"是视"言不能言"者为"道",将非言非不言的"双遣"为佛学的"道"。住于言说,非是。空于言说,落于枯槁无灵,亦非是。

儒家也有"无所成名"之论。"大哉孔子!博学而无所成名。"(《论语·子罕》)"博学"者若"无所成名",就非是"一察以自好",非有意、必、固、我之执,不以一艺成名。郑玄云:"美孔子博学道艺,不成一名而已"。(引自《论语集解》,载《魏晋全书》第一册,吉林文史出版社2006年版,第473页)博学于道艺则"不器",故非成于一。王夫之云:"圣人道全德备,原不与才智之士争一得之名,而圣不自圣,不以道全德备自居于无能名之大德,故即人之所可立一业以成名者,若有慕焉。盖德愈至则心愈虚,而道极其大,则天下无不可居之业,不待离物以名其高也。"(引自《四书训义》,载《船山遗书》第三卷,北京出版社1999年版,第1799页)"一得之名",以贤名自居,或是沽名钓誉。心虚方能容物无执,故大。道全德备,不执于名,故无以成名。"上德不德",若自居于无能名的大德,就是"下德不失德,是以无德"。"圣不自圣",是不居有名。有名来自"可居之业",而"无不可居之业"是"无所成名"。"圣人之心,所为至虚而不自恃。道之所以全,德之所以备,天下之所以无能名,胥此圣不自圣之心。"(同上页)天下之所以无能名,在于"圣不自圣"。心至虚,则不自恃、不名有。道全德备者,无自固封,恬淡自然而守本无名。对《老子》言,圣人"无名"是"不欲见贤","功成而不名有"。道大"不可名"思想,在《易》中具有同类思维,主要显现为道器、形上形下以及"神无方而易无体"、"象也者像也"等意蕴之中。《易》之为书,"不可为典要,唯变所适"(《系辞下》)。"典要"者,可名、可道之类。"唯变所适",则是"名可名,非恒名"。朱熹在答"道可道"上云:"名而可名,则非常名。"(引自《朱子语类》第八册,中华书局2014年版,第2995页)可见,朱子吸收了《老子》"名可名,非恒名"的思维。陆九渊认为,"老氏见周衰名胜,故专攻此处而申其说,亡羊一也。"(引自《陆九渊集》,中华书局1980年版,第469页)对周衰名胜之弊,孔子以"正名"救其乱,《老子》以"无名"拯其失。"正名"者,以为名正言顺,重在名实相副;"无名"者,以为无常可名,重在名当其实。前者是以理正之,后者是以道镇之。王夫之云:"可名者固非常名。名且不常而况

于法，法固不常而况于道乎？遇方而方，遇圆而圆，合者自合，离者自离。因其常然，则仁可也，义可也，非仁非义可也，性命之情也。"（引自《庄子解》，载《船山遗书》第七卷，北京出版社 1999 年版，第 3955 页）可名者，一曲、一端、一物、一事、一时之名，故非常名。常名者，无常可名，其名因事物与时俱进。一言而概之，是名其可名，而不执于所名。名其可名，是因物形名，名各自命，名而当名，无物不名；不执所名，是非定于一名，不固于已名，名与实变，无常其可名之名。成中英在论说道家的传统上认为，道家所持之道是整体的，不可界定的，不可言说的。"道不能以任何对象来限定，也不能将其特性有限的表达出来。"（引自《中国哲学的特性》，载《成中英文集》第一卷，湖北人民出版社 2006 年版，第 9 页）万物因有限特性而为定有、殊有，而道家所言之"道"是"无物"存在。恒道作为整体，是通于万物；以其不可界定，为无有畛域。不可言说，是"大道不称"。恒道无常形状，故不可以形名、析言表达之。然而，"道并不只是一种被消极认定的存在，而是一种不受局限的且为一切事物源泉与原始之对象。"（同上页）以消极性认定，则"道"为虚无无有，不可言表，它必将落入不可知论。作为源泉、原始者，是"道朴无名"，有名不足以尽表，因为作为"无物"存在具有无限的质性。作为无极存在，它不受限制；作为恒常存在，它无有终止。恒道虽不可名，然不离可名，在可名中揭蔽自己为不可名的存在。此种名言表达思维类似海德格尔的诗的语言学说。"存在"在言说中揭蔽自己，正如恒道在可名中澄明自己。名言虽非是"存在"或恒道，但它们正是通过不断的言说呈现自己。《老子》以恒道为"不可名"，正是对中国文字造字方式的一种深刻反思，对文字的静态、分析性建构思维的一种反省。象形文字以象形、指事型造字方式为主，其中"名"与"实"一一对应，对外物实在具有相对应的映像认知，"指事造形"、"核名定实"和"正名"等揭示的正是具有"真理符合论"的形名思维方式。由于它局限于指称具体存在事物的形态或关系，故受限于对不可以形象见的存在的命名。《老子》在创新一种思维方式的同时，也在创造一个富有新内涵的词汇构成方式。虽借用"道"字来立言，但在原"道"字前加上了一个"恒"，用以区别原字所表达的寓意，而形成一个相反意义的存在意义。这一语言表达方式，近似于存在主义者海德格尔的哲学表达思维。海德格尔用现象学方法，提出了对"存在"的哲学思考，超越了从古代一直延续至现代的对"存在者"存在的思维，创新建构了很多不同于以往的名词、用语，并以之揭示"存在"的存在质性。他提出的"语言是存在之家"的哲学思想，创新性将语言引向了"存在"的"道说"。同样，《老子》以恒道的强名，揭示出了一个超越于物而又不离于物的恒道存在。它是"无物"存在，或者说是"无状之状、无物之象"的存在。正如存在言说"存在"、存在在言说中到达一样，恒道在成遂万物中揭蔽、道说自身的存在，在造物于物的可名中澄明其"无名"的质性，在生成物的"有名"中见证其非"可名"而为"恒名"。

最后，对本节内容作以简要概述。"可名"之名，是物体形状、关系等属性反映在

认知上的"镜像"和象形构造模仿。物有形状声色等具体属性，而感知具有时空性的直接认知能力，二者构成了反映、映像的造字模式。恒道是"无物"存在，然因物而见，物可名而恒道不可名。不可名，以其无常可名，故强名为"恒名"。强名是假言以喻道。绝对本体存在虽无形状容体可以直接感知，但因万物无不由以生而强名。"恒名"者，既是无常可名，又是"其名不去"。相对于物性可名的无常、不定言，恒道是自古已固存的"其名不去"。相对于物性可名的定名言，恒道是无常定名。相对于可名的分析感知性言，恒道是微妙无形、功用不测、无所不在的无限存在，故为不可名的"无名"。相对于恒道涵摄万物言，恒名是该遍一切可名的周遍之名。相对于恒道物物而不物于物言，恒名是常于可名之中彰显自己，而又无常于可名。在名物的可名中，见证着无所不可的无不可名。在揭示恒道的名谓上，以其"独立不改"为"其名不去"，以其"周行不殆"为无常可名，以其"道通为一"为万物总名，以其"有物混成"为"道朴无名"，以其功用至神为大之强名，以其微妙无形为"道隐无名"，以其无可形名为"道褒无名"，以其"功成不名有"为复归无名。

第三节　道恒无名

"道恒无名"、"道褒无名"，也是《老子》恒道名谓思想的重要内涵。同上两节所言相类，这两个观念一方面在于揭示恒道在存在质性上的大全内涵，一方面在于揭示恒道在"名谓"上的"不可致诘"质性。它们虽非直接澄明恒道的存在质性，但通过揭示认知名谓上的思维局限，可以进一步澄明恒道"混成"、"完全"的存在质性。在五千文中，它们同样占据着重要的地位，反映出《老子》思维的超前性和玄妙性。

一、文字校解

《老子》第三十二章云："道常无名"。帛书《老子》甲、乙本"常"写为"恒"。楚简《老子》此文写作"道恒亡名"。从文本的先后年代顺序看，"恒"为原字，"常"为后人所改。帛书《老子》第三十七章云："道恒无名"（楚简《老子》写作"道恒亡为"），与此句式相同。"恒"或"常"二者同义，都作状语副词，况谓一种本来即是、且永恒不变的意义，它相对可变、无常而言。

《老子》第四十一章云："道隐无名"。帛书《老子》乙本"隐"字写作"褒（褒）"。帛书甲本和楚简本此文缺损。高明从前后文句式类型比较认为，"'道隐无名'同'大器晚成'句型一律，则与《老子》此文正言若反之辩证语义不类。"（引自《帛书老子校注》，中华书局2004年版，第25页）在本章中，"道褒无名"与"大方无隅；大器晚成；大音希声；大象无形"等并列言，句式结构应该相同。以"大方无隅"为例，"隅"者，《玉篇》解为"角"。"举一隅不以三隅反，则不复也。"（《论语·述而》）可见，"隅"具有"方"的涵义。"大方无隅"，是大方无方。前者"大方"

为后者"方"之反，它是《老子》"正言若反"思维方式的例证。"无方"者，非无有所方，而是非限于一方，非执于定方。从这样的文句结构来看，"道襃无名"更近此句式。

"襃"者，今写为"褒"，本义为"大裾"。"岂必襃衣博带，句襟委章甫哉？"（《淮南子·氾论训》）引申为褒扬、赞美。"《本经》者，所以明大圣之德，……以襃先世之隆盛，而贬末世之曲政也。"（《淮南子·要略》）"襃"与"贬"对，褒贬不一。"曷为称字？襃之也。曷为襃之？为其与公盟也。与公盟者众矣，曷为独襃乎此？因其可襃而襃之。此其为可襃者奈何？渐进也。"（《公羊传》）何休解诂云："有土嘉之曰襃"。（引自《公羊传注疏》，上海古籍出版社 2014 年版，第 14 页）加"爵"与"字"的名谓，是襃扬之。"人臣之义莫不欲襃大其君，掩恶扬善也。"（《白虎通》）"襃"以称颂而彰显，又引申为"盛大"。"道之为君如尸，俨然玄默，而天下受其福，一人被之不襃，万人被之不褊。"（《文子·自然》）"襃"与"褊"相对，正是大对小。"襃"又通"褱"。"褱"者为"聚"。"君子以褱多益寡"（《易经·谦卦·大象》）。王弼注："多者用谦以为褱，少者用谦以为益"。孔颖达云："'褱多'者，君子若能用此谦道，则褱益其多，言多者得谦，物更褱聚，弥益多也。"（引自《周易正义》，第 81 页）"襃"者，大、多之谓。

今本改"襃"为"隐"字，义正相反。《说文》解"隐"为"蔽"。"二三子以我为隐乎？吾无隐乎尔。"（《论语·述而》）隐则不见。"天下有道则见，无道则隐。"（《论语·泰伯》）"隐"者，隐匿、隐藏之谓。"大道既隐，天下为家"（《礼记·礼运》）。"隐"者，隐没而不显。"隐"还为精微。"莫见乎隐，莫显乎微。"（《中庸》）"隐"者，幽隐暗处。"君子之道费而隐。"朱熹云："隐，体之微也。"（引自《四书集注》，北京古籍出版社 2000 年版，第 30 页）理之所以然，"隐而莫之见"。"隐"与"显"相对。"君子隐而显，不矜而庄，不厉而威，不言而信。"（《礼记·表记》）"隐而显"，显是隐之显，隐是显之隐。费隐、隐显的共存关系，正可揭示恒道的微妙质性。从《老子》玄妙思维和前后文句式看，"道隐无名"不若"道襃无名"更优。"无名"易为人所认为为"隐"，然"襃"则可揭示出恒道虽微妙而至大的玄妙质性。

二、文句解析

因文义有所不同，下面分别对"道恒无名"与"道襃无名"观念进行解读。

（一）"道恒无名"

"恒无名"，突出强调了无名之恒，"恒"在《老子》思维中本身就有无常其常的涵义。"无名"，针对现实执著于名、沽名钓誉而言，具有明确的现实针对性。只有"无名"，方能保持"朴"的质性，复归于"无物"。注家对"道恒无名"大略有以下四种解法。

一言无常定名。河上公云："道能阴能阳，能施能张，能存能亡，故无常名也。"阴和阳，施和张，存和亡，皆是具体定限之在，同时是分析、区隔性的可名之名。作为相待的存在属性，皆可以象之、状之、名之。每一静态存在映像的可名之名都是定常，因为它一经变为"名"，成为书写符号的文字，就会固定化、分析化。恒道"无常名"，正是相对物性可名的定常性而言，恒道无常在故无常名。唐玄宗云："道以应用为常，常能应物，其应非一，故于常无名。"名以用生，功为不一，无常其用，故无常其名。王雱认为，"道无体"，无有定体，故不可定名。陈象古云："名不可定，非常名也。通变应用，不一其处，故曰无名。""不一其处"，则名不可定，无常可名，故为无名。范应元认为，道以无名为常，故小大不可定言。因其无不包可强名为大，以其细无不入强名为小。恒道无形无名，故非大非小，通于大小。恒道不定限于一物，既超脱于物，又不离于物，作为"泛兮其可左右"存在，通物可名而言不可定名。不可定名而通于可名，合言为无名。

二以无名为常。王弼云："道无形，不系常，不可名，以无名为常，故道常无名也。"恒道无形非定在，故不可定名。不可定名，可名的否定就是无名。物以可名为常，与此相对恒道以无名为常。李荣以为，"有名"之物"并悉无常"，而言"无名"是"理归常道"。常道者非大非小，而能大能小，不可定名故为无名。陆希声指出，道之所以能"常"，在于其有"无名之体"。吕惠卿以"名之为道"则与"道"乖，既然道者"未始有物"，故必是"道常无名"。宋徽宗认为，"道"为"天地之始"，岂得而名？天地为形之大者，也是名之大者。有名生于无名，道者先天地生故无名。陈鼓应云："'道'永远是无名而朴质状态的。"以"无名"为恒，何以如此？因为"无名"为绝对质性，它生有名，涵摄一切可名之名。

三是强而为名。成玄英认为，道者"岂得以言象求，安可以心智测"，故不可名。然既名为"道"就是"强名"。李约认为，"今谓之道是强名"。司马光认为，大道"不可指的"，故以无名名之。可名的否定指称，就是无名。陈景元认为，道者"于大不终，于小不遗，包罗万有，贯穿毫微，虚中藏实，阳内含阴"，不可定名，故可名非常名，道为强名。刘骥认为，道之真常，为"天地之始，造化之先"，故不可得名。以为天地始、造化先，就是有物可名的"象帝之先"，超越有名是不可名，只能强名。李道纯以"道常无名"为"虚无自然"，"虚无"无形，"自然"不滞，故不可定名。恒道为绝对本体，既然是不可名，就只能以无名强为之名。《文子》正是以"无名者"指称绝对本体存在的大道。

四言托于微小。《老子想尔注》云："不名大，讬微小也。"习人以有名为大，而道者以无名为大。以无名为大，是不名大。讬于微小，不自大故大。讬于微小，可以言"道隐无名"。恒道是微妙而至神，虽以无名然有名以之生。

恒道"无名"，既是相对物性定常可名的无常可名，也是涵摄分殊可名的通一之名。相对可名不可常言，无名涵摄不可定名，故以无名为恒名。有名不能表示恒道存

在质性，只能以不可名的"无名"强为之名。这样，"无名"成为代号、假名。

（二）"道襄无名"

自河上公始已将帛书《老子》"道襄无名"的"襄"替换为"隐"，故注家皆以"道隐无名"作解。

一为潜不可指。河上公认为，道者"潜隐"，使人无能"指名"。恒道因微妙而"潜隐"，隐蔽、遮蔽于无形之中，故不可以形名指称。实际上，恒道存在的遮蔽，是在物性显像中的隐蔽。它是相对物性感知的昭见而言隐蔽，并非为自在自行的隐蔽。无能"指名"，正是相对物的可以指名言。有其指名，则有所指。"指名"，是对可见之象、可视之形和可闻之声等可感知物的称谓、命名。"无能指名"，故为"无名"。李荣以"不可睹"言"道隐"，以"绝于称谓"言"无名"。"不可睹"是揭示"道隐"在认识大道上的感知受限性，就恒道自身作为"无物"存在言，它隐藏于"湛兮似或存"的存在质性中，往往为习俗物化的执迷所遮蔽。"无名"非是不可言喻，而是要以称谓的否定形式加以强名之。"绝于称谓"，是不可形名，然并非不可以"无名"强为之名。赵志坚以为，至道无形，隐于"人共不见"之中。之所以"无名"，在于"无体可名"。虽不可名，然以其"衣被通生"之用可强名为"大道"。"无体"与"不见"，同是"道隐"的所在。唐玄宗以"功用不彰"言其为"无名氏"，"功用不彰"是"功成而不名有"，无有故隐。恒道又是功用不测的不定其有，同样是不可名。若限于"不有"，则"道隐"将失去玄妙质性，只有在"不定有"和"不居有"的一体中，"隐"与"襄"方能具有玄妙的意蕴。陈鼓应云："道幽隐而没有名称"。昭彰者，有形状，故可名。而"幽隐"无形，故不可以名。实则，"幽隐"是"微妙"或"窈冥"，然窈冥中有精有信，它是不可名的实有。

二为道盛无号。严遵云："道盛无号，德丰无谥，功高无量而天下不以为大，德弥四海而天下不以为贵，光耀六合还反芒昧"。"道盛无号"，正合"道襄无名"旨意，是至大不可定名。在《老子》言"至誉无誉"、"上德不德"，皆是以"无誉"、"不德"为至贵、至大。"道盛无号"，是"大道不称"、至名无名，它与"圣人无名"思想相通。"盛"者，大之极。"道"因其"盛大"，无以形大可名，故无号。与此相应，"德丰"者，也不可以谥。"谥"者，谥号之谓。"以为大"、"以为贵"，是可名之名。"功高无量"，不可形名；天下"不以为大"、"不以为贵"，是不以形大、形贵昭见。"德弥四海"，"光耀六合"，是周遍而在，天下无有匹合者，故不可以物名名之。王雱云："能体大音、大象以为道，则其道至矣。夫唯道之至，思虑之所不及。在有者为实，在无者为空，处处皆然，无乎不在，故欲为之名而不可状，无名之中常有此物，欲见而不得，故曰隐也。"道者至大，体现在"大音"、"大象"等质性中，它是"无乎不在"的"周遍咸"存在，故不可状名。思虑不及、欲见不得，是知性思维不能尽指。恒道是不可见闻感知得，然可以通过假物见其功存。苏辙认为，道以其迹见于事，

而"道之大全"则"隐于无名"。"道"作为大全是"褒",固然不可以事迹可名而名其体。"隐于无名",是常遮蔽在不可定名的不测至大之中,习人不得察见。恒道之"大",在于"惟其所遇,推其有余,以贷不足,物之赖之以成"的功用不测中。杜道坚云:"无名故尊"。恒道作为无形无名者是无极存在,故为至大、至尊。

三为不见成形。王弼云:"物以之成而不见其成形,故隐而无名"。恒道以无形生有形,而恒自不形,它是"形之不形,不形之形"。虽功用至大无垠,然本体隐微无形,故不可形名。"不见成形",正见证恒道造化功用的不测,无有穷尽,"神无方"。"隐"者,因无形而幽隐、微眇,它是"道之为物"的"恍惚"、"窈冥"。"隐"的思维结构在于,虽实有而微妙不可见闻,它是有无一体。"物以之成"是"有","不见成形"是"无"。无"有"则不必言"无","无"是"有"的共生质性。陆希声以"为无为,莫识其体"解"道隐",道体微妙故不可名。"莫识其体"是微妙的"不可致诘","为无为"是"无为而无不为"。无为则不定于一为,不息于已为,不测其为,故言无为无形。宋徽宗认为,"隐"是道之"妙",因其微妙,故"不可智索,不可以形求"。林希逸以"不可得而名"言"隐",是从见知上进行揭示,然此认知要以实体存在质性为前提。恒道因微妙而"隐",然后因"隐"而"无名"。范应元认为,道既"无声无象",焉得"有名"?此正是以体微妙揭示"隐"的意蕴。"无名",来自对"隐"的况谓、强名。

四为灭迹匿端。严遵指出,道者虽"盛无号",然复反"芒昧"。"芒昧"者,揭示出恒道在"为物"过程中的"复归于无物",功成不名有,它是"无名"、"无号"的"隐"。复反"芒昧",功成不居,自然不以名彰。陈景元云:"道本无名,而强名曰道。今道又隐焉。而名何有此,真所谓灭迹匿端也。""灭迹匿端",非是自觉的行为,而是自然而然的功为。它是恒道不居成功迹象、已有的一种遮蔽质性,"复归于无物"。叶梦得云:"道之隐于无名者,每如此,不可以一端求。""以一端求",是执著成迹、迹象。杜道坚以德性言,"道隐无名,知而不言,能而不为也。"隐而无名,既是道性,亦是德性。以德性言,"知而不言"是言而不执,"能而不为"是"为而不恃"。不执、不恃,故无以求名。薛蕙认为,"道"者为"众名之祖",然"反隐匿而无名"。"众名之祖",是无名生有名。反于隐匿,是不居成名。恒道作为"无名"生有名,自然不居功名,正如恒道"为物"是"为而不恃"。

"褒"与"隐"二字虽为对反,但在揭示恒道"无名"的存在质性上义相通。"无名"是无形、不可见,故"隐"。然恒道作为"无形"、不可见的微妙存在,又是有形以之生的"大象",故为"褒"。"褒"与"隐"者,虽各有侧重,然同样在于揭示恒道微妙无形而至神不测的存在质性。在"道隐"与"无名"关系上,"隐"者具有双关义:一言夷、希、微等隐匿、微妙质性,无形而不可闻见;一言"功成而不名有",名遂而身退。它是有、无的统一,为用有而体无的玄妙。"道隐"是"大象无形"。"道隐无名"可析有四义:一是道体微妙无形上的不可名,一是功用不测上的不可名,

一是闻见感知上的不可名，一是不见功名上的不可名。"隐"因至大而隐，故与"褒"可互换。在"道褒"与"无名"关系上，"褒"者盛大无限，而名言表达有限，二者之间存在着张力关系。"无名"非是对"有名"的简单否定，而是对"道褒"的揭示。"道褒无名"也可析有四义：一是恒道存在"不可致诘"的不可名，一是"泛兮其可左右"的不可名，一是"周行不殆"、功用无穷的不可名，一是功成不有、"不物于物"的不可名。以"无名"为"恒"，方能大无不备，以无名生有名；方能不制限于一名，而兼举万殊之名；方能不执著于成名，因物以当其名，无常其名。"无名"作为至名、强名，是无名之名，它假可名以言名不可尽的绝对存在。

三、传承影响

《庄子》对大道"无名"思想，给予了传承发展。"道未始有封，言未始有常，为是而有畛也。……故分也者，有不分也；辩也者，有不辩也。曰：何也？圣人怀之，众人辩之以相示也。故曰：辩也者，有不见也。夫大道不称，大辩不言，……道昭而不道，言辩而不及"（《齐物论》）。物有分封，可以言辩、称名。言辩者，可名之谓。大道"未始有封"，故不可称名。"道通为一"，故不可以分辨言表。道昭则有分，则为可道之道、可名之名。圣人体道，怀以"复通为一"，用之以"大辩不言"。道不可言，名不可举，言辩不及。体道"无名"，方能通一于万物有名的可名，名其可名，名当其实，无不可名。居于"为义"、"为仁"、"为老"以及"为巧"是称名、可名，而大道调和万物"不为义"，泽及万世"不为仁"，长于上古"不为老"，覆载天地刻雕众形"不为巧"（《大宗师》），则是功成不名有的"无名"。《老子》有言"执名"之害，《庄子》则有"烈士殉名"之论。"无名"在于"不私"，而私则可名。"万物殊理，道不私，故无名。"（《则阳》）一定理必有一名，故可名。物类各有定理，故"万物殊理"，名者万殊。大道不私，"容乃公"，无有定体，故不可定名。"无名"涵摄万殊之名，使名各自名。恒道"不私"，故"合异以为同"，有名通一于无名；恒道"分有"，故"散同以为异"，无名生成有名。《管子》将道家之道转化为兵法道术，以无形揭示用不可测、不可名。"善者之为兵也，使敌若据虚，若搏景。无设无形焉，无不可以成也；无形无为焉，无不可以化也，此之谓道矣。若亡而存，若后而先，威不足以命之。"（《兵法》）"威不足以命"，是不可以定名、实指。道以"虚"为体，虽"无设无形"、"无形无为"，然无不以之成化。功用不测，无常形势，故不可定名。"无名"，既是虚而无形的不可名，也是功用不测的不可名。道术之用，在于用此"无形"、"无名"。"威"者为强，是强以强之，而道术是柔而强之、虽强守柔，故"威"不足以命之。"出善之言，为善之事，事成而顾反无名。能者无名，从事无事。"（《白心》）事成而反无名，是功成而不名有的无名。世俗以事成则居名，进而殉于名。名为公器，不可执为，故君子不器。体道至人，不执于事为，因事为事，事过不留；不住于成名，而守以无名。求名为事，是有以为，故不能无为。无名无为，方能"事无

事"。《文子》以"无名"批判世俗"爱名",提出了"道胜名息"思想。"人爱名即不用道,道胜人即名息,道息人名章即危亡。"(《符言》)"爱名"者,居于成名,甚至是沽名钓誉。彰显于名,则以迹当真,故不能用道,故必危亡。"用道"者与此相反,体道无名,虽成名而身退,守于无名,"掩明于不形,藏迹于无为"。"星列于天而明,故人指之;义列于德而见,故人视之。人之所指,动则有章;人之所视,行则有迹。动有章则词,行有迹则议。故圣人掩明于不形,藏迹于无为。"(《淮南子·诠言训》)能指、能视者,感知而可名。有章有迹,则可以"词"、"议"。"词"、"议"者,分辨、可名之属。"不形"、"无为"者,不可定名,故非可"词"、"议"。"掩明于不形",是"光而不耀";"藏迹于无为",是"为无为"。道本自无为而用人之为,守于无名而令各自名,故"至誉无誉"、"上德不德"。何晏将道家"无名"与儒家"无能名"思想进行了通合,"夏侯玄曰:'天地以自然运,圣人以自然用。'自然者,道也。道本无名,故老氏曰:'强为之名'。仲尼称:'尧荡荡乎无能名焉。'下云'巍巍成功,则强为之名',取世所知而称焉耳;岂有名而更当云无能名焉者邪,夫惟无名,故可得徧以天下之名名之,然岂其名也哉!"(引自《无名论》,载《魏晋全书》第一册,吉林文史出版社2006年版,第509页)"道"本无有名,而强为之名;圣人"无能名",因世所称的可名,故强以"巍巍成功"为名。"无能名",既是不尽可名,又是可"遍以天下之名"。无名,涵摄一切可名。"无能名",是大不可以名。王弼在《老子指略》中,对"道恒无名"、"道褒无名"思想进行了深入阐释。他认为,"可道之盛,未足以官天地;有形之极,未足以俯万物。是故叹之者不能尽乎斯美,咏之者不能畅乎斯弘;名之不能当,称之不能既。名必有所分,称必有所由;有分则有不兼,有由则有不尽;不兼则大殊其真,不尽则不可以名。此可演而明也。"(引自《魏晋全书》第二册,吉林文史出版社2006年版,第121页)天地是"可道之盛",而"官天地"者不可道;万物是"有形之极",而"俯万物"不可形。叹咏、名称作为"可名"、"可言"者,是可道、有形的分析之属,故不能尽兼道之弘美,必然失其真常。因此,只能以"无名"强名之。"夫物之所以生,功之所以成,必生乎无形,由乎无名。无形无名者,万物之宗也。"(同上册,第120-121页)以"万物之宗"为"无形无名"者,则"无名"成为本源绝对存在的代名,它就是至名。王弼又指出,"道者,无之称也,无不通也,无不由也。况之曰道,寂然无体,不可为象。"(引自《论语释疑》,载《魏晋全书》第二册,吉林文史出版社2006年版,第87页)"无不通"、"无不由",功大无疆,是不可以名;"寂然无体"、"不可为象",是微妙无形。二者合言,道为"无之称"。"道"以"无"称名,既是"道隐无名",又是"道褒无名"。"隐"突出了"微妙",而"褒"强调了功大。实则,二者统一于"道"的存在质性中。"无名",既是微妙无形的不可名,亦是功大不测的不可名。张湛在《列子》注中引何晏之言云:"有之为有,恃无以生。……玄以之黑,素以之白,矩以之方,规以之员。员方得形而此无形,白黑得名,而此无名。"(同上书,第一册,第508页)白、黑之名,为分析之名、可名之名，它们来自无名。"无名"本自"无形"，它是万物"恃无以生"的"无"。"无名"是绝对本体存在"无"的强名。僧肇虽以"无名"为"涅盘"境界，然思维方式吸收了老庄思想。"夫涅盘之为道也，寂寥虚旷，不可以形名得；微妙无相，不可以有心知。"（引自《涅盘无名论》，载《中国佛教高僧名著精选》，四川出版集团巴蜀书社2000年版，第446页）"寂寥虚旷"、"微妙无相"，正如恒道微妙无形。不可形名，正如"道隐无名"。"言之者失其真，知之者反其愚，有之者乖其性，无之者伤其躯"。"言之"者，执其"分相"、住于"有相"，反失"如如不住"、涅盘无相的本真；"知之"者，执其"幻相"、滞于"迹相"，反成愚钝有执之识；"有之"者，执其"自性"、固常"本性"，故乖谬于"自性不性"；"无之"者，流于"虚空"、障于"寂灭"，故悖于"无而非无"。佛教的名言思维，是无名与有名、不言与有言因缘相生，同时相互遣之。"真解脱者要离于言数，寂灭永安，无始无终，不晦不明，不寒不暑，湛若虚空，无名无说。"（同上页）真解脱达于妙境者，要超于言数之外，寂于"不言之辩"，达于"言而无言"，至于"无名无说"。不住于相，不止于言，不滞于名。以始终的名谓言，是或始或终，即始不始、即终不终，亦始亦终，非始非终。它是名而无名，无名而名。僧肇"无名"论，与老庄观念具有相合处，但重要差别在于"道"的内涵不同。恒道是绝对存在本体，涅盘是唯识的认知境界。老庄"无名"在于揭示恒道存在不可以名言尽表，只能假言以得意。佛教涅盘的"无名"，是摒弃言诠，达到"双遣"的般若之境。《老子》虽言"道恒无名"，然还是为了揭示恒道存在的真实质性。僧肇的"无名"，是以名为假名，即名非名，非揭示实在质性，而在于成就"念念不住"的"唯识"心境。

儒家也有道大"无名"思想。《论语》多处言仁道至大，"无名"、"不称"。孔子答孟武伯"子路仁乎"之问，曰："不知也。"（《公冶长》）孔安国注："仁道至大，不可全名也。"（见《论语集解》，载《魏晋全书》第一册，吉林文史出版社2006年版，第463页）仁道作为"全名"，至大无尽，无所不涵。人行仁有限，故不可名以"仁"。仁道内涵仁义礼智等分殊之理，每一分殊皆是仁道之体，故不可以其分殊而尽言其全。然无分殊之名，更不可言仁道之体。不知其"仁"，是非以偏概全的思维。"子罕言利与命与仁。"（《子罕》）罕言利，是利不为贵。罕言命，是命不为本。罕言仁，是不可尽名。言者有分，则有不尽。仁道大全，不可尽举，不可言尽。"泰伯，其可谓至德也已矣！三以天下让，民无得而称焉。"（《泰伯》）朱熹云："无得而称，其逊隐微，无迹可见也。"（引自《四书集注》，北京古籍出版社2000年版，第114页）以隐微无迹解"无得而称"，是藉无可见而言"无名"。然"无迹可见"，何以知"三以天下让"？何为"至德"？"至德"必是大德，德盛方无得而称。"可称"者，赞颂之名，亦是分析之名。"大哉尧之为君也！巍巍乎！唯天为大，唯尧则之。荡荡乎！民无能名焉。巍巍乎其有成功也！焕乎其有文章！"（《泰伯》）"巍巍"者，言成功之大；"焕"者，言文章之彰。以"巍然"、"焕然"况谓，乃是强名。朱熹云："言物之高

大，莫有过于天者，而独尧之德能与之准。故其德之广远，亦如天之不可以言语形容也。"（同上书，第119页）以"不可以言语形容"解"无能名"，正是以"言语形容"为分析、分限之属。"无能名"，是言语不能尽表其德。"尧之德不可名，其可见者此尔。"（同上页）尧有"巍巍"的成功之实，"焕乎"的文章之验，故以其"则天"为"大"。"无名"，是成功、文章的至大所然。刘宗周认为，尧道则于天，故为君也大。圣人立道之极，"冥然色臭之表，系万民之元命"，故以之妙万物言为神。惟天"于穆不已"，故万物托命。因其生生化化不穷，而欲名天之所以生、所以化，故不可得。圣人若此，惟其功名不显，故万民托命。因其生生化化不穷，而欲名圣之所以生、所以化，故不可得。"天普万物而无心，圣人同天而无为，不见而章，不动而变，无为而成，何名之有！此天道也。无能名不是玄远莫测，只是普物无私、因物付物，而我不尸其功，万物莫知其所自，故无名。……惟无名故大，故曰'荡荡乎民无能名焉，巍巍乎其有成功也'，而不知其所以成。'焕乎其有文章'而不知其所以见，卒归之'无能名'而已。此分明上天气象，故曰'唯天为大，唯尧则之'，呜呼大哉！"（引自《论语学案》，载《刘宗周全集》第一册，浙江古籍出版社2007年版，第393页）天道"至大"，之所以无以言表在于无色无臭的冥然无体，也是生化不穷的神妙不测。天于穆不已、普物无私，所以生化不测，故不可称名。圣人"则天"，故不可得名若此。"不见而章"，不知"其所以见"；"不动而变"，不知"其所以动"；"无为而成"，不知"其所以为"。圣人功德至大，故不可名。"无能名"者，非是莫测莫识，而是普物无私，正如"道不私故无名"。它是"不尸其功"，犹如"功成而不名有"；它是"因物付物"，"不物于物"，故"无物"不可名；它是"万物莫知其所自"，自然无主，故不可名。道因至大而无名，圣人因无名而为大。"无能名"，可见天地规模气象。天地之所以为大，无能名，就在于生物不测。"天道主生物，君道亦主生物。就生物上见其大，只是无不生，卒莫知其所以生，故曰大。成功，成生物之功也，在天曰岁功。文章，成功之象也，在天为日月星辰、风雨露雷之变化。'巍巍乎其有成功也！焕乎其有文章'，正所为'民无能名'也。"（同上页）"无能名"在于大不可名，它见之于生物上："无不生"是万物赖之以为生，"莫知其所以生"是生物不测、无穷。不测之神，在成功之中，见于变化之象。变化不测故神，神则无能名。《论语》"无能名"一文，在《孟子》中也有引证，不过增加了"舜德"之说。"大哉尧之为君！唯天为大，唯尧则之，荡荡乎民无能名焉！君哉舜也！巍巍乎有天下而不与焉！"（《滕文公上》）对此，王夫之解云："'大哉尧之为君！'任其大，而不以近小自封之谓也。'唯天为大，唯尧则之。'天之运化，无为而功成，尧之法天，居高而治卑也。'荡荡乎民无能名焉！'至仁摄天下于一心，而无功效之可见也。其称舜曰：'君哉舜也！'宰制天下，而正位以临万方之谓也。'巍巍乎有天下而不与焉！'功不必立，名不必成，居天下于一心而无著见之迹也。"（引自《四书训义》，载《船山遗书》第四卷，北京出版社1999年版，第2082-2083页）"以近小自封"，是功成而居，故云自大不大。"任其大"，是

功成不有，不自大故大。无为功成，是天的功用不测。至仁德大，"摄天下于一心"，犹如"以百姓心为心"。功效非不可见，而是功大不可名。无有功效，则"大"何以强名？名不能当，故"无能名"。"功不必立"，非是无功可立，而是立功不为己。"名不必成"，非是无所成名，而是成名不在己。"功不必立"，"名不必成"，是从克己无私上立言。"有天下而不与"、"居天下于一心"，则己无有私；"无著见之迹"，则功成而身退。"不与"、"无著"者，是不欲见贤，"圣人无名"。己无所与，则虽无功不成然天下治功不立于己，各当其功；己无著见，则虽事遂名成然天下圣名不归于己，名各自命。孔子以"成功"言"大"，孟子以"有天下而不与"言"大"，前者为事业功效之大，后者为品德境界之大，二者相为表里。"有天下而不与"思想，正与《老子》"以天下观天下"、"修之于天下，其德乃溥"思想相合。儒家思想认为，只有无意必固我之私，"有心而无为"，方能因天下付天下。王夫之又以大不可一德名解之，"德者君德也，明俊德、亲九族、平章百姓、协和万邦，德之荡荡者也。天之于物，有长、有养，有收、有藏，有利用、有厚生、有正德；而既不可名之曰长物之天，养物之天，收藏夫物之天，利物用、厚物生、正物德之天，如天子之富，固不可以多金粟、多泉货言之，则尧之不可以一德称者，亦如此矣。"（引自《读四书大全说》，同上卷，第2486页）"荡荡"者，德不可一。天道之大，不可以一性分名之；尧德之大，不可以一品曲称之。此正合《老子》"道褒无名"、《庄子》"大道不称"的思维意旨。可见，孔孟与老庄在"无名"思想上是相通的，皆以"无名"为大，认为功德至大不可以一名举。王夫之又进而指出，"天之所以长养、收藏乎物，利物用、厚物生、正物德者，未尝取此物而长养收藏、利厚而正之，旋复取彼物长养收藏、利厚而正之，故物受功于不可见，而不能就所施受相知之垠鄂以为之名。则尧之非此明俊德，彼亲九族，既平百姓，旋和万邦者，民亦不能于政教之已及未及、先后远近间，酌取要领而名其德"。（同上页）天生物自然、自均，厚物正德以普惠，无私无畛不可见，故不可析名之。凡称名者，皆有可以见于名者，而定常分殊方是"名"之所以生的根源。有"垠鄂"，则必可名。尧德之大无以名也是如此，不能以政教"已及未及、先后远近"的要领名其德。圣人功德及于民，"其事可久，故不于断续而见新；其事可大，故不以推与而见至。则其'成功'、'文章'之可大可久者，即'无能名'之实也。'成功'非'巍巍'则可名，汤之'割正'、武之'清明'是也，有推与也。'文章'非'焕乎'则可名，禹贡之敷锡、周官之法度是也，有断续也。乃凡此者，无不在尧所有之中，而终不足以尽尧之所有。"（同上页）"断续"、"推与"，是分析之属。"断续"者，若法度之类；"推与"者，若清明之类。功业、德性有"断续"、"推与"，则可名。"成功"、"文章"可久可大，是无穷周遍，故不可以分名尽其全体。但"成功"之大，因"推与"而可强名，"文章"之焕因"断续"而可假称。因其可名可称，而推知其无名无称。尧全此德功，故不可以"一有"尽言尧之"所有"。《老子》云"道恒无名而无不为"，揭示的正是功德周备而无以称名。

最后，对本节内容作以简要概述。世俗以感观形象可名思维认知，《老子》则向综合、逆向和抽象思维转变。"无名"既是对分析有限可名的否定，亦是对一切可名的涵摄。道恒无名，是朴而不散，有名则分。无名为一，有名为殊。无名因可名而强名。道恒"无名"，既是"有物混成"的不可析名，亦是"道通为一"的不可定名。"隐"揭示恒道微妙而至神，故与"褒"可互换。"褒"者盛大无限，而名言表达有限，"无名"是对"道褒"的揭示。"褒"与"隐"虽同一所指，然侧重点不同，"褒"言"大象"、"无状之状"，"隐"言"微妙"、"窈冥"。恒道通于万物，无所不涵，不可定名，可谓"褒"而"无名"。作为"万物之奥"，虽有功成之用，然本自无体、不可闻见，故"隐"而"无名"。"无名"作为德性，是"上德不德"、"至誉无誉"、"不欲见贤"，它与世俗执著于贤名、争名、殉名相反。"圣人无名"，成为道家的一种修为境界和人格理想。

第四节　有名与无名

前面从不同侧面揭示了恒道与"名谓"的关系内涵，既言恒道"不可名"，又言"其名不去"；既言"字之曰道"，又言"强为之名大"；既言"道恒无名"，又言"道褒无名"。虽在诠释上重点以揭示"无名"的内涵，但也指出了其与可名、有名关系。本节将从"有名"与"无名"统一的关系思维上进行解读，进一步揭示恒道在"名谓"上的玄妙质性。

一、文字校解

《老子》第一章云："无名，天地之始；有名，万物之母。"帛书《老子》甲、乙本文与此同，楚简《老子》无此章。从文本对照看，是后学对《老子》早本思想深入思考、融会贯通后的增撰。它既是认知论，揭示了有名与无名的统一；也是本体论，揭示了绝对本体的存在质性；更是宇宙论，揭示了万物生成的始母涵义。三者合而为一。

注家有将此文断句为："无，名天地之始；有，名万物之母。"虽然《老子》有言"有生于无"，但它是就有形生于无形者而言。此文中的"无"、"有"是异名同谓的关系，并非先后、互生的关系。再从《老子》首句"名可名，非恒名"涵义看，既然对"可名"之"名"予以限定，就不可以"无"、"有"的定名而名之。再从古文判断句的构成看，主语一般为名词，无判词"是"，而用名词或名词性短语作谓语，它的句式是"……，……也。"通过校对帛书《老子》，原文写作："无名天地之始也；有名万物之母也。"若非以"无名"、"有名"断句，则"名"必是动词性谓语，此与古文断句格式不合。在断句上，河上公、严遵和王弼等以"无名"、"有名"断句，而司马光、王安石和陈鼓应等采"无，名天地之始；有，名万物之母"的断句形式。司马光

云：“天地有形之大者也，其始必因于无，故名天地之始曰无；万物以形相生，其生必因于有，故名万物之母曰有。”显然，它以“有生于无”为依据作解，但《老子》本文的“无”、“有”皆是同指一个恒道存在质性，非是先、后别称。王安石云：“无，所以名天地之始；有，所以名其终，故曰万物之母。”《老子》揭示恒道存在质性，皆以强名而“名”，非是命名的可名。朱熹云：“今读《老子》者亦多错。如《道德经》云‘名可名，非常名’，则下文有名、无名，皆是一义，今读者皆将‘有、无’作句。……皆非《老子》之意。”（引自《朱子语类》第八册，中华书局 2004 年版，第 2990 页）以“有名”、“无名”断句，为是。

二、文句解析

《老子》“无名”、“有名”的一体关系，揭示了恒道何以为人所认知的问题。恒道既为“无名”，因为它是有形可名的天地生成之始，为“象帝之先”的存在。天地作为宇宙间的有形最大者，是为世人所公认的有形最先者，又是可名的最大、最先者。有形生于无形，有名生于无名。恒道作为先于天地的存在，已然超越了可名可谓的境域，故不可以名言谓之，只能以有名的否定思维“无名”来指称恒道存在。“天地之始”，既是天地得以生之始，同时是恒道生化天地之始。作为生生之始，未有天地形分，本自无形，故无名。“无名”者，是“天地之始”、“象帝之先”的存在。同时，恒道作为万物以之生的存有、实在，因其生万物之功而谓之“母”。它作为认知对象，就必须以有名称名之，故“字之曰道”，强名为“大”。因其非是化生的有形之母，故不可定名。既为功存实有，故强名为“万物之母”。“万物之母”作为强名，就是“有名”。恒道作为一种存有，要被思维、认知和传播，就得强为之名，以为之“有名”。可名之名非是“恒名”，故不能执著于“有名”，而要以“有名”的否定“无名”来借以表达恒道不可定名的存在质性，亦即借助“有名”以揭示恒道生物之功、化育之用。“无名”以指称恒道无声、无形、无味、无色、无方、无体的存在，“有名”以指称恒道的生生功用的实在、存有，有名与无名一体互摄，相互界定。注家之解主要有以下几类。

一认“无名”、“有名”为宇宙存在的两个不同阶段。河上公云：“无名者，谓道。道无形，故不可名也。”此依据“道可道，非恒道；名可名，非恒名”思想而来，以恒道无形的“不可名”假言为“无名”。“无名”，是“可名”的否定。恒道作为“无名”者，“吐气布化，出于虚无，为天地本始”。“本始”是“虚无”，亦是绝对本体存在恒道的“无名”。“无名”者生成天地，而天地是“有名”者。天地有“形位”，作为阴阳有“柔刚”，是以“有名”。在恒道“无名”与天地“有名”的关系上，具有生成的先后次序。“天地含气生万物，长大成熟，如母之养子。”以“万物之母”为“天地”，与《老子》谓恒道为生物一本思想相背离。《老子》言万物母、玄牝等，皆以喻恒道，并没有将其归之于天地。天地只不过是恒道所生成的现实世界中的两个“大物”

而已，天地即使能降甘露，也应是恒道使然，或者说承载了恒道的一些生生质性而已。恒道非是天地之外的另一实体存在，而是"有物混成"的恒道分化、分有于天地之中，天地秉其"得一"成其自然运化。河上公因没有掌握《老子》恒道的"玄妙"旨意，在解说上造成了生生上的"二本"。在《老子》看来，"天地之始"，是"象帝之先"。因"有名"只能形名天地，而不能名天地之先，故以否定性的名谓强名为"无名"。天地与万物同生，非有先后。"天地之始"与"万物之母"二者，同在揭示一个恒道的"有无一体"质性，虽然所言质性不同。前者侧重于超越形名，为形名之反；后者侧重于生物之功，证言实有。王弼云："凡有皆始于无，故未形无名之时，则为万物之始；及其有形有名之时，则长之、育之、亭之、毒之，为其母也。""无名"以言"无"的"未形"，故为有形有名的"万物之始"。"有"始于"无"，来自《老子》"有生于无"。以"无名"对"未形"，"有名"对"有形"，已将二者视为不同的两个阶段。《老子》"长之、育之，亭之、毒之"的生生质性，既是恒道作为"有物混成"存在样式，亦是作为"泛兮其可左右"存在样式的质性，非有不同和割离。"有物混成"是"无名"，"泛兮其可左右"亦是"无名"。陈景元继承河上公的思维，以"无名"指"道"，"有名"指"天地"，认为"万化未作无以强名"。妙本始降，浑沦朴离，是太极生两仪。"天施地化，茂养万物。亭之毒之，如母养子。"大道杳冥，无系有名、无名，然圣人"约用立教，以明本迹同异"，故立其名。日新之道皆"无名"，故始万物者无名，成万物者有名。固然，恒道既是始万物者，亦是成万物者，"善始且善成"。然不管是始万物者还是成万物者，皆是"无名"与"有名"的统一。从始万物者言，为天下有始故有名，然作为"象帝之先"又本自无始，故是无名。从成万物者言，功用不测、不可名故无名，然能成物，必为实存又是有名。吕惠卿认为，"常无名"者为"道"，它是"天地之所自而始"。"太初有无无，有无名。有无无则一亦不可得，有无名则一之所起，有一而未有形也。既谓之一，则虽未有形，且已有名矣。名为一，而名之者为二，二与一为三，万物纷纷自此生矣，故曰有名，万物之母。"从名谓的产生逻辑看，"无无"是不可得一者，无有"名"；"无名"是有一未形者，以其有一为有"名"。有"名"者来自无"名"者。已有"名"为一，而名其"名"则为"名"二，天地各一名。万物、万有可名纷纷自此生。此思维来自《庄子》，而非合《老子》本意。陈象古以"母"喻始生，认为天地之始"恍惚无名"，既有其名乃"因万物生于天地之间故"。宋徽宗云："未有天地，孰得而名之？"天地之始，故无名。"有天地然后万物生"，天地为万物之母故有名。章安以"无名"为"气之始"，天地得以生；以"有名"为"数之起"，万物得以成。李嘉谋云："自未始有天地，而真常之理已具于无名之初，故无名为天地之始。及天地既判，高下之名生，万物自是而滋，故可以名者，物之母也。"天地可名为物之母，而天地之始无名。员兴宗认为，道为无状之状、"无物"，故无名；然"俄而有物"，则有名。张嗣成认为，天地之始以理言，万物之母以气言。道为理与气而已，"因于无者理，著于有者气，有此理，道

所以名；有此气，道所以形。理常于无而神，故自然而性。气常于有而空，故自然而命。"有理必有气，有气必有形。理生气，具有先后次序。吴澄以"无名"为道，"有名"为德，二者是道与德的关系。虚无为天地所由，是"观妙之妙"，道为"妙之一本"；气化为万物所得，是"众妙之妙"，德为"妙之散殊"。"无名"以言一本的"无有"，"有名"以言气化分殊，道、德是不同的生成阶段。林志坚以"道生一"为"无名"，以"三生万物"为"有名"，同样是将二者分为先后两个不同的阶段。以《老子》思维言，固然恒道生天地是无名者生有名者，然在此则揭示的大道"有无一体"的存在质性，"无名"以揭蔽恒道微妙不可形名，为"象帝之先"，而"有名"以揭示恒道功用实有非空无，为生生本始，二者合一是体微妙而用至神的"有无一体"。

　　二认"无名"、"有名"为体无而用有的名谓关系。严遵以为，"无名，无朕，与神合体，天下恃之，莫知所以变于虚无，为天地始，此体道者也"；"有名者之为化也，尊道德，贵神明，师太和，则天地，故为万物母，此用道者也。"体道者，以"为天地始"、"与神合体"的无朕无名为体；用道者，以"为万物母"、"则天地"的化物之功为用。虽从人的体道用道上解，然它本自恒道存在的体无用有。李荣云："道玄德妙，理绝有无。有无既绝，名称斯遣。然则虚通之用，于何不可？是以非无而无，无名为两仪之本始也。非有而有，有名为万物之父母焉。故道生德畜，其斯之谓乎。"道德玄妙在于绝有、无的析名，然并非不可假名。道生德畜，功成用有。以释氏思维言，道体虽无，但非无而无，可以有名言万物父母；道用虽有，但非有而有，可以无名言天地本始。有名、无名二者互遣之。以《老子》思维言，"天地之始"是超有名存在而为无名存在，"万物之母"是无名存在体现于有名存在的生成之中。前者是微妙的"体无形"，后者是至神的"用无方"。以"万物之母"证见其用有，以"天地之始"追溯其体无。从恒道"有物混成"的本始言，无是潜有，它以无名能生有名揭蔽本自为"无名"与"有名"的统一。从恒道"道通为一"的机体言，无是不定有，它以无名涵摄有名揭蔽本自为"无名"与"有名"的统一。唐玄宗以"无名"为"妙本"，"妙本见气，权舆天地，天地资始"。以"有名"为"应用"，"应用匠成，茂养万物，物得其养"。以《老子》本旨，"妙本"与"应用"揭示"无名"与"有名"的统一。以本体言，是无形无状的体无"无名"，功用赅备的潜有"有名"；以功用言，是功成不居的无有"无名"，功用不息的用有"有名"。陆希声以"无名"为"道之体，动静之先"，以"有名"为"道之用，善恶之元"。"体为名本，故能离动静，原之则天地之始也。名因用立，故能生善恶，极之则万物之母也。""离动静"，有形之先，故不可定名；"生善恶"，无形分化，故形分可名。"天地之始"、"万物之母"，同可揭示恒道作为万物本源存在的体无用有，前者是无始之始，后者是无母之母，皆是道无体而用无方的思维结构，都是"无名"与"有名"的统一。在二者的价值等级上，"皇者守无名，帝者行有名"。犹如"无为而无不为"思维，守于无名是以无名用有名；犹如"为之而无以为"，行于有名是以有名而归于无名。它们不过是"上德"、"上仁"的区

别。苏辙认为，"自其无名，形而为天地，天地位而名始立矣。自其有名，播而为万物，万物育而名不可胜载矣。故无名者道之体，而有名者道之用也。"天地以形位而有名，然来自无名，是有名生于无名。有名以言道用，可为万物是有功有名，然功成不居、不测又是无名。薛蕙认为，"无名、有名并指道而言"，"无名"为"道之体"，因道体虚无，"未始有物"，故无得而名。"有名"为"道之用"，"神化变动，自无而有，乃名于有"。"虚无之理先天地生，此所以为天地之始也。及其有也，则万物自此而生，此所以为万物之母也。"从体上言，恒道"虚无"无体，为"无物之象"，故不可得形名。从用上言，虚无之体有"神化变动"之用，功用实在，故可名于有。体用一体，故谓"无名、有名并指道"。然在《老子》思想中，有不同的"体用一体"内涵。以恒道本始存在言，是体无而用为潜有；以作为"道通为一"存在言，是体无而用为不测。就无名、有名的相互关系及其内涵，薛蕙又指出，"有名者，非真有形也，特对无名言之而以为有名耳。且谓之万物之母，非指万物而言也夫！岂可名之比哉？"恒道的"有名"，非是因形可名之名，而是就功用实有的"假名"。大道"无名"、"有名"的一体关系，超越了物性可名的有名、无名对待关系。因万物言"母"，是无形的本源"太一"，非是母子相待的有形可名的"母"，故"有名"是强名。"无名"非是空无无有的称名，亦即非是有形有名的绝对否定，它是涵摄有名的无名。

三认"无名"为本、"有名"为强名，二者异名同谓。成玄英认为，重玄之道"本自无名"，不可言说，而"从本降迹，称谓斯起"。圣人"因无名立有名，寄有名诠无名者，方欲子育众生，令其归本，慈悲鞠养，有同母仪"。"称谓"者，物迹之名。释氏是以有名遣无名，不落入空；以无名遣有名，不执于有。以《老子》思维言，恒道"本自无名"，因为它是"大道不称"的绝对存在。然作为绝对存在必须自己揭蔽自己为存在，为人呈现其为绝对存在。为物、生物就是其揭蔽自己存在的存在性，通过生物功迹揭示其功为实存，证见其本自存在。以名谓言，依靠"有名"之物来揭示自己为"无名"存在。从揭示恒道生物言，是"因无名立有名"，以为"母仪"；从追溯恒道存在言，是"寄有名诠无名"，以为"归本"。范应元认为，恒道在天地之先，它"浑沦未判"，不可分析形像之，"孰得而名"？但它并非不可强名。恒道为万物之母，己虽无形而从中生成万物，缘生物之功而索其存"有"。因寓于存在物而证其存，何以不可强名？故假以名指其实。"有名"是就其"有"以强名，因为它非是"具有"或"定有"。"强名"已超越形象思维，是假名、寄名的抽象思维转变。在《老子》思想中，"有名"与"无名"的统一，是思维的拓展和提升，揭示了恒道认知能否可能的问题。恒道虽可通过"有名"以澄明于人类思考、交流面前，但在具体的运用中还要知其本、"复其初"，以"返无名"。只有这样，才能避免因"执名"而桎梏对恒道大全、无限质性的认知。李道纯认为，"道本无形，因生育天地而形可见；道本无名，因长养万物而名始立。一切有相受命于天，成形于地，禀气中和，皆道之荫也，故万物莫不尊道而贵德。"恒道"无名"对应于本自"无形"，"有名"对应于功存的"长

养万物"。生育天地形可见，是生物有用，其迹可见。"道之为物"是"惟恍惟惚"、"窈兮冥兮"中有物有象、有精有信，为体无用有的"有无一体"存在质性。为物有功，然功用不测则视之不见，何尝有形可见？确认恒道的真有，是因万物以生的功迹索其功用实存。"名始立"，非是因形而名，而是假名、代名。"受命于天"、"成形于地"来自"道之荫"，更是"无名"、"有名"的统一。道本"无名"，而其功德"有名"。魏源认为，如果执恒道为"可拟议而指名"的"一定之义"，就失其"无往不在"的"真常"内涵，"言仁而害仁，尚义而害义，袭礼而害礼"。恒道无所不在，故无可定名。"无名"是恒道不可定名的强名。陈鼓应提出，"无是天地的本始，有是万物的根源。"恒道是有无一体，以"无名"强名为"天地之始"，以"有名"强名为"万物之母"，二者同指而异谓，同谓之玄。

四以无名为太极浑沦、有名为两仪有形。程大昌指出，"凡老之谓无，约其等级，则与太极正相应也。"太极者，是"非天非地，而能该天地以立于总"。当是时，"无仪可放，无数可数"，故老氏"易其名而命以为无"。太极是浑沦之无，既是"未有天地"的"未兆"，亦是极天地之所不至者，"正其居虚而色清浊，以自立于无为无匹之地"，合二者强名为"无"。"老氏立名为无，而先乎天地者，正应易理也"。以《易》思维解恒道存在质性，揭蔽了二者的思维同构性。若以"非天非地"而该天地以"立于总"为《易》之太极，则犹如《老子》浑沦未兆的"有物混成"思维。"居虚而色清浊"、"无仪可放，无数可数"，犹如"无状之状"。"自立于无为无匹之地"，犹如"独立不改"。恒道以其为"天地之始"的"无名"言为无极，以其为"万物之母"的"有名"言为至极，二者统一于太极的内涵之中。从太极内涵无极言，就类于"有物混成"的思维质性，至于其思维玄妙性留待后论。吕知常认为，"太初无有，无有无名"，它是"气形质具而未相离"的"太始太素"、"浑沌"。"天地之始"无有形分，故无名。"太极既判，两仪定位，万物生焉，名始立矣。"大道混沌不分，非定有故不可形名。"两仪定位"则分为有形，故可名。以太极无名为浑沦，以有名天地为万物母，已是生生上的二本，背离了《老子》的本旨。林希逸认为，"天地之始"是"太极未分之时"，未有形分安有殊名？既有阴阳之名，则千变万化由此出，故"有名"为"万物之母"。太极以其非阴非阳为浑沦无名，以其一阴一阳为有功有名，它类于《老子》"道生一"的思维。在《老子》思想看来，"无名"与"有名"的关系，正是无极而太极、太极本无极的思维，以其浑沦无形而谓之无极无名，以其为万物本源而谓之有极有名。以宇宙造化言，一阴一阳为有极有名，阴阳不测为无极无名，它是"独立不改"与"周行不殆"的关系思维。杜道坚贯通上下文而解之，"观常无之妙，则见无名之始。观无名之始，则见无极太极也。观常有之徼，则见有名之母。观有名之母，则见两仪万物也。""无名之始"以言"常无之妙"，是无极而太极。"有名之母"以言"常有之徼"，是两仪生万物。实则，《老子》固以"常无之妙"为"无名"，以"常有之徼"为"有名"，然此与"天地之始"、"万物之母"的"无名"、"有名"关系不同。

"天地之始"的"无名"，是浑沦无形的无极不可形名；"万物之母"的"有名"，是生生本源的太极有名。恒无欲观妙的"无名"，是不滞于功迹的功成不名有。恒有欲观徼，是功成事遂的功迹可名。前者是无极而太极的一体思维，后者是恒有欲与恒无欲一体共存思维。以有为与无为的关系言，前者是无为而无不为的思维结构，后者是有所为又有所不为的思维结构。前者是"有物混成，先天地生"的"一本"思维结构，后者是"万物归焉而弗为主"的"玄德"思维结构。前者是恒道作为生生本源的存在质性，后者是恒道作为生生功为的存在质性。

五以无名为空，有名为色，空色一如。叶梦得认为，释氏曾以《老子》此文为色、空之说。"自无适有谓之色，色出于无，则虽色而未尝不空。自有入无谓之空，空反于有，则虽空而未尝非色。色与空，虽黄帝神禹不能窥其间矣，圣人亦何心焉？即有以为有，无物而非有，故以有名为万物之母，天地亦由之而生；即无以为无，无物而非无，故以无名为天地之始，万物亦由之而隐。"以释氏思维言，色、空是因缘相生。"色出于无"，无无则无色，故虽有色而未尝不空。"空反于有"，无色则无无，故虽有空而未尝非色。色与空不离不执，不住于色，不住于空，色空互遣。即色以为色，无相非色，万法归一于有名，天地之法由以生；即空以为空，无相非空，万法归一于无名，法相三千、宇宙沙河世界由以空。以《老子》思维言，"自无适有"是恒道生万物，"万物恃之以生"，故为"有生于无"；"自有入无"是"复归于无物"，无物而能物物，故为"无状之状"，或为"物物而不物于物"。恒道与万物的关系，统一于"为物"的功为存在的无限过程之中。恒道生物，无物非本自道，"善始且善成"，故为"万物之母"；恒道无物，无物为道，在"象帝之先"，故为"天地之始"。释氏是假"无名"以言"有名"，假"有名"以言"无名"，不住于相，不滞于名，"如如不住"，则为涅槃境界。《老子》以"无名"和"有名"的统一揭示恒道存在的"有无一体"存在质性，因"无"从潜有变为实有的过程和功绩推知"无中涵有"。

"有名"、"无名"一体，是《老子》恒道在指谓上的玄妙质性，此思维结构已摆脱法像直观的原始思维方式，逐步向"玄妙"思维上提升，具有着开创性、引领性的重大意义。恒道作为"天地之始"的"无名"存在，是"有物混成，先天地生"。因其"寂兮寥兮"、混沌无形，故不可名。然天地以恒道生，恒道作为"天下母"、"天地母"，因其有所由，故可以名。"始"、"母"同谓，正如无极而太极，太极本无极一样，揭示了同一恒道存在的不同质性，一是相对物有形有名而言无形无名，一是相对万物生成而言统一根源。前者是体无，后者是用有。与世俗以天地为"万物之母"、可以形名的观念相对照，《老子》以恒道无名立论，使之始生、涵摄天地万物一切有形存在者。在《老子》思想中，"无名"与"有名"的关系表现为五种形式：一是本始存在形式。"道朴无名"，它是"混成"、"无形"的"潜在"，以其浑沦为"无名"，以其具有生成万物的潜能、功存为"有名"。二是宇宙生成形式。恒道作为"万物之母"生成万物，"道生一"，朴散为器，它是潜在"无名"生成现实存在物的"有名"，万

物"有名"来自本始存在的"无名"。三是功用不测形式。恒道生物不息，悠久无疆，它是"神无方"、不可名的"无名"；功成事遂，所生之物皆是可名的"有名"。四是寓于万物形式。恒道分有于万物，成为"万物之奥"，就其"泛兮其可左右"的"道通为一"，是不可名的"无名"。以其不离于物，因物可名而言"无名"。恒道"无名"通万物和涵摄万物"有名"。五是玄德自然形式。恒道是功成身退，功成可名，"不名有"是"无名"。虽成名，而守于"无名"。《老子》"有名"与"无名"一体的玄妙思维，体现在李小龙对"截拳道"的解说上：与其费力去解释它是什么，还不如从反面来揭示它不是什么。"截拳道"对于武术精髓的把握，要求从形式、姿势和拳法的教条中解脱出来。换一句话说是：截拳道包罗万象，但不被万象所包罗。它正如"无名"涵摄一切"有名"，不为一切"有名"所囊括。

三、传承发展

《庄子》在传承发展《老子》"强为之名"、"道褒无名"以及"道恒无名"思想的同时，又提出了无名者与有名者的前后生成关系。"泰初有无，无有无名"（《天地》）。本始存在为"无有"，故"无名"。无名者生有名者，物成生理有"形"，故有可名之名。"圣人无名"（《逍遥游》）的人格理想，本自体道"无名"而来，无名则无为，无所不为，则与造化同游。《文子》对有名与无名的关系进行了深入阐发。一是明确揭示出二者之间生与为生的关系内涵。"有名产于无名，无名者有名之母也。"（《道原》）"有名产于无名"，来自"有生于无"；"无名"为"有名"之母，正与"无形者有形之始"相对应。恒道为"万物之母"，正是"无名"与"有名"的统一。以其为万物存在和化育的本源，强名之为"有名"；以其无形浑沦不可形名，谓之为天地有形之始的"无名"。二是明确提出了二者价值认知上的对反关系。"广厚有名"，习人以之为"贵全"；"俭薄无名"，习人以之为"贱轻"。"殷富有名"，习人以之为"尊宠"；"贫寡无名"，习人以之为"卑弱"。"雄牡有名"，习人以之为"章明"；"雌牝无名"，习人以之为"隐约"。"有余者有名"，习人以之为"高贤"；"不足者无名"，习人以之为"任下"（《道原》）。世俗贵"有名"而贱"无名"。体道者与其相反，贵"无名"而制"有名"。因为有形有声的"有名"，本自无形无声的"无名"。正如无形大而有形细，无形多而有形少。无形强而有形弱，无形实而有形虚，有形遂事而无形作始一样，朴无名而天下莫能臣。恒道为"万物之母"，物有名而道无名。以雄牡与雌牝关系言，《老子》既有云"玄牝之门，是谓天地根"，又有云"牝恒以静胜牡"，可见"无名"高于"有名"。再以"昭昭生于冥冥"言，"隐约"高于"章明"。可见，恒道"无名"、"有名"的一体关系，内在含有"有名产于无名"、无名大有名小以及功成不名有等涵义。三是揭示出对待功名的道术内涵。"有功即有名，无功即无名。"名因功而生，功因名而彰。"有道即有德，有德即有功，有功即有名，有名即复归于道。"虽功成却不名有，有名不以为恃，如此才能"功名长久，终身无咎"。圣人看到

道德功名的本末关系以及二者相互转化的趋势，故以道德为本，以功名为末。"王公有功名，孤寡无功名，故曰圣人自谓孤寡，归其根本"。不自恃尊名，方能成就大功名。"功成而不有，故有功以为利，无名以为用"。功成事遂必有名，然要以无名为持守德术。"帝者有名，莫知其情。"（《自然》）帝者因功成可强为之名，然此"有名"不是形名、可名之名，而是"无能名"的"无名之名"。功大不可形名，故"莫知其情"。何晏认为，"道者，惟无所有者也。自天地已来皆有所有矣；然犹谓之道者，以其能复用无所有也。故虽处有名之域而没其无名之象，……夫惟无名，故可得遍以天下之名名之。"（引自《无名论》，载《魏晋全书》第一册，吉林文史出版社 2006 年版，第508-509页）天地已来为"定有"，故可名。"复用无所有"，是复守"无名"。体道者，虽处有名之域，而持守"无名之象"。"无名"为大，涵摄万殊有名，故遍以天下之名而名。圣人名无名，以无名为道，无有成名。王弼认为，至真之极不可得名，只可以"无名"强为之名。正像《老子》所谓"不自大故大"、"无私成其私"、"至誉无誉"一样，"无名"则"其名不去"。凡物有称有名，则非其极。以道为称中之大，不若言其为无称之大。"无形无名"者，为"万物之宗"。"其为物也则混成，为象也则无形，……故能为品物之宗主，苞通天地，靡使不经也。……形必有所分，声必有所属。故象而形者，非大象也；音而声者，非大音也。然则，四形不象，则大象无以畅；五音不声，则大音无以至。"（引自《老子指略》，载《魏晋全书》第二册，吉林文史出版社 2006 年版，第120-121页）为物"混成"，为象"无形"，故为"无形无名"者。正因此，方能品物苞通、"靡使不经"，为"万物之宗"。与此对应，无名生成万殊可名，涵摄一切有名。可象形者非大象，与此相对应，可名者非恒名。然恒名以可名得以揭示，无可名则恒名不存，此即"四形不象，则大象无以畅"的思维形式。冯友兰认为，"道家是经过名家的思想而又超过之底。……名家讲有名，道家经过名家对于形象世界底批评，于有名之外，又说无名。无名是对着有名说底"。（引自《新原道》，载《冯友兰集》，群言出版社 1996 年版，第359页）《老子》"无名"固是相对于"有名"而言，然是针对物形可分的形象可名、功名上的自恃其名进行考问的，并非针对"名家"的名学立论，二者是不同思想体系。从立意上看，《老子》以万物始源无名、道褒无名为根本价值，批判揭击执于象形之名、贪婪显名等现象，它是自成一体的。高明从人的认识角度出发，认为人类未生之时，名号无有，故谓之"无名"；而人类已生之后，名号方以滋生，名之斯有。此虽揭示了无名、有名的人文历史生成观，然《老子》何尝如此说？成中英认为，《老子》"无名天地之始，有名万物之母"一文有两重意义。从宇宙发生论上看，天地之始本无名，因无物可名；有物后方有名，故有名以见万物。从本体论上看，"万物已成而有名，但去名则乃可见万物之本源为一体，而此乃当下立见的"。（引自《中国哲学中的方法诠释学——非方法论的方法论》，载《成中英文集》第四卷，湖北人民出版社 2006 年版，第305页）以物形分畛言"无名"、"有名"之分，未能揭示出恒道因"无状之状"而为"无名之名"的玄妙意蕴。

恒道本始故无名，然因其所生之物，推知其为万物本源，故可强名。"去名"是不执著于有名，而复归无名之本。持守大道"无名"之用，则"功成而不名有"。虽然"世界之本体不可言喻"，但我们能够认识现实并进而掌握不可言喻的本体，这一本体如果真实性获得存有，那么是不能凭借语言进行"完全、清楚"表达的。（同上书，第175页）命名是一种认知行为，也是取舍行为。可名者，命此以别彼，界定与分别是命名的必然逻辑。"有名"在揭示存在物属性的同时，也限制了它的外延。有名是对无名的否定，而肯定有限是在否定其无限性。肯定性思维是分别化、区别化逻辑。没有区别，没有否定，就没有肯定。只有否定其它，才会肯定此在。肯定定在，就是否定它在。命名的这种肯定逻辑形式，决定了其内在的限定性，它不能承担兼通的统一质性以及发展变化的无限质性。成中英认为，人类的语言不能真正描述"道"，因为它的真实状况是不确定的，也是不能确定的，故难以用确定的名谓来描述它。要知道不可命名、言说的"道"，就"只有通过拒绝使用限定或在一定的限定情况下去察看，不确定的道方可为人们所理解"。（同上书，第176页）对有限的否定，同时是对无限的肯定，这就为语言的玄妙性。就语词名谓的逻辑内涵，前苏联哲学家舍尔巴茨基认为，"事实上，一个词仅仅显示出自身意义也便暗示出对任何与之矛盾的东西的排斥，因为它所暗示出的（否定）意义（同肯定意义）是不可分的。"（引自《佛教的逻辑》，商务印书馆1997年版，第539页）比如，原初"左"这个词，是相对"右"而命名，名已立则相互限制，不能相涵。名"右"的确立内含对名"左"的排斥。这种定名的逻辑质性，不能表征无限的存在。根据名谓思维的局限性，则在揭示、表达无限存在上就呈现出两种主要思维表达方式。一为辩证论。黑格尔以概念思维揭示"绝对精神"，它是肯定与否定的辩证统一。概念因肯定而存在、展开，也因否定而发展、丰富。否定是肯定之否定，肯定是否定之肯定。有限中蕴含着无限的潜力，无限中涵摄有限的拓展。无限是涵摄有限的无限，有限是发展为无限的有限。黑格尔认为："凡是在意识内的都是可以经验的"，（引自《小逻辑》导言，商务印书馆1996年版，第47页）而自由、精神、上帝则为经验知识无法把握，因为它们的内容是无限的。这里所谓的意识，就是人类的直观思维，或者说是映像式、分析式、静止式、片面式、孤立式的知性思维，它不能完全认知作为一体、整体和无限的自由、精神和上帝。作为置身于世界中的人，只能从外部加以感知自然界内在的奥秘，二律背反思维由此产生。黑格尔提出以辩证思维解决这个矛盾，他认为，客观的绝对精神作为"大全"或真理全体，它以自己为对象，在存在和发展中自我认知、自我把握。但这里又出现一个问题：作为有限个体的人如何能以绝对精神的角度进行世界性的自我认知？黑格尔不得不求助历史的人和历史发展中的人类整体思维。但是还有一个问题不能解决：既然人类思维是不断发展的，社会是不断进步的，何以能达到世界的终结？既然世界没有终结，何以有绝对精神和自我概念认知的终极大全？黑格尔不得不求助圆圈、循环的发展理念。实质上，黑格尔的哲学并非能彻始彻终贯穿发展的观念，马克思批判其为不彻底的哲学。二为

否定论。佛教逻辑是有无相因论。"无"因"有"而无，"有"因"无"而有，有非有，无非无，其无限意蕴是念念不住的无限。即有相而无相，因否定而有肯定，因否定有极而成为无极。在《老子》看来，恒道的"无名"是以否定可名而揭示无限与有限的统一。无限的"无名"以涵摄肯定有限的"有名"，然不定限于可名，在有名有限存在的无限生成、发展中形成了无限"无名"的存在质性。无限的"无名"非是绝对否定式的空无，它在否定有限"有名"中展开其为丰富不测的无极。恒道"无名"以万物可名而证见其不可名。"无名"超越、囊括一切名。可名愈多愈加丰富，更证见"无名"之大、无限。"无名"生"有名"，"无名"既是"有名"的综合、总和，更是"有名"发展的不测。恒道生物无限，则物生物化无限，可名不定无穷。"无名"对"有名"是永远保持开放的，无以穷尽的，"名可名，非恒名"。同时，"无名"非是空无一名，而是在生成"有名"的不测中揭示其不可定名。没有"有名"就没有"无名"，"有名"的生成、发展见证了"无名"的博大，"无名"因"有名"之多证验了无不可名的无限性。"恒名"涵摄可名的无限，它虽是"总名"然是面向未来不可尽数的无限。恒道的"无名"与"有名"蕴涵着遮蔽与澄明的一体关系，对应着《中庸》所谓的隐显关系。鬼神之德，"微之显，诚之不可掩如此"。显者是可名的迹象，隐者是微妙不可名的存在质性。对《老子》言，显是恒道生化万物的功存，可强名为"有名"；隐是作为"大象无形"的微妙，可强名为"无名"。

最后，对本章内容作以简要概述。从思想内涵的贯通来看，恒道的名谓内涵包括原始"无名"、不可形名、"强为之名"、假名寄名、通名共名、不可定名、常久之名，还包括"无名"道术和价值追求。

"道本无名"，来自恒道原初的"朴无名"，它揭示的是"有物混成"、"无状之状"的存在质性。因其在"象帝之先"，为"天地之始"，"有名"来自"无名"，故不可以有形识，不得以形名称。此从万物起源于恒道的存在质性上说。

"不可形名"，来自《老子》所云的"大象无形"。凡名因形而命，相对"物以形名"而言，恒道无形，故不可以形象名，"有名"不能尽表"无名"。"道褒无名"、"大道不称"，揭示的就是这种涵义。此从道无限与名有限的关系上立说。

"强为之名"，因万物所由、作为宗奥存在而"字之曰道"，"强为之名大"。恒道"为物"不殆，"生物"不息，功用不测，故不可得名。恒道虽微妙无形而不可得名，然因其功用实存而可强为之名，假名以言恒道的实存。此从认知感悟和传授体会上说。

"假名言道"，在于揭示恒道虽无形无状、不可形名，然却可从其所寓之物、功为所施而名其情实，亦即可从相反存在者的物性上反观恒道的存在质性。万物作为实在"有名"，而恒道与之反，故"无名"。"无名"以"有名"彰。此从二者玄妙关系上立说。

"道为通名"，以其万物无不由、无不有，通于万物而谓之"道通为一"。大道寓于物而遍在，为"万物之奥"，万物无乎不在，故可以"通名"揭示恒道的"周遍咸"

存在质性。此从作为万物共由、无所不通的总名为之称名。

"不可定名"，因物定在可名揭示恒道存在"泛兮其可左右"的"无名"质性。恒道非柔非刚，而能柔能刚，"物物而不物于物"。作为质性无限丰富的"大全"，它存在而非定在，故不可以定名，不可以一偏之名而称名之。《老子》谓之"玄"，《庄子》谓之"道昭不道"。此从"名可名，非恒名"观念上立论。

"为大公名"，因恒道为宇宙万物的共同一源，万物生化无不由之，故为"万物一本"、万物一统的万物总名。万物"得一"以为生存，它既是"道一分殊"之一，也是"统一"、"同一"之一，故名为"玄同"、"道观"。此从万物同源、共奥上揭示"公名"。

"恒久之名"，来自对恒道"自古以固存"质性的认知，《老子》谓之"其名不去"。恒道既然"先天地生而不为久，长于上古而不为老"，它无始无终，故为"恒久"存在。"道不当名"，恒名不可名。对有限可名、无常定名的否定是"恒名"。此从无限与有限关系上言说。

"不自为名"，揭示恒道"自然"、不以耀名。恒道虽为天地、万物母，功成事遂而身退，它生而不有，功成不居，虽万物归之而不为主，"功成而不名有"，永保"无名"的自然本性。此从自然本性上揭示恒道"无名"旨意。

"镇以无名"，揭示"无名"之用。《老子》云："道恒无名而无不为。侯王若能守之，万物将自化。化而欲作，吾将镇之以无名之朴。"只有保持"无名"，才能取法自然，任物自化，不欲见贤，"上德不德"，"至誉无誉"。此从恒道玄德自然上立言。

"无名为真"，来自"圣人无名"的人格理想。只有保持"无名"的心态，才能与道合一，保持本真的本性，达至不为世俗习名所扰，而追求真人"无名"的境界。此相对世俗殉名、沽名钓誉而立论。

第八章　生生之本

恒道作为"湛然"、"恍惚"、"泛兮"以及"道乃久"等性存在，同时是生物不测、化物不已的存在。恒道以其为天地之所从来的"天地根"或"为天下母"，成为了"万物之宗"和"玄牝之门"。什么是恒道的生生存在质性？"生生"在《老子》哲学体系中有着什么特别的涵义？其与儒家的生生观有什么不同？本章通过深入诠释《老子》"生化"观，揭示恒道生生的玄妙质性。

第一节　万物之宗

以"渊"和"宗"等词汇况谓存在，揭示恒道作为本始存在和通一存在的生生存在质性，或者说以形象物、象形思维来揭示恒道的生化意蕴，是《老子》文本语言思维的一大特色。要确切把握恒道内在丰富的生机质性，首先必须明了"渊"和"宗"的本义，然后才能在相互界定的一体语境中，真正领悟恒道生生的本真、玄妙质性。

一、文字校解

《老子》第四章云："渊兮，似万物之宗。"帛书《老子》甲本写为"潚呵始万物之宗"，乙本写为"渊呵佁万物之宗"。楚简《老子》无此章。它是后哲对恒道观念的发展和增撰。"呵"、"兮"，皆为语助词，意义相通。

（一）"渊"与"潚"

"潚"字，《说文》解为"深清"，与"渊"义近同。据帛书《老子》乙本写作"渊"来订正，故当以"渊"字为准。

"渊"者，甲骨文为象形字，象一团深水形。《说文》云："渊，回水也。从水，象形，左右岸也，中象水皃（貌）。"谷衍奎认为，"渊"的本义为泉眼形成的洄水。从古文献中的用义看，它是一个具有生机质性的自然存在物，具有丰富的内涵。从道家以及深受道家思想影响的诸子对"渊"的用法看，主要有五义。

一为"渊泉"。泉水聚则成渊，"渊"为"泉源"。《说文》云："泉，水原（源）也。象水流出成川形。"因"渊"与"泉"义近，形成了同义合成词"渊泉"。"入乎渊泉而不濡"（《庄子·田子方》），神人"心如渊泉，形如处女"（《列子·黄帝》）。

"渊泉"与"处女"一词相对言，揭示其为本初、本来的质性。"精存自生，其外安荣，内藏以为泉原，浩然和平，以为气渊。"（《管子·内业》）"泉原"与"气渊"，皆况谓本始、本源的存在质性。

二为"不竭"。"渊"作为本源，自在丰盈，不能涸竭。"出地而不流者，命曰渊水。"（《管子·度地》）渊水"不流"，则自我充盈，而无损益。"源泉而不竭"（《文子·微明》）。源泉之所以"不竭"，在于有内在的涌流，本自充足，故能生生不已。何新认为，"渊，源也，即远也，源源不断。"（引自《老子新解》，北京工业大学出版社2007年版，第90页）"源源不断"，在于己为至足。"渊"的不竭在《管子》中多有言说。"渊泉而不尽，微约而流施"（《宙合》）。只有"不尽"，方能"流润泽均加于万物"。"渊之不涸，四体乃固。泉之不竭，九窍遂通。"（《内业》）"渊"与"泉"对言，正因其"不涸"、"不竭"，故能"固"、"通"，以至于能"穷天地，被四海"。

三为"深广"。《广雅·释诂》释"渊"为"深"。《庄子》多言"渊"的这种词义，如"藏珠于渊"（《天地》），"筋深之渊"、"视渊若陵"（《达生》），"九重之渊"（《列御寇》）。"临百仞之渊"（《列子·黄帝》）。"渊"因深广而成为万物聚集、容养之所，以喻恒道是"万物归焉"和"执大象，天下往"。

四为"清静"。"渊"深澄，故为清静。《庄子》多言此义。"渊默而雷声"（《在宥》），"雷声而渊默"（《天道》）。"默"者，静默之谓。"其居也，渊而静"（《在宥》）。郭象云："静之可使如渊。""渊静而百姓定"（《天地》），以"渊"况"静"而为"渊静"。"吾守形而忘身，观于浊水而迷于清渊。"（《山木》）以"渊"言"清"，况心智之澄。"神者智之渊也，渊清则智明"（《淮南子·俶真训》）。心若"渊清"，则以道观物，妍媸自照，故智明。"察见渊鱼者不祥，智料隐匿者有殃"（《列子·说符》）。"渊鱼"可察见，故清澈，它与"隐匿"相对。

五为"多变"。"渊"作为生物之所，故以喻多变的丰富质性。"鲵桓之审为渊，止水之审为渊，流水之审为渊。渊有九名，此处三焉。"（《庄子·应帝王》）壶子为神巫季咸示"三渊"意境：一示以"地文"，"萌乎不震不正"，显为"杜德机"。神巫见之以为"死相"；二示以"天壤"，"名实不入，而机发于踵"，显为"善者机"。神巫以为全然有生相；三示以"太冲莫胜"，显为"衡气机"。神巫以为精神恍惚之相。四示以"未始出吾宗"，"吾与之虚与委蛇，不知其谁何，因以为弟靡，因以为波流"。神巫自失而走。就此"渊"的意蕴，刘武云："盖水性就下，不赴海则趋渊，所向审谛，决不误趋高地；至渊则停而不流，故曰'守土也审'。审知乎土之下处也。""鲵桓之水"为"渊"是"尚未为渊"，以喻"杜德方始权变"的"动小"；"机发于踵"的"气小"，当审慎守之。因为"气发渐盛"，终则"阴阳合和而为太冲"。"止水"的"渊"以喻"气机似萌非萌，不震不正，和德闭杜之时"。"流水"的"渊"，喻"气机盛发，洋溢天壤，阴阳合和，一气流行，是谓太冲，犹之沟渎之水汇而为渊"。（引自《庄子集解》，中华书局2006年版，第193页）《列子》列出了"九渊"之名："鲵旋

之潘为渊，止水之潘为渊，流水之潘为渊，滥水之潘为渊，沃水之潘为渊，氿水之潘为渊，雍水之潘为渊，汧水之潘为渊，肥水之潘为渊"（《黄帝》）。在上面"三渊"之外，"滥水"为水泉涌出，"沃水"为水泉从上流下，"氿水"为水泉从旁出，"雍水"为河水决出还复入，"汧水"为水流行，"肥水"为水所出异。

"渊"是一个生机存在体，具有丰富的内涵。《老子》以"渊"况恒道正是取"渊"的玄妙性。揭示其浑然一体、生物不测、独立周行、本自无常等质性。要把握恒道生生质性的真谛，得先明确"渊"的实体存在质性。

（二）"宗"的字义

"宗"者，会意字，甲骨文从宀（房），从示（祭坛），表示立神主以祭的房子。"宗"之造字，是一个意义丰富的整体。它包括四个构成：一是立以祭坛的目的，尊其所"尊"者。二是举行祭祀的行为，用以尊其所"尊"者。三是祭祀用的房子或场所，用以供奉所"尊"者。四是祭祀的所"尊"奉者。由此，可析为以下诸义。

一为宗庙、邦国。它是"宗"的场所。《说文》云："宗者，尊祖庙也。""宗"以尊"祖"，因尊祖而立宗庙。"于以奠之，宗室牖下。"（《诗·召南》）毛亨传云："宗室，大宗之庙也。"（引自《毛诗正义》，中华书局 2009 年版，第 73 页）"受命于神宗"（《尚书·大禹谟》）。孔安国传云："神宗，文祖之宗庙，言'神'尊之。"（引自《尚书正义》，第 96 页）以"神"名"宗"，则所宗愈尊。古帝王、人主设宗庙以祭，既是感恩于本，也是维系统一的媒介、象征，同时寄托先祖以庇荫、保佑后代。它具有明伦追孝、教化协理的功用。"天地之祭，宗庙之事，父子之道，君臣之义，伦也。"（《礼记·礼器》）"修宗庙，敬祀事"的目的，在于"教民追孝"（《坊记》），故宗庙之祭是"仁之至"。"宗庙尚亲，朝廷尚尊，乡党尚齿，行事尚贤，大道之序也。"（《庄子·天道》）宗庙尚亲，是"亲亲"。在家天下的社会结构下，宗庙又具有"尊尊"的作用。宗庙又与"社稷"合称，后者是"土神"、"谷神"。"国君之年"者，"长，曰能从宗庙社稷之事矣；幼，曰未能从宗庙社稷之事也。"（《礼记·曲礼下》）宗庙社稷之事，代表统治、管理国家，故进而引申邦国。"周宗既灭，靡所止戾。"（《诗·小雅》）"周宗"，是周朝。孔颖达疏："周室为天下所宗，今可宗之道，谓先王之法，既已灭亡矣。其道既灭，国亦将亡，无所止而安定"。（引自《毛诗正义》，中华书局 2009 年版，第 731 页）周室为天下所宗，是国家的代称。

二为宗族、家族。同姓者为一宗，故为宗族、族群。"同姓从宗，合族属。"（《礼记·大传》）宗族来自同一宗庙的亲亲关系。"同姓于宗庙，同宗于祖庙，同族于祢庙"（《左传》襄十二年）。"宗族称孝"（《论语·子路》）。同一宗族，统一于同一宗庙。从同族宗室的来源看，"宗"与"祖"有先后次序，最尊者祖，次曰宗，合为祖宗。又古帝王之号最先者为"高祖"，次谓之"太宗"。"周人禘喾而郊稷，祖文王而宗武王。"（《礼记·祭法》）可见，"宗"因"祖"而来。有统一宗祖，则为同宗同祖。

三为尊崇、祭宗。"宗者何？宗有尊也，为先祖主也，宗人之所尊也。"（《白虎通》）宗庙必有所尊者。宗人所尊者，是"先祖主"。宗以亲亲而立，然所宗者由"先祖"拓展为建国之君。"公尸来燕来宗"（《诗·大雅》）。毛亨传云："宗，尊也。"郑玄笺云："其来燕也，有尊主人之意"。（引自《毛诗正义》，中华书局 2009 年版，第 1101 页）孔颖达疏："庙以尊重称宗庙，故宗为尊也。"（同上书，第 1102 页）以为宗是定为所尊，故"食之饮之，君之宗之"，"靡神不宗"。在"尊祖"与"敬宗"的关系上，"敬宗"为了"尊祖"。"尊祖故敬宗，敬宗所以尊祖祢也。"（《礼记·丧服小记》）"敬宗"，尊祖之义。"尊祖"之源，在于"人道亲亲"。由亲亲而尊祖，进而敬宗、收族、严宗庙、重社稷、爱百姓，达致"乐"的大同境界。由"尊祖"扩展为"尊君"。"舜其大孝也与？德为圣人，尊为天子，富有四海之内。宗庙飨之，子孙保之。"（《中庸》）宗庙之事，既是人君的大事，也是国家的大事。只有大德者，方得其名位。

四为本宗、原始。由亲亲血缘关系的祖先，到尊尊社会关系的先君，进而引申为人物赖以为生、具有生生质性的本始存在者。"礼有三本：天地者，生之本也；先祖者，类之本也；君师者，治之本也。无天地，恶生？无先祖，恶出？无君师，恶治？三者偏亡，焉无安人。故礼上事天，下事地，尊先祖，而隆君师。是礼之三本也。故王者天太祖，诸侯不敢坏，大夫士有常宗，所以别贵始；贵始得之本也。"（《荀子·礼论》）"先祖"作为"类之本"，是血缘亲亲的家族之本；"君师"作为"治之本"，是家天下、百姓父母的尊尊之本；"天地"作为"生之本"，已然是前两者之本，故为"万物之宗"。从先祖、君师再到天地，随着涵摄类别和数量的扩大，统一的范围、领域也在拓展，至于"天地"已达到了无不覆载、包含的层级。"肆类于上帝，禋于六宗"（《尚书·舜典》）。孔安国传云："所尊祭者，其祀有六，谓四时也、寒暑也、日也、月也、星也、水旱也。"（引自《尚书正义》，上海古籍出版社 2007 年版，第 55 页）"六宗"皆人赖以生者，决定人物之生。"六宗"统一于"上帝"。"宗者，族之始也。"（《管子·轻重己》）一族一宗，宗虽为"本原"、"本始存在"，然是"一物一太极"。而"万物之宗"是统体一太极。

五为朝宗、归宗。有"宗"则有所尊者，也就有了所归属者，归属的内涵中已含趋向、归宗、朝宗的意义。"沔彼流水，朝宗于海。"（《诗·小雅》）毛亨传云："水犹有所朝宗。"（引自《毛诗正义》，第 666 页）"江、汉朝宗于海"（《尚书·禹贡》）。孔安国传云："二水经此州而入海，有似于朝，百川以海为宗。"（引自《尚书正义》，第 147 页）"归于宗周"（《尚书·周官》）。"朝宗"、"以……为宗"、"归于宗"，皆具有趋向、归往的意蕴，亦即"以……为依归"、"归于一"。"诸侯朝于天子，春见曰朝，夏见曰宗"（《周礼·春官大宗伯》）。"朝"与"宗"名异而义同，皆是归于一统。因众多而同趋于一方，则所归往就有"统一"的涵义。何新认为："宗，总也。本根。"（引自《老子新解》，第 90 页）"本根"是本源。"宗"作为同一个依据、遵循，

又是统一的根本存在。"准也者，五量之宗也。"（《管子·水地》）五量以准为根据，则量得其量。"理也者，是非之宗也。"（《吕氏春秋·离谓》）是非因"理"而分殊，从统一所出言为"宗"。"宗"作为"本"，"本"立则"道"生，故又有"宗原"的道术。"宗原应变，曲得其宜"（《荀子·非十二子》）。"原"是"本"，"本"是应变之理，以理为则"曲得其宜"。以道为本，务"本"则宗于"道"。"以天为法，以德为行，以道为宗。"（《吕氏春秋·下贤》）宗法于道，则以不化应化，变化未始有极。

从"宗"字字义以及内涵发展来看，"宗"者含有众多与统一的关系。同祖为宗族，同一之祖是"统一"，然从亲族数量看又是众多。祖一代代接续，生生不穷，故本宗扩大不尽。就众多亲族言，通过一统宗庙祭祀，同一宗亲，就建立一个大的统一族群、宗室。随着族群的扩大，以至于进入邦国社会，则"宗"者由一族一宗，向更广泛、更高层次的统一之"宗"转变，由"族之始"向"天下之始"转变，这样"万物之宗"的观念就自然形成。"万物之宗"的观念，无疑是思维观念发展上的一个层次跃升。凡物皆有宗，一物类必有一宗，"一物一太极"；"万物之宗"是不同物类之宗的统一，是更高层次的不同类宗的统一，"万物总体一太极"。恒道生生不息，故为万物生成的本宗。万物芸芸，也要归宗于恒道。"执大象，天下往"。"万物之宗"与"道生一"和万物"得一"等观念一以贯之，它与"渊"的内涵融贯一体。

（三）"始"、"佁"和"似"

今本《老子》中的"似"字，帛书《老子》甲本写作"始"，乙本写作"佁"。"始"者，本始之谓，与"宗"义相近。后哲看到"始"与"宗"的同义性，故不再重复使用。"佁"字与"始"形近，可能为抄写之误。《老子》为什么不直言为"万物之宗"而另加"似"字？"似"有何特别用意？"似"与"似或存"的"似"义同。从"宗"的造字本义看，它虽为"本源"，然乃是有物之极、有形之极。而恒道无形、不可名，故曰"似"。"宗"者为主，是实在之称。而恒道"不为主"、"不宰"，故"似或存"。

二、文句解析

恒道之所以能为"万物之宗"，在于有"渊"样的存在质性。正是因具有"渊"的存在质性，才能为"万物之宗"。

（一）"渊"的解说

历代注家解"渊"大略有以下诸义。

一为深不可知。河上公以为，"道"者，"渊深不可知"。深不可测，故不可知。李荣以"海深"、"道深"解之，并认为正因为其"深"方能为万物所归奉。陆希声解为"渊深不测"，司马光、吴澄解为"深不可测"，王雱解为"深而不测"。苏辙云："渊兮，深渺。"因其"空虚静默"，故"深不可测"。陈象古以"渊"为"深妙之

旨"，无名氏认为，"深而莫测之谓渊，微而莫穷之谓道。"（《道德真经解》）刘骥指出，"渊"者，由于其"微妙元通"，故深不可识。范应元、魏源和陈鼓应等解为"深"。"渊"固有"深"的存在质性，然作为有形体的存在物，并非如恒道一样具有微妙、深不可识的质性。王弼以绝对本体存在的"深"为"玄"，它是众妙之门。虽如此，以"渊"为深不可测，非用以解万物生生的本宗，而在于揭示其玄妙质性。《老子》以"渊"况恒道为"万物之宗"，是揭示万物存在、生成的本宗。若以之为深不可知，何以之况恒道作为"万物之宗"的存在。若以微妙、深不可测揭示恒道生物之功无穷的质性，乃是。王安石正是以"渊深"而"能万物"作解，认为"渊"深方能"衣养万物"。

二为包容之量。"渊"深，故能涵容。王弼云："形虽大，不能累其体；事虽殷，不能充其量。""累其体"、"充其量"者，是物性固然。而其反是无穷、无限的质性。休休庵云："渊深，无所不容，为万物之宗也。""渊"者以其"深"为能容者，以况恒道无不容，无不该。在解"心善渊"上，他认为"渊"者"量包无外"。无所不包，是涵摄的"无穷"、"赅备"。"渊"者，有无限涵容之量，故不可知其极。恒道既是"万物之宗"，则存在物无有其外，万物皆归宗、统一于恒道。恒道生物不测，生生之量无穷；恒道自本自根，生生潜能无限；恒道"有物混成"，生生潜质赅备；恒道"道通为一"，万物之生无外。牛妙传兼"浩渺"、"澄清"、"容载"、"玄鉴"等质性解之，"如江海之中，渊源浩渺，搅之不浊，澄之愈清，其能容纳百川，靡所不载，随形见影，鑑物无私"。这些质性皆言心性，非是揭示恒道生生不穷的存在质性。

三为止水虚静。成玄英云："渊，止水也。""大匠取则于止水，众生宗极于圣人"。他认为，"渊"以况圣人，唯止水为能鉴人，惟圣智能照万法。在注"心善渊"一文上，他又解"渊"云："言止水清洁泓澄，渊深难测。上善心源虚远，静照亦然，故渊静则鉴人，心虚则照物。""止水"者，固有"清洁泓澄"属性，然其来自"渊深难测"的存在本性。渊深而静，故鉴人妍媸自见；渊源而虚，故照物任物自照。以虚静为"渊"性，是取其为心性的无执、无有前识，然"渊"既有虚静意蕴，亦有多变内涵。虚静以循物，方能"以天下观天下"，"以道观之"。以"渊"况圣人，脱离了《老子》揭示恒道存在质性的本旨，贯穿了佛学思维。后学以虚静言"渊"，则偏离了《老子》思想本旨，成为释氏、道教的归趣。

四为虚澄深静。由"深"言"静"，由"虚"言"澄"。唐玄宗以"渊"为"深静"，李约以为"深静而不可测知"。杜光庭认为，"求其妙本，则深静常虚。"陈景元指出，"冲虚之道，不亏不盈，体性凝湛，深不可测，故谓之渊"。体性"凝湛"，故为"深静"。宋徽宗云："渊虚而静，不与物杂，道之体也。""不与物杂"，即"不物于物"。谢图南解为"澄清不可挠"。"渊"者，既是虚静，亦是生生，故为"生而不有"的玄德，它是"物物而不物于物"。章安云："惟虚与静，所以管摄万有，而大化之所以神也。"虚静非执，而在于"管摄万有"，神其大化。吕知常云："夫渊者，至

深而不可测，至静而莫能动之谓也。"至静莫能动，是至人的心境。董思靖以"渊"为"虚澄深静而不可测之称"。虚澄、深静，固是"渊"的存在属性，然不能作为"万物之宗"的本意。

此外，林希逸还解"渊"为"美"。

（二）"宗"的解说

"渊"以揭示"万物之宗"的质性。注家释"宗"大略有七解。

一为宗祖。河上公解为"万物之宗祖"。"宗祖"者，渊源之谓，统归于始祖。《老子》以恒道为"天地之始"、"万物之母"，揭示的就是这个内涵质性。程大昌以《老子》"天下万物生于有，有生于无"作解，认为"无"者为"万物之宗"。"万物之宗"，是"无之未出为有"。"无"是本始存在，而"有"已是次生存在。无名氏云："道之无，则天地以为始；道之有，则万物以为母。言其母，则知万物生乎道者也；言其宗，则知万物本乎道者也。"（《道德真经解》）万物生于、本于道，皆言归于一本。吕知常以"宗"为"祖"，认为"太初太易未兆之前，道体已备"。至于"生一生二生三生万物"，则道岂不为万物宗祖乎？"道体已备"，为生生潜能的大全。恒道之所以为宗祖，在于为物生的来源、本始。

二为宗主。王弼云："万物舍此而求主，主其安在乎？"以绝对本体存在为"主"，然它非是主宰，而是"不塞其原"、"不禁其性"的自然存在。唐玄宗云："道常生物，而不盈满，妙本渊兮深静，故似为万物宗主。"常生物而不盈满，是生生不止，正是"渊兮似万物之宗"的意蕴。道者，非是以深静为妙本，然后为万物宗主。司马光云："深不可测，常为物主。"之所以常为物的宗主，非因其"深不可测"，而因其生物不测。吕惠卿以《老子》上文"道冲而用之，或不盈"解之，然它的本意在于揭示恒道的功用无穷。固然，为"万物之宗"中内涵功用不测，然它非用以揭示"万物之宗"的本源。陈象古认为，道"无作无为于万物"，而万物"因冲和之气以生"，故似"万物之宗"。若以物性不齐皆禀分自然，自有冲和之气，那么何来"万物之宗"？既以"宗"为"主"，则必有主于生物的一本，虽然其生生是"长而不宰"的玄德自然。李嘉谋云："然其深妙愈用而愈不穷，物物自道而道未尝物，故曰似万物之宗。"既然"道未尝物"，而"物物自道"，则必各自独化，无有"万物之宗"。然其"愈用而愈不穷"的"深妙"质性何谓？其用不穷，必是实存。魏源以"物物而不物于物"作解，已然看到"物物"的生生质性，以及"不物于物"的微妙质性。因其生生而有"宗"，因其微妙而为"似"。

三为一统。"万物之宗"，既是生生本源上的一本，亦是"道通为一"上的一本。王雱云："道生万物而体未尝离物，自物之散殊而观之，则似为之宗"。"道生万物"，是生生有本。"未尝离物"，是即物而存。以散殊观，则宗为一统。恒道寓于万物之中，从其无不在谓之"道通为一"。"宗"为一统，相对物之"散殊"言。通一、统一意

蕴，皆从恒道为"万物之宗"的思维中来。吴澄云："宗犹宗子之宗，宗者族之统，道者万物之统，故曰万物之宗。"道为"万物之统"，是"道通为一"。然"万物之宗"还有生生一本的始源意蕴。

四为宗师。李约以"庶类之宗师"解"万物之宗"，"宗师"一词来自《庄子》的"大宗师"。林希逸云："万物之宗，即《庄子》所谓大宗师也。"宗法于道，是以道为宗师。《庄子》以宇宙中的造化者为"宗师"，它是"载我以形，劳我以生，佚我以老，息我以死"的"大块"，是"鼜万物而不为义，泽及万世而不为仁，长于上古而不为老，覆载天地、刻雕众形而不为巧"的"大宗师"，它同时是造物者。"泽及万世"、"覆载天地、刻雕众形"，是功用实存。而不为仁义、老巧，又是微妙不定于已有，二者合之是"似万物之宗"。

五为归奉。此以"宗"为朝宗、归宗。李荣云："海深，故百谷朝而归之。道深，故万物宗而奉之。"《老子》言归往、归宗的缘由，一是在于"善下"。"江海之所以能为百谷王者，以其善下之，故能为百谷王。"二是在于"大象"。"执大象，天下往。"三是"善利"。恒道善利万物而不辞，衣被万物，故"万物归焉"。四是在于"归根"。"夫物芸芸，各复归其根。归根曰静，静曰复命。"以"深"为百谷朝归、万物宗奉的缘由，非是《老子》本意。若以"道深"为生物不测，则可。陈景元云："群生日用，注酌湛然，体含万象，善恶斯保，动植咸归，故为万物之宗。"动植物之所以咸归，在于"群生日用"、"善恶斯保"，归根结底在于"体含万象"的无限潜能。休休庵以"渊"深"无所不容"，故为"万物之宗"。"渊"能"容"，故为万物所归，正如百川朝宗于大海。恒道之"容"，非是包容，而是容受。它是容受万物赖之以生，无物不可因之而生。

六为系待。"渊"者近于道，恒道以其能生生，故为万物所归。万物之所以归往，在于恒道"运量万物而不匮"，故"万物皆往资焉而不匮"。"往资"，是赖之以生的"系待"。王安石云："道之为物，渊深而能万物，不应于物，而物自恃以生。又能供万物之求，故曰：似万物之宗。"从恒道生生言，是"供万物之求"，有求必予；从万物生成言，是"自恃以生"，不求私赐。此是"渊"能万物而似"万物之宗"的内涵。《老子》云"万物恃之以生而不辞"，揭示的正是恒道为"万物之宗"的存在质性。宋徽宗指出，道体"渊虚而静"，"惟虚也，故群实之所归；惟静也，故群动之所属。是万物之所系，一化之所待也。""万物之所系"，是"万物恃之以生"；"一化之所待"，是万化以之造化。然它们皆源自恒道的生生、"物物"功能，而非来自虚静。虚静只是"不物于物"。章安看到御注的这一缺失，虽认为"群有之实，归乎至虚。群有之动，属乎至静"，然赋予虚静以"管摄万有"，使大化"之所以神"的质性，防止落入虚静的偏执，泯灭恒道的生生、功用无穷的存在质性。

七为"奥"。林志坚以《老子》"道者万物之奥"的观念解之，然"万物之奥"与"万物之宗"思想有别，"宗"偏重于揭示恒道生生一本的存在质性，而"奥"侧重于

揭示恒道作为"德畜之"、"势成之"而成为万物"得一"的存在质性。

（三）"似"的解说

"似"者虽作为虚拟词，然具有重要的涵义。它既揭示出恒道与"渊"的区别，亦揭示"宗"的"不可致诘"质性。唐玄宗云："道非有法，故不正言"。有法可名，是物性。可称名者，是"正言"。恒道无状，故不可得以正言。它只能通过"与物反"的思维和"反言"揭示之。"渊"、"宗"是可以正言的存在物，然"万物之宗"是无形之宗、绝对本宗，故不可以有形之宗言之。王安石云："似者，不敢正名其道也。""正名"与"正言"同谓。陈景元云："夫不测之理，非有非无，难以定名，故寄言似也"。正因其"不测"，非定于有或无，不可形名，故以"似"寄言之。吕惠卿云："求其为宗者，固不可得也，似之而已"。恒道作为"万物之宗"，无形无状，感知不可得。然非不可知，可据其所宗统的"万物"以推知之。"似"并非否定绝对本体的存在，它是有而若无，不可执得。宋徽宗云："然道本无係，物自宗道，故似之而已。""道本无係"，以万物为刍狗；"物自宗道"，道施自均于物。有求必予，日用而不知。无名氏云："盖道乃无形，不可以定体言之"（《道德真经解》）虽为"宗"然无定体，犹若"无状之状"思维，它是无宗之宗。董思靖认为，即万物而观，则"必有以为之宗主者"，然"实未尝有方体"，故"不可定名"。范应元云："似者，道不可指言也。""指言"，可以具体指称，亦是"正言"。林希逸认为，道者"若有若无"，苟非知道者不知之，故曰"似万物之宗"。道无方体，不可见闻，然又非是空无，故以"似"揭示其微妙不测的存在质性。李道纯以"不自见"解之，恒道"物物而不物于物"，虽生物而非物，虽以物揭蔽自己，然又寓于存在物而遮蔽自己。从感知确证言，是不能必知。吴澄以"似"为"不敢必知辞"。陈鼓应解"似"为"好像"，"它好像是万物的宗主。""好像"在现代词语的意义是"有些像"、"仿佛"、"类似"，它们在于揭示表面看是而实则非是的涵义。恒道为"万物之宗"是实有，虽然非是定存。恒道若是主宰之主则为定有，然作为"万物归焉而弗为主"、"长而不宰"者故为"似"存。《老子》多以"似"揭示恒道之容，况似无而实有的存在真谛。

之所以列举多方面、多角度的解说，因为"渊兮似万物之宗"是《老子》的又一个象征指涉或寓言况谓思维观念，它假以现实存在物的丰富内涵实体以揭示绝对本体存在恒道的质性。就以其生生质性言，具有为物不贰、生生不息、生物不测、生而不有、微妙至神、长而不宰等意义，故不可简单以知性分析思维的单一取向而诠释之，而要以机体思维揭示之。通过注家之解，既可从中看到恒道作为"渊兮似万物之宗"的丰富意蕴、实质内涵，也可从中看到儒者、道家、道教、释氏等不同诠释的思维趣向，厘正其本原意旨。"渊"作为自然的机体存在，具有泉源、资生、深厚、涵容、清静、不竭、多变、赅备、潜有、深不可测、渊澄等义，这些皆可在《老子》所揭示的恒道存在质性中找到对应的内容。恒道为"万物之宗"、"天地之根"，"万物得一以

生"，它是"泉源"；"道生之，而德畜之，物形之，而势成之"，"善始且善成"，它是"资生"；恒道为"有物混成"，"有生于无"，它是"潜有"；"泛兮其可左右"，为"万物之奥"，它是"赅备"；"寂兮寥兮"、"窈兮冥兮"，"惟恍惟惚"，"不可致诘"，它是"深不可测"；"容乃公"、"曲则全"，它是"涵容"；"道冲，而用之或不盈"，它是"深厚"；"独立而不改"，"归根曰静"，它是"深静"；"周行不殆"，"用之不可既"，它是"不竭"；"动善时，事善能"，"道不可道"，它是"多变"；"心善渊"，"见天道"，"以天下观天下"，它是"渊澄"，等等。正因为"渊"有这样的丰富内涵，故可为"万物之宗"的况谓。从恒道作为"万物之宗"来看，恒道为"万物之母"，"衣被万物"，"万物恃之以生而不辞"，它是生生之本；"万物归焉而不为主"，"执大象，天下往"，它是归于宗；"万物莫不尊道而贵德"，它是宗于本；"道者万物之主。善人之宝，不善人之保"，它是"玄德"的"大宗师"。恒道作为"万物之宗"，既是永不枯竭、生生不已的生命源泉，也是万物存在、变化和发展的终极根据，更是维持万物相生相化、经久不衰的机体能力和活力。《老子》言"鱼不可脱于渊"，正在于揭示万物之于恒道的"本宗"真谛。从"似"内涵言，一是揭示恒道与"渊"的比喻关系。正如水几于道一样，"渊"者几于道，故以"似"况谓之。实则，"渊"有形有体，可以见知，而恒道微妙无形，"不可致诘"。二是揭示"万物之宗"的存在质性。恒道作为"万物之宗"，相对于人物有体之宗言，它是无宗之宗。无有定体，然万物统归赖以生，以其为生生本源、本根，故强名为"万物之宗"。正因为如此，方为绝对本体的存在质性。一物类一宗是定宗，恒道通万类之宗，故为不测、无极之宗。三是揭示其非有形状、不可定名的质性。恒道作为"万物之宗"，不可见知，难以正名。它是生物而非物，在揭蔽自己的同时亦在遮蔽自己，故以物性言"似"。"似"者揭示恒道非物而不离物，因"与物反"而知。

三、传承影响

《老子》"渊兮，似万物之宗"思想，为道家诸子所继承发展。《庄子》多言性命之"宗"，然它来自对"万物之宗"者的认知、体悟。人的性命之宗，即来自对绝对本体存在的分有、体行。"死生亦大矣，而不得与之变；虽天地覆坠，亦将不与之遗；审乎无假而不与物迁，命物之化而守其宗也。"（《德充符》）"守其宗"，则"命物之化"而己不化。所守之"宗"，是道德之本。心性道德的"守其宗"，来自对"造化者"、"造物者"的认知、体验。造化者不化，方能成万化于无极。造物者，物物而不物于物。知"道通为一"，则不与死生变，不与天地覆坠遗；知道"自本自根"而无待，则"审乎无假"，故不与物迁。对《老子》言，恒道作为"万物之宗"的绝对存在，它既是生物不辞，"独立不改"，又是物物而不物于物、不化而常于化化。守性命之宗，是持守道德。"唯止能止众止"，己无为而与造化为一。道者，"自本自根，未有天地，自古以固存"（《大宗师》）。绝对本体存在的"道"只有"自本自根"，方能为

"天地之根"、"万物之宗"。"万物之宗"的内涵，内在具有天下无有匹合的质性，它是无有其外的独立无偶。在《庄子》的思想中，已将"万物之宗"从宇宙本始存在上的生生本源，转换为宇宙机体的造化之宗。"伟哉！夫造物者，将以予为此拘拘也。""造物者"与"大块"、"大炉"和"大冶"一样，成为了恒道作为"万物之宗"的别名。"今一以天地为大炉，以造化为大冶，乌往而不可哉？"（《大宗师》）在揭示"渊"的质性上，"乡吾示之以未始出吾宗。吾与之虚而委蛇，不知其谁何，因以为弟靡，因以为波流"（《应帝王》）。"未始出吾宗"，是对大道"自本自根"的体验，即是"命物之化而守其宗"。"虚"者，虚静之谓；"因"者，因循之谓。心性本自静而不动，"不与物迁"，故能"虚而委蛇"。能与造化为一，因化以为"弟靡"、"波流"，故不可测识。"明白于天地之德者，此之谓大本大宗，与天和者也"（《天道》）。"大本大宗"者，以本体言是"天地之德"，以人性言是"与天和者"，故帝王之德"以天地为宗，以道德为主，以无为为常"。天地之道，"运而无所积"。"运"者，物物化育之谓；"不积"者，"功成不居"、"不物于物"之谓。这里，"天地之德"具有《老子》恒道的生生质性。人处于世俗之中，不免于物化。反真求本，就要"反于宗"。"中国有人焉，非阴非阳，处于天地之间，直且为人，将反于宗。"（《知北游》）"反于宗"，返本还源，归于本宗之始。反于本宗，要脱离阴阳偏执之有，而达致"非阴非阳"的境界。以本为宗，是《庄子》的人格理想。"不离于宗，谓之天人。不离于精，谓之神人。不离于真，谓之至人。以天为宗，以德为本，以道为门，兆于变化，谓之圣人。"（《天下》）"天人"者"不离于宗"，是本然之得。从其具有潜在之能，谓之神。从其不失其原，谓之真。"不离于宗"，是本自自然；"以天为宗"，是圣人的效法之为。"德"是天的品性，"道"是天的律常，"变化"是天的运行，圣人精义入神，通于造化。

在以"渊"揭示道性上，"渊"是道之所居的质性。"夫道，渊乎其居也，潦乎其清也。"（《天地》）以"渊"言"道"，其居深广而神不测，"深之又深而能物"，"神之又神而能精"。"能物"、"能精"，是在"与万物接"中"至无而供其求，时骋而要其宿"。道似"渊"无不容，不可测。"夫道，于大不终，于小不遗，故万物备。广广乎其无不容也，渊渊乎其不可测也。"（《天道》）"万物备"，是恒道大全于物。恒道以"广广"言是"无不容"，以"渊渊"言是"不可测"。"不可测"，既是生物不测，亦是通行万物的不测。道者，"渊渊乎其若海"（《知北游》）。"渊"似"海"，二者具有生生质性，以况道是"万物皆往资焉而不匮"。苏舆云："万物往资，犹《易》'资生资始'之资，此天地自然之功用也，故曰道。"（引自《庄子集解》，第189页）《庄子》某些篇章有将绝对本体视为天地者，"天地"为万物生生之宗。"至阴肃肃，至阳赫赫；肃肃出乎天，赫赫发乎地；两者交通成和而物生焉，或为之纪而莫见其形。消息满虚，一晦一明，日改月化，日有所为，而莫见其功。生有所乎萌，死有所乎归，终始相反乎无端而莫知乎其所穷。非是也，且孰为之宗！"（《田子方》）天地为生生本宗，"交通成和而物生"。虽为本宗，是"或为之纪"而"莫见其形"、"莫见其功"、

莫知所穷，故为无形之宗。"消息满虚"，生萌死归，终始无端，是本宗的造化不测。大道作为本宗，在于为"万物之所出"，庶物"失之则死，得之则生"（《渔父》）。《管子》继承道家思维，对"道"之为"宗"、似"渊"思想进行了进一步的阐发。"渊者，众物之所生也，能深而不涸，则沈玉至。……故渊涸而无水则沈玉不至，……故渊不涸，则所欲者至，涸则不至。故曰：'渊深而不涸则沈玉极。'"（《形势解》）"渊"为众物所以为生者，是《老子》"渊兮似万物之宗"的思维。"渊"之所以能为"宗"，在于其"深而不涸"。"深而不涸"，则具有"沈玉"生成的条件、环境。"渊涸无水"，就不能为生生之"宗"。严遵在《道德真经指归》中多以"祖"、"宗"揭示万物本始存在的意蕴。"天地所由，物类所以，道为之元，德为之始，神明为宗，太和为祖。"道德、神明和太和，同为"天地所由，物类所以"的本根存在。以"元"的渊源言为"道"，以"始"的生生言谓之"德"，以"宗"的微妙玄通谓之"神明"，以"祖"的"阴阳交合"言谓之"太和"。"元"、"始"、"祖"与"宗"，异名而同谓，皆为物生之宗，它们统一于"一"。"一者，道之子，神明之母，太和之宗，天地之祖。""一"作为道之子，是"道生一"；作为"神明之母"，是"圣有所生，王有所成"；作为"天地之祖"，是"先天地生"；作为"太和之宗"，是"有物混成"。"母"与"祖"、"宗"，也是异名而通义。天地以形分，"一"为有形之祖；太和为二气交合，"一"为构合之宗；神明为"玄通"，"一"为神明之母。"于神为无，于道为有，于神为大，于道为小"。神妙无方，故为"无"；以其无所不涵，故为"大"；万物所由，故为"有"；以其微妙，故为"小"。"宗"与"祖"，皆况本始存在。"物有所宗，类有所祖。"物类各有祖宗，各有生生始极。本宗者，必为精微神妙的存在。"神微之始，精妙之宗，生无根蒂，出入无门。"神而不测，故微；精而能化，故妙。精神者，同样是物生之本。神在精中，精中涵神。"生无根蒂，出入无门"，是本宗无形，无有方体。宗祖者，既是微妙无形，又是统一之本。"天地人物，皆同元始，共一宗祖。""同元始"、"一宗祖"，是统一的一本。以心性、知行言，亦有本宗之说。"不知之知，知之祖也；不教之教，教之宗也；无为之为，为之始也；无事之事，事之元也。""不知之知"，不知而无不知，故为"知之祖"；"不教之教"，不教而无不教，故为"教之宗"；"无为之为"，无为而无不为，故为"为之始"；"无事之事"，无事而无不事，故为"事之元"。此中思维结构，正如恒道为"无状之状"，虽无状而万状以之生成。本宗者，"神明所因，天地所归，玄圣所道"。不视不听、不言不为，非是寂灭枯槁，而是虚己以同于天。"不听之闻，与天同聪；不视之见，与天同明；不言之化，与天同德；不为之事，与天同功。"与天同聪同明、同德同功，则"所守者要"，而"所然者详"。不蔽"道德之明"，则通达于"天地之虑"。体其本宗，于知则"照物不穷"，于化则"为化祖宗"，于用则"天下不勤"，于福则"为福元始"，于中则"沦于大中"。在治国为政上，有道术的祖宗。"治国之道，生民之本，啬为祖宗"。"啬"者，是大道的无为自然。在言教为治之宗上，以自然为宗。"圣人之言，宗于自然，祖于神明，

常处其反，在默言之间，甚微以妙，归于自然"。"宗于自然"、"归于自然"，是"希言自然"；"祖于神明"，是"同于道"。"宗"、"归"和"祖"三者，皆用以揭示宗本之意。可见，恒道作为本宗，既是万物之宗，也是人生道德之宗，为无所不宗。《文子》对《老子》"本宗"思想，给予了深入阐发。"夫无形者，物之太祖；无音者，类之太宗。"（《道原》）物类有形有音，有形生于无形，五音来自无音，故"无形"、"无音"者为物类的祖宗。这里以"太祖"、"太宗"言，揭示的正是本始绝对存在的微妙无形。道之为宗，"有形者皆生焉"（《符言》）。作为"万物之宗"，它是"生生者未尝生"，"化化者未尝化"（《九守》）。只有生生而不生，化化而不化，方能恒于生化，"独立不改"。"道"者，既是有形物类之宗，也是心性道德、言为之宗。从心性上言，是"未始出其宗"的人道。"人道者，全性保真，不亏其身，遭急迫难，精通乎天，若乃未始出其宗者，何为而不成？"（《精诚》）"未始出其宗"，则与道合一，无为而无不为。以为知则"精通乎天"，真知"以道观之"。以为性则"全性保真"，真人"性合乎道"。"所谓真人者，性合乎道也。"（《九守》）得其本宗，则"明白太素"、"体本抱神"；持守本宗，则"守大浑之朴，立至精之中"，"无为而复朴"；明于本宗，见事之化，而"审于无假，不与物迁"；通达本宗，则"心意专于内，通达祸福于一"；反于本宗，则"机械智巧，不载于心"，"有精而不使，有神而不用"；体于本宗，则"感而应，迫而动，不得已而往，如光之耀，如影之效"，"居不知所为，行不知所之"；立于本宗，则"以不化应化，千变万转，而未始有极"；游于本宗，则"以游天地之根，芒然仿佯尘垢之外，逍遥乎无事之业"；行于本宗，则"其动无形，其静无体，存而若亡，生而若死，出入无间，役使鬼神"；知于本宗，则"不学而知，弗视而见"；以本宗为政，是"以道莅天下"，"弗为而成，弗治而辩"；遵从本宗，则"以道为循，有待而然，廓然而虚，清静而无，以千生为一化，以万异为一宗"。"纯粹素道"，来自道之本宗。本宗可以取法，故为神明。"道德则天下宗"（《符言》）。"道"作为本宗，可以宗法，"诸智者学焉，其为师也亦明矣"。以道为本宗，是以无为为本宗。"无为者，道之宗也。得道之宗，并应无穷。"（《下德》）"并应无穷"，来自以无为为本。己无为则不"专己之能"，同时"因道理之数"，故能"并应无穷"。《淮南子》除与《文子》所言相同外，还有以下论述本宗的观念。"夫性命者，与形俱出其宗。"（《原道训》）性命与形状，皆源自本宗存在。本宗以其超乎天地，故为"大宗"。"乃至神农、黄帝，剖判大宗，窍领天地"（《俶真训》）。"大宗"，是天地万物所以生的本宗。作为物之宗，可以"绳"况谓之。"绳之为度也，直而不争，修而不穷，久而不弊，远而不忘，与天合德，与神合明，所欲则得，所恶则亡，自古及今，不可移匡，厥德孔密，广大以容，是故上帝以为物宗。"（《时则训》）"直而不争"，犹如恒道善利不争；"修而不穷"，犹如恒道"其用不可既"；"久而不弊"，犹如恒道"周行不殆"；"远而不忘"，犹如恒道生物不辞；"与天合德"，犹如恒道玄德自然；"与神合明"，犹如"以天下观天下"；"所欲则得，所恶则亡"，犹如同于道则得，失于道则亡；"不可

移匡"，犹如恒道"独立不改"；"厥德孔密"，犹如恒道为"万物之母"；"广大以容"，犹如恒道"容乃公"。作为"万物之宗"，必要具备上述质性。再言"声之宗"："乐生于音，音生于律，律生于风，此声之宗也。"（《主术训》）心性之宗，在于"循天"、"与道游"。圣人宗于造化者，故"与造化者为人"。能如此，则"精通于灵府"，故"不谋而当，不言而信，不虑而得，不为而成"（《原道训》）。王弼在《老子指略》中以"无形无名者"为"万物之宗"，"夫物之所以生，功之所以成，必生乎无形，由乎无名。无形无名者，万物之宗也。"（引自《魏晋全书》第二册，第120页）"无形无名者"之所以为"品物之宗主"，在于它是混成无状，"大象无形"、"大音希声"、"淡乎无味"而又"苞通天地，靡使不经"的存在，一言以蔽之是微妙至神的存在。

儒家多言"渊"，从其不同质性上看，具有通于《老子》恒道一样的存在质性，具有本体存在的内涵。一是渊为本源。以"泉源"为"渊"。"泉源在左，淇水在右。"（《诗·卫风》）毛亨传云："泉源，小水之源。淇水，大水也。"（引自《毛诗正义》，中华书局2009年版，第236页）小水流入大水，则源泉滚滚。"溥博渊泉，而时出之。溥博如天，渊泉如渊"（《中庸》）。从"渊"与"泉"的通义中，揭示了"渊"的本原生生意蕴。以"溥博"形容"渊泉"，可见其具有广大、德普之义。"时出之"，是生物不测。朱熹云："溥博，周遍而广阔也。渊泉，静深而有本也。"（引自《四书集注》，北京古籍出版社2009年版，第46页）"本"为"源"，"渊泉"之体为"静深"，其用为"周遍而广阔"。"肫肫其仁！渊渊其渊！浩浩其天！"（《中庸》）仁、渊、天三者，皆具有生物之德的广大质性。"玉在山而草木润，渊生珠而崖不枯。"（《荀子·劝学》）"渊生珠"，生生之谓。张载云："至静无感，性之渊源，有识有知，物交之客感尔。"（引自《张载集》，中华书局2006年版，第7页）"渊源"，就是本原。李材认为，"孔子之所以开宗立教者，舍知本之外，别何所宗？曾氏所以独得其宗者，舍知本之外，别何所学？三省则修之矩矱，一贯则止之渊源。"（引自《明儒学案·止修学案》，载《黄宗羲全集》第七册，浙江古籍出版社2005年版，第783页）"开宗"、"所宗"和"独得其宗"者，皆为"知本"，而"知本"在止于"渊源"。"总千圣渊源之的，只是教人知本，只是教人知止"。（同上册，第786页）"知本"、"知止"，是圣学之"的"、学问的本源。"渊源"，就是本始、本源。二是渊泉深厚。"渊"是深泉，"莫高匪山，莫浚匪泉。"（《诗·小雅》）毛亨传云："浚，深也。"郑玄笺云："泉深矣，人入其渊。"（引自《毛诗正义》，第753页）"泉深"，是"渊"。"渊"本是深厚的存在。"鱼潜在渊，或在于渚。"郑玄笺云："鱼之性寒则逃于渊，温则见于渚"。（引自《毛诗正义》，第668页）"渊"深可避寒。"如临深渊，如履薄冰。"（《诗·小雅》）以渊深况身临的戒慎恐惧状。"栗栗危惧，若将陨于深渊。"（《尚书·汤诰》）"深渊"，深厚之物。"渊"由存在实体，进而况"深"状。"其心塞渊"（《诗·邶风》）。毛亨传曰："渊，深也。"（引自《毛诗正义》，第123页）"秉心塞渊"（《诗·鄘风》）。郑玄笺云："塞，充实也。渊，深也。"（同上书，第201页）"渊"以"深"

而广大。"为渊驱鱼者，獭也"（《孟子·离娄上》）。"乃祖成汤，克齐圣广渊"（《尚书·微子之命》）。"渊"者深广，故可包容、涵容。"积水成渊，蛟龙生焉。"（《荀子·劝学》）积水成"渊"，容乃大。"蛟龙"为水中大物，"渊"深方能容"蛟龙"。王夫之云："惟无倚之仁、无倚之渊、无倚之天，肫肫、渊渊而浩浩，故根本盛大而出不穷，而大德之所显所藏，极为深厚，自非躬备小德者不足以知之。"（引自《读四书大全说》，载《船山遗书》第四卷，北京出版社1999年版，第2414页）仁、渊和天三者，若"无倚"则"根本盛大"，所出无穷尽。"渊"作为根本，盛大"极为深厚"。三是渊者资生。"菀彼柳斯，鸣蜩嘒嘒。有灌者渊，萑苇淠淠。"（《诗·小雅》）郑玄笺云："柳木茂盛则多蝉，渊深则旁生萑苇。言大者之旁，无所不容。"（引自《毛诗正义》，第750页）"渊"者生生，故有"旁生"、"无所不容"的质性。"渊"因深广、能生生而"萃"。"萃渊薮"（《左传》昭七年）。作为"萃集"的"渊"，可容物以生养，故为万物所归。"鸢飞戾天，鱼跃于渊。"（《诗·小雅》）郑玄笺云："鱼跳跃于渊中，喻民喜悦得所。"（同上书，第1006页）鱼跃于"渊"，则为适性、自适之所。"川渊深而鱼鳖归之，山林茂而禽兽归之，刑政平而百姓归之，礼义备而君子归之。"（《荀子·致士》）同山林茂禽兽归、礼义备君子归等一样，川渊深则鱼鳖归往。之所以如此，在于渊深而能资生。"渊深"涵"茂"的广大、"平"的容公、"备"的大全质性。正如山林为鸟兽之居、国家为士民之居一样，"川渊者、鱼龙之居"，"川渊枯、则鱼龙去之"。可以资生，故居其所。四是渊泉无穷。"渊"者深厚自足，故永不竭尽。"泉之竭矣，不云自中？"（《诗·大雅》）毛亨传云："泉水从中以益者也。"郑玄笺云："泉者，中生水则益深，水不生则竭。"（引自《毛诗正义》，中华书局2009年版，第1269页）内在为中，"从中以益"则自给自足，自本自根。如"谷神不死"。胡宏云："'维天之命，于穆不已'，圣人知天命存于身者，渊源无穷，故施于民者溥博无尽，而事功不同也。"（引自《知言》，载《胡宏集》，中华书局2009年版，第9页）正如"维天之命"的"于穆不已"一样，人性之仁作为"渊源"，禀于天命，故生物不息，"溥博无尽"。"渊源"之所以能生生"无穷"，在于本自具有"为物不贰"、"生物不测"的存在质性。王畿云："良知即天，原无限量，才为私欲障碍，便失了天之本体；良知即渊，原无穷尽，才为私欲壅塞，便失了渊之本体。"（引自《胡栗里别言》，载《王畿集》，凤凰出版社2007年版，第457页）以"良知"为"渊"，"渊"作为本体"原无穷尽"。以"良知"为中介，"渊"与"天"同性，"天"作为本体是"原无限量"，可见"渊"是不可限量的存在。因为"渊"与"天"同是生生"无穷"，故合成一词为"天渊"。章潢云："于穆之体，运而不息，天之止也。宥密之衷，应而无方，人之止也。寂而未尝不感，感而未尝不寂，显密浑沦，渊浩无际，故《易》以动静不失其时，发明止之义也，何可专以寂言耶？"（引自《明儒学案·江右王门学案九》，载《黄宗羲全集》第七册，浙江古籍出版社2005年版，第665页）"渊浩"一词，来自《中庸》"渊渊其渊，浩浩其天"。"无际"，是无有穷尽。"人之止"的"应而无

方"，正如"天之止"的"运而不息"，二者是天人合一思维结构。寂感之心，"渊浩无际"，故动静以时中。徐樾以心体为"浩浩渊渊"："夫六合也者，心之郭廓；四海也者，心之边际；万物也者，心之形色。往古来今，惟有此心，浩浩渊渊，不可得而穷测也。"（引自《明儒学案·泰州学案一》，同上册，第849页）"浩浩渊渊"一词，同样来自《中庸》，表示"不可得而穷测"的"无穷"意蕴。心之所以不测无穷，在于能以"六合"为"郭廓"，以"四海"为"边际"，以"万物"为"形色"，囊括宇宙之量。五是渊为潜在。"渊"作为本源，必是生生的本源，因所生万物而言本、言源。"渊"者无穷，潜能无限，它是无穷的"潜在"、"潜有"。王畿云："先师良知之说仿于孟子，不学不虑，乃天所为，自然之良知也。惟其自然之良，不待学虑，故爱亲敬兄，触机而发，神感神应。惟其触机而发，神感神应，而后为不学不虑、自然之良也。自然之良即是爱敬之主，即是寂，即是虚，即是无声无臭，天之所为也。若更于其中有物以主之，欲从事于所主，以充满其本然之量，而不学不虑为坐享其成，不几于测度渊微之道乎？"（引自《致知议辨》，载《王畿集》，凤凰出版社2007年版，第137-138页）"渊微之道"，是"自然之良知"。"微"者，以言"渊"的潜在，虽"微"而"妙"。良知"不学不虑"，是"未发"的"寂"、"虚"。"触机而发"，是潜在寂然的感物而动。"神感神应"，是神妙莫测。"渊微之道"，微妙至神，故不可测度。以心体言，"未发"中固有"自然之良"，它"不待学虑"，而"已发"时固能"神感神应"。"自然之良"是潜能，通过"已发"而得以证验。"未发"之中，已有"天之所为"，不必以它物为主。良知"未发"是"万物皆备于我"，"已发"是"知皆扩而充之"，它的潜能若"火之始然，泉之始达"，无不周流。刘宗周云："《易》曰：'潜龙勿用。'龙，神物也，又潜焉，愈不可测矣。是以君子善潜其神焉。耳潜于听，目潜于视，心潜于思，思也者，神之主也。思而无思，静专而守之。渊乎！其无所用也，而无不用也。无思之思，无视之视，无听之听，其斯以为龙德乎！"（引自《读易图说》，载《刘宗周全集》第二册，浙江古籍出版社2007年版，第152页）以"渊"为"无所用"而"无不用"是无用之用的思维结构，与《老子》的"无状之状"、"无为而无不为"具有思维上的同构性。"无思之思，无视之视，无听之听"的思维结构类此。龙作为"神物"，其"神"在于"潜"的"不可测"。恒道作为"至神"存在，其玄妙在于功用不测的无限潜能。"渊"作为"无状之状"的思维，以动静言是超越二者对待性的绝对存在，它是"动而未尝动"，动中有寂；"静而未尝静"，静中有动。"意渊然在中，动而未尝动，所以静而未尝静也。本无来处，亦无归处。"（引自《问答上》，同上册，第339页）"意"在心中若"渊"，是万理赅备的潜在、恒存，虽寂然然无不感通，正如恒道独立而周行。六是渊者赅备。"渊"者潜在无穷，故亦是"赅备"。王阳明云："人心是天、渊。心之本体无所不赅，原是一个天，只为私欲障碍，则天之本体失了。心之理无穷尽，原是一个渊，只为私欲窒塞，则渊之本体失了。如今念念致良知，将此障碍窒塞一齐去尽，则本体已复，便是天、渊了。"（引自《传习

道 与 物

录下》，载《王阳明全集》第一册，浙江古籍出版社 2011 年版，第 105 页）"天"、"渊"作为本体皆是无穷存在、潜有大全，"无所不赅"。"赅备"之心，既是"天"，亦是"渊"。"天"、"渊"是"广大悉备"的《易》，以为事用则"泛应曲当"。若为私欲"障碍"、私执"窒塞"，就不能"感而遂通"。若复其"天"、"渊"本体，则心性自然无所不备，无不感通。于此便见"一节之知即全体之知，全体之知即一节之知"。（同上页）"一节"是全体中的"一节"，而"本体"是分殊而理一、理一而分殊。理本赅备，故其用至神。"盖吾良知之体，本自聪明睿智，本自宽裕温柔，本自发强刚毅，本自齐庄中正、文理密察，本自溥博渊泉而时出之，本无富贵之可慕，本无贫贱之可忧，本无得丧之可欣戚、爱憎之可取舍。"（引自《文录三》，同上册，第 224-225 页）良知本自赅备，自然无不当理，故无慕忧、欣戚和取舍之偏。以"渊"言"明德"，是浑然赅备。"心，一而已。视于无形谓之明，故明无不见；听于无声谓之聪，故聪无不闻；思于无思谓之睿，故睿无不通；虑于何虑谓之智，故智无不知，而四者有递入之象焉。然则人心其统于智乎？合聪明睿以为智，而无不知也。盎然而知者，仁也，所以宽裕温柔也，又谓之恻隐之心；沛然而知者，义也，所以发强刚毅也，又谓之羞恶之心；截然而知者，礼也，所以齐庄中正也，又谓之辞让之心；井井然而知，归之无所不知者，即智也，所以文理密察也，又谓之是非之心。分而言之，灿然情也，情一知也；合而言之，浑然性也，性一智也。《大学》之言明德，渊已乎。"（引自《学言下》，载《刘宗周全集》第二册，浙江古籍出版社 2007 年版，第 438-439 页）"明德"为"渊"，是因为"明德"之于"心"是"灿然情"与"浑然性"的统一，为分殊而理一的思维结构。作为大备的神用，其"明"在于"视于无形"，如此方能"以物观物"，格物穷理，故"明无不见"。听聪、思睿和虑智类此。"智"涵聪明睿三者，是理一分殊的思维结构。从"渊"喻"明德"之性，是知一有分，殊异为"盎然"、"沛然"、"截然"和"井井然"；"性一"有分，殊为"恻隐"、"羞恶"、"辞让"和"是非"。"理一"赅备"仁"、"义"、"礼"和"智"，"容行之一"涵摄"聪明睿智"之"临"，"宽裕温柔"之"足"，"发强刚毅"之"执"，"齐庄中正"之"敬"，"文理密察"之"别"。"渊"者，潜有而大全。戴震云："若夫条理之得于心，为心之渊然而条理，则名智。故智者，事物至乎前，无或失其条理，不智者异是。《孟子》曰：'始条理者，智之事也；终条理者，圣之事也。'举礼义可以该智，举智可以该礼义，礼义有愆，由于不智。由生生而条理，生生之谓仁，元也；条理之谓礼，亨也；察条理之正而断决于事之谓义，利也；得条理之准而藏主于中之谓智，贞也。"（引自《绪言卷上》，载《孟子字义疏证》，中华书局 2008 年版，第 94-95 页）心作为"渊然"者，则"条理"已备。"渊然"为"元"包括条理，理一而分殊。"渊然而条理"之为"智"，该于礼义，有智方能行。义是条理之裁用，礼是条理之秩文，智是条理之通行，仁是三者之赅备。七是渊者寂静。"渊"作为本源，具有静深之性。朱熹云："渊渊，静深貌，以立本而言也。"（引自《四书集注》，北京古籍出版社 2000 年

版，第 46—47 页）本体固然"静深"，静则无为，深则不测。王畿以言"渊寂"："良知非知觉之谓，然舍知觉无良知。良知即是主宰，而主宰渊寂，原无一物。吾人见在感应，随物流转，固是失却主宰，若曰吾惟于此收敛握固，便有枢可执，认以为致知之实，未免犹落内外二见。……然才有执著，终成管带。……鸢之飞、鱼之跃曾有管带也无？骊龙护珠，终有珠在，以手持物，终日握固，会有放时，不捉执而自固，乃忘于手者也，惟无可忘而忘，故不待存而存，此可以自悟矣！"（引自《答罗念庵》，载《王畿集》，凤凰出版社 2007 年版，第 234 页）以"渊寂"况良知之为"主宰"，既是"原无一物"的"静"，亦是"感而遂通"的"深"。前者是"无可忘而忘"、"不待存而存"的不执不塞，后者是感通天下的无所不觉、无所不知。"鸢之飞、鱼之跃"，感应自然能通，各得其宜。良知"渊寂"，是"道无方所，而学无止极"。"渊然而寂，若可即而非以形求，若可知而非以知索，若可循而非以力强也。夫非以形求，则为忘形之形；非以知索，则为忘知之知；非以力强，则为忘力之力。惟忘无可忘，斯得无所得。得且不可，而况于住乎？若此者，存乎心悟。"（引自《别言赠周顺之》，同上书，第 453 页）"道无方所"，不可定方；"学无止极"，非为"管带"。"渊然而寂"者，犹如恒道为"无物之象"、"大象无形"。"道"体"无方所"，故不可以"形求"、"知索"和"力强"而致诘。"忘形之形"，同于"无状之状"；"忘知之知"，类于"知而不知"；"忘力之力"，近于"用人之力"。无有执著，故无所以忘，"忘无可忘"；无有执得，故无所以得，"得无所得"。"渊然而寂"是道家思维，揭示"物物而不物于物"的存在质性。既是"物物"的至神，亦是"不物于物"的功成不居。以《易》言是"寂然不动"而"感而遂通"。"渊"者作为"道"，虽"寂"然动则通，感而无不应。正因为有"寂"，方能"己无所与"，而因循万物，无为而无不为。刘宗周有言"渊默之象"："君子学以慎独，直从声臭外立根基，一切言动事为，庆赏刑威，无不日见于天下。而问其所从出之地，凝然不动些子，只有一个渊默之象，为天下立皇极而已，所谓北辰居所而众星共之。"（引自《论语学案》，载《刘宗周全集》第一册，浙江古籍出版社 2007 年版，第 277 页）"渊默之象"，为"寂然不动"，是以"无声无臭"为"慎独"立根基。正因为"凝然不动些子"，所以为天下一切言动事为的"所从出之地"的"皇极"。"默"、"凝然不动"是"渊"的寂静，然其中内涵"感而遂通天下之故"的潜能，正如"北辰居所而众星共之"。"渊默之象"，就人心"惟危"而言道心"惟微"。道心无固定执，故"惟微"。人心捉执自固，故"惟危"。"独"作为心之本体，是"渊渊静深之地"。"学不知本，即动言本体，终无著落。学者但知穷理为支离，而不知同一心耳。舍渊渊静深之地，而从事于思虑纷起之后、泛应曲当之间，正是寻枝摘叶之大者，其为支离之病，亦一而已。"（引自《说》，同上册，第 302 页）"静深"是"渊渊"的质性。"渊渊静深之地"，是朱熹所谓的"静深之本"。学以知本，立于"独"体，自能泛应曲当。养得"渊渊静深之地"，自能感通天下。王夫之多以"静深"解"渊"之义："诚之至者圣之至，自有川流之小德可以应天下之用

也，而其积于中者将何如哉？一念如是也，万念亦如是也，其溥而周遍矣乎！无远之或忘也，无多之或遗也，其博而广阔矣乎！涵之心者密，而显之用者不轻，其静深而渊乎！"（引自《四书训义》，载《船山遗书》第三卷，北京出版社1999年版，第1663页）心"诚"则"密"，"密"则不轻其用，本立则生生不穷。"诚"者若"渊"，静则"积于中"，"大德敦厚"；静则深于不测，小德川流以应天下之用，"溥而周遍"、"博而广阔"。在解《中庸》"天渊"的观念上，他指出，"天者青霄之谓也，渊者深泽之谓也，指天渊之形体以拟其德之相肖也。此云'其渊'、'其天'之天渊，则以德言耳。化育之广大即谓之天，有本之静深即谓之渊，非指青霄深泽而为言也。前章云'溥博'，即此'其天'者也；云'渊泉'，即此'其渊'者也。此所云'渊渊'，即'如渊'之谓也；'浩浩'，即'如天'之谓也。"（引自《读四书大全说》，同上书第四卷，第2414页）在《中庸》言"天"与"渊"皆涵体用，"浩浩"者"天"之体，"渊渊"者"渊"之体，然其"积中之体"皆有"时出之"之用。"天"之体，是"无声无臭"与"浩浩"的统一。前者为"无形"的微妙，后者为"大象"的广大。"化育广大"是用，即以显"积中之体"的"浩浩"，若无此体何来功用的"溥博"？"渊"也是如此，为"静"与"深"的统一。静为本，"无为"、无形；深为用，其用不可测。"未发而立天下之大本者，'渊渊其渊'，身之诚乎静也。"（引自《读四书大全说》，载《船山遗书》第四卷，北京出版社1999年版，第2675页）以"渊渊其渊"言"诚乎静"，是未发的"天下之大本"，是以"渊"为"本"。有"本"自能为用，故"诚"者"自成"，"未发"必有"已发"。八是渊性清澄。从"渊"的寂静义进而引申为清澄。钱时云："仁，人心也。此心即仁，虚明浑融，本无亏阙，为意所动，始失其所以为仁；为物所迁，始失其所以为仁；为习所移，始失其所以为仁；为欲所纵，始失其所以为仁。狂迷颠倒，醉生梦死，昏昏愦愦，日用而不知，皆己私为之窟宅，非本心然也。先圣曰'改而止'，又曰'过以改除'。夫所谓用力于仁者，果安所用其力哉？用力于克己而已。如月之明，云翳之即昏；如水之清，泥滓之即浑。云散天空，渊澄海净，则其本清本明者固自无恙。礼者，天则之不可踰者也，一踰此，则无非己私；有一毫己私，即不足以为礼；有一毫非礼，即不足以为仁。先圣于此不曰'克己为仁'，而曰'克己复礼为仁'，非于礼之外而他有所谓仁也，曰'复礼为仁'者，所以明复礼之即仁也。大哉礼乎！分而为天地者，此也；转而为阴阳者，此也；变而为四时者，此也；列而为鬼神者，此也。此即本心之妙，即所谓仁也。克己即复礼矣！复礼即为仁矣！"（引自《宋元学案·慈湖学案》，载《黄宗羲全集》第五册，浙江古籍出版社2005年版，第975-976页）"渊"以心理言是"静深"，以知用言则是"清澄"。以其知本自清明，无故常之执塞，谓之"虚明"；以其知无不通晓，"本无亏阙"，谓之"浑融"；以其知而无蔽、明无不明，谓之"渊澄海净"。心之所以不能"渊澄"，在于为意、物、习、欲所遮蔽，以至于"昏昏愦愦"。"渊"体本自"澄"，正如日月之明，云翳即昏；如澄水之清，泥滓即浑。本心"渊澄海净"，然为蔽所昏。

克己去蔽去昏，复其"渊澄"之体，自然清明。礼之为大，分可为天地，转可为阴阳，变可为四时，列可为鬼神。复礼而仁，是"本心之妙"。"渊"者本自清静，虽或为诱动所污浊，然静之徐清。大礼来自天地，故克己复礼为仁。清明来自渊澄，无私故本清本明。渊澄者本清本明，正如道观而为大清明，如物之照，妍媸自见。可见，儒者以"渊"解说天体、性体、心体、良知等，无不具有与《老子》"渊兮似万物之宗"具有思维上的同构性。因为在《中庸》那里，"渊"已然具有与"天"一样的绝对本体质性，虽然还不能达到《老子》的思维深度。宋以后儒家学诸正是在《中庸》的基础上，吸收了《老子》的思维质性，赋予了"渊"以绝对本体的机体质性。

最后，对本节内容作以简要概述。《老子》以"渊"揭示恒道为"万物之宗"的内涵，则它就像"谷神"、"水"等一样具有丰富的机体内涵，不可单以某一方面质性来揭示恒道的存在质性。犹如水几于道，"渊"亦是几于道。《老子》以"渊"的机体生生质性或德性，况谓恒道作为"万物之宗"的深刻内涵，因为"渊"作为机体具有丰富涵义，对应可以梳理出恒道不同的存在质性。如果说"道"、"大"是以强名揭示恒道一方面的存在质性，强名者以"一"而涵摄其他属性，那么"渊"是从自然机体、存在实体的角度揭示恒道存在的丰富内涵，它的不同属性皆可在《老子》所揭示的恒道存在质性中找到对应的意蕴。"泉源"是生生一本，"资生"是辅助自然，"潜有"是"无状之状"，"赅备"是无所不寓，"深厚"是"玄德深远"，不测是"周行不殆"，"涵容"是无不包通，"静本"是"归根曰静"，"不竭"是"谷神不死"，"多变"是"道不可道"，"渊澄"是虚极静笃，等等。恒道作为"万物之宗"，是无形之宗，为"无宗之宗"，在于揭示其微妙而至神的存在质性。

第二节　谷神玄牝

《老子》在揭示"万物所由出"的本源上，又以"谷神"、"玄牝之门"解之。何谓谷？何谓谷神？为什么"不死"？何谓"牝"？何谓"玄牝"？何谓"玄牝之门"？解开这些思想内涵，将进一步揭示出恒道生生的内涵质性。

一、文字校解

《老子》第六章云："谷神不死，是谓玄牝。玄牝之门，是谓天地根。"帛书《老子》甲、乙本文与此同。楚简《老子》无此句。此文是思想发展的成果，重点在于揭示恒道为万物所由出的本宗内涵。《列子》将此谓之为"《黄帝书》曰"（《天瑞》），它可能是史官对王道思想的记载和传承。"谷"在《老子》多出，且义有不同。从现发现的楚简《老子》中可以看到，"谷"当为川谷之谷，本字为"浴"。比如，"卑（譬）道之在天下，犹少（小）浴之于江海"；"江海之所以能为百浴王者，以其能为百浴下，是以能为百浴王。"又如，"上德如浴"。"谷"又通"欲"，如"不谷以兵强

于天下"、"不谷尚盈"、"圣人谷不谷"和"我谷不谷而民自朴",等。帛书《老子》亦写"谷"为"浴"。陆德明云:"'谷'河上作浴,云:浴,养也。"可见在河上公本《老子》中,"谷"仍写为"浴"字。今本"谷神"原为"浴神",与"玄牝"相通。"谷"与"浴"有别。"圣人有国,……川泽不竭,山不崩解,陵不施谷,川浴不处,深渊不涸。"(《大戴礼记·诰志》)"施"读"移","陵"与"谷"相易而成。与"陵"相对之"谷",是山谷、空谷之谷。"川浴不处"与"深渊不涸"义近,"处"相对"涸"而为"止"。"川浴"之"浴",是川谷之谷。可见,川谷之"谷"为"浴",与山谷之"谷"有别。孔颖达注《左传》引宋均云:"无水曰谷,有水曰溪。"(引自《春秋左传正义》,第75页)后人为了区别"浴"与"谷",而将有水之"谷"转移给了"溪"。

(一)"谷"之字义

"谷"者,会意字,甲骨文上象水流,下象山涧泉口,会意水流出山涧泉口之意。古人造字效仿自然现象,字以表义,然字之所指为一个具体存在,亦是一个整体存在。《说文》云:"谷,泉出通川为谷。从水半见,出于口"。"谷"是多义字,由以下内涵组成。

一为泉源。"谷"本为泉眼,水从"口"中出。"川谷通原,积水重泉,鼋鼍之所便"(《淮南子·齐俗训》)。"川谷通原"与"积水重泉"对文,"原"与"泉"皆为水之来源。"谷"者自本自根,源泉滚滚,故不盈满,不枯竭。"谷"为本源,故《老子》谓之"为天下谷"。"谷"与"渊"义相通。"欲致鱼者先通谷,……水积而鱼聚,……为鱼得者,非挈而入渊"(《文子·上德》)。"谷"为水从中流出,又为"井谷"。"井谷射鲋"(《易·井卦》)。王弼云:"溪谷出水,从上注下,水常射焉。井之为道,以下给上者也。"(引自《周易正义》,上海古籍出版社1990年版,第200页)溪谷出水从上注下,井之出水以下给上,皆是源源不断。

二为川谷。"谷"归于川、溪。"注谿曰谷"(《尔雅·释水》)。"川"与"谷"通谓。"山陵川谷"(《管子·内业》)。"古者大川名谷"(《淮南子·氾论训》)。"川"、"谷"齐名。"不注海者不为谷"(《文子·上义》)。"百川并流,不注海者不为川"(《海南子·泰族训》)。可见,"川"与"谷"通用。"川竭而谷虚"(《庄子·胠箧》)。"虚"与"竭"对,"川竭"为"谷虚"的原因,无"川"注入则"谷"必竭。"历水谷,不须舟楫。"(《管子·兵法》)"水谷",就是"川谷"。

三为山涧。谷水在两山间经由,故又指山涧。"谷"为"两山间流水之道"(《韵会》)。《说文》解"涧"为"山夹水"。"水注川曰谿,注谿曰谷,注谷曰沟"(《尔雅·释水》)。邢昺疏:"谓山谷中水注入涧溪也"。(引自《尔雅注疏》,上海古籍出版社2010年版,第224页)因两山夹水,水流过处必为低洼空旷地,故为日所出入处。"阳谷,为日所出处,昧谷为日所入处。"(《管子·度地》)"谷"为水经由之道,其两边是

山陵，水夹在中间是山涧。

四为山谷。"谷"依山而成，中间成低洼之地，故又指谓山谷。"进退维谷"（《诗·大雅》）。孔颖达疏："谷谓山谷，坠谷是穷困之意。"（引自《毛诗正义》，第1187页）"山谷之士"（《庄子·刻意》）。"夫鸟之飞也，必还山集谷。不还山则困，不集谷则死。"（《管子·宙合》）"谷"与"山"相联系，又与"陵"相关。"陵"是大土山，"谷处者牧，陵处者田，地宜其事"（《文子·自然》）。高处为陵，低下为谷，二者相处共生，相为转化。"高岸为谷，深谷为陵。"（《诗·小雅》）高岸为谷，深谷为陵，无常其在。

五为空谷。"谷"在山中间，其中为空，故为谷空。如"空谷回声"，"虚怀若谷"。"在谷满谷，在阬满阬。"（《庄子·天运》）"谷"、"阬"皆是虚中之物，可以盈满。后进而指言虚空。王畿曰："老氏曰'致虚'，又曰'谷神'。谷亦虚也。"（引自《王畿集》，第497页）熊十力认为，"两山之间，低下空洞处，曰谷。"（引自《原儒·原内圣》，载《乾坤衍》，第208页）南怀瑾指出，"谷"有两类：一是袋形的山谷，有进路而无出口。空气不能对流，凡有声响动静必然有回声。回声仿佛神灵的魔窟。二是两山夹峙，上仄中空而较隐蔽或者曲折的狭长形信道，空气对流，由这一头的传呼，迅速畅达遥远的那一头。（引自《老子他说》，载《南怀瑾选集》第二卷，第103—104页）

六为深谷。"谷"夹在两山之间，故有"幽深"之义。"出自幽谷，迁于乔木。"（《诗·小雅》）"兰生幽谷"（《淮南子·说山训》）。"幽谷"，是深谷。"惴惴小心，如临于谷。"（《诗·小雅》）谷深与渊深通义。"如临于谷"，是"如临深渊"。"人亦有言：进退维谷。"（《诗·大雅》）"谷"深，则为危险之地。"登千仞之谷"（《淮南子·俶真训》）。"谷"可深至千仞。

七为大谷。"谷"中空，具有广大的容量。"皎皎白驹，在彼空谷。"（《诗·小雅》）孔颖达疏："以谷中容人隐焉，其空必大，故云'空，大'，非训空为大。《桑柔》云：'有空大谷'。"（引自《毛诗正义》，中华书局2009年版，第675页）"广兮其若谷"（《文子·上仁》）。"广兮其若谷"者，在于"不敢盛盈"。"谷"者能容，以其守虚，故是"盛德若不足"。不自满足，方为至大。

八为生谷。"谷"为穀之简字，同五谷之穀。"播时百谷"（《尚书·舜典》）。"百谷"，谷物之众。"穀"者为"生"（《尔雅·释言》）。"穀则异室，死则同穴。"（《诗·王风》）"穀"为生，则与死对。"习习谷风，以阴以雨。"（《诗·邶风》）孔颖达疏："孙炎曰：'谷之言穀，穀，生也。谷风者，生长之风。'阴阳不和，即风雨无节，故阴阳和乃谷风至。此喻夫妇，故取于生物。"（引自《毛诗正义》，中华书局2009年版，第145页）"东风谓之谷风"（《尔雅·释天》），东风是生长之风。"凡五谷者，万物之主也。"（《管子·国蓄》）万物以五谷而生而养，故为"主"。

注家解"谷"，意谓歧殊。河上公解为"养"，同"穀"。《老子想尔注》解为

"欲"。成玄英解为"空虚"，李约、司马光解"谷"为"中虚"，陆德明解为"中央无"，朱熹、林希逸、严复等解为"虚"，唐玄宗解为"虚而能应"。邵若愚认为"谷以喻虚"，虚者为道。吕知常云："天之谷，含造化，容虚空。地之谷，容万物，载山川。人与天地同共禀也，亦有谷焉。其谷藏真一，宅元神。"明太祖解为"心中有窍"，刘一明认为"谷"是"门"、"母"、"徼"。魏源认为，"黄帝之书有之，其言谷者即中也。"这里，仅是略举，以见概貌。

（二）"牝"之字义

"牝"者，甲骨文左边是"牛"的形象，右边是雌性符号"匕"。与此相对，"牡"字右边是雄性符号"土"。《说文》分别解为"畜母"、"畜父"。"牝"者，为母、雌之名。"利牝马之贞"（《易·坤卦》）。"命祀山林川泽，牺牲毋用牝。"（《礼记·月令》）"牝鸡无晨。牝鸡之晨，惟家之索。"（《尚书·牧誓》）母鸡不报晨，若打鸣则不祥，会使家衰败。牝者从为母、为雌引申为"阴"性，通用于"阴"类之物。"阳为牡，吐气者也；阴为牝，含气者也。"（《大戴礼记·易本命》）"至阴生牝，至阳生牡。"（《淮南子·坠形训》）又溪谷为牝。"丘陵为牡，溪谷为牝。"（《大戴礼记·易本命》）以"谷"为"牝"，则"玄牝"就与"浴神"寓意相通。注家解"牝"，各执一说。一为"地"。河上公云："牝，地也，于人为口。"《老子想尔注》云："牝者，地也，体性安，女像之，故不孳。"宋徽宗云："牝者，地之类。"褚伯秀云："牝，乃化育之地，其为用也，妙万物而能生生"。二为"雌柔"。成玄英云："牝，以雌柔为义。"三为"母"。唐玄宗云："牝，母也。"司马光云："牝者，万物之母。"成克鞏云："牝能生物，犹所谓母也"。四为"女子"。李约云："牝，女子也。"五为"静"。李荣云："牝，静也。"程大昌云："牝也者，应而不唱，谷之蕴响待声者是矣。"静则"不为物先"。六为"生物"。王安石云："牝取生物之意。"吕惠卿云："牝者，能生生也。"朱熹云："牝，是有所受而能生物者也。"七为"祖"。曹道冲云："玄者，杳冥而藏神。牝者，冲和而藏气也。""牝"者，"雌阴阳之宗，天地之祖"。黄茂材云："牝者，生物之祖。"八为"虚"。林希逸云："牝，虚而不实者也。"九为"阴"。吕知常云："牝者，阴也，地也。""牝"为阴性之物的通名何新认为，"牝，今字作'屄'，乃女阴之专名。"（引自《老子新解》，北京工业大学出版社2007年版，第92页）。十为"神"。邵若愚云："虚乃生之本，谓曰玄；神为化之元，谓曰牝。"十一为"尤物"。刘仲平云："牝者，柔静幽深，有和而无竭，有纳而无出。"十二为"谷"。魏源云："牝即谷也，不存之存，所以立体；无用之用，所以应物。""牝"之注说不一，实则"玄牝"是一个生机存在体，具有丰富涵义，只能就其立意侧重点而解之。

（三）"门"之字义

"门"者，象形字，甲骨文象双扉门，为人所经由、出入的路径，故与道路之"道"相通。《说文》云："门，闻（声训）也，从二户，象形。"《玉篇》云："人所

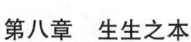

出入也。在堂房曰户，在区域曰门。"《老子》多言"门"，有"众妙之门"、"玄牝之门"、"天门开阖"和"闭其门"等，皆为经由、从出之门户。"门"以其立意不同而有以下不同涵义。

一为出入之门。"出门如见大宾"（《论语·颜渊》）。"出门"，走出门户。"出于其门，入于公门；出于公门，归于其家"（《荀子·强国》）。"门"与"户"并称，是所从出入的门户。"蔽主者，非塞其门、守其户也"（《管子·明法解》）。"门"为经由者，必含方向、趋向和取向，故为道路。"谁能出不由户？何莫由斯道也？"（《论语·雍也》）由户、由道，就是以门户为经由者。

二为道义之门。《老子》云"众妙之门"，"门"是"众妙"所出由者。"夫子之墙数仞，不得其门而入，不见宗庙之美，百官之富。得其门者或寡矣。"（《论语·子张》）此"门"是学习道义的路径，故与"道"义合。"先王之道斯为美，小大由之。"（《论语·学而》）"公道达而私门塞"（《荀子·君道》）。"道"与"门"对，皆为由所出入者。"门"为出入、经由者，故与"路"并言。"明必死之路，开必得之门"（《管子·牧民》）。"明必死之路"，则"严刑罚"；"开必得之门"，则"信庆赏"。二者是有国者为政的道术。道术，为达至目标的方法、路径。道义之"门"又是"正路"。《孟子》多言此谓。"义，人之正路也。"（《离娄上篇》）"路恶在？义是也。"（《尽心上》）"正路"、"人路"，皆是经由之路、经由之"门"。"仁有里，义有门；……义，非其门而由之，非义也。"（《荀子·赋》）以"义"为所由之"门"，与孔孟经由的道路观念相合。"成性存存，道义之门"（《易·系辞上》）。物之存成，由乎道义。

三为道术之门。经由者，是出入的关键，故为枢要、道术。"乾坤其《易》之门邪"（《易·系辞下》）。经由"乾坤"这个枢要，就能"以体天地之撰，以通神明之德"。"虚以待之兮，无为之先，庶类有成兮，此德之门。"（《楚辞·远游》）"虚以待之"、"无为之先"，是"庶类有成"的德术，与道家以"无为"为道术义合。"以天为宗，以德为本，以道为门"（《庄子·天下》）。"门"与"宗"、"本"一样，为经由的枢要，亦是遵循的关键。就"门"为枢要的涵义，《管子》多有论说。"道民之门，在上之所先；召民之路，在上之所好恶"（《牧民》）。"道民之门"与"召民之路"并言，为治术的枢要和关键。"一年之计，莫如树谷；十年之计，莫如树木；终身之计，莫如树人。一树一获者，谷也；一树十获者，木也；一树百获者，人也。我苟种之，如神用之，举事如神，唯王之门。"（《权修》）成就王道霸业的枢机，在于"举事如神"，而它取决于"树人"和"神用之"。"视先后之称，知祸福之门。"（《霸言》）"先后"者，是祸福所致的门枢。"洁其宫，开其门，去私毋言，神明若存。"（《心术上》）"开其门"为神明的关键，它在于"知道之纪"。"言行，君子之枢机，枢机之发，荣辱之主也。"（《易·系辞上》）"言行"作为枢机，是荣辱之门。

四为闭门之门。"门"有道义之门，亦有私欲之门。《老子》云："塞其兑，闭其门，终身不勤。"此"门"正与道德相反，是欲望、心执得由出的情感之门。"明君

者，闭其门，塞其涂，掩其迹，使民毋由接于淫非之地，是以民之道正行善也若性然。"（《管子·八观》）"门"与"涂"、"道"通义。所闭之"门"，是"接于淫非之地"。"闭其门"，塞其邪路，则正道以行，故行善若性自然。既可就私欲之"门"而言"闭"，亦可就"坤道"而言"闭"。"坤道有闭"（《易纬·乾凿度》），"闭"必有所闭者的"门"。"坤为人门，画坤为人门。"以"坤"为"人门"，"人门"法于地利的"坤门"。"坤门"若"开"，则万物"俱受荫育"；"人门"若"开"，则象准坤能，而"含和万灵，资育人伦"。坤道地利，故能生生。"坤地也，故称乎母。"（《易·说卦》）坤为地，故万物皆"致养"。"坤"为生生之门，万利所由成。"坤道有闭"，则道匿而万物不成。

五为天门之门。"天门"是道家的重要观念。《老子》云："天门开阖，能为雌乎？""天门"相对人门言，是体道行德之门。它要以"为雌"持守之，然后自然开阖。《庄子》继言"天门"。"怨恩取与谏教生杀，八者，正之器也，唯循大变无所湮者为能用之。故曰，正者，正也。其心以为不然者，天门弗开矣。"（《天运》）"天门"者，变化自然所由之门，故用之必因循大变、无所固执。若执著名器、仁义，则"天门"弗开。"天门"者，无有，万物从中出。"有乎生，有乎死，有乎出，有乎入，入出而无见其形，是谓天门。天门者，无有者，万物出乎无有"（《庚桑楚》）。"天门"者，出入而不见，故为"无形之门"。"天门"者，是有无一体，以其万物无不从出为"有"，以其无形不可见为"无有"。郭象云："天门者，万物之都名也。谓之天门，犹云众妙之门也。"（引自《庄子集释》，中华书局2004年版，第801页）"天门"作为"众妙之门"，是"徒有名耳"。"死生出入，皆欻然自尔，未有为之者也。然有聚散隐显，故有出入之名；徒有名耳，竟无出入，门其安在乎？故以无为门。以无为门，则无门也。"（同上页）否定"门"的存在，消解了造物者的存在。《庄子》以"天门"揭示绝对本体存在的玄妙质性。"广开兮天门，纷吾乘兮玄云。"（《楚辞·九歌》）"天门"者，广大无垠，故可遨游驰骋。

六为无门之门。"天门"作为"无有"，又是无门之门，有物出入而不见其形。"无门"意蕴为《庄子》所揭示。"有乎出而莫见其门"（《则阳》）。正因为"莫见其门"，方为万物以出的绝对之门。若有定体，就非是无物不由的"玄牝之门"。"其来无迹，其往无崖，无门无房，四达之皇皇也"（《知北游》）。"门"、"房"为定由、定执之属，而"无门无房"者无方无体，不可定限，故能四达"皇皇"。以"无门"为道术，则与道为一。"入于窈冥之门"、"入无穷之门"（《在宥》）。以其无形谓之窈冥，以其无方谓之无穷。既是"窈冥"、"无穷"，则"门"者无方无体，就是无门之门。"无门无毒，一宅而寓于不得已则几矣。"（《人间世》）家世父曰："无门者，入焉不测其方。"（引自《庄子集释》，中华书局2004年版，第149页）"无门"者，无有定由、无有固执，而因循以为，应自然之符，无为而无不为。以为心术，圣人用心而"豚豚乎莫得其门"（《管子·枢言》）。"莫得其门"，则不测其用，故能应化无方。《文子》

也以"无门"揭示无穷不测的意蕴。"出乎无门"（《道原》），无有定向，出入无方。"地方而无涯，故莫窥其门"（《自然》）。"无涯"不可计量，其"门"安可窥！"莫窥"者，门无定由，不测其方，故不可知。

二、文句解析

下面，分"谷神不死"、"玄牝之门"两个文句，逐一进行诠释。

（一）"谷神不死"

分别就"谷神"、"不死"的涵义进行解读。

1. 何谓"谷神"

注家解"谷神"，说法不一，可概略梳理为以下诸义。

一为"至物"存在。王弼云："谷神，谷中央无谷也。无形、无影、无逆、无违，处卑不动，守静不衰，谷以之成，而不见其形，此至物也。""谷神"与作为物存在之"谷"不同，二者相类恒道之于物的关系。"谷"作为物，因"谷神"成。"谷中央无谷"，揭示"谷神"为"无形"的"至物"，它具有恒道的一些存在质性。"谷神"之所以为"至物"，在于它既是"不见其形"，又是神妙的"谷以之成"。二者合起来，"谷神"的思维结构是无谷之谷，本自无谷而谷以之成。可见，王弼在此解说上运用了《老子》"无状之状"的思维意蕴。"谷神"与存在物"谷"的本质区别，是"无形"对可状，"无影"对有迹，"无逆"对干扰，"无违"对忤逆，"处卑"对自大，"守静"对躁动，归结而言是"无物"与"有物"的差别。"至物"者无物，而能"物物"。"物物"，是"谷以之成"；"无物"，是"不物于物"。王弼虽揭示出"谷神"的存在质性，然并没有揭示其作为"浴神"的至妙质性。王安石云："谷者，能虚也，能容也，能盈也，能应也，有此四德，不知所以然，故谓之神。"以"谷"者自能神，故为"至物"。虚、容、盈、应"四德"，概言"谷"之"能"。"谷"之所以"神"，在于既有此"能"，而又"不知所以然"。"不知所以然"，是不测的"不可致诘"。"虚"是谷之空，"容"是"旷兮其若谷"，"盈"是"谷得一以盈"，"应"是谷之响应。王安石之解来自河上公本《老子》中的"谷"之两义。帛书《老子》乙本中，"旷兮其若谷"写为"莊呵其若浴"（甲本中缺损）。前者之"谷"为山谷之谷，而后者为川谷之"浴"。可见，自河上公后"谷"已然包含山谷、川谷两种涵义。河上公解"上德若谷"之"谷"为深谷，后注家解"谷"多向"谷虚而善应"上汇聚。然《老子》"谷神"是渊泉之谓。

二为道之别名。陆希声云："谷者象道之体，神者况道之用"。司马光认为，"天地有穷而道无穷"。直接将"谷神"视为"道"。陈景元云："空谷、至神乃道之体用"。将"谷神"一词分解，定为道之体用，虽然在解说上不合"谷神"的寓意，然在揭示恒道的存在质性上亦不可一概否定。在《老子》本旨，恒道存在质性是有无的统一，

微妙而至神。"谷"者虚无，可况恒道微妙之体；"神"者不测，可况恒道不竭之用。宋徽宗认为，在物之理，有形则有盛衰，有数则有成坏，形数具则生死分，"谷应群动而常虚，神妙万物而常寂，真常之中，与道为一，不丽于形，不堕于数，生生而不穷"。"谷"者"应群动"，"神"者"妙万物"，故功成而有；"常虚"、"常寂"，则"功成身退"而守于"无"。可见"谷"作为神物、"真常"，具有"与道为一"的存在质性。"与道为一"，是同于道性。"不丽于形，不堕于数"，是微妙无形；"生生而不穷"，是功用至神。"万物受命于无，而成形于有，谷之用无相，神之体无方，万物所受命也。""谷"用无相，不测而神。"神"体无方，"谷"虚无体。邵若愚认为，"谷"以喻虚，而"虚"者为"道"。"神"为"道化之一气"，"虚神无形"，故为"无中之有"。"谷"、"神"分别是"道"的"无"、"有"质性。以"谷"、"神"为二物，分别揭示道性，以为同为"万物所受命"者，非是《老子》本意。高亨云："道能生天地，养万物，故曰谷神。""谷神"是"道之别名"，然"谷神"重点用以揭示恒道存在的生养质性，它是恒道为"天地之始"、"万物之母"的另一种譬喻说法。

三为谷虚善应。虚而无不应，正是"谷"者之为"神"。唐玄宗以"谷"为"虚而能应"，以"神"为"妙而不测"，认为"谷神"者"明谷之应声，似道之应物，有感即应，其应如神。"以"谷"应声如神为"谷神"，是将"谷"视为神物。李约认为，"谷中虚则能以响答声，而不知答声者谁哉？既不知而不测谓之神乎？""中虚"，揭示"谷"为空谷之谷。因其中"空"，故能"以响答声"而不测。不知、不测，故神。"不知"来自"不测"。杜光庭指出，"谷之含虚，有声则应"，然响在"谷"，"无声则不应"。"神"者无形，"祈之则赴感"。"谷"之"神"在于"虚而善应"。《老子》有言"天之道，……不言而善应"，然"善应"非是响应，而是"万物恃之以生而不辞"。山谷虽能应，然只是存在物的质性。陈景元指出，"今说者以山谷响应为喻，不其小哉？""山谷响应"，是物性，非是至物之性。张载云："大率天之为德，虚而善应，其应非思虑聪明可求，故谓之神，老氏况诸谷以此。"（引自《正蒙》，载《张载集》，第66页）"天"为太虚，虚而善应是自然造化的"善应"。《老子》以为天之道的"善应"，是因物以资生，善利万物而不辞。王雱认为，"谷神"者既能虚能盈，又能容以响应。"谷应而不穷，神化而不测"。褚伯秀认为，"谷虚而善应，神灵而无方"。将"谷"与"神"分开来解，非是。犹如"天下神器"一样，"谷神"是一玄妙存在。"神灵无方"只是"谷神"的功用不测。薛蕙认为，"谷神"是"虚而无形，感物而应"。无形而善应，是空谷的响应。

四为虚无不受。陈象古以"谷"喻"太虚而能受"，以"神"为"阴阳不测"，认为"谷体虽小，可以喻太虚而能受，受而不有，其微若神，故曰谷神。"太虚能受，是无中受有；"受而不有"，是虽有不恃；"其微若神"，微妙不测。程大昌以"有无一体"解之，"当其空也，在道则无；及其声之触也，则夫应感而能有者也。有者动而能触，无者空而能受。""谷"者以其虚而能受，故能应声生响。以《易》言，"谷"

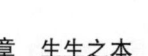

虚为无感之象，其出响应声不测为"神"。朱熹认为，《老子》的"谷神"寓意是："谷只是虚而能受，神谓无所不应。"（引自《朱子语类》第八册，第2994页）"虚而能受"，不主自为，因顺容纳；"无所不应"，声达即应，善应不测。此说与解《老子》"虚而不屈，动而愈出"一文相关，他认为，"有一物之不受，则虚而屈矣；有一物之不应，是动而不能出矣。"（同上页）朱子以"天地之间，其犹橐籥"解"谷神"，显然不合《老子》原旨，因为所言对象不同，涵义更是不同。《老子》以"橐籥"揭示天地之间的自然运化不息，而"谷神"揭示的是生生的源泉。因以"橐籥"为"谷神"，故提出"谷"受而善应之说，"谷虚。谷中有神，受声所以能响"。（同上页）"谷中有神"，虽虚而响无不应，受声自然能响。"谷神是那个虚而应物底物事。"（同上册，第2995页）以"虚而应物"解"谷神"，偏离了《老子》意旨。然他正确看到"受物所以生物"的生生意蕴，其与《老子》"万物恃之以生而不辞"内涵趋同。董思靖继承"谷"者体虚能受、其用响应不测之说，认为"谷神"者谓其"体之虚而无所不受"，而其用则"应而不可测"。因其"无所不受"，故能善应不测。魏源云："谷之于响，惟其无所不受，是以无时不至，是其神之存于中而长不死者也。""无时不至"，是"善应"。以"神"存于"谷"中，则"神"是"谷"的属性，则"谷神"非是绝对本体存在。

五为能虚能灵。注家有以"虚而无形"解"谷"、以"妙用无穷"解"神"者。谷虚无形，神应而灵。傅奕解"谷神"为"幽而通"，类于恒道无形微眇而无不周行。"幽"者，深远不可识；"通"，通行而无碍。吕惠卿提出，"谷，有形者也，以得一，故虚而能盈。神，无形者也，以得一，故寂而能灵。"《老子》云："谷得一以盈"，这里"一"是"道"之分有，"谷"是有形存在。类此，"神得一以灵"中的"神"必是有形存在，非是无形。可见，《老子》正是以"谷"为存在物，而以"谷神"譬喻本始存在的恒道。前者有形，后者无形。"谷神"，是《老子》专门构造的一个固定名谓，用以况谓恒道。恒道以其为生生源泉，就是"谷神"。苏辙正确看到，"谷至虚，而犹有形"，而"谷神"则"虚而无形"。以"谷"与"谷神"对，正如物之有形相对于恒道无形。"虚谷"在现实中是存在物，是山谷一类。"谷神"者无形不可名状，故为"至物"。李嘉谋云："神藏于体，犹山之藏谷，故曰谷神虚以实为体，实以虚为用。谷神无体，寓于有体而不死者，犹其致养于玄牝也。""谷神"无体而寓于有体，正如恒道寓于万物。它本虚而以实为体，正如恒道以"为物"见显；"实以虚为用"，正如恒道"物物而不物于物"。实则，"谷神"就是"玄牝"，前者侧重以言源泉，后者以言本源的生生不测。"谷神"自是"不死"，而"玄牝"自是不测，二者犹如恒道的"独立不改"和"周行不殆"质性。林希逸以"谷神"为"虚中之神"，虽虚而有神灵。范应元认为，"谷神，犹言虚灵也。"虚而灵，是不神之神。相对于"神"的主宰、居有言，"不神"是自然不测，不知其为主宰，它是应而不唱、不先物为。"谷神"作为"不神之神"，是虚无自然的灵妙。刘一明认为，"虚则灵"，以其"不有不

无"、"至虚至灵"为"谷神",它是"真空而藏妙有","妙有而涵真空"。"空谷之中,人声喊叫,即有声传,俗名'谷神'。以其有声而无形,故以谷之神名之。"(引自《悟道录》,中央编译出版社 2015 年版,第 111 页)此揭示"谷神"俗名的由来,然非《老子》本义,它是道教观念。"虚中即有一点灵气暗藏于内"是"神"。"是谷也寂然不动,是神也感而遂通,惟谷能神,无谷不神,神之为妙,在于谷耳。"(同上页)以《易》寂感说解"谷神",则是一体的玄妙存在。然若以"谷"为神物,则脱《老子》之旨。"谷神"作为玄妙存在,方是"神之为妙"。南怀瑾认为,谷神者,"似乎虚无而实含有无穷的妙用,虽然妙用无穷,但同时也蕴藏了用而无用的善巧方便。"(引自《老子他说》,载《南怀瑾选集》第二卷,复旦大学出版社 2003 年版,第 103 页)虚无而妙用无穷,正是恒道的存在质性,微妙而至神。"用而无用",因循而不主故为,正是恒道功成不居的存在质性。虽如此,以"谷神"为虚灵存在,就非是恒道的喻名。他认为"谷神"之所以为神的道理,在于"中间空洞无物",进而形成空灵作用。正因其"中空而无物",才能生起"看似虚无,而蕴藏似乎妙有的功用"。(同上卷,第 104 页)中空无物,受而能应,是被动的响应,何以为"神"?恒道之"神",在于生物不测,善利万物。

六为神物精灵。《中庸》云:鬼神之为德,"洋洋乎,如在其上,如在其左右","体物而不可遗"。无物不有鬼神。"谷"者以其能"出云为风雨"、"见怪物",故为"神物"。"山林、川谷、丘陵,能出云为风雨,见怪物,皆曰神。有天下者,祭百神。"(《礼记·祭法》)"川谷"有"神",是天下"百神"之一。"谷"作为神物,揭示的是其"出云为风雨"的质性。张湛认为,"至虚无物,故谓谷神。"(《列子·天瑞》注)"至虚"以其"无物",故为神物。刘一明指出,"谷神乃阴阳二气混合之神。阴阳分散,此神晦暗,其体黑而失其明,如神明去矣;阴阳相合,此神莹净,其体白而复其明,如神明来矣。"(引自《参同直指》,载《道书十二种》,大众文艺出版社 2005 年版,第 6 页)以"阴阳二气混合"为"谷神",本于《老子》"万物负阴而抱阳,冲气以为和"之说。"冲气以为和",则物有神性。然《老子》非以此为"谷神"。薛庸斋以"谷"为"神所居",以"神"为"形所载",将"谷"与"神"视为神形关系,具有形散而神不灭的思维趣向。熊十力认为,"此言谷者,以为虚之形容词耳。神生于虚,而混然与虚为一,故曰谷神。"(引自《原儒·原内圣》,载《乾坤衍》,世纪出版上海出版社 2008 年版,第 208 页)"谷"以况"虚","神"自虚中出,二者合言就是"谷神"。何新指出,"'谷'古音读'浴'。浴、月一声之转,故相通。所以谷神其实就是月神。月缺而能复圆,所以老子说'谷神不死',这与月中有不死桂、不死药的传说正相合。"(引自《诸神的起源》,北京工业大学出版社 2007 年版,第 61 页)他又提出,"浴、玉音通,玉神即月神也。月神不死,传说月中有不死药及不死桂树。"(引自《〈道德经〉详解》,载《老子新解》,北京工业大学出版社 2007 年版,第 92 页)"谷"读"浴",可从楚简、帛书本《老子》证知。至于以"浴"为"月一声之

转"，不知何据。

七为人身"天谷"。河上公云："神，谓五脏之神也。肝藏魂，肺藏魄，心藏神，肾藏精，脾藏志，五藏尽伤，则五神去矣。"以"五脏"涵"五神"，则"藏"是谷虚而藏神。吕知常以"谷"为"天谷"，"神"为"元神气"，认为"谷神"是"其空如谷，而神居之"。吴澄以"谷"为"天谷"，"神"为"元神"。喻清中认为，儒家以"谷"为"虚"，"神"是"虚中之神"；道家以"谷"为"天谷"，"神"是"一身之元神"。"虚中之神"，虚而善应，是"寂然不动"而"感而遂通"。"天谷"、"元神"说，是道教之论。"谷"虚而神，亦是道家、禅宗之说。禅宗以"其应若响"，"若响之应物而不藏"来阐释"如如不住"的思维属性。道教以"天谷"为"心"、以"元神"为灵魂，认为经过修炼可出入肉体，达到升仙的境界。

实质上，《老子》以"谷神"况恒道生物不测的存在质性，"玄牝之门"、"用之不勤"继言此谓。"谷神"是绝对本体存在，与"谷"与"神"的存在物不同，后者因前者生成，"神得一以灵；谷得一以盈"。"神"物之"灵"，是有形、有限之灵；"谷"物之"盈"，是有形、可满之盈。"得一"，既是分有，就是分限、定限。"谷神"者，能盈而不居其盈，"盈而不盈"。以其源泉滚滚不竭，譬喻恒道生生不息；以其不自恃"盈"，譬喻恒道"为物不贰"。二者合言是"生而不有"、"功成而不名有"。王夫之云："谷虚而受万故曰盈"。受万而盈，是空谷容实，非是川谷之"浴"的源源不断。《文子》以"天下溪谷"况"谷神"，"为天下溪谷，其德乃足。"（《自然》）"天下溪谷"说来自《老子》。"知其雄，守其雌，为天下谿。为天下谿，恒德不离。恒德不离，复归于婴儿。……知其荣，守其辱，为天下谷。为天下谷，恒德乃足。恒德乃足，复归于朴。""婴儿"、"朴"，皆是本初存在。"恒德不离"，是"抱一"，本自"有物混成"的大全；"恒德乃足"，是"早备"，本自恒道的"自本自根"。如此，则具有"无极"的质性。这里的逻辑是以"天下谿"、"天下谷"为本始绝对存在，它就是"谷神"的别名。正如"谷神"与"谷"相对一样，"天下溪谷"相对于"小谷"言，前者"德足"在于无有盈满，生生不测。"小谷"不能"须臾盈"（《九守》）。之所以如此，在于"处强梁之地"，故不得"不夺"。处强梁之地，则盈满而死，故其生有息。

2. 何谓"不死"

死与生相待，它是生之止，死则亡，亡则无。《说文》云："死，澌也，人所离也。""所离"，就是死亡。"死"若冰释，澌然而尽。冰释之散，若气化有穷。"死之言澌，精气穷也。"（《白虎通》）精气穷尽，则为生之止。人生如气聚，"散则为死"（《庄子·知北游》）。"死"的反语，就是"不死"。"圆丘山有不死树"（《山海经》）。郭璞云："万物暂见，人生如寄。不死之树，寿蔽天地。""寿蔽天地"，是"长生不死"。注家解"谷神"的"不死"大略有如下之义。

一为不离不去。河上公云："人能养神则不死也。"五脏之神，养则不伤。"不死"在于"神"不去。《老子想尔注》云："精结为神，欲令神不死，当结精自守。"自守

结精，则神不离。养神不死，成为道教核心观念。李约认为，"人能虚心，则物无不应，如神不离身而长存也。"神离则生尽，"神不离身而长存"是"神不灭论"的余音。王安石认为"有其神则不死"，吕惠卿认为"有形与无形合而不死"，"神"常在故不死。林希逸云："人之神自虚中而出，故常存而不死"。自虚来神，是响应不测之神，故恒存。吕知常以为，若"神居其谷而不死"，则人安得而死乎？人是神之寄，神不灭则人不死。脱离功用不测的属性意义，而以"神"为物，将其视为与"道"一类的存在，直接导致对《老子》思想的误解、偏离，戴震就认为其直接来自《老子》思维。这样的解说，将"谷"与"神"视为二物，未看到"谷神"为《老子》的专用名词，是一个玄妙存在。

二为无穷不息。唐玄宗认为，谷者应声，有感则应，"其应如神，如神之应，曾不休息"。若休息，就非是应不已。陆希声认为，"谷神不死"是"体真用妙，应物不穷"。"不穷"，固然"不死"。无穷，可同天地之用。司马光认为"不死"是"无穷"，"天地有穷而道无穷"。无限何以有"死"？陈景元认为，空谷、至神为道之体用，岂可有死。就人言，若能"怀豁无方"，法"太虚之广"，存任"神真"，资"造化之灵"，自然"形与道合"，何死之谓？"形与道合"，是与造化为一，以生为寄。陈象古以"死"为"寂灭"，认为神用若此，"应用不穷，若存不见，安有死之道哉"。宋徽宗指出，"不死"是"如日月焉，终古不息，如维斗焉，终古不忒"。终古不息、不忒，是无穷。董思靖云："以其纲纪造化，流行古今，妙乎万物而生生不息，故曰不死。"以"不死"为"生生不息"，甚得《老子》之旨。范应元以"不死"为"无极"，"谷神之在天地，绵绵密密而无极"。"无极"，是无有穷尽。林希逸以"常存而不死，玄远而无极"解，常存、无极是永恒。石潭认为，以理言则天地之气生生不已，以人身玄牝言，则鼻息不绝。"不已"、"不绝"，亦是无穷。刘一明认为，"不死"是"动静相需，互为其根"。"互为其根"，则循环无穷。严复认为，以其"不屈愈出"，故为"不死"。"不屈愈出"，来自《老子》"虚而不屈，动而愈出"一文，固是不穷的质性。陈鼓应解云："虚空的变化是永不停歇的"。"永不停歇"，即无有穷止。

三为不死不生。成玄英以"神"为"灵智"，认为若能导养精神，"如彼空谷，虚容无滞"，则不复"生死"。"无滞"则不息，故不死不生。若有死生之执，便是有滞。李荣以为，谷神之道"不死不生"，而"生死无常"是浮动之物。"生死无常"，是生死有待；"不死不生"，是超越死生。张湛认为，"谷神"者，"本自无生，故曰不死。"（《列子·天瑞》注）生死相待，有生有死。从否定思维言，"无生"故"不死"。王雱认为，"谷神"具有"不穷"、"不测"的质性，"以其活而不敝，故但称不死"。"活而不敝"，是恒存不去。"万物受命于我，而我未尝生未尝死"。未尝生死，是不死不生。苏辙云："虚而无形，尚无有，生安有死邪！"生死为化，是形状之变。"无有"、"无形"者，必无生无死。吕惠卿认为，"不死则不生，不生者能生生"。不可死者，亦不为生，故为恒存者。不死不生者，能生生不息。邵若愚以为，"虚神无形"，本自无生，

亦无死。程大昌以"生生而不自生"、"化化者之不自化"解，"不自生"、"不自化"故常存不死。"生生而不自生"、"化化者之不自化"，本是恒道为物、生物的绝对质性，以之揭示"谷神"虽使之具备了玄妙质性，然不过是响应灵妙而已，并未能以之作为揭示恒道生生不测的本旨。薛蕙认为，"有生则有死，谷神本自不生，故不死也。""本自不生"，则"自本自根"，是"自古以固存"，无死之终。

四为长生久视。林志坚以《老子》"长生久视之道"解"谷神不死"，然《老子》以前者言"治人事天"，以后者揭示恒道作为万物本源，二者非是同一质性。薛庸斋云："以形养气，以气含神，不死之道也。"精气神相含相养的"不死之道"，是长生久视之道。明太祖认为，以得其"谷神不死"，故遂得"长生"。褚伯秀云："人能以至灵之物，藏至虚之所，则随感而应，应已无迹，生尚不知，死乎何有？"随感即应、应而无迹，是真人之行。真人者自然，不悦生不恶死，己无固执，同于造化，故不知生死。吕洞宾以"谷神不死"论述道教长生不死之说。"我有一腹空谷虚，言之道有又还无。言之无兮不可舍，言之有兮不可居。谷兮谷兮太玄妙，神兮神兮真大道。保之守之不死名，修之炼之神仙号。神得一以灵，谷得一以盈。若人能守一，只此是长生。"（引自《吕祖全传》，第35页）人若修炼得腹空谷虚，保守于有无一体，同于大道玄妙，就能成为神仙不死。"守一"者，是修道于真，故能长生。道教以修真为长生，然言体道者无不可舍、有不可居，亦合《老子》道术之要。

五为不昧属性。李道纯云："谷神不死，虚灵不昧也。""谷神"以其"虚灵"，故"不昧"。"不昧"，则万理具而恒明。朱熹解《大学》"明德"认为，"明德者，人之所得乎天，而虚灵不昧，以具众理而应万事者也。"（引自《四书集注》，第5页）"不昧"之于"虚灵"，正如"不息"之与"生生"。"虚灵"自能"不昧"，"明德"具众理自能应万事。

在对"谷神"、"不死"涵义分别进行概说的基础上，对《老子》"谷神"思想作一诠释。"谷"为多义字，既可为川谷之谷，亦可为山谷之谷。"谷神"在楚简、帛书《老子》中写为"浴神"，可见其为川谷之谷的绝对本源，它是"谷得一以盈"，非是空谷善应的"谷神"。"谷神"作为"天下谷"，正如恒道为"天下母"。"谷神"源泉滚滚，万古不竭，出水不盈、不测，汇江海而成百谷王，成为"天下谷"。正如恒道具有本源存在的"有物混成"、寓于万物存在的"道通为一"两个样态一样，"谷神"为百谷的绝对本体、本源，"天下谷"为容通百谷的百谷王。"谷神"自能为"天下谷"，"天下谷"本自"谷神"。"谷神"以其生成为江海的百谷王，以其自然的生生不息、不测，正类如恒道的存在质性。"不死"，是为了突出强调其不息、不已、不测的悠久无疆意蕴，它的功用不可穷极，恒久无限。"谷神"之所以"不死"，在于"亘古以固存"，不死于死。"不死"则不自生，不为生，无待无形，方为自本自根的"独立不改"；"不死"者恒自生生，方是"周行不殆"。"谷神"的"不死"，非谓其自身存在上的"不死"，因其本自无体无形。作为无形存在，方能为有形百谷的绝对根源。本自

无体无形，故不可以是长生的存在者。如果解其"不死"为长生、久存，就不过是一长生的物性存在，非是不测的神妙。道教执著"谷神"长生，而为长生之术，成为修炼成仙之说。正如恒道以生生万物的功存揭示自己存在一样，"谷神"以成就百谷的功用不测揭蔽自己的存在。《老子》以"谷神不死"譬喻恒道"生生不息"。以《中庸》语形容之，它是"为物不贰"、"生物不测"。谷神与恒道，同是无形微妙，生物不测。"谷"作为灵物，虽有"神"，然不脱有限。张载云："谷之神也有限，故不能通天下之声；圣人之神惟天，故能周万物而知。"（引自《正蒙》，载《张载集》，第 15 页）"谷"只能因声以响应之，不能为无声之应。圣人之神如"天"，因物付物，"范围天地之化而不过"，"通乎昼夜之道而知"，故可"通天下之志"。圣人有感无隐，正犹天道之神，无所不感。"谷神能象其声而应之，非谓能报以律吕之变也。犹卜筮叩以是言则报以是物而已，《易》所谓'同声相应'是也。"（同上书，第 46 页）"谷神"与神妙之物"谷"不同，一为无形绝对存在，一为有形有待存在。将"谷神"视为存在物，已背离《老子》之意。"律吕之变"，是无声之变。"同声相应"，是物与物相感。就"谷神"的"不死"意蕴，可以通过《庄子》思想得以揭示。"杀生者不死，生生者不生。"（《大宗师》）正如生生者不可为它所生一样，杀生者也不能有死之终。若为生，就非为绝对本始存在。若有死，就非是恒常"杀生"者。《文子》对此亦有论说。"生而不死，天地以成，阴阳以形，万物以生。"（《自然》）作为"万物以生"的绝对存在，必是"生而不死"者，生生不息。它的生生功用，既是"自古以固存"，又是"独立而不改"。生生的"不死"，就是不息、不已、不止。死者有穷极，"不死"则无极。只有"不死"之生，方是"生物不测"、"常生常化"的生生。《列子》解《老子》"谷神不死"云："有生不生"，而"不生者能生生"（《天瑞》）。"有生不生"，是生物者不为它生，无生则不死，故能恒其生生。"谷神"是超越生死的绝对存在，不死不生而能恒自生生。《老子》"谷神不死"，正在于揭示恒道为"不生"者，然后为"常生"者。生生者不生不死，故能恒其成遂万物生死。

（二）"玄牝之门"

"不死"是"谷神"的质性，而"谷神"又与"玄牝"异名而同谓。《老子》既以"谷神"揭示"玄牝"涵义，也通过对"玄牝"质性的澄明，深化对"谷神"内涵的理解，进一步揭示恒道的存在质性。

1. 何谓"玄牝"

《老子》多言"玄"，如"玄之又玄，众妙之门"，又有"玄鉴"、"玄德"、"玄达"、"玄同"等名谓，这些名谓的构词意蕴，颠覆了原有用词的涵义。正如"大象"与"象"、恒道与"可道"、"谷神"与"谷"等相对关系一样，"玄牝"与"牝"也是表达一种相反的关系。"牝"是一种物的存在，而"玄牝"则具有与物"牝"相反的绝对存在质性。注家解"玄牝"，大略有如下诸义。

　　一为天地、阴阳。河上公云："天食人以五气，从鼻入藏于心。五气轻微，为精、神、聪、明、音声五性。其鬼曰魂，魂者雄也，主出入于人鼻，与天通，故鼻为玄也。地食人以五味，从口入藏于胃。五味浊辱，为形、骸、骨、肉、血、脉六情。其鬼曰魄，魄者雌也，主出入于人口，与地通，故口为牝也。"以"玄"为"鼻"，通于"天"；以"牝"为"口"，通于"地"。显然，他将"玄牝"视为与天地、雄雌、魂魄、性情、鼻口等一样的相对两物其思维来自《易》"天玄地黄"思维。以"玄"言"天"、以"牝"为"地"，是《易》以乾坤为用，法于天地生生的二本共在思维，非是《老子》的一本思维。陆希声云："玄者，天之体也。牝者，地之用也。"圣人之术，"体玄而用牝"，故为"玄牝"。以"玄牝"为天体地用，是二分于物。王雱云："谷神受命而玄牝赋形，自为阴阳，以成天地，然本一物也。""玄牝"为阴阳，而成天地。宋徽宗以"玄"为"天之色"，以"牝"为"地之类"，二者是"万物所成形"者。他还认为，"谷神"以况"至道之常"，"玄牝"以明"造物之妙"。"谷神不死"，正可况恒道生生不测之常；"玄牝之门"，正可况恒道生物微妙之妙，实则二者异名同谓。吕知常以"玄"为"阳"、"天"，以"牝"为"阴"、"地"，认为"玄牝"虽谓之阴阳，然不得指以为阴阳；虽谓之天地，然不得指以为天地。谢图南认为，"玄牝"是"乾坤"二元，而乾坤指称天地、阴阳。张灵应认为，玄为天，"属阳而为元气"；牝为地，"属阴而为元精"。董思靖以"玄牝"为"真一之精，阴阳之主"。犹如"理寓于气"，玄阳牝阴。"盖阳变而玄妙莫测，阴合而生生不穷"。"生生不穷"，是阴阳莫测、不穷。李道纯以"玄牝"为"一阴一阳"。《易》云："生生之谓易"，"一阴一阳之谓道"，"阴阳不测之谓神"。"一阴一阳"，已然具备生生不测的存在质性，类似于恒道存在质性。

　　二为生物、母德。唐玄宗以"玄"为"深"，以"牝"为"母"，认为"谷神"应物，"冲用无方，深妙不穷，能母万物"，故寄名号为"玄牝"，以明"大道生畜之功"。"玄牝"，具有了恒道"为万物母"的质性。王安石以"生物"为"牝"，以"生物而不见其迹"为"玄"，虽然提出了生生不测的意蕴，然将玄、牝分开来解，并未明了"玄牝"与"牝"为无形者与有形物的相对关系。陈景元云："不死之理既甚深冥，又能母养，故曰玄牝。"苏辙认为，《老子》以"谷神"言德，以"玄牝"言功。"牝生万物"，以其"生之而不见其所以生"谓之"玄"。在《老子》言，"谷神"与"玄牝"异名而同喻于恒道存在质性，非以德功分。恒道以其生生不测、微妙无形而强名为"玄牝"。"玄牝"，已是恒道的一个别称。吕惠卿以"牝"者能生生，认为"不死则不生，不生者能生生"就是"玄牝"。"玄牝"以其"不生者能生生"，故同于恒道存在质性。章安以"玄牝"为"气之所以生物"，认为它是"体属乎阴阳"，为"生物之本"、"万物之母"。以"气"为本，是元气说。朱熹认为，"牝"只是"木孔承笋"，是能受的物事。"玄，妙也；牝，是有所受而能生物者也。至妙之理，有生生之意焉，程子所取老氏之说也。"（引自《朱子语类》第八册，中华书局 2004 年版，第

2995 页）将"牝"解为"受而能生物"，来自善应的"谷神"。"玄"是"牝"的至妙，不是"那一样底牝"。"玄牝"盖言"万物之感而应之不穷"，又言其"受而不先"。（同上页）感应不穷、受而不先，思维不脱空谷回响善应之说。至于提出"能生物"则揭示出"玄牝"的主要意旨。范应元认为，"玄牝"是"生物而不见其所以生"，此者揭示出"玄牝"的意蕴，然并没有给出其名谓的由来。石潭指出，"玄牝"以理言，或从宇宙创生上说，是天地之气生生不已。"玄牝"，成为了宇宙的生生本源。王夫之云："以'玄牝'为根而其中梏然，则且以督为经而其动芃然，则且以运动为性而其守荡然，则且以真空为体而其主冥然；忘其衷之缊，禔其缊之塞，生民之性沦胥以铺，非直日用不知者之咎也"。（引自《尚书引义》，载《船山遗书》第一卷，北京出版社 1999 年版，第 516 页）以"玄牝"为根，"以真空为体而主冥然"，不脱空谷之喻。成克巩认为，"玄牝"是"不生者能生生"，它是"有无之合"。生生有功为"有"，微妙不测为"无"，甚得恒道存在之旨。魏源认为，"天下之物，惟牝能受能生，若夫受而不见其所以受，生而不见其所以生，则尤玄妙不测之牝也。"以"玄妙不测之牝"解"玄牝"，仍未能把握其为一绝对的存在。

三为妙物、谷神。《老子想尔注》云："男欲结精，心当像地似女，勿为事先。""女"为阴物，阴者承阳，故受而不先。它类似空谷能受的质性。成玄英以"牝"为雌柔，而"玄"为"不滞之名。"雌柔者顺受，与刚健同行，故不滞。李荣云："幽深雌静，湛然不动，玄牝之义也。"，"雌静"者，阴物之性。他以"玄"为"道"，以"牝"为生，认为道之静则"无形无相"，及其动则"生地生天"。邵若愚直接将"谷神"视为"玄牝"，正确看到了二者的关系。范应元认为，"玄"在于揭示"牝"的生而不知所以生的内涵。"玄牝"，正是能生生而无形不可知的妙物者。何新认为，"上古自然神崇拜，想象大自然如人体，亦有器官即'天牝'或'神牝'。"（引自《老子新解》，北京工业大学出版社 2007 年版，第 92 页）他进而指出，"玄牝即神牝，即大母神。中国神话之大母神亦为月神西王母也。"（同上书，第 92 页）"玄牝"是"大阴"、"王母"，"她在中国神话中，当然是'天地之根'。"（引自《诸神的起源》，北京工业大学出版社 2007 年版，第 61 页）以"大母神"为"玄牝"，是从神话学的角度，对其名谓来源进行的考证，准确说应该是大胆的猜测。以"牝"为人之女阴，"玄牝"为"大阴"则况宇宙生生之源。"大阴"者无形，为本始存在，是万物所从生者。以其生生不测故为"神牝"。"大母神"、"月神"和"王母"之类，皆是此类思维同构的譬喻之说。《老子》"玄牝"观念来自对恒道存在质性的揭示，思维建构是在与"牝"反，而强名为"玄牝"。它是理性思维发展的产物，而非本自神话思维。

四为本源、元牝。程大昌以"玄"为"元"，以"牝"为"虚"，认为"于虚之上更加元焉，则其变化所出，是为生天生地之所也。""于虚之上更加元"，是"太虚"。"太虚"者生天生地，故类似恒道的质性。熊十力云："元牝为天地之所由以成"。（引自《原儒》，第 208 页）"玄牝"作为万物所从出的最原始、本初者，就是"元牝"。

然作为生生不息的存在，"玄牝"兼揭示恒道为"万物之奥"的意蕴，它是宇宙机体的生生质性。

"玄牝"者，恒道之譬，是万物所由出的"万物之母"。其思维建构在于"与物反"的否定思维。"牝"者，具有溪谷的涵义，它是阴类之物。"牝"、"谷"，皆具有生生的涵义。然"牝"作为一阴性之物，只是"万物以形相生"之类，只能作为川谷的来源，不能具备"天下谷"的绝对质性。《老子》多以"物"名前加一"玄"字，构造一个与原物相反的绝对存在。"玄牝"一词，相对牝牡相对的物"牝"言，它通过否定、超脱有限、对偶，而建构一个本源、绝对存在。"牝"是有形者的生生之祖，而"玄牝"是"生物不测"、无形绝对的本源存在。作为生生一本，是万物之牝、天下之牝。"玄牝"与"牝"之间，是无形与有形、无待与有待、至神不测与神灵有方、不可名与可名的关系。"玄牝"，又是无形之牝、无方之牝。《文子》对《老子》"玄牝"这些内涵给予了明确阐释。"雄牡有名，有名者章明也；雌牝无名，无名者隐约"（《道原》）。"雌牝"者无名，隐微不显；"雄牡"者有名，章明而显。从"有名产于无名，无名者有名之母"的思维看，"雌牝"者能生有名者，故为"母"，类于恒道。"为天下牝，故能神不死。"（《九守》）正如恒道为天下母一样，"玄牝"者"为天下牝"，是万物之牝。正如"谷神"为"天下谷"的"不死"一样，"玄牝"作为"天下牝"是"神不死"。此一论说，就来自《老子》"谷神不死，是谓玄牝"思想。"玄牝"作为万物之牝、天下之牝，是生生一本的绝对存在，它无形、无名，相对具体存在者牝、牡言是"非雄非雌，非牝非牡"。"非雄非雌，非牝非牡。生而不死，天地以成，阴阳以形，万物以生。"（《自然》）牝、牡作为存在物，相待有形，定在有体。正如"非阴非阳"为阴阳所以生者一样，"非牝非牡"是牝牡的所以生成者。从非是有形定在言，"玄牝"者为"非牝非牡"存在；从为万物本源看，它是"万物之牝"。从无形生有形言，它是无牝之牝；从其一本来源上说，它是"天下牝"。从功用不穷、生生不息上言，它是"生而不死"。《老子》多以水性灵物譬喻恒道，玄牝与谷神、水、渊、江海、天下溪等一样，皆是如此。

2. "玄牝之门"

《老子》提出"玄牝之门"观念，用以况谓、揭示万物归本之所从来，以喻恒道为万物本根。作为万物生生的一本，它是万物由以生成、产出之门。以万物从其出谓之"门"，以其无形能生、生生不穷言又是无方之门、无门之门。王弼以"门"为"玄牝之所由"，显然是把"玄牝"作为"门"所从出之物，非将之看作至物。既然以"谷神"为至物，而"玄牝"与"谷神"同谓，不免造成悖论。"玄牝之门"，非是"玄牝"从出之门，而是揭示它为万物从出经由之门。《老子想尔注》云："阴孔为门，死生之官也。""阴孔"为母雌生育之门，以譬喻恒道为生物之门。恒道分有于物，是无形生有形。既然物为有形存在，就非是无限存在，本自具有死生的相待性。以万物死生本自恒道，故可名为"死生之官"。它非是生杀的主宰者，可以任意而为，相反在

赋予万物死生有待属性后，一切是存在物的生死由命，自然而然。从得道成性之后言，是祸福自招。顺受其正则为正命。不可以玄牝之门为主宰生者。李荣以为，"玄牝"能生地生天，"气象从此而出"，故名之为门。作为生生之"门"，它是万物从出的至极存在。唐玄宗认为，"门"的意蕴在于"深妙虚牝"者"能母万物"，"万物由出"。陆希声认为，"玄牝"作为"阴阳开阖，变化不测"者，开阖是"阴阳之道"，阴阳为"乾坤之本"。"道"有"本"，故以门况谓之。以《易》言，乾坤为易之门户。王雱指出，"称门者，异于户也，万物由此门以出，而不得见，故曰玄牝之门。"实则，门与户皆是有形存在。"玄牝之门"，是无形之门，无方无体，故不可得见。苏辙认为，"玄牝之门"是"万物自是出"者。物类经由之门，是可道之门；而"玄牝之门"，不可致诘。陈象古认为，"天地不言而四时行焉，百物生焉"，然其本于"至大至广"的"玄牝之道"。以其不可测度，谓之"玄牝之门"。章安认为，"玄牝之门"的涵义有二：以其"天地万物由此门出"可谓之有门，以其"莫得而见"可谓之无门。二者合言之，为无门之门。董思靖以"玄牝之门"为"众妙之门"，它是"天地万物皆从此出"。天地万物从出，揭示恒道为"万物之宗"。恒无欲观妙、恒有欲观徼是同谓之玄，"玄之又玄"则为"众妙之门"。它揭示的是恒道功为质性的玄妙，非是本源质性。林志坚以《老子》"道者万物之奥"思想解之，然"万物之奥"主要揭示的是"道通为一"存在质性，而"玄牝之门"则具有本源存在的质性。王夫之曲解了"玄牝之门"的涵义，将之视为异端之说。"异端之言，曰'抱一'，曰'见独'，曰'止水之渊'，曰'玄牝之门'，皆言幽也，皆言约也，而藏于幽者不可以著，执其一者不可以详。"（引自《尚书引义》，载《船山遗书》第一卷，北京出版社1999年版，第542页）"玄牝之门"，以其微妙无形、不测莫见，固有"幽"、"约"之义，然这只是它的一方质性，还有生生不息的功用质性，何尝只是"藏于幽"、"执其一"？万物以之生成，为"万物之奥"，成为"天地根"，难道不是其"著"、"详"？无万物从出之"著"、"详"，何以名之为"门"？正如恒道为"无状之状"的存在一样，"玄牝之门"是"无门之门"，以其万物所由生出谓之"门"，以其无有定体、微妙无形谓之"无门"，无门方能出入无方，经由不测，生生不息。以其为"天地之始"、"万物之宗"谓之一本之门，以其天下无有匹合者谓之独一之门，以其万类由此生成谓之通一之门，以其为至极存在谓之"天门"，以其"绵绵若存，用之不勤"谓之无穷之门，以其恒自存在谓之恒常之门，以其生生不有谓之玄德之门，以其功用不测谓之神妙之门，以其作为"道纪"谓之关键枢门，以其为人的"楷式"谓之道义之门。只有掌握这些质性，才能揭示"玄牝之门"的要旨。谓之有门，以其为万物统一所出

最后，对本节内容作以简要概述。"谷神"、"玄牝"观念是借助活生生的具体事物，运用象征指涉和否定思维方式（与物反）所建构的特定机体性存在。《老子》以之譬喻恒道作为本源存在的玄妙内涵。一方面，它是生生的一本，万物所从出者，揭示万物的本源；一方面，它是微妙无形存在，超越"象帝"，具有生生不息、不测的功

为质性。"谷神"、"玄牝"正是至神能生而微妙无形的存在，二者同为溪谷的绝对本源，故以况恒道的存在质性。"不死"，界定了"谷神"、"玄牝"的源泉滚滚不竭。以其为"天地根"，故谓之"玄牝之门"。因其"先天地生"而为"象帝之先"存在，故为无形之门，无门之门。它是万物从出的绝对之门、独一之门。

第三节　天地之根

"天地根"思想，既是对恒道生物之功的佐证辅证，也是从天地溯源探究一本存在。天、地作为域中"四大"的两大，能为其"根"更可揭示恒道为"至大"、为"本源"的存在质性。单列"天地根"为一节，以接续上一节"玄牝之门"重点揭示恒道作为"本根"的深刻涵义。运用这一思维结构，可以进一步揭示恒道为"天地之始"、"万物之母"等意蕴。

一、文字解说

《老子》云："玄牝之门，是谓天地根。"要揭示恒道作为"天地根"的存在质性，首先得澄明"根"的内涵。

"根"者，形声字。《说文》解为"木株"，本意指物生长在地下的部分，是物以为生的根部。张岱年指出，"中国哲人讲本根与事物的区别，不在于实幻之不同，而在于本末、原流、根支之不同。万有众象同属实在，不惟本根为实而已。"（引自《中国哲学大纲》，第9页）本根为实，然后万有众象也是实，它是本末关系，而非是本质与现象、实与幻的关系。在《老子》哲学中，本根为本源、基础的实在，也为至贵、至重的实在，具有丰富的深刻内涵。"根"是机体性的存在，对其内涵的解析，不可固执于分析思维，或者说以孤立、静止和片面的形而上学思维去思考，而要以系统、整体的生命思维去把握。《老子》多以现实灵性生命体存在作譬喻，因用语简略可能无法给出完整、全面的概念界定，或有存在观念模糊、混沌之嫌，但也因此避免了知性思维的肢解、割裂以及机械性。"根"作为生命性的存在，无时不有，无处不有，我们可以穿越时空界限，通过对现实"根"的存在观察、分析和感悟，来把握其实质内涵。"根"至少具有以下内涵质性。

一为本根。作为生物之本，"根"是"根柢"、"根本"，它是生命体的最主要构成，也是生命活动的主要承载者，枝叶、花朵和果实皆由之生长，由之支持，由之成遂。"俯而视其大根，则轴解而不可以为棺椁"（《庄子·人间世》）。"根"具有类似恒道"生之畜之，长之育之，亭之毒之，养之覆之"的存在质性，为茎叶、枝干、花朵和果实的生生之本。"树木有曼根，有直根。根者，树之所谓柢也；柢也者，木之所以建生也；曼根者，木之所以持生也。"（《韩非·解老》）"建生"、"持生"，揭示"根"为生命存在植物生长的基本。

二为根源。由"根"作为生命承载者的主要部分，进而引申为生命过程的源泉，它是"始根"、"本源"。从生长过程的因果关系看，依据生长的果实可以追溯其来源、本源，"追根溯源"、"究根求源"，即言此谓。枝繁叶茂、硕果累累，皆要归于"根"。"君子所性，仁义礼智根於心"（《孟子·尽心上》）。"根于心"，是仁义礼智所从出者。"地者，万物之本原，诸生之根菀"（《管子·水地》）。万物本原、诸生根菀，已具有为通生始源的一本质性。"天也者，神明之所根"（《鹖冠子·泰鸿》）。"根"者，是神明的来源。

三为根基。"根"作为生命存在现象的支撑、维持者是根基，作为生物成长、发育的关键是基础。"根深蒂固"、"树大根深"和"深根宁极"，就是此谓。《文子》多有言之，揭示出"根"的关键支撑作用。"木大者根瞿，山高者基扶。"（《上德》）木大、山高，必以根基牢固为保障。"人主之有民，犹城之有基，木之有根。根深即本固，基厚即上安。"（《上义》）根深、本固、基厚，能使上面平安。有其根固，方能枝叶茂盛。如果本末倒置，则是"枝叶茂者害其根荄"（《符言》）。枝叶与本根之间构成了生生的对应关系。"根本不美，而枝叶茂者，未之有也。"（《文子·微明》）根本不美，则枝叶不茂。"根浅则末短，本伤则枝枯。"（《淮南子·缪称训》）根浅末短、本伤枝枯，是因果必然。

四为根脉。"根"作为生命存在所依赖的关键，有之则生生，生茎干，茂枝叶，长花蕊，结果实。"叶茂"赖于"根深"，生生不息，一脉相承。无根则不生，去其生脉是根除、根绝。病去为根治。"农夫之务去草焉，芟夷蕴崇之，绝其本根，勿使能植"（《左传》隐六年）。"斩草"必要"除根"。从"根"渊源不断为生命提供支撑、资助言，是事物赖以存在的"命脉"或"根脉"。"萍树根于水，木树根于土"（《淮南子·原道训》）。无水、土为"根"，则树不能生成。

五为根据。枝叶繁茂、果实累累，关键来自"根"作为命脉和根基。以此为喻，从价值层级看，它是事物生存、发展的枢要、根据。从其作为事物的赖以生成者，引申为生命的主导、主控者，或关键的因素、要素。《老子》云："重为轻根"。"根"在轻重关系中，是至贵者。"归根结底"、"刨根问底"、"寻根究底"等，揭示的是把握事物的根据、妙要。掌握事物的根据，就能把握解决问题的关键。"天下皆知事治其末，而莫知务修其本，释其根而树其枝"（《淮南子·兵略训》）。释根而求树枝，是不得要领。掌握根本，就能"本立而道生"。《中庸》言"立天下之大本"，《大学》言"知本"，皆是知其"根由"立为"根据"。

从以上解析看，"根"的内涵包括根本、根源、根基、根脉和根据等义，它与枝叶、花果之间就如母子一样。根本与枝末之间具有两种关系：一为结构关系，一为因果关系。前者是高下、主次和本末等关系，后者是始因与结果、潜在与现实、潜能与实现等关系。《老子》对"根"的价值探寻和领悟，不仅是对原始、原本存在质性的一种揭示，更重要的是借"根"以返始，唤回对一种原本存在然随社会发展逐渐丧失

的道德价值观念。在先秦时代，"反古复始"是贯穿于道德礼制、政治理想中的重要观念，经由祭礼伦理对生命给予者进行感念、感怀和感恩，以培养一种博爱的精神，承续生生道德，进而构建与天地配的人格理想，实现自然和谐的社会目标。"君子反古复始，不忘其所由生也。是以致其敬、发其情，竭力从事以报其亲，不敢弗尽也。"（《礼记·祭义》）不忘所由生，则感恩戴德。致敬则念兹在兹，发情则诚意正心，报亲则承续为仁，"不敢弗尽"则尽其忠孝。《老子》对"反古复始"这个"道统"予以传承，"天地根"思想就是对生生一本存在的追溯和探寻，也是对其无为无名、功成不居、长而不宰等德性的推崇和赞扬。

二、文句解析

《老子》为何言"天地根"，而不云"万物根"？其中有什么差别和特定的意义？之所以如此，在于习俗的象形思维认为万物生生之本在于天地，万物本根是天或天地，《管子》就有"根天地之气"（《七法》）的观念。前面已就先秦诸子特别是儒家以天地为本始存在的思想进行过解读，这里不再赘述。《老子》正是针对习常以有形、主宰的天地为"根"，来重建一个高于天地、为"天地根"的绝对存在。《老子》"天地根"思想丰富，可从注家以下诸解中略见一斑。

一为本始来源。河上公以"元"解"根"，认为"鼻口之门，是乃通天地之元气所从往来。"以"玄牝之门"为"鼻口之门"，成为道教的重要观念，偏离了《老子》之旨。"元气"为天地之根，逐渐成为恒道存在的替代之名。王弼以"处卑而不可得名"作解，"处卑"是"处众人之所恶"，因"善下之"而为至贵。"不争"则宽容于物，"海纳百川"，故天下莫能与之争。"不可得名"，因无形而不可名。正因如此，故为"天地之根"。"天地之根"，在于"本其所由，与极同体"。"本其所由"，是源泉有本；"与极同体"，是无有其极。这里，揭示出"玄牝"、"谷神"与恒道、本体"无"的异名同谓内涵。成玄英认为，以其能"开导万物，生化两仪"，故以"天地根"谓之。"根"是来源、本源。唐玄宗云："天地有形，故资禀为根本"。以"玄牝"为天地的资禀者，它是"根本"存在。天地为有形的至大者，若不得"玄牝之用"，则将"分裂发泄"，故必"资禀得一以为根本"。万物"得一"以生，"一"是"一物一太极"的根本。就其通体言，是万物总体一太极，为万物资禀的统一"根本"。杜光庭以为，天地虽大，亦须"资道气运养"，乃能"清宁无改"。资于道气以运养，揭示的是"万物之奥"，非是带有起源意蕴的"天地根"。"天地根"，既是天地的起始、本源，又是万物存在的根据、资禀。"资"是"资始"、"资生"，来自《易》的思维。天地"得一"以清宁，"一"作为"根"，既是天地清宁的源生者，也是运化的根据、支撑者。吕惠卿认为，"根"是"道之生天地由此而已"。道由此"根"生天地，则"根"是"道生一"之"一"，亦是"得一"之"一"。"玄牝"者，就其为"天地根"的总体言是恒道，以其分有于天地是"根"的一而分殊。苏辙以"天地根"为"天地自是

生"，则"根"是生生一本。宋徽宗指出，天地为万物的上下，"物与天地本无先后"，然"明大道之序则有天地，然后有万物"。天地之所从出者，就是"玄牝"。《老子》不言"万物根"而言"天地根"，就在于揭示天地作为万物中至上、至下者，作为有形存在的最大者，作为感性思维所能直观者，乃是习俗沿袭下来的万物根本思维。在《老子》成文时代，天地造化观、天地自古固存论、天地为万物本始思想，无疑是"显学"。从《易经》等儒家学说看，皆以天地为万物生生的最初本体。"有物混成，先天地生"，正是就此立论。针对这一生生次序上的参照标准或基点，更能揭示"玄牝"或恒道为"象帝之先"的绝对存在质性。薛蕙指出，"天地根"是"天地由之而生"者，盖覆言"玄牝之意"。"举天地"，则"包万物"。天地由"玄牝"生，是直解。以天地包万物，正确看到恒道生物是万物一齐俱生，天地在万物之中，非是先有天地然后生万物。陈鼓应以"根源"解"根"，认为："微妙的母性之门，是天地的根源"。"根源"者，既是来源，亦是根基。"道"是强名之名，"天地根"是假功用以为名。回过来，再看道家诸子典籍对"根"为本原思想的揭示。《庄子》提出"道"者"自本自根"，它是"自古以固存"。"未有天地"，而"生天生地"（《大宗师》）。为"天地根"，是从天地赖以为根的角度，揭示天地存在的来源、根基。天地有根，则为有待存在。而"自本自根"者方为绝对存在，成为他物的根本。"玄牝"能为"天地根"，就在于"自本自根"的存在质性，它生生而不生，不生而常生。作为本始、绝对存在的"天地根"者，它能生物而不为生，万物以之生而不辞，不息其生。恒道正是以"自根"为万物生生之根。《文子》继承《老子》"本根"思想，并予以阐发。"万物之摠，皆阅一孔。百事之根，皆出一门。"（《道原》）"百事之根"，是事各有其根。"皆出一门"，是总体一根。"夫道者，德之元，天之根，福之门，万物待之而生，待之而成，待之而宁。"（《道德》）"根"与"元"、"门"异名而同谓。"同谓"者，言其皆为生生本始、根基。"异名"者，各指有所侧重。"元"侧重于言为始源，"根"侧重于言为功用，"门"侧重于言为经由。统一来说，"根"中涵"元"、"门"的意蕴。物待以生、成、宁，正揭示"根"的生生功能质性。"今夫万物之疏跃枝举，百事之茎叶条蘖，皆本于一根而条循千万也。"（《淮南子·俶真训》）"根"作为"一本"，可以"条循千万"，它是疏跃枝举、茎叶条蘖等分殊的统一一本。

二为无根无本。"天地根"以喻恒道为万物的生生一本，然恒道本自无形、无状，则作为"天地根"必是无形存在。"根"作为存在物，是一物一根，有形之根。"天地根"是有形生于无形之根。正如"无状之状"思维一样，无形之根是无根之根。无根之根，是恒道微妙而至神的存在质性。从生物之迹上推求，以其生成天地万物可强名为有"根"，然从其微妙无形又是不可定名。《庄子》多以"莫知其根"来进行揭示。"今彼神明至精，与彼百化，物已死生方圆，莫知其根也，扁然而万物自古以固存。……惛然若亡而存，油然不形而神；万物畜而不知。此之谓本根，可以观于天矣。"（《知北游》）"神明至精"作为本根，以其"固存"、"神"和能畜万物言，可推

知其为实有，故假名"本根"以指谓之；以其"莫知其根"、"若亡"、"不形"言，是微妙无形的无根。若感知有"根"则是可名的有形者，而非是"不形而神"的玄妙存在。这里，"若亡而存"是"似或存"，"不形而神"是"功成不测"，"畜而不知"是"不可致诘"。"本根"以其"功成"而假名，实则无本无根。"天地根"作为无形之根，方能成遂万类生生的有形之根。"万物有乎生而莫见其根，有乎出而莫见其门。"（《则阳》）万物"有乎生"、"有乎出"，则不能没有生生的本根；然莫见"根"、"门"，则不可谓其为定有、具在。不可定名，然可以强名，故为无根、有根的统一。《管子》以"道无根无茎"言之。"不见其形，不闻其声，而序其成，谓之道。……人之所失以死，所得以生也；事之所失以败，所得以成也。凡道无根无茎，无叶无荣。万物以生，万物以成，命之曰道。"（《内业》）"无根无茎，无叶无荣"，是无形无体；"不见其形，不闻其声"，是不可执得；然以其生物成物、成败所系言又是确有其本。严遵云："道德之化，变动虚玄。荡荡默默，汛汛无形，横潏慌忽，浑沌无端。视之不见，听之不闻，开导禀授，无所不存。功成遂事，无所不然。无为之为，万物之根。""虚玄"者，玄妙不测；"荡默"者，寂寥窈冥；"汛汛"者，泛然存在；潏忽者，"惟恍惟惚"；"浑沌"者，有物混成；"无端"者，无有畛际；视听不见不闻，不可致诘；"开导"者，生之畜之；"禀授"者，万物得一；"无所不存"，无乎不在；"功成遂事"，善始善成；"无所不然"，无有其外；"无为之为"，无所不为。作为"万物之根"，具有以上诸多质性，它是无根之根。之所以以"神明"言之，就在于"有物俱生，无有形声，既无色味，又不臭香。出入无户，往来无门，上无所蒂，下无所根。清静不改，以存其常，和淖纤微，变化无方。与物糅和，而生乎三，为天地始，阴阳祖宗。在物物存，去物物亡，无以名之，号曰神明。"无形、无声、无色和无味以及无户、无门和无根蒂，是它的"无根"；"有物俱生"，"为天地始，阴阳祖宗"，是它的"有根"。二者合言，是"变化无方"、"无以名之"的无根之根。作为"无根之根"，以其"清静不改，以存其常"为"自本自根"，以其"和淖纤微"、"与物糅和"为微妙无形，以其"在物物存，去物物亡"为根本根基。《文子》以大道"微妙"而"至神"揭示"天地之根"的深刻意蕴。"大道无为。……无形者视之不见，听之不闻，是谓微妙，是谓至神。绵绵若存，是谓天地之根。"（《精诚》）"天地之根"以其"微妙"是无有形根，以其"绵绵若存"的功用"至神"是确有生生的本源。"虚无之中，绵绵相循，出入无迹，为天地之根"（《无能子·孙登说》）。"虚无"则无形，"绵绵相循"则实有，"出入无迹"则不测，同样是无根之根的逻辑思维。赵实庵对"天地根"有着精当的解说，他认为："以自然言，故不知其所以然而然也；以真宰言，岂无门无根邪？"作为"真宰"为万物所从出者，故必有本源的"根"。然"不知其所以然而然"，莫知其形，不测其用，故不可谓有形之根。王夫之指出，"畴昔之天地，死于今日；今日之天地，生于畴昔；源源而授之，生故无已，而谓之根。执根而根死，因根而根存。""执根"者，限于有形，不能神其"根"，故玄妙之性失。犹如恒道"因物

付物"，"因根而根"者不居其迹，不测其用，因资万物之生以为根本，故存而不滞。"天地根"，无方无体，故生生不尽，利用不竭。

三为崇本举末。天地以为根，则"玄牝"何尝不是"象帝之先"？能知"古始"就是"道纪"。"玄牝之门"、"天地根"作为"道纪"，是待物处事价值取舍的根本、根据。《老子》提出"深根固柢"，因为根不深则枝蒂不坚，根深柢固则枝叶繁盛，能长且久。体现在"楷式"的价值上是"守母存子"、"崇本举末"。《老子》云："天下有始，以为天下母。既得其母，以知其子；既知其子，复守其母，没身不殆。"知子守母，则能以"大制不割"为依归，"归根曰静，静曰复命"。复命于大道，则"以道观之"、"以道莅天下"，故"执大象，天下往"。《老子》"归根"思维，贯穿于它所言的一切道术之中，包括"知其雄，守其雌，为天下溪；知其白，守其辱，为天下谷。"为"天下溪"、"天下谷"，是以道为本，立本以知末，举本以成末。《文子》对此道术思想给予了深入阐发。"万物有所生，独知守其根；百事有所出，而独知守其门。故能穷无穷，极无极，照物而不眩，响应而不知。"（《道原》）看到万物芸芸、百事纷纷，然知以把握其要，"守其根"、"守其门"，则不为事物遮蔽，而能以应变无方，时措其宜。之所以为"独知"，乃在于体行大道，精一于"知本"。知其本，则因物照物，物物而不物于物，故照物不眩。执其要，则善应于物，应而不藏，应无不应，应而不知，是以"不化"应"化"，化于万化而未始有极，莫测其应。体行大道，以循道为根本，则"穷无穷，极无极"。体现在真人境界上，是"游天地之根"。真人者，性合于道，"体本抱神，以游天地之根"（《九守》）。"天地之根"是无形、不测者，故能游于无穷的境界。它是"有而若无"，以"无"持"有"；"实而若虚"，守"虚"处"有"。体"本"方能抱"神"，用"本"则功为不测。务本是"以道为循"，因物付物，即物不物，故"有待而然"，然物所固然。王夫之云："因根以利用者，启'玄牝之门'乎！"，"因根以利用"，是"有待而然"。熊十力指出，"虚无者，是万物所从生之根也。物既生，而纵欲以乱心，尚智以逐物，妄作日滋，则离其根而丧其本命，凶莫大焉。故物必复归其根，返求其所从生也"。（引自《原儒》，中国人民大学出版社2006年版，第224页）纵欲、尚智，是离"根"的偏执、妄作。只有归根，返求其所从生者，方能法道自然，虚无无执，不至于丧命大凶。刘笑敢认为，《老子》此论不仅用以描述宇宙的起源和根据，而且用来说明人类社会行为的基本原则。换言之，不仅具有实然或描述性意义，而且具有应然或规范性意义。（参见《诠释与定向》，商务印书馆2009年版，第244页）基本原则、应然或规范，是"道纪"和"天下式"的本根价值。

归结言之，"天地根"思想，蕴藏着"无极而太极"的辩证思维。天地有形、有名，而作为"天地根"者无形、无名。无形无名者，本自无定体、无形状，故可谓之"无"。然因生天地而实"有"。它是有根、无根质性的统一。相对实在物的"根"，它是"无根"，就其为万物所生又可强名为"根"，故"天地根"是"浑全"思维。"天

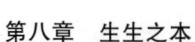

地根"是无根，非定于一物一形之根，然能因物赋形，形成万物万形，以其无所不形是至神之根。恒道作为"无根之根"思维，寓于"道生一"之中。通万类一太极是万类总体一根，一物类一太极是一物一根。作为本始存在，"有物混成"是浑全为一根；作为无名存在，"道朴无名"是不可析得之根；作为无所不由，"道通为一"是知通为一之根。作为一体存在，"玄同"、"天钧"是齐物曲全之根；以为道术，"大制不割"是崇本用为官长；以为修身、勤行，守朴抱一是恒德不离。"无根之根"思维，涵盖宇宙论、本体论和人生论，具有丰富的内涵。

三、始母思维

《老子》"天地根"思想，同"天地之始"、"万物之母"、"天下有母"等观念具有相通的意蕴、内涵。

（一）"天地之始"

《老子》第一章云："无名，天地之始。"前面已就"无名"意蕴进行了揭示，这里重点揭示"天地之始"的内涵。"始"者，字旁为"女"、"台"，合而成会意字。"台"为胎的本字，指称怀胎。"女"表示性别。"始"字涵义丰富，既有生生的涵义，如《易》所云"万物资始"；又有原初、本源的涵义，如《老子》所云"天下有始"。在解《老子》"天地之始"的寓意上，不可简单以开始之始解之，而应将"生"的功能与"源"的由来涵义一同来揭示。就"始"的开始意谓，此前已有揭示，兹不再赘说。同"天地根"思维一样，"天地之始"是无始之始，以其为万物生成之源，故可强名为"始"；以其无有形名，故谓之"无始"。前者是万物生生的总体"无极"，后者是生成功遂的太极。河上公以"始"为"道之本"，认为它"吐气布化，出于虚无"，故为天地"本始"。"本始"者，生天生地，因天地之生而为本始，或者说是从天地、万物所从来上揭示其为本源之"始"，并非逻辑定义上的恒道本自有开始、开端。成玄英认为，"虚无至道，陶甄万物，二仪三景，何莫由斯。""二仪"者，天地。以天地所由生，而为"天地之始"。唐玄宗以"天地资始"解之，"资始"是"资生"，它以元气为资。吴澄以"天地亦由此道而生"为"始"，然它是强名的生生有本，实则是微妙无形。恒道之"始"，是因所生天地而见功存有始，然作为不测功用的存在又是无定限之始。林志坚以"道生一"解之，"一"者生生，"天得一以清，地得一以宁"。"道"是无形无极的无始之始，"一"是一物一太极的至极之始。刘啸和以为，"始为无形，母则有体"。"天地之始"、"万物之母"皆是无、有的统一，不可单以"始"为无形、"母"为有体。前者是无始之始，后者是无母之母。注家多以"先天地生"解"天地之始"，然"始"与"根"乃是异名同谓，皆在于揭示本源、生生一本。"天地之始"是无极之始，亦是无形之母。恒道作为绝对本体存在，只能是它物之始，而本自无"始"。本自无始，而能善始善成。同恒道为"天地根"为"有无一体"一

样，"天地之始"也是有始与无始的统一。本自无始，因天地始生而强名为"天地之始"。恒道虽始生始成，然无有定始，始者无极，生生不止。《老子》"万物作而弗始"，是虽始生始成万物，而不自以为始。若自以为有"始"，固执于"始"，居于"作始"，自恃"宰始"，就非是"生而不有、为而不恃"，非能自然生生不息。《老子》虽然以"作而弗始"为本宗，然并不否定知始、用始。"能知古始，是谓道纪。""古始"存在，是无始之始，虽始万物而不以为始。以为"道纪"，是以无摄有，有而若无，"慎终如始"。

基于"天地之始"这一玄妙思维，《庄子》中既有消解"有始"之论，又有"有始"之言。"道无终始，物有死生，不恃其成"（《秋水》）。"道无终始"，本自无始无终。本无始终，方能使"物有死生"，成物始终。"不恃其成"，则作而弗始，成物"终则有始"。恒道"无始无终"，则物物而不物于物。"有始也者，有未始有始也者，有未始有夫未始有始也者。"（《齐物论》）"始"作为本源，只是强名。因物"有始"而言恒道"无始"。就取法本始言，是"始于玄冥，反于大通"（《秋水》）。以"玄冥"为始，是无始之始，虽有始然不自恃其始。至人者"归精神乎无始"，"冥乎无何有之乡"（《列御寇》）。"无始"是"弗始"，虚心无有则未始有极。体于"万物之始"，方能"游乎万物之所终始"，以通于"物之所造"（《达生》）。本自无始，无执固始，则能通万物之始，终于有物而又新新为始，"魏魏乎其终则复始"（《知北游》）。只有"未始有天，未始有人，未始有始，未始有物"（《则阳》），方能"与世偕行而不替，所行之备而不洫"。始于不测之用，则同于万变之始。《庄子》言"始"大大丰富了《老子》的学说，既有造化之始，也有物化之始；既言道有始，也言其无始；既言心有始，也言其无始。物化之始，源自恒道"善始"，本于造化之始；物化之终，源自恒道"善成"，本于"势成之"所然。造化之始，具有生生的本源涵义，而终不过是新生的开始，生生弗始。至人以恒道"作而弗始"为根本，故作始而无始，生生而不自生。与老庄持无始与有始统一的思维观不同，儒家多强调有始，因为只有承认有始，方能有常则、遵循。"天地者，生之始也；礼义者，治之始也；君子者，礼义之始也；为之，贯之，积重之，致好之者，君子之始也。故天地生君子，君子理天地。"（《荀子·王制》）生物有始，在儒道思想中同有，知本守本用本，虽然本始内涵不同。道家另开出一个"无始"涵义，虽具有始生功施的仁德之意，然又是功成身退的作而弗始。

（二）"万物之母"

"万物之母"观念，在《老子》第一章，同"天地之始"相对而言。恒道既无形"无名"，何以又"有名"？此"名"是"强为之名"，因其母生万物假名为"万物之母"。有形之母生子，是形化相化的生生。"万物之母"是总说为一切存在物之母，它是无形之母，无母之母。河上公以为，"万物母"者，是"天地含气生万物，长大成熟，如母之养子"。如母养子，是恒道为"万物之母"的譬喻由来。"母"之于子，既

"生"，又"长大成熟"之。以母生子为喻，形象况谓恒道作为"万物之母"生养万物的功能质性。然以"天地"取代恒道为"万物之母"，则背离《老子》本意。王弼以"长之、育之，亭之、毒之"解"母"的内涵，揭示了"万物之母"的功用质性，它是道的"生之畜之，长之育之，成之熟之，养之覆之"。王安石以"母"为"太极"，认为它是"生之谓"。作为太极者应是"万物之母"。范应元以为，圣人见"天地人物从此而生"，故视为"万物之母"。林志坚以"三生万物"解，然一生、二生、三生皆是恒道生生过程的内在逻辑结构，而统一的一本只能是作为"万物之母"的恒道。陈鼓应以"母"为"万物的根源"，正是将之与"天地之根"、"天地之始"为思维同构性。《老子》"万物之母"思想，与儒家思想存在很大区别。先秦儒家文献中多以"天地"并称为"父母"。"天地絪缊，万物化醇；男女构精，万物化生。"（《易·系辞下》）以天地、男女交和为宇宙生生的机制，正是以天地为"万物之母"。《说卦》更直接将乾坤称为父母，"乾天也，故称父。坤地也，故称为母。"《中庸》以"为物不贰"、"生物不测"为"天地之道"，也是类似的思维。"君子者，天地之参也，万物之摠也，民之父母也。"（《荀子·王制》）参天地而为民之父母，则天地本为万物之母。"惟天地万物父母，惟人万物之灵。"（《尚书·泰誓上》）以天地生万物，故谓之父母。"以天为父，以地为母，以开乎万物，以总一统。"（《管子·五行》）以"父母"喻"天地"，揭示其"开乎万物"而"总一统"的功能质性。可见，法家亦具有同样的思维建构。

（三）"可以为天地母"

《老子》第二十五章云："有物混成，先天地生。寂兮寥兮，独立而不改，周行而不殆，可以为天下母。""为天下母"，帛书《老子》甲、乙本写为"为天地母"，而楚简《老子》写为"为天下母"。因天地涵万物，故为"天地母"就是为"天下母"。河上公云："道育养万物，精气如母之养子。""育养万物"，是"可以为天下母"。王弼以"能生全大形"为"母"，认为"万物恃之以生"，同样是言为"天下母"。成玄英云："开化阴阳，安立天地，亭毒群品，子育含灵，生之畜之，故可为母。""可为母"，是假其"生之畜之"功用而强名，并非揭示出"天下母"的微妙无形质性。"亭毒群品"，是可为"天下母"。李荣以"覆载生畜"为"母"，同样是只把握出为"母"的意蕴。唐玄宗以"万物资以生成，被其茂养之德"为"天下母"。《老子》言其所以为"天下母"，一方面在于"万物恃之以生"的资始资生的功存实有。一方面在于它是无形之母，微妙而至神。陆希声以"混成"为"天下之母"，正是看到"天下母"的"无母之母"的思维质性。以其统体不分为"混成"，它是"大象无形"。虽本无形，然有母的生生质性。正因其无形，而能生生不测，生成万物。陈景元云："物无大小，皆仰于道，得之则生，离之则殒，生之成之，咸有所赖，故曰为天下母。"物无不仰于道，生成咸有所赖，则作为"天下母"是独立之母，为绝对性的存在。得生离殒，

足见其为万物生生所依赖的充分、必要条件者，充足理由律蕴含其中。范应元以"为天地母"解之，是继"生天生地"而言。林志坚以"是谓天地根"解之，则视"母"为"根"。明太祖御注以"独立不改"、"周行不殆"为"万物母"，正确揭示出其所具有的绝对存在质性。恒道作为"天下母"，以其"独立不改"而"为物不贰"，以其"周行不殆"而"生物不测"，万物之生无不以之为母，它非只是一物一太极之母，而更是万类总体一太极之母。薛蕙以"均养万物"为"母"，则"天下母"具有自然质性，它"以万物为刍狗"，故自均。为"天下母"本自是生生的自然，"万物恃之以生而不辞"。王夫之云："可以为者，天下推之而不歉也，非有心于天下。""天下推之而不歉"，是万物资以生成的"不辞"；"非有心于天下"，是"以万物为刍狗"的"不仁"。"不辞"、"不仁"，同样是恒道作为"天下母"的根本存在质性。刘肅和认为，"为天下母"是"万有皆从无而生"。以"无"为"天下母"，正是看到其微妙无形而神妙不测的存在质性，它是无母之母。

（四）"天下有始，以为天下母"

"天下有始，以为天下母"一文，来自《老子》第五十二章。这里，"始"与"母"并言，揭示了二者的内涵一体关系。"天下有始"，是生生之始，故可以为"天下母"。河上公注"始"为"有道"，显见把"道"作为天下本始。认为道为"天下万物之母"。"万物"，就是"天下"的内涵。"天下"在于天覆盖下面一切存在，故以"天下"范围宇宙万物。严遵认为，"天地之始"的内涵在于"无为"为"道之身体"。道之为物，以无为为体，无为无有。以其"无有"是"无形无状，无心无意，不忘不念，无知无识，无首无向，无为无事，虚无澹泊，恍惚清静"。"恍惚"者，不定于有；"清静"者，不先物为。正因其"无为"，故其为化则"变于不变，动于不动，反以生复，复以生反，有以生无，无以生有，反覆相因，自然是守"。"变于不变，动于不动"，是为于无为，不改其为，为物不贰。从天下始母的存在质性言，"有以生无"是"复归于无物"，"无以生有"是"万物生于有，有生于无"。既言"反覆相因"，则为"有无相生"思维，它为物化的聚散、生死循环，无有其极。"无为为之，万物兴矣；无事事之，万物遂矣。"以无为为之，则无不为；以无事事之，则无不事。万物兴遂，证验了绝对本体存在的无不为。"天下有母"的内涵在于："无为微妙，周以密矣；滑淖安静，无不制矣；生息聪明，巧利察矣；通达万方，无不溉矣。故曰有为之元，万事之母也。""无为"，不定于为，故无形；周密，不测其为，故无方。安静以制，因物而制，故无不制。去其聪明，因巧为巧，因利为利，故无不察。因循其方，通达万方，故无不概。以"无为"为天地之始、万事之母，正是看到恒道作为始母的"无状之状"质性。既是"无为"，又是"有为之元"；既是无事，又是"万事之母"。可见，"天下有始"是本自无始以成万物之始，"为天下母"是本自无形以为天下之母。李荣认为，"道为物本"故为"始"；"德能畜养"，故为"母"。"始"与"母"同有生生

内涵，然因有侧重而别名。万物本始，就是生物的本源。李约以"万物资之所以生"解"始"，以"万物由之所以成"解"母"，将生、成功能二分，分别赋予"始"、"母"。然"天下始"是善成之始，"天下母"是生生之母，二者各兼生、成的功能质性。陆希声以"道生一"为"天下始"，认为"一为道之子，道为一之母"。在《老子》的"道生一"思维中，"道"之于"一"是分有、散殊的关系，非是母子的一对一关系，因为"一"是"道"的分化，为道一而分殊。若以母子关系思维言，是"万物得一以生"。母子是胎生，已是形生类的思维。"道生一"，是"有物混成"分化为"万物得一以生"的无限本源因子。王安石以"万物之所自生"为"天下母"，然又将视为"道者天"，则与《老子》本旨不符。他认为，《易》"一阴一阳之谓道"就是"冲气生于道"的机制，因为"阴阳之中有冲气"。在《老子》中，"冲气以为和"正是"三生万物"的机制，亦是"得一"的内在机理，此中思维内涵留待后论。陈景元认为，"道"者"外包乾坤，内满宇宙，万物资之以生，由之以成"，故为天下始母。固然，恒道无乎不在，无不生成，然它只是生物不测的存在质性，然还有微妙无形的存在质性，为无始之始，无母之母。陈象古以"始于道"解"天下有始"，固是。以"道生一，一生二，二生三，三生万物"解"天下母"，亦是。统体言之，万物之始是一本，天下之母是一宗。"道生一，一生二，二生三，三生万物"，不过是道生万物的内在机理逻辑内涵。宋徽宗以"始与母"皆为"道"，此是言其同。然就其异言，"自其气之始则谓之始，自其生生则谓之母。""气之始"为"生生"之源，"生生"赖以"气之始"。"气之始"来自《庄子》的"杂乎芒芴之间，变而有气，气变而有形，形变而有生"。"气之始"作为"道生之"的别名，就是生生之母，二者内涵何有异？实则，"始"者具有本始、本初的内涵，从原初的根源上揭示恒道为万物生生的一本。"母"以生生、资生言，然作为"天下母"就是"万物之母"，必然是一本之母。二者，相互界定、涵摄。范应元认为，"道本无始"，然言有始乃谓万物"由是始"。道者为"天下母"，乃是"有而无形，无而有精，变化不测，通神达生"。可见"天下始"是"有始"而"无始"的统一。恒道"独立不改"，本自"无始"，为无限、无极存在。以其体无形，本无定限故为无极之"始"，因万物生生有其本始故为太极之"始"。能生生，而本自不为生、不恃生，故虽始物母物，而弗始、不恃其为母。"有而无形"、"无而有精"，是"无"与"有"的统一。"变化不测"，则功用无穷；"通神达生"，则周行不殆。李嘉谋认为，"道为物母，物为道子。"道是"唯一"，故为一本存在；物是"万殊"，故分有于恒道。以母言，恒道是"万物之母"，然万类总体一太极是无极；以子言，一物类一太极，有万殊之子则有万殊之母，故不可简单以母子关系揭示其内涵质性。明太祖认为，"大哉，道理之机，其始其母，本虚又实，是以万物由此而出焉。"其始其母，皆是虚实的统一，体现在功用上是"生生不绝"。"生生"是实，"不绝"者不测，不定于实，故为虚。微妙而至神，则为"道理之机"。以其"不肖"故为"大"。八洞仙祖以"道生一"为"天下始"，以"一生二"为"天

下母"。万物之"始"、"母"同为"道生万物"的思维结构,而"道生一,一生二,二生三,三生万物"正是其生生机理的逻辑内涵。王夫之指出,言"始"者有三类思维,"君子之言始、言其主持也;释氏之言始,言其涵合也;此之言始,言其生动也。""主持"是以为纲纪,"涵合"是即始而无始、即无始而有始,"生动",是生生不息。"其息极微,用之无迹",正是恒道为万物始母的微妙而至神的存在质性。刘骕和解云:"天下有始,言天下之初,必有先天下而存者,先天下而存者,其唯无乎?天下既生,亦必有容此天下者,容此天下者,则可谓之母,亦其唯无乎?""天下始",是先天地生;"天下母",是万物资生。二者同是一个绝对本体存在"无",始母一体,"有生于无"。"无"既是微妙无形,又是功用不测。

最后,对本章内容作以简要概述。"谷神不死"、"玄牝之门"、"天地根","万物之母"、"天下有始"等观念,既揭示恒道存在为生生的本源,也揭示出其生生不测的玄妙。作为化育万物的"善始且善成"者,绝对本体存在恒道既为万物生生的一本,又为万物存在的根源、根基和根脉。《老子》借由自然存在者"谷"、"牝"、"门"、"根"、"母"等,运用"大象无形"等思维建构相反的绝对存在,以之况谓、揭示恒道的存在质性。对本源或起源的追溯,以及对生生不息、不测质性的揭示,无疑在确立一种宇宙的生成观。经由对一本的建构,给予纷繁宇宙、差殊万象一个生生来源上的统一。此种认知模式,在于赋予纷繁复杂世界以一种秩序化、条理化,建构一个统一的绝对本体存在,确立一个具有整全、玄德质性和可作为天下式的价值观念。这里的重点不在于把原始的存在、朴素的东西作为第一存在、绝对的存在,而在于通过对宇宙万物生成历程的追溯,探究超越物性的"与物反"的生生"玄德"和"自然"价值观,由统一一本思维将万殊变成一个整体,形成"自本自根"、"有无一体"、"道通为一"的大全思维和"崇本举末"的道术思维。

第九章　生生机制

　　恒道作为生生本宗、根本，是万物所从出的"玄牝之门"、"天地根"和"天下母"，然它只揭示出了宇宙万物生成的本源、根基问题，还需要揭示恒道如何"生物"、怎样"为物"的机制问题。"道生一，一生二，二生三，三生万物"，是其生生的逻辑结构；生畜、亭毒、成熟和养覆，是其生生的质性内涵；"道之为物，惟恍惟惚"，是其生生的摹态过程。

第一节　道生之数

　　道生一，分化为二、三，然后以生万物，它以数的形式，揭示了恒道生成万物在逻辑形式上的内在机制，澄明了恒道在生物上所经历的环节和先后次序。这里的关键在于："一"代表什么？"二"代表什么？"三"代表什么？为什么《老子》用数之形式而非直接以具体物象来揭示恒道生生的机理？为什么不直接言道生天地或阴阳等，而说"道生二"？这些疑问需要进行深入解析，以澄明恒道生生内在机理的真谛。

一、文字校解

　　《老子》第四十二章云："道生一，一生二，二生三，三生万物。"帛书《老子》甲本文句缺损，帛书乙本文与此同。楚简《老子》无此文句。相对照而言，显然是增入的思维发展最新成果。

　　（一）"生"的字义

　　"生"者，会意字，甲骨文的字形为下从地，上为生出的草木植物。《说文》云："生，进也。象草木生出土上。"对"生"字形的生动描画，可以解构出三个方面的涵义。一是"形化"。以土为生长地基，出现了物质形态上的变化，由种子长成为禾苗或草孽。二是"历程"。存在着一种动态的发展进程，有生有长，经历着一定的时间跨度。三是"潜在"。生的行为蕴藏着一种发展的潜力。种子为苗，长出果实。是由潜在变为现实存在。作为宇宙生生的现象，亦是一个过程，必有经历的环节、内在机理。又古"生"与"性"字同源。《说文》云："性，人之阳气，性善者也"。以汉儒阴阳气化说解《孟子》"性善"说，非是"性"的原意。就"性"字在早期典籍中的应用，

徐复观认为，"性之原义，应指人生而即有之欲望、能力等而言，有如今日所说之'本能'。其所以从心者，心字出现甚早，古人多从知觉感觉来说心；人的欲望、能力，多通过知觉感觉而始见，亦即须通过心而始见"。（引自《中国人性论史（先秦篇）》，第6页）"本能"是生命所特有的内在质性，它是潜在的本性、欲望和能力。周与沉认为，"作为形声字的性，出现晚于生字，生为母字，性为孳乳字。"（引自《身体：思想与修行》，第192页）在造字先后上，"生"在先、"性"为后，然"生"中已含有"性"的涵义，它是潜有者，类似种子具有本在潜能。作为潜能是非实在的潜在，自然而然，无有造作的人伪。"我生之初，尚无为，我生之后，逢此百罹，尚寐无讹！……我生之初，尚无造。我生之后，逢此百忧，尚寐无觉！……我生之初，尚无庸。我生之后，逢此百凶，尚寐无聪!"（《诗·兔爰》）"生"作为生成现象，就有生生者与所生者。从生生者生成具体的生命言，可谓之"生"；就所生者得于生生者，是禀赋之"性"。"生"作为一个现实生成现象的整体，是一个丰富的观念，至少还应包含这样两个构成：（1）"因何而生"。"生"要有主体存在者使之生。（2）"所生者何"。"生"要有结果或为生者。"乃生男子"、"乃生女子"，"无父母诒罹"（《诗·斯干》）。男子、女子为"所生"，父母为"能生"者。推之于祖，则有生生之始。"厥初生民，时维姜嫄。"（《诗·生民》）"初生民"者，祖先之谓。"姜嫄"，是始祖，其生后稷，"载生载育，时维后稷。"后稷播种百谷以利民，立生民之功。以始祖一本于天，是"天生烝民，其命匪谌"（《诗·荡》）。生民则有性。"天生烝民，有物有则。"（《诗·烝民》）郑玄笺云："天之生众民，其性有物象，谓五行仁、义、礼、智、信也。其情有所法，谓喜、怒、哀、乐、好、恶也。"（引自《毛诗正义》，第1218页）性情，是本性。本性有所自，五性本于五行。五行："水、火、金、木、土"（《尚书·洪范》）。"人者，天地之心，五行之端。"（《礼记·礼运》）六情本于六气。"六气：阴、阳、风、雨、晦、明。"（《左传》昭元年）"民有好、恶、喜、怒、哀、乐，生于六气。"（《左传》昭二十五年）在《论语》中就以"天"为生生之本。如"天生德于予"（《述而》），又如"四时行焉，百物生焉，天何言哉？"（《阳货》）《老子》将生生本源从孔子的人格天、自然天提升为先于天地的恒道存在。恒道作为"宗"和"母"，有着生畜、长育、亭毒、养覆等生生的内涵。

在《老子》思想中，恒道之"生"涵义丰富。一为源生。"道生一"，"有生于无"；二为分有。"万物得一以生"；三为赋予。"道生之，而德畜之，物形之，而势成之"；四为养育。"畜之"、"长之育之"和"养之"；五为成遂。"善始且善成"；六为辅助。"以辅万物之自然"、"覆之"；七为正性。"万物之奥"，"亭之毒之"；八为生化。"出生入死"，"草木之生也柔脆，其死也枯槁"。古代儒者多以生生思想来自《周易》、《中庸》等，"生物不测"（《中庸》），"万物资生"、"万物资始"（《易传》）。而对《老子》生生思想予以忽略，甚至抨击其流入虚无。姑不论程朱、王夫之等对《老子》思想的批判，就是当代新儒家牟宗三也云："尽管也用'生'字，但照道家的讲

法这'生'实在是'不生之生'。"（引自《中国哲学十九讲》，上海古籍出版社 2007 年版，第 99 页）他认为，"创造"一词用在儒家是恰当的，却不能用在道家。道家之道，只是"实现原则"。至多笼统地说，"它能负责物的存在，即使物实现。……所以我们不要说创造原则，而叫它'实现原则'。"（同上书，第 100 页）在道家来说，"道"是"无"，"无起徼向性，从徼向性说生万物"。故此，首先不能客观地说客观世界中的万物由"无"来创生，而要收进来主观地讲，"靠我们有无限妙用的心境"，然后"由徼向性说明客观事物的存在"，所以它是"不生之生"，完全是"以消极的态度讲"。（同上书，第 101 页）道家之"道"的具体妙用即"玄"，固然必须和天地万物连在一起才能说，但这时说"创生、创造的意义就不显"，而"不生之生"才是道家的本义、真实的意义。儒家"天命不已"之"道"所表示的创造，才能叫做创造性自己、创造性本身，它是"创造的实体"、"绝对的实体"。（同上书，第 109 页）牟宗三之所以持这样的观念，就在于他认为道家的本始存在乃是"境界形态"上的存在，而不是实体、实在。《老子》恒道生生是否有创造性？是否为绝对的实体？可以说在诠释"万物之宗"中已给出了答案。但生生思想还需要靠其内在机理予以证明。

（二）"道生一"之"一"

"一"者，注家解法众多，兹略举十五例。

一为"道"。"道始于一，一而不生"（《淮南子·天文训》）。这里，"道"是"一"。成玄英、范应元等直接以"一"为"道"。十六为自然。阮籍云："天地生于自然，万物生于天地。"（《达庄论》）"自然"是"一"，又是"道"。赵志坚指出，"一"之为物，"理殊空寂，不得言无。器象未形，不可言有。包涵万象，混在其中，有神用能清能浊。"它为潜在之"一"，既有万象混在其中，又具有神用的潜能。任继愈云："'道生一'，也可以说道产生它自己；道是最根本的存在。"（引自《十家论老》，上海人民出版社 2006 年版，第 263 页）"道产生它自己"，揭示出"道"与"一"的一体、同谓性，然以"道"为"一"未回答《老子》为何不直接云"道生二"，而在"道"与"一"中加上一个"生"字？难道只是无意之言？实则，"一"是"道"的分化、分殊。

二为"元气"。三国学者吴徐整云："元气蒙鸿，萌芽兹始，遂分天地，肇立乾坤。"（《五运历年纪》）相对天地二分，则"一"是"元气"。李荣以"元气未分"为"一"。孔颖达在解《易传》"易有太极"上云："太极谓天地未分之前，元气混而为一，即是太初、太一也。"（引自《周易正义》，上海古籍出版社 1990 年版，第 289 页）"道"是"混而为一"的"元气"。赵志坚以"一"为"元气"、"太和"，认为"以数言之谓之一，以德言之谓之和。为气之始复云元。"当代学者认为，"'一'在这里是指具体万物形成之前的一种统一状态。"（引自《中国哲学史》，商务印书馆 2004 年版，第 35 页）"统一状态"，是先天地生的"混而为一"。实则，"道"是"有物混成"，

"一"是"万物得一以生"之"一"。以元气言，是一物一太极的思维结构。

三为"太极"。范应元云："道，一而已，故曰道生一也。犹言《易》有太极也。"因"形于言则不可不谓之一"，然其"动静无端，阴阳无始"，故是"一亦非一"。"一亦非一"，是太极的不可定名，非是具体存在的形数之一。以"太极"为"一"，是以《易》解《老子》，可见二者思维上的同构性。"一"为太极是生生的至极，然"一亦非一"是涵摄万殊之一的通于一，合而言之"一"是"道"的分化、分殊存在。以其通一于"道"是万类总体一太极，以其分殊一是一物类一太极。

四为"太一"。严遵云："潢然大同，无终无始，万物之庐，为太初首者，故谓之一。"将"一"视为"太初首者"，是与天一、地一有别的"混一"。"天之所胞，地之所函，太一之所主"。显然，他将"道"视为"虚之虚"，故能生"一"。"道生一"之"一"，是"有一而未形"的"潢然大同"，故为混一。可见，严遵是把"道"与"一"分为不同的存在，非是同一思维质性。陈景元以"浑沦"为"一"，则"一"非是形数之一。李鼎祚引虞翻解"易有太极"云："太极，太一也"（《周易集解》）。何新云："一，壹也，太一即太极。"（引自《老子新解》，第132页）以"太一"为"太极"，本自于"《易》有太极"。《易》为"道"，而"一"为太极。"太一"者，涵摄万殊"得一"之"一"。

五为"始"。曹道冲解"一"为"始"，然《老子》云"无名"为"天地之始"，恒道何尝不是"始"？陈象古云："一谓朴之始"。从《老子》"道恒无名朴"看，"朴"是"道"，"一"是朴散之始。从"一"为万物始看，是"万物得一以生"。以儒家的思维言，就是"一物一太极"。"天下有始"，以其总体言是"道"，为"万物之宗"；以其分殊言，是物类各得其一而生存，品物流形，各得其一以正性命。以《老子》思维言，"道"是无始之始、万物之始，"一"是物类各自生生之本始，为一物类生源之始。

六为"一气"。"有一而有气"（《鹖冠子·环流》）。"一"是"气"原初存在的数之代名。万类品物各分有"一气"而为本原构成因子。吴澄明确以"一气"注"道生一"之"一"，"道生一气，一气生天地"。以"气"为原始生生存在，万物各得一气而生，故通天下之物以一气生成。这里，要明确"一气"既是通天地万物于一气所生，又是万类品物各得一气以生。若以"一气生天地"言，则"一气"是先天地生的混涵之气，它就是"有物混成"的存在，"道"即"一气"岂非与"道生一"思维相背？"一气"来自大道是分有，生化万物是万殊的本源因子，不可以"有物混成"言。

七为"和气"。河上公云："道始所生，太和之精气也"。"太和之精气"来自《老子》"冲气以为和"思想。"太和"者，为本始的"混一"；"精气"者，为成物的微妙"因子"。前者是阴阳未分的存在，后者是至微的本原实在。王弼以"冲气一焉"作解，"冲气一"是通天下一"冲气"而已。万物各得一"冲气"以为生。唐玄宗云："一者冲气"。王夫之云："道生一，冲气为和"。以"冲气为和"为"一"，来自《易

传》"天地絪缊"和张载"太和"思想。《老子》云"万物冲气以为和"，这里的"冲气"犹如阴阳的交合之气，而"道生一"的"一"为"冲和"，是恒道分化为"得一"的阴阳"混合"。道生冲气之一与万物冲气以为和是两个存在层次。前者是宇宙分化的生成机制，后者是万物构成的存在机制。

八为"天"。以《老子》"地法天，天法道"为据，或借《易经》"天一、地二"以解"道生一"之"一"。默希子解"一"为"天"（《文子疏义·九守》）。"元气恍惚，自然共凝成一，名为天"（《太平经》戊部）。"天"是始生之"一"。邵雍云："语其体，则天分而为地……其终则万物归地，地归天，天归道。"（引自《皇极经世》，九州出版社 2003 年版，第 496 页）"道"在"天"先，故类于"道生一"。邵子思想受《老子》影响很深。邵伯温更明确指出，"有道然后有天，天本乎道者也。"（同上书，第 369 页）"天"本于"道"，则"一"生于"道"。杜光庭认为，"一"是"道之子"，即"始气为天"。《老子》以"天得一以清"与"地得一以宁"并列而言，可见天与地共生，没有先后。天不能生地，不可以之言"一生二"。

九为"阳"或"阴"。李约认为，"一"是"一气"，具体为"阳气"。"一始生阴气"，阴气来自阳气之"一"。叶梦得云："道生一，而阴阳各得其一。"阴、阳"各得其一"而为一。何新认为，"根据先秦人的观念，太一就是太阳，也就是上帝。'一生二'，阳又产生了阴。老子所说的'一'和'二'，所指的并不是任何具体事物，而是一种关系—阳与阴的对立关系。"（引自《诸神的起源》，北京工业大学出版社 2007 年版，第 178 页）这里，"阳"或"阴"是"一"。万物负阴而抱阳，证明阴阳同在，非有先后，不可言先有阳气然后生阴气。"一"是阴阳合一。

十为"虚"和"神"。谷神子依据严遵的思维结构，因"虚之虚"者为"道"，"一"能为生生之始，故认为"虚者谓一"。以"虚"为"一"，而生"虚"的"虚之虚"者就是"道"。他又认为，"道"即"自然"，而"自然一变而生神，神通而成和"。"神"与"道"的关系，就是"道生一"的逻辑次序。"一"作为"虚"，是非定有、有形之一，而是分殊无限之一，不可测、无定体，故虚。以"神"为"一"，与《老子》"神得一"思想不合。《老子》以"神"、与天、地、谷并言共同"得一"，非是以"一"定为"神"。

十一为"有"。赵志坚以"一"为"妙有"。"妙有"是微妙而至神的"一"。司马光认为"道生一"是"自无入有"，刘骥和以"道生一"为"即无生有"。这里，"道"对应为"无"，"一"对应为"有"。冯友兰认为，"道所生之一，就是有。有道，有有，其数是二。"（引自《新原道》，载《冯友兰集》，群言出版社 1996 年版，第 361 页）庞朴认为："'道'是纯无，'一'是纯有。"（引自《中国文化十一讲》，中华书局 2008 年版，第 39 页）"一"为"纯有"，就是"有"。以"有生于无"解读"道生一"，则"有"已是分殊之有，虽非是定形之有。以"万物生于有"言是"妙有"，以其"有一而未形"言又是"纯有"。

十二为"德"。"德总乎道之所一",而"道之所一"者则"德不能同"(《庄子·徐无鬼》)。"德"是"一",是万物本源的分有之一。"德"因万物个性所得言,一物一德;从"道"通万物言,是"德不能同"。"物得以生,谓之德"(《天地》)。"物得以生"之"德",来自《老子》"得一"和"德畜之"之说。"德"者是"得",得之于"道"。"德"本自"道",为万物"得一"之"一"。

十三为"独"。"道无双,故曰一。是故明君贵独道之容。"(《韩非子·扬权》)"无双",则"独"。《老子》言恒道"独立而不改","独立"则"不二"、"无偶"。"道"正因是"一",故"独立"。然此"一"是"混而为一"之"一",非是"道生一"之"一"。吕惠卿云:"道之在天下莫与之偶者。莫与之偶,则一而已。""道"因"莫与之偶",故为"无偶",它是"独一"。苏辙云:"道非一非二,及其与物为偶,而物不一,故以一名道。"陈鼓应以"道生一"为"道是独立无偶"。"独一"之"一",是相对万物有待、万殊言,非在于揭示"道生一"的内涵。

十四为"言"。王弼云:"由无乃一,一可谓无,已谓之一,岂得无言乎?有言有一,非二如何?"以"言"为"一",亦是"有"。此解思维来自《庄子》。"天地与我并生,而万物与我为一。既已为一矣,且得有言乎?既已谓之一矣,且得无言乎?一与言为二,二与一为三。自此以往,巧历不能得,而况其凡乎!"(《齐物论》)"一"与"言"皆是数的一。此解不可取,《庄子》之说是揭示"多言数穷"的意蕴。徐大椿以"名之始,数之端"为"一"。名、数的始、端,是从可名思维上揭示存在的可分析性。

十五为"能量"。干昌新认为,"原始的道的内部渐渐地衍生功能(又称能量),叫做一。"(引自《破译〈老子〉祖本》,第12页)"功能"或"能量"之"一",来自"道"的内在衍生。"一"具有生化功能,固然含有能量,然能量是存在属性,非是存在。

由上解析可见,"道"与"一"之间具有不同内涵,"道"虽具有"一",然不同于"一"。

(三)"一生二"之"二"

"二"作为一个数,具体代表一个什么内涵,注家解说不一,大略有如下诸解。

一为天地。《说文》解"二"的笺注:"二,元气初分,轻清阳为天,重浊阴为地"。"二",是天地之分。"天地未形,窈窈冥冥,浑而为一"(《文子·九守》)。浑一形分,则为天地。逆推天地之前是"未形"。此思维直接传承于老庄思想。《老子》云:"天下有始,以为天地母","天地根"。宇宙生气,气有分判,"清阳者薄靡而为天,重浊者凝滞而为地"(《淮南子·天文训》)。这里,气是"一",而天地为"二"。"太极分而为二,故生天地"(《易纬·乾凿度》)。太极为"一",天地为"二"。隋学者杨上善认为,"一分为二,谓天地也。"(《黄帝内经·素问》注)邵雍以"道"为

"天地之本"，以"天地"为"万物之本"。（引自《皇极经世》，第368页）道与天地是"一生二"。林希逸、吴澄、明太祖、吕坤等直接注"二"为"天地"。以"二"为天地，与《老子》思想不合。在《老子》中，天地是物，包涵于万物之中，非是万物的构造者，只是万物的辅助者。以天地为生生之本，是儒家特别是《中庸》、《易》的思维趣向。

二为"阴阳"。河上公云："一生阴与阳。"李荣云："清浊分，阴阳著。"赵志坚云："二者粗气谓阴阳"。生"二"，是"清气为阳，浊气为阴，阴阳同出"。唐玄宗指出，道动出冲和妙气，"于生物之理未足，有生阳气，阳气不能独生，又生阴气，积冲和之一，故云一生二"。司马光解"一生二"为"分阴分阳"，叶梦得解为"阴阳配而为二"。庞朴指出，"'二'是'阴阳'。何以见得？老子自己说：'万物负阴而抱阳，冲气以为和。'"（引自《阴阳：中国哲学的基本范畴》，载《中国文化十一讲》，第39页）《老子》为何不直接云"一生阴阳"，而在"三生万物"后说"万物负阴而抱阳"？因为"负阴而抱阳"，是万物的构成机制，而非是恒道的宇宙论生生机制。"二"具有不同的逻辑内涵。

三为"动静"。范应元云："道，一而已，……一之中便有动静，动曰阳，静曰阴，故曰一生二也"。动静是"二"。这一思维来自周敦颐的《太极图说》，"太极动而生阳，动极而静，静而生阴。静极复动。一动一静，互为其根；分阴分阳，两仪立焉。"朱熹解云："太极之有动静，是天命之流行也，所谓'一阴一阳之谓道'。"（引自《周敦颐集》，第4页）以动静为"二"，是揭示恒道生为的属性，而非在于揭示它为构成万物的存在因子。实则，"一生二，二生三"是"万物得一以生"的内在构成机制。

四为"精神"。"精神生于道"（《庄子·知北游》）。有"精"有"神"，至精无形，故神妙不测。万物以形相生，而形本生于精。以其"来无迹"、"往无崖"，"无门无房，四达之皇皇"为"神"。《老子》言"道之为物"，"其精甚真"，"其中有信"。"信"是神妙功用不测的确在。"精"、"神"皆来自"道"，故云"一生二"。然"神"是"精"的妙用，不可二分之。

五为"神明"。严遵解"二"为"神明"。陈景元认为，"浑沦一气，未相离散，必有神明，潜兆其中。""神明"为"二"，"有神有明，则有分焉"。"神明"非是构成万物的存在因子。虽然《庄子》有云："神何由降？明何由出？""圣有所生，王有所成，皆原于一。"（《天下》）这里的"神"、"明"是从道术上立说，而非是从生生机制上言说。

六为"地"或"天"。《太平经》云：元气凝成一"天"，"分而生阴成地，名为二"。杜光庭认为，"一生二"是"玄气为地"。默希子解"二"为"地"，有天一，再生地一，两"一"为"二"。邵雍云："道不可分"，"天分而为地，地分而为万物"。其终则"万物归地，地归天，天归道"。（引自《皇极经世》，九州出版社2003年版，第496页）"天分而为地"，是"一生二"。宋徽宗以为，"一生二"之"二"，即是

"地二"之数。此思维本于《易》的"地数二"观念。曹道冲解"二"为"天"，陈象古认为"二"是"天之体"。不论是天，还是地，揭示存在物，非是无形的构造因子。

七为"阴"或"阳"。李约认为"始生阳气"是"一生二"，"二"代表"阳气"。王夫之以"冲气与阴阳"为"二"，"冲气"必分为阴阳，"阴阳"作为"一"与"冲气"之"一"合而为"二"。何新认为"一生二"是"阳又产生了阴"。（引自《诸神的起源》，北京工业大学出版社 2007 年版，第 178 页）"阳"作为"一"，分化出了"阴"，"阴"与"阳"共在是"二"。从一物一太极言，原本因子可以是"元气"，也可以是"冲气"，二者皆是阴阳的混一不分。

八为"有"和"无"。刘箫和云："自有有，即必形出非有之无，是为一生二。二者，即有与无二象也。""无"中分化出"有"，则成为形物"有"与"无"对待的"二"。无形生有形，无待生有待。固然，"有无相生"本自"有生于无"。然此思维非是生生的构成机制，而是揭示道与物之间的关系。"有"和"无"是物化的对待思维，非可作为构成万物的存在因子。

（四）"二生三"之"三"

"三"作为数，注家同样予以多解，至少有如下诸义。

一为"和"或"合"。河上公云："阴阳生和气，浊三气分为天地人也。""三气"者，阴、阳与"和气"，分化而为天、地与人。严遵将"三"解释为"三光"，阴阳交媾是"和气流行"，然后"三光运，群类生"。"三光"本自"和气流行"。《淮南子》多以"和"、"合"解"三"。"天地之气，莫大于和。和者，阴阳调，日夜分，故万物春分而生，秋分而成，生之与成，必得和之精。"（《泛论训》）"和之精"作为万物生成者，是涵天气、地气于其中的和气。"阴阳合和万物生"（《天文训》），"阴阳和，而万物生之"（《泰族训》）。阴、阳与它们的合或和存在，构成为三，"独阴不生，独阳不生，独天不生，三合然后生。"（《穀梁传》庄三年）"三合"，即是阴、阳与天。李约认为，"二生三"是"阴阳相感通而生和气"，"和气"不同阴、阳，然包涵二者故为"三"。陈景元云："清浊和三气，噫然而出，各有所归，是以清气为天，浊气为地，和气为人"。"三"为清气、浊气与和气。司马光解"二生三"为"济以中和"，"中和"合阴、阳为和气。陆佃、刘骥注"三"为"冲气"。"冲气"，亦是"和气"。何新解云："三，合也，合阴阳。阴阳会合而生万物。"（引自《老子新解》，北京工业大学出版社 2009 年版，第 132 页）在中国文字中，"三"是"参"，参合即调和。"阳与阴的调和，人与神的调和，产生了宇宙中的一切事物"。（引自《诸神的起源》，第 179 页）陈鼓应认为，"阴阳两气相交而形成各种新生体（'三生万物'）"。（引自《老庄新论》，商务印书馆 2008 年版，第 109 页）合"二"为"三"，使"冲气"、"和气"成为万物以生的内在构造结构，正与《老子》"冲气以为和"的思维相吻合。王夫之

以"阴阳复二而为三"解"二生三"，"三"是阴阳冲和。冲气分为阴阳，阴阳又和合，故复二为三。

二为"三才"。《说文》云："三，天地人之道也。"以"三"为大数，兼天、地、人三者。"天地之至数，始于一，终于九焉。一者天，二者地，三者人。"（《黄帝内经·三部九候论篇》）天地为"二"，加其所生之人为"三"。"阴阳相合施生人，名为三"（《太平经》），"和气生人"（《潜夫论·本训》），"冲和气者为人"（《列子·天瑞》）。李荣注："运二气，称三材。"赵志坚认为，"三"者"形质已具"，为天地人。贾公彦云："三者，天地人之数。"（《周礼·保章氏》疏）天地人成于三，三为数之小终。孔颖达认为，"二生三"是参之以人为"三才"。天地人既定，则万物备生其间。默希子直接解"三"为"人"。杜光庭云："二生三"是"元气为人"。陈景元认为，"三"为"清气为天，浊气为地，和气为人"。宋徽宗以为，"三"之数代表着"人"名。林希逸以"三"为"三才"。吴澄认为，天地以生，"两者交通而成和，故人伦成焉"。"三才"本身是物，包含在"万物得一以生"中，不可成为万物的构成因子。

三为"名"、"数"。王弼就持此说，"有言有一，非二如何？有一有二遂生乎三乎！从无之有，数尽乎斯？"吕惠卿认为，"唯无名则已，苟谓之一，则其适遂至于三"。苏辙云："一与一为二，二与一为三"。朱熹解云："道即易之太极，一乃阳数之奇，二乃阴数之耦，三乃奇耦之积。其曰二生三者，犹所谓二与一为三也。"徐大椿认为，道常无名，无从数"一"。道之所生有"一"，由此积之，"以至于三而数体定"。冯友兰亦持此说。他们皆从数、名谓的逻辑结构上解说，然并未能揭示数的具体内涵。

四为"地"。曹道冲解"三"为"地"，陈象古以"三"为"地之形"。天数二，地数三。若以"三"为"地"，则不脱于天地生万物的思维结构。

五为一气和天地。明太祖云："天地乃曰二仪，与先天地一气并作是三。"一气分化出天地，又与天、地作为"三"生万物。若如此，则"一气"在天地之外，何以构成万物？

六为有、无和非有非无。刘骦和指出，"有"与"无"为"二"，其必形出"无有无无"的一"玄象"，此一"玄象"与有无二象，合之为三。"玄象"，不知为何存在？有、无是对待存在，为排中律和矛盾律统一的思维。"无有无无"，违背了这一名谓界定的逻辑规律。

七为万物。庞朴认为："'万物负阴而抱阳'就是'三'和'二'的关系。'三'就是万物"。（引自《阴阳：中国哲学的基本范畴》，载《中国文化十一讲》，第39页）《老子》云"三生万物"，肯定不是以"三"与"万物"等同，否则不必曰"生"。

八为八卦。金春峰认为，在《周易》中，"一"可以代表阳爻，"二"代表阴爻，"三"代表阴阳交合的种种组合关系，"八个基本卦体"。（引自《〈周易〉经传梳理与郭店楚简思想新释》，中国言实出版社2004年版，第176页）。此是贯通《老子》与《易》思维的一个尝试。

九为生于道。林志坚以"二生三"为"道生之",相对于"三生万物"的"万物得一以生",而后者是"德畜之"。然"道生之"通言"道生一,一生二,二生三,三生万物"。"道生一"之"一",又是"得一"之"一",此"一"具体又分为"一生二,二生三"。这里,"一"是万殊之物分有于统一的恒道,而"一生二,二生三"是万物得"一"亦即分有恒道之"一"之后的"负阴而抱阳,冲气以为和"。

二、"道生一"

《老子》并没有对"道生一"的内涵给予确切指明,然"万物负阴而抱阳,冲气以为和"观念无疑是对其意蕴的进一步揭示。在"道"与"一"的关系上,可列出如下诸说。

一为"道"与"德"关系。《老子》云:"道生之,德畜之"。从恒道为"万物之母"、"万物之奥"看,无物无道,同样无物无德。从恒道生生是"德畜之",从万物恃之以生言是得"道"以为"德","万物得一以生"。这里,"一"是万物分有、各得恒道一个因子以为德性。《庄子》对此给予了明确揭示。"物得以生,谓之德"(《天地》)。万物品类多殊,所得之德必然万殊,故"德总乎道之所一"(《徐无鬼》)。这里,"道之所一"是通万殊品一的总体之"一",而"德"作为"一"是"一物一太极"的分有殊异之一。因物万类言是一类一德,故为"德不一"。"德"不一,故有"总"。总而为一,是"道一"。"道"是万殊的统一,"德"是分殊之一,二者是道一德殊的关系。"道"与"一"是一体两式,其中生生的内涵为分化、分有、分殊。然作为构成机理和性命的因子,非是存在物,故统一于"道生之"中。就恒道分化言是"生一",就物各自得言是"得一"。物所得之"一",是"一物一太极"的本源因子。统体言是"天下有始"。之所以言"道生一",而不直接言"道生二",因为"道"只有作为赅备万类潜在因子的统一,才能成为万类品物的统一根源,否则若同得一个"道",无法解说万物品类殊异的思维来源和逻辑根据。"道生一"只是"道"分有为万类因子"一"或万物得"一"的内在构成机制。"道"作为总一是"有物混成"、"混而为一",作为分化之"一"是万物各自所得之"一"。《老子》"道生一"说,类于柏拉图的"分有说"。万物各分有一个理念,理念是大全存在,它是同一与多异的统一。"道生一"之"一",既是潜在赅备的全体总一,万物无不以之而生;也是作为潜在因子、一物类得为一性的分殊之"一"。自"道"至"一"的分化言,以混沌、通体言是"道",以分殊、得一言是"德"。道总德为一。自"一"至"道"的性命自得言,从通于万物自得言是"德",而每一物类各自得之一不过是"道"的分有一,故又可言德总道为一。

二为"无"与"一"的关系。如果说"道"与"德"之间是总体分予与各自成性的关系,那么"无"与"一"之间就是潜在混成与初步分化的关系。《老子》云"有物混成"、"无物之象"等,皆以恒道为潜有早备之"无"。它与万物有以得的关系是

"无"与"一"的关系。对此,《庄子》给予了深入揭示。"泰初有无,无有无名;一之所起,有一而未形。"(《天地》)"泰初有无,无有无名"是"混而为一"、"不可致诘"的微妙之"无"。"一之所起"是"万物得一以生"的构成因子"一"。"未形者有分",是"道生一",以其赋予于物言为"命"。它是"物成生理"、"各有仪则"之性的来源。之所以言"有一而未形",因为"一"非是物,而是构成万物的本原因子,同时是通于一的不测万殊、不可形名的至妙基质。成玄英疏:"一者道也,有一之名而无万物之状。"(引自《庄子集释》,第425页)以《庄子》思维看,"德"是混成"无"的散殊,作为分有之"一"是物之所得。"一之所起"之"一",相对于"无有无名"之"无"言,它是"混成"之"无"的分化、分殊。"无有无名"绝非空无,而是微妙之"无"。"有一而未形"作为中介,介于"无"与实在形"有"之间。赵志坚以"道"为"至无",视"一"为"妙有"。认为"道"作为"无",是能"生一"的"至无不无"。

三为"太一"与"一"的关系。《老子》云"道生一",显然看到本原因子"一"与"道"之间存有分别,相对"一"则可推知"道"为"太一"。《庄子》评述《老子》的思想,认为是"建之以常无有,主之以太一"(《天下》)。"无有"是微妙无形,"太一"是归宗本根,二者统一于《老子》的恒道存在质性中。"洞同天地,浑沌为朴,未造而成物,谓之太一。同出于一,所为各异,有鸟、有鱼、有兽,谓之分物。方以类别,物以群分,性命不同,皆形于有。"(《淮南子·诠言训》)"太一"者,以其"浑沌为朴"言是混一的"未造"、不分,故为"洞同天地"。"同出于一"之"一",以其通一万物所由言是"太一"之统,以其"所为各异"言是"得一"之殊。相对于分殊因子之"一",混沌之一就为"太一"。"太一"分化为"一",是"道生一"。"太一"与"一"之间,既是潜在与分化的先后关系,亦是统一与殊一的涵摄关系。"太一"又是浑沦之一。"太一"与"一"的关系,可衍化为"太一"与"水"的关系。郭店楚简《太一生水》云:"太一生水,水反辅太一,是以成天。天反辅太一,是以成地。"天地复相辅而成神明,神明复相辅而成阴阳,阴阳复相辅而成四时,四时复相辅而成沧热,沧热复相辅而成湿燥,湿燥复相辅以成岁而止。这里,为什么不说天反辅水,而却说辅"太一"?其中有何玄妙?天地为"太一"所生,则"水"在其中有何用处?此中玄妙就在于"太一藏于水"中。"太一藏于水,行于时,周而又始,以己为万物母。一缺一盈,以己为万物经"。"太一"凭借所生之"水"以发挥其功能,进而成为"万物母"、"万物经"。对此,庞朴云:"水生出来以后,太一便藏在水中,作为水的主宰和灵魂。这就是化生。"(引自《中国文化十一讲》,中华书局2008年版,第10页)"太一"无所不在,然藏于"水"中,也就分有、分化为"水",水就承担了"太一"的生生功能。"水离开了太一,就成了无源之水;太一离开了水,便无影无形。二者是本体和现象的关系,能化和所化的关系。藏于水,是太一的静态;行于时,是太一的动态。"(同上书,第11页)"太一"是无形之无,而"水"是基质

之有。"水"禀于"太一"而成为"太一"与天地、阴阳、四时等物的中介。"太一生水"类似于"道生一";水为万物母、经,相似于"万物得一以生"。水作为"一"是万殊之物同其"得一"者。"水"作为"太一"的承载者,又生成天地万物、万象之殊。"水反辅太一",成"天"为"二","天反辅太一"成"地"之"三"。天地中涵"太一之水",故为"三"。有此"三"然后成神明、阴阳、四时、沧热、湿燥和岁等,"三生万物"。"水"是"有",它通万物为一,无物无有,无物不以之生,故几于道。然以"水"代替"道生一"之"一",则失去了"一"的"一而万殊"质性,在揭示万物"得一"何以有万殊上产生悖论。同得水"一"何以有万殊品物之别?这里的"太一"非是《礼记》中的"太一"意蕴,"礼必本于太一,分而为天地"(《礼运》)。天地分为"二",各自为"一",它们的来源必为混一之一。同样,以天地为"二"则失去了"二"的抽象性、玄妙性。

四为"无"与"有"的关系。《老子》云"万物生于有,有生于无。"在"有生于无"中,"无"是"道","有"是"一"。后者类于"太一生水"的"水"和"通天下一气"的"一气",然"有"是"有一而未形"者,为构成万物的本原因子。若赋予"有"为一定存在物,就非是一而分殊的玄妙因子。可以"一气"言,不可以"水"言。"万物出乎无有。有不能以有为有,必出乎无有,而无有一无有。"(《庄子·庚桑楚》)"万物出乎无有"、有出于无有的逻辑内涵,在于只有"无有"才能分化为无限的分殊"有"。若以"有"为定有,则是"一物一太极",而非是万类各有一太极。"无有"非是相对定有的有待存在,非是相对定有的否定或空无存在,而是无形体、无定有的存在。它是涵摄众殊因子的"无",非是空无的"无有"。庞朴解"道生一"认为,"道"是纯无,"一"是纯有。"纯有不是具体的有,而是笼而统之的有。"(引自《中国文化十一讲》,中华书局 2008 年版,第 39 页)"纯有"不是具体的有,非是定有。作为笼统之"有",是混涵不定之"有"。"一"非定有,则为生成万物的分殊之"有",它分有于恒道而为万物品类各自的"得一"。《老子》"有生于无",是"有形者"生于"无形者"的简称,恒道作为"无"是"无形"、无定有之混成潜在,而"有"是通万物殊性为一的共同一"有",它是抽去形状、属性差异而成为万物构成因子的"潜有"。"万物生于有"的"有",是"得一"或"一物一太极"之"有",因物类不同而"有"不同。而"有生于无"之"有"是万殊的因子,然统一分有于"无"或"混沌潜有"。恒道为"无",是万类因子赅备的潜在大全,非是定在之"有"。何新认为,"道"是原始的混沌,"万有仅作为潜概念蕴伏于其中,而其本身却是绝对虚空的'太虚',即作为'太有'的太虚,是前宇宙。在它身上孕育了'一'。"(引自《诸神的起源》,第 178 页)"太有"与"太虚"一体,正如"太一"为"无有"。以其为本原本宗的太极谓之"太有"、"太一",以其非是定有、具象存在谓之"太虚"、"无有",以其早备潜存、混沌为一谓之潜在的"万有"、"宇宙"。三者合一则为绝对本体存在"无"。

五为"无极"与"太极"的关系。孔颖达认为"道生一"之"一"是"太极"，它是"天地未分之前"的"元气混而为一"，故又是"太初、太一"。（引自《周易正义》，上海古籍出版社1999年版，第289页）"一"为"太极"、"元气"，又是"混而为一"，前者是就"天下有始"的至极而言，后者是就至极的不可殊分言。"元气混而为一"的"太一"是相对分化成的天地"二"或各自为一言，作为"太一"和"元气"又本自《易》，因为"《易》有太极"。它是"无"与"一"的关系，也就是"无极"与"太极"的关系。因为太极是一物类一太极，《易》是万物品类的统体一太极。朱熹认为，"道"是"《易》"之太极。范应元认为"道生一"犹言"《易》有太极"，这里"易"等同"道"，"太极"同于"一"。杜道坚直接解云："道生一，无极而太极也。""道"为"无极"，则"一"为"太极"。此一思维来自周敦颐的"无极而太极"思想，详解留待后面。

六为"道"与"精气"（或冲气）的关系。它有类于前面解说的"元气"与"一气"的关系。《老子》"万物冲气以为和"，根据"万物得一以生"的逻辑，则万物的冲气之和必来自"道"，只不过是未分化的冲气而已。河上公认为"道始所生"的是"太和之精气"，"精气"为因子，而"太和"是阴阳二者的"混而为一"。"太和"作为潜在的混一，分化为阴阳，然后阴阳冲和。这是"一生二，二生三"的逻辑关系。"一生二"，是原本作为太和、冲气、混涵的一气分为阴阳之气；"二生三"，是阴阳之气冲和为"三生万物"之"三"。王弼认为，万物之生虽有万形，然其本于"冲气一"。"冲气一"的思维形式，是通天下一"冲气"。万物因一"冲气"而生，正是"万物得一以生"的思维结构。这里的"一"就是"冲气"。唐玄宗直接以"一"为"冲气"，它是"妙气"。"冲气"思维，为张载发展为"太和"。"精气"、"冲气"皆是"一气"。"精气"以言万物构成原本因子的微妙至神，"冲气"以言因子内在构成或内涵，"一气"以言其为"一物一太极"、万物通得的一。万物品殊的因子虽不同，然共通为一气，通天下于一气。王廷相提出，天地之间无非"气之所为"，然万物其性其种，"已各具于太始之先"。虽是一气之化，然"金有金之种，木有木之种，人有人之种，物有物之种，各各完具，不相假借"。（引自《五行辩》，载《王廷相集》第二册，第598页）以"种"喻"性"，"种"为潜备因子，万殊不一，故能成长为众多果实。可见，万物各得"一气"而生，具有"一"与"万殊"统一的思维质性。

三、"一生二，二生三，三生万物"

根据《老子》的逻辑思维，可以推演"一生二，二生三，三生万物"为以下诸说。

一为"德畜"、"物形"和"势成"的关系。"道生之"与"德畜之"之间关系是"道生一"，则"一生二"是"德畜之"而后"物形之"。"德畜之"分化出"物形之"，则物成"形"而"性"具。《庄子》以为"物得以生"为"德"，然"未形者有分"，以其"物成生理"为"形"，以其"形体保神"为"性"（《天地》）。"性"为

"形"与"神"（知能）的统一。"形"与"神"为"二"，是"德畜之"与分化出的"物形之"合为二。"形体保神"然后"各有仪则"，是"二生三"。"各有仪则"是"物成生理"，则物为机体或个体存在，它具有"势成之"的变化和生命运动机理。这样，从恒道生物的构造机理言是：通过"德畜之"的"得一"，然后经过"物形之"的"形"与"神"二分，最后由"势成之"将"形"与"神"合为涵"仪则"之"三"。恒道以"三"数"为物"，"三"中备涵构成物性的精神、形质和仪则（生命律动），它是万物机理构成上的"善始且善成"。相对"德畜"、"物形"、"势成"言，"道生"是涵三为一的潜在总一。"三生万物"的"三"是"德畜"、"物形"、"势成"的共在统一。"道生德，德生正，正生事。"（《管子·四时》）它是"一三"思维上的思维同构。

二为"精"、"神"和"象"的关系。恒道在"为物"上，惟恍惟惚，然其中有"象"和"物"，窈冥中有"精"，其"精"甚真中有"信"。再有言含德之厚比于赤子，"未知牝牡之合而朘作，精之至也"。"精"既是恒道构成万物的因子，亦是万物构成上的要素。有"精"则有"神"，"神"在恒道"为物"上是"精"有妙用，在物体构成上是生命机能。"象"、"物"在恒道生物上是"物形之"，在物性构成上是形体。《老子》思想中内涵的"精"（精之至）、"气"（抟气致柔）、"和"（和之至）的"三一"说，与此大同小异。

三为"气始"、"形始"和"质始"的关系。"太易者，未见气也。太初者，气之始也。太始者，形之始也。太素者，质之始。气形质具而未离，故曰浑沦。"（《易纬·乾凿度》）"气形质具"的"浑沦"，是"未见气"的"太易"，为元气混涵者，有类于恒道为"有物混成"的质性。恒道逐步分化出气、形、质之"三"，而以之"三生万物"。"太易"、"太初"、"太始"和"太素"，分别相应于道、一、二、三，构成了生成上的逻辑结构。"气之始"是"一气"，通天下万物的构成因子为一气；"形之始"是气化为形，"物形之"；"质之始"是"各有仪则"和"势成之"。在逻辑构成上，实则"气之始"作为"得一"分有于"未见气"的"太易"，"形之始"分有于"气之始"共成为"二"，"质之始"涵摄"气之始"、"形之始"而为"三"。

四为冲气与阴、阳的关系。《老子》在言"道生一，一生二，二生三，三生万物"后，接云"万物负阴而抱阳，冲气以为和"，显然是将二者视为一体关系。负阴抱阳，冲气为和，是存在物的构成机理，然其本源必来自恒道。万物以阴、阳和冲气三者为构成的一体因子，恒道则以一生三构成万物。前者是"三一"机理，后者是"一三"机制，二者相互印证、揭示。前者"三一"中的"一"，是现实存在意义上的一体、统一，由"三"构成"一"；后者"一三"中的"一"，是潜在赅备的"一"，由"一"分化为"三"。"道生一，一生二，二生三，三生万物"，是从恒道"为物"上的总说；"万物负阴而抱阳，冲气以为和"，是从物性构成上的分说。物性存在，既分有、依赖于恒道，又证明、澄明恒道的内涵质性。"冲气以为和"是合阴阳为三，而"道生

一"之"一"是涵阴阳一体为潜在之和。此逻辑就如《中庸》的"未发之中"和"已发之和"的关系。"中"是"和"的大全潜备，"和"是"中"的大全实现。恒道以潜在"冲和"之"一"，生出阴、阳之"二"，然后以阴阳交合之"三"生万物。而万物得"冲和"之"一"为构成因子"德"，通过分化成动静阴阳（负阴而抱阳），然后以之交融成为存在物的内在机理。从现实万物"负阴而抱阳，冲气以为和"的内在构成逻辑结构，可以推知万物的动态生成过程以及结构，进而外在推知恒道的生生历程和逻辑结构。这里的思维结构是："道生一"对应"万物得一"，"一生二"（一分为二）对应"万物负阴而抱阳"（合二为一），"二生三"（阴阳交合为和气）对应"冲气以为和"（阴阳互涵为冲气）。"三生万物"，既是恒道以"一三"机制生物、造物，亦是万物以"三一"机制维持、构成自己的存在体。

　　以上四说分别从不同角度揭示了恒道的"一生二，二生三，三生万物"的玄妙机理和内在逻辑结构。"德畜"、"物形"和"势成"三者，从存在物自身言是构成逻辑结构和阶段，从恒道"为物"言是分与、赋性和成物。精、神、物象三者，从恒道"为物"言是构成过程和情态，从存在物质性言是实有内涵的构成要素。阴、阳、冲和三者，从万物存在言是内在构造机理和物理结构，从恒道"为物"言是给予、分有和造化。"气始"、"形始"和"质始"三者，从物体构造言是内在形性始成的逻辑建构，从恒道以"一气"生成万物言是生生过程和逻辑阶段，它可由前三者推导而出。这些"三一"机制思想，虽是《老子》本有，然并没有给予明确的揭示。《太平经》就运用以上思维，吸收汉儒"元气说"和《易传》"天地说"对宇宙万物构成学说加以发挥。作者认为，"物始于元气"，"元气"凝成一为"天"、"阳"，分而生阴、成地为二，阴阳相合施生人为三。又认为它们"一为精，一为神，一为气"，三者"共一位"，本于"天地人之气"。在精、气、神共存的关系上，"神者乘气而行，精居其中"；在生成次序上，"气生精，精生神、神生明"。此一万物构成机制是以"气"为基，"精"为核，"神"为用，"明"为效，显然秉承老庄思维。在《太平经》的万物构成机制中，有"元气"与其所生阴、阳的"三一"模式，有天、地、人的"三一"模式，有精、气、神的"三一"模式，三个"三一"联结为一体。我们可尝试将《老子》四个"三一"融为一体。"道生一"之"一"，是万殊之一，为万物"得一"之"德"。万物得"道"以为己内之得是"德畜之"。"德"作为"道生一"之"一"，同样是阴阳潜在的"冲和"之"一"。"冲和"一分化为阴阳"二"，是"德畜"分化成"物形"（阴阳是形而下者），一阴一阳不测之化即"神"，是"势成之"。就"德"作为万物内在构成言，是"精气"，为"冲和"的一气。反映在人身上，"气"是内在构成，自然内涵"精"、"神"。"精"是灵动之"气"，"神"是妙用之"气"。"道生之"之"生"，是三位（德、形、势）一体的，对应于"气始"、"形始"和"质始"的"三一"模式。从恒道生成逻辑次序上看，先有潜在的混一综合，然后有分化分别，进而以合和为"三"生成万物。从追溯本原的认识角度看，以万物内在涵"三"的统一机理，进

而追溯一本存在。从《老子》此章的本意看，阴阳冲和说更符合"一生二，二生三，三生万物"的内涵质性。赵志坚云："和者一气兼阴阳之妙，三合为和。若以和清浊而为天地人者，此便以三生三。今言二生三，生为和，是一气布在二中，故唯言二。亦犹道遍三才，直以天地人为三，不可兼道为四。其天地人各怀阴阳和三气备足，然天地人外，阴阳和本气亦无耗损，其天地阴阳万物，若无和气不能自生，况能生物乎？""一气布在二中"，是"一气"分化为阴气、阳气。二者交合又生成第三者，故为"三"。天地人只是万物中的三类，各怀"阴阳和"的"三"以成就自己。"和清浊"、"阴阳和"，就其作为生物机理的统一性言是"三一"，实则是涵阴阳而成的第三者"冲和"，非是与阴、阳并存的第三者。就"三生万物"与"冲气以为和"的关系，他认为，前者是"天地生万物，人又生人，兼长养之，万物咸得遂性"。后者是"自此以后，皆是阴阳交感，以形相生"。万物包涵天地人，"三生万物"是天地人等万物一同俱生，非是"天地生万物"、"人生人"。"阴阳交感，以形相生"，包涵、统一在"三生万物"之中，非是在其之外。唐玄宗云："阴阳含孕，冲气调和，然后万物阜成"。此正与"万物负阴而抱阳，冲气以为和"思想形成相互对应，前者是恒道生生历程的逻辑结构，后者是万物存在的逻辑构成。林志坚以"万物得一以生"解"三生万物"，实则"三"为"一"，"一"涵"三"。"三"是"一"的具体分化机制，"一"是"三"的浑全潜在。万物"得一"之"一"，包涵"万物负阴而抱阳，冲气以为和"的三一机制，故为"三生万物"之"三"。"三生万物"之"三"，包涵"一生二，二生三"，是万物"得一"之"一"。王夫之认为，"道生一"则"冲气以为和"；"一生二"，则"遂以有阴阳"，"冲气与阴阳为二"。"二生三"，是"阴阳复二而为三"；然后"三生万物。""冲气以为和"，是潜在的太和之"一"；阴阳是冲气的分化、分有，而非是与之并列为二。"冲气与阴阳为二"，是将之视为两个生成阶段。"阴阳复二而为三"，是阴阳交合成冲和。"当其为道也，涵三以为一，则生之盛者不可窥，而其极至少。当其为生也，始之以冲气，终之以阴阳。""涵三以为一"，是"一生二，二生三"。"始之以冲气"是"道生一"，冲气为本原之一；"终之以阴阳"，是阴阳和合而成为"三生万物"，犹如"一阴一阳之谓道"。张尔岐云："道生一，一生二，无名天地之始也。二生三，三生万物，有名万物之母也。"恒道以有生生、母万物的功用而有名，实则本自无名。"道生一，一生二，二生三，三生万物"作为一体，是无名与有名的统一。"三生万物"，天地在万物之中。

《老子》所言"一"、"二"、"三"，与"域中有四大"、生死之徒"十有三"以及"我有三宝"等数的用法一样，具有特定的内涵，是抽象思维提升的结晶。为什么说"道生一"，而不说"道生二"？因为"一"本身是万殊因子的统一，就"一物一太极"言，它是物分有的个别"一"；就物类各有不同的一太极言，它是通万殊不同"一"的共"一"。就万殊本于一本的统一、大全言是未分化的潜在统一、混而为一。若以"道生二"言，则"道"是"一物一太极"的"一"，而非统一万殊物类太极的无极之

"一"或混沌之一。《老子》"道生一"，非是"道始于一"（《淮南子》），非是"道立于一"（《说文》），而是"道"转化为"德"的殊"一"。"道"是第一性的，原初的，绝对的，也是混沌一体的。而"德"作为"道"的分有者，寓于每一物中为"性"之得。无"德"的殊"一"，则无"道"的"混一"。《列子》有易变为一说，本自《庄子》。"杂乎芒芴之间，变而有气"（《至乐》）。"一"者形变之始，是"变而有气"。"一气"是分有绝对本始存在的不同殊一，否则不必言"道通为一"、"通天下一气"。"通"必是不同存在的贯通，若是同一存在不必言"通"。陈鼓应指出，"道是独立无偶（'道生一'）、混沌未分的统一体，蕴涵着'无'和'有'的二面（'一生二'），（道）由无形质落向有形质，则有无相生而形成新生体（'二生三'），万物都是在这种有无相生的状况中产生的（'三生万物'）。"（引自《楚简〈太一生水〉之宇宙生成论》，载《老庄新论》，商务印书馆 2008 年版，第 109 页）以"有"与"无"对待为"二"，它来自"有"、"无"未分混沌的统一体"道"，此是"道生二"的思维结构，因为他以"道"为"一"。在《老子》那里，"有生于无"与"有无相生"具有迥异的内涵，前者是有形生于无形，后者是形化的有无对待。前者揭示的是生成本源，后者揭示的是物化形态。"有生于无"与"道生一"具有思维同构性，"无"是"道"，"有"是"一"。而"有"与"无"相生是对待对反的气聚与气散的关系。聚散是形态变化，怎么能成为万物的构成因子？在现实世界中，万物生生固然是"有无相生"的形化，然形化生生本于"有生于无"。有、无形化是生死、兴亡、聚散等存在状态的转化。"万化未始有极"，只是恒道寓于万物之中的"道通为一"，而它本自"有物混成"的本始恒道。既然"有无相生"是物化属性，就不可以为"三生万物"的构物机制。为什么言"一生二"，而不直说"二"为天地、阴阳等？因为"二"是抽象的指称。在以"天"解"道生一"之"一"，以天地解"一生二"之"二"上，徐复观从分析《老子》中有关"天地"内容中得出"一生二，即是一生天地"的结论。它的逻辑依据是：（一）在《老子》思想中，天地与万物分别有不同的创生主体。（二）道创生天地的次序在万物之前。（三）由"天地之间，其犹橐籥乎"推断天地乃生万物不可缺的条件。古人视天地为一个时空载体，持载万物。天、地与道各一合而为三。（引自《中国人性论史》，上海三联书店 2002 年版，第 296 页）天地为万物的持载、依凭，是不可或缺的生生条件，在《老子》中固是本然之义。但以天地、万物为不同创生主体则不然。在《老子》的"得一"观念中，天、地与神、谷并列，显然天地与万物一起生，天地是万物中的存在物，故云"万物得一以生"。天地因"道"一并而生，故恒道为"天地根"。无名为天地始，有名万物母，天地始与万物母同为恒道的存在质性，非是先有天地然后有万物。天地是恒道的分有者，亦是恒道作为"万物之奥"的两个重要寓存者。天地万物形成后，恒道就分有于万物之中，作为"道通为一"的造化者或宇宙机体而存在。天地在宇宙机体中无疑分有、承担了原来恒道的生生功能。"有天地，然后万物生"，是《易传》的思维，而非是《老子》的思想。以天地为生生之本，

本于《易传》、汉儒。董仲舒云："天地之气，合而为一，分为阴阳，判为四时，列为五行。"（《春秋繁露·五行相生》）宋儒多以太极生天地，为"一生二"。周敦颐认为，"太极也者，天地之大本耶？"（引自《周敦颐集》，中华书局 2009 年版，第 134 页）以天地为二，然后生人，故为"三"。《易传》更以天地人"三才"为万物之道。天地、"三才"作为具象者，非是阴阳冲和的生生机制，而是卦理的推演机制。郭雍指出，"上古之时，天道胜人，人知有天，而不知其它也。故包牺氏始画八卦，其意若曰：是道之一，列而有三，如是而天，如是而地，如是而人。天道主覆，故画于上；地道主载，故画于下；人道财成辅相，故画于中。于是自任以财成辅相之道，而配天地焉者，包牺画卦之道也。然天道不以天高而大于地，地道不以地广而大于人，人道不以人微而小于天地，故三画皆无差殊。要其至也，混而为一，复于太极，故名曰卦。……是以圣人经以三才而太极分，纬以八卦而太极复。一经一纬，而六十四卦由之以备，天下之能事毕矣。所以太极为《易》之体，而《易》者用太极之名。太极之道，方其混然一成，物莫能破，人安得而用之？及乎包牺判而三之才之离为八，文王重而六之，离为六十四，然后天下后世以之修身、齐家、治国、平天下，始可得而议矣。非天下之至圣，其孰能与于此？"（引自《传家易说总论》，载《宋元学案·兼山学案》，载《黄宗羲全集》第四册，浙江古籍出版社 2005 年版，第 290 页）以天、地和人为"三才"，象天地覆载、人财成辅相，是揭示其"理"，非言卦数。卦数来自"太极生两仪，两仪生四象，四象生八卦"中。作为万物之理，可以说不离"三才"之道，然卦画爻数却非从"三"始。太极之理，因"三才"备，无有脱离其外者。然"八卦"之象来自乾坤的衍化，非有"人"卦。天地涵摄万物，《易》与天地准，人因易理，卦为人设，故为"三才"之道。太极之道"混然一成"，是理之隐微不显；六十四卦"广大悉备"，是理显利用。有以利用，就是人道。《易》理不过"三才"之道，然"象数"则来自阴阳。宋儒胡宏认为，"一阴一阳之谓道。有一则有三，自三而无穷矣。老氏谓'一生二，二生三'，非知太极之蕴者也。"（引自《知言》，载《胡宏集》，中华书局 2009 年版，第 7 页）"太极之蕴"是"一"与"三"的关系，并没有"二"的中介环节。"三"因"一"成其"三"，"一"因"三"成其"一"。合"三"为"和一"，有"和一"则有潜在"三"。《老子》言"一生二，二生三"，是揭示阴、阳二者的来源，在于揭示冲和之"三"的构成。它是追溯本源的逻辑建构，也是理论上的假设。"一阴一阳之谓道"，是就现实万物的构成、宇宙机理而言，相当于《老子》的"万物之奥"思维，其与宇宙论的本源生成观并不冲突。"三"作为数的小终，在汉代已成共说。班固云："天道莫不成于三：天有三光，日、月、星；地有三形，高、下、平；人有三等，君、父、师。……物成于三，有始，有中，有终。"（引自《白虎通》，中华书局 1997 年版，第 131 页）"三生万物"之"三"，是不同种类、质性的"三"，物类各以其殊"三"而成其品物万殊。"三"成则"一"、"二"内涵其中，非是"三"之外另有"一"、"二"。程子云："一二而合为三，三见则一二亡矣。离三而

为一二，一二见而三亡矣。方为一二而求三，既已成三，又求一二，是不知理。"（引自《二程集》，中华书局2004年版，第1181页）一与二合为三，三成而一二亡，是否定性的"扬弃"。离三为一二，为一二求三，是"只见树木，不见森林"，故为"不知理"。陆九渊认为，"三"者为生化之始，"有一物，必有上下，有左右，有前后，有首尾，有背面，有内外，有表里，故有一必有二，故曰：'一生二。'有上下、左右、首尾、前后、表里，则必有中，中与两端则为三矣，故曰'二生三'。故太极不得不判为两仪。两仪之分，天地既位，则人在其中矣。"（引自《陆九渊集》，中华书局1980年版，第261页）又云："天地人为三才，日月星为三辰，卦三画而成，鼎三足而立。为老氏之说者，亦曰：'一生二，二生三，三生万物。'盖三者，变之始也。"（同上书，第262页）以"三生万物"之"三"为变化之始，则"三"既是生成万物的一极之"一"，又是混成为"三"的基质单子。以其为因子、有始可谓之"一"，以其混涵、含有二之殊可谓之"三"。"三才"、"三辰"和上中下等，皆是物性"三"，虽然皆本自恒道，然非是"三生万物"之"三"。后者"三"是构成万物的冲和因子，而前者"三"是分析类的逻辑建构，为属性递生而非存在物的生生。在论述宇宙或天地万物的生成上，秦汉之际大多学者采取道（太一）→天地→万物的模式，它是以元气生化为基础的宇宙论。《淮南子·天文训》将之混合、衍变为虚霩→宇宙→元气→天地→阴阳→四时精气→万物的模式。东汉张衡在《灵宪》中提出了元气→清浊→阴阳→天地的模式。逮至北宋理学，更发展为太极元气→阴阳→五行→八卦的模式。这些皆脱离了《老子》的生生思维模式。然在《老子》与《易》之间具有相类的思维同构性，二者皆是王道之学。"恒道"和"易"皆具有生生的质性，都以功用显其体。《老子》的一二三数，与《易》的卦爻、阴阳之道具有同类的思维模式。《老子》所说的一二三者非是任何具体事物，而是阳与阴的对立和交合关系。"一阴一阳之谓道"与"道生一，一生二，二生三，三生万物"之间，具有相对应的逻辑结构。兹列出如下：

易			恒道
太极			一
两仪	阴（——）	阳（——）	二
四象	太阴　少阴	太阳　少阳	三
八卦	乾 坤 离 兑	震 巽 坎 艮	
六十四卦	——————————		万物

《易》者为"广大悉备"的潜在，犹如"混而为一"的"恒道"。"《易》有太极"，对应于"道生一"。"《易》有太极"既是"一物一太极"，又是"万物总体一太极"，后者还是"无极"。周敦颐正是因此而言"无极而太极"。"道生一"之"一"，既是万殊之一的统一，又是万物"得一"的分殊之一。以一物一太极言，"太极"是"一阴一阳"潜在混一的"一"；对应于"得一"之"一"，是阴阳混涵的太和"一"。

"太极生两仪"，犹如"一生二"。《易》之两仪是阴阳各为一爻的分"二"，对应于《老子》冲气的分化为阴阳。四象、八卦是"阴"、"阳"交合，犹如《老子》的"二生三"。由四象、八卦生出六十四卦，犹如《老子》的"三生万物"。实则万物之生不脱阴阳的交合，它是"一阴一阳之谓道"。万物品类之所以不齐万殊来自于阴阳交合的不测，正如万物"得一"之"一"的品殊无限。《易传》的"《易》有太极，太极生两仪，两仪生四象，四象生八卦"观念，虽然在揭示卦画结构之变，然其中蕴含"一阴一阳之谓道"的内涵，故与《老子》"道生一，一生二，二生三，三生万物"论说之间具有思维的类似性。金春峰指出，"在《周易》中，'一'指——所代表的阳爻，二指——代表的阴爻，三指两者所组成的八个基本卦体。'三生万物'指由此八个基本卦体而有六十四卦、384爻及其所代表的万物。……全章中，一可以代表阳，二代表阴，三代表阴阳交合的种种组合关系，由此而生成万物。道相当《周易》的'大恒'或'太极'，自然也是精神性的东西。"（引自《〈周易〉经传梳理与郭店楚简思想新释》，中国言实出版社2004年版，第176页）以《老子》的分有、分化以及"万物负阴而抱阳"中阴阳共在思维言，"道生一"之"一"是潜在的阴阳一体，或者说是相对阴、阳分判言的"非阴非阳"；"一生二"之"二"，是阴阳混涵的潜在冲和分化为阴、阳之"二"，进而交合为"三"，成为万物构成的因子。若以"一"代表阳爻，"二"代表阴爻，是阳生阴，而与"负阴而抱阳"的阴阳并在思维不符。《易》的"太极"思维，非是精神性的东西，而是对宇宙起源生生过程的逻辑建构，它通过"万物负阴而抱阳，冲气以为和"的现实存在构成机理追溯、推导而来。

最后，对本节内容作以简要概述。"道生一，一生二，二生三，三生万物"，是从抽象思维的逻辑建构角度，揭示恒道在生物上的分有、构成机制，它来自对万物内在构成机理"负阳而抱阴，冲气以为和"的反溯逆推，二者相互证验、揭示。在这一生成机制中，"一生二，二生三"是细化揭示"道生一"和"万物得一以生"中"一"的思想内涵，也是揭示万物分有于道而为性命之"德"的具有意蕴。一、二、三作为数，具有不同的思维内涵揭示方式，不可以以实物谓之。《老子》的此一论说，与《易》具有思维上的同构性，它是对万物生成、变化统一世界观的一种思维建构尝试，无疑代表着当时思想发展的最高成就，对后世思维发展产生了深远影响。

第二节　道生过程

在前一节中，曾在诠释"道生之数"中提及了恒道生生的先后次序和过程问题。"道生"、"德畜"、"物形"和"势成"，既是恒道生生以构成、形成万物的过程次序，也是每一个具体存在物如何成遂自身存在、变化和发展的问题。恒道在生物、成遂物之为物的过程中，通过所生之物的功迹和成果，揭蔽和证显了自己生生过程的实在性、持续性和无限性。

一、文字校解

《老子》第五十一章云："道生之，而德畜之，物形之，而势成之。"帛书《老子》甲、乙本"形"字写为"刑"，"势"字写为"器"。从注释本看，河上公、王弼、陈景元、苏辙、王雱、薛蕙以及马叙伦等都校正或以"势"注解。楚简《老子》无此句，它是思想发展的增撰结果。

（一）"德"的涵义

"德"为会意字，字源本形无"心"。甲骨文从"彳"（街道），从直（目视标竿），此义与"道"通，加"心"旁已昭示"德"的人文涵义，在人心为"德"。"德"字结构中涵"行"、"标杆"、"目视"和"心"四个构成。《诗》中出现"明德"，《大学》言"明明德"，《论语》言"道之以德"，《孟子》言"思则得"，皆因知之明而有"德"，为"心"所蕴。早期"德"字又有"悳"字一款。何新指出，"德之本字，在甲骨文中从直从行，与今之'循'字形近（容庚说），'示行而视之之意'（闻一多说）。"（引自《老子考论》，载《老子新解》，北京工业大学出版社 2007 年版，第 181 页）"以德为循"（《庄子·大宗师》），而"循"为因循，必以外在可循为前提，将其知得于心以为依据就是"德"。"悳"既有外得，亦有内得。《说文·心部》云："悳，外得于人，内得于己也。""外得"得自教学之明，"内得"是反观内视。《老子》虽不言"性"，然"性"作为禀赋即是"德"。"含德之厚"是生理本性，"精之至"、"和之至"是生理上的"德全"。在道家本意，"德"与儒家之"性"一样，人人生而具有，以其皆"自得"谓之"得一"。人人自得之"德"本初皆"全"，故为"朴"、"恒德不离"。德"全"也有分"离"，物有形性则或厚生以自为，就有"不道"，"不道早已"。儒家原则上对"物"不言"德"，而言"理"和"气"。"明德"、"懿德"和"达德"者，皆是人之所以为人的本质，它是人生常道的"有诸己"。因为"道非自道"，故有"人能弘道"、"为仁由己"之说。只有行以"德"，"道"才能遂。从《老子》"德畜之"看，凡物皆有"德"，无"德"无物。张远山正确看到了道家"德"与"道"的分有关系，"'德'有三义：其一，道分施万物之德的总和，即万物'总德'。其二，道分施个体之德的总和，即个体'分德'。其三，个体'分德'之精神成分，即'德心'——个体'分德'之物质成分，即'身形'。为免混淆'德'之三义，遂把个体'分德'称为'才'，作为个体精神之'德'、个体物质之'形'的总名。"（引自《庄子奥义》，江苏文艺出版社 2008 年版，第 203 页）以"德"为"道"的分有，固是。以"德"为"总一"，涵万殊物所"得一"，也是。"德"与"道"为对应关系，它是"道生一"。个体之"德"，是一物一太极的思维，然统体言之就是"总德"。"道生之"之"德"，既是"总一"，也是"殊一"。万物所"得"总体为"德一"，一物所"得"也为"德一"。每一物类的"德一"又是"才全"，可分化为

精神、物形和势力构成。"'才全'即'德'、'形'俱'全'"。（同上页）《老子》"德"的内涵，大大拓展了儒家以"德"为"据"（"据于德"）的涵义，使之成为万物生成的逻辑构成。儒家也有以"德"为禀赋说。"天生德于予，桓魋其如予何！"（《论语·述而》）"德"是性善的禀赋本性，然其来自天之所生，此外得的思维结构与《老子》类同，虽然"德"的内涵不同。言畜"德"，则是知识理则的"有诸己"行为。"君子以多识前言往行，以畜其德。"（《易·大畜卦·大象》）"畜其德"，是凭借教化外得于心。周敦颐云："德：爱曰仁，宜曰义，理曰礼，通曰智，守曰信。"（引自《通书》，载《周敦颐集》，中华书局 2009 年版，第 17 页）朱熹解云："道之得于心者，谓之德"。（同上页）将道、德与心以"得"联结起来，是心性之学。然以道内得于心谓之德，逻辑形式上正如老庄得"道"以为"德"。在儒家，仁、义、礼、智、信"五常"之得有两类思维趣向，一是《中庸》、《孟子》的天命性善说，它是"万物皆备于我"的本自有之，一是《荀子》、《大学》的修行外化说，它是通过知识或教学而得之于心。以《老子》思维言是兼而有之，前者是机能、形质等性情本自有之，后者是教化改造使然，"修之于身，其德乃真"。张载云："循天下之理之谓道，得天下之理之谓德"。（引自《张载集》，中华书局 1978 年版，第 32 页）人生道理得之于心，成为心所据循者是"德"。得理为"德"，同样类似于得"道"为"德"，"同于道"。

　　（二）"刑"与"形"

　　"刑"者，会意字，本义为拘囚处罚之意。《说文》云："刑，罚辠（罪）也。"又用作"型"，表示铸造器物用的模子，通于法象。"仪刑文王，万邦作孚。"（《诗·大雅》）毛亨传云："刑，法。"（引自《毛诗正义》，第 965 页）"仪"与"刑"二字通义，"仪"为外表、形式和标准，而"刑"具有"范式"、"常则"涵义。《尔雅·释诂》将"刑"与"法"、"则"、"典"、"范"和"矩"等一起解为"常"，它是"法式"之常。"刑于寡妻，至于兄弟，以御于家邦。"（《诗·大雅》）郑玄笺云："文王以礼法接待其妻，至于宗族。"（同上书，第 1010 页）以"礼法"解"刑"，是范型之刑。"刑"又与"典"、"式"通义。"仪式刑文王之典"（《诗·周颂》）。"刑"既是取法，亦具有规范之义。"刑者俫也，俫者成也，一成而不可变"（《礼记·王制》）。"一成而不可变"，是常式。"刑仁讲让，示民有常"（《礼记·礼运》）。"刑仁"者，以仁为范式之常，然后取法之以为践形。在《诗》、《论语》中尚未有"形"字。在《孟子》中，除引用《诗》"刑于寡妻"外，所用"刑"字专言刑罚，而表达外表、形象则由"形"代之。"形、色，天性也。惟圣人然后可以践形。"（《尽心上》）《庄子》也是如此。可见，从孟庄开始，"刑"的仪表、形象涵义已由"形"字取代，而"刑"专指刑法一类。

　　"形"者，形声字，从三撇（彡）表示锦纹。《说文》云："彡，毛饰画文也，象形。"徐铉曰："毛发绘饰之事。"以"彡"为字者，如"彩"，《说文》解为"文章"；

如"彤",《说文》解为"丹饰";如"彫",《说文》解为"琢文";如"彪",《说文》解为"虎文"。它们皆是文饰之谓。"形"为多义字,本义为形体、实体,《庄子》多言之。"唯形骸有聋盲"(《逍遥游》)。"有人之形,无人之情。"(《德充符》)"形体保神,各有仪则"(《天地》)。再如,"形不正者,德不来。"(《管子·心术下》)引申泛指事物外在的形状、样子。《说文》云:"形,象形也。"《管子》多有言之,如"唯有道者能备患于未形"(《牧民》),再如"地有常形"(《管子·君臣上》)。进而指事物体现出的抽象情状、特征。如"霸王之形"、"王国之形"(《管子·霸言》)。"形"由形状存在进一步引申指形状的显露和表现。如"诚则形,形则著"(《中庸》),"有诸内必形诸外"(《孟子·告子下》),"诚于中,形于外"(《大学》)。由形状差异而可以对照、比较。如"上下相形"(《老子》),"轻重强弱之形"(《管子·霸言》)。可以说,以"物形之"取代"物刑之",是随着"形"以取代"刑"而产生,"形"义更加丰富,同时与"刑罚"之"刑"进行区别。"物形之",是赋予形体,包涵范式、结构之类。

(三)"器"与"势"

《老子》有云"埏埴以为器","朴散则为器","天下神器","兵者,不祥之器","国之利器","大器晚成","民多利器","成器长"以及"什伯之器"等,既然多言"器",为什么从河上公开始就以"势"取代"器"?难道"器"与"势"有什么不同涵义?

"器"者,本义指"哭丧",借以表示器皿、器物。《唐汉解字》认为"器"是狗的吠叫,只要叫得猛、叫得凶,不临阵哑声,就是好狗。本义为狗的才干,引申为人的能力。《说文》云:"众器之口,犬所以守之。""器"与"曲"字同源。谷衍奎在《汉字源流字典》中认为,"曲"字篆文还有一个简形,隶变后楷书写作上面开口的"Δ"形,用以表示器具,当是"器"字初文。又一形为"哭"字。器中的犬部,来自桑枝形的讹变。俗字"器"又有为"噐"。"噐,始于工,工制之而后人用之,故从工。"(《正字通》)从《老子》"器"的用法以及"器"字来源看,"器"必是人文的产物,非自然存在现象。同时,"器"以"用"为本,无用则无器。固然,有"形"方为"器"。"形乃谓之器"(《易·系辞上》)。韩康伯注:"成形曰器。"孔颖达疏:"体质成器,是谓器物。故曰'形乃谓之器',言其著也。"(引自《周易正义》,中国致公出版社 2009 年版,第 288 页)"形而下者谓之器",无形无象不可谓为器。《易》因象成器,"以制器者尚其象"。卦者为器,以象见,"见乃谓之象"。《易》作为器,为利而用。得"天下之理",则"明吉凶","善补过","占事知来",以"前民用",故是成器以为天下利。"器"为人所用,故为"乘"。"乘也者君子之器"(《易·系辞上》)。又"器"是遂事的工具。"工欲善其事,必先利其器。"(《论语·卫灵公》)"器"用有本末。"圣智,器也;珠玉,末用也。"(《管子·枢言》)君子以"器"行,

故"藏器于身，待时而动"（《易·系辞下》）。礼义为器，是抽象之用。"礼义以为器，故事行有考"（《礼记·礼运》）。道理之用、德行之资，皆是器。"忠信，礼之器也。"（《左传》昭二年）器为乐用之物。"夫音，乐之舆也。而钟，音之器也。"（《左传》昭二十一年）器有"明器"、"祭器"之分。"明器，鬼器也。祭器，人器也"（《礼记·檀弓上》）。王夫之解云："鬼器，谓为死者特设之也。人器，孝子以己所用者奉其亲也。二者皆以尽孝子无已之心耳。"（引自《船山遗书》第二卷，北京出版社1999年版，第879页）物器还有羹器、瓦器等。凡所用有形之物皆为器。器用是可用之用、形物之用，故必为一曲之用。"君子不器。"（《论语·为政》）朱熹注："器者，各适其用而不能相通。成德之士，体无不具，故用无不周，非特为一才一艺而已。"（引自《四书集注》，北京古籍出版社2000年版，第65页）物器是拘于一用而不通，人为大器则可通。器与道相对，"通变之谓道，执方之谓器"（《文中子·中说·周公》）。"执方"者，有固定之方。而道者通变无方。王畿指出，"器是泥于居方，是为典要。不器便是变动不居之学。器为方圆，不器是为无方圆之规矩。"（引自《王畿集》，凤凰出版社2007年版，第71页）与"器"物相对，"不器"即是道。"大道不器"（《礼记·学记》）。王夫之解云："大道者，事物之本，为事物之所共由，散于有形而为器，而不滞于一器也。"（引自《船山遗书》第二卷，北京出版社1999年版，第1090页）器有定形，故为有限存在。正如"大象无形"一样，大器不器。表现在用人上，"用人之力"是"器"。"及其使人也，器之"（《论语·子路》）。量才任用，乃为大器。"先圣不一其能，不同其事"（《庄子·至乐》）。成玄英疏："先古圣人，因循物性，使人如器，不一其能，各称其情，不同其事也。"（引自《庄子集释》，中华书局2006年版，第623页）大器者，用器之殊，因器而用。可见，"器"作为存在物的构成，是形物与价值的统一。"器成之"与"势形之"的区别在于：后者是自然存在的属性，而"器"具有人文特质、使用价值。对《老子》言，物有用与不用之别，而器有祥与不祥之分。其言道器关系内涵不同于先秦诸子和《易传》，恒道偏重于存在的自然性，万物由以生成、运化，它是统一、大全的实体。儒家之"道"偏重于人伦、事理和理则，是事物所以为事物的本质、根据或主宰。道是器之道，故有形上、形下之别；道是气之道，故有理、气之分；道是事之道，故有事与理之殊；道是用之道，故有体用之异。前面已就《老子》道器关系与《易传》道器关系进行过辨析，前者具有生成先后、本末和寓存关系，后者是内外、表里和显微关系。在《老子》看来，"器"作为人为、人文产物就有一个"得一"和"不道"的区别，如"兵者，不祥之器"，"不道早已"等。正因为有"不道"，才有"侯王得一以为天下贞"。"势"为自然之势，"器"具有人伪属性。河上公等注家正是看到这样的逻辑问题，故将"器"改为"势"。

"势"者，《说文》释为"盛权力"，它是衍生涵义。本义为一种本然、自然能力，如"势如破竹"、"势不可挡"。又为事物内在固有的必然趋向、本性，如"势所必然"。"水波而上，尽其摇而复下，其势固然者也"（《管子·君臣下》）。固然之势，是

水性固有的趋势。水性之"势","以高走下则疾，至于漂石；而下向高，即留而不行"；"迁其道而远之，以势行之"（《管子·度地》）。在《易传》看来，"健"、"坤"是天地之性。"地势，坤。君子以厚德载物。"（《坤卦·象》）何谓"地势"？"势"是"地"的本然质性，地以"坤"为"势"。"地"为形物，必有"形势"。物有形变始终是"势"。《老子》先言"物形"，后言"势成"。"势"作为事物固有的必然趋向、力量，则人必得因循以为，否则不成其势。"渊者，众物之所生也，能深而不涸，则沈玉至。"（《管子·形势解》）"渊"者之"势"，在于"深而不涸"则"沈玉至"。"海不辞水，故能成其大"，是"势所必然"。水有下流之势，海处下故容纳百川，成其为大。"势"蕴藏力量，"势如决积水于千仞之堤"（《淮南子·兵略训》）。"势"者众殊，物类不同则"势"亦不同。"论圆舆方，辕从衡横，势施便也。"（《淮南子·泰族训》）作为必然趋向，因之以为方能成功。以"蛟龙"为"水虫之神"来说，它"乘于水则神立，失于水则神废"。乘"势"故"神"。"道"有"各终其性命"之"势"，之所以为"势"，因为它能"扶持众物，使得生育"。"势"作为自然和必然发展的过程，是实物存在、变化的内在、外在力量。"无实则无势，失辔则马焉制？"（《管子·七臣七主》）"势"作为内在本性，是道理使然。"道者，所以变化身而之正理者也，故道在身则言自顺，行自正，事君自忠，事父自孝，遇人自理。"行天道，出公理，则远者自亲；废天道，行私为，则子母相怨。物有定势，而道无常势。"凡物有朕，唯道无朕。所以无朕者，以其无常形势也。"（《淮南子·兵略训》）"势"作为政治依凭，又是权势之"势"。"明君临之以执，道之以道，申之以命，章之以论，禁之以刑。"（《荀子·正名》）有权"执"则有"势"力。"毋倚势作威。"（《尚书·君陈》）"势"脱离"道"，是仗势欺人。理有势，正如道有势。陆九渊云："天下何尝无势，势出于理，则理为之主，势为之宾。"（引自《陆九渊集》，中华书局1980年版，第168页）以理为主，则势所当然。"势"为事物固有本性，它是内在的势能、势力、理势。事物之所以有己之势，在于恒道以"势成之"。

（四）"畜"与"成"

"畜"者，甲骨文从田，从幺，表示田里蓄积粮食，家里存有丝织。《说文》解之为"田畜"。段玉裁云："谓力田之蓄积"。"子妇无私货，无私畜"（《礼记·内则》）。由积蓄之物引申为饲养。"治人如治水潦，养人如养六畜，用人如用草木"（《管子·七法》）。由饲养进而指所饲养者。"藏于不竭之府者，养桑麻育六畜也"（《管子·牧民》）。所饲养者供人利用，故又借以指畜人。"父兮母兮，畜我不卒"（《诗·邶风》）。"君赐生，必畜之。"（《论语·乡党》）"仰不足以事父母，俯不足以畜妻子。"（《孟子·梁惠王上》）又扩展为畜民。"天下谁畜之。"（《左传》襄二十六年）"君子以容民畜众。"（《易·师卦·大象》）由畜民以至于畜天下。"天乐者，圣人之心以畜天下也。"（《庄子·天道》）因"畜"而能化。以民之所愿给予饮食、佚乐。"足其所欲，赡其所愿，则能用

之耳。……非独自为也，为之畜化。"(《管子·侈靡》) 用民首先在于畜民，畜民之本在衣食足，然后教养之。畜民与畜牧禽兽不同，它是"畜之以道"，"养之以德"(《管子·兵法》)，故民和合谐，"莫之能伤"。道德为畜人之所以为畜者，其中人伦之畜是"孝"。"孝者，畜也。顺于道，不逆于伦，是之谓畜。"(《礼记·祭统》) 畜天下者，必以道德之畜。畜又有蓄积之义，"阳气畜而后能施，阴气积而后能化，未有不畜积而后能化者也。"(《文子·上德》)"畜积"，通于"蓄积"。

"成"者，《说文》解为"就"。本义为媾和的事遂。"郑伯请成于陈"(《左传》隐六年)。引申为已成、完成。"成事不说，遂事不谏，既往不咎。"(《论语·八佾》)"成"与"遂"对，二字同义，皆有"既往"、"已然"涵义。又为事物变化、发展过程的终结，具有成就、成功的意义。"兴于诗，立于礼，成于乐。"(《论语·泰伯》)"乐"是继"诗"、"礼"后的大成。用作使动词，就是成全、使成。"君子成人之美，不成人之恶。"(《论语·颜渊》)"成人之美"，使人得以成遂其美。成遂形状是成形，"不以规矩，不能成方圆"(《孟子·离娄上》)。"成"作为变化过程，既有自成，亦有他成。"诚者自成也，而道自道也。……成己，仁也；成物，知也。"(《中庸》)"自成"，是内因；"成己"，是自我实现；"成物"，是使物有成。"成"作为已成，是成型、成品、存在等，它的反面是"毁"。"其分也，成也；其成也，毁也。凡物无成与毁，复通为一。"(《庄子·齐物论》)"成"与"毁"对待而生，它是存在物形态、属性上的变化。

二、文句解析

在前面文字校解的基础上，对《老子》"道生之，而德畜之，物形之，势成之"的深刻内涵进行揭示。

(一)"道生之"

恒道生生的存在质性，体现在为"万物之宗"、"万物之母"、"天地根"以及"可以为天下母"中，然这些着重于揭示万物所由生成的渊源、本始、根本意蕴，并未对如何生物，怎样为物进行揭示。"道生一……三生万物"，虽有所涉及恒道造物、造化的问题，然并没有指明其中数的具体内涵。《老子》提出"道生之"的观念，既在于揭示恒道为万物生生本源、统一一本的存在质性，同时在于揭示其"自本自根"、独一无偶、绝对至贵的存在内涵。这里，至少蕴涵着三层深刻涵义。一是天地、人物有了统一的本源，恒道作为思维观念具备了无限涵摄性、普遍性，思维的抽象性得到了极大提升。二是突破了象形和静态思维的局限，逐步确立了否定思维、动态思维和过程思维的理念模式。"道生之"，非是物化的相生，而是绝对性的本根之生。它是一个具有逻辑阶段或结构的动态无限过程。三是建立了独特的世界观解说的新型模式，提出万物"分有"，而非"天命"的生生模式，形成了高于天地合生而又涵摄天地形生

的价值观念。《庄子》秉持恒道的这一作为生生一本的思维质性，并给予了创新性的发展。大道作为"神鬼神帝，生天生地"的本始存在，以其"自本自根"为绝对本体存在，无物之生出于其外，它是独一的生生存在；以其"自古以固存"言，为生生不息、不测的绝对存在。虽然在《庄子》内篇，恒道的宇宙本源存在性逐渐淡化，而侧重于"造物者"、"真宰"、"大块"、"大冶"和"大炉"等宇宙机体生生者质性的揭示，然生生一本性、无外性、独立性和无限性等思维质性更加突显。在"道生"与"形生"之间，存在本质上的区别。"昭昭生于冥冥，有伦生于无形，精神生于道，形本生于精，而万物以形相生"（《知北游》）。"精"为万物之本，是"万物得一以生"；"道"为"精"之本，是"道生一"。"神"是"精"内在的妙用。"万物以形相生"，是"有无相生"；"形本生于精"，是"万物生于有"；"精神生于道"，是"有生于无"。形者有伦昭昭，而"精至于无伦"。"至精无形"，是"有一而未形"。统体而言，作为万物本源万殊因子的"精"各"一"，皆来自"道生之"。恒道生出精神，则精神不灭，它是通天下之一气之化。"道生之"者，是通万物以言本根之生生的逻辑结构，其所生者"精"是"有一而未形"，为至精微妙的不可见闻者。形化虽是生生，作为胎生、卵生、根生、种子之生等皆是借助有形以生，或者说是气的聚散。"道生之"是无形生有形。为恒道生生一本的思维结构。它在《黄帝四经》中多有体现，"道生法……虚无刑，其裻冥冥，万物之所从生"（《经法·道法》）。"恒无之初，迥同大虚。……万物得之以生"（《道原》）。将万物所由生的来源，归一于"道"，则"道生一"既具有宇宙生生本源的一本性，亦具有宇宙机体存在的生生统一性。

对此论说，注家的诠释评述不一。严遵指出，"天地所由，物类所以，道为之元，德为之始"。"道"为"元"，则"道生之"为先；"德"为"始"，则"德畜之"为后。因"始"而有"元"，"元"之分化、分有是"始"。然"道"与"德"又是一体存在，"道"者浑然大全，"德"涵摄大全，二者在完全、绝对的思维质性上没有差别。至于"物形之"，才具有品物的定限性。《老子》云："万物莫不尊道而贵德"，而不言"物形"、"势成"，正是看到前两者与后两者的本质区别。严遵又提出，"万物之生也，皆元于虚始于无。""元于虚"，是虚之虚；"始于无"，是无之无。前者先于后者。"德"既分有于"道"，然作为万物之得则有分殊、定限。以其通一言是"道"，以其分殊言是"德"，前者是万殊之德一于道，后者是道一分殊为德。前者自统一一本的恒道言，后者从万物得"一"的德性言。恒道是万物的潜在、早备，"玄冥之中而万物混沌始"。万物是恒道的分化、展开，"神明文，清浊分，太和行乎荡荡之野，纤妙之中而万物生"。以"道生之"与"德畜之"的关系言，前者是后者的潜在，后者是前者的分化。"天地人物皆同元始，共一宗祖。"之所以为"同元始"、"一宗祖"，在于以其统体一太极言谓之"道"，以其一物一太极言谓之"德"，二者各有侧重，然同为太极的宗祖。王弼认为，"道生之"是"不塞其源"，因为"物自生，何功之有"？这里，存在本体论与宇宙论之间的差别。对《老子》而言，"物自生"是固然，然正

因为如此，见证了恒道使物以生。万物自生，内在蕴藏着恒道为"万物之奥"。万物各自然、和谐，见证了恒道的生生大全质性。万物自生，是存在本体论，而恒道生物则具有宇宙论思维。恒道本自生生不息，以万物之生为己之生生，何尝塞其源？恒道赋予万物自得于"德"，使之生以自因，故为"生而不生"。恒道生生无外，通生于万物，赋予万物以自生。恒道生物非是作为独立存在者主宰万物之生，而是赋予万物自生的能力，形成一个万物相生的机体系统。就万物生生本源言，恒道是一本太初存在；就万物相生本根言，恒道是宇宙机体存在。李荣云："至道运而无壅，何适而不能？玄德动而不滞，何事而不可？"统言之，道德"运而无壅"、"动而不滞"，应是生物不息；何适不能、何事不可，是因物成物。分言之，"通生则理归于道"。生物有殊为"德"，各有其"德"为"理"，归于一本为"道"。唐玄宗认为，"道生之"为"妙本动用降气"，是"自然冲和之气，陶冶万物，物得以生"。妙本降气，是"道生一"，物得以生者为"德"。它来自生生因子"一气"，以其阴阳混涵是"冲和"。司马光云："宗本无形谓之道。"物得德以生，德有分殊而道生无形。苏辙认为，道生万物是为"万物之母"。作为"万物之母"，同样是无形、无限的本根存在。林希逸以"道"为"自然"，认为"凡物皆自无而生"。"道生之"，是"有生于无"。从"德"分有于"道"言，思维结构正是"有生于无"。以其生生的"自本自根"，则"无"为"自然"。李道纯以"元始祖气"解，则"道生之"是一气生化，正与万物"冲气以为和"思想相通。牟宗三以境界形态上的"道"取代《老子》具有生生实在性的恒道。"说道生之，不如说道'使之然'。'使然者然'即'使如此者成其为如此'。但是这'使然者然'（生之）却是境界形态者，而非实有形态者。"（引自《心体与性体》上卷，上海古籍出版社 2007 年版，第 396 页）把"道生之"之"道"变为了"使然者然"之"理"，且为"境界形态者"，而非"万物赖之以生"的生生一本存在，与《老子》思想不符。在《老子》看来，"使然者然"者，只是恒道内化于万物之中，成为物本性而形成万物相生的宇宙生生机理，为自然实存的造化者。本始存在若非是"实有形态"，何以"有物混成"，"生天生地"？他进而指出，《老子》所谓"道生之"、"以无为本"，实非是"道"或"无"能存有论地生之，而是通过无为无执一种"无"的境界，让开一步，不塞物自生之源，不禁物自禁之性，则物自能生自能济。归结而言，仍是物之自生、物之自济。"'不塞其源'是遮造作、干涉、骚扰、乱动手脚之窒塞其生命；'不禁其性'是遮矫揉、亿计、把持、桎梏之拘禁其性（戕贼其性）。绝大工夫是在此'遮拨'上作，而由此以显道与无。你能如此无了，则开其源、畅其流，而物自生。此即是以无为本、而道生之也，亦即是'使然者然'也。此是不生之生，不著之生，境界形态之生，而天地万物亦确是实际存在地由此种无之境界、让开之襟怀而生出（开出）也。所谓由此种'无'之境界、让开之襟怀而生出、而开出，意即：由于此，万物始能畅其流、遂其性、而自成其生也。此完全是消极意义之生。"（同上卷，第 397 页）以"道生之"非是"存有论地生"，而是"使然者然"，不过为"不塞"、

"不禁"之性，它们皆在于揭示"道"的无主、无为、无妄性，这只是"道"或"无"的一方面，它还有生生、功成、辅助的另一方面。假如"道"无在、无为、无功，谈论恒道还有意义吗？在《老子》思想中，恒道因生物、为"万物之奥"而有其存在，有其作用之功。无功用，无所生万物，恒道就没有存在的理由。万物自然，有赖于宇宙机体自然，而它又本于恒道作为宇宙的始源。万物之生皆是相生，而相生是宇宙机体的存在质性。若无相生，则为"独化"。即使是世界中物物独化，也不能离开相资的存在，如人与植物的关系，虽然可能是玄默不知。恒道以其"玄德"生生，何尝只是"不生之生，不著之生，境界形态之生"？"畅其流、遂其性"，内涵在生生使然之中。恒道是"上善"、"德善"，它"利而不害"，何可以"不塞其源、不禁其性"囊括之？岂止是"消极意义之生"？"不生之生"，只能是生生不自生；"不著之生"，只能是生生不恃生；境界之生，只能是生以"玄德"。牟先生有意从否定主宰万物的存在入手，立"不塞其源、不禁其性"的开放自由空间，然恒道固然"恒自然"，却并非无有所为，相反维系着万物的自然。圣人"以辅万物之自然而不敢为"，就以此为前提。"不塞其源"、"不禁其性"言论来自王弼，它针对"塞源"、"禁性"言，相对于人主常自妄为而立说。恒道之设，正是为消除妄为而立，通过对"道德"的唤醒、反省，回归于"以道莅天下"的境界。《老子》恒道固然带有自然或玄德式的人格特征，但不能否定其存在论、本源上的生生存在质性。恒道固然是通过"观"拟定的意识形态存在，但其真实反映着世界客观的实在，不过是赋予自然存在以人格特征而已。"道生之"，固然是因万物以生而推知立说，但从万物起源来说，以本始生生者为"道"何尝不可！本始生生存在的确立，立意的本宗既是在于建立一个宇宙创生的世界图式，同时在于揭示这样一个具有自然、玄德性的存在质性，以为天下人主树立一个可效法、遵循的人格理想和道德境界。在提出道生、德畜、物形、势成之后，《老子》接云"道生之，畜之；长之，育之；亭之，毒之；养之，覆之"，进一步澄明恒道才是万物生长、存在和变化的一本之在、本始存在，德畜、物形和势成三者皆是从"道生"分化出来。万物之中的一切生畜、物形、势成行为，皆是恒道之为。一物有一德、一形、一势，而恒道无所不生，无所不畜，无所不形，无所不成，生之、畜之、形之和成之皆有无尽、不测之性。"道生"是"德畜"、"物形"和"势成"三者的内在潜有合一，在生生分有的过程中，逐步分化成为构成万物存在的根本要素和阶段。万物存在、变化和发展是自然，然若不内在自有"自然之德"，何以能自化？《老子》"道生之"之说，经过《庄子》逐步向自然而生、自生自化转化，至郭象注《庄子》更将"自然"视为"独化"，完全否定了恒道生生一本的功能质性。

（二）"德畜之"

《老子》在"道生之"后接言"德畜之"，"德"得之于"道"，"道"内化为万物生生本性的看护者和维持者。以人性言，既是"含德之厚"，又是修之于身以至于天下

的"其德乃真"至"其德乃溥"。前者是德性的自然禀赋，为生理形体；后者是复归于本性，为心理道境。先看注家对"德畜之"的解说。河上公以"德"为"一"，认为"一主布气而畜养"。"德"作为"一"，既是分殊众多之"一"，也是一物类一德之"一"。"德"是得"道"于身以成性，是"万物得一以生"的"一"。从恒道生生质性言，是"道生一"之"一"。"一主布气"，是以一气生养化育。《老子》"德畜之"观念，已超脱了"畜之以道"的外在教化养育之义，更成为了内在之德。"道"的生生质性，通过赋予万物以"德"性，使之自生、自化。严遵以"禀"解"道生之"，以"性"解"德畜之"。"道以太虚之虚，无所不禀"。"禀"者，分与、授予之谓。"无所不禀"，则"道"为万物所分有。至于言"德以至无之无，无所不授"，则揭示"道"分化为"德"，通过"德"而贯彻其生生的内涵质性。"授"者，既是给予，又是自得。王弼正确解"德"为"物之所得"，"物之所得"是"万物得一以生"，它本自"道生一"。"德者得也，常得而无丧，利而无害，故以德为名焉。何以得德，由乎道也"（《老子》6章注）。"德"归于"道"。自得为性，固然是"利而无害"。他又指出，"道生之"是"不塞其源"，"德畜之"是"不禁其性"。以这样来注解，则将恒道积极的生生功能变成了消极的不害其生。谷神子以"禀物性"注"道生之"，以"授物命"解"德畜之"。物性之"禀"来自"道生之"的"赋"，"禀物性"兼言"道"、"德"。自道生物言是授予，自物为性言是德得。同样，"授物命"兼言"道"、"德"。自道授予言是授命，自物得为性言是受命。当然，"命"的内涵是"分有"的禀性和禀赋，而非是主宰之命。唐玄宗以"德"为"得"，"畜"为"养"，认为"万物得道用，而能畜养斯形，则约兹畜养之处，而受德名"。万物"得道用"是"得一"，非是"畜养斯形"。"德畜之"的"畜"，是得以畜藏、分有生生因子的涵义。"德"者，非是以畜养而受名，而是因"得"以假名。李约以"道生之"为"始贷气"，以"德畜之"为"遂含育"。实则，自道生物言是"始贷气"，自物得一言是始受气。"遂含育"，是兼"德畜"、"物形"和"势成"一体言。陈景元云："德用自然，包含而畜物，物自德养形，故曰畜之。"在《老子》看来，从道生物方面言是"德用自然"，无物不畜，因为"通于天地者，德也"（《庄子·天地》）。从物自得方面言，有"德"固成形，养形以守"德"。吕惠卿认为，"畜"常在于"一而未形"，故为"物得以生之际"。"一而未形"，是物得以生的"得一"。"物得以生之际"，是揭示一物一太极的本源。王雱正确看到，"德者，道之分。""德"分享、分有于"道"，"道"散殊赋予万物以"德"。一物类有一"德"性，"道"为"德"的"总一"，德殊而道一，"万物总体一道"。苏辙认为，"道"为"万物之母"，及其"运而为德"，则"牧养群众而不辞"。以"畜万物者"为"德"，非从物性之得言，而从恒道生生大德上解说。通万物之生为"道"，通万物之养为"德"。大道在本源生物上，是"道生一"，"一"为"德"分有于"道"。从作为宇宙机体生生或造化者言，它又是万物相生以为"德"。"牧养而不辞"，是"万物恃之以生而不辞"。"畜万物"，是"衣被万物"。恒道在生成

万物过程中同时构建了万物相生所赖以维持、生养的和谐机理和宇宙生生机体。"天地不仁"，"天地相合，以降甘露"，"水善利万物而不争"等，皆是恒道作为宇宙机体或造化者存在的内涵。正因为世界万物因"道德"内定和谐，故"万物并育而不相害"、"物畅其流"。恒道之畜非是恒道作为实体化存在以"牧养"万物，有如牧民牧养牛羊一样。宋徽宗以儒家的道德观解之，"道者人之所共由，德者心之所同得。道者亘万世而无弊，德者充一性而常存。""共由"是道理常则可遵循的普遍性，"亘万世"而不变。此"道"在《老子》中是"天下式"、"三宝"等；"同得"是品德共同性的可修得、可遵循，无人不有其德。它们是《中庸》所谓的"五达道"、"三达德"。道生德畜，既是客观的自然生生过程，又是赋予万物以自生的机理。从人辅助自然言，就要按照事物内在机理和外在生存条件之"德"来进行，辅助的前提在于知万物性"德"，得之于心而因循以为是"心之所同得"。可见，心之"德"本自物性分有大道之"得（德）"。黄茂材云："道也者，莫不由之以生也；德也者，莫不得之以养也。……道与德虽有二名，实相为用，不可离也。""莫不由之以生"，是"道生之"为生生一本；"莫不得之以养"，是"德畜之"为万物"得一"。二者合为"道生一"思维内涵，虽异名而实相为用，故不可离。得于"道"方为"德"，"德"分有于"道"。"德"以"道"为本，"道"以"德"为"奥"。"道"以"德"贯彻其生生的统一。无"德"则"道"不能分有于物。"道生之"，既是赋予性命以自生机理，有构造相生的生物圈系统。与此对应，"德畜之"既是"万物得一以生"的性命之"得"，又是提供生生条件环境的外在辅助之"德"。

在前面已就《庄子》所论及"道"与"德"关系进行过阐释，特别就"德总乎道之所一"，以及"道之所一者，德不能同"（《徐无鬼》）思想进行解说。概括说来，"道之所一"是"德"之分殊的统一。"道"为一，"德"有分。道"未始有封"，为是有畛："有左有右，有伦有义，有分有辩，有竞有争，此之谓八德。"（《齐物论》）"八德"是"德"之分殊，而与"未始有封"之"道"对言，是分殊与通一的关系。"天降朕以德，示朕以默；躬身求之，乃今也得。"（《在宥》）"德"来自天降，是"万物得一以生"思维。有"降"则有"得"。"默"则"无为"、"不宰"。"降德"示以默，则不要干扰，而要辅助于物以自得、自化。"德"降在诸己，"万物皆备"，故可反身而求。"性修反德，德至同于初"（《天地》）。本德已失，故修求其复。"骈拇枝指，出乎性哉，而侈于德。"（《骈拇》）《庄子》各篇都以得"道"于己内为"德"，但何以言"侈于德"？难道"道"与"德"不一有间？"道"有偏差？物得分"形"虽源自"德"，然"侈于德"是形得之侈，它是"德畜之"与"物形之"关系，并非"道"与"德"有间，而是"德"分殊于形有间、有"侈"。恒道以"德畜之"畜万物，万物以"道生之"畜自己。"德畜之"是"长而不宰"，功成不测，故不为知而为本根，"万物畜而不知"（《知北游》）。《庄子》还有言施予之"德"。"儵与忽谋报浑沌之德"（《应帝王》）。"浑沌之德"，是生生的给予、资助。"德"作为外在、客观之

品行，其可知、可效法者是可循、可据之德品。以"道"为"大宗师"，就是可师法之"德"。"以德为循"，是以"道"生生德性为遵循。"形非道不生，生非德不明。存形穷生，立德明道，非王德者邪！""道"以生形，而"德"以成性，前者是"物形之"，后者是明于道德。后者作为知识常则来自对本体道德的认知。"之人也，之德也，将磅礴万物以为一"（《逍遥游》）。"磅礴万物以为一"，既是生生之"道"，又是生生之"德"。"德"是生生的赋予、给予之名，是"玄德"内涵在"德畜之"中。人得"道"分之"一"成为个体存在，它只是形体机理。人作为四大之一、万物之灵，还具有效法本体道德的能力，以为行为遵循。以绝对本体存在言是"道通为一"，以认知所得言是"知通为一"。在《老子》中，"万物得一以生"与"侯王得一以为天下贞"中的"得一"是不同质性的所得之"德"。前者是自然禀赋，后者是人类知能。"得一以为天下贞"，是"以道莅天下"，它来自"以天下观天下"的"以道观之"。对本体恒道与人之德性的内涵丰富关系，将留待下一部书《德与术》中具体阐释。《管子》多言"畜"之"德"，有的思想直接源自道家。"欲为天下者，必重用其国；欲为其国者，必重用其民；欲为其民者，必重尽其民力。无以畜之，则往而不可止也；无以牧之，则处而不可使也。远人至而不去，则有以畜之也；民众而可一，则有以牧之也。"（《权修》）畜牧者，是教养之谓。它来自法效"道"以为"德畜之"，这里既含有生物的禀赋德性，又含有因循道德本质性以为教化养育的意义。"畜"既是物质上的生养，提供外在生养的条件环境，亦是教化上的生养，使之各正性命、和谐相处。"通之以道，畜之以惠"；"畜之以道，养之以德"（《幼官》）。这里，"畜之以惠"、"养之以德"偏重于物资上辅助，而"畜之以道"、"通之以道"则偏重于教化上治理。圣人博闻多见，"畜道以待物"（《宙合》），故因物以成物。"畜道"者，尊道德使之有诸己以为行为根据。"虚无无形谓之道，化育万物谓之德"。"化育万物"之"德"，是生生大德，为"万物并育而不相害"。"道"以"德"化生万物，与物之性，供生之资，故具有大德品性。"德者，道之舍。物得以生生，知得以职道之精。故德者得也。得也者，其谓所得以然也。以无为之谓道，舍之之谓德。故道之与德无间，故言之者不别也。"（《心术上》）"道"化为"德"有"舍"。"舍"是"道"落实于"德"。物以"德"生生，"所得以然"是"万物得一以生"的"德畜之"。"道"者虚无无形，然成为"德"则为分殊之有，"道生一"接合于"万物得一以生"，故二者"无间"。"知得以职道之精"，是通过体知大道微妙而以为遵循的妙要。《文子》对"德畜之"内涵，给予了进一步阐发揭示。"天子公侯，以天下一国为家，以万物为畜。"（《九守》）"以万物为畜"，是法于恒道"德畜之"以畜万物。恒道"德畜之"，是无所不畜。"畜之养之，遂之长之，兼利无择，与天地合，此之谓德。"（《道德》）"德"是德性之德，为生生的品德质性，类于《老子》所谓的玄德质性。它既是通生之德，又是辅助之德，兼涵赋性和资助两个"德"。"物生者道也，长者得也"。物得道以为德，故可以生长。"长"的内涵包括生长之资和教化之"德"。"不畜不养，不能遂长；不慈不爱，不能

成遂；不正不匡，不能久长；不敬不宠，不能贵重。"畜养遂长，慈爱成遂，偏重于仁的生生之德，正匡久长、敬宠贵重，偏重于义的正性之德。在《老子》看来，道德中自涵仁义礼之实，具有"生之畜之，长之育之，亭之毒之，养之覆之"内涵质性。《文子》将道德与儒家仁义礼观进行综合，视后者为前者的内在化、具体化，但要看到二者之间的背离问题。圣人御万物以"道"，内涵德、仁、义和礼之实，而人伪不在其中。"道德"涵摄一切生物品性，故涵摄一切"相生养"、"相畜长"、"相亲爱"和"相敬贵"等德品。"天地之道，以德为主。道为之命，物以自正。"（《自然》）"以德为主"，是与物性的有诸己之"德"，非是外在主宰。"道为之命"，是以"德畜之"为之命，实则是物各自正其命。圣人立法以导民之心，各使自然。世俗立德以为名，为者有以为，故其"慈爱仁义"为"近狭之道"。这里，"道为之命"非是《中庸》的"天命之谓性"，而是赋予万物以"德畜之"使其自化自成。天命之性是理，不涵气质之性。而"德畜之"是性命一并俱得。《淮南子》正是以《中庸》"率性"思维揭示道德之义。"率性而行谓之道，得其天性谓之德。"（《齐俗训》）"率性而行"，相当于《老子》"同于道"的行为"自然"。以儒家言，道是诚之道，本自天命赋予的理义。德是得自天命之性。它们不包括性情欲望。在《老子》思维言，道德性命兼涵知能理性和性情欲望，节制欲望在于人有知能，循道而行则有理性。言"修之于身，其德乃真"，而不言"率性而行"。"率性而行"，只是圣人与道合一、"惟道是从"的境界。朱熹云："尧、舜所以为万世法，亦是率性而已。所谓率性，循天理是也。"（引自《四书集注》，北京古籍出版社2000年版，第217页）"道"是可遵循、依据的天理。"循天理"，以圣人言是生而知之，中人以下是学而知之等，故它有两种思维，一是"性之"的不学而能，一是知而行之。对《老子》言，是统一于修行，圣人不过是"修之于天下"而已。郭象从独化论出发，对万物所由生的本始存在采取消解态度，故摒弃"德"得于"道"的思维。在解"德总乎道之所一"一文上云："道之所容虽无方，然总其大归，莫过于自得，故一。"（《徐无鬼》注）以"自得"解"道之所一"，实际偏离了《庄子》之旨。在《庄子》言，"自得"者是自得于"道"以为己"德"。郭象否定外在之"得"，故"自得"是"自生"、"自性"。

就《老子》"道"与"德"的关系，冯友兰指出，"道为天地万物所以然的总原理，德为一物所以然之原理。"（引自《十家论老》，上海人民出版社2006年版，第71页）这里已看到"道"与"德"是"总"与分殊"一"的本质关系，"德"虽与"道"别，但也与"道"通。物以自得为"德"，以其"自得"的"通于一"言是大全，故与"道"同其所"有"。相对于道一而分殊言，"德"也是全体与个体的统一。"德"是一物一德，然从无物无德来立论，又是涵摄万殊的统一、总一。正因为"道"与"德"有如此相近、相通的思维内涵，故常以"道德"合名，正如"道理"一词一样。"德"虽与"道"相较具有相通思维内涵，却不可言为绝对本体存在，也不可言为万物的运化规律。徐复观认为，"德之凝结，虽有所向，但尚无定形。"（引自《中

国人性论史》，上海三联书店 2002 年版，第 298 页）"凝结"，来自"道"的分化。"道"分化为万殊之一，就形成了万殊凝结之"德"一。有"所向"，已是存有。然作为"一"又是"有一而未形"，故无"定形"。陈鼓应指出，"当'道'生成万物之后，它便内在于万物而成为万物各自的本性。所谓'德'，便是物得之于'道'的本性。"（引自《老子与孔子思想比较研究》，载《老庄新论》，商务印书馆 2008 年版，第 47 页）老庄之"德"，固有言为万物的本性。然"德畜之"的"德"是潜在本性，要成为实在本性还包涵"物形之"和"势成之"。就"德"的本性意蕴言，以"道"分有于物为"畜"，以物所得以生为"得一"，以物所内有为"含德"，以本于"道生之"为"恒德"，以物所禀赋为性，以物本性为"朴"，以无伪不杂为真，以有所丧失为"离"，以不合于"道"为"二"，以反其本初为"复"，以失而复得为"修"，以"惟道之从"为"孔德"，以为践履为"勤行"，以功大若无为"广德"。"德"由"道"生，是从"道"所"分与"和"赋予"上揭示"德"的本源；"道"因"德"在，是"道"分化、散殊自己寓于万物之中，实现自己为"万物之奥"。两者是发生学意义上"分与"与"分有"关系。

（三）"物形之"

《老子》认为，"大象无形"，而物类有形，"形"是物之所以为物的重要标志，或者说是作为存在者之存在性的必要构成，"物"因"形"而成为存在者。是否有"形"是区别恒道与"物"类的一个本质质性。这里的"形"，是形状、形体、形态之谓。既有形体则为特定、有限的存在物。恒道作为"无形"的存在，其在生有形的过程中，包涵"物形之"的赋形构造逻辑。"物"作为存在者有"形"意味着什么？《老子》重点从两方面予以了揭示，一是"形"的由来，二是"形"的存在。后者侧重揭示"物"作为存在者的有形质性，留待解析"物"的质性时进行诠释。这里，重点对"物形之"的来源问题进行阐释。"物形之"的根本意义，在于揭示恒道在生成万物过程中，在"德畜之"之"得一"后，又以"物形之"实现其"为物"的生生德性，或者说是以"形"而赋予之。它是"赋形"，使存在以"形"的形式成为物。当然，"物形之"之"物"，非是作为存在者的"物"，而是作为存在者的一种本质构成要素，或者说是恒道生生所赋予、分与的构成"形质"。凡作为存在者的存在，必是具备了"形"的存在。因"物"存在有"形"，故逆推以"物形之"揭示恒道赋形的神妙功能。"物形之"，是"道之为物"中的"恍兮惚兮，其中有物"。在这里，只能把"物"作为恒道生生、构成万物的一种基质来看待。在恒道构造物的"物形之"这个问题上，《老子》首开其旨。它是通过对实体存在"物"性构成的解析，然后从其分有来源上追溯其本原，赋予其以生生的构成要素和逻辑结构，此一思维正如亚里士多德对"物"四因的解析。

就"物形之"的"赋形"内涵，《庄子》续而述之。"道与之貌，天与之形，无以

好恶内伤其身。"（《德充符》）"形"的赋予者虽为"天"，然其本原在于"道与之貌"。"貌"者，容仪、外表、样子和状态之谓，内涵有"形"。"天与之形"，只是"道与之貌"的具体化、丰富化。道者在"生天生地"中，具有"物形之"的环节和过程，而"刻雕众形"非是宇宙生成论上的"赋形"，而是物化的造化"赋形"。造化者，作为"大宗师"，"刻雕众形而不为巧"（《大宗师》）。有形之物作为存在者必是定型、具状者，而"刻雕"是使"形"以具体状态、属性而存在。通言一切形化，无不来自本源上的"物形之"，故形化的造化归于"赋形"。"形本生于精，而万物以形相生，故九窍者胎生，八窍者卵生"（《知北游》）。胎生、卵生皆为形化之生。然万物"以形相生"归根结底来自"形本生于精"，它是恒道以"德畜之"而"赋形"。从发生学上看，道生精，精生神与形。有道自生精，有精自生形，而形自涵神。在此需要明确指出的是，从前到后是一种分化、分有的过程，或者说"道"本自内涵精、形、神三者作为潜存、潜质。"精"是内涵形、神的潜在之在，形是含神的存在。无神不形，神以形载。"留动而生物，物成生理谓之形。"（《天地》）"留动而生物"，是恒道生生过程由"德畜之"向"物形之"的转化和深化。"物成生理"，是"物形之"以为物体。"理"是形理，机体之理。形理、机理一齐俱有。分有"德"，然后有形体、机体。《文子》也有对"物形之"的申说。"无形而有形生"（《道原》），有形者作为具形存在，其"形"来自无形者的赋予、分有。有形产于无形，无形者为有形之始。以人形之成言，"人受天地变化而生，一月而膏，二月血脉，三月而胚，四月而胎，五月而筋，六月而骨，七月而成形，八月而动，九月而躁，十月而生。形骸已成，五藏乃形。"（《九守》）"形"生之本虽为"天地"，然"赋形"义显明。"物形之"，包括"形骸已成"和"五藏乃形"。"非雄非雌，非牝非牡。生而不死，天地以成，阴阳以形，万物以生。"（《自然》）"阴阳以形"，是揭示阴阳为"赋形"中本原"因子"。"万物以生"，更是在此基础上的"赋形"，形成形体。《列子》提出"有形者，有形形者"，然"形之所形者实矣，而形形者未尝有"（《天瑞》）。"形形者"赋形，而本自无形，"有形者"因之成形。"所形者"，形已成，则为实在者。"形形者"未尝"有形"，正因其为"不形之形"、"形之不形"，故能成遂万形。

再看注家之解。河上公以"一为万物设形象"解，"设形象"虽是赋形，然不尽其全。既言"物形之"，就不光是"形象"，而是物作为有形存在的一切，它应包括形象、形状、形体、机理。"一"是"道生之"，也是"德畜之"。严遵有言"所禀于道而成形体"，形体的"一本"来源是生生之"道"。王弼以"何由成形"者为"道"，揭示"形"的所由来者。李荣云："生畜于物，物各有形。""道生"、"德畜"，非是"生畜于物"，而是构成为物。"物各有形"，揭示了"物形之"的万殊质性，"品物流形"。唐玄宗以"乾知坤作兆形位"解，然"形位"是《易》理的构成，而非是"物形之"。他又以"品物流形"疏之，然《易》以为赋形本源的是乾天的资始。李约以"质方具"解，"质"为物之形质，物由以成形。分言之是如此，合言之包括"势成

之"。司马光认为，"聚而成物，质性散殊。"气聚成形以为物象，质性散殊则物类不一。王雱以"物"为"德之器"，此思维来自《易传》的"形而下谓之器"，显然把"器"作为"德"的形化载体。"器"是人为之物，而"物形之"是构成物性的一个自然环节。苏辙认为，恒道在生物过程中，"道"、"德"还未有形，故需"因物而后形见"。固然，"物形之"不能脱离"道生"、"德畜"的步骤和环节，它是后两者的进一步分化、具体化，使之走向实体化存在。从恒道生生质性言，"德畜"、"物形"是其"道生"的逐步实现，因之而揭蔽其功用，证验其存在。恒道因生物揭示自己存在、实在，它非以形而见，而是假物形以间接证明自己存在。徐复观指出，成为某物，必须有明确的定形，它是"物形之"。（引自《中国人性论史》，上海三联书店 2002 年版，第 298 页）"物形之"，是赋予定形，成就个体以为实体。归结言之，"物形之"是《老子》对发生学上万物构成逻辑环节的揭示，是从"无"到"有"，使物得以成遂为实体存在的必然环节或步骤。"物形之"是"道生之"之后对"德畜之"的分化、具体化过程，也是逐步成就实物化、存在者化的过程。借用海德格尔的"存在"用语，是"存在"在存在化中让自己得以成为存在者而存在，或者说让"存在"作为存在者显现、揭蔽和澄明。"物形之"的"形"，包涵形体、范型和机理，然后才有存在物的生长成遂。

（四）"势成之"

《老子》在"道生"、"德畜"、"物形"之后，又提出一个恒道生成万物的一个环节或阶段"势成之"。前面已就"势"者涵义进行了辨析，揭示出"势"是万物内在机理的功能，为存在者运动、变化的一种趣向属性。万物必有"势"，然后才能成其变化、始终，成就、完成自己作为一个具有时间属性的存在。在物物间也有相互影响、作用的形势和趋势，如此则在宇宙间构造出一个相互联系、作用和影响的机体环境和生物链条系统。正是因为"势成之"，乃让"物"作为运动、变化和生长的现实存在者而存在。"势成之"，同样是"物"之为物的重要内涵和质性，是"物"以何面目或方式存在的必然属性。《老子》"势成之"观念，揭示出"物"必然作为运动、变化和发展的存在者而存在，这里包涵生命运动、机械运动和外在使动，它们统一归本于恒道的"势成之"。以《老子》、《庄子》思想为主体的道家认为，物性或有生命活力，或在运动、变化，或在相生相化，其中唯一不变的是"变化"，此内涵已在恒道之"恒"中得到了揭示。变化为物存在之常，它以"势成之"而显现、成相。万物有形体后就具有"势"，故合称为"形势"。当然"势"有内在具有、外在推动之别。从《老子》"善始且善成"、"万物之奥"的思想看，内因之"势"是其主旨思想，外在之"势"伴随内在之"势"而形成。因为"势成之"，既是恒道的赋予、分与，也是万物之"得"和"分有"。恒道分散、寓于万物之中后，已不是上帝看护、主宰万物那样、与万物相对的存在者，其作为外在之"势"已不存在。"势成之"，是万物内在具有的

潜能、潜力或生命活力。同时，既然物物皆是运动、变化的存在，相互间就形成了相互作用、影响之势，宇宙成为一个大的势力场。"道通为一"，通于万物内在的"势成之"和相互间的"势成之"，统一为恒道的"势成之"。《老子》思想重点在于揭示恒道与物的关系，但"有无相生，难易相成，长短相形，高下相盈，音声相和，先后相随"等观念，无疑揭示出物物间的"势成之"内涵。郭象的"独化"观的特质，在于承认万物内在的"势成之"，而否定绝对存在的赋予和相互间的"势成之"。因为万物相互间的"势成之"，就是"造化"。只有承认恒道的"势成之"、万物间的"势成之"，才能完全保证物生化、成遂上的"势成之"。可以说，"势"是万物内在的活力机制和宇宙生生机理，也是构成物之存在的必要构件和要素。《庄子》继言物性之势，以揭示齐物之旨。"夫精，小之微也；垺，大之殷也；故异便。此势之有也。"（《秋水》）精粗为有形存在者的质性，有小、大之殊。形体异则势异便。"便"者，便宜、适宜。物有定形便势，故需因势以利用。可见，"势"是物所固有的质性。以时间言时变势异。"当尧、舜而天下无穷人，非知得也；当桀、纣而天下无通人，非知失也：时势适然。""时"作为事物存在的形式属性，恒常变化。时运不息，则无常其势。物势不常，则所适各异。"时势"之"势"，因事物相互联系、变化而形成，是与人主观意志相对的一种外在客观趋势。自然"时势"与社会存在之势不同。后者，人的意志、势力内涵其中。"独不见夫腾猿乎？其得枏梓豫章也，揽蔓其枝而王长其间，虽羿、蓬蒙不能眄睨也。及其得柘棘枳枸之间也，危行侧视，振动悼栗；此筋骨非有加急而不柔也，处势不便，未足以逞其能"（《山木》）。处势逞能，是乘势而为。在"枏梓豫章"与"柘棘枳枸"之间，腾猿"逞其能"有不同结果，缘由在于"处势"不同而异。"势"来自枏梓豫章、柘棘枳枸的存在形体中，它是"形势"。《庄子》虽不言道者之势，然万物之势就是道的"势成之"，"道通为一"。《文子》对"物"的"形势"多有言说。"金木水火土，其势相害，其道相待。故至寒伤物，无寒不可；至暑伤物，无暑不可；故可与不可皆可。"（《自然》）"五行"各有其势，个体之间相克而相害。然从"道通为一"的角度言，其势相生，"可与不可皆可"。"道"者，"势"之所以然者。"势"有相克，有相生，关键在于如何资用。"克"与"生"相待而存，相互转化。"克"或资"生"，"生"或涵"克"。"夫物有胜，唯道无胜。所以无胜者，以其无常形势也。"（《自然》）"胜"是形势之属，以形言为"朕"，以用言为"势"。道无常势，则为无待之胜。"金之势胜木，一刃不能残一林；土之势胜水，一掬不能塞江河；水之势胜火，一酌不能救一车之薪。"（《上德》）"势"是金木水火土五物内在固有的作用属性，具体说来是势能和势力。势者相较，大小不同，故相"胜"。"百星之明，不如一月之光；十牖毕开，不如一户之明。蝮蛇不可为足，虎不可为翼。"（《上德》）自然之"势"不可更易，故必因循利用，而"推自然之势"（《自然》）。事物之间，势有差殊。物势各异，则施用各殊。"圣人论事之曲直，与之屈伸，无常夷表，祝则名君，溺则捽父，势使然"（《道德》）。"祝"与"溺"是不同形势，故有行为之异。

事有曲直，无常仪表，是"势使然"。既然如此，则因循以为，"与之屈伸"，各得其宜。独见于无常之势，则权变而宜。势有不同，资用异殊，必因资为用。"今有六尺之席，卧而越之，下才不难；立而逾之，上才不易，势施异也。"（《上德》）因势而施，方能各得其宜。"木方盛，终日采之而复生，秋风下霜，一夕而零。质的张而矢射集，林木茂而斧斤入，非或召之也，形势之所致。"木有"方盛"、"下霜"时异，则有"采而复生"、"一夕而零"不同之势。既有"质的张"、"林木茂"的自然之"势"，就有为人所用的"势"利。"矢射集"、"斧斤入"虽为形势所致，非是自然之势，而是因势而为。自然之"势"不得不然，人为之势并非必然。"乘时势"者，因时以举事，因资以立功。物有殊形，即无常势，故用必异便。因循道理，用物之势，则无势不宜。

《淮南子》言"势"有《文子》所不及论者。"两木相摩而然，金火相守而流，员者常转，窾者主浮，自然之势也。"（《原道训》）"然"者为"燃"，"流"者为"释"，"窾"者为"空"。"相摩"、"相守"是相互作用的"自然之势"；"圆者常转，窾者主浮"，是物内在属性的"自然之势"。既言"自然"，则不得不然。"夫舟浮于水，车转于陆，此势之自然也。"（《主术训》）舟车有其特定之形，浮于水、转于陆是"势之自然"。"势"为"自然"，是事物运动、变化的内在活力或动力机理，亦是事物之间相互作用、资用而生的一种联系、关系。以其不得不然，是因果关系。"今矰缴机而在上，网罟张而在下，虽欲翱翔，其势焉得？"（《俶真训》）鸟能翱翔是"势成之"，然成势有一定条件，即自由的空间。若有外在制约、相克之势，则内在之势便不能成遂其"势"。"势"之成遂，赖于自体潜能与外在环境的统一。时势亦然。"冬有雷电，夏有霜雪，然而寒暑之势不易，小变不足以妨大节。"（《说林训》）自然之势不可改易，故为客观必须因循之"势"。"兵有三势"：气势、地势和因势。"气势"是士气，"将充勇而轻敌，卒果敢而乐战，三军之众，百万之师，志厉青云，气如飘风，声如雷霆，诚积逾而威加敌人"（《兵略训》）。它是决定战争胜负的重要因素和力量，以其蕴藏在心志、气质中为内在之势。"地势"者，"硖路津关，大山名塞，龙蛇蟠，卻笠居，羊肠道，鱼笱门，一人守隘，而千人弗敢过"。它蕴藏于地形、地理之中，是占据、凭借有利条件的外在之"势"。"因势"者，"因其劳倦怠乱，饥渴冻喝，推其摇摇，挤其揭揭"。它是利用对方弱点形成的敌我双方相克之势。三者形成统一之势。万物、人类"各有其自然之势"（《修务训》），禽兽鸟虫"含牙戴角，前爪后距"，虽爪牙利、筋骨强，然不免制于有知之人。人之"势"力在于知能。知能在于识"势"、"势居"和"乘势"之中。正如"形性不可易"一样，"势居不可移"（《原道训》）。"势居"者乘势，可移则非因势而为。自然之势不得不然，而因循利用是顺势而为。"禹决江疏河，以为天下兴利，而不能使水西流；稷辟土垦草，以为百姓力农，然不能使禾冬生；岂其人事不至哉？其势不可也。"（《主术训》）水东流、禾春生，是势所必然、固然。"势不可"作为自然规律，非人事所能改易。"势所必然"作为发展事件的因果关系、

恒常如此者，同时是可通过认知加以利用、期必的规律、规则。人类只能遵循事物之势，因循以为利用。大禹因势疏导水，稷者因时以稼穑。反之，推其"不可为之势"，则神圣人不能成功。对"势"的揭示，表明对自然律则的认知利用以及因果逻辑思维的发展。"载重而马赢，虽造父不能以致远；车轻马良，虽中工可使追速"（《主术训》）。以赢马载重行，虽有造父御术，不能达致远之功。人的主观能动性虽不能造势，然以良马驾轻车，则虽为中工之御也可达"追速"之效。因势的前提在于知能，知"势"产生于车、马、载和行的一体关系中，然后加以利用。"橧巢者处林茂，安也；窟穴者托埵防，便也。王子庆忌足蹑麋鹿，手搏兕虎，置之冥室之中，不能搏龟鳖，势不便也。"（《说林训》）势不同，则便不同。人与"势"的关系内涵，是认知、利用必然以达致自由。人类机能之"势"，或不如禽兽，然对自然之"势"的智能利用，则为人的能力提升开拓出了无限的潜能。对待"势"的正确态度和行为，是"因其资而用之"，切不可举事以"拂道理之数"、"诡自然之性"。有物之势，则因循举事。"地势水东流，人必事焉，然后水潦得谷行。禾稼春生，人必加功焉，故五谷得遂长。听其自流，待其自生，则鲧、禹之功不立，而后稷之智不用"（《修务训》）。势者自然、必然，不可妄为，然并非无所事事。"无事"、"无为"只是"因势以为"。"权自然之势"，在于"循理而举事，因资而立功"。"禹凿龙门，辟伊阙，决江濬河，东注之海，因水之流也。后稷垦草发菑，粪土树谷，使五种各得其宜，因地之势也。"（《泰族训》）圣人因势而为，功成事遂，它既是用"势"的表率，亦是用"势"的效验。因其功效，而为道术。《老子》"用人之力"、"以辅万物之自然而不敢为"等思想，都是因势而为。"万物之自然"中，内涵"势成之"的必然，故必遵循之。辅者是"长而不宰"；"不敢为"，非是"拔苗助长"。

再看注家之解。河上公以"一为万物作寒暑之势以成之"解，"寒暑之势"是四时之势，内涵在天地日月等运作之势中，同时成为影响其他存在物的外在之势。恒道的"势成之"，是无"势"不涵，非只是"寒暑之势"。王弼云："唯因也，故能无物而不形；唯势也，故能无物而不成。""因"者，因物以成形；"势"者，善始且善成。恒道以"势成之"成物，是赋予万物内在的"势成之"，非是以外在主宰宇宙万物，妄为其"势成"。恒道之"势"在于无物不成中，在物物各自的"势成之"中，故万物相生相克、相克相生，生生不息。唐玄宗以为，"势成之"是"道为万物作天时地利，阴阳之势，而物资之以成"。道为万物作资，岂非有目的论？与《老子》自然观不合。实则，天时地利、阴阳之势，皆是恒道分化变为万物过程中的一并生成。万物相互为资、各有其势，正是恒道作为宇宙机体存在的主要内涵。陆希声以"成其用"为"势"，然"势"有不可用者，如灾害之类。自然灾害同样是自然之"势"。李约以"四时更生，物遂化就"解"势成之"，然"四时更生"对"物遂化就"言只是外在之"势"，它们还各有内在之"势"。若没有内在之"势"，即使有四时之"势"，也不能春生夏长。这里要明晰，若把天地之间作为一种"势"，正如《老子》"橐籥"之喻一

样，那么在"物遂化就"中自涵有"四时更生"之"势"，后者不过是前者存在的内涵和条件。万物各自有内在之势，相互间作用、影响自然构成一个机体系统之"势"，它是"虚而不屈，动而愈出"的真谛所在。司马光云："生必长，长必成，自然之势。""生必长，长必成"，固然是"势成之"，然它只为物性之"势"，并没有将之视为恒道使然的"势成之"。吕惠卿以"幼壮老死"不得不然作解，类此。势"为"物之理"，然它赖恒道以成。苏辙云："物则不能自成，远近相取，刚柔相交，积而为势，而后兴旺治乱之变成矣。"物不能自成，则一切处在联系之中，"相取"、"相交"是事物之间外在作用、影响的动态关系或"势"。"积而为势"，势力因蓄积而成。事物之"势"的成遂，固然需要外在之"势"作为赖以存在、发展的环境和条件，然内在之"势"是主因，条件具备则"万物将自宾"，"万物将自化"。《老子》强调去除"有为"，以还万物自然、自化的权力，正在于使万物自化于内在的"势成之"。《庄子》言"物自化"、"物固自生"（《在宥》），也是此谓。林希逸以"势则有对"解，凡物有形有"势"，故万类相因，变化相待。徐复观认为，成长的外在条件即是"势"。"物成形以后，须赖各外在条件而成长，故谓'势成之'。"（引自《中国人性论史》，第 298 页）物之成长、完成内在潜能，固然需要外在条件，但它们蕴藏于万物内在之"势"以及相互间的先定和谐中。根据万物生物链条和机体相生的自然现象，可推知本始存在中的潜在和谐。因恒道在本始存在中的潜在和谐，已生万物之后，就在物与物各自内在"势"的相互之间形成了一体和谐之"势"。此物既是它物存在和成长的条件，同时又以其他物存在为自己生存的条件。天高地厚、日月明照，无不是万物的生养条件。天高则覆，地厚则载，日月交替则有昼夜寒暑以及春夏秋冬的四时更替，一切秩序是自然，万物所构成的生生系统是自然，它们皆以存在物的内在之"势"为前提，"物竞天择"。"天择"是外在条件之"势"，"物竞"是事物内在具有之"势"。

在揭示恒道构成物的"势成之"后，还要看到恒道本身内在有"势"，它是成物之"势"。恒道"自本自根"，具有"成物之势"的"势"，作为势物之势者是"独立而不改，周行而不殆"。恒道生物、成物之"势"，以《中庸》语言说是"为物不贰"、"生物不测"。一言以蔽之，它是"生生不息"。程伊川云："道则自然生万物。"（引自《二程集》上卷，中华书局 2004 年版，第 149 页）"道"实是天道，其生生不息。"道则自然生生不息。"（同上页）虽言天道，然生生之"势"与《老子》恒道存在质性具有思维同构性。"势成之"内涵包涵两个层面，一是恒道生物的"势成之"，二是万物存在的"势成之"，前者内涵在后者之中，后者证验前者的存在。前者是恒道造物的生生机制，后者是万物存在的变化机理。取法于恒道生生之"势"，就是"执大象，台下往"。大象之"势"，体现在"万物归焉"上，自然而必然；王者之"势"，体现在天下归往中，适然而必然。

（五）四者关系

在分别对"道生"、"德畜"、"物形"和"势成"四者进行解析的基础上，再就四

者的关系作一整体上的概说。王弼指出，"凡物之所以生，功之所以成，皆有所由。有所由焉，则莫不由乎道也。故推而极之，亦至道也。随其所因，故各有所称焉。"以其无所不由的生生一本言是"道生之"，以"万物得一以生"言是"德畜之"，以其成遂万物形言是"物形之"，以其成遂万物运动、变化和生长始终言是"势成之"。随其生物、成物的逻辑构成不同阶段，而各有所称。四者是一体而有分，每一前者皆潜在内涵后继者，"道生之"包涵后三者，"德畜之"分化于前者又包含后两者，依此类推，故"道生而后畜，畜而后形，形而后成"。它们既具有先后分化的次序，又是一个依次分化过程。王雱云："此四者皆道也，以其各得其道，故但为德，为德则畜之而已。然畜之所以为德也，及乎得其得而成形，则物而已矣。物有其形，则远近相取，刚柔相交，各因其势而成状。故德者道之分，物者德之器，势者物之理。""四者皆道"，正如仁义礼智皆仁一样，"道生"内涵其他三者。"各得其道"，是依次分化、分有。"德"为"道"的分化分殊，"物"为"德"的形载，"势"为"物"的律理。"道"与"德"相通，它们内涵"形"、"势"。薛蕙云："别而言之，有此四者之异，然物形之、势成之，亦皆道德之所为尔。"以"物形之"、"势成之"为道德所为，是从统一上说。道、德二者是道一德殊关系，然为同一绝对本体存在生生的不同逻辑层次。一为分化，一为分有；一为"生一"，一为"得一"。牟宗三云："道生德畜是创生原则。物形势成是凝聚原则，亦属于'能'也。'能'为'材质'观念。能者即有此资具而能体现、终成（具体化）乾元之创始也。乾元之知大始为'心灵'观念。心灵创始之，材质终成之。"（引自《心体与性体》上卷，上海古籍出版社 2007 年版，第 378 页）恒道生生，是分有、构成和构造模式，非是西方上帝造物的理念创造类型。"心灵创始之"是理念创生原则，非是道德分与原则。"道生"、"德畜"同为万物生成的基始，故为生生本原。"物形"、"势成"非仅是凝聚、材质，它包括"品物流行"、"各有仪则"，而"道生"、"德畜"内涵其中。从末自本言，"势成之"包涵前三者，它以"道生"、"德畜"、"物形"为基础。"四阶段说"，非是分别构造、构成，而是累积、叠加以构成万物。它们与《易》的乾坤分工说不同。以《易传》思维解《老子》恒道生成万物"四阶段说"，要区别二者不同的语境，"乾元"是功能观念，而非实体观念。"乾元"与"坤元"虽同为本始生生者，但前者的生生功能在"健"的创制上，它是理则、常式的赋予者。乾元为"知大始"，故具有始作的功能，犹如心灵的创作；坤元只有辅助的功能，犹如材质以承载。在《老子》中，"道德"作为分与者，是理式、动力与材质的统一。这里的逻辑思维是：既然凡物皆有以构成存在的要素或成分，它们必统一来自生生的一本存在恒道。因万物现实具有的逻辑构成，可以追溯和揭示绝对本始存在赋予、构成的过程。恒道由潜在存有向分有、寓于现实存在物发展、实现，是完整的一个生成过程。现实世界中的存在万物，虽然具有无限的丰富性、多样性和差异性，然有通一、共同的构成要素。《老子》将之抽象归纳出了三个要素或构件，它们是"德畜"、"物形"、"势成"。犹如种子发芽、长出幼苗，最后成就果实。从总体上说，"道

生"涵摄其他三者；从分殊上说，"道生"是本始，赋予万物类似种子的因子，"德畜"是万物生成具备了潜在的因子和基质，"物形"是使万物具备了形体和机理，"势成"是使万物具备了运动、变化和生长的势能和活力。严谨来说，正如"仁"者分化出义礼智四者一样，"道生之"是原始绝对存在的分化，非是构造物之为物的一个逻辑阶段。实际上，万物构成由"德畜"、"物形"和"势成"三个阶段构成，此与"三生万物"思维结构相符。从自始至终的全体过程言，可以谓四个阶段。《老子》恒道生物的"四阶段说"，是以解析万物结构构成的通有"三因素说"，进而动态化赋予原始存在生物的四个阶段。构成存在物的"德畜"、"物形"和"势成"三要素，是不同成分的静态结构。赋予时间递进过程，则成为循序渐进的四个动态步骤。（一）在生生的第一阶段，即"道生之"环节。因物所由生而推极得万物无不由以生者，它是追溯"天地根"、"万物之宗"和"万物之母"。三者同为一个"有物混成"的本始绝对存在。"道生之"之"道"，是从"溯源"或"探本"上立说，也是从"一统"和"共由"上立说。生生一本、本始存在是"道"，思维质性是"万物总体一太极"。言"生之"是揭示"道生一"的分化过程，由混成潜在向万殊之"一"或因子转化。（二）在生生的第二阶段，即"德畜之"环节。恒道作为本始绝对存在，它分化、分殊为万物以生之"德"。"德"从万物所得言，一物必有一德，它是统合万物性分、形体和运动、变化机理的根本构成"因子"。"道"对万物共由言"生一"，"德"为万物所得言"得一"。"德"是"道"的分有。言"畜之"是因为万物皆以"德"为内在之得，由此早备"潜质"而成为物之为物。其思维质性是"一物一太极"。（三）在生生的第三阶段，即"物形之"环节。"德"已然有得，还需要分化以成就物的形体。"德"作为"得一"之"一"，分化出成物的形质，然后成就万物的形体存在，这样就由"德"的"合一"分为内在机理与外形的"二"，它是"一生二"。当然，"二"是"一分为二"之"二"，也是"合二为一"之"二"。形已有，则德有"舍"，形神关系由此而来。其思维质性是"太极生两仪"。（四）在生生的第四阶段，即"势成之"环节。道生而后德畜、德畜而后物形，物虽具备机理、形体，然作为生命存在或具有运动、变化和发展动力的存在是在时间中存在的存在者，需要继续分化出"势"的潜能。只有具备了"势"，物方是构成要素赅备之体，才真正将"道"分有于己中，使道德真正落实在自己形体之中，成遂、完成自己的存在。"德"、"形"、"势"三因具备，则物作为时空存在的实体已成。以其为恒道分化环节来说是"二生三"，以万物构成完结言是"三生万物"。《老子》构成万物的"四阶段说"和"三因说"，与古希腊哲学家亚里士多德的"四因说"有何同异？二者之同，皆在于从解析物之构成中来推导本始绝对存在或第一存在的生生构造内涵。不论"三因"，还是"四因"，皆是决定物之所以为物的共有原因或要素。就构成的分殊要素言，二者相同的构成要素是质料因（"物形之"）、动力因（"势成之"）。不同之处在于其他"因"的内涵上。亚氏认为，造物必有一个目的：为什么造生万物？在万物之外寻找造物者，认为万物是按照相对于万

物存在的另一个绝对存在者或造物主的目的而创造的，万物要服从造物主的理念设计，二者是创造与被创造、赋予形式和分有形式的关系，它割裂了二者的一体关系，使之成为了外在的对立者，形成了宇宙创生上的二元对立结构思维。它高估造物主，贬低世界存在物，使造物主远离万物，万物臣服于造物主。经过斯宾诺莎以"神"为实体、黑格尔以绝对精神为真理大全，形成了造物主与万物的统一。在黑格尔看来，绝对精神之所以为绝对存在，就不能有外其存在的存在，故现实世界（自然和精神）必然是绝对精神自我展开、发展的不同阶段和存在样式，也是真理全体的内在构成。在《老子》看来，恒道既是生物的本始绝对存在，也是寓于世界万物中的存在。它以两种存在样式而存在，先是作为"象帝之先"的"有物混成"本初绝对存在，后是作为"泛兮其可左右"的"道通为一"宇宙机体存在，二者统一于一体。作为"万物之宗"，它不得不生万物，不得不寓于万物之中，然后以万物机体系统的样式而存在。万物的生长成遂，莫不因恒道为"万物之奥"而实现。恒道没有脱离万物之上的目的因、形式因，万物存在的机理、秩序和和谐皆在自身之中，在生生、长长、成遂之中。虽然《老子》并没有直接点出恒道以万物之体为体的论断，但从"圣人无心，以百姓心为心"的思想思维看，可推出恒道以万物之生为己生生的论断。恒道因生物不息而恒常存在。在亚里士多德、黑格尔看来，世界存在的目的或决定者在于逻各斯或逻辑概念的必然。在《老子》看来，万物存在的目的在于自身，恒道是它完成、实现自己的内在潜能和外在条件。恒道是不得不去生、去畜、去形、去势，"万物恃之以生而不辞"，它是自在、自然的生生过程。在黑格尔看来，西方思想中的上帝观念是人之知性的分隔、分析观念的产物，亦即是将上帝与万物对立化、外在化认知的产物，只有达至绝对概念或理性的思维，方能使二者成为一体。上帝是世界的潜在，世界是上帝的外在现实和实现、二者是一体存在的不同阶段。人类不过是绝对精神自我展现、自我认知的工具。在《老子》看来，恒道是生物一本、本始存在者，也是万物存在的总名。万物只有分有了恒道，方成其为万物；恒道只有分化、分殊成万物，才能实现自己的存在。二者是一体两面的关系。万物是恒道的分殊之在、有限之在，恒道是万物的无限潜在、统一存在。每个人皆可成为与道合一的存在。在"动力因"上，也有内涵差异。亚氏认为，运动是外在驱动，所以有第一推动者。在《老子》看来，万物自化，皆有"势"所必然的内力、活力。物的内在"势"力，是恒道存在的表征、分有。"势成之"包涵内在趋力和外在的影响力。在"形式因"上，亚里士多德发现了形式逻辑的逻各斯，黑格尔的辩证逻辑不过是形式思维的动态化、实体化。区别于"逻辑"说，《老子》提出了自己的"根据"说，这将在诠释"万物之奥"时详述。在此只要明了，万物存在、变化和发展的"根据"来自恒道，同时也是来自自己，因为每一物皆分有恒道于自身之中，成为活力内蕴、自然自化的小而全者。

　　最后，对本节内容作以简要概述。《老子》恒道构成万物的生物"四阶段说"，分说是"道生之，德畜之，物形之，而势成之"，统一说是恒道作为一本的"生之畜之，

长之育之，亭之毒之，养之覆之"。从恒道构物的一体说，是涵摄四个阶段。从万物构成的一体说，是涵摄后三个逻辑阶段。其中每一个阶段都内涵后面的逻辑阶段，而后面的逻辑阶段都内涵前面的逻辑阶段。"道生之"与"德畜之"的关系，是"道生一"，道一而德殊，德为道的分有；"德畜之"与"物形之"的关系，是"一生二"，一德配有一形，形为德的材质；"物形之"与"势成之"的关系，是"二生三"，一德一形还有一势，势是德的活力（内在机理），是形的存在属性（外在形势）。德不同，则有不同的物类品性和定理规则。

第三节　为物恍惚

如果说"道生之数"在于解析恒道如何生成万物的"数理"，"道生之程"在于揭示恒道构成万物的逻辑结构，那么"为物恍惚"则从模糊思维入手阐明恒道"为物"的摹态过程和实证质性。恒道在"为物"的恍惚中呈现、绽出实在构成，展现、显示其内在生生的内蕴潜质、潜能。"道生之数"、"道生之程"，是从恒道生成结果的物之构造中推导其生生的结构、数理，而"恍惚"从恒道自身存在或"为物"的样态中揭示分有、构造万物的摹态。

一、文字校解

《老子》第二十一章云："道之为物，惟恍惟惚。惚兮恍兮，其中有象；恍兮惚兮，其中有物。窈兮冥兮，其中有精；其精甚真，其中有信。"帛书《老子》甲、乙本"道之为物"少"为"字。甲本"恍"写作"望"，"惚"写作"忽"，"窈"原字不明，"冥"写作"鸣"，"精"写作"请"。乙本"惚"写作"沕"，"窈"写作"幼"，"冥"为本字，其他与甲本同。楚简《老子》无此章，是后哲增撰加进。前面已就"恍"、"望"、"惚"、"沕"和"忽"等字的内涵进行过解析，这里不再赘说。

（一）"之"与"为"

"道之为物"一文在帛书《老子》中写作"道之物"，"为"字为后人增写，可能用以强调"之"的动作性。古代"之"字是动词，甲骨文从行（大街），从止（脚），会在街上走路之意。古"道"字就有"行"中间夹"人"的写法，可证二者之间有很近的渊源关系。就"之为"的意义，注家主要有五种代表性的解法。一为"之于"，用以揭示道与万物的关系。主要以河上公等为代表，"之为"失去了动词用法。二把"之"作为指示代词，把"为"作为介词。任继愈和陈鼓应等解为"道这个东西"。将"道"等同于"东西"，就把"道"视为"物"，没有揭示出二者之间的生生关系。三把"之"译为"的"，把"为"解为动词"创造"。古棣解之为"道的创造物"，把道与物界定为造物者与被造物的关系。但这样注解在字词用法上讲不通。四将"之"作

为助词，成玄英疏为"至道之为物也"。五是将"之"看作为动词。冯友兰解为"创生"涵义。归纳说来，大略分为两类，一将"之"作为助词或代词，一将"之"解为动词。究竟作何解法，要从古代语法、语境中进行厘清。先秦文本多有同类句式的用法，且学界曾对此有不同的争论。"匪女之为美，美人之贻。"（《诗·邶风》）毛亨传云："非为其徒说美色而已，美其人能遗我法则。"（引自《毛诗正义》，上海古籍出版社1990年版，第175页）"之"的用法，用在主谓结构之间，使其变成偏正结构，如"火之燎于原"。依此用法，则"匪女之为美"相当于"匪女为美"，"人之贻"相当于"人贻"。"人之为言"（《唐风》），"念国之为虐"（《小雅》），皆是此谓。"之"作助词无义，而"为"则为动词性谓语。然"为"也可是介词性谓语。"中庸之为德也，其至矣乎！"（《论语·雍也》）"中庸"是"德"的内涵，"之"为语助词，"为"当解"作为"，作动词用，相当于"是"。因后句"其至矣乎"是一个主谓词完整的句子，故"中庸之为德"也应是主谓词完整的句子。在此句子中，"中庸"无疑是主词，"德"是宾词，"之为"必然承担谓语动词的功能。其中"之"与"此之谓也"之"之"义同，用于语助以成韵，为朗朗上口之需。"为"字便充当了"是"一类的联结动词。古文语法结构不以"是"作联接词，而采取主宾联结、在文尾用一个"也"字来表示句子主宾之间的关系。如《说文》云"勇，气也。"此句子翻译过来为："勇"是"气"者。再以《中庸》为例，"人之为道而远人，不可以为道。""为道"是务道的行为，为动宾结构。"民之为道也，有恒产者有恒心，无恒产者无恒心。"（《孟子·滕文公上》）显然，"恒产"、"恒心"句子，是具体阐述或申明"民之为道"的，而"民之为道"作为一个主谓宾结构齐全的句子，"为"字当作动词用，"民为道"可解为"百姓从事或遵从道"。《庄子》有以"为"字专作动词的用法，揭示道与物的生成、运化关系。"杀生者不死，生生者不生。其为物，无不将也，无不迎也，无不毁也，无不成也。"（《大宗师》）杀生、生生者为造化者，相当于"道"。"其为物"的句子中，"其"作为主语，指代"道"，"物"是宾语。"为"是动词，揭示二者的使动与受动关系。从无不将迎、成毁的意义看，又揭示出"道"与"物"反的质性。王符有云："道之为物也，至神以妙；其为功也，至强以大"（《潜夫论·本训》）。这里，"为"字是动词用法。"道之为物"与"其为功"句式结构相类，"物"、"功"是名词性宾语，"道"和"其"为主语，"为"是动词性谓语。在"之为"句式中，"为"字是否为动词，还要看主、宾词之间的关系。如果主、宾词是相反、使动的关系，且后接句子在于阐述"为"意义，则"为"多为动词用法。如果主、宾词是同义或前后外延为包含词，且后接句子言说的内容是主词的属性，则"为"就作为介词用。比如，"夫大壑之为物，注焉而不满，酌焉而不竭。"（《庄子·天地》）"大壑之为物"，应解为"大壑作为物"。"物"是总名，"大壑"是单称属类，二者是从属、包含关系。"注焉而不满，酌焉而不竭"，在于阐述主语"大壑"的一种属性。帛书《老子》"道之物"中，"之"在两个名词、主宾语之间，肯定为动词之用，用来揭示恒道分有于物、

构成物的涵义。后哲者正是看到道与物之间的构成、构造关系，所以加"为"以强调
"之"的动词用法，以区别"之"的助词、介词用法，同时形成四字一句与后面的
"惟恍惟惚"对应。加一个"为"字，更能明确指明恒道"为物"的这种生生、构造
的施为性。"惟恍惟惚"在于揭示"为物"这个功为的存在质性。

（二）"象"与"物"

"象"者，象形字，形象之属。《说文》云："象，长鼻牙，南越大兽，三年一乳。
象耳牙四足之形。""象"的本义为"大象"兽像。如"有梁山之犀象"（《尔雅·释
地》），"元龟象齿"（《诗·鲁颂》），"象有齿"（《左传》襄二十四年）。"象"作为一
种实存、具在的动物，为物中的尊者，其骨就成为尊贵的饰物。"委委佗佗，如山如
河，象服是宜。"（《诗·鄘风》）毛亨传云："象服，尊者所以为饰。"（引自《毛诗正
义》，上海古籍出版社 1990 年版，第 183 页）孔颖达疏："言服则非掫，明以象骨饰
服，唯尊者为然"。（同上书，第 185 页）"掫"者，"以象骨搔首，因以为饰，名之
掫"。（同上书，第 187 页）因以为饰物，又可以骨索"象"的形状。"人希见生象也，
而得死象之骨，案其图以想其生也，故诸人之所以意想者皆谓之'象'也。"（《韩非
子·解老》）以想象的动物"象"形体而名之，是以形体、外貌指称实物。"象"作为
指称，又引申泛指存在物的外在形态、形状。"凡可状，皆有也；凡有，皆象也；凡
象，皆气也。"（引自《正蒙》，载《张载集》，中华书局 2006 年版，第 63 页）可见，
"象"是实在存在。钱穆云："中国文字，可据以探讨古人创造此字与运用此字之观念
与思想。如象，乃一动物，但体大，有些处像是离体独出。如象鼻，只是象体之一部
分，不能认它为另一物。……于是象字又作形象用，须认识其整体形象始得。则体字
象字，义实相通。……其实依照中国本义，象即是体，当先识其抽象，再及具体。具
体在抽象之内，本无分别。"（引自《晚学盲言》，第 18 页）"象"是"体"，它是具
体、整体和实体。"象"与"形"义通，是存在物存在的构成和属性。

"物"者，早在《诗》中就多有言说。"鱼丽于罶，鲿鲨。……物其多矣，维其嘉
矣。物其旨矣，维其偕矣。物其有矣，维其时矣。"（《小雅》）"物"是"鱼"的代称。
文义在于美万物盛多。"出此三物，以诅尔斯！"毛亨传云："三物，豕、犬、鸡也。民
不相信则盟诅之。君以豕，臣以犬，民以鸡。"（引自《毛诗正义》，上海古籍出版社
1990 年版，第 763 页）"三物"之实，可有旁证。"郑伯使卒出豭，行出犬、鸡，以诅
射颖考叔者。"（《左传》隐十一年）"豭"即豕。可见，"物"者指称实在存在者，它
是豕、犬、鸡等具体存在者的通称。"凡有貌象声色者，皆物也"（《庄子·达生》）。
"物"作为通称，是万物作为存在者的构成共性。就"象"、"物"丰富、具体的涵义，
留待下一篇"物"论中详加解析。

（三）"请"、"情"与"精"

帛书《老子》将"其中有精"之"精"字写作"请"。"请"者，《说文》释为

"谒"，"谒，白也。"又"请"为"问"、"告"，具有澄明、显现和明白的涵义。又音"情"，为"情"的通假字。"世晓然皆知夫为奸则虽隐窜逃亡之由不足以免也，故莫不服罪而请。"（《荀子·君子》）俞樾云："情，实也。莫不服罪而情，犹莫不服罪而实也。言服罪而不敢虚诞也。《论语》所谓'则民莫敢不用情'也。……《成相篇》曰'下不欺上，皆以情言明若日'，即此'情'字之义。"（引自《荀子集解》，中华书局 2008 年版，第 451 页）"情"者，真情、实情，反之为妄、伪。"听之经，明其请，参伍明谨施赏刑。"（《成相》）杨倞云："'请'当为'情'。听狱之经，在明其情。"（同上书，第 471 页）听狱在于明所告者的"请"求，而所告知者是"情"。"请"中自涵实"情"。唐文弨云："案请，古与情通用。《列子·说符篇》杨朱曰：'发于此而应于彼者唯请。'《释文》引徐广曰：'古情字或假借作请。'又《墨子》书多以'请'为'情'。"（同上页）"正夫辞恶者，人右以其请得焉；诸所遭执而欲恶生者，人不必以其请得焉。"（《墨子·大取》）"请"为"情"的通假字。

　　"情"为实情，是原有本性，性情。《说文》云："情，人之阴气有欲者。"情欲者，发之于内，而求之于外。"民有好、恶、喜、怒、哀、乐，生于六气。是故审则宜类，以制六志。"（《左传》昭二十五年）喜怒、好恶、哀乐之情，生于六气，为"气有欲"。"喜怒哀乐爱恶谓六情。"（《白虎通》）"情"是情欲之情，感性的一种心理。"人之情，食欲有刍豢，衣欲有文绣，行欲有舆马，又欲夫余财蓄积之富也；然而穷年累世不知不足，是人之情也。"（《荀子·荣辱》）人的"情"包括生理需求、欲望贪求等。在性与情的关系上，"生之所以然者谓之性；性之和所生，精合感应，不事而自然谓之性。性之好、恶、喜、怒、哀、乐谓之情。"（《荀子·正名》）性为生所以然者，本自无为自然。有性必有好恶、喜怒、哀乐之情。这里，情是自然性的欲求、感情和心理状态。"情"又是性善之情，它来自内在诚实的本性善、理性。"乃若其情，则可以为善矣，乃所谓善也。"（《孟子·告子上》）人之情有性善之"才"，"苟得其养，无物不长；苟失其养，无物不消"。恻隐、羞恶、辞让、是非"四端"是性善之情。可见，"情"有感官、心理的性欲之情，也有性善、理性之情。不管为何，皆是性之发显，自然而有。"何谓人情？喜怒哀惧爱恶欲，七者弗学而能。"（《礼记·礼运》）情虽发自内心，然发于外就有情欲、性理之别。"情然而心为之择谓之虑。心虑而能为之动谓之伪；虑积焉，能习焉，而后成谓之伪。"（《荀子·正名》）心虑以动，就产生了"伪"，它是心以理"情"之"伪"。《荀子》之情，偏重于感官情欲、心理欲求。《孟子》之情偏向于性善、理性之情。分别两种"情"，方能深入揭示《老子》的德性观。"民之情伪，尽知之矣。"（《左传》僖二十八年）既然情有伪，可以改变之，就可以匿之。"助之匿其情"（《左传》襄三十年）。情有七情、四端之别，则显现为不同之殊。"救乏、贺善、吊灾、祭敬、丧哀，情虽不同，毋绝其爱，亲之道也。"（《左传》文十五年）"爱"是仁之情，通于不同情的表现之中。情为实情、情况，可得之以为治。"上失其道，民散久矣。如得其情，则哀矜而勿喜。"（《论语·子张》）情由诚实而真

实。"小大之狱，虽不能察，必以情。"（《左传》庄十年）真情中有理，是情理。"鲁有名而无情，伐之，必得志焉。"（《左传》哀八年）情本为真实，然若只图虚名，名实不符，就是理不存的"无情"。

"精"者，细微之物。《说文》云："精，择米也。"本义为细米。"鼓筴播精"（《庄子·人间世》）。米的种子谓之精，后由细小之物引申为精微之物。气作为构成万物的原初因子是精气。"精气为物"（《易传·系辞上》）。"男女精气合，而水流形。"（《管子·水地》）"精"能成物之妙，故为"神"，合称"精神"。"精神四达并流，无所不极，上际于天，下蟠于地，化育万物"（《庄子·刻意》）。"精神"，类于恒道"为物"的玄妙。"精神何能驰骋而不乏"（《文子·九守》）。"驰骋"是精神之能。"精"有灵性，感物为妙。"精诚内形，气动于天"（《文子·精诚》）。"精"作为细微者，与"粗"相对。"食不厌精，脍不厌细。"（《论语·乡党》）可见，"精"既可以是构成物的微小因子，也可以是内藏神性的灵物，还可以是细小之物。

从"请"、"情"与"精"的文字校解看，参照《老子》文义，应以"精"字为准。因为"其中有象"、"其中有物"，正与"其中有精"在思维上统一。"物"、"象"是实在，"精"亦是实在。且"其中有信"的"信"是情信，信包含"情"。"精"有神性，故能显现有动化的"实情"，"情"、"请"涵义内在其中。高亨认为，"精"当读为"情"，"精"、"信"正合《庄子》所言的道者"有情有信"。贯通其内涵言，"情"以"为物"功为的存有情实言，然它必以生成实有为前提，在实有生成中见证其实"情"。"精"作为恒道"为物"的实有因子，自能证明有"情"、有"信"。《庄子》言道有"情"在于其能"神鬼神帝，生天生地"，具有无限的始生始成功用。若脱离"精"以言"信"，则"信"无所从来。自河上公始，历代注家多将"情"的假借字"请"改作了"精"，它以"精"中有"神"为前提，是吸收当时"精"的思想观念进行的文字改易。

（四）"窈"与"冥"、"鸣"

"窈"者，《说文》解为"深远"。"窈窕淑女"（《诗·周南》）。毛亨传云："窈窕，幽闲也。"郑玄笺之为"幽闲处深宫"。孔颖达疏："窈窕者，谓淑女所居之宫形状窈窕然"。又解"幽闲"为"幽深而闲静"。（引自《毛诗正义》，上海古籍出版社1990年版，第22-24页）"窈"有幽深的涵义，正与"渊"、"湛"等形容恒道质性的字义相近。

"冥"者，《说文》解为"幽"，又云为"夜"。（《尔雅》）以"冥"为"幼"。郭璞云："幼稚者冥昧。"（引自《尔雅注疏》，上海古籍出版社2010年版，第71页）幼稚者微眇，故为"冥昧"。"哕哕其冥"（《诗·小雅》）。毛亨传云："冥，幼也。"郑玄笺云："冥，夜也。"（引自《毛诗正义》，上海古籍出版社1990年版，第687页）"幼"又为"窈"的简写，是深暗之"窈"。帛书本中的"幼"字当是"窈"。"冥冥

乎不见其形"(《管子·内业》)。因不见形象，故谓之"冥"。"北冥"、"南冥"(《庄子·逍遥游》)，皆是远不可名之地。

从文字校解看，"窈"、"冥"字义相近，皆为深远、幽暗。又帛书《老子》甲本"冥"写为"鸣"。"黄鸟于飞，集于灌木，其鸣喈喈。"(《诗·周南》)"鸣"者，声见于外，具有表达、表露的涵义。它与"冥"义相对。"道之为物"，虽恍惚不见形象，然"其中有精"。以其幽深不可视见为"冥"，以其中有实在可知为"鸣"，二者合言正是恒道玄妙质性。古人往往以相反词相互表义，且"冥"、"鸣"音近。但从与"窈"相对言来说，以"冥"字为佳。王弼解"窈冥"为"深远之叹"。宋徽宗认为，"窈者，幽之极；冥者，明之藏。"陈景元云："窈兮，深远貌。冥兮，寂然貌。"严灵峰云："'窈'，微不可见；'冥'，深不可测。""窈"、"冥"，皆是有无一体的玄妙质性。

(五)"真"与"信"

"真"者，会意兼形声字，会人以鼎取食美味之意。由美食的原质原味，引申指本质、本性，它是本性的本真。《庄子》多言"真"为"本真"。"无益损乎其真"(《齐物论》)，"马之真性"(《马蹄》)，"极物之真"(《天道》)，"见利而忘其真"(《山木》)，"诈巧虚伪事也，非可以全真"(《盗跖》)。"真"为本真，是本初、本来的本性。从"真"所从来言是"天真"。"真者，所以受于天也，自然不可易也。"(《渔父》)来自"天"则为天然，与人伪相对。"本真"者禀赋在己，以其自然不杂谓之"纯真"，故不可易。"真性"丧失，通过修为可以复得，则为"归真"。《老子》云："修之于身，其德乃真"。"真"者诚实无伪，与"道"为一，可为"采真之游"。真则诚，能动化。"真者，精诚之至也。不精不诚，不能动人。"(《渔父》)以心言"真"是"真诚"、"真挚"和"真率"。造物者之真，是"真宰"。"人特以有君为愈乎己，而身犹死之，而况其真乎！"(《大宗师》)"真"是造物者的确真存在。

"信"者，会意字，古字造型以人口所言会真实之意。"言必信，行必果"(《论语·子路》)。"谓予不信，有如皦日！"(《诗·王风》)郑玄笺云："我言之信，如白日也。"孔颖达疏："我言之信，有如皦然之白日，言其明而可信也。"(引自《毛诗正义》，第270页)传言有不信，故以"信"为德。"言必或传之。夫传两喜两怒之言，天下之难者也。"(《庄子·人间世》)两喜两怒之言，必多溢美、溢恶，"妄则其信之也莫"。《老子》云："言善信"。《说文》解"信"为"诚"，是为"诚信"。"与朋友交而不信乎？"(《论语·学而》)"信"者，古"伸"字。"于嗟洵兮，不我信兮。"(《诗·邶风》)孔颖达疏："信，古伸字，故《易》曰'引而信之'。伸即终极之义，故云'信，极也'。"(引自《毛诗正义》，第132页)以"极"解"信"，是毛亨传云。由言信进而引申为信实、确信。"日信出信入"，"月信死信生"(《淮南子·原道训》)。信者必然，故可期，成为确实。

二、文句解析

在文字校解的基础上，下面将《老子》"道之为物"一文分成四个断句，逐一加以诠释。

（一）"道之为物，惟恍惟惚"

在《老子》思想中，恒道作为本始绝对存在和根本存在，无形无象，不可视闻，不可名状，只能以其生成万物的生生功用揭示其实存。前面，在解析恒道存在质性时，已就其作为恍惚样态的存在进行过诠释，恒道作为"无物之象"的恍惚存在，同时是其"为物"的"惟恍惟惚"的存在。恒道是在"为物"的"惟恍惟惚"中存在。恒道以生物过程揭示其存在，"为物"的"惟恍惟惚"，正是"无状之状"的恍惚存在。在解析"道之为物"的文义上，非是"道之作为物"，而是道在"为物"。"之"是助词，"为"是动词。若将恒道视为"物"，就与《老子》"道与物反"的一贯思维相背离。如果以"物"揭示恒道的存在质性，只能以"有物混成"或寓于万物之中的"泛兮"存在来表示。从《老子》内在思想逻辑看，"道之为物"应视为是恒道生生、为物的一种施为或显功的过程。注家有将"惟"解为"为"者。邵若愚云："惟，为也。"然恍、惚一体以况谓"为物"动态，"惟"字只是强调语气助词。对"惟恍惟惚"的诠释，历代注家大略有四种代表性的解读。

一况谓恒道不系于物、无有定所。河上公认为，道之于万物，"独恍忽往来于其无所定"。以"独"解"惟"，强调恒道的独立质性。"恍忽"即"恍惚"，字异义同。"往来"是"周行"于万物，"无所定"是周行无有定所，不系于固定之所。恒道若为"定在"，就非是"恍惚"。王弼云："恍惚无形，不系之叹。""无形"，固然"不系"。"叹"者，因"惟"字有其指。"恍惚"是恒道"为物"的无形存在样态，准确说是无有定限、定为，无所不为的存在。"不系"，只能揭示恒道"为物"的"不物于物"，并未揭示恒道生生的不息、不测内涵。从恍惚中有物、象、精和信来看，它是"为物"的构造摹态质性。"不系"者，又在于大道"泛兮其可左右"的存在质性。陆希声认为，道之为物，"恍兮若有，惚兮若无，不可得定言之"。然"恍"、"惚"同谓，皆具有"有无一体"的摹态意蕴。不可定言，揭示恍惚的不可定为。

二况谓恒道"有无一体"玄妙。成玄英云："不有而有，虽有不有，不无而无，虽无不无。有无不定，故言恍惚。"以佛氏"不住"、"不著"说解"恍惚"，思维上具有相似性。在佛说"不有而有"是因缘、假寄而言"有"，"虽有不有"是寓"有"而不"住"于有，"有"如"过眼云烟"。虽"有相"，而"无相"。在佛说"不无而无"是假"不无"而言"无"，"虽无不无"是证"无"而不落入执"无"。执"无"是著"有"，"空无"也是一执之"有"。"有"、"无"相生、双遣，故不定。"不定"就是"恍惚"。成氏在解《老子》"是谓恍惚"中也是如此解，可见二者具有同样的思维内涵。在《老子》言"不有而有"是"有生于无"，"虽有不有"是"生而不有"，它是实"有"而不执其"有"，非是遣"有"。"不无而无"，虽"为物"不"有"，"复归于无物"，"不物于物"。"虽无不无"，是恒道作为"无状之状"的"无"，非是空无无有，而是生成万有的"大有"。"有无不定"，既是"有无一体"，"有"中有"无"，"无"中有"有"，亦是"有无相生"，"道通为一"。恒道作为"无物之象，无状之状"的"恍惚"，正是"道之为物，惟恍惟惚"。李荣云："未知道是何物，而令德从明矣。大道幽玄，深不可识，语其无也，则有物混成；言其有焉，则复归无物。归无物而不有，言有物而不无，有无非常，存亡不定，故言恍惚。""幽玄"者恒道"有无一体"的微妙至神，故"深不可识"。以"无"为"有物混成"是潜有，以"有"为"复归无物"是"功成而不名有"。这里的思维玄妙，在《庄子》言是"物物而不物于物"。"物物"为"有"，"不物于物"为"无"。因前者不无，因后者不有，生生不测，故为恍惚。恍惚是"有无一体"，非是"有无非常，存亡不定"。"有无非常"，是有无对待以相生，它不是"玄"。陈景元云："恍似有也，在有非有；惚似无也，居无非无。""恍"与"惚"皆是有无一体，非是分别似有、似无。王雱云："道兼阴阳，阴阳之微，若无若有，谓之恍惚。""道兼阴阳"，是以《易》"一阴一阳之谓道"思维解，"阴阳之微"是先于阴阳分离的存在，为非阴非阳的"无"，以其生阴生阳为"有"。恍惚是阴阳之道"为物"的动态。宋徽宗云："恍者，有象之可况；惚者，有数之可推。所谓有者，疑于无也。"《老子》以"惚恍"中有"象"、"恍惚"中有"物"，非单言"恍"、"惚"中分别有"象"、"物"。陈鼓应以"仿佛"解之，认为相当于"似有若无"。若无而实有，实在而非定有。

三以况谓"道之为物"的存在质性。王安石云："道非物也。然谓之道则有物矣，恍惚是也。""道"非是"物"的存在，然假"物"以存在，在"为物"中揭蔽其存在。道寄于物而成其为道。虽寓于物，又非是存在物，而是"泛兮"、"恍惚"的存在。恒道"为物"是"物物"与"无物"的统一，以其生物、造物为"物物"，以其"不物于物"为"无物"。"恍惚"，是"物物而不物于物"的况谓质性。虽"物物"，然不作为"物"存在，它是"无物之象"，故若"无"。然在"物物"中因万物以生而确证其功存，故为"有"。"不物于物"则无形无体，微妙不见，不落入定有；"物物"则为"万物之母"，功用至神。功存实有，而微妙不见，虽"物物"若"无物"。作为"无物之物"的存在，虽"无物"然生成万物，故若"有物"一样的存在。恒道在"为物"中寄功，以见显或揭蔽、澄明其生生功能的实在。何新认为，"恍惚即荒茫。荒茫，大而无当之状也。"（引自《老子新解》，北京工业大学出版社 2007 年版，第108 页）"大而无当"，揭示恒道"物物"而无物不以之成为物，无物可以匹合者。"大"是"为物"的不息、不测；"无当"，是无有存在者可以相当而名谓之。冯友兰解"惟恍惟惚"为"道生万物的程序"，认为它是道生万物的运作状态。"程序"在于有物、象、精、信的先后"状态"在于窈冥、恍惚的"无状之状"摹态。

道 与 物

四以况谓恒道"为物"的不可得见。《老子想尔注》云："道微，独能恍惚不可见也。"恍惚是"有无一体"，功存而微妙，故不可见。然不可见中，可以证知，否则不能言其中有象、物、精、信。林希逸亦是以"道之不可见"解之，然"不可见"不能完全揭示其"为物"的微妙不测质性。

概言之，《老子》以"惟恍惟惚"来澄明恒道"为物"中的"有无一体"的玄妙质性，它揭示出恒道与物的相互界定、相互依存关系。恒道因其"为物"揭蔽、澄明和敞开其存在，存在"物"因恒道"为物"产生、成遂其存在。正如《中庸》以"为物不贰"、"生物不测"来揭示天地之为天地一样，《老子》以"为物"恍惚揭示恒道之为恒道。恒道非物，但物由以生。因其所为的万物，证明、证实自己存在，彰显、确信自己的"功成"。恒道非物，是"无物"存在；万物由以成，又是潜在的"有物"。恒道正是在"为物"中，才显示出自己"有无一体"的玄妙存在质性。恒道存在的两种样态，皆在"为物"中得以界定。物非恒道，但承载恒道的存在，证显恒道生生、"为物"功用的存在，进而揭蔽其生畜万物、博大贯通和无所不在的"尊贵"、至大质性。恒道相对于物的形体言，是本体之"无"；相对于物的分殊具在言，是混沌"大有"。物作为具在之"有"，来自作为"无"恒道的"为物"生成。恒道在"为物"之"为"中，既生成了万物，也揭示了自己的存在。这样的一种玄妙关系，就是"惟恍惟惚"的内涵所在。恒道"为物"是不测、无限之"为"，非为具为，不可定为，不得形名。它以"为物"显现其"无为之为"。恒道在"为物"中彰显其"无为"是"有为"，无为而无不为，它是"物物"的生物不测；恒道在"为物"揭蔽其为"虚无"、"无形"，虽无所不为，然"为而不恃"，为者无方，神妙不测，它是"不物于物"的"为无为"。正因为恒道与物之间是相对、分离、分别的关系，所以恒道在"为物"中才得以揭蔽其自己，实现其潜在质性，由"混成"至"泛兮"存在，由道一而成万殊。恒道虽不具有"物"的形象、定所和时间的属性，但却因物的属性揭示其无限存在的质性。"物"从恒道"为物"中分有、分离和分化，也同时在每每证明恒道"大全"、"无限"的质性。恒道的潜能、大全和无限质性正是在"为物"不已中彰显、展现。万物的生成，既是恒道"为物"的证明，也是恒道"为物"的现实存在性。与揭示恒道为"恍惚之在"一样，同样解析"道之为物，惟恍惟惚"也要从两个不同方面来进行揭示。一是"为物"生成的动态模糊性，一是认知上的摹态模糊性。恒道"为物"的"惟恍惟惚"，其"有无一体"的玄妙质性，是在为人认知上所形成的一种思维现象。恒道既在向人揭蔽自身存在的同时，又是在向人遮蔽着自己，它总是在澄明中隐藏自己，在幽深中光亮自己，让我们看到的只能是有形定在的存在者，"为物"的陈迹。它是虚无，又是实在。恒道自身无以见闻、形容，人只能依靠其"为物"的功成来揭蔽其存在的存在性。恒道的这种揭蔽又遮蔽的质性，就体现在"惟恍惟惚"中，它是恒道"为物"给人认知上的摹态表征或动态"显像"。

（二）"惚兮恍兮，其中有象；恍兮惚兮，其中有物"

恒道在"为物"的生成过程中有"象"、有"物"，它是"无状之状，无物之象"。恒道"为物"非是物的存在、运动，它作为"无物"、无固定形象的存在是不测之为，然通过生成于"物"进行赋形、与象，而成为"无状之状"、"大象无形"的存在。在"为物"中呈现其物象、迹象，它是无象之象，虽无象然万象由此"大象"成其象，虽无物然万物以其"物物"而成其为存在物。《文子》对《老子》"道之为物，惟恍惟惚"思想给予了继承发展。"忽兮怳兮，不可为象兮。怳兮忽兮，用不诎兮。"（《道原》）"忽怳"、"怳忽"，是"惟恍惟惚"。"不可为象"，是难以名状。"用不诎"，是"用之不既"。无象而象生，故为"其中有象"；无物而物成，故为"其中有物"。恒道在"为物"的功为过程中揭蔽自己的"其中有物"、"其中有象"的存在质性。

再看注家之解。河上公解"其中有象"云："道唯忽怳，无形之中，独为万物法像"。法像是形象，可法、可像者为存在物的属性。恒道无形而赋万物以法像，它是赋予万物以"法像"的根本存在。在解"其中有物"上云："道唯怳忽，其中有一，经营主化，因气立质"。道唯"怳忽"，是在"为物"上的恍惚。有"一"是"道生一"、"得一"之"一"，它是恒道在"为物"中构成万物的基质因子，"因气立质"。然作为"有一而未形"者是相对万物言的以无物成物的玄妙质性。"经营主化"，非是主宰运化，而是分有、赋予于物的使万物自化。物从恒道"为物"中生成，故云"其中有物"。《老子》在此文中揭示了"道"与"象"、"物"之间的关系。《老子想尔注》云："不可以道不见故轻也，中有大神气，故喻橐龠。""有大神气"，能成象成物，故"为物"中有象、有物。虽不见，然为至贵，犹如"橐龠"。王弼云："以无形始物，不系成物。万物以始以成，而不知其所以然"。"始物"者，是"物物"。"不系成物"，是"不物于物"。"万物以始以成"，是恒道"善始且善成"。虽无形而赋形，故为恍惚中有象。恒道"为物"固然难以名状，但并非全然"不知所以"。"所以然"者，包含"所以"、"所然"两层意义。既言"万物以始以成"，就已知"所以"者，并非不知"所以"。不知所然，是不见其形象。"孟孙氏不知所以生，不知所以死。"（《庄子·大宗师》）"不知"，是"心斋"、"坐忘"，目的在于去除生死之执，并非否定生死本于大道。相反，只有知通为一，才能不知所生所死，"入于寥天一"。既然知大块"善吾生"、"善吾死"，就非是不知所以生死者。成玄英云："所以言物者，欲明道不离物，物不离道，道外无物，物外无道"。"道之为物"，固然揭示出道物不离、道因物显的关系内涵，然它与佛氏的道物不离逻辑有别。恒道是生物而不执于物，佛氏是即物而不住物。"道外无物，物外无道"，更非是《老子》之旨。若从恒道与万物的极致看，自是一体关系，"道外无物"。然就个体存在物言是物外有道。恒道生物不测，物生不穷，非是只存在于现实存在物中。它非是故步自封、寂然不动者，而是面向未来的"为物"日日新者。成玄英又注云："道种种变现，故不物而物，不象而象"。"不物而物"、

"不象而象"，是即物证显，与《老子》生物不息内涵具有本质差别。李荣云："非有非无之真，极玄极奥之道，剖一元而开三象，和二气而生万物也。""非有非无"，是超脱有、无对待的绝对存在"无"或"潜有"。"极玄极奥"，无中实潜有大备，潜有而微妙无形。一元开三象，是恒道在"为物"中有象、物、精。"和二气"是万物"冲气以为和"。二者揭示的皆是物生成的机理。唐玄宗认为，"自无而降有"，其中"兆见一切物象"；"自有而归无，还复至道"，则"其中有物"。前者是由"无物"生成万物以存在、显现，后者是由万物追溯生物者虽"无物"而实其中"有物"。陆希声指出，以"寂寥无形"言不可为"有"，以"兆见万象"言不可为"无"。虽有"千变万化"，然"卒归于无物"。"有"、"无"共存一体，故谓恍惚。"千变万化"，是造化于物化的未始有极。"归于无物"，是不落于物化，成为固定之化。"一不化"而能成遂万化。吕惠卿认为，以其惚恍不昧、疑似有物，故谓"其中有象"；"疑于有物"实则"非物"，故谓"无物之象"、"大象无形"。以其恍惚不曒、"疑于无物"，实则"有物"，故谓"其中有物"；"疑于有物"然为"无物"，故谓"无状之状"、"有物混成"。"无"中"有"，"有"若"无"，故谓"为物"之状恍惚。"大象无形"、"无状之状"和"有物混成"，皆是有无一体的存在，同在于揭示恒道存在的恍惚质性。王雱认为，"一阴一阳乃成象"，"一阳一阴乃成物"，恍惚者为"阴阳之妙"，故能"变化以成象物"。在《老子》思想中，"象"与"物"有别，前者侧重于形象可见言，后者侧重于物体实在言，二者同是"一阴一阳之为道"使然。恒道"为物"的机制，正是"一阴一阳之为道"和"阴阳不测之谓神"的统一。苏辙认为，"道非有无"，故为恍惚；及其"运而成象，著而成物"，则未有不出于恍惚者。有、无分别对待是物性，"非有无"是"有"、"无"互摄，非"有"可以表，非"无"可以示，它是既有又无，既无又有。"恍惚"作为"为物"之状，"运而成象，著而成物"内涵其中。宋徽宗指出，"见乃谓之象，形乃谓之物。恍惚之中，象物斯具。犹如太空变为雷风，犹如大块化为水火，以成变化，以行鬼神，是谓道妙。"在《易》的认知思维是，"象"因可见有其称，"物"因形体有其名。"象"是仰观天文，"形"是俯察地理。雷风是天象，水火是地质。"恍惚"是感知、认知摹态语，"象"以认知形象，"物"为具体存在。"恍"、"惚"同谓，"象"、"物"同性。恒道"为物"是变化运为、鬼神良能。邵若愚认为，"物与象二字一意不指定言，无中有也，有中无也。""物"、"象"一意，皆是不可指定的涵义。"无中有"、"有中无"，正是恍惚的真谛所在。陆佃云："太始者，形之始，故曰其中有象；太素者，质之始，故曰其中有物。""象"、"物"皆是存在者的属性或实在，"其中有象"、"其中有物"皆是"物形之"的内涵，它们相对于物的实在言是恒道成象成物的赋形机制和逻辑建构。吕知常认为，谓"无"然能妙万物，谓"有"而"莫见其形"。"太虚之象，似有而无，造化生焉，万物兆焉；太虚之物，似无而有，风雷生焉，霜露降焉。"有"象"则物"名"立，有物因"至精"生。恒道"为物"是"太虚之象"，无象而生象；它是"太虚之物"，无物而能物物。其中

有物、有象皆是"潜有"。以其无形微妙莫见、非实物之有言，为"似有而无"；以其造物造化生生、非空无之无言，为"似无而有"。范应元认为，"惟恍惟惚"是"以道为无则非无，以道为有则非有"。以"万象由斯而见"为"其中有象"，以"万物由斯而出"为"其中有物"。"无则非无"，无形而有形生；"有则非有"，功有而莫能见。"其中有象"、"其中有物"，是从万物万象实在的功迹上追溯、推出恒道"为物"的"物形之"的构成机制和逻辑结构。王夫之以"不显亦临"思想对《老子》"惟恍惟惚"观念进行了批驳。"夫显之临，为物之所临者也；不显之临，上帝之临也。……闻之异教曰：'恍惚有物，惚恍有象。'昧者以为妙道之归，而不知其已隘也。有物，非其物；有象，若有象耳。则于无妄之理、对时育物者，觌而久相失矣。善言文王者曰：'不显亦临'。'不显'者，特未之显，而必于显，非终匿而不可见也。'亦临'者，显亦临，不显亦临，非舍有而索于无也。道无间于显微，文王体之尔。于其显，始知其临，而不知其临之已久矣。……于其临，乃知其显，而不知其为显也夙矣。……盖于显而始知临者，忽然而临之，神未有不慑者也。众人之于日暮也若死生，圣人之于死生也若旦暮，慑不慑之殊耳。……于临乃知显者，则及其显焉，未有不纷焉者也。……天无私，道无间，人无可避，事无可择，不显之临人也，无瞬息之隙，无毫厚之贷，千圣百王慎此而已。愚者不觉焉，故神慑情纷，而终之以偷。君子之道所自鲜也，非别有妙微寄于希微而仿佛遇之也。"（引自《船山经义》，载《船山遗书》第七卷，第4305页）"不显亦临"，虽"不显"而必于"临"，恒道"为物"何尝不是生生不息、功成恒为？上帝"不显"，是虽"未之显"但恒"显"；恒道"微妙"，是虽"无形"、"莫见"然"其中有象"、"其中有物"，何尝有"为物"的间隙？"显之临"，是有物之临，而"不显之临"是上帝之临。以《老子》思想言，前者是"象帝"的存在者，后者是"象帝之先"的恒道。恒道何尝不是以"为物"呈现其"显"、实现其"临"？无物，恒道何以显？恒道不临于物，何以见其"可左右"之在？显然，王夫之没有正确把握《老子》"无"的内涵，沿袭宋儒以"无"为"空无"，同于佛氏"空无"论。《老子》已然揭示出恒道"为物"的"不显之临"的深刻意蕴。"人无可避，事无可择"，义命无所不在，不亦类于《老子》"万物莫不尊道而贵德"？"无瞬息之隙，无毫厚之贷"，不亦类于"周行不殆"、"慎终如始"？愚者不觉而终之以偷，不亦类于"大道甚夷，而人好径"？《老子》言恒道希微、妙徼、恍惚，正是揭示其"为物"不测的"不可致诘"和微妙莫见性，功用恒存则非是"仿佛遇之"。

（三）"窈兮冥兮，其中有精"

"窈"、"冥"者，皆是隐而不显的存在样态，从"为物"的恍惚中"有象"、"有物"的质性看，恒道无象而生象、无物而生物，"其中有精"是"至精无形"而生"精"。如果说"恍惚"以揭示恒道"为物"功为上的"有无一体"、不可名状的话，那么"窈兮冥兮"则在于揭示恒道幽深而生物的微妙至神、不可知见的内涵。恒道

"为物"何以为窈冥？它揭示出恒道的何种质性？借助《庄子》的继承发展思想，可以得到进一步的澄明。"至道之精，窈窈冥冥。"（《在宥》）它正是《老子》恒道"窈兮冥兮，其中有精"思想的另一种表达。"窈窈冥冥"，是"窈兮冥兮"；"至道之精"，是"其中有精"。至道有"精"，然为窈冥的存在样态。窈冥是至精的存在样态，至精无形，微妙不见。黄帝欲取"天地之精"以佐五谷、养民人，欲"官阴阳以遂群生"，而广成子认为它们是"物之质"，"物之残"。这里，黄帝是执于"精"为"有"，而广成子以"至精"为"无有"，为无形生有形。"窈兮冥兮，其中有精"，揭示的正是至精无形而生精的"道生一"意蕴。以其微妙无形言是窈冥之精，为"有物混成"、"无状之状"的存在；以其生成万物言，是"万物得一以生"。"窈兮冥兮"与"其中有精"是相互阐释，一体共存。若单独言以揭示恒道存在质性，则是前者涵摄后者、后者包涵前者，二者缺一不可。恒道存在的质性，就是"为物"的质性。在"为物"中功用不测、无有定为，故微妙莫见，况之可谓"窈兮冥兮"。在"为物"中构成万物，万物皆"得一"以生，故微妙至神，况之可谓"其中有精"。窈冥有精，又是"冥冥之中，独见晓焉"（《天地》）的意蕴。"冥冥之中"，是"视乎冥冥"；"独见晓焉"，是"深之又深而能物焉，神之又神而能精焉"。能"精"故"神之又神"，神妙不测故能"深之又深"。虽"至无"而"供其求"，前者是窈冥而不可见闻，后者是有精以成万物。"窈兮冥兮，其中有精"，又是"精神生于道"的意旨。"昭昭生于冥冥，有伦生于无形，精神生于道，形本生于精，而万物以形相生"（《知北游》）。"无形"、"冥冥"与窈冥同谓。"昭昭"、"有伦"和"精神"同类。"精"是"得一"的神妙因子，"其中有精"正是因此实存而名谓。以存在言，"至精无形"是"有物混成"；以"为物"言，"窈兮冥兮，其中有精"，是"精神生于道"。"道生精"，是"道生一"。精生形，是"一生二"。道无形窈冥，而生"精"之"一"，进而生成万物，故谓之"其中有精"。《老子》"窈兮冥兮，其中有精"思想，为《庄子》发展为道术、道用观。"动于无方，居于窈冥"（《天运》）。"居于窈冥"方能"动于无方"，正如《易传》"寂然不动"方能"感而遂通"。"居于窈冥"，是"虚无无为"，为无定方；"动于无方"，是感应万方，无所不为。"居于窈冥"的真谛，是以"独立不改"而"周行不殆"。"动于无方"，正类于"其中有精"的"为物"不测。《文子》以"窈窈冥冥"况谓"有物混成"，揭示大道"先天地生，惟象无形"（《道原》）。窈冥，既是恒道作为原初本始绝对存在的一种存在样态，同时是"为物"功成不测的存在质性。"窈兮冥兮，应化无形。遂兮通兮，不虚动兮。"虽为窈冥然具有"应化无形"的功用，虽"无"而实"有"，它是不虚动的通遂之功，无不通由，无不成遂。"至精之感，弗召自来，不去而往，窈窈冥冥，不知所为者而功自成。"（《精诚》）"至精之感"，正如恒道"为物"之为。"不知所为"，则为"窈窈冥冥"；窈冥中功自成，故可谓之"有精"。"至精"者，微妙而至神，它是大道。以其生"精"构成万物，故为"窈兮冥兮，其中有精"。

　　再来看注家之解。河上公云："道唯窈冥无形，其中有精，实神明相薄，阴阳交会也。""无形"固是"窈冥"，既难状不可见，又为太虚非定有。功为不测，莫见其为，而实无不为，故窈冥中有精。万物得"精"以生以灵。"神明相薄"，是日月之精使然；"阴阳交会"，是一气之精的造化。二者正是恒道"为物"中"有精"的信验。《老子想尔注》云："大除中也，有道精，分之与万物，万物精共一本。""大除中"，是"有物混成"。"有道精"，是"道生一"；"分与万物"，是万物"得一"。"精共一本"，是"万物生于有"。精气是"道生一"的"一"，以一物类一太极言是一精气而未形，以万物品类总体一太极言是"至精无形"。王弼以"深远不可得而见"解"窈兮冥兮"，以"万物由之"解"其中有精"。功为不测，故为"深远"。无为无形，故不可得见。前者是生生情态，后者是认知摹态。"万物由之"，是道生物以"精"。成玄英认为，"精是气色神用之本"。"精"作为潜在本原因子，万物以之构成气色质性，它具有构成万物的神用，万物存在的构成元素皆潜有于其中。李荣云："至理唯一，故言精。"在《老子》本旨，"窈兮冥兮，其中有精"，类似"无状之状"的质性，其思维方式是"无精之精"。无精者窈冥中生成有精，因"精"由以生，故言"其中有精"。"精"者为物之得"德"，故有分。恒道"有物混成"，方为无形至精。以其天下无有匹合者，故为"唯一"。唐玄宗云："恍惚有无，杳冥不测，生成之用，精妙甚存"。"杳冥不测"，是生生功用的"精妙甚存"。精妙来自何？非是无本之源，而是来自赋"精"的"为物"功为。陈景元以"深远"解"窈"、以"寂然"解"冥"，认为"寂然"为不动之貌，其中"蕴乎纯粹之精"。"道之为物"，何尝无动？"窈兮冥兮"，是功用不测的莫见；"其中有精"，是"精"由道而分有，从其潜有言可谓"蕴"。"纯粹之精"，揭示其为构物的本原因子。吕惠卿以《庄子》文句解之，认为"窈冥"是"神之又神"，"神之又神而能精"，它是"不测则神"。王雱指出，"精"为"物生之始"，"前称象物，道之具体。道体既具，乃生万类。"万类所出以"精"，然"在深妙不测之际"，故为窈冥。"其中有精"，在于揭示万物赖以生成之"精"的来源；"窈兮冥兮"，在于揭示恒道在"为物"赋予"精"中的不测难识。宋徽宗以"窈"为"幽之极"，以"冥"为"明之藏"，前者况"为物"实存样态，后者况认知视像摹态。《老子》正是以遮蔽而又揭蔽的思维揭示"道之为物"的样态。然以"精"为"天德之至"，又杂儒家之说作解。"天德"相当于《老子》"德畜之"之"德"，"道生一"之"一"。范应元认为，"道既不可以有无言之，则幽微冥昧矣。然而中有至精也。"恒道"为物"固然既不可以"有"言之，也不可以"无"之，然可以"有无一体"言之。"幽微冥昧"和"中有至精"，是"有无一体"的玄妙质性。这里的"至精"，是"有物混成"，万物赖之以生成。吕知常云："精者，经纬万方，妙乎一身"。"其中有精"的"精"者之妙，在于能构成万物，非是"经纬万方"。《老子》的"窈兮冥兮，其中有精"思想，是从万物以精气构成的实在效验，推知、追溯恒道"为物"的原始分有、赋精的微妙不测机制。

道 与 物

（四）"其精甚真"

"精"之所以"甚真"，在于"其中有信"。"信"以效验见，在于恒道"自今及古，其名不去，以阅众父"。万物有生有成，所生所成必有所本，它本自"道之为物"。通过万物的生成，可以验证恒道"为物"中"有精"的"甚真"。这里，暂不对"其中有信"进行解说，留待后论。前面在解"真"的字义时，已明确指出它具有"确实"、"真确"的意义，同时还有"妙真"、"至诚"涵义。"真"是"精"的确有，也是"精"的真纯。"甚真"者，揭示"精"的"独真"，它在恒道的"为物"中显现为"至诚"、"自然"，用《中庸》语是"为物不贰"、"生物不测"，以《老子》思想言是"独立而不改，周行而不殆"。《老子》"为物"恍惚思想，在《鹖冠子》中亦有所体现。"天，文也；地，理也。月，刑也；日，德也。四时，检也。度数，节也。阴阳，气也。五行，业也。五政，道也。五音，调也。五声，故也。五味，事也。赏罚，约也。此皆有验，有所以然者。随而不见其后，迎而不见其首。成功遂事，莫知其状。图弗能载，名弗能举。强为之说曰：芴乎芒乎，中有象乎，芒乎芴乎，中有物乎，窅乎冥乎，中有精乎。致信究情，复反无貌。"（《夜行》）天地有文理，日月为德刑，四时有检式，度数有制节等，皆信而有验。成功遂事"有所以然"，则"其精甚真"。随迎不见后首，"莫知其状"、"名弗能举"，是"窅乎冥乎"。"芴芒"，是恍惚。其中有"象"、"物"和"精"皆是"甚真"的内涵。因为有"精"然后成象、成物。因其信验以究其情实，故"无貌"中"其精甚真"。

再看注家之解。河上公解"其精甚真"为："存精气，其妙甚真，非有饰也。"以"妙"解"精"的"甚真"，在于揭示"精气"为构成万物的灵性因子。然之所以为"甚真"，不在于"非有饰"，而在于无之则万物存在的真确性就无以保证。"其精甚真"，是万物真确存在的根基。王弼云："万物由之，其可得见，以定其真"。"万物由之"，是不可得见；可得见者，是万物的实在。人只能以生成的万物实有确定其"为物"之"真"，而此正是"其中有信"的内涵。在《老子》看来，"精"不可见，因为"精"相当于"道生一，一生二"之"一"，它是构成万物的至微至妙的因子。如果以"精"为可见，则为精、粗相对的形物，就没有无不因、无不由的神妙质性。"精"作为"有"之"真"，非是定在之有，而是不系于定有的无所不有。"精"若可见，就是一"物"，非具有"物物"或"造物"的能力。王弼又以为，"物反窈冥"，则为"真精之极"，然后"得万物之性定"。追溯本始，反于窈冥，然后得知"万物之性"的由以定命者，恒道赋予其存在为真。李荣以"妙体无变"为"真"，非是。"真"来自"为物"的功为不测之中，有功用则甚真。唐玄宗以"本无假杂"解"杳冥之精"的"甚真"，若以为"精"在构物上是"纯而不已"，亦可以这么说。吕惠卿以"精"为"得道之一而不杂者"，认为"天下之物，真而不伪"。正因天下物"真而不伪"，故可推知其本真为"精"，来自"得道之一"。"不杂"，一而未形，故"精"。王雱以

"精"为"形生之始",故"精无不真"。"甚真"在于"由物有失理丧精,沉于人伪故"。以"精"为万物本原因子,无不真,甚是。然"甚真"非相对"人伪"言,而是相对于精物言。精物实存、可见,人人信其真,然"其中有精"是无形之"精"。人往往以莫见而不得以为真。实则,恒道无形,然一切真确存在物皆由以生成,故为至精。一物之真,是定存之真;恒道"为物"的"甚真",是成就万物之真。李嘉谋指出,"有中之有"是"有之粗者",众以为有而不知"有本不实",不能"有中反无"。"无中之有",人不知其"无中反有",实则是"无中无不有",故为"有中之真"。执著于有,是定有之真,如精米之物;"有中反无"是得"无不有"之真,非实物而真有,如精气。"有中之真",是万有之原,成遂一切真有。以至精存在"无"能生万有,故为"无中无不有"。范应元以"至精无妄"为"甚真",然恒道"为物"是"善始且善成",因物付物,何尝有妄?以人言,方有"妄"。人为物灵,得道之真,故本心"真实无妄,凛不可欺"。然"道心惟微,人心惟危",故能于日用之间"徇乎自然之理",方能"真实无妄"。吴澄以儒家的"冲寞无朕而万有森然已具"况"道之为物"的"其精甚真",固然二者在思维上具有同构性。"冲寞无朕",正是"窈兮冥兮"的"混而为一";"万有森然已具",正是"有物混成"的"其中有精"。恒道潜备大全,故能在"为物"中神用莫测难见,"其精甚真"。薛蕙认为,"道之为物",初无形状可见,虽无形而其中"实有物甚真",它是"极真实而无伪"。"实有物",是"其中有精",非是有具体存在物。"甚真"是无朕之真的"极真实",而非是存在物的"极真实"。

《老子》"道之为物"的恍惚、窈冥说,类似于现代模糊理论和黑箱理论。模糊理论认为,在大自然的信息世界中,对许多事物、对象的客观属性和特征的认识,不能简单以"非此即彼"的方法来描述。事物的存在样态应是"亦彼亦此"。对《老子》恒道的认知,也不能采取"非此即彼"的方式,不能以形式逻辑的"矛盾律"进行解读。《老子》的认知模式更近于黑格尔的辩证思维。在"为物"的恍惚、窈冥中"有物"、"有象"和"有精",它是"有无一体","无"中有"有","有"中有"无"。只有以这样的模糊样态,才能揭示恒道"为物"的存在质性。黑箱理论认为,对既不能打开内部,也不能从外部直接观察内部状态的系统,只有借助分析其与外部存在之间的输出入信息,才能解开系统内部的奥秘。恒道也是如此,只有借助其所为之物,才能揭示其内在"有无一体"的质性。"恍惚"、"窈冥"揭蔽着恒道生成万物过程和样态在人视境中的摹态,或者说是强名的"映像"。在"道之为物"的过程中,其中有"物"、"象"是其中有"精"的进一步分化、展开。在逻辑结构上,前者相当于"物形之",后者相当于"德畜之"。它们皆通过万物的实存和解构,然后推知"为物"的所以然和构造逻辑结构。就恒道生成论的思想价值,陈鼓应指出,"老子关于宇宙创生的说法,在思想史上也是具有重大意义的。'道'的预设,破除了神造之说;他说'道'为'象帝之先',他不给'上帝'留下地盘;他说'天法道,道法自然',人格

神的观念在他哲学的园地上销声匿迹；他说'天地不仁，以万物为刍狗'，他这种自然放任的思想，把人从古代宗教迷信的桎梏下彻底地解放出来。"（引自《老子注译及评价》，第43-44页）固然，《老子》提出了客观性的宇宙生成、自然观，然更为重要的是建构了一个以自然形态出现的、博大无私的道德境界、人格理想，从而提升了人在宇宙或世界中的地位和价值。《老子》生成论对后世影响很大，《易纬·乾凿度》、《淮南子》、王充的元气生成论、郭象的自然生成论以及邵雍数的法则宇宙论，周敦颐"无极而太极"宇宙生成论，张载、王廷相的"太虚之气"生成论，程朱的理气生成论，还有刘宗周、黄宗羲和王夫之的气化生成论等，在这些宇宙生成学说中无不看到深受《老子》思维模式影响的痕迹或影子。

最后，对本节内容作以简要概述。《老子》企图在绵绵不绝的生物、"为物"过程中揭示其如何造物的存在质性，揭蔽从"有物混成"实现为"道通为一"世界存在的本原机制和逻辑环节；在生成万物的过程中展现"道之为物"的玄妙意蕴，恍惚中有象、有精，窈冥中有精，其精甚真有信。这里，蕴含着功成弗居，有无一体的思维玄妙性，进一步揭示作为微妙至神存在的质性。在构成现实存在物的过程中，彰显其内在的潜有、大全，证验着"自本自根"的无限潜能。"道之为物，惟恍惟惚"思想，与"道生一，一生二，二生三，三生万物"和"道生之，而德畜之，物形之，势成之"共同成为恒道生物、造物的生生所以然，三者相互涵摄、互相印证，体现着思想的深邃和思维的高深。

第十章　有无一体

　　前面在揭示恒道存在的质性上，曾提及它是无限与有限、无名与有名等关系的统一，又在诠释"有物混成"、"有生于无"、"道之为物"等观念时揭示其"有无一体"的思维内涵，但皆侧重于揭示潜有之"无"与现实之"有"的生生玄妙关系，并未就恒道功为存在有、无"共存"、"互摄"质性进行揭示。这里，重点就其无欲与有欲、无极与太极的统一质性进行诠释，至于无为与有为的统一关系留待专章阐释。

第一节　妙徼互摄

　　《老子》提出，恒道存在是"无欲"与"有欲"的统一，它既是"有无一体"，又是"有无互摄"。恒道之"欲"体现着功为上的价值取舍，"有欲"是作为、功为，重点体现在生成、养育、运化的作用上；"无欲"是无为、无有，重点体现在不恃、不宰和无名等质性上。只有揭示出"无欲"与"有欲"的统一性，方能理解把握"玄之又玄"的玄妙性，揭示其功为存在为揭蔽与遮蔽的统一质性。

一、文字校解

　　《老子》第一章云："常无欲，以观其妙；常有欲，以观其徼。"帛书《老子》甲本"妙"写为"眇"，乙本此字缺损。甲、乙本"徼"均写作"噭"。"常"字写为"恒"。在断句上，帛书本"欲"字后皆有"也"，按照古文断句惯例，有欲、无欲应是相对而言，王弼本即以此断句。司马光、王安石、范应元等以"无"、"有"断句，将"欲"作为情态状词或认知心境用意。这样断句的依据在于《庄子》有对老聃思想"建之以常无有"的评说，认为其是以有、无对言。前面解读过"常无有"的涵义，在那里把"无有"作为一个统一词汇来把握，其思维方式为《老子》所谓的"与物反"。"常无有"针对"常有"言，它以"常有"为前提。《庄子》评述的立意角度是根据老聃的"玄德"思想，"常无有"为自然之德，"生而不有"。无为、无名、无执、无味等皆是"常无有"的具体化。假如依"有"、"无"断句，言"常无"尚可，而"常有"则与"生而不有"等思想背离。朱熹指出，"向来人皆作'常无''常有'点，不若只作'常有欲''无欲'点。"（引自《朱子语类》第八册，中华书局2004年版，第2995页）他认为，正如"有名"、"无名"断句一样，以"无欲"、"有欲"断句为

是。今以有、无为句，非是老子之意。出现有、无断句的原因，是看到《老子》对"有欲"观念持排斥、否定的基本态度。然在《老子》文本中，并非一概否定"欲"，而是强调对"欲"的节制和调理。如果否定恒道之"欲"的实有，就会将其生生质性消解掉。

（一）"欲"与"谷"

"欲"者，楚简《老子》写为"谷"，可见"欲"的本字为"谷"。"谷"者，有生机不息的能力、趣向，加"欠"表示因不足以求满足，是"盛德若不足"、"大成若缺"的思维意蕴。"欲"者，多指因欠缺而意欲什么，将要索取什么，有所欲为，进而表示一种求取、获得的愿望、情感倾向和将要采取的意图、意念，它并非仅仅是贪求、营取私利的情欲。"欲报之德，昊天罔极！"（《诗·蓼莪》）"欲"者，为意欲、愿望、想要。即使是欲望之"欲"，在先秦思想中也非仅是贪欲的负面涵义，而是中性的词义。"富与贵是人之所欲也，不以其道得之，不处也。"（《论语·里仁》）以道得欲，是正面意义。"七十而从心所欲，不逾矩"（《论语·为政》）。"从心所欲"，是欲无不可。可见，善恶并不在于欲，而在于欲是否有道德以节度、规矩。"人生而静，天之性也。感于物而动，性之欲也。"（《礼记·乐记》）性之"欲"是一种情态取向，非贪欲之欲。好恶无节于内，人化于物，则"欲"方是贪欲，"灭天理而穷人欲"。"欲"并非一概为恶，只有物欲贪婪方是恶。《说文》云："欲，贪也。"趣向恶的情欲、物欲方为"贪"。对善的追求同样是"欲"，"可欲之谓善"（《孟子·尽心下》）。佛教东传之后，因为佛教要求灭一切识、一切欲念，故"欲"逐渐变成负面的词汇。对儒道思想言，离却"欲"何有道或天理？汉儒董仲舒云："天意有欲也，有不欲也。"（《春秋繁露·必仁且智》）"天意"是人格化的天，它是"有欲"、"无欲"的一体存在，前者是欲仁爱，以助万物，保佑生灵；后者是不为害人，灾异、谴告不过是止乱救亡的有欲。即使是大谈"存天理，灭人欲"的朱熹，也并非一概否定"欲"的存在。他指出，"人欲中自有天理。"（引自《朱子语类》，中华书局2004年版，第224页）欲有私欲，有公欲。公欲，是仁义之理，在《老子》是"有道"。戴震指出，先儒并非否定"有欲"，而是反对"放于利"的私欲、贪欲。"性，譬则水也；欲，譬则水之流也；节而不过，则为依乎天理，为相生养之道，譬则水由地中行也；穷人欲而至于有悖逆诈伪之心，有淫泆作乱之事，譬则洪水横流，泛滥于中国也。圣人教之反躬，以己之加于人，设人如是加于己，而思躬受之情，譬则禹之行水，行其所无事，非恶泛滥而塞其流也。恶泛滥而塞其流，其立说之工者且直绝其源，是遏欲无欲之喻也。'口之于味也，目之于色也，耳之于声也，鼻之于臭也，四肢之于安佚也'，此后儒视为人欲之私者，而孟子曰'性也'，继之曰'有命焉'。命者，限制之名，如命之东则不得而西，言性之欲之不可无节也。节而不过，则依乎天理；非以天理为正，人欲为邪也。天理者，节其欲而不穷人欲也。是故欲不可穷，非不可有；有而节之，使无过

情，无不及情，可谓之非天理乎！"（引自《孟子字义疏证》，中华书局 2008 年版，第 10-11 页）天理从人欲中来，否定人欲何来天理？天理是适宜有节的人欲。天理不过是节欲使无过情，又无不及情者。"无过情"是"欲不可穷"，"无不及情"是欲不可无，二者适中各得其宜。宋儒立天理、气禀之说，将理与欲分隔，故存天理、灭人欲。今本《老子》云："物或恶之，故有道者不处。"而帛书《老子》则将"有道"写为"有欲"，文为"有欲者弗居"。"有欲"者，是有道之欲。自河上公始将"有欲"改为"有道"，已削弱、淡化了"有欲"的正面涵义。再从《老子》言"欲"的文义看，既有中性用法，表示意欲、将要的情态。它可用于肯定，如"将欲取天下而为之"、"将欲歙之"、"化而欲作"、"欲兼畜人"、"欲上民"和"欲先民"等，也可用于否定，如"不欲盈"、"不欲琭琭如玉"、"不欲见贤"等。又有欲望、意欲的否定性用法，如"不见可欲"、"恒使民无知无欲"、"不欲以静"、"罪莫大于可欲"、"咎莫惨于欲得"和"我无欲而民自朴"等。还有肯定性的欲求用法，如"两者各得所欲，大者宜为下"、"欲不欲"、"有欲者弗居"等。分析来看，倾向否定性的"欲"，所指的皆是五色、五声、五味等享乐物欲，以及功名、利禄执恃之类。从"为之于未有，治之于未乱"的思维角度看，《老子》文本宗旨是：从防微杜渐入手，从清除私心杂念切入，从摒弃外在物欲诱惑着手，以摒弃贪心妄为为关键，然后确立恒德自然、无妄不宰的人格价值。"少私寡欲"，是强调对人欲的节制。凡予以节制的欲望，都是需要进行管理节制的利欲需求，因为人人的欲望无穷，而现实物资有限、无法满足，解决这个矛盾是建立社会调节机制的主要课题。更何况人的欲望还有沽名钓誉、自伐自执的功名、权势之欲。对恒道生生之欲，何尝能否定之？如果无"欲"，恒道作为存在怎么显示其"生之畜之"等生生之意？世俗的名利欲是道心所否定的，而万物赖之以生的恒道生生之欲则是圣人所肯定、效法的。"信盈天地，同出而异性，因生其所欲。"（楚简《恒先》）陈鼓应指出，此文是战国时期老学发展之作，并认为《恒先》重视"性"的殊异性，"如此在生命来源的共同基础上，人与人有相互了解及沟通的可能。而在尊重差异性的前提下，则能避免固定的模式化，使人人都有自由发展的可能。"（引自《楚简〈恒先〉之宇宙演化论及异性复欲说》，载《老庄新论》，商务印书馆 2008 年版，第 133 页）"因生其所欲"，是肯定"有欲"的存在。历来注家解"欲"产生偏差的原因，是多将其解为人的名利欲望或贪念欲想，没有看到"欲"的生机灵动倾向和实存价值。干昌新指出，"对欲念要一分为二，使人们有所舍求。"对正当的欲，如美好理想应提倡发扬。《道经》第一章的欲，指"修炼者增强生命力使生命升华的美好愿望和理想"。（引自《破译〈老子〉祖本》，中央编译出版社 2008 年版，第 59 页）虽然其解说未必恰当，然正确看到了"欲"的两面性，它有向善的一面。

　　注家对"欲"的解说，历来歧义多呈。一为欲念取向。河上公云"人无欲"、"有欲之人"，将"欲"解为欲念、欲想。苏辙解为"将以"，林希逸解为"要如此究竟"，范应元解为"欲要"，它们皆是具有外在趋向的心理情态。二为心识心境。王弼注"无

欲"为"太虚"，解"有欲"为"欲之所本，适道而后济"。两"欲"字皆为认知的心理状态，前者为"虚静"心境，后者为"道欲"心识。成中英认为，"常无欲"是"心无挂碍而无主观的是非利害之心"，它跳出名言和概念之束，而直接"体察道之始"，故"常无欲"中包含"常无名"和"常无知"。（引自《中国哲学中的方法诠释学——非方法论的方法论》，载《成中英文集》第四卷，湖北人民出版社2006年版，第306页）以"无欲"为认知行为的"空灵"心境，它无欲念的遮蔽。王安石、薛蕙等以《易经》思想作解，"无欲"是"寂然不动"，"有欲"是"感而遂通"。三为"生心"。陈景元解"欲"为"逐境生心"，揭示心因境生识。他认为，"无欲有欲，即道之应用也。"以道为用，则生心识。四为"性德"。何新认为，"'常无欲'、'常有欲'，则言人欲而关乎性德，非言天道也。"（引自《老子新解》，北京工业大学出版社2007年版，第86页）"性德"寓于人欲之中，是心之取舍。《老子》正是以此揭示恒道有欲、无欲一体的玄妙质性，非是"非言天道"。

（二）"妙"与"眇"

"妙"者，帛书《老子》写为"眇"。"眇"字有七义：一为目小，指谓视觉上的偏盲。"眇能视"（《易·归妹卦》）。"眇能视"者，"不足以有明"（《履卦·小象》）。目有疵，故不足以明见。《说文》解"眇"为"一目小"。《释名》云："目眶陷急曰眇。眇，小也。"引申为一目或双目失明。二为细视、审视。"离娄眇目于毫分。"（《前汉书·班固答宾戏》）离娄之明，能察于毫分。三为微小不见。由感官上的目小、细视进而形容外在之物的微细、莫见。王夫之云："微，妙也。妙者，有'细'意，故借为小也。细小者，殆于无，故又借为无也。"（引自《说文广义》，载《船山遗书》第五卷，北京出版社1999年版，第2736页）微妙，近于无形。四为深远、高远。"藏其身也，不厌深眇而已矣。"（《庄子·庚桑楚》）"深眇"者，远匿不见于世。"俛杳眇而无见。"（《史记·司马相如传》）"杳眇"者，远视之状。"眇然绝俗离世"（《汉书·王褒传》）。颜师古云："眇然，高远之意。"，"志眇眇而临云"（《文选·文赋》），志向高远凌云。五为神妙。古无"妙"字，今本写"眇"作"妙"。"王者仁眇天下，义眇天下，威眇天下。仁眇天下，故天下莫不亲也；义眇天下，故天下莫不贵也；威眇天下，故天下莫敢敌也。"（《荀子·王制》）"眇"是神妙。"神也者，眇万物而为言者也。"（《易·说卦》）"眇万物"者，神化莫测。六为"杪"。马叙伦案：妙为"纱"字之伪，字当作"杪"。《说文》云："杪，木标末也。""杪"者，亦有细小之义。七为消失。何新认为，"妙，渺也。消失曰渺"。（引自《老子新解》，北京工业大学出版社2007年版，第86页）。从"妙"本字以及内涵看，"眇"原指人的一种视力上的残疾，后转言视力的一种状况，借以形容人的一种认知样态。由此引申为外界存在的微小形态。眼睛之小、事物之微、视界之限，是同一认知行为或事件的"三位一体"构成。《老子》借感官"眇"来揭示本体恒道存在的独特质性，其中蕴含深刻的意义，

澄明出其为揭蔽与遮蔽的统一。无欲之"妙"以有欲之"徼"为前提，正如神妙以事物存在变化的迹象为前提一样。只有在"徼"的存在中，才能界定"妙"的涵义。刘昼云："妙必假物，而物非生妙。"（《刘子·言苑》）"妙"假物而生，非假于物则无"妙"。物本身非"妙"，"物物"方为"妙"。"妙"在生物、造物之中，品物的丰富多彩、神奇莫测方可谓之神妙。物以彰"妙"，"妙"见于物的生成之中。恒道微眇，虽不可见闻，然非不存在，非不可体会、认知。刘劭云："微忽必识，谓之妙。"（引自《人物志》，载《魏晋全书》第一册，吉林文史出版社2009年版，第437页）无以认知者，不可谓之"妙"。

　　注家解"妙（眇）"涵义多歧。河上公以"妙"为"要"，它是关键之要。在解"众妙之门"上，认为是"道要之门户"。对《老子》来说，"妙"的本旨在于揭示恒道存在的微妙质性，作为"道纪"和建之以"常无有"者又是道术之"要"。王弼以"妙"为"微之极"，认为万物"始于微而后成，始于无而后生"。以"妙"为万物之始的潜在状态，失去了它的玄妙性。成玄英解为"精微"，类此。恒道之"妙"意义深邃，可以目眇揭示其不可闻见，可以微妙揭示其无形可状，可以精妙揭示其生物灵动，可以奇妙揭示其迥异常识，可以神妙揭示其生物不测，可以巧妙揭示其造物神奇，可以奥妙揭示其深藏精妙，可以要妙揭示其为关键根本，可以绝妙揭示其无以匹配。"眇"与"妙"原为同字，然葛洪给予了区别分用。"玄者，自然之始祖，而万殊之大宗也。眇昧乎其深也，故称微焉。绵邈乎其远也，故称妙焉。"（《抱朴子内篇·畅玄》）以"眇昧"为深微，以"绵邈其渊"为"妙"。前者以言形状不可视见，后者以言功用不测。"妙"来自"眇"，它是有无一体，"因兆类而为有，托潜寂而为无。"成就"兆类"显为"有"，然"潜寂"窈冥则为"无"。"方而不矩，圆而不规。来焉莫见，往焉莫追"，揭示其窈冥莫见。"乾以之高，坤以之卑，云以之行，雨以之施"，揭示其功用神妙。"妙"在功用不测之神中。道之为物，"至神以妙"，其为功"至强以大"（《潜夫论·本训》）。在"为物"上"至神以妙"，正如《易》所谓的"妙万物而谓之神"。功用强大至极，是神而不测，故为"妙"。因"神"而"妙"，"妙"者涵"神"。神功自在而妙。恒道无功用之神，无生生不测的万物征见，不可谓之"妙"。妙在物徼之中，无物以见其功亦不可言之。"妙"在不测之状中。刘劭云："尤妙之人，含精于内，外无饰姿；尤虚之人，硕言瑰姿，内实乖反。"（引自《人物志》，载《魏晋全书》第一册，吉林文史出版社2009年版，第441页）"尤妙"者，外无饰姿，故无定容，不可拘识。内精于妙，故无定体。"尤虚"者务虚执虚，既外有"硕言瑰姿"的禁锢，何尝有真虚内实？众人之所贵，"各贵其出己之尤，而不贵尤之所尤"。（同上页）"尤之所尤"，是因其尤之所尤而尤，而"出己之尤"则自恃于己之尤。"出尤之人，能知圣人之教，不能究之入室之奥也。"（同上页）圣人之教，是可言之道，可名之名。"入室之奥"，则是奥妙玄理。就"玄"与"妙"的关系，郭象在注《庄子》中云："然则体玄而极妙者，其所以会通万物之性而陶铸天下之化。"（《逍遥游》注）

"玄"言道体，"妙"言功用，二者同况恒道存在质性的"有无一体"。"会通万物之性"，是玄览；"陶铸天下之化"，是妙化。又云："巧者，为之妙耳；皆自尔，故无所称巧。"（《天道》注）以"妙"解"巧"，二者义通，故为"巧妙"。"为之妙"，是独化之妙。

（三）"噭"与"徼"

"观其徼"之"徼"字，在不同版本中出现了用字不一，高明对此作过详细的校订（参见《帛书老子校注》）。归纳起来，有以下诸种写法。一为"噭"。帛书《老子》写作"噭"。《说文》云："噭，吼也。一曰噭呼也。""啼极无声楚，谓之噭咷。"（《扬子·方言》）严灵峰指出，用为"噭"字尤不可通，"吼声可用耳'听'，安可以目'观'之乎？"高明认为，古人用字义宽，书多假借，不可一概否定。二为"徼"。王弼等本多写作"徼"，河上公解为"归趋"，王弼注为"归终"。陆德明、陈景元、司马光、陈象古、王夫之等以为"边际"。何心山认为是"归宿之义"。"徼，德之归"（《晏子春秋》）。"死也者，德之徼也。"（《列子·天瑞》）古者谓死为归。朱熹云："徼是那边徼，如边界相似，说那应接处。"（引自《朱子语类》第八册，中华书局2004年版，第2995页）焦竑认为，应读为边徼之"徼"，为"物之尽处"。蒋锡昌云："《说文》：'徼，循也。'段《注》：'引申为徼求。'"陈鼓应解为"端倪"。何新解"徼"为"继"，"继，接，交接，交替。"（引自《老子新解》，北京工业大学出版社2007年版，第86页）"徼"作为后继、交替，是连续。三为"窍"。马叙伦案："徼当为窍，形近而伪。"《说文》云："窍，空也。"王畿引《老子》云："常有欲以观其窍"。（引自《王畿集》，凤凰出版社2007年版，第389页）正是以"徼"为"窍"。薛蕙等以"敫"为偏旁，认为本字为"竅"，意为孔窍。四为"曒"。敦煌《老子》甲本写作"曒"，为显明之义。又或写为"皎"，意谓纯白、清亮和清晰。此外，还有认为应写作"傲"字，"傲倖"同于"侥幸"。注家之解有共通之处在于有迹象、边界、归趋可以见知。

《老子》以"常无欲"与"常有欲"对文，后面"妙"与"徼"（或噭等）也应为对文。妙（眇）既为"小"、"微"和"隐"，则"徼"（或噭等）应具有"状"、"明"等义。从《老子》第一章看，有欲、无欲是恒道的统一存在性，而非言认知心境，故不可将其解为人的主观意识状态。对于恒道来说，如果执着于有欲一面、或执着于无欲一面，都不能揭示其玄妙质性。在言"有欲"、"无欲"之后接言"同出而异名，同谓之玄"。"同出"，揭示同来自于一个绝对本体。帛书《老子》在揭示恒道的功用上，就以"万物归焉而弗为主"为"恒无欲"，并认为"可名于小"。而"恒有欲"就"可名为大"。"万物归焉"，则功用至大。恒道强名为大，因为"可以为天下母"。恒道只有"恒有欲"，方能生生不息，"生而不辞"，善利万物，达到"道冲，而用之或不盈"的"万物归焉"之效。"恒无欲"，是"弗为主"，故可名为"小"。在当

时流俗价值观看来，弗宰即是"小"。这里的"小"，在于揭示恒道生而"弗有"，为而"弗恃"，成功"弗居"等不居"有"之谓。"恒无欲"与"恒有欲"作为一体两性，二者同归于"万物归焉而弗为主"，统一于恒道的存在质性之中。"妙"在于澄明恒道生物不有、长而弗宰等"无"的存在质性。而"徼"（或噭等）必用来况谓恒道虽自然无形却生化万物的功用之"有"。功用之"有"，体现在万物归往之中。《老子》曰："执大象，天下往。"从此逻辑推演看，徼（或噭等）必然为"归往"，故以"徼"字为优。物之归往，必有依赖者或寓存者，它是存在的家。"夫物芸芸，复归其根"的依归者，是"万物恃之以生"者。作为万物归往者，必是具有生生功用的存在"有"。然它又必是"生而弗有"，运无有积之"有"，"帝道运而无所积，故天下归"（《庄子·天道》）。认知恒道"恒有欲"之"有"，在于揭示万物归往的趋向。恒道在"为物"中虽恍惚、窈冥，然必有物、象、精、信，固有征兆、迹象。恒道"恒有欲"，固有生畜、化育、亭毒、遂覆等功用之大。由生物功迹显明其"存有"，澄明、揭蔽其存在。可见，噭、徼、曒三者具有共通的证验涵义。从"万物归焉"揭示恒道存在之"有"，则以"徼"字义为佳。

二、文句解析

在揭示《老子》"恒无欲，以观其妙；恒有欲，以观其徼"思想玄妙质性上，多数注家因淡化、否定"有欲"，故不能正确揭示《老子》恒道"恒有欲"的观念。从一定意义上说，对"有欲"的肯定、坚持，具有重要的价值意义。它关涉到《老子》思想是偏于寂静的空无观，还是持动静相济的生生观？如果以为"寂静"，就将陷于无为、畏缩和逃避的消极行为观。从《老子》全书看，恒道何尝空无无为？恒道不为，万物怎么产生、生存、成长？《老子》大谈生长化育之功，并非提倡无所作为。同样，《老子》何尝反对"有欲"？《老子》云："生而不有"、"圣人为而不争"、"圣人不积"等，皆在于肯定博爱精神、有所施为，所反对的只是自私自利和私有固执。《老子》以"有欲"、"无欲"为恒道一体存在质性的根本宗旨在于，前者用于揭示恒道生万物，养万物，自然生生不息的功为能力、趣向；后者用以揭示它不恃有、不为宰、不干涉、不居功、不欲贤等无为、无有质性。

兹举要几家注解以为评述。河上公云："人无欲以观道之要。有欲之人观世俗之归趋。"以人的两种心境来解"无欲"、"有欲"，前者是观道妙要的前提，后者是世俗观归趋的"前识"。二者所观者迥异，然在《老子》所观者为同一个存在恒道。王弼以为，万物始于"微"、"无"而后生成，故常"无欲太虚"可以观"始物之妙"。"始物之妙"是恒道为"万物之母"、"天下有始"的微妙。从其本原"为物"的恍惚幽冥上看，固是"无欲太虚"。从认知上言，观本始生物之妙，必要以"常无欲太虚"为心境。恒道作为本始存在，其"无"是"太虚"，观之必以同样的心境。正如"有之以为利，必以无为用"一样，欲以"常有欲"观"终物之徼"，必须恃本以"适道而后

道 与 物

济"。"终物之徼",是成物之实。"常有欲"观之,必以"适道"为本。此非能揭示恒道"无欲"、"有欲"的存在一体性。成玄英认为,人常能"无欲无为、至虚至静",则能近鉴己身妙道,远鉴至理精微。若不能"无为恬淡,观妙守贞",而妄起贪求,肆情染滞,则只能适见"世境之有",惟睹死生归趣,故不能体知"即有之空",不察妙理精微。此是以"禅观"的心识作解。唐玄宗指出,人生而静是天性,感物而动是性欲。若能"常守清静,解心释神,返照正性",则观乎妙本;若不正性,逐欲而动,"性失于欲,迷乎道原",欲观妙本则只见边徼。前者是"静观",后者是"前识"。"性失于欲",是本性之失;"迷乎道原",是心识之迷。只见边徼,是执于形"有";欲观妙本,则以"有"见"无",知其"有无共在"。陆希声认为,皇者"顺物之理",因其无欲而守以清静;帝者"适物之变",因其有欲而行以节文。前者是"微妙玄通",后者是"动以照事"。二者殊途同归。恒道与万物同体,"道通为一"。若以"观"言,"以道观之"是"以天下观天下"。"微妙玄通"是玄览境界,"因物鉴物"是静观道术。清静则与物无违,适物则循于变理。皇帝之为是法道而为,间接可证恒道存在质性。在《老子》思维,"有欲"是"为物"不息,故万物归;"无欲"是虽生生而"不有"、"弗恃",功成而"身退"。司马光认为,圣人常"存无不去",欲以穷神化精妙;常"存有不去",欲以立万事边际。以有、无断句解,非是。即使以有、无言,言"存无不去"是物物而"复归于无物",生物不测,固是神化精妙。言"存有不去"只能是功成恒为,其用不可既。若立万事边际,则背离"生而不有"意旨。王安石云:"非有则无以见无,而非无则无以出有。有无之变,更出迭入而未离乎道,此则圣人之所谓神者矣。"以有无一体解妙徼并得,虽揭示出恒道兼具无、有的存在质性,但并未把握"无欲"、"有欲"的真谛。王氏又以《易》说解,认为圣人常以"无思无为"以观其妙,常以"感而遂通天下之故"以观其徼。"无思无为"、"感而遂通",寂感一体,是《易》的体用一体属性,犹如"未发之中"与"已发之和"的先后、本末关系思维结构。恒道"无欲"固是本体"无为","有欲"固是功用"周行",然二者揭示的是功用实存上"有为"与"无为"的同时共存质性。在《老子》思维,"有欲"与"无欲"是同一个功为上取舍关系,既有所取又有所舍,一体两向。它不同于寂感一体的思维结构。陈景元以"虚无之道"的"无欲"为"寂然不动",以"有欲"为"感孕万物",认为无欲观妙是"守虚无",有欲观徼是"存思"。以"无欲"、"有欲"断句对言,固是。然"无欲"是功为上的价值取舍,伴随"有为"而生。"无欲"是不宰不恃,非是"寂然不动"。"有欲"是假万物以揭示其生生不息的存在质性,因为万物是恒道的功迹。"感孕万物"是功为,只能从"万物归焉"的功迹中见显、揭蔽。以体道境界言,以无欲观妙非是固守虚无,而是体验"生而不有,为而不恃,长而不宰"的"玄德"。以有欲观徼非是"存思",而是在万物归往的趣向、功迹中揭蔽生生之德。吕惠卿以"无欲"为"涤除玄览而无疵",亦是从心境上解说,然依据《老子》"万物归焉而弗为主"思想,认为"徼"是"万物并作而芸

芸"，则深得《老子》之意。在万物芸芸并作的趋势中，可以推知恒道的"有欲"。苏辙从圣人"体道以为天下用"角度作解，认为"观其妙"是"入于众有而常无"，"观其徼"为"体其至无而常有"。虽非直接揭示恒道存在质性，然对"妙"、"徼"的解析，正确看到了它们的"玄"性。"无欲"之"妙"，正是在生成万有中"生而不有"、"为而不恃"，功成弗居；"有欲"之"徼"，正是在成遂万物的"物物"中推知本源绝对本体存在为"无物"、"无状之状"。陈象古以"无欲观妙"为"本极始"，"有欲观徼"为"明其终"，认为二者为一。"欲因物而生，物尽欲极，则至于无为"；"欲及乎边际，极而无所更往"。以《老子》思维言，恒道"为物"的每一个功为固然有其始终。"妙"作为"本极始"，是见其功成不居的恍惚无物、至神不测；"徼"作为"明其终"，是从功成结果的迹象中见证"无欲"之"妙"。恒道"有欲"在"为物"中，故"因物而生"；"物尽欲极"，是无为而无不为，非是极于边际而无所更往。王淮云："常于'无'处以观照道体之深微：微妙玄通，深不可识。常于'有'处以观照道用之广大：四方上下，无不穷尽。"以观道体、道用揭示的是有无一体，而非是功用上"有欲"与"无欲"一体。功用"无欲"，是"复归于无物"，固然微妙，然非是"深不可识"。若如此，何以言"常无欲以观其妙"？"微妙玄通"，是善为道之境，固然体于其无欲与有欲统一的要妙。道用之"有"，非是定有，而是无所不有，其用"不可既"。恒道的"恒有欲"，体现于其功为的不间、不息、不测之中。固然，《老子》的绝对本体"无"是"无欲"、"无为"等质性的抽象、涵摄统一，恒道之"有"是"有欲"、"有为"的抽象、统一。然"无欲"、"有欲"具有特定内涵，不可泛以"无"、"有"解之。王道认为，"无欲"是"心之本体"，"一真自如，万境俱寂，湛然如太清之无云，莹然如明镜之无尘，故谓之妙。"有欲"是"心之大用"，"随感而通，因物而应，灿然如星躔之不紊，沛然如川流之不息"，故谓之徼。以《中庸》中和思维言，"妙"是"喜怒哀乐未发之中"，为"天下之大本"；"徼"是"发而中节之和"，为"天下之达道"。以《易》寂感思维言，"恒无欲"是"感而寂然之体未尝往"，"恒有欲"是"寂而应用之妙未尝息"。以《中庸》和《易》思维解《老子》，不可不予以辨析。《老子》"恒无欲"，"恒有欲"的一体之妙，固然既是道性，也可以转化为德行，集中体现在有无一体的"玄德"之中。从心体"玄德"言，"无欲"是为而不恃、不宰的"无以为"，功成而身退。"有欲"是"为物不贰"、"生物不测"的功为不息不测。"太清之无云"、"明镜之无尘"，正可揭示功为"无欲"的不容己私。然它是静中有动，为中有不为，非是"万境俱寂"的湛然、莹然。"星躔之不紊"、"川流之不息"，正可揭示功为"有欲"的生生不息、无有差忒，然它是动中有静，"为物不贰"，为则循理不妄，"因物而应"，灿然、沛然内在其中。"徼"是从功效言，非从功为言，只能在功效中揭示恒道的功为。既然恒道的"恒有欲"、"恒无欲"是同一功为的同时取舍，就不可以《中庸》中和的未发、已发先后思维皆之。若对应《老子》思维，中和一体思维是"心善渊"。"感而寂然之体未尝往"类于"独立不改"，"寂而应用之妙

未尝息"类于"周行不殆"。薛蕙认为，恒道常"无欲"之时，以观察其微妙，是"无思无为，复反无名"，为"天地之始"；常"有欲"之时，以观察其孔窍，是"宇宙在乎手，万化生乎身"，为"万物之母"。在《老子》中，"天地之始"、"万物之母"，是揭示恒道有名、无名的一体，非是揭示"无欲"、"有欲"的统一。前者是形无用有的无极而太极思维，后者是功为取舍的一用两性思维。"无欲"、"有欲"是同时存在，非是异时存在。"恒无欲"，固然是"为而不恃，长而不宰"的无为，也是"功成不名有"的无名。"恒有欲"，是功为、功用无时不有、无处不在，故周行宇宙，为"万物之母"。严复认为，不言"无物"而曰"无欲"，是因为"物之成必有欲者，物果而欲因"。若弃果言因，"于此等处"见《老子》精妙，则非常智之可及。以成物来自恒道的"有欲"，甚是。在生物之果中追溯、推知其因，有欲为之者。"微"体现在"万物归焉"之中，它是恒道功用"有欲"的效验。这里，严复并未揭示出"无欲"的思想真谛。

在《老子》中，恒道之欲是因万物所需而善利不辞。以"天道无亲，恒与善人"言，"无亲"是"无欲"，"恒与善人"是"有欲"。在世俗看来，生则有，为则恃，长则宰等皆是"有欲"，而恒道在有生、为、长等"有欲"的同时具有"无欲"的另一面，虽"生"却"不有"，虽"为"却"弗恃"，虽"长"却"不宰"，虽"功成"却"不居"，虽"大"却"无名"，虽"成功遂事"却"弗名有"，虽"万物归焉"却"弗为主"，等等。恒道是"恒有欲"的，它无时不生，无物不长，生生不息，为"万物之宗"。又是"恒无欲"的，它不有、不恃、不宰、不名等。依《老子》文旨，妙（眇）者揭示恒道"有欲"时实未尝为了"居有"，"有欲"中涵有"无欲"。因功成"有欲"名为"微"、"大"，因"无欲"不名有称为"妙"、"小"。"恒无欲"，从无为、无有的角度揭示恒道生成养育万物的自然质性，但"无欲"并非与"有欲"隔离，水火不容，而是相济一体，浑然不可分。妙者以揭示恒道无自名、自形、自见、自盈、自耀、自有、自宰、自恃、自伐等否定性涵义。《老子》这一思想影响深远。《庄子》将《老子》道性的"无欲"、"有欲"转换为人生的境界体验。它提出"去欲"的观念，对贪欲、名利之欲给予了大力抨击。市南宜僚答鲁侯"除患"之术云："吾愿君刳形去皮，洒心去欲，而游于无人之野。南越有邑焉，名为建德之国。其民愚而朴，少私而寡欲；知作而不知藏，与而不求其报；不知义之所适，不知礼之所将；倡狂妄行，乃蹈乎大方；其生可乐，其死可葬。吾愿君去国捐俗，与道相辅而行。"（《山木》）"去欲"是去其感官贪欲，提倡"少私而寡欲"，"去国捐俗"。所去的"欲"是"知藏"、"求报"、礼义等世俗名利，而非去其"作"、"与"等"有欲"。"与道相辅而行"，何尝不是所欲？《庄子》言"无为"，并非否定有为，而是有其特定的循道而为、不自己为的内涵。既有所为、有所欲，又有不为、不欲，二者也是一体共存。以"明王之治"言，"功盖天下"、"化贷万物"是"恒有欲"，而"似不自己"、"莫举名"是"恒无欲"。正因二者一体，故能有"立乎不测，而游于无有"

（《应帝王》）的功为境界。此类论述很多，不再赘述。《文子》对此论说更加丰富。水之为道，"恒有欲"见证于"大苞群生"、"泽及蚑蛲"、"富赡天下"、"德施百姓"之中，体现于"万物不得不生，百事不得不成"（《道原》）上。"恒无欲"体现于"无私好"、"不求报"之中。以体道行为言，"恒有欲"是"遵天之道"、"循天之理"、"与天为期"和"从天之则"的有以欲为，"恒无欲"是"不为善，不避丑"、"不为始，不专己"、"不豫谋，不弃时"和"不求得，不辞福"（《符言》）的无以妄为。明儒王畿以《老子》这一思维揭示性命之学。"'常无欲以观其妙，常有欲以观其窍'，……非老氏之言乎！观妙即未发之中，性宗也；观窍即发而中节之和，以情归性，而机在我，命宗也。"（引自《王畿集》，第389页）以《老子》观念言儒道，从心性上解《老子》论说，虽此种互释不免有牵强拉扯之嫌，但能敢于突破门派隔阂、冲破语言窠臼，揭示二者相通之处，勇气可嘉！未发、已发是先后一体关系，非是"有欲"、"无欲"共时存在的一体关系。未发之中，具有成为无所不中的"时中"神妙性，犹如"无状之状"；已发之和，虽时措其宜，然不可执中，必以"中无定体"为机，犹如"事善能，动善时"。这些玄妙思想在揭示《老子》"动善时"观念时会有进一步的阐明。他进而指出，"观妙是性宗，无中之有也；观徼是命宗，有中之无也。有无交入，老氏之玄旨也。在吾儒即寂感之义。"（引自《龙溪会语》，载《王畿集》，凤凰出版社2007年版，第698页）虽然《老子》与《易》在思维角度、立论宗旨上同具有有无相摄一体的玄旨，然妙徼思维非是寂感关系。以"妙"为"无中之有"，是虽"无欲"而"有欲"同在，无功为"有欲"则无不恃不宰的"无欲"。以"徼"为"有中之无"，是虽"有欲"而"无欲"同在，执著功为的"有欲"而不能"无欲"，则不能功成不居、生物不测。当代新儒家牟宗三提出了"心境"解说。他认为，"徼"是"徼向性"，它是心灵创造出来的。为什么有徼向性？因"无"不是个死东西，而是灵活的心境，"不管有没有这个世界，世界上有没有万事万物，它都可以活动。……没有现成的对象，一样可以露端倪、有徼向性。……有时也可以没有对象而突然间由根源上创发出一个观念来，这就是创造。发出一个观念，就是心灵的一个徼向性，不是徼向任何对象，而是根据这个徼向性来创造对象"。（引自《中国哲学十九讲》，上海古籍出版社2007年版，第94页）从观念创造上言徼向性，已失去了现实存在的质性。在《老子》中，"无"的"妙"是通过现实的徼向性——万物归依的运动趣向和功效证验得以揭示出来。就"无"的意蕴，他指出，"'无'是本，'无'又要随时起徼向的作用。平常所谓深藏不露就代表无的状态，但不能永远深藏不露，总有露的地方就是徼向性，道家如此讲有，所以很微妙。"（同上页）"无"非是深藏不露，而是有"徼向性"的显露和展开，正如恒道以"为物"揭示自己的存在。"徼向性"，既遮蔽"无"，又揭蔽"无"。"无"通过"徼向性"揭蔽自己为无限妙用；然若执著"徼向性"，就遮蔽了本身的无限可能性。"凡徼向都有一特定的方向，若停在这徼向上，有就脱离了无。有不要脱离无，它发自无的无限妙用，发出来又化掉而回到无，总是个圆圈在转。

不要再拆开来分别地讲无讲有，而是将这个圆圈整个来看，说无又是有，说有又是无，如此就有一种辩证的思考出现。有而不有即无，无而不无即有，……这个圆周之转就是'玄'。"（同上书，第95页）"徼向"是定向，为具体存在者。固执，则落于停滞。视"有"、"无"为一体圆圈乃为创见，实则是相为互摄。虽所言内涵是观念性的创造，然在思维方式上已把握了《老子》的玄妙宗旨。"有而不有即无"，类于"生而不有"；"无而不无即有"，类于"无物之象"。然这样的"有无一体"质性，非是"有欲"、"无欲"并在的互摄思维。以"有无一体"为"玄"、"妙"，用有而不滞于有即无，用无而不执空即有，极富思辨性、启发性。"物与无、有相对，但一出了有，有了徼向，就向着一物而落到物上；所以一般将道家之有和物连在一起了解。这其实是引申出来的第二义，它 primary，origil 的意义首先应了解为与无在一起，因为有从无发，所以道有双重性，而物不是道的性格。无作为天地万物的本体，有一徼向性就要实现一个物，创造一个东西。"（同上书，第97页）认为道有"有"、"无"的双重性，"物不是道的性格"，固然如此。物性或有、或无，而恒道有无共存。恒道因所生之物有"徼向"，为"定有"，有"有"方能揭示出其"无"。回溯"众有"本原是"无"。从生生历程言，它是"无"生"有"的"有生于无"的思维，非是功为上"无欲"与"有欲"的一体思维。"徼向"之"有"，是"物物"的具体存在物。他又指出，"道家的无并不是客观的实有，而完全是由主观修行境界上所呈现的一个观念，所以要从生活实践上来了解，这就涵着工夫问题，由对工夫的了解可以确定这个意思。"（同上书，第109页）他认为，道家拿这个"无"作本体，然它就主观方面讲是一个作用、境界形态的"无"，亦即是主观心境上的一个作用。否定"无"的实有，就否定了恒道的实存。在《老子》思想言，"无"是从感官认知上为"无形无名"，"有物混成"者，并非不存在，而是不可见闻的无形实体。它何止是主观修行境界上所呈现的一个观念？当然这个绝对"无"，是通过对"无为"、"无形"、"无名"等质性的抽象概括而来。就思想体系的逻辑建构言，恒道与"无"的名谓固是一个认知意义上的"境界形态"，犹如黑格尔的理念思维和"客观精神"。然从其与万物的关系言，又是实在的实体。虽然，恒道绝非亚里士多德物理学意义上的客观对象或实在，但这不影响我们把其作为可揭示的价值对象谓之为"客体"，就其作为"万物之宗"、"万物之奥"谓之为"实体"。成中英认为，"'观'的最后意义即是观知宇宙之异同一源，也就是理解万物一体、万物同源，此即'玄'之精义。"（引自《中国哲学中的方法诠释学——非方法论的方法论》，载《成中英文集》第四卷，湖北人民出版社2006年版，第306页）万物一体、同源是"玄同"，非是观"有欲"、"无欲"的本意。《老子》之"观"，非是"知宇宙之异同一源"，而是观恒道"有欲"、"无欲"一体两面的存在质性。"有欲"、"无欲"的统一，"妙"与"徼"的互摄，是恒道作为"为物"生生功为的绝对存在质性，在人的意识、思维中的逻辑构造。"眇"与"玄"一样，是恒道呈现给我们的一体共存关系。陈鼓应云："常从'无'中，去观照'道'奥妙；常从'有'中，去观

照‘道’的端倪"。恒道作为绝对存在的奥妙，既是"无"中生"有"的"有欲"，又是虽"有"而不执其"有"的"无欲"。它所呈现的端倪、征兆，就在"万物生于有"的生生功用和功成的万物呈现中。恒道以其生生功能的"有欲"，揭示其为"无欲"的"妙"。"妙"是"无欲"在"有欲"中，二者联结在一起。在《老子》中，"恒有欲"和"恒无欲"统一，意在澄明恒道作为自然"玄德"存在，具有"生而不有，为而不恃，长而不宰"以及功成弗居、"万物归焉而不为主"等存在质性。在万物归往中见证其为"万物之宗"、"万物之奥"，揭蔽恒道"为物"的"恒有欲"。在万物自然中见证其不宰、不逆、不害，揭蔽恒道"为物"的"恒无欲"。因"恒无欲"方能"恒有欲"，不自生方能长生，生生者不生；正因"恒有欲"方能"恒无欲"，在"周行不殆"中见证其"独立不改"。"为物不贰"与"生物不测"，是在"恒有欲"中涵摄"恒无欲"，"恒无欲"保证着"恒有欲"。只有保持"不物于物"的"恒无欲"，方能成为"恒有欲"的恒自"物物"。金春峰认为，恒道在"常有欲"时，不能展现自己的"圆融、神妙"，而显现为"由求取、求索、徵求而向一定的方向、路径、某一边倾斜的非圆融状态"。（引自《〈周易〉经传梳理与郭店楚简思想新释》，中国言实出版社2004年版，第175页）视"有欲"为"非圆融状态"，显然持一种贬义，但《老子》却视为"同谓之玄"，显然为褒义。"有欲"非是泛称，而有特定涵义，它是"欲不欲"，在"欲"中有不欲。"有欲"的是生物、长物等，而"无欲"的是"不有"、"弗宰"一类。无"有欲"，则无其神妙、圆融。何新以"妙"为"渺"，认为"'渺'是存在之失灭，即存在的质变、间断和有限性。而'徼'（继）是更生，即新质的再生、连续和无限性。宇宙存有同时是这种有限与无限的统一体。有无，即空间与时间。"（引自《老子新解》，北京工业大学出版社2007年版，第86页）"宇宙存有"，是恒道的"道通为一"存在。质变和新生、间断与连续，有限性与无限性，合起来说是"道通为一"的逻辑内涵。质变、间断和有限性，是物之为物的存在本性，恒道与之反。以"妙"为"渺"，就非是玄妙之"妙"。以"徼"为"继"，非是"万物归"的趋势、征兆存在。"徼"只有是实在，才能揭蔽"妙"为微妙、神妙。"新质的再生、连续和无限性"，只是"新生"，而非是效验性的实存。沈善增认为，《老子》哲学是生命哲学，其"有欲"观应区别佛教意识的情感、意志涵义，而应视为一种意愿、趋向。它是天下往、万物归。实则，《老子》是玄德生生的过程哲学。他又把"恒"视为"道"的代名词，命名其为"无"，是天地初分时不加干涉、听凭自然地使万物并生；命名其为"有"，像母亲一样定向地培育万物。作为无意愿的主体，可以看到它的丰富性；作为有意愿的主体，可以看到它的规律性与目的性。（参见《还吾老子》，上海人民出版社2004年版，第60页）此已看到"欲"的生生内涵，但将"恒"认作为意愿主体，则非妥当。《老子》是强名恒道为绝对本体存在。虽然在生物上具有"不加干涉"的"不宰"内涵，然更有"培育万物"的生生内涵，它是"长而不宰"。主宰者，有为有形，就非是微妙存在。宰为是定向之为，而无为者是为而无方，微妙而

神妙不测。只有在"有欲"与"无欲"的一体功为中，才能成遂生物不测的丰富性，在万物归趣中揭示其规律性。无"有欲"的生生，何来丰富性？无"无欲"的辅助自然，何来规律性？恒道功为的"有欲"，是自然而然，何来目的性？

最后对本节内容作以简要概述。《老子》分言"恒无欲"、"恒有欲"，以揭示恒道存在的一体两面质性。"恒有欲"以揭蔽恒道以生物、为物呈现其存在、展现为现实实存。无"有欲"质性，则"衣被万物"的功用不显，万物不成。"恒"者，正揭示其生生的不息、周行的不殆。既然"有欲"以生生，就有生物的成果，它就是万物归往的趋势和功迹的"徼"。"恒无欲"以澄明恒道自然、无为，彰显其"生而不有、为而不恃、长而不宰"的玄德内涵，展现功成不居、"不为主"的自然质性。因"恒无欲"，而能"恒有欲"，不自生故长生，无为而无不为。恒道存在是"恒无欲"、"恒有欲"二者互摄，徼妙一体，同出异名，同是"玄"。以其"恒无欲"而"不有"、"不恃"、"不宰"、"无名"、"无执"、不居功等，以其"恒有欲"而有生、畜、长、育、亭、毒、养、覆等"功成事遂"。"妙"中含"玄"，"徼"中含"神"。"妙"者揭示恒道"无欲"中涵"有欲"，"徼"揭示"有欲"中含"无欲"，"无欲"而有功存，"有欲"而不执为，它是功成而弗居、有名而无执的思维意蕴。"恒无欲"虽名为"小"，实则为"大"。"恒有欲"虽名为"大"，而不自恃为"大"。

第二节 无极太极

《老子》"有"、"无"一体互摄观念还体现在无极与有极的关系上，无极、有极一体互摄思想经由《庄子》，为宋儒周敦颐传承发展为"无极而太极"观念。就原初存在的极性问题，德国哲学家康德曾提出世界有始与无始的二律背反问题，黑格尔以其辩证法的思维将逻辑起始定为无规定的存在，它是无规定的纯有，亦是逻辑规定上的"有"、"无"统一。与此相较，《老子》恒道思想中蕴藏着无极与太极的玄妙关系，它是本节要重点揭示的问题。

一、文字校解

在揭示"无极"、"太极"的玄妙关系之前，首先要明确两个观念的来源和内涵。

(一)"无极"何谓

"无极"一词，从现有文本看，最早出于《老子》第二十八章。"知其白，守其黑，为天下式。为天下式，恒德不二。恒德不二，复归于无极。"帛书《老子》甲本将"二"写为"貣"，帛书《老子》乙本写为"贷"。楚简本无此章。"貣"通"忒"，"贷"也通"忒"，皆为差忒。"昊天不忒"（《诗·大雅》）。郑玄笺云："正当如昊天之德有常，不差忒也。"（引自《毛诗正义》，上海古籍出版社 1990 年版，第 1176 页）

"爽，差也。爽，忒也。"（《尔雅·释言》）"忒"为"差"，就非如一，故为"贰"。"淑人君子，其仪不忒。其仪不忒，正是四国。"（《诗·曹风》）孔颖达疏："执义如一，无疑贰之心。"（同上书，第478页）"忒"与"贰"字通义。又"貣"与"贰"字形近，而"贰"与"忒"义形近。"忒"义为偏差，不能专一，故为分离之"贰"。"乘贰车则式"（《礼记·少仪》）。"贰车"，是副车，正副分为"贰"。恒一者不二。"上帝临女，无贰尔心。"（《诗·大雅》）心不贰，则恒一不离。"任贤勿贰，去邪勿疑"（《尚书·大禹谟》）。"勿贰"，无有偏离、差忒。从《老子》此章前后文义看，"不离"、"乃足"与"不贰"，皆是不分的抱一。"贷"是"貣"的形伪。应从文义上订正为"贰"。河上公、王弼、李荣、苏辙等以"忒"作解，注为"差"。从"恒德不二"和"复归于无极"的关系看，前者是后者的前提、工夫。"恒德"是"载营魄抱一"的"一"，分为二是或白或黑，为各是有极之执。"知其白，守其黑"是白和黑统一不分。恒德来自恒道，"恒德不二"本自"有物混成"的混一，以为德性是"抱一"。"复归于无极"，正是针对"贰"而言，"不贰"则"无极"。"无极"与上文的"婴儿"、"朴"同是本原的统一不分。

就"恒德不二，复归于无极"中的"无极"涵义，注家大略有五解。一为不可穷尽。河上公解为"无穷极"，王弼解为"不可穷"，李荣解为"真无极"，苏辙解为"未能穷"，吴澄解为"无所穷尽"。二为未始有极。宋徽宗认为，"极"为"中"，"有极"则"德之见于事，以中为至"，"无极"则"德之复于道，不可致"。"无极"是"未始有极"。三为"无物"。林希逸云："无极，无物也。"四为真常。李嘉谟云："复归于真常"。五为不可测。陆希声解为"无极而深不可测"。从《老子》前后三个排比句式的对仗看，"无极"同"婴儿"、"朴"一样当为名词，显然乃指谓一种存在的状况，它是"抱一"、浑然、纯朴不离的样态。持守"恒德"，就可达至"无极"境界。牟宗三认为，"无极"是状词，为无可穷极。实质上，"无极"承接"恒德不二"言，"不二"是不分割、不离析、不片面执其一端。在世俗认知看来，白、黑为两种不同的色彩，应为两极。《老子》反其道而言之，"无极"是黑白不离、不固执其一，针对白、黑有分二极而揭示"抱一"的价值宗旨，"大制不割"思想正是依此而来。在《老子》中，"无极"对"有极"言，"有极"者拆分有二，固执一端，非此即彼，不能圆融通达，脱离本原无极。《老子》第五十八章云："祸兮福之所倚，福兮祸之所伏。孰知其极？""孰知其极"是对"有极"的否定，祸福相涵，没有绝对不变的祸、福。"不知其极"，故不可执著一极而"无正"。有"正"则有"奇"，故二分有极。再从第五十九章的"无不克则莫知其极"看，楚简《老子》将"极"写作"亘"，而"亘"为"恒"字的初文。"恒"者，有先，初的至极涵义，楚简出土文献有《恒先》一文。有极者有限，有限即有执。可道可名非是不可道、不可名的恒道、恒名。归纳说来，《老子》"无极"观念应包含以下诸义：一为原初、原本。无极针对有极言，有极来自无极，正如有名来自无名一样。二为德性。与"婴儿"、"朴"相通，指谓一种朴全、

抱一的心性、心境，"致虚极，守静笃"。三为不可穷极。可穷尽者，即有极。不可极则不执，无执则无极。四为未始有极。有极者有始，有始则有穷尽。未始有极，则无限无名。虽然《老子》"无极"观念，尚未达到象恒道那样代表一种宇宙起始存在，但已然具有起初、混全、无限的涵义，与"无名"思想相融贯。

《庄子》多处言及"无极"的观念，主要有六义。一为大而无尽。"天之苍苍，其正色邪？其远而无所至极邪？"（《逍遥游》）"无所至极"，是不可致诘的"无极"。"河汉而无极"，"无极"是大而不可穷极。二为莫知其极。古之真人，"凄然似秋，煖然似春，喜怒通四时，与物有宜而莫知其极。"（《大宗师》）"莫知其极"与《老子》祸福相倚的"孰知其极"义通，以不可知尽揭示无穷、无限的涵义。三为无有穷极。"孰能登天游雾，挠挑无极，相忘以生，无所穷终！"（《大宗师》）"无极"，无有限制，揭示了心灵的自由境界。"余将去女，入无穷之门，以游无极之野"（《在宥》）。凡有极则有待，无待则无极。四为无极之境。"淡然无极而众美从之。"（《刻意》）"淡然无极"，是无有执著的至极存在或德性，故为"天地之道"、"圣人之德"。无极者至极。五为无所不极。"精神四达并流，无所不极，上际于天，下蟠于地"（《刻意》）。"无所不极"，无不充塞、无不通达，故充满六极。六为未始有极。"若人之形者，万化而未始有极也，其为乐可胜计邪？"（《大宗师》）"万化而未始有极也，夫孰足以患心！"（《田子方》）有始即有端、有尽、有极，未始有极则不可测计。有极的否定即为无极。《文子》多言道性、德性的"无极"。"道者，高不可极"（《道原》）。"高不可极"，是无极。水之为道，"广不可极，深不可测，长极无穷，远沦无涯"。"不可极"，是无穷无涯、深不可测。德性无极是"未始有极"。"以不化应化，千变万转，而未始有极"（《九守》）。"大不可极"与"深不可测"通一。"天道嘿嘿，无容无则，大不可极，深不可测。"（《自然》）"不可极"是不知其极，故为"无极"。"贪主暴君，涸渔其下，以适无极之欲"（《上仁》）。"无极"，是无有穷尽。

（二）"太极"何谓

"太极"一词，来自《易·系辞上》，"《易》有太极，是生两仪"。"太极"者，原初、本始至极存在，它是两仪已生之先，为两仪未分之始。凡物生化各有其极，《易》作为一个生成的卦体，必有其衍生之极。"太极"者，追溯《易》成卦之本。太极、两仪、四象、八卦，分别为《易》卦形成的先后阶段。由后至前是逆推追溯本始，由前至后是阐明生成过程。从象数角度揭示"太极"的涵义，可主要分为两类。唐代易学家崔憬认为，"太极"有两解：一为"舍一而不用者，以象太极"，此说源自王弼；二为"四十九数合而未分，是象太极"，孔颖达持此解。（参见李鼎祚《周易集解》）不论哪个解说，都视"太极"为本原存在。就"太极"的深刻旨蕴，郭雍指出，上古之时，天道胜人，人知有天，而不知其他。包牺氏始画八卦，道一而列有三，天道主覆，地道主载，人道财成辅相。然天道不以天高大于地，地道不以地广大于人，

人道不以人微小于天地，故三者皆无差殊。"要其至也，混而为一，复于太极，故名曰卦。……是以圣人经以三才而太极分，纬以八卦而太极复。……所以太极为《易》之体，而《易》者用太极之名。太极之道，方其混然一成，物莫能破，人安得而用之?"（引自《宋元学案·兼山学案》，载《黄宗羲全集》第四册，浙江古籍出版社 2005 年版，第 290 页）显然，此说受到《老子》思想的影响。太极"混而为一"，三才之道蕴藏其中，无所不涵。"太极"作为《易》体，六十四卦潜在而备，然只有离为六十四方证显其"神无方而易无体"的玄妙。因"太极"而有总名，因卦分而证其大全。"太极"作为本始存在，内在具有无限潜能和生机，具有无限神用。朱枫林指出，训"太极"一观念，当原乎"《易》有太极"之文。至理行于事理之中，彻上彻下无不至到。然因其脉理、纹理不一，故必立统会之名。八卦、四象各有统会。孔子指其两仪统会处名曰"太极"。"极"者，屋之脊栋，中正高上，众材之所构合处。"太"者，大大之谓。太极者，大大高上的统会之称。"太极"是至理浑然，如水浑浊貌，又如"胚胎融聚"、"冲漠无朕"，人视之不见其中所有。"造化枢纽，品汇根柢"，是"太极"造化之实。"气一嘘而万物盈"，是"造"；"气一吸而万物虚"，是"化"。一气造物化物，犹户一阖一辟，阖辟在乎枢，而枢必赖于容枢之纽。"太极"为造化的枢纽。物之异类曰品，物之同类曰汇，枝干本于根柢。"太极"为品汇的根柢。（参见《宋元学案·双峰学案》，载《黄宗羲全集》第六册，浙江古籍出版社 2005 年版，第 323－324 页）"太极"是阴阳之所以造化者，类于恒道为"万物之奥"。"太极"之名，来自对两仪统会之称。朱熹认为，"太极生阴阳，理生气也。阴阳既生，则太极在其中，理复在气之内"；"太极，形而上之道也；阴阳，形而下之器"。对此，戴震辨析认为，后世儒者言太极、两仪，非孔子赞《易》太极、两仪之本指。《易》曰："易有太极，是生两仪，两仪生四象，四象生八卦。"曰仪，曰象，曰卦，皆据作《易》而言，非是"气化之阴阳得两仪四象之名"。《易》备于六十四卦，自八卦重之，八卦为《易》之小成，其有天、地、山、泽、雷、风、水、火等义。然其未成卦画前，则以一奇以仪阳，一偶以仪阴，称为两仪。奇而遇奇，阳已长以象太阳；奇而遇偶，阴始生以象少阴；偶而遇偶，阴已长以象太阴；偶而遇奇，阳始生以象少阳。伏羲氏睹于气化流行，而以奇偶仪之、象之。孔子赞《易》，以《易》为书起于卦画，非是漫然无据，而实有见于天道一阴一阳为物之终始会归，乃画奇偶两者从而仪之，故为"易有太极，是生两仪"。既有两仪，而四象、八卦以次生。孔子以太极指气化之阴阳，乃承"明于天之道"言，所谓"一阴一阳之谓道"，以两仪、四象、八卦指《易》画。后世儒者以两仪为阴阳，而求太极于阴阳所由生，岂孔子之言乎!（参见《孟子字义疏证》，中华书局 2008 年版，第 23 页）以"太极"为气化阴阳，是"一阴一阳之谓道"，非是"阴阳之所由生"，因为后者在阴阳之上另立一个太极的本体存在。显然，戴震是以道器关系解之，然并未解答阴阳分化之所由来问题，实质上二者并非绝对矛盾。以《老子》思维言之，既有"万物之奥"的"太极"，也有"万物之宗"的"太极"，前者是

恒道寓存于万物之中，后者是先于天地万物之生的"有物混成"。

《老子》文本中虽无出现"太极"一观念，但并非不言"太极"之义。第六十八章云："是谓不争之德，是谓用人之力，是谓配天，古之极。"俞樾从音韵订正角度认为，《老子》此文中"德"、"力"、"极"为韵，若以"是谓配天"为句，则不韵。疑"古"字为衍文。又认为"古"即"天"。高明认为，依据帛书《老子》甲、乙本原文，当读作"是谓配天，古之极也"。（引自《帛书老子校注》，中华书局2004年版，第167-168页）"古之极"，是本始至极的"太极"。就"古之极"的涵义，河上公解为"古之极要"，司马光解为"自生民以来无以加"，何心山解为"自古以固存，道合其极"。他们皆解"极"为端极、始极，也为至极之极。《老子》思想重起始价值，"象帝之先"、"天地根"、"玄牝之门"、"有物混成"、"天下有始"等等，皆将本始存在作为最尊贵者；体现在价值追求上，以"古始"为道纪、楷式。以"古"为本，是以本始为至极。如"能知古始，是谓道纪"，再如"古之善为道者"（楚简《老子》本"古"写为"长古"）、"古之所谓'曲则全'者"、"古道之出言"等，皆是此谓。《老子》言"古之极"，乃从揭蔽最初、本始存在入手，揭示最高、最完全的价值观念，确立人生和社会的最高价值标准。《庄子》阐述"至极"观念更为丰富。一言"太极"。"在太极之先而不为高"（《大宗师》）。"太极"是世俗所谓的先始至极，与"六极"同一层级。二言"六极"。"在六极之下而不为深"（《大宗师》）。"六极"者，四方上下的极至。从"禺强得之，立乎北极"文义看，"北极"是"六极"之一，世俗所谓的北方极至。"天有六极五常"；"充满天地，苞裹六极"（《天运》）。"六极"同上义。"日出东方而入于西极"（《田子方》）。"西极"类于"北极"。三言至极。"吾思夫使我至此极者而弗得也。父母岂欲吾贫哉？天无私覆，地无私载，天地岂私贫我哉？求其为之者而不得也！然而至此极者，命也夫！"（《大宗师》）"至此极"为至此贫困之极，它是穷极、至极。"穷有八极，……美、髯、长、大、壮、丽、勇、敢，八者俱过人也，因以是穷"（《列御寇》）。"八极"者，过人的品质、能力。它是至极之准，然若因此为人所役则是"因以是穷"。四言穷极。"极物之真，能守其本。"（《天道》）"极"是穷极、极尽。"真"者，物性之极。"千里之远，不足以举其大；千仞之高，不足以极其深"（《秋水》）。"举"是尽举，"极"是极尽。"言之所尽，知之所至，极物而已。"（《则阳》）"极物"之"极"，是穷极之谓。五言宁极。"不当时命而大穷乎天下，则深根宁极而待"（《缮性》）。"宁极"者，修道于身而守其静本，持其宁原之德。《文子》也认可"有极"存在。"天道极即反，盈即损，日月是也。"（《九守》）"极即反"，是至极而反。"极"者，末端、终结之极。"圣人之道，入大不迷，行远不惑，常虚自守，可以为极，是谓天德。"（《自然》）"为极"，是可道之极，可以作为最高标准、至极德行。儒家以为天下立则，故必究始立极。"天者，高之极也；地者，下之极也；无穷者，广之极也；圣人者，人道之极也。"（《荀子·礼论》）各有其"极"，则可认知遵循。"太极"思维，既是追求一本或者说探求本源的逻辑建

构，同时是一统思维的逻辑建构。"太极"作为本源、一统和大全思维，揭示着秩序、条理和顺次，本身是"本立而道生"、"条贯而通达"的逻辑思维。立"太极"就如立恒道一样，皆是建立一个宇宙或世界的解释模式。"太极"思维主要具有五种内涵：一是一本思维，揭示万物来自一本一源，它是万殊归一的思维结构；二是统一思维，揭示万物所共由、通于一，它是"万物统体一太极"的思维建构；三是大全思维，揭示万物统会，潜在赅备，万象森然已具，它是万物总名的逻辑建构；四是潜在思维，揭示万物生成由潜在向现实转变的过程、阶段，它是宇宙生成先后次序的逻辑建构；五是强名思维，揭示至极无极，无限不可名，只能假名以名的逻辑建构。

二、无极与太极

在无极与太极的关系上，大略可有以下几类。

（一）无极先于太极

由《庄子》发其端。道者，"在太极之先而不为高"（《大宗师》）。"太极"与"六极"同一层级，只不过前者为时间上的"上古"，后者为空间上的至极。相对于《庄子》所为的"道"，二者是世俗所谓的至极存在。作为先而"不为高"、长而"不为老"的存在"道"，是超过"太极"的"无极"存在。它是相对世俗"至极"名谓，而提出的否定性的更高层级存在。结合"自本自根，未有天地，自古以固存"以及"先天地生而不为久"等文来看，可以将"太极"认作是"天地"等类存在。"天地"在当时世俗看来就是至极。再从"禺强得之，立乎北极"看，禺强得"道"以立北极，思维结构正如"道生一"。可见，"道"与"北极"之间具有先后生成的关系，它是"无极生太极"的意蕴。"予方将与造物者为人，厌则又乘夫莽眇之鸟，以出六极之外，而游无何有之乡，以处圹埌之野。"（《应帝王》）"六极"者有极，同于"太极"，在其外为"无何有之乡"，它是"无极"。无极与有极，皆是认知上的取向。"彼其物无穷，而人皆以为有终；彼其物无测，而人皆以为有极。"（《在宥》）物本无穷，本不可测，是"无极"。常人认为"有终"、"有极"，故立为至极。"道物之极，言默不足以载。非言非默，议有所极。"（《则阳》）可言，可议者，有其穷极。而"非言非默"，则为无极。道者无极，物者有极，前者高于后者。宋儒周敦颐云："无极而太极。太极动而生阳，动极而静，静而生阴。静极复动。一动一静，互为其根。……五行一阴阳也，阴阳一太极也，太极本无极也。五行之生也，各一其性。无极之真，二五之精，妙合而凝，乾道成男，坤道成女，二气交感，化生万物，万物生生而变化无穷焉。"（引自《周敦颐集》，中华书局2009年版，第3-5页）从解说《易》之《太极图》上，揭示了《易》生化运动的总原理和基本过程、结构。"太极"动静生阳生阴，显然以其为先于阴阳的本始存在，它是离阴阳言太极之体。"太极"先在，阴阳后生。它本自《易》的"太极生两仪"。在"无极"与"太极"之间，是逻辑先后关系。"太极"是

阴阳的统会者，它既是涵摄，也为本源。"太极本无极"，高下层次自分。"无极"为"真"，阴阳五行为"精"，前者以为"无"，后者以为"有"，它是《老子》"有生于无"思维结构。罗整庵指出，周子"无极之真，二五之精，妙合而凝"之语，正明理气不可相离，故加"妙合"以形容之，犹《中庸》言"体物而不可遗"。非"二五之精"则亦无"无极之真"。朱熹以为，凡物必两而后言合，则太极与阴阳已成二物。无形有理，是寻"无极之真"于"二五之精"之外，虽曰无形而实为有物，亦岂无极之意乎！太极与阴阳如为二物，则方其未合之先各安在邪？理气别为一物，始自朱子，而非出自周子。（参见《宋元学案·濂溪学案下》，载《黄宗羲全集》，浙江古籍出版社 2005 年版，第 619 页）从周敦颐太极动生阳、静生阴思维看，是先后生成关系。朱子正是沿着周子这一思维立论，以太极与阴阳为二分，并有先后生成的逻辑次序。周子"无极之真"中内涵"二五之精"，是"无极而太极"，无极潜涵太极。既然将"极"者两分，则亦必有分别。若以为一体，乃是朱子的另一解说，"太极"为"有无一体"。理无形、气有形，为形上、形下的道器关系，非是理气别为一物。当然，朱子也有理为气先的论说。蔡渊云："自太极而阴阳，自阴阳而万物，皆是一贯；但时有不同，则理气有异耳。未生阴阳之时，所谓太极者，无声臭仪象之可求，专以此时为言，则沦于虚无，无所底止。及其生阴阳之后，始有仪象之可观，则其本然之妙，动静之机，生生之道，真实无妄，有可得而言者。以此为言，则学者有定见，而免沦于虚无之失矣。"（引自《宋元学案·西山蔡氏学案》，载《黄宗羲全集》第五册，浙江古籍出版社 2005 年版，第 419 页）作为"未生阴阳之时"的"太极"，是"无"。虽无声臭仪象可求，然为万物本源；"生阴阳之后"的"太极"，是"有"。以此显见"动静之机，生生之道"。以生生"有"见本体之"无"。"无"中"有"，"有"而"无"。其将太极分成"未生阴阳之时"与"生阴阳之后"、无形与有形两个阶段或存在样态，正是"无极而太极"思维。蔡渊又指出，观"易有太极，是生两仪，两仪生四象，四象生八卦"，则知所以生者不皆在未生两仪的太极。太极生两仪，则太极便在两仪中。及生四象，则太极便在四象中。及生八卦，则太极便在八卦中。"以是推之，则太极随生而立，若无与于未生两仪之太极也。但人之为学，苟惟守夫物中之太极，则或囿于形而不得其正。必须识得未生两仪太极之本，则虽在两仪、在四象、在八卦、以至在人心，皆不失其本然之妙矣。此夫子明卦象之所由，所以必原《易》有太极之本，而子思之所谓大本者，亦正在乎此，学者不可不识也。"（同上册，第 414-415 页）以理寓于气思维为依据，提出"太极"非别有一物之极，而在两仪、四象、八卦的"随生而立"中。"未生两仪太极之本"，只是针对固守物中太极、囿于形不得正理之说而立，重在揭示其"本然之妙"，明卦象所由、理之大本。然既立于未生两仪之先，便是有不同时段的"太极"。对《老子》言，"太极"之上别有"无极"非是"二本"，而是统一一本的不同存在样式，正如"道生一"。

（二）太极就是虚无

韩康伯在解"大衍之数五十，其用四十有九"（《易·系辞上》）上，引王弼之说云："演天地之数，所赖者五十也。其用四十有九，则其一不用也。不用而用之以通，非数而数之以成，斯易之极也。四十有九，数之极也。夫无不可以无明，必因于有，故常于有物之极，而明其所由之宗也。"（引自《周易正义》，中国致公出版社2009年版，第279页）《易》之极，为"一不用"、"非数"者。"一不用"，是"无用"之"无"。虽为"不用"、"非数"，却是"用之以通"、"数之以成"者，它为"无"者生"有"。"所由之宗"是"易之极"；"有物之极"是"数之极"。然二者相通，只是表达方式不同罢了。太极是有无一体。唐代孔颖达疏："太一虚无，无形无数，是非可数也。然有形之数，由非数而得成也。……言此其一不用者，是易之太极之虚无也。无形，即无数也。凡有皆从无而来，故《易》从太一为始也。"（同上书，第280页）"太一"作为本始存在，是"太极"。而它又是"无形无数"的"虚无"，为形数万有的所由来者。"太一"作为"太极"，是无形潜涵众有。"太极"无数为"数之极"的本源，则为虚无之极。"欲明于无，常须因有物至极之处，而明其所由宗。若易由太一，有由于无，变化由于神，皆是所由之宗也"。（同上页）"有物至极"是极"有"，然其所由之宗是"太一"之"无"。"太一"作为无形无数之"无"，潜涵万有。黄宗羲云："通天地，亘古今，无非一气而已。气本一也，而有往来阖辟升降之殊，……莫知其所以然而然，是即所谓理也，所谓太极也。以其不紊而言，则谓之理；以其极至而言，则谓之太极。识得此理，则知'一阴一阳'即是'为物不贰'也。其曰无极者，初非别有一物依于气而立，附于气而行。或曰：因'《易》有太极'一言，遂疑阴阳之变易，类有一物主宰乎其间者，是不然矣，故不得不加'无极'二字。……世之人一往不返，不识有无浑一之常，费隐妙合之体，徇象执有，逐物而迁，而无极之真竟不可见矣。……而二氏又以无能生有，于是误认无极在太极之前，视太极为一物，形上形下，判为两截。"（引自《宋元学案·濂溪学案下》，载《黄宗羲全集》第三册，第609-610页）以一气之化的不紊言"理"，以其极至为"太极"，为异名而同指。在黄宗羲看来，"无极"只是为否定"太极"别为一物或主宰而立说。"太极"是"有无浑一之常，费隐妙合之体"。无有主宰存在是"无极之真"，为"无极"；气为一本，"为物不贰"，是"太极"。

（三）太极为有、无极为无

吴澄认为，太极是道，称为太极者是假借之辞。"道不可名也，故假借可名之器以名之也。以其天地万物之所共由也，则名之曰'道'，道者，大路也。"（引自《宋元学案·濂溪学案下》，载《黄宗羲全集》第三册，浙江古籍出版社2005年版，第622页）"太极"同大路一样，假可名之器而称谓。实则，道不可名。此是《老子》"道可道，非恒道"思维。"道"作为大路，以其条派缕脉微密名为"理"，亦是假借为称。

"真实无妄曰诚，全体自然曰天，主宰造化曰帝，妙用不测曰神，付与万物曰命，物受以生曰性，得此性曰德，具于心曰仁，天地万物之统会曰太极。道也，理也，诚也，天也，帝也，神也，命也，性也，德也，仁也，太极也，名虽不同，其实一也。"（同上页）"其实一"，则异名而同谓。"太极"，是道理、性命、天帝、诚神、仁德等所谓的异名。屋极之栋，仅为一屋之极。道者为天地万物之极，"假借极之一字强为称号"，然何足以拟议其髣髴形容？"道为天地万物之体，而无体谓之太极，而非有一物在一处可得而指名之也，故曰无极。《易》曰：'神无方，易无体。'《诗》曰：'上天之载，无声无臭。'其斯之谓与！"（同上册，第623页）无方者，无定限，不可测知，唯变所适，故为不可穷尽的"无极"。凡物号为极者，如屋极、辰极、皇极、民极、四方之极，皆可得而指名。"道"却"无形无象，无可执著"，虽称曰极而实无所谓极。"虽无所谓极，而实为天地万物之极，故曰'无极而太极'。"（同上页）"太极"者，以其为万物之本而曰有极、始极，以其无形无体、功为不测谓之无极。此一思维方式明显源自《老子》。恒道是强名，以万物共本为生生之本的至极，以为功为不测又是无极。有极与无极融为一体，同为一个道的存在质性，类似于《老子》恒道"有欲"与"无欲"的思维结构。王畿云："太极者，心之极也。有无相生，动静相承，自无极而太极，而阴阳五行，而万物，自无而向于有，所谓顺也；由万物而五行阴阳，而太极，而无极，自有而归于无，所谓逆也。一顺一逆，造化生成之机也。……汉儒之学，以有为宗，仁义、道德、礼乐、法度、典章，一切执为典要，有可循守，若以为太极矣。不知太极本无极，胡可以有言也？佛氏之学，以空为宗，仁义为幻，礼乐为赘，并其典章法度而弃之，一切归于寂灭，无可致诘，若以为无极矣。不知无极而太极，胡可以无言也？一则泥于迹，知顺而不知逆；一则沦于空，知逆而不知顺。"（引自《王畿集》，凤凰出版社2007年版，第481页）以"有"、"无"相互为资、为存，固是。这里，"太极"与"无极"的关系，犹如《老子》的"有无一体"。以言论持守说之，汉儒滞于"有"，则无"无"之妙；佛学归于寂灭，则无"有"之"神"。固执于"有"，则道可道，名可名，一切执为典要，拘于泥迹。强执于"空"，则一切归于寂灭，沦于死"无"。"有无相生，动静相承"，是圣学《老子》、《易》所共持的思想宗旨和思维取向。从无向有，是"无极而太极"，以示造化生机；自有归无，是"太极本无极"，以见造化本源。"有无一体"，方为圣学。无中潜有，有中涵无。"夫无极而太极、而阴阳五行万物，自无而达于有，造化之生机也。万物五行阴阳、太极而无极，自有而归于无，造化之杀机也。生机为顺，杀机为逆。一顺一逆，造化之妙用。"（同上书，第759页）生杀一体，固是造化妙用，它是宇宙生机中涵杀机，杀机蕴藏生机，然为"有无相生"思维。"自无而达于有"，是生生不息，成遂万物。"自有而归于无"，是生生而不自生，功成不居。若居其成功，则不能生生不息、为物不贰。以《老子》有无思维言，前者是"有生于无"，后者是"生而不有"。反映在心性上，"定之以中正仁义，所谓太极而主静，即所谓无极也。故曰'人极立焉'。静者，心之本体。

主静之静，实兼动静之义"。（同上书，第 482 页）"中正仁义"是立人理之极，它是心之"太极"；心体本"静"，无欲以妄为，它是"无极"。静心无欲，以理而行，是"无极而太极"；由仁义中正行，无容私为，是"太极而无极"。易体是心体，易无体则心也无体。无体即无极，无欲即无极，主静即无极。心静则循理，行以理则无欲。静为心之本体，是超动静对待的绝对心体，"寂然不动"而能"感而遂通"。

（四）太极、无极一道

程颐云："阴阳，一道也。太极，无极也。"（引自《二程集》，中华书局 2004 年版，第 690 页）"太极"作为一阴一阳为"一道"，以其阴阳不测则为"无极"。朱熹解《太极图》云："○，无极而太极，所以动而阳、静而阴之本体也。"（引自《周敦颐集》，中华书局 2009 年版，第 1 页）将"无极而太极"认作本体，就将二者看作为本体的共有质性，一体共存。本体虽是"无极"，却也是"太极"。"上天之载，无声无臭，而实造化之枢纽，品汇之根柢也。故曰：'无极而太极。'非太极之外，复有无极也。"（同上书，第 4 页）阴阳一太极，则为"造化之枢纽"。太极本无极，则上天之载无声臭。"无极"非在"太极"之外，二者实为一体。前者以言上天实体为"无声无臭"、不可形见，后者以言上天实体为造化枢纽、品汇根柢。"五行具，则造化发育之具无不备矣，故又即此而推本之，以明其浑然一体，莫非无极之妙；而无极之妙，亦未尝不各具于一物之中也。"（同上书，第 5 页）以"浑然一体"为"无极之妙"，虽"初无声臭"然"五行具"，犹如《老子》的"有物混成"。"各具于一物之中"，是一物一"太极"。在与陆九渊的论辩中，他认为，"伏羲作《易》，自一画以下，文王演《易》，自'乾元'以下，皆未尝言太极也，而孔子言之。孔子赞《易》，自太极以下未尝言无极也，而周子言之。夫先圣后圣，岂不同条而共贯哉？"（引自《朱子全书》第 21 册，上海古籍出版社、安徽教育出版社 2010 年版，第 1567 页）"无极"、"太极"之言不可执拗，以其有、无作为圣学标准，只要是灼然真理，即使先圣所不发，也是"同条而共贯"。太极是两仪、四象、八卦之理，具于三者之先，而又蕴于三者之内。"圣人之意，正以其究竟至极，无名可名，故特谓之太极。"（同上页）"太极"是至极无以加之名。以其"无形象方所"可言，故谓理为极。"无极"是周子灼见道体，说出人不敢说的道理，令后学者晓然见得太极之妙，"不属有无，不落方体"，真得千圣以来不传之秘。一阴一阳虽属形器，然其所以一阴一阳者是道之所为。道体至极是太极，太极流行是道。虽有二名，初无两体。周子所以谓之"无极"，正因其无方所、无形状，以为"在无物之前而未尝不立于有物之后"，"在阴阳之外而未尝不行乎阴阳之中"，它是"通贯全体，无乎不在，则又初无声臭影响之可言"。如果诋斥无极，则是以太极为有形状、有方所，以阴阳为形而上者，昧于道器之分。不言无极，则"太极同于一物"而不足为万化根本；不言太极，则"无极沦于空寂"而不能为万化根本。世人闻人说有即谓之实有，见人说无即谓之真无。《易》言"有"，非直谓有

常形，周子所谓"无"也非无生意之理。（参见《朱子全书》第21册，上海古籍出版社、安徽教育出版社2010年版，第1568-1569页）在朱子看来，"太极之本无极而有其体"，有无一体。"无极而太极"，犹曰"莫之为而为，莫之致而至"，又如"无为之为"，非谓别有一物。"'上天之载'，是就有中说无，'无极而太极'，是就无中说有。"（引自《朱子全书》第21册，上海古籍出版社、安徽教育出版社2010年版，第1574页）若实见此理，说有说无，都无妨碍。"有"中说"无"，是指天生物不测，为物不贰，但却无声臭，不可见其所以然；"无"中说"有"是指天体虽是不可见闻之"无"，然实涵"二五之真"，故能资始万物，品物流行，各正性命。熊西认为，"孔子谓易有太极，于变易之中，而有不易之妙。周子云无极而太极，于体用之间，而有至中之理。太极之精，本无极也；无极之真，即太极也。世之言一物各具一太极者，固非所以尽其本；而谓太极之上别为无极者，是有二本也。学者不观太极，无以知气之所由始；不观无极，无以知理之所由充。……况时之人察理未精，讲论未明，徒务新奇，泥于名数，而不思无极者，乃至极之所得名，不知太极者，即不可加之至理。"（引自《宋元学案·西山蔡氏学案》，载《黄宗羲全集》第五册，浙江古籍出版社2005年版，第423-424页）"变易"与"不易"，是《易》共存的两性，是有无互摄的思维结构。"变易"是不变之"易"，"不易"是"易"之不变。"太极之精"作为"无极"，是"有"中见"无"，以知气所由始；"无极之真"作为"太极"，是"无"中说"有"，以知理所由充。杂理气为言，已与《老子》思维有别，然思维结构是"大象无形"、"无状之状"。在作者看来，"无极"是至极之名，"太极"是不可加的至理，二者一而二，二而一，各有侧重，犹如恒道是"有欲"与"无欲"的统一。

（五）太极"有无一体"

朱熹云："太极，形而上之道也；阴阳，形而下之器也。是以自其著者而观之，则动静不同时，阴阳不同位，而太极无不在焉。自其微者而观之，则冲漠无朕，而动静阴阳之理，已悉具于其中矣。"（引自《周敦颐集》，中华书局2009年版，第4页）"无不在"是"太极"寓于阴阳、动静之中，故为"著"、"有"；"冲漠无朕"是其"微"、"无"。然"无"中有"有"，"冲漠无朕"中内涵"动静阴阳之理"。"太极无象，而阴阳有气，则亦安得而无上下之殊载！此其所以为道器之别也"。（同上书，第9页）"无象"为"形而上"，内涵阴阳之气。"有气"为"形而下"，内涵阴阳之道。以"形而上"为道，是说物所以为物的内在之理；以"形而下"为器，是说道所寓存之所。道在器中，器中涵道，"太极"之道无形而寓存有形之器中。道以器见，器以道存，二者为无形与有形之别。"太极"无形而有气，是"有无一体"。陈淳继着朱子说："无极是无穷极，只是说理之无形状方体，正犹言无声无臭之类。太之为言甚也，太极是极至之甚，无可得而形容，故以太名之。此只是说理虽无形状方体，而万化无不以之为根柢枢纽，以其浑沦极至之甚，故谓之太极。"（引自《北溪字义》，中华书

局 2009 年版，第 44 页）以"无穷极"言"无极"，已将之视为状语副词，而非视为一个名词性的存在。理"无形状方体"、"无声无臭"，无以形容，为"浑沦"，它是形"无"。作为造化枢纽、品会根柢，是"太极"之"有"。非太极外复有无极。"极，至也。以其在中，有枢纽之义。……就其为天地主宰处论，恁地浑沦极至，故以太极名之。"（同上页）理为天地主宰处，是"太极"之"有"。又是"恁地浑沦极至"，不可形容，故为"无"。理者"有无一体"，正如《老子》恒道思维。吕怀认为，"太极之极，即下文阳极生阴，阴极生阳之极。极处便是生处，此阴阳统会之中，所为天地之心不动不静之间是也。故言《易》有太极，阳为阴根，阴为阳根，一理流行，生生不息。是则动静无端，阴阳无始，故言太极本无极也。"（引自《明儒学案·甘泉学案二》，载《黄宗羲全集》第八册，浙江古籍出版社 2005 年版，第 187–188 页）阴、阳各有其极，它是有所究极的"太极"；然它又是相生无尽，故为未始有极的无极。"太极"中涵有极、无极存在属性，故是"有无一体"。薛瑄认为，"无形而有理，所谓'无极而太极'；有理而无形，所谓'太极本无极'。形虽无，而理则有；理虽有，而形则无，此纯以理言，故曰'有无为一'。老氏谓'无能生有'，则无以理言，有以气言，以无形之理生有形之气，截有无为两段，故曰'有无为二'。"（引自《宋元学案·河东学案上》，载《黄宗羲全集》第七册，浙江古籍出版社 2005 年版，第 123 页）以"无形"、"有理"解"无极"与"太极"关系，是"有无一体"。以无形"理"生有形"气"，为《老子》之说，是不精其旨。"有物混成"、"冲气"何尝只是"理"？从理气一体来说，理以气载，气自涵理。理非独立存在，何尝是别立无形？无无理之气，无无气之理。恒道作为"无形"存在，是理气一体的存在实体。在理与形的关系上，理是气化不测的无形，形是气化的聚散，二者不可分说。"理"非独立实在，不可言"有无为一"。理气一体，方是有无一体。曹端以无形而理具解"无极而太极"，认为太极是生生之极。"太极者，象数未形而其理已具之称，形器已具而其理无朕之目。"（《曹端集·太极图说述解序》）"象数未形而理已具"，是"虽无而有"，理在形先；"形器已具而理无朕"，是"实有而无"，理寓于形。"是生两仪，则太极固太极。两仪生四象，则两仪为太极。四象生八卦，则四象为太极。推而至于六十四卦，生之者皆太极焉。"（引自《曹端集》，中华书局 2003 年版，第 1 页）"太极"非固定之名，而是相对之称。"老子道生一而后乃生二，庄子师之曰：'道在太极之先。'曰一，曰太极，皆指作天、地、人三者气形已具而混沦未判之名。道为一之母，在太极之先，而不知道即太极，太极即道。以通行而言则曰道，以极致而言则曰极，以不杂而言则曰一，夫岂有二耶？"（同上书，第 2 页）从《老子》思维来看，"天地人三者气形已具而混沦未判"，应为"有物混成"的"道"，而非为"一"、"太极"。"气形已具"者，是潜有。"混沦未判"者，是无形。"道为一之母"，是"道生一"。"一"为"太极"，是万物"得一"而生。天有一、地有一、人有一，各以其分殊之一，而成遂自身，一物一太极。天地人中的每"一"皆分有于"道"，而成其为"母"。"一"为"太极"，

则道为"无极"。认"道"为"太极"，是不明《老子》思想的真谛。在《老子》思想中，"道"岂是只以通行而言？它是生生不已。"极"岂是只以极致而言？它是"有无一体"。"一"岂是仅以不杂而言？它是"一物类一太极"。在解周子"无极而太极"观念上他认为，"无谓无形象、无声气、无方所。极谓至极，理之别名也。太者，大无以加之谓。凡天地间之有形象、声气、方所者，皆不甚大。如此极虽无声气，而有形象、方所焉。惟理则无形象之可见，无声气之可闻，无方所之可指，而实充塞天地，贯彻古今。周子有见于此，故曰无极而太极也。"（同上书，第5页）以"无"言"理"无形象、无声气、无方所，以"太极"为"理"的至极无以加，是继朱子思想以为说。正因"无"，而有充塞天地、贯彻古今之极。"吾儒之虚，虚而有，如曰：'无极而太极，太极生两仪，两仪生四象，四象生八卦。'自身心性情之德，人伦日用之常，以至天地鬼神之变，鸟兽草木之宜，何往非理之有？老氏之虚，虚而无，如曰'道在太极之先。'却说未有天地万物之初，有个虚空道理在，乃与人物不干涉，不知道只是人事之理。"（同上书，第210页）"虚而无"说，是不明《老子》妙旨。在宋儒言理无不在，在老庄则言道无不在，二者在思维上同构，然内涵不同。"道"为"万物之宗"、"万物之奥"，何尝不是实有？不可究于表面文字，就认为《老子》所谓"无"是"虚而无"。

（六）太极本是无极

真德秀指出，"无极而太极"者，岂太极之上别有所谓无极哉？不过言其"无形无象而至理存焉"。"极"者是至极之理，穷天下可尊可贵者，无有加于此者，故名为"太极"。世人以北辰为天极，屋脊为屋极，皆是有形可见者。"周子恐人亦以太极为一物，故以'无极'二字加于其上，犹言本无一物，只有此理也。自阴阳而下，则丽乎形气矣。阴阳未动之先，只是此理，岂有物之可名邪？即吾一心而观之，方喜怒哀乐之未发也，浑然一性而已。无形无象之中，万理毕具，岂非所谓'无极而太极'乎？"（引自《宋元学案·西山真氏学案》，载《黄宗羲全集》第六册，浙江古籍出版社2005年版，第187页）"太极"之上非别有"无极"，二者一体，不过各有所指而已。无形象为"无"，存至理为"有"，有无共在一体。世人固执于以有形可见者为极，而"太极"作为至极非是一物之极，而是不测之极。以性为言，喜怒哀乐未发为"浑然一性"，以其"无形无象"为"无"，以其"万理毕具"为"有"。"未发"、"已发"既有本末关系，也有先后关系，二者同于《老子》"有生于无"思维结构。刘宗周指出，"一阴一阳之谓道"是"太极"，天地之间生机不过一气而已，非有理而后有气，而是气立理因之寓。就形下之中指其形而上者，不得不推高一层以立至尊之位，故为"太极"。实本无太极可言，故谓"无极而太极"。使实有太极之理，为一气从出之母，则亦为一物而已，何以能生生不息，妙万物无穷乎？太极之妙，生生不息而已。生阳生阴，进而生水火木金土，以至于生万物，皆是一气自然变化，合之只是一个生意、造

化之蕴。唯人得之以为人，则"太极"为灵秀之钟，而一阳一阴分见于形神之际，由是殽为五性，感应涂出，善恶介分，人事之所以万有不齐。惟圣人深悟无极之理，而得其所谓静者主，乃在中正仁义之间循理为静。天地、圣人皆是此"太极"，彼此不相假而若合符节，故为"合德"。若必捐天地所有而界之于物，又独钟界于人，则天地岂若是之劳！自"无极"说到万物上，天地之始终；自万事反到无极上，圣人终而始。始终之说，即生死之说，而开辟混沌、七尺去留不与焉。知乎此者，可与知道矣。"主静要矣，致知亟焉。"（参见《圣学宗要·图说》，载《刘宗周全集》第一册，浙江古籍出版社 2007 年版，第 230-231 页）以"太极"为"一阴一阳之谓道"，非在阴阳之上别立一存在，是一不同的解法，更符合《老子》的思维。以"太极"假名始极，以"无极"界定其实则非有固定的"太极"，它是无极之极。"太极"是就万物共生之极而推极为一至尊的存在，实质上并无"太极"之作为存在者存在。假名"太极"为"字之曰道"，"无极"是恒道为"无状之状"。"无极"与"太极"相互界定，无极是无有其极。以理气一体、不可二分为据，若以"太极"之理生气，则必将视理为一物。作为存在物，固化为一物，则非能"物物"，生生不息。"道"或"太极"妙万物，生生不息，它是"造化之蕴"的别名。理非物，本无极，正如恒道非物而功用不测。以心性言，循理为静，则因物付物，无有穷尽。对《老子》言，静观无为，而无所不为。刘子发先儒所未发，认为"太极"为万物的总名，始终天地、不止生物则无有其极。圣人终始而主静不与，故循理无极。他又指出，"易有太极"分明是圣人在指示道体。"盖曰道无道，即乾坤之生生而不息者是，是以乾坤列而四象与八卦相蕴而生。此易道之所以为至也。强名之曰'太极'，而实非另有一物立于两仪、四象之前也。周子曰'无极而太极'，又曰'太极本无极'，斯知道者也。"（引自《周易古文钞下》，载《刘宗周全集》第一册，浙江古籍出版社 2007 年版，第 234-235 页）"太极"以"生生不息"的存在而强名，非别于两仪、四象另有一物存在。周子"无极而太极"、"太极本无极"，非是转语的相假以名，而是各有其意蕴。显然，刘子误解了周子之说。"只此动静之理，分言之是阴阳，合言之是太极，故曰：'一阴一阳之谓道。'即分即合是太极，非分非合是无极，故曰：'阴阳不测之谓神。'"（引自《学言上》，载《刘宗周全集》第二册，浙江古籍出版社 2007 年版，第 377 页）以"太极"与阴阳异名同谓，只是分、合之说。"太极"是一阴一阳的统会，而"无极"是对"即分即合"的否定。相对于"一阴一阳"的"太极"，"阴阳不测"是有极的无穷。前者是假立一本，后者是无有定体。二者是阴阳动静的妙理。刘子认为，《河图》与《太极图》不同，"《河图》左畔阳居内，而阴居外；右畔阴居内，而阳居外。阳左阴右，皆以内者为主，盖阳生于阴，阴生于阳也。至周子图，太极左畔言阳之动，而反以阴居内；右畔言阴之静，而反以阳居内。……盖《河图》阳生于阴，而周子以为太极动而生阳；《河图》阴生于阳，而周子以为太极静而生阴，是《河图》之二气自相生，而周子皆以太极生之也。自相生则不必有太极，若以太极生两仪，则太极实有一物矣。为此言者，盖拟

夫子赞《易》之说，而误焉者也。毫厘之差，千里之谬也。"（引自《学言中》，同上册，第405-406页）《河图》以阴阳二气自相生，是"太极"为强名，它是阴阳相生的总名。《太极图》以两仪为太极所生，则太极实为别立一物，而非是所以阴阳之理。周子之说本自《老子》"道生一"思维，而刘子之说本自《易传》"天地絪缊"、"阴阳合德"思维。阴阳妙理是"太极"与"无极"的统一，前者揭示万物由是所生，假名一生生的本原；后者揭示生生的不息，在于否定其有止息。二者互摄，"太极"因"无极"成其不测至极，"无极"因"太极"成为至极不测。犹如《中庸》"生物不测"与"为物不贰"的关系，也如《老子》"独立不改"与"周行不殆"的关系。"一阴一阳之谓道"，正因其无极不可测，"阴阳不测之谓神"，方成其为绝对的至极。作为至极的"太极"必然是无极的存在。"《太极图说》言：太极生阴阳，阴阳生五行，五行生万物，物钟灵有人，人立极有圣，圣合德天地。似一事事有层节。岂知此理一齐俱到？"（引自《学言中》，同上册，第409页）理一齐俱到，犹如《老子》所谓的万物一并而生，它是道器共存思维，"太极"在阴阳之中。立层节者，是分立生生的过程和阶段。"太极"先于阴阳，则别为一物，是从宇宙论上立说。从心性上立论，"独便是太极；喜怒哀乐便是太极之阳动阴静；天地位，万物育，便是乾道成男，坤道成女，万物化生；盈天地间只是一点太和元气流行，而未发之中实为之枢纽其间，是为无极而太极。"（引自《遗编学言》，同上册，第481页）"太和元气"，是造化枢纽，以本源言是"太极"，以本性言是"独"。阳动阴静是"太极"之理，生生不息是其"无极"；未发之中有枢纽生意，是"太极"之"独"。"独"是独一无二，"为物不贰"而"生物不测"。"太极"以立生生有本，"无极"以况生生不息。"太极本无极也。统三才而言，谓之极；分人极而言，谓之善。其义一也。"（引自《人谱正篇》，同上册，第656页）统"三才"言，是统体一太极，无所不极；"三才"中分人极，是"一物一太极"。王夫之认为，"无极，无有一极也，无有不极也。有一极，则有不极矣。无极而太极也，无有不极，乃谓太极，故君子无所不用其极。"（引自《思问录内篇》，载《船山遗书》，北京出版社1999年版，第3771页）正因"无有一极"和"无有不极"，方是"太极"至极。至极必是无所不极。若认太极为一极，则不免固定一极，便有外此的不极。"无有不极"方为"太极"。"无所不用其极"，既是"无极"，也是"太极"。正如《老子》的思维，道不可道方为恒道，无常其常方为恒常。牟宗三认为，"太极是实体词，无极是状词，实只是无声无臭、无形无状、无方所（神无方）、无定体（易无体）、一无所有之'寂然不动感而遂通'寂感一如之诚体本身，而此即是极至之理，故曰'无极而太极'。"（引自《心体与性体》上卷，上海古籍出版社2007年版，第307页）"太极"以"无极"为至极，"无极"作为状词以况"太极"为绝对的至极。既为"太极"，就非"一无所有"，而是潜在大有。"太极是表，无极是遮。太极之所以为极至之理正因其'无可正举、无可形名'而为至极也。此即是无极之极。"（同上页）"太极"为至极，在于不可穷极，故无可正举、形名，为"无极之极"。

"表"为"太极"可假名，"遮"为"太极"不可名，它是"太极"与"无极"的统一。"无极之极"思维，犹如《老子》的"无状之状"。

（七）无极是总体一太极

朱熹指出，"天下岂有性外之物哉！然五行之生，随其气质而所禀不同，所谓'各一其性'也。各一其性，则浑然太极之全体，无不各具于一物之中，而性之无所不在，又可见矣。"（引自《周敦颐集》，中华书局 2009 年版，第 5 页）天下无性外之物，则"太极"为唯一本体，非其之外有"无极"。五行、四时在阴阳之中，而阴阳、动静无不在"太极"之中。"无极"只是推本以明"浑然一体"质性，揭示其不可以声臭言。浑然全体，是"万物统体一太极"，"各一其性"是"一物各具一太极"。"夫天下无性外之物，而性无不在，此无极、二五所以混融而无间者也，所谓'妙合'者也。"（同上页）以"无极之真"为"理"，以"二五之精"为"气"，"性无不在"则理气无不有。"自男女而观之，则男女各一其性，而男女一太极也；自万物而观之，则万物各一其性，而万物一太极也。盖合而言之，万物统体一太极也；分而言之，一物各具一太极也。"（同上书，第 5-6 页）物虽万殊而一性，是"太极"在物中为"理一"，总称为"万物统体一太极"。就物物分类言，是"一物各具一太极"。物物之性不同，故"各一其性"。万物虽"各一其性"，然统体为一"太极"。"万物统体"的一"太极"，非同于"一物各具"的一"太极"。后者是分殊之"一"，而前者是涵摄万殊之"一"。在朱子看来，万物之殊来自气质禀赋的"各一其性"，而非万殊之理，理同而气异。朱子"理一分殊"说，不如《老子》"道一分殊"说的融贯性。恒道生物是分有于物，"道生一"。万物得"一"为构成万物的不同因子，形成万物之殊。在"理一"中，则摒弃了理的差别组合，无奈只能求诸于气质上的阴阳五行。然五行源自阴阳，阴阳源自"太极"。五行、阴阳之殊来自同一个"太极"。物类不同，必要求不同性的"太极"，必存在"统体一太极"的逻辑建构。它是涵万殊不同的"太极"，故必是"无极"。"一物各具一太极"，是实有"一"以为构成物的因子。物类不同，则"一"不同。"统体一太极"非是实在"一"，不可以定极言，它涵摄不测之"一"，故必以"无极"而假名。朱子在万物"性无不在"的"通一"与物物"各一其性"的分殊上显然存在逻辑上的冲突。陈淳认为，"老子说'有物混成，先天地生'，此正是指太极。庄子谓'道在太极之先'，所谓太极，亦是指三才未判浑沦底物，而道又别是一个悬空底物，在太极之先，则道与太极分为二矣。不知道即是太极，道是以理之通行者而言，太极是以理之极致者而言。惟理之极致，所以古今人物通行；惟古今人物通行，所以为理之极致。更无二理也。"（引自《北溪字义》，中华书局 2009 年版，第 44 页）《老子》恒道作为本始存在，是"无极"。"道生一"之"一"方为太极。它也是《庄子》的"太极"内涵。《易》云"易有太极"，又云"三才"之道，"三才"各为一类，各有一"太极"。《易》作为"三才未判浑沦底物"，便是"统体一太极"。"太极"是

道 与 物

"理之极致"，为"一物一太极"。"理之通行"是统体一理，统体一太极。"古今人物通行"者，非是固定一理，而是万殊之理。理以极致言，然非是一定之理。理一中有分殊。在老庄看来，"道"既是本始存在的"有物混成"，也是通于万物以存在的"道通为一"。因为万物各分有于道，分有之全的"统会"方为"道"。"太极只是总天地万物之理而言，不可离了天地万物之外而别为之论。"（同上书，第45页）"总天地万物之理"，是"浑沦一太极"，通天地万物为一。"老氏说'道在天地之先'，也略有此意。但不合都离了天地人物外，别说个悬空底道理，把此后都做粗看了。总而言之，只是浑沦一个理，亦是浑沦一个太极；分而言之，天地万物各具此理，亦各有一太极，又都浑沦无欠缺处。"（引自《北溪字义》，中华书局2009年版，第45页）"浑沦一太极"与"各具一太极"，犹如朱子的"万物统体一太极"和"一物各具一太极"。《老子》何尝离了天地人物而言恒道？"泛兮其可左右"、"万物之奥"，何尝"别说个悬空底道理"？既然"浑沦一太极"为先于天地万物的存在，能不在"天地万物之外而别为之论"？恒道具有两个存在样态，"有物混成"是本始存在的"浑沦一太极"，"万物之奥"是"统体一太极"。在宇宙生成上，道生物与理气生万物同具有先后关系，"各具一太极"是道或理在存在上的另一个样态，道寓于物，正如理气具于万物之中。"只这道理流行，出而应接事物，千条万绪，各得其理之当然，则是又各一太极。就万事总言，其实依旧只是一理，是浑沦一太极也。譬如一大块水银恁地圆，散而为万万小块，个个皆圆。合万万小块复为一大块，依旧有恁地圆。"（同上书，第45-46页）因"各一太极"而有"浑沦一太极"，后者是整体、全体，前者是其分有之一、散殊之一。分殊、无数"一"的统一，就是全体。"万万小块复为一大块"，比喻精当。陈淳认为，"太极"之所以为极至者，是揭示理为至中、至明、至精、至粹、至神、至妙、至矣，以其尽全不可以复加故强名为极。"太极浑沦之妙用，自无而入于有。自有而复于无，又只是浑沦一无极也。"（同上书，第71页）以"浑沦"为"无极"，是"总体一太极"的思维，亦是"道通为一"的思维。以妙用至极言是"太极"，以其妙用不测为"无极"。"理无形状，无界限间隔，故万物无不各具得太极，而太极之本体各各无不浑沦。"（同上书，第72页）若以理为非实在，则无形状、无界限间隔就是虚语。"万物无不各具得太极"，是"一物一太极"。"太极之本体各各无不浑沦"，是物物各得一圆满的生生因子，如"冲气"、"太和"之类。总说"浑沦"是众殊的统一，分说"浑沦"是一构物因子的具足。他又进而指出，"太极"只是本圆之理，其体浑沦。以理言，自末而本，自本而末，无不极至。自万古之前与万古之后，无端无始，它是"浑沦太极之全体"。自其"冲漠无朕"与天地万物皆由是出，及天地万物既由是出，又复冲漠无朕，它是"浑沦无极之妙用"。（同上书，第85页）浑沦全体、无不极至，是"太极"本体的大全；"冲漠无朕"、能出天地万物，是"太极"功用的不测。"总体一太极"，是兼体用言的万殊不测的"一物类一太极"。

（八）是太极黜无极

邵伯温云："生天地而太极者，道之全体也。太极生两仪，两仪生四象，四象生而后天地之道备焉。"（引自《皇极经世》，九州出版社 2003 年版，第 468 页）以"太极"为"道之全体"，则"无极"内涵于"太极"之中，言"太极"不必言"无极"。陆九渊对朱熹以周子"无极"说发前人所未发、为圣学之秘的观点进行了批驳。他认为，"无极"并非周子的观念，至少亦是不成熟的思想。盖《通书》并无"无极"的论说，《太极图说》与《通书》不类，疑非周子所著。《理性命章》言"中焉止矣，二气五行，化生万物，五殊二实，二本则一"，其曰"一"，曰"中"，即为"太极"，未尝加"无极"于其上。《动静章》言五行、阴阳、"太极"，亦无"无极"之文。假使说"无极"是学业未成熟时之作，或传他人之文，然作《通书》不再言及，足见他已知《太极图说》为非。"太极"是圣人以实有是理而发明之，其理自在素定，何尝是不言"无极"则"太极"同于一物？《易》不言"无极"，周子"无极"观念是"徒为多说"。"若惧学者泥于形器而申释之，则宜如《诗》言'上天之载'，而于下赞之曰'无声无臭'可也，岂宜以'无极'字加于太极之上？"（引自《陆九渊集》，中华书局 1980 年版，第 23-24 页）他认为《太极图》源自老氏之学。"'无极'二字，出于《老子》'知其雄'章，吾圣人之书所无有也。《老子》首章言'无名天地之始，有名万物之母'，而卒同之，此老氏宗旨也。'无极而太极'，即是此旨。"（同上书，第 24 页）言"无极"出于《老子》，固是。以"无极而太极"来自无名、有名之论，是精辟见解。在《老子》无名与有名是一体关系，周子、朱子"无极而太极"也是如此，它是玄理所在。然谓老氏学"不正"，"见理不明，所蔽在此"，则是其私己之见。陆子又以二程师承周子亦未尝言及"无极"之语，认为足见其非为圣学。朱子未曾实见太极之理。"若实见太极，上面必不更著'无极'字，下面必不更著'真体'字。上面加'无极'字，正是迭床上之床；下面著'真体'字，正是架屋下之屋。"（同上书，第 27 页）朱子言"以其究竟至极，无名可名，故特谓之太极"，既然"太极"已是至极，何必再在其上言"无极"，为"迭床上之床"。"太极"自是真体，何必以"无极"见"真体"，"架屋下之屋"？实则，二者所言"太极"内涵的侧重点不同。在朱子看来，"太极"为至极，是物类之极。在陆子看来，"太极"作为至极，必无形象、不可见。正如"神无方"不可言无"神"，"易无体"不可言无"易"一样，若欲言其无方所、无形状，则言"上天之载，无声无臭"即可，不必另立"无极"之名。"老氏以无为天地之始，以有为万物之母，以常无观妙，以常有观窍。直将'无'字搭在上面，正是老氏之学，岂可讳也？"（同上书，第 28 页）《老子》以"无名"与"有名"、"无欲"与"有欲"对言，揭示"无"、"有"互摄。天理本宇宙所固有，岂可言无？"若以为无，则君不君，臣不臣，父不父，子不子矣。"（同上页）陆子没有把握《老子》之"无"是潜备的涵义，非是空无。执意认为，以无方所、无形状言"无

极"，非是人不敢道，乃是圣门不如此道。就朱子谓太极真体有不传之秘的见解，陆子辩曰："夫乾，确然示人易矣；夫坤，聩然示人简矣，太极亦何尝隐于人哉！"（同上书，第30页）朱子"无物之前，阴阳之外"，"不属有无，不落方体"，"迥出常情，超出方外"等语，莫是曾学禅宗所得如此？对此，朱子辩曰："太极固未尝隐于人，然人之识太极者则少矣。往往只是于禅学中认得个昭昭灵灵能作用底，便谓此是太极。而不知所谓太极，乃天地万物本然之理，亘古亘今颠扑不破者也。"（引自《朱子全书》，上海古籍出版社、安徽教育出版社2010年版，第1574-1575页）"迥出常情"等语，非禅家所能专有，儒者何可不言？陆子认为，禅宗语则儒家即不可言，不免落于固执、窠臼。朱子认为，语言表达方式可以通用，理的关键在于是否为实。陆子本先秦儒学为宗，不免有执著之偏；朱熹吸收道学以明儒学，对儒学给予了发展。宗义认为，朱子谓"无极即是无形，太极即是有理，在无物之前而未尝不立于有物之后，在阴阳之外而未尝不行于阴阳之中"，以"理先气后"之说解周子，未得周子之意。（参见《宋元学案·梭山复斋学案》，载《黄宗羲全集》第五册，浙江古籍出版社2005年版，第266页）实则，"无极"先于"太极"，"理先气后"正是周子思维，它传承于道家思想。但道家不言理气，而言道物。恒道无形，然在"为物"中有"精"、"信"，"道生一"是"无极而太极"的思维意蕴。不过"道"是理气混涵，"一"是理气为冲和。许白云认为，《太极图》原出于《易》，其义则有前圣所未发者。"太极者，孔子名其道之辞。无极者，周子形容太极之妙。二陆先生适不烛乎此，乃以周子加'无极'字为非。盖以太极之上不宜加无极一重，而不察无极即所以赞太极之语。周子虑夫读《易》者不知太极之义，而以太极为一物，故特着无极二字以明之，谓无此形而有此理也，以此坊民至今犹有以太极为一物者，而谓可去之哉！朱子辩之精，而晓天下后世者亦至矣，此固非后学之所敢轻议也。"（引自《宋元学案·濂溪学案下》，载《黄宗羲全集》第三册，第623-624页）"二陆先生"，是陆梭山、陆象山。"太极"作为至极，必非有极之极，而是无极之极。无形、无物者，方为无极。无极者，无限之谓。无限方是至极。"无极"者无所不极。就周子《太极图说》与《老子》思想的渊源，黄宗炎曾予以辨析。他说，周子《太极图》创自河上公，乃方士修炼之术。相对老庄"长生久视"学说，此术实属旁门。老庄以虚无为宗，以无事为用，而方士逆而炼丹，多所造作，已与"致虚极，守静笃"思想相差甚远。周子更为《太极图》，穷期本反于老庄，可谓拾瓦砾而得精蕴，但缀说于《图》，冒为《易》之太极则不侔。夫子言"太极"不过专以明《易》有至极之理，非别有所谓太极而欲上乎伏羲、文王。"周子之'无极而太极'，则空中之造化，而欲合老、庄于儒也。……考河上公本图名《无极图》，魏伯阳得之以著《参同契》，钟离权得之以授吕洞宾。洞宾后与陈图南同隐华山，而以授陈，陈刻之华山石壁，陈又得《先天图》于麻衣道者，皆以授种放。放以授穆修与僧寿涯。修以《先天图》授李挺之，挺之以授邵天叟，天叟以授子尧夫。修以《无极图》授周子，周子又得'先天地'之偈于寿涯，……。周子得此图二颠倒其序，

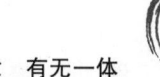

更易其名，附于《大易》，以为儒者之祕传。……愿就是图详审之：'《易》有太极'，夫子赞《易》而言也，不可云'无极'；无方者神也，无体者《易》也，不可图圆相。'有者无之，无者有之'，恐非圣人本旨。"（引自《宋元学案·濂溪学案下》，载《黄宗羲全集》，浙江古籍出版社 2005 年版，第 627-628 页）以周子"无极而太极"合于老庄思维，传承有自，其说甚是。宋儒已非尽是先秦之儒。"太极"自涵"无极"，只不过周子吸取《老子》思维，发前人所未发。先秦道家常以无形限的"无极"为至极，它是无中生有；先秦儒家常以"元有"为"太极"，它是微中见显，二者具有思维同构性，殊途同归，皆是有无、显微一体。言"太极"，何尝不可言"无极"？圣人为文因世而立意，针对性不同，立意角度不尽相同。儒家言"太极"者专言一本，求统一之理，重点在于强调至极之有极；道家云"无极"者乃言妙化，求一无形无限之本，重点在于揭示至极之无极。前者由"本有"而生"万有"，是肯定性的生生思维。后者由"无有"而生"无所不有"，是否定性的生生思维。实则在《中庸》、《易》中也可见否定性的无限思维。陆九渊以"太极"为儒家本源观念，"太极"中自涵"无极"，不必再言"无极"，它是"太极"本"无极"观念的另一种解说。

（九）太极为元气、无极为太虚

王廷相的元气、太虚说，以"太极"涵摄有无，内涵"无极"、"太极"的关系意蕴，与《老子》思维相近。他认为，"太极说"始于"易有太极"。"推极造化之源，不可名言，故曰太极。求其实，即天地未判之前，太始浑沌清虚之气是也。"（引自《太极辩》，载《王廷相集》第二册，中华书局 1989 年版，第 596 页）"太极"的内涵，既是"推极造化之源"，也是"不可名言"。前者揭示造化源自有极，后者揭示其无形无状为无极。"天地未判之前"，犹言"天地之始"、"象帝之先"；"太始浑沌清虚之气"，犹言"有物混成"，此思维不过将本始存在从《老子》的恒道改作"元气"而已。"所谓太极，不于天地未判之气主之而谁主之耶？故未判，则理存于太虚；既判，则理载于天地。"（同上页）"理"恒在，正如《老子》"道"恒在。"未判则理存于太虚"是"太虚之气"，犹如程子所云"冲漠无朕，万象森然已具"，类如《老子》"有物混成"。"既判则理载于天地"，犹如《老子》恒道为"万物之奥"。未判、既判，揭示了"太极"存在的两个阶段，正如《老子》恒道存在的两种样态。"元气之外无太极，阴阳之外无气。以元气之上，不可意象求，故曰太极。以天地万物未形，浑沦冲虚，不可以名义别，故曰元气。以天地万物既形，有清浊、牝牡、屈伸、往来之象，故曰阴阳。三者一物也，亦一道也，但有先后之序耳。"（同上册，第 597 页）以"元气"为"太极"，因其"不可意象求"，故为"浑沦冲虚"、"万物未形"和"名义不别"。前者类于"先天地生"，后者类于"混而为一"。阴阳存在于万物已形之后，正如"万物负阴而抱阳"。三者一道然有先后之序，犹如"道生一，一生二"。"天地未判，元气混涵，清虚无间，造化之元机也。……不可知其所至，故曰太极；不可以为

象，故曰太虚，非曰阴阳之外有极有虚也。"（引自《慎言》，载《王廷相集》第三册，中华书局 1989 年版，第 751 页）"元气"作为"造化元机"，以其不可知其极，故为"太极"。"太极"是强名至极存在，犹如"字之曰道"。然"元气"又是"清虚无间"的"混涵"，以其不可为象，故为"太虚"。"太虚"，就是"无极"。王廷相正确看到了"太极"之于万物的分有质性。"太极者，道化至极之名，无象无数，而天地万物莫不由之以生，实混沌未判之气也。故曰'元气'。儒者曰：'太极散而为万物，万物各具一太极'，斯言误矣。何也？元气化为万物，万物各受元气而生，有美恶，有偏全，或人或物，或大或小，万万不齐，谓之各得太极一气则可，谓之各具一太极则不可。太极，元气混全之称，万物不过各具一支耳"。（引自《雅述上》，同上册，第 849—850 页）以"元气混涵"解"太极"，则"太极"类似于《老子》的恒道，它是"万物总体一太极"。"元气化为万物"，犹如恒道分有于万物。万物各受元气生，是"万物得一以生"的思维结构。"万万不齐"，类于"得一"万殊。既以"太极"为"元气混全"，则"得一"之"一"是"元气"，而"道生一"就是混全元气分化为万殊元气，思维类似"统体一太极"与"一物一太极"的思维结构。"元气"具有混涵、一支两种存在样态，"太极"具有无极、有极两个存在指称，正如"道生一"的内涵。"一"是万殊之分，"道"是万殊统合。他又指出，"天者，太极已形也，形则象数具而八卦章矣。先于天者，太虚之气尔，无形也，无象与数也，故曰太极。"（同上册，第 845 页）以无形、有形揭示"太极"存在的两种样态，非是。若天为万物本原，就非有形。已形之天而象数具、八卦章，是"天"为形物，何有生物之妙？这里"天"只能是一阴一阳的造化因子。无形的"太虚之气"，无象数可见，正如恒道为"无状之状"。王氏"太极"有无一体的学说是《老子》恒道思维的翻版，或者是"改头换面"，里子却是一样的思维模式，差别只在本始存在的名谓上，一为道，一为元气。王廷相认为，在对老庄思想上不必一概排斥，"君子于老、庄，不求同术而取其同理者，亦可矣。程子谓太极未有象数，惟一气尔，此论精实，出于宋儒风气之外矣。"（同上页）"太极"是"天地未生，盖混沌未分之时"。"天神地形，虽曰未分，实则并存而未尝缺一也。太虚之气，天也，神也，以形论之则无也。地则形也，非太虚之气也，以形论之则有也。分为天地，与未分之时无异也。"（引自《答何柏斋造化论》，同上册，第 970 页）以"太极"为混沌未分的存在，以其"分为天地"而言一极存在。然以"天"为"太虚之气"、无形，则同于"太极"质性，思维结构不类。这是因为道家天地与儒家天地观不同，儒家之"天"是本体，类如恒道。既然以"元气"为本，则天地是有形的对待存在，天虽神而有象，地虽妙而有形。因不明本体"天"与形质"天"的内涵差别，杂糅两种思维，将二者混为一谈，可见其思想上的不精粹处。

以上列举了一些"无极"与"太极"关系的解说，从中可以看到儒道思想的合流，足见老庄思想的影响。现代新儒家成中英指出，"太极乃无所不包，其涵容最广博，开拓最深入，根基最稳固，呈现最显明、理路最精微，诠释最穷尽。太极成就事

事物物，但本身却活动不已，反复辨证地处于未完成的状态，同时也不能完成。"（引自《世纪之交的抉择》一文，载《成中英文集》第一卷，湖北人民出版社2006年版，第298页）"太极"活动不息，始终"未完成"，永远"不能完成"，它是无极；"成就事事物物"，"无所不包"是至极。六个"最"性，分别揭示其"涵容"、"开拓"、"根基"、"呈现"、"理路"和"诠释"上的至极。"太极"包含"既决和未决"，为现实与未来、无限与有限、存在与存在者、无有与实有的统一。他认为周敦颐的贡献是，在"太极"之上加"无极"一层面，正因为"太极"之外没有其他任何"极"，故为"太极"。"'无极而太极'显示出'太极'系原始、潜在、创生的活力（冲动），它不是由任何存在物中衍生，而是通过'太极'本身之无形、无定的本性所给予，而'无极'一词恰可表达此中意涵。'无极'系绝对、无形、无定的潜在，总是生成变化为实在，对动静及万物皆属必要。因此，'无极'所代表的是：在我们有任何知觉之先，存有与生成的原始统一状态。但因为'无极'也可视为具有足以将实在实现的能力，所以'无极'遂成为'太极'——亦即实在自我实现的开端。"（同上卷，第299页）原始早备潜在，只有具有绝对、无限创生活力的无极质性，方为"太极"。"太极"在生生无极中成为至极。以"无极"为"存有与生成的原始统一状态"，正是道家"有物混成"和"万物之宗"的玄妙统一。"太极"作为自我实现、生成万物的统一开端，必然是涵摄无限"一物具一太极"的存在，变为无极存在。周子"无极而太极"、"太极本无极"，正是吸取了道家的否定思维，以阐释儒家的"太极"肯定内涵。"太极"作为至极，必是"无极"。"太极"作为"无极"，方为至极。

三、《易》的思维建构

在《易传》，特别是《系辞》中蕴含着"无极"与"有极"的一体关系，可以从四个维度来解说。

第一维度，《易》理至极而无极。"太极"揭示《易》理赅备，无所不尽，可为至极。《易》者，"与天地准"，弥纶"天地之道"，知"死生之说"和"鬼神之情状"。它与天地相似，故不违；知周万物而道济天下，故不过；旁行不流，乐天知命，故不忧；安土敦仁，故能爱。"范围天地之化而不过，通乎昼夜之道而知"（《系辞上》）。以其"穷理尽性"，尽言天下之理，至理赅备，可谓之"太极"。然在此至极中，又是"无极"，故为"神无方而易无体"。何谓"神无方"？"无方"有二义：一言"不见其处所"，莫测其妙；二言周游运动，不常在一处，居无定所。"无方"相对"执方"言，道者变易无常，唯变而适。何谓"易无体"？"无体"也有二义：一是为道屡迁，不知变所由来，无形体可见；二是随变而往，非定在一所，无有定体。成中英认为，"神无方，易无体"是"太极本无极"，它指出"具体的器物世界显现了创造的无穷泉源"，"有"显现"无"，"'有'具有界定作用"。"无极而太极"是"创造的无限'实在'必然显现生命变化、创造的历程"，"无"显现"有"，"'无'具有决定作用"。

(引自《〈易经〉中的'理'与'气'》一文，载《易学本体论》，北京大学出版社2006年版，第129页）以"有"、"无"一体解说"太极"、"无极"关系，实则从生物的器物有极界定其创造的实在性，从生生的无极揭示其创造的无限性。只有创生的实在无穷，方有创生的无限。《易》涵至理，"《易》之为书，广大悉备"。圣人"立象以尽意，设卦以尽情伪，系辞焉以尽其言，变而通之以尽利，鼓之舞之以尽神"。"尽"就是至极。作为至理赅备，"易简而天下之理得"，它是"以言乎天地之间则备"。至理为大用之极，"蓍之德圆而神，卦之德方以知"，圣人"以通天下之志，以定天下之业，以断天下之疑"，"感而遂通天下之故"。然《易》涵理又是有极，"书不尽言，言不尽意"。"言不尽意"，是"名可名，非恒名"的逻辑思维。《易》理无极，以"时"为义，以"时中"为要。《易》者"为道也屡迁"，"不可为典要"。既言《易》理"悉备"，又言"书不尽言"；既言"与天地准"，又言"神无方而易无体"，其中无疑蕴涵着一种张力，就是"太极"与"无极"的相互阐释和界定问题。前者是肯定理性的至极思维，认为《易》可以达至真理之极；后者是怀疑的理性精神，认为现实达至的真理永远是相对的，真理不可穷极，必须保持开放、批判态度。二者之合，是科学求知的真理精神。"太极"可揭示《易》穷理的极致，"无极"可揭示《易》致知的无穷。这里，"无极"以"有极"为前提，正如恒道不可道以"可道"为前提一样，"无极"因"有极"而存在。

第二维度，阴阳交合的太极和无极。"一阴一阳"与"阴阳不测"的统一，是"太极本无极"。《易》作为法象者，以"阴阳合德"体"天地之撰"，通"神明之德"，它是"一阴一阳之谓道"，为"太极"的生生之理。"太极"是阴阳统会，在阴阳之中。"一阴一阳"作为"道"，是生生的总原理。"太极"之理，在一阴一阳的合德中。然"一阴一阳"的合德，又是无尽、无穷者，故为"阴阳不测之谓神"。"一阴一阳"作为"太极"，是生生之理无出其外；"阴阳不测"作为"无极"，是生生之理无有穷尽。"不测"是阴阳合德的无极，它是"太极"的应有内涵。张载云："体不偏滞，乃可谓无方无体。偏滞于昼夜阴阳者，物也，若道则兼体而无累也。以其兼体，故曰'一阴一阳'，又曰'阴阳不测'，又曰'一阖一辟'，又曰'通乎昼夜'。"（引自《正蒙》，载《张载集》，中华书局1978年版，第65-66页）"一阴一阳"作为不偏滞的"兼体"，是无方、无体的"阴阳不测"。"通乎昼夜"，是"一阴一阳"，也是"阴阳不测"，二者一体。牟宗三认为，"兼体者即能兼合各相而不偏滞于一隅之谓。"（引自《心体与性体》上卷，第384页）"兼合各相"，是"阴阳合德"的通贯、不测。偏滞于一相，则物化的落入一物。"神"言其自身动而无动，静而无静，圆应无方，妙运无迹，参动静、聚散、虚实、有无而不滞。既言"一阴一阳"，又言"阴阳不测"，是即阴阳而非阴阳，即太极而无极。以"即相而无相"解之，"唯因其（太极）不已地起作用遂有气之生化不息之实事呈现，就此生化不息之实事言，遂流有流相、行有行相之实流行，此是气化之流行也。气化之流行有流行相，而为其体的那于穆不已之

天命流行之体实无流相，亦无行相也。"（同上卷，第322页）在先秦古义，天命流行是实说，只是一如如的不已地起作用，流而不流，行而不行，故无流相、无行相。气化流行是实说，有流相、有行相。有流行相的气化流行以无流行相的天命流行为其体，它是即存有即活动之体，亦是诚体、神体、妙万物而为言之体，故穷神即可知化。它是《老子》"独立不改"与"周行不殆"的一体思维。恒道的存在是"独立不改"，然它体现于"为物"、生物的"周行不殆"之中，也可以说万物自然变化在于有恒道自然造化。实则，"太极"既是"于穆不已"的天命流行，又是"气化之流行"。"于穆不已"的天命，体现在气化不已之中。"太极"即是道，就在"一阴一阳"的合德中。若将"太极"的"无流行相"与气化的"有流行相"分离，无疑将"太极"与阴阳气化分成二本，不能圆融。"太极"有体是阴阳气化，"太极"无体是阴阳不测，它是"太极本无极"。作为气化至极之理，无外乎"一阴一阳"交合的"道"。而至极之理又是无极之化，为"阴阳不测"。阴阳若可测，就为物化，何可为至极？

第三维度，《易》卦爻有极而无极。"《易》有太极，是生两仪，两仪生四象，四象生八卦"，进而有六十四卦，三百八十四爻。"观变于阴阳而立卦"（《说卦》）。如果每一卦、每一爻皆代表一事一物的一理，若是不可穷极，何以言为"悉备"？作为卦、爻者，其生成必有极，三百八十四爻来自六十四卦，依次来自八卦、四象、两仪，最后统一于"太极"。"太极"，是卦爻所生的至极，亦即是生成上的一极。如果无此一极，则《易》不可为名？有可道的至极，方可假名为《易》。"太极"之体蕴藏卦理，作为潜在的展开是六十四卦、三百八十四爻。它是"太极"无体而有体的思维。就其为全部卦相的统会者，是至极、有体；然因六十四卦、三百八十四爻所言事理并不能尽宇宙全部真理，故又是无极、无体。"一阖一辟谓之变，往来不穷谓之通"（《系辞上》）。不穷者，无定体，故变则通。《易》者"变动不拘，周流六虚，上下无常，刚柔相易，不可为典要"（《系辞下》），"周流六虚"是"六爻相杂，唯其时物"。"唯变所适"，则变化无常；"唯其时物"，则无常其占。"太极"既是"一阴一阳"的道理总名，也是强名，因为其不可尽事理之全。就"易"的名谓内涵，"易"必是简易、变易、不易的统称。简易者，是"乾以易知，坤以简能。易则易知，简则易从"（《系辞上》）。正因易简，故天下理得，"易简之善配至德"。它揭示《易》理为至极。"不易"者，是"《易》与天地准"、"范围天地之化而不过"，它是《易》作为认知真理的不可易。同时是变易的不易，变而不变。易而不易，故为恒易。《易》以"不易"为"至极"，就必以"变易"为无极。前者如"独立不改"，后者如"周行不殆"。正因变化无穷，故《易》理与时物相合。

第四维度，无阴无阳为无极，一阴一阳为太极。韩康伯以《老子》"有生于无"思维解"一阴一阳之谓道"，认为"穷变以尽神，因神以明道，阴阳虽殊，无一以待之。在阴为无阴，阴以之生；在阳为无阳，阳以之成，故曰'一阴一阳'"。（引自《周易正义》，中国致公出版社2009年版，第268页）以在阴无阴而阴以之生、在阳无

阳而阳以之生言，是"有生于无"思维，"一阴一阳"来自"非阴非阳"。阴阳之变是神，不测则无定阴定阳，非有固定的"一阴一阳"，故"无一以待之"。"一阴一阳"的"一"，既是本源至极的"一"，亦是不可定数、无穷不测的无极之"一"。孔颖达云："一谓无也，无阴无阳，乃谓之道。一得为无者，无是虚无，虚无是大虚，不可分别，唯一而已，故以一为无也。若其有境，则彼此相形，有二有三不得为一。故在阴之时，而不见为阴之功；在阳之时，而不见为阳之力，自然而有阴阳，自然无所营为，此则道之谓也。故以言之为道，以数言之谓之一，以体言之谓之无，以物得开通谓之道，以微妙不测谓之神，以应机变化谓之易，总而言之，皆虚无之谓也。"（同上书，第268-269页）"一阴一阳"之"一"，同时是"无一以待"的"无阴无阳"。"阴阳不测"，揭示阴阳交融的不可定常；"无阴无阳"，是从否定阴阳定常而言不测。"道"是内蕴"阴阳不测"的"一阴一阳"。"无"作为"大虚"，不可分别，即是"混一"。之所以为"唯一"，在于"无匹于天下"。何以谓"一"为"无"？"一"为唯一、混一，相对于可数、分别之一，是"无一"，故为"无"。若落有境之一，则彼此相形，就有二有三，不能为"混一"。作为"无"的"一"，是非数之一、无限之一。若见得阴阳的功力，即是有为、可道者，非是不测。自然有阴阳，是"一阴一阳"中有"阴阳不测"。这里，以数言之"一"非是可数之一，而是无数之一；以其无定常体言是体为"无"，以其开通于物、万物无不由言是"道"，以其阴阳不测，微妙难识言是"神"，以其应机变化之用言是"理"。作为"虚无之道"，既为"道"就是因有以言无。既有"有"，不测其"有"，方有神、理等。"唯一"作为数的至极，是有极。然既为至极，又必是"无极"。"一"作为可数之数，是有限之一，必以"无一"揭示其无限内涵。"无"为非一之"一"，"一"为"有一"之"一"。"无"者不可测、不可尽，故是"无极"。"唯一"既是无匹合的至极之"一"，又是不可测其极的"无"。"无"者是非数之"一"，故为"唯一"。唯一、至极是太极，有极的否定是无极。

四、《老子》思维建构

在《老子》文本中，"无极"和"极"的用词虽然具有次序、时序或者价值链上穷极、无限的内涵，但尚未明确提出"无极而太极"的观念。虽然如此，通过对恒道存在质性的挖掘、梳理和整合，也可建构其内在"无极而太极"的思维结构。《老子》除以"无极"与"太极"揭示"无极"与"有极"的一体关系外，还有以无极与一极、无名与有名、无形与大象、即物与无物等加以阐释。

（一）无极与至极

就恒道为本始存在言，林希逸以"无极而太极"解《老子》"有物混成"的内在涵义。以其至极为"有物"，以其无极为"混成"。"无极"是"太极"应有的内涵，它揭示太极的玄妙性，澄明太极为至极的质性。"太极"作为至极，非是分殊、有定的

一极，故为"混成"。若定于一极，就非是无所不极。物有万殊类别，一物具一太极，万殊之物则有万殊之极，涵摄万不同之极的共同"太极"就是统体一太极。"混成"作为潜备言，是"万象森然已具"的"统体一太极"。恒道作为"万物之母"、"天地之始"、"天下有始"，它先天地生，故为至极的"太极"。作为"万物得一以生"的本源，"一"是万殊的本原因子，故为不测的"一物一太极"。"极"如"中"一样，无处无中，无时无中，中无定体，无可限量。正因为"太极"的无限性，具有"无极"质性，故它必是无定体的存在，为无形状、无象数、无见闻、不可名的绝对存在。同时，"太极"作为生生本源，应具有无限生机、活力，生物不测，为物不贰的质性，用《老子》的语言是"独立不改"、"周行不殆"。正因"太极"为生机创造力的"无极"，才能统摄万有，成为无所不涵的至极。"太极"中有无极生生，为无限存在。恒道作为"太极"，以其生成万物言，何尝不是万象森然已具？何尝不是潜在的大全？"有物混成"分化为万物之后，是寓于万物之中的"道通为一"。以其无所不在，何尝不是万物总名？恒道以生物、为物存在，它是"独立不改"，也是"周行不殆"。"独立"、"周行"者，至极之谓；"不改"、"不殆"者，无极之谓。恒道作为造物者，物物而不物于物。"物物"者，无物不物，正如"生物不测"，是"无极而太极"；"不物于物"，不止于物，不滞于物，正如"为物不贰"，是"太极本无极"。在老庄思想中，"无极"对有极而言，它是有极的否定。"太极"是"无极"的强名，"无极"方是至极。正如道不可道为恒道一样，道家非否定有极、"太极"，但却否定固执于有极、至极。从追溯本源的层次看，"太极"是万物来源的初始者。只有清醒看到"无极"的存在，才能真正把握"太极"的内涵，保持"太极"为至极的存在质性。儒家认为，如果在"太极"之上再放一个"无极"，则"太极"便不是至极，"无极"方成为了"至极"。《老子》认为，"太极"若是有极，就非是至极，因为至极无有其极。"太极"作为至极，必是无以加者，无有高出其者，无有出其上者，而为"无极"。"太极"只有以"无极"言之，方为至极。"太极"作为至极，必是"无极"。《庄子》云："道在太极之先"，是针对世俗固执"太极"以为"一极"的观点立言。在《庄子》看来，至极者本无极，无极才是至极。从功用上言，以生物有一本，为"太极"；以生物有不测，为"无极"。从存在上言，至极是恒道寓于万物存在，"周遍咸"；"无极"是无物不有其道，非定在而无限。以《老子》文本言，可以"道不可言"与"书以载道"关系来解。相类于《易》理无穷尽与因法象可知一样，《老子》既谓恒道"不可道"、"不可名"，又著书以明"道纪"、"天下式"等思想，"吾言甚易知、甚易行"。一云道无穷极，一云言以载道。《庄子》有"道不可传"、书为糟粕与"言而尽道"之论。《老子》要求对"知"始终保持开放的敞开状态，它是穷理至极与无极的辩证统一。

（二）"无极"与"一极"

《老子》云"道生一"，蕴含"无极"、"太极"的一体质性。恒道为混沌存在，

"有物混成"，是"无"。而"一"为象数之始，代表万物所源自的本始因子。从万物潜在、混沌不分可强名为"道"，它既是大全的"混一"，也是混涵的"太一"。"太一"者，既是无限分殊因子"一"的总名、全称，也是"归一"、"反本"之总体"一"。"道生一"之"一"，对应于"万物得一以生"的"一"。天得一以为清，地得一以为宁等等，一物类得"一"是"一物一太极"；万殊之物得"一"，是"总体一太极"。从"道"为万物起源、生生一本言，是总持说的总一、混一。就每一类存在物言，"得一"的"一"是本源因子之"极"，是"物物各具一太极"，为分有"道"的一极。这里，"道"与"一"是分化与分有的关系，亦是一分散殊的整体与个体关系。因物类各具一太极言，是揭示同一个来源、根据，但从不同物类的来源、根据说，是"无极"。有无限的本源因子"一"，才有无限的作为构成万物因子之极"一"。"道生一"之"一"，是涵摄无限物类构成因子的总一，每一物类皆得其"一"为生，"万物得一以生"。它又是"物各具一太极"，故"天得一以清，地得一以宁，神得一以灵，谷得一以盈"。天、地、神、谷作为相异的存在，皆因得"一"成为本己存在。帛书《老子》并无"万物得一以生"一文，后人通过对天、地、神、谷的统摄而归纳形成一个统摄性的论说。相对于儒家所言的"一物一太极"思维逻辑，"道生一"之"一"是"一太极"；相对于"万物统体一太极"思维结构，"道"是总体一太极。这样看来，"道"与"一"的关系，既是分化、分有关系，也是统摄与散殊、无极与一极的关系。从其分殊说为"一"，是一极之一、万殊之一。从其统合说为"道"，是无物不自的统一之极，为涵摄万殊"一极"的至极。恒道存在，以其潜在为"混一"，以其统摄为"总一"。以"一"为"道"，既可，也不可。"道"作为"一"，是浑沌之一、独一之一，而"道生一"之"一"既是分殊因子的总一，又是分有、分殊之一。二者有不同寓意。以"无极"与"有极"关系言，一方面可谓"道"为无极，"一"为有极。前者作为涵摄物物各自一原的统一本源，故为无限之极的"无极"。后者是"一物具一太极"的分殊有极之"一"。另一方面也可谓"道"为有极，"一"为无极。作为至极之道，是总持说为万物最终的生生一本，它是强名、混一的有极。"道"之为言，所假而行。若无以其为至极，则无法揭示万物的本始存在。作为无极的"一"，是无数物类的有极因子的通"一"。《文子》也以"无极"与"一极"关系揭示这样的思维质性。"无形者，一之谓也。一者，无匹合于天下也。"（《道原》）"无匹合于天下"之"一"，是无所不涵的"总一"，以其存在混涵为"混一"，以其功用不测为"大一"。"一"为大全，故"一之理，施于四海，一之嘏，察于天地"。"万物之揔，皆阅一孔。百事之根，皆出一门。""一孔"、"一门"，是总称之"一"，也是强名之"一"，非是"一物一太极"的"一"。"一立而万物生"，是"万物得一以生"，一物一太极。

（三）无名与有名

正如恒道为强名一样，"太极"亦是假名为万物本始。可名之名，非是恒名。《老

子》云："道可道，非恒道；名可名，非恒名。无名，天地之始；有名，万物之母。"恒道为非可道、不可名的存在，它是"有无一体"的存在。名谓生于指涉，名者因形象命名。"道"之名非是定指，而是强名。作为"万物之母"的"有名"，非是形名之名、可名之名。"万物之母"是什么模样？"象帝之先"是何状存在？既然恒道不得以形象知，那么这个"有名"何来？以为"万物之母"则假名为"道"。"有名"，既是强名以实指，也是名谓不可形指。"有名"非形名，然因能生形而强为之名，实则它是"无名"。"无名"者，不可以形名，相对于有形至极的天地可名言，它是强名的"天地之始"。恒道是"无名"与"有名"的统一，亦是"无极"与"有极"的统一。无形生有形，无状生有状，无名生有名。就恒道为万物生生本始之极，可谓"有名"为有极之名；就恒道不可形名、无有定极，可谓"无名"为无极之名。恒道"有名"，既然可名就非可固执于定名，否则就视恒道为有限存在。只有以其"有名"为不可定指的"无名"，方可坚持恒道作为无限存在的"强名"意蕴。作为"万物之母"的"有名"，同时是"天地之始"的"无名"。"无名"是"不可致诘"，无可究极；"有名"是"其名不去"，恒为至极。在《老子》思想看来，只有"无名"者方为至极，然至极之名是不得不假借名谓以称之的"强名"。恒道既是有名至极者，又是无名无极者。《庄子》对此给予了深入阐发。"今计物之数，不止于万，而期曰万物者，以数之多者号而读之"（《则阳》）。"万物"名谓是"强名"，是以数多号读者。"万"者，数之至极，至大至数。它是从肯定思维的至极揭示无所不涵的无极意义。"有名"有限，只有"无名"方能尽其无限指谓，故云万物"不止于万"。"有名"以揭示万物涵容至极，"无名"以揭示其不可计数，二者异称而同指，是对至极者的不同思维表达方式。至极是肯定的集合思维，无极是否定的无限思维。韩康伯以"无名"与"有名"思维揭示《易》"一阴一阳之谓道"的意旨。大道作为"无之称"，是因其"无不通"、"无不由"而况之谓道。"寂然无体，不可谓象。必有之用极，无之功显，故至乎'神无方，而易无体'，而道可见"。（引自《周易折中》，四川出版集团巴蜀书社 2010 年版，第 268 页）"道"以"无"称，是"无名"。之所以谓"无名"，因其"无不通"，"无不由"，不可定名、非可名，故不可谓"象"。然"无不通"，"无不由"又是通万物、为万物所共由者，故可假名为至极者。正如"无之功显"与"有之用极"相互阐释一样，无极无名者与至极强名者，是不同的表达形式，意指相同，相互界定。以"有名"谓之实有之有，以"无名"谓之不测之有。"方"可名，它的否定是"无方"的"无名"。然否定亦是肯定，"有名"的否定是"无名"，"无名"的肯定是"有名"。"无方"是"无名"，然既得以有所称谓就是以"无名"为其命名。"易无体"亦是此类思维结构。从"无之功显"以"有之用极"得以揭示言，是无极而至极的思维；从"穷变以尽神，因神以明道"言，因化迹以见神妙之极，是至极而无极的思维。牟宗三认为，天地为万物总名，万物为天地散开。"假定有始于有，这有还始于有，一直往后追问就永远不能停止。所以没有始则已，若有始就一定是无。"（引自《中国哲学十九

讲》，上海古籍出版社 2007 年版，第 96 页）"无"为"有"的始极，是逻辑上的界定。无极是至极的否定性界定，太极是无极的否定性界定。太极是立一至极以防止陷于本始的不可穷极，无极是防止立一太极为有限的定极。以《庄子》思维言，是"道之为名，所假而行"。因至极而言无极，因无极而言至极。

（四）无形与大象

《老子》既云"大象无形"，又云"无状之状"。可见《老子》既视恒道为"无形"存在，同时也视为"大象"存在。因其为"大象"方为"万物之宗"、"万物之奥"，然它又是"无形"，不可以定象言表。以其为"无形"方为"大象"，以其为"无状之状"方为"大象"。对有形有限存在的否定，就是无形无限存在。"大象"是有象者的至极，然它是"无形"又为不可定极的"无极"。"无极"含有无所不极的潜能，它涵摄众多有极，故是有极中的至极。在寓于有形之物中，在总持万物之中，在"为物"不息的无限中，"无极"方尽显其为至极，无有穷极。"无形"作为无极存在，成就万殊有形存在者。"大象"作为无极存在，成遂万殊有象存在者。恒道作为绝对存在，如果不展示出来，实现为现实存在，那它就还是潜在，非是现实的绝对存在。作为"无形"者，在生成万殊有形存在者的无限过程中成就其为无极存在。作为"大象"者，在成遂万殊有象存在者的无限过程中成就其为无极存在。"大象无形"作为无极存在，在成遂万殊形象的至极中揭蔽自己。无极与至极是两种表达方式，以其作为能生成万象的至极存在谓之"大象"，以其作为无不生成的无极存在谓之"无形"。万象因"大象"而生、而显，"大象"是万象的至极，或者说是有象的至极。"大象"非为定象，以其"无形"中生万象、含万形又是无形无象者。"大象"存在是"无形"存在，二者异名而同谓。从"无形"到"大象"，不亦是"无极而太极"？从"大象"到"无形"，不亦是"至极本无极"？对此，《庄子》给以继承发展。"道"者，既是"无为无形"（《大宗师》）的无极存在，又是"生天生地"的至极存在。以其"无为无形"则无所不为，以其生成有形天地故为至大之为。"精神四达并流，无所不极，上际于天，下蟠于地，化育万物，不可为象，其名为同帝。"（《刻意》）精神者，因"四达并流"而为"无所不极"，它是至极为无极。"同帝"者是玄同大全为至极存在的名谓，而"不可为象"又是无极存在的名谓。以"太一形虚"（《列御寇》）言，"太一"是相对数始之极"一"而言的"有"至极，"形虚"是"无何有"的无极"太虚"。"太虚"与"太一"二者异名同谓。"太虚"者无极，"太一"者至极。葛玄注《老子》云："老子体自然而然，生乎太无之先，起乎无因，经历天地终始不可称载。终乎无终，穷乎无穷，极乎无极，故无极也。"恒道作为绝对存在，是强名为"太无之先"的至极存在。然它"极乎无极"，故为无极之极。王廷相继承老庄思维，认为"道体不可言无，生有有无"。以其为"造化元机"，不可知其所至，故曰"太极"；以其"元气混涵"，不可以为象，故曰"太虚"。（引自《慎言》，载《王廷相集》第三册，中华

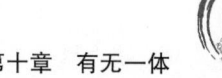

书局1989年版，第751页）前者是"实未尝泯"的实有至极，后者是"无所始，无所终"的妙用无极。"元气混涵"犹如恒道"有物混成"的至极，"清虚无象"犹如"无物之象"的无极。

（五）即物与无物

《老子》云"有物混成"，又云"无物之象"。恒道为"有物"，它是"物物"者，生物以成遂万物。然它又是"无物"，与物性相反，"不物于物"。"玄德深矣，远矣，与物反矣"。只有作为"无物之象"的存在，不成为存在物，方能为"为物不贰"，"生物不测"。"无物"与"有物"相互界定，是无极与至极的关系。以其能生成一切存在物，为万物本宗，寓于万物之中，故为本始上的至极、生生的一本。以其不定居于一物，非是固定一物，不是有限的存在物，故为物物不测的无极。以本源存在质性言，"无物"是本体潜涵万物、具有生成万物的潜能；以其周行不殆性言，它是功用无穷、具有生物不测的能力。二者合言，是"无物之象"的"无极"质性。《庄子》将"无物"与"有物"的无极、至极关系统一在"物物而不物于物"中。"物物"者，是宇宙中的造物、造化者，故为至极存在。然它造物不息，"不物于物"，无所穷极，故为无极存在。只有"不物于物"，方能无所不物。"物物"与"物于物"，是相反存在，相互为否定性的存在。"物物"的至极，是成为天地万物。"物物"的无极，是生物不测。《文子》对"无物"无极与"有物"至极思想亦有阐发。"至微无物，故能周恤。"（《自然》）"至微"者，微妙无形，故为"无物"。"无物"无不体恤，故为"周恤"。《老子》在言"无物"者生物的同时，又云恒道"泛兮"在物左右，在《庄子》是"周遍咸"存在。存在于一切物之中，是遍在的至极。而"无一而行"、"无所畛域"（《秋水》）又是"无方"的无极。与老庄思维相类，文天祥认为"道"在"无极太极"之先，以其"浑浑元气"为太极，以其"变化无端"是无极。"即阴阳而道在阴阳，即无极太极而道在无极太极，贯显微，兼费隐，包小大，通物我。何以若此哉？道之在天下，犹水之在地中，地中无往而非水，天下无往而非道。水一不息之流也，道一不息之用也。"（引自《宋元学案·巽斋学案》，载《黄宗羲全集》第六册，第470页）"道"者，"贯显微，兼费隐，包小大，通物我"，寓于万物之中，是至极；以其"太虚无形，冲漠无朕"、有"不息之用"则是无极。至于将"道"摆在无极太极之上，则有"床上迭床"之弊。

（六）有有与无有

在"道生一"中，"一"是"有"的至极，而"道"是"无"的无极。"有"作为至极是"万物生于有"；"无"作为无极，是"有生于无"。"万物生于有"之"有"，是万物构成因子的统一之"有"、本始之"有"。作为至极，是以其为生生始极的因子实"有"，虽为"有一而未形"；作为无极，是以其非定有、为无限之"有"，混一中涵万殊。"有"、"无"作为假名，在《庄子》中得到深入揭示。"有有也者，有

无也者，有未始有无也者，有未始有夫未始有无也者。俄而有无矣，而未知有无之果孰有孰无也。今我则已有有谓矣，而未知吾所谓之其果有谓乎，其果无谓乎？"（《齐物论》）"有"作为至极，是假定之名；"无"作为无极，亦是相对的界定。"有"、"无"两者相假而名，相对以称。二者不可定执，以为有"有"则必有"有有"，以为有"无"则必有"无无"，如此至于无穷。对此，《淮南子》给予了具体阐释。"有有"者是："万物掺落，根茎枝叶，青葱苓茏，萑蔼炫煌，蠕飞蠕动，蚑行哙息，可切循把握而有数量"（《俶真训》）。"数量"，可名；"切循把握"，可得。"有无"者是："视之不见其形，听之不闻其声，扪之不可得也，望之不可极也，储与扈冶，浩浩瀚瀚，不可隐仪揆度而通光耀者"。"光耀"是"有"而"无形"。"未始有有无"者是："包裹天地，陶冶万物，大通混冥，深闳广大，不可为外，析豪剖芒，不可为内，无环堵之宇，而生有无之根。"有无相待，而其本根是"未始有有无"者。"有未始有夫未始有有无"者是："天地未剖，阴阳未判，四时未分，万物未生，汪然平静，寂然清澄，莫见其形，若光耀之问于无有"。"无有"者，为"无无"，是绝对至无。《庄子》"无有一无有"思想，亦是此谓。"万物出乎无有。有不能以有为有，必出乎无有，而无有一无有。"（《庚桑楚》）"有"生于"无有"，而"无有"超脱有、无对待，非是与有"有"对待的无"有"，而是无有一个"无有"者，它是"入出而无见其形"、"无有有名"的存在。"无有"是至极，"无有一无有"是无极。

此外，《老子》还有"大音希声"与五声、无味与五味、无为与有为、无执与有执等有极与无极的一体思想。

最后，对本节内容作以简要概述。无极与至极的统一，是《老子》揭示恒道存在质性的玄妙思维。作为绝对本体存在的恒道，言"无极"不可无"太极"，言"太极"不可无"无极"，"太极"与"无极"相互界定，共在一体。如此方是真"太极"、真"无极"。以"无极"言"太极"，是"道可道，非恒道"，为"道生一"、"万物生于有，有生于无"等；以"太极"言"无极"，是"大象无形"、"大道不称"、"太一形虚"、"至精无形"等。"道生一"，与"无极而太极"，"统体一太极"和"一物一太极"，三者具有思维上的同构性。恒道本身存在，是"无极"与"太极"质性的统一。以其"有物"、"生一"为"太极"，以其"混成"、"无物"是"无极"。

第三节　有无一如

《老子》一书多以"有"、"无"来立说，它们已超脱了言说具体存在物的象形表达思维，向"通有"、"大有"和"潜有"之"无"的语言表达形式跃升。这一思维跃升，是伴随对恒道存在质性的揭示而形成的。恒道通万物立言，它的"有"、"无"存在质性必然以通万物之"有"和无形非定有之"无"来揭示。这无疑是语言思维发展和思想史上的一个里程碑。"有无一体"思维代表着历史哲思发展的成就，对后世影响

深远。

一、"有"、"无"思维

《老子》言"有"、"无"分布在多章，且具有不同的内涵。第二章云"有无相生"，揭示的是"有"、"无"对待的相互转化，它是物性存在形态。正因有"有无相生"的对待关系，方有通于有无的一体关系。第十一章云"有之以为利，无之以为用"，揭示的是"有"、"无"在利用价值上的区别，它是功用上的不同取舍。正因"有之以为利，无之以为用"，方可见证"有无一体"的无所不在，体现于人生行为的抉择之中。第四十章云"天下之物生于有，有生于无"，揭示的是恒道生成万物的逻辑过程和阶段，这在前面已进行过诠释。第四十三章云"无有入无间"，揭示的是"无"寓于"有"，周行遍在的存在质性。正因"无有入无间"，方可体证"有无一体"的贯通关系。"有"、"无"既然为通摄思维，就贯穿于一切具有共同质性的对待存在中，它包括无欲与有欲、无形与有形、无为与有为、无名与有名等统一关系中。正因"无欲"与"有欲"的统一，方可证明"有无一体"的生生玄妙。无形与有形、无名与有名的统一，揭蔽着恒道至极无极的存在质性。在本节中，侧重对有无共存、互摄、一体的逻辑关系进行揭示，亦即同时以否定和肯定、无极和至极的关系揭示恒道作为绝对、无限存在的质性。前面，曾指出这一思维方式的具体表达形式有"大象无形"、至有无有，"有物混成"、至极无极、"道襃无名"等，这里还可以列出"大方无隅"、"大器晚成"、"大音希声"、"至誉无誉"、"博者不知"、"至亲无亲"、"大制不割"和"善建不拔"等，它们虽然非直接揭示恒道存在质性，但皆以其为思维本根、德性根据。正因"大方无隅"等，方可澄明恒道"有无一体"质性向德性、道术层面上的拓展、延伸。王雱在解说恒道"无欲"、"有欲"上，虽注解不符《老子》本意，但揭示了恒道"有"、"无"一体之妙。"世之言无者，舍有以求无，则是有外更有，安得为无？故方其有时，实未尝有，此乃真无也。有无之体常一，而有有以观者，但见其徼。于观其妙，当知本无。而本无之无，未尝离有也。既曰常无，又曰常有者，以明有无之不相代，无即真有，有即实无耳。言徼而知妙之为奥，言妙则知徼之为粗，此法言之体。"世俗言"无"，往往外"有"求"无"，是舍"有"以求空无。"有"在"无"外，虽"有"更有，然非是无所不有的"无"。正如"物物而不物于物"一样，"真无"者，方其"有"时实未尝"有"，不定于"有"而涵摄万有。"有无一体"，方为绝对之"常"，至有无有，无有全有。执"有"以观，但见其迹；若观其"妙"，当知其"无"。本无之"无"，非是离"有"，而是无所不有。"常无"者，非定限于有，不自恃已有，故能不测其有。"常有"者，不离于有，成遂万殊具有，故恒其实有。二者相互涵摄，非是明"不相代"。若不相代，是物性的"有无相生"，而非是"有生于无"或有欲无欲的统一。"无"为真有，无所不有。真"有"非定有，周遍一切定有。妙为奥、徼为粗，是相互涵摄的一体关系。妙以徼揭蔽、澄明自己，虽然徼亦遮蔽、

隐匿妙。但无徼则无妙，无妙则无徼。徼、妙互摄一体是恒道的玄性。苏辙认为，"观其妙"是"入于众有而常无"，"观其徼"是"体其至无而常有"。以恒道存在质性言，前者是生成众有而不恃于有，不滞于有，不限于有。后者是"大成若缺"，"常无"则成有不息、不测。以"至无"之体，成"常有"之功，在不测其有中揭蔽、显现自己为大全之有。黄茂材在《老子解》中指出，"真有虽有，视之不见，听之不闻，抟之不得，则近于无。老子虑夫人之溺于无，而不知其有，于是为之别白而言曰：是道也，分之则为三，夷、希、微是也。合之则为一，混然者是也。是皆真有非无，人不能知之，乃谓老庄为虚无之学，岂足与语道哉！""真有"，是恒道作为存在的实有，然因不可视听得近于"无"。"真有"非是"空无"，夷、希、微的混然之一揭示的正是微妙之"有"。识得此妙，方能真得《老子》旨趣。他进而指出，"以造化本体为'空'为'无'，此古今之大迷。虽后儒扶正廉溪无极之旨，曰'无声无臭，实造化之枢纽，品汇之根柢'，亦不明言何物主之，岂非谈虚说空乎？"周敦颐的无极、太极说，正是本自《老子》"有无一体"思维。既为造化的枢纽、品汇的根柢，就有造化的实在，而非是"无声无臭"的"不明言何物主之"。何心山云："妙无非无，妙有非有，故曰有常可使无，无常可使有，有无同名为常，故得同称为玄也。有无一也，无固玄也，有亦玄也，故曰同玄。"微妙之无非是空无，而是生成万有的潜有，故"无"常可使"有"；微妙之有非是定有，不滞于已有，故"有"常可使"无"。"有"、"无"同名为"常"，是共在、恒在；同称为"玄"，有无一体，相互涵摄。无中涵有，有中涵无，故皆为"玄"。

从思维角度言，"有"、"无"体现着不同的表达、揭示方式。在前面曾对"有"、"无"思维的产生，从认知构成上进行了揭示。这里，重点对二者思维内涵进行概说。"有"者，有"定有"和"通有"之别。"定有"，是可称名的一个或一类存在物的形"有"，它是一种直观思维的存在者指称，用亚里士多德的语言是现实实体之"有"。作为现实存在，它可以感触、感知或持执，具有实在的作用力，不以人的意志而转移或消长。正如"万物"名称一样，是通物以为大名、总名，亦是物的集合性的共名、公名。它无所不包，又不可尽言、不可尽数。"万"字涵义非是一万之万，而是指称不可胜数的数目，代言无限之数。"通有"与"万有"之名，虽可代称、泛指一切具体存在物，但又不能具体指称每一个存在物。起初在语词用法上，"物"可能仅指称某一类事物，加一"万"字，以成大共名，后来就逐渐用来指称所有事物。就人的感知言，内在自有区分异同的能力，形近者在认知上自然被归于一类。"万物"作为总名是种属分类或名谓包涵外延上的最高一类。从客观的绝对意义上言，世界没有同一片叶子，但在否定其"同"的同时，也在肯定其"同"。如果没有"叶子"这个"同"，何以言其不同？在造字上，画出一个形象字，也即在名谓上运用了同异思维。"异"是不同类之异，没有"异"，也就没有区别，就失去造字的意义。同样，"同"是类之同，有"同"就有了区别于他物的同指。同异形式逻辑，是达成认知的一个必要条件和必要能

力。回到"有"的涵义上说，"有"之造字，先从"持肉"的特定动作命名，后将之扩展为凡持有对人有利的东西皆谓之"有"，再后来发展成万物皆为我（人类）所利用，便指称一切存在物，"有之以为利"。人类的实践需求对造字、语词用法和涵义具有肇始和推进的作用。"有"之思维，是先形象以直观思维，后扩展为归纳综合的通名或共名，外延在不断扩大，抽象性也在不断提升。"无"的表达，在思维结构上复杂得多。起初相对"有"的失去、缺失而言"亡"，楚简《老子》"有亡相生"保持的正是本义。先"有"后"亡"，而"亡"又可"有"。在"有"与"无"的关系上，"有无相生"非是逻辑上的"有无共生"，而是相对转换的"有无迭生"。"有之以为利，无之以为用"，是实在的"有"、"无"共存，非是逻辑上的"相生"。"有生于无"，其"无"是舞形之"無"，它是"无形而有"。"无"非定有，也非纯无，而是不定于一有的"大有"、"全有"。从其作为万物本源言，它潜在拥有一切，万物潜备其中；从其实现自身存在言，囊括万有，涵摄一切存在物之"有"。从其生生不测言，是无限之"有"。相对具体存在之"有"，它是"无定形"、"无方所"和"无具在"；相对物形静态之"有"，它是"无定体"、"无固形"和"无常在"。"有名"与"无名"、"无欲"与"有欲"等统一质性皆是恒道"有无一体"的展开。《老子》的恒道与黑格尔的绝对精神在思维上有同有异。二者思维相同的是"无"（潜有）生"有"、"有"不常在。在《老子》言，前者是"万物生于有，有生于无"，后者是"生而不有"。对黑格尔来说，前者是绝对精神的自我展开、实现，后者是辩证法的"扬弃"。否定定在，是为了肯定其在、拓展其在，它是螺旋式上升的思维形式。虽然《老子》否定定在，为了揭示非定在的无限存在，证明其无所不在，但并没有逻辑主义的内涵。在以恒道为基本价值遵循的德性道术、人生境界和社会理性上也与黑格尔有很大不同。《老子》"有无一体"、"有无互摄"的玄妙思想产生了深远影响，成为中国古代哲学的核心思想范畴，具体分殊又为物的存在论，人生价值论和道术兵法论。

二、诸子传承发展

道家诸子对"有无互摄"思维给予了深入的传承发展，这里只能作以简要阐述，并限于对"道"性的揭示。《庄子》以之发展为"无穷"与"有穷"、"无待"与"有待"、"无用"与"有用"等"有无一体"思想。道者，"有情有信，无为无形"（《大宗师》）。"有情有信"，是"有"；"无为无形"，是"无"。二者一体构成道性。"有情有信"，就在"无为无形"中，而"无为无形"亦是"有情有信"。"有情有信"，是"为物"之信；"无为无形"，是"为物"的不测莫知。同样，"杀生者不死，生生者不生"也是"有无互摄"。"杀生"、"生生"是"有"，"不死"、"不生"是"无"。只有作为"无"，才能恒"有"。不自生，方能恒其生生。"不物于物"，方能恒自"物物"。"无不将"和"无不迎"、"无不毁"和"无不成"，正是"为物"至极的无极质性。以造物者"物物"言，"有大物者，不可以物。物而不物，故能物物。"（《在宥》）

"大物"正如"大象","大物"不物犹如"大象无形"。"物物"是造物的"有","不物"是造物的"无"。造物者，既是"无"，"不可以物"；又是"有"，为"大物"而能物物。"物而不物"本身，是"有无一体"的思维结构。只有"不物"、"无物"，才能恒其"物物"。"物物者之非物"，是"物物而不物于物"（《山木》）。物物者，不物于物，故与物无际。"物物者与物无际，而物有际者，所谓物际者也。不际之际，际之不际者"（《知北游》）。与有际者相反，物物者是"不际之际，际之不际"者。"不际之际"，是无而能有；"际之不际"，是有而不有。前者犹如"无状之状"思维，后者犹如"生而不有"思维。道性"有无一体"质性，体现在逍遥游境界上是"无待"、"有待"的统一。"无待"寓于"有待"之中，非是脱离"有待"而另立一个境界。列子御风而行，虽"免乎行"，犹"有所待"。而"若夫乘天地之正，而御六气之辩，以游无穷者，彼且恶乎待哉！"（《逍遥游》）风行有方，故"有待"。"无待"者，无所不乘，无所不御，故能游于无穷，无所不至。以"道通为一"言，"无谓有谓，有谓无谓"（《齐物论》）。因无而有，因有而无，复通为一。"以无厚入有间"（《养生主》），正如"无有入无间"。以为利用言，"人皆知有用之用，而莫知无用之用"（《人间世》）。"有用之用"是执着定用，"无用之用"是无所不用。前者是"有之以为利"，后者是"无之以为用"。以为"明王之治"言，"功盖天下而似不自己，化贷万物而民弗恃。……立乎不测，而游于无有者"（《应帝王》）。"功盖天下"、"化贷万物"等，是功用至极的"有"。"似不自己"、"无有"，是功成弗居的"无"。只有虽"有"而不"有"，方能"立乎不测"，功为无穷。相对于"有"，"游于无有"是"无"。"无"者，涵摄一切之"有"。功成弗居、"游于无有"，皆是"有无互摄"。以至乐言，"听之不闻其声，视之不见其形，充满天地，苞裹六极。"（《天运》）听不闻声、视不见形，是无极之"无"；"充满天地，苞裹六极"是至极之"有"。"至乐无乐，至誉无誉"（《至乐》）。"至乐"、"至誉"，是至极之"有"；"无乐"、"无誉"是无极之"无"。因"无"而"有"，因"有"而"无"。"无极而太极"、"太极本无极"，皆是有无一体思维。

《文子》对"有无一体"思想给予了进一步的阐发。"道"性之"无"，是"惟象无形，窈窈冥冥，寂寥淡漠，不闻其声"（《道原》）；"道"性之"有"，是"苞裹天地"。"无"中之"有"，是"有物混成"的"潜有"；"有"中之"无"，是"施之无穷"的"不测"。道者，为"生有无之总名"。"总名"，为"有"、"无"的一体。至于"无为而无不为"，"无治而无不治"，皆是"有无互摄"思维的展现。"无为"是"无"，"无不为"是"有"。至为无为，"无为"是不定于为；"无不为"是无所不为。至于"若无而有"，正是对"有无互摄"思维的利用。以恒道存在质性言，"无"是"无形无声"、"无为"和"微妙"，"有"是"至神"，为"天地根"（《精诚》）。"道以无有为体，视之不见其形，听之不闻其声，谓之幽冥。"（《上德》）道体为"无有"，然功用无穷，是"大有"，正如车轴"转于无穷之原"。"道至大者无度量"（《微

明》），"至大"与"无度量"是至极无极。《淮南子》文多与《文子》合，故不多赘举。葛洪对道家"有无一体"思想进行了阐释。道者，"论其无，则影响犹为有焉；论其有，则万物尚为无焉"（《抱朴子内篇·道意》）。"尚为无"，是"先天地生"；"犹为有"，是"有物混成"。二者合一，是"潜有"，"无"中有"有"。"论其有"，是功成恒在；"尚为无"，是万物潜涵。"影响"、"万物"者，功用实存。大道是"为声之声，为响之响，为形之形，为影之影"者，故"方者得之而静，员者得之而动，降者得之而俯，昇者得之以仰"。前者是"无状之状"思维，后者是"万物以生"思维。以本始存在言，是"潜有"，"有无一体"。以功用无穷言，是"不测"，"有无互摄"。"为物"不测是"有"，功成不居是"无"。只有弗居于"有"，方能不测而"无"。其实，功成不居、功成不测本身皆是"有无互摄"。功成不居在功成不测中，功成不测必是功成不居，相互为存在的根据、条件。"有者，无之宫也。形者，神之宅也。"（《抱朴子内篇·至理》）与神因形以居一样，"有"为"无"宫，揭示出"无"寓于"有"之中。"有"中有"无"，"无"中涵"有"。汤用彤指出，汉代杨雄作玄书以称天道，虽颇排斥神仙图谶之说，仍不免本天人感应之义，由物象盛衰明人事隆污。稽察自然之理，符于政事法度。其所游心未超于象数。其所研求常在于吉凶。汉学者务于用"有"，非言妙"无"。魏晋玄学则不然，"已不复拘拘于宇宙运行之外用，进而论天地万物之本体"。（引自《魏晋玄学流别略论》，载《魏晋玄学论稿》，上海世纪出版集团2005年版，第38页）"外用"者，自然存在之"有"；"本体"者，天地万物之所以然者，为"无"。"汉代寓天道于物理。魏晋黜天道而究本体，以寡御众，而归于玄极；忘象得意，而游于物外。"（同上书，第38-39页）天道与物理是表里关系，非本末关系。本体与天道之间是无与有关系，"游于物外"是究"无"。以东汉张衡学说为例，其所探究不过是"谈宇宙之构造，推万物之孕成"，重点在于揭示宇宙生成的气化论，仍落于"有"。至魏晋玄学家"舍物象，超时空"，而研究"天地万物之真际"。"真际"者，有无一体，是"以万有为末，以虚无为本"。"虚无"是"命万有之本体"，非是空无，而是潜有之"无"。张衡与魏晋学者虽均托始于《老子》，然前者依"物象数理的消息盈虚"揭示天道，以合人事；后者建言"大道之玄远无朕"，不执著于实物，"凡阴阳五行以及象数之谈，遂均废置不用"。（同上书，第39页）"无朕"、"不执著于实物"，是"无"。何晏云："道者，惟无所有者也。自天地以来，皆有所有矣"（《无名论》）。以"无所有"言，"道"是"以无为本"。天地已生是"有"，然"有"本是潜在于"无"之中，"无"涵摄"有"，"潜有"为"无"。王弼云："万物以始以成，而不知其所以然"（《老子》1章注）。不知所以然，是"无"；万物赖以始成，是"有"。"无形无名"者为"万物之宗"，同样是"有无一体"思维。汤用彤指出，王弼学说的核心旨意在于："万有群变以无为本。是则万有归于一本。群变原即寂无。未有非于本无之外，另有实在，与之对立。故虽万物之富，变化之烈，未有不以无为本也。此无对之本体，号曰无，而非谓有无之无。因其为道之全，故超乎言象，无名无形。"

（同上书，第40页）"以无为本"之"无"，是"无名无形"之"无"，非是有无对待的"无"。本"无"为"道之全"，涵摄"万有群变"，是"万物之富"、"变化之烈"的一本来源。何晏将宇宙生成或存在分为"无所有"与"有所有"两个阶段或两种样式，王弼继承此说，将之分为"无名"与"有名"两个阶段或两种样式。在何晏那里，并没有明确说明原初"无所有"中涵有"有"，以及"无所有"与"有所有"的内在关系。王弼认为，群有之外还有"无"的存在。"无"为本体，"有"为实用，二者体用一如。郭象注《庄子》"建之以常无有"一文云："无有何所能建？建之以常无有，则明有物之自建也"（《天下》注）。以"独化"、"自然"解"常无有"，已失本体之"无"的玄妙意旨。在他的思想建构中，只有"有无相生"的内涵。张湛注《列子》也言生生一本的"有无一体"玄妙质性。"机者，群有之始，动之所宗。故出无入有，散而反无，靡不由之也。"（《天瑞》注）"出无入有"，是"有生于无"；"散而反无"，是"复归其根"。"生化之本，归之于无物。"（《周穆王》注）"无物"者，方能物物不已，故为"生化之本"。无极而至极，太极本无极。焦竑著《老子翼》，他认为，《老子》明"无之不能不有"，故"建之以常无有"。它非言"无之无"，而明"有之无"。"无之无"者，是"舍有以适无"。"有之无"者，是"即有以证无"。既言万物各归其根，"芸芸并作"，则不得命其"致虚守静之极"。正如《易》针对学者知器不知道而明"器即道"，佛氏针对见色不见空而明"色即空"一样，《老子》针对"得有而不得无"而明"有即无"。审知"有之即无"，则是"为无为，事无事，而为与事举，不得以碍之"。人皆执"有"之利，而不知"无"之用。只有澄明"有之即无"妙义，才能"有"而不恃"有"，居"有"而以"无"处之。举"为"与"事"则不得以执为，因为"执者失之，为者败之"。只有"无为"，方能"无不为"。"有无互摄"来自道体，然为道用方是道术。

三、儒家思维同构

《老子》"有无互摄"思想，经过魏晋"三玄"学说的交融、汇合，对宋以后诸儒思想产生了深远影响。在宋儒看来，只有通过批判佛老有、无思想，才能回归、重拾儒家本宗之道。然在出入佛老中亦吸收了《老子》的"有无互摄"思维。张载云："知虚空即气，则有无、隐显、神化、性命通一无二，顾聚散、出入、形不形，能推本所从来，则深于《易》者也。若谓虚能生气，则虚无穷，气有限，体用殊绝，入老氏'有生于无'自然之论，不识所谓有无混一之常。"（引自《正蒙》，载《张载集》，第8页）以"气一本"论取代《老子》恒道生生一本论，虽然在何为本始存在上有所差异，然"有无互摄"的思维贯彻其中。张载拟以《易》的隐显思维否定《老子》的"有生于无"思维，但从其思想中也时有以"有无一体"思维进行论说，此在前面已进行过诠释。恒道存在质性是"有无互摄"，太虚之气何尝不是"有无互摄"？有"气"而清虚无间，虚空则气充塞其间。"太虚"是"无"，"气"是"有"，二者合一

是"通一无二"。"形不形"作为隐显关系，亦是"有无互摄"思维。张载从《庄子》"通天下一气"中揭示构成万物本源因子为"气"，而《老子》从为"万物之宗"中揭示本始存在为"有物混成"。"混成"，是无有定体，从否定凝滞、有间立言；"太虚"是通透无碍，从肯定清虚、无间立言，二者表达方式不同，然具有相类的内涵。恒道作为本始存在"无"是"潜有"，而"太虚之气"作为本始存在的"太和"，何尝不是"潜有"。作为潜在、混成者不可闻见，何尝不可谓之"隐"？今本《老子》中的"道隐无名"，就是此义。"有"作为定在，"功成事遂"，何尝不可谓之"显"？张载以《易》解宇宙运化机理，然其"虚空"观可能受《老子》"橐籥"思维的影响。以"虚能生气"解"有生于无"，是没有真正掌握《老子》思想"无"的确切内涵。张载言有无隐显，更多揭示的是物性聚散形态，它是《老子》"有无相生"思维。《庄子》继承《老子》，以虚能生气，然这里所言的"虚"是"有物混成"，非是"体用殊绝"，而是"体用一体"。虚能生气，揭示的是宇宙生成从无形质向有形质渐次过渡的逻辑结构。若以万物为一气运化，则恒道作为"有物混成"是"太虚即气"的"有无混一"。张载又以《易》"知幽明之故"说来贬斥《老子》"知有无之故"。"气聚则离明得施而有形，气不聚则离明不得施而无形。方其聚也，安得不谓之有？方其散也，安得遽谓之无？故圣人仰观俯察，但云'知幽明之故'，不云'知有无之故'。盈天地之间者，法象而已；文理之察，非离不相睹也。方其形也，有以知幽之因；方其不形也，有以知明之故。"（同上页）幽明，隐显思维，类如《老子》"有无相生"思维，自与"有生于无"思维不同。恒道生成万物、寓于万物，此时盈天地之间者无非是物，物是法象之物，形化相生。张载游离于"太虚之气"与一气聚散的两种不同样态，故不能把握相对应的"有生于无"与"有无相生"的关系。其以形知幽因，以不形知明故，正是后者的逻辑思维结构。在解《易》"精气为物，游魂为变，是故知鬼神之情状"一文上，他还指出，精气者，"自无而有"，是"显而为物"，它为"神之情"、"神之状"。物虽为实在，然本自虚中来，"神无形而有用"。游魂者，"自有而无"，是"隐而为变"，它为"鬼之情"、"鬼之状"。变之用虽虚不可见，然本从实中得，"鬼有形而无用"。二者大意不越"有无而已"。（同上书，第183-184页）显然，在此论中已将"有"与"显"、"无"与"隐"相通用，揭示出鬼神"有无一体"的内涵。神之"有"是"有用"，"无"是"无形"；鬼之"有"是"有形"，"无"是"无用"。它们与"太虚即气"的有无观相合。这里的鬼神质性，又与其"鬼神之良能"思想不合，亦与《易》的本旨不符。"精气为物"，是明构成因子之"有"；"游魂为变"，是揭示一气聚散变化。二者统一于鬼神情状中，非是分别各有所指。"神"是气化循环往复的变化不测，"鬼"是气化循环往复的复归其根。鬼神皆在变化的迹象中隐显。程子有言生机大化的"有无一体"思维质性。"运行之迹，生育之功，'显诸仁'也。神妙无方，变化无迹，'藏诸用'也。"（引自《易说系辞》，载《二程集》，中华书局2004年版，第1029页）"仁"因"迹"、"功"以见"显"，为功成之"有"，它是生生存

在质性的揭蔽。"无方"、"无迹",是功用不测、莫见,故为"藏"。在《老子》中,恒道何尝不是以"功成"为"有",以不居、不测为"无"?恒道在"为物"中,在万物的生成中,在万物作为功迹中,证验着生物不测的功成之"有",它是"显诸仁"。然又在不测其功用中,在万物的存在者中,遮蔽着自己的存在,它是"藏诸用"。恒道非物,又以物揭示自己的存在,它是有无的统一,亦是隐显的统一,同时是遮蔽与揭蔽的统一。宇宙造化,在"运行之迹"中遮蔽其"变化无迹",在"生育之功"中显示"神妙无方"。以恒道生生言,在为"万物之母"中揭示其"为物"的不"无",在"功成弗居"中遮蔽其"生物"的不"有"。叶适就《老子》"有无一体"思想评述云:"盖老子虽为虚无之宗,而皆有定理可验,远不过有无之变,近不过好恶之情,而其术备矣。然则其徒祖述之者,于其指归终不能识,而以浮言澜漫于世,自为区域,上则渎天,下则欺人,然后知道术之难言,而老子思虑之所未及也。"(引自《习学记言序目》上册,中华书局 2009 年版,第 210 页)认为《老子》思维为"有无一体",而祖述之徒在传承上不能识其"指归"、妙趣,自为其说而"浮言澜漫于世",这一评述甚为精当。"虚无之宗",是"建之以常无有",而"无有"本身是"有无互摄"。"无"在"有"的基础上为"无"。"无有",是持"有"而不恃于"有",归趣在于成为"大有"。"定理可验",是可道在不可道的恒道之中。"有无之变",只是"有无相生"。在《老子》"有无互摄"思维,更包括"有生于无"、"有复于无"。"好恶之情",以"守母存子"思维言是"守无存有",以"崇本举末"思维言是"崇无举有"。朱熹云:"熹详老氏之言有无,以有无为二;周子之言有无,以有无为一。"(引自《朱熹答陆九渊书》,载《陆九渊集》,中华书局 1980 年版,第 555 页)周敦颐"无极而太极"说,直接承继《老子》。朱子不明此理,更未贯通《老子》"有无一体"思想,故有"有无为二"的曲说。即使是《老子》的"有无相生"思想,也非是"有无为二",更何况是"有生于无"?在"有无相生"中,"无"具有向"有"转化的内在势力,"有"中具有转化为"无"的趋势。王廷相继着张载之说,认《老子》"有生于无"之"无"是"空无",故谓《老子》"以造化本体为'空'为'无'"。相反,认为周敦颐的"无声无臭"观来自《诗》的"上天之载,无声无臭"(《文王》)。"无声无臭"是况"天"的存在,故非"空无"。实则,上天"无声无臭"是无形存在,正如恒道无状无味是无形存在;上天以生生一本言,正如恒道为"万物之母"。《诗》云"无声无臭",《老子》云"听之不闻"、"大音希声"、"淡乎其无味";儒家以"上天"为绝对存在,《老子》以恒道为根本存在。二者具有思维上的同构性。他进而指出,"以形观之,若有有无之分矣,而气之出入于太虚者,初未尝灭也。"(引自《答何柏斋造化论》,载《王廷相集》第三册,第 753 页)"太虚之气"以气体聚散言形体有无,恒道何尝不可是如此?"无"为"无物之象";"有"为"物形之"。在王氏看来,宇宙之中皆是气,以形观气化就有隐显、幽明之分,它们若有无之分。可见在他那里,已将二者视为思维同构。只不过他坚持以恒道为"绝对虚无",以"太虚之气"为实

有。以浑沦元气为本原存在，又与《老子》"有物混成"思维相类。王廷相在批判老庄、佛氏的观念中，进一步申述自己的观点。道体本有本实，是以元气而言。但"老氏之所谓虚，其旨本虚无也，非愚以元气为道之本体者"。（同上册，第964页）以"元气"有"气"为实，然为何不以"有物混成"的"有物"为实？《老子》"无"、《庄子》"虚"，正是"有物混成"、"一气混涵"。气未尝泯灭，恒道何尝消失？前面曾论及气与虚之间隐含着裂痕，不如《老子》"有无一体"之妙。王廷相认为，老氏谓"万物生于有"，是言"形气相禅"；谓"有生于无"，是言"形气之始本无"。实质上，"万有皆具于元气之始"，儒道本"实"、本"有"，无"无"、无"空"。（同上册，第971页）儒道本是"实有"，非是"空无"，固然如此。《老子》恒道何尝不是实有？从其作为本始"混一"存在而生成万物来看，何尝不是形、气、神皆具？万物皆自恒道所生、所出，其体岂不实有？元气是实有，"有物混成"同样是实有。"万物生于有"，是得"一"，而"一"具备"德畜之，物形之，势成之"的潜能。"形气相禅"，是一气之化。王阳明就"有无一体"之妙认为，云其为"有"，却"有而未尝有"；云其为"无"，却"无而未尝无"；云其"可见"，却"见而未尝见"。道不可言，"强为之言而益晦"；道无可见，"妄为之见而益远"。"有而未尝有"，乃是"真有"；"无而未尝无"，乃是"真无"；"见而未尝见"，乃是"真见"。以"天"言，谓其无可见，然有苍苍、昭昭之体，有日月代明、四时错行之功，故未尝"无"；谓其为可见，然"即之而无所，指之而无定，执之而无得"，故未尝"有"。天即是道，道即是天，故云"道可见"。"神无方而道无体，仁者见之谓之仁，知者见之谓之知。"可见，道者有方体，只不过是"见之而未尽"而已。（参见《见斋说》，载《王阳明全集》第一册，浙江古籍出版社2011年版，第279页）以上"有无"论说可谓深得《老子》恒道"有无一体"思维玄妙，打通了儒家与道家之间的阻隔。正如儒家以"天"解蔽"道"的存在一样，《老子》以天地万物澄明恒道的实存。"有而未尝有"，是"混成"的潜有；"无而未尝无"，是微妙的"有物"；"见而未尝见"，是"夷"；"无所"、"无定"和"无得"，是"不可搏得"；"道可见"，是见其可道；"无体"，是无限存在，不可尽名言表。得道泥迹滞形，故益晦；见道执状拘墟，故益远。"真有"者，虽实有而未尝滞于形有，无常其有，无所不有；"真无"者，虽虚无而万物从之出，无而非空，持"无"涵摄万有；"真见"者，虽有见而不执其见，见而知所不见，持"不见"以见其未尽见。虽在绝对存在或本体为何上有所不同，然这些论说皆见其与《老子》思维上的同构性。刘宗周以"有无一体"思维阐释心体有意与无意的关系："人心之有意也，即虞廷所谓'道心惟微'也。惟微云者，有而未始滞于有，无而未始沦于无。盖妙于有无之间，而不可以有无言者也。以为无则堕于空寂，以为有则流于习见，……而又何以语心体之本然乎？"（引自《问答上》，载《刘宗周全集》第二册，浙江古籍出版社2007年版，第337页）道心"惟微"，妙在有无之间，固是。"有而未始滞于有"，是虽"有"而不固执，故能不流于习见；"无而未始沦于无"，是虽"无"而不著必，

故能不堕于空寂。前者类于恒道"生而不有"，后者类于恒道"微妙至神"。"有无一体"，是心体之妙。"意既不可以有无言，则并不可以有无之时言矣。有时而有，则有时而无，有无既判为两意，有无又分为两时。时乎！时乎！造物所谓逝者如斯乎！而何独疑于人心乎？"（同上页）心本"有无一体"，故不得言时有、时无。时有时无，是"有无相生"的物化，而非是心灵之妙。心与道一，故与"造物者"同体。"意者，心之所以为心也。止言心，则心只是径寸虚体耳。著个意字，方见下了定盘针，有子午可指。然定盘针与盘子，终是两物。意之于心，只是虚体中一点精神，仍只是一个心，本非滞于有也，安得而云无？"（同上页）心为"径寸虚体"为"无"，而"意"是心之"有"，心以"意"为体。诚"意"者，无私"意"，非"滞于有"；然"意"的"精神"在，未尝"著于无"。人心之体是"存发一机"："心无存发，意无存发也。盖此心中一点虚灵不昧之主宰，常常存，亦常常发。所谓静而未始沦于无，动而未始滞于有也。……未发，以所存而言者也。盖曰：自其所存者而言，一理浑然，虽无喜怒哀乐之相，而未始沦于无，是以谓之中；自其所发者而言，泛应曲当，虽有喜怒哀乐之情，而未始著于有，是以谓之和。"（同上册，第337-338页）"存发一机"，是"有无一体"。心有主宰，故常存常发。静而未发，虽无喜怒哀乐，然有"一理浑然"之"中"，故未始"沦于无"；动而已发，虽有"泛应曲当"之"和"，然未尝"著于有"，故未始"滞于有"。惟圣人为能有，亦惟圣人为能无。无意者，若"无声无臭"，得于"净净地"，然它非是空无所有，而是"至诚如神"。以理主宰，因有而有，因无而无，己未尝与，泛应曲当。"道本无一物可言，若有一物可言，便是碍膺之物。学本无一事可著，才有一事可著，便是贼心之事。如学仁便非仁，学义便非义，学中便非中，学静便非静。止有诚敬一门，颇无破绽。然认定诚敬，执著不化，则其为不诚不敬也，亦已多矣。"（引自《学言上》，同上册，第370页）道不可为物，亦不可离物，它是即物而非物，有而能无。执于一物，"碍膺"不通，就是执著于"有"；离于事物，执守空寂，就是执著于"无"。以学问言，"诚敬一门"而已。诚敬是工夫，以理为循，应化适宜，非是执著诚敬而不化。学于仁义，是为了由仁义行，而非行于仁义。学中执中，便非时中。学静执静，非是真静。执"有"不能"无"，则落于滞塞。以静为静，非是真"无"，静而循理方真"无"。以上所引儒家诸子学说只是概论，足见《老子》思维影响或启迪之深。

四、当代学者阐发

老庄道体"有无互摄"思想，为当代学者所推崇，并给予了深刻阐发。熊十力解《庄子》"建之常无有"一文云："太虚洞然，本来无所有，故曰常无有。无有，何所建？虚而生神生质，神质与虚混然为一，则以混成建之也"。（引自《原儒》，中国人民出版社2006年版，第225页）郭象以"无所建"作注，是否定有建有立。熊十力以"混成"言建，则它是有所建立。"太虚洞然"，本来无为有迹，然非是空无，而是

"有物混成"。"常无有"，以其"有物"生神生质为"有"，以其"混成"本无所有为"无"，它是"有无互摄"。任继愈指出，《老子》有无范畴的提出，是思想史上的一个巨大贡献。"老子是我国古代哲学史上，第一个用'有'和'无'一对范畴说明宇宙构成的本源的哲学家。"（引自《十家论老》，上海人民出版社 2006 年版，第 262 页）"有"、"无"是揭示恒道作为绝对本体的玄妙质性，"无"是无名、无形、无限、无象等，非是一无所有的"零"、"空无"。"由于'无'具有'有'所不具备的'实际存在'，号称为'无'，并非空无一物，而是总括万有的特点，老子称之为'无状之状，无物之象'。"（同上书，第 280 页）"无"者不可定限，只能从否定意义上揭示。否定之"无"，针对"有"的定限存在而言，潜在涵有"有"。它是无限的"大有"，不可定名的"总括万有"。冯友兰正确认识到，"谓道即是无，不过此'无'，乃对于具体事物之'有'而言，非即是零。"（引自《中国哲学史》，商务印书馆 2004 年版，第 221 页）"无"非为零，不是空无之"无"。牟宗三指出，"道家很完备，无是本，但并不只讲无，将生命抽象了只挂在无也不行，一定要无、有、物三层都讲才完备，才显其全体大用。"（引自《中国哲学十九讲》，上海古籍出版社 2007 年版，第 92 页）无"有"、无"物"，则无"无"的名谓。"无"与"有"相对而生，三者"完备"方为"全体大用"。"《道德经》通过无与有来了解道，这叫做道的双重性。道随时能无，随时又有徼向性，这就是道性。"（同上书，第 93-94 页）"有"、"无"为道的"双重性"，是同时共存，有无互摄。恒道无时非"有"，无时非"无"，非是"随时"或"有"或"无"。成中英认为，"道同时涵盖了有与无，有、无之名谓虽然不同，它们在彼此间以及其与自然和人类的关系中，亦各有其不同的作用，但二者皆出于那不可形容、难以名状的道。了解了这一点，也就了解了道的深奥性质。"（引自《世纪之交的抉择》，载《成中英文集》第一册，湖北人民出版社 2006 年版，第 279 页）恒道的深奥玄妙质性，体现于"有"和"无"的互摄之中。以为道术，各有作用，"有"以为利，"无"以为用。"这里的道仍然可以被识别为'非有'，因为它不是一种可冠以一个名称的事物，但是同'有'比照，它却不是'无'，而是同时包容'无'和'有'的'无'，也就是说，它是处于认识和变化中相互促成、相互制约的'无'和'有'。"（引自《中国哲学中的知识论》，载《成中英文集》第四册，湖北人民出版社 2006 年版，第 332 页）"包容'无'和'有'的'无'"，是恒道为"有无互摄"的本体"无"，它超脱有无对待之上，而涵摄其在其中。"有无一体"的"无"，正如道通成、毁为一一样，它通"无"和"有"于一体的"道通为一"。"有"、"无"二者"相互制约"，是相互依托，相互为用。陈鼓应认为，"老子以'无'、'有'来指称'道'，用以描绘'道'由无形质向有形质的活动过程。就'道'的无形质、无限性而言，是'无'；就'道'的实存性、含蕴万有而言，是'有'。'无'为究极之意，'有'为统摄万有之意。"（引自《老子与孔子思想比较研究》，载《老庄新论》，商务印书馆 2008 年版，第 45 页）恒道由"无"实现为"有"，是在"为物"过程中生成万物。就其本

初质性言，"无"中"含蕴万有"，是以"无"摄"有"；"潜有"中非为存在物之"有"，是以"有"摄"无"。以寓于万物言，"无"是"统摄万有"之"有"，以"无"摄"有"；"有"是究极的无限之有，以"有"摄"无"。"道是无形无限的，因此称它为'无'；而无形之道是实存的，因而称它为'有'。"（同上书，第168页）恒道之"无"，既是无形无体的微妙，亦是功用不测的无限。恒道之"有"，既是万物潜在的潜有，亦是无限不测的万有。"老子所说的'无'，并不等于零。只因为'道'之为一种潜藏力，它在未经成为现实性时，它'隐'着了。这个幽隐而未形的'道'，不能为我们的感官所认识，所以老子用'无'字来指称这个'不见其形'的'道'的特性。"（同上书，第168页）恒道之"无"，既是"幽隐而未形"，又是"功成而不测"，二者同是"不见其形"。它能产生天地万物，因而《老子》又用"'有'字来形容形上的道向下落实时介乎无形与有形之间的一种状态"。恒道之"有"，既是生机潜藏的蕴含"万有"，又是生物不测的现实功有。"介乎无形与有形之间的一种状态"，是"万物生于有，有生于无"，或为"道生一"之"一"。蒙培元认为，《老子》的"无"有两义：一是无形象，无法感知；二是无规定性。"无"虽"无规定性"，没有任何具体属性，然却包含"无限可能性"。对它不能说"是什么"，只能说"不是什么"。从某种意义上说，"不是什么"并非真正的空无，相反而能够肯定一切"是什么"。它是"'有'与'无'的统一"。（引自《心灵超越与境界》，人民出版社1998年版，第197页）"无"者，非是什么，却肯定一切是什么，故为"潜有"、大全的"无"。它非是逻辑上无规定性的"无"，而是实存的无形象、无分封存在。作为本始存在，它是万物以之生成的"潜有"存在。作为寓于万物的"道通为一"存在，它是大全存在。二者作为"有无互摄"关系思维，它是隐显关系，或者说是潜在与现实关系。"无"是微妙潜在，"有"是万物实有；它是幽明关系，或者说是可见与不可见的关系，万物之"有"是恒道之"无"的揭蔽，"无"是"有"的窈冥；它是从无形向有形的展开关系，或者说是由内在而向外成就自身存在的关系。恒道以万物成就自己"道通为一"的周遍存在。作为"不是什么"的存在，非是已有万物的总和，而是生成、运化一切"有"的不测者。万物虽为恒道的分有，但恒道并不尽于现实万殊之"有"，因为其生物不息，具有生生不测的无限潜能。

五、中西哲思比较

因不能确切把握《老子》恒道"有无互摄"的思维质性，德国古典哲学家黑格尔认为，在道家哲学中，"绝对的原则，一切事物的起源、最后者、最高者乃是'无'，并可以说，他们否认世界的存在"，"统一在这里是完全无规定的，是自在之有，因此表现在'无'的方式里。"（引自《哲学史讲演录》第一卷，商务印书馆1997年版，第131页）"无"固然为道家所谓的本始、根本、绝对存在，然并非否认世界的存在。在道家尤其是《老子》看来，正因为有世界万物存在，恒道或"无"方为"万物之

宗"、"万物之母"。没有世界万物，"无"何以为宗母？道家之"无"是潜有，非是作为普遍的抽象概念，无世界存在的"完全无规定"。作为"自在之有"，恒道是潜在而尚未展开，因为只要展开就将过渡为世界存在。在黑格尔的逻辑体系中，这里所谓的"无"或"自在之有"，是尚处在没有过渡、展开的存在样态，为抽象形式的"无"。它是单纯的、自身同一的、无规定的和抽象的存在。黑格尔指出，"上帝是最高的本质，则那里也是排除了一切规定的。最高的本质是最抽象的、最无规定的。"（同上卷，第131页）上帝的大全，是无规定的抽象概念，并未与世界形成一体存在。绝对理念是辩证的逻辑展开，是上帝与世界的统一。《老子》恒道是生生的机体存在，存在于于万物之中是"万物之奥"，道通万物为一。在最初的"有无一体"抽象概念上，"有、这个无规定的直接的东西，实际上就是无，比无恰恰不多也不少。"（引自《逻辑学》上卷，商务印书馆1991年版，第69页）"有"是无规定性的存在，故又为"无"。"无"、"有"相互规定，一体共存。"无与纯有是同一的规定，或不如说是同一的无规定"。（同上卷，第70页）"纯有"，是单纯、无现实规定性的"无"，同是潜有，因为一切逻辑规定性皆由此而生成。"无"作为无现实规定性，不管如何抽象、无有，但其必有"纯有"。"存在"的概念，是有、无统一。正因其为"无"，方开始去展开成为有规定的"有"。成为有规定的"有"，存在概念就更为丰富、具体。这里，"有无一体"是逻辑规定的抽象形式，亦是辩证思维在初始中的表现形式。作为"潜在"概念，大全逻辑体系的过渡、展开和发展无不以之为基础，最后形成更高的真理全体。"存在只是潜在的概念。"（引自《小逻辑》，商务印书馆1996年版，第187页）"潜在"是能成为现实的存在，已内在具有发展能力的"有无一体"。"'有'与'无'的真理，就是两者的统一。这种统一就是变易。"（同上页）真理是概念自我展开的体系，概念自己扬弃自己、成就自己。在变易中，"有无一体"更加具体、充实。就如一种事情在开始时尚没有实现，但并不是单纯的无，而是已经包含它的有或存在了。"变易是第一个具体思想，因而也是第一个概念，反之，有与无只是空虚的抽象。所以当我们说到'有'的概念时，我们所谓'有'也只能指'变易'，不能指'有"，因为'有'只是空虚的'无'；也不能指'无'，因为'无'只是空虚的'有'。所以'有'中有'无'，'无'中有'有'；但在'无'中能保持其自身的'有'，即是变易。在变易的统一中，我们却不可抹杀有与无的区别，因为没有了区别，我们将会返回到抽象的'有'。"（同上书，第198-199页）在黑格尔看来，"变易"才是第一个存在概念，有、无一体是它的规定，二者相互界定，统一为变易的真理。二者的区别，是"变易"概念具有不同的内涵。"在变易中，与无为一的有及与有为一的无，都只是消逝着的东西。变易由于自身的矛盾而过渡到有与无皆被扬弃于其中的统一。由此所得的结果就是定在'或限有'。"（同上书，第200页）"变易"作为有、无统一的概念，由自身内在矛盾将有、无进行扬弃而统一起来，它是发展了的"定在"。恒道作为本始存在的"有物混成"，亦是有无一体、互摄。无"有"不能生物，无"无"则非是无限潜能之

"有"，"万物皆备"的"潜有"是它的根本存在性。就哲学史上"有"、"无"观念的发展问题，黑格尔指出，古希腊哲学家巴门尼德把"纯有"当作绝对物，当作唯一的真理，坚持"唯'有'有，而'无'则全没有。"在东方的思想体系中，主要是在佛教中，把"无"和"空"作为"绝对的本原"。（引自《逻辑学》上卷，商务印书馆1991年版，第71页）在他看来，这样的"有"、"无"认知是知性思维的产物，而非是辩证思维的概念。然《老子》所言"无"虽是无形状、无定有存在，但却是潜在的"大有"，已非是"唯'有'有，而'无'则全没有"的有无观。黑格尔认为，真理应是这样："一切有的东西，在出生中，本身就有它消逝的种子，反过来，死亡也是进入新生的门户"。（同上页）出生与死亡的统一，是《庄子》的通成、毁为一。与《庄子》不同的是，它为"扬弃"螺旋上升的逻辑思维。"有与无被认为在时间中是各自分开的，正像它们被设想为在时间中是相互交替的那样，而不是从它们的抽象去想，因而也不是去想它们本身是同一的。"（同上页）在时间中相互交替，是《老子》所谓物性的"有无相生"，它没有达到统一的概念。只有恒道，才实现了有、无的绝对统一。有无一体的辩证思维贯穿全程，在否定中肯定，在肯定中否定，绝对"无"已发展为真理全体之"有"，"有"又复归于"无"。当然，这里没有逻辑、自然、精神圆圈式的循环递进和转化。黑格尔"有无一体"的辩证思维，对我们认识《老子》"有无互摄"观具有参照作用，然二者思维有本质区别。恒道作为有无统一的存在言，"无"是潜在隐藏、莫见无名的无形状样态，也是万有早备、可成为现实万有的"潜有"。它非是潜在的抽象概念，而是具有玄妙质性的实体。黑格尔以逻辑规定性揭示有无统一概念，《老子》以有无形状揭示潜有现实关系。在黑格尔的大全真理体系中，绝对精神是"大有"或者说是"全有"。然它同时是涵摄无限具有而不可定指的"无"。体系作为总称，以其涵摄万有而为"全有"，以其非是定有而为"无有"。体系之全是无限与有限的统一，正如恒道为无极与至极的统一。恒道，以其成为世界万物是现实"大有"、"全有"，这又证验"有物混成"的赅备潜有。有无涵摄思维贯穿恒道"为物"存在的全程，它是有限与无限的统一。当代存在主义哲学家海德格尔曾对西方哲学"无"的问题进行历史性的拷问，他认为，西方形而上学的历史是追问"无"的问题。本来，"无既不是一个对象，也根本不是一个存在者。无既不自为地出现，也不出现在它仿佛与之亦步亦趋的那个存在者之旁。无乃是一种可能性，它使存在者作为这样的一个存在者得以为人的此在敞开出来。无并不首先提供出与存在者相对的概念，而是源始地属于本质本身。在存在者之存在中，发生着无之不化。"（引自《路标》，商务印书馆2011年版，第133页）作为对象性的"无"是存在者的属性，"是其所是"，而"无"是"可能性"，"不是其所是"。它比"有"或存在者更具有源始性。存在者存在依靠"无之不化"，正如万物芸芸依靠恒道的"物物而不物于物"。"无之不化"，是"不化"之不无，正如生生者不已。"无是否定的本源"，而"否定也只不过是'不'着的行为的一种方式，亦即说，只不过是先行植根于无之不化的行为的一种

方式"。（同上书，第135页）"无"先于否定而存在，而否定与肯定同为存在者的范畴，是源始"无之不化"行为的一种方式。否定作为"无"的一种方式，是"有无相生"的一种方式。"无始终不是存在者的不确定的对立面，而倒是揭示自身为归属于存在者之存在的。"（同上书，第138页）作为存在者对立面的"无"，是有无相待、对待的不确定"无"，因为"有"或存在者是确定性。作为存在者存在的"无"，乃是生存论意义上的"无"，而非是源始性的"无"。恒道作为"有生于无"的"无"，高于物性"有无相生"的"无"。前者生成后者，并寓于后者之中。前者是"为物不贰"，"生物不测"，永远是"无"，永远"不物于物"（非为存在者）。海德格尔认为，西方哲学史是对"存在"遗忘的历史，哲学所探究的对象实际上只是存在者而非"存在"，然"存在"才是存在者之成为存在者的基础和根据。"存在"在存在化中显现，它寓于存在者的现象之中，具有遮蔽与解蔽的双重结构。就人的此在而言，"在此在之无中，存在者整体才按其最本己的可能性达到自身，亦即才以有限的方式达到自身。"（同上书，第139页）"最本己"者，从源始"无"中开启存在者之"有"。"有限"者，生存论上的存在者成就自身。赖贤宗指出，海德格尔在"有无"思想上与《老子》有其亲缘性。对存有（或存在）真理的揭示，与隐蔽同等源初本始、即显即隐，它通于《老子》的"有无一体"；揭蔽与遮蔽二者同为一体，类于《老子》的"玄同"；存在在揭示自身的同时，也在遮蔽自身于无而回返于存在自身，通于《老子》的"有无玄同"。（参见《道家诠释学》，北京大学出版社2010年版，第6页）"海德格尔深深为道家的玄密之道所吸引，认为老子与庄子的哲学是他的存有思想在东亚的同调。"（同上书，第40~41页）海德格尔的"存在者"思维，在《老子》中是"物"的思维，它是定在、有限、固塞。"存在"作为"无"，有着双重否定的意义，既否定自己，揭蔽存在的存在化，生成新的存在者，"是其所不是"；又否定对已故存在者的居有，遮蔽自己于存在者之中，不成为存在者，"不是其所是"。既在揭蔽，又在遮蔽，"有无互摄"。在揭蔽中，"存在存在化"，正如《老子》无生出有（有生于无），以"无"摄"有"；在遮蔽中，"无之不化"，正如《老子》有而复无（生而不有），以"有"摄"无"。《老子》的"无"是本根存在，虽为无名潜在，却在生"有"（万物）中展开、揭示其存在。它是"有"，却生物不测，不执着于有，有而不有。恒道若成为存在者或存在物，也就丧失了"无限的潜能"，或者说失去了"无"的"有"化、"有"的"无"化。海德格尔的这一思维建构，在《庄子》中是"物物而不物于物"。物是存在者。造物者在"物物"中揭示自身，是"存在存在化"；"不物于物"是"无之不化"。常识固执于"有"，恐惧失去"有"，畏惧"无"的存在或来临。实际上，"无"是一种抉择的自由，而非桎梏于已有；同时它是一种潜能、希望、未来，具有无限的可能性。海德格尔以现象学的方法批判西方"本质"、"根据"逻辑思维，但在构建存在论、生存论中却走向了玄思神秘。"存在"何在？"无"何存？二者只能倾听、守护，而不可知，这样生存就陷入了神秘玄冥之中。《老子》恒道作为不可道者，虽不

可知得，然玄妙犹在，有"道纪"、"道术"以为人生可循。

最后，对本节内容作以简要概述。恒道之"有"，表现在为"万物之宗"、"天地根"之中，体现在"道生一"、万物"得一"以生之中，见证于"万物归焉而弗为主"、"道生之畜之"之中，显现于为"万物之奥"之中等；恒道之"无"，表现在为"象帝之先"、"先天地生"和"道褒无名"之中，体现于视之不见、听之不闻、搏之不得、"不可致诘"之中，反映在"淡兮其无味"、"复归于无物"、"无状之状，无物之象"和"恍惚"之中等。"无"而非无，"有"而非有。言其"无"，为森罗潜在；言其"有"，为莫见形兆。因"有无相生"揭蔽通于有无的一体关系，因"有之以为利，无之以为用"见证"有无一体"的无不在，因"天下之物生于有，有生于无"揭示本源存在"有无一体"的玄妙，因"大方无隅；大器晚成，大音希声，大象无形，道褒无名"澄明"有无互摄"，因"无有入无间"体证"有无一体"的贯通关系，因"无欲"与"有欲"的统一证明"有无一体"的生生玄妙。体现在政治和人生现实上，就是"无为"与"有为"、"无事"与"有事"以及"无名"与"有名"的统一。"有无互摄"思维，贯穿于《老子》道德思想的全体。

第十一章　独立周行

恒道作为生生一本存在，为"万物之宗"、"万物之母"，具有"为物"的无限潜能。与《中庸》"天地之道"的悠久无疆在于"生物不测"、"为物不贰"之中一样，恒道存在的无限性、绝对性就体现在"独立而不改，周行而不殆"之中。本章重点对此予以诠释。

第一节　独立不改

"独立不改"，是《老子》揭示恒道"为物"或存在质性的一个重要观念，在恒道存在质性中具有核心的地位，为其他思想观念提供基础和根基，与"泛兮其可左右"、"玄德"、"道大"、"恍惚"以及"道法自然"等观念相为表里。"独立不改"观念，寓意深刻，内涵丰富，把握这一思想观念对诠释恒道的其他存在质性具有重要的价值和意义。

一、文字校解

"独立而不改"一文，出现在今本《老子》第二十五章，原文为："有物混成，先天地生。寂兮寥兮，独立而不改，周行而不殆，可以为天地母。"帛书《老子》甲本"寂"写作"绣"，"寥"写作"缪"，"而不改"三字缺损。帛书乙本将甲本"绣"写作"萧"，"缪"写作"潦"，"改"写作"硋"。楚简《老子》第十五章写作："夺穆。独立、不亥（硋）"。"獨"写为"蜀"，字形简省。

（一）"寂"与"繡"、"夺"

"绣"者，古文"繡"字，《说文》解为"五彩备"。又读为"萧"，为萧条、寂寥的涵义。"夺"者，繁文"奪"字从寸（手），从奞。《说文》解为"鸟张羽毛自奋"，表示鸟从手中挣脱飞出，引申为失去，相当于"亡"。又有"夺目"义，因"五彩备"而夺目。后人改"夺"为"寂"。"寂"者，《说文》解为"无人声"。又训为"静"、"安"。从"道"无形、无声和不可搏得的内涵看，接近于"寂"、"萧"，然从其"有生于无"、"有物混成"的潜在大全质性看，接近于"绣"、"夺"。从楚简本"夺"，到帛书本"绣"，再到今本"寂"，可见阐发恒道"无"的内涵更加深入。正如

窈冥中有精一样，"夺"、"绣"和"寂"不管哪一个字，都以况"有物混成"的存在样态，虽寂然而早备。从这两者相对的况谓看，犹如"道隐无名"与"道襃无名"的思维。以"寂"言"道"，揭示其为"万物之本"，"以为天下母"。"夫虚静恬淡寂漠无为者，万物之本也。"（《庄子·天道》）作为"万物之本"的"寂漠"者，是本始存在的质性。寂寞者无为，故无形。"无为无形"（《大宗师》）"寂漠无形，变化无常"（《天下》）。可见，寂寞，与"有为"对言。

（二）"寥"与"缪"、"穆"

"缪"者，《说文》解为"绸缪"。"绸缪牖户"（《诗·豳风》）。郑玄传云："绸缪犹言缠绵也。"（引自《毛诗正义》，中华书局 2009 年版，第 515 页）"圣人达绸缪，周尽一体矣，而不知其然，性也。"（《庄子·则阳》）成玄英疏："绸缪，结缚也。"（引自《庄子集释》，中华书局 2004 年版，第 880 页）陆德明释云："绸缪，犹缠绵也。又云：深奥也。"（同上页）"结缚"是"绸缪"的缠绵。"周尽一体"，是"玄通"。因缠绵不绝，故深远、"深奥"。"缪"与"穆"义同。"穆"者，《说文》解为"禾"，本义为成熟的禾稼，引申为"美"（《尔雅·释诂》）。"穆穆文王"（《诗·大雅》）。"穆"通作"缪"。"序以昭缪"（《礼记·大传》）。王夫之云："穆，本训禾也。禾长久茂盛，则其中幽深，故借为深远之意。"（引自《说文广义》，载《船山遗书》第五卷，北京出版社 1999 年版，第 2742 页）"穆"与"缪"同，义为深远。"漻"者，《说文》解为"清深"。"寂漻"者，高远貌。"寂漻上天，知厥时。"（《前汉·郊祀歌》）又"寥"者，《说文》解为"空虚"。"缪"、"漻"与"寥"，三者形近涵义相通，皆揭示恒道的深奥、高远和空虚。《文子》正是以"寂寥"揭示道性。"有物混成，先天地生，惟象无形，窈窈冥冥，寂寥淡漠"（《道原》）。"寂寥"一词，即《老子》今本文。

（三）"独"与"立"

"独"者，古写作"獨"。《说文》解为"犬相得而斗"，又云"羊为群，犬为独"。"独者，蜀。"（《尔雅·释山》）郭璞注："蜀亦孤独。"邢昺疏：蜀，虫名，"此虫更无群匹，故云蜀亦孤独。既虫之孤独者名蜀，是以山之孤独者亦名曰蜀也。"（引自《尔雅注疏》，上海古籍出版社 2010 年版，第 210 页）王夫之云："犬相见而斗也。犬不能容，故借为孤特无侣之辞，'老而无子曰独'。不言人不容之，而以己不能容人为义，君子辞也。唯己专之，而人不得与，故人所不知、但己所觉曰独。"（引自《说文广义》，载《船山遗书》第五卷，北京出版社 1999 年版，第 2768 页）从其解说看，"独"应有四义：一为孤僻、孤特，意谓不合群、走单帮、单一个；二曰孤独、孤寡，意谓因孤寡而成孤单，故"老而无子曰独"；三曰特立、独自，以性情言为独来独往，己不容人；四为独觉、独知，言自立自觉，己所独知。"独"字又表示"独自"、"独特"、"独一"。

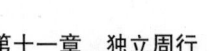

"立"者，甲骨文从大（正面人形），从一（表示地），用以指谓一人站在地上不动之意，本义为站立不动。《说文》解为"住"。《释名》云："立，林也，如林木森然，各驻其所也。""立必正方。不倾听。"（《礼记·曲礼上》）与倾斜相反，则为正立、直立。"立"还有竖立、耸立、挺立、确立、树立、建立、创立等义，同时又有自立、独立、特立等义。在先秦文献中，"独立"一词涵义丰富。一为独自站立、直立，"尝独立，鲤趋而过庭"（《论语·季氏》）。二为独自确立、树立，"法不能独立"（《荀子·君道》）。三为自主自立、建立，"百里之国，足以独立矣。"（《荀子·富国》）四为自足、自立、自强等义，"君子以独立不惧"（《易·大过卦·大象》）。自立，则不为外在所主宰。

（四）"改"与"垓"

"改"者，楚简《老子》写为"亥"。谷衍奎在《汉字源流字典》中认为，"亥"为象形字，"甲骨文像切割了头、蹄的猪形，是'刻'的本字"。"史赵曰：亥有二首六身"（《左传》襄三十年）。杜预注："亥字二画在上，并三六为身，如算之六。"（引自《春秋左传正义》，山东友谊书社1993年版，第1114页）孔颖达疏："盖春秋之时，亥字有二六之体，异于古制。其《说文》是小篆之体，又异于此。《说文》云："亥，荄也。十月微阳起接盛阴。从二，二，古文上字，一人男，一人女也。从乙，象怀子咳咳之形也。"（同上页）"亥"，具有分割、分离涵义。尹振环校注："亥，乃'垓'之同音假借，又是省写。'不亥'，无边无际之意。"（引自《楚简老子辨析》，中华书局2001年版，第228页）《说文》云："垓，兼垓八极地也"。"兼垓八极"，从肯定思维言囊括至极；"无边无际"，则从否定思维上揭示无极意义。"垓"有边界涵义。"道出一原，通九门，散六衢，设于无垓坫之宇，寂寞以虚无。"（《淮南子·俶真训》）"垓坫"者，垠堮之谓。"垓"与"限"一样，为界限、边际之义。又"垓"与"硋"形近。"道至高无上，至深无下。……洞同覆盖，而无所硋。"（《文子·符言》）"硋"者，同"碍"。无碍者，无有界限之谓。再有"该"音"垓"，义为兼备、周咸、皆有。以"亥"为部首的字，还有"赅"等。"赅"与"该"通义。又"垓"通"陔"，《说文》解为"阶次"。从以上解析可以看出，"亥"者，本当为"垓"，既有"分割"、"边界"义，也有"兼备"义，以"亥"为声符的字都有藏、备、遍的涵义。楚简《老子》"亥"，帛书《老子》"玹"，应写为"垓"。这样，"不垓"周遍无界，"不硋"周行无阻，二者通义。"垓"又与"改"通义。"改"者，《说文》解为"更"。"择其善者而从之，其不善者而改之。"（《论语·述而》）"受君令而不改"（《管子·大匡》）。改易者，有变化，有分别，有间隔，就有边际、界限。"不改"者，是无边际、间断，与"独立"对应为两层涵义，一是空间存在的无边无际，它是"无封"、"无畛"；二是时间存在的无有间断，它是"悠久无疆"。"独立"，自是周遍存在，与"不垓"通谓，涵摄"周行"意旨。"不改"，只是从否定变化、分限上进一步突出

"独立"之义。后人为解说、强调"独立"、"不垓",而另加"周行不殆"以申说之。

二、文句解析

对《老子》"寂兮寥兮,独立而不改"一文的内涵,历来注家有着从不同角度、多个侧面的注解和揭示。

（一）"寂寥"

注家解"寂寥"大略有以下诸义。

一为无声无形。河上公、成玄英和吴澄等皆解"寂"为"无声","寥"为"无形"。王弼以"寂寥无形"为本体之状。邵若愚以"寂"为"无形","寥"为"无声"。吕知常认为,道体是"空洞杳冥,无今无古,不灭不生,包乾括坤,负阴抱阳,随迎莫见,幽冥莫测,万变千化,散则冲和之气偏于太虚,敛则纯精之物藏于黍米"。此正揭示出混沌、潜涵、虚无、泛然的"大象无形"存在质性。林希逸从视觉上解之为"不可见"。德玉解之云:"寂兮,听之无声。寥兮,视之无形。"

二为虚静。李约解"寂寥"为"至虚至静",徐大椿以"寂"为"安静"、"寥"为"空虚"。静则无声,无声故静,二者相转为义。空虚者,无有形状。可见,虚静通于无声无形。杜光庭解"寂寥"为"无",是"无声可闻,无色可见,无形可执,无象可求,无名可称,无法可拟"。

三为无象无质。陈景元云:"杳冥空洞无象无质,故曰寂寥。""杳冥"者,幽深不见;空洞者,无有之谓。"无象无质"者,"无物之象,无状之状"。王雱解为"混成无象"。寂寥,非是空无,而是混成的无有具象。

四为湛然无动。宋道君云:"寂兮寥兮则不涉于动,不交于物,湛然而已。"若"不涉于动",何能独立不改、周行不殆?"不交于物",何言"为物"、为"万物之奥"?"独立"在"周行"中,非是不动。李道纯以为"湛然常寂","常寂"是"寂然不动",而感通天下。

五为虚极广远。王安石以"寂"为"止","寥"为"远"。李霖云:"寂无遗响,太空寥廓。"达真子云:"致虚极则曰寂,广远极则曰寥,此有物混成之体"。"有物混成",固是寂然无形、充塞无极。虚极者,无形无声,故寂;广远者,渺茫寥廓,故寥。

六为动静合一。叶梦得云:"古者谓大风之声为寥,吹万窍而怒号者,寥能覆之则安得为寂乎?"又云:"寂言静也,寥言动也。"以动静解"寂寥",分别对应"独立不改"、"周行不殆"。"独立"者,是动中静;周行者,是静中动,动静互摄。

"寂寥"与"窈冥"、"恍惚"一样,在于揭示恒道的存在质性。"寂寥",偏重于动静一体;"窈冥",偏重以幽明一体;"恍惚",偏重于有无一体。三者皆在不可闻见、不可致诘、"混而为一"上相通。从与"独立不改"、"周行不殆"的思想贯通言,以动静解寂寥为佳。

（二）"独立"

概略注家解说主要有四类。

一为无匹无偶。河上公以"无匹双"作解，揭示恒道无有匹合者。王弼以"无物之匹"解，揭示恒道无物可以与之匹配。李荣以"丧偶而无对"解，无偶故无对。杜光庭解为"道一无侣"，意谓独一无二。司马光云"无与之匹"，同于"无匹双"。陈景元认为，"独立"是"大块卓然，无物可比，妙道廓然，何物偶对"。因为"卓然"、"廓然"而至极，故无物可以相比、偶对。苏辙之解同此。邵若愚认为，"独立"的意蕴是在"万物之上"。在万物之上，是为"万物之宗"、"万物之母"。李霖认为，"独立"是"卓然"而"不与物偶"。李道纯解为"超然独存"，"超然"是在万物之上。王夫之云"廓然无耦曰独立"，不脱上义。

二为"无所对待"。成玄英云："独立，无对待也。"凡物皆有对待，而恒道独立无待。"无待"与"有待"相对，在《庄子》中有明确揭示。列子御风而行，虽"泠然善"，然"旬有五日而后反"。此虽"免乎行"，犹是"有所待"者。若乘天地之正，御六气之辩，以游无穷，"彼且恶乎待哉"（《逍遥游》）。"有待"在于"御风而行"，"御风"则有所假借、依凭，就是定为、定行。逍遥者"无待"，与万物为一，自能"乘天地"、"御六气"，无所拘束，而游于无穷，无不自适。"独与天地精神相往来"，是"至人无己，神人无功，圣人无名"的"独立"境界。恒道"独立"，非是离物存在，而是寓于万物存在，无所不在。李约认为，它是"不与物群"。"群"者众多，而"独"者唯一。陆希声云："独立于万化之外，而其体不改。""万化"者，化而不止。独立其外则为一不化者。只有"一不化"，方能万化未始有极。董思靖解为"卓然无所对待"，有待则为相对存在。吴澄认为是"独立乎万物之表"，而"无可与对"。立于万物之表是"泛兮其可左右"，"无乎逃物"是周遍至极，故为"独"。

三为"大定持之"。宋徽宗云："大定持之，不与物化，言道之体。"物化迁流，形化不止，而恒道与其相反，以为"大定"存在，故一于不化。正如造物者"物物而不物于物"的思维一样，恒道以"大定持之"，造化而不与物化，它是独立于万化之上的"一不化"者。不化者方能化化，它是造化之"独"。造化者命物之化，成就物化之所以化。

四为"常"或"久"。杜光庭云："独立而不改者，道之常也。"王雱等以"独立"为"常"。"常"者一于不化，正与物化不常相反。与物性反，故独立于万物之上。德玉正是"恒常不变"解之。程大昌以"无始终"作解，是"恒"、"久"。林希逸、徐大椿等皆解为"常久"。恒道"独立"，既与物性反，就有两个绝对存在质性。一是空间存在上的遍在、无所不在，它是物者定在之反。二是时间存在上的恒常、悠久无疆，它是物者有始有终之反。恒道作为周遍存在、永恒存在，同时是"为物"存在，以其

生生不息、不测而为"独立"。

从恒道存在质性言,"独立"内涵既是"与物反"的天下无有匹合、无偶者,又是无待、超脱相对存在的绝对存在;既是"不与物化"的定于"一不化",又是恒常的"为物"存在。

(三)"不改"

注家解"不改"大略有三种解法。

一为"常"。河上公云:"不改者,化有常。"造化者独立于一不化,而化化不落于物化。"化有常",不改其化化,恒其造化,故为"独立"。可见,"不改"在于揭示"独立"的内涵,二者相互界定。"独立"是"常","不改"亦是"常"。李荣以"湛然而常存"解,唐玄宗认为是"妙本湛然而常寂",皆以"不改"为"常"。"常存",是恒于"为物"、化物。"常寂",是不改于"恒其化"。司马光云:"变化而不失其常"。变化万物,本自不化,故为"常"。李霖云:"历万世而无弊,亘古今而常存"。"常存",则无古无今,"其名不去";"无弊",是历万世而不改。二者皆是"用之不勤"。

二为"不随物化"。王弼云:"返化终始不失其常,故曰不改也。""不失其常",恒其化化而不改其化。"返化终始",成物化终始,而不落入物化始终。李约直接解为"不随物化",因为若随物化,就落于物化,非能恒其化化。

三为不迁不易。陈景元云:"物虽千变万化,出生入死,而妙道未尝迁,故曰不改。"万物千变万化,生死聚散,迁流不止。恒道不随物迁,而成物迁化,在万物千变万化中呈现其恒自化化的存在质性,通于千变万化而为造化。恒道本自不迁,是"不易"、不变。王雱、邵若愚、林希逸、吴澄、徐大椿等皆解为"不易","不易"是易而不易,不易其易。苏辙解为"未尝变",吕知常认为是"未尝迁革",董思靖释为"不变不迁",不变其变,变而不变,则恒能为变。王夫之云:"古今常一曰不改"。"常一"是存在之"恒",而"恒"只能在"为物不贰"、"生物不测"之中,非是作为存在物以恒存。

在"独立"与"不改"的关系上,"独立"自然能"不改"。"不改"是不改其"独立"的存在质性。正因"不改"而见其恒常,彰显为"独立"。犹如恒道生生而不改其生一样,"不改"是进一步强调"独立"的涵义。恒道以"独"为存在的质性,"立"是存在之"独"。"独立"之"独"作为唯独、独一者,非是有待、相对的单独,而是至极存在。这里,"独",非仅仅作区别义的副词、状语用,而是揭示出恒道内在的绝对质性。"立"也非只是自立、成立,而是无所不立,因能立万物为"独立"。"独立"在"不改"之中,而"不改"则"周行不殆"。实质上,"周行不殆",正是对"独立不改"思想的进一步阐释解说。

三、思维内涵

贯通《老子》一书,总括恒道"独立不改"思想大略有以下涵义。

（一）自本自根

恒道为"天地根"，为"万物之宗"，为"万物之母"，"万物恃之以生而不辞"，万物无不以之为生、为由、为成，这些论断已然明确指出恒道为万物本根的内在涵义。同时，恒道先天地生，在"象帝之先"，揭示其为万物第一本源，宇宙第一存在。虽然《老子》没有直言恒道"自本自根"，但内涵中无疑具有此一根本质性。从根本上说，万物皆是它生，有待而生，而恒道"与物反"，为"无状之状"，它是生生不自生，必然"自本自根"。否则，必然落入物类，以至于陷入追溯本源上的无穷循环。只有"自本自根"，才能作为万物的本根，成为第一存在，"独立"存在。《庄子》明确提出"自本自根"思想，并进一步阐释为"生生者不生"、"物物而不物于物"、"一不化"而"万化未始有己"、"际而不际"等思想观念之中。

（二）潜在大全

恒道作为本始存在，是潜在大全。万物赖之以生，是"有物混成"；万状以之成，是"无状之状"。在创生万物之后，"泛兮其可左右"，为"万物之奥"，是周遍大全。《庄子》继之以言"道通为一"、"无乎逃物"以及"周遍咸"等，揭示的皆是恒道无所不在的大全质性。正因"大全"，故为"独立"。从统一、总持上说，恒道既是一本之源，万物皆源自此一个统一本体，也是潜在整体、全体。就每一物的存在而言，因其皆分有于恒道，内在蕴藏恒道，故共同具有一个恒道于其中，统一于恒道的存在。恒道因生物显示其实有，因畜物而展示其存在，因形物而揭示其"大象"，因势物而展现其力量，而万物的生成、亨毒、化育等皆证明着恒道为本始大全之性。作为"有物混成"的潜在大全，无物与之匹合；作为现实万物芸芸和千变万化的"道通为一"，天下无有偶对。立于万物之上，自足而兼有，周遍于一切存在物中，故为独存。

（三）自然而然

《老子》云"道法自然"，恒道存在自然而然。万物各有所取法，有待而生成。相对于万物有所依凭而生成的存在属性，恒道却是法于自然，因物而存，无不适宜。"法自然"者，实质无有定法，自足无待。恒道自然，依据自性的"自本自根"，用《中庸》的语言是"诚"，"诚自成，道自道"。在《老子》的恒道存在质性中，"自然"包含三义：一是独立自在，自在而然，不为外在存在所主宰、决定；二是独立自为，自己如此，自我驱动，自足使为；三是独立恒一，物物而不物于物，不改其自然存在质性。落实在"玄德"上，是"作而弗始，为而弗恃，成功而弗居"。正因自足自然，故为物不贰，生生不息。恒道生生、化化是恒一如此，不易其常，不改其性。

（四）必然如此

黑格尔认为，绝对精神的自由是必然的自由，它是肯定、否定和否定之否定的内在动力使然，或者说是辩证逻辑自我推演的必然结果。绝对精神的自由，是实现内在

理念的自由，故自足而必然。真理体系的必然如此，正可揭示绝对精神的自由。实现自己，才有自由。《老子》恒道作为"独立"存在，是必然如此。"万物恃之以生而不辞"，是不得不生，没有偶然，不改其生生。恒道的生畜、形物、势成，是自己定然如此，自己常是如此，亦是固然、必然，不得不如此。恒道生生自然中内含着必然、固然，如果有生物、为物上的偶然、或然，就非能生物不息、不测，为"万物之宗"、"万物之奥"。恒道的生物、运化必然，体现在宇宙中的一切存在物中。《庄子》对此给予了进一步揭示。"天不得不高，地不得不广，日月不得不行，万物不得不昌，此其道与！"（《知北游》）如果认为恒道生物、为物有不然、或然的可能，就非是自然、必然，就会赋予恒道以恩赐、私与的主宰功能。正因恒道生物、为物必然、恒然，故为自然、"不仁"。

（五）为无不为

恒道"自然"，自在而然，自为使然，是"为物"上内因驱动的自为论；恒道"必然"，不得不然，固然而然，是生物上理所必然的无不为论。这里的"自然"、"必然"皆为生物、为物的功为性，它是自在自为性，为其所为，不得不为。楚简《老子》云"道恒亡为"，帛书《老子》甲、乙本改"亡为"为"无名"，今本《老子》改为"无为而无不为"。恒道无为，故无形；无形，故无名；无名，故无为。只有无为，才能无不为。"万物殊理，道不私，故无名。无名故无为，无为而无不为。"（《庄子·则阳》）"无为"者，不私为、非定为，故能为其当为。事物之为，是为有定方。恒道之为，是无为之为，亦是至为之为。它是为物而不自恃其为，为为不止，善为其为，无所不为。有为者有形有待，而独立者无为无形，不测其为。不改其为，则为而不贰，功为不息。

（六）为于当为

恒道独立于"为物"，则为是理所当然，理该如此。道本自为，是必然趋向，无所不宜。万物有理，固有所然，固有所可。恒道是然其然，可其可，无所不然，无所不可。恒道生成万物，各使自然，自在和谐有序。千差万别的万物，各有其必然、本质，各为所当然。万物的性分、理则必然来自或者说潜在于"有物混成"之中。和谐、有序是恒道之"为"的必有内涵。儒家以"义"表示理则，而"义"者适宜、妥当，它是理应如此。恒道生物自有其条理、秩序，它在所生万物的和谐、畅适中得以彰显。万物存在的必然性、和谐性是恒道"为物"的为所当然、适宜质性。万物"得一"以成其性，反者道之动，"不道则已"等等，皆揭示的是此种内涵。恒道"为物"若无有理序，则万物何以和谐并存，"并育而不相害"？"利而不害"，是为而合理，为而当宜。"天地固有常矣，日月固有明矣，星辰固有列矣，禽兽固有群矣，树木固有立矣。"（《庄子·天道》）可见，恒道分有、内在于万物之中，以生理言是"得一"之"德"，以理则言是"性分"之"理"。在"善为"中，体现着适宜之为。无为不善，则为独

立之为。若有不善之为，则为有妄然，非是至为。

（七）恒常如一

恒道生物、为物，不改其自然、必然、当然之性，它是生生、化化的永恒不易、始终如一，一以贯之，不贰、不息、不测。《老子》云："道乃久，没身不殆"，又云："天地所以能长且久者，以其不自生，故能长生"，皆在于揭示此种质性。只有恒其生物、为物，方为"不改"，方成其为"独立"存在。《庄子》继言大道"自古以固存"（《大宗师》），"渊渊乎其不可测"（《天道》）。恒道存在，虽有不同质性，但"为物不贰"、"生物不测"是其恒常如一、不易不改的必然质性。以生物言，物物而不物于物，一如恒常；以造化言，本自不化而恒其化物，恒一如此。以功用言，生生而不自生，恒常如一于生化，则使万物迁流不止。本自不易，方能变易；本自不变，方能变化；本自不生，方能生生；本自无物，方能物物。恒道在"为物"的"不测"、"不贰"中，证见其永恒的存在质性。本自无始无终，而能始能终。恒道独立不改，则无有生灭、增减、损益等。

（八）微而不显

恒道视之不见，听之不闻，搏之不得，"大象无形"，为"无物之象，无状之状"等等，虽隐微不见，然非是无有，而是大有。正因其"褒"而"隐"，"微"而"妙"。虽然《老子》并未以显微关系揭示恒道的存在质性，但内涵同样的思维模式。恒道因生物显见其功用，证见其存在。然其生物不测，则功用不测。莫测无形，方能涵摄万形。恒道以其"泛兮其可左右"，湛然似或存，故不见其形。恒道以其"功成而弗居"，"生而不有"，故不见其功。正因其无形、无名，不可得见，方与物性相反，而成为"独立"存在。恒道是微妙存在，故是周遍存在。虽是无所不在，又是不显存在。恒道分有、隐于万物之中，同样是贯通于万物之中。它是不可见而有功，不显而存在，微妙而无限。微妙不显，正是恒道作为"独立"存在的固有质性。

（九）即用即体

宋道君云："大定持之，不与物化，言道之体；利用出入，往来不穷，言道之用。"以《易》的体用关系揭示恒道存在质性，虽然《老子》并未明言，然内在思维结构何尝不可以体用关系来揭示？从恒道存在本身言，它是"无物之象，无状之状"，故非有物性之体，无有定体。恒道非物，故无体。作为恒常存在，又以"为物"功用见证其无体之体。相对于物体言，它是无体之体；以其功用言，是即用即体。恒道以万物之体为体，亦即以"为物"功用揭蔽其存在。同时，恒道之体独立，恒道之用不改。"独立"的是"一不化"之体，"不改"的是"恒其化"之用。化物而不改其化、不化于物，是体；化物而未始有极、不测其化，是用。若化于物，则非是"独"化。滞于一形是物体，拘于一态是物化。只有独于化化不息，方能立万化于不测。以《易》言，"寂然不动"是独体，"利用出入，往来不穷"的"感而遂通"是独用。

（十） 动静一如

恒道作为"独立"存在，是动静一体。以其静言，物虽千变万化，出生入死，而恒道未尝迁改。以其动言，它成遂千变万化，并寓于千变万化之中。恒道不动，非是死寂无为，而是"为物不贰"，不改"为物"之为。同时在"为物"中见于动，非有自体之动，故为"静"。恒道以"为物"恒自生生、化化，成遂千变万化，在成化万殊中揭蔽其恒动，在成化不息、不止中揭示不改其动。恒于"为物"之动，是静于"为物"不迁。若在"为物"上有迁，就是有贰不能有恒。随于物迁物化，而本自静于不变其成化。恒道"湛然似或存"，非是寂然不动，而是恒于"为物"之动，动于不测，故见似或存。以其"用不可既"言，是恒自"为物"于动。恒道存在本自无动无静，因生畜成遂万物而有动静。"动"是"为物"的恒动，"静"是"为物"的不改。"独立"，是动静如一。"为物不贰"，是"静"；"生物不测"，是"动"。"动"在"静"中，"静"在"动"中，动静一如。

（十一） 道与物反

恒道之为"独立"存在，要从与万物的关系上进行揭示。存在物因独立而为个体，处于有待、有偶之中，故为时空存在上的有限存在。恒道"与物反"，是无极存在，无物与之匹合，无有偶对，独一无二。与物生死无常言，恒道生生不息、不测；与物性"有待"言，它是"自本自根"的"无待"；与物性"有畛"言，它是"无状之状"的"大象无形"；与物性"定在"言，是"泛兮其可左右"的周遍存在；与物有"时间"言，它是无始无终的"无疆"；与物性"有名"言，它是不可致诘的"道褒无名"；与物性或动或静言，它是无动无静的"动善时"；与物性变化无常言，它是"化化而不化于化"的"一不化"；与物性为"有"言，它是"无有一无有"，等等。此外，恒道"独立不改"的内涵，还包括"道不可道"，"恒而无常"以及至极无极、至名无名等存在质性，它们是假物有限而言无限。对比万物有限，方是无与匹合的"独立"，方能在成遂有限物的无限进程中不改其无限之为。

四、传承发展

《老子》"独立不改"思想，为后来道家诸子所继承发展。《庄子》多言"独"，内涵更为丰富，无疑是对《老子》"独立"思想的阐发和拓展。徐复观指出，"《庄子》一书，最重视'独'的观念，本亦自《老子》而来。老子对道的形容是'独立而不改'，'独立'即是在一般因果系列之上，不与他物对待，不受其他因素影响的意思。不过老子所说的是客观的道，而庄子则指的是人见道以后的精神境界。"（引自《中国人性论史》，第 348 页）《庄子》对道体的独立存在质性也进行了深入阐发，如"自本自根"、"物物而不物于物"等。只有揭示"独"的内涵，才能见诸于心境上的体"独"。除了涵义为"独自"、"唯独"、"专独"等作副词状语的用法外，《庄子》揭示

本体存在质性主要有以下诸义。

（一）本体之独

"见独而后能无古今；无古今而后能入于不死不生"（《大宗师》）。何谓"独"？见何"独"？"独"是"不死不生"者。"见独"是与造物者或恒道合一的精神境界。"独"为"不死不生"者，是绝对本体存在的造物者或恒道。"杀生者不死，生生者不生。其为物无不将也，无不迎也，无不毁也，无不成也。"（《大宗师》）正因"不死不生"，故为"独"。何以如此？"不死"方能恒自杀生，无不毁；"不生"方能恒自生生，无不成。杀生者命物之化，己则不化；生生者遂物之生，己则不生。有生有死者为物，而"独"者无偶，不死不生。"杀生者不死，生生者不生"的"独"者，是"自本自根"的存在，"未有天地自古以固存"。它是对《老子》恒道"独立"存在质性的进一步发展和升华。"自本自根"，是内在具足，大全无外。它是第一实体、绝对本体。

（二）独于天命

"受命于地，唯松柏独也正，在冬夏青青；受命于天，唯尧、舜独也正，在万物之首。幸能正生，以正众生。"（《德充符》）"独"虽作状语副词用，但却揭示出人与天地间的一种本体或本源关系。"正生"，就是"独"。松柏、尧舜独正，因为正生方能以正众生。"謷乎大哉，独成其天。""独"者，揭示出天与人之间的赋命与成性的对应关系，在或然中取其必然。"独"是成性必然，与"天"合一。它的思维虽亦类于"见独"，但以"天"为"独"体，已然触及到绝对本体存在的意蕴。"天"是"自本自根"、自在自为的绝对本体，也是无极无限的本真实体。

（三）体独之境

在"见独"之外，又有"块然独以其形立"的体道境界。列子见壶子示"三渊"心境，自以为未始学而归。"三年不出，为其妻爨，食豕如食人，于事无与亲。雕琢复朴，块然独以其形立。纷而封哉，一以是终。"（《应帝王》）"块然"以状"独立"的修为境界，它是"大块"的"独"体。"无与亲"者，至亲无亲，齐物于"两行"。"朴"者，是修"独"的本然之境。"纷而封"者，郭象注为"虽动而真不散"，甚得其旨。"一以是终"，体"独"则始终如一。体"独"之境，还有"独有"。"明乎物物者之非物也，岂独治天下百姓而已哉！出入六合，游乎九州，独往独来，是谓独有。独有之人，是之谓至贵。"（《在宥》）明于"物物"者非物，则"见独"。"独"者，是"物物而不物于物"。正因为体"独"，方能"独往独来"。"独有"者，是"与造物者为人"（《大宗师》），亦是"独与天地精神往来"（《天下》），故为人生价值的"至贵"。与造物者为一，故能"出入六合，游乎九州"。"独有"者，是"乘道德而浮游"（《山木》），故能"与时俱化"，"浮游乎万物之祖"。它是"遗物离人而立于独"（《田子方》），"遗物离人"是形若槁木"无己"，"立于独"是与造物者为一。

道 与 物

《黄帝四经》以"独立不偶"揭示道性。"上道高而不可察也，深而不可测也。显明弗能为名，广大弗能为刑，独立不偶，万物莫之能令。天地阴阳，四时日月，星辰云气……戴根之徒，皆取生，道弗为益少；皆反焉，道弗为益多。"(《道原》)"上道"是至高无上的绝对本体存在。"万物莫之能令"，来自《老子》"天下莫敢臣"的观念。它所以为"独立不偶"的存在，就在于高不可察、深不可测、显明弗名、广大无形以及万物莫能命令之中。"不偶"者，无物可与为偶、匹配。"独立"者，独立于万物之上，万物赖以生成，弗为益少益多。"广大，弗务及也。深微，弗索得也。夫为一而不化。"广大弗及、深微弗得，是至极无极。"为一不化"，是"一不化"。"为一"，是恒自化化不已；"不化"，是不止于既化，不落入物化。以"上道"为道术，则"抱道执度，天下可一"。"道"者，无所不及，包涵万有，故为"独"；以为楷式是"度"，"天下可一"是执一以为天下式。"君执一即治，无常即乱"(《文子·道德》)。"执一"者，是"以道莅天下"。"一"为"无适之道"、"万物之本"，"执一"者无为，"因天地与之变化"。可见，"抱道执度"是道术之用，来自体"道"为用。就道术之"独"，《管子》亦有论说。"去欲则宣，宣则静矣，静则精。精则独立矣，独则明，明则神矣。"(《心术上》)"精"者，"见独"之境，犹如"玄览"。"独立"者，因物鉴物，不为情欲迷乱、偏执遮蔽，故能神明。"独立"的神明，是"镜大清"。"镜大清者，视乎大明。正静不失，日新其德，昭知天下，通于四极。"(《心术下》)"大清"者，镜于道观，故无视不明。能"正静"则玄鉴，镜鉴则日新，故可昭知天下、通观四极。"鉴于大清，视干大明"(《内业》)。《文子》言"独"多落在"独见"、"慎独"和"独行"等上，并未以之揭示大道的"独立"质性。在揭示道体"独立"上，多以"一"来解之。"一"是"独一物二"。"无形者，一之谓也。一者，无匹合于天下也。"(《道原》)"无匹合于天下"，是独立于天下。之所以如此，在于"无形"。"无形"者生有形，"有生于无，实生于虚"。以其为"万物之宗"，"一立而万物生"，故为独一者。以功用言，是"布德不既，用之不勤"。功为不测，亦是"无形"。"道无形无声，故圣人强为之形，以一字为名。"(《精诚》)何以"一"为名？因为"一"是绝对、独立之"一"，天下无有偶对。"死生同理，万物变化，合于一道"(《自然》)。通合万殊，"道通为一"，是独一之"一"。"一"为至极之道，无所不涵，无所不能，"体圆而法方，背阴而抱阳，左柔而右刚，履幽而戴明，变化无常"。以为道术，"得一之原"则能"以应无方"，故为"神明"。"唯道无胜"，在于"无常形势"。"唯"即是"独"。"无常形势"，则无不涵摄。涵摄一切变化是"道通为一"，"一"者无偶、无待。"天地运而相通，万物总而为一"(《九守》)。大道作为"一"，是总万物为一，无有可比。大道独一无偶，体现在心识上是"神明"、"知一"。"能知一，即无一之不知也。不能知一，即无一之能知也。"(《九守》)"知一"之"一"，是"道"。"知一"是"见独"，"以道观之"则因物镜物，故无所不知。"一"落在心术上，是"执一而应万"(《微明》)。"执一"，是"执大象"。"立天下之道，执一以为保。反本无为，

虚静无有，忽恍无际，远无所止。视之无形，听之无声，是谓大道之经。"（《自然》）天下之道，其要为"一"，是"大道之经"。"一"者，无为而无所不为，无有而无所不有，无际而远无所止。"大道之经"，无常其常，常于无常。正因"无常"，故"无适于天下"。"圣王执一，以理物之情性。夫一者至贵，无适于天下。圣王托于无适，故为天下命。"（《下德》）以"执一"理万物，是因物理物，物无不理，理无不当，故为"天下命"。"一"者命天下之物，若物各自命，各当其命。《文子》未将"道一"明言为"独立"存在，《淮南子》则直接将之视为"独立"者。"无形"之"一"作为"无匹合于天下者"，是"卓然独立，决然独处"（《原道训》）。"卓然"以况"独立"的至极，它是"上通九天，下贯九野"的无二存在，万物所由生成的"为道关门"；"块然"以况"独处"的至极，它是"怀囊天地"的"大浑而为一"。从《老子》以"独"揭示恒道本体，到《庄子》以揭示体道心境，发展至郭象则否定了"独"的绝对质性，变成了自在自化之"独"。"独化"，以性分自足为前提，自尽其性分。"常游于独而非固守"，"掘然自得而独化"（《大宗师》注）。一切皆是自为自化，"生者亦独化而生"，"死者独化而死"（《知北游》注）。独化自造，故无外造。"造物者无主，而物各自造。"（《齐物论》注）"物各自造，故无所待"。"物各自造"，是物性的"自本自根"。之所以能"独化"，既在于"性分自足"，无待于外，又在于自然而然，自在自为。

五、思想影响

在中国古代哲学思想史中，不只道家以"独立"揭示道体，儒家亦言"独体"。二者可能同出一源，只不过侧重点有所不同，具有思维上的同构性。对此加以概说，有助于进一步揭示恒道的"独立"质性。

（一）天地之道

"维天之命，于穆不已"（《诗·周颂》）。"于穆不已"，是"天之所以为天"。"天地之道，可一言而尽也，其为物不贰，则其生物不测。天地之道：博也，厚也，高也，明也，悠也，久也。"（《中庸》）"天"是与万物相对的独立存在，其"独"在于"为物不贰"、"生物不测"之中，如此方能"悠久无疆"。"为物不贰"、"生物不测"，是"独立不改"。独立于"为物"、"生物"，自然"不贰"、"不测"。不改其"为物"、"生物"，故能"不贰"、"不测"。"不测"是其生物的固有内涵，否则就非是独体之天。"生物不测"，作为无限生生，方为独一存在。生生不息，正见独体之天的自本自根、自然必然。因其"生物不测"，故与物无偶，天下无匹，为"独立"存在。在"生物不测"中，已内涵"为物不贰"。"为物不贰"，揭示天惟以生物为性，于生物不偏不离，恒一如此，故在"生物"上"独立"。"生物不测"，揭示天生物无限，无有穷尽，不止不息，故在"为物"上"不改"。"悠久无疆"，揭示天生物的永恒性和绝

对性，无有匹合。天作为独立存在，必然包涵此三种质性，故为"大"。天地之所以为大，在于"无不持载"、"无不覆帱"，在于"万物并育而不相害，道并行而不相悖"，在于"小德川流，大德敦化"。致广大而尽精微，"溥博如天，渊泉如渊"。至大，故为"独"。《易》以生生为"独"，"生生之谓易"（《系辞上》），"天地之大德曰生"（《系辞下》）。独于"生生"，则不息不止，悠久无疆。在《易传》中，"生物不测"是"万物资始"（《乾卦·彖》）、"万物资生"（《坤卦·彖》），亦是"天行健"（《乾卦·大象》）。健而不已，是"生物不测"的独立。

（二）诚者天道

《中庸》云："诚者，天之道"。天地之道，是"诚"。天道诚而不贰，故为"独"。天道之诚，就是"独立"。陈淳云："诚字本就天道论，'维天之命，于穆不已'，只是一个诚。"（引自《北溪字义》，中华书局 2009 年版，第 33 页）"于穆不已"，是"独立不改"。"诚"者为"独"包涵两义：一是独于自成。"诚者自成也，而道自道也。"（《中庸》）"自成"者，无求于外，自本自根，自在自为，故"无为而成"。诚者自成，正如独立者自然而然。二是独于不息。"诚者物之终始，不诚无物。"（《中庸》）"诚"者自能始终，善始且善成，自是不息。"至诚无息，不息则久，久则征，征则悠远，悠远则博厚，博厚则高明。"博厚以载物，高明以覆物，悠久以成物，不息则悠久无疆。"诚"者自成，不已不止，恒常如一。"天地为大矣，不诚则不能化万物。"（《荀子·不苟》）"诚"者，成物始终，不诚无物。至诚者恒常自然。"天道流行，自古及今，无一毫之妄。"（同上页）天道流行，是"独立不改"。不改其流行，故"自古及今"、"万古不差"；独立于天理，故"无一毫之妄"。"万古常然，无一毫差错"。"诚"者之所以为"独立"，在于道理真实，流行自然。它是良知良能，不待安排。"至诚"者，真实极至不贰，无一毫不尽，恒久而不间。王阳明认为，天地之道只是"诚"，"诚故不息，故久，故征，故悠远，故博厚。是故天惟诚也，故常清；地惟诚也，故常宁；日月惟诚也，故常明。"（引自《南冈说》，载《王阳明全集》第三册，浙江古籍出版社 2011 年版，第 951 页）"诚"则有恒，恒于自然，悠远不息。"诚"因其"常"和"无不通"而为"独立不改"的质性。王夫之云："一者，诚也；诚者，约天下之理而无不尽，贯万事之中而无不通也。"（引自《读四书大全说》，载《船山遗书》第四卷，北京出版社 1999 年版，第 2388 页）"诚"之为"一"，既是"理一"，理无不尽，赅备统一；又是"通一"，无不贯通，通行一贯；还是"恒一"。"一者，彻乎始终而莫不一。"（同上卷，第 2389 页）"彻乎始终"，恒自为一，始终如一。"莫不一"者，一而不易，一而不差。赅备大全，则自本自根；贯通一切，则周行无匹；恒一不贰，不改不息。刘宗周云："诚者，天之道也，独之体也。"（引自《子刘子学言·卷二》，载《黄宗羲全集》第一册，浙江古籍出版社 2005 年版，第 316 页）以"独"揭示"诚"的内涵，显见二者之间必有内在的逻辑联系。天为"独"，在于"于穆不已"的

"诚"。

　　（三）忠诚为独

　　天道之"独"，落在心性上为"忠诚"。"忠诚"者，尽己之性，自我实现，自我展现。同于天道，合于天理。《论语》多言"忠"，它亦是"独"。"夫子之道，忠恕而已矣。"（《里仁》）"忠"是"尽己"，"己"是天命。"不知命，无以为君子"（《尧曰》）。尽己要知命，修道不贰。不贰其修，是"志于道，据于德，依于仁，游于艺"（《述而》）的"独"。独于天命之性，是"慎独"。尽己要夭寿不贰，"为仁由己"（《颜渊》），"从心所欲不逾矩"（《为政》）。心"诚"为"独"，与天道合一，是"不勉而中，不思而得，从容中道"（《中庸》）。"诚"者，成己、成人，合时措之宜，故无有不善。"善之为道者，不诚则不独，不独则不形"（《荀子·不苟》）。无"诚"，则为善有贰、有息，非能"独立不改"。反之，修"诚"则能"独"，一于天命之为，独立于善道。"诚"者自成形而信于人。王阳明认为，"诚"之为"德"是"无所与"、"不容已"、"不可掩"。以事亲则诚孝，以事兄则诚弟，以事上则诚忠，以交友则诚信。"诚"为德行，措为事业，发为文章，故"言而民莫不信"，"行而民莫不悦"，"动而民莫不化"。（引自《南冈说》，载《王阳明全集》第三册，浙江古籍出版社2011年版，第140页）"无所与"者，己所不与，故为而不贰；"不容已"者，沛然不可御，不改其为；"不可掩"者，是"微之显"，体物不遗。"诚"为德行，则"纯则不已"。诚于无伪，独立不已。"忠诚"者，则与天地合德，与日月合明，与四时合序，与鬼神合其吉凶，进退存亡而不失其正，独当其正。王夫之云："诚者天之道，而圣人不思不勉而中道，则亦曰诚者，是圣人与天而通理也。"（引自《四书训义》，载《船山遗书》第三卷，浙江古籍出版社2005年版，第1648页）与天通理，为"诚"，亦为"独"。"独"是惟有天道，"诚"是实有天理，"忠"是尽其天命。"不思不勉而中道"，是与道为一的"独"，"从心所欲而不逾矩"。

　　（四）率性慎独

　　"天命之谓性，率性之谓道，修道之谓教。道也者，不可须臾离也，可离非道也。是故君子戒慎乎其所不睹，恐惧乎其所不闻。莫见乎隐，莫显乎微，故君子慎其独也。"（《中庸》）"率性"，是"独立"，唯立于天命，独行于天性。为何要"慎独"？因为道有可离的可能。不能"惟精惟一"，故要有戒慎恐惧的工夫，通过修道独于率性。慎其独，则不贰其心，故为"诚其意"。"所谓诚其意者，毋自欺也。如恶恶臭，如好好色，此之谓自谦。……此谓诚于中，形于外，故君子必慎其独也。"（《大学》）"诚其意"、"诚于中"，是"慎独"工夫。"慎独"者，是诚于"明德"、"至善"于"中"为"意"。只有"慎独"，方能"自谦"而不自欺，方能独立而不倚，惟善以为宝，独行于"大道"；方能"恶恶臭"、"好好色"为自然而然。"慎独"，亦是"顺命"。"君子至德，嘿然而喻，未施而亲，不怒而威：夫此顺命，以慎其独者也。"

（《荀子·不苟》）"顺命"者，体行至德，谨于天命。尤时熙疏解"慎独"云："独字即道字，慎字即常睹常闻。道无隐见，无显微，天地间只有此，故曰独；莫非此，故曰独。"（引自《明儒学案·北方王门学案》，载《黄宗羲全集》第七册，浙江古籍出版社 2005 年版，第 744 页）睹于不睹、闻于不闻，是常睹常闻，无有其外。"道"为"独"，"独"为"道"，合一不贰。"只有此"，至极则独一无偶；"莫非此"，无极则无有匹合。刘宗周指出，心体无善无恶，动为好为恶，则好必善，恶必恶，断断不爽。《孟子》性善说本此。《大学》好恶在自然，故曰"自欺"、"自谦"。"自之为言由也，自之为言独也。"（引自《学言下》，载《刘宗周全集》第二册，浙江古籍出版社 2007 年版，第 440 页）性善，是良知良能，自能"好必善，恶必恶"，无有差爽。"独"在于"自"，"率性"自然，"尽己"自为，"至诚"不贰。性体之"独"，在于自能知爱知敬，由仁义行。《大学》的"慎独"，是"诚之"的"择善固执"。黄宗羲认为，性体原自周流，"不待安排品节，自能不过其则"，是"中和"的"无过不及之差"。学者慎独在于"但证得性体分明，而以时保之"。（参见《明儒学案·蕺山学案》，载《黄宗羲全集》第八册，浙江古籍出版社 2005 年版，第 890-891 页）性善之体"独立"，自能知善知恶，自能好善恶恶，自能范围天地之化而不过，自能曲成万物而不遗。"慎独"者，循道不离，夭寿不贰。

（五）独知独体

"率性"是性体之独，"尽心"是心体之独，"良知"是天理之独。王畿认为，良知是本体之独。"良知即是独知，独知即是天理。独知之体，本是无声无臭，本无所知识，本是无所粘带著，本是彻上彻下。独知便是本体，慎独便是功夫。"（引自《答洪觉山》，载《王畿集》，凤凰出版社 2007 年版，第 262 页）以"良知"为"独知"、"天理"，就是独体。本无知识，本无粘带，是无为定知。"无声无臭"是无极存在，"彻上彻下"是至极存在。"良知"以其无所不知，故为"独知"。刘宗周认为，"夫人心有独体焉，即天命之性，而率性之道所从出也。"（引自《人谱续篇一》，载《刘宗周全集》第二册，浙江古籍出版社 2007 年版，第 5 页）人心"独体"，在于有"天命之性"。"率性"是率天命之性，故为"独"。"'独'即天命之性所藏精处，而'慎独'即尽性之学。独中具有喜怒哀乐四者，即仁义礼智之别名。"（引自《圣学宗要》，同上册，第 258 页）"藏精处"，是心体有"天命之性"。"慎独"，是慎于心体之独。作为"独体"，则无不赅备，"万物皆备于我"，本自具有"四情"、"四性"。"天命之性"作为"独体"，是"鬼神之为德"。"'鬼神之为德，其盛矣乎'，指独体也，天命之性也。"（引自《学言上》，同上册，第 383 页）鬼神体物不遗，正如"天命之性"无乎不存。以其"周遍咸"为"独"。"天命之性"，以情状言为"鬼神"，以其理言为"太极"，以其恍惚言为"几"、"希"，以其位言为"独"。王时槐认为，宇宙生理，"以其无对，谓之独"，"以其不二，谓之一"。（引自《明儒学案·浙中王门学案五》，

载《黄宗羲全集》第七册，浙江古籍出版社 2005 年版，第 562 页）之所以为"独一"，在于其"万古不息"、"天地人性所从出"、"纯粹精至极而不可名状"，在于有"至善"、"天理"、"生生"和"仁"。"万古不息"，则生生不息；性所从出，则自本自根；无所不中，则真实无妄；粹精至极，则至善无恶；不可名状，则微妙不测；为物不二，则恒一不改；天则自成，则自然而然；生生不测，则德合无疆。

（六）意者为独

明儒王栋指出，"诚意工夫在慎独，独即意之别名，慎即诚之用力者耳。意是心之主宰，以其寂然不动之处，单单有个不虑而知之灵体，自作主张，自裁生化，故举而名之曰独。少间挽以见闻才识之能，情感利害之便，则是有所商量倚靠，不得谓之独矣"。（引自《明儒学案·泰州学案一》，载《黄宗羲全集》第七册，浙江古籍出版社 2005 年版，第 857 页）从体道言，"诚意"与"慎独"皆为工夫；从诚意言，"慎独"是工夫。慎行其独，则诚其意。"意"作为心体、独体，是自本、自足、自然者，"自作主张，自裁生化"。天者自然而然，心之自然在于"意"。"意"作为"心之主宰"，是"良知良能"的诚体、独体。偏离于"意"，有贰其"意"，并非"独立"。刘宗周直接以"意"为"独"，认为"大道之道"只是"诚意"。诚意之功，在于"慎独而已"。"意也者，至善归宿之地，其为物不二，故曰'独'。其为物不二，而生物也不测，所谓物有本末也。……意外无善，独外无善也。"（引自《杂著二》，载《刘宗周全集》第四册，浙江古籍出版社 2007 年版，第 417 页）"意"为"独"者，是"至善归宿"，"为物不二"，"生物不测"。"意"外无善，即"独"外无善，自足无不备。"意"即"独"、"天"，三者一贯一体。"意"作为"独"，与情意之"意"不同。《论语》有"毋意，毋必，毋固，毋我"（《子罕》）之说，正因"毋意"，故有诚"意"之独。牟宗三认为，刘宗周的"独"学，有心宗、性宗之分。从《大学》说为心体，从《中庸》说为性体。以心宗言，"意根即诚体"，"意根最微，诚体本天"。（引自《从陆象山到刘蕺山》，浙江古籍出版社 2007 年版，第 315-316 页）从性宗言，"意"是天命之性。心宗、性宗之"独"，二者殊途同归，相互阐发。"《大学》言心到极至处，便是尽性之功，故其要归之慎独；《中庸》言性到极至处，只是尽心之功，故其要亦归之慎独。独，一也。形而上者谓之性，形而下者谓之心。"（引自《学言上》，载《刘宗周全集》第四册，第 389-390 页）心以寓性，性是心"意"。尽心以尽性，尽性在于尽心。《大学》言心不言性，心外无性。《中庸》言性不言心，性即心体。"独"外别无本体，"慎独"外别无工夫。天命所在，即人心所在；人心所在，即道心所在。心只是人心，而道为所以为心。人心道心，只是一心；气质义理，只是一性。（参见《中庸首章说》，载《刘宗周全集》，第 300-301 页）从心以尽性的工夫说，是"诚意"于独；从心以意为本体说，是"意诚"于独。前者是修道于"独体"，后者是由"独体"行。

（七）体微为独

《中庸》云："莫见乎隐，莫显乎微，故君子慎其独"。"慎其独"之"独"，是

"道"。隐微者，道为"几"而难见。"道"有"藏诸用"之微，恒其"见独"为难，故贵在"慎独"。朱熹云："独者，人所不知而己所独知之地也。言幽暗之中，细微之事，迹虽未形而几则已动，人虽不知而己独知之，则是天下之事无有著见明显而过于此者。是以君子既常戒惧，而于此尤加谨焉，所以遏人欲于将萌，而不使其滋滋暗长于隐微之中，以至离道之远也。"（引自《四书集注》，第 24 页）"慎独"的关键在于"独知"，因为君子之所不可及，唯在于人所不见。刘宗周云："独是虚位，从性体看来，则曰莫见莫显，是思虑未起，鬼神莫知时也。从心体看来，则曰十目十手，是思虑既起，吾心独知时也。然性体即在心体中看出。"（引自《学言上》，载《刘宗周全集》第二册，浙江古籍出版社 2007 年版，第 381 页）"独体"实在，常在不泯，无不有之时。然以知言，则有显微之分。性体在心体中著明，心体以性体为本。"中为天下之大本，即隐即见，即微即显；和为天下之达道，即见即隐，即显即微，故曰'莫见乎隐，莫显乎微'，而独之情状于此为最真。"（引自《圣学宗要》，同上册，第 259 页）中和一体，显微无间，故为"独"。有微无显，有显无微，皆非"独"。"圣学本心，维心本天。维玄维默，体乎太虚。因所不见，是名曰'独'。独本无知，因物有知。"（引自《文编下》，载《刘宗周全集》第四册，浙江古籍出版社 2007 年版，第 345 页）以"不见"名"独"，是以"微而不显"为"独"。因其"太虚"，则能涵摄万有。正如恒道微妙，而为至神存在。"独"是"道"，为"形而上者"，然寓于万物之中。"独本无知"，不固执己知，而能因物有知，无所不知，故为"独知"。"独体只是个微字。慎独之功，亦只在于微处下一著子，总是一毛头，立不得也。故曰'道心惟微'。"（引自《明儒学案·蕺山学案》，载《黄宗羲全集》第八册，浙江古籍出版社 2005 年版，第 896 页）"微"者不著，故为工夫所不及处。"道心惟微"，不可定执，正如恒道不可道。"君子之学，从己分上用功，故暗然日章。暗然日章，独之地也。……隐微之地，是名曰独。其为何物乎？本无一物之中，而物物具焉，此至善之所统会也。致知在格物，格此而已。独者物之本，而慎独者格物之始事也。"（引自《大学古记约义》，载《刘宗周全集》第一册，浙江古籍出版社 2007 年版，第 649—650 页）"暗然日章"，是"隐微之地"、"独之地"。"独"体本无一物，然物物皆具，故为"至善之所统会"。此思维是太极本无极，万物总体一太极。"本无一物"犹如恒道为"无物之象"，"物物具焉"犹如"有物混成"，至善统会犹如"道通为一"。微妙无物，方能"物物"不测，故为"独"。

儒家言"独"虽多是性体、心体，然它们来自天体、道体，故可揭示绝对本体存在的质性，而这就与《老子》恒道质性具有思维同构性，显然它们或多或少受到《老子》思维的影响。对《老子》言，道之独立体现在心体上的"慎独"，是"孔德之容，惟道是从"。《老子》恒道"独立不改"内涵，与古希腊哲学家亚里士多德思想也有思维上的同构性。"宇宙间总该有一原动者，自己不动，而使一切动变事物入于动变。"（引自《形而上学》，商务印书馆 1997 年版，第 84 页）"自己不动"而使一切动变，

是"独立不改"的思维结构，宇宙万化在于一不化的使化。"原动者"，是"自本自根"的使动者。只有自己不为所动，方为绝对的使动。正如只有"一不化"，方能化化而不化于化。"独立"于"一不化"，是"己不化"，同时是恒其为化，不改其化。斯宾诺莎继承发展了亚里士多德的本原存在思想，将之命名为实体和神。他认为，"神只是按照它的本性的法则而行动，不受任何东西的强迫。"（引自《伦理学》，商务印书馆 1998 年版，第 19 页）按照自己本性法则行动，是"自本自根"；不受强迫，不为使动，无与偶对，是"独立不改"。"神"者大全，无所不涵，故为独一无二存在。不论是亚里士多德、斯宾诺莎，还是黑格尔，都与《老子》一样从揭示万物存在的内在结构和质性中去界定、赋予和建构绝对、独立和本原的存在，共同澄明其自足大全和自在自为的存在质性。万物是独立存在的展开，独立者只有展开为万物、成为世界，才是真正无所不涵的绝对独立存在。《老子》恒道的"独立"，体现在"自本自根"和为"万物之宗"中。其间的区别在于，西方古典哲学贯彻着"逻各斯"的特质，内在具有"逻辑法则"。《老子》的恒道，更侧重于揭示其生物、为物的生生、化化等玄德涵义，并未就事物内在的逻辑结构进行深入解析。

最后，对本节内容作以简要概述。"独立不改"，是恒道存在的绝对性、完全性和无限性。"独立"揭示出恒道"有诸己"而"达诸外"的存在本性。"有诸己"，是自本自根，无所不备，万物潜在其中，具有生生不测的潜能。"达诸外"，是自我揭蔽，自我展开，分有成为万物，寓于万物之中，生物不息。恒道"为物不贰"，自然如此，本应如此，固然如此，恒常如此。"不改"者，具有不贰、不息、不止、不化、不竭等义，就是不贰其"为物"，不息其"生物"，不止其功用，不改其化化。恒道"独立不改"与"周行不殆"相互涵摄，相互阐发。这一思想在先秦儒家中具有思维同构性，它是"于穆不已"、"为物不贰"、"生物不测"、"纯亦不已"、"溥博如天，渊泉如渊"、"万物并育而不相害，道并行而不相悖"。

第二节　周行不殆

"周行而不殆"，无疑是恒道存在的一个重要存在质性，其与"独立不改"思想一起共同成为恒道"可以为天地母"的重要内涵。如果说"独立不改"偏重于揭示恒道"自本自根"内涵，那么"周行不殆"则偏重于揭示恒道生物不测的存在质性，二者统一于一体，相互阐发，相互蕴含。本节对"周行不殆"思想予以重点阐释。

一、文字校解

《老子》"周行而不殆"思想，接续在"独立而不改"之后，二者合一是"可以为天下母"的根本依据和重要缘由。上章已言及此一论说是后学者根据楚简《老子》、帛书《老子》整体思想而增撰的一个重要观念。至晚自河上公本《老子》起就已存在，

并加以注解。至于何时、何人将之增入《老子》文本中，现在还只能是不置可否，但它无疑使恒道存在的绝对、完全、无限质性更见其全面、深邃。"独立不改"，揭示出恒道"自本自根"，内在自足、自然自为，而"周行不殆"是"独立不改"的发用和证明，正因"周行不殆"见证其"独立不改"。从"独立不改"文句上看，似乎重在于揭示自体存在质性，尚未能包涵恒道"泛兮其可左右"、"夫物芸芸，各复归其根"以及为"万物之奥"等思想内涵，而"周行不殆"正好涵盖这样的存在质性，并可揭示恒道"为物"外在发散于万物的功用之大，以及悠久无疆。"周行不殆"观念的增入，是《老子》思想在不断发展中的又一个重要例证。

(一)"周"的字义

"周"者，象形字，本为"彫"的初文，表示雕刻周密。《说文》云："周，密也。""周"的涵义丰富，归纳说来主要有以下诸义。一为周密。周密，来自雕刻的属性，表示周至细密，形容各方面、各领域全部兼顾到，无有遗漏和缺失。《管子》多言此义。"言不周密，反伤其身。"(《宙合》)周密其言是缜密慎言，"言不可不慎"。言行是君子枢机，不可不慎。"凡道，必周必密"(《内业》)。周者全，无所不有；密者小，无所不在。二者皆有完全的意义。"守道周密，于物不宰。"(《文子·自然》)"守道周密"，于道不违，无不合道。守以"周密"，则不妄作，故不宰于物。二为周全。无不周密，则无所不全，故为周全、周尽。"圣人达绸缪，周尽一体矣"(《庄子·则阳》)。"周尽"无所不尽，就是周全。正因其"全"，故为"一体"。"爱人，待周爱人而后为爱人。不爱人，不待周不爱人。不先周爱，因为不爱人矣。乘马，不待周乘马然后为乘马也。有乘于马，因为乘马矣；逮至不乘马，待周不乘马而后为不乘马，此一周而不周者也。"(《墨子·小取》)"爱人"作为德性上的一个普遍概念，外延上应是周尽、完全，爱人不遗是极致观念。"不爱人"作为否定用语，是一个单称否定判断，有一人不爱则非算"爱人"的至极标准，就存在"不爱人"实例，故不必尽其所有"不爱"而言其为"不爱人"。之所以不能"周爱"，因为有"不爱"。与此不同，乘马是单称肯定判断，乘一马是乘马，不必以周全于每一乘马而后方可为"乘马"。若以周尽于"不乘马"事例而后方言其为"不乘马"，它是"一周而不周"。无一是，并非永远、完全无是，故不可周言；有一是，是其是，故为"一周"。"周"者周全，是逻辑上的大全、完全概念。"知周乎万物"(《易·系辞上》)，"周视原野"(《礼记·月令》)，"周年不得见"(《淮南子·道应训》)，皆为"周全"的用法。三为周备。"周全"从无不范围言，而"周备"从无不具备言。"周，至也，遍也，备也。"(《周易音义》)至者，至极；遍者，普遍；备者，赅备。"成功之术，必有巨获，必周于德，审于时。"(《管子·宙合》)"周于德"者，周备于德，唯德是举，故为"时中"。《文子》多言此义。"事周于能易为"(《道原》)。周备其能，则无所不能。"事周于衣食则有功，不周于衣食则无功，事无功德不长。"(《微明》)"周于衣食"，是周备其用。四

为周适。周适者，分为两义，一为周于时，一为周于事。时不可止，时有不同，则为事因时。一时一事，一事一因，时措其宜，就是周适。《文子》多言此义。仁义者人所慕高，为人所慕所高，"或身死国亡者，不周于时也，故知仁义而不知世权者，不达于道"（《微明》）。周时者，时中之谓。世有权变，因时举事方为道理。因时适事，无有不宜，就是"周适"。圣人牧民，使各便其性，安居处宜，为其所能，"周其所适，施其所宜"（《自然》）。"周适"，则"万物一齐，无由相过"，各得其宜，无所不适。周于事，则与时俗变而"时中"。周适于时，周适于事，周适于世，三者一体，是"动善时"。"事周于世即功成，务合于时即名立"（《上义》）。时中则周适。五为周遍。从存在上言，周遍是遍在，无所不有，无不充盈。"君子周而不比，小人比而不周。"（《论语·为政》）朱熹云："周，普遍也。"（引自《四书集注》，北京古籍出版社 2000 年版，第 66 页）"周"与"比"相反，阿党偏私的反面是普遍无私。《庄子》多言此义。"夫子不言而信，不比而周"。（《田子方》）"比"者亲附、偏爱，与此相反是"周"。"比"者有为，不免私为、妄为。"周"者无为，因循以为，无所不为。"比"者有亲，而至仁无亲。无亲至亲，周遍其亲，无所不亲。"周遍咸三者，异名同实，其指一也。"（《知北游》）与"遍"、"咸"同于"指一"，三者通义，相互诠释。"使出周游于四方"（《管子·小匡》）。"周游"者，游遍于四方。"以礼周流，无不遍也"（《礼记·仲尼燕居》）。"周流"者，周旋上下左右，礼仪三百，威仪三千，故无不遍。"虚静之道，天长地久，神微周盈"（《文子·自然》）。"周盈"者，弥漫充实，无处不有。"周行四极，唯北阴之未窥。"（《淮南子·道应训》）"周行"者，行遍四极。六为周匝。周匝者，圆周、四周、周围之谓。"郭周不可以外通"，"郭周外通，则奸遁逾越者作"（《管子·八观》）。"郭"是城郭，有四周，周围无隙。"日回月周"（《文子·道原》）。日以回环行，月以圆周转。"周而复匝"（《淮南子·原道训》）。"匝"者，周、圈之谓。七为周还。还者回还，故为周环、周旋。"周，旋也。"（《广雅·释诂》）旋者，回还而行，故为周行。《礼记》多言此义。"进退、周旋慎齐"（《内则》）。"周旋"者，与人交际、应酬而有来回、去往上的礼仪行为或举止。"周还中规，折还中矩"（《玉藻》）。"还"者反还，故同于旋、环、圆。"周还"为周旋、周圆。"周还象风雨"（《乐记》）。风雨有周还，以之象"乐"。回、周、旋三者义相近，皆有循环、圆周的旨意。"周则有始"，"周则复始"（《管子·弟子职》）。有始有终，终而复始，即是一个"圆周"。八为周曲。"有杕之杜，生于道周"（《诗·唐风》）。毛亨传云："周，曲也。"孔颖达疏："道周绕之，故为曲"。（引自《毛诗正义》，中华书局 2009 年版，第 400 页）曲而绕之，曲以尽之，故为"周曲"。"曲"有不同之异，而"周"为统摄之全。九为周至。周为多之极，故为"至"。"虽有周亲，不如仁人。"（《尚书·泰誓中》）孔安国传云："周，至也。"（引自《尚书正义》，第 277 页）纣商有至亲，反而亡；周朝有仁人，故为王。十为周济。"君子周急不继富"（《论语·雍也》）。"周急"者，周恤急需帮助之人，它是"周济"。"天子布德行惠，命有司发仓廪，赐贫穷，振

乏绝，开府库，出币帛，周天下。"（《礼记·月令》）"周天下"者，周济天下。"负任担荷，服牛辂马，以周四方"（《管子·小匡》）。"周四方"者，周济四方之人，使四方皆能有所扶助。"至微无物，故能周恤。"（《文子·自然》）正因"至微"，故能"周恤"。此外，"周"还有终竟之谓。"以周事子"（《左传》昭二十年）。杜预云："周犹终竟也。"（引自《春秋左传正义》，山东友谊出版社1993版，第1390页）以上所以详解"周"的字义，因为恒道存在包涵这些存在质性。

（二）"行"之字义

"行"者，象形字，甲骨文象十字路口形，本义当为十字路的寓意，后泛指道路。路是供人行走的，因用以行走，故引申为行走之义。《说文》解"行"为"人之步趋"。它与适、往、去等通谓。由"走"的距离，进而表示行程、路程。《老子》曰："千里之行，始于足下。"由行走引申为做、为，通称为"言行举止"。"君子欲讷于言，而敏于行。"（《论语·里仁》）又衍化为施行、实行。"君子之行仁也无厌，志好之，行安之，乐言之"（《荀子·非相》）。"行"带有德性、品质，故为"德行"。"敏德以为行本。"（《周礼·地官师氏》）"行"具有通用、可遵循的规则，故称为"道"。"下有直言，臣之行也。"（《国语·晋语》）由人之行借为物之行，便为运行、施行。"日月照而四时行"，"云行而雨施"（《庄子·天道》）。行、施同谓，可互换。"行"与"道"相近，故为万物运行、宇宙生生之道。戴震云："道，犹行也；气化流行，生生不息，是故谓之道。易曰：'一阴一阳之谓道。'"（引自《孟子字义疏证》，中华书局2008年版，第21页）阴阳交合不测、生生不息之"行"，就为"道"。《老子》的"周行而不殆"，乃是"道"。"周行"之"行"，从存在言是运行，从功用言是功为，从生生言是施为，从过程上言是恒行，从德性上言是善为。

（三）"殆"之字义

"殆"者，《说文》解为"危"。"往者不可谏，来者犹可追。已而，已而！今之从政者殆而！"（《论语·微子》）"巨涂则让，小涂则殆"（《荀子·荣辱》）。"吾生也有涯，而知也无涯。以有涯随无涯，殆已！已而为知者，殆而已矣！"（《庄子·养生主》）"殆"者，危殆而不安。因殆而危在旦夕，故有"几乎"，"差不多"等涵义。"颜氏之子，其殆庶几乎。有不善未尝不知，知之未尝复行也。"（《易·系辞下》）"殆"与"几"连用，皆表示将近之谓。《尔雅·释诂》解"几"、"殆"皆有"危"义。因危殆又有休止之义，同"怠"。"滋敝邑休殆"（《左传》昭五年）。"休"与"殆"，异名而同谓。"怠"者，《说文》解为"慢"，《玉篇》释为"懈"。"得时无怠，时不再来"（《周语·越语》）。马叙伦认为，"周行不殆"之"殆"借为"怠"，为不倦之谓。朱谦之云："不殆犹不止"。何新认为，"殆音从台，古音'怡'，已也。不殆即不已，不死。"（引自《老子新解》，北京工业大学出版社2007年版，第111页）正如杀生者不死、谷神不死一样，不殆即不死，无有止息。

二、文句解析

概览注家之说，"周行不殆"大略有以下四种解法。

一为通行不殆。河上公云："道通行天地，无所不入，在阳不焦，托阴不腐，无不贯穿，不危殆。""通行"者，无所不入，无不贯穿，揭示恒道寓于万物之中。"通"者遍通、贯通、通融，故与"周"同义。"在阳不焦，托阴不腐"，是通适。以"不殆"为无危殆，然恒道之殆只能是殆止之义，何有危患？"通行"是就生物、育养上的无不范围言，故为"天下母"。葛玄云："圣人行一于身，周流四支百体，九窍百脉之中"。"一"，是"道"之精。《老子》以"周行不殆"揭示恒道"为物"的存在质性，道教则用以揭示养身之学。王弼云："周行无所不至而免殆，能生全大形也"。"无所不至"，是恒道"为物"范围上的至极，寓于万物中行其生养化育之功。若以为"生全大形"，则恒道成为外于万物的一个存在物。恒道是"大象无形"，只有"无形"方能生万形。"免殆"者免于危殆，然与"不改"意义疏离，因为"不改"蕴含"不殆"，正如"独立"蕴含"周行"。成玄英以"道无不在"为"周行"，甚是。恒道以万物为体，以功用言是无物不成。李荣以"周行"为"无处不在"，以"不殆"为"用之不勤"，然在《老子》中"周行"是功用的无不普遍、无时不存，"不殆"是功用的不息、不止、不穷。唐玄宗以"应用遍于群有"解，"群有"芸芸赖于恒道为"万物之奥"，功成"不可既"。陆希声云："周行于万物之内而其用不殆"。周行万物之内，是为"万物之奥"；"其用不殆"，是"用之不勤"。司马光、苏辙等解类此。

二为虚通无碍。陈景元认为，道之用，"散则冲和之气徧于太无，敛则纯精之物藏于黍粟。周流六虚，应用不穷"。"冲和之气"、"纯精之物"，是"道生一"之"一"。"周流六虚"，是充盈六极。"应用不穷"，是化化不止。道散徧于"太无"，是充塞无间，无所不在；道敛藏于黍粟，是"无乎逃物"。这里的思维，是"太虚之气"结构。范应元云："言其虚通而无所碍"。以"虚通"解"周行"，是严遵所谓的"太虚通洞"，用宋儒张载语言是"太虚无形，气之本体"。以"无所碍"解"不殆"，揭示"道"为"虚而不屈"。正因"虚通"，清虚通彻，故无有止碍。以"太虚即气"思维解《老子》"周行不殆"，看出了二者思维的同构性。"太虚无形"，类于"有物混成"。一气清通无间、成遂万化，正如恒道寓于万物，成遂万物。虚与实对，通与碍对，二者相待而成。有"气"方可言"虚"，针对物物相碍言无碍。"大象无形"、"无物之象"，是"太虚"。"太虚"中蕴藏万物的生机因子，是"道生一"、"得一"之"一"，或为"精"、"元气"。"周行"作为"通"是恒道寓于万物之中的存在样态，非是本始存在的"有物混成"样态。"周行不殆"，揭示的是恒道之用。以虚言，是功用不测、难见；以通言，是功用周行、周遍；以无碍言，是功用不滞、无限。王夫之、成克巩等引钟会之解云："无所不在曰周行，所在皆通曰不殆"。"周行"则无所不在，周遍其生养、化育之功；"不殆"则所在皆通，不息其生生化育之功。"周行"而"不殆"，

是至极而无极的思维，以肯定思维揭示至极，以否定思维揭示无极。

三以体用思维解。王雱以为，"混成之体"是"常而不易"，"混成之用"是"万物由我以生死，我常制其命，孰能危之?"以《老子》思维言，体用一如。"常"于"为物"，则万物由以生死。"不易"其生，则命物之化而不已。功用无有止息，非言"孰能危之"。宋徽宗以"道之体"为"大定持之，不与物化"，而"道之用"为"利用出入，往来不穷"。"大定持之"是"独立不改"，以《易》思维言为"寂然不动"；"往来不穷"是"周行不殆"，以《易》思维言为"利用出入"或"感而遂通"。《易》者，"一阖一辟谓之变，往来不穷谓之通"；"利用出入，民咸用之谓之神"（《系辞上》）。《易》用在于循理成就事业，"范围天地之化而不过，曲成万物而不遗"，而恒道之用在于"万物恃之以生"。二者是"同归而殊途，一致而百虑"。（《系辞下》）董思靖认为，以体言是"卓然无所对待而不变不迁"，以用言是"周匝运行而不危不殆"。体用一如，是本然全体中有流行生育之妙用。"周匝运行"，是"反者道动"；"不危不殆"，无有止息。"周行"包涵"周匝"，然不止于此。李道纯以"独立不改"为"超然独存"，以"周行不殆"为"运化无穷"，体为"独存"而用为"无穷"。"独立"在"无穷"之中，"无穷"方能为"独存"。陆西星云："独立于未始有物之先，而万古不变；周行于既始有物之后，而其出不穷"。"独立"与"周行"是体用关系，而非先后关系。"独立"涵摄"有物混成"、"道通为一"两种存在样态，合之方为"万古不变"；"周行"只是"寓于万物之中"的存在样态，功用不穷。徐大椿认为，道体是"久而不易"，道用是"健而不穷"。正因恒常不易，故能健行不穷。"不穷"，故为"不易"。"健而不穷"，来自《易·乾卦》的"天行，健"一文。"天行"内涵非言自在之行，而在于揭示"万物资始"、"品物流形"以及"各正性命"的意蕴。《老子》的"周行不殆"，同样在于揭示为物、生物之用，"绵绵若存，用之不勤"。魏源以"体独立而用周流"作解，然"独立"非是道为实物存在，而是无体之体，即用为体，故为"周行"。不过，作为"有物混成"的"独立"，是"周行"的潜在、潜能。

四为周行不息。林希逸以"周行"为"行健而不息"，以"不殆"为"周行于万物之中，无不偏及而未尝穷匮"。"行健不息"，揭示"周行"的永恒性；"无不遍及"，揭示"周行"的普遍性。二者合起来，就是绝对性、完全性。在二者的关系上，正因健而不息，故能"无不遍及"。后者是前者的结果，空间寓于时间之中。"穷匮"必有殆，"未尝穷匮"固是不息、不测。陈鼓应以"循环运行而生生不息"作解，是以"反者道动"思想作为依据，释"周"为"循环"。在《老子》思想的本意，"周行"包涵周遍施行、周尽时行、周匝运行等多种涵义。行于万物方可为万物母，善始善成方可为天下母。"不殆"既是不息，亦是不穷。"周行"非只是言"反者，道之动"内涵，否则何以在"独立不改"、"周行不殆"后直接言及"可以为天下母"？天下（或天地），揭示的正是周遍的内涵。恒道无体，为物不测，非如日月一样的"循环运行"，

而是因万物聚散生死的"循环"假以言"反者，道之动"。万物"反"、"复"的存在
律动，是恒道作为"万物之奥"的"势成之"使然。从万物共有的规则、统称言，必
以恒道为根本，故言"反者，道之动"。恒道"周行"于"生生不息"，则万物更生，
葳蕤茂密。刘啸和云："独立不改，言占尽空间。周行不殆，言占尽时间。""独立"
作为"泛兮其可左右"存在，故无不周遍、无不充塞。以范围言可谓"占尽空间"。
"周行"通于万物始终，故无时不存、无时不为。以过程言可谓"占尽时间"。

　　恒道"周行不殆"思想寓意深刻，它是一个一以贯之的统一体系，不可简单以其
中一义解之，概括而言可列举如下诸义。何谓"周"？以周密言，恒道行藏于万物之
中，"无逃乎物"，"周盈"一切，体物不遗，"疏而不漏"。以周全言，恒道分有、展
开于万物之中，周尽万物所行，为大全存在，"道通为一"。宇宙间一切"行"皆是恒
道使为，故为"万物之奥"。以周至言，恒道作为至极准则、道纪，是万物运行的总根
据、总动力，一切存在物之"行"皆不外于恒道的"周行"质性。以周备言，恒道为
万物潜在，是"有物混成"。恒道是全能、善能，故以水喻之为"居善地，心善渊，与
善仁，言善信，政善治，事善能，动善时"。以周适言，恒道为万物赖以为生者，它善
利不害，衣被万物不宰，因物付物，物求善应，时变善与，万物无不适宜。以周遍言，
恒道寓于万物之中而存在，它是"泛兮其可左右"，"万物得一为生"，为"万物之
奥"，周遍咸于天下万物。以周匝言，恒道为"反者，道之动"，"夫物芸芸，各复归
其根"，恒道周而复始于万物生化之中，成就万物"复"、"反"运动，"势成之"。以
周曲言，恒道分有于万物之中，一物分有一道，物类不同则道不同，道一而分殊，"曲
成万物而不遗"，"曲则全"。以周济言，恒道生畜万物，"万物恃之以生而不辞"，它
是"生之畜之，长之育之，亭之毒之，养之覆之"，周恤于万物。以周尽言，恒道无始
无终，然无穷于万物存在、运动和变化的始终，"善始且善成"，恒一不已，占尽时间。
此外，还可列举"无为而无不为"、"其用不既"等很多此类质性。何谓"行"？恒道
"周行"之"行"，非是行走、自行之行。因其无体而非为存在物，故无有自在之行。
恒道之"行"是"为物"、"生物"、"化物"，它是"为物不贰"、"生物不测"和亭毒
万物。恒道之"行"，是通行，统摄万物的每一个运行、自行。一切事物之为、之行，
皆包含在"周行"之中。万物之行，是恒道使为。正因万物之"行"的千差万别、循
环无端，方可见证"周行"的存在。恒道之"行"见显于万物运行之中，更准确说在
于万物运行的变化征兆、迹象之中。恒道在"生物"、"为物"和"化物"中自然显现
一种质性，它是生生"德行"，故为"玄德"、"上德"、"大德"。"周行"作为楷式、
道纪，是"天下式"，可效法、可依循，故可行、可修、可行之天下。何谓"不殆"？
"殆"主要涵有两义，一为危殆，一为殆止。恒道"周行"的"不殆"是不息、不测。
在《老子》的思想体系中，物有"不道早已"的存在可能，而恒道"为物"不已，故
为"周行"。"周行"自然"不殆"，"不殆"是"周行"内在应有的内涵。恒道自然
而然，作为"玄德"则无执、无为、不宰，于物不害，故不息其功为，不测其功用。

实则，"周行不殆"思想已经蕴涵在"独立不改"之中，正如《中庸》"生物不测"蕴涵在"为物不贰"（至诚无息）之中。正因恒道"独立不改"，固能"为物不贰"，成为"周行不殆"。正如"生物不测"是"为物不贰"的展开、证验一样，"周行不殆"是"独立不改"的揭蔽、证验。"不改"，是不改其"周行"的"独立"质性，不贰其"为物"的周遍、周尽、周适等质性。"不殆"，是不失其"独立"的"周行"质性，不易其造化而不落入物化的质性。"独立"包涵"周行"于其中，"周行"包涵"独立"在其中。"独立"是"周行"的统摄、归本，"周行"是"独立"的表征、证验。揭示"独立"依靠"周行"，通过"周行"揭蔽"独立"。

三、传承发展

《老子》"周行不殆"思想，在《庄子》中得以继承、发展。"周行不殆"，首先是功为遍施。造物或生生者为物，"无不将也，无不迎也，无不毁也，无不成也"（《大宗师》）。无不将迎、成毁，是"周行不殆"。若有不能将迎、成毁，则是有"殆"。刘武认为，道之妙用在于"无不将，无不迎"之中。"盖道弥纶天地，包涵万汇，凡物皆处其亭毒之中，故无物不在其将迎之内也。"（引自《庄子集解内篇补正》，中华书局2006年版，第162页）以道之本体言是无将无迎，以道之妙用言是"无不将，无不迎"，"物有去来，道因将迎而顺应之，所谓感而后动"。（同上页）在道的妙用上，无不将迎是物求必与，任万物自得其得，"善始且善成"，无不适宜。作为存在质性的展开、揭蔽，"弥纶天地，包涵万汇"是亭毒群品，体物不遗。"无将无迎"，是无有固执，为无常方，如此方能无不将迎。正如恒道为"无状之状，无物之象"，方能成遂万状、万象。正如恒道无为，方能无所不为。恒道非是"感而后动"，而是有求必与，无不赡足。有将迎，则有成毁。道有杀与生两用，故物有生死成毁两途。"将与撄，杀之用也；迎与宁，生之用也。"（同上书，第163页）物有生死两途，见证恒道生杀两用。其次，它是善利普惠。"吾师乎！吾师乎！韲万物而不为义，泽及万世而不为仁，……覆载天地、刻雕众形而不为巧。"（《大宗师》）"韲万物"、"泽万世"是"周行"，周遍于万物，周尽于万世，贯穿于宇宙一切存在之中，贯彻于永恒的时间之中。"覆载天地"、"刻雕众形"，亦是"周行"，它是无不化育的承载者。之所以"不殆"，在于"不为仁"、"不为义"中。只有"生而不有"，方能生生不已；只有功成不居，方能生物不测。再次，它是"化贷万物"。"功盖天下而似不自己，化贷万物而民弗恃。"（《应帝王》）"化贷万物"，是周于施与；"功盖天下"，是功成周用。"不自己"是不恃有，"民弗恃"是不居功，如此自然而然，方能"不殆"。最后，它是通行至极。"通于天地者，德也；行于万物者，道也。"（《天地》）"行于万物"，是道的周遍其在。"通于天地"，是周全其德，然"德兼于道"。道德者，皆为统称，涵摄一切。"精神"者，"四达并流，无所不极，上际于天，下蟠于地，化育万物"（《刻意》）。恒道在"为物"中犹如"精神"，"四达并流，无所不极"是化育周行，周恤而生生不息，周

济而化物不止。《管子》四篇作为道家思想，继承阐发了"道"者"周行"的意旨。天道虚其无形，虚则不屈，无形则无有定位，故"遍流万物而不变"（《心术上》）。"虚则不屈"，则"动而愈出"，必为周行。"遍流万物"，是周行于物。"不变"，是"不殆"。"天行其所行而万物被其利"（《白心》），万物被利是周恤，它是"苞物众"、"化物多"。"道满天下，普在民所，民不能知也。"（《内业》）"满天下"、"普在"是周行周遍，虽然"道"非是恒道存在。"四时生万物。圣人因而理之，道遍矣"（《轻重己》）。"道遍"者，周尽其理，无时不理，无事不遂。

《文子》更对"周行不殆"思想予以深入阐发。道者，"施之无穷，无所朝夕"（《道原》）。"无穷"，是周尽其用，无有穷极。有所朝夕，是殆而有止。水为道者，"大苞群生而无私好，泽及蚑蛲而不求报，富赡天下而不既，德施百姓而不费，行不可得而穷极"。"生"、"泽"、"赡"和"施"，是"水为道"的"行"。"大苞群生"、"泽及蚑蛲"、"富赡天下"以及"德施百姓"，是"水为道"的"周行"。"无私好"，无取则不弃，故为周备；"不求报"，无有则不宰，故为周恤；"不既"，功成则不恃，故为周尽；"不费"，善与则不吝，故为周济。正因如此，故能行而不殆。"行不可得而穷极"，是"周行而不殆"。圣人"以道莅天下"，故牧民"周其所适，施其所宜"（《自然》）。圣人理民，法道"自然"，行于"玄德"，周行其施，故能予"周适"，能施"周恤"。《淮南子》多有与《文子》相近论说，兹不赘举，仅就其不同论述加以阐释。人主"便国佐治"，必"并用周听"，"不偏一曲，不党一事"，故"中立而遍，运照海内，群臣公正，莫敢为邪，百官述职，务致其功"（《主术训》）。道者"周行"，以为道观是"以道观之"，以为治术是"并用周听"。"并用周听"，是兼听则明；"中立而遍"，是群策群议。"运照海内"，无不观照；"务致其功"，是周尽其用。

四、儒家同论

《老子》"周行不殆"观念，在儒家思想中有其逻辑同构上的近似之论，二者在揭示宇宙生生的功用上具有共通之处。《易》云："大哉乾'元'，万物资始，乃统天。云行雨施，品物流形"（《易·乾卦·大象》）。万物资始于一统之天，是生生功用的周全。"云行雨施"，是无不滋润的周施；"品物流形"，是遍与化育的周流。"乾道变化，各正性命"，是无所不化的周正。徐樾解云："各赋此理而生，蠢动与人灵性各具，是天命无二也。品物之殊曰万，均得所赋曰各正。"（引自《明儒学案·泰州学案一》，载《黄宗羲全集》第七册，第854页）"天命无二"、"均得所赋"，无有其外，周全周备。"各正性命"，周备于性。"天行，健。"（《乾卦·大象》）"健"而不息，是"周行"。"不息"，是"不殆"。"知周乎万物，而道济天下"（《系辞上》）。"知周万物"，是周知；"道济天下"，是周济。"周知"，是穷尽万物的道理；"道济"，是"范围天地之化而不过，曲成万物而不遗"。从《易》与天地准看，"广大悉备"是大全"周备"。《易》"观"的周备，是老庄的"以道观之"。《易》统摄万殊之理，正如恒道涵万物之

纪。"富有之谓大业，日新之谓盛德，生生之谓易"（《系辞上》）。"生生"，是周遍之生；"日新"，是周极其新；"富有"，周于大业；"盛德"，是周尽其德。再从《中庸》思想言之，"周行不殆"思维内涵其中。天地之道，在于"生物不测"、"悠久无疆"。"生物"是生生的周全、周至，"不测"是不息、"不殆"。"悠久"是亘古亘今的周尽、周极，"无疆"是不止、"不殆"。"今夫天，斯昭昭之多，及其无穷也，日月星辰系焉，万物覆焉。今夫地，一撮土之多，及其广厚，载华岳而不重，振河海而不泄，万物载焉。""万物覆"，是周照、周覆；"万物载"，是周载、周化。无所不覆、无所不载，是周尽其功。胡宏认为，天地之间，无一物有息。"仰观于天，日月星辰不息于行也；俯察于地，鸟兽草木不息于生也；……滔滔天下，若动若植，是曾无一物息者矣。……日月星辰虽不息于行，而息于象；鸟兽草木虽不息于生，而息于形；……夫有所息，则滞于物。滞于物者，不全于天。不全于天者，虽日月星辰不能以自化，而况于六尺之躯乎！"（引自《不息斋记》，载《胡宏集》，中华书局 2009 年版，第 155 页）日月星辰不息于行，揭示天之周照；鸟兽草木不息于生，揭示天之周生。"无一物息"，则无物不生，无物不化，是天之"周行"。"滞于物"，是殆、息。以一统言之，是周行之"道"，以散殊言之，是万物之行。"万物之行"，是"曲而全"。生化不息，恒久周遍，可证道的"周行不殆"。"万化者，一体之所变也。万世者，一息之所累也。"（引自《皇王大纪序》，同上书，第 165 页）万物生于一天，万事贯于一理，万化变于一体，万世成于一息，归于"一"是"统体一太极"。太极以其为生生一本，生生不贰，为"独立不改"；以其生生不息、不测，为"周行不殆"。朱熹在注《论语》"逝者如斯夫，不舍昼夜"一文云："天地之化，往者过，来者续，无一息之停，乃道体之本然也。"（引自《四书集注》，北京古籍出版社 2000 年版，第 125 页）往来迭续，何尝不是天地之化的"周行"？"无一息之停"，是道体的"不殆"。朱子引程子所言进一步申说云："天运而不已，日往则月来，寒往则暑来，水流而不息，物生而不穷，皆与道为体，运乎昼夜，未尝已也。"（同上页）"不已"、"不息"、"未尝已"和"不穷"，皆是"不殆"的内涵。"与道为体"，是周全其用。"道无一息之停，其在天地，则见于日往月来，寒往暑来，水流而不息，物生而不穷，终万古未尝间断。其在人，则本然虚灵知觉之体常生生不已，而日用万事亦无一非天理流行而无少息。故举是道之全而言，合天地万物、人心万事，统是无一息之体。"（引自《答陈安卿》，载《朱子全书》第 23 册，上海古籍出版社 2010 年版，第 2733 页）道作为"周行不殆"者，见显于日往月来、寒往暑来、水流不息，物生不穷中，无一息停、未尝间断，是道行的"不殆"。体现在人身上是"天理流行"、"生生不已"。"无少息"、"无一息"，是人生的"不殆"。王夫之解《论语》"君子周而不比"一文云："君子之用情，因其心之大公，而无所吝者也。故凡情之所必厚，分之所必隆，理之所必推，但可施也，则从而遍及之，无所遗也，如是者为之周。唯其周也，则因物付物，而各予以应得，未尝有所偏系，相亲相符，而至于失己以徇人，其不比必矣。"（引自《四书训

义》，载《船山遗书》第三卷，北京出版社1999年版，第1693页）施以大公而无吝，遍及而无遗，是君子的"周行"。唯其"周行"，方能无有偏系，齐物均施，"因物付物"，各得所宜。在解《中庸》"其为物不贰，则其生物不测"一文上，王夫之指出，"天之所以为天者不可见，由其博厚、高明、悠久而生物不测也，则可以知其诚之不贰。至诚之所存者非夫人之易知，由其博厚、高明、悠久之见于所征者，则可以知其诚之不息。"（引自《读四书大全说》，同上书第四卷，第2405页）以"生物不测"之用，察识"诚之不贰"、"诚之不息"之体，正如以"周行不殆"之用察识"独立不改"之体。"不测"必然"不息"，"不息"必是"不贰"。就"为物不贰"的内涵，他进而指出，"一二者数也，壹贰者非数也。壹，专壹也。贰，间贰也。……老氏云：'天得一以清，地得一以宁。'其所谓一者，生二生三之一，即道失而后有德、德失而后有仁义之旨。'玄之又玄'、'冲而不盈'者曰一。有德，则与道为二矣。有仁义，则终二而不一矣。得一者，无二之谓。必无仁无义，而后其一不失也。"（同上页）"不贰"者，是不改、不易的恒一，故非数类。《老子》"得一"之"一"，是"德畜之"的性命机理之得，"德"是"道"的分有，二者合一。而"道失而后有德"，是人"有以为"的名伪问题，故曰"上德不德"。"玄之又玄"，是有无互摄的合一；"冲而不盈"，是不欲尚盈的抱一。仁义是"有以为"的名伪，求名就非是由仁义行。"为物不贰"，在《老子》中的思维同构者是"为物"的"独立不改"，亦即不贰、不改其为"天下母"的功为。《中庸》言"不贰"是"元亨利贞"，"时乘六龙"而"大明终始"。无所不诚，岂有二哉？不诚间于诚，诚不至方有贰。天者生化无穷，无有不诚之时，无有不诚之处，日新无已，莫有止息。为元、为亨、为利、为贞，德无不有，行无不健，"不贰"其为，故周行化育。至诚合于天，"仁亦不贰，义亦不贰"。天地之所以"生物不测"、"为物不贰"，就在于"至诚之所谓诚"。至诚无息，征为博厚、高明、悠久，揭示"生物不测"，揭蔽"为物不贰"。正如在万物归焉、芸芸生机的"万物之母"中揭示"周行不殆"，揭蔽"独立不改"。王夫之认为，"无息"、"不贰"、"不已"三者"其义一"，天地"不贰"惟在于"终古而无一息之间"。（同上卷，第2406页）在《老子》言，恒道"为物"的"不改"，惟在于"善始且善成"，"万物恃之以生而不辞"。不改其为，则不贰其为，不息、不已其为。"至诚无息"，无息则初终不间，健行不已，不贰其为。王夫之正确看到"为物不贰"与"生物不测"之间的内在关系，因"生物不测"见其"为物不贰"、"至诚无息"。从天道生生言，因有"至诚"之体，故有无息之用。其"为物不贰"，则其"生物不测"。

最后，对本节内容作以简要概述。《老子》"周行不殆"思想，是后学者根据其思想内涵增撰的一个论断，它与"独立不改"相为一贯，共同揭示恒道存在的绝对质性。"独立"非是别于万物另立一个主宰，"周行"非是脱离万物另有一个存在。"独立"，是"为物不贰"，"周行"是"生物不测"，后者蕴藏在前者之中。"独立"故"周行"，"不改"故"不殆"。恒道生生之德含有两个存在质性：生生而不改其生，生生

而无所不生。前者是不贰其生的"独立",后者是生生不息、不测的"周行"。"周行"中，内涵无物非其生的周遍，善始且善成的周时，万物赖以生的周济，无不适宜的周适，四时更生的周循，等等。它包括"道生"、"德畜"、"物形"和"势成"生生功能，或者说包涵"生之畜之，长之育之，亭之毒之，养之覆之"生生功用。"周行"，是恒道由"有物混成"转变为"万物之奥"的宇宙机体生生质性。"不殆"则不息、不测。之所以能"不殆"，在于"功成而弗居"、"功成而不名有"中。从功用上说，"周行不殆"是"用之或不盈"、"用之不勤"、"用不足既"和"其用不弊"。

第三节　道不可道

《老子》开宗明义云："道可道，非恒道。"从文本的体系构成看，这一论说显然具有统领全书的作用，与《老子》后文所言融贯一体，成为揭示恒道存在质性的根本内涵。它以否定思维的表达方式，着重从否定意义上揭示了恒道存在的无限性、绝对性。之所以在此对其进行解说，乃因为只有在前面的诠释基础上才能澄明其内在的深刻意蕴。

一、文句解读

《老子》第一章云："道可道，非常道。"帛书《老子》文字与今本相比，唯一差别在于将"常"写为"恒"。"恒"字在楚简《老子》中多用以揭示道性，且恒道在成文上早于今本《老子》，应以"恒"字为准。楚简《老子》无此章，从文本的历史发展脉络看，显然是后学者在研读《老子》早期文本中有了进一步对恒道存在质性的思考，然后加以丰富而增撰的，最晚于帛书《老子》。《老子》开篇的第一个"道"字，明确点出了全书一以贯之的核心观念和关键意旨。从"道可道，非恒道"的句型、字义以及古人重于法象认知的思维模式看，显然是针对当时作为"显学"的"道"论而提出的，它非凭空玄想杜撰，而是系有所指的指称。前面曾就恒道之"恒"的内涵进行过解析，这里侧重从其"不可道"的内涵上揭示其无限的存在质性。

第一个"道"字，究竟说的是个什么样的存在？明确它的内涵非常关键，解读准确则恒道内涵随之而解。从语句的逻辑结构看，作为否定思维、反面立论的表达句式，不免令人提出疑问：为什么不直接道明所指的恒道是什么，让其现身于澄明之中，而从否定"可道"入手进行解蔽，以"不是什么"的"不可道"来揭示，这里有何玄机？纵观《老子》思想体系，澄明恒道存在质性往往是从相对物性的反对中揭示其观念宗旨的，这里显然是借"可道"之"道"，或者说针对当时世俗所称谓的"道"，来揭示自己立意的恒道观念。从下文"名可名，非恒名"的思维类推，"可道"之"道"一定是人们可以遵循、可以执得、可以视闻的"道"，是"道术将为天下裂"的"一曲"之"道"。"古之人其备乎！配神明，醇天地，育万物，和天下，泽及百姓，明于

本数，系于末度，六通四辟，小大精粗，其运无乎不在。"（《庄子·天下》）古人之"备"，其运"无乎不在"，它是恒道"周行"本体质性在道术上的反映、体悟和应用。它是"道通为一"，兼本末、小大、精粗，涵"六通四辟"，无所不在，澄明其为"不可致诘"的意蕴。"可道"之"道"，是"道德不一"之"道"，亦是"天下多得一察焉以自好"之"道"。犹如百家众技皆有所长，时有所用，不能该遍而落入一曲。"一察"、"自好"之"道"，是可执、有得的"可道"之"道"。因其剖判天地大美，析分万物殊理，纠察古人论说，故寡能备"天地之美"，称"神明之容"。天下人各为其所欲，自以为有方，故内圣外王之道暗而不明，不幸不见"天地之纯"。"天地之纯"，是道德为一，为周全大备。《天下篇》作者以老庄思想为评判基准，对各家学说的论述正可用以揭示《老子》"道可道，非恒道"的思想内涵。《老子》以"无"、"朴"、"本"、"混成"、"周行"、"泛兮"、"曲全"、"无名"、"无为"、"万物之宗"、"万物之奥"等观念揭示恒道存在质性的大全，并将之落实在"大制不割"、恒道、"盛德"、"玄同"、"官长"、"大巧"、"大辩"、"大智"等"玄德"、道术观念上。在《庄子》中表现为"道通为一"、"周遍咸"、"大备"等。

再从注家解说上看，河上公解第一个"道"为"经术政教之道"，它是世俗所执、落入析畔、"道德不一"的"可道"之"道"。《老子》并非完全或一概否定"经术政教"之"道"，淫威若无此"可道"，则"德"论无所寄寓，恒道无以为用。同为"经术政教"，内涵可有不同，它所否定的是固执不化，执为天下的道术。《老子》提出"以道莅天下"，何尝不是"经术政教"？王弼解第一个"道"为"指事造形"者，它是具有形象、可以称谓之道，亦是具有析判、有限和定执等质性之道。如果说"经术政教"是政治之道的话，那么"指事造形"是物性之道。《老子》并非否定"指事造形"的可道之道，相反在可道之道中揭示恒道的不可道。苏辙以"今夫仁义礼智"解之，"仁义礼智"是当时显学的政教之"道"。《老子》所反对的是"仁义礼智"的执为、名伪，并非一概摒弃仁义礼智之实。儒家认为生生之谓仁，《老子》何尝不言生生？儒家认为义有等差别分适宜，《老子》何尝否定事物的差别秩序？儒者倡导由仁义行，《老子》提出"玄德"自然，二者同谓之"诚"。儒家认为礼制为"天之经"，以规范行为来为善止恶，但礼制易以繁饰而成乱之首，《老子》反对的是"礼"的形饰文伪。儒者认为智以成德行道，《老子》反对的是"自是"的固执、前识，故提出知者不知，知而不执，知与时变，通于大道。《老子》对恒道的哲学认知，是更为抽象、综合和整体的思考，更突出知识反映事物和实践行为的绝对变适性，要求对已有知识保持批判性和与时俱进性。第一个"道"，正是针对世俗而提出，因其为"可道"故否定其执则为恒道。可道之"道"，非是至道；不可道之"道"，方为至道。它是"无状之状，无物之象"，微妙而"不可致诘"。

第二个"道"字，为"导"的异体字，是"道之以政"、"道之以德"（《论语·为政》），或者说是"圣人立法以道民之心"（《文子·自然》）的"道"。"道"者可

知、可教、可得、可循、可执、可为，就是"可道"之"道"。道之以政、德，则含有教导、遵循等义。凡"导"者，必使人得以遵循以行，必使人知，故"导"涵"先导"、"导向"、"教导"和"导引"等义。"先导"者，必因可导之"道"而导，必先有"有所导"；"导向"者，是可依据、有所趣向之"道"；"教导"者，是让人知所导，以为行为的向导、遵循；"导引"者，以可导之道引领之，使之成为实际行动。"可道"者，是可导以言教之道，而言辞、政令、法规、礼仪等是载体、媒介，成为本体存在之"道"与人生遵循之"道"的中介，道以之述说、传达和传授使人知道。作为可道之"道"，一般要经过言说文教来予以普及、施行，必是可以言辞表达者。言辞作为可名者，又与象形命名思维相联结。"可道"作为"可导"者，必是可言辞表达的，而言辞表达的又是分析性、具体指谓的。这就是为什么有注解将之释为"名"、"言"的来由。李荣认为，"可道"是圣人"欲坦兹玄路，开以教门，借圆通之名，目虚极之理，以理可名，称之可道"。圆通之道，要假以可道之道揭蔽之；虚极之理，要借可名之名以澄明之。范应元解"道"为"言"，认为"可道"是"可言"，因为常久之道（恒道）"自然而然，万物得之以生而不知"，而"可道"者是"应运说经，垂世立教"，故"始与标名"。世俗言教囿于一曲，落入静止固执或书之糟粕，其往往会背离事物运动发展的形势和实况。《老子》正是针对世俗可遵循德术的弊端，而提出"不言之教"、恒道不可道的思想。恒道自然于"周行不殆"，非定于一可行，故无常其行；非定于一可道，故无常可道。"可道"者，恒常其道，故非恒道。可道之道，是相对性、有待性的道理，而与其反的恒道则是绝对性、不可道性。正如"无"超越有、无对待而涵摄有、无为一体的思维一样，"不可道"性是超越可道的此道、彼道之上的绝对性。韩康伯认为，常久自然之道，"有而无形，无而有精"，故不在言词之中。无形状，则不可以象形文字以况谓之。在先秦时代，"道"涵"言"义的用法多见。先王惧古制不行，故"制之以义，旌之以服，行之以礼，辩之以名，书之以文，道之以言"（《国语·楚语上》）。义是制之宜，服是制之饰，礼是制之文，名是制之别，文是制之载，言是制之述。"道之以言"，是言以载道。道因"言"通达、教学，故政道为言教。《庄子》也有以"道"为导引、言教之说。"谓己道人，则勃然作色"，而"终身道人也，终身谀人也"（《天地》）。"道"者为"导"，与"谄"义通，皆与表达、传达相关。"《诗》以道志，《书》以道事，《礼》以道行，《乐》以道和，《易》以道阴阳，《春秋》以道名分。"（《天下》）王夫之释云："道也者，导也；导也者，传也。因已然而传之，'无传其溢辞'，以听人之自酌于大樽。大樽者，天下之共器也。我无好为人师之心，而代天之事已毕。故《春秋》者，刑赏之书也，'论而不议'，故'不赏而劝，不怒而威'。……故观于春秋，而庄生之不欲与天下耦也宜。"（引自《庄子通》，载《船山遗书》第七卷，北京出版社1999年版，第4085页）"道"为传导之"导"，是文以载道，言以传之。"论而不议"，则己所不与；"因已然传"，为"代天之事"。"好为人师"，自察以自好。"无传溢辞"，则名若自命，言者无伪。"孟子道性

善，言必称尧、舜。"（《孟子·滕文公上》）朱熹云："'道'，言也。"（引自《四书集注》，北京古籍出版社 2000 年版，第 266 页）"称"者，称道、称誉。"道"者，虽涵"言"义，但非仅如此。"道性善"，是以性善为己道，然后以著说导人。它既是言说、著述，也是学说、思想。南怀瑾认为，在先秦"道"不作"说"义，"把说话或话说用'道'字来代表，那是唐宋之间的口头语"。（引自《老子他说》，载《南怀瑾选集》第二卷，复旦大学出版社 2003 年版，第 36 页）虽然先秦"道"非直接为"说"，但含有"说"的意义。沈善增认为，先秦"道"不是用来辩说的，而是用以规矩行动，实践躬行的。（参见《先秦时'道'无'言说'义项》，载《还吾老子》附论一，上海人民出版社 2004 年版，第 65 页）古人立"道"为先导、引导、教导之用，根本目的在于导引规范行为，躬行实践。"言"、"名"，是在道的教导、传导中衍生出来。后来著说行为成为自察以自好者，方产生辩说，是己之是，非人之非。"辩也者，有不辩也"。对"春秋经世先王之志"，圣人是"议而不辩"。（《庄子·齐物论》）。"议"是"道自道"，己无所与；"辩"是好自为道，好为人师。然有因道德驳杂而不得不辩者，是《孟子》之辩；"饰人之心，易人之意，能胜人之口"，是公孙龙之辩；"说而不休，多而无已，犹以为寡，益之以怪，以反人为实，而欲以胜人为名"、"卒以善辩为名"，是惠施之辩。"可道"的"道"作为"导"者，以可认知、可表达、可传授、可遵循为内涵，它是"可名"、"可得"、"可行"者。成为言说之道，方能以教化推广，为众人所遵循、躬行。"可道"之"道"，是本体论（存在之道）、认识论（观察感知）和知识论（著说言论）的统一。王夫之指出，"知之所及，不能超乎道外，有曲、有全、有左、有右，而道皆可道。限于其知以为成心，而凭气之所鼓，不知其两可，两不可，而独有所是，偏有所非，小成之知见，成百家之师说，而儒墨其大者也。儒墨争饰其荣华，而道隐矣，两可之言亦隐矣。"（引自《庄子解》，载《船山遗书》第七卷，北京出版社 1999 年版，第 3921 页）"知之所及"，是可道之道。感知之知者，以分析、分判为前提，是肯定思维，故限于"可道之道"。以"可道"者为"道"，囿于已知而有成心，自察自好则不能齐是非，成其"两可"、"两不可"。百家师说皆是"知之所及"，若以自是饰其荣华，则"道德不一"。由此观之，"可道"者是知其一而不知其二，知其分而不知其全，知其成、毁而不知"道通为一"。"独有所是，偏有所非"，是执其"可道"，则为"一曲"、"小成"。天下治方术者，作为"百家师说"，各以所悦者为是，是其是，非其非，可其可，不可其不可，道术分裂而不一。执著"可道"，是"割裂之道术"，为"言者不知"。当然，老庄并非一概否定道术，所反对的是世俗"割裂之道术"，而提倡的是朴全、自然的恒道。

第三个"道"为恒道之"道"，是《老子》所认可且区别于世俗所谓"道"的恒道，它无可名、不可道。前面曾揭示出恒道为无常之常、常于不常，为"独立不改"、"周行不殆"，为周全、周遍、周至、周密。恒道以其"周行"为"周遍咸"存在，是"道通为一"。通于一，是"两可"、"两行"、"天钧"。"天钧"者，本自周全，公而

道 与 物

不私，兼而备之。"天均"，是"原于一"。王夫之云："一者所谓天均也。原于一，则不可分而裂之。乃一以为原，而其流不能不异，故治方术者，各以其悦者为是，而必裂矣。然要归其所自来，则无损益于其一也。一故备，能备者为群言之统宗，故下归之于内圣外王之道。"（引自《庄子通》，同上卷，第4063页）"天均"作为"一"，是"道通为一"之"一"，是不可分析的"混而为一"。"一"者通全，为"统宗"，为"本原"，故"备"于内圣外王道。"原于一"，则"无乎不在"。《老子》云"道恒无名，朴"，又云"见素抱朴"，"复归于朴"。"朴"是恒道本然，本自早备、混全。大道"泛兮其可左右"，"周行不殆"，为"万物之宗"、"万物之奥"，是周遍、无限。恒道周全、周行、无极，故不可以执，不可固于定常，不可以分析言之。它非可见闻，非可名，非可得，非可致诘，非"可道"。正因为恒道无限、无极，故不可以"可道"以尽之，只能以否定思维揭示之，故为"不可道"。前面曾揭示恒道的存在质性为"不道之道"，它是至极、绝对的存在质性。只有保持为不可道，方能不限于可道，而无限其可道，始终保持发展的潜能，不测其可道之道。《庄子》多有以揭示之。"大道不称"，孰知"不道之道"？（《齐物论》）正如"无状之状"的思维一样，恒道不可道，是至道不可道，故为"不道之道"。大道无常可道，"道不可壅"。执著可道，使之壅塞，非是恒道。"苟得于道，无自而不可；失焉者，无自而可。"（《天运》）执道者守于陈道，滞于物化，反而失道。若道其可道，与时变化，则道一而分殊，曲全无所不宜。得道以"一不化"应万化，因物付物，故"无自不可"。大道之所以为不可道者，在于宇宙间的事物"量无穷，时无止，分无常，终始无故"（《秋水》），在于知的不可致诘。事物变化不止，"无动而不变，无时而不移"，无有常道，故为不可道之道。以经术政教言，"道不可致，德不可至。仁可为也，义可亏也，礼相伪也。"（《知北游》）"仁可为"者，为则有不为，故仁而不周。至仁不仁，无为自均。"义可亏"者，人我两分，各得所得，故有亏不兼；"礼相伪"者，礼尚往来，有往无来、有来无往则"攘臂而扔之"。仁义礼之道，为可道之道，非是周遍之道。道德者周全，故不可致至。以闻知言，"道不可闻，闻不若塞"。所闻者为可道之道，而大道"视之无形，听之无声"。"道"不可闻、不可见、不可言，故论道非道，"问道而应"则不知"道"。然大道有可道之数，若无"数"则沦为"空无"。因有"不道之道"，故有"不言之辩"（《徐无鬼》）。恒道，道不可道；真知，知不可恃。若自恃其知，以己知为至知，则是真不知。《文子》从道术上对恒道不可道内涵进行进一步的揭示。以行为言，"事生者应变而动，变生于时，无常之行"，故"道可道，非常道"（《道原》）。无常其行，则可循之道无有定理。以治道言，至人"含德抱道，推诚乐施，无穷之智，寝说而不言"（《精诚》）。大道"体一"，至德"總要"，可道无常，不可固执。以应用言，"善用道者终无尽"（《符言》）。道无可尽，故不可执著于可道之道。以形体言，恒道不可道，是"形之不形"（《微明》），"无常形势"（《自然》），"所以至妙"（《上仁》），故闻道而非、见道而非、言道而非。以言说言，"得其所以言者，言不能言"（《上义》）。可

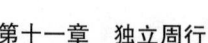

言者，是可道之道。"所以言"者，为本体恒道。以时变言，因"常故不可循"，"法度有变易"，故要"因时而变"（《上礼》）。"动善时"，方为恒道存在质性。以制法言，是"制物者不制于物，制法者不制于法"。朱熹云："道而可道，则非常道。"（引自《朱子语类》第八册，中华书局 2004 年版，第 2995 页）"可道"者非是恒道。王夫之认为，"常道"者"无道"。"可"者不"常"，"常"者无定其"可"。执"常"，则"常"为一"可"。体于恒道，不废"常"，无所"可"。不废"常"者，则人机通；无所"可"，则天和一。虽"可道"非恒道，但恒道可"据"，即有无常之"可"。恒（常）者何尝不"可"？若不可道，《道德经》何以言？只有据"常"，方能无所"可"，而无所不"可"。据"常"随机应变，则无所不通；不执"可"，方能"抱一"而为"天和一"。可见，恒道虽非"可道"，但因"可道"揭示恒道，尽其"可道"方为恒道。恒道无常，常于无常，无常于定常，因定常而无常，无定常方为恒常。《老子》恒道与可道的辩证思维，揭示一个根本真理：恒道作为无所不涵的客观存在本体，它"一不化"涵摄万化。一切文化，包括知识、礼乐之制、道德伦理准则、政令法章等，都要适应社会时代的发展而进行修正完善，或推陈创新。恒道是"可道"与"不可道"的统一，"可道"之极是至极，"道通为一"；"不可道"是无极，"不道之道"。

二、思维同构

恒道不可道，是至道不道、"不道之道"，亦是道于可道而不执于可道。"可道"是有限的存在方式，而不可道是它的否定，是无限的存在方式。正如"独立不改"、"周行不殆"的思维一体思维，只有"不改"才能"独立"，只有"不殆"才能"周行"，恒道只有"不可道"，不改其无常可道，方为至道，无极方为至极。这种无常而至极的思维，体现于"为物"、"物形"、"造化"等方面各有其表现形式。

（一）物物者非物

"物物者非物"观念，本自"物物而不物于物"，首见于《庄子》，但在《老子》中已有相似的逻辑思维和理论思考。恒道为"无物之象"，本自无物，然作为"有物混成"又能"为物"以"物形之"，它是生物、造物、物物。恒道"与物反"，故"不物于物"。恒道作为"物物"者，是"独立"、"周行"；作为"不物于物"，是"不改"、"不殆"。《庄子》正是继承这样的思维，明确提出"物物而不物于物"的论说。"道行之而成，物谓之而然。"（《齐物论》）道行于"为物"，使物"固有所然"、"固有所可"，通言之是"无物不然，无物不可"，周行于成物。恒道不可道，因物"然于然"、"不然于不然"，亦是"可乎可，不可乎不可"。"有大物者，不可以物；物而不物，故能物物。明乎物物者之非物也，岂独治天下百姓而已哉！"（《在宥》）"大物"是《老子》"大象无形"的"大象"思维，它是同于恒道的绝对存在。"不可以物"，是"不物于物"。"大物"者能物物而非物，故为无物之物。正因"物而不物"，故能"物

物"。同样，物物者"物而不物"。明于"物物者非物"，故能"生而不有，为而不恃，长而不宰"。物物者，生物不测，故不殆；"非物"者，不滞于物，故不息。物物者非物，本自恒道不可道的思维结构。在《庄子》看来，物物者是造物者，以其"游乎万物"而周行至极，以其"无终始"而周尽时变。"道无终始，物有死生，不恃其成。"（《秋水》）"物有死生"，本于"道无终始"的使然，"不恃其成"则善始且善成。知"道通为一"，故可以语"大义之方"，论"万物之理"。道以成物而不居，不息其物物，无物不物，故为"大物"。"物物而不物于物，则胡可得而累邪！"（《山木》）若物物而自恃有物，则有"累"；"不物于物"，则无物可累。"物物者非物"（《知北游》），故不可出于物。若物物出于物，则回溯无已，何有穷？不可穷，则物物相待，即非是绝对本体。物物者非物的思维结构，体现在逍遥游上是"与造物者为人"。"彼方且与造物者为人，而游乎天地之一气。"（《大宗师》）造物者是一气之化，"与造物者为人"固能游于一气。它是"假于异物"，而"托于同体"。"假于异物"，是物物而寓于物中；"托于同体"，是"不物于物"而同于"造物"。至人用心若镜，"应而不藏"，故能"胜物而不伤"；虚无见得，则"体尽无穷，而游无朕"（《应帝王》）。"体尽无穷"，是物物不已，"独立不改"；"游于无朕"，是"不物于物"，"周行不殆"。"物出于物"，是万物相生相化的现象问题，而"物物而不物于物"是绝对本体存在的问题。《文子》继承老庄思想，进一步揭示"物物而不物"的观念。"物物而不物，故胜而不屈"（《自然》）。"物物"是"为物"、"造物"，而"不物"是"不物于物"。之所以能"胜而不屈"，在于成物而不居于物，物物不息，无有穷尽。《淮南子》提出"物物者亡乎万物之中"的观念，"亡乎万物之中"，既是寓于万物之中的"其可左右"，亦是"不物于物"的不居成物。道通万物，而"物以群分，性命不同"。因形于有而"隔而不通"，就非是"不物而物物者"（《诠言训》）。"不物而物物"，是"物物而不物于物"。南宋学者张成行采用"物物"思维阐发"不我物，则能物物"的思想，"天之所以大者，以其体物而无私。人若有我，则我亦一物尔，安能物物？是故有我者，不能无我，无我则我自我矣。故物者，不能物物，体物则物自物矣。无我而体物，则万物皆备于我。我大而物小矣。"（引自《皇极经世观物外篇衍义》，载《梅花易数》，第397-398页）有我则落入私执，便是滞于物，使我成为一物。物物者体物无私，"曲成万物而不遗"。无私者无执，不自恃，故能"不物于物"。无私无我，而成大我。"物物而不物于物"，故为至物。物物者，因体物不遗而周行，以"不物于物"而独立。

（二）生生者不生

"生生者不生"观念，出自《庄子》，然在《老子》中潜涵这样的逻辑思维。恒道为"万物恃之以生"者，是生物的生生一本，为"万物之宗"、"万物之母"。生生功能、作用，是"用之不勤"、"用不足既"；不息、无穷，是"周行不殆"。恒道作为"生而弗有"、"功成而弗居"，是生生而不自生，"不自生故能长生"。生生而不自恃其

生，不改其生，则生而不滞、不息，"独立不改"。《庄子》正是秉承这样的思维逻辑，提出"生生者不生"的思想。"生生者不生"（《大宗师》），生生者正因"不生"，故能独立于生，无所不生，生生无穷。己为"不生"，方能为生不贰。本自不生则不死，方能长生，不息其生。生生者的"不生"，是《老子》所谓的"不自生"。只有"不自生"，本己不为它生，不自恃所生，方是自本自根的生物不测。"不以生生死，不以死死生。死生有待邪？皆有所一体。"（《知北游》）以"生"生"死"，以"死"死"生"，皆是生、死二分相待，而非是不死不生。生而有死，死而复生，是物化。"有所一体"是通生死为一，对或死或生物化的否定，故为不死不生的绝对存在。《文子》从圣人、真人境界上揭示了"生生者不生"的内涵。"生生者不生……不达此道者，虽知统天地，明照日月，辩解连环，辞润金石，犹无益于天下也，故圣人不失所守。"（《九守》）圣人所守者，是"生生者不生"的"道"境。生生不有"生"，则为生不贰，生生不测，故为"独立"存在。独立无待，则不改其生生之德，故恒能善利天下。只有"生生者未尝生"，不生方能不死，才能生生而"未始有极"。其"所生者即生"，因所生之物有"生"，有"生"必有"死"。"生生者不生"观念，在《淮南子》中改为"生生者未尝死也，其所生则死矣"（《精神训》）。"不生"者，不为生，不与死对，故"不死"。若有"死"即为"物"，生生者所生之物有"死"。《列子》在阐发"生而不生"思想上具有重要思想价值，使其内涵更加明晰。"有生不生，……不生者能生生，……生者不能不生，……故常生常化。"（《天瑞》）"有生"者，是生生者，它自本自根，不为它生，不有其死，故能"生生"。生生者，"独立不改"，以生生为本性，故"不能不生"。正因生生者"不生"，故不贰其生，不息其生。生生不测，不殆其生，故为"常生"。"常生"者，生物不贰，生生不息，周行其生，故"无时不生"。万物有死有生，故为有待之生，而不生者"疑独"。"独"者，独立不为它生，常生而不改其生生。生而不自恃其生，则"有生则复于不生"。"不生"者方为"常生"，以其自本自根、独立言是"不生"，以其无时不生、无所不生言是"常生"，以其生物不测、所生万殊言是无常其生，以其所生之物的生死有待言是生而有终。"生者，理之必终者也。终者不得不终，亦如生者不得不生。"物者生灭有定理，其生为不得不生，其终为不得不终，皆赖于生生杀生者。生生者"势成之"，则所生者不得不生。杀生者"势成之"，则所死者不得不终。生生中有杀生，因物有死终、无常生而见证生生者恒其生。因万物生死有定理，见证绝对存在生生的独立，恒其生生，无常其生。就《列子》"生物者不生"的内涵，张湛引向秀的论说云："吾之生也，非吾之所生，则生自生耳。生生者岂有物哉？故不生也。……若使生物者亦生，化物者亦化，则与物俱化，亦奚异于物？明夫不生不化者，然后能为生化之本也。""生自生"者，揭示生必有使生者。使生者或生生者，非为物则是不为生，若为它生则同于"物"。只有生生"不生"，恒其生生，不改其生生，方能为"万物之宗"。生生者自然以生。向秀与郭象在注《庄子》"自然"观念上具有很大区别，郭象以"独化"为"自然"，向秀以"自

然"为"独化"。前者"独化"是物各自化，非有造化者；后者"独化"是化化者的独立其化。前者"自然"是万物各自生化，后者"自然"是生生者的自本自根，为生化之宗。张湛又指出，"生生物者不生，……故能生形万物，于我体无变。今为既生既形，而复反于无生无形者，此故存亡之往复尔，非始终之不变者也。"生物者不自为生，故能生万物。"我体无变"、"始终不变"，是生生的"独立不改"，"理实无终无始"。既生既形而复反于无生无形，是物化的"有无相生"，"迭相与为终始"。"生物者不生"，是"生生物者无变化"。"无变化"，是不为生，不有生。唐学者卢重玄以神与物的关系，揭示"生生者不生"的思想意蕴。"生化者，有形也；生生者，无象也。有形谓之物，无象谓之神。迹可用也，类乎阴阳。论其真也，阴阳所不测。"（引自《列子集释》，中华书局1997年版，第1页）"神"者，是阴阳不测的生生者。以其无象而生生不测，谓之"神"。"此神为生之主，能生物化物，无物能生化之者。"（同上书，第4页）"神"者能生物，而不为物生，是"生生而不生"。"不生"，则独立无偶。"神之独运，非物能使；若因情滞有同物生化，皆非道也。"（同上书，第5页）"神"是"道"，"独运"是独立于生生；"非物能使"，是非为它使、无待无偶的自本自根。"形则有生有死，神也无死无生。"（同上书，第11页）"神"以制形，不死不生而使形化有生有死。只有不生不死，方能不间、不息而恒其生生、杀生。恒道作为"为物"的存在，一方面以"无物"的本体生成万物。从原初本源上言是"有物混成"的"无物"生天生地生化万物，从宇宙造化机体言是造化者"无物"生育亭毒万物。另一方面以"无物"为"为物不贰"、"独立不改"的存在质性。只有复归于"无物"，方能"不物于物"，进而恒自"物物"，不贰于"为物"，不测其"生物"。

（三）化化者不化

《老子》云："道恒无名，侯王若能守之，万物将自化"。万物自化的前提，在于侯王守其恒道无名，而无名者无为。正因恒道"生而不有"，故任万物"得一"以自化。万物自化的根本，在于恒道为"万物之奥"，是造化者。恒道"周行不殆"，成万物之化，而本自不化，"独立不改"。虽然《老子》不曾就恒道"化而不化"思想予以明言，但内在含有这样的思维逻辑。《庄子》给予了明确论说。"审乎无假而不与物迁，命物之化而守其宗也。"（《德充府》）"守其宗"之"宗"，是"一不化"的造化者。造化者本自不化，然命物之化。"不与物迁"，是不为物化。"审乎无假"，是独立无待。以与造化为一的境界言，是"死生亦大矣，而不得与之变；虽天地覆坠，亦将不与之遗"。"不与之遗"思维，是"独立不改"。"同则无好也，化则无常也。"（《大宗师》）无好者，不执所化，同于造化。造化者，万化未始有极，故"化则无常"。与造化为一，则同于大化，唯化为适。"万化而未始有极也，夫孰足以患心！已为道者解乎此"（《田子方》）。"已为道"者，同于"造化"，成其万化而不滞于所化，故化而无极。"解乎此"，是解脱于物化，不以之"患心"，而化化者无常其化。"古之人，外化

而内不化，今之人，内化而外不化。与物化者，一不化者也。"（《知北游》）物化无穷，"与物化"者同于万化。同于物化，则己未有化，故为"一不化"。己不自化，方能同于物化。"外化而内不化"者，与造化为俱，因循万化而本自不化。内以"一不化"，则外同于万化。"内化而外不化"者，内有成心执化，以己宰化，故不能外于因循物化。"日与物化者，一不化者也。"（《则阳》）"一不化"者，不化于物化、定化，不滞于已化，故"与世偕行而不替"。本自不化，无有固执成心，方能"日与物化"。与化俱化，虽万化而无极。以心境言，"一不化"者，心无所累，行无所羁，己无所与，心斋坐忘则同于造化，与造化者一体。《庄子》虽未明言"化化而不化于化"的思想，但可从其"物物而不物于物"的思维逻辑上推导而出。《文子》继承发展老庄思想，明确提出了"化化者不化"的观念。圣人知"化化者不化"（《九守》），故"与道浮沉"，因"万物之化"而"无不偶"，循"百事之变"而"无不应"。"化化者"，是"造化者"。它恒其为化，不止其化，不改其化，故己自"不化"。若己有所化，则不能独立于化化，而落于物化，息于化化。"无不偶"，是同于"万物之化"；"无不应"，是通于"百事之变"。圣人"与道浮沉"，是与造化为一，通于万化。真人者亦是如此，因"性合乎道"，以道为循，故"以千生为一化，以万异为一宗"。因"以不化应化"，故能"千变万转而未始有极"。"化者复归于无形"，而"不化者与天地俱生"。"化化者未尝化"，而"其所化者即化"。这里，以道为性，循于大道，是与造化者为一。"千生"、"万异"是千化万殊，"一化"是通于一化、本于一宗。一不化而通万化，"道通为一"。"以不化应化"，是"外化而内不化"，以一不化而无常化，故无有其极。"化者复归于无形"，是物化有生死成毁之分；"与天地俱生"，是同于天地而己自不化。"化化者未尝化"，是造化者一不化，不贰其化，不改其化，不殆其化，不息其化，不测其化。造化所化者是物化，无常其化，本自有化。化化者一不化而通于万化，"独立"而"周行"。万物无常定化，在于化化者恒一为化，独立于化化。三皇五帝轻天下，细万物，"齐死生，同变化"，"上与道为友，下与化为人"（《道德》）。"齐死生"，死生不变于己，以生死为一化。"同变化"，与变化为一，"外化而内不化"。"与道为友"是同于造化而不化；"与化为人"，是同于变化而无极，二者一体。《淮南子》明确提出"化物者不化"（《俶真训》）的思想，认为"化生者不死"，它是"化化而不化"。《列子》认为"有化不化"，而"不化者能化化"（《天瑞》），二者合言是"化物者不化"。"化物者不化"，是"自生自化"。正因不化其化，"独立不改"，方能化化而不息其化。以其不贰其化言，是"化者不能不化"；以其恒一其化言，是化而不改的"常化"；以其"周行不殆"言是"无时不化"。"不化者往复"，是通于一化；"际不可终"，是化化无极。张湛注"化物者不化"引向秀之说认为，"化化者岂有物哉？无物也，故不化也。"若以为"化物者亦化"，则是物化，奚异于物？只有"不生不化"，方能为"生化之本"。化化者是本自"不得不化"，非是"能化而化"，后者不免物化有间。归结言之，以其为化所由为"造化"，以其通于物化为"道"，以

其命物之化为"化化"，以其独立化化为"一不化"，以其不改其化为"常化"，以其无物不化、无时不化为"大化"，以其所化万殊为"万化"。就造化（或化化）者与所化的物化者的二分、对立思维，古希腊哲学家柏拉图指出："什么是永恒真实没有变化的存在？什么是永恒变化没有真实的存在？"（引自《蒂迈欧篇》，上海世纪出版集团2003年版，第25页）前者是化化而不化者，"独立不改"；后者是物化而常化，万化无极。亚里士多德从追溯变化的第一本源着手，提出不动的"第一推动者"，它是"化化者不化"的思维。奥古斯丁认为，"变化之物不能保持其存在，能变化之物即便不变化，也能够不成其为其所曾是；所以，惟有那不仅不变而且绝对不能变者才值得不加修饰地被说成是真实无妄的是者。"（引自《论三位一体》，上海世纪出版集团2006年版，第161页）"绝对不能变"者，是造化而不化；"真实无妄"者，是一不化而能命化者，使变化而本自不化。"曾是"，是物化。在黑格尔那里，绝对精神作为真理体系，展开、外化为逻辑、自然和精神，它是绝对永恒的造化者，同时是成遂万化的化化者。

（四）形形者不形

恒道作为"无状之状"，是"大象无形"，它能"物形之"。恒道"为物"恍惚无形，而生成万形，形物而不落于物形。无形生有形、"形形而不形"思想在《老子》中已是明确的思想观念。"形形而不形"观念，在《庄子》中得以直接呈现。孔子使于楚，适见豚子食于死母，少焉皆弃之而走。"所爱其母者，非爱其形也，爱使其形者也。"（《德充符》）母有形，而"使其形"者非形，无形制有形，它是不形者能形形的思维观念。物形本于形形者，故"德不形者，物不能离也。""不形"者成物之形，故无物可以离。王夫之解云："寓形于死生，皆假也，假则必迁。而浑然流动于两间，宅于至虚而不迁。不能迁则不能移，不能变。用心于无形，以养其无形之真，则死生听诸形之成毁，而况一足乎？"（引自《庄子解》，载《船山遗书》第七卷，北京出版社1999年版，第3938页）形有死生之变，而"寓"、"假"者与之迁。死生为形化，故为"两间"。"至虚"者无形，通于有形；"不迁"者无形，不落入形。"无形之真"，是"德不形"者。生死、成毁为形化，而用心无形者则通于一化，假于物化而不落入物化，故形形而不形于形。"大块载我以形"，而若人之形"万化而未始有极"。圣人"游于物之所不得遁而皆存"，故能"善始善终"，为"万物之所系"、"一化之所待"（《大宗师》）。"大块"者无形，而赋物以形。物形千差万别，各有所拘。"大块"作为"万物所系"，是无形为有形之本。作为"一化所待"，是制形而无形。"物之造乎不形而止乎无所化"（《达生》），物有形而造于无形。不形者，成物形化，而本自不形。圣人"通乎物之所造"，则"藏乎无端之纪，游乎万物之所终始"，通于形化而不拘定形。成玄英云："夫不色不形，故能造形色者也；无变无化，故能变化于万物者也。是以群有从造化而受形，任变化之妙本。"（引自《庄子集释》，中华书局2004年版，第635页）"不色不形"者，是万物形色之本。"不形"者形物之形，万物之形受于造化

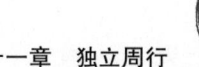

赋形。造化者作为"妙本"，成物以"物形之"。形物者不形，不形者形物。"万物以形相生"，而"有伦生于无形"（《知北游》）。后者是物物相形，前者是不形赋形。绝对本体存在的无形者，作为"不形之形，形之不形"，是"形形之不形"。形形者赋形，然本自"不形"。只有本自无形，方能形于一切形。无形者形物之形，是形形而不形，不形而能形形。有形者拘于形，而不能形形。"不形"者妙形，具有形形的神用。老庄"不形者制形"思想，体现于《孙子兵法》之中。"攻而必取者，攻其所不守也；守而必固者，守其所不攻也。故善攻者，敌不知其所守；善守者，敌不知所攻。微乎微乎，至于无形；神乎神乎，至于无声，故能为敌之司命。……故形人而我无形，则我专而敌分。"（《兵势》）以己攻守的"无形"，使敌无知我形，则神妙莫测。以无形胜有形，故为"敌之司命"。"不形"者无有定形，使敌不测我形，故"我专而敌分"。《庄子》"形形而不形"思想，又表现在"际之不际"观念中。"物物者与物无际，而物有际者，所谓物际者也；不际之际，际之不际者也。"（《知北游》）物物者即形形者，形物而不滞于形，故"与物无际"。无有崖畔，则形物周遍。物物有际，则隔而有分，各自为际，故谓"物际"。"不际之际"，同于"不形之形"；"际之不际"，类于"形之不际"。作为"不际之际"者，道际物而无物不际。因成万物之际，而成其独立"不际"；作为"际之不际"者，道际物而无穷其际。因无止其所际，故成其周行之际。"随指一物"，因物有际而揭示其"际之"，因物际有穷而揭示其"不际"。《文子》继承老庄思想，对"形形而不形"观念给以深入阐发。既提出"有形产于无形"（《道原》），又指出"制形而无形"（《自然》），还言及"至微无形，天地之始"等，不形者赋形有形的观念进一步彰显。《列子》既云"有形则复于无形"，又云"无形者，非本无形"（《天瑞》）。张湛注："形形物者无形，故能生形万物，于我体无变"。"形形物者无形"，是"大象无形"，或是"形之不形"。"生形万物"，是"物形之"，或是"物之造乎不形"。"我体无变"，是形形而无形，为"无状之状"。《关尹子》云："若龙若蛇，若蛇若龟，若鱼若蛤，龙皆能之。"龙者一不形而形万形。

（五）齐物者不齐

《老子》虽未明言"齐物"观念，但以《庄子》的逻辑思维，可推出其"齐物"的隐含意蕴。《老子》以"自然"为本，万物在"自然"上是均齐的，"万物将自化"。道为"万物之奥"，物物皆内有道性，故在性分、内动力上显然是齐一的，"万物得一以生"。物虽各自性分不同，然齐一于道。"齐一"性，还体现在"道通为一"上。"德善"、"德信"，"天地不仁"，"物无弃材"，皆是"玄同"万物而令万物"自宾"。在《老子》中，"齐物"既是齐于"得一"，齐于自均，齐于自化，亦是因物付物，曲全其宜，不齐于一齐，不齐于"自是"、"自伐"和"自矜"。合起来，是"齐而不齐"的思想。《庄子》对"齐物者不齐"思想给以明确阐发，并与"道通为一"融为一体。"物无非彼，物无非是。……因是因非，因非因是。是以圣人不由，而照之于天，亦因

是也。"(《齐物论》）物无非彼、是者，则齐一于自性。以各有自性言，无不齐一为是。"照之于天"，则因物付物，各是其是，各非其非。己无是非，则物各自然，故"莫若以明"。"以道观之"，"物固有所然，物固有所可"。物性然、可虽禀性万殊，然齐于性分至足，故"道通为一"。万物齐一于本自可与不可，齐一于其自然、不然。物齐于各自所然、各自所可。从每一存在物的性分自得言是齐一，各有所是、各有所可，各有所然。因其同于自得，故"无物不然，无物不可"。从万物总体、全体同自得于一道言，是"道通为一"。"齐于不齐"思维体现在认知上，是"以道观之"，在《老子》为"以天下观天下"。"以道泛观而万物之应备"（《天地》），"泛观"者以物观物，故齐观于不齐之物。"应备"者因物付物，故齐应于万殊之应。"以道观之，物无贵贱"（《秋水》）。物有贵贱，则贵此贱彼，不能各自得，各适其适。"以道观之"，则物无不自得，无不适宜。只有通观其不齐，齐一于不齐，方能齐一于道，而各自通宜。道因万不同而大，齐于不齐，任物自不齐，方是齐于性分自得的真齐。齐物者，可其所可，然其所然，"万物并育而不相害"，"万类霜天竞自由"。以道齐物，是物各自齐，齐于性分自得，齐于机性自适。在"齐"与"不齐"的关系上，只有万不齐的"不齐"，方有万不齐的"齐"。大道"齐一"内涵包括两个方面：一是齐于物性殊分，齐于性分自得，万物自化；一是齐于"道通为一"，齐于"以道观之"，齐一于"不齐之齐"。"不齐"包涵两个方面：一是物类不齐，万物殊理，各有所然、各有所可，"品物流行，各正性命"。一是观物不齐，因物镜物，妍媸自现，各有所是，各有所非。因万不齐而通于一，因齐一而涵万不齐，二者相待而然，它是《庄子》"齐物不齐"思想。《庄子》"齐物"观与早期道家思想内涵不同。田骈、慎到主张"齐万物以为首"（《天下》），此"齐"是使万物归于"均齐"，泯灭个性的形式上均齐。表现在齐不同个性上，是以法、势的同一而齐一万物，它是强制性的、同一性的齐物，而非是齐于不齐的"常宽容于物"。《文子》对"齐物不齐"思想，给予继承发展。"大道无所不可，可在其理，见可不趋，见不可不去，可与不可，相为左右，相为表里"（《自然》）。"可"与"不可"皆可，是齐一于相待之理，齐于大道的生物之功。"可与不可皆可"，是齐于可。齐于可，故无所不可。可与不可通于皆可，故"道通为一"。"阴阳四时，金木水火土，同道而异理，万物同情而异形"。同道异理、同情异形，是齐于不齐，不齐而齐。万物"不齐"在于"异理"、"异形"，而"齐"在于"同道"、"同情"。就性情不齐言，是"形殊性异，各有所安"。物不齐于形性殊异，然齐于"各有所安"，各自得，各自适。"上下异道即治，同道即乱。"（《微明》）齐于不齐，各有分工，分工协作，故治。不齐而齐，相互僭越干扰，故乱。志大者兼包万国，而"一齐殊俗"。"殊俗"是不齐，而"一齐殊俗"是齐于不齐。以道理齐万物，则万殊而齐一。圣人法之，"立法以导民之心，各使自然"（《自然》）。"各使自然"者，齐于自然，任民自得其适。齐于不齐，则"怀万物而不同"。圣人牧民，使各便性为能，如此则"万物一齐"。"万物一齐"者，齐于性分自得，各得其宜。郭象正是看到《庄子》"齐物不齐"

的内涵，故以"性分自得"的"独化"解之。"若各据其性分，物冥其极，则形大未为有余，形小不为不足。苟各足于其性，则秋毫不独小其小而大山不独大其大矣。……苟足于天然而安其性命，故虽天地未足为寿而与我并生，万物未足为异而与我同得。"（《齐物论》注）齐于性分自得，则无物不"齐"；"性分"各自不同，则物类"不齐"。《荀子》受到《老子》思维影响，故具有"齐而不齐"的思维结构。"执齐则不壹，众齐则不使"（《王制》）。"执齐"之所以"不壹"，在于"执一"而不能权，以己齐物则物性不能自得其适。壹而齐之，强不齐以为齐，非齐物所当齐。"众齐"之所以"不使"，在于齐一以使众，则不能因才量能，各尽所能，才尽其用。以道齐物，则"维齐非齐"（《尚书·吕刑》）。若执于一齐，则以一定之齐而齐之，非是因物而齐，齐之以物物不齐。程子云："天理中物，须有美恶，盖物之不齐，物之情也。"（引自《二程集》，中华书局2004年版，第17页）正因物性不齐，故齐于天理。"物未尝不齐也，强欲齐之者，非物不齐也，汝自不齐耳。"（同上书，第1272页）物齐于性分，故未尝不齐；"强欲齐之"，执己齐以齐之。物各自齐，故无物不齐；"汝自不齐"，非因物而齐。齐于不齐，方是真齐。因物齐物，是齐与不齐的统一。齐者，同于理物济物；不齐者，物有性分差异、时变殊理。独立于"因物齐物"，则周齐于万不齐之齐。至齐不可齐，正如恒道不可道。执于可道，非是恒道；执于可齐，非是至齐。道不可道，方为恒道；齐不可齐，方为至齐。

最后，对本节内容作以简要概述。"道可道，非恒道"，是《老子》全书的统领总纲，也是贯穿全书的一条主线，同时是理解、把握全书旨意的切入点和要旨。"可道"之"道"，既可是世称仁义、政教之道，因其文饰、名伪而为"道之华"；又是指事造形之道，因其分析、分割而为"道之失"。恒道作为绝对本体存在，以其不可道而为无执的"无有"，亦是不测的"大全"。恒道以其无常之常，无所不在，无所不涵，无所不行，无可名言，故为不可道。作为"不道之道"，以其不滞拘于可道为"独立不改"，以其通于可道为"周行不殆"。以生物言，是生生者不生；以为物言，是物物而不物；以造化言，是化化者不化；以形物言，是形形者不形；以齐一言，是齐物而不齐。以名言言，是"知者不言，言者不知"，强名而无名。恒道无限、不可致诘，故不可道。恒道作为"不可道"者，非是空无存在，而是寓于"可道"之中，不滞于"可道"之道。恒道是"不可道"与"可道"的统一，以通于可道为至极，以不可道为无极。至极者无极，无极者至极。就"道之以道"言，是以恒道为本，"势大象"、"侯王得一以为贞"；是以"道纪"为"可道"，以"自然"为"玄德"。因恒道不可道，故无常道术，无常可道，无常事理，惟变所适，时措其宜。

第十二章　畜养万物

前面相继揭示出恒道为生物宗母、为本始存在、为独立周行存在等，在这些存在质性中，还要进一步揭示生育、成长和遂生的模式，亦即如何善利万物、辅助自然、善始善成的问题。只有澄明"善利"、"不辞"、"德畜"以及"善成"等存在质性，才能全面、准确把握恒道的"为物"或生生的功用内涵。

第一节　善利万物

《老子》曾以"水"为喻，揭示恒道"善利万物而不争"的存在质性。以"水"的德性揭示恒道"善利万物"质性，更见其譬喻思维的生动、具体、形象。何以言"善利"？又何以言"不争"？它们具有什么样特殊的意义？揭示出这些内涵，对于深化理解恒道"为物"的"独立不改"、"周行不殆"思想内涵，有着不可或缺的界定和澄明价值。

一、文字校解

《老子》第八章云："水善利万物而不争，处众人之所恶，故几于道。"帛书《老子》甲本将"不争"写作"静"，"众人"无"人"字。帛书《老子》乙本将"不争"写作"有争"。两个文本皆写"处"为"居"，二者同义。此章不见于楚简《老子》中，为后学者增撰而成。

（一）"静"与"不争"

"静"与"争"二字对反，《老子》多以对反字词指谓同一事理，如第三十八章云"礼者，忠信之薄，而乱之首"。"乱"同时为"治"，二者作为对反意谓，相待而生，一者以另一者的存在为前提，有"乱"才需要"治"，因"乱"而为"治"，故提出"治之于未乱"。按照此一思维示例，就可把"静"写作"争"，因为"静"的本义是"不争"。因传写学者所认知的角度不同，故有"静"与"不争"写法上的不同。

"静"者，金文从青（表示颜色），争声。《说文》释为"审"，意指色彩鲜明。"静"同"竫"。《说文》云："竫，亭安也。""静"有安静、寂静、清静、镇静、动静等用义。平安、安定谓之安静，寂寥、无声谓之寂静，清彻、平静谓之清静，镇定、

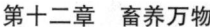

平静谓之镇静。《老子》多言"静"，意义有所区别。如"浊以静之徐清"，"清静为天下正"，它是"清静"；"守静笃"，"我好静，而民自正"，它是"安静"；"归根曰静，静曰复命"，"牝恒以静胜牡"，是"平静"；"静"与"动"对，"静为躁君"，它是"寂静"；"不欲以静，天下将自正"，它是"镇静"；"寂兮寥兮"，"窈兮冥兮"，它是"虚静"。另有恬静等。"静"作为一种品德、德性，即与"争"者相对。以恒道"与物反"的思维同构看，物以"争"为"德"，恒道以"不争"为"玄德"。从与躁欲对言，"人生而静，天之性也；感于物而动，性之欲也。"（《礼记·乐记》）从与妄为对言，"静则无为"（《庄子·天道》）。"无为者守静也，守静能为天下正。"（《文子·道德》）从与争夺对言，是静而无争。"土处下不争高，故安而不危；水流下不争疾，故去而不迟。"（《文子·符言》）从持守本性言，"一而不变，静之至也。"（《庄子·刻意》）从循性言，"循性保真，无变于己"（《文子·下德》）。从虚静言，"静则同，虚则通。"（《文子·自然》）从无违于物言，"无所与忤，虚之至也。"（《庄子·刻意》）"正则静，静则明，明则虚，虚则无为而无不为"。（《庄子·庚桑楚》）从以上字义解析看，"静"者既有约束、节制、修养自己的无为、无欲等含义，此从帛书《老子》"不欲以静"、楚简《老子》写为"知足以束"即可证知；亦有因循、曲顺、服从道理的涵义，"以虚静推于天地，通于万物"（《庄子·天道》）。"静"为心"鉴"的前提，水静则明烛须眉、平中准，圣人以心静为"天地之鉴"、"万物之镜"。

　　"争"者，会意字。《说文》云："争，引也。"本义为引物以归己，引申为争夺、争取。凡物有畛，则有"八德"，而"争"是其一。"有竞有争"（《庄子·齐物论》）。"争"作为"八德"之一，是物性本然，"物竞天择"。在道家看来，竞争在人类本性上体得更为充分。就"争"的来源和缘由说，可有以下诸方面涵义。首先，争来自物不能赡。《荀子》多言此意。"物不能澹则必争，争则必乱"（《王制》）。人以物为生活资料，若不能予以调剂、节制，而放任欲望，就会因其欲不能尽赡而导致争夺。"欲恶同物，欲多而物寡，寡则必争矣。"（《富国》）欲多与物寡的关系，是导致争的缘由。其次，争来自人性的欲望。争的原因，从物方面说是不赡，从人性说是贪欲使然。《荀子》"性恶说"，承袭于道家的"争"论。"不足故求之，争四处而不自以为贪"（《庄子·道跖》）。争者因不知足，而有贪欲。再次，争产生于无分。"人之生，不能无群，群而无分则争，争则乱，乱则穷矣。故无分者，人之大害也；有分者，天下之本利也。"（《荀子·富国》）人是群居者，群而无分，无秩序则不能胜物必乱。无分则争，有分则序。"上下无义则乱，贵贱无分则争，长幼无等则倍，贫富无度则失。"（《管子·五辅》）。国乱在于争，争因于无分。在导致"争"的原因上，道家更倾向强调欲望以及知为上。《老子》云："不见可欲，使民心不乱。"要想无争，必须保持人类的天然本性。《庄子》认为，一切后天的节制礼仪、度量权衡等，在节制欲望的同时，又成为导致"争"的根源。"掊斗折衡，而民不争"（《胠箧》）。最后，"知"亦是"争"之器。"知出乎争"，"知也者，争之器也"（《人间世》）。"知"既出于

"争"，反过来又推波助澜于"争"。当然，这里的"知"是知虑、计较、工具性的，不是否定"道观"的"大知"。归结说来，"争"因于"性恶"。"所贱于桀跖小人者，从其性，顺其情，安恣孳，以出乎贪利争夺。故人之性恶明矣，其善者伪也。"（《荀子·性恶》）性恶在于情欲、生理取向。《庄子》更倾向于将"恶"付之于人伪和执为，故对此予以批判、否定。"至人无己，神人无功，圣人无名。"（《逍遥游》）"无为名尸，无为谋府，无为事任，无为知主。"（《应帝王》）这里，所否定的皆是功名、事为的自执、自矜等。在"争"之所争的内涵上，有货财之利，如"货财聚然后睹所争"（《则阳》）；有国土之执，如"时相与争地而战"（《则阳》）；有王权之位，如"汤、武争而王，白公争而灭"（《秋水》）；有争于国家，如"杀兄而争国"（《荀子·仲尼》）；有争于贤名，如"王公不能与之争名"（《非十二子》）；有争于职能，如"人臣则争职而妒贤"（《王霸》）；有争于言辞，如"思虑明通而辞不争"（《哀公》）；还有争于力、知等，如"君子力如牛，不与牛争力；走如马，不与马争走；知如士，不与士争知"（《尧问》）。可见，所争者涵一切名利、权执和知能等。在止"争"的道术上，有仁义道德，如"道之以德，齐之以礼，有耻且格"（《论语·为政》）；有以礼义分，如"制礼义以分之，使有贫富贵贱之等，足以相兼临"（《荀子·王制》）；有明赏罚者，如"明必死之路者，严刑罚也；开必得之门者，信庆赏也"（《管子·牧民》）；有以法制者，如"明主使法择人，不自举也；使法量功，不自度也"（《韩非子·有度》）。道家更强调知足以止争，如"知足不辱，知止不殆"（《老子》）。"足而不争，无以为故不求"（《庄子·盗跖》）。至足则不争，而知足贵在节欲、修身。

儒家言"人生而静"，道家也言"静"，静而无欲知足，故不争。可见，"静"与"争"相对而言，静而无贪欲，争则多贪欲。与人物多竞争、争夺性情不同，恒道是"静"或"不争"。然"静"多与妄动对言，而"不争"与贪争对言，后者更能揭示恒道似水而不与人"争"的质性，后学者以此改"静"为"不争"。

（二）"众人"和"众"

帛书《老子》"处众之所恶"一文，无今本《老子》中的"人"字，一字之差，意涵却有不同。"众"者，既可是"万物"，亦可是"众人"。为什么不说处万物之所恶，而言处众人之所恶？不说处人之所恶，而说处众人之所恶？处众人所恶，相对人之所好而揭示"水"德，显然是站在人的角度进行论说，它是根据下文"心善渊"、"言善信"等人文内涵而改"众"为"众人"。然以"众人"言，不如以"众"解更为妥当。帛书《老子》言"众"，就把水"处恶"之性置于更大的界域——万物之中进行对比，非仅仅限于人类的范围。如果以"众人"论，就把水的"上善"本性界定在与人的关系之中，淡化了水的自然涵义，更突出强调了与人性上的比照。今本《老子》将"众"改为"众人"，正是看到"善利"、"不争"等拟人化的用词，皆揭示的是人类的德性，为人确立道德价值理想。"处人之所恶"，以人性为参照揭示水性、水

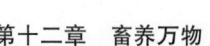

德，同时又通过拟人化水性、水德昭示于人"几于道"的道德价值。此类思维方式，是《老子》立言的通则。《老子》所揭示的并非是水的自然本性或客观属性，而是在言说、澄明一种对人而言可参照、对比、效法和修为的价值标准或理想格式。水的自然属性，若离开人性的价值赋予，将失去其在《老子》中的思想意义。水的客观属性是"处下"，而非"处恶"。凡言"所恶"者必有主体，同《老子》以恒道为人主"立心"一样，"所恶"的价值主体直接是"普通"的"众人"，与此不同的圣人、至人则以众人"所恶"为"上善"，这是圣人区别于众人而为"独立"的关键所在。《老子》多以"众人"、"俗人"指称当时的社会习俗、风尚，如众人"熙熙"，"如享太牢，如春登台"，而我独"泊兮，其未兆；沌沌兮，如婴儿之未孩；儽儽兮，若无所归"；众人皆"有余"，而我独"若遗"；俗人"昭昭"而我独"昏昏"，俗人"察察"而我独"闷闷"。赋予物性以人生价值和意义，是先人的物神灵化的思维惯式。正如西方哲学家费尔巴哈所揭示的上帝思维——人将自己的类属性赋予上帝存在，同时又靠此价值人化的偶像来管束、教导自己——那样，恒道和"水"皆是被赋予文化属性和价值取向的楷式存在，即使"自然"观念也被赋予人性特征的"玄德"价值理想，当然其中具有"自然"存在的一些客观属性。《老子》以"水"喻恒道，赋予其人文价值，无疑是他心中道德理想观念外化的偶像赋型。《老子》以自己的圣人理想为标准、模式来塑造、赋予外在客观自然以可作为人所遵循、因循的拟人化客观质性，这形成了"水"的"善利万物而不争"的德性。《老子》善于运用这样的思维来阐明恒道的内在意蕴，他所确立的价值理想，既来自对客观自然的生生、自然之德的效法，同时又赋予外在灵物以人格德性，二者同构、互摄、相生。"善利万物而不争"，既是赋予人类理性、价值的水性，亦是成为人生遵循标准、范式的道德所在。"水"作为几于恒道者，因人而有其"可道之道"。水所固有的自然属性，只有为人赋予价值或意义，方成为"道德"。

（三）"利"和"几"

"利"者，会意字，本为割禾形。《说文》云："利，铦也。"割禾，必器具锋利、锐利，故为"铦"。《庄子》言"利"已涉及其多方面的内涵。为剑者求其锋利，"开之以利"（《说剑》）。因收割有所得获，引申指所得物利、财利。"不利货财，不近贵富"（《天地》）。进而泛指一切利益。"民之于利甚勤，子有杀父，臣有杀君"（《庚桑楚》）。从授予、给与言是"惠利"、"利泽"。"利泽施乎万世"（《大宗师》），"爱人利物之谓仁"（《天地》），"爱利出乎仁义"（《徐无鬼》）。"利仁义"者，非由仁义行，而是以行仁义为利。"利"多与"名"合言为"名利"。"小人则以身殉利"（《骈拇》），而"士则以身殉名，大夫则以身殉家，圣人则以身殉天下"。名利涵摄不同的执为、欲望，统称为人生的一切欲求。"不拘一世之利以为己私分，不以王天下为己处显。"（《天地》）"王天下"是图名，与求私利相对而言。"贵富显严名利六者，勃志

也"（《庚桑楚》）。分则有六，合则"贵富显严"在"名利"观念中。"观之名，计之利，而义真是也。"（《盗跖》）名利与道理相背，非是真性本然。"名利之实，不顺于理，不监于道。""利"与"害"相对而言，圣人不从事于务，"不就利，不违害"（《齐物论》）。利与害相互可以转化。"尧知贤人之利天下也，而不知其贼天下也"（《徐无鬼》）。与"功"合言为"功利"。"功利机巧"（《天地》）。以己、人分，"利"有"私利"。"以利合者，迫穷祸患害相弃"（《山木》）。"以利合"者，因利而合，合则为利。老庄非一概否定"利"，所否定是利的执着、贪婪，更强调一种淡然处之、不为利迁的人生境界。"虽贫贱不以利累形"，"知足者，不以利自累"（《让王》）。"善利"之"利"，与《易》所言"利"内涵相近。既是"元亨利贞"（《乾卦》）、"利物足以和义"、"乾始能以美利利天下"（《文言》）之"利"，亦是"坤作成物"、"万物资生"（《坤卦·象》）之"利"。从积极意义上言，"利"成为万物生存的条件和需求，专言辅助、哺育生长等涵义。

"几"者，近乎、相差不多、类似之谓。以"几"言，揭示"水善利万物而不争"的德性接近于、类似于恒道。它既包涵相通的一面，亦有不同的一面。"水"为物有形、有限，而恒道非物无形无限，故存在内涵质性上的根本差别。王弼解"几"为"近乎"，认为"道无水有"，故以水近于道。杜光庭认为，水者"击之无伤，执之无有"，其不及于道者在于"水有形而道无形"。休休庵认为，"水无心而有德，故几于道"。无心、有德，是自然的"玄德"。水之于恒道在"几"的相类上只是"善利万物而不争"，而非一切。"几"者，既揭示出恒道生成万物后分有、寓于水中，赋予其辅助万物生成的功能。同时，可从"水善利万物儿不争"的"上善"中，见证、揭示恒道普惠万物、润泽众生的存在质性。

二、文句解析

对《老子》此一文言，下面分三个层面进行解读，一是"善利万物"，二是"不争"，三是"处恶"。三者的思维形式分别是肯定句式、否定句式。

（一）善利万物

"善利"之"善"，作状语之用，况谓"利"的内涵质性和效用，揭示其非一般所说的"利"，而是具有特定内涵的"利"。《老子》多以"善"字建构与习俗、习常不同的言语或观念，"善利"与后文"居善地，心善渊，与善仁，言善信，政善治，事善能，动善时"具有同样的思维结构，同时与"善行"、"善言"、"善数"、"善闭"、"善结"、"善建"和"善抱"等思维相类，可见它是《老子》常用的特殊表达方式。正因"善利"，而为"上善"、"德善"、"至善"。"上善"，独立无贰；"德善"，溥均其善；"至善"，无所不善。何谓"善利"？至少应包含以下诸义。一为独立为利。为利而不贰，恒自为利而不改其利，为利是本性，正如恒道以"为物"存在一样。二为

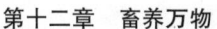

周行其利。利泽普遍，无物不得其利，无时不得其为利，它是"大利"、"至利"。三为自然以利。为利而不自恃其利，功成不居，利而不求所报，是"玄德"之利。四为因循而利。因物付物，以万物所欲利而利之，有求必应，曲成不遗，利物不辞，利无弃人、无弃物。五为利而不宰。不以己利以为利，物需则予，"己所不欲，勿施于人"。概言之，"善利"者，利而不贰，利周其利，利而不恃，曲成其利，利而不宰，利尽其利，利当其利，利无不利，利无不宜。只有把握了这样的思想内涵，方能真正把握《老子》"善利"的真谛。只有"善利"，方能"不争"，处众人所恶。

在把握这样的寓意后，再对主要注家"善利万物"的解说做一评述。河上公云："水在天为雾露，在地为泉源也。""雾露"、"泉源"，是水作为万物赖以生者，然它并非能尽言"善利"的内涵。《老子想尔注》云："去高就下，避实归虚，常润利万物"。"善利"是水的德性，而"去高就下，避实归虚"是水的自然属性。"润利万物"，是周行其利。成玄英云："方圆任器，壅决随人"。水以"任"、"随"为性，故以因循为用。"善利"是因物付物，使物自得、自适，无不适宜。李荣以"水"能"润物"譬喻恒道"济人"，然没有揭示出"善利"何以能"不争"、"处恶"的内涵。杜光庭综合河上公、成玄英之解，认为水之为德，"随时壅决，任器方圆，流作泉源，散为雾露，凡物失之则死，得之则生"。得生失死是揭示水为万物生生的根本，无物不以其利为生。陆希声认为，水因其"常处汙下，不与物争"，故为"万物莫不得其利"。此以"不争"、"处恶"解"善利"，然《老子》以"善利"为"不争"、"处恶"的根本，非是相反。"善利而不争"的思维结构，是"独立而不改"、"周行而不殆"。正如"独立"固然"不改"、"周行"固然"不殆"一样，"善利"自然"不争"。陈景元认为，"善利"是"利泽万物"、"散润一切"，故"天无水则阳旱，地物水则尘飞"。犹如"万物得一以生"的思维结构，水之利物为"周行不殆"。苏辙云："道无所不在，无所不利，而水亦然。""无所不利"，只是利的周遍、周至，万物蒙其泽，受其施。程大昌云："水之德不求利人，而亦不辞于为利者也。能烹能溉，能濯能载。""不求利人"，是利物自然，利而不以为利，利而不以有得，利而不以为名，利而无以为，利而不以为恩泽。"不辞于为利"，是利而不得不利，为利不贰，利而不止。能烹溉、濯载，则利无不利，通万物之利。李嘉谋云："善利"者，"不择地而处，不择物而施"，"苟有物，吾斯从之"，"无所不周"。利而不择，是"容乃公"，无弃人弃物；是利而不宰，不以为恩德。有物斯从，是万物资焉而不辞，因循曲成以利。林希逸云："水之为善，能利万物，而何尝自以为能。"不自以为能，则利而不恃，不居其功。

《庄子》继承《老子》"善利"思想，然多以圣人之德言之。"利泽施乎万世，不为爱人。"（《大宗师》）周行其利，而不以为恩，故不求爱人之名，不务爱人之报。若为爱人，则利是"有以为"。作为"大宗师"者，"泽及万世而不为仁"是利而周遍，为利不恃。"德遗尧、舜而不为也，利泽施于万世，天下莫知"（《天运》）。尧舜二君，盛德广大而无能名，故上德不德，上利不利。"不为"者，不恃其德。"利泽万世"，

利大而为至极，不测其利，故德莫能知。"天下莫知"，在于利泽的周遍、周尽，日用而不知。至于"物物而不物于物"（《知北游》）、"大人合并而为公"（《则阳》）等，皆内涵利物不恃、利而不择，利而周遍的质性。周遍而不执己利，不以己利而利人，因物而利，曲成不遗。"善利"者，是"利而不利"。对此，《荀子》有精当的论述。"不利而利之，不如利而后利之之利也；不爱而用之，不如爱而后用之之功也。利而后利之，不如利而不利者之利也；爱而后用之，不如爱而不用者之功也。利而不利也，爱而不用也者，取天下矣。利而后利之，爱而后用之者，保社稷者也。不利而利之，不爱而用之者，危国家者也。"（《富国》）为"利"之道，要义在于如何对待"利"。务民不以己利而利之，唯以利己不如先务利民而后求之利己；利民以为利己，不如不求利己而因民利民。"利而不利"者，利民而不以为利己，得民心则天下归往之，故可取天下；"利而后利"者，利民而后利己，能得民和，故可以保社稷。"不利而利"者，不为利民而专为利己，则众叛亲离，土崩瓦解，国家必将危殆。《老子》的恒道"善利万物"，正是"利而不利"。"善利"者，在于利在自然，无为、无私以利，因物给利，利而不恃，利而不害，利而不名，利而不辞，故无所不利。恒道"善利万物而不争"，又是"予而无取"。"天生四时，地生万财，以养万物而无取焉。明主配天地者也，教民以时，劝之以耕织，以厚民养，而不伐其功，不私其利。故曰：'能予而无取者，天地之配也。'"（《管子·形势解》）生养，是"善利"；"无取"，是"不争"。圣人法之，善利于"以厚民养"，"不争"于功利，"利而不害"。可见。只有"不争"方为"善利"。《文子》对"善利"内涵进行了深入阐发。"善利"，是"生物而不有，成化而不宰，万物恃之而生，莫知其德"（《道原》）。"生物"、"成化"、万物恃以生，是周行其利。"不有"者，是为利不执。"不宰"者，是利不私赐。"莫知其德"者，利而自然、周遍。得其利而不知以为利，虽利而莫知其为利。水之为道，"上天为雨露，下地为润泽，万物不得不生，百事不得不成，大苞群生，而无私好，泽及蚑蛲而不求报，富赡天下而不既，德施百姓而不费，行不可得而穷极，……任天下取与，禀受万物而无所先后，无私无公，与天地洪同，是谓至德"（《道原》）。水的"善利"作为"至德"，包涵五个方面。一是周遍其利，万物以生，百事以成，无不以之为利。二是利而无宰，为利而无私好，与天地同德，利无先后之分。三是利而无执，恩泽遍及万物而不求得报；四是利而无极，富赡不既，德施不费，不可穷极。五是利以自然，因物付物，任天下取与其利，有求即得。"畜之养之，遂之长之，兼利无择，与天地合，此之谓德。"（《道德》）畜养遂长，是资以"利"。"兼利"者，是利而周遍；"无择"者，利而不宰。"成者非所为，得者非所求。入者有受而无取，出者有授而无与。因春而生，因秋而杀，所生不德，所杀不怨，则几于道矣。"（《道德》）"成非所为"、"授而无与"，为利而不以己利而利之。"得非所求"、"受而无取"，是利以自然而非以贪求。因春秋生杀，是为利不执，利于自然，故不以为德、怨。"夫待利而登溺者，必将以利溺之矣。"（《上德》）为利而为，有以"登"溺，必有以"利"溺。"善利"

者，不以自利而利物，故能因物利物，若物自利而己无所与。俗人先利己而后利人，为己利而利人，有利己之执，故不免有利之累。圣人法道，自然利物，利而不有，功成不居，故利而不利，利而不止。为仁者，以仁为利，故不如"不仁"。"天地不仁，以万物为刍狗；圣人不仁，以百姓为刍狗"。"治国有常，而利民为本。"（《上义》）为利不必循俗，不必法古，因民所以为利者不尽同，时变为适。

归结而言，"善利"是万物存在与恒道生生之间的绝妙契合。从恒道利物言，利万物而不有其利，是"利而不利"；惠利万物而不辞其利，是利其必利；利物所利而不宰其利，是利当其利；周遍其利而无所不利，是周行其利。从万物受利言，恃之以生而不辞，是利而不辞；有利之求而无不应，是有求必利；无不受利而不求恩报，是利而无偿；荫受其利而不为其宰，是利而无赐；因物以利而各得其适，是利无不宜。

（二）"不争"之德

"不争"，是"善利"的内涵所有，正因"不争"，故为"善利"。不争于利，则独立为利。恒道善利"不争"，相对俗人为利有争而言。"争"为俗人执着求利所为，"天下熙熙，皆为利来；天下攘攘，皆为利往"。"不争"作为德性，正是利欲的节制、修为。《老子》云："是谓不争之德，……是谓配天古之极。""不争"作为一种德行，可配"天古之极"，为原始朴德。"不争"者，不争于名，不争于利，故"利而不害"。不争于物，不争于功，故利而无违。"不争"作为德性，为竞逐利欲之弊而设，以立一品德节制情欲之"争"。在《老子》看来，凡人有欲则争，无欲则静而不争。争者有心、执为，静者无心、知足。争者"有以为"，静者"无以为"。在"不争"的修为上，孔孟开出的药方侧重于以仁德遏欲，以礼义规范。《荀子》提出以礼义节制，使各当其分。《易》要求贞利以义和，节利则政和。对《老子》来说，是立"善利"、"玄德"的"不争之德"，以求人主利民而不与民争利。以"水"喻恒道"不争"之德，包涵三义：一是不争名利，利而不自恃，不自利故能长利。二是无为自然，不争利则不宰，循道而无不利。三是不争于物，利物无违，不辞其利，万物归往而莫能与之争。"不争"，是恒道"善利"自然质性的否定性表达。"不争"，则生物不以为己有，济物不以为恩求报，长物不以为宰执，顺物无违任其竞长，因物均济万物、润泽苍生。"不争"，则自然，因循，和谐，不害。

以各家注解言之，义也不一。《老子想尔注》以"终不争"解，是本自"不争"。成玄英以"水性柔和，不与物争"解，柔和顺物，任物取与，不忤物性。李荣解为"任人道则大顺平等"，"大顺"则曲成万物，"平等"则一视同仁。杜光庭认为，水之为德，"柔弱平和，居顺处下"。柔弱则不迫不宰，平和则顺物无私。居顺则因循曲成，处下则涵容无弃。陈景元："天下柔弱，莫过于水，去实归虚，背高趋下，壅之则止，决之则流，听从于人，故曰不争。"，"听从"，则任物取舍，无有私吝。程大昌认为，"不争"是"无所争"，"时其可而始为之，故利出于此而害不移于彼"。时可而利，利

而不害。林志坚以《老子》"曲则全"思想解之，它是曲成万物而不遗。休休庵认为，"不争"是"不与物争功"，故为"无我"。无我则顺物以利，"利益万物"。薛蕙以"善利万物"为盛德，以"不争处下"为厚德，二者合为"玄德"。实则，"不争"内涵于"善利"之中。

《庄子》多言"争"，并以之为对照，揭示"不争之德"。"静而圣，动而王，无为也而尊，朴素而天下莫能与之争美。"（《天道》）静则不争，不争则无为不宰，故为内圣；动而不争，不争则无不为，故为外王。"朴素"是至足德性，为内圣；"天下莫能与之争美"，是功用不测，为外王。内圣而外王，不争则莫能与之争，故为"大本大宗"。就"不争之德"的涵义，《文子》多言之。圣人"不以事滑天，不以欲乱情"，"以其无争于万物也，故莫敢与之争"（《道原》）。"无争于万物"，正是"善利"的本质要求。"不争"，则辅助万物自然而不敢为，天下归往故莫敢与争。以圣人的"不争之德"言，一要克制己欲，不以事为忤逆自然，不以私欲扰乱真情，无为不宰，反己于清静，不强人所为。一要通道与道游，反于天理而与俗交，因循于物，成物自然，故能"不重"、"不害"。"以事滑天"者，争于事为而乱于天性；"以欲乱情"者，争于所欲而乱其真情。不争于物，则物莫害之。"不争"之德，是"守清道，拘雌节"、"柔弱以静，安徐以定"。以为德术是随时举事，因资立功，"因循而应变，常后而不先"。如此，则"攻大靡坚"而不能与争。"不争之德"，以克己清静为本，以循道顺物为趣，以无为不宰为要，以辅助自然为常，以曲成万物为归。争者忤逆自然，不争则本于自然，无所不宜。循道以为，则不争而得。天子有道，不争而天下服。循道自然有得，无所不宜，不必于争。不争则曲成万物，德大功至故莫能与之争。立于天下，在于"天下推己"；胜于天下，在于"天下自服"；得于天下，在于"天下与之"。"以道莅天下"，贵在"不争之德"。"不争之德"，是"修道德即正天下"。可见，"不争"之德与节欲、清静、无为、不宰、因循等相为表里，是一个丰富的观念。"不争"作为恒道"善利"的内在质性，是不争于得，无与争功，无为不宰，故利而不贰，利而不殆，利而不息，利而不害。"不争"是德本，举本以制末，本立而道生。以为道术，则不争而莫能与之争。不争于民，而民乐推而不厌。上不争于为，则用人之力，使下各尽其为。不争于民利，则天下归往，而成为帝王。《老子》的"不争"之德，与"无为"、"自然"德性相为表里，与"寡欲"、"知足"相为一贯，与"不改"、"不殆"、"不辞"思维相类，为"独立"、"周行"的内在质性。

（三）"处恶"之性

何谓"处众之所恶"？所"恶"者，是"善利"而"不争"。在俗人看来，有利则争，以"争"为"善"，而以不争名、不争利，不争功为"恶"。对《老子》言，与世俗相反，"处众之所恶"是"上善"、"德善"，故言"复众人之所过"。它是情欲上的恬淡纯朴，是知能上的不执不恃，是行为上的自然无为，是心性上的诚而无伪，是治

理上的事于无事。《老子》多以世俗所善为己之所恶，以世俗所恶为己之所善。如俗人以"有之以为利"，而体道者"无之以为用"；俗人"昭昭"、"察察"，而我独"昏昏"、"闷闷"；众人皆"有以"，而我独"顽且鄙"；俗人执于"自见"、"自是"、"自伐"、"自矜"，而圣人"不自见"、"不自是"、"不自伐"、"不自矜"；世人贪争，而圣人为于"不争"；俗人"自为大"，而圣人"终不自为大"；天下所恶"唯孤、寡、不谷"，而王公以"自名"；人主"以智治国"则为"国之贼"，反之则为"国之福"；人主多争于国祥、无垢，而帝王"受国之垢"、"受国不祥"，为"社稷主"、"天下王"。以"水"性言，"处众之所恶"，是世俗对水性"善利"而"不争"的恶。水者善施，功大而不名有，润泽而无求报，无名、无功、无己。水因处众之所恶，而独立于善利。自然无为，独立不改。以"众人"言，是因水的"善利"、"不争"之德在俗人所认知为恶，为世俗价值层级上的卑贱者。河上公以"众人恶卑湿垢浊"解之，显然非是《老子》本意，所恶者当为"善利"、"不争"之德。"卑湿垢浊"，固为水性，然非是德性。《老子想尔注》以"受垢辱不洁之物"解，若只如此何尝能为"上善"？李荣云："物多恶下，人多爱上。今水流趣下，道行谦退，故言处恶。""趣下"作为水性，并非处恶，而是自然质性。若为俗人所恶，则非能成为"上善"。唐玄宗以"处恶不辞"解，并认为其与"善利"、"不竞争"一起成为水的"三能"。水性处恶，然何者为"恶"？"不辞"为什么？不知所云。杜光庭以所"恶"者是"柔弱平和，居顺处下"，陈景元集解为"就卑受浊，处恶不辞，令物洁白，独纳污辱"，宋徽宗以"纳污受垢不以累乎其心"作注，皆未能揭示出水性处恶而为"上善"的根由。李贽将水性与世俗众人所执进行对比，认为"众人处上，彼独处下；众人处高，彼独处卑；众人处易，彼独处险；众人处顺，彼或处逆；众人处洁，彼或处秽"。水虽有以上五性，然非能构成其"几于道"的存在质性。

　　恒道体现于水性的"上善"与上帝"至善"的类本质具有思维相类性。在神学家看来，上帝的本质在于尽善尽美，它是普遍的、无条件的爱。上帝的"爱"无人不及，不为对象的任何品质所限制，不因任何对象而改变。恒道作为"上善"，"善利万物而不争"，"无弃人"，"无弃材"，利而不害，是"德善"。作为"为物"的"善利"，是绝对的、普遍的和无条件的"爱"。然上帝与人类争能、争德。从神学家对上帝之爱的诘难看，至善的道德标准是在人类手中，还是在上帝那里？一种观点认为，上帝的"至善"只能以人类的道德观念、价值判断来理解，否则不可理喻。如果这样，则人类道德标准将对"至善"的上帝构成一种不可逾越的必然限制，严重削弱上帝的道德完善性，动摇上帝创造人类道德意识的必然性。第二种观点认为，上帝的"至善"唯有借上帝的存在才能把握，上帝的存在本身是道德标准的终极根源。然而事实证明，人类并非像上帝"至善"所期望创造的那样，作为上帝的创造物有善也有恶。这样一来，要么上帝并非尽善尽美，要么所谓的至善者并不存在。如果过于强调上帝的"至善"标准，将之定为超越人类的基本道德准则，实则是借"看不见的上帝之手"来禁锢人

类理性，完全否定人类理解上帝本质的权利和可能性。（参见张志刚著《猫头鹰与上帝的对话》一书，东方出版社 1996 年版）对此，费尔巴哈从揭示上帝本质及其来源出发，阐释了上帝观念的形成逻辑。他指出，上帝的本质不过是人类的类属性的一种思维折射，人通过对自己类属性的抽象思维，然后形成心中的上帝，亦即人类思维中的"上帝"形象。"宗教是人之最初的、并且间接的自我意识"，"人先把自己的本质移到自身之外，然后再在自身之中找到它"。（引自《基督教的本质》导论，中华书局 1997 年版，第 43 页）"本质"是类的质性。"类的尺度，是人的绝对的尺度、规律和准则。"（同上书，第 47 页）人既以类的抽象思维创造了上帝形象，同时异化了上帝存在，使其具有了脱离人、对立于人的存在质性。上帝绝对善，而人必为"原罪"者。上帝"至善"，如果不是根据人类的道德标准作出价值判断，那么它如何能爱人类？如何以人对爱的需求而爱人，如何谈及至善？若以人类道德标准为对上帝的限制，而将上帝存在本身作为道德标准的终极根源，认为其超脱人类的道德准则，那么脱离人性的上帝道德完善性、创造人类道德意识的绝对可能性，必与爱人的本质相隔、相悖。将上帝与人二分、对立，必然会导致这样的诘难。为解答这样的悖论，当代神学家保罗·蒂利希予以新的调和，提出上帝是象征性的存在，而非客体、实体存在，它是我们人格的核心。对上帝人格的揭示，"只有通过那人不可及的领域和存在的深渊之具体表现，方可抓住"。（引自《文化神学》，工人出版社 1988 年版，第 171 页）可见，"上帝"不过是心灵对终极、无限、无条件等思维性存在的"终极眷注"。在《老子》思想中，恒道"上善"以人和物的需求作为施爱取舍的标准，万物生长、成遂、变化等皆是恒道"善利"的归宿和宗旨，它们亦是恒道"上善"的有力证明。《老子》以人物之生的利求来构建生生者，以众人所恶揭示恒道之善。在对习俗众人所恶的否定中，见证恒道的"上善"。认识恒道，就在于认知人生的道德理想和人格价值。同时，通过对人性流弊的否定，寻找相反的道德理想和人格价值。它是拟人化的神性思维。费尔巴哈指出，人怎样思维、怎样主张，他的上帝就怎样思维和主张。"上帝之意识，就是人之自我意识；上帝之认识，就是人之自我认识。你可以从人的上帝认识人，反过来，也可以从人认识人的上帝。"（引自《基督教的本质》，商务印书馆 1997 年版，第 42-43 页）人认为是上帝所有的，其实是他自己的精神、灵魂，而人的精神、灵魂、心，其实是他的上帝。《老子》正是对圣人标准或人的至极准则的揭示，赋予恒道以灵性、德性。同时针对人物的有限性澄明恒道的无限性。《老子》赋予水性以德性，然后揭示道性，立恒道为准则，为天地"立心"，为生民立性。水之德，是圣人心中的"上善"价值。《老子》以水德让人主进行观照自己，以修行"上善"的价值理想。

最后，对本节内容做简要概述。水作为"几于道"者，"善利万物"，"不争"、"处恶"，超凡脱俗，何尝不是一种高贵品性？"不争"、"处恶"品行，必须与"善利"德性相结合，才能彰显恒道玄妙质性。在解读"善利"与"不争"、"处恶"的关系上，是一而三、三而一，不可分离。若片面执著于"不争"、"处恶"，则不免流于退

藏、自守、消极的一面。"不争"、"处恶"是在"善利"的基础上进一步澄明水的德性，"善利"无疑是水性积极有为的一面。有"善利"，然后有"不争"、"处恶"，它们是有为与无为的统一。"有为"是生长、善利之功，"无为"内涵是"不争"。"不争"包含在"善利"中，正如"独立"与"不改"的关系。"善利"、"不争"，为"处恶"的内涵。以《老子》"上德不德"，"上德无为而无以为"，以及"生而不有"，"长而不宰"等思维看，"上善若水"是"利而不争"、"利而不宰"、"利而不贰"、"利而不利"，概言之为"至利无利"，无所不利，利无不宜、利施无穷。

第二节　生而不辞

"万物恃之以生而不辞"，是后学者根据《老子》全书思想内涵增撰的一个重要观念，在揭示恒道生生功能、作用的同时，更进一步揭示出生生的特有内涵，亦即"不辞"的自然特性。澄明其深刻寓意，对于全面把握恒道生生的存在质性具有重要的思想价值。

一、文字校解

《老子》第三十四章云：大道泛兮，"万物恃之以生而不辞"。后者引文在帛书、楚简《老子》中皆无，而在河上公本《老子》中已出现，王弼本《老子》中同样存在。王弼本将"以"写作"而"，二者义通，然从语言表达习惯和句法要求看，以"以"字为好。从《老子》全书的整体思想看，"万物恃之以生而不辞"，无疑是恒道存在的内涵质性。且自河上公起，就一直将之视为《老子》的固有论述，并加以注解，文义价值和实际影响已然存在。帛书《老子》甲、乙本皆有类似的表达形式和相近的观念内涵。帛书《老子》第十章云："生之畜之，生而弗有，长而弗宰，是谓玄德。"第五十一章云："生而弗有，为而弗恃，长而弗宰。此之谓玄德。"第七十三章云：天之道，"不言而善应，不召而自来"。再以"大道泛兮"，"万物之宗"、"万物之奥"等思想作证，恒道生成万物何辞？

（一）"恃"与"得"

"恃"者，马叙伦在《老子》文字订正中认为应写作"得"，它是《老子》"得一"之得。《老子》有"为而不恃"文句，然"恃"作贬义用。但此"恃"有依赖、秉持、依仗等中性涵义。《说文》解"恃"为"赖"，为"依"、"仗"涵义。"无父何怙？无母何恃？"（《诗·小雅》）"怙"与"恃"义近。"物得之以生谓之德"（《庄子·天地》）。"恃"与"得"义通，"恃"更重在揭示外在有可依靠、依仗物的涵义，而"得"重在揭示内在所得。正如"天命之谓性"一样，"天命"言外在本源，"性"言内在之得。"恃"与"得"二者一贯，可相互诠释。"万物恃之"，在于强调揭示物

生所本、生生来源的意蕴，澄明恒道为"万物之宗"、"万物之母"等内涵。"物得之"，在于强调揭示物性自得、实有于身的意蕴，澄明恒道为"万物之奥"、"德畜之"。

（二）"辞"字之义

"辞"者，古文写为"辭"，金文有三体。一形为"辭"，突出辨析刑狱之意。《说文·辛部》云："辭，讼也。"诉讼以辩说，故本义为讼词。"以五声听其狱讼，一曰辞听。"（《周礼·秋官·小司寇》）因讼有辞，后用以指言辞。"圣人设卦现象，系辞焉而明吉凶"（《易·系辞上》）。"礼，不妄说人，不辞费。"（《礼记·曲礼上》）王夫之解云："同异别，是非明，则不待辞之费而自辩矣。"（引自《礼记章句》，载《船山遗书》第二卷，北京出版社1999年版，第825页）又"辞"为赞誉之辞。"明作有功，惇大成裕，汝永有辞"（《尚书·洛诰》）。"辞"为赞辞。二形从辛台声，为"辝"字，篆文改"台"旁从"受"，写作"辤"。《说文·辛部》云："辤，不受也。从辛，从受。受辛宜辝之。""不受"者，辞谢、辞拒之谓。"苗民无辞于罚"，"鳏寡有辞于苗"（《尚书·吕刑》）。辞者，辞怨。"爵禄可辞"（《中庸》），"再拜而辞"（《庄子·让王》），"辞"为推辞。"君使士射，不能，则辞以疾，言曰：某有负薪之忧。"（《礼记·曲礼下》）因疾而辞去。又"辞"为辞退。"辞尊居卑，辞富居贫"（《孟子·万章下》）。孔子尝为委吏、乘田等卑事，耻于"立乎人之本朝而道不行"，故辞退尊富之给。又"辞"为告辞、辞别。"人不言兮出不辞"（《楚辞·九歌》）。三形为"辭"中的"辛"旁写为"司"，这样左旁表理丝，右旁表掌管，以辨理刑狱会意讼辞之谓，它是古"司"字。"司"者，《玉篇》释为"主"。"兹用不犯于有司。"（《尚书·大禹谟》）从《老子》上下文来看，"万物恃之以生而不辞"与"成功遂事而弗名有"、"万物归焉而弗为主"思想观念相关，也与"生而不有，为而不恃，长而不宰"等思想观念有关。"辞"有"主"义，"不辞"岂非"弗为主"？"弗名有"，是近于"弗为主"的观念。可见，"辞"者既有文辞之辞，也有推辞之辞，还有有司之辞。

因"辞"字多形、多义，历来文句注解歧义多的就在此字上。一为"推辞"、"辞谢"。河上公、李荣、苏辙、王安石、曹道冲、范应元、薛蕙等持此解。陈鼓应云"万物依赖它生长而不推辞"，也是此义。二为"主宰"。古棣认为，据于省吾先生考证，"辞"乃"司"字的假借，言之凿凿，无可怀疑。"司"直训为主管，可引申为主宰。三为"不得辞"。非道之功，何有辞？以叶梦得等为代表。四为"辞劳"。从恒道自身讲，生生而不辞辛劳。以唐玄宗、陈景元、吕知常等为代表。五为"用之广"，实际是辞谢的引申义。"不辞"，则用之广。魏源云："此指道之费者言，所谓用之广"。六为"言辞"，生而不言己生。以陈象古、李嘉谋等为代表。明太祖云："既生万物，道何言哉？"不夸其能，故不辞。七为"不遗"，以董思靖等为代表。

二、文句解析

在订正字义的基础上，再结合各家注解对"万物恃之以生而不辞"予以诠释。河上公云："万物皆恃道而生，道不辞谢而逆止也。"万物赖道以生，是"万物得一以生"。追溯万物生生的所依仗者，可推知恒道为"万物之母"。因物无不恃以生，故为"万物之宗"。恒道之"大"，在于万物以之为生，不辞其生生之功。"辞谢"是推辞、推托而不为。有"辞谢"，就有不生、息生的可能。"不辞"，正是否定生生有息、间断的可能，而使其成为必然生生，独立于生生，不贰其生生，不测其生生。"辞谢"，则"逆止"。"逆"者，忤逆万物生的需求。"止"者，间隙其生生的功用。《老子想尔注》云："不辞谢恩，道不责也。"以万物不辞于谢恩故道不予以责解，非是。因为若"责"，则恒道生生求报，就非是"为物不贰"、"生物不测"。"不辞"，必是恒道不辞其生生之功。王弼以"万物皆由道而生"解，将"恃"视为"因由"，然未解"不辞"观念，显然是以"不辞"内涵在生生之中，只不过是强调其生生的必然性、独立性而已。王弼解《老子》文旨，以"自然"为妙本，故多不单独解"不争"、"不辞"等观念。"自然"自然"不争"、"不辞"。"不辞"作为拟人化的文言，针对俗人相反的情欲行为言，它是否定性、相对性的价值标准。世人多以向己索取而辞之，而恒道与此相反，虽与生给资而不辞拒。若生生有辞，就不是"自然"，非为恒常之道。李荣认为，"万物恃之以生"是"物之得生皆赖大道"，"不辞"是"真之至理，不相辞谢"。何以如此？因为"道则信之以独化，物则称之于自然。能生者不以为功，所生者不以为德。"恒道生物不贰，不辞其生生，不改其功为，故信为"独立"。独立不息，周行无间，生生自然，故为"自然"。恒道功成不居、不自恃有，故万物自然取与，而不以为德，不必感谢生于自然。唐玄宗解"不辞"为"道不辞以为劳"。若以为劳就非能"用之不勤"。陆希声云："以其亲之至，故不谢厥德。"天地不仁，何用谢？王安石认为，万物资贷以生，故恃之不辞。"不辞"是恒道不辞于资贷的善利。陈景元指出，"大道无情，生育天地，其于万物岂有辞劳哉？"不辞劳，在于"独立"质性，非在于无情。无情是无私，独立则不贰其生生。苏辙云："世有生物而不辞者，必将名之以为己有；世有避功而不有者，则必辞之而不生。生而不辞，成而不有者，惟道而已。"生物以为己有，是"有以为"，故不辞其生；避功不有，是"无以为"，功成不居。恒道生物，"无以为"则不辞其生生。陈象古以"不言己之能生"解，显然以"辞"与"功成不名有"的"名"对言。在"生"与"辞"的关系上，若"生生"而"名有"，则生物不辞其功，就非是恒道"为物"上的自然。《论语》有"天何言哉"的论述，然以"言"解"辞"，则不能揭示生生的功为质性。以功成与不有的思维结构看，生物与不辞皆是行为上的指谓，非是名言上的称谓。"辞"是辞拒，非是言辞。黄茂材云："万物之生非道而何？故不可得而辞"。恒道生物必然，万物以生无非恒道，何尝有"辞"？"不辞"是恒道生物的自然，亦是必然、不得不然。吕知常云："天地至大，

犹恃赖焉，其于万物往者资之，求者与之。六合虽大未离于内，秋毫虽小待之成形，岂辞劳哉？""不辞"其生，则"往者资之，求者与之"，无有辞拒、辞劳。"不辞"则生生自然，不得不然，无主宰，无专为，不辞其"善利"。"用之不勤"，故不辞其劳。董思靖解为"万物之所以资始资生而不遗"，不辞其生故无弃，曲全无遗。范应元云："万物依赖于道以生，而道未尝为辞生物之功"。"未尝"者，必不如此之谓。恒道何尝有辞生物之功？若有辞，何可言其为"万物之宗"？有"辞"必有生生所不能统摄者，有外而不能一统就非是绝对本体存在。林志坚以《老子》"天地不仁，以万物为刍狗"作解，不辞生物则自然生不贰，任万物取与故视万物为刍狗。薛蕙认为，"凡物之始生，必赖道而后生，道则皆供其求而未尝辞拒"。"供其求"，不辞其"善贷"、"善利"之功。"善利"，固然无有"辞拒"。"凡人情劳则必怠慢，孰能如道备资始之劳而不辞？"与人情劳辞不同，恒道生生不辞，故所以为"大"。王夫之云："谁能以生恩天地乎，则谁能以死怨天地。……天地且然，而况于道？荒荒乎其未有畔也，脉脉乎其有以通也；故东西无方，功名无系，宾主无适，己生贵而物生不逆。诚然，……迭与为主，非以辞主也。"天地以生生自然，故人物不以为恩。杀生自然，故人物不以为怨。"自然"在于"不辞"，生生无间，通一于生生之为。生生而不辞，则不系不贰，不测无方，无执无适。己于生生，然不逆于物以生。恒道为"万物之奥"，非主宰于物，而任物自宰。物自宰，是以恒道为生物之主。魏源认为，"万物恃之以生而不辞"，以"道之费"言揭示其"用之广"。"惟其用之广，故万物恃之以生者，咸归往而浩浩，不知其专主，极之并育不害，其量可弥六合矣。"恒道"不辞"，生生不息，不测其量，故万物浩浩归往。生生有"辞"，则以生为恩赐，故有"专主"，而非"长而不宰"的"自然"。

《老子》"万物恃之以生而不辞"一文，与"善利万物而不争"句式相同，二者在思想内涵上有同有异，相同处在于"善利万物"是"万物恃之以生"，不过在站位角度上有所侧重而已。一从恒道本己言，阐明恒道赋予物的生生关系。一从万物自身言，阐明万物对恒道的依赖关系。这里，不同的是"不争"与"不辞"，前者是不争于外，不与物争，侧重点在顺应、不违背万物本性，让物自然、自化。后者是不辞其为，为物不贰，侧重点在满足、不推却万物需求，任物有求必应。"不争"在于以物为中心，强调因物付物；"不辞"在于以己为重心，强调体物不遗。"万物恃之以生而不辞"的玄妙内涵是：恒道既要"生生"，又要"不辞"。从恒道自身言"不辞"，是不辞其生生之为，正如"独立不改"、"周行不殆"一样。只有"不辞"，方能生生不贰，生生不息。从万物赖以资生的需求言，"不辞"在于揭示恒道生生的非间断、非推拒、非有弃，物求必与，无不自得。正是看到有"辞"与"不辞"的区分，恒道不辞于生生，物不辞于居功。不从恒道的角度言"不辞"，而从万物赖以生的角度言"不辞"，正是以万物之所利而利之。正因恒道"不辞"其生生之功，"善利"、"善贷"，故"万物归焉而不为主"。恒道生生"不辞"，既是生生不自生，化化不化于化，物物而不物于物，

又是"善利"、"曲成"的以万物本己所性所求而生之。

三、传承发展

《老子》"万物恃之以生而不辞"思想，直接为后来道家诸子所传承。《庄子》继以直言大道之性、圣人之德。道者，正因"鳌万物而不为义，泽及万世而不为仁，长于上古而不为老，覆载天地刻雕众形而不为巧"（《大宗师》），为无以为，生化自然必然、不得不然，故不辞其生生。若为以仁义老巧，则"有以为"，有待于生生，必有不为之"辞"。生生有辞，则非能"不遗"、"无弃"。"生而不辞"思想，体现在帝王之德上是"顺物自然而无容私"（《应帝王》）。"顺物自然"，则因物付物，任物取与，何有辞拒？"无容私"者，不以物是否利己而改其生生之功，故曲成不遗。生生无有遗弃，不有偏爱，何为辞劳？"生而不辞"思想，体现在明王之治上是"功盖天下"、"化贷万物"而"莫举名"。不辞其生生，故"立乎不测"。正因不辞其生生功为，无有私赐，无有主宰取舍，故民期其给予必然，恃以自然，而无以为恩德、恩赐。因生生不辞，万物皆自得，无不适宜，故"使物自喜"。不辞其生生，则生生无限，悠久无疆。圣人"观于天而不助，成于德而不累"，"接于事而不辞"（《在宥》）。"接于事"只有"不辞"，才能因循而为，合于自然，达于"事善能"。若有所辞，则事必有不济，非因"天道"所为。郭象云："事以理接，能否自任，应动而动，无所辞让。"应事"不辞"，则事来不避，无违事理。不辞其事，本于恒道不辞其生。不自恃则不辞，若有所恃必有所辞。道因不辞其生生之德，故为"洋洋乎大"（《天地》）。不辞于仁，以其因物善与、使物自得为"大"，以其常宽容于物、顺物自然为"宽"，以其周遍万物、物无不生为"富"。"不辞"的质性，体现在"与万物接"上，是"至无而供其求"。万物有"求"，则不辞其"供"。因物以"供其求"，则无所不宜。万物恃之以生，因大道"恒供"，为物不贰、生物不测；恒道"善供"，因物付物，物无不自得而宜。正因道不辞其生化之功，不得不然，故万物方能自然。不辞方能为大。"海不辞东流，大之至也。"（《徐无鬼》）海不辞其纳百川之流，故成其为大。恒道因万物恃之以生，而不辞其生生，故能成其为大。圣人不辞其化育之功，"并包天地，泽及天下"，故成其大而"无能名"。万物得以无不育，天下得以无不和，百姓得以无不利，何有辞其生生之德？若有"辞"，则"选则不遍"（《天下》），而"不辞"是"道则无遗"。

《文子》传承《老子》，分别从"道"与"德"的角度揭示"万物恃之以生而不辞"的思想。万物恃以生者，统一于大道的生生之德。道者，"山以之高，渊以之深，兽以之走，鸟以之飞，麟以之游。凤以之翔，星历以之行"（《道原》）。无物不以之生，在于大道不辞其生生。大道，因"万物待之而生，待之而成，待之而宁"，不辞其生育化遂之功，故为"德之元，天之根，福之门"（《道德》）。正因万物以生，故为"万物之宗"、"万物之母"。大道在为"万物之宗"、"万物之母"中，具有不辞其生生的内涵质性。生生而"不辞"，是"为物不贰"。不辞其生生之德，无有仁恩私赐，故

道 与 物

万物莫知德怨。"万物恃之而生，而莫之知德，恃之而死，莫之能怨。"(《道原》) 行仁者"有以为"，亲其亲，故有亲疏之分。至仁无亲，"天地不仁，以万物为刍狗"。大道不辞其生生，故生生不测，莫见其功。虽言"不辞"，实则不见其"不辞"，只能因万物赖以生、无不得遂其生而推知其"不辞"。它同时是针对人有为有形的"辞"，而反言无为无形的"不辞"。作为功成莫见的"神明"，其生物、杀物而不辞。不辞则自然能得，不求故不自觉知。"莫见其所养而万物长"，"莫见其所丧而万物亡"(《精诚》)。不辞其生，无有取舍，故万物不知有主，不识谁氏。恒道不辞其生生，故生有期必，无有"不信"。"天有明，不忧民之晦也。地有财，不忧民之贫也。……天地无与也，故无夺也；无德也，故无怨也。"(《符言》) 天有日月信出，不辞其明，故不忧民晦；地者生机信然，不辞其财，故不忧民贫。因信于不辞，故不忧。天地不辞其"与"，故不夺其施。不以"与"为德，无有私赐，故无怨。唯无有私赐，故无有私怨。生生而不辞，同时是"兼利无择"(《道德》)。畜养遂长无有辞拒，无有选择，不主舍弃，故为"兼利"。不辞其"善利"之为，故无择。圣人体恒道生生的"不辞"德性，执道御民不辞其循事因动之为，故于"万物之化"而"无不应"，于"百事之变"而"无不耦"(《道原》)。不辞其化物之功，故事来即循，"事善能"；不辞其物物之为，故物动即因，"动善时"。物化事变，不辞其耦应，"心善渊"。"至德道者"不辞其生生，因物付物，曲成不遗，范围不过，有求必贷。"至德道者，若丘山嵬然不动，行者以为期，直己而足物，不为人赐；用之者，亦不受其德，故安而能久。"(《符言》) 不辞其生生，"独立不改"，故若"嵬然不动"。生生而不辞，恒其必然，故"行者以为期"。不因人私赐，则不辞于生物；不以为恩德，则不辞其生德。不辞则不息其生生，故"安而能久"。圣人不辞其仁，在于"诚"，在于"自然"，在于"不得不然"。慈父不辞于爱子，非在于求其报，而在于"不可内解于心"。圣主不辞于养民，非在于"为己用"，而在于"性不能己"(《微明》)。若恃其力、赖其功，则必"有以为"，而不能恒自"不辞"。圣人不辞其仁德，关键在于能"无以为"，不自恃己力，不居其成功。"不辞"的内涵：在于以所求者为中心、为目标，为取舍，不辞于众人所爱、众人所喜、众人所求。倘若如此，方能用人之力，而民乐推不厌。圣人不辞其仁德，还在于曲成万物而不遗，使每一存在者皆得所宜。圣人不辞生生之功，故德配"天覆地载，日月照临，阴阳和，四时化"，如此则"无故无新，无疏无亲"(《自然》)。不辞其生生，则不弃其所生，不因新故而有拒，不因亲疏而有选。"不辞"则"恒自如一"，"兼利无择"，周行其生生之功。"不辞"则"善应"，天地四时于物生"无不应"，"曲成不遗"。帝者为仁不辞是"体太一"(《下德》)，与道德为一，与天地配。与天地合德，则不辞其生生、化育之德；与道德相通，则不辞其裁成、刻雕之功；与日月合明，则不辞其照临、教化之观；与精神往来，则不辞其周行、乘物之游；与阴阳动静，则不辞其时变、善应之能；与四时合序，则不辞其当节、中和之理。不辞其生生，则德行覆露，"溥洽而无私"，兼利无择。"不辞"一词，在于揭示恒道生

生的特有内涵，赋予其绝对性、无限性、不宰性。"万物恃之以生而不辞"思想，是生生施与模式的重大转变，为"以鸟养鸟"的"德善"、"善利"模式。它非以我为中心，而以万物为中心，有求比应，物求必予，予无不宜。若以我为主而予以仁，则所予者并非一定是人物所需求，就存在给予上的强迫甚至忤逆问题，可能产生事与愿违的结果。相反，若以万物为施的取舍标准，就是因物付物，时措而宜。这一思想在天道"不言而善应，不召而自来，繟然而善谋"以及"恒与善人"中得到了进一步的深化和拓展。

最后，对本节内容做简要概述。"万物恃之以生而不辞"，作为《老子》核心思想，融贯于恒道的生生内在质性之中。"不辞"是生生的本所自然、本自固然，自能为物不贰，生物不息，周行不殆。有"辞"则不诚、非"自然"，何为"独立不改"？恒道既以生物、为物为体，自不必言"不辞"。恒道不辞其生生与不贰其生，不息其生，不恃其生、不宰其生、不择其生等内涵质性相贯通。不辞其生，则不贰其生，"独立不改"；不辞其生，则不息其生，"周行不殆"；不辞其生，则不恃其生，"生而不有"；不辞其生，则不宰其生，"万物归焉而弗为主"；不辞其生，则不择其生，"兼利无择"，"无弃人"、"无弃物"；不辞其生，则与物无违，"曲成万物而不遗"；不辞其生，则"善始且善成"，"道乃久"。不辞其生，则为"玄德"、"自然"，"功成弗居"。

第三节　哺育万物

恒道作为万物生生的一本，为"万物之宗"、"万物之母"。在生生的存在质性上，有就"数"言的生成结构，有就过程言的生成阶段，有就恍惚言的"为物"样态，有就利物言的"善利"、"不争"，有就资生言的"恃之以生"、"不辞"。恒道"生生"的存在质性究竟还包括什么样的内涵，于万物有哪些生生的品性？对此，《老子》同样给出了明确的答案。

一、文字校解

《老子》第五十一章云："道生之，德畜之；长之育之；亭之毒之；养之覆之。"帛书《老子》甲本原文写作："道生之，畜之，长之，遂之，亭之，□之，【养之，覆之】。"乙本写作："道生之，畜【之。长之，育】之，亭之，毒之，养之，复（覆）之。"楚简《老子》无此章句，是思想发展的增撰而成。对照今本与帛书甲、乙本文字来看，有很多不同。帛书《老子》甲、乙本无"德"字，"德"从"道"来，可一统于"道"，然"道"与"德"有不同的存在方式。前面，曾揭示出"道"以一统言，"德"侧重以寓于万物的"得一"分殊言。帛书《老子》甲本将"育"字写为"遂"，乙本缺损。"亭"、"毒"在河上公本为"成"、"熟"。帛书甲本缺损"养之覆之"文，乙本将"覆"字写作"复"。马叙伦校正《老子》文定为："道生之，德育之；长之养

之；成之熟之；盖之覆之。"在解读全文前，首先对主要字义进行解析。

"生"、"畜"字义，已在前面第四章进行了解析。本节重在诠释恒道在生成万物后，如何维持万物以存在、变化和发展，用《老子》的语言即是长育、亭毒、养覆的问题。河上公云："道之于万物，非但生之而已。乃复长养，成熟，覆育，全于性命。"可见，恒道的生生之德、功用贯穿于万物存在、发展或生命的全过程。"道生之"，揭示的是始生、本源和总体统一的内涵；"德畜之"，揭示的是"赋性"、分有内涵。"畜"为德之得，分有于恒道，为万物"得一"者，以《易》言是"品物"思维，以《中庸》言是"天命之谓性"思维，虽然三者在性为何谓的内涵上有所不同。物得以生为德，它是"自得"、"性分"。恒道生生之德、之用，是生畜、长育、亭毒、养覆等过程和环节的统一。

（一）"长"与"育"、"遂"

"长"者，非"天长地久"之长，而是"长而弗宰"之长，生长之长。王夫之云："长，本训久远也。久远者其涂永，故不短曰长。借为'长幼'字者，长者先，生亦久意……有余之谓长，亦远也。生渐盛大之谓长，亦不短也。"（引自《说文广义》，载《船山遗书》第五卷，北京出版社 1999 年版，第 2745 页）长者，由短至长，故具有生长、成长之义。"苟得其养，无物不长。"（《孟子·告子上》）由成长引申为成长的阶段，有长幼之别。又扩展为教育、德性之长。"克明克类，克长克君"（《诗·皇矣》）。郑玄笺云："勤施无私曰类，教诲不倦曰长，赏庆刑威曰君。"（引自《毛诗正义》，第 1026 页）孔颖达云："心能施而无私，可以为人君长，故次'克长克君'。长即师也。《学记》曰：'能为师然后能为长，能为长然后能为君。'故先长后君也。"（同上页）儒家赋予成长以道德教化、修行的涵义，通过教诲使之成长、成人。"立于礼，成于乐"（《论语·泰伯》）。因人辅助其成长。"人人亲其亲，长其长，而天下平。"（《孟子·离娄上》）"长"字，还有官长、增长等涵义。在"长"的内涵上，道家与儒家虽皆重视生理、机理上的成长，但在性情"长"上有不同趣向。一者强调道德仁义的塑造，一者强调道德本性的守护。二者又在圣人境界、天下功业上殊途同归。在《老子》中，亦有长度之长，如"长短相形"，"天长地久"，"不可长保"等；也有生长之长，如"长而弗宰"、"长之育之"、"其德乃长"和"能成器长"等。

"育"者，古字为"㐬"。《说文》云："不顺忽出也，从到（倒）子。《易》曰：'突如其来如（然）。'不孝子突出，不容于内也。"又写为"毓"，与"育"一繁一简。《说文》解之云："养子使作善也。从云，肉声。《虞书》曰：'教育子。'"。解说来自于儒家思想。谷衍奎认为，"毓"、"育"、"㐬"等字同源，本义为生子。"育孕不杀，觳卵不探"（《文子·上仁》）。"育孕"与"卵"，皆为孵育、孕育、生育之谓。"育"亦为"长"（《尔雅·释诂下》）。郭璞云："育、养亦为长"。（引自《尔雅注疏》，第 48 页）因"育"而"长"。"昔育恐育鞠，及尔颠覆，既生既育，比予于毒。"（《诗·

邶风》）毛亨云："育，长。"郑玄笺云："育谓长老"。（引自《毛诗正义》，中华书局2009年版，第151页）"后稷教民稼穑、树艺五谷，五谷熟而民人育。"（《孟子·滕文公上》）因生育、抚育引申为教育、德育，在《易》中多言，如"君子以果行育德"（《蒙卦·大象》），"君子以振民育德"（《蛊卦·大象》）。以德而"育"，即因教养使"长"。"育"的另一体"毓"，亦是长育之谓。"田园毓草"（《周礼·天官》）。

"遂"者，成就、使成长。"群木安遂，条长数大"（《管子·地员》）。从字义本源看，"育"与"遂"虽皆有使物成长、孳生涵义，然亦有区别，"育"多指早期的生长阶段，而"遂"涵盖生成的全过程，成熟义内涵其中。"遂之"与"养之覆之"义重，故不用此字。"育"后来又与"养"合成一词"养育"，涵盖长遂的全过程。"六畜遮育，五谷遮熟"（《管子·侈靡》）。"育"与"熟"通义。现在言"养成"，是以"养"言"成"，"成"贯"长"于始终，"养"亦通于"长"的始终。

（二）"亭"与"毒"

"亭"者，《释名》释为"停"，认为是"道路所舍，人停集"。因"停止"引申指"安定"。《说文》解为"民所安定"。《释文》云："亭，别也，平也，均也，调也。""别"是分之宜，故正定。"平"、"均"者，安定之谓。"调"者，均平、和调之谓。"亭"与"定"可互文。《淮南子》言"味者甘立而五味亭"（《原道训》），而《文子》写为"甘立而五味定"（《道原》）。

"毒"者，《说文》解为"厚"。又"毒"为"安"，谓成其质。"无门无毒"（《庄子·人间世》）。郭象云："付天下之自安，无毒者也。毒，治也。""毒"者，因治而安。李桢云："门毒对文，毒与门不同类。……毒乃墙之假借。许（慎）'墙'下云：保也，亦曰高土也，读若毒。与此注自安义合。张行孚《说文发疑》曰：'墙者，累土为台以传信，即《吕氏春秋》所谓为高保祷于王路，实鼓其上，远近相闻是也。祷当为墙之伪。墙是保卫之所，故借其义为保卫。《易经》《庄》《老》三毒字，正是此义，《广雅》所以有'毒，安也'一训。"（引自《庄子集释》，中华书局2004年版，第149页）"毒"者，使之安，又为"正"。"师，众也。'贞'，正也。能以众正，可以王矣。刚中而应，行险而顺，以此毒天下，而民从之。"（《师卦·彖》）"贞"作为"正"，"以正治"是"毒天下"。"毒"者，正、定、贞之谓。"'贞吉'，养正则吉也。"（《颐卦·彖》）"'利贞'，刚柔正而位当也。"（《既济卦·彖》）因正、定、贞而有使"止"的涵义。"毒而无怒：此言止忿速济没法也。"（《管子·宙合》）"毒"者，使之成熟、正命。

从字义解析看，"亭"、"毒"皆有安平、贞定的涵义。"亭之毒之"的内涵，正是《易》所谓的"利贞"。"乾道变化，各正性命，保合大和，乃'利贞'。"（《乾·文言》）亭毒者，是"各正性命"，在生物、为物的过程中为贞、正之义。毕沅云："亭、停、毒、熟声义皆相近"。就"亭"、"毒"二字涵义的分殊言，前者为正性，后者为

正命。前者言呵护以正使安，后者言不伤而保护使正。前者侧重言个体的安定，后者侧重言安定的环境。河上公以"成之熟之"取代"亭之毒之"，然"成之熟之"与"养之覆之"涵义前后重叠，故不如写为"亭之毒之"为佳。

（三）"养"与"覆"

"養"字为会意字，甲骨文象手持鞭牧羊形，会放牧饲养之意。篆文改从羊、从食，突出用食饲养之意。后引申为供养、养育、养殖、培养、修养等涵义。《说文》云："养，供养也。"《玉篇》释为"育"、"畜"、"长"。可见，"养"与"畜"、"长"、"育"等义相近。《管子》多言"养"的涵义。"养桑麻育六畜"（《牧民》）。"养"与"育"对，二义接近。"养人如养六畜，用人如用草木"（《七法》）。以"六畜"言"养"，可见其牧羊的本源涵义。借养"畜"以言养"人"，可见"养"的对象贯通人物。"养之以义"（《幼官》）。以"义"为"养"，则将人畜通用之"养"变成为教养、修养，"养之以德"。"养"涵盖着抚养身体、教养性情的全部行为。"养"与"育"内涵有别，"春嬴育，夏养长，秋聚收，冬闭藏"（《四时》）。"育"本为哺育幼苗、稚子等初始阶段，而"养"指成熟的阶段。"爱之、生之、养之、成之，利民不德，天下亲之，曰德。"（《正》）"养"与"成"为不同的阶段，"养"不包括"成"的阶段。"爱亲善养，思敬奉教，子妇之常也。"（《形势解》）子妇之则，在于"尽力共养"。供养，针对未成年阶段而言。从"养"之以养的范围看，先是物资、道德，然后拓展为万物以生成的所有条件、环境。"生养何也？曰：滋味也，声色也，然后为养生。然则从欲妄行，男女无别，反于禽兽。然则礼义廉耻不立，人君无以自守也。"（《立政九败解》）无滋味、声色则无以养生，然无礼义廉耻则民为禽兽。人君自守者，道德教化之属。"天生四时，地生万财，以养万物而无取焉。"（《形势解》）"四时"、"万财"，是生生的环境条件。

"覆"者，《说文》解为"翻转"，意谓底朝上翻过来。"水则覆舟"（《尚书·胤征》）。"覆"为"反覆"，通于"复"。又释为"败"。"倾者覆之"（《中庸》）。引申为"覆盖"，如言天覆。"善者势利之在，而民自美安，不推而往，不引而来；不烦不扰，而民自富，如鸟之覆卵，无形无声，而唯见其成"（《管子·禁藏》）。"覆卵"，呵护、爱护之谓，辅助自然而孵化。因覆护引申为天覆的生生之德。圣人若天然"无私覆"（《心术下》），人君"覆载万民而兼有之"（《版法解》）。法于"天覆而无外"，则其德无所不在。"覆"亦是"养"之德。"天覆万物，施其德而养之。"（《文子·上德》）"覆"者，由反覆而言兼覆，故为"无不覆"。"覆"作为仁德，涵生杀之功，故善生也善死。生死循环为"复"，故帛书《老子》写为"复"字。在"养"与"覆"的关系上，以覆而养，养者始终，覆亦始终，前者言生命体的成性、遂性，后者言外在的善利环境。

从以上字义解析看，道"生之"是始生、源生，"畜之"是"与理"或"赋性"，

"长之育之"是辅助成长、化育资生，"亭之毒之"是正定性命、呵护保护，"养之覆之"是调养庇护、复归其根。"不畜不养，不能遂长；不慈不爱，不能成遂；不正不匡，不能久长；不敬不宠，不能贵重。"（《文子·道德》）这里，慈爱相类于长育，正匡相类于亭毒，畜养相类于养覆。畜养，贯彻生长始终。敬宠，是德育。

　　二、文句解析

　　《老子》"道生之，德畜之；长之育之；亭之毒之；养之覆之"一文意旨丰富，内涵深刻，涵盖了"善始且善成"的全过程，贯穿于万物存在、变化和生命周期的始终。下面结合注家之解而条释之。河上公云："道之于万物，非但生之而已。乃复长养，成孰，覆育，全于性命。""非但生之"之"生"，是"道生"为"德畜"，以为性理。通言之，"道生之，德畜之"涵摄"长之育之，亭之毒之，养之覆之"，后者是前者的分化、德品，为万物生成后的存在、发展和生命历程。恒道于万物的生生，只有一个生生之德或统一性的"生"性，然分析之又有不同的逻辑结构区分。"道生之"，是"道生一"的始生；"德畜之"，是"万物得一以生"的成性。然后有长育、亭毒、养覆等不同的成长、变化阶段或环节，它是万物性命的实现。"长"与"育"合属一个环节，"养"与"覆"并为一个过程。河上公将"长"与"养"、"覆"与"育"合为一个过程或环节，显然看到"养"对"长"的辅助功能，"覆"对"育"的界定作用。这里，"长"因"养"长，正如《老子》的因"育"而"长"；"因"覆"以育，正如以"覆"而"养"。从字源发展看，本初"育"揭示初始、孕育的生生阶段，而"养"专指牧羊，然其在时间上是长于"育"的生生过程。后来"养"、"育"涵义相互接近，相互可以替用，故有一合词"养育"。"全于性命"者，是成熟，涵盖生命一个周期的全过程。言"成熟"与"长育"等环节具有重合、交叉关系，不如"亭毒"作为一个环节具有补充"长育"、"覆养"的功能。王弼云："谓成其实，各得其庇荫，不伤其体矣。""成其实"，成遂其一生的全过程。"长之育之"、"亭之毒之"和"养之覆之"，统一言之是"庇荫"。"各得"者，因万物生长、变化各有不同的阶段和需求，故自得以生长。恒道生生，是"善利"不害，故为"不伤其体"。李荣云："进益曰长，抚恤曰育，构立曰成，圆足曰孰，资给曰养，衣被曰覆。"这里，以育抚长是成长，成以为孰是终成，养覆是成长的外在条件、环境。陆希声云："道可以体德，德不可以兼道。故禀其精谓之生，含其气谓之畜，遂其形谓之长，字其材谓之育，权其成谓之亭，量其用谓之毒，保其和谓之养，护其伤谓之覆。""禀其精"是"道生之"，"含其气"是"德畜之"，"遂其形"是"物形之"，三者揭示万物构成的不同逻辑阶段，然《老子》在这里还包括揭示生成万物后的辅助生长问题。"字其材"是抚育，"权其成"是正其育，"量其用"是节其赡，"保其和"是内保性，"护其伤"是外荫护。此无疑是一个大胆的解读，具有理论上的创意。实则，"禀其精"是恒道分化为万物，成物之元；"含其气"，是物自得其性分，成为性。二者合之，即是生之畜之。此一阶段应包涵

"道生之，德畜之，物形之"三个逻辑方面。而"势成之"包涵"长之育之"、"亭之毒之"与"养之覆之"环节。"遂其形"者，是个体物成为自体（出生）后的形体成长、变化过程；"字其材"者，是抚育使之成长；"权其成"者，因所成而资助，是安辅以遂其性；"量其用"者，是裁用其资，使各得适宜，是正定其性；"保其和"者，呵护其自然，使之自化、自适，是养其内在本性。"护其伤"者，庇荫而无害，使物自然不伤，是护理其性命。以《易传》语言分析，"生之畜之"是"万物资始"，"长之育之"是"乾道变化"，"亭之毒之"是"各正性命"，"养之覆之"是"保合大和"。实质上，"长之育之"，揭示的是恒道于每一物成长的资助化育；"亭之毒之"，揭示的是恒道于每一物的条理秩序、各正性命；"养之覆之"，揭示的是恒道于物的成之遂之、呵护保护。在《老子》看来，恒道于物以生生之德，从其辅助万物自然言是外在的资助，从其内化于德使物自然言是内在的禀赋。恒道始生万物，乃是一齐俱生，在生物的同时一并赋予万物相生的自组织系统，或者说是生物圈系统。在此机体系统中，每个存在物既要依靠他物而生，同时也为它物提供生存条件和环境。即使是天地，亦内在此生机系统之中，它们既为恒道所生，又分有承担一定的生养功能。圣人的作用，在于维护此有机和谐系统的本然，使之不为人为所破坏，"万物并育而不相害，道并行而不相悖"。陈景元以"成之熟之"取代"亭之毒之"，解说多与上同，不同的在于以"成"为"辅其功"，"熟"为"终其时"。"辅其功"是辅育，"终其时"是遂育。既已"终其时"，就应放在"保其和"、"护其伤"之后，因为后者是前者遂成的条件。以人的成长阶段和环境作比喻揭示恒道生生内涵，虽然相类，然有牵强附会处。林希逸指出，"长之育之，成之熟之，养之覆之"，为既生既有之后，"其在天地之间，生生不穷，皆造化之力也"。既生既有之后、天地之间，就是"橐龠"式的"万物之奥"。不管是生生的内在"势成之"，还是外在的生存环境，都蕴含"造化之力"，它是生物圈系统。范应元以"畜"为"蓄"，用"积"解之。以"盖"取代"养"。他认为，物生而后，积累而长为春，长育为夏，亭毒为秋，盖覆为冬。"冬乃万物归根复命之时"。以四时作解，然四时为物生长一个循环阶段，是养覆的外在条件内涵，非能囊括万物生存的全态和所有内涵。何心山云："道生之畜之有如春道，长之育之有如夏道，成之熟之有如秋道，养之覆之有如冬道。"以春夏秋冬四时揭示生成过程内涵，犹如以四时言仁义礼智。春是始生，然其必长故以"夏"，成熟以秋，然后冬藏。"东方者春，春之为言蠢也，产万物者，圣也。南方者夏，夏之为言假也，养之长之假之，仁也。西方者秋，秋之为言愁也，愁之以时察，守义者也。北方者冬，冬之为言中也，中者，藏也。"（《礼记·乡饮酒义》）春产为"生"，夏为长育，秋察为亭毒，冬藏为养覆，是"四季生养模式"。藏者，为生长之终，历经各个环节，故为全生之养。同时是新生的孕育。开始，故为覆。在《老子》本意，四季在环境系统之中，"生之"靠"畜之"以赋性成物，"长之"靠"育之"以长遂成熟，"亭之"靠"毒之"以正定安适，"养之"靠"覆之"以庇护终始。每一个后者皆是前者的辅助条件，或者说前者揭示成长

过程，以人生言是幼长、中年、养老，对应的辅助条件是抚育、治理、爱护。李道纯以"生之畜之"为"神全"，以"长之育之"为"气全"，以"成之熟之"为"精全"，以"养之覆之"为"形全"。"生之畜之"是分有、禀赋，赋予生生因子，它应是灵性的"精全"，"神全"、"形全"潜在内藏其中。"长之育之"是"性全"，成其性命，"成之熟之"内涵其中；"亭之毒之"是"正命"，条理秩序，"长之育之"内涵其中。"养之覆之"为"资全"，环境条件，"亭之毒之"内涵其中。从"生之"至"覆之"，是从物生长阶段所需而逐步分化的"辅助自然"功能质性。从"覆之"至"生之"之间，是后者逐个包涵前者、又多于前者，至"覆之"则生生的全部内涵囊括已尽。吴澄以"长育"申言"物形之"，"成熟"申言"势成之"，"养"申言"长育"，"覆"申言"成熟"。"覆"为"反本复命"。在《老子》言，"势成之"是物形初备成为潜在个体存在物后的运动、变化、发展过程，它包括内在动力因和外在条件环境，因为条件环境亦是"势成之"的系统。既然"覆之"涵盖一切生存资助系统，则它对每一个存在物是终而更生的辅助条件，"夫物芸芸，各复归其根"。徐大椿认为，"覆护"涵盖长育、成熟两个阶段，"由长育以至成熟，始终爱养覆护之，无一时不仰赖于道也。"养覆成为长育、成熟的条件，然前者有后者所不及者，"覆"既是爱护，亦是善终而更生。丁杰以"亭"为"立"，"毒"为"导"，教导而立明。然以"养"为"教"，则非是。高明从分析文义上认为，"'长'、'育'而谓体魄，'亭'、'毒'而谓品质，'养'、'覆'则谓全其性命耳"。实质上，"长之育之"并非仅是长育体魄、生理或机理而已，而且包括生物之资。个体存在物因"育"而"长"，"育"包括万物成长的生生环境，且人区别于物还包含人的勤行、修身于道等教育；"亭之毒之"，就个体存在言是品质、正性，就万物并生和谐言是秩序、条理；"养之覆之"，就个体存在言是成遂其生、复归其根，就万物总体生存言是无不成、无不毁的机体系统。《老子》从人生过程的比附思维，揭示恒道生物内涵的旨意。"父兮生我，母兮鞠我。拊我畜我，长我育我。顾我复我，出入腹我。"（《诗·小雅》）毛亨云："鞠，养。腹，厚也。"郑玄笺云："畜，起也。育，覆育也。顾，旋视也。复，反覆也。腹，怀抱也。"（引自《毛诗正义》，第778页）"父生"、"母鞠"，足见生、养的事为之分。拊畜者，拊循而后起止。"长我育我"，是"长之育之"。"顾我复我，出入腹我"，是"养之覆之"，包含反复终始。实质上，"亭之毒之"是"长之育之"的分化，亭毒亦在长育之内，分出来以进一步揭示"各正性命"的生生之德。在"长之"与"育之"、"亭之"与"毒之"、"养之"与"覆之"三对之间，前者侧重揭示存在物、生命存在内在变化、生长历程，后者侧重揭示作为前者的外在条件、辅佐，以育而长，以毒而亭，以覆而养，当然这只是大略、相对而言。三对关系，可一言以蔽之为"养育"。"养"包括"长"、"亭"，"育"包涵"毒"、"覆"。此外，长育、亭毒、养覆等生生之德，还具有以物为中心的"善利"而"不恃"、"不争"、"不辞"的质性。

三、传承发展

《老子》以"道生之"揭示恒道为生成万物的统一一本，以"德畜之"承接"道生之"，揭示恒道赋予万物以生存因子，同时作为"万物之奥"是万物自身存在、生存的根本依仗。就每一存在物的运动、变化或生命过程而言，它是存在、生存的一体性、连续性。正如"仁"作为一统涵摄义礼智信一样，分言之则仁是仁，与其他四种品德并列，作为分殊品性统一于"仁"，它是"理一分殊"的思维。前面已然诠释"德畜之"作为恒道分有于物，成为"万物之奥"以及"得一"者的内涵。然作为分有之"得"或性理仍是潜在，它还需要一个展开、成长或实现的阶段和过程，"长之育之"、"亭之毒之"、"养之覆之"。"德畜之"是它们的潜在，同时是它们的统摄。正如恒道具有两个存在样态一样，"德畜之"同样具有两个存在样态，一是作为"道生一"的构物因子，一是寓于万物之中的"万物之奥"，作为"势成之"贯彻万物生生循环的始终，故《老子》云"万物莫不尊道而贵德"。有道尊德贵则莫之命而恒"自然"。下面借助《庄子》《文子》对《老子》思想的发展，逐一阐释之。

（一）"长之育之"

"长之育之"，作为恒道化育成遂万物的环节，"长"是长物，使之长，内在就含有使之长的生存资材、生活资料，对人还包含道德教化、政治治理。"育"是育物育人，以育之则内在涵有所以抚育的生存环境、生活条件。《庄子》继承《老子》接言大道、造化长育之功。造化者，"泽及万世"（《大宗师》），善利、恩泽皆是长育之功。明王之治，"功盖天下"、"化贷万物"（《应帝王》），同样是辅助万物成长。"自而治天下，云气不待族而雨，草木不待黄而落，日月之光益以荒矣。"（《在宥》）在作者看来，宇宙之间内在具有长育万物的条件和环境，是生机系统。宇宙机体自然而然，人主只有慎守无为，则"物将自壮"。"万物云云，各复其根，各复其根而不知。"万物自生自化、各复归根。不待人主有为，皆自长自育。"禽兽成群，草木遂长"（《马蹄》）。若人主有为、妄为，反伤物性自然。"天不产而万物化，地不长而万物育，帝王无为而天下功。"（《天道》）"天不产"、"地不长"，非是无有生产之功，而是无心以自然产、自然长。自然则天均，化育则无私赐。"天地不仁，以万物为刍狗。"自然有其长育之资、之功，故帝王不自专为，用天下之为，故成"天下功"。"圣人不仁，以百姓为刍狗"。天地无心而成化，长育之功中涵亭毒、养覆。以人的道数言，"吾始乎故，长乎性，成乎命。"（《达生》）"长"与"始"、"成"别，为三个不同阶段。"始乎故"，正如"德畜之"的初始阶段，是禀赋的存在；"长乎性"，是性内在具有潜质、潜能，故使长之。"成乎命"，是"势成之"，"长"遂其性命，以"成乎命"而终。"长"者，涵摄性的始终、过程。"长"侧重于揭示内在、自在之长，而"育"侧重于外在的抚育、辅助，使之得以长。"育万物"（《天下》），"育"之为是辅助自然，"长

而不宰"，循其性命使"长"。《文子》对"长之育之"概予了进一步阐发。道者，"成化而不宰"（《道原》）。"成化"是长育之功，辅助自然而"不宰"其施。因循物性长育，故不伤物性。长育之为，是自然的施为。"阴阳四时非生万物也，雨露时降非养草木也，神明接，阴阳和，万物生矣。"（《精诚》）万物化育，自然而然，非是造化者有意、有心之为。若有意、有为，则长而有宰，不能长育无择。"阴阳四时"、"雨露时降"、"神明接，阴阳和"，既是恒道长物育物之功，亦是万物长育所需的条件环境。"畜之养之，遂之长之，兼利无择"（《道德》），作为"德畜之"的"德"兼万物成长的全过程，涵盖一切生生化育之功。因"畜之养之"，故能"遂之长之"。因"畜"而"养"，则涵一切生生之功；以"遂"而"长"之，成就其"长"。"畜养"侧重从提供、给予生存条件和环境言，而"遂长"侧重从万物自身存在或生命的成长、完成言。"兼利无择"，是长育的周遍无遗。"圣人之于天下百姓也，其犹赤子乎！饥者则食之，寒者则衣之，将之养之，育之长之，惟恐其不至于大也。"（《说苑·贵德》）"育之长之"，以育而长，使之成长、长大。长育的内涵包括"饥者则食之，寒者则衣之"。以"将之"而"养之"，"养之"包涵"育之长之"。

（二）"亭之毒之"

亭毒者，安定万物，各正性命。《老子》多言"安"、"贞"、"正"、"定"等涵义。恒道于物的亭毒、正定内涵，分为两个层面：一是恒道正定天下、安定万物，它为"万物之奥"而正定万物。二是万物各自正定，从"得一"中先定和谐。今本《老子》云"天下将自正"，而楚简《老子》云"万物将自定"。"正"与"定"涵义相通。在正定万物上，恒道"长而不宰"，故万物自然，各正性命。以为圣治是"清静为天下正"，"我好静，而民自正"。今本《老子》云："修之身，其德乃真。"楚简本"真"写为"贞"。修其"贞"，故"真"。"正"、"贞"、"定"者，因其贞正，则各自贞定。在言"安"上，今本《老子》云"民莫之令而自均"，而楚简《老子》云"民莫之命而自均安"。"均安"者，平安之谓，无物不安，无所不平。因正定使民物安，无不安平。《老子》云："往而不害，安平泰。""不害"，才能"安平"，各正性命，在安民上，是"安其居"。《庄子》申言之。"䪫万物而不为义"（《大宗师》），"䪫万物"者品物，各正性命，无所不宜。虽不名为"义"，然有分别、正定之实。人物各自正定，故"相造乎道者，无事而生定。"循于道，不妄自为，故"无事"。因人物而安之，故"生定"。恒道的正定，既是各正性命，又是万物秩序，"大道之序"（《天道》）。春夏先、秋冬后，为四时之序。盛衰之杀为变化之流。万物自治自理，就是恒道亭毒之为。就万物各正性命言，"亭之毒之"是和谐秩序，"万物并育而不相害"。就每一存在物的自生自化言，是"天地固有常"、"日月固有明"、"星辰固有列"和"禽兽固有群"。在安其性命之情上，各自定安，守其本分，自得性分。"说明邪？是淫于色也；说聪邪？是淫于声也；说仁邪？是乱于德也；说义邪？是悖于理也；说礼邪？

是相于技也；说乐邪？是相于淫也；说圣邪？是相于艺也；说知邪？是相于疵也。天下将安其性命之情，之八者，存可也，亡可也。天下将不安其性命之情，之八者，乃始脔卷狯囊而乱天下也。而天下乃始尊之惜之。甚矣，天下之惑也！"（《在宥》）"说"者，有以为，自恃其为，不免于背弃性命自然，流于贪执饰伪。乱德悖理，故不安。在圣治的安定上，无为则人物各安其性命之情。德人者，"四海之内共利之之谓悦，共给之之谓安"（《天地》）。"共给之"，使各得其资，以安其性。"安"必有有以安者，它是"共给"，各得所宜。"圣人安其所安，不安其所不安；众人安其所不安，不安其所安。"（《列御寇》）安于所安，则安当于安，安于性分，安于自得，安于时命。安者有理，当其理则安，无理则不安。俗人僭越性分，故安于不安、不安其安。在安定天下上，"安"非是以己所安而安之，而是因人物所需的安定以安定之。"安"是"平"，"以不平平，其平也不平"（《列御寇》）。"以不平平"，齐物于性分自得，物各自平其所平。若以己之"平"而平之，则人物不能各正性命。只有因物理之平而平之，因物所正而正之，故平无不平，定无不定。因物以平，则己无为平。古畜天下者，"渊静而百姓定"（《天地》）。"渊静"，方能任物自定，不扰其正。若"神生不定"，则必"以不平平"，它是"道之所不载"。以道安定天下，是各自平安，安于所安，无所不安。恒道的亭毒正定之功，既在个体人物的性分自足、各正性命上，亦在于万物之间的和谐秩序上。对此，《文子》进一步申述之。首先，万物因大道而正定。正如"甘立而五味定"一样，道者"一立而万物生"（《道原》）。它"陶冶万物"，使各自正定。万物因"得一"，而各自正定。其次，每一存在物的正定，影响着其它存在者的正定。"天不定，日月无所载。地不定，草木无所立。"（《精诚》）天定则日月载，地定则草木立，故各自正定。"地承天，故定宁。地定宁，万物形。地广厚，万物聚。定宁无不载，广厚无不容。"（《上德》）地因定宁以承天，故定万物形。正因定宁，故无不载。"形殊性异，各有所安"（《自然》），各安性分则无不正定。再次，天下以道德正定。"道德者，匡邪以为正，振乱以为治，化淫败以为朴，淳德复生，天下安宁，要在一人"（《道德》）。可以依据治理的道德之正，既是来自绝对本体存在的道德，又是来自于万物本性中的道德。天下之所以安宁，在于各自正定。邪乱淫败，是失其性命之情。人主正定天下，是以天下正定天下，"以道莅天下"。"淳德复生"，是复其性命本正。有不正、有不安，则道之以正定，以为所导者是来自性命的"道德"。"不正不匡，不能久长"（《道德》）。义者，别理正分，故"修其义则下平正"。礼者，"为上则恭严，为下则卑敬"，"无礼则下乱"。"礼义"相当于"亭之毒之"。"物生者道也，长者德也，爱者仁也，正者义也，敬者礼也"（《道德》）。这里，"爱"是"育"，"正"是"亭毒"之"义"。以道德正定、牧民，使"无由相过"（《自然》）。正定治理，则各得其宜。天下之物，因其所定而定之，则定无不定。亭毒之为正如"义"，而长育犹如"仁"。无"义"则无"仁"，无"仁"亦无"义"。安民在于各正其性，这需要两个条件：一是不扰其性命自正，要求人主虚无无执"以不平平"。二是因循辅助使各自

正，以平平之。

（三）"养之覆之"

帛书《老子》云"万物归焉而不为主"，河上公本《老子》将"万物归焉"写作"爱养万物"，王弼本作"衣养万物"，范应元本写作"衣被万物"。不管文字上有多大差别，内涵皆在于揭示恒道生成万物的功德、功用。"万物归焉"，是恒道爱养的功效。《老子》虽不多言"爱养"，但作为生生一本无有"功为"不是"爱养"，虽然是"玄德"式的"爱养"。"养"是恒道作为"万物之母"的生生功为。《庄子》除言"养亲"、"养身"、"养中"、"心养"、"养神"、"养气"等之外，还揭示生生的爱养内涵。首先，"养"贯始终。"大块载我以形，劳我以生，佚我以老，息我以死。故善吾生者，乃所以善吾死也"（《大宗师》）。"载"、"劳"、"佚"和"息"，揭示养育之功。既善养吾生，亦善养吾死。其次，天地均养。"天地之养也一"（《徐无鬼》）。天地有"养"，禀自恒道之"养"，在《老子》是"天地相合，以降甘露"。"养也一"者，契合《老子》的"民莫之令而自均"涵义。"一"者，齐一、一同之谓，揭示出爱养的均平、普遍。恒道养物，必是曲全不遗，"无弃材"、"无弃人"。再次，因物以养。爱养的至善，在于因人物所需而给养，非是以己养而养之。"昔者海鸟止于鲁郊，鲁侯御而觞之于庙，奏九韶以为乐，具太牢以为膳。鸟乃眩视忧悲，不敢食一脔，不敢饮一杯，三日而死。"（《至乐》）它是"以己养养鸟"，非是"以鸟养养鸟"。"以鸟养养鸟"者，"宜栖之深林，游之坛陆，浮之江湖，食之鳅鲦，随行列而止，逶迤而处"。鸟有本己所以养的固然，它是养鸟的特殊要求和律则。善养鸟者，必根据鸟的本性，因循鸟之所适而养。"以己养养鸟"，是养以悦己、以己之所为养而饲养。"养"必有为养的自然之资，是"深林"、"平陆"、"江湖"、"鳅鲦"等。而"太牢"、"九韶"等作为养人之资，非是养鸟所需。圣人养民，若天地养物，因民养而养之。最后，养在除害。"善养生者，若牧羊然，视其后者而鞭之。"（《达生》）鞭其后者，使其不得为害。何谓？"鲁有单豹者，岩居而水饮，不与民共利，行年七十而犹有婴儿之色；不幸遇饿虎，饿虎杀而食之。有张毅者，高门县薄，无不走也，行年四十而有内热之病以死。豹养其内而虎食其外，毅养其外而病攻其内。此二子者，皆不鞭其后者也。"养生，既需自己内修以养，也需要外在安养的条件。外在安养条件，是圣治的不得不为。理民之要在于："以事为常，以衣食为主，蕃息畜藏，老弱孤寡为意，皆有以养"（《天下》）。"皆有以养"，是各得所养，无所不养。既要人我之养"毕足而止"，又要天下安宁"以活民命"。可见，"养"者包括长育之资、亭毒之正。《庄子》重视"养生"，但并非否定养物、养民。《文子》继承老庄思想，赋予"养之"以新的内涵。一为养以自然。"阴阳四时，非生万物也；雨露时降，非养草木也"（《精诚》）。恒道一道生成万物后，即寓于万物之中，成为生物圈的自然生养系统。万物各自成其存在，然其相互间构成一个生生的机体系统，一切生养皆是自然而然，非是有心为之。万物

自然相养，互为资养的条件和环境。生物自然，"莫见其所养而万物长"。万物相生养者，是"道德"所在。"道德者，所以相生养"（《道德》）。"道"是生机系统，"德"是生物机理。畜养是遂长的前提条件，不畜养则不能遂长。二为与而不取。"天覆万物，施其德而养之。与而不取，故精神归焉。与而不取者，上德也，是以有德。"（《上德》）万物生养之主，在道家谓之"道"，在儒家谓之"天"。"施其德"者，是"德畜之"，然是作为外在条件、环境。在《老子》言，它是恒道机体系统的内在所有。"与而不取"，是养以"善利万物而不辞"。之所以"精神归"，在于资养不争，养物不辞。"与而不取"所以为"上德"，在于其"善利"而"不争"。三为养必除害。"畜鱼者，必去其蝘獭，养禽兽者，必除其豺狼，又况牧民乎？"（《上义》）除其害，是"养"的必然要求，故有养护、爱护之谓。除患，方能创造安养的条件和环境。"蝘獭"与"鱼"不并生，必除之而后可畜鱼。"豺狼"与"禽兽"不并处，必除之而后可养禽兽。从宇宙大系统言，是"万物并育而不相害"。以"牧民"言，需要一个安定、祥和的生存、生活环境，故必"利而不害"。圣人所以立道德之正，乃在于使其以为"相生养"、"相蓄长"、"相亲爱"和"相敬贵"。亭毒在养之中，无亭毒之正则"众人力政，强者凌弱，大者侵小，民人以攻击为业，灾害生，祸乱作"，何养之有？四为圣人养民。圣人养民，法道养万物。"天高泽下，圣人法之，尊卑有叙，天下定矣。"（《上德》）圣人法于天泽，以有序为政，安定天下，使皆有所养，养而和谐。帝王为养，是养以民而非养己欲。"古之立帝王者，非以奉养其欲也。"（《自然》）帝王奉养万民，正如恒道奉养万物。若"奉养其欲"，则是以养天下为养己，轻天下养而重利养己。至人之治，"静而体德，动而理通，循自然之道"（《下德》）。治正在养民内涵中，而治养只有循自然道理，方能因民养民，以天下养天下。圣人养民的模式，来自恒道养万物的思维，二者在"效法"中形成思维同构性。五为养而不穷。圣人养民，同样是养而不贰、不辞、不殆、不穷。"取焉而不损，酌焉而不竭，莫知其所由也。谓之摇光。摇光者，资粮万物者也。"（《下德》）取不损、酌不竭，是爱养不已。莫知所由，则不恃恩养。"资粮万物"，养而不殆。戴震有云："人道之有生则有养也；仁以生万物，礼以定万品，义以正万类，求其故，天地之德也，人道所由立也。"（引自《孟子字义疏证》，第65页）有"生"必有"养"，"养"涵摄"生"以后一切事情。"养"有分殊之节，为资助长育，为正定亭毒，为成性复归，对应儒家论说为"仁"、"礼义"、"信"。信以成之，正是养之终。

再看"覆之"之意。《庄子》言"覆"兼备于"养"。"天无不覆，地无不载"（《德充府》），覆载是生养的基本条件，推及包涵宇宙一切生养资为。"覆载天地"、"天无私覆，地无私载"（《大宗师》）。正因无私，故无不覆载。覆载作为生生功为的至大者，为大道所涵。"道，覆载万物者也，洋洋乎大哉！"（《天地》）大道因覆载万物，而生育万物。《文子》继承《庄子》而大畅其意。一言天无不覆。"以天为盖则无所不覆"（《道原》），"天地无不覆载"（《精诚》）。兼覆无遗，则爱养周遍。天覆是生

生之德。"天覆以德，地载以乐"（《下德》）。"覆"为天德，内涵四时有序，风雨调顺，日月扬光，五星律行。二为圣人兼覆。圣人法天，故周利于物。"兼覆而并有之，技能而才使之者，圣人也。"（《符言》）"并有"方为"兼覆"，因材使能，量才而用，故无所不用，养无不宜。人主法天地之道，体兼覆之德，故无私取与。无私好憎，故放准循绳，行道施惠均平，使受者不以为恩德；诛杀当理公正，使杀者知应得而无怨。人主无好憎，则"若天若地，何不覆载"（《道德》）。无不覆载，是养之以公，无所不养。人主养民，"御之以道，养之以德"。御以道则民附，养以德则民服。"执大象，天下往。"圣人"因天地以变化"，德若"天覆而地载"（《自然》）。只有宽大之德，方能养以"并覆"。"非宽大无以并覆"（《上仁》）。德大是"德覆天下"。"五帝异道而德覆天下"（《上礼》）。覆养无殆，故久而不衰。

最后，对本节内容做简要概述。从《老子》道生之、畜之、长之、育之、亭之、毒之、养之、覆之中可以看到，恒道不仅承担着万物始生、一本源生的功能，而且还担负着畜养、哺育、照管，保护、成遂、复返等生杀之德和功用。可以说，万物的荣枯、生死、大小、盛衰等，无不是恒道在提供内在生命力和外在生存环境。从"生之畜之"言，以其为生生一本、涵摄生生过程的始终言为"道"，以万物生成后赖以存在、发展或生存、成遂历程言为德。"生之"涵摄"畜之"以至于"覆之"等内涵，其分化为"德"的"畜之"涵摄"长之"以至于"覆之"。道一统言生物、长物，德专言长物，它又分"长之"、"育之"、"亭之"、"毒之"、"养之"、"覆之"等资长、辅助内涵。在"生之"与"畜之"间，一为始生、赋性，一为分有、自得；在"长之"与"育之"间，一为成长、使长，一为哺育、辅助；在"亭之"与"毒之"间，一为正定、自安，一为治理、使安；在"养之"与"覆之"间，一为养成、成遂，一为庇荫、看护。养以成遂，则"覆之"完成所为生生的循环。就存在物的生成言，成遂后复归其根，又开始一个新的终始循环。

第四节　善始善成

恒道生畜、长育、亭毒、养覆，从万物存在、发展和生命赖以资生的角度，揭示了生生的内涵质性，澄明了恒道赋予万物存在、发展或成长的内在机理与外在条件、环境。虽然其中已然涉及万物存在发展和生长成遂的始终，但在那里并没有深入解读恒道"善始且善成"的深刻内涵。本节重点对此进行阐释。

一、文字校解

《老子》第四十一章云："夫唯道，善贷且成。"帛书《老子》甲本中文字大部缺损，只能见"道"和"善"两字。帛书《老子》乙本写作："夫唯道，善始且善成。"今本《老子》与帛书本文字的最大差别有两处，一是将"始"写为"贷"，一是没有

"善成"的"善"字。此文句，在楚简《老子》中已缺损，不知其何。河上公本写作"善贷且成"，严遵、王弼作"善贷且善成"。

（一）"贷"与"始"

"贷"者，《说文》解为"施"，《广雅》释为"予"，意为施予、给予。它具有两层含义，一是以物与人，表示施与；一是借以盈己，更还其主。入是借贷，出是还贷。"庄周家贫，故往贷粟于监河侯。"（《庄子·外物》）"贷粟"，是假借"粟"以生活给养的"借贷"。贷出的主体是"监河侯"，贷入的主体是"庄周"，二者构成一种"与"与"得"、"得"与"还"的双重关系。"贷"必有所贷者，它是生活资料的"粟"。"尽其家，贷于公、有司以继之"（《左传》文十四年）。家财用尽，故借贷于公侯、有司富裕者。"贷"还有给予之义。"宋饥，竭其粟而贷之。"（《左传》文十七年）"宋亦饥，请于平公，出公粟以贷，使大夫皆贷。"（《左传》襄二十九年）贷以资用，故贷为给利、资生。贷者，涵有施予、给予、布施、借贷、还贷等义。林希逸云："贷者，与也。推己及人也。""与"以"推己及人"，是利己利人。而恒道贷物是因物而施贷。

"始"者，前面已解析，原表示怀胎之义，后由人生孕育之始引申为事物的开始。"始"与"嗣"字同源，与"嗣"义通。"嗣"者，古文"台"字。《玉篇》云："嗣，续也，继也。"，"舜让于德弗嗣。"（《尚书·舜典》）"弗嗣"，是不及子嗣。"始"亦有时间上的继续涵义，"始"是终之始。正如"本立而道生"一样，有始则有终。"始"隐含着终之成。《老子》"贵始"、"善始"观念即从此来。恒道始物，是"资始"。"大哉乾元，万物资始。"（《易·乾卦·文言》）资是资助、造物之资，而"始"是"生生"。生生是给资之生。张载云："'大哉乾元，万物资始'，诚之源也。'乾道变化，各正性命'，诚斯立焉。纯粹至善者也。故曰：'一阴一阳之谓道，继之者善也，成之者性也。'"（引自《周敦颐集》，中华书局 2009 年版，第 13－14 页）"纯粹至善"，涵摄生物、成物，正如"善始且善成"。曹端云："元始也，资取也，言乾道之元，万物所取以为始者。"（引自《曹端集》，中华书局 2003 年版，第 28 页）言"始"必"继"，必有"成"。"资取"，是贷以成善、成性。终其始者，必借助、假凭于贷资，故"贷"从所资给言，而"始"兼有生生、时间起始涵义，内涵"贷"于其中。言"始"优于言"贷"。

（二）"成"与"善成"

"成"与"善成"，虽相差一个"善"字，但涵义相差很大。前面，已言及《老子》多在动词行为前加一个"善"字，赋予其特定的涵义。如"居善地，心善渊，与善仁，言善信，政善治，事善能，动善时"等。不言"善成"而言"成"，是看到在"始"或"贷"前已有"善"字，因"且"为连词而省略，解"成"必以"善成"解，王弼注即如此。在上文已对"成"的字义进行解析，它与"遂"、"熟"同谓，在时间上相当于"终"。林希逸云："成者，道之大成也。成己成物而后谓之大成也。"

恒道"成己"，是通过生物、成物呈现其存在，成就、展现其功用上的实在或本体。就"为物"言，是在生畜以后通过"长之育之"、"亭之毒之"、"养之覆之"，使万物成遂自身的内在质性和机理。"善成"者，在于"善与"、"善时"、"善能"和"善利"中。"善与"者，揭示恒道的资贷、给予正是物之所求，因物贷其成；"善时"者，揭示恒道在万物成遂的不同阶段是时措之宜；"善能"者，揭示恒道"为物"成遂的"事善能"，以合物性成能；"善利"者，揭示恒道利物不害，功大不居，资贷无有止息，在资助、辅助上"不辞"、"不争"、"不宰"、"不测"。

　　"善贷"以为"善成"，"善成"有赖于"善贷"，故自河上公起多以"善贷且成"为《老子》本文。帛书《老子》之所以言"善始"，因为"始"亦有生生的意义。生生必然涵资贷之谓，而"始"与"成"串联贯通了万物生成的始终和全过程。"善贷"包含"资始"、"资生"。万物之"始"因恒道之贷成其始。"贷"贯穿万物生存的全程，由"始"至于"成"是其全部历程。

二、文句解析

　　帛书本《老子》出土之前，历代注家多以"善贷且成"为文本进行解说、诠释，认为"善贷且成"在于揭示恒道通过施予之功，让万物有所依凭，然后有所成就的内涵。河上公云："道善禀贷人精气，且成就之也"。"禀"为禀赋，从所贷对象的"得一"言；"贷"者为施予，从恒道作为主体的施与言。以"人"为对象，则"善贷"范围缩小。《老子》"善贷"的对象，包括人与物，合言之为"万物"。恒道岂止禀贷人以精气？万物何不以之贷而禀以为性？恒道于人所贷者为"精气"，于物所贷亦是如此。禀"精气"是万物自得以成性，而"成就之"从万物成性实现的始终言，既包括"善始"之"贷"，又包括作为"万物之奥"的"势成之"，同时包括万物之间的相贷、资助。天靠地载以承天，地靠天行以成化。天地之间的存在物，更是如此。作为宇宙机体的生生，通言之是大道的"善成"。可见，"善贷"包涵万物生存的条件和环境，虽然它是因万物各自"得一"而形成的相互依存、相互为资的附生产物。恒道于物"善贷"，必然包涵"生之畜之"、"长之遂之"、"亭之毒之"和"养之覆之"等生生内涵和逻辑环节。恒道的"善贷"，岂一个"禀贷"所能言尽？严遵提出，道之为化，"始于无，终于末，存于不存，贷于不贷，动而万物成，静而天下遂"。兼"始"、"贷"言，二者互摄。"始"涵"贷"，是"资始"。"贷"涵"始"，是通于始终。"始于无"，为万物宗母；"终于末"，为"功成事遂"。合之是"善始且善成"。"存"与"贷"皆具有体恤、辅助的涵义。恒道存物，非是定贷之存，而是无方之存，无所不存；恒道贷物，非是定资之存，而是无体之贷，无所不贷。恒道"动"以生物、成物，故成就万物。恒道"静"于因循、曲成，故天下遂适。正因成遂天下有其实贷，然不争能、不求报、不测生，故不见其贷。王弼云："贷之非唯供其乏而已。一贷之则足以永终其德，故曰善贷也。成之不如机匠之裁，无物而不济其形，故曰善成。""善贷"

者，固然为"永终其德"，非济一时之困，而是贯彻万物生成的始终，不息、不测其资。"供其乏"是匮乏之"贷"，而"善贷"是物生有需即贷，是"善利"而"不争"、"不辞"。恒道"善贷"既出，则物秉德自得，以资成其生理，实现其"势成之"的机理。机匠之裁，因物雕琢实有易见，然不如恒道无形"善成"。"善成"者，既是无物不成，又是曲成其宜。李荣以"善贷生"为文解，认为道者"布气施化，贷生于万有，为而不恃，付之于自然"。"布气施化"，是贷之所贷。"生于万有"，是无所不贷。"为而不恃"，是不贰其贷；"付于自然"，莫知其贷。善贷不争，则"为而不恃"。善贷不辞，则贷而不贰。不贰则不息，不辞则不测，不测则日用莫知。陆希声云："唯善济贷于万物，而不责其报，是以万物受其生成而不知其德"。与世俗借、贷的对待性不同，"善贷"是贷不求回报，贷不必还贷，"与而不取"。恒道是德大贷普，无时不贷；是有求必与，无有宰制；是不知其德，"上德不德"。司马光以"物赖以成而不能有"解，它是"生而不有"，"功成弗居"。王雱云："贷之为言，应彼之乏而终以见还者也。"道者，"供万物之求而成就之"。虽"赡足万物"而"未尝费"。因乏而贷，是借贷。"终以见还"，是礼尚往来，不还则不贷。恒道之贷是只与不取，因物所贷而贷之，无求不供，遂物自成。恒道虽贷，是既以与之而己愈有，以贷为性，故未尝有失。陈象古云："贷则假于物而不穷，成则全其妙而不败矣。"假于物不穷，是贷于不测；全其妙不败，是周贷不殆，贷而不匮。林希逸认为，"善贷"是"推己及人"之"与"，与而不自有。"善成"是"成己成物"的"大成"。恒道"善贷"，是利物之利，以物之利而施贷。恒道在"为物"中成就自己，在善贷成物中揭示自己。李道纯以"忠恕而已"解"善贷且成"，固然恒道"善贷"是尽己之诚，善利万物。"恕"者是"推己及人"，然恒道是成物以成己。林志坚以"万物之奥"解"善贷且成"，揭示了恒道成物是以"万物之奥"的存在样态使然。作为"万物之奥"，贯穿宇宙万物的始终，涵摄"生之畜之"、"长之育之"、"亭之毒之"、"养之覆之"的全部内涵。朱敦毅以《易》的思维解之，"夫惟道，范围天地之化而不过，曲成万物而不遗。善贷者，造化无心而溥博。受成者，各适其适，而如愿以偿。""范围"者，是贷以周遍，无有其外；"不过"者，贷而适宜，不有差忒。"曲成"者，因物付物，使物自适。"不遗"者，贷而无弃，公而无私。"无心"者，贷而不宰，为而不恃。"溥博"者，贷而不息，悠久无疆。"如愿以偿"，是贷其所求，有需必与。"各适其适"，是贷无不宜，自得其得。恒道"善贷"，固然涵摄这些意旨，可见在《易传》与《老子》间具有思维同构性。陈三立云："亏之而无不足，济之而未尝辞。""无不足"，方为"善贷"的至贷。"未尝辞"，是不辞其贷，则无所不贷。高亨云："只有道善于施予万物，而且善于成就万物。"一个"只有"，揭示出恒道"善贷"的"独立"质性，虽然他并没能深入解析"何谓善贷"、"何谓善成"的内涵。"善贷"的"独立"内涵，应涵摄贷而不贰、不殆、不争、不辞、不恃、不宰、无为、自然、无名、无功、不测等质性，包涵万物生成所需求的全部功用内涵。"善贷"作为至善之贷，以其无匹合于天下为"独"，以

其贷而不贰为"不改"，以其贷而不息为"不殆"，以其有求必贷为"不辞"，以其不为功名为"不争"，以其任物自得为"不宰"，以其贷用无限为"不测"，以其自然周遍为"自均"，以其曲成万物不遗为"无弃人"、"无弃物"，以其善贷弗恃为"不名有"，以其善贷不以为德为"上德不德"。

三、传承发展

《庄子》对"善贷"、"善成"思想多有继承和阐发。"道与之貌，天与之形，恶得不谓之人？"（《德充符》）"与"是"贷"，所贷者为"貌"、"形"。明王之治，法于恒道"善贷"，"化贷万物而民弗恃"（《应帝王》）。"化贷万物"，是"善贷"的周行其贷、周遍其贷。贷而自均，自然不以为恩，故民弗知所恃。贷者功大，故"功盖天下"；贷不居功，故"似不自己"。"善贷"功盖天下，不测其贷，故不可名。因万物所求而化贷，使物自得，故物者"自喜"。贷而不息、不测，故"立乎不测"。不恃所贷，贷而无有，故贷后而不居其功。贷而不贰，故为诚贷、信贷。"善贷"者，是"贷于不贷"。"古之至人，假道于仁，托宿于义，以游逍遥之虚，食于苟简之田，立于不贷之圃。……不贷，无出也。"（《天运》）"假道于仁，托宿于义"，是贷而无贷。既有假托，则是贷物而不滞于所贷。游逍遥虚，是虽贷而不恃，正如寓物而不物于物。"不贷之圃"者，至足无匮，则不需借贷。郭象注："不贷者，不损己以为物也。""不损己以为物"，是存在物独化的思维，各自自得。《庄子》的"无出"者，是虽贷而不以为出，故不辞其贷。以贷为出，则要其还，故必是有恃、有功、有恩、有名的"私"。"无出"，是不以益彼为损我。"善贷"者，贷于物求，足物而不以为出，任物自足。道者，"运量万物而不匮"，"万物皆往资焉而不匮"（《知北游》）。"运量万物"是物物皆得以资贷，"不匮"是贷用无穷，不息其资贷。恒道以资贷，则万物得其贷，万物以恒道之贷为生成之资。"万物往资"，是贷功之大；"运量万物"，是贷功不测。《管子》对"贷"字内涵进行了深入揭示。"凡农者月不足而岁有余者也，而上征暴急无时，则民倍贷以给上之征矣。耕耨者有时，而泽不必足，则民倍贷以取庸矣。秋籴以五，春粜以束，是又倍贷也。故以上之征而倍取于民者四，关市之租，府库之征粟十一，廝舆之事，此四时亦当一倍贷矣。夫以一民养四主，故逃徙者刑而上不能止者，粟少而民无积也。"（《治国》）人主若贷以为己，是求得、求利之贷。以利己为贷，则非以民得而贷。圣人"善贷"者，因民所需而贷，故不必还"贷"。民"贷"于不足、匮乏，则非是人主的"善贷"。恒道不得不贷，无贷与资则万物无以资生。人主若不为贷，因民自足、自富。恒道之贷，是贷以资生；人主之贷，是积材以贷。与民争利，是贷"有以为"，则民匮乏。民无积蓄方倍于借贷，贷不能偿，则不畏威而大威至。"赐鳏寡，振孤独，贷无种，与无赋，所以劝弱民。"（《禁藏》）赐、与、振者，可统一于"贷"。辅助弱者，是"善贷"。它是贷而为民，"得人之心"。"春赋以敛缯帛，夏贷以收秋实，是故民无废事而国无失利也。"（《国蓄》）民匮济贷，贷当其时，也不

失其为善。圣人之治，上善在于民无求借贷，自给自足。逮有天灾而民有匮乏，则贷资以补其不足。

《文子》继承《老子》，对"善贷且成"思想予以丰富和发展。一是周行于贷。恒道之贷的功为，体现于万物之间形成的机体生生系统之中。圣人"善贷"在于法于大道，因循万物之性，无所不贷。含德所致，"润乎草木，浸乎金石，禽兽硕大，毫毛润泽，鸟卵不败，兽胎不殰，父无丧子之忧，兄无哭弟之哀，童子不孤，妇人不孀，虹蜺不见，盗贼不行"（《道原》）。正因善其贷，周行其贷，则无物不得其德，故无不自得其适，无物不成遂性分。这样的内涵很多，兹不赘举。二是曲成其贷。"善贷"是"泽及蚑蛲"、"富赡天下"（《道原》）的周溥，是"不求报"的"不恃"，是贷当其用的"不费"，是"不既"的周行，是"任天下取与"的周济，是"无所先后"的贷善时，是"无私无公"的均平，是"与天地洪同"的至善。"任天下取与"，则贷而不辞，因物性所需即贷，贷以曲成万物。在恒道是贷于自然，不得不然，不贰不息。在至人是贷于精诚，纯而不已。至人"精诚内形"，诚有诸己；"德流四方"，周行善贷。三为贷于不贷。善贷作为至善之贷，又是不贷之贷。乏而后贷，非是上善之贷。相对于世俗乏而借贷，"善贷"者贷而无乏，贷之于未乏。圣人之法，是"积于不尽之仓，载于不竭之府"，故"不处不可久"（《精诚》）。以"善贷"言，"为之于未有"是贷于万物未乏之先，"与善仁"；"积于不尽之仓"，贷于民之赡足，"为无为"；"载于不竭之府"，是贷于愈贷愈有，"政善信"；"不处不可久"，是贷无不宜，"道乃久"。贷于自均，贷而不息，有求即贷，贷当其宜，贷而不恃，皆是"善贷"的应有内涵。恒道善贷，是贷于自然，"万物恃之以生而不辞"。以恒道"为物"言，"善贷"是有求则贷；以圣人治理言，"善贷"是民自足不必贷。古者明君善贷于民，故使"离于饥寒之患"，贷于不患之先。圣人"善贷"，一要节制己欲，"自养有度"，然后"取下有节"，"计岁而收，量民积聚"。知"有余不足之数"然后取奉，则不与民争利。二要"惨怛于民"，"与民同苦乐"，则"国有饥者，食不重味，民有寒者，冬不被裘"。能如此者，善贷无乏，则"天下无哀民"（《上仁》）。恒道"善贷"，在于曲成万物而不遗，贷用自然不穷。圣人"善贷"，在于"取下有节"，我无为则民自富，为于不求贷。以天下有灾患，则出贷而不积。四为善贷时宜。恒道善贷，是"动善时"，在时变之中贷当其宜。"善贷"之政法于恒道，贷当其时。"春政不失禾黍滋，夏政不失雨降时，秋政不失民殷昌，冬政不失国家宁康。"（《精诚》）"政善治"者，因时而贷，时措其宜。"善贷"为政者，不夺民时，令民至足。善牧民者，"取与有节"（《下德》），取而不过，则不必贷。"出入有量"，入而不积，则不必出；贷而不费，"不离其理"；"优游委顺"，贷当其宜。"无所私爱"，是贷均于一视同仁，故无弃人，无弃物。五为善贷品殊。圣人法于恒道，无常其贷，故贷资多方。圣人之贷，犹如"天覆地载，日月照临"的"天不一时，地不一材"，故"怀万物而不同"。无常其贷，则"人不一事"，"绪业多端，趋行多方"（《自然》）。"善贷"者，时变其贷，均足物求，无不自

适。民物需求多样，则善贷"趋行多方"；从事资贷殊方，故善贷"绪业多端"。善贷于物，若物自得，故"类各自以，事由自然"；周行于贷，故"衣寒食饥，养老弱，息劳倦，无不以"。

帛书《老子》"善始且善成"观念，本自"道生之，德畜之，物形之，势成之"思想，贯通万物发展或成长的始终。唐君毅认为，"老庄实不重视自天道之使四时行，而百物生之生生不已、自强不息一面，以言天德。则老庄之天道，虽可横被四表，而不能纵通上下与终始，此则不如孔子儒家者。"（引自《中国文化之精神价值》，第48页）《老子》恒道何尝不能"四时行"、"百物生"？"四时行"、"百物生"，是恒道分有寓存于物的"为物"存在。《老子》不言"使"，因为"四时行"、"百物生"本身是恒道作为"万物之奥"的存在内涵。天地日月因"得一"而有四时之行，而"四时行"是恒道作为宇宙机体存在生生的一个机理。恒道为"万物之宗"，何尝不是"百物生"？恒道之为恒，"独立不改"、"周行不殆"，何尝不是生生不已？恒道涵摄生之，畜之，长之，遂之，亭之，毒之，养之，覆之，且"善始且善成"，何尝不是生生功用贯彻始终？"上士闻道，勤而行之"，何尝不是"自强不息"？唐先生作为当代新儒学的大家，对彰显和高扬儒家人文精神做出了重大贡献，但在揭示老庄思想上显然拘泥于儒家的思维表达方式，不能将之融会贯通。

最后，对本节内容做简要概述。《老子》"善贷且成"或"善始且善成"思想，与恒道其它存在质性相为表里，融贯一体。"善贷"或"善始"、"善成"中"善"的妙旨，通贯于"善与"、"善时"、"善能"和"善利"等观念中。"善与"者，是因物之所求以资贷、给予，周行其贷，曲成无遗；"善时"者，是在万物生长成遂的不同阶段时措其贷，"动善时"；"善能"者，是贷物成遂无所不能，具有贷于不贷的至能；"善利"者，是资贷利物不害，不辞不息其贷。与习俗借贷、还贷具有本质上不同，恒道"善贷"是贷不求报，为上善、善利、周遍、无限。"善贷且成"是"玄德"，"既以为人己愈有，既以与人己愈多"。"善始且善成"，亦是如此，它包含"善贷"于其中。

第十三章　万物之奥

　　恒道作为万物的生生者，是"道生之"，它包含两个存在样态。一为始生、源生者，是"生天生地"的"有物混成"，一为万物生成后的造化、物物者，是"德畜之"。后者包涵"长之育之"、"亭之毒之"、"养之覆之"等内涵，它是"万物之奥"。前面在诠释"道生之、德畜之"时，已言及恒道始生万物后分有、寓于万物之中，成为万物内在之德，但并没有深入展开论述。本章就恒道为"得一"、"万物之奥"以及生生"机理"问题进行阐释。

第一节　万物得一

　　恒道在始生、生成万物后，它与万物是个什么样的关系？万物从恒道中得到了什么？在宇宙万物中，恒道究竟以什么样的样式存在？恒道与存在物是两个不同的各自存在者，还是两个不同样式的存在？"万物得一以生"，揭示出什么样的深刻内涵？这些问题，就是本节予以澄明的关键和重点。

一、文字校解

　　《老子》第三十九章云："昔之得一者：天得一以清；地得一以宁；神得一以灵；谷得一以盈；万物得一而生；侯王得一以为天下正。其致之也，谓天无以清，将恐裂；地无以宁，将恐废；神无以灵，将恐歇；谷无以盈，将恐竭；万物无以生，将恐灭；侯王无以正，将恐蹶。"帛书《老子》甲本"谷"写作"浴"，"无以"写作"毋已"，"竭"写作"渴"，"侯王无以正"写作"侯王毋已贵"，部分文字有所缺损。"废"字帛书甲本缺损，乙本写作"发"。帛书乙本文字不同甲本的还有："其致之也"写作"其至诚也"，"裂"写为"莲"（帛书甲本缺损），"将恐竭"写作"高将恐蹶"。订正分析，"高将恐蹶"的"高"为衍文。高明指出，与今本勘校，主要分歧有两处：一是帛书《老子》无"万物得一而生"与下文"万物无以生将恐灭"。它们在严遵、敦煌本中无有。以河上公注释为据，原文只有天、地、神、谷、侯王五事，所增之文为河上公后增入。二是"侯王得一以为天下正"，或将"正"写为"贞"。（引自《帛书老子校注》，中华书局2004年版，第9-10页）"万物得一而生"一文，可能是后哲者看到天、地、神、谷等不足以概括万物品类之全，而以"万物"统一其"得一"之

众。不可因帛书《老子》无此句，就认为是妄增，因为《老子》思想一直在不断发展中。下面，对主要字义进行订正解析。

（一）"昔"字涵义

"昔"者，会意字，古始之谓。"昔者圣人之作《易》"（《易·说卦》），"昔"为"古"。"古者包牺氏之王天下也，……于是始作八卦"（《系辞下》）。河上公解"昔"为"往"，王弼解为"始"。"昔"与"今"相对，意指往昔、古始。《老子》多言"古"、"始"，以之标示时间取向上的至高价值或本原理念。"昔"字揭示了"得一"者的本源、本真价值，同时澄明了以"得一"为界的先后不同的恒道存在样态。

（二）"谷"与"浴"

楚简、帛书《老子》中"谷"多写为"浴"。"谷"字本义有水，后来因"谷"义扩充，分化为山谷之谷、溪谷之谷，以作为区别，另加水旁专表含水之"谷"。至于"浴"字内涵，前面已做过解析。

（三）"正"与"贞"

"正"者，会意字。《说文》云："正，是也。从止，一以止。""一以止"，是一直进发，而不偏斜，故引申为端正、正直。"正前方"，是垂直或符合标准的方向。"方直不曲谓之正。"（《新书·道术》）"正"者，一直而不偏曲。作为使动词，"正"有所以为正者，故与"道"相关。"就有道而正焉"（《论语·学而》），以道使"正"。"循道正行"（《荀子·尧问》），循道为"正"。"乾道变化，各正性命。"（《易·乾卦·文言》）性命之"正"，在于"乾道变化"。"尽道而死者，正命也；桎梏死者，非正命也。"（《孟子·告子下》）合"道"为"正"，反之非"正"。以为"正"的遵循者，还包括正器，如"待钩绳规矩而正者"（《庄子·骈拇》），"行义以正"（《荀子·赋》）。"礼义"是"道"的分属。"正"为事物本性、当然，则为"纯正"、"本正"。"乘天地之正"（《庄子·逍遥游》）。不失其本然，亦为"正"。"受命于地，唯松柏独也正"（《庄子·德充符》）。"正"来自"受命"，因命而正是使为正。

"贞"者，形声兼会意字。《说文》云："贞，卜问也。""卜问"者，以为贞吉。"元亨利贞"（《易·乾卦》）。"贞"者为"事之干"，"贞固，足以干事"（《易·文言》）。"贞"与"正"义同。"吉凶者，贞胜者也；天地之道，贞观者也。日月之道，贞明者也。天下之动，贞夫一者也。"（《易·系辞下》）以贞求正，信守道德为"贞"。"事君则忠贞"（《庄子·渔父》）。又作为行为的遵循和常则，"行无常贞"（《荀子·不苟》）。"贞"为是道理之正。"无常贞"，是无常定理。"正"与"贞"二字通用，"正"当为本字，《老子》有云"以正治国"。

（四）"致"与"至诚"

"致"者，"至"之谓。《老子》"不可致诘"、"致虚极"、"致数誉无誉"等，楚

简、帛书本"致"写为"至"。"致"者，引而至，具有实现、招致的涵义。"精义入神，以致用也。"（《易·系辞下》）高亨云："致，犹推也，推而言之如下文。"高明认为，"致之"是"得而用之"。河上公注"致"为"诫"，帛书《老子》乙本即写作"其至诫"。可见，"至诫"与"致之"义通。从《老子》文义看，"致之"的前后文正是正反之论，"致之"是"至极"，"正"极为"反"，"反"又是"诫"训。"得一"是正道，反之为"不道"。"不道早已"，是"诫训"。

（五）"无以"与"毋已"

今本《老子》"无以"一词，帛书甲、乙本皆写作"毋已"，二者音近义同。"毋"与"无"义通。"已"音"以"，二者义通。"人之所以为人者，何已也？以其有辨也。"（《荀子·非相》）"已"作为已然者，必有所"以"使之然者。人之所以为人的"已"然，在于"有辨"之"以"。同样，"无已"必因"无以"。"得一"为"以"，不能"已"则为无所"以"。高明认为，"毋已"是无休止，无节制，应以河上公注为准，"天不可但欲清明无已时"。将"已"字改为"以"，"一字之差，本义全非"。（引自《帛书老子校注》，第13-14页）勘校不确，因为《老子》上下文为对文，正反对言进一步揭示"得一"效验的必然性。以"天无以清"为例，"无以"是"无'得一'以清"的缩写，正与"天得一以清"相对。无"得一"，"清"则"无已"，不可成其所然。"无已"者，无"以"则不能"已"。天毋得一已成清，故恐"裂"。"天毋已清将恐裂"，是无之将恐的思维结构。又"已"有"止"的涵义，天若不止于清将恐裂。"止"是"止于至善"的"止"，为"至"，亦是已然之为。天非以"得一"为清不可，必须"止于清"，否则将"裂"。"无以"或"毋已"是假设辞，万物何尝有不"得一"之时？黄茂材注："天无一必裂，地无一必发，神无一必歇，谷无一必竭，万物无一必灭，侯王无一必蹶，不言必而言将恐者，是一未尝无也。"万物所得之"一"，未尝无，是自然而必然。

（六）"裂"与"莲"

"裂"者，会意兼形声字，意谓分割、破裂，"冬，与越人水战，大败越人，裂地而封之。"（《庄子·逍遥游》）。帛书乙本写为"莲"。"莲"字，莲花之"莲"，义与上文不类，可能为伪字。河上公、严遵、王弼本皆写为"裂"。从字义上看，"裂"非与"清"为对反字。俗称"天崩地裂"，"崩"是崩裂之谓，正与"裂"义相通。"裂"与"灭"义相近，而"灭"具有毁灭之义，是"存在"、"现成"的反面称谓。"君为政焉勿鲁莽，治民焉勿灭裂。"（《庄子·则阳》）徐大椿注"裂"为"剖散"。天以"清"为纯全，为本性存在，"裂"是本然的毁灭。林希逸云："裂，犹《周易》言毁也。"

（七）"发"与"废"

"发"者，"废"字之简，借为"废"。"废"者，音"发"，二者有时通用。"大

昏之未发齐"（《荀子·礼论》），"发齐"在《史记》中就写作"废齐"（《礼书》）。《说文》解"废"为"屋倾"。《尔雅·释诂》释为"止"。又为"堕"义，"废于炉炭"（《左传》定三年）。从文义看，"废"与"裂"相应，与"宁"义对反。河上公解为"发泄"，发泄之极为"废"。"发"为散发、发泄，亦有塌陷之义。地为浊气凝聚而成"宁"，发散则不宁而塌陷。"肃肃出乎天，赫赫发乎地"（《庄子·田子方》）。"发"与"废"涵义相反，同时也相生，正如"治"与"乱"一样。林希逸以"发"为"动而不定"。

（八）"灵"与"歇"

"灵"者，形声兼会意字。《说文》云："灵，巫以玉事神。"由祈求神灵引申为神灵。"以赫厥灵，上帝不宁。"（《诗·大雅》）又指物所具有的灵性、精灵，"舍尔灵龟"《易·大畜卦》。"麟、凤、龟、龙谓之四灵。"（《礼记·礼运》）进而引申为灵动，"以君之灵，不有宁也。"（《左传》僖二十八年）又言人有灵知，"大惑者，终身不解；大愚者，终身不灵。"（《庄子·天地》）毛亨云："神之精明者称灵。"（引自《毛诗正义》，第1042页）以精明解"灵"，为灵知。灵动之反，就是止歇。"歇"者，形声字，本义为喘气，由喘息引申为歇息、停歇。《说文》云："歇，息也。"引申指完结、停止。"鬼神有歇"（《管子·轻重丁》）。"歇"，相对鬼神为"灵"而言，是"灵"的终止、反面。林希逸以"歇"为"消灭而不灵"。

（九）"竭"与"渴"

"渴"者，形声字，读"曷"，是竭的本字。《说文》云："渴，尽也。"本义表示水干涸，后借用"竭"。又为口干渴，"食饥渴"（《管子·五辅》）。"竭"者，《说文》解为"负举"。"五行之动，迭相竭也"（《礼记·礼运》）。郑玄云："竭，犹负载也。言五行运转，更相为始。"（引自《礼记正义》，上海古籍出版社2008年版，第691页）"更相为始"，则"竭"有尽终之义。借用作"渴"，表示水干涸。"水平而不流，无源则速竭。"（《管子·侈靡》）水无源注入，则必干涸、枯竭。"竭"与"充盈"相反。"源泉有竭"（《管子·轻重丁》）。由干涸引申为竭尽。"一鼓作气，再而衰，三而竭。"（《左传》庄十年）"精用而不已则竭"（《文子·九守》）。徐大椿注为"闭竭"。

（十）"蹶"与"欮"

"欮"为"蹶"字的初文、省文。"蹶"者，《说文》解为"僵"，一曰"跳"。"子夏蹶然而起"（《礼记·孔子闲居》）。由"跳"言为急遽貌。"衣毋拨，足毋蹶。"（《礼记·曲礼上》）因急遽而引申为颠倒。"远者竭蹶而趋之"（《荀子·儒效》）。由颠倒引申指挫折、颠覆、崩溃。"为崩为蹶"（《庄子·人间世》），"国乃蹶"（《荀子·成相》），"形劳而不休即蹶"（《文子·九守》）。"蹶"者，溃败、失败之谓。

道 与 物

二、文句解析

《老子》此文的关键在于"得一"，它揭示出恒道与万物之间的一种生成、赋予和分有、禀得关系。"得一"之"一"，既是共通性的"一"，也是不同、分殊的"一"，二者构成了"一"的辩证内涵。

（一）得"一"之同

与混沌不分的"混一"之"一"不同，"得一"之"一"，与"道生一"之"一"相对接。后者从恒道分有于万物、赋予万物以生的角度立言，前者从禀赋此分有、自得以成为禀性方面立说，同样的"一"在恒道与万物间具有不同的逻辑内涵。从"得一"层面言，万物同是因"得一"成为其所谓自己的存在、生存，就其通用性言是共同分有的"一"。"得一"的"一"寓于万物之中，是"德畜之"，为"精之至"、"和之至"。在万物的存在、变化、发展或生命运动中，它具有"根本"的决定作用，规定着物之所以为物的本性。河上公云："一，无为，道之子也。"之所以以"一"为"道之子"，因为"一"是"道"的分畔、分有于物，为万物生成因子的"万殊"之"一"。它既是恒道存在的分化形态，同时就每一物言又是本源之"一"。与原本"混一"有所分别，二者非是同一质性的"一"。"一"为"子"，揭示出"得一"与"混一"的区分。为什么"一"为"无为"？"无为"是无不为的本体，大道无为无形。严遵以"一"为"道之子"，又认为是"天地之祖"。"一"对"道"言是"子"，而对天地言是"祖"。王弼以"一"为"数之始"，是"物之极"。"得一"之"一"，作为物生之极，是"一物一太极"的思维模式。因"一"为万物生成的共同根基，主于成物之所为物，故为共同之"主"。李荣以"一"为"元气"，认为"天地虽大，所禀者元一。万物虽富，所资者冲和。"冲和之气，是元气。"元一"，是共通的"得一"。司马光以"一"为"道之子"、"物之祖"，认为物"莫不赖之以成功"。万物共由，是同"一"，"万物之奥"。以事言之，"一"是"常久不已"，它是通一的"势成之"，寓于物而贯穿于物存在、变化和发展的始终，成为事变的根本和要妙。王雱云："一者不二。在彼在此，其所谓一，其体常一，无有别一，故唯一可以致一，不可以他之致一也。一之为义，天下之至精。唯精故能神，神则尽之矣，而神之为德，常在一也。""一"是妙一、单子，以其为构成万物的通一、总一言为独"一"，唯"一"可以致分殊之一，无有他"一"可以如此。作为天下"至精"，以其"神"性为德，故常在"一"。"一"故"神"。苏辙以"一"为"道"，认为"物之所以得为物者，皆道也"。"皆道"，是万物共由的一本。达真子云："道之混同则归于一，故得一者得其道之混同者也。"恒道作为本初存在样态，固是"混一"。万物"得一"的共同来源为"道之混同"，然得"一"是"道生一"之"一"，是分有之"一"，非是混同之一。李嘉谋以孔子"吾道一以贯之"解之，认为万物本由者"极其致，无不同。""一"是同一，故

"知天之所以清，即知地之所以宁。"然天、地有别，清、宁不一，何致如此？"一物一太极"，物殊则太极不一。吕知常以"一气"解"一"，采《庄子》"杂乎芒芴之间，变而有气"之说。"一气"，是通天下的"一"。董思靖认为，"一即道，自古固存"，"凡物各具而道未尝异，故曰一也"。"一"作为"道"有两种存在样式，一为混一、通一，一为万殊分一，前者是统体一太极，后者是一物一太极。不管是哪种存在样式，都是同一个无二之道，道者范围无外。虽有存在样式之别，然作为独立存在，自古固存，道者贯通古今。范应元云："物有万殊，道惟一本。"万物之为万殊，非仅是数量上的无限之多，同时是种类上的万不同。从生生一本或总持上说，恒道为唯一的"一本"，在共由上万物为同一本源。"盖一本通乎万殊，万殊由于一本，所以谓之一也。""一本"之"一"，为涵摄万殊品类的通一。虽万殊不一，然本自共同的一本。吴澄认为，"一"者是"冲虚之德"。"冲虚"是混一的和气，而"得一"作为"物得以生谓之德"者正是分殊因子"冲气"。徐大椿指出，"一"为"数之始"，它是"道之见端"，其实即是"道体"的分化。"一"为"见端"，正如《孟子》心的"四端"。恒道见于"端"，是分化，成为"生物"的原始因子，显现为万物生成的各自一太极的始端。从物禀赋以生言是开端，从恒道"为物"言是始端，其实二者是"道体"内在存在样式的转变。高明认为，"一"是"道"，但也是"道之子"之"子"。"子"从"道"来，是"道生一"，二者虽为同一存在，然不同其存在样式。郭世铭认为，"一"是不为人所知、不为人所觉的意思，它是"不可致诘"的"一"。然若不可知，何以言"天得一以清"等？沈善增认为，"一"为"整体性"或"同一性"。以万物生成皆不外此"得一"之"一"，故为总体、全体。以万物一本共由又是"得一"之通，它是形式上的"同一性"，同是一个"得一"，为"万物之奥"。

　　（二）"得一"之殊

　　"得一"之"一"，从总持上说，以其同来自恒道为共通之"一"，是形式上共为"得一"的"同一"，是"混而为一"的"统体一太极"。实质上，得一之"一"，又是分殊之"一"、千差万别之"一"。正因为分殊，才言其为不同物类的各自"得一"。"得一"作为不同物类的各自"一得"，方成天以清，遂地以宁，使神以灵，令谷以盈。王弼在揭示"一"为"物之极"的共"一"的同时，又认为它是"各是一物之主"，物皆各得此"一"以成。"得一"之"一"，是万物分有之殊，每一物类皆有一太极，物类不同则"得一"也异。万殊之物各自"得一"主以成为自己，故"一"各是"一物之主"。"一"既是物得以生者，又是物得以成者。物类得以生成者，既是分有之"一"，就与混一的恒道有别，前者是有限、分殊存在，后者是大全、无限存在。物各得其"一"，"既成而舍，以居成居，成则失其母"。虽失大道"万物之母"的存在质性，然每一"一"皆是品物各自之"母"，故天得一以恒清，地得一以恒宁，神得一以恒灵，谷得一以恒盈，万物得一恒自生。非是"得一"以居以成，成为"不

道 与 物

道早已"。相反是失其"一",将"皆裂发歇竭灭蹶"。《老子》云:"天下有始,以为天下母。既得其母,以知其子;既知其子,复守其母,没身不殆。""既知其子,复守其母",揭示的是侯王"得一"的知能,非是物理、生理上的"得一"。天地神灵作为自然存在,何尝失其"一"?只有人以私己背离自然恒道方有"复守其母"的问题。万物守此"得一"而不失,就是本"一"不离于宗。吕惠卿云:"道一而已,而得之,则得之者与道为二,非一也。唯其得之而无得,故谓之得一。""道一"与"得一"不同,前者是混一,后者是物所得的殊分之一,非是同一存在内涵。通统于"得一"的"一",就是"道一"。"道一"在"得一"之殊中揭示其无所不涵、潜在大全,证验其无所不在、"道通为一"。无分殊之一,则混一是空"一"。若以物的"得一"与"道一"非是同一,则"得之"就非是无得,而是得其分殊之一。"道一"分化、分殊为无限"得一",故成物生生无穷。恒道"混一"的无限,体现在生物万殊的无限之中。员兴宗认为,"一"之义难知,其"时义"为大。"一"者犹水,"水实无分于东西,而水未尝不分于东西也。"水之道浩浩荡荡,激而四出,"由是而为江为河为海,放而为沟为渎也,而水之不异焉,则一之效也"。"无分于东西",是通体、总体;"分于东西",是分体、殊体。二者正是恒道与万物的关系结构。水四出分为江河海沟渎,犹如恒道分有于万物。"水之不异",犹如恒道作为"有物混成"的"混而为一"存在,或是寓于万物之中的"万物之奥"存在。虽同为一个绝对本体存在,然存在样式不同。万物"得一"万殊,本自"道一"中潜涵万殊精妙因子。可见,"得一"之"一"同"道生一"之"一"一样,本身是"理一分殊"的思维结构。以万物同于"得一"是通于一,以其为不同种类区分是万殊之一。黄茂材指出,恒道生万物,然"万物即万一"。一物类有一太极之"一",物类万不同则"得一"之"一"必为万殊。范应元认为,"得一"是"各由其一而不自以为德"。万物"得一"是品物之得,物类各自得。作为"德畜之"之"德",从万物统一于"得一"来说,是涵摄分殊的总名,犹如"大德敦化";从不同物类各自得言,又是不同的各自得,故为殊名,犹如"小德川流"。万物禀赋于恒道,各自有性分德品,如此才能成为宇宙机体。万物自得其"一",则各正性命,何尝"不自以为德"?无"德"之自得,何以品物流行以为性命?林志坚以"得一"分别为"道可道"、"道生一"、"以知古始"、"道生之"、"德畜之",解"致之一"为"道者万物之奥"。以"得一"之"一"为每一分殊,是可道之道。以"得一"来自"道",是"道生一"。以其作为本始存在质性,为"以知古始"。以其作为万物本源因子的生生功用,为"道生之"。以其为"万物得一以生"者,为"德畜之"。以其万物各自得、各成遂,为"万物之奥"。同是一个"得一"之"一",因揭示角度不同而有不同品性。何心山云:"一者,道之所生,不曰得道而曰得一者,见道之尊,其独无对,为物不二。""一"既为"道之所生",就是"道生一"。"道"者,通由,为"万物之奥";"一"者有分,天地神谷等各得其"一"。万物得一有分,是分有,非是道之全体。通于万物"得一"则为"独无对"。独一无二者,是万殊的

统一。

（三）得一品性

"得一"之"一"，具有不同的思维内涵，它是万物各自为本己的根本所在。

1. "天得一以清"。河上公以"清"为"垂象清明"，"垂象"是天象，非是天之所以为天的本质内涵。在《老子》本意，"清"是天之所以为天者，或者说是天的绝对存在质性。天为"清"，方能承载恒道生生的功能，秉持化育万物的功用。"清"是天得"一"的必然结果，也是恒道寓于天之中使然。天得"一"以清，是从分有恒道或者说舍其恒道的分有之"一"而为德成其所然，它同时是天区别他物的固有个性、特性。"清"为天的特质，是分有恒道的独质。反过来说，恒道分化为一个特性"一"，生成一个天。天在为恒道生成后，必然承担了恒道的一部分生化万物的功能，与地等其他物共同成就宇宙生物圈和机体系统。既然天"得一"以清是必然、固然，为何又言"天无以清将恐裂"？它是从否定意义上揭示万物不得不以"得一"而存在、变化、发展，无之必不能存在。如果说"得一"揭示出万物以生的充分条件，那么无"得一"将恐裂则揭示出其为必要条件，二者合言是"得一"的可能性、必然性、无待性。这样，在恒道与万物之间建立了一一对应、非有紊乱的逻辑关系。恒道寓于万物存在，是恒道由潜在变为现实的世界存在。河上公把"致之"作为"至诚"解，是从认知上赋予其必然的关系内涵，警示侯王和习人知本守"一"的不可或然性。天清方能有日月更用、阴阳聚散，四时迭运，进而有覆养花育之功，非是言"天当有阴阳施张，昼夜更用，不可但欲清明无已时，将恐分裂不为天"。"清"是天存在的唯一样式，天者恒"清"则日月更迭其中，自然昼夜更用。天正因为"清"，方可为日月迭运以及"阴阳施张"、"昼夜更用"提供必然的条件和环境。天象清明与昏暗更用，而天体独"清"，恒"清"，河上公显然混同了二者的区别。"将恐裂"之"裂"，非是分裂之谓，而是灭裂，意谓天将失去其"清"的存在，亦即天本身的失去存在。

2. "地得一以宁"。河上公以"宁"为"宁静不动摇"。地"宁"则安，方能承载；"宁"固为"静"，必"不动摇"。只有"宁静不动摇"，方为独"宁"。独立于"宁"，方能顺承于天，承载万物芸芸变迁。"宁"规定着地之所以然的特质，有"宁"方成其为地。无"宁"则无地。地分得恒道的一殊之有，成其为独特存在。"宁"非言地之状，而言其用，它是"地"的根本存在质性。地以定宁承载着恒道生化万物的一部分生生功能。地与天一起还共同承载恒道生养万物的部分功能，"天地相合，以降甘露"，"天长地久"。河上公云："地当有高下刚柔，气节五行，不可但欲安静无已时，将恐发泄不为地"。"高下刚柔"和"气节五行"，是地形地理，非是地第一性存在的"宁"。正如天悬日月一样，地载形理。形、理为地中之物的属性，包括五行之材。"安静"是地之为地的特性、独性，恒自安静，无有改变，它与物的动静相待属性不同。同"清"是天的根本质性一样，"宁"是地作为存在者的根本质性。"将恐发"

之"发"，通"废"，意谓地将塌陷，不能恒"宁"。陈象古认为，"发则不静"。"废"为"宁"的反面，"发"为"静"的反面，则"宁"与"静"义通。"宁"必然静，然内涵不仅是静。"废"是"宁"的失败、溃败，二者在形态上具有质变上的不同。"发泄"之"发"与动静之"静"只是形态上的转化，非是质变。同天相对比言，"地"以其定宁之殊证明、彰显本自恒道之同，反过来说，恒道以天、地之殊证其为涵摄不同存在的存在。

3. "神得一以灵"。神作为至精灵动的存在，是恒道分有、分化而成就的一类存在。它之所以为神，在于其有"灵"。"灵"因"得一"成，"灵"成则神生。谷有谷神，器有神器，凡物有灵皆为神物。"以供皇天上帝、名山大川、四方之神，以祀宗庙社稷之灵"（《吕氏春秋·季夏纪》）。以"神"与"灵"并称，因为二者涵义相通。"身既死兮神以灵"（《楚辞·九歌》）。"神以灵"，则"灵"是神物的妙性，正因为"灵"方为神物。神得"一"为"灵"，则"灵"是神的根本存在质性。这里的神与神物不同，神物得一于神而灵。"无以害其天则知精，知精则知神，知神之谓得一。凡彼万形，得一后成。"（《吕氏春秋·论人》）以"得一"与精神为对应关系，显然受到《老子》思维影响。总言之，"万物得一以生"；分言之，神物得"神"以灵。作为"得一"的"一"，神是所有神物得以灵的自得因子。河上公以"灵"为"变化无形"，"变化无形"是神化不测的"无方"。"无形"者，无方无体，故不可测识。以"变化无形"解"灵"，是揭示出"神物"的妙性。"灵"者，既是神内在固有的存在质性，亦是区别它存在的本质特性。与天地一样，在神的特质中，证明着"得一"之殊。就何谓"神无以灵"，他又解云："神当有王相囚死休废，不可但欲灵无已时，将恐虚歇不为神"。神者以"灵"为独在，恒"灵"方为神，无"灵"则无神。然"囚死休废"落入鬼神相待的形物变化之中。形化生死皆是神性之所为，而生者神、死者鬼是第二性的神性。若神有不灵、已歇之时，则恒道就非"独立不改"的存在，如何为物"势成之"？"神"非是一般存在物，而是寓于万物以灵性的存在。鬼谷子将"神灵"视为与恒道一样的存在质性，"先天地而成，莫见其形，莫知其名，谓之神灵。"（《本阴符经·盛神法五龙》）若先天地而成，则为与恒道同一类的绝对存在，非是"得一"者。神与天地一样，皆是"得一"的分殊。吕惠卿认为，"神"者"无形而至寂"，以"得一"而"妙乎有生而灵"。"神"与一般存在物的区别是不仅有"灵"，而且"至幽"、"无形"。如此，方能通一于神物之灵。王雱以"神"为"鬼神之神"，以"灵"为"神之散"。"神得一以灵"的神，是鬼神之良能，良能就是"灵"。有"灵"则神在，而"神之散"则"灵"不存。正如一气通于聚散，"得一"之神通于鬼神。陈象古解"无以灵"为"歇则不久"，歇则止息，为不灵征验。徐大椿解"歇"为"断绝"，正是"灵"的失去。神作为恒道分化、分有于万物之中的一种存在，已然继承恒道神妙的存在质性，贯穿于一切有灵的存在物中，并在其中发挥灵性的作用。

4. "谷得一以盈"。"谷"者为神，是"谷神"，其"灵"表现在"谷神不死"

中。"不死"，是灵而不歇，无有枯竭，永不盈满。与"谷神"不同，"谷得一以盈"的谷，是川谷之谷，"盈"是其所以然，无"盈"何以为"谷"？谷因"得一"而舍恒道于己身中，因其内藏"势成之"，故盈而无已时。谷因"盈"而不息，进而成为百谷王。河上公以"盈"为"盈满而不绝"，无有止息。谷者，源泉滚滚，自能盈满，不绝其流。"盈"是谷的本性，亦是区别他物的特性。"谷神"与恒道相类，故譬喻道。溪谷有"盈缩虚实"的存在属性，是一般存在物。"谷当有盈缩虚实，不可但盈满无已时，将恐枯竭不为谷"。"盈缩虚实"是有形溪谷的存在状态，而"谷神"则灵不息，盈不竭，何有"缩"、"竭"？谷神之于溪谷，正如恒道之于万物，谷神生成溪谷、川流。正因为"谷神不死"，所以有万川并流，川流不息。"得一"以"盈"之"谷"，作为神灵存在、"道之子"，它为一切川谷的本源因子。以"一物一太极"思维来说，它是万多溪谷的本源、太极。《老子》以"谷神"喻恒道，以为"玄牝"，正是看到其为万殊川谷的本源，具有无形而至神的存在质性。最晚自唐时起，注家已将"谷"解为山谷之谷，内涵已有不同。吕惠卿认为，"谷"为"有形而至虚"者，以"得一"而"应乎所感而盈"。"应乎所感"，是响应的质性。有形至虚，是空谷之谷，非是"得一"之"谷"。宋徽宗认为，"谷"者，"得一则不昧"，"至虚而善应"。"昧"者，死寂之谓。山谷为虚，"至虚"是山谷之"神"。"善应"，是其有"灵"。然从"竭"同"渴"义以及本文"谷"写为"浴"来看，解川谷之"谷"为是。"得一"之"谷"，是所有川谷存在物的一太极。有川谷之谷，必然有山谷之谷，前者之"灵"在于生生不息，后者之灵在于回响善应。徐大椿解"竭"为"闭竭"，正揭示其反于"盈"而为枯竭的涵义。

　　5. "侯王得一以为天下正"。侯王"得一"与前四者不同，天地神谷"得一"是"分有"，而此为效法，它是以不同"一"观"一"，以《老子》的思维是"以身观身，以家观家，以乡观乡，以邦观邦，以天下观天下"。"以天下观天下"，是因物观物，以事物的固有本性看待、对待事物，它只不过是因物观物的无限认知过程和静观思维。侯王之所以能为天下正，是因为以物正物，令物各自正。"得一"为人主所法、所用，以静观言是"以道观之"，以生生言是"以鸟养养鸟"，以道术言是"执一以为天下式"，以行为言是因物以付物，曲成万物而不遗。侯王"得一"虽为"德"，但非是得以生成之得，而是道术、德性之得。人者，有形与心之别，机体"得一"是"德畜之，物形之，势成之"，心灵"得一"是法于大道、体行道德。恒道之于万物，无不生、无不养，为万物无不由，成为宇宙和谐、自组织的生机系统。侯王法之，则辅助万物以自然，使物各自正，故能为天下正。"正"者，既是以恒道为正，亦是因万物之正而正，使各自正。恒道之为道术，是"为天下式"。河上公解"正"为"平正"，以《老子》本旨言，"为天下正"是无为而治，因物而正。"平"是以物之不平而各自平之，"以道莅天下"。就"侯王无以正将恐蹶"内涵，河上公解为侯王"当屈己以下人，汲汲求贤，不可但欲高于人"，非确。在《老子》言，恒道为天下式，若失其"得一"

则"国家混乱",政亡人息。"屈己下人"、"求贤",只是用人之力,非是治国的根本。治国的根本在于"以道莅天下"。"蹶"者非仅指"失其位",更揭示出与"天下归往"相反的结果——"土崩瓦解"。王弼指出,用一以致清,非用清以清。守一则清不失,用清则恐裂。为功之母不可舍,无恃其功恐丧其本。"清不能为清,盈不能为盈,皆有其母以存其形,故清不足贵,盈不足多,贵在其母,而母无贵形。"天以"一"而"清","清"是功成的存在质性。用清以清,是执于物迹,而非守本持母。"以母存子",是"守一"。用"清"者,是"为而不恃"。凡为功当贵其母,功成不居,功用无穷。为功而不自恃其功,虽成形而不滞形,物物而不物于物。贵"母"者,是形之不形;贵"形"者,是形于为物。李荣云:"王侯虽贵,所赖者真道。是以清澄以广覆,宁静以厚载,变化以精灵,虚豁以盈满,安乐以全生,无为而正定。"圣人法于大道,集万物之德,故与道为一。圣人的根本在于为天下以"无为而正定","安乐以全生"是道教的本旨。陆希声以《易》解,认为是"天下之动贞夫一"。贞于一,是一于循理以贞。宋徽宗以《庄子》"通于一而万事毕"作解,认为"得一"则体天下至精,"上者纯粹而不杂","下者静止而不变",故"致一则不贰,抱一则不离,守一而不迁,能知一则无一之不知,不能知一则无一之能知"。侯王能"以独制众",故得"一"以为天下正。至精为"一",体天下至精是"执一"以为用。诚实行之则纯粹不杂,因循以为则静止不变。"知一",是以物知物,故无一不知;"致一",是因物付物,故辅助不贰;"抱一",是"大制不割",不离其宗;"守一",是形全精复,不迁其德。林志坚以"抱一为天下式"作解,"抱一"是"以道观之"、"以道莅天下"。人作为四大之一,有效法知能,故能法地、天、道以及自然。恒道之于万物,为无不宜,为无不由,人法之以"得一",乃能范围、曲成万物,使天下自正。

(四)"得一"之万

"万物得一以生"以及"万物无以生将恐灭",是后学者根据天、地、神、谷等推导、归纳而形成的重要论说。"万"为数之大者,"万物"涵盖一切存在物,包涵天、地、神、谷四者。恒道分有于"一"以成就万物,必然不能只是以上四者,如何表达万物品类"得一"的无限性?只有加上一个普遍判断,以使"得一"成为一个无所不包者,进而引出"侯王得一以为天下正"的论断。从范围万物的"得一"中,可以揭示其存在的必然性、全体性、无限性。侯王只有效法涵盖万物无不由的恒道,方能君临天下,用为天下式。为什么帛书《老子》言"得一"只是列举天、地、神、谷四者?因为四者作为至一、神妙者,在恒道生成万物中承担着宇宙机体重要的生化、辅助功能。从存在质性上言,天、地、神、谷是随着恒道分化为万物后为世俗认为是至大至贵的存在,虽然它们有始,为恒道所生,然将伴随恒道作为"万物之奥"存在的全过程,超出其他存在的时间短暂性、空间有限性,且具有生生的神妙功用性。在宇宙机体中,天地为至大、生生的重要承载者,神者周遍于一切灵性存在,谷者成为川

谷为一切生命体生存的必备条件。侯王作为"四大"之一，也是最重要的存在者，而其他万物便是一般性的存在物，虽然相互之间相生。天、地、神、谷、侯王，实则其功用范围涵盖了宇宙中一切存在，故未重言"万物"。"万物得一以生"，很可能是以注解而增入。从一物类一太极言，天、地、神、谷又各自是"万物得一以生"，如所有川谷以"得一"之谷而生成。既然物有类同，则侯王方能以一御万，以可道之道导于同类万物的一理。万类品殊是不可道、无定理，万物一类则是可道、有定理，以不可道涵摄无限可道方为恒道的内涵。河上公以"万物皆须道以生成"作解，正是揭示出恒道以"一"生成万物的无不范围。在解"万物无以生，将恐灭"上，他云："万物当随时生死，不可但欲生无已时，将恐灭亡不为物"。"随时生死"者，是存在物，不能包含天、地、神、谷四者。万物中的一般存在者固然随时生死，否则世界不成为"夫物芸芸"的世界。这里，还要明确"万物"具有双重涵义。一是种类上的众多，一为数量上的无限。作为种类上的不同"物"，是与天地神谷同样具有特性的存在，构成宇宙的品类万殊。作为数量上的无限，是一类"得一"所衍化的众多存在物，正如谷神生成万川，人的种族繁衍等。王弼认为，天地、神谷、万物、侯王，各以其"一"致此清、宁、灵、盈、生、贞，道一而分殊。王雱认为，"一之为一，无乎不在，欲言其理，词不胜穷"。"无乎不在"，则万物无不"得一"。"词不胜穷"，揭示"一"非定一，而是不测的分殊之一。"盖由万殊而观，则此为道之全。而由道本以观，则虽混成者，犹散殊也。"万殊一统于道，道潜涵万物构成因子。苏辙认为，天下之人见物忘道，知天为清而已，知地为宁而已，知神为灵而已，知谷为盈而已，知万物为生而已，知侯王为天下贞而已，然不知其所以得此者赖于有道皆存。道者皆存，则"得一"万殊而一致。相反，"天不得一未遽裂也，地不得一未遽发也，神不得一未遽歇也，谷不得一未遽竭也，万物不得一未遽灭也，侯王不得一未遽蹶也，然其极必至于此"。苏辙解"将恐"为"未遽"，认为不得于"一"未必刚开始就有如此裂、歇等后果，然至其极必有恶果。实则，"将恐"为一种虚拟语，在语用上既是假设，亦具有"戒慎"的涵义。从范围上言，"得一"之"一"于万物无所不在。范应元指出，"盖一本通乎万殊，万殊由于一本，所以谓之一也。""万殊"，是分殊之"一"的不测、无限。"得一"之"一"，作为万类存在的潜在因子，是道一分殊。分殊的统一是道一，道一的分殊是一物类一太极。从恒道方面言，"一"是一本、统一；从万物方面言，"一"是分有、万殊。李道纯云："一者，天地之始，万物之母，大道之用。""一"为一本，是"天地之始"；"一"为构成因子，是"万物之母"；"一"为功为之用，是"大道之用"。因其揭示内涵的侧重点不同，"一"有不同用意。后学者看到，天地神谷并不能尽万物分殊之全，故加"万物得一以生"以统称之。就"万物得一以生"言，"一"者涵摄构成万物的一切因子，从总持上说无匹合天下，故为"独一"，亦是"通一"。王夫之云："一含万，入万而不与万为对。""一含万"，是道一万殊。"入万"，是大道构成万物、寓于万物之中。"一"即是"万"，故"不与万为对"。严复认为，"得一"

之 "一"，"是各得之一，即道之散见也，即德也。""道之散见"者，是道一分殊，亦是德的品殊。在 "万物得一以生" 之 "一" 上，有不同的思维内涵，既是万殊品类的总体一太极之 "一"，又是同一物类的一物一太极之 "一"。前者是作为 "得一" 之 "一" 的神、谷各自为神物、川谷存在物的本原。后者是单指神为所有神物的本原因子、谷为所有川谷的本原因子。

三、传承发展

就万物 "得一" 与 "道" 的逻辑关系，《庄子》给予了进一步的阐说。一为分殊之得。"狶韦氏得之，以挈天地；伏戏氏得之，以袭气母；维斗得之，终古不忒；日月得之，终古不息；勘坏得之，以袭昆仑；冯夷得之，以游大川；肩吾得之，以处大山；黄帝得之，以登云天；颛顼得之，以处玄宫；禺强得之，立乎北极；西王母得之，坐乎少广，莫知其始，莫知其终；彭祖得之，上及有虞，下及及五伯；傅说得之，以相武丁，奄有天下，乘东维、骑箕尾而比于列星。"（《大宗师》）这里，"得之" 既是 "得道"，亦是 "得一"。万物得之于 "道"，因其为天地、日月、星辰以及山川、湖海等分殊存在，是 "得一" 之殊。以为 "德畜之"，是内在禀性。狶韦氏等人得之，是得 "一" 以为正。"性不可易，命不可变，时不可止，道不可壅。苟得于道，无自而不可；失焉者，无自而可。"（《天运》）"得于道"，是 "得一"。"性不可易"，各有性分，固有所可。"命不可变"，各正性命，不可改变。性命不一，各有殊分。"时不可止"，变化不息，无常定止。"道不可壅"，道不可道，无常可道。物固有所然、所可，各自得 "一"。一物一 "得一"，无物不然，故无自不可。"得一" 分殊，各得所宜，各足性分。失其 "得一"，则 "无自而可"，正如 "万物无以生将恐灭"。二为 "同焉皆得"。"天下诱然皆生，而不知其所以生；同焉皆得，而不知其所以得。故古今不二，不可亏也。"（《骈拇》）在 "同焉皆得" 的观念中，"得" 者，是得于 "道"，得于 "一"。"同" 者，是万物皆有所得，来自同一个本源。"知所以得"，是得为定存，一曲之得。天下所以生者，在于 "同焉皆得"。正如万物无 "得一" 则不生一样，"不可亏" 者是 "无以" 之谓。"泰初有无，无有无名；一之所起，有一而未形。物得以生，谓之德。"（《天地》）"一" 作为 "物得以生" 者，是 "得一" 之 "一"。它非是 "泰初有无" 存在，而是 "有一而未形" 存在，为 "道生一" 之 "一"。万物所得是 "德畜之"，同来自一个本源，万殊而一本。作为 "得一" 之通，是 "通于天地者，德也；行于万物者，道也"（《天地》）。德通天地，则天地有通德或 "得一"。德因道行万物而为 "得一"，道通万物之德，德通万物 "得一"，故 "德兼于道"。"德总乎道之所一"，"道之所一者，德不能同"（《徐无鬼》）。"道之所一" 为 "通于一"，而 "德" 是 "道" 之殊分，其 "总" 就是 "道"。"德" 有 "殊"、"同" 两面，言 "殊" 为万物各自 "得一"，言 "同" 为万物共同自得。"道" 总于殊 "德" 为一，"德" 涵殊分之品为总，故二者合言为 "道德"。"一者，众有之宗也。道得之谓之大一，天得之谓

之天一，帝得之谓之帝一。"（《子华子·大道》）"一"为"众有之宗"，是"万物之宗"。从通统上言，是共有之宗。从分殊上言，是各得其一，天为"天一"，帝为"帝一"。然言"道得之谓之大一"，则不类。"道"本身作为"大一"分有于物，为"天一"、"帝一"之"一"的来源。本身若有得，就非是无物不由的绝对存在。《文子》对"得一"思维给予了丰富发展。道者，万物得其"一"以为存在、发展。从道用上言，是"山以之高，渊以之深，兽以之走，鸟以之飞，麟以之游，凤以之翔，星历以之行"；是"天运地墠，轮转而无废，水流而不止"，"风兴云蒸，雷声雨降"；是"和阴阳，节四时，调五行，润乎草木，浸乎金石，禽兽硕大，毫毛润泽，鸟卵不败，兽胎不殰"。"道者一立而万物生"。从道术上言，古者三皇，"得道之统，立于中央，神与化游，以抚四方"；"与物终始"、"并应无穷"；"以亡取存，以卑取尊，以退取先"。从政治上言，圣人，"无为为之而合乎生死，无为言之而通乎德，恬愉无矜而得乎和，有万不同而便乎生"。无为而治，含德所致，则"父无丧子之忧，兄无哭弟之哀，童子不孤，妇人不孀，虹蜺不见，盗贼不行"（《道原》）。从道用上言，是"万物得一以生"的具体展开；从道术上言，是"侯王得一以为天下正"的思维同构。大道作为"得一"，是万物赖以生成的本原。"夫道者，德之元，天之根，福之门，万物待之而生，待之而成，待之而宁。"（《道德》）"元"、"根"、"门"，是各"一"。"道"者，是通于一。待之以生、以成、以宁，是"得一"为万物存在、变化、发展的根本。作为以为天下正的"得一"，是以道为用，可以内圣外王，"内以修身，外以治人"。各有其道，则各得所宜。道者不同，"一"亦不同。从不同职分言，天子有道，"得一"则天下服、长有社稷；公侯有道，"得一"则人民和睦、不失其国；士庶有道，"得一"则全其身，保其亲。帝者"天下之适"，王者"天下之往"，天下不适不往不为帝王。从不同功用言，强大有道，"得一"则不战而克；小弱有道，"得一"则不争而得；举事有道，"得一"则功成得福。从不同层次言，"小行之小得福，大行之大得福，尽行之天下服"。从不同效用言，"有道则和，无道则苛"。"道之于人，无所不宜"。从不同品德言，君臣有道，"得一"则忠惠；父子有道，"得一"则慈孝；士庶有道，"得一"则相爱。从"得一"之失言，"失道者，奢泰骄佚，慢倨矜傲，见余自显自明，执雄坚强，作难结怨，为兵主，为乱首。小人行之，身受大殃；大人行之，国家灭亡。浅及其身，深及子孙。"从绝对本体分有、分与万物的"得一"言，是道一分殊；从认知、体行的因循以为言，是格物穷理的理一分殊。《淮南子》"得一"思维之论，多与《文子》近同，兹举例以见之。"昔者，冯夷得道以潜大川，钳且得道以处昆仑，扁鹊以治病，造父以御马，羿以之射，倕以之斫，所为者各异，而所道者一也。"（《齐俗训》）所为各异，则循道不一，它是"得一"之异。人物各得其"一"以为功成事遂，以其殊异言是道的分别，以其统合言是道的通一。"禀道以通物"，使各得其一，故"无以相非"。屠牛烹其肉，一牛之体或以为酸，或以为甘，煎熬燎炙，齐味万方；一木之朴或为棺椁，或为柱梁，披断拨遂，所用万方。与此相类，道合一体，然

百家之言指奏相反；会乐以同，然丝、竹、金、石曲异而不失于体；知马于一，然伯乐、韩风、秦牙、管青所相各异。"凡人民禽兽万物贞虫，各有以生。或奇或偶，或飞或走，莫知其情，唯通道者能原本之。"（《地形训》）人民、禽兽、贞虫等万物"各有以生"，是"得一"分殊。"得一"万殊，则物情万殊，不测其情，故"莫知其情"。"通道"者，从通统上言是道一涵摄万殊，从曲全上言是万殊而理一。"得一"之"一"，既是"同一"之"一"，也是"殊一"之"一"，它为恒道与万物之间的中介、桥梁，为"一中多"、"多中一"。王弼指出，"天不以此，则物不生；治不以此，则功不成。"（引自《老子指略》，载《魏晋全书》第二册，吉林文史出版社 2006 年版，第121 页）"以此"之"此"，指谓的是"道"。以"天"、"治"分殊言，是各自"得一"。郭象从否定"造物者"的存在出发，赋予万物以自然"自化"和"独化"，故消解了"万物得一以生"的思维。万物皆自得，则不必"得一"。"道无能也，此言得之于道，乃所以明其自得耳。自得耳，道不能使之得也。我之未得，又不能为得也。然则凡得之者，外不资于道，内不由于己，掘然自得而独化也。"（《庄子·大宗师》注）物自得则非它得，而万物以生的"得一"是得自"道"的它得或"使之得"。葛洪继承了"得一"思维，"道起於一，其贵无偶，各居一处，以象天地人，故曰三一也。天得一以清，地得一以宁，人得一以生，神得一以灵。"（《抱朴子·仙经》）此"得一"思维无疑源自《老子》，只不过删去了"谷得一以盈"，并将"万物得一以生"改作了"人得一以生"。人虽为万物之灵，然生理、机能皆禀于"道"的分殊之"一"。"道起於一"之"一"，是"混一"之"一"，故独贵无偶；"各居其一"、"三一"之"一"，是分殊之一。"得一"之"一"能成阴生阳，故"春得一以发，夏得一以长，秋得一以收，冬得一以藏"。"得一"之"一"，有春夏秋冬四时的殊用、发长收藏的殊功。在"道生一"与"得一"之间是分化、分有的关系，"道生一"之"一"，既是"方以类聚"的万殊之"一"，也是"三生万物"之"一"。前者是品物殊类的"得一"，类似万物品殊的总体一太极；后者是万物"得一"之"一"，为一物类一太极。恒道生成万物的"一"与万物得以生的"一"皆具有双重的内涵，一是品类的，一是数量的。前者所说的"万物"是品种上的万类，后者所说的"万物"是数量上的万多。数量上万多来自一源，犹如人有同一个祖先；品种上万类来自一源，它是恒道。前者物的"得一"以生，是数量上的繁衍、复制、遗传和化生；后者物的"得一"是品类上的各自以生，各正性命，各自繁衍。《老子》云"得一"而不言"得道"，正是看到这样的逻辑内涵。若云"得道"则道为混一，物物皆得同一个恒道，所得不多不少，万物差异性何来？"得一"为物赖以生成者，作为自性是"德畜之"，因分有于道而自得。恒道是"万物之宗"，"得一"之德在万物是"万物之奥"。从生生来源一本、万物共由的统一上说是"道一"，从万物分有恒道、品类千差万别上说是"德一"。恒道从逻辑内涵上讲，必是一与多、同与异、无极与太极、总体与析分等的统一。从逻辑形式上看，《老子》"得一"的整个论断形成了一个充分必要判断，揭示了恒道对于万

物"得一"以生存、发展、变化的绝对作用性。然它非是一种"主宰"性，而是赋予使万物具有自我生成、长遂和内在自化的能力和品质，同时造就一个万物相互和谐生存、秩序共存的机体环境。

四、思维影响

《老子》"得一"思维，影响至儒家、法家等，特别为宋儒所继承发展。在《中庸》中，"道一分殊"思维已然潜在。"君子之道，造端乎夫妇，及其至也，察乎天地。""道"者，小到夫妇，大到天地，涵分殊之品。"君子之道四，丘未能一焉"。"道"者有"四"，是殊分：求乎子以事父，求乎臣以事君、求乎弟以事兄、求乎朋友先施之。"五达道"、"三达德"和"九经"，皆是道一而分殊。以"礼"言，礼一而有分：序宗庙昭穆，序爵辨贵贱，序事辨贤，逮贱序齿。通言之，为一礼一序；分言之，是"三百"、"三千"。一而分殊的思维还体现在"大德敦化"与"小德川流"的关系中，"小德"者，全体之分殊；"大德"者，万殊之本一。再看，《易》中的理一分殊思维。《易》之为书，"广大悉备"（《系辞下》），然有天道、人道、地道之殊分。昔者圣人作《易》将以顺性命之理，"是以立天之道，曰阴与阳。立地之道，曰柔与刚。立人之道，曰仁与义"（《说卦》）。天、地、人各有其道，是分殊；三者合一为"易"，是理一。据郭沫若考证，《荀子》虽为儒家著作，然师承于早期道家宋钘。在论"礼"上，采用了"得一"思维。礼为天下至极，"天地以合，日月以明，四时以序，星辰以行，江河以流，万物以昌，好恶以节，喜怒以当，以为下则顺，以为上则明，万变不乱，贰之则丧也。……天下从之者治，不从者乱；从之者安，不从者危；从之者存，不从者亡。"（《礼论》）"礼"为至极，正如恒道为"独"贵，皆为万物赖以生成、正命者。从统一思维上言，礼为万物以昌，犹如道为万物以生；从分殊思维上言，万物各得礼一以昌，犹如"万物得一以生"。治乱、安危和存亡皆源自"礼"之得与不得，是以"礼一"为天下正。"生者以寿，死者以葬，城郭以固，三军以强。粹而王，驳而伯，无一焉而亡。"（《赋》）以寿、以葬，以固、以强，以王、以伯，皆是"礼"的"得一"以成。正如"万物无以生将恐灭"的思维形式，若无"礼一"则亡。"礼"作为统一者为"一"，然又涵"礼仪三百，威仪三千"之殊。《韩非子》继承《老子》"得一"思维，提出道者为"万物之所然"、"万理之所稽"，它是万殊而一本；"天得之以高，地得之以藏，维斗得之以成其威，日月得之以恒其光，五常得之以常其位，列星得之以端其行，四时得之以御其变气"，它是一本而万殊；"轩辕得之以擅四方，赤松得之与天地统，圣人得之以成文章"，是"得一以为天下正"；"万物得之以死，得之以生；万事得之以败，得之以成"（《解老》），它是无所不由的"得一"。物得一以生，然死在其中。有生有死是"有待"，内在于一物类一太极的"得一"之"得一"中。一物类一太极的"得一"之"一"，是"有一而未形"，而其的分化、分有是各自得于同一之一。这样的"得一"之分得犹如"理一分殊"思维，类似于"月映万川"

的分有。同一物类，虽有数量上的不同，然有性质上的同一。万事"得之以成"是因为"得一"，然何以言"得之以败"？无"得一"，方为败。若以"得之以败"为"得一"使然，则一切落入命定论，泯灭人对于"得一"的得与不得的责任，或者说失去"同于道"、"惟道是从"的"惟精惟一"的责任担当。《韩非子》在"得一"以成的内涵上，与《老子》有所不同。《老子》天"清"、地"宁"以存在质性言，而"高"、"藏"分别从空间方位、功用言。气"清"轻者自上而高，气"宁"浊者自下而藏。顺应汉兴起的气化论思想，王符以气为凭借，阐述得道的思维内涵，提出气一而分殊思想。"道"为"气之根"，"至神以妙"，"至强以大"，"天之以动，地以之静，日以之光，月以之阴，四时五行，鬼神人民，亿兆丑类，变异吉凶，何非气然？"（《潜夫论·本训》）"道"为气根，是生生的原初本体，为万物生成的共同"得一"者。"何非气然"，则"得一"之"一"为"气"，它是"得一"之同。就其成遂万物品类而言，又是"一"者万殊。王符将"得一"思维赋予实质内涵，把"一"视为"气"，使"一"具有了生生因子的基质意义。道生成气，从分化、分散上说是"有一而未形"；从分与、赋性上说，"一"为"万物之奥"。"气之根"思维，既是一物类一太极，又是万殊品类的总体一太极。宋代学者邵雍深受《老子》"得一"思维影响，指出："天由道而生，地由道而成，物由道而形，人由道而行。天地人物则异也，其于由道则一也。"（引自《皇极经世》，九州出版社2003年版，第429页）从天、地、人、物所得道的异上说，是各得其一，为道之分殊；从共由通一上言，是皆得于一，统一于道。道一分殊，因为一事一道，事异道殊。各为其事一，则各得其道一。"君行君事，臣行臣事，父行父事，子行子事，夫行夫事，妻行妻事，君子行君子事，小人行小人事，中国行中国事，夷狄行夷狄事"。行事有不同道，当其道则为正道。"道"中蕴含品殊，是一中涵多，一中含不同殊一。邵子因不能条理其分，故不能给予"道"以层级、分殊上的明确解析。朱熹解《太极图说》运用了"得一"思维："盖合而言之，万物统体一太极也；分而言之，一物各具一太极也。"（引自《周敦颐集》，中华书局2009年版，第6页）"统体一太极"，是"得一"的统同；"一物各具一太极"，是"得一"的分殊。虽然这里"一"为太极之理，而非实体恒道，但逻辑形式上却具有同构性。以理一分殊言，"宇宙之间，一理而已。天得之而为天，地得之而为地，而凡生于天地之间者，又各得之以为性。其张之为三纲，其纪之为五常，盖皆此理之流行，无所适而不在。"（引自《读大纪》，载《朱子全书》第23册，上海古籍出版社2010年版，第3376页）理一分殊说，正与《老子》"得一"思维相类。"一理而已"、"无所适而不在"，是通于一理、犹如"万物得一以生"的思维结构。"各得之以为性"，是"得一"之殊。"三纲"、"五常"，是"得一以为天下正"的思维同构。陆九渊云："此道充塞宇宙，天地顺此而动，故日月不过，四时不忒；圣人顺此而动，故刑罚清而民服。"（引自《陆九渊集》，中华书局1980年版，第132页）道者无所不在，是统一性。天地、日月、四时以运而不忒，是分殊性。王廷相云："元气化为万物，万

物各受元气而生，有美恶，有偏全，或人或物，或大或小，万万不齐，谓之各得太极一气则可，谓之各具一太极则不可。太极，元气混全之称，万物不过各具一支耳"。（引自《雅述上》，载《王廷相集》第三册，中华书局1989年版，第849-850页）"元气化为万物"，是"道生一"的思维同构；"万物各受元气而生"，是"万物得一以生"的思维同构。"万万不齐"、"各具一支"，是"得一"之殊；"元气混全"，是"得一"之统。以"神"言之，"愚则以为万物各有禀受，各正性命，其气虽出于天，其神即为己有。地有地之神，人有人之神，物有物之神。"（同上册，第973-974页）"各有禀受"、"各正性命"，是各得其"神一"之异。"气出于天"，是统一于天。刘宗周直接以"气"取代了《老子》"得一"之"一"，"盈天地间一气也。气即理也，天得之以为天，地得之以为地，人物得之以为人物，一也。……故曰：'万物统体一太极，物物各具一太极。'自太极之统体而言，苍苍之天亦物也。自太极之各具而言，林林之人，芸芸之物，各有一天也。"（引自《刘宗周全集》第二册，浙江古籍出版社2007年版，第408页）"盈天地间一气"，是气一理一的统一；"物物各具一太极"、"各有一天"，是得"一"分殊。在言圣人之心上，"大哉人乎！勿贰以二，勿参以三，而尝足以妙万物之变者，其惟圣人之心乎！故曰'天得一以清，地得一以宁，侯王得一以为天下贞。'"（同上册，第136页）正如"得一"之殊，心"一"而能"妙万物之变"。以"一"妙万变，"一"是万殊的统一，因物付物，时措其宜。王夫之对《老子》"得一"思想曾进行过批驳，"老子云：'天得一以清，地得一以宁。'其所谓一者，生二生三之一，即道失而后有德、德失而后有仁义之旨。……得一者，无二之谓。"（引自《读四书大全说》，载《船山遗书》第四卷，第2405页）将"得一"解为"无二"，非当。"得一"以万物分有言，是恒道的分化、分有。"得一"思维，非是固守"混一"的"无二"，而是各正性命的"无二"。在《老子》思想中，"得一"作为"德"有两方面的涵义，一是分有之"得"，二是法道之得。恒道与分有之得的德，是生物分有与物生禀有的关系。恒道与"玄德"是本体存在质性与人类法道之得的关系。道失后有德、德失后有仁义之旨，是法道的"得一"之失，非是"道生一"之"一"。戴震曾就"分有"的一同与殊异关系进行论述，"《大戴礼记》曰：'分于道谓之命，形于一谓之性。'分于道者，分于阴阳五行也。一言乎分，则其限之于始，有偏全、厚薄、清浊、昏明之不齐，各随所分而形于一，各成其性也。……天道，阴阳五行而已矣；人物之性，咸分于道，成其各殊者而已矣。"（引自《孟子字义疏证》，中华书局2008年版，第25页）"分于道"，是得"一"于"道生一"；"形于一"，是得"一"以为品殊德性。"各随所分"、"各成其性"，是"得一"之殊，亦是"各正性命"。"咸分于道"，是"得一"之同；"成其各殊"，是"得一"之殊。

最后，对本节内容做简要概述。恒道分化、分有于品类万物，首先为分殊"万一"因子，万物"得一"则成为万品、万殊存在者，它是由"混一"转化为"得一"。作为"混一"的存在，恒道是"有物混成"、"混而为一"，为"得一"的浑全、潜在，

"混一"与"得一"内涵不同，前者从自体、总体和一体上揭示恒道本初存在质性，后者偏重于从万物所得的分有、禀赋和品类上揭示恒道原初质性的分化。二者合起来具有"道一分殊"的思维结构，它与"万物总体—太极"与"一物一太极"的思维相贯通，前者是"得一"的通一，后者是"得一"的分殊之一。"得一"的内涵，既可从品类上，又可从同类物的数量上进行揭示。万物因"得一"分有恒道，成其存在的基质、根据。《老子》是万物成遂上的内因论者，物"得一"则自然、自化。人主的唯一职能，是辅助万物自然。

第二节　万物之奥

上一节，重点对《老子》"得一"思想进行了诠释，然"得一"秉承于恒道的分化、分与，为万物各自得，侧重揭示的是万物以生的来源及其思维结构，而"万物之奥"侧重揭示的是万物禀赋、自性以及物之所以然者，它是万物自然自化的内在根本机理，重点解决一个看似相悖的论题：恒道"长而不宰"，又为"万物之奥"，是否相矛盾？既然恒道作为万物的根本、根基，不就是主宰、合目的的神意？为什么又言"道法自然"？本节重点对这些问题给以诠释。

一、文字校解

《老子》第六十二章云："道者，万物之奥。善人之宝，不善人之所保。"帛书《老子》甲、乙本皆将"奥"写作"注"。高明校注以为"主"。甲本将"宝"、"保"二字皆写作"葆"，乙本将"宝"写作"葆"，后一"保"字与今本同。楚简本无此文，为后学者所增撰。

（一）"注"与"奥"、"主"

"注"者，形声字，有多义。一为集中灌注。《说文》云："注，灌也。""注焉而不满"（《庄子·齐物论》）。二为流入注入。"丰水东注"（《诗·大雅》）。"禹疏九河，……排淮泗而注之江"（《孟子·滕文公上》）。三为投注、击打。"以瓦注者巧，以钩注者惮，以黄金注者殙。"（《庄子·达生》）四为集中关注，"意所向"。"君人者上注，臣人者下注。上注者，纪天时，务民力。下注者，发地利，足财用也。"（《管子·君臣下》）五为汇集集聚。"兽人及弊田令禽注于虞中。"（《周礼·天官篇》）万物归一为"注"。六为生出貌。"注然勃然，莫不出焉。"（《庄子·知北游》）"注"与"生"有关，揭示出恒道的生生之谓。高明认为"注"当读为"主"，应是归集之主，非主宰之主。因为《老子》云，"万物归焉而不为主"。从"注"的灌注、集中、汇集以及生出貌等义，揭示万物因恒道而生、而长、而成等内涵，意谓恒道为万物生长、变化、发展的枢机、妙要。恒道为何是"万物之注"？可能就在于其为生生一本、归根妙要，为"善人之宝，

不善人之保"。禾苗因水灌注而生长，故物注然而生；万物因赖以生而汇集，"万物归焉"。有"注"之为，则有归往之势，因赖以所注入者喻恒道存在。

"主"者，象形字。《说文》云："主，灯中火主也。"本义为灯头火焰。由灯的中心引申为最主要、最基本，起决定作用的部分，故有宗主的涵义。"言行，君子之枢机。枢机之发，荣辱之主也。"（《易·系辞上》）"本在于上，末在于下；要在于主，详在于臣。"（《庄子·天道》）"主"者，为起关键作用的事物。又为事物赖以生的根本。民之理，"以衣食为主"（《庄子·天下》）。引申为对最高价值的依持、循行。"帝王之德，以天地为宗，以道德为主，以无为为常"（《庄子·天道》）。"主"与"宗"、"常"涵义相近，也与"奥"义相近。以"道德"为"主"，是主于道德，主于本要。"忠贞以功为主，饮酒以乐为主，处丧以哀为主，事亲以适为主。"（《庄子·渔父》）各以为主，乃务本之谓。又引申为人主、首领。《老子》有云"万乘之主"、"以道佐人主"以及"是谓社稷主"。"主"还有主持、掌管等涵义。"命主祠祭禽于四方"（《礼记·月令》）。"主"因有"本"、"要"、"宗"等涵义，故以之揭示恒道的存在质性。

"奥"者，会意字，亦是多义。一为祭神。谷衍奎认为，"奥"字从"宀"，从双手捧禾麦，会祭祀室内西南隅神灵之意。"与其媚于奥，宁媚于灶"（《论语·八佾》）。朱熹云："凡祭五祀，皆先设主而祭于其所，然后迎尸而祭于奥，略如祭宗庙之仪。……故时俗之语，因以奥有常尊而非祭之主，灶虽卑贱而当时用事，喻自给于君不如阿附权臣也。"（引自《四书集注》，北京古籍出版社2000年版，第73页）古人以"奥"、"灶"有灵，故主于祭。王夫之云："奥为迎尸致享之所，五祀统于此主焉"。（引自《四书训义》，载《船山遗书》第三卷，北京出版社1999年版，第1707页）当尊者为"奥"，为神灵居所，引申指神灵。"奥者，老妇之祭也"（《礼记·礼运》）。孔颖达疏："奥者，夏祀灶神，其礼尊，以老妇配之耳。故《中雷礼》祭灶，先荐于奥，有主有尸，用特牲迎尸，以下略如祭宗庙之礼，是其事大也。"（引自《礼记正义》，上海古籍出版社2008年版，第740页）"奥"是爨神，亦是灶神。二为尊处。《说文》云："奥，宛也。室之西南隅。""为人子者，居不主奥"（《礼记·曲礼上》）。郑玄注："室中西南隅为奥。"（引自《礼记正义》，上海古籍出版社2008年版，第29页）孔颖达云："室向南户，近东南角，则西南隅隐奥无事，故呼其名为奥。常推尊者于间乐无事之处，故尊者居必主奥也。既是尊者所居，则人子不宜处之也。"（同上书，第29-30页）吴澄注"奥"为"万物之尊贵者"。薛蕙注："奥，犹尊也。室内西南隅曰奥。古者为室户不当中而近东，则西南隅最为深隐，故谓之奥，而祭祀及尊者常处焉。"三为隐奥。"奥"为尊所，亦是隐处。"西南隅为奥"（《尔雅·释宫》）。郭璞注"奥"为"室中隐奥之处。"（引自《尔雅注疏》，上海古籍出版社2010年版，第125页）邢昺疏："古者为室，户不当中而近东，则西南隅最为深隐，故谓之奥。而祭祀及尊者常处焉。"（同上书，第125页）孔子云："窥其门而不入其中，观其奥藏之所在乎？"

（《孔子集语》）同一语句，在《韩诗外传》中写为："不能见其理，未谓精微者也"。"精微"者，隐微、隐奥、深奥之谓。又"奥"与"隩"同。"弱于德，强于物，其塗隩"（《庄子·天下》）。"隩"者，深隐之谓。苏辙注"万物之奥"云："道之在物，譬如其奥，物皆有之而人莫之见"。李约云："道于万物之中最深最奥，能与庶品为根本"。四为蕴藏。"奥，藏也。"（《广雅·释诂》）河上公云："奥，藏也。道为万物之藏，无所不容也。"张载云："圣人之精，画卦以示。圣人之蕴，因卦以发。……《易》何止五经之源，其天地鬼神之奥乎！"（引自《通书》，载《张载集》，中华书局2006年版，第94-95页）《易》理广大悉备，为天地鬼神的蕴藏之所。刘骥云："道为万物之渊薮，无物不蕴藏也。莫神于天，道实覆之；莫富于地，道实载之。天地之大尚不离于覆载之内，况其他乎？"程大昌云："物者，道之边际；而道者万物之蕴奥也"。五为庇荫。"奥"者，本为屋宇西南角的隐奥处，因此含有庇荫、深藏的涵义。王弼注："'奥'犹暧也，可得庇荫之辞。""暧"者，隐蔽之谓。因隐蔽可得庇荫。陈景元云："道也者，包括无外，万物资始，最深最奥，庶品之根本，无有逃其术内者"。"资始"、"根本"者，庇荫之意。范应元云："大道甚深，而万物皆备。"陈鼓应认为，"奥"含有庇荫的意义。六为"主"。《玉篇》释"奥"为"主"。"圣人作则，必以天地为本，以阴阳为端，……人情以为田……人情以为田，故人以为奥也。"（《礼记·礼运》）郑玄云："奥，犹主也，田无主则荒。"（引自《礼记正义》，上海古籍出版社2008年版，第701页）王夫之云："奥，主也。得人之情，人归之为主也。"（引自《船山遗书》第二卷，北京出版社1999年版，第992页）总之，不管是"注"、"奥"，还是"主"，皆有依归涵义，乃重言"万物恃之以生"、"万物归焉"以及"执大象，天下往"的意蕴。以为道理、道术是奥妙。然相互对比，"奥"内涵"主"、"注"意义，且具有隐微、神妙、生生、蕴藏、根本、至贵等涵义，与前面揭示的恒道存在质性相通，故当以"奥"字为优。

（二）"宝"、"葆"和"保"

"宝"者，会意字，甲骨文从"宀"（房屋），从"贝"（货币），从"王"（玉），会房中有珍宝之义。"宝"者多义。一为珍宝。《说文》释为"珍"。"物者莫明于珠玉，……珠玉不睹乎外，则王公不以为宝"（《荀子·天论》）。珠玉为宝，在于"明"而"睹乎外"。"宝"者，是珠宝、珍宝。"今夫山，……及其广大，……宝藏兴焉。"（《中庸》）珍宝，自然珍贵之物。二为宝币。"主功有素，宝币奚为？"（《管子·形势》）宝币，富贵的器物，人所尊贵者。三为宝器。古代天子诸侯以圭璧为符信，泛称宝。"诸侯以龟为宝，以圭为瑞。家不宝龟，不藏圭，不台门，言有称也。"（《礼记·礼器》）宝器，具有礼节的特征，故为礼器。四为国宝。宝者因珍贵，引申指治国的宝物。"国有宝，有器，有用。城郭、险阻、蓄藏，宝也；圣智，器也；珠玉，末用也。先王重其宝器而轻其末用，故能为天下。"（《管子·枢言》）城郭、险阻、蓄藏，是治国大宝，而珠玉属于末用。五为珍贵。因"宝"者珍贵，故引申为"珍重"，对宝物的珍视、器重。"儒有不宝金玉，而忠信以为宝。"（《礼记·儒行》）以忠信为宝，则以为价值上的珍贵，予以珍重。六为善宝。由以物为宝，拓展为以德、善为宝。"圣人之求事也，先论其理义，计其可否。故义则求之，不义则止。可则求之，不可则止。故其所得事者，常为身宝。"（《管子·形势解》）理义作为道德，以为宝是得善之宝。"丧人无宝，仁亲以为宝。"（《礼记·檀弓下》）郑玄云："宝谓善道可守者。"（引自《礼记正义》，上海古籍出版社 2008 年版，第 262 页）以"仁亲"为宝，则所宝者为"善"，"惟善以为宝"（《大学》）。"善"是品德。七为贤能。为政，贵在用贤使能，故贤能亦是国宝。"既知且仁，是人主之宝也，王霸之佐也。"（《荀子·君道》）取"既知且仁"贤能，则为治国之宝。"有师法者，人之大宝也。"（《荀子·儒效》）"师法"者，成贤能者，故为宝。八为身宝。"心者形之主也，神者心之宝也，形劳而不休即蹶，精用而不已则竭"（《文子·九守》）。心以神为宝，则"恬愉虚静"，无有患害。九为政宝。"诸侯之宝三：土地、人民、政事。"（《孟子·尽心下》）"世主所贵者，宝也；……故不为重宝亏其命，故曰：令贵于宝。"（《管子·七法》）政令贵于珠宝、重宝，故为政宝。

"葆"者，包涵保持、保护之义，如永葆本色。"注焉而不满，酌焉而不竭，而不知其所由来，此之谓葆光。"（《庄子·齐物论》）"葆光"，"光而不耀"，保持本色之谓。"和以反中，形性相葆"（《管子·白心》）。"相葆"，是相为以保。又与"宝"字通用。《老子》云："我有三宝，持而保之。"帛书《老子》甲本即以"宝"写为"葆"。《史记》写珍宝之"宝"皆为"葆"，可见二者义通。"毋坠天之降葆命。"（《史记·鲁世家》）"葆命"，是大宝之命。又"宝"者在于"保民"，故通于"保"。"宝，以保民也。"（《左传》昭十八年）《说文》释"宝"为"珍"，徐锴解为"人所保"。许彦云："周史而言宝书者，宝者，保也，以其可世世传保以为戒，故云宝书也。"（引自《春秋公羊传注疏》，上海古籍出版社 2014 年版，第 1 页）"宝"者，以善为宝，可以保身、保国，故以"保"为用。"惠我无疆，子孙保之。"（《诗·烈文》）子孙以为保，故得以传承、保有。因其可保，故以为宝。就"宝"与"保"的关系，王夫之云："圣人之大宝曰位，非但承天以理民之谓也。天下之民，非恃此一而无以生，圣人之所甚贵者，民之生也，故曰大宝也。……宝也者，保也，人之所自保也。天下有道，保以其德；天下无道，保以其名。"（引自《读通鉴论》，载《船山遗书》第五卷，北京出版社 1999 年版，第 3129-3130 页）"宝"以为"保"，是自保。天下有道，则宝其德以保；天下无道，则宝其名以保。宝德者，以生民为大宝，君天下则天下保之。只有保以天下，才能为天下保。以德保天下，故能为天下保。以名保天下，故不为天下所保。

"保"者，会意字，涵有六义。一为保养。《说文》云："保，养也。""若保赤子"（《尚书·康诰》）。保者，爱养之谓。二为依附。"女处己，人将保女矣！"（《庄子·列

御寇》）司马彪云："保，附也。"郭向注："保者，聚守之谓也。"成玄英疏："保，守也。"（引自《庄子集释》，中华书局 2004 年版，第 1039 页）三为安平。"推恩足以保四海，不推恩无以保妻子"（《孟子·梁惠王上》）。"保"者，安正、安宁之谓。"可以保身，可以全生"（《庄子·养生主》）。"保身"，保全形身。四为保守。"若夫益之而不加益，损之而不加损者，圣人之所保也。"（《庄子·知北游篇》）所"保"者，持守性分、正命之"道"。"欲刚者必以柔守之，欲强者必以弱保之"。（《文子·道原》）"保"与"守"义同。五为保佑。"嘉乐君子，宪宪令德！宜民宜人，受禄于天。保佑命之，自天申之！"（《诗·大雅》）"保"者，佑之谓。六为"保持"。"宗庙飨之，子孙保之。"（《中庸》）"保之"者，因保有而延续，故为保持、持续。《老子》的"子孙以祭祀不辍"，即言此谓。七为城堡。因有保护功用，故借为"堡"。"四鄙入保"（《礼记·月令》）。郑玄云："小城曰保。"（引自《礼记正义》，上海古籍出版社 2008 年版，第 497 页）"保"者，有养育、安定、保护、保佑等义。

"宝"、"葆"和"保"三字义通，因所"宝"者不同而有不一样的"葆"和"保"。

（三）"善人"与"不善人"

何谓"善人"？无疑其具有特定涵义，需要从当时文献进行考证。《论语》多处言"善人"。"善人，吾不得而见之矣；得见有恒者，斯可矣。"（《述而》）"善人"与"有恒者"分，以见行道的价值层次。朱熹云："有恒者，不贰其心。善人者，志于仁而无恶。"（引自《四书集注》，北京古籍出版社 2000 年版，第 109 页）"有恒"者，"信以成之"，有如"力行近乎仁"，然不免有"过犹不及"处。"善人"高过于此，志于仁，"安而行之"，故无执于恶。"善人"之道："不践迹，亦不入于室。"（《先进》）张载云："善人云者，志于仁而未致其学，能无恶而已"。又云："欲仁，故虽不践成法，亦不陷于恶，有诸己也。不入于室由不学，故无自而入圣人之室也。"（引自《张载集》，中华书局 2006 年版，第 29 页）"善人"为善，因不学而不能致圣人境界。之所以如此，在于："君子于天下，达善达不善，无物我之私。循理者共悦之，不循理者共改之。改之者，过虽在人，如在己，不忘自讼；共悦者，善虽在己，盖取诸人而为，必以与人焉。善以天下，不善以天下，是谓达善达不善。"（同上书，第 29 页）又云："恶不仁，故不善未尝不知。徒好仁而不恶不仁，则习不察，行不著。是故徒善未必尽义，徒是未必尽仁；好仁而恶不仁，然后尽仁义之道。"（同上书，第 29-30 页）"徒善"者，好仁而不能察。因"习不察"，故"行不著"。宋儒解"善人"为"质美而未学"者，实则不然。在《论语》本义，"善人"高于"有恒者"，而"有恒者"必以可恒者为前提，犹如力行必以有所以行者为前提一样。只有知"仁"，方可有恒、力行。怎能无学？即使是《老子》言及体道者，也是以知"道"为前提，否则何以言"吾言甚易知，甚易行"，"言有宗，事有君"？无道"善"，何以为善人？《论语》言"善人"

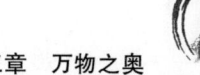

为褒义。"善人为邦百年，亦可以胜残去杀矣。诚哉是言也！"（《子路》）朱熹云："盖古有是言，而夫子称之。"（引自《四书集注》，北京古籍出版社 2000 年版，第 157 页）"胜残"者，化残暴之人，使不为恶；"去杀"，民化于善，不用刑杀。"胜残去杀"者，相对时政之弊而言。"善人教民七年，亦可以即戎矣。""即戎"者，是从军。"善人"者，教民以孝悌忠信，务农讲武。以此看，"善人"何尝不致学？无学何以教？"善人"者，古既有称，乃指行教化为政之人。"周有大赍，善人是富。"（《尧曰》）"赍"者，给予之谓。"善人"，是贤能的仁人，"虽有周亲，不如仁人"。王夫之解"善人"、"信人"认为，"夫善人者，固非徇乎俗之所谓善，而可谓善亦弗容深求其独善者而后谓之善也。人同此心也，心同此理也，不拂乎天下之情，必其不违乎天下之性，而即可以善天下之动。……善之量大，自微小而积之，以彻乎万事万物，而皆有其必合之则，则在于充；善之体微，自显著而求之，以极乎不睹不闻，而皆有其无妄之真，则在于实。既信矣，加之以推致之功，于道无不可信也；加之以退藏之密，于德确有所信也。如是而后心无不善，善无不信。"（引自《四书训义》，载《船山遗书》第四卷，北京出版社 1999 年版，第 2304 页）"有恒者"是"有诸己"，合于理而躬践之，固守之。"善"或有未能信者，但"善人"者自有恒，"所信者皆善"。善而有恒，则量大，小而积以充彻于万事万物。"有恒者"，不必定于"惟精惟一"。"善人"体道须臾不离，为善必"极乎不睹不闻"，则"心无不善，善无不信"，以至于极。"善人不得圣人之道不立，跖不得圣人之道不行。天下之善人少而不善人多，则圣人之利天下也少而害天下也多。"（《庄子·胠箧》）"善人"者以"圣人之道"立言立行者，"不善人"是盗跖等类。《管子》亦多言"善人"。"天下者，无常乱，无常治。不善人在则乱，善人在则治"（《小称》）。"善人"与"不善人"相对，皆言为政者，只不过德品不同而已。"善人"者谓尧舜、文武等，"不善人"谓桀纣之类。"制断五刑，各当其名，罪人不怨，善人不惊，曰刑。"（《正》）"善人"又与"罪人"对，为仁人、贤人。从主要注家之解看，多谓"善人"为"得道"者、贤人等。"不善人"者，有解为"遭患逢急"者，有言"愚"、"过咎"者。可见，《老子》所言的"善人"是贤能之主，"不善人"是昏庸之主。

二、文句解析

兹分两个部分进行解读。

（一）"善人之宝，不善人之所保"

"夫道治者，则名法儒墨自废；以名法儒墨治者，则不得离道。老子曰：道者万物之奥。善人之宝，不善人之所保。是道治者谓之善人。藉名法儒墨者谓之不善人。善人与不善人，名分日杂，不待审察而得也。"（《尹文子·大道上》）"道治"者，以"道"为治，故为"善人"。借以名法儒墨为治者，是"不善人"。在《老子》本意，

"善人"是以"道"为善者，起于"修之于身"，至于"修之于天下"，其德不亦博大之至!《老子》思想有内圣、外王的归趣，"善人"是为政、治国和取天下恒以"善道"者。"不善"者，是不以"道"为治者。善人，以"道"为治，可以取天下，故为"宝"。不善人，以"道"为治，可以保身，"有罪以免"。下面结合注家之解以申述之。河上公云："善人以道为身宝，不敢为。"所"宝"者为"道"，以"道"为"宝"则"辅助万物自然而不敢为"。在《老子》本旨，"不敢为"非是守于虚静养生，而是"以道莅天下"的不敢妄为，无为而无不为。《老子》言以"道"修之于身、家、乡、邦和天下，则其"德"乃真、余、长、丰和博。正因"不敢为"，故能以无事取天下。循道而为，以天下为天下。《老子》云："我有三宝，持而宝之"。帛书《老子》甲本将"宝"写为"琛"，乙本写为"葆"，三者义通。帛书《老子》将"持"写为"市"。"市，恃也。养赡老小，恃以不匮也"（《风俗通》）。"三宝"者，为"慈"、"俭"和"不敢为天下先"，皆是德性之属。"三宝"者，作为道术，是恒道为"万物之奥"的体现。"善人"以为宝者，正包涵此三者。就"不善人之所保"的涵义，河上公云："'道'者，不善人之所保倚也，遭患逢急，犹自知悔卑下。""保倚"者，依持以为保。"遭患逢急"，为"不善"。人遭遇"不善"患难，若戒慎自悔，自持卑下，则"有罪以免"。可见，"道"者既可为"善人"之宝以成遂富有、大业，亦可为"不善人"自知得以免罪、保身。王弼认为，"宝以为用"，而"保以全"。"宝"可为用，用以成为"善人"。"不善人"持有此道，可以免罪保全其身。唐玄宗云："善人知守道者昌，失道者亡，故常宝贵之，而无患累也。"既以"道"为宝，必先知其为宝，然后视为珍宝、宝物而珍贵之，常以为用。得道修身，可以德真。至于其极，则修之天下其德乃溥。"不善之人，不能宝贵至道，及有患难，即欲以身保住于道，自求免尔。"不善者，不能自觉宝贵至道以行，然逮至罹患之时，则求挽救之方，不得不以道求免。可见，至道用极，无处不有。李约认为，善人知"道"可以"修身"，可以"长生"，而"不善人"遇有祸难，方保有以为"庇护"。然"道"以修身，非但以长生，而且可以长人长物，德溥天下。"不善人"复守其道，乃可以求其自保，以至于保有天下。陈景元认为，"善人"为"上士"，勤而行之，固守妙本，以为长久之宝。"不善人"为"下士"，忤道悖德，履凶践祸，思欲反复元吉，复仰道之宝庇。"上士闻道"，是以"道"为"若怀其宝"，故勤行不辍。"下士闻道"，大笑之，不以为然，然遇有挫折，能痛定思痛，汲取教训，痛改前非，则道不远人，保守之同样可以达到"自天佑之，吉无不利"的结果。吕知常指出，习俗之人皆知"良金美玉身外之宝为可贵"，而不知"抱道怀德为身内之宝"，实则它是"尤其可贵"。惟善人知其至贵，可宝而勤行之，故诚实为之，不贰其趣。"中人以下，愚知不同，若存若亡，莫之深信"。之所以"莫之深信"，因为大道不能获取名利。范应元以"善人"为"已明善者"，以"不善人"为"未明善者"，这里"明善"就是知"道"、"闻道"。林希逸指出，"善人"者，是"有道之人"，故能"固宝之爱之"。而"不善人"者，"有道之人亦保合容

之"。"有道"者，"道"有诸己，信实在身，故宝之而不失，以为恒德不离。"不善人"不知为"道"，固需唤醒之，"有道之人"的教化、引导是一个重要途径。若能当下醒悟、自我觉悟，守而不失，亦可为平安之得。吴澄云："善人向道而进修则可以取重于人，故曰善人之宝。不善人向道而改悔亦可自保其身，故曰不善人之保。""进修"，是"勤而行之"，修之于身以至于天下，但其效验非在于"取重于人"，而在于达致内圣、外王，以事言是无往而不利。若"取重于人"，则是"有以为"。"改悔"，是反省吾身，"知止不殆"，转祸为福。"不善人"或因受道而改悔，或因困知而从道，然皆能自保。林志坚以《老子》"天得一以清"思想解"善人之宝"，以"道生之，德畜之"解"不善人之所保"。从人之于道的关系言，有知有愚，有得有失，有宝有保，自有分判、差异。然就"道"自身言，它是"不远人"，人知即可以知，人得即可以得。只要自觉同于道，则道就能得之于身，甚至修之于天下。万物得之，自能以生。侯王得之，自能以为天下正。"道"者无处不在，无时不有，得于不得在人。它常与人善而无有害，故恒与善人，恒善救人，"为之于未有，治之于为乱"。而"保"者是人自择所然，不知"道"，不能恒一不失，必然落入只能以为"保"的境地。《老子》以此警戒世人，不可妄自作为，不可背离道德。众人熙熙，"如享太牢，如春登台"，皆"有余"、"有以"，而我独"泊兮"、"沌沌兮"、"儽儽兮"、"顽且鄙"，保持"愚人之心"，"澹兮其若海，飂兮若无止"，贵"食母"。"食母"，是体行于"道"。不善人得以"保"，归根结底亦在于"道生之，德畜之"，复归于"道"。人主得道（得一）可以为天下正，非至宝乎？"立天子，置三卿（公），虽有拱璧以先驷马，不如坐进此道"，非至善乎？"求以得有罪以免"，非为至贵乎？无所不功成，故为天下贵。王道指出，"有形之宝易得易失，而所及有限；无形之宝无得无失，而其用不穷。"之所以"惟善人以为宝"，在于"非见晓于冥冥，得珠于象罔者，不能珍而藏之"。珠宝之宝，有形为用，人所易知，效用当下即现，稀少难得，故为习俗所贵。而大道无形，为无用之用，功用不能即时显著、有求必得，日用莫知，故常为人所遗忘。实则，大道功用至极无穷，万物赖以为生，圣人赖以为治，常人赖以为存，不可无之，"不道早已"。然大道不显，微妙难知，不可搏得，非玄通者不能体行。"不善之人，虽不见道，而常依道而潜能其身，盖日月而不知者也。""保"者，是保聚之，"依之为安"。习俗之人，虽日用不知其然，故亦不可离于道。恒道之于人"德善"无弃，故不善人得道德以反躬自省，也能免于祸患。大道是为善之宝、惟人是辅，关键在人能否"同于道"。何以为"保"？"保也者，慎其身以辅翼之而归诸道者也。"（《礼记·文王世子》）"保"者，警慎、戒慎以保。可见，"宝"者从积极意义上言是自觉体道从善，因为既以为"宝"，则必视之为"宝"、知其为"宝"，行以为"宝"。"保"者多从反面预防、杜渐上揭示从道去恶免患之意。正因不知以为"宝"，故或招致"不善"之果。然道不弃人，人求于道则得之，得之为至宝则"被褐怀玉"，故成为"善人"。"不善人"因其离道招致"不善"，若能觉醒以求之，则能免于罪患。陈鼓应解云："善人珍

贵它，不善的人也处处保住它。"解"宝"为"珍贵"，是依据"万物莫不尊道而贵德"而言，它的前提是知"道之尊，德之贵"。至于解"保"为"保住"，则不确。若"保住"则"勤而行之"，"持以宝之"，何以为"不善人"？不能于道"惟精惟一"，方要有所"保"。在《老子》看来，恒道既可为"善人"所以为"宝"，也可为"不善人"所据以自"保"。统言之，无人不以恒道为用，以为依归，足见恒道其功用至大，溥遍均平。正是根据恒道这样的存在质性，《老子》提出与此相应的盛德："善者，善之；不善者，亦善之；德善。""德善"者，是无所不善，兼"善人"、"不善人"而齐与之善，亦是"恒善"。圣人"恒善救人，故无弃人，物无弃财"。以"三宝"言之，是"慈故能勇；俭故能广；不敢为天下先，故能成器长"。相反，"舍慈且勇，舍俭且广，舍后且先"，则必走入死途。既为"善人之宝"，又为"不善人之所保"，可见"道尊而德贵"，足以证明恒道为"万物之奥"的绝对价值。

（二）"万物之奥"

正如《老子》以"侯王得一以为天下正"来揭示"万物得一以生"的意蕴一样，"善人之宝，不善人之所保"是从人的角度具体阐发恒道为"万物之奥"的质性。以人的"宝"、"保"揭示恒道于人的"德善"、"恒善"，而"万物之奥"则从总持说以揭示宇宙间一切事物无不以"道"为自身生存、变化和发展的根本，作为成己、成物的要妙。"万物之奥"作为"德畜之"的恒道存在样式，是恒道分有而成为万物存在、发展和变化的内在机理、禀性。对人的持守道德言，是道用的持守、体存以及发用。"万物之奥"，回答了万物生成后如何存在、变化和发展，或者说因何存在、变化和发展的内在势力和机理问题。恒道作为本始、大全和绝对存在，万物因之而有盛衰、成毁、生死的变化，万事由之而有成败、得失、利害的分畔。恒道作为"万物之奥"，是至尊贵者，"道之尊，德之贵"。之所以如此，因为它贯穿、发用于万物"长之育之"、"亭之毒之"以及"养之覆之"的全过程和每一个环节。它善利万物而使之成遂自性，衣养万物而使之各得其适，万物归焉则有求即贷，天下皆往而不辞其功。恒道无形、无体，不可致诘，深奥至神，故以"奥"的尊者强名之。恒道主于成遂物的自性，而不主宰物之自然；主于"为物"、"功成"，而不自恃其为主；善利长遂万物，而不宰其所长。恒道作为"万物之奥"，非是因主宰长化而成其尊贵，相反是顺物、辅助、善利自然而不宰。恒道之为"万物之奥"，集本根、机理、准则、根据等涵义为一体。以物之存在言，成就"夫物芸芸，各复归其根"，为"反者道之动"。芸芸竞生逐长，复根则循环变化无端。以物之自性言，是天地神谷等万物各得其一，成其万殊品性；以物之成长言，是长育、亭毒、养覆等无不遂其成功；以人道之用言，是"善人之宝，不善人之所保"，"侯王得一以为天下正"；以法则言，是"袭明"、"妙要"、"为天下式"等；以圣人为天下言，是"执大象，天下往"，"以道莅天下"，等等。恒道为"万物之奥"，无物不自得，为"德善"、"恒善"，故无弃人、弃物。人为万物之灵，

为域中"四大"之一，可法地、法天，也可法道自然。恒道为"万物之奥"，是物各自得之"奥"的总名，故涵摄万殊之"奥"。"奥"作为物各自得者，是"德畜之"的禀性。有万殊不同"奥"，则有万殊禀性。体行道德，在于因循"万物之奥"，因物付物，曲成不遗。得"万物之奥"，则顺物无违，因循以辅助自然。李荣认为，"道本无形，理唯虚寂，无形苞之于有象，虚寂纳之于动殖"，故为"万物之奥"。恒道作为"万物之奥"，是不测之"奥"，故虚而无形。为功用至神，故有象、动殖赖以生成。唐玄宗以"奥"为"内"，"万物皆资妙本以生成，是万物取给之所"。恒道以"万物之奥"而存在，是为"妙本"，其生生功能寓于万物自性之中，故为"内"。然既为"内"，就是自性生化，相互生化。"取给之所"，是物物间的相互资生。当然，这来自物物之间的相互联系以及先定有序和谐。陆希声认为，"道者广大包容，故为万物之渊奥。"既言"万物之奥"，则为通万物之"奥"，无不涵容，故为"广大包容"。作为"渊奥"，则万物无不以为生、存。陈景元认为，大道作为"万物之奥"包含以下质性："包括无外"是其独立无二，"万物资始"是其为生生一本，"最深最奥"是其窈冥寂寥，"庶品根本"是万物无不由，"无有逃其术内"是为"天下式"。王雱认为，大道深密，能"庇覆万物"，而为"万物之所伏藏"。"庇覆"，是"养之覆之"。"伏藏"，是"湛然似或存"。苏辙认为，"譬如其奥"，道之在物无物不有，然"人莫之见"。可见，"奥"者无形，不见，而洋洋乎无不在，具有"鬼神之为德"的质性。程大昌以"物"为"道之边际"，以"道"为"万物之蕴奥"。"蕴奥"者，揭示无物不蕴藏有道，万物无不"得一"。然物为徼，是大道的载寓，正如器以载道。通于"得一"是"道"，各自"得一"是物性之"奥"。恒道是万物的总名，万物是恒道的另一种存在方式，"道通为一"。万物无不足于道，道寓于万物之中，故为"万物之奥"。吕知常认为，"万物之奥"具有如下质性："道甚深奥，虚无之渊"，是"无状之状"；万物皆禀"道之所育"，是"万物之母"；"暖然无不赖其荫庇"，是"万物恃之以生"；"周流八极"，是"周行不殆"；"无乎不在"，是"泛兮其可左右"；"万物资始"，是"玄牝之门"；"不可致诘"，是"微妙无形"；"莫见形状"，是不可视闻。可见，恒道作为"万物之奥"同样具有微妙而至神的存在质性。林志坚以"万物莫不尊道而贵德"解，以"奥"为"德"，则其本于"道"。王道以"奥"为"尊"，认为道之利人，"无分于善不善如此"，此其"所以为万物之奥"。无分于善、不善，则何弃之有？朱敦毅以《中庸》思维解之，认为"道者，天命之性。性无不善，是为奥妙。"万物各有"止于至善之区"，故为"奥"。《中庸》以"道"为"天命之性"，则"道"是天理，"性"是理义。"性无不善"，是至理存在。以宋儒思维言，"天理"不涵气质之性，而《老子》恒道是理气一体的"混成"。"止于至善"，是大学之道，格物穷理者，已非绝对本体存在。以《老子》思维言，万物是恒道的分有，无物无道。物作为一个存在者或机体存在，其整体存在无不承载"道生之，德畜之，物形之，势成之"，非是物之内为"道"之"奥"，而外面的形体在"奥"之外。之所以言为"奥"，因为

道 与 物

"奥"为神灵处所，具有隐微、神妙、生生、蕴藏、根本、至贵等涵义。恒道作为至尊者，寓于万物为至贵之"德"性。以其散见于万物之中，无有定体，"其可左右"，而为隐微无形的奥秘；以其周行于万物之中，至神不测而为生物不息的奥妙；以其蕴藏于万物之中，不见其体，为"不可致诘"的深奥；以其作为至尊至贵者，为万物根本的精奥。

《庄子》继承《老子》"道"分有于物而内化为"德"的思维趣向，前面已对其"得一"思想内涵进行了揭示。从道、德作为恒道的两个存在样态言，道是"万物之宗"，德是"万物之奥"。前者是后者的本根、一统，后者是前者的展开为自然、世界。"得一"是"万物之奥"的起始、根本，因"一"而为"奥"。"万物之所系，一化之所待"（《大宗师》）。"所系"、"所待"者，作为"万物之奥"是"大块"或"道"。"道"作为独立无偶的存在，万物系之自得，待之以生长，系之以成遂。"一化"待之成化，遂万化而未始有极。以其功用神妙言，它是万物之所由。"且道者，万物之所由也，庶物失之则死，得之则生；为事逆之则败，顺之则成。故道之所在，圣人尊之。"（《渔父》）"万物之所由"，既是对"得一"思想的阐发，也是对"万物之奥"思想内涵的揭示。"道"为万物所由，万物"由"之以为生死、成败。前者为庶物生死之"奥"，后者为事为成败之"奥"。为"道"者，因事物之"奥"而成功遂事，反之"逆之则败"。圣人之所以"尊之"，在于其为万物存在、变化和发展的根本，不遵循之则不能成功遂事。庶物、事为具有"道"所分与的"德"或"奥"方可维持自身的存在，维系自己的运动、发展，否则就失去存在的根据、理由。如果说得与失以"道"的分有、具有而言，那么逆与顺则从体"道"、行"道"的取舍、选择而言。大道作为"万物之奥"，为人所尊贵体行是"善人之宝"，其次是"不善人之所保"。"得吾道者，上为皇而下为王；失吾道者，上见光而下见土。"（《在宥》）得"道"既是得"一"，亦是得"奥"。"上为皇而下为王"，是善人以为宝；"上见光而下见土"，只能是不善人所保。"保"者，是保持光、土，为而有恃。万物以"道"为"奥"，则存在不得不然。"天不得不高，地不得不广，日月不得不行，万物不得不昌，此其道与？"（《知北游》）因为"道"是"道通为一"，通于万物固有所然、所可，则为"万物之奥"。每一个存在物得"一"和"奥"，只是"道"的分有，而非是"道通为一"。"道德"有两种存在质性，一为实体存在，为通于、行于万物之中的存在；一为依据、理则，是精神上可以体验、践行的德行境界和道术。得"道"之行，在于以行道德为境界，与"日月得之，终古不息"不同。前者是道术之得，后者是禀赋之得。前者是知识之得，禀赋是机体之得。恒道作为"万物之奥"，是物之所以然者。"德者，得也；得也者，谓其所得以然也。"（《管子·心术上》）万物得"道生一"之"一"为"德"，它是万物的"所得以然"，成为自身固有的机理和构成。"道之所言者一也，而用之者异。"（《管子·形势》）以性命言是各正性命，以事为言是各自有为。闻道好为家者，为一家之人；闻道好为乡者，为一乡之人；闻道好为国者，为一国之人；闻道

好为天下者，为天下之人；闻道好定万物者，为天地之配。欲王天下而失天下之道，则天下不可得而王。"得天之道，其事若自然；失天之道，虽立不安。""道"作为事为之"奥"，是理一分殊，具有不同的功用层级，正如《老子》修之于身、以至于天下。以物言是分有"道"为"奥"成其为性理，以事言是以"奥"为"理"因循以为。万物各有其"奥"，则存在自然、必然、不得不然。圣人的作用在于"辅助万物自然而不敢为"，亦即因万物之"奥"而因循以为，故事若自然。若失"道"背万物"奥"理，故虽立而不安。《韩非子》继承道家的"道德"思维，对"道"作为"奥"进行了论述。"夫道者，弘大而无形；德者，覈理而普至。至于群生斟酌用之，万物皆盛而不与其宁。道者，下周于事，因稽而命，与时生死。"（《扬权》）"道"所以为万物之"奥"，在于"覈理而普至"。"德"者，内得于"道"而为万物内在殊理、分理。正因"道"者"弘大"，故分有于物为"德"而"普至"。"覈"者，本义为果实中坚硬并包含果仁的部分，引申为内里的主要成分和机理。以言物"德"，譬喻物分有于"道"，以"得一"成其禀性、内在机理。"道"与"德"的关系，是"德兼于道"。一物一"奥"，是一物一性，"理"蕴藏其中。恒道作为"万物之奥"，群生"斟酌用之"，是万物各得其"一"以为"德"，以为"奥"。物有此"奥"，则皆自"盛"，无不自"宁"，无所不宜。以物言是"奥"的分有、功效，以事言是"奥"的因循、应用。"周于事"，是以"道"为"奥"周行于事为。"因稽而命"，是以物之"奥"为遵循，因物付物，曲成其性。"与时生死"，是用"奥"上的"动善时"，因物变化而时中其"奥"。万物各自有"奥"，品性殊异，而"道"通于一，为"万物之奥"。万物皆有"得"为"奥"，故无不自在、自化、自遂。严遵在阐释《老子》"得一"思想上云："一者，万物之所导而变化之至要也，万方之准绳而百变之权量也。""一"为"道之子"，万物分有以得为"德"，亦是"奥"。"万物之所导"，是"奥"为机理、机能；"变化之至要"，是"奥"为势力、潜能；"万方之准绳"，是"奥"为遵循、理则；"百变之权量"，是"奥"为权衡、时中。"奥"包涵这些功能、功用，当然还应包括物形、物体。在"德"与"奥"的关系上，"奥"就是"德"。"德"为物性，包涵形体、理则、机理。万物无道不生不存不化，同样是无德无奥不存不化。在诠释"万物之奥"的思想上，严遵又指出，"木之生也，末因于条，条因于枝，枝因于茎，茎因于本，本因于根，根因于天地，天地受之于无形。华实生于有气，有气生于四时，四时生于阴阳，阴阳生于天地，天地受之于无形。吾是以知：道以无有之形、无状之容，开虚无，导神通，天地和，阴阳宁。调四时，决万方，殊形异类，皆得以成。变化终始，以无为为常。无所爱恶，与物大同。群类应之，各得所行。""道"作为"万物之奥"，是事物的根本。以其本自初始言是"天地根"，以其来自生生一本言是"万物之宗"，从长育化遂言是"长之育之"，以"殊形异类"言是各自"得一"，以"变化终始"言是造化之化，以"无为为常"言是为天下式，以"无所爱恶"言是"兼利无择"，以"与物大同"言是通于万物，以"各得所行"言是无物不以。在《老子》

中，"万物之母"涵摄"万物之奥"，皆为"无状之状"。再以人得于"奥"言，"善人得之，以翕以张"；"凶人得之，以发以张"，功效、结果自是不同。在物为"奥"是自得、自化、自成，在人得"奥"是因、循、顺。顺天地者，得天地之"奥"以为道术之"奥"，故因循变化而不已；行合人心者，以人之"奥"为道术之"奥"，因人之得而己无所与，故因人付人。大道作为"万物之奥"，是成物性自然，辅助自然。以"万物之奥"为"道"，则曲成万物，故为天下贵。"万物归之，为天下宰。"通言之，是以"道"为生生的主使者，实则是万物各自得、各自化。以万物自化言是"自然"，然同时是大道主化使然。《文子》继言"道"为"万物之奥"，并给予了传承发展。前面，揭示大道作为"得一"者，为物得以运动、变化和成遂者、为道术、道用者，合言之是"万物之奥"。正因恒道为"万物之奥"，故圣人之为是得其"奥"，"辅助万物自然而不敢为"。执道以御民者，"事来而循之，物动而因之"（《道原》）。人主以"道"为"奥"，因循以为，作为行为之宝。

三、思维内涵

恒道作为"万物之奥"，是否具有本体论的属性？前面，曾将恒道视为绝对本体存在，主要是从其为"万物之宗"、"泛兮其可左右"和"道乃久"等无限、绝对质性上来说的，这里要澄明的是作为"万物之奥"存在是否为"本体"的问题。首先得对"本体"概念进行界定。就西方本体观的历史发展，成中英进行了归纳梳理。他认为，西方本体概念的发展经历了五个阶段。第一阶段，以苏格拉底、柏拉图和亚里士多德哲学为主要代表，"本体"是具有终极目的性的永恒存有，名为"不动的动力来源者"，或为模仿、流溢说的"理念"或"逻各斯"。第二阶段，"本体"概念是"不可知的上帝"、康德所说的"物自体"，它被认定是一个对象化的本质，只能用神学的语言来描述。第三阶段，"本体"为谢林的"客观精神"、费希特的"自我"、黑格尔自我认知的"绝对精神"，是具有主体形式的客观绝对实在。第四阶段，注重于消解"本体"概念。从19世纪后期到20世纪上半期，对本体的研究表现在科学实证主义和逻辑分析主义对非超越的外在性的探索上，认为无法提出本体与终极真实的概念。第五阶段，注重于对本体自我的揭示。从20世纪到21世纪，肇端于胡塞尔从纯粹意识中建立起对事物本质的绝对确定认知，至海德格尔提出"存在先于本质"思想。人存在存在化，具有面对未来的可能性、不确定性，故诠释"本体"不可能。人只能以自身的感受、思识、向行显示自我的存在，它是本体性的自我诠释。伽达默尔继之更提出哲学诠释学的思想，"理解"的存在就是人的存在，"理解"的真理能在开放性的对话中形成。最后，成中英将西方本体论发展的特征归纳为本体的客体化、外在化和超越化，本体论的中心在于对本体的诠释上。（参见《本体诠释学体系的建立：本体诠释与诠释本体》一文，载《成中英文集》第四卷，湖北人民出版社2006年版，第28-32页）在西方哲学史上，"本体"概念既有"共相"、"个体"之分，也有唯实论与唯名论之争。

一为唯实论。认为作为形式和种属概念的共相，是独立存在的实体。它产生一切，决定一切，比其他存在物更实在，越普遍就越具有现实性。柏拉图认为，理念贯注一切，万物分有或模仿理念而存在。在共相与特殊的逻辑关系上，"一般"产生和包含着"特殊"，"共相"在"特殊"中成形并展现自己。在上帝与宇宙的关系上，宇宙万物不过是神或上帝的显现，二者同一。在理念与存在的关系上，绝对理念作为内在或潜在理念，通过外化以显现、发展，而成为现实存在，它是自己实现自身的存在。二为唯名论。认为共相或形式、理念、逻辑，只不过是共有的集合名称或词，也即不同事物的统一称号。真正现实存在的，唯有活生生的具体个体。此一思想最早来自亚里士多德的"个体"论，虽在共相与个体何者为最终存在上前后有过摇摆。"本体必须是基本的和独立的存在，它必须是'某个这个'"。（引自《形而上学》，商务印书馆 1997 年版，第 59 页）"我们把一个个别事物认作基本本体，当且仅当我们指他作为一个自然种或种。"比如，一个士兵作为个体就不是一个本体，"人"之概念才是他的本体。（同上书，第 65 页）他还认为，存在着永恒不变的本体和纯粹的精神活动。三为折中派。认为普遍的共相概念，具有不同的存在形式和阶段，是同一基质的不同存在样态。阿伯拉尔指出，"共相"在事物存在之前首先作为理性概念存在于上帝之中，其次作为个体基本根据的相同性——普遍形式存在于事物中，在事物生成后，作为通过比较思维而获得的概念和属性，存在于人类理智中。普遍概念对于神而言，先于事物而存在；对于自然而言，寓于事物而存在；对于认知而言，后于事物而存在。（引自《哲学史教程》上卷，商务印书馆 1997 年版，第 388-400 页）四为辩证论，黑格尔认为，绝对理念乃是普遍、特殊与个体的统一，三者一体方是绝对实在的"绝对精神"。绝对精神，是逻辑、自然和精神全体存在的真理，为逻辑、历史和认识的统一。从绝对精神的角度看，则一切存在物皆是绝对精神的组成、体现；从具体存在物或一定阶段的存在物看，每个事物之为其本身，乃在于内在的根据（本质形式、"理念"或"共相"），它规定着物的存在、变化和发展。"根据就是内在存在着的本质，而本质实质上即是根据。根据之所以为根据，即由于它是某物或一个他物的根据。"（引自《小逻辑》，第 259 页）"一切皆合理"，一切存在物皆是绝对精神的显像、展示。

朱伯昆认为，《老子》之"道"具有世界生成论或发生论的意义，尚未获得本体的内涵，逮经过庄学之阐发，至王弼方推导出本体论的领域，提出"天地万物皆以无为本"的命题。（引自《宋明理学中的"体用一源观"》，载《中国观念史》，中国古籍出版社 2005 年版，第 475 页）若将之定义为世界的本源和基质，恒道作为"万物之宗"，何尝不是本体？若定义为本质、共相和逻各斯，则恒道非是本体。若定义为"个体"实在，恒道作为寓于万物之中的存在者，亦是本体。若定义为一切存在的基础和万物变化的根本，恒道作为"万物之奥"，何尝不是本体？万物何尝不是因恒道有其存在、变化、发展？王弼虽提出以虚无为本体说，但其论不出《老子》内在之蕴，只不过予以显明说出而已。如果说王弼第一个提出"以无为本"之说则可，如果言本体论

从其开启则不可。经过郭象"独化"的物本体论，到宋儒提出了"理"本体论。"理"作为万物来源、根据，思维就类似于《老子》的"万物之奥"论。恒道作为"万物之奥"，它是不测的存在，寓于万物之中生物不测，物物而不物于物，既成物所然而不落于物。恒道作为"万物之奥"存在，非是作为万物存在的根据，不是万物先定的决定者。恒道寓于万物之中，作为"奥"是自然，具有无限的创生潜能。万物秉承恒道为"奥"，具有自己的自化潜能，因为它分有了恒道的潜质。物生化无穷，方能展示恒道功用无限。若言恒道主宰于物，则不能生生不测、不息不已，而落入"物于物"的存在物。恒道不可道，无有其限。正如理念的流出、模仿为逻各斯一样，"根据"是先定的潜能，就非是不可道的恒道。海德格尔曾从"存在"的问题出发，对西方思想史的形而上学"根据"传统进行了批判。他认为，形而上学着眼于存在，着眼于存在中的存在者的共属一体，来思考存在者整体，亦即世界、人类和上帝。形而上学以论证性表象的思维方式，来思考存在者之为存在者。因为从哲学开端以来，并且凭借这一开端，存在者的存在就把自身显示为根据（本原、原因、原理）。每个存在者正由于"根据"，才有其生成、消亡和持存，以至于成为可知的东西。作为根据，存在把存在者带入其当下在场。根据显示自身为在场状态。作为建基者，"根据"是实在的存在者状态上的原因，是使对象之对象性得以成立的先验可能性，是绝对精神运动和历史生产过程的辩证中介，是那种价值设定的强力意志。（参见《面向思的事情》，商务印书馆2002年版，第68-69页）一切形而上学皆认为存在者的存在为"相"，它是存在者之作为存在者在其中显示自身的那个外观或在场方式。海德格尔认为，黑格尔的《精神现象学》已提出"存在"的呼声，通过辩证法的运动，让事情本身达乎其自身，进入其自身的到场。但不应止乎此，而必须追问："在场"如何现示在场者？黑格尔哲学的局限性，在于它没有追问这个问题：存在之为存在，如何可能有在场状态本身。（同上书，第85页）现实世界，并非现成物的单纯聚合，可数与否、熟悉与否，也不仅是加上了我们对现成事物总和表象的想象框架。它是"世界世界化"。只要世界有诞生与死亡、祝福与诅咒，不断进入存在，就始终是非对象性的存在，而我们人就始终隶属于它。石头、植物、动物是无世界的，人却有世界，因为他逗留于存在者的敞开领域中，让一个世界敞开出来，"所有的物都获得了自己的快慢、远近、大小"。（引自《林中路》，上海译文出版社2004年版，第30-31页）海德格尔赋予世界以自我体验的本体化，但作为世界世界化的人，作为有意识者，不可避免要进行取舍。肯定是一种"取"，否定是另一种"取"。海德格尔批判根据和本质观，提出"存在先于本质"，然此亦是一种"本质"，不过是存在存在化的本质观"存在主义"而已。存在存在化，它存在的是存在，而"恒常"存在化的"存在"，同样是"本体"。作为解释者，当我们揭开"此在存在"、"世界世界化"的奥秘时，"此在"、"世界"何尝不是作为另一种"根据"或"本质"被揭示？"存在"作为"根据"、"本质"，不过是解蔽此在如何存在，世界如何世界化的一种思维形式。在《存在与时间》中，海德格尔所要澄明

的此在存在，固然是一种"本质"思维。在后期他之所以进行思维转向，以"时间与存在"为主旨，正是看到前期论述不过是对另一种"本质"的回归，而后期提出的存在倾听，让存在自行存在化，则又不免走向了神秘主义和不可知论。海德格尔曾认同自己的"存在"概念类似于《老子》的"道"。在《老子》言，恒道内化于物中是"物灵论"，万物因分有恒道成其自性存在。万物之间不得不如此的和谐共存，是恒道所赋予的自在能力，所谓先定的和谐是从现实世界的有序重以推知，而非是先定的主宰、必然，像上帝意旨或者别的什么指令使然。恒道大全，是无限的存在，它因现实万物的不测而得以证知。恒道分化为世界的"万物之奥"，是"万物不得不昌"的禀性、机理。万物因秉持"道"之"奥"善始且善成，"势成之"，继续生生无穷。刘笑敢认为，《老子》之"道"类似于自然神论，恒道在创造世界万物之后，就不再干预世界，而让其自己运行、发展和生灭。与上帝对万物的决定作用不同，恒道的作用是无意识、无意志，无感情、自然而然，间接、弱势、缓和。西方的"上帝"具有主宰意志和绝对能力，不仅创造人类和万物，而且还主宰和拥有万物，具有震怒、叮嘱与惩罚的喜好。恒道虽有生化万物的伟大质性，但却不主宰和控制万物，也不居功、不恃能。对万物的存在，它只有柔和的辅助、支持、保障和引导职能，却没有严格的规定、约束和限制作用。（参见《中国观念史》，中国古籍出版社2005年版，第263-266页）《老子》认为，万物包括人都有其存在的理由和性分，都有实现自己内在个性的能力和禀性，而它们来自恒道为"万物之奥"。万物的存在、变化和发展，源自分有于恒道为"奥"，故固有所然，固有所可，无不适宜。正因恒道之为"万物之奥"，万物皆自然、自化。人只有尊重万物自然，按照其固有本性而辅助之，方为"善利"、"德善"。"复命曰常，知常曰明。"一切外在力量皆没有权力干扰、阻挠，甚至破坏这样的秩序。若人主以自己的意志来主宰、控制万物的存在、生活，不免"不知常，妄作，凶"，就与恒道为"万物之奥"的思想相背。恒道因生成万物揭蔽其本真面目，万物是恒道显现的现象、形态，亦是另一种存在样式。牟宗三认为，"天地是万物的总名，万物就是天地的散开说，实际上是一样的。"（引自《中国哲学十九讲》，上海古籍出版社2007年版，第96页）儒家以生生之本为天地，它是总体一太极。万物来自天地，故为天地的散开。《老子》恒道与万物关系何尝不是如此？他又指出，假定万物有始，一定是无。只有"无"才是"有"的至极，也是超越于"有"、与"有"异质的存在。否定是肯定的界限和起始。"无"和天地万物的关系，关联着万物向后反的"反求其本"，而"有"关联着天地万物向前看，是"天地散开"。向后看之"无"是一元，是一；向前看之"有"是微向性，是多元。因为是"多元"，才可以作为万物之母。参照西方"本体"哲学思维，恒道是永恒存有、无限无极的绝对本体存在，然非是作为逻辑、理念的事物本质存在；恒道是分化、分有成为万物，然非是上帝造物那样的绝对意志存在；恒道是"道通为一"，可以为万物总名的绝对存在，然非是共相、形式的存在；作为"万物之宗"、"万物之奥"是万物的根本存在，然非是具有主体形式的绝

对主宰实在；作为寓于万物之中，辅助万物自然而赋予物个体以自在、自为和自由的绝对存在，非是使个体存在物成为展示绝对精神工具、奴仆的存在；恒道是类似于海德格尔的世界世界化的存在，在成万物万化中揭蔽自己，形成千差万别、千变万化的丰富世界；犹如海德格尔自我体验的生存论、存在存在化，"惟道是从"的精神境界开出了辅助万物自然、自然与我为一的生存体验和人格理想。

最后，对本节思想做简要概述。恒道的存在质性，既是一种"宗"（万物本源、根本），也是一种"奥"（万物禀性、机体），内涵生生、长遂的"动"（周行）、"力"（势成）和"能"（善能）。恒道为"万物之奥"，寓于万物无处不在，无时不有，贯穿于万物长育、亭毒、养覆的全过程。其用"不竭"、"不辞"，其能善能、成物，然它非体现在外在的主宰上，而体现在赋予万物以形体、机理、性命和自化、自然的能力上，体现在构造万物之间的和谐秩序上。"万物之奥"作为恒道寓于万物之中的存在样式，既是万物皆自得，又是通万物自得，它是"道生之"转化为"德畜之"，贯通于"长之育之，亭之毒之，养之覆之"的全过程。作为宇宙机体存在，同样具有"生而不有，为而不恃，长而不宰"的质性，同样具有生物不测、功用无穷的功用。恒道作为"万物之奥"是分有的禀赋、禀性分，不可将之单纯视为事物的逻辑根据、理式规则，而是万物因之成为个个性体自足的独立存在个体、生生机体。以为人的道术言，是善人以为宝，不善人以为保，无所不用。

第三节　道之为理

《老子》的恒道存在内涵，既是"生物"的"善始"一本论，或者称为万物生成上的一本根源论，又是"为物"的"善成"一本论，或者称为万物长遂上的一统机体论。"道生之，德畜之，物形之，势成之"，构成了万物"善始且善成"的内在机理和结构，"得一"具有"德畜之，物形之，势成之"的存在质性。万物因"得一"而分有、禀受于恒道，恒道为"万物之奥"成为万物内在禀性、机理和独立存在。恒道作为"德"、"奥"，决定了万物的存在特性和个性、品性。它具有恒道如何成为物"理"的意蕴。

一、字义解析

"理"者，形声字，字义经不断拓展而愈加丰富。沟口雄三考证认为，"理"字在《诗》中有四例，《春秋左传》有五例，但都不具抽象意义。到了战国，《孟子》中出现有七例，才形成了抽象涵义。（参见《中国观念史》，中国古籍出版社 2005 年版，第144 页）在不断发展的基础上，"理"逐渐具备了兼生生本体、物理构成、人生伦理、政治义理等为一体的丰富内涵。

（一）文理

《说文》解"理"为"治玉"。徐锴曰："物之脉理，惟玉最密，故从玉。"由玉的纹理引申为事物的文理。《说文》释"文"为"错画"。"物相杂故曰文。"（《易·系辞下》）纹理错落交织，故名文理。"果蓏有理"（《庄子·知北游》）。果蓏作为一种植物，其内在组织结构具有条纹、文理。朱熹认为，"理是那文理"，与"木理"相似。（引自《朱子语类》第一册，中华书局2004年版，第99页）戴震指出，"理者，……在物之质，曰肌理，曰腠理，曰文理。"（引自《孟子字义疏证》，第1页）文理，又名"文缕"。"乌鲁得之，形体肥大，羽毛丰茂，文理明著"（《管子·水地》）。"理"与"文"相对言，"仰以观于天文，俯以察于地理"（《易·系辞上》）。"天文"与"地理"相对，合称天文地理。"天道为文，地道为理"（《文子·上德》）。"文"、"理"已成"道"的内涵。"文"与"理"可通用。"通其变，遂成天地之文"（《易·系辞上》）。"天地之文"，统言天文地理。"文"与"理"相互为用，又构成因果关系。"理者，成物之文也。"（《韩非子·解老》）"理"作为规则，可以成物于"文"。后来"文理"合名指谓礼义等伦常规则。"礼义以为文，伦类以为理，……而一可以为法则"（《荀子·臣道》）。"礼义"、"伦类"相近，二者统称文理，一同于"法则"。又"礼"者"以贵贱为文"，或"文理繁"，或"文理省"，"文理、情用相为内外表里，并行而襍"，则为"礼之中流"（《荀子·礼论》）。礼义以实质言，文理以形式、规矩言。"忠信，礼之本也；义理，礼之文也。"（《礼记·礼器》）义理为礼之节文，文理为治所依据。"治由文理，则无悖谬之事"（《淮南子·泰族训》）。文理者，是法制、规章、纲常等法规、常则的通称。

（二）分理

若说文理意指事物内部结构、组成之间错落有致的秩序、常然的话，那么分理是分殊、差分、区别的内涵。错落有致的文理，有"分"方为"理"，"理"必是分殊之理。"我疆我理，南东其亩。"（《诗·小雅》）毛亨传云："理，分地理也。"（引自《毛诗正义》，中华书局2009年版，第825页）孔颖达云："分地理者，分别地所宜之理"。（同上书，第827页）地理内自有分，因其分而别之，故能宜。"理"既可从事物内部构造、构成的区别上言分，也可从物物性理的外在区别上言分。"万物殊理"（《庄子·则阳》），一物变化有其殊理，物物间各有殊理。"万物殊理"，是物物各有分理，它是一物区别于另一物的特性规定。理有"分"，故有定理。"凡理者，方圆、短长、粗靡、坚脆之分也"（《韩非子·解老》）。"理"者，固是分理，因有殊别，各自有常，具体固定，而一分一别皆是定理。"小辩而察，见端而明，本分而理"（《荀子·非相》）。君子必分辩，"小辩不如见端，见端不如见本分"。"本分"者，事物内在固有的特殊质性，或事物间相互区别的独特质性。因其本分，明其分理，然后能各得其宜。"别交正分之谓理，顺理而不失之谓道，道德定而民有轨"（《管子·君臣上》）。

"别交"者，是别上下相处的伦理，揭示相互的关系。"正分"是就事物本身质性言的各正其分守、本分。"正分"是在"别交"中有其当然，"别交"是在"正分"中有其殊分。"理"为"固然"，亦是"当然"，顺理以为便是"道"。分理体现在人伦上是伦理。"乐者通伦理者"（《礼记·乐记》），"伦理"是"别交"与"正分"的统一。"伦"者，表示人际关系有次序条理，也有分殊的涵义。"通"者是"各归其分"。"分"是性分，"理"是性理，"类"是通理。"类不悖，虽久同理。"（《荀子·非相》）"类"以种类品属言，"理"以内在质性言，理同则类通。反之，是"犯分乱理"（《儒效》）。"分"乱则悖"理"。伦理者，各守本分，各当其分。"为人君必惠，为人臣必忠，为人父必慈，为人兄必友，为人弟必悌"（《墨子·兼爱下》）。"文理密察，足以有别也。"（《中庸》）"察"者为知，"密"者为精，"别"者为序。"文理"者，本自分殊，正如"礼仪三百，威仪三千"。别察其分，则无不宜。《文子》多言"分理"，"圣人同死生明于分理"（《符言》），"守分循理"（《道德》）。"明于分理"，则"文理密察"。"守分循理"，则各当其理。"循理"与"守分"二者相为前提，相得益彰。王夫之云："天之所以叙万物者无方，而约之曰理；惟其理，故分合同异万有不齐"。（引自《船山经义》，载《船山遗书》第七卷，北京出版社1999年版，第4305页）叙"无方"，则理万殊。"理"者，约则归于一，散则"万有不齐"。从逻辑思维看"分合同异"是分析与综合的统一。

（三）宜理

物理有分殊，万物各有性分，因分殊而各得本分，当分则无不宜。理"分"在于物物各有别殊本性，而"宜"在于各遂本性、相互谐和。"凡君之所以安者，何也？以其行理也。行理性于染当。"（《墨子·所染》）行"理"为"正道"，是理则的当然，因循物理必然。"有左，有右，有伦，有义，有分，有辩，有竞，有争，此之谓八德。"（《庄子·齐物论》）"德"，也是"理"。"八德"者，是理之分，为性分之宜。郭象云："物物有理，事事有宜。"成玄英疏："群物纠纷，有理存焉，万事参差，各随宜便者也。"（引自《庄子集释》，中华书局2004年版，第84页）物物殊理，各有性分；事事殊理，各有其宜。因"万事参差"而各随便宜，则事无不宜。"凡事行，有益於理者立之，无益於理者废之。夫是之谓中事。凡知说，有益於理者为之，无益於理者舍之。夫是之谓中说。"（《荀子·儒效》）"事行"、"知说"皆各有分理，各有常理，因其常然，循其定则，时变措宜，故为"中事"、"中说"。"中"者，时中则理无不宜。"义者，谓各处其宜也。礼者，因人之情，缘义之理，而为之节文者也，故礼者谓有理也。理也者，明分以谕义之意也。故礼出乎义，义出乎理，理因乎宜者也。"（《管子·心术上》）"理因乎宜"，则理必有宜。"义出乎理"，故"各处其宜"。"礼出乎义"，则"缘义之理"。明分谕义，乃是知理。"理"者，将分、节、宜、文、义、礼统一起来。"君臣父子，上下长幼，贵贱亲疏，皆得其分曰理。爱得分曰仁，施得分曰义，虑得分

曰智，动得分曰适，言得分曰信，皆得其分而后为成人。"（《尸子·分》）"皆得其分"，是各守其分，各止所止。就每一物自性言，"分"是"性分"、"止分"；就物物间关系言，"分"是"殊分"、"界分"。"分"既在关系中确定，也在本性中有定分。"理"作为"皆得其分"，既是各遂性分，自得其适，同时是各得其宜，各得所适。"天时有生也，地理有宜也，人官有能也，物曲有利也"（《礼记·礼器》）。"地理有宜"，理各有宜。天时因秩序而生，地理因便异而宜，人官因器殊而能，事物因曲成而利。物各有殊理，则各遂其分，各当所宜。

（四）条理

因理有分，因分有宜，然"宜"是条分之和、殊理之调，和而有秩则为条理。"集大成也者，金声而玉振之也。金声也者，始条理也；玉振之也者，终条理也。始条理者，智之事也；终条理者，圣之事也。"（《孟子·万章下》）朱熹云："条理，犹言脉络"。（引自《四书集注》，北京古籍出版社 2000 年版，第 327 页）一音为一小成，并奏八音合为一大成，以喻知无不尽而德无不全。圣人兼巧、力备圣、智，全于众理，无不贯通。"条理"者，和于分殊，殊而协调，和谐一贯。与兼始终、知行言条理一样，《荀子》多言协理。"君子大心则敬天而道，小心则畏义而节；……喜则和而理，忧则静而理。"（《不苟》）"道"以通统言，"节"以分殊言，二者合犹如《中庸》"大德"与"小德"的关系。"大心"与"小心"、"天"与"义"皆是全体与殊分的统一，"理一而分殊"。"和而理"与"静而理"是统一关系，兼喜忧为条理。理之分殊，兼静态与动态的统一，有结构、空间关系之理，亦有变化、因果关系之理。"井井兮其有理"（《儒效》）。以"井井"揭示"理"，是井井有条。"子妇不失其常，则长幼理而亲疏和。"（《管子·形势解》）事物各有条理，性分固然，因循以为是条理之。在"理"与"和"的关系上，和内涵理，必由理。理者分殊而有秩序，和者分殊而有协调。秩序与和谐是辩证的统一。"俯以察于地理"（《易·系辞上》）。地"理"，既是"分理"，亦是"宜理"，还是"条理"。地有山川原湿，各有分殊，各有所宜，亦各有条理。有条不紊，故宜。"道生万物，理于阴阳，化为四时，分为五行，各得其所。"（《文子·自然》）。"理于阴阳"，以阴阳交合变化为统贯，万物虽众殊然不过"一阴一阳"的协理之使然。"道"因理分生万物，也因理分成遂变化。戴震云："得其分则有条而不紊，谓之条理。"（引自《孟子字义疏证》，中华书局 2008 年版，第 1 页）"分"者，既是殊分，亦是止分。天下事情条分缕析，各止其分，即是条理。

（五）性理

物有定分，则内有性理。性理者，事物内在固有质性，以其物物有殊谓之"性分"，以其内在固有谓之本性。性理，涵于物理与人理。"留动而生物，物成生理谓之形；形体保神，各有仪则谓之性"（《庄子·天地》）。"生理"者，物性机理，以宋儒理气分别思维言是气质之性。"各有仪则"以宋儒理气分别思维言是天理之性。在老庄

看来，生理中潜涵性理，二者统一共存于物体。理有定分，"贪生失理"（《庄子·至乐》）。人生性理因其本然为正理，而贪生背离正理故为"失理"。《孟子》以人有恻隐、羞恶、辞让、是非之心的"四端"为性理，"仁、义、礼、智，非由外铄我也，我固有之也，弗思耳矣。"（《告子上》）"固有之"，是"天性"，宋儒以为"天理"。禽兽的性理以自然为本，而人之性理以思存为本，具有"大体"与"小体"、"天爵"与"人爵"之分。大圣知通大道，应变不穷，辨乎万物情性。"大道者，所以变化遂成万物也；情性者，所以理然不、取舍也。"（《荀子·哀公》）辨万物情性，则知其固然、当然，然后以为协理的然与不、取与舍。性理分殊，必因循曲成。遂成万物，必通于情性，故有"理"。应变以遂殊理，不穷以通万物。"昔者圣人之作易也，将以顺性命之理。"（《易·说卦》）性命以其分殊为理，以其统一为易。"好恶无节于内，知诱于外，不能反躬，天理灭矣"（《礼记·乐记》）。"人生而静"，自然知足，故为天性或天理。好恶有节是"理"，"发而中节"为"和"。"反躬"者，是思而求之，"反身而诚"，反于天性、正理。天理在人生之初为"中"。"性"是天理与情欲的统一。先秦言"理"是人物性理，而宋儒直接将理提升为万物的根源、根据。朱熹注《中庸》"天命之谓性"云："性，即理也。天以阴阳五行化生万物，气以成形，而理亦赋焉，犹命令也。于是人物之生，因各得其所赋之理，以为健顺五常之德，所谓性也。"（引自《四书集注》，北京古籍出版社2000年版，第23页）"理亦赋"，是命令式的"天命"，与气质之性相对。人物各得所赋之理，以为健顺五常之德，是性理各殊。"理"在于性是"性分"、"止分"，《中庸》言为"中"、"诚"。

（六）常理

物理、义理作为事物内在的定常存在，为人所知得，以为遵循的常则、依据，二者通为常理。"常理"既是事物的自在规定，又可转化为一共通、恒常之则，成为行为上所遵循的恒常。它可志为恒德，可行为常则，可循为规矩。"君臣、父子、兄弟、夫妇，始则终，终则始，与天地同理，与万世同久，夫是之谓大本。"（《荀子·王制》）"理"作为伦常，是天地之理，为不易的常理、准则。"与天地同理"，则"理"为客观、公共存在；"与万世同久"，则"理"为恒常、普遍存在。《管子》多言"理则"思想。"以人役上，以力役明，以刑役心，此物之理也"（《君臣下》）。物理各有分理，亦是理则的常然。"缘其理则知其情"（《白心》）。所缘之理，是事物内在固有的理则，循其本知其情实。"尊天地之理，所以论威也。"（《侈靡》）因天地理则可为认知、遵循，故为"尊"。尊而恒循之，故可成"威"。"月有三政，王事必理，以为久长。"（《四时》）"王事必理"，从事王事以为可循的常理。"栋生桡不胜任则屋覆，而人不怨者，其理然也。弱子，慈母之所爱也，不以其理动者，下瓦则慈母笞之。故以其理动者，虽覆屋不为怨；不以其理动者，下瓦必笞。"（《形势解》）"理"者自然、固然，事物内在必然的律则。正因其为必然，故人不怨。"行天道，出公理，则远者自亲；废

天道，行私为，则子母相怨。""公理"对"私为"言，乃是普遍、恒常的理则。"公理"，与"天道"同是恒常的理则。"公理"源自"天道"。"易简而天下之理得矣，天下之理得，而成位乎其中矣。"（《易·系辞上》）天下之理包涵准则、律则。性分常然，是理则。"为人君，止于仁；为人臣，止于敬；为人子，止于孝；为人父，止于慈；与国人交，止于信。"（《大学》）各有所"止"，是"各有仪则"，表现为三纲五常。"三纲者何谓也？谓君臣、父子、夫妇也。六纪者，谓诸父、兄弟、族人、诸舅、师长、朋友也。……何谓纲纪？纲者，张也。纪者，理也。"（《白虎通·三纲六纪》）"纪"者为"理"，是纲的细分，条分缕析。"理"作为"纲纪"，是可循的常理。

（七）义理

作为"有物有则"的性命之理，在人性是义理。义理包含以下属性。一为常然。"礼之理诚深矣，……君子审于礼，则不可欺以诈伪。故绳者，直之至；衡者，平之至；规矩者，方圆之至；礼者，人道之极也。"（《荀子·礼论》）礼作为"理"，与绳墨、衡、规矩一样，既是至极之准，亦是恒常之准。"礼也者，理之不可易者也。"（《礼记·乐记》）"不可易"，为"常"。二为知理。"名生于实，实生于德，德生于理，理生于智，智生于当。"（《管子·入国》）"当"者为"理"，是实理；"理生于智"，是知理、明理。"穷理尽性以至于命"（《易·说卦》）。"穷理"者，格物、致知以得理。"知者可以观其理焉"（《礼记·丧服四制》）。因明理、察理为"智"。三为秩序。"朝者义之理也，是故爵位正而民不怨，民不怨则不乱。然后义可理，……是故辨于爵列之尊卑，则知先后之序，贵贱之义矣"（《管子·乘马》）。"义"者，尊卑有别，先后有序，贵贱有等，为人伦秩序之理。四为同然。"心之所同然者何也？谓理也，义也。圣人先得我心之所同然耳。故理、义之悦我心，犹刍豢之悦我口。"（《孟子·告子上》）"理义"为人所同有，是人所共有。人以之为同类，以之为人。五为可循。"义者循理，循理故恶人之乱之也。"（《荀子·议兵》）"理"可"循"，故为规则。"循理"为"义"，则处物以义。"义者，循理而行宜"（《淮南子·齐俗训》）。作为可循者，理义是准则。圣人求事，先论其理义，计其可否，然后"义则求之，不义则止。可则求之，不可则止"（《管子·形势解》）。循理者，因于人伦、事物的分理，使各当其定理。"礼也者，理也；乐也者，节也。君子无理不动，无节不作。"（《礼记·仲尼燕居》）理、节者，动作所依据者、可遵循者。

（八）调理

事物有理则，为人格致以知，然后作为准则可循，以处事则为调理。至乐者，"先应之以人事，顺之以天理，行之以五德，应之以自然，然后调理四时"（《庄子·天运》）。"至乐"所以能"调理四时"，关键在于顺以天理。"调理"者，以理则而调节、协调，它以理之知、循为前提。"天地生君子，君子理天地。君子者，天地之参也，万物之摠也，民之父母也。"（《荀子·王制》）君子以调理天地万物为本，无所不调则为

"至治"。"理天地"是"大天而思之","思物而物之，孰与理物而勿失之也？"（《荀子·天论》）"理物"者，调理其物，裁成辅宜。"礼也者，合于天时，设于地财，顺于鬼神，合于人心，理万物者也。"（《礼记·礼器》）礼之所以能调理万物，在于其合顺天时、地理、鬼神和人心。"论道经邦，燮理阴阳。"（《尚书·周官》）"燮理"就是调理。王弼注《老子》云："唯因物之性，不假刑以理物，器不可睹而物各得其所，则国之利器也。"理物者调理事物，而"各得其所"是调理之宜。胡直在辨析"理"一字上云："今夫理之说曷始乎？《诗》曰：'我疆我理。'释者曰：理定其沟涂也。谓人定之也，非谓沟涂自定也。然则谓理在沟涂可乎？《书》曰：'燮理阴阳'。释者曰：燮理，和调之也，谓人调之也，非谓阴阳之自调也。然则谓理在阴阳可乎？夫子赞《易》曰：'黄中通理'，言至正至中而理通焉，未闻中正之在物也。曰：'易简而天下之理得'，言易知简能而理得焉，未闻知能之在物也。曰'圣人作《易》，将以顺性命之理'，夫子固明言性命之理，而世必以为在物，何哉！"（引自《明儒学案·江右王门学案七》，载《黄宗羲全集》第七册，浙江古籍出版社2005年版，第594页）在物为理，在"为物"是调理。调理，是参赞之为，必以物理为本，因循以为。

（九）政理

调理体现在政治上是治理，是调理使之正。徐锴释《说文》解"玉"云："治玉治民皆曰理"。"理"作为治理含有五义。一为以理使正。政者以正，因理使正。"先王疆理天下物土之宜，而布其利"（《左传》成二年）。杜预注："理，正也。"（引自《春秋左传正义》，山东友谊书社1993年版，第698页）物土有宜，疆理正之。循理而正，则以为正者是理。"正也者，所以明其德。知得诸己，知得诸民，从其理也。"（《管子·君臣下》）从理为"正"，正以理者在于使之明德。"知得诸己"，则行理在己；"知得诸民"，则顺民无违。道者，"所以变化身而之正理"，"在身则言自顺，行自正，事君自忠，事父自孝，遇人自理"（《管子·形势解》）。"正理"者，以理而正，使正者行于道。"遇人自理"者，使人以正。二为理正为政。"道也者，治之经理也。"（《荀子·正名》）"治之经理"，是"政理"。"动众用兵必为天下政理，此正天下之本而霸王之主也"（《管子·重令》）。"政理"者，正天下之理。"夫明王为天下正，理也。"（《管子·霸言》）政者以理而正，作为治理所循是"政理"。三为成遂政理。"主尊臣卑，上威下敬，令行人服，理之至也。"（《管子·霸言》）以理为成其效，为"理之至"。事物之理，贵在持之以成遂。尧舜之人非生则理正，桀纣之人非生而理乱，"理、乱在上"。霸王之所始，"以人为本。本理则国固，本乱则国危"。理非自成，在于使成。人主以理，则政理。理不成则乱。四为顺理通正。昔黄帝治天下，"理日月之行，治阴阳之气，节四时之度，正律历之数，别男女，明上下，使强不掩弱，众不暴寡"，故"民保命而不夭，岁时熟而不凶，百官正而无私，上下调而无尤，法令明而不闇，辅佐公而不阿，田者让畔，道不拾遗，市不预贾"（《文子·精诚》）。治理天下的

境界，在于政通人和，正当其理。万物各当其分，各适其所，无所不宜，故为"大顺"。

（十）天理

万物有殊理，然其来源是一本之"天"。天必有理，然后能命性、能降衷。"天降（谕）大常，以理人伦。制为君臣之义，著为父子之亲，分为夫妇之辨。是故小人乱天常以逆大道，君子理人伦以顺天德。……是故君子慎六位以俟（祀）天常。"（楚简《成之闻之》）"天常"，为天之大常，降为人伦之理。"理人伦"者，以"天常"理之，"天常"为理之源。理从"天常"而来，则"天常"是天理。"大常"者，以为万物所由为"大道"，以万物所得为"天德"，以万物秩理为"天理"。"仁义忠信，乐善不倦，此天爵也。"（《孟子·告子上》）"天爵"者，天之所命，故为天理。又"天位"、"天职"、"天禄"，皆以天为本。"天命之谓性"（《中庸》），性来自天命，亦是以天为本。"天叙有典，敕我五典五惇哉！天秩有礼，自我五礼有庸哉！……天命有德，五服五章哉！天讨有罪，五刑五用哉！"（《尚书·皋陶谟》）"五典五惇"、"五礼有庸"、"五服五章"和"五刑五用"，皆来自天叙天秩、天命天讨。前者为常则之"理"，后者为理之所自。"凡事之要，必从一始，时为之纪，自古及今，未尝变易，谓之天理。"（《文子·自然》）"天理"，未尝变易，是恒一不变。从万物有理，至理源自天，再到本性涵天理，最后形成了万物性理本源的"理"。邵雍云："天下之数出于理。"（引自《皇极经世》，九州出版社2003年版，第592页）"理"为数之本。"圣人知天下万物之理，而一以贯之。"（同上书，第603页）"万物之理"，通而一之为"道"。以为道术，是"一以贯之"。程子曰："万物一理"。（引自《二程集》，中华书局2004年版，第1180页）万物源自一理，是天理。"使万物无一失所者，斯天理，中而已。"（同上书，第1182页）朱熹云："德性者，吾所受于天之正理。"（引自《四书集注》，北京古籍出版社2000年版，第60页）"性者，人生所禀之天理也。"（同上书，第337页）"天理"取代先秦"天命"观念，成为性命的本源。王阳明云："这心之本体，原只是个天理，原无非礼，这个便是汝之真己。"（引自《传习录上》，载《王阳明全集》第一册，浙江古籍出版社2011年版，第39页）心性与天理合一。王夫之云："圣人有欲，其欲即天之理。天无欲，其理即人之欲。学者有理有欲，理尽则合人之欲，欲推即合天之理。于此可见：人欲之各得，即天理之大同；天理之大同，无人欲之或异。"（引自《读四书大全说》，载《船山遗书》第四卷，北京出版社1999年版，第2444页）人欲与天理合一。正如恒道是万物各自得，"天理"是人欲各自得。

"理"者，首先是"文理"，是事物内在的构成要素和结构，然后成为事物固有特性的"分理"，它是一物区别他物的本质规定性。以其作为事物内在固有的本性言是"性理"，就其各当其宜、自得以适言是"宜理"。"理"由性理、构成开拓出事物变化之理以及生物的机理。以其作为事物内部或相互之间的和谐秩序言是"条理"，以为人

的道德、理则遵循是"义理",成为治理、统治的依据是"正理"。以正理正物,或以正理正天下,它是"调理"。作为恒常的律则和事物本性为"常理",就其所自来言,是禀赋于天理。"理"作为事物的分理、殊理,经由"通天下一气"的思维推动,则有"万物之理"、"万物殊理"以及通天下一理等"理一"思维的形成。

二、万物通理

在对"理"的不同涵义进行解析后,可以进一步揭示它的通、统内涵。理有分殊,一物一理,各有其定理、殊性,曰文理、分理、条理、性理、政理等,然从总持、综合上说还有通一质性,是"万物通理"。物物各有其理,通于其理是理的共通性;物物皆有其理,统一于理是"理"的统一性。同时,理又有结构静态、机理动态两种形式。下面,对老庄道家"理"的思想进行诠释。

(一)理之分殊

朱熹云:"理是有条瓣逐一路子。以各有条,谓之理。"(引自《朱子语类》第一册,中华书局2004年版,第99页)分殊是理的固有质性。《老子》云"天得一以清,地得一以宁,谷得一以盈,神得一以灵",其中"得一"之"一"是分殊之一。以其为物的自得禀性、为物存在的所以然,它是性理殊异。不过《老子》针对世俗执"分"弊端,更侧重对恒道通、统质性的揭示,如"万物之母"、"万物之宗"等。至《庄子》更多从物性角度揭示理的内涵。首先,在性分各异上揭示物性殊理。它以"鲲"、"鹏"、"蜩"、"学鸠"、"朝菌"、"蟪蛄"、"冥灵"、"大椿"、"彭祖"、"斥鴳"、"大瓠"、"樗"、"狸狌"、"斄牛"(《逍遥篇》)等物为寓言,揭示其性分不同,具有"大年"与"小年"之分,有用与无用之辨。物性不同,各有自适,不可齐同。"民湿寝则腰疾偏死,鳅然乎哉?木处则惴栗恂惧,猨猴然乎哉?三者孰知正处?民食刍豢,麋鹿食荐,蝍蛆甘带,鸱鸦耆鼠,四者孰知正味?猨猵狙以为雌,麋与鹿交,鳅与鱼游。"(《齐物论》)物性各殊,"固有所然","固有所可",各自有宜,没有统一标准。"齐物",在于齐物性分的不同,齐其性分各足,然后在殊理各宜的基础上,形成"道通为一"的齐于性分自得。天下万物,各有常分,亦各有分殊。"夫物,量无穷,时无止,分无常,终始无故。"(《秋水》)"分无常"者,性分非一。"终始无故",变化不一。再以"殊器"、"殊技"、"殊性"、"殊禅"、"殊继"等为言,揭示"天地之理"涵摄万殊之理,"万物殊理"(《则阳》)。万物各有自理,一物固有一理,此物与他物理有不同,故为"万物殊理"。其次,在时化不同上揭示理变有殊。"时有终始,世有变化"(《则阳》)。变化无常,则理有化殊。"无为小人,反殉而天;无为君子,从天之理。若枉若直,相而天极。面观四方,与时消息。"(《盗跖》)"天之理",自然有分,变化不止,或枉或直,与时消息。枉直有殊,是时变有殊。在俗人看来,理为常理、定理。在《庄子》看来,理者无常,"义"必是时措之宜。循"天理"者"贵

真"，应以时变。"面观四方"，不测其为。只有因其时变理殊，曲应时中，方为"从天之理"。再次，在性分各足上揭示不可妄为。"南海之帝为儵，北海之帝为忽，中央之帝为浑沌。儵与忽时相与遇于浑沌之地，浑沌待之甚善。儵与忽谋报浑沌之德，曰：'人皆有七窍以视听食息，此独无有，尝试凿之。'日凿一窍，七日而浑沌死。"（《应帝王》）性分各殊，不得以已性衡量、看待彼性，甚至以自己的标准强加它物。"儵"与"忽"谋报"浑沌"之德，以"七窍"通准为其凿窍，反致"浑沌"死。可见，"齐同"之为虽是善意然可能造成事与愿违的后果。"彼正正者，不失其性命之情。故合者不为骈，而枝者不为跂；长者不为有余，短者不为不足。是故凫胫虽短，续之则忧；鹤胫虽长，断之则悲。"（《骈拇》）物性各正，故品殊。合与枝、长与短，各自殊适，不可妄自"续"、"断"。圣人因循时变，故"遭之而不违，过之而不守"。物有时化，各有定理。"调而应之，德也；偶而应之，道也。"（《知北游》）万物性分有殊理、时变有殊理。"凡物之有形者，易裁也，易割也。何以论之？有形则有短长，有短长则有小大，有小大则有方圆，有方圆则有坚脆，有坚脆则有轻重，有轻重则有白黑。短长、大小、方圆、坚脆、轻重、白黑之谓理，理定而物易割也。"（《韩非子·解老》）"易裁"、"易割"，在于物理分殊，形异理别。有分则有辨。严遵云："天地之理，小不载大，轻不载重"。"小不载大"与"轻不载重"，是各有定理的殊理。苏辙云："圣人动必循理，理之所在或直或曲，要于通而已。""循理"者，因理之殊而循之，故能通理。理含曲、直分殊，故通之则理无不循。理无定曲，也无定直，因曲为曲，因直直之，曲直无定，而能无不曲、无不直。"直而非理"，非为"直"；"循理虽枉"，为"天下之至直"。理在于直是直，理在于枉则枉亦是直。刘劭认为，理有"四部"：道之理，是"天气变化，盈虚损益"；事之理，是"法制正事"；义之理，是"礼教宜适"；情之理，是"人情枢机"（《人物志·流业》）。理有"四部"，是"理一分殊"思维。以恒道分有于万物的存在质性言，万物"得一"之"一"是理气一体的"冲气"，理既是气的阴阳构成结构，又是阴阳交合的作用模式。在不同的构成结构、作用模式中界定了万物品类的万殊性。

（二）理殊通同

朱熹云："理只是这一箇。道理则同，其分不同。"（引自《朱子语类》第一册，中华书局 2004 年版，第 99 页）物理各殊，然同是一理，通言之名为"万物之理"。在《老子》思想中，物理分殊，然通于一本。以通于物言，是"万物得一以生"，"夫物芸芸，各复归其根。"《庄子》以"万物之理"、"大理"、"天地之理"等，揭示殊理之通。理之不通，在于拘限。井鼃不可语于海，因"拘于虚"；夏虫不可语于冰，因"笃于时"；曲士不可语于道，因"束于教"。只有"观于大海"，知其为大，方可"与语大理"。"天下之水，莫大于海，万川归之，不知何时止而不盈；尾闾泄之，不知何时已而不虚；春秋不变，水旱不知。此其过江河之流，不可为量数。"（《秋水》）正因不

知何时"止而不盈"、"已而不虚",不可量数,故为"大理"。"大理"者,万物之理,亦是万殊之理。理之为大,在于为"万"。只有明"天地之理"、"万物之情",方能无所不师,无常其师。若"师天而无地,师阴而无阳",则不可明于至理。"万物之理",是通于殊理。以殊理言是"物固有所然,物固有所可",各有所然,自有所可;以通理言是"无物不然,无物不可",皆有所然,咸有所可。论"万物之理",则无常定理。"物有死生",而"道无终始"。存在物"消息盈虚,终则有始"。物者"一虚一满",而道者"不位乎其形","年不可举,时不可止"。物者,"若骤若驰,无动而不变,无时而不移",而道者涵摄殊理、统汇殊方。死生、虚满、消息、终始,骤驰等为定理。而无终始、不位形、年不举、时不止、无不变者,是无常定理。定理有方,而"大义之方"无常其方,无方不方。"圣人者,原天地之美而达万物之理。"(《知北游》)万物各有"成理",是理之分殊。"达万物之理",是通万物理。"判天地之美,析万物之理,察古人之全"(《天下》),是执于一偏,固执定理。"析万物之理",则寡能周备"天地之美",全称"神明之容"。《荀子》提出"大理"观念,以之统摄万殊之理。"不知逆顺之理,小大、至不至之变者也,未可与及天下之大理者"(《正论》)。"大理"者,统摄逆顺、变化之理;"小大、至不至之变",无常定理。"凡人之患,蔽于一曲,而暗于大理"(《解蔽》)。"大理"与"一曲"相对,前者兼涵众曲,通于万理;后者执于一理、固于定理。"制割大理"者,因物理之分,为不同之制,曲而成全。"疏观万物"、"参稽治乱"、"经纬天地",统摄万殊之理,方能"通其度","材官万物"。因物裁物,理各得其宜,无所不用。"殊形异执,不与万物异理,故可以为天下始。"(《管子·心术上》)"殊形异执"者,是万物殊理。"不与万物异理",是因循物理,通于万物之理。"《齐俗》者,所以一群生之短修,同九夷之风气,通古今之论,贯万物之理,财制礼义之宜,擘画人事之终始者也。"(《淮南子·要略》)"贯"者,与"一"、"同"、"通"、"财制"等通义,相互涵摄。"贯万物之理",是通于殊理,理一涵万殊。郭象以"性分"为殊理,在注《庄子》中认为,"自然之理,有寄物而通也。"(《外物》注)"自然之理",理为自然,"通理有常运"。物各自然,故寄物言理。理寄于物,无非自然。通于自然,则无非独化,"各自然,各自可"(《寓言》注)。性分自足,即是我理。不须外求,则理通于独化。

三、道统殊理

朱熹云:"道是统名,理是细目。"(引自《朱子语类》第一册,中华书局 2004 年版,第 99 页)道统殊理,因理分殊而统言"道"。"道"与"理"之间,形成了统分和通一关系。

(一)道涵殊理

在《老子》思想中,万物得"一"以生。物物皆"得一"成其殊性,它是理殊。

以万物皆"得一"为"万物之母"，它是归于一本的"混而为一"。恒道以其寓于万物，为"万物之奥"。可见，在《老子》中道涵万理的思维已经蕴涵。《庄子》继对"道"与"理"的关系给予了进一步揭示。物固有所然、所可，是各自理异，而"道通为一"（《齐物论》）是通一于殊理。"知通为一"，然后"以道观之"。"以道观言而天下之君正，以道观分而君臣之义明，以道观能而天下之官治，以道泛观而万物之应备。"（《天地》）言分有殊，能应各异。以"道"言之，无所不正。以道"分"之，无所不宜。以道使"能"，无所不用。以道应物，无所不备。万物性殊，以道应物是因物付物，故理无不宜。"夫德，和也；道，理也。德无不容，仁也；道无不理，义也。"（《缮性》）以德和者，无不自得，故无不容。"道无不理"者，大义无方。道兼万殊之理，以道理之，是因万殊之理而理之，则各得其宜。"以道观之，何贵何贱，是谓反衍；……无一而行，与道参差。……万物一齐，孰短孰长？"（《秋水》）物有定理、殊理，以己衡物，则贵己贱彼，不能各自当理。道者统摄万殊之理，因其物理而理之，则无物不理。"与道参差"，是在参差不齐的殊理中一于自理；"万物一齐"，是在物性自适中达致合理的无不适宜。道统"万物之理"，无常定理。正因其无常，故无所不涵。道通万物，统摄万理，"知道者必达于理"。"达于理"者，"察乎安危，宁于祸福，谨于去就"，故权变而异，因物权物。"道理"作为一哲学概念，已揭示出"道"与"理"的互摄关系。从《庄子》全书看，"道"以通、统言，"道通为一"，"行于万物"；"理"以分、殊言，"万物殊理"，"与物同理"。"道"虽为统、通者，然因理之万殊而统一、通于一，故为"道通为一"。"理"虽为分、殊者，然以理殊万千而总一、贯于一，故为"理一分殊"。可见，道者无理不涵，理者通于一道。《荀子》多有言"道理"内涵。"礼恭而后可与言道之方，辞顺而后可与言道之理，色从而后可与言道之致"（《劝学》）。"礼恭"作为通则，应以万节，行于万方，故为"道之方"。"辞顺"作为理则，应以万端，一于品殊，故为"道之理"。"色从"作为道理，接于万事，殊途同归，故为"道之致"。言"道之理"，已将"理"置于"道"之内，"理"是道之分。在"道"与"理"的关系上，"道者，万物之所然也，万理之所稽也。理者，成物之文也；道者，万物之所以成也。故曰：'道，理之者也。'物有理，不可以相薄，物有理不可以相薄，故理之为物制。万物各异理，万物各异理而道尽。"（《韩非子·解老》）以万理所然、所稽为道，则道涵摄理之万殊。以道理物，是因万物所然而然之，因万物所以成而成之，无物不然，无物不遂。"万物之所然"、"万理之所稽"、"万物之所以成"，是"道"为"万物之奥"。万物各异其理，理殊而统一，故"道尽"。"道"者，通万理为一。万物异理者，是"得一"万殊。正因万物殊理，故"道通为一"。一物有一理，成就其理，故为"成物之文"。"文"者，文理、殊理之谓。理之为制，决定着物之为物，它是物的内在本性、机理，故为"理之者"。"凡道之情，不制不形，柔弱随时，与理相应。""不制不形"，是道不可道，"无状之状"。"柔弱随时"，是因物变化之理而时中之。"与理相应"，是以一理应于一物。统言一理，是万物

"得之以生"，万事"得之以成"。道成万物，是因物付物，曲成其殊理，无不成遂。《文子》承袭老庄申言"道理"涵义。"人有穷，而理无不通。"（《下德》）"理无不通"，是"道通"。"理"者，因其不定于一殊，贯通于每一个分分殊殊，故谓之"通"。因其统摄总名为"道"，因其周遍曲成为"理"。理者分析有数，则道数是理数。"得道之宗，并应无穷"。因道理之数，即因其殊数而理之，故"因物以识物，因人以知人"。曲成其理，无所不理，就是"道"。"夫通于一伎，审于一事，察于一能，可以曲说，不可以广应也。……故有道以理之，法虽少，足以为治；无道以理之，法虽众，足以为乱。"（《上仁》）道以统汇，故大。大包众物之理，因其性分而理之，故能无不理。理以曲应，道以广应，二者在"无不应"上合一。以道理之，是无所不理。道为理分之全，理为道之殊分。《淮南子》继言"道理"观念，"循道理之数"，"执道理以耦变"（《原道训》）。"道理"，有"数"可循，有"分"可执。因其数可分，故能"耦变"。"人莫得自恣则道胜，道胜则理达矣，故反于无为。"（《主术训》）道行则曲成，故为"理达"。"理"是"道"的细化、具体化，"道"是"理"的统一、一体化，二者关系有如"致广大而极精微"一样。"道"尽其广大，必极其"理"之精微。若极尽其"理"之精微，则"道"尽其广大之量。"有智若无智，有能若无能，道理为正也。"（《诠言训》）"道理"者，无私、无执，因循而无为，无为而无不为。以道理为正，非因己智、己能而正之，而因天下万物之正而正之，故无不正。圣人从事，"殊体而合于理，其所由异路而同归，其存危定倾若一，志不忘于欲利人"（《修务训》）。殊体合理，则有存危、定倾之别。合于殊理，故"所由异路"。"同归"、"若一"者，同一于利人得宜之"道"。在道家"道理"的本体关系上，"道"是无限，"理"亦是无限。以可循的"道理"言，"道"为统要、"道纪"。"理"为分殊、"曲全"。"道"凭借于"理"，成为"无为而无不为"。在"道"与"理"的关系上，张载认为，"循天下之理之谓道，得天下之理之谓德"。（引自《张载集》，中华书局2006年版，第191页）"天下之理"，是理之统汇，故在外延范围上同于"道德"。"天授于人则为命，人受于天则为性，形得之备，气得之偏，道得之同，理得之异。"（同上书，第324页）"道"以同为统一，理以异为分殊，二者互通。程颐云："散之在理，则有万殊；统之在道，则无二致。"（引自《二程集》，中华书局2004年版，第690页）道统理殊，二者一体。理涵万殊同于一道。朱熹在解《易》"一阴一阳之谓道"上云："阴阳，气也，形而下者也；所以一阴一阳者，理也，形而上者也。道，即理之谓也。"（引自《通书解》，载《周敦颐集》，第14页）以"理之"为"道"，是各得其理，理无不宜。"道训路，大概说人所共由之路。理各有条理界瓣。"（引自《朱子语类》第一册，中华书局2004年版，第99页）"共由"以言通一，"条理界瓣"以言分殊，然"共由"是以"理"为由。"以各有条，谓之理；人所共由，谓之道。"（同上页）"条理"是各自具有殊理，"道"是"理"的"共由"。"'道'字包得大，理是'道'字里面许多理脉。"（同上页）"道"大是"理"的统汇，"理"作为"许多理脉"是

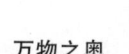

"道"的分殊，"道是统名，理是细目"；"道理则同，其分不同。"（同上页）"细目"者，分殊之属。统"理"为"道"。"道"是"理"之统，"理"是"道"之目。"'道'字宏大，'理'字精密。"（同上页）"致广大"之"道"，在于"尽精微"之"理"。"理，只是一箇理。理举着，全无欠阙。且如言着仁，则都在仁上；言着诚，则都在诚上；言着忠恕，则都在忠恕上，言着忠信，则都在忠信上。只为只是这箇道理，自然血脉贯通。"（同上书，第100页）"理"有仁诚、忠恕、忠信等殊异，然只是"一箇理"。"理一"统摄分殊，正如以"道"为"一"。"理"者"全无欠阙"，正如"道"无不统摄。"血脉贯通"，既是"理一分殊"，又是"道统分殊"。"理"作为"一"是形式上的通一，通于每个殊理。陈淳认为，"道与理大概只是一件事，然析为二字，亦须有分别。道是就人所通行上立字。与理对说，则道字较宽，理字较实，理有确然不易底意。故万古通行者，道也；万古不易者，理也。……只是事物上一个当然之则便是理。'则'是准则、法则，有个确定不易底意。只是事物上正当合做处便是'当然'，即这恰好，无过些，亦无不及些，便是'则'。"（引自（《北溪字义》，中华书局2009年版，第41-42页）以"道"与"理"为一件事，已见二者相通。从分别上说，"道字较宽"偏重于总全、统一，"万古通行"是总名、统称；"理字较实"偏重于落实践行，一事循于一理。"理"作为"确然不易"者，是定理。定理非"万古不易"，而与时俱变，它是"道可道，非恒道"。"当然之则"，是当理。"理与性字对说，理乃是在物之理，性乃是在我之理。在物底便是天地人物公共底道理，在我底乃是此理已具，得为我所有者。"（同上书，第42页）公共道理，为客观存在的、普遍的通一之理。"在我之理"、"在物之理"者，是殊异之理。戴震认为，"古人言道，恒该理气；理乃专属不易之则，不该道之实体。而道理二字对举，或以道属动，理属静，如《大戴礼记》孔子之言曰'君子动必以道，静必以理'是也。或道主统，理主分；或道该变，理主常。此皆虚以会之于事为，而非言乎实体也。"（引自《绪言卷上》，载《孟子字义疏证》，中华书局2008年版，第83页）"道"为实体，是物理的来源，在成遂万物上该理气以"道生之"。"道属动"，如《易》"一阴一阳之谓道"；"理属静"，如《礼记》"人生而静，天之性"。"动必以道"，则"道"为变化之理；"静必以理"，则"理"为不易之则。然又可言动以理、静以道。"道理"兼涵动静于一体。"道主统"，是统摄万理，"道通为一"；"理主分"，是各有定理，"文理密察"。"道"也有分，如"三才之道"；"理"也主通，是"理一分殊"。"道"该变化，"一阴一阳之为道"；又主常，如"天道有常"。"理"主常，为不易的定理；又该变化，为变化之理，如"往来者，自然之常理"（郭象《庄子·知北游》注）。常"理"是"道"，"乘凶危之理，以害其身，亦道之常"（张湛《列子·仲尼》注）。在《老子》看来，恒道是本体，"万物之宗"，同时是根本，"万物之奥"。"理"是恒道寓于物而成物之气的所以然者，故为分殊、分有的"一"。

道 与 物

(二) 道统变理

在早期儒家文献中，"理"多为社会人伦和政治管理上的规则、礼义，是"三纲"、"五常"。"理"为天所赋，目的在于人伦关系的处理，厘正社会治理关系，它具有静态性和人伦性的显明特点。在《中庸》《易经》中，变化之"理"的内涵得以彰显。与此具有思维同构性，老庄更强调动态变化之"理"，不仅阐明"理"自何而来，而且把触角重点放在动态发展的因果作用关系上。在《老子》思想中，万物之理是气化之理（万物冲气以为和），它以恒道的分有、分殊形式而表达为"万物之奥"，或者说以"德畜之"、"得一"作为万物内在自得的性理。老庄的理思维，与《易》相类，"一阴一阳之为道"。阴阳不测为神，然变化之理内涵其中。宋儒宇宙生生模式的"理一分殊"，在《老子》思维表现为"道一分有"的模式。其中，"道"与"德"之间为统与分的关系，德以殊分，道以统汇。"德"者，含有"势成之"、"善始且善成"的动态结构。在老庄思维看来，"理"作为气的所以然者，自"道"以分有，它是物之为物的本质规定，体现为不同类的独立机体、性理个体，同时体现在事物变化的无常之中。《老子》云："有无相生，难易相成，长短相形，高下相盈，音声相和，先后相随，恒也。"作为"恒"者，"有无相生"等六者皆是变化的定理，它们是恒道使然。"物或行或随，或歔或吹，或强或羸，或载或隳"，是"反者道之动"的表现形态。事物变化之理，皆在于恒道予以使然，"势成之"。至《庄子》给予了进一步阐明。"物谓之而然"，在于"道行之而成"。前者是物固有所然，为变化性的存在；后者恒道周行万物，无不成遂。前者是各有定理、无常定理的思维，后者是分殊而理一的思维。"凡物无成与毁，复通为一。"变化之理，在于恒道使然，故通其殊理。天地之行有先后，"春夏先，秋冬后"为"四时之序"，"万物化作"、"盛衰之杀"是"变化之流"（《天道》）。它们皆是"大道"使然。"道而非其序者，非其道"。"序"者，变化秩序，故为"理"。"消息满虚，一晦一明，日改月化"（《田子方》），是变化之理。"非是也，且孰为之宗"，揭示出变化之理本于"道"使然。"天下莫不沈浮，终身不故；阴阳四时运行，各得其序。"（《知北游》）"莫不沈浮"，变化之理。"不故"则不息，变化之恒。"各得其序"，是运行之理。它们皆为"本根"所然。"阴阳相照相盖相治，四时相代相生相杀。……随序之相理，桥运之相使，穷则反，终则始，此物之所有。"（《则阳》）四时循环更代、相生迭杀，反复终始，为变化之理，然是"道"内化使然。"稽万物之理，故不得不化；不得不化，故无常操；无常操是以死生气禀焉，万智斟酌焉，万事废兴焉。"（《韩非子·解老》）"不得不化"为变化之常，是"势成之"之理。道兼成毁、死生，无常操故无定理。理就一物、一时言是"定理"，然物有万千，时者常移，故理者万殊、万变。"气禀"，揭示气化之理。《文子》承袭《老子》侧重于揭示道德之旨，然也谈及变化之理，如"万物将自理"（《九守》），"阴阳之动有常节"（《上德》），"天地之道，极则反，益则损"（《上礼》）等等。王弼云："夫识物之动，

则其所以然之理，实皆可知也。"（引自《周易略例》，载《魏晋全书》第二册，第 79 页）"所以然之理"，是物动的所以然。物之为物，必由其理，它是决定事物存在、变化和发展的所以然。再看《列子》有言变化之理。"生者，理之必终者也。终者不得不终，亦如生者之不得不生。"（《天瑞》）生而有终，是理之必然。物无常生，是变化之理。"不得不生"，是变理之恒。"天下理无常是，事无常非。先日所用，今或弃之；今之所弃，后或用之。此用与不用，无定是非"（《说符》）。"理无常是"，则变化不一，不改其化是变理。张湛注《列子》云："圣人知生不常存，死不永灭，一气之变，所适万形"（《天瑞》注）。生不常存、死不永灭，定理无常，唯变化之理。一气变为万形，万化未始有极，变化之理恒一。"聚者以形实为始，以离散为终；散者以虚漠为始，以形实为终。故迭相与为终始，而理实无终无始者也。"（《天瑞》注）气有聚散、虚实，变化不定。理则通之，故无终无始。"无终无始"者，方能使物有始有终。这一"理"性，同于"道"性。变化之理无间，"生化相因，存亡复往"（《天瑞》注）。"变化不可穷极，徐疾理亦无间，欲以寻象模，未可测"（《周穆王》注）。"无间"者，往复流迁，变动不居，未始暂停，未始有极。可见，理思维发展至魏晋，已出现与"道"思维合一的趋势。

四、理与道一

在探究万物生生的源泉、根本以及事物存在固有质性、变化机理上，唐以前多以"道"言，宋以后多以"理"言。宋代解《老子》者多用"理"以解"道"。从《老子》本文看，恒道为"万物之奥"，万物得"一"以生，前者为道一，后者为理殊。"反者道之动"，物者或行或随、或嘘或吹、或强或羸，或载或隳，前者为通变之道，后者为变化之理。恒道不离万物，万物是恒道存在的另一种存在样态。恒道寓于万物之中，则道一万殊。《庄子》言"道通为一"、"道不私"，又言"万物殊理"、"万物之理"，它们是道通理殊。范应元注"道可道，非恒道"一文云："道者，自然之理，万物之所由也。"以"自然之理"解"道"，显然已将"道"、"理"二者相互贯通了起来。何谓"自然之理"？"万物所由"，总名为统一的大道。每一物因分有恒道的"得一"成其自然、自化殊理。每一物作为恒道的分有、分殊者，是殊一之"道"，亦是殊一之"理"。恒道作为至极，统一于万物；"理"作为至极，则曲全于万殊。"自然"作为恒道，因为万物无不自然自化；"自然"作为"殊理"，因为每一物无不由理自化。"自然之理"，是"道法自然"。"理"已通"道"成为宇宙万物生存的构成、机理。当然，用"理"解"道"是以当时"理"观念发展的成果为前提的。宋儒理学是显学，"理"已具备了同"道"一样为事物生化根本质性的内涵，它无疑是恒道思维对当时思想方式"同化作用"使然。对宋儒"理"内涵的解读，将使"理"与"道"合一的发展趋势得以显明。秦汉之际，儒家言"理"更强调秩序、构成以及分理的稳定性、对象性。"理"是一物如其分。沟口雄三认为，"相对于普遍法则的'道'，理

则是就'事''物'的秩序领域而开始确立的观念领域。"（引自《中国观念史》，中国古籍出版社2005年版，第147页）"理"为事物以及事物间的内在秩序，在老庄的"道"论中已有揭示。宋儒在先秦儒家"理"观念的基础上，吸取道家的道理关系思维，将"理"提升至取代"道"的同样思维层次。"理"从为玉的文理，为事物条理、人伦义理，升华为事物统一之理，成为万物存在机理以及相互间的关系、秩序，最后成为条理的根本、本体。它与"气"一样成为事物的本质构成以及生成根本。"理"从孔孟义理，即人伦关系中的性分和秩序要求，向无所不包的"理一"拓展，是在迎接道家、佛教揭示宇宙万物统一问题的挑战而来。张载传承《易》的气化观念，吸取《老子》恒道一源的思维，以气一体论取代道一本论，将"理"看作是气化过程中的内在固有秩序和生生模式。成中英指出，在张载看来，"'理'并非离物独存，具有自主的本体地位，亦非如'气'一般，赋有生成、创造的作用。"（引自《〈易经〉中的'理'与'气'》一文，载《易学本体论》，北京大学出版社2006年版，第111页）在程明道那里，"道"自然生化万物，自然生生不息，仍是生生的本体。只是到程颐以后，"理"方具有超越性、实体性，具有赋予事物以自然条理的意义。成中英指出，在邵雍、周敦颐和程明道的心目中，"'理'确实在万物之中，但却不能如'气'或'阴阳'一般，扮演所谓的创造天地的角色。"（同上书，第110页）首先，"理"被认为是事物的基本构成，要从程伊川开始。程伊川云："在物为理，处物为义。"（引自《二程集》，中华书局2004年版，第169页）"处物为义"，是理义之理。加上"在物为理"，则"理"普遍化为万物万事中的共同存在。其次，从程朱开始，"理"的动态秩序、律则涵义凸显，成为生化之理、存在之理和实现之理。"理"变成了具体事物的形式、结构的赋予者，"气"则成为气质之性的构成者。程伊川云："天下物皆可以理照，有物必有则，一物须有一理。"（同上书，第193页）程伊川明确提出了理一分殊的观念，在涵摄分殊上"理"思维形式已与"道"合一。在变化之恒上，"理"也走向了与"道"合一。"天下之理，终而复始，所以恒而不穷。恒非一定之谓也，一定则不能恒矣。惟随时变易，乃常道也。天地常久之道，天下常久之理，非知道者，孰能识之？"（引自《朱子全书》第13册，上海古籍出版社2010年版，第169页）"天下之理"，通一之理，犹如"道通为一"。"终而复始"，是"恒而不穷"。"恒而不穷"者，是变化始终循环无端，恒变而无改易。以《老子》观念言是"独立不改"、"周行不殆"。独立于变则恒变，变化非定则周行其变。"随时变易"，不改其变，故为"常道"。它是《老子》"道可道，非恒道"的思维结构。"天地"、"天下"，统汇之名，无有在外。"道"统于"一"，为"万物之奥"；"理"通于"一"，分殊而一理。在生生的本源上，"生生之理，自然不息。"（引自《朱子全书》第13册，上海古籍出版社2010年版，第172-173页）在先秦"生生"者为"道"非言"理"。以"生生之理"取代"生生之道"，是以"一阴一阳之谓理"取代"一阴一阳之谓道"为肇始的。以生生为"理"，则"理"为生生一本。在先秦儒家是"天"，在《老子》是恒道。朱熹

继承程伊川思想，将"理"视为了根本存在。理、太极、道三者逐渐成为了同一思维内涵。成中英认为，"只有朱熹使得'理'成为宇宙论和本体论的实有原理，而不是知识论的知识原理。"（同上书，第 111 页）在朱熹那里，"理"占有至高无上的地位，成为支持一切实在、理法、秩序、人类和价值的终极原理，甚至为"气"之本。"'理'本身不需解释，却能用'理'来解释其它的概念。"（同上页）"理"成为了与《老子》恒道同样的绝对存在，故为最根本的观念。朱子解"一阴一阳之谓道"云："阴阳迭运者，气也，其理则所谓道。"（引自《周易本义》，载《朱子全书》第 1 册，上海古籍出版社 2010 年版，第 126 页）阴阳迭运为气化，其所以然为"理"，与所以然之"道"合一。在解"成之者性"上云："成言其具也，性谓物之所受，言物生则有性，而各具是道也"。（同上页）"各具是道"，是《老子》的"得一"思维。朱子认为，天地之间，理一而已。"盖以乾为父，坤为母，有生之类，无物不然，所谓'理一'也。而人、物之生，血脉之属，各亲其亲，各子其子，则其分亦安得儿不殊哉！"（同上书第 13 册，第 145 页）以"无物不然"言"理一"，正如《老子》以"万物以生"言"得一"。以"各亲其亲，各子其子"言理殊，正如《老子》以天地神谷等言道的分有、分殊。在解"圣人有以见天下之动，而观其会通"上云："会谓理之所聚而不可遗处，通谓理之可行而无所碍处"。（同上书第 1 册，第 128 页）"理"不可遗，正如恒道"周行不殆"、"曲则全"思维。理无所碍，正如《庄子》所谓的道"行于万物"的思维。朱子又指出，"理无形体"，其体为强名。（引自《朱子语类》第 1 册，上海古籍出版社 2010 年版，第 1 页）"理无形体"正如"大象无形"；理为强名，正如恒道为"强为之名"。在"理"为万物之本上，"太极只是天地万物之理。在天地言，则天地中有太极，在万物言，则万物中各有太极。未有天地之先，毕竟是先有此理。"（同上册，第 1 页）"天地万物之理"，正如恒道为"万物之奥"。"万物中各有太极"，正如"万物得一以生"。理先于天地，正如恒道"先天地生"。"有此理，便有此天地，若无此理，便亦无天地，无人无物，都无该载了！有理，便有气流行，发育万物。"（同上页）有理则有天地，无理则无天地人物，正如"得一"及其相反"无以"的思维同构。理发育万物，正如恒道为"万物之母"。"天理既浑然，然既谓之理，则便是个有条理的名字。故其中所谓仁、义、礼、智四者，合下便各有一个道理，不相混杂。以其未发，莫见端绪，不可以一理名，是以谓之浑然。非是浑然里面都无分别，而仁、义、礼、智却是后来旋次生出四件有形有状之物也。须知天理只是仁、义、礼、智之总名，仁、义、礼、智便是天理之件数。"（引自《朱子全书》第 22 册，上海古籍出版社 2010 年版，第 1838 页）天理"浑然"、"未发"，犹如恒道为"有物混成"；理是条理，各有一理，犹如"道生一"；"莫见端绪"，犹如"不可致诘"；浑然中有分别，犹如"无状之状"；天理是总名，犹如恒道寓于万物为"道通为一"；天理有件数，犹如恒道分化为万物。在朱熹思想中，存在着宇宙论和本体论的矛盾冲突，反映在理气何者为先上出现前后摇摆，也并未给出辩证的一致结论。由于他将万物生成本始摇摆于

理气之间，故出现悖论。朱子看到张载以"气一本论"揭示宇宙生成的本源，而万物形质无疑来自气，无气则理无处可载。燃气又是粗，不能高于理，这样就出现了理先、气后的论断。朱子的逻辑悖论本自"易有太极，太极生两仪"和"一阴一阳之谓道"的关系上，前者是宇宙论思维，后者是本体论思维。这种逻辑在《老子》中是"有物混成，先天地生"与恒道为"万物之奥"的关系。恒道是理气的统一，因为它包括"德畜之"、"物形之"、"势成之"，气质之性内涵其中。朱子以"理"取代"道"，并将之与"气"分判，则"理"与"气"为二本，前者构成性理，后者构成旗帜。在他那里，气是粗物，不能规定为宇宙生生一本，于是不得不将"理"定为一本。"有是理后生是气，自'一阴一阳之谓道'推来。"（引自《朱子语类》第 1 册，中华书局 2004 年版，第 2 页）在《易》本义，"一阴一阳"是理与气的统一。既是气化就内涵所以然的"理"。"道"是二者的统一。朱熹将之分为二，以阴阳为形而下者，以"道"为形而上者，同时以气与理对应之，这样以"理"取代"道"就分离了《易》"道"涵"理"、"气"的内涵。"理未尝离乎气。然理形而上者，气形而下者。自形而上下言，岂无先后！理无形，气便粗，有渣滓。"（同上册，第 3 页）以形而上、形而下分为理先、气后之别，这是以"形而上"为"无形"，将"形而下"视为有形，因此造成了思维上的混乱。形上、形下关系是道器、隐显思维，而无形、有形在道家是生成先后、本末思维。以道器思维言，无气则理不可搭载。对此，朱子又指出，"天下未有无理之气，亦未有无气之理。"（同上册，第 2 页）理不可离于气，则理非为气先。"气以成形，理亦赋焉"。（引自《四书集注》，北京古籍出版社 2000 年版，第 23 页）理与气一同赋予成性，与天理之性、气质之性分判的思维相通，不如"得一"之全。以"理"生"气"，则"理"是生生实体，为本根思维；以"理"寓"气"，则"理"为"气"的所以然，它是本质思维。二者存在根本区别，朱子游离两端，故出现思想不能圆融处。既赋予人性本有以不同品级，而又认为天理同得，则必然从气质之别中寻找品性差殊的理由。理同气殊，背离了理一分殊思维；理高于气，背离了一阴一阳气化之理思维。在道与理的合一上，陆九渊也是重要推手。"此理在宇宙间，固不以人之明不明、行不行而加损。"（引自《陆九渊集》，中华书局 1980 年版，第 26 页）"理在宇宙间"，揭示了理的普遍性、恒久性和绝对性、客观性，它不以人的明知、践行加损，本自赅备，"独立"。"充塞宇宙，无非此理"。（同上书，第 28 页）充塞宇宙，则理周行其间，周密无间。"此理在宇宙间，未尝有所隐遁，天地之所以为天地者，顺此理而无私焉耳。"（同上书，第 142 页）理无隐遁，则自古以固存。"顺此理"，是"得一"思维，类似于"顺此道"。"此理充塞宇宙，天地鬼神，且不能违异，况于人乎？诚知此理，当无彼己之私。"（同上书，第 147 页）无可"违异"，则万物得"一"以存，无以"一"则不存。它是"得一"在万物生成上的充分、必要条件。"塞宇宙一理耳，……此理之大，岂有限量？……自理而言，而曰大于天地，犹之可也。自人而言，则岂可言大于天地？"（同上书，第 161 页）理无限量，强名为大。天地因理而为天地，

故在外延范围上理大于天地。犹如恒道统于万物，高于天地。"此理塞宇宙，所谓道外无事，事外无道。舍此而别有商量，别有趋向，别有规模，别有形迹，别有行业，别有事功，则与道不相干，则是异端，则是利欲为之陷溺，为之窠臼。说即是邪说，见即是邪见。"（同上书，第474页）理塞宇宙，无所不赅，与"道外无事，事外无道"为同一思维。或以理言充塞宇宙，或以道言充塞宇宙，"道"与"理"思维内涵趋同，同成为宇宙的绝对本体存在。理在宇宙间无外，正如道在宇宙间无外。戴震对"理"进行疏证，揭示了宋儒"理"与《老子》"道"在内涵上的思维同构性。他认为，邵雍思想"得于老庄最深"，实质在于以"神"替代"道"。邵子云"道与一，神之强名"，"道"者是天地"神无方"，"神乘乎气而资气以养"。（参见《孟子字义疏证》，中华书局2008年版，第16—17页）在《老子》看来，恒道是大全存在，涵有构物的所有要素，包括精气神，非专指"神"而言。以"神"为专主，则落入形、神的二分。从思维同构上看，"神"无方，在《老子》是"道可道，非恒道"。邵子看到《老子》恒道居无常所、不可测性，便以"神"代之，无疑将"道"的内涵、外延缩减。以为"人之神即天地之神"，只看到恒道为万物"得一"之同，而没有看到其殊。邵子以神、气、形为"三才之道"，更是不类。《老子》何尝以"道"与气、形并列？恒道为本，统摄形、气、神。即使作为"万物之奥"，也并非脱离物形而专主以"奥"。从整体上言，"万物之奥"是"得一"，为物本源存在的大全因子。"神乘乎气而资气以养"，无疑将气与神二分，正如气与理二分。以老庄、张载的思维，神是气之神，气中自涵神，非是"乘"而二之。邵子受魏晋以来道教、佛教形、神关系的影响，故以神与形二分思维言及神与气。《老子》以"道"与"物"对言，万物内在所有皆来自恒道，非只是"神"，气亦一并赋予。戴震不明此种差异，一味视邵子思想与《老子》为同，不亦悖于《老子》之旨！不可否定，邵子言"神"的一些思维质性源自《老子》的恒道内涵。邵子神与性或气的二分思维，直接影响了朱熹的理气二分思维。"朱子于其指神为道、指神为性者，若转以言夫理。……张子又云：'神者，太虚妙应之目。'又云：'天之不测谓神，神而有常谓天。'又云：'神，天德；化，天道。'是其曰虚曰天，不离乎所谓神者。彼老、庄、释氏之自贵其神，亦以为妙应，为冲虚，为足乎天德矣。……内其神而外形体，徒以形体为传舍，以举凡血气之欲、君臣之义，父子昆弟夫妇之亲，悉起于有形体以后，而神至虚静，无欲无为。在老、庄、释氏徒见于自然，故以神为已足。程子、朱子见于六经、孔、孟之言理义，归于必然不可易，非老、庄、释氏所能及，因尊之以当其所谓神者为生阳生阴之本，而别于阴阳；为人物之性，而别于气质；反指孔孟所谓道者非道，所谓性者非性。"（同上书，第17—18页）朱子以"理"代"神"、"道"，是沿着邵雍所说，非是《老子》之"道"。张载"太虚即气"思维，得自《老子》思维最深，前面已然进行揭示。在言"神"上，张子所言留有邵子思想的影子，如"神而有常谓天"。既以"太虚"为"天"，又以"神"为"太虚妙应之目"，则"神"如何能与"天"相并列？"神"应是"天"的属

性，"天之不测"。气化为天道，其不测之"神"为"天德"。老庄贵"神"，更多是精神、心神之神，"足乎天德"为性分自足，然非是独立存在之"神"，何尝以"神"为生阴生阳之本？老庄"内其神而外形体"，是从心神的修养境界而言，非是"神"者独立于形体而存在。"以形体为传舍"是佛氏之说，不可以当作道家之旨。以为"传舍"，则"神"不去而形体有灭。以老庄思维言，道舍于物，是物分有于道而成其自己。物有生化，万化未始有极，然物质、能量不灭，非是另有一个"神"存在以为"传舍"。《老子》云"抱一"、"虚其心，实其腹，弱其志，强其骨"，何尝外其形体？老庄思想突出"自然"，以"得一"为性分自足，非"以神为已足"。性分者，涵气（构成基质）、形（物体形状）、神（机体智能），而非只是"神"。即使言"神得一以灵"，神已是道分有的产物，并非与恒道同性。《庄子》言"形体保神"，"神"为心性之神，是"独与天地精神相往来"的心神，何尝外其身体？就是"外其身"亦是修心明智之属，目的是更好"保身"、"全生"、"活身"。张子以气自涵理，不以"理为别如一物"，它与《老子》"有物混成"、"其中有精"思维相类。万物源自恒道，其"冲气"必然由其所来。程朱以"理"为必然不可易者，代"神"和"道"使之成为阴阴所以然，人物性理，以别于阴阳气质，故致理气二分。孔孟所谓"道"、"性"，皆非脱离血气之欲而另立一物。戴震认为，就天地言，化是其生生，神是其主宰。化则赅神，神亦赅化，二者一体。就认知思维言，由化以知神，由化与神以知德。德是天地的中正。就人性言，有血气则有心知。邵子以性专属之神，程朱则以性专属之理。前者以神为超乎阴阳气化，后者尊理为超乎阴阳气化。（同上书，第18页）在孔孟看来，"德"来自天所赋予的"明德"，它是理则类的德性。在《老子》看来，本性"恒德不离"的"德"既来自恒道分有之得，"德畜之"；又来自效法恒道的"玄德"，法于恒道的"同于德"，"孔德之容，惟道是从"。必须区分开"德"的两种内涵。化为生生，"神"为生生不测，非是化的"主宰"。以"化则赅神"则可，以"神亦赅化"则不可。在《老子》思想中，"神"为"不死"、"周行不殆"之性，它是神妙的功用性。"化"为物化不止，亦为恒道化物而不息。戴震视老庄与释氏为一同，可见并未读懂老庄。"盖程子、朱子之学，借阶于老、庄、释氏，故仅以理之一字易其所谓真宰真空者而余无所易。"（同上页）虽然此论不免有过激之处，然也揭示出程朱理学与《老子》道学在逻辑思维上的渊源关系。熊十力云："理者，一本而万殊，一本者，就此理为万化根源而言之也；万殊者，就此理散著为万化万物万事或一切事物之律则而言之也。万殊而一本也。譬如大海水现作众沤，众沤即是一水也，万殊一本之理有此譬可悟"。（引自《原儒》，第21页）众沤与大海的"一水"，犹如《老子》恒道与万物的分有、"得一"思维。"一本而万殊"是恒道生万物，"万殊而一本"是万物归于一本。然若以"理"为一本，类似《老子》恒道，则"理"必涵气，非是虚空生气，或理气二分。"理"字义的本源，本是文理、条理，是事物内在的一个构成和本质规定，后来成为物性的所以然者。因此，"理"并未成为构造万物的唯一要素，它不如恒道分有于万

物的"得一"涵摄一切构成，作为气质之性的"物形之"等内涵其中。

最后，对本节内容做简要概述。"道"与"理"二者之间具有互摄的关系，这种本质关系是伴随中国古代思想观念的发展而产生的。"理"的本义是"文理"，"分理"、"常理"内涵其中，然后开出"宜理"、"性理"、"条理"、"义理"、"政理"和"调理"，最后汇聚成为天理或"万物之理"。基于恒道为生生一本，"道通为一"，"道可道，非恒道"的思维同构，"理"成为生生一本，"理一而万殊"，无定常而涵摄一切定理，这些质性的逐步丰富、发展，建构了"道"与"理"的一体关系。一是道统而理殊，正如"致广大而尽精微"。二是道一分殊与理一分殊形成了思维同构性。三是"道"、"理"皆成为了宇宙的生生本源或一本。四是"道"、"理"皆变成了构成万物性命的根本结构，成为运化长育万物的根本决定者。

第十四章　生生玄德

恒道为"万物之宗"、"万物之奥"，具有"生之畜之，长之育之，亭之毒之，养之覆之"的功用，"为物"是"善始且善成"，无疑是生生的"大德"。然《老子》在突出恒道生物不测功德的同时，亦强调出其生生德性的另一种质性，那就是"作而弗始"、"生而弗有"、"为而弗恃"和"长而不宰"。它是"玄德"，为恒道生生的玄妙质性，成为《老子》有别于其他流派哲学思想的鲜明特性。本章对此予以重点阐释。

第一节　作而弗始

《老子》提出恒道作为"无名"者为"天地之始"，"天下有始，以为天下母"，这里明显对恒道作为"始"者秉持一种肯定的态度。那么为什么又提出"作而弗始"的观念？其中蕴含什么样的思想内涵？本节着重对其玄妙性进行揭示。

一、文字校解

《老子》第二章云："万物作而弗始"（校订文）。帛书《老子》乙本"作"写作"昔"，甲本"作而弗始"文句遗缺。傅奕本、敦煌本皆写为"万物作焉而不为始"。然多数注家所依据文本都将"不为始"或"弗始"写为"不辞"。楚简《老子》写作"万物作而弗始也"，可见在早于帛书本之前，此一思想就已基本确立，且作为自然观的一个核心观念，为后来老学者所继承和发展。

（一）"始"与"辞"

河上公、王弼本《老子》文皆写作"万物作焉而不辞"。陶绍学根据王弼注《老子》第十七章所云"万物作焉而不为始"，认为今本写作"辞"是后人妄改所为。马叙伦认为，当以王弼本"万物作焉而不辞"为准，且将"辞"认作是治乱之治，为转注字。从不同版本异同看来，主要差别在于"弗始"或"不辞"上。今本《老子》第三十四章云"万物恃之以生而不辞"一文，从现存发现的文本来看，亦是从河上公本《老子》始而增撰，王弼本沿袭之，帛书《老子》中并无此句。"不辞"一文，在楚简、帛书《老子》中不见，可能是后学者注释《老子》而来。从文义来说，"弗始"是不以为始，而"不辞"是不推辞。一言自然"作"而不居"始"，一言不辞万物所

赖以资生。"不辞"虽涵自然义，然更突出"有为"的功用，而"弗始"更突出自然"无为"的特性。"万物作而弗始"一文，既然在楚简《老子》中就已确立，在解说上就应以"弗始"为原文，进而掌握它的深刻内涵。前面，曾对"始"的字义进行解析，概括出其包涵开始、起始、初始等涵义，以揭示时间或事物变化、发展过程的本初阶段、原始时期。这里，《老子》又言"弗始"，就需要理清《老子》对"始"义的另一种界定。重"始"，固是《老子》的主要思想，也是根本观念。就天地赖以生言，恒道是"天地之始"；就恒道成遂万物言，是"善始且善成"；就道术至极言，是"能知古始"；就万物有起始言，是"天下有始"；就时间的本初言，是"始制有名"、"始于足下"，以及"慎终如始"。这些"始"者，虽都有其特定的内涵，但皆是肯定意义上的用法，承认"始"的存在。与以上"始"义唯一不同的，是"万物作而弗始"。同《老子》一样，《易》也突出对本"始"者的建立和价值认可。"大哉乾元，万物资始"（《乾卦·彖》）。因万物所资而言"始"，它是《老子》"天下有始，以为天下母"的思维同构。然《易》言"始"为有名，是"乾元"。但从《老子》所言"无名，天地之始"来看，"始"者无名，是无始之始。无名之始，不同于始终相待的"始"，它具有绝对、无待的存在质性。正如"无状之状"能成万象一样，"无始之始"为万物作始，本身"弗始"而成遂物之资始。"作而弗始"的意蕴，就在于此，它的内涵重点在于揭示：恒道之于万物，虽有始作、初制、首生等功，因物生成而有"始"，然本自无"始"，"功成遂事而不名有"。在《老子》看来，有"始"则有"名"，就不能"道法自然"，成为"道褒无名"。"无始"与"有始"的关系，犹如"有名"与"无名"关系。"无始"以"天下有始"证其存，万物有始源自恒道"无始"。

（二）"作"与"昔"

"昔"字，与"始"字内涵相近，可能对应"始"而写作"昔"。"昔"与"始"义同，看似是抄写之误，实质上是对"作"之字义的解说。"昔"为假字，正可间接证明"始"为本字，而非为"辞"。"昔"字，古始、先前之谓。"昔者圣人之作易"（《易·说卦》）。孔颖达云："据今而称上世，谓之昔者也。"又云："凡言'作'者，皆本其事之所由"。（引自《周易正义》，九州出版社2009年版，第323页）"本其事之所由"，是始作者。"作"多与"始"同出，表达首创之意。"自古在昔，先民有作。"（《诗·商颂》）"古"与"昔"义通，"昔"连言"作"在当时是通例。"作"者，会意字，甲骨文写为"乍"，本义为制作，有初创之意。《说文》云："作，起。""君子以作事谋始"（《易·讼卦·大象》）。以谋始而作事，"作"是始作。"乾知大始，坤作成物。乾以易知，坤以简能。"（《系辞上》）乾始、坤作，皆是开创之谓。"古者包牺氏之王天下也，仰则观象于天，俯则观法于地，观鸟兽之文，与地之宜，近取诸身，远取诸物，于是始作八卦，以通神明之德，以类万物之情。"（《系辞下》）"始作"，是初创、首制。此为包牺氏初创事功，"作结绳而为网罟，以佃以渔，盖取诸

离。"神农氏始作之功，"斫木为耜，揉木为耒，耒耨之利，以教天下，盖取诸益"。初创之功大，故特以书之。"作乐"，亦是开创之功。"先王以作乐崇德，殷荐之上帝，以配祖考。"（《豫卦·大象》）"圣人作而万物睹"（《乾卦·文言》）。"作"而始有，故可为万物观。"作"的开创、首创内涵，在《论语》中也多有体现。"述而不作"（《述而》），它是孔子"祖述尧舜，宪章文武"的自白。"作者七人矣。"（《宪问》）"作"，是始作。首创功著，故以"圣"名之。"作者之谓圣。"（《礼记·乐记》）《老子》言"作"，亦多具起始本义，如"化而欲作，吾将镇之以无名之朴"。"作"之始，即镇之以"无名之朴"，它是"为之于未有"。又如"天下之难事，必作于易；天下之大事，必作于细。"两个"作"字，皆是起于、起始的意谓。

二、文句解析

从历代解家之注看，多数以河上公、王弼的"万物作焉而不辞"写法为底本，"弗始"内涵不显。河上公认为，"作"是"各自动"，明显是把万物作为主语，以揭示其自然动作的意义。然他解"不辞"为"不辞谢而逆止"，又揭示其不辞谢作为的涵义。从此章前言"圣人"为主语看，圣人是体道者，以其"作万物而不辞"解，形式上说可通。但以《老子》的内在逻辑看，作万物者必是恒道，因为恒道方是万物生成之始。圣人之为，只是法于恒道，"辅助自然而不敢为"。王弼此文无注，然在《老子》第十七章注云："万物作焉而不为始"，可见他亦是以"不为始"为意蕴。"不为始"，涵义优于"不辞"，且与本章下句协韵。前面，曾对"万物恃之以生而不辞"中"不辞"意蕴进行过解读，这里借解"不辞"以揭示"万物作焉"的意旨。"作焉而不为始"是"生而不有"的思维内涵，因为"不有"，则功成弗居，无以为故不辞于作物。李荣以"万物作而不辞"为《老子》文，解其云："任化自然，无所辞谢"。"任化自然"，是"天下有始"；"无所辞谢"，是不恃作始。"辞谢"是对待之词，不可以言绝对存在的恒道。李约云："不扰故不失业，谓自得故不谢。""不扰"，相对"妄为"而言，然"作"是资始，辅助自然，何止是"不扰"！物自得，然本自恒道之"作"，无"道生一"则物何以"得一"？当然，恒道生生自然，不宰于物，于物有求必与，任物自得，不恃恩德，不求报答，故不必谢。宋徽宗云："万物并作，随感而应，若鉴对形，妍丑毕现；若谷应声，善恶皆赴，无所辞也。"以"万物并作"解"万物作"，则与后面的"弗始"的意义不符。《老子》虽有云"万物旁作，吾以观复"，然"旁作"之"复"必有使"复"者。就一物言，"作"是自然、自化；然从宇宙万物的统体言，"作"是恒道所为。"吾以观复"，正揭示人只能观，而非能作万物。以"若鉴对形"解，并没有揭示出"万物作"的内涵；以"若谷应声"解"不辞"，也未揭示"弗始"的意蕴。"作"与"弗始"是同一主语，为同一个存在的不同质性，合言为"玄德"。李嘉谋以《老子》"圣人无心，以百姓心为心"思维作解，认为圣人，"不取善，不舍恶，未尝执一，未尝不一，终日为未尝为，终日言未尝言，是以万物并作，吾从而与

之作"。吾与万物并作，非是无所作为，而是辅助自然，虽作而不以为作，"为而不恃"。不取善舍恶，是作而无心。未尝执一或不一，是作而无执。终日言为而未尝言为，同样是作而不有。作而无执，是功成弗居，它就是《庄子》所谓"无见得"的"虚"，"无为名尸，无为谋府，无为事任，无为知主"（《应帝王》）。正如圣人虚心而"体尽无穷，而游无朕"一样，只有作而弗执方能作以不息、不测。"万物并作"，正源自恒道"不辞"其"作"。可见，"弗始"是无执，"作而弗始"方能成遂"万物并作"，不辞其作。薛蕙云："万物仰圣人而生，圣人能共给之，不辞拒也。"以圣人为主语，言不辞拒万物之求而供给之，然圣人何能"作"万物，其作用只能在于辅助、顺从万物自然。这里，"作"是"为物"、生生功为。"不辞拒"者，是为物不贰，生物不测，内涵"为而不恃"的"弗始"意蕴。

　　注家也有以"弗始"作解者，成玄英以"万物作而不为始"为底本，认为是作不先始。然他解"作"为"感动"，"始"为"先"，并以明镜、空谷为喻，揭示圣人不将不迎、迫而后动之旨，显然是以禅意解说。"圣人无心，有感斯应，譬彼明镜，方兹虚谷，感而后应，不为物先"。《庄子》有"和而不唱"之论，虽具有"感而后应，不为物先"之意，然它是"常和人而已"，非只是修心的"心识"，相反却可以有"传国"、"卒授之国"（《德充符》）的效用。《老子》虽有"不敢为天下先"之论，然是辅助、因循以为的意蕴，非只是"镜识"。以《老子》本意看，之所以圣人"不为物先"，正是因为恒道已"作"万物，赋予万物自然质性，成为"万物之奥"。范应元以"弗始"为《老子》原文，并用《易》思维作解。"盖寂然不动，感而遂通者，道也。圣人体道而立物，感而遂应，故不为始也。"道者，本自无始无执，"寂然不动，感而遂通"。从《易》自身看，"易简而天下之理得"。只有"寂然不动"，"与天地准"，方能"感而遂通"，"范围天地之化而不过"，以至于"道济天下"。圣人用《易》体道，"立物"是因循以为，"感而遂应"是辅助自然，"不为始"是行无所执。范应元以《易》说揭示"道"性，显然在于澄明恒道"寂寥"、"独立不改"与"周行不殆"、成遂万物的内涵。能"不为始"，则顺物不挠，不宰于物。王志然以"辞"为"乱"的本字，并由之而言"治"。"圣人无作，作则万物睹，有所作则有所治焉。"圣人无"作"万物，因为万物以恒道而作。圣人有"作"，是礼义、政制、法器等文化、文明的开创，然它们皆以恒道作万物为基础。圣人仰观俯察，以类万物之情而作八卦，即是如此。高明认为"万物作而弗始"，是"宇宙间万物皆顺其自然发展，圣人不造不始"。他还引王弼之注为佐证，"为始者，务欲立功生事，而有道者务欲还反无为"。"立功生事"，是执始，作"有以为"。"弗始"者，不造事端，无事、无为。（参见《帛书老子校注》，中华书局2004年版，第233页）在《老子》看来，万物自然发展，然又是恒道所作使为。圣人不造不始，显然以恒道之"作"为遵循前提。以圣人作为言，"不造"，是不逆物妄为。"不始"，是不主宰始物。恒道"弗始"，是生物资始不恃其始，虽始物而不自恃其功为。自恃其始，则是"有以为"，"立功生事"以为图名

求报。无为无名，则无功。"万物作焉而弗始"，揭示恒道既始作万物、生成万物，又不以为始，保持本性的"无始"，如此方能作而不恃，作而不贰，作而不测，成为"万物之始"的所作本始。以"无状之状"思维言，是至始无始，"无始之始"。前面已从时间起始上揭示恒道为"无始之始"，而"作而弗始"之"始"是揭示始母、资始之始的功为。陈鼓应以"让万物兴起而不加倡导"作解，显然以"作"为"兴起"，以"始"为"倡导"。"让万物兴起"，是"作万物"。"不加倡导"，是不主先为。然《老子》"作而弗始"，既是恒道的存在质性，亦是圣人自然的德性。"作"是恒道为"万物之宗"、"万物之奥"的功为不测质性。"弗始"，是不居功、不图名、不邀利，无以为，无执不恃的质性。二者合言，是"物物而不物于物"的本旨。

三、传承发展

《老子》"作而弗始"思想在《庄子》中得以继承，并加以发展，主要表现在使之成为一种认知、心灵境界上。《庄子》通过消除人们的固执、偏执，"无始而非卒"（《山木》），而达致逍遥游的境界。"化其万物而不知其禅之者，焉知其所终？焉知其所始？正而待之而已耳。"知有"禅之者"，则有"始"。而化万物者无始无终，方为至极。只有体于"无始而非卒"，才能以"无状之状"的存在质性，达到"与造化者为人"的境界。"作而弗始"的心灵体验，是"功盖天下而似不自己"（《应帝王》）。作万物、成万物之始，而不自恃其作、始，是圣人的品行。"弗始"则无执，无执虽"当"有功，而不自恃以为所得，"当而不自得"（《大宗师》）。至人者，"归精神乎无始而甘冥乎无何有之乡"（《列御寇》）。精神归于"无始"，甘冥于"无何有之乡"，则"独与天地精神往来而不敖倪于万物"（《天下》）。不执著有始，无滞于始，方能以无始为始，无不可为始，与造化，，游于万物而未始有极。以"为物"言，"作而弗始"是"物物而不物于物"。"物物"有"作"，而"不物于物"为"弗始"。不以"物物"的"有物"为"始"，不自恃"资始"，则"为物"无已。"圣人之爱人也终无已者，亦乃取于是者也。"（《知北游》）恒道以生万物有始，它是万物已有之始。"天下有始"，是因为其为"天下母"，而本自何尝有始？从认知角度看，恒道"弗始"，亦是因其视之不见、听之不闻、触之不得、味之无尝使然。无形、无象，无味、无名故不可名"始"，而只可因万物生成有始而强名为"天下有始"。如果有"始"，则执着于相（始相），就是可名之名，会致恒道于固在、具在的有限之地，背离其"居无常体"、为无限存在的玄妙质性。《老子》"象帝之先"、《庄子》"先天地生"，皆是揭示恒道"无始"的意蕴。因象帝、天地而有恒道之先，"先"是恒道"为物"的"始"。万物有始，证明恒道的"作始"。"作始"，既是万物生成之始，也是恒道"为物"之始。在万物资始上，如果说《易》是以天地自古固存为始，那么《老子》则以"无"、"有物混成"、"玄牝"、"谷神"、恒道等绝对存在为始。《易》言"资始"、"资生"，而《老子》认为物生即有始，而恒道本自"无始"，因生万物而强名为"始"。对《庄

子》言，有"始"是人执着有相、固执于定始。有"始"有执，故有前识。无始则无执，任性自然，与大化始终。《文子》对"万物作而弗始"的内涵给予了进一步的揭示，主要包括以下几个方面。

（一）道"作"有"始"

"夫道者，陶冶万物，……而生有无之间也。"（《道原》）"陶冶万物"，是"万物作焉"。因作万物而有始，强字之曰"道"。"生有无之间"者，无始而作有始，有始必本于无始。大道无形生成有形，有形已生就是"作始"。"无形大，有形小；无形多，有形少；无形强，有形弱；无形实，有形虚。有形者，遂事也。无形者，作始也。遂事者，成器也。作始者，朴也。"（《道原》）相对于"有形"者遂事成器言，大道以"朴"、"无形"为本始存在，朴者作始，以无形始生有形。以无形"作始"有形，故具有"大"、"多"、"强"、"实"之性。"作始"者，作万物，始成万形，统涵一切，故为"大"。"作始"者，作万物，始成万形，不测数量，故为"多"。"作始"者，作万物，始成万形，功用至神，势力强大，故为"强"。"作始"者，作万物，始成万形，无所不在，无时不有，故为"实"。遂事成器者，是定于一有，居为一物，故为"小"、"少"、"弱"、"虚"。"作始"者，是因作天地万物而为天地之始、天下有始。恒道是因生成万物、为万物本源而强名其为本始。"无形"者因"有形"者已生而有"始"，"无形者有形之始"。凡物变化有始，而其始是大道"作始"。"道无形无声，故圣人强为之形，以一字为名。天地之道，大以小为本，多以少为始。"（《精诚》）"一"者独立无偶，本自无始，然能成"天地之道"的终始。"天地之道"作为万物自然的变化律则，是始终相待。大小、多少是事物的量变，必有始有终，终是量变的结束、新质变的开始。小以成大，少以成多，始以至终。"作始"者，"善始且善成"，成物以始终。"道者，原产有始。始于柔弱，成于刚强；始于短寡，成于众长。'十围之木，始于把；百仞之台，始于下。'"（《道德》）"原产有始"者，"作始"之谓。以"原产有始"而有"道"之假名。从绝对本体的道上言，"原产"是生生的原本，"有始"是作始于天下。万物始于道，然后分有、"得一"于恒道为"万物之奥"，赖其"善始且善成"而成遂自己的始终。柔弱刚强、短寡众长等始终过程、皆是恒道"作始"、遂终使然。"天道"是万物自然存在、变化、发展之道，恒道是"作始"、遂终的"善始且善成"之道。前者是自然变化之道，后者是成就变化的"势成之"之道。在"善始且善成"万物中，揭示了大道的"作始"。

（二）道"作"无"始"

恒道作成万物，以一本言为有始，然它又是无始之始，不测之始。"形有靡而神未尝化，以不化应化，千变万转，而未始有极。"（《九守》）形化"有靡"则有始终，而"神未尝化"者是恒道"作"万物的"弗始"，无始无终。若是有"化"，就落入物化，有始有极。"不化"者，"作而弗始"，作于万化未始有极。作物之化而本自无化、

"弗始"，是"独立不改"的存在。只有如此，方能成遂"千变万转"的始终无端。物化有始，不化者无始。以"弗始"作始，犹如恒道"无物"成物，其思维同构是"以不化应化"。"作始"者成万殊之始，无穷其始，故未始有始。恒道"作始"又复归于"弗始"，既是"物物而不物于物"的思维同构，又是造化而本自不化的思维同构。"作而弗始"中的"弗始"，具有双重的涵义：一是绝对本始者无始，正如"生生者不生"、"化化者未尝化"、"物物者无物"。道作无始，是作而无作，犹如"制形而无形"（《自然》）。制形不形，方能作万物之形；作物不作，方能无所不作。作而不始，方能成遂一切之作。只有"弗始"，不自恃其"作始"，方能不贰、不息、不测其"作始"。"作始"者，其所作所始者有始，正如造化者所化者有化。以体道言，"弗始"是"不为始"。"无思虑也，无设储也。来者不迎，去者不将。……不为始，不专己，循天之理。"（《符言》）心若"有始"则有执，必是思虑、设储、将迎之属。只有"不为始"，才能不专与己，己无所与，则能"循天之理"。体道者"不为始"，是心无前识，不恃不居，不伐不妄，方能与万物同始，与化为一。

（三）作始而无始

"作而弗始"，是"作始"与"无始"的统一。恒道为"天地之始"是"无名"，本自"无始"方是"无名"。同时为"万物之母"，是"天下有始"的"有名"。恒道作为微妙至神的存在，只有"弗始"才能无物不作，无始不始。犹如"无状之状"成遂万状一样，"作而弗始"成遂一切变化的开始，终始无穷。大道虽"陶冶万物"，作万物之始，然微妙至神，不测其"作"成之功，故"终始无形"。因始作者的无常定体、神用不测，而谓之无始。"无终无始"，方能"善始且善成"。"天下有始，莫知其理，唯圣人能知所以。……生而不死，天地以成，阴阳以形，万物以生。"（《自然》）"天下有始"，因"万物作"而言有始，然"莫知其理"是"作始"本无始。圣人知其"所以"，以为"作始"者本无始，无始而成始。反过来说，万物有始，而"作始"者无始。"生而不死"，是"作而弗始"的思维同构。"不死"，则不息；"弗始"，则不终。生生有始则有终，就非能"不死"。"不死"者无终，无终者不执始。若执有待、有限之始，则必有穷。正因恒道作物弗始，为物不贰，故能成天地、形阴阳、生万物，至神无穷。无始者，方能为天地始。"至微无形，天地之始。"有始者有形，无始者无形。"至微无形"者，必是"无始无终"者，因为始终分判则有形。恒道为天下始，方见其"作始"。"作始"而"弗始"，是"生而不有"，然后能生生而不自生。"作始"与"弗始"相互界定，相互涵摄。"作始"体现在始万物之中，贯穿于万物存在的始终无穷中。正如大道无形然涵摄一切有形，能够"体圆而法方，背阴而抱阳，左柔而右刚，履幽而戴明"一样，大道无始然成遂万物"变化无常"、终始无穷。"天行不已，终而复始，故能长久。"（《上德》）"天"是存在物，虽"行不已"，然在"终而复始"之中。万物亦是如此，"终而复始"则万化未始有极。"万化未始有极"见证

着"作始"的不定于始物，不测于始物。恒道作物"无始"体现在自然万物的变化、发展的"终而复始"中。本自"无始"，方能独立于"作始"，不改其"作始"，周行于"作始"，不殆于"作始"，成为无限的"作始"。"作始"无始，是至极本无极。"无始"作始，是无极而太极。

就大道本自"无始"而"作始"的内涵，《列子》给出了逻辑推演和阐发。"《黄帝书》曰：'形动不生形而生影，声动不生声而生响，无动不生无而生有。'形，必终者也；天地终乎？与我偕终。终尽乎不始也。道终乎本无始，尽乎本不有。有生则复于不生，有形则复于无形。不生者，非本不生者；无形者，非本无形者也。生者，理之必终者也。终者不得不终，亦如生者之不得不生。而欲恒其生，画其终，惑于数也。"(《天瑞》) 有形者，有始有终。无形生有形，无始无终者生成有始有终者。天地有终，与我同终。大道"无始无终"，因其"终乎本无始"，无始何有终？"尽乎本不有"，不有何有尽？正如"有形"复于"无形"一样，"有生"之物复于"不生"的绝对存在。"不生者能生生"，它"不得不生"，而本自是"生物者不生"。与生生不生思维相类，"无始"者能"作始"，它不得不始物资始，故"作始"者弗始。正如恒道"独立不改"方能"周行不殆"一样，能使物以始以终者，本自"无始无终"。若有始终，则非能"恒一"，就有"改"有"殆"。大道"无始无终"能使物"有始有终"。万物之生为"理之必终"，它是大道赋予的"势成之"的必然性，故"不得不终"。恒道成物始终，则物必有始终。而"恒其生，画其终"者，执于始、终，限于一曲，不能与物始终，故"惑于数"。物者有始有终，然万物始终无端。体于恒道者，以"无始无终"游于无端，与物化始终，通始终为一，故万化未始有极。相对物的"有始有终"言，恒道是无始无终，然它寓于万物的始终之中，通于万物的始终，成遂万物的始终。道者无始而作始，善始而无所不始，无为而无不为。恒道"作始"，赋予万物以存在之始、必然成遂万物之终，有始则有终。终而复始，复归其根。通万物之始，是恒道"作始"；通于万物的终而复归其根，是恒道"作始"的日新、不息、不测。对恒道生物言，成物遂物是"善始且善成"。"善始"是"作始"，成物之始。"善成"是成物之终，也是新的"作始"。有始有终既是万物的存在方式，又是必然的禀性属性。在万物终而复始中，揭示出"反者道之动"。在"万物未始有极"中，揭示出恒道的常生常化。在恒道的无穷"作始"中，揭示出生生之始的不测，"周行不殆"。"善始"，既是"作始"，又是"弗始"，始物资始不改、不殆、不测。"善成"，既是"功成"，又是"弗居"，成物遂终是不贰、不息、不测。恒道"作始"而"弗始"则能"善成"，"善成"之后又是"善始"，在万物始终反复、循环无端中揭示出恒道的"善始且善成"。恒道的善始善成，既是通于"为物"的成物始终，又是无限的成物始终。"弗始"的"作始"作为无限的"天下始"，方为"玄德"性的"善始"。

最后。对本节内容做简要概述。恒道"有始"为万物宗母，是"万物资始"、"天下有始"。"善始"必"善成"，"作始"涵摄"生之畜之，长之育之，亭之毒之，养之

覆之"。生生者"作始",所生物"有始",而生生本自"无始"。"无始"在恒道的存在内涵中有三种意蕴：一为无时间性的存在，相对物有始终的分判、对待、有限，而恒道是无始的无形、无限存在。二为资始功用的不测，"无始"者作始一切存在物，功用不测、无限。三为"作始"的自然而然。"作而弗始"，则始物不执以为始，它与"生而不有"、"功成而不名有"等思想相融贯。恒道"无始"方为"作始"、"善始"。恒道作万物"无始"与无名、无状、无物、无有等观念相互贯通，皆本自"道可道，非恒道"思维。《老子》以"万物作焉而弗始"与"生而弗有，为而弗恃，长而不宰"、"功成而弗居"一起，共同揭示恒道"自然"的"玄德"质性。"弗始"揭示恒道作物而不自恃其作，为万物始母而不居为生始，突出"作始"功用的无执、不恃、自然意蕴。

第二节　生而弗有

儒家以"天"为万物的生生者，《论语》有"天何言"而"百物生"的观念，《中庸》提出"天地之道"在于"为物不贰"、"生物不测"，《易》言天地"大生"、"广生"，《尚书》云"天降下民"。《老子》在以恒道为生生一本的同时，又在"生"之后加上了一个"不有"观念。"生而不有"揭示出一个什么样的内涵？与儒家生生观念有什么不同？它们就是本节要阐释的主旨。

一、文字校解

今本《老子》第二章在"万物作而弗始"后，接言"生而弗有"。这一论说，在帛书《老子》甲乙本、楚简《老子》中不见。至晚从河上公本起已出现"生而弗有"一文，王弼本沿用之。从前后文的对比看，仿佛"生而弗有"是对"万物作焉而弗始"的解说或申说。"生而弗有"一文，在今本《老子》第十章重出。对应于此，帛书《老子》甲本缺损一个"有"字，乙本文与此同。此文又在今本《老子》第五十一章重出，对应的帛书甲本缺损"生而"两字，乙本全部缺损。参照三章看，"生而弗有"非是楚简《老子》（现出土全文）所明确提出的观念，但确是帛书《老子》及其后来文本的重要思想。

从河上公本《老子》起，"生而弗有"一文为历代注家沿袭之，并加以注解。只是在帛书《老子》出土后，才使原文大白于天下。即使帛书《老子》无有"生而不有"一文，也不能以其非原本所有，就认为是无价值的增入或伪撰，也不可一概将历代注解视为不类的论说。因为"生而不有"为《老子》内在固有的思想，它是对"作而弗始"的申说。前面曾对"生"、"有"的字义进行过解析，这里对"有"的内涵再进行简要阐释。"有"者本为持有、存有、居有，此义在《论语》中多见。"能以礼让为国乎？何有？"（《里仁》）"苟正其身矣，于从政乎何有？"（《子路》）"出则事公卿，

入则事父兄，丧事不敢不勉，不为酒困，何有于我哉?"（《子罕》）"何有"，为谦辞，不自恃有。可见，在《论语》中已存在"不有"的用法，具有不自居有的意义。《老子》所谓"不有"，也是这样的内涵。何新认为，"有，读为'育'，扶育，培育。让事物自行发展而不作人为的扶育，如拔苗助长之类。"（引自《老子新解》，第88页）以"有"为"育"，是看到《老子》"辅助自然"、"长而不宰"的思想。恒道生物自然，是因物付物，"不有"观念正揭示其"自然"的意蕴。

二、文句解析

在评述主要注家解说前，先确定"生而不有"的主语是什么，明确它要揭示的是什么质性。从各家注解看，有的认为是"元气"，河上公以之同于"道"；有的以为是圣人，杜光庭等持此说；有的解为"道"，王弼、范应元等如此解；还有的认为是万物，宋道君等持此论。在前节曾对"万物作而弗始"所揭示的主语进行厘定，并厘定以恒道为主语、对象。《淮南子》直言"生万物而不有"（《原道训》），即把"道"作为主词。归纳历代注解意旨，大略可分为以下五类。

（一）生育万物，不据己有

河上公有三处注解，一是"元气生万物而不有"（2章注），一是"道生万物，无所取有"（10章），一是"道生万物不有所取，以为利也"（51章）。其中，注解中生物的主词或为"元气"，或为"道"。"元气"，显然是吸收汉儒思维以为说，足证汉初以来"元气"和"道"二者已有逐步合一的发展趋势。在前两个注解中，"不有"只是形式上直解为"无所取有"，并没有明确指出"不有"的深意是什么，后一注解才指出"不有"的是不取以为利。恒道"善利"，既是资利于物，又是不取以利己，潜蕴着不以生物而自利的意义。生而"以为利"，是利己为生，生"有以为"，非是自然生生。陆希声云"使万物各遂其性，若无使之然者，如天地之生万物而不有其用"（2章注），又解云"唯能生之而不执有"（10章注）。生万物而不自恃其用，则万物资生各遂其性，若自然。《老子》云："天地不仁，以万物为刍狗。"施化自均，则物不知仁恩。己"不执有"，则生生自然，自均公平。物者有求必与，不知主宰谁生。恒道功成弗居，则生物而物不知谁之功，以为资生自然。司马光云："存养万物而不取以为己有。"若取以为己有，则是生"有以为"，而非是自然生化。范应元认为，道生育运为万物，"未尝以为己有"。"万物各得其所，而不知所以然而然"。从恒道存在言，其虽生物不测，但却不以为己有，"复归于无物"。生生之为，纯出于自然而然，非为仁义名利。就万物存在言，恒道是微妙无形，辅物自化，故物不知谁者使然，不必知恩图报。虽赖以生而恒道不辞其生生之功，故日用而不知。曹道冲云："虽生成在我，任其赋命，不专而有之。""生成在我"，是生生在我；"任其赋命"，是各正性命；"不专有之"，是无为自然。在《老子》看来，恒道生物是分有以生，使物自得于"一"，若物

自生。恒道生生而不执于所生，故能生而不贰、生物不测。万物以为资生，有求必与，不知谁赐，故其生生为诚于自然。董思靖以儒家观念"大而化之"解之，揭示其生生不息的意旨。林希逸云："万物之生，盈于天地，而天地何尝以为有。"以《老子》思维言，万物是恒道存在的另一种形态，"为物"自然，故不以为己有。"不有"，是"不物于物"。薛蕙云："能生之，未尝私之为己物。"恒道是"无物"存在，不以所生之物以为己，而以"物物而不物于物"为己。陈鼓应云："生长万物却不据为己有"。"生而不有"相对世俗"生而有"的价值观而言，习俗之人以生为"有"，生是"有以为"，而恒道生物"不据为己有"，因物以遂其生，以万物芸芸之生为己生。

（二）不塞其原，无有其功

王弼云："不塞其原则物自生，何功之有？"（10 章注）"塞其原"者为何？难道恒道存在塞物自生之原的可能？因不明《老子》恒道存在的两个样式，王弼在其注解中不免存在本体论与宇宙论思维上的冲突。万物始生源自恒道，是各自秉承恒道的分有而自生自成，它非是郭象的"独化"。恒道生物自然，善利万物，固然不塞物的自生，"万物恃之以生而不辞"。就恒道存在质性言；不必云"塞其原"。相反，恒道提供万物"资生"、"资始"的条件、环境，为"道通为一"的宇宙机体。在生生上具有积极、普惠的价值，非只是消极、无为的"不塞其原"。对人主而言，既有妄为的可能，就存在不塞其原的现实问题，故需要克制己欲，以无为辅助万物自然。恒道生物，必有其功，否则何以言"功成"，何以证其存在？无功，则无有恒道的存在。在功为上，《老子》并不排斥、否定生生的功用，相反以之为恒道存在的必然前提。不过，在功成之后要求"身退"，不居、不恃、不伐其功。陈景元沿着王弼的思路云："道之生物，不塞其原，任其自成而已；德之养物，不禁其性，全其素分而已；夫万物卓尔独生，圣人岂有乎哉？"这里，要明确恒道生生与万物自生的关系。万物之所以自生，在于恒道生生，然恒道生生是寓于万物之中发挥其功用。就每一存在物言，皆"得一"以自生，同时相互间相生。就宇宙机体整体言，它是"道生之"的通其生生。恒道于物之生，是善利无害，资生不辞，无有伤存在的可能，因为它是恒善与物的"上善"、"德善"。恒道分有于万物后，是作为万物"得一"的"德畜之"或"万物之奥"，赋予每一物以"势成之"的能力，任其自成和相生而已。通于万物自成，同样是恒道的"善成"。"全其素分"作为"得一"之"德"，自然内含"自成"之能。"德"是"道"的分有，或者说是万物的"得一"自得。"任其自成"、"全其素分"，既是恒道的分有、赋予，又是万物的禀性、禀赋。正因为"德"来自"道"，故大道生物固然"不塞其原"，"不禁其性"，同时还具有"辅助万物自然"的功用。因为对每一个讯在物言，宇宙机体环境就是"道"，为生生的生物圈系统。若以"卓尔独生"为郭象所谓的"独化"，则不符《老子》文义。万物之所以能"卓尔独生"，在于恒道生物的赋予潜能，以及提供了和谐有序的生机环境。"生而不有"，是生生而不据其所生之有。

只有不宰于已有，不滞于故有，方能生生不贰、不息、不测。万物芸芸生生的本源在于恒道，通万物之生是恒道生生。"不禁其性"与"不塞其原"，只能针对人主的妄为、干扰、主宰而言，以警戒世俗人主不可违背"道德"之性，干扰自然的存在。因为每一存在物皆各具"得一"的道德，都具有自生、自化、自足的能力和权利。与人主或有塞原禁性者不同，恒道是善利万物，因循曲成，无逆于物，遂物自然。一概否定有为，必然否定恒道善利万物的功用价值。刘骥云："任万物之自生，而不有其生。"任万物自生，是因为各自"得一"于恒道，在于宇宙机体自然生生。"不有其生"，是不自恃其生，因为若自恃其生，则成为"物于物"者，而非是绝对、独立的存在。若无恒道生生之功，则何以为"万物之母"？何以言"生之畜之，长之育之，亭之毒之，养之覆之"？

（三）物自生化，圣人无"有"

唐玄宗云："令万物各遂其生，不为己有"。物各遂生，是以民为本，令民自富。君不以为己有，是以天下之利为天下，非以己利为天下。以己利为天下，是为天下在于居有，则天下是一人之天下，非天下人之天下。圣人以"辅助万物自然"为生生大德，非是以为己有而生生。杜光庭认为，"圣人处物，不伤于物，物遂其生。物遂其生，圣人不有之而恃其功，任自然也。"就恒道存在言，是善利万物，自然不伤于物。然以人主言，就有尧舜、桀纣之分。相对人主妄为伤物的积弊，故以"不伤"为德。对于人物言，"不伤"只是基本的德性要求，"善利"、"德善"方是体于大道的真正德性。对人主的"妄作凶"来说，"不伤于物"是回归给百姓以生活自给自足的权利。圣人之为，在于"辅助自然而不敢为"。"不伤于物"，只是"不敢为"的克己，还要提供生存、发展的必要条件和公共资料，按照事物存在本性"辅助自然"和因循"善利"。若以圣人只是"不伤于物"，则将视圣人为消极的存在，则何以言"既以为人己愈有，既以与人己愈多"？圣人任自然，非无所作为，而是因循物性，遵循事物变化的规律，提供自然所需要的"资生"环境条件。在此基础上，去其伤物之类，维持安全、和谐的环境。完全否定人主作为，必然走向另一极端，成为圣人存在和治理上的虚无主义。宋徽宗云："自形自化，自生自色，各极其高大，而遂其性，孰有之哉？"（1章注）又云："圣人存神知化，与道同体，则配神明育万物，无不可者。生之以遂其性，畜之以极其养，无爱利之心焉，故生而不有。"（10章注）圣人虽不有、不宰万物，然圣人不能无为于物。在恒道生物与圣人成能之间，因恒道有"生"，方有圣人"辅助自然"。圣人之为圣人，只是因物付物而已，"圣人无心，以百姓心为心"。没有恒道之"生"，圣人何能"与道同体"？恒道之"生"，是生物、遂物，覆物、载物，圣人之能是"配神明"，然后参赞育物以无不适宜。生以资生善利，畜以教养化育，各遂其性。与而不取，故"不有"。这里，恒道"不有"的"有"是世人执着以为有的名利，恒道之"生"是圣人所要效法、参赞的"有"。因不明《老子》恒道"生生"之有与功

名"不有"的玄妙关系，注家多是忽略甚至否定恒道之"有"，以至于陷恒道于"死寂"或"无所作为"的境地。吕知常认为，"应物而未尝有物，养我而未尝有我"是"生而不有"，若"生而或有"则是"未能忘我"。应物以资生，物物而不物于物；养我以遂自性，然忘我无私以生生自然。若执著有我，则不能"生而不有"。田艺蘅以"能生之而不窃以为己有"作解，"窃以为己有"正是《庄子》所批判的"窃国者为诸侯，诸侯之门而仁义存"（《胠箧》）。与"窃以为己有"相反，圣人是"生而不有"，"既以为人己愈有"。

(四) 物自遂性，不知其有

李荣云："付之于独化，日用而不知也。""独化"，若物自化；日用不知，若无造化。大道生生自然，故有此验。陈象古云："生则品物流行，各正性命也；育则养之以冲和之气，得遂其自然生死也。育之之功，治天下之所有也。万物生之以奉己，而不以为有"（10章注）。以《易》文辞解恒道生生质性，"品物流行，各正性命"是"万物得一以生"。养育以遂其自然生死，是恒道的"善始且善成"。这里，恒道生生自然，体现于万物各自遂生中。万物之生，来自恒道生生。就每一存在物言，生存环境和条件——生物圈宇宙和社会和谐机体，是"治天下之所有"的内涵。万物恃之以生而不知其"有"，正揭示出恒道生生自然无宰，有求必与，不辞其生，实有若无。这里，"生而不有"涵摄两个层面：以恒道言是生生自然，不辞、不恃其生，生而不有其所生，功成而不居；以万物言是赖以资生，用时必有，而不知生生者之"有"，不必报恩祈求。二者一体，恒道自然生生，万物自然以生。恒道不宰以为有，故万物不知以为"有"。恒道自然生生，何尝有以为"有"？万物不知其"有"，则生生者微妙无形，"长而不宰"。若知其为"有"，则为可道之道，非是不可道的恒道。生而或有，则必有自体之"己"，不能以成遂万物为体，作为"大象无形"、"无状之状"的绝对存在。

(五) 生育万物，无有其"仁"

王安石云："生之而不有其生"。生物不以为仁恩，故不自恃其生。牛妙传云："夫生者，仁之称也。何以言之？《易》不云：'生生不息之谓仁'？不有者，不自有其仁也，先儒曰：可使天下被圣人之仁，不可使天下知圣人之仁。被圣人之仁而知圣人之仁，则仁之小者也。有方而可议也。被圣人之仁而不知圣人之仁，则仁之大者也，无迹而名。"儒家以"生生不息"为"仁"，恒道何尝不是以生生不测为"仁"？与"亲亲"之"仁"不同，它是"至仁"。仁者有名，"至仁无亲"，不可形名。仁者爱人，是非彰则道亏。"道之所以亏，爱之所以成。"（《庄子·齐物论》）"不有"者，不自有其仁恩仁名，非是不有其生生不息。天下被仁，是生生的广大不测。天下知仁，非是"万物归焉而弗为主"。仁者可名，有方可议，是可道之仁，故为"仁之小"；被仁不知，既不辞其生，又不宰所生，生生不息，故为"仁之大"。无迹可名，是"道褒无名"。他又指出，天地"生成万物"，而万物"未尝以为天下之功"；圣人"仁育天

下"，而天下"未尝以为圣人之惠"。天地、圣人之大，在于"功深而形不露，惠博而体不显，是以蒙其功而不知其功，受其惠而不感其惠"（10 章注）。前者是"天地不仁"，"上德不德"，功成不居；后者是"圣人不仁"，"至誉无誉"，民无能名。恒道生物，何尝自恃仁恩、功名？圣人治世，何以见贤于世人？恒道生生自然，本自而然，固不以人物知与不知而止其生生。功神不测，不可形见；至功不有，不知其功。惠博无穷，体不可名；至仁周遍，不感其惠。天地无心而成化，圣人有心而无为。可知之功、可感之惠，是有封之属。圣人所以为圣人者，功德"愈大愈小，愈高愈下，愈明愈晦"。德玉云："虽生不生，生而未尝有。"《老子》云"不自生故长生"，"不自大故大"。"不自生"则"不有"，不恃、不贰、不息其生生，故长生。"不自大"，则大似不肖，生生无穷而无有疆界，故为至大。

从各家注解来看，以为生物不以为己，功成而不居，至仁而不恃其仁，生生而不知其主，圣人法道自然辅物自生，都从不同侧面澄明了恒道"生而不有"的内涵。可见，"生而不有"是一个内涵丰富的观念，与《老子》其它思想融贯一体。

二、传承发展

《老子》恒道"生而不有"思想，在《庄子》中多有体现，并予以了深化和发展。说其"深化"，是指其将生生"不有"与"有"的利弊阐释得更加透彻；说其"发展"，是指其将之落在了人类的心灵体验和道德圣治上。以道性言，独立自然，故"不有"。恒道作为造物者，是"大物"，"生而不有"为"物而不物"。"有大物者，不可以物。物而不物，故能物物。"（《在宥》）"物物"是生生之为，"不可以物"是"不有"。只有"不有"，方能"不物于物"，成为"无物之象"。恒道"生而不有"，故为"洋洋乎大"。以大道质性言，"生而不有"则为物不贰，生物不测，无所不有。若落入"物于物"之"有"，则不能"物物"于"无有"，何能为"大"？以天道言，"不有"是"不积"。"天道运而无所积，故万物成。"（《天道》）"积"有滞累，是有"有"。"无所积"则为自然。成玄英云："积，滞也，蓄也。言天道运转，覆育苍生，照之以日月，润之以雨露，鼓动陶铸，曾无滞积，是以四序回转，万物生成也。"（引自《庄子集释》，中华书局 2004 年版，第 458 页）正因为"不积"，方能无所不通，生成万物。"运而不积"，又是"吾师"的生生之德，"泽及万世而不为仁"（《大宗师》）。"泽及万世"，是生生功德之"有"；不为仁是功名上的"不有"。作为万物"本根"者，畜万物而不知，"不有"故"惛然若亡而存，油然不形而神"（《知北游》）。万物赖以畜，是生生之德；"若亡而存"，功成不有。"生而不有"，故为"不形而神"。在《庄子》看来，"生而不有"针对"生而有"言，有其所"生"是"有待"、"有以为"。"尧治天下之民，平海内之政，往见四子藐姑射之山，汾水之阳，杳然丧其天下焉。"（《逍遥游》）"丧其天下"，是功成"不有"。之所以能如此，在于不以得天下为己私。以天下为天下，则"无以为"。大仁不仁，"仁常而不成"（《齐物论》）。至仁不

自恃仁，无有成止之时，"大成若缺"。"生而不有"体现在至人心境上，是"心斋"。"唯道集虚。虚者，心斋也。"（《人间世》）"心斋"则"虚"，"虚"固"不有"。"不有"方能集于"道"，"道"在则能为万物之化。"不有"，亦是"致命"。"且夫乘物以游心，托不得已以养中，至矣。何作为报也！莫若为致命。"心中"不有"，方能"逍遥游"。"不有"，固不求报；"致命"者，尽其命分。己无所与，何尝有"有"？圣人体于恒道"生而不有"，守其本宗，"命物之化而守其宗"（《德充符》）。"命物之化"，是造化功成。"守其宗"，是成化而"不有"。"不有"则不执于物，而"一不化"。以"明王之治"言，"功盖天下而似不自己"（《应帝王》）。"功盖天下"，是生生大德之"有"；"似不自己"，是"上德不德"的"不有"。以"大人之教"言之，是"大同而无己"。"无己，恶乎得有有。"（《在宥》）生而有，是有己，而"不有"是"无己"。只有"无己"，方能"生而不有"，同于造化的生生。己能"不有"，方能"完备"。"循于道之谓备，不以物挫志之谓完。"（《天地》）君子"不有"，则能不"以物挫志"，而循道自然，生生不已。"不拘一世之利以为己私分，不以王天下为己处显"。"私分"、"处显"，是有"有"。"不有"者，虽王天下而己无所容心，虽有一世之利而"不积"。"帝道运而无所积，故天下归；圣道运而无所积，故海内服。"（《天道》）"运而不积"，是"圣人不积"。只有"不积"、"不有"，才能"既以为人己愈有，既以与人己愈多"。"执大象"者，"生而不有"，故天下归往，民乐推而不厌。"无所积"作为"德"，是"成于德而不累"（《在宥》），"上德不德"。以"帝王之德"言，是"以天地为宗，以道德为主，以无为为常"（《天道》）。成玄英云："王者宗本于天地，故覆载无心；君主于道德，故生而不有；虽复千变万化而常自无为。"（引自《庄子集释》，第465页）"主于道德"、"覆载无心"和"常自无为"，皆是生生自然，故"生而不有"。"大人之诚"，是"生而不有"。"圣人并包天地，泽及天下，而不知其谁氏。是故生无爵，死无谥，实不聚，名不立，此之谓大人。……夫为大不足以为大，而况为德乎！夫大备矣，莫若天地；然奚求焉，而大备矣。知大备者，无求，无失，无弃，不以物易己也。反己而不穷，循古而不摩，大人之诚。"（《徐无鬼》）圣人体道于生生之德，不辞其生，自然"不有"，周遍其惠，故民赖以生而"不知其谁"。大人无己，故"不有"。"为大"者，能于"不有"，则"不以物易己"，故能"大备"、"不穷"。圣人之诚，在于"不有"而能生生不息。"生而不有"，在《老子》是"玄德"和"自然"，在《庄子》是"至仁"和"诚"，它们与《中庸》的"至诚"具有思维同构性。"生而不有"，在《吕氏春秋》中是"成而弗有"。"天地大矣，生而弗子，成而弗有，万物皆被其泽，得其利，而莫知其所由始。"（《贵公》）虽以"天地"取代恒道，但生成不有的用意确然。有"子"则有"母"，而恒道"不知谁之子，象帝之先"。"生而弗子"者，虽生有子而不以为有，故为不子之母；"成而弗有"者，是功成而不有。被泽享利，是生生大德。天道生生"不有"，人日用其资而莫能知其恩德，故莫知由始。"生而不有"，在《老子》言侧重于揭示恒道玄德、圣人境界，在

《庄子》言侧重于揭示真人真性、圣人治德。《文子》既有言《老子》的"玄德"，亦有言《庄子》的"真性"，将二者结合一体。"大常之道，生物而不有"（《道原》）。只有生物"不有"，方能不贰、不测其生，无限其生物之功为，才可为"大常之道"。"大常"者，无穷其生，生生不已，故为"天下母"。"不长有，故能终而复始。终而复始，故能长久。能长久，故为天下母。"（《上德》）作为"天下母"者，是独立、绝对的生生，在"生而不有"中无穷其生生。"终而复始"，则不滞于有，不息于有。"长有"者，长于定有，常于已有，恒于既有。圣人"不有"，在于体道"生而不有"。由圣人境界可以反观恒道的存在质性。古之为道者，"余天下而不有，委万物而不利，岂为贫富贵贱失其性命哉！"（《九守》）"余天下而不有"，是有余以为天下，虽如此不以"天下"为己有。"委万物而不利"，是委于万物以其利而利之，而己不以万物为利。"生而不有"作为德性、德术是以无持有，以虚处实。"不有"之"德"，既涵摄"不自执"、"不自贵"、"不自矜"、"不自大"、"不自私"、"不争"等德性，又包涵"不自见"、"不自是"、"不自高"、"不自专"等知性。统言之是"无己"，以制己而循道，成功遂事若自然。"古之善为君者……不自贵故富，不自见故明，不自矜故长，处不有之地故为天下王，不争故莫能与之争，终不为大故能成其大。"（《自然》）"处不有之地"，则虚无无执，宽容万物，辅助自然，故能为"天下王"。类此，要达致"富"、"明"、"长"、"莫能与之争"、"成其大"的目的，就必须修道于身，复德以真，以天下观天下，以天下安天下。"不有"，非是绝对"无有"，也非"虚无"，而是不自恃有。与"独立不改"、"周行不殆"的思维结构相类，"不有"的意义在于"生生"的功为不居、不辞、不殆，进而成为生生的自然、无限。能"生而不有"，则独立其生，周行其生，同时是不改其生，不殆其生。人能保持"不有"，则反于道真。"唯有道者，能遗物反己"（《下德》）。有"道"则"为物"而"不有"于物。"反己"者，反于真性而不执著于"有"。常人执于"有"，"为善则观"，因观而生贵。为道术者，"退而修身"，不以争"有"，则"可以离害"。"进而求名"、"可以得利"，是以为"有"。圣人虽有行有智，而"不以行求名，不以智见誉"，故有而若无，"有智若无智，有能若无能"。以"道理为正"，则"功盖天下，不施其美；泽及后世，不有其名"（《淮南子·诠言训》）。"以道莅天下"，则可"无事取天下"。道术固然不以求名利，然何尝不可为至名、大利？至名者无名，大利者不私。不求显名，而可成"至誉无誉"；不求私利，而可成善利天下。道术既可修身，亦可取天下；既可远害，亦可利万物。"以行求名"，是自殉于名；以智见誉，是自伐其智。"功盖天下"、"泽及后世"，是"生"；"不有其名"，是"不有"。"生而不有"，是"有"与"不有"的统一。"不有"的是生生之迹、功名利禄，"有"的是生生不已、不辞其生的功为。熊十力认为，"生而不有"思想来自《易经》，"天之生物，即与物为一，非天离物独在，以物为其所有，故云不有。"（引自《原儒》，第187页）与此相类，恒道生物是分有寓于万物之中，与万物为一，非是离物存在而主宰、占有其所生之物。凡居为"有"，

皆是一物占有另一物，它以物二分为前提。正因为"不有"，故揭示出恒道非是作为外在主宰者而生物。若生物而有物，则成为一物，就非是"物物而不物于物"的"无物"。以《中庸》思维言，"生而不有"是"至诚不息"，蕴藏在"为物不贰"、"生物不测"的思维结构之中。"不有"，则"无以为"，诚于生生，故不贰、不测其生生。以《易》的思维言"天行健"，"生生之谓易"，"天地之大德曰生"。生生不已为"健"、"大"。从绝对本体的存在质性看，生生者必有所生者，因其所生而见证其能生，揭蔽其存在。"不有"者，不居于已有、定有，虚无无执，永远保持开放包容的德性，方能涵摄万有，成其生生的无不生、无不有，方能为"至有"、"大有"。正因其"不有"，方能保持生生的"不改"、"不殆"，成其生生的"不息"、"不测"。

最后，对本节内容做简要概述。从"生而不有"的思维结构看，它是生生而不有其生的缩写，"不有"从否定意义上揭示生生的"独立不改"、"周行不殆"。凡生生行为，必有所生者，如何对待之，即显示出不同的价值取向。"生而不有"是与世俗常以"生"得"有"不同的绝对观念，"生"是大德生生，涵摄"生之畜之，长之育之，亭之毒之，养之覆之"。"不有"是从否定"生"的有限性角度揭示生生的不自恃、不主宰。生生而不恃，则能不改其生，不殆其生。不恃所生，则生生不贰；不改其生，则独立其生；不殆其生，则周行其生。"生而不有"，既是生生而不自生的"自然"，又是生生而不有其生的"玄德"。

第三节　长而不宰

"长而弗宰"思想，是自帛书《老子》起而新增撰的一个观念。这一观念的提出，在于进一步揭示恒道在"为物"的"长之育之、亭之毒之、养之覆之"过程中，所展现的一种"自然"质性和"玄德"楷式。它是《老子》宇宙论、自然观以及人生价值理想的核心主旨，亦是恒道生生的特性所在。本节对此予以解读。

一、文字校解

《老子》第十章云："生之畜之，……长而弗宰，是谓玄德。"帛书《老子》甲本"长而弗宰"一文全部缺损，乙本文与今本大同，只不过文尾加一个"也"字。此一文句重出于今本《老子》第五十一章，帛书本与此文同。"长"的字义，前面已解析，下面重点对"宰"以及与其相关"帝"的涵义进行解析。

（一）"宰"的字义

"宰"者，会意字，原指罪奴在屋下从事杀牲以备祭的劳动。《说文》云："宰，罪人在屋下执事者。"又云："辛，罪也。"本为罪人充当的家奴，掌管杀牲之事。引申出四个方面的涵义：一为从事宰杀者，泛指家奴、家臣。二为宰杀的劳动、动作。如

杀猪宰羊一类。三为担任掌管的职位、官名。"诸宰君妇"（《诗·小雅》）。"宰"者，食官之名。"求也，千室之邑，百乘之家，可使为之宰也"（《论语·公冶长》）。朱熹注："宰，邑长、家臣之通号。"（引自《四书集注》，北京古籍出版社 2000 年版，第 86 页）四为主持、治理的行为。"德也者，万民之宰也。"（《吕氏春秋·精通》）"宰"为"治"。又解为"主"。"受乎心，宰乎神，夫何足以上民！"（《庄子·列御寇》）"心者，道之主宰。"（《荀子·正名》）"宰"多与"制"合言为"宰制"。"宰制万物，役使群动。"（《史记·礼书》）何谓"制"？《说文》释为"裁"。"宰制"者，控制、主宰之谓。"宰制"作为一个行为事件，必然涉及以何宰制的问题：是以己之需求、欲望宰制他人，还是因他人的需求、欲望而进行治理。

（二）"帝"的字义

"宰"有臣宰、冢宰、宰相之名，但万物之宰为何？世界是由谁来宰制？世界的主宰，是"上帝"。要理解"宰"的内涵，就需要把握"帝"的意蕴。在前面解读"象帝之先"时，曾对"帝"的存在、可名性进行解析，但在那里并未就其"宰制"涵义进行解说。程子云："《诗》《书》中凡有一个主宰的意思，皆言'帝'；有一个包涵徧覆的意思，则言'天'；有一个公共无私的意思，则言'王'。上下千百岁中，若合符契。"（引自《二程集》，中华书局 2004 年版，第 30-31 页）以"主宰"言"帝"，则"帝"是人格存在。以"包涵徧覆"言"天"，则"天"既是自然存在的无不覆盖的天，亦是主宰生育的天。以"公共无私"言"王"，则"王"是无偏均与者。天以主宰生化为功用。天之自然是天道，天之付与万物是天命。"以形体谓之天，以主宰谓之帝，以至妙谓之神，以功用谓之神鬼，以情性谓之乾，其实一而已，所自而名之者异也。夫天，专言之则道也。"（同上，第 1225 页）天以覆而有形体，主于生物不测是神妙，功用无所不在是鬼神，以情性言是"乾"，覆盖化育万物是主宰。以主宰者言，它包含其他存在质性。王廷相云："天者，言乎其冒物也。帝者，言乎其宰化也。神者，言乎化机之不可测也。"（引自《慎言》，载《王廷相集》第三册，中华书局 1989 年版，第 767 页）"冒物"，覆盖、润泽万物；"神"者，化不可测，妙不可尽。"宰化"，主使万物之化，天、神之性蕴含其中。"天帝"内涵具有不同角度的揭示：或为主宰运化的操控者，或为付与万物的命性者，或为自然运化的气化者，或为荫庇万物的覆盖者，或为生物不测的生生者，或为功用遍在的鬼神者，或为健行不已的情性者。"天"由"帝"向"理"的转化，是从外在主宰向内在性理分有的转变，《老子》"长而不宰"思想正是这一转向的中介，也是重要的始推动者。刘宗周指出，"帝者天之主宰，即所谓命也。自其出齐相见者而言谓之命，统言之则帝也。其在人心，天也；而意，帝也。造化生物不息之机，见于一岁之运：始于青阳，甲木为震，而自夏而秋、而冬；又贞下起元，八德相禅，只是一气流行，有若或使之然者，是以谓之帝。"（引自《周易古文钞下》，载《刘宗周全集》第一册，浙江古籍出版社 2007 年版，第 255 页）以

"命"言"帝",是万物的赋予者;以"意"言"帝",是心的主宰者;以"主使"言"帝",是气化所以然者。三者涵义已通于"理"。刘子又云:"帝之出入不可见,而万物之出入可见,因万物以见帝,其端倪有如此者。……天地之化,最妙是成终成始处,此帝命之枢纽也。"(同上页)因万物存迹而知所为功,进而推知功成所为者为"帝"。"帝"与物,类于恒道与万物的关系。概言之,"天帝"的名谓内涵可归纳为八个方面的意义。

1. 生育功为。"天何言哉!四时行焉,百物生焉。天何言哉?"(《论语·阳货》)"天",是生育、运化的主使者。"天生五材,民并用之。"(《左传》襄二十七年)"生五材"是"生","民并用之"是"育"。"天子牲孕弗食也,祭帝弗用也"(《礼记·郊特牲》)。孔颖达疏:"据其在上之体谓之天,天为体称,故《说文》云:'天,颠也。'因其生育之功谓之帝,帝为德称也,故《毛诗传》云:'审谛如帝。'"(引自《礼记正义》,上海古籍出版社 2008 年版,第 766 页)"帝"以功德而为主宰。因上帝具有主宰一切的能力、作用,故必祭祀之,以祈福报恩。"飨帝于郊,而风雨节、寒暑时。"(《礼记·礼器》)孔颖达疏:"帝若非天,焉能令风雨寒暑时。"(引自《礼记正义》,上海古籍出版社 2008 年版,第 767 页)风雨寒暑时化,为天帝使然。"帝"有生育之功,则"仁人在上,百姓贵之如帝,亲之如父母"(《荀子·富国》)。何以贵"仁人"为"帝"?因它如父母具有生育功能。"天有五行,水、火、金、木、土,分时化育,以成万物,其神谓之五帝。"(《孔子家语·五帝》)"五行"者,有成万物的化育之功,谓之"五帝"。

2. 功德至大。"天道无亲,唯德是授"(《周语·晋语》)。"天道"是与恒道相类的实在,授德是保佑有德。天道因其授德、哺德而有主宰之能。"皇天无亲,惟德是辅。"(《尚书·蔡仲之命》)辅以德,是主宰辅助。"天有显德,其行甚章。……上帝不常,九有以亡;上帝不顺,祝降其丧。"(《墨子·非命下》)显德之天,章行其德,故命不常。"上帝"者,惟德是佑,无德降丧。"帝德广运,乃圣乃神,乃武乃文。皇天眷命,奄有四海,为天下君。"(《尚书·大禹谟》)德大神圣、文武,故为天下君。"帝者,任德设刑,以则象之,言其能行天道,举措审谛。"(《风俗通》)"任德"者,辅以德;"行天道",授以德;"举措审谛",佑以德。日本学者池田末利认为,《诗》《书》中所言之"天命",大体上"天"只以德为根据发号施令,以对天子所为进行监督,使天子怀敬畏之心而施仁政。(参见《中国观念史》,中国古籍出版社 2005 年版,第 220 页)天命,是以德赋命。"监督",则以德为准。仁政,是天佑有德。周与沉引述学者陈来的观点认为,商朝与周朝世界观的区别在于,商人的"帝"或"天"信仰并无伦理内容,而周人的"天"则有确定的道德内涵,以敬德与保民为特征。天的神性渐趋淡化,民的地位在上升,它是周代思想发展的主要方向。在此演进中,"人文性和人道因素由萌芽到拓显,天消退其神格义而向道德原则转化。不是对或'帝'或'天'的各执一名,而是对超越的绝对之在的理解与赋义的不同,才决定了殷、周文化

性格与精神气质的差异"。(引自《身体：思想与修行》，中国社会科学出版社 2005 年版，第 60 页) 它表征着"自然宗教"向"伦理宗教"转变的理性化、世俗化和普世化进程。天的道德内涵凸显，并非神性逐渐淡化，而是神性的内涵有所变化——人文性或人道因素凸现。"德配天地，在正不在私，称之曰帝。"(《坤灵图》)"正"是以德为正，故配天地为帝。

3. 在上为主。"上帝既命，侯于周服。……殷之未丧师，克配上帝。……上天之载，无声无臭。"(《诗·大雅》)"上帝"、"上天"之"上"，皆指在上之体，亦是至上之上。《易》多言其义，如"王用享于帝，吉"(《益卦·六二爻》)，"圣人亨(烹)以享上帝"(《鼎卦·彖》)，"先王以享于帝，立庙"(《涣卦·大象》) 等。"享于帝"，祭祀之，得帝辅助，故得吉祥。"帝"在上天，故为"上帝"或"天帝"。徐复观认为，"'帝'与天常互用；然则帝则表现此至高无上之神的人格性特征；而天乃此一人格神所居住之世界。"(引自《中国人性论史》，上海三联书店 2002 年版，第 16 页)"天"为"帝"的居所，亦是"帝"行使主宰的场所，故二者常互言。"帝"作为万物的主使者，带有人格特征。因其在上天，又是主宰者，具有"至高无上"的质性。"祭帝于郊，所以定天位"(《礼记·礼运》) 因帝定天位，故祭于上天。《尚书》中更是多言"上帝"，如"肆类于上帝"(《舜典》)。再如《多士篇》称"上帝"者有二处，《多方篇》称"帝"者三处，皆指最高神的"上帝"。

4. 为以降命。天帝降命思想在《诗》中多见。"文王在上，于昭于天。周虽旧邦，其命维新。有周不显，帝命不时。……假哉天命，有商孙子。商之孙子，其丽不亿。上帝既命，侯于周服。侯服于周，天命靡常。……无念尔祖，聿修厥德。永言配命，自求多福。殷之未丧师，克配上帝。宜鉴于殷，骏命不易。命之不易，无遏尔躬。"(《大雅·文王》) 文王昭事上帝，秉承天命，故"维新"。为周之政，在于"帝命"。"上帝既命"，则万民归附。"天命靡常"，佑德惩恶。天命佑德，则慎修其德。"克配上帝"，在于不易"骏命"。不贰天命，在于"于昭于天"。"上帝"，无常其命，主宰下邦。通过"命"的赋予和剥夺，足见主宰之能。又如"古帝命武汤"(《玄鸟》)，"帝命不违"、"帝命式于九围"(《长发》)，"匪上帝不时……大命以倾"(《荡》)。至《中庸》以"天命"取代了"帝命"，以命性、赋性取代了王位的赐予。在《尚书》中保留着天命君位的观念，"闻于上帝，帝休。天乃大命文王"(《康诰》)。"天"在上，可为"命"。刘宗周云："帝者天之主宰，即所谓命也。"(引自《周易古文钞下》，载《刘宗周全集》第一册，浙江古籍出版社 2007 年版，第 255 页) 上帝主宰之为，是降"命"。

5. 保佑群生。《诗·大雅》多言"帝"降福保佑之德。"有命自天，命此文王。……保右命尔，燮伐大商。"(《大明》) 文王得天降命保佑，故伐商功成。"昭事上帝，聿怀多福。"只要昭事上帝，就会得到佑福。"天立厥配，受命既固。……受禄无丧，奄有四方。……既受帝祉，施于孙子。"(《皇矣》) 受帝之禄，得天之佑，则惠于子孙，泽及后世。"受禄于天，保右命之，自天申之"(《假乐》)。帝、天同意。"受

禄于天"，为天所祐。"帝命率育，无此疆尔界"（《思文》）。"帝命率育"，举养育之命。"上帝是依，无灾无害。"（《閟宫》）只要依从上帝之命，就能保佑没有灾患。日本学者池田末利指出，《诗》《书》中的"天"是命令的绝对者，祸福的主宰者。天赐予伦常，依此则得到福禄。《左传》《国语》丧失其纯粹性，而命运性的"天"则出现。（参见《中国观念史》，中国古籍出版社 2005 年版，第 208-214 页）人间正道、义理之行，成功事遂来自天帝之祐，"惟德是辅"，吉无不利。有帝保佑，更坚定了人从善的信仰。推知善之成遂，为有帝祉之功。"大乐无怨，大礼不责，四海之内，莫不系统，故能帝也。"（《淮南子·诠言训》）"帝"之功能，在于系统"四海之内"，使各得其生，各遂其性，故无怨无责。"帝"者主宰化育，故以礼乐配之。帝以宰化成遂，故能辅佑群生。

6. 施惩显威。上帝，既佑善辅德，又能惩恶示威，此在《诗》中已多言之。"帝"辅有德之主，无德则更命。对"独夫之贼"，天帝降命以罚其失位。"浩浩昊天，不骏其德。降丧饥馑，斩伐四国。昊天疾威，弗虑弗图。舍彼有罪，既伏其辜。"（《小雅·雨无正》）名以怨天，实假以忧人。天降饥馑是自然现象，民不聊生是社会问题，"斩伐四国"是政治问题。人主若不长其德，去除"有罪"，则"昊天疾威"，国将不存。"帝其降堇"（《卜辞通纂》），甲骨文也有"上帝降堇"（参见胡厚宣之《甲骨续存》，1.168）的文句。"上帝耆之，憎其式廓。"（《大雅·皇矣》）天帝不佑无德，憎其用大位、行大政。"荡荡上帝，下民之辟。疾威上帝，其命多辟。"（《大雅·荡》）上帝作为下民的主宰，其视自我民视，民有疾苦则拯救之。此假"上帝"以斥责周厉王重赋敛以疾病人，峻刑法以威罪人。无道如此，难道是上帝所为？殷之灭亡，"匪上帝不时"，而是"殷不用旧"。"敬天之怒，无敢戏豫。敬天之渝，无敢驰驱。"（《大雅·板》）下土有君不德，则天帝以怒惩罚之、以渝改换之。天帝有"怒"，故必敬无敢"戏豫"、"驰驱"。"帝许我罚有罪"（《左传》僖十年）。"罚"的行为，来自"帝"的应许，是代天行罚。"敢昭告于皇皇后帝：有罪不敢赦"（《论语·尧曰》）。"有罪不敢赦"，听天以罚罪。桀有罪，不敢赦。罚有罪，乃"惟帝所命"，非敢不顺天命。"天道赏善而罚淫"（《国语·周语中》），"天道福善祸淫"（《尚书·汤诰》），可见天帝有罚淫之宰。"旻天大降丧于殷"（《尚书·多士》）。"降丧"，是惩罚。

7. 临下监视。上帝的主宰显现在"照临"、"监视"等能力上，《诗》中亦多言之。"明明上天，照临下土"（《小雅·小明》）。"明明"者，无所不昭；"照临"者，明察监视。上帝照临万物，无不明察。"天监在下，有命既集。文王初载，天作之合。……上帝临女，无贰尔心。"（《大雅·大明》）天帝监下，责下以承上令，故有"天作之合"。上帝时刻在监视，人主必承命"无贰尔心"。"皇矣上帝，临下有赫。监视四方，求民之莫"（《大雅·皇矣》）。上帝"临下"赫明，无不明鉴。"监视四方"，则"天视自我民视"。"后稷不克，上帝不临。"（《大雅·云汉》）"临"是照临之临。上帝以临，则降福禄。人顺从天命，则上帝以临。反之，上帝不临以幸。"天之监下也，杂命

焉耳。循草木之生（性）则有生焉，而【无好恶焉。循】禽兽之生（性）则有好恶焉，而无礼义焉。循人之生（性）则巍然【知其好】仁义也。"（帛书《五行》）天监下有命，命于草木无好恶之性，命于禽兽有好恶之性，命于人性以知好仁义。天命之命，是因循以命。《说文》云："帝，谛也。""谛"者，审谛于下，无不明监。"察道者帝。"（《管子·兵法》）"帝"以察道知，故审谛。"斗为帝车，运于中央，临制四乡。"（《史记·天官书》）"临制"者，"分阴阳，建四时，均五行，移节度，定诸纪"，故为"明明"。傅斯年指出，周朝之初，先人以为上帝在监视下方，惩恶扬善。凡勤民恤功者必得上帝之宠眷，凡荒逸废事者必遭上帝遗弃。知所戒惧，敬德勤民，然后可以祈祷皇天，求其永命不改。《大学》释《尚书·康诰》"惟命不于常"一文云："道善则得之，不善则失之"。自我而言，曰"峻命不易"；自天而言，"天命靡常"。两者和合而成天人合一论。天人相应，上下一理，求天必先求己，欲知天命所归，必先知人心所归。人必信命的不易永，然后祈永命；人必信灵的不易终，然后祈灵终。（参见《性命古训辨证》一文，载《大家国学》，第282—283页）天帝之监，有德必佑，无德必惩，故明察不失。上帝的明察，要求人主从天命的不贰。

8. 人主德天。在古人天人同构的思维方式下，作为天之子、国之主宰者的人主也称为帝。"今之王，古之帝也。"（《左传》僖二十五年）"帝"、"王"具有称谓上的历史继承性。"帝使其子九男二女，……帝将胥天下而迁之焉。"（《孟子·万章上》）"帝尧曰放勋。"（《尚书·尧典》）以"帝"称"尧"，已将"帝"赋予人主之名。"黄帝，主德，女主象也"（《史记·天官书》）。德合于天，并称为帝。黄帝因主生育、化育之功，类似女主之像。"德合天者称帝"，"帝者天号，王者五行之称也。"（《白虎通》）。天以德称帝，人主德合于天，故亦为帝。胡宏指出，"皇天上帝，改厥元子，兹大邦殷之命"（《尚书·召诰》），虽周人之语，然当是彼时一般人共喻之情况，"足征人王以上天为父之思想，至迟在殷商已流行"，生称"天君"，死以"配天"之故乃称帝，是"晚殷之骄泰"。生称天子，死不称帝，是"兴周之竞竞"。（引自《皇王大纪论》，载《胡宏集》，中华书局2009年版，第267页）"帝"以功德配天得名。王夫之云："称帝者，夏、殷之礼，周则称王而加之谥。"（引自《船山遗书》第二卷，北京出版社1999年版，第852页）"人主"配天，故礼称为"帝"。

从以上解析看，对"帝"的功能内涵界定有：为万物生育主使者、德性赋予者、万物主宰者、降命来源者、善恶奖惩者、世道临监者以及公平普惠者等，归结起来是世界存在的维持、主宰者。"帝"作为主宰者，起先只是自然的主使者，而道德人格的"上帝"乃是后来发展所形成的。邹新明提出，"帝"在殷商之前非是至上神，它不是适应人间的需要安排风雨，而是茫无目的，其降福降祸亦不是根据人世君王行为的好坏，而是有很大的随意性，实为一个自然天。从殷人卜辞中，祈求丰年多向灶神、河神和山岳神以及王亥、上甲等祖先神祭祀祷告，"帝"和年成有关的只有三条，况且没有奉献祭品，只是向帝提出问题：会不会刮风下雨。在《诗》《书》中，"帝"的主宰

性渐显。它便成为隐蔽在天之中的主宰者。（参见《敬天的信仰》，北京语言文化大学出版社 2011 年版，第 17-18 页）从"帝"的普遍性看，起先它只是一个地域或族群神，随着民族的统合和邦国的逐步形成，才成为统一的主宰神。徐复观认为，"殷代之帝，系超宗神的普遍地存在，在今日治甲骨学者中，殆成定说。"（引自《中国人性论史》，上海三联书店 2002 年版，第 16 页）周与沉指出，"从商人之'宾帝'到周人之'配天'，其间关系是替代还是继承亦存争议。"（引自《身体：思想与修行》，中国社会科学出版社 2005 年版，第 59 页）就"帝"的功能质性，日本学者池田末利指出，"通过金文、《诗》《书》所见到的帝和天，也基本上是和卜辞的帝同样的主宰神。不过，说是宇宙和人事的绝对的支配者，同时又必定是宇宙和人事的秩序的维持者。不，还应该是秩序本身的创造者。"（引自《中国观念史》，中国古籍出版社 2005 年版，第 215 页）说其为绝对支配者，揭示万物从天帝中生，也为天帝所运化，由其降命赋性、监视掌控。

上帝有喜怒好恶、有所作为，人感知其主宰存在，正是《老子》所摒弃的"象帝"内涵。恒道作为"象帝之先"存在，是功成弗居、不测，自然生生而不知其宰，无为而无不为。

二、文句解析

在对"宰"、"帝"涵义解析的基础上，结合注家之解对"长而不宰"思想进行诠释。注家解说大略可归纳为六个方面。

一言长养而不宰割以为己利。河上公云："道长养万物，不宰割以为器用"（10章）。又解云："道长养万物不宰割以为利"（51章）。"长养万物"，是"长"的意蕴。"宰"者，"宰割"之谓。"宰割"，或为"器用"，或为"利"，是"朴散"的"器之"。固然，恒道长物是分判、品类以长，各遂性命，因循曲全。同时，它是自然以长，不以己利而长万物。恒道善利万物，何尝"宰割"利己？"宰"者作为宰杀行为，本为具体一事、一物之宰，以为己利是"据有"，为"生而不有"的"有"义。程大昌云："高出其上而默运之，不明施其宰制之方也。若真付之不宰，则孰斡其柄？"（10章注）"不宰"者，是不宰制以为己利，而非不主于生物功为。恒道长物是因循其性，是"付之不宰"。因物付物，何尝宰以挠之？以己利为宰，是执以宰制，宰"有以为"。恒道是主于长物，然无以为宰。恒道分有于物，是"万物之奥"，故为"默运"。李嘉谋以"施不求报"（51章注）解，长物自然而无以为，故不求恩报。林希逸云："虽为万物之长，而何尝有宰制万物之心"（10章注）。"宰制万物"，则以为己有。正如"生而不有"思维一样，"长而不宰"中的"长"是"有"，"不宰"是"不有"。长物而不宰制物，是以物长物，无心宰化。在这里，《老子》所言的"宰"是以己利的"有以为"之宰，非是以物长物之主。否定宰制、宰割，非是否定主使、主为。恒道是生物之主，为"万物之宗"、"万物之奥"。

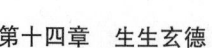

　　二言物自长而"不吾宰成"。王弼云："物自长足，不吾宰成，有德无主，非玄而何？"（10章注）直解之是：万物自生自长，自遂其性，何尝以吾宰其成？"有德"是具有"长"的功能，"德"非自"道"来？若物纯由自长，《老子》何尝以为恒道"长之"？"长物"是恒道存在的质性，既言"长物"何尝不是其主于长？"长"必是品物，何尝不是"宰"？恒道长物宰成，为何又云"不宰"？这里的玄妙，在于"宰"的不同指谓上。恒道长物，是因物以长，各遂其长。"无主"，是在物生化上无有外在的妄为宰制者。否定物生长的主宰，亦即否定外在主宰者对物的宰割、妄作。"宰成"，是以我宰物，犹如以己养养鸟。恒道"长物"非是以己利而"宰"其成，它是"善利"的以物长物。只有首先肯定"长"这个前提，才能言及"不宰"之意，"不宰"是对"长"质性的否定性界定。"长"作为功为，必有一个为何、因何而长的问题：或是以己长物，或是以物长物。前者是"有以为"，后者是"无以为"。"不宰"是界定"长物"为因物以长之，而非是以己宰物之长。陈景元云："物自长养，圣人安能主宰乎哉？"（10章注）又云："长育群材，成熟庶品，养覆动植，若矜其宰，则处其长矣。"（51章注）若是"物自长养"，则何以言圣人"辅助万物自然"？恒道长物，是赋予万物自长的能力或潜能，故其长物亦是物自长。恒道无"长"，则万物不长。万物自长，道德内在其中。圣人以道而为，是循物性以为。"长育"、"成熟"、"养覆"皆是"长"的内涵。若矜其"宰"，处其"长"，则是以名利为己。习俗的主宰行为，必是以己为宰。吕知常云："不以小智小巧之妙拘于道，是不自宰其长也。"（10章注）"不自宰其长"，是"不敢为"。若"宰其长"，则"长"非是长物之长，而是以己宰其"长"。明太祖云："生齿之繁，君不专长，百职以理之，是谓长而不宰。"（10章注）又云："长其长而不自主，设官以理之"（51章注）。"专长"、"自主"，是以己宰长，任己意以宰制之。"设官以理之"，是己不专长，用人以长。"长其长"，是"辅助自然"，各遂其长。

　　三言长物而不伤害于物。恒道之"长"，是生物必养之，养之又爱护之，毋容宰割其体，以害其生。长以宰者，是以为己利，以己长长物，不免于忤逆物性，妄为伤害之。犹如"以鸟养养鸟"，恒道长物是"利而不害"，顺物之长而无逆物性。伤物的根源，在于有己之执。若无我，则不伤人物。白玉蟾以"泰然无我"（10章注）解之，正揭示长物而不以我长之的意蕴。"泰然"者，不拘己意以长，则无不遂长。林志坚以"天之道，利而不害"（51章注）解之，"利"是以物利而利之，非是以己利而利之。于利无宰，则不害于物。薛蕙云："世俗之治身治国者，患在于有为，以有为治生生愈伤，以有为治人人愈扰，故治身者之养形生，必刳心去智，外其身而不自生，治国者之养民物，必在宥天下，委万物而无所与。夫无以生为者，形将自正，无以天下为者，万物将自化"（10章注）。又云："长而不宰"是"曲成万物之功"，"虽君长之而任其自然，未尝宰制"（51章注）。"有为"是以己宰为，不免逆物妄为。反之，"无为"是"不先物为"，因循以为。犹如以己养养鸟而鸟死一样，以"有为"治生、治人反

而愈伤、愈扰。"刳心去智",是"无以为"。"外其身而不自生",是无以营为。"在宥天下",是不以己治治天下。"委万物而无所与",是不逆物性,不伤于物。"无以生为"者,是不宰其生,复性自然,故"形将自正";"无以天下为"者,不宰于天下,以天下为天下,故万物自化。"曲成万物",是不宰物生,"辅助自然"。"未尝宰制",生物不伤。"不宰",必然不伤于物。刘萧和云:"愿人推我为长,而必勿自欲宰割人"。正如"不争而莫能与之争"思维一样,不宰而能为万物主。恒道长物而不宰以为己利,不害于物生,故为"善始且善成"。"欲宰割人",是己私宰制之为;"推我为长",是普惠主于长物。

四言长物而不以为主。范应元云:"长成而不为之主,故万物各得其所,而不知所以然而然"(10章注)。"长成而不为之主",是"万物归焉而不为主"。"不为主",是不主宰、宰割以为己利,同时是不自恃其生长之功。正因长物不为主,方能循物性以辅助成长,利而不害,故万物归往。善长物者,各遂其长,故万物各得其所。在《老子》本旨,恒道虽不宰于物,但并非无利之之功。"长而不宰",是与以己宰制相反的另一种主使长物模式——恒自生养万物而不以己意宰其长,辅助万物适性以长而"不敢为"。它是一种不同于上帝佑善惩不善的主宰万物模式,恒道是善利辅助、曲成不遗的"德善"和"兼利无择"。上帝与恒道的长物,一是控制、选择型,一是因循、辅助型;一是以己为中心发挥作用,一是以万物为中心发挥功能。恒道的这种生长模式,是与"天视自我民视。天听自我民听"(《尚书·泰誓中》)相同的生生模式。它所以为"长"的是:赋予万物以生长的内在潜能和所需的条件、环境,"有求必与"。与上帝主宰模式不同的还有它的自然性、无名性。上帝掌控世界,则万物无不听从、依附,善有善报,恶有恶报。它无处不在,万物皆在其全能的掌控中,甚至有时喜怒无常,因发怒降馑而不免于害。与此相对而言,恒道无处不在,万物皆分有之以自生自化。它是"利而不害",恶者来自万物的"不道早已",祸福自召。上帝以全能意志为人格特征,恒道以自然玄德为人格特性。前者是掌控管理型,后者是辅助自然型。上帝以其主宰作用无所不在、万物依附而为名,恒道以其均遍赋予、日用不知、不必依附而无名。上帝是时时、处处以为主,无有不服从上帝的命令;恒道是不知以为主,它在默默提供人物资生的一切,"万物赖之以生而不辞"。上帝至善,却不免于桀纣之恶。恒道上善,虽不能决定人之从恶,然可为"不善人之所保"。反身而诚,则自我拯救。恒道长物而不为主,既是忘己,亦是忘物。李道纯以"忘物"(51章注)解之,忘物忘己则不宰制于物。忘己,无以为宰;忘物,不宰为己。德玉云:"虽长不长,长而不自以为主。"(10章注)长不为主,又是长而不自恃其长,不欲见贤显名,功成弗居。

五言长物而无刻制之巧。宋徽宗云:"圣人存神知化,与道同体,则配神明育万物,无不可者。……无刻制之巧焉,故长而不宰。"注解本自《庄子》"大宗师"为"覆载天地刻雕众形而不为巧"。以"刻制"为"宰",因为凡"刻制"者若以为巧,就是"有以为",以为之宰。"刻制"之为,若以己意刻,以己心制,成己之巧,施诸

于人物就是宰制。"不为巧"者，自然而然，无以己为，遂物自性。在《老子》言，"大巧若拙"，不以己巧为巧，而因物以为巧。"存神知化"，是以道观物。圣人法于恒道，"配神明"以"育万物"，因循物性，以物长物，长物自然，故"与道同体"。"无不可者"，是曲全不遗。恒道长物"不为主"，不行宰制之为，故万物无不长，无不可。虽有长物之心，若不能循物之性，而为于"拔苗助长"，则可能导致事与愿违的后果。恒道长物，因物所求而长，故"勿助长"。以刻制为巧者，是为巧而刻制，非循物性以刻制，是"以己养养鸟"的模式，非是"以鸟养养鸟"的模式。

六言长物而不主其功。成玄英以"宰"为"主"，"圣人长养群生，实为化主。而忘功丧我，故云不宰。"（10 章注）既然言"长"，则功必存。恒道作为"万物之母"，是"万物恃之以生而不辞"、"善始且善成"，何尝不是"实为化主"？然功成而不居为主，不以长物为己功，不以索取回报而宰制万物，故长物而"复归于无物"。长物无私无有，则能"物物而不物于物"。唐玄宗云："长而不宰者，居万民之上故云长，不恃其功故云不宰也。"（51 章注）在《老子》意旨，"居万民之上"，是因长物而万物归往，故民乐推而不厌。"不恃其功"，则不宰制天下，非以天下为己之天下，而以天下为天下人的天下。恒道以万物为体，生物遂物之生就是己之生生、己之存在，何尝自恃宰制之功？曹道冲解"宰"为"主其功"，"长养于物，不主其功。""不主其功"是"功成而弗居"。《老子》"长而不宰"观念，虽与"功成弗居"涵义相通，然亦有区别。前者是建立一个什么样长育的模式问题，后者是揭示恒道怎样功成问题。吴澄云："如为官长者，虽宰夫民，而实无心于长之，故曰不宰。"（10 章注）又云："如无思无为之君长，虽长之而非有心有事于宰制也。"官长宰民，是为民以为宰。"无心于长"、"无思无为"，是长民非以己利而宰，故不自恃主宰之功。若宰制于有心有事，是"有以为"而宰之，功成而居，自恃功迹。林志坚以"天地不仁，以万物为刍狗"（10 章注）解"长而不宰"，"天地不仁"是生物而不以为仁，视万物为刍狗，不拘其仁功。至仁无亲，故不宰。有仁必亲，亲其亲，疏其疏，就有分割之"宰"。《老子》并非摒弃长养万物之仁，而重在突出强调仁者无私，一视同仁，生生不宰不辞。

归纳说来，"长而不宰"的内涵包括两个层面，一是从恒道自性上言，一是从物性之长上言，二者是"为物"统一功为的不同侧面。前者是长物上的"无以为"，不以己意宰制、取舍，不自恃其功为，不以己利，不居为己功；后者是因物以长物，善利辅助，无弃人物。

三、传承发展

《老子》"长而不宰"思想，为《庄子》所传承发展。以"道"、"造物者"、"造化者"、"大宗师"、"大块"等为"真宰"，而"真宰"以"不宰"为根本存在质性。首先体现在"人籁"、"地籁"和"天籁"的比较上。"人籁"者"比竹是已"；"地籁"者，"众窍是已"。"比竹"以人宰作而成为乐律，"众窍"以风宰作而成怒号，而

道 与 物

"天籁"因物而作，"吹万不同，而使其自己"（《齐物论》）。"吹"有"万不同"，若物"咸其自取"。无宰作，故物无怒。"使其自己"，则"不知其所为使"。"若有真宰，而特不得其朕。"无朕非是无有功成，否则何以有"信"？"可行己信，而不见其形，有情而无形。""真宰"者，有情有信，故为实有。然"不见其形"，是微妙至神存在。"真宰"者，不以己宰物，而因物以长，然物之然，成物"固有所可"，故能"无物不然，无物不可"。宰割者有其长、有其不长，不能兼利。长物而不宰，则"天钧"。在"在宥天下"与"治天下"的关系上，"闻在宥天下，不闻治天下也。在之也者，恐天下之淫其性也；宥之也者，恐天下之迁其德也。天下不淫其性，不迁其德，有治天下者哉！"（《在宥》）尧治天下，使天下"欣欣焉人乐其性"，是"不恬"；桀治天下，使天下"瘁瘁焉人苦其性"，是"不愉"。"乐其性"，是有为以善治，"淫其性"；"苦其性"，是有为于利己，"迁其德"。在作者看来，尧、桀治天下皆是以己意宰天下，不同的只是劝善、争利而已。真正的善治天下者，是"不得已而临莅天下"，以"无为"而不宰。己"无为"不宰其化，则万物各安其性命之情。在"宰"与"不宰"上，涉及"名教"是否是"自然"的问题。在《老子》思维看，人不同于物，修道正身是必然性为，仁义作为规范人伦关系的必要理则自然内涵于"道"中，当然名伪文饰不在其中。既然人物有各"得一"之殊，就不可一概以宰化。以物性治人，同样是宰制之为。只有"以身观身"，以人治人，方为至道。不以己宰人，而循人以长，使各得其长。"辅助自然"，何尝不是"名教"？"在宥天下"是纯任自然，泯灭一切人类功为，故为"知天而不知人"。"贵以身为天下，则可以托天下；爱以身于为天下，则可以寄天下"。至治者，"以道莅天下"，是"得一以为天下贞"，非是一无所为的纯任自然，而是因循以为治。"天地虽大，其化均也；万物虽多，其治一也；人卒虽众，其主君也。君原于德而成于天。故曰：玄古之君天下，无为也，天德而已矣。"（《天地》）天地以"化均"而长物，是"天地不仁"；万物以"治一"而长，是"得一以天下贞"；人以"主君"而能"群"，是"以道莅天下"。玄古"君天下"者，主于"无为"，行于"天德"而已。不宰于物，使物各得其化，故"化均"。虽有"治"，然使万物各得其理，故"治一"。虽有"主君"之宰，然法于"天德"，令天下各得其自治。不宰物为，则"无为而万物化"。凡主宰以为利者，必以己的意志为取舍，或予恩惠，或降灾祸，化不齐一，治不均一。无为则不宰，自然均平。天地不宰，在于无为自然；圣人不宰，在于顺物无违。这里，不可否定"长"的"善利"之功。天地以万物所生而资生，圣人因民物之理而辅助化育。天下之君"正"，在于"以道观言"，非己出言。君臣之义"明"，在于"以道观分"，使各得其分。天下之官"治"，在于"以道观能"，令各尽所能。万物之应"备"，在于"以道泛观"，以物观物，因物应物。这里，"正"、"治"是治理，"君臣之义"是礼义，"泛观"是"智"，"名教"在"自然"之中，非是在否定主宰中一并否定了人文的"名教"。圣人"长而不宰"，是"以道莅天下"的"圣治"："官施而不失其宜，拔举而不失其能，毕见其情事而行其

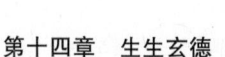

所为，行言自为而天下化。手挠顾指，四方之民莫不俱至，此之谓圣治。"（《天地》）
"圣治"者，是无宰之治，使各自得宜。"官施"是"长"之职能，己无妄作而因民爱
养之，故"不失其宜"。"拔举"是选能，因才施用，故"不失其能"。毕见情事，是
"以道观之"；"行其所为"，是以道作为；"行言自为"，是各得所为；"天下化"，是化
无不宜。"莫不俱至"，是天下归往。以"不宰"为治，则因民以理，用人之力，万民
归往，故为"圣治"。"不宰"作为"无为"，是无"有以为"。"天不产而万物化，地
不长而万物育，帝王无为而天下功。"（《天道》）"不产"、"不长"和"无为"，皆是
"不宰"。反之，就是主宰，有意为之，不免"拔苗助长"。帝王无为不宰，方能用人
之力，而成就天下之功。古之"王天下"者，不宰而治，故"知虽落天地"而不自
虑，"辩虽雕万物"而不自说，"能虽穷海内"不自为。不自为，方能用人之为，无为
而无不为。至治在于"长而不宰"，前提是"明大道"，然后因循以为。"先明天而道
德次之，道德已明而仁义次之，仁义已明而分守次之，分守已明而形名次之，形名已
明而因任次之，因任已明而原省次之，原省已明而是非次之，是非已明而赏罚次之。"
（《天道》）从"天"至"赏罚"，是"以道观分"，各得其辨。从"赏罚"至"天"，
是"以道观治"，各得其理。赏罚当理在于是非明，是非正在于原省明，原省宜在于因
任明，依次类推，道德立则在于明于天。若明于道德，则仁义、分守、形名、因任等
各当其宜。可见，要达到圣治，关键在于"以天下观天下"，或者说是"以道观分"。
只有"明大道"，才能做到"愚知处宜，贵贱履位；仁贤不肖袭情，必分其能，必由其
名。"只有在"明大道"的基础上，循"大道"而为，"以此事上，以此畜下，以此治
物，以此修身，知谋不用，必归其天，此之谓大平，治之至也。""知谋不用"，是不宰
以为，不以己为而为之；归天循道，是因循以为，应物之理而为之。"宰"与"不
宰"，泾渭分明。从圣人施为言，"长而不宰"是"辅助自然而不敢为"；从人物受为
言，它是"因物付物"的"曲成万物而不遗"。前者是无为因循，后者是容公曲全。
合言之为"玄德"。与习俗所谓的上帝主宰不同，"长而不宰"之帝是"同帝"。精神
者，"化育万物，不可为象，其名为同帝"（《刻意》）。"化育万物"是"长"，"不可
为象"是长育无方，不宰物化。"同帝"者，玄同化均，化育无方。以己意宰为长，因
其宰割、宰制故不能无极。不宰物，长物自然，故能化育不息、不测。以"至人之自
行"言，"忘其肝胆，遗其耳目，芒然彷徨乎尘垢之外，逍遥乎无为之业，是谓为而不
恃，长而不宰。"（《达生》）"忘"、"遗"者，无己。无己则"彷徨"、"逍遥"，无有
宰制。"尘垢"者，名利、饰智之宰；"无为之业"，是"长而不宰"。成玄英云："长
养黎元，岂断割而从己！"（引自《庄子集释》，中华书局2004年版，第664页）"长
养黎元"，是"长"；"断割从己"，是以己宰制的"主宰"。"不宰"是"天地之养也
一"（《徐无鬼》）。天地不宰，亭毒万物，周遍无私，故生养均一。均一其养，则物求
即供，何尝有主宰之为？反之，是"苦一国之民"。"君独为万乘之主，以苦一国之民，
以养耳目鼻口，夫神者不自许也。"以养耳目鼻口而苦一国之民的"万乘之主"，是以

己利宰制于民。宰割、宰制之"宰",是"杀人之士民,兼人之土地,以养吾私与吾神"。而"修胸中之诚,以应天地之情而勿撄"者,则为"不宰"。前者是以己利而宰制别人,后者是无宰而顺应万物之理。《庄子》某些篇章由于偏重于言"不宰"的无为虚静,容易给人以遗名教而任自然的印象,实则"不宰"必以"长"的功为存在为前提,"长"与"不宰"是相为一体的,否则就不是绝对本体的存在质性。在《黄帝四经》中,以"道法"而言"长而不宰"之意。"唯执道者能上明于天之反,而中达君臣之半(畔),密察于万物之所终始,而弗为主。故能至素至精,浩弥无刑,然后可以为天下正"(《经法》)。"上明"、"中达"、"密察",是"以道观之",为"长而不宰"的前提。因物观物,以物长物,是不宰之"长"。执道者以为"天下正",必明察物之所"正",然后以其正而正之。不以己之正而正之,是"弗为主"的不宰于正。只有"长而不宰",方能"至素至精",达致"以道莅天下"。只有"长而不宰",方能无为不宰割,无物不适其长。不宰则为无为,无所不为,故能"浩弥"。"不宰"与"无为"一体,二者的前提和归趣在于因循以为,"因天之生也养生,谓之文,因天之杀也以伐死,谓之武。文武并行,则天下从矣。"文武之治,是因循为治,不以己宰治。因循天道,则不伤于民,而长民所长。"兼爱无私,则民亲上。"不宰以顺民治,则兼爱无私,万民归附。"宰"为分割之属,"不宰"则能曲全。"全乎万物而不宰,泽被天下而莫知其所自姓"(《吕氏春秋·审分》)。不宰方能全于万物,泽被天下。不宰则无弃,"善利"人物而"德善"。何以能"不宰"?在于"得道忘人,乃大得人";"知德忘知,乃大得知";"至知不几,静乃明几";"大明不小事,假乃理事";"莫人不能,全乃备能"。只有"忘人"、"忘知"、"静"、"不小事",才能无己而不宰制其为;只有"得道"、"知德"、"至知"、"大明",才能因循以为而曲全不遗。不宰于用人之能,则无能不为用。全用其能,故能备。只有"不宰",才能"於全乎去能,於假乎去事,於知乎去几"。去己之自恃、自执,方能达致"大得人"、"大得知"和"全乃备能"的至大功效。可见,"长而不宰"的目的在于恒其为"长",无限其"长",无所不"长"。《文子》继承"长而不宰"思维,进一步申言之。"大常之道"者,"成化而不宰"(《道原》)。成遂其化,而不宰其化,故能化万化而不化于化。"成化不宰",以生化不测言是"大道",以无为不宰言是"至德"。"至德无为,万物皆容。虚静之道,天长地久,神微周盈,于物无宰。"(《自然》)"无为"者,己不宰为,无妄以为,因循而为,无所不为,故遂万物自长。"虚静"则不宰,不宰则不执、不贰于长物,故能天长地久。神用不测,必是"于物无宰"。只有"于物无宰",才能物物而不物于物。不宰割,故能周遍。要"于物不宰",必须"守道周密"。"守道"自然周密,曲全其为,因物长物,故"于物不宰"。人主宰为,在于有为好仁、好刑。"人主好仁,即无功者赏,有罪者释;好刑,即有功者废,无罪者及。"(《道德》)相反,体道以为"不宰"者,"放准循绳,身无与事,若天若地,何不覆载"。因其"无好憎",故"诛而无怨,施而不德"。"好仁"者,宰于好恶,故赏无功、释有罪。"好刑"者,则宰

于喜好，故废有功、至无罪。"无好憎"者，己无所与，不宰于为，故能放准循理以为。《鹖冠子》也多言"长而不宰"的德术。"捐物任势者，天也。捐物任势，故莫能宰而不天。"（《天则》）"宰"者，在《老子》言是宰制、宰割之为，在此是主使、主为之谓。从宰制上言，以势任者均，执物宰者私。天以不宰为德，故有至用。从主使上言，虽主于长物，然不宰制以为己私。"天用四时，地用五行，天子执一以居中央，调以五音，正以六律，纪以度数，宰以刑德。"（《王鈇》）"宰"者，或主于己利，或主于道理。"宰以刑德"，是以刑、德为主，己无所与，故刑当其刑，德当其德。"执一"，是主以大道，因物为物。因五音以调，循六律以正，以度数而纪，因物宰物，何有己之宰制？天地不私宰制，故用四时、五行。道家否定的是以己宰人宰物的宰割之为，并非否定因物宰物、以人宰人之为。当然，后者之"宰"的涵义已有不同。"宰"有分割、分判之义。若以己宰分故不可，然因物以宰其分何尝不可？若无宰分理物，何以品物、各正性命？何以因物付物，曲成其宜？"天高而可知，地大而可宰"（《备知》）。"可宰"与"可知"同属，是宰分、宰用的"可道"之谓。可知则循天以为用，可宰则因地以制宜。"天地已得，何物不可宰？"（《天权》）得于天地之理，则可宰万物以理之。"宰"是以"理"分理之。以理宰物，是因物理物；以神宰化，是因物化物。"以一宰万而不总"。"以一宰万"，是以道宰物，亦是因物宰物。宰万物者，无以己宰，而以物宰物，无所不宰，宰无不适，故为至宰。至宰者无为己宰，而循物宰物。"以一宰万"，又是"知物"而"无不然"者，因物所然而然之，万物莫不然。"不总"者，因物宰物，无有止息，不以"总"而宰执，故为"类类生之"。"类类生之"是因物付物，不测其生，故无有拘宰。若以"宰"为以万物性分而理之，则即是"长而不宰"的内涵。可见，字义的不同可有不同的表达方式。从宰制宰割字义言，"长而不宰"是无宰之长；从以理主使字义言，它是宰以长之。

前面，之所以对"帝"的字义进行重点揭示，是因为它与"长而不宰"思想紧密相关。"帝"有两种"宰"的功能质性，一是主宰操控万物的存在、发展，它喜怒无常，一切都以顺从它的意志为转移；一是宇宙万物生长化育的主使者，它承担生化的功能，给予万物生成、发展创造条件和环境，以万物的遂性自适为依归。显然，《老子》并不否定后者，非否定"真宰"的存在。这里的关键在于：恒道所"宰"的是什么？是主宰于物，还是主宰于生生。若是后者，亦是《老子》所肯定，正如其不否定"为"而贬低"有以为"一样。王夫之云："帝者万物之君主，运物而终始之者也。万物无体，以帝之用为其体；帝无用，以万物之体为其用；帝其显仁，而物其藏用，所谓'体物而不可遗'"。（引自《周易内传》，载《船山遗书》第一卷，北京出版社1999年版，第201页）以"君主"言"帝"，揭示其成为运化万物终始的唯一、统一和绝对的主宰者。"运物"，是"势成之"；"终始之"，是"善始且善成"。"帝"与万物的关系，犹如恒道之于万物。"帝"者显仁，在于体物不遗。"帝"者无形体，因物揭示其存在。物藏"帝"用，"帝"以物为体。二者实则是统一一体。这里，有必要

对其体用关系进行一下厘正。"显仁"即在"藏用"之中，非是各自分立，体用为二。"帝"以运物始终而"显诸仁"，万物以"帝"运而"藏诸用"。"帝"不宰以"仁"，因运物以显"仁"；万物不宰于"帝"，藏其用而自运以始终。"帝"虽无定体、无定用，然以万物为体，以万物生生为其用。"帝"运物而不宰制物，故万物以"帝"成其体。帝者"长而不宰"，就如恒道的思维结构。熊十力指出，《老子》"长而不宰"之"长"，为"主领"之意。天者，"虽功德足以长人，而常抑然同物，因物而不自用，所以任万物之各自尽自得也。"（引自《原儒》，中国人民大学出版社 2006 年版，第 175 页）又说："天虽成为物，固未尝废其潜移默运之功。易言之，每一物皆有其内在的潜移默运者，是乃天之主领乎物也，然而物之一切创造毕竟是物之自创自造，而天绝无所规划宰制于其间，则物各自主而已。"（同上书，第 187 页）虽以"天"取代恒道，但"长而不宰"的绝对存在内涵相通。虽长物功成，然功遂不居，"抑然同物"。"因物而不自用"，是用以为物而不自用，用为物之用，故使万物各遂其自得。"各自尽自得"，是"万物得一以生"。恒道在生成万物后，分有于万物之中，是作为"万物之奥"的"善始且善成"者。就每一存在物言，皆"得一"以自成其长，若万物自长。就恒道存在质性言，它是通于万物之生，又是曲全其生。以万物无不由以生言，是通于一本之生；以万物无不遂其生言，是曲成不遗其生。"潜移默运"者，正揭示恒道寓于万物之中，作为"德畜之"而呈现其"势成之"的内在功用。每一存在物皆因"得一"而有"内在的潜移默运"者，它是恒道为"万物之奥"。天"主领"物，生成万物一切，然绝无规划宰制，仁万物各自主、"自创自造"。与此相通，恒道长物，是善利辅助万物遂其长，而非宰制、宰割之以为己私的规划。万物自生自长的内在机理，在于分有恒道以"得一"，禀赋"势成之"的潜能。同时在各自生长的同时，相互资生资长。天地还成为万物生生的基本条件。这里，恒道宰分万物是品物各正性命，它非是以为己利宰制万物，相反以分有、赋予万物品性遂其自然，以万物生生为己之生生。若有规划，则是以己意宰物之化，非是辅助物各自化。恒道主于万物生生，然不以己宰制之，而是赋予万物自生自长的潜能，创造相互之间和谐共处的条件环境。《老子》建构恒道与万物间的生生模式，以为人主与百姓之间的治理模式立一个理想范式。这种范式与西方古希腊"神"的模式不同。柏拉图云："人要是稍有一点头脑的话，在开始做每一件事时，不管大小，都先求助于神"。（引自《蒂迈欧篇》，上海世纪出版集团 2003 年版，第 25 页）引入"神"的作用，是柏拉图理型论的必然。事物既然由理型赋予存在，那么"神"的作用就在于：选择最完善的几何模式或"理式"作为宇宙万物的原型，并遵循完善性原则使摹本尽可能与原型相似。它通过"理式"赋予理型，并主宰其成遂。人之善有赖于人的理性能力，在于模仿"理型"；而"恶"，就来自模仿的不完善，是人的感性存在使然。因此，"神"一方面以"理式"为主宰，一方面因人的不完善而主宰使之归于理性。亚里士多德指出，"神"既是第一推动者，又是理念的来源。世界的存在，要由外在上帝以理念实行主宰、掌控。世界

的和谐秩序，来自上帝的安排和管理，这是世界秩序的外在主宰型和机械图式，它以上帝与万物的异化、对立为前提。从道家思维看来，世界中的每一存在物皆是一个分有于恒道而自足的有机体或自在的存在，每一机体存在物皆有个性独立发展的潜能、潜质。同时，万物之间也是和谐有序、相互依存的自足整体，宇宙机体无需外在主宰的干涉或赐予，它本自自足、自生、自化、自理。恒道寓于万物之中，成为万物存在的性分和潜能，成为宇宙万物之间形成的自组织、自调适的生生机体系统。正是站在这样的思维高度，道家对"主宰"者的存在进行了哲学层次上的深刻反思，揭示了造物者的"玄德"质性，摒弃了宰制宰割式的"上帝"观念。在《老子》思想看来，"象帝"的原型当为一种先人崇拜、主宰万物的可知自然物或自然力，针对这种具有图腾标识、具有地域的主宰者，只有通过拟定"长而不宰"的恒道观念，放大、拓展其生生长物的能力、范围，使其普惠无私、曲全无弃，才能为世俗人主贪欲妄为、以己宰物的行为重新确立一个博大、自然的道德价值模式。道家之所以反对"宰"者，既有抨击人主鱼肉人民之意，又有建构一个新的人格和社会治理理想范式的目的。

最后，对本节内容做简要概述。"长而不宰"观念，作为"玄德"的内涵之一，它以"自然"为宗趣，以"无为"为要义，以"善利"为依归。可从四个角度对其进行揭示：有长养之功而不宰物以为己利，成遂万物性分自适而不以己宰制之，主于"为物"生生而使物不知有所宰，长无不长而自然均平无私。它是"善利"、"上善"之长，反之是以自我意志主宰的"有以为"、"助长"之长。恒道长物是自然而然，无有宰制私意，故曲成万物，体物不遗。"长而不宰"，是因物付物，长物不穷，使物各自适。恒道主于生生化育，是给予万物以自长的内在机理和禀赋，形成相互资生资长的和谐环境条件，并非于物之外操控、主宰之。恒道主为的是生生、化育之功，而无宰的是逆物伤物之为。相对于"长而宰"的有形、有限言，"长而不宰"是无形无为无名者，它功盖天下似不自己，上德不德，至仁无亲，"万物归之而不为主"。

道 与 物

——《老子》通微

（下）

杨占光 著

群众出版社
·北京·

图书在版编目（CIP）数据

道与物：《老子》通微：全2册/杨占光著．—北京：群众出版社，2016.1
ISBN 978-7-5014-5483-9

Ⅰ．①道… Ⅱ.①杨… Ⅲ.①道家②《道德经》研究 Ⅳ.①B223.15

中国版本图书馆CIP数据核字（2016）第006247号

道 与 物
——《老子》通微（上、下册）
杨占光 著

出版发行：群众出版社
地　　址：北京市西城区木樨地南里
邮政编码：100038
经　　销：新华书店
印　　刷：北京普瑞德印刷厂

版　　次：2016年3月第1版
印　　次：2016年3月第1次
印　　张：82.25
开　　本：787毫米×1092毫米　1/16
字　　数：1689千字

书　　号：ISBN 978-7-5014-5483-9
定　　价：288.00元（上、下册）

网　　址：www.qzcbs.com
电子邮箱：qzcbs@sohu.com

营销中心电话：010-83903254
读者服务部电话（门市）：010-83903257
警官读者俱乐部电话（网购、邮购）：010-83903253
公安综合分社电话：010-83901870

目 录
Contents

第十五章　功成无居

"功成不居"、"功遂身退"和"弱者道用",是《老子》揭示恒道功用不恃、不穷思想的"三个观念",重点在于澄明恒道功成用遂后的价值取舍——怎样对待所施功用成果的问题。它们既是《老子》功为"自然"观、"玄德"观的重要体现,又是"道法自然"的内涵所在,更是《老子》区别于其他诸子流派思想的一个鲜明特点。解读这"三个观念",将对恒道何以能功用不穷、功用至大有更进一步的领悟。

第一节　功成不居

《老子》在云"作而弗始"、"生而不有"和"为而不恃"之后,接言"功成弗居",显然后者是对前三者的深化、概说。因为"功成"中内在包含"作"、"生"和"为"之功,而"弗居"与"弗始"、"不有"、"不恃"具有思维同构性。"成功而弗居",又与"功成而不名有"思想相通,皆在于揭示"不自伐,故有功"的内涵。

一、文字校解

《老子》第二章云:"成功而弗居。夫唯弗居,是以不去。"帛书《老子》甲本中"夫唯弗居"写作"夫唯居",系传写漏去一个"弗"字。帛书乙本文与今本同。楚简《老子》将"夫"字写为"天"。"天"与"夫"字形近,乃传写之误,因"功遂身退,天之道"而来,后者的主语是"天"。本章"唯弗居"是接着"成功而弗居"而言,故写为"天"不类。要深入理解"成功而弗居"思想,有必要对先秦重视功用的观念进行概说,以此作为对比参照,进而把握其思想的真谛。从春秋、战国起,"功"观念日益成为社会和政治生活中常见的价值观,渗透于日常生活的各个方面。

（一）成功为何

施其功用,必有价值、目的和功效取向问题。一为兴利养民。"先君周公制《周礼》曰:'则以观德,德以处事,事以度功,功以食民。'"(《左传》文十八年)功成事遂,在于兴利以养民。"凡所谓功者,安主上,利万民者也。"(《管子·明法解》)为功的目的,在于利万民。二为人生境界。"大上有立德,其次有立功,其次有立言,虽久不废,此之谓不朽"(《左传》襄二十四年)。"三不朽"成为后代有志者所追求的

人生境界，其中"立功"为成就大业、名垂后世的价值追求。"王天下，立为天子，功名蔽天地"（《墨子·所染》）。"功名蔽天地"者，舜禹汤武之属。齐桓、晋文、楚庄、吴阖闾、越勾践则"霸诸侯，功名传于后世"。圣人"穷则必有名，达则必有功"（《荀子·君道》）。功成天下，则功大至极。三为强国之用。《管子》认为，为国遂功胜于宝币。"主功有素，宝币奚为？"（《形势》）"主之所以为功者，富强也。故国富兵强，则诸侯服其政，邻敌畏其威，虽不用宝币事诸侯，诸侯不敢犯也。"（《形势解》）为功的目标，是求国富兵强，自强方能保于平安。四为庇荫后世。"王命召伯，定申伯之宅。登是南邦，世执其功。"（《诗·崧高》）功传后代，世代荫其功。"美哉禹功，明德远矣！"（《左传》昭元年）功以为民利，故明德远扬，后世赖其利。五为名荣实耀。"尝试观上古记，三王之佐，其名无不荣者，其实无不安者，功大也。"（《吕氏春秋·务本》）为其功大，方能名荣、实安，显耀后世。"度功而行，仁也。"（《左传》昭二十年）为仁必有功，然功不必仁。六为彰显仁德。"作坛以昭其功，宣告后人，无怠于德"（《左传》襄二十八年）。昭功以彰其德，求行德不殆。"文王之功，天下诵而歌舞之，可谓则之"（《左传》襄三十一年）。"则"是准则其德，因功见其德。七为除害去灾。"五帝三王所以成功立名，显于后世者，以为天下致利除害也"（《管子·正世》）。文武之功，伐桀灭纣，以为民兴利除害。"文王以文治，武王以武功，去民之菑。"（《礼记·祭法》）文治武功，皆是除弊拯救的事功。实则，功为目的不止这些，它涉及人生需要、实践需求的方方面面。

（二）何以为功

建功必有依凭的德行、道术和方略。一为以仁行德。"为政以德，譬如北辰，居其所而众星共之。"（《论语·为政》）德是成功之本，为政是功业之一。"一家仁，一国兴仁"（《大学》）。"为政在人，取人以身，修身以道，修道以仁"（《中庸》）。"仁者无敌"（《孟子·梁惠王上》）。行仁得仁，仁以功成。二为顺于礼义。"礼者、治辨之极也，强固之本也，威行之道也，功名之总也，王公由之所以得天下也，不由所以陨社稷也。"（《荀子·议兵》）礼为"功名之总"，有礼则得天下，无礼则社稷不保。"礼义不加于国家，则功名不白。"（《荀子·天论》）功名卓著的关键，在于礼义行于国家。"成功立事，必顺于礼义；故不礼不胜天下，不义不胜人。"（《管子·七法》）礼义是成功的必要前提和条件。三为尚贤使能。"君人者，立隆政本朝而当，所使要百事者诚仁人也，则身佚而国治，功大而名美，上可以王，下可以霸"（《荀子·王霸》）。有大功名者，必以仁人成就。"古之圣王，所以取明名广誉、厚功大业，显于天下，不忘于后世，非得人者，未之尝闻。"（《管子·五辅》）"得人"者，得天下。"欲立功名则莫若尚贤使能"（《荀子·王制》）。君人者立功名，在于"尚贤使能"。四为顺从民心。"得天下有道：得其民，斯得天下矣；得其民有道：得其心，斯得民矣；得其心有道：所欲与之聚之，所恶勿施，尔也。"（《孟子·离娄上》）得民心，则得天下。"先

王先顺民心，故功名成。夫以德得民心以立大功名者，上世多有之矣。"（《吕氏春秋·顺民》）三皇五帝之所以大立功名，在于得民心。五为以信成功。"信赏审罚，爵材禄能则强。"（《管子·幼官》）信以行之，则功必成。"凡人主必信，信而又信，谁人不亲？故《周书》曰：'允哉！允哉！'以言非信则百事不满也。故信之为功大矣。"（《吕氏春秋·贵信》）信而有亲，有亲则功大。信用，是成功必不可少的德行。六为以术而成。"圣人南面而听天下，所且先者五，民不与焉。一曰治亲，二曰报功，三曰举贤，四曰使能，五曰存爱。五者一得于天下，民无不足、无不赡者。"（《礼记·大传》）"五者"，成功之术。"术者，造父之所以取远道也，主之所以立功名也"（《管子·形势解》）。立功名在于用术，"术"是总名，是成功的门道、路径和方法。"先王有大务，去其害之者，故所欲以必得，所恶以必除，此功名之所以立也。"（《吕氏春秋·博志》）大务在去害，即是一术。七为以事立功。"朝忘其事，夕失其功。"（《管子·形势》）立功，贵在从事不怠。"事先大功，政自小始"（《管子·霸言》）。大功从为事始，政事从小渐进。事成，则功遂。"惠均则政行，政行则事成，事成则功立。功之所以立者，不可不知也。"（《礼记·祭统》）立功，在于成事。成功有术，术在行事，遂事则功成。"功先名，事先功，言先事。"（《吕氏春秋·听言》）言在事先，事为功先，功在名先，功成名就。功名何以成之道，包涵所有权智、道术和方略。

(三) 如何立功

立功还要有外在的凭借因循和客观遵循。一要因时。"审时以举事，以事动民，以民动国，以国动天下。天下动，然后功名可成也。"（《管子·五辅》）功成在于事遂，遂事在于审时。"智者之举事必因时，时不可必成，其人事则不广。"（《吕氏春秋·不广》）立功必遵循时势，因时而制宜，时行则行，时止则止。事适于时，则功大。二要因民。"明主之道，立民所欲而求其功，故为爵禄以劝之；立民所恶以禁其邪，故为刑罚以畏之。"（《管子·明法解》）民不欲，则功不立。"汤、武遭乱世，临苦民，扬其义，成其功，因也。故因则功，专则拙。因者无敌。"（《吕氏春秋·贵因》）因民之欲，则得人心以成功。三要因能。"智者知之，愚者不知，不可以教民；巧者能之，拙者不能，不可以教民。非一令而民服之也，不可以为大善；非夫人能之也，不可以为大功"（《管子·乘马》）。立大功，必因人之能，量才而用，各尽所能。"道之用也，贵其重也。毋与不可，毋强不能，毋告不知。与不可，强不能，告不知，谓之劳而无功。"（《管子·形势》）不"因"其能，则"劳而无功"。四要循理。"审于动静之务，则功得而无害。著于取与之分，则得地而不执。慎于号令之官，则举事而有功。"（《管子·幼官》）审动静之务，即循事理必然；著取与之分，即循人伦当然；慎号令之官，即循政理所然。五要顺天。"其功顺天者天助之，其功逆天者天违之。天之所助，虽小必大；天之所违，虽成必败。顺天者有其功，逆大者怀其凶，不可复振也。"（《管子·形势》）顺天者，合天理，得天助，故为功大。六要据本。"求之其本，经旬必得；求

之其末，劳而无功。功名之立，由事之本也，得贤之化也。非贤，其孰知乎事化？故曰其本在得贤。"（《吕氏春秋·本味》）立功以务本成，本立而道生。反之，事倍功半。七要凭具。"立功名亦有具，不得其具，贤虽过汤、武。则劳而无功矣"（《吕氏春秋·具备》）。凡立功名必有其具，然后可成。八要因材。"以天财地利立功成名于天下者"（《管子·地数》），王者之功在于因用"天财地利"。

（四）功之分类

为功有不同，故有类分。一为天功。"天实置之，而二三子以为己力，不亦诬乎？窃人之财，犹谓之盗，况贪天之功以为己力乎？"（《左传》僖二十四年）"天功"，即天作之功。"列星随旋，日月递照，四时代御，阴阳大化，风雨博施，万物各得其和以生，各得其养以成，不见其事，而见其功，夫是之谓神。皆知其所以成，莫知其无形，夫是之谓天功。"（《荀子·天论》）天之所为，功成神妙，故谓之天功。二为武功。"文王受命，有此武功。既伐于崇，作邑于丰。"（《诗·文王有声》）"武功"者，征伐以济民的行为和功业。"小国无文德，而有武功，祸莫大焉。"（《左传》襄八年）武功不得离开文治。三为事功。"九功之德皆可歌也，谓之九歌。"（《左传》文七年）功分为九，是"六府、三事"。"六府"者，水、火、金、木、土、谷。"三事"者，"正德、利用、厚生"。四为政功。"子产曰：'政如农功，日夜思之，思其始而成其终。朝夕而行之，行无越思，如农之有畔。其过鲜矣。'"（《左传》襄二十四年）"农功"是事功，政功以协理事功。五为神功。"治于神者，众人不知其功。争于明者，众人知之。"（《墨子·公输》）功而不测，故不知其功。神功，至大之功。六为职功。人各有其职，则功为不同。军士之功，在于"破军杀将，战胜攻取，使主无危亡之忧，而百姓无死虏之患"；吏之为功，在于"奉主法，治竟内，使强不凌弱，众不暴寡，万民欢尽其力而奉养其主"；臣之为功，在于"匡主之过，救主之失，明理义以道其主，主无邪僻之行，蔽欺之患"；明主治功，在于"明分职而课功劳，有功者赏，乱治者诛，诛赏之所加，各得其宜"（《管子·明法解》）。各有其功，功业不同。功类分殊不同，方有功用至大、无限的至功。

（五）功为取舍

一在为功的趋向上，人情同然。"名声若日月，功绩如天地，天下之人应之如景向，是又人情之所同欲也，而王者兼而有是者也。"（《荀子·王霸》）举天下大道，立天下大功，是人情所同欲。二在居功的自持上，功成则伐。"俗人有功则德，德则骄。"（《吕氏春秋·观世》）对俗人言，有功则自以为有德，自恃其德则易流于骄。三在对成功的执守上，是习俗同趣。"得陶、化益、真窥、横革、之交五人佐禹，故功绩铭乎金石，著于盘盂。"（《吕氏春秋·求人》）在道家看来，求功名于立世，既是儒家等文化思想的价值趋向使然，也是其文化取向的局限。"有亲则可久，有功则可大。可久则贤人之德，可大则贤人之业。"（《易·系辞上》）贤人德业，低于王道功业。四在主上

的行为上，多以尚功为欲。"上好功则国贫，上好利则国贫"（《荀子·富国》）。人主好功，则妄作大事，则劳民伤财，使民不得其时，故国贫。"管仲之为人，力功不力义，力知不力仁，野人也，不可为天子大夫。"（《荀子·大略》）功者有价值承载，因义为功是善，"力功"为利。春秋五霸无义战，亦无义功。

二、文句解析

上面之所以对古代"功"的内涵以及类别进行解析，是因为"功成"正如"可道"一样，具有分殊性、现实性、具体性，在万殊不同、不可道的功为中揭示了恒道至功、圣人功德广大的深刻内涵。在成就不测的事为、德行有功中体现着"弗居"的意蕴。"功成弗居"思想包涵两个方面，一是功成实有，一是不居、不有。下面，兹分成两个文句加以诠释注解。

（一）"成功而弗居"

概览各家注解，大概有以下四个方面。

一为不居其功，功成自然。河上公云："功成事就，退避不居其位。"既有"功成事就"之功，则必有相应大位。然若德高功大者皆退避，不居其位，则何人居之？人主、侯王和圣人为何？《老子》非否定"居位"，相反还肯定"居位"。只有圣人居位，方能行不言之教，为无为之事，虽功盖天下、泽及万世而不伐其功。河氏之解，类于《庄子》杂篇之说。尧以天下让许由而不受，又让于子州支父而不受，皆以天下至重而不以害其生。舜让天下于子州之伯、善卷而不受，皆以天下大器而不以易其生。再以天下让其友石户之农，而负妻"携子以入于海，终身不反"（《让王》）。此说与"明王之治"的"功盖天下而似不自己"（《应帝王》）思想不类。这里，问题不在于居不居位，而在于是否居功自恃。若能"功成事遂而身退"，则居位何尝有己私？李荣云："虽有荣观，宴处超然远之。"虽有"荣观"而不居其处，非是功成不居的意蕴。它是真人之德，非是圣人之为。陆希声以"如四时之成岁功而不居其所"解，"不居其所"则功为不止。陈景元云："功成事遂，道洽于物，心游姑射之山，不居万民之上，此圣人之全德也。夫圣人功同造化，使万物咸得其极，而忘名忘己也。""道洽于物"，是成功遂事；"不居万民之上"，不宰其为。"功同造化"，是功大至极；"忘名忘己"，何有自居？苏辙根据《老子》"不自伐"观念作解，"至于成功，亦未尝以自居也。圣人居于贫贱而无贫贱之忧，居于富贵而无富贵之累，此所谓不居也。""不居"是超然无累于功名，它相对功成而言，而不与贫贱、富贵相对。薛蕙云："至于功既成矣，终若无与于己，而未尝自处也。""无与于己"，己未尝有意为之，自然成功。"未尝自处"，恒其"弗居"。从习俗言，居功以持，是图取名利；从人主言，是彰显仁恩。居功，或以见贤于人，或有求人于报，礼尚往来，予以为取。圣人之所以为圣人，法于恒道自然，功而不名，仁而不恩，长而不宰。为名、图报、宰制，皆是"前识"的"有以

为"。恒道施功是自然本性，为功不贰，成功不改，功大不测。朱敦毅云："空空如焉，还其本性之固有，顺其恒性之自然，如保赤子，何功成之居？""弗居"是不居其功绩。功成不居，以其"空空如"为"虚"，以其无贰为"诚"，以其尽己为"忠"，以其不杂为"纯"，以其不息为"恒"，以其"无以为"为"真"。

二为推功于物，心无有累。王弼云："因物而用功，自彼成，故不居也。"功自彼成，虽有功似无功，故"不居"。因物用功，是功为"自然"。这里出现一个问题：既然"自彼成"，功非我功，何来功之"不居"？"不居"，必是有功然后不居。若以无功而不居，岂不成为荒唐之言？恒道自然成功，不得不然，何来居有之恃？恒道"因物用功"，是以"得一"、"势成之"而发挥其功用，亦是辅助万物自成或相资以成功，各得其适。人主因物立功，则事理功遂。成玄英云："覆载万物，功格天地，照烛苍生，光逾日月，而推功于物，不处其德也。"以"推功于物"解"弗居"，则己者不存。《老子》言"功成"和"不居"，皆是同一个主体行为。"不居"者，是返于无功的本初境地，或者说是恒道为功的本性自然。保持本然，回归自然，正是"不居"所要表达的真正涵义。对人而言，"不居"是一种自控、自节的自觉、自省行为，而在恒道不必如此，功成自然不居，不必言"不居"。习性之常，是有功则居，居以邀名利。圣人反省深思，知"功成而居"之害、之弊，故反之以行，同于恒道"功成弗居"。郭象消解施功者、认为物功为自得。"天下若无明王，则莫能自得。令之自得，实明王之功也。然功在无为而还任天下。天下皆得自任，故似非明王之功。"（《应帝王》注）若明王之功只是"令之自得"，则"功盖天下"、"化贷万物"何谓？郭注不符《庄子》本意。明王之功，是具有生养事为的实功，非是不为任化的虚功。郭象又云："明王皆就足物性，故人人皆云我自尔，而莫知恃赖于明王"。"莫知恃赖"，虽自恃以生，而莫知有主。《老子》恒道生养化育之功，是生生自然、普遍、恒常，"生而不有"，故人不以为是恩赐、私赐，何尝知所恃赖？成功自然，故无所系累。人不知其功，正在于功大均遍。成玄英疏"在己无居"（《天下》）云："成功弗居，推功于物，用此在己而修其身也。"（引自《庄子集释》，中华书局2004年版，第1094页）以"推功于物"解"在己无居"，不如以"成功而身退"解释之。王志然云："功成或居，则有所系焉者也。"居功必心有系累，至于滞迹则殆其成功之为。

三为不自伐功，不欲见贤。唐玄宗云：太平功成，"犹当日慎一日，不敢宁居"。功成而慎，是不自伐其功。"宁居"者，自恃而伐其功。司马光以"不自满假"解，"满假"是自伐。牛妙传以"不居"为"不自伐其功"解，因为自伐者骄，骄则殆其成功。《老子》云："自伐者无功"、"不自伐故无功"。牛氏又解"不居"为"身退"，"昔者禹平水土有功，舜以天下禅禹，禹让舜之子商，均避于阳城，是功成不居"。"功成不居"，则不恃有功。《老子》云："功成身退，天之道"。天道自然，故功成无居。功成不伐，固是"不欲见贤"。李约云："是以圣人为而不有，成功而弗居，若此，其不欲见贤也。"习人以成功图得名利，然不居功则无名。"有功即有名，无功即无名"

（《文子·道原》）。成功弗居，内涵"不欲见贤"之意。不居其功，则保持无名。宋徽宗云："四时之运，功成者去，天之道也。圣人体之，故功盖天下而似不自己，认而有之，亦已感矣"。天道自然，故功成去而不留。圣人"功盖天下而似不自己"，是不欲见贤名于世。"认而有之"，是自恃功成。"感"者，是自恃于贤。曹道冲云："适然成功，吾何认而居焉，此圣人所以由乎道而终无名也。""认而居"者，是居而有之。"道褒无名"，圣人由道故终"无名"。守以无名，故不居其功，不见其贤。程大昌云："若夫功成而不居，则直付之无有。""直付"者，功成自然，己无所与；"无有"，法于自然，虚心无执，物物有功而"复归于无物"。

四为至极其功，无有止息。喻清中云："吾夫子曰：惟天为大，惟尧则之，荡荡乎民无能名焉。圣人之所以法天者，功成而不居其功，极其至也。"功成不居，方为至功。至功无功，不居其功，不止所功，功用不测，为功无穷。黄茂材云："圣有体此不有、不恃，何功之不可成。功成不居者，生而不有，为而不恃之谓。"以"功成不居"为"生而不有，为而不恃"，显见三者之间的通融关系。"生而不有"，是生生不测；"为而不恃"，是无所不为。圣人体于恒道"玄德"，故何功不可成。只有"功成弗居"，方能功成不测。从恒道"功成不居"的质性看，既是"独立不改"，为功不贰；又是"周行不殆"，成功不息。正因不居、不伐，故纯于自然而不已。从恒道成功的效验看，固是周遍、无穷而至极。

（二）"唯弗居，是以不去"

"唯弗居，是以不去"，是对恒道功成"自然"质性的进一步阐释，也是"不自伐，故有功"的意蕴所在。注家有五方面的解说。

一为恒在独立于己。河上公云："福德常在，不去其身也。"既然"不居其位"，则何以言"福德常在"？俗人"有以为"，则"福德"是名利之属。圣人体道"无以为"、"无身"，故"福德"是真性之存。因功成不居，故体道自然。道在于身，则"福德常在"。不去其功，则功为恒常不已。李荣以"不去"为"凝神常湛"，认为"至道弥纶于宇宙，上德范围于两仪。虽忌功用，百姓戴之。垂拱而清九野，无为而朝万国。"以《老子》思维言，"凝神常湛"者，独立于功为，不改其功为本性。正因独立于功为，故能周行其功为。"弥纶"、"范围"是"周行"。垂拱无为，是不宰其功为。清九野、朝万国，是功效至大。吕惠卿云："有居则有去，在己无居，夫将安去哉？"居功则迁于物，不能物物不止。居功则止于有功，去其大功。只有"在己无居"，虚心无执，方能功成不息。在己不去功为，则恒其功为。王雱云："形名而降，莫不代谢，唯道无体，物莫能迁。圣人体道，故充塞无外，而未尝有物，迎接万变，而未尝有心。"有功复于无功，二者相互转化。以功为言，"唯道无体"是功成"不测"，"物莫能迁"是功成"弗居"。迁于有功之执，则止其不测之功。"充塞无外"，是功大唯一。"迎接万变"，是"周行不殆"。未尝有心、有物，是不居成功。功名虽高，岂有

亢满之累？圣人体于大道，"功为不贰"，恒其功为而不息。陈象古云："既不可居，又不可去。去则寂灭，其教将何以兴哉？"功若可"去"，则落入寂灭，恒道生生功用何存？功不可居，目的在于不去其功为。"不去"在恒道功为的"独立"质性之中。苏辙云："我且不居，彼尚何从去哉？此则居之至也。"不有"居"，自然不可"去"。至居者，不居。不居则不执，功成不贰、不测，何尝有功成之间止？正因为功为"周行"，故为"独立"。程大昌云："是在我者，无盈可亏，无成可坏，则安得而去也。"在《老子》意旨，在我是独运无偶之功，故无有"去"。恒道成功自然，本自不居，则本自无去。若有功为之去，则非是功为上的绝对存在。黄茂材云："如是则与道合而为一，无适不可，何用远去于人哉。"圣人与道为一，成功自然，自然"无适不可"。功遂身退，不必去"人"，而当去其执。董思靖云："惟无为自然，则奚居奚去哉。""不居"在"无为"的内涵中，亦是"自然"的内在质性。"无为"、"自然"，自能"不居"，自然"不去"。恒道功为自然，何尝居伐其功？自本自根，何尝去其功为？李道纯云："一切忘尽，真一常存。"不居其功，则功为不改，独立于为功，一于成功不测。功为"真一常存"者，恒道存在的根本质性。吴澄以"不去"为"常存"，认为"天地不居成物之功，故其功长久而不去。"功成不居，方能功为不测。物物而不物于物，方能恒自成物。

二为推功功不可去。王弼云："使功在己，则功不可久也。"若功在己，则居以自伐，自伐者无功。居功则不能恒其功为，故功不可长久。"不去"，则为长久。李约云："无心而理，是谓不居；而功自成，是谓不去。"在圣人言，"不居"是"圣德"使然，在于体于大道。"无心而理"，是己无有私执，因物以理之。圣人功成自然，是"有心而无为"，或者说是"循理而为"。以恒道言，成功自然，固是"无心而成化"。若功以自成，何必言"不去"？必有功，然后可言"不去"。"不去"者，是保有此功为而不止。儒家以"有心"言循理，道家以"无心"言无执，因为只有无执方能循道以为。成克鞏云："夫惟不居，则万物莫不仰之如天地，而爱之如父母，更无离去之者矣。"恒道是"万物恃之以生"者，虽功成至大，然不辞、不有、不恃其生生，故功为无有间息、贰止。"仰之如天地"、"爱之如父母"，正揭示恒道功为普遍、无限，不辞其生生，功成不居而不去其功为。"不去"，非言万物更无离去恒道，而是指不离其功为的"独立不改"。

三为忘功而至功达。成玄英以"唯"为"独"，"能造化天地，亭毒含灵，有大至功，而推功于物者，其唯圣人乎！只为能忘其功，而至功弥达，圣德斯在，是以不去"。恒道是"独立"于为功，成功自然不居。恒道成功，必是"有大至功"，因为它是不测其功。圣人体道，亦是功大。忘功者无功，无功者不自伐，故成功不止，以至于成就圣功。"推功于物"者，是令物各自功成，不图其报。以《老子》思维言，"圣德"者，上德不德，至功无功。无功者作为至功存在，以其不居功，故自然功为"不去"。"不去"者，不息、不止、不测之谓。不去其功为，方为至功。圣人有此"圣

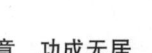

德", 固然能"不去"其功为之为, 不去其功用不测之至。唐玄宗云: "夫唯不敢宁居, 而增修其德者, 则忘功而功存, 故不居而不去也。"以德行言, 至德成功忘功, 自不居其功。不居其功, 则不殆功为, 故能"不去"其功为, 功成不测。杜光庭认为, 圣人之所以能"威加四海而不为有, 泽被万物而不为惠, 功格天下而不为己德, 冠四时而不为主", 在于"忘怀于至道, 合志于虚无", 故"处上而人不重, 处前而人不害, 天下乐推而不厌"。圣人固是法于恒道, 功大而不居。"忘怀", 故不居成功;"虚无", 故不执已功。同于"至道", 则自然功为, 忘功而功为不息。不宰其功为, 遂天下之功, 故万民归往, 天下"乐推而不厌"。司马光云: "汝惟不矜, 天下莫与汝争能; 汝惟不伐, 天下莫与汝争功。"只有"不矜"、"不伐", 方能功为不居、不测。成为至极之功, 故天下莫能与之争功。林希逸以"有"、"无"思维揭示"不居"、"不去"的内在关系。"有其有者, 不能有; 而无其有者, 能有之"。"有其有"者, 居于既有, 自恃已有, 功成则居;"无其有"者, 不居所有, 以无持有, 功成忘功不居。正如无有成为大有一样, 忘功而至功达。

四为德不去功不居。陈景元云: "不居者, 不以宝位据为己有, 故民莫觉莫知, 是以其道不丧, 其德不去也。"之所以功成不居, 在于"道不丧"、"德不去"。"德不去", 固然"道不丧"。就人的行为言, 有其德方能不居其功。在"唯弗居, 是以不去"中, "弗居"是虚心的"大德", "不去"是功为不息的恒然。德大才能功不测。恒道具有"玄德", 故能功为不穷。以《老子》本意看, "不居"的是成功之迹, 而非是宝位。虽居宝位, 然能成功而不居, 亦可达致至功。"天地之大德曰生。圣人之大宝曰位。"(《易·系辞下》)圣人以"位"为"大宝", 方能"成能", "以道莅天下"。人主若据宝位为己有, 专擅天下, 便是功有以为, 非能极致其功。民"莫觉莫知", 则功成自然, 有求即与, 功德周济。"道"者, 成功以自然, 悠久无疆。"德"者, 纯于不已, 至诚无息。"其道不丧", 故"其德不去"。以"道"言, 功成弗居是"自然"; 以"德"言, 功成弗居是"玄德"。"自然"以为必然是"道", 以为应然是"德"。功成以其纯而不已、虽有不有为"德", 以其不得不然、无有其有是"道"。邵若愚云: "夫惟不居于迹, 是以德存而不去。""不居"的固是功迹, 然不去其功为在于"玄德"内存。正如"无执故无失"一样, 不自居故不去其功为。林志坚以《老子》"功成名遂身退, 天之道"作解, 天道内涵"玄德", 故能功成而身退。

五为功成而名不去。喻清中云: "善积而名显, 德彰而身尊, 我不求名而名自随, 虽欲去之, 如之何去之。"所"去"者, 必是应去的, 非是一概皆去。若一概皆去, 便成为空寂。要去的是功迹的据有, 而不可去的是功为。有功即有名, 有名而复于无名。无名则无功, 方能功成不穷。虽功成而名自随, 然要去其名利之执。《老子》虽言"名可名, 非恒名", 然并非否定一切"可名", 相反只有以"可名"才能揭示"不可名"的恒道。功大无名, 必以有功可名为假寓, 这里关键不在于是否有功、有名, 而在于是否伐功、执名。虽有功而不居, 有名而不执, 便是体道之为。恒道是曲成、不测其

功为，何尝否定有功？胥元一云："夫惟如此，法以天道，其身全，其功存，是以千万世称誉而不绝矣。"《老子》所谓的"不去"，非是不绝于称誉，而是不绝其功为。若不绝于称誉，岂非有执？就非是自然。"上德不德"，既有德便非"上德"。"道褒无名"。"法以天道"，是无能名，何有名求？牛妙传以"不去"为"其名不去"，认为"盖功成身退，则其德乃长，其名乃彰，故云不去"。昔者禹平水土有功而不居，"天下之民从"，故"其名不去"。"其名不去"，在于功为恒存，正如恒道恒存而"其名不去"一样。《老子》此文前后一贯，"不居"、"不去"所指的同是"功成"。这里"不去"的非是"其名"。"天下民从"者，是功大恒存，故"其名不去"。

三、传承发展

就《老子》"功成而弗居"的"自然"、"玄德"意蕴，《庄子》予以传承发展。"明王之治"的"功盖天下而似不自己，化贷万物而民弗恃"（《应帝王》），就是"功成弗居"。至功者无宰其功，功不可有，故功大无限。至于"成于德而不累"、"会于仁而不恃"以及"薄于义而不积"（《在宥》），亦皆可与"功成弗居"相互阐发。"成于德"、"会于仁"和"薄于义"，是功成；"不累"、"不恃"、"不积"，是"不居"。儒者认为，圣人之道在于"事求可，功求成，用力少，见功多者"。道家认为，圣人之道在于"执道者德全，德全者形全，形全者神全。"，"全德之人"，是虽天下非誉而无有益损。"虽以天下誉之，得其所谓，謷然不顾；以天下非之，失其所谓，傥然不受。"（《天地》）功成如何对待之，是一个道德价值取舍问题。执道者"德全"、"形全"、"神全"，无功利机巧之图，故"淳备"。"以功观之，因其所有而有之，则万物莫不有；因其所无而无之，则万物莫不无；知东西之相反而不可以相无，则功分定矣。"（《秋水》）功成之类，有大道之功，有事务之功。前者作为至功，万物以之成功；后者曲全其为，各自功成有殊。大道之功，因功有殊尽其成、全其有，殊功不可相无，故无不宜而功分定。执于事功者，功有殊然各自成功，故功成皆有。相较而言，每一事为之功，皆不能兼其功，因其功"无"则莫不无。居功者，自恃已有之功，反不能全其功。"至阴肃肃，至阳赫赫。肃肃出乎天，赫赫发乎地。两者交通成和而物生焉，或为之纪而莫见其形。消息满虚，一晦一明，日改月化，日有所为而莫见其功。"（《田子方》）阴阳交和，为生物之本，是功成之主。"消息满虚"、"日改月化"，是其功成至大；"莫见其形"、"莫见其功"、"无端"、莫知其穷，是功大不测。之所以如此，在于"功成弗居"。功成不测，是"万物皆往资焉而不匮"（《知北游》）。与大道"功成弗居"相反，"大夫之忧"在于"功美不有"（《渔父》）。以世俗事功言，皆追求功美之有，建大功、有大美，执著于功成大美。然以"精诚之至"的"真"言，"真"在于内，则神动于外。如此，以"事君则忠贞"，"忠贞以功为主"。为功忠贞是"功成之美，无一其迹"。功成虽有大美，然"无一其迹"，弗居其功。"居功"者，执著于功迹。对"功成"与"居"的关系，《吕氏春秋》也有所论说。"俗人有功则德，德则

骄。今晏子功免人于厄矣，而反屈下之，其去俗亦远矣。此令功之道也。"（《观世》）在俗人习性言，执著为功，有功则自得、自居，自恃有德，以至于落入自恃而骄的境地。贤者虽有"免人于厄"之功，然反于习性而不居功成，它是"令功"。"令功"者，以"功成弗居"而成其大功。"禹之决江水也，民聚瓦砾。事已成，功已立，为万世利。禹之所见者远也，而民莫之知。故民不可与虑化举始，而可以乐成功。"（《乐成》）决江导水是成遂事功，"为万世利"是功大至极。民乐成功，是见其功效，乐其功绩。《文子》继承《老子》以阐发"功成不居"思想，主要有以下涵义。

一是体于大道，故不居其功。"任耳目以听视者，劳心而不明，以智虑为治者，苦心而无功，任一人之材，难以至治。一人之能，不足以治三亩之宅。循道理之数，因天地之然，即六合不足均也"（《道原》）。事为之功，是一事一功，一曲之功。治人用人者，用于道术以为功，故"循道理之数"。以道术立功，是用人功为，曲全其用，故能成就"至治"、"六合不足均"的圣功。用一人才能，功为有限，不能以为至功。大道之功，既不同于事功，又涵摄殊异事功。执于一曲之功，则不能周遍其功。"天子以天地为品，以万物为资，功德至大，势名至贵，二德之美，与天地配。"（《精诚》）功可配天地，故"功德至大"。所以能极其功成，在于功成不居。不伐于已成功迹，则能不测其功为，故品天地、资万物而无不成功。世俗立功，在于"起利除害即功成"。圣功者，在于"世无灾害"、"上下和睦"。"世无灾害"，则"贤无所立其功"。至人治功，在于"含德抱道，推诚乐施"，运"无穷之智"，遂无功之功。世俗功成者，必是具体的事功。若执着一功，滞于定功，伐于已功，则不能遂万事、成万功，无不功成。"居功"者，限于成功。以道德"推诚乐施"者，则功成不居，为功不止，用无穷智，遂无穷功。世俗功为，功在有为，为之于害成之后；圣人功为，功在无为，功在于未乱之前。人主因循道德，重于权任，为"万势之势"，故成遂大功名。"万势之势，以万物为功名，权任至重，不可自轻，自轻则功名不成。"（《九守》）以成遂万物为功名，是天下至功。"自轻"者，居功自伐，故功名不成其大。因循道理，不居功成，方能成遂至功，功大不测。"推不可为之势，而不循道理之数，虽神圣人不能以成功"（《自然》）。"推不可为之势"，逆道理而行，故不能成功。"制形而无形，故功可成"。"制形"则有功，"不形"者不拘于功成。物物不物者，功成不居，胜而不屈，功大无穷。

二是因循立功，故不居其功。圣人所以功成至大，既在于用大道，也在于因循以为。"至人潜行，譬犹雷霆之藏也，随时而举事，因资而立功，进退无难，无所不通。"（《精诚》）因资立功，则功为各当事理。时资不同，则功为不同。"无所不通"，则功大。"潜行"之藏，则"弗居"。"民之所以生活，衣与食也。事周于衣食则有功，不周于衣食则无功，事无功德不长。"（《微明》）因循民需，周事衣食，故有功。反之，事无功德，不当所宜，故不能长久。循道而为，令物各遂其功成。"至微甚内，不以事贵。故不待功而立，不以位为尊，不待名而显，不须礼而庄，不用兵而强。"（《自

然》）恒道成功，是顺物以成功。它不在于主宰于物，非为制作、宰割之功。因循曲成，则无不成功。"至微"者，至功无功；"事贵"者，执于事功。至功因为，因循立功则各使自然，功无不就，事无不成。圣人牧民，因循立功，"周其所适，施其所宜"。至功无为，在于各遂其功。恒道为功，是功成于万物，使万物各得其所，各成其功。恒道为功如此，圣人为功法此，行于道德而因循功成。以道治功于天下，非易人性，而"因其所有而条畅之"。因资立功，则曲成不遗，功成事遂。因循为功，是用"道德"以为功为。"道德者，则功名之本也，民之所怀也，民怀之则功名立。""道德"作为功成之本，贵在因循曲成，因民所怀而遂其成功。"乘众人之智"，则"乌获不足恃"；"用众人之力"，则"天下不足用"。无不胜用，则各遂其功。

三是无为无执，故不居其功。"居功"者，因为心有执，"有以为"。就人的情性言，皆好高恶下，好尊恶卑，好贵恶贱，好功恶无功。执为者，逆物之性，背于道理，故不能成功。"众人为之，故不能成，执之，故不能得。"（《九守》）为者失之，执者败之，故不能成功。圣人法于天道，无为无执，日损冲气，"日进以牝"，不敢自满，故"弗为而成，弗执而得"。不自居功，故为功不已，"功德不衰"。"居功"者，以行求名，以知见誉，"为者有不成，求者有不得"。圣人反之，无为功成，"治随自然，己无所与"。"治随自然"，是因循功为；"己无所与"，是无为无执。因为"人有穷而道无通"，故无为功成，"有智而无为，与无智同功。有能而无事，与无能同德"（《符言》）。无为而无不为，无功而无不成功。"有智若无智，有能若无能，道理达而人才灭"。"人才"者，执为事功，居伐其功。"道理"者，曲全功为，不居成功。"天道无心而成化"，功为不宰，无不功成。"圣人有心而无为"，无为己执，"治随自然"。己无功执，故不伐。己无有功，故无累。因为"中心其恬，不累其德"，所以"福之至，非己之所求，故不伐其功。"无为成功，因循立功，反成大功。

四是功成自然，故不居其功。恒道自然成功，故功成无有自居。圣人体道为功以诚，故"纯而不已"。"慈父之爱子者，非求其报，不可内解于心。圣主之养民，非为己用也，性不能己也。及恃其力，赖其功勋而必穷，有以为即恩不接"（《微明》）。以慈父爱子为喻，揭示功为自然。成功于自然，诚而不贰。"求其报"，是"有以为"，以为己利。恃力赖其功勋，自伐其功，故是"内解于心"。"恩不接"，则功不长久。圣主养民亦是如此。"性不能己"者，自然而然，"纯而不已"；"非为己用"，无有己执，不居成功。"功成弗居"者，自然而然，故为至上之功。"道之言曰：芒芒昧昧，因天之威，与天同气。"（《上仁》）"同气"者，一气万化，成遂"帝"功。"天心动化"者，"不言而信，不施而仁，不怒而威"，无为而无不为，无功而无不遂。"因天之威"，与道同功。

"功成不居"思想，影响深远，至于后儒。在揭示功利与道义的关系上，宋叶适云："'正谊不谋利，明道不计功'，初看极好，细看全疏阔。古人以利与人，而不自居其功，故道义光明。既无功利，则道义乃无用之虚语耳。"（引自《宋元学案·水心学

案上》，载《黄宗羲全集》第五册，浙江古籍出版社 2005 年版，第 149 页）"正谊不谋利，明道不计功"一文来自董仲舒，揭示道义生而何必曰功利的意蕴。"王何必曰利？亦有仁义而已矣。"（《孟子·梁惠王上》）有仁义自有功利，仁义为功利之本。它是治术，"未有仁而遗其亲者"，"未有义而后其君者"。后儒不明此中关系，将道义与功利两分，故其论"全疏阔"。无功利，无道。与人以利，而不居其功，是"功成弗居"的大道。谋利而不为己，成功而不自居，是"道义光明"。《老子》的"功成不居"是"玄德"意蕴，"玄德"的要旨不在于要不要利、为不为功，而在于利何所用，功何所为，以及如何对待功利等。就个人德行言，"仁者以财发身，不仁者以身发财。"（《大学》）朱熹解云："仁者散财以得民，不仁者亡身以殖货。"（引自《四书集注》，第 17页）就国家治理言，是"生财有大道"，"国不以利为利，以义为利"。"以义为利"，是得利以道。人人以义得，则人人遂其利。王廷相云："万物累天地，而天地不以为功，故化育不息。"（引自《慎言》，载《王廷相集》第三册，中华书局 1989 年版，第760 页）"累"者，有积之谓，为功必有积迹。天地生万物，不以所生为系累，不居其功，故能化育不贰，功成不测。在"道"与"功"的关系上，王夫之指出，"道之大者功必至，而道之未全者功不能大。若夫有功者，不必能合于道，乃其功亦不小；顾其功虽大，而终不能高。盖大小在成绩，而高卑在规模也。"（引自《读四说大全说》，载《船山遗书》第四卷，北京出版社 1999 年版，第 2580 页）道大无限，功必至极。道"未全"者，则德不能"纯而不已"。居其成功，故功必有极。为功有公私殊途，故不必能合于道。道大必然功大，功大非必道大。非道之功，或宰以为功，或居其成功，故终不能成其至功。功以绩迹论，固有大小殊；以公私论，固有规模分；以境界论，则有有穷与无极别。"以天下之功为功，而不功其功，此之谓'大公'。"（引自《读通鉴论》，同上书第五卷，第 2811 页）"以天下之功为功"，在《老子》言是"以道莅天下"的圣治之功。成功于天下，是功成至极；"不功其功"，不自居功，不伐有功。为天下之功者，能因循功为、曲成其功，以其无功不遂故为"大公"。"大"言功之广，周遍无穷；"公"言功之均，各得其宜。《老子》的"功成弗居"，是至功无功。以其成遂万物、为功之全为"至功"，以其"功成不居"、不伐成功为"无功"。恒道功成天下之功，"德善"、"无弃"，故为"容乃公"。"大公"之功，参赞天地、化育万物，正合"玄德"之功。"以天下之功为功，而不功其功"，类于"物物而不物于物"思维，功成于一切事功，而不伐、不居于成功。在"功名不居"上，有"毋我"与"大我"之蕴。"毋我"者，是"备天下于我"，以天下功为功。"圣人之弘"的"大我"，是"不见我于天下，而见天下于我"。因"其功不居，其名不尸"，故"不功其功"。"知天地万物之固有而知我之有夫天地万物，乃可以知圣人之毋我。未有我而已有天地万物，则令无我，而天地自奠其清宁，万物自育其品汇。攘天地万物之清宁品汇而以为己功，妄也。未能有功而据偶然之一得以为功，妄之妄者也。唯有我而我乃有天地万物，则使无效于天地万物，而我自叛其戴履，我自丧其胞与。"（引自《船山

道 与 物

经义》，同上书第七卷，第4288页）圣人"毋我"，在于我外有天地万物；圣人"大我"，在于"万物皆备于我"。"毋我"者，以无私而大公，故为"大我"。"见我于天下"，是居其成功；"见天下于我"，是功遍天下。天地清宁自奠，万物品汇自育，是恒道的"功成弗居"。忤逆天地万物以为己功，是妄宰其功。据偶然一得以为功，是一曲之功。有我则私己伐功，则不能效天地万物以曲全其功。"自叛"、"自丧"者，是丧其"大我"之功。就《老子》言，圣人法道自然，功成无所容心，无与于己，功成不积，不滞功迹，故功成不息，成功无穷。

最后，对本节内容做简要概述。"功成"肯定恒道功用之实，非空虚无有。它既是有为有功，又是无为无功。生生、化化，是功成之"有"；"不居"、"不恃"，是功成之"无"。正因为"不居"，方为至功。恒道作为"至功"存在，必然"不居"。"至功"不息于功为，"不居"不伐于成迹。"功成"与"不居"统一于一体，前者是功成不测，后者是为功不贰；前者是独立功为，后者是为功不改；前者是周尽其功，后者是为功不殆；前者是因循成功，后者是无与于功；前者是成功不息，后者是不累于功；前者是功当其功，后者是无宰功为；前者是自然而然，后者是为功无伪。恒道自本自根，故功成自然，为功必然、不得不然。恒道作为独立、周行其功为者，以功成成绩揭示自己存在。它虽不拘于功迹，但即功迹以见证其功为，因已成功迹彰显其功成未然，因功为不止以成无限至功。恒道存在是永不止息的"成功"和"功成"过程，功成之迹（万物）是已然之体，而"成功"不已是无限进程。在成功之为的每一节点上，有功成的过去、陈迹，也有成功的欠缺、未来。

第二节　功成不有

若说"成功而弗居"重在揭示恒道功成自然，不居成迹，为功不贰、不测等存在质性的话，那么"功成而不名有"则从可名、居有以及显耀功绩的角度，揭示恒道不可名、不可有以及"上德不德"、"至誉无誉"的存在质性。前者针对居功自伐言，后者针对图名见贤言，二者内涵相通，合起来是功为自执的"有以为"。

一、文字校解

《老子》第三十四章云："功成不名有"。与其相较，帛书《老子》甲本"功成"二字缺损，其后增加"遂事"两字，其他文字大同。帛书《老子》乙本与甲本相较，缺损"事而"两字。帛书《老子》与今本对校，显然多出"遂事"一词。王弼本《老子》第十七章云"功成事遂"，而同章帛书甲乙本皆言"成功遂事"，楚简《老子》丙本写作"成事述功"。可见，"遂事"是三种版本所共言，以"功成遂事而弗名有"为文，更能揭示恒道功用的具体内涵。因事而纪功，成遂的事迹是"功成"的载体、"名有"的内涵。"功成不名有"思想，又体现于第七十七章，"是以圣人为而不有，成功

而弗居，若此，其不欲见贤也。"圣人体于恒道功为质性，故有此人生境界。楚简《老子》中"遂"写作"述"，二者相较何者为佳？在解读全文前，先对二者字义进行解析。

"述"者，形声字，《说文》解释为"循"。本义为遵循，"父作之，子述之"（《中庸》）。"子如不言，则小子何述焉？"（《论语·阳货》）由直接效法的遵循，进而引申为依循阐述前人的成说。"述而不作"（《论语·述而》）。"作"者，始创、首言。"述"者，既是阐述，亦是称述。"幼而不孙弟，长而无述焉，老而不死，是为贼！"（《论语·宪问》）"无述"者，无功名可称述。再由认可称述引申为中性的陈说。"索隐行怪，后世有述焉"（《中庸》）。"筮人许诺，不述命"（《仪礼·士丧礼》）。郑玄云："述，循也。既受命而申言之曰述。"（引自《仪礼注疏》，上海古籍出版社 2008 年版，第 715 页）从阐述别人主张，又引申陈说自己的思想，显明己意。"诸侯朝于天子曰述职，述职者述所职也。"（《孟子·梁惠王下》）述所职者，陈述自己的功绩、作为。把自己的思想记述成文字，便是著述、叙述。不管是"因循"，还是阐说、叙述和称述，皆是对已然、既有的存在进行遵循、陈述，故"述"内涵"成遂"内涵。

"遂"者，会意字，会边走边撒种之意。因其"走"而言前进之义。"不能退，不能遂"（《易·大壮卦》）。由前进引申为到达、达成。"言既遂矣"（《诗·卫风》）。郑玄笺云："遂犹久也。"（引自《毛诗正义》，上海古籍出版社 1990 年版，第 233 页）"遂行"，具有实现、落实之义。"庆赐遂行，毋有不当"（《礼记·月令》）。因"达成"引申为"成长"。"禽兽成群，草木遂长。"（《庄子·马蹄》）"遂"又引申为势所必然。"成事不说，遂事不谏，既往不咎。"（《论语·八佾》）朱熹云："'遂事'，谓事虽未成而势不能已。"（引自《四书集注》，北京古籍出版社 2000 年版，第 75 页）再引申为完成、成就、竟尽。"百事乃遂"（《礼记·月令》）。虚化为副词，为"终于"、"于是"等谓。何新认为："遂，得也。"（引自《老子新解》，北京工业大学出版社 2007 年版，第 92 页）解"遂"为"得"，与《说文》解"遂"为"亡"相反。"得"必是已得、有得，为已然、既然之谓；"亡"是失去、死亡，为尽极、已然之谓。"得"从正面言为"有"，"亡"从反面言"不有"，而二者相生。"有"的结束、完成即是"不有"，反之亦然。

从上面解析看，"述"、"遂"皆有成就、成功、完成等涵义。

二、文句解析

概览注家对《老子》第三十四章的解说，大略有以下四义。

一为功成不名。功成而不为名，是《老子》的"不欲见贤"。河上公云："有道，不名其有功也。"何谓名？名者，命名之谓。命名为何？见贤以为知名。名于有功，自命有功，是让人以志记其功，或图以为报，或见其为贤。名利所由生，则心有系累，不能成功其大、其久。"名可名，非恒名"。"道乃久"，故不可名。《老子想尔注》云：

"道不名功"。居功可名，非是道用。唐玄宗云："功用备成，不名己有"。"功成"者，是"功用备成"；"不名有"，是不可名为己得。陆希声认为，"与天地合德，故其功易成。""以其大之极，故不称有功。"功大，以不可名为至极。李约认为，生育功成，亦不名我有。"名有"则悖于"功成不测"，使其落于拘执之功。范应元解为"未尝名为己有"，不名为我有，则不自居有。薛蕙云："及物而成，迺道之生育之功，至于成就也。道则不居其功，而不名己有。……有功必自居，孰能如道致成功之盛而不有？"恒道功成，在于成物无极其功；"不名己有"，在于不居其功成之有。陈鼓应以"有所成就而不自以为有功"解，"自以为"是"自名"、"自命"的自恃行为。

二为无能以名。恒道功成至极，不知其作功之极。《老子》云："太上，不知有之"。不知有功，方为至功。正如"上德不德"一样，至功不功。王弼云："既生而不知其所由"。"既生"，是实有生生之功。然功大不测，不知其极，不知谁者施功。若知有功，则有恃赖之主。知其为主，非是大道。功大者，不知其功，日用周济而不知谁氏。正如"天地不仁"，至仁不仁一样，恒道是以生成万物为功为，然功成不居，不测其功，万物不知其有功。无功无形，故不可名。正因为如此，万物得之以生而不知其所以生。万物"不知其所由"，日用不知，正是恒道"功成不名有"所致。因恒道不可名，故万物不知其名。"功成"与"不名有"，是"大道"自然、玄德的行为。相对世俗有为、"名有"言，恒道功成实有而不自名为有，有而若无，"不名"方为"自然"。王安石以《论语》之文解之，"功成而不居，巍巍乎其有成功，荡荡乎民无能名是也。""巍巍"，以况功成的博大深厚；"荡荡"，以状其功大的不可形名。名因形可名，道大不能名。以恒道言，"无能名"涵摄"不名有"，正因"不名有"而"无能名"。在《老子》看来，恒道功用无穷，不可以"有"名之。若以"有"者名之，必是具有、可名之有。叶梦得云："及其功成，吾亦不得名之有矣。名且不得，而况于实乎？"名不可得，在于其实不可测，它是"道褒无名"。

三为不以为能。李荣云："道之生，物得以生，成功也。能所皆忘，故不名有也。"成物功大，然忘其功为，不居成迹。"不名有"者，不拘执、不物于物。黄茂材云："万物之生非道而何？……生物之功亦为大矣，功成而不居其功。"正因"功成弗居"，故能成功无极。恒道功成"自然"，自然不居成功。曹道冲认为，"功成不名有"是"裁成万物不以为能"。因物付物，何恃己能？"不以为能"，则不居成功，"不名"。"不名有"是不名功成之有，而功成必是"能"功，有"能"方成功。"能"以功见显，有其功必有"能"。二者亦有不同，功成以遂事的绩效言，"能"从为功的能力言。"功成"是实在之有、已然之迹，证见"能"的潜质品性。吕知常以"生化之力本于自然而已"解"万物恃之以生"，功成"自然"固不名其有。"法道之体"者，"卓然独立，生之而不违，成之而不有，弗居其功"。恒道功为"自然"，是独立功为，亦是"卓然独立"。"生之不违"，是因循物生，自然不逆物性。"成之不有"，是"弗居其功"。杜道坚云："成所当成，何功之有？"因物成物，功成无与于己。明太祖以

"事业成而不任己之能"解，"任己之能"必居其成功，宰其功为故"任己之能"。

四为体用费隐。魏源以《中庸》费隐思维作解，认为"功成"是就道之"费"而言，它是"用之广"。"不名有"，以道之"隐"而言，它是"体之微"。惟其"体之微"，故有"衣养万物"之功；惟其"不名有"，故"返之于无形无名，敛之不盈毫末"。恒道"功成"是实有，微妙而至神，然成于有功而不执所有，成功有形而复于无形无名。其思维方式，类于"物物而不物于物"。"体之微"，是恒道存在的微妙，不可形名，故为"无形无名"。"用之广"，是恒道功成的至极，不可测知，故为周至无疆。以体用费隐解，虽具有有无一体的玄妙，然尚不能完全揭示出恒道"功成不名有"的"自然"质性。"功成不名有"，作为功成"自然"，是功为不贰、不辞、不息、不殆。

在"功成"与"事遂"的关系上，恒道"功成"必是万殊"事遂"的成功，而"事遂"万殊的通一是恒道"功成"。"功成"是一而万殊，就其统一言是无不成功，就其分殊言是循物曲成。"事遂"是万殊而一，就其分殊言是事各成遂，就其统一言是无事不遂。"功成遂事"，是曲成万物而不遗。"功成"，是功迹、功绩之成；"遂事"，是事为、事务之遂。恒道在"为物"上，正因其生生不息而"功成事遂"，因其生物不贰而"不名有"。恒道功为"自然"，无滞无积，功用至神，万物不知所以然，故以为"自然"。"天地不仁，以万物为刍狗"。圣人法于恒道，亦是如此，虽功成于养民，而民弗知恃其功。《老子》第十七章云："功成事遂，百姓皆谓：我自然。"民皆为"我自然"，是因圣人功成无宰，是"太上，不知有之"。"功成事遂"，泽及万民，而民不知仁恩、私赐，则功大无穷，至誉无誉。圣人"成功弗居"，不以为仁恩，是"不欲见贤"。自恃仁恩见贤，是"有以为"，必居其成功。

三、传承发展

《庄子》传承"功成不名有"思想，并进行了深化、发展。"吾师乎！吾师乎！齑万物而不为义，泽及万世而不为仁，……覆载天地刻雕众形而不为巧。"（《大宗师》）此文的内涵揭示，既是"功成不居"，又是"功成不名有"。以"功成"言，"齑万物"是调和亭毒万物，"泽及万世"是周行不测其功，"覆载天地刻雕众形"是覆育造化无极。能如此，必为"至功"。以"不名有"言，"不为义"、"不为仁"、"不为巧"，是不自恃其功名之有。"齑万物而不为义"，是裁物之宜而不名为义，不恃有"义"；"泽及万世而不为仁"，是资物成物而不名为仁，不恃有"仁"；"覆载天地刻雕众形而不为巧"，是造化自适而不名为巧，不恃有"巧"。不自恃为仁义巧，则功成"无以为"。作为"大宗师"者，"功成不名有"是自然，以《老子》言是圣人境界，《庄子》将其拓展为"真人"境界。"真人"与"圣人"有别，人人皆可为"真"，然并非人人皆可为"圣"。"圣"是功成至大者，必有位、有能和有势。王侯成功以居有、见贤，内涵两层意义：一是建大功，图大名，成大恩。既"有以为"，则不免于自恃、自伐，以致

于功为止息；二是使民知恃，赖为主宰，以天下为己之天下。至仁无仁，民日月不知。明王之治，功成于"功盖天下"、"化贷万物"，然"有莫举名，使物自喜"（《应帝王》）。郭象云："虽有盖天下之功，而不举以为己名，故物皆自以为得而喜。"在郭氏看来，物皆喜于自得，故无有所恃。在《庄子》本意，"有莫举名"是"不名有"，功大而莫能名。万物虽赖以得，而不知所得于谁。功大无择，物自得故有喜。万物"自得"，并非否定明王治功，而在于揭示其功成普施、生生不辞，有求必应，不恃为恩赐、私与。恒道"不仁"，然万物无不恃其仁而生生；恒道不居成功，然万物无不以其功而成己。物皆可得，日用不知，何尝以为仁恩？不知主宰，方为"自喜"。体于大道，则"不荣通"，"不以王天下为己处显"（《天地》）。不为己处显，是"不名有"。大圣治天下，"摇荡民心，使之成教易俗，举灭其贼心而皆进其独志，若性之自为，而民不知其所由然"。治天下者，行不言之教、无为之治，故民不知所由，若"性之自为"。圣人"功成不名有"，则民莫知恃而自化。"德人之容"，是"功成不名有"。"德人"者，"居无思，行无虑，不藏是非美恶"，无以为，故不欲宰为恃功。四海之内"共利之"、"共给之"，是功成至极。"财用有余而不知其所自来，饮食取足而不知其所从"。"功成"于普惠均资，故不知所主。"天地之道"、"圣人之德"者，"不刻意而高，无仁义而修，无功名而治，无江海而闲，不道引而寿，无不忘也，无不有也"（《刻意》）。刻意于高，为仁义修，以功名治等，皆是"有以为"的"名有"。反之，若成功"无以为"，功无不忘则功无不有，不居成功则能成遂至功，"淡然无极而众美从之"。"淡然无极"，不名、不居，"无以为"；"众美从之"，功大、至极，"无不有"。"昔吾闻之大成之人曰：'自伐者无功，功成者堕，名成者亏。'孰能去功与名而还与众人！道流而不明，居得行而不名处；纯纯常常，乃比于狂；削迹捐势，不为功名。"（《山木》）"大成"者，"大成若缺"，不自伐故"功成不名有"。"自伐者无功"，为《老子》之文。功成自伐者必堕。"还与众人"，是去功名之执，而不自居有，辅助众人自遂其成功。"不明"、"不名处"、"削迹捐势"等，皆是"不为功名"。道功至大，无不周遍，然不自耀名；德溥至大，行者无疆，不自以名处。"天地有大美而不言，四时有明法而不议，万物有成理而不说。"（《知北游》）"大美"、"明法"和"成理"，是功成之至。"不言"、"不议"和"不说"，是"不名有"，不以见功。"圣人并包天地，泽及天下，而不知其谁氏。是故生无爵，死无谥，实不聚，名不立，此之谓大人。"（《徐无鬼》）"并包天地，泽及天下"，是"功成"至大；不知谁氏、"名不立"等，不以见贤，无名其功。它是"至誉无誉"，为"至人不留行"（《外物》）。《管子》亦有"功成不名有"的论说，"出善之言，为善之事，事成而顾反无名。能者无名，从事无事。……故曰功成者隳，名成者亏。故曰，孰能弃名与功，而还与众人同？孰能弃功与名，而还反无成？"（《白心》）事遂反于无名，弃其功名，是功成而不名于有。"能者无名"，是"道褒无名"的体行。"从事无事"，事遂而不居其功。争名者自伐，故"名成者亏"。"还与众人"，是复反无名；"还反无成"，是复返于无功。有功若无

功，故"大成若缺"；有名若无名，故"至誉无誉"。《文子》对《老子》"功成不名有"思想给予了进一步的揭示，主要表现在四个方面。

一言无功成其至功。"有功即有名，无功即无名。有名产于无名，无名者有名之母也。……故有道即有德，有德即有功，有功即有名，有名即复归于道。功名长久，终身无咎。……功成而不有，故有功以为利，无名以为用。"（《道原》）有功则可名，无功者无名。正如无名生有名一样，无功成有功。道德以功名见，既有功有名，则不居功不求名，复归于无功无名。以道术言，"功成不名有"是以"有功"为利，以"无名"为用。如此，则能"功名长久"。正如无极而至极的思维，恒道以"无功"为至功，因"无功"而成遂不测事功。恒道作为至功存在，在"功成弗居"中揭示出无执功则不贰其功，不居功则不测其功。恒道以"无功"为至功，虽作成一切事功然不执于有功，虽有功实而反于无功，"不名有"。此思维犹如恒道以"无物"为绝对存在，"物物而不物于物"。《文子》以"有生于无"揭示"无名"与"有名"、"无功"与"有功"的本源生成关系，甚是。在这里，"无名"、"无功"非是与"有名"、"有功"相对的有待存在，而是生成且涵摄后者的本源绝对存在。"夫道，无为无形，内以修身，外以治人，功成事立，与天为邻，无为而无不为，莫知其情，莫知其真，其中有信。"（《道德》）恒道作为"无为无形"者，其中包涵"功成不名有"的观念。因功成不居、不测而不能名于有，故微妙无形。虽"无为无形"，然并非无有作功，相反是"功成事立"。"其中有信"，是至功存于其中。大道所为之功，是善成其功，功无不成；所为之事，是事善其能，事无不遂。大道功成不宰，"无为而无不为"。犹如"无状之状"思维，恒道在功为上是"无功之功"。无功而无功不成，功成不测而无形。"莫知其情，莫知其真"，是不可名有。若可知有"情"，是定于事功。圣人体道，以"不居有"、"无有"为宗，以"虚静微妙"成德，以"功成不名有"为用，以成致大功、功成无限为依归。恒道以"无功"为至功存在，通过不息、不测其功成的有功而见显、揭示自己的功用质性。"有功以为利"，以利证其功成。"无名以为用"，以功成而不名有证见其用之不既、功成不殆。

二言功成而不以彰名。"至黄帝宓缪乎太祖之下，然而不章其功，不扬其名，隐真人之道，以从天地之固然。何即？道德上通，而智故消灭也。"（《精诚》）"智故"者，是"有以为"，自恃于功名。"道德"者，自然而然，故能"功成不名有"。只要从"天地之固然"，功成自然，则无为其章功扬名。只有去其功名之执，方能无为因循，消灭"智故"之累，达至"道德上通"之境。与习人执著功名不同，大道自然，何尝名其功成之有？"冬日之阳，夏日之阴，万物归之，而莫之使，极自然。至精之感，弗召自来，不去而往，窈窈冥冥，不知所为者而功自成。"（《精诚》）在万物归之、至精之感中，见证了"功成"的至大。在莫使自然、"不知所为"，证见了功成的"不名有"。"极自然"者，成物成功而不名有，故物不知其谁。"名可强立，功可强成"，然功成不可居、名遂不可恃。

三言为功而无求功名。如果说"不章其功"是功成以后对待功迹、功绩的问题，那么为功"无以为"是不图以为名的问题。天子公侯，"以天下一国为家，以万物为畜"，家天下而不私有，畜万物而不占为己有。圣人居临天下，以道镇欲，"见小守柔"，故功成"退而勿有"（《九守》）。"退而勿有"是"不名有"，然本自"见小守柔"的"无以为"。"不有"作为一种德术，既是对人欲的节制，亦是对道德本性的回归。无以功名为，自然而然，则功为不贰、不测。体道"无为"者，"私志不入公道，嗜欲不枉正术"，不图功名而宰其功为。相反，"循理而举事，因资而立功"者，"事成而身不伐，功立而名不有"（《自然》）。"私志"、"嗜欲"等"前识"之属，是"有以为"，以为功名则居。若功为"无以为"，自能功成而不名有。"德"者，"兼利无择"，自能功成不居；"仁"者，"为上不矜其功"、"于大不矜"（《道德》）。"不矜其功"，在"仁"德之中。以德性言，功为而不图功名，则功为于诚，"纯而不已"。

四言功成而不拘于迹。功成必有功迹，如何对待之是一个功为能否"自然"的问题。大道"功成"所以能不居其功，在于"无为"、"无有"。"大道无为。无为即无有，无有者，不居也。不居者即无处无形。"（《精诚》）"不居"者，虽成功而不居有，保持为"无处无形"。只有功成保持"不居"，才能"微妙"而"至神"，功用不测。若功成有处有形，则落入形朕象迹。"物物而不物，故胜而不屈"（《自然》）。物有朕，唯道无朕。显然，"物物"者是胜物功成。"不物于物"，不落入物化，不以滞迹而屈穷。正因为"不物"、"不名于有"，故能"物物"不止、"功成"不息，以至于成物不测，为功无穷。不矜伐，故"不屈"。

《淮南子》除与《文子》所载相同外，还有直接明言"功成不名有"的论说。"功盖天下，不施其美；泽及后世，不有其名"（《诠言训》）。"不有其名"，是"不名有"的另一种表达方式。《鹖冠子》提出"成功遂事，莫知其状"的思想，亦是"功成不名有"。"天文也，地理也，月刑也，日德也，四时检也，……此皆有验，有所以然者，随而不见其后，迎而不见其首。成功遂事，莫知其状。"（《夜行》）"成功遂事"有"验"，是天地日月等自然运化的功迹、征验，然其"所以然者"是功成不测、"莫知其状"。制形者无形，至功者不居其功，成功遂事者无滞于迹。"莫知其状"，是"无状之状"，惟其无朕故功成不屈，神妙莫测。"随而不见其后，迎而不见其首"，是功成自然而不名有。《老子》"功成不名有"观念，在《易传》中有其思维同构性的论述。"劳而不伐，有功而不德，厚之至也，语以其功下人者也。"（《系辞上》）"劳"与"有功"，是"功成"之谓。"厚之至"者，功成之极。"不伐"者，不自矜伐；"不德"者，不名有德。"以功下人"者，有功若无功，"不名有"则能"下人"。"名有"者，是功成的"有以为"，不免于系累、执伐于功迹，以至于羁留、滞止于已有，殆其功为。

最后，对本节内容做简要概述。"功成不名有"思想，内涵两个层面的意蕴，一为"功成"，二为"不名有"，两者之间构成了一个揭蔽与遮蔽的关系。名可名，非恒名。

功成名有，则非至功。从显耀功迹、有以见贤看，"名有"的皆是功成之迹，为可见、可名、可道之功。功成不可"名有"，方为至大、无限之大。"功成而不名有"包涵三层涵义：一是功大不可名为"有"，它是功为不测之"无有"；二是功成自然而不名于有功，不自居其功，"功成"若己无作功。三是成功"无以为"，不以己意宰功，无以图名求利而作功。"功成"于万物作为揭蔽者，是对恒道不测至功的存在澄明、实现，而"不名有"是对恒道不测功为的遮蔽，虽有功然无形不可测知，虽功成有迹然不可以迹名。在"功成事遂而不名有"中，揭示出恒道功为的不恃、不宰、不滞、不息和不测，它永远处于"大成若缺"、"盛德若不足"之中，以无限拓展有限。

第三节　功遂身退

在揭示功成弗居、不去，"功成不名有"之外，《老子》又提出了"功成事遂身退"的思想。它是对恒道功成"自然"意蕴的进一步深化、丰富，亦是对"弗居"、"不名有"观念的延伸、拓展。与"功成而弗居"、"功成不名有"一起，共同构成了恒道在功为上的"玄德"存在质性。

一、文字校解

今本《老子》第九章云："功遂，身退，天之道。"与之相校，帛书《老子》甲本"遂"写作"述"，"退"写作"芮"，"之道"缺损。帛书《老子》乙本文句保留完好，与今本相同。楚简《老子》将"功"写作"攻"，"遂"写作"述"。对照三个版本，虽然其间亦有个别文字的差异，但思想内涵是一贯和相互传承的。也有版本在"身退"前加上了"名遂"或"事遂"。焦竑云："龙兴碑作：名成，功遂，身退"。多种传写本写作"功成、名遂、身退，天之道。"马叙伦考证认为，"事遂"一辞，"盖后人因十七章'功成事遂'而妄改"，当校正为："功成，身退，天之道。"本人认为，将"功遂"改写为"功成、名遂"或"功成、事遂"，是后人根据《老子》"功成事遂"、"功成不名有"等观念所增撰之。"功成、名遂"观念，内涵于帛书《老子》之中。参校不同版本，不可固守《老子》早期文本，应允许在符合《老子》内在思想逻辑的基础上进行完善，其实从楚简本、帛书本至河上公、王弼本都是在不断完善的过程。将"名遂"加入"功成、身退"之中，一起作为"天之道"的内涵，是后学者的共识。《管子》多有论说。"名进而身退，天之道也。"（《白心》）"功得而名从"（《霸言》）。再从《文子》文本看，两种写法共存。一是"功遂身退，天之道也"（《道德》）。一是"名成功遂身退，天道然也。"（《上德》）《淮南子》引老子所言曰："功成名遂，身退，天之道也。"（《道应训》）"功遂"，可以内涵"事遂"，然不能涵摄"名遂"。随着社会对"名"者追求日益凸显的情况下，适应需要将"名遂"纳入其中，以为"成名"建构一个价值楷式，立一个道德标准，是历史发展观念在《老子》

思想中的体现。

为什么以"功成名遂身退"为"天之道",而非直接言为恒道或"道"？因为"功成名遂身退"针对人执著功名的习性而言,它是人生的常则,为准则之道。"天之道"在《老子》中多出,如"天之道,不争而善胜";"天之道,其犹张弓与";"天之道,利而不害"等。它们或为自然存在的常则,或为社会存在的常则,而"道"或恒道是绝对本体的存在。在"天之道"与"道"的关系上,"天"在四大中仅次于"道"。天道与恒道,正如水之于恒道的关系一样,是恒道的分有、具体化,为"几于道"者。《老子》云"天法道",揭示"天"与"道"二者之间的效法或因循关系。恒道寓于"天"之中,二者是分与、分有的关系。恒道为"天之道"的根本、原本,而"天之道"是恒道的承载者、证实者。通过"天之道",可深入揭示恒道"功为"的自然存在质性。在《老子》中,"天之道"多与"人之道"对言,前者是符合恒道的楷式之道,后者多是习俗的负面之道。"天之道,损有余而补不足。人之道,则不然,损不足以奉有余。"与恒道存在质性相符的人道是圣人之道,"天之道,利而不害;圣人之道,为而不争。"此外,古人常将社会、自然准则一同视为"天之道",或者说以人文之道为"天之道",如"礼以顺天,天之道也"(《左传》文十五年),"国君含垢,天之道也"(《左传》宣十五年),"君人执信,臣人执共,忠信笃敬,上下同之,天之道也"(《左传》襄二十二年)。从天人同构思维看,"诚者,天之道也"(《中庸》),"诚"为圣人之道。以为常人立准则言,"天之道"又与常人之道有别,"诚者,天之道也;思诚者,人之道也"(《孟子·离娄上》)。"思诚"的极致,是"至诚"的"诚"。儒家"天之道"是天命、天理之道,与天地人分别的《易》思维不同。"立天之道,曰阴与阳;立地之道,曰柔与刚;立人之道,曰仁与义"(《说卦》)。"三才"者,各有其道。在《老子》中,尚保留着"天人同构"的思维,"天之道"是圣人、人主所遵循之道。天道无为自然,人道有心无为。人主之道,在于遵循大道、天道,"惟道是从"。人法道,"道法自然",圣人之诚同于大道自然。"天之道"以自然为必然,圣人之道以必然为当然。《老子》的"天之道"含有常则性的意义,相当于"天下式"、"道纪"等。当然,这种常则、律则是恒道使然,具有本体论的根基。"天之道",揭示恒道寓于万物中而形成的自然、社会常则和自然律动。

"攻"与"功"字,二字同源,在用义上紧密相关。"攻"者,会意兼形声字,本义为捣击使坚固,引申为攻击。"攻其不备,出其不意。"(《孙子·计》)"攻"为击打的动作。"鸣鼓而攻之"(《论语·先进》)。引申为专治,为治木石金玉之工。"攻乎异端,斯害也已!"(《论语·为政》)"攻",亦有作、成之义。"庶民攻之,不日成之。"(《诗·大雅》)毛亨传云:"攻,作也。"(引自《毛诗正义》,上海古籍出版社1990年版,第1042页)从事筑作,不日有成。由造作、治理等行为,又引申为产生的成果、成效,同于效用的"功"。"我车既攻"(《诗·小雅》)。毛亨传云:"攻,坚。"(同上,第648页)"坚",是"攻"的功成。"功"与"攻"可假用。"易攻伐以治我国,

攻必倍。"(《墨子·非攻下》)"攻必倍"之"攻",当为"功"的借字。"攻"必成"功",攻伐必有功效。"功"者,也是会意兼形声字,会各类工作、劳作之类,篆文改"攴"为"力",突出用力做功。《说文》云:"功,以劳定国也。""劳"者,用功做工。引申为做事的功效、成效。"弩马十驾,功在不舍"(《荀子·劝学》)。由劳作、工作的效果,引申为功绩、功劳。"巍巍乎!其有成功也。"(《论语·泰伯》)居其功绩,自以为功是"自功"。"公子闻之,意骄矜而有自功之色。"(《史记·信陵君传》)"自功"为君子不取。

二、文句解析

就"功成名遂身退,天之道"思想,各家注说不一,角度不同,大略有以下五类注解。

一从名教自然思维进行解说。河上公认为,正如"日中则移,月满则亏,物盛则衰,乐极则哀"一样,人之所为若"功成事立、名迹称遂",而"不退身避位",就将"遇于害"。此种趋势、常律是"天之常道"。这里,"功遂"已拆分成了"功成"、"名遂"。实则"功成"而"名有",就是"名遂"。固然,《老子》立"天之道"在于确立一个人人必须遵循的价值准则,然"功成名遂身退"是"反者道之动"思想的具体反映和应用。以恒道"自然"存在质性言,"功成"自然"不居"、"不名有",自然"物物而不物于物",何用反于"身退"?同是"身退"之反,在人与物间亦有不同。"日中则移,月满则亏,物盛则衰"是自然律则,是恒道的"势成之"使然;"乐极则哀"是人性情上的取舍使然,它是背离恒道质性的行为。前者为不得不然、变化必然,后者为欲望使然、自招所然。人若能知"天之常道",反用其为,则远避其害。可见,"功成名遂身退"已非自然存在的天道,而是赋予人生准则以自然、必然属性的"天之道"。河上公之解,是沿着《老子》"持而盈之,不如其已;揣而锐之,不可长保;金玉盈室,莫之能守;富贵而骄,自遗其咎"前文而作的通说。就其解说本身言,以"功成事立、名迹称遂"而"退身避位"作解,非全合《老子》本旨。若"退身避位",则落于无所作为的消极。《老子》的本意在于积极作为,"身退"是法效"自然",体于恒道"玄德",为了不改、不殆其"功成",以成为不息、不测的至大功为。成玄英以"天"为"自然","天之道"为"天真之道",认为"功成名遂"者是"退身隐行,行自然"。"自然"者,"日中则昃,月满则亏。亏必盈,极则反"。以佐世功成、富贵名遂者言,必须"守分知足,谦柔静退,处不竞之地",然后"远害全身"。这里,"自然"包涵物化自然和名教自然两类。前者是自然而然,后者是行于自然。前者是客观必然,后者是法于自然。前者自然为"反动",后者自然为"退身"。"退身隐行",是"不名有";"守分知足,谦柔静退",是无为无执;"处不竞之地",是"不争之德";"远害全身",是"有罪以免"。功大自恃,其害更甚。注解贯穿了道教"远害全身"的意旨,偏离了道家的思想真谛。在《老子》言,"功成名遂身退"非只是

自保己身，更是"其德乃溥"。圣人"功成不名有"，方能成"民无能名"的圣功。李荣认为，天之常道在于"阴阳递代"、"物无恒理"，人之恒道在于"贪荣不退，必致危亡"，只有"达于物理，合于天道"，才能"功成名遂身退"。"功成弗居"是恒道"自然"，"功遂身退"是名教"自然"。唐玄宗云："功成名遂者，当退身以辞盛，亦如天道盈虚有时，则无忧患矣。""盈虚有时"，是自然如此，"反"者必然。"退身辞盛"，是反功不居，为道术用"反"。在人之习性是"功成者隳，名遂者亏"，只有不失"玄德"自然，方能无有忧患。陆希声认为，"天之道"是"寒暑代谢而万物以成"。"有道之士"，知"骄生于心，咎自于己"，不可怨天尤人，故不居功成，不留名遂，"退身以全其归，让位以免其危"。名教"自然"是"思诚"，非仅是保身免危。程大昌认为，道家之于天下，其福固不肯轻任人责，而终不肯久居成功。圣人者，"与天地合其德，与四时合其序，进退存亡，自不失正，则又非畏盛满，而求安全者可得而匹"。《老子》"身退"，非是不作成功，而是不伐功成，然后能用其功为不可穷。"以道莅天下"，何尝不是合德天地、合序四时的不失其正？"侯王得一以为天下正"。天道自然，功为自健，而君子当"自强不息"，功成身退于"纯而不已"。圣道合天道，己何预焉。

二从功名损身思维进行解说。《老子想尔注》以"名成功遂身退"为文作解，认为"名与功，身之仇，功名就，身即灭，故道诫之。"若以功名就则身即灭，那何以言"功成"？既言"功成"，就非是否定成功？《老子》云"退其身而身先，外其身而身存"，这里不否定有身，问题在于怎样成身。又云"吾所以有大患者，为吾有身，及吾无身，吾有何患？"这里，"身"是功名利禄的私执、营生。以《老子》思维言，"身退"是对"功成"如何持守的问题，非是一概摒弃的论说。有功名则有"身"，就存在自居、自伐的问题。去其自伐，则功成何能去？去其"功名就"而保身，是道教之旨。王雱认为，"寒暑相推，物极则返，阴阳代运"，造化密移，是"天道固然"，无为居有。世俗愚者"一遭其变，一犯其名"，则终身有之，"认以为己"，以至于"坐蒙忧患"，无以自存。至人不然，"藏金玉而不宝，居富贵而不荣"，以物来为寄，窅然不知在彼在我。苟有"无我之妙"，则物无与于己。这里，至人是《庄子》所谓的"真人"。人若无我无己，则坐忘外物，则功名何与于己？若以"身退"只是保真，将失去了其"夫唯弗居，是以不去"的妙旨。魏源指出，非必处山林、绝人事，然后可以入道。"虽居功名富贵之域，皆可守而行之也。"绝人事，无以功成，何言"玄德"？相反，在建功、遂功中能体行大道而"身退"，自能无以损身、保身免害。

三从自然律则思维进行解说。王弼云："四时更运，功成则移。""四时更运"，是"天道"。天有四时，四时有殊功，时功成而不居，故"功成则移"。四时之功与圣人之功不同，圣人是"伍于四时"。前者是"四时之行，信必而著明"，后者是"圣人法之，以事万民，故不失时功"（《管子·版法解》）。四时之功"信必"，自然而必然，而"伍"者因循法用，循时以立功。既言"身退"，就是相对人性而言，非尽是揭示

自然的天则。"身退"的人格特性，是对恒道"功成弗居"、"功成不名有"等"玄德"质性的法效、应用。《老子》云"天地所以能长且久者，以其不自生，故能长生。"这里，"不自生"是"功成弗居"；"长生"是功成不息、不测。只有"退身"而不执、不累于己私，方能不殆其为，进而达至"长生"的功效。王弼所以不言"名遂"，因为在他看来，"名遂"源自"功成"，它是人道所为。若功成弗居为自然，何言名遂？黄茂材云："功者，无功之功，非世所谓功也；名者，无名之名，非世所谓名也。功成名遂而身退，观诸四时之序，亦可以见天道。""四时之序"，功成不滞，功为不止，故可见天道。世所谓"功"、"名"，是图大功、求显名，功名自居。天道之功，是成功而不居功，有功若无功，无功而为至功。功成不居、则为功不测，故为"无功之功"。"无名之名"，类此。二者皆蕴藏于"四时之序"的自然功为中。

四从理则道德思维进行解说。王安石云"天之道，高者抑之，下者举之"，又云"天道亏盈而益谦"。高抑下举、亏盈益谦既是自然的律则，同时又是人生的遵循理则。至于言"谦受益，满招损"为"天之道"，则赋予人类社会的道德常则以必然、固然的性质，则具有天佑有德的意蕴。它们皆可作为人们行为的借鉴和道术。陈景元认为，"天之道"，是"飞鸟尽，良弓藏；狡兔死，鬣狗烹，势使然也"。此文来自《文子》《淮南子》，揭示社会存在之间具有相待相存以及相互转化的规律。"势使然"的趋向、取向，内涵于"反者道之动"之中。《老子》"功成名遂身退"思想，是对功名贪执、殉身行为的抨击、批判。执"善"反为"不善"，执"美"反为"恶"，"天下皆知美之为美，斯恶已；皆知善之为善，斯不善已。"功遂是美善，知而贪执，则反为"恶"。唯反以"身退"，方能持于美善。"惟体天道之盈虚，知进退存亡者，至人哉！"进退存亡是社会理则，而安不忘危、存不忘亡是理则遵循。宋徽宗以"四时之运，功成者去之"为"天之道"，认为以人道言，"知进而不知退，知存而不知亡，知得而不知丧，能勿悔乎？"《易》"亢龙有悔"之"亢"，正是知进不知退，知存不知亡，知得不知丧。圣人者，"知进退存亡，而不失其正者"（《乾卦·文言》）。君子之道，"安而不忘危，存而不忘亡，治而不忘乱，是以身安而国家可保也"（《系辞下》）。"功成身退"类此，是用"反"之道，以不骄不盈而能成遂事功。吕知常云："圣人睹成坏之理，识盈虚之数，功既成矣，名既遂矣，法天之道，锐然而退，不践持盈揣锐之累，其德可胜穷哉？"法天以为道术，则成功不居，"上德不德"。林希逸认为，欲全其功保其名，必知"早退"，方合天道。"功成、名遂，是随其大小而能自全者，故曰成、曰遂。若不知自足，则何时为成耶？何时为遂耶？"知止、知足，固然能在功名上不贪执，然不能不测其功为。胥元一认为，正如"春生夏茂秋实冬落，而复退归于根"一样，功名是古今圣贤之重大者，唯成遂知退，乃能保之。它是"大德之务"，非"区区小知"所能。圣人功名岂可保？功成身退不息、不测其功，自能"其名不去"。钱穆认为，"功遂身退"之"功"，偏指外在事为。"凡重外在事物功利者，功成即身退，此乃历史之大例。"（引自《晚学盲言》，四川师范大学出版社2004年版，第404页）"功遂"

必是事为之功，而非是有诸身的性命。若贪执事功，则伤性命之情。

五从道术应用思维进行解说。吕惠卿以"以无私而成其私"解，认为"身退"是"无私"，而"功成名遂"是"成其私"。《老子》道术是对自然、人文理则的运用，亦是对恒道"自然"质性的体行。恒道为功，因其功成不居，故能功成不测。圣人法于恒道，以为道理，以"身退"而成其"夫唯弗居，是以不去"的至大功名。人主能"无私"，则不居恃功名，不宰天下，以天下观天下，以天下治天下，故不宰天下而天下"乐推而不厌"。正如恒道以生万物揭示自己一样，人主"成其私"，非是成就己私，而是以成遂天下为私己，"无私"之"私"。"成其私"之"私"，是圣人之为圣人的功名所在。若无功无名，则无法立圣人之价值准则。这里的思维是以至极揭示无极，以至功况谓其不测之功，以圣名况谓其"民无能名"。王夫之云："迹者，以进为进，以退为退。机者，方进其退，方退其进。其唯神乎！无所成而成，无所遂而遂也。"执迹者，是习俗之为；用机者，是权宜之为；体道者，是道术之神。在对待功迹上存有三态：一为执迹者。进退有执，不能圆融。进则恒进，则冒其功为；退则恒退，则怠于功为。二为用机者。方进思退，方退思进，权于利害，流于权谋，不免于"有以为"。三为用神者。"进道若退"，功成不居，则无不成；因循自然，则无不遂。为所当然，行其固然，无所不然。进退互摄，相互为用，不失其正。神以迹而显，"机"以迹为用，执迹者失神无"机"。用"机"者虽不执"迹"，然"有以为"，则不能神其妙用。陈鼓应认为，《老子》哲学丝毫没有"遁世"的意味，而在于告诫于人：成功事遂之后，不得贪慕成果，而要收敛意欲，含藏生生不息之功。道术，正是在利害得失的权衡劝戒中而提出的谋略、举措。

"功遂身退"是一个功为事件，存在着"三维"属性，即：如何看待功成的陈迹、为功的作为以及面向未来的接续功成问题。以萨特《存在与虚无》的思维、用词言，"身退"是"不是其所是"，这里的"所是"是功绩、功迹和功利，"不是"是不自伐、不系累、不滞留。"功成"是"是其所不是"，其中"所不是"是功成的潜在、欠缺、无限，"大成若缺"，"盛德若不足"。这里的"是"是不贰其功为，不息其功成。在恒道功成"自然"的事件中，每一个功绩、功迹、功利皆是恒道揭示自身存在的"物物"之物或存在者，同时又是必须舍弃"身退"，不可居执，而要"复归于无物"以为功为不测的存在。恒道在成遂功绩之迹中揭蔽其不迹之迹的存在。从恒道存在、表征言，功绩、功迹、功利是"所是"者，又是"遮蔽"者。恒道内在的每一个功为，既是对已成功绩、功迹、功利的否定，亦是成遂新的功绩、功迹、功利，具有向前展开的无限潜能。对恒道存在言，未来是"不是"，不是现在之所是，而是是其尚未成其所是、现在尚不是的"不是"。恒道作为功成"自然"存在，如果将之落实在时间展开历程中进行揭示就应有此种质性，但它没有存在与虚无的意识，也没有建基于过去、立足于现在，以及面向未来的"三维"时间意识。

三、传承发展

　　《老子》"功成名遂身退"思想，直接为《庄子》所传承发展，成为心性的"真"和"自然"。《庄子》认为，"名"是"凶器"，"德荡乎名"（《人间世》），非所以"尽行"。殉于功名，则以物易性。"自三代以下者，天下莫不以物易其性矣。小人则以身殉利，士则以身殉名，大夫则以身殉家，圣人则以身殉天下"（《骈拇》）。"殉天下"，以天下为己之天下，何尝不是"殉名"？"殉家"，何尝不是"殉利"？小人、士、大夫和圣人一皆以身为殉，恃伐名利，终身为累，不亦悲夫！在对待功名上，只有修行"心斋"，方能"入游其樊而无感其名"。人若能"见独"，体于自然，则能"撄宁"（《大宗师》），成为至人。"见独"、"撄宁"，在于"坐忘"而功成自然。"不欲见贤"，则名遂身退。凡"功成名遂"不能"身退"者，皆是"有己"致然。"无己，恶乎得有有！"（《在宥》）"有有"，则有执有己。圣人体行大道，不留于行，"鸟行而无彰"（《天地》）。"无彰"者，光而不耀，不欲见贤。圣人之道，非是不有功为，而以"虚静恬淡寂漠无为"为"万物之本"（《天道》），故功成而身退。圣人以此为道，则退居闲游江海而山林之士服，进为抚世则"功大名显而天下一"。"虚静"、"恬淡"、"寂漠"和"无为"者，是"无以为"，"不妄作"。以为一天下而功大名显，何尝是去功名？"静而圣，动而王，无为也而尊，朴素而天下莫能与之争美。"静以制己，无逆物伤人，故为"圣"。动以因循，善利而辅助，故为"王"。无为不专，用天下之能，故为"尊"。朴素自然，让万物成美，故"莫与争美"。只有功为"无以为"，方能功成而"身退"。"身退"在于成就至功，非是无所作为。"夫至人有世，不亦大乎！而不足以为之累。天下奋柄而不与之偕，审乎无假而不与利迁，极物之真，能守其本，故外天地，遗万物，而神未尝有所困也。通乎道，合乎德，退仁义，宾礼乐，至人之心有所定矣。"（《天道》）有世之大，然后不以为累，方是至功至德。"天下奋柄"、"审乎无假"、"极物之真"，何尝不是功成至极？然能"不与之偕"、"不与利迁"方是守本不失。至人之心有"定"，在于通合道德然后定于本真，定于功成身退，定于与造化同化而己无所与。同于造化，自能功成身退，自能外天地遗万物，自能摈仁义礼乐的功名。以为功名而治，不如"无功名而治"。朝廷之士、尊主强国之人，以"致功并兼"为所好，"语大功，立大名，礼君臣，正上下，为治而已矣。"（《刻意》）"为治"者，在于致大功、立大名，虽有仁义然不免于"有以为"，故非至治。至治者，功成身退，因其"无不忘"，故"无不有"。古之隐士，非伏其身弗见，非闭其言不出，非藏其知不发。因为"时命大谬"，故"深根宁极而待"。当于时命，则"大行乎天下"，而"反一无迹"。只有功成于"大行乎天下"，方有"反一无迹"的"身退"。无"功成事遂"，则不必言"身退"。"身退"的前提在于"功遂"。在《老子》本旨，"身退"为积极、自觉行为，是对恒道功成自然的效法。"大行天下"，同样有济世倾向。"反一无迹"是主动之为，不居成功。《庄子》又以寓言揭示"功遂身退"之意旨：臧

丈人为文王授于政,三年而功成。臧丈人功成而"泛然而辞","终身无闻"(《田子方》)。臧丈人"功成身退",是保身行为;人主"功成身退",在于立不世之功。"德乃溥"的前提在于"德乃真",而"修之于身"的目标在于达到"修之于天下",内圣而外王。依老庄本旨,"身退"非只是"完身养生",还有"以道莅天下"的"其德乃溥"。至于"道之真以治身,其绪余以为国家,其土苴以治天下"(《让王》),是以保身养生为第一,则失去了圣人济世的担当和规模。圣人非是以"帝王之功"为"余事",相反是以之为主事,因为天下治方能"完身养生",无私成其私。世俗君子,"多危身弃生以殉物",固然可悲。人主动作必察其"所以之与其所以为",不以殉身而殉天下。在其位就要谋好其政。若以"完身养生"而弃天下之己任,贬损"帝王之功",已与《老子》"功遂身退"思想相背离。在《老子》本意,"真"贯穿于修身直至于修于天下的全过程,功成自然,功遂身退,虽有天下而不与,同样是"真"。它非只是养神保身,而是虽为天下而己无所与,以天下观治天下。

《文子》进一步阐述了"功成名遂身退"的思想内涵。"功遂身退",是恒道"功成弗居"、"功成不名有"在人文境界上的具体化和体现。古者三皇,"得道之统","以抚四方",然"恬愉无矜,而得乎和"(《道原》)。圣人内修其本,而不外饰其末,不居其功。"恬然无思,惔然无虑",则无以功为自居;以天为盖则无不覆,以地为车则无不载,以四时为马则无不使,以阴阳为御则无不备,则功成至大。不居其功,是"无为"。"无为者即无累,无累之人,以天下为影柱"(《九守》)。"无累"则"身退","身退"则为天下而不有于己。人主若不能"功成身退",则必骄恣极物,导致危亡。"夫亟战而数胜者即国亡。亟战则民罢,数胜则主骄。以骄主使罢民而国不亡者即寡矣。主骄则恣,恣则极物;民罢则怨,怨则极虑。上下俱极,而不亡者,未之有也。故功遂身退,天之道也。"(《道德》)以为兵者言,亟战数胜是功成,然不能"功遂身退",数战则民怨,二者交织,必致国亡。"功遂身退"则能保国,反之必然亡国。"狡兔得而猎犬烹,高鸟尽而良弓藏。名成功遂身退,天道然也。"(《上德》)"名成功遂身退",成为揭示事物间相互依存、相互转化的因果、影响关系,它是一种变化趋向的常势,故为"天道"。作为常则,"功成名遂"与"身退"之间构成了相反趣向的联系、律则。体于恒道"自然",固能"功成名遂身退"。恒道功成自然犹如"诚者"、"性之","功成名遂身退"犹如"诚之者"、"反身而诚",二者殊途同归。在"功遂身退"上,可分成不同层次、境界。以恒道言,是功成"自然","藏于无形",神功不测;以圣人言,是诚于功为,纯而不已,功遂不息;以至人言,是功成不居,不留行迹,不欲见贤;以贤人言,是功成不伐,守之以让,勤于功为;以常人言,是功成自居,以功求名,因功得利。以下人言,争功邀名,功成自伐;以劣人言,是抢功夺誉,无所不为。《老子》非否定恒道生物的生生之功,不摒弃王道的辅助自然之功,但反对人主宰治之功。至治者,"治之于未乱"。"功成自然"者,"治不治",虽无功之彰,无名之显,而为至功。世上无乱,方为圣治。"功遂身退"这一常则观念的形成,

一方面赖于对自然和社会存在反向转化律则的认知，一方面赖于对人间负面现象和后果的反省，然后在此基础上建构了大道"功成不居"的"自然"质性和"功成事遂而身退"的"玄德"观。

四、思想同构

《老子》"功遂身退"观念与先秦儒家"功成不伐"思想具有异曲同工之妙。功成而不伐，则自能不恃、不居其功，自能"身退"。"不伐"是价值取舍，"身退"是行为趋向，二者具有因果关系。人之所以在功成后不能"身退"，就在于"争善"、"恃功"。"君子称其功以加小人，小人伐其技以冯君子，是以上下无礼，乱虐并生，由争善也"（《左传》襄十三年）。功加、伐技，皆为"争善"、"伐功"。争功的后果，必是"上下无礼，乱虐并生"。对功成自伐不良后果的揭示，是对"功成"价值取舍的深刻反思。《墨子》对此亦有论说：吴国君夫差，北而攻齐，东而攻越，"九夷之国莫不宾服"，然不能"身退"，反而"自恃其力，伐其功，誉其智，怠于教"（《非攻中》），筑姑苏台七年不成，最终导致灭亡。名誉来自功遂。"功成名遂，名誉不可虚假，反之身者也。务言而缓行，虽辩必不听；多力而伐功，虽劳必不图。慧者心辩而不繁说，多力而不伐功，此以名誉扬天下。"（《修身》）不伐于功，多力功为，方能功成名遂。《荀子》从"功大而无伐其德"的角度，揭示了如何对待"功成"的问题。"功虽甚大，无伐德之色；省求多功，爱敬不倦"（《仲尼》）。功大不伐，是"功遂身退"。"省求多功"，是功成"无以为"；"爱敬不倦"，是功为不殆。二者之义，内涵于"功遂身退"之中。能"身退"者，必"省求"、"不倦"。从己言，"身退"是不居、不执、不争其功；对人言，它是礼让、谦辞、推卸。"聪明圣知，守之以愚；功被天下，守之以让；勇力抚世，守之以怯，富有四海，守之以谦：此所谓挹而损之之道也。"（《宥坐》）"挹而损之"，是"功遂身退"的思维同构。若能"功遂身退"，自然不矜于"聪明圣知"和"抚世勇力"等。"功被天下"，是"功遂"；"守之以让"，是"不恃"。有能"让"之"德"，自能不伐其功。正如秉持"上德不德"，自能"功遂身退"。《管子》继承道家思维，对"功遂身退"思想给予了更多的关注、思考。"得天之道，其事若自然；失天之道，虽立不安。其道既得，莫知其为之；其功既成，莫知其释之。藏之无形，天之道也。"（《形势》）"藏之无形"，既是"功成不名有"，又是"功遂身退"。"事若自然"，是不主其功；"莫知其为"，是不居成功；"莫知其释"，是功成不有。不居成功，则无迹可见，故莫知其状。微妙无形，则神功莫测。"有道者不平其称，……功大而不伐，业明而不矜。"（《宙合》）功大不伐其功，正是有道者的德行。反之，"自伐者无功"。"矜物之人，无大士焉。"（《法法》）矜者自满，常"在物为制"，故为"细之属"。贤人行其身，"忘其有名"；王主行其道，"忘其成功"。忘名忘功，则功为不殆，"不能已"。"无成贵其有成也，有成贵其无成也。……孰能亡己乎？效夫天地之纪。"（《白心》）天道成功于"为物"，"贵其有成"；功遂而"身退"，则

"贵其无成"。"亡己"者，功成而己无所与，它是"身退"的前提。"天地之纪"，是"功遂身退"的"天之道"。"名满于天下，不若其已也。名进而身退，天之道也。"名满天下而不若其已，来自《老子》"持而盈之，不若其已"的思维。"名进而身退"为"天之道"，源自《老子》"功成名遂身退"的思维。"天生四时，地生万财，以养万物而无取焉。明主配天地者也，教民以时，劝之以耕织，以厚民养，而不伐其功，不私其利。"（《形势解》）天地养万物"自然"，不恃功成，故不求取报。厚民养而"无以为"，故不伐其功，不取其利。以礼言功，先王"谥以尊名，节以壹惠"，耻于名不符行。君子"不自大其事，不自尚其功，以求处情"，"彰人之善而美人之功，以求下贤"（《礼记·表记》）。在功与名之间有不同关系，名或过于行，行或超乎名，功或无能名，名或无合功。"自尚其功"，则功名过于实情。惟有"彰人之善"、"美人之功"，方能推功于人，不伐其功。《吕氏春秋》杂糅道家之说以为"道德"。"古之人，身隐而功著，形息而名彰，说通而化奋，利行乎天下，而民不识"（《上德》）。"身隐"、"形息"者，是"身退"思维。不伐功，则利行天下，不测功为，故"功著"、"名彰"。功大普遍，日用不知，故民不识。至功者无功，"功遂身退"。"天子不处全，不处极，不处盈。全则必缺，极则必反，盈则必亏。"（《博志》）盈者必骄，骄而必穷。"不处盈"，是"不欲尚盈"；"不处全"，是"不自矜"；"不处极"，是"不自伐"。它们是"大成若缺"、"盛德若不足"的德性，通言为"功遂身退"的思维结构。

最后，对本节内容做简要概述。"功成名遂身退"思想，是《老子》通过立"天之道"以揭示恒道功成自然、不居不伐、上德不德、道朴无名等存在质性，并以此为世人建构一个如何对待"功遂"的行为价值准则，虽言天道实则为人立则。"功遂身退"者，绝非否定功为和功成实效，也非摒弃功绩、功迹和功利、相反是要通过立"身退"之用，达致以无功成至功、实现功成不测的境界。它本自恒道功成自然的存在质性。"功遂身退"与"功成弗居"、"功成不名有"一体，共同构成了恒道"自然"和"玄德"观的重要内涵。作为一种人文思想和文化上的价值追求，恒道功成"自然"是圣人的理想人格模式，"功遂身退"是一个重要德性和道术。

第十六章　恒道之用

恒道之用，与"功遂"相关，二者相互涵摄。然"功"与"用"内涵亦有不同，"功"是"用"的效验、体现，"用"是"功"的潜能、价值。《老子》一书多言恒道之用，有不盈、不穷、不竭、不勤等，它们构成了恒道存在、实在的重要质性。恒道无象无体然因用而见其存，在无尽、恒久之用中证验其绝对存在、永恒存在。恒道之用是生物、为物和成物之用，它与儒家天地之道"生生不息"思想相贯通，具有异曲同工之妙。阐释恒道之用的存在质性，将会进一步深刻理解恒道生生不息、周行不殆的意蕴。

第一节　用之不盈

恒道是"用之或不盈"，正因"不盈"而见其自然而然，彰显其"玄德"质性，同时证验其为"独立不改"、"功成不居"的存在。与"不辞"、"不改"、"不殆"、"不争"等思维一样，"不盈"是从否定思维入手，以否定"盈"的有限性、短暂性而揭示恒道功用的自然性、恒久性和无限性。犹如"不盈"是盈之不盈一样，恒道之用是无用之用。

一、文字校解

《老子》第四章云："道冲，而用之或不盈。"帛书《老子》甲本文句大部缺损，只能见一个实字"盈"，帛书乙本将"或"写作"有"字，其他文字同。楚简《老子》无此文，它为后人所增撰。又《老子》第四十五章云"大盈若冲，其用不穷"，亦是对"道冲"内涵的揭示。其中，帛书《老子》甲本"冲"写作"冲"下加"皿"字，形近于"盅"。"穷"写作"穴"下加"郡"字，近于"窘"。"窘"通"穷"义，窘迫即穷迫，困穷之谓。帛书《老子》乙本"冲"为本字，"穷"字缺损。楚简《老子》写作："大涅若中，其用不穷。""涅"与"盈"声同。

（一）"或"与"有"

"或"字，在《老子》中多出，比如"湛兮，似或存"、"物或恶之"、"物或行或随"等。在前面已就"或"的字义进行过解析，那里将其解为"有"，更确切地说是

"泛然不定"的"存有"。帛书《老子》乙本正是将之写为"有"。此"或"的"有"义是针对定有言,相对于"盈"以揭示其相反、否定性的涵义。"盈"与"不盈"是相反之词,凡物有"盈"则为有限性的定有存在,而恒道与物反,故以"不盈"揭示其绝对性、无限性、永恒性。帛书《老子》乙本"有不盈"的"有"是肯定词,意谓"皆是"、"全为",而"或不盈"的"或"能揭示出恒道与物反的相对指称。对我们人类来说,恒道之用的"不盈"质性,只能在每一个实用的具体功为中,在万物以之为用的展现、实现中予以见证。恒道之用的无限性,因其无体无状,而不可致诘。如何见其用的"不盈"?只有从所见每一物的所用中证明之,显见之。恒道无体,不可视闻,然可从万物无不以之为用、赖以为用的不辞、不争、不尽中澄明其"不盈"的存在质性。"或"作为不定词,正可以揭示其用不可定、所用万殊的本性。河上公解"或"为"常",正是看到"或"的不可定有、无所不是的涵义。《文子》将"或不盈"写为"又不满"(《微明》),《淮南子》言为"又弗盈"(《道应训》),"又"与"有"字互写,与"或"字通。然"或"与"又"二者亦有区别,"或"有一概、泛然的意蕴,无有此外;"又"更强调另一者,以及对现有的舍弃、否定的意味。当以"或"字为佳。德玉云:"或,似难以形容的意思。"

(二)"盈"与"涅"

"盈"者,甲骨文象一人在盆中洗浴而水充溢形,篆文为"盈",会器满之意。《说文》释为"满器"。或源自"及",为"泅"的会意字,《说文》释为"多得"、"益至",本义为自动流出,满溢之谓。"彼竭我盈,故克之。"(《左传》庄十年)"盈"是精神饱满,与志气衰竭相对。"原泉混混,不舍昼夜,盈科而后进,放乎四海。"(《孟子·离娄下》)"盈科"者,水满于坎而溢进。"不务天时则财不生,不务地利则仓廪不盈。"(《管子·牧民》)"盈"者,装满、充实之谓。"盈"为实,与虚对反。"天地盈虚,与时消息。"(《易·丰卦·大象》)"盈"为圆满,与"阙"的缺损义相反。"月生三五而盈,三五而阙。"(《礼记·礼运》)"盈"作为动词,指充满、增长等量变过程,其结果是充满而溢,故为盈余、超过。楚简《老子》"盈"写为"涅"。"春采生,秋采蓏,夏处阴,冬处阳:此言圣人之动静、开阖、诎信、涅儒、取与之必因于时也。"(《管子·宙合》)"涅儒"或为"涅濡"。儒与濡音同,同声假借。濡者,水名,有"滞"义。以动静、开阖、诎信、取与的一贯句式看,"涅"与"濡"对反,为滑、"流"之谓,同样具有溢出、流出的涵义。《老子》多以具有水性的事物况谓恒道存在的质性,"盈"与"涅"皆是此谓。高亨认为,既言冲,又言不盈,文意重复,疑"盈"当读为"逞","逞"为"尽"义,与"盈"通用。"逞"与"涅"形近,皆有满极而溢之谓。

(三)"冲"与"盅"、"中"

"冲"者,本字为"沖",会意兼形声字。《说文》云:"冲,涌摇也。""冲"者,

有冲击、浇注、冲飞、冲洗和冲喜等义，亦有冲虚、冲和等义。显然《老子》所取的是后一义，因事物相互作用为冲而形成和。"万物负阴而抱阳，冲气以为和。""冲气"者，阴阳交合、交汇、交融之谓，二者相互融和而保持一种均衡、调适和和谐的状态。"冲"又为"虚"，"劳谦冲退"（《抱朴子外篇·行品》）。"冲退"是退以自守而不冒进、冲动。"抱盈居冲者，必全之算也；宴安盛满者，难保之危也"（《抱朴子外篇·知止》）。"居冲"与"盛满"相对，前者为"持而盈之，不如其已"，知盈而止故不殆；后者为"不知足"，"富贵而骄"，不知足则致辱，故为"难保之危"。

"盅"者，音"冲"，本为器空虚，引申泛指空虚。俞樾云："《说文》皿部：盅，器虚也。《老子》曰：'道盅而用之。'作冲者，叚字也。第四十五章：'大盈若冲。'冲亦当做盅。"王夫之考证认为，"冲，水桶摇也。'冲击堤岸'字本如此；今俗作'冲'、误若盅虚之'盅'，从中从皿，器中空处，《老子》所谓'当其无，有器之用'也。冲，从水从中，金、石、土、木皆可使其中虚，惟水中边一实，不容丝毫空隙，故《坎》象中满，水中何得谓之虚邪！盅为虚而待用之辞，故藉以拟幼而未有作用者曰'盅人'。盅难未有物，而具含容之量，故惟人君可以当之，不似'孤'与'小子'，上下可通称也。后人以'盅'字字形不茂美，以'冲'字代之，苟取易于布置，而六书义亡矣。"（引自《说文广义》，载《船山遗书》第五卷，第2753页）"盅"者，虚而待用之谓，具含容之量。然从《老子》本章以"渊"、"湛"以及全书多以水类之属揭示恒道质性的惯式看，当以"冲"字为准。王夫之以"冲"不容有丝毫空隙、不可谓之虚，实则不然。"冲"在物为涌摇、盈冲，然以"道冲"言便具有与之相反的含义。正如恒道"不自大故大"的思维一样，不自盈故盈。道用本自不盈，故能使万物盈满，其用不穷正体现于此。

就"道冲"之意，注家大略有七种解法。一为"中"，以河上公等为代表。依据《老子》以浑然一体的实体存在物，如"渊"、"浴"、"玄牝"等，揭示恒道存在质性的思维，故不可以"中"等非实体词解之。二为"盈之对"，以严遵、程大昌、俞樾等为代表。严遵云："盈而若冲，实而若虚"。"盈"与"实"义近，"冲"与"虚"义通。唐玄宗疏："冲，虚也。"薛蕙云："冲、不盈，皆虚也。"俞樾以"冲"为"盅"，"盅"者为"虚"，与"实"对，然盈虚相待非是无待存在。"道冲"之"冲"，应为有无一体的存在质性，不可与"盈"对。"不盈"，是超越盈虚对待的无待质性。"大盈若冲"，正揭示"冲"的绝对质性，它是无盈之盈。三为"动"，以《说文》所释为据。"古者大川名谷，冲绝道路，不通往来也。"（《淮南子·氾论训》）"冲"者，冲击之动。何新以"道动而用之"解"道盅而用之。"（引自《老子新解》，北京工业大学出版社2007年版，第89页）以"冲"为"动"，非是"玄"，故非确。四为"神用"。王弼云："冲而用之，用乃不能穷。""冲"之用，固是神用，正如"谷神不死"。五为"至无"。王雱云："冲者，阴阳之中，而以虚为德者也。"苏辙注："道冲然至无"。"至无"者，是太虚。六为"中和"，以《老子》"冲气"之"和"作解。《老子

想尔注》释为"中和"。成玄英、李荣等解为"中"。王安石解为"不盈而平"。宋徽宗云："冲者，中也，是谓太和。"吕惠卿、黄茂材等解为"阴阳和气"，吕知常云："天一生水，其用在中，故曰冲。"范应元云："冲者，虚也，和也。"七为"不自满"，以"大盈若冲"为依据。牛妙传云："冲者，是不自满也。"

二、文句解析

如果说"道冲，而用之或不盈"，是从"不盈"的角度揭示恒道功用无穷的质性，而"大盈若冲"则从恒道作为"大盈"的角度揭示其用而不穷。二者思维正如"无状之状"和"大象无形"的关系。正如"无形"方为"大象"一样，"不盈"方为"大盈"。与"大象无形"思维相类，"道冲，而用之或不盈"、"大盈若冲"是"大盈无盈"。

（一）"道冲，而用之或不盈"

注家之解大略包含以下八个方面。

一从大道质性上解。《老子想尔注》云："道贵中和，当中和行之，志意不可盈溢，违道诫。""中和"者，功为自然，无为无执，正与志意盈溢相反。"道诫"者，虚心弱志，清明不暗，不敢纵其欲。道诫"志意不可盈溢"是道教的保真养生。苏辙云："道冲然至无耳。然以之适众有，虽天地之大，山河之广，无所不遍。以其无形，故似不盈者。"以"冲然"为"至无"，然它非是空无，而是"无形"或"有物混成"的"无"。"无所不遍"，是泛然存在；"适众有"，是功成周行。"冲"用之妙，是用有似无、虽无有用。盈者有尽有形，而"不盈"用不测故无形。林志坚认为，"道冲"是"和之至"，"或不盈"是"大盈若冲"。"和之至"，是太和妙用。"大盈若冲"，无有或盈。陆西星认为，"不盈"是"生而不有，为而不恃，不自满足"。恒道功用自然，故"或不盈"。陶崇道云："道体冲虚，徧天徧地，亘古亘今，何一非道之用？""冲虚"是恒道的绝对本体，"徧天徧地，亘古亘今"是恒道的绝对功用，前者是"无状之状"，后者是"周行不殆"。"冲然"，具有"无为而无不为"的神妙质性。"徧天徧地"，是用无不在；"亘古亘今"，是用者永恒。"冲然"则独立不改，"不盈"则"周行不殆"。朱敦毅以《中庸》思想解之，认为"冲之用"是"渊渊"，"渊溥博渊泉而时出之"。"惟渊也，故或不盈。"以《老子》思维言，"冲"与"渊"具有思维同构性，皆况道用之体，微妙无形而功用不测。"道冲"之用，本自不盈而能盈万物，本自无用而能为万物所用。以体用思维解之，也是从道性上进行诠释。

二从恒德质性上解。河上公解"道冲而用之"为"道匿名藏誉，其用在中"。"匿名藏誉"，是"功成弗居"，"不欲见贤"；"其用在中"，是中无定执，自然无为。正因不执著于"中"，故他又解"或不盈"为"常谦虚而不盈"。"谦虚不盈"，是"恒德不离"、"恒德不二"。这里，是以德性解，非是以道性解。《老子》有"守中"观念，守

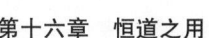

"中"则因循自然而不敢为，行不言之教，而"多言"则"数穷"。以《中庸》思维言，它是"未发之谓中"，无有造作，故已发成为"和"。《中庸》言中和揭示当理符节，《老子》言中和揭示自然协调。《老子》以"冲"况恒道之用的"大盈不盈"质性，功用自然而不自盈满，微妙其用不穷。恒道自然"功成不名有"，何用"匿名藏誉"？恒道其用自然而诚，自能"不盈"。河上公赋予"道"以"常谦虚"的品格，反而会抹杀恒道自然、功用不测的质性。在道性是冲而不盈，在德性是"谦虚不盈"。它正如"功成不居"与"功遂身退"的思维结构。"冲"作为恒道的存在属性，自然"不盈"，必然"不盈"。

三从体用思维上解。严遵云："道以至虚，故动能至冲；德以至无，故动而至和，万物得之莫有不通冲和者。""至虚"、"至无"是恒道之体，微妙无形。"至冲"、"至和"是恒道之用，至神不测。万物得"道"以为阴阳冲和之"德"。"至冲"者，动而无动，自然不滞；"至和"者，虽动不动，自然不骄。"冲以虚为宅，和以无为家。能虚能无，至冲有余。能无能虚，常与和俱。惟其虚，故测之而不知其深。惟其无，故穷之而不见其有。以虚无而为之用，自然不至于盈溢也。"（吕知常引注）冲和以虚无为体，以自然不盈为用。能虚能无方能冲和，惟其虚无故能不测不穷。正如恒道以"独立不改"为体，以"周行不殆"为用一样，虚无"无物"方能"物物"不测。"动之以和，导之以冲，上含道德之意，下得神明之心。""道德之意"，功用自然；"神明之心"，以道观物。圣人以"冲和"为用，"去我情欲，取民所安，去我智虑，归之自然"。不为盈取之用，故用于无用，自然而然。唐玄宗以为，道以"和气冲虚"为体，"用生万物，物被其功"。恒道之"冲"，是其"大用"之体，有功而无形。恒道之用，是"生万物"，万物被其功。以物言，"论功则物疑其光大"；以道言，"语冲则道常不盈满"。用实而体虚，体"冲"而用无穷，微妙而至神。宋徽宗以"道有情有信"为有用，以"无为无形"为"不盈"。以《老子》思维言，"不盈"是功用不穷不测，固是"无为无形"的内涵。"有情有信"，是恒道之用的充盈一切，功为不息于生养、成遂万物。董思靖以道体"冲虚"为"漠然无朕"，以道用"不盈"为"无所不该"，认为"天地之大，动植之繁，在于其中，亦莫盈其量"。恒道之体是微妙，虚无无形；恒道之用是不测，"莫盈其量"。道"冲"之体，以"不盈"之用揭蔽。林希逸认为，道体虽"虚"而用"不穷"，"或盈或不盈，随时而不定也"。"或盈或不盈"是有待存在，恒道随时不定是用不穷。作为"或不盈"的绝对质性，超越或贯穿于盈、不盈的不定之用中，犹如恒道"泛兮其可左右"的思维。何道全云："道乃虚无，而用之无尽。"恒道之用，神妙莫测，不可致诘，然寓于成物之中。因事遂殊用，而显无穷功用。在"神无方"中揭蔽其为"无体"。薛蕙认为，道体本虚，用之犹或不盈。"迹若有事而实则无物，何盈之有？""冲虚"者为其"常"，"或动或静，一而不变"。"冲"固是大道"一而不变"之体，然它体现于"为物"的功用不测中，虽遂事而身退，成迹而非迹，"物物而不物于物"，故无有盈止。"实则无物"，是复归于无物。"迹若有

事"，是功成有"迹"。刘鼎和云："冲者，不足也（就体言）。用之或不盈，亦不足也（就用言）。"体用一体，"不足"是永远的欠缺，无有足止。恒道存在，是体无用有，体无形用不测，体独立用周行，体微妙而用至神。

四从境界器量上解。境界器量，是体道以为德性的规模、气象。王弼云："夫执一家之量者，不能全家；执一国之量者，不能成国。穷力举重不能为用。故人虽知万物治也，治而不以二仪之道，则不能赡也。地虽形魄，不法于天，不能全其宁；天虽精象，不法于道，则不能保其精。冲而用之，用乃不能穷。满以造实，实来则溢，故冲而用之，又复不盈。其为无穷亦已极矣。"以《老子》"人法地，地法天，天法道，道法自然"为据，揭示出恒道之用的层级和器量。天地之用有穷，恒道之用无穷。或盈者"穷力举重不能为用"，而"冲而用之"能不穷其用。在物是满以实、实则溢，而道冲之用盈物而不自盈，它是物物而不物于物，功成弗居则功成不测。"冲而用之，又复不盈"是圣人体道之用，反于物性，故能"复不盈"。道冲之用是至用、大用，实为"大盈"本自"不盈"，何尝有"复"？至用不盈，故为"道冲"。既言"复"就是德性，为"功成不居"的境界。王夫之云："用者无不盈也，其惟冲而用之或不盈乎！"用无不盈，揭示其用至大之量。成克鞏认为，"道本无名，故冲然为众妙之门，故用之不穷，而莫能盈其量。""冲"为"众妙之门"，功用不测，故不可名。莫能盈其量，则无有不遍，愈用愈不穷。

五从佛教思维上解。李荣云："道非偏物，用必在中。天道恶盈，满必招损，故曰不盈。盈必有亏，无必有有。中和之道，不盈不亏，非有非无。有无既非，盈亏亦非，借彼中道之药，以破两边之病。病除药遣，偏去中忘，都无所有。"虽为道教之说，然用释氏思维。以释氏思维言，"中"是盈亏、有无对待的双遣，非有无、盈亏，则"如如不住"。"满必招损"，是住相之弊。"破两边之病"，是偏病的"双遣"。忘"中"是又遣。有"中"亦是执、住。以《老子》思维言，"冲"者超越涵摄有待而入于无待。"盈必有亏，无必有有"是有待，"不盈不亏，非有非无"是无待，"有生于无"。"或不盈"者是无待，然生成、涵摄或盈有待之用。李约认为，"虚己以应物"，则能"功德满时"。"虚己以应物"，是响应之用。"不盈"为用不穷，故有功德"满时"。虚己应物为禅宗思维，是应而不住的镜观心识。以《老子》思维言，恒道之应是"万物恃之以生而不辞"，"善利万物而不争"。喻清中以为，"道譬则海"。正如海"惟大故容"一样，道"惟虚故受"。"道体本虚，用之者不越。"以《老子》思维言，江海为大以其善下之，非是"惟大故容"。恒道"容乃公"，是为物"无弃"，普济无遗，并非如容器、山谷一样的"惟虚故受"。恒道无体是"无状之状"，非是如空谷一样的"本虚"。道者之用，是生物不测，功成不居，非是虚而"不越"。"惟虚故受"，是空谷之喻的禅宗思维。《老子》以"虚"揭示恒道无形无状，圣人心境如镜，"虚"以为用有，辅助成物。禅宗用"虚"专言心境、心识，不言因循道理。

六从功成弗居上解。陆希声认为，"道以真精为体，冲虚为用，天下归之未尝盈

满"。"真精"者，"冲虚"之实。恒道微妙之体，是冲漠无朕而万象森然在中，至精无形；恒道之用是功用不测。"天下归之"是"功大"；"未尝盈满"，是"弗居"。王雱云："道充塞无外，赡足万物而未尝有，故曰或不盈。若虚若实谓之冲。""赡足万物"，是功用无穷的"实"；"未尝有"，是"不名有"、"弗居"的"虚"。用"或不盈"，是功成自然，成功不居，故功为不测。恒道之"冲"以"若虚若实"为"玄"，虚实一体。"虚"是其微妙无体、神功不测，"实"是"真精"有信、功成事遂。王氏又指出，"冲者，阴阳之和也。阴为虚，阳为盈，道之体则冲，而其用之或不盈。"以"阴阳之和"为道体之"冲"，则"冲"者为"玄"。它既是非虚非盈，亦是虚盈一体，正如微妙一体一样。恒道之用是成盈万物而本自"不盈满"，故为"至盈不盈"。吕惠卿认为，道者，"其体冲也，故有欲无欲同谓之玄。""有欲"是"徼"，"无欲"是"妙"，故为"玄"。恒道以生物、成物为"功成"用有，然"生而不有、为而不恃，长而不宰"。"道冲用之或不盈"，既是发用上的"独立不改"，功成而不恃、不改、不贰；又是为用上的"周行不殆"，功为不息、不殆、不测。

七从冲和之气上解。王安石认为，道体是"元气之不动"，其用是"冲气运行于天地之间"。"元气不动"是独立不改，故为"至虚而一"；"冲气运行"是周行不殆，"或如不盈"。"元气"为太虚之气，"冲气"为一气聚散。体无用有，无形而造化万形。陈象古以为，大道有"冲和之气"，虽"充塞于天地之间"，然"不自盈满"，它是"不可测度准量"。固然，"冲和之气"是万物"得一"以生，为恒道分与之用。这里，《老子》以"冲"揭示"道"的存在样态，正如"混成"、"窈冥"、"恍惚"一样，它是微妙中蕴藏至神的存在质性。盈物者"不自盈满"，正如生生者不生的思维。邵若愚指出，"一气处阴阳之中"，天地日月万物生化无非冲气之用。"冲气者，有而无形，无而有精，天地之间，或不盈不亏"。万物以"冲气"为"得一"以为生化，恒道以"冲气"分有于万物，周行其功用。"冲气"作为"阴阳之中"，是阴阳混涵的冲和。作为"元气"或万物的构成因子，它是一气之化的通一者"精气"。"有一而未形"，故为不亏不盈。或盈或亏，是气化形态的物性。"冲气"作为精气，已是"有"，与"有物混成"的"无"已有区别。然它揭示的是恒道功用的无有穷极，非是揭示"冲气"的存在样态。《老子》的"或不盈"，是超越盈亏有待的无待存在。吕知常云："冲字从水从中，言炁中有真一之水，是名为冲。冲者炁也，和也。""和"是"混成"之"有"，"冲"是"混成"之"虚"。"道冲"，是有无互摄、一体。

八从道术思维上解。程大昌认为，"谦冲、幼冲，大盈若冲，冲气为和，皆以不极乎盈为义。"这里的"盈"是"道之无乎不在"。正如"知雄守雌，知白守黑，是兼有其雄，而能居其雌，兼有其白而能处其黑"一样，以"不盈"为居，"冲其盈以求及乎虚"，则能尽有而未有于得。"幼冲"，本自不盈，犹如"抱一"；"谦冲"，是反其不盈，犹如守谦；"大盈若冲"，虽盈不盈，功为自然；"冲气为和"，不亏不盈，"不欲盈"。虽皆以"不极乎盈"为道术，然侧重点不同。"盈"者作为存在物的属性具有不

同涵义，相对于此，用以揭示道用可有不同指谓，以其盈满为"无乎不在"，以其不满为"或不盈"，以其无盈为不亏不盈。这里的"或不盈"，以道用言是"周行不殆"，以道体言是"独立不改"。前者包涵"无乎不在"，后者为不亏不盈。以道术言，正如《老子》"知雄守雌"等思维一样，"冲其盈以求及乎虚"是知盈守以不盈，功成弗居。知盈守以不盈，则"恒德不离"，复归于"婴儿"和"朴"。《易》"天道亏盈而益谦，地道变盈而流谦，鬼神害盈而福谦，人道恶盈而好谦"（《谦卦·彖》）。天道、地道和鬼神对于守"不盈"者，是"自天祐之"。人在"恶盈而好谦"中，遵循天道，则"吉无不利"。

各家注解角度不同，然从不同侧面、角度揭示了道用质性，因为"道冲，而用之或不盈"本身就是具有丰富内涵的存在，具有一以贯之的诠释内涵。或从自身内涵道性上揭示，或从体道以为德性上揭示，或从体用一体思维上揭示，或从道德极致境界上揭示，或从释氏有无双遣上揭示，或从功成不居上揭示，或从冲和之气上揭示，或从道术应用上揭示，实则相互诠释、拓展，在多层次、多角度的揭示中深化对"道冲，而用之或不盈"的理解。

（二）"大盈若冲，其用不穷"

"大盈若冲，其用不穷"与"道冲，而用之或不盈"思想，具有思维内涵上的一体性。后者侧重揭示道用质性，前者侧重揭示道术意蕴，然道术来自道性，揭示道术可以进一步澄明道性的深刻内涵。注家之解，主要有以下几个方面。

一从盈而不盈思维上解。"盈而不盈"思维，是"功遂身退"。河上公云："道德大盈满之君也，如冲者，贵不敢骄也，富不敢奢也。""大盈"本身是"道德"质性，以其自然不盈是"道"，以其反于不盈是"德"。"大盈"作为"道德"，非是"大盈满"，而是"至盈无盈"。"贵不敢骄"、"富不敢奢"，既是守之以道的德性，又是反以持冲的道术。与"功遂身退"一样，"大盈若冲"是盈而反于不盈。君人者，"用心如是，则无穷尽时"。"用心"从约己言是德性，"大盈若冲"；"无穷"从功用言是道术，"其用不穷"。严遵以"盈而若冲，实而若虚"作解，常人所执为"盈"，反以执之则为"若冲"。以"不盈"为用，"不显仁义，不见表仪，不建法式，不事有为"。"不显仁义，不见表仪"，是"不欲见贤"；"不建法式，不事有为"，非是执"虚"？真虚者，虽为不为，建法式以循大道，而非出私意。上"不欲盈"，是不取不争，非盈己自私。功成盈满于天下，"其用不穷，流而不衰"。周流不殆，故用不穷。赵志坚云："道德大满者，外相冲虚，如彼不足，随机应用，永无穷尽。既成又满，体德周备。"以体道德者言，虽大满而如不足，"盛德若不足"。以不盈持盈，虽"既成又满"，然功成身退，故能"体德周备"。"随机应用"，是因物付物，功为不贰；"永无穷尽"，是功为不息，功成不测。陆希声认为，"大盈"者，"德充四海，而不敢介然自矜于怀，则应万机而不穷矣。""德充四海"，是"功盖天下"；不敢自矜，是"似不自己"。功成不执，则

功为不贰，故能"应万机而不穷"。陈景元指出，"盛德大业"者若能"谦冲而不骄"，"富贵满堵"者若能"虚俭而不奢"，则"所用岂能穷匮"。功遂身退，不骄不奢，则"为物不贰"，用何可穷？苏辙指出，天下之人，以"不虚"为"盈"，故"盈必有穷"；圣人者，"期于大盈而不恶其冲"，是以用而不穷。前者是执于已有，滞于现有，故必穷；后者是无执不居，以"冲"为宝，志于"大盈"，故不穷。董思靖云："道备于己而有若无，实若虚，故积愈厚而用愈不穷。""积愈厚"，则已备于道。法道自然，故"有若无，实若虚"。功成不居，故"用愈不穷"。薛蕙指出，"大盈"者必"守之以冲"，然后能"不竭而常盈"。"大盈"的最终归宿是"不竭而常盈"，然为之有道贵在"守之以冲"。吕洞宾认为，有盈即有竭，只有"以竭守盈"，方能"其盈可继"。

二从大盈无盈思维上解。"大盈无盈"思维，是"大象无形"。王弼云："大盈无足，随物而与，无所爱矜，故若冲也。""大盈"无足，无足无止，故无有盈满之时。正如"大象"与"无形"的关系一样，"大盈"是"道冲"，"大盈若冲"是"大盈不盈"。"随物而与"，是功成以曲成万物；"无所爱矜"，是功成自然不居。李荣云："四达是方而俱照，六通无幽而不烛，斯大满。不以照为照，不以盈为盈，若冲也。用不以心，故无极。"以恒道自然言，"大盈"者，无所不盈，盈而无外，盈而无极；"不盈"者，若冲无心，照无以为，盈无私与。以圣人境界言，功成弗居，照而不恃，盈而不执，生生不息。陆佃云："大盈不见其溢，故若冲。""冲"为"大盈"，"不见其溢"，故大盈不盈。吕知常认为，"大盈"者，"赡足万有，无塞无外"，然能"谦冲而不骄，虚俭而不奢"，故"无适而非中"。其用"常有羡余"，岂能穷匮？"大盈"者，自然"不骄"、"不奢"。正因"不骄"、"不奢"，故能"常有羡余"。无适非中，则因物之所求盈而盈之，犹如"谷得一以盈"。刘骥和云："大盈无意为盈，故反若冲。冲者，不盈也。然惟其无意为盈，故用之亦无所谓穷。"恒道之"冲"，自然而然，无意无心，不宰无执，用无以为，故恒自为用，不息不穷。

三从即盈不盈思维上解。"即盈不盈"思维，是"如如不住"。成玄英云："道德大满之人，能忘其满，故虽满如似空虚无物也。只为忘满冲虚故能利用无竭也。满者不虚，虚者不满，今满而虚者，欲明忘满忘虚，故能即虚即满，满而若虚也。"以俗有执而言，是"满者不虚，虚者不满"；以佛学无执言，是"即虚即满"、"忘满忘虚"；以《老子》思维言，是"满而若虚"，以虚持盈。三者，互不相同。佛氏"忘满"，是满如似虚，即盈非盈，"利用无竭"是如如不住；老学"忘满"，是冲虚无执，利用无竭则生物不测。满而若虚，若虚若满，即虚即满，忘满忘虚，正是释氏唯识的非四句思维。《老子》思维与其具有本质区别，"不盈"非只是"无执"、"无住"，而且有趣、有执，所趣的是"以道莅天下"，所执的是"玄德"。

四从至极无极思维上解。"至极无极"思维，是"无物之象"。李约云："内实者，故外如虚也。至于济众未尝竭也。"以《老子》思维言，"内实"则能"物物"，成功遂事；"外虚"则"不物于物"，无形无状。"大盈"作为"无物之象"，济众而不执于

功迹，故未尝竭。吕惠卿认为，"大盈"者，是"万物酌焉而不竭"；"若冲"者，是"益之而不加益"。"唯其若冲，故其用日给而不穷。""大盈"为"道冲"的别名，作为绝对本体存在，既是"至盈"存在，又是"不盈"存在，它为"至盈不盈"。前者是功大无有盈止，后者是功成不居不殆。因"其用日给"，故"万物酌焉"，它是"至盈"；因其"益之不加益"，故独立于自然，它是"不盈"。只有独立自然，功为不贰，方能功用不测。范应元云："夫道在阮满阮，在谷满谷，大满者无所不满而不见其迹，故若虚也，其用是以不尽。""无所不满"是"至盈"，"不见其迹"、"功用不尽"，是"不盈"。因功用不测，故不见其迹。林希逸认为，"有盈则有虚"，而"大盈"者常若"虚"，故其用不穷。"大盈"常"虚"，为超越虚盈有待的无待者，是"物物而不物于物"的"无物"，它恒成万物而本自不物。常"虚"，既是"不是其所是"，又是"是其所不是"。

"大盈若冲，其用不穷"作为绝对存在质性，以"无状之状"思维言是"无盈之盈"、"无用之用"，以"大象无形"思维言是"大盈无盈"、"大用无用"，以"功成不居"思维言是"盈而不盈"、"用而不恃"，以"至极无极"思维言是"至盈无盈"、"至用无用"，以有无双遣思维言是即盈不盈，用不住用。除后者是释氏思维外，其它皆是《老子》的意旨。在"盈"与"不盈"的关系上，不可一概否定"盈"，因为它是功用，"谷得一以盈"，为万物所用。"不盈"是在"盈"的前提、基础上揭示它的不执、不殆、不测。它正如恒道在"可道"中揭示其"不可道"的绝对存在质性一样。

二、传承发展

《老子》"道冲，而用之或不盈"、"大盈若冲，其用不穷"思想，开创了道用无穷、绝对思维的新境界。《庄子》继承发展之。首先，提出了"太冲"的观念。有一则寓言：壶子以示神巫季咸体道的境界，"吾乡示之以太冲莫胜，是殆见吾衡气机也。鲵桓之审为渊，止水之审为渊，流水之审为渊。渊有九名，此处三焉。"（《应帝王》）何谓"太冲莫胜"？"太冲"者，因"莫胜"而为至极。"莫胜"者，无朕、无迹，无常形势。"胜"与"朕"形近而伪，《列子·黄帝篇》正是写为"朕"。从文义看，"朕"字更优。以己心言，"莫朕"则"浩然泊心"，无所固执；以对物言，"莫朕"则能"玄同万方"。家世父曰："《管子·度地篇》：水出地而不流，命曰渊。谓水回旋而潴为渊，有物伏孕其中而成渊者，有止而不流者，有流而中淳为渊者，水之淳潘，因其自然之势而或流或止，皆积之以成渊焉，故曰太冲莫朕。"（引自《庄子集释》，中华书局 2004 年版，第 303 页）渊因自然之势，而成九渊之态，故莫知其朕。"太冲"作为"未始出吾宗"者，是"道冲"之境。心体"道冲"，则为"太冲"。"道冲"无形，"太冲"无朕；"道冲"因物为用，"太冲"因方而方；"道冲"无体而成万用，"太冲"无方而呈万方。"虚而委蛇"、"因以为弟靡，因以为波流"，皆是"太冲"的心境和心术。其次，以无盈无虚为大盈。"天下之水，莫大于海，万川归之，不知何时

止而不盈；尾闾泄之，不知何时已而不虚；……此其过江河之流，不可为量数。"（《秋水》）海为天下水，在《老子》言类如恒道之性。之所以万川归之而不止，在于"不盈"。"不盈"，则涵容无限，"注焉而不满"。之所以尾闾泄出而不已，在于"不虚"。"不虚"，则愈出愈有，"酌焉而不竭"。"不盈"、"不虚"，则海为"大盈"、"至盈"。"可为量数"者，有盈有虚之属。反之，无盈无虚则为无待、无限存在。《文子》对"道冲不盈"思想进行了深入阐发。一言道冲不盈。"江河之大，溢不过三日；飘风暴雨，日中不出须臾止。德无所积而不忧者，亡其及也。夫忧者，所以昌也；喜者，所以亡也。故善者以弱为强，转祸为福。道冲而用之，又不满也。"（《微明》）以《老子》"道冲，而用之或不盈"为据，阐发其旨。江河之大、飘风暴雨，有盈止之限。积而不忧，不可长久。忧于盈止，则昌盛发达。"以弱为强，转祸为福"，是"道冲"之用。持盈之道，在于守"冲"。以"冲"为用，则用而不恃，用而不贰，用而"不满"，用而不测。二言"冲而不盈"。"原流泏泏，冲而不盈，……施之无穷，无所朝夕"（《道原》）。"泏"者，同"汨"，与"盈"义通。道用如"原流"，以其"泏泏"不止而用不穷，故为"冲而不盈"。道用以"冲"为性，故无有盈满止息之时。"施之无穷"，是用而不测；"无所朝夕"，是用而有恒。"冲而不盈"，又与"冲而徐盈"思维一贯。如果说前一"不盈"之"盈"，揭示的是量变后质变，极盈则止穷；"徐盈"之"盈"，揭示的是量变渐进的过程，徐徐而不盈满。"冲"者，"若无而有"，体无而用无穷。以德性言，"冲而徐盈"是"不欲盈"。《老子》云"保此道者，不欲盈。"善用道者"终无尽"，"终无害"（《符言》）。"终无尽"者，其用"不盈"；"终无害"者，其用"不弊"。三言冲气不损。圣人"怀天下之大，有万物之多"，要去其"志骄"、"用心奢广"，则"以道镇之，执一无为，而不损冲气，见小守柔，退而勿有"（《九守》）。"冲气"是本真之性，"以道镇之"是复于本性。人能不损"冲气"，则无有骄盈，而能长久。"退而勿有"，是"功遂身退"。"见小守柔"，是"虚心无有"。"损缺"者，"不盈"之谓。圣人以"卑谦清静辞让"而"见下"，"见下故能致其高"；以"虚心无有"而"见不足"，"见不足故能成其贤"。"见下"、"见不足"，就是"不盈"之德性和道术。只有守于"不盈"，"虚心无有"，才能成就不测之功。相反，执"盈"者不能成为"大盈"，"满溢者亡"。在《老子》言，恒道因其"冲"而能施用无穷，人若以"道冲"为用，是"冲而用之"。谋"大盈"之用，必为"不盈"之术。以"冲"为用者，反其盈而取其不盈，方成为"大盈"。四言冲盈相待。"三皇五帝有戒之器，命曰侑卮，其冲即正，其盈即覆"（《九守》）。盈满则倾覆，"冲"者即正。"冲"与"盈"对反，相互转化，"物盛则衰，日中则移，月满则亏，乐终而悲"。然"道冲"与冲、盈对待的"冲"不同，前者是绝对存在，后者是相对存在。《淮南子》论述"道冲，而用之或不盈"思想，多与《文子》同，然对"太冲"观念也给予了进一步的阐述。"聪明虽用，必反诸神，谓之太冲。"（《诠言训》）"太冲"者，不执于迹。用聪明而不能反诸神，则"形胜则神穷"。反之，"神制则形从"。"反

诸神", 是"与天同心, 与道同体"(《文子·道原》), "与道为际, 与德为邻"(《文子·九守》)。"至神"者, "以求无不待", "以为无不成"。"求无不待"、"为无不成", 则功用不测。"神"者, "道冲"之妙用。

最后, 对本节内容做简要概述。"道冲, 而用之或不盈"与"大盈若冲, 其用不穷"是《老子》两个重要思想观念, 只有相互阐释才能揭示道用若"冲"而不盈的深刻内涵。"道冲"是道体, "若冲"是道用。"或不盈"是道体, "大盈"是道用。"道冲"本自"不盈", 是"无状之状, 无物之象"。正如无状成万状、无物成万物一样, "冲"者因"不盈"而成"大盈"。"道冲"的"不盈"是"独立不改", "道冲"的"大盈"是"周行不殆"。"道冲"的"不盈"超越盈、虚对待而为无待, "大盈"至极而无极。恒道之用所以"不盈", 在于其用自然而然。恒道是作用而不有其所用, 为用而不恃其用, 用而无执, 用而不留, 用而不测。"至盈"不盈, 不盈方为大盈。以"盈"言, "道冲"之用是"无盈之盈"、"盈而不盈"、"大盈无盈"和"至盈大盈"四者的统一。以"用"言是"无用之用"、"用而不恃"、"大用无用"和"至用大用"的统一。

第二节 用之不勤

《老子》"用之不勤"思想, 与"用之或不盈"一样, 在于揭示恒道为用的绝对存在质性, 二者虽在功用有恒上具有相同的内涵, 然亦有侧重点、外延上的不同。"不盈", 在于揭蔽恒道为用的"不息"、"不测"质性, 因为只有施用"不盈止"而无有殆止时, 方能不改其用, 进而不测其用。"用之不勤"观念, 更侧重揭示恒道之用的自然、无穷质性。

一、文字校解

《老子》第六章云: "玄牝之门, ……绵绵若存, 用之不勤。""玄牝之门"的涵义已在前面诠释过, 这里不再赘述, 引用之以明"用之不勤"的本体、主体。帛书《老子》甲本"绵"字写作"緜", "勤"字皆写为"堇"。帛书乙本文句写作: "绵绵呵, 其若存, 用之不堇"。虽文字上有所不同, 然本义不变。楚简本《老子》无此章, 为后人所增撰。

(一)"緜"与"绵"

"緜"者, 篆文为会意字, 会缠连的丝绵之意。《说文》解为"联微", 《玉篇》释为"新絮", 本义为丝绵物。"人之性便衣緜帛, 或射之即被甲, 为所不便, 以得其便也。"(《文子·上德》)由丝绵的联结引申为连绵不断。"緜緜瓜瓞。"(《诗·大雅》)。毛亨云: "緜緜, 不绝貌。"郑玄笺云: "緜緜然若无将长大时。"(引自《毛诗正义》,

第 979 页）若"无将长大时"，揭示无有间歇的存在质性，因为"物壮则老，是谓不道，不道早已"。凡物有壮则落入不道，为者败之。孔颖达疏："瓜之本实继先岁之瓜，岁岁相继，恒小于本，若将无复长大之时也"。又认为，"緜緜，微细之辞，故云不绝貌也。"（同上页，第 980 页）"緜緜常以结引驰外为务"《荀子·王霸》）。王先谦云："緜緜，不绝貌。"（引自《荀子集解》，中华书局 2008 年版，第 206 页）《文子》中"绵"写作"緜"，如"緜緜若存"（《精诚》）。可见，"緜"为《老子》"绵绵若存"的本字。

"绵"者，同"緜"一样具有连绵不绝的意义，然亦有不同涵义。"绵绵葛藟，在河之浒。……绵绵葛藟，在河之涘。……绵绵葛藟，在河之漘。"（《诗·王风》）"葛藟"者，茎皮可制棉布，后指丝织品。毛亨注"绵绵"云："长不绝之貌"。（引自《毛诗正义》，上海古籍出版社 1990 年版，第 265 页）孔颖达疏："绵绵然枝叶长而不绝者，乃是葛藟之草，所以得然者，由其在河之浒，得河之润故也。"（同上页）孔颖达疏"绵绵翼翼"（《常武》）云："绵绵，舒缓之意，故为静也。"（同上书，第 1255 页）王道之兵安静且敬，不行暴掠，故不可战胜。又释"绵绵其麃"（《周颂·载芟》）云："麃是芸之别名，绵绵是麃之貌。《释训》云：'绵绵，麃也。'孙炎曰：'绵绵，言详密也。'郭璞曰：'芸，不息也。'王肃云：'芸者，其众绵绵然不绝也。'"（同上书，第 1358-1359 页）"登此昆吾之虚，绵绵生之瓜。"（《左传》哀十七年）杜预云："绵绵，瓜初生也。"（引自《春秋左传正义》，北京大学出版社 2000 年版，第 1698 页）"绵地千里"（《谷梁传》文十四年）。范宁云："绵犹弥漫。"（引自《春秋谷梁传注疏》，第 179 页）

緜緜或绵绵，从经纬缠连的丝织物，引申为连绵不绝、连续不息，同时还有微小、舒缓、安静的含义。河上公等解"绵绵"为"微妙"，陆希声解为"不知所终极"，王安石解为"远而不绝"，司马光、苏辙等解为"微而不绝"，黄茂材等解为"相继"。何新认为，"绵绵，即绵密也。"（引自《老子新解》，北京工业大学出版社 2007 年版，第 92 页）"緜"者因微而密，因密而连绵，因连绵而舒缓，因舒缓而不绝，因不绝而反映在运动上是不息。

（二）"勤"与"堇"

"堇"者，会意字，甲骨文像把一个双臂交缚、头颈戴枷的人牲放在火上焚烧之形，会以人牲献祭求雨之意。祭祀需用力，后加"力"为勤，以况祭祀的竭力、尽力意义。"勤"者，古文"廑"，有多种含义。一为"劳苦"。《说文》云："勤，劳也。""勤"者，劳力之谓。《尔雅·释诂》释"勤"为"劳"。"四体不勤"（《论语·微子》），"勤"为勤劳之谓。"民生在勤，勤则不匮。"（《左传》宣十二年）勤劳，勤于耕作务农。"发于勤劳"（《管子·法禁》）。"生也勤"（《庄子·天下》）。"勤"者，勤苦之谓。二为经常。勤劳者，经常如此，持之以恒。"自天子至于庶人，四体勿勤，思

虑不困，于事求赡者，未之闻也。"（《文子·自然》）"勤"者，辛勤、不懈努力，勤于作为。"贪于土必勤于兵，勤于兵必病于民，民病则多诈。"（《管子·大匡》）"勤于兵"者，穷兵黩武之谓。三为尽力。由勤劳引申为尽心尽力。"恩斯勤斯"（《诗·豳风》）。"勤"者，殷勤、笃厚之谓。"吾闻之，非德，莫如勤，非勤，何以求人？能勤，有继。其从之也。《诗》曰：'文王既勤止。'文王犹勤，况寡德乎？"（《左传》宣十一年）尽心、尽职于创业。"君子勤礼，小人尽力，勤礼莫如致敬，尽力莫如敦笃。敬在养神，笃在守业"（《左传》成十三年）。"勤"与"尽"义通，而"敬"与"笃"就是"勤"的诚意。"美哉！勤而不德，非禹，其谁能修之？"（《左传》襄二十九年）"勤而不德"，勤于济民而不以为德。"勤施无私曰类，教诲不倦曰长"（《左传》昭二十八年）。"勤施"者，施而不贰、不止。"孔子勤志服知"（《庄子·寓言》）。"勤"者，笃实而不怠。"勤身遂行"（《管子·法禁》）。"勤身"者，不辞辛苦而执着以行。"天下之诸侯知桓公之为己勤也，是以诸侯之归之也譬若市人"（《管子·小匡》）。"为己勤"者，竭尽所能，以足己欲。四为竭尽。由勤劳过度引申为不堪重负，以至于竭尽。"勤而无所，必有悖心。"（《左传》僖三十二年）"勤而无所"者，精疲力竭而无有所获。"民之于利甚勤，子有杀父，臣有杀君；正昼为盗，日中穴阫。"（《庄子·庚桑楚》）"于利甚勤"，孜孜以求，沉溺不拔。"暗主即不然，取民不裁其力，求下不量其积。男女不得耕织之业，以供上求，力勤财尽，有旦无暮，君臣相疾。"（《文子·上仁》）"力勤财尽"者，民力劳瘁，财物一空。"事勤财匮"（《淮南子·主术训》）。"事勤"者，政事之烦，民不堪重负。五为体恤。由勤于为事、周济于人，引申为体恤于人。"齐方勤我，弃德不祥。"（《左传》僖三年）齐国恤济郑国的急难。"非神败令尹，令尹其不勤民，实自败也。"（《左传》僖二十八年）杜预注："尽心尽力，无所爱惜为勤。"（引自《春秋左传正义》，北京大学出版社 2000 年版，第 453 页）"勤民"者，体恤民困而爱民。爱民体恤，内涵尽心尽力的意义。"五伯之霸也，勤而抚之，以役王命。"（《左传》成二年）"勤而抚之"，体恤而抚助。"欲求得人，必先勤之。"（《左传》襄十八年）杜预注："勤，恤其急。"（同上书，第 810 页）"勤恤其民，而与之劳逸，是以民不罢劳，死知不旷。"（《左传》哀一年）"勤"与"恤"义通，故合为一词，成为合成词。勤恤于民，同其劳逸，故民无困穷、死旷之患。历来注家解"勤"有多义。河上公解"勤"为"急疾勤劳"。王弼释为"尽"。沈善增认为，"堇"通"僅"，现写为"仅"，为"少"意。可见，"勤"作为行为必有价值取舍。既有正面的意义，又有负面的涵义，前者是尽己忠诚、勤于体恤，后者是使疲惫，不堪忍受。

至于"存"字，前面已解析为存在、存有、保存、保留等涵义，然亦提及它具有告存、恤问的意蕴。《说文》解"存"为"恤问"。"致爱则存"（《礼记·祭义》）。孔颖达疏："'致爱则存'者，谓孝子致极爱亲之心，则若亲之存也，以嗜欲不忘于亲之故也。"（引自《礼记正义》，上海古籍出版社 2008 年版，第 1312 页）"存"具有存恤的涵义，正与"勤"的体恤意相合。何新云："存，读为荐，编席称荐。"（引自《老

子新解》，北京工业大学出版社 2007 年版，第 92 页）"编席"者，固然有绵密功夫，然以编席之事况恒道之用，非确。"笾豆之事，则有司存"（《论语·泰伯》）。"存"者，存在、存有、恤问之谓。恒道在善利、辅助万物中揭示存在，故"存"中蕴含化育之功、体恤之意。

二、文句解析

《老子》"绵绵若存，用之不勤"，究竟揭示恒道什么样的存在意蕴？就全章的内涵而言，"谷神不死"为道之体，是"独立不改"；"玄牝之门"为道之用，是"万物之母"。"緜緜若存"，是道用之征，微妙至神；"用之不勤"，是道用之性，"周行不殆"。这里，"存"、"勤"的意义直接关系到道用的质性，下面围绕之从五个角度进行揭示。

一为微妙而用不勤急。河上公解"绵绵若存"为"鼻口呼吸喘息，当绵绵微妙，若可存，复若可无有"，解"用之不勤"为"用气当宽舒，不当为急疾勤劳"。以人气息出入解"玄牝之门"，非揭示道用，开道教养生修炼先河，与《老子》本旨悖离。以"绵绵"为"微妙"，然不仅如此，它还有连续、不绝之义。"若存"是"或存"，若可存、无有，故为"微妙"。以"勤"为"急疾勤劳"，则与"宽舒"之意相反。勤急是有意为之，矜持急躁。毛亨注《诗》云："勤、劳，一也。勤者，心企望之，望之而不得，所以成劳"。（引自《毛诗正义》，上海古籍出版社 1990 年版，第 97 页）不得而勤，过度则劳，人之习性如此。相对于人勤于自得，恒道是"无以为"，故为"不勤"。不过，"不勤"是恒道存在的绝对质性，超越"勤"与"不勤"，然涵摄"不勤"的涵义。李荣认为，"玄牝之道不生不灭，雌静之理非存非亡。""绵绵"者，是"不盛不衰，不常不断"；"不勤"者，是"得玄牝之道，运用无穷，无为逸乐"。"无为逸乐"，不可有意于勤急。"不生不灭"、"非存非亡"、"不盛不衰，不常不断"，正是微妙、无待的绝对质性，以况运用无穷的意蕴。与企图勤以为得不同，《老子》云："塞其兑，闭其门，终身不勤。"只有节制己之所用，终身不勤于己之图用，才能不勤而免于危殆。"终身不勤"者，无勤于功名利禄，故"无遗身殃"。勤于为己，则"自遗其咎"。

二为微妙而用不以劳。王弼云："欲言存耶，则不见其形；欲言亡耶，万物以之生，故绵绵若存也。无物不成，用而不劳也。""不见其形"而"万物以之生"，正以"绵绵若存"为"微妙"意蕴。虽有"无物不成"之用，然不以为勤劳、劳瘁，揭示恒道功用自然、无穷的意蕴。人以勤用而劳瘁，物劳而有止尽时，恒道"用而不劳"，故无穷其用。"不劳"，则恒道为万物所用而不竭，"万物恃之以生而不辞"。《说文》解"劳"为"剧"，用力者劳则竭。用力、费力是"劳"，因费力而辛苦、劳苦。"绵绵"者，幽眇而不显，若无实有，正与"道冲"义合，有用而无体。正如寂寥、恍惚等一样，"绵绵若存"在于揭示恒道之用的玄妙涵义，有似无、无中有，有无一体，不

可致诘。它既是道用的存在质性，亦是揭蔽恒道存在之体。凡言"存"皆为事物、具体存在者之存，恒道之用无形，故"若存"。唐明皇认为"无心"则"不勤劳"。勤劳，固为心之体验，故有心为勤、有为为劳。无心者自然。以《老子》思维言，正如天地无心而成化，圣人有心而无为一样，恒道功用是自然而无心，无心而成化，用为不得不然，何有勤以为劳之时？陈象古认为，自然之道，以其"神用不可见"为"若存"，以"无心于有为之迹"为"不勤"。前者是"微妙"，后者"不恃"。邵若愚以"绵绵"为"有中似无"，"若存"为"无中似有"，"不勤"为"不在勤劳措意功力能为"。前两者是"微妙"，后者是"无心"。王一清认为，"绵绵"则不绝，"若存"为恍惚。"不勤"则"虚心无为"，"虚心而神自返"，"无为而气自复"。神返气复，正是道教的宗旨。魏源认为，"绵绵若存，观妙之事；用之不勤，观徼之事也。"《老子》以"恒无欲"为观妙，然无欲中有有欲，"绵绵若存"为无中涵有，故为观妙。"用之不勤"，以其"用而无穷"言是观妙，以其"用有功迹"言为观徼。"若存"者，是"不存之存"。以"不存之存"言，其用为"无用之用"。"诚能体此而守之，小则为养生专气之术，大则为虚灵顺应之道，何穷之有哉？"以不穷解"不勤"，是言不以为劳而自然功用不止。圣人无为之治，是"虚无因应"。若"为既不得用"，徒言何益？"适足招损"。"虚无因应"，非是无为，是不勤于为己之用。圣人"勤而行之"，是"以道莅天下"，行于"玄德"，勤于功成而不勤于居功恃名，故勤而不劳。

三为微妙不绝无劳殆。成玄英以"绵绵"为"微细不断貌"，兼微妙、连绵于一体。李约以"绵绵若存"为"道体微妙，绵绵似不能自持，要今古常在"，解"用之不勤"为"虽微妙，若其应用也，未尝辞倦。人能得之，则性全神王，致无期之寿。""今古常在"，是其用"不绝"；"不能自持"，是用有若无。"辞倦"者，是不以为劳苦。以为修身，"性全神王"是得道，"无期之寿"是养生。若纯于养生，使己身无劳殆，则落入道家之旨。黄茂材认为，"绵绵"为"相继"，是不绝、不息之谓。"用之不勤"者，"无适而不勤，与道合矣。其为勤莫大焉。"以道言，无适不勤，不辞其"为物"之勤，故为勤莫大，犹如"至诚无息"。以圣人言，与道合一，各适其用。"勤"者有为何而勤的问题，或勤于为己，或勤于为物。前者是"有以为"，后者是"无以为"。勤于为己，则勤急必穷；勤于为物，则勤为不殆。就恒道"为物"言，至勤者无劳殆，至用者不绝止。林志坚以"绵绵若存"为"勤而行之"，以"用之不勤"为"道冲而用之"。"绵绵若存"是自然不已；"勤而行之"，是自强不息。前者是道性，后者是德行。"道冲用之"是周行不殆，"用之不勤"是用不劳止。

四为自然自为而不勤不殆。"緜緜若存，用之不勤"以恒道功为自然质性言，既是"无以为"的不勤急，又是不以为劳的不恃勤，还是勤于"为物"的无劳殆，合言之是"为物不贰"、"生物不测"。王雱认为，"神牝生生不尽，而若有若无，不可定有。"它是"动而愈出"，何勤之有？绵绵不绝，在于非定有，泛然无不有，它是恒道功为上的微妙而至神。"动而愈出"，是自然而然，功用不测，故不勤止。宋徽宗认为，"绵绵

若存"者，"自本自根，自古以固存，不知其尽"；"用之不勤"者，"茫然天造，任一气之自运，倏尔地化，委众形之自殖，乾以易知，坤以简能，非力致也，何勤之有?""自本自根"、自运自殖，是功为自然恒存；"自古以固存"是"绵绵"，"非力致"是"不勤"。程大昌认为，与"有形有质，目可覩手可捉"之可存相反，"若存"者是有无一体；"绵绵"者，"相属而不绝"；"不勤"者，"生生化化，无时或息，无时或留"，"虽有作用而不费运动"。正因"緜緜若存"，故能"用之不勤"。前者是无定体，后者是无定用。道无体而用无方。"生生化化"，是恒自功为；或息或留，则有劳殆。"不费运动"，是"无劳"而恒为。范应元认为，谷神之在天地，"绵绵密密而无极"，然以"视之不可见，听之不得闻，用之不可既"而为"若存"。天地用之，"四时行，百物生"，未尝劳。体微妙方有至神不测之用，生生自然故不劳。"未尝劳"者，反于人之有劳而归于绝对本体的无待自然。熊十力认为，"绵绵"者，是"虽有而不显著，常舍故创新而不断绝"；"若存"者，"方其潜而未现，或疑为亡，由潜而见，毕竟不亡"。"用之不勤"者，是"神虽潜含于万物之内部"，而万物之成实万物自成，"神无所为作"。（引自《原儒》，中国人民大学出版社2006年版，第210页）"有而不著"，是"功成弗居"的微妙；"舍故创新"，是生物、为物上的绵绵不绝。"潜而未现"，是本体之"无"；"由潜而见"，是"有生于无"。以"神"取代"道"，非是。潜含于万物内部，是"万物之奥"；"无所为作"，是万物自得，因"得一"而自在"势成之"。"用之不勤"作为恒道玄妙存在质性，非是无用而不勤，而是至用在于不勤。至勤不勤方能勤于为物不贰、生物不测。

五为因循自然不勤不绝。恒道自然生物、利物而不辞，功为不息、不测，何尝有勤而止时？圣人"不勤"，在于效法恒道生物、为物自然，故"不勤"，它是道术之用。王安石认为，圣人用天道，"未尝勤于力"，而皆出于"自然"，"以无为用天下之有为，以有余用天下之不足"。无为而用天下有为，有余而用天下不足，因循自然，善用人之力，故无有劳瘁止息时。用人之力，是另一种勤用。圣人"勤而行之"在于勤于行道，以无为用有为。吕惠卿认为，"以为亡耶，则绵绵而未尝绝；以为存耶，则恶睹其存哉？若存而已。若亡而非绝，若存而非存，则吾之用之存之无所容心，吻合之而已，何勤之有哉？"若亡非绝、若存非存，是恒道微妙，亦是自然。人能吻合大道，无所容心，则自然不勤。李嘉谋认为，"因其自然，以不用用之"，则"神动天随"，"无不应"。圣人之用，己无勤用之私，而勤于辅助自然。无不化育，"纯而不已"。王道云："绵绵若存"者，为"恍惚、窈冥，无象之象"，它是"虚而不屈"；"用之不勤"者，为"感而遂通，其应无穷，不须着力"，它是"动而愈出"。"虚而不屈"，是微妙而至神；"动而愈出"，是神妙而不测。恒在而无形，故"绵绵若存"。至用而不恃，故"用之不勤"。

归纳而言，"緜緜若存"，是从恒道功为存在上揭示其微妙而至神的玄妙质性，虽恍惚无形而神用不息、不测。"用之不勤"，是从功用上进一步揭示"緜緜若存"的存

在质性。相对于人勤以为己言，它是勤于为用而无以为；相对于人勤以为劳言，它是至用不勤，无有自恃殆止；相对于人勤而瘁止言，它是勤于为物不贰、生物不测，无有穷止之时；相对于人勤与不勤的对待言，它是超越其上的绝对"不勤"自然，犹如"无为而无不为"；相对于习俗以勤行为德言，它以"不勤"为至德，因循自然，用众人之力，不恃而纯，不息而诚，不测而神，不勤自然。"勤"有勤劳、恒常、尽力、竭尽和体恤等义，分别为恒道之用，就是勤于为物而不以为劳，勤于生物而不息其功，勤于体物而曲成无遗，勤于运物而无有殆穷，资生万物而无不辅助。

三、思想传承

在揭示"道冲，而用之或不盈"的内涵中，曾对《庄子》道用不穷思想进行了阐述，这里不多作重复，只略举几例以揭示"緜緜若存，用之不勤"之意。因"勤"的字义不同，故可分别从三个角度进行揭示之。与"道冲用之或不盈"一样，"用之不勤"是恒道资酌运量万物而不匮不乏；与"冲而徐盈"一样，"用之不勤"是恒道资酌运量万物悠久无疆；与"大盈若冲"一样，"用之不勤"是恒道勤于资酌运量万物而不已不殆。以恒道自然言，"用之不勤"是"天不得不高，地不得不广，日月不得不行，万物不得不昌"（《知北游》）。以体道言，圣人"用之不勤"，是"邀于此者，四肢强，思虑恂达，耳目聪明，其用心不劳，其应物无方。"圣人"用心不劳"，来自恒道"用之不勤"。正因"用心不劳"，故能"应物无方"。"无方"是"不劳"的证验。人有执为，则不免于劳。劳者，勤于所得而致。己无执得，故不劳。人自恃有勤，则或有不勤。恒道之用，用不自恃，虽勤不勤，何有勤止时？犹如"功成不居"一样，"至勤不勤"。圣人之所以"用心不劳"，乃因为"邀于此者"，在于因顺恒道自然。恒道是功成不测，何有竭尽？恒道作为"至勤"者，勤于成遂万物，而无有因勤而劳瘁时。"不勤"相对于"勤"而言，它是绝对的"至勤"。正如"独立不改"、"周行不殆"一样，"至勤"者恒于"不勤"，勤而不以为勤，勤而不自恃，勤而不贰其勤，故无有勤止时。正如"不盈"则不止一样，"不勤"则不息、不测。天地所以不得不广高，日月所以不得不行，万物所以不得不昌，正在于道用之勤的无止息，勤用不殆。万物"不得不然"，正见证道用不勤殆的功用恒常性。同样，《文子》继承《老子》以阐发道用"不勤"思想，兹举例以释之。"夫道者，……施之无穷，无所朝夕"（《道原》）。"施之无穷"，亦是"用之不勤"。大常之道，以生物为用，其用不诎，故用为至勤恒一。体现在"布德"上，"布德不既，用之不勤，视之不见，听之不闻"。"视之不见，听之不闻"，是"绵绵若存"。"用之不勤"，在于"布德不既"。之所以如此，在于"无形而有形生焉"。"用之不勤"，"緜緜若存"是功成不居，功为不测。正因其用微妙而至神，故言为"緜緜若存"。"无形无声：无形者视之不见，听之不闻，是谓微妙，是谓至神。緜緜若存，是谓天地根。"（《精诚》）"緜緜若存"，揭示的正是道体微妙无形而神功莫测的意蕴。"微妙"与"至神"相互包涵，相为一体，内涵在"緜

緜若存"中。恒道"若存"，是无定体、无定状；恒道"緜緜"，是有恒用、有实功。恒道之用"緜緜若存"，为无用与至用的统一。云其"无用"，是不定一用，不限一用，不息于一用；云其"至用"，是成遂一切之用，无物无时不以之为用。恒道作为"不勤"之用，是大用恒勤，"周行不殆"。又是"至勤不勤"，不自恃于勤、不贰于为物，故为至勤，恒于功成。至用不用，不自恃其用方为大用。"其用之乃不用，不用而后能用之也。"正如"无状之状"成遂万状一样，"无用之用"成就一切功用。"冥冥之中，独有晓焉；寂寞之中，独有照焉"，正是"緜緜若存"的思维，能"游于冥冥者与日月同光"。以恒道为用言，"若存"是无定用，"緜緜"是恒其用。前者是不滞用、不息其用，后者是不间用、不测其用。二者相互界定，融贯一体，互为涵摄，犹如"大象"与"无形"的关系。在揭示"用之不勤"的思想内涵上，《淮南子》有相为佐释之论。"太上之道，……旋县而不可究，纤微而不可勤"（《原道训》）。正如"旋县"者无端可究一样，"纤微"者微妙无有定体，故不可勤。"究"是"致诘"、究极。"勤"与之对应，是勤止、竭尽。"纤微"不可谓不小，然微妙却用之不能勤以竭尽，正是微妙而至神。葛洪云："执匪懈于夙夜，忘劳瘁于深峻者，勤人也。"（《抱朴子外篇·行品》）人之为勤，表现在恒心上是夙夜不懈，体现在心感上是忘其劳瘁。夙夜不懈，则恒勤不止；忘其劳瘁，则勤不以为劳，二者皆在"用之不勤"内涵之中。在"用之不勤"上，内涵功成自然，无以为勤、不恃其勤意义。宋儒胡宏曾贬斥《老子》道用之论，认为天地生生万物，圣人生生万民，"固其理"。"老聃用其道，计其成，而以不争行之，是舞智尚术，求怙天下之权以自私也。其去王事远矣。"（引自《知言》，载《胡宏集》，中华书局 2009 年版，第 10 页）天地、圣人是至诚无息的"自然"，而《老子》"用其道"，以"用之不勤"为道术，何尝不是功成自然？"计其成"，是导人成其大功，而不自恃已有之成。"不争"，是揭示人主不争于民而天下莫能与之争，"执大象，天下往"。孔孟所谓"诚"、"性之"是"无以为"，"舞智尚术"是用权诈术的"有以为"，而《老子》所尊贵的同样是功为自然、"无以为"。勤于为物、生物而不以为劳，不恃其勤，恒自如此，何尝不是"至诚无息"？"用之不勤"，正是王道功为，何尝是去王事远？以无私成其私，所成之私非是私欲，而是人生更高的境界，成就"与道为一"的"以道莅天下"的境界。

最后，对本节内容做简要概述。"绵绵"者，揭示恒道生物之用的微妙至神、连绵不绝、不息不殆；"若存"者，揭示恒道"为物"的窈冥、恍惚、泛兮、不可致诘等质性。以其功用寓于万物之中，施用在于成物自用，假于物而存在，故为"或存"、"万物之奥"。"用之不勤"者，以其勤于为物、生物而不勤于自用、己私，是功用上的"无以为"，不贰其用；以其勤于为功而不以为勤，用有勤而若无勤，是功用自然、不有、不恃；以其勤于功用，不改、不殆、不测其用，是功用的"独立"、"周行"。相对于勤与懈的对待而言，因其无形无待谓之"不勤"；相对于勤行恒久言，因其用不贰、不测谓之"恒勤"；相对于万物资用言，因其无物不存、无时不有谓之"至勤"。

恒道若不勤于为物，何能生物不测？以体道言，圣人勤于用而不恃于勤，故大禹"勤而不德"，文王"既勤止"。常人勤有止时，而圣人无有止息，"至诚无息"。

第三节　用不可既

《老子》揭示恒道之用的无限质性，除了有"用之或不盈"、"用之不勤"外，还有"用之不可既"的论说。与之对应的道体分别是"道冲"、"緜緜若存"和"淡乎无味"。三者从不同的侧重点，揭示恒道作为"至用"的玄妙内涵。本节从"淡乎无味"况谓入手，以揭示其"用之不可既"的思想意蕴。

一、文字校解

《老子》第三十五章云："道之出口，淡乎其无味，视之不足见，听之不足闻，用之不可既。"前面已就"道之出口，淡乎其无味，视之不足见，听之不足闻"一文进行校解、诠释，这里重点对"用之不可既"一文进行校解、诠释。帛书《老子》甲、乙本"不足既"写作"不可既"。楚简《老子》丙本写作"不可既也"。从帛书、楚简《老子》看，"不可既"当为原文。因"足"与"可"字通义，同时与前文"视之不足见，听之不足闻"保持句式一致而改。河上公本尚写为"用之不可既"，而王弼本写作"用之不足既"，但在注解上释"不足"为"不可"。

（一）"足"与"可"

"足"者，象形字。《说文》云："足，人之足，在（体）下，从止，从口。"本义指小腿。引申为充足。《老子》多言"足"与"不足"，其中"足"者为足够、充足和具足，如"恒德乃足"，"知足者富"，"知足不辱"以及"知足之足，恒足"等；"不足"者，为达不到、够不上某种数量和程度，如"不足者補之"，"不足以取天下"；或为某种性分、德性的缺失，如"信不足"；或为心境德性上的"不足"，如"广德若不足"；或为贪欲上的不知足，"祸莫大于不知足"。从肯定性上言，"足"为具足，是数量、程度上的圆满；从否定性上言，"不足"具有量变、程度上的有限意蕴。"不足既"是否定之否定，揭示出道用的无限性，"不能穷极"。"有赏不足以劝，有刑不足以禁，则国虽大，必危。"（《韩非子·饰邪》）"足以"是充分性的肯定判断，"不足以"是否定意义上的非必然全称判断，具有有限的相对性。在《老子》本章中，为什么言"视之不足见，听之不足闻"？因为不足见闻是从微妙意义上揭示道用，虽直接感知不到，然可通过"为物"的征象见证恒道的存在。

"可"者，会意兼形声字，《说文》解为"肯"。具有肯定、适合、能够、值得、应该等相对涵义，如"信近于义，言可复也"（《论语·学而》），有可复则有不复，复者非具有完全性、必然性。然从否定意义上说就是必然、绝对意义上的全称否定。《老

子》云："天下神器，不可为也，不可执也。""不可"，是必然性的否定判断，故云"无为，故无败；无执，故无失"。反之，是"为者败之，执者失之"。"贞信则不可穷，道德则天下宗"（《文子·符言》）。道德为天下宗，是充分肯定判断句；"不可穷"是完全意义上的否定判断。再如"欲不可盈，乐不可极"（《文子·上德》）。"不可"是必要条件意义上的否定判断，不可盈则欲尚可，不可极则乐方可。相反，欲盈则殆，乐极生悲。

（二）"既"之字义

"既"者，会意字。《说文》云："既，小食也。""既"为"已"，"亦既见止，亦既觏止"（《诗·召南》）。"既往"是已往，"既往不咎"（《论语·八佾》）。"既"为"卒"。"卒，既也。"（《尔雅·释言》）郭璞注："既，已。"邢昺疏："皆谓尽已也。""卒"是"尽"。"日有食之，既"（《春秋》桓元年）。杜预注："既，尽也。"（引自《春秋左传正义》，北京大学出版社2000年版，第157页）食既者，日光尽。王弼注《易》云："既济者，以皆济为义者也，小者不遗，乃为皆济"。孔颖达疏："既者，皆尽之称"。（引自《周易正义》，上海古籍出版社1990年版，第249页）王夫之云："既，本训小食也。……借为尽也者，余食以小食毕之，则无余矣。故《春秋》：'日有食之，既'。食无余也。通为已事之辞者，尽则已矣。"（引自《说文广义》，载《船山遗书》第五卷，北京出版社1999年版，第2799页）"既"，涵"尽"、"已"等义。历代多数注家解"既"为"穷尽"。河上公注为"既尽"，王弼注为"穷极"，成玄英、李约、苏辙、王安石等皆注为"尽"。

二、文句解析

前文已对《老子》"淡乎其无味，视之不足见，听之不足闻"进行过解读，这里重点解读"用之不可既"。概括注家之解，主要有以下诸说。

一从道术之用思维上解说。河上公云："用道治国，则国安民昌，治身则寿命延长，无有既尽时也。""无有既尽时"，揭示出道用无有止息、无有穷极的意蕴。"既尽"是有限、有止，反之则无息无尽。用道治国，是外王的道术。治身以延长寿命，是道教的归趣。《老子》云："修之于身，其德乃真；修之于家，其德有余；修之于乡，其德乃长；修之于邦，其德乃丰；修之于天下，其德乃溥。"以《老子》旨意言，修身以德真、养性，非为了"寿命延长"，而是为了内圣外王。这里，非在于揭示恒道功用，而在于揭示道术之用。唐玄宗云："以道镇净，初无言教，故视之不足见，听之不足闻，而淳风大行，万物殷阜，岁计有余，故用不可既。"以《老子》思维言，不言之教是虽言不言，因物付物。言教有伪，无之则"淳风大行"。"用不可既"，是功为不穷。陈象古认为，"用本在心，化必及物，与道默运，岂有尽哉"。"与道默运"，是以道为术，"以道莅天下"。"其德乃溥"，何有穷极？杜道坚认为，"道大无外，圣人则

而象之，以长天下。"道者"大象无形"，"圣人则而用之妙不可既"。圣人体行大道微妙至神的功用质性，故生生不息，"没身不殆"。

二从功利不尽思维上解说。《老子想尔注》云："视道言，听道诫，或不足见闻耳，而难行，能行能用，庆福不可既尽也。""庆福不可既尽"，是道用之效，功利之得。功利之得，来自道用。道用不穷，则效用不止。然若执于功利，反自遗身咎。曹道冲云："惟道深远久大"，虽"无近利"，然"久而用之始知无尽"。恒道之用至极，以其可成的功利程度、范围言为"深远久大"。"近利"者，是以实在之利言，"乐与饵，过客止"。近利可以直接感受、体验，而道用不可直接见闻感知，"至仁无仁"，"上德不德"，功用周遍而日用不知，兼利无择则不知有主。"用不可既"，正在于揭示道用的"万物恃之以生而不辞"，功为自然则"曲成万物而不遗"。

三从道性无极思维上解说。王弼云："若无所中，然乃用之不可穷极"。若有"中"是定中，为有限、可穷之中。以"能悦"标准言，道者淡无味不足悦口，视不足悦目，听不足悦耳，无一能定"中"其"悦"。然正因无有一感悦之"中"，其用却无所不中，因其用微妙至大而不可穷极。"用不可既"既是恒道功用无极的"至有"，又是道用上有无一体的"玄妙"。陆希声云："希乎夷乎虽不足以听视，然用之不穷，酌之不竭，弥乎千万年而不可以既。"希夷不足以听视，是微妙；用不穷、酌不竭，是至神。"弥乎千万年"，揭示功用"不既"的"自古及今"。司马光以"虚而不屈"解之，用无穷竭。陈景元认为，"百姓日用而不知此，用之不可既"。大道之用"不可既"，既体现在功用的悠久无疆之中，又体现在资物周遍的不辞之中。百姓恃之不辞，求则必得，故日用不知其谁主。吕惠卿指出，正因大道之用"不可既"，故"百姓日用而不知"。它是"安平泰之所自出"，岂特过客止而已？"过客止"，其用有限；"安平泰"，其用至极。"日用不知"，揭示其用周遍、恒然。印玄散人认为，"大道泛兮，其可左右，既以为人而己愈有，既以与人而己愈多，物有尽而道无穷，用之不可既，故万物归焉，而不知主。道无不在，而所在皆无"。固然，道用之用至大，无物非其所生，"万物归焉"。然为用不恃、不辞，资用不匮，万物不知有主。圣人法于道用，以天下为己，故为人己愈有、与人己愈多。朱敦毅认为，道之为用，"日用之而不知，常用之而不足，利用之而不可穷竭，是以执大象而无往不利，知机其神乎？"《中庸》以日用不知为"鲜能知之"，《老子》以日用不知揭示道用无往不利，不辞其用。神用之用，不知有用。知其有用，必是定用。

四从无用之用思维上解说。成玄英云："至道之言"，虽"绝视绝听"，然"若镜之心，物来斯照，如谷之响，感而遂通"。是知"无用之用，其用难尽"。以释氏思维言，"若镜之心"、"如谷之响"，是不执、不住于相；"物来斯照"、"感而遂通"，是念念即相。"无用之用"作为心识之用，因念念不留故难尽。以《老子》思维言，"无用之用"是用无定方，用无有执，用而不测。宋徽宗以"无用之用"思维阐释之，认为它是"无知也无不知也，无能也无不能也"。正如"无为而无不为"一样，道用是无

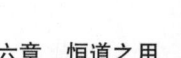

用则无不用。李嘉谋认为，圣人虽在形器之间，"从于物"，然其心"常与道俱"，求"安平泰"之境，故"执大象而往"。虽"即于形器之间"，而用"无用之用"，故"全收道用"。以道用为用，是"无用之用"。何心山以"用无用而大"作解，认为"非用之无尽，乃道之本不可尽"。道用本不可尽。故为至用。至用者用不用，不执所用，无用而无不用。魏源统合全章意旨以解之，道用"不可既"是"随其所往，安于平泰而不害"。然之所以如此，在于"大象无象"。道用是"无用之用"，其用不穷，"放乎四海而皆准"。恒道之用，相对美乐厚饵等声色臭味之用言，是无用；作为至用者，执大象之用，无用方能成其大用。恒道之用，为万物所资以用，则"善始且善成"；为圣人效法以用，则使天下归往。刘萧和认为，"用无可尽"，是"大象无形"。它是绵绵若存，愈用愈出，令人莫测。"用不可既"，是"绵绵若存"，为无用之用。相对于定用言，"若存"则为"无用"，不定于一用；相对于限用言，"绵绵"是至用，不测其为用。

三、思想传承

《老子》恒道"用之不既"与"用之或不盈"、"用之不勤"思想具有异曲同工之妙，三者在用无定体、用而无穷涵义上归于一同，然在澄明道用内涵的侧重点上有不同，"不盈"以揭示其无有盈止、进而不已的意蕴，"不勤"以揭示其无有劳殆、进而无竭的内涵，"不既"则以揭示不可既已，进而无疆的意义。因揭示道用内涵相通，《庄子》很多言论都可相互证解。大道之用，正如淡乎无味，视之不见，听之不闻一样，是无用之用，无用而无不用。"无用"是不自用，无执己用，不定一用，故无为而无不为。以不定其用言，"无用"是"无为事任"，"无不用"者是"体尽无穷，而游无朕"（《应帝王》）。至人用心若镜，"不将不逆，应而不藏"，故能"胜物而不伤"。无"有以为"于用，则用无定体，不滞于用；因循以为用，则神用莫测，功用至极。"听之不闻其声，视之不见其形，充满天地，苞裹六极"（《天运》），正是对《老子》"淡乎其无味，视之不足见，听之不足闻，用之不可既"思想的进一步阐释和继承。因冥冥无形，故用不可既。至于"视乎冥冥，听乎无声。冥冥之中，独见晓焉；无声之中，独闻和焉。故深之又深而能物焉；神之又神而能精焉。故其与万物接也，至无而供其求，时骋而要其宿，大小、长短、修远"（《天地》），同样是《老子》这一思想的贯彻和阐发。正因"至无"而不测其供求，故有"能物"、"能精"的"不可既"之用。恒道"用之不既"，还体现于"物物而不物于物"（《山木》）中。"物物者非物"，故物物无已。正因为"无物"，方能物物而"不可既"。《文子》继承《老子》之说，进一步深言"用之不既"之义。"一者，……布德不既，用之不勤，视之不见，听之不闻。"（《道原》）这里，与"用之不勤"连言的"布德不既"，正是"用不可既"的思维内涵。"既"原文写作"溉"，二字古通用，且《淮南子》正写作"布德不既"。"布德不既"与"视之不见，听之不闻"合言，正是《老子》"视之不足见，听之不足

闻，用之不可既"一文的翻版。"布德"者，生物、运物、资物之用。"不可既"揭示"布德"的至用，因其"视之不见，听之不闻"而用无定体，用不可测。"用之不既"作为"一"，是唯一、独一、至一之用，也是绝对无偶的至用。至用"不可既"，然能成一切之用。以水为道，"富赡天下而不既"（《道原》）。"富赡天下"，揭示其用的周遍、无所不极。"不既"，是至用的用而不止。作为"不既"者，既是不可穷极的功用不测，又是不可把握的微妙无形。微妙而至神，故用不可既。"不可既"之用，又是不用之用，假不用以成其大用。圣人若镜，"通于大和"，故"假不用"而能"成其用"（《精诚》）。圣人以道德为用，因物所用而施其用，若物自为用，故若镜，用各当其用。以"无用"为用，用而不拘，故能通于大用，至用无用。"淡兮无味，用之不既，先小而后大。"（《道德》）只有"淡兮无味"者，方能"用之不既"。能守于道冲微妙之"小"者，方能成其不测之大用，故为"先小而后大"。

最后，对本节内容做简要概述。大道之用"不可既"，在于微妙而至神。"微妙"者，至用无形；"至神"者，功用不测。"无形"者，涵"无味"、"无声"、"无色"等于一体。"至神"者，有物生于无物，有形生于无形。"淡"者无味，"视之不足见"无色，"听之不足闻"无声。恒道之用，既是"不可既"，又是无物不遂。在"为物"的既然、已然和未然中成其"不可既"。恒道"不可既"之用，是"无匹合天下者"的至用。以范围言，其用无物不存；以过程言，用无时不有。以道术言，是"执大象，天下往"。

第四节 弱者道用

《老子》在揭示恒道之用的存在质性上，还提出了弱为道用的观念。"弱"的内涵，在《老子》中既有道论层面的，又有自然观层面的，还有人生准则或德术层面的。"弱"作为恒道之用是"至用"，它与自然观上的强弱转化以及人生德术上的以弱持强等观念具有不同的意蕴。"弱者道之用"具有什么样的内涵特性？本节重点对此进行诠释。

一、文字校解

《老子》第四十章云："弱者，道之用"。帛书《老子》甲、乙本写作"弱也者，道之用也。"楚简《老子》"弱"写作"溺"。在解读文义前，先要对"弱"与"溺"字义进行解析。

"溺"者，古读作"弱"，声同而假用。楚简、帛书《老子》具有先秦古文的声韵特质，而今本《老子》文字简洁明了。《老子》多以涵"水"性的存在物揭示恒道存在质性，如"江海"、"渊"、"湛"、"泛"等，其中"谷"亦写作"浴"。"溺"也是如此。

　　"弱"者，象形字，涵义丰富。一为细小、柔软。此从物的自身材质、体质角度揭示其"弱"的质性。《说文》云："弱，桡也。""桡"者弱质。"栋桡，本末弱也。"（《易·大过·象》）《老子》云"天下莫柔弱于水"。二为微薄、弱小。由自身体质柔弱，引申为事物之间力量对比上的弱小。"弱固不可以敌强"（《孟子·梁惠王上》）。不敌于强，故弱。三为削弱、变弱。由双方力量对比的不同，转化为动态上此消彼长的趋势和作为，"使之弱"。"以强凌弱，以众暴寡"（《庄子·盗跖》）。四为弱冠、弱年。由动态发展的变化，而引申为一定发展阶段的事物称谓。"二十曰弱，冠。"（《礼记·曲礼》）身体犹未壮，故为"弱"。与此相对的是"四十曰强而仕"。"弱子，慈母之所爱"（《管子·形势解》）。五为懦弱、软弱。由指称事物的材质，进而专指人的品质、气质或素质。"六极。……，六曰弱"（《书·洪范》）。孔颖达疏："弱"作为"尪劣"，是筋力弱、志气弱。郑玄云："愚懦不毅曰弱。"（引自《尚书正义》，上海古籍出版社2007年版，第324页）"懦弱易夺，似仁而非。"（《荀子·大略》）六为弱强相待。事物从弱到强、或从强到弱而形成一种律动的常则。"大而不为者，复小；强而不理者，复弱。"（《管子·霸言》）"物固有大不若小，众不若少者，及至夫强之弱，弱之强，……非圣人孰能观之！"（《淮南子·氾论训》）七为守弱、居弱。由事物强弱相互变化的规律而采取的一种自处、自保行为或品德。"得道者，志弱而事强，心虚而应当"（《文子·道原》）。八为权谋心术。由强弱作为事物发展的律则，而人为加以利用、干预，形成对自己有利的发展态势，便成为一种谋术。"善用国者，……因强国之权，以其势弱之"（《管子·霸言》）。"善持胜者，以强为弱。"（《淮南子·道应训》）从以上解析看，"弱"论涵盖存在论、发展观以及认识论、道德观和权谋术等思想，成为具有内在逻辑联系的统一性。

　　二、文句解析

　　就《老子》"弱者，道之用"思想，历来注家从多种角度或层面进行了解读，各有所可，然从系统观来看也各有局限。

　　一言弱为道之常用。河上公云："柔弱，道之所常用，故能长久。"在《老子》本义，道以"弱"为用，然"弱"非是强弱对待之弱，而是超越强弱对待的无待之弱。"弱"是道用的根本质性，故为恒常。"弱"是一种"玄德"质性，它是不敢为、自然、因循，故能"用之不可既"，悠久无疆。若以"柔弱"为"道之所常用"，则是以柔弱为术，非是道用之体。柔弱必然长久，非是常用柔弱使然。柔弱是本，长久是效。若持弱则久，无以弱必不能久。"弱"者作为道用寓于万物之中，是生生的辅助自然。正因恒道以柔弱为本，故万物得道以自化。万物以柔弱为机理，以柔弱为自然之性，是"得一"所然，非是得自恒道之"弱"使然。人主法道自然，因万物自然，故为柔政弱德。李荣认为，"道以柔弱为用，动皆反俗，以刚强在心，举皆失道也。""以柔弱为用"，正是道动之反的内在应有之义。"以刚强在心"，常忤逆于物，故"举皆失

道"。唐玄宗云："弱者取其柔弱雌静，柔弱雌静者，是圣人处实。""柔弱雌静"作为道术常用，固为圣人所取之实。林希逸认为，《老子》之学大抵"主于虚"、"主于弱"、"主于卑"，故言"弱者强之用"。"强以弱为用"，因"能弱而后能强"，而"专于强则折"。"专于强"，是恃强；权用"弱"，是弄术。薛蕙指出，"道之用以弱为常，盖不弱则不可以久，必冲和濡弱而后无亢盈之患，故弱者道之所以为用也。"道用之所以"以弱为常"，是道术常则，因为以"冲和濡弱"为德，则无亢盈之患，然后能久。以道术之常言，"知其雄，守其雌"为"弱"；以修生之常言，"专气致柔"为"弱"。憨山德清认为，"道体至虚，柔弱无用，而为天下有用之本。世人祇知有用之用，而不知无用之用为大用"。"有用之用"是事为之用，而"无用之用"是用万物之用，故为天下用的"大用"。"柔弱"者不宰，故无妄作用，而用人之用；"至虚"者无为，故无妄作为，因循以为。王夫之认为，坚强则有倚失用，非为道用。"道之用，以弱动而已。"以弱为用，无所固执，则不穷于用。用常在"弱"，而道可得用。"天法道，人法天，而何有于强？"效法顺从，正是"弱"之常用。

二言弱为道用之反。王弼云："柔弱同通，不可穷极。"恒道的"柔弱"，其用在"同通"上。同则顺物物违，通则"道通为一"。正如"有生于无"、"有以无为用"一样，"弱"与"无"一样，具有绝对、独立的存在质性。"无"以本始、本体言，"弱"以本用、本性言。若能以柔弱为本，则其用"不可穷极"。《老子》文多以"柔"与"弱"合用，然为何不言"柔弱"为道之用，而单言一"弱"字？因为"柔"为气质之性，多就质地、形质言，"柔"为"刚"是质变论，然"弱"与"强"具有量变趋势上的相对关系。柔刚是定性，强弱是量变，前者很少言数量上的相较，后者侧重于相对、相比和相互转化的关系。虽然"以柔克刚"类似"以弱胜强"，且《老子》有言"柔弱胜刚强"，但言"刚柔相济"却不可言强弱相济。刚柔可以共在一体，然强弱对反、各自独立。强弱既是对反、对待关系，又是转化，相生关系。王弼提出"守母存子"、"举本息末"思维，皆是道用之反。弱者道用，是反者道动的思维，以"弱"为本、为始，则能功成事遂。正如《老子》以"无"、"母"、"本"和"始"为根本一样，"弱"是道用之本；犹如举本自成末，有始必成终一样，持弱乃能成天下至强。归而言之，万物之本在于"无"，"无"能生万有，故以"道"为"无"。类于此，"弱"是道用之本。正如"有生于无"之"无"为绝对本体、独立存在一样，"弱"是绝对之用，故为"至用"。赵志坚认为，"内心虚静，外行柔弱者，是返本之行。"以德性言，"弱"是虚静无为之德；以道术言，"弱"是因循辅助之术。吕惠卿认为，道周行于万物，"运动乎天地"而"非不强"，然其用"常在于弱"，它是"天下之至柔驰骋天下之至坚，无有入于无间"。与万物持强相反，恒道以"至柔"周行于万物之中，以"无有"充塞于宇宙之间，非以弱为至用？然则，"欲反而弱者无它，致一以极乎无而已"。"反"是道动之反，"一"是执一因循，"无"是无执无为。无形能生成万形，成于万物之遂。王雱认为，道用"无所不克"，不可谓不强健，然"独健不能自

健"，必"以弱为之本"，而有"相生之情"。"弱"为反本，以为"万物母"，则能遂生天下万物。李嘉谋认为，"天下之有皆生于无，有则必强，反强为弱，则可以渐求于道"。"弱者致无而求道"。"弱"类于"无"，故近于道。道体本"无"，不宰于物，成遂万物，故以"弱"为用。"卑下"，"谦退"、"慈俭"、"不敢为天下先"，"牝母"、"容公"，"曲全"等皆属此用，它是恒道"生生"而"不为主"的质性使然。以"弱"为用，是体道以"无"为本。与世俗恃强言，反于弱本是"弱者致无"以求"道"。焦竑以《老子》"万物生于有，有生于无"为据，认为"无必生有"，故贵"反于无"；"有生于无"，故贵本于"弱"。"弱"是"无之似"。"弱"本于"无"，非是"无之似"。

　　三言道用之弱在虚。宋代王安石认为，"道之用所以在于弱者，以虚而已。""虚"或"无"者，既是恒道存在之体，又是恒道存在的本性。以本体言，是"无状之状，无物之象"。以本性言，既是不执不有，"不物于物"，又是不贰不息，造物不测。"弱"者，既是道用之性，又是道用之术。以道用言，是辅助曲全；以道术言，是无为因循。弱以言用，虚以言性，弱来自虚。"志弱"是"虚心"，"虚"者不主自为，不干它为，因循万物，任物自然，故与"弱"通德。王氏又指出，自天者观之，"风之行乎太虚"，然"无一物不在所鼓舞，无一形不在所披拂"，则"风之用在乎弱"；自地者观之，"水之托于渊虚"，然"处众人之所恶，而攻坚强者莫之能先"，则"水之用在乎弱"。风、水因虚不可说不弱，然又是至强，它鼓舞、披拂一切，攻坚强莫能胜。"弱非所以为强，然有所谓强者，盖弱而能强也。""弱"为本，弱而能强，"言弱则知用之为强"。"弱"者自然、必然能强。犹如"天下之物生于有，有生于无"思维一样，"柔弱之至，道之用"。在强弱的本体关系中，"柔弱之至"是以柔弱为本，自然而为至用。若以弱求强，是"有以为"。机巧弄术者，以"弱"为用，以得"强"为利，把之作为工具、手段类的权术。认为《老子》"弱"用为权诈之类，是不明弱者道用的本旨。权术者，以得强而为弱，用弱是伪，不得强则不为弱。恒道以弱用为自然，是诚而无伪，恒以弱用而不以恃强。道之"弱"用，与"无为"、"无名"、"不有"和"不宰"等相互贯通。如果以之为权术，又何言"玄德"、"上德无德"和"功成弗居"？当然，弱固可以为用来图强，然必是事理必然，因物之势使然。它为人所为的当然，非是投机取巧、诡谲虚伪的权术。遵循常理，以弱为德，固"弱"本自然能成强。董思靖指出，"语其体之寂然无朕则弱矣，而其用之远而不御亦强矣。""寂然无朕"是"无"、"虚"，"远而不御"是"强"、"刚"。恒道之体是"虚"，恒道之用是"弱"，恒道之功是"强"。用"弱"必源于体"无"。吴澄认为，"道之体则虚，用则必以弱为事，弱者虚而不盈也。"用弱本于体虚，然"弱"是无为因循，非是"虚而不盈"。"虚而不盈"，是"道冲"之用。"不盈"不穷，是功效，非是弱性。王一清以为，"反虚复静"为"动之基"，"弱志虚心"为"道之用"。因"志弱"则"虚心"，虚极则"静而反其本"，它是"复性之要"。心以"弱"为用，在于反本于道体之

"无"，"廉而不刿"。张尔岐指出，"弱者，有而不离于无，不离于无，故云道之用也。若究其体，则亦无而已矣。""无"是道体，"弱"是道用，二者内涵有别。非强非弱是"无"，不自恃强为"无"也可谓"弱"，然"弱"非即是"无"。"无"兼体用，"弱"只言用。刘熏和认为，"随物为动，不自主张，有似乎弱，故曰弱者道之用。""德原根于道"，故不嫌"为反为弱"。"不自主张"，是不逆物性；"随物为动"，是因物付物。德"为弱"原根于道"为反"。从根本质性上言，虽有而复归于无，是"反者，道之动"；虽强而复归于弱，是"弱者，道之用"。

四言道用至弱至强。苏辙认为，"道无形无声，天下之弱者莫如道，然而天下之至强莫加焉，此其所以能用万物也。世不知静之为动，弱之为强，故告之以物之所生者。盖天下之物闻有以母制子，而未闻有以子制母者也。"犹如"天下有始，以为天下母"思维一样，道用之"弱"，以其为微妙无形，故为"天下之弱"。正如"天下母"者生生万物，"天下弱"者成遂天下众强。以为道术，犹如"守母存子"而能"没身不殆"一样，持弱以强方能无所不克。"弱"者本"冲"，道冲而能用不尽，道弱而为用至大，故至强莫能加。可见，至弱之所以为至大、至强，因其"能用万物"，遂万物之生。"物之所生"有本，有赖于恒道的"善利"，"弱"用内涵其中。陈象古认为，大道之行"与物无竞"，"知雄守雌"，故知"为道之用"。恒道"与物无竞"是"不争"，以其"不争"故静不逆物，因物付物。"知雄守雌"，则为"天下谿"，不离恒德而"复归于婴儿"。圣人以"弱"而"不争"，故"天下乐推而不厌"，"不争"而"天下莫能与之争"。水性至柔，攻坚强者莫之能胜。以《老子》主旨看来，"弱"为"德"，以"弱"为用实质上是行于"玄德"，然后功成不测。恒道的"弱"用，体现在"生物"、"为物"上的"不恃"、"不宰"、"不争"之中。一方面，虽发用万物而不强以为己有，不强人所难而占为己私。一方面，虽施用万物而不强以为物宰，不逆物性而以己意制物。"弱"首先是"玄德"，然后是"楷式"。恒道的作用方式，是寓于万物以自用，而非外在于物的宰制者。不强于物，则不害于物，则"万物归焉"、"天下往"，故为天下之至强。

归纳注家之解，分别从常用、反用、虚本、至强等方面进行解说，揭示了"弱者，道之用"的不同内涵。从本体言，"弱"作为道之用内涵于恒道"为物"的"玄德"、"善利"和"曲全"中，它以因物付物为要，以因循曲成为楷式，以"利而不害"为归趣，以"善始且善成"为功为，以"无物不然"、"无物不可"为宗旨，在"辅助自然"、"长而不宰"中体现其为用。

三、传承发展

《庄子》多以无为、自然、因循等观念来揭示道用的内涵，很少以柔弱来阐发道用。然以"虚"为本，则必然以"弱"为用。"若一志，无听之以耳而听之以心，无听之以心而听之以气。听止于耳，心止于符。气也者，虚而待物者也。唯道集虚。"

（《人间世》）"虚"者"心斋"，"心斋"则"虚而待物"，无逆于物，则因物付物。至人以"虚"为道，则"不将不逆，应而不藏"。正因为如此，才能"胜物而不伤"（《应帝王》）。"虚"者无执，容物无违，故为大。"同乃虚，虚乃大。"（《天地》）"虚"心者不专于己，"弱"志者不宰于物，二者一体。既以"弱"为用，则用是作用、功为，而"弱"是作用的方式、属性。至人在每一个功为中，以心识言是虚无无执，以德性言是恬静不争，以道术言是无为因循，以功为言是善利辅助。辅助、不宰、不争，就是"弱者，道之用"。"虚无恬淡，乃合天德。"（《刻意》）弱志，不自专擅，故动静与阴阳同德，"感而后应，迫而后动，不得已而后起"。悲乐、喜怒、好恶者，既有心之执，就有志之专，进而有为之宰。虚心弱志，则惟道德是从。至虚至粹者，"无所于忤"，"无所于逆"，则"动而以天行"。以天行，则不强为宰物。"虚则静"，"静则无为"，无为而"任事者责"。"无为"与"弱"相通，"无为而无不为"与"柔弱胜刚强"一体。在评述老聃思想上，"建之以常无有，主之以太一。以濡弱谦下为表，以空虚不毁万物为实。"（《天下》）以德性言，"常无有"是虚静无执为"本"，"濡弱谦下"为其"表"。"空无"则无为不宰，"濡弱"则不争顺物。"不毁万物"，是不干物性，无宰于物，宽容于物，"利而不害"。《文子》对《老子》"弱者道用"思想进行了不同层面的阐发。

一言道用的柔弱在于"因循"。"虚无、平易、清静、柔弱、纯粹素朴"五者，为"道之形象"。"柔弱者道之用"（《道原》），与人主宰物伤物不同，恒道自然生物，"长而不宰"，不逆不害于物，因物付物。与主宰强制不同，道用之弱在于循物无违，善利成物则功用至大。圣人以为道术，是"执道以御民"，"弱者道之强"。弱是道用之性，而强是道用之效。"执道"则弱志，弱志则不逆于物，"事来而循之，物动而因之"，故能成遂"万物之化无不应"、"百事之变无不耦"的至强功用。恒道以至弱为用，然成至强之功。"柔弱"作为"道之用"，与"清静"作为"德之至"、"虚无恬淡"作为"万物之祖"，三者合一为"无形"和"一"。清静者无欲，虚无者无执，柔弱者无为，无为则顺物无挠，因循曲成。以用弱柔静，则自然而强，"力无不胜，敌无不陵"。以弱志而行，是"执道以耦变"，因时制宜。

二言道用的柔弱在于"无为"。以"水为道"言，"天下莫柔弱于水"，然"任天下取与"，而"禀受万物"，故"万物不得不生，百事不得不成"（《道原》）。"任天下取与"，非是"以己养鸟"，而是"以鸟养养鸟"的功用模式，故为生生上的柔弱至德。至于"绰约润滑"只是"水所以能成其至德"者的存在质性。《老子》正是以"天下之至柔，驰骋天下之至坚，无有入于无间"揭示"无为之有益"的意旨。"不言之教，无为之益，天下希能及之。""无为"正是"弱者道用"在王道政治上的运用。以得道者言，是"志弱而事强"。"志弱"者，"柔毳安静，藏于不取，行于不能，澹然无为，动不失时"。人主体道于心为德，则以弱为志。安静则知足不贪欲，不取则不与民争利，不能则不逞恃己能，无为则不妄自作为，故动得其时宜，"应化揆时，莫能

害之"。柔弱以静，静则顺物，故圣人随时举事，因资立功。恒道以弱为用，是本然之用，不得不如此，"独立不改"。之所以如此，在于恒道自然，曲成万物，不伤害于物。"天之道，利而不害。"以为道术是"执大象，天下往。往而不害，安平泰"。

三言道用的柔弱在于"见小"。"无形强"而"有形弱"，之所以如此，在于"有形产于无形"（《道原》），无形为有形之始。圣人"以道莅天下"，则以"柔弱微妙"而"见小"，"见小故能成其大"（《九守》）。"微妙"者无形，"大象无形"。"柔弱"者无为，"无为而无不为"。无为无形，"不为主"，可名为小。然"万物归焉"、成遂万物，可名为大，故"大以小为本"（《精诚》）。圣人法道用之弱，"卑者所以自下"，"俭者所以自小"，"损者所以自少"（《道德》）。如此，则"卑则尊"，"俭则广"，"损则大"。

四言道用的柔弱在于"自得"。"能成霸王者，必得胜者也。能胜敌者必强者也，能强者必用人力者也，能用人力者必得人心者也，能得人心者必自得者也。能自得者必柔弱者。……故能众不胜，成大胜者也。"（《符言》）霸王之所以"成大胜"，在于用人之力得人心。以"柔弱"自得者，顺人利于人，故能得人心。自得"柔弱"者，是《老子》所谓的"自胜者"。"自胜"者，以弱为德，约己以从人，用人之力，故为"自胜者强"。能积众所不胜者，会成至强大胜。"弱"作为一种德性，之所以能"自胜者强"，在于以修己为本，"慈故能勇"，"俭故能广"，"不敢为天下先，故能成器长"。"道不以雄武立，不以坚强胜，不以贪竞得。立在天下推己，胜在天下自服。得在天下与之，不在于自取。故雌牝即立，柔弱即胜，仁义即得，不争即莫能与之争。"（《上仁》）自得于道用之"弱"，则同于"雌牝"、"仁义"、"不争"之德。与此相反，则恃于"雄武"、"坚强"、"贪竞"。持弱必强，自得"立"、"胜"、"得"和"莫能与之争"之效。《老子》云"欲上民必以言下之，欲先民必以身后之"，故"处上而民不重，处前而民不害"。"天下乐推而不厌"，故"立在天下推己"。得天下人心，则无不克，故"胜在天下自服"。《老子》云天下神器，不可执为，"为者败之，执者失之"。"天下归往"，故"得在天下与之"；"无事取天下"，故"不在于自取"。

五言道用的柔弱在于"无方"。无状成众状，无形制万形，弱者成强弱相生之势。"道可以弱，可以强；可以柔，可以刚；可以阴，可以阳；可以幽，可以明；可以包裹天地，可以应待无方。"（《微明》）道用之弱无为，无为而无所不为，无能而无所不能。柔弱因循，故可以"应待无方"。万物或强或弱，皆来自恒道的弱用。圣人体道，用弱因循，故"能阴能阳，能柔能刚，能弱能强，随时动静，因资而立功"。弱而能强，执强者反不能强。恒道无为于弱，而辅助万物的或强、或弱。

《列子》对弱者道用思想进行了进一步阐发。"天下有常胜之道，有不常胜之道。常胜之道曰柔，常不胜之道曰强。……故上古之言：强，先不己若者；柔，先出己者。先不己若者，至于若己，则殆矣。先出于己者，亡所殆矣。以此胜一身若徒，以此任天下若徒，谓不胜而自胜，不任而自任也。粥子曰：'欲刚，必以柔守之；欲强，

必以弱保之。积于柔必刚，积于弱必强。观其所积，以知祸福之乡。强胜不若己，至于若己者刚；柔胜出于己者，其力不可量。'"（《黄帝》）天下常胜之道在于柔弱，柔弱者"先出于己"，因"自胜者强"，故"力不可量"。以柔守刚，以弱保强，皆是"弱者，道之用"的运用。《老子》通过对天地万物以及人伦等自然、社会律则的探寻，立"弱者道用"为"天下式"，以之解释世界万物和社会强弱力量变化的态势、趋势，进而为人主建构可以自觉依凭的遵循、常则。《老子》"弱者道用"思想内涵，主要包括紧密相关的三个层面。一为恒道之用。恒道以"弱"为用，弱以施用，无为从物，"长而不宰"，顺物辅助自然。二为万物之用。恒道寓于万物之中，成为"万物之奥"，其功用是万物自为用。事物从弱至强，又由强反弱，形成强弱变化、转化的动态关系。从统一性来说，万物运动的强弱律动是恒道使动、"势成之"。三是人类之用。"弱者道用"落实在人生、社会上成为行为准则，它是德术、道术，居强处弱，以弱胜强，强以弱守等。在《老子》思想中，"弱用"同"无为"、"不争"、"自然"、"玄德"等一样具有至高、至尊的价值。从《老子》全书看，"弱者道之用"思想，是其它一切强弱观念的根本和依据。"将欲弱之，必固强之"，揭示出事物强弱转化的必然律则；"柔弱胜刚强"，"强大处下，柔弱处上"，"弱之胜强"，是道术上的最高价值准则；"坚强者死之徒，柔弱者生之徒"，是生死观上的价值取舍；"木强则折"，"天下莫柔弱于水，而攻坚强者莫之能胜"，是物理的强弱变化趋势；"兵强则不胜"，是用兵方略上的常则。恒道之用，以"弱"施为，不主专为，不为主宰，因物付物。它是万物以弱为本的根基。正因为恒道用弱无为，故万物方能以柔弱胜刚强，使柔弱为生徒、坚强为死徒。正如"夫物芸芸，各复归其根"一样，万物生机自然源于"弱"，弱小为本始，然后成其为强大。犹如万物运动、变化的反复来自"反者道动"一样，万物力量上的强弱转化源自恒道的"弱者道之用"。恒道的"弱"用是至用，它成就万物一切"弱"的本始，亦成就万物的刚强。道用之"弱"，非是强弱相对的弱势，而是具有"无"、"本宗"一样的绝对存在质性。与存在物的弱性相比，恒道作为"至弱"者不弱，相反是至强。正如"无状之状"成万殊之状一样。"道用之弱"能成遂万物中的一切强大。反映在人生观上是持弱，然非是"反经"。"反经"者，以弱图强，是"有以为"，而用道之弱是守本、举本，是"无以为"。"反经"权术上的"守弱"，是在万物强弱转化中掌握强弱转化的趋势和先机，以为图存免患。相反，"弱者道用"，是以弱成物自性而不以为强，功大处强而不居其强，不宰不逆而曲成万物。《老子》云"不得已而用之"，是"弱者道用"的最好诠释。不得已以作用于物，则不自妄用，不以强用，而用物之用，使各适用。在道动之"反"与道用之"弱"的关系上，唯知"反"则知"弱"。"反"是"归根"，是绝对性的"反"，超脱于反复、相反之谓。"弱"是"道冲"，为用上的反本。"弱"者"不为主"，故名为小，然同时是"万物归焉"，可名为大。

最后，对本节内容做简要概述。"弱"者道用，与"不盈"、"不勤"和"不既"，

共同构成了恒道的"至用"、"大用"。正因为"弱"用而成就其它之用。弱以从物，则"长而不宰"，辅助自然。不逆于物，故"因物付物"，曲成不遗。恒道以"弱"为用，体现于"善利万物而不争"、"万物恃之以生而不辞"之中，表现在"万物之奥"、"善始且善成"之中，展现在"生之畜之、长之育之，亭之毒之，养之覆之"以及"生而不有，为而不恃，长而不宰"的"玄德"之中。正因为"弱"，它是无为而无不为，故为"不盈"、"不勤"、"不既"的无穷之用。正因为"弱"，它是功成不居、不宰、不息、不测，辅助万物而无不成遂。

第十七章　道之体用

体用思维是中国古代哲学的一个重要思想范畴，贯穿于道家、儒家等诸子思想中。以体用关系揭示本体存在的思想内涵，首见诸于先秦与汉初典籍。《老子》虽无明言以体用关系揭示恒道存在的质性，但其思想内涵无疑具有体用一体的思维方式或思维结构。本章拟从《易》的体用思维入手，然后以儒学的传承发展为参照，对《老子》恒道存在质性中所蕴含的体用思维进行解读阐说。

第一节　《易》体用观

以体、用观念揭示《易》的内涵，始于《易传》，虽然从中还不能看到体用思维上的自觉以及系统的阐发，但无疑已呈现体用思维的雏形，开创了以体用思维阐释《易经》内涵的先河，开启了体用一体哲学思维的发展。"体用"一词组的起源，晚于孔孟、《易传》。钱穆指出，"体用两字连用，始见于东汉末年。"（引自《晚学盲言》，广西师范大学出版社 2004 年版，第 20 页）明确、自觉运用体用思维是后来思想发展的结果，逐步成为哲学史上具有重要价值的思想观念和思维方式。

一、神无方易无体

《易》云："神无方而易无体。"（《系辞上》）因《易》藏用至大，故其用为神。"神无方"者，揭示用非滞于一方，用无有方，无方不方，其用"不测"。"无方"之用，源自"无体"。《易》以爻位爻体见显变化之道，居无定体，故为"无体"。以爻变言，是"变动不居，周流六虚。上下无常，刚柔相易。不可为典要，唯变所适"。爻变六位，居无定所，故为"周流"；或上或下，变动不居，故为"无常"；或刚或柔，无有定性，故"相易"；无定格式，时中其宜，故"唯变所适"。相对于定体言，《易》理效法天地万物，涵摄万殊而无定体，无方无体。从"与天地准"，"广大悉备"言，"无体"又是全体，"弥纶天地之道"，为"天下之理得"。"准"、"备"者，揭示"无体"为"全体"。从《易》体现天道言，因天道"神无方"，而有"易无体"的效法。从以《易》处物言，只有"易无体"，方能用"神无方"。凡"方"为定方、一方、具方，凡"体"是定体、具体、分体。钱穆指出，"古人常言用，不及体。体即具体，必有分别。如一砂一砾，一草一木，分别乃成体。"（引自《晚学盲言》，广西师范大学

出版社 2004 年版，第 20 页）体是具体，亦是形体，还是个体。"无方"涵摄万方，"无体"包涵众体，皆是通而为一的思维。《易》以用"无方"见其体"无体"，以体"无体"蕴藏用"无方"。"知变化之道者，其知神之所为乎。"（《系辞上》）变化之道，变化不测，故如"神之所为"。"神之所为"，因不可测，故不可见、无定体。"神之所为"者，是"日往则月来，月往则日来，日月相推而明生焉。寒往则暑来，暑往则寒来，寒暑相推而岁成焉。往者屈也，来者信也，屈信相感而利生焉"。体现在认知上，"神无方而易无体"，是知"幽明之故"和"死生之说"，通"神明之德"以类"万物之情"。体现在处事上，是"感而遂通"，"占事知来"。体现在成功上，是"道济天下"，"崇德而广业"。邵雍认为，"神无方而易无体，滞于一方则不能变化，非神也。有定体则不能变通，非易也。"（引自《皇极经世》，九州出版社 2003 年版，第596 页）神者妙而不测，易者变而不居。神为易之用，运用莫测，不可定方。易为神之体，象数之变，不可拘体。无方者，无一定之方；无体者，无一定之体。张载指出，"'神无方'，'易无体'，大且一而已尔。"（引自《张载集》，中华书局 2006 年版，第15 页）"大"者，无形体之可求；"一"者，则无方所之可测。"体不偏滞，乃可谓'无方无体'。偏滞于昼夜阴阳者，物也；若道，则兼体而无累也。以其兼体，故曰'一阴一阳'，又曰'阴阳不测'，又曰'一阖一辟'，又曰'通乎昼夜'。"（同上书，第 65-66 页）"偏滞"者，滞于一方一体。"体不偏滞"者，不偏一物，不滞一体，通一兼体，故为"无体"。"一阴一阳"，是"不测"；"一阖一辟"，是"通兼"。"不测"、"通兼"，故为"无方"。朱熹云："事事物物，无非天地之化，皆当有以范围之……能范围之不过，曲成之不遗，方始见得这'神无方，易无体'。若范围有不尽，曲成有所遗，神便有方，易便有体矣！"（引自《朱子语类》第五册，中华书局 2004 年版，第 1894 页）"范围"者，统会之称；"无非"者，无限之名。二者是至极而无极的思维，一以肯定思维揭示其全有，一以否定思维揭示其无外。"无方无体"者，又是全体全方。若以为神有方、易有体，则范围有限，曲成有遗。以阴阳言"无方无体"，是周流不居。"神便是忽然在阴，又忽然在阳底。易便是或为阴，或为阳，如为春，又为夏；为秋，又为东。交错代换，而不可以形体拘也。"（同上册，第 1895 页）忽在阴忽在阳，或为阴或为阳，所居不定，变化不测，故变如"神"。四时更迭，循环无端，无有定时，间不容息，故化若神。"方是四方上下，神却或在此，或在彼，故云'无方'。"（同上册，第 1895 页）四方上下，是各定一方，而神不定一方，故"无方"。"无体"，是不定于一体。"或自阴而阳，或自阳而阴，无确定底，故云'无体'"。（同上册，第 1895 页）阴阳之位各有定体，而阳阴之变无有定所，故为"无体"。以时间性言，"'易无体'，这个物事逐日各自是个头面，日异而时不同。"（同上册，第1895 页）日异时殊，则变化无有定体。陆九渊云："《系辞》言'神无方矣'，岂可言无神？言'易无体'矣，岂可言无《易》？"（引自《陆九渊集》，第 28 页）"神"虽"无方"然非不存在，"易"虽"无体"，然并非无存有。"无方"涵摄万殊之方，"无

体”涵摄万殊之体。王夫之指出，“方者方而非众方，体者体而非众体。……盖无方者，无方之不仁；无体者，无体而不充。”（引自《周易外传》，载《船山遗书》第一卷，北京出版社1999年版，第347页）方者为一方、殊方，非是众方；体者为一体、定体，非是众体。“无方”者，无方不方；“无体”者，无体不体。“方有定而定神于其方，体有限而限《易》以其体”。（同上卷，第347页）定方则定神，定体则定《易》，二者皆有限存在。道无方无体，故为无限存在。俄而立于此，俄而移于彼，在此而不废彼。“无方”、“无体”作为“无不”者，是周尽至极。以体用关系揭示《易》理，“有所谓为体者，既困《易》于体之中；有所谓无者，又立无于《易》之外。无不给有，天下无需于《易》而《易》废；体非其用，圣人用《易》而与《易》相违乎！……善言《易》者，合天地以皆备，穷幽明物理以见心，其得辄立一体以拟之哉？”（同上卷，第348页）困《易》于定体，则不得其“广大悉备”之理；立“无”于《易》外，则不得其神用不测之理。以“无”不给“有”，不知“无方”则《易》无神用而废；以“体”非其“用”，不知“无体”则无妙体而违《易》。《易》者，兼“无方”与“无体”于一体，是大备与无限的统一。易理“皆备”广大，“圣人之于《易》也，各因其材以配之，形象各得，生成各遂，变化各致，而要不相为凌背，则吉凶著而化育成矣。若守其一隅准著一切，则天理不相掩，而人事相违，又恶足经纬乎两间哉？故曰：‘神无方而《易》无体’，广大之谓也。”（同上卷，第351页）《易》者，唯变所适，因材以用，使法象各得，变化各致，故成天下至神。若守一隅准著一切，则是执一而无权，则不足经纬于“两行”。“经纬乎两间”，则一阴一阳变化不测。

二、显诸仁藏诸用

《易》云：“显诸仁，藏诸用。”（《系辞上》）《易》道的“显诸仁”，在于“鼓万物”，成“盛德”、“大业”。“生生之谓易”，圣人以为“崇德而广业”。“藏诸用”，是“阴阳不测谓之神”。邵雍云：“显诸仁者，天地生物之功，则人可得而见也。所以造万物，则人不得而见，是藏诸用也。”（引自《观物外篇下》，载《皇极经世》，九州出版社2003年版，第597页）万物以生成，生生有功迹，故仁见“显”。生物功用不测，至诚无息，则不得见，故用若“藏”。张载认为，生物之功得见是“显诸仁”，所以造万物者不得见是“藏诸用”。（引自《张载集》，北京出版社1999年版，第374页）以“可见”解“显”，所显的是生物的功迹；以“不可见”解“藏”，所藏的是造万物之理。程伊川认为，“显诸仁”是“运行之迹，生育之功”；“藏诸用”是“神妙无方，变化无迹”。（引自《二程集》，中华书局2004年版，第1029页）程子正确看到“显诸仁”与“藏诸用”的关系，是在运行有迹、生育功成的效验中揭蔽“用”的实有、“仁”的存在。正因“神妙无方”、“变化无穷”，揭示其生物不息，神用之“藏”。朱熹指出，“‘显诸仁，藏诸用’，两句本是一事。‘藏诸用’，便在那‘显诸仁’里面……‘显诸仁’是可见底，‘藏诸用’是不可见底；‘显诸仁’是流行发用处，‘藏

诸用'是流行发见底物；'显诸仁'是千头万绪，'藏诸用'只是一个物事。'藏诸用'是'显诸仁'底骨子，譬如一树花，皆是'显诸仁'；及至此花结实，则一花子成一实。方众花开时，共此一树，共一个性命；及至结实成熟后，一实又自成一个性命。……'显诸仁'是千变万化；'藏诸用'，则只是一个物事，一定而不可易。"（引自《朱子语类》第五册，中华书局2004年版，第1899页）以"显诸仁，藏诸用"为一事，是看到了二者表里关系，前者是可见的表，后者是不可见的里。前者是流行发用的显现，故千头万绪、千变万化；后者是使流行发见者，故为"骨子"、一定不易者。他又提出，"'显诸仁'似恕，'藏诸用'似忠；'显诸仁'似贯，'藏诸用'似一。如水流而为川，止而为渊，激而为波浪，虽所居不同，然皆是水也。水便是骨子，其流处、激处，皆显者也。……'显诸仁'者，德之所以盛；'藏诸用'者，业之所以成。"（同上册，第1899页）恕者，推己及人，功用彰显，为盛德大业；忠者，尽己之诚，一以贯之，间不容息。同是一个用，然所用不同，用一而分殊。他进而认为，"这'用'字，如横渠说'一故神'。'神'字、'用'字一样。'显诸仁'，如春生夏长，发生彰露，所可见者。'藏诸用'，是所以生长者，藏在里面而不可见。又这个有作先后说处，如'元亨利贞'之类；有作表里说处，便是这里。"（同上册，第1900页）"用"者神而不测，故"藏"。神是用之神，用是神之用。"藏诸用"者，分化出两种思维。一从先后说，用发而仁显。先有"元"，后有"亨利贞"，后者是前者的展现、展开；一从表里说，仁彰而用隐。生长彰露可见者，是表，所以生长者是里。实质上，"显"是彰显、显露，亦是揭蔽、呈现；"藏"是潜藏、隐蔽，亦是遮蔽、无体。刘宗周认为，"欲观君子之道，先观天地之道。有时自元而亨，以鼓万物之出机，见仁之显处；有时自利而贞，以鼓万物之入机，见用之藏处。此两者总一气之变化，实无所容心其间，而万物已受其生成之赐。"（引自《周易古文钞下》，载《刘宗周全集》，浙江古籍出版社2007年版，第220页）生生之道，固涵"显诸仁"与"藏诸用"两者于一体。"显"与"藏"，既是隐显关系，亦是先后关系。然不可以元亨、利贞分为万物"出机"与万物"入机"两个阶段，以揭示"显诸仁"、"藏诸用"之旨。因为不管"出机"、"入机"皆是一气之化的仁显，所以化、成出入机者是一气之化的藏用。王夫之指出，"显诸仁，显者著而仁微；藏诸用，用者著而藏微。微虽微，而终古如斯，非瞥然乘机之有，一念缘起之无。故曰始显继藏，天命流行，物与无妄也。"（引自《尚书引义》，载《船山遗书》，北京出版社1999年版，第500页）从文义看，以仁为微，以用为著，显然是颠覆了宋儒的解说。从"显诸仁"来看，著显、彰显的是微妙之仁；以"藏诸用"而言，微藏、隐藏的是彰著之用。宋儒以之言天道，而王氏以之言《易》理。以天道言，道彰显于生生之仁的功迹呈现中，道隐藏于神化之用的无形不测中；以《易》理言，理所显者是生生之仁的微妙之理，理所藏者是功迹大业的神化之用。然生生之仁在功迹中见证其功为，功用之神在变化之迹中方见其为神。可见，"仁"与"用"皆是隐显的统一。"仁"既可以生生功迹言，又可以生生不测言；"用"

既可以功用之迹言，又可以神化不测言。戴震认为，"《易》曰：'天地之大德曰生。'气化之于品物，可以一言尽也。生生之谓欤！观于生生，可以知仁；观于其条理，可以知礼；失条理而能生生者，未之有也，是故可以知义。礼也，义也，胥仁之显乎！若夫条理得于心，其心渊然而条理，是为智；智也者，其仁之藏乎！生生之呈其条理，显诸仁也；惟条理，是以生生，藏诸用也。显也者，化之生于是乎见；藏也者，化之息于是乎见。生者，至动而条理也；息者，至静而用神也。卉木之枝叶华实，可以观夫生；果实之白，全其生之性，可以观夫息。"（引自《孟子字义疏证》，中华书局2008年版，第63页）天地以气化品物之生生为大德，它是"仁"。"观其生生"，是观生生功迹，通过观所生众物而知仁；因万物各有所宜，观其秩序井然，故知理。礼者理之谓，源自物理秩序。义者物理有宜，各有性分。义以行仁成其功效，谓之"显"。智者，心得于条理，藏仁于心。生生因品殊物体之效验呈现条理，是"显诸仁"。生生必涵条理，条理作为所以生生者不显，故为"藏诸用"。若以条理为生生，是理主宰气，理气二分。"显"者是见生之化迹，非见化之生生。因为只有品物变化、分殊，方见生生之显。"藏"者，是生生不息，是化之不测。"生"与"息"一起构成变化，于是仁"显"用"藏"。"生生"是至动有条理者，"息"内涵其中。"息"者非为用"神"，而是"神"用所然。"枝叶华实"是化长，为"生"；"果实之白"是遂性，为"息"。"息"是"生"的潜在、新始，"生"必以遂其性之"息"全其生。若以"枝叶华实"为"生"、以"果实之白"为"息"，是将之分割为两个阶段，使之二分，实则"生生"者是"生"、"息"一体。以《易》理言，仁以用显，用以藏仁。然亦可言用以仁显，仁以藏用。前者"仁"为生成功迹，后者"仁"为生生不侧；前者"用"为功用有迹，后者"用"为神化莫测。在天道言，"仁"是化育运用的功成，故"显"；所以化育运用者是仁实之原，故"藏"。亦可反过来说"显诸用，藏诸仁"，"用"是功用功成者，"仁"是生物不测者。从表里关系说，"显诸仁"是彰，"藏诸用"是隐，显微无间。从先后关系说，"藏诸用"是体，"显诸仁"是用，体用一如。

三、寂然与感通

《易》云："《易》无思也，无为也，寂然不动，感而遂通天下之故。"（《系辞上》）此一言说，原在于揭示《易》卦体备与用化的关系。朱熹云："所谓'无思无为，寂然不动'云者，言在册，象在画，蓍在椟，而变未形也。至于玩辞、观象而揲蓍以变，则'感而遂通天下之故'矣。"（引自《朱子全书》第23册，上海古籍出版社2010年版，第3256页）后儒打通《易》与天理、心性的关系，进而以体用观贯穿、圆融三者所涵的道理。胡宏指出，"圣人退藏于密，而吉凶与民同患，寂然不动感而遂通天下之故，体用合一，未尝偏也。"（引自《胡宏集》，中华书局2009年版，第122页）以"寂然不动"为心之体，以"感而遂通"为心之用，二者是"体用合一"的关系。朱熹解"无思无为"为"无思虑"、"无作为"，认为"其寂然者无时而不感，其

感通者无时而不寂也。是乃天命之全体、人心之至正，所谓体用之一源，流行而不息者也。"（引自《朱子全书》第 23 册，上海古籍出版社 2010 年版，第 3257—3258 页）"体用一源"者，天人通理，寂感互摄，即寂即感，即感即寂，流行不息。王阳明以寂感思维解"良知"云："知此则知'未发之中'、'寂然不动'之体，而有'发而中节'之和，'感而遂通'之妙"。（引自《传习录中》，载《王阳明全集》第一册，浙江古籍出版社 2011 年版，第 71 页）"未发之中"、"发而中节"是《中庸》的中和观，"寂然不动"、"感而遂通"是《易传》的寂感思维。以体用思维解之是体微用显，体用一体，故为"妙"。王畿多以寂感言体用关系，"寂感相仍，互为体用，性命合一之宗"。（引自《王畿集》，第 181 页）寂感互为体用，故为"合一"。"寂然不动者，先天之体，感而遂动者，后天之用。寂而感，即体而用行焉；感而寂，即用而体存焉。一也。"（引自《王畿集》，凤凰出版社 2007 年版，第 418 页）先天与后天、寂与感，体用一体。寂体中涵感用，感用中有寂体。"寂然不动者，良知之体；感而遂通者，良知之用。常寂常感，忘寂忘感，良知之极则也。"（引自《王畿集》，凤凰出版社 2007 年版，第 482 页）以寂感言良知体用，"常寂常感"则体用一如。"忘寂忘感"，则体用自然。王时槐云："寂然不动者诚，感而遂通者神，动而未形，有无之间者几，此是描写本心最亲切处。夫心一也，寂其体，感其用，几者体用不二之端倪也。当知几前无别体，几后无别用，只几之一字尽之，希圣者终日乾乾，惟研几为要矣。"（引自《明儒学案·江右王门学案五》，载《黄宗羲全集》第七册，浙江古籍出版社 2005 年版，第 565 页）以寂感、诚神为体用不二。在《中庸》思维，"诚"者涵"寂然不动"、"感而遂通"于一体，至诚不息，"诚"者固"神"。"寂"是未发之感，亦是心无所与之感；"感"是已发之"寂"，亦是心无所与之寂。以先后言，是寂感一如；以共在言，是即寂即感。"动而未形"作为"几"，既是寂感一体，或虽寂而感，感潜在于寂而将发。或虽感而寂，感已发而不离理；又是"体用不二"，或是体无而用有，或是体妙而用神。刘宗周云："寂然不动之中，自有感而遂通之妙。"（引自《刘宗周全集》第二册，浙江古籍出版社 2007 年版，第 518 页）"寂然不动"中藏"感而遂通"之妙，反之亦然。心体常寂，而流行之机无一刻间断。寂体感用中，相互涵摄，一体无间。牟宗三合寂感、诚神、体用和有无一起论说，将之圆融、一贯，颇有玄理。他认为，以"寂然不动"说"诚"，是言其"体"；以"感而遂通"说"神"，是言其"用"。"用是神用，不是气用。"神用、诚体是一。"寂然不动"是"静而无静"之静，"感而遂通"是"动而无动"之动。以寂感言是"即寂即感，寂感一如"，以体用言是"即体即用、体用一如"，以有无言是"即有即无、有无一如"。"无"是神体之无，"有"是神用之有，"神体与神用是一"。（参见《心体与性体》上卷，上海古籍出版社 2007 年版，第 323—324 页）以"寂然不动"为"诚"之体，以"感而遂通"为"神"之用，则"神"是"诚"的自然之用，"诚"是"神"的原由本体。正如恒道微妙涵摄至神一样，"诚"自涵"神"，二者统一于一体。以天道言，动是恒动，"独立不改"。

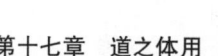

以心体言，"寂然不动"作为心之静，既是心不躁动、妄动，又是体循天道。以天道为体，心不妄动而循理以动，故虽静而无静。"无静"者，非是死静、空静，而是静以循天道之动。"感而遂通"者，以其皆是天道之动、天理之运为恒动，以其动以因循、无己之妄为无动。二者合言，是"动而无动"。"无动"者，揭示心体澄净，不有"毋、必、固、我"之私。因天道以动，"可以赞天地之化育"，故能"感而遂通"。寂是感之寂，感是寂之感，故"寂感一如"。"寂然不动"是体，"感而遂通"是用，体中涵用，用以著体，即体即用，体用一如。以《老子》思维言，有无一体，是体用一如。无中涵有，有以著无，即有即无。在恒道与万物之间是显微无间。

四、象数与易理

《易》云"象也者像也"，又云"象事知器"、"八卦以象告"。（《系辞下》）"像"、"知"、"告"者，皆在揭示《易》理，"易简而天下之理得"。邵雍认为，"易虽有体，体者象也，假象以见体，而本无体也"。（引自《皇极经世》，九州出版社 2003 年版，第 596 页）卦体以象言，体即为象，非不有体。然体无定体，象数变则无有定体。理在象中，固定是定理，变化是无定理。基于《易》的象、理关系，程颐在体用思维的发展上，明确提出了"体用一源，显微无间"的观念。"至微者理也，至著者象也。体用一源，显微无间。"（引自《二程集》，中华书局 2004 年版，第 689 页）《易》以"象"著"理"，"理"至微藏于"象"中。《易》体为"象"，"理"作为用蕴藏其中。用以体载，体以用见，故体用一体，显微无间。朱熹认为，《易》者为"理"与"象"一体，"自理而言，则即体而用在其中，所谓一原也。自象而言，则即显而微不能外，所谓无间也。"（引自《朱子全书》第 21 册，上海古籍出版社 2010 年版，第 1307 页）程颐是以象中藏理揭示体用、显微关系，而朱子从象以著理揭示体用、显微关系。他认为程子"体用一源"说，是以至微之理言，则"冲漠无朕，而万象昭然已具"。之所以为"一源"，在于"言体则先体而后用，盖举体而用之理已具"。程子所谓的"显微无间"，是以至著之象藏理言，"即事即物，而此理无乎不在"。之所以为"无间"，在于"言事则先显而后微，盖即事而理之体可见"。（引自《周敦颐集》，中华书局 2009 年版，第 10 页）"理"者至微在于"冲漠无朕"，虽若"无"而实为潜有，"万象昭然已具"，故云"体用一源"。"象"者至著在于"即事即物"，虽纷纭而藏密，理无不在，故云"显微无间"。从"理"上言，体用依生成次序则有先后，言体则用内已具，它是"一源"；从"事"上言，显微依认知先后而有先后，论事则理亦可见，它是"无间"。朱子进一步解云："体用一源者，自理而观，则理为体，象为用，而理中有象，是一源也。"（同上书第 22 册，第 1841 页）自理观之，是以《易》为器用，理为体、象为用，理以象显。有体自有用，故为"一源"。实则，在"理"与"象"的关系上，可以有两种"体用一原，显微无间"。一从先有理而后有象上言，它是本体论的思维，揭示《易》卦之形成。"理"先"象"后，是体用一源；"理"藏于"象"

中，是显微无间。二从先有事而后有理上言，它是认识论的思维，揭示《易》卦之利用。得其理要从物象中觉悟，物象为理用之本体，是体用一源；物象中藏理，假物象见理以著于应用，是显微无间。

最后，对本节内容做简要概述。《易传》潜藏的体用思维，经后儒阐发才成为体用观，它包含四个方面内涵。一是无体无用，"神无方而易无体"。这里，无体是无定体，周遍而在。无方是无定方，用者周行。二是体用互摄，"显诸仁，藏诸用"。从表里关系说是显微无间。从先后关系说是体用一如。三是体用一如，"寂然不动"而"感而遂通"。寂然是体，感通是用，体中藏用，用中有体，即体即用。四是体用一源，显微无间，"易简而天下之理得"。从本体论上说，象来自理是体用一源，理以象见是显微无间。从认识论上说，象先理后是体用一源，以象著理是显微无间。

第二节　儒道体用观

上一节专就《易》的体用思维进行解析，明确提出了四个范畴的体用观念，并通过阐释后儒的解说对体用观的形成进行了简要诠释。在儒家体用观的形成和发展中，固然《易》是主要来源，然也是通过综合、融汇孔孟、《中庸》思想而形成。本节，重点对孔孟、《中庸》的体用合一、即体即用的体用观进行诠释。

一、孔孟体用思维

在《论语》《孟子》中，"体"指谓身体以及它的构成。如"四体不勤"（《论语·微子》），再如"恻隐之心，仁之端也；羞恶之心，义之端也；辞让之心，礼之端也；是非之心，智之端也。人之有是四端也，犹其有四体"（《孟子·公孙丑上》）。"体"为具体存在、实在具有，是形体。"忘吾有四枝形体"（《庄子·达生》）。由身体、形体引申为事物根本，则"体"方具有了抽象的意义。如"义有七体"（《管子·五辅》），"孝悌慈惠，以养亲戚；恭敬忠信，以事君上；中正比宜，以行礼节；整齐摒讪，以辟刑僇；纤啬省用，以备饥馑；敦懞纯固，以备祸乱；和协辑睦，以备寇戎。"这里，每一"义"之体皆涵有其用，如"孝悌慈"是体，"养亲戚"是用。七"体"七"用"，是体用合一思维的雏形。七"体"七"用"的内涵，同样蕴含在孔孟思想中。在孔孟之间，不得不提及《中庸》一书，它是承上启下的著作。虽然，今本《中庸》未必全是早期的版本，但《孟子》传承《中庸》是历史的事实。在《中庸》思想中，蕴藏着丰富的体用思维，然其得以作为体用观而成为哲学思维，要归功于宋儒的自觉、阐发。将"体"、"用"两字并言，首先来自《荀子》。"万物同宇而异体，无宜而有用"（《富国》）。虽如此言及，然而并未进行具体的阐发。儒道的体用观，是在魏晋"三玄"之学的交融中得以发展，在唐代注《易》学说基础上而形成的。

二、宋明诸儒的阐发

以体用思维揭示道性，从宋儒邵雍开始大畅其说。"声色气味，万物之体也。目耳鼻口，万物之用也。体无定用，惟变是体；用无定体，惟化是体。"（引自《皇极经世》，九州出版社 2003 年版，第 361 页）物以类分，其体万有不齐，其用万有不齐。正如"神无方而《易》无体"思维一样，不齐之体本无体，故惟化是体。不齐之用本无用，故惟变是用。人灵于万物，故能体万物之体，用万物之用。变以通之，则用周；化而裁之，则体该。统体之谓道体，通用之谓道用。胡宏云："道者，体用之总名。仁，其体；义，其用。合体与用，斯为道矣。大道废，有仁义。老聃非知道者也。"（引自《知言》，载《胡宏集》，中华书局 2009 年版，第 10 页）合体用为道，成为实践应用上的行为准则。"仁"作为"体"是总则、大体，涵摄万殊，故言"仁"与"天道"不可知；"义"是处物之宜，用于一事一物的当理，是"仁"的落实处，故谓之"用"。"仁"为"体"、"义"为"用"是相对而言，"仁"亦可为"用"，以仁处义，"义"亦是"体"，礼以行之。胡宏以仁义为行道之用，认为老聃摒弃仁义、空守大道，故为"非知道"。实则《老子》言"大道废，有仁义"，是别有深意。"仁义"出现，是人生境界或政治价值层次的下降，是对原始本真价值的逐渐背离，非是否定仁义之实，否则《老子》为何提出"慈"、"俭"和"礼"等？恒道自然，内含仁之生生、义之理宜。恒道之用是自然，以儒家言是"由仁义行"。《老子》批判的"仁义"是"行仁义"的"有以为"。朱熹以体用思维解说《中庸》思想，他认为，"大本者，天命之性，天下之理皆由此出，道之体也。达道者，循性之谓，天下古今之所共由，道之用也。"（引自《四书集注》，第 24 页）"中"作为"大本"，是万理之本，为万物皆备，故名道体；"和"作为"达道"，众理以行，曲应各宜，故名道用。道体已立，则用有以行。率性为道体，循道为用。道体潜备，道用周行。"盖至诚无息者，道之体也，万殊之所以一本也；万物各得其所者，道之用也，一本之所以万殊也。"（同上书，第 81 页）"至诚无息"者，万物所由以生，"为物不贰"，故为道体；万物各得其所，品物万殊，"生物不测"，故为道用。体是用之体，用是体之用。用以显其体，体以出其用。"未发之中"，虽潜在体微，然其中已有"和"用。"已发之和"，虽用已彰显，然其中具有"中"体。以天地之理言，体用一体。"'体用一源'，体虽无迹，中已涵用。'显微无间'者，显中便具微。天地未有，万物已具，此是体中有用；天地既立，此理亦存，此是显中有微。"（引自《朱子语类》第五册，中华书局 2004 年版，第 1654 页）"天地未有"之时，万物已潜在而具，是理之微，体中涵用；"天地既立"之后，理存于其中，天地是理之显，显中藏微。"静而天地之体存，一本而万殊；动而天地之用达，万殊而一贯。体常涵用，用不离体。体用浑沦，纯是天理，日常呈露于动静间。"（引自《答陈安卿》，载《朱子全书》第 23 册，上海古籍出版社 2010 年版，第 2739-2740 页）"天地之体"，寂然不动而万理潜备，万殊藏于一本之中，故云"体

常涵用"；"天地之用"，感而遂通而未尝妄动，万殊显于理之一贯中，故云"用不离体"。天理涵体用一体，见于动静、显微无间之中。虽静而动，虽动而静。朱子认可程子"忠者体，恕者用"的体用观，认为"恕者所以行乎忠"。"维天之命，于穆不已"是忠，"乾道变化，各正性命"是恕。忠必以恕而用，恕用秉自忠体。他又贯通《中庸》与《易》之理，以为"中"为"寂然不动"，"和"为"感而遂通"，"寂然"与"感通"是体用一源。"然于其未发也，见其感通之体；于已发也，见其寂然之用，亦各有当而实未尝分焉。"（引自《易寂感说》，载《朱子全书》第23册，上海古籍出版社2010年版，第3257-3258页）以"未发"为"感通"之体，是"寂然不动"；以"已发"为"寂然"之用，是"感而遂通"。"中"是体，"和"是用，与寂体感用形成了体用观上的思维同构。"中和"成为了所以为"寂感"者。黄干对《中庸》道之体用观进行了纵横梳理归纳，他认为，以性与道对言，则"性为体而道为用"；以中与和对言，则"中为体而和为用"；以中庸合体用言，则"无适而非中庸"；以费与隐言，则"隐为体费为用"，道见于用为"费"，所以为是用者为"隐"；以天道人道言，"发育万物，峻极于天"为道之体，"礼仪三百，威仪三千"为道之用；以大德小德言，"大德敦化"为道之体，"小德川流"为道之用；以"上天之载，无声无臭"言，则"用即体，体即用"，为"造道之极至"。他指出，《中庸》一书虽皆以体用为言，然首章言道之在天，"由体以见于用"；末章言人之适道，"由用而归于体"。全其道之体用者，则戒惧、谨独，行"三达德"，"诚"而已。道有体用，则一动一静皆天理自然之妙，而无一毫人为之私。有体，则凡术数辞章非道；有用，则虚无寂灭非道。若体用为二，则操存省察皆不可不用力；若体用合一，则从容中道无所用力。以《中庸》说，"忠即体，恕即用"；"维天之命，于穆不已"为道之体，"乾道变化，各正性命"为道之用。从其对《孟子》影响言，"恻隐、羞恶、辞让、是非"为道之用，而"仁、义、礼、智"为道之体。以周敦颐的传承言，太极为道之体，阴阳五行男女万物为道之用；太极以"静而阴"为体，以"动而阳"为用。自理而观，"体未尝不包乎用，冲漠无朕，万象森然已具之类"；自物而言，"用未尝不具乎体。一阴一阳之谓道，形色天性之类"。（参见《宋元学案·勉斋学案》，载《黄宗羲全集》第五册，浙江古籍出版社2005年版，第434-436页）他进而指出，道在天下，只是"一体一用而已"。"体则一本，用则万殊。""一本"者，"天命之性"、"大德敦化"，故"语大莫能载"，为"万物统体一太极"，"天下无性外之物"；"万殊"者，"率性之道"，"小德川流"，故"语小莫能破"，"一物各具一太极"，"性无不在"。自性观之，"万物只是一样"，故但存此心，则"万事万物之理无不完具"；自道观之，"一物各是一样"，故须穷理致知，则"万事万物之理，方始贯通"。统体太极，各具太极，则兼体用。"统体"又是体，"各具"又是用。有统体的太极，则做出各具的太极。"语大"是全体，"语小"是用；"未发"是体，"率性"已发是用。（参见同上，第440-442页）以体用观贯通于本末、显微、内外、表里、全分、大小和有无等义，是"一以贯之"，足见《中庸》

体用思维对后来体用观的发展具有奠基的作用。现逐一解析之。以"性为体而道为用"言，"道"是"率性之谓道"，以为尽性之用，"性"体中涵"道"用；以"中为体而和为用"言，"和"是"中"的已发之用，"中"是"和"的未发之体；以"无适而非中庸"言，"中"是体，"庸"是用；以"隐为体费为用"言，"费"与"隐"相互涵摄，体用一体；"费"是天道见于用、"语大"，"隐"是所以然的"微"、"语小"，二者显微无间；以天道人道言，道在天"由体以见于用"，人适道"由用而归于体"；以"大德敦化"、"小德川流"言，前者是统一一体，后者是万殊之用；以忠体恕用，忠以恕行，恕以尽忠；"于穆不已"是天命之体，至诚无息；"各正性命"是天道之用，天地化育；自理物观之，"冲漠无朕，万象森然已具"是体微，形色万物是显用；以"一阴一阳之谓道"言，"一阴一阳"是体，"阴阳不测"是用；以道在天下言，"统体一太极"是一本的"一体"，"一物各具一太极"是万殊的"一用"；以性心观之，"理无不完具"是性体，心以著性是用；自道心观之，贯通"万事万物之理"是大全知识的道体，穷理致知是分殊之理的知用。体用一体与显微无间相互融贯，体微用显。理有微体，则用显为物。程若庸认为，"言道易，知道之体用难；言道之体用易，知道之全体妙用难。道者何？阴阳五行万物万事之理，初非有出于阴阳五行万物万事之外者。以形器为道，而不知其有冲漠无朕之体者，非也。以空虚为道，而不知其有阖辟无穷之用者，非也。知其体之无朕，而不知其弥纶六合，无毫厘之空缺；知其用之无穷，而不知其贯通千古，无顷刻之间断，则其体之全，用之妙，亦有知之而未尽焉者矣。"（引自《宋元学案·双峰学案》，载《黄宗羲全集》第六册，浙江古籍出版社2005年版，第319页）体用一体，相互涵摄。或是道器显微关系，"寂然不动"而感通天下；或是先后显微关系，万象潜备而万物生生。"以形器为道"，是执着定体；"以空虚为道"，是落入寂灭。体无朕则用无穷，是"神无方而易无体"。"体无朕"者，一是微妙无形，"大象无形"；一是"弥纶六合"，泛兮存在。"用无穷"者，一是"贯通千古"，悠久无疆；一是无所不有，"无乎逃物"。"体之全"是恒存周遍而无毫厘空缺，"用之妙"是恒存不测而无顷刻间断。用不可测知，体不可致诘。王阳明指出，"盖'体用一源'，有是体即有是用。有'未发之中'，即有'发而中节之和'。"（引自《传习录》，载《王阳明全集》第一册，浙江古籍出版社2011年版，第19页）心体既有"未发之中"，就有"中节之和"，然心不可以动静为体用。"动静时也，即体而言用在体，即用而言体在用，是谓'体用一源'。若说静可以见其体，动可以见其用，却不妨。"（同上册，第34页）从"体"言，则用蕴含在体中；自"用"言，则体现在用之中。心有是"体"，即有是"用"，体在用中成其现实之体。用必是体之用。用来自其体。"静"时，见其"未发"、"寂然不动"之体；"动"时，见其"已发"、"感而遂通"之用。然动静互摄，虽静而动，虽动而静，"动亦定，静亦定"。"一如树之根本，贯如树之枝叶，未种根何枝叶之可得？'体用一源'，体未立，用安从生？"（同上册，第35页）"体"是根本，本立则用生。以良知言，"体即良知之体，

用即良知之用，宁复有超然于体用之外者乎？"（同上册，第 68 页）体用是良知的体用，则良知之外无体用。以自然言，良知之体是天理、天道的至善本体，良知之用是造化的枢机；以心性言，良知之体是性善、未发之中、寂然不动、廓然大公，良知之用是无所不知，无所不能，无所不用。良知体用思维，统摄一切体用观念，一以贯之。以文礼言，"是文也者，礼之见于外者也；礼也者，文之存于中者也。文，显而可见之礼也；礼，微而难见之文也。是所谓体用一源，而显微无间者也。"（引自《博约说》，同上册，第 283-284 页）以可见与不可见、内与外、表与里、显与微等一体思维，揭示出"文"与"礼"之间的体用关系，已然吸收了道家的思维方式。"文"与"礼"互摄，无有其外，故为"体用一源"；"文"以彰"礼"，无有其外，故为"显微无间"。在体用互摄、显微的关系上，冯从吾指出，得其体则其用自然得力，但不言用则其体又不可见。体由用以识，何用之非体？性体原不睹不闻，然必不睹不闻之时，方见性体。如见孺子入井，见牛觳觫，此时固有怵惕恻隐之心，然未见之前岂遂无是心乎？心未见之前不睹不闻，正以体言，以天命之性言。心既见之后有睹有闻，便以用言，以率性之道言。于不睹不闻之时识性体，果不落于睹闻。若谓共睹共闻之时而不睹不闻者自在，虽已发而根柢者固未发，又何必论时？不知不睹不闻之时共睹共闻者亦自在，虽未发而活泼者固常发，又何为专以不睹不闻为性体乎？未见入井而胸中已涵孺子，未见觳觫而胸中已具全牛，先天脉理，旁皇周浃，故曰至善。（参见《明儒学案·甘泉学案五》，载《黄宗羲全集》第八册，浙江古籍出版社 2005 年版，第 287 页）"体"得则"渊泉渊渊"，"浩浩其天"，故"用"自然得力，沛然莫之能御。体必以用彰显其体，无用则体不可见。然体为无体、微妙，必由用以识体。用以见体，则用即是体。以性言，"不睹不闻"是体，"有睹有闻"是用，然用以见体，体以发用。体中涵用，用中寓体。刘宗周指出，君子仰观于天，而得先天之《易》。"维天之命，于穆不已，盖曰天之所以为天也。"心一天，独体不息之中，一元常运。"喜怒哀乐四气周流，存此之谓中，发此之谓和"。中为天下之大本，而和为天下之达道，及其至察乎天地，至隐至微、至显至见，故曰"体用一原，显微无间"。（引自《读易图说》，载《刘宗周全集》第二册，浙江古籍出版社 2007 年版，第 138 页）天以"为物不二"为体，以"生物不测"为用。"天"体"独"为隐微，显用于"于穆不已"，落实在心上是"纯而不已"。以天心对言，天为性体则心为性用，心以著性；心为性体则天理为用，心以循理。以天道言，"独体"、"一元"为"中"，"不息"、"常运"、"四气周流"为"和"。以心性言，存此"中"必发为"和"，"和"必自"中"来。"中"为天下大本，其体"至隐至微"；"和"为天下达道，其用"至显至见"。"吾何以知体用之一原，而天无先后也与哉？今夫日月，照而已矣，而照本无体；水火，燥湿而已矣，而燥湿之外别无用；则天地可以类推。故君子知微以知彰，即用以求体，存而不宰，终日行而无辙迹。……虽然，大可为也，化不可为也。"（同上，第 140 页）有日月之体，则有恒照之用。天地以用而求体，有日月恒照之用必有其体。人存天体而不宰其

化，则"充实而有光辉"是"大可为"；然"神而化之"，妙不可测，故"化不可为"。刘子认为，体用是相对而言，不可以"执一"。"心无体，以意为体；意无体，以知为体；知无体，以物为体。物无用，以知为用；知无用，以意为用；意无用，以心为用。"（引自《学言下》，载《刘宗周全集》第二册，浙江古籍出版社 2007 年版，第 450 页）心、意、知、物相继为体，物、知、意、心相继为用。心与物相为体用，故"体用一原"；心与物相为显微，故"显微无间"。他进而指出，"体用一源"之说，是先儒卓见道体而后立此言。以读书为一事，做官又为一事，二分岂成体用一原？"须知此理流行心目之前，无用非体，无体非用"。（引自《文编上》，载《刘宗周全集》第三册，浙江古籍出版社 2007 年版，第 370 页）有用即有体。有体即有用。知道者，"用则同是用，体则同是体"。体用合一，方是真理。"惟其无微非显，是以无体非用；惟其显微无间，是以体用一原。"（载《刘宗周全集》第三册，浙江古籍出版社 2007 年版，第 370-371 页）自微而显，由不可见著显为可见，显微无间；自体而用，天理浑然而运量无方，体用一源。即微即显，即体即用。正因"显微无间"，故"体用一原"。

三、王夫之的体用观

作为儒学集大成者，王夫之的体用说更臻于完备。系统，大略含有以下诸义。

（一）体立用自行

"体者所以用也，则用者即其体也。"（引自《四书训义》，载《船山遗书》第三卷，九州出版社 1999 年版，第 1654 页）体是以为用者，用是以发体者。"夫子曰：用者，用其体也。体立，而用自行焉。若勤于用而忘其体，则用反以伤体，而为天下之所役。"（同上卷，第 1881 页）用是体之用，体是用之体，二者一体，不可偏废。比如"由仁义行"，诚是其体，恕是其用。若"强恕而行"，则"不贰"、"不息"之诚体将失。"凡以急于体而自成乎用，不待以著述气节求实用于其末也。"（同上卷，第 1881-1882 页）体养醇厚，则自然成乎用，故体修而用生。诚体自能发用。"有是体则必有是用，有是用必固有是体，是言体而用固在，言用而体固存矣。勇而无勇之体，则勇为浮气而不成其勇。刚而无用，则中怀内愍，而亦何以知其为刚！"（引自《读四书大全说》，载《船山遗书》第四卷，九州出版社 1999 年版，第 2554 页）有是体，固有是用。体既立，则用以成。用必来自体，无体则用不生，无用则体不立。

（二）体用为本末

体立而用行，是"本立而道生"。"盖以人事言之，以初终为本末；以天理言之，以体用为本末。而初因于性之所近，终因乎习之所成。"（载《船山遗书》第三卷，九州出版社 1999 年版，第 2433 页）以人事的"初"与"终"言，有初有终，自本而成末，因果一贯，故成就一事。以天理言之，理为本体，事遂为用。以"性"与"习"言，人之初"性相近"，是同"体"；习之用，是用有异则终不同。以"德"与"功"

言，"德为体，功为用。天下无无用之体，无无体之用。使不必有是德而有是功，圣贤亦何事为此规规者耶？苟无其德，则虽仿佛以图其功，而去之愈远。"（载《船山遗书》，九州出版社1999年版，第2524页）"德"为本体，可成其"功"之大用。有此"大用"，方见其"至德"。无"德"，则"功"不可久，用不可大。无用无体，则体不独立；无体无用，则用不虚生。无德有功，则功不可常；无德图功，则功不恒立。

（三）体用相涵摄

无"无用之体"，亦无"无体之用"，体用互函。"性以发情，情以充性。始以肇终，终以集始。体以致用，用以备体。"（引自《周易外传》，载《船山遗书》第一卷，九州出版社1999年版，第357页）始与终为体用互摄，始是极终之始，终是肇始之终。类此，性与情一体，为体用互摄思维。情是性之发，性是情之充。"用以备体"，无体无用，犹如无车何乘？无器何贮？"体以致用"，无用无体，不贮非器，不乘非车。体以致用成其体，无无致用之体；用以成体为其用，无无体备之用。推而言之，"说性便是体，才说心已是用。说道便是体，才说德便已是用。说爱是用，说爱之理依旧是体。说制便是以心制事，如何不是用？说宜是用，说事之宜便是体。乃其大义，则总与他分析不得。若将体用分作两截，即非性之德矣。天下唯无性之物，人所造作者，便方其有体，用故不成，待乎用之而后用著。仁义，性之德也。性之德者，天德也，其有可析言之体用乎？当其有体，用已现；及其用之，无非体。盖用者用其体，而即以此体为用也。故曰'天地絪缊，万物化生'，天地之絪缊，而万物之化生即于此也。"（引自《读四书大全说》，载《船山遗书》第三卷，九州出版社1999年版，第2568页）性体心用，心以著性；道体德用，德以达道；爱用理体，爱以践理；心体制用，制事从心；事体宜用，宜者事遂。诸如此类，皆是体用一体。既言体用不分，则何以斥《老子》"道"为虚无？以人造作言，器者有体，何尝"用故不成"？造器必以为用，用在其中，只不过"用之而后用著"。仁义为性得于天，体用赅备，故体用不二。体有用现，知性知天则"性之"为行。用无非体，人生所为无非天命。有性善之体，则有"四端"之情。情者用其体，以体为用。"天地絪缊"是体，"万物化生"是用。有体必有用，用必自于体。

（四）体用有损益

"夫三纲五常者，礼之体也；忠、质、文者，礼之用也。所损益者固在用，而用即体之用，要不可分。况如先赏后罚，则损义之有余，益仁之不足；先罚后赏，则损仁之有余，益义之不足：是五常亦有损益也。"（引自《读四书大全说》，载《船山遗书》第三卷，九州出版社1999年版，第2431页）礼有体用，忠、质、文之用以行体，体以用著。体用有损益，则非恒是而有殊分。"刚亦有刚之用，勇自有勇之体，亦与仁、知、信、直之各为体用者等。盖刚者，自守则厉体、不为物屈用之谓也。勇者，果决敢为体、遇事不怯用之谓也。故体虽不刚，要不害其为勇。……自守不峻而勇于为义，

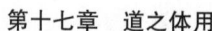

是不刚而勇也。用虽不勇，要不害其为刚。……固无喜于任事之意，而终不为物下，是不勇而刚也。好刚而不好学，所谓刚愎自用也。狂者，妄自尊大、轻世陵物之谓。好勇而不好学，……只是勇于有为，便不复顾名节，故其蔽乱。此刚、勇之别，体用各异，不可紊也。"（载《船山遗书》第四卷，九州出版社1999年版，第2554页）刚、勇、仁、知、信、直等各有体用，分殊不一。刚、勇各有体用，相互各异，或损或益，或勇不刚，或刚不勇，不可一概而论。

（五）体用有"双带"

"凡言'体'，皆函一'用'字在。体可见，用不可见；川流可见，道不可见；则川流为道之体，而道以善川流之用。此一义也。必有体而后有用，唯有道而后有川流，非有川流而后有道，则道为川流之体，而川流以显道之用。此亦一义也。缘此，因川流而兴叹，则就川流言道，故可且就川流为道体上说，不曰道与川流为体。然终不可但曰川流为道之体，而必曰川流与道为体，则语仍双带而无偏遗。"（引自《读四书大全说》，载《船山遗书》第三卷，九州出版社1999年版，第2490页）"体可见，用不可见"，是就道寓于存在物的体用说，川流之体可见，然所载的道体不可见。川流之用，是道使之为用。另一方面，有体方有用。唯有道而后有川流之生，则道为川流本体。川流之用以显道之用，道以川流彰其功。因川流言道，是即体而见用，用以彰体；因道言川流，是本体而言用，用寓于体。兼明两义，故"无偏遗"。此思维类于《老子》恒道与万物的双向关系。恒道分化、分有以成川流之殊，川流各"得一"以成性，一川有一道。一川有一体用，川为体，流为用，各有体用。万川归于一源，万物由于一道，皆以恒道为体，皆以恒道为用。恒道体用寓于万物以显著，万物本于恒道成其体用。前者是"显微无间"，后者言"体用一源"。恒道、万物各有体用，亦是"双带"。

（六）因用以见体

王夫之云："天运而不息，只此是体，只此是用。……天则于元、亨、利、贞之外，别无天体……有形未有形，有象未有象，统谓之天；则健顺无体而非无体，五行有形而不穷于形也。"（引自《读四书大全说》，载《船山遗书》第四卷，九州出版社1999年版，第2354页）天运不息，即体即用。健顺不息，不息则不测，何有定体？"无体"非是体为空无，而是无有定体。元、亨、利、贞，无非是天体。"五行"是形物，然相生相克，则运化不测，不穷于形。若穷于形，则何谓其神？体无形以用为体，体无象以有象见。无定体，则无定用；无定用，则无定体。"天之所以为天者不可见，繇其博厚、高明、悠久而生物不测也，则可以知其诚之不贰。至诚之所存者非夫人之易知，繇其博厚、高明、悠久之见于所征者，则可以知其诚之不息。此自用而察识其体。"（引自《读四书大全说》，载《船山遗书》第四卷，九州出版社1999年版，第2405页）天之所以为天，非是苍色之体，而是"至诚无息"，因用以见其体。天之用

在于为物不贰、生物不测，而博厚、高明、悠久是功用之征和效验。在博厚、高明、悠久的功效中，在功用不测中，察识其不可见之体。以用见体，则即用即体。

现代新儒家熊十力对体用观进行了深入揭示。"一为无量，无量为一。全中有分，分分是全。"（引自《原儒》，中国人民大学出版社 2006 年版，第 7 页）"一"为本体，无对、无待故名"一"；无量为用，用为万殊，故名无量。体全与用分，全是分之全，分是全是分。"孔门之学于用而识体，即于万化万变万物，而皆见为实体呈现。"（引自《原儒》，中国人民大学出版社 2006 年版，第 29–30 页）万化万变万物，是实体之用，然用以呈体。儒者之学，"体用不二，于用识体，是乃即体即用，即用即体，故不二"。（引自《原儒》，中国人民大学出版社 2006 年版，第 31 页）在体用上不可偏执，"执用迷体，则宇宙人生无根柢，理不应然。离用以求体，将超脱万物，遗弃现实世界而别求真宰，其失与宗教同。"（引自《原儒》，中国人民大学出版社 2006 年版，第 49 页）超离万物而别求真宰，是以道与物为二，物外有道；执于宇宙人生万象，不知其所以然，是离体言用，物中无道。实则，体即是用，用即是体。

最后，对本节内容做简要概述。儒家道的体用思维肇始于《论语》、《孟子》和《中庸》等，大发展于宋明诸儒，完善于王夫之，并在现代新儒家中得以进一步深化揭示。因受到道家思维的影响，体用思维包涵道器思维，道物思维。以道性思维言，是体中见用，用中识体。性以载道，是体用一如；性以见道，是显微无间。以道物思维言，则道体物用。道先物后，是体用一源；道本物末，是显微无间。

第三节　恒道体用观

前面，曾言及《老子》与《易》的思维同构性，表现在体用观上亦是如此。在揭示《易传》的体用思维以及概览后儒体用观的形成发展中，已然可看到《老子》思维的影响。本节拟以儒家体用思维为参照和和背景，梳理归纳注家以体用思维解《老子》以及《老子》恒道存在质性中内涵的体用思维结构。

一、注解的体用观

自王弼始，注家出现了自觉以体用思维注《老子》的发展趋势。王弼云："道以无形无为，成济万物。"（23 章注）"无"是"有"之用的根本来源。恒道之体，以无形无名为"无"，它蕴藏、发挥着始成万物的至用。在"为物"中其功用可见，而所以然的恒道之体微妙而"不可致诘"。"无形无为"，是恒道微妙无形的体"无"；"成济万物"，是恒道功为不测的用"有"。"道泛滥无所不适，可左右上下周旋，而用则无所不至也。"（34 章注）恒道无体，非是空无存在，而是居无定体，犹如"《易》无体"；"无所不适"，周旋周行，是用"无所不至"，犹如"神无方"。恒道之用，"无所不至"，故为神用、大用。在其功用不测中，揭蔽出恒道之体的无形，非为定体。"夫

大之极也，其唯道乎！自此已往，岂足尊哉。故虽盛业大，富而有，万物犹各得其德。虽贵以无为用，不能舍无以为体也。不能舍无以为体，则失其为大矣。所谓失道而后德也。以无为用，德其母，故能己不劳焉，而物无不理。下此已往则失用之之母，不能无为而贵博施，不能博施而贵正直，不能正直而贵饰品敬，所谓失德而后仁，失仁而后义，失义而后礼也。"（38 章注）"大之极"者，既是恒道之用，又是恒道之体，即用以见体。恒道之用，作为"万物之奥"、"势成之"，是万物各自有用。万物各得其德以为体，亦各得其用。恒道之为大用，在于"以无为用"，使万物各得其运用。"以无为用"，必源自"以无为体"。无无用之体，无无体之用。恒道体"无"，方能"周行不殆"，使物无不理。以《老子》思维言，恒道之用，既是通一于用，又是万物自用，二者同一。"以无为用"，既是不宰于用，又是曲成其用。"德其母"者，不执于用，用若无用，故为用不贰，功用不测。王弼以崇本思维为依归，认为"用之之母"者是至用的无体。失此无体之体，则损其至用之用。"用不离体"，则"体用如一"。无定体，则无定用。无定用，源自无定体。"无体"非具体，而能涵摄万物之体；"无用"是非定用，而能成无用不用。"贵饰品敬"者，是用末用，为之无以应则攘臂而扔之；"贵正直"者，是有以为用，各得其宜。"贵博施"者，功成则居，以为成名。"贵无为"者，无为而无不为，上德不德。体用有损益，体损则用损，反之用益则体益。以体言，礼不如义，义不如仁，仁不如德，德不如道。以用言，为"有以为"不如"无以为"。赖贤宗认为，王弼注《老子》持"贵无以为用"，其尚未加以展开的体用思维还有：（一）由体生用，"纵中有横"。一本万殊，是"纵"；万物存道之用，用显是"横"。（二）用中显体，"横中有纵"。用显为"横"，然所显者皆归于或指向不显之体。（三）心以体道，"非纵非横"。大道体用是"纵贯横摄"，然在工夫论上是虚己忘我，"玄之又玄"。（四）体隐用显，它们超越时空。（参见《道家诠释学》，北京大学出版社 2010 年版，第 67 页）《老子》体用思维涵摄宇宙论、本体论、人生论、认识论、政治论等，王弼注解的体用观兼涵之，虽然侧重于本体诠释学上的体用观。郭象注《庄子》以独化、自化为宗，以消解造物主为前提，故无造物者的体用观，而转向存在物的体用一体观。因否定"有生于无"，故以为"有"是恒有，存在如一的是"有"的体用。在郭象的思想中，虽否定外在于物的体用，但并非否定形式上通统而言的体用。"天地以万物为体"（《逍遥游》注），天地为万物总名，则体是通体。用是存在物各自有用，通用是独化之用上的同一。在《老子》本旨，恒道既是"万物之宗"，又是"万物之奥"。恒道寓于万物之中，即以万物为体，它是总体之体，"道通为一"，亦是"无体之体"，"无状之状"。郭向认为，人物各自性分自得、自足，故皆自然、自化。人物皆"掘然自得而独化"（《大宗师》注）。性分之体具，则独化之用行。就魏晋玄学的体用观，汤用彤指出，"王弼与向、郭均深感体用两截之不可通。故王谓万物本于无，而非对立。向、郭主万物之自生，而无别体。王既着眼在本体，故恒谈宇宙之贞一。向、郭既着眼在自生，故多明万物之互殊。二方立意相同，而推论则大

异。"（引自《魏晋玄学论稿》，上海世纪出版集团2005年版，第43页）王弼与郭象虽在体用不二、体用一如上相通，然所揭示的本体不同，一为"无"，一为"有"。体"无"，非定体，则用"不测"；体定"有"，则用"独化"、自化。他又进一步指出，"王弼既深见于本末之不离，故以为物象虽纷纭，运化虽万变，然寂然至无，乃为其本。万殊即归于一本，则反本抱一者，可见天地之心，复其性命之真。向、郭亦深有见于体用之不二，故言群品独化自生，而无有使之生。因是若物能各当其分，各任其性，全其内而无待于外，则物之大小虽殊，其逍遥一也。王言反本抱一，故必得体之全，则物无不理。若安于有限，居于小成，则虽'穷力并举，亦不能为用'。向、郭主安分自得，故物各以性为至，自尽为极。"（同上书，第43页）万殊归于一本，体无而用无。"寂然至无"是恒道无定体，"运化万变"是恒道无定用。二者是"微妙"与"至神"的统一。"微妙"，是体"无体"；"至神"，是用"无方"。"反本抱一"、"复其性命之真"，是心以道为体，以"善渊"为用。全其道体之得，则有"物无不理"之用。以郭象体用思维言，群品各自有体用。"全其内"为体，是性分自足，"以性为至"；"安分自得"为用，是"独化自生"，"自尽为极"。"本体即工夫，工夫即本体"；"目的即方法，方法即目的"。本体是性理至足、自然独化，圆满不缺；工夫是玄冥无执，独守本分，安分自得。汤先生认为，"玄学主体用一如，用者依真体而起，故体外无用。体者非于用后别为一物，故亦可言用外无体。"（同上书，第55页）玄学是"即体即用"，而非"无用而有空洞之体"，更非无体而有别在之用。韩康伯指出，"道一而已，有体用焉。"不得体，则无以知其用。"先体立而后用有以行"。用是体之用，有体方有用。在注《易》"一阴一阳之谓道"上，他云："道，寂然无体，不可为象，必有之用极，而无之功显。"（《周易正义》）恒道无体，然"无之功显"；显为至用，是"有之用极"。"无"之体，显在"有"的功用中，凡"有"的用皆为"无"的用。因"有之用极"，而知"无之功显"。"无"之用，是"有"之用的至极。在注"圣人之大宝曰位"上云："夫无用则无所宝，有用则有所宝也。无用而常足者，莫妙乎道，有用而弘道者，莫大乎位"。恒道无体，却用为至极。道无体，而用无穷。宝为器物可用，道者无用，无用以可用而用，故体用一如。

魏晋后，以体用思维解《老子》者多出。宋儒邵雍尝言："老氏得《易》之体，孟子得《易》之用。"朱熹认为，此言非是，"老子自有老子之体用，孟子自有孟子之体用。'将欲取之，必固与之'，此老子之体用也。存心养性，充广其四端，此孟子之体用也。"（引自《朱子语类》第八册，中华书局2004年版，第2986页）《易》理大备，是用无不备。用无不备而"无体"，是"神无方而《易》无体"。《孟子》以"万物皆备于我"、"四端"为体，以扩充、推及天下为用，用行于"王道"。用"仁政"，则"仁者无敌"。"存心养性"为内圣是体，"充广四端"为外王是用。《老子》体用观何尝不是如此？既有"有物混成"的"无体"，又有生天生地的至用；既有"修之于身，其德乃真"的内圣之体，又有"勤而行之"，"以道莅天下"的外王。显然二者在

内圣外王思维上相通。孟子侧重于从心性上言体用，《老子》突出揭示恒道本体上的体用。"将欲取之，必固与之"，固是《老子》思想，然其在于揭示一种事物的必然趋向和道理。"固与"是体，"取之"是用。体存自有用，它是自然、固然的本末关系。"取"之道，在于"与"的"无以为"。《老子》强调"与"、"不争"之德，圣人"既以与人己愈多"，"夫唯不争，故天下莫能与之争"。在"与"上必以"寡欲"、"无事"、"不争"和"无为"等为前提，它是"修之于身"以至于"修之于天下"的必然。唐玄宗注《老子》云："有物之体"，为"寂寥虚静"、"湛然常寂"，故"独立而不改"；应用"遍于群有"，故"周行而不危殆"（6章注）。显然，在"独立"与"周行"之间基本形成了体用关系。李约云："道体微妙"，虽微妙而应用"未尝辞倦"（6章注），已是体微用显的思维。陆希声多以体用思维解《老子》，他以"道"为体，以"名"为用，认为道本无名，名因道立，以体用言是"用因体生，而体本无用"；道本不可道，所可道者是"以体当用"。"体本无用，则用无不可，故曰可道。"以体当用是"物之理"，以名求体是"物之变"，二者皆非常道常名的体用。"常道常名，不可道不可名，唯知体用之说，乃可玄通其极耳。"（1章注）惟有不可道之体，方有不可名之用。以道言，不可道是体，可道之用；以名言，不可名是体，可名之用。有名生于无名。体因用显，用自体生。在注"谷神不死"一章上云："谷者象道之体，神者况道之用。体真用妙，应物不穷，故曰谷神不死。夫唯谷神不死，则可以尽天地之体用。"又以"玄"为"天之体"，"牝"为"地之用"，"体玄而用牝，圣人之术"。"其体而不亡，其用不劳"（6章注）。依《老子》思维看，"谷神"以象道体，是"体真"；"不死"以况道用，是"用妙"。前者是"为物不贰"，后者是"生物不测"，故可"尽天地之体用"。同样，"玄牝"是道体，为"天地根"是道用。圣人体于"玄牝"体用，以无物生有物，以无形制有形。王安石云："道有体有用。体者元气之不动，用者冲气运行于天地之间。"（4章注）元气不动，是体"独立不改"；冲气运行，是用"周行不殆"。他又以《易》的思维解"多言数穷，不如守中"一文，认为天地圣人之仁，"通而用之，与时宜之。过则弃之，与物从之"。生生、化化，是"出显诸仁"；"已生已化"，则"入而藏诸用"。是故，"体显以为仁"，"体藏以为用"（5章注）。"通而用之"，是用为至大；"与时宜之"，是用无常用；"过则弃之"，是用而不执；"与物从之"，是因循以用。这些用的质性源自体的"独立不改"。陈景元云："道者虚无之体，德者自然之用。道体虚无，运动而生物，物从道受气，故曰生之。德用自然，包含而畜物，物自德养形，故曰畜之。凡动植之类，皆本道而生，因德而养"（51章注）。从《老子》文义看，道德为体用关系，恒道分与于物为德，德以成物为用。万物之德"本道而生"，德为用是"万物之奥"，体用一源。道因德彰，德以见道，是显微无间。从恒道本自存在言，以虚无为体，以运动生物为用。从德有体用言，体是"物从道受气"的"得一"之性，用是"自然之用"，物自"德"养形、势成，自然、自化。他又解云："道为真精之体，一为妙物之用。既得其道体，以知其妙用，

体用相须，会归虚极。"（52 章注）"真精之体"，是无形之体、混一之体；"妙物之用"，是"得一"之"一"，为自得之德。一本生万殊，万殊归于一本，故"体用相须"。"会归虚极"者，是用而不恃、不居，而反于"真精之体"，为无用之用的至用。在体用的关系上，"体用冥一，应感无穷"（52 章注）。"体用冥一"者，无定体亦无定用，用即是体，体即是用。"应感无穷"，以无体发用为无不为，神妙无方。苏辙云："虽无臭味、形色、声音以悦人，而其用不可尽"（35 章注）。道体虽"无"，而用不可尽。"道无形无声，天下之弱者莫如道，然而天下之至强莫加焉，此其所以能用万物也。"（40 章注）道体"无形无声"、"至弱"，而用至强，能用万物。宋徽宗云："道体至无，而用乃妙有，所以为物，然无非道。"（21 章注）"至无"为体，"妙有"为用。"无非道"为体，"所以为物"为用。道以"寂兮寥兮"、"湛然"、"大定"为体，以"利用出入，往来不穷"（25 章注）为用。"小者，道之妙，见道之妙者，自知而已，故无不明；柔者，道之本，守道之本者，自胜而已，故无不强。明者光之体，光者明之用。圣人之应世从体起用，则辉散为光，摄用归体，则智彻为明。"（52 章注）道体为"小"，是"微妙"；道用为"大"，是"万物归焉"。以道观言，"自知"是体，"无不明"是用；以道术言，"柔"是体，"自胜"、"无不强"是用；以光明言，明是光之体，光是明之用；以应世言，"从体起用"是"辉散为光"，"摄用归体"是"智彻为明"。"从体起用"是立体成用，体无妙有；"摄用归体"是用不离体，功成不居。吕知常云："至高无上，至深无下，莫测其涯涘，莫寻其根源，其唯道乎！包藏宇宙而无表里，充塞太虚动静不失往来，无穷汎然无所系碍，游于万物左之右之而无不可，其用大矣。"（34 章注）道体无体，"莫测涯涘"、"莫寻根源"；其用至大，"包藏宇宙"、"充塞太虚"、"无穷汎然"，游于万物无不可。在不测之用中，呈现"无状之状"的"无体之体"。杜道坚认为，"反者道之动"是体，"弱者道之用"是用。"道无定体，惟变是体。动则造化流行，万物生焉。""道无定用，惟化是用。用则生意发施，万物安焉。"固然，道无定体无定用。然弱者道用是反者道动的内涵，非是体用关系。薛蕙解"朴为小"一文认为，"道体甚微，发于用而后大"（32 章注）。体"微"而用"大"，大用是体微之用，体微是大用之体。徐大椿认为，道体"独立"，是"久而不易"，道用"周行"是"健而不穷"（25 章注）。魏源认为，"万物恃之以生而不辞"，是道之费、用之广；"功成而不名有"，是道之隐、体之微。惟其"体之微"，故有"衣养万物之功"；惟其"用之广"，故万物咸归往，"并育不害"（34 章注）。费广、隐微，是体用如一，显微无间。

王夫之对《老子》的体用观进行了批驳，他认为，"佛、老之初，皆立体而废用。用既废，则体亦无实。故其既也，体不立而一因乎用，庄生所谓'寓诸庸'，释氏所谓'行起解灭'是也。君子不废用以立体，则致曲有诚。诚立而用自行。逮其用也，左右逢源而皆其真体。"（引自《思问录内篇》，载《船山遗书》第六卷，第 3777 页）《老子》之初何尝立体废用？以道德立论，德非是道之用？从出土版本发展看，立说先德

后道，不是先立用后立体？德源自道，道自成德。无道无德，无德非道。为人立德，莫非是用？"勤而行之"、"修之于身"等何尝不是用？只不过，所立体用内涵不同而已。无生物之用，何有道体？既有道体，则有"万物恃之以生"之用，何尝立体废用？以"无状之状"之体成万殊形状之用，何尝无实？《老子》云"道冲，而用之或不盈"，"执大象，天下往"，"侯王得一以为天下贞"，何尝不是"左右逢原"之用？立"泛然其可左右"之体，则有"周遍咸"之用。《庄子》固然以"一因乎用"而"寓诸庸"，然造物者、大宗师何尝是"体不立"？《庄子》以"虚无"之体，行逍遥游之用。在儒家是"诚立而用自行"，在道家是道立而用自用。以释氏思维言，亦是体用一如，何尝废用无体？涅槃是心体，如如不住是心用。儒、道、佛三学，各有体用，然体用内涵不同。王夫之又指出，"盖君子所希者圣，圣之熟者神，神固合于天均。则即显即微，即体即用，……乃循其显者，或略其微；察于微者，又遗其显；捐体而徇用，则于用皆忘；立体以废用，则其体不全；析体用而二之，则不知用者即用其体；概体用而一之，则不知体固有待而用始行。故庄子自以为微言也，言体也，寓体于用而无体以为体，象微于显而通显之皆微。"（引自《船山遗书》第七卷，北京出版社1999年版，第4064页）《庄子》思想本于《老子》，其体用、显微思维源自《老子》。《庄子》将恒道体用发展为心之体用。"和于天倪"，是以道为体，其以无体为体正是无有定体，为"微妙"之体；"寓体于用"，用备"显"于"周浃"、尽天下事物的"功盖天下"和人心变化之中。《庄子》的体用思维是否定形式上"即体即用"，亦即为无体无用。"象微于显"、"通显皆微"，是"显微无间"。《庄子》的思想是"体用不二"，用固因体而发，体固待用而现。"循显略微"者，执著表象，不得要理，故必捐体徇用，于用皆忘；"察微遗显"者，执著深奥，不得实用，故必立体废用，其体不全。

二、《老子》体用思维

《老子》思想博大精深，内涵丰富，下面仅就《老子》中蕴藏的恒道体用思维进行一下概略式的梳理和建构。

（一）无体无用

恒道是"无状之状，无物之象"，是不可道、不可名、不可听闻、不可搏得，故为无形无体。然其无体，非是空洞无有，而是"有物混成"、"万物之奥"之体，亦是"泛兮其可左右"、寓于万物之体。恒道具有万物以生、"万物归焉"之用，其用"不死"、"不盈"、"不勤"、"不可既"，故为无穷、不测之用。功用不执，无所不可，则神用无方。正如"神无方而《易》无体"的思维。恒道无体是无定体，体者周遍而在。无方是无定方，用者周行而有。恒道因无定体而无定用，在无定用的"无用"中揭蔽其无定体的"无体"。

（二）体无用有

恒道体"无"，然以为物、生物揭蔽其体，恒道与"万物"的关系中蕴藏着体用

思维。恒道体"无"是潜有，它是"有物混成"，犹如儒者"理"的"冲漠无朕，万象森然已具"之体。恒道体"无"，然因生物、为物，为万物宗母而揭蔽其为潜有，故在构成、功成万物中揭蔽其功用之"有"，以用不可测的实有证实其"无体"非是空无，而是潜在、微妙之"有"。恒道本自体"无"，然分化、分有于万物，在使万物"得一"以生的功用中揭蔽其实存，故为"体无用有"。恒道的"玄妙之体"，是以万物为体，以成万物为用。一方面，体因"为物"之用而显，体在用中。离用求体，是大迷。另一方面，"为物"之用来自"窈冥"之体，体自有用，无用则无体。恒道体"无"，则不测其用。《庄子》将之发展为一种逍遥游的"道境"，"体尽无穷，而游无朕。"（《应帝王》）心以虚为体，又是"体尽无穷"，故有"游无朕"是用。体无穷为"无"，用不测为无所不有的"有"。至人心体，"用心若镜"、"不将不逆"，是虚无；"应而不藏"、"胜物而不伤"是至用。

（三）即体即用

恒道以"独立不改"为"体"，以"周行不殆"为用。恒道正因为"独立不改"，则其体为"谷神"，为"沖"、"渊"，为"绵绵若存"，为"无形无声"，为"无物"，为"一不化"。正如"为物不贰"，它不改其生生的功为。恒道正因为"周行不殆"，则其用为"不死"、"不盈"、"不勤"、"不可既"，为功为不息、功成不测，为"物物而不物于物"，为"万化未始有极"。正如"生物不测"，它不殆其生生的无限。作为"不形"者而能"形形"，作为"不化"者而能"化化"，作为"无物"者而能"物物"。"独立不改"为体、"周行不殆"为用的思维，犹如《易》以"寂然不动"为体，以"感而遂通"为用。恒道以"恒"或"常"、"不可道"为体，以"可道"、"可名"为用，无限寓于有限之中，有限之极即是无限。无"可道"者，则恒道是"空无"。"可道"与"不可道"是体用一如，为"有而无形，无而有精"。体不可道，是"独立不改"；用在可道，是"周行不殆"。二者相互涵摄，即体即用，即用即体，"体用不二"。

（四）体用一源

以本末揭示体用观，是体本末用，表现为两种形态，或是体以用显，或是用以承体。朱熹曾以"天地未有"而"万物已具"为"体中有用"，以"天地既立"而"此理亦存"为"显中有微"。参照此思维，在《老子》文本中"体用一源"是恒道为"万物之始"、"万物之奥"。以恒道与天地关系看，一方面，恒道"先天地生"之体是"天地未有"，然天地以生、为"天地根"之用潜在其中。生成天地之用，本于"天地未有"之体。另一方面，恒道以寓于天地为体，恒道以成遂天清地定为用。在恒道与万物的关系上，"万物之始"为体，"生成万物"为用；"万物之奥"为体，"运化万物"为用。恒道在"象帝之先"，为"无物之象"是体；为"万物之母"，万物以生是用。恒道为"万物之奥"是体；"行于万物"是用。恒道寓于万物之中，以万物无不

寓为体，以万物无不由为用。恒道之体，通万物于一体，"道通为一"；恒道之用，善利万物，衣被万物，"万物归焉"。在《老子》思想中，道与德有互摄关系，德为"得一"，源自"道生一"，它是体用一源。

（五）显微无间

《易》以"显藏"言体用，《中庸》以"微显"言体用，《老子》以"有无"言体用，三者异名而思维同构。《易》"显诸仁"是生生大德之"有"，"藏诸用"是神用不测之"无"；《中庸》以鬼神之体不见不闻为"无"，以"体物不遗"为"有"。《老子》以"大象无形"为微妙之"无"，以"周行不殆"为至神之"有"。无中涵有，有以著无，即有即无。有无一体，是体用一如。从显微关系上看，"混成"、"混一"是微，"泛在"、"周行"是显；"无欲"、"无为"、"无物"是微，"有欲"、"功成"、"万物"是显；恒道"为物"的窈冥、恍惚是微，"其中有物"、"其中有象"、"其中有精"、"其中有信"是显。显在微中，微在显中，显微无间。它们与《易》的寂感说、《中庸》的未发已发说在思维形式上相类。就恒道与万物的关系看，恒道是微，万物是显，无物无道，道在"为物"，亦是"显微无间"。恒道为"万物之奥"。万物为恒道之显。恒道之体藏于物，而以万物生化之用显。在《老子》思想中，道以"德畜之"而显，德以"道生之"本微，它是体微用显。

（六）体统用殊

朱熹曾以"至诚无息"为道体，以"万物各得其所"为道用。前者为万殊而一本，后者为一本而万殊。又以"万物统体一太极"为"天下无性外之物"，以"一物各具一太极"为"性无不在"。参照其以"统体一太极"为体、"一物一太极"为用的体用思维，可以梳理出《老子》的同构思维。万物因"得一"以生存，"一"是恒道的分有，本源来自"道生一"，万物之于恒道是"万殊而一本"。恒道自本自根，为"万物之宗"、"万物之奥"，万物无不由，它是"道一而分殊"。恒道是万物的潜在统一，万物是恒道的万象显在。体统用殊思维体现在《庄子》中，是"道通为一"和"无乎逃物"的关系。作为万物的统一本源，恒道是"万物统体一太极"；作为万物的本性自得，恒道是"万物得一以生"的"一物各具一太极"。作为万类浑然一太极是统体、通体，作为一物类各具一太极是殊用、各用。恒道统万类为一体，通万类所由为殊用。"统体太极"分化为"各具太极"，则一物类一太极为统体，同类万物赖以生成为殊用。

（七）体小用大

儒者以"大德敦化"为体，以"小德川流"为用。《老子》有恒道的体小用大说。"万物归焉"是道用之大，而"不为主"、"不名有"是道体之小。道恒朴是体小，"天下莫能臣"是用大。正因体"恒朴"、"不为主"，故用大。正因"天下莫能臣"、"万物归焉"，而见得其体小。恒道体"小"在于"微妙"、"玄德"、"处下"、"不争"

等，其用至大在于为"万物之宗"、"万物之奥"，"善利万物"、"天下莫能与之争"等。恒道正因其"希"、"微"和"无味"之"小"，亦是"不可致诘"、"大象无形"、"大音希声"、"盛德若不足"之"大"。恒道之体"大"在于"不肖"，其用大在于"不测"。

恒道体用思维体现在名谓、道术上，为体无用有、道体德用、体要用博等诸义。

（一）体无用有。《老子》以无名、不可名为至名，"功成而不名有"，"绳绳兮不可名"。侯王"自称孤、寡、不谷"。以无物为至境，"复归于无物"，能知古始以为"道纪"。以"无为"、"无事"为体，以"无不为"为用。以"不知"为体，以"知"为用。以"知不知"为上，以"不知知"为病。"知者不博，博者不知"。"知"因"不知"得以成，"不知"方为真知。真知者，以"不博"为体，以"博知"为用，因"不博"用知之博。知而不自是，知而不为知，故能知无穷之知，知与道观合一。反之，"自见者不明，自是者不彰"。再如，有为似无为，有能似无能等以无持有思维皆是"体无用有"。

（二）道体德用。《老子》一书又名《道德经》，在"道"与"德"的关系上，"德"是"道"之用，"道"是"德"之体，二者体用一如，显微无间。"德"以"道"为体，"道"以"德"为用。这里的道德之间非是本体关系，而是道术关系。"众妙之门"是道体，"玄德"是德用。"道法自然"是道体，"辅助自然"是德用；以道为体，以德为用，修之于身以至于天下；德用来自道体，"孔德之容，惟道是从"；"无为"是体，"无不为"是用。"无事"是体，"取天下"是用。"不欲以静"是体，成物之化是用。"不争"是体，"天下莫能与之争"是用；"希言自然"是体，"信言不美"是用；"自胜者强"是体，"慈故能勇；俭故能广；不敢为天下先，故能成器长"是用；"无名"是体，"不欲见贤"是用；"善下"是体，"用人之力"是用。"柔弱"为体，坚强是用。"受国之垢"、"受国不祥"是体，为"社稷主"、"天下王"是用；"利而不害"为体，"为而不争"是用。"为天下谿"是体，"知其雄，守其雌"是用；"恒德不离"是体，"复归于婴儿"是用。"恒足"、"无欲"为体，"知足不辱"、"知止不殆"为用。此类思维，还可列举很多。

（三）体要用博。在儒家是"博约说"，在《老子》是体要用博。就博、约的一体关系，王阳明认为，"求尽其条理节目焉者，博文也；求尽吾心之天理焉者，约礼也。文散于事而万殊者也，故曰博；礼根于心而一本者也，故曰约。"（引自《博约说》，载《王阳明全集》第一册，第284页）一本散用万殊，是约而博；万殊证见一本，是博而约。以《老子》思维言，是体要中涵摄博用。以观言，因物鉴物是"要"，物无不知是"博"。体要用博思维体现在"以天下观天下"中，《庄子》谓之"以道观之"。"玄达"、"玄览"为"要"，知之无穷、静观万物是"博"。"以道观言而天下之君正，以道观分而君臣之义明，以道观能而天下之官治，以道泛观而万物之应备。"（《庄子·天运》）以道观之是"要"，而"言"、"分"、"能"和"泛"皆是"博"。以道术言，

"无为"、"无事"作为"楷式"是道用之"约","无不为"、"取天下"和"以道莅天下"是道用之"博"。"要"以通"博"之用，"博"以"要"为统领，相为一体。至于贱为贵本、下为高基、弱为强本，崇本举末，知子守母等皆是此类思维结构。司马迁谓道家"指约而易操"，与儒者"博而寡要"（《史记·太史公自序》）正好相反。

　　唐君毅认为中国古代哲学是"无体观"，"变化流行之本身，即为不变。变之为变之理，即变化流行之现象之本体，故即体即用云云。"（引自《中国文化之精神价值》，第2页）"无体观"，兼儒道体用思维并言。以《易》言，"易"既是"变易"，亦是"不易"，"不易"是"变易"的不改。"不易"是体，"变易"是用。变化有殊，故有体。"不易"则无体，无体而有"变化流行"的无穷之用。以《老子》思维言，可道者有体，而恒道不可道故无体。不可道之无体，有无穷可道之用。恒道在"为物"中揭蔽自己，"独立不改"的是不可道的生生不贰，"周行不殆"的是可道的生生不测。"独立"体现在"周行"之中，"周行"正是"独立"的内涵所在。"周行"与"独立"、可道与不可道，正如变易与不易为一体一样，皆是即体即用，体用一如。

　　最后，对本节内容做简要概述。《老子》文本中蕴含着丰富的体用思维内涵，然自觉以体用思维解说《老子》当从魏晋开始，至宋以后大行其说。《老子》体用思维，既有与《易》、《中庸》相类处，也有不同的内涵揭示。无疑，它是中国古代哲学体用观的一个重要的活水源头。通过对恒道体用思维质性的揭示，可以进一步明确恒道作为"无"的绝对本体存在的内涵所在。

第十八章　恒道复反

"反"、"复"观念在《老子》中多有显现，作为恒道的重要内涵，揭示出其为万物内在势力、趋向的存在质性。它在于澄明这样一个问题：万物之动，因何所动？它究竟为何使动？以何方式或形式而运动？是否具有一定的规律性？在对"反"、"复"意蕴的阐释基础上，将对恒道的恒常性、独立性和绝对性予以更加深入的理解把握。

第一节　逝远曰反

"大曰逝，逝曰远，远曰反"一文，是《老子》用以揭示恒道之所以强名为"大"的深刻寓意所在，其与"反者，道之动"、"复归其根"等思想相融贯，共同彰显恒道的无限性、统一性。其中，它蕴涵着"独立不改"、"周行不殆"的深奥意旨。本节重点对其进行解读，以澄明"远曰反"的独特意蕴。

一、文字校解

《老子》二十五章云："有物混成，先天地生……吾不知其名，强字之曰道，强为之名大。大曰逝，逝曰远，远曰反。"帛书《老子》甲、乙本"逝"写作"筮"。楚简《老子》中"逝"、"远"两字，是待认定的古体字。楚简、帛书《老子》"独立不改"后并没有"周行而不殆"一文，它很可能是后学者根据"大曰逝，逝曰远，远曰反"一文所增写的。恒道本初为"混成"，之所以"可以为天下母"，正因为恒道有"为物"的生生功为，经过道生之、德畜之、物形之、势成之的过程，在深入万物之中成就分殊万物。从认知过程言，通过对万物生机存在的反观和统观，以其蕴含无穷的功为名之为大，强字之曰道。恒道之"大"，不在于自身之中，而在于寓存万物中的遍在、无所不有，它是"逝"、"远"和"反"的"周行"使然。恒道之"大"的展现，是一个由本原潜在向现实世界或万物实现的过程，是由内向外、由始至终、由本及末的"善始且善成"功为呈现。

（一）"逝"与"筮"

"逝"者，帛书《老子》甲、乙本皆写为"筮"，可见"筮"为本字。"筮"者，《说文》解为"《易》卦用蓍"。古占卜所用者，龟曰卜，蓍曰筮。"卜人曰筮短龟长，

不如取长。"（《左传》僖四年）杜预注："物生而后有象，象而后有滋，滋而后有数。龟象筮数，故象长筮短。"孔颖达疏："象者，物初生之形；数者，物滋息之状。凡物皆先有形象，乃有滋息，是数从象生也。龟以本象金木、水、火、土、之兆以示人，故为长；筮以末数七、八、九、六之策以示人，故为短。"（引自《春秋左传正义》，第 335 页）"筮"与"象"相比，是由初至远。又"筮"的画卦，从下而始，故以下为内，上为外。凡"筮"者先为其内，后为其外，内卦为己身，外卦为他人。从这一内涵看，"筮"内在具有离开初始向远处前往之义。班固云："筮也者，信也。"（引自《白虎通》，第 329 页）"信"者，期必到来之谓。

"筮"或为"遾"的简写字。"遾"者，音"逝"，《集韵》解为"远"。《尔雅·释言》释为"逮"。"逮"者，及到、到达之谓。"遾"与"筮"形近，又音"逝"，可能在传抄所误致此。楚简《老子》中"逝"写为带"氵"偏旁的未认定字，可能为"澨"，因为以具有"水"的意蕴字揭示恒道的存在质性是《老子》的常用文法。"澨"与"筮"、"遾"形近音同，故讹伪。《老子》此文后"远"字与"遾"通有行走之义，皆表示一种运动行为。"逝"正与"远"义相通。

"逝"者，《说文》解为"往"。如"逝将去女"（《诗·魏风》）。"逝"为"行"、"去"。"逝者如斯夫"（《论语·子罕》），"将腾驾兮偕逝"（《楚辞·九歌》），"逝"者皆去往之义。《尔雅·释诂》释之为"往"，同于"适"、"之"字。本义为前往，引申为过去。河上公解"逝"为"逝去"，王弼注"逝"为"行"，范应元注"逝"为"往"。

（二）"远"与"遄"

"远"者，楚简《老子》本写作"辶"上加"叀"字。"叀"字，象形字，音"专"。谷衍奎在《汉字源流字典》中释云："叀"字像"纺锤"形，"下像纺轮，中像所纺之线团，上像旋转时形成的旋转环"。以之为基础，衍生为"专"、"转"和"惠"等字。纺锤需用手围绕一个中心转动，故在"叀"字下增"又（手）"旁，会用手转动纺锤纺线之意。篆文将"又（手）"改为"寸"，"寸"是"手"字。"專"者，本义为用手转动纺锤之意。因一心于为引申为心"专"，因用心以为纺织之利故为"惠"。因"叀"固有转动之意，后加"车"为"转"，以与"专心"之"专"相区别。"专"加"辶"为"辶專"，乃古文"遄"的俗字。"遄"者，义为"速"、"疾"，又为"往来频"。《说文》解"遄"为"往来数"。从以上字形转换、字义转变看，皆有往来之义。前言，"逝"的本字"遾"涵有"远"义，而"辶專"字又有"返"义。可见，楚简《老子》"远"的本字"辶專"具有承上启下的涵义，联结"遾"与"反"。三字合言，正揭示恒道"周行不殆"的深刻内涵。王弼注："远，极也。"物极必反。

（三）"反"与"返"

毕沅认为，《老子》"远曰反"之"反"为"返"字。马叙伦校诂其为"返"。

"返"者，《说文》解为"还"，《玉篇》释为"复"。本义指归复、返还，如"往而不返"（《庄子·逍遥游》），"往而复返"（《文子·道原》）。有"往"，方有"返"。往、返为正反两面，则"返"又为"反"。《说文》解"反"为"覆"，为翻转，对调义。王夫之解"覆"字云："覆，反复也。反其背面曰反，再反之使还其初曰覆。""从上下而言，则一反一覆"。（引自《说文广义》，载《船山遗书》第五卷，第 2785 页）可见，"反"、"返"皆是对立、对偶或相对两面的统一，反是正之反，返是往之返。不过，"返"专指往返，而"反"有正反、对反、反面等宽泛涵义。因揭示"道之动"的涵义，故以表示行走往返意义的"返"字揭示其"反"。在时运上，"返"与"反"义通。"上古之王，法度不同，非古相返也，时务异也。"（《文子·道德》）"返"者，通于反复之"反"。"圣人之学也，欲以返性于初，而游心于虚也"（《淮南子·俶真训》）。""返"以揭示时间的往复，故与"反"义合。因"反"义宽泛，故可取代"返"。《庄子》有多处以"反"取代往返之"返"，如"子贡反"（《大宗师》），"今夫百昌皆生于土而反于土"（《在宥》），"捐弹而反走"（《山木》），"以死为反"（《庚桑楚》），"中道而反"（《列御寇》）等，皆是此谓。

二、文句解析

各家对《老子》"大曰逝，逝曰远，远曰反"一文注解不一，下面从三种取向、角度入手，对其进行诠释。

一言道无不在而近在人身。河上公认为，道之为大，"非若天常在上，非若地常在下，乃复逝去，无常处所"。"大"为强名，是恒道的固有质性，之所以为大在于非为定形恒在，而为"无常处所"。它是"泛兮，其可左右"的普遍、无所不有，又是无朕、无常形势的不息、不测，故为无限之大。正因为"逝"以及"远"，故"周行而不殆"。天地虽为大，然是一定形、定在的有限之大，而非周行不居的不测之大。大道逝去无尽，"穷乎无穷，布气天地，无所不通"，故曰"远"。通行于天地之中，在于"无所不通"的"周行"。又解"远曰反"为"远不越绝"，不隔于人，故"复在人身"。恒道之逝，其远乎无穷之境，而"反"近在人身。《老子》言"四大"，涵摄道、天、地、人。道布气天地，复在人身，则无所不在，故为大。《老子》言"远曰反"非在于揭示反身之谓，而在于揭示恒道存在质性，它是"玄德深矣，远矣，与物反矣"，为"物物而不物于物"的真谛。王安石认为，"大"者，"虽六合之外而不能逃其粗，毫末之小不能遗其细"；"远"者，"用之弥满六虚"，"出于无极之外不穷"；"反"者，"远之极则反于朴"，"反于本"，"近则不离己身"。虽"近在于己"，而"人不见之"。道无所不在，无处不有，虽近在吾身，然无形而日用不知。"反"是返回本性，不成为物化。吕惠卿认为，道之大在于"周行而无不在"，"不止于吾身而已"。周行则逝，"远而不御"。远则不御，"求其际而不可得"。然"复归其根"，则"未始离乎吾身"。道大周行，涵摄人身。但若"止于吾身"，便非能有"逝"。以"复

"归其根"解"反"，是玄德深远而"与物反"。刘骥认为，"自大而求之，则测之益深，穷之益远，故曰逝。自逝而求之，则在太极之先而不为高，在六极之下而不为深，故曰远。虽远至六合之外，无穷无尽，然反求诸己，不离乎方寸之中故曰反。"求尽其"大"，则不得恒道之"大"，因为深远不可计量；求得其"逝"，则不得恒道之"大"，因为高深无有穷尽。大道"无穷无尽"，遍在于万物，人在其中，故"反求诸己"，则道在身。这里，道在身是机理、资质之性，又是心知，知道修己。然"反求诸己"是揭示恒道之得以为德，而非是揭示恒道之性，虽然德本自道。范应元认为，"大"则"去而不可御"，"逝"则"极乎无极而不可穷"，"反"则复在"吾身之中"，而一刻"不可离"。逝不可御，是"不息"；远不可穷，是"不测"；日用不离，是《中庸》所谓的"可离非道"。道大无所不在，远则无极，近在吾身。李道纯云："大"者，无有限量；"逝"者，无有疆界；"远"者，无有边际；"反"者，"收拾来归"。实则，"逝"、"远"、"反"三者界定了"大"的内涵。"收拾来归"，是复返其本。

　　二言恒道周行而独立不改。王弼依据《老子》"独立不改"、"周行不殆"思想作解，他以"行"解"逝"，认为"大曰逝"是"不守一大体而已"，而逝则"周行无所不至"。恒道之为"大"，非自为大，不守一"大"，而是周行之大，"无所不至"。恒道无定体，不测其行，极其"逝"乃为"远"。"无所不穷极，不偏于一逝，故曰远"。"逝"是一行，无不穷极则为"远"。"远"非一定向、有方之极，而是无方的无极者。此正与《老子》"道可道，非恒道"思想相融贯。之所以能无极，还在于"反"，"不随于所适"而保持"其体独立"。"随于所适"，功成则居，为而自恃，羁留于已在，不能成遂至功。恒道周行于功为、"为物"，既有一个如何对待功成、已然的问题。如果居留于物，便将"物于物"，落于存在物，失去其功为不息、不测的无限潜能。"反"是功遂身退，反于本性则"独立"于功为不贰。恒道"独立"自能"不改"，"周行"自能"不殆"。不改其功为，即在于"反"之中，"不物于物"方能"物物"不测。反之，功成自居，往而不返，则滞留于物，不免于"殆"。不殆其功成，乃因"与物反"使然。"与物反"，则"不物于物"，它是"独立"、"周行"的内涵所在。恒道之大，是功为于物而弗居其功，因"弗居"、"不有"和"不宰"，而反于自然，功成不息、不测。王雱认为，道大则有用，"逝者周行樱物"，功用著，远则"无所不极"。若道之至，则"非远非近"，"混成而已"。"有为有形，复归于无事无物，往来不穷，终则有始也。"恒道独立于功为，在周行功成中不居成功，反于无有，故能功用无穷。恒道作为绝对存在，非往非来，在成遂万物芸芸中显现其"往来不穷"；无始无终，在"善始且善成"中显现其"终则有始"。非往非来、无始无终，是独立不改；"往来不穷"、"终则有始"，是周行不殆。宋徽宗指出，"逝"是"运而不留"，"远"是"应而不穷"，"反"是"归根曰静，静而复命"。恒道"为物"是"运而不留"，它是自然而然，势所必然，生物不息；"应而不穷"者，"周行不殆"，功为不测，悠久无疆。然"归根曰静，静而复命"，是揭示物性"反"动，非揭示恒道存在质性之

"反"。功成的"不居"、"不名有"，方是恒道功为中的"反"，它是"不改"、"不殆"等"与物反"之"反"。《老子》"大曰逝，逝曰远，远曰反"，揭示恒道存在质性为"独立不改"、"周行不殆"。"大曰逝"，是生物不息。"逝曰远"，是生物不测。"远曰反"，是"功成弗居"。曹道冲认为，道者，"不止于大"，又逝而"遍于万物"，既逝则"无往不周"，虽远而"未尝离本"，故曰"返"。《老子》既以"大"为强名，就是不测之"大"，非可再言"不止于大"。"遍于万物"、"无往不周"是"周行"，"未尝离本"是"独立"。恒道之大，体现在"逝"、"远"与"反"之中，亦即在"独立不改"、"周行不殆"之中。李嘉谋认为，"逝"是"大未尝见，大而尝化"；"远"是虽"实未尝去，无所不周"；"反"是"一念之间，无所不具"。"犹其大而能逝，远而能反，故非大非细，非远非近，皆不可名，是之谓道。"道之"大"，以"大而尝化"为"逝"，以"无所不周"为"远"，以"无所不具"为"反"，它们皆是功为的显像。实则，大道无形，"非大非细，非远非近"；大道无名，不可称名。无极之大，方为"独立"。董思靖认为，道大，既在"被于万物"、"无往不周"以及"极其远则其大无外"中，亦在于反求"其小无内"，"遍乎万物"而"未尝离本"之中。前者是"周行"，后者是"独立"。吴澄认为，"逝"为"流行不息"，"远"为"悠久无疆"，"反"为"无有无名"。"盖万有皆有，惟道皆无，无与有相反，故曰反。"这里，"逝"、"远"、"反"皆是通言之的恒道存在质性。恒道生物、物物，固是"不息"、"无疆"，然所以如此在于"功成而不名有"，故为"无有无名"。执著于有，是"万有皆有"的万物；惟道本无，是有而若无，虽有反无，功成弗居。林志坚以《老子》言谓解之，认为"大曰逝"是"大方无隅"，"逝曰远"是"忽兮若海"，"远曰反"是"反者道之动"。"大方无隅"，则神化无方；"忽兮若海"，则化而无极；"反者道之动"，常"与物反"。陆西星认为，道"大"则"周行长往"，"逝"在其中；"逝"则"周遍无涯"，"远"在其中；"远"则"万物芸芸"，"复归其根"的"反"在其中。可见，"大"、"逝"、"远"和"反"四者，相为一体，相互涵摄，层次递进，反复循环。印玄散人指出，"大"拟其体，"体不能不显诸用，曰逝曰远，寥是已。用不能不归诸体，曰反寂是已。""曰逝曰远"是"寥"，周行而显诸于用"有"；"曰反"是"寂"，独立而归诸于体"无"。憨山德清认为，"大"则往，"穷之无有尽处"；"逝"则远，"无所至极"；"远"则反，"不可闻见，无声无色，非耳目之所到"。"反"则反一绝迹。大则不可量，逝则往不息，远则无穷际，反则无执迹。王夫之认为，"形象有间"，而"道无间"。"道不择有，亦不择无，与之俱往。往而不息于往，故为逝，为远。与之俱往矣，往而不悖其来，与之俱来，则逝远之即反也。"大道无间，无待，故不有不无。恒道寓于万物，故"与之俱往"、"与之俱来"。"逝"、"远"和"反"，是恒道"为物"过程的逻辑建构，其中"无间"是"为物"的不间息，"逝远"是"为物"的不可测，"反"是"为物"的不留功名。严复认为，"不反则改，不反则殆，此化所以无往不复也。"恒道"独立不改"在于"反"，"周行不殆"在于"反"，故

"无往不复"。恒道在"物物而不物于物"中蕴含"反","反"是"不物于物"。只有"不物于物",方能"物物"不贰、不测。不反则改其化,落于物化;不反则殆其化,滞于不化。恒道之"大",固是无限至大;恒道之"逝",固是悠久无疆;恒道之"反",贯彻于"逝"、"远"之中。"逝"因"反"而"不物于物",故不执着于大;为而不恃,则"逝"者不止不息以至于"远"。"远"则至极而"反",返于其根,成为另一个"为物"之"反",显现为物芸芸归根。恒道"为物"周行不殆,方为无匹合于天下者,成为独一无二的至大者。

三言道不可得而反于本真。李荣云:"即大求之,而不得往也。就往追之,而不及远也。体之近在于身,故谓之返也。"道大,不可往求其大,远不可追及其远,不可博得,然体之反近在于身。道大,迎不见首,随不见后,然人能法道,修之于身。从恒道存在言,"逝"、"远"与"反"相互界定,揭示恒道之"大"是无形、不可测之大。"反",既是反于本,功成不居,不落入物化,又是反于"为物"的重新始生于物,新新不已。从修为心术言,"反"是"功遂身退",反于"不名有"。同时,是按照事物反动的规律而行事。"体之近在于身",只能是"惟道是从"的功夫,而非是人性本然的虚静,如此言说则落入道教的清静养生说。李约认为,从"大曰逝"言,"已不在大";从"逝曰远"言,又"逝处复失";从"远曰反"言,"远追之不获,俄然返于虚心"。以心性言之,既言"逝"已然不居于"大","逝处复失"是不居其逝,"返于虚心"是复本于道。"功遂身退"的心术,本于恒道"物物而不物于物"的存在质性。陆希声认为,"于其用则名为大","于其体实已逝","名去实其远乎?曰其去不远,在知其反。"功用可名为大,然不居功成则"体实已逝"。"远"是"玄德"深远,"与物反"。"知其反",则知"反者,道之动"的恒常,故以"反"而为之。陈景元云:"凡物之大皆有边际,惟道之大无穷无极,往无涯畔,故云'大曰逝'。愈逝愈远,莫究其源,故云'逝曰远'。虽远出八荒之外,逐之不逮,而收视反听,湛然于方寸之间,若鑑之明,应而不藏,故云'远曰反'。"固然,惟道为"大",是逝远无穷无极的至大,而非是停滞、有涯际之大。"莫究其源",无可逐逮,是"不可致诘"。道不远人,故可修之于身。"收视反听",是内省于"道"以为"鑑明"。"应而不藏",正是体道为行,在"不藏"中反于"应"的"纯而不已"。苏辙认为,道强名为"大",其实"无得而称之"。若"自大而求之",则"逝而往";若"自往而求之",则"远不及"。虽逝虽远,然"反而求之"而"一心足"。大道"不可致诘",不可执于可名可称,而在于不可名、不可道。虽然如此,反以求之,心无所执则因物付物,则同于大道。陈象古以为,道既以为大,则"往不一所",故"总曰逝"。所往"攸利行之,必远及于物",故"总曰远"。"远必有极,极远必反,尽物之变通,复归于淳",故"总曰反"。以恒道"玄德"之性言,"大曰逝,逝曰远,远曰反"与"深矣,远矣,与物反矣"相贯通。"总曰逝",是生生不已;"总曰远",是德合无疆;"总曰反",是"功遂身退"。"远必有极,极远必反",是"反者道之动"的内涵。"尽物之变通",是知

常而不妄作。"复归于淳",是回归于"纯而不已"。林希逸认为,道大逝往则"不可追逐",而可追逐者必有定向、定域,而恒道不可追逐,故无有居常,常以无常为体。道不足尽,故强名为大;大不足尽,故强名曰逝;逝不足尽,故强名为远;远而不可亲附,不足尽之,故强名曰反。"强名"者,假物以为言。可道之道,非是恒道,故不足尽;强名为"大",是恒道不可道,不可穷致。恒道之所以为"大",是在"逝曰远,远而反"中得以"强名"。"大"为"强名",而"逝"、"远"、"反"则不必"强名",是以可名揭示不可名者。何道全指出,道在天下,"满天地无往而不在",无有疆界;远则"枝分流派之广,无所不通",无有边际;虽远而"要妙其速,则返本而得",复归其根。恒道存在质性,"逝"则"无往不在","远"则"无所不通","反"则"复归其根"。朱敦毅以《易》的思维解之,认为道体本然,是"逝者如斯夫,如斯其远也"。"反"曰反本,是"七日来复"。《易》曰"不远复",以为修身。"阴极而一阳复萌生机,复其见天地之心乎?"逝去则远,远则复,以"复"见天地之心。"复"者,是万物存在的本然。高明认为,道既大而无所不包,于是成为世界而刻刻演进,进而民智愈进,去真愈远,圣人当以无为为化,而有以反之。(引自《帛书老子校注》,中华书局2004年版,第351页)道大成为世界,刻刻演进,是自然观。"民智愈进,去真愈远",是历史观,二者类别不同。在恒道存在质性言,"反"是玄德"自然"中的"不有"、"不恃"、"不居"等;以圣人德性言,"反"是"无为"、"不争"、"不伐"等。

以上三类解法,虽思维取向、角度不同,然皆在于揭示恒道"大曰逝,逝曰远,远曰反"的存在质性。第一类解法重在澄明道"大"周行无疆,反求于身。除其"反求于身"之解说不类外,内涵可并于第二类解法之中。第三类解法是第二类解法的运用,侧重于从德性、道术上进行揭示"反"的意旨,至于"大曰逝,逝曰远"的解说可以并入对道性之"大"的揭示。以"独立不改"和"周行不殆"进行揭示,正得《老子》之意。这不仅是因为它们为同一章的上下文,而且在于"大曰逝,逝曰远,远曰反"正是对恒道存在"独立不改"和"周行不殆"质性的具体阐发和诠释。

三、传承发展

就《老子》恒道"大曰逝、逝曰远,远曰反"的内涵,《庄子》有以继承发展。一言"大曰逝"。"夫道,覆载万物者也,洋洋乎大哉……无为为之之谓天,无为言之之谓德,爱人利物之谓仁,不同同之之谓大,行不崖异之谓宽,有万不同之谓富。故执德之谓纪,德成之谓立,循于道之谓备,不以物挫志之谓完。君子明于此十者,则韬乎其事心之大也,沛乎其为万物逝也。"(《天地》)恒道以"覆载万物"为"洋洋乎大",是以"逝"为"大"。君子体于大道,则有"事心之大",进而"为万物逝"。"韬"者,包容之状,无所不容;"沛"者,水流之貌,盛大广博。君子体道,则与物偕逝。"为万物逝",是"大曰逝",因"逝"而为"大"。"逝"之大,是万物芸芸的

竞相生长。从恒道生生大德上言，它涵摄"无为为之"的无不为、"爱人利物"的无有遗，"不同同之"的无不通，"行不崖异"的无不宽，"有万不同"的无不容等。君子之大，在于"孔德之容，惟道是从"，体现在执德之纪、德成之立、循道之备以及"不以物挫志"的无所执中，如此方能成就其"沛乎其为万物逝"的境界。从《庄子》与《老子》的思想传承言，君子的境界来自对大道的体循践行，故可从君子境界的"为万物逝"揭示、佐证恒道存在的"大曰逝"。王德之人，"素逝而耻通于事，立之本原而知通于神"。"素逝"者，是"与万物逝"，亦是体行于恒道的"大曰逝"。"通于事"者，事为之能，一曲之器。立于本原，是守其宗。"素逝"，是"立之本原"，与万物偕逝，"周行不殆"。"通于神"，则能"逝曰远"，远极不测故为"神"。与之具有思维同构性，恒道是"大曰逝"，在功为万物中周行为"逝"。"饥渴寒暑，穷桎不行，天地之行也，运物之泄也，言与之偕逝之谓也。"（《山木》）"偕"者，与天地为一。"与之偕逝"者，是同于"天地之行"。正如"饥渴寒暑"一样，"运物之泄"是"大曰逝"。圣人"与之偕逝"，是"晏然体逝"。"人之不能有天，性也，圣人晏然体逝而终矣！""晏然"者，不矜之貌，舒畅安适。"体逝"者，与逝俱进，"逝曰远"。以万物言，"逝"是万物自在、自然的自化；以恒道言，"逝"是恒道"为物"的"势成之"。"终"者，不贰之谓，无有间隙。圣人"晏然体逝而终"，是与天地偕逝偕终。二言"逝曰远"。"天之苍苍，其正色邪？其远而无所至极邪？"（《逍遥游》）"无所至极"，是"逝曰远"，亦是天之为"大"的内涵。"彼其物无穷，而人皆以为有终；彼其物无测，而人皆以为有极。……今夫百昌皆生于土而反于土，故余将去女，入无穷之门，以游无极之野。吾与日月参光，吾与天地为常。当我，缗乎！远我，昏乎！人其尽死，而我独存乎！"（《在宥》）"无穷"、"无测"，是万物存在、变化的"逝曰远"，亦是恒道"为物"的"逝曰远"。体现在道术上，道用的"逝曰远"是"入无穷之门"，"游无极之野"。以圣人体道言，"与万物逝"，是"独存"，以"一不化"成遂万化。从万物芸芸言，物生骤驰，无动不变，无时不移，是"逝曰远"。三言"远曰反"。上文的"百昌生于土而反于土"，是"远曰反"，也为"归根"。"形体保神，各有仪则谓之性；性修反德，德至同于初。"（《天地》）"性修反德"，是人性之"反"。"同于初"，是反其宗本。人得道为性，然知诱于外，则好恶生，远离性本。只有"反德"，才能同于道，反德为真。以人主道德言，"反德"是反于虚静无有。只有如此，方能"为而不恃"，"功成不居"。"以道观之，何贵何贱，是谓反衍；无拘而志，与道大蹇。"（《秋水》）贵贱以分，各执一端，则反离道本。"反衍"者，反于大本，"与道大蹇"。反于宗本，是"反于大通"。知反是"知通为一"，回归于"道通为一"。恒道以"远曰反"成其不测之用，周行不殆。至人以"远曰反"成其知不知、玄达之境。"知大备者，无求，无失，无弃，不以物易己也。反己而不穷，循古而不摩，大人之诚。"（《徐无鬼》）"大人之诚"，是自然而然，"反"在其中。大人诚于体道，"泽及万物"是"逝曰远"，"纯而不已"是"远曰反"。"知大备"者，物物不测、不穷，是

"逝曰远"；"不以物易己"，是"不物于物"的"远曰反"。正如恒道"不物于物"而能物物不测一样，大人"反己"而能至诚不息，功成不穷。恒道在"物物而不物于物"中内涵"复归于无物"之"反"，在万物芸芸、复归其根中显现恒道"为物"的"远曰反"，在功成不居、生而不有中见证玄德的"与物反"，三者一体。正因万物具有"逝"、"远"和"反"存在属性，故揭蔽出恒道"为物"在时空维度上有"逝"、"远"，在"玄德"意义上有"反"的存在质性。恒道存在的"逝"、"远"是由潜在大全向"周行"呈现、展开，在"周行"中证明其"独立"，它是"与物反"的"自然"、"玄德"质性。就恒道每一功成行为言，"反"是反于"无有"，不滞于成迹，在功为"不贰"中成其"不测"。就功成万物言，虽成就至功而不自恃其功，功遂身退，成为"独立不改"、"周行不殆"的功用；就圣人法于大道的"玄德"言，是功成不名有，反于宗本，"纯而不已"，至诚无伪、无息。《文子》虽无明言"大曰逝，逝曰远"之文，然多言生物不测、功成不息的意蕴。大道作为万物以生者，"施之无穷"，"远沦无涯"（《道原》），就是"大曰逝，逝曰远"的意蕴。在揭示大道"用之不勤"、"用之不盈"以及"功成弗居"等功用无穷思想上，已然内涵这样的功德质性，兹不再赘述。"逝"是"为物"的功为周行，"远"是生物不测、悠久无疆。在揭示"远曰反"的意旨上，首先提出了"已雕已琢，还复于朴"（《道原》）的观念。"已雕已琢"，是"雕琢万物"的功成，"逝曰远"。然功成事遂，而反于朴。"朴"者"作始"，成遂万物，又为"大曰逝"，重新于"逝曰远，远曰反"。以体道德性言，"远曰反"是"有道即有德，有德即有功，有功即有名，有名即复归于道"（《道原》）。圣人"复归于道"，"归其根本"，则自谓孤寡，以为"孤寡无功名"。"远曰反"，体现在"功成而不有"之中。"与天地相保，王公修道则功成不有。不有即强固，强固而不以暴人。道深即德深，德深即功名遂成。此谓玄德，深矣远矣，其与物反矣。"（《自然》）"深矣远矣"，揭示"玄德"生生的深不可测；"逝曰远"，揭示恒道生生的悠久无疆，二者所言虽各有侧重，然生生不息、不测的意旨相同。"功名遂成"是"逝曰远"，"功成不有"是"远曰反"。正因为能"反"，故能"不有"，而能无穷于"功名遂成"。以道术言，"大道之经"中包含"反"。"立天下之道，执一以为保，反本无为，虚静无有，忽恍无际，远无所止，视之无形，听之无声"（《自然》）。"远无所止"，是"逝曰远"；"无为"、"无有"，是"远曰反"。"执一"者，是体于大道。"反本无为"者，是玄德之谓。"视之无形，听之无声"，是反于"无有"。物者功成而滞，人者功成而居，圣人与此相反，反其"滞"为"无息"，反其"居"为"身退"。在《老子》思想本旨，"逝"、"远"和"反"三者非是恒道存在的三个不同阶段，而是一个连续无间的过程，三者合而为一，相互统摄，"逝"自涵"远"和"反"，"远"是"逝"和"反"之远。"反"内涵"逝"、"远"于其中。有"逝"、"远"，方有"反"。"逝"必是"周行"，"远"必是无穷，"反"必是"不改"。"反"而后又是"逝"、"远"。

最后，对本节内容做简要概述。"大曰逝、逝曰远，远曰反"，是对恒道"为物"

的"独立"、"周行"质性的进一步深化、阐发。后学根据"大曰逝，逝曰远，远曰反"，增撰出"周行而不殆"一文。"逝"言恒道"为物"的"生生不息"，以体言是独立不改、与物偕逝；"远"言恒道"为物"的功成不测，以体言是周行不殆、悠久无疆；"反"言恒道"为物"的"生而不有"、"为而不恃"和"功成不居"，三者合起来是"物物而不物于物"。"逝"、"远"和"反"三者是恒道功为无限中的每一个"为物"循环过程。从其不同内涵的逻辑结构看，可分言为"三"："逝"侧重于"生物不息"，"远"侧重于"化物不测"，"反"侧重于"为物不贰"。

第二节　反者道动

"反者、道之动"，是《老子》揭示恒道存在质性的又一重要观念。在前节已就"反"的意蕴进行了阐释和解读。恒道存在质性的"反"，澄明了恒道与万物的一体关系，道动之"反"寓于、体现于万物的"反"动之中。在万物芸芸的"反"动中，揭蔽出恒道存在"反"的质性。本节从这一双重"反"的质性入手进行诠释。

一、反者道动

《老子》"反者，道之动"，与"弱者，道之用"对文，二者皆为恒道"与物反"的存在质性。然"弱"以其"用"言，"反"则从其"动"言。在"反者，道之动"一文中，"反"具有核心意义，围绕对其的解读可将注家之说梳理如下几类。

一解"反"为"本"。河上公以"反"为"本"，认为"本者，道所以动。动生万物，背之则亡也。"从"动"的因果关系言，"因"是"本"，"果"是"末"。恒道之动，是"为物"之动，非是作为存在者之动，它是恒动，无有"不动"之时。若本自有"反"无"动"，何有"所以动"？若以"反"为道的"所以动"，则是"动生万物"的所以然。在《老子》本旨，"反"言道动之性，是"所以动"的本式，为以"反"使动，"善始且善成"。王安石认为"反非所以为动"，正揭示恒道本自无"反"以动。恒道"动生万物"，是自本自根，自然而然，本自无有反于动的不动之时。恒道生物不贰、不测，"独立不改"，何尝有"背之则亡"？河氏根据"弱"为道用之本，以言"反"为道动之本。实质上，正如"弱"为道用相对于物恃强以为用而言一样，"反"为道动是针对物动偏执一端、分离不通属性而言。"弱"用本身即是道动之"反"的内涵。道动之"反"，是至反之"反"，亦是玄妙之"反"。它超越正反两端，又统摄二者于一身。比照有、无思维言，恒道之"无"是绝对之"无"，涵摄有无相待二者于一体。居"有"反以"无"处之，当其"无"反以"有"用之。既言"本"，就是与"末"相对而言，二者是相对存在的两端。以恒道与万物对言，前者是后者之本，后者是前者之末。恒道作为万物宗本，是绝对之"本"，它是万物本末的唯一来源。"反"是恒道"为物"存在的一种样式，非是万物之本。相对于物有本末言，

恒道是无待，无本无末。然在恒道与物的关系中，因万物所由而假名恒道为万物之本。同样，恒道动"反"是万物"反"动的根本，"反"蕴藏在"势成之"中。以"反"言，万物有正反，而恒道无正无反。因万物"反"动，而强名恒道为万物之"反"的根源。道动之反，成遂万物正、反的循环无端。严遵云："审于反覆，归于玄默，明于有无，反于太初。""反于太初"，是反于本"无"，非是反于本"反"。正如以"玄"揭示道性一样，"反"是恒道"为物"的本然存在样式。薛蕙认为，"反"者是"道之所以为动"，其解来自河上公的解说。刘骥和认为，"道本无动，但因物之动以反形其动"。大道作为绝对本体存在，本是无动无静、无正无反，但因物动以揭示其使动、恒动，通观万物"反"动以澄明恒道"反"以使动。

二解"反"于"无"。王弼云："高以下为基，贵以贱为本，有以无为用，此其反也。动皆知其所无，则物通矣。"动知其所"无"，则以"无"为"反"，或者准确说是以"无"为所"反"。"以无为用"，是用"无"之"反"。《老子》云"高以下为基，贵以贱为本"，"有之以为利，无之以为用"，皆是"反"用。以"无"为所"反"者，是道用之反。同样，下为高基、贱为贵本是务本之反，亦是道用之反。正如"万物生于有，有生于无"一样，它是反本于"无"，因"无"是"有"之本。"有以无为用"，是以"反"为道术之用。动以为"有"，然以"无"用"有"。知物"有无相生"，"复归其根"，则通一于物的"反"动。成功于"有"，弗居若"无"，不恃其有则有而若无，功成而身退，正是道动之"反"。王弼正确把握了"反"的道用，然并没有揭示恒道之动为"反"的质性。其实，道动之"反"，揭示恒道为万物变化之本，显现于事物运动之反。李嘉谋以《老子》"有生于无"之文作解，认为"天下万物生而为有，自有反无，然后为道"。"自有反无"，是通过抽象思维揭示万物归本于道，非是言道动之"反"。与"有以无为用"的"无"内涵不同，恒道的"复归于无物"之"无"，是"为物"功为上的"无"，正因为功成不居、反于无有（不名优），方能生物不测，周行不殆，成遂万物"有无相生"之"反"。员兴宗认为，"诚乎道则虚，虚则明，明则神，神者妙"。以万物为用，则"反身而诚"，"诚乎吾道"。"反身而诚"，是德性、道术之"反"。从"物物"的功成上反于虚，复归于道本，方能"物物而不物于物"。以《庄子》言，"精而又精，反以相天"（《达生》）。"反以相天"，是"与天为一"；"精而又精"，是"物物不物"。焦竑认为，"无必生有，是故贵其反。反者，反于无也。""反于无"，是以"无"为本，本立则有自生。在恒道质性是"无必生有"，然圣人不能法此。若"反于无"，将落入空寂而无所作为。圣人所法的是"道法自然"，自然则功成不居，"物物而不物于物"。王一清认为，"天地万物，无有不先反其无而复有"，"道之动"是"反静复动"，"虚化神，神化气，气化形，自无而有，生人生物"。天地万物反无复有、"反静复动"是"有无相生"，而非是"反者，道之动"的全部内涵。"自无而有，生人生物"是"有生于无"，更非揭示"反者，道之动"的意蕴。张尔岐认为，"无"者道之本然，"反者，舍有而趋无。"以"道之动"为"以

有趋无"，只能是功成弗居的"复归于无物"。就其对万物的使动言，反于"无"毕竟只是一"反"，为一可道之"反"，仅为复归其根。既是道动之"反"就应是通一之"反"，在万物复归其根的基础上成遂复苏其生生之"有"。

三解"反"为"理"。司马光以《易》"一阴一阳之谓道"解之，"一阴一阳"是反动，故为《易》理。"一阴一阳之谓道"是揭示构成万物的理则，而非是揭示绝对本体存在的恒道，二者非是同一思维结构。"一阴一阳"之"反"动，是互为其根。而恒道之"反"既是阴阳造化的不测，又是一气聚散的反动。前者是成物而不落入迹，反其物化而成为造化不息枢机；后者是物化的有无更生。宋徽宗以"反"为"天下之理"，认为凡事物皆以"反"动，"动静相因，强弱相济"。以"反"为天下理，是揭示世界万物运动、变化的"反复循环"规律。事物运动、变化是动静相互转化。物作为存在者以动静之"反"为存在方式。既言"天下之理"，则是万物存在方式之理，为天下万物运动的通理。"反"作为天下万物之理，是一个可道之道，它必为恒道所使然，"势成之"。以万物成长言，是始生终死；以恒道成物言，是"善始且善成"。因万物有动静、强弱和始终，故恒道方有善利和曲成。万物存在、运动和变化有正反或反正两面，它是作为物或存在者的固有规定，亦是作为有限存在的属性。正因为此，方有恒道"与物反"，而成其绝对、独立的存在质性。万物存在的有限和分殊，见证着恒道的独立无待。"道通为一"，是对有待物性的否定。通其有限分殊的正、反，则为"反者，道之动"。反于分割是通，通一是正、反反动的合一。在天下万物"反"动的规律中，揭蔽着恒道的"反"之能为。由此看来，"反"既是恒道的使然，亦是万物存在的自然、必然。事物的自然、必然之"反"，是势所必然的客观规律，然人能加以认知，掌握其因果上的充分、必要条件，就能自觉利用这一规律，而可以反以用之。如果没有必然之"反"，也就没有利用之"反"，同样没有当然之"反"的道理遵循。在《老子》中，分别存有这三个内涵。恒道作为"万物之奥"，既是万物"反"动规则的使然者，又是自然规律的表征者，更是对之加以利用的效法遵循者。分别言之是恒道使动之反、自然律则之反和知识理则之反。这里，规律、规则可分自然法则、社会律则或人类准则。作为使然者，道动之"反"非是作为循环往复的存在，因为它本自无"反"。道动本自无"反"，方成遂物动之反。若本自功为有"反"，就非是绝对而为有待的存在，成为被"反"动者。反者道动，是通万物"反"动而言的律则以及所以然者。作为使"反"的所以然者，是万物分有恒道的内在固有"势成之"之"反"，并非是万物之外另有一个外在使"反"者。叶梦得认为，"万物由之以运"，则为"道之动"。"一"为多之"反"，万物得"一"以为自"反"。这样看来，"反"是恒道功成于物的一种"楷式"，通过运物以"反"，则使万物以"反"的状态存在、运动和变化。

四解"反"为"静"。宋代王安石指出，"反"非所以为动，然有所谓动者，"动于反"。之所以"言反而不言静"，在于"言动则知反之为静"。道动之"反"，是使动

以"反"者，为使动的"楷式"。动以反静、动静无间是自然律则，以静制动是道术之用。恒道是"为物"的恒动，不可以"静"言本，"静"只能是"周行不殆"的"独立不改"。恒道使动，非是以静使动，而是恒动。恒道恒动，方能使万物动静循环无端。陈景元以"反"为"复"、"变"，认为"虚静"为物之本，"物之将生，先反复虚静之原，及其变也，出虚静而动之，是先反而后动。""反"作为"变"，是动静相生。"先反"者，是反于虚静之本。若以万物之本为"虚静"，则是"复归其根"的虚静，静中蕴含潜在之动。动静循环无端，方能体现"反者道动"的意旨。王雱认为，"反本则静，静乃能动，譬如秋冬能起春夏"。以恒道"为物"言，是恒动无静，然使动则成遂万物动静无端。秋冬起春夏是四时变化，在于恒道施为。以圣人体道为德性言，是"反本则静"。心静方能无欲妄为，以道为动。以万物归根言，复命为静，回归根本。苏辙从心性上解说认为，"复性则静"，然其"寂然不动，感而遂通天下之故"，故为"动之所自起"。"反"是反于本性之静。"人生而静"，然"感于物而动"。反静起动，是心性之静，非是恒道之动。心体本静，非是动静之静，而是动中有静。以《易》理、心理言，"静"是"寂然不动"，静则感，遂通天下之故。静中涵动，动中涵静，动静一体。本心之静是性、理之静，相对情感心动而言。以《老子》道心言，静为"独立不改"，动是"周行不殆"；以《易》理言，静是"寂然不动"，动是"感而遂通"。凡物皆动静转化，此物为静，彼物为动，此时为动，彼时为静，不居一常，不为一态，变化无常。与之相反，恒道本无动静，因物而使动使静。心若是执静，则无功为之动，不能"生物不测"；若是妄动，则无功为之恒，不能"为物不贰"。因为至静，方能恒动，方为使动。吕知常云："道本至静，反于道，故动。道本至无，反于道，故有。"道之体用，为"虚无恍惚之根，万物共本之元，囿于出入之机，堕于动静之域"。以使动言，"极物之真，必守其本。命物之化，必守其宗。"以万物律则言，"观物之出，必终于反；观物之动，必终于静，而天地之心可见矣。""反"者还其"真元"，"动"者发其"天机"，非动无以"复命"。恒道是恒动，非是"道本至静"。以恒道存在质性言，可言"至无"因为它是潜有，为有无一体的"有物混成"。然不可言恒道作为万物本源存在是"至静"的潜动，动静一体。只可从其"为物"的存在本性上言"静"为"独立不改"、"一不化"。反守本宗的"一不化"者，方能"命物之化"。出终于反、动终于静，皆是万物存在之"反"。反本于"真元"，是一阳之动，故发其"天机"。董思靖指出，"反静者道之所以动"，"复乎静有以立其体，然后动之用所以行"，虽体用动静无间，然动必本于静，"用也必源乎体"。以反"静"为道之所以"动"，则静为本动为次，与恒道恒动的存在质性相悖。复以静立体，只能是心体，理静而心动。范应元认为，"静极而复"，是"道之动"。"静极而复"，是物动自然，然非恒道之动。恒道之动，是以"反"使动，本自不变其使动。林希逸直接以"反"为"静"，"动以静为用"，认为"静者动之所由生"是《易》所谓"艮所以成终成始"。《易》以"艮"为理，是理静心动。"动以静为用"，是心术之用。憨山德清

以"反"为"道之体"，认为"道体虚无至静，为群动之主"。以《易》言，"天下之动，贞夫一者也。""贞夫一者"是理之为动，不离其理。"群动之动"，非自"虚无至静"而发。心体"不动而动"，是循理为静，以感通为动。"反"非道体，而是道性。道以"为物不贰"为体，在主于群动中恒动。

五解"反"为"环中"。吕惠卿认为，大道周行万物，非是"不逝"，而其动"常在于反"，它是"枢始得其环中，以应无穷者"。恒道使万物以动，成其为"反"，而本自何尝有反？恒道功为有"逝"，是周行于万物之中，成遂万物之性。"枢始得其环中，以应无穷"一文，源自《庄子·齐物论》。"环中"者，是道枢之用，其用为"独"，莫得其偶。恒道因物付物，故能应而无穷，"周行不殆"。"环中"在于揭示"物物而不物于物"的存在质性。"物物"遂"有"，"不物于物"是"无"，有而无，功成不居；无而有，成物不测。不为一端所系，故能通其两化。循环往复，相寻无穷。"得其环中以随成，与物无终无始，无几无时。日与物化者，一不化者也，阖尝舍之！"（《则阳》）"环中"之妙，是以"一不化"随成万物之化。既已体化合变，与物俱进，故终始无间，何有端纪？"一不化"命物之化，内涵"反"在其中。化物而不化于物是"反"。"日与物化"者，是以不化而应万化，在应化中反于不化之本，不落入物化。"无终无始"者，成遂始终无端、不测。犹如"无状之状"而能万状一样，道动之"反"无正反之反，而能成万物存在的正反或反正两端。"常在于反"者，非言恒道作为存在物其运动为"反"，而是以之揭示恒道统摄万物运动"反"的规律性，赋予万物运动无不为"反"。因万物运动之"反"，以揭示其所以然者、使物反动者为"常在于反"。恒道使动成"反"，则万物必以"反"运动。"环中"者，正是揭示恒道"物物而不物于物"的存在质性。本自"无物"而能"因物付物"。在"为物"中不有其物，而复归于"无物"，在"功成不居"中成就功为不测。印玄散人云："万物并作，吾以观其复，曰反。反非动也，而枢始得其环中，以应无穷，是道之动矣。程子以为一阳生于下，为天地生物之心也。"万物并作之"复"，是自然律则之"反"。圣人之"反"是得"环中"以应无穷。天地之"反"非是反于虚静，而是反于"一阳生于下"，以为生物不测。造化者命物之化，而反于"一不化"，故能成遂"万化未始有极"。

六解"反"为"通"。陈象古认为，"物极则反"，而"道非随物而极"，它是通物反动之"反"。物之存在执著一端，"或行或随，或歔或吹，或强或羸"，或成或毁。而"道通为一"，生死一条。"随物而极"，是由始至终，而不能终而复始。大道，通于万物始终，循环无端。王夫之认为，"方往方来之谓反。气机物化，皆有往来，原于道之流荡，推移吐纳，妙于不静。""方往方来"，一往一来，一来一往，皆是反。"气机"，是一气聚散，终始无端，故通于反。"物化"者，一物一化。或往或来，是一物之化。一化，是一往一来。自往而来，自来而往，相互为反。兼一往一来、一来一往两"反"，往来无间，是通其"反"。物化一往一来，聚散循环无端，是"气机"使

然，它是势所必然。"势"是气化之势，亦是道运之势。道之"流荡"是一化推移，气化吐纳，何有止息？"不静"者，是"推移吐纳"未尝有所止息，正是恒道恒动。"妙"者，流荡物化，神妙不测。道之妙动，在气机神化中，显示为往来等变化征兆、迹象之中。王氏进而认为，"流而或盈，满而或止，则死而为器"。人知"器之适用"，而不知其"死于器"。若夫大道，则"含万物而入万物，方往方来，方来方往，蜿蟺希微，固不穷已"。当其"排之而来"则"有"，当其"引之而去"则托于"无以生有"，为"可名为无"。于"反"观之，"可得而觑"。"器"之所以为"死"，因其定形、定用，而无变通之妙。"器之适用"，是用于一用，而不能通用。道器区别，犹如道物区别。物者滞留一态，生死有别，聚散有分。大道与之相反，通行于万物，往来不定，无穷不已。恒道之体，因万物生化之"有"而见其"希微"之"无"。"无"能妙"有"，方为大有，方能通于万有，成遂无常之"有"。在万物"反"动中，可以推知"反者道之动"，它是认知恒道"为物"上的"反"，而非恒道自身存在质性上的"反"。王夫之以道动之"反"为反以观者，"唯知'动'则知'反'"，是"知通为一"的认知思维。然"知通为一"，本自"道通为一"。"道通为一"，正是"反"的双向一体，涵摄无限往来、来往的相"反"，犹如动静互为其根。

七解"反"为"权"。唐玄宗认为，"反者道之动"以"明权"，"反者取其反经合义。反经合义者，是圣人之行权，行权者是道之运动"。又解云："反以反俗为义，动是变动之名，谓权道也。"以"道之运动"为"明权"、"行权"，是道用、道术之"反"。"反经合义"，是权变时宜。圣人行权是时措其宜的"时中"，"时中"正是因循道理的施为。行权是因为事物变化、运动有道，而非是"道之运动"。若以道能运动，则是绝对本体存在的恒道。恒道之动是"动善时"，万物因之使动而变化有理，圣人穷神知化以知其道理，然后因循以为行权。"反俗为义"，是"唯变所适"，故为行权之道，它是道术之道。道术之道，本自"反者，道之动"。陆希声以"权"为"以反为动而合于正"，"实"为"以弱为用而制于强"。认为"权生于实，终反于实"。"反之为动"生于"弱之为用"，则"动微之几"生于"静冥之理"。以反动合正之"权"来自"弱者道用"，是从道术角度进行揭示。"弱者道用"，是道以弱为用，弱是绝对本体的质性。"以弱为用而制于强"，是道术上的反本用弱。然从本体存在质性言，后者来自前者。"弱之为用"内涵在"反之为动"中，二者内在皆涵"反"。恒道"以反为动"，是无不宜，故无不正。若以为"合于正"，则"反"是正反之反，以"反"当其正理。以反本为"弱之为用"言，则"以反为动"包涵弱以图强、强以弱守两种"反"用。"合于正"，是合于两个正理。"反之为动"，是双向之反的理则，本自"反者，道之动"。"弱之为用"，是双向弱用的道术，本自"弱者，道之用"。"动微之几"是动静转化之"几"，本自动静转化的所以然，故为"静冥之理"。它是道动使物无不然的殊理。

八解"反"为"妙"。高亨认为，"道之运行，既往而复。""反者道之动"，就是

"大曰逝，逝曰远，远曰反。"万物有往复之"反"，同时是恒道"为物"使"反"。在使"反"中，恒道有不反之"反"。若恒道是"既往而复"者，则落入物化，而非本自不化者。恒道成遂万物永恒的"反"动，则本自不改其使"反"的功为，不反其使"反"，它是"独立不改"。虽成物动之"反"，而不变其使"反"之性。不变其使"反"，是反于"物动之反"。正如大道"物物"而反于"无物"、"不物于物"一样，恒道使物"反"动而功成不居，反于本自"无反"，不落入物化之"反"，不反其使"反"的本性。恒道在不恃"使反"的功成不居中，恒其使物"反"动的功为。"远曰反"，既是万物归根之复返，又是恒道功成不居之"反"，还是"反者，道之动"的内涵。后者是使万物"反"动而本自不"反"，它包含前两者的内涵于其中。恒道本自不"反"而成物"反"动，征兆于万物的"反"动律则之中。"使反"是功为、成功，不居其"使反"之功又是"反"，它是恒道功为的玄妙质性。徐复观认为，"道要无穷的创生万物；但道的自身，决不可随万物而迁流，应永远保持其虚无的本性；所以它的动，应同时即为它自身的反。反者，反其虚无的本性。"（引自《中国人性论史》，上海三联书店 2002 年版，第 306 页）从恒道自身存在言，恒道之动是"生物"、"为物"，亦是功为的"逝"。生物不测、功用不穷是其"动"，然在其"动"中有一个"反"的问题。创生万物无穷，是"物物"不测；不随万物迁流，是"不物于物"的反于"无物"。永保虚无本性，是"无物之象"的"复归于无物"；因"反者道之动"，而有恒道"独立不改"、"周行不殆"的质性。从拟人化的功成思维出发，恒道在"为物"的功成事遂建构中，就存在着如何对待功成已有的问题。只有"功成弗居"，成功反于无功，虚无无执，才能永远保持其生物"独立不改"的质性，为物不贰，生物不测。这里，反于"虚无"非是反于空无，而是反于"无执"，保持"自然"本性。在揭示恒道自身之动"反"后，徐先生又认为，大道不允许万物僵化在形器中，依然使之要反于无，回归道的自身那里去。万物芸芸复归其根，是律则之反，揭蔽道动之"反"。蒋锡昌对《老子》"反"的论说进行了综合梳理，它涵摄道性、德性、道术等，贯通于全书之中。"玄德"、"万物作而弗始"、"善利万物而不争"、"万物归焉而不为主"以及"不自生故长生"等，皆内涵"反"的意蕴。

二、物极必反

道动之"反"，既可从其"为物"的功为上进行揭示，也可从恒道寓于万物存在的"势成之"进行澄明，在"物极必反"的通行中揭蔽恒道为"善始且善成"之"反"的存在质性。作为寓于万物的存在，道动之"反"以宇宙生机的循环系统为存在样式，它是总摄万物"反"动、或通于一"反"的"道通为一"。从具体存在物言，"物极必反"是单向之反，或先盛后衰，或由衰至盛。与此相反，恒道统摄万物运动之"反"，是正反循环的双"反"。以强弱关系论，由弱至强，再由强为弱，强反之弱，弱反之强，二者统一方是"物极必反"的通则。偏取其一方，即非大全，"知通为

一"。就《老子》"对反范畴"的内涵，李德永进行了归纳梳理，他认为这样的范畴有：天地、有无、阴阳、母子、牝牡、雌雄、生死、朴器、白黑、敝新、寒热、智愚、善恶、荣辱、华实、古今、兴废、夺与、歙张、胜败、吉凶、刚柔、虚实、窪盈、弱强、动静、曲全、唯阿、正奇、善妖、祸福、怨德、执失、坚柔、枉直、腹目、厚薄、明昧、重轻、静躁、进退、长短、高下、前后、彼此、大小、多少、损益、出入、利害、亲疏、难易、始终、深远、主客、巧拙、辩讷、成缺、藏亡、迎随、公私、清浊、开阖、治乱、壮老、同异、是非、真伪、左右、贵贱、贫富、正反等等。这些范畴，"多方面、多角度、多层次地反映矛盾是普遍存在的"。（引自《老子道论试析》，载《诸子学刊》第二辑，上海古籍出版社 2013 年版，第 99–100 页）可以说对待范畴是普遍存在的，但不可说矛盾是普遍存在的，因为对反非必是对抗的矛盾，而是共存相依的事物存在样式。在其归纳的基础上，还可以举出一些，如：居功无功、有为无为、有名无名、治与不治、言与不言、私与无私、争与不争、知人自知、屈直、道夷人径、威与大威、德怨、有以无以、本末、无身有身、玉石、有欲无欲等。《老子》"反"的观念内涵丰富，归结于一点是"反者道之动"的要妙。恒道"为物"的动"反"，是无限的过程，它独立不改，周行不殆，体现于芸芸万物运动、变化的循环不已、反复无端之中。正因为万物之间以及内在对立面之间的转化，"物极必反"，方见证着道动之"反"。反之，道动只有寓于、体现在"物极必反"之中，才能彰显其"反"。恒道以万物中的"势成之"之"反"，揭蔽、澄明自己功为之"反"的存在质性。道动之"反"，通用于万物之中，就是万物"反"动的律则、通理，它体现于"有无相生，难易相成，长短相形，高下相盈，音声相和，先后相随"的恒然中，体现在"祸兮福之所倚，福兮祸之所伏"等"双向之反"中。《老子》言"反者道之动"，《庄子》继承发展为万物运动的通一之"反"观念。"其分也，成也；其成也，毁也。凡物无成与毁，复通为一。"（《齐物论》）成、毁有分，各执一端，是物性定在、殊性，而成、毁一体，相互涵摄，是"道通为一"。"无成与毁"，是成毁一体，循环无端，无有涯分，不可对立。有成有毁，则有始有终。以终始言，道者无始无终，故能成遂始终无极，始终反复。"反复终始，不知端倪"（《大宗师》）。终始反复，则始终一体，始则终，终则始，始是终之始，终是始之终。"不知端倪"，循环不尽，"孰知其极"。执于始或终一端，则分割不能合一；偏于始至终，或终复始的任意一向，就非是恒道"为物"的无定始无定终。以盛衰言，是变化无常。"盛衰之杀，变化之流"（《天道》）。"杀"者，割分有间；"流"者，循环往复。有盛有衰，则有变化。或盛而衰、或衰而盛，是物性之化。"四时迭起，万物循生；一盛一衰，文武伦经；一清一浊，阴阳调和，流光其声；蛰虫始作，吾惊之以雷霆；其卒无尾，其始无首；一死一生，一偾一起；所常无穷，而一不可待。"（《天运》）四时之运，春夏秋冬，间不容息，往复更迭，何尝有止？万物夏盛冬衰，春文秋武，生杀有理，比和分合。天清地浊，阴升阳降，二气交感，调和贯通。始生无首，卒者无尾，死生循环，偾起无端。"常"者，变化之恒，不

可以易；"无穷"，循环无端，无有穷止。"一不可待"，变化无间，"复通为一"。"反"者无穷，则"势成之"不止。"夫物，量无穷，时无止，分无常，终始无故。"（《秋水》）"时无止"者，四时迭运，反复不已；"分无常"，无常定分，变易反复；"终始无故"，新新变化循环，反复不息。以消息言，是"消息盈虚，终则有始"。以生死言，是生死一条。"善吾生者，乃所以善吾死"。不以生生死，不以死死生，死生为一气之化。"万物亦然，有待也而死，有待也而生。"（《田子方》）生死如昼夜，反复无有尽止。"生有所乎萌，死有所乎归，始终相反乎无端，而莫知乎其所穷。"生有萌、死有归，由生至于死是一向之反。"始终相反"，则循环无端，它是生而至死、死而复生的双向之反。因反复不已，故莫知所穷。"生也死之徒，死也生之始，孰知其纪！人之生，气之聚也。聚则为生，散则为死。"（《知北游》）生为死徒，死为生始，二者贯通一体，其反复之化何可纪？生死为一气聚散，是通天下一气，通于一气则生死一条。"穷则反，终则始"是事物以"反"运动的通则，"四时相代相生相杀"，"安危相易，祸福相生，缓急相摩，聚散以成"（《则阳》）。运动、变化的一"反"，是定理。"定理有存亡，有死生，有盛衰"（《韩非子·解老》）。或存或亡，或死或生，或盛或衰，变化有常，皆有定数，故为定理。而大道无定理，无故常。"天地之理，至则反，盈则败"（《孙膑兵法·奇正》）。"至则反，盈则败"。若是一向"反"动，就是定理；若是循环反复，就是运动的通"反"。《黄帝四经》云："极而反，盛而衰，天地之道也"（《经法·四度》）。"极而反"，是反复之道，自然之理。《文子》对"物极必反"思想给予了进一步的阐发。首先，提出了"反者道之常"（《道原》）的观念，以之解说道动之"反"。若比照"柔者道之刚"、"弱者道之强"思维，"反"应与"正"相对，然为什么不言"反者，道之正"？柔与刚、弱与强皆为对反用词，而"反"与"常"与此不类。显然，这里的柔弱非是与刚强相对的存在属性，而是一种绝对本始、根本的德性，本立则刚强自然成。"反"作为道之"常"，是反于根本，成遂万物"反"动。一方面，揭示出大道为万物"反"动的根本，无物不以之为"反"动的所以然。另一方面，揭示恒道以此"反"为恒常，成遂万物"反"动之"常"。万物运动有正有反，而恒道无有反其"反"的可能，它是绝对无待、独立不改之"使反"，正如恒道永远不能改变其"自然"质性一样。其次，提出了"天道极即反"的观念。"天道极即反，盈即损，日月是也。"（《九守》）"极即反"，是双向之反，反复无端。日月"盈即损"，同时是"损而益"。"夫物盛则衰，日中则移，月满则亏，乐终而悲"。一向之"反"，是定理。然物衰而复盛，日月循环反复，它们是通一之理。"反"动既体现在自然律则上，亦体现于社会事为的发展趋势上。"鸣铎以声自毁，膏烛以明自销，虎豹之文来射，猿狄之捷来格，故勇武以强梁死，辩士以智能困。能以智而知，不能以智不知。"（《上德》）"自毁"、"自销"，为自然律则之"反"；"来射"和"来格"，是自然、人文合理之"反"；"以强梁死"、"以智能困"，是人自矜之"反"；"以智不知"与"以智而知"，是用知之"反"。《易传》多言"反"的律则，可见其与老庄思

维具有同构性。"日中则昃，月盈则食，天地盈虚"（《丰卦·象》）。中昃、盈食是一向之"反"，"盈虚"是双向循环之"反"。"天道亏盈而益谦，地道变盈而流谦，鬼神害盈而福谦"（《谦卦·象》）。天地、鬼神各有盈、谦"反"动之理。"日月运行，一寒一暑"（《系辞上》），是自然"反"动之常；"一阖一辟谓之变，往来不穷谓之通"，通变是双"反"之动；"日往则月来，月往则日来，日月相推而明生焉。寒往则暑来，暑往则寒来，寒暑相推而岁成焉。往者屈也，来者信也，屈信相感而利生焉"（《系辞下》），是"反"的自然律则。就道动之"反"与"物极必反"的关系，可以用怀特海的"上帝"思维进行揭示。怀特海认为，可以把宇宙视为各种对立存在的积极自我表达——"它自身的自由与其自身的必然，它自身的多样性与其自身的统一性，它自身的不完善与其自身的完善"。（引自《过程与实在》，中国城市出版社2003年版，第635页）这些对立面，皆是事物本性中的必要要素，"'上帝'的概念正是我们用来理解这种不可思议的事实的方法——这种事实不可能存在，然而却现实地存在着。"（同上页）在他看来，"上帝"是人类理解宇宙统一性的一种思维表达。与此相类，《老子》"反者道之动"，是宇宙间相反事物、相反属性存在的统一性的一种思维表达。它既是揭示恒道"反"动的"自然"质性，也是揭示万物"反"动的存在方式、形态，同时是万物存在、运动和变化的通常律则。道动之"反"，既是律则式的普遍观念，又是寓于具体实有物的个性存在观念，具有普遍与个性相互涵摄的统一性。以其统摄正反两端，又为统一的辩证观念。恒道只有"与物反"，反于单向性的"物极必反"，方能成其"物极必反"。以生死之"反"言，物有生而死，而恒道无生无死，故无"反"。本自无"反"，却使万物有生有死之"反"，故它是"无反之反"。以其独立"使反"，故周行于使万物"反"动中。万物变化之"反"，彰显着恒道的大全之"反"。"反者道之验"（《周易参同契》）。正因有万物动"反"，方可一见大道之在。通于"物极必反"的使然，则为"反者，道之动"。

三、道术之反

"反者，道之动"思想，又可从其所衍生、转化的道术上进行揭示，这里概要进行提示。《老子》道动之"反"，还体现在心性修为的反本、复初上。"能知古始，是谓道纪"。"能知古始"，是反于本始，复于大道自然。"反"蕴藏在"功成不居"的"玄德"、"自然"等功为模式中。以为道术，是知雄守雌，崇本举末等，不胜枚举。就德性、道术之"反"，《庄子》多有阐发。前面曾经阐释其反于无有、反于本始、反于道通外，尚有反于本真、天然的观念。当时命大行天下，则"反一无迹"；不当时命大穷天下，则"深根宁极而待"（《缮性》）。"反一无迹"、"深根宁极"，皆是反于本真。"危然处其所而反其性"，反性守真则安之若命。因"小识伤德，小行伤道"，故反于道德，"道固不小行，德固不小识。""小识"者，拘于一曲，执于一端，自察以为是，故"伤德"。反于"大知"者，观于远近，"知量无穷"，故"小而不寡，大而不多"。

（《秋水篇》）"小行"者，行其自行，自限以执，故"伤道"。反于"大行"者，行于大道，"行于万物者，道也"（《天地篇》）。"知天人之行，本乎天，位乎得；蹢躅而屈伸，反要而语极。"（《秋水》）天人有分，反本则与天合一。"反要"者，反于枢要，返本还源。"反其真"者，"无以人灭天，无以故灭命，无以得殉名。谨守而勿失"。反于真，即反于"天"、"命"。"精而又精，反以相天。"（《达生》）一于天然，复于至精之本。"无为小人，反殉而天；无为君子，从天之理。"（《盗跖》）天、理，是"反"之所以反者。《文子》继承老庄思想，对"反"的道术、修为等内涵进行了进一步阐发。"已雕已琢，还反于朴"（《道原》）。《老子》云："道恒无名，朴。"又云："恒德乃足，复归于朴。""反于朴"者，反于本原、道本。以为道术，"通于道者，反于清静，空于物者，终于无为"。只有"反于清静"，方能同于大道；只有"空于物者"，方能"与物反"，为而无为。以恒道言，是功成自然，反于已然，"不物于物"；以道术言，是无自专为，反于无为，无为无不为。反于道者，守于"静漠"、"虚无"。"体道"者，功成已有而反于无有。反于"无事"，以取天下。反于"不争"，而"莫能与之争"。反于"无为"是"为无为"、"事无事"。反其"为者败之"、"执者失之"，则无为无败、无执无失。反其自贵、自见、自矜、自大、自有、自争等习性，则为遗物反己的"玄德"。"唯有道者能遗物反己"（《下德》）。"遗物"，是"与物反"，"不物于物"；"反己"，是反于道德本宗，"物物而不物于物"。至人之治与世俗有为之治相反，反于无为，"虚无寂寞，不见可欲"，循自然之道而"缘不得已"。它是反己有为于无为，反己妄动于寂寞，反可欲于不欲，反心累而以与神处，反拘形而与天性和，反己躁动而体于道德，反己妄动而以理通行，反己固执而因循自然，反于主宰而缘不得已。道德反归于己，则无所不为。人有思虑聪明喜怒之情，只有行"闭四关，止五遁"之"反"，才能"与道沦"，"委而不为，知而不矜"。朱熹解"反者道之动"云："老子说话都是这样意思。缘他看得天下事变熟了，都于反处做起。"（引自《朱子语类》第八册，中华书局2004年版，第2997-2998页）"于反处做起"，是道术之"反"。在《易传》中，道用之"反"思维更加凸显。"人道恶盈而好谦"（《谦卦·彖》），恶盈好谦是人生一"反"之理。"原始反终，故知死生之说。"（《系辞上》）"反"成为一种认知方法。"危者，安其位者也；亡者，保其存者也；乱者，有其治者也。是故君子安而不忘危，存而不忘亡，治而不忘乱"（系辞下）。反习俗之道而行之，是道术之"反"。"'终日乾乾'，反复道也。"（《乾卦·大象》）何谓"反复道"？"居上位而不骄，在下位而不忧。故乾乾因其时而惕，虽危而无咎"（《文言》）。居上不骄、在下不忧，是反俗道而行。因时而惕，是人道之正。居安思危，故有处危无咎之果。反之，是"亢龙有悔"。"亢"者，"知进而不知退，知存而不知亡，知得而不知丧"。圣人"知进退存亡，而不失其正"。"正"者，当其理而不过。以进退为例，二者各有其度，当进则进，当退则退。进退无常，故要有怵惕、戒慎、恐惧、忧患之心。反其道而为之，反当其理，则无反不正。在《序卦》中，更是将六十四卦变成一

"反"的秩序。至于"反者道之动"在社会、人生上的应用、表现，留待后面诠释人生辩证观时，再详细阐述。

最后，对本节内容做简要概述。《老子》"反者道之动"思想，贯穿于本体论、自然观和社会人生论之中，是一个一以贯之的观念。从恒道存在质性上揭示其深刻内涵，有三个层面：一是"为物"功为上的"反"，它是"玄德"质性上的"反"。与功成自居者相反，恒道功成而反于无有，功遂而身退，"物物而不物于物"。若以"自然"言，恒道功成不贰，至诚无息，"反"在功为自然之中。二是"与物反"的存在质性，它是无待、"独立"之"反"。与万物"反"动相反，恒道本自无"反"，正如"无状之状"成万状一样，"无反之反"遂成万物运动之"反"。三是体现于"物极必反"中，它是万物内在"势成之"之"反"。恒道"独立"之"反"，在周行、周遍于"物极必反"之中展现、揭蔽自己，成为万物共同的通则。

第三节　复归本根

《老子》"反者道之动"思想，还体现在"复归无物"，"复归其根"两个重要观念之中。"复归"观念是对"反者道之动"内涵的展开。如果说"远曰反"揭示的是恒道"为物"功为上之"反"，那么"复归无物"是对此"反"的阐发。如果说"物极必反"揭示的是"反者道之动"的通则，那么"复归其根"是这一通则的表征、展现。本节重点对此进行诠释。

一、文字解析

《老子》第十四章云："复归于无物"。帛书《老子》甲、乙本文与此同。楚简《老子》无此文，可见其为后学者所增撰。第十六章云："万物并作，吾以观复。夫物芸芸，各复归其根。归根曰静，静曰复命。复命曰常，知常曰明。"帛书《老子》甲、乙本皆写"并"为"旁"。"夫物芸芸"一文，帛书甲本写为"天物云云"，乙本写为"夫物枟枟"。另帛书乙本"静"写为"情"。楚简《老子》将"并"、"旁"写为"方"，将"吾以观复"写为"居以须复"，将"夫物芸芸"写为"天道员员"，"根"写为"堇"。楚简《老子》中，不见"归根曰静，静曰复命。复命曰常，知常曰明"，显然是思想发展所增撰。

（一）"复"与"归"

"复"者，会意字，本义为进出往返。《说文》解为"行故道"。"故"者，与"新"相对，故有重复之义。"行故道"，往返之谓。后"复"作偏旁，另加"彳"旁写为"復"，以表示其本意。楚简、帛书《老子》"复"皆写为"復"。《说文》解为"往来"。"如五器，卒乃复。"（《尚书·舜典》）"复"是"还"。"信近于义，言可复

也。"（《论语·学而》）"可复"是重复、复反。王夫之认为："复，本训云'往来也'，既往而又来也。从上下而言，则一反一覆；从彼此而言，则一往一复，兼有重叠相继之意。"（引自《说文广义》，载《船山遗书》第五卷，北京出版社 1999 年版，第 2785 页）既往又来，是一反。"一反一覆"是重叠，"一往一复"是相继，二者皆是循环之"反"。

"归"者，会意兼形声字，本义为女子出嫁，引申为返回。"慎终追远，民德归厚矣。"（《论语·学而》）"归"者，回归、复归之谓。"复"、"归"二字义通。《老子》言"复"还有"民复孝慈"、"复归于婴儿"、"复归于无极"以及"复守其母"、"复归其明"、"正复为奇，善复为夭"等，在这些"复"的用文中，除"观复"之"复"是名词性宾语外，其他都是状词、副词，意为反复、回复、归复。

（二）"并"与"旁"、"方"

"并"者，古文写为"並"、"竝"，由并排之意转引为合并、皆是、兼并等义。"精神四达并流，无所不极"（《庄子·刻意》）。"圣人参于天地，并于鬼神"（《礼记·礼运》）。"旁"者，会意兼形声字，本意为旁边。"伐木者止其旁而不取"（《庄子·山木》）。由在旁边引申为依傍。"旁日月，挟宇宙"（《庄子·齐物论》）。旁者之反，"无旁"为普遍。"出入无旁，与日无始"（《庄子·在宥》）。又引申为广大、普遍。《说文》云："旁，溥也。""六爻发挥，旁通情也。"（《易·乾卦·文言》）"旁通"者，并通之谓。成语"旁征博引"，亦是此义。又通"磅"，"磅礴万物以为一"（《庄子·逍遥游》）。"旁礴"，是"磅礴"，具有盛大、充满的意蕴。"方"者，《说文》释为"并船"，有"并排"之意。可见，"并"、"旁"与"方"三字皆有同在，共同之义。楚简《老子》"万物方作"，意谓万物并兴。

（三）"夫物"与"天道"

今本《老子》"夫物"两字，在楚简本为"天道"，在帛书本为"天物"，三个版本各自不同。但从中可以看到三者之间的发展脉络，先是"道"变为"物"，后是"天"变为"夫"。实质上，"天道"从总体、统一上言"芸芸"，而"夫物"从分殊之同上言"芸芸"，二者立言角度虽不同，然意谓相通，统摄万物言就是通则的"天道"，天道之性体现于万物之中。上言"万物旁作"，接言"天道"，正好前后对应，相互印证。

（四）"云"、"员"、"纭"和"芸"

"员"者，象形字，本义为"圆形"。"负方州，抱员天"（《文子·精诚》）。"员"与"方"对，后为区别加"口"写为"圆"。"背方州，抱圆天"（《淮南子·览冥训》）。"员"意为"圆转"，与"复"义通。"员"引申为物的数量，如"满员"，它与"云云"义通。"云云"者，是物的数量词，以况物之多。古"云"、"员"音同，义也逐渐趋同。"各复归其根"中"各"字，亦是数量之多，故改"员"为"云"。

"万物云云，各复其根，各复其根而不知。"（《庄子·在宥》）可见，"云云"应是本字。至晚于河上公本方定"云"为"芸"。"芸"者，《说文》解为"草"。草是一岁一枯荣，内涵生机、众多之貌。"秐"者，字书不载，可能是"云"的声形之转。"芸芸"者，河上公注为"华叶盛"，成玄英解为"众多貌"，宋徽宗解为"动出之象"，吴澄释为"生长而动之貌"。"芸芸"者，既涵反复更生的循环意义，同时含数量众多、生机勃发的旨意。当以"芸芸"为佳。

（五）"观"与"须"

"观"是静观，突出认知的意义。"须"为"待"（《尔雅·释诂下》）。尹振环认为，"居以须复"，就是"居以待复"，意谓"坐以观察它的反复"。（引自《楚简老子辨析》，中华书局2011年版，第235页）"居以待复"，揭示的是万物的自然变化过程，身临其中感受"复"的存在。而"吾以观复"，揭示的是万物"反"动在认知上的映像，亲身感知"复"的运动变化。"居以待复"、"吾以观复"二者在揭示万物运动之"复"上内涵相通。

此外，"董"者不通"根"。尹振环认为，它可能是"槿"的省写，"槿，柄也，本也。"（同上书，第235页）另"静"与"情"相通，皆与物本性有关。"静"者，性之本，为"人生而静"之静。"情"者，实情，亦是物性本然。"致命尽情，天地乐而万事消亡，万物复情，此之谓混溟。"（《庄子·天地》）"复情"，是复归其根之"静"。"混溟"，就是"道"本。

二、文句解析

下面，分别从"复归无物"、"复归其根"两个文句进行解读。

（一）复归无物

从恒道本体的解蔽、呈现意义上讲，正因"微"、"希"和"夷"三者"不可致诘"，故为"混而为一"。正由于"混而为一"，故"绳绳兮不可名"。何以言"复归于无物"？"无物"，非是空无无有，而是无形至有，乃是"无状之状"、"无物之象"。之所以言"复归"，在于其与"有物"相反，而是"无物"，"物物而不物于物"。因"物于物"而言"复归"于"无物"，保持其"物物"不息、不测的存在质性。"复归于无物"，在于揭示恒道与物之间的对反关系。如果视恒道为"有物"，落入"物"的形态，就会陷于二律背反。物者不得先物，必是"无物"而能有"物"，正如无形而遂有形一样。前面在诠释恒道"不可道"、"不可名"时曾对此进行过诠释，这里主要从"复归"的角度进行阐释，概括注家解说主要有四类不同的解法。

一从道物之"反"作解。河上公解"物"为"质"，认为是"复当归于无质"。"无物"是"无质"，而"无质"者能成万物"形象"，"一无物质而为万物设形象"。生生者，非物而能生物，无物而能物物。物物者无物，成物而"不物于物"。这里的

"不物于物"，就是"复归于无物"。只有复归于"无物"，不落入物化，方能作为造物者而存在，"物物"不贰、不息、不测。陆希声云："虽千变万化复归于无物"。"千变万化"是"功遂"，"复归于无物"是"身退"，二者合言是"功成弗居"。反过来说，只有"复归于无物"，才能不贰其化，继续成遂千变万化。憨山德清以"生而不有"解之，甚是。"生"是生生，"不有"是"身退"，"反"的质性内涵在其功为"自然"或"玄德"之中。

二从有无之"反"作解。王弼认为，欲言其"无"，而"物由以成"；欲言其"有"，而"不见其形"。恒道是"有"与"无"的统一。作为"无"者，它既是对具体"有"的否定，同时亦是对具体"有"的生成。正因是不可见形的存在"无"，方成遂万物之具体"有"。作为无形、不可见的"无"，要保持生物妙有的质性，就不能落入物"有"，变成形迹之"有"，而要"生而不有"。功为已然之"有"，既是"无"作为至神妙者的功成见证，又是要予以舍弃、不得居有的陈迹。至"无"者，在不息其生"有"的同时，也要不断面对已有做到不留不住而反于"无"，永远保持"无"的本然，这样方能无限生"有"，成为成遂万有的"大有"。虽有若无，是反于功为自然；以无持有，是反于"功遂身退"的道术。反于"无"既是恒道功为不测的必然，又是本自"为物"质性的特质。以存在主义的语言来说，它是在"不是其所是"的"反"中成为"是其所不是"。

三从显微之"反"作解。苏辙从人的知见上进行解说，认为以其"运而不绝"的可见为"有物"，实则"卒归于无"。有无一体，揭示出恒道功为与功成物象之间的遮蔽、揭蔽关系。恒道以功成于物状、象形揭蔽其存在，澄明其存在，然虽成物而无物，虽成状而无状，虽成象而无形，复归于"无"。"复归于无物"，则隐蔽自己的存在。状物、象形者具体、可见，直接呈现自己，然恒道不能以存在者或物的样式存在，它是"无"，只能以秘藏者的样式存在。恒道在成遂万物中以功成揭蔽已"有"，又以"不居"、"身退"的存在复归于"无"，它是揭蔽与遮蔽的统一。范应元认为，道不可以名状，而万状由之而著；道不可以象显，而万象由之而见。状象者，是遮蔽恒道存在的存在者；"无状之状"、"无物之象"者，是以状象揭蔽自己的存在。恒道以存在者物揭蔽自己为功为存在，又在生成的存在者物中遮蔽自己，非是直接呈现本己存在。复归于"无"，是摆脱存在物的存在形态或遮蔽状态，返归于本己的无有、揭蔽状态。印玄散人云："若有真宰，而特不得其朕"。"不得其朕"，是功成而无物。作为"无物"的存在是"无状之状"，"莫显乎微"。微是密藏，显是揭蔽，微者既在用显中揭蔽自己，也在功显的存在物上遮蔽自己。

四从本末之"反"作解。薛蕙以"无物"为"本"，认为它动以成为万物。恒道既是功成于万物，又是终必复归于本的"无物"。恒道以"无物"为本，是自本自根的存在质性，"生物"、"为物"功为上的至神质性赖以为本。正因"无物"而为"至神"存在，在"为物"上成物又复归无物，故能为物不贰、生物不测。恒道功为之

"本"是"自然"，自能不落入形迹物象之末，故不以末窒息其本；作为"本"是"独立"，不改其功为，故能"周行不殆"。"复归于无物"，是"与物反"的反"本"，反其"居有"、"自恃"、"执有"而回归于无执、无累的本然质性。"有状之状"、"有象之象"为"物"，是恒道成物的结果、末迹；"无状之状"、"无物之象"为"无物"，是万物生成的本宗、本源。崇本以举末，知子以守母，虽有功迹之末，然复归于"无物"之本，能知古始之本，则为"道纪"。

（二）复归其根

下面从四个分句对《老子》"万物并作，吾以观复。夫物芸芸，各复归其根。归根曰静，静曰复命。复命曰常，知常曰明"思想予以解读。

1. "万物旁作，吾以观复"

"观复"之"复"，无疑为一种运动之"常"，它是对万物皆有、共同律动的揭示。"旁作"之"作"，是"万物作而弗始"之"作"。河上公解"作"为"生"，吴澄释为"动"。"生"是"为物"之动，"动"是生物之"生"。河上公解"复"为"万物无不皆归其本"，以"归本"为"复"，是"复归其根"。从《老子》本义看，"复"既是归本，亦是"重生"。"归本"是"旁作"的趋向，而"旁作"是"归本"的潜在。王弼结合《老子》此章前文"致虚极，守静笃"一并作解，"以虚静观其反复，凡有起于虚，动起于静，故万物虽并动作，卒复归于虚静，是物之极笃也。"在《老子》本义，"致虚极，守静笃"，是"观复"的前提，保持澄彻的清明心境，并非以"虚静"为万物根本，亦非以此为物动"极笃"本性。"万物旁作"是自然而然，"复"是其自然而必然。"观"是"以身观身"的"静观"。《老子》言"有生于无"，然未尝言"有起于虚"。"无"者，是无形、无状的潜有、早备；"虚"者，是无滞、无凝的清虚、无间。前者相对形象而言，后者针对形迹而言。以存在言，虚是灵动之虚，"虚而不屈，动而愈出"。以心境言，虚是澄明、清澈，无为知主。《老子》云："静为躁君"，未尝言"动起于静"。归根之"静"，是静以"复命"，非是以"静"为本然存在。"万物并作"之"复"固是必然，必是笃而不贰。"复"在于归本或归根，而非归于"虚静"。若以"虚静"为根本，则落入死寂。"根"虽为"静"，然亦是生命之动的源泉，它是动静一体。李荣以"复"为"崇本"，认为"凡人失本而逐末"，圣人"抑末而崇本"。这是以道术解，而非揭示万物的存在属性。李约认为，"万物动作，吾观其摇落之后，生气无不归于静中也。"以生气归根为是，若以为归于"静中"，则"静中"是否具有"根"的复生质性？陆希声认为，"万物并作"是"其用无方"，"以观其复"是"其体湛然"。体湛然而用无方，是体用一体。"复"是归"根"、反于"本"。陈景元认为，万物并作，未有不始于"寂然"而发于"无形"者，及观其"复"则尽返于"杳冥"而归于"无朕"，以"全其真"。万物之"复"在于归本，归本则更生。"全其真"，是复归于"复"的所以然者。在《老子》本旨，"归根"，既是

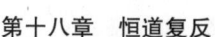

具体存在物的归根实在，又是通于其为的共通质性。从统体—太极思维言，是复其"窈冥"的道本。宋徽宗云："观其动者之必静，出者之必复，而因以见天地之心"。"复其见天地之心"，是《易·复卦·象》文，在于"反复其道"。天地之心，是为物不贰、生物不测，为生生的反复其道。从思维内涵言，"归根"正是生生不息的重新"作始"。赵志坚以"反者道之动"解之，正是以"复"为道动之"反"，为"反"的律则。何心山指出，圣人妙见"作复"之理，观物"出于机者，必入于机"，"复"谓"归于道而常存"。万物之"复"，是出入之机。"归于道"者，与道为一，"常存"者，反于不死不生。万物以"复"动，恒道使动以为"复"。在物是动"复"，在道是使"复"。何道全认为，"能虚能静，静极则动，万物于此并生"。以万物并生于虚静之本，正与周敦颐"太极动而生阳，动极而静"思维相反。以恒道存在言，若无生生功用、为万物母，何以言"字之曰道"？可见，恒道非是以虚静为本，而是以恒动为本。人心是以虚静为要，以循理为本。道家以虚静为德、为性，是相对多欲、妄作而言，故以节欲、克己、循理为依归。复于虚静，是复于道德本性，非是复于虚静的本性。薛蕙认为，物动"终则反本"，欲明"守静之道"，故"验之以物理"。"终则反本"，是"物理"，亦是"复"之验。然"复"非是"守静之道"，而是守于道本的"反复其道"。焦竑认为，"观复"者，"若动且实，而实无纤毫动与实"。不能"观复"者，"止动求静，欲静转动"。有无、动静一体，揭示心体之妙。心虽寂然而感通，动以理动，己心何尝动？"止动求静"或"欲静转动"，是固执于静，实不知"观复"中动中有静、静中有动之妙。动与理俱动，是虽动不动；静因理而动，是虽静实动。以恒道"为物"言，"静"只能是生物的"独立不改"，而非是本体存在的虚静。魏源认为，众人之于物，"息而后见其复，衰而后见其归根"。知"道"者，知"作者之皆妄"，而"静者之为常"。它是"常有而常无，常作而常静"。息后见复、衰后见归根，是自然之一"复"。知道之"复"，更知生而复死，是通"复"。从恒道"为物"质性言，常有常无是"生而不有"，常无常有是生生不已。有功复于无功，不居其功则功为不测。常作常静是"为而不恃"，常静常作是功为不测。"反"、"复"之道内涵其中。以释氏思维言，常有常无、常作常静是念念不住。

2. "夫物芸芸，各复归其根"

上言"观复"之"复"，是名词宾语，揭示万物盛衰荣枯循环的规律，它是反复循环的无限过程。"复归其根"之"复"，是副词状语，在于突出"归"的趣向。河上公云："万物无不枯落，各复反其根而更生也。"因"枯落"反于根以"更生"，"更生"是主要归趣，非是以虚静为本。王弼释其为"各反其所始"。以"始"为"根"，是本根、始源。以"复"为"反"，是一种恒常的趣向。虽然在《老子》中"始"与"根"同谓，可以况谓本始存在的恒道，但"始"还有起始的时间意义，不如"根"具有实体存在的生生意蕴。司马光认为，"物出于无，复入于无。"以"无"为"根"，是看到"根"毕竟是有形存在，而恒道是"无状之状"、"无根之根"，虽为万物本源然却无形无状。"物

出于无"，是"有生于无"；"复入于无"，是"复归其根"。一物归根，是反于具体生机之本；万物归根，是反于宇宙生生的统一根源。陈景元以"芸芸"为"茂盛貌"，是草木植物之类。以"云云"为"动作貌"、"众多貌"，是飞走动物之类。"以类推知，动植虽殊，咸归其根。"以《老子》本意，"芸芸"或"云云"况万物生机反复之谓，"夫物"包涵一切物类，"各"是统类而言。"复归其根"，是普遍的趣向。苏辙以"性"解"根"，是从本性上进行解说。"万物皆作于性，皆复于性。譬如华叶之生于根，而归于根。""根"是有形之属，亦是分殊之性。华叶生于根、复于根，是植物类生化的趣向。"性"具有统一性，无物不涵，性外无物。物作于性，是生化之始；复归于性，是反于其本。物之本性，是生而有穷，死是性命之归。然以造物者言，"为物"本性是生生不息，于物"善始且善成"，善生善死。或者说是赋予万物以更生更化的潜能。赵志坚以《老子》"既知其子，复守其母"作解，然知子守母是道术，非是本文意旨。吴澄认为，芸芸之动是"植物春夏则生气自根上达于枝叶"，归根之静是"秋冬则生气自上而返还下，藏于根"。物芸芸之动内涵着一个生命过程，揭示的是赋命与受命的生命历程，并非在于揭示植物内在的生生机理。"根"既是生命的开始，又是生命的新生。存在物生命有始终、生死的界分，为有限的存在者。"根"具有生死、死生的"双反"性，是生生不息的反复循环。死只是"根"生的间歇、重生的酝酿。王夫之云："万物并作，而芸芸者，势尽而反其所自来也。"物有定势，势有尽然，势尽则反于所自。以物言，势是有待、有限之属，定势无常在，故有生死的界定、区隔。以恒道言，无定势，势力不灭不减。它是"势成之"的恒常，正如生生者不死一样。

《庄子》续言《老子》"复"的"归根"意旨。"凡物无成与毁，复通为一。"（《齐物论》）物有成有毁，而道无成与毁。成毁通于一，则为"道通为一"。"复通为一"是双反之反，循环无端。以道本言，成、毁互摄一体，正如有无互摄一样。在"道通为一"中，成、毁脱离了外在的孤立、静止、偏执，而走向一体，毁是成的潜在，成是毁的实现。以黑格尔的思维言，成毁对立、对待是外在感知的分析思维，而成毁一体、互摄方是内在自为的辩证思维。善吾生，亦善吾死，死亦是生生的存在性。从绝对本体存在言，"杀生者不死"与"生生者不生"同为造化的枢机。若以生死为气化、一条，何可贵生恶死？"今已为物也，欲复归根，不亦难乎！其易也，其唯大人乎！生也死之徒，死也生之始，孰知其纪！人之生，气之聚也；聚则为生，散则为死。若死生为徒，吾又何患！故万物一也，是其所美者为神奇，其所恶者为臭腐；臭腐复化为神奇，神奇复化为臭腐。故曰：'通天下一气耳。'圣人故贵一。"（《知北游》）因"通天下一气"，臭腐、神奇相化一体，故万物各自复归其根，又各自新新重生。归根者，归于生生之本。若以已为物，执生恶死，则归根为难。大人者，以人生为气化聚散，同于天地之一气，故能与化为体，生死一条。"生也死之徒，死也生之始"，生死互为其根，故"万物一"。以通一之道言，生死固然互为其根，生是死之徒，死是生之始。然以万物存在言，只能以生看死，只知从生至死，未知死而复生。只有掌握了

"道通为一"的宇宙观，才能以生死为一气聚散、生化。"贵一"者，是在"知通为一"基础上的"复通为一"，它是大人的境界。以万物各自本性言，莫不归其有形本根；以造化自身言，是"物已死生方圆，莫知其根"。作为"无根之根"的存在，是"大本大根"。以道术言，"归根"是复于"朴"，"雕琢复朴"（《应帝王》），"无为复朴"（《天地》）。"朴"是本原质性，具有恒道的存在质性。《文子》以"万物各复归其根"为世上有道者的境界。贤圣"持以道德，辅以仁义"，使"天下混而为一"。这样，"大通混冥，万物各复归其根"（《上礼》）。万物各自归根，一是物类各自归于有形具体之根，一物类一太极；一是万物归于无形本根，万物殊类总体一太极。

3. "归根曰静，静曰复命"

注家多认为，"静"为《老子》"归根"思想的主旨，是其所认可、提倡的最高价值。然从全书贯通的意旨看，"静"非是绝对的价值，而具有相对性的意蕴。"静"的归趣，在于"复命"。"归根"，是回归本宗，"万物复情"。以"静"为性本，容易导致抹灭恒道"为物"恒自生生、"使动"的绝对存在质性。在"归根曰静，静曰复命"中，"静"是中介，以为"复命"。"复命"者，受命于造化以新生，因为造化者是生化上"独立不改"、"周行不殆"，生生不已。"静"以复"命"，则更生，各正性命。河上公以为，"根"者，"安静柔弱，谦卑处下"，故不复"死"。"安静"者，是为"复还性命"，使"不死"。"根"者，是生生不息之本，自然更生，死而复生。以物之根言，非是不复于"死"。以道为本根言，是"谷神不死"。以"归根"为"静"，是储存、积蓄、潜藏、酝酿新的生机，是"复命"以更生的潜在形态、阶段。"静"对新的生长显现言，非是虚静无有，而是生长的潜备，有如"有物混成"一样。从其潜在为"静"，从其更生为"复命"，二者统一一体，是一体两面，正如"无为"与"因循"、"辅助"一体一样。若以"安静柔弱，谦卑处下"解"静"，则已是道术层面，非是本根的存在层面。圣人安静，非是执著于静，而是以静制己，克制妄动，而因循道理之动，不忤物性，因循以为。"谦卑处下"，是为了包容、宽容、曲全，体物不遗。就每一存在物的性命言，自在自然，芸芸自归根。执著于生，则必静以复命为死，不知更生的"不死"。就造化统一的赋命言，是"善其生"、"善其死"，赋予万物以更生的潜能，"复还性命"，以使"不死"。每一物化有生则有死，而造化者成化而不死。造化不死，体现在物化更生、循环的"不息"中。王弼以"则"解"曰"，认为"归根则静"，"静则复命"。这样，"归根"、"静"与"复命"之间形成了依次递进的关系，然在《老子》本旨看来，三者是三位一体的关系。从至终反本言是"归根"，从不逆天命言是"静"，从重新生生言是"复命"。"归根"就是"复命"，"静"既是"归根"的休息、安分，又是"复命"的顺从、新生。只有"静"而不违，方能"复命"。只有"复命"，才是真"静"。陆德明认为，"情复于性，动复于静，则天理得矣。"芸芸之动，为物之情；生而本静，天理存焉。性本在于天理，是儒家思想。本性在于道德，是道家思维。天理是本性未发之中，然来自天命，侧重于揭示理则内涵。道德是性命本在之中，道赋予德性，侧重于揭示精和内涵。二者在中节、

适宜上相通。李荣认为，"归根曰静"是"在末所以轮回反本，寂然不动"，"静曰复命"是"虚静保其天年，是谓复命"。在"静"与"复命"之间，是"静则不死不生，复于慧命"。以末反于本在于"虚静保其天年"，是道教养生之语。从生理上言，"天年"是天理自然。若以"静"为"不死不生"，则"慧命"是死而复生。以《老子》道本言，固是"不死不生"，然善万物生死。若以"静"言恒道存在之性，是"独立不改"，而非是虚静寂灭。以"命"言恒道存在之性，是"周行不殆"。"静"与"复命"相互涵摄，犹如"独立不改"与"周行不殆"的关系。唐玄宗认为，"物归根则安静，人守静则致虚。木之禀生者根，归根故复命。人之禀生者妙本，令能守静致虚，可谓归复所禀之性命也。"以物习情言，执生恶死，往往不能静以归根、静以复命。"归根故复命"，正揭示"归根"与"复命"的统一。"守静致虚"是"归根故复命"的工夫、前提。李约从否定的思维上解"归根曰静"，认为"若动则不能更生"。又解"静曰复命"为"周而复始"，以为它是"自然之本"。"更生"是"静"的归宿，非是执静。"复命"是生生的"周而复始"。"自然之本"是造化的不得不然，"反者道之动"。司马光以"物静则从天命"作解，然天命是"于穆不已"，生物不息。王安石以为，"命"是"无始以来未尝生，未尝死者"。作为不生不死者，"命"是赋命者，"生生者不生，杀生者不死"。未尝生死，方能命物以生死。吕惠卿认为，"惟静，则复其所以生，而能命物"。"静"是前提条件，复其"所以生"是归趣。万物归根于生物之本，赖于赋命以更生。王雱认为，"有生曰性，性禀于命。"赋命者，在"在生之先"，它是"道之全体"。他又以《易》"穷理尽性，以至于命"为依据，以为"观复"是"穷理"，"归根"是"尽性"，"复命"是"至于命"。至于命极，而不离于性。"性"与"命"是一体两面，成性来自赋命。"道之全体"，是赋性大全。以《易》的思维言，"观复"是穷"复"之理，"归根"是尽"生"之性，"复命"是至"更生"之命。苏辙认为，"止动息念以求静"非是"静"，"自复于性"，唯有"归根然后为静"。"命"者是"性之妙"，性可言而命不可言。这里，"止动息念"是执"静"，非是归根之"静"。"命"是"性"的"所以然"，"藏诸用"，故不可言。陈象古以为，"本自清静，因物有迁"。"物极则复，复者自静"。前者是"人生而静"、"知诱于外"，后者是复于本性、回归自然。静非是不动，而是存于天理。曹道冲认为，"复于元命，返于天真"。若以天真为性静之本、真性为元命之复，则落入求真旨趣，而非是《老子》修真以为"其德乃溥"。可见，对"归根曰静，静曰复命"的解说，直接关系到《老子》思想的归趣，是以虚静之真为本旨，还是以复命生生为真谛。吴澄认为，复命之"命"是"天以此气生而为物者"，复命之"复"是"复于其初生之处"。固然，"命"是恒道"为物"生生的赋命，"复命"揭示的是恒道"物物"不测的过程。在"物物"中体现"芸芸"之象，在"反复"中体现为"归根"。薛蕙认为，"人生而静，天之性也。守静则能复其初，动则逐物而失之，此静之所以为复命乎。"若以"复命"为"天性"，则"人生而静"是"未发之中"。人不能执于"守静"而不应于物，若以"逐物而失"则守静不动，乃非是真静。只有静以复命于天理，方为真静。"守静"只是"未

发之中"，应物"循理"方为"已发之和"。"已发之和"，是动静一体，以其无妄作为是静，以其循理而为是动，静中有动，动中有静。人生归静在于复性于天理，循理就是"率性"？恒动不妄，就是"静曰复命"。以物性言，复归于根是复于更生之命，非是复归于虚静。

《庄子》对归根之静内涵的阐发，体现在"渊静"的人生境界上。圣人者，"其居也，渊而静；其动也，县而天。"（《在宥》）"渊而静"者，是"抱神以静"。"县而天"者，动以天行。"圣人之静也，非曰静也善，故静也；万物无足以挠心者，故静也。水静则明烛须眉，平中准，大匠取法焉。水静犹明，而况精神！圣人之心静乎！天地之鉴也，万物之镜也。"（《天道》）圣人之静，非以静为善而执静，而以"万物无足以挠心"为静。心静则明，故能以天地鉴天地，以万物镜万物，己无所与，则动循道理。"静而圣，动而王"。心静无妄作则为圣德，故"无为也而尊"；动以执大象则为王，故"朴素而天下莫能与之争美"。至静在于"一而不变"（《刻意》），然后"动而以天行"。不变其"天行"即"静"，"静"则无贰"天行"。可见，《庄子》遵循《老子》"静曰复命"的思维，认为静是"以道观之"、循道以为。《文子》对"归根曰静，静曰复命"思想给予了进一步的阐发。"万物有所生，而独知守其根；百事有所出，而独知守其门。故能穷无穷，极无极，照物而不眩，响应而不知。"（《道原》）万物因守其根，而能穷无穷、极无极。守根则静，静则照物不眩，而能响应若神。它是"其静若镜，其应若响"（《庄子·天下》）。以知言，"在己无居"是静，"形物自著"是感。以行言，"执道"是静，"耦变"是动，动静一体。

4."复命曰常"

"复命"为"常"，是无常之常。以其物各有定命、定理为"常"，以万物殊异命理则为"无常"。河上公云："复命使不死，乃道之所常行也。"复于命则更生，通言之是大道的常行。道之常行，在于生生不息。"使不死"，非是使物无死，而是死而复生。王弼云："复命，则得性命之常也。"自命物言，"性命之常"是死生为一气之化，不可执生恶死。李约以"常生之道"解之，大道常生，生生不息，善死善生。李荣云："有死有生，故断。不死不生，故常。""复命"是万物各得其命，死则更生。以"常"言，是不得不然，非是"不死不生"。因为赋"命"者"不死不生"，然后命物以生死。"常"正是对此命化的进一步肯定，赋予其恒常化。司马光以"谁能违天"解之，"不违"正是"常"的不得不然。陈景元以"应变不迁"为得"常道"，它是"复命"。然"复命"在于得于赋命，故为道常。常道，是"独立不改"。"应变不迁"是得于常道的常德，"耦变"在于"执一无为"。以《老子》思维言，"复命"作为"常"，一方面是万物不得不"复命"的恒常，一方面是万物各有其"复命"的殊常。吕惠卿以为，道能"命物"，则"常而不去"。"常而不去"是"命物"之常，恒然如此，通一如此。王雱认为，"出生则入有，入有则系数，然则密移之变，顷刻不停，唯复命则湛然常寂，物莫能迁矣。"以恒道"为物"的功为言，"密移之变，顷刻不停"，

是"周行不殆";"湛然常寂，物莫能迁"，是"独立不改"。恒道之常，既是独立于生生、"为物不贰"，又是周行于生生，"生物不测"。宋徽宗云："复命则万变不能迁，无间无歇，与道为一，以挈天地，以袭气母。"万物"复命"，是复归于"万物之宗"。通言之，是"与造化为一"。"无间无歇"，是生生不息。万物"复命"，是因造化命化而化于万化，化而不止、无间。曹道冲指出，"夫物或兴或衰，或生或灭，皆为造化之所陶铸。惟道常然，昼不能明，夜不能晦。复性命之道，则知真常。"造化陶铸，是"命"的自然而必然。昼不明、夜不晦，是一不化。恒道"常然"，在于造化而不落入物化。在"复性命之道"中，揭示"真常"的命物之化而己不化，范应元认为，惟"虚静"然后能"动而有常"，"复"则为"生生之道"。"常久而不已"，盖因为"动自静来，动极复静"。心能虚静，则己无所与，然后因循大常，不贰其动生。复其大常，是一于"生生之道"，功为不贰、不测，恒久不已。以心体言，"动自静来"是寂然不动而感而遂通；"动极复静"是功成不居而不贰其动。以道体言，"为物"是恒动，不息不测；"不贰"是恒静，不改不殆。"静"不是静止之静，而是复命之静。"常"不是静止之常，而是变化之常。赵志坚以"周行而不殆"解之，甚得"复命"之"常"的意蕴，"常"是长久不易，非是虚静的固常。焦竑认为，"有作必有变，复命则作而无作，谓之真常。"以物性言，有作则有变，是定于一常。以道命物言，"作而无作"，是无常其作，作而不贰，故为"真常"。一物类有一"复命"之"常"，物类万殊则所"常"不同。"知常"，既是知不同类的每一定常，又是通知万殊异类的无常之常。如此，才能不妄作而凶。

《庄子》对"命"之为"常"的内涵给予了进一步的阐释。"子之爱亲，命也，不可解于心。"（《人间世》）"命"者，非是有以为而为，而是无以为而不得不为。"不可解于心"，是自然而必然，纯而不贰，恒而不殆。至德者，"哀乐不易施乎前"，之所以如此在于"知其不可奈何而安之若命"。"不可奈何"者，无己能与；"安之若命"，同于必然。"命"之常，因其不可改易，故必因循无违。以体道者言，是守本于命物之化。"审乎无假而不与物迁，命物之化而守其宗也。"（《德充符》）"审乎无假"，是"复命"，"独立不改"；"不与物迁"，是"静"，"不物于物"。"守其宗"，同于造化，一不化而命化。能命化者必是己一不化的"常"，亦是造化不息的"常"。前者是"静"之常，后者是"动"之常。己"一不化"而"命物之化"，则独立其化，化化无极，恒而不已。"复命摇作而以天为师"（《则阳》）。"命"者不得不然，因其所使，故"复命"在于"以天为师"。"命"是"摇作"之命，性为命之所然。命以必然，则性以自然。圣人安于性命，爱人则"终无已"。"复命"者复其性之自然，"纯而不已"。《文子》对"复命曰常"思想亦有言及。圣人者"恬愉虚静，以终其命"（《九守》）。命有必然定理，人能虚无不违、恬静不妄，故能终其受命。终命，是遂其所命；"复命"，是复得其命。宇宙之间，有"阴与阳"，"有圆有方，有短有长，有存有亡"（《自然》），皆是"道为之命"。道命有定理之殊，故不一其常。道无常其命，物无常

定理。道各当其命，则物得之理无不宜。

三、思维同构

"观复"、"归根曰静"和"复命曰常"思想，是先秦学术史发展中的三个重要思维观念。郭店楚简《恒先》指出："恒先无有，朴、静、虚。朴，大朴；虚，大虚。……未有天地，未有作行、出生，虚静为一，若寂寂梦梦，静同而未或萌，未或滋生。气是自生，恒莫生气。气是自生自作。……复、生之性行，浊气生地，清气生天。气信神哉，云云相生，信盈天地。……天道既裁，惟一以犹一，唯复以犹复。恒、气之性，因复其所欲。明明天行，惟复以不废，知几而无思不天。……举天下之为也，无舍也，无与也，而能自为也。举天下之生，同也，其事无不复。"（李锐订正的《新出简帛的学术探讨》）"恒"者以"无有"为先，犹如"有生于无"。"无有"的存在质性，是"朴、静、虚"。"大朴"者，"有物混成"；"大虚"者，"无状之状"；"静"者，是"虚静为一"。这里，"虚静为一"，非是以虚静为本，而是混沌未分化的存在样态。虚者无定实有，静者无作无生。"恒"者虚静中潜涵生动之机。"恒莫生气"，是本自有气；"浊气生地，清气生天"，是"生天生地"；"气是自生"，是自古以固存；"自生自作"，是自本自根。气之"信神"，体现在"云云相生"之中。"信盈天地"，是一气充塞宇宙。天道载物，既是惟一恒一的"为物"，又是唯复恒复的使化。在"复"中，天行不废，犹如"天行健"。在"恒"与"气"的关系上，前者是恒道之"恒"，揭示本始存在的微妙虚静；后者是"元气"之"气"，揭示本始存在的至神实有。二者一体存在，故为"恒、气之性"。天下生为，"无舍"则不恃，"无与"则不宰，故万物自为。"事无不复"，是命定之复。物有反复，复其本性，则无不复。恒命其"复"，方能不息其"复"。这里，既有言天道之"复"，亦言物理之"复"，又言人事之"复"，兼三者以言则"复"为通则，是本体存在、万物理则和人生准则的统一。同时，"复"是造化者使"复"的"复命"。《易传》"复"的思想内涵也很丰富。"无平不陂，勿往不复。"（《泰卦》）往而必复，是道则之常。"反复其道，七日来复，天行也"（《复卦·彖》）。天行有常，反复为道，"复"为律动规则。"终日乾乾，反复道也。"（《乾卦·大象》）"反复"者，既是天道，亦是人道。人道之"复"，是反习俗之道而用之。习俗执著功名，自恃自伐，故不免于殆。圣道法于天道，乾乾戒慎，功成不居，故能长生久视。"复，德之本也。"（《系辞下》）"复"之为德，在于慎始重微，"复以自知"。"中行独复，以从道也。"（《复卦·小象》）以"从道"为"复"，正如以"归根"、"复命"为"复"。以"复"为德，非是认"复"为本，而是以"复"达于道本。"复则不妄"（《序卦》）。复其本，从于道，故不妄。王弼解《易》云："复者，反本之谓也，天地以本为心者也。……寂然至无，是其本矣。"（引自《魏晋全书》第二册，第112页）"复"以反本，则为工夫。"寂然至无"，是其所反之本。《易》既言"复"之道，亦言"复"之德，德是得道的工夫。在《老子》言，"复"

是万物运动之"常"，亦是复于"命"的工夫。"复"作为常理，蕴藏于事物的律则之中。"五行之动，迭相竭也。五行四时十二月，还相为本也。五声六律十二管，还相为宫也。五味六和十二食，还相为质也。五色六章十二衣，还相为质也。"（《礼记·礼运》）"还相为本"、"还相为宫"、"还相为质"，是反复之道。"复"的理则思想，在宋以后儒者的学术思想中得以大畅其说。周敦颐云："无极而太极。太极动而生阳，动极而静，静而生阴。静极复动。一动一静，互为其根。"（引自《周敦颐集》，中华书局2009年版，第4页）"动极而静"、"静而生阴"思维深受道家思维影响，然与《老子》思想有别。恒道"为物"是动静一体，非是"一动一静，互为其根"。盖周子见《易》卦爻之间"动静无端，阴阳无始"的理则，然后赋为无极太极生生之性。以太极存在言，是恒动生物，静是"为物不贰"，动静具有特定内涵。程子云："天地之心以复而见，圣人未尝复，故未尝见其心。"（引自《二程集》，中华书局2004年版，第1225页）以"复"见天地生物之心，既是对《易传》天道思想的阐发，也与《老子》"观复"观念相通。圣人之"复"，本于天道之"复"，见天道即可见圣人之心。天地生物是循环更生，万物之生是冬藏春生。胡宏指出，"《易》卦有《复》。孔子曰：'复，反也，所以返本复始，求全其所由生也。'人之生也，父天母地，天命所固有也。……逮成童、既冠，嗜欲动于内，事物感于外，内外纷纠，流于所偏胜，故分于道者日远也。……今欲驱除其外诱，不失其赤子之心，以复其所由生之妙，则事事物物者，乃人生之不可无，而亦不能扫灭使之无者也。儒者之道，率性保命，与天同功，是以节事取物，不厌不弃，必身亲格之，以致其知焉。夫事变万端，而物之感人无穷。格之之道，必立志以定其本，而居敬以持其志。志立于事物之表，敬行乎事物之内，而知乃可精。目流于形色，则志自反，而以理视。耳流于音声，则知自反，而以理听。口流于唱和，则知自反，而以理言。身流于行止，则知自反，而以理动。有不中理未尝不知，知之未尝复行，此颜子所以克己复礼，不远复而庶几圣人者也。及其久也，德盛而万物一体，仁熟而变通不穷，岂特不为事物所迷惑而已哉？视听言动，皆由至理，形色音声，唱和行止，无非妙用。事各付事，物各付物，人我内外，贯而为一，应物者化，在躬者神。至此，则天命在我，无事于复，而天地之心可一言而尽矣。复之道，于是为至焉。"（引自《胡宏集》，中华书局2009年版，第152-153页）以"复"为"反"，既是"所以返本复始"的道术，亦是"求全其所由生"的工夫。本始、"所由生"者，是"天命"。感于外物，流于偏胜，是恒德渐失。儒家言"赤子之心"是基于性善之本，人人皆有"四端之心"，故言"率性保命"。道家言婴孩之心，是基于道德之得，人人分有道德以为性，故言"复命曰常"。儒家性善之道，是天理、"五常"；道家道德之性，是性分、命理。前者反身而诚，是复其天理的性命；后者复归其根，是反其得道的性命。二者在"复其所由生"上相通，但在本然内涵上有别。"理"突出条理、适宜，"道"突出和谐、适宜，二者在调适事物间关系上相通。儒者言"与天同功"，道家言于造化同功；儒家以立志定本，居敬持志，关键在于以理视

听、言动，而其前提在于格物穷理。至其极，则德盛于"万物一体"，仁熟于"变通不穷"。以儒家言是"以理观之"，在道家言是"以道观之"，二者何其相类！儒家是复理、复礼，理、礼是穷理以致；道家复本、复道，道、本是静观以得。二者之"复"皆为达命的工夫。"事各付事，物各付物"，是儒道共同的思维理念。儒家强调"穷理"，以视听言动"皆由至理"，"无非妙用"；道家强调"道观"，以视听言动循道而行，各当其宜。在先秦儒家和老庄思想中就已然具有思维同构性，很可能来自同一的古始道统。"天地之心"，又是圣人之道，复于自然，故"无事于复"。"天命在我"，犹如大道在我，自然而然，"复命曰常"。在用"复"之道上，儒家以为理则而循之，道家以为道德而因之，二者殊途同归。在"万物一体"上，儒家强调"万物皆备于我"、"物吾胞与"，道家强调"道通为一"、与大化为一。二者在"大我"上具有通识。在"变通不穷"上，儒家是精义入神，"应物者化"；道家是因循物为，一不化而成万化之化。前面，曾就"道"与"理"的思维同构性进行过解析，这里不再展开论述。在揭示"复见天地之心"的意旨上，程伊川指出，"其道反复往来，迭消迭息。……消长相因，天之理也。……先儒皆以静为见天地之心，盖不知动之端乃天地之心也。非知道者，孰能识之？"（引自《二程集》，中华书局 2004 年版，第 817 页）天地之心，是为物不贰、生物不测，何尝有静而不为、生物之止？以"动之端"为"天地之心"，正见天地"生物不息"之本。正因生物不测，故有生生、杀生之"复"。在万物往来反复、消息更迭中，揭示出天地生物"不息"、"不测"的"复"。天地生物是反复生杀之生生，恒道生物是反复生死之生生。金履祥在阐述《易》的"复"理上指出，以卦论，六十四卦、三百八十四爻皆天地之心所寓；以时论，春生夏长，万宝秋成，形形色色，生生性性，皆天地之心所为。圣人之所以独于《复》见之，乃因六十四卦固天地之用，春敷夏长、万物生成皆天地之迹，虽不难见，而惟于《复》方见。天地之心为"仁"，是"生生之道"。以象言，是复卦的一爻。"当穷冬之时，五阴在上，天地闭塞，寒气用事，风霜严凝，雨雪交作，万物肃杀之极，天地之间若已绝无生息，而一阳之仁，乃已潜回于地中"。"一阳之仁"，是天地生生、化生万物之初，由此而成"生气磅礴"，"品物流行"。"盖其仁意浑然，而万化之全美已具；生气暗然，而一毫之形迹未呈，此其所以为天地之心，而造化之端，生物之始也与？""一阳"爻，正是伏羲画卦之始，是"天根"。盖有"生生之心"，然后有天地"生生之用"。天地之心，"惟于极静之中，而乃有动之端"。以理论，"静"不足以见天地之心，而"动之端"乃可见天地之心。以人心论，"动"不能见天地之心，而"静"可以见天地之心。"人之所以失其良心，迷此仁性，而终不能见天地之心者，盖其欲动情胜，而常失之于动也。夫物之感人无穷，人之好恶无节，此心所存，逐物而动，则飞扬升降，幻贸驱驰，安能体认义理，充养仁心？其于天地之心，惘然莫知也。"学者须"收视反听"，"澄心定虑"，然后可以"玩索天理"，"省察初心"，然后以见天地之心。"复"者二分，有天道之复，见于"动之端"；有吾心之复，见于"善念之动"。天地

之心在吾心，见于"四端之心无时不发"，而尤显于"恻隐之心"。人虽日营营于人欲之中，然孰无"一线天理之萌"？吾心之复，即在于复此。之所以"人自不察，亦自不充"者，由其"汩于动而不能静"。学者须于此下耐静工夫，察其一念天理，复充天理之正，而敬以持之，学以广之，力行以践之。以茂对天时之复，反求吾心之复，人当自勉。知"复"者，以复心之初。然既"复"之后，无以长养之，则"复"已失。天地有此"复"，日长日盛，进而为临，又进而为泰，又进而为大壮，又进而为夬，又进而为纯乾。人心有此"复"，亦必日增日长，进而为临之大，为泰之通，又进而大壮之动，以及夬之刚决，乾之不息，而与天合德，此是"复之之后工夫"。纲常既废复明，国势阽危复振，必有赖于得其"复"义而充"复"之功用。（引自《宋元学案·北山四先生学案》，载《黄宗羲全集》第六册，浙江古籍出版社 2005 年版，第 228-231 页）

"复"为天道、吾心之分，正见本体与心性之别。老庄与《易》所言"静"具有特定的意义，不可简单以动静对待而言。就人心论，静以循理可见天地之心，因理而动何尝不是天地之心？静是反其迷失而体认义理，复其良心以充养仁性。"收视反听"、"澄心定虑"是"归根曰静"，反于虚心以克己私欲；"玩索天理"，"省察初心"，是"静曰复命"，静以致理以为时中。人生本静，然含"一线天理之萌"。"静"对人欲躁动言，本心非是虚静。无有躁动，则本心天理不灭。情欲营营有以为，汩于动而丧失本心，故需吾心之复，先静而后"复命"。"静"既是克己贪欲、消除妄作的工夫，又是达致循理、不逾规矩的前提。"静"作为心体，非是以静求静，而是静以穷理、省察求其一念天理，充天理之正，复其性之"正"。敬持、学广、力行，既是复求吾心之本，又是循理之"静"。儒家以"理"节欲，以"敬"持理，以"复"为"反身而诚"，不诱不流于物；道家以"道"制欲，以"静"复道，以"复"为"修之于身"，二者同归于道德，虽然其内涵有所不同。"归根曰静"是归根以静，静是前提、工夫；"静曰复命"，是静以复命，命是归宿、宗旨。这里，"复命"决定了"静"的从属地位，静非为本，而是服从于"复命"于道理的工夫。天地之理恒自生生，无有静时，故"动之端"方见天地之心，非是"惟于极静之中"有"动之端"。物有动静之分，在动静互为其根的反复中揭示出天地生生之功。从人心论，因循天理是"静"，故可见天地之心。二者正好相反，不可混淆。人心之"动"，有理动、躁动之分，前者是"中道"，后者是逞欲。在《老子》与《易》之间，"复"与"所复"者的内涵具有思维同构性。在《易》言，天地之心是生生之"仁"；在《老子》言，恒道之性是生生之"德"。在《易》是每一卦爻皆寓天地之心，在《老子》是万物皆寓恒道之"一"。在《易》是四时岁成而寓天地之心，在《老子》是万物芸芸皆寓于恒道"势成之"。在《易》是天地之心见于"一阳之仁"、"天根"，在《老子》是"万物之宗"，"玄牝之门"中见于恒道之生。在《易》是"生气磅礴"、"品物流行"，在《老子》是"道生德畜"、"万物得一以生"。在《易》是"仁意浑然"具万化全美、"生气暗然"未呈一毫形迹，在《老子》是"有物混成"，为"无状之状"、"大象无形"。在《易》之理

是变化之理，动乃见天地之心；在《老子》恒道功为是"独立不改"，动乃见其用不竭。在《易》"复"为各卦之德，在《老子》是"复"是"复命曰常"。"复"者二分，有天道之复，见于四时更迭、万物兴衰；有吾心之复。见于知诱于外、"反身而诚"。以心体言，"复"有两义，一为复心之初，"与天合德"；二为日常涵养、省察之复，是"复之"工夫。恒道本自无"复"然使万物以"复"存在，万物之"复"作为律则揭示恒道使"复"的功为。圣人之"复"，是复见道德之心，"孔德之容，惟道是从"。君子之"复"，是复见本心性善，居敬而择善固执。王畿对《复卦》的各爻"复"的涵义进行了诠释，他认为有失而后有"复"，圣人无"复"因其无失。"'复，其见天地之心'。……初复者，复之始，才动即觉，才觉即化，一念初机，不待远而后复，颜子之所以修身也。学贵近仁，二比于初，谓之休复。学务于恒，三失于中正，谓之频复。四处群阴之中，志应于初，谓之独复。敦复者，服膺勿失，笃于复也，故曰'敦复无悔，中以自考也'。迷复者，非迷而不复，欲求复而失其所主，至于十年不克征，故曰'迷复之凶，反君道也'。……初复则吉，迷复则凶，吉凶之机可以立辨。"（引自《王畿集》，凤凰出版社2007年版，第50页）"复"有本体、心体之分，天地之心为"复"是生生不息、循环无端，心性之"复"是复于本性不失，收拾所放之心。人是思存天理后无"复"。圣人是复见天地之心，然后能无失，它是人生最高境界，正如时中的精义入神一样。人生不可无"复"，格物、致知、诚意、正心、修身中无不有"复"的工夫，复于天命，复于本心，复于义理，在道家是复于道德。修身为本，无妄念妄为，克己复礼，故不远"复"。"才动即觉，才觉即化"，非精义入神者不能。"休复"者，"为仁由己"，以仁待人，故为"吉"。"频复"者，学务于恒，三省吾身，砥砺尔性，故"无咎"。"独复"者，戒慎恐惧，慎独从道，故能"从容中道"。"敦复"者，服膺勿失，至诚时中，故"无悔"。"迷复"者，迷不能复，悖于道理，故凶。若迷而知复，反于中道，亦能化凶为吉。吉凶之机，在"复"之中。以道术言，"复"贯穿于《老子》的思想中，"知子守母"、"崇本举末"、"慎终如始"等皆是"复"的道用。他看到《易》与《老子》在"复"思维上的贯通性、一体性，指出老氏有言"常无欲以观其妙，常有欲以观其窍"、"万物芸芸以观其复"，认为"观妙即未发之中"是"性宗"，"观窍即发而中节之和，以情归性，而机在我"是"命宗"，"观复即慎独常明之旨"。（引自《王畿集》，凤凰出版社2007年版，第389页）以《中庸》未发、已发的中和解《老子》"观妙"、"观徼"，不免有些牵强，因为二者所言不同，一言道本，一言心性，但却正确看到二者之间的一体关系。"命宗"是"复命"，归于性本。"观复"是慎独常明的功夫，常于复性、复命。刘宗周解《易传》"一阳之动"的涵义云："动而顺，复之德也。天行云者，一姤一复，往而复返，造化自然之运也。……天地之大，孰枢纽是？孰推行是？其有为之心者乎？则一阳之动是也。一阳之动，动而未尝动也，万化之权舆而终古恃以不息者也。于是君子返而信诸己也，曰：'复其见人心之天乎！'"（引自《周易古文钞上经》，载《刘宗周全集》第

一册，浙江古籍出版社 2007 年版，第 104 页）"动而顺"，是因循天理，故为"复"之德。"一阳之动"，是"天行"或"造化自然之运"，万化终古恃以不息，相类于《老子》恒道"独立不改"、"周行不殆"之旨。"动"以恒动，不改其动，故"未尝动"。"往而复返"，是物化反复之动；"一阳之动"，是成遂"反复之动"的不动之动。"返而信诸己"，是归根，复其"天地之心"。王夫之指出，"天地之心，无一息而不动，无一息而非复，不怙其已然，不听其自然。"（引自《周易内传》，载《船山遗书》第一卷，北京出版社 1999 年版，第 65 页）不息之动，是不息的"复"动。若"怙其已然"，功成自伐，则动不"复"；若"听其自然"，则无有使"复"者。唐君毅提出，中国古代哲学的一个重要特性是："自然宇宙之变化无方、无往不复"。（引自《中国文化之精神价值》，广西师范大学出版社 2005 年版，第 1 页）"无往不复"，是以"复"为宇宙万物存在、运动和变化的律则；"变化无方"，是"复"者无极、万殊。万物存在之"复"，各自不同，有生死，有聚散，有幽明，有成毁，等等。

西方早期哲学也有"复归于根"的相同思维。文德尔班指出，在赫拉克利特的思想中，"宇宙物质经历万变，万物产生于它又复归于它（始基）"，在这概念中隐含着"世界统一的假定"。（引自《哲学史教程》上卷，商务印书馆 1997 年版，第 49 页）"始基"是万物产生的根源，又是万物复归的根本，作为"一本"是"统一"的思维。黑格尔集西方古典哲学于大成，在其哲学体系中对"复"的辩证思维进行了系统阐发。"种子要发展它自身，回复到它自身。它里面所蕴涵的将要发挥出来，再回复到它所从出发的统一体。"（引自《哲学史讲演录》第一卷，商务印书馆 1997 年版，第 27 页）种子发展其自身成为禾苗、果实，回复其自身成为新的种子。"发挥"与"回复"的两面，构成一个循环的统一体。这样的思维结构，是道家的"道通为一"。"在自然里，当种子变化成另一物之后，又回复到它自身的统一。"（同上页）种子变化成另一物，成为新的种子。新的种子是涵摄旧种子、禾苗、开花、结果的全过程，故是重新的统一体。"在精神里，情形便不同。它是意识，因此它是自由的，在它里面，开端与终结是结合着的。"（同上卷，第 27 页）精神作为意识，它的自由在于开端与终结的统一，开端是蕴藏终结的开端，终结是开端之扩展的终结，它是自在而自为的存在。"在精神里，自在和自为这两个阶段不只是本身同一的性质，而且是互为的存在，同时即是自为的存在。凡是为对方之物，即与对方是同一之物。唯有由于这样，精神才在它的对方里回复其自身。精神的发展是自身超出、自身分离，并且同时是自身回复的过程。"（同上卷，第 27-28 页）精神分离自己，超出自身，成为对方物，是发展自己、实现自己。回复自身是统摄发展的它物为己之内在，将之看成自我的实现，故为自由。"精神的这种内在性或自身回复，也可以说是它的最高的、绝对的目的。"（同上卷，第 28 页）自身回复作为"内在性"，是以分离、超出的它物为实现自己的环节。"精神自己二元化自己，自己乖离自己，但却是为了能够发现自己，为了能够回复自己。只有这才是自由；……当精神回复到它自己时，它就达到了更自由的地步。只有在这里才有

真正的自性，只有在这里才有真正的自信。"（同上页）精神之所以自由，在于能够自己分离自己，扩展自己，实现自己，同时也能重新意识自我，认证自己。自我回复，是在扩展、分离自己之后的自我认知、自我确信、自我回复。"精神的事业就是认识自己"，只有当我认识我自己时，我才是精神。"意识在本质上包含着这样的意义：我是'自为'的，我是我自己的对象。"（同上卷，第36页）对象，是自身拓展的证验。自为，是拓展本身。"精神的证验是证明同时又是证明者。精神首先在证验中证明其自身。精神之被证明，只在于它自己证验、自己表示、自己显现其自身。"（同上，第73页）"证验"是功成已然，作为确实存在是证明，作为确实存在者是证明者。正如恒道在功迹中揭示功成，进而揭示自身存在。精神自我实现自己，既在证实自己的自由，也在证验达致完满无缺的存在。存在的真理是全体、大全。对《老子》言，恒道是大全，通过"反"的"势成之"，通过万物芸芸各复归根，通过"万物归焉"，既在万物动"复"中展现自己、揭蔽自己，又在万物归复中澄明自己"独立不改"、"周行不殆"，更在功成不居、功成不贰、功成不测中揭示自己为"复归于无物"的无限存在。在万物的存在、发展和变化中，揭蔽着恒道存在的要妙和能力。恒道功为之"复"，既在为物、成物的过程中始终反于"常无有"、"复归于无物"，始终"生而不有"、"功成弗居"，同时成就万物运动、变化、发展的"复"，不贰其命"复"、使"复"。

最后，对本节内容做简要概述。万物以"复"动，故可在"观"中探求其"复"。每个动植物类有生有死，死是生的终结。然从宇宙万物的芸芸更生中可见恒道使"复"的生生不息。从宇宙生机系统来说，万物之死既是回归于根本，同时是复于道命。万物更生既是新的事物诞生，又是恒道的重新赋命。万物"复"动，是反复之复。复归其根，是返回于赋命的道本。恒道使"复"而本自无"复"，无"复"成万物之"复"。"复"是物类存在属性，而恒道"与物反"，故无"复"。万物有生灭、兴衰之"复"，归根则静，静则复命。复命是恒道使"复"更生。"静"既是万物"归根"，又是恒道赋命。万物有"静"，而恒道恒动。万物之静是归静、重生前的积蓄、间歇，恒道之静是不贰、不改其动。万物"复命"，是通于造化，万化未始有极。生生不息，变化无常，循环不已，是"复命曰常"。"复"既是"常"，又是"无常"。"常"为物理的恒式、定理，"无常"为物理的万殊、纷纭。恒道无定理，然涵摄万殊定理。生死、始终、兴衰等对反之"复"，是"常"。"复"之无常，是不息、不测、品殊。恒道命"复"以使动，以其不贰为"独立不改"，以其不测为"周行不殆"。万物之"复"，是恒道功用存在的展开、见证。恒道以"无复之复"成遂万物之"复"。"万物各复归其根"，无往不复。恒道存在质性，既是"无复之复"，又是"万物之复"，前者是"无状之状"的无限，后者是"道通为一"的涵摄一切有限，至极而无极。人心之"复"，在于体于"道"，见诸于"自然"、"玄德"、"功成弗居"、"物物而不物于物"等道术之中。反过来，道术之"复"证明道用之"复"，二者相互阐发、揭示。

第十九章　恒道之大

《老子》以"大"为绝对本体存在的另一名谓，"字之曰道，强为之名大"。"大"作为恒道存在的一个重要质性，是无限、无待的况谓。它既为"四大"之大、不肖之大，又为"容乃公"、"曲则全"之大。恒道之"大"，还具有与世俗观念相异的特定意蕴。恒道因何而大？大者何谓？它们是本章所要诠释的主题。

第一节　四大之大

恒道为"四大"中的一"大"，且为"四大"之首，或者说是"四大"中的至大、最大。《老子》在天地之大、圣王之大外确立一个更高一层级之大，无疑在中国古代思想发展史上是一个重大理念创新。"四大"观念的提出，是《老子》对宇宙世界观以及人生价值的一次深刻反省、反思，具有重要的思想价值。

一、文字校解

《老子》第二十五章云："有物混成，先天地生。……可以为天地母。吾不知其名，强字之曰道，强为之名大。……故道大，天大，地大，人也大。域中有四大，而人居其一焉。"帛书《老子》甲本"道大"缺损，"人"写作"王"，"域"写作"国"。帛书乙本"道大"为本文，其他与甲本同。楚简《老子》中"四大"顺序有不同，写作"天大，地大，道大，王也大"。其中"域"写作"囗"中含"右"字，丁四新认为是"圃"字，当为"域"之假字。（引自《郭店楚简〈老子〉校考二则》，载《全真道与老庄学》，华中师范大学出版社 2009 年版，第 1060 页）"人"写作"王"，另不同处在"国中有四大"以及"王居一"文句后面"焉"字写为"安"。此章内涵曾在前面进行过有关阐述，这里重点揭示道"大"的深刻意蕴。

（一）"域"和"国"

"域"者，会意字，甲骨文从口表示城，从戈表示以戈守卫城池之谓。古代邦国是一座城池及周围地区。后加"土"以突出地域之义。《说文》云："或，邦也。从口，从戈以守一。一，地也。"本义为一定的区域。"国"者，古文为"國"，即"或"字外加"口"。"国"与"或"、"域"字同源。因"或"字作它义，以与之区别，在

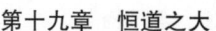

"或"字外加一个象征围城之"囗"形，突出范围、界域、地域之义。《说文》释"國"为"邦"。"夫颛臾，昔者先王以为东蒙主，且在邦域之中矣，是社稷之臣也。"（《论语·季氏》）"域"与"邦"联文，二字义同。又"国"与"家"连文，表示一种社会政治概念，专指人群所生活、居住之地。"丘也闻有国有家者，不患寡而患不均，不患贫而患不安。"（《论语·季氏》）楚简、帛书《老子》中"域"字皆写为"国"，"国"应为本字，"域"是后来改用字。因"国"带有政治内涵，原来代表地域的统一，因春秋、战国诸侯争霸邦国分裂，已不能表示统一的区域。"域"字专指地域，是超出政治疆界之外的统一范围、领域。"惠此京师，以绥四国。"（《诗·大雅》）这里，"国"已有了政治疆域的涵义。"以天下土地之图，周知九州之地域广轮之数。"（《周礼·地官·大司徒》）"地域"具有"广轮之数"，是范围广大的区域。在道家思想中，"宇内"也曰"域中"。"知不出乎四域"（《庄子·德充符》）。"四域"者，含有四方的区域。域可言至大，又可从否定定限揭示无限地域。"以其至小，求穷其至大之域"；"若四方之无穷，无所畛域"（《庄子·秋水》）。"域"可至大，然还是界域、限域存在。陈景元云："域，限域也。"

（二）"安"与"焉"

"安"者，本义为安静之安，借为疑问词，为"何"，"哪"。前面，曾提及尹振环将"安"视为《老子》说教的核心观念，认为尊奉此"四大"者就能"安"、"静"、"定"。他指出，"安"者恢复了《老子》的深意，"凸显出老子的政治哲学，使文义焕然一新"。（引自《楚简老子辨析》，中华书局 2011 年版，第 228-229 页）固然，"四大"有安静意蕴，然从语法的使用惯例，以及帛书《老子》的用法看，当以"安"为语助词为妥。"安"字早有"借为疑问词"的用法。"安见方六七十如五六十而非邦也者?"（《论语·先进》）"九天之际，安放安属?"（《楚辞·天问》）又"安"与"焉"字音近，为"于寒切"。"安之于焉，犹何之与曷，音别义通。"（《正字通》）《玉篇》释"焉"为"语已之辞"，意为"是"。《广韵》直接释"焉"为"安"。"焉通作案"（《读书通》）。"安"、"焉"和"案"三字音近而通假。楚简《老子》多以句末"安"作为助词的用法，它是古文的一大用词习式。如"民莫之命天自均安"；"信不足，安有不信"；"大道废，安有仁义；智快出，安有大伪；六亲不和，安有孝慈；邦家昏乱，安有正臣。"此中各"安"字可或作尾助词"焉"，或作前缀词"案"，但不能释为安静之安。

（三）"人"与"王"

当以楚简《老子》为据，以"王"字为佳。此可从全书多次提及的"侯王"、"圣人"言谓相佐证。从内涵上看，各家多以"王"者作注，认识到《老子》之书专为"王"者而作，是帝王之道的总辑和汇编。《老子》以"圣人"与"众人"对言，凡正面言说的道德皆以"圣人"、"人主"和"侯王"立论，突出其"惟道是从"的价值层

级。在其中，"人"接近于"民"，或为针砭习性、流弊的习俗之人。何谓"王"？"王"者，象形字。《说文》云："王，天下所归往也。董仲舒曰：'古之造文者，三画而连其中谓之王。三者，天、地、人也；而参通之者，王也。'孔子曰：'一贯三为王。'"这是根据当时的社会思想进行的疏解。天下归往，民所拥戴，故为王。何以如此？王者法于天地，以作民父母，与天地同大，参赞化育。胡宏云："王者，天下归往者也。"（引自《胡宏集》，中华书局2009年版，第221页）何以归往？"仁义所往曰王。"（《谥法》）"能用天下之谓王。汤武非取天下也，修其道，行其义，兴天下之同利，除天下之同害，而天下归之也。桀纣非去天下也，反禹汤之德，乱礼义之分，禽兽之行，积其凶，全其恶，而天下去之也。天下归之之谓王，天下去之之谓亡。"（《荀子·正论》）"归"者为"往"，而"王"与"往"具有内在的意义关联。古"王"字音"往"。"昊天曰明，及尔出王。"（《诗·大雅》）毛亨传："王，往。"（引自《毛诗正义》，上海古籍出版社1990年版，第1153页）以"王"与"出"联文，故解"王"为"往"，意指出入往来。"王"由天下归往，进而引申为君临、统治。"王此大邦"，"万邦之方，下民之王"（《诗·大雅》）。"万邦之方"，是天下归往；"下民之王"，是君临天下。作为统治者，又为人主的尊称。"穆穆皇皇，宜君宜王。"（《诗·大雅》）从王所管辖地域，进而指统治区域。"普天之下，莫非王土；率土之滨，莫非王臣。"（《诗·小雅》）"经营四方，告成于王。四方既平，王国庶定。"（《诗·大雅》）由"天下归往"、"经营四方"而为"大"。《广韵》释"王"为"大"，"天下所法"。《老子》云："万物归焉而不为主，可名为大。"在《老子》中，王之大来自体道之大，道大体现于王大之中。道大涵摄、高于天地之大，故楚简《老子》先言天地之大，再言道大，然后为王大。

二、文句解析

下面，分三个断句逐一进行解读。

（一）"强为之名大"

河上公指出，道之大，在于"高而无上，罗而无外，无不包容"。有上、有外者，为有限存在。恒道无不范围，无不涵摄，故为无限存在。"无所不容"，是"道通为一"。高无上、罗无外、无不包容，是形式逻辑，非实体思维。从老庄文义看，恒道的空间性、包容性存在，寓于成遂万物的范围、界限之中，它是生生的曲成不遗，为天下母。恒道非脱离于物，作为强名之"大"主要不在于范围、地域的无限，而在于"为物"功用上的周行无穷。空间、时间上的无限，因其"为物"、寓于物而得以揭示。《老子想尔注》认为，之所以言"强"，在于恐不能"副其德"。"道褒无名"，"大"为强名。若以"大"为可名，就非是不可名的恒名。王弼认为，"字之曰道"是取其可言之称的最大者，"责其字定之所由，则系于大，大有系则必有分，有分则失其

极"。大道虽不可名，然以可名揭蔽其实有、指谓。若执著以名"大"，则非是强名之"大"，后者是因物以见大。恒道之大，可在与人之所执"大"的相对中界定其大，因有形、有限之大而揭示无形、无限之大。成玄英指出，之所以名道为大，是以其"体无涯际"，实则它是"不大为大"，故称为"强"。依据"名以召体，字以表德"思维，因"道即是用，大即是体"，故"名大而字道"。强名为大，是见其"包罗无外"，欲定其"至无之体"。"至无之体"，既是"不大为大"，又是强名为大。因天地人之大以见无限之大，故强名为"大"。实则，"体无涯际"是无形、无限之大，故为"不大为大"，也为强名为"大"。强名之"大"在"字道"中，"道"因用而"字"，"大"因用强名。"至无之体"，即在不测之用中。李荣以为，道大在于"无一法而不包"，然"名之曰大"是假名，因为"理无名"。"强"的意蕴在于"无名而名"。"无一法而不包"是释氏用语，以况大道无不包容。道虽不可名，然以假名揭示其存在质性。无名以有名揭示其不可名，不可名方为恒名。与"名以召体"相对而言，陆希声以为"名因用生"，因"究其用见其极大"，故强名为大。恒道是体无用有，即用即体，用无方而道无体。因功用不测之大，反见本体微妙之小。正因微妙而至神，故体无而用不测。"大"是无限的假名。杜光庭指出，大道"无体"而能"包涵万物"，以其"体大无边"为"无体之体"。道之"大"，"无不包"，"无不容"，"有形无形，皆在道体之内"。因其体大而立以大的强名。恒道之体，既是无体之体，亦是体物不遗、通万物的统一之体。它因"为物"起用而见体，故以万物为体。犹如无极而至极的思维一样，"无体之体"是无极之体，以万物为体是至极之体。以其至极为无极，故为无形。道体无形，涵摄有形，因为万物皆是有形存在。以"无形"在道体之内，悖于《老子》思维逻辑。吕惠卿指出，大道是用之"弥满六虚"、废之"莫知其所"，"大岂足以名之"？"弥满六虚"是至极的周遍存在，"莫知其所"是不可执著的无极存在。王雱认为，"道譬万物，则无乎不周，可谓大矣。虽然，大名既立，全体已亏。"道周遍咸于万物可谓至大，然可名于大已落入物形属性，致所以亏。吕知常正确看到，"凡物之大皆有边际"，唯道"化成宇宙"而大"莫可加"。可名之大，是有待存在；"莫可加"者，是独立存在。林志坚以"道法自然"解之，曲成自然则无所不然，故可强名为大。憨山德清释云："老子谓我说此大字，不是大小之大，乃是绝无边表之大。""大小之大"是有待之大，"绝无边表"是无限之大。恒道存在，作为至极是无极之极，作为至神是不测之神，作为无形是无声无臭，作为至用是无限之功，作为至大是浩浩渊渊的无穷。"大"不可以名，然可强名，是即有名揭示无名，以无名涵摄有名。

（二）"道大，天大，地大，王也大"

"四大"各有所大，然相互得以界定、揭示。河上公认为，道之大在于"包罗诸天地，无所不容"，天地之大在于无所不盖、无所不载、王者之大在于"无所不制"。因天地之大而揭示恒道之大，假天地之大而言王道之大。王道之道，法于天地之大，体

于恒道之大。天地人功能各有所大，各有分殊，而道兼备之，故为无畛之大。无天地人之大，则恒道之大不可见，无以寓。在宇宙中，王道体行天地之道，进而取法寓于天地之中的恒道。"无所不制"，是"以道莅天下"。王弼指出，天地之性"人为贵"，而"王"者是"人之主"，"虽不职大，亦复为大"。天地之大，既揭蔽着恒道之大，亦遮蔽着恒道之大，天地有待而恒道无待，俗人见天地之大而不知恒道之大，故于道日用而不知，使大道为之遮蔽。大道以天地万物为舍寓的存在，揭蔽自己的实在。无天地万物则大道非有实存，无王者的存在则大道在世间不行。李荣认为，道大在于"道尊德贵，弥罗无外"，天地之大在于广覆厚载、无物不体，帝王之大在于"控制"而"通贯于远近"。以《老子》思维言，道大而尊在于无不生成，天地之大在于承载恒道之大，人主之大在于"以道莅天下"、"辅助万物自然"。"控制"是主宰用词，不合"长而不宰"的意旨。唐玄宗认为，"因其所大而明之，得一者天地王也。"天、地、王因各自"得一"而成其为分殊之大，恒道作为"生一"者是通一、无偶之大。天地"得一"以覆载，成就其大。人主"得一"行道，法则天地，与道为一，成遂功大。道大与其他三大具有不同质性。在人主与恒道之大的关系上，前者虽为有待存在而因循于道，后者作为无待存在而自然赋命。陈景元指出，"道为天地之始，旷荡无不制围，万物得之则生，士民怀之则尊"。大道无所不由，是无匹合于天下。天地人各有职能，故为各有性分之大。"天地之始"，是生生德大；"无不制围"是辅助德大。二者合言则为"万物恃之以生"之大。人能"勤而行之"，则无有不尊。苏辙认为，以道大为准，"天地与王皆不足大"。然世人皆知天地人"三者之大"，而不信"道之大"。"三者之大"是功成有迹，而恒道之大无朕无形。世人见于可道、可名之大，以感知信验为大。在《老子》言，大道无形无名，不可得执，方为至大。天、地为可知、可信之大，是有待之大，它们恃道大以为大。王道与恒道同功，贞天下而让天下往。董思靖认为，道大虽超乎天地有形之先，然未尝不在天地有形之中。虽以道准天地与王皆不足言其大，然大道非外是三者而别为一物。恒道之大，在于"物物而不物于物"中，以其统会万物生生强名为大，以其生物不测则大不可名。恒道之大，既在万物中揭蔽为至极之大，又在"与物反"中揭示为无极之大。杜道坚指出，道为"大"在于相对于天地而强名。在常人看来，天地为大，而大道"先乎天地，莫知其始。后乎天地，莫见其终"，故"以道观天地，则见道大"。"以道观天地"，是"知通为一"。吴澄认为，"古今惟道最大，无可与并"。"无可与并"，是独立无偶，故为独"大"。然"独大"在于统摄天地人之大，周行无不至。"独立"与"周行"相互揭示。天、地、人所以能大，"以其有此道故"。然所有不同，天地以道而存在，人作为万物之灵得道以为气质之性，同时法于大道以为道术。道和天地生物"于穆不已"，王者辅助成仁"纯而不已"。王道认为，道大在于"生天地"，天地之大在于"生万物"，王道之大在"与天地准"，"天地设位，圣人成能"。以《老子》思维言，天地之大亦是恒道之大，恒道之大涵摄天地之所以为大。"天地设位"在大道涵摄之中，圣人"成能"参赞天

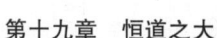

地化育亦在"惟道是从"中。薛蕙认为，"道为天下母，均养万物，而天地以阴阳佐之，此三者之所以为大也。"以天地阴阳为佐，不若言道在天地阴阳之中，使之分担生化的功能。作为恒道的寓存者，阴阳冲和同样是"天下母"。刘骥和指出，恒道既以"无"为大，则"世间万事万理之原则"以之而立。凡天地与王者苟欲"成其大"，皆必依此"原则"而行，亦即"以无为体，以无为为用"。以《老子》思维言，天地成其大在于"得一"，内涵理则，然非仅是以理则为大。天地以清浊分，何尝是"以无为体"？若以天地自然言，亦可云"以无为为用"。只有万物之灵的人，方能体行道德，自觉将"以无为体，以无为为用"作为道术，立为王道"楷式"。

（三）"域中有四大，而王居其一"

河上公云："八极之内有四大，王居其一。"以"域中"为"八极之内"，是宇宙之中。王弼指出，凡物有称有名，非为至极。因物"有所由"然后谓之为道。"称中之大"，不若"无称之大"。无称者，"不可得而名曰域"。"道、天、地、王，皆在乎无称之内"。无称涵摄一切有称，"域"者有称，既言道大在"域中"，故在无称之内。既言"有所由"，就是可称之大。实则，恒道是无极与有极的统一，因为万物本始为至极，实则本自"无状"，为"无物之象"，故又是无极。"域中"，是假可称名之域以揭示无称之域。正如恒道之大，假天地人"三大"而为无限之大。大道无称，既在涵摄有称"三大"中证实自己的实存，同时在非为"三大"中揭示其为独立之大、无限之大。王弼看到了道大与"三大"间的遮蔽与揭蔽的关系，以有称之大揭示无称之大。恒道在"域中"，是寓于万物而无处不在。恒道既在"域中"，寓于万物而存在，在"六合之内"；又超脱"域中"，不限于已有之物，它生物不测，故在"六合之外"。从绝对意义上说，不可言"道"在"域"中，而应言"域"是"道"存在之域，天地人以及其他存在物皆在其内。"道"有多大，"域"就有多大。从"为物"的绝对意义上说，"道"者生物无限拓展，"域"就可能无限拓展。从相对意义上说，恒道寓于万物，"无乎逃物"，万物在"域中"则恒道必在"域中"，恒道不脱离于物而存在。就"域中"的深刻意蕴，成玄英认为它在于欲明"不域而域，虽域不域"。"不域而域"是"义说域中"，"虽域不域"是"包罗无外"。"不域而域"，是假有域以揭示不域；"虽域不域"，言有域而不执于有域，不落于住相。"包罗无外"，是无限开放、未始有极的包罗。虽为释氏之说，然思维上揭示恒道存在的玄妙性。陈景元认为，"道大包宇宙，细入秋毫，或超象外，或处域中"。"大包宇宙"，是恒道遍及宇宙之大，"道通为一"；"细入秋毫"，是恒道无物不有，无处不在。"超象外"，是"象帝之先"、"大象无形"；"处域中"，是寓物而在，"其可左右"。因"处域中"而言"超象外"，"超象外"不绝于"处域中"。王雱指出，"道之中体，因物而名，故未离域中。"离于"域中"，则道别为一物。宋徽宗云："自道而降，则有方体，故云域中。"道降为天地万物，天地万物有方体，故在"域中"。"域中"，既是天地万物存在的场所，亦是恒道

现实寓存的大地。范应元指出，道本不可以"域"言，"域中"是以"宇内"言之。恒道既寓于域中，又超脱于域，乃是无域之域。王道认为，"域中"犹言"天地之间"，而"天地之间"就是宇宙之内。

"四大"同为大，然为何独言"王居其一"？在于王者可与大道合一，"以道莅天下"。大道成遂万物以自然，王者辅助万物在因循大道。李荣云："大名既一，用义难殊，欲劝帝王抱式于道德，取则于天地也。"若"抱式于道德"，则"取则于天地"内涵其中，后者不过是前者无限可道中的可道者或楷式而已。唐玄宗认为，王者作为"人灵之主"，"万物系其兴亡"，故欲"申其鉴戒"，警于王者法于天、地、道。从《老子》本旨看，恒道以"得一"成就万物，然人既从"得一"生，因有生存欲望、自觉意识就有主宰万物存在的冲动，破坏自然的和谐，造成逐利相争的社会无道。圣人存在的意义，是恢复大道的秩序，自觉以道治理天下，实现道尊德贵的回归。运用黑格尔的思维，大道在圣人、王者那里实现了自觉认知，后者成为了体道自为的存在。宋徽宗指出，王者"静而圣，动而王，能贯三才而通之人道"。静与道同体，故内圣；动与天地同功，故外王。王者"以道莅天下"，辅助万物自然，若恒道使其自然。王者会于道，无不统理。杜道坚云："人能仰观俯察，近取远求，由地而知天，知道，知自然，取以为法，内而正心诚意，外而修齐治平，以至功成身退，入圣超凡，殁身不殆，是则可与此道同久"。以人言王，因王是人之极。"仰观俯察"，是格物穷理；由地知天，进而知道、知自然，皆是以道为法。"正心诚意"，是"修之于身"；"修齐治平"，是"修之于天下"。"功成身退"，则"殁身不殆"，故为"入圣超凡"。"与道同久"，是"道不远人"。道若远人，则不为道。道因人而显，人因道而明。薛蕙认为，道与天地为大，然非有王者无以"统理万物"，故必授命一人以为"亿兆之主"。王者"统理万物"，是法于恒道自然，因物付物，辅助万物自然。圣人辅助万物自然，前提在于恒道使物自然。后者是万物律则所然，前者是运用理则的因循当然。魏源认为，王者"全其大"在于"法天无不覆，法地之无不载，法道之无不生成而已"。在法地、法天中，逐渐接近法道，法道必涵摄法地、法天。王者法于天地，然不仅如此，而求其所以然，进而法于恒道之大。分言之，天地各自有其功能，天覆地载；合言之，天地之道在于"为物不贰"、"生物不测"。在《中庸》中天地之道是绝对本体，亦是"道通为一"的存在。恒道"为物"之大，"独立不改"，"周行不殆"，曲成万物而不遗。王者之大，法天地之大，进而法道之大，以道为独体，为周行不贰之用。

三、传承影响

《老子》"道大"思想直接为《庄子》《文子》和《淮南子》等诸子所传承，并深刻影响了《韩非子》《管子》等法家思想。《庄子》言"道大"散在各篇，内涵丰富，前面在揭示道体、道用以及道术上都有所论及，这里只作简要概说。一言"道通为一"，道大至极。凡物"分也者，有不分也"，然"道未始有封"（《齐物论》）；凡物有

称，而"大道不称"；"道昭而不道"，而"不道之道"方为至道。大道不可致诘，故不可形象知。"不道"者不可道，方为恒道。反之，"道可道，非恒道"。"道通为一"，是"凡物无成与毁"。无分而通于一，是大全。大道的别名是"大块"，其以"善吾生者，乃所以善吾死"（《大宗师》）而为通一之大。恒道生成万物，无有遗弃，故涵万殊。道"大"是"不同同之"、"有万不同"（《天地》）。恒道辅助万物自然，以不同同之，若物自化。"道不私，故无名。无名故无为，无为而无不为。"（《则阳》）天地为"形之大"者，阴阳为"气之大"者，而"道者为之公"。这里，"公"是通一、不私。"泛泛乎其若四方之无穷，其无所畛域。兼怀万物，其孰承翼？是谓无方。万物一齐，孰短孰长？"（《知北游》）"无所畛域"、"兼怀万物"和"万物一齐"，是"道通为一"。二言"物而不物"，功成不测。"道大"是"大物"者，"有大物者，不可以物。物而不物，故能物物"（《在宥》）。"大物"之为大，在于"物物"。"物物而不物于物"，功成不息、不测，故功用至大。"通于天地者，德也；行于万物者，道也"（《天地》）。道大无所不有，万物赅备其中，故通行于万物，成遂万物而功无不存。"夫道，覆载万物者也，洋洋乎大哉！"在儒家言，覆载万物者为天地，此为"道"，因其涵摄天地。郭象注："虚通之道，包罗无外，二仪待之以覆载，万物得之以化生，何莫由斯，最为物本。""虚通"以言道无形微妙、周行周遍，是涵容、范围之大。"包罗无外"，天地之大即在其中。天地待道以覆载，"最为物本"，故道为至大。三言"以道观之"，达观大知。"以道观言而天下之君正，以道观分而君臣之义明，以道观能而天下之官治，以道泛观而万物之应备。"（《天地》）以大道观，鉴物若自照，妍媸毕见。"泛观"者，因物付物，故应物无不备。"以道观之，物无贵贱"（《知北游》）。"物无贵贱"，是"知通为一"。《韩非子》除在《解老》《喻老》中言及"道大"之外，在其他篇章中亦有道家思维影响的印记。"夫道者，弘大而无形；……道者，下周于事，因稽而命，与时生死。参名异事，通一同情。……道无双，故曰一。"（《扬权》）道者既因弘大而无形，亦因无形为至大。"通一同情"，是"道通为一"的思维。道大，在于"无双"之独，在于通一万殊，在于时中不测，在于微妙无形。《管子》云"道之在天下"，是"其大无外，其小无内"；"动不见其形，施不见其德，万物皆以得，然莫知其极"（《心术上》）。"在天下"，是在"域中"。"道"与"天下"同大，是无限之大、无外至大。恒道深入万物无间，故无不有而无内。"大无外"、"小无内"，是恒道寓于万物的存在质性，非是纯粹空间的存在。动而无形，是周行不殆；施而不德，是功成身退；"莫知其极"，是无限之大。《文子》对《老子》"道大"思想给予了深入阐发，使之更加丰富。道者，"高不可极，深不可测，包裹天地"；"与刚柔卷舒兮，与阴阳俯仰兮"；"深闳广大，不可为外；析毫剖芒，不可为内"，它们是恒道寓存的范围之大。"原流泄泄，冲而不盈"；"忧兮忽兮，用不诎兮"，它们是功用的无穷之大。"施之无穷，无所朝夕"；"风兴云蒸，雷声雨降，并应无穷"；"天运地墆，轮转而无废。水流而不止，与物终始"，它们是功为的悠久之大。"禀受无形"，"表之不

盈一握"；"忽兮怳兮，不可为象兮"；"窈兮冥兮，应化无形兮"；"无环堵之宇"，它们是"大象无形"的微妙之大。"约而能张，幽而能明，柔而能刚，含阴吐阳，而章三光"；"山以之高，渊以之深，兽以之走，鸟以之飞，麟以之游。凤以之翔，星历以之行"；"陶冶万物"，它们是遂成万物的功能之大。"生物而不有，成化而不宰，万物恃之而生，莫知其德，恃之而死，莫之能怨。收藏畜积，而不加富，布施禀受，而不益贫"，是功成自然的不测之大。"有万不同，而便乎生"；"遂兮通兮，不虚动兮"；"大通混冥"，它们是普遍通一的周行之大。"一者，无匹合于天下"；"夫无形者，物之太祖；无音者，类之太宗"；"不道之道，芒乎大哉"；"穷无穷，极无极"（《道原》）等，它们是独立无贰、不可道之大。"道至高无上，至深无下。上乎无上，下乎无下，故能高能深，能上能下也。平乎准，直乎绳，圆乎规，方乎矩，包裹天地，而无表里。洞同覆盖，而无所碍。"（《符言》）"无上"、"无下"，"无表里"，则道大无外、无内。能高深、上下、平准、直绳、圆规、方矩，则功能至大；"包裹天地"，"洞同覆盖"，则包容涵摄至大。"道可以弱，可以强；可以柔，可以刚；可以阴，可以阳；可以幽，可以明；可以包裹天地，可以应待无方。"（《微明》）无所不能，是功能至大。"大道无所不可，可在其理，见可不趋，见不可不去，可与不可，相为左右，相为表里"（《自然》）。物固有所可，然其可是一可，而道兼其可，无所不可，故为通贯之大。"道生万物，理于阴阳，化为四时，分为五行，各得其所"，是功成至大；"道至大者无度量"，是不可测之大；"至大无外，故为万物盖；至细无内，故为万物贵"，是周遍充满之大。"夫道，退故能先，守柔弱故能矜，自卑下故能高人，自损弊故坚实，自亏缺故盛全，处浊辱故新鲜，见不足故能贤。道无为而无不为也。"（《上仁》）它们是道术功用之大。"以亡取存，以卑取尊，以退取先"（《道原》）；"得道之统，立于中央，神与化游，以抚四方"；"万物之化，无不应也。百事之变，无不耦也"；"怀天道，包天心，嘘吸阴阳，吐故纳新，与阴俱闭，与阳俱开，与刚柔卷舒，与阴阳俯仰，与天同心，与道同体"，它们是圣人法于恒道以为道术的功用之大。"和阴阳，节四时，调五行，润乎草木，浸乎金石，禽兽硕大，毫毛润泽，鸟卵不败，兽胎不殰，父无丧子之忧，兄无哭弟之哀，童子不孤，妇人不孀，虹蜺不见，盗贼不行"，是圣人"以道莅天下"的功效之大。在道术、圣人功用之大上，可见证、揭示恒道存在的功为之大。《淮南子》"道大"之论基本合于《文子》，兹举一例以见其说。"夫惟无量，故不可得而量也。"（《说山训》）"不可量"者，是恒道不测之大。王弼指出，"'大'也者，取乎弥纶而不可极也。"（引自《老子指略》，载《魏晋全书》第二册，吉林文史出版社2006年版，第121页）"弥纶"者，广大兼备，无所不有。"不可极"者，至大无极，形大不足以名之。前者是至极，后者是无极，二者统一以揭示恒道之大。就道家无大之大的深刻意蕴，王夫之指出："盖至大无乎大，至德无乎德，与天下休于无可名言之地，万类繁生，各若其性；而实不系于一德者，名不立于一大，此则天地之情也，万物之实也，大人之蕴也。"（引自《庄子解》，载《船山遗书》第七卷，北京出版社

1999 年版，第 4031 页）至大无大，可名、可称之大非是至大。"系于一德"，非为至德；"立于一大"，有待之大。恒道之大不可名，是强名之大。世俗所言"大"，皆为形名之大。至德无德，方是大德。不大之大，方为至大。"天地之情"，有"万物之实"而不以为大。"大人之蕴"，不自大故大。

以"大"为尊贵，也是先秦儒家的重要价值观念。"大哉，尧之为君也！巍巍乎！唯天为大，唯尧则之。荡荡乎！民无能名焉。巍巍乎！其有成功也；焕乎，其有文章！"（《论语·泰伯》）尧功德之"大"，在于则天之大。"巍巍"者，成功之大；"荡荡"者，无名之大；"文章"者，功迹之大。可见，"大"的境界，是孔子所褒扬的人格理想价值。"大丈夫"作为"大"："居天下之广居，立天下之正位，行天下之大道；得志，与民由之；不得志，独行其道。富贵不能淫，贫贱不能移，威武不能屈，此之谓大丈夫。"（《孟子·滕文公下》）以天下广居为居，以天下正位为立，以天下大道为行，则心与天下同大。心体天下之理，行天下之道，则与天地合德，参赞天地化育，功德至大，行与天道同大。人生境界有"大"："可欲之谓善，有诸己之谓信，充实之谓美，充实而有光辉之谓大，大而化之谓圣，圣而不可知之谓神。"（《孟子·尽心下》）充实有光辉为"大"，是德性之大；"大而化之"，为至诚之大；不知之神，为外王之大。"天地之道"为大："天地之道，博也，厚也，高也，明也，悠也，久也。今夫天，斯昭昭之多，及其无穷也，日月星辰系焉，万物覆焉。今夫地，一撮土之多，及其广厚，载华岳而不重，振河海而不泄，万物载焉。"（《中庸》）天地为大，在于博厚、高明、悠久。天之大，在于覆万物的无穷。地之大，在于载万物的广厚。"圣人之道"为大："大哉圣人之道！洋洋乎，发育万物，峻极于天。优优大哉！礼仪三百，威仪三千。"（《中庸》）"发育万物"，是功成至大；"礼仪三百，威仪三千"，是周尽之大。天地之大："万物并育而不相害，道并行而不相悖。小德川流，大德敦化。此天地之所以为大也。"（《中庸》）："小德川流"，是体物无遗，"万物并育"；"大德敦化"，是无不化育，并行不悖。二者合言是"致广大而尽精微"。《荀子》更多言"大"的价值观念。"神莫大於化道"（《劝学》）。化道之大在于无所不化，因其不测谓之神。"天地为大矣，不诚则不能化万物。"（《不苟》）天地以诚为大，至诚无息，故能化万物而不止。"大儒"德大有徵、有稽、有表、有名，"通则一天下，穷则独立贵名，天不能死，地不能埋，桀跖之世不能污，非大儒莫之能立"（《儒效》）。大儒功大，齐一天下莫能以倾，莫能与之争名；大儒道大，千举万变不失道一，莫能与之争胜；大儒境大，举事无悔应变曲当，通则一天下、穷则独立名。"礼"之为大："爱有大物，非丝非帛，文理成章；非日非月，为天下明。生者以寿，死者以葬。城郭以固，三军以强。粹而王，驳而伯，无一焉而亡。"（《赋》）"大道"之大，在于功成至大，它犹如《老子》恒道的功用之大。同样，《易传》多言"大"的思想。"大哉乾元，万物资始，乃统天。云行雨施，品物流形。大明始终，六位时成，时乘六龙以御天。乾道变化，各正性命，保合大和，乃利贞。"（《乾卦·象》）乾元之大，在于"万物资始"、"各正性

命"的功成之大。"大明"、"大和"者，皆是功德之大。"大矣哉！大哉乾乎？刚健中正，纯粹精也。六爻发挥，旁通情也。时乘六龙，以御天也。云行雨施，天下平也。"（《文言》）"纯粹精"者，德之大；"旁通情"，理之大；"以御天"，时之大；"天下平"，功之大，坤元至大，在于"万物资生"、"德合无疆"功为之大。"至哉坤元，万物资生，乃顺承天。坤厚载物，德合无疆。含弘光大，品物咸亨。"（《坤卦·彖》）"无疆"者，德之大；"光大"者，容之大；"咸亨"者，功之大。《易》为"广大悉备"之大；"夫易，广矣大矣！以言乎远，则不御；以言乎迩，则静而正；以言乎天地之间，则备矣！夫乾，其静也专，其动也直，是以大生焉。夫坤，其静也翕，其动也辟，是以广生焉。"（《系辞上》）备于天地之间，是理之大；"大生"、"广生"，是德之大。"天地之大德曰生"（《系辞下》），天地之大在于有生生之德。《易》道"甚大"在于"百物不废"，其用至大在于"惧以终始，其要无咎"。至于揭示卦义之大更多，如"豫之时义大矣哉！"（《豫卦·彖》）从以上论说可以看到，儒道在肯定"大"的价值上具有思维同构性，不过老庄在肯定至大至极的同时又突出了无极无大的深刻意蕴。邵雍杂合《易》与《老子》以为说，他指出，"天之大，阴阳尽之矣。地之大，刚柔尽之矣。阴阳尽，而四时成焉。刚柔尽，而四维成焉。夫四时四维者，天地至大之谓也。凡言大者，无得而过之也。亦未始以大为自得，故能成其大。岂不谓至伟至伟者欤！"（引自《皇极经世》，九州出版社2003年版，第347-348页）天地之大可以尽，虽为至大仍为可道之大。"无得而过之"，是无有匹合者的独一。不自大故成大，是无限之大。以"四时四维"为天地至大，是至极思维；以不自大成其大，是无极思维。从可道的至极言，天、地分别生于动、静，"一动一静交，交而天地之道尽之"。动始阳生、动极阴生，"一阴一阳交，而天之用尽之"；静始柔生，静极刚生，"一刚一柔交，而地之用之"。（同上书，第348-349页）可尽是统摄、总要思维表达方式，"可道"中涵摄"不可道"，至大中蕴含无限之大。可以进一步以天地之体、天变地化尽之。从不可道的无极言，万物体不可量，用不可测，变化无常，故为无限之大。恒道之大，正是至极之大与无限之大的统一。

最后，对本节内容做简要概述。恒道之"大"的内涵丰富：超乎形象，本自无形而有形以之为形，故为"不形之形"；本自无名，因生成万物之功而强名，故为"道褒无名"；"不可致诘"，不可称名，故为"大道不称"；本自无体，然遍在于万物而无所不寓，故为"其可左右"；为"万物之宗"，善利万物，故为"万物归焉"；"周行不殆"，功成不居，故为"用之不可既"；无常以常，常于无常，无为而无不为，故为"不可道"；为"万物之奥"，因"生一"寓于万物之中，故为"道通为一"；自本自根，生而不有，为而不恃，长而不宰，故为"玄德"之大；生物不辞，兼利无择，无弃于物，是曲全之大。此些质性，无不揭示恒道之大。从《老子》思想体系言，"大"是恒道的别名，正如"道"可一统众说一样，"大"同样可一贯众论。恒道强名为"大"，是不可道之大，它无所不涵，在无限中生成、涵摄有限，天地人"三大"皆在其中。恒道之大，相对于"三大"的可名而假以名谓。

第二节　不肖之大

"不肖之大"，是《老子》阐述恒道之大的又一个重要思想，其与"象帝之先"、"大象无形"以及"无状之状，无物之象"、"惟恍惟惚"、"寂兮寥兮"等观念相互阐发，异名而同谓。同样，它从"不可致诘"的角度，揭示恒道是"不可道"、"不可名"之大。本节重点对此意旨进行阐释。

一、文字校解

《老子》第六十七章云："天下皆谓我：道大，似不肖。夫唯大，故似不肖。若肖，久矣，其细也夫。"帛书《老子》甲本部分缺损，然尚留存"夫唯【大，】故不宵。若宵，细久矣"的文字。帛书乙本写作："天下皆谓我大，大而不宵。夫唯不宵，故能大。若宵久矣，其细也夫。"楚简《老子》无此论句，显然它是后继者的增撰或增辑。参校各本，帛书乙本文近于今王弼本，然有三处不同。一是通行本中第一个"大"字前有"道"字，写为"道大"。二是在文字上帛书本将"肖"写作"宵"。三是"似"写为"而"。四是通行本"夫唯大，故似不肖"句，帛书甲本与此同，而帛书乙本写作"夫唯不宵，故能大"。在阐述"大"与"不肖"的前后关系上，正好翻转过来。前者意指，正因为"大"，所以似"不肖"；后者意指，正因为"不肖"，故能"大"。二者宗旨相同，皆在于揭示"大"与"肖"相对、相反的关系。可见，"大"与"肖"的差异，可透过二者的相反内涵相互定义。"大"以"肖"为其界定的参照，"肖"以"大"为其内涵的界定。通行本以"大"为主，故以"不肖"揭示其义，是"大象无形"的思维结构。帛书乙本从因果关系上，以"不肖"揭蔽道之"大"，是"无形故大"的思维结构。二者相校，当以帛书乙本文义较长，因为在提出"大似不肖"的论点后，当以"夫唯不肖，故能大"以论证之，前后文方构成进一步阐释的连句。

（一）"道"与"大"

《老子》通行本明确点出"大"者为"道"，在帛书本无"道"字。然若将通行本"道"字改为"大"，则全句为"天下皆谓我大，大似不肖"，正与帛书本"天下皆谓我大，大而不宵"一文近同。在前节已指出，"大"是"道"的别称，后人根据《老子》一书主要阐述"道"之义，故在"大"前加"道"字，以突出"大"为"道"的意旨。河上公正是注为"天下谓我德大"，"德"来自"道"。从本文后面所阐释的"三宝"看，皆在于揭示"道德"之意。

（二）"宵"与"肖"

"宵"者，形声字。《说文》云："宵，夜也。"如"肃肃宵征"（《诗·召南》），

"宵中星虚"（《书·尧典》）。又借为"小"，"《宵雅》肄三，官其始"（《礼·学记》）。郑玄注："宵之言小也。……习《小雅》之三，谓《鹿鸣》《四牡》《皇皇者华》也。"（引自《礼记正义》，上海古籍出版社 2008 年版，第 1055 页）"宵人之离外刑者，金木讯之。"（《庄子·列御寇》）俞樾云："宵人，犹小人也。"（引自《庄子集释》，第 1053 页）"宵"因暗不明而谓之小。"宵"与"昼"对，"如垦辰之不变，如宵如昼，如阴如阳"（《管子·正》）。可见，"宵"具有遮蔽不明之义。"肖"者，会意兼形声字，本义为"小"。"达生之情者傀，达于知者肖"（《庄子·列御寇》）。与"傀"为"大"相对，"肖"则为"小"。"肖，小也。"（《扬子·方言》）"肖"引申为"相似"、"类似"。《说文》云："肖，骨肉相似也，从肉，小声。不似其先故曰不肖也。""肖"者作为"类似"，前提在于先有对照物或参照物，然后方以与之比较而言类似，而其所对照者往往是正面价值的承载者，故"不肖"与"贤"相对。"悦贤而恶不肖"（《庄子·人间世》）。"凡人非贤，则案不肖也。"（《荀子·臣道》）"夫势者，非能必使贤者用己，而不肖者不用己也。贤者用之则天下治，不肖者用之则天下乱。"（《韩非子·难势》）"不肖"又与"善"对，"亲之所言而然，所行而善，则世俗谓之不肖子；君之所言而然，所行而善，则世俗谓之不肖臣。"（《庄子·天地》）又"肖"者为"才"。"丘不肖，未知所谓"（《庄子·渔父》）。"不肖"，是"不才"的谦称。"今夫朝廷之所不举，乡曲之所不誉，非其人不肖也，其所以官之者非其职也。"（《淮南子·主术训》）从"肖"、"宵"的字义相校看，二字声同，都有"小"义。且"宵"有冥暗意蕴，类似于恍惚不明。它与"不肖"者的不明涵义相通。"有长若不肖"（《庄子·列御寇》）。"长"虽实在，而外不像，因"厚貌深情"而难知。恒道之大，何尝不是难知？

（三）"而"与"似"

帛书《老子》乙本"大而不宵"一文，到通行本将"而"改为"似"，写作"大似不肖"。因"肖"有"似"义，而"不肖"已然成为一个专用名词，故另加"似"以表示"肖"的"类似"本义。在校准上，以通行本义为佳。因为"而"字不能揭示出恒道虽"不肖"，而因"肖"以名"大"的玄妙思维。恒道之大"不肖"，是"不肖之肖"，亦是"肖之不肖"。它是"不形之形"、"形之不形"的思维结构。

二、文句解析

下面，分三个断句进行解读。

（一）"道大，似不肖"

解读"道大，似不肖"一文的关键，在于"肖"的意义。前面已指出，"肖"的本义为细小之物，后引申为"类似"、"善"等指谓。注家正是根据其不同的意蕴以解之。

一解"肖"为"善"。河上公云："天下谓我德大，我则佯愚似不肖"。以"不肖"与"德大"对言，则"肖"是"德"的相近指谓"善"。这里，"大"意指的是"我德"，而非恒道，它是根据后面所言的"我有三宝"而来，"三宝"皆言"德"。"天下皆谓"者，引世人所谓而阐述自己的观点。"天下"者，时人、世人之谓。"大似不肖"，是时人称谓《老子》"道大"的观念。成玄英指出，"河上公本作肖字，不肖犹不善，言众生不能履于善道者，皆为我大故也。独由骄慢我大，所以不善。若能履行善道者，久当卑小谦退也。"自大骄慢者，不能恒大，故成为"不善"。《老子》云："天下皆知善之为善，斯不善也"。有以为善，非是至善，不能恒善。以"卑小谦退"持"大"，不自大故大。成玄英另以"肖"为"笑"，认为老君"体达自然，妙果圆极"，故天下苍生莫不尊为"大圣"。之所以如此，只为"接物谦和，不矜夸嗤笑于物"。"体达自然"，正是世俗所认为的"不肖"。正因为如此，方能成为"大圣"，亦即为"大"。以"肖"为"笑"，非是。"不矜夸嗤笑于物"，应为"不矜夸肖似于物"。"矜夸"在己自伐，"嗤笑"对物傲慢，"肖似"则物于物。

二解"肖"为"贤"。严遵指出，物"有同而异，有异而同，有非而是，有是而非"，君子所以无患，而众世所以忧悲。何以言之？日月出入同明，人之死生同形，春秋之分同利，玄圣与野人同容，通者与闭塞同事，道士与赤子同功，此数者"中异而外同"，非有圣人莫之能明。相对于"天下嫌疑，眩耀结构，纷缪是非"而言，圣人是"似不肖"。可见，"不肖"是针对世俗的价值取舍而言，众世忧悲者在于自察以是，莫明"中异而外同"；君子无患在于"玄达"，"大似不肖"。世人所谓"不肖"在于不能"自察"，而圣人却以"不肖"为圣明。李约以"似不贤"解之，它是"不欲见贤"。世俗的标准是以"肖"为"贤"。陆希声指出，天下虽皆以老子"道德广大"，然因其"不显明智"，故以为似乎"不肖之人"。而老子自以为"唯我道至大"，故能"似彼不肖"。世俗以"不显明智"为"不肖"，而《老子》却以为世人所谓的"不肖"正见我道的"至大"。陈景元指出，天下人皆言我道"虚无广大"，然因其"光而不耀，盛德若愚，无所象似"，故犹如"不贤"。习俗以"象似"为"贤"，与此相反，《老子》以"光而不耀"、"盛德若不足"、"大智若愚"和"不欲见贤"等为道大之贤。林希逸以"肖"为"象"，认为"至大者，必以至小之心处之"。"慊然似无所肖象"，是"自小"之意。若自以为有所肖象，则非大人之量。"自小"为德为贤，以此自持，则能大。白玉蟾认为，"道大性空，如愚"，而"似不肖"为"默然"。"如愚"、"默然"，皆是《老子》所肯定的价值。

三解"肖"为"相似"。李荣指出，道尊德贵诚可以为大，然"晦迹同尘，隐显不测，不似于智，不似于愚"，故言"不肖不似"。智愚二分，对待有形，故为"肖似"。以《老子》本旨言，"晦迹同尘"，是"不欲见贤"；"隐显不测"，是"不可致诘"；不似智愚，是玄同玄达。王雱指出，"肖者有所似，道为万物祖，故体道者，物当似我，我岂似物乎？盖有所似，则是象彼，则彼必大而我小矣。""肖"者必有所象

似，有象似则有待，成为形物。恒道为"无状之状"，故无所似。体于大道，则我同造化，无有肖似。无待为大，有待为小。苏辙云认为，大道之所以为大，在于"旷然无形，颓然无名，充遍万物，而与物无一相似"。无形无名而充遍万物，是独立存在，故万物无一可与匹合相似。从道与物的对比看，恒道是"无物之象"，而凡物皆是可肖象者。"旷然无形"，既是"不形之形"，又是"大象无形"。"颓然无名"，既是"道褒无名"，又是"其名不去"。程大昌认为，"肖"有不同，或与俗肖，或与道肖。"为其不与世俗肖，足以见其大。"世俗所"肖"者为物，以形求，而大道"与物反"，无形故不可以物形为肖。吕知常指出，道者之所以为大，"与物无一相似"，既在于"旷然无形，颓然无名"、"充遍万物"，又在于"覆载乾坤，运行日月，斡旋造化，雕刻众形"。它是"光而不耀，有而若无"。"夫物芸芸，有万不同，人徒见我道之大，而谓似不肖。"可肖者有形可名，而道大微妙不可名，至神不可道，生而不有，功成不居，不可以肖似而致诘。"有而若无"，是不滞留为定有，而无所不有。"光而不耀"，是"不欲见贤"、"上德不德"，无能称名。范应元提出，"老氏未尝自大也。盖以道自重而天下莫能知之，故谓其大而似不类众人也。因自述时人之语而答之曰：夫唯大故似不类众人，则及其久矣、亦细也夫。"自大者有"大"，故为"肖"。众人以"肖"为大，而《老子》"以道自重"，不见于大，故莫能肖知。从《老子》前后文的整体语义看，时人以其有"三宝"谓之德大，而它与世俗所持宝器相反，故有"大似不肖"的论说。何心山以为，圣人以"玄德"自持，不欲"见贵"于世，"宜其天下亦以为博大，无所肖似"。"玄德"者，"生而不有"，不定于有，故无可肖似。功成名遂而身退，虽居天下之大而不自以为大，故无以求见贵于世，不以见贤显名。王一清认为，圣人作为"诚哉似一大不肖之人"，在于"心专志一，不识不知，沌沌兮如愚似讷，朴朴兮若鄙若顽，藏光去智，守弊无为"。"不肖"以言"与世不相似"。以俗观之，是"似不肖"；以道观之，是"大肖"。以《老子》思维看，道以"不肖"为大，圣人体道则为"大不肖之人"。以道大言，"不肖"是不可名、不可道；以体道言，"不肖"是"不识不知"、"如愚似讷"、"若鄙若顽"。这里，"不识不知"是"无为谋府"、"无为知主"（《庄子·应帝王》）；"如愚似讷"，是"大智若愚"、"大辩若讷"；"若鄙若顽"，是"众人皆有以，而我独顽且鄙"。"沌沌兮"，是"如婴儿之未孩"；"朴朴兮"，是"我独异于人，而贵食母"；"藏光去智"，是"不欲见贤"、"绝圣弃智"；"守弊无为"，是"大盈若冲"、"为无为"。世俗执为功名，以"肖"为大；道大"为而不恃"，以"不肖"为尊。世俗以《老子》道大为"似不肖"，而《老子》却以此为尊贵。正如至大之状是"无状之状"一样，"大肖"者是"不肖之肖"，既以万物为肖，又不滞留于可肖。道因物以假"肖"其为"大"，而实则无体无"肖"。

四解"不肖"为"无名"。王安石云："道之大不可以名，故似不肖。小则可以名，故若肖。""肖"者有像，故可"名"。道大无形，不可肖，故不可名。吕惠卿指出，大道是"泛兮其可左右"，"无乎不在"。人见其"无乎不在"是"无可疑"者，

故以为"似不肖"。然道之所以为大，正在于其"无不在而似不肖"。从道与物的对比关系上看，凡物或左或右，为定在，有肖象，可以形名；恒道"其可左右"，非为定在，无有肖象，故不可形名。恒道因其"无不在"为"似不肖"，而"似不肖"正是"无可疑"之大。恒道寓于、统摄万物，故可谓"物莫非道"，"道外无物"。大道无有类似，为独立之"大"，故为无名之大，"道襃无名"。林志坚以"明道若昧"解之，"明道若昧"是道术，然亦可揭示恒道以可道为"明"，以"不可道"为昧的遮蔽和揭蔽关系。恒道以可道、可名为"显"，正如以为物、寓于物而揭蔽自己存在一样。然若以可道、可名为恒道，则将遮蔽其无限、不可测识的根本质性。道大"不肖"，以可肖而彰见，正如无名以有名而澄明一样。王道以为"博学而无所成名"，正是看到道大不可称名的意旨。"不肖"者，不可称名，"大道不称"。憨山德清认为，《老子》所得之道至大，世人不知其可，以为"无所可用"，其实所守至约。"道大，如巍巍乎惟天为大，荡荡乎民无称焉，言其广大难以名状也。""不肖"是"不器"，而"肖"者与物相似。以《论语》思维作解，亦合《老子》之意。荡荡无称，"广大难以名状"，正是恒名不可名、恒道不可道之谓。世俗以有形可用者为大，而《老子》立无形无用为大。"不肖"之用作为"不器"，是不执于定限之用。"无所可用"，方为至用。"所守至约"，是谓"道纪"。德玉指出，道大非"言默可载"，因其是"汎兮其可左右，无乎不在"者。"若肖言，言亦小。若肖默，默亦小。若不肖言，言能显道。若不肖默，寂然不动，感而遂通。"因"诚不可为喻"，故拟以形容为"似不肖"。"惟大不可为比，故拟似不肖"。道大非言非默，"议有所极"。"言而足，则终日言而尽道；言而不足，则终日言而尽物"（《庄子·则阳》）。"肖言"，是"言者不知"；"肖默"，是不知假言。"言能显道"，是"言而尽道"；"寂然不动，感而遂通"，是虽言不言，言无不言。"大不可比"，不可形名。正如"大"为强名一样，"似不肖"是强为之名。陈柱以《老子》"道可道，非常道；名可名，非恒名"为思维依据，认为"可道可名，以其有所肖也。有所肖，故可以言形容。""肖"者可道可名，可以拟诸形容。恒道"不肖"，以不可道、不可名为"大"。

　　五解"肖"为"小"。"道，朴，无名。"虽为"小"，然为微妙之"小"，同时又是"天下莫能臣"之大。与物有大、小皆可肖而言，恒道无大无小、无形无名，不可以"肖"。黄裳云：道本"无极而太极"，以其"无大无细，非大非细，即大即细"，则"言思拟议所不能罄"。若强以名"大"，则是"浩然之气，至大至刚，充塞乎天地之间"。道本"无方无体"，今以"大"称，是以道有"方体可拟"，故"似不相肖"。"无极而太极"思维，是无极与至极的一体。"非大非细"而又"即大即细"，是"无状之状"的思维。"无大无细"，是无极之"眇"；"即大即细"是至极之"大"。以世俗言，无形小，有形大；以大道言，无形大，有形小。前者以感知、利用为大小之准，后者以知通、至神为大名。"言思拟议"者，至大莫若天地，然天地不能尽道之全。以世俗"大"的标准言，道大为"不肖"之"小"。以道观之的标准言，肖象之大为

"小"。恒道以"不肖"而强名为"大",它是"道褒无名"。恒道以其"小"而充塞天地之间,无所不在。以"浩然之气,至大至刚"解恒道之大,非是。浩然正气,是心以配道的心灵境界。道本无有方体,若以"肖大"称,则反使道为"小"。既可名、执名为"大",就是"方体可拟"的物体之大。朱敦毅以"肖"为"大孕乎小",认为人能弘道而大之,非道弘人。"道也者,莫见乎隐,莫显乎微。巨不掩细,大不拒小,故似不肖。"因"小心防危,不肖道心惟危",故"夫微之显,始细终大"。以《中庸》思维言之,"道大"是"语大天下莫能载"。圣人道大,在于法于万物,"峻极于天"。之所以以道为大,在于其"放之则弥六合无穷尽,无方体,无从捉摸,无可比拟"。儒道固有思维同构性,然侧重点不同,一以言"理",一以言"玄"。前者是无极至极思维,后者是至极无极思维。"大孕乎小",是积小成大,弘道则无有止极。道藏于隐微之"小",而显诸天地之"大"。"巨不掩细",是器以载道;"大不拒小",是"有容乃大"。世俗以"大"为贵,而《老子》以"小"为大。以心体言,"小心防危"是慎于"小","道心惟危"是不慎于"小。"不肖"者,自大反不能大。"始细终大"者,既是防微杜渐,"勿以恶小而为之";又是积善不择,"勿以善小而不为"。儒者"道大"是无所不理,天下无外,道家"道大"是无所不在,天下无偶。儒家"道大",在"峻极于天";道家"道大"在莅临天下。"无穷尽",故不可捉摸;"无方体",故不可比拟。"肖"小者,终成其为大;"肖"大者,自大反不能成大。

以上不论是以"善"、"贤",还是"相似"、"无名"和"小"解"肖",意义统一于"肖"的不同字义之中。以解道大似不肖,则分别从不同视角揭示了道之所以为大的内涵。或相对世俗言,或相对存在物言,或从形名、形象上言,或从知能、道术上言,不可一概否定其中任一种解说,相反应综合不同视角以见其深刻意蕴。

(二)"夫唯不肖,故能大"

历来注家多以"夫唯大,故似不肖"为《老子》本文,澄明道为"大"所必然具有的存在质性。帛书《老子》以"夫唯不肖,故能大"为文,其与前句"道大,似不肖"形成前后呼应、阐释和证解的关系。然二者在揭示"大"与"不肖"的内在关系上内涵相通,不妨碍对何以为"大"质性的阐释。

一从德大不肖的思维上作解。河上公云:"唯独名德大者为身害,故佯愚似若不肖。无所分别,无所割截,不贱人而自贵。"执于名德之大,反害于身,故反守无名、无德,似若不肖。世俗以不能立德、成名为"不肖",而《老子》却以执名、伐德者为"肖"。玄德,"与物反"。执者失之,而无执方能无失。《老子》认为,圣人"自爱不自贵",自贵者贱人,自爱者无弃人。这里,"佯愚"非是伪装术、诈术,而是自制之为,功成不居,"上德不德",至誉不誉。有分有不分,有割则有宰,非人是己,自矜自伐,不能长久。以德术作解,虽非直接揭示道性,但同样能揭示道之所以为大者,因为"德"是道性的体现、应用。世俗所谓的"不肖",正是《老子》的"玄德"之

大。严遵亦以"得道之士"的德性、道术揭示"大似不肖"的意旨，认为"不肖"之德是："外亡中存，学以变情，为以治己。实而若虚，浑浑冥冥，若无所以。容疏言讷，貌朴而鄙。情达虚无，性通无有，寂泊无为，若无所止。遁名逃势，与神卧起，执道履和，物无不理。不合时俗，与天地反"。"外亡中存"，是内化而外不化；"学以变情，为以治己"，是"修之于身"，克己循道。"实而若虚"，功成身退，不物于物；"浑浑冥冥，若无所以"，是为无以为，不欲见贤；"容疏"是"微妙玄达"，"言讷"是"大辩若讷"；"貌朴而鄙"，是独顽且鄙。"情达虚无"，反其肆意之情；"性通无有"，反其逞欲之意；"寂泊无为"，反其妄为之志；"若无所止"是反其居恃之心；"遁名逃势"，是反其强执之伪；"与神卧起"，是反其穷形之驰；"执道履和"，是反其殉己之鹜；"物无不理"，是反其宰物之制；"与天地反"，是反其有物之执；"不合时俗"，则与世俗反。这些道德质性反于世俗，在俗人看来是"不肖"，而在《老子》看来正是体道保德的至大价值体现。与俗人昭昭、察察相反，"我独昏昏"、"我独闷闷"正是"大似不肖"的道德表现。成玄英解云："独由憍慢我大，所以不善。"不善来自自大，正与恒道"不自大故大"的质性相反。《老子》正是以"大惟不肖"的思维，揭示"玄德"之大"与物反"的深刻内涵。林志坚以"光而不耀"解之，正是揭示"大似不肖"的"玄德"质性，功成不居、上德不德、至誉无誉。

二从"与物反"的思维上作解。吕惠卿从"肖象"的思维入手，揭示恒道之大"与物反"。他指出，"万物莫非道"，则"道外无物"。正因"道外无物"而"无所肖者"，故所以为"大"。"道外无物"，则道为至大，天下无有匹合者。独立无偶，则"无所肖者"。凡物相待，则有肖者。恒道无待，故为无限之"大"。苏辙进而指出，"若似于物，则亦一物耳，而何足大哉？道以不似物为大。""似于物"，则落入物性。"不似物"、"与物反"，正是道大所以立名的思维根据。宋徽宗接续指出，"肖物者小，为物所肖者大。"道者，"覆载万物"，为"洋洋乎其大"，故"似不肖"。因为"若肖则道外有物"，岂得为至大乎？"肖物"者，为有形定有，故小；"为物所肖"，为"不形之形"，故大。恒道以"不形"成遂一切有形。凡"肖"必有可肖者，是对待存在的物属。若以大道有可肖者，则必是"道外有物"，道就非是独一无二的至大。王道提出，物有形必有分限，"有分限则有比拟"，而圣人之道"无形"，何物足以拟之？与物有形象相反，恒道是"大象无形"。魏源认为，"大则不肖"，而"肖则不大"。江海"肖"于百川，则不可复成为江海。王者之道"肖"于一物，尚何以为天下王哉？至大者"似不肖"，因其不"肖"于物，而是"不肖之肖"。陈鼓应指出，"'道'广大，却不像具体的东西"。"具体的东西"，是定在、定体之物，亦是可肖、可名之物。

三从不可形名的思维上作解。陈象古侧重以难以名状、不可测识的思维视角，揭示大道"不可测"。众人"不能知，不能见"，故"似不肖"。这里，"不肖"是不可名状，难以况谓。何心山指出，"夫惟大，则混混冥冥，人不可得而名。""混混冥冥"，是"不可致诘"的"混而为一"。以其微妙而不可形名，故为至大。达真子云："唯道

无形无体，凡所以言大者莫能胜，若肖则为更大之所胜，终不免细之名也。"至大莫
朕，恒名不可名。道无形体，则无可朕，不可定名，故为至大。有"肖"则非是独立。
黄裳云："夫惟大莫名其大，故不肖。"恒道之"大"，是莫可名而强名之大，为"无
状之状"、"无名"之大。

《老子》揭示"大"与"不肖"的关系，既可从"玄德"、"肖象"角度，亦可从
"形名"、"认知"视角揭示"大似不肖"的内涵，它们是一体互摄的关系。从存在质
性上言，与物肖象属性相反，恒道是"无状之状"，"物物而不物于物"；从生生德性
上言，与世俗可肖德性相反，"玄德"是"上德不德"，功成而身退；从认知思维上
言，与物肖可名相反，"道褒无名"是"不可致诘"、"难以名状"。

（三）"若肖，久矣，其细也夫"

"肖久则细"，是从反面立论的思维角度揭示"大似不肖"的意旨。河上公以"肖
善"为"辨惠"，认为大辨惠者唯如小人，"身高自贵，行察察之政"，所从来久，非
可为"长"者。执"肖"必"辨"，"辩惠"者有以为。以善为肖，有所执必有遗弃。
"自贵"则贱彼，政察则苛责，故不可久。《老子》云："人之迷，其日固久"。君子若
"肖"于自贵、自察，则必流于习性，沦为小人。与"辨惠"者相反，"似不肖"者为
"德善"、"德信"。严遵以"不肖"为小人之行，认为时俗所荣、世所谓"肖"者在
于："博学多识，以钓智名；异行显功，以疑仁贤；诈世治俗，饰辞盛容；卑体阿顺，
以揄爱恩；先指承意，以获众心；明党相结，多挟贼人；劳鲜而禄重，功寡而爵尊；
国贫而家富，主微而身贵"。如此，则"动权生变，窃乘盛势，名号隆盛，震动境外。
憍奢暴逆，纵恣不制，顺心而卑，情忤而夺。动丧民命，静生物秒，张目而物伤，开
口而民害"。若然者，"道德所离，神明所去，天地所憎，阴阳所恶，物类不比，民人
不附"，故"动无所终，静无所得，生为患害，死为福喜，众俗迷妄，浸以相导，所获
者微，其日甚久"。世俗之"肖"，为有以为，自恃其为，沽名钓誉，汲汲为利，自以
为智，实则不智。道德、神明离去，则迷妄不知，"其日甚久"。王弼认为，"久矣其
细"犹曰"其细久矣"，因为"肖则失其所以为大"。以世道衰微言，执"肖"久已为
细小。李荣指出，若以为"形有定质，智有常分，德有所似，道有所对"，则是"细碎
之小人"，而非是"虚通之大圣"。"形有定质"，是有形有执；"智有常分"，是自是自
察；"德有所似"，是居仁要德；"道有所对"，是可道之道。它们皆有所"肖"，故为
小人所执。唐玄宗指出，"若如代间诸法，有所象似，则不得称大，久已微细也夫。"
有"肖"则"大"去，日久必小。自大者不能久于大，自贤者不能久于善。只有"不
德"，方为"上德"。以"我有三宝"的"慈故能勇"言，世俗以"勇"为贵，以其为
可称美之"肖"，《老子》反以"慈"为至贵，慈自能勇而不恃于勇。自恃于勇者以力
胜，慈者用天下以胜。勇以自恃，久之必受害，故为"小"。"慈"者"似不肖"，而
能成天下之大。员兴宗认为，道者"无形"，故"无肖"。若"肖"则"囿于形"。非

为"所以囷形"者，不亦小哉？"所以囷形"者，是"不形之形"的"不肖"，"囷于形"是物性的可"肖"。林志坚以《老子》"道之为物，唯恍唯惚"思想解之，恍惚是微妙之"小"，恒道恒自如此。虽然此解不悖《老子》之意，然于本文涵义不相对应。王夫之指出，"曰蚕'肖'蠋"，不能谓"蠋之即蚕"。"曰蚕'肖'蚕"，不能谓"此蚕之即彼蚕"。求名不得而举其"肖"，尚且不可，况欲执我以求"肖"乎？"终日'慈'，而非以'肖'仁；终日'俭'，而非以'肖'礼；终日'后'，而非以'肖'智。"为善无近名，则名固不可得而近。"无已，远其刑而居于无迹，犹贤于'肖'迹以失真乎！"执我以求"肖"，是"肖"其迹，而非肖其"不可肖"者。"不可肖"者，乃是"肖"之为"肖"者。远形无迹，是反于"似不肖"。而"肖"迹失真，必不可久。朱敦毅指出，如"肖"于可捉摸、设比拟，则将"收天地无涯而纳诸毫发之细"。"无涯"则"不肖"，"毫发之细"为"肖"。以"肖"言之，万物莫不可"肖"。若以"肖"为"大"，则无所不小，没有绝对之大。陈鼓应以"早"解"久"，甚是精当。《老子》所言"久"，乃以况执"肖"者所骛日迷，必不可长久。

三、传承影响

《庄子》对"道大不肖"的思维给以不同角度的阐发。"肖"者"有待"，而"不肖"者无待。从"肖"为善言，"不肖"为至善不善；以"肖"为有用言，"不肖"为无用之用。以世俗言之，以可"肖"为用，而大树之樗无用。以道言之，"不肖"之用为至用，大樗"树之于无何有之乡，广莫之野"（《逍遥游》），则无不可用。从"肖"者可名言，"大道不称"、"道昭而不道"《齐物论》，是"不肖"存在，大道不可道。从"肖"为形象言，道者"无为无形"（《大宗师》），在世俗看来是"不肖"，然其"神鬼神帝，生天生地"则为"大似不肖"。"德不形者，物不能离"（《德充符》）。"德不形"在常人看来是"不肖"，然其能"无事不成，无物不和"，故为至大。世俗以"物"为"肖"，而以"无物"为"不肖"。"物而不物"（《在宥》）、"形形之不形"（《知北游》），皆是"大似不肖"者。从"不肖"的难以名状言，道者"于大不终，于小不遗"，"广广乎其无不容"，"渊乎其不可测"（《天道》）。"大不终"，终不为大，为无限之大；"小不遗"，无有遗弃，亦为无限之大；"无不容"、"不可测"，难以名状之大。相反，"为大不足以为大"（《徐无鬼》）。大人之所以为"大"，在于无爵谥、无伐德。"为大"是"肖"，"不自大"是"似不肖"。相对于"可道"为"肖"，则"不道之道"是"似不肖"。"道可道，非恒道"。恒道不可以"可道"之"大"称名，它是无方无体、不可道之大。恒道"大似不肖"，在于因"不肖"成遂众可"肖"者，"肖"于无常，常于不"肖"，无常其"肖"，"肖"无不肖。《文子》对"道大，似不肖"思想给予了进一步的传承发展。"忽兮恍兮，不可为象兮。恍兮忽兮，用不诎兮。窈兮冥兮，应化无形兮。遂兮通兮，不虚动兮。"（《道原》）这里，忽恍、恍忽、窈冥和遂通等，皆是"不肖"的状态词。"不可为象"、"用不诎"、"应化无形"

和"不虚动",皆是"似不肖"的意蕴。"大道无为。……道无形无声,故圣人强为之形,以一字为名。"(《精诚》)"无形无声",是大道"似不肖",故为独立之"一"。道者,"能高能深,能上能下"(《符言》)。无所不能,不定于一"肖",是"不肖之肖"。"大道无所不可"(《自然》),有"可"则有所"肖",而"无所不可"则是"似不肖"。相对于形状、度量的可"肖",道者"大似不肖"是"朴至大者无形状,道至大者无度量",亦是"无容无则,大不可极,深不可测"。"肖"作为"类似"者,为世俗所迷执。"夫物之相类者,世主之所乱惑也;嫌疑肖象者,众人之所眩耀也。故狠者类知而非知,愚者类仁而非仁,戆者类勇而非勇。"(《淮南子·氾论训》)世俗以"肖"为鹜,邀贤之名,故以"类似"、"肖象"而"乱惑"、"炫耀"。道家以"不肖"言"大",而儒家则以"肖"天地为"大"。《易》的思维是"取象"之"肖"。"易以天地准"(《系辞上》),准是法"肖"。"圣人有以见天下之赜,而拟诸其形容,象其物宜,是故谓之象。""象"是"肖"的思维。张载认为,"道"以"肖"为大,"道所以可久可大,以其肖天地而不离也;与天地不相似,其违道也远矣。"(引自《正蒙》,载《张载集》,中华书局2006年版,第35页)道之所以为久大,在于肖天地。但"肖"之中涵摄"不肖"的意蕴。天地之道所以为大,在于"为物不贰"、"生物不测"(《中庸》)。道"肖"者,是肖其不可肖、无穷的功为,故"久者一之纯,大者兼之富"。纯于一,不息故久;兼于富,不测故大。可见,儒家亦是以"肖"揭示"不肖"之大。"唯天为大,唯尧则之。荡荡乎!民无能名焉"(《论语·泰伯》),"圣而不可知之之谓神"(《孟子·尽心下》),皆具有"不肖"的思维属性。《易》的"神无方而易无体"、"藏诸用"(《系辞上》),"为道也屡迁"、"唯变所适"(《系辞下》),同样是"不肖"的思维。从中,可见儒道的思维同构性。

最后,对本节内容做简要概述。"道大,似不肖",是对首章"道可道,非恒道;名可名,非恒名"的展开论述,亦与"大象无形"、"无状之状,无物之象,是谓恍惚"、"玄德"以及其用"不勤"、"不盈"、"不可既"等思想观念相为表里,融贯一体。世人执"肖"以为美善和至贵,而《老子》反以恒道"似不肖"为美善和至贵。"大似不肖",以德言是"我有三宝",以道言是微妙至神,为"无状之状"、"不形之形"、"物物而不物于物"以及"独立不改"、"周行不殆"。"道大,似不肖",还是"与物反"、"复归于无物"的思维体现。"肖"与"不肖"之间的对比,蕴含有名无名、有为无为、有形无形、有待无待、有限无限、独立偶对、有用无用等对反思维结构,它们一以贯之。以道术言,"大似不肖"是为而不恃,功成不居,不欲见贤,用于无用,为于不为,大智若愚,上德不德,至誉无誉。

第三节　容乃公

　　"容"与"公",是《老子》揭示恒道存在质性的两个重要观念,很多德性价值观

以此为根据而推出，它们在《老子》"道德"整个思想体系中占有十分重要的地位。《老子》"容乃公"与儒家的"容"、"公"思维不同，它具有其特定的思想内涵，澄明其意蕴将有助于进一步揭开恒道之所以为大的玄妙所在。

一、文字校解

《老子》第十六章云："知常容，容乃公"。帛书《老子》文与此同，楚简《老子》第十七章无此句。显然，"容乃公"是对"致虚极，守静笃"、"各复归于根"思想的拓展、延伸。

"容"者，甲骨文从内（纳），从口（器具），象口小、肚大能容物的地窖，小篆变为盛谷之房屋（宀）。《说文》云："容，盛也。从宀，从谷。"徐铉曰："屋与谷皆所以盛受也。"《增韵》释"容"为"受"和"包涵"。归纳起来，"容"有四义。一为盛纳。大瓠，"剖之以为瓢，则瓠落无所容"（《庄子·逍遥游》）。"瓠"者，形平而浅。"瓠落"，受水则不能容。"仓不容粟，府无积钱"（《韩非子·十过》）。"容"者，储藏、容积。"仓"作为器物，有"容"之用。二为包容。因物有"容"的属性，引申指人的一种品质、器量和能力。"君子尊贤而容众，嘉善而矜不能。我之大贤与，于人何所不容？"（《论语·子张》）"容"者，接纳、容受之谓。"容众"，因其包容数量多，意指涵容、包容之德。三为容纳。"汝游心于淡，合气于漠，顺物自然而无容私焉，而天下治矣。"（《庄子·应帝王》）"无容私"者，一私不含，一执不存。"无容"与"容众"意谓正好相反。"直议者，不为人所容，无所容，则危身"（《韩非子·外储说左下》）。不为一人所"容"，则为"无容"。《老子》"兵无所容其刃"，也用此意。四为宽容。"常宽容于物，不削于人，可谓至极。"（《庄子·天下》）"宽容"与"强迫"相对，后者以己意强加于人，带有胁迫意谓。前者以对方为自己的取舍标准，不以己为主宰，而因人因物以为，它是"以鸟养养鸟"的思维旨意。

"公"者，会意字，甲骨文从口（器皿），从八（均分），会平分器皿中东西之意。古"容"字为"宀"下"公"字。"公"的道德大略有六义：一与"私"字相对。《说文》云："公，平分也。从厶。八，犹背也。"自营为厶，背厶为公。"公"与"私"相依而成义，"公"为"无私"（《尔雅·释言》）。"私"之反是"公"，二者在价值取舍上为一正一反。"通乎季子之私行"（《公羊传》庄二十七年）。不以公事行，为"私行"。"公"与"私"有分，不可不明。"明主之道，必明于公私之分，明法制，去私恩。夫令必行，禁必止，人主之公义也；必行其私，信于朋友，不可为赏劝，不可为罚沮，人臣之私义也。私义行则乱，公义行则治，故公私有分。"（《韩非子·饰邪》）"公"与"私"二者相互界定，肯定即是否定，否定即是肯定。"以公灭私，民其允怀。"（《尚书·周官》）"公"与"私"是"舍此取彼"的关系，不能共存。程端蒙在《性理字训》中云："物我兼照，扩然无私，是之谓公。蔽于有我，不能大公，是之谓私。"（引自《宋元学案·沧洲诸儒学案》，载《黄宗羲全集》第五册，浙江古籍

出版社 2005 年版，第 749 页）因己私蔽，故不能公。公则无私，方能"物我兼照"。
二为公正公平。"公"由平分义引申为公平、公正。"公则说"（《论语·尧曰》）。公正
则民悦，天下之民归心。"以不平平，其平也不平"（《庄子·列御寇》）。"平"者，必
有以为平的标准。"以不平平"，是以己"不平"之准去平物，故不能公平。郭象注：
"以一家之平平万物，未若任万物之自平也。""任万物自平"，是以万物之平而平之，
故为公平。公平是物平之公，平物所平则公正其平。"公平者，职之衡"（《荀子·王
制》）。"衡"者，一公准而平万物，权物犹物自称，故为公平。又"公"为"正"。邢
昺疏："公者，通也，公正无私之意。"（引自《尔雅注疏》，上海古籍出版社 2010 年
版，第 9 页）正因物而正，非因己而正。"正"来自"公"，通于物我，则公于其正。
"公正无私"（《淮南子·修务训》）。"无私"者，无所爱惜。"爱惜"者，是己之私
求。无私则己无所与，因物而正，物当其正。"公正"者，理当其所然，故正以公理。
三为公共共同。"公"由平分各得所有，引申为"共"，为共同、公共之谓。"大道之
行，天下为公。"（《礼记·礼运》）"公"是"公共"之义。"天下"是天下人共同的
天下，非一人之天下。以"天下"为"公"，则各得其所，无人不适，故为"大同"。
四为公理公式。由公共的所由、因循而形成公道、公理、公数、公式等义。"行天道，
出公理，则远者自亲；废天道，行私为，则子母相怨。"（《管子·形势解》）"公理"
者，万物皆备、公认的理则、道理。"喜赏恶罚之人，离公道而行私术"（《管子·明
法》）。"公道"者，当赏则赏，当罚则罚，己之喜恶无与其中。"处尊位者，以有公道
而无私说，故称尊焉，不称贤也。"（《淮南子·诠言训》）"公道"者，天下共由之道；
"私说"者，自察以为说。行公道，无己之与，故无私说。五为广大包容。班固云：
"公者，通也。公正无私之意也。"（引自《白虎通》，第 7 页）公正无私，固能通于
一。"公"者必"容"，有"容"乃"公"。《释名》云："公，广也。惟广故能通。"
"公"自能"广"，"广"必"通"。通于一，普遍无外，方为"公"。六为君公之名。
"容"和"公"，皆王者之德。在"容"、"公"与"王"的关系上，前二德是后者的
充分必要条件，有此则成彼，无此则非彼。《老子》所言的"王公"，就是"王"与
"公"的合成词。"公"作为爵名，为公、侯、伯、子、男五等之首，与"君"通称。
"敬尔在公"（《诗·臣工》）。"公"，是"君"。《尔雅》云："公，君也。""君"之名
来自"公"德。"天子为天下父，曰钜公。"（《前汉书·郊祀志》）父对己子公，"天下
父"为百姓至公。沟口雄三认为，"公原本指君主一人的政治道德"。（引自《中国观
念史记》，中国古籍出版社 2005 年版，第 82 页）本来，"公"作为人主之名，实有
"公"之德。傅斯年指出，"《左传》所记，邦君相称曰君，自称曰寡君，而群下则称
之曰公。是公君之称，敬礼有小别，名实无二致也。"（引自《大家国学·傅斯年卷》，
天津人民出版社 2009 年版，第 105 页）"公"由德名转变为权位之名。随着君主世袭
制、国家私有制的发展，名与德又出现了脱离趋向，王位实行世袭已非是"有德者居
之"。

二、文句解析

要解读"容乃公"，首先得连带对"知常容"以及"公乃王"等前后文进行揭示。为何知常能容？"常"者是什么？前面在解"复命曰常"时，曾将"复命"解为复道本之命，并将"常"者解为恒道之常。此"常"非是定常、固常，而是无常、不可常的恒常、通常。道通则不执，故无私而无弃。有容乃大，有公则平，天下归往自为王。河上公解"容乃公"云："无所不包容则公正无私，众邪莫当"。"众邪"者，来自私执，不知常则妄作凶。"无不包容"是容物无择、无不周济；"公正无私"是各付于物，公平正当。公正无私，则邪无所由生，故"莫当"。王弼云："无所不包通，乃至于荡然公平"。"包通"者，包容而和通，一视同仁，无容己私，故荡然无己。"公平"者，平其所平，各当其平，无物不平，公其所平。在"容"与"公"的关系上，必"容"而后"公"，无"容"无"公"。"公"必有"容"，而"容"非必为"公"。"容"是自己的胸怀，而"公"是物的适宜。成玄英以"公"为"平正"，认为大道既能"包容庶物"，所以"公正无私"。在"包容"与"公正"之间，当有区别，它们是递进关系，非是因果关系。宽容于物，还要因物平物，方是公正。大道容物非是虚而应物，而是因物生物。唐玄宗云："含容应物，应物无心，既无私邪，故为公正。""应物无心"，是空谷响应，容易落入禅宗"不住"思维。虚心固能无私无邪，然还不是公正。公正以成遂物言，使物自适方为公正，成为天下归往之王。司马光以"无偏无党"解之，是从否定思维解之，因为容公的反面是偏党。陈景元指出，"至公"是"包容动植，于己无私，则襟怀荡然"。"包容"者，既是"无私"，亦是"坦荡"。达致包容心境，有两种途径，一是克己之私。去己私方能包容。不自是，方能"知通为一"。道家以虚静为工夫之本，正在于此。一是同于大道。与道为一，则无己无私。以道观之无贵无贱，以道莅天下则各自自适。无私非必公，循道则必公。循道之公，是宽广胸怀，为"道并行"、"致广大"；公平之公，是曲成不遗，为"物并育"、"尽精微"。吕惠卿认为，"万物与我为一"，则"不内其身而私"。以万物与我为一，则心同大道，"道不私"。廓然大公，固然无私。王雱认为，"无物我之殊，何私之有？"凡有私者，必有分，有分则有不分，爱恶生则大道亏。"心斋"的重要一环是"忘己"，忘记人我之分。陈象古指出，"容"为"至公之所在"，"公"者"不乱其物理，不私其己意"，故能"容"。至公者，同于不同，以不同同之，方为大同，方为真容。广大包容，不一定公正。宋徽宗认为，"无容心"，则不独"亲其亲，子其子"，何私之有？"容心"者，有己私之与，则亲疏有别。亲己亲，则疏彼亲；子己子，则弃人子。同于己，不能同于人。以天下为公的"大同"，是以不同同之。对己言，"容"有正，有反。正者是包容，容受外物；反者是容心，容己之私。对己私的否定，就是容物的包容。可见，"公"涵两义，一体两面。从去己之执言，曰无私、无与；从付予万物言，曰容受、普惠。员兴宗认为，"无所不容"，则"融彼我"。融彼我为一，则成人成己，成己成人，

便是至诚大公。刘骥指出，"有容，德乃大。如天地之无私覆载也，故曰公。"包容、宽容于物，故德大。无不包容的另一种表达是"无私"，天地无私故覆载普遍。天地覆载是一视同仁，均惠一切物，物求则与，无所不适，物各当其宜。黄茂材认为，"容有宇宙之量，则无己无人无物，皆冥于一。"有容宇宙之量，则吾心即是宇宙，人物何有外于我。无己、无人、无物，是去己之执，"毋意、毋必、毋固、毋我"，非是无知觉、认识，而是通达之识，"道通为一"。"冥于一"者，是"混而为一"，复通为一。何心山解云："知美恶是非可容，则荡荡无偏"。"荡荡无偏"，则容美恶、是非，就是"德善"，"善者，吾善之；不善者，吾亦善之"；又是"德信"，"信者，吾信之；不信者，吾亦信之"。"德善"，是"容乃公"之善，"德信"是"容乃公"之信。吕知常指出，圣人之道"无所不容"，如天地无不覆载，日月无不照，"于人不弃，于物不违"。有"容"则"襟怀坦然平夷，大同无异，应而不藏，不亲其亲，契道无私"。心与天地同大，则容且公。"于人不弃"，是圣人"恒善救人，而无弃人；常善救物，故无弃物"。"善救"者，因其所当救而救之，非以己之爱恶而救之。因物以救，无私于救，何尝有"弃人"、"弃物"？"于物不违"，是因物付物，辅助万物自然，使各得其正。"无弃"、"不违"，正是"容乃公"的内涵所在。"容乃公"，既是大道质性，又是圣人体道的德性。"坦然平夷"，是襟怀宽广。"大同无异"，是无有容心。"应而不藏"，则循物无违。"不亲其亲"，则不疏其疏。"契道无私"，是体道至公。杜道坚以"虚而大"解之，虚心能容，然"容"非即是"公"。虚心循理，方为至公。王道指出，"容乃公"是《老子》所谓的"道者同于道，德者同于德，失者同于失，善不善皆善之，信不信皆信之"。容能"无好无恶，无党无偏"，何公如之？至公者，无私德，无私福，具有无穷之量。以《老子》思维言，同于道德自能"容乃公"，固能"德善"、"德信"，"报怨以德"。"无好无恶，无党无偏"，则各当其理，为天下至公。"容乃公"的前提在于"知常"，"知通为一"。焦竑云："知常则善恶两忘，是非无朕，何所不容"？"知常"，是知"大一"，是"以天下观天下"、"以道观之"。"以道观之"，何善何恶？何是何非？无善无恶，则无所不善；无是无非，则无所不可。可与不可皆可，故无所不容。憨山德清进而指出，"知常"则视"天地同根，万物一体"，心自然包含"天地万物"。人心"廓然大公"，则"民吾同胞，物吾与"，全不见有我之私。"万物一体"，是"道通为一"的"物吾与"；"廓然大公"，是"己与道一"的"民吾同胞"。《老子》"容乃公"思想，体现于圣人大德之中，"圣人恒无心，以百姓心为心"。"恒无心"者，无己私爱主宰，故能宽容于人物。"以百姓心为心"，与民之所求，遂民之性理，"恒与善人"。

三、传承发展

《庄子》继承《老子》思想，提出了许多内涵于"容乃公"的道德观念。以道性言，"容乃公"的思维是"道通为一"（《齐物论》）。以天地言，"容乃公"是"天无

私覆，地无私载"（《大宗师》）。"无私"，则普遍均平。道大，"广广乎其无不容也，渊渊乎其不可测也"（《天道》）。"无不容"，则体物无遗；"不可测"，是生生不息。"夫德，和也；道，理也。德无不容，仁也；道无不理，义也。"（《缮性》）"和"者，无不得其宜；"道"者，无不当其理。"无不容"、"无不理"，是包容至大、公正无私。郭象云："无不容者，非为仁也，而仁迹行焉。""德和"者，功成自然，故"无不容"。"容"者，非是"有以为"之容，而是因物各得，无不兼及。郭象云："无不理者，非为义也，而义功著焉。""道理"者，非为义而理，辅助万物自然，故"无不理"。"仁迹行"、"义功著"，若能功成自然而不居，则能"容乃公"。"公"以德言是公德，以道言是公道。公道公理，是以物理物，犹如以鸟养鸟。"丘山积卑而为高，江河合水而为大，大人合并而为公"（《则阳》）。"合并"者，汇集、积聚而兼备之，无私包容，故为"公"。正如"四时殊气，天不赐，故岁成"一样，"万物殊理，道不私，故无名"（《则阳》）。道不私有，故无能名。道无私为，故无不为。不私，方能容、公。道兼天地、阴阳以及万物，故为公。天地为形之大者，阴阳为气之大者，"道者为之公"。"公"必为"容"。以知性言，是"复通为一"、"知通为一"（《齐物论》）。"以道观言而天下之君正，以道观分而君臣之义明，以道观能而天下之官治，以道泛观而万物之应备。"（《天地》）"以道泛观"，是"以天下观天下"。以物观物，则"知通为一"。"君正"、"义明"、"官治"和"应备"，正是各当其理，无所不理。格物穷理，精义入神，是通观。"以道观之，何贵何贱，是谓反衍；无拘而志，与道大蹇。何少何多，是谓谢施；无一而行，与道参差。严乎若国之有君，其无私德；繇繇乎若祭之有社，其无私福；泛泛乎其若四方之无穷，其无所畛域。兼怀万物，其孰承翼？是谓无方。万物一齐，孰短孰长？道无终始，物有死生，不恃其成。"（《秋水》）"何贵何贱"，是无贵无贱，于物不弃。"与道大蹇"，是与道为一，容物大通。"与道参差"，无一其行，容无常行。无私德福，是不执不恃，以道为德。泛泛无穷，是无有畛域，包容无外。"兼怀万物"，是体物不遗，无不包容。"万物一齐"，是以不齐而齐，齐物通一。"道无终始"，是无始无终，时间无外。以德性言，是"两行"，圣人"和之以是非而休乎天钧"（《齐物论》）。"和以是非"，是是其所是、非其所非；"休乎天钧"，则自然平均，无所不然；"两行"，自然周行，无所不容。以治德言，是"治天下"之道。"遊心于淡，合气于漠，顺物自然，而无容私焉，而天下治"（《应帝王》）。"遊心于淡"，是去己之执；"合气于漠"，是循物无违。"顺物自然"，因物付物，自能宽容于物，无一己之私。"天下治"，是公正、公平的治理。郭象云："任性自生，公也；心欲益之，私也；容私果不足以生生，而顺公乃全也。"以"任性自生"为"公"，则"公"是虚言，而非是道德、境界之实。以"心欲益之"为"私"，则否定了因循、辅助的公正"有为"。以《老子》本意看，"容乃公"，为道德之"公"，它是圣王的道德理想。"容私"固不足以生生，"顺公"则无所作为，亦不能"以道莅天下"。"容乃公"思想，还体现在"不同同之之谓大"，"有万不同之谓富"，"循于道之

谓备，不以物挫志之谓完"（《天地》）之中。"循于道"者，与道合一，周行于物，涵容万物，故为"备"。"以物挫志"者，心有系累，则有私。志与道通，物物而不物于物，能统摄万物，故为"完"。"不同同之"，是循物无违、宽容万殊之"大"；"有万不同"，是因物所可，无所不可的"富"。"容乃公"，是自然的境界，然非是无所作为。"夫兼爱，不亦迂乎！无私焉，乃私也。夫子若欲使天下无失其牧乎？……夫子亦放德而行，循道而趋，已至矣，又何必偈偈乎揭仁义，若击鼓而求亡子焉？夫子乱人之性也！"（《天道》）孔子言"兼爱无私"，是"复通为一"、"道通为一"的境界。若以"无私"为"私"，则将会否定"道不私"的质性。《老子》云："非以其无私邪？故能成其私。""无私"以成"私"，是成就大己。人主之所以能为人主，在于以百姓心为心，以民为本，如此才能天下归往，"百姓乐推而不厌"。"兼爱无私"者，是去己私而大其心，爱而均溥。"兼爱"者，若以"有以为"求于德名，则亦是自私。若以尽己之性，不得不爱，则成己之私何尝不是无私？"无私"，是去己之私，非是去己的包容大己。郭象云："世所谓无私者，释己而爱人。夫爱人者，欲人之爱己，此乃甚私，非忘公而公也。""爱人"为己，是有私之爱。为己爱人非是公，"忘公"亦非是"容乃公"。只有"因物付物"，方是"容乃公"。"放德而行，循道而趋"，是自然而然，无私己为。"偈偈乎揭仁义"，是以仁义行。然无仁义，则道德无以行。以仁义为性，率性非是"乱人之性"。"乱人之性"，是主宰所为，非是弃辅助而不为。郭象云："事至而爱，当义而止，斯忘仁义者也，常念之则乱真矣。""以仁义行"是"常念"，"事至而爱，当义而止"是"由仁义行"。爱于自然则无求仁之名伪，止于当分则无求义之伐德。从《老子》看，恒道"容乃公"是自然无私，玄德"容乃公"是大己无私。"由仁义行"，非不为爱，亦非不要当其宜，而是爱要自然，"纯而不已"，不以"爱人"求名而去爱，亦不以"为人爱"而去爱。"五官殊职，君不私，故国治；文武殊材，大人不赐，故德备。"（《则阳》）君不私宰，同人之力；大人不赐，各得其得。不私，方能容、公。道家"容乃公"思想有其渊源，且不断丰富发展。彭蒙、田骈、慎到等早期道家，提出"公而不党，易而无私"（《天下》）的观念。他们的公而无私观念，只是不自主宰、无有抉择、放弃自主、与物俱往的"块然"，而非是心境博大的"容乃公"。虽"齐万物以为首"，然"大道能包之而不能辩之"。道不可道，则非是"知通为一"。至于言"选则不遍，教则不至，道则无遗"，虽从否定思维上揭示周遍属性，然陷于无有所为之偏。"选则不遍"，不如"兼利无择"；"教则不至"，不如"不言之教"；"道则无遗"，不如"曲成不遗"。早期道家侧重于揭示无为无执，顺应自然；《老子》侧重于揭示"为而不恃"，"无为而无不为"。恒道无遗，是涵万不同，"容乃公"则"无弃"。以"块不失道"为宗，则失"道通为一"之旨。老聃学说为"常宽容于物，不削于人"，它是辅助万物自然的"利而不害"，是"以道莅天下"的"博大"，故其"容乃公"具有自觉、积极的涵义。庄子虽能"上与造物者游，而下与外死生、无终始者为友"，然主要是心境上的"容乃公"，逐渐偏离《老子》道术、治

术上的"容乃公"。

　　《文子》继承帛书《老子》"容乃公"的道术思想，给予了深入的阐发。一言道性"容乃公"。大道，"苞裹天地"，"生物而不有"，"成化而不宰"（《道原》），容万物赖以生，公万物以遂命。水之为道，"大苞群生而无私好"。只有"无私好"，方能"任天下取与"；只有"任天下取与"，方能"大苞群生"。"无私"方能"公"，以"公"为公非自然之"公"，亦非至诚之"公"。"与天地洪同"，则自"公"。"地定宁，万物形；地广厚，万物聚。定宁无不载，广厚无不容。"（《上德》）"无不容"，是至大包容；"无不载"，是公平于载。"所谓道者，无前无后，无左无右，万物玄同，无是无非"（《微明》）。"万物玄同"，是至公。己无私执，则玄同万物，齐万不同。二言道术"容乃公"。至人之治，"弃其聪明，灭其文章，依道废智，与民同出乎公"（《道原》）。弃己聪明，灭己文章，是废私智；"依道"，是"出乎公"。道术之"公"，是与民同公。圣人之思，"养民以公"，以"天下一俗"，则"王道荡荡"（《精诚》）。"王道荡荡"，是无偏无党。真人者，"不视而明，不听而聪，不行而从，不言而公。"（《微明》）。不视不听，不行不言，是去己私执；聪明、从公，是循道大通。因物观物，无所不观。言而不言，是终身言而未尝言，终身不言而未尝不言。圣人体道虚静，"静则同，虚则通。至德无为，万物皆容，虚静之道，天长地久，神微周盈，于物无宰"（《自然》）。静则无为，"于物无宰"，则同于物，为"大顺"；虚则循道，"神微周盈"，则容万物，可以长久。心体虚静之道，在于"容乃公"，静同则宽容于物，虚通则公平齐物。圣人牧民，"使各便其性，安其居，处其宜，为其所能，周其所适，施其所宜"，如此则"万物一齐"。"各便其性"，是"容"物自适；"万物一齐"，是"公"物皆可。道之为君"如尸"，"以道莅天下"，无为而公平，"天下受其福"。人主之公，在于诛而"无怒"，则当罪；赏而"无与"，则正功。从"以道观之"的"容乃公"思维看，是"以天下之目视，以天下之耳听，以天下之心虑"（《上仁》）。从无用之用的"容乃公"看，是"以天下之力争"。《文子》对圣人体道"容乃公"质性，以为王道"容乃公"的道术思想进行了深入阐发，这里不作专题论说，只是概要揭示其对《老子》思想的传承发展。逮至魏晋，嵇康著有《释私论》。他认为，无私乃"心不存于矜尚"，"情不系于所欲"。矜尚不存于心，则能"越名教而任自然"；情不系于所欲，则能"审贵贱而通物情"。"物情顺通，故大道不违；越名任心，故是非无措"。（引自《魏晋全书》第二册，吉林文史出版社2006年版，第459页）人之不能"公"而有"私"，在于心存矜尚、系于情欲。"名教"、"贵贱"有执，是为有以为，故不能自然。"任自然"、"通物情"，则齐是非，不违大道，而能"容乃公"。"自然"者，容物自均；"通物"者，普惠公平。以自然与名教关系释公、私，是道通与俗执的区别。以圣人道术言，法"自然"之公，是"知常容"、"玄达"之公。"通物情"，非"大知"不能。以世俗"名教"言，有执固然有私，然私亦能无私，同于大道即为公。以道行是"容乃公"，何尝不是人类的"名教"？"不议于善而后正"，无以为则各正其善。

"议于善"，执著于善，不免于伪善。前者是"由善而行"，后者是"行于善"。"傲然忘贤，而贤与度会；忽然任心，而心与善遇；傥然无措，而事与是俱"。忘贤则贤为自然，任心则善为自然，无执则是为自然。"自然"者，生不有，为不执，功不居，无能名，谓之"玄德"。在《答难养生论》中，他又指出，"圣人不得已而临天下，以万物为心，在宥群生，由身以道，与天下同于自得，穆然以无事为业，坦尔以天下为公。"（同上书，第442页）嵇康的"自然"与郭象的"自然"观不同，后者是独化、个体化的自在、自为，而前者是万物一体的和谐总体。它保留着《老子》恒道"自然"的"容乃公"内涵，但圣人境界的"博大"、"曲全"质性逐渐淡化。以《老子》思维言，"以万物为心"，即"以天下为公"，是回归"自然"的"玄德"，非只是"释私"。"由身以道"，即"与天下同于自得"，非只是自得性分，而是同于大道的"孔德之容"。回归"自然"，则"以无事为业"，是"事无事"。人主无事，则用人之力，使人各事其事，事当其事，事遂其事。容众之事，方能无妄于事。各当其事，方能公平其事。圣人"容乃公"的大德，来自对恒道的大知、效法和因循，同时是恒道"容乃公"质性的应用。要成为"王"必先"容乃公"，与天同一，与道为一。《老子》"无为"，"曲而全"，"德善"、"德信"，"无弃人"、"无弃材"，以及"修之于天下，其德乃普"，"以天下观天下"等，皆与恒道"容乃公"观念融会贯通。王者知常法道，则无为而无不为。"无为"者，知物有常，故无宰私为；无为则因物曲全其为，无所不为，故功成事遂。"无为"自能容、公、全，自能久而不殆。反之，不能"容"物，以我干物，必妄作而凶。"容乃公"，无私无弃，善利不争，故能"德善"、"德信"，"无弃人"、"无弃材"。同于恒道"容乃公"之质性，自能有"孔德之容"，"修之于天下，其德乃普"；自能"以道观之"，"以天下观天下"。

三、思想影响

"容"、"公"作为能力、器量和品德，亦是儒家、墨家和法家等追求的核心价值理念，得之在人心，是超越自我、提升自我、成就大我，同于天地、道德境界的人生追求。在诸子的论说中，不同程度受到道家思想的影响。

（一）儒家之说

《论语》虽未直言"容"之德，但却言"宽"与"公"的观念，具有与《老子》"容乃公"一样的思维同构性。宽容则受众，公者民自悦。居上，要有"宽"德。"居上不宽，……吾何以观之哉?"（《八佾》）"宽"者，宽容于人。朱熹注："'居上'主于爱人，故以宽为本。"（引自《四书集注》，北京古籍出版社2000年版，第77页）"以宽为本"，是居仁由义，以《老子》思维言是"以百姓心为心"、"常宽容于物，而不削于人"。王夫之解云："居上有体，非但以容人也，亦以养尊而自处于大也。若其苛察严刻，下同于有司，虽所综核得其理，而亦卑琐之能耳"。（引自《四书训义》，

载《船山遗书》第三卷，北京出版社 1999 年版，第 1710 页）人主"宽"德，非但
"容人"，还要"自处于大"；非落于有司殊能，而是大通其能，用百官之能。《老子》
云"代司杀者杀"，是"代大匠斲"，"希有不伤其手"。圣人之德，是为人之下，用人
之力。孔子认为，"博施济众"为"圣"，"尧舜其犹病诸"！（《雍也》）"博施济众"，
是"仁"之效验，也是为"仁"的境界。仁者，"己欲立而立人，己欲达而达人"。在
心志上，圣人大其心量，与天地配，故有"容乃公"的功德。"尧舜其犹病诸"，揭示
了仁者境界的无限广大。己立立人、己达达人，是通过培育"容乃公"的品德、器量，
以达致"以天下为公"的人生境界。在《老子》言"容乃公"，在孔子则言"宽"和
"公"。"宽则得众，信则民任焉，敏则有功，公则说。"（《尧曰》）将"宽"与"公"
作为两个德目一并提出，已然揭示出二者之间的联系。"宽则得众"，是有容乃大；"公
则说"，是天下为公。王夫之认为，王者定天下，以宽、信、敏、公之德承天心，合民
志，存诸中而发诸用。王者得众，"惟其宽，是以仁惠孚于民"；致民之悦，"惟其公，
是以天理攸同"。（引自《四书训义》，载《船山遗书》第四卷，第 1967 页）"宽"能
博施济众，信验于民；"公"能无私均平，天下大同。"天子有公"，养民如子，故
"盖之如天，容之如地"（《左传》襄十四年）。君主以"容"、"公"为德，"盖之如
天"则无私而"公"；"容之如地"，则无私而"容"。"度公而行，仁也。"（《左传》
昭二十年）将"公"行认作为"仁"，揭示出"仁"自有"公"的内涵。《孟子》多
言王道之大的"容乃公"气质。"老吾老，以及人之老；幼吾幼，以及人之幼。天下可
运于掌。"（《梁惠王上》）推己及人，扩充仁心，就是"容乃公"。"乐以天下，忧以天
下"（《梁惠王下》），既是"容"之至，亦是"公"之至。与民同乐，是乐的容广；与
民同忧，是天下为公。人人皆有"四端"之心，扩充之"保四海"（《公孙丑上》）。
"扩充"者，是大其心，容于四海。"四端"是公正之心，故能以公正于天下。"居天
下之广居，立天下之正位，行天下之大道"（《滕文公下》），是"容乃公"的境界；
"万物皆备于我"（《尽心上》），是"容乃公"的心量。《荀子》多言志向之大、王道
之大以及公理之贵，无不蕴含"容乃公"的思维质性。君子能以公义胜私欲，在于
"贫穷而志广"，以为"隆仁"；在于"无有作好，遵王之道。无有作恶，遵王之路"，
故"怒不过夺，喜不过予"（《修身》）。广志以隆仁，是容受众而为大德；遵循王道无
有好恶，是行公义正天下。君子"度己则以绳，接人则用抴"。以绳度己，足以为天下
法则；用抴接人，宽容因众，可成天下之大事。君子有"容"德"兼"术，"贤而能
容罢，知而能容愚，博而能容浅，粹而能容杂"（《非相》）。"兼"术，来自"容乃公"
的道术。以绳度己，则能克己私宰，而"公"于天下。宽容因众，则能用人之力，而
成天下大事。"容罢"、"容愚"、"容浅"和"容杂"，何所不能容？它就是《老子》
"德善"、"德信"之谓。"容乃公"作为治术，又是"兼服天下之心"。"高上尊贵不以
骄人，聪明圣智不以穷人，齐给速通不争先人，刚毅勇敢不以伤人"，如此则"无不爱
也，无不敬也，无与人争也，恢然天地之苞万物"（《非十二子》）。"不以骄人"，则

"无弃人"，"无不爱"；"不以穷人"，则"不自是"，"知天道"；"不争先人"，是"为而不争"，"不敢为天下先"；"不以伤人"，是"以道莅天下"，"无不敬"。如天道大苞万物，则为"容乃公"。人主不可不公、不广，"人主不公"则"人臣不忠"。"人主胡不广焉！无恤亲疏，无偏贵贱，唯诚能之求？"（《王霸》）"公"则正、"广"则大。取天下以"容"为要，等位则足以容天下之贤，均业则足以容天下之能，齐法则足以顺服好利之人。以观知言，"容乃公"是"兼陈万物而中县衡"。"圣人知心术之患，见蔽塞之祸，故无欲无恶、无始无终、无近无远、无博无浅、无古无今，兼陈万物而中县衡焉。"（《解蔽》）"中悬衡"则准公，"众异不得相蔽以乱其伦"。衡者因物称物，故"公"。《尚书》亦有言"容乃公"的观念。"无偏无陂，遵王之义。无有作好，遵王之道。无有作恶，遵王之路。无偏无陂，王道荡荡。无党无偏，王道平平。无反无侧，王道正直。"（《洪范》）"无党"、"无陂"、"无偏"以及无有"作好"、"作恶"，是无私；王之"义"、"道"，是公理。"荡荡"为大而"容"，"平平"为正而"公"。"天子作民父母，以为天下王"。父母于子，不弃、不偏。"人之有技，若己有之。人之彦圣，其心好之，不啻若自其口出，是能容之。"（《秦誓》）人有若己有，人好若己好，人己通故能"容"。大道之行，以"天下为公"（《礼记·礼运篇》）。人"不独亲其亲，不独子其子"，是扩充；"使老有所终，壮有所用，幼有所长，矜寡孤独废疾者，皆有所养"，是容广。"男有分，女有归"，是公理；"货恶其弃于地也，不必藏于己，力恶其不出于身也，不必为己"，是无私。无所不适，无所不宜，是"容乃公"的功为境界。董仲舒云："思曰容，容者言无不容。"（《春秋繁露·五行变救》）王者"心宽大无不容"，则能事各得其宜。

宋代以后儒者继承先儒，吸收道家思想，对"容"、"公"观念给予了更大的关注。周敦颐云："君子之道，至公而已矣。或曰：'何谓也？'曰：'天地至公而已矣。'"（引自《周敦颐集》，中华书局2009年版，第41页）天无不覆、地无不载，故为"至公"。君子"至公"，则能由仁义行。张载指出，"大其心，则能体天下之物；物有未体，则心为有外。世人之心，止于见闻之狭；圣人尽性，不以见闻梏其心。其视天下，无一物非我。孟子谓尽心则知性知天以此。天大无外，故有外之心，不足以合天心。"（引自《张载集》，中华书局2006年版，第24页）"体天下之物"，是"容乃公"之德。"大心"是心一无外，"无一物非我外"，无所不容，至公无私。"大人者，有容物，无去物，有爱物，无徇物，天之道然。天以直养万物。代天而理物者，曲成而不害其直，斯尽道矣。"（同上书，第35页）"容物"，无物不容；"爱物"，无物不爱。"无去物"，则"无弃人"、"无弃物"。"直养"者，因物养物，曲成不遗，故为"容乃公"。"天地之塞，吾其体；天地之帅，吾其性。民，吾同胞；物，吾与也。"（同上书，第61页）吾体能为"天地之塞"，何所不容？民物为胞与，是"容乃公"的"大其心"。以观知言，"人当平物我，合内外，如是以身鉴物便偏见，以天理中鉴则人与己皆见，犹持镜在此，但可鉴彼，于己莫能见也，以镜居中则尽照。只为天理

常在，身与物均见，则自不私。己亦是一物，人常脱去己身则自明。"（同上书，第285页）"平物我"，是"公"；"合内外"，是"容"。"以身鉴物"，以己是为是，是私执之是；"以天理中鉴"，是"以道观之"的"公识"。齐于身物则公，通一物我则容。人隘于己身，则有意、我、固、必之私，去之则玄鉴通明。程子认为，"圣人致公，心尽天地万物之理，各当其分。"（引自《二程集》，中华书局2004年版，第142页）"尽天地万物之理"，是理殊之"容"；"各当其分"，是殊理之"公"。"大而化，则己与理一。一，则无己。"（同上书，第143页）"理"者涵摄万殊，故为至容；各当其理，故为至公。"至公无私，大同无我，虽眇然一身，在天地之间，而与天地无以异也，夫何疑焉？"（同上书，第1172页）至公则大同，正如天地之大容万物之殊。就"大其心"言，"天下无性外之物，以有限量之形气用之，不以其道，安能广大其心也？……通乎道，则何限量之有？必曰有限量，是性外有物乎？"（同上书，第1252页）"道"无限量，道外无物。性者"通乎道"，万物皆备，则性外无物。以道为心，则心外无物。"君子之学，莫若廓然而大公，物来而顺应"。（同上书，第1263页）"大公"者，无物不可。以观知言，"合而听之则圣，公则自同。若有私心便不同，同即是天心。"（同上书，第145页）"合"者为"容"，容人之智；同于不同，一视同仁，故为"公"。"圣人与日月并明，故天地同量。"（同上书，第1264页）圣人学识，"与日月并明"，是"以天下观天下"。圣人之心，与万物为一，故同量于天地。朱熹指出，"无私，是仁之前事；与天地万物为一体，是仁之后事。惟无私，然后仁；惟仁，然后与天地万物为一体。"（引自《朱子语类》第一册，中华书局2004年版，第117页）为仁必先去己私，无私方能容万物，与天地万物为一体。正如克己而后复礼，去"四毋"而后能仁。人与己一，物与己一，公道自流行。人皆因私执、私蔽，而不能仁。"惟公然后能正，公是广大无私意，正是个无所主处。"（同上书，第645页）"广大无私"，是宽容于物；"无所主处"，是物各付物，不削于物。正者，非以己正而正之，而因物正物，使物各正。惟公无私，方能容物各正。"人则公，公则通"。（同上书第七册，第2486页）推己及人即"公"，公则齐物一平，故通万殊于一体。物各有所可，可其可，通其所可，方是大公。圣人心同天地，故为大公。"圣人心同天地，视天下犹一家，中国犹一人，不能一日忘也。"（引自《四书集注》，北京古籍出版社2000年版，第173页）"心同天地"，天下一家，中国一人，是吾有宇宙之量。大而无外，物无不容，惠无不公，事无不理，天下无一物非我。以天地为心，方是道心、天心。有外之心，是"只见得自家身己，凡物皆不与己相关"。人己相隔，故有外。"心大则百物皆通。"（引自《朱子语类》第七册，中华书局2004年版，第2529页）心大，以民为吾胞与，以物为我之侪辈，故通万物、人我为一。心大能容天下万物，我外无物。陆九渊云："宇宙便是吾心，吾心便是宇宙。"（引自《陆九渊集》，中华书局1980年版，第273页）心同宇宙，是宇宙心。圣人尽心之极，则"宇宙内事，是己分内事。己分内事，是宇宙内事"。（同上页）心廓宇宙之大，宇宙内事则无非我事。陈淳指出，

人心具天理全体都是仁，才有一毫人欲之私不得谓之仁。须是工夫到极处，心纯是天理之公，绝无一毫人欲之私以间之，则全体周流不息，无间断欠阙。（参见《北溪字义》，中华书局2009年版，第18-19页）仁者与天地万物一体，无不爱，亦无不宜。王阳明认为，"'仁者以天地万物为一体'，使有一物失所，便是吾仁有未尽处。"（引自《传习录》，载《王阳明全集》第一册，浙江古籍出版社2011年版，第28页）"以天地万物为一体"，是"万物皆备于我"的良心、大心。仁外无物，故"一物失所"是"仁有未尽处"。"朕躬有罪，无以万方；万方有罪，罪在朕躬"；"百姓有过，在予一人"（《论语·尧曰》）。责己深，则尽仁之至。仁者心大，极处涵摄天地万物。"夫圣人之心，以天地万物为一体，其视天下之人，无外内远近，凡有血气，皆其昆弟赤子之亲，莫不欲安全而教养之，以遂其万物一体之念。……圣人有忧之，是以推其天地万物一体之仁以教天下，使之皆有以克其私，去其蔽，以复其心体之同然。"（同上册，第59页）"无外内远近"，则天下犹一人，己外无人，"容乃公"。"一体之念"，是"心同宇宙"；"一体之仁"，是"至仁无亲"。王廷相指出，"人无天地普大之心，则限而不能通，偏而不能公，不足以宰天下之事，亦不足以议天下之道。"（引自《慎言·君子篇》，载《王廷相集》第三册，中华书局1989年版，第812页）"普大之心"，是大心；"天下之道"，是大道。心外无物，则道外无事。心通则无不容，心公则正直。有公天下心，则行以天下为公。刘宗周提出，"天地之大，本吾一体，盈天地间有一物之失所，即我之失所。非徒安全之而已，又必与天下同归于善，然后有以尽其性。"（引自《学言上》，载《刘宗周全集》第二册，浙江古籍出版社2005年版，第372页）人与天地为一，则己心是天地之心，己性是天地之善。心量无穷，心无尽在于理无尽，理无尽则事无尽。"圣人之心，洞乎无物，视天下之大，何足撄其胸中，故心普而天下冒，心运而天下转，将天下人二圣心中，湛然不堪些子，何与之有？此心体也，即性分也。"（引自《论语学案》，同上册，第392页）"洞乎无物"，无有己私。天下之大不撄于胸，"己所不与"，则心与天地同大，天下若"一点浮云过太虚"。心通天理，则"普天下冒"，"运天下转"，犹如"天理自如"。"性分"者，是"万物皆备于我"的"圆满光洁"；"心体"者，是"廓然而大公"的"万物皆备"。性即理，理涵万殊。我与天下一，既是无私的虚心，亦是无限的大心。王夫之指出，"夫子曰：君子以至虚之心受天下，而以至公之心应天下，故天下利见之以成其美。唯虚也，则天下之才，皆效其才以广集其益；唯公也，则苟有其才，皆效于天下而实著其功。"（引自《四书训义》，载《船山遗书》第三卷，北京出版社1999年版，第1791页）"至虚之心"，无宰则能容受天下之才，"以天下之心虑"；"至公之心"，则能用天下之才，以天下之人为其功。"天理之公"，是"仁义根于人心之固有"；人欲之私，是"利心生于物我之相形"。循天理，则"不求利而自无不利"；徇人欲，则"求利未得而害己随之"。（同上书第四卷，第1973页）天理为公，人欲为私。尽心在知性、知天，反身而诚。诚者存心、养性，所以事天。诚者成己成物，推己及人，天下一家，

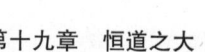

中国一人。天理是公利，己利在其中，故不求利自无不利。徇人欲之私，求己利反不得而有害。《老子》云"无私成其私"，正是此谓。"理唯公，故不待推；欲到大公处，亦不待推；而所与给万物之欲者，仍圣人所固有之情。"（引自《读四书大全说》，同上卷，第2444页）天理必"公"，通天下容万殊，无有其外。学者为仁无至诚之意，则必强恕以推。由仁义行，纯而不已，故不必推。圣人从心所欲，即是天理之公；尽性尽心，即是固有之情；博施济众，即是诚而不息。"给万物之欲"，首先在于"廓然见万物之公欲"，然后以为"万物之公理"，故能"大公廓然，物来顺应，则视之听之，以言以动，率循斯而无待外求"。（同上卷，第2576页）率循公理，是"以道莅天下"。穷尽万物公理，是"以天下观天下"。王道之公，只不过"与民同乐"、"与民同忧"而已。"大公廓然，物来顺应"，正是"以道泛应"，万物之应备。因为"大公"，故万物皆备，何须外求！人各当其欲，事各当其理，物各尽其宜，方是天理大公，因物付物之正。"彼正正者，不失其性命之情。"（《庄子·骈拇》）"正正"者，是因物正物，使各正其正。章学诚云："天者何？中正平直，本于自然之公者也。"（引自《文史通义》，中华书局2004年版，第347页）自然之"公"，是"天钧"。中物之中，无所不中；正物之正，无所不正；平物之平，无所不平；直物之直，无所不直。"中"言天生物无不时中，"正"言天为物无不当理，"平"言天齐物一视同仁，"直"言天成物物各付物。

（二）墨法等论

《墨子》著有"兼爱"思想，他认为，治乱的根由在于能否"兼爱"，"天下兼相爱则治，交相恶则乱"。乱之所由生在于，"子自爱，不爱父，故亏父而自利；弟自爱，不爱兄，故亏兄而自利；臣自爱，不爱君，故亏君而自利"。反过来说，"父自爱，不爱子，故亏子而自利；兄自爱，不爱弟，故亏弟而自利；君自爱，不爱臣，故亏臣而自利"。若使天下兼相爱，"爱人若爱其身，犹有不孝者乎？视父、兄与君若其身，恶施不孝？犹有不慈者乎？视弟子与臣若其身，恶施不慈？故不孝不慈亡有"；若使天下兼相爱，则"国与国不相攻，家与家不相乱，盗贼无有，君臣父子皆能孝慈，若此则天下治"（《兼爱》）。"不相爱"害甚，"诸侯不相爱则必野战，家主不相爱则必相篡，人与人不相爱则必相贼，君臣不相爱则不惠忠，父子不相爱则不慈孝，兄弟不相爱则不和调"。天下人皆不相爱，则"强必执弱，富必侮贫，贵必敖贱，诈必欺愚"。反之，兼相爱，则交相利，"视人之国若视其国，视人之家若视其家，视人之身若视其身"。明君于天下，必"先万民之身，后为其身"，"饥即食之，寒即衣之，疾病侍养之，死丧葬埋之"。要达到圣治，必须采取"兼以易别"之术。"兼爱"为"万民之大利"，"为人君必惠，为人臣必忠，为人父必慈，为人子必孝，为人兄必友，为人弟必悌"。《墨子》"泛爱兼利"，正是"容乃公"的思维。"泛爱"是"容"，无所不爱；"兼利"是"公"，均平其利。《老子》"容乃公"是道德，人主以为天下道术；《墨子》"兼

爱"是德行，以自苦为乐。《孟子》认为其"摩顶放踵利天下"（《尽心上》），批判其
"墨氏兼爱，是无父也"（《滕文公下》）。墨子"兼爱"是泛爱众，"利天下"，然不能
首先爱父。作为一种信仰可以，然不可作为政治道术，因为若人人如此，则必将导致
"父不爱子"，乱其大伦。恐其"不可以为圣人之道"，因其"反天下之心"（《庄子·
天下》）。为什么《孟子》批判其"无父"而不是"无君"？正如《老子》以"容乃
公"为王的德性一样，"兼爱"本身亦是圣人、人主的品行，它所做的事全是王道的行
为。墨子不在其位而谋其政，故为"枯槁不舍"的"才士"。在《孟子》思想中，
"公"非是平均，而是差等之宜，爱有渐次，推及扩充是齐家后行有余力的结果，是
"修之于天下，其德乃溥"的圣人境界。

　　慎到思想一直被归为法家，其实是从道家向法家过渡的关键人物。它提出的"公
而不党，易而无私"以及"动静不离于理"的观点，皆在于否定私欲，倡不徇私情，
而为包容之大、公正无私。"法"的齐一、普遍和客观，是"容乃公"。《慎子》提出，
人主以占卜而"立公识"，用权衡而"立公正"，设书契而"立公信"，定法礼而"立
公审"。只有行有规矩，立以公行，才能守其本分，"欲不得干时，爱不得犯法，贵不
得逾亲，禄不得逾位"（《威德》）。依据"容乃公"的道德标准，他指出，"立天子以
为天下"，而非是"立天下以为天子"；"立国君以为国"，而非是"立国以为君"；"立
官长以为官"，而非是"立官以为官长"。天子是利天下而非利一人之天子，它是《老
子》"圣人无心，以百姓心为心"的思想内涵。恒道"容乃公"质性，转变为道术是
"执一无为"，而法的无私、公平属性正好与此相符。《管子》对"容"、"公"的论述
更加深入。"以家为乡，乡不可为也；以乡为国，国不可为也；以国为天下，天下不可
为也；以家为家，以乡为乡，以国为国，以天下为天下。"（《牧民》）"家"、"乡"、
"国"和"天下"，其"容乃公"的品行、器量不同，故不可以家为乡，以国为天下，
唯有当其德行方能各尽本分、遂其功为。"以天下为天下"，是以容天下而公天下，"以
道莅天下"。它是虽为天下而无为，犹如"如地如天，何私何亲；如月如日，惟君之
节"。人主德配天地日月，故无私而容公。人主行"容乃公"道术，在于"使法量功，
不自度"（《明法》）。"不自度"是无私，"法量功"是公平。明主之治，"明分职而课
功劳，有功者赏，乱治者诛，诛赏之所加，各得其宜，而主不自与"（《明法解》）。
"不自与"，则无私为"公"；"各得其宜"，是公其诛赏。以听治言，"审是非，察事
情，以度量案之。合于法则行，不合于法则止"。法如度量，公而无私，以审是非则各
当其宜，以察事情则各符其理。以法为准，来自以道为循。道者各当其理，法者各当
其准。风雨"至公而无私"，所行"无常乡"，故人虽"遇漂濡而莫之怨"（《形势
解》）。风雨于物一视同仁，无不遍及，故至公无私。物无不得，故无弃物。无以为，
故人不怨。"天之裁大，故能兼覆万物；地之裁大，故能兼载万物；人主之裁大，故容
物多而众人得比焉。""兼覆"、"兼载"，既是"容"，亦是"公"。前者是范围上的无
不包含，后者是公平上的同样覆载。"天公平而无私，故美恶莫不覆；地公平而无私，

故小大莫不载。"人主公平无私，则"容物多"，众人亲附。"无弃之言，公平而无私，故贤不肖莫不用。故无弃之言者，参伍于天地之无私也。故曰：'有无弃之言者，必参之于天地矣。'明主之官物也，任其所长，不任其所短，故事无不成而功无不立。"（《形势解》）"无弃"者，来自《老子》"无弃人"、"无弃物"思想。"美恶莫不覆"，是覆无弃；"小大莫不载"，是载无遗；"贤不肖莫不用"，是用无外。三者皆是"德善"、"德信"的思维结构。天地无弃，故大公；明主无弃，则德善。明主"容乃公"以举事，则"任圣人之虑，用众人之力"，而"不自与"，不自是。人君治天下，"以天地、日月、四时为主、为质"，"法天合德，象地无亲"，故"覆载万民而兼有之，烛临万族而事使之"（《版法解》）。"覆载"、"烛临"，以其无不兼有为"容"，以其一视同仁为"公"。"天覆而无外"，故其德"无所不在"；"地载而无弃"，故"莫不生殖"。"无外"、"无弃"和"合德"，是无不涵容；"德无不在"、"莫不生殖"和"无亲"，是公正无私。善者必用，故无遗善；奸者必刑，故无隐奸。《韩非子》作为法家的又一代表著作，对"法"的"容"、"公"思想给予进一步的阐发。"概者，平量者也；吏者，平法者也。治国者，不可失平也。"（《外储说左下》）"概"、"吏"因"平量"、"平法"而立，无所不平为"公"。"古之全大体者，望天地，观江海，因山谷，日月所照，四时所行，云布风动；不以智累心，不以私累己；寄治乱于法术，讬是非于赏罚，属轻重于权衡；不逆天理，不伤情性；不吹毛而求小疵，不洗垢而察难知；不引绳之外，不推绳之内；不急法之外，不缓法之内；守成理，因自然；祸福生乎道法而不出乎爱恶，荣辱之责在乎己而不在乎人。"（《大体》）"全大体"者，是体"容乃公"之德。"望"、"观"和"因"，是包容以致大；不累心、累己，不出爱恶，是无私以为公。"法术"、"权衡"、"法绳"和"道法"，是公道、公准。"不逆天理，不伤情性"，是去私宰，而宽容于物；吹毛求疵，洗垢察知，是以小己而责于人，正与"容乃公"相悖；"守成理"，则理一而准万事；"因自然"，则道一而称万事。圣人之心法于天地，"上不天则下不徧覆，心不地则物不毕载"。"徧覆"、"毕载"，以其无不涵为"容"，以其均平齐一为"公"。《吕氏春秋》杂合众家之说以立论，它指出：昔先圣王治天下，必"先公"，"公则天下平"。平天下在得于"公"，"有得天下者众矣，其得之以公，其失之必以偏"（《贵公》）。"公"为平治天下的至德，"公"与得天下是充分必要条件的因果关系。"天无私覆，地无私载，日月无私烛，四时无私行，行其德而万物得遂长。"（《去私》）无私则公平，万物均得其赐，故无不遂长。以上所言诸子"容乃公"思想，非是全景式的铺陈，而是概略性的提点，然足以见"容乃公"在中国古代思想价值观中的地位和分量。儒家从尽仁心、大其心入手，扩大心量，成为大我，达到"以天下为一体"的宇宙心，道家以"容乃公"为王道之术，"以道莅天下"。二者在涵容、公平上殊途同归，皆是"因物付物"的曲成不遗思维。法家以法为道，以其普遍、公平为"公"，虽然失去了生物仁爱的质性，但在克己去私、因循道理的"容乃公"上具有与儒道同类的思维结构。

最后，对本节内容做简要概述。万物"复命"于常道，王者"知常"同于恒道。"知常"则通乎大道，故能尊重事物本性，遵循事物固理，因物付物，容万物而不弃，公万物而不私。恒道作为"容乃公"的大全存在，则"为物"无所不容，"齐物"天钧公平，体现在为"万物之宗"、"万物之奥"中。有"容"方成为"公"，"公"是"容"的必然所在。"容"、"公"既是恒道的存在质性，亦是圣人的大德人格，同时是人主的道德本质。恒道以万物为公，因万物成万物；王者以天下为公，以天下为天下。其为观"容乃公"，在于"知通为一"，"以天下观天下"；其为治"容乃公"，在于"执大象，天下往"；其无为在于法道无不为，"为物不贰"、"生物不测"；其公平在于法天无私化育万物，故"以百姓为刍狗"。

第四节　曲则全

"曲则全"，是《老子》用以揭示恒道至大质性的另一个思想观念。其与"无为"、"辅助自然"以及"容乃公"、"柔弱处下"等观念形成相互界定、相互阐发的一体内涵。如果说"容乃公"是侧重从统摄、均平层面揭示恒道之大的话，那么"曲则全"则侧重是从品物因循的角度揭示恒道之大。前者如"大德敦化"，后者如"小德川流"，二者合起来揭示出恒道"致广大而极精微"的玄妙质性。

一、文字校解

《老子》第二十二章云"曲则全……古之所谓'曲则全'者，岂虚言哉！诚全而归之。"帛书《老子》甲本"古之所谓'曲则全'者"缺损，"曲则全"在帛书甲、乙本中为"曲全"，"则"字是后哲根据它为引文而增写的。《庄子》评述《老子》思想为"人皆求福，已独曲全"（《天下》），"曲全"应为原文。帛书《老子》甲、乙本将"岂虚言哉"一文写作"几语才"。"才"与"哉"古字相通。邢昺云："哉，古文作才，《说文》云：'才，草木之初也。'以声近借为哉始之哉。"（引自《尔雅注疏》，第8页）"哉"有"始"之义，而"才"之古文"纔"也有"始"之义。高明指出，"'岂'字与'几'乃双声叠韵，可互为假用。"他认为，"'岂语哉'犹言'岂止一句话'。今本增'虚'字，作'岂虚言哉'，如言'岂止一句空话'。"有无"虚"字不伤文句本义，"岂语哉"应为《老子》旧文。（参见《帛书老子校注》，第343页）帛书《老子》"诚全而归之"一文中无"而"字这个连接词，从文义看有无"而"字不伤本旨。楚简《老子》无此文，可见其是后继者增撰所致。解析"曲则全"涵义，关键在于明晰何谓"曲"？为什么"曲"能"全"？

"曲"者，象形字，甲骨文、金文像竹、柳所编筐篓等器物的局部剖面形图，篆文画出完整器物的侧面形。作为一个弯曲盛物器具的象形，从中引申出多义。一为弯曲之曲。"曲"作为器物，因弯曲之形而可用以盛物、容物，"弯曲"成为器之为器的本

质属性。"卷曲而不中规矩"（《庄子·逍遥游》），"卷"者围而曲，"卷曲"与规矩相背。"木直中绳，輮以为轮，其曲中规"（《荀子·劝学》）。木虽有中绳之直，但可中规以"輮以为轮"，可见木能曲能直。"木曰曲直"（《尚书·洪范》），"曲"与"直"对反，二者合为木性之全。曲直由木之属性又转言事物之理。"讼必有曲直，论必有是非。非而曲者为负，是而直者为胜。"（《论衡·物势》）以理言，"曲直"为邪正、当否。二为委顺之曲。《说文》云："曲，象器曲受物之形。""曲"者作为器物，由众多竹、柳所形成的"一曲"集合而成，而每一曲皆能受物。受物者，顺受、顺应之意，顺因自然之性。郭象注"己独曲全"云："委顺至理则常全"。以"委顺"解"曲"，是因循而曲当，故能常全。三为一曲之曲。王夫之指出，"曲，器中受物处也。篆作曲像形，隶变作曲，象器中有间陋也。借为一曲云者，一器所容有限量也。"（引自《说文广义》，载《船山遗书》第五卷，第2785页）"器中受物处"是《说文》语，王氏避之不解，而另以"器中有间陋"作解。"受物"为顺受，"间陋"则为一曲。"一曲"者，器物的一个构成、成分，多言"以偏概全"，而非是"一器所容有限量"。"曲士不可以语于道者，束于教也。"（《庄子·秋水》）"曲士"者，一曲之士，执着一教而不能兼观，故与"大道"反。大道无不通，而一曲束于一偏。"或使、莫为，在物一曲，夫胡为于大方？"（《庄子·则阳》）"或使"、"莫为"，各自为说，皆以己是而非彼，故不免一偏。"大方"者，兼于各方。"一曲"者，"不该不遍"，是"一察焉以自好"（《庄子·天下》）。"凡人之患，蔽于一曲而闇于大理。"（《荀子·解蔽》）"大理"者，涵万殊之理，统一众理；"一曲"者，执着一理，以偏概全，故不免于"暗"。"曲知"者，观于"道之一隅而未之能识"。"道之一隅"，是全中一曲。《淮南子》多言"一曲"之谓，"喻于一曲，而不通于万方"（《俶真训》），"察一曲者，不可与言化"（《谬称训》），"彻于一事，察于一辞，审于一技，可以曲说而未可以广应"（《泰族训》）。"曲"与"通"相对，前者为一偏，后者为大全。四为邪曲之曲。由一偏之"曲"，转用邪曲之曲。圣人者以人度人，以类度类，以道观尽。"类不悖，虽久同理，故乡乎邪曲而不迷，观乎杂物而不惑，以此度之。"（《荀子·非相》）"一曲"为"偏"，偏于类理，迷于邪曲。五为曲调之曲。曲由弯曲借言歌曲、曲调。孔子鼓琴"奏曲未半"（《庄子·渔父》），"曲"是乐曲。"以田连、成窍之巧，共琴而不能成曲"（《韩非子·外储说右下》）。"曲"者，有节奏不同，有乐调差殊，故协调、连缀为乐曲。"瑟无弦，虽师文不能以成曲。"（《淮南子·齐俗训》）有弦不同，方能成以曲调。曲调之合，是一曲之全。

二、文句解析

概略注家"曲则全"之解，主要有六个侧重、角度。

一为曲己全身。河上公云："曲己从众不自专则全其身也。""曲己"与"从众"相为表里，"曲己"方能"从众"，反之亦然。"曲己"者，不自是其是，无自主宰，

不自专为，而因循众为。"从众"者，顺从、因循之谓。"全其身"，保其身，免于害。曲己全身思想，与《庄子》"养生"说相结合，成为道教修身的重要思想依据。李荣认为，"外顺于内，内养于神，物我无伤"，故全其身。唐玄宗认为，"委曲从顺，不与物逆，则可以全身"。以《老子》思维言，"全身"观念，既有免害保身的消极意义，亦有积极的成身意义。杜光庭从帝王曲己责躬之道的角度进行解说，认为"心理则谦让"，谦让则"曲己而顺物"，曲己顺物则"不与物逆"，"不与物逆"则"物亦顺之"，"曲己全人"则"人必全之"。"全身之道"，在于"不与物争"，而天下莫能与之争。他又引用《尚书》"万方有过，在余一人。余一人有过，无以汝万方"的观念作解，认为"曲"非是"回邪之曲"，而是"柔顺屈曲"。圣人以曲全之道，垂法于天下，天下既理而"不自见其美，不自是其行，不自伐其功，不自矜其能"，故"万物归宗于圣德"。圣人"谦顺而处之"，则"曲全之德自然归"。能抱一而谦，归根安静，则必臻乎太平。这里的"全身"具有了儒家"成身"的内涵，成己成人，成人成己。以"谦让"为理，则曲己顺物就为道术。不逆物则物顺，全人则人全之，正是得民者民亦乐得之的道术观念，亦是后身而身先、外身而身存的意旨。圣人责己深而不责于人，谦顺从人，故功成不居。"执大象"，则"天下往"。注家以《老子》"曲全"为保身，殊不知"曲全"乃是王道之术，"抱一为天下式"。陈景元认为，人能委曲己之才能，"未尝显耀"，则可"委曲求全"，远害全身。在《老子》思维，"不自见，故明；不自视，故彰；不自伐，故有功；不自矜，故长"。这里的四个"不自"是修为工夫，而目的、结果在于成为大知、成功遂事。王雱认为，此篇大旨与《庄子·养生主》相类，"至人冲虚，其行如水，无心于物，而顺物之变。不与物逆，孰能伤之？"身不受伤，仍是保身，而非是成其道身。宋徽宗指出，人能"与物委蛇而同其波"，故能"全其形生而不亏"。全德之人，"其动若水以交物，而不亏其全"，故可以保身，可以尽年。以"全其形生"为保身。尽年，已使"曲则全"丧失了王道、圣德的意蕴。林志坚以《老子》"弱其志"思想解之，然圣人"弱其志"与民不同，它是"柔毳安静，藏于不取，行于不能，澹然无为，动不失时"（《文子·道原》），为不违民性的德性。刘骥和指出，"古语所谓曲则全者，绝非故作退缩自解之虚词，实有必全而归之理也。""故作退缩自解"，是消极自保，或为自私用术。"全而归之"，是推行王道政治之理。

二为曲从道理。"曲己"不自专为，在于曲从大道。成玄英认为，"屈曲随顺，不忤物情；柔弱谦和，全我生道。"于己"屈曲"，是虚心无执；于物"随顺"，是因循以为。"不忤物情"，辅助而不宰。"柔弱谦和"，是虚己容物。"全我生道"，是因顺物性，各遂其性。司马光云："强直自遂，鲜不缺折。"自为逞强，悖于道理，妄作以自遂，故"鲜不缺折"。王安石认为，"方则易挫"，而"曲以应之"，故所以能"全"。方者有棱有角，触物则易为挫。曲者柔从，顺物无违，物不能伤。全于物理，故应之以顺。"曲以应"，是"善应"，因物而应。李嘉谋指出，圣人"循理而动"，以"未尝不全"而"致曲以养之"，则其"全之也至"。"致曲以养之"，犹如"以鸟养养鸟"的

意旨。董思靖提出，上圣"即心而即道"，"或曲或直，惟义所在"，故"莫非全乎道"。苟处于时变之中，则曲身以全道。"惟能曲则不忤于物，内以全身，外以全物。"心循理，则心即道。"义"者，道理之宜。"全乎道"者，无所不理，时措其宜。"曲"者不逆于物，因物付物，故能"外以全物"；不主专为，虚静自守，不处死地，故能"内以全身"。范应元认为，"曲己以从道则全"。曲己方能从道，从道则因循无为，无为而无不为，故全。大道者，涵摄众殊，通于万物之理。道是殊曲之一，曲是道一之分。物固有所可，固有所然，因循于物则"曲己"。因物付物，是从道以为。殊分为曲，容全为道。曲己从道，则无不包容，无所不理。印玄散人认为，"不曲则已，曲则而道、而德、而功、而长，诚全而归之。"曲则不宰、无不从。

三为曲成遂物。陆希声指出，"曲成而不遗则事全"，诚能"曲而成之"则天下"全而归之"。"曲成万物而不遗"，为《易传》所言，揭示《易》理应物"感而遂通"的意蕴。事无不理，故全其功。"曲而成之"，是因物付物，"执大象"；"全而归之"，是功成事遂，"天下往"。吕惠卿以"曲"为"曲之自然"，认为天下物"唯水为几于道"，"一西一东，而物莫之能伤"，是"曲则全"。固然，水以柔弱为体，顺物以为，盈科而进，故物莫能伤。然《老子》以水为上善，"善利万物而不争"。"善利"者，顺物自然，因物所求而利之。可见，"曲则全"非是为了全己，而是全于生物。《老子》的"道法自然"，正是因物付物，曲成万物。陆佃指出，"曲则全"是"曲物之变"，在于"周旋动止于物无忤，与之俱往"。既然"天理之在我"，则终于"完而无缺"。"周旋动止"，是曲己之状，如曲从礼仪；"于物无忤"，是顺物之曲，不逆物性；"与之俱往"，是曲己委顺，与物俱往。"曲物之变"，是循物而化。天理在我，是万物曲备。"完而无缺"，是因物理物，物无不理。王一清认为，"曲己成物，物自归之，不求全而自全"。"曲己成物"，是"辅助万物自然而不敢为"。"物自归之"，是"万物归焉"。衣被万物，故万物归往。"求全"者，是"有以为"，生长而宰物，反不能全于物；"自全"者，是"不争"，善利万物，故天下莫能与之争。

四为曲以求全。《老子想尔注》以"曲则全"为"谦"德，认为"月谦，先曲后全明"，学道反俗，当如月"曲不足"，然后得"全明"。以"曲"求"全"是道术。达真子认为，己虽"全"，而常自以为"曲"，所以"求全不已"，卒至于"全"。正如"终不自为大，故能成其大"、"不自生故长生"一样，不自全故能全。成全，在于守之以曲。不执著已全，无"全"之恃，则求全不已。无有自恃尽其全之时，方能至全。李贽指出，人无不欲"全"，然失其"所以全之道"。天下通弊，在于往往"以全求全"，而"卒不能全"。五脏六腑四肢百骸为"至曲"，而人赖以"全"。"若不曲，则不能全"。求全有道：以全求全，反不能全；以曲求全，方成其全。犹如《老子》"无私成其私"思维一样，由曲以成全。徐大椿以"能曲而后能全"解之，它是"天下式"，"能曲"为"能全"的唯一途径。王道以"曲"为"委曲"，"全"如"器物之曲而能容物"，认为"曲"为"一之义"，"全"为"式之义"；"不争"为"曲"，"莫

能与之争"为"全"。可见,"曲则全"是楷式,具有丰富的涵义。"曲"以为全,则"曲"是反己之情,克己之私,制己之妄,故"曲己"既是德性,亦是道术。"曲己",与虚静、柔弱、处下、无为、不争、不欲等相为阐发,皆是克己的工夫和德性,一以贯之。薛蕙以《老子》"大成若缺"思想为据,认为"缺故能全"。守缺者不自全,不自满,不自止,故能始终保持缺以待全的状态。功成不殆,则能至全。

五为通曲则全。苏辙认为,圣人"动必循理",理之所在"或直或曲",要于"通"而已。"通故与物不忤,故全"。又指出,"世以直为是,以曲为非,将循理而行于世,则有不免于曲者"。理有曲与直的分殊,通曲直于一体方为"理一"。循理,必顺物或曲或直的殊理,方能不忤逆于物,各遂物性,全于物理。"曲"作为物之一理,必循之,不得妄作。这里,"曲"与"直"相对、相待,已非是"曲则全"中的"曲"内涵,前者是弯曲、卷曲之曲,后者是曲受、曲成之曲。正如"弱者道用"的"弱"性一样,"曲则全"之"曲"亦是具有大道的质性,与"道法自然"的"法"具有思维同构性。弱者必强,曲者必全。以"曲"为相对质性,已然不具备"通"的涵义,实际上"曲"为循理,它与曲直之"曲"意义不同。陈象古指出,"一"者可以曲、可以全,"曲不终曲,全不终全,随曲随全,唯道之妙"。在《老子》思维看来,"曲"与"全"非是对待存在,非可相互转化,它们的关系是本末、因果的关系。正如道用之"弱"超越强弱相对属性,而具有绝对本体质性一样,"曲"是"一",可以直、可以曲,通曲直殊理为一,故全。"曲则全"之"曲"是道性,非是物性。吴澄以"曲"为"一偏",认为"《易》《礼》《中庸》《庄子》所言曲字皆以偏而不全为曲"。"曲"与"直"对,作为定理、殊理是"一偏"。"曲则全"之"曲",是理一涵摄万殊。《易》《中庸》和《庄子》等所言"曲"固有"一曲"之义,但非只如此,更揭示因由一曲而成曲成之全。《易传》云"曲成万物",是因物成物的"曲则全"。严复以"曲"为"一部分",认为"举一部分则全体见",天下惟知"曲之为全"者,乃可以有"得"。"举一部分则全体见",是举一反三的认知方法,非是"曲之为全"的道术观念。

六为曲为诚全。吕知常认为,圣人"鉤深致远,动必循理"。而理之所在,则"天下莫能与之较"。是以"蟠曲才能,出处语默,顺随其宜,与物无竞",故能不亏大全,成其"无争之德"。然循理而为,不免有曲。盖至人"薄己厚人,损己益物",故能"外全于物"。既"外全于物",然后能"内全其身"。既"内全其身",然后能"诚全其德"。既"诚全其德",然后能"德全于道"。四者既有,则天下安有不归者?"神莫神于至诚"。"至诚"之说,本自《中庸》。诚全者,全于道德,然后全身全物。"执大象,天下往"。圣人因道而为,则"动必循理"。道一而理殊,全于殊理,统一于道。道外无物,则理外无物,故天下莫能比较。顺随物宜,则道通其可,理曲其中。循理自能不宰于物,因物成物,大全不亏。至人"薄己","损己"只是克己贪欲、妄为,并非摒弃公欲、理为。"厚人","益物",非是以己干物,而是顺物自适。"外全于

物"，是"诚者非自成己而已，所以成物"（《中庸》）。"内全其身"，是具备"至诚无息"之德。"至诚"者，天地之道，"生物不测"，故为"神"。杜道坚指出，"曲能有诚，诚则全矣。""曲能有诚"，则"物物而不物于物"。憨山德清认为，"曲则全"是《易传》所谓的"曲成万物而不遗"。圣人至诚，"委曲以御世"，因"无一事不尽其诚"，故"无一人不得其所。"然苟不"曲尽其诚"，则其"德不全"。"曲尽其诚"，是"致曲"的工夫，犹如尽精微方能极广大。朱敦毅以《中庸》思维作解，认为"曲则全"是"以人治人"。以为物言，是"因物付物"。可见，"曲成万物"是循物之可而可之，遵循万物殊理，才能无所不可。

从《老子》本章以及全书内涵看，"曲则全"之"曲"主要涵有两义：一为曲己，不自专为。"曲己"者，首要在于虚己以静，不自见、不自视、不自伐、不自矜、不妄作、不争等，故"无以为"，无与于己，为无为。与此相反，"专己"者，以己度物，以己是为是，常以己意干物之性，主宰以为，故常妄作而凶。一为循物，辅助自然。"曲"为因循，是因循物性，宽容于物，以物成物。在"曲"与"全"之间，前者是方术、手段、工夫，后者是目的、结果、证验。以知言，曲观是"以身观身"、"以天下观天下"，以道泛观则万物之应备，故明。以"为"言。曲为是不先物为，因循以为，因物成物，功成不居，为物不贰，生物不测。"曲己"的关键，在于物性有"曲"，人性有"品"，因循万殊，因物付物，必然曲己。人物之性有"曲"，因曲而为，故为"因"。曲己委从、顺受于物，因物付物，曲成不遗，故可以成全。"曲"者，具有理一分殊的思维质性。以"曲礼"言，"礼仪三百，威仪三千"是分殊，然周旋举止无不合礼又是礼一。通统众殊是全体一礼，礼节各宜是品殊。曲以从礼，是一于循礼。"曲"者涵全之效，正如"慈故能勇"。"曲"的根本内涵在于一个"因"字上，而因循的关键在于以物理、人性为中心，以人物自性的成遂作为己之所为的取舍标准，"因物付物"、"以人治人"。它们的思维内涵，是"一把钥匙开一把锁"、"量体裁衣"。过去解"委曲求全"，偏于强调克己、弱己，流于消极，以至于成为畏缩、胆怯和萎靡不振的意谓，忽视了"委曲"的客观、积极涵义。只有委曲因物，因物付物，遵循事物内在固有的规定性而作为，辅助自然，进而能曲成万物，成事遂功，"无弃人"、"无弃物"，达到"以道莅天下"的境界。无疑，"曲则全"具有远害保身、成就大己的双重功效。一方面，因其不逆物性，于物无伤，使物不怨，故能远害、无咎；另一方面，因能虚己从物，顺物以为，循物不宰，辅助自然，按照客观规律办事，科学作为，合理有为，更能功成事遂，无不成就。《老子》言"曲"在于求"全"，然它非仅限于"全身"、"保生"，更在于成就"容乃公"的大道，成遂万物的生生大德，成为"博大真人"的人格。"诚全而归之"，正是揭示这样的道德、人格境界。

三、传承发展

"曲则全"作为"岂虚言"的一说，是当时学术上的一种思想观念，非始于帛书

道 与 物

《老子》，在先秦诸子中影响深远。《孙子》作为一部兵书，强调兵无常形，战无常势，要求因循形势，惟变所适。"善为道者，以曲为全。"（《九地》）为兵者善以"曲"求"全"，即要求根据当时不同的天文、地理和形势，因循适变，灵活机动，采取不同的战争形态、战略战术。大道无常形势，因变适变，顺变而为，循变而宜，曲以全之是"善为道"。"善为道"的前提在于"曲知"，知彼知己，方能百战不殆。"以道泛观而万物之应备"（《庄子·天地》），"泛观"是"曲知"，"应备"是"曲应"。《老子》云"泛兮其可左右"，这里"泛"是"可左右"，而左、右各是一曲，"可左右"是"曲则全"。"以道泛观"，是因物观物，以天下观天下。万物各有其理，亦即物固有所可、所然。物性不同为"曲"，应以理殊是"曲应"，无所不应是"应备"。"应备"是以"不同同之"，应于"万不同"。应物无不涵，是道应；应物无不宜，是曲应。万物之情，各有"殊器"、"殊技"、"殊性"；天地之理，事变时移，无有定常。"帝王殊禅，三代殊继。差其时，逆其俗者，谓之篡夫；当其时，顺其俗者，谓之义之徒。"（《秋水》）"当其时"、合于理，则曲成其宜。《庄子》从《老子》多言绝对本体存在恒道转言万物齐一、理一分殊思维，"曲则全"的宗旨更加拓展，如"物物而不物于物"、"以鸟养养鸟"等因循物性的观念都是具体的体现。前面在揭示"道"与"理"的关系上已有所阐释，这里不作展开言说。《管子》深受道家思想影响，"曲"的意蕴得以继承发展。"若夫曲制时举，不失天时，毋圹地利。"（《七法》）"曲制"者，因时殊制，制曲其宜。"时举"是因时曲举，因时制宜。"曲制时举"，是"广举"、曲备。"天不一时，地不一利，人不一事，是以著业不得不多，人之名位不得不殊方。明者察于事，故不官于物，而旁通于道。……是故辩于一言，察于一治，攻于一事者，可以曲说，而不可以广举。"（《宙合》）"天不一时"，是时殊；"地不一利"，是殊利；"人不一事"，是殊事。物各殊则理曲，故需格物穷理。"察于事"，是"曲知"。通于殊理，是"旁通于道"。"官于物"，是以己宰物，非因物成物。"辩于一言，察于一治，攻于一事"者，是一曲之属。"广举"，是"旁通于道"的"曲则全"。《文子》继承发展了"曲则全"思想。"知时者无常之行"（《道原》），时变理殊，故因时举事，无常其行。无常行为的根本依据，在于万物理殊，道无常道，不一其道。无常行为的根本内涵在于，一要"曲己"，一要"因循"。"曲己"，在于"无思虑"，"无设储"；"不为善，不避丑"；"不为始，不专己"；"不豫谋，不弃时"；"不求得，不辞福"。归结言之，是"不自见"、"不自矜"、"不自专"，亦是"无为谋府，无为事任，无为知主"（《庄子·应帝王》）"因循"，在于"来者不迎，去者不将"；"处众枉，不失其直"；"遵天之道"，"循天之理"，"与天为期"，"从天之则"。以为道术，是独立中央，"与天下并流，不离其域"（《符言》）。"曲"是"道枢"、"环中"，心虚无执，方能曲顺于物；"以'曲'为直"，方能处众枉而不失。恒道不易其"曲成"，方能"善利万物"；不失"曲"式，方能与天下并流而不离；以"曲则全"为用，则遵循道理、法则，泛应曲当，广大悉备。"执一无为，因天地与之变化。"（《道德》）以道理言，定

理、可道之道是"曲"，无定理、不可道是"全"。道理是"一"，万物是殊，"一"统"万殊"。"执一"者，是"曲则全"的道术，循于道理则曲顺万物。"无为"是"曲己"，"因天地"是"循物"，"与之变化"是全于万化。在"道"与"理"的关系上，前者是"全"，后者是"曲"，无"曲"无"全"，"全"因"曲"而得以揭蔽、澄明。在"理一"与万物之殊的关系上，前者是"全"，后者是"曲"，二者相互涵摄。统一是万殊的统一，万殊是统一的万殊。造化者一不化，而曲成万化未始有极；至人"独立中央"，而曲顺于"与化推移"。圣人"执一"，"随时举事"，泛应曲当。"应时权变，见形施宜"，曲成其宜。人能内有"曲则全"的一定之操，方能屈伸于外，"与物推移"，以至于"万举而不陷"。道贵于"龙变"，而"守一节，推一行，虽以成满犹不易，拘于小好，而塞于大道"（《微明》）。体"龙变"以为"为"，则屈伸"万举"。"守一节，推一行"、"拘于小好"，是固执一曲。大道者，以其不可道、无常为"龙变"，以为道纪、道术为"曲全"。"曲全"者，必行"龙变"之道。反之亦然。"形殊性异，各有所安"（《自然》）。"形殊性异"，是物性之曲；"各有所安"，是"曲则全"。曲顺于物，辅助自然，故万物全于自得。圣人牧民，曲从民性，"使各便其性"，故"周其所适，施其所宜"。曲成则全其功，"万物一齐"，事无不遂。以道治民，是"因其所有而条畅之"；以道制法，是"因民之性，而为之节文"；以道用人，是"因民之欲，乘民之力"，天下莫不可用。"因"者，曲循之谓。"条畅"、"节文"和莫不用，是"曲则全"的理无不理、用无不用。"曲则全"作为道术，是"得道之宗，并应无穷"（《下德》）。反之，"不因道理之数，而专己之能，其穷不远"。"专己之能"是自专、固执；"道理之数"是曲殊、变化。人君之所以"不出户以知天下"，就在于以"曲则全"为道术，"因物以识物，因人以知人"。曲用人力，"积力之所举"，则"无不胜"；曲用人智，"众智之所为"，则"无不成"。从"应"上言，以其循物分殊为"曲应"，以其兼通统一为"并应"，二者是"大一"和"殊一"的关系。合"殊一"为"大一"是"曲则全"。《文子》"曲则全"道术思想，蕴含于"无为"、"因循"论说之中。曲己则无为，因循则全理，此中深刻意蕴留待揭示《老子》"无为"思想中进一步阐释。《淮南子》文虽多与《文子》同，然亦有不同的"曲全"之论。"圣人一度循轨，不变其宜，不易其常，仿准循绳，曲因其当"（《原道训》）。度轨、准绳者，为权为衡，可量万变之殊，使各得其准。以其统一量准为"一"，以其不同准度为"曲"，以其称万不同为全。因物度物，无不当准，则为"曲因其当"。"不变其宜"的是"曲当"，"不易其常"的是"曲准"。"曲因其当"，既是曲用其准，又是曲称其物。物不同量，准不同度，则权不同称。从"百家之言"上说，"指奏相反"是"曲"，"合道一体"是"全"。譬若"丝、竹、金、石之会乐同"，而"其曲家异，而不失于体"（《齐俗训》）。丝、竹、金、石异曲，然会之则为"同乐"的整全"一曲"。郭象以"曲成不遗"观念注《庄子》"物与我无成"一文，"圣人不显此以耀彼，不舍己而逐物，纵而任之，各冥其所能，故曲成而不遗"（《齐物论》注）。显此耀彼，是

自专；舍己逐物，是阿曲；"纵而任之"，是无为；各冥所能，是自得。这里，虽有"曲己"之说，然没有"因物成物"的内涵。"曲成不遗"，也非是"大德敦化"，而是万物自得。它只有形式上的"曲则全"思维属性，却没有善利、善成万物的实质内涵。因为这里否定了造物者的存在，否定了圣人辅助万物自然的大德。在独化的自然中，"曲成"是物各自成，"不遗"是无不自得。"曲则全"是万物各遂性分，能各付能，各自自适。郭象以"冥"取代《庄子》"道观"，已失"大知"的通识，进而失去了"善能"，故其所谓的"曲成"只是各自独化其能，而非是"容乃公"的大成。他指出，圣人无我，不宰万物，任物自化，则于物是"通而一之"的"各自得"、"独化"。以人物各尽性分、不为干扰言，是"使群异各安其所安，众人不失其所是"。如此说来，"己不用于物"，则"万物之用用"。以自用的标准言，"物皆自用，则孰是孰非"。于"放荡之变，屈奇之异"而"曲而从之"，使其"寄之自用"，则"用虽万殊，历然自明"。"己不用于物"，虽是"曲己"，然非用于功用，而是无所作用，"寄之自用"。"各安其安"，是安于性分；"不失其是"，是性命自得。虽全于性分自得，而非是全于"衣被万物"、"善利万物"。"曲而从之"，是无为放任，而非是因循辅助。理清这里的区别，将能澄清《老子》"曲则全"的道大内涵质性，使其不落入自保、消极、退缩的思维境地。在《老子》的"曲而从之"，前提在于知物性各殊，然后因循其理，不宰不挠，辅助自然。它与"为无为"思想相贯通，"无为"在于"曲己"，"为"在于"因循"，"无不为"是"全"。在《老子》中，万物有所本，恒道是曲成万物而不遗。圣人"辅助万物自然而不敢为"，非是放任无为，而是因循以为。否则，何以言"圣人不积，既以为人己愈有，既以与人己愈多"？虽言"不欲以静，天下将自正"，"我无为，而民自化；我好静，而民自正；我无事，而民自富；我无欲，而民自朴"，然是针对诸侯争霸无义战、民不聊生的现实而言。从节制人主贪欲、主宰、妄作的角度提出还天下以自然的权利，并非一概否定"敬授以时"、救济除患等功为。否则，何以有"其德乃溥"？人主无为，方能用人之力，用天下自为，无所不为。《列子》具有与郭象相类的思维，"朕直而推之，曲而任之。自寿自夭，自穷自达，自贵自贱，自富自贫，朕岂能识之哉？"（《力命》）"直而推之"，是顺物自然。"曲而任之"，是各从自然。一切是命定使然，无有德行化育之功，"既谓之命，奈何有制之者邪？""全"之功，在于以"曲"为道术，因循以为。若纯任命定，则何言"修之于天下"、"以道莅天下"？《老子》以"曲则全"为"抱一"的"天下式"，而"抱一"来自恒道"无状之状"的质性。作为"诚全而归之"者，就是"势大象，天下往"。"容乃公"与"曲则全"之间，是全体与分殊的一体关系。以道性言，前者是"不可道"、"不可名"的至大、统涵，后者是"可道"、"可名"的殊分、曲宜。以道术言，前者是"以道莅天下"，后者是"得一以为天下贞"；前者是"以百姓心为心"的无为，后者是"因人养人"的无不为。"无为"，是去己妄为以因人而为；"为无为"，是用人之为而无为不为；"无不为"，是全其功为而无不适宜。以静观言，前者是"以天下观天下"，后者

是"以物观物"。要"曲己"才能"不自见"、"不自是"、"不自伐"和"不自矜"，以及"不争"等。"曲己"的目的在于"因循"、"曲全"，用众人所见、是、为、用，故能明、彰、有功、长和"莫能与之争"。

四、思想影响

《老子》"曲则全"思想，深刻影响了《荀子》《易传》以及后期儒学的思想发展，主要表现在"曲备"、"曲成"、"曲当"等观念上，下面分别概言之。

（一）"曲备"

"曲备"观念，源自《荀子》，"曲"是分，"备"是"全"。君者为民父母，"父能生之，不能养之；母能食之，不能教诲之；君者，已能食之矣，又善教诲之者也，三年毕矣哉！乳母，饮食之者也，而三月；慈母，衣被之者也，而九月；君，曲备之者也，三年毕乎哉！"（《礼论》）饮食、衣被、教诲之殊是"曲"，兼而有之是"备"。"曲备"者，兼父母生养、教诲之能。有"曲"方能生其生，养其养，教其教，各当其宜；有"备"则"曲全"，无所不宜。"曲备"观念反映在政治上是"曲治"，体现在生养上是"曲适"。"心居中虚，以治五官，夫是之谓天君。财非其类，以养其类，夫是之谓天养。顺其类者谓之福，逆其类者谓之祸，夫是之谓天政。……圣人清其天君，正其天官，备其天养，顺其天政，养其天情，以全其天功。如是，则知其所为，知其所不为矣，则天地官而万物役矣。其行曲治，其养曲适，其生不伤，夫是之谓知天。"（《天论》）类殊则"曲"，顺循则"全"。从"曲治"上言，顺类而治是因循以为，无逆物挠物是曲己不宰。从"曲适"上言，裁以不同类是"曲"，以类养类是"因"，周适其养是"全"。"清其天君，正其天官"，是"不自见故明，不自视故彰"；"备其天养"，是"曲备"其能；"顺其天政"，是因循辅助；"养其天情"，是"曲治"、"曲适"；"全其天功"，是"曲则全"。"知天"者，因物付物，以人治人。"知其所为"，以类养类；"知其所不为"，无逆物性。"天地官"，是曲用其宜；"万物役"，是无不曲治。因物以生，不违物性，故曲成不伤。圣王之用，"上察于天，下错于地，塞备天地之间，加施万物之上，微而明，短而长，狭而广，神明博大而至约"（《王制》）。"上察"、"下错"是"曲知"；"神明"，是"全知"。"微而明，短而长，狭而广"，类似于"曲则全"思维。"博大"者，无不明，无不施；"至约"者，因物观物，因物付物。二者合言是"曲则全"的道术。反用之，是"以类行杂，以一行万"。就"曲则全"内涵言，固然"曲"可以"全"，然"全"中有"曲"，以"全"摄"曲"，既是"致广大而尽精微"的修为，又是"以道莅天下"的道术。以《老子》"万物得一以生"的意蕴言，物"得一"各成殊性是"曲"，然无不以为生是"全"，恒道以"得一"生万物是"曲则全"。"道生一"，是生生大德的"曲备"；"侯王得一以为天下贞"是"曲治"；万物无所不可、无所不然是"曲适"。

（二）"曲成"

"曲成"观念，本自《易传》，是因物成物。《易》之为物，"范围天地之化而不过，曲成万物而不遗"（《系辞上》）。"曲成不遗"，通于《中庸》"小德川流"思维。"小德川流"与"大德敦化"一体相涵，犹如"曲则全"与"容乃公"一样。"小德"者，全体之分；"大德"者，万殊之本。正因事物有万殊性理，故必因物付物，曲以成之，各遂性分，皆得其宜。"曲成"者，因物成物；"不遗"者，无物不成。"曲成"与"范围"相对，后者为总持言，无不包含；前者为分殊说，品物正分。正因"曲则全"，故"万物并育而不相害，道并行而不相悖"。韩康伯云："曲成者，乘变以应物，不系一方者也。"（引自《周易正义》，上海古籍出版社 1990 年版，第 267 页）"乘"者，因乘之谓。因循变化，各遂所可、所然，故曲以应物。"不系一方"，曲成万殊，"泛兮其可左右"。孔颖达云："圣人随变而应，屈曲委细，成就万物，而不有遗弃细小而不成"。（同上书，第 267-268 页）"随变而应"，是"曲应"；"屈曲委细"，是"曲从"；"成就万物"，是"曲成"。张载解"曲成"云："天以直养万物。代天而理物者，曲成而不害其直，斯尽道矣。"（引自《张载集》，中华书局 2006 年版，第 35 页）"曲成"是"直养"，因物性以生养之，无私之与，使物各自适得。就"直养不害"的内涵，他又指出，"天理一贯，则无意、必、固、我之凿。意、必、固、我，一物存焉，非诚也；四者尽去，则直养而无害矣。"（同上书，第 35 页）"直"者，既是曲己，不自专为，无意、必、固、我之凿；又是因循，辅助万物自然，因物付物。天之理物，循物殊理而理之，因物养物；不逆物性，故直养不害。"诚"于直养，则顺物之性，物求必与，善利万物而不辞。"尽道"者，以天下之理协理天下事物，物无不理。以全其理殊为"尽道"，以循理成物为"曲成"。程子解云："委曲成就万物之理而无遗失"。（引自《二程集》，中华书局 2004 年版，第 1028 页）"委曲"，委顺、曲因之谓。"无遗失"，各遂其功，无有遗弃。通于道者，知所以然，故曲成万物殊理。季本云："盖虚贵有主，有主之虚，诚存于中，是为健德。健则虚明感应，因物曲成，无有不得其所者，是物之顺也。"（引自《明儒学案·浙中王门学案三》，载《黄宗羲全集》第七册，浙江古籍出版社 2005 年版，第 311 页）天"健"是"生物不测"，而"虚"是不宰于物。"虚明感应"，是虚己曲应；"因物曲成"，是因物成物。前者是后者的前提，无"虚明"则逆物妄作，便不能"曲成"。后者是前者的功效，"曲成"则无不遂成。"健"是顺物曲成之健，"惟健故能顺"。王夫之指出，君子用情，因其心之大公，而无所吝。凡情所必厚，分所必隆，理所必推，但"可施"则从而"遍及之"，为"无所遗"之周。唯其"周"，则"因物付物，而各予以应得，未尝有所偏系，相亲相符，而至于失己以徇人，其不比必"。小人用情，唯其"比"而党同伐异，不能"有所推广，泛爱曲容，以处于宽厚"，故必不周。（参见《四书训义》，载《船山遗书》第三卷，北京出版社 1999 年版，第 1693 页）大公无吝，是"容乃公"。"曲成"是"因物

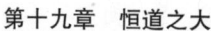

付物"，使物各遂。"无所遗"，是"曲则全"。"泛爱"是大公，"曲容"是"曲全"。"曲容"之全，是"泛爱"。"泛爱"者，无所不爱；"曲容"者，无一不容。熊十力对"曲成"内涵的揭示甚是精当，"曲成者，因万物固有之性而成就之"。（引自《原儒绪言》，中国人民大学出版社 2006 年版，第 1 页）因万物"固有之性"，是循物固有所可，遂其固有所然，无物不可，无物不然。因物成物，则品物条适，"曲则全"。牟宗三解"曲成万物而不遗"云："天理范围一切，曲成一切。……是故一切事物，皆不外或是天理之所曲成，或是天理之所制限，总之，皆是天理之所纲纪。如以此天理为客观标准，则用之于处事，或曲成而彰显之，或制限而去除之，一是皆物各付物，顺理而行，自容不得个人私意参与其中：喜是理当喜，怒是理当怒，喜怒好恶是客观的，是即喜而无喜，怒而无怒，'以其情顺万事而无情'，好而无好，恶而无恶，无有丝毫个人主观的喜怒好恶之私情参与其中：是即为'廓然而大公，物来而顺应'。"（引自《心体与性体》中卷，上海古籍出版社 2007 年版，第 62 页）"范围一切"、纲纪制限，是"容乃公"；"曲成一切"，"物各付物"，是"曲则全"。容不得私意、私情参与其中，是不自专。喜怒好恶是"曲"，"喜是理当喜，怒是理当怒"是曲宜。"喜而无喜，怒而无怒"、"好而无好，恶而无恶"，是曲己无为。"廓然大公"，是心的"容乃公"；"物来顺应"，是应的"曲则全"。

（三）"曲当"

"曲成"者，循物之性，顺物之理，因物付物。以其无不遂功、无不适宜是"曲得其宜"，"曲而中"或"泛应曲当"。《荀子》多言此义。"宗原应变，曲得其宜，如是然后圣人"（《非十二子》）。"宗原"者，本于道理。"应变"者，执一以耦变。变化理殊是"曲"，道理是"全"，唯变所适是"曲则全"。因物理以理之，辅助自然，是"曲得其宜"。圣人所为"时中"，故"曲得其宜"。以其宜当于理，又为"曲当"。"道一"者，"其持险应变曲当，与时迁徙，与世偃仰，千举万变"（《儒效》）。"应变曲当"，是"宗原应变，曲得其宜"。"道一"，是"宗原"。因时举事，"时中"则"曲当"；"与时迁徙，与世偃仰"，是"曲从"。"千举万变"，是曲成其宜。事不同则理不同，一变一理，事变万殊为"曲"，因其理以理之是"曲成"。"应变曲当"，无不当理，故全功。事上有道，"若驭朴马，若养赤子，若食餧人"，因其惧而改其过，因其忧而辨其故，因其喜而入其道，因其怒而除其怨，故"曲得所谓"（《臣道》）。驭、养、食是殊，因惧改过、因忧辨故、因喜入道、因怒除怨是"曲为"；无所不宜，各当其理，是"曲得"。圣贤之"曲得"，是"应卒遇变，齐给如响，推类接誉，以待无方，曲成制象"。应变、齐给、推类等各得其宜，是"曲得其宜"。"以待无方"，是泛应曲当。"曲成制象"，因物制象。礼者有"曲"，"以财物为用，以贵贱为文，以多少为异，以隆杀为要"（《礼论》）。裁物、贵贱、多少、隆杀，是殊"曲"。圣人行礼"方皇周挟，曲得其次序"。"方皇周挟"者，是"曲则全"；曲其次序，是"曲得其

宜"。《易传》提出"曲而中"观念，同样是"曲则全"的思维。"夫《易》，彰往而察来，而微显阐幽，开而当名，辨物正言，断辞则备矣。……其言曲而中，其事肆而隐。"（《系辞下》）"正言"、"断辞"者，修辞不同，言以载理。因"辨物正言"，故"断辞则备"。"备"者，载万殊之理，"各指其所之"，"微显阐幽"。"中"者，《易》理"与天地准"，"彰往而察来"，广大悉备，无所不中，故为"曲则全"。从言以载道的角度看，正因《易》涵摄万殊之理，故其言"曲而中"。韩康伯解云："变化无恒，不可为典要，故其言曲而中也。"（引自《周易正义》，上海古籍出版社 1990 年版，第 312 页）"典要"者，定常之理，固常则无"曲"；"变化无恒"，无常定理，理殊为"曲"。"曲而中"者，因物之中而中之，中其殊理，各当其中，无所不中。"执中"者，以一中准万不同之中，中而无"曲"。程子指出，"'毋意'者，不妄意也。'毋我'者，循理不守己也。"（引自《二程集》，中华书局 2004 年版，第 108 页）"不妄意"、"不守己"，是"曲己"；"循理"，是曲当其宜。"以物待物，不以己待物，则无我也。"（同上书，第 125 页）"以己待物"是"专己"，"以物待物"是"曲知"，因物成物是"曲当"。"曲"必"无我"，"无我"方能"曲当"。朱熹解"吾道一以贯之"云："圣人之心，浑然一理，而泛应曲当，用各不同。"（引自《四书集注》，北京古籍出版社 2000 年版，第 81 页）"浑然一理"者，万理皆备，理一涵摄万殊。"泛应曲当"者，曲应各当，无一不当。因理无不备，故能"泛应曲当"。"泛应"是无不应，"曲当"是无不当，"用各不同"是曲用其用。又解"夫子之道，忠恕而已"云："夫子之一理浑然而泛应曲当，譬则天地之至诚无息，而万物各得其所也。"（同上页）"一理浑然"，是"森然已具"、"至诚无息"；"泛应曲当"，是因物付物，"各得其所"。"泛应"，通于一；"曲当"者，一而殊。"至诚无息"者，为"道之体"，是"万殊之所以一本"；"万物各得其所"者，为"道之用"，是"一本之所以万殊"。"一理浑然"，万殊而一本；"泛应曲当"，理一而分殊。有殊即有"曲"，有全即为"泛"。明儒尤时熙云："仁者以天地万物为一体，无我也；以天地万物为一体，真我也。分殊即理一，学者泛应，未能曲当，未得理之一耳。"（引自《明儒学案·北方王门学案》，载《黄宗羲全集》第七册，浙江古籍出版社 2005 年版，第 747 页）"以天地万物为一体"，既是"无我"、"无己"，又是"真我"、"大己"。涵分殊为理一，一理感应则遂通天下。"泛应"虽无不应，然或是"执中无权"，故不能"曲当"。"曲当"者，因其定理、殊理而理之，当其理，正其应。"大公"者，既是"泛应"，又是"曲当"。"理一"者，既是分殊的统一，通体一理；又是一物类一理，各中殊理。王夫之解"曲礼"云："'曲'者，详尽委曲之意。此篇举礼文之委曲，以诏人之无微而不谨，尤下学之先务。"（引自《礼记章句》，载《船山遗书》第二卷，北京出版社 1999 年版，第 824 页）"详尽"，是周旋，无不包含；"委曲"，是殊分，无微不谨。二者合言是"曲则全"。他解"致广大而尽精微"云："其道问学也，则以三千、三百之繁，皆曲尽乎物宜，而吾之析之也，不可使有疑似合离之紊，'尽精微'也。"（引自《四书训义》，同

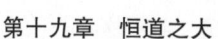

上书第三卷，第1656页）曲尽物宜，则有三千、三百的博文。每一言行举止皆析有一礼仪为"曲"，无有言行举止不循礼仪为"尽"，各当其礼无有紊乱为"宜"。三者合一是道问学上的"尽精微"，"曲得其宜"。"析之"，究礼殊之曲；"曲尽"，尽礼之精微；"物宜"，泛应而曲当。"尽精微"是"致曲"，以"致广大"则为"曲则全"。他又指出，"一物之微，一事之小，而皆有当然之理，学者思求合焉而不得。至于圣人，自然曲尽其宜。"（引自《四书训义》，同上卷，第1778页）圣人之为圣知穷理，固然在于"致广大"的广大悉备，更在于"尽精微"的精义入神，犹如《老子》"容乃公"与"曲则全"一体一样。物殊无定理，各有"曲而中"。"曲尽其宜"，则无理不备，无为不宜。以其"尽"则全、大，以其"曲"而精、审，以其"宜"而中、正。宇宙至大，然由一微物、一小事构成，"理一"在"万殊"之中。理不遗微，"尽精微"，则曲全万物。汇集殊理，既是"理一"，又是"曲全"。圣人之心"纯于仁"，"其天性之慈爱所不容已者，施于亲亲为必至，而爱之所行，自然曲尽其条理，以使民物各得其所"。（引自《四书训义》，同上书第四卷，第2170页）因"条理"之殊，而有"曲尽"之说。"各得其所"，曲尽其宜。笃仁由诚无弃人，故能"曲全"；仁民爱物当理，故能"曲当"。至德大公必以"曲尽条理"为方，方能以天下为公。"曲全"之于"理一"，犹如"容乃公"之于大道。

（四）"致曲"

《中庸》云："唯天下至诚，为能尽其性；能尽其性，则能尽人之性；能尽人之性，则能尽物之性；能尽物之性，则可以赞天地之化育；可以赞天地之化育，则可以与天地参矣。其次致曲。曲能有诚，诚则形，形则著，著则明，明则动，动则变，变则化。唯天下至诚为能化。"何谓"致曲"？其与"至诚"有何关系？张载指出，"体正则不得矫而弘，未正必矫，矫而得中，然后可大。故致曲于诚者，必变而后化。"（引自《张载集》，中华书局2006年版，第27页）以"致曲"为工夫、途径，改过迁善，然后成为至诚之大。"体正"在于"至诚"，故不必矫正而弘大，自能"曲则全"。然解"曲"为邪曲，以矫正得中为"致"，故其"致曲"之意是"不贰过"。《中庸》言"曲能有诚"，而非言"致曲"以为"诚"。"曲"既有"诚"，则其必非"未正"之义。"致曲不贰，则德有定体；体象诚定，则节文著见；一曲致文，则余善兼照。明能兼照，则必将徙义；诚能徙义，则德自通变；能通其变，则圆神无滞。"（同上书，第31页）"致曲"是改过迁善的工夫，能"不贰"其为，自能"不贰过"。"德有定体"，则不改其"致曲"之为，必然著见于节文，微而显。因一曲而致节文，曲尽其全，则明能兼照。"徙义"是"唯义所在"，"通变"是"唯变所适"，"圆神"是神化不测，然后达致"至诚无息"。以《中庸》思维言，"尊德性"是以为"至诚"，"道问学"是以为"致曲"；"著则明"是"极高明"，"徙义"是"道中庸"；"通变"是"致广大"，"无滞"是"尽精微"。"致曲"从

知上言是"道问学",从德上言是"道中庸",从行上言是"尽精微"。相对而言,"至诚"分别是"尊德性"、"极高明"和"致广大"。从范围上言,"赞天地之化育"是"容乃公";从曲成上言,"赞天地之化育"是"曲则全"。程子沿着张子思维继言:"去气偏处发,便是致曲;去性上修,便是直养。然同归于诚。"(引自《二程集》,中华书局2004年版,第82页)将"致曲"视为"去气偏处发",亦是"改过迁善"的工夫。"直养"与此相对,是从性上修为,是养性尽性的境界。二者虽殊途同归于"诚"。然有层次之别,所以"致曲不要说来大"。在二者的关系上,"自明而诚,虽多由致曲,然亦有自大体中便诚者。虽亦是自明而诚,谓之致曲则不可。"(同上书,第126页)自诚而明,是"至诚";自明而诚,是"致曲"。前者是大体有诚,不须"致曲"。实则《中庸》"致曲"是格物穷理的工夫,亦是道德实践的工夫。它是"尊德性"与"道问学"相互促进提升、螺旋上升的过程。道德真知源自道德实践,然又指导道德实践,并通过道德实践来检验、修正、完善,甚至是改变。有"至诚"之体,然后有"致曲"之用,故不勉而中,从容中道,"从心所欲不逾矩"。要达至此种境界,需要经过"志于学"、"而立"、"不惑"、"知天命"和"耳顺"等知行相互促进提升的过程。"至诚"是"大德敦化"、"致广大",而"致曲"是"小德川流"、"尽精微"。程子解"致曲"之"曲"为"偏曲",故认为其非是大道。实则,于一事中用志不分,亦能有诚,故为"曲能有诚"。"曲能有诚",是诚以致曲,揭示的是"致广大而尽精微"的工夫。朱熹解"致曲"云:"其次,则必自其善端发见之偏而悉推致之,以各造其极也。曲无不致,则德无不实,而形、著、动、变之功自不能已。积而至于能化,则其至诚之妙,亦不异于圣人矣。"(引自《四书集注》,北京古籍出版社2000年版,第40页)"善端发见"已从张载"未正"之偏,向善的一偏、一曲转变,已然呈现"曲则全"的思想蕴意。"悉推致之",曲致不遗;"各造其极",曲得其宜。"曲无不致",曲以成全;"至诚之妙",曲全其功。这里,"致曲"可达"至诚",然未将"致曲"视为"至诚"的落实工夫。"自不能已",是"曲能有诚","须件件致去,如孝,如悌,如仁义,须件件致得到诚处,始得"。(引自《朱子语类》第四册,中华书局2004年版,第1572页)"件件致去",是"致曲"的实践工夫。"件件致得到诚",是"曲能有诚"。以穷理言,可件件格致,然后能广大悉备,"自明而诚"。以德行言,诚必件件去践形,然后能曲成不遗,"自诚而明"。笃行明德,则各自诚。"曲不是全体,只是一曲。人能一一推之,以致乎其极,则能通贯乎全体矣。"(同上册,第1574页)显然,这是对"曲则全"思维的解说。"一曲"固然不是全体,然曲可以致全。"一一推之"是"致曲","通贯全体"则为"至诚"。"致曲"是"至诚"践形的具体工夫,"至诚"至德必以"致曲"实现其显用。以"致曲"为"至诚",正是《老子》"曲则全"的思维。朱子又指出,"所谓'诚'字,连那'尽性'都包在里面,合下便就那根头一尽都尽,更无纤毫欠阙处。'其次致曲',则未能如此,须是事事上推

致其诚，逐旋做将去，以至于尽性也。'曲能有诚'一句，犹言若曲处能尽其诚，则'诚则形，形则著'云云也。盖曲处若不能有其诚，则其善端之发见者，或存或亡，终不能实有诸己。故须就此一偏发见处，便推致之，使有诚则不失也。"（引自《朱子语类》第四册，中华书局2004年版，第1573-1574页）"至诚"自能"尽性"，固是"一尽都尽"而无纤毫欠阙。然"一尽都尽"在"致曲"中，只有"尽精微"才能"致广大"。"致曲"，是"尽精微"。以《中庸》思维言，从"至诚"以"尽性"、"赞天地化育"，是"性之"、"率性"的内以"成己"。从"致曲"至形著、明动、变化，是时措其宜的外以"成物"。成物是成己，成己在于成物中。"事事上推致其诚"，既是成物，又是尽己，只不过是以曲致全。"曲能有诚"，是"至诚"之体以为"致曲"之用，"致广大"在于"尽精微"。"曲处能尽其诚"，是笃实躬行。"至诚"者，既是"大德敦化"的"与天地参"、"致广大"，又是"小德川流"的"笃实实践"、"尽精微"。至诚尽性，固是无所不宜，然又何尝不是"曲得其宜"？可见，《中庸》所谓"其次"非是境界上的层次之别，而是本体、工夫上之分。至诚本体既立，则须致曲以成遂之。至诚则率性大公，则曲以践行。"率性"以"致曲"行，极"致曲"则为"至诚"。"尽性"必"致曲"，"致曲"能"至于命"则为"曲能有诚"，它是"尽精微"以实践"至诚"。"曲能有诚"，是有诸己之"信"；"诚则形，形则著"，是充实之"美"；"著则明，明则动"，是"充实有光辉"之"大"；"动则变，变则化"，是"大而化之"之"圣"；"唯天下至诚为能化"、"至诚无息"，是"圣不可知"之"神"。《中庸》言"诚"皆是心之本体，而"诚之"方是工夫。"于事事上推致其诚"，曲尽其诚，是落实"至诚"境界的"诚之"工夫，它是"致曲"。唐鹤征云："致知致曲之'致'，即孟子所谓'扩而充之'矣。然必知皆扩而充之，不知，则所扩充者是何物？故'致知'在'得止'之后，'致曲'在'明善'之后，皆先有所知而后致也。"（引自《宋元学案·南中王门学案二》，载《黄宗羲全集》第七册，浙江古籍出版社2005年版，第706-707页）以"致"为"扩而充之"，则"致曲"是"曲成"。"致曲"在"明善"之后，知其理曲而致之，是诚身而行。《中庸》以"致曲"为"至诚"工夫，是"自诚而明"的践行功夫。然"致曲"又是格致工夫，正如《大学》所言的"格物"、"致知"，《易传》所谓的"精义入神"。王夫之解"致曲"云："'曲'云者，如山一曲、水一曲之曲，非一方一隅之谓也。从纵上说，不从方上说。斯道之流行者不息，而曲者据得现前一段田地，亦其全体流行之一截也。……唯此一'曲'，则实有之而无妄，苟能所择皆善，则所信益弘，而无有不诚，遂俾形、著、明、动、变、化之效，无不捷得，足以知非乍见孺子入井之心所可几也。程、朱之言，特借以显'曲'为全体尽露之一节，而以扩充尽'致'字之义，非谓四端之即为'曲'也。……曲者，独于一事上灌注得者诚亲切。其实此诚，元是万行共载的。则养繇基之于射，亦是诚之全体见于一曲，其事小则其所诚者亦小。……诚者，周流乎万事万物，而

一有则全真无二者也。一念之诚，一事之诚，即全体之诚；直至尽性合天，更无增加。非犹夫四端为一星之火，涓涓之水也。……故一事一念，原该全体，致之即充，而不待于取譬以旁通。……盖恻隐与羞恶殊心，故可目言之为四，并列之为端。诚则同归而行乎殊涂，一致而被乎千虑，虽其一曲，亦无有可分派而并立也。唯察乎'曲'之为'曲'，则众说纷纭，不辨而自定矣。"（引自《读四书大全说》，载《船山遗书》第四卷，北京出版社1999年版，第2398－2399页）从横上说，"山一曲、水一曲"、"万行共载"是曲全，"一方一隅"是一偏之曲。从纵上说，流行不息是曲全，而一截有间是一偏之曲。"全体流行"之"一曲"，是"川流"，不息则全。"独于一事上灌注得者诚亲切"，是"曲能有诚"；"无有不诚"，是"信益弘"的曲全。"四端"是理"曲"，非是"致曲"。"诚之全体见于一曲"，是"致广大"在"尽精微"之中的"致曲"，"一念之诚，一事之诚"无非"全体之诚"。"至诚"者，自能"致广大"而周流于万事万物。"一有则全真无二"，是"独立不改"。"至诚"之体立，则无非诚意，故"一事一念，原该全体"，自能"致之即充"。因为"自诚而明"，无所不明，故不待"取譬以旁通"。"自诚而明"是"精义入神"的至极境界，非格致穷理所不能，然格致穷理就需要博文，"取譬以旁通"，豁然而贯通。四端之心虽为"曲"，然同归于诚，是一齐灌注，不可分派一曲以并立。"'致曲'二字，收拾尽'诚之者'一大段工夫。学、问、思、辨者，'致'前之功也。一曲能诚，则既不患其执之不固，而唯是致之宜弘也。至于能致，则其执一曲而能固者不待言，而其用力于学、问、思、辨之深，亦可见矣。"（同上卷，第2399页）"致曲"是诚以曲行之，故涵"诚之"大段工夫。"明善"方能"诚身"以"致曲"，学、问、思、辨是"明善"，故为"'致'前之功"。一经"曲能有诚"，则诚以曲行，故自能执必固，致必弘。只有"明善"于"精义入神"，方能诚于"致曲"，行无一不笃、无一不精。在解"曲"字的涵义上，他指出，"《中庸》'其次致曲'，《老子》'曲则全'，曲与全对，小大之分。"（引自《说文广义》，载《船山遗书》第五卷，第2785页）以分殊言，"曲"是"小"；从通一言，"曲"又是"全"。"全"因"曲"成，极尽"曲"则为"全"。正如"至诚"而后能"致曲"一样，"惟道是从"而后能"曲则全"。"曲"具备道性，方是"曲则全"。儒家言"曲备"、"曲而中"、"曲得其宜"以及"泛应曲当"、"致曲"等，皆以"至诚"、至理为前提。二者有异曲同工之妙，皆在于揭示"致广大"在于"尽精微"的内涵，皆在于揭示"因物付物"、循物性理以为的道理，皆在于揭示公正无私、涵容广大的大小统一，皆在于揭示摒弃自恃专为、去其"四毋"的道术。

最后，对本节内容做简要概述。"曲则全"是"理一分殊"思维，以其通一为"全"，以其万殊为"曲"。作为道性，是因物付物，"曲成不遗"，成物所然，无物不然。"德善"、"德信"，是"曲则全"在道德境界上的体现。作为德性，是因物成物，"善利不争"；作为知性，是因物观物，"以道观之"；作为道术，是执一无为，辅助自

然。"曲则全"与"容乃公"之间，是"尽精微"与"致广大"的一体关系。以儒家思维言，前者是"小德川流"，后者是"大德敦化"；前者是"致曲"，后者是"至诚"。"容乃公"是通一而万殊，"曲则全"是理殊而大全。"曲"是"反者道之动"的"反"，反于道本，则以"曲"求"全"；它是"弱者道之用"的"弱"，弱为德本，则以"曲"成"全"。"曲则全"作为道术，既是"可道"的定理、楷式，又是内涵柔弱、不争、善下、善时、善能等不同品性的"不可道"者。

第二十章　道统大小

前一章从四个不同侧面对恒道为"大"的内涵进行了重点揭示,但在《老子》的思想中,恒道的存在质性不仅为"大",而且还是"小",它是大与小的统一。正如恒道有其特定"大"的涵义一样,恒道之"小"亦有特殊的内涵意蕴。"大"与"小"的统一,是恒道存在的玄妙质性。本章先解"朴小",再解"万物归焉而不为主"的大、小质性,然后从大小统一的关系中揭示恒道存在的玄妙质性。

第一节　恒道朴小

"朴"、"无名"作为恒道的重要质性,同时是恒道"小"的重要内涵。恒道因"无名"、"朴"为"小",然它又是"天下莫能臣"之"大",为大小统一。恒道作为"无名"之"朴",既是对"无名,天地之始"、"象帝之先"等观念的深入揭示,又是对"不可致诘"、"朴散则为器"等思想的深入阐发。将"无名"、"朴"和"小"三者结合起来进行阐述,见证了《老子》思想的一体融贯性。

一、文字校解

《老子》第三十二章云:"道恒无名,朴。虽小,天下莫能臣"。帛书《老子》甲本缺损"小,天下莫敢臣"部分,"朴"写作"檏","虽"写作"唯"。帛书乙本文字与今本大同,只不过"虽"亦写作"唯"。楚简《老子》全文写作:"道恒亡名,仆唯妻(楼),天下弗敢臣。""亡"、"无"意同。

(一)"朴"、"檏"与"仆"

"朴"者,形声字,繁文写作樸,《说文》解为"木素"。徐铉曰:"土曰坏,木曰朴。"本义为未经人为加工的木材,后泛指未雕琢之器。"山有木,工则劇之"(《左传》隐十一年),"木谓之劇,玉谓之雕"(《尔雅·释器》)。郭璞注"劇"、"雕"为"治樸之名"。邢昺云:"治其樸,俱未成器"。(引自《尔雅注疏》,第148页)"朴"经过加工则为器,而加工则有所取舍。《玉篇》解"劇"为"治木"和"分"。有"分"则为"散",《老子》云"朴散则为器"。又"朴"者为"枹木","芃芃棫樸"(《诗·大雅》)。毛亨传云:"芃芃"为"木盛貌","樸,枹木。"(引自《毛诗正义》,

上海古籍出版社 1990 年版，第 996 页）木茂盛为本然存在。伐木析之谓之薪，整一为"枹"。"朴，枹者。"（《尔雅·释木》）郭璞云："朴属丛生者为枹。"（引自《尔雅注疏》，上海古籍出版社 2010 年版，第 274 页）丛生茂密，为"朴"的本真之性、原状。进而引申为事物的本性、真质。"郑人谓玉未理者璞，周人谓鼠未腊者朴"（《战国策》）。"未理"、"未腊"，是原本质性。"朴"因其不分，为整全者，又谓之为"大"。"朴，大也。"（《博雅》）"朴"者，因其本初不分、整全抱一之性，正与恒道"混一"质性相合。与"器"相对，"朴"具有可雕琢的潜在质性，正如恒道作为"无状之状"以成遂万状一样。帛书《老子》甲本"朴"写作"楃"，《说文》释为"木帐"，义不通，故应以帛书乙本"朴"为准。

"仆"与"朴"二者音同，且通一于"菐"之偏旁。从楚简《老子》甲本第五章"屯乎其若朴"、第九章"镇之以忘名之朴"皆写作"朴"，而在第十三章却写为"仆"看，同一文本中用作不同文字，必定有其深刻意蕴。"仆"的繁体字为"僕"，《说文》解为"给事者"，意为"仆役"。"仆"与主人相对，具有依附的属性。"仆"之附从，正好与恒道寓存于万物的寓存质性相符。"仆"者，地位卑微，无名号，故借言"无名"。"君子万年，景命有僕。"（《诗·大雅》）仆人无名，故楚简《老子》云"无名，仆"。又"仆"做事不为主，随顺主人，以主人命令而行，故"无为"。以其无名、无为，正以喻恒道无名、无为质性。因其地位低下，又引申为自谦之辞，为第一人称的谦称。"仆"具有寓存、因循、顺从等义，以揭示恒道寓于万物、因顺万物以为生养的存在质性。"朴"侧重于揭示恒道无名、潜在的质性，且"朴"被赋予了无待、本源的质性。相对物性之朴言，恒道是"无朴之朴"，犹如"无状之状"。正如"大"一样，"朴"是恒道的一个强名。恒道分化、分有以成为万物，"朴散则为器"。恒道作为"无朴之朴"之"小"，却是至大，故"天下莫敢臣"。"朴"较"仆"字为佳，更能揭示唯其"小"而为至大的玄妙质性。

（二）"小"与"妻"

楚简《老子》中"小"字写为"妻"。《说文》解"小"为"物之微"，"见而分之"。徐铉曰："丨始见也，丶丶分也，始可分别也。"分别、分割，则"小"。物始分化而成形，故为"物之微"。"朴"者分散而成众小，因成众小而本自无名、无有，故为"天下莫敢臣"之大。《老子》多以"小"、"微"为至贵者，如"见小曰明"、"大小多少"、"微明"等。"小"者不主强以为，而谦让顺物，故能成为至大。《说文》解"妻"为"妇与夫齐者"，又言"持事"为"妻职"。可见"妻"与"仆"义通。"妻"也有服从、依附涵义，而与"莫敢臣"呼应。尹振环认为，"妻"为"栖"之假借，意为"仆从依附于万物"。（引自《楚简老子辨析》，中华书局 2010 年版，第 219 页）后学者根据楚简《老子》重"朴"的价值，而将"仆"改为"朴"，"妻"改为"小"。

（三）"虽"与"唯"

"唯"者，形声兼会意字，本义为恭敬的应答声。《说文》云："唯，诺也。""虽"

字为"唯"声，二字互通。借作"虽"，用作连词。"唯欲毋与我同，将不可得也"（《墨子·尚同下》）。"虽"或作"唯"，"妇人吉事，虽有君赐，肃拜"（《礼记·少仪》）。郑玄云："虽或为唯"。（引自《礼记正义》，上海古籍出版社 2008 年版，第 1030 页）引申为"单"、"只有"，"唯有道者能备患于未形"（《管子·牧民》）。又作范围涵义的副词，与"唯"、"惟"同。"每有良朋，况也永叹。"（《诗·小雅》）郑玄笺云："每，虽也。"（引自《毛诗正义》，上海古籍出版社 1990 年版，第 571 页）"每有，虽也。"（《尔雅·释训》）"唯"、"虽"皆有"单"义。采用"唯"字，揭示恒道唯其为"小"方为"天下莫敢臣"的因果关系，后人根据"小"与"莫敢臣"之间的相反转折关系，将"唯"改为"虽"。

（四）"臣"

"臣"者，事人之称。《说文》云："臣，牵也。事君也，象屈服之形。""臣"者与"君"相对，处在顺从、依附的地位，犹如"仆"之与"主"。"有父子然后有君臣"（《易·序卦》）。君臣之间如同父子的主从关系。又"臣"与"王"对，"率土之滨，莫非王臣"（《诗·小雅》）。"臣"是王之臣，归属于王。王是臣之主，是臣之主宰。"以为臣"，即主宰之。

（五）"敢"与"能"

"敢"者，会意字，本义为手持干以刺豕，引申泛指勇于进取、有胆量做某事。世人习常认为，敢于战胜别人、主宰他人为强大，为至上价值。"勇敢之士奋患"（《庄子·徐无鬼》）。以"奋患"为"勇敢"，是习人所贵。道家却以之为"悲"，因他"驰其形性，潜之万物，终身不反"，不能无为。老庄以"勇于不敢"、顺物不伤人为贵。至人"行乎万物之上而不慄"（《庄子·达生》），它为"纯气之守"使然，而非是"知巧果敢"之属。"知巧果敢"，是习俗的自恃、自执之属。"刚毅勇敢，不以伤人。"（《荀子·非十二子》）"不以伤人"是"勇于不敢"。《论语》多从否定意义上言说"敢"，摒弃妄作之敢。"上好礼，则民莫敢不敬；上好义，则民莫敢不服；上好信，则民莫敢不用情。"（《子路》）改"敢"为"能"字，偏重于从能力上揭示不可能的意义，已然失去了"莫敢"的戒慎、自制深意。可见，"敢"优于"能"字。

二、文句解析

自帛书《老子》后，"道恒无名，朴。虽小，天下莫敢臣"已成通用文，下面从注家的主要注解中诠释把握恒道"朴"、"小"与"天下莫敢臣"的内涵质性。

一为微妙无形而不可臣使。河上公指出，大道"朴虽小"，正因"微妙无形"，而"天下不敢有臣使道"。"无形"是恒道之"朴"，"微妙"是恒道之"小"，"小"以况"朴"的存在样态。相对物之"朴"，恒道之"朴"是"无朴之朴"，犹如"不形之形"的思维。它是恒道本原样态的强以名谓。"微妙"揭示恒道"朴"之"小"，它是

恍惚无状、无有封朕、不可致诘、不能名状。恒道虽"微妙无形"，"不可致诘"，却有至神妙用，万物以之生、以之成。无形生有形，有形来自无形。习俗认为，"小"者卑微、低下，必可以"臣使"，而恒道却因"小"为尊，卑而为贵，妙用至神，谁敢"臣使"？"不敢"者，反于习俗侯王自恃主宰、使以臣服的惯性，它是对习俗恃强凌弱、乐美杀人价值观的批判，警示侯王守朴处小方能无敌于天下的道理。成玄英认为，"淳朴之道"自是"细微"，而能"开化阴阳，亭毒群品，百姓日用而不知"，未敢"自臣我有道"。物无贵贱，"道在则尊"。"淳朴"，是"朴"的本性；"细微"是"小"的况谓。"开化阴阳，亭毒群品"，是至神之用。百姓日用不知，是"长而不宰"。道在故尊，不可臣使。李约以"朴虽小"为"所以视之不见"，认为"怀其道尚为王者师，况敢以道为臣妾者乎？""视之不见"为"眇"，本于微妙之"小"，无形可见。道至尊贵，王者以为苍天下，故为"大宗师"。"臣妾"者，有执、可道之属。道尊，何能臣妾？杜光庭以"朴"为"端寂无为"，它是"道之真"。"朴之用"，能"生成应变"。道"朴"为"一"，是"非一而一"，故为"真一"；"真一"者，是"杳冥之精，真中之真"。因"一非多法"，故为"小"。作为"真一"者，能"生化万殊"，而"其大无大，其上无上"，故孰敢"以道为臣"？道以"朴"为"真"，是本真质性。"端寂"，是不动无朕；"无为"，是不宰不割。"朴"者为"有物混成"的"混而为一"，故为"真一"。"杳冥之精"，是"有一而未形"；"一非多法"，是至精无形。"真中之真"，是至神之用；"生化万殊"，"其精甚真"。"小"者微妙无形，而神妙不测又为"大"。"其大无大，其上无上"是无极存在，道不可臣正赖于此。有臣则有主，无臣则无宰。"莫敢臣"者，无待之独，何能敢臣？虽"天下莫敢臣"，而又不臣宰于万物。不宰万物，而为万物宗。陈景元以"器用未彰"为"朴"，大道以"朴"存在，"微妙"则"视之不见，听之不闻"，故为"小"。相对于世之材器"有明可以役其眠，有聪可以役其听，有心可以役其志，有勇可以役其力，有辩可以役其词，有巧可以役其事"，而道朴无名，无有所役使，故天下莫能臣。吕知常指出，"朴"者，"真精粹素，纯一不杂，有物混成，至神莫测，虚中藏实，阳内含阴，覆载宇宙，洋洋乎大哉，弥满大空，无乎不在"。"小"者，非小大之谓，以其"无方无体，无为无形，微妙之极，孰主张是，孰钢维是，搏摸拟议，莫得仿佛"而名之为"小"。惟道之"朴"，为"万物之所係，一化之所待"，故"天地不能犯，圣智不能干"，而天下岂有臣之乎？"以之应物，物即无穷。以之化民，民咸自若。"从其注解中可以看到，"朴"的质性丰富，为大小一体存在。"真精粹素"是自本自根，"纯一不杂"是至精无形，"有物混成"是混一不分，"至神莫测"是功用至大，"虚中藏实"是潜在潜有，"阳内含阴"是阴阳混涵，"覆载宇宙"是洋洋乎大，"弥满大空"是无所不在，"无方无体"是微妙至极，"无为无形"是功为不测，"莫得仿佛"是不可致诘。因"朴"有这些质性，故以况道。因其"万物所係"而为造物本原，因其"一化所待"而为造化本始，因其应物无穷而为枢纽环中，因其化民自若而为至德至道，天下无有匹合者，故不可

为臣。薛蕙认为，道体"甚微"，"发于用而后大"，故谓"朴"为"小"。恒道之大，既是范围之大，又是功成之大，还是玄德之大。"大"又是"小"，大不可测则不可致诘，则为微妙无形之"小"。微妙无名的内涵，既是无所不在的无体，又是功用莫测的无方，二者皆是不可见闻、不可定名。焦竑认为，"未彫未琢"为"朴"，"曰希曰微"为"小"。"一"为万主，而万为之宾。"一"者，无有分判，不可致诘，然一立而万物生。印玄散人认为，朴之为物虽"微"，然有"真君"之义，所以能"臣天下"，而天下孰敢"臣"之。"一朴臣天下之理"。大道以"微"而有"真君"之能，万物莫不以为生。"一朴"喻道，无物不理，故能"臣"天下殊理。能生成万物，运使万化，功用不测而无有定体，故以其恍惚无形谓之"小"。作为"无状之状"的无形生有形者，非"朴"之谓乎？

二为天下母本而不可得臣。《老子想尔注》认为，大道"虽微小"，然"为天下母"，故"不可得臣"。"为天下母"，是"天下有始"，故为"朴"。它是独立无偶的存在，故不可臣使。李荣以"朴"为"本"，以"臣"为"贱"，认为"常道妙本，非大非小"。因其"非大而能大"，故虽"小"而不可"贱"。以"非大非小"为"妙本"，它是"无形"之"小"。然无形生有形，以其至"小"而为至神之用，故又为至"大"。虽"小"而为至能，故为天下至尊。至尊来自万物莫敢臣。唐玄宗认为，"妙本精一"，故为"小"。而"应用匠成"，则为"至大"，故无有"敢以道为臣"者。以其"通生"为"道"，以其"精一"为"朴"。这里，"精一"是至精无形，故为"小"。至精内涵至神之用，故为"至大"。"小"以能"大"，"大"本自"小"。"道"、"朴"皆是强为之名，各因实在之物而假名。若以为"臣"，则道为有待之用。王安石认为，"朴"为"道之本而未散"者，"小"为"至微而不可见"者，"朴未散则虽小足以为物之君。朴散则为器，器则虽圣人足以为官长而已。"本"未散"，则无有形朕，故微妙不可见。然朴散则为器，成万殊之用。虽"小"而君物，圣人法"朴"以为器用"官长"。恒道浑全"未散"，则为"混一"。以其为"无状之状"，而成遂万不同之状。吕惠卿云："天地资之以始，万物恃之以生，则天下孰有敢臣其所自始，与其所自生哉？"可用为"臣"，具有限定功能、职能之用，非是至用。恒道之用，万物资始以生，无不功成，故为至神之用。恒道"无物"，作为始生者，是独立无贰存在，何敢臣之！邵若愚以为，"朴"为一气的"有而未形"，然其比"大道"虽"小"，然为"万物母"，故"天下莫能臣"。"朴"是"大道"的存在质性，亦是它的另一强名，二者皆有"小"的质性，非是相较有"小"。作为"万物母"的至尊存在，故不可为"臣"的有待质性。吕洞宾认为，"朴何物，大完是大道"，"天下皆处于后，而道在先；天下皆处于后，而道在上"。"大完"是"有物混成"，故为道本。道者至尊，无有使臣。张尔岐指出，大道以"无名"为常，但谓之"朴"而已。恒道之"朴"，无有分散的形朕，视之为"夷"、"希"、"微"，故可谓"小"。"朴虽小"，然"万物皆自此生，万物皆自此出"。天下何所不统，岂有物敢臣之？"朴"、"无名"皆是"其

名不去"的"常"，亦是万物以生以出的"本"。万物一本，作为独立存在，莫有能臣者。黄裳指出，大道本体，虽"冲漠无朕"，然实"万象森列，无人不具，无物不有"。在人物未生之前，它是"实为之本"。人物既生以后，它是"又为之根"。虽"至隐至微"，然不可一刻离。"无名"为"小"，其用"至大"。以《老子》思维言，"冲漠无朕"、"万象森列"，是"无状之状"；"至隐至微"，是"混而为一"；"无人不具，无物不有"，是"有物混成"。作为人物生生的根本，功用至神。

三为莫测无名而功用周遍。苏辙以"朴"为"性"，然其"舒之无所不在"，而"敛之不盈毫末"。"不盈毫末"是恒道微妙的"小"，"无所不在"是恒道周遍的"大"。恒道唯作为"小"，而能"大"，故莫敢以臣之。可见，"朴"是大小的统一，也是"可名为小"、"可名为大"的统一。陈象古认为，"朴"是"道未散之时"，以其"莫测其状"，故可以名"小"。然其用"化及于物，广大无所不被"，故"天下不敢臣"。"化及于物"，则"通变应用"；"无所不被"，则"不一其处"。功用莫测，是无名之"小"。宋徽宗认为，以"朴"喻"道之全体"，"形名而降，大则制小"。以其"不离于性"，则"小而辨物"。"朴"者整一浑全，故以况道。恒道作为无名者而生有名者，作为无形者以生有形存在。无形无名者以其混一大全为"大"，有形有名者以其分判离析为"小"，故言"大则制小"。性本全体，混一不散，"大道不称"。然析以分判，则于物分辨。恒道虽"小"无形，然分化而散成万物。恒道是功为至神为"大"，微妙无形为"小"。它是体"小"而用"大"，无体而用无方。陆佃指出，"朴"者虽"藏于无名之域"，然可"与神明居，与造化游"，所以为"天下贵"。因大道为"无名"之"小"，故为神用莫测之"大"。"朴"为假名，实则是恒名不可名。"朴"者，能独与"神明"居，与"造化"游，故与道为一，同其至大。正如恒道"为万物母"是至母，"为天下贵"是至贵，故莫有敢以其为臣者。曹道冲指出，"朴"非为"器位名数"，无"上下之定分"，故"先于品物"。恒道是"象帝之先"，故不可名。刘骥指出，"朴"以喻"道之大全"，为"天地之纯"、"古人之大体"。"道之真常，天地之始，造化之先，不可得而名，故谓之朴。"恒道之"朴"，唯其"小"而窈冥、无闻，又是"天地不能犯，圣智不能干"，故为"莫敢臣"之"大"。"大全"、"大体"是大备，先天地生为造化之原，混而为一则不可得名。无可"宰"制，故不能"犯"、"干"。何心山认为，"无名"为"朴"，是"道之常"；而"可名可道"者为"器"，非是"真常"。"朴"为"太素"，是"无名之始"，以其惟包于"大混之一"，故未判为"万有之众体"。然以其"微乎芒乎"，而"难知难见"，故可名为"小"。"无名"为恒道存在质性，也是"强名"，针对有名假以不可名。同样，"朴"是假以名谓，以其为"大混之一"不可见闻、不可定名为"小"，以其判为万有众体为神用至大。恒道之"小"是"眇"、"妙"。范应元指出，道常"无名"，固不可以"小大"言之。圣人因见其"大无不包"，弥满六合，而强为之名"大"；复以其"细无不入"，不盈一握，而名之为"小"。虽"小"，然天下莫能"臣使之"。恒道无形，无大无小，故

无名。"大无不包"是至大无外，"细无不入"是至微无内，二者超脱大、小有待之名，而假以大、小可名揭示恒道存在的至极玄妙质性。憨山德清认为，"朴"是"无名之譬"，意指"木之未制成器"者。若"制而成器"，则为"有名"。"小"犹"眇小"，为"不足视"之谓。"是以名为大，而以无名为小。"道为朴小，而为天地万物之本。道本无名，为天地之始，不可名方为"其名不去"。

四为以无为心的守朴道术。王弼认为，"朴之为物，以无为心也，亦无名，故将得道莫若守朴。""朴"者以"无"为心，正况恒道"无有"的质性，故得于大道莫若"守朴"。犹如"守母"、"举本"，"守雌"和"守辱"等一样，"守朴"是立一德名以为得道的楷式，它是对恒道存在质性、道用的效法、利用。"朴"者本自浑全不散、不分，故为"始"。以其存在浑全、不定，故不可形名，只能强以名之。因为"智者可以能臣"，"勇者可以武使"，"巧者可以事役"，"力者可以重任"，而"朴之为物"以其"愦然不偏，近于无有"，故"莫能臣"。"朴"者"无名"，是万殊可名者的"始作"、成遂者，功用至神，独立无偶。可"臣使"者，或是一能、一武，或是一事、一任，皆为有形的定用。"朴"者浑全，非是一曲之偏，非是一用之能，"近于无有"，而为天下至神之用的"大有"。恒道之用，是用人之力，因智用智，因勇使勇，因巧为事，因力委任，无用不用，用无不用，故是无可臣用、无所不用的至用。"朴"者以无用为用，方为大用。王弼以物可用为"能"，揭示恒道之用"莫能"，"莫能"是莫敢以为能使。杜道坚认为，"朴本无形，无形故大。惟尊大而不处尊大，故虽小，天下莫敢臣。"物性之"朴"非本无形，而是有形之物。只有大道无形，为无朴之朴，方为至大。至大无极，相对于可名之"大"言，则为无大之大。与世俗自恃自大相反，恒道是惟其尊大而不处尊大。以世俗言，不居大是"小"，而恒道却以此"小"而使"天下莫敢臣"。以为道术言，兼怀万物，役使群动，君天下，"不自大故大"。人能"抱朴无为"，不以"物累其真"、"欲害其神"，则道自得而物自宾，"执大象，天下往"。

《老子》"道朴虽小"具有丰富的涵义，可从体微妙、用莫测、本始全、道术无等加以揭示。恒道的寓存、呈现，既是"朴"而"小"，同时是"朴"而"大"。以"朴"为喻者，因其微妙无形为"小"，然正如"无状之状"成万状一样，无名之朴而能散成有名万有众体，何尝不是功用莫测之"大"？天地无恒道不能清宁，恒道为根本、独立、大全存在，何敢臣之？恒道作为万物赖以生的存在，生畜万物、运化万物，为至大；然辅助万物自化、自宾，"长而不宰"，故又是"小"。

三、传承发展

"道"为"朴"、"小"，为天下至尊，无有敢臣者。对此，《庄子》予以继承发展，并赋予了心性、道境上的拓展。一言道之为小。"夫道，于大不终，于小不遗，故万物备。"（《天道》）"于大不终"，是不自大的至大；"于小不遗"，是充塞无间的至小。然正因其"不遗"，故是至大。大无不包、小无不入，故为万物备。恒道之"小"，是微

妙的"眇"。"眇乎小哉,所以属于人也!"(《德充府》)以"小"为"眇",正是道朴之"小"的意谓。道者之"小"的"眇",又是"冥冥"。"视乎冥冥,听乎无声。冥冥之中,独见晓焉;无声之中,独闻和焉。"(《天地》)微妙而至精存,"至无"而用至神,故能供万物求。"至无"为"小","视之无形,听之无声,于人之论者,谓之冥冥"(《知北游》),然又是神用至大,不可道者,"论道而非道"。这里,"冥冥"是视无形、听无声的微眇,而论道可名者非是大道。二言朴为本宗。"朴素而天下莫能与之争美。夫明白于天地之德者,此之谓大本大宗,与天和者"(《天道》)。"朴素"作为至美,故天下莫能与之争美。"至朴"既是恒道之"朴",亦是玄德之"朴"。前者为"大本大宗",后者为"天地之德"。"朴"又为性本,至德之世"同乎无知,其德不离;同乎无欲,是谓素朴"(《马蹄》)。"素朴"者,"其德不离",故"民性得"。"纯朴不残,孰为牺尊!"朴散为器,则为牺尊。"残朴以为器",是工匠之为。道德下衰,"枭淳散朴",则"无以反其性情而复其初"(《缮性》)。"朴"为本初之道、本原性情,是自然本性。以《老子》思维言,恒道之"朴"具有"无状之状"的存在质性,它是体无体而用无方的内涵。以为道术,则有圣人的境界。而人性质朴已是物性,为常人的本性,非是王道的价值观念。三言雕琢复朴。"雕琢复朴,块然独以其形立。纷而封哉,一以是终。"(《应帝王》)"雕琢"是朴散为器,"复朴"是以为"官长",回归道本。"块然"者,独立之貌。独立于纷封,则"未始出吾宗"。"既雕既琢,复归于朴"(《山木》)。《庄子》侧重于对"朴"本然、本真、本性的揭示,而《老子》侧重于对其浑一不分、具有无限潜能的揭示,更在道术上揭示"官长"的统摄意蕴。"朴散则为器,圣人用之,则为官长"。《文子》对老庄"道恒无名,朴。虽小,天下莫敢臣"思想给予了进一步的拓展。一以朴无形为道性。"无形大,有形细",因为"无形"者"作始",为"朴";"有形"者,为"遂事"、"成器"。"有形产于无形,故无形者有形之始"(《道原》)。"朴"者"无形",而"成器"是"朴散则为器"。"朴"者无形无声,故为微妙之"小"。为"遂事"、"成器"之本,故其用至大。"纯粹素朴"者,为"道之干"。恒道的本原质性是"纯粹素朴",以为德性也是"纯粹素朴",道与德一体。"朴至大者无形状,道至大者无度量。"(《自然》)同于道至大为不测之大一样,朴至大为"无状之状"。"无度量"是不测无限之大,"无形状"是微妙无形之"大"。以其为"无朴之朴"为"小",以其成遂万物形状又为"至大"。二以复本于朴为德。"真人"者,"明白太素,无为而复朴",则能"体本抱神",故可以"游天地之根,芒然仿佯尘垢之外,逍遥乎无事之业"(《九守》)。"复朴"则不宰割,不成为器物。"朴"为大道的假名,以"朴"为本,则与道为一,故能逍遥游。"天地之根"、"尘垢之外"和"无事之业",皆是无待的境界。"朴"既可为道性,其用至神;又可为物性,其体本然。前者是体微妙而用至神,后者是机械智巧不载于心的恒德不离。只要"守大浑之朴",就能"立至精之中",达致"其动无形,其静无体"、"出入无间,役使鬼神"的境界。它是"精神之所能登假于道者",为"真人之游"、

"纯粹素朴之道"。真人之游，是"以道为循，有待而然"。体于"纯粹素朴之道"，则以不化应化，"千变万转而未始有极"，"化化者未尝化，其所化者即化"（《九守》）。以"素朴"为道本，则德抱一，用至神，游至极。可见，《文子》更侧重对《老子》恒道之"朴"的揭示，使之落实在道术的应用上。《淮南子》提出了"浑沌为朴"的观念，"伐梗枏豫樟而剖梨之，或为棺椁，或为柱梁，披断拨遂，所用万方，然一木之朴也。"（《齐俗训》）"一木之朴"所用万方，是"朴散则为器"，它为道一成遂万殊的思维结构。"理一"是朴全，相对于万方，是"道通为一"。"洞同天地，浑沌为朴，未造而成物，谓之太一。同出于一，所为各异，有鸟、有鱼、有兽、有虫，谓之分物。"（《诠言训》）"浑沌为朴"是浑全的"洞同"、"太一"，然分物"所为各异"，又可以成遂万物，它就是一本而万殊的思维。"朴"是"浑成"，譬如大全之道。"未造而成物"是"道生一"，"同出于一，所为各异"是"万物得一以生"。以二者揭示"浑沌为朴"内涵正是"有物混成，先天地生"的思维意蕴。无名之"朴"，既是道性，亦是道术。以道性言，是浑全一体、无定象具形、未有剖分的存在，同时是涵摄大备、散成万物的至神存在；以道术言，是虚静因循、柔弱顺从、无为辅助、处下不争、见小执一；以功效言，是柔弱胜刚强，无为而无不为，不自大故能成其大，朴素而天下莫能与之争美，等等。李德永指出，"浑成"之"朴"是道体，具有"无状之状，无物之象"、"大象无形，道褒无名"等思维质性，"无状"是最大的"状"，"无形"是最大的"形"，"无象"是最大的"象"，"无物"是最大的"物"，"无名"是最大的"名"。（引自《老子道论试析》，载《诸子学刊》第二辑，第96页）"最大"，既是功用上的潜在大全，又是万殊存在的唯一本源。"朴"具有这样的质性，微妙之"小"是无状，具有整全不分的混一质性。正因其如此，方蕴含着无穷的潜力，具有功成万方的至神质性。概言之，大道之"朴"，既是本始混一、潜在大全、独立无偶存在，又是微妙至神、无方无体、道褒无名、周行周遍存在。恒道以"物物"而功成至大，而保持为"不物于物"之"小"；以独立之"小"，而成"周行"之大；以"大象无形"、"道褒无名"之"小"，而成万殊可名之大。

最后，对本节内容作以简要概述。以"朴"况谓恒道，正如"根"、"母"一样，皆是假自然存在的形象事物或生命体作为譬喻，以揭示恒道存在的混一、朴全、散殊质性。相对于存在物之朴，恒道之"朴"是"无朴之朴"，它是微妙无形、功用至神、不可致诘的存在。以其无形不见、不可定名为"小"，以其功用至神、神妙万方为"天下莫敢臣"，其与"有物混成"、"混而为一"、"无物之象"、"无状之状"、"道褒无名"、"恍惚"和"窈冥"等思想一以贯之，相为阐发，一体融贯。恒道之"小"是"眇"，不可形状、不可见闻，在习俗常人看来是"小"，但在《老子》看来却是具有无穷妙用的至大，故以"小"而莫敢臣言之。因其"小"能成大，故又谓之"妙"。

第二节　衣养不主

"万物归焉而弗为主"，是《老子》揭示恒道存在质性的又一个重要观念。它与"作而弗始"、"生而不有，为而不恃，长而不宰"等思想相互融贯，共同揭示出恒道的"玄德"意蕴。恒道的存在质性，一方面具有生生的大德，如"生之畜之"、"长之育之"以及"养之覆之"等，一方面又具有"不有"、"不恃"、"不宰"、"弗为主"等德性，二者合一是自然性的"玄德"。在这种合一的关系中，揭示了恒道大小一体的玄妙质性。

一、文字校解

帛书《老子》甲本写作："万物归焉而弗为主，则恒无欲也，可名于小；万物归焉而弗为主，可名于大。"帛书乙本与此大同，只是后一个"名"字写作"命"。"名"与"命"义通。帛书本与通行本的主要区别有两处：一是前一个"万物归焉"写作"衣养万物"，河上公本写作"爱养万物"，宋所纂《道德真经集注》写作"衣被万物"。一是"可名于小"前多出"则恒无欲也"一文，陈鼓应认为"常无欲"为衍文。从帛书《老子》甲、乙本皆有"恒无欲"一文，可见其必有特定的意蕴。楚简《老子》无此章，乃后学者所增撰。

（一）"归"之字义

"归"者，繁体字写为"歸"，本义为女子出嫁。《说文》云："归，女嫁也。"引申为返回、还给，再引申为归往、趋向之义，如"民之攸归"（《诗·大雅》），"天下归仁焉"（《论语·颜渊》）。"万物皆归"，是万物归往，"天下往"的意谓。以"归往"言王道之意，是先秦思想所共言。"王者，民之所归往也。"（《谷梁传》庄二年）《老子》正以"万物归焉"揭示恒道之大。王之所以为王，在于行王道，王道荡荡，公正无私，故万民归趋。儒家认为，仁政行则民归往，民归往则王道成。"兴灭国，继绝世，举逸民，天下之民归心焉。"（《论语·尧曰》）圣人"容乃公"，王道兴则天下归心。"行有不得者皆反求诸己，其身正而天下归之。反求诸己，则修身以敬，故身正而国治。行以道德，则王道仁政兴，天下归之若流水，沛然莫之能御。"（《孟子·离娄上》）"反求诸己"，则因人爱人，以人敬人。爱人者人恒爱之，敬人者人恒敬之，正身则天下归之。乐民之乐，忧民之忧，乐以天下，忧以天下，故天下归往。《管子》多言民归往若流水思想，王公以百姓为本，轻税敛缓刑政，因时举事，则民心思服，"归之如流水"（《霸形》）。人主"德之以怀"，"威之以畏"，则"天下归之"（《君臣下》）。"先王者善为民除害兴利，故天下之民归之。"（《治国》）"有道则民归之，无道则民去之。"（《形势解》）致天下之民，使"饥者得食，寒者得衣，死者得葬，不资者

得振"，则"天下之归我者若流水"（《国准》）。致民有道，归之亦有道。

（二）"衣被"和"爱养"

"衣"者，衣裳之衣。《说文》云："上曰衣，下曰裳。"《释名》云："衣，依也，人所以依以庇寒暑也。"以能遮体御寒，故为人所依赖，人赖之以生。"无衣无褐，何以卒岁！"（《诗·豳风》）"卒岁"必以衣褐为资。"被"者，原意为覆盖之物。《释名》云："被，被也，被覆人也。"以覆盖言施及恩泽。"天被尔禄。"（《诗·大雅》）郑玄笺云："天覆被女以禄位，使录临天下。"（引自《毛诗正义》，上海古籍出版社1990年版，第1096页）"覆被"者，恩泽之谓。"尧舜之道，不以仁政，不能平治天下。今有仁心仁闻而民不被其泽，不可法于后世者，不行先王之道也。"（《孟子·离娄上》）尧舜行仁政之道，故民皆被其恩泽。《荀子》多言"被治"、"泽被"等观念，如"去乱而被之以治"（《不苟》），治者利民是被德。"功参天地，泽被生民"（《臣道》），"泽被"是"衣被"。《管子》亦有"被利"、"被治"思想，如"天行其所行而万物被其利，圣人亦行其所行而百姓被其利"（《白心》）。又如"民者，服于威杀然后从，见利然后用，被治然后正"（《正世》），"被治"是公平正治。再如"主明而国治，竟内被其利泽"（《形势解》），"被其利泽"则天下归往。兴天下之利，则民乐推而不厌。

"爱养"，是衣养、衣被。俞樾认为，"爱"与"衣"古字通，"两字之音本同"，"盖衣字古音与隐同，故《白虎通·衣裳》篇曰：衣者隐也。以声为训也。而爱古音亦与隐同，故《诗·烝民》篇毛传训爱为隐。""乳母、饮食之者"；"慈母、衣被之者"（《荀子·礼论》）。"衣被"同"饮食"，为生育长遂之德。"以善养人，然后能服天下。"（《孟子·离娄下》）"善养"者，是"爱养"。《荀子》多言王者爱养于民的观念，"王者之等赋，政事，财万物，所以养万民也。"（《王制》）王者之为王，在于裁制万物、"养万民"。"仁人之善"，在于"治万变，材万物，养万民"（《富国》）。爱养以礼，"刍豢稻粱，五味调香，所以养口也；椒兰芬苾，所以养鼻也；雕琢刻镂，黼黻文章，所以养目也；钟鼓管磬，琴瑟竽笙，所以养耳也；疏房檖貌，越席床第几筵，所以养体也。"（《礼论》）礼以养生，养以礼成。《管子》多言"养民"思想，"通之以道，畜之以惠，亲之以仁，养之以义，报之以德，结之以信，接之以礼，和之以乐，期之以事。"（《幼官》）养民者，不仅要养以惠利，更要养以道德仁义礼乐，这样方能达至"善养"。"以善养人者，未有不服人者也"（《戒》）。"爱之、生之、养之、成之，利民不德，天下亲之，曰德。"（《正》）善养者，分有爱、生、养、成四德，合言之为"爱养"。"天生四时，地生万财，以养万物而无取焉。明主配天地者也，教民以时，劝之以耕织，以厚民养，而不伐其功，不私其利。"（《形势解》）天地之养，均平无取。明主之养，德配天地，功成不居，善利不争。从上可见，在先秦诸子中"养"的内涵在不断拓展，由养牲畜到养民，进而言养心、养性、养生、养神、养身、养德以及耳目感官等，"养"者涵摄人生的所有方面。"养"之为德还包括自然、无私、均平、周

遍、不居等属性。

二、文句解析

通观《老子》一书，"万物归焉而弗为主，则恒无欲也，可名于小"与第一章"常无欲也，以观其妙"句子相为呼应，而"万物归焉而不为主，可名为大"与"恒有欲，以观其徼"相互阐发。第一章是总纲，此章在于进一步揭示"徼"、"妙"的思想意蕴。下面从大、小内涵质性入手，结合主要注家之解进行诠释。

（一）"可名于小"

在"万物归焉而弗为主"中，"弗为主"是"恒无欲"，故"可名于小"。河上公云："道虽爱养万物，不如人主有所收取。"以"爱养"取代"归焉"，因"爱养"是归往的缘由。以"有所收取"解"为主"，是从主宰制割的角度揭示其宰取以为己的指谓。恒道的"爱养"，是"以鸟养养鸟"，因物养物，物求即予，非是以我宰物。"爱养万物而弗为主"，既是功为上的生物不测，同时是生生上的"玄德"。以"匿德藏名，泊然无为"解"恒无欲"，非是。实则，它是"作而弗始"，"生而不有、为而不恃，长而不宰"，亦是功成不居、"上德不德"。以"似若微小"解"可名于小"，则"小"是"无名"、"不德"和"无为"。之所以"可名于小"，在于"恒无欲"，体现在"弗为主"上。恒道生物而"弗为主"，是善利万物不辞、不争，物生若自然、自化，遂其自性，竞其自由。"恒无欲"，体现在"不有"、"不恃"、"不宰"和"不居"、"不德"上。恒道虽有功成之大，然"无执"、"不有"，故为微妙之"小"。《老子想尔注》正是以"道不名功"而"常称小"作解，无功、不自大故小。王弼以"归焉"为"衣养"，认为"万物皆由道而生，既生而不知其所由"。"不知所由"，则物生自然，若无有主宰，"长而不宰"。"常无欲可名于小"，是"天下常无欲之时，万物各得其所，若道无施于物"。"无施于物"是日用不知，于物无宰。恒道不宰于物，赋予万物自得其所的资质潜能和生存条件环境。恒道以功德至大为"大"，以"上德不德"、"功成不居"、"长而不宰"为"小"。恒道虽施恩于物，然不主专为，不宰割之，故眇不能见，可名为小。成玄英以"衣被万物"为"陶铸生灵，而神功潜被"，以"弗为主"为"不为主宰"，以"小"为"俯就于物"，它是"不小而小"。世俗以顺从、辅助为"小"，《老子》却以为"大"，假名为"小"，实则"不小"。李荣认为，"衣被万物"是"生育普均，覆载无二"，"不为主"是"长而不宰"。正因普均自然，故无有宰割，物生不知有宰。李约认为，"主则非忘功"，而"忘功"则功成弗居。居功宰为，则必求恩报。大道"于物无欲"，犹"赤子"具有自然之性。"于物无欲"，是为物不宰以为己有，非是无欲其"为物"，否则万物何以赖以生存？功德之为是有欲，不过是生物养物之欲。恒道功成而不居，是实有功为而无与于己，无所容心。陆希声指出，"慈育万类，长而不宰，故常无欲以观其妙，则可以名其朴为小。"以

"朴"为"小",是小而不小。以"无欲"观"妙",正是"不宰"。然"无欲"之"妙"是相对"有欲"之"徼"而言,后者是"慈育万类"的功成、功迹。杜光庭认为,恒道之"大",既在于"生化万亿之类,和气周徧,巨细无遗,畜之养之,成之长之",可谓"爱护之功至"、"茂养之恩普";又在于"不为主宰,各遂生成,无心于物",故为"含育之恩大"。前者是功成至极之大,后者是无为辅助之大。以习俗看来,主宰、控制万物者为"大",而大道功为自然普惠、生生不辞,不宰于物,不知其宰,故以为"小"。同时,因其不宰、无专为,无定体无定用,故若微妙之"小"。"小"既是针对道性而言,又是针对习识而名。陈景元以"覆育群品"为"道能",以"不望其报"为"弗为主"。"弗为主",是"长而不宰"的"各遂其性"。以《老子》本意看,"长而不宰",功成而不求报,方为至德、至功。然以其"弗为主",无为控制、宰制之主,故"可名于小"。吕惠卿认为,"常无欲"是"不居不为主",为"妙之至",故可名于"小"。"不居"是"功遂身退","不为主"是"长而不宰",二者可见恒道之"妙"。"妙"是眇之"小"。董思靖认为,道者,"覆冒万物而不示其宰制之功",以其"常静而无朕迹之可见",故为"小之至"。固然,大道无宰制则常静,不居功则无朕,无见迹则至小。林希逸认为,道虽善利万物,然无有"主宰之心",以"湛然而无所欲"为"自小"。在这里,"自小"是"物物而不物于物",保持自己为"无物",则始终为微妙之"小"。李道纯以"衣被万物而不为主"为"忘其所自","忘其所自"是"生而不有",然"不有"必然"不宰"。杜道坚认为,"常无欲"是"谦德至",以"生所当生",则"爱养必至乌可为主"。恒道生物,是自然以生,不得不生,无以为生,不以为己,不为宰制,故为"生所当生"。不主、无欲则可名于"小"。王道认为,"小"是道的"无而隐",它是"无形无方,自始至终,常无一物"。"无形无方"是"微妙至神"的"无","常无一物"是"不物于物"的"隐"。薛蕙认为,道者,"漠然无心,有而若无,实而若虚",故"殆可名于小"。"漠然无心",是"不有"、"不宰";"有而若无",是功成不居;"实而若虚"是"无物之象"。印玄散人认为,道者,"常朴而无欲,退藏于密",故可名于"小"。常朴无欲,是不欲"有以为";"退藏于密",是"功遂身退"。憨山德清认为,"爱养万物而不为主"是"与物同体"的道体"真常","恒无欲"是"至淡无味","可名于小"是"由无可欲,故不足视"。"与物同体",是以万物为体,故为"真常"。万物就是本己,何必宰物为己?"至淡无味",是至有不有。"不足视",为"眇"之小。黄裳认为,"无欲"是"常清常净",为真常之道。可名之"小"为"小莫能破",它是"虽一草一木之微,无有或外,弥纶万物,无隙可寻,浑然一团,纤尘悉化"。"常清常净",是有而无之;"小莫能破",是充塞无外。以《老子》思维言,"小莫能破"是存在质性,而"可名于小"揭示的是道用质性。正因为其功为无处不有,而名其无处不在。徐大椿认为,"观其退处于谧,而无所欲",而"似可以小名"。"退处于谧",是"退藏于密",犹如"功遂身退"。"小"具有特定内涵,实则非是有形大小之小,故曰"似"。

（二）"可名于大"

在"万物归焉而弗为主"中，"万物归焉"是"恒有欲"，以其不自大成其大，故"可名为大"。河上公认为，"万物皆归道受气，道非如人主有所禁止也。""归道"，是一本于道；"受气"，是分有于大道。"有所禁止"，是宰制、干扰。恒道分散、分有于万物，构成、化育于物，成为宇宙机体，故万物归之以为生成之源。因其功大而强名之，故可名为"大"。《老子想尔注》以为，道之所以能"常大"，在于"以为生既不责恩，复不名主"。以《老子》思维言，恒道之"大"非只是功成、功用之大，而且是玄德、自然之大。后者涵摄前者。因生生而不求恩报，长而不宰，故能生物不测，善利万物。不自大，故成其为无限之大。王弼认为，虽"万物皆归之以生"，而"力使不知其所由"，此不为"小"，故复可名于"大"。既生成万物，又使物不知所由，方为真大。恒道之生，虽无主宰，看似眇小，实则却是成就至功、盛德的所以然。成玄英以为，正如"大海虚谷，百川竞凑"一样，至道"寥廓"，故"万物归之"。物既"仰归于道"，则"宜受大名"，它是"不大而大"。至道于物"容乃公"，故万物仰归。"万物归之"，是功大的表征。虽功大而不自大，以其不自大方为至大。李荣认为，"归"是"万象轮迴，不出无形之表。品汇终始，会依虚寂之中"，而可名之"大"是"不大"。"万象轮迴"的"复"，揭示出恒道"品汇终始"的"使反"功为。"不大"是功大而回归于"无形之表"、"虚寂之中"，它是"功成不居"，有而若无。唐玄宗认为，"爱养之，故万物归之，有万不同，而不为主，可名为大。""爱养"是"归之"的缘由，"有万不同"是爱养而不宰的"容乃公"，故为至大。李约云："万物悉归于道，道又不与为主，可是傲然为大，不顾于物者耶？""不与为主"，是一种德性。正因不主宰，故能因物付物，曲成万物而不遗。恒道之大，既体现在成物功德上的博大，也体现于不为主、容公上的宽容。不宰则照顾于物，自然生生不息。大道生物自然，而物生不知所自，相忘于"万物并生而不相害"的宇宙机体中。陈景元认为，大道"覆载万物，无不制围"，而万物"归之而无不同，同之而不为主"。以其"大则无所不容"，故可名"道为大"。其中，"无不制围"是"范围万物而不过"；"无不同"，是因物付物，不以己同而宰之，故无所不容。同归于道，是归于一本。同不为主，是以不同同之，故曲成不遗而成功至大。陈象古解云："万物归己之恩，不自恃其功，冲而用之，物莫能测，故可名为大。"从恒道生成万物言，固然功德至大，所施甚广，万物赖以生养。虽功成而"冲而用之"，则不居不伐，故功为莫测。生生不息，悠久无疆，故为"大"。董思靖认为，可名为"大"者，是"大之至"，因"万物交往而莫窥其相量之限"，故为"恢恢焉而无形体之可即"。莫窥量限、无体可即，是揭示恒道功德为无大之大、无限之大。李道纯以"万物归之而不为主"为"任运自然"，"任运自然"是"长而不宰"，物各自遂，非是消解化育辅助的真宰。杜道坚认为，恒道之为，是"无归物之心，物自归之。无大物之心，物自大之。"无归物、大物之心，是自然而然；

物自归之、大之，是不得不然。因道生则物自然赖以归，因道大则物自然以为大。印玄散人以"乾始能以美利利天下，不言所利"解"大"，则"大"既是"善利"的至大，又是不以为利的不自大。黄裳以"大莫能载"解"大"，认为是"铺天匝地，统育群生，亘古及今，包容万汇，而究无一物之不归并，无一夫之或外"。"包容万汇"、无不归并、无一或外，是"容乃公"的至大，也是生生功为上的"玄德"至大。

（三）大小一体

王弼在注解中已然看到恒道大小一体的存在质性，认为既生成万物为"大"，而使物不知所由为"小"，小而成大。唐玄宗认为，以其"非小非大"，故"所以难名"。"可名于小"是"非小"；"可名为大"是"非大"。在《老子》思维中，"大"、"小"具有特定的涵义，非是世俗大、小相待的意谓。恒道作为"非小非大"的无待、绝对存在，是万物或大、或小存在属性的生成、赋予者。杜光庭认为，大道"匿德藏名，泊然无象"，故可名于"小"；万物"生者自生，化者自化，使各遂性，不为之主"，故可名于"大"。恒道质性，既是"能小能大"，又是"非小非大"，同时是"无所不小，无所不大"。"秋毫不弃，可谓之小；充塞天下，可谓之大；不为主宰，可谓忘功。"从相对物性大小言，恒道是"非小非大"；从万物大小属性由以生成言，是"能小能大"；从万物性分皆得其宜言，是"无所不小，无所不大"；从寓于万物大小之中言，是泛然其可大小。无象无名是微妙之小，"使各遂性"、功成不居不测是功用至大。忘功不宰，是大小一体。在"功成不居"的"小"中，成就"功为不测"的至大。"秋毫不弃"，既是包容不遗之大，又是成就小物的"无所不小"；"充塞天下"，既是无有形体的微妙之小，又是无大不成的"无所不大"。吕惠卿认为，以"万物归焉而不知主"为"容之至"，可名为"大"。虽既"大"，而可名于"小"，则非"大"；虽既"小"，而可名于"大"，则非"小"。道之所以"隐于无名"，在于"非大非小"。实则，"大"、"小"各揭示恒道功用质性上的一个玄妙质性，大小互摄。"万物归焉"而"不为主"，是大而不为大，虽大若小。正因"恒无欲"、"不为主"，则虽大而不自恃为大，故大而非大。"恒无欲"而"不为主"，是小而非为小，小以成大。正因"恒无欲"、"不为主"，故"物物而不物于物"，为物不测，故小而非小。王雱认为，大道若"有意于主"，则"反与物对"；惟其"主万物而未尝有意"，方能"充塞无外，而莫能离"。道之为物，"方其小"而"未尝不大"，"方其大"而"未尝离小"。不过是观者"各得其迹"而已。要而言之，"非小非大"之性，"不可言传，可以意得"。"自大则有其大"，"有其大则小"；唯其"非大而强名以大"，则为"真大"。以无意主万物为"弗为主"，正确看到了恒道"为物"非是无所主，而是主于生生，而不主于宰物。"弗为主"，是不主于宰割、宰制。凡宰制之"主"，皆是有意的"有以为"。有意于宰物，必是居功、邀名之类。"有意于主"，是物类之求。主于万物生生，是生物不测，周行不殆，故"莫能离"。从恒道功为质性看，方"小"而"大"，大因小而大，它是

体微妙而用至大，不制役物而资万物以生养；方"大"而"小"，小因大而小。恒道生养万物而不主宰之，虽功大而不自恃为大。"真大"者，是强名为"大"，而不可执以为大。不自大故成大。宋徽宗指出，以道"复于至幽"为"小"，故"与物辨"；以道"显于至变"为"大"，故"与物交"。以其"覆露乎万物而不示其宰制之功"，故是"不为主"；以其"鼓舞乎群众而莫窥其归往之迹"，故是"不知主"。"道非小大之可名也，云可名者，道之及乎物者尔。"这里，从与物相辨言，恒道是"常无欲"，物物而复归于无物，故为微妙之小。反过来说，"与物辨"是"不物于物"，因其"无物之象"而为"至幽"之"小"。从与物相交言，恒道是"万物归"，成遂万化，故为至用之大。换一种方式言，"与物交"是"物物"，因其"生物不测"而显为万变之"大"。恒道固非可以小、大名其体，然在"及乎物"的"与物交"、"与物辨"中揭示其大、小的强名。从"常无欲"看，不宰制、功成不居而莫窥，故见于小；从恒有欲看，"覆露万物"、"鼓舞群众"而"万物归"，故见于大。吕知常认为，"可名于小"，是"为而不恃，长而不宰，任其自然而常无所欲，内观其妙而无物不入，群动莫窥其归往之迹"；"可名为大"，是"道隐无名"，"广其无不容，渊乎其不可测，未始有物"。惟其无物则"万物归之而无不同。同之而不为主"。"常无所欲"，是功为"玄德"上的"无有"之"小"；"无物不入"，是无有定体，无所不存的微"小"；"莫窥其迹"，是不可视闻上的眇"小"。"道隐无名"，是不可形名的无形之"大"；"广无不容"，是"容乃公"的"大"；"渊不可测"，是至神莫测的"大"；"归无不同"，是一本之"大"。恒道"未始有物"，方能"物物"无穷。可见，"大"、"小"之名，同恒道为有无一体一样，因其所指而有不同指谓。范应元认为，道不可以小大言，以其"常无纤毫之欲"为"可名为小"；以其"万物归之而不知主"为"可名为大"。道者非是"自为大"。若惟"常无欲"而已，何以知"万物归之"的趣向？以"常无纤毫之欲"为"小"，非是。恒道非一概是"无欲"，并非否定生物的"有欲"，它是"无欲"、"有欲"的统一，合言之是"万物归焉而弗为主"。"无欲"、"有欲"，各有取舍，相互涵摄，合为一体则为"玄德"质性。从恒道功为质性上言，既有生物功用之"大"，亦有功成不居之"小"。功大而不自大，微妙而至神。何心山认为，"不为主则物各付，物散之则弥六合"是何其大，"神人无功，圣人无名，何心于主宰"是何其小，"功盖天下而似不自己，化贷万物而民弗恃有，莫举名使物自喜，立乎不测而游于无有"是大小一体。"功盖天下"、"化贷万物"是大，"似不自己"、"莫举名"是小。"立乎不测"是大，"游于无有"是小。魏源以《中庸》"费"、"隐"思维揭示大小一体之意，认为"万物恃之以生而不辞"为道之费，揭示"用之广"；"功成而不名有"为"道之隐"，揭示"体之微"。惟其"体之微"，则功成于衣养万物而不名有，"返之于无形无名"。惟其"用之广"，则万物"咸归往而浩浩，不知其专主"，极之"并育不害"，其量"可弥六合"。"常无欲可名于小"，是"朴之小而可以观妙"，为道之体；"万物归往可名大"，是"万物自宾而可以观徼"，为道之用。方其"小"则不

见其朕，及其"大"则物莫能外。可见，恒道存在质性是无形无名、功成不居、自然不宰的统一。以其生生不辞、归往浩浩、"并育不害"和"可弥六合"等功用至广为功成之大，以其功成不名有、无形无名、无为不宰为微妙之小。以其周行不殆、物莫能外可谓之"费"、"广"，以其微妙朴小、不见其朕、独立不改，可谓之"隐"、"微"。妙"小"揭蔽于"万物归往"的芸芸众生中。芸芸众生有迹，可以观徼。何新认为，"审校文义，爱养万物，可名为大，为小义不可通。"（引自《老子新解》，北京工业大学出版社 2007 年版，第 123 页）"小"具有特定的意蕴，非是大小之小，而是微妙之眇。同时，它具有不同于世俗标准的价值涵义。在世俗看来，主宰万物方为大，《老子》却提出与此相反的一种大德，"万物归焉而不为主"。在世俗看来，"万物归焉而不为主"是"小"，《老子》却认为是"玄德"之"大"。"不为主"之为"小"，正是成就"玄德"之大的根本所在。恒道居"小"，故"为而不恃"，"长而不宰"，功成不居，万物归往而不为主宰，"上德不德"。正因其"小"，无妄宰为，因物付物，生养万物而不辞，任万物各得所需，各适其性，方是真"大"。小中见大，大而归小，它是大与小的统一互摄。恒道虽大而不自大，故成其大。可名为大，自恃其大，非是真大。恒道固然是"非小非大"，亦是既小且大。"恒无欲"在于揭示恒道功德之大，虽"万物归焉"而保持"功成不居"、"上德不德"。"万物归焉"在于揭示恒道功业之大，因"无为不宰"而能"生物不测"、"大德敦化"。微妙而至神，周行而独立，是大小一体。

三、传承发展

《老子》多从功为"玄德"、体用意义上揭示恒道存在质性的大小，而《庄子》多从道境、心识的角度揭示道性的大小。"万物归焉而弗为主"，实则是有无一体的思维结构。"万物归焉"，揭示恒道实存为"有"；"弗为主"，揭示恒道"不名有"为"无"。前者是周行万物使"万物归焉"为大，后者是功成不居而保持为"无物"之"小"。体现在"游"的境界上，只有"乘天地之正，而御六气之辩，以游无穷者"（《逍遥游》），方能"无待"而逍遥。"无待"者，与造物者为一，游于无穷之独，故为至大。它既是体于道的境界之大，又是去私己之小。在俗人看来，有功有名、显耀达贵是大，而《庄子》以"至人无己，神人无功，圣人无名"为大。"无己"者，是去小己而成为大己，宇宙是我，己与造化为一。"无功"者，功成不居，与神化同功，无功不遂；"无名"者，功大无能名，名不可名，"道褒无名"。合言之，"无有"为"大"，"定有"为"小"。同于道为大，执于己为小。"有人之形，故群于人；无人之情，故是非不得于身。眇乎小哉，所以属于人也；謷乎大哉，独成其天。"（《德充符》）形者有身，是非有限，故小；"独成其天"者，去己同物，常因自然而顺物大情，天钧无遗，故为大。"有大物者，不可以物。物而不物，故能物物。"（《在宥》）"大物"者能"物物"无穷，故为至大。"物而不物"者，复归于无物，故为小。前者

见显于"万物归焉"的功迹，后者体现在"弗为主"的"不名有"。凡以为主、宰制者皆是以居有、占有为目的，都是"有以为"的功为。只有以万物之所利而利之，因物付物，自能生生不辞使"万物归焉"，自能不宰不执而"弗为主"。道之大，在于"兼怀万物"，"万物一齐"，故为"无方"。道之小，在于"无终始"、"不恃其成"，不大其大。就"弗为主"的道术内涵，《黄帝四经》以"知常容"解之。"执道者能上明于天之反，而中达君臣之畔，密察于万物之所终始，而弗为主。故能至精至素，浩弥无形，然后可以为天下正。"（《经法·道法》）恒道"弗为主"，是恒"无欲"、"无为"、"不宰"。以为道术，是"知常"、"因循"。圣人"弗为主"，要以"知"为前提，在《老子》是"以天下观天下"，在《庄子》是"以道观之"。在此，是上明天道反，中通上下畔，密察万物情，然后因物付物，不逆物性，保持"至精至素"的心境，无为而无不为。以"浩弥无形"的大道苴天下，则以天下正天下，故"容乃公"，"曲则全"。《文子》继承发展了《老子》的道术思想，对大小关系给予了进一步阐发。道者，因其功用能"陶冶万物"，故为"大"。体现在"周行不殆"的范围上，是"深闳广大，不可为外"。以其"终始无形，寂然不动"谓之"小"。体现在无处不有的寓存上，是"析毫剖芒，不可为内"（《道原》）。"不可为外"，是"于大不终"；"不可为内"是"于小不遗"。"无形"虽为微妙之"小"，然以生有形的功用言又是"大"。"夫无形大，有形细，无形多，有形少。"有形本自无形，无形为本。大道"无形"，既是"无为"，又是"微妙"。大道"无为"，"无为即无有"，"无有"则"不居"，"不居"则"无处无形"、"静而无声"。"无形无声"者，既是"视之不见，听之不闻"的"微妙"，又是"绵绵若存，是谓天地根"的"至神"（《精诚》）。"微妙"是"小"，"至神"是"大"，二者一体，相互涵摄。功成不为主，以其不居、不名有为"小"，以其功为不测、无穷为"大"。以道为法，则为道术。以道术言，大小关系包括四个方面涵义。一言以大道为经。"视之无形，听之无声，是谓大道之经。"（《自然》）以大道为经，则托小以包大，见小以成大。体于大道，则"知大己而小天下"（《道原》）。己与道同大，故天下为小。"天下"是功迹，与道同功则功为不测。真人者，"大己而小天下"，则不以"物滑和"、"欲乱情"，而"隐其名姓"，坚持"为无为，事无事，知不知"。"大己"者，功为不贰、不测；"小天下"者，不居不伐，"弗为主"。无为者"弗为主"，无不为则有"万物归焉"之效。"与造化者为人"，则"化驰如神"。以为"不道之道"，则是"芒乎大哉"！以"无名"、"无有"、"无形"为大，则能"以天地为品，以万物为资"，故"功德至大"，可以"与天地配"、"为天下母"（《精诚》）。以道治天下，"因其所有而条畅之"，故"因即大，作即小"（《自然》）。"因"者，顺物无宰"弗为主"，辅助自然则"万物归焉"。二言托小以包大。恒道以"小"而无所不容，无所不为。恒道是"非大非小"，然能成大成小，使小以至大。道者"原产有始"，"始于柔弱，成于刚强；始于短寡，成于众长"。比如，"十围之木始于把，百仞之台始于下"（《道德》）。大由小成，小以成大。小是大的潜在，

大是小的成遂。"道无形无声，故圣人强为之形，以一字为名。天地之道，大以小为本，多以少为始。"（《精诚》）"一"为恒道之"小"，是"无形无声"的微妙。恒道以微妙成就功迹至大，是自然质性。恒道作为"万物之奥"，寓于万物为"势成之"，固是小以成大、少以成多。以事物之理言，小为大本，少为多始。"道大以小而成"（《九守》），恒道以"小"成至大，天子轨大道持"小"以成大。圣人"以道莅天下"，以"见小"而持守"柔弱微妙"，"见小故能成其大"。"见小"为"执一无为"的道术。"执一者见小也，见小故能成其大也。"（《道德》）"执一"者"因天地与之变化"，故为"大"。"见小"是"不自大"，在于"处大，满而不溢，盈而不亏，居上不骄，高而不危。盈而不亏"，故可以长守富贵。"见小故能成其大"，是"托小以包大"（《道原》）。"小"能包"大"，在于"在中以制外"。"小"为"中"，是"得道"，虚静而因循。"小"作为道德是"志弱"、"心虚"，在于"柔毳安静，藏于不取，行于不能，澹然无为"。如此以为因循，则"行柔而刚，用弱而强，力无不胜，敌无不陵，应化揆时，莫能害之"。居于"小"，守其本宗，因循道德，崇本以举末，故能功成为"大"。"见小"、"执一"和"无为"，同样是"弗为主"。如此则因物付物，爱养万物，自然成就"万物归焉"的功业之"大"。三言心欲小志欲大。大道"恒无欲"，无为不宰，故"小"；大道"恒有欲"，功成无疆，故"大"。法之以为道术是"人之道"："心欲小，志欲大"（《微明》）。"心欲小"者，是"虑患未生，戒祸慎微，不敢纵其欲"；"志欲大"者，是"兼包万国，一齐殊俗，是非辐辏，中为之毂"。"心小"在于"禁于微"，贵在"知常"而"弗为主"；"志大"在于"无不怀"，贵在"执大象，天下往"。在《老子》看来，对待功德本身存在着重大的价值取舍问题，或是成功自伐，或是功成不居，或是恃德见贤，或是上德不德。前者是执为、"有以为"，为"生而有"、"为而恃"、"长而宰"；后者是"玄德"、"上德"。"心欲小"的关键是摒除"有以为"的"前识"；"志欲大"的枢要在于法效"玄德"的"容乃公"和"道乃久"。以恒道质性言，衣被普惠则自有"万物归焉"的效验。以道术思维言，它是"势大象，天下往"的思维结构。在"万物归焉"与"弗为主"的关系上，正因"衣养"、"爱养"而"不为主"，故有"万物归焉"之效。只有功成不居、不宰，方能"衣养"不贰，"爱养"不测，以至于"万物归焉"。

最后，对本节内容做简要概述。"万物归焉"是从万物赖以生成、各得其所的效验、结果上揭示恒道的功德至大质性，"衣养"、"爱养"则从资生施与、善利辅助的角度阐明恒道之所以为"万物归焉"的根由。恒道因"万物归焉"见证其为"大"，因"不为主"的"恒无欲"而名为"小"。"不为主"与"万物归焉"二者内涵统一，犹如"玄之又玄"。"万物归焉"，与"善利万物"、"辅助万物自然"、"功成事遂"等思想一以贯之。"弗为主"与长育的"不宰"、辅助的"无为"、功成的"不居"等观念融贯一体。二者合言，是恒道的"玄德"质性。

第三节　大小统一

恒道存在质性是大与小的统一，其"大"、"小"具有特定意蕴，分别包涵不同的思想内涵。本节在前面诠释的基础上，拟对之作以概略阐述，尝试使之成为融贯一体的体系。同时，通过对儒家同类思维结构的阐发，以见其相互间的影响，深化对恒道存在质性的理解。

一、大小一体

在恒道之"大"中，蕴涵着"小"。正因为"小"，而为至大。下面，分别对恒道存在质性的"大"、"小"内涵进行概说。

（一）恒道之"大"

通观《老子》全书意旨，概括说来恒道之"大"可有十一个方面的内涵质性。

1. 混成之大。作为本始、原初存在，恒道是"有物混成"，"混而为一"。从其"先天地生"、"可以为天下母"的质性中，可以揭蔽、验证其为潜在大全，浑一早备。恒道作为本始、本根，是"天地之始"、"万物之母"。在"有物混成"中，万物潜备，万象森然其中。万物的生成、实现，是潜备的澄明、实现。作为"万物之宗"、"万物之奥"，它是"无状之状"，以无物而能生成万物，故为潜在至大。

2. 功德之大。恒道之大，体现于功德之大，它生育化遂万物，善利不争，生生不辞，万物无不以之生、以之养、以之成。在"衣被"、"爱养"万物中，呈现生物不测、功为无疆的功用。同时，它无所自恃，功成事遂而不居，"作而弗始"，"生而不有，为而不恃，长而不宰"，"上德不德"，"万物归焉而弗为主"，揭蔽了恒道的"玄德"之大。至功无功，方为不测的大功。

3. 包容之大。"容乃公"，是恒道之大的一个基本内涵。"道通为一"，大道无不包通，无所不涵，无所不可，无弃人，无弃物。万物为恒道的显在，恒道为万物的总名。以寓于万物的范围言，至大无外，至小无内，是大全、不遗之大。宇宙的容量、内涵，是恒道包容万物的器量。恒道之公，是万物一齐，天均自均。正因恒道有"容乃公"的质性，故王者效法以为"德信"、"德善"。

4. 周行之大。恒道分有于万物，散成为万物，周遍寓于万物之中。以寓于万物言，它是"泛兮，其可左右"，不居定所，周行遍至，无所不在。以通行万物言，它是周行不殆，涵摄万物之化，涵盖万物势能，统摄万变律则。以造化万化言，它是一不化而恒自造化，化化无极，万化未始有极。以物物不息言，它是物物而不物于物，为物不贰，生物不测。

4. 独立之大。恒道正因"周行不殆"，故为"独立不改"。正如有"生物不测"，

方见证其"为物不贰"一样，"周行不殆"既是"独立不改"的展示和实现，同时是其证明、揭蔽。在"周行"之大中见证"独立"之大，所以它是天下无有匹合者，独一无二，绝对无待。恒道独立，是"容乃公"、"曲则全"的存在，又是为天下母、天下贵的存在。

5. "四大"之大。《老子》云："道大、天大、地大，王也大"。域中有"四大"，其中恒道之"大"无疑具有绝对、统摄和无限的质性内涵。天地之大，因恒道之大而产生、形成，承载着恒道之大的功能质性。王者法于恒道，同其为大。道大因人大而得以为认识、应用，人大以道大为根本、道纪。对恒道的认知、体悟是"以道观之"，体之而行是"修之于身"以至于"修之于天下"。作为王道境界，是"以道莅天下"。

6. 不肖之大。恒道因似"不肖"而大，"大象无形"，它是无形之大。恒道为"形之不形"、"不形之形"，有形生于无形，无形涵摄有形。恒道无状，然成万物之状，故为"无状之状"。恒道"无常形势"，无朕不测，故为"无物之象"。恒道"窈兮冥兮"，是谓"恍惚"。万物因有形而小，恒道因不肖而为至大。作为不肖之肖，故可成遂万物的有状肖象。

7. 无称之大，名可名，非恒名，恒道以不可名为"无名"之大，"道褒无名"。道不可得，不可见闻，"淡兮无味"，故"不可致诘"。凡物有分有称，而"大道不称"；凡物可名，而"道恒无名"。至大者无名，有名生于无名，无名为有名之母。恒道之大，是强名为大，非是可名之大。以其为无限之大，故不可定名，不可具称。以为"不道之道"，方为至大。

8. 用能之大。恒道之用，为"道冲，而用之或不盈"，"绵绵若存，用之不勤"，"用之不可既"。它大而无穷，体现在生物上是至神不测，展现在化物上是功为不息，表现在成物上"善始且善成"。万物得之则生，"不道早已"。无物不为之运用，万物运动、变化、发展无不体现着恒道之用。恒道"生之畜之，长之育之，亭之毒之，养之覆之"，因物成能，可方可圆，可柔可刚、可大可小，无所不能，无所不宜，"天下莫能臣"。无为而无不为。

9. 长久之大。恒道在"象帝之先"，"自古及今，其名不去"。它是"先天地生而不为久，长于上古而不为老"，为"长生久视之道"。恒道是时间有限与无限的统一。恒道的时间无限性体现于"为物"的功用不测、不息之中，"没身不殆"。万物有始终、古今、生死等分限，而恒道无始终，无古今，无死生。它通过物的时间性而不断时间化自己，呈现"动善时"，"道乃久"的存在质性。恒道是悠久无疆的绝对存在。

10. 不自为大。恒道之"大"，是自然以为大，故无自矜之大。相对人类的习性言，它是终不为大，故能成其大。人成为大，多自恃其大，不能恒自其大。自大则骄慢，故不能久其大。恒道"为物"是功成自然，虽大包群生、化育万物而不自以为大，虽"大"而不恃，大而不居，大若无大。无"大"则无执、无滞，故能恒其为大。

11. 曲全之大。恒道从"有物混成"向"万物得一以生"的存在样态转化后，本自无

体而以寓于万物为体，本自无用而以成遂万物为用。正如"圣人无心，以百姓心为心"一样，恒道不仁而"以万物为刍狗"，"万物赖之以生而不辞"，"善利万物而不争"。它是因物付物，辅助万物自然而不宰，故曲成万物而不遗，使万物并育而不相害。

（二）恒道之"小"

通观《老子》一书意蕴，概括说来恒道之"小"可有五个方面的内涵质性。

1. 无欲之小。《老子》云："恒无欲，以观其妙"。又云："万物归焉而不为主，恒无欲也，可名于小"。无欲之"小"，相对恒道有欲之"大"言。恒道之"大"见诸于功成之迹，而恒道之"小"体现于"无欲"的本自不有、不执、不积、不宰和无己、无功、无德、无名中。正因为"小"，以见恒道的"妙"，功为不测。

2. 微妙之小。《老子》云："视之不见，名曰微；听之不闻，名曰希；搏之不得，名曰夷。……绳绳兮不可名，复归于无物。是谓无状之状，无物之象，是谓恍惚。"无形者是潜在之大，以其幽隐样态是微妙，故为"小"。恒道"物物而不物于物"，以其恒自"复归于无物"、"不物于物"，故为"小"。恒道"为物"窈冥恍惚，以其不可为象，故为"小"。恒道是"混而为一"，以其视不见、听不闻、搏不得和无声无味等，故为"小"。

3. 朴本之小。《老子》云："道恒无名，朴虽小，天下莫敢臣"。又云"朴散则为器"。朴者作为本根，是器物产生的根源，为原始不分的本源。万殊之器由朴散而成，朴为本始是无名之"小"。相对而言，器物因有形状、体积等属性以见显为大，而朴者无形、无名，故为"小"。就绝对意义上言，正如恒道作为"天地之根"是无根之根一样，恒道之朴是无朴之朴，因其无形无状为眇之"小"。

4. 玄牝之小。《老子》云："谷神不死，是谓玄牝。玄牝之门，是谓天地根。"牝为小溪之名，玄牝是"绵绵若存"的"谷神"。以"谷"为喻的川谷之谷，是江海生成的本源。相对于川谷之谷，"谷神"是无谷之谷，为无形无状的本根存在。"玄牝"的思维结构同于"谷神"，虽微妙无形，然是"天地根"，为有形至大者天地的本源。"玄牝之门"是至神不测，不可见闻，故为微妙。

5. 道术之小。道之理是以小成大，圣人以为道术就是托小以包大，见小以无为、不有、不执、不宰。心"小"在于"知常"而不妄作、因循辅助，曲成、善利万物。恒道之"小"体现在德性、道术上是以"无"持"有"上，虽"有"若"无"。它贯穿于"生而不有，为而不恃，长而不宰"、"上德不德"、"至誉无誉"以及功成名遂而身退、"不欲见贤"、无方无体等之中。同时在于慎微，"为之于未有，治之于未乱"。

（三）大小一体

恒道存在质性，既是"大"，又是"小"，二者一体方为玄妙。它集中体现于"微妙而至神"中，微妙是体，至神是用，即体即用，即用即体。恒道"无形"为"小"，"不形之形"为"大"；"无状"为"小"，"无状之状"为"大"；"无为"为"小"，

"无不为"为"大";"无声"为"小","大音希声"为"大";"无象"为"小","大象无形"为"大";"无味"为"小","淡兮无味"为"大";"无名"为"小","强名"的不可名为"大";"可道"为"小","不可道"为"大";"无"为"小","有生于无"为"大";"至精"为"小","神用无方"为"大";"恍惚"为"小",其中"有物"、"有象"为"大";"无物"为"小","物物"为"大";"一不化"为"小","万化未始有极"为"大";"不生"为"小","生生"为"大";"混而为一"为"小","有物混成"为"大";"朴"为"小","天下莫敢臣"为"大";"不肖"为"小","不肖之肖"为"大";"不争"为"小","天下莫能与之争"为"大";"弗始"为"小","无始之始"为"大";"不居"、"身退"为"小",功为不测为"大";"不有"、"不恃"、"不宰"为"小","玄德"为"大"。这样的思维结构还有很多,将随着阐释内容的展开逐一得以彰显。在"小"与"大"的关系上,恒道正因其微妙之"小",方为绝对存在之大,体微妙而用至神,犹如"神无方而易无体"。这里的"小"非是大小对待的小,而是玄妙之"小",它既是世俗所以为的"小",亦是"不可致诘"的渺小,还是潜在、不测、不执、不积的"不物于物"的"小"。以"无"为"小"、"有生于无"为"大"这个思维举例来说,"万物生于有"的"有",既是"万物得一以生"的"一",又是"道生一"的"一"。"一"本源于"道",是"有生于无"。只有"无",方是对一切有限存在"有"的否定,否定有限则为无限,否定相对即是绝对。"无"作为一切定在"有"的否定,是无所不有的潜有,亦是通于定有、生成、涵摄万有的"大有"、绝对之"有","有生于无"正蕴含着这样的思维结构。"无"是无定有、不可道者,涵摄无形、无状、无为、无味、无声等类思维属性,它是绝对之"小",是无定体而无物不是其分体的"无体"。正因其"无体",无有定体,方能生成、成遂无限多的定体,正如恒道作为"不可道"体现于"可道"之中一样。因"无体"之"小",而有"无方"的神用,方为至神存在。恒道本无大、小之名,因物或存在者而强名于"小"、"大"。恒道唯其为"小",因其不居、不执、无为、无欲,进而"独立不改"、"为物不贰",故能成为"周行不殆"、"生物不测"之大。恒道存在为眇,为小,为妙,妙万物以生长,运万物以神化,故是莫测之"大"。恒道存在的大、小质性,是相对万物而为言,"大"是"万物之宗"、"万物之奥","小"是"无物之象"、"不物于物"。"大"是统摄万物的"容乃公","小"是曲成不遗的"曲则全"。

二、思维同构

《老子》恒道存在的大、小质性,既在儒家经典文献中多有思维同构性的体现,又直接影响了儒家思想的发展,兹简要予以概说。

(一)道涵大小

《中庸》云:"君子之道费而隐。……天地之大也,人犹有所憾。故君子语大,天下莫能载焉；语小，天下莫能破焉。……君子之道，造端乎夫妇，及其至也，察乎天地。""费而隐"，是大小一体、互摄。大莫能载，是"于大不终"；小莫能破，是"于小不遗"。朱熹认为，"费"是"用之广"，无所不有，无所不在，故"大无外"，"小无内"。"隐"是"体之微"，道藏于万物表象之后，不可见知。（参见《四书集注》，北京古籍出版社 2000 年版，第 30 页）就《中庸》本意言，"费"固然为"用之广"，在于揭示道散寓在万殊之中，无处无有；"隐"固然是"体之微"，然是不可穷尽、莫测的"大"。道大无穷，不可定指，故为"隐"。朱子以"费"与"隐"为表里关系，而《中庸》本义在于揭示遍寓与无限的关系，在《老子》是至极而无极的思维结构。正因为有"费"的散殊周遍，功用广大，方有无可名的之"隐"。"费"以用广为"大"，"隐"以微妙不可名为"小"。之所以言"其至"而圣人有所不知、不能，正在于揭示其不可穷极的无限涵义。"费"是道的揭蔽，无物无时不显现，"隐"是道的遮蔽，不可至极，可道的皆非至道。不可道，方为至道。以鬼神盛德之妙言，"视之而弗见，听之而弗闻"是"隐"、"小"，"体物而不可遗"是"费"、"大"。前者是体微眇，后者是用至大。德"费"则"洋洋乎"为"盛"，天下皆承其祭祀；德"隐"则"如在其上，如在其左右"，不可以形状见。鬼神的"微之显"，是费隐、显微关系。隐微中涵费显之大，正如微妙之"小"以成至神不测之"大"。以"圣人之道"言，"发育万物，峻极于天"是"洋洋乎"之"大"，"礼仪三百，威仪三千"为"优优大"。然"居上不骄"又是"小"。不自大，持于"小"，然后能"尽精微"以"致广大"。以天地之大言，"无不持载，无不覆帱"是"大德敦化"，"万物并育而不相害，道并行而不相悖"是"小德川流"，二者同是天地之"大"。小德如川流，脉络分明，是全体之分；大德者不测，生物不息，是万殊之本。理一无不包，故大而无外；分殊无有破，故小而不遗。以天下至圣言，"宽裕温柔，足以有容"，是容乃大；"文理密察，足以有别"，是精密而小。这里的大小关系，在《老子》是恒道与万物的关系。恒道是统一，万物是分殊，二者一体、互摄。万物分殊无限，则恒道至极无极。以"君子之道"言，"暗然而日章"。"暗"者"隐"，"章"者"显"，故曰"知微之显"。微者小，为"潜虽伏"；显则大，为"孔之昭"。"上天之载"是"无所不载"的其用广大，"无声无臭"是体无形状、不可感知的微妙之小。道体为"无"、"潜"、"隐"和"微"，是"小"或"眇"；道用"广"、"孔"、"费"和"显"，是"大"或"盛"。由上可见，《中庸》大小一体的道性思维，与《老子》具有思维上的同构性。宋儒吸收道家的思维结构和方式，对《中庸》的大小一体思想进行了深入阐发、拓展。就"君子之道费而隐"一文，张载认为，"费"是"日用"，"隐"是"不知"，"匹夫匹妇可以与知与行，是人所常用，故曰费。又其至也虽圣人有所不知不能，是隐"。（引自《张载集》，中华书局 2006 年版，第 322 页）日用之道，普遍常用，故为"无乎不在"、"于小不遗"之大；圣人不知不能，无可穷极，故为"妙"、"隐"之小。朱熹以"其大无外，其小无内"解之，思维近似"至大无外"、"至细无内"（《文子·自

然》）。王夫之解云："夫道之费也，入于至小而无间，而积小以成乎大，则其极于至大而无外者，亦可得而言矣。道兼乎小大，而见其用之费，则其为无间之所以然，而见夫体之隐者，又可得而言矣。"（引自《四书训义》，载《船山遗书》第三卷，北京出版社 1999 年版，第 1631 页）"入于至小而无间"，是"于小不遗"；"极于至大而无外"，则"至大无外"。道兼小大，积小成大，大者涵小，曲为小，全则大。"用之费"揭示"体之隐"，故言"微之显"。"圣人之道大矣，而有所以大者存，乃可以备其大于万殊、统其大于一本，犹夫天地之道大矣。而备其万殊，统乎一本者，为其所以大之实。"（同上卷，第 1661 页）道"大"，既是备于万殊，又是统于一本，万殊而理一。唯"备其万殊"，方可"统乎一本"，一本而万殊。它是"道通为一"的思维模式，通于万物则为道一。就"天下莫能破"的思想内涵，王夫之解云："破者，分析教成两片，一彼一此之谓也。则疑天下之事物，其或得道之此而不得道之彼者有矣。乃君子推而小之，以至于一物之细、一事之微，论其所自来与其所自成，莫非一阴一阳、和剂均平之构撰；论其所体备，莫不有健顺五常，咸在其中而无所偏遗。"（引自《读四书大全说》，同上书第四卷，第 2372 页）"莫能破"是小至一物之细、一事之微，不可再分于更小，揭示的是"于小不遗"的意蕴。"和剂均平"，是"容乃公"之大；"咸在其中而无所偏遗"，是"曲则全"之"小"。涵摄众小方为大。以"大而大之"言，"道之全"如"大海之吞吸，无有堤畔"；以"小而小之"言，"道之全"如"春霖灌乎百昌，一滴之中也是这阳蒸阴润所交致之雨"。以"礼仪三百"言，"三百之中，随一焉而仁至义尽"；以"威仪三千"言，"三千之中，随一焉而仁无不至，义无不尽"。以全体、统一、周备言是大无不包，以分殊、一曲、一仪言是曲以成全。"惟无倚之仁、无倚之渊、无倚之天，肫肫、渊渊而浩浩，故根本盛大而出不穷，而大德之所显所藏，极为深厚，自非躬备小德者不足以知之。唯其有之，乃能知之。因有其敦化者，而后川流不息；既极乎川流之盛，自有以喻其化之所自敦矣。"（同上卷，第 2415 页）"大德"者，躬备"小德"，积小成大。"敦化"者万理皆备，然因物付物，则为"川流不息"。尽其精微则致其广大，极其广大在于尽其精微。

（二）理统大小

《易传》中蕴含着《易》理的大小统一思维。理之"大"，在于"与天地准"，能"弥纶天地之道"、"范围天地之化"，"以言乎天地之间则备"；在于"知周乎万物而道济天下"，"天下之能事毕"，"感而遂通天下之故"；在于"曲成万物而不遗"（《系辞上》）；在于"穷神知化"，"以通神明之德"，"广大悉备"；在于"其道甚大，百物不废"（《系辞下》）。《易》理之"小"，在于"曲成万物"，"其言曲而中"（《系辞上》）。"大"中涵摄着"小"，全乎"小"即成"大"。一物一理是"小"，通乎万物之理是"大"。曲全为备，曲成不遗则无不范围。《易传》揭示理大小一体思维的还有："一阴一阳之谓道"是"小"，"阴阳不测之谓神"是"大"；"参伍以变，错综其

数”，是“小”，“通其变遂成天地之文，极其数遂定天下之象”是“大”；“称名”为“小”，“取类”为“大”；“化而裁之，存乎变”是“小”；“推而行之，存乎通”（《系辞上》）是“大”。因六十四卦、三百八十四爻的一分之“小”，而成道理“广大悉备”的“大”。牟宗三指出，“范围天地之化而不过”，是“大德敦化而无外”。天地之化涵尽一切变化，它是“至大无外”。模范天地之化，是“超越而不过”，若“过”则有外。“曲成万物而不遗”，是“小德川流而无内”。万事万物细如牛毛，分别地如如当理，一一曲成之而无所遗漏，它是“至小无内”。如有“内”则内中有内，无穷其内，故有遗。“无内”是“小德”即“大德”，虽一微尘亦圆满具足，虽无穷复杂而一一尽皆呈现。“无外”是“大德”即“小德”，“大”非是抽象的存有，而是融小而为大。一方面，融小为大，虽大不自大，“大即小”。另一方面，“一微尘而具足，一一皆呈现”，虽小非小，“小即大”。大小一体，寓于“范围”与“曲成”一体。“天地”为万物的总名，通统万物即是天地。天地与万物是理一与分殊的思维关系。天地之化非“真离万物之化”，而别有其化，它就是万物之化。（参见《心体与性体》中卷，上海古籍出版社 2007 年版，第 92 页）以《中庸》“大德”、“小德”关系，解说《易传》“范围”、“曲成”之说，虽具有思维上的同构性。“大德敦化”揭示道施之用，通于一本；“范围不过”揭示《易》理之用，万殊一理。“大德敦化”，是无外之化；“范围不过”是无外之理。“小德川流”，是德无不及；“曲成万物”，是理无不具。“曲成”和“范围”，“小德”与“大德”，“无内”和“无外”，“尽精微”与“致广大”，相互涵摄，交融为一。“小”至一微一曲，圆满具足，是一理贯于万殊，犹如“万物得一以生”思维；大至无穷复杂，一一尽现，是理一呈现为万殊，犹如“道生一”思维。大不自大，是《老子》所谓的“终不为大，故能成其大”；“大即小”，是《老子》所云的“大小之”。反过来说，“小即大”是小如一微尘，然一一尽致呈现，合万殊为一理，犹如“曲则全”；小而不自限于小，积小以成大，是“小非小”。在“范围”与“曲成”的关系上，“范围不过”之所以为“大”，在于曲成万物，“小”至于一一各当其理；“曲成不遗”之所以为大，在于因物付物，“小”至于一一无有遗弃。“范围不过”之“大”，因其“曲成不遗”的尽其“小”而具体真实；“曲成不遗”以尽其小，极则“范围不过”、广大悉备。恒道因“曲成万物”有其“范围不过”之大，因“范围不过”而有其“曲成不遗”之全。

（三）性包大小

《孟子》云：“万物皆备于我矣。反身而诚，乐莫大焉。”（《尽心上》）“万物皆备于我”，是吾性之大。“反身而诚”，则尽于天命。天命即性之赋，一齐具备。性之早备在于“四端”：“恻隐之心，仁之端也；羞恶之心，义之端也；辞让之心，礼之端也；是非之心，智之端也。人之有是四端也，犹其有四体也。”（《公孙丑上》）“四端”是性之几，而作为“未发”之中，是“隐”、“微”、“小”。心性小以成大，是有“四

端"而知皆"扩而充之",若火始然、泉始达。"苟能充之,足以保四海"。仁义礼智是性之赅备、心之潜具,犹如"朴小",故为"微"。扩充尽己之性以至于尽万物之性,则与天地参,极为至大。心因扩充而尽其性,尽其性则同于天。"万物皆备于我"是潜备而微,需要思存操存,然后推及扩充,达到神化之极。"可欲之谓善。有诸己之谓信。充实之谓美。充实而有光辉之谓大。大而化之之谓圣。圣而不可知之之谓神。"(《尽心下》)"有诸己"是思存,"充实"是正心,"光辉"者是形诸外,"大而化之"是功成事遂,"不可知之"是功成不测。如此境界,是"与天地合其德,与日月合其明,与四时合其序,与鬼神合其吉凶"(《易·乾卦·文言》)。就"扩充"之大,张载解云:"大人所存,盖必以天下为度,故孟子教人,虽货色之欲,亲长之私,达诸天下而后已。"(引自《张载集》,中华书局 2006 年版,第 32 页)扩充"四端"之心,极其至是"达诸天下"。"以天下为度",是"居天下之广居,立天下之正位,行天下之大道"(《孟子·滕文公下》)。度以天下,则心容天下,是"以天下观天下",以天下为天下。程明道认为,仁者之"大",在于"以天地万物为一体,莫非我己","认得为己,何所不至?"圣人功用在于"博施济众",然"仁至难言"。(参见《二程集》,中华书局 2004 年版,第 15 页)"以天地万物为一体",是"万物皆备于我"的"有诸己","博施济众"是诚者成己以成物、扩充以达诸天下的规模。圣人者,不过是扩充其极的"仁之至"。至仁则以"天地为一身",天地品物万形,犹如四肢百体无所不爱。"圣人,仁之至也,独能体是心而已,曷尝支离多端而求之自外乎?"(同上书,第74 页)圣人之大,推己及人,成己成物,尽性之极达济天下,故可与天地配。人人皆可为圣人,因为人人具有"万象森然已具"的朴全之理,又在于修身、推己、扩充其极。知微而显,由微见诸显,就是圣人规模、器宇。《老子》云"修之于身"其德真,扩充于乡、国,以至于天下,则"其德乃溥"。可见,道、儒二家在德性修为、实践见功上,皆持由小至大的"扩充"观点。《荀子》亦言人性的大小一体意旨,"积善成德,而神明自得,圣心备焉。"(《劝学》)正如"不积跬步,无以致千里;不积小流,无以成江海"一样,神明得、圣心备在于"积善成德",积小而成大。"君子大心则敬天而道,小心则畏义而节。"(《不苟》)君子之心,大小一体,大则敬天从道,小则畏义中节。天、道以统体言,涵摄万殊之理,是"容乃公"。义、节以分殊言,一物各有一理,是"曲则全"。前者是"致广大",后者是"尽精微"。君子"心小而道大"。"心小"是谨小慎微,小恶不为,小善积为。"道大"是以"千人万人之情"为"一人之情","不同同之之谓大"。君子"操弥约,而事弥大"。"约"为小,"推礼义之统"、"总天下之要";事大在于"分是非之分"、"治海内之众"。"约"是博之约,"大"是约之博,大小统一。虽小为"五寸之矩",而"执一"可以"尽天下之方"。"尽小者大,积微者著"(《大略》)。涵小则为大。王夫之指出,"天下无心外之理,而特夫人有理外之心。以心循理,心尽而理亦尽;以理御心,理可推而心必推。尽之于小,而小者无遗,可以贯乎大矣;尽之于大,而大者不虚,可以贯于小矣。"(引自《四书训

义》，载《船山遗书》第三卷，北京出版社 1999 年版，第 1725 页）心外无理，是心与理同大。理外有心，则心有不理。心以循理，尽之以精微，一一曲成，尽小无遗，自能心尽则理亦尽。"以理御心"，大其心，心与理一，无所不至，大贯于小，自能理推则心必推。理博极于详细，曲全至于无遗。王夫之著有《庄子通》《庄子解》，就《庄子》的大小一体思维给予了认真解析。以适性为准，齐于大小，各自自然。以世俗言之，贵己贱彼，"小者笑大，大者悲小，皆未适于逍遥"。（引自《庄子解》，同上书第七卷，第 3914 页）以道观之，大、小各适其性。道通大小，天均自然，大者为其大，小者用其小，各得其所。"其神凝者：不惊大，不鄙小，物至而即物以物物；天地为我乘，六物为我御，何小大之殊，而使心困于蓬蒿间邪？"（同上卷，第 3916 页）"不惊大，不鄙小"，无容心，无与于己。大小各得，无所不适。以道观之，何大何小？以己观之，是大非小。以道为用，大其大宜，小其小适。至大无大，不自大故大。既不可"执大以为大"，亦不可"执小以为小"。大者居小而量无穷，小者识大而量无极。大不自恃，则无限其大，大无定量；小不自限，则不拘于小，小无定涯。大以容小，成无限之大；小以积大，成不小之大。张远山指出，"在道极视点下，除了绝对大又绝对小的'道'，'道'所萌生的'万物'，不可能绝对'大'或绝对'小'，仅有相对'大'或相对'小'。道之绝对大，就是无一巨物能拥有道之全部；道之绝对小，就是无一微物不蕴含道之局部。"（引自《庄子奥义》，江苏文艺出版社 2008 年版，第 34 页）"道极视点"，是"以道观之"，"大道不称"。以绝对大看大，则无矜于大；以绝对小看小，则不困于小。恒道作为绝对、无限存在，相对物形的大、小是无大之大，无小之小。然就其寓于万物、功为万物言，又有"大"、"小"的强名。物性是大小区隔，不得互兼，恒道则通大小于一，大是至大，大无不包；小是至小，细无不入。大中涵小，"容乃公"；小中藏大，"曲则全"。在"曲则全"的"尽精微"中，成为"容乃公"的"致广大"。至大"不大"，成遂万物之大；至小"不小"，成遂万物之小。

最后。对本节内容做简要概述。恒道作为"有物混成"、"无状之状"的浑全大一，作为"泛兮其可左右"的"道通为一"，作为至极而无极的存在，本自无有大小之性，无有大小之名。然以"为物"而功显，"大"是无不生成的至大，"小"是窈冥、恍惚的妙小。以道观物，物大是相对的大，物小是相对的小。大有其适，小有其宜，各得性分，无所不可。恒道以不可见闻、致诘为"眇"，为莫测、无状之"小"，然正因为其"微妙"，故为"周行"、"至神"之"大"。恒道之"大"，既体现在"为物"上的功为不测、曲成不遗，同时体现在寓于万物的范围至大、无不包容。恒道之"小"，既体现在无形无状、无味无名的微妙"无体"，同时体现在生生功为上的"不有"、"不恃"、"不宰"以及"无为"、"不德"、"无誉"等上。"无物"为"小"，"物物"为"大"，"物物而不物于物"是大小一体的玄妙质性。恒道既是"容乃公"的"于大不终"，又是曲成万物的"于小不遗"。大小互摄，微妙而至神。

第二十一章　恒道信能

　　"信"、"能"为恒道存在的两个重要质性，虽然《老子》对此着墨不多，但从其思想体系融贯一体的思维质性看，"信"是功用之验，"能"是功为之能，它们是恒道之所以见"功"为"大"的重要观念基础和支撑。无"能"、无"信"，恒道不能见显为功为，不能揭蔽其功德至大的存在质性。无疑，"信"、"能"也是其恒道存在质性的重要观念。

第一节　恒道之信

　　"信"的观念，在《老子》中多用来揭示"言"（信言）、"德"（德信）的内涵，而用来论述恒道存在质性的只有"道之为物"上的"其中有信"。在这里，"信"既是恒道存在的信验，亦是其功为的实有表征，它确证了恒道存在的必然性和实存性。

一、文字校解

　　《老子》第二十一章云："道之为物，惟恍惟惚。惚兮恍兮，其中有象；恍兮惚兮，其中有物。窈兮冥兮，其中有精；其精甚真，其中有信。"因为此章部分内容在前面已进行过诠释，这里突出对"其中有信"予以阐释。帛书《老子》甲本"有信"二字缺损，乙本保存完好。楚简《老子》无此章。

　　"信"者，会意字，金、古文字形从"人"、从"口"，篆文"口"改为"言"，借人口所言而会真实之意。从先秦文献来看，"信"可归纳出以下诸义。

　　（一）言语信实

　　"信"者，本义来自生活实践中人与人之间的交流和交际之用，"言"见诸"行"为实。"与朋友交，言而有信"（《论语·学而》）。"言而有信"，是"言必信"，言行一致。"言必信，行必果"（《论语·子路》）。从言与行有间、不必然统一看，则有信与不信之分。"人之为言，苟亦无信"（《诗·唐风》）。言有无信，故要慎言。"慎尔言也，谓尔不信。"（《诗·小雅》）言之所以不信，在于"利口"。"恶利口，恐其乱信"（《孟子·尽心下》）。"利口"者，"巧言"以辩自显。"'有言不信'，尚口乃穷也。"（《易·困卦·象》）"尚口"者，"美言不信"。言而不实，故穷。《老子》云"信不

足"则"有不信"，正是此义。

（二）诚实之信

言而信，则给人以有信用、信誉和信实之感，引申为一种德性。《说文》云："信，诚也。""诚"者，自成不伪之德。"诚者自成也，而道自道也。"（《中庸》）因有"自成"之势，故信得过、可信。"所谓道，忠于民而信于神也。"（《左传》桓六年）取信于神，则无有不信。取信于人，人必助之。"人之所助者，信也。"（《易·系辞上》）"信"为"诚"，则"不言而信"，"默而成之，不言而信，存乎德行"。以"诚"行为"德"，信在其中，因为无信则德不行。"不言而信"，则信不必期。作为一种德性，它是"忠信"。"忠信，所以进德也"（《易·乾卦·文言》）。"进德"以忠信实行。"朋友有信"，是"五常"之一。"信以成之"（《论语·卫灵公》），无信则礼义不成。

（三）信则必然

由言行符合、诚实自成，引申为常如此、恒这样的恒常性。"信近于义，言可复也。"（《论语·学而》）"言可复"者，言必行、行必果，恒是如此。信者必行，然"义"为"信"本。"大人者，言不必信，行不必果，惟义所在。"（《孟子·离娄上》）行"义"，则言不必信。由"言必行"的确实，进而指事物运动、变化和发展的自然、必然。"水信无分于东西"（《孟子·告子上》），"月信出信入"（《黄帝四经》），"水流而不盈，行险而不失其信"（《易·坎卦·大象》）。"信"者，必然如此之势，兼含天道、人道之"恒"。"日诚出诚入"、"月信死信生"（《鹖冠子·王鈇》）。"诚"与"信"合义，意指恒常如此、不得不然的趋势。

（四）信任威信

由人有"信"德，经过长时间考证如此，便形成对之的信任，相信其能够不负所望、行不差爽。"始吾于人也，听其言而信其行；今吾于人也，听其言而观其行。"（《论语·公冶长》）因"言必行"，则听其言信其必行。反之，因言不必行，则听言观行，只能以结果验证其可否必信。由"信"形成了值得信赖之感，则本身就具备了"威信"。它多体现在为政的管理者身上，人们对其施政抱有信心。"道千乘之国"，要"敬事而信"（《论语·学而》），"上好信则民莫敢不用情"（《论语·子路》）。上立威信，值得信赖，则下给以信任、信服。王道之信：尊贤使能则天下士愿立于其朝，市廛不征则天下商愿藏于其市，关讥不征则天下旅愿出于其路，耕助不税则天下农愿耕于其野，廛无夫里之布则天下民皆愿为之氓。"信能行此五者"，则"邻国之民仰之若父母"（《孟子·公孙丑上》），如此则"无敌于天下"。

（五）信者不期

信不足，故有期。期不必然，故望其实现。"信誓旦旦"（《诗·卫风》），"信誓"者保证以信必。至德之世，"当而不知以为信"（《庄子·天地》）。"当"是必信，有不

"信"则立"信"之德。以"当"求"信"之德名，有以为则信伪不实。信若自至、必然，则不必期。"信矣而不期"（《庄子·刻意》），有期则或不必。"期"必信者有不同：教之所期，在于百姓舍己，以主上心为心；训之所期，在于"一人服之，万人从之"；俗之所期，在于"上不加勉，而民自尽竭"；诚信所期，在于"好恶形于心，百姓化于下，罚未行而民畏恐，赏未加而民劝勉"；天道所期，在于"为而无害，成而不议，得而莫之能争"；事之所期，在于"为之而成，求之而得，上之所欲，小大必举"；政之所期，在于"令则行，禁则止，宪之所及，俗之所被，如百体之从心"《管子·立政》。"所期"者，望其信然。"期"以必然，则以恒于自然为效验、信验。

（六）信念信符

由"信以成之"转引指"义以为质"、"唯义所在"的所"信"。心志所之、信以成者是道德，对之笃信不移就是信念、信仰。"执德不弘，信道不笃，焉能为有？焉能为亡？"（《论语·子张》）信道以笃，则执德能弘。笃信道德是信念，以为追求境界是信仰。"信"以效验为确证，又引申为证明其信的信物，如信符、信号、符契、凭证等。"为之符玺以信之，则并与符玺而窃之。"（《庄子·胠箧》）"符玺"，征信之物。不必信则有担保的凭据，而"至信辟金"（《庄子·庚桑楚》）。"至信"者期则必，无有不信，故不必以金玉为信质、信契。

（七）信者为伸

"信"又是古"伸"字。"今有无名之指，屈而不信，非疾痛害事也；如有能信之者，则不远秦楚之路，为指之不若人也。"（《孟子·告子上》）"屈而不信"之信，是屈伸、伸直之"伸"。由屈伸引申为"伸张"。"信"以公证，则"信大义于天下"。由伸直与屈曲的"诎"相对，"老子有见于诎，无见于信"（《荀子·天论》）。"信"作为"伸"，与"诎"对反。"往者屈也，来者信也，屈信相感而利生焉"（《易·系辞下》）。于省吾校刊认为，"信申古通"，"申伸古通用"，"古文伸作信"。"伸或作神"，《说文》以"申"为"神"。"自信神通假不明，世人遂不知《老子》言精言神之义"（《老子新证》）。"神"以功用言，"信"以效验言，"伸"以功为言，三者义通。经由"为物"结果的信验，进而可揭示"为物"功为之"神"。《老子》多以功效、成绩揭示、解蔽恒道存在的质性。

二、文句解析

"信"者，言行如一，言必行，行必果。有"果"则是"言必信"。以"信"的效果，可见证或证明"信"的情实、真确。《老子》正是以"为物"的功迹，也即凭借所生成的万物推导恒道存在之信。对"其中有信"一文，注家从不同角度揭示出了恒道之信。

一解"信"为必然。河上公云："道匿功藏名，其信在中也。"恒道功成不居，

"功遂身退"，然何尝"匿功藏名"？"功成事遂"，成功于万物，是恒道不得不然的根本存在质性。既然功为不贰、不息，则"信"在其中，它是功为必然。"功遂身退"是不居成功，非是不为功。无功无信，则恒道不存。《老子想尔注》认为，道精分与万物，"万物精共一本"。作为"大信"存在，它是"实精以生"，"失精以死"。万物得则生，失则死，恒然如此，不亦是"至信"。"其中有信"，既确证了恒道功成的必然，又确证了"万物恃之以生而不辞"。葛玄以"一行形中"为"其中有信"，"一"既是"万物得一以生"的"一"，同时是"周行"于万物的"道生一"之"一"。无"一"不形，无物无"一"，恒然必然如此，故为"信"。恒道"为物"的"其中有信"，揭示了其与万物之间的必然联系。无万物存在则无恒道之信，无恒道之信则万物无以生存。陈象古认为，"唯道是从"是"信之至"。既然得"一"可为天下贞，无"一"以正则将恐蹶。"一"是充分必要条件的存在质性，故为必然之信。"唯道是从"，是德行上的信以从道。

二解"信"为"信验"。王弼解"信"为"信验"，认为"其中有信"是"为物"的有功，使"万物之性定"。万物由以成，是恒道"为物"的信验。李荣云："福善祸淫，影响斯在。"影随形生，声则响应。"影"，"响"，皆是作用的信验。"福善祸淫"作为效验，见证了主宰的存在。恒道于物，是恒"与善"，"善始且善成"，其信验是生生之信，非是"福善祸淫"。以善得福，以淫招祸，是祸福自招。以恒道存在质性言，是"不道早已"。作为"长而不宰"的存在，"福善祸淫"固不在其中。《老子》恒道恒自与善的模式是"以德报怨"，而"福善祸淫"是"以直报怨"。"福善祸淫"，是主宰天的证验；"万物归焉"，是恒道"长而不宰"的效验。司马光以"信"为"验"，认为它是"无状之状"的存在质性。恒道自体虽本"无状"，然万状以之成，生物功为恒信恒存。严复指出，恒道之信是"为一切之因而有果可验"，而"物之真信，孰逾此者"。"物之真信"，确证、揭蔽了恒道之信。恒道之信，寓于"物之真信"中。刘萧和指出，"万种事物之形状，无一物一时不受道之管领。盖道本无物，因物出现而各成其状。"无有不受道之管领，是恒道为"万物之奥"。恒道之体，既是本自无物，又是以万物体为体。"因物出现"，是"三生万物"的功用信验。恒道在成遂万状的信用中，同时是"生而不有"，虽显诸功迹，然不居成功。正因为如此，而成其为不息、不测的信用。

三解"信"为无忒。成玄英认为，"信"是"信若四时，必无差爽"。"四时"信必，固然如此，固无差忒。若以恒道之信是生物不贰、无有缺失，则是。然他从"感应"上揭示"信"而无忒，落入空谷响应的道教、释氏思维，故其解不类。唐玄宗解云："生成之功，遍被群有，物感必应，曾不差违"。"生成之功"，是功为恒信；"遍被群有"，是周行之信。"物感必应"，是恒与之信。"曾不差违"。是"应用不差"。李约以"诚能虚心，则精应不失"解之，"不失"则应信，"虚心"则信应。吕惠卿认为，"精"是得道之一而不杂，天下之物因"得一"而"真而不伪"，故"信而不忒，

常而不变，未有加于此"。"信而不忒"，是无有不信；"常而不变"，是信无期必。"未有加于此"，是至信至用。王雱云："窈冥之精，万物作类，而物之生者，各正性命，度数法象，一有仪则，可以前知，无或差舛，此之谓信。""万物作类"，"各正性命"，是"得一以生"的信验。"一有仪则"，是恒其信必的证验。有信必然，"无或差舛"，则为律则，故可以前知。恒道"为物"，功成固然，信不必期，故无有差爽。薛蕙认为，"信"是"信验而不忒"，"所谓虚无者，岂真断灭而无物邪？"恒道以"信验"证知其"不忒"，本自具有"不忒"的"为物"质性，故有"信验"的功为彰显。恒道存在虽为"无物"，然"物物而不物于物"，"为物"恒信，何尝寂灭？万物是其功为的证验。

四解"信"为自然。陆希声认为，"精"是体，"信"是用，"纯粹"为"精"，"自然"为"真"，"至诚"为"信"，精真之信存于"阴阳不测"之中。恒道存在质性是即体即用，微妙而至神。"至精无形"是体，神功莫测是用。以阴阳言之，阴阳混涵是体，阴阳冲和是用，阴阳不测是信。恒道"为物"之信，既是"独立不改"，又是"周行不殆"，合而言之是"自本自根"的"自然"。恒道生生自然，故"为物不贰"、"生物不测"，何尝不神不信？陈景元以"畜乎自然之信"解之，"畜"是生生大德，"自然"是生生的必然、固然。他又解"信"为"其化应时"。"化应时"是"动善时"，与时成化为自然而然，犹如四时之信于自然。"道法自然"，内涵信用自然。恒道功为自然，同时是"为物"必然，在"为物"上揭示自己的存在，在成就、化成万物中证明、澄明自己的实存。

五解"信"为真确。杜光庭认为，恒道"为物"，是"垂变化之功，功无不在，彰感应之，用用不可穷"。"功无不在"，信实真确。有感则应，信用不失。"用不可穷"，信用如一。李嘉谋认为，"唯其真而不假，故不以有而存，不以无而亡，是谓有信"。"信"者，真确不假，不以有、无而改其确信。恒道之信，是虽"无"而有信用，信用不测是"无"，是微妙。正如《易》"无体"显诸神无方，神无方藏诸《易》"无体"一样，恒道以功为不测之"有"揭蔽微妙无体之"无"，以微妙无体之"无"信验于功用不测之"有"。"窈兮冥兮，其中有精"是至精无形的"无"，"其中有信"是至神莫测的"有"，二者一体。恒道存在的真确，非是物性定在、有形的真确，而是功用无穷的真确，同时是无体、不可见闻的真确。李道纯以"活泼泼地"解之，以见恒道生物是"渊泉如渊"、"沛然莫之能御"的确实。

六解"信"为实有。林希逸以"信"为"实"，认为无物之中"真实有物"，不可以为"虚"。"真实有物"，是"其精甚真"，万物皆从此出，何尝是虚无寂空？吴澄以"万有森然已具"言"其中有信"，从信验结果推导原始潜质和早备。从《老子》思维看，恒道作为万物本源存在是"有物混成"，作为分化、分与而寓于万物存在是"万物之奥"。从万物生成的效验追溯万物赖以生成的本源是潜在的赅备。万物之信，见证、证明着恒道潜有之信。恒道的真实、实有，见证于功成的万物之中。王一清认为，恒

道"为物"有"信"是"妙有而非无"。惟其"无中之有",而为"有中之真",故"真空不空"。恒道之信非是个体、形体之信,而是功为不测之信。"妙有"非信于定有之体,而信于至神之用。恒道之信,非是如存在者定在、定存之信,而寄托在定在、定有上的无常可信。每一个具体实在的确信者或事物,皆赖于、证验着恒道非定信的实有。

七解"信"为诚信。范应元以《中庸》"诚者天之道"、"诚之者人之道"的思维作解,认为万物莫不由道而生,然人为物灵,"本心真实无妄,凛不可欺",能于日用间"循乎自然之理而真实无妄",则事事物物莫不各有"当行之路",合于"天之道"。天道以至诚不息、生物不测为"信",其信验于万物由以生上;人以循道无违、率性为信,信验于"当行之路"上。人道"诚之"之信以天道"诚"信为根本,人道是天道的效法和自觉之信。

从《老子》全书意旨来看,"其中有信"之信,当为信实、必然、自然之信,也是诚信、信验、信物之信。生物的功迹为"信验",恒道以其生物的信验、信用、信实,见证其为真确、必然、自然。恒道"为物"自然而然,恒常如此,无有差忒。这里,自然是其诚信,恒常是其必然,功迹是其信验,功为是其真确,无差是其信用,生物是其实有。

二、恒道之信

"信"揭蔽出恒道存在的实有,澄明了绝对本体"无"的微妙至神质性。通观《老子》全书,可概略从以下几个方面揭示恒道存在之信。

(一) 有欲有生

《老子》云:"恒有欲,以观其徼"。从所生物之"徼"的信验,揭示恒道"有欲"的功为,然后澄明其生生功用的"信"。万物作为"徼"是恒道功成之迹,恒道以生万物为迹而有其"徼"。恒道"有欲"于生生,则必有功迹;人由"徼"以证知恒道的"有欲"。无万物之"徼",则无以见恒道之"欲"。恒道的"有欲"是"作",在"万物作而弗始"中显现其生生功为。"万物作",是"万物恃之以生"。"道生一,一生二,二生三,三生万物","万物得一以生",为"万物之母"、"万物之宗"和"天地根"等,皆是从万物的信验存在追溯、探究其本始存在的思维角度,揭示恒道生物之信。恒道是"上善若水","善利"、"衣被"、"生之畜之,长之育之,亭之毒之、养之覆之"等,皆是生生功为的"有欲"之信。

(二) 有反有动

《老子》云:"有无相生,难易相成,长短相形,高下相盈,音声相和,先后相随,恒也。""恒"是恒道信于"势成之"。在万物的"物极必反"的恒常律则中,揭蔽着"反者,道之动"。从"万物并作,吾以观复。夫物芸芸,各复归其根"中,可见恒道

信于"使反"、赋命;"曲则全,枉则直,洼则盈,敝则新,少则得,多则惑",足见道理之信;从万物"或行或随"等变化、反复运动中,可以揭蔽恒道"善始且善成"之信;从"将欲歙之,必固张之"等,足见事物律动之信,揭示恒道的"信以成之"。万物变化、反复之动作为律则,揭蔽恒道使动、驱动或运化的存在之信。

（三）用而有功

恒道以功为、功用见证其"信",它既体现在功为不贰中,也体现在功成不测中。恒道"作"万物而"功成事遂",可见其功成效验之信;"道冲,而用之或不盈","绵绵若存,用之不勤"和"用之不可既"等,揭示了其功用不穷之信。"万物归焉","各复归其根","不道早已"等,以作用、影响揭示了施用之信。功用之信,集中体现在"道生之,而德畜之,物形之,而势成之"之中,又体现于"弱者道之用"、"有之以为利,无之以为用"之中。事物变化未始有极,可以推知其造化、化化之信;物生不测、无穷,可以推知其造物、物物之信。有用有功,澄明了恒道的实在、确信。

（四）恒道有为

恒道的"有欲"、功用,汇集一点是"为物"的功为,无所不为。"有欲"的生生质性,功用的效验作用,皆是有为、作为的反映。恒道存在,虽是"无为无形",然并非一无所为,只不过是"为无为","无为而无不为"。作为"玄德"的"生而不有,为而不恃,长而不宰",皆以"有为"为前提。"万物将自化","万物负阴而抱阳,冲气以为和"等,可以见证恒道寓于、分有于万物的使化作为之信;恒道作为"万物之奥"的使为,信验于万物运动、变化和发展的恒然中。无恒道的信"为",则万物生成、变化和发展无有根本。恒道信"为",体现于万物变化有常的律则中,反映在人类的遵循期必之中。恒道信为信存,以阅众甫,故信于"自今及古,其名不去"。

（五）事物必然

恒道存在之信,信验于万物存在之信。在万物生成、变化、发展的永恒、无限中。揭示出恒道存在的"信"。"飘风不终朝,骤雨不终日";"企者不立,跨者不行";"重为轻根,静为躁君";"鱼不可脱于渊";"贵以贱本,高以下为基";"静胜躁,寒胜热";"祸兮福之所倚,福兮祸之所伏";"牝恒以静胜牡";"骨弱筋柔而握固";"草木之生也柔脆,其死也枯槁。……木强则烘";"天下莫柔弱于水,而攻坚强者莫之能胜",等等。它们既是事物存在的必然属性,又是恒道使然的恒常信用。万物存在、变化和发展的自然,蕴藏着恒道功为的自然,前者是信存的自然,后者是使然的信用。万物变化、发展永恒,由于恒道作用永恒,前者是律则之信,后者是作为之信。二者的信用关系,又体现在道行于万物,"道通为一"中。

（六）天地之为

固然恒道之信信验于万物的生成、变化、发展之中,这里包涵着天地之信。以天

地信用揭示恒道的使然之信，在《老子》思想中具有特殊的价值。天地是万物中的至大者，在万物存在中承载着重要的生生功能。天地之为，同时是恒道之为，因为恒道通于天地万物。天地之为，是恒道从原始"有物混成"分化为"万物之奥"的主要"得一"者。恒道生成万物后，就分有于天地而赋予其生生的重要功能。"天地之间，其犹橐籥乎？虚而不屈，动而愈出"；"天长地久"；"天地相合，以降甘露"；"天网恢恢，疏而不失"；"高者抑之，下者举之；有余者损之，不足者补之"，"损有余而补不足"；"天道无亲，恒与善人"；"利而不害"，等等。天地之道，是恒道之寓。天地之道的必然，就是恒道所在的信然。通过天地信为，可确证、揭蔽恒道作为之信。

（六）周行遍在

恒道存在之信，又与万物存在的确信不同，他非是定有、定在的真确，而是寓于万物之中、以无不在揭示其存在之信。相对于存在物以形状、定用见信，而恒道作为"大道氾兮，其可左右"，"湛兮，似或存"的存在，是无形无方之信，只能凭借"为物"不测的功迹以证验其存在。"譬道之在天下，犹川谷之于江海。"天下无有不寓于道者，恒道信存其中，然日用不知其信用。恒道为无限存在，是信用无穷，信验于生成万物的不测之中。以静态言，万物是恒道存在的信验；以动态言，"为物"是恒道存在的信用。作为功成已然效验见证了恒道的实寓实存，作为生物不测的信用呈现了恒道的信为。恒道因独立不改而信于"为物"不贰，因周行不殆而信验于生物不测。

（七）公正无私

《老子》云："不可得而亲，不可得而疏；不可得而利，不可得而害；不可得而贵，不可得而贱。故为天下贵。"有亲有疏、有利有害、有贵有贱，则伤道之公，损德之信。一方面，恒道只有公正平等普施万物，才能"容乃公"，均施信于生物。恒道信于万物，方为万物所信。另一方面，物以资生无有不信，则见证恒道信于德善。万物生成之信，证验恒道生生无私、资生万物的无不信予。体现在天地无亲疏上，信以均覆共载。恒道公信于物，则万物普信于道体的生生，有求必与。

四、传承发展

《庄子》传承发展了《老子》的道"信"思想。道者，"有情有信"（《大宗师》）。"情"以况功为的存在，"信"以证成功的实有。二者正在于揭示《老子》"道之为物"的"其中有精"、"其中有信"的思想内涵。"情"是功为的"情实"，它来自大道"为物"的有"精"。"精"者生物，功用不测，故为"神"。功用有验，必证于"信"。"情"、"信"合一，则为"神"。无"信"，则无"情"，亦无"神"。"神"是"情"之神，"情"是"信"之情，"信"是"神"、"情"之验。"精"是"情"的载体，亦是"神"的主体，更是"信"的本体。"精"者，以"信"见之于"神"，以"神"见诸于"情"。"信"者，由"迹"见诸于"神"，通过"神"显现为"情"，经由

"情"见之于"精"。此种思维结构是由可见、显见的功迹,揭示恒道"为物"的"神",进而揭蔽其主体"所为者"的"精"。从《庄子》思维看,大道的"有情有信",源自"神鬼神帝,生天生地"的功用。天地、鬼帝是实在,亦是大道"神"功存在的证验。天地之生、鬼帝之神作为"证物"、"证验",证明、揭蔽了大道有功为之情,存有功成之信。《老子》多以"玄"揭示恒道之"妙",而"神"内涵其中。"神"为功用不测,故"生物不测"为"神";"玄"是"有无一体"之"妙","功成不居"为"玄"。"玄"之为"妙",既有功为的不测,还有功成的不居。恒道功为之"神"自在"妙"中,无"神"则无"妙",然"神"非必全是"妙"。恒道"为物"的"有情",非是物性变化的"有情"。前者为"无状之状",后者为有状变化。郭象云:"有无情之情,故无为也;有无常之信,故无形也。"以《老子》思维言,存在物之"情"在于有为、定为,恒道作为"无情之情"非是定于有为,而是无所不为。凡物有为有形,存在具体,必有定信。恒道作为"无常信"者,不定信于一信,无常信用,故无物不得其信。恒道之"情",是"窈兮冥兮,其中有精",无定体无定象,故为"无情之情"。恒道之信、之情,显见于"为物"的功为中,证验在物生化育的功迹中。"世之议者皆曰:'至精无形,至大不可围。'是信情乎?"(《秋水》)在"精"与"信"、"情"的关系上,"情"是实情,"信"是真确。以习俗言,"信情"是指有状可见之物,"至精无形"与此相反,故以是否"信情"为问?"至精"者为"无状之状",虽无形不可见,然万物以之生成,因万物生成有验,故可揭示其情实为"信"。恒道的"信情",与世俗物性的"信情"不同,后者是"期于有形"的有待者,而前者是"数之所不能分"的无待者。可以言论、意致者是物之精粗,而恒道作为绝对存在是"言之所不能论"和"意之所不能察致"。以道的"有情有信"观之,是"是非之不可为分,细大之不可为倪",故非为定信定情,而是"无为无形"。可见,恒道之信显现在无为而无不为之中,无定情状,而在生成万状中揭蔽其"情"。恒道作为"至精无形"者,是微妙而至神,以其"为物"不居而微妙无体,以其"生物"不测而神用无方。以其功成生物化物的真确为有情有实,以其功成不测为无情无状。正如"无状之状"的思维一样,恒道之"情"是"无情之情",恒道之信是"无信之信"。

《文子》对《老子》恒道"为物"之信的思想做了进一步发展。大道功为之信,显现在"万物恃之而生"(《道原》)中。万物赖以恃生,信于恒道"生而不辞"。"和阴阳,节四时,调五行",揭蔽着恒道运化之信。星历以运行,山渊以高深,鸟兽凤麟以飞翔,水流不止,风兴云蒸,雷声雨降等自然存在的一切生化、变化,无不是大道"有情有信"存在的展现、呈现和信验。"正其道而物自然"(《精诚》),物之所以能"自然"在于"正其道",物自正依靠道的各正性命。"物自然"证验着"道法自然",它是恒道寓于万物存在或者说是"世界化"的"征朕"。万物信于自然,验证着恒道"为物"辅助自然的信用。恒道"为物"之信,还体现在"天静以清,地定以宁"以及"万物逆之死,顺之生"(《九守》)上。天清地宁、万物生死是"得一",而本于

"道生一"。前者信得于后者，后者显现、见证于大道"功成"的效验。圣人体于大道，"自信其情，诚无非分"，故"通道者不惑，知命者不忧"（《符言》）。圣人"自信其情"，与恒道"有情有信"相互贯通。从恒道自然言，先以功为之"情"，然后有功成之信。以人性自然言，"情"是本情，真情，源自通于大道。"信"是诚信、忠信，行于大道是"自信其情"。圣人之"情"本然无伪，诚于大道；圣人之信本自发行，至诚无息。"信其情"的前提，在于通于道而不惑，知于命而不忧。若惑若忧，则必信情不笃，行不免差爽。圣人"自信其情"，在于"惟道是从"，前提是"通道"、"知命"。正因恒道使物的必然，然后有圣人的辅助自然。"万物待之而生，待之而成，待之而宁"（《道德》），同样是恒道信用的证验。至于"道无为无形，内以修身，外以治人，功成事立，与天为邻，无为而无不为，莫知其情，莫知其真，其中有信"之论，正是对《庄子》道者"有情有信，无为无形"思想的阐释和拓展。恒道作为"无情之情"，因与物情相反而言"无情"，因成万物情实而为"有情"。"莫知其情"是"无情"，"功成事立"是"有情有信"；"莫知其真"是"无为"，修身治人、功成事立是"无不为"。有"情"则其中有"信"。大道之信，是功成事遂的自然、固然。人物各得其道，各成其功，各遂其事，见证了恒道的信存。道者信于成遂万物，圣人循道因物成物，故"道之于人，无所不宜"。得道以为信行，帝者为"天下之适"，王者为"天下之往"。道与物的信用关系，是"道为之命，物以自正"（《自然》）。道信以命，则物信自正。降命与受命之间，是信然、必然的关系。恒道必有赋命自然之信，然后"物必有自然"之信。恒道功为信必自然，成就万物自然必信。因万物必信于自然，故有圣人辅助自然。"昔者之圣王，仰取象于天，俯取度于地，中取法于人。"（《上礼》）"取象"、"取度"和"取法"皆以天地人有信为前提，天有常行则有信律，地有常理则有信则，人有常性则有信情，"得道则举，失道则废"。按规律办事，是以恒道有信用、万物有信化为根据、前提，故无信不行。

　　最后，对本节内容做简要概述。恒道之信，是"为物"的信用，主要展现于为物不贰、生物不测的功为自然，以及功成必然的无有差忒上。恒道信然命化，呈现为万物的自然规则、必然律动。以其恒常恒一如此，故期而必至。观日月信出信入、四时信迭，睹万物信生信死的律动之信，然后可揭蔽"善始且善终"的所使者恒道之信。万物生长、变化有迹象，是恒道功为的信验；以功成迹象的结果追溯其原因，可知恒道功为的信用信情。万物芸芸众生有信，来自恒道信以"势成之"。反过来说，恒道有"势成之"之信，然后信验于成遂万物的自然、必然。恒道以其"为物"的功成信验、信用、信实，见证其功为的真确、必然、自然。恒道之信，表现于"恒有欲"的生生、"反者道动"、功用无穷、有为周行和公正无私等之中，无物不信于化生，则恒道无不信用其生生。

第二节　恒道之能

　　恒道之能，在《老子》全书中少有直接论述，但恒道的一切功为皆是"能"。恒道的信用，在于恒道有"能"。它既体现在"天下莫能臣"的无不能中，使物自然、必然，成就"万化未始有极"的未然；又体现在"事善能"中，物不得不然，恒其固然，无不适然。功为不测、功用不穷，是恒道的全能、大能。正因恒道全能，故有"无不为"的妙用。

　　一、文字校解

　　《老子》第八章云："事善能"。帛书《老子》甲、乙本文与此同，楚简《老子》无此章。"事善能"，既是水的性能，因其近于道，故可以用来况谓恒道的存在质性。正如恒道大全质性既是"容乃公"、又是"曲则全"一样，恒道之能既是"天下莫能臣"的大能，又是"事善能"的善能。前者为恒道的全能、无所不能，后者揭示恒道的能殊、能宜。

　　（一）"能"的字义

　　"能"者，象形字，金文象大狗熊形，引申表示才干、能力等属性、意蕴。《说文》云："能，熊属，足似鹿。从肉，吕声。能兽坚中，故称贤能，而强壮称能杰也。"因"坚中"指"贤能"，以"强壮"称为"能杰"。"静言思之，不能奋飞。"（《诗·邶风》）"能"者因具备能力而能够行为。作为技能，"能"又与"巧"字义相通。"巧者能之，拙者不能"（《管子·乘马》）。"巧"为娴熟的一种技能，"能"为"巧"的基本素质，熟能生巧。"权重之人，不论才能而得尊位，则民倍本行而求外势。"（《管子·八观》）"才"是人的潜质、知识素质，"能"是实践的技能、本领。"才能"是具体存在于个人身上的素质、能力，因此具有差异、殊分和有限性。同时，"能"又有"兼能"、"通能"和"全能"。"凡天地之数五十有五，此所以成变化而行鬼神也。……是故四营而成《易》，十有八变而成卦，八卦而小成。引而申之，触类而长之，天下之能事毕矣。"（《易·系辞上》）"能事毕"是全能，故为天地之能。以《易》理言，它是圣人的穷理、全知；以实践言，它是圣人之能，可参赞天地，与天地配。天地人各有其能，故云"天地设位，圣人成能。人谋鬼谋，百姓与能。"（《系辞下》）圣人因天地之理以成能，故与天地合德，与日月合明，与鬼神合其吉凶。神道设教，开"道义之门"，故百姓"与能"。王夫之在解"为"的字义上指出，"能，可以有为者，乃恒蛰而不动；猴非大有能者也，而躁动不已。能者或不为，为者未必能，天下之所以鲜实用也。"（引自《说文广义》，载《船山遗书》第五卷，北京出版社1999年版，第2769页）猴的"躁动不已"，在世俗看来是"有能"者，而非是大有能。有能

或不为，有为未必能，故"能"与"为"常有不合。"能"不妄为，故为"善能"；"为"不免妄作，故言"无为"。"实用"，是"才"与"能"的统一，亦是"有为"与"能力"的统一。

（二）"事"的涵义

"事"者，会意字。谷衍奎在《汉字源流字典》中认为，史、吏、事三字同源，本义为从事打猎，引申为做事、事情和事业。从字源上，"事"带有管理、治理的涵义和特征。"王事适我，政事一埤益我"（《诗·邶风》）。"王事"是役使之类，"政事"是赋税之属。对此，《管子》给予了具体论说。"治国有三本，而安国有四固，而富国有五事"（《立政》）。这里的"三本"，"四固"，"五事"皆是"王事"、"政事"。"三本"为治乱之原，德不当位、功不当禄、能不当官，则良臣不进、劳臣不劝、材臣不用。"明塞于上"，则"治壅于下"；正道不行，则"邪事日长"。"四固"为安危之本，大德不至仁者，则不可授国柄；见贤不能让者，则不可与尊位；罚避于亲贵者，则不可使主兵；不好于本事者，则不能务地利；不慎于赋敛者，则不可与都邑。"五事"为贫富之分，山泽防火、草木植成、五谷制宜、六畜家育等，可致国之富。"三本"，"四固"，"五事"，是国家的事业。又人需求不同，则事业多端。"人不一事"，因为"乡有俗，国有法，食饮不同味，衣服异彩，世用器械，规矩绳准，称量数度，品有所成"（《宙合》）。各事之异"详不可尽"，既有人事、农事、工事之殊，亦有政事、兵事、王事等之别。人事有众殊，故为政者以道治事。"明者察干事，故不官于物，而旁通于道。""旁通于道"，则循理从事，广举博治，曲全其事。以道治事，则"事无事"，"本乎无妄之治，运乎无方之事，应变不失之谓当。""无妄"则事不宰，"无方"则事不一，"应变"则事当理。"事善能"，则无所不当。"出善之言，为善之事，事成而顾反无名。能者无名，从事无事。"（《白心》）事成以反无名，是功成身退。虽有"能"而不名于有，是能于不能。"从事无事"，以能于不能为前提条件。"随变断事"，故"知时以为度"（《白心》）。事因时有殊，故有不同之能。"通变之谓事"，"举而措之天下之民谓之事业"（《易·系辞上》）。通变之事与天下事业相为表里，统一于无所不为。"变化云为，吉事为祥，象事知器，占事知来"（《易·系辞下》）。《易》作为器用是事，"变化云为"涵吉事、象事、占事之殊。

二、文句解析

注家对《老子》"事善能"的解说大略有以下几个层面。

一为随顺而能。河上公以"事善能"为"能方能圆，曲直随形"，揭示出水无定体，因顺于物而为形体。因物曲成己形为"随"，可方可圆、或曲或直为"能"。然它非是成物之能，而是成己之能，故不可言"善利"。能为事则为善，"善能"中内有辅助成功之意，非只是随顺委曲。王安石以"适方则方，适圆则圆"作解，正是揭示

"水之为道"委曲求全的被动适应内涵。何道全认为，水之为道，"在井则圆，处池则方。能方能圆，曲直顺物。""曲直顺物"，只是不宰、无为、曲顺，并未有"因物付物"、曲成万物的意蕴。空空子云："随方就圆，不与物逆。"虽是"不与物逆"，然只是为了顺从，而非是因物成物。如果单言随从，而不言曲成，则落入释氏、道教感应迫动的被动思维。

二为因物成能。成玄英认为，"水性多能，随事利益。圣智虚察，顺物成功。"从《老子》的思维看，水之为能在于成物的"善利"，而非在于从物全己。"随事利益"，是因其所利而利之，事不同则利益不同，善其利则以曲成于物为"善能"。利是善利之利，能是曲成之能。"善能"观念，揭示出《老子》恒道的特有思维质性，它非是主宰、强制之能，而是因循、曲成之能。一方面，无为克己，虚心无宰；一方面，察观事理，因循成功。这里，"虚察"既是静以观物，以物鉴物，使妍媸自现，同时是格物穷理，精义入神。若以为玄鉴无心，即相非相，乃是释氏的"如如不住"的法相思维。唐玄宗解云："于事善能因任，亦如水之性方圆随器，不滞于物。"又疏："至人圆明，于物无碍，凡有运动，在事皆通。通则善能，是明照了。如彼水性，决之为川，壅之为地，浮舟涵虚，无所不为，是善能也。"水性方圆随器故不滞，人能因任曲成故善能。善遂事者，必以因任为能，"用人之力"，而其前提在于"圆明"。以物观物，故遇事皆通；以己宰物，则累碍于物。通物是以物观物，"善能"是以物成物。"善能"者，因循物理以为能，非是自逞其能。吕惠卿指出，"天下莫柔弱于水，而攻坚强者莫之能先，故以事则善能。"水柔弱之所以能攻坚强，在于因循为能。苏辙云："遇物赋形，而不留于一，善能也。""遇物赋形"，是"因物付物"的"物形之"；"留于一"，则"执一"不通，不能可物之可、然物之然，无所不可，无所不然。吕知常解云："浮舟利物，圆明无碍，随时制宜，事罔不济，因地因器，趋变不常"。水的"善利"是"上善"之利，无所不利，非只是一曲之能。"圆明无碍"，是能无不知；"随时制宜"，是曲因成能；"事罔不济"，是能当其所；"趋变不常"，是能不固执。因物成能，是"辅助万物自然"。

三为无所不能。因顺以成能，既是能不自恃，又是无所不能。只有不自恃能，方能不以己宰物、范物，而是因循成能的"曲则全"。恒道之能，既是"无能"，又是"全能"，前者是"不器"，后者是"通能"。王雱云："惟变所适，故无不能。"变化之道，即是神之所为。神妙莫测，故无所不能。事物变化殊理，成功不一其能。循理为事，功无不就，则无不能。李嘉谋指出，"无心于事，事无不成，故其事为善能。""无心于事"，则因事成事，曲遂其事，故事无不成。至于范应元的"无所不通"、林希逸的"处事则无不能"、白玉蟾的"无为而无所不为"以及林志坚的"为无为"等解，都在于揭示无所不能的意旨。成功曲全，是"无所不为"、能通为一。大道，在曲成万物而不遗中显现其能，成能于无物不可、无物不然，故为大全之能，通一之能。

四为不辞其能。恒道之能，既是无能之能，又是无所不能，还是不辞其能。"无能

之能"，是无定其能，而能于无穷。"无所不能"，体现在"为物"的"周行不殆"之中。"不辞其能"，则恒一其能，无以为能。赵实庵指出，"应万物之变而不失其为常，适时之用而不失乎信，实无能也而无不能也。"应物之变、适时之用，则不一其能，曲全其能。不失为常、"不失乎信"，则恒其所能，不辞为能。恒道信于为能，则万物不失其资生之用。"实无能"，则不自恃，有能若无能，独立于能为；"无不能"，则不间懈，曲成而周尽，周行无不能。胥六虚认为，大道之能，"利济日用，为而不辞，若水之事善能"。"为而不辞"，则信于成能善利，因物利济，功成不止，有求必与。从恒道之能看，它若水"善能"，生畜万物而不辞其"生物不测"之能，运化万物而不穷其"为物不贰"之能，善始且善成，成遂万物而不遗。"不辞其能"，则能者为恒，日用周遍，无处不有，无时不存。牛妙传认为，水之为用，因其"柔而能刚，弱而能强"，故能"需泽群生"，"周流天地"。因柔能刚、因弱为强，自然而然。水因循曲成而善利，能于无穷，故泽及群生而不遗。道因物成物而周流，不测其能，故无物不以为生。恒道不辞其善利之能，则信于资生万物。万物信于各得资生，则见证恒道不辞其生生之能。

五为任物自能。司马光以"任物圆方"作解，若任物自圆自方，则是辅助自然的"善利"，又是万物各自自得、自适的自化。宋徽宗以"无能"为"善能"，认为"因地而为曲直，因器而为方圆，趋变无常，而常可以为平，无能者若是乎？"水之为能，若只是随顺成形，曲直、方圆，"趋变无常"，则为善变之能，而非是善利之能。只有"善利"以给予、付与，方有"不争"之德。水因顺虽"常可以为平"，然亦只是自化，非是成化、使化。董思靖云："趋变任事，各当其可，犹随器方圆，任载轻重。"水随器以方圆，任载于轻重，是自能；趋变以任事，各当其所可，是任能。恒道之能，既是使能，又是自能。前者在于成物无所不能，后者是通万物自能以为能。万物分有于恒道，各自自能。通于自能，又统一于恒道使能。恒道成物，既有赋予万物"得一"以自化自能的能力，又有作为宇宙机体以资生运化万物的能力。恒道任物自能，在于万物各自"得一"以性分至足，不可主宰、干涉。恒道因物成能，是因物付物，离道则无物可以为生。若以万物独生独化，则恒道不存。恒道之能，既是善利辅助自然，又是"长而不宰"的自然。恒道在成物中揭蔽、展现自己，"为物"之能是成己的能为。同时，恒道之能在成己中成物，生物不测是本己之能。成己与成物相统一。憨山德清云："为事不争，则事无不理"。不争于事，则事无事，能无能，任事自为，任能自能，故事无不理，能无不能。物各有所能，只有不干不逆，方能使其各尽所能。上无为而民自化，然无为非是一无所为，而是不宰其为，不妄作，这里不反对提供公共资源、服务。恒道不宰于能，不伐其能，创造、提供万物生长的条件、环境，若任物自能。

六为圆通适能。恒道于物生化，是"善利"、辅助上的因物成能、无所不能。圣人体于大道，执一无为，"辅助万物自然而不敢为"。李荣云："水之无用不成，君子何为

不可?"水因物无不成用,君子循理故无所不可。通于物可,则无所不能。杜光庭以"事善能"为"因机任物",认为它是"变应圆通之用"。落实在人君治理上,是"垂裳理物,委任贤良,用之不疑,各得其职",故可至"无为而理臻乎泰宁"的境界。"因机"者,用其环中;"任物"者,因物用物。"变应"者,唯变所适;"圆通"者,通于理物。圣人为治,是治无治。无为则因物理物,委任则用人之力,不宰则各尽其职,无事则不撄安平。此中之能是"以道莅天下"。陈景元认为,至人临事"善能",在于"任物随器,授职不失,其材如水柔性,善事方圆,能随形器,无用不成"。人主善能,在于用人之能。授职任物则各临事以成能,方其方,圆其圆,大其大,小其小,各尽所能,故无能不能。程大昌云:"中准之平,内景之明,其能之遇事而见者也。"遇事成能,是"中准之平",犹如权衡称物若自称,无不中准,称无不平。以明之能言,是"内景之明",明者静观,因物观物,无不照明。以道观能,则无有不能;以道用能,则各尽其能。道通殊能,无能不能。王道以"泛应曲当"解之,薛蕙以为"遇事则因应无方",它们是"达权尽变"之能。"泛应"则能非一能,曲全其能;"曲当"则能当其能,各尽所能。"因应"则因物成能,不逞己能;"无方"则能者不器,通于殊能。

纵观各家注解,分别从不同角度揭示了恒道之能的内涵,通合言之方为"事善能"的真正意蕴,同时是恒道至能无能的真谛所在。圣人之能,虽非直言恒道之能,然从道术、道用的思维上揭示了道性、道能。

三、恒道之能

通观《老子》全书,恒道之能的内涵丰富,不可以物性的一曲之能而概之,它是全能、至能与无能的统一。下面结合诸子对《老子》的传承发展以及对后儒的思维影响,对其进行梳理略说。

(一) 独一之能

恒道之能,以其无匹合天下者,独立无偶,"天下莫能臣",故为"至能"。独立于周行,无所不能,涵摄一切能为,故又是"全能"。恒道存在的一切功用,皆是"能"的施为使然。有此至能、全能,方成其无穷不竭的功用。以存在言,是"其可左右",无处不有;以生生言,是生畜长育亭毒养覆,悠久无疆;以功用言,是用之无穷,"善始且善成";以公平言,是"容乃公",损益自均;以潜能言,是"玄牝之门",为"天下母"、"天地根";以范围言,为"万物之奥",功成事遂中无所不能;以效验言,它是信能、"善能",曲全不辞。就恒道"独一"的"全能"内涵,《庄子》继以阐发。大道之能,在于"神鬼神帝,生天生地"(《大宗师》)。"生"是生长之能,"神"是运化之能。同时,万物以之为能,见证了大道之能的无不周遍、无时不有,揭示了其能为上的独立无偶。狶韦氏得以挈天地,伏戏氏得以袭气母,维斗得以终古不

忒，日月得以终古不息，堪坏得以袭昆仑，冯夷得以游大川，肩吾得以处大山，黄帝得以登云天，颛顼得以处玄宫，禺强得以立于北极，西王母得以坐少广，彭祖得以长生，傅说得以相武丁而奄有天下。《文子》对大道之能更是给予了深入发展。大道之能，在于"冲而不盈"，"施之无穷"；在于"约而能张，幽而能明，柔而能刚，含阴吐阳，而章三光"（《道原》）；在于使山渊以高深，鸟兽以飞走，凤麟以翔游，星历以云行；在于使天运地止，轮转无休，水流不止，风兴云蒸，雷声雨降；在于和阴阳，节四时，调五行，生长禽兽，秩序人民等，它是无所不济之能。道者，"能高能深，能上能下"，可以"平乎准，直乎绳，圆乎规，方乎矩"（《符言》）；以其"周恤"而为"万物盖"、"万物贵"，可以"体圆而法方，背阴而抱阳，左柔而右刚，履幽而戴明，变化无常"（《自然》）。恒道的独立之能、无所不能，体现于每一事为中是成物运化的周行之能，又是曲全其能。以其无所不能、全能，而为无待、绝对之能。相对于"天职生覆，地职形载，圣职教化，物职所宜"的"天地无全功，圣人无全能，万物无全用"（《列子·天瑞》），大道是无所不能，"能阴能阳，能柔能刚，能短能长，能圆能方，能生能死，能暑能凉，能浮能沉，能宫能商，能出能没，能玄能黄，能甘能苦，能膻能香"。它既是"常生常化"的独立能为，又是"无时不生，无时不化"的周行之能。

（二）不恃所能

《老子》言"能"与"生"，"长"一样，也有一个"不恃"的内涵。同于"为而不恃"思维，恒道之能是虽成能而不恃所能，虽有能而不以为能、不居其能，故能尽其能，无所不能。在《庄子》中，可从"至人无己，神人无功、圣人无名"（《逍遥游》）的思维中推导出"至能无能"的思想内涵。圣人之能，在于"能登假于道"（《大宗师》），虽能极无穷而不知以为能。造化者，成化于"万化而未始有极"，然保持"一不化"。不居其能，则为能不贰，功能不测。造物者，"物而不物"（《在宥》），虽有"物物"之能，而不恃其能。在有能若无能的自然中，恒一其能，不测其能。就"事善能"的能而不恃思想，《管子》有很多体现道家这一思维的论说。圣人之能，可成"天地之配"，达到"能予而无取"（《形势》）。"能予"，是"善利"之能；"无取"，是能"无以为"。天地之能，在于"天生四时，地生万财，以养万物而无取"；明主之能，配于天地，"教民以时，劝之以耕织，以厚民养"，而且"不伐其功，不私其利"（《形势解》）。"功"以作用、效用言，"能"以才质、能力言。功成不伐、善利不私，同时是能而不恃、不伐。惟有能为而"藏之无形"，方为至大之能。能而不恃，则诚其所能，"能者无名"。"出善之言，为善之事，事成而顾反无名。能者无名，从事无事。"（《白心》）事成有能，而无名于能，则自然能事，"能无能"。以道术言，能而不恃其能，则"制形而无形"，"物物而不物"，故能"胜而不屈"（《文子·自然》）。不恃所能，则以"无能"用其能，不改其能，不殆其能，故恒能于能。张载云："君子

于仁圣，为不厌，诲不倦，然且自谓不能，盖所以为能也。能不过人，故与人争能，以能病人；大则天地合德，自不见其能也。"（引自《张载集》，第35页）"自谓不能"，不以所能而自恃，虽能而不伐于能，故能成其为大能，与天地合德。"为不厌，诲不倦"，是不息、不殆其能。若矜持于能，则与人争能，患人有过己之能。"君子之道达诸天，故圣人有所不能。"（同上页）"有所不能"，是不自伐己能，无以己能为极，而以"达诸天"为能，谦以"不能"，而达致于无穷之能。

（三）无能无不能

从《老子》"无为而无不为"思维看，恒道之能，是"无能而无不能"。相对于自恃其能、一器之能、固执能为的"有能"言，它是"无能"；就其因事为能、无常其能、通其所能的能为言，它是"无不能"。恒道"无能"，方能无所不能，通万物之能；人主"无能"，方能用天下能，尽天下之能。只有以无能为能，方能因能以能，使能当其能，事尽其能，能无不宜。"无能之能"，方为盛能、大能。以《庄子》思维言，大道之能是能通于一。大道之能，在于成物为能，能于齐物造物，能于"可乎可，不可乎不可"，以至于"无物不然，无物不可"（《齐物论》）的无所不能。能而不宰，因物固然，虽不逞其能，然能于无不能。以明王治能言，"无不能"是"功盖天下"，"化贷万物"（《应帝王》），为"立乎不测"的至能。"无能"是"似不自己"的不居其能，"游于无有"的不执已能。以道术能为言，"无不能"是"以鸟养养鸟"（《至乐》）的曲成"善能"。"善能"者，能于善利万物，当其所能。《文子》对"无能而无不能"的道术思想，给予了深入阐发。得道者，志弱心虚，"行于不能"，然后能"动不失时"（《道原》）。"行于不能"，则不宰其能，不强为使能。应时而动，则能当其能，故"力无不胜"。圣人随时举事，因资立功，故善能其事。圣人不争于能，无能于宰制，故无为守静。"无为者守静也，守静能为天下正。"（《道德》）能于"无能"，使天下各尽其能，故无不正。"能无能"，则不执著一能。"勇于一能，察于一辞，可与曲说，未可与广应"（《上德》）。"勇于一能"，囿于一能，故不能以广应为能。"无能"者，能若无能，虽能而不居其能。逮至《列子》，则直接提出了无能无不能的观念。"无知也，无能也，而无不知也，而无不能也。"（《天瑞》）已能于"无能"，则用人之能，因循以能，故无所不能。胡宏指出，"学进，则所能日益。德进，则所能日损。不己而天，则所能亡矣。"（引自《胡宏集》，中华书局2009年版，第7页）"能"者有两类，学以日益的是个人知能、技能、道德，能以日损的是保持玄德、自然。前者是内圣修为、功成事遂，后者是德进无疆、功成不居。损已能，克制自矜、自伐之念，忘己之能，不恃己能。己"无能"，方同能于天，能为至大。至能者，以天地能为能，善能其事。吕坤提出，"圣人于万事也，以无定体为定体，以无定用为定用，以无定见为定见，以无定守为定守。贤人有定体，有定用，有定见，有定守。故圣人为从心所欲，贤人为立身行己，自有法度。"（引自《呻吟语·圣贤篇》，载《处事经典》，当代

世界出版社 1998 年版，第 460-461 页）定用、定见和定守，是定能、殊能。圣人"事善能"，曲成万事，故无常能事。正如恒道之恒是常于无常一样，恒道之能是能于无能，无拘一曲之能，而善能于无所不能。圣人从心所欲，则能通万事，泛应曲当，无所不能。贤人官于一职，尽其能分，故必有定能。以"无能"为"能"，非有道尊德贵者不能居之，非有天地境界不能为之。

（四）通于万能

《老子》云："不争之德，是谓用人之力，是谓配天古之极。"不与人争能，方能用人之能，兼用于众能。恒道之能，是"无能之能"，无能而无不能。"无不能"，是通于定能、殊能，涵摄一切之能。恒道无常能，无不能，以其范围一切能为言为"通于一而万事毕"。"事善能"者，事无不能，通万事能为于一，故为恒道之能。"无不能"的别名，即为"万能"、"全能"。以《庄子》"道通为一"思维言，"以道观能而天下之官治"（《天地》）。能者不同，各有所能，人人尽其自能，各尽所能，就是"以道观能"。通于各自性能，能尽其能。无能不能，即为道通之能。事有万殊，则能有众殊，万事毕则能通于一。"一"者以道用能，因事为能，循能尽事，能无不尽，事无不遂，故为"事善能"。以为"圣治"，是"官施而不失其宜，拔举而不失其能，毕见其情事而行其所为，行言自为而天下化"（《天地》）。官施是治事之能，拔举是人事之能。"不失其宜"，则能当其治，治无不宜；"不失其能"，则能当其能，无所不能。"行其所为"、"行言自为"，是各尽所能的"事善能"。圣人体道，用人自能，故不一其能。"先圣不一其能，不同其事"（《至乐》）。"一其能"，则以己能准其不同之能；反之，通于分异之事、众殊之能，使各尽殊能，则齐一于宜，通一于当。以道用能，则事虽异而曲全成功，能虽殊而皆尽其能，事无不遂，能无不尽。一于事遂，一于善能，是能通于一。恒道之能，无常其能。"圣人无常行也。能并智，故曰：'不行而知。'能并视，故曰：'不见而明。'随时以举事，因资而立功，用万物之能而获利其上，故曰：'不为而成。'"（《韩非子·喻老》）与"无常行"一样，圣人无常能。能包括知能、事能。不自视而并视，不自知而并智，不自为而用人之为，皆是"不一其能"，通用于能。用人知明、"用万物之能"，是以道为能，无常其能。能法天者，"人不一事"，故使"绪业多端，趋行多方"（《文子·自然》）。"不一"其事，则必"不一"其能。因循以能，故"绪业多端"；曲成其能，故"趋行多方"。通于万殊之能，统一其能，则为大道之能。"以天下观天下"，是"知通为一"的通观；以天下治天下，是"以道莅天下"的通治。王夫之指出，"能人之所不能者，自君子观之，多见其不能也。不能乎仁，乃侈乎爱；不能乎智，乃尚乎察；不能乎俭，乃矜乎啬；不能乎勤，乃佚乎劳。……王道之不能，于是有一切之治；圣学之不能，于是有顿悟之宗。"（引自《诗广传》，载《船山遗书》第二卷，北京出版社 1999 年版，第 743 页）之所以"能人之所不能"，在于"多见其不能"。知"不能"，方能不恃己能，不伐己能，

不止于成能，而能于大能。行于王道者以"不能"为能，尽乎其能，能其不能，故能为一切治、能为圣明之能，通于殊能。

（五）曲全其能

从总体上言，恒道之能是"万能"、"全能"；从成遂每一事物的殊能言，是曲成其能，曲全之能。一物有一能之成，物不同则能各有别殊。恒道曲成万物，因物付物，故施能不同，成能使物有别。以道术言，"量才使能"，"用人之力"，是"能"上的"曲则全"。用人之能，以其容万不同之能为兼能，以其因人使能为曲全其能。"物固有所然，物固有所可"（《庄子·齐物论》），物性各殊则成物能殊，曲全其能，则"无物不然，无物不可"。以人物言，各有所能，能者殊异，只有各尽所能，曲尽其能，才能全用其能，能无不用。以道观能，从"全"言是"通"，从"曲"言是"殊"，合言为能一万殊。《荀子》深受《老子》思维的影响，从"能"的不同层级上揭示出用人之能与自能的关系。"人主者，以官人为能者也；匹夫者，以自能为能者也。"（《王霸》）"官人为能"，是用人之能；"自能为能"，是一己之能。圣王为治体于大道，故用人之能，"论德使能而官施之"。"论德使能"，是能无不用；官施其宜，则能无不尽。人之材能有殊：官人使吏，士大夫官师，卿相辅佐。人主兼用其能，故"能论官此三材者而无失其次"（《君道》）。"无失其次"，既是全用其能、各尽所能，又是各当其能、量材使能。《管子》对曲全用能多有论说。"毋与不可，毋强不能，毋告不知。"（《形势》）能有大小，不可强为，只可因循为用，各尽所能。若"强不能"，则是"夺能能"，非是曲用其能，能当其能。"因能利备"（《幼官》），曲全其能故备。"博而不失，因以备能而无遗。"（《宙合》）圣君拔举用人，曲尽其能，故无遗而全用其能。"道贵因"（《心术上》），用人之道在于"因其能"而尽所能。才能有殊，只有各尽其能，方使能当其宜。"使鸡司夜，令狸执鼠，皆用其能，上乃无事。"（《韩非子·扬权》）主上"无事"、"无能"，在于用人之能，使各尽所能。量材用能，则能无不尽。《文子》对曲全用能思想给予了进一步阐发。圣人牧民，"处其所能"，"施其所宜"，使"无由相过"（《自然》）。"处其所能"，则无有弃能；"施其所宜"，则各尽其能；"无由相过"，则能当其能。以道为能，则泛应曲当，无所不宜。"得道之宗，并应无穷。"（《下德》）"并应无穷"，则无所不能。人主能"积力之所举"，则"无不胜"；用"众智之所为"，则"无不成"。在曲尽人能上，刘劭指出，人材不同，"能各有异"。"能出于材，材不同量；材能既殊，任政亦异"。（引自《人物志》，载《魏晋全书》第一册，吉林文史出版社2006年版，第433页）"能各有异"、"材能既殊"，则必曲全其能。如果不能因人殊能而用其能，则不能尽其能。人能有分殊差等、长短，只有以己无能而能用有能，量能任用，各尽所能。郭象注《庄子》否定了大道的绝对本体存在，同时摒弃了统摄之能的思想。以"独化"思维言，是各自自能。"各止于其所能，乃最是也。"（《齐物论》注）各止能分，尽己性能，故为"最是"。万物各有能，"所能虽

不同，而所习不敢异，则若巧而拙矣。故善用人者，使能方者为方，能圆者为圆，各任其所能，人安其性，不责万民以工倕之巧。故众技以不相能似拙，而天下皆自能则大巧矣。"（《胠箧》注）物能各殊，"用其自能"，各任所能，无宰能而各自能。各自能，则各自化。任天下自能，则何有善用能者？作为"善能"，因人用能是"乘"的道术。吕坤指出，"善用力者就力，善用势者就势，善用智者就智，善用财者就财，夫是之谓乘。"（引自《呻吟语·应务篇》，载《处事经典》书，当代世界出版社1998年版，第418-419页）"乘"者，因循之术，善能之道。因能使能、用能，则无弃能。善用此"乘"，因能用能，则曲用天下之能。曲全其能，是因能用能的善能。

（六）能于未然

《老子》云："其安易持，其未兆易谋。其脆易判，其微易散。"恒道之能，在于"为之于未有，治之于未乱"。它的前提在于"微明"，察于未兆，明于微妙。"将欲歙之，必固张之；将欲弱之，必固强之；将欲废之，必固兴之；将欲夺之，必固予之。""微明"是"知几"，是能知"古始"，"本原"。"立之本原而知通于神"（《庄子·天地》）。"立之本原"，则见于未形；"知通于神"，则为神明。以为道术言，正如良医治病，在于"攻之于腠理"，治之于未病。"病在腠理，汤熨之所及也；在肌肤，针石之所及也；在肠胃，火齐之所及也；在骨髓，司命之所属，无奈何也。"（《韩非子·喻老》）病至骨髓，则无可奈何。良医治未病，故为至能。对能于未然的思想，《管子》多有论说。"城郭沟渠不足以固守，兵甲强力不足以应敌，博地多财不足以有众，唯有道者能备患于未形也，故祸不萌。"（《牧民》）"备患于未形"，在于求"祸不萌"，无患则为有道之能。执务明本，"听于钞故能闻未极，视于新故能见未形，思于浚故能知未始，发于惊故能至无量，动于昌故能得其宝，立于谋故能实不可攻"（《幼官》）。能于未然，则应于无方，方为至能。《文子》以"微明"为"道无正而可以为正"，"无正"为正的本原。譬若山林可以为材，然"材不及山林，山林不及云雨，云雨不及阴阳，阴阳不及和，和不及道"（《微明》）。道为事物本始，以不形而形形，以无物而物物。"见本而知末，执一而应万"。"一"为道本，故能应万。以为道术，则"敬小慎微，动不失礼"。"敬小慎微"，则为于未有。"使患无生易，施于救患难"，然人皆知救患，而莫知"使患无生"。"使患无生"，则能于道能。圣人常从事于"无形之外"，而不留心于"已成之内"，是以"祸患无由至"。能于微眇，则"惟道是从"。圣人为善，"无小而不行"；圣人改过，"无微而不改"。如此，则"行不用巫觋，而鬼神不敢先"，可谓"至贵"之能。以道为能，则能用于不用之时，能知于不知之先。"其用之乃不用，不用而后能用之也。其知之乃不知，不知而后能知之也。"用不用，知不知，是能不能。能顺于大道，与物推移，则以不能成能，无所不能。

四、上帝全能

比较恒道之能与西方上帝之能，可以看到《老子》在"全能"上的独特意蕴。西

方神学家认为，从原初的创造活动言，既然万事万物的生成无不有赖于上帝的神圣力量，那么整个宇宙的现存状况也必定无时不在体现着上帝那绵延不断的创造力量，上帝是无所不能。费尔巴哈在揭示"上帝"来源的秘密上，认为是人把属于人的本质——突破个体、现实、肉体的局限——对象化为一个另外独自的本质，并使之受到仰望和崇敬。（参见《基督教的本质》，商务印书馆1997年版，第44页）宗教的秘密是，"人使他自己的本质对象化，然后，又使自己成为这个对象化了的、转化成为主体、人格的本质的对象。"（同上书，第63页）上帝与人的对立，是一种虚幻的对立，"它不过是人的本质跟人的个体之间的对立"。这样，上帝与人形成了两个极端："上帝是完全的积极者，是一切实在性之总合，而人是完全的消极者，是一切虚无性之总和。"（同上书，第67页）上帝为无限、完善、永恒、神圣、全能的存在，而人是有限、欠缺、暂时、无能、罪恶的存在。在价值的取舍上，上帝仅仅爱对自己的信仰者，而反对不信仰自己者。对违背自己意志者，上帝将给予斥黜。上帝的存在，需要人的信仰、报答、感恩、虔诚。"宗教式的爱，只是为了上帝的缘故而爱人，因而只是似是而实非地爱人，实际上只爱上帝。"（同上书，第354页）以《老子》思维言，恒道是生生的玄德，作为"德善"而无有遗弃。它既是"万物恃之以生而不辞"，又是"万物归焉而弗为主"。这里，诚于爱、自然爱，只有给予而没有主宰、索取，不求报答、感恩。以上帝为高高在上的全能人格，存在着四个不可能性的诘难。一从逻辑意义上说，究竟是上帝创造并支配着逻辑法则，还是逻辑法则在一定意义上先于并限制着上帝的创造能力呢？笛卡尔认为，既然上帝是无所不能的，那么他必定也是数学定理或逻辑法则的创造者。由此可以推论说，如果上帝情愿，那么逻辑法则（律则）也可以更改。然而事实上，数学和逻辑的法则确实不可更改、不可违背。于是就产生了妥协的说法，认为上帝是受逻辑法则的制约。上帝虽然从逻辑上根本不能做违背意志的事情，但这也谈不上对其创造力的限制，因为上帝还是可以按照神圣意志而无所不能的。二从时间意义上说，全能的上帝根本就不可能改变过去或决定未来。任何一个存在者，即使最初曾是全能的存在者，是否可以超越时间限制而无所不能呢？时间具有不可逆性，一去不再回返，故上帝不可改变过去。既然上帝负有道德义务，又将自己置身于重重行为限制之下，那么未来就有些必须做，有些绝对不能做，未来就不能完全支配。三从道德意义上说，既然上帝是至善的，那么无所不能的上帝就不能作恶，然不能作恶即是一种"有限"。反之，如果上帝能作恶，那么在道德范围内它又是不完善的。这里的悖论是，既要绝对保持自己的道德完善性，同时又绝对不能限制自身的创造力量。四从共相意义上说，创造行为适合于先在的形式或共相，然先在可能性或形式（共相）是否也对全能的上帝有所约束？也就是说，到底是上帝创造了可能性，还是先在的可能性限制着上帝呢？宗教学者反驳到，形式或共相并不取于上帝的意志，反而却从根本上决定着上帝能做什么，不能做什么。（参见张志刚著《猫头鹰与上帝的对话》，东方出版社1996年版）归结言之，如果上帝创造一个秩序的世界，那么秩序的自然规律

或社会法则到底是上帝的造物，还是先于上帝创造活动而存在？如果说世界是不断发展、日渐进步的，那么支配其自身发展或进步的那些历史规律是否也会对上帝的创造活动构成一种必然的限制呢？如果将上帝视为人之外的独立、全能存在，必然有此诘难悖论。黑格尔正是从绝对精神无不包含的思维出发，以世界存在的大全真理证明绝对精神为"全能"的存在。绝对精神的全能，体现于真理大全的体系和世界的大全。在人与绝对精神的关系上，黑格尔将人视为绝对精神自我展现的中介和工具，不是人在创造世界，而是绝对精神创造了包括人在内的世界。如果以上帝创造整个宇宙，必然主宰宇宙，则万物就没有自然、自由的选择，世界的"恶"就无法自圆其说。如果认上帝有全能意志，无所不能，高于人类思维，就会肆意妄为，以至于以作恶为能。相对于上面的"四种诘难"，《老子》提出了不同的全能模式。恒道以成遂万物证明自己为"无状之状"、"无能之能"的潜能、全能。恒道的全能，在万物的势能、自然之中，万物的存在、变化、发展以及机体和谐、生命链条无不是其全能的展现、证明。恒道的全能，在生物不贰、不测之中，在"天下式"、"楷式"之中，在"善始且善成"、善利善能中。正如逻辑是绝对精神的内涵一样，万物自然存在的法则本身是恒道全能的体现。它不是以逻各斯去创造万物，而是赋予万物自然的法则秩序。恒道在分有成化万物之中，一并赋予了万物生化之理。恒道的全能，不在于主宰时间以及改变时间中的存在，而在于通过时间实现自己。过去是功成已然，未来是功为不穷。恒道因"为物"而时间化，以本自无时间性的存在质性，在时间化中呈现无限的时间性。过去、现在、未来是恒道存在的时间化，时间中的一切存在者皆是恒道的寓存者、分有者。全能的自己不必改变自己的抉择。恒道之能体现在万物之中，万物的和谐、自然和生生不息就是明证。恒道善利而无弃于物，无为主宰，故全能于恒善、"德善"，非有作恶的可能。因为万物就是自己，怎可伤害自己？恒道创造万物的可能性，同时是创造自己的可能性。恒道以万物所需而施用其能，非是以己能为能。上帝对世界万物主宰的全能，与恒道以世界万物为中心的辅助、善利全能具有不同的思维模式。恒道的全能，是分有于万物以自然、自能，并赋予人可与造化为一、体道以行的自由和能力。它不与人物争能，而因循成能。恒道之能周行遍在，辅助化育万物，无所不能而不以宰物为能。虽无所不能然保持无名、无功、无己、不德的自然本性，不追求回报，对不善人也一视同仁予以"与善"。这种"玄德"、"自然"式的全能人格特征，就是《老子》所设定的圣人理想模式。在人与上帝之间，人是欠缺、原罪者，为上帝所主宰。在《老子》思维中，恒道在分化、分有成为人物之后，没有主宰之能，然赋予万物自生的机理以及相生的条件环境，同时赋予人感官生理机能以及自我主宰、自我控制的能力。人可通过修之于身以至于天下，达致"以道莅天下"（在儒家是与天地参），成为与道为一的人格理想。恒道之能，只有通过圣人之能，自觉地协理社会关系，辅助万物自然，才能构筑人与世界的和谐秩序。恒道的全能不在于自己的全知、主宰，而在于赋予万物和人类以生化长遂的各自潜能，同时在于辅助成能，创造、提

供使其生生而取之不尽的资源、环境。

最后对本节内容做简要概述。恒道的全能，在于恒一为善，善利万物，曲成万物而不遗。它体现、呈现于化育万物之中，见证于万物的生生、变化和发展的存在上。以其于物无不生成、无不化遂为无不成能，以其因物成物、于物不宰为曲全其能，以其善能于每一事遂为事善其能，以其周于事能、能无不能为通一之能，以其成能而不居不伐为不辞其能，以其不一其能、无所不能为无能无不能，以其能于未有、用于不用为能于未然。以道为能，各用所能，能无不尽，无有弃能。"善能"者，不自矜能，能不一能，因事成能，能当所能，曲全其能，无所不能。恒道之能，非是独立于万物之上、主宰于万物的全能，而是成遂运化万物、使其自适的全能。

第三节　良知良能

先秦儒家对"全能"、"善能"的论述，虽与道家在第一本体或绝对本根存在上有所不同，他们将"天"或"帝"作为绝对存在的本体，然在实质内涵和思维上多有相似处。宋明儒学在先儒思想的基础上，吸收道家思维，对"天道"、"天理"和"良知"等本体内涵给予了类似恒道存在质性的揭示、阐发。前面曾在不同章节对"天道"、"天理"内涵进行了解读，这里重点就良知良能问题进行诠释，以见儒道思维的同构性。

一、良知良能

良知、良能说首先来自《孟子》，"人之所不学而能者，其良能也。所不虑而知者，其良知也。孩提之童，无不知爱其亲者；及其长也，无不知敬其兄也。亲亲，仁也。敬长，义也。无他，达之天下也。"（《尽心上》）"学"是教学、学习之谓，"虑"是深谋、省思之谓。何以不学而能、不虑而知？孩童知爱亲、敬兄，自然而能，非有不能，人人可能。亲亲为"仁"之始，"敬长"为"义"之端，潜能早备。"达之天下"，扩充推广之谓。有此良知良能，有此扩充推广，便是忠诚。从性善的"四端"至扩充的圣神之境，见证了"万物皆备于我"。良知良能在先秦儒家思想中具有如下内涵。

（一）潜能特质

孔孟思想认为，作为类之属性的人，人人具有"天命之性"、"明德"、"性善"、"降衷"、"本心"或"赤子之心"，人人皆可成为尧舜。尧舜虽为人伦之极，然是人类的共同本质，"尧、舜与人同"（《离娄下》）。人人具有成为类之极致的潜能，人人具有成为尧舜的才质，人人皆有"不忍人之心"（《公孙丑上》），它们都可从人的现实中找到验证，正如从万状的生成中追溯本源为"无状之状"。人乍见孺子入井，知皆有怵惕、恻隐之心，它是自然成能，非是内交于孺子父母、要誉于乡党朋友和恶其声的

"有以为"。"四端之心"，是人之所以为人、区别禽兽的根本所在。"无恻隐之心，非人也；无羞恶之心，非人也；无辞让之心，非人也；无是非之心，非人也。"在性善的问题上，告子认为，性犹湍水，"决诸东方则东流，决诸西方则西流"。人性无分于善不善，犹"水之无分于东西"（《告子上》）。孟子却指出，水固然无分于东西，然无分于上下乎？人性之善犹水之就下，"人无有不善，水无有不下。"在《孟子》思想看来，水决于或东或西，是流行的表象。"就下"方是水决于东西的本质。性善类似"就下"，它是人作为类的本质，无人无之。人无之，则同于禽兽。告子认为"生之谓性"，孟子虽认可"犬之性犹牛之性"，然认为人性与牛性具有本质的不同。犬牛同为禽兽一类，而它们与人却是不同类。人类与禽兽类虽有相同属性，然又有本质区别。"四端之心"，是人区别于禽兽的固有本质。"四端之心"既是人区别禽兽的特性所在，又是人的潜能所在。"恻隐之心，仁之端也；羞恶之心，义之端也；辞让之心，礼之端也；是非之心，智之端也。"人有"四端"，犹有"四体"。"四端"作为潜能，非是必然的现实存在，非是不用努力就可推广、扩充的功业成就、德性境界。有此"四端"而自谓不能是"自贼"，是自暴自弃。"孟子道性善，言必称尧舜。"（《滕文公上》）尧舜作为人极，是人性善的证验和现实上的践行标准。"圣人之于民，亦类也。出于其类，拔乎其萃。"（《公孙丑上》）尧舜作为圣人，是人的"出类拔萃"，为人类所能达到的性善高度和境界水准。恻隐、羞恶、恭敬和是非"四端之心"，人皆有之。"仁、义、礼、智，非由外铄我也，我固有之"（《告子上》）。"人皆有之"，是人类共有的本质和潜能。人类的这种潜质、可能为"才"。之所以不能实现这种潜能，首先在于"不知类"，不知恶"不若人"。"今有无名之指，屈而不信，非疾痛害事也，如有能信之者，则不远秦楚之路，为指之不若人也。指不若人，则知恶之；心不若人，则不知恶。"（《告子上》）"指"为我有，不如人则知恶。心不若人则不知耻，岂非不知类？人能知类，则求其"放心"，思存扩充本心。

（二）万物皆备

"四端之心"作为潜质，为人人固有，从其潜在规模和能力容量言，是"万物皆备于我"。"性善"之才是潜能，然从人类历史发展的全程来看，从现实人作为类存在所达到境界高度以及规模来说，人又是可参天地赞化育，"与天地配"的。"天地设位，圣人成能"。天地无所不涵，无所不能，作为万物之灵的人类本质，何尝不是"万物皆备于我"？天地有多大，人的潜能就有多大。《孟子》这样的思维模式，与老庄、《易传》的思维具有同构性。《老子》指出：人可"同于道"，"惟道是从"，进而"修之于天下"，达致"以道莅天下"的"天下往"境界。《庄子》提出：人可"以道观之"，与造化为一，可达致"独与天地精神往来"和"与造物者游"的境界。《易传》认为：大人者，"与天地合其德、与日月合其明，与四时合其序，与鬼神合其吉凶"。在《孟子》看来，正如人离不开安宅、正路一样，人之作为人同样不能没有仁义。"仁，人之

安宅也；义，人之正路也。"（《离娄上》）仁义既是人脱离禽兽、成其为人的本质潜能，又是终身实践不息的价值目标。"夫义，路也；礼，门也。惟君子能由是路，出入是门也。"（《万章下》）要成为君子，必须经由此路此门。仁义作为潜在的道德价值，操则存，舍则亡。操存的前提在于"心之官则思"，"思则得之，不思则不得"（《告子上》）。仁义的取舍，来自人心的敬持、主一。"仁，人心也；义，人路也。"因"思"而有"是非"之智，因"操"而有"忠信"之笃，因"义"而有"礼节"之宜，因"仁"而有"乐诚"之境。"仁之实，事亲是也。义之实，从兄是也。智之实，知斯二者弗去是也。礼之实，节文二者是也。乐之实，乐斯二者，乐则生矣；生则恶可已也？恶可已，则不知足之蹈之、手之舞之。"（《离娄上》）事亲从兄，是五常之义。节文，是"礼仪三百，威仪三千"。"乐"者至诚不息。人有"羞恶之心"，则可"舍生取义"。"生，亦我所欲也。义，亦我所欲也。二者不可得兼，舍生而取义者也。生亦我所欲，所欲有甚于生者，故不为苟得也；死亦我所恶，所恶有甚于死者，故患有所不辟也。……非独贤者有是心也，人皆有之，贤者能勿丧耳。"（《告子上》）"不为苟得"，"有所不辟"，是"唯义所适"。"勿丧"者，是本心不失，勿放其心而已。"人皆有之"，是此心"万物皆备"。"大人者，不失其赤子之心者也。"（《离娄下》）"赤子之心"，既是"万象森然已具"、寂然不动而感通天下的潜能，又是心未放的本心。就仁义是否内具于心，《孟子》进行了辩说。告子认为，"食、色，性也。仁，内也，非外也。义，外也，非内也。"（《告子上》）它的根据在于："吾弟则爱之，秦人之弟则不爱也；是以我为悦者也，故谓之内。长楚人之长，亦长吾之长，是以长为悦者也，故谓之外也。"此中的逻辑推理为：爱主于情，故仁在内；长主于理，故义在外。对此，孟子批驳到，"耆秦人炙，无以异于耆吾炙。夫物则亦有然者也，然则耆炙亦有外与？"告子以"爱"从"我"取舍，故有爱与不爱；"长"以"理"为标准，故因有取舍。孟子认为，不管哪里之炙，嗜皆出于己，犹如弘道在人。仁义亦是如此，必由己出、己行。仁义皆在内，是备于我。圣人作为"大人"是大备者，然"圣人与我同类"（《告子上》）。作为"同类"，我也有圣人的潜质、潜能。人类之同性，既在于口于味的有同嗜，耳于声的有同听，目于色的有同美，更在于心之所同然的理义，圣人不过是"先得我心之所同然"者，故"理义之悦我心，犹刍豢之悦我口"。感官之同固是同类之有，然只有理义方是区别于禽兽的人类本质之同。在圣人与我之间，理义同备，不同的只是"先得"而已。"先得"，在于先期思得、操存以及扩充。"万物皆备"的"所性"，是"仁义礼智根于心"的"分定"。"广土众民，君子欲之，所乐不存焉。中天下而立，定四海之民，君子乐之，所性不存焉。君子所性，虽大行不加焉，虽穷居不损焉，分定故也。君子所性，仁义礼智根于心，其生色也，睟然见于面、盎于背、施于四体，四体不言而喻。"（《尽心上》）"万物皆备"的根本，在于仁义礼智的"分定"，它是修身的"内圣"。只有内圣，才有外王。功成不居，不求功名，由仁义行，才是"所性"。"大行不加"，是有天下而无容心；"穷居不损"，是独善其身而

不贰。二者的前提，在于"仁义礼智根于心"。信诸己，则自然充实而有光辉。"不言而喻"，自然诚而能化。"万物皆备"是理义，"至诚无息"是笃行，二者合言是"率性"。笃行理义之"诚"，是"沛然莫之能御"，如"火之始然，泉之始达"。"居仁由义"，则"大人之事备"（《尽心上》）。"由仁义行"，既是"事备"，又是"诚道"。理备诚行是"率性"。何以能"率性"？在于思存，或通过"修道之谓教"，二者统一于知"道"。"仁也者，人也。合而言之，道也。"（《尽心下》）"仁"为性本，思以存之，率以行之，是"仁义礼智根于心"的"居仁由义"。"道"是所以"居仁由义"之方，又是教以修为的内涵。"万物皆备"是潜能、本性，"反身而诚"是"率性"、"性之"。人"万物皆备"的潜质、潜能包括仁义礼智信，还有思存扩充的能力。

（三）尽性有"为"

"万物皆备于我"，既是道理本性的潜全，又是才能素质的潜备。落实在实践上，是"居仁由义"的"率性"，或者是"反身而诚"的"性之"。"尧舜，性者也。汤、武，反之也。"（《尽心下》）"性"者，由仁义行，是忠诚之为。本性不失，无所污坏，率性即可。虽如此，然尽己之谓忠，从容中道之谓诚，工夫在"纯而不已"中。诚于性者，包括"人能弘道，非道弘人"、"为仁由己"在其中。本心之性，必须因能为而尽己、中道。良知良能，是"居仁由义"或"率性"的能力，"万物皆备"的理义内涵其中。它不仅是理备，而且是能备。人的能为在"居仁由义"中，"居恶在？仁是也。路恶在？义是也。"（《尽心上》）"居仁由义"，是"人能弘道"，"为仁由己"，而前提在于具有知道知仁或思其本心的能力，以及操存扩充的能力。人的潜在才性并不必然成为尽善、大业，有其"才"还必须有"为"，它是"良知良能"的应有内涵。仁政在人，关键在行。孟子从梁惠王不忍以牛"衅钟"、想以羊易之的行为中，看到了其"不忍人之心"的存在。然后导之以道：王之恩德足以及禽兽，何以功不至于百姓？原因无它，就在于"不用恩"。王天下非"不能"，而在于"不为"。"挟泰山以超北海，语人曰'我不能'，是诚不能也。为长者折枝，语人曰'我不能'，是不为也，非不能也。故王之不王，非挟太山以超北海之类也；王之不王，是折枝之类也。"（《梁惠王上》）"折枝之类"，是能力所及，"不为"是不欲为、不去为。"老吾老，以及人之老；幼吾幼，以及人之幼。天下可运于掌。"可"运于掌"，治天下何难哉？只要有"为"，即可达此。所"为"是"推己及人"，"古之人所以大过人者无他焉，善推其所为而已矣。"推其所为，扩充其能，尽其性分，则无不能为。实行王道需要有为，尽性何尝不要有为？要成为尧舜，必须勤行孝弟，尽己之性。"尧舜之道，孝弟而已矣。"（《告子下》）"徐行后长"为"弟"，岂人所不能哉？"疾行先长"则为"不弟"，原因在于"所不为"（《告子下》）。若"服尧之服，诵尧之言，行尧之行"则为尧，若"服桀之服，诵桀之言，行桀之行"则为桀。尧舜非不能，而是不欲为而已。人生有道，然非难知、难为，而难在不知求、不知为。"道若大路然，岂难知哉？人病不求耳。子

归而求之，有余师"（《告子下》）。求即得，不求则不得。"舜之居深山之中，与木石居，与鹿豕游，其所以异于深山之野人者几希。及其闻一善言，见一善行，若决江河，沛然莫之能御也。"（《尽心上》）闻一善言、见一善行如恐失之而不行，择善固执，笃行不贰，故成为"人"。为善自得，"若夫为不善，非才之罪"（《告子上》）。"才"者人人皆备，不为则自暴自弃。"自暴者，不可与有言也；自弃者，不可与有为也。言非礼义，谓之自暴也；吾身不能居仁由义，谓之自弃也。"（《离娄上》）自暴自弃，非不能为，而是能者不为。"旷安宅而弗居，舍正路而不由，哀哉！"哀莫大于放弃"居仁由义"，有"放心"而不知求。"学问之道无他，求其放心而已矣。"（《告子上》）"求其放心"即为学问，不思不学是自暴自弃。"不为"还表现在"浅尝辄止"上，"有为者辟若掘井，掘井九轫而不及泉，犹为弃井"（《尽心上》）。半途而废，是自我放弃，不能弘毅。成就大任，还要经受考验，得到历练。"天将降大任于斯人也，必先苦其心志，劳其筋骨，饿其体肤，空乏其身，行拂乱其所为，所以动心忍性，增益其所不能。"（《告子下》）人若要成大事业，有所作为，就要不怕困难，敢于接受挑战，愈挫愈奋，在磨炼中增强"其所不能"，做到"生于忧患"而"死于安乐"。

（四）操存思养

人的尽性、成仁需要能为，这就存在一个如何、怎样能为的问题。心有操存舍亡的异趣，就有"本心"与"放心"的殊途。尽性所为，包括知、行、思、操、存、觉、忧、养、志等内涵。"人之所以异于禽兽者几希，庶民去之，君子存之。"（《离娄下》）君子所"存"者为"性"，在于要以舜为榜样，"明于庶物，察于人伦，由仁义行，非行仁义"。明察是知，"由仁义行"是行，知而后行。只有明察，因人爱人，因物成物，才能"由仁义行"。"行仁义"，既是"有以为"的名利之图，又是"执一无权"的固执。"居仁由义"，既要明察，还要"分定"，使"仁义根于心"。求其放心，要修习"学问之道"。人要复其本心，需要唤醒之功。途径有二，一是教诲。"修道之谓教"，以教修道，然后能为"率性"。"教"为"觉"，"天之生斯民也，使先知觉后知，使先觉觉后觉。予，天民之先觉者也。"（《万章下》）知有先后，则觉有先后。教诲的内涵，是"使先知觉后知，使先觉觉后觉"。一是思存。"君子所以异于人者，以其存心也。君子以仁存心，以礼存心。"（《离娄下》）心所以存者为仁、礼，而为"存"是"求则得之，舍则失之"。不求则不得。求"存"，则有"终身之忧"，而"无一朝之患"。终身所忧者，耻不若人，"如舜而已"。"舜，人也；我，亦人也。舜为法于天下，可传于后世，我由未免为乡人也，是则可忧也。忧之如何？如舜而已矣。若夫君子所患，则亡矣。非仁无为也，非礼无行也。如有一朝之患，则君子不患矣。""忧"不能如舜"为法于天下，可传于后世"。"非仁无为"，"非礼无行"，无有错谬之为，故不有患。君子之患，在患己不能"居仁由义"、以仁礼存心，在患己"陷溺其心"。"富岁子弟多赖，凶岁子弟多暴。非天之降才尔殊也，其所以陷溺其心者然也。"

（《告子上》）"陷溺其心"，在于放其心而不知求。天降于人的尽性之才非殊，差异只在于是否能够"存养"，保持本性的"分定"。以山木为譬，虽有其美，然若斧斤常伐之，则必不能久。即使如此，犹有萌蘖孳生。然若再以牛羊牧之，则必绝材美之生。不可徒见其光洁无生，就以为未尝有材。仁义于人心类此。"放其良心"犹斧斤于木，不可徒见人若禽兽，就以为未有仁义之才。人虽皆有"才"，但必须"养"，方能才尽其才。"苟得其养，无物不长；苟失其养，无物不消。孔子曰：'操则存，舍则亡；出入无时，莫知其乡。'惟心之谓与？"心的功用在于"养性"，"养"是"操则存"。人未尝无理义之心，然得失易而操守难。操存之功，不可一刻止，必须"勿忘"，善以为养。以人于身言，兼所爱则兼所养，无尺寸之肤不爱则无尺寸之肤不养。考其善与不善在于"于己取之而已"。"体有贵贱，有小大。无以小害大，无以贱害贵。养其小者为小人，养其大者为大人。……饮食之人，则人贱之矣，为其养小以失大也。"（《告子上》）"养性"，涵饮食之性、理义之性，故有贵贱、小大的价值之分，亦有成为大人、小人的等次之别。"从其大体为大人，从其小体为小人。""养"的关键在于取舍，贵在于"思"。"耳目之官不思，而蔽于物。物交物，则引之而已矣。心之官则思，思则得之，不思则不得也。""思则得"者，是"天之所与我"者。有"思"有"立"，故"先立乎其大者，则其小者弗能夺"。大人，不过用其心官、思其天与、立其大体、存其本心而已。本心是天命之性，思是思此心，立是立此性，存是存此理。思存则"分定"，故小者不能夺。不思则蔽于物，"放其心"。以桐、梓为喻，"拱把之桐、梓，人苟欲生之，皆知所以养之者。至于身，而不知所以养之者，岂爱身不若桐、梓哉？弗思甚也！"人非不爱身，而在于"弗思"。思则知所以养。"养"的前提在于"思"，思养其大者，则存其理义之心。思存即为取舍，就有蹠与舜"利与善之间"的分野。"鸡鸣而起，孳孳为善者，舜之徒也。鸡鸣而起，孳孳为利者，蹠之徒也。欲知舜与蹠之分，无他，利与善之间也。"（《尽心上》）"孳孳为善"，是思存以为善；"孳孳为利"，是放心引于物。同样是"孳孳"的念念不舍、勤行不辍，然有思存的取舍不同。圣人"不思而得"，是"性之"、"率性"，诚而无伪。"不思"，非是心不思存，而非思以为存。思则存自能存，而思以为存则有伪。前者是思得本心，"由仁义行"；后者是思得有求，以行仁义。在思存上，有性命之辨。口于味、目于色、耳于声、鼻于臭、四肢于安佚，作为"性"是"有命焉，君子不谓性"。仁于父子、义于君臣、礼于宾主、智于贤者、圣人于天道，作为"命"是"有性焉，君子不谓命"（《尽心下》）。食色感官之性，无之不可，故有命。君子"不谓性"，在于它非是性的本质、大体，不可任其放纵，而要得之有道。理义天道是人所以为人的不可或缺者，是"天命之性"。君子"不谓命"，在于它非是定然如此，而在于"求在我者"，不思不得，不养不存。需要思存涵养以"率性"，"修身立命"以"不贰"。有性命之辨，则有志气之分。志为气之帅，气为体之充。志为主而气为次，"持其志，无暴其气"（《公孙丑上》）。持志以为气帅，暴气则丧志。在"志"与"气"的关系上，"志壹则动气，气壹则动志"。志

壹动气，是以志帅气；气壹动志，是养气从志。配以道义，集义所生，就是"浩然之气"。气配道义，则"至大至刚"，以其"直养而无害"，则"塞于天地之间"。无配道义，或"义袭而取之"，暴气则馁。"直养"，是集义所生。养气在于集义，"知言"为了集义。"诐辞知其所蔽，淫辞知其所陷，邪辞知其所离，遁辞知其所穷。"人以志帅、立命、分定，则有浩然正气，可为"富贵不能淫，贫贱不能移，威武不能屈"的"大丈夫"（《滕文公下》）。道义所在，是性命所在，故"士穷不失义，达不离道"（《尽心上》）。穷不失义，是修身以俟命；达不离道，是有天下而不与。"古之人，得志泽加于民，不得志修身见于世。穷则独善其身，达则兼善天下。"（《尽心上》）"得志"是得行其志向、道理，"以道殉身"，前提在于"天下有道"。"泽加于民"，是推及扩充，"达则兼善天下"。因"天下无道"，故"不得志"。不能外王则"以身殉道"，存心养性以修身，"穷则独善其身"。君子志于道，"不成章不达"。志于道则自强不息，无有止境。达于成章，则为至极。独善其身以立德之极，兼善天下以立功之极。

（五）反求诸己

人心"万物皆备"，又是"思则得之"，故尽性在于"反求诸己"。"万物皆备于我矣。反身而诚，乐莫大焉。强恕而行，求仁莫近焉。"（《尽心上》）"反身"者，反求诸己；"诚"者，率性尽性。"乐莫大"之"乐"，是"知之者不如好之者，好之者不如乐之者"（《论语·雍也》）之乐，又是"发愤忘食，乐以忘忧，不知老之将至"（《论语·述而》）之乐。"乐"者，发自内心，尽己以忠，诚实无伪。圣人之"诚"，"不勉而中，不思而得，从容中道"（《中庸》）。"强恕而行"，是"力行近乎仁"，亦是"择善而固执"。诚乐与强恕，及其成功则一。"反身"，则思存、养持之功在其中。不思觉明察，不能"反"；不操持养存，也不能"反"。"反身而诚"是"反求诸己而已"（《孟子·公孙丑上》）。之所以"反求诸己"，在于"万物皆备于我"，人人有"良知良能"。知本心本性，知求之在己，知操存在己，知弘道在己，然后能反求诸己，以至于忠诚尽性。"反求诸己"，在于"知本"，在于"修身"，故以"正己"为本。"有大人者，正己而物正者也。"（《尽心上》）己正则诚，诚则能化。"有诸内必形诸外"（《告子下》），"仁义礼智根于心"则施于四体"不言而喻"。"诚则形，形则著，著则明，明则动，动则变，变则化；唯天下至诚为能化。"（《中庸》）修身于"至诚"，则内圣而外王。"君子之守，修其身而天下平。"（《孟子·尽心下》）修身，则要格物、致知、诚意、正心。修身在于诚身，既要"舍己"，又要"同人"。"大舜有大焉：善与人同，舍己从人，乐取于人以为善……取诸人以为善，是与人为善者也，故君子莫大乎与人为善。"（《公孙丑上》）"舍己"与"从人"，是一体两面。"舍"为了"从"，非是尽舍而虚无。舍己之执，而从人之善。只有"舍己"，方能"从人"。"善与人同"，是"乐取于人以为善"，以人善为己善，故能大其心、公其意。"与人为善"，则"从善如流"，唯善之求，惟善是行。落实在治理上，"反求诸己"包括严于责己、宽以待人的

两面。责己深，则待人诚。从己待人言，"爱人，不亲，反其仁；治人，不治，反其智；礼人，不答，反其敬。行有不得者，皆反求诸己，其身正而天下归之"（《离娄上》）。"反求诸己"，在于正身然后能正天下。"政者，正也。子帅以正，孰敢不正？"（《论语·颜渊》）只有反以责己，求己之诚，然后能变化。反己之至，在于推己之诚。至诚，则能经纶天下大经，立天下大本。知天地化育，然后天下归之。从人待己言，"有人于此，其待我以横逆，则君子必自反也：'我必不仁也，必无礼也，此物奚宜至哉？'其自反而仁矣，自反而有礼矣，其横逆由是也，君子必自反也：'我必不忠。'自反而忠矣，其横道由是也，君子曰：'此亦妄人也已矣。如此，则与禽兽奚择哉？于禽兽又何难焉！'"（《离娄下》）"自反"以为仁礼忠，是尽己之诚。尽己于诚，则化人不难。因为"爱人者，人恒爱之；敬人者，人恒敬之"，故反求诸己，得人心则得天下。得天下之道在得其民，得民之道在得其心，得民心之道在"所欲与之聚之，所恶勿施"（《离娄上》）。"所欲与之聚之"，是"与民同乐"；"所恶勿施"，是"己所不欲，勿施于人"。反身以有诸己，则可以成圣成神。"可欲之谓善。有诸己之谓信。充实之谓美。充实而有光辉之谓大。大而化之谓圣。圣而不可知之谓神。"（《尽心下》）可欲之善是"求诸己"，信实在身是"有诸己"，"有诸己"则有光辉，进而至于圣、神的境界。落实在政治上，"反求诸己"是先正己后正人。"君仁，莫不仁。君义，莫不义。君正，莫不正。一正君而国定矣。"（《离娄上》）上行下效，修身以正则正以天下。"求诸己"体现为三个层次："尧、舜，性之也。汤、武，身之也。五霸，假之也"（《尽心上》）。"性之"者，是"反身而诚"的"乐之"者；"身之"者，是"强恕而行"的"好之"者；"假之"者，是行于仁义的"知之"者。"尧、舜，性者也。汤、武，反之也。"（《尽心下》）"性"者"尽己"，率性而为，至诚不息。它的前提在于知性知天，然后好之笃行，其极是"率性"和"从心所欲"。"反之"者，因桀纣之恶而反求诸己，修身以俟命，自强不息。二者皆是"动容周旋中礼"的"盛德之至"，其极致是"不勉而中"或"从心所欲不逾矩"。

（六）天人合一

就本心所有言，是"万物皆备于我"；就其所得来源言，是"天命之谓性"。天理即在人心，人心尽涵天理之全，"天人合一"。在天与人的同一关系上，诚者天道，思诚人道。"诚者，天之道也；思诚者，人之道也。至诚而不动者，未之有也；不诚，未有能动者"（《离娄上》）。天道以至诚而动化，人道思诚则参赞天道动化。通过"思"，则天道之诚即在人道之诚中。天心动化者，不言而信，不为而成。圣心动化者，大而化之，化而不测。人与天一，则代天官天下。"无敌于天下者，天吏也。"（《公孙丑上》）"天吏"者，以天命官治的管理者。"无敌于天下"，是天下无有匹配者，化育万物而天下归之。天吏德配于仁，故"仁者无敌"。在天与人的区别关系上，有"天爵"、"人爵"之分。"仁义忠信，乐善不倦，此天爵也；公卿大夫，此人爵也。古之

人修其天爵，而人爵从之。"（《告子上》）"天爵"来自本性天命，秉承天道"于穆不已"，则行圣道"纯而不已"。率性弘道，在于诚于自然。"人爵"在于名谓自命。人爵从于天爵，则从天之命。天爵为本、为贵，人爵为末、为从。在尽心与事天的关系上，"尽其心者，知其性也。知其性，则知天矣。存其心，养其性，所以事天也。夭寿不贰，修身以俟之，所以立命也。"（《尽心上》）本心自性，即天命之性。存心养性，即"事天"之谓。反过来说，"事天"在于尽己率性。知本心自性则知天命之性，二者相互证知、征行。"知性"与"知天"一，"尽心"与"事天"一，知与行一。归结言之，心、性、天一以贯之。"立命"源自天命，事天在于尽己，矢志不移，自强不息、恒一不贰。"天命之谓性，率性之谓道，修道之谓教"（《中庸》）。教以知性知天以修道，率性尽己以尽天命。在王道与天道的关系上，王道法天，天视自我民视，天听自我民听，"圣人无心，以百姓心为心"。王者与民同忧乐。"乐民之乐者，民亦乐其乐；忧民之忧者，民亦忧其忧。乐以天下，忧以天下，然而不王者，未之有也。"（《孟子·梁惠王下》）"乐民之乐"，以民所乐为己之乐；"忧民之忧"，以民所忧为己之忧。以天下忧乐为忧乐，则天下一家，民吾胞与，犹如天均化育。如天道"为物不贰"、"生物不测"。圣人以至诚而动化无息。诚者成己成物，己立立人、己达达人。扩充其极，化育万物，是与天地参。存心之极，尽性之至，是尧舜规模。尧为君大，在于则天之大。极致之准，既是人人的可能，又是人人的潜能。人之为人，顶天立地，可为天地境界。"居天下之广居，立天下之正位，行天下之大道。"（《滕文公下》）以天下为己，则己是大己。大己，则以天下居，以正位立，以大道行。天外无物，无所不涵。圣人以天为器宇，故为"集大成"者。"集大成也者，金声而玉振之也。金声也者，始条理也；玉振之也者，终条理也。始条理者，智之事也；终条理者，圣之事也。"（《万章下》）"集大成"者，既是仁与智的统一，也是仁与智的极致，可与天地同功。"所过者化，所存者神，上下与天地同流"（《尽心上》）。"与天地同流"，则无所不化，功成不测。之所以如此，在于"所存者神"，与天地同其神功。尧舜、孔子的圣人人格，既证实了人"万物皆备于我"的良知良能，同时在确立一个"与天地参"的人格规模境界。天人合一，二者同为宇宙中的至能者。

　　以上从六个层面揭示《孟子》的"良知良能"说，从中可以看到与《老子》道德观的思维同构性。以潜能特质言，是自得之"德"和"玄德"、"孔德"；以万物皆备言，是"得一"；以尽性有"为"言，是"修之于身"以至于天下；以操存思养言，是"勤而行之"和"惟道是从"；以反求诸己言，是复归于"婴儿"、"朴"和"无极"；以天人合一言，是"同于道"和"以道莅天下"。二者在"内圣而外王"的境界上殊途同归。不过，《孟子》偏重于人伦和社会的王道境界，而《老子》拓展为宇宙境界。

二、传承发展

　　《孟子》"万物皆备于我"的"性善"说，继承于《论语》的"忠恕之道"，《中

庸》"天地之道"、"至诚之道"，并与《大学》的"大学之道"、《易传》的"三才之道"相贯通。良知良能说，建基于本心、本性，它与天命、天道相融合，虽然还没有形成绝对本体的思维质性，但具备了天人同构的思维内涵。宋儒正是以此为基础，吸收道家大道一统的思维结构，建构宇宙模式的大心、天理和良知说，高扬了人性的伟大、包容。邵雍指出，"人之所以能灵于万物者，谓目能收万物之色，耳能收万物之声，鼻能收万物之气，口能收万物之味。声色气味者，万物之体也。目耳口鼻者，万物之用也。体无定用，惟变是用；用无定体，惟化是体。体用交而人物之道于是备矣。"（引自《皇极经世》，九州出版社 2003 年版，第 361 页）人灵在于能用万物，备人物变化之道，同于天道至妙。以观言，圣人"以一心观万心，以一身观万身，一物观万物，一世观万世"。（同上书，第 363 页）何以能见万物之情？在于"反观"，不以我观物，而"以物观物"。上识天时，下尽地理，中尽物情，通照人事。同时，在于用人之知。"用天下之目，为己之目，其目无所不观矣。用天下之耳，为己之耳，其耳无所不听矣。用天下之口，为己之口，其口无所不言矣。用天下之心，为己之心，其心无所不谋矣。"（同上书，第 465 页）以天下观则见于广，以天下听则闻于远、以天下言则论于高，以天下谋则虑于大，故可为"至神至圣"。"以天地观万物，则万物为万物；以道观天地，则天地亦为万物"。（同上书，第 368 页）天地统摄万物，道涵摄天地万物，以道观是大观。在这里，思维模式来自《老子》的"以天下观天下"和《庄子》的"以道观之"。以能言，天地万物之道"尽之于人"，人能知天地万物之道，则尽于人然后能尽民。"知天下之天下，非己之天下"，（同上书，第 381 页）则为五帝。圣人心代天意，口代天言，手代天工，身代天事，故能与天地参。"惟人兼乎万物，而为万物之灵。"（同上书，第 502 页）人者，"无所不能"。以道言，人之灵、能本自于道，在于效法于道。天地万物同一于道，"天由道而生，地由道而成，物由道而形，人由道而行"。（同上书，第 429 页）圣人与昊天为一道，圣人不异昊天。"天之能尽物，则谓之昊天。人之能尽民，则谓之圣人。"（同上书，第 370 页）圣人以万民与万物为一道。"以天地生万物，则以万物为万物；以道生天地，则天地亦万物"。（同上书，第 519 页）道之生无所不生，圣人之仁无所不均。邵雍吸收老庄道家思维，建构了自己的人与道一的思想体系，将人提升至与道和天地相并的高度，开启了宋儒无不知、无不能的人格新境界。周敦颐提出，太极化生万物，"万物生生，而变化无穷"，惟人"得其秀而最灵"。（引自《周敦颐集》，中华书局 2009 年版，第 6 页）"易"为性命之源，圣人作为人极，以诚为本，法于天，故"以仁育万物，以义正万民"。（同上书，第 23 页）圣人之能，并于天道。仁道，非仅限于人，而至于万物。张载直接道出，"天良能本吾良能，顾为有我所丧尔。"（引自《张载集》，中华书局 1978 年版，第 22 页）在"良能"上建构"天人合一"模式，本自《孟子》天道与人性的思维同构性。天之良能，无所不能、无能不备。我之良能与天之良能相配，故为至大之能。人本有天的良能，然如"放其心"一样常为"有我所丧"。"圣人尽性，不以见闻梏其

心，其视天下无一物非我，孟子谓尽心则知性知天以此。天大无外，故有外之心不足以合天心。"（同上书，第24页）圣人尽性，同样是尽万物之性，因为天下"无一物非我"。以人心合天心，"天大无外"，则"心外无物"，它是"万物皆备于我"。圣人器宇、心量与天同大。"能以天体身，则能体物也不疑。"（同上书，第25页）天涵摄万物，本自郭象以天为万物总名的思维。天为至大，无不涵摄。以天体身，则身与万物一，体物则无遗。在我与物、道的关系上，张载又指出，"以我视物则我大，以道体物我则道大。"（同上书，第26页）"以我视物"，是以我的标准、视野来审视物，则不免大我而小物。以道体之，是以大道的标准、视野来审视物我，如此则以物观物，以人视人，各得其理。"道大"，涵摄万物，为"道通为一"的思维同构。程子曰："良知、良能，皆无所由。乃出于天，不系于人。"（引自《四书集注》，北京古籍出版社2000年版，第364页）以良知、良能出于天，则人性通于天道，无不皆备。"浩然之气，天地之正气，大则无所不在，刚则无所屈，以直道顺理而养，则充塞于天地之间。"（引自《二程集》，中华书局2004年版，第11页）在《孟子》看来，天地正气配义与道，固然刚而不屈。然它是心境，而非是存在，故非可言"大则无所不在"。以气为无所不在，本在"太虚即气"的思维，受到老庄道寓于物无所不在思维的影响。通观之，宋儒之"天"已非纯粹的天命内涵，而吸收了老庄、《荀子》自然"天"的思维内涵。"浩然之气"，是正义大化的能量、力量，而非只是器宇之广、容量之大。"仁者，以天地万物为一体，莫非己也。"（同上书，第15页）《孟子》言仁只为人，不及物。"君子之於物也，爱之而弗仁。於民也，仁之而弗亲。亲亲而仁民，仁民而爱物。"（《尽心上》）"仁"只对民言，为王道政治。爱、亲与仁有别，各有所指的对象。由人及物，则"仁"的外延、范围达到了与"天"同量的规模。《孟子》"大己"容天下之民，然不及物。仁者以人为本，爱物是为了仁民。程明道云："学者须先识仁。仁者，浑然与物同体，义、礼、智、信皆仁也。……此道与物无对，大不足以明之。天地之用，皆我之用。……盖良知良能元不丧失，以昔日习心未除，却须存习此心，久则可夺旧习。"（同上书，第16—17页）仁者浑然与万物同体，是迎合道家道通万物、佛家宇宙涅槃思维而来。以仁、义、礼、智统一于仁，固合《孟子》意旨。"道与物无对"，正是道家绝对本体独立、无待的质性。"大不足以明之"，正如"强名之为大"的思维。天地用皆我用，正是大道之用的思维。"良知良能"本不丧失，是人人本心皆备。《孟子》以"道"与"行"对，不与"物"对。宋儒以天理取代孔孟的天命、天道，又开发出"理一分殊"的思维，显然是受到道家"道一分殊"思维的影响。理与气对，正如道与物的思维。程子明言"圣人即天地"，（同上书，第17页）已将圣人人格赋予了天地境界、规模。天地是自然生生的大德，已与《老子》《中庸》和《易传》的天地涵义相合，脱离了《孟子》理义天命的内涵。朱熹指出，"心者，人之神明，所以具众理而应万事者也。性则心之所具之理，而天又理之所从以出者也。人有是心，莫非全体。"（引自《四书集注》，北京古籍出版社2000年版，第360页）理从天出，

是天命之性。心具众理应万事，则无所不能。"莫非全体"，是天赋理的一齐俱到，"万物皆备"。"分者，所得于天之全体"。（同上书，第 366 页）人有性分，个个得天全体，则性理与天命为一。此同于《老子》"得一"思维。朱子赞同程子以心、性、天为一理的思想，认为"自理而言谓之天，自禀受而言谓之性，自存诸人而言谓之心。"（同上页）心得天之全体，是"性者，得全于天，无所污坏，不假修为，圣之至也。"（同上书，第 385 页）天命与性为理，性具于心为全。"得全于天"是全理，"无所污坏"是性纯，"不假修为"是自然。朱熹以圣人之诚同于天道之诚，认为不假修为，而良能自备。《孟子》认为，良知良能是潜能，并非必然而能，需要思存养扩的功夫、能为。宋儒以良知良能本于天，同于天能而不假修为。然又提出格物穷理、精义入神，然后能诚成圣。这样，就形成了生知生能与学知学能的二分和不融贯处。

明儒王阳明以"良知"说发展了"良知良能"思想，赋予良知同于《老子》恒道一样的绝对本体存在质性，二者在实体思维上趋同。（一）良知是造化者。"良知是造化的精灵。这些精灵，生天生地，成鬼成帝，皆从此出，真是与物无对。"（引自《传习录下》，载《王阳明全集》第一册，浙江古籍出版社 2011 年版，第 115 页）以良知为精灵，已然将之视同于《庄子》"生天生地，神鬼神帝"的本体"道"。它是造化者，万化从此出，能成万化，故无所不能。因是全能，独立无外，故与物无对。"良知"内涵，已同于《老子》的恒道、《庄子》的造化者。（二）良知有两个样态。"'先天而天弗违'，天即良知也；'后天而奉天时'，良知即天也。"（引自《传习录下》，同上册，第 121 页）"先天而天弗违"、"后天而奉天时"，原为《易传》揭示天人合德的内涵，以之言良知便有了先天、后天的两种存在样态。"天即良知"，是良知为本体存在，先于天而存在，犹如《老子》"先天地生"的思维；"良知即天"，是良知寓于天之中，变为天的存在，犹如"万物之奥"的思维。从良知与人心的关系看，"盖良知之在人心，亘万古，塞宇宙，而无不同。'不虑而知'，'恒易以知险'，'不学而能'，'恒简以知阻'，'先天而天不违'，'天且不违，而况于人乎？况于鬼神乎？'"（引自《传习录中》，同上册，第 80 页）"良知"贯通了《老子》、《周易》和《孟子》的思维，良知生人心，同时人心得良知，二者合一。"亘万古，塞宇宙"，既是良知的规模，亦是心体的规模，良知与心合一。不学能、不虑知，是《孟子》本心的"良知良能"。"恒易以知险"、"恒简以知阻"以及"先天而天不违"等，是《易》的经纶天下。良知犹如恒道，既生成一切存在，又涵摄一切存在，故为全能存在。（三）良知是天渊、太虚。"心也，性也，天也，一也"。（引自《传习录中》，同上册，第 94 页）心、性是天，又是渊，四者合一。"人心是天、渊。心之本体无所不赅，原是一个天，只为私欲障碍，则天之本体失了。心之理无穷尽，原是一个渊，只为私欲窒塞，则渊之本体失了。如今念念致良知，将此障碍窒塞一齐去尽，则本体已复，便是天、渊了。"（引自《传习录下》，同上册，第 105 页）心作为天、渊，"无所不赅"，是"万物皆备"。"理无穷尽"，是"一齐具有"。心体同于天体，同于渊体。"天之本体"，"渊之本体"，

犹如道家的道之本体，为独一无偶的存在质性。"良知之虚，便是天之太虚；良知之无，便是太虚之无形。"（同上册，第117页）良知与天一，天与太虚一，虚与无一。它是老庄"无状之状"、"不形之形"的思维。正因为虚、无而无所不生，无所不化，无所不能。（四）良知是天理、天道。"吾心之良知，即所谓天理也。致吾心良知之天理于事事物物，则事事物物皆得其理矣。致吾心之良知者，致知也。事事物物皆得其理者，格物也。是合心与理而为一者也。"（引自《传习录中》，同上册，第49—50页）良知即天理，则心与理为一。格物、致知，是良知之用，泛应曲当，无所不宜。"夫良知之于节目时变，犹规矩尺度之于方圆长短也。节目时变之不可预定，犹方圆长短之不可胜穷也。故规矩诚立，则不可欺以方圆，而天下之方圆不可胜用矣；尺度诚陈，则不可欺以长短，而天下之长短不可胜用矣；良知诚致，则不可欺以节目时变，而天下之节目时变不可胜应矣。"（同上册，第54页）以"规矩尺度"作喻，揭示良知权变之用。权以称物，变化不定，所称无穷，然无有不当。"规矩尺度"诚立诚陈，犹如良知具万理而应万事。良知在"节目时变"中，使事物皆得其理，是"事善能"。"不可胜用"，是"其用不可既"。良知既是道，亦是理。理以"曲则全"言，道以"容乃公"言。"夫良知即是道，良知之在人心，不但圣贤，虽常人亦无不如。若无有物欲牵蔽，但循著良知发用流行将去，即无不是道。"（引自《传习录中》，同上册，第75页）以本体言，良知是天道。以心性言，良知是道理。前者的"发用流行"是化育万物，后者是格物致知，犹如《庄子》的道"行于万物"，即物成物。"天道之运，无一息之或停；吾心良知之运，亦无一息之或停。良知即天道，谓之'亦'，则犹二之矣。"（引自《惜阴说》，同上册，第285页）天道行健不息，良知运化不已。心、良知、天道一体，每一个皆是不息的本体，犹如"周行不殆"。（五）良知是诚、易。"诚是实理，只是一个良知。实理之妙用流行就是神，其萌动处就是几，诚神几曰圣人。圣人不贵前知。祸福之来，虽圣人有所不免。圣人只是知几，遇变而通耳。良知无前后，只知得见在的几，便是一了百了。若有个'前知'的心，就是私心，就是趋避利害的意。"（引自《传习录下》，同上册，第120页）良知是诚者天道，赅备实理是独立不贰，"妙用流行"是"周行不殆"，萌动之几是微妙慎始。诚是良知之体，神是诚的妙用，几是神的微眇。"前知"是《老子》"有以为"的"前识"。"有所不免"，则"富贵在天"。知几变通，是"事善能"。正如恒道无古今一样，良知无前后是不可固执，但一落入"见在的几"，便有先后次序，曲应其宜。"良知即是《易》，'其为道也屡迁，变动不居，周流六虚，上下无常，刚柔相易，不可为典要，唯变所适'。"（同上册，第137页）以良知为《易》，其体为"不可为典要"的"不可道"，其用为"唯变所适"的"穷神知化"。合言之是"神无方而《易》无体"。良知无定体，无常心；良知无定用，无常用。"变动不居"，是良知的变通；"周流六虚"，是良知的充塞；"唯变所适"，是良知的权变。良知为《易》，则"与天地准"，"弥纶天地之道"，故得天下之理，"广大悉备"；与天地合德，"曲成万物而不遗"，故可以成就盛德大业，"崇

德而广业"。前者是良知的无不知，后者是良知的无不能。此犹如老庄的以道为能、以道观之。（六）良知无有善恶。"无善无恶"是良知的至善，它是绝对的道德意志。"无善无恶是心之体，有善有恶是意之动，知善知恶的是良知，为善去恶是格物。"（引自《传习录下》，同上册，第122页）前面已解说"无善无恶"来自道家的绝对无待思维，是相对于"有善有恶"的对待而言。善与恶相对，是有待存在。良知是无待的绝对存在。只有无善无恶，方能曲成事理，善其善，恶其恶，己无所与，善恶当理。正如道家不阴不阳而生成阴阳一样，"无善无恶"作为道德绝对意志，曲理完备，自能善善恶恶。"有善有恶"是意动的趣向有分，"知善知恶"是致知的"知几"，"为善去恶"是格物的功为，它们一以贯之于良知的发用中节中。王畿认为，"若说心体是无善无恶，意亦是无善无恶的意，知亦是无善无恶的知，物是无善无恶的物矣。若说意有善恶，毕竟心体还有善恶在。"（同上册，第128页）阳明是从良知的发用流行、泛应曲当上言，而王畿是从良知无人心之私上言。"无善无恶"，既是无容心、无前识的善恶不执，亦是能善能恶、道理大备的善恶浑全。前者犹如《老子》的虚静"无为"，后者犹如曲全"无不为"。从无有己私、寂然不动言，心、意、知、物固是一以贯之的"无善无恶"，但若否定"意有善恶"，则心体无用，何以存其心体？正因为"意"有善恶的感应发用，无不中节，方见心体道理赅备、能为潜备。有"无善无恶"的绝对本体，方有"有善有恶"的神妙功用。正如只有"独立不改"，方能"周行不殆"。以无与于己言，"意"无善恶是"诚意"，知无善恶是"道观"，"格物"无善恶是"因循"。正如"情"有性理之情、欲念之情的不同一样，"意"有道理意志、感欲意念之别。从心循道理言，"意"者有善有恶是理之动，"知"者知善知恶是循于理，"格物"为善去恶是以理为。钱德洪从"意"为感欲意念的思维角度认为，"心体是天命之性，原本是无善无恶的。但人有习心，意念上见有善恶分。格、致、诚、正、修，此正是复那性体功夫。"（同上页）善恶有习心、性理之分。相对于习心情感善恶言，天命之性无善无恶。意念善恶是己私之执，便为本心之失。复于本心，求其"放心"，便要有格、致、诚、正、修的工夫。在阳明看来，良知至善，何有不善？意、知、格是良知的发用，只有知善知恶的精义入神，方能格物于正，为善去恶无不宜。它是《孟子》"性善"上的心、性、情、才的统一。王畿的意、知、物全由本心一贯而来，故无善恶之私。心体至善，则意必至诚，致知必尽，格物必正。它是天道之诚、自然而然的境界。德洪的心自天命，本无善恶，然人已为习心所染，故要去善去恶之蔽，复于无善无恶之本。它是宋儒气质之性与理义之性分殊的思维结构。"圣人无善无恶，只是'无有作好'，'无有作恶'，不动于气。然'遵王之道'，'会其有极'，便自'一循天理'，便有个'裁成辅相'。"（引自《王阳明全集》第一册，第32页）"不动于气"，是不以己之好恶而作好恶之情，并非全无好恶。"一循天理"，是好于理当所好，恶于理当所恶。己无私与，善其善恶其恶，自然皆当。"无善无恶者理之静，有善有恶者气之动。不动于气，即无善无恶，是谓至善。"（同上页）"理之静"，是心寂然不动，无容己

私，一循于理；"气之动"是感物而动，己好其好，己恶其恶，妄作躁动。"无善无恶"，是至善无待。（七）良知是本心大全。"心虽主乎一身，而实管乎天下之理，理虽散在万事，而实不外乎一人之心。"（引自《传习录中》，同上册，第47页）心外无理，则心与理一。管天下之理，则心赅备于理。理无不备，则事无不应，应无不当。从心一上言，"以其全体恻怛而言谓之仁，以其得宜而言谓之义，以其条理而言谓之理；不可外心以求仁，不可外心以求义，独可外心以求理乎？外心以求理，此知行之所以二也。"（同上页）仁义为内，心外无理，心通其为一。理在心外，则行由非心，故知行有二。从理一上言，"以其理之凝聚而言，则谓之性；以其凝聚之主宰而言，则谓之心；以其主宰之发动而言，则谓之意；以其发动之明觉而言，则谓之知；以其明觉之感而言，则谓之物。故就物而言谓之格，就知而言谓之致，就意而言谓之诚，就心而言谓之正"。（引自《传习录下》，同上册，第83页）理外无心，理以心知，理通其为一。理凝聚为性，心统性意。性是心之理，意是心之动，知是心之明，物是心之感。格物、致知、诚意，皆涵摄在正心之中。"性无不善，故知无不良。良知即是未发之中，即是廓然大公、寂然不动之本体，人人所同具者也。"（引自《传习录中》，同上册，第68页）"性无不善"，源自理无不善；"知无不良"，本自心无不理。致知至善在于本心，本心至善在于理备。"未发之中"的良知是道理潜备，"廓然大公"是良知是齐同无弃。"寂然不动"是良知的至诚无伪，"人人同具"是良知的各自咸具。"良知只是一个，随他发见流行处当下具足，更无去求，不须假借。然其发见流行处自有轻重厚薄，毫发不容增减者，所谓'天然自有之中'也。"（同上册，第92页）"发见流行"，是一一应用；"当下具足"，是各足其理；"轻重厚薄"，是曲成其宜；"不容增减"，是一循于理；"自有之中"，是时中之中。心外无物，则全于一心。"人的良知，就是草、木、瓦、石的良知。若草、木、瓦、石无人的良知，不可以为草、木、瓦、石矣。岂惟草、木、瓦、石为然，天地无人的良知，亦不可为天地矣。盖天地万物与人原是一体，其发窍之最精处，是人心一点灵明。"（引自《传习录下》，同上册，第118页）正因人心的"一点灵明"，方使天地万物著明于世，成为向我澄明的世界。从心一言，世界是我知的世界。（八）良知是虚灵明觉。良知具有虚灵明觉的品格。"虚灵不昧，众理具而万事出。"（引自《传习录上》，同上册，第16页）"虚"者包通无外，"灵"者泛应曲当，"不昧"清明无蔽。"众理具"是"心外无理"的"虚明"，"万事出"是"心外无事"的"感通"。"心者身之主也，而心之虚灵明觉，即所谓本然之良知也。"（引自《传习录中》，同上册，第52页）心为身主，在于其虚灵明觉，它是本然良知之知。"良知本来自明。"（同上册，第74页）"本来自明"，方能感而遂通，泛应曲当，无有昧蔽。"良知者，孟子所谓'是非之心，人皆有之'者也。是非之心，不待虑而知，不待学而能，是故谓之良知。是乃天命之性，吾心之本体，自然灵昭明觉者也。凡意念之发，吾心之良知无有不自知者。"（引自《大学问》，同上书第三册，第1019页）《孟子》的不虑而知、不学而能，是孝悌之能，知行合一。其"是

非之心"虽为"天命之性",然只是"知",不兼于行。阳明的"灵昭明觉"是知行一体,知为行之知,在实践中用知。"无有不自知"是致知之知,行无不知,为无不理。"知是心之本体。心自然会知:见父自然知孝,见兄自然知弟,见孺子入井自然知恻隐,此便是良知,不假外求。"(引自《传习录上》,载《王阳明全集》第一册,第7页)"心之本体"为良知,良知自能会知,在格物的事为上自能知所以为之理,行无不当。作为本能,故"不假外求"。"天命之性粹然至善,其灵照不昧者,此其至善之发见,是乃明德之本体,而即所谓良知也。"(引自《大学问》,同上书第三册,第1016页)"灵照"无不照,"不昧"无不明,故为"至善"。良知作为"明德"本体,"昭明洞彻,是是非非,莫非天则,不论有事无事,精察克治,俱归一路"。(引自《传习录拾遗》,同上书第五册,第1556页)以理言,"是是非非",莫不当理。"天则"就是天理。以事言,"精察克治",无事不遂。"昭明洞彻",是精义入神;"俱归一路",莫非良知灵明。此思维犹如《老子》的"以天下观天下"。(九)无知而无不知。良知是无知,亦是无不知,犹如明镜之照。"圣人致知之功至诚无息,其良知之体皎如明镜,略无纤翳。妍媸之来,随物见形,而明镜曾无留染,所谓'情顺万事而无情'也。……明镜之应物,妍者妍,媸者媸,一照而皆真,即是生其心处。妍者妍,媸者媸,一过而不留,即是无所住处。"(引自《传习录中》,同上书第一册,第76页)"皎如明镜",故略无纤翳,曾无留染。它是无知的"无所住处",无有自见、妄执。"随物见形",是因物观物,妍媸自见。它是无不知的"一照皆真",无有不明、障蔽。正因"一过不留",则知是静观,鉴物自明,"妍者妍,媸者媸"。无有成见,则知而无知;无所不见,则知无不知。"情顺万事而无情",本自《庄子》"无情"说。"无所住处",来自佛教"如如不住"思维。"圣人之心如明镜,纤翳自无所容,自不消磨刮。若常人之心,如斑垢驳蚀之镜,须痛磨刮一番,尽去驳蚀,然后纤尘即见,才拂便去,亦不消费力。"(引自《传习录拾遗》,同上书第五册,第1557页)良知静观若"明镜",故无蔽;习心有染若"驳蚀",故污蔽。"纤翳自无所容",是"虚明";"磨刮"是拂拭之功。去其斑垢驳蚀,则"纤尘即见"。以明镜喻良知,则悖《易》"广大悉备"的"穷神知化"真谛,不合老庄的"以道观之"的"知通为一"思维。然无知无不知思维同于老庄。镜观只能因物照物,不能以道通观。只有道理无不备,方能格物无不知。心中无理,何以能知善知恶、泛应曲当?"凡意念之发,吾心之良知无有不自知者。其善欤,惟吾心之良知自知之;其不善欤,亦惟吾心之良知自知之;是皆无所与于他人者也。……今于良知之善恶者,无不诚好而诚恶之,则不自欺其良知而意可诚也已。"(引自《大学问》,同上书第三册,第1019页)无不自知,则知无不知。诚好诚恶的前提,是知善知恶。知善知恶的前提,是理备灵明。"盖良知虽不滞于喜、怒、忧、惧,而亦不外于良知也。"(引自《传习录中》,同上书第一册,第71页)滞于喜怒忧惧,非能"无知";喜怒忧惧不外良知,是见喜当喜,见怒当怒,见忧当忧,见惧当惧,故无不知。良知的无不知,是泛应曲当。"致此良知之真诚恻怛,以事亲便

是孝；致此良知真诚恻怛，以从兄便是弟；致此良知真诚恻怛，以事君便是忠"。（同上册，第 88 页）良知无不当理，善恶自辨，方证其无不知。"盖吾良知之体，本自聪明睿智，本自宽裕温柔，本自发强刚毅，本自齐庄中正文理密察，本自溥博渊泉而时出之，本无富贵之可慕，本无贫贱之可忧，本无得丧之可欣戚，爱憎之可取舍。"（引自《答南元善》，同上书第一册，第 224 页）良知的无不知，非是知见的博学多识，而是精义入神的格致应事之能。良知犹"主人翁"，具万理而应万事。"聪明睿智"是灵明，"宽裕温柔"是仁爱，"发强刚毅"是志帅，"齐庄中正"是措礼，"文理密察"是义适，"溥博渊泉"是广德，"时出之"是时中。良知至善，故本无慕忧、欣戚、取舍之私。圣人亦是学知、"也修道"，众人亦是生知、"也率性"。之所以如此说就在于："这良知人人皆有，圣人只是保全，无些障蔽，兢兢业业，门门翼翼，自然不息，便也是学；只是生的分数多，所以谓之'生知安行'。众人自孩提之童，莫不完具此知，只是障蔽多，然本体之知自难泯息，虽学问克治也只恁他；只是学的分数多，所以谓之'学知利行'。"（引自《传习录下》，同上册，第 105 页）在《孟子》看来，"保全"是思存工夫，圣人无外，故亦必学。阳明的"保全"是不息于去除障蔽，犹如《老子》的"不自见"、佛氏的"不住见"。以"生的分数多"谓"生知安行"，则必有不学之外。以"学的分数多"谓"学知利行"，则必有不明之处。良知虽人人完具，然非学问克治不能灵明。圣人"率性"，是思存无间；众人"率性"，是求其放心。（十）良知妙用无穷。良知无不知，无不能，无不宜，时措其中，故妙用无穷。"此良知之妙用，所以无方体，无穷尽，语大天下莫能载，语小天下莫能破者也。"（引自《传习录中》，同上册，第 92 页）"无方体"，是《易》所谓的"神无方"。用不可执，则无不可用。"无穷尽"，是用不息不止，周行不殆，悠久无疆。以《中庸》"费而隐"之道揭示良知之用，大则无外，小则无内，无不存在。良知妙用还体现在人人可以成圣上。"圣人只是顺其良知之发用，天地万物，俱在我良知的发用流行中，何尝又有一超于良知之外，能作得障碍？"（引自《传习录下》，同上册，第 117 页）圣人良知之用"纯而不已"，无有其外，独一无二。以性分自得言，良知人人皆有，人人自备。"只要此心纯乎天理出同，便同谓之圣人。若是力量气魄，如何尽同得！后儒只在分两上较量，所以流入功利。若除却了比较分两的心，各人尽着自己力量精神，只在此心纯天理上用功，即人人自有，个个圆成，便能大以成大，小以成小，不假外慕，无不具足。"（引自《传习录上》，同上册，第 34 页）"无不具足"，是性分圆满，愚夫愚妇与圣人同。"纯乎天理"，则不凿不妄。圣人之为圣在于"尽着自己力量精神"，不在于功利上的尽同。"力量气魄"，是成圣规模，可不尽同。"不假外慕"，则同于尽己成圣。"个个圆成"，便是"圣人气象"。圣愚所由分，系于能否"致其良知"，在于"致"与"不致"而已。人若"隔于物欲之蔽"，便大者变成小，通者变为塞。良知本体，"以天地万物为一体"，视天下为一家，何有外内远近之别？推"天地万物一体之仁"以遂其"万物一体之念"，故凡有血气者莫不亲而安全教养之。成圣在于人人自证自成，

"圣人气象自是圣人的，我从何处体认？"（引自《传习录上》，同上书第一册，第64页）人人从自己良知上体认，便是自我的圣人气象。"自己良知原与圣人一般，若体认得自己良知明白，即圣人气象不在圣人而在我矣。"（同上页）人人皆备良知，莫不具备成圣的可能、潜能，然只有躬身体认践行，方能致我良知，成我圣人气象。阳明"良知"说，无疑吸收了道家、佛家思维，将《孟子》心性的"良知良能"说拓展为宇宙规模的绝对本体存在，实现了"良知"的"恒道化"。阳明良知说，于成圣的修为工夫不免疏略，以至于桎梏见闻之知。《大学》、程朱格物穷理正可弥补这一缺陷。程朱格物穷理，是以知为行，通过求"穷神知化"之智，达致"精义入神"、"泛应曲当"之用。与此相对，阳明良知良能，是以行摄知，通过行"致知格物"之用，达致"理无不尽"，"道无不行"之境。阳明弟子王畿进一步以"独知"言"良知"，发展了其独立、绝对的存在质性。"独知无有不良，不睹不闻，良知之体，显微体用，通一无二者，此也。戒慎恐惧，致知格物之功，视于无形，听于无声，日用伦物之感应而致其明察者，此也。知体本空，著体即为沉空；知本无知，离体即为依识。"（引自《王畿集》，凤凰出版社2007年版，第131页）良知"无有不良"，故为"独知"，无有匹合者。"不睹不闻"，是良知无有其外，故视无形听无声。"通一无二"，是显微无间、体用一如。感应明察，是精义入神，泛应曲当。"知体本空"，是知无有执，故为"知本无知"；"著体沉空"，是滞于无知；"离体依识"，是无有真知。"独知"既是"自知"，自能无所不知，同时是无知而无不知。牟宗三指出，明儒所言"良知"函有三义：一为主观义，"知是知非之'独知'是也"；二为客观义，"良知即天理是也"；三为绝对义，"良知是'乾坤万有之基'是也。"（引自《从陆象山到刘蕺山》，上海古籍出版社2007年版，第119页）此中意蕴，在阳明思想中反映最为明显。良知作为绝对本体，固是"乾坤万有之基"。作为心体，既为"知是知非"、无所不知的"独知"，亦为"良知即天理"、道理全具的"备理"，同时还是发用举措、泛应曲当的"时中"。王夫之继以赋予"良知良能"为绝对的本性，他认为，学而后能是有生之后增益事理之为，而良能"不学之始，早有其能，心动于不容已，事成于无所为，而自效其必为者，此非若能若不能，可能可不能者也，非能之而或为功，或为过者也，实惟此至美而无以加、至纯而无所杂之良能"。（引自《四书训义》，载《船山遗书》第四卷，北京出版社1999年版，第2270-2271页）良能，以其至美至纯为无有不能的绝对本能。"早有其能"是"个个具足"，"于不容已"是"纯而不已"，"于无所为"是"为无为"，"自效必为"是"理之所为"。"若能若不能"和"可能可不能"，能"或为功"和"或为过"，皆是有待之能。"良能"，无私无过，无有不能，无所不能，能无不宜。他指出，虑而后知是感物以后渐启聪明之知，而良知"不虑之先，早有其知，不谋得失而即辨，不审善败而即喻，而无所昧于当然者，此非若知若不知、可知可不知者也，非知之而以自私，以自蔽者也，实惟此在情而情不迷、在理而理不惑之良知"。（引自《四书训义》，同上卷，第2271页）良知，以其"在情而情不迷、在理而理不惑"为

无有不知的绝对之知。"早有其知"是人人具有，"不谋即辨"是知是知非，"不审即喻"是精义入神，"无昧当然"是无不当理。"若知若不知"和"可知可不知"、知以自私或自蔽，是有待之知。"在情而情不迷"是知而无执，"在理而理不惑"是知其理宜。"唯人所以生而为人者，实有此心之制者不紊、事之宜者在我。吾之生也为人，而立人者自然之敬存于其中，此即义之大用所存也。乃人而无不知爱其亲矣，无不知敬其兄矣，是达之天下而皆然矣。"（同上卷，第2271页）不紊事宜、敬义大用在我，则实有实理，自能知爱知敬。王夫之以"良知、良能出于天"为信然，以"不学而能，不虑而知"为本能。以学、虑为习知，则学之虑之皆为践其所与知、与能之实，而充其已知、已能之理。知能之所以为"良"，在于"能仁而不能不仁，能义而不能不义；知仁而不知不仁，知义而不知不义"。（引自《读四书大全说》，同上书第五卷，第2678页）能于仁义不得不然是全能、信能，知于仁义无所不知，是全知、必知。然而不然者，因"习害之"，而非"性成之"。"夫君子所性，人之性也，则仁义之发为爱敬者也。知能则既良矣，故曰性善。"（引自《船山经义》，同上书第七卷，第4299页）"性善"，是良知良能，无所不知，无所不能。禽兽知能是终身用之而无待增益，人性知能是能于学知于虑，故"能先于学"，"知先于虑"。良知在于能知，良能在于能学，"不学不虑而自有知能"，有学虑之能则尽仁义之用。"爱之几动，生之理渐以不忘，理有所未安而不忍，于是而学矣，故能学也。敬之情伸，天之则不可复隐，则有所未宜而不慊，于是而虑矣，故知虑也。"（同上页）以学虑生爱敬，以爱敬显仁义。"不学之能，不虑之知，所以首出庶物而立人极者，惟其良故也。"（同上卷，第4300页）良知良能之"良"，在于立人极之能。王夫之指出，或认人之始一如禽兽，"可良可不良"、"无良无不良"；或认"觉了能知"为"不学不虑之本体"；或认"学虑之知能徒汩其良"而唯"无善无恶"为良知；或如佛家"孩提知爱，是贪痴大惑根本"，等等，皆非《孟子》本旨。以"性善"为人之为人，"可良可不良"则有非人在，"无良无不良"则人不为人。"觉了能知"是明镜之照，则不能大知。"学虑之知能徒汩其良"，是摒弃感知。以良知为"无善无恶"，是绝对之知。以孩提知爱为"贪痴大惑"根本，是弃绝人伦。王氏不明良知"无善无恶"意蕴，故思有不妥处。在《孟子》本旨，以不学不虑见良知良能本是人所固有，本然所具。虽然如此，正如"性善"一样，良知良能只是潜能，若非自觉践行，亦是自暴自弃。良知良能因见闻而著明，因见闻而扩充其知，因扩充其能而达之天下。从阳明良知的绝对本体，至王夫之良知良能为人极的圣人境界、规模，全知、全能无疑具有绝对的质性。以《老子》思维言，圣人以道观之、以道为能，何尝不是全知、全能？虽未言本心，但"知不知"，"事善能"何尝不是本心？"知不知"是至知，"无知而无不知"；"事善能"是至能，"无能而无不能"。以"无知"则知不自执，因物观物；以"无不知"则知无有穷，通于大知。只有"知不知"，方能成为绝对之知。以"无能"则能不自恃，因事成能。以"无不能"则能无有尽，通于全能。只有"事善能"，方能成为曲全之能。《老子》云"从事

于道者，同于道"，得道于心为德，与道为一是"以道观之"、以道用能。"修之于天下"，是"得一以为天下贞"，内圣而外王。"不道"者是"自暴自弃"。

最后，对本节内容做简要概述。《孟子》"良知良能"是道德实践之能，而宋儒将之提升为绝对本体之能，实现了天理与心性、天体与心体的合一。作为本心至善，它是万理具而应万事，理无不具，知无不知，能无不能。至阳明"良知"说臻于至极。通过概略阐释宋明清儒学吸收道家思维对良知全知、良能全能的思想重构，可以进一步揭示恒道全能的思想内涵。恒道全能，既是生天生地、生成万物的潜能，为"有物混成"，"无状之状"；又是无所不能的至能，为"万物之宗"、"万物之奥"和"善始且善成"；还是无能而无不能，能而不恃、不宰、不争，则能而不贰、不测、"天下莫能与之争"。

第二十二章　道之善时

在前面第二章已就恒道为"象帝之先"、"道乃久"的时间无限、恒存内涵进行了重点阐释，然正如"容乃公"与"曲则全"思维是相互涵摄一样，恒道存在的时间性既是无始终、无古今的无时间性，又是穿越古今、横贯始终的永恒时间性。恒道在生成万物的展开中时间化自己，以时间性证验无限的时间性。恒道之为"恒"或"常"，是无常之常，恒于唯变所适的"时中"，它是"动善时"的思想内涵。

第一节　动善于时

《老子》在言说水善利"几于道"中，提出了"动善时"的观念。"时"字在全书中虽仅有一言，但具有深刻的意蕴，对后期道家思想发展产生了深刻的影响。"时"与"久"相对，后者揭示恒道存在的时间持存和统一，前者揭示的是恒道存在时间的"曲则全"，"时措之宜"。解读"动善时"，将对恒道存在的时间性予以不同质性的揭示。

一、字义校解

《老子》第八章云："动善时"。帛书《老子》甲本"动"写为"躘"，"躘"者，本义亦有"行"义。帛书乙本本字即为"动"。楚简《老子》无此章。在解析"动善时"一文前，有必要对先秦"时"的观念进行诠释，以在当时的文化视域中厘清其哲学意蕴。"时"的观念，很早就在中国先人的生产、生活中逐步形成、发展。"时"者主要包括以下十个涵义。

一为"行"。"时"为会意字，从"日"，从"之"。"之"表示人从一处开始往另一处前行。以太阳之"日"和人行走之"之"两形会意，表示太阳行走的运行过程。可见，"时"是时不我待的行之无间、连续者。"日月逝矣，岁不我与。"（《论语·阳货》）时间的连续逝去，今变为古，不以人的意志而转移。"年不可举，时不可止。"（《庄子·秋水》）"时不可止"，正是时变的连续性。再如"岁月如梭"、"时光荏苒"等成语，揭示的正是时行无疆的意蕴。

二为"间"。时的运行必然有间、可分，否则何以标记、区别事物变化的不同形态、阶段。《说文》云："时，四时也"。又云："古文时，从止日。"四时为春秋冬夏，是时之分、时之间。"止"者，与"之"义同，为到达之所。殷商时代先民就以太阳

运行的方位测定时之间，如旦、昏、暮。又以日影测定时变，如昃、中。张载云："'化而裁之存乎变'，存四时之变，则周岁之化可裁存昼夜之变，则百刻之化可裁。"（引自《正蒙》，载《张载集》，中华书局1978年版，第14页）"百刻之化"是裁化，具有变化分殊的不同。

三为"别"。时有间，前后分殊，故有别。时时不同，日日有分。无"别"则无"时"。时者分别有序，方为时间。"大时不齐"（《礼记·学记》）。王夫之云："齐，有恒期而无参差也。圣人之时，因明而处中，无画一之理而同归一致。如天之有四时寒暑，参差变化，无一定之期而自不爽；盖时为齐之本，而齐不可以为时也。"（引自《船山遗书》第二卷，北京出版社1999年版，第1090页）齐时者齐一其时，时者恒同则无参差之变。"时中"者，以参差的不齐而齐一于中。"画一"者，执一而不变。正如"权"准不同可以权万不同一样，时有参差准度，方能不爽其纪。时不同准，则能齐于不同之化。

四为"纪"。时者齐量物化，纪以分别，明序以通于共知。"时"为"五纪"的主要内容，"一曰岁，二曰月，三曰日，四曰星辰，五曰历数"（《尚书·洪范》）。时有间隔、分殊，赋以节点、顺序就为纪。"月穷于纪"（《礼记·月令》），"纪"为际会、边际、分界之谓。有分，方有纪会。"天之道，有序而时，有度而节，变而有常"（《春秋繁露·天容》）。正如度以节为则、变以常为律一样，变化之序以时节度则为纪。

五为"期"。《释名》云："四时，四方各一时。时，期也。物之生死，各应节期而至也。"时可数量计，每一分节为一时。期为某两个时间节点之间确定、连续的一段时间。"节期"，为固定的时间段。"时也，期也，阴阳消息之期也。"（《白虎通·四时》）阴阳消息，变化殊分，具有不同的时间阶段和分期。

六为"一"。时者为分，亦为合。以为分则有春夏秋冬的四时，以为合则为一岁。"岁者，遂也。……万物毕成，故谓一岁也。"（《白虎通·四时》）一岁，四时一周期。"积分为日，累日为月，连月为时，纪时为岁。"（《论衡·难岁》）一岁是四时的统一，一时是三个月的统一。张载云："'推而行之存乎通'，推四时而行，则能存周岁之通；推昼夜而行，则能存百刻之通。"（引自《张载集》，中华书局1978年版，第14页）通四时以成周岁，通昼夜以成一日。

七为"候"。时与生产、生活实践相关，故具有气候或征候的特性，成为规律性的节气。农历二十四节气，指称自然界生物或事物的不同生命律动和变化状态，如"惊蛰乌鸦叫"，"小满雀来全"等。"春，无冰"（《左传》襄二十八年）。何谓春？"阳气动物于时为春。春，蠢也。物蠢生乃动运。"（《前汉书·律历志》）春作为四时之一，是一岁中的生物之始。

八为"逝"。时不再与，故具有不可逆性。"逝者如斯夫！不舍昼夜。"（《论语·子罕》）逝者不再，故有"时不我与"之感，有"惜时如金"之悟。"人生天地之间，

若白驹之过隙，忽然而已。"（《庄子·知北游》）"忽然"者，揭示出人生的短暂性。"天不再与，时不久留（《吕氏春秋·首时》）"。"不再与"则时不重来，警示人要把握时机；"不久留"则间不容隙，警人要珍惜时光。"时难得而易失"（《贾谊新书·劝学》）。失去的时光，不可重得。

九为"必"。四时更迭，反映的是事物运动变化的规则，它不以人的意志而改变、转移，故为人类行为的必然遵循。"后天而奉天时"、"承天而时行"（《易·文言》）。为事要遵循时则，不可妄作。"若寒暑之序，时至而事生之。圣人不能为时，而能以事适时。事应于时者其功大。"（《吕氏春秋·召类》）寒暑之序，是天之时则。事生于时，则有其内在、必然的规律。即使圣人也不能"为时"，只能因循"以事适时"。违背时序，就悖于事物变化的律则。只有"事应于时"，方能功成事遂。

十为"则"。时具有节气、征候的特性，又为人文行为、劳作事务必须遵循的依据、律则。《吕氏春秋》载《月令》一文，以"十二纪"为主线，于每一纪中明确告知每个时令应当干什么，不应当干什么。通过对天文、地理、气象、物候、生态、政治、农事、军事、祭祀等各个方面的梳理归类，以期建立一套适应自然、社会法则的规范体系，使人类行为具有时序化、合理化和和谐化的时纪参照系统。比如在孟春之月，就应准备农事，审察土地之宜，修整田土封疆，以期播种五谷。当此之时，禁止以雌物祭祀，禁止捕杀小动物，禁止伐木，禁止兴土木、建城郭，禁止用兵。月令各异，则情况殊异，时纪不同故必因时而为，不得妄为。王廷相指出，"尝谓《月令》之书出于《夏小正》，成于周《时训解》，其日次、星中、东风解冻之类，皆以天时授民事，与《夏小正》义同，至当而不可易者也。"（引自《雅述下》，载《王廷相集》第三册，中华书局1989年版，第862页）汉朝著《四时训》《律历志》亦是此旨。

对"时"的认知、确定，是古人认识自然、利用自然能力的一种重大跃升，也是人类文明进步的重要标志。因"时"所揭示、表记的是事物之间的联系以及变化、发展的规则，故体现着一种世界观、人生观。钱穆认为，"时间中涵有生命，生命即寄托于时间。时间属于天，生命主要属于人。"（引自《晚学盲言》，广西师范大学出版社2004年版，第33页）人类因生命活动而有时间观念，生命活动凭借时间性条理其秩序。农务是先人赖以为生的最根本的生存活动，也是最主要的生产实践活动，而农业与时间、气候联系最为紧密。"吕氏春秋十二纪，小戴礼记月令篇，淮南王书时则训，汲冢周书时训解，虽诸书皆出战国后，但远溯之古诗豳风七月章，会合而观，足征古代中国人生要务在农，政府法令教训，亦重视农，社会风俗亦发端于农，归宿于农业。"（同上书，第34页）先人以农为本，而农业生产必须因时而作。政务在于"敬授以时"，因时举事，劝农时功。时与日常生活也息息相关，"中国人论卫生修养，起居饮食，必慎必戒，所宜所急，亦随其气候节令而变"。（同上书，第35页）在人类历史的古代，气候不仅决定着人的生产实践活动，而且影响着人的生存形态，近如饮食起居、礼节伦理等，进而成为政治、军事和道德上的价值取舍。中国人把农业生产、营

养卫生、消遣娱乐等全部纳入大自然中，顺应天时而作，配合节令而行。"中国文化中之全人生，无不与外面自然环境乃至天时气候相配合，此实一种极具体极客观之科学，而亦极富艺术情调"。（同上书，第35页）正因时间贯穿于人类生产的各个历程、生活的各个方面，故对时间的认知和利用，便成为古人认知上的一个重大课题，"动善时"是此种认知水平上的一个标志。

二、文句解析

从注家解"动善时"，可以简要梳理出以下思想意蕴。

一为水动因时。河上公云："夏散冬凝，应期而动，不失天时。"天时有常，四时迭运，时而不一，事物生成、变化各有节期、律则。水性冬夏凝散，因四时而变。王雱云："决之则流，壅之则止，不先物动，亦不失时。"决流壅止，是水因时变。时变反映的是物化，物化变迁以时变为表征。宋徽宗进一步指出，"阳释之则泮，阴凝之则冰，决诸东方则东流，决诸西方则西流，动而不括，宜其随时而已。"阳释则泮、阴凝则冰，既是水性的自然变化，亦是其时变有常的律则。水因决殊方，则动于随时。程大昌云："遇坎固止，而盈科则不辞于进；值寒则凝而冻，解则亦遂顺下而逝去，善当其可者也。"遇坎则止、盈科则进，是水性善动。值寒则凝，释解则逝，是"动善时"。张尔岐云："动则善时而能变，水之避高就下，流动不滞也。"水流动不滞，则以时变为体。

二为因时感应。成玄英认为，"水冬凝夏释，流结随时，况圣智虚忘，感来则应，观机动寂，不失事宜。出处默语，不二而一。"以水性"流结随时"况"圣智"之境，揭示"善时"的权变之旨。因时不可违，故必虚忘不执，然后能观机感应，不失时宜。"不二而一"，则一于"善时"。以不违时为"不二"，以合于时宜为"一"。"圣智虚忘"，只是时不我执；"感来则应"，只是空谷响应。在《老子》"动善时"是因时而为。唐玄宗指出，"物感而应，不失其时，亦如水之春泮冬凝"。感应因时，犹如虚谷响应。以心性解之，"至人之心，喻彼虚谷，方之镜像，物感斯应，如彼水性，春泮冬凝，与时消息"。"水"与"虚谷"相类，皆是无心顺应之属。以镜照像，像自显像。即感则应，则随时消息。感应者，随感而应，应机而行，前提在于己所不与，不住其心。

三为循时而动。法水化因时，以循时而动，则为道术。李荣云："水冬凝夏溢，不差其节。君子相时而动，不失其宜也。""不差其节"，是自然律则。"相时而动"，是人之道术。四时更迭，则时各有生成之功。四时功用不同，不可违背时则，必须因时举事，应期而动。以"动善时"为道术，一方面要去己之执，不留成迹，悖于时则。一方面，要事合于时，因时而为，各当其时。这里，要明确《老子》"动善时"之"动"，非仅限于感应、日用事为，还应包括一切"因时"的事为，特别是政治行为、人主举动。遵循时变贵在于"因"，要秉持此"因"，就要"不先物动"，因物而动，

不失其时。物化不可逆，时变不可止，故因时举动方为时措其宜。循时而动，是因物而动，因为时变在于表征物化。李道纯认为，"动善时，顺物也。""物"必是有时之物，物动有时。"顺物"，是循时善其时。当动则动，则不逆天时。应时变化，即是循物变化。薛蕙以"遇事则因应无方"作解，亦是揭示"动善时"的道术内涵。事变无常，则因应不一。"因应无方"，既是"事善能"，又是"动善时"，同时是"执一无为"。事物不同方，时迁方异，一方一时则方不一时。以道应事，因方以方，应不一方，方无不方。曲成万事，则循应无方。憨山德清云：用舍随时，"迫不得已而后动"。"迫不得已"，则不强其为，不逆于时。

四为时措其宜。时义为大，因时是循理。泛应曲当，在于时措其宜。董思靖云："时行时止，犹春泮而冬凝。"可行则行，可止则止，不违其时，动必中节，故不失其宜。赵实庵指出，君子观天下事以为进退，以作时为万物睹。"当出而处，卷而怀之者失乎不仁；当处而出，勉以行之则失乎不智。"进退之道，在于不失其时。"虑善以动，动惟厥时。"顺以动者，"应乎豫之时则善"；明以动者，"应乎丰之时则善"；险以动者，"应乎解之时则善"；刚以动者，"应乎大壮之时则善"。昔人"藏器于身"，则欲以"待时"；"道德修业"，则欲以及时；"修身慎行"，则欲以"俟时"；"明于适来"，则欲以"安时"；"晦入冥息"，则欲以"随时"。既然"时之所运，天且弗违"，则善养生者"迫而后应"，能交合者"进退有时"。"迫而后应"，则不逆物性；"进退有时"，则不失其宜。白玉蟾以"与时偕行"解之，正是时措其宜。范应元以"可行则行"作解，"可行"则合于时宜，"则行"则因循而行。应时而为，则时无不善。事变时殊，不一其理。循理而为，则应变无方，时措其宜。

五为因时宗道。《老子想尔注》云："人欲举动勿违道诚，不可得伤王气。"举动无违道诚，则"动善时"为"道纪"，"楷式"。王以道为行，"执大象，天下往。"失道，则必伤王气。陈景元指出，犹如水动"善随时变，冬凝夏液，不差其节"一样，至人动静"善观其时，出处应机，能全其道"。水之道，在于"善随时变"，"不差其节"。"善随时变"，是与时变化；"不差其节"，是无违其常。王者之道，在于"出处应机，能全其道"。"机"者，自然以应，各得其所。"道"者，变化无常，时不间息。"出处应机"，是动静因时，与时俱进，惟变所适。"能全其道"，因时举事，凑合时节，曲当其宜。时过则境迁，循机则当宜。水因地曲直而宗于海，圣人法之，因时屈伸而宗于道。水无定形，曲直因地而形，盈科而进，故能归于大海。圣人贵"因"，无常为、无常行，时当屈则屈，时当伸则伸，以时变为常，通一于时变，无不合理。水以"动善时"为道，圣人法之以善利不争为道。不争则不逆于物，善利则因物成物，曲成不遗。休休庵以"非理不言，非道不行"解之，言行遵循道理，因时举事包含其中。王道指出，"动"者，"所包者广"；"时"者，"道之周流而不居"。"动善时"者，"行止久远，各当其可；进退存亡，不失其正"。"所包者广"，是通于一切事为；"周流不居"，是通于一切时变。"各当其可"，是恒道"为物"的"动善时"；"不失其

正"，是圣人"成能"的"动善时"。二者相互阐发，融贯一体。

六为时变是善。时变而宜，既是水性、道性，亦是道术，循理。合言之，是价值观上的"上善"。吕惠卿云："源泉混混，不舍昼夜，盈科而后进，故以动则善时。"源泉以时变不息为善，故能盈科而进，源远流长。牛妙传认为，水之为用，"无时不流，无时不动"，"流水不腐。岂不善耶！"水之不腐，在于流动不息，时化是善。《老子》以"上善若水"为至高价值，然水之为上善，在于"善利万物而不争"。"动善时"，是进一步揭示"善利不争"的"上善"内涵。水的"动善时"，非是以时变其流、不舍昼夜、盈科后进为"上善"，而是以"善利"的"动善时"为"上善"。于物"不争"，则不逆物性，不悖物变之理。"善利"万物，则因物付物，随时周济，"善始且善成"。恒道的"动善时"，在于生畜以时，曲成万物，时育时化，故为"上善"。圣人"动善时"，在于"辅助万物自然而不敢为"，不干农时，而"敬授以时"；在于因时举事，应时而变，使"法与时变，礼与俗化"，各得其宜。

从《老子》的思维看，"动善时"既可揭示水性的变化时宜以及"善利"、"不争"的德性，更在于揭示恒道"为物"的存在质性，它在时间化中赋予万物以时宜的"善始且善成"。在万物时变其宜的过程中，显现为恒道"为物"的"动善时"。

三、传承发展

《老子》言"动善时"用文简略，然思想深刻，影响深远。对此，《庄子》给予了进一步的发展，然更侧重于对物变时化以及安时顺命人生观的揭示。一言四时有节，循时变化。"天气不和，地气郁结，六气不调，四时不节。"（《在宥》）时有殊节，而有四时谐。岁以时曲成，所以全其功。"四时不节"，则失生养之功。"春夏先，秋冬后，四时之序也；万物化作，萌区有状，盛衰之杀，变化之流也。"（《天道》）"变化之流"与"四时之序"相统一，"万物化作"在"四时之序"中。"四时之序"，表征着"盛衰之杀"的周期、过程。"四时迭起，万物循生。"（《天运》）四时生杀，时殊功用。万物生长盛衰，各循其时。天以四时生化遂物，各宜其时，故为"动善时"。正因为"时不可止"（《天运》），则变化不滞、不留，故"终始无故"。变化殊理，故需曲循其时，以为道术。物之生，若骤若驰，"无动而不变，无时而不移"；物之化，"消息盈虚，终则有始"；时之变，"年不可举，时不可止"（《秋水》）。语"大义之方"，论"万物之理"，就在于"惟变所适"。时变无常，时殊适宜，各当时节，无动不善。"时有终始，世有变化，祸福淳淳，至有所拂者而有所宜，自殉殊面。"（《则阳》）时世不定，故祸福无极。因时而易，方为善时。通于时变，则为道的"动善时"。二言死生有时，安时顺命。死是生之归，不可厚生而恶死。若贪生恶死，则"遁天倍情"。"适来，夫子时也；适去，夫子顺也。安时而处顺，哀乐不能入也。"（《养生主》）生死犹如来去，各有适然，不可乐此哀彼，徒生心累。"安时"者，与化为一，时变是与。"处顺"者，无违于命，循于大化。"安时处顺"，则生死一条，善生善死。哀死

乐生，有好恶之情则不免心累。安于时则不欣于生，处于顺则不恶于死，故为"悬解"。成玄英云："为生死所系者为悬，则无死无生者悬解也。夫死生不能系，忧乐不能入，而远古圣人谓是天然之解脱也。"（引自《庄子集释》，中华书局2004年版，第129页）生死有时，系累则执。惟有体于"道通为一"，方能同于大块善吾生亦善吾死，做到"生而不说，死而不祸"（《秋水》）。生死为"有时之具"，何可贪执？"天与地无穷，人死者有时。操有时之具，而托于无穷之间，忽然无异骐骥之驰过隙也。"（《盗跖》）人若执于厚生恶死，则不能以死生为气化，通于时化。至人对待生死，"面观四方，与时消息。若是若非，执而圆机。独成而意，与道徘徊"（《盗跖》）。"与时消息"，则同于大化；"执而圆机"，则通其时变；"与道徘徊"，则与化为一。《老子》站在人主"善时"高度，而《庄子》站在常人"待时"角度，故有时变内涵的不同和区分。三言心接四时，与时俱化。心与时化，则生时于心。"使日夜无郤而与物为春，是接而生时于心者也。"（《德充符》）"与物为春"，是心与物化为一。曲从时异，故为"才全"。真人者，"喜怒通四时"（《大宗师》）。与四时同其喜怒，则己无所与，与化同时，情顺万物而无情。古之真人，"以知为时"，故"不得已于事"。知于时知，应时而知，故随时动作，顺宜付之，非我强作。"时骋而要其宿"（《天地》）。顺时以驰骋，因任而应会，故不滞于一时。时行则行，时止则止，故"静而圣，动而王"（《天道》）。心与时化，不改于"与时俱化"为圣；行止当时，周行于"功成遂事"为王。"一龙一蛇，与时俱化，而无肯专为"（《山木》）。只有"与时俱化"，方能"无肯专为"。同样，只有"无肯专为"，方能"与时俱化"。"无肯专为"，是心斋、坐忘的"静而圣"；"与时俱化"，是"日徂"的"动而王"。"吾一受其成形，而不化以待尽，效物而动，日夜无隙，而不知其所终；薰然其成形，知命不能规乎其前，丘以是日徂"（《田子方》）。"效物而动"，是与物同化，通于大化。"虽忘乎故吾，吾有不忘者存。"（《田子方》）"忘乎故吾"，则不系成化，反于无迹，己无所留；"不忘者存"，达于时变，反于本一，与化俱往。郭象以"不忘者存"为"继之以日新"，以"忘乎故吾"为"新吾已至，未始非吾"，解说亦是。心生于时，既是"日与物化"，亦是"一不化者"。前者是"得其环中以随成，与物无终无始，无几无时"，后者是"与世偕行而不替，所行之备而不洫"（《则阳》）。归结言之，就是"除日无岁，无内无外"。与物同化，"与世偕行"，故"无终无始"；变动不居，"除日无岁"，则"无几无时"；"一不化"者，则通于时化，"所行之备"；与时俱化，"无内无外"，故为"日徂"。至人，"其动若水"（《天下》），水者"动善时"。虽言时化上的圣、王，也只是同物俱化，而非是成化、造化上的"善时"。四言世道有殊，时命不同。"当时命而大行乎天下，则反一无迹；不当时命而大穷乎天下，则深根宁极而待"（《缮性》）。"时命"者，世道之遇，是时代的境况和历史的条件。时世不同，境遇有异，故处世殊方。天下有道，则达于大行，然功成名遂而身退。天下无道，则独善其身，安时而处顺。"昔者尧舜让而帝，之哙让而绝；汤武争而王，白公争而灭。由此观之，争让之礼，尧桀之行，贵

贱有时，未可以为常也。"(《秋水》)贵贱有时，无常其分。礼行世殊，不可固常。动善其时，方能长生久视。"差其时，逆其俗者，谓之篡夫；当其时，顺其俗者，谓之义之徒。"(《秋水》)时有所宜，俗有时当。"差其时"违时，"逆其俗"必"差其时"。"义之徒"之"义"，为"动善时"之"宜"。穷通各有时命，故圣人之勇在于"知穷之有命，知通之有时，临大难而不惧"(《秋水》)。穷通有命，顺命而为，故不惧。古之士，"遭治世不避其任，遇乱世不为苟存"(《让王》)。世有变迁，所遇不同，然性有当分，尽其性分，则时善其为，时措而宜。五言礼义时变，制治世易。"三皇五帝之礼义法度，不矜于同而矜于治。"(《天运》)礼义法度的目的和功能，在于同归于治，贵在"应时而变"。治随世改易，因时更变，时世不同则治无常方。随时而异，方能治当其治。昔神农有天下"时祀尽敬而不祈喜"，于人"忠信尽治而无求"，"乐与政为政，乐与治为治"，故不以"人之坏自成"，不以"人之卑自高"，不以"遭时自利"(《让王》)。时祀尽敬、忠信尽治、乐与政治，皆是善时所为。"祈喜"、有求、"自成"、"自高"和"自利"，皆是执时的舍故不新。

　　《文子》从道术上对"动善时"思想进行了深入阐发。一言时变不止，间不容息。"日回月周，时不与人游。"(《道原》)日月运转无间，自在更替、迁徙，它不以人的意志、愿望而更改其行。人之游在适时，而时游不与于人。时过境迁，时不我待。"事周于世即功成，务合于时即名立。是故立功名之人，简于世而谨于时，时之至也，即间不容息。"(《上义》)时间是间断和连续的统一。"时"者恒变，以其相对静止、短暂可分为"间"，以其变化不止为"无疆"。变而恒变，则间不容息。"间"是变之间，变是"间"之变。时间既是连续的间隔，又是间隔的连续。事移有殊，时变有差。事不一，则变不一。变不一，则时不一。一时有一时之事，一事有一时之宜。世殊事异，世不同则无常事。时至不待，机不可失。只有因世举事，方能功成事遂。只有循时举务，方能功成名立。时者"间不容息"，故要"简于世"、"谨于时"。"简于世"者，因世善行；"谨于时"者，应时谨为。得道者知"时不我待"，故动不失时。二言因循时变，随时举事。大丈夫"以四时为马"(《道原》)，动循四时，时当其为则无不善。时无不改，则动无常式。"夫事生者，应变而动。变生于时，知时者无常之行。"(《道原》)事随时变，变与时行。时事变化无常，故行者无常法。因时以行为，则时不常一，行无常方。一时有一行之善，一行有一时之当，因时泛应曲当，故行无不宜。时不可不循，"先之则太过，后之则不及"，故要"调其数而合其时"。圣人知"时难得而易失"，故不贵尺璧而贵寸阴。知时不可违，故"随时而举事"。大人者，"与四时合信"(《精诚》)。信于四时，则"动善时"。圣人知"世异则事变"，故"应时权变，见形施宜"；知"时移则俗易"，故"论世立法，随时举事"(《道德》)。"应时权变"和"随时举事"是"时措其宜"，"见形施宜"和"论世立法"是"因时制宜"。圣人立法，"法其所以为法"，而非"法其已成之法"。圣人建制，在于"法与时变，礼与俗变"(《上义》)。苟利于民，则不必法古。法度制令，各因时宜。从事器械，亦要

"因时变而制宜适"。法之所生，在于"应时而变"。王者为治，在于"敬授以时"，"养民贵时"和"使之以时"（《上仁》）。先王富国利民，则"应时修备"。三言与时俱化，同于大化。与大化为一，同时是与时俱化。"其生也天行，其死也物化。静即与阴合德，动即与阳同波"（《九守》）。生以天行、死同物化，则同于时化。动静合于阴阳，则一于造化。如此，则不为福始祸先，"死生无变于己"。与时俱化，就要"与天为期"，达到"与天下并流"。圣人"因天地之变化"，德同"天覆而地载"，故"道之以时"（《自然》）。天地变化，故时不一时。"道之以时"，则与时偕化。时殊化异，善时者因于化，通化者道其时。四言因时安命，当世乐业。圣人者，"因时而安其位，当世而乐其业"（《九守》）。时世不同，境遇有殊。循时当世，则顺命以安分、乐业。体道者，"直己而待命"，时至而"不可迎而返"，时去而"不可足而援"。"随时三年，时去我走。去时三年，时在我后。"（《符言》）恒与时俱化，则"无去无就"，福至不伐，祸来不悔，非誉不生，宠辱不惊。君子以生为"假"，以死为"归"，以"死之日"为"行之终"。当其治世，则"以义卫身"，达于天下；逢其乱世，则"以身卫义"，修身而待。知生受于天，命遭于时，故"求之有道，得之在命"。安命待时，则何有悲幸？逢时"得之以义"，何幸之有！不时"让之以礼"，何不幸之有！圣人处世，"畜道待时"（《上德》），"畜道"以修之于身，"待时"以顺其时为。善待以时，方能时遂其善。为于仁义不可违"时"，人所慕为"仁"，人所高为"义"，然"不周于时"，则"或身死国亡"。知仁义而不知世权，则"不达于道"。世不同道，五帝贵德，三皇用义，五伯任力。"时"不可逆，故"趋行等，逆顺在时"（《微明》）。时世不同，所为不同。时行则行，故顺；时行不行，则逆。在因时治理的境界上，"帝者体太一，王者法阴阳，霸者则四时，君者用六律。"（《下德》）"体太一"者，与大道合一，故动静合阴阳，喜怒和四时。"法阴阳"者，承天地和，与日月并照，与时以化育。"则四时"者，春生夏长，秋收冬藏，取与有节，出入有量。"用六律"者，乘时因势，服役人心。四者不同用，然因时则同。从以上内涵看，《文子》既继承发展了《老子》王道的"动善时"，也继承了《庄子》"安时"、"待时"的人生论，故其道术适用对象涵摄了人主、君子和常人。《淮南子》言"动善时"义多与《文子》合，然亦有不同的论说，兹举几例以阐发之。一言时在客观，不可更改。"圣人者，不能生时，时至而弗失也"（《览冥训》）。"时"非人所能生，自在推移。作为客观存在，时难得而易失，失而不能复得。只有抓住时机，乘势而为，方能动善其时，功成事遂。"世界则事变，时移则俗易"（《齐俗训》），故欲以一世之变耦化应时，譬犹冬被葛而夏被裘，必不合时宜。世不同，事不同，应也不同，故为"动善时"。时不可违，故"得在时，不在争"（《原道训》）。"得"受限于客观时境限制，非"争"所能达致。遇者能"遭于时而得之"，非是"智能所求而成"（《诠言训》）。"智能求"，是人的主观能动性和实践能力，而"遭于时"是历史上的客观条件。二言常后不先，惟时是循。圣人"常后而不先"，所谓"后"者非是"底滞而不发，凝结而不流"，而是"贵其周

于数而合于时"（《原道训》），它是"因循应变"。变是时变，时变有宜。常后不先的核心意旨，在于以时变为因循，曲循殊时而善其动。"有道者，不失时与人；无道者，失于时而取人。"（《诠言训》）与人合时，则所与无不宜。因人时善给与，则恒与善于人。不以时取人，是强取胁迫，不免伤害于人。道者之要，在于"动不失时"（《人间训》）。时机易逝，故敬慎善时。三言举事因时，无常仪表。圣人以"乘时应变"为道，故"时屈时伸"。一方面，论事曲直而与之屈伸偃仰，故"无常仪表"。一方面，守于卑弱，"柔如蒲苇"，宽容于人，而非是"摄夺"（《氾论训》）。事有曲直殊理，时者间不容息。时当屈则屈，时当伸则伸，则动善于时。以道为仪表，则"因时而变化"（《兵略训》）。因时变化，则无常其为。行无常仪，则"随时而与之移"（《兵略训》）。随时推移，则为因循之道。"随一隅之迹，而不知因天地以游，惑莫大焉"（《说林训》）。天地之游，不定其游，无所不游，无时不游。固执"一隅之迹"，则不能权变。"因天地以游"，是时与天地为游。四言因世为治，循时立功。"以一世之度制治天下"，犹"刻舟求剑"，不知舟在变则剑之所在也变。以变化之刻，寻昔落水之剑，不亦枉然乎？圣人，"随时而举事，因资而立功"（《说林训》）。君人者所以从事，在于"上因天时"和"因循仿依"，故"以时教期"（《要略》），顺时而为。万物时变殊理，通于时措其宜，就是因道而为。

王弼解《易》云："夫时有否泰，故用有行藏。卦有大小，故辞有险易。一时之制，可反而用也；一时之吉，可反而凶也。故卦以反对，而爻亦皆变。是故用无常道，事无轨度，动静屈伸，唯变所适。"（引自《魏晋全书》第二册，第81页）卦有大小之变，则辞有险易之分。时有否泰之殊，则用有行藏之异。时者不同，制用不同，吉凶有殊。时化常迁，事理常殊，因时而为，方为恒善。"用无常道"，时中其用。"事无轨度"，权事时宜。"唯变所适"，循时而为。郭象注《庄子》以"独化"为宗，然"独化"必以时化为趣。一言时化不止。"故不暂停，忽已涉新，则天地万物无时而不移也。世皆新矣，而自以为故；舟日易矣，而视之若旧；山日更矣，而视之若前。"（《大宗师》注）时变是"新"与"故"的统一，陈迹故旧一刻不滞，变化趋新无时不迁，它是"间不容息"。世已新而舍故，时已迁而守旧，物恒其变而常系，皆非"日徂"者。曩我非今我，今我易故我。我者常新，新新不止。时化常化，故为独化。"本非人而化为人，化为人，失于故矣。失故而喜，喜所遇也。变化无穷，何所不遇！所遇而乐，乐岂有极乎！"（《大宗师》注）时化其化，则不系于故。时遇其遇，至乐无极。"变化日新，未尝守故。"（《秋水》注）"日新"则时化不止、常迁不留，"守故"则执于陈迹，固执故常。二言化者日新。"圣人游于变化之途，放于日新之流，万物万化，亦与之万化，化者无极，亦与之无极，谁得遁之哉！"（《大宗师》注）"变化之途"和"日新之流"，时不暂停，化不间歇。"万物万化"，则独于时化，时不舍化。"化者无极"，无时不化，化不间时。"善治道者，不以故自持也，将顺日新之化而已"（《天地》注）。"以故自持"，则因故守旧，固执自封。"日新之化"，无常其化，与时

偕化。三言用因其时。"用时之所用者，乃纯备也。斯人欲脩纯备，而抱一守古，失其旨也"（《天地》注）。时不同则用不同，用其时用，则当其时用，用无不善。"纯备"者，无时不用，时当用宜。"抱一守古"，则循古不易，不能时善其用。"礼"与时更改，"时移世异，礼亦宜变，故因物而无所系焉，斯不劳而有功也。"（《天运》注）礼与时世同变，故无常礼则。无系于故，则因时变宜。"期于合时宜，应治体而已。"（《天运》注）"合时宜"，则动善其时；"应治体"，则应于时善。郭象大畅《庄子》物化时变的思想，然却消解了通于时变的造化"善时"论和因循时宜的圣人"动善时"价值观。葛洪云："人才无定珍，器用无常道。进趋者以适世为奇，役御者以合时为妙。"（引自《抱朴子外篇校笺下》，中华书局 2011 年版，第 332 页）"适世"，"合时"，则时措为宜。

四、思想影响

《老子》"动善时"思想，影响深远，遍及各家。在这里，重点揭示法家的时变思维，对儒家的思维影响留待下节加以诠释。《管子》对"动善时"思想给予了深入阐发。一言天不一时。"天不一时"，四时有分，所以不同其用。何谓"天不一时"？"岁有春秋冬夏，月有上下中旬，日有朝暮，夜有昏晨"（《宙合》）。正因"天不一时"，才有"地不一利"，"人不一事"之宜。地因天时而不同其利。人因时变而不同其事。二言权柄合时。"刑德者，四时之合也。刑德合于时则生福，诡则生祸"（《四时》）。刑德为政治上的把柄和权具，只有合于时变，方能用得其宜。古者明君，设赏"有薄有厚"，立禁"有轻有重"，故"迹行不必同"。之所以然，在于"随时而变，因俗而动"（《正世》）。世不同则权不同，权治要"不慕古，不留今，与时变，与俗化"（《正世》）。"慕古"、"留今"，则执迹；与时俗化，则权宜。"国准者，视时而立仪。"（《国准》）"国准"因时而立，故"善"。"时至则为，过则去，王数不可豫致"（《国准》）。随时而变，故不可预定。国"衡"贵在"因时"，"衡者使物一高一下，不得常固。"（《轻重乙》）衡者高下不一，因时定准，权变得宜。三言贵因善时。"动善时"，贵于因时。时至则应物，时过则不舍。"应物也若偶之"，正若"影之象形，响之应声"（《心术上》）。虚以待时，知时以度，因时而应，随时断事。"静与作，时以为主，时以为客，贵得度。知静之修，居而自利；知作之从，每动有功"（《势》）。静作有时。"时以为主"，主于因循；"时以为客"，合于时变。二者的目的在于得时之度。时静以修，时作以从，则动无不利。"勿创勿作，时至而随。"（《桓公问》）创作由己，成心专为，则不免违时。只有"随时"，方能动无不善。四言知时为治。"知时者可立以为长，无私者可置以为政，审于时而察于用，而能备官者，可奉以为君"（《牧民》）。官长以知时为能，审时察用则不违农时，养民以时。"曲制时举"（《七法》），则"不失天时，毋圹地利"。曲者为循，时者为因，善者时为。人主取与必因于时，"时则动，不时则静"（《宙合》）。因于时变，方无不宜。圣人能"辅时"，不能"违

时"。知者善谋不如"当时"，"精时"则日少功多。圣王"慎守其时"，故能"以备待时，以时兴事，时至而举兵"（《霸言》）。"辅时"者因循时变，"违时"者逆时妄作，"当时"者贵于时功，"精时"者乘机而动，"慎时"者不失时机，"待时"者不先时为，合言之则为"动善时"。"节时于政，与时往矣。"（《侈靡》）政治与时变息息相关。圣人之能，在于通达时变，应时宜事，时措其宜。因时而治，是"伍于四时"。"四时之行，信必而著明。圣人法之，以事万民，故不失时功。"（《版法解》）"信必"则时不容歇，"时功"则因时立功。善为天下者，重在"乘时"（《山权数》）。"时作"、"时事"和"时能"，皆因时而为、因时为能。《商君书》提出，治世不同，则功为不同。黄帝之世，"官无供备之民"，而"君臣上下之义，父子兄弟之礼，夫妇妃匹之合，内行刀锯，外用甲兵"皆因"时变"所然。神农之世，"男耕而食，妇织而衣，刑政不用而治，甲兵不起而王"，因"适时变"使然。神农既没，则"以强胜弱，以众暴寡"（《画策》）。以战去战，虽战可；以杀去杀，虽杀可；以刑去刑，虽刑可。同样是时势所然。圣人为国，"不法古，不修今，因世而为之治"，故"治宜于时而行之，则不干"（《壹言》）。"法古"、"修今"，则滞于时变。"不干"者，不违于时。因世为治，则通于时变。治随时变而宜，法合民情则成。先王立法当时，度务制事。"法宜其时，则治。事适其务，故有功。然则法有时而治，事有当而功。"（《定分》）"治"为法之所以法者，世治不同则法宜时变，"当时而立法"。"功"是事之所以事者，时务不同则事宜时功，"因事而制礼"。"礼法以时而定，制令各顺其宜"（《更法》）。立法宜在当时，制事善在因时。当于时则善定，不当时则变通。《韩非子》吸收《老子》"动善时"观念，将之视为"道之情"。"凡道之情，不制不形，柔弱随时，与理相应。"（《解老》）"不制不形"者，无常制，无常形，它们皆在时变之中。理是时变之理，化无常理，时无定理。"时变"者，道之情；"善时"者，道之用。只有"柔弱"，方能"随时"。"随时"，在"循道"的内涵中。事为必因时，"为生于时，知者无常事"（《喻老》）。"为生于时"，则因时举措。知无常事，则权变而宜。治民无常，"唯治为法"，以时权宜。"法与时转则治，治于世宜则有功。"（《心度》）圣人治民治，在于"法与时宜"，时移而治不易则乱。治无常法，"法与时宜"。圣人因时举事，"不期修古，不法常可，论世之事，因为之备"（《五蠹》）。"修古"则因循守旧，"常可"则固于故常。论世为备，则动善其时。《阴符经》云："天地，万物之盗；万物，人之盗；人，万物之盗。三盗既宜，三才既安。故曰：食其时，百骸理。动其机，万化安。"鬼谷子注："时之至，间不容瞬息，先之则太过，后之则不及。是以贤者守时，不肖者守命也。"（引自《南怀瑾选集》第六卷，复旦大学出版社 2003 年版，第 219 页）间不容息，时不我待；先太过、后不及，时中为措。"守时"者，把握时机，惟时是守；"守命"者，耽于宿命，贻误时机。世道不同，时境常迁，则事理殊异，人为有道，故曲循为事，曲以循变，曲以时功，方能无所不宜。

　　最后，对本节内容作以简要概述。"动善时"之动，既是恒道之为，又可为人事之

行。前者因"善时"以揭示道性功为之善,后者因"善时"以揭示道术行为之宜。时与化俱,物化无极,则时者万殊。"时"者恒变,间不容息。以恒道"为物"言,在时间化中曲成其宜,"善始且善成"。恒道"为物"的"动善时",以通一言是因物付物,无时不宜;以分殊言是时殊化曲,各得其宜。以圣人体循于道的道术言,是辅助自然的因时化育,故为"先天而天弗违,后天而天奉天时"。以化言,与造化时化;以事言,循时以举事;以功言,时功大其业;以治言,因世以为治;以法言,法与时俱易。统一其时变之"动",就是"动善时"。以道性言,"善时"是在时间化中各成物宜,在成化中一并赋以时间性的存在属性。万物时化赖于恒道时化使然,二者一体。以道术言,"动善时"是循道而动,也是循物而为。一方面,物性时化自然,理不可违;一方面,循物为则因时,道不可悖。"动善时",是道与理的统一。事物时化无常,道理无常仪表。

第二节　时措之中

先秦时变其宜的观念,在道家为"动善时",在儒家为"时中"。前者以虚己因循为要,以时变善时为用,在无常定理中曲成万殊,无为而无不为。后者以去执循理为要、以权变时措为用,在万殊事为中时措其宜,无执而无不中。二者在思维内涵上既有相同,也有区别。同于"因物付物"、因时举事,不同在于道家以时变因循为道,侧重于无常定理的"善时",儒家以时措其宜为理,侧重于因时权变的"时中"。本节拟对秦汉以前儒家早期"时中"观作一概览,以揭示儒道在时宜观上的思维同构性。

一、《诗》的"时"观

《诗》虽未形成"时中"的思想,但已揭示出"时"与人生、政治的紧密联系。一言"天命靡常"。"侯服于周,天命靡常。"(《大雅·文王》)天命不常,则时不常命。天命于人,时善则得之,时恶则失之。违于明德,则无常其命。天佑有德,时善是命。二言"其命维新"。"文王在上,于昭于天。周虽旧邦,其命维新。有周不显,帝命不时。文王陟降,在帝左右。"(《大雅·文王》)文王受命,时行美道,功德昭明。天命是时,在于上昭于天。于时"维新",则"纯而不已"。克配上帝,"骏命不易"。时善则天佑,时恶则降罚。顺天者,当时命则大行;违天命,逆时则祸害自。三言"天命匪懈"。天命无常,惟德是与。"天命匪懈"(《周颂·桓》)。奉天命而不倦,则为善而不懈。文王从命,以天下为任,行之不懈,故安有天下。以其"匪懈",则"缉熙敬止"。"穆穆文王,于缉熙敬止。"(《大雅·文王》)敬其明德,则时善不辍,"聿修厥德"。"命之不易,无遏尔躬。"不易其命,则勤行无终于止。"我其夙夜,畏天之威,于时保之"。(《周颂·我将》)"畏天"者,敬从天命,惟命是畏。"夙夜"者,时不间断,持之以恒。恒顺天命,则不息其畏,必"于时保之"。既禀受天命,则

不怠其行。"受命不殆"（《商颂·玄鸟》），则承命时行，继承丕业。四言"取之有时"。"物其有矣，维其时矣。"（《小雅·鱼丽》）"维其时"，即取之有时。既得其时，方善其物。"鸳鸯于飞，毕之罗之。君子万年，福禄宜之。鸳鸯在梁，戢其左翼。君子万年，宜其遐福。乘马在厩，摧之秣之。君子万年，福禄艾之。乘马在厩，秣之摧之。君子万年，福禄绥之。"（《小雅·鸳鸯》）万物有理，奉养有度，取之有时。鸟长大以能飞，然后罗而取之，是取之有时。再以爱马为喻，则申言爱养万物时宜。毛亨传云："交于万物有道，谓顺其性，取之以时，不暴夭也。"（引自《毛诗正义》，上海古籍出版社1990年版，第864页）顺物之性，则奉养有节，取用有时。孔颖达云："有道者，谓顺其生长之性，使之得相长养，取之以时，不残暴夭绝其孩幼者，是有道也。"（同上书，第865页）交于万物，以时为度。"取之以时"，是"动善时"的重要内涵。

《左传》的时观内涵更加丰富。一为"善时"，如"相时而动"（隐十一年），"出入也时"（昭四年）等。二为"待时"，如"修德以待时"（庄八年），修身以俟。三为"政时"，先王"履端于始，举正于中，归余于终"（文元年），为治善始且善终。"礼以顺时"（成十六年），礼与时变。"时用民"（成十八年），政善其时。《国语》提出了因循守时的观念。"圣人随时以行，是谓守时。天时不作，弗为人客；人事不起，弗为之始。时不至不可强生，事不究不可强成，自若以处，以度天下，待其来者而正之，因时之所宜而定之。必有以知天地之恒制，乃可以有天下之成利。因阴阳之恒，顺天地之常。因天地之常，与之俱行"（《越语下》）。"时不至不可强生"，时为客观存在，不能强生更易。"天时不作"、"弗为之始"，不可不奉天时。天地恒制有"时"，天下成利因"时"。天地之常在"时变"，因顺天地之常，则"因时所宜"自在其中。"随时以行"，则待来以正，待去不舍。"守时"者，因时而为，时行则行，时止则止。因循时变，则曲成其宜。圣人之功，在于"时为之庸"。

二、"四书"的"时"观

"四书"的"时"观，仅限于概言《论语》《中庸》《孟子》和《大学》四个文献中的时变、时用观念。

（一）《论语》的言说

《论语》对"时善"的揭示，重点体现在人伦道德之中。一言时进不止，自强不息。"学而时习之，不亦说乎？"（《学而》）"时习"者，反复习之，习之不已。时时行之，则乐在其中。在"为仁"上，一刻也不能违仁。"君子无终食之间违仁，造次必于是，颠沛必于是。"（《里仁》）"终食"者，一饭之顷。"造次"者，急遽苟且之时。"颠沛"者，倾覆流离之际。君子为仁，无时无处不用其力，无一息有违。"有能一日用其力于仁矣乎？我未见力不足者。"（《里仁》）由仁以行，则动无时不仁。为仁由己，非不能仁。力不足者，是不为。人生有时，时不我待。"逝者如斯夫！不舍昼夜。"

（《子罕》）水逝不止，时光飞速，难得易失。修道成仁，贵在惜时，不得荒废光阴，而贵在持之以恒。"譬如为山，未成一篑，止，吾止也；譬如平地，虽覆一篑，进，吾往也。"（《子罕》）为山九仞，功亏一篑。半途而废，则前功尽弃。学道之止，是自暴自弃。学道贵在自强不息，善始善终。"有始有卒者，其惟圣人乎！"（《子张》）圣人为仁，"纯而不已"。孔子的一生，是自强不息、时进不止的旅程。"吾十有五而志于学，三十而立，四十而不惑，五十而知天命，六十而耳顺，七十而从心所欲不逾矩。"（《为政》）人生时功，在于"尊德性而道问学"，尽精微而致广大，无有止境是圣贤气象和天地规模。二言人生有时，弘道为贵。"朝闻道，夕死可矣。"（《里仁》）道为人生所由，闻道则知人之为人者。有道，可以成人；无道，则为禽兽。人的一生，为仁任重道远。"士不可以不弘毅，任重而道远。仁以为己任，不亦重乎？死而后已，不亦远乎？"（《泰伯》）志不容懈，一息尚存，则弘道不殆。人生的价值，在于"仁以为己任"，鞠躬尽瘁，死而后已。"笃信好学，守死善道。危邦不入，乱邦不居。……邦有道，贫且贱焉，耻也。邦无道，富且贵焉，耻也。"（《泰伯》）"笃信"，是信道不贰；"好学"，是学近乎仁；"守死"，是夭寿不贰；"善道"，是弘毅不辍。时处"危邦"，时处"乱邦"，各有其耻，时善有殊。三言知时为智，通时为达。阳货问于孔子曰："好从事而亟失时，可谓知乎？"孔子曰："不可。""日月逝矣，岁不我与。"（《阳货》）"岁不我与"，则时不可止，时不我待。可以仕则仕，当时则善。为仕有时，"天下有道则见，无道则隐"（《泰伯》）。时行则行，时止则止，隐见当时，故为圣之时。四言使民以时，政善其治。"道千乘之国：敬事而信，节用而爱人，使民以时。"（《学而》）因时使民，不干农时，则以时养民。民得时善，则王道兴。《论语》虽未直言"时中"，然处处在言"时中"之理。

（二）《孟子》的言说

《孟子》继以对"圣之时"观念给予了进一步的阐发。一言"勿助长"。"宋人有闵其苗之不长而揠之者，芒芒然归，谓其人曰：'今日病矣，予助苗长矣。'其子趋而往视之，苗则槁矣。天下之不助苗长者寡矣。以为无益而舍之者，不耘苗者也；助之长者，揠苗者也，非徒无益，而又害之。"（《公孙丑上》）"拔苗助长"者，违背事物生长规律和发展过程，凭主观愿望妄自助长，最终事与愿违，反受其害。以养浩然之气言，"必有事"是时时集义，"勿正"是不期速成，"勿忘"是不可弃事，"勿助长"是不可宰成。"勿助长"，在于遵循事物发展的自然规律和时间律动，因时而为，不可忤逆于时，它印证了"岁不我与"的时变客观性。二言"圣之时"。孔子作为"圣时"者，"可以仕则仕，可以止则止，可以久则久，可以速则速"（《公孙丑上》）。善其时为，则当理而为，故为"时宜"。唯义为适，要于一切时行中无不循理。"孔子进以礼，退以义，得之不得曰'有命'。"（《万章上》）尽礼义在我，因时而为，故进退有理，动善其时。"得"为功效，"有命"是客观限制。人要为仁义不舍，但不可计较其功

利，正其义而不谋其功。"由仁义行"，"中道而立"是"分定"，不得不为；"得之不得"在于时境使然，己不可与，故不入于心。"圣之时"，在于"集大成"。"伯夷，圣之清者也。伊尹，圣之任者也。柳下惠，圣之和者也。孔子，圣之时者也。孔子之谓集大成。"（《万章下》）"集大成"，则时清则清，时任则任，时和则和，无时不中，无行不理。孔子言行衣食、动容周旋，无不中礼，无时不宜，故为盛德之至。三言时不容息。因为"时不我待"，故君子有终身之忧，无一朝之患。"舜，人也；我，亦人也。舜为法于天下，可传于后世，我由未免为乡人也，是则可忧也。忧之如何？如舜而已"（《离娄下》）。终身忧不能"如舜"，则非仁无为，非礼无行，时行无非是道。存心不苟，尽性不辍，故无后患。即使有一朝之患，则君子不悔其行，故不以为患。在养心、养性上，不可顷刻放失。"苟得其养，无物不长；苟失其养，无物不消。孔子曰：'操则存，舍则亡；出入无时，莫知其乡。'"（《告子上》）养无定时，无时不用力。在为仁、成仁上，贵在持之以恒，善始善终。"夫仁，亦在乎熟之而已矣。"（《告子上》）"熟"为成遂，是"不成章不达"（《尽心上》）。日积月累，功到自然成。"于不可已而已者，无所不已。"（《尽心上》）止于不可止，何所不止！已欲已，则已。人无恒心，则事业不成。人生的崇高境界要在与时俱进中达致，"可欲之谓善，有诸己之谓信，充实之谓美，充实而有光辉之谓大，大而化之之谓圣，圣而不可知之之谓神"（《尽心下》）。任重道远，贵在弘毅、自强不息。四言济世弘道。世道虽变迁有殊，然弘道尽性则同。"五百年必有王者兴，其间必有名世者。由周而来，七百有余岁矣。以其数，则过矣；以其时考之，则可矣。夫天未欲平治天下也，如欲平治天下，当今之世，舍我其谁也？吾何为不豫哉！"（《公孙丑下》）人生在世，不可怨天尤人，当为仁由己，以弘道为己任。穷则独善其身、诲人不倦，达则兼善天下、博施济众。以弘道为己任，则"生于忧患，死于安乐"（《告子下》）。不忘忧患，则终身行道而无间。"尽其道而死"（《尽心上》），则正其性命。五言王道善时。王道之始，在于养民以时，使民养生送死无憾。"不违农时，谷不可胜食也。数罟不入洿池，鱼鳖不可胜食也。斧斤以时入山林，材木不可胜用也。"（《梁惠王上》）王者若能"无失其时"，"勿夺其时"，则民恒足于自给。若夺其民时，则民不得养其父母。明主制民之产，必使"乐岁终身饱，凶年免于死亡"。"王无罪岁，斯天下之民至焉。"（《梁惠王上》）使民以时，各得其养，故无罪岁。民富乐足，故天下归往。王政在于乘时，"齐人有言曰：'虽有智慧，不如乘势；虽有镃基，不如待时。'今时则易然也。……且王者之不作，未有疏于此时者也；民之憔悴于虐政，未有甚于此时者也。饥者易为食，渴者易为饮。孔子曰：'德之流行，速于置邮而传命。'当今之时，万乘之国行仁政，民之悦之，犹解倒悬也。"（《公孙丑上》）王道在于得时，仁政在于乘时。

（三）《中庸》《大学》的言说

《中庸》"时中"观与"圣之时"一脉相承，并将时、中、理三者联结起来，无疑

是思维上的重大发展，其中中是时之理，时是理之中，理是时之中。"君子中庸，小人反中庸。君子之中庸也，君子而时中；小人之反中庸也，小人而无忌惮也。""中庸"为天下正道、定理，皆在时变之中。"时中"者，无时不处中。"时中"，则戒慎怵惕，谨小慎微，唯恐失于理。君子德纯不已，故能如此。小人无恒其德，荒诞不经，故反中庸。至其极，则无所忌惮，视中庸为敝屣。"人皆曰'予知'，择乎中庸，而不能期月守也。"守乎中庸不能一月，何尝是知！中庸非难，人鲜能恒行于久。笃信善道为难，君子与小人之别就在于此。"君子遵道而行，半途而废，吾弗能已矣。""半途而废"者，是自暴自弃；"吾弗能已"，是至诚无息。不息则久，"悠久无疆"。颜回择于中庸，则"得一善，拳拳服膺而弗失之"。"弗失"，则固执而恒一。"庸德之行，庸言之谨，有所不足，不敢不勉，有余不敢尽。"行德笃实，知有不足，则时时自勉。知其有余，时刻不敢荒怠。时行弘道，关键在求诸己而不求于人，做到"上不怨天，下不尤人"。择乎中庸贵在自强不息，"居易以俟命"，做到"夭寿不二"。"时中"的要义，在于"时措之宜"。以时举措，无不适宜。为天下国家有九经，而无不以"善时"为要。劝百姓要"时使薄敛"，劝百工要"日省月试"，怀诸侯要"朝聘以时"。"时使"则敬时养民，"省试"则恪尽职守，"朝聘"则善时为政。从一以贯之的思维上说，"尊德性"重点在修时中之德性，"道问学"重点在求时中之道理，"致广大"重点在极时中之无穷，"尽精微"重点在尽时中的曲全，"知新"重点在知时中的权变，"敦厚"重点在笃实时中的无间，"崇礼"重点在遵从时中的曲礼。这些内涵皆可包含在"动善时"中。《大学》一书继《诗》《书》以言时善之为。"汤之《盘铭》曰：'苟日新，日日新，又日新。'《康诰》曰：'作新民。'《诗》曰：'周虽旧邦，其命维新。'""日新"者，时时为善。"新民"者，时善其政。"维新"者，从于时命。君子止于至善，无所不用其极。"大学之道，在明明德，在亲民，在止于至善。知止而后有定，定而后能静，静而后能安，安而后能虑，虑而后能得。物有本末，事有终始。知所先后，则近道矣。""止于至善"，在于进德修业时不容间，自始至终。知先后、终始，则恒一其为，事善其时。

三、《尚书》"时"观

《尚书》"时"观蕴含着丰富的政治意义，成为人主遵循的重要准则和职责，它是王道政治的重要内涵。

一为敬授人时。随着对天时与生活、生产实践密切联系的认知深入，古人认识到时与政务的内在必然关系，逐渐形成了"政善时"的观念，使之成为政治上不可违背的一种理则和职责。"乃命羲和，钦若昊天，历象日月星辰，敬授人时。"（《尧典》）日月星辰运行有规则，循环往复，四时更迭，各有功用。圣人敬记天时以授人，让人民作息有律，生产有循，善时生活。"时"为日历，"期三百有六旬有六日，以闰月定四时，成岁。"数量时间观的形成，已具备了与政治事务相关的必然性联系。"正月上日，受终于文祖"；"岁二月，东巡守"；"协时月正日"；"五月，南巡守"；"八月，西巡守"；"十月一月朔巡守"（《舜典》）。合四时节气、月之大小、日之甲乙，以齐一于时用。将政治、生产和生活的各种事务与时间进行一一对应，使之成为了行为遵循的规则。作为参考和依据，使事当其理，性合乎时变。"羲和尸厥官，罔闻知，昏迷于天象，以干先王之诛。政典曰：'先时者杀无赦，不及时者杀无赦。'"（《胤征》）羲和主天象之职，而沉耽昏迷于酒，怠弃所主之事，故违犯可诛之罪。"先时"者，历象先于天则；"后时"者，滞后于天历。因为节气与天时的乖乱，将忤逆事务的时律，造成不当后果。因其危害之重，故"杀无赦"。时有"五纪"：一曰岁，二曰月，三曰日，四曰星辰，五曰历数。各有"休征"："曰肃，时雨若；曰乂，时旸若；曰晢，时燠若；曰谋，时寒若；曰圣，时风若。"（《洪范》）正治则时旸以朗，明智则时燠当晢。善谋则时寒决断，圣明则时风通理。行之休美，配时之祥，肃敬则时雨顺降，故政善时治。反之，则有"咎征"。"曰狂，恒雨若；曰僭，恒旸若；曰豫，恒燠若；曰急，恒寒若；曰蒙，恒风若。"猖狂则有恒雨之灾，僭差则有恒晴之焦，逸豫则恒温之燥，严急则恒寒之酷，昏昧则恒风之蒙。可见，"政善治"的关键在于"动善时"。"岁月日时无易，百谷用成，乂用明，俊民用章，家用平康。日月岁时既易，百谷用不成，乂用昏不明，俊民用微，家用不宁。"（《洪范》）政事合于时则，则百谷遂成，政治清明，贤人在朝，国家安宁。反之不然。

二为敬慎于时。"天之历数在汝躬，汝终陟元后。人心惟危，道心惟微，惟精惟一，允执厥中。……钦哉！慎乃有位，敬修其可愿，四海困穷，天禄永终"。（《大禹谟》）"历数"为天则，"元后"为君主。正因"惟危"，"惟微"，故要精一、允执。"惟精惟一"是戒慎笃时，"允执厥中"是信必时中。只有如此，政善其时，方能"天禄永终"。"善无常主，协于克一。"（《咸有一德》）"协于克一"，是"惟精惟一"。戒慎精一，则时主德善。动无非德，即是"时中"。"虑善以动，动惟厥时。"（《说命中》）非善不为，非时不善，即为"动善时"。"善时"在于"思永"，无有怠惰。"慎厥身修，思永。"（《皋陶谟》）"思永"的关键在于"慎修"，敬慎以时，不敢荒殆。"无教逸欲有邦。兢兢业业，一日二日万几。"（《皋陶谟》）安逸贪婪，则时丧其邦。只有时时戒惧，常动常慎，方能万国咸宁。"敕天之命，惟时惟几。"（《益稷》）奉天正命以临民，惟在慎时，时善其微。否则，将追悔莫及。"弗慎厥德，虽悔可追。"（《五子之歌》）时不慎行厥德，则改悔不及。"日新"是时慎的重要内涵，"德日新，万邦惟怀；志自满，九族乃离"（《仲虺之诰》）。修德不懈怠，日日益新，则能怀归万邦。反之，自满懈怠，则众叛亲离。"慄慄危惧，若将陨于深渊。"（《汤诰》）时时戒慎，如履薄冰，如临深渊。时善其为，为善不止，故吉。为恶不止，则凶。"吉人为善，惟日不足；凶人为不善，亦惟日不足。"（《泰誓中》）日感不足，惜时不止，则唯恐不能尽善。贪于甚欲，竭日为恶，惟念不能逞其欲。只有一心于德，时不怠荒，方能"永世"。"乃一德一心，立定厥功，惟克永世。"（《泰誓中》）"一德一心"，则

"协于克一"。"永世",即是"无疆"。"惟王受命,无疆惟休,亦无疆惟恤。"(《召诰》)敬慎从命,则为善无穷。要永保天禄,就必须忧患在怀,诚敬于性。"节性,惟日其迈。"(《召诰》)日新于道化,则性得其节。时时戒慎,使不失中,是为敬德。敬德在于时训,"资富能训,惟以永年。惟德惟义,时乃大训"(《毕命》)。时时以德义、资富为训,方能"永年"。戒慎在时,则战战栗栗。"心之忧危,若蹈虎尾,涉于春冰。"(《君牙》)敬慎于时,则怵惕若厉。"怵惕惟厉,中夜以兴,思免厥愆。"(《冏命》)改过自新,唯恐不及。时慎免过,则终身无悔。

三为善始善终。有始有终,方为时慎。"慎厥终,惟其始。……钦崇天道,永保天命。"(《仲虺之诰》)修德贵在戒慎,终则如始,因为靡不有初,鲜能有终。敬持天命,日新其德,无时不善,故能永保天禄。"尚克时忱,乃亦有终。"(《汤诰》)诚道始终,则美在终世。"今王嗣厥德,罔不在初。立爱惟亲,立敬惟长,始于家邦,终于四海。"(《伊训》)为善去恶重在初始,勿以恶小而为,勿以善小而不为。惟慎戒其始,方能善终。德始家邦,则终洽四海。王道时慎的要义,在于"慎终于始"。"德惟治,否德乱。与治同道,罔不兴。与乱同事,罔不亡。终始慎厥与,惟明明后。……无轻民事,惟难。无安厥位,惟危。慎终于始。"(《太甲下》)治乱无常,惟有道德可以为治。行于道德,重在"惟精惟一",敬慎始终。民事因轻"惟难",主位因逸"惟危",故要时敬时慎。只有"慎终于始",恒自警戒,无有懈怠,方能善始善终。天命厥位,惟德是居。只有日新其德,恒有一德,方能保恒天命。"终始惟一,时乃日新。"(《咸有一德》)终始如一,则日新不辍。常修其德,则保有大位。"敬时"、"善时",故恒于"日新"。"若农服田力穑,乃亦有秋。"(《盘庚上》)春始播种耕耘,秋时方有收获。"钦予时命,其惟有终。"(《说命上》)敬从天命,无有荒怠,故能成其有终。君子在学习上,贵在时敏终始。"惟学逊志,务时敏,厥修乃来。允怀于兹,道积于厥躬。惟教学半,念终始典于学,厥德修罔觉。"(《说命下》)学以逊志,然要时敏于始终。自始至终,日积月累,则道德有诸身;潜移默化,则有先觉后觉。"夙夜罔或不勤,不矜细行,终累大德。为山九仞,功亏一篑。"(《旅獒》)轻忽于小,积害毁大。轻忽于始,亦鲜能终。"惟乃知民德,亦罔不能厥初,惟其终。"(《君奭》)民德允怀,当乾乾戒慎,终始无时。"皇天无亲,惟德是辅,民心无常,惟惠之怀。为善不同,同归于治,为恶不同,同归于乱。尔其戒哉!慎厥初,惟厥终,终以不困。不惟厥终,终以困穷。"(《蔡仲之命》)天无常辅,民无常怀,治无常治,故需戒慎以始终。慎始于善,恒之以惠,从善去恶,贵在终于一德。慎其在初,还要戒厥终。为善要善始,更要善于终。为恶要戒始,更要戒于终。无善不为,无恶有作,故能"终以不困"。

四为天命无常。对于人主而言,为何要善始善终?因为天命无常。"惟天无亲,克敬惟亲。民罔常怀,怀于有仁。鬼神无常享,享于克诚。天位艰哉!"(《太甲下》)天无常亲,惟以克敬从命者为亲。民无常怀,惟以施行仁政者为怀。鬼神无常享,惟以诚敬祭祀者为享。天命无常,则惟德是辅。因此"无常",故"天位艰"。"艰"要求

戒慎恒一于仁德，善始善终。天视听自我民视听，行仁者自天佑之，鬼神助之。只有时敬厥德，方能克配上帝。"克敬"、"有仁"，就是"德"。天命无常，然惟辅助德有常。"天难谌，命靡常。常厥德，保厥位。厥德匪常，九有以亡。夏王弗克庸德，慢神虐民。皇天弗保，监于万方，启迪有命，眷求一德，俾作神主。"（《咸有一德》）天惟德是辅，然常不能恒其德，故天命不常。夏桀无德，"皇天弗保"，故致灭亡。圣主有命，以德居之。"德惟一，动罔不吉；德二三，动罔不凶。惟吉凶不僭在人，惟天降灾祥在德。"（《咸有一德》）天降灾祥，实则在人。精一其德，则天降吉祥；二三其德，则天降祸凶。吉凶自招，时惟行德，则天命眷顾。"降年有永有不永，非天夭民，民中绝命。"（《高宗肜日》）民之绝命，是"自绝于天"，非是天之夭民，故不可怨天。天既信行赏罚之命，则有德者得佑，无义者受罚。已有往鉴，天灭商纣。"商罪贯盈，天命诛之。"（《泰誓上》）知天命无常，故要"夙夜祗惧"。因"惟命不于常"，故要"明乃服命"，如此方能"用康乂民"（《康诰》）。明服天命，则恒其德善，故能治国安民。之所以知"天命靡常"，在于殷商有鉴有证。夏桀"大淫泆有辞"，"弗克庸帝"，故天"降致罚"，使成汤以"废元命"。商纣"诞淫厥泆"，故上帝"降若兹大丧"（《多士》）。天命无常对应于人主行德无常。无常的前提是有常，天以辅德为常。

五为政善以时。能敬从天命，戒慎行德，则时善其政，永终于命。殷王中宗，严恭敬畏天命，"治民祗惧，不敢荒宁"，故享国七十五年；高宗知民之艰，即位行孝"三年不言"，居丧毕则"言乃雍，不敢荒宁"，政无有怨，故享国五十九年。祖甲不义"旧为小人"，后即位而王，知人之依，"保惠于庶民，不敢侮鳏寡"，故享国三十三年。此后，罔有寿考者皆因"生则逸"，不知稼艰，不闻民苦，"惟耽乐之从"。逮至文王，"受命惟中身"，而"不敢盘于游田"，勤政于"怀保小民，惠鲜鳏寡"，以至"咸和万民"（《无逸》），故享国五十年。王者责己以深，从民所愿，时善其政，故天命永终。古行大道者动善于时，制其治则在未乱之始，保其国则在未危之先。"若昔大猷，制治于未乱，保邦于未危。"（《周官篇》）凡乱以治、危以保者，皆非善治、善保。人主能孜孜勤德，夙夜不逮，无敢逸豫，惟道是行，既无危乱，则何为其难？

《尚书》的王道"时"观，皆可纳入《老子》的"政善治"、"动善时"中。因为《老子》云"圣人无心，以百姓心为心"，与"天视自我民视，天听自我民听"的思维相通，"孔德之容，惟道是从"与"惟精惟一，允执厥中"相通，"动善时"与"时中"相通。

四、《易》的"时"观

《周易》包涵丰富的"时"观，它贯穿于人事、政治和言行的常则和道理中，成为不以人的意志而转移，有期有序的客观必然律则。"时"在《易》中的价值意义突显，因为六十四卦的每一爻都是时变的显象、昭理，"爻者，言乎变者也。"（《系辞上》）在《象传》中更是道出了"时义大"的深刻意蕴，比如"豫之时义大矣哉！"

（《豫卦·象》）其他如随、颐、大过、解、姤、革、旅、睽、蹇、险卦等无不揭示出这样的思想内涵。《易》对"时"观的揭示，无疑使时措其宜的思想发展至一个新的高度。

一是揭示了四时的来源。"天地以顺动，故日月不过，而四时不忒。"（《豫卦·象》）四时来自天地的顺动，日月的不过。所以能"不忒"，就在于以"顺动"当其理，以"不过"合其序。它们是递进的因果关系，前因后果。"日月得天而能久照，四时变化而能久成"（《恒卦·象》）。日月之所以能久照在于"得天"，四时变化之所以能久成在于"日月不忒"。天地之道，恒久而不已。日月得之，故恒久其照。四时得日月更迭之恒，故变化不息。一岁则一成，每一岁皆是四时更替，春生夏长，秋收冬藏，涵盖着一个生命周期。年年恒其如此，故能久成。四时既来自天地的"顺动"，也来自天地变化之"革"和"节"。"天地革而四时成"（《革卦·象》），有"革"则有变化、错行，故能化成四时。"天地节而四时成"（《节卦·象》），节以品分、差别，故四时有分。

二是揭示了时化的律则。"日中则昃，日盈则食，天地盈虚，与时消息，而况于人乎，况于鬼神乎？"（《丰卦·象》）日中至盛，过中则偏；月满则盈，过盈则亏。天地或盈或虚，尚且随时消息，况法天地之人、体天地之鬼神！四时有其消息，则人事因以为道。正因四时有恒节，故能生物不测。"日月运行，一寒一暑。"（《系辞上》）"一寒一暑"，四时之错，四季不同功。"日往则月来，月往则日来，日月相推而明生焉。寒往则暑来，暑往则寒来，寒暑相推而岁成焉。"（《系辞下》）日月往来，则成为昼夜；寒暑相推，则成于四季。四时变化，成为"天文"。"刚柔交错，天文也。文明以止，人文也。观乎'天文'以察时变，观乎'人文'以化成天下。"（《贲卦·象》）爻以刚柔交错，表征出阴阳的时变。时变成其天文，观察以知止，则有"文明以止"的人文。天文是人事遵循的自然律则，人文是人事利用的道理准则。有天文然后有人文，效法、遵循天文就是人文。有人文则显其天文，利用在其中。

三是揭示了因时的价值。正因四时客观运行，自然而然，故成为必须遵循的律则。"圣人以顺动，则刑罚清而民服。"（《豫卦·象》）天地以顺动则自然，圣人以顺动则因循。四时有生杀，生当其生，杀当其杀，生杀一体，各得其理。圣人因四时生杀而以为刑罚，刑当其刑，罚当其罚，不乖其理，故清明正治。政治清明，则民心归服。"圣人久於其道，而天下化成。观其所恒，而天地万物之情可见矣。"（《恒卦·象》）圣人法循万物恒情，恒行其道。因物成物，应变随时，故化成天下。既是化成，就是时化。"汤武革命，顺乎天而应乎人"（《革卦·象》）。汤武上循天命之革，下顺人心思革，故变革顺天应人。变革作为改变是时变，顺应是时当其命的"善时"。"节以制度，不伤财，不害民。"（《节卦·象》）圣人法天地之节，则合于时宜。制度因时，不逆物生故"不伤财"，不违农时则"不害民"。圣人因时，是"承天而时行"（《坤卦·文言》）。可见，"因时"既是人事的遵循，也是政事的道术。法于时，则序理；体于

时，则长德；顺于时，则成功。

　　四是揭示了乘时的道理。"大明终始，六位时成，时乘六龙以御天。"（《乾卦·彖》）"大明终始"，是善时以始终。"时成"者，是在时中自然成。"时乘"者，是因时以乘变理。前者是律则，后者是因循。以天理为用，是"先天而天弗违"；以天理为循，是"后天而奉天时"。始则潜伏，终则腾飞，可潜则潜，可飞则飞，依时善成。"御天"是"应乎天"，随时而用，不失其宜。"应乎天而时行"（《大有卦·彖》），"时"在"天"中，是天之为天的重要内涵。顺时以行，自然合于天理。得时则天下以随，不随则不能亨贞。"大亨贞无咎，天下随时。"（《随卦·彖》）随之为用，惟在于时。时当其宜，则无所不中，"时行"成为通用准则。"刚当位而应，与时行也。"（《遁卦·彖》）"当而应"与"与时行"，统一一体，善应在时行中。事物在运动、变化、发展过程中，或损或益，或盈或虚，不可为典要，惟时是用。"损益盈虚，与时偕行。"（《损卦·彖》）"凡益之道，与时偕行。"（《益卦·彖》）理无常则，时无常善，因理善为就是时行。"柔以时升"（《升卦·彖》），柔得其时，方可以升。"天地盈虚，与时消息。"（《丰卦·彖》）"与时消息"，是善时。"过以'利贞'，与时行也。"（《小过卦·彖》）"'不出门庭，凶。'失时极也。"（《节卦·小象》）"'含章可贞'，以时发也。"（《坤卦·小象》）时行则善，失时致凶。

　　五是揭示了时中的意蕴。"以亨行，时中"（《蒙卦·彖》）。以道行于时，故得中。中是无时不中，时时得其中。"艮，止也。时止则止，时行则行，动静不失其时，其道光明。艮其止，止其所也。"（《艮卦·彖》）光明其道，则顺时行止，动静适时，无所不宜。"先王以茂对时育万物。"（《无妄卦·大象》）时其生育，因物养物，无妄作则无不吉。爻变之中，无不体现"时中"之旨。"爻"效天下之动，"变动不居"。"爻"既是时中之变，亦是变之时中。"六爻相杂，唯其时物也。"（《系辞下》）"时物"者，"唯变所适"。可举《乾卦》每一爻义以解之。（一）初九曰："潜龙勿用。"何谓？潜者，隐伏之名；龙者，变化之物。阴气始盛，阳气潜在地下，它是"阳气潜藏"。"潜"之为言，"隐而未见，行而未成，是以君子弗用"。圣人利用，龙德而隐，则善时潜藏。于时不用，方乃善用。（二）九二曰："见龙在田，利见大人。"何谓？出潜离隐，故"见龙"；处于地上，故"在田"。德博而化，故利见；拥有君德，故为大人。大人以出，则"天下文明"。龙德正中，闲邪存诚，善世不伐，故"德博而化"。君子"时舍"以成君德，故"学以聚之，问以辩之，宽以居之，仁以行之"。（三）九三曰："君子终日乾乾，夕惕若，厉无咎。"王弼云："居上不骄，在下不忧，因时而惕，不失其几，虽危而劳，可以'无咎'。"（引自《周易正义》，中国致公出版社1990年版，第4-5页）"因时而惕"，恒自警惕，忧惕无时；"不失其几"，戒慎其微，时当其宜。君子进德修业，"知至至之，可与几也。知终终之，可与存义"（《文言》）。善始善终，惟精惟一。乾乾时惕，则"与时偕行"，故虽危无咎。（四）九四曰："或跃在渊，无咎。"何谓？处跃、处渊，无常其行，得其时宜。君子进德修业在"及时"

（《文言》），时中为适，故无咎。（五）九五曰："飞龙在天，利见大人。"何谓？大人一出，利见天下。"圣人作而万物睹，本乎天者亲上，本乎地者亲下，则各从其类"（《文言》）。"飞龙在天"，则"位乎天德"，参赞天地。（六）上九曰："亢龙有悔。"何谓？处亢之时，当及早悔悟。"贵而无位，高而无民，贤人在下而无辅，是以动而有悔"（《文言》）。"亢"之为言，"知进而不知退，知存而不知亡，知得而不知丧"。"亢龙"与时偕极，"有悔"则反正。圣人知进退存亡，故不失其正。（七）用九曰："见群龙，无首，吉。"虽"无首"，然"乃见天则"，正是"天下治"时，故为"吉"。

归结言之，《易》的"时中"，既是"日新之谓盛德"（《系辞上》），又是"见几而作，不俟终日"（《系辞下》），还是"藏器于身，待时而动"（《系辞下》）。时新不止，敬慎时几，循时而动，则无时不善，无所不宜。王廷相认为，"《易》即时措之道，随时变易，无有穷已，故曰'生生之谓易'。"（引自《慎言》，载《王廷相集》第三册，中华书局1989年版，第774页）"时措之道"，就是"时中"。"时措"包涵二义，一是"随时变易"，时措为善。二是"无有穷已"，恒其善时。前者言变者无常，时无定宜，"不可为典要，唯变所适"；后者言恒一权变，因物付物，权用其宜。前者是"时中"不贰，后者是"时中"不测。

五、《荀子》的"时"观

《荀子》的"时"观上承道家，下启法家，拓展了儒家思想，主要有以下内涵。

一为"时宜"之用。时宜，则通于变化之理。"宜於时通，利以处穷，礼信是也。"（《修身》）礼既宜于通达之时，又利于穷处之时。时或遇、或不遇，然礼通其宜，故时诚善用。"时宜"是礼的本质内涵，规定着礼之为礼的功用。"礼云礼云，玉帛云乎哉！诗曰：'物其指矣，唯其偕矣。'不时宜，不敬文，不骧欣，虽指，非礼也。"（《大略》）礼作为"时宜"之物，以"偕时"为宜。礼之为美，一要文质相称，"文质彬彬"。二要以时变宜，动容周旋。"骧欣"者，礼之和，时用之效；"敬文"者，礼之分，时用之节；"时宜"者，礼之质，时用之适。礼之用，和为贵，贵在应时曲变，时当其宜。

二为"时措"之行。"与时屈伸，柔从若蒲苇，非慑怯也。"（《不苟》）"慑怯"者，畏缩不前，不敢作为。"柔从"者，因循以为，曲成以理。能与时屈伸，则时当屈则屈，时当伸则伸，故能无不宜。它同"与时迁徙，与世偃仰"（《非相》）涵义相通。时世之情，变化不常。跟随时变，变则通久。动合时世，则曲循皆适。时措其行是道德，而时措者是道理、品德之用，故以时变为宜。"道德之威"的根本所在，是"礼义则修，分义则明，举错则时，爱利则形"（《强国》）。举措从时，则时中其为，举无不宜，功无不遂。修礼义、明分义和形爱利，皆在时宜之中。四者形成经纬关系，通贯一体。道德时中，无所不宜，故"百姓贵之如帝，高之如天，亲之如父母，畏之如神

明"（《强国》）。贵、高、亲、畏者，皆况德行时宜的威信、效验。

三为"敬时"之道。"积微，月不胜日，时不胜月，岁不胜时。凡人好敖慢小事，大事至然后兴之务之，如是则常不胜夫敦比于小事者矣。"（《强国》）事由小成大，故为事贵在"积微"。"积微"同时是慎始，只有积日成岁，方能时事于积小成大，尽精微则致广大。人情好高骛远，怠慢于小，故不能动善时几，以至于事业往往不成。在为事上，因小事为多，故费时也多，积力也大。在治国上，"善日者王，善时者霸，补漏者危，大荒者亡。故王者敬日，霸者敬时，仅存之国危而后戚之，亡国至亡而后知亡，至死而后知死，亡国之祸败不可胜悔（《强国》）"。"善日"则谨小慎微，日于兴善；"敬日"则无日不仁，无日不义。仁者无敌，故怀柔成王。"善时"则法于四时，因时以举事；"敬时"则不违农时，时善事功。民富战备，故力胜而霸。"补漏"则逮于敝败而救，实则无法挽于狂澜。"大荒"者虽岌岌可危而荒怠不理，濒临败亡而追悔莫及。相反，"养备而动时，则天不能病"（《天论》）。天以四时期必，顺之则吉，违之则害。动善其时，故天不能病。善时其为，则无危亡之患。

四为"政时"之善。圣人为政，当于时变则"若数一二"，要时立功则"若诏四时"（《儒效》）。事变无常，当时则善能。"数一二"者，因循时变，无有违背。"诏四时"者，顺时成美。因时立功，动善其时，故政不失宜。君以善群为务，以政令时宜为本。群道当理，则"万物皆得其宜，六畜皆得其长，群生皆得其命"。善群善时，故能"养长时则六畜育，杀生时则草木殖，政令时则百姓一，贤良服"（《王制》）。"善群"在时变中成善，在时宜中当道。长养以时，生杀有节，则化育不害。"圣王之制"，时当其养。"草木荣华滋硕之时则斧斤不入山林，不夭其生，不绝其长也；鼋鼍、鱼鳖、鳅鳣孕别之时，罔罟毒药不入泽，不夭其生，不绝其长也；春耕、夏耘、秋收、冬藏四者不失时，故五谷不绝而百姓有余食也；污池、渊沼、川泽谨其时禁，故鱼鳖优多而百姓有余用也；斩伐养长不失其时，故山林不童而百姓有余材"（《王制》）。因时以制，则取与有时；不失其时，则物得其长。官以时理，举事因时：大师乡师、治田治市之事在于"以时顺修"，司空之事在于"以时决塞"，虞师之事在于"以时禁发"，工师之事在于"审时事"，冢宰之事在于"以时慎修"，天王之事在于"全道德，致隆高，綦文理，一天下，振毫末，使天下莫不顺比从服"。政治有时行之道，善其治理则天下从服。

五为"时中"之宜。"时中"包涵以上诸义，一以贯之。时宜是善其时为，时措是与时权变，敬时是慎时行为，政时是治善其时。在行止上，无不合宜。"时诎则诎，时伸则伸"（《仲尼》）。诎伸以时，时当其宜，无不中正。在从道上，无不中节。"大儒之稽"，在于"与时迁徙，与世偃仰"，虽"千举万变"，而其"道一"（《儒效》）。与时世变化，则曲成其宜。"千举万变"，是应变曲当；"道一"，是一于"时中"。在礼用上，是周旋仪表。礼者，以"断长续短，损有余，益不足，达爱敬之文"为"滋成行义之美"，以"文饰、粗恶，声乐、哭泣，恬愉、忧戚"为"反"，兼用之则"时

举而代御"(《礼论》)。"时举代御",则曲变而宜。在知识上,为"大清明"。"时中"之用赖于"解蔽",既要"不慕往,不闵来,无邑怜之心",又要"当时则动,物至而应,事起而辨",故昭然明于"治乱可否"(《解蔽》)。心无执不故,"虚壹以静",故能循时而动。在尽己上,隐显合义。圣人穷达不求诸人,而求诸己,修身以俟时。"遇不遇者,时也;贤不肖者,材也。"(《宥坐》)君子"敦于反己",博学、深谋、修身、端行以成材,"俟其时"。遇不遇则付诸于时,穷达各成其善。楚简《穷达以时》云:"有天有人,天人有分。察天人之分,而知所行矣。有其人,无其世,虽贤弗行矣。苟有其世,何难之有哉?"天下无道,"贤弗行",则独善修身;天下有道,"有其世",则兼济天下。

秦汉之际的学者,对"时变"、"时用"的内涵亦多有揭示、发展。《吕氏春秋》提出了"知时"、"待时"的观念。"事之难易,不在大小,务在知时。"(《首时》)"知时"者,知事变之几。于事变之初为之也易,反之则难。"知时",则谨小慎微,为之于未有,治之于未乱。在对待"时"上,"静以待时,时至而应,心暇者胜"(《任数》)。静不妄作,时至善应,动静当理,则因时度宜。无为因循,动善其时,"事应于时者其功大"(《召类》),故言心暇为胜。杨雄云:"君子修德以俟时,不先时而起,不后时而缩,动止微章,不失其法者,其唯君子乎!"(《太玄》)先时而起,则常逆于时;后时而缩,则贻误时机。"不失其法",则时措其宜。王充云:"天变己亦宜变,顺天时示己不违"。(《论衡·雷虚》)奉天时者,则善当其时。与天时变,则惟变所适。早期道家以"动善时"为旨趣,早期儒家以"时中"为要归,二者在时变、时宜观上具有思维同构性。主要表现在以下六个方面:一是突出了世界事物变化、发展的绝对性,它不以人的意志为转移,时变是客观存在的必然律则。动无常则,则中无恒式。二是突出了顺应时变以为的因循理念,共同道出了"惟变所适"、因时举事、时措其宜的价值观念和思维方式。三是在贯彻"动善时"或"时中"观上,突出了去己之执的必要性和前提性,权宜不可预设,适变不可先图。《老子》言"致虚极,守静笃"、《庄子》言"坐忘","心斋",《论语》言"四毋"、《孟子》言"所恶于智者,为其凿"、《荀子》言"虚壹以静"。它们共同要求改变以己宰为、因循守旧、循规蹈矩的陈旧行为模式。四是突出了人们具体情境下的行为之宜和动态之能时变之知。《老子》言"动善时"、《论语》言"使民以时"、《中庸》言"时中"、《孟子》言"圣之时"。五是突出了对时变之知、相对真理观的揭示。在《老子》是"以天下观天下",在《庄子》"以道观之",在儒家是"穷神知化","精义入神"。六是突出了无常定理的思想意旨,同时否定道理规则的不可知论。后者如《老子》有"天道","楷式"之道,儒家有仁义之理。前者如《老子》所谓的"不可道"、儒家的"中无定体"。"动善时"与"时中"观在内涵上也有区别,前者更强调知的虚明、鉴观,后者更强调格物、穷理;前者侧重于去己之执、因循无为,后者侧重于感通用神、能力积累;前者突出王道的道术,后者突出君子的操守。

最后，对本节内容做简要概述。之所以对先秦、汉初儒家思想的"时变"、"时中"观进行纵向的概说，因为它们或是与道家来自同一道统，或是与老庄思想具有思维同构性。儒家言"时措其宜"、"时中"，言时化、时宜、时善、时功等无不可以成为"动善时"的内涵。因为《老子》的"动善时"，以其因物曲成、无所不宜为时中其理，它是道者无时不理的内涵所在。"时措其宜"，是"知道者必达于理"（《庄子·秋水》）。通过对儒家"时"观的阐说，可以进一步揭示"动善时"的深刻内涵，澄明其在道性、道术等方面的玄妙意蕴。

第三节　时中观发展

本节将从宋以后诸儒"时中"观的概览中，揭示儒、道思想的大融合，以"时中"思想进一步深化对道家"动善时"观念的理解。上节已指出，道家"动善时"与儒家"时中"观存在着思想上的统一本源，具有思维上的同构性。二者作为道术、理则，成为中国思想文化中的一个核心内涵和重要特征。

一、宋元"时中"观

宋儒"时中"观，虽然直接传承于孔孟和《周易》等传统思维，然也吸收融入了道家"动善时"的思维，并使"时中"观更见浑厚和丰富。邵雍指出，"变从时而便天下之事，不失礼之大经；变从时而顺天下之理，不失义之大权者，君子之道也。"（引自《皇极经世》，第 598 页）"礼之大经"，在于应时变化，以务合时宜为本。礼以饬事物之宜，而事物变化不居，故与时俱变方能经理事物秩序。通变因时，因事为事，故便天下事。"大经"者，无物不经，无时不适。《老子》何尝否定这种礼？"义之大权"，在于时措其宜，以权变合理为准。义以制事物之理，而理无定常，时变万殊，故时中为理。《老子》何尝否定这种义？"义"者为宜，"权"者时变，"义"是"权"之体，"权"是"义"之用，二者合于"时中"。"大权"者，无事不权，无时不宜。"变从时"，则通天下事，循天下理，为"唯变所适"。"大经"、"大权"，贯穿着"道可道，非恒道"的思维意蕴。周敦颐提出，"道德高厚，教化无穷，实与天地参而四时同，其惟孔子乎！"（引自《周敦颐集》，中华书局 2009 年版，第 42 页）孔子为"圣之时"者，是时中之准。"与天地参"是天地合德，"与四时同"是与四时合序。"慎哉！其惟'时中'乎！"（同上书，第 43 页）中无定常，时无常宜，故慎以时中。时变之宜，是中正其理。张载指出，"天之化也运诸气，人之化也顺夫时；非气非时，则化之名何有？化之实何施？《中庸》曰'至诚为能化'，《孟子》曰'大而化之'，皆以其德合阴阳，与天地同流而无不通也。"（引自《张载集》，中华书局 2006 年版，第 16 页）天以气化为时化，人顺时化以成化。气是时化之体，时是气化的存在形式。至诚则化育万物，无物不化；大化则教育万民，风化习俗。天化与人化，寓于"天地设位、

圣人成能"中。张子认为，"达时中"是仁至义尽的境界。"神不可致思，存焉可也；化不可助长，顺焉可也。存虚明，久至德，顺变化，达时中，仁之至，义之尽也。"（同上书，第17页）神化不可测，故存而不论。化不可助长，故顺而不违。"存虚明"则通于神明，"久至德"则精义入神，"顺变化"则因循从理，"达时中"则泛应曲当，无不适宜。仁至义尽在时义中，故有"始条理"之智，"终条理"之圣。"达时中"，首先要求"虚明"，然后顺变化，久为"至德"。天理，即是时中。"'在帝左右'，察天理而左右也，天理者时义而已。君子教人，举天理以示之而已；其行己也，述天理而时措之也。"（同上书，第23-24页）天理，既存在于自然万物的时变之中，又存在于人所遵循的时中之中。"时义"，是时措之中。"述天理"，以时措行其理。理之为理，必为时中之理。若要"时中"，必去己"成心"。"化则无成心矣。成心者，意之谓与！无成心者，时中而已矣。"（同上书，第25页）无"意、必、固、我"之执，方能"时中"。"无成心"正如《老子》"致虚极，守静笃"，"时中"正若"动善时"。既需"无成心"，还要"极高明"，穷尽理。"不极高明，则择乎中庸失时措之宜"。（同上书，第28页）高明与中庸二者一体，相互涵摄，不可分离。"道中庸"以"时中"为内涵，"时中"以"极高明"为前提。"道中庸"是求其理，"极高明"是达权变。知中于时，方能时措其宜。极义则光明著见，一于中正之宜，故动静不失其时。权宜之理，无过不及；时措之宜，机在不失。理之中见诸于时措之宜，义之极显现在时中之宜。要"时中"在于"博学素备"，极高明。"立本处以易简为是，接物处以时中为是，易简而天下之理得，时中则要博学素备。"（引自《经学理窟》，同上书，第271页）"本处"是经、常，故以"易简"为是。"易简"者，理之统，事之要，万殊而理一。"接物"是曲、变，故以"时中"为是。"时中"者，事之殊，时之变，时措而权宜。理通时物之殊为"易简"，曲成万物之理为"时中"。"天下之理"为常是"经"，"时中"为殊是"权"。"易简"必以能"时中"为"至德"之善。万变不离其"中"，权变不离其"经"。时中之道，在于穷万殊之理，故要"博学素备"。只有"博学素备"，方能"精义入神"。"大率时措之宜者实时中也。时中非易得，谓非时中而行礼义为非礼之礼、非义之义。……时中之义甚大，须是精义入神以致用，始得观其会通以行其典礼，此方是真义理也，行其典礼而不达会通，则有非时中者矣。"（引自《张子语录》，同上书，第326页）"时中"，以理言是经，以行言是权。"时措之宜"，正是"时中"的落实处。"时中"，非"精义入神"不能得，非"泛应曲当"不能致。"观其会通"是理一、玄达，"行其典礼"是曲应、权宜。"行其典礼"与"观其会通"，融贯一体，相互发明。时中作为"真义理"，是"无适"，"无莫"的"义之与比"和"惟义所在"（《孟子·离娄上》）。"精义入神"，以"穷神知化"为前提，贵在极深研几，"知变化之道"，知"神之所为"（《易·系辞上》）。"精义入神"是"极高明"，"时措其宜"是"道中庸"。张子著《横渠易说》，集中阐述"时变"之意。"精义"则"惟变所适"，"入神"则"莫非时中"。"大德敦化"，则无时不中；"小德

川流"，时措其宜。"时中"是"圣之时"，"'圣之时'，当其可之谓时，取时中也。可以行，可以止，此出处之时也，至于言语动作皆有时也。"（引自《张子语录》，同上书，第309页）"时中"者，时当其可，无所不可。圣人临时应变，取其清、和以时宜。程子云："万物无一物失所，便是天理时中。"（引自《二程集》，中华书局2004年版，第77页）"无一物"，则全于物。无一失所，则曲成不遗。以理无不涵为理一，以其时变适宜为时中。以时中为恒理是天理，以天理的时变为时中。天理是时中，时中外无理。以言于"礼"，则要因世便宜。"礼，时为大，须当损益。"（同上书，第146页）礼以时变为宜，损益各得时中。时是中之时，中是时之中。"至如春夏秋冬，所生之物各异，其栽培浇灌之宜，亦须各以其时，不可一也，须随时。只如均是春生之物，春初生得又别，春中又别，春尽时所生又别。礼之随时处宜，只是正得当时事。"（同上书，第156页）正如生物各异、培植养育之功各以其时一样，礼者"随时处宜"，方能正当时事。礼用以"和"为贵，"和"是具体时境中的"随时处宜"。"时中"，既是"中庸"，又是"权宜"。前者是常，后者是变。"欲知中庸，无如权，须是时而为中。"（同上书，第164页）"中"无定中，无时不中，故为时措之宜。作为极致之理，"时中"是"尽精微"中的"致广大"。中之极，是无适不为中。无时不宜，则无时不中。程伊川认为，"事"与"道"的"中"不同，"以事言之，则有时而中。以道言之，何时而不中?"（同上书，第201页）一事一理，一时一理。事者不同，时殊其理，故有时而中。一事、一时、一中，是"可道"之中；无常其中，无时不中，无事不中，是"不可道"之中，它是至道之中。正如道无定体而以万物为体一样，"中"无定中，以时变物理、时措之宜为中。《易》以时变而不可为典要，"中"以时宜而唯变为适。通于时事权宜的时中就是"道"。"时中"之体"独立不改"，"时中"之用"周行不殆"。"时中"作为"独"，包涵于万事万物之中，措于时时之中。就"道通为一"言，是"何时而不中"；就曲殊其宜言，是"有时而中"。"中"之为"时中"，不离时变适理的本宗。以其不定、莫测故最难识，不可致诘。"中字最难识，须是默识心通。且试言一厅则中央为中，一家则厅非中而堂为中，言一国则堂非中而国之中为中，推此类可见矣。且如初寒时，则薄裘为中，在盛寒而用初寒之裘，则非中也。更如三过其门不入，在禹、稷之世为中，若居陋巷，则不中矣。居陋巷，在颜子之时为中，若三过其门不入，则非中也。"（同上书，第214页）"中"无定体，既是无定在，又是无定时。"中"之为道，必以时措之中为用。正如恒道存在质性一样，"时中"者，既是无极，又是至极，它是至极而无极的玄妙思维。"不偏之谓中。一物之不该，一事之不为，一息之不存，非中也，以中无偏故也。此道也，常而不可易，故既曰中，又曰庸也。"（同上书，第1176页）"中"作为理，是理一分殊，既是"容乃公"的无所不中，无时不中，又是"曲则全"的一事一中、一时一中。以其通行不易为"道"或"理"，以其日用时措为"庸"或用。"中"为正道，"庸"为定理，"中"在时用之中，时用不离于"中"。无常定理，是恒道之"中"。以理言，圣人极

道 与 物

准在于一个"中"字而已。"圣人与理为一，故无过，无不及，中而已矣。其他皆是以心处这个道理，故贤者常失之过，不肖者常失之不及。"（同上书，第307页）"与理为一"，则无所不理。理是"时中"，因中无定用，故以时措为宜。"君子之道，随时而动，'不可为典要'。非造道之深，知几能权者，不能与于此也"。（同上书，第784页）既然"不可为典要"，则"中"作为理是无常定理，以"惟变所适"为理。"知几能权"，是"精义入神"，故致"时中"为"圣之时"者。诚一以贯之，以无己无物而合大德施化育，方能时措之宜。朱熹对"时中"观念给予了进一步的阐发，他指出，"盖中无定体，随时而在，是乃平常之理也。君子知其在我，故能戒谨不睹、恐惧不闻，而无时不中。"（引自《四书集注》，北京古籍出版社2000年版，第24页）正如恒道"不可道"然寓于万物而无物不有其道一样，"中"无定体是随时有其体，无时不有其中。正如恒道"泛兮其可左右"的思维，"中"者贯穿于时，无时不有，故为"随时而在"。以其于事物之理为遍在、通有，故为"平常之理"。它非是一个悬空、抽象的物件，而落实于不同殊时的万殊事物之中，即事即物无所不有。日常其用，无所不中。用行"在我"，故"中"是时措之中，也是权用之中。"时中"作为道有诸己，方能施诸于事物。道不虚行，因人而行。以其非"精义入神"不能尽其精微，故谓之"中庸不可能"。以其鲜能久，故要戒慎恐惧，"无时不中"。朱子认为，取名"中庸"本是取"时中"之中，然所以能"时中"，盖有那"未发之中"在。有"未发之中"，方能随时而中。"《中庸》一书，本只是说随时之中。然本其所以有此随时之中，缘是有那未发之中，后面方说'时中'去。"（引自《朱子语类》第四册，中华书局2004年版，第1480页）"未发之中"是体，"随时之中"是用。用以著体，体以用显。无"随时之中"，则不能证见"未发之中"。"未发之中"只是潜能，因"已发之和"而推知、证见。要达到"时中"，就要有格物穷理的"精义入神"功夫，非是人生本能、自能。"'中庸'之'中'，本是无过无不及之中，大旨在时中上。若推其中，则喜怒哀乐未发之中，而为'时中'之中。未发之中是体，'时中'之'中'是用，'中'字兼中和言之。"（同上册，第1480页）"中"者兼中和为一体，"中"是"和"的所本、潜在，"和"是"中"的时用、已发。"未发之中"，既是情伪不杂的潜在，又是"万物皆备"的潜能。"在中者，未动时恰好处；时中者，已动时恰好处。"（同上册，第4510页）"在中"为"性善"，它是天命之理，因万理已具而为未动时的"恰好处"。实则，它是作为类本质的一种潜能，非是现实即备的素质、能力。时中者自然中节，动善时宜，然非有学思、穷理的功夫则不能。张敬夫辨析认为，"随时以取中"观念非是朱子创见，而是"先觉之意"。盖"中"字作统体看是"浑然一理"，从散在事物上看是事事物物"各有正理存"。君子处之，"权其所宜，悉得其理"，是"随时以取中"。而朱子云"以其有君子之德，而又能随时以取中"，是"语却有病"。不若云"所贵于君子之中庸者，以君子能随时以处中"。（引自《宋元学案·南轩学案》，载《黄宗羲全集》第四册，浙江古籍出版社2005年版，第957页）"中"者如

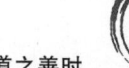

"理"，既是"理一"，又是"分殊"。就统体看固是"浑然一理"，类于"万物总体一理"。就分殊看是无事无物不有其理，类于"一物一理"。二者之合，方是"中"义之全。无统体之"中"，则不能名"时中"为通一。无"时中"之时，则"中"非有具体落实处。"中"以其为天命之性、未发潜具是"德备"，以其格物穷理、"精义入神"为"知几"，以其因时举措、悉得中理为"权宜"。"时中"，既是常则类的道理，又是时用、时措的道术。"随时以取中"是"精义入神"后的圣智境界，而"随时以处中"是"惟变所适"上的权宜之用。只有在"随时"中体悟、提升用中之知、之能，同时所知所能又在实践中得以应用、发展，这样循环往复、螺旋上升，方能达到"豁然贯通"上的知无不明，达成"一以贯之"上的行无不宜。"择乎中庸"的前提，一要穷致"中"的通用道理，二要确立随时处中的态度和意志，三要熟知具体情境，掌握时措的具体技能。元末学者吴澄以道家思维对"中庸"涵义进行了解说，"庸者，常而不易之理，然不可以一定求也。庸因中以为体，中因时以为用。昔之过也，今为不及；彼之不及也，此为过，随时屡易而不可常者中也。夫理之常而不易，正以屡易而不可常之故。一定，则恶能常而不易哉？……时中之谓庸，盖如此。"（引自《宋元学案·草庐学案》，载《黄宗羲全集》第六册，浙江古籍出版社 2005 年版，第 579 页）"一定求"者，是"可道"之道，而"时中"是"不可道"的恒常之道。"庸"为"常而不易"之理，只是"时中"。至理作为"常而不易"者，正在于"屡易而不可常"，无常是其常。"中庸"既是恒一于"时中"，又是时时不同其中。它是无常之常，变易的不易。"庸"作为常理，统一于"时中"之中。事有不同中，时有不同中，"执中"是一定之中，"时中"是中者无方，时宜为中。"中"者，以其时变不同而无体，无体则用无方，以"不可道"为恒道。从总体一理言，"中"是一中，通在、平常而不易；从一物一理言，是时中，分殊、具体而曲用。"平常不易"是"中"在时用、时措中的"一以贯之"、日用不离。"时中"作为"屡易而不可常"者，是在时变中的随时处宜、权用其理。吴氏著有《道德真经注》，深得《老子》恒道"不可道"的意旨玄妙，以之解"中庸"可谓是思维上的殊途同归。以道家思维言，"时中"作为无常之常，方是恒常，方是至庸。无常不定之理，涵摄"可道"的定理。能定万物之理，方为恒道。时中，以其在每一时变、每一事件的时措中无所不中，方为恒道、至理。

二、明清"时中"观

王阳明以《易》言"中"，认为"中"为《易》，标志"时中"观又有了新的思维发展，更显见其吸收了道家的思维表达方式。"中只有天理，只是易。随时变易，如何执得？须是因时制宜，难预先订一个规矩在。如后世儒者要将道理一一说得无罅漏，立定个格式，此正是执一。"（引自《传习录》上，载《王阳明全集》第一册，第 21页）中以其在三百八十四爻的时用中，无所不中，故为"广大悉备"的《易》。每一爻蕴含变理，都是时措中的定理。然从爻之间的变化看，各有定理，"随时变易"，不

可为典要。天理，通于万殊变化之理，就是时中。时中，以《易》言是"因时制宜"，以《老子》言是"动善时"。"执得"，以《易》思维言是"为典要"，以《老子》思维言是"可道"。中无定体，无定式，故不可"先定一个规矩在"。以《老子》思维言，恒道无常道，不可致诘，故不可道、不可名。先有"规矩"，是"执一无权"，又是固执"可道"之道，故不能时措其宜。道理，既为通用之则，就是涵摄不可测之时中的"不可道"者。岂可一一说尽，立定格式？大道作为时变之道，是无常其"可道"，只能因物理物，不可执一。在王阳明的思想体系中，中、天理、良知和易是一，中为"易"是"为道也屡迁"，变动不居，惟变所适。中为《易》理，是"广大悉备"，以为《易》用是感而遂通，无时不中，无所不宜。中的思维内涵是道的思维结构，"道即是天，若识得时，何莫而非道"。（同上册，第23页）道虽不可道，然无时无物非有道。阳明指出，虽事事是"无适"、"无莫"，然须识得个头脑乃可，"义之与比"。"义"是良知，晓得良知是个头脑，方无执著。如受人馈送，有今日当受他日不当受的，也有今日不当受他日当受的。若执著今日当受便一切受去，或执著今日不当受便一切不受去，便是"适"、"莫"，非是良知的本体。这里的"头脑"，是无时不宜的"义"和"良知"，又是时变中"一以贯之"的"中"。有"头脑"非是"执一"，而是掌握一个准则、纲领，以之统摄权变之中，因时变易，时措其宜。这个准则、纲领就是"时中"，正如《老子》以"动善时"为楷式一样。执著一"中"是执中无权，非是良知之"中"，则非有个真"头脑"。中的思维结构，是不变与变的统一，不变的是时宜，变的是时措之宜。就时中的"不可执得"内涵，王畿进一步阐发指出，"良知绝四，不涉将迎，不存能所，不容拟议，所谓'从心所欲不逾矩'，即良知也。……才有意必，才属拟议，即非时中，即非致良知也。"（引自《王畿集》，凤凰出版社2007年版，第68页）在时中上绝"意、必、固、我"，则无"执一"之锢。将迎、能所、拟议，皆是执著"可道"，囿于成心。"从心所欲不逾矩"作为时中，其中"从心所欲"是时措之宜，"不逾矩"是无时不中。"中"作为纲领，是"矩"。"致良知"，是以"中"去时措其宜，非是无有"头脑"，随意去措。刘宗周认为，中见于"过不及"，"万变错陈"中显见其"无定体"。"约而操之，不动一尘。主静立极，颇涉其津。即静即动，廓兮无垠。"（引自《周易古文钞上》，载《刘宗周全集》第一册，浙江古籍出版社2007年版，第28页）"中"者不偏，然过犹不及要以"中"为准。中无定体，是通万殊言，非是无有定理之措。一事一物，一时一理，固然有相对的不可不循的定理。定理是时中之中的一中，无有此中何来无所不中。"约而操之"，是立一个头脑在，统摄一切时措之为，犹如《老子》的"道纪"。"不动一尘"，是无有一毫"四毋"之心。"主静立极"，是主于"中"，虽万变不离其理、其中。"即静即动"，是中用于万殊时变之中，以其"寂然不动"为静，以其"感而遂通"为动，动静一体则为时中。"廓兮无垠"，是时措无穷，中用无限，时中无极。在道与时的关系上，他认为，"时之所为，即道之所在，其趋一也。时未至，圣人不敢先；时既至，圣人不敢

后。"（引自《会録》，同上书第二册，第 513 页）以自然律则言，每一时为皆是定理、可道之道。以可循理则言，"时之所为"是"时中"或"动善时"。每一"时中"，无不是道。时未至不敢先，是时不可生；时既至不敢后，是机不可失。反过来以道用言，"道之所在"落实、体现于"时之所为"之中。"虽离动静一境，无由用时；而著动静两念，不可得时。"（引自《杂著附会墨》，同上书第四册，第 458 页）佛离动静，非动非静，故无时用。俗人固执，或执动、或执静，故不得善时。惟有时中，当动则动，当静则静，各得其时，各得其宜。时为"行止之官"，睹闻未起则不生一好静之心，惟从戒惧中得相时灵机，与时俱止而我不自止；接构适来则不起一恶动之念，惟从省察中得适时妙用，与时俱行而我不自行。执静、执动，是以我强为，非与时行止。惟有虚明以相时灵动、适时妙用，方能时行时止，无不时中，"动善时"。游其念于无可把持之天，则动静皆时中虚位，而不得执以为定位。握其时于无可寻求之境，则时即动静员机，而不得执以为定理。因其无可把持，故可虚明以顺时；因其无可寻求，故可因循以权宜。若执为定位，是把捉一个规矩；若执为定理，是固执于"执一"。惟"时行而行"，则"虽行其庭而不见其人"；惟"时止而止"，则"能止诸躬而不有其身"。（引自《刘宗周全集》第四册，浙江古籍出版社 2007 年版，第 459 页）"不见其人"、"不有其身"，则己无容心，不自专主。时行时止，则动静不失其宜。王夫之指出，"知时"者，是"日新而不失其素"者。"先时"以为"乘时"，"后时"以为"因时"，"及时"以为"安时"，它们是"时之贞"。"贞者，天之干；时者，天之恒。"（引自《诗广传》，载《船山遗书》第二卷，北京出版社 1999 年版，第 791 页）知时，则时措于宜。天以"时"为恒性，"贞"为时变之宜。"素"者，天时自在于逝。知"先时"，则凡事豫则备；知"后时"，则因时而举事。知"及时"，则时措以为宜。"时之贞"即"时中"，是"义"的"时适"。"事之所宜然者曰义；义者，一定不易之矩则也。乃万事之变迁，皆不逾于当然之定理，而一事之当前，则一因其所固然之准则。"（引自《四书训义》，同上书第三卷，第 1721 页）事宜为"义"，它既是"一定不易"之则，通行于万事变迁而不离其道；又是"时措之宜"之理，每类事物各有当然之理。前者是"无适"，"无莫"的惟义所在，后者是一事一则、一时一宜的时中。每一事物，皆有通于时变而不易的定理，然物类不同则有万殊之理。当然，事物变化不止，无绝对不变的定理。物类不同理，涵摄不同定理则为通理理一。见为然则专意以行，无所挠为"适"；见不然则决意于此，无所通为"莫"。前者是执一无权，后者是固执不通。君子则"无莫"，"无适"，时止则止，时行即行。同"中庸"之中是时中之中一样，"惟义所在"之义是时变之宜。"唯酌之已精，审之已定，知此事之所宜者在此，彼事之所宜者在彼，义处其常而守其常，义当其变而随其变，与义相依，无之有间焉耳已。"（同上页）"义"是常与变的统一，无常其中。唯义所在，前提在于酌已精、审已定，非"精义入神"不能。当常守常，是"适宜"；当变随变，是"权宜"。"义"作为道理，既是定理，又是变理。定理是相对之常，在一定条件下可为变理；定理是

无常之常，在相对的意义上可为定理。"义"作为通义，理一分殊，是定理无常。天下之事必有其"适"，固不可"中立以废义"；必有其"莫"，固不可"委曲以枉义"。以定理无常言，"义"是"无适"、"无莫"；以定理有常言，是可"适"、可"莫"。正如恒道"不可道"于"可道"中一样，义"无适"是不执于一"适"，"无莫"是不留于一"莫"。犹如权衡无倚能尽万变之称，君子精审于义，"于心无倚"则"于事必宜"。中是理一分殊。"天下之理统于一中：合仁、义、礼、知而一中也，析仁、义、礼、知而一中也。"（引自《四书训义》，同上卷，第1721页）"统于一中"是理一、中一，中外无理，理一涵摄万殊之中。析为一中，是理殊、中殊，无不是中，万殊合于一理、一中。王夫之认为，"中和"之中，与"时中"之中，是"一而无二"。以"中和"之中为体则可，而专以"时中"之中为用则未妥。实则，"时中"之中是体，"时而措之"是用。"未发"之"中"固为体，"发而皆中节"之"和"也不得谓其非体，因为喜怒哀乐各有其体，也自有其用。（参见《读四书大全说》，同上书第四卷，第2350页）中无往而不为体，时措于喜怒哀乐之间，用之于民则为用。"中为体，故曰'建中'，曰'执中'，曰'时中'，曰'用中'；浑然在中者，大而万理万化在焉，小而一事一物亦莫不在焉。庸为用，则中之流行于喜怒哀乐之中，为之节文，为之等杀，皆庸也。"（同上卷，第2351页）"建中"、"允执厥中"、"时中"和"用中"，皆以"中"为恒常、可道，认作是定理、不易之则。"浑然在中"，是中无定体，不可固执。正如恒道"不可道"在于无限、无方其"可道"一样，中用无方显现在"节文"、"等杀"的时措之中。犹如"神无方而《易》无体"思维一样，中是无定体而用无方，既是无时不中、无事不中，又是一时一中、一事一中。"未发之中"要在"时中"中呈现，"已发之和"要在时宜中实践。时有通塞，有不易、有变化，皆是"时中"。"其通也，时也；万古不易者，时之贞也。其塞也，时也；古今殊异者，时之顺也。考三王，俟百世，精义以中权，存乎道而已矣。"（引自《宋论》，同上书第六卷，第3362页）通于时而有万古不易者，只能是"时中"。理有相对不变者，是抽象的通则，是纲领式的"头脑"，故为"时之贞"。然事物存在的实存之理，常处在古今殊异的变化之中，故以顺变为中。正如变化的不变一样，"精义以中权"作为所存之道，是万古不易的准则，然"义"、"权"随时变而异。时代不同，"义"有不同，"权"者有殊。"精义"是格物穷理，因物观物必是时观；"中权"是因时权宜，因物成物必是时中。戴震提出，"一物有其条理，一行有其至当，徵之古训，协於时中，充然明诸心而后得所止"。（引自《原善下》，载《孟子字义疏证》，中华书局2008年版，第72-73页）时中是条理其殊理，至当其时理。事物变化不止，每一时段各有定常之"中"，时时不同于"中"，无常定理则"协于时中"。

三、现代新儒家"时中"观

现代新儒家对"动善时"以及"时中"观给予了新的阐发，兹举要以阐释之。唐

君毅指出，人本自有时中之能。"人必须先自信其性之本善，心本来能知善，本来能知在当下之特殊具体之事物前，如何应之之当然之道也。"（引自《中国文化之精神价值》，广西师范大学出版社 2005 年版，第 159 页）"本善"为"浑然之中"，是人人"性善"的万理潜备。"知善"为"反身而诚"，是自觉自知其具有"时中"的潜能。知当下如何应之之道，是具有"精义入神"的智能；"如何应之"是时措之宜、泛应曲当的权能。这些能力是儒家思想所开创的"良知良能"，它的前提在于对人性潜能的认知、肯定，以及对"时中"价值理想的建构和确立。只有在与时俱进的格物穷理中，因物观物，因物之理而理之，时中的境界才能真正达致。"唯当吾人知一事一理，而不执任何普遍概念，以观事物之理，以定应事之方时，吾人之心，乃一无执著。无人之理性活动，乃真运行不滞。"（同上书，第 162 页）"一事一理"，是具体、实在的时变之理，为无常定理；"普遍概念"，是抽象、形式的普通之理，为恒常定理。"观事物之理"，以物观物，因时察理，犹如一切从实际出发的"实事求是"。"定应事之方"，因物求理，因时求方，犹如"一把钥匙开一把锁"的权宜曲当。只有"一无执著"，才能不为任何普遍概念所桎梏，不落入怀特海所谓的"误入具体性的谬误"。心无执著，方能顺应时变，在事物变化中寻求其理，然后以之作为行为的准则、依据和遵循。"唯在顺差别而差别之，于一一之事，应之以一一之理"。（同上书，第 163 页）"顺差别而差别之"，是因物固有所可而可之，因事固有所然而然之。只有于一一事物穷其理，循其一一所致知之理，然后一一时善其事，这样方为时中。人生的错误过失之源，既在吾人之心陷于私欲妄为，又在于吾人"恒有执著而求其普遍化"。求其普遍化，是形式主义、本本主义和经验主义。形式主义，是泛逻辑概念化；本本主义，是囿于书本知识；经验主义，是执于故常做法。三者皆脱离活生生、变化不止的实际，而以一个模式套用万殊事实，故不能权变时宜。成中英认为，《易》"时中"观是儒家人生理想的绝妙境界。一个人只有实际地增进其仁义礼智之德、修其善业，就会明白时变的微妙和价值，进而在纷繁事物的变化面前克己修持，小心谨慎地调整自己的所为，应时而行，顺时而为。君子随时要做好应付德行实践的具体场景或现实情境，形成一种怵惕感："要在合宜之时、做合宜之事、以达合宜之目的"。（引自《〈易经〉的"时中"观念与孔子理想》，载《易学本体论》，北京大学出版社 2006 年版，第 188 页）人只要达致"时中"境界，不仅能免于凶噩、困厄，而且更能发展与实现他自己的人生理想，达到真善美的完美境地。他认为，"时中"是适"时"用"中"。"中"作为理，重点揭示宇宙机体结构的和谐、秩序、融贯和协调，同时是现实中维持此机体持久和谐、融贯所必然要时时遵循的准则。"'时'实即相等于在实际上得中，亦即，'时'即'中'也。"（同上书，第 190 页）现实实践中用"中"，是在具体情境中时措得宜。时宜就是中。从孔子的行为中，可看到有"经"也有"权"。前者是实行忠恕的仁道，在不同的情况下来实行仁道，以达到推己及人、己所不欲和勿施于人的人格理想。后者是"无可无不可"的时措之宜，对父母要讲孝，对兄弟要讲悌，对人要讲义与恕。

归结言之，"因时、因地、因人、因需要的不同而采取不同的行为，以实现理想的仁道"。（引自《中道、中和与时中——论儒家的中庸哲学》，载《成中英文集》第二卷，湖北人民出版社 2006 年版，第 214 页）"因时、因地、因人、因需要的不同"，确立了因物理物的时中观和因人爱人的价值观。他进而指出，孔子"从心所欲不逾矩"作为一个重要法则是："基于时中以求中"。（同上书，第 221 页）只有在"时中"的思想指导下实践"中"的道理，方能使"中"落到实处，适得其宜。中作为道理，只能是时中，无时宜则中非至理。时中思想，不仅确立了中国人对待事物和人生的世界观、价值观，而且形成了中国人为人处世的方法论、思维理念。但也要看到，一般学人特别是俗儒好执"典要"、"固常"，以建不变理则、扬名于世为追求，实则违背了道家"动善时"和儒家"时中"的思维宗旨。傅斯年指出，"中国学人，不认时间之存在，不察形势之转移。每立一说，必谓行于百世，通于古今。……中国学者，专以'被之四海'、'放之古今'为贵，殊不知世上不能有此类广被久延之学说，更不知为此学说之人，导人浮浅，贻害无穷也。"（引自《大家国学傅斯年卷》，天津人民出版社 2009 年版，第 7 页）虽然，冠以"中国学人"、"中国学者"不免有夸大之嫌，但针砭时弊地道出了世俗的流弊。相反，好"被之四海"之准，执"放之古今"之常，脱离时世的条件、时代的境遇，皆非至道真理。何新云："时，择时。适合时宜谓之'时'。"（引自《老子新解》，北京工业大学出版社 2007 年版，第 92 页）它精当地揭示了"动善时"和"时中"的要旨。只有与时偕行，时时皆中、皆善，方能无不适宜。

最后，对本节内容做简要概述。宋以后儒学面对儒、道、释三学交融、交锋的现实，在早期时中观的基础上，吸收道家恒道"动善时"观念，在此基础上建构了时中观的系统思维。儒、道二家思想逐步融合，在"因物付物"和"因时制宜"上实现了交汇贯通。《老子》绝弃仁义圣智正是从固常、"执一"的思维角度上进行批判，同时是对"动善时"观念的坚守。对宋以后诸儒和新儒家"时中"内涵的概览，无疑将进一步深化对"动善时"思想的理解。《老子》恒道"动善时"观念，涵摄着"可道"与"不可道"的统一，揭示出"常"与"无常"、"容乃公"与"曲则全"的一体性，阐明了"动善时"中内涵"居善地，心善渊，与善仁，言善信，政善治，事善能"的思想。

第二十三章 有为与无为

　　《老子》多言"无为"、"无以为"，很少言"有为"，但恒道作为"万物之宗"、"万物之奥"和"善始且善成"、"功成事遂"者，必是"有为"的存在。"有为"与"无为"的统一，方见证恒道存在的玄妙质性。若执其一端，否定其"有为"，将动摇恒道作为生物化物绝对本体存在的根基。本章拟对恒道的这一玄妙质性进行诠释。

第一节　为而不恃

　　"为而弗恃"思想，既是《老子》恒道"自然"观的一个重要内涵，也是其"玄德"质性的一个重要方面。它作为客观存在的一种功为质性，重点在于揭示恒道"为物"的"自然"意蕴，"为"于自在、自为，不得不为，"为"于不贰、不测，无所不为；"为"于无为、不宰，不恃所为。它是为"无以为"与为"无不为"的统一。对此，需要澄明什么是"为"？"为"有什么内在的涵义？《老子》言"为"与世俗所谓"为"又有什么差别？

一、文字校解

　　今本《老子》第二章云："万物作而弗始，……为而弗恃"。帛书《老子》甲本写作"为而弗志"，帛书乙本"志"写为"侍"。楚简《老子》写作"为而弗志"，又"为"字下加"心"。今本《老子》第五十一章云："为而不恃"。帛书甲本"恃"写为"寺"。帛书乙本缺损。《老子》直言"有为"的文句很少，除"为而不恃"外，尚有一个"为而不争"。从其全文的内在逻辑和整体思想看，它并非否定有为。正如恒道是有欲与无欲、有名与无名、大与小的统一一样，恒道是无为与有为的统一。可见，"为"具有特定的思想内涵。

　　（一）"为"与"伪"

　　"为"者，繁文写作"爲"。谷衍奎在《汉字源流字典》中认为，"为"是会意字。甲骨文似用手牵象形，会役使大象以帮助劳动之义。《说文》云："为，母猴也。其为禽好爪，爪，母猴象也；下腹为母猴形。王育曰：'爪，象形也。'"王夫之指出，"为，本训母猴也，以爪相干，好动不已，故借为'作为'字，与'能'意同。"然猴

非"大有能"者，只是"躁动不已"，故"为者未必能"。后"为"字，转为"代人任事"之辞，意谓"代人为"。（引自《说文广义》，载《船山遗书》第五卷，北京出版社 1999 年版，第 2769 页）从字形的解析看，概括说来包含四个涵义。一从"母猴象"借以言"作为"。"有猷、有为、有守。"（《尚书·洪范》）"有为"，是有所作为。二从"好动不已"，假以言"妄为"；三从"为者未必能"看，它不能"无不为"；四从"代人任事"看，是以己为取代人为。郭店竹简《老子》中"为"字下面加上了"心"字，汉代《说文》没出现这个字。有"心"之为，古文有两种写法：一是左"忄"右"为"，二是上"为"下"心"。庞朴指出，"这个意义上的'为'就不是本来的朴素的'为'，而是'作秀'。'上为下心之为'表示要做一个行为给别人看的。它也是'为'，但是在'为'里面增加了某种心态。"（引自《仁义：儒家哲学的基本范畴》，载《中国文化十一讲》，中华书局 2008 年版，第 105 页）做给别人看，则为是有以为，有必要这样做是为了达到一定的效果，已带有功利色彩。就这个字出现的时期年代，他提出，带"心"字旁的"为"字，"在孔孟之间的年代大量出现，说明当时学术界非常重视对心理状态的研究和探讨。后来古'为'字不必要了但还保留这个痕迹。许多这样的字在汉代许慎的《说文解字》里却不见了，这反映出，重视研究心理状态的时代已经结束了。"（同上页）有心之"为"，是"有以为"之为，反映出当时思想家对人类行为自身进行了深刻反思，具有时代发展的特征。它看到了"为"字具有"为什么为"，"因何而为"的问题，承载着时代的烙印。在《老子》中，存在着"有以为"与"无以为"、"有为"与"无为"的分别。"为"字加"心"的"有以为"，体现在施行仁义上就出现了"由仁义行"和"行仁义"的区别。正是在这样的背景上，《老子》提出了"为而不恃"，"为无为"，"无为而无不为"以及"为之而无以为"，"为之而有以为"等观念内涵。

（二）"恃"与"寺"

"恃"，"侍"与"持"同源于"寺"，"寺"为会意兼形声字。金文从又（手），从之（脚站在地上），会站到那里听候使唤操持杂务之意。本指一个操持性的事件行为，引申分化出四个方面涵义。一为操持行为。"除民之所害，而寺民之所宜。"（《黄帝四经·成法》）何新认为，"恃读如持。持据，把持。"（引自《老子新解》，北京工业大学出版社 2007 年版，第 88 页）二为从事操持杂务的人，所谓近寺内臣的寺人。"齐寺人貂始漏师于多鱼"（《左传》僖二年）。孔颖达云：寺人，"掌王之内人及女宫之戒令"，为"掌妇人之事"。（引自《春秋左传正义》，北京大学出版社 2000 年版，第 325 页）三为官名，如大理寺。进而衍生出主持、掌管、料理等意义。四为寺人所住的地方，寺舍，后指佛教庙宇。在后来的文字发展中，为区别各自意谓，"寺"加"扌"旁专指操持意义，加"亻"旁表示侍奉、陪伴，加"忄"旁表示依仗、依赖。有心依赖别人的操持、料理，便是依仗之"恃"。高亨云："恃犹德也，心以为恩之意。

为而不恃，犹言施而不德，谓施泽万物而不以为恩也。"对施功德者的依赖，又衍生出服从、侍奉的涵义。从字义分析看，"恃"作为一个行为事件，包括三重涵义：一为从事操持、掌管等功为，二为对操持、掌管等功为者的依赖，三是对其的顺从、侍奉，以为主宰。三者构成一体关系，后两者以前者为前提，前者是后两者的基础。

从汉代以前的文献看，"恃"字有以下五个用法、意蕴。一为客观双方的依恃关系。《庄子》多言此义，如"足之于地也践，虽践，恃其所不蹍而后善博也；人之知也少，虽少，恃其所不知而后知天之所谓"（《徐无鬼》）。践者依恃所未践者以致其博远，知者恃赖所不知者而后知天的广大。再如"河上有家贫恃纬萧而食者"（《列御寇》）。这里，"恃"是一种客观、中性的行为，一方依仗另一方成遂其所为、所然，它并不具备道德涵义。二为正反为用的相互依凭。大常之道，"万物恃之而生，莫知其德，恃之而死，莫之能怨"（《文子·道原》）。生死皆以为"恃"，可见其具有正、反两面皆可用的质性，涵有"通于一"的用法。"小之定也必恃大，大之安也必恃小。小大贵贱，交相为恃，然後皆得其乐"（《吕氏春秋·谕大》）。相互为"恃"，则没有固定的矢向性。三为"不足恃"的行为。《文子》多言之，如"用众人之力者，乌获不足恃"（《自然》），"坚甲兵利，不可以恃胜"（《下德》），"国之亡也，大不足恃"（《上仁》）。"不足恃"、"不可以恃"，是不足以专恃，揭示"恃"的相对性、有待性。四为自我依恃、专恃行为。如果说"不足专恃"，所指的是对外在人物、器具和权势、能力、道术依仗的话，那么"自恃"是对内在自身的能力、材质等的依恃。"方虚骄而恃气"（《庄子·达生》），"恃气"是自矜、自专之属，而"呆若木鸡"方为"德全"。狙者，"伐其巧、恃其便以敖予"（《徐无鬼》），以至于"殂"。"兵，恃之则亡。"（《列御寇》）兵者不祥之器，是"不得已而用之"，故自恃必亡。"恃其国家之大，矜其人民之众，欲见贤于敌国者，谓之骄。"（《文子·道德》）自恃则骄，故灭亡。人主不知乘物，而"自怙恃，夺其智能，多其教诏，而好自以"（《吕氏春秋·审分》），则为"亡国之风"。五言依恃有其取舍、本末。有不可依恃者，亦有可以依恃者。"事成而功足恃也，身死而名足称也。虽有智能，必以仁义为本而后立"（《文子·上义》）。"功足恃"的前提，是以仁义为本。人主若"失其数，无其势"，则不知"恃可恃"，而为"恃不恃"（《吕氏春秋·慎势》）。"可恃"者，恃之得宜；"不恃"者，恃则不当。"见善从之，闻义则服。温柔孝悌，毋骄恃力。"（《管子·弟子职》）"骄恃"者，非为善者。

纵观《老子》全书，有言"恃"，有言"不恃"，故不可一概而论。所"恃"者为生生功德，而"不恃"者则是功名居有。"恃"作为一个行为事件，由依赖者、所依赖者以及依赖的行为三者构成。"恃"使依赖者和为依赖者之间形成一种生生的依赖关系，便具有了功德涵义，形成了如何相互看待、对待的意蕴。一方面，只有不自恃，方能功为自然，为而不息、不测。另一方面，只有不自恃己为，使万物恃之而不以为恩赐，不知所恃，方为博大自然之德。既使万物恃以生，又不自恃其为，让万物不知

所恃，便形成了恒道的"玄德"涵义。

（三）"恃"与"志"

楚简《老子》、帛书《老子》甲本皆将"恃"写作"志"。"恃"与"志"二字之间有什么相关意义？为什么"志"字逐渐为"恃"取代？凡万物之生皆有所依赖、依靠和依凭者，则其所依赖者必有给予资生、提供资助的德性。如若自持此类德性，以为恩赐主宰，便是自恃。让人物以为恩赐，知有所恃，就是"志"。《老子》云："万物恃之以生而不辞"。万物以恃生的恒道，便具有生生之德。"民弗恃"者，便不知其功德，而以其为生生自然、"不仁"。若自恃有德，便是"长而宰"。此中存在着"恃"与"志"的内涵转换关系。《老子》云："古之善为道者，微妙玄达，深不可识（志）"。"识"或"志"者，皆有记录、记住和记载于心的意蕴。不可"识"或"志"，即不知其状，不知其为谁。功成自然，不自恃其功德，就不为所志识，保持其"不知其谁"的自然玄德。

二、文句解析

恒道之"为"中有生生的功用，它是万物恃以生者。本已有为而又不以此为恃，故功成自然，为而不贰。注家释"为而弗恃"大略有以下六种解法。

（一）为不望报

河上公云："道所施为，不恃望其报也。"恒道施为在于"为物"，善利施泽，成遂万物。虽功成万物，然不图求其恩报。若求恩报以施为，是"有以为"，非是自在自然的诚为。恒道之"为"，是本性使然，以成物以成己。它非有外在目的，非为外因所驱动，为而无以为。解"恃"为"望报"，用以揭示的是"为"的相对性、有待性。"不恃"，在于通过对其相对性的否定，揭示恒道功为的自然、绝对质性。以"有以为"言，"上义"是为之有以为，使各得其得，然己不得功名则以"为"不宜。"上礼"在于"礼尚往来"，为之有取，故"莫之应则攘臂而扔之"。施为无依赖于恩报，则不贰其为，便是自然、独立。李嘉谋认为，恒道是"自然而生，自然而畜"，莫非自然，故未尝"望物之报"。在自然生畜中，则不得不为，独立不改，使物自喜。

（二）为而不有

王弼云："智慧自备，为则伪也"（2章注），又解为"为而不有"（51章注）。"为而不有"，既是功成而不居其有，也是名遂而不执其有。它与"生而不有"同类思维，然这样解并未揭示出"恃"所蕴涵的恒道与万物间的相互关系，澄明"为物"所具有的"玄德"意蕴。相对于人为的思维结构，恒道"为物"虽使万物得以恃生，然相应具有如何对待此功为的问题。己自恃其为，据有图报则有私，故言"为则伪"。物知所恃，则以为主宰，就与"长而不宰"的思想相悖。"智慧自备"，则为而不自恃，不以为功德，不望恩报，不图名显，自然无有，则"为"是至为，无为而无不为。司马光

认为，"圣人于天下不能全无所为，但不恃之以为己力"。若"全无所为"，则万物何以滋生？恃为己力，则功成不能身退。陈象古以为，"恃则任狭"，"不恃"则道大。有恃则有待，故为狭。无待则大。

（三）为于自然

功成自然，则其为未尝自恃。唐玄宗云：令万物"各得所为，而不负恃"，故功成自然。又疏云："令物各得其营为，圣人不恃为己功。"无有宰为，则任物自为。圣人辅助自然，则不恃己功。王安石以"为之而不恃其为"解之，有"为"即有一个如何对待其所为的问题，还有一个怎样为的问题。"惟其无我，然后不失己。非惟不失己，而又不失人。""为而不恃"则无私我之为，而常至于有大我之为。己为大为，则成人成物。恒道之"为"，作为"自然"是"诚"，成己成物自在其中。陈景元云："群品营为，各适其性，不恃己德。"恒道"为而不恃"，不宰于物，"万物恃之以生而不辞"。恒道不辞其为，则万物生若自为。辅助万物自为，而不恃其为。吕惠卿云："不见其为与为之者"，故是"虽为不为"，何恃？自然之为，是无为无形的无所不为。己"为"无形无有，故无以自恃。叶梦得云："方其为时，固不自恃。""为物"自然，何尝有恃之为？

（四）不恃功德

成玄英云："圣人虚怀，逗机利物，自他平等，物我兼忘，虽有大功，终不恃赖，忘其功也"。恒道功为自然，无有己私；圣人法其自然，虚怀无己。恒道功成而弗居，圣人功遂而身退。这里的"利物"、"大功"在释氏、道教思维看来，是觉悟他人、方便他人，而非是生物养物、治国平天下的成功。释氏"忘功"、"不恃赖"，是念念迁流，如如不住，无所为无所有。在《老子》看来，是功大而不有，不恃其功。李荣云："以万物为刍狗，不恃德以为功。"伐功非至功，恃德非大德。自恃其为，则居功持德。恒道之为，是"无为而无不为"，为而已，能而已，无以为。曹道冲云："虽雕刻众形，造化万物，不恃其能。"不自恃其能，则不有其德。何道全云："天地阴阳，为春为夏，为生为煞，造化何尝恃之以为能。"能为生杀，然不为能，是至能之能。陈鼓应云："兴作万物却不自恃己能"。"为而不恃"非只是一个有能而不自恃的问题，而是用以揭示至为无为的"大德"意蕴。

（五）为无以为

宋徽宗云："鼚万物而不为利，泽及万世而不为仁，覆载天地刻雕众形而不为巧，故曰为而不恃。"采《庄子》文以解，揭示"不恃"为"无以为"的意蕴。《庄子》原文"利"为"义"，为仁、为义、为巧三者都是"名有"的"有以为"，皆非自然的"玄德"。《老子》云"天地不仁"，"上德不德"，《庄子》云"至仁无仁"，皆是为无以为。若以仁义而为，则为"有以为"便是伪。大道为功于物而不以为仁，圣人有为而不自矜伐。"圣人存神知化，与道同体，则配神明育万物，无不可者。……无矜伐之

行焉，故为而不恃。"为无不可，则所为皆宜，它是善为。"与道同体"，则功为自然，无矜伐，无以为。赵实庵指出，圣人虽处"无为"之中，而未尝"不为"。"自有为而至无为，则天下既已治"。"若夫为一事曰仁，行一事曰义，从以矜伐于人，不过霸者之事而已。又岂与隆古比治哉？"圣人"无为"，是自"有为"至"无为"，无为而无不为。若以功利为，必矜伐于仁义，是"有以为"。薛蕙以"能生之未尝赖之为己利"解之，赖以为己利是"自恃"之为。有"己利"则"有以为"，如此为则必执，为功利系累。李贽云："竭力以为之，而不恃其所以为我者。""竭力以为"，是不辞其为，不穷其为。"恃其所以为我"者，统涵于"有以为"中。

（六）顺物以为

"为而不恃"，内涵"长而不宰"之意，揭示恒道之"为"是利他之为，善利曲成万物，非自恃己为而宰物以为，一言以蔽之是顺物以为。吕知常云："泽及万世而不为仁，覆载天地而不为大，雕刻众形而不为巧"。惟其不自恃，所以"与道翱翔于万物之上"而常自若。不为仁、为大、为巧，则不宰其为。恒道为物，是因物成物；圣人辅助自然，顺物以为。"翱翔于万物之上"，是因物付物。己无主宰万物之为，而顺万物遂其自为，故无逆物之为。李嘉谋又解云："方其有为，非我之为，顺物而已"。不恃己为，顺物而为，是因循以为。

以上六解一体融贯，相互包涵，不可执一以解之。概言之，是至为无为，无为而无不为。陈鼓应认为，"老子说：'生而不有，为而不恃。'又说：'功成而不有'，'为而不争'。'生'、'为'、'功成'便是要人创作从事。"可见，《老子》所反对的是自恃居有之为，而非否定生生、畜养之"为"。

（三）恒道之为

"有为"是恒道存在的必有内涵，揭示了恒道以何存在、显现的问题。概略而言，恒道功为至少有以下涵义。

（一）生养始母

恒道作为本根存在，为"天地之始"，"万物之母"和"万物之宗"，作为"玄牝之门"，"天地根"，它是"天下有始，以为天下母。""始"，"母"，"根"和"门"皆相对其所生天地万物而言，从所生成的结果验证其生生的功为、功用，见证其"玄德"之"为"："生之畜之，生而弗有，长而弗宰"。恒道作为生生的功为存在，体现在"天下万物生于有，有生于无"以及"道生一，一生二，二生三，三生万物"中。有"生"必有"为"，生生即是"有为"。

（二）道之有欲

《老子》云："恒有欲，以观其徼"。由现实存在者、已生者的"徼"，也即因万物成遂的迹象以见恒道"为"的"有欲"，它体现、见著于万物运动、变化和发展之中。

"夫物芸芸，各复归其根。归根曰静，静曰复命。""归根"，"复命"，揭示出恒道功为的"有欲"。"道之为物，惟恍惟惚。惚兮恍兮，其中有象；恍兮惚兮，其中有物。窈兮冥兮，其中有精；其精甚真，其中有信。""象"、"物"、"精"和"真"，澄明恒道"为物"的"有为"，揭蔽恒道功为的存在、实有。

（三）作为成功

《老子》云："万物作而弗始"，"为而不恃"。恒道有"作"有"为"，能"成功"，皆是"为物"的"有为"。恒道始生万物，同样成遂万物，故"善始且善成"。由"始"以至于"成"，恒道功为贯穿于万物的始终，它是"道生之，而德畜之，物形之，而势成之"。从功为的周遍、无不存在言，"道生之畜之，长之育之，亭之毒之，养之覆之"，它是恒道"有为"的实证。在万物的生畜、形势、长育、亭毒、养覆等生化中，无不揭蔽着恒道的功为实在。

（四）道之为用

显为功用，也是恒道"有为"的一个明证。恒道的作用、施为，是"为物"的主使者、承担者。恒道之用，是"道冲，而用之或不盈"，是"绵绵若存，用之不勤"，是"用之不可既"。对这些"用"的揭示，证见着恒道为物不贰，生物不测的功用无穷。在"万物得一以生"、"万物赖之以生而不辞"和"善利万物而不争"中，同样证见着恒道施为、功用的自然、恒常和必然。

（五）维持支配

恒道生成万物之后，就作为万物存在、变化的维持者、支配者而存在，"自今及古，其名不去，以阅众甫"。恒道贯通于万物存在、变化的始终，一切事物运动、变化的律则皆以之为"势成之"的根本。作为万物存在的根基，它为"万物之奥"。万物无之则早已，"物壮则老，是谓不道，不道早已。"恒道的功为存在还体现在"天之道"上，"功成名遂身退"，"不争而善胜，不言而善应，不召而自来，繟然而善谋。天网恢恢，疏而不失"。对万物的无不支持、维护，是恒道"有为"的普遍性见证。

（六）独立周行

从恒道"独立"，"周行"的存在质性看，也能揭示其"有为"的功用实存。"有物混成，先天地生。寂兮寥兮，独立而不改，周行而不殆，可以为天地母。""独立"者，为而不易、不贰；"周行"者，为而不息、为而周遍。正是在功为不测、功用无限中，方见证其"独立"、"周行"之为。它又是"为而不恃"、"功成不居"的内涵所在。"周行"之为，还见显于"大曰逝，逝曰远，远曰反"和"反者道之动"中。"逝"、"反"之动，也是周遍之"为"。

（七）莫敢以臣

凡"臣"者皆是能为之属，而"莫敢臣"则见其"为"的功能之大。"道恒无名，

朴。虽小，天下莫敢臣。"恒道虽然"微妙"、"不可致诘"，但以运化、维持万物的存在、发展为功为存在。恒道主使万物运动、变化，故为"功成"。主成万物的功为，还体现于"以道莅天下，其鬼不神；非其鬼不神，其神不伤人"中。恒道功为于天下，则万物并行不悖、相育不害。

（八）万物归往

万物归往必有所归往者，必有所以归往、赖以为资的衣被、衣养功为。正因为"万物恃之以生"，故有"万物归焉"。万物所归，既在于恒道不辞其生化功为，"功成遂事"，同时在于施为"不为主"，辅助万物以自然。这种资生、辅助的功为体现在天道上，是"天道无亲，恒与善人"；"天之道，利而不害"。恒与其"善"、"利"，足见恒道所"为"的生生功德之大。

（九）道无不为

有为即有名，无名者无为，故道恒"无为而无不为"。恒道的"无为"是"玄德"的德性，而"无不为"是功用。为无为，方能无所不为。"无不为"作为"至为"，"恒为"，是恒道功为于物、无不施为的质性。"天得一以清，地得一以宁，神得一以灵，谷得一以盈，万物得一以生"。万物得恒道之"为"，故有清、宁、灵、盈之实效。恒道无所不为，方有万物的万殊之为。反之，后者之为是对前者功为的体现、呈现。

（十）保持均衡

宇宙间生机系统的公平、均衡、有序，在于恒道之"为"。恒道分有、寓于天地万物之间，形成有机和谐的生物圈环境系统。"天地相合，以降甘露，民莫之令而自均。""降甘露"，是恩泽之为；"自均"，是为以公平。"天之道，其犹张弓与？高者抑之，下者举之；有余者损之，不足者补之。天之道，损有余而补不足。"天道损有余、补不足，维护着自然界生生的均衡，使万物并育相滋。"天地之间，其犹橐籥乎？虚而不屈，动而愈出。"生生之机，自然功为无有间息。

（十一）修循之道

恒道功为自然是"玄德"，为人所法即为"楷式"。恒道功为的"玄德"落实体现在人生道德行为上，是"修之于身，其德乃真；修之于家，其德乃余；修之于乡，其德乃长；修之于邦，其德乃丰；修之于天下，其德乃普"。人法恒道"自然"之为，为"同于道"，具有"容乃公"的功为均平。从人的效法看，圣人之德反证着恒道之"为"。同时，因其功为于万物自然而成为律则，就成为人类效法、因循的根据、缘由。

四、传承发展

《老子》"为而不恃"思想，在《庄子》《文子》等道家典籍中得以传承和发展。前面已揭示了大道之"能"、"功用"，而它们即是"有为"。《庄子》在言"至人自

行"上重现了"为而不恃"一文，"忘其肝胆，遗其耳目，芒然彷徨乎尘垢之外，逍遥乎无事之业，是谓为而不恃，长而不宰"（《达生》）。"忘其肝胆，遗其耳目"和"无事之业"，所揭示的正是"不恃"的意蕴。下面，简要梳理《庄子》"有为"的思想，将"不恃"观念留到下节"无为"中进行论说。

（一）大道有为

大道之"为"，体现在"神鬼神帝，生天生地"（《大宗师》）中。"神"，"生"是造化、使为。"日月照而四时行"和"云行而雨施"（《天道》），无不见证着造物者的功为。正因有大道之为，故使万物常在，比如"天地固有常"，"日月固有明"，"星辰固有列"，"禽兽固有群"和"树木固有立"（《天道》）等。天地之行、"运物之泄"（《山木》），无不是造化使然。在"阴阳四时运行，各得其序"中，揭蔽了大道有为的"油然不形而神"（《知北游》）。"不形而神"，是为无为，虽畜万物"无不为"然不定其为，它是无形之为。至于"精神生于道"和"运量万物"、"万物皆往资焉"等，无不证验大道的功为。"春气发而百草生，正得秋而万宝成"（《庚桑楚》），呈现了"天道已行"。"阴阳相照相盖相治，四时相代相生相杀"（《则阳》），通于宇宙生机系统的生生之为就是大道之为。天以"不可不为"为"神"，它是事物存在的前提，证见了"为"的不可或缺、不可泯灭性。"一而不可不易者，道也；神而不可不为者，天也。"（《在宥》）道、天不可不易、为，皆是为之必为，为之必然。这里，"天"有似于绝对本体存在。

（二）合于天为

正因为大道、天地有为，生生自然，造化有序，故不得违背其自然之为。人只能与天地合一，"静而与阴同德，动而与阳同波"（《天道》），故其"动也天"，"静也地"，在一心之定中王天下、服万物。己虚静无为，合一于天地之为，故通于万物之为。"古之王天下者，奚为哉？天地而已矣"（《天道》）。己不为，在于顺天地之为。"形全精复，与天为一。天地者，万物之父母也。合则成体，散则成始。形精不亏，是谓能移；精而又精，反以相天"（《达生》）。"形全精复"，在于弃事去己以与化更生，"与天为一"。天地以生为，始终无穷，故为"能移"。人能"相天"，则与造化为一，通于万物之为。己无为则"一不化"，故能"日与物化"。"日与物化者，一不化者也，阖尝舍之！"（《则阳》）己"一不化"，则与物通化，万化未始有极。"舍之"是执为，而非因循时变之为。因为大道、天地有为，故《庄子》强调人无为，与造化同为，与物化一为。

（三）因循以为

合于天地之为，既是无己、去己，又是因循以为，顺物成为。"圣人不由，而照之于天，亦因是也"（《齐物论》）。"不由"则不自专为，照于天则因顺而为。因为"物固有所然，物固有所可"，故要在可其可、然其然的"因"为中，达致"无物不然，

无物不可"。"因"者，是"和之以天倪"。因循万物，是"循于道"。"循于道之谓备"（《天地》），大道无所不赅故备。因循有本末，它是"大道之序"（《天道》）。天为大本，然以曲全而为。至人"知谋不用，必归其天"。物物不同，性性有异，惟因任之，各得器用，方能无所不宜，曲成其理。"天有六极五常"，帝王"顺之则治，逆之则凶"（《天运》）。"顺"是因循，随顺而为。"循天之理"，是"感而后应，迫而后动，不得已而后起"（《刻意》）。同于大化，则"生若浮"、"死若休"。因循之为落实在养物上，是"以鸟养养鸟"（《至乐》）。既有"养"，则有"为"，不过是"因"为而已。先圣之为是"义设于适"，因事情万殊而曲顺以为，各适其性，故为"条达而福持"。"因"为的极致，是各适其适。以"削木为鐻"为喻，"见者惊犹鬼神"。之所以能如此，在于因循无执，"以天合天，器之所以疑神者，其是与！"（《达生》）"以天合天"，同于大妙，故成鬼斧神工。"效物而动"，"日徂"（《田子方》）等，皆是"因"为。因循以为是道德之行，帝王兴起赖于此。"调而应之，德也；偶而应之，道也。"（《知北游》）和调以应，是随顺物为，故为至德；偶合而应，是因物成物，故为大道。"效物而动"，又是"与物委蛇，而同其波"（《庚桑楚》）。因循以为，是"知者之为"。"知者之为，故动以百姓，不违其度"（《盗跖》）。"动以百姓"，以百姓心为心，故为于无为。帝道以万物为刍狗，王道荡荡一视同仁。"为而弗恃"思想，显然是针对当时霸道言，霸者为利而为，而王道从民之欲，虽为不出于己，而因人物以为。因循以为，不是有无所为的问题，而是为何以为的问题。通于因循以为，就是体道之为，无为而无不为。

《老子》"为而不恃"思想，在《文子》《淮南子》中得以继承和阐发。在这里，重点对《文子》中的大道"有为"观进行概述。大常之道，从自身的"生物"、"成化"和"陶冶万物"看是有为，从"万物恃之而生，莫知其德，恃之而死，莫之能怨"（《道原》）看，因万物所恃以见大道的功为。万物的生存、变化和发展，皆赖道之"为"以成遂。此思想贯穿全书，但因多与老庄思想相合，故不赘述。

最后，对本节内容做简要概述。恒道之"为"是生物之生、德畜之养、化育之功，它是实在、实有之为，虽然就其无不为言是无形之为、不测之为。"不恃"相对于"自恃"，以揭示"为"的"无以为"存在质性。因为自恃则伐其德、居其功、求仁恩，非是自然之为，故不诚。无诚，则不能为物不贰、生物不测。"为而不恃"，是恒道"为物"的独立不改、周行不殆，它与"万物恃之以生而不辞"相互阐发。恒道有生生之为，虽为物所恃以生，然不自恃其所为。既然生生不辞，则万物恒可以恃生。恒道有"为"而不滞于所为，有功而不伐其功，有仁而不以为名，有德而不欲见德，善利而不求自利。"为而不恃"是自然、玄德之为，从本己言是不恃己为，不宰其为，不息其为；从人物言是不为知恃，不求恩报，虽有仁恩而不知其谁。

第二节 为于无为

"无为"是《老子》特别强调的一个重要观念，然恒道"无为"非是一无所为、无有作为，而是为了成为至大之为、无所不为、为无不宜。正因"无为"不宰，故功为不贰、不测，无为而无不为。要把握"无不为"的宗旨，就要解析"无为"的意蕴。纵观先秦典籍，"无为"具有特定内涵，本节拟从当时语境中揭示《老子》"无为"的思想内涵。

一、文句解读

"为"作为一个行为事件，由施为主体、受为对象以及功为动作三者构成，既言"为"就是主体之为，它包含着为何为、怎样为和如何对待所为等要素，这必然牵扯到"为"的价值抉择问题：是以"己"作为"为"的驱动、取舍标准？还是以"物"作为"为"的取舍归趣？前者以己为中心，是主于我为，专于己为，宰于物为，其极是肆意妄为。后者以物为中心，是为莫从己出，因循以为，曲成其为。前者之为是"有以为"，以适己而不顾忌伤物；后者之为是"无以为"，成己成物，辅助自然。《老子》言"无为"有多处，正是针对"为"的价值取舍而立论，主要包括以下涵义。

（一）为而不恃

世俗之为，以求得而为，争功邀名，图报得利，故为有目的、功利之为。自恃所为，则主宰以为。针对"为"的"有以为"，《老子》提出了"为而弗恃"和"为而不争"等价值观，归而言之是为无以为。反于世俗自利执为，故恒道之为自然，为于无执。圣人处无为之事，成功而弗居。

（二）无知无欲

为"有以为"，是有欲于为，或是凿智以为。《老子》云"使夫智者不敢，弗为而已，为无为则无不治"，又云"爱民治国，能无以智乎？"为不妄欲，则不与民争利；为弗以智，则不妄作。人主恃智以为，则妄作难治。"民其难治，以其智多。故以智治国，国之贼；不以智治国，国之福。"智者"有以为"，图利求名，巧伪争生，故云"绝圣弃智，民利百倍"。若"民不畏威"，则"大威至"。使智者不敢为，则因循以为，治无不治。

（三）无为无败

《老子》云："天下神器，不可为也，不可执也。为者败之，执者失之，是以圣人无为，故无败；无执故无失。""无为"为治要，并非一无所为，而是"以道莅天下"。执为天下者，以己宰制天下，是"将欲取天下而为之"的"不可为"，因为"为者败之"。无为无执者，不得已莅临天下，是以天下治天下。

（四）为无以为

《老子》云："上德无为而无以为；上仁为之而无以为；上义为之而有以为。上礼为之而莫之应。""上德"针对"有以为"的"下德"言，"上德不德"则无为而无以为。"有以为"，是智为、前识之为。"无以为"者，不以己意宰为，不为德名而为。"上仁"者，施仁不图报，以仁行之。"上义"者，己人公平，各得其得，以德节利。"上礼"者，礼尚往来，以礼制之。

（五）无为有益

《老子》云："无有入无间，吾是以知无为之有益。""无为"是无有定形，无有固执，故能柔顺驰骋。"天下之至柔，驰骋天下之至坚。"不自专为，不主强为，故为"无为之益"。"不言之教，无为之益，天下希能及之。""为"有弊害，反之"无为"则有益。

（六）无事以取

《老子》云："为学者日益，闻道者日损。损之又损，以至于无为。"极损于不敢为，因为无为方能无不为。恒以无事无为则得之，及其有事有为则"不足以取天下"。《老子》云："我无为，而民自化；我好静，而民自正；我无事，而民自富；我无欲，而民自朴。"之所以以无事取天下，因为"天下多忌讳，而民弥贫；民多利器，国家滋昏；人多伎巧，奇物滋起；法令滋彰，盗贼多有。"无为，则民自然、自富。

（六）为于无为

《老子》云："为无为，事无事，味无味。"为于无为，为之于未有，故能功成事遂。"图难于其易，为大于其细。"圣人为无为，故终不为大，而成其大。"不为而成"，不见其为而功成。《老子》云"自视者不彰"，而"不自视故彰"。自视者以己为视，故能无所不视。不自见方能用众人之见，则无所不见。不自矜、自伐，则为于无为。至为是"为之于未有"。《老子》云："为之于未有，治之于未乱。"闲邪在于存诚，无心于为、于欲，则不妄为。

《老子》直言恒道"无为"质性在第三十七章，"道常无为而无不为"。帛书《老子》将"无为"写为"无名"。至晚从河上公起，就以"无为"为文加以注解。在楚简《老子》中，"无为"更强调人主德行上的节制于为，帛书《老子》方见显恒道无形而成万形、无为而无不为的质性。楚简《老子》只言"道恒亡为"，帛书《老子》方将之拓展为"道恒无名而无不为"。"无名"则无为，"无名故无为，无为而无不为"（《庄子·则阳》）。后人根据这样的逻辑内涵，直接将之言为"无为而无不为"。经过《庄子》，到《文子》，"无为而无不为"的意蕴更加凸显。从第五十七章所云的"我无为，而民自化"看，显然"无为"是一种操守、德行。就道恒"无为"的意蕴，历代注解主要有以下几类。一以"无为"为常。河上公云："道以无为为常"。把"无为"

看作是恒道之"常"，则其是根本质性。何心山认为，"无为"是恒道之常，而"无不为"亦是恒道之常。二以为"顺自然"。王弼认为，恒道"无为"的本旨，在于"顺自然"。己无为则顺，顺自然则不妄作。林希逸等注家以"自然而然"解，则"无为"是任其自为、辅助自然。三以为"无心"。李约以"为而无心"解"无为"，它与程子所云"天地无心而成化"的思维相类。王雱以"无意于为"作解，以"无为"的宗旨为"因时乘理"。王夫之以"无为"为"非有心于天下"，天下神器无为则无败。四是"寂然不动"。唐玄宗以"无为"为"清静"，认为是"道性清净，妙本湛然"。杜光庭以"清静"为"道性无杂，真一寂寥"，以"湛然"为"玄深不测，如彼澄泉"，认为"无为"是"寂然不动"。陈景元、徐大椿等同此解。五是"虚静恬淡"。范应元认为，道之"无为"是"虚静恬淡"，它是无欲无为。六为体之无名。陆希声认为，道所以为常，在于其体"无名"，无名故无为。吕惠卿等同此解。吕知常以"无为"为不可以知识，因其无形无体。七是"静而无为"。薛蕙认为，至人"静而无为，有不待言"。静不妄作，故无为。八以"无为"为"一"。河上公以"一"解"无为"，《文子》亦有此言，"一者，无为也。"（《下德》）一者备，故可无所不为。"无为"为大本，"无不为"为妙用。王安石以"道常无为"为"道之变"，变化无常是一于无为，无定其为。当代学者陈鼓应认为，"老子提倡'无为'的动机是出于'有为'的情事。'有为'一词是针对统治者而发的。所谓'有为'是指统治者强作妄为，肆意伸张自己的意欲。"（引自《老庄新论》，第152页）"无为"与"有为"对言，既是上下职责分工使然，又是克服己私而循理以为。"'无为'主张，产生了放任的思想——充分自由的思想。"（同上书，第154页）倡导统治上的不干涉主义，以此消解政治施为的强制性、忤逆性与主宰性。"无为"是不妄为，非宰制。何新认为，"老子之道是自然秩序，其'无为'是自由放任主义。"（《老庄新解》序）从治理上言，"无为"既是克己妄为、虚静不宰的德性，又是因循以为、用人之为的道术。固然，以其不干涉、不主宰故可还民以自由，然非是放任主义。以世俗衰微言，若放任则风俗日下，何以回归于道。

二、传承发展

《庄子》继承发展了"无为"思想，逮至《文子》给予了进一步的丰富拓展。

（一）《庄子》"无为"

《庄子》"无为"思想十分丰富，兹从10个方面进行分析阐释。

1. 无为无形。"道有情有信，无为无形"（《大宗师》）。因"有情有信"以见恒道存在的确实、实在，亦即是功为实存。因"无为"的"无形"以揭示恒道之"为"的恍惚不定、神妙不测，不可以见闻知。恒道无为，为无定体，"为而不恃"，故是"无形"。若为而有恃，则居于定为，为有定方定体。大道无为，是至为无形。至人体之，

则无拘其志、无一其行，故"与道大蹇"，"与道参差"。"无为"，则"泛泛乎"无穷，"无所畛域"（《秋水》）。人"有为"，则有畛域、定形；道"无为"，则参差、无有定形。有为有形，无为无形。有形生于无形，有为源自无为。"无为为之之谓天"（《天地》），"无为为之"同于大道，故不测其为。正如"不形之形"能形万物一样，无为神妙莫测故无不为。执为是定向之为，故必有情状。道为是无定于为，故无有方体。"莫神于天，莫富于地"（《天道》）。天覆化万物，无为而无不化，神化莫测，故为至神。地载育万物，无为而无不育，涵容无外，故为至富。

2. 逍遥无为。"有为"者有所执著，故为"有待"。大道"无为"，不测其为，无所不为。圣人体之，以无为用之，则逍遥无待。只有为于"无何有之乡，广莫之野"，就能"彷徨乎无为其侧，逍遥乎寝卧其下"（《逍遥游》）。"无为"无待，故"无为"之境是"逍遥"之境。"芒然仿徨乎尘垢之外，逍遥乎无为之业"（《大宗师》）。"尘垢"，是世俗执为之属。仿徨于尘垢之外，无所执为。体于"无为"，则"假于异物，托于同体"。以"为物"言，"假于异物"是物物而不物于物，"托于同体"是同于造化而一不化。"无为"则为而不测，故是"反复终始，不知端倪"。逍遥于无为之业，则"与造物者为人"。"游逍遥之虚"，是"无为"。"逍遥，无为也。"（《天运》）一化一为，无不化是无不为。"逍遥"之所以为"无为"，在于无待、无以为。己不定为，非执一，故与天地万物同游，无所不为。以明王之治言，虽功盖天下而似不自己，虽化贷万物而民不知恃。正因其无为无形，故能"立乎不测，而游于无有"（《应帝王》）。"不测"、"无有"，是为不定方，不可固执。"为而不恃"，故能"体尽无穷而游无朕"（《应帝王》）。"体无穷"是"无为"之体，"无朕"是"无为"之用。

3. 自然无为。"天无私覆，地无私载，天地岂私贫我哉？求其为之者而不得也。然而至此极者，命也夫！"（《大宗师》）有"命"必有为。"私贫我"是有所为，而无私覆载是无定为，不宰为。不得"为之"者，是无形无为。天地无私为，故以万物为刍狗，辅助万物以自然。自然成化，不积无滞，故不息。"天道运而无所积，故万物成。"（《天道》）运有积，则定为。不积自然，成物无不为。"天不产而万物化，地不长而万物育"。天地自然，故能无为，"才自然"。"夫水之于汋也，无为而才自然矣。"（《田子方》）自然，是"天之自高，地之自厚，日月之自明"。自然无为与人伪之为对言，马之真性，"蹄可以践霜雪，毛可以御风寒，龁草饮水，翘足而陆"（《马蹄》），自得自足。伯乐善治马，"烧之，剔之，刻之，雒之。连之以羁馽，编之以皁栈"，"饥之，渴之，驰之，骤之，整之，齐之，前有橛饰之患，而后有鞭笑之威"。善为治于马则以马养马，非以人治马。同此，善治天下者因"民有常性"而无为自然。这里，只有万物的自为，没有了人的辅助、因循之为，失去了道性玄妙，成为郭象以"独化"注《庄》的主要依据。

4. 虚静无为。为于无为的前提，在于心境虚静。法于大道，则虚静无为。虚静无为，既是天地之道，又是圣人之德。正如"水静则明烛须眉，平中准"故"大匠取

法"一样，圣人心静如"天地之鉴"、"万物之镜"（《天道》）。水静能平中准，心静以观万物。因物观物，若鉴照物，妍媸自现。静则无为，任物自为，循物以为。心能虚静，则"无天怨，无人非，无物累，无鬼责"；无为畜天下，则"推于天地，通于万物"（《天道》）。虚静无为，则无不为。虚静则"无不忘"，是为"无以为"；无为则"无不有"，是为"无不为"。圣人"恬淡寂漠，虚无无为"，故为"天地之平而道德之质"。休于强为，不自专为，平易以为，故为德全神不亏。养神之道，"纯粹而不杂，静一而不变，淡而无为，动而以天行"（《刻意》）。纯粹不杂、静一不变，是不主私为、去己妄为；"淡而无为"，是动以天行、与道为一。"彻志之勃，解心之谬，去德之累，达道之塞"（《庚桑楚》）。心正则静，静则虚明，虚则无为无不为。以治理言，"顺物自然而无容私焉，而天下治"（《应帝王》）。"无容私"则虚静无为，方能"顺物自然"，而有"天下治"。正如恒道无为而无不为一样，虚静以为无为，无为以为因循以为，因循以为则无不为。

5. 无为去知。因循道理之为的前提在于不自专为，而不自专为的前提在于去知，泯灭习俗固执的"前识"。为于无为，必要"忘其肝胆，遗其耳目"（《大宗师》），无有执著。古之真人，"不以心捐道，不以人助天"。"以心捐道"和"以人助天"，皆是主知专为，执著以为，不能因顺天道，背离自然。"无为"是"无为名尸，无为谋府，无为事任，无为知主"（《应帝王》），不定于执为则要去己之凿智。天下每每大乱，罪在于好知。好知之所以乱天下，在于有意好为，成为"役役之佞"，"哼哼之意"。"舍夫种种之机而悦夫役役之佞，释夫恬淡无为而悦夫哼哼之意，哼哼已乱天下矣！"《胠箧》）"种种之机"，是感而后动；"恬淡无为"，是无主妄为。在老庄本旨，圣人去知不是去一切之知，关键在于是以己为知，还是以循物为知。若以为技巧、技术和手段、工具之知，既可为圣人用也可为盗跖用，就要否定摒弃，则非是因噎废食？郭象正是因此而走向玄冥之为。"将为胠箧探囊发匮之盗而为守备，则必摄缄縢，固扃鐍"（《胠箧》）。圣人为知，则大盗相生。"圣人生而大盗起。掊击圣人，纵舍盗贼，而天下始治"。圣人之道，涵仁义、技术、工具、技艺等，固然可为盗跖利用，但圣之所以为圣，在于"诚"或"自然"，由仁义行，非行仁义。"与其誉尧而非桀也，不如两忘而化其道。"（《大宗师》）以智而为，是宰制之为。"化其道"是无知之为。前者是"堕肢体，黜聪明，离形去知"的"坐忘"，后者是"同于大通"（《大宗师》）。"大通"是"同则无好"，"忘己"则"入于天"。大知在不自恃其智，去知能以因化，"汝徒处无为，而物自化"（《在宥》）。守一无为，则任物自化。

6. 为无以为。去知谋，守虚静，是无欲以为。为"无以为"，是为无私与，"为而不恃"。"覆万物而不为义，泽及万世而不为仁，长于上古而不为老，覆载天地刻雕众形而不为巧"（《大宗师》）。功成不名有，为"无以为"，则自然而然。尘垢、习俗之为，是"有以为"，有所执著、欲望以为。它的反面是"无以为"，为于自然。圣人不从事于务，"不就利，不违害，不喜求，不缘道，无谓有谓，有谓无谓，而游乎尘垢之

外"（《齐物论》）。就利、违害、喜求、缘道，皆是"有以为"，心有所执，主于专为。游于尘垢之外，是反于习俗"前识"，而做到"无以为"。"无谓有谓，有谓无谓"，是迫而后动，不主专为。"有以为"，不免于宰为，甚至肆意妄为。为"无以为"，则因循物性，"与物有宜而莫知其极"。圣人为无以为，无有己与，故"观于天而不助，成于德而不累，出于道而不谋，会于仁而不恃，薄于义而不积，应于礼而不讳，接于事而不辞，齐于法而不乱，恃于民而不轻，因于物而不去"（《在宥》）。观于天、成于德、出于道、会于仁以及因于物等，是因循以为；"不助"、"不累"、"不谋"和"不恃"等，是为"无以为"。若要无以为就得"堕尔形体，吐尔聪明"，"解心释神，莫然无魂"。至人无有执为，故能"不拘一世之利以为己私分，不以王天下为己处显"（《天地》）。以德人言为"无以为"，是"居无思，行无虑，不藏是非美恶"（《达生》）。不知名利之图，是得道真性如此。得道"不渝"，就是"至贵，国爵并焉；至富，国财并焉；至愿，名誉并焉"（《天运》）。至人无己，神人无功，圣人无名，"无仁义而修，无功名而治"（《刻意》）。体道无为，"无以为故不求"。天均自然，"施于人而不忘，非天布也"（《列御寇》）。"天布"者，既已与人而己愈有；"不忘"者，是为而有恃的"有以为"。"为无以为"，正是体于大道自然无为的诚为。

7. 有为之弊。为无为的观念，来自对有为弊害的认知、反思。"南海之帝为儵，北海之帝为忽，中央之帝为混沌。儵与忽时相遇于混沌之地，混沌待之甚善。儵与忽谋报混沌之德，曰：'人皆有七窍，以视听食息，此独无有，尝试凿之。'日凿一窍，七日而混沌死。"（《应帝王》）凿窍之"为"本为报德，让混沌"视听食息"，然反害其本性，造成"混沌死"。可见，"为"虽出于好意，却可导致相反的恶果。为善尚且如此，为恶弊患更甚。即使爱利出乎仁义，然不免于"无诚"，因为"捐仁义者寡，利仁义者众"。至于"假乎禽贪者器"，则将"以一人之断制利天下"（《徐无鬼》），造成贼害天下。"凡成美，恶器也；君虽为仁义，几且伪哉！"（《徐无鬼》）习俗"有以为则为"殉"，"小人殉财，君子殉名"（《盗跖》）。小人、君子虽易性有异，然一于"弃其所为而殉其所不为"。人有"八疵"、事有"四患"（《渔父》），皆是有为之弊。"八疵"者揔、佞、谄、谀、谗、贼、慝和险，"四患"者叨、贪、很和矜，它们外以乱人，内以伤身。凡"有为"必是由己以为，有"己"便有以道为、以私为的抉择，便有是非、爱恶趣向。世人"有为"往往是自是其是，非人之是，"是其所非而非其所是"（《齐物论》）。习人往往"以出乎众为心"，喜人同己，恶人异于己，"同于己而欲之，异于己而不欲"（《在宥》）。以"出众"为，非是以道。自执则不能让，"以富为是者，不能让禄；以显为是者，不能让名；亲权者，不能与人柄"（《天运》）。世俗之情，有为则恃，有功则伐，故弊患随生。为"有以为"，以养吾私与吾神，则或以巧胜人，或以谋胜人，或以战胜人。"有为"之弊，还体现于"有为而累"（《在宥》）的"人道"上，有"累"则有患。《庄子》对人"有为"弊患的批判，有的具有否定人文进步、回归原始自然的倾向，如"绝圣弃知"、"擿玉毁珠"、"焚符破玺"、"掊斗折

衡"和"灭文章，散五采"、"毁绝钩绳而弃规矩"（《胠箧》）等，这些都与《老子》的道德、道术观不符。"有为之弊"，既体现在固执以为、为有以为上，又体现在肆意妄为、专为宰为上。

8. 道德无为。君道的"无为"之"常"，本自"天德"、"天道"。玄古君天下以"无为"，它是"原于德而成于天"的"天德而已"（《天地》）。君主于众，法于天地的"化均"、万物的"治一"。"无为"而能"化均"，"治一"，化均则自然均平，治一则无私兼容。"天德"是以道观治，"以道观言而天下之君正，以道观分而君臣之义明，以道观能而天下之官治，以道泛观而万物之应备"。道德者，通于天地、行于万物，无不涵容，无所不宜，故"通于一而万事毕"。"通于一"，齐物均化，因事成事，故无不毕遂。"无为"作为道德，是"无为为之之谓天，无为言之之谓德"（《天地》）。不私其化，不言而化，是天德无为；均平其化，无化非言，是天德之"为"。帝王之德配天地，以无为而成天下至功。为无为，则"乘天地，驰万物，而用人群之道"，故知虽落天地而不自虑，辩虽雕万物而不自说，能虽穷海内而不自为。"无为"，则无有定执、自拘。"无不为"，则以物观物，因物付物。"莫大于帝王"（《天道》），帝王辅相万物，无为成天下功，故为至大。道德者无不涵摄，无为而无不为。道德之至，在于同于天地之性，在于虚无无为。"虚静恬淡寂漠无为者，天地之平而道德之至也"（《天道》）。己不专为，则相天地之为，循道德而为。正因能以物观物，故为"万物之镜"；正因能因物成物，故为"万物之本"。"静而圣，动而王，无为也而尊"（《天道》）。静以内圣，克己无私，然后能因循以动，达致外王。"无为"是内圣之德，"无不为"是外王之境。"至人无为，大圣不作"（《知北游》）。圣人所以无为，在于"原天地之美而达万物之理"，不自专为、宰为则"观于天地"，故无为既是虚静不妄作，又是"为而不恃"，功为不执。

9. 无为于治。无为，既是专为的否定，也是妄为的摒弃。人主无为，方能摆脱己之好恶，不自妄为。"君子不得已而临莅天下，莫若无为"（《在宥》）。之所以能如此，在于"无为"而后能"安其性命之情"。君子苟能"无解其五藏，无擢其聪明，尸居而龙见，渊默而雷声，神动而天随，从容无为而万物炊累"，则何暇治天下？"不得已"，则"无以为"。"无为"，则不挠人性。临莅天下于无为，则天下不与于己，不以己宰制天下，故能以天下为天下。天下自治，何暇于治！"尸居"、"渊默"是虚静，"神动"、"从容"是"无为"。"龙见"、"雷声"和"天随"是同于大化的"无不为"。去己执为，方能不以好恶喜怒妄作。人主若以赏罚为事，则"举天下以赏其善者不足，举天下以罚其恶者不给"。该赏则赏，该罚则罚，则无为而治。善者自为、当为，故不必赏；恶者自改、自正，故不必罚。赏罚由己，则不足不给。善恶各自理，则不求赏，不作恶。莅天下"无为"，是"在宥天下"。"在之也者，恐天下之淫其性也；宥之也者，恐天下之迁其德也。天下不淫其性，不迁其德，有治天下者哉？"（《在宥》）天下"淫其性"、"迁其德"，在于专主于"治"。为治不可"撄人心"，昔黄帝始以仁义撄人

之心，则后世之人"喜怒相疑，愚知相欺，善否相非，诞信相讥"，大德不同则性命烂漫，故天下衰。在这里，以无有仁义为"无为"，殊不知"由仁义行"何尝不是"无为"？老庄否定仁义伪饰，非否定仁义之实，否则何以言"远而不可不居者，义也；亲而不可不广者，仁也；节而不可不积者，礼也"？以物生物，何尝不是仁？以物理物，何尝不是义？仁义不可自恃，否则就是非仁非义。人主无为，则物各自化。己无妄作，用人之力，方为"圣治"。"官施而不失其宜，拔举而不失其能，毕见其情事而行其所为，行言自为而天下化。"（《天地》）因人用人，使各当性分，无不化遂，故天下归往。人主的无为、妄作，很大程度上决定了天下有道、无道。"天下有道，则与物皆昌；天下无道，则修德就闲"（《天地》）。上无为无欲，则天下安平。若妄作无道，则贤人"修德就闲"，无有为治。古之畜天下者，"无欲而天下足，无为而万物化，渊静而百姓定"。无欲则恬淡，恬淡寡取，故天下各足；无为则清静，清静不挠，故万物自化；渊静则不撄，不撄不害，故百姓安定。在《老子》本旨，政治上的"无为"、"无治"是"以道莅天下"，各得其宜。当为则为，不当为则不为。《庄子》言"无为"，既有无为而治的道术思想，又有无为回归原始的自然状态。

10. 天道无为。无为而治，既是君道，又是天道。"何谓道？有天道，有人道。无为而尊者，天道也；有为而累者，人道也。主者，天道也；臣者，人道也。天道之与人道也，相去远矣，不可不察也。"（《在宥》）天道之所以以"无为"而尊，在于不专为、不妄作，因物为物，"为而不恃"，曲成万物而不遗。人道之所以以"有为"而累，在于主于执为，行其宰为，恃其所为，累于己为。以天道为主者，无为而用人之为；以人道为臣者，各尽其所功为。人主无为在于使人臣尽其当为，臣道各尽所为在于人主用人所为。二者职能不同，以各司其职为本，不可相僭越。古之人主贵"无为"，"帝王之德，以天地为宗，以道德为主，以无为为常。无为也，则用天下而有余；有为也，则为天下用而不足。"（《天道》）天地以"无为"尊，帝王宗之以为道德，主于道德是以"无为"为本。道以无为运化万方，德者以虚静恬淡寂寞无为而因循以为。己无为而用天下之为，无为不定用，故有余；己有为则定于一职之为，为天下用，故不足。这里，"有为"与"无为"关系揭示出君臣的一种分工和职责，同时是政治管理上的一种秩序、理则。在上下关系上，若上无为下亦无为，则陷于空无所为。若下有为上亦有为，则上扰下，下必不能当为。只有上必无为，而用下有为，下必有为而为用天下，方能上下益补，功成事遂。它是"不易之道"。

《庄子》继《老子》申言"无为"意旨，揭示了为无以为、为而不恃、因循以为和为于不测等内涵，进一步澄明了"无为而无不为"的神妙质性，虽然其中杂有消极无为、去除人为、避世无为等说。大道无为、君道无为、道德无为等，皆是一种以无为为取法楷式的价值观。王夫之指出，"无为固老庄之所同尚，而庄子抑不滞于无为，故其言甫近而又远之，甫然而又否之，不示人以可践之迹。"（引自《庄子解》，载《船山遗书》第七卷，第3975页）《老子》虽文旨玄妙深奥，但示人以可践之方，为

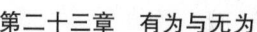

王道政治开出了无为无败、无事取天下的一剂药方。《庄子》将"无为"拓展为造化无待、用人之为的心灵境界和圣治楷式。

（二）《文子》"无为"观

《文子》继承老庄大谈"无为"之旨，特别是丰富了"无为"的道术意蕴。《淮南子》虽多与《文子》论说近同，但也有深化阐发之论。下面，以《文子》为主，以《淮南子》为辅，对"无为"的道德、道术思想进行诠释解析。

1. 无为无形。大常之道，"生物而不有，成化而不宰"（《道原》）。"生物"、"成化"是大道有为，"不有"、"不宰"是"为而不恃"。"无为"者，是"无有"、"无形"。大道无为，"无为即无有，无有者，不居也。不居者即无处无形。"（《精诚》）以"无为"为"无有"、"不居"和"无形"，是继老庄无为无形观念而来。"无为"在大道无形中。"无为"者，以其不可见谓之"无形"，以其不可闻谓之"无声"，以其不可测谓之"至神"，三者合言谓之"微妙"。大道"至神"，是生物不测，不定限其为，功为不可致诘。无定其为，则各得所为。"天致其高，地致其厚，日月照，列星朗，阴阳和，非有为焉，正其道而物自然。"（《精诚》）有为与无为相对，有为则或有不为。大道自然不得不为，"正其道"则万物各自然。大道无为，辅助万物自然，故各使自然。"天有明，不忧民之晦也。地有财，不忧民之贫也。"（《符言》）天恒其明，自然而然，则百姓自为取照；地恒其财，自然而然，百姓自为取富。天地"无为"自然，则万物各得其宜。天地以"无为"而"无与"、"无德"，故能"无夺"、"无怨"。"善怒者必多怨，善与者必善夺。唯随天地之自然，而能胜理。"（《符言》）有为于"与"，亲疏分判，则不能自然均平。惟自然"无与"，方能不夺于物。"善与"者，与出于己，有与必有求，故必善夺。"善怒"者，怒出于己，非出怒无怒，故必多怨。天地至仁无亲，任物取与，己无私赐，万物赖以生而不辞，故能胜理。无为则自然均平，成遂万物，故无不为。

2. 至德无为。法大道则为至德，大道无为而无不为，至德则为于无为。"古者三皇，得道之统，立于中央，神与化游，以抚四方。……无为为之而合乎道，无为言之而通乎德"（《道原》）。"得道之统"是以无为为之，无为则不测，故能"以抚四方"。"神与化游"则无不化，故无不为。道以无为为之，德以无为言之。因道而为，则为莫从己出，是"为无为"。"至德道者，若丘山巍然不动，行者以为期，直己而足物，不为人赐；用之者，亦不受其德，故安而能久。"（《符言》）无为自然，故可以期；无为均平，故不为赐；无为不恃，故安于久。以"无为"为德，则不宰于物，顺物自然，各得其可。"至德无为，万物皆容。"（《自然》）无为则循物以为，容成万物。"虚静之道"，在于"于物无宰"，无为故能"天长地久，神微周盈"。大道无为，则"可与不可皆可"。无不为，则无所不可，在理则见可不趋、见不可不去。"天地之道，无为而备，无求而得，是以知其无为而有益也。"至德无为，无取其为，则无弃其为。因物而

为，无可无不可。专为者为于一为，而无为无所不为，故能周备。以无为而为，则为无定为，为当其可，故"有益"。"无为"者，非是"引之不来，推之不去，迫而不应，感而不动，坚滞而不流，捲握而不散"（《自然》）的一无所为，而是"私志不入公道，嗜欲不枉正术"的"无以为"，是"循理而举事，因资而立功"的因循以为，是"推自然之势，曲故不得容"的"为而不恃"，是"事成而身不伐，功立而名不有"的为若无为。无为作为至德，以宽容于物为德，以因循达致无所不为为术。

3. 不先物为。为有先物以为，有顺物而为。先于物为，则以意宰物，悖于"以鸟养养鸟"的思维。顺物以为，则迫而后为，感而后应。"无为"作为"不先物为"，是从否定己执专为的角度，揭示因循而为的道理。"所谓无为者，不先物为也；无治者，不易自然也。"（《道原》）只有"不先物为"，不主宰制，非强加于物，方能不逆物性，不伤于物。无专己为与不先物为相为一体，前者是"不怒不喜，其坐无虑，寝而不梦"（《符言》），后者是"见物而名，事至而应"。在为的出发点和落脚点上，它是以物性为根据、遵循，因循物理，因物为物，故"不易自然"。"不先物为"作为道术，是"虚无因循，常后而不先"（《自然》）。"常后不先"作为一个理则，是"虚无因循"。"不先"则克己之执，保持心境虚无。"常后"则循物而为，做到不悖物理。它们的本质在于承认事物本性或道理的客观不易性、不可违背性，要求人穷理然后因物为物。"虚无"则要"无思虑"、"无设储"和"不豫谋"。"不先"就要"来者不迎，去者不将"；"不为善，不避丑"；"不为始，不专己"；"不求得，不辞福"和"不弃时"。"常后"就要"因循"，"遵天之道"、"循天之理"、"与天为期"和"从天之则"（《符言》）。"无思虑"则"其坐不虑，寝而不梦"，"无设储"则机械智巧不载于心，"不豫谋"则"其智不萌"。"来者不迎，去者不将"，是直己待命，"不进而求，不退而让"；"遵天之道"，则不主专为，故不先为善、避丑；"循天之理"，曲从事理，因为"治不顺理则多责"；"与天为期"，顺时而为，因为"事不顺时则无功"；"从天之则"，当为则为，惟义所在。"常后不先"，是"无为执后"。"无为者，道之体也；执后者，道之容也。无为制有为，术也；执后之制先，数也。放于术则强，审于数则宁。"（《淮南子·诠言训》）"执后"作为"道之容"，体现的是"无为"的"道之体"。"无为"作为道术，不仅涵摄"执后"理则，而且包含不争、柔弱等。"执后"以"制先"，就在于以物制物。用术则少事功多，故强；任数则指约易操，故宁。之所以能如此，就在于因道理之数，乘情变之势。恒道"为物"是"长而不宰"，圣人体道以为，首先是"不先物为"，不自专为。道家"无为"观是对"有为"之弊的否定、摒弃。何谓"有为"？"若夫以火熯井，以淮灌山，此用己而背自然，故谓之有为。"（《淮南子·修务训》）从为的主体上言，"用己"者自主专为，肆意妄为。从所为对象上言，背于自然，违背客观事实、逆于人物之性。若因水用舟、因高为山、因下为池，就是"无为"。

4. 无欲以为。"不先物为"的前提是虚无其心，而其重要内涵在于克制自我而无

欲。"人生而静，天之性也。感物而动，性之欲也"（《道原》）。天性存理本静，故无妄动。"天理灭"的原因在于"不能反己"，而好恶制于物。在人性上，天理与人情形成两极，产生二分。圣人"不以人易天，外与物化，而内不失情"。这里，"天"是天性、天理，"人"是私欲、殉执。"外与物化"，是接于物；"内不失情"，是不为诱。无欲则清静无为，而要无欲必需"通于道"、"空于物"。"通于道者，反于清静。空于物者，终于无为"。"通于道"，则知"物物而不物于物"；"空于物"，则接于物而不殉于物。知道，方能达致虚静无为。反之，只有清静无欲，方能通达循道，空于物为。真情与欲望对反，真人者"不以物滑和，不以欲乱情"。"以物滑和"，则殉于物。"情"是"人生而静"的本性，"和"为无欲的真情，"滑和"是"以欲乱情"。只要清静无欲，就能循天而与道游，随人而与俗交。"和"作为真情又是天性，圣人"不以事滑天，不以欲乱情"。"事"、"欲"，是人为人求，然不可肆意妄作。"天"、"情"，为天理本性、自然之理。无肆欲则道生，故"虚无、平易、清静、柔弱、纯粹素朴"为道的形象。无欲则虚心弱志，故能安静无为。人若"从欲失性"，则"动未尝正"，故以治国则乱，以治身则秽。"不闻道者，无以反其性；不通物者，不能清静"（《道原》）。圣人不以欲乱情，故遗物反己。"人性欲明，嗜欲害之，唯有道者，能遗物反己"（《下德》）。人回归本性，就要通于道而有诸己，然后遗物反己以复其天理。"治欲者不以欲以性，治性者不以性以德，治德者不以德以道"（《下德》）。体于道德，则率性而为，节欲而动。道德是先觉之为，复性是后觉之得。常人"志有所欲，即忘其所为"，而圣人无私欲，动静得理故祸不侵、患不避。之所以能如此，在于"审动静之变，而适受与之度，理好憎之情，和喜怒之节"（《下德》）。审变适度、理情和节，既是制欲所为，又是循于道德，无不中宜。圣人所以"安贫乐道"，在于"不以欲伤生，不以利累己"，以及"不违义而妄取"（《上仁》）。无贪欲，则生不伤；无殉利，则心不累；无妄取，则动合宜。"无欲以为"，既是"无以为"，又是因循以为。"无为"作为道术，一方面要克制己为，一方面是因循而为。克制己为，就要莫从己出。"无为者，非谓其不动也，言其莫从己出也。"（《上义》）"莫从己出"，是去己之妄，"毋意，毋必，毋固，毋我"。凡"为"必由己始作、原起，"无为"非是"不动"、什么也不做，而是"莫从己出"，它包括对贪欲、凿智、前识、逞能等私己的摒弃。以己执为、妄为，不免偏曲、非理，逆物之理，伤物之性。体道者为"莫从己出"，则必因循以为，因物所可而可之，循物所然而然之，以至于无物不可，无物不然。

5. 去智无为。人的逞欲、妄为，多源自智。人性本静，然"物至而应"则有"智之动"，"智与物接"则好憎生，"好憎成形，而智怵于外，不能反己，而天理灭"（《道原》）。为知诱于外，是逐于物欲。"反己"，是回归本性。若知诱于外，自恃己知，则是己是，非人非，以己是自专于为，就是妄为。反过来说，用人之智，不专己知，则为无为。真人者，"为无为，事无事，知不知"（《道原》）。只有"知不知"，知而不耀，不自恃知，方能"为无为"。自恃己知，逞其所能，故不免妄为。有智则以恬

养，"以恬养智，以漠合神"。"以恬养智"，则能"知不知"。不恃己智，则能"不谋而当，不言而信，不虑而得，不为而成"（《道原》）。谋虑、言为者，专于己为，自恃求誉。用智与道相悖，因为"道不可以进而求名，可以退而修身"（《符言》）。圣人体道，故能"不以知见求誉"，而是"治随自然，己无所与"。"求者有不得，人有穷而道无不通，有智而无为与无智同功"，以"有智若无智"则可"道理达而人才灭"。以知见求誉，是自恃邀名。至誉无誉，故求有不得。知不知，则无所不知，故同于"道无不通"。"己无所与"，则无以智凿；"治随自然"，则因物知物。同于无为，故有智、无智同功。通于道理者，不执是非之知，不恃有智，故灭恃才之念。知以求得、自恃其知、以知宰为，皆是不能无为的原因。知以求得，则知为逞欲的工具；自恃其知，欲见显于世；以知宰为，强以己知专为。以智为事，强执己知，不循物理，故为凿智之为。禹之行水，无智无事。以道用知，因随自然。用道则智去，故为于无为。在智与道的关系上，"释道而任智者危"（《道德》）。"任智"者，自恃己知，主于专为，强于作为，不免妄为，故危。为道者，即物格物，致知以为，则"守分循理"。前者，以己为智，则为求合于己；后者，格物穷理，则为以辅助物。"任智"者，"是其所善，而非其所恶"。以智求事，非是"求道理"，而是"求合于己"。世人自执己知，以所善为是，故为求合于己，以所恶为非，故去除迕于己者。"道有智则乱，德有心则险"（《下德》）。若"有智"，则道非道。智者以己是为是、己非为非，悖于事理，故招致惑乱。"好智"是"穷术"，君好智则"倍时而任己，弃数而用虑"，故未有能者。因为"天下之物博而智浅"，故独任其智，"以浅澹博"，其失必多。天下之物无限，故知者无穷。己知是一人之知，有穷故智浅。以天下知天下，方能以天下治天下，方能无不治。处尊位者，用公道而无任智。用天下之知，而不自恃己知。道德上通，则智故消灭。至道之度，在于"去好去恶，无有知故"。如此，则"无以道迕"（《自然》）。己好己恶，所知好恶，是智故。以道为度，则因物知物，己不与知，不恃己知。无知无为，方能为当所为。为治者"知不与"（《下德》），故"无私好憎"，可以为政令。圣人以道为治，不以智治国。不自恃己智，则无私取择，故能公平。犹如"衡之于左右，无私轻重，故可以为平；绳之于内外，无私曲直，故可以为正"。己智不与，则为于当为。合人心以为，是用人之知，"政善治"。不自见，用人之见，故"谋无失策"；不自是，不主行事，故"举无过事"（《自然》）。人主"以天下之目视，以天下之耳听，以天下之心虑"（《上仁》），故无不知，大其知。无知无为的内涵，本自无为而无不为。

6. 清静无为。为者有欲，逞欲则不静；为者有知，执知则不清。清静的前提，在于去其贪欲、凿智。清静则无执、无为，方能以物鉴物，因物治物。清静者为"道之鉴"，静漠者为"神明之宅"（《道原》）。清静、静漠则智故去，故能以道为鉴，神明照物若物自鉴。"清静而少嗜欲"（《九守》），嗜欲不载则无成见，清静无蔽则心循理。"无所好憎，平之至"（《道原》）。"平"者不私好憎，一循于道理，无为而无不为。体

于道为，则清静无为，无为则因物为物。同道无为，反于清静。清静作为至德，可以循道以为。"清静者，德之至"。清静，既是循道的前提，又是无为的内涵。"圣人执道，虚静微妙，以成其德"（《道原》）。虚静以"因物付物"，微妙则"为而不恃"。以修身言，清静则保真。　"静而无为，适情辞余，无所诱惑，循性保真，无变于己"（《下德》）。"静而无为"，则不为物诱；"无变于己"，故能"循性保真"。"静漠恬惔，所以养生也，……静不动和即德安其位，养生以经世"（《九守》）。"静漠恬惔"，则不殉于物；"静不动和"，则缘性保真；"德安其位"，则清静为正。虚静之道，成物终始，因为"虚无不受，静无不持"。清虚，则无不容受；静安，则无不扶持。清静作为至德，不仅能保真养生，而且能经世治理。清静无为，则为天下正。"无为者，守静也，守静能为天下正。"（《道德》）上守静无为，则不干下为，用民各自为，故天下自正。圣人"处静以持躁"（《微明》），以无为制有为，不宰物以为。"静则同"，无为则"于物不宰"（《自然》）。古得道者，"静而法天地，动而顺日月"。"静而法"是"无为"，"动而顺"何尝不是无为？同于物动，故动亦静。"静而体德，动而理通"（《下德》）。静为体德，以为循理；动为通理，本静不失。圣人之所以以静为治、以动为乱，在于"勿挠勿缨，万物将自清，勿惊勿骇，万物将自理"（《九守》）。以清静为治，则其言"略而循理"，其行"悦而顺情"，其心"和而不伪"，其事"素而不饰"（《下德》）。"娴静而不躁"，故能"在内而合乎道，出外而同乎义"。独守清静，则不妄作，故和顺物；保守真性，则不贪竞，故无躁欲；悠闲自在，则恒知足，故不贪求；内道外义，则无自恃，故不忤逆；循理顺情，则守本分，故言行当；心和事素，则无以为，故不伪饰。合而言之，统为清静至德。清静者，"无为而复朴，体本抱神，以游天地之根"（《九守》）。"天地之根"者，万物本始，微妙无形，无为而无不为。朴者，清静无欲，故"审于无假，不与物迁"；无为同物，与物为春，故因时为资；一于不化，故化化而不化于化。清静在大道是"不争"之德，在圣人是以为辅助之功。

　　7. 无为仁义。清静无欲，则为于自然，诚而无伪。率性以为，是由仁义行。若为于仁义，便是有以为，以仁义为。至仁无为，则仁而不仁，义而不义，生生而不以为仁义。"道散而为德，德溢而为仁义，仁义立而道德废"（《精诚》）。道散与于人，为性所得为德。德者，"闭九窍，藏志意，弃聪明，反无识，芒然仿佯乎尘垢之外，逍遥乎无事之业，含阴吐阳而与万物同和"。上德同于大道，和于阴阳万物，真性无失，无欲无智、无执无事，故彷徨自适、逍遥自得。仁者，"积惠重货，使万民欣欣，人乐其生"；义者，"举大功，显令名，体君臣，正上下，明亲疏，存危国，继绝世，立无后"。仁义有为，寡惠则积，少货则重，万民乐生。正如泉涸鱼相处于陆，虽相呴以湿、相濡以沫不如相忘于江湖一样，造化者"蠢万物而不为义，泽及万世而不为仁"。为仁义者有以为，故非是"上德不德"。圣人掩迹于为善，息名于为仁。在价值层级上，"无为"高于"为义"。无为者"无累"，"祸福利害不能患心"。无累之人，"以天下为影柱"。为义者，"可迫以仁，而不可劫以兵。可正以义，不可悬以利"（《九

守》)。君子为义，虽然不可以富贵留，不可以死亡恐，然不如无为者。为义者死义，虽兵利、富贵和死亡不足以胁迫、诱惑，然犹以义为求。无为者，"轻天下即神无累，细万物即心不惑，齐生死则意不慑，同变化则明不眩"(《九守》)。以天下为影柱，故轻之不累于神。以万物为刍狗，故细之不惑于心。以生死为一条，故齐之不慑于意。与变化为一，故同之不眩于明。无为者由仁义行，与造化生生为一，仁不为利，义不留名。"慈父之爱子者，非求其报，不可内解于心；圣主之养民，非为己用也，性不能已也；及恃其力，赖其功勋而必穷，有以为则恩不接矣。"(《微明》) 慈父爱子出于本性，源于诚性，自然而然。无求报、不内懈，则爱之纯，不贰、不间其爱。圣主养民犹如父母，故如"慈父之爱子"，以百姓心为心；"性不能已"，则尽己之诚，沛然莫之能御。人主好仁，则"无功者赏，有罪者释"。"无好憎"者，"施而不德，放准循绳，身无与事，若天若地，何不覆载"(《道德》)。"好仁"则有为施赐，以己为仁则不公。无为者不以己之好憎而为，放准循绳，因物付物，故能天覆地载、公正无私。仁义礼乐既立，则不免于伪。"立仁义，修礼乐，即德迁而为伪"(《下德》)。仁义礼乐，虽可"为无以为"，然更易"为有以为"。前者由仁义行，非君子所不能；后者行于仁义，习俗之所不免。"德"者自然无为，仁义有为取舍，德迁则饰以仁义。行以仁义，则不免于伪。仁义礼乐者，可以"救败"，而非是"通治之道"(《下德》)。道德已衰，廉耻陵迟，趋利争生，故贵仁以治。人鄙不齐，比周朋党，机械巧诈，故贵义以理。男女群居，杂而无别，故贵礼以分。性命之情，淫而相迫，故贵乐导和。仁以救争，故倡爱；义以救失，故倡正；礼以救淫，故倡别；乐以救和，故倡导。以道德为治，则财足而寡欲，贪鄙忿争不得生，故仁义不得于用。民性自然，耳目不淫声色，则淫泆不生，故礼乐不得于用。德衰故仁生，行沮故义立，礼淫故容饰，和失故声调。道德无为而无不为，仁义礼乐有为则有不为，故无为为本，有为为末。无为于世俗所执的仁义，是以为至仁不仁、至义不义。大道、天道不仁，则无所不利；不义，则无所不理。

8. 不得已为。"无为"，既是不先物为、无主专为，又是迫后而为、不得已为。迫不得已，是不得不为，非强迫而为。"感而应，迫而动，不得已而往，如光之耀，如影之效，以道为循，有待而然"(《九守》)。感应迫动、不得已往，既是被动而为，又是不得不为。正如光耀影效一样，皆是"有待而然"的耦应、随为，其中包涵着"以道为循"的意蕴。去除一切私意妄为，剩下的就是循道以为。不得已为，是"动于不得已"。为此，一要为无以为，做到"无为名尸，无为谋府，无为事任，无为智主"(《符言》)。二要不主先为，做到"不为福先，不为祸始"，坚持"欲福先无祸，欲利先远害"。三要无为无形，做到"行于无怠"和"始于无形"。为于不得已，则迫而后为，不得不然，故无有不为。至人之治，在于"循自然之道，缘不得已"(《下德》)。之所以"缘不得已"，在于"循自然之道"。循道以为，就要"虚无寂寞，不见可欲"，做到"心与神处，形与性调，静而体德，动而理通"。"缘不得已"，是"为道日损"，

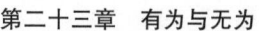

以至于无为。日损的是贪欲、妄执、自是，这样就会减少强迫、干预、主宰等为的弊端和危害。"虚无寂寞"，则不主施为；"不见可欲"，则无主专为；"静而体德"，为无以为；"动而理通"，因理而为。"心与神处，形与性调"，则恬淡自然。主上"不得已为"的前提在于淡然无欲、漠然无为，目的是使天下自和、民性自朴。在为兵上，"诛暴救弱，谓之义；敌来加己，不得已而用之，谓之应"（《道德》）。兵者不祥之器，只有不得已方可为用，故不敢为主而为客。"应"者自保以救，与强人所难正相反。"诛暴救弱"，是应理而为，也非强迫之为。不得已用兵的反面，是贪骄以为兵，"利人土地，欲人财货"；恃大矜众，"欲见贤于敌国"（《道德》）。贪骄者，肆己之欲，逞己之力，求己功名。在人性上，不得已为是"根心"。"不得已而歌者，不事为悲；不得已而舞者，不务为丽。歌舞而事为悲丽者，皆无有根心者"（《淮南子·诠言训》）。不得已为，非是有意的"故为"，而是"根心"的本性自然。若以为悲丽而歌舞，就是有意以为，而有以为则伪。不得已为，是生所必然、当为，非是"厚生"的"营为"，故无屈奇之服、瑰异之行。

9. 无为无败。以己妄为必败，以己强为不免于败，而无为则无败。无为无败，相对于"为即败"言。帝王之业，"能守则固，为即败"（《道原》）。何以"为即败"？因为"法刻刑诛"是主宰以为、强迫施为，"好憎繁多"，则"祸乃相随"。"为"是自主专为，"无为"是因循作为。先王之法，非是"所作"，而是"所因"；其禁诛，非是"所为"，而是"所守"。"能因则大，作即细"。法贵于因，因人情而为；禁贵于守，守于不得不为。以己作法，逆民情则不服，故必细；以己为禁，悖民性则不从，故必败。为天下者，以适情而已。"能有天下者，必无以天下为"（《九守》）。无以天下为，则以天下为天下。无以天下为，则以民心为心，故能活天下。反之，肆己之欲，专己之为，逞己之能，违背事理，不免于罹患。"无为而宁者，失其所宁即危；无为而治者，失其所治即乱"（《符言》）。有为则败，无为则无败。事物相对而生，誉见即毁随之，善见即恶从之。为利则为害始，不求利则无害；为福则为祸先，不求福则无祸。有以欲多而亡者，未有以无欲而危者；有以欲治而乱者，未有以守常而失者。虽"智不足"然无为，无为则免患；虽"愚不足"然有为，有为则失宁。正如"文好者皮必剥"，"角美者身必杀"，"甘泉必竭，直木必伐"和"石有玉伤其山"一样，有为于利，反而失败。"人生事，还自贼"。好事争利，反受其害。犹如"善游者溺，善骑者堕"一样，自恃于为则反罹其危，"所好反自为祸"。"为"以为得，然得在于时，而不在争，争则不得；"为"以为治，然治在于道，不在圣，圣则不治。"为者反为败"，而"无执故无失，无为故无败"（《符言》）。无为者无非，故也无败。圣人不为"可非之行"，不憎"人之非己"。"修足誉之德，不求人之誉己；不能使祸不至，信己之不迎；不能使福必来，信己之不攘。"（《淮南子·诠言训》）"可非之行"，是专为妄为之致；"人之非己"，则己有不合道理处；"足誉之德"，是有诸己；信己不迎、不攘，则为之于未有。道不可使人获得名利，却可以使人免害。惟无以生为者，方能不逆事理，

因物成物，故无为无败。"不得已"为，既是不专为、宰为、妄为，故免于祸患；又是循理、必为、当为，以为天下之治，救无道以为有道。

10. 无为而治。以"无为"道术用于治理国家，是无为而治。政治的内涵在于教化，而教化必以言为载体、以知为前提。对此，道家提出了不言之教、无以智治的观念。"圣人在上，怀道而不言，泽及万民。故不言之教，芒乎大哉！……天道无私就也，无私去也，能者有余，诎者不足，顺之者利，逆之者凶。是故以智为治者，难以持国。"（《精诚》）"言"作为教化行为是一种政令施为，以己出言，若不能因循民情，则必不得宜。"不言之教"正是针对宰为妄言而提出，它所揭示的是政教的自然、容公性。相对于肆意妄言，"怀道"则希言自然，以泽及万民为言教之本。"不言之教"作为顺民容公者，故为大。天道不仁，无私就则无私去，一视同仁；使有余、不足各得其宜，"与善仁"。无非圣教，何尝言哉！执己言教者，是自恃其智。以智治国，则"上多欲即下多诈，上烦扰即下不定，上多求即下交争"，故"智诈萌生，盗贼滋彰，上下相怨，号令不行"（《精诚》）。主上恃智而为，则多求烦扰，逆民之理，故致号令不行。不以智治国者，法天道无私，用天下之为，而己不自专为。人主之思，思于无为，故"神不驰于胸中，智不出于四域"（《精诚》）。己不专为，则因民养民，故"养民以公，威厉以诚"；不挠民性，则因民治民，法省不烦故教化如神，法宽刑缓故囹圄空虚，"天下一俗，莫怀奸心"。上以仁义智治，下则设诈攻上，故"智能弥多而德滋衰"。以"无为"为"治之常"，则"去恩惠，舍圣智，外贤能，废仁义，灭事故，弃佞辩，禁奸伪"（《自然》）。去其智治，则无为而治。无为而治的关键，在于君法道以无为。君人者，若"不任能而好自为"，则"智日困而自负责"。"数穷于下，则不能申理；行堕于位，则不能持制"（《上仁》）。"好自为"，是自恃所为；"自负责"，是为从己出。自恃智则智困，不能兼听以广，故"智不足以为治"。自恃位则数穷，不能威行天下，故"威不足以行刑"。人主若"喜怒形于心，嗜欲见于外"，就会使"守职者离正而阿上，有司枉法而从风"，以至于"赏不当功，诛不应罪"，最后导致"上下乖心，君臣相怨"的恶果。相反，"因循任下，责成而不劳"。不自矜、自恃，故"美丑不好憎，赏罚不喜怒"。无为无执，故"言无文章，行无仪表"；因循以为，故"进贵应时，动静循理"（《自然》）。人主能以无为而为，则"事由自然"，类自遂成。上无为，则能用天下之为，做到"以天下之力争"（《上仁》）。得用人之道，"号令能下究"，则"喜不以赏赐，怒不以罪诛"，故"法令察而不苛"；"臣情得上闻"，则"耳目聪而不暗，善否之情日陈于前而不逆"；用人之力，则"百官修达，群臣辐辏"，故"贤者尽其智，不肖者竭其力，近者安其性，远者怀其德"。人主之能，不在己之知能，而在用天下之知能。人主位高、权重和势尊，更易自恃智能以躁动、妄为。天子公侯以天下一国为家，以万物为畜，"怀天下之大，有万物之多"，不免于"气实而志骄"，故"大者用兵侵小，小者倨傲凌下，用心奢广"（《九守》），譬犹飘风暴雨不可长久。人主位尊权重，若贪求功名，用心奢广，逞其智能，则强迫胁凌，故不可长久。只有

以道镇之，"执一无为"，方能以道莅天下。天子"立天下之道，执一以为保，反本无为，虚静无有，忽恍无际"（《自然》）。相对于以己为治，立"天下之道"则以为因循。"执一"、"反本"者，守天道而不失；"无为"、"虚静"，则不主于专为。虚静则无躁动，循道则无妄为，无有则不居为。"执一无为，因天地与之变化。"（《道德》）"执一无为"，同时是因循而为，协理群物，故为"无适之道"。君上以"无为"为道，"君道者，非所以有为也，所以无为也。"（《道德》）无为者，用人之为。上无为则下尽能，无能不能，则无所不为。人主无为在于犹心与身的公为，"心治则百节皆安，心扰则百节皆乱"（《上德》）。身治者无为，故肢体相遗；国治者无为，故君臣相忘。己无所为，则各当其为。无为的归宿在于因循以为，包括循公道为，依法而为。古先圣人置有司以禁民不得恣为，立君制有司使不得专行，建法道则禁君使无得专横臆断。人主制法，先以自为检式，故禁胜于身，则令行于民。"法生于义，义生于众适，众适合乎人心"（《上义》）。法者公平，为天下准绳度量，故有诸己而不非于人，无诸己则不责于所立，立于下则不废于上，禁于民而不行于身。为此，公道行而私欲塞，犯法虽贤必诛，中度不肖无罪。道者通则、法制律则，人所共由，恒一、普遍、公平。以此而为，则虽有为而无为。正如"平乎准，直乎绳，圆乎规，方乎矩"（《符言》）一样，"道"者公正无私，无物不宜。

总结《文子》《淮南子》思想，"无为"内涵还包括守虚、守无、守平、守易、守真、守法、守弱等，它为道术无为，是在反省基础上的自知、自制、自用。正如圣人无忧在于"和以德"、狂者无忧在于"不知祸福"一样，"通而无为"与"塞而无为"虽然"无为则同"，而"其所以无为则异"（《淮南子·要略》）。"通而无为"是以无为而无不为，"塞而无为"是以无为而不作为。《老子》所言"无为"在于前者，《庄子》则杂糅后者，《文子》《淮南子》也有"塞而无为"的不精处。逮至魏晋，何晏著《无为论》，明确提出："天地万物皆以无为为本。无也者，开物成务，无往不存者也。"以"无为"为本，它是本体"无"的内置质性。无为者无形，故能"开物成务，无往不存"。"无为"用大，故无所不为。郭象注《庄子》，以"独化"为本，"无为"必然为其内在应有之义。"我无为而任天下之是非，是非者各自任则定矣。"（《至乐》注）我不为，则天下各自以自为，故得无为则"无乐而乐至"。"真为"者，"为其所有为"。"为其真为，则无为矣，又何加焉！"（《天下》注）既然万物各自独化，各自为，则必摒弃相互作用、影响的"施为"，则"有为"只能是自为，而丧失了用人之为、因循以为的意蕴。郭象虽保留了《庄子》"无为"的"莫从己出"、"无宰为"的制己内涵，然却排除了因循以为、无所不为的意蕴。"巧者有为，以伤神器之自成，故无为者，因其自生，任其自成，万物各得自为。蜘蛛犹能结网，则人人自有所能矣，无贵于工倕也。"（《天下》注）恃巧有为，则是施为强为，必伤物性自为。只有相互无为，不相企效，方能各自为。老庄以无为而无不为，葛洪解道家"无为"，使之成为无所作为的自然。"天道无为，任物自然，无亲无疏，无彼无此也。"（《抱朴子内篇·

塞难》）"无为"既是不宰以为、不强使为，"任物自然"；又是莫从己出、为而无择，天钧无弃。虽然如此，只是消极的无为不干涉主义，丧失了积极的辅助自然、因循以为的意义。"天若能以至德与之，而使之所知不全，功业不建，位不霸王，寿不盈百，此非天有为之验也。"这里，"天"成为自然性的客观存在，失去了道德人格的意蕴。"圣人之死，非天所杀，则圣人之生，非天所挺"。"天之无为"，还表现在"贤不必寿，愚不必夭，善无近福，恶无近祸，生无定年，死无常分"等之中。就孔子与老子所持的"无为"观，他指出，仲尼虽圣於世事，然非能"沈静玄默"、自守于无为，不免於俗情，故非是"学仙之人"。老子戒之曰"良贾深藏若虚，君子盛德若愚"。固然，孔子非学仙之人，老子何尝是学仙之人。葛洪心中的老子"无为"，已非是《老子》"无为"的道术意旨。

三、思维同构

从历史文献考证，"无为"一词为先秦时代的一种通用语。儒家、法家也从不同视角、层面进行了论说，可见诸子思想之间的思维同构性和相互影响。

（一）儒家论说

"无为"观在儒家典籍中多有提及，这里只能简要提示其主要内涵。

1. 自然无为。"天何言哉？四时行焉，百物生焉，天何言哉？"（《论语·阳货》）"四时行"、"百物生"，既是自然而为，又是无为之为。不言是无为于言。天无为，则自然、必然。《中庸》思维，与《老子》思维具有共通性。"为物不贰"，犹如《老子》"无为"的"为而不恃"；"生物不测"犹如《老子》"无不为"的"周行不殆"。《荀子》云："天行有常，不为尧存，不为桀亡。应之以治则吉，应之以乱则凶。"（《天论》）"常"者自然，非是故意有为，而是不得不为。天无为则常信，信则人可遵从。正因天有常纪，故人以为循。人己无为而因循以为，就是有为于参赞天地。"天有其时，地有其财，人有其治，夫是之谓能参。"天地自然，恒自存在，人必因循以为，不专己为。正因天地有必为，故人必有无为。舍其所以为，而愿其所为，则惑。有为与无为是相对依存的一体关系，在《老子》言人无为是从道所为，在《庄子》多言人无为是同造化之为，在孔孟多言人循道德而为，在《荀子》则分天人各自为。它们的共同意蕴在于：有为则有不为，此必为则彼无为，无为因循必为，有为不违必为。无为是自然，"无为而物成，是天道也"（《礼记·哀公问》）。天无有意为，成物自然。王充继承老庄自然之天、《荀子》天自然化的思维取向，进一步赋予"天"自然无为的客观存在质性。天"普施气万物之中"，然非故生五谷丝麻以衣食人，非由灾变以谴告人。"如天瑞为故，自然焉在？无为何居？"（《论衡·自然》）不故、不谴，则无有意为。无有作好作恶，则自然无为。天道无为，自然以均平，无有意志、恩德。春不为生，夏不为长，秋不为成，冬不为藏。"阳气自出，物自生长，阴气自起，物自成藏"

（《自然》）。在这里，"无为"已是回归自然、客观存在的属性，完全消除了《老子》"无为"的玄妙性和"自然"的玄德性。"天道，自然也，无为。如谴告人，是有为，非自然也。黄老之家，论说天道，得其实矣"（《谴告》）。《老子》论天道固具有客观自然质性，摒弃了其主宰式的人格性，然又赋予其自然式的"玄德"品性，它是至上道德。"天动不欲以生物，而物自生，此则自然也。施气不欲为物，而物自为，此则无为也。"（《自然》）"自然"和"无为"同是天与物之间的一种关系，它是自在、固然、无意、不宰，已不同于恒道"为物"的无不为、善其为的绝对质性。前者是万物自然观，后者是恒道本体论。宋以后诸儒正是以"无心"解"无为"，多赋予自然的自在质性。程子云："天地不宰而成化，圣人有心而无为。"（引自《二程集》，中华书局2004年版，第1228页）又云："天地之常，以其心普万物而无心。"（同上书，第1263页）"无心"则不宰制，不宰则心普。"有心"于循理，故为不自专的无为。"心普万物"是大其心；"无心"，是无私心。二者吸收《老子》无为而无不为的思维。刘宗周云："天普万物而无心"。（引自《论语学案》，载《刘宗周全集》第一册，浙江古籍出版社2007年版，第393页）普物无私，故无心。无心于取舍，则因物付物，为而不恃，则本于自然。"普万物而无心"，不似"衣养万物而不为主"？"惟天于穆而万物之命托焉。故生生化化而不穷，欲名天之所以生、所以化，不可得也。"（同上页）于穆不已，足见天的自然而然，生物不测。生化不穷，则为不定方，"无为无形"，故不可得。

2. 至诚无为。"至诚无息。……博厚配地，高明配天，悠久无疆。如此者，不见而章，不动而变，无为而成。"（《中庸》）"至诚"者自然而然，故为而无为。"无为而成"，是不定其为，则无所不成。"至诚"的无为，既是无方无体的为而不执，又是"于穆不已"的为而不滞。为而不恃、不测，无形故名无为，实则是无所不为。"《易》无思也，无为也，寂然不动，感而遂通天下之故。非天下之至神，其孰能与于此？"（《易·系辞上》）《易》与天地准，"广大悉备"，故非有定思、非有执为。作为至神者，何尝有思有为？"寂然不动"，以无为而为，故不贰、无宰其为；"感而遂通"，为而无不为，故不息、不测其为。正因无思而无不理，正因无为而无不为。有思是定于一思，有为是执于定为。"唯神也，故不疾而速，不行而至。"疾、行有朕可知，神者无朕不测。遂万物理、成天下势，故无为而至。张载云："圣不可知也，无心之妙非有心所及也。"（引自《张载集》，中华书局2006年版，第14页）"无心之妙"，是神之所为，不定其为。有心而为，则为有取舍，定其所为。他解《中庸》"不动而变"为"神而化"，解"无为而成"为"为物不贰"。前者是一不化而无所不化，后者是不执为而无所不成。朱熹解周敦颐"诚无为"思想云："实理自然，何为之有！"（引自《周敦颐集》，中华书局2009年版，第16页）实理自然而为，不得不为，何有执为？王阳明云："圣人无善无恶，只是'无有作好'，'无有作恶'，不动于气。然'遵王之道'，'会其有极'，便自'一循天理'，便有个'裁成辅相'。"（引自《传习录上》，

载《王阳明全集》第一册，浙江古籍出版社 2011 年版，第 32 页）"无善无恶"是无执无为，"作好"、"作恶"是自主专为，"遵王之道"、"一循天理"是因循以为，"裁成辅相"是无不为。无私为，自能廓然大公，为无不为。诚而不为，则"无思无为"。刘宗周云："圣人同天而无为"。（引自《论语学案》，载《刘宗周全集》第一册，浙江古籍出版社 2007 年版，第 393 页）无为则因物付物，无所不为。"同天而无为"，不亦是《老子》所谓的"惟道之从"？《易》"无思"、"无为"是无私意造作，而无不思、无不为。牟宗山认为，"诚无为"是《易》的"无思"、"无为"。"无为"，既可单指静无之体，亦可赅诚体流行的全部。静无动有的流行全部，皆是无思无为的自然流行。"无为"者，自然，无造作，无臆计。"此虽同于老子，然非老子所专有也。抑非同于老子，乃老子之能同于共法耳。"（引自《心体与性体》上卷，上海古籍出版社 2007 年版，第 283 页）静无之体，是无为的无定形；自然流行，是无为的无不为。"无为"，既是无造作臆计，又是无执不居为。可见，《老子》与《易传》具有思维上的同构性。

3. 为无以为。为者，有"有以为"，有"无以为"。儒家言"无为"除了"诚无为"外，还有"素位而行"之为。后者从前者分析而出，是进一步的具体申说。"君子素其位而行，不愿乎其外。素富贵，行乎富贵；素贫贱，行乎贫贱；素夷狄，行乎夷狄；素患难，行乎患难：君子无入而不自得焉。"（《中庸》）素位以行，是尽性之为，理所当为。不愿乎外，是为无以为，为不逐物。尽性理为，则无妄为。"在上位不陵下，在下位不援上，正己而不求于人，则无怨"。尽性而为，则为无以为，故"上不怨天，下不尤人"。无以为，故性分定。无以为，则为当其为。"君子惠而不费，劳而不怨，欲而不贪，泰而不骄，威而不猛。"（《论语·尧曰》）"因民之所利而利之"，则利当其利；"择可劳而劳之"，则劳当其能；"欲仁而得仁"，则欲当其理；"无众寡，无小大，无敢慢"，则泰当其宜。"正其衣冠，尊其瞻视，俨然人望而畏之"，则威当其畏。怨、贪、骄、猛，是有为之弊。因民以利、劳，是为而无为；非以己利而利之，是无为之为。以其莫从己出是无为，以其遂民之利是有为。为而无为，则不自强为、妄为。己无为，能使物各当其为。胡宏云："油然乎物各当其分而无为者，君子也。"（引自《胡宏集》，中华书局 2009 年版，第 3 页）"各当其分"，是无为不宰，各使自为。上"有以为"，则为下所用。"或知功之可利而锐于立功，或知名之可利而进以求名，或知正直之可利而勉于正直，或知文词之可利而习于文词。……上好恬退，则为恬退以中其欲；上好刚劲，则为刚劲以中其欲；上好温厚，则为温厚以中其欲；上好勤恪，则为勤恪以中其欲；上好文雅，则为文雅以中其欲。"（同上书，第 11-12 页）为"有以为"，则执为。上执为，则下图其所为。有为则弊，无为无弊。本于仁义者无为，"善不以名而为，功不以利而劝，通于造化，与天地相始终，苟不至德，则至道不凝焉"。（同上书，第 12 页）以名利为、行于仁义是"有以为"，不图名利、由仁义行是"无以为"。与造化同诚，何有私为？至德无为，然后以至道而为。

4. 为而不凿。"所恶于智者，为其凿也。如智者若禹之行水也，则无恶于智矣。禹

之行水也，行其所无事也。如智者亦行其所无事，则智亦大矣。"（《孟子·离娄下》）自恃己智，不免于凿。因物而为，方是大智。朱熹云："天下之理，本皆利顺，小智之人务为穿凿，所以失之。禹之行水，则因其自然之势而导之，未尝以私智穿凿而有所事，是以水得其润下之性而不为害也。"（引自《四书集注》，北京古籍出版社 2000 年版，第 311 页）私智穿凿，是用智之凿。为而不凿，则因循以为。穿凿之智是小智、不智，因循而为是大智、至智。"事物之理莫非自然，顺而循之，则为大智；若用小智而凿以自私，则害于性而反为不智。"（同上页）无凿智则无为，无事行水是利顺无为。以养"浩然之气"言，无为在其中。"其为气也，至大至刚，以直养而无害，则塞于天地之间。……是集义所生者，非义袭而取之也。……必有事焉，而勿正，心勿忘，勿助长也。"（《孟子·公孙丑上》）"直养"者，是集义所生，为"勿助长"的"无为"；"义袭而取之"，是"助长"的凿为。王充云："耒耜耕耘，因春播种者，人为之也；及谷入地，日夜长大，人不能为也。或为之者，败之道也。宋人有悯其苗之不长者，就而揠之，明日枯死。"（《论衡·自然》）"人不能为"，是客观自然之为。为于不能为，是用智妄为。胡宏云："夫圣人之所以为圣人者，体天道，开物成务，无所为而已，若年数之长短，则亦听乎天，乌能以相与也。"（引自《胡宏集》，中华书局 2009 年版，第 247 页）"无所为"是无为，不主先为，因循成为。"乌能以相与"，则为而不凿。只有"为"无与于己，方能"体天道"、"听乎天"。自私用智，则不能明觉无为。程明道云："人之情各有所蔽，故不能适道，大率患在于自私而用智。自私则不能以有为为应迹，用智则不能以明觉为自然。"（引自《二程集》，中华书局 2004 年版，第 460 页）自私用智则背道，为情所蔽则不能无为。以"有为"为"应迹"，则"为而不恃"，虽为而无为。以"明觉"为"自然"，则鉴物自照，虽知若无知。自私"用智"，则"自视者不明"；"明觉"自然，则"不自视故明"。"君贵明，不贵察；臣贵正，不贵权。"（同上书，第 318 页）明则以天下观天下，察则以己观天下。权诈害诚，正者中正。

5. 无为私赐。"夫水遍与诸生而无为也，似德。"（《荀子·宥坐》）水因"无为"而能"遍与诸生"，"无为"则不偏不私，故为公正之德。"昔在帝尧，聪明文思，光宅天下。"（《尚书·尧典》）帝尧之所以能"光宅天下"，在于"聪明文思"，法天聪明，天聪明自我民聪明。孔颖达云："帝者，谛也。言天荡然无心，忘于物我，言公平通远，举事审谛，故谓之'帝'也。"（引自《尚书正义》，上海古籍出版社 2007 年版，第 23 页）"荡然无心"，无有私心。俗人以我观物，帝尧"忘于物我"，通于大观。"公平通远"，则为无私与，公正其为。"举事审谛"，则因物为物。他进而指出，三皇"无为而同天"，五帝"有为而同天"，王者"内德同天，而外随时运，不得尽其圣，用逐迹为名"。（同上书，第 23-24 页）无为同天，与天为一，故无为而无不为；有为同天，法循于天，为之无以为；内德同天，外随时运之为，有为若无为，因循而为。圣不可知，故以"逐迹"为名。人主之为，"有公赋无私求"，因为"私求则下烦

而无度"，故伤清；"有公用无私费"，因为"私费则官耗而无限"，故伤制；"有公役无私使"，因为"私使则民挠扰而无节"，故伤义；"有公赐无私惠"，因为"私惠则下虚望而无准"，故伤正；"有公怒无私怨"，因为"私怨则下疑惧而不安"（《申鉴·政体》），故伤德。这里，"私"是有为，"公"是无为。无私为，则公正以为，无为不宜。

6. 无为而治。儒家同道家皆言"无为而治"，然二者内涵有别。相通之处在于：皆批判人主自恃作为、强为妄为，故要求克制己私己为，而要因循以为、用人之智。不同之处在于：道家更强调因循自然，惟变所适；儒家更强调因循理为，唯义为适。"无为而治者，其舜也与？夫何为哉，恭己正南面而已矣。"（《论语·卫灵公》）"无为"，既是正己不妄为，又是任官听治以为。己"正"方能听任群臣以为治。因循以为是"无为"。"大哉，尧之为君也！巍巍乎！唯天为大，唯尧则之。"（《泰伯》）"则"为"法"、"循"，己无为则循天以为。因虚无无为，方能容公成大。因民欲而从之，则无为而安。尧则天以行，无为以化自成。舜恭己无为，任贤使能而天下治。无为而治，则用人之力。王充云："夫不治之治，无为之道也。"（《论衡·自然》）无为之为，体现在治理上是"不治之治"。"黄、老之操，身中恬淡，其治无为。正身共己，而阴阳自和，无心于为，而物自化，无意于生，而物自成。"恬淡无为，则不违于物；"正身恭己"，则不妄其为；"无心于为"，则无私所为；"无意于生"，则无有以为。无为之治，与天地同操。"上德治之若烹小鲜，与天地同操也"。天地之操，无为而听物恣性，不驱鱼上陵，不逐兽入渊，从其性命之适。圣人法天地之操，以百姓为刍狗，足民所求。道家以为"政之适"："君臣相忘于治，鱼相忘于水，兽相忘于林，人相忘于世"（《论衡·自然》）。天无为不扰物性，辅助万物以自然。各相忘于为，则互不强为，各得自为、独化。若妄为则拂诡物性，则失其所宜。王充突出道家的不主专为，而略于因循以为的道术。王廷相以为，"恭己而南面"者为君，无为；"任事"者为臣，有为。"播厥百谷，稷也；刊山浚川，禹也；听平五刑，皋陶也；荡荡无名，尧则享其圣。运筹决胜，良也；战胜攻取，信也；镇国抚民，何也；汉屈群策，高帝则享其智。"（引自《王廷相集》第三册，中华书局 1989 年版，第 845-846 页）尧无为用人之为，故"享其圣"；汉高祖无为用人之能，故享其智。无为用有为，则无不为。刘宗周认为，君道"无为而无不为"，其中"无为"是"敬而已"，敬则知要、事理。尧兢兢业业，"唯不得舜、禹、皋陶为己忧"。先时无为在于"急先务"，至于唐虞则无不为。诵"无为"不归黄帝而归之舜，固知"老氏之教不可以治天下"，故"晋以黄、老亡"。（引自《论语学案》，载《刘宗周全集》第一册，浙江古籍出版社 2007 年版，第 487 页）固然，无为而治有其历史渊源，尧、舜以得贤为忧，然《老子》何尝不言"用人之力"？晋之黄老学，重于无为，而略于无不为。汉代之黄老学，既要无为，又言因循以为的无不为，其中涵摄法家的公平之为。

（二）法家"无为"观

先秦法家的代表作《管子》《韩非子》，无疑吸取了道家的无为思想，并将之变为一种道术、法术。限于篇幅，只能以《管子》为主、以《韩非子》为辅概言其要。

1. 以无为为道术。大道无为无形，以为用就是道术。前者自然，无为无不为。后者因循，用人之为。道者，无设无形而"无不可以成"，无形无为而"无不可以化"。善者以为兵，"使敌若据虚，若搏景"（《兵法》）。"无设"故"无形"，"无形"故"无为"。为无定为，则无不可为。兵无常形，不可得执，故为"据虚"；兵无常势，不得其方，故为"搏景"。虚以待敌，则微妙不测，故战无不胜。无为与因循相存，二者合一则为道术。召民者使"无为"（《形势》），因民情以为召。民之从利如水之走下，"利之则来，害之则去"。欲来民者，"先起其利，虽不召而民自至。设其所恶，虽召之而民不来"（《形势解》）。因民利而利之，故不召自至。"无为之道"为"因"，"因也者，无益无损也。以其形因为之名，此因之术也"（《心术上》）。"因"为道术，是"无益无损"的"无为"。"无益"则不拔苗助长，"无损"则不损物利己，二者皆在于遵照事物的客观规律办事。因之术，是因资立功，因时制宜。"道贵因。因者，因其能者，言所用也。"（《心术上》）"因其能"，则"用人之力"，各尽其能。"能并智，故曰：'不行而知。'能并视，故曰：'不见而明。'随时以举事，因资而立功，用万物之能而获利其上，故曰：'不为而成。'"（《韩非子·喻老》）无知而用人之知，故无不知，无为而用人之为，故无不为。"不行而知"、"不见而明"和"不为而成"，为道、儒和法家所共言，揭示出无为而无不为的真谛。

2. 以无为为心术。无为与因循是一体两面，既是道术，又是心术。道术为准则、方略，心术是道术之用。"心术者，无为而制窍者"（《心术上》）。"窍"者耳目，视听之官。心"无为"，则"无与于视听之事"。"制"者，使"官得守其分"。心要"无与"，就要"虚素"。"无求无设则无虑，无虑则反覆虚"。虚者无求、无设、无虑、无藏，"去智与故"，故"恬愉无为"。以为应，则"其应非所设"；以为动，则"其动非所取"。非设非取，不主先为。心术无为，又是因循。无设，则"感而后应"；无取，则"缘理而动"。"静因之道"作为心术，其自处若"无知"，其应物若"偶之"，偶应是因物以为。"天因人，圣人因天。天时不作勿为客，人事不起勿为始。"（《势》）勿为客、始，则不强自作为。"因"者，是顺物以为。"心无他图，正心在中，万物得度"（《内业》）。"心无他图"是为"无以为"。"正心"，既要无为，又要因循。虚静无为，方能"参之以比物，伍之以合虚"。"比物"则因循，"合虚"则无为。"喜之则多事，恶之则生怨。故去喜去恶，虚心以为道舍。"（《韩非子·扬权》）"去喜去恶"是无有作好、作恶的无为。心虚方能舍道以为德。"无为"作为心术，还是德性。"凡德者，以无为集，以无欲成，以不思安，以不用固。为之欲之，则德无舍；德无舍，则不全。用之思之，则不固；不固，则无功；无功，则生有德。德则无德，不德则有

德。"（《韩非子·解老》）德者以为得，行为有"德"和有"不德"。相对而言，"不德"何尝不是德？正身有诸己是"德"，去私不伤于物亦是"德"。基于《老子》"上德不德"的思维模式，"无为"、"无欲"、"不思"和"不用"，皆是"德"。妄为专欲，则德无舍；自用思凿，故德不固。上德无恃德，至功不居功。

3. 以无为为法术。无为在于去私、无偏，正与"法"的公正无私、通用无外的内涵相通。"因也者，舍己而以物为法者也。"（《心术上》）"舍己"是为了从法，"以物为法"是法之所法。在"法"的行为中，既有效法，也有法度。古之牧天下者，"因道全法"，故"因天命，持大体"。全大体，在于"望天地，观江海，因山谷，日月所照，四时所行，云布风动"，无不因顺。因于天命，则"不以智累心，不以私累己"。君子乐法则大奸止，故使人"无离法之罪"（《韩非子·大体》）。"法"以因循为术，法行则己无为，无为则不妄作。无为之术，非是执一不为、常不忘虚，而是以虚为术，为得德之盛。以无为为法术，在于"意无所制"。贵"无为无思"者，是以"意无所制"为法术，非是"以无为无思为虚"的"无术"。以无为无思为虚，则"常不忘虚"，故"制于为虚"。"制于为虚"则不虚，而"意无所制"方为真虚。虚者"无为"，是"不以无为为有常"。只有不以无为为有常，方虚则德盛，"德盛之为上德"（《韩非子·解老》）。"意无所制"，则无有定制，包括不制于虚。制于虚则为"无术"，执虚不忘虚，是滞而不通。法术之"虚"，要求心境保持开放的态度，其用在于虚以受实，宽容无弃，故为盛德。以"无为"为常，是常于无为，即非法术"无为"。法术"无为"，是虚而因循，为无为，为无不宜。

4. 以无为为帝道。"无为"作为盛德，以为治就为圣治。"无为者帝，为而无以为者王，为而不贵者霸。"（《乘马》）"无为"、"为无以为"和"为而不贵"三者之间，形成了治理境界上的不同层次。"无为"者，动静以时，贵在于"得度"。它是"知静之修，居而自利；知作之从，每动有功"（《势》）。静则自修，故"心善渊"；动则以从，故"动善时"。动静因循，与天地同功，无不适宜。"为无以为"者，是由仁义行，"圣人有心而无为"。"为而不贵"者，不自恃所为、居功自傲，功成不居，而能建大功名。"率常至命，尊贤授德则帝。身仁行义，服忠用信则王。审谋章礼，选士利械则霸。"（《幼官图》）帝者用人之能，无为而治。王者修行仁义，正己以治。霸者建功邀名，图力为胜。帝王用道，"爱之，利之，益之，安之"（《枢言》），故天下治。帝道之治，诚信于仁，慈惠以爱；处柔安静，不争不先；行于不敢，立于不能；不犯天时，不乱民功；秉时养人，顺天应人；上下无为，和谐安平。"上下无为"，在于"物者有所宜，材者有所施，各处其宜"。上无事在于各用其能，上有长则事不方，矜好能则为下欺。"上下易用，国故不治。"（《韩非子·扬权》）上无为用下，下无为为上用，则各当其宜。"上下易用"，则上干下为，下欺于上，皆不当理，故国不得治。

4. 以无为为权术。"无为"作为权术是权势，"权不欲见，素无为也。事在四方，要在中央。圣人执要，四方来效。"（《韩非子·扬权》）"无为"者，不见其形，莫能困穷。以无为为"执要"，权四方之事，则无不来效。权的"素无为"来自"道在不可见，用在不可知"（《韩非子·主道》）。人主权以道用，无为无形，"寂乎其无位而处，漻乎莫得其所"。一方面，人主以无为无形为权，使臣下无所效法、利用。若君见显意欲，则臣将自雕琢、表异。君无见其意欲，则臣无所迎合，而反戒以自备。上有所好，则下必奉承阿谀，以为己用。"去好去恶，臣乃见素；去旧去智，臣乃自备。"主上只有不显好恶、定执，才能使下无所图谋，无有侥幸，反而尽职为政。上无为，则下知所为。上有智不以虑，则使万物知其处；有贤不以行，则观臣下所因；有勇不以怒，则使群臣尽其武。另一方面，人主以去己无为而用人之能，"明君无为于上，贤臣竦惧乎下"。明君之道，在去己智而使下尽智，去己贤而使下立功，去己勇而使下用强。君使"智者尽其虑"，而"因以断事"，故不穷于智；使"贤者敕其材"，则"因而任之"，故不穷于能；使有功而得其贤、有过则任其罪，故不穷于名。"不贤而为贤者师，不智而为智者正"。明君以无为为权用，令贤臣竦惧以尽虑、尽材而尽职，通用其智材。君用无为，则臣勤其劳；因能使，则臣自守职，百官有常。人主权术，在于以静退为宝，以知人为要。"不自操事而知拙与巧，不自计虑而知福与咎"。己无为而知人用人，因言授事，因事责功，则无不为。基于道家无形胜有形的思维模式，法家提出了不贤为贤者师、不智为智者正的权术观。基于有形制于无形的思维模式，提出了主上有为则为下所制的权术观。"主上不神，下将有因；其事不当，下考其常。若天若地，是谓累解。若地若天，孰疏孰亲？能象天地，是谓圣人。"（《韩非子·扬权》）神则不测，故不可因；当则不形，故不可考。天地无亲无疏，无私无为，故不可定常。圣人"累解"无常，则人不求幸得。主上用权治之极，一要神其无为，使下不较。主失其神，则臣若虎伺其隙。主上有形，则臣若狗谋其机。二要无为因循，以法核刑。"主施其法，大虎将怯；主施其刑，大虎自宁。法刑苟信，虎化为人，复反其真。"信于刑法，公正其为，则奸佞自宁。

通过简要对儒、道和法家"无为"观的解析，可看到它已成为一个多层面、具有丰富内涵的思想观念。"无为"既是道性、德性的意旨，又是道术、楷式的内涵。对此，严遵提出了"无为"的不同应用。治身的"无为"，在于"立则遗其身，坐则忘其心。澹如赤子，泊如无形"；己"不视不听，不为不言"，而与"变化消息，动静无常"，"与道俯仰，与德浮沉，与神合体，与和屈伸"；既"不贱为物，不贵为人"，又"与王侯异利，与万性殊患"；以"死生为一"，故"不别存亡"。治家的"无为"，在于"春生夏长，秋收冬藏"，顺时耕作；"奉主之法，顺天之命"，无妄作为；既要"内慈父母"，又要"外绝名利"；既要"不思不虑，不与不求"，又要"独往独来，体和袭顺"；既要"辞让与人"，又要"不与时争"。治国的"无为"，在于"尊天敬地，不敢忘先"，无为无私；"修身正法，去己任人"，用人之力；"审实定名，顺物和神"，不逆于物；"参伍左右，前后相连"，各当其理；"随时循理，曲因其当"，贵因之道；"万物并作，归之自然"，功成不居。治天下的"无为"，在于"冠无有，被无形，抱

空虚，履太清"，建之以"常无有"；"载道德，浮神明，秉太和，驱天地"，主之以"太一"；"驰阴阳，骋五行，从羣物，涉玄冥"，"周行而不殆"；"游乎无功，归乎无名"，"独立而不改"。"无为"其用不同，功为有殊。魏源在《老子本义》的序中，指出了"无为"观的不同形态和思想内涵。太古无为，如"赤子乳哺时，知识未开，呵禁无用"；中古无为，如"逮长天真未漓，则无窦以嗜欲，无芽其机智"；末世无为，如"有过而喻之，感悟之，无迫束以决裂"。虽时不同，无为不同，而"太古之心未尝一日废"，岂是"形如木偶而化驰若神"？杨朱主于为我，是宗无为；庄子逍遥放荡，是宗自然。岂自然不可治身，无为不可治天下哉？《老子》"自然"非是滉荡无羁，而是从虚极静笃中得其至严至密之体以为本，"欲静而不欲躁，欲重而不欲轻，欲啬而不欲丰，容胜苟，畏胜肆，要胜烦，故于事恒因而不倡，迫而后动，不先事而为"。其以无为治天下，非是治之而不治，而是不治以治之。治大国若烹小鲜，不伤之即保全之。以退为进，以胜为不美，以无用为用，孰谓无为不足治天下乎？无为非无有为，因为"功惟不居故不去，名惟不争故莫争。图难于易，故终无难"。不贵难得之货，非弃有用于地；兵不得已用之，未尝不用兵；去甚去奢去泰，非并常事去之；绝仁弃义，不忍不敢，意未尝不行其间。黄老静观万物之变，而得"反者道之动，弱者道之用"的阖辟之枢，以惟逆而忍之，见其"静胜动，牝胜牡，柔胜刚，欲上先下，知雄守雌，外其身而身存，无私故能成其私"之理。后人急功利之心，不得无欲之体，反成相反之机。若此，欲不偏不弊可得乎？《老子》以"兢兢乎不敢先人，不忍伤人"为宗，学者徒乐得其过高过激、易简直捷意思，然内心实决裂以从己。在魏源看来，太古"无为"是无知、无欲的天然本性，中古"无为"是无凿智、贪欲的天真自然，末世"无为"是思存、提撕的反省自然。可见，"无为"的时代内涵不同。太古本自无为，不必复于无为，然也无有道术；中古无为未离，无为不必为德，故无有德性。末世"无为"不存，故立为复归德性，劝以为道术，开发出道境。"太古之心"是其德性之本，也是道术之本。离本则为权术、诈术。以无为节制，可以治身；以无为宽容，可以治天下。无为则常后不先，因循曲顺，故能崇本以举末。以无为治天下，是以天下治天下。它是"不治以治之"，非是一无所为的"治之而不治"。它既是不伤即保全，又是辅助于自然。无为既是去己妄为，又是用天下之为，以无为成无所不为。无为以无欲为本，以莫从己出为要，以因循曲从为宗，故为道德法术。脱离于此，则为权诈机巧。李生龙指出，古代"无为"观具有整体性（不可孤立）、统一性（思想融贯）、理想性（理想境界）、审美性（审美标准）、批判性（判断价值）。（参见《无为论》，湖南师范大学出版社 2009 年版，第 84-87 页）道以"无为"为特质的原因在于：（1）作为自然和人文的最高理想、审美境界，它既包含对理想境界的揭示，也包含对现实与世俗的批判；既用批判、否定的形式来表达理想，也通过批判、否定来确立理想。"无为"不是否定一切，其中蕴含着肯定和赞美。（2）"无为"是无知性、无欲望、无目的、无造作，它既限制了道的自身性质，也在原则上与人格神划清了界限。《老子》

恒道无为自然思维主要通过两种方式影响着后来的哲学。一是以"道"为最高范畴，借其"无为"观，既揭示道的"无为"理想性质，又规定其非神学性质。如《庄子》。二是借"无为"观来规定其独立自存的最高哲学范畴，如朱熹之理就是"无形体"和"无情意、无计度、无造作"。（同上书，第87-88页）就"无为"观产生的历史背景，牟宗三指出，到春秋战国时代，周公所造的礼乐典章制度成了桎梏生命的空架子，变为了外在的、形式化的、虚伪造作的"异化物"。在这个情形之下，《老子》提出了"无为"观念。"假定你了解了老子的文化背景，就该知道无是简单化地总持的说法，他直接提出的原是'无为'。'无为'对着'有为'而发，……有为就是造作。照道家看，一有造作就不自然、不自在，就是虚伪。"（引自《中国哲学十九讲》，上海古籍出版社2007年版，第85页）固然，恒道的"无为"是相对有为的造作、专执等质性来揭示、界定，然恒道"无为"是超越无为、有为对待属性而统一二者于一身。恒道既是无为，然统摄有为，不可离有为而言无为。就《老子》"无"的名谓由来，他进而指出，"从无为再普遍化、抽象化而提炼成'无'。无首先当动词看，它所否定的就是依待、虚伪、造作、外在、形式的东西，而往上反显出一个无为的境界来，这当然就要高一层。所以一开始，'无'不是个存有论的概念，而是个实践、生活上的观念；这是个人生的问题，不是知解的形而上学之问题。"（引自同上书，第86-87页）固然，中国古代思想具有实践理性的生活化特色，"无为"思想也不例外。从古代思想发展的规律看，必是先有实践需求、实用目的，然后寻找根据，最后形成具有反省性的观念。从《老子》版本前后发展看，"德"者先出，"道"者后出。"道"论可能是为"德"性寻找形上的根据，逐渐发展而成。道性"无"的范畴正是对无为、无名、无形、无功等思维的抽象化。牟氏以"无为"为道家心境样式存在，在对恒道妙性的体悟中看到了"无为"的人格建构特性。恒道"无为"作为心境价值观，是拟人化的"玄德"、"自然"人格。"讲无为就涵着讲自然。"（同上书，第86页）"自然"与"无为"涵义相通，然亦有侧重，前者揭示恒道"为物"的自本自根、自在自为，后者是揭示恒道"为物"的无有定形、不测其方。就道家"无为"的价值取向，西方现代人文心理学家马斯洛指出，"道家客观性的这种简单模式来源于一种现象学，一种对他人的存在不掺杂任何私心杂念的爱和欣赏。……对任何事物都需要极大的爱才能够听其自然，让它保持原样，任其随意发展。一个人可以极其纯真地热爱自己的孩子，从而允许他按照自身的内在倾向性发展。"（引自《动机与人格》第二版前言，中国人民大学出版社2009年版，第40页）"不掺杂任何私心杂念"，是"无为"的"无以为"。允许"按照自身的内在倾向性"发展，是"无为"的"辅助自然"。道家"无为"的这种模式体现在"以鸟养养鸟"中。

最后，对本节内容做简要概述。"为"有价值抉择问题，体现在对待功为上，有"为而不恃"和矜伐其为之别，进而有功为不测与功为定执之异。体现在对待所为对象上，有不宰而为和主宰以为之别，进而有曲成善利、因物付物与拔苗助长、以己养鸟

之异。体现在施为主体上，有莫从己出与自主专为之别，进而有清静、无为、不争和妄作、强迫、掠夺之异。体现在怎样为上，或是以己无为而用人之为，或是自恃己为而弃人所为。"无为"的这些质性，反映在恒道存在上，无有作好、无有作恶是自然无私，功成不居、不恃所为是为而不贰，微妙无体、功用无方是不测其为，因循以为、辅助自然是曲成万物，通物之为、成全万物是无所不为。恒道"无为"是涵摄"有为"的绝对质性，"无为而无不为"的真谛就在于此。作为德性、道术、心术、法术和权术的"无为"，皆本自恒道这样的存在质性。

第三节　无为无不为

正如"有欲"与"无欲"、"大"与"小"的统一一样，恒道是"有为"与"无为"的一体存在，即"无为而无不为"。它是恒道存在的根本质性，其他很多思想观念的玄奥意蕴皆根基于此。"有为"中涵摄"无为"，"无为"中蕴含"有为"，二者相互界定，相为一体。只有"无为"，方能成为"无不为"的至为。只有"有为"，"无为"方能成其为"为无为"的妙用。偏执一方，都将泯灭恒道存在的玄德质性和玄妙思维。

一、文句校解

《老子》第三十七章云："道常无为而无不为"。帛书《老子》甲、乙本均将"道常无为而无不为"写作"道恒无名"，楚简《老子》写作"道恒亡为"。从三个不同时期的版本变化看，原本应是"无为"，帛书改为"无名"，至晚到汉代河上公起又改为"无为"，另加"而无不为"。从中可以看出思维内涵的拓展和丰富，折射出时代所关注问题的差异。凡今本"无为而无不为"处，在帛书甲、乙本中均无踪迹。帛书《老子》"无为"出现了十一次，皆非揭示恒道意蕴。高明校勘认为，应以"道常无名"为正。王弼正是以此为本，河上公本中"而无不为"无注，这在其注文中是极少有的现象。（参见《帛书老子校注》，中华书局 2004 年版，第 423-425 页）楚简《老子》出土后，"无名"为"亡为"，可见"无为"当为本文。校勘楚简本、帛书本《老子》内容的不同，最大的差异是"无名"或"无为"观念。二者文词的改变，反映了时代的发展，以及言论主旨的转移。帛书《老子》虽多言"无为"，但"无名"已是恒道存在的一个重要质性。从内涵上来看，"无为"重点在于揭示人主所为在国家政治中的地位和影响。"言行君子之枢机，枢机之发，荣辱之主也。言行，君子之所以动天也，可不慎乎。"（《易·系辞上》）在当时的社会统治模式下，人主作为一国主宰，一言可以丧邦，一为可以败亡，人主的言行直接决定着国家的兴旺和人民的福祉。《老子》虽只有一处言及恒道"无为"，然实质上其他"无为"思想无不以之为基础，并以之拓展内涵。它们之间是相互验证、相互丰富、相互融贯的关系。恒道"无为"的深刻内涵，在于"无为而无不为"之中。前面已言及《庄子》"无名故无为"的论说，可见

"无名"与"无为"具有相通的意蕴。无名，既是无为无形的不可名，又是无不为的不测无名。"无不为"既是作为的结果、无所不为，又是功为的能力、无不可为。它的前提和条件是"无为"。在上一节，曾将"无为"的意蕴概括为：一是以无为为制己。为莫从己出、常后不先物为，它包括虚心、清静、无欲、守朴、无知、无作、无名等内涵，宗旨在于规避、预防自恃己为所产生的强为妄为、凿为营为，而倡导为"无以为"。二是以无为为因为。凭借无为的自我节制、修为，以达致因循而为的道术，曲成其为。它的要义在于遵循事物本身的固有属性、发展规律，凸显因物付物、曲顺成为的意旨。三是以无为为道术。以道性无为自然为最高效法楷式，以为价值取舍是为"无以为"，以为政治准则是无为而治，以为统治法术是无为用有为，以为军事战术是兵无常形。四是以无为为道德。无为作为循道的前提，是达致因道循法、曲顺以为的德性和修为工夫。从德行上说，无为是舍小我求大己，以百姓心为心，达致王道政治的德性。五是以无为为无方。无为非定于执为，不偏于私为，不限于一为，它是无所不为、无不能为的无形之为，亦是一切有为的统体全为，无极之为。"无为"的观念涵盖道性、德性、法术、治术等方面。

二、文句解析

自河上公本《老子》后，注家多以"道常无为而无不为"为底本进行注解。

（一）体用一源

河上公只注"道以无为为常"，看似并未对"无不为"作解，未揭示为何"无为而无不为"？实则以"无为"为常，是基于恒道以无形、无名为体，它不可道，不可名，故无定为，无方体。正如无状涵摄万状一样，"无为"本身蕴含着"无不为"的质性。以体言，"无为"是微妙无体；以用言，"无为"是至神莫测。成玄英认为，无为而无不为可分为两句，"前句是本，后句是迹"。"凝常之道，寂尔无为，从体起用，应物施化，故曰而无不为。"以"从体起用"言，有"寂尔无为"之体则有"应物施化"之用。宋无名氏指出，大道者，"以虚静为体，以变通为用"。以体"无为"言，是"其体虚静，敛至无于冥冥，收大寂于寞寞，则疾徐应对，一于自然，而未尝有为"。以用"无不为"言，是"其用变通，涉天下而非此不行，合万变而非此不立，周旋动容，阙此则乖，泛应曲当，无此则乱，以至洪纤短长、高下曲直未有不由乎此"。正因"无为"，故能"酬酢万化之上，运乎六合之中"，而"寔有为"；正因"无不为"，故能"鼓舞以神，不见其迹，动止以化，不知其用"，而"寔无为"。合而言之，是"道无在无不在之理"。以虚静、变通为体用，只可言心性，不可言道性。以道性言，是体无形而用无方。以心性言，是体"寂然不动"而用"感而遂通"。"未尝有为"，是冥寞不主宰为，一于循理自然；"无不为"，是独立不改其为，一于泛应曲当。"无为"是不定其为，以其酬酢万化、运乎六合、鼓舞以神就是"无不为"。以体无

形、不可名为"无为",以用无方、不可测为"无不为"。"无为而无不为",正是体无有而用无方的思维结构。大道"无在无不在"之理,正体现在"为物"的无为无不为之中,因为恒道存在就是"为物"。吕知常认为,"无为"是"道之大体",以其"天得之以清,地得之以宁",固不可以知之。"无不为"是"道之妙用",故不可以识。以心体言,"无为"是"寂然不动","无不为"是"感而遂通","心境圆融"是无为无不为。揭示恒道存在质性,是即用见体,"无为"为体,"无不为"为用,用不可测则体不可名。何心山从"动静无端,体用一源"的思维入手,认为"无为"是恒道之常,"无不为"亦是恒道之常。与"无在而无不在"思维相类,恒道是"无为而无不为"。"无在"是非定在,"无为"是非定为。"无不在"是遍在,"无不为"是周行。大道"行于万物",是"不期化而自化"。前者是"为物"无不为,后者是自然无不化。以体用言,恒道"无为"之体,自有其"无不为"之用,无为自能无不为。以动静言,恒道以"无为"为静,以"无不为"为动,静中有动。静是寂然无为,动是通行无不为。黄裳指出,道虽"自然无为",然"著于无为",又成"顽空之学"。"须于无为植其本,有为端其用,无为而有为,有为仍无为,斯体立而用行,道全而德备"。虽曰"无为",而"有为"寓其中;虽曰"有为",而"无为"赅其内。"斯大道在我,大本常存。"固然,《老子》恒道的"无为"是至为,涵摄无为与有为于一体。著于有为,则不能无所不为;著于无为,则沦于顽空寂灭。无为为体、为本,有为为用、为迹,体立用自行。无为为德,不滞一为故备;无为为道,无不为故全。恒道无为无形,它是有为的不测,不可形名。恒道有为不恃,它是无为的玄妙赅在其内。"大本","大道"是"无为","无不为"的妙用自在其中。"为而不恃",是为而无为,"独立不改";"为无为",是无为而为,"周行不殆"。

(二) 自然而然

王弼解恒道"无为"为"顺自然",解"无不为"为"万物无不由为以治以成之"。"无为"包含两个侧面:从恒道自体上言,是莫从己出,无为主宰;从成物上言,是不先物为,因物成物。二者合言是"顺自然"。"无不为"包含两个侧面:从恒道自体上言,是"曲成万物而不遗",无所不然;从万物上言,是"万物恃之以生而不辞",有求必与。这里,恒道"自然",既是无为顺物,又是"为物"自为,前者有赖于后者。因其本自本根,故为而不贰、不测,自然而然。本自"为物"自然,从其不宰于物、辅助万物自然言是"顺自然"。正如《中庸》"成己"与"成物"相统一一样,恒道既在"为物"的生畜爱养、善始善成中"成己",展现、揭蔽自己,又在不为宰物、因循曲成、辅助成功中"成物",二者统一于"无为而无不为"中。《老子》言"道法自然",正在于揭示其辅助自然而不宰于为的思想。陈象古云:"万物自化,故无不为,非道之自有为也。"固然,无恒道之为则万物无以生,然恒道之为的"为物"非是离于物的"自有为"。恒道"为物"是寓于万物之中善始善成,从物性言是

"得一"分有恒道以自为。从万物各正性命、各遂自适看，是恒道的顺而不逆、曲成其适。林希逸以"自然而然"解"道常无为而无不为"，"自然"既是"为而不恃"，不贰、不测其为，又是"长而不宰"，曲成其为而无不辅助。"无为"的自然，既是"为"的不宰为、不妄作、无以为，又是"为"的功成不居、不贰其为。"无不为"的自然，既是为无定方、不息于为，又是为无不为、周行其为。何道全云："道以无为为常，自然而然，无不为也。"无为作为常，自然无不为，故为"自然而然"。王道认为，"常无为"是本体，"无不为"为妙用，本体固无声臭之可言，而大用之妙"自然而然"，非有所作为可得"指而拟之"。本体"无为"无声臭，固不可名言；妙用"无不为"不可测，故不可拟议。"自然而然"，是本体"无为"中涵摄用"无不为"。王一清指出，"道法自然"，故常"无为"。"无为者，道之常也。"春生秋杀是有为，物不得不生、不得不死是"自然而然"，大道何尝为之？以圣人之为言，"事物之来，一切循乎自然，顺其理而应之，以辅万物之自然，虽有为若无为"。"道法自然"，是"顺自然"和"本自然"的统一，前者是"无为"，后者是"无不为"。不宰于物，则物皆自然。大道无意、不宰、无私，故言何尝为之？恒道虽无此为，然何尝不有生生之为？"万物恃之以生"。圣人法道自然，故因顺事理自然，辅助万物自然。因循以为，是"为无为"。陈鼓应认为，"无为"是顺自然，不妄为，"无不为"是说没有一件事不是它为的，是"无为"所为的效果。"无为"涵摄不宰、因循意蕴，"无不为"涵摄一切"有为"，二者固具有因果关系，然"无不为"非只是效果，它是蕴藏在恒道"无为"中的潜能、能力、质性，无不能为，无不赅备。正如恒道无状能成万状为"无状之状"一样，恒道以无为成无不为是"无为之为"，它是至为、全能。

（三）无心成化

李约云："为而无心，故能无所不为"。无心而无不为，是程子所谓的"天地无心而成化"。"无心"是"为"的自然、无意、无与，与之相对，有心之为是"有以为"的自专、故意。有意之为，是为有取舍，执此为即舍彼不为。有取舍则为从己出，就存在有以为、自恃为和妄以为的可能。无心之为，则不主专为，不宰以为。为而无心，则为于自然，为而不测，万物赖以生而不辞。为不出于己，则自然均平，从万物之所求。王雱指出，"无为之时，未尝有为。虽无为之时，未尝不为。君子体道以治，则因时乘理而无意于为，故虽无为而不废天下之为。虽不废天下之为，而吾实未尝为也。"无为与有为各有所指，无为是"无意于为"的"无以为"，然非一无作为。"有为"是"因时乘理"的用天下为、为莫从己出。正如恒道是"有欲"与"无欲"的统一一样，它也是"有为"与"无为"的统一体。苏辙云："道常者，无所不为，而无为之之意耳。"大道既以"无不为"为常，亦以"无意"为常，前者是为无不为，后者是为无以为。"无为之之意"，是无有意欲智故的"无心"。范应元以"虚静恬淡"为"无为"，以"天地人物得之以运行生育"为"无不为"。前者是无欲不专于己，后者化育

成物无方。杜道坚指出，道有"当为"、"不当为"之常理，既要"不为其所不当为"，又要"为所当为"，"春春而夏夏，阴阳不忒，不待言而四时行"。以恒道存在质性言，有欲有为的是"为物"、生物，它是当为的不得不为；无欲无为的是不有不宰、不恃无执，它是不当为的为无以为。"阴阳不忒"是不贰其为，"四时行"是不测其为。"不待言"是无为，"四时行"是无不为。吴澄认为，道之"常无为"是"久而不变，非特暂焉而已"，虽"一无所为"，然于所当为之事，则"无一不为"。"若无为而事有废缺，则亦何取其无为也哉？"此之"无为"，盖是"性焉安焉"者。"无为"以其"久而不变"，则独立不改、恒自不贰。"一无所为"，是不宰、不执其为。"无一不为"，是周行其为。以"无为"能"无不为"，故取其为道术。作为"性焉安焉"者，"无为"是诚为不已，自然而然。薛蕙以《列子》的无知而无不知、无能而无不能思维作解，认为道虽常无为，然天下之物莫非"道之所为"。莫非道为，则为者无外。他又引程子之言云："老子曰'无为'，又曰'无为而无不为'。当有为而以无为为之，是乃有为为也。圣人作《易》，未尝言无为，惟曰'无思也，无为也'，此戒夫作为也；然下即曰'寂然不动，感而遂通天下之故'，是动静之理，未尝为一偏之说矣。"（引自《二程集》，中华书局2004年版，第76页）薛氏认为，《老子》此言正与《易》合，而程子以《老子》"当有为而以无为为之"为用其私，是其论的不公允。《老子》"无为而无不为"。何尝不是动静一体？为而不妄，为当其理、故为"有为为"。"当有为而以无为为之"，正是"戒夫作为"，非是"用其私心"。其实，"至人静而无为，有不待言；至于动而应物，则又顺物自然，而无容私焉，是亦未始有为也。故曰在己无居，形物自著，其动若水，其静若镜，其应若响，此至人之心已。"以《老子》思维言，"静而无为"，是为"无容私"的"在己无居"；"动而应物"，是顺物自然的"形物自著"。"其静若镜"是为无容私，"其动若水"是为于因变，"其应若响"是随顺以为。关尹子的"至人之心"，只是迫而后动，而没有《老子》的道术妙用。《老子》之学，非是独守其虚无的"不应事"，而是"不恃其虚无之本"的"任虚无以应事"。王夫之解《老子》"可以为天地母"一文云："可以为者，天下推之而不歉也，非有心于天下。"为非有心，是以天下为天下。无为不宰，曲成万物，故天下乐推而不厌。

（四）寂感一如

唐玄宗云："妙本清静，故常无为。物恃其生，而无不为也。"又云："万物恃赖而生成，有感而必应，故无不为也。"清静无为是"寂然不动"，物恃其生、有感必应是"感而遂通"。以《老子》思维言，"有感必应"只能是"万物恃之以生而不辞"。杜光庭进一步指出，"无为"为"寂然不动"，是"妙本之体"；"无不为"为"感而遂通"，是"妙本之用"。"体用相资，而万化生"。若"扣之不通，感之不应，寂然无象，不能生成"，以此无为何益玄化？若复"循迴不息，动用不休，役役为劳，区区无已"，以此有为何所宁息？惟当"在为而无为以之制其动，在无为而为以检其静，不离

于正道，无滞于回邪"，则可与言"清静之源"。有"妙本之体"，则蕴"妙本之用"，故相资以生万化。执著无为则无生成之妙，执著有为则役役为劳，二者皆非"玄"性。为于无为，则虽动不妄，不离正道；无为而为，则虽静而动，无滞于寂。"清静之源"，是"无为之为"，无为而无不为。陈景元认为，"无为"为"道之常"，是"湛寂不动"；"无不为"为"应物而动"，是"物皆自用"。以《老子》思维言，恒道"湛寂不动"，是"为物"的"独立不改"；"应物而动"，是生物辅助的"周行不殆"。以心性言，"湛寂不动"是理之静，无有作好作恶；"应物而动"是理之动，循理时中善为。以《易》的思维言，"无为"是"寂然不动"，"无不为"是"感而遂通"。合言之，是为而不易，为无不善。李嘉谋解云："道自无而入有，始于喜怒哀乐之萌，而极于礼乐刑政之备。"以恒道本体言，自无入有是"道生一"至"三生万物"；以道理心性言，"喜怒哀乐之萌"是"未发之中"，"礼乐刑政之备"是"已发之和"。"无为"是为无以为，无杂喜怒哀乐之私情；"无不为"是为无不宜，一一而泛应曲当。董思靖直接以《易》的思维解之，认为是"寂然不动，万理毕具，感之则应，万事不遗"。"寂然不动"中"万理毕具"，是无为之体中涵摄无不为的妙用潜能。"感之则应"中"万事不遗"，是无所不为中涵摄无以为的无欲不宰。以《老子》思维言，恒道"无为"涵摄"无不为"，后者既是前者的无形、不测和不可名的意旨，为潜能、潜质；又是无方、无限和不可测的意旨，为功为、功效。徐大椿指出，道的"寂然不动"是"无所为"，然"天下之为"皆不能离道，是"道之为"。以《老子》思维言，通天下之为是大道之为，道的"无不为"统摄"天下之为"。刘骕和云："盖无为即不自造作，无不为即不自退避。"若隐逸之徒，"刻意退避，不独不合无不为之旨，且自心刻意不为，即属有为，并非无为"。《老子》无为固然是"不自造作"，然不仅如此；无不为固是"不自退避"，然不只如此。"刻意退避"，是执著无为，死守不为。"刻意不为"是有为，执著无为。执著有为，则不能无不为；执著无为，非是真无为。

（五）无名有名

陆希声云："道之所以为常者，以其体无名，故无为；用有名，故无不为。"此显然本自《老子》"无名"思维，受《庄子》"无名故无为，无为故无不为"的思想影响。道体无名无为，人法循之，则以无为为心，不滞功迹，功成而不名有。无有为之心，则无有为之迹，无可名之名。执于有为心迹，不如心迹皆忘。恒道之体无体，固然不可名，为于无名，则无为无名。"无为"是不定其为，因其无形，故不可名。有名来自无名，故无名用有名。与此相应，无为用有为。为者定为，有形故可名。为有万殊不同，故用有为则无不为。恒道无为，其用不可测，故不见其迹。虽无形可见，但可因物生所为以揭蔽、见证其无不为。无名的"无为"，以其能生化万物，无不范围，故是"无不为"。吕惠卿云："万物皆有名也，而道常无名，则有名者，莫不为之宾，故言万物将自宾，则以无名言之。虽然，此知无为而已，无为而无不为，则未尝有夫

无为也，故万物将自化。"有名有形之实，故为物性。无名无状之状，故为道性。"有为"有形有名，而"无为"无形无名。以物自宾为有名，通言"万物将自宾"则为无名。知无为，则以无名用有名，以无为成无不为。虽己无为，然在"万物将自化"中又见其无不为。有名则知止，复于无名之朴。朱敦毅以《老子》第一章的要旨解之，"道可道，非常道。名可名，非常名。无名天地之始，有名万物之母。无名无为，惟无为，故无不为。"固然，"无为而无不为"的思想与"道可道，非常道。名可名，非常名"的思维具有同构性、一贯性。恒道存在，以其体不可道、不可名，故是无形无为。以其无为无形，故不可名、不可道。无为以其不定为，故与不可道、不可名相为贯通。无名无为是本体，有名有为是妙用。正如无名生成、涵摄有名，无为涵摄有为而不测其为。

简要梳理《老子》"无为而无不为"的思想，大略可有以下层面的涵义。

（一）恒道"玄妙"质性。恒道"无为而无不为"，是有为与无为的统一。以其通于一切化为、无物不以之生成是大为，以其自在自为、为而不贰是独为，以其无不能为、无匹合于天下是通为，以其无处不有、无时不在是周为，以其为而不殆、周行其为是至为。恒道之为，是统摄万物一切功为的无所不为，它具有无待绝对性、周遍无限性、悠久无疆性。正如"无状之状"思维一样，恒道之为是"无为之为"，以无为而成万殊之为。与有为定向、一曲不同，它是为而无体、微妙无形，是妙用无方、为而不测。恒道"无为"，既是对"有为"有形有限性的否定，又是具有本源性、涵摄性的"无不为"。恒道作为"四大"中的至大存在，其自本自根的"无为"，具有无所不为、无为不以其为的绝对质性。正如"泛兮其可左右"的思维，恒道"无为"是不定一为，而遍在于万物的一切功为，无为而无不为。

（二）恒道"自然"玄德。道性"无为而无不为"落实在德行上，是"为无为"。"德"来自"道"，亦是对"道"的深化和拓展。"为无为"相对于世俗执为言，其与守柔、以慈、持俭、用弱、不争、守中、守母、守雌、守黑以及致虚极、守静笃、不敢为天下先、不自见、不自视、不自伐和不自矜等观念融贯一体，相互涵摄，相为阐发。"为无为"作为"玄德"，是"自然"的人格德性。"为无为"的内涵包括两个方面：一方面是为而不积、为而不恃、为不名有、为而不贰和为而不测，另一方面是为而不宰、为无以为、为于容公、为于因循和为于曲全。前者是"无为"，后者是"无不为"。以"玄德"言，"为"者是道生、德畜、物形、势成，"无为"是"不恃"、"不宰"、"不有"以及"身退"、"弗始"、"不居"。以德术言，"为"是用人之为，因循以为，统属臣下之为；"无为"是无欲、无智、不敢、无执等无容私、无妄作。相对习俗之人"有以为"情实言，"为无为"是为"无以为"，它是"不为而成"。作为"自然"的玄德，"无为而无不为"是"上德无为而无以为"。"为无为"，则无私为，无私赐，无私仁，故能"无弃"、"不遗"、"不殆"。以其"化均"、"治一"的德性言，是周行其为，无所不为。

（三）恒道"无为"法式。恒道既有"无为而无不为"的存在质性，就可为效法、遵循、利用的楷式。效法以为玄德，是"为无为"的德行法式；效法以为楷式，是"执一无为"的道术法式；效法以为常则，是"无为而治"的治术法式；效法以为兵略，是"以静制动"的用兵法式；效法以为心术，是虚无因循的善能法式；效法以为事务，是"任虚无以应事"的权宜。无为是本体，无不为是妙用。以无为修身为内圣，以无不为治国则外王。前者是"不争"，后者是"天下莫能与之争"；前者是"无私"，后者是"成其私"；前者是"不自生"，后者是"故能长生"；前者是"不敢为天下先"，后者是"故能成器长"。恒道"无为"是微妙无方体的"容乃公"之为，"无不为"是周遍不可测的"曲则全"之为。

（四）恒道"因循"理性。正如"圣人无心，以百姓心为心"的思维一样，恒道之为是善利万物而不争、不辞，"与善仁"，"利而不害"。善利之为，是因物付物，为"以鸟养养鸟"的曲成辅助思维。恒道"善为"的本质，是以对象为中心，资物所生，养人所求，有求必应，有需必与。它与儒家"天听自我民听，天视自我民视"以及"民之所欲，天必从之"的思维具有同构性。这种因他物所需以给予的"他为"模式，是恒道功为的本质，它与为从己出、以己养养鸟的"己为"模式正好相反。"他为"模式，既是不先物为、不凿智为、不自妄为，同时是因循以为、辅助而为，曲成所为。己无为的同时是因循以为，而"因为"的模式，首先在于承认事物客观规律存在的知识理性，尊重人物自身自在地位的道德理性，倡导因时因物、"时中"而为的实践理性，以及参同天地、与大道为一的人格理性。

三、传承发展

下面，主要从《庄子》《道德经指归》《文子》等文献，进一步揭示《老子》"无为而无不为"思想的发展。

（一）《庄子》之论

《庄子》的传承发展主要体现为以下五个方面。

1. 大道质性。"道"的"无为"是"无为无形"，而"无不为"是"神鬼神帝，生天生地"（《大宗师》），万物无不以之生成。"天无为以之清，地无为以之宁，故两无为相合，万物皆化。芒乎芴乎，而无从出乎！芴乎芒乎，而无有象乎！万物职职，皆从无为殖。故曰天地无为也而无不为"（《至乐》）。天地各自无为，然无为中有相合之为，以及能化万物的无不为。天地以无为殖万物，故无不为。在"天地无为也而无不为"中，见证了大道的"无为而无不为"的存在质性。天地"无为"，赖于大道的"无不为"。"至阴肃肃，至阳赫赫。肃肃出乎天，赫赫发乎地。两者交通成和而物生焉，或为之纪而莫见其形。消息满虚，一晦一明，日改月化，日有所为，而莫见其功。生有所乎萌，死有所乎归，始终相反乎无端而莫知乎其所穷。非是也，且孰为之宗！"

（《田子方》）恒道之为是"为物"、生物，虽然此言阴阳、天地交合生物，然在生生的绝对质性上相同。成和生物、"日有所为"和善生善死，揭示"为"的必有、恒存、周行。"莫见其形"，是为而无形；"莫见其功"，是功为不测；莫知所穷，是为而不息。二者合起来，是大道"无为而无不为"的存在质性。"物物而不物于物"（《山木》），也是"无为而无不为"。"物物"是"无不为"；"不物于物"，是"无为"。正因"无为"，不落入物，方能恒自"物物"，无不为。"万物殊理，道不私，故无名。无名故无为，无为而无不为。"（《则阳》）无为无形，无私无名。无为则为"容乃公"，无不为则为"曲则全"。

2. 逍遥自适。在《老子》中，"无为而无不为"是道德质性、道术法式，《庄子》使之发展为与大化合一、心灵自由的境界。正因为造化"无为而无不为"，自然而然，故人只要同于造化之为，以造化为己为，就能逍遥自适，无不可为，游于无穷。"若夫乘天地之正，而御六气之辩，以游无穷者，彼且恶乎待哉！"（《逍遥游》）造化无待，己与造化一，故亦无待。无待无为，一于造化之为，通于万物之化，故无不能为。凡人有己则有物我之分，为有定方则有限。只有无己，方能同于大道之为，则其为无形、无名、不测。无为则与天地同，无功则与造化同功。与造化为一，要去己智故执为，然后能"复通为一"（《齐物论》），成物无不可、无不然。在化境上，"无为而无不为"是一不化而万化未始有极。至人，"审乎无假而不与物迁，命物之化而守其宗"（《德充符》）。"不与物迁"，是无为，不化于物；"命物之化"，是无不为，化化无极。逍遥无为的境界，是"体尽无穷，而游无朕"（《应帝王》）。"体尽无穷"是体于无为的化无方，无有定体；"游无朕"是用无不为的无不逍遥，无有定用。逍遥无为自适，是在认识"道通为一"基础上的心灵自由体验。

3. 无为任化。如果说逍遥自适是对"无为而无不为"的精神体验，那么无为任化则是至人化物的至为境界。只有"坐忘"，除己知为，方能"化其道"。大人者，"大同而无己（《在宥》）"，故"尽其所怀，为天下配"。无己则无方，则"出入无旁，与日无始"。大同则与天地为友，通于造化，无为不可。玄古之君天下，以天德无为，"无为而万物化"（《天地》）。己无为不宰，则辅助自然自化。"古之畜天下者，无欲而天下足，无为而万物化，渊静而百姓定。《记》曰：'通于一而万事毕，无心得而鬼神服。'"通无欲、无为、渊静为一，是通一于自然无为。执"一"无为，则使天下足、万物化、万事毕、鬼神服、百姓定，此非无不为？圣人以虚静无为推于天地、通于万物，"动也天"，"静也地"（《天道》），故"一心定"而王天下、万物服。"古之王天下者，奚为哉？天地而已矣"。同天地之为，则己无为而任天下自为。至人一于无为，则任天下各自为。《庄子》无为任化观念淡化了道术的"因为"意蕴，遂为郭象所传承发展为"独化"论，消解了圣人的有为存在。

4. 道术法式。"无为而无不为"的思维，落实在帝王治理上是"无治而无不治"。明王之治，"顺物自然而无容私"是"无为"，"立乎不测"、功盖天下和化贷万物是

"无不为"。治无容私，是无私无为；因物付物，是无所不为。无为是"尽其所受乎天而无见得"的"虚而已"，如此则"用心若镜，不将不逆，应而不藏"（《应帝王》），故能达致"胜物而不伤"的无不为。就圣治言，"无为"既是去己妄为，又是用人之为，故能无为而无不为。帝王以无为为"不易之道"，"上必无为而用下，下必有为为天下用"（《天道》）。善用下则己不专为，用下之为则各尽所为，故无为用天下则有余。"有为"是有限之用，为天下用故不足。上之无为与下之有为，是相为依赖、相为存在条件的。若下与上同无为，则无"有为"之用；若上与下皆有为，则无"无为"之妙。古王天下者，德配天地，故"知谋不用"，不自专为；又"乘天地，驰万物"，而秉持"用人群之道"，故"无为而天下功"。

5. 至为去为。"无为而无不为"，又是"至为去为"。"道不可致，德不可至。仁可为也，义可亏也，礼相伪也。……故曰：'为道者日损，损之又损，以至于无为。无为而无不为也。'"（《知北游》）道大德广，何可致诘？仁者有不为，义者有所亏，礼者有其伪，故修大道在于减损有为之执，达至无为之境。无为则无己，"至为去为"，故能因物以成，遂理当为。圣人处物在于"不伤物"，唯无所伤者为能"与人相将迎"。只有不伤物，方能"物亦不能伤"（《知北游》）。犹如"至仁无亲"思维，至为首先要去其私为，"彻志之勃，解心之谬，去德之累，达道之塞"（《庚桑楚》），如此则能正静虚明，"虚则无为而无不为"。"虚"是损之又损，以至于无为，最后达致"唯同乎天和者为然"。"出为无为，则为出于无为"（《庚桑楚》）。为于无为，则缘于不得已；同于天和，则无所不为。"精至于无伦，大至于不可围，或之使，莫之为，未免于物而终以为过。或使则实，莫为则虚。……或之使，莫之为，疑之所假。……道不可有，有不可无。道之为名，所假而行。或使、莫为，在物一曲，夫胡为于大方？"（《则阳》）"或使"执于"有为"，"莫为"执于"无为"，二者限于物论，故皆是"在物一曲"。而实质上，道是"或使"和"莫为"的统一，二者为所假而言，各揭示其可道一面。大道"为物"，以其生畜化育为"或使"之"为"，以其无穷不测、不可名为"莫为"。前者是"为物不贰"的"或使"，后者是"生物不测"的"莫为"。道固不可以"或使"言，也固不可以"莫为"言，而是二者的相互涵摄："为"中涵"莫为"，"无为"涵"或使"，故为"大方"。大方非是方于一方，而是无方之方，方而无方。正如有欲、无欲同谓之"玄"一样，有为、无为之间是"玄之又玄"。恒道存在质性，是无"有为"则无"无为"，无"无为"也不能恒"为"。至为去为，则为而不执，是无为之为，至为无为，无为而无不为。

（二）《指归》之论

严遵揭示"无为而无不为"的意蕴，包括以下几个方面。

1. 一而无为。"一者，万物之所导而变化之至要也，万方之准绳而百变之权量也。一，其名也；德，其号也；无有，其舍也；无为，其事也；无形，其度也；反，其大

数也；和，其归也；弱，其用也。故能知一，千变不穷，万输不失。"（39章注）"无为"是"一"之事，以揭示"事善能"的意旨。一、德、无有、无为、无形、反、和和弱，皆是大道之可道、可名者，它们相互之间融贯、互摄，共同构成大道的无限质性。"一"者无为，故能导万物化，权量百变，千变不穷，而无不为。从"无为"的逻辑看，"一"是其本体，中涵"无为而无不为"的质性；"德"是其自然，为而不恃，为而不宰，为而不争；"无有"是其功为质性，功为不居，不测其为而非定有；"无形"是其存在况谓，无定形。不可名状；"反"是功为样式，有为反于无为，无为成其有为；"和"为其存在内涵，无为不伤物，无不为成万物；"弱"为其用的方式，无为是不宰、不迫、不害，无不为是曲成、因循。

2. 无为之为。"有为之为，有废无功；无为之为，成遂无穷，天地是造，人物是兴"（43章注）。"有废无功"，揭示出"有为之为"的相对性。有为则有不为，而不能为者则是无功。"成遂无穷"，揭示出"无为之为"的绝对性，它是为于无限，无所不为。"道德无为而天地成"。"无为之为"是以无为涵摄有为，就有为而以无为镇之，有为无方就是无为。"庄子曰：虚无无为，开导万物，谓之道人。清静因应，为所不为，谓之德人。兼爱万物，博施无穷，谓之仁人。理名正实，处事之义，谓之义人。谦退辞让，敬以守和，谓之礼人。"（38章注）大道以"虚无无为"而"开导万物"，至德以"清静因应"而"为所不为"，二者皆是"无为而无不为"。不过二者内涵有别，前者自然，因物付物；后者是因循，辅助曲全。至仁以"兼爱万物"而"博施无穷"，诚于有为则若无为，故德配天地。至义以"理名正实"而"处事之义"，理于宜则若无为，故精义入神。至礼以"谦退辞让"而"敬以守和"，周旋之则若无为，故泛应曲当。五者各有侧重，然同是为于事理，为于时中，为若无为，无为而无不为。"无为之为"，为"万物之根"，之所以如此在于"无为之为"是"为之始"。它是"变动虚玄"的"道德之化"，荡默无形、浑沌无端的"无为之为"，可以"开导禀授，无所不存"，成就"功成遂事，无所不然"（48章注）的功效。作为"无为之为"的本始"无为"，一切有为皆从其出，故通于所为则为无不为。"道以无为之为品于万方而无首，德以无设之设遂万物之形而无事"（51章注）。"无为之为"是道性的绝对本体"无为"，"品于万方而无首"是在"无不为"中始终保持"无为"的道性。"无设之设"是德性"无为"，"遂万物之形而无事"是在"无不为"中始终秉持"无为"的德性。大道"无不为"的功用内涵，是"陶性命，冶情意，造志欲，化万事"。"无为之为"，是"可则而不可陈"（56章注），故"因循天地，与俗变化，深入大道，与德徘徊"。"可则"是因循殊理以曲全，"不可陈"是"不可致诘"。

3. 独立之为。大道以无为为至为，因为只有无为方能无所不为。道者以无为为体，既是"无形无状，无心无意，不忘不念，无知无识，无首无向，无为无事，虚无澹泊，恍惚清静"（52章注），又是"变于不变，动于不动"的"独立不改"，还是"反以生复，复以生反，有以生无，无以生有，反复相因，自然是守"的"周行不殆"。作为至

为，正如"无名，天地之始"一样，"无为"是"道之身体而天地之始"，故"无为为之，万物兴矣；无事事之，万物遂矣"。"无为而无不为"的思维同构和具体运用是，"无为微妙，周以密矣；滑淖安静，无不制矣；生息聪明，巧利察矣；通达万方，无不溉矣"。正如"有名，万物之母"一样，"有为之元"为"万事之母"。圣人得以"与物反"，故能"达道之心，通天之理，生为之元，开事之户，因万方之知，穷众口之辩，尽异端之巧，竭百家之伎"。大道作为独立之为，是以无为成万殊之为；圣人体道以为至为，因循以为，故为无不为。以道德言，因其"不为智巧"，故能"陶冶天地，造化阴阳，而天地不能欺"。反之，"道释自然而为知巧，则心不能自存，而何天地之所能造，阴阳之所能然也？"以天地言，因其"不为知巧"，故能"含吐变化，杀生羣类，而万物不能逃"。反之，"天地释自然而为知巧，则身不能自生，而何变化之所包，何万物之所能全？"以本体存在言，"虚无无为无知无欲"是"道德之心而天地之意"；以圣人作为言，"清静效象无为因应"是"道德之动中天地之化"（53 章注）。大道以无为为常，其体"无有之形、无状之容"（62 章注），其用能"开虚无，导神通，天地和，阴阳宁"，而成"调四时，决万方，殊形异类，皆得以成"的无不为功效。

4. 因时应变。无为无不为思想，体现在变化上是"动善时"和"与造化一"。"损心弃意，不见威仪，无务无为，若龙若蛇。违礼废义，归于无事，因时应变，不豫设然。秉微统要，与时推移，取舍屈伸，与变俱存。"（38 章注）"损心弃意"、"违礼废义"和"不豫设然"，是"无务无为"的"莫从己出"；"不见威仪"、"若龙若蛇"和"取舍屈伸"，是"归于无事"的"与化为一"。"与时推移"和"与变俱存"，是"秉微统要"的"因时应变"。这里，无为是曲己从变，"无不为"是造化无极。"空虚无积，与物俱变，无为为之，与物俱然。"（81 章注）只有"空虚无积"，方能"与物俱变"；只有"无为为之"，方能"与物俱然"。因循是无为的归宿，非是一无所为，而是无所不为。要"无为以为为"（56 章注），一要"清静以治己"，因"为'为'之为"是"丧真之数"，而"无为"方是"成功之至而长存之要"。圣人"为不为之为"，故"为以止为"。"止为之术"，在于"去人与智"（70 章注）。一要"平和以应时"。作为道术，它是"要物之本，秉事之根，独与众异，天下莫闻"。秉持事物根本，是因循以为，因时应变。恒道之为，是在无为因时中成就其时措之为的无不为。

5. 无为因顺。"无为无事"的前提在于虚己无己，其归趣在于因性顺命。若无为因顺，则万物自然，同于道德。"无心无意，无为无事，以顺其性；玄玄默默，无容无式，以保其命。是以阴阳自起，变化自正"；"无知无识，无为无事，以顺其性。无度无数，无爱无利，以保其命。是以山川自起，刚柔自正"；"不思不虑，无为无事，以顺其性。无计无谋，无向无首，以保其命。是以消息自起，存亡自正"；"不欲不求，无为无事，以顺其性。不仁不义，不与不施，以保其命。是以虚实自起，盛衰自正"；"去心去志，无为无事，以顺其性。去聪去明，虚无自应，以保其命。是以和平自起，万物自正。"（39 章注）无己，既包括去除心意、知识、思虑、计谋、欲求、心志和聪

明等私念，也包括去除容式、度数、仁义等前识，保持"玄默"。无为，包括无事为、爱利、向首、施与等。无为因顺，不挠不宰，故能虚无自应，任阴阳、山川、消息、虚实和和平自起，使刚柔、存亡、盛衰和万物自正。合而言之，是"体道合德，与天同则"。因为"无知无识无为无事之有大功"（47 章注），故圣人之为君，"不知以因道，不欲以应天，无为以道世，无事以养民"。以其"上与神明同意，下与万物同心"，故"动与之反，静与之存"，玄默使化自得，虚寂使物自然。"以为为"，则"为而不成"。以"无为"为教，则无不开导。唯"无为"者，能"顺其则"，"正在福祸之间，无所不克"（57 章注）。至人以"无所爱恶"的无为，能"与物大同"（62 章注），故能使"羣类应之"，任"各得所行"，无所不为。"无为"，从施为主体言是去己私意、莫从己出，从施为对象言是不宰不挠，因循辅助。

6. 圣治无为。昔之帝王，从无为以治，行不言之教。虽有为于"经道德、纪神明、总清浊、领太和"，然非是"务以明民"，而是"涂民耳目，塞民之心，使民不得知，归之自然"。教以不知、无形，使"孝悌不显，仁义不彰。君王无荣，知者无名"。因"无教之教"，而"洽流四海"；因"无为为之为"，而"通达八方"。从帝王治德言，就要"无知无欲，无事无功"，做到"动与天地同节，静与道德同容"，达致"万物并兴，各知其所，名实俱起，各知其当"的无不为。帝王之道，是"无事无为"。它包括两个方面内涵，一是去己固执，不自专为。"目无所视，耳无所听，心无所图，口无所言"；一是因循以为，用人之为。"百官趋职，主无与焉"；"前后左右，各有所任，因应以督，安其成功"（72 章注）。己不专为，方能用人之为，达致无所不为。

(三)《文子》之论

在继承《老子》道性"无为而无不为"思想的基础上，《文子》更侧重对其道术、治要内涵进行了深入揭示。

（一）微妙至神。大道无为，"无为即无有"，而"无有"是"不居"的"无处无形"（《精诚》）。无为无形，既是不可见闻的"微妙"，又是"无不为"的"至神"。"夫道，无为无形，内以修身，外以治人，功成事立，与天为邻，无为而无不为，莫知其情，莫知其真，其中有信。"（《道德》）"无为"以道体言是"莫知其情，莫知其真"的"无形"，"无不为"以道用言是"其中有信"的"功成事立"。作为"无不为"的功用，既可以修身，又可以治人。圣人以为道用，故功用可以"与天为邻"，而所为"无所不宜"。人事万殊，各有所为，通其为是无不为。"大道无所不可，可在其理，见可不趋，见不可不去，可与不可，相为左右，相为表里"（《自然》）。一可一为，无不可则无不为。大道无可而无不可，即是"无为而无不为"。"道生万物，理于阴阳，化为四时，分为五行，各得其所"，既是"无不为"，又是"无不可"。"无不可"是"无不为"的无不理。天地之道，在于"无为而备"《自然》），正如"江海无为以成其大"。无为，能无不为，故备。"无为"以其微妙，故为"无不为"的"至神"。

　　（二）执道之要。以大道"无为而无不为"为宗，可为道术、法式。大丈夫以其"恬然无思，恢然无虑"而"莫从己出"，用其因循以为则"以天为盖，以地为车，以四时为马，以阴阳为御"，故可成其"行乎无路，游乎无怠，出乎无门"（《道原》）的"无不为"效验。以天为盖，则无所不覆。以地为车，则无所不载。以四时为马，则无所不使。以阴阳御之，则无所不备。无为作为道要，是以"不易自然"为根据，以"不先物为"为前提，以遵循效法为关键，通过修己不自专为，运用因循以为的道术，则可达致"无不为"的境界。只有"执道之要"，方能观无穷之地。天下之事不可执为，"因其自然而推之"，则无不遂；万物之变不可穷究，"秉其要而归之"，则无不知。圣人内修其本，去其智故，故能"漠然无为而无不为"，也能"无治而无不治"（《道原》）。"因其自然"作为道要的"无为"，是"因物付物"，因物所可而可之，因物所然而然之，则无不能为，无不成功。圣人执道以御民，是"事来而循之，物动而因之"（《道原》）。因循事物，故能于"万物之化"而"无不应"，于"百事之变"而"无不耦"。"执道之要"作为道术，来自对大道存在质性的效法。大道以"终始无形、寂然不动"为"无为"，以"陶冶万物"为"无不为"。圣人体之，以虚无清静而"不先物为"，以"怀天道，包天心"而"因循以为"，以"与天同心，与道同体"为"为无为"。圣人轨于大道，就能以天地为品，以万物为资，与天地配，"为天下母"（《精诚》）。执道之要，是"通于道者如车轴，不运于己，而与毂致于千里，转于无穷之原"（《道德》）。圣人体道反性，"不化以待化"，故能"动而无为"。"不运于己"是己自无为，"致于千里"是周行其为，"转于无穷之原"是无不为，"与毂致于千里"是因循以为。"不化"是无为，"待化"是无不为。只要"得道之宗"，则能"并应无穷"（《下德》）。"无为"为道宗，"并应无穷"是其用"无不为"。何以能如此？在于"因道理之数"。以无为因循为道要，则"因物以识物，因人以知人"，故积力以举则无不胜，用于众智则无不成。道之宗要为"无为之为"，它犹如权衡规矩，"一日形之，万世传之"（《下德》）。正因其"一定而不易，常一而不邪"，故能"方行而不留"。常一一定是不易不邪的"无为"，方行不留是无私轻重的为不恃、无不为。执道之要，正如因资以乘。"乘舆马者，不劳而致千里；乘舟楫者，不游而济江海"（《上仁》）。圣人执一因乘的关键，在于善于用人之力，"以天下之目视，以天下之耳听，以天下之心虑，以天下之力争"。以天下观天下，则能以天下治天下，无为无不为，为而无不宜。正因恒道"无为"中蕴涵"道法自然"之旨，故能因循、曲成而"无不为"。

　　（三）执一无为。"执道之要"，具体言说是"执一无为"，因为"一"是"无形者"的大道。"一"者，以其"布德不既，用之不勤"为功用不测，以其"视之不见，听之不闻"为微妙无形，以其"有生于无，实生于虚"为功用至极，以其"无形而有形生焉，无声而五音鸣焉，无味而五味形焉，无色而五色成焉"，故"无匹合于天下"（《道原》）。正因"一"为万物之本，故是"一立而万物生"。"一"者，以其无形故必是无定为、为无方的"无为"，以其万物赖之生成故必是功用至大的无不为。大道是

"一而无为"，圣人用之以为道术是"执一无为"。圣人"执一无为"，是"以道镇之，而不损冲气"的应用。它的具体内涵是"见小守柔，退而勿有"（《九守》）。"以道镇之"，是反"一"无为。"见小守柔"是"执一"，"退而勿有"是"无为"，二者融贯一体。"执一"必"无为"，"无为"必"执一"。"执一"，既是"无为"，又是因循。"执一无为"，就是"因天地与之变化"（《道德》）。循道无为，则因物成化。道性是"因物付物"，道术是曲循因为。"御之以道"，就要"养之以德"。前者是一统万殊，后者是一一曲成。既要"以鸟养养鸟"，必须摒弃"以己养养鸟"，故对己言则要"损而又损，以至于无为"，以"损而执一"为术。损而无为，从"为而不恃"言是"无矜无伐"，从"莫从己出"言是"无示以贤，无加以力"，从制己情欲言是"无处可利，无见可欲"。因为"示以贤则民争，加以力则民怨"，故"俭以自全，不敢自安"（《道德》）。"执一"作为道术，是以"一"应万。"见本而知末，执一而应万，谓之术。"（《微明》）"一"为道本，无形涵摄有形，崇本以举末，以一应万殊。"执一"是以道御物，亦是因物为物，故能应无不宜。"立天下之道"，在于"执一以为保"（《自然》）。"执一"则"反本无为，虚静无有"，"虚静无有"则不主宰为，"反本无为"则因循曲成，故无所不为。

（四）因循以为。"执道之要"作为"执一无为"者，包涵"因循以为"在其中。"无为而无不为"道术的关键在于因循以为。以举事言，事理万殊，只有因循其理，方能为无不适。圣人知事物理殊，故"因资而立功"（《道原》）；知时变理异，故"随时而举事"；知时变无常，故"因循而应变"；知时变不易，故"常后而不先"。归结言之，是"循理而举事"（《自然》）。以治人言，人性不同，故要因人治人。"以道治天下，非易人性也，因其所有而条畅之。"（《自然》）"以道治天下"，是以天下治天下。正如潢水在"因水之流"，生稼在"因地之宜"一样，治理必"因民之欲"，条畅之则无不宜。能因即大，得民心则举事宜。以制法言，是因性节文。先王制法，在于"因民之性，而为之节文"（《自然》）。"因其性"，则"天下听从"；"怫其性"，则"法度张而不用"。圣人之所以能不出户而知天下，贵在于"因"："因物以识物，因人以知人"（《下德》）。因物识物，则触类旁通；因人知人，则知己及人。因循以为，是辅助自然，成物所然。一是"殊体而合于理"（《淮南子·修务训》），因其所然而然之，故曲成使各得其宜；一是"所由异路而同归"，因物以为，因时举事，因资立功，一一因顺而为。因循以为，是为于理为。朱熹认为，道家虚无与因应一体，"虚无是体，与'因应'字当为一句。盖因应是用因而应之之义云尔。"（引自《朱子语类》第八册，第3000页）"虚无"作为本体，涵摄"因应"之用。本心"虚无"，方能"因循"，然后感通时宜。

（五）善治之容。圣人以执一、无为、因循为道要，以为政治是修己用人。在修己上，要静以修身，俭以养生。因为"非淡漠无以明德，非宁静无以致远，非宽大无以并覆，非正平无以制断"（《上仁》）。只有淡漠宁静、无私宽容，方能公平并覆、公正

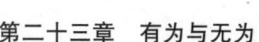

制断，进而为无妄曲。能正平无私，则"喜不以赏赐，怒不以罪诛，法令察而不苛"。在用人上，无智而用众人智，无为而用人之为，故能"臣情得上闻，百官修达，群臣辐辏"。能用人之智，则"耳目聪而不暗，善否之情，日陈于前而不逆"。得用人之道，则贤者尽智，不肖竭力，近者安性，远者怀德。善用道以为天下者，贵在"乘人之资以立功，以其所能托其所不能"(《上仁》)。主与以时，民报以财；主遇以礼，民报以死。古之善为天下者，之所以能"无为而无不为"，就在于"知贤之谓智，爱贤之谓仁，尊仁之谓义，敬贤之谓礼，乐贤之谓乐"(《上仁》)，然后无为而用人，用天下之为故无不为。"为天下有容"，它是"无为而无不为"。"豫兮其若冬涉大川"，是"不敢行"之容，故"退不敢先"；"犹兮其若畏四邻"，是"恐自伤"之容，故"守柔弱不敢矜"；"俨兮其若容"，是"谦恭敬"之容，故"自卑下，尊敬人"；"涣兮其若冰之液"，是"不敢积藏"之容，故"自损弊、不敢坚"；"敦兮其若朴"，是"不敢廉成"之容，故"自亏缺，不敢全"；"混兮其若浊"，是"不敢明清"之容，故"处浊辱，而不敢新鲜"；"广兮其若谷"，是"不敢盛盈"之容，故"见不足而不敢自贤"。圣人之道，"无为而无不为"，因为"退故能先，守柔弱故能矜，自卑下故能高人，自损弊故实坚，自亏缺故盛全，处浊辱故新鲜，见不足故能贤"(《上仁》)。人主无为不争、因循顺从，方能取天下，"百姓乐推而不厌"。

(六)上下异能。无为既是主上的德性、道术要求，又是上下职能、职责的分工。政治职为有君臣之别，君有君为，臣有臣为。君以无为用臣而通于为，诸臣分职以殊为。"人君之道，无为而有就也，有立而无好也；有为即议，有好即谀，议即可夺，谀即可诱。"(《上仁》)人君为于无为，而无不为，故有成就。虽有立意，然是立理所当立，而无偏私好。上有为则下奉迎以议夺、上有好则下阿谀以诱。君道者，非是"所以有为"，而是"所以无为"(《道德》)。君道以"无为"为，是用人之为，通于无不为。人主"以不知为道，以奈何为主"，为不夺之事，循名责实使自有司，则百官之事各有所考，各当其职。臣道者，"论是处当，为事先唱，守职明分，以立成功"。臣道者，是"所以有为"，尽职明分，各遂其事。君臣各当所为，则治理得宜。"君臣异道即治，同道即乱，各得其宜，处有其当，即上下有以相使"(《上仁》)。君者一统百职，无为而无不为。臣者各有所职，尽职则无不尽。上下相使，相得益彰。朱熹认为，"'因者，君之纲。'道家之说最要这因。万件事，且因来做。"(引自《朱子语类》第八册，第3000页)"因"者通其职为，因人用人，使各尽其职。

从以上诠释言，"无为而无不为"具有绝对本体的玄妙质性，"无为"涵摄"无不为"，"无不为"本自"无为"，二者是体用合一，具有本末、因果、微显的关系。郭象因摒弃绝对本体的存在，确立自然观的"独化"，故其虽言"无为"和"无不为"，然失去了二者之间的玄妙质性。"名止于实，故无为；实各自为，故无不为。"(《则阳》注)"名止于实"是己无所与，不主有为；"实各自为"，是各自独化，互不作为。前者虽具有"莫从己出"的思维涵义，然却失去了统摄后者、成为后者的本末关系。

在郭象思想中，"无为"非是为了"无不为"，而是任各自为，只具有不宰的放任意义，而没有了成为无所不为、无所不能的积极涵义。失去"无不为"的效能，则"无为"就失去了绝对本体的意蕴。

三、思维同构

《老子》"无为而无不为"思想，是"有为"与"无为"的统一。就二者的一体关系，儒家也有论述，兹举例以说明。"无偏无陂，遵王之义；无有作好，遵王之道；无有作恶，遵王之路。无偏无党，王道荡荡；无党无偏，王道平平；无反无侧，王道正直。会其有极，归其有极。"（《尚书·洪范》）偏陂偏党、作好作恶是执己好恶、是非的"有为"，因其不合道理之全，故要遵从王道。无偏党、无反侧，是去己执为的"无为"。这里，"无为"非是一无所为，而是"为"于"无为"，因循以为。"为"与"无为"的统一，是王道"荡荡"、"平平"和"正直"的内涵。无"为"，则王义、王道、王路不行；无"无为"，则有意、必、固、我之执，不能遵道以为。能为于无为，遵从王道，则能治国平天下，"无不为"。《易》是"为"与"无为"之统一。"夫乾，其静也专，其动也直，是以大生焉。夫坤，其静也翕，其动也辟，是以广生焉。"（《系辞上》）乾坤为理，静专、静翕是为物不贰、独立不改，动直、动辟是生物不测、周行不殆，故有大生、广生的效验。再以"《易》，无思也，无为也，寂然不动，感而遂通天下之故"言，无思无为，则寂然不动，一循于理；感而遂通，则不贰于理，为无不宜。王畿指出，前者是吾儒说"虚"的精髓，后者是吾儒说"无"的精髓。无思无为，非是"不思不为"，而是"念虑酬酢，变化云为，如鉴之照物，我无容心焉"。它是"终日思"而未尝"有所思"，"终日为"而未尝"有所为"。"无思无为，故其心常寂，常寂故常感。无动无静、无前无后，而常自然，不求脱离，而自无生死可出，是之谓《大易》，……先师提出良知两字，范围三教之宗，即性即命，即寂即感，至虚而实，至无而有。"（引自《王畿集》，凤凰出版社2007年版，第84-85页）吾儒说"虚"，是虚心实理，去其己私、偏执和贪欲，复归于理。以思言，"无思"非是不思，而是思者有异，终日思于循理，未尝思于己私。思而无私，故能如"鉴之照物"，终日思而未尝思。它的思维结构，是道家终日言而未尝言的思维同构。以为言，"无为"非是不为，而是循理而为。"终日为"，是恒以理为，动则循理，不贰其为，无所不为；"未尝有所为"，是无容心、无己与的"莫从己出"，未尝自主专为。心常寂，则酬酢变化一循于理；心常感，则泛应曲当无非当理。常自然于理为，则无动静、前后之执，而循理于动静、前后则无不宜。"良知"之说，与《老子》恒道存在质性具有思维同构性。因有道心与人心、天理与人欲、本心与放心、未发与已发、性命与气质、忠诚与名伪之别，故有"为"与"无为"的分辨和统合。所"为"的是道理、性命、忠诚，"无为"的是去私、窒欲、祛伪，二者一体是道心人心一、性情一、理欲一、理气一。"为"于"无为"，则因理而为；"无为"于"为"，则不主专为。思而未思、为而

未为，是无为之为，为无为。王阳明提出"良知"说，良知为心之本体，既有天理之实，也有"虚灵明觉"。"良知之虚，便是天之太虚；良知之无，便是太虚之无形。日、月、风、雷、山、川、民、物，凡有貌象声色，皆在太虚无形中发用流行，未尝作得天的障碍。"（引自《传习录下》，载《王阳明全集》第一册，浙江古籍出版社 2011 年版，第 116 页）太虚无形，方能任物流行。良知无为，其用在于万物各得其为，故本是无不为。"无知无不知，本体原是如此。譬如日未尝有心照物，而自无物不照。无照无不照，原是日的本体。良知本无知，今却要有知；本无不知，今却疑有不知，只是信不及耳！"（同上册，第 120 页）正如日之本体是无照无不照一样，良知也是无知无不知，它们是恒道"无为而无不为"思维同构。良知本体是知与无知的统一，就照物言，良知不可不有"知"，然"未尝有心照物"，无心于照，又是"无知"。若有心照物，则物非自照，而是以我照物。正因"无知"，故"无物不照"，也即"无不知"。良知本是"无知"，若有知则为前识、智故，不能"无不知"；本"无不知"，如有不可知，便非"至知"。良知以"无知"为本体，以"无不知"为用，体用一体，缺一则不成其为良知。良知的"无知"，既是无有私智，非为"不知知"，同时是虚灵明觉，明镜照鉴，物来皆照，无有不知。就道家的"无为而无不为"思想，牟宗三指出，"假定你了解了老子的文化背景，就该知道无是简单化地总持的说法，他直接提出的原是'无为'。'无为'对着'有为'而发，……有为就是造作。照道家看，一有造作就不自然、不自在，就是虚伪。"（引自《中国哲学十九讲》，上海古籍出版社 2007 年版，第 85 页）《老子》中"无"非限于"无为"，其具有不同层面的涵义，"简单化地总持"是"无形"、"无名"、"无为"、"无用"和"无欲"等的一统说。"无的境界就是虚一静，就是使我们的心灵不粘着固定于任何一个特定的方向上。"（同上书，第 90 页）固定于一特定方向，是"有为"的分殊属性，有定所、定向，则无妙用，不能神无方。"无不为是作用，无为是本"。（同上书，第 91 页）正如"无状"作为恒道本体存在质性为"无状之状"，"无为"作为恒道本体存在质性就是"无为之为"。以"无为之为"为本，则能有"无不为"之用。"道家很完备，无是本，但并不只讲无，将生命抽象了只挂在无也不行，一定要无、有、物三层都讲才完备，才显其全体大用。"（同上书，第 92 页）恒道有为、无为一体的玄妙性，正是在"物物而不物于物"中得以展现，"物物"是有为，"不物于物"是无为，二者皆不离"为物"、生物的质性。前者是"为物不贰"，后者是"为而不恃"，统言之是生物不测。成中英认为，"无为是不特意去作某些事情，无不为是依事物中的自然性去做任何事情。"（引自《中国哲学的特性》，载《成中英文集》第一卷，湖北人民出版社 2006 年版，第 10 页）"不特意"，是"莫从己出"的"无以为"；依事物自然性而为，是因循以为，曲成无不为。陈鼓应指出，"'无为'乃是一种处事的态度和方法；'无不为'乃是指'无为'（不妄为）所产生的效果。"（引自《老庄新论》，商务印书馆 2008 年版，第 155 页）"无为"，既是德行、道术，更是道性、绝对本体的质性。"无不为"，非只是效果而已，亦

是潜能、能力。"无不为"功用潜在于"无为"之中。刘笑敢提出，"老子讲无为，绝非意味无所事事，全不做事。所谓无为，字面上看是全称否定，实际上所否定的只是通常的、常规的行为和行为方式，特别是会造成冲突、必须付出巨大代价而效果又不好的行为。这种否定同时肯定了另一种'为'，即不同方式的'为'，可以减少冲突并能达到更高效果的'为'。"（引自《儒家经典诠释方法》，华东师范大学出版社 2008年版，第 248 页）《老子》所言"无为"是绝对本体存在的质性，它超脱有为、无为的相对思维，是无以为、不执为、无不为的统一。作为绝对存在的至为，是有为与无为的统一。以"无以为"的"无为"言，它是取舍、抉择的道德之为，固非全称否定，摒弃一切作为，而是不为于"有以为"的执为、妄为。以"不执为"的"无为"言，它是"为而不恃"，功成不居，为而不贰。以"无不为"的"无为"言，它是不定为，无形为不测为。他又指出，"'无为'是方法、原则，'无不为'是效果、目的。这与阴谋不同的是，阴谋是利己而害人，无为而无不为是着眼于天下的利益、共同的利益。阴谋是不可告人的，老子的哲学是公开宣示的。阴谋是没有原则、不择手段的，老子的方法原则是一以贯之的。"（同上书，第 248 页）从《老子》思维言，"无为"固具有方法、原则的道术内涵，但不仅于此，它还是一种德行、能力。"无不为"非只是效果、目的，还是潜能素质。《老子》"无为而无不为"的道术，之所以与阴谋不同，乃在于自然而然，为"无以为"，没有私利目的，同时是以所为对象为中心的"他为"模式，善利、曲成万物。虽功成事遂，而守于"无名"，保持"上德不德"。

最后，对本节内容做简要概述。《老子》"无为而无不为"思想，超越于"有为"与"无为"的对待关系，它是"有为"与"无为"的统一，为"无为之为"的"至为"。与恒道"不可道"的思维相类，作为绝对本体存在质性的"无为而无不为"是"至为无为"，它与"无状之状"、"大象无形"、"至誉无誉"和"上德不德"等具有思维上的同构性。这里"无为"涵摄"有为"，"有为"源自"无为"，二者相互依存、互为条件，有机一体，具有"无不为"的玄妙质性和效用。《老子》的主旨，显然在提供有别世俗"有为"的另外一种"为"的境界，它是"无为而无不为"的功为模式，分别包涵"为无为"的柔弱不争德行、"道法自然"的虚无因循道术和"执一无为"的政治法式、上无为下有为的统治方术等。恒道以其"无为"的"无以为"、不恃为、不定为，独立不贰其为，而成为自然、无方、不测的"无不为"，周行无限其为。"无为"与"无不为"的合一，方是恒道存在质性的真谛。

第二十四章　自然之道

　　"自然"无疑是《老子》哲学的一个核心观念，与"无为"观念相为界定、相互阐发，在其整个思想体系中占据着根基式的地位，发挥着奠基性的作用，且成为其哲学特色或代表性的主导观念。"自然"观念贯穿、统摄于其他一切思想范畴、内涵之中，它不仅是恒道存在的根本质性，又是其功为上的"玄德"意蕴，还是"至治"观的楷式、标志和真人理想的价值标准、境界。

第一节　可法之法

　　《老子》开创性地提出了"道法自然"的思想，要把握其深刻意蕴，首先得要理解其中"法"的涵义。因为只有在解析"法"的字义基础上，方能解读"道"既可为效法、又本自无所取法的玄妙质性。本节重点对"道"之可法的思想内涵进行诠释。

一、字义解析

　　"法"者，在《老子》文本中多出。其中第二十五章云："人法地，地法天，天法道，道法自然。"从字面上看，"法"的观念似乎并不占有什么重要地位，但从其整个思想脉络看，每一章无不在阐明一个"法"的精髓。"法"的观念是《老子》一个重要思维方法，提纲挈领，"一以贯之"。其与"无为"、"自然"思想有着必然且十分重要的联系。可以说，道术"无为"的"因循"内涵，就是"法"的旨意。

　　"法"者，繁体文为"灋"，会意字。金文右边似一头牛，左边上部是由一个大（表示人）和口（表示洞穴之家）构成的"去"字，下部是水之象。《说文》云："去，人相违也。"人离家为去。三形会意，指人带着牛，离开家，沿水而居，象征游牧有规律的生活。从造字的用意看，"法"原本是一个游居生活实践的写照。偏旁"廌"者，为象形字，是犍牛之象。《说文》云："廌，解廌，兽也。似山牛，一角。古者决讼，令触不直。"此是根据历史传说所作的解说，传说神牛能辨邪正，对理亏不直者用角去顶。引申指刑法。《说文》云："灋，刑也。平之如水，从水；廌，所以触不直者，去之，从去。"就"法"的字义本源，胡适指出，它是"模型"或"模范"。"刑，本指'模范'。作动词时为"模仿"或"仿造"。"法"在词源上与"象"有关，后者就有"意象"与"模仿"的意思。"有一点是清楚的：'法'字最初是用以指度量衡的法

仪。"（引自《先秦名学史》，第 181 页）在《墨子》中，就把检验真理的标准说成是推理的法仪。

（一）天象地法

"法"与"象"一样，首先是一种现象、表象。作为"法象"，才能为人所效法。效法的前提，必有所法者，而所法者本身必是可见、可循的存在。从"法"本初字义看，有规律的生活中蕴含着可依靠、因循的恒常存在或事物。在先秦的思维中，"法"专指于地，与天专以"象"言相对。《易》云"在天成象，在地成形"，又云"天垂象"（《系辞上》）。"象"在天，则"观象于天"（《系辞下》）从"法象莫大乎天地"（《系辞上》）看，"法"在地，故云"观法于地"（《系辞下》）。"象"是天文，"法"是地理。"仰以观于天文，俯以察于地理，是故知幽明之故。"（《系辞上》）地有分殊条理，故可取法。"上取象于天，下取法于地，中取则于人。"（《礼记·三年问》）"法"与"象"义通，故可互用。"法天合德，象地无亲"（《管子·版法》）。以天为"法"，以地可"象"。"法"作为效法、取法，必有所可法者。"法者，象也。兵谋无方而奇正有象，故曰法。"（《文心雕龙·书记》）或奇或正则为象，有象方有法。"无方"来自奇正相生的无定常中。仰取象于天，以调阴阳之气，而和四时之节，以辟疹病之灾。俯取度于地，"俯视地理，以制度量，察陵陆水泽肥墝高下之宜，立事生财，以除饥寒之患"（《淮南子·泰族训》）。陵陆水泽、肥墝高下是地理之殊，因地制宜就是"法"。戴震指出，"观象于天"是观天垂日月以象，本于"天成其象，日月以精分"。"观法于地"是察成山川以法，本于"地成其形，山川以势会"。地势成定形，故有殊理可法。张载云："盈天地之间者，法象而已；文理之察，非离不相睹也。方其形也，有以知幽之故；方其不形也，有以知明之故。"（引自《横渠易说》，第 151 页）天地之间皆是具体存在者，故无非是具有法、象的存在，法象从有形、具体的角度涵摄了一切存在物。文理是天象地法的所在，有形则明于法象，"不形"则是法象的变化。

（二）效法仿效

天象地法作为客观存在和理则，只有为人所效法、仿效，成为道德、道理知识和制度规范，才能变为人的有效利用。中间的环节和中介，是知见和遵循的效法。"见乃谓之象，形乃谓之器，制而用之谓之法。"（《易·系辞上》）有象可见，有形为器，以制用则为法。中国古代的文化成果，很大一部分来自对天地万物的法效。以治法言，莫若法天，天行广无私，施厚不德，明久不衰。以天为法，则动作有为必度于天，兼爱兼利，兼有兼食之。"我有天志，譬如轮人之有规，匠人之有矩，轮匠执其规矩，以度天下之方圆，曰中者是也，不中者非也。"（《墨子·天志上》）以"天志"为效法，正如轮匠执规矩以度天下方圆一样，无所不可。整个《易》理皆来自效法，"天生神物，圣人则之。天地变化，圣人效之。天垂象，见吉凶，圣人象之。河出图，洛出书，

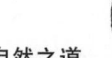

圣人则之"（《系辞上》）。"法"与"效"意通，甲骨文"效"为模仿之意。《说文》云："效，象也。"二字义通，故合词为"效法"。"效法之谓坤"（《系辞上》）。"效法"者，是因循、因袭、顺从。分言之，则有"崇效天，卑法地"（《系辞上》）之别。二字亦可通用，"礼必本于天，殽（效）于地"（《礼记·礼运》）。地既可言"效"，又可言"法"。"古之治身与天下者，必法天地"（《吕氏春秋·情欲》）。效法，在于通同其德。"为人主之道，其明于在身之与天同者而用之。"（《春秋繁露·阴阳义》）人主者法天，"以无为为道，以不私为宝"（《春秋繁露·离合根》）。立无为之位，假乘于备具之官，故莫见其为而功成。作为知识的"则"、"象"，也是效法之属。"则"是效法以为准则，"象"是见像以为法象。效法作为认知行为，体现于"仰则观象于天，俯则观法于地，观鸟兽之文，与地之宜，近取诸身，远取诸物"（《系辞下》）之中。认知的目的在于效法和利用。《易》的广大悉备，就在于"模量天地之运化而不过差，委曲成就万物之理而无遗失，通昼夜辟合屈伸之道而知其所以然"。（引自《二程集》，中华书局2004年版，第1028页）"模量"是效法行为，前提在于通识天地万物之理。同时，圣人作则无非法效："以天地为本，以阴阳为端，以四时为柄，以日星为纪，以月为量，以鬼神为徒，以五行为质，以礼义为器，以人情为田，以四灵为畜"（《礼记·礼运》）。以万物为法，则有万物成理，赅备于道德义理。

（三）法仪准则

天地万物有法象、法则，是客观的存在和遵循。它可通过人所认知、利用而成为人人取法的法仪、模范，变成实践遵循的准则、规律。"其仪不忒，正是四国。"（《诗·周南》）宜兄宜弟作为法仪，可让民以法从之。君子作为模范，"在位可畏，施舍可爱，进退可度，周旋可则，容止可观，作事可法，德行可象，声气可乐，动作有文，言语有章"（《左传》襄三十一年），可以为世人的行为示范。"可度"、"可则"、"可法"和"可象"者，皆是法仪、范式之属。君子的境界，是"动而世为天下道，行而世为天下法，言而为天下则"（《中庸》）。"为天下道"，是道可道；"为天下法"，是法可法；"为天下则"，是则可则。天下至圣有其可法的容法："聪明睿知，足以有临；宽裕温柔，足以有容；发强刚毅，足以有执；齐庄中正，足以有敬；文理密察，足以有别"。圣人，是人伦的极准。"圣人，人伦之至也。欲为君尽君道，欲为臣尽臣道，二者皆法尧舜而已矣。"（《孟子·离娄上》）人伦之至，是圣人的人格理想。王夫之提出，圣人的标准是："居上不骄，在下不忧，方必至方，圆必至圆，当方而方则必不圆，当圆而圆则必不方"。（引自《读四书大全说》，载《船山遗书》第五卷，第2641页）这样的境界是"从心所欲而不逾矩"。戴震指出，以圣人为人伦之至，是语其可法。"圣人亦人也，以尽乎人之理，群共推为圣智。尽乎人之理非他，人伦日用尽乎其必然而已矣。"（引自《孟子字义疏证》，中华书局2008年版，第12-13页）尽人之理，是成为圣人的准则。圣人之言，《易》《礼》《诗》《书》等无非是行为道法，无

非是理义准则。学者舍此为道，犹匠人去规墨，虽有工倕之能不能制其器。合言之，"法"有四类（《尹文子·大道上》）：一是不变之法，如上下伦常；二是齐俗之法，如同异之辨；三是治众之法，如庆赏刑罚；四是平准之法，如权律度量。

（四）规矩标准

公平、不易的常式为法器，用法器则利成事。百工者，"为方以矩，为圆以规，直以绳，衡以水，正以县"（《墨子·法仪》）。法以为器，则为度量衡者。"尺寸也、绳墨也、规矩也、衡石也、斗斛也、角量也，谓之法。"（《管子·七法》）法器客观公平，故为常准。有权衡之称则不可欺以多少轻重，有寻丈之数则不可差以长短。"规矩，方员之至也。"（《孟子·离娄上》）离娄之明、公输子之巧，不以规矩不能成方员；师旷之聪，不以六律不能正五音。圣人既竭目力耳力，又继以规律准绳，则不胜其用。正如绳墨诚陈则不可欺以曲直，衡诚悬则不可欺以轻重，规矩诚设则不可欺以方圆一样，君子审于礼则不可欺以诈伪。礼作为行为规范，就是准绳。"绳者，直之至；衡者，平之至；规矩者，方圆之至；礼者，人道之极也"（《荀子·礼论》）。衡绳等之所以为标准，就在于无私、公平。"衡之于左右，无私轻重，故可以为平。绳之于内外，无私曲直，故可以为正。"（《文子·下德》）阴阳制度作为法器，本自天地四时有常节。"制度阴阳，大制有六度，天为绳，地为准，春为规，夏为衡，秋为矩，冬为权。"（《淮南子·时则训》）绳之所以能准万物，就在于其为度能"与天合德，与神合明"，故"直而不争，修而不穷，久而不弊，远而不忘……自古及今，不可移匡，厥德孔密，广大以容"。能如此，则上帝以为物宗。准之所以能准万物就在于其为度，能"平而不险，均而不阿，广大以容，宽裕以和，柔而不刚，锐而不挫，流而不滞，易而不烈，发通而有纪，周密而不泄，准平而不失，万物皆平"。能如此，则"民无险谋，怨恶不生"，故上帝以为物平。规之所以能圆万物，就在于其为度，能"转而不复，员而不垸，优而不纵，广大以宽，感动有理，发通有纪，优优简简，百怨不起"。不失规度，则"生气乃理"。衡之所以能平万物，就在于其为度，能"缓而不后，平而不怨，施而不德，弔而不责，当平民禄，以继不足，勃勃阳阳，唯德是行，养长化育，万物蕃昌，以成五谷，以实封疆"。不失其政，则"天地乃明"。矩之所以能方万物，就在于其为度，能"肃而不悖，刚而不韣，取而无怨，内而无害，威厉而不慑，令行而不废，杀伐既得，仇敌乃克"。不失矩正，则"百诛乃服"。权之所以能权万物，就在于其为度，能"急而不赢，杀而不割，充满以贯，周密而不泄，败物而弗取，罪杀而不赦，诚信以必，坚悫以固，粪除苛慝，不可以曲，故冬正将行，必弱以强，必柔以刚"。不失权正，则"万物乃藏"。以上皆为平准之法。

（五）取法遵循

天地有可法，圣人以为效法，作则以为利用，就是取法、遵循。效法在于利用，以取法而为理法，因遵循而成实用。《论语》言尧则天以为大、《孟子》言法尧舜成为

圣人、《荀子》言法礼以为人伪和《墨子》言尚贤"取法于天"等思想，无不以效法而有遵循的理法、准则。以《易》言，因其"以天地准"的效法，故具有"弥纶天地之道"的遵循。圣人取法以为，则有通天下志、定天下业、断天下疑的利用，成就开物成务、崇德广业的功用。以穷神知化而德盛，以精义入神而致用，以利用安身而崇德，以惧以终始而无咎。《易》之用，无非是取法、遵循之为。以天地为取法，则为天子。"天无私于物，地无私于物，袭此行者谓之天子。"（《尸子·治天下》）大人"以道为舍"，循道而行。圣人则天象地，因天秩而制五礼，因天讨而作五刑；立公正无私之心，则动缘民情。"太山不立好恶，故能成其高；江海不择小助，故能成其富。"（《韩非子·大体》）上不法天则下不能遍覆，心不效地则物不毕载。董仲舒指出：人君取法于天，故以任群贤、不自劳为尊，以爱庶民、赏罚无容私为仁，以深居隐处、不见自体为神，以任贤使能、听四方为明，以量能授官、差贤愚为相承，以引贤自近、备股肱为刚，以考实事、序功名为成世，以进有功、退无功为赏罚（《春秋繁露·天地之行》）。王畿提出，为政者当法天之行，以立诚为主。"无事于心，若风之被物；无心于事，若日之行空"。（引自《王畿集》，第71页）"诚"为天道，法天道以"诚之"则无心无事。不宰制物，则均平与物。

（六）法术法乘

道为体，术为用。道为术之究竟，术为道之津梁。正因"法"者能公平制物，故可用作做事所假乘的方法，治理为政的法术。"法，所若而然也。"（《墨子·经上》）执法者，使之法于法。君人者舍法以身治，则"诛赏予夺从君心出"，而有法度者，"不可巧以诈伪"（《慎子》）。舍法以心裁轻重，则同功殊赏，同罪殊罚，怨所由生。以法而为，则各以其分，上下一和。圣君者，"任法而不任智，任数而不任说，任公而不任私，任大道而不任小物"（《管子·任法》），故身佚而天下治。人主为治贵在置仪设法，以度量断，以公正论，故任天下而不重。君子用法，"度己则以绳，接人则用抴"。度己以绳，故"足以为天下法则"；接人用抴，故能宽容，"因求以成天下之大事"（《荀子·非相》）。君子假乘"法"物，故贤能容罢，知能容愚，博能容浅，粹能容杂。以为听治言，以公平为衡，以中和为绳，以"偏党而不经"为辟，故"有法者以法行，无法者以类举"（《荀子·王制》）。"法"者，恒常不易、普遍通用。"类举"是公理之用，以本知末，触类旁通，可弥补"法行"的遗缺。以法而言，道尽于数。道者，"体常而尽变"，一隅不足以举全。法效之用，在于道术，各有其方。若"法天则地"，则有"随应而动，和之者若响，随之者若影"的法术；"道无鬼神，独来独往"（《黄帝内经·宝命全角论》）。"随应而动"，则若鬼若神，一一得法。"独来独往"，则无所不应，无不得法。正如"绳不挠曲"一样，法不阿贵。明主用贤之术，在于以法择人量功，明法制去私恩。法为治端，君子为法原，无君子则法不行。"有君子则法虽省，足以偏矣；无君子则法虽具，失先后之施，不能应事之变，足以乱"（《荀

子·君道》）。人主的法术，是"因任而授官，循名而责实，操生杀之柄，课群臣之能"（《韩非子·定法》）。人主无术则弊于上，无法则乱于下。人主以法为乘，用不蔽之术，使天下不得不为己视，使天下不得不为己听。以规矩准绳为法术，可以度审长短，量受多少，衡平轻重，律均清浊，稽名虚实，法定治乱，简治烦惑，易御险难。百度准于法，万事归于一。法为天下度量，法于不法者，则戒；赏于当赏者，则劝。公道通，则私道塞。"明堂之制，静而法准，动而法绳，春治以规，秋治以矩，冬治以权，夏治以衡"（《淮南子·时则训》）。法度道术，为"所以禁君"之用，使其无得横断，道胜而理得。人主私视则有不见，私听则有不闻，私虑则有不知。以法制行之，则官无私论，士无私议，民无私说。

（七）法律法令

何新指出，"人为秩序是礼，自然秩序是道，强制秩序是法。"（《老庄新解》序）礼是行为准则，道是客观理则，而法是强制律则。法律政令作为天下之规，其目的在于所以"兴功惧暴"、"定分止争"、"令人知事"和"吏民规矩绳墨"（《管子·七臣七主》），其要在于"必令善人劝其德而乐其政，邪人痛其祸而悔其行"（《潜夫论·断讼》），其功用在于"惟作五虐之刑曰法"（《尚书·吕刑》）的强制性，其实现形式在于"编著之图籍，设之于官府，而布之于百姓"（《韩非子·难三》），其实施贵在"主上视法严于亲戚，吏之举令敬于师长，民之承教重于神宝"（《管子·禁藏》），施行标志在于"宪令著于官府，刑罚必于民心，赏存乎慎法，而罚加乎奸令者"（《韩非子·定法》），功成体现于"罪决于吏则治，权断于主则威，民信其法则亲"（《管子·七臣七主》），达致的最高境界是公正客观、用当其理，"法立而不用，刑设而不行"（《管子·禁藏》）。黄帝治天下，"置法而不变，使民安其法"，故民"不引而来，不推而往，不使而成，不禁而止"（《管子·任法》）。法律之性，一定不易，常一不邪，方行不留。"人主之于法，无私好憎，故可以为令。"（《文子·下德》）无私好憎，则法令当理。法度之用，以制天下而禁奸邪，以领海内而奉宗庙。明主案法式而验得失，"非法度不留意"，心虽有爱而无功者不赏，心虽有憎而无罪者弗罚。若功多无赏则臣不务尽力，行正有罚则贤圣无从竭能，行货财得爵禄则污辱之人在官，寄托之人不肖而位尊则民倍公法而趋有势。明主治国，"案其当宜，行其正理"，当赏不辞，当罚不避，以为天下致利除害。对于"法"的历史生成，钱穆指出，人道演进至于礼，当为人文之道的最高阶段，然则"人群果失于礼而乱，又当奈何？今姑为老子续下一语，则或当曰失礼而后法"。（引自《晚学盲言》，第255页）礼是非强制性的法，而法是强制性的礼。然礼节或不可制于法，法制或不全于礼节。法律既可以禁臣民为非，然若成为统治暴力、则"法物滋彰，盗贼多有"。

（八）法本法理

法有所本，必有归趣。"道生法。法者，引得失以绳，而明曲直者也。"（《黄帝四

经·经法·道法》）法生于道，则道为法的来源。道家认为道为法本，儒家则以法取于天。"仁义制度之数，尽取之天"；"王道之三纲，可求于天"（《春秋繁露·基义》）。道德政教取于天，则天为法的本源。法的秩序内涵本自天，"天之生物也有序，物之既形也有秩。知序然后经正，知秩然后礼行。"（引自《张载集》，中华书局2006年版，第19页）生有先后是天序，小大、高下相并相形是天秩，法天序、天秩，则为人的礼法。"天讨有罪，五刑五用"（尚书·皋陶谟）。为国数更法令者，在于"不法法，以其所善为法者"（《说苑·政理》）。以所善为法，则法归于本。法贵在与时变易，故袭法者与化推移，"不法其已成之法，而法其所以为法者"（《文子·道德》）。"所以为法"者，是时中之理。"天道法四时，人道法无常"（《牟子·理惑论》）。四时无常法，法"无常"在于时变。可法者，非恒法。恒法者，无法之法。"法本无祖，术本无状，师之于心，得之于象。"（《化书·水窦》）法术不可定执，法本于道，则无常其法。王夫之指出，天下有定理而无定法。定理者，在于"知人而已"、"安民而已"和"进贤远奸而已"。无定法者，在于一兴一废一繁一简，"因乎时而不可执"。（引自《读通鉴论》，载《船山遗书》第五卷，北京出版社1999年版，第2885页）古之言治者，"君心之善，待法而行，使徒怀恻怛之心而无法以达其不意，不足以为政矣；治民之法，因善而立，使徒修文具之美而无善以为之本，不足以自行矣。"（引自《四书训义》，同上卷，第2110页）治法本善而立，无善则法不可行。"法"作为治要，既本自天，也来自人理。"法生于义，义生于众适，众适合乎人心"（《文子·上义》）。"众适"是各得所宜，故善。人主制法之本，在于先以自为检式，禁胜于身，则令行于民。有诸己，而不非于人；无诸己，而不责于人。立于下者而不废于上，禁于民者而不行于身。"礼法"与"律法"二者同为政法，然有不同。"礼者禁于将然之前，而法者禁于已然之后"（《大戴礼记·礼察》）。虽律法之执信如四时，坚如金石，无私如天地，其用不可不大，然犹要以礼绝恶于未萌、起敬于微眇，使民日徙善远罪而不自知，达致"治之于未乱"。

（九）法为恒常

"法"的重要属性是恒常，恒则一而不易，常则日用遍行。"法，常也。"（《尔雅·释诂》）"不法法，则事毋常。"（《管子·法法》）法以为明是非、断取舍、长自律，无"恒"则制度品式不立。"法"贵在公平，一视同仁，日用普遍，无"常"则道德理则不兴。法则以不变为常，"根天地之气、寒暑之和、水土之性、人民鸟兽草木之生，物虽不甚多，皆均有焉，而未尝变也，谓之则。"（《管子·七法》）"均有"是"常"，"未尝变"是"恒"。政者以正，正以法为准。行法不"常"则有"五不祥"（《管子·任法》）：国法不一，则不祥；民不道法，则不祥；国更立法以典民，则不祥；群臣不用礼义教训，则不祥；百官服事者离法而治，则不祥。"道有度数"，故可效为"法"。度数是常则"天不变其常，地不易其则，阴阳不乱其气，生死不僭其位，三光

不改其用，神明不徙其法"（《鹖冠子·世兵》）。无常法则无道，道见于常法。儒家、法家侧重揭示"法"的恒常之用，而道家侧重揭示"法"的无常之理。"四时有明法而不议"（《庄子·知北游》），"明法"在于变易自然，而"议"则固执于陈迹。圣人达万物之理，无为不作以顺天地法理。法"与时俱化"，则与世更变。圣人之法，"始于不可见，终于不可及，处于不倾之地，积于不尽之仓，载于不竭之府。出令如流水之源，使民于不争之官，开必得之门，不为不可成，不求不可得，不处不可久，不行不可复"（《文子·精诚》）。法之至用，不是救弊拯乱，而在于为于不倾之前，治于未乱之先。法于无常、无常其法，在于因时立法，与世更法。法无不宜，则为道法。儒、道、法三家虽言"法"各有侧重，然在法理上同归于"恒常"与"变易"的统一。道家以言"善时"，儒家以言"时中"，法家以言"更法"。

（十）道为方法

道可道，故可法。人道效法天地，故为常则。道理为通行律则，法律为循行常式，道为常则即是法式。经由之路为道，循由之方为法。可道之道皆是方法，方法既涵经由的遵循、依据，也含出入的门径、路数。道数方法，既有事物之本的"道纪"、"天下式"，也有事物变化之道的理则、规律，还有人伦纲常的理义、准则，更有实践途径的方略、工夫。理法之道，从大类分有天道、地道、人道，从德殊分是"履德之基也，谦德之柄也，恒德之固也，损德之修也，益德之裕也，困德之辨也，井德之地也，巽德之制也"（《易·系辞下》）等，不一而足。法有可效之法，亦有无法之法。儒家多言前者，道家多言后者。孔孟言仁义礼智信五常之理，《中庸》有"五达道"、"三达德"和"九经"，《大学》言"物有本末，事有终始"等等，它们皆是可法之道。从因循上言，礼乐之法，因人情而制。中庸之法，因人性而作。圣人之法，因天地而为。规律之法，因物性而来。从政治上言，有道德教化之法，有法制赏罚之法。就道德与法制的相互关系，胡宏指出，"法制者，道德之显尔。道德者，法制之隐尔。天地之心，生生不穷者也。必有春秋冬夏之节、风雨霜露之变，然后生物之功遂。有道德结于民心，而无法制者为无用。无用者亡。有法制系于民身，而无道德者为无体。无体者灭。"（引自《胡宏集》，中华书局2009年版，第6页）道德是法制的根本宗旨和精髓，法制是实现道德的有效形式和载体。道德以教化引导，法制以强制执行。古人言"法"，统摄一切可道之法。"所谓仁义礼乐者，皆出于法。"（《管子·任法》）"法"者无所不包，法制只是制度之法。从价值层级上言，天下有大法，"行大法，然后可以理天下"。（同上书，第41页）大法是道德人伦之法，夫妇有法则家道正，父子有法则人道久，上下有法则天地泰。从历史次序上言，先有道德后有法制。"昔者，神农无制令而民从，唐虞有制令而无刑罚，夏后氏不负言，殷人誓，逮至当今之世，忍訽而轻辱，贪得而寡羞，欲以神农之道治之，则其乱必矣。"（《淮南子·泛论训》）古以道德则足治，今无法制则不治。道有方可循，故为法。"惟圣人究道之情，唯道之法，公政

以明。"(《鹖冠子·环流》）道之为法，可范围天地不过，可曲成万物不遗，可成内圣外王。无"可道"则无法，无"可法"则无道。道无常道，道一分殊；法无常法，法一万殊。一于法，则莫不道。一于道，则莫不法。正如无"可道"则"不可道"无以揭示一样，无"可法"则"不可法"无以探究。

以上，简要解析了"法"的不同来源、不同分类、不同内涵和不同属性。只有在此基础上，才能诠释《老子》恒道之"法"的思想内涵。恒道本初作为"有物混成"的存在样式，固是"无形"的无有法象。通过"三生万物"，分有、分化为万物，成为"道通为一"的存在样式，通过所生万物的可法以彰显其无法之法的存在质性。作为万物存在的机理、质性就是法则、规律、标准、遵循，它以万物可法为自己的法象。人对恒道寓存其中的可法者的效法、取法，作为行为经由的途径和次序是方法，作为无私、公平的德行是操守准则，作为恒常不易、普遍公正的举措是法令、法律，作为统治方法方式、行为依凭假乘是法术、法理。作为对"道通为一"的取法是"以道观之"、"道纪"和"以道莅天下"。"反者道之动，弱者道之用"、"崇本举末"、"守母存子"、居下抱一等楷式，皆来自对恒道以及江海、水等近于道的存在功能质性的效法、仿效，取法以为修身的行为遵循、人主的统治法则。所取法者，既有恒道与物间的生成模式、自然人格德性以及对应的治理楷式。恒道无常、不可道，然以恒常为凭借、以可道为寄托，它是可法之常、无法无常的统一。凭借恒常揭示无常，法与时变，至法是时中之法；假托可道揭示恒道，道不可道，至道是无常可道。人可借助取法恒道寄寓的无限具体存在者分化的法象，进而无限接近对恒道本身的取法。作为"无法之法"，恒道是涵摄一切定常之法，统一于变易不测之法。

二、文句解析

限于本节重点对"可法之法"的内涵进行诠释，故只对《老子》"人法地，地法天，天法道"思想进行解析。

（一）"人法地"

河上公云："人当法地安静柔和也，终之得五谷，掘之得甘泉，劳而不怨也，有功而不制也。"地性安静无为，柔和顺物，以种五谷则熟，以掘甘泉则得，生物长物而不辞，功大事遂而不宰制。"劳而不怨"是"其用不勤"，"有功而不制"是"长而不宰"。人以地为万物生养之本，故"俯察地理"以为取法。王弼解"法"为"法则"，认为"人不违地，乃得全安"。"法则"作为动词是取法，顺从则不违，因循则不逆。《老子》云"地得一以宁"，"宁"则载，"厚德宰物"则无不安。地本安于万物生长，不违则自安。人之所以先法地，因为由近及远，由有形至无形。"道顺自然，天故资焉，天法于道，地故则焉，地法于天，人故象焉。"人法地必承天，最终归于法道于自然，一切皆自然。《老子》认为，以道莅天下，则鬼不神，神不伤人，圣人亦不伤人，

互不相伤，故德交归。又云："执大象，天下往。往而不害，安平泰。"万物相互法循，互相尊重对方的独立个性，方能柔和不伤，保证各自安平，故皆自然。成玄英指出，"人"当为"王"，故必须"法地安静"。因为"静为行先"，则"定能生惠"。地"宁"故"静"，然皆非动静相待之属，只是相对天而具有的职能分工。"人法地"，归本在于地"得一"于绝对本体存在恒道。法恒道不可不法地，法地是法道的落脚点。无天地万物则道无寓存，将是不存在。恒道的存在，揭蔽、澄明于为物、生物和寓于物中，无物则道无功劳。这样看来，"人法地"不是法其地理的一性一德，而是因循地理、物理，不妄作主宰。其中，"人"非指一般的人，而是专指管理者、统治者的"王"。唐玄宗解云："为生者先当法地安静"。地以安静无为而顺物，以滋其生长。为生者，当法地辅助万物自然而不宰为。李约云："地体静载而生物，法之者令与地同"。宁静是地的存在质性，载物是地的功能质性。作为根本存在质性，宁静既决定着地恒常安定的承载自然性，又决定着地无为不宰的生物自然性。之所以可法，在于其是"得一"的具有定性的存在。陈景元认为，王者"守雌静"，则"与阴同德"，故所载"无私"。阴、雌和静作为"地"德，皆具有无为、不争、不宰和顺从的质性，它们正是"法地"的内涵所在。"法"的本义在顺水而居，有依从、遵从客观存在的意蕴。因为"法"，人类才有生活的依靠和归宿。有取法，则有所法。地以定宁安静遂物自生自长，作为滋生的条件和环境，万物有求必与，不辞其劳，无私其载。地者自然，故"容乃公"。宋徽宗以"地不长而万物育"作解，"不长"是自然"无为"，"万物育"是"无不为"。吕知常认为，"地者，守一不动。"王者法于地，则"渊默沉静，与阴同德，所宰无私"。"守一"是恒，"不动"是宁，"同德"是从。"渊默沉静"，则虽主于生物，然不宰于物，故无私曲成。从长物言，地以因顺无为为宁。"地无为以之宁"（《庄子·至乐》）。地本自定宁，非是有意、有为于宁，前者是绝对存在质性，后者是相对存在质性。地本自宁故无不载，若有意有为则有取舍，非能无遗。吴澄认为，人之所以大，在于"以其得此道，而与地一"。王之大，非只在于法地，而在于法天地，进而法于大道。"与地一"只是一"法"，法于地理、地德。何道全云："人当如地安静，以为法则也。"人法地，非是法其安静以为法则，相反是法其宁无不载的无为自然质性。薛蕙云："地产万物而王者牧养之，效坤德也。"《易》云"地势，坤。君子以厚德载物。"（《坤卦·大象》）又云"坤道其顺乎"（《文言》）。"坤厚载物"，故能"品物咸'亨'"和"柔顺'利贞'"。亨以"合礼"，利以"和义"，贞以"干事"。地产万物，是以和顺柔合为德，曲成万物。圣人效法坤德，因循地理、人物之性而牧养之，辅助自然而不敢宰为。这里，《老子》"法地"与《周易》"坤德"具有思维上的同构性。《庄子》言"至人无为，大圣不作，观于天地之谓"（《知北游》），以及"观于天而不助"（《在宥》），揭示的正是无为、"不助长"、不宰制和因顺曲成的意旨。印玄散人以《中庸》的"博厚"注解"法地"，看到了二者的思维相通性。《中庸》既言天地之道为博厚、高明、悠久，又云"其为物不贰，则其生物不测"。地以博厚为

德，以载物为性："今夫地，一撮土之多，及其广厚，载华岳而不重，振河海而不泄，万物载焉。"地之所以能"不重"、"不泄"和"万物载"，就在于"无不载"的绝对存在质性和博厚的至德，故能"为物不贰"，无有私意、宰为，恒其如此，自然不忒。地之"宁"是载物的不贰、长物的不宰，成物的不忒，揭示着恒道"独立不改"的存在质性。德玉认为，"法地"是取法其"安静无为"，以施行"无所不蓄"的功用。以"无为"为人所法者，正确揭示了"法地"的内涵质性，"无为"作为地的绝对质性本自"宁"，以其不宰为安静、因顺，以其承载为曲成、辅助，以其无意为无私、自然，它是载物不辞、善利不争。从"地法天，天法道，道法自然"的逻辑推演看，地之所以为大，正在于"得一"于恒道，具有无为、自然的存在质性，地法自然。地在自然的定宁载物中，蕴藏着辅助万物自然的功能质性。正如《中庸》所谓的"诚者，非自成己而已也，所以成物"的思维一样，它是载物自然与辅助自然的统一，在辅助万物自然的不贰、无疆中实现自在的载物定宁的自然。可见，"法地"，既是法其理，又是法其德，二者合一为法其存在质性。王者法其德，则无不载，辅助化育；法其理，则无不理，曲成不遗。地者具有博厚、无私、承载、安宁、化育、柔顺等功德。

（二）"地法天"

天地相待而生，相待而存。地的无为自然、因顺曲成的存在质性，同样体现在天的存在质性中，只不过二者的功能不同，相互间也存在"法"的联系。河上公云："天湛泊不动，施而不求报，生长万物无所收取。""湛泊"，是湛然清通，"不动"是自性不改。《老子》云："天得一以清"。"清"是天之所以为天的绝对存在质性，故不改易其性。"不动"即无为，"天无为以之清"（《庄子·至乐》）。无为则自然，有为则不能恒清。天无为以清通，则"日月星辰系焉，万物覆焉"（《中庸》）。覆万物以生育，则自身包涵雷霆风雨等。无为则均覆生育万物。施不求报，则"为而不恃"，不辞其生；生长无取，则善利不争，"长而不宰"。王弼云："地不违天，乃得全载，法天也。"《易》云："效法之谓坤"。"不违"，既是《易》所谓的"至哉坤'元'，万物资生，乃顺承天"（《坤卦·象》），又是"承天而时行"（《文言》）。"全载"为"万物资生"之功，能如此在于"顺承天"。坤以成物，有赖于效法承天。只有顺承于天，方能含弘光大品物皆宜，博厚载物德合无疆。以《易》思维言，"地法天"是万物资始统于天，天为"万物作"之始。"统天"揭示出天的至尊地位，然《老子》将"作始"之功归于恒道，而赋予天与地相对、又为地所法的一种存在质性。"不违"中承认着天的自在地位、作用质性。地有待于天，而遂其全功。成玄英认为，天以"清虚覆育"而"无私"，因天有"三光"，喻人有"惠照"。天之为天的根本质性为"清"，"虚"是其属性，揭示清澈无碍。"虚"则通透，故日月星三光迭照、高明。"清"本自清澈透彻，本自太虚无碍，本自包容通畅。日月悬系更明，四时更替，云行雨施，品物流形。万物资始，以养以覆，赖之以生。天无为于清，清本自清，故不宰不私。唐玄宗认为，

道 与 物

"法天"是法其"运用生成","运用生成"是"覆育"。李约云："天德广覆而无私，法之者令与天同"。天本自清，则三光照，四时行，雷霆鼓，风雨润，故覆育之功成。自然而然，故广覆无私。与天同，是同其广覆化育之德，而非同于清的存在质性。陈景元指出，人法于地，然不可守地不变，而要"运刚健与阳同波"，成其所覆"至公"。王之为大，在于从兼法天地始，达致取法大道的境界。地虽至大，然亦是相对的一能，"地能载之而不能覆之"（《庄子·天下》），故必法天。天能覆而不能载，天以覆为德性，主于化育。"天行健"，揭示其"于穆不已"，化育不已中涵摄"为物不贰"。刚健之性蕴藏于天覆育的功能之中，揭示"广生"的"动也辟"（《易·系辞上》）。天以刚健"为物不贰"，故"生物不测"。天以诚化育，故自然无私，"容乃公"。宋徽宗以"天不产而万物化"，"不产"既是天化育物的不宰，又是其自然而然。吕知常云："刚健中正，与阳同波，是法乎天也。天者，高明至公。"《易》云："刚健中正，纯粹精也。"（《文言》）刚健则不忒，中正则当理。《中庸》云："高明配天"。"地法天"，是"博厚则高明"。高明所以覆物，无私则至公。《庄子》云："四时殊气，天不赐，故岁成。"（《则阳》）无私于赐，则至公。薛蕙指出，"天覆万物而地容载之，承天施也。"天之为覆，离不开地之为载，二者相待而成。以其相待，揭示大道存在的无待。"地法天"是"承天施"以载，天施用以为遂地载。天地相合，以遂生物化育之功。王一清以"致虚法天"作解，然以"虚"为取法者不如"清"，因为"虚"易流于空无，而"清"涵"虚"和"明"，虚中有实。德玉认为，"法天"是"运转不息而无所不周"。"运转不息"是化育的刚健、不贰，"无所不周"是化育的周行、至公。在《易传》中，天地关系呈现两种思维趣向，一是"天尊地卑"的思维建构。天文、地理相待而在，"在天成象，在地成形"；天地各有分工，"乾知大始，坤作成物"（《系辞上》）。一是天统于地的思维趣向。"至哉坤'元'，万物资生，乃顺承天"（《坤·彖》）；"至哉乾'元'，万物资始，乃统天。"（《乾·彖》）在《中庸》中，同样可以看到这样的不同思维取向。既言"博厚配地，高明配天"，天覆地载，"天地位"和"与天地参"，又言"天命之谓性"，"上不怨天"和"浩浩其天"。前者是天地并列，后者之天为绝对存在。导致出现这样分殊的原因，本自上帝主宰人格天与自然存在天的区别。对天地自在德性的揭示，必然会脱离人格性的天命。效法是知性观察以辅助的思维，而天命是尽性扩充以参赞的思维。效法的思维与道家同构，归于一致。戴震指出，"地在天中，德承天，是以配天。凡天之文，地之义，人之纪，分则得其专，合则得其和。分也者，道之条理也；合也者，道之统会也。"（引自《孟子字义疏证》，中华书局 2008 年版，第 174-175 页）地承天、配天与"地法天"的思维不同，前者天是绝对存在，"地在天中"。专言、分言，则有天文、地理和人纪之别；统言、合言，则天为绝对存在，无所不涵。天犹如《老子》的恒道，为绝对本体存在，理一分殊。在道家中，大道是一统，天地是其分殊存在，天地各有分工。"天能覆之而不能载之，地能载之而不能覆之，大道能包之而不能辩之"（《庄子·天下》）。大道"包

之"，是"道通为一"；"不能辩之"，是"大道不称"。天生物之功，在于本自清虚，故日月星辰系而高明普照，四时行则雨露时降，然后滋生化育。以其生生不息、不贰为刚健，以其各正性命为中正。

（三）"天法道"

天之为天，是"得一"于恒道。恒道作为"万物之奥"，自然寓于天之中。天作为一物，必法道而成其自然存在。在"天"与"道"的关系中，从其功能质性的来源上看是"得一"，从其遵循道之赋性看是"法"。"人法地"之"法"，是效法地德之象，取法以为德性。"地法天"之"法"，是顺承、因顺，以为辅助万物自然。"天法道"之"法"，是遵循、依据，以成遂覆育万物的功能。因取法者和取法对象不同，"法"的涵义各有侧重，相通的是因循、无为和自然。恒道作为绝对本体存在，既是天作为法象之物的来源，又是天的功能质性的赋予者，还是天无为自然的内在德性。河上公云："道清净不言，阴行精气，万物自成也。"《论语》有天不言而四时行、百物生的论断，《老子》有"希言自然"的道说。"不言"则不执、不宰，如此方能化育万物无非言教，无为而无不为。恒道自然"为物"，独立不改，周行不殆。以其自然"无以为"为"清净"，以其"长而不宰"为"不言"，以其辅助万物自然、不伤物性为"万物自成"。"行精气"，则万物"得一"以生。"阴行"之"阴"，非是阴阳相待者，而是取其承顺之性。"阴行精气"，是因物付物，辅助自然。王弼云："天不违道，乃得全覆，法道也。"天以覆为功，全其性分，尽其职能，则"不违"恒道之与。"不违"是《易传》所谓的"先天而天弗违"的意蕴。成玄英认为，地能载，天能覆，而道兼而有之，"虚通包容万物"。虚通则无不覆，包容则无不载。然大道之能，并非限于天地，还有谷、神"得一"等。天地覆载只是宇宙生机系统中的主要子系统，并非是其全部。唐玄宗解云："清静无为，令物自化"。大道清静，辅助万物自然而不宰；大道无为，曲成万物而不遗。"令物自化"，非是一无生育成遂之功，而是无不功成事遂。恒道为万物提供了自化所需的内在能力和外部环境，万物在宇宙生机系统中是"竞自由"。正因为大道超越天地、决定其功能，故要有"法"。李约指出，天有功则有名，而道无功则无名。"道性忘功，法之者令与道同"。天以覆育为定能，为有待存在，故可道可名。"忘功"，只是"功成不居"，而恒道存在还是功为不息、不测。陆希声指出，"天法道"是"法道无为而无不为"。以《老子》思维言，天无为以功成，非是无不为，地之能为就在其外。"法"的内涵包括两个相互依存的方面：一是清静无为不宰，一是因循辅助功成。前者是德性，是后者的前提和基础。后者是道术，是前者的归趣。只有"无为"，方能"无不为"。陈景元指出，人既法地、法天，然复不可"执天不移"，而要"因无为则与道同体"，故其所"任物咸归自然"。以人的修为言，天、地是大物，然德能有限，不能涵大道之全，故法效不可止。"与道同体"，方是辅助万物自然的"无为而无不为"。万物咸归自然，是互不相伤的"德交归"。苏辙认为，以

实告之，"人不若地，地不若天，天不若道，道不若自然"，然使人"一日复性"，则此三者"人皆足以尽之"。《老子》之所以言"王居其一"，在于王从效法天地起，可致"孔德之容，惟道是从"的境界。王者之能，以道莅天下，"侯王得一以为天下贞"。道即是自然，自然是道的根本存在质性。以道观天地，天地是存在物。以道为用，则与道同功。吕知常云："出真兆圣，酬酢万变，惟德是辅，与道同体，是法道也。"大道是无物不辅，无弃而"德善"。圣人"与道同体"，则事善能，动善时，"辅助万物自然而不敢为"。薛蕙云："道母万物而天发生之，助道化也。"恒道为"万物之母"，为"天地根"，故天以道为依归。何以揭示大道为"万物之母"，就要借助天地人物的存在，而天地是其生生功能的具体、最大承载者。从宇宙生成言，恒道生成为万物，其中借助天地以成就其宇宙生机系统的"万物之奥"。从现实存在言，天地的存在揭示、澄明恒道为"万物之母"的存在。从"法"的内涵说，"天法道"揭示出二者的从属、归附关系。"天发生之"，是恒道通过分化、以"得一"成为天，揭示自己具体化为宇宙中覆育功能的具体承载者。"助道化"，是天作为分有恒道功能的承载者具体承担着恒道覆育的一部分功能。印玄散人以"不动而变"思想解之，它来自《中庸》，原文是"博厚配地，高明配天，悠久无疆。如此者，不见而章，不动而变，无为而成"。"不动而变"涵摄载物、覆物和成物之功，它们正是恒道所包涵者。以化物言是"不动而变"，以成物言是"无为而成"，二者皆是"无为而无不为"的内涵。王夫之指出，"形象有间，道无间。道不择有，亦不择无，与之俱往。"法道者与之往来，"守常而天下自复，盖不忧其数而不给"。用此，则"载营魄，抱一而不离"。近取之身，则为"艮背而不为机目"；远取天地，则为"大制而不为制割"。取法如此，则可以为天下王。天有象、地有形，可为人所效法，法象有待故有间，大道无有形象，为"无状之状，无物之象"，无待故无间。择有或无是有待，与道俱往则与造化一，物物而不物于物。能守常于道，无为不宰，则万物自化。"抱一"者，不离于道，故"大制不割"；法道自然，故"不为机目"。法道者近可以修身，远可以"以道莅天下"，故可以为天下王。王者体道，只能在法道之数或可道、可法中体证、体验，在"法"中尽人道。通过取法、效法，以人道施为应于地，以地道化养而应于天，以天道运用而应于万物。恒道是因物付物，辅助自然，无所不能。"天法道"，只是尽于天的职能，分担着有限之能。德玉以"微妙玄通而无所不现成"作解。"微妙玄通"是知"道通为一"。无不现成，是无不功成。天者化育有常，而道者法无常方，为无法之法。天法于道，是法其自然、"不仁"，无为不宰，为物不贰、不测。

道家道与天、地、人三者的关系思维，在邵雍的思想中得以传承和明确揭示。"以天地观万物，则万物为万物；以道观天地，则天地亦为万物。"（引自《皇极经世》，九州出版社 2003 年版，第 368 页）道为天地之本，天地为万物之本。邵伯温解云：道生天地，故为天地之本。以道观天地，则天地为道之物。天地生万物，故为万物之本。以天地观万物，则万物为天地之物。这里，提出了一个自然存在等级的问题。儒家特

别是《易》《中庸》等文献，多以天地为世界本原，与万物形成生成的先后、涵摄关系。道家以先天地生、生天生地的思维而将大道提升至高于、涵摄天地的层级。恒道为至极存在，则天地便与万物是一样的存在物。邵子正是吸收道家道"先天地生"以及"以道观之"的思维，以中和儒家的天地并存为本原的思想，提出了以道观天地则天地为万物的论断。在《老子》的思想中，天地虽与万物一并而生，但天地无疑是有形的至大者，且分担着恒道作为"有物混成"存在时的生生功能、为物功用。天地为大，故人以之为凭借，效法之以为体认恒道的存在质性。邵雍进而提出，"道之道，尽之于天矣；天之道，尽之于地矣。天地之道，尽之于万物矣。天地万物之道，尽之于人矣。人能知天地万物之道，所以尽于人者，然后能尽民也。"（同上书，第 368-369 页）以线性思维将道、天、地、万物、人逐级分次，逐一尽存，与《老子》思维相背。在《老子》思维言，天地人皆在万物的名称之内，恒道方是唯一的本根、绝对存在。恒道通过分有于万物之中，展现其生物不测、成物无穷的存在质性。天地本于道，分有了恒道的一部分生养化育功能，它们仍统一于恒道之中。从恒道作为生生功用的统一性言，恒道分有于天地等万物之中，并通过涵摄天地万物的宇宙机体呈现、揭蔽其生物的功用和为物的存在。从天地功用的内在根基、遵循言，是"地法天，天法道"。从人体道以为利用言，王者作为人之极通过由近及远的效法，既法地，又法天，最终法于恒道，达到辅助万物自然的"以道莅天下"境界。人生于天地之间，灵于万物，具有效法、体验的能力，动静可准于法象，变化可通于气机，行为可因循万物，知察可得万物之性。能"以道观之"，则法于"无法之法"，为于"无为而无不为"。王夫之曾对《老子》天地人道四者相"法"思维进行了批驳，他指出，"川流既与道为体，逝者即道体之本然。川流体道，有其逝者之不舍；道体之在人心，亦自有其逝者，不待以道为成型而法之。此逝者浩浩于两间，岂但水为然哉！《易》象下六十四个'以'字，以者，即以此而用之，非法之之谓也。言法，则彼为规矩，此为方员，道在天下而不在己矣。天德乾，地德坤，君子固自有天行之健、地势之坤，而以之自强，以之载物，无所烦其执柯睨视之劳也。……道体自然，如何障塞得？只人自间断，不能如道体何也。天地无心而成化，故其体道也，川流自然而不息。……道日行于人，人不能塞，而亦无事舍己之固有，外观之物，以考道而法之。若云以道为法，浅之则谓道远人；而推其极，必将于若有若无之中，立一物曰道。老氏缘此而曰：'人法天，天法道。'呜呼！道而可法，则亦虚器而离于人矣，奚可哉！"（引自《读四书大全说》，载《船山遗书》第四卷，北京出版社 1999 年版，第 2492 页）以"道器"思维为依据，无疑对《老子》之"道"的内涵把握出现偏差。道器思维，相类于恒道为"万物之奥"的存在样态，这里道与器一体是对恒道的分有，不过在物中显示为不同的构成而已。"器"分有的是"物形之"的形质、结构，"道"分有的是"势成之"的理则、功能。恒道作为统一性的存在，既在人中为人身，又在人外为观知行为的对象。以性外无道无物，必然走向人的主观主义，何以有《易》理的裁成辅相之宜？它不如《中庸》主

客观合一思维的圆融性。客观地讲，天地之道是"为物不贰"，"生物不测"；从主观地讲，是"文王之德之纯"，"纯而不已"。客观地讲，"诚者，天之道也"；从主观地讲，是"诚之者，人之道也"。客观地讲，天地之所以为大，"万物并育而不相害，道并行而不相悖，小德川流，大德敦化"；从主观地讲，是唯天下至诚，可以赞天地化育，可以"与天地参"。若无天地大德可法，则何以知人参赞之大德。《易》全是因"法"而成，天德之乾、地德之坤，皆是君子法天行之健、地势之坤以自知己有己能。不知天地，何尝知天地在己？道不可离人的是人道，而非天地之道。在《老子》言，恒道"无乎不在"，天地人皆为物，然非无有道者。恒道何尝离于人？人既分有于恒道成为人，又是恒道得以澄明、揭蔽的著明者。川流之逝呈现道体本然，此"道"是所以然之道，非是绝对本体存在的恒道。"辅助万物自然"，以承认万物的独立存在、个性存在、异于己在为前提，故有"善利"的"他为"模式。以儒家道器思维言，川流体道故逝而不舍。以道家道物思维言，万物之逝无非恒道之逝。道体固然在人心自有其逝者，然非反思、著见，则不知其有"逝"。殊不知，"《易》象下六十四个'以'字"，揭示的就是"法"的知识成果。"法"既有规矩、方圆之法，又有德性、道术之法。恒道在天下，何尝不可在己。"法"首先来自"知"，知天地德，然后有诸己是德以知得。人心若自间断道体自然，则道体自然在己心之外，它是自暴自弃。天地分有、法于恒道，故无心成化，自然不息。人分有恒道，则无不可法，可与造化一。"道而可法"，是法其可法的殊理，非是法一个抽象浑沦的物，故《老子》云"曲则全"。"以道为法"，是在法其可法的无限过程中接近于"无法之法"的恒道。可法则道不远人，推其极则无物不法，法于万物就是法道，因为道寓于万物之中。《孟子》言"万物皆备于我"只是就潜能而言"大其心"，非是言性外无道无物，否则何以言舜行水而无以凿智？凿智从己出，而行水在于"莫从己出"，因知水性而疏导于水。它是"因物付物"的效法、取法思维。对恒道的取法，蕴含着澄明与遮蔽的矛盾统一体。澄明是指，一方面恒道因其物物而不物于物的存在，通过万物不同法象流变的呈现，揭蔽其虚无无形的"无法之法"存在样态。另一方面，人借助对恒道所生、寓存之物的效法、取法，澄明其为可法的天地法象、法仪准则、规矩标准和规律道理，通达于万法。恒道为人所效法、取法成为道术、方法、理则和遵循，揭蔽着其存在性、无穷性。遮蔽是指，一方面恒道"为物"成形，寓于万物法象之中，世界呈现的皆是可法的存在物，存在物遮蔽着无有定在、定法的恒道，使其隐匿于窈冥、恍惚和不可见闻中。另一方面，对恒道存在的把捉，若执著于万物显现的法象、可法，则遮蔽于一曲或陈迹之中。同样，以恒道为无法象的不可法，放弃对恒道寓存法象的揭蔽，则恒道遮蔽于黑暗、遗弃或遗忘之中。对恒道的取法，只能在天地万物可法的每一遮蔽中揭蔽其存在的"无法之法"。

最后，对本节内容作以简要概述。"人法地，地法天，天法道"是依次、逐渐的效法、取法过程，虽然所取法者对象不同、内涵有异，然皆以尊重对方独立存在、顺从

因循效法为旨归，蕴含者"因物付物"的思维模式。同天地法相可取法不同，恒道是不可取法的无法之法。天地可法，是有限的取法；恒道之法，是无限的法象，取法"不可致诘"。没有对天地的取法，则恒道存在不能得以揭蔽。囿于取法天地，恒道存在将会被遮蔽。这种即取法又非可法的思维模式正来自"道可道，非恒道"的思想意蕴。对恒道"无法之法"的取法，只能以恒于揭蔽其所分化、寄寓存在物的定常法则，而澄明其无限性的不可法。作为"无法之法"，它非是否定一切可法，而在于揭示可法的不定、无限以及无限的效法、取法过程。《老子》提出很多与世俗相反的道术可法者，如守雌持弱、见小知足等，都体现着恒道的玄妙质性。

第二节　莫命自然

上一节，对"道法自然"中"法"的涵义进行了解析，本节拟对"自然"的内涵进行解读，然后在此基础上对"莫之命而恒自然"的深刻意蕴进行诠释。"自然"无疑是《老子》文本中的一个主要观念，在其思想体系中具有特定的涵义，并成为道家流派思想的一个标志性观念。

一、文字校解

《老子》多处言及"自然"观念，但只在第二十五章、五十一章直接以"自然"揭示恒道的存在质性。"道之尊，德之贵，夫莫之命而恒自然"一文，楚简《老子》中不见，帛书《老子》甲本缺损"道"字，"命"写为"爵"的别字，乙本为"爵"字。此文显然是对"道法自然"思想的进一步揭示。"自然"观是道家哲学迥异于儒家以及其他学术流派的一个重要特性，影响深远，体现于中国哲学、礼教文化等日常生活的各个方面。"自然"一词肇始于何时？是否来自《老子》？从现在的文字记载看还无从定论，很可能先于《老子》和孔子的年代。但确信无疑的是，《老子》使"自然"成为一个哲学观念。《老子》"自然"观究竟有什么样的特质？首先要从厘清"自然"一观念的涵义开始。

（一）"自"与"然"

"自"者，象形字，本义为鼻子。《说文》云："自，鼻也。""自"有四义：（一）动物降生先露出鼻子，引申为本始、开始。"君子之道，……知风之自"（《中庸》）。"自"者，所从来，本始于。"保佑命之，自天申之。"（《诗·大雅》）"自天"者，源自天命，"大德者必受命"。"自天祐之，吉无不利。"（《易·系辞上》）祐者为助，其源自天，"天之所助者顺"。若祐来自人，是"人之所助者信"。（二）本初、本始的事物无有杂饰、人伪，引申为本来、天性。大圣治天下，"摇荡民心，使之成教易俗，举灭其贼心而皆进其独志，若性之自为，而民不知其所由然"（《庄子·天地》）。"性之

自为"的"自为"，是本性所为、天性使然。与之相反的是"贼心"。"适耳目，节嗜欲，释智谋，去巧故，而游意乎无穷之次，事心乎自然之涂。"（《吕氏春秋·论人》）"自然"者，天性之谓，与贪欲、智谋、巧故相反。"天地，含气之自然也"（《论衡·逢遇》）。"自然"者，自始以来的本然质性。（三）由时间上的本始引申为经由，进而虚化为介词，同于从、由。如"日居月诸，出自东方"（《诗·邶风》），"自西自东，自南自北，无思不服"（《诗·大雅》）。再如"自我观之"（《庄子·齐物论》），"自诚明，谓之性；自明诚，谓之教"（《中庸》）和"天聪明，自我民聪明。天明畏，自我民明威"（《尚书·皋陶谟》）等。（四）由事物的本始转指肇始、起因者的自我，自称为自己。从对象的始自，到反身于自身。"永言配命，自求多福。"（《诗·大雅》）"自"者，是福禄所得的源起者。"见不贤而内自省"（《论语·里仁》），"自"者为省、厚行为的作始者。"我之自出"（《左传》成十三年），"自"为"出"的起因者。《庄子》多以"自己"合言，如"吹万不同，而使其自己"（《齐物论》），"功盖天下而似不自己"（《应帝王》），"自己"虽非是自称的名词"自我"，然已是一个联接词。"夫人必自侮，然后人侮之；家必自毁，而后人毁之；国必自伐，而后人伐之。"（《孟子·离娄上》）"自侮"、"自毁"和"自伐"，皆是自我使然。（五）由事物的自因自果，不为外在事物作用、影响而为自然。"诚者自成也，而道自道也。"（《中庸》）"自"者，自我成遂，自己实现。"得天之道，其事若自然"（《管子·形势》）。"自然"，自在、自为，自行如此。"变化者，乃天地之自然"（《抱朴子内篇·黄白》）。"自然"，是自运、自化。"自"者，以从己身出言，可衍生为自发、自愿、自生、自力、自动、自行等；以己有所私言，可衍生出自居、自有、自得、自求、自爱、自用等；以己无制放任言，可衍生出自傲、自大、自矜、自满、自是、自恃、自命、自负、自大、自夸等；以己内在心理言，可衍生出自卑、自馁、自疚、自暴自弃、自裁等；以己自省自克言，可衍生出自足、自拔、自治、自律、自持、自控、自咎、自警等；以己为内因言，可衍生出自然、自如、自若、自在、自主等；以己自我修为言，可衍生出自学、自明、自尊、自立、自强、自修、自省等；以己自备能力言，可衍生出自觉、自知、自理、自决、自为、自由等。

"然"者，会意兼形声字，会燃烧之意。《说文》云："然，烧也。""若火之始然"（《孟子·公孙丑上》）。借作代词，表示"这样"、"如此"。如"何必高宗，古之人皆然"（《论语·宪问》），"恶识所以然？恶识所以不然？"（《庄子·齐物论》）用作意动词，表示同意、对、是。"雍之言然。"（《论语·雍也》）又用于指事物所是的样子，"道行之而成，物谓之而然。恶乎然？然于然。恶乎不然？不然于不然。物固有所然，物固有所可。无物不然，无物不可"（《庄子·齐物论》）。作为语助尾词，如"望之俨然"（《论语·子张》）。

就"自然"的字义，王夫之云："自者，己所言也。人之分别彼己者，以言白之，故以为在己之称。通为从此达彼之词，转为所因之意者，事物皆由己出，己者，万事

万物之因也。己为子，因以事父，己为臣，因以事君，推之皆从己出，故自者本也，事所因也。自肰者，有自而肰也。浮屠氏分释之，以有所原本曰自，固尔如此曰肰，义亦略通。有自而肰，则不待更作之劳，故为不思不勉、生安合道之称。其所自者，性也；其能肰者，理也。理全于性，性即理也。若物之必尒非待作为，事之必尔更无变易者，亦曰自肰，言自己信之为肰也。"（引自《说文广义》，载《船山遗书》第五卷，北京出版社 1999 年版，第 2782 页）从王氏的解析中，可以看到"自然"的五重涵义。一为自因自然，"有自而肰"。二是本由自然，为"万事万物之因"。三为诚性自然，"不思不勉、生安合道"。四为理性自然，所自为性，使然为理。五为必然自然，"非待作为"，更无变易。

（二）"爵"与"命"

"爵"者，象形字，甲骨文像古代的一种酒器形。《说文》云："爵，礼器也。""君子之饮酒也，受一爵而色洒如"（《礼记·玉藻》）。酒器有等，故用以表示爵位。"以官爵人，德之杀也。"（《礼记·郊特牲》）爵有公、侯、伯、子、男五等之分。用作动词，是授予爵位。"任事然后爵之，位定然后禄之。爵人于朝，与士共之"（《礼记·王制》）。授予爵位，就是"命"。"命"者从"令"字分化出来，引申为命名。"未王命，故不书爵。"（《左传》隐公元年）可见，"命"与"爵"相通。爵位必与功德相称。"使以德，爵以功"（《礼记·王制》），"颁爵位，必当年德"（《礼记·礼运》）。爵非本有，以等次功德、劝事业而具。"古者生无爵，死无谥。"（《礼记·郊特牲》）以恒道言，不用"爵"赞誉、劝勉而恒于自然。河上公以"命"为文，严遵以"爵"为文，王弼认为"命并作爵"。

二、文句解析

下面结合注家之解，对"道之尊，德之贵，夫莫之命而恒自然"一文进行诠释。

（一）"莫之命而恒自然"

河上公云："道、一，不命召万物而常自然，应之如影响。"此以《老子》"不言而善应"的天道观作解，"常自然"是"万物恃之以生而不辞"，有求必应，生生自然。若于万物"命召"，是有所私赐的主宰，而非是自然。德为道之分，故为殊一；道统德殊，故为通一。严遵云："道高德大，深不可言，物不能富，爵不能尊，无为为物，无以物为，非有所迫，而性常自然。"道者至尊，德者至贵。以其"深不可言"则"不可致诘"，以其"爵不能尊"为莫能名爵，以其"物不能富"为尊无以加，以其"无为为物"为"性常自然"。莫命以爵，因"至誉无誉"，故"道褒无名"。之所以如此，在于"性常自然"。何谓自然？以"无为为物"为"生而不有"，以"无以物为"为"为而不恃"，以"非有所迫"为"长而不宰"，三者合言是"玄德"式的"自然"。李嘉谋指出，道德施于物，非是"有心于物"，而是"莫之命而常自然"。恒自

然者，"自然而生，自然而畜，凡所以长育成熟，以至于养之覆之，莫非自然者，由其自然"。无心化物而物皆化，是恒道功用自然。若以有命爵而化，则是有待之化，而非自本自根的"恒自然"。恒自然者，生畜、长育、亭毒、养覆皆自然，不得不然，恒一不已。"由其自然"，在于内在具有"玄德"质性。何心山认为，道德者，"生之畜之"一于"自然"，"无物不有，无时不然，盈天地之间皆蒙衣被，本本元元，之所共推，非由于谆谆之命，非有假于人为之力"。概言"自然"的内涵包括：一是"无物不有，无时不然"，生生不已，周行于物；二是"本本元元"，非由爵命假人力，"独立不改"。吕知常认为，道德的尊贵，在于"道可以尊为父，德可以尊为母"。实是"自然无为"："道降纯精而生物之性，德含和气而养物之形"。以父母喻道德，非确。大道分化自己的纯精，通过"得一"为和气之德，成为生物之性。性中自存"养物之形"的质性。"自然"，自然而然，不得不然。林希逸认为，"莫之命者，犹曰莫之为而为也，非有所使然，则为常自然"。"莫之为而为"，是非有使然的自在自为，纯由自性而为，成己中成物，成物中尽己。万物受命以生以化，而恒道本自不受命，而授万物之命。它是独立、无待的绝对存在。林志坚正是以"道法自然"解之，成己成物无非自然。王道认为，"有为之法，有成有坏；无为之法，不变不灭。""无为"者，是"莫之命而自然如是"，所谓"无为而无不为"；"不变"者，是"莫之命而自然如是"，所谓"自古及今其名不去"。恒道的"无为"，是"无为而无不为"，无为中涵摄有为，并非否定一切"有为之法"。只有在有成、有坏中，才能揭示不变、不灭。"莫之命而自然如是"，是自在本然，自性固然，无待使然。因其"自然"恒在，故"其名不去"。道德生成万物不息，万物尊贵道德不止，二者一体共存。

(二)"道之尊，德之贵"

河上公以尊敬解道德的尊贵。严遵云："万物尊而贵之，亲而忧之，而无抱其德。"道德尊贵，在于万物尊而贵之，非是自尊自贵的自恃其德。成玄英指出，"世上尊荣，必须品秩，所以非久"。而道德尊贵，以其"无关爵命"，故常自然。道德至尊至贵，超脱于世俗品秩的有待。以爵命为，是为有以为，故非自然。以《老子》意旨看，"自然"非用以况谓道德的尊贵，而是其所以然。李荣以为，道德本自"虚忘"，以其"自然尊贵"，故非由爵命方见"敬重"。道德不以爵命而尊贵，而以生畜万物而尊贵。爵命是有名之尊，自然是无名之尊。唐玄宗指出，道德尊贵非"假爵命"，以其"生成之功，被物而常"而自然尊贵。"假爵命"，是有待之谓，为有以为。"恒自然"，则不求尊贵而万物莫不尊贵之，它是"无私成其私"的思维意旨。陈景元提出，世俗所以为尊贵者，因有王者之爵命。"万物咸被道德生成之功，而尊贵若父母者，是道德非假于爵命，而常自然有所摄伏也。"王者爵命，赖于有功有名，以为禄位。道德尊贵，在于"生成之功"。"摄伏"者，是至尊贵者功成而身退，"上德不德"。王雱认为，有所受命，则出命者能贱之。道常自然，以其在"万物之先"而"制其命"，孰能假之？

物者，命其贵则可以命其贱；道德莫能命，"道褒无名"，故为至尊贵者。苏辙指出，"恃爵而后尊贵者，非实尊贵也。"恃爵尊贵，非本尊贵。陈象古指出，天下以"官爵"为尊贵者，然道德"无形"，人莫能"爵之"，它是"出于自然"的不可以名之义。"莫之爵"，是不可以名。作为绝对的至尊贵者，固是不可以名爵。刘骥指出，之所以"莫之爵而常自然"，就在于大道是"不可得而尊，故不可得而卑；不可得而贵，故不可得而贱"。大道无形无待，超脱尊卑、贵贱对待之属。黄茂材指出，道德尊贵在于"自然而已"，它是"常尊不待物而尊，德有常贵不因物而贵"。相反，人爵尊贵，则"出于使然"。尊贵自然，不待爵命，不求而得。吕知常认为，道德尊贵非假于人，虽"有所摄伏"，然"其名不去"。林希逸认为，"命或作爵，非是。""尊贵"者，是"超出乎万物之上"。实则，"爵"为本字，因为它有等级，故可假言于尊贵。超出万物之上，是无以匹合于天下。薛蕙以"本自尊贵"、"尊而无上"解道德尊贵，揭示的正是这样的意蕴。至尊者不为爵命而尊，至贵者不为称名而贵。本自功大至尊贵，何用爵名以尊之。道德尊贵在于自然功用，爵命尊贵不免于名实有间。

三、"自然"意旨

《老子》"自然"观，为道家诸子所传承发展，可解析出如下诸义。

（一）道理自然

"自然"观，既包涵万物的自然，又包括万物自然如何使然的本根"自然"。道者，"自本自根"，故能"神鬼神帝，生天生地"（《大宗师》）。以其"神"、"生"为"有情有信"，以其生物不已、神妙不测为"无为无形"。恒道因"自然"为无待存在，它是万物自然、有待者的根本。"天不得不高，地不得不广，日月不得不行，万物不得不昌，此其道与！"（《知北游》）天地、日月和万物的"不得不然"，既是"自然"的必然，又是"自然"的使然，统一称之则为"道"。大道作为万物自然、"不得不然"的使然者，是"道通为一"的宇宙机体。郭象正是从此入手，通过否定"使然"，揭示"独化"为"自然"。"此皆不得不然而自然耳，非道能使然也。"（《知北游》注）以道使然，则确立了使动、作用的绝对本体存在。万物各自然，是有形自然。道者为而不知其为，无为无形，无为而无不为。这里，大道使然是辅助自然，非是主宰控制。恒道辅助自然，包涵赋予"得一"之"一"使物具有自然的潜能，"物谓之而然"；包涵赋予万物自然以相生、相资的条件环境。通言之，是"道行之而成"的无所不然，无不使然。作为自然，"万物恃之以生而不辞"，有求必与，故日用不知。"其道既得，莫知其为之；其功既成，莫知其释之。藏之无形，天之道也，"（《管子·形势》）"天道"作为绝对本体，是"为物"自然，亦是"无为而无不为"的自然。"春气至则草木产，秋气至则草木落。产与落，或使之，非自然也。"（《吕氏春秋·义赏》）"或使之"，是主宰产、落。自然是善产、善落。"使之者至，物无不为；使之者不至，物无

可为"。"物无不为"，证验着"使之者"的无不为。"物无可为"，揭示出"使之者"的不可无。"古之人审其所以使，故物莫不为用"。有"所以使"者，则一切皆不得不然。物者自然，则有使之自然者。使万物自然，则有"所以使"者。有使为则物无不为，无使为则物无可为。这就出现了一个哲学问题：万物自然是自在，还是外在？前者是客观自然界式的万物自化观，后者是宇宙论式的恒道自然观。《老子》以水"善利万物"近于道，《文子》继承之，以水为道揭示万物自然的"不得不然"。"水为道也，……上天为雨露，下地为润泽，万物不得不生，百事不得不成"（《道原》）。万物之所以"不得不生"，在于有水的雨露润泽。在《老子》思想中，恒道自然是生物无弃。"夫道者，无私就也，无私去也，能者有余，拙者不足，顺之者利，逆之者凶。"（《淮南子·览冥训》）道者自然则均平，任物自得自足。东汉道教典籍《太平经》将道视为"使化"者，而将"自然"赋予万物的存在质性。"夫道何等也？万物之元首，不可得名者。六极之中，无道不能变化。元气行道，以生万物，天地大小，无不由道而生者也。……自然者，乃万物之自然也。"（《守一明法》）"道"作为万物"元首"，以其生成、变化万物则为万物"自然"的使然者。万物自然的"不得不然"，在于"无道不能变化"和"无不由道而生"。万物的"自然"，赖于道的使然。万物无不由道使然，则道必是"自本自根"的自然。《列子》继以"道"为万物自然的使然者，"六合之间，四海之内，照之以日月，经之以星辰，纪之以四时，要之以太岁。神灵所生，其物异形；或夭或寿，唯圣人能通其道。"（《汤问》）因其有照之、经之、纪之、要之之能，以及生物异形、使或夭或寿之为，故名为"道"。"通其道"，是通万物自然而一于道。万物自然，是有待而然。道者无待，自在自然。"道自然"，是"不待神灵而生，不待阴阳而形，不待日月而明，不待杀戮而夭，不待将迎而寿，不待五谷而食，不待缯纩而衣，不待舟车而行"。诸多"不待"揭示的是道无方体、自在使然，故"非圣人之所通"。道者自然使然，体现于万物自然中是"命"。张湛注《列子》，以"理"为"命"，揭示万物内在的必然、不得不然。"命者，必然之期，素定之分也。虽此事未验，而此理已然。若以寿夭存于御养，穷达系于智力，此惑于天理也。"（《力命》注）"命"是"理"之必然，定分的不得不然。"必然之期"，因为"此理已然"，是不得不然；"素定之分"，是势所必然，事必有验。寿夭是生命的必然，穷达是时遇的必然。御养、智力，是人为使然。以人的生死言，"夫死生之分，修短之期，咸定于无为，天理之所制矣。"天理制之，是理之必然，故生死由命。在对待理上，"顺天理而无心者，则鬼神不能犯，人事不能干"。天理必然，鬼神、人事不能干犯；人若无心而因循天理，同样如此。在理之必然上，"美恶报应譬之影响，理无差焉"（《说符》注）。理者必然，不得不然，故如影响而无差。在"理"与"物"的关系上，"理自成，物自从。"有其理，则有物之从，犹如恒道使物自然、不得不然。理与事实"自然"相符，是"自然之道"。"行必死之理，而之必死之地，此事实相应，亦自然之道也。"（《仲尼》注）"事实相应"，揭示出事者必然缘自理之必然。这里，命、理相类于恒道的"势成之"，

体现在万物中是本性"自然"、物理"不得不然"。

（二）本体自然

在道者"自然"以及使万物自然的思想基础上，阮籍直接将"自然"视为"天地之根"，作为万物存在的原始绝对本体。"天地生于自然，万物生于天地。自然者无外，故天地名焉；天地者有内，故万物生焉。"（引自《达庄论》，载《魏晋全书》第二册，吉林文史出版社2006年版，第503－504页）"自然"为天地的生生者，已是与《老子》恒道一类的本始绝对存在。"天地生于自然"，本自《老子》恒道"为天地母"和《庄子》道者"生天生地"的思想。"万物生于天地"，为《易》的思维。"天地生于自然，万物生于天地"是《易》与《老子》思维的融合，它直接为邵雍所继承。"自然"者，独立无匹合于天下，无不统摄，故无外。天地源自大道的分化、分有，成为"天地之间"，万物存在其中，故有内。以《老子》恒道思维言，前者是"有物混成"的存在样式，后者是"万物之奥"的存在样式。二者合起来，是"自本自根"的恒道，阮籍另名之为"自然"。"自然"无所不在，可体之于身。"人生天地之中，体自然之形。身者，阴阳之精气也。性者，五行之正性也。情者，游魂之变欲也。神者，天地之所以驭者也。""自然"者，形化之本，神化之使。犹如恒道寓于人之中，人以"自然"为体。身、性、情和神，无非"自然"所假的存在体。正如恒道自然有"道通为一"存在样式一样，"自然"作为宇宙存在样式是通一于自然的"万物一体"。"自然"为天地万物的总名，犹如恒道是总摄万物之名。"夫乐者，天地之体、万物之性也。……昔者圣人之作乐也，将以顺天地之体，成万物之性也。……天地合其德则万物合其生，刑罚不用而民自安矣。乾坤易简，故雅乐不烦；道德平淡，故五声无味。不烦则阴阳自通，无味则百物自乐，日迁善成化而不自知，风俗移易而同于是乐。此自然之道，乐之所始也。"（同上册，第506页）"乐"与"自然"同一，同为"天地之体"、"万物之性"。正如《庄子》言"至乐无乐"为"天机不张而五官皆备"一样，圣人作乐在于"顺天地之体，成万物之性"。"乐"与"自然"通同，则为"自然之道"。天地合德则万物合生，百物自乐。"自然"即是大道，大道即是"自然"。"乐之所始"在于"自然"，因循"自然"以为"乐"是"自然之道"。《列子》曰："自然者，默之成之，平之宁之，将之迎之"（《力命》）。大道自然，命物之化，运物必然、不得不然。以其自然、必然的绝对性，故天下莫能臣、莫能干犯。"窈然无际，天道自会，漠然无分，天道自运。天地不能犯，圣智不能干，鬼魅不能欺。"万物命定自然，不得不然，不以人智所能改变，验证着天道的自会、自运。"生生死死，非物非我，皆命也，智之所无奈何"。命者即是自然。张湛注《列子》引何晏云："夏侯玄曰：天地以自然运，圣人以自然用。自然者，道也。"（《仲尼》注）"自然运"，是"自然"使然；"自然用"，是因循"自然"。前者为绝对本体存在的名谓，后者为道术之用。继之，又引向秀之说云："明夫不生不化者，然后能为生化之本"（张湛《列子》注）。

在生生、化化之先，有一不生不化的"自然"，它是绝对本体存在的"自然"。以"自然"为不生不化者，使其成为了生化之本。道士吴筠云："余常思大道之要，元妙之机，莫不归于虚无者矣；虚无者，莫不归于自然矣；自然者，则不知然而然矣。是以自然生虚无，虚无生大道，大道生氤氲，氤氲生天地，天地生万物。"（参见《形神可固论》，载《全唐文》第926卷，中华书局2001年版）在这里，"自然"已然成为高于大道的原初本体，以其"不知然而然"为虚无，虚无生大道、天地、万物。《老子》以恒道为"自然"存在，从"恒道"与"自然"二者皆为强名言，既可以"恒道"为绝对本体存在，亦可以"自然"名之。默希子云："自然，盖道之绝称，不知而然，亦非不然，万物皆然，不得不然。然而自然非有能然，无所因寄，故曰自然也。"（《文子·自然》题注）"自然"作为"道之绝称"，二者异名同谓。"不知而然"，是不知其所以然，"不可致诘"。"非不然"在于使物自然，故"万物皆然"。万物"不得不然"，验证"自然"的使然。"非有能然"，是"自然"作为"自本自根"的绝对存在，天下莫能臣。"无所因寄"，是"自然"作为绝对无待存在，独一而无偶。

（三）人性本然

人"得一"以为德，道为人初始所具，自然而有，无有杂伪，故为本性。在《老子》中，本性"自然"分为两类：一为无知无欲的生性自然。复其本初，是"恒使民无知无欲"，具体内涵在于"虚其心，实其腹，弱其志，强其骨"。一为修道践行的能为自然，它是人生境界。"修之于身，其德乃真"。《庄子》继承了个体本性自然为"真"的思维趣向，以"自然"为天然本有，纯而不杂于俗伪，不以人助天，不以人滑天。"吾所谓无情者，言人之不以好恶内伤其身，常因自然而不益生也。"（《德充符》）好恶作为情，是感物而动、故非人生本静。"无情"是性之本有，故为"真"。"真"者，为原初禀赋、自然所有，是天然之具。"因自然"，是遂其本性自然，守于纯粹素朴。"益生"，是知诱于外，无节于内，故失去本性。自然本性是"性命之情"，天然性分，以其受于天为天性。"真者，所以受于天也，自然不可易也。"（《渔父》）禀于自然，故不可改易。要去世俗之伪、复其真性就要"彻志之勃，解心之谬，去德之累，达道之塞"（《庚桑楚》），复归于道，做到"法天贵真，不拘于俗"。《文子》同样沿袭这样的人性自然模式，以"虚无、平易、清静、柔弱、纯粹素朴"为"道之形象"，以"嗜欲不载"、"无所好憎"、"一而不变"、"不与物杂"和"不忧不乐"（《道原》）为本性自然的"真"。民生自然，在于自化、自富、自朴。"圣人立法，以导民之心，各使自然，故生者无德，死者无怨"（《自然》）。正因民性自然，故辅助劝导，"各使自然"。圣人不仁，以百姓为刍狗，生死自然，故无德无怨。"循性而行谓之道，得其天性谓之德。性失然后贵仁义，仁义立而道德废，纯朴散而礼乐饰，是非形而百姓眩，珠玉贵而天下争。"（《上礼》）"天性"为自然本性，得于大道，本于自得。本性者纯朴，守持则为道德。仁义、礼乐、是非和珠玉，皆是失于本性的人伪。《淮南

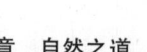

子》对人的自然本性进行了分别阐述。性情是人的自然，"喜怒哀乐，有感而自然者
也"（《齐俗训》）。人情的喜怒哀乐，是感则即生，自然而然，本性所有，不可去之。
材质、潜能亦是人的本性。"人性各有所修短，若鱼之跃，若鹊之驳，此自然者，不可
损益。"（《修务训》）性分所得，自有气质、材质的差异，因其生之所具，故不能损
益。《列子》也言自然之性为人类本初之性，"其国无帅长，自然而已。其民无嗜欲，
自然而已"（《黄帝》）。这里，将人性"自然"界定为人类历史本初阶段的纯朴本性，
其思想本自《庄子》中《骈拇》《马蹄》等篇。虽然人与物的自然本性皆禀赋于绝对
存在的"道"或"天"，然"性"的内涵迥异。物的本性，是恒一其性，限于本初自
然之性。对人而言，材质、官能作为本性是潜在、潜能。人能改变某些本性，特别是
能质变地提升知能、德性。人有知能，故自然本性中蕴藏着超出动物生理之性的道德
之性、知能之性。正因人"得一"而有知能的自然禀赋，故可以"以道观之"，"以道
莅天下"。正因人性自然，故制法者必因民性自然。"安国之法，若饥而食，寒而衣，
不令而自然也。先王寄理于竹帛，其道顺，故后世服。今使人饥寒去衣食，虽贲、育
不能行；废自然，虽顺道而不立。"（《韩非子·安危》）"不令而自然"，是不得不然。
民有自然之性，以为安国之法就要因循民理。法顺道理，则民服；废"自然"，则功
不立。

（四）事物自性

与人性自然相同，事物本性禀于自然。作为自然禀赋，是事物的固然质性，恒而
不离，故不可损益，不可忤逆，不可伤害。《庄子》对事物自性的揭示，明显多于《老
子》，这是由其关注万物的现象界以揭示"道通为一"思想使然。就个体言，"物固有
所然，物固有所可"（《齐物论》）。就总体言，"无物不然，无物不可"。因其自然固
有，必因循辅助，故"可乎可，不可乎不可"。既然"物谓之而然"，则有"然于然"
和"不然于不然"的自然本性。万物本性"自然"，是固有所然。因其固有自然，然
于其然，便是对待物性、成遂其性的唯一之道。"辅助万物自然"的前提，在于承认万
物作为"自然"存在性的不可违背。"为天下"者，当"顺物自然而无容私"（《应帝
王》）。"自然"作为物性内在具有的本性，包括生理机能、需求以及自生自长的客观
律则等。"顺"者，是因循无为、不强加主宰施为。"自然"与"无为"相为而生，正
因物性"自然"的客观必然性，故要求人不主宰、无为因循。"顺物自然"，必然要
无私无为。对此，《韩非子》多有揭示。事物的"自然"质性，正是人为遵循的道理。
因顺事物自性，是"守成理，因自然"（《大体》），"恃万物之自然而不敢为"（《喻
老》）。因其"自然"不可易，故必顺成而不可妄作。"物有常容，因乘以导之，因随
物之容，故静则建乎德，动则顺乎道。……故冬耕之稼，后稷不能羡也；丰年大禾，
臧获不能恶也。以一人力，则后稷不足；随自然，则臧获有馀。"万物"常容"，是恒
一不易的客观理则，故必因乘、因随。静则无为，以其不伤物性为"德"；动则因循，

以其顺物自然成功为"道"。道德的内涵存在于对物性"自然"的尊重、顺从和因循。《文子》从无为因循的道术上，对事物"自然"给予了更多关注。"天下之事不可为也，因其自然而推之"(《道原》)。物性自然，内涵大道使然的不得不然，故因循事物自然之性，就是遵循大道之性。只有因随自然之理，顺其内在之性，方是因物付物的道术。以为治理言，"无治"在于"不易自然"，"无不治"在于"因物之相然"。"自然"者，是事物内在固有的自在本性和生长、变化的固有规律。不改变其"自然"，则不以己宰治；因循物之"相然"，则因人以治人。"物必有自然，而后人事有治也。"(《自然》)人事之所以有治、可治，在于物有自然之性。物有"自然"，不得不然，故有常则。人以常则为循，故有事。先王因民之性以制法节文，然后有顺教。因人所恶以为禁止之法，然后有天下听从之法。以因循自然言，"金之势不可斫"，故"良匠不能斫金"；"木性不可铄"，故"巧冶不能铄木"。"埏埴而为器，窬木而为舟，铄铁而为刃，铸金而为钟，因其可也。驾马服牛，令鸡司夜，令狗守门，因其自然也。"(《淮南子·泰族训》)"因其可"者，是遵照物性的质地、结构和理则，以为制造事为。"因其自然"者，是根据生物的性能、材质和机理，以为人事服务。前者思维本自《庄子》"梓庆削木为鐻，见者惊犹鬼神"(《达生》)的寓言，后者思维是《庄子》"以鸟养养鸟"的行为模式。王弼指出，"万物以自然为性，故可因而不可为也。"(《老子》29章注)"自然"为性，是事物内在固有的必然，以其自然而然则外在不可干犯。若"拔苗助长"，反害其"自然"。王充继承了道家的物性自然观，"春观万物之生，秋观其成，天地为之乎？物自然也。"(《论衡·自然》)物自然，非天地所为，则一切存在物皆自然。

(五) 内在势理

事物本性作为自然之性内涵自然之势，它是生长、变化和发展的动态理则。事物之"势"，是不得不然的趋势、态势，以其自然而然、固然必然为秉承于恒道的"势成之"。作为个体存在质性，事物内在固有其势；作为个体共在关系，外在相互作用亦是势，二者同归于"自然"。《庄子》提出，人事作为的重要遵循在于因循事物不得不然的变化之理。"至乐"者，"先应之以人事，顺之以天理，行之以五德，应之以自然"，然后"调理四时，太和万物"(《天运》)。"天理"、"五德"与"自然"，皆是事物固有的自然律则。万物以自然运，是自然之势。"水之于汋也，无为而才自然矣。……若天之自高，地之自厚，日月之自明"(《田子方》)。"自然"作为势之所然，是事物内在固然的力量、动能，不需外力驱动而自然如此。天自高、地自厚、日月自明，皆是事物的自然、不得不然。天道以自然运，有必然之势，得之以为因循，则事为若自然，不为而成。"得天之道，其事若自然；失天之道，虽立不安。"(《管子·形势》)只要因循天道，顺事理而为之，就能为事若自然。"若自然"的前提，在于事物蕴藏着天道自然。《文子》继承老庄，多言自然之势。"正其道"则无为，"天致其高，地致其厚，

日月照，列星朗，阴阳和"（《精诚》），故物皆"自然"。万物禀于道，皆有"势成之"的"自然"，自在自然成遂其性。大道分化为宇宙存在的过程，形成了不得不如此的自然之势。以宇宙机体言，一切皆是自然而然，在一切自然中蕴藏着不得不然的势力、趣向。"唯随天地之自然而能胜理"（《符言》）。天地自然是不得不然的理，"随"是因循以为，故能"胜"。圣人，"治随自然，己无所与"（《符言》）。"己无所与"，则不易人物自然；"治随自然"，辅助万物自然。"名各自命，类各自以，事由自然，莫出于己"（《自然》）。"事由自然"，即让事物按照自有的本性自然而然，因势而为。"名各自命，类各自以"，皆是各使自然。法道自然无为者，在于"推自然之势"，故循理举事，因资立功。"势之自然"，犹如"舟浮于水，车转于陆"（《淮南子·主术训》），不得不然，不可违反。自然之势，还体现在事物的自生自化中。"天地合气，万物自生"（《论衡·自然》）。自生则"物自然"，虽自然也须有为辅助，"辅助自然"。在事物的"自然"观上，郭象否定大道的使然，而认为一切皆是"独化"的势所必然。"我自然而生耳，而四支百体，五藏精神，己不为而自成矣。"（《庄子·秋水》注）万物无所从生而自然生，独化于自化，是自然之势。作为恒常存在，自然之势又是自在变化之理。

（六）外在之势

每一个存在物皆有内在固有之自然或势，相互间的影响、作用和资助是外在之势。《庄子》多以时和命言之。时命是自然之势，故不可违。"四时迭起"，则"万物循生"（《天运》）。对每一个存在物言，"四时迭起"既是势所必然的"自然之命"，又是外在的自然之势。"万物循生"，是因四时的固有发展态势、趋向而成遂自己的"自然"。人生当"安时而处顺"（《养生主》），"知其不可奈何而安之若命"（《人间世》），"知命不能规乎其前，丘以是日徂"（《田子方》）。因有不可忤逆的外在势理，故"知道者必达于理，达于理者必明于权，明于权者不以物害己"（《秋水》）。至德者之所以"莫之能害"，就在于"察乎安危，宁于祸福，谨于去就"，因循自然，顺势而为。正因事物各自具有内在势理，故要求因循而为，秉持无为。从内在自性言是自然，从其外在不挠言是无为。"古之人，在混芒之中，与一世而得淡漠焉。当是时也，阴阳和静，鬼神不扰，四时得节，万物不伤，群生不夭，人虽有知，无所用之，此之谓至一。当是时也，莫之为而常自然。"（《缮性》）所以能"常自然"，就在于各自自然，而不相干扰。互不相伤，是各自无为。各自无为，则各自自然。人能"於全乎去能，於假乎去事，於知乎去几"，则能"顺其天"，故"形性得安乎自然之所"（《吕氏春秋·审分》）。顺天无为，则各安自然之所。《文子》更突出揭示了万物相滋以生的"自然"。"冬日之阳，夏日之阴，万物归之，而莫之使，极自然。"（《精诚》）万物莫使自归，自然而然，是相互为滋的势所自然。天地清宁、四时阴阳的变化之势，是万物以生的外在条件，"万物逆之者死，顺之者生"（《九守》）。以自然为治者，在于任物各得自

然。至人以为治，"循自然之道，缘不得已"（《下德》）。无妄作，则"漠然无为而天下和，淡然无欲而民自朴，不忿争而财足"。若不能因于事物内在自然，则或成为损害事物自然的外在势力，如拔苗助长一类。事物之间，内在具有相滋以生的自然机理和外在环境。"天动不欲以生物，而物自生，此则自然也。"（《论衡·自然》）"自然"非是有以然，而是自在而然，不得不然。"阳气自出，物自生长，阴气自起，物自成藏"，一切生生行为皆是客观自然。王弼云："天地任自然，无为无造，万物自相治理，故不仁也。"（《老子》5章注）天地以万物为刍狗，让万物各遂其自然。郭象注《庄子》从否定施为使然者的存在入手，提出了一切皆自然的自然观。"天地以万物为体，而万物必以自然为正，自然者，不为而自然者也。"（《逍遥游》注）一切皆自然，则天地万物各不相为，虽有唇亡齿寒之资用，也是无意故为的自然而然。"五亲六族，贤愚远近，不失分于天下者，理自然也"（《庄子·天运》注）。各当其分，是理之必然。通于万物内在的"势成之"以及外在相资、相互作用的"势成之"，就是道道"为物"的"自然"。

（七）自然境界

《老子》"自然"观，既言道性，又言物性。前者是自本自根的自然，后者是万物本性的自然。作为人生境界则有"其德乃真"和"博大真人"之别。"修之于身，其德乃真；修之于家，其德有余；修之于乡，其德乃长；修之于邦，其德乃丰；修之于天下，其德乃溥"。博大自然是"以道莅天下"。《庄子》从中开出真人纯朴的天然自然境界和至人与造化为一的博大自然境界。前者为真性自然，虽是需要一定功夫方能达到的自然境界，然它旨在恢复天然、纯朴，去其人伪，前面已进行概要揭示，不作赘述。这里重点提示与造化为一的博大自然境界。与造化为一，首先要"无己"、"无名"和"无功"，还要"知通为一"，然后才能逍遥游。"死生亦大矣，而不得与之变；虽天地覆坠，亦将不与之遗；审乎无假而不与物迁，命物之化而守其宗"（《德充符》）。守"命物之化"之宗，是与造化为一。一于无待、无假，故不与物迁。死生之变、天地覆坠，皆是"物迁"。至人"才全"，则与物化俱化；"德不形"，则"物物而不物于物"；"独成其天"，则与天为一。"与造物者为人，而游乎天地之一气"（《大宗师》）。"一气"有万化之形，"造物者"是万物之本。游于万物之本，是"乘道德而浮游"（《山木》）。在《老子》从恒道开出博大自然的"玄德"，在《庄子》则提出"明王之治"和"至仁"的人生境界。明王之治的博大自然境界，是"功盖天下而似不自己，化贷万物而民弗恃"（《应帝王》）。虽有不测之功，然不居其有。"至仁"者，"德遗尧、舜而不为"，"利泽施于万世"而"天下莫知"（《天运》）。恒于"玄德"，则功成不居，上德不德，故能"道不渝"。事心于自然，则可达于天地自然境界。"无以害其天则知精，知精则知神，知神之谓得一"（《吕氏春秋·论人》）。"得一"者，体于"凡彼万形，得一後成"的道性，故能功为至神，应物变化而不可测，德行昭美而不可息，动作当务而不可极，举错以理而不可惑。"若天地然，则何事之不胜？何物之不应？"天地以自然而善应，人法之以因循自然，无为而无不为。同样，《文子》也呈现出真人和圣人两类自然观。真人之游，"神无所掩，心无所载，通洞条达，澹然无事，势利不能诱，声色不能淫，辩者不能说，智者不能动，勇者不能恐"（《九守》），此种自然境界只是"不物于物"的"真"。圣人的自然境界是"以道为循"和"抱道推诚"。圣人之游，既是"不拘于世，不系于俗"的真，还是"动容乎至虚，游心乎太无，驰于方外，行于无门，听于无声，视于无形"（《精诚》）的"与道游"。大丈夫"以天为盖，以地为车，以四时为马，以阴阳为御"（《道原》），故能无所不覆、无所不载、无所不使，无所不备。以圣治境界言，圣人以"怀自然，保至真，抱道推诚"的德性，故能"事省而治，求寡而赡，不施而仁，不言而信，不求而得，不为而成"，达致天下从之"如响之应声，影之像形"（《精诚》）的境界。圣人"怀自然"，则无为而治。"保至真"，则为无以为；"抱道"，则以道为循。"推诚"，则纯而不已。合言之，是为自然之治。以其具有精诚之神的功效言，是"执大象，天下往"的自然归趋。圣人体自然，则与大道同德。"圣人天覆地载，日月照临，阴阳和，四时化，怀万物而不同，无故无新，无疏无亲。"（《自然》）圣人道法自然，故与天地、日月为一，自然覆载、照临，自然公平、通同。王弼指出，"圣人达自然之至，畅万物之情，故因而不为，顺而不施。除其所以迷，去其所以惑，故心不乱而物性自得之也。"（《老子》29章注）"达自然之至"，是知万物皆自然而不宰不挠；"畅万物之情"，是任万物各自然，使物性自得。除去迷惑，则不易自然；因顺不为，则道法自然。

从以上对"自然"不同层面、角度的揭示，可见其间的融贯一体性。万物自然，本自大道"为物"、运化的自然。万物自然揭示、证验着恒道使然的自然。万物固有所然的本性自然和相互作用所构成的相资自然，本自恒道分有和赋予的自然禀赋。通言万物的自然，是无所不然的大道。恒道"为物"自然，是自本自根的恒然、必然、不得不然，它体现在"玄德"质性中，为人所效法则为人格理想和政治境界。既有纯朴"自然"的真人，还有博大"自然"的圣人。圣治的"自然"，体现在"以道莅天下"中。

四、中西自然思维比较

古希腊哲学家亚里士多德解析"自然"观念认为，"一切自然事物都明显地在自身内有一个运动和静止的根源。"（引自《物理学》，商务印书馆2004年版，第43页）自然的事物动静皆有内因，是自我驱动，根源内在。"'自然'是它原属的事物因本性（不是因偶性）而运动和静止的根源或原因。"（同上页）内在驱动是自在自有的，非是外在使然。"所有这样的事物都是实体，因为它是一个主体，而自然总是依存于一个主体之中的。"（同上页）这里的"主体"和"实体"，揭示的皆是存在者的自在自为，自我驱动、使动。他举例揭示说，火向上运动不是"自然"，也不是具有"自然"，而

是"由于自然"或"按照自然"。(同上书，第44页)"由于"、"按照"是理性使然，则"自然"为理式、本质。火向上运动是一种现象，非是本质，故非"自然"。具有"自然"，则"自然"是属性，而非本质。"自然"是事物存在的本质、根源；具有"自然"是具有这样的本质、根源；因本质而有的表现是按照自然。亚里士多德将"自然"分成三种解释：(1)"自然被解释为每一个自身内具有运动变化根源的事物所具有的直接物质基础"。(2)"自然乃是自身内具有运动根源的事物的形状或形式"，质料与形式比较起来，"形式"作为自然比较确当，缺失也是一种形式。(3)"自然"是产生的同义词，因而它是导致自然的过程。(同上书，第45-46页)他认为，自然界的事物存有四因：质料、形式、动力、目的，后三者可以归于理式一类。"既然自然有两种涵义，一为质料，一为形式；后者是终结；其余一切都是为了终结，那么，形式就该是这个目的因了。"(同上书，第64页)植物长叶子为了果实，根往下生长为了吸取土中的养分。燕子做窝，蜘蛛结网出于自然，目的就在自然中。如果因看不到能有意图的推定者，就不承认自然的产生有目的，那是错的。显然，"自然是一种原因，并且就是目的因"。(同上书，第65页)自然物内涵的必然东西，是称之为质料的那东西和它的自在运动变化，但因为目的是质料的原因，故哲学家论述的"自然"主要是"形式"。"推动者总是形式，在它起作用时，它是运动的本源或起因"。(同上书，第72页)以"自然"为本源或起因，为形式，为产生，为分析逻辑的产物，它是理式的绝对本体。海德格尔指出，罗马人翻译希腊文而成的natura(自然)就是："让……从自身中起源。"(引自《路标》，第275页)在基督教那里，人的"自然的东西"意味着：在创世时一道被赋予人的东西、被交托给人之自由的东西——听任自身——由于激情而造成对人的损害，在某种程度上，它乃是不应该存在的东西。在尼采看来，本能和激情的释放恰恰被视为人的自然本性，自然不仅高于一切"基本元素"和一切人性的东西，甚至高超于诸神。(同上书，第276页)海德格尔将"自然"赋予了"存在"的意义，成了存在论上的词语。"存在乃是自行遮蔽着的解蔽——这就是原初意义上的自然(希腊文)。"(同上书，第351页)唯解蔽才是遮蔽，二者的统一构成了"自然"的质性建构。"自然"是事物生成起源上的自本自根，存在即自我存在，作为人只能听从存在的声音，让存在诗意地自然栖居。"让……从自身中起源"是海德格尔所谓"存在"的本性，"存在"存在化是自本自根、自我揭蔽的自然，它有类于《老子》的恒道存在质性。恒道以"为物"而自然存在，犹如存在存在化的自然。体现为人性上，它是德性之真，自在具有自然的禀赋，同时具有自我节制的潜能，非是本能和激情的释放。恒道作为"自然"存在，同样是揭蔽与遮蔽的统一。一方面，它是"为物"的"自然"。万物无不从其出，揭蔽出它为自本自根的"自然"。另一方面，它又为万物自然所遮蔽，仿佛没有使万物自然的存在"自然"。恒道"自然"的思维模式，还类似于斯宾诺莎的自然神。斯宾诺莎提出，"自然中没有任何偶然的东西，反之一切事物都受神的本性的必然性所决定而以一定方式存在和动作。"(引自《伦理学》，北京大

学出版社 2008 年版，第 29 页）万物皆为神的必然性所决定，犹如《老子》恒道"自然"以使万物自然，万物自然皆秉承恒道"自然"，无有其外，因为恒道是"万物之奥"。事物以一定的方式或形式存在和动作，正是万物自然的现象，它以恒道"自然"为所以然。斯宾诺莎将"自然"区分为两类：一是"能动的自然"。主要指在自身内并通过自身而被认识的东西，或者指作为自由因的神，它是实体永恒无限的本质质性。二为"被动的自然"。它是出于神或其任何属性之必然性的一切事物。（同上书，第 29 -30 页）与此思维相类似，《老子》以恒道"自然"与万物自然对言，前者是施为、赋命的"自然"，它赋予万物以自然的潜质或能力，通言之是使万物自然的能动者，为自本自根的自由因，具有永恒、无限、绝对、无待的质性。万物于恒道以"得一"为德，具有内在机理和势力，具有自然、必然、不得不然的禀赋、潜能。万物从"得一"中继之以道、成之以性，从赋予与所得的关系言是受与者。恒道"自然"既是一本存在的绝对本体，又是无所不在的全体。反过来说，万物自然既是恒道"自然"的展开，又是其"自然"存在的澄明。它犹如斯宾诺莎的泛神论。不同的是，《老子》强调的是宇宙机体式、物物单子式的自足自然，而斯宾诺莎的哲学重点在于逻辑样式的推演，个体湮没于神的统治中。在黑格尔的哲学中，绝对精神与自然、精神的思维关系是泛逻辑化。绝对精神统摄着、主宰着一切存在，一切存在皆是绝对精神成就自己的奴仆和工具。这里，只揭示了绝对精神的自由"自然"，而忽视了"人"的精神自由"自然"。西方神学家阿奎那提出，上帝的"自然"存在是基于必然性。他认为，地上万物存在基本是偶然的，而非必然，然存在完全"偶然"不可思议，故必定有东西是必然的。上帝必然决定万物的偶然。这里推论的前提是这样一个假设：现实世界中的事物具有偶然性，而偶然存在的事物必有某个必然的存在物作为其产生的根据或存在的起点。由此出现了一个两难的问题：要么承认这个必然存在物的本质存在，而否认世界或宇宙个体的现实性或可理解性。或者相反，要么承认世界或宇宙个体的现实性或可理解性，而否认这个必然存在物的本质存在。西方古典哲学倾向采取前一种思维，当代存在主义的生命哲学倾向于后一种选择。与这种对立相反，《老子》将二者界定为相互依存的关系。既重视恒道存在自足、绝对无待的"自然"质性，又突出个体独立的"自然"境界，实现了大道与人格的统一。这里的关键在于：恒道之于万物的关系，不是人格意志式的主宰、操控，而是作为万物个性得以充分发展的辅助、因循模式。恒道作为"有物混成"的存在样式，是万物自然存在的本体，但其分化生物之后，又是万物自然存在的禀赋本性。万物分有恒道之后，恒道就非是主宰、掌控万物的独自实体，相反它是一于自然的机体性存在，成为万物存在、生存和发展所依赖的宇宙生机系统和存在场所环境。万物自从分有恒道之后，就已然成为独立自在、自主的个体，享有充分的自然、自由权利。一切存在相互依存，相互支持，每一个存在者都自己选择自己生存的形态或方式。圣人效法大道"自然"，而辅助万物自然，故可成为与大道同一的博大真人境界。在西方古典哲学中，主宰者或上帝既是人之类格的灌注、投射，

全能全知，又反过来主宰、控制和干预活生生、有限的个体。就"全能上帝"观念，爱因斯坦曾提出严峻的责难：全能上帝无所不能，代表着至善和正义，然也造成人类精神和肉体方面的邪恶。因为人之邪恶正是上帝得以有理由存在的证明。对此，当代神学家保罗·蒂利希认为，爱因斯坦的批评是以"全能意味着在自然因果律的范围内无所不能"这个前提的，但一种古老的神学教条是，"上帝在一切存在物中都按照它们的各自特性起作用"。在人类中，它以人的理性为根据；在动植物中，它以有机性为根据；在石头中，它以无机性为根据。（参见《文化神学》，工人出版社1988年版，第165-166页）上帝在一切存在物中因各自特性而起作用，不正与《老子》恒道自然的思维质性相类？在《老子》思想中，恒道所以存在的根本或原由，在于万物自然的赖以存在和所以然。从万物自然的生养所由，推演出恒道自然为其"宗"、"母"；从万物归焉、恃之以生而不为主，推演出"道法自然"。同时，从"道生之，德畜之，物形之，势成之"和"得一"的赋予中，看到万物自性存在、自然发展、自我实现的充足理由和根基。恒道"自然"在万物自然中得以证验、揭示其功用实存，万物自然秉承恒道"自然"得以各遂其自性。就《老子》"自然"的核心意义，刘笑敢认为它或是"人文自然"，即人类文明社会中的自然。之所以采用"人文自然"这个称谓，在于防止和杜绝以下对其的误解：一是误作为自然界或大自然，《老子》所言"自然"非是"物理自然"。二是误作为动物界野蛮相食的状态或生物界的自发状态。它不是"生物自然"。三是误作为原始社会状态。它并非主张历史倒退。四是误作为与人类文明相隔绝的状态。它不是反文明、反文化。五是误作为没有人为努力的空无无为。它不是无所事事。六是误作为战争的"自然状态"，它不是负面状态的假说，而是有着正面的价值和意义。（参见《诠释与定向》，第277-278页）无疑，恒道是最高层次的"自然"，包含终极关切与最高价值，具有"善利"、"德善"和"辅助"等人文特性。它通过揭示与万物之间的自然和必然关系，借由为宇宙寻找一个统一的造化者，以为王道确立一个"玄德"自然式的圣德和"以道莅天下"的政治理想。

最后，对本节内容做简要概述。道德尊贵在于生物"恒自然"，不以爵命而改其独立，殆其周行。从绝对本体存在的强名言，"自然"与"恒道"是异名同谓。从其自身存在质性言，是"自本自根"的为物不贰，生物不测。它们既是功为自然，又是本自存在自然。事物的生成变化，无不体现、验证着恒道"自然"，因为恒道是使万物自然的"自然"存在。从事物"得一"以为德性言，是天然本性的性分自然和不得不然的理则自然；从事物存在、变化和发展的内因言，是恒道赋予的自我驱动、自我演化、自我实现的"势成之"；从事物之间形成的作用影响言，是恒道品物所形成的相互必须因循的各自自然。万物不期必然、不得不然的理之自然，证验者恒道"自然"的使然、无所不然。从恒道"自然"为人所效法因循言，是生生不息、功成不居的"玄德"；从其为道德理想言，是淳朴纯真和博大真人的自然；从其为政治境界言，是"以道莅天下"的无不自然。恒道"自然"，是贯穿道性、物性、人格和道德、政治等一以贯之

的思想观念。

第三节　道法自然

"道法自然"是《老子》揭示恒道存在为"四大"之一的重要观念。前面对"法"、"自然"内涵进行了梳理解析,这里进一步要揭示:何以谓"道法自然",而不谓"道者自然"?"法自然"究竟蕴含着什么样的思想内涵?"道法自然"与"道自道"、"道本自然"具有什么样的内在关系?这些就是本节所诠释的内容。

一、文句解读

"道法自然",在帛书、楚简《老子》中同见。从三个不同历史时期版本皆载有这一论述看,足见"道法自然"为《老子》的原始意旨。对"道法自然"的解法,刘笑敢将之归纳为三类。一采主谓宾结构,可解为道效法"自然而然"的原则。二以自然作谓语、形容词,意思是"自己如此"。三以"人法地地,法天天,法道道,法自然"为句逗式,意谓人应效法地之所以为地、天之所以为天、道之所以为道的原则,归结之是效法自然。他认为,"自然"一词,最初是一个副词"自"加形容词"然"所构成的谓语结构,但"作为哲学概念已经可以作为名词使用"。"自然"就是"自己如此"。(参见《诠释与定向》,商务印书馆 2009 年版,第 277-278 页)《老子》"道法自然"思想深邃,并非只是"自己如此",而具有不同方面的意旨。概略各家注解,主要有以下解法。

(一) 无有所法

河上公云:"道性自然,无所法也。"与物者皆有可法者不同,道本自然,绝对无待,无有可效法的对象以为己的固定楷模、法仪。成玄英云:"道是迹,自然是本,以本收迹,故义言法"。"道"是假名,执于可道之道是"迹"。恒道不可道,故无迹。"自然"也是假名,若执于自然,则是可道之道。"道"与"自然",皆是无有可定法的独立存在。杜光庭指出,"疑惑之人,不达经理,乃谓大道仿法自然。"若有"自然居于道之上",则是"域中兼自然有五大"。若是"大道仿法自然",则以"自然"为大道之外的另一本体、实体,故域中应有"五大",而非"四大"。《老子》的"四大",已排除了"自然"作为实体存在的可能性,故"道"非由"自然"所生。他进而认为,大道以"虚无"为体,以"自然"为性,以"道"为妙用。散而言之,是"即一为三";合而言之,是"混三为一"。通谓之,则"虚无"、"自然"和"大道"归于一体。"非自然无以明道之性,非虚无无以明道之体,非通生无以明道之用。"三者非是"相生相法"之理,无互有"先后优劣"之殊。固然,"虚无"、"自然"和"大道"三者各为强名,每一个作为绝对本体存在的名谓,都必然涵摄其他两者,故为

"混而为一"。作为绝对本体存在，以其无形非定有为"无"，以其自在自为为"自然"，以其为万物所由出为"道"，实则三者一体互摄。分言之，则各有侧重，故有三名。三者皆是绝对本体存在的异名同谓，故非是相生相法的关系，更非有先后优劣之别。若以"道"为绝对本体存在，则"自然"是自本自根，非有可法的对象。若以"自然"为绝对本体存在，则"虚无"是其无所可法，"道"是使"万物自成"者。恒道以"虚无"为无体之体，然又以万物为体。恒道是以通生为用，然又是无用之用。无体之体、无用之用，正是"自然"作为绝对本体存在的根本质性。吕惠卿提出，"道则自本自根，未有天地自古以固存，而以无法为法者也。无法也者，自然而已"。以"自然"为道性，则独立存在，自本自根，无有超出己性之上的可法者。天地人之"法"，是效法、顺承。相对而言，大道无有此相对之法，然有因顺、曲成的绝对之"法"，它是因物成物的无定法之法，为涵摄一切的无法之法。达真子指出，道固无所法，然以其"相因而相成，相继而相用"的逻辑关系，故若其有"法"。王者法地、应天，然后以天道运用则应于自然，故"道法自然"。然则有物混成之初，"信以为天下之母"。以天应于道为应于自然，则视"自然"为"道"。道法自然，因物成物，故信以为天下母。自然者无方，故非可定执。郭象云："法圣人者，法其迹耳。夫迹者，已去之物，非应变之具也，奚足尚而执之哉！执成迹以御乎无方，无方至而迹滞矣，所以守国而为人守之也。"（《庄子·胠箧》注）正如圣人之迹是行为仪表、道德成形、功业事迹一样，以道有所法是执于成迹，非是善时应变的自然。犹如圣人无常仪表一样，"法自然"是法其所以为法者，无常可法。"道法自然"，非是以自然有故，而别为一主宰。王夫之云："所以然者，非有故也。谓其有故，岂天地日月风云之外，别有一物司其主宰，当是何物也？……唯有故，则可求得其故以自勉，而效之以为德。今既详诘而终不能明言其故，则自然者本无故而然。"（引自《庄子解》，载《船山遗书》第七卷，北京出版社1999年版，第3979页）凡有"故"则可法，无故则无所法。自然者本无故，故不可法，它非是一个存在者。执于所法，则非是不可道的恒道。

（二）曲因泛循

王弼以"法则"解"法"，认为道不违"自然"，乃得其性。"法自然"者，是"在方而法方，在圆而法圆，于自然无所违"。"自然"者，是"无称之言，穷极之辞"。因"用智不及无知，而形魄不及精象，精象不及无形，有仪不及无仪"，故有"转相法"之说。"道顺自然，天故资焉，天法于道，地故则焉，地法于天，人故象焉。所以为主，其一之者，主也。""自然"作为"无称"、"穷极"者，是无然之然，无所不可，无所不然。正如"理一而万殊"一样，"自然"是统摄一切自然存在的通称，因其不可数、不可名为"无称之言"，因其无限至极为"穷极"。"自然"作为万物自然的通称，是物固有所可、固有所然，无物不有其可、有其然。道法"自然"，是辅助自然，因物付物，曲成不遗。恒道之"法"是因循无违，"长而不宰"，因物以为资

生。恒道不忤逆万物自然之性，方能得其虚灵之妙。在方法方、在圆法圆，揭示出"道法自然"的玄妙质性，它的实质在于依据万物自性之生、之存、之需，因循以辅助，任万物自主取与资给，衣养万物而不宰。在"法"的价值层级上，"可法之法"不如"无法之法"，前者是用智、形魄、有仪，后者是无知、无形、无仪的法无定法。与"形魄"相对的"精象"，是至精无形的神魂。与"无形"相对的"精象"，是精粗之精、形象之象。"道顺自然"，辅助于天，天故取资。天是"自然"中的一个自然存在，天因道而自然。人因法地而法天、法道，进而法道于"自然"，它是"圣人无心，以百姓心为心"的思维结构。"以道莅天下"，则相互为法，和谐共处，故"其鬼不神"，"其神不伤人"，以至于"圣人亦不伤人"。从恒道赋予万物自然的角度言，它给予万物以"势成之"的自然质性和能力，天以之为资而以自然运，地以天运自然为则而生万物，人以天地为象而像之，故循其文理以为利用。恒道之所以为万物主，非以主宰而主，而是一于自然而为主，主于辅助自然而已。"顺自然而行"，则"不造不始"；"因物自然"，则"不设不施"；"因物之性"，则"不以形制物"（《老子》27章注）。"顺自然"、"因物自然"和"因物之性"，皆是因循不违、辅助不宰的意蕴，"以空虚不毁万物为实"（《庄子·天下》）。宋徽宗云："道法自然，应物故也。自然非道之全，出而应物，故降而下法。"道以应物而法自然，"出而应物"则因物成物，曲因泛循物性则有"法"之为。如果"道"无有法循，岂非宰物以为，而非辅助自然？恒道"善利万物"，是"万物恃之以生而不辞"，曲成万物而不遗。恒道存在的"自然"，见显于成遂万物的自然，体现于辅助万物自然的"曲则全"中。

（三）虚无圆通

道无所法，是不可法的"无法"；曲因泛循，又是法无定法的"无不法"。李荣云："自然者，内无自性，外绝因待，清虚玄寂，莫测所由，名曰自然。不可以自他，分其内外；不可以有无，定其形质；不可以阴阳，定其气象；不可以因缘，穷其根叶。所谓虚无自然之大道也。"大道"自然"，既是自然而然、独立不改，又是无所不然、周行不殆。"内无自性"，是虚无无执，无有成法，故为"清虚玄寂"；"外绝因待"，是无有对偶，至神莫测，故为"莫测所由"。恒道"泛兮，其可左右"，故不可偏执。自在、他在是内外之称，而"大道不称"，为"不道之道"；有、无是相对的存在，而"道通为一"，为"玄之又玄"；阴、阳是相待之名，而大道无名，"非阴非阳"；因、缘是主动、受动之别，而大道或因或缘，无所不可。从分言道性看，"虚无"是无有定然，"自然"是无所不然。实则，二者相互涵摄，"虚无"是无中涵有、虚中摄实；"自然"是然于不然、不然之然。以绝对本体存在言，"虚无"、"大道"和"自然"三者异名同谓，皆是"玄"。"自然"，不可定法，无所不法，故为大道之性。恒道"自然"，与释氏"自然"有别。后者以"自然"为本无自性，亦无有作者；前者虽言"内无自性，外绝因待"，然因此而能作万物。后者言"无自无他，无物无我"，虽无

有定执常计，然是"绝待自然"的无有实有。前者虽言不可定执，然以"周遍咸"、无所不有为宗。"道法自然"，固然是法无可法的"虚无"、"绝待"，"自"是"不自之自"，"然"是"不然之然"。然它又是圆通的无不可法，"不然之然"则无所不然，"不自之自"则无所不自。无所不自，则他在成自；无所不然，他者成然。因物固有自性、固有所然，故恒道法之因循，无所不自，无所不然，曲全无弃。"不然之然"在无所不然中成其自然。恒道的"自然"是绝对存在质性，非是受动使然的相对存在，它既是使动的因循性。使动的是成物无所不然，因循的是曲成万物自然。它是主使与不宰的统一，前者是主于为物、生物，作物，功为不测，后者是不逆物性，因循曲成，以物成物。"道法自然"的"自然"非是实体存在，而在于揭示恒道存在的样式，在成遂万物自然、无所不然中揭示自己为自本自根的自然。吕知常解云："惟道则任物遂性，无为自然，守而勿失，与神为一。道体圆通，出入无碍，所谓自然也。""无为"则不宰于物，"自然"则因循曲成，"圆通"则周行万物。"任物遂性"则辅助自然。"与神为一"，则无为而无不为。"无为自然"是自然而然，"出入无碍"是无所不然。只有自然而然，方能无所不然。辅助万物自然，是"往者资之，求者与之"。吴澄指出，道之所以大，以其"自然"。因其"自然"，方能周行、曲成万物自然，"万物归之而不为主"。

（四）无法之法

王安石认为，"自然"者，犹免于"有因有缘"，然"非因非缘"，亦非是自然。道之"自然"正妙在因缘，老子非不"尽妙之妙"，要其言以"尽法为法"。"有因有缘"是执，"非因非缘"是空，妙在以因缘为玄。"尽法为法"，是无所不法；"尽妙之妙"，是即法非法，无定法则无不法。"法"作为因循、辅助，内含有所可法者。既言"法"必有"所法"，"所法"必是可法，而可法为定法。正如"大象无形"一样，虽无形实则是无所不形，为"不形之形"；正如"无状之状"一样，虽无状然众状以之生成，故为至状无状。"道法自然"，是"无法之法"。本自"自然"而"无法"，然曲成万物，无所不法。恒道虽无形无为，不可道、不可名，然有功有德，故有容可法。"大象无形"、"无状之状"、"无为之为"和"上德不德"、"至誉无誉"、"道褒无名"等皆可为取法、效法，虽然是"无法之法"，法于"无为而无不为"，无有而无不有等。以"无法之法"或"道法自然"言，也可成为取法的道术，为法于万物自性、万殊事理而一一泛应的曲当。犹如"道通为一"思维，"自然"是"万物皆自然"的总名或通称。物与物相法，是有限之"法"。恒道之法，是通万物可法。恒道有两种存在样式，作为原初"有物混成"之在，故不可言"法"。然作为寓于天地人等万物之中的存在是因物付物的无不法循，辅助万物自然，曲成其宜。恒道是宇宙机体的统称，"自然"是万物存在的通称，二者之间构成了以"一"统"万"的法效因循关系。恒道在法助曲成万物自然中，成为宇宙机体的生生存在。恒道所"法"的是万物自性生

存的所需、意愿。恒道法于自然，是法循万物本性自然，是"以鸟养养鸟"的法式。恒道作为绝对存在，就体现于"无法之法"中，法顺辅助万物自性，而不定法于一物之性。以万物为法则无所不法。恒道法"自然"，要以物有自然自性为前提，以不为主、不宰制为功为自然，以顺物本性、辅助自然为归趣，以"道通为一"的"容乃公"为德性表征，以"抱一为天下式"的"曲则全"为道术楷式。恒道无限、无待的"无法之法"，是针对万物有限、有待的相法而提出，又在揭示天地、江海等不可尽的可法之法中，澄明其为无法之法、至法无法的玄妙质性。

（五）无为为之

以为与无为的统一言，恒道"自然"是"无为为之"，虽为而非定为，不执所为而无不为，它是"无为而无不为"。恒道"为物"自然，为而不执，功为不测，物物而不物于物。严遵指出，"天地之道，生杀之理，无去无就，无夺无与，无为为之，自然而已。"无去就、与夺是"无为"，运化、生杀又是"为"，二者合一是"无为为之"的"自然"。何以见之？"道德无为而天地成，天地不言而四时行，凡此二者，神明之符，自然之验也。""自然"证验于"天地成"、"四时行"的无为功成中，以其所由然又谓之"神明"。与习俗为从己出、自主专为的有为不同，恒道之"为"既是无意、不宰的"无为"，又是因物自然以为，因物付物。与习俗为有定为不同，恒道之"为"是无所不为。"无为"，以其功为不有、不恃、不宰和不居是自然而然，以其因循、辅助而无所不然是功成自然。"自然"与"无为"作为恒道存在的质性，皆为"玄"，二者相互涵摄。恒道"无为为之"的真谛在于：只有无为，不宰扰于物，才能因循万物自然，辅助其自然。如果万物本自如此"自然"，则不待言恒道自然之德。有贪欲、妄作的干预、宰制、固执，恒道"自然"方成为一种可效法的德性或道术。王一清指出，这个"自然"玄妙，不由"安排"而其"理"有不可掩者，盖出之于自然，不得不如此。天地所以阖辟，日月所以往来，阴阳所以消长，昼夜所以循环，天地之间"飞潜动植"等一切物性，皆是"自然而然"。一切物性的"自然而然"、"不得不然"，是"理"的必然。对万物言，"不由安排"是外在的"无为"。"理不可掩"，是内在的"自然"。"理"作为事物不得不如此的必然、自然，正来自恒道为"万物之奥"的"势成之"。以万物自在自化言是自然而然，以使之自然如此的是恒道"自然"。万物自然，本自恒道"为物"的自然之诚：为物不贰，生物不测，使物"自然"。在"为物"的自然上，恒道是为而不恃，为而不居，无迹无名，故若无为；为而无拘，为无定执，无为无形，故若无为；为而不测，无所不为，玄妙莫测，故若无为。"道法自然"，是恒道"为物"自然的"无为而无不为"。"通生万物，则谓之道，生而无主，谓之自然。自然者，物见其然，不知所以然，同焉皆得，不知所以得，鼓动陶铸而不为功，庶类混成而非其力"（《昭明文选·辨命论》）。"生而无主"是为而不宰，万物自然以生若无有使然，不知所以然。"通生万物"何尝不是生生自然？恒道的"自然"

是无为与无不为的统一，"鼓动陶铸"、"庶类混成"是"为而不贰"、"生物不测"的自然，造化之力无时无处不在，非是不作为的"非其力"。不宰制、"不为功"和不固执，亦是恒道存在的自然。德玉指出，道当"法自然"，既是"无作无为"，又是"无所不作为"。刘萧和认为，"自然"为"无"，即是"无为"。"无为"是不执为、不宰为和无不为的统一。

（六）自然之境

圣人体于"道法自然"，则为人生的自然境界，或者说是以自然为玄德的人格理想模式。反过来说，从对"自然"人格境界的揭示中，可以验证、揭示恒道自然的深刻涵义。唐玄宗云："人君能尔者，即合道法自然之性。"道之为"法自然"，非复是"做法自然"。合"道法自然"之性，是体之为道术，取法于"无为而无不为"，非是"做法自然"。若"自然"可为法效对象、存在者，则又在"四大"之外增加了一大。何道全指出，"道虽无为，无不为也，非用智力，常自然矣。"恒自然的是"无为而无不为"，以为人格境界是"非用智力"的"不为而成"。"自然"作为"玄德"，是自然之境。赖贤宗提出，"'道法自然'是修道者安久于道，自然而然以行道，道就在万事万物的自然运行之中，当下现成"。（引自《道家诠释学》，北京大学出版社2010年版，第75页）道法"自然"，人修道行道以"安久于道"，是与道为一的体于"自然"之境。从一定意义上说，修道是体行"自然"之"玄德"，是辅助万物自然而不宰。由道而行即是自然，无为为之，然不可言"自然而然以行道"。若行道，则道为可道，非是无为自然。"自然而然"，是恒道功为体现在生存论上的人生境界，而非是修道功夫上的自然样式。"玄德"性的"自然"，是"博大真人"的境界，具有公平无私、包容无弃、周行兼济、清静恬淡的品性。王一清指出，"清静其心，纯粹其德。动止中度，左右逢源，法自然也。""法自然"体现在人生追求上，一为纯真，心清静无妄，德纯粹物杂；一为当理，因循曲成，泛应曲当。二者合言是"无为而无不为"的圣人、至人境界。

（七）道本自然

"自然"与"道"皆可为绝对本体存在的称谓，二者异名同谓。《老子想尔注》云："自然者，与道同号异体，令更相法，皆共法道也。"天地人法道，即是法自然。同样，法自然亦是法道。以"自然"为"道"，则"道法自然"的"法"是因循、曲顺，用以相互界定之名。唐玄宗以"自然"为"妙本之性"，然同样可视通生之"道"为"自然"绝对本体的本性。陆希声认为，大道既能"无为而无不为"，就能法"自然而然"，而天下莫知"所以然"。"无为而无不为"，本是功为的"自然而然"。以其为自本自根存在，无有其上，不可逆推其由，故莫知"所以然"。杜光庭认为，非"自然"无以明"大道"之性，同样可言非"大道"无以明"自然"之蕴，只有相互阐发，方是不可道的绝对本体存在。谷神子在注严遵《道德真经指归》中认为，"自然

者，无物所使之名也，即道。"无物所使"是"自本自根"的"自然"。《老子》云"道法自然"，显然是将"自然"与恒道视作是相为阐发、相互界定的存在质性或强名称谓。"自然"可与人地天共同成为"四大"，"天法道"是法"自然"。当然，以"自然"为本体、绝对存在，亦是假名。林希逸在注《老子》"道生一"一文上云："道，自然也，无也。"上面，已就"道"、"自然"和"无"三者的异名同谓内涵进行了揭示，它们同是绝对本体存在的假名。何心山解云："虚无生自然，自然生道，道生一，一生天地，天地生万物。"将"虚无"、"自然"、"道"、"一"、"天地"和万物视为依次生成的不同实体，这样就在"道"外设立了两个存在，使"道"成为了有待存在。实质上，"虚无"、"自然"、"道"和"一"皆是绝对本体存在的假名，相互涵摄贯通。从四者关系言，每一个强名或假名，都必然涵摄其他三者，四者一体。从一体内涵上言，不止四者，还可以"玄牝"、"谷神"和"本根"等强名绝对本体存在。不过从所揭示的内涵不同而名谓不同，以其体无形用不测为"无"，以其万物所由成生为"道"，以其自本自根为"自然"，以其统体一太极为"一"，以其"生生不息"为"谷神"，以其"众妙之门"为"玄牝"，以其为"万物之母"、"万物之奥"为"本根"。张尔岐正确指出，"道本自然，法道者亦法其自然而已。""自然"与"道"可相互"法"，它与天地人之"法"的意指不同。许抗生指出，"'自然'则是'道'的本性和存在的状态，也是天地万物的本性和存在的状态。自然者，自己而然也，自尔也。也就是说，自然者就是自己存在，自己运动，自己在变化。用我们现在的话来说，自然者就是自然而然的客观的存在，它是不依人的意志为转移的。"（引自《诸子学刊》第二辑，上海古籍出版社 2013 年版，第 105 页）固然，可以"自然"界定为"道"的存在质性，然此是取其自在自为的"自本自根"旨意，必在使万物自然中方得以揭蔽、证验。作为存在状态，"自然"是物性，非是道性。恒道存在即是自然，它是"为物"自然的存在样态，这里"样态"是强名其"自然而然"的存在质性，非是形容其为有形有态存在。若以"自然"为其"存在的状态"，则它就非是"无状之状"。恒道寓于万物之中，作为天地万物自然禀赋之"德"是本性，作为万物"势成之"的自然是存在状态。万物自然是理则、规律，不为人意志转移正见证着大道使万物自然的客观性、必然性。恒道存在的"自然"，是"为物"的"自然"。

在以上注解的基础上，通观《老子》全书，可将"道法自然"思想内涵简要概述为以下八个方面。

（一）自本自根。万物皆自然而然，然其之所以能"自然"乃在于恒道的自然和使然。恒道只有本自自然，方能使物自然。前者是"自本自根"的辅助万物自然，后者是"得一"以生化的内在本性自然。恒道是在成物中成己，在"周行"中揭示自己"独立"，"物物而不物于物"。在"道生一"中，它一并赋予万物"得一"以自然的禀赋和潜质，并在万物的自然中得以验证和呈现本己的自然。相对于万物自然的它与性、依待性而言，恒道"自然"是无待、绝对的存在质性，以万物自然本性从此所得为

道 与 物

"万物之母"，以万物自然本性以此成遂为"万物之奥"。

（二）为物不贰。恒道存在的自然是为物、生物上的功为自然，为物、生物是它唯一的存在质性和独特的存在样式。作为"自本自根"的自然，首先是"独立不改"，也就是"为物不贰"。以儒家思维言，"为物不贰"是天地的诚道，不贰其生生。以《老子》思维言，它是"为物"的"自然"。在"为物不贰"的自然上，一是为无以为，为没有故意、意图，没有亲疏取舍、贵贱抉择，不求报恩得利；二是为而不恃，作而弗始，功成不居，名遂身退，不物于物；三是长而不宰，不主专为，不自妄为，不逆物性，"万物归焉而不为主"；四是有求必与，不言善应，"万物赖之以生而不辞"，公平无私。恒道"为物"的自然，既体现于每一个存在物自然自化之中，又体现在万物之间相互自然的互为条件之中。前者是物性的自然禀赋、本性，后者是万物存于其间的环境系统。"为物不贰"的自然，是不待安排的不得不然，"莫之命而恒自然"；是固然如此，"生者不能不生，化者不能不化"。

（三）生物不测。恒道"自本自根"的自然，其次体现在"生物"上的"不息"、"不测"，"周行"于生物，"不殆"于生物。不贰于"为物"，故能不测于生物；不改其"独立"，故能不殆其"周行"。在"生物不测"的自然上，一是功为不已，生生不息，造化不止，命物之化而万化未始有极；二是物物不穷，因物付物，善利万物而不争，曲成万物而不遗；三是无然不然，无可不可，以法顺万物自然为己生物之心，以辅助万物自然而成遂各自自然。"生物不测"的自然，贯穿于"道生之，德畜之，势成之，物形之"和"生之畜之，长之育之，亭之毒之，养之覆之"的全过程和各个方面。

（四）悠久无疆。恒道"自本自根"的自然，在"为物不贰"、"生物不测"中又是悠久无疆的自然，以《诗》的语言是"于穆不已"，以《中庸》的思维是"至诚无息"，以《易传》的观念是"日新之谓盛德"。作为"至诚"者，恒道自然既在"尽己"之中，又在"成物"之中。在成遂万物中实现自己、展现自己，功为不息则自然不已。成物不测、不穷，则尽己不殆、不止。《老子》谓之"道乃久，没身不殆"，《庄子》谓之"先天地生而不为久，长于上古而不为老"，《列子》谓之"常生常化者，无时不生，无时不化"。

（五）玄德自然。恒道存在的自然，还是"玄德"式的自然。它体现在两个方面：一是无为、不宰、不争、不居、不执等为"无以为"的自然，一是为物、作物、物物、造化等为"无不为"的功为自然。"玄德"自然，在《老子》中是作而弗始，生而不有，为而不恃，长而不宰，功成不居，道褒无名，至誉无誉，上德不德等。在《庄子》中是"物物而不物于物"、一不化而命物之化，在《列子》中是"有生不生"而"无时不生"、"有化不化"而"无时不化"。"玄德"自然，还体现在"无为而无不为"中，辅助万物自然，曲成万物不遗。

（六）无法之法。"道法自然"之"法"，是"无法之法"。含有五义：一是恒道自本自根，独立无待，不必法于外在之法，无有高于其上的所法者。二是本无法象而为

万法象的根源，为"无状之状"、"不形之形，形之不形"。三是因物付物，"动善时"，曲顺万物自性而无违，法万物以辅助其自然。四是不定其法，法于万殊而无所不法，曲成万物而无弃。五是"道法自然"本身作为可法者，为人所取法，是"楷式"、"玄德"和"为天下式"。

（七）机体自然。恒道存在的自然，一是"有物混成"的自然，一是分有、寓存于万物自然之中的自然。后者是万物自然所形成的宇宙机体自然。"天地不仁，以万物为刍狗。"《庄子》继以造化者、造物者和大块等予以揭示之。"大块载我以形，劳我以生，佚我以老，息我以死。……今一以天地为大炉，以造化为大冶，恶乎往而不可哉！"（《大宗师》）万物各自自然，形成了一个整体性的生物有机系统存在，道即自然。"夫造物者之报人也，不报其人而报其人之天。"（《列御寇》）造物者，是自然洪鑪。造化自然，体现在万物自然之中。"道通为一"、"天钧"等亦是机体"自然"。万物自然的通称，是"大自然"。

（八）自然理则。恒道的"自然"，体现于事物自在的客观性，是本来固有的趋势、趋向和规律；体现于个体自由发展的条件，是不为外在势力干扰、强迫的自然环境；体现为一种真人德性价值，是保持本然真性、抱道怀德的人性真性；体现于辅助自然的政治治理上，是自然主义的圣治理想；体现在道德理想上，是践行玄德自然的博大真人。对《老子》而言，"自然"不仅是一种道德论、世界观，而且是政治论、人格观。它以"有物混成"、"万物之奥"为独在自然，以"天地根"、"万物之母"为功为自然，以"善利万物"、"曲成不遗"为辅助自然，以"善始且善成"、"势成之"为恒一自然，以无所不然、无时不然为周行自然，以真人、圣人为人生境界的自然。

二、思维影响

《老子》的"道法自然"思想，通过魏晋"三玄"思想的交融，影响了宋以后诸儒的"自然"观念，成为了中国哲学和文化思想的一个根本性观念。宋儒对《老子》恒道"自然"观的汲取，主要体现在理之自然的内涵拓展上，以及在本心、良知的人生境界上。邵雍指出，"以道化民者，民亦以道归之，故尚自然。夫自然者，无为无有之谓也。无为者，非不为也，不固为者，故能广。无有者，非不有也，不固有者也，故能大。广大悉备，而不固为固有者，其惟三皇乎！是故知能以道化天下者，天下亦以道归焉。"（引自《皇极经世》，九州出版社 2003 年版，第 380 页）"以道化民"之"道"，是无为因循的"自然"。上以自然之道化民，民因自然之道而归往，这是双向的"尚自然"。"自然"作为道性道术，是"无为无有"。"无为"是不定为，无不为。"无有"是不执有，无不有。这样的思维观念，与《老子》何其相类！至于言"我无为而民自化，我无事而民自富，我好静儿民自正，我无欲而民自朴"，更是完全本自《老子》。他又指出，"语其体，则天分而为地，地分而为万物，而道不可分也。其终则万物归地，地归天，天归道。是以君子贵道也。"（同上书，第 496 页）又云："道生天

地万物，而不自见也。天地万物，亦取法乎道矣"。（同上书，第505页）"地归天，天归道"，天地万物取法于道，与《老子》"地法天，天法道"思维相类。道不可分、不自见，就与"道法自然"思维相类。"自然而然者，天也，惟圣人能索之。效法者，人也。若时行时止，虽人也，亦天。"（同上书，第594页）虽以"天"取代恒道，然在以"自然而然"为绝对本体存在质性的思维上相通。在人可以效法，效法于天的可道性，则"时行时止"，它是恒道"动善时"的自然。张载指出，"世人知道之自然，未始识自然之为体尔。"（引自《张载集》，中华书局2006年版，第15页）道固自然而然，"自然"固为道之质性。自然之为体，是"天道四时行，百物生"。以其不言而信，不测而神，不怒而威，无为而成，就是《老子》的"无为而无不为"。统言"不言"、"无私"和"不怒"为"无为"，而体物不遗、生物不测是"无不为"。"天体物不遗，犹仁体事无不在也。'礼仪三百，威仪三千'，无一物而非仁也。'昊天曰明，及尔出王；昊天曰旦，及尔游衍'，无一物之不体也。"（同上书，第13页）"无一物之不体"，是天为自然的"曲则全"之大。上天之载，有感必通。以恒道自然言，是善利善成万物，曲成万物而不遗。程子提出，"言天之自然者，谓之天道。言天之付与万物者，谓之天命。"（引自《二程集》，中华书局2004年版，第125页）天生物"自然"，故为"道"。"付与万物"，是因物付物的自然。"穷物理者，穷其所以然也。天之高，地之厚，鬼神之幽显，必有所以然者。苟曰天惟高耳，地惟厚耳，鬼神惟幽显耳，是则辞而已，尚何有哉？"（同上书，第1272页）天地鬼神自然存在，然其所以然者是道者"自然"以使然。天理"莫之为而为，莫之致而致"，是不得不然的"自然"。"自然之理"，寓于万物之中，成为气化的所以然者。程子以"天理"取代恒道言"自然"，"天地不宰而成化"。（同上书，第1228页）"不宰"是"无为"的自然，"成化"是"无不为"的自然。"圣人之心，如天地之造，生养万物而不尸其功，应物而见于彼，复何存于此乎？"（同上书，第1271页）天地自然造化生养，是"无不为"；"不尸其功"，是"为而不恃"，功成不居。圣人体之，是自然境界。程子认可《老子》"天地不仁，以万物为刍狗"之说，"天地何意于仁"？天地无意是自然。然其对"圣人不仁，以百姓为刍狗"之论，却持批驳的立场，认为无仁何言"为仁由己"？"圣人则仁，此其为能弘道"。（同上书，第410页）此是其不明《老子》"不仁"的意蕴。其实二者的"仁"的内涵不同。程子以"仁"为生生之德，因人爱人，"由仁义行"。《老子》所谓的"仁"是以己爱人，仁而有亲，恃仁执名，是行仁义。《老子》言圣人自然，修道于身至于天下，何尝不是"弘道"？"天地中何物不有？天地岂尝有心拣别善恶，一切涵容覆载，但处之有道尔。若善者亲之，不善者远之，则物不与者多矣，安得为天地？"（同上书，第17页）天地无私无亲，"容乃公"，正是道家的"至仁无亲"思想，它何尝不是自然？"圣人循理，故平直而易行。异端造作，大小大费力，非自然也，故失之远。"（同上页）圣人循理，是自然而不造作，正如《老子》的"圣人辅助万物自然而不敢为"。朱熹以"理之自然"取代"道之自然"而立论，它认为尽

心是格物穷理，廓然贯通，故可以知性、知天，以其体之不蔽而有以究"理之自然"。存心是敬以直内，义以方外，故可以养性、事天，以其体之不失而有以顺"理之自然"。（引自《观心说》，载《朱子全书》第 23 卷，上海古籍出版社 2010 年版，第 3278-3279 页）"理之自然"，是天理的不得不然，势所必然。在"理"的质性上，"有此理，便有此天地；若无此理，便亦无天地……有理，便有气流行，发育万物。"（引自《朱子语类》第一册，中华书局 2004 年版，第 1 页）这里，"理"已然成为与恒道一样的绝对存在质性，气化发育万物是自然而然。陈淳解《通书》"诚则无事"一文云："圣人纯是天理，合下无欠缺处，浑然无变动，彻内外本末皆是实，无一毫之妄。不待思而自得，此生知也。不待勉而自中，此安行也。且如人行路，须是照管方行出路中，不然则蹉向边去。圣人如不看路，自然在路中间行，所谓'从容无不中道'，此天道也。"（引自《北溪字义补遗》，中华书局 2009 年版，第 73 页）"纯是天理"，是体天理之自然。不思而得，不勉而中，从容中道，即一于理之自然，顺同理之自然。天道之诚是天理自然，在人心是自然的"纯而不已"。张行成以"理"衍其"自然"义，"自然者，理也。理之所至，混然自成。不知所以然而然者，天造也。"（引自《梅花易数》，九州出版社 2003 年版，第 392 页）以"理"为"自然"，不过以"理"取代"道"的"势成之"，内涵并无本质改变。"混然"者，是各自自然。因其"不知所以然而然"，故强名为"天造"，犹如恒道为假名。以《易》言，理者自然是"神之所为"，故要穷神知化、精义入神。在《老子》格物致知是"法"，因物观物内涵其中。"穷神知化"则"与理一"，"以道观之"则与道一。法天之理，即因循自然。

明儒王阳明以"良知"为本体，认为它是造化的精灵、本自完全的天理，为无为无不为的自然。前已揭示"良知"与《老子》恒道在本体思维上的同构性。良知是天地之诚，心体自然。"夫天地之道，诚焉而已耳，圣人之学，诚焉而已耳。诚故不息，故久，故徵，故悠远，故博厚。是故天惟诚也，故常清；地惟诚也，故常宁；日月惟诚也，故常明。"（引自《王阳明全集》第三册，浙江古籍出版社 2011 年版，第 951 页）"诚"即自然，不得不然。心体之诚，自然无不"中"。心若纯是天理，"是个诚于孝亲的心，冬时自然思量父母的寒，便自要去求个温的道理；夏时自然思量父母的热，便自要去求个凉的道理"。（同上书第一册。第 3 页）心诚自然，是天理自然。"在圣人分上便是自然的，在学者分上便是勉然的"。（同上册，第 64 页）圣人的自然，不勉而中，从容中道。"尧舜之兢兢业业，文王之小心翼翼，皆敬畏之谓也，皆出乎其心体之自然也。出乎心体，非有所为而为之者，自然之谓也。"（同上书第一册，第 204-205 页）心体自然，是"良知"之诚。"有所为而为"，是为"有以为"，便非自然。王畿云："天命之性，粹然至善，神感神应，其机自不容已，无善可名。恶固本无，善亦不可得而有也。是谓无善无恶。若有善有恶，则意动于物，非自然之流行，着于有矣。"（引自《王畿集》，凤凰出版社 2007 年版，第 1 页）心体自然，是"粹然至善"的流行不贰、不殆、不已。只有"无善无恶"，方能知善知恶，为善去恶，一于天理自

然，自不能已。"有善有恶"，是为"有以为"，自专私为。"无善无恶"，是无为无执，不妄作为。"神感神应"，是泛应曲当，一循于理之自然。水镜"无与"，是"无情之照，因物显象，应而无迹，过而不留，自妍自媸，自去自来"。盖"自然"之所为，未尝有欲。"自然"是"主宰之无滞"，曷尝以为先哉？学当以"自然"为宗，以"警惕"为"自然之用"。"自古体《易》者莫如文王，'小心翼翼，昭事上帝'，乃真自然，'不识不知，顺帝之则'，乃真警惕。"（同上书，第125页）"水镜"之谕，来自道家。水镜照物若物自照，自然无染。"应而无迹"，犹如"为而不恃"；"过而不留"，犹如功成不居。自然之为，是无欲以为。"主宰无滞"，犹如辅助自然。"不先物为"，则莫从己出，故循物而为。以"自然"为本，则以物观物，因物付物。"昭事上帝"、"顺帝之则"是一于天理，诚于自然；"小心翼翼"、"不识不知"，是无容私心，因循自然。王畿认为，良知是"未发之中"，原是"不睹不闻"、"莫见莫显"。然"明物察伦"是"性体之觉"，"由仁义行"是"觉之自然"。"自然之觉"，是虚寂、无形无声、虚明不动之体，即为"易之蕴"。（同上书，第136页）"未发之中"，是天理自然赅备，犹如《老子》恒道为"有物混成"；"不睹不闻"和"莫见莫显"，是"无声无臭"，犹如"大象无形"。"性体之觉"是照物自然，犹如以物观物；"觉之自然"，是泛应曲当，犹如"惟道是从"。"自然之觉"，是寂然不动而感通天下。"盖人心惟有一意，始能起经纶，成德业。意根于心，心不离念，心无欲则念自一，一念万年，主宰明定，无起作、无迁改，正是本心自然之用，艮背行庭之旨，终日变化酬酢而未尝动也，才有起作，便涉二意，便是有欲而罔动，便为离根，便非经纶裁制之道。"（同上书，第213页）本心"自然之用"，是一于"经纶裁制之道"，自然而然。要达至"自然之用"，一要"心无欲"，然后才能"念自一"，不自妄动。二要"主宰明定"，不离根心，"一念万年"。"无起作、无迁改"是"无为"，"起经纶，成德业"是无不为。终日酬酢而未尝动，是道术自然的为而无为，无为而无不为。"有诸己谓信，良知是天然之灵窍，时时从天机运转。变化云为，自见天则，不须防检，不须穷索，何尝照管得？又何尝不照管得？……若真信得良知过时，自生道义，自存名节，独往独来，如珠之走盘，不待拘管，而自不过其则也。"（引自《王畿集》，凤凰出版社2007年版，第79页）良知是自然，以其"有诸己"是"自本自根"，以其"天机运转"是自在自为，以其"自见天则"是因循为物，以其"不须防检"是无为而无不为，以其"不须穷索"是无知而无不知，以其"自生道义"是"动善时，事善能"，以其"独往独来"是"独立"、"周行"，以其"不过其则"是"无所不可"。就"自然"的内涵，季本认为，"自然者，顺理之名也。理非惕若，何以能顺？舍惕若而言顺，则随气所动耳。故惕若者，自然之主宰也。夫坤，自然者也，然以承乾为德，则主乎坤者乾也。命，自然者也。命曰天命，则天为命主矣。道，自然者也。道曰率性，则性为道主矣。和，自然者也。和曰中节，则中为和主矣。苟无主焉，则命也、道也、和也皆过其则，乌得谓之顺哉？故圣人言学，不贵自然，而贵于慎独，正恐一入自然，则易流于欲耳。"

（引自《明儒学案·浙中王门学案三》，载《黄宗羲全集》第七册，浙江古籍出版社2005年版，第310页）以"自然"为"顺理"之名，则是顺从理之自然的"自然"。"顺理"，既要无为，又要因循。无为是不专为、不妄作，循理是因循而为，无不当为。合言之是"无为而无不为"的自然。"惕若"者，既是戒慎于无思的自然，又是精一于循理的自然。以"顺理"为主宰，方是心用上的真自然。以良知本体言，自是天理自然，亦是心体循理的自然，不需"惕若"。"惕若"是复性自然的工夫。本心的自然，是性的自然、理的自然。正如"惟道是从"一样，心要克服"惟危"就要"惕若"，惟理是从则自然而然。坤为自然，然以承乾为德，类似"地法天"，在顺从、因循中成遂自然。万物相因相从，本就是道理自然。"道法自然"，揭示的正是宇宙万物间相互法循、互为因资的生机系统。在天命、率性、中和的关系上，天是命性的自然，性是由理的自然，率是心宰的自然，道是修为的自然，中是性体的自然，和是感通的自然。"主"是赋予，非是主使。天主于性是命或赋，心主于性是率或道，感主于中是和或通。以《老子》的思维言，"道生一"与"得一"是命或赋，"同于道"与"修之于身"是率或道，"惟道是从"和"勤而行之"是和或通。自然为诚，从容中道。若言"主"就是修、学，为达致自然的工夫和前提。顺理、修学、慎独是工夫，自然是境界，无工夫无以成境界。在儒家性善是本性自然，在道家道德是本心自然，"易流于欲"在儒家是"放心"，在道家是"不道"，二者皆非性命本然的自然。宋儒开出气质之性，从先秦儒家思维言是离理义而言情欲，从先秦道家思维言是别于道德而言情欲，皆二分于性。实则，理义、道德就在情欲之中，过度无节的情欲为私，中度有节的就是理义、道德。季本以"自然"为"流行之势"，归属于气。势以渐而重，重则不可反，惟理可以反之，理为自然主宰。自然无理，是以自然为势，非以自然为道。道之自然、理之自然，非是只有势，还有道理。在人的道理自然是潜具，无思存操持工夫则为放心、物欲。操持本心，由仁义行，方为人道自然。从境界自然上言，圣人之心自然，廓然大公，物来顺应，自然而然，"因物付物"。从功夫之极的自然言，"大人沛然从心而出，不踰言行之矩，所谓集义者也。大德敦化，则小德自然川流。"（引自《刘宗周全集》第五册，浙江古籍出版社2007年版，第598页）"沛然从心而出"，是心体之诚，"率性"自然。"不踰矩"，是"从容中道"。"集义"，是"精义入神"的功夫之至。"大德敦化"，是"万物皆备于我，反身而诚"；"小德川流"，是泛应曲当，曲成万物而不遗。二者犹如《老子》"容乃公"与"曲则全"的关系，皆是自然而然的道德之性。陈献章直接以"自然"言性之实，"人与天地同体，四时行，百物以生，若滞在一处，安能为造化之主耶！古之善学者，常令此心在无物处，便运用得转耳。学者以自然为宗，不可不着意理会。"（引自《明儒学案·白沙学案上》，载《黄宗羲全集》第七册，浙江古籍出版社2007年版，第90-91页）造化之主，以自然生、自然运，不滞不留，健行不息，周行不殆。人"以自然为宗"，是与天地同体，法循造化自然之性。心无执在"无物处"，是与造化流行，"与道翱翔"。"与造化一"的"自

然"，与老庄具有思维上的一致性。

清儒王夫之从天道与人道自然的区别上，对儒家"自然"观进行了内涵辨析。"天道自天也，人道自人也。人有其道，圣者尽之，则践形尽性而至于命矣。圣贤之教，下以别人于物，而上不欲人之躐等于天。天则自然矣，物则自然矣。蜂蚁之义，相鼠之礼，不假修为矣，任天故也。过持自然之说，欲以合天，恐名天而实物也，危矣哉！"（引自《读四书大全说》，载《船山遗书》第五卷，北京出版社 1999 年版，第 2687 页）这里，"天则自然"、"物则自然"是物性的天然，与人道自然有别。合此天自然，必然落入物性。以儒家思维言，人道自然境界是"至诚"，"践形尽性而至于命"。以道家思维言，人道自然境界是"惟道是从"，抱道怀德以推诚。以循理自然言，"天下之理，本皆利顺，小智之人务为穿凿，所以失之。禹之行水，则因其自然之势而导之，未尝以私智穿凿而有所事，是以水得其润下之性而不为害也。"（引自《四书训义》，同上书第四卷，第 2153 页）"自然之势"，是物理自然，"势所必然"。禹行水的自然，在于顺理的自然。"私智穿凿而有所事"，是自专妄为，非是无为自然。人道自然，是理所当然；天道自然，是不得不然。"道体自然，如何障塞得？只人自间断，不能如道体何也。天地无心而成化，故其体道也，川流自然而不息。人必有心而后成能，非有以用之，则逝者自如斯而习矣不察，抑或反以此孳孳而起者为跖之徒，未尝碍道不行而人自踬耳。"（引自《读四书大全说》，同上卷，第 2491 页）道体无心成化，自然而然，不得不然，固不可障塞。人必有心成能，其自然是因循道理。"率性"自然，是思存主于性理。"习矣不察"，是日用不知；为跖之徒，是凿智穿窬。天理自然，是理义、物理自然。"尧、舜、禹之所以授受，上因天理自然、不偏不倚之节文，下以尽人物之性者，果何所择而何所执乎？"（同上卷，第 2368 页）"人物之性"，是理义、物理的自然。天理自然，是自然运行之道。理者有二：一是天地万物已然之条理，一是健顺五常、天以命人而人受为性之至理。二者皆"全乎天之事"。因天理自然，则人不与私。天理与人理有别，"天理之固然而无不然，人事之当然而自然也。"（引自《四书训义》，同上书第三卷，第 1886 页）天理是固然，不得不然，以遵循、因循为善；人事以天理为当然，循必然以成为自然。"诚明皆性，亦皆教也。得之自然者性，复其自然者亦性，而教亦无非自然之理。明之所生者性，明之所丽者亦性，而教亦本乎天明之所生。"（同上卷，第 2394 页）"得之自然"者，是自诚而明，为本心之诚，率性而为。"复其自然"，是自明而诚，慎独谨独，修道于教。教者是复率性自然之道，明者是觉诚性自然之理。"如'动容周旋中礼'四事，皆推本其性之撰，而原其所以得自然咸宜者，性之德也，而非以性为自然之词也。"（同上卷，第 2395 页）"自然咸宜"是得于"性之德"的自然，而非以性为自然。前者是明德自然，后者是生性自然。吾心是"有所自而然"，为义理所养，"亲得亲生，得之己而无倚"，故能"自然而然"。"天下之义理，皆吾心之固有；涵泳深长，则吾心之义理油然自生"。此与老庄"舍物求自以为道者"本自不同。（同上卷，第 2628 页）心得于有自，是受命于天理。

《老子》何尝不是得自道德？从人性本体的自然言，在儒家是本于天理诚实，在道家是本于道德完具。从修为境界的自然言，前者是集义的"油然自生"，后者是修身的"惟道是从"。在儒家"由仁义行"是自然，在道家"由道德行"何尝不是自然？"由仁义行，非行仁义，则仁义已根于心，而所行皆从此出，非以仁义为美，而后勉强行之，所谓安而行之也。此则圣人之事，不待存之，而无不存矣。"（引自《四书训义》，载《船山遗书》第四卷，北京出版社 1999 年版，第 2146 页）"仁义根于心"，是"自本自根"；"由仁义行"，是自然而然；"以仁义为美"，是为"有以为"。"安而行之"是"勤而行之"，无有或然；"勉强行之"，是"若存若亡"，有利则行，无利则不行。"不待存而无不存"，是无为而无不为。"由仁义行"是诚，"行仁义"则不诚。"诚之不至而有贰焉者，以不诚间乎诚也。若夫天，则其化无穷，而无有不诚之时，无有不诚之处，化育生杀，日新无已，而莫有止息焉；……故至诚之合天也，仁亦不贰，义亦不贰，三百三千，森然无间，而洗心于密"。（引自《读四书大全说》，同上卷，第 2405—2406 页）诚固不贰、不息，犹如《老子》的恒道自然、玄德自然。戴震指出，"夫人之异於物者，人能明於必然，百物之生各遂其自然也。"（引自《孟子字义疏证》，中华书局 2008 年版，第 16 页）百物之生的自然，是物性自然，亦是物理必然。人能明于"必然"，则由理义为，循理而为。人性自然，包括血气心知。"人生而后有欲，有情，有知，三者，血气心知之自然也。"（同上书，第 40 页）情欲是血气之自然，而知能是心官之自然，二者一体共存。在人有血气，就有心知。有心知，就有必然。性之"善"在自然中，是"必然"。孟子之异于告子，在于以自然归于必然。"必然"为不易之则，是自然所固有，非是制其自然使之相从。人性有两种自然，既有血气自然，亦有悦理义、"好是懿德"的心知自然。在两种自然的关系上，血气自然中蕴藏必然，审察以知即是理义。在体行上，明尽理义而无几微之失是必然，无憾而安行是"自然"的极致境界。"由血气之自然，而审察之以知其必然，是之谓理义；自然之与必然，非二事也。就其自然，明之尽而无几微之失焉，是其必然也。如是而后无憾，如是而后安，是乃自然之极则。若任其自然而流于失，转丧其自然，而非自然也；故归于必然，适完其自然。"（同上书，第 18—19 页）自然中含有"必然"的主宰，归于必然方是真自然。若任血气自然则反失人性自然。"善，其必然也；性，其自然也；归于必然，适完其自然，此之谓自然之极致，天地人物之道于是乎尽。"（同上书，第 44 页）有"善"的"必然"，方有"性"的"自然"，自然涵摄必然。天道自然，气化流行，生生不息。生生中有自然的条理，观于条理秩然有序则知礼，观于条理截然不可乱则知义。必然在天道自然之中。在天为气化生生有条理，在人为生生之心有仁德；在天为气化推行条理，在人为心知通乎条理有智能。"惟条理，是以生生；条理苟失，则生生之道绝。凡仁义对文及智仁对文，皆兼生生、条理而言之者也。"（同上页）有条理的必然，方有生生的自然。无"义"则"仁"不能行其当然，无"智"则"仁"不自觉必然。戴震认为，老庄见常人任其血气自然的流弊，故以静养其心知自然，谓心知自

然为性，谓血气自然为欲，说虽巧变而不过分血气心知为二本。固然，《老子》提出"以道镇之"，强调节制血气自然之欲，何尝不是同一个心？道胜则为道心，物化则为欲心。理义来自血气自然，道性何尝不是来自血气自然？人人所得的是同一个道，之所以"不道"，在于任其血气自然，而不能"惟道是从"和"修之于身"。道之为德，是万物各得性分，人若保持本性自然、恬淡无欲，不贪不争，何尝不是各得其所？孔孟在人人同"欲"同得中见王道，"与民同乐"；《老子》何尝不是以"圣人无心，以百姓心为心"为王道？孔孟以知理知性而求各安本分，各尽本分；老庄何尝不是以"以道观之"而求各当其分？不过，二者立足点不同，先秦儒家突出强调的是每个人的各尽本分，《老子》突出强调是人人、物物各安本分。二者在生生不已、因循事理和辅助万物自性等自然上思维相同。"天下自然而无失者，其惟圣人乎！孔子言'从心所欲不踰矩'，'从心所欲'者，自然也；'不踰矩'者，归于必然也。"（引自《绪言》，同上书，第 93 页）圣人心性自然中有必然，致必然之极是自然。对于老庄、告子之说，他认为二者皆不出以自然为宗，然惑于"以自然直与天地相似，更无容他求，遂谓为道之至高"，它是"同人于禽兽"。（同上页）固然，《庄子》不少篇章持以人合天地自然的思想，"其动也天，其静也地"，然其何尝不是"与天地合德"？况且《老子》与《庄子》思想有别，提出王者与大道同，"以道莅天下"，以"得一"为天下贞。"得一"不同，何尝不是殊理？不过《老子》突出的是王道之理，而非人伦之理。在《老子》的思想体现中，并不否定仁义礼智信？道生德畜，何尝不是"仁"？亭毒贞正，何尝不是义？知足知止，何尝不是礼？知天下见天道，何尝不是智？德信言信，何尝不是信？《老子》所反对的是名伪、凿智、功利。即使在"玄德"自然中，何尝没有必然，虽然必然之则的内涵与儒家有所不同。戴震还从宋以后儒学思想发展史的脉络上指出，程朱虽见孔孟的理义归于必然不可易，非老庄所能及，然不过以"理"字代道家之"道"而已，并未真正沿着《孟子》"性之"自然的思维发展。陆九渊、王阳明诸人同于老庄，改其毁誉仁义而以为自然全乎仁义，巧以伸说。虽然评说不尽恰当，然揭示出道家自然观对儒家思维的影响。章学诚指出，道是"无所为而自然"，圣人是"有所见而不得不然"，众人是无所见而"不知其然而然"。（引自《文史通义》，中华书局 2004 年版，第 120 页）道者自然而然，故无为无形。无所为，则无所不为。圣人见道理之实而己无所与，自觉循理必然而自然。众人日用而不知，虽循必然而不知其然。《老子》言"以道莅天下"是自觉循道必然以成其自然。"同于道"，是诚于自然。言"修之于身，其德乃真"，则并非全以生性为自然。道在身，则有必然，因为理则、秩序、适宜内涵于大道之中。大道在"无所不然"中成物固有所然，无不可中含有条理、分理、宜理。"道法自然"，揭示恒道寓于万物各自自然中形成为宇宙机体系统，通万物自然则为生物圈的自然界，"道通为一"。天地万物自然，既是恒道自然的分殊存在，又是恒道自然质性的展现、澄明。恒道自然，既超越于物性自然，又内在于物性自然。一方面，恒道自然，"自本自根"，生天、生地、生万物，赋予万物以"势成

之"的自然潜质和能力。另一方面，万物各自自然，禀赋恒道于"得一"以成为自性的自然。

就《老子》与儒家"自然"境界观的差异，牟宗三指出，《老子》以"自然"等同于圣人境界与天地之性，而儒者以为天道可以"鼓万物而不与圣人同忧"，然圣人不能无忧，故需以仁体证实并充实天道，复即"以仁体之创造提挈天地之化"。其以道德创造等同天道生化，故绝异于道家而不可一概而观。"天道无心而成化，圣人虽有忧患，亦不能有意必固我之私，无思无为之诚体亦即涵自然义，所存者神，所过者化，神化自不能有丝毫之造化，然此等等所示之'自然'，皆是仁体诚体之自然，非道家纯由遮诠所显之虚无、无道德实体以实之之自然也。"（引自《心体与性体》中卷，上海古籍出版社 2007 年版，第45-46页）以儒家所体的天道是道德创造，然道家何尝无之？《老子》以恒道和"玄德"为宗，岂是"自然者虚无"？固然，道家与儒家在"道德"的内涵有所不同，但恒道存在是生畜长育亭毒养覆的自然，万物以生以成，何尝是"无道德实体之实"？"以道莅天下"，何尝不是"所存者神，所过者化"？圣人无忧，何以著书立说以为王道楷式，何以言"圣人辅助万物自然"？诚体自然，不息不测，恒道何尝不是"自本自根"的"周行不殆"？正因为绝对本体存在为"无"，方为至神存在，生化、覆育万物，生生不息、不测。"天道无心而成化"，犹如恒道"无为而无不为"；"圣人有心而无为"，正如"孔德之容，惟道是从"。

最后，对本节内容做简要概述。"道法自然"思想内涵丰富，从恒道本己的自然看，一是自本自根、独立不改、周行不殆的生生自在自为，二是无为而无不为的"玄德"自然，三是辅助善利万物、因循曲成的自然。以其本自万物皆备、森然已具为本然，以其自在自为、非为他物驱使主宰为自然，以其为物不贰、生物不测为固然，以其不得不然、信验可期为必然，以其为人所依据、理应如此为当然，以其无始无终、悠久不息为恒然，以其不可更易、必须遵循为常然。从"法"的层面言，它是无待存在，本无法象而为万法象，法于万殊而无所不法。法万物以辅助其自然，为人所法为"楷式"。《老子》以恒道"自本自根"的自然为宗，以"辅助万物自然"为本，以"无为而无不为"为玄性，以"玄德"式的自然人格为圣人境界，以"以道莅天下"的自然为政治理想。

第二十五章　恒道之玄

　　"玄"与"妙"一样，是《老子》哲学的一个带有个性的思想观念，着重在于揭示恒道的独特存在质性，成为恒道存在的特有标志。之所以言其为"独特"，是因为它相对于万物或与万物相比较为独一无二的存在质性。恒道以玄妙特性存在，它贯穿于所有其它存在质性中。恒道的玄妙性，是对物性直观思维的一种提升，带有辩证统一的思维特征。

第一节　玄的意蕴

　　在前面的章节中，曾对"玄"的涵义有所阐释。在那里，将"玄"定义为"有"与"无"的统一，或为"无"中有"有"、"有"中有"无"，或为"有之无"和"无之有"。它是"其可左右"的通兼思维，不可以事物存在的单一性来揭示。"玄"的思维结构，既是对反互称、双向互摄的思维，又是"一而二、二而一"统分思维。本节拟进一步揭示恒道"玄"的内涵以及在《老子》思想中的深刻意蕴。

一、注家解说

　　"玄"与"妙"一样，重在揭示恒道存在的独特质性，然"玄"者内涵着"妙"，并逐渐成为恒道的别名。就其名谓的来由，王弼指出，名以"定彼"，称以"从谓"。名生乎彼，称出乎我。而就绝对本体存在言，以其"涉之乎无物而不由"称之为"道"，以其"求之乎无妙而不出"谓之为"玄"。（引自《老子指略》，载《魏晋全书》第二册，吉林文史出版社 2002 年版，第 122 页）"道"之名称来自无物不由，虽为假名然有所因寄。它既是"无物不由"，又是"无物之象"，二者通言之是"物物而不物于物"的"玄"。恒道每一个"物物而不物于物"的功为皆是"玄"，如此不定、不测其为，"为而不贰"，便是"玄之又玄"。在这样的功为不测中，成为了"众妙之门"。可见，"玄"是众妙的根本，共通于恒道的每一个存在质性中。在归纳综合恒道"玄"性深刻意蕴之前，先对注家主要解法、用法进行概说和评述。

　　（一）天或天色

　　河上公云："玄，天也。于人为鼻。"（6 章注）此采《易》的类名思维，"玄"为

通名，代称天、鼻。《说卦》以八卦的每一卦，概说代表着不同类的事物。"天玄而地黄"（《文言》）。以"玄"为"天"、"鼻"，赋予其实指，则丧失了其微妙、玄通的质性。宋徽宗云："玄者，天之色也。"（1 章注，下同不标）以"玄"为"天"或"天色"，若为定名则是法象、可道思维，若以不可定指言是"无声无臭"。《老子》以"玄"为"妙"，是"无状之状"的不可道思维。他又以"素问曰玄生神，神也者，妙万物而为言"作解，能妙万物则具有与恒道存在相通的质性。"玄生神"，是"众妙之门"思维。这样，"天"为"玄"便是假名。"黄帝、尧、舜垂衣裳，盖取诸乾坤。"（《易·系辞下》）郑玄云："乾为天，坤为地，天色玄，地色黄，故玄以为衣，黄以为裳，象天在上，地在下。"（引自《毛诗正义》，上海古籍出版社 1990 年版，第 499 页）以"玄"为"天"，是通用说法。"天，又谓之玄。"（《释名·释天》）"天谓之玄"（《考工记》）。吕知常等注家也以"天"解"玄"，印玄散人云："清虚无极者，天也。其色黝然，玄。""玄"为天色，具有"清虚无极"的涵义。

（二）道或本始

王弼云："玄者，冥也，默然无有也，始母之所出也。""冥"者，视之不见；"默"者，听之不闻；"无有"，微妙无形。以生天地为"始"，以成万物为"母"。二者皆是有而无、无而有之妙。因天地有名推其所"始"，则假名为无名之道；因万物可名而推其有母，则假名为有名之道。"玄"是二者的统一。实则，恒道存在是无始之始，因天地而有始；恒道是无母之母，因万物而言母。"无始之始"、"无母之母"，皆带有"玄"的特性。王弼将"玄"视为了绝对本体存在恒道的代称。"始"、"母"异名，二者作为"无"、"有"的统一，共同构成了"玄"性。因"始"揭示恒道的存在为"无"，因"母"揭示恒道的存在为"有"。"始"是"象帝之先"，故无形。"母"是"天地之根"，故有功。前者微妙，为"大象无形"；后者至神，为"万物之母"，二者一体。王弼云："玄也者，取乎幽冥之所出也"。（引自《老子指略》，载《魏晋全书》第二册，吉林文史出版社 2002 年版，第 121 页）"幽冥"，是"无状之状"，指称恒道的本体存在。以"玄"为"幽冥之所出"，正是"无妙而不出"。休休庵等也注"玄"为"大道"，视为绝对本体存在的另一假名。"玄"为本初，故为至尊。"大飨，尚玄尊，俎生鱼，先大羹，贵食饮之本也。"（《荀子·礼论》）"尚玄尊"，是"贵本而亲用"。"贵本之谓文，亲用之谓理，两者合而成文，以归大一，夫是之谓大隆。""大一"为本，"礼有三本：天地者，生之本也；先祖者，类之本也；君师者，治之本也。"宗本，与始母同谓。

（三）深远无极

王弼云："'生而不有，为而不恃，长而不宰'，有德而无主，玄之德也。'玄'，谓之深者也。"（引自《老子指略》，载《魏晋全书》第二册，吉林文史出版社 2002 年版，第 122 页）显然，以"深"为"玄"，本自《老子》"玄德，深矣远矣，与物反

焉"。"玄德",是"有"与"无"的一体之妙,故反于或"有"、或"无"的物性。成玄英以"玄"为"深远义",唐玄宗解为"深妙"。李荣认为,"无物可建,唯道与德可以言玄,故曰玄德深远,至道玄寂。"赵志坚云:"下彻曰深,傍周曰远,其德如是,谓之为玄。"(65章注)深远,为"玄"之性。微妙者,无极。苏辙云:"凡远而无所至极者,其色必玄,故老子常以玄寄极也。"以"玄"寄言"极",是无极而有极,有极而无极。恒道为"无",是无形、无定有的无极,"有生于无";恒道为"有",是潜有、早备之极,"万物生于有"。"玄"的妙义是无极而至极和至极本无极的思维结构。魏源注"玄"为"元",揭示其为"至极"。古棣云:"凡物远不可见者,其色黝然,玄也。大道之妙,非意象形称之可指,深矣,远矣,不可极矣,故名之曰玄。"(《老子通》)"不可极",是不可意象、形称、可指,无可究极。

(四)微妙不测

李荣认为,玄德"深远"、至道"玄寂",是"恍惚非易测,冥默本难言"的"无能名"。司马光云:"玄者,言其微妙。"(6章注)微妙,是"无",亦是"潜有"。"妙"在"玄"的内涵中。王安石指出,"牝取生物之意,生物而不见其迹,故谓之玄。"(6章注)"生物"是功为之有,"不见其迹"是无形无体,故为有无一体的"玄"。陈景元认为,"玄者,深妙也,冥也,天也。所谓天者,自然也。"因深妙而玄冥,它们为天之性,自然则不可名。陈象古解"玄德"为"不可以测度故",取的正是莫测意旨。宋徽宗认为,"妙而小之谓玄"。"妙而小",是微妙。朱熹云:"玄,妙也。"黄茂材云:"玄者,妙道之门。"众妙之出固是"玄"。董思靖认为,"玄"是"不可致诘","凡远而无所至极,则其色必玄,其在人心,乃渊默无象之义。"吴澄云:"玄者,幽昧不可测知之意。"难识则疑玄,"凡人之有鬼也,必以其感忽之间、疑玄之时定之"(《荀子·解蔽》)。"疑玄",是恍惚不定、不能确识之谓。高亨指出,"玄为形容词,形而上之义。"又云:"因形而上者亦微妙难识,故谓之玄。""形而上",是道器显微思维,而"玄"是有无一体思维,二者不同。相同处是"微妙难识"。陈鼓应解为"幽深不测","不测"揭示的是虽有若无、不可见闻的妙义。

(五)有无之合

成玄英云:"玄者,不滞之名也。"(6章注)"不滞"者,于有而无,于无而有。"深远之玄,理归无滞,既不滞有,亦不滞无,二俱不滞,故谓之玄。""玄"之为"深远",就在于区别物性之滞的"不滞",既不滞于"有",又不滞于"无"。释氏"有"、"无"相生不住的思维,是有无双遣,"如如不住",形式上合《老子》"玄"的通一质性,然在实质内涵上与恒道之"玄"有着本质的差异。恒道之"玄"是有无共存一体,虽无形而实有,虽实有而无形。"妙"是以本摄迹,"微"是以迹证本,它们以功成不测为旨归。若本迹两忘,即落入佛旨。司马光指出,"玄"者,是"非有非无",为"微妙之极致"。"非有非无",是有、无双执的否定,然未能揭示"有无一

体"的玄妙。吕惠卿以"有无之合"解之，正得其意。林希逸云："能常无常有以观之，则皆谓之玄。"观"常无"不离"常有"，观"常有"不离"常无"，故皆是"玄"。范应元以"玄"为"深远而不可分别"，认为"自其微妙而言，不可不谓之常无；自其著见而言，不可不谓之常有。""不可分别"，是微妙之无；功成著见，是至神之有。"玄"是生生而"不见其所以生"（6 章注）。生生为功成之"有"，"不见其所以生"为微妙之无。

（六）色黑玄冥

严遵解"玄"为"玄冥"、"玄默"，是"莫之见闻"的不可致诘。"玄冥"，正在于揭示恒道存在的窈冥、恍惚的"无状"。李约云："玄，黑也。夫五色置于晦冥之中，则无辨矣。"不可分辨，则晦冥幽暗，然只言"无"还不是"玄"，故又言五色置于其中。"晦冥"是"无色"，五色生于无色，正如"有生于无"。王安石云："玄者，色黑而有赤。北方黑为阴，玄为阳。坤于地为黑。乾于天为玄。玄为黑，则幽隐。"以色象为黑，以不见为冥。吕惠卿云："玄之为黑色，与赤同乎一也。天之色玄，阴与阳同乎一也。"同于一为玄，不可分辨为冥。邢昺解"敢用玄牡"（《论语·尧曰》）云："玄牡，黑牲也。殷尚白而用黑牲者，未变夏礼故也。"（引自《论语注疏》，上海古籍出版社 1990 年版，第 266 页）"敢用玄牡"（《尚书·汤诰》），"玄"为"黑"。朱熹云："玄，只是深远而至于黑窣窣地处，那便是众妙所在。"（引自《朱子语类》，中华书局 2004 年版，第 2995 页）"至于黑窣窣地"，是深远无极，不可测识，故为玄冥之色。牟宗三指出，"玄不像分别讲得那么清楚，玄者黑也，水深了才黑，所以玄表示深 profound 的意思。又表示不像分别说那么清浅，好像隐晦 obscure。其实玄既不浅也不隐晦。"（引自《中国哲学十九讲》，上海古籍出版社 2007 年版，第 95 页）解"玄"为黑，进而揭示其既不清浅也不隐晦，正是澄明其非是单一性、而是混一存在的质性。

（七）斡旋或漩

"水动而景摇，人不以定美恶，水埶玄也。"（《荀子·解蔽》）水动景摇，其性为"玄"，故不能静观。庞朴认为"玄"字，"上面是一个小盖儿人，覆之；下面是一个绞丝（幺），象小孩儿初生的样子。很小很小，而且还在盖子底下，让外面的人猜不透它到底是什么，这就叫作'玄'。"（引自《无玄：道家哲学的基本范畴》，载《中国文化十一讲》，中华书局 2008 年版，第 89 页）他进而指出，甲骨文写"玄"字为"串"形，跟水旋有关。万物生于水，又归于水，形成了对水的崇拜。"'玄'的字形就是漩涡的剖面图，一圈一圈地漩下去。用漩涡来表示水，可以把水的神秘性或神圣性显示出来，这不能不说是我们祖先的杰作。"（同上书，第 93 页）"玄就是漩涡，漩涡就是众妙之门。这一思想起源甚早，流传甚广，时至今日，地至海外，都还留有痕迹。"（同上书，第 95 页）可见，"玄"与渊、海、谷涵义相通，都有生生的奥妙涵义。何新指出，"乾字古音读干，繁文作'斡'。斡字古音与今音不同，当读'管'。斡者，旋

转之物也。管、旋、乾三字皆叠韵，故相通。古人称天为斡（即乾），又称作'旋'、称为'圜'。《说卦》：'乾为天、为圜。'圜今音读还，古音读旋。旋亦书作玄。"（引自《诸神的起源》，北京工业大学出版社 2007 年版，第 193 页）天犹如旋转体，日夜转动不已，故"玄"代表着古人的宇宙观。牟宗三指出，"有而不有即无，无而不无即有，……这个圆周之转就是'玄'。"（引自《中国哲学十九讲》，中华书局 2008 年版，第 95 页）"圆周之转"，是有无一体。

（八）兼而通之

陆希声云："玄也者，事理俱照者也。"静以照理，微妙玄通；动以照事，殊途同归。"静以制变，动以归根，动静不殊，则事理玄会"。有无一体为玄，以其兼而有之为"通"。曹道冲云："玄者，杳冥而藏神。""杳冥"是微妙，"藏神"是至神，二者统一为恒道存在质性，故为有无一体的"玄"。钱穆认为，"其实异中得同即是玄。如天即是玄。天无体，会同诸体之异而谓之天。故中国人不言天体，乃言天象。……如是则象乃成为超出群体之体。故中国人用体字，其中便有不具体之存在。"（引自《晚学盲言》，广西师范大学出版社 2004 年版，第 18 页）玄是同异一体，同中有异，异中有同。道不具体，涵摄物性定体，"通为一"是恒道之"玄"。牟宗三指出，"玄是个圆圈，说它无，它又无而不无就是有；说它有，它又有而不有就是无，因此是辩证的。凡辩证的都是玄，就深。假定一条鞭地向着一个方向走，动者恒动静者恒静，动永远依直线而动，就没有玄。只有辩证的才玄、才深，就是道家所说的玄。"（引自《中国哲学十九讲》，中华书局 2008 年版，第 95-96 页）"玄"为"辩证"的意蕴，是"无而有"或"有而无"，它是有、无相对双方的融为一体，相互涵摄，相为反用。

（九）潜在不正

孔安国解"玄德升闻"（《尚书·舜典》）云："玄谓幽潜"。（引自《尚书正义》，第 51 页）"幽"者深远不可测识，"潜"者潜在非实有之名。王夫之认为，"玄德"之"玄"有三义。一为潜隐。"玄也者，潜也。'隐而未见，行而未成'之谓"。（引自《尚书引义》，载《船山遗书》第一卷，北京出版社 1999 年版，第 493 页）隐未见、行未成，是潜在之象。"玄"以象"潜德"，是以其"隐而未著"而托于"无所极"。二为不测。"且夫'玄'之为言，不可测之辞也。……《易》曰：'天玄而地黄'。地不适黄而象以黄，天不固玄而象以玄，非名之从实者也。……则玄非天之正色，从人之不可见者言之尔。"（引自《尚书引义》，同上卷，第 493 页）不可形见，故以"玄"象之。"名从实"是实指之名，而"玄"是强名之名。三为不正。"不可测者，非其正也。"（同上页）"玄"由"不可测"，转言不正之谓。"玄非正色而无实，君子固不以为德，亟言玄者，老聃之说也，故是以知其德之非正也。"（同上页）在《老子》言"玄"，正在于揭示无正之正，无所不正。王夫之以《老子》"大道泛兮，其可左右"为"弗正"，是不知"玄"；以"大成若缺"为"不成"，是不知"妙"。道家侧重于

言道玄为正，儒家侧重于言理分为正。前者是通于物正的无所不正，后者是一于物正的各自为正。"法天之正，极高明也，强不息也。不法天之玄，玄非天之正也。玄非天正，人玄天也。人玄天，天也玄人。……其位潜，其时凝，其志伤，舜德以玄焉。玄者，圣人之不幸也。"（同上卷，第494页）以"玄"为"不幸"，是不知其要。"玄"固非天的定色之正，然正如此方有"神无方"之妙。高明、不息，正揭示的是此义，"天施地生，其益无方"（《易·益卦·象》）。《老子》之"玄"固有"潜隐"、"不测"等涵义，然非不正，而是玄妙之正。

《说文》云："玄，幽远也。黑而有赤色者为玄。象幽而入覆之也。"从此解来看，"玄"含有三义：幽远、黑赤色、象幽而入覆之。后引申作指称名词为高远的苍天，作为时间状词为幽远，作为实体状态词为不可明见的深奥，作为人生准则为精深的道理，作为存在样态词是玄虚不实，作为颜色是黑而有赤。"玄"是多义词，也是摹态词。"玄"为天、道或始母是至极之极，为深远、不测、无方是无极之极，为微妙、黑冥、潜在是不可见闻，为旋周、兼通、不正是不可定执。正因其为"不定"的摹态词，故《老子》用以揭示恒道"有无一体"的存在质性。"玄"，既是体用一如，又是有无一体。

二、恒道之玄

《老子》恒道"玄"性首见于第一章，"道可道，非恒道；名可名，非恒名。无名，天地之始；有名，万物之母。故常无欲以观其妙，常有欲以观其徼。此两者，同出而异名，同谓之玄。玄之又玄，众妙之门。"它既是全书思想的宗旨、纲本，亦是恒道"玄"性的意蕴、枢要，贯穿于全书的道德论说之中。可道、可名、有名、有欲和徼可统一言为"有"，不可道、不可名、无名、无欲和妙可统一言为"无"。两者互摄、一体为"玄"性，就是"众妙之门"。

（一）同谓之玄

恒道是"常无欲"和"常有欲"的统一，为"妙"和"徼"的一体，二者"异名"然"同出"于道一。"妙"以"徼"揭蔽、澄明其生生不穷，"徼"以"妙"揭示、澄明其无为无执、神化无方。"无欲"靠"有欲"来澄明，"有欲"靠"无欲"来界定，统一一体方为道之玄性。王弼以"同出"是"同出于玄"，认为虽有无名之始、有名之母的分别，然统一于恒道的存在质性。唐玄宗认为，"自出而论则名异"是"从本降迹"，"自同而论则深妙"是"摄迹以归本"。以其"归本则深妙"，故谓之"玄"。"从本降迹"是道生万物，为"万物之宗"；"摄迹归本"，是"有生于无"。"本"自有"迹"，归本虽无迹，然为"无迹之迹"，无迹成遂一切物迹，故为深妙之"玄"。吕惠卿认为，"名之出玄，有欲与无欲同乎一也。""同乎一"，是有无互摄，相为制用。用有则以无镇之，体无则以有征之。何心山指出，"妙无非无"是"无常可使

有"，"妙有非有"是"有常可使无"，以其"有无同名为常"，故得"同称为玄"。恒道之"玄"非是"有无同名为常"，也非是"无"固"玄"、"有"亦"玄"。既然"有无一"，则"无"中涵"有"固"玄"， "有"中涵"无"亦"玄"，同为一"玄"。"妙无非无"和"妙有非有"，皆是"有无一体"的玄妙质性。"无常可使有"，是无形制有形，造物者物物；"有常可使无"，是有形复无形，复归于无物。倪思认为，"无"与"有"皆是道之常。"常无"是"道之未形"者，"常有"是"道之已著"者。"道常无，亦常有。有无相生，不可缺一。""未形"是潜有之"无"，"已著"是实有之"有"。恒道以二者的统一为"玄"，是"有无互摄"。"相生"非是迭生、更生，而是一体共存的并生。李嘉谋提出，"妙即徼，徼即妙，有即空，空即有。其本同，其末异。""本同"是徼与妙、有与空的一体，"末异"是徼与妙、有与空的各自有分。恒道有两种存在样式，"有物混成"是潜有的"无"，"万物之奥"是无定体用无定方的"无"，二者皆是微妙而至神的统一。王道指出，"曰无曰有，曰妙曰徼"，名虽有异，然"体用一原，显微无间"，其出则同。"无而妙"者，固谓之玄；"有而徼"者，亦不得不谓之玄。既言"体用一原"，则即有即无，一体互摄。既言"显微无间"，则无是潜有，有是无显。印玄散人认为，"真有不有，外不取相，内不敢空，同谓之玄。"以释氏思维言，"真有不有"是外不住相，"真无不无"是内不执空。恒道之"玄"，固涵无为无执之义，然更是无所不有的实有、大有。高亨云："无乃天地之始之名，有乃万物之母之名，皆形而上者也。""无"和"有"皆是恒道的存在质性，同为"有物混成"者，然不可以其"形而上"为玄。"形而上"是道器思维，非是"象帝之先"的思维。"天地之始"是无形之始，"万物之母"是无状之母。二者体无用有，故为"玄"。"有"和"无'同出于恒道，均是恒道的本质规定性。"同谓之玄"，是"恒有欲"与"恒无欲"的一体为"玄"。以为"玄德"是"生而不有，为而不恃，长而不宰"。"生"、"为"和"长"是"恒有欲"，"不有"、"不恃"和"不宰"是"恒无欲"，二德之合方为"玄德"。以为功用是"功成而不名有"和"功成事遂而身退"，功成、事遂是"有"，"不居"、"不测"是"无"。在"为物"上，恍惚中有精信，微妙而至神，为有无一体。在成物上，是"衣被万物而不为主"和"善利万物而不争"。"衣被"，"善利"是"恒有欲"，"不为主"、"不宰"是"恒无欲"，为"无为而无不为"之玄。"玄"体现在德术上，是"贵以贱本，高以下为基"，是"知其雄，守其雌，为天下谿"，是"知其荣，守其辱，为天下谷"，是"知其白，守其黑，为天下式"，是"盛德若不足"，如此等等。反映在道术上，是无私成其私，外身而身存，至仁无亲，不自大故大，大盈若冲，等等皆是。"无"因"有"为妙，"有"因"无"为玄。有、无是一体两面，有中涵无，无中摄有，体无用有，相互制用。"玄"与"妙"异名而同谓。

　　（二）玄之又玄

　　在"无欲"中见"有欲"是一"玄"，在"有欲"中见"无欲"又是一"玄"。

各为一"玄"，故谓"玄之又玄"。"玄之又玄"正好与"损之又损"的思维相反，前者是从增益、扩大的角度揭示"众妙"之所出，后者是从减损、去除的角度揭示"妄为"的杜绝。"为学者日益"，则不免于固执己为；"闻道者日损"，则能无为而因循。恒道以"恒有欲"的一面展现为生生、善利、衣被、功为和曲成的实有，它要以所生成之物的"徼"来揭蔽、澄明。恒道以"恒无欲"的一面体现为不有、不争、身退、不德、不宰等，作为无名、无功、无有、无为的存在就要以不可见闻、搏得的微妙无形来强名、揭示。二者合一是恒道之"玄"。"玄之又玄"思维表现为两个样式，一是"无而有"，如"无状之状"、"无物之象"、"无为而无不为"；二是"有而无"，如"长而不宰"、"上德不德"、"至誉无誉"、"大象无形"。唐玄宗认为，"意因不生，则同乎玄妙，犹恐执玄为滞，不至兼忘，故寄又玄以遣玄，示明无欲于无欲。"遣之又遣，是释氏的不住思维。以《老子》恒道存在质性言，从生物、为物的功为上看是"无"者生"有"、出"有"，"万物生于有，有生于无"；从对待功成事遂的功迹看是"有"而若"无"，功成不居、名利不有。恒道体"无"是"为物"的不居、不有、不测、不道，恒道用"有"是生物的不贰、不息、善利、曲成。这些质性皆本自"恒有欲"与"恒无欲"的"玄之又玄"，故为"众妙之门"。宋徽宗以"玄"为"色之所色彰"，以"玄之又玄"为"色色者未尝显"。在这里，"色色者"高于、不同于"色之所色"，后者是相对思维，色定而彰显；前者是无定色，故未尝显。杜道坚认为，"玄"是"一而二，二而一"。"玄之"是"似无而有"，"又玄"是"似有而无"。"一而二"是恒道或绝对本体"无"二分为"有"与"无"的殊性，"二而一"是恒道或绝对本体"无"统摄"有"与"无"于一体。前者思维犹如"有物混成"分化生成天地万物，后者思维犹如"道通为一"统摄天地万物。"似无而有"与"似有而无"，是相互为"玄"。憨山德清认为，既是"有"、"无"同观，若不忘心忘迹，则"虽妙不妙"。释氏之妙，是即有即无，如如不住。恒道之"玄"，是以"无"摄"有"，以"有"证"无"，既"有"而"无"，若"无"实"有"。

（三）众妙之门

恒道之"玄"作为"妙"和"徼"的统一、"无"与"有"的合一，是其他一切玄妙质性的根源。"众"为"以阅众甫"之众，形容玄妙的多层面性；"门"是"玄牝之门"之门，揭示众妙皆从"玄"中成，一以贯之。"有无一体"作为统一的"玄"性，贯穿、统摄恒道其他一切玄妙质性。把握了"众妙之门"这个妙要，就能推演出其它玄妙质性，执一而通贯于众妙。"众妙之门"，与"玄牝之门"、"天地根"一样，皆是根本性的一源，统一性的一门。唐玄宗认为"众妙之门"是"万法由之而自出"。作为"众妙之门"是统一于"恒有欲"与"恒无欲"的一体之"玄"，有为与无为、有名与无名、有形与无形、有功与无功、有用与无用、有极与无极、微妙与至神、生生与不生、化化与不化等皆源自此。从思想观念上言，后面80章的玄妙内涵皆本自首

章。把握了这一思维要妙，就要从恒道存在质性的对立面或对偶方来看待相互存在，也要从联系和统一的角度来认识恒道对立质性之间的一体性、互摄性。以《老子》第一章的恒道存在质性言，是在可道与不可道、可名与不可名、有欲与无欲等双方之间的通观反观、互摄反用。在用"可道"时，知其非恒道，则得恒道之"玄"。在用"不可道"时，知恒道寓于可道，则得恒道之妙。陈景元认为，"大道旷荡，无所制围，无门无房，四达皇皇"。恒道之所以能妙万物，在于"玄"性而已，万物皆生于此。陈象古解云："非一而已，施之于治天下，施之于治国，施之于治家，施之于治身，其妙皆如是而已矣。"恒道之"玄"是众妙所出，正因有"玄"性然后有"玄德"、"玄同"和"玄览"等楷式，故可以治天下、治国、治家和治身。宋徽宗认为，"玄妙之理，万物具有，天之所以运，地之所以处，人之所以灵，百物之所以昌，皆妙也，而皆出于元"。"玄"是道性，非是物理。恒道有"玄"性则本自自然，有"玄德"则使万物自然。万物具有妙理，然本自恒道玄性。林希逸云："玄者，造化之妙也。""造化之妙"，以一本言是万物"有无相生"本自"有生于无"，以玄德言是"生而不有，为而不恃，长而不宰"。林志坚以"玄牝之门，是谓天地根"解之，然《老子》的这个论说是揭示恒道与万物的一本生生关系，而"众妙之门"是揭示恒道各玄妙质性之间的关系。王道指出，"观妙之妙"是"大德之敦化"，"众妙之妙"是"小德之川流"。以《易》的思维言，"众妙之门"是"成性存存，道义之门"。"观妙之妙"是恒道统一性的"玄"性，"众妙之妙"是分妙归于一"玄"。而"大德敦化"是化育万物的统说，"小德川流"是曲成万物的殊说。前后所言内涵不同，但思维相类。"成性存存"作为"道义之门"是理一分殊思维，它与"玄之又玄"为"众妙之门"的玄一分殊思维相类，但二者所揭示的内涵有别。"玄"为道性妙理，而"理"涵物性分理。王一清以"玄"为"自然"，认为"玄之又玄"是"妙中之妙，自然而然"。"自然而然"，是"莫能使之然，莫能使之不然"，故为众妙之门。以《老子》思维言，"自然"与"玄"皆可是绝对本体存在的假名，与恒道同谓。以"自然而然"言"玄"，是"玄德"性的自然，"无为而无不为"。而莫能使然、使不然所揭示的是独立存在，二者质性不同，虽然它也是恒道自然的根本质性。恒道以"自然而然"的玄妙性，在"功成弗居"的"为物不贰"、"生物不测"中生成、辅助万物性分的"自然"。

（四）恒道之玄

恒道之"玄"，有无对偶、一体，不仅是绝对本体存在的特性，而且是揭示、把握恒道存在质性的一个根本思维方式。这里的"有无对偶"，不是两种事物的对立、两种属性的对待或矛盾，而是相反两种属性之间的共存、互摄关系。叶适指出，"玄"与"妙"为方术家所常言，是浩渺不可属之意。"老子之所谓玄者，即有无同异之间也；有而复无，无而复有，有无相转而不已，即所谓'玄之又玄'，而众妙之所由开阖出入也。盖指人之所共知共见者，示之以道之所在，未尝以难知难见者诬谰之也。"（引自

《习学记言序目》上册，中华书局 2009 年版，第 210-211 页）《老子》恒道之"玄"，统言之固是"有"、"无"的同异关系，但"有而复无，无而复有"只是"有无相生"，是物化之恒，而非是恒道之"玄"。"玄"为"有无一体"，而"有无相转而不已"是恒道"玄"性在物性中的展现。"玄之又玄"与"开阖出入"有别，后者为生生之为，前者是"众妙之门"。恒道作为强名存在，是由人所共知共见的万物存在以揭示其无所不由者，它并非是无中生有、故弄玄虚的好辩之言。概括说来，"玄"的思维特性主要表现在以下六个方面。

一为"极"，揭示本原、本初内涵。"玄"作为幽远之极，即涵有"朴"、"始"等意义。恒道之"玄"为"天地之始"和"万物之母"的统一，又为"众妙之门"，皆是本源、无极的意蕴。"玄古之君天下"（《庄子·天地》），所揭示的是时间上的古始，"深远之极"。"天命玄鸟，降而生商"（《诗·商颂》），"玄鸟"具有生物的本源意蕴。"非玄帝之命，毋有一日之师役。"（《管子·幼官》）"玄帝"，就是上帝，为至极的存在。至极又是无极，以其深不可测、不可致诘为无极。"玄天弗成"（《庄子·在宥》），揭示的正是"有物混成"的无极存在。至极本无极，无有分判，有无一体潜在，故为"玄"。

二为"同"，揭示混成、混一内涵。因始极混一不分，故又具有"大"、"同"涵义。"削曾、史之行，钳杨、墨之口，攘弃仁义，而天下之德始玄同矣。"（《庄子·胠箧》）这里，"玄同"是回归朴素的"抱一"。《老子》云："和其光，同其尘，挫其锐，解其纷，是谓玄同。故不可得而亲，不可得而疏；不可得而利，不可得而害；不可得而贵，不可得而贱。故为天下贵。""和其光"，是"光而不耀"；"挫其锐"，是"大锐若钝"。同尘、解纷类此。"玄同"者，并非是否定一切的虚无无有，而是齐物以"天钧"之谓。善利无择、天地不仁、德善无弃，方为"天下贵"。"玄同"，是"道通为一"基础上的"齐物"思维，为以不同而同之，或同于不同。

三为"反"，揭示与物性相反的内涵。"玄"者，相对世俗执着别分言，具有反于分析性的意蕴。《老子》云："玄德深矣，远矣，与物反矣，然后乃至大顺"。"深远"反于物性的自执，故能无所不顺。世俗以有执、有为、有功为德，而老庄取"反"说为德，认为无执无失，无为无败，"上德不德"。"性修反德，德至同于初。……其合缗缗，若愚若昏，是谓玄德，同乎大顺。"（《庄子·天地》）这里的"玄德"，是恒道不离的素朴抱一，非是"长而不宰"的思维。叶舒宪指出，"玄"与"回"字有异名同指关系，与环、归、反（返）、复、还等字有相当密切的对应关系。（参见《庄子的文化解析》，陕西人民出版社 2005 年版，第 431 页）既为"反"，就是相对、对偶两种质性或属性的双向互反，为一体中的对反。

四为"合"，揭示兼容、耦合内涵。"玄"作为有、无的统一和正、反的合一，既是对物定性、单一性的否定，又是对其相对性、殊性的兼容。"同谓之玄"，则"妙"与"徼"媾和为"玄"。"微妙玄达"，则通识为"玄达"。"涤除玄鉴"，则无所不照

为"玄鉴"。"玄达","玄鉴",是"以道观之"。"无东无西,始于玄冥,反于大通。"(《庄子·秋水》)"大通"者,可于东,可于西,涵摄两可。"生而不有,为而不恃,长而不宰"的"玄德",是"有"与"无"统一的思维,功成不居,作而弗始,无为而无不为,衣被万物而不为主。

五为"隐",揭示潜藏、赅备内涵。恒道是"恒无欲"与"恒有欲"的统一,为"有无一体"。既言"有生于无",则"有"从"无"中生出,故"无"中必涵"有"。以本状言,是"无状之状";以本象言,是"无物之象"。"玄"是"无"中藏"有",潜在之有即"无"。以恒道为万物本原言是"潜有",它非是定在实物之有,而是因所生万物实有而揭蔽为潜在之有。以其为"万物之奥"言,是"全有"。它是周行于万物的无限分有,是非定有的通于一有。"玄"既是恒道"有"与"无"功为质性上的静态共存、一体互摄,又是本体存在上无中生有、有复归无的动态生生不已。前者是"玄德"质性,后者是混一、潜有质性。作为绝对本体存在"无",是"有"、"无"对待性的潜在统一和分殊性的"道通为一"。体无用有、显有微无等质性内涵其中。

六为"冥",揭示道不可道的内涵。"冥"是"玄"的不显属性、遮蔽质性。作为无形无象、泛然无定者,恒道是"混而为一"的"不可致诘"存在;作为无体、无方存在,它是在"为物"恍惚中有象、物,窈冥中有精、信的玄妙存在;作为"无为而无不为"的存在,它是微妙无形无名而又功用至神不测的存在;作为"万物归焉而弗为主"的存在,是大小一体、遮蔽与揭蔽一体的存在。从其呈现、为知上看,它是视之不见,听之不闻,搏不可得,为"道隐无名"。从其自然德性言,为"上德不德",功成不居,大似不肖等。从其不可剖分言,是"不道之道"、"大道不称"。正因微妙而为至神,在功用不测、不辞中而日用不知。

三、传承发展

《老子》"玄"的思维,不仅为道家诸子所传承发展,而且影响了儒家的思想论说。《庄子》继承《老子》,在"玄同"和"玄德"观念基础上,提出了"玄冥"观念。前面已就其"有无一体"观进行了阐释。这里,重点揭示其"物物而不物于物"所蕴含的"玄"性思想内涵。"有大物者,不可以物;物而不物,故能物物。明乎物物者之非物也,岂独治天下百姓而已哉!出入六合,游乎九州,独往独来,是谓独有。"(《在宥》)大物"非物",不可以物,故为无物之物;大物"物物",无物不物。故为生物存在的实有。"物物而不物于物",是"有"与"无"的统一。"出入六合"、"游乎九州",是周行不殆的大有;"独往独来",是独立不改的至有。体于"独有",是"处乎无响,行乎无方"、"出入无旁,与日无始"的"睹无"和"游无端"。可见,逍遥游的道境,同样是有无一体的"玄"性。"玄"之妙,体现在本体存在的无形幽隐上是"冥冥"。"冥冥之中,独见晓焉;无声之中,独闻和焉。故深之又深而能物焉;神之又神而能精焉。"(《天地》)冥冥、无声的"无",内涵"晓"、"和"的潜有,具

有"能物","能精"的神用。"昭昭生于冥冥，有伦生于无形"（《知北游》）。"冥冥"与"无形"异名同谓，皆是"无"；"昭昭"、"有伦"之物，皆是蕴藏至神之"有"。《韩非子》提出"玄虚"观念，以揭示大道不可道的思想内涵。理有方圆、短长等分，故理定而后物可得道。常者无攸易，无定理。无定理，故不可道。"圣人观其玄虚，用其周行，强字之曰'道'"（《解老》）。"玄虚"本自"不可道"的思维，它是有无一体。"不可道"是相对"可道"的分殊之理言，无"可道"则无"不可道"。"玄虚"非是空无，而是不定于具有。正因有"玄虚"之体，而有"周行"之用，二者是微妙而至神的"玄"。《易》言"周流六虚"，也是此类思维。《易》虽"寂然不动"而"众理咸具"，虽"感而遂通"而"洗心藏密"，皆是"有无一体"的"玄"性。《文子》对道性之"玄"给予了进一步的阐发。大道作为"有物混成"、"窈窈冥冥"存在，既是窈冥存在，"窈兮冥兮，应化无形兮"；又是玄通存在，"遂兮通兮，不虚动兮"。既是"终始无形"，又是"陶冶万物"；既是"寂然不动"，又是"大通混冥"（《道原》）。窈冥无形、寂然混冥是"无"，陶冶万物、应化不虚动是"有"。"窈冥"和"动化"，共同构成了大道之"玄"的存在质性。恒道作为"有物混成"的存在，以其不分、无畔为"玄冥"，以其混涵、大备为"玄通"。作为"道通为一"的存在，以其不定、不测为"玄冥"，以其周遍、完全为"玄通"。"玄冥"和"玄通"二者异名同谓，共同揭示恒道的"玄"性。分析言之，又各有侧重。"窈冥"在于揭示恒道的"浑而为一"质性。"天地未形，窈窈冥冥，浑而为一，寂然清澄。"（《九守》）"浑一"、"未形"和"寂然"，统一于"窈冥"中。在"玄同"上，大道是无所不在，无所不有。"道者，体圆而法方，背阴而抱阳，左柔而右刚，履幽而戴明，变化无常"（《自然》）。无常变化，则玄同变化，通于万变于一。大道者，兼无穷的对反属性，每一对反属性皆是恒道的一曲、可道存在。"玄同"是同于不同，涵摄万不同。在玄妙上，"天气为魂，地气为魄，反之玄妙，各处其宅，守之勿失，上通太一。"（《自然》）"反之玄妙"即"复通为一"，故为"上通太一"。"太一"者，本始存在浑然，涵摄天气、地气，故为玄古、玄妙存在。以其微妙无有为"无容无则"，是"不形之形"或"无状之状"。以其周行遍在为"大不可极"和"转轮无端"，以其功用至神为"深不可测"和"化遂如神"。万化是"有"，"不测"是"无"，合言之是"有无一体"的"玄"性。在玄通上，至精之感既是"窈窈冥冥"，又是"弗召自来，不去而往"，通言之是"不知所为者而功自成"（《精诚》）。"窈冥"即"不知所为"，为"无"。"功自成"即"弗召自来，不去而往"，为"有"。《淮南子》论"玄"除与《文子》有同论外，也有内涵上的拓展和延伸。在玄德上，"当此之时，口不设言，手不指麾，执玄德于心，而化驰若神。……是故不道之道，莽乎大哉！"（《原道训》）心执"玄德"，"口不设言，手不指麾"是"无为"，而"化驰若神"是"无不为"。"不道之道"，犹如"不形之形"，为"无为而无不为"，故为大。在玄妙上，"今夫王乔、赤诵子，吹呕呼吸，吐故内新，遗形去智，抱素反真，以游玄眇，上通云天。"（《齐俗训》）"玄

眇"，为逍遥之境；"云天"，为自然本体。二者是无极与至极的关系。"遗形去智"，玄鉴无心，是"无"；"抱素反真"，本心真实，是"有"。"玄眇"之为逍遥，因无形而不为拘，故通行无碍。"吹呕呼吸，吐故内新"，则与造化者通于一气。大道"玄妙"者，蕴含"有无之精"，合同"死生之形"，通一"同异之理"，为"至德之统"、"变化之纪"和"造化之母"（《要略》）。"玄眇"之中，以无用有，作为道术可以"统天下，理万物，应变化，通殊类"。杨雄仿《易》著《太玄》一书，视"玄"为与恒道一样的绝对本体存在。"玄者，幽摛万类而不见其形者也，资陶虚无而生乎规，揆神明而定摹，通同古今以开类，摛措阴阳而发气。"（《玄摛》）"摛万类"和"措阴阳"等，是功用至神；"不见其形"，是微妙虚无。它无所在，又无所不在；无所为，又无所不为。其"上也县天，下也沦渊，纤也入蔑，广也包畛"，是无不为；"晓天下之聩聩，莹天下之晦晦"作为"神明"，是通乎大本。"夫玄也者，天道也，地道也，人道也。"（《玄图》）"玄"兼三道，犹《易》的"广大悉备"。"玄者，神之魁也。天以不见为玄，地以不形为玄，人以心腹为玄。"（《玄告》）无形、不见、心腹是"玄"性之"无"，而天地人是"有"。葛洪直接将《老子》的"玄"，视为同于恒道的浑一不分的绝对本体存在。"玄者，自然之始祖，而万殊之大宗也。眇眜乎其深也，故称微焉。绵邈乎其远也，故称妙焉。其高则冠盖乎九霄，其旷则笼罩乎八隅。光乎日月，迅乎电驰。或倏烁而景逝，或飘滭而星流，或滉漾於渊澄，或雰霏而云浮。因兆类而为有，托潜寂而为无。沦大幽而下沈，凌辰极而上游。金石不能比其刚，湛露不能等其柔。方而不矩，圆而不规。来焉莫见，往焉莫追。乾以之高，坤以之卑，云以之行，雨以之施。胞胎元一，范铸两仪，吐纳大始，鼓冶亿类，佪旋四七，匠成草昧，辔策灵机，吹嘘四气，幽括冲默，舒阐粲尉，抑浊扬清，斟酌河渭，增之不溢，挹之不匮，与之不荣，夺之不瘁。故玄之所在，其乐不穷。玄之所去，器弊神逝。夫五声八音，清商流徵，损聪者也。鲜华艳采，或丽炳烂，伤明者也。宴安逸豫，清醪芳醴，乱性者也。冶容媚姿，铅华素质，伐命者也。其唯玄道，可与为永。……然乐极则哀集，至盈必有亏。故曲终则叹发，燕罢则心悲也。寔理势之攸召，犹影响之相归也。彼假借而非真，故物往若有遗也。"（《抱朴子内篇·畅玄》）以"玄"为万物自然的始祖、万殊大宗，正如恒道之为"万物之母"。以其深远、潜寂、莫见为微妙，以其成遂亿数兆类的无不涵、无不至和无不使为功用至神，以其冠盖、笼罩为周行，以其至柔至刚、方不矩圆不规、增不溢挹不匮、与不荣夺不瘁为独立自在。"玄之所在"、"玄之所去"，正是《老子》"得一"和"无以"的思维。"可与为永"是"道乃久"。反者玄之动，弱者玄之用，用之不可既。然其"损聪"、"伤明"、"乱性"和"伐命"之说，悖于"以道镇之"的知止、知足意旨。"玄"之为道，与物往而不物于物。"玄道之要"，是"得之乎内，守之者外，用之者神，忘之者器"。道为至用，"得之者贵，不待黄钺之威。体之者富，不须难得之货。高不可登，深不可测。乘流光，策飞景，凌六虚，贯涵溶。出乎无上，入乎无下。经乎汗漫之门，游乎窈眇之野。逍遥恍惚之中，倘佯彷

佛之表。咽九华於云端，咀六气於丹霞。俳徊茫昧，翱翔希微，履略蜿虹，践跚旋玑"。得"玄道"之要，犹如内"得一"以为德，外守之以为"纪"。与"玄"为一，则倘佯无有，逍遥自适。显然，这里的"玄"是老庄大道思维的同构重出，只不过在表达形式、宗旨上不同而已。郭象注《庄子》多言"玄冥"，然因其否定绝对本体的存在，故失去"道通为一"和"无不为"的意旨，而成为无识无为、任物自然的形式语。"偶，对也。彼是相对而圣人两顺之，故无心者与物冥而未尝有对于天下也。此居其枢要而会其玄极，以应夫无方也。"（《齐物论》注）"玄极"者，冥与物化，无与物待。"两顺"者，无心无为，同化于物。"居其枢要"，是玄冥独化。"应夫无方"，是冥同万方。"玄冥"，是冥与物化，去知去识。《关尹子》更将天、命、神、道，视为与玄一样的质性。"唯不可为，不可致，不可测，不可分，故曰天，曰命，曰神，曰玄，合曰道。"（《一宇》）"不可为，不可致，不可测，不可分"，是不可道、不可名的思维。而天、命、神、玄、道，皆是可道、可名的思维。"不可道"与"可道"的统一互摄，是"玄"性思维。执于可道，则无"玄"；无有可道，同样非"玄"。王畿指出，"良知即所谓未发之中，原是不睹不闻，原是莫见莫显。明物察伦，性体之觉，由仁义行，觉之自然也。显微隐见，通一无二，在舜所谓玄德。"（引自《王畿集》，凤凰出版社2007年版，第136页）显微一体，犹如有无一体，故为"玄德"。他又指出，"《书》云'道心惟微'。微者，心之体。语其功，谓之不睹不闻；究其至，谓之无声无臭。精者，精此也；一者，一此也。虽天地，不能使之著，圣人不能使之著，是谓'玄德'。"若曰微者著，"即堕声臭、滞睹闻"，非精一之传。"穆穆文王，其德不显，不识不知，所以顺帝则也。若曰岂不显哉文王之德，则非文王之所以为文也。……乐之实，手舞足蹈而不自知，不知之乐，乃为真乐。古人之乐，视于无形，听于无声，哀乐相生。正明目而视之，不可得而见也；倾耳而听之，不可得而闻也。……濂溪主静无欲，归于无极，明道定性无事，本乎两忘，盖几之矣。……（阳明首倡良知）良知无知而无不知，人知良知之为知，而不知无知之所以为知也。神道设教，人知神之为神，而不知不神之所以为神也。虚以通变，不为典要，寂以通感，不涉思为，是即颜氏所谓屡空、孔子空空之旨也。"（同上书，第184-185页）心体"微"是无体，"不睹不闻"、"无声无臭"是功不测的"无方"。此正如《老子》恒道微妙而至神的"玄"旨。若"著"则有定执，堕声臭、滞睹闻，非是"玄德"的大德。"玄德"不可以有德称名，"其德不显"，正如"上德不德"、"大道不称"的思维。以手舞足蹈而不自知乐为真乐，正是《庄子》"至乐无乐"的"玄"意。周子"归于无极"、程子"定性无事"、阳明良知"无知而无不知"，皆是有无一体的思维结构。"不神之所以为神"、"虚以通变"和"寂以通感"，皆是体无用有的玄妙思维。在解《老子》观妙、观徼之意上，他又指出，"观妙是性宗，无中之有也；观徼是命宗，有中之无也。有无交入，老子之玄旨也。在吾儒即寂感之义。"（同上书，第698页）以"无中之有"为观"妙"，"有中之无"为观"徼"，深得《老子》"同谓之玄"和"玄之又玄"的意

旨。"有无交入",正是有无共存、互摄的一体思维。寂感互摄思维,类于此。刘宗周认为,心有不仁便是放。"凡仁与义,皆天理之名相,而不可即以名相为天理,谓其不属自家故也。试问学者,何处是自家一路?须切己反观,推究到至隐至微处,方有着落。此中无一切名相,亦并无声臭可窥,只是个维玄维默而已。虽维玄维默,而实无一物不体备其中,所谓天也。"(引自《求放心说》,载《刘宗周全集》第二册,浙江古籍出版社 2007 年版,第 303-304 页)天理不可"即以名相"是无定相、"至隐至微"的"无";"实无一物不体备其中",是天理的实有。二者合言心体方是"维玄维默"。在《老子》思维看来,"玄"为"无",是"有无一体"、"无极而太极"的绝对存在,非是有、无对待存在的"无"。刘子又云:"圣学本心,维心本天。维玄维默,体乎太虚。因所不见,是名曰'独'。独本无知,因物有知。物体于知,好恶立焉。好恶一机,藏于至静。感物而动,七精着焉。"(引自《文编下·独箴》,同上书第四册,第 345 页)"维心本天"是理之本"有",而"体乎太虚"是"无",以"无"摄"有"便是"维玄维默"。"藏于至静"是寂,"感物而动"是感,"寂感一如"正与"有无一体"具有思维同构性。他又指出,"佛氏曰'性空也',空与色对,空一物也。老子曰'性玄也',玄与白对,玄一物也。吾儒曰'性理也',理与气对,理一物也。佛、老叛理,而吾儒障于理,几何而胜之?"(引自《明儒学案·蕺山学案》,载《黄宗羲全集》第八册,浙江古籍出版社 2005 年版,第 906 页)释氏以"空与色对",是即有即无、即无即有的有无双遣思维,故"空"为一物。然涅槃又是非住有、也非住空之境。《老子》言"玄"为"有无一体",非是以"玄与白对"的定一于黑色。"玄"非一物,而是对偶属性的一体互摄。宋儒认"理"为一物,故以"理与气对",而"障于理"。然张载以气涵理,则本于一气。《老子》言"道"言"玄"皆非固执、相待之属,而是大通的存在。王夫之指出,"异端之言,曰'抱一',曰'见独',曰'止水之渊',曰'玄牝之门',皆言幽也,皆言约也,而藏于幽者不可以著,执其一者不可以详。"(引自《尚书引义》,载《船山遗书》第一卷,北京出版社 1999 年版,第 542 页)以《老子》的"玄牝"为"藏于幽者不可以著,执其一者不可以详",是未明其玄旨。"玄牝"虽"藏于幽",然为"天地根",生成天地,何尝不可"著"?道一在通于万物,故言"万物之宗"、"万物之奥",何尝是执一不可以详?"大同中之条理有其化,一致中之条理亦有其化也。人欲净而天理行,则化自顺。……易曰'化不可知',化自有可知者,有不可知者。如春之必温,秋之必凉,木之必落,草之必荣,化之可知者也,……物之品物流形者而以各正性命,各正性命者而以保合太和,元亨利贞用于至微而体于至显,春夏秋冬有其定位而无其专气,化之不可知者也,孔子之所独也。……不知者乃谓孔子能化而三子(伯夷、伊尹、柳下惠)不能,直将'化'之一字看得玄妙无定体。唯孟子知圣之深,则直在洗心藏密处拣出极深研几之妙。盖化之粗者,便奇特亦自易知,日月之广照、江海之汪洋是也;化之精者,即此易知处便不可知,水之澜、日月之容光必照是也。两者俱化,而可知、不可知分焉。不可知

者，藏之密也，日新而富有者也。……化则圣也，不可知则圣之时也。化则力之至也，不可知则巧之审中于无形者也。"（引自《读四书大全说》，同上书第五卷，第2639—2640页）化是物象之变，如春温秋凉、木落草荣，故有迹可知。"化不可知"，如春夏秋冬不定其气，故神妙莫测。若直将"化"看得"玄妙无定体"，则落入空无。因为化是物化，无物无化。正如《老子》因物以证见恒道存在一样，在"为物"的"可道"中揭示"生物不测"的"不可道"。"极深研几之妙"，正是在物化之迹中揭示其神妙，在神不测中见证其功迹之大。"化之粗"显而易知，可以见闻搏得；"化之精"微而不知，然日用即可证知。"化不可知"者，是"藏诸用"，日新不测。"圣之时"的不可知，在于不可以定见、定执，非穷神知化、精义入神所不能。在《老子》言恒道"为物"、化物的"玄妙无定体"，是功成不居、功为不测。虽生成有而不居有，有而反无；虽功不可测、不可知若"无"，然涵摄定有，不定其有，周行其有。二者皆是"有无一体"，故同为"玄"。

最后，对本节内容做简要概述。恒道之"玄"，是"有无一体"的思维质性，为"可道"与"不可道"的统一。以"有物混成"言，是"无状之状"，虽无形而生有形，为潜在之有；以"道通为一"言，是体"微妙"而用"至神"，无为而无不为。无而有之，是道生万物、万物得一；有而无之，是"为而不恃"、"功成不居"。从思维上言，前者为"无而不无"，否定之否定是肯定，故为"有"。后者为"有而不有"，肯定之否定是否定，故曰"无"。《老子》之"玄"与黑格尔的辩证逻辑有别，黑格尔的"有无一体"是逻辑概念的外化、发展，而《老子》恒道的"有无一体"是作为"为物"存在的玄妙质性。恒道之"玄"，在功成不居、功为不测中揭示自己的存在，在成遂万物中成就自己。它是无中摄有、有中涵无的绝对本体存在和功为质性，非是逻辑形式的相互规定和扬弃。恒道以"有无一体"之"玄"成遂万物"有无相生"之恒。恒道正因为"玄妙"，故有玄德、玄同、玄览、玄通等道用。

第二节 玄冥玄通

上节从"玄妙"和"玄德"等方面诠释了恒道存在的"玄"性，揭示出其有无一体、相为互摄的思维结构。有什么样的本体论，就有相对应的认识论。恒道的"玄"性要有与之相类的认知思维来揭蔽、彰显。本节拟从认知思维的角度，揭示恒道之"玄"的呈现、澄明。通过玄冥、玄达或玄通的认知思维，可反证恒道的"玄"性。

一、文字解析

"玄达"或"玄通"观念，来自今本《老子》第十五章。《老子》云："古之善为士者，微妙玄通，深不可识。夫唯不可识，故强为之容"。帛书《老子》乙本"士"写为"道"，甲本此处缺损。甲本"微妙玄达（通）"缺损，乙本写作"微妙玄达"。

帛书甲、乙本均将"识"写作"志"。楚简《老子》全句写作："长古之善为道者，必隐弱玄达，深不可志，是以为之容"。高明校正认为，"善为士"应为"善为道"，"道"为"士"的原字。勤行于道，则为上士者。楚简本"长古"与"古"义通，只不过加"长"字以强调其远古的本初意蕴。"隐弱"者，处于幽隐微弱的遮蔽状态，故通"微妙"。

（一）"达"与"通"

"达"与"通"的字义有交叉相通处，但侧重点不同。"达"有到达、经过、路过之义，而"通"有无阻碍、顺畅、便捷等涵义。正因"通"，方能"达"；正因能"达"，故谓"通"。

"达"者，会意字，也是多义字。一为达至之达。"欲速则不达"（《论语·子路》），"若火之始然，泉之始达"（《孟子·公孙丑上》）。由到达引申为达遂。"莫遂莫达"（《诗·商颂》），"行义以达其道"（《论语·季氏》）。二为表达之达。成遂之义转用在语言上，是心意和思想确实性、完整性的表达、传达。"辞达而已"（《论语·卫灵公》），反之为"辞不达意"。三为成人之达。"仁者，己欲立而立人，己欲达而达人"（《论语·雍也》）。遂人志愿为"达人"。四为穷达之达。"士穷不失义，达不离道。……达则兼善天下。"（《孟子·尽心上》）于有道之世弘道为"达"。五为贤达之达。专指有才能、德行和声望的人。"达也者，质直而好义，察言而观色，虑以下人"（《论语·颜渊》）。德有诸己而信孚于人为"达"。其与"闻"有别，求闻者巧取于名，达者求实不必名。六为透彻之达。由"通达"转用在识上是"达观"、"达识"。"下学而上达"（《论语·宪问》），"其操心也危，其虑患也深，故达"（《孟子·尽心上》）。"达"为知能通达者。《老子》"玄达"、"玄通"观念，来自对恒道之"玄"质性的认知，它是"知通为一"的思维。

"通"者，形声兼会意字。《说文》解"通"为"达"。其涵义包括以下几个方面。一为道路通达。"不出户庭，知通塞也。"（《易·节卦》）"通"与"塞"对，义为畅遂、无碍。"水者，地之血气，如筋脉之通流者也。"（《管子·水地》）"通流"揭示的是线路或途径、渠道的通畅、通彻和贯通。二为交融贯通。此揭示的是事物、文理之间的融合互通、顺畅无碍。"天气下，地气上，万物交通。"（《管子·度地》）交通汇合，而成和气。"往来不穷谓之通"（《易·系辞上》）。往来不穷是贯通、互通。三为沟通通识。由此处及彼处之通，转用在语言传达、告知的普及和相互理解上是通知、沟通。"天下大乱，贤圣不明，道德不一，天下多得一察焉以自好。譬如耳目鼻口，皆有所明，不能相通。"（《庄子·天下》）学术之执，互不通贯。为治之要在于通民之情，达致"百里之情通"、"千里之情通"和"万里之情通"（《管子·法法》）。反之，"下情求不上通谓之塞"（《明法》）。四为明达通晓。表示对文章、著述和事理的整体把握、融会贯通。"君子通于道之谓通"（《庄子·让王》），通于道是认知上的"通

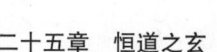

达"。善学在于"诵数以贯之，思索以通之"（《荀子·劝学》）。融会贯通，则去愚昧。"始作八卦，以通神明之德。"（《易·系辞下》）"通"是通晓、明通。五为精通圣明。由通彻进而引申为经过努力达到的一种知能境界。"明于天，通于圣"（《庄子·天道》）。明通则为圣，是"乃圣乃神"（《尚书·大禹谟》）。知无不通为通识、通观。六为普通通常。因其无所不有、无时不用而引申为普通有常者，如通俗、通用、通则等。"三年之丧，天下之通丧也"（《论语·阳货》）。"通丧"是通常之则。"劳心者治人，劳力者治于人；治于人者食人，治人者食于人，天下之通义"（《孟子·滕文公上》）。"通义"，是普通道理。七为通一通观。因通于物物而言通一。"君子处仁以义，然后仁也；行义以礼，然后义也；制礼反本成末，然后礼也。三者皆通，然后道也。"（《荀子·大略》）通于三则为道一，道通则一以贯之。通体为全体。八为通行通治。"四时通政"（《尔雅·释岁》），无时不和，故政通。九为亨通显达。君子"通则文而明"，小人"通则骄而偏"（《荀子·不苟》）。君子之通是贤达，小人之通是显达。十为通变变通。"易穷则变，变则通，通则久。"（《易·系辞下》）变通配四时，通其变则能"感而遂通"。

　　由以上字义解析看，"达"与"通"字义相近，故逐渐互用，成为一个联接词。"一天下，财万物，长养人民，兼利天下，通达之属莫不从服"（《荀子·非十二子》）。"通达之属"是可通可达的地域范围。"知类通达"（《礼记·学记》），心知通达是融会贯通。在"通"与"道"的关系上，陈襄认为："君子之道，正以持之，通以行之。正者道之经，通者道之权，二者相用而成。孰为正？曰：《中庸》是也；孰为通？曰：《随时》之义是也。……万物相感而情伪生，万物相交而利害生，故其道有否泰，时有险易，而济之以屈伸语默之变，是谓之通。"（引自《宋元学案·古灵四先生学案》，载《黄宗羲全集》第三册，第 292-293 页）通以随时，权变而宜。章学诚指出，"通之为名，盖取譬于道路，四冲八达，无不可至，谓之通也。亦取其心之所识，虽有高下、偏全、大小、广狭之不同，而皆可以达于大道，故曰通"。（引自《文史通义》，第 389 页）心识之通，犹如大道之通。本于《庄子》"道通为一"思维，将"玄达"改为"玄通"为佳。

　　（二）"识"与"志"

　　前面，曾简要提及"识"或"志"二字的通用，这里进一步解析二者的字义。"志"者，本字当为"誌"。"誌"从"志"来，本指人的精神功能和活动。"民有好恶、喜怒、哀乐，生于六气，是故审则宜类，以制六志。"（《左传》昭二十五年）杜预注："为礼以制好恶喜怒哀乐六志，使不过节。"（引自《春秋左传正义》，北京大学出版社 2000 年版，第 1454-1455 页）孔颖达疏："此六志，《礼记》谓之六情，在己为情，情动为志，情志一也，所从言之异耳。"（同上书，第 1455 页）《说文》云："志，意也。"由意念、志向，引申为立志，由时时记在心衍为记住，写在器物上是记录、记

载，其表现形式和载体为记号、标记、文字。"志"的记识义也用"誌"表示。《说文》云："记，誌也。""《齐谐》者，志怪者也。"（《庄子·逍遥游》）成玄英疏："誌，记也。"（引自《庄子集释》，中华书局2004年版，第5页）"志"通义于"誌"。"誌"为记录，记下来的历史事实称为史志。"小史掌邦国之志"（《周礼·春官》），"志"为事志、史志。"凡史传记事之文曰誌。"（《正字通》）《汉书》有"艺文志"、"律历志"等史书体裁，皆是积记其事。"太古之事灭矣，孰誌之哉？"（《列子·杨朱》）"志"与"誌"通用。

"誌"又写作"识"，《老子》不同版本中有"志"与"识"的互用。"识"的本字为"戠"，象形字，本义为兵器上的饰物，引申泛指标记、记号，再衍为记住、识记。"记"的前提在于知道、识别、分别。"默而识之"（《论语·述而》）。朱熹云："识，音志，……记也。默识，谓不言而存诸心也。"（引自《四书集注》，北京古籍出版社2000年版，第105页）"君子以多识前言往行，以畜其德。"（《易·大畜卦·大象》）"识"通"志"，为记识之谓。"悲夫，弟子志之，其唯道德之乡乎！"（《庄子·山木》）认知记住的是"道德"。"保章氏掌天星，以志星辰日月之变动"（《周礼·春官》）。郑玄注："志，古文识，识，记也。"（引自《周礼注疏》，上海古籍出版社2010年版，第704页）记载于册，则为标识。"大禹行而见之，伯益知而名之，夷坚闻而志之。"（《列子·汤问》）眼见为实，知以命名，闻以记载。从字义解析看，可识可志者，是一定、具体、分殊的事物、人文，有定体可象知，有具体可分别，有分殊可标志。

（三）"容"之字义

"容"者通"颂"，多义字。一为容貌。《说文》解"容"为"貌"。"动容貌，斯远暴慢"（《论语·泰伯》）。"蹴然改容更貌"（《庄子·德充符》）。"容貌"，即人的相貌，或物的外表形象、形状。二为容颜。"享礼，有容色。"（《论语·乡党》）"容色"为人的气色。"子列子穷，容貌有饥色。"（《庄子·让王》）容色为容貌之分，内涵于容貌之中。三为容止。"入公门，鞠躬如也，如不容"；"寝不尸，居不容"（《论语·乡党》）。它们为行为举止，是呈现的礼仪样子。君子之容止："足容重，手容恭，目容端，口容止，声容静，头容直，气容肃，立容德，色容庄"（《礼记·玉藻》）。举手投足、五官情状和举止动作皆有容止之规。四为仪容。赋予容貌以礼节，给予容止以规范，是正式、标准的道德仪容。"礼文之始在于正容体"（《礼记·冠义》），"钟鼓之音，羽旄之容，乐之末也"（《庄子·天道》）。礼乐之容，是道德仪表。五为德容。由外貌、形状、仪表抽象引申为表示一种状况、风格、风貌或境界状态，如"德人之容"（《庄子·天地》）。美其道德形容则为神明之容，"寡能备于天地之美，称神明之容"（《天下》）。修为达致一定境界，则"从容中道"（《中庸》），"从容以和"（《尚书·君陈》）。天下至圣之容："聪明睿知，足以有临也；宽裕温柔，足以有容也；发强刚毅，

足以有执也；齐庄中正，足以有敬也；文理密察，足以有别也"（《中庸》）。"容"有容貌、容颜、容止、德容之分，然皆可见、可感、可法，故可以志识。"强为之容"，是揭蔽玄妙之容，不可尽以形容的不道之容。由此可见，楚简《老子》"是以为之容"，不如帛书《老子》"强为之容"立言来得严谨，富有玄妙质性。

二、玄达玄通

"玄达"或"玄通"在《老子》中是悟道上的一种认知境界，它既体现于"涤除玄览"、"玄同"和"致虚极"、"静以观复"的观念中，也表现在"以身观身，以家观家，以乡观乡，以邦观邦，以天下观天下"之中。对"玄同"、"玄冥"和"玄通"所蕴含实体内涵和认知境界的揭示，有助于对恒道存在"玄"性的澄明。

（一）玄同

《老子》第五十六章云："和其光，同其尘，挫其锐，解其纷，是谓玄同。"前面结合诠释"不可得而亲，不可得而疏；不可得而利，不可得而害；不可得而贵，不可得而贱。故为天下贵"，已对"玄同"内涵有所解说，这里专题对"玄同"思维进行揭示。河上公以"玄"为"天"，认为"玄同"是"与天同道"。"与天同道"的道德境界，以《老子》思维言为"天地不仁，以万物为刍狗"的"容乃公"，以《庄子》思维言为"与造化一"的"天钧"。恒道存在，只有"玄同"，才能达致"德信"、"德善"，做到无弃人、无弃物。严君平云："因循天地，与俗变化，深入大道，与德徘徊，无言以言言，无为以为为，清静以治己，平和以应时，与世混沌，与俗玄同"。"玄同"与"混沌"思维同构，二者皆相对偏执、剖分的自是、自见而言。以其无私己为清静无为，以其为大己为"因循以为"。"无言以言言，无为以为为"和"平和以应时"，是己不妄执、因循言；同于天地、道德和世俗变化，则是与化为一，因循以为。可见，"玄同"的内涵包括两个方面，一是去己自执，犹如以肝胆为楚越；一是知通为一，以造化为一身。王弼以"玄同"揭示"不争"、"不矜"的德性，无所"特显"则物无所"偏争"，无所"特贱"则物无所"偏耻"。去争、除耻的根本，在于"玄同"。李荣认为，若"通万有而齐致"，则"何法而不同人"。"通万有"是"知通为一"，"齐致"是"齐物"，二者一体是同于不同，以不同同之。同于万不同，方为大同、"玄同"。"同人"者，自然不忤逆于人，不伤害于人。李约指出，只有"摧其志"和"虚其心"，方能"时明则明，时暗则暗，无所不同"。"无所不同"者，同于物则心无私，循于物则志不宰。无为因循于物性，故无所不同。刘骥认为，"大同无己"、"玄同"则"与天同心而无知，与道同身而无体"。道家的德性境界在于以无己求于大同，达致"玄同"而不自恃、不自见、不自伐。"与天同心"，则不自视；"以道观之"则无不知。"与道同身"，则不自执；以万物为体则无方无体。范应元认为，"玄同"是"与道冥合"，以应物为"默而成之，不言而信，存乎德行"。以道观物，是因物鉴物；

以道为物，是因物付物。"默而成之"，是无为以曲成于物；"不言而信"，是"四时行"则"百物生"。陈象古指出，"玄则微妙，同则均一。"在《老子》思维看来，"玄"包涵"同"，是超越异同对待之上的大同。"微妙"是无不同的不可测识，"均一"是无不同的齐物之同。宋徽宗指出，"道复乎至幽，合乎至一，至幽之谓玄，至一之谓同。""玄同"则无择，万物与我为一，则非窃窃然自投于亲疏利害贵贱之间。"至幽"与"至一"皆为"玄同"，二者同道而异名，前者强名其为混同之状，后者强名其为混一之态。"无择"则"玄同"。程大昌认为，"同"是"彼我一观，高下无别"，加"元"是"深而又深"。实则，"玄同"是《老子》特定的指谓，具有与异同之同不同的意蕴，它是体于恒道的境界和绝对性思维。"彼我一观，高下无别"，只是"齐物"，还不是"道通为一"。李嘉谋以"玄同"为"无出无入，无内无外，无己无物"，认为物不足以名，故为天下贵。以《老子》的思维模式言，恒道无极的指谓是以"不可道"的否定思维来揭示，它并非空无无有，而是不固定、非有限的存在，亦即是无限的存在。以人的境界言，与道为一则是"玄同"的认知和道德境界。玄同者无所不同，故物性不可以名。作为天下至贵者，它是"与物反"的"道通为一"。何心山指出，至人"知道以心而不以辩，贵行而不贵言"，而谈道者"以辩不以心，丧道而不丧说"。"玄同"是同于大道，而非同于己。谈道者以人同于己为胜，知道者以己同于人为大。前者是以辩丧道，后者是以心知道。因为"大辩不辩"，而辩者有不辩，故辩者丧道，"大道不称"。王道认为，"玄同"者是"与物大同，而又无迹可见"。若"同而有同之迹"，则犹"未免于异"。只有"无迹可见"，而后"其同也玄妙而深不可识"。因其超然万物之上，故为天下贵。固然，"玄同"是同于万不同，虽同于物而又非与物同。它既是"因物付物"的"与物大同"，故"超然万物之上"；又是"不物于物"的不与物同，故"无迹可见"。若有同之之迹，就是物性之同，故"未免于异"。"玄同"是不测的无所不同，故"深不可识"。王夫之认为，世俗之同是"同其所同"，亦将"异其所异"。"同者我贵之，而或贱之；异者我贱之，而或贵之，何也？以我之贵，知或之贱；以我之贱，知或之贵"。唯不犯物者，则"物亦不犯我"，非其不犯、而是"物固莫能犯之"。只有"因而靡之"，保持"终不争同己以为贵"，方能"冒天下之上"。世俗以己为同，同于己为贵，异于己为贱。"玄同"者，因物以为同，不争同己，而大同于物，成为天下大同，无有不同。魏源解云："忘物我，混内外，玄同乎道矣。"同于大道是"玄同"，"玄同"是与道同大，与万物同于不测。"忘物我，混内外"是达致"玄同"的工夫。刘骥和认为，"无迹则能浑成，无迹则能普及，杳杳冥冥，无不可合，故曰玄同。"它既是"超然独立"，又是"浑然大成"。无迹无执，杳冥不测，故无不合同。"玄同"作为"天下贵"，既是无以偶对的独立大同，"容乃公"，又是无所不合的浑全大同，"曲则全"。

当然，在《老子》中，"玄同"既是恒道的存在质性，又是道德的修为之境。以本性的自在言，是不可得以亲疏、利害、贵贱之别的天下贵；以"为物"的顺同言，

是因物付物，物物而不物于物；以"为物"的容公言，是善利无择、至仁无亲、曲成不遗；以"为物"的自然言，是以万物、百姓为刍狗的"德善"；以认知的境界言，是以天下观天下；以修为的德性言，是摒弃一意孤行、肆意妄为，辅助万物自然。《老子》"玄同"思想为《庄子》所继承，并从以下观念上给予了进一步的发展。一是"道通为一"。以天籁的质性为喻，大块者"吹万不同，而使其自己"（《齐物论》）。"使其自己"，具有同于万不同的意蕴。大道以"不同同之之谓大……有万不同之谓富"（《天地》），以不同而同之是同于万物的不同，涵摄万不同为大同。二是"齐物"观。物固有所然，固有所可，无物不然，无物不可。在各自性分的所可、所然上，万物齐一均同，它是"天均"。万物天然自均，性分齐同。三是"以道观之"。正因"道通为一"，故要"知通为一"。以为玄观，是"因是因非，因非因是"的"照之于天"。体于"玄同"，是"寓诸无竟"的"以道观之"。"以道观之"，则"何贵何贱"，"何少何多"，"孰短孰长"，而"万物一齐"（《秋水》）。圣人同于大道，则己"无私德"、"无私福"、"无畛域"，故"兼怀万物"，因物付物，循同于物而为。以圣人知能言，是"和之以是非而休乎天钧，是之谓两行"，故"无动而不变，无时而不移"。和以是非，是天钧于是非；"两行"者，是其是，非其非。同于变之不变，故无动不变、无时不移。《文子》继承老庄"玄同"观，注重从无为因循的道术上进行传承发展。以道性言，"无前无后，无左无右，万物玄同，无是无非"（《微明》）。"万物玄同"，是无有定执的"道通为一"。同于万不同，故为玄同。以德性言，"无所乐，无所苦，无所喜，无所怒，万物玄同，无非无是。"（《道原》）"玄同"，故无执、无待。己有固执的"意必固我"之私，就不能"玄同"。"玄同"的前提是无容己私，齐物以"复通为一"。以道观言，"知和曰常，知常曰明……是谓玄同。用其光，复归其明。"（《下德》）知常则"容乃公"，故明。明则不妄作，故顺同于物，因物成物。"用其光，复归其明"，是"光而不耀"的"玄同"。《淮南子》也有言"玄同"之论："求美则不得美，不求美则美矣；求丑则不得丑，求不丑则有丑矣；不求美又不求丑，则无美无丑矣。是谓玄同。"（《说山训》）在《老子》思维。"玄同"是大同、通同，而不求美丑的"无美无丑"只是己无所执的冥同，丧失了同于不同的玄妙质性。以郭象的独化自然观言，"玄同"是己不固执，不干于物，使物各付物。它与道性因循辅助的"玄同"有别，恒道为物、造物，并非无所作为的一任于物的"独化"。

（二）玄冥

《老子》多云"玄"性，而言"冥"者只有一处，即"窈兮冥兮，其中有精"。"窈冥"者，既是恒道作为绝对本体存在的深奥隐微，又是认知上的不可见闻、不可感知、不可搏得。前者是存在上无形无状的恍惚况谓，后者是认知上不可致诘的玄同况谓。《老子》虽未直接提出"玄冥"观，然道家诸子所言"玄冥"内涵潜在其中。以道本言，"有物混成"、"无状之状"是"玄冥"性的本始存在，"独立不改"、"周行不

殆"是"玄冥"性的功用质性,"混而为一"、"不可致诘"是"玄冥"性的思维属性,"窈冥"、"恍惚"是"玄冥"性的认知况谓,"致虚极,守静笃"是"玄冥"性的功夫内涵,"我无为,而民自化;我好静,而民自正;我无事,而民自富;我无欲,而民自朴"是"玄冥"性的圣治境界。至《庄子》,不仅直接提出"玄冥"观念,而且大畅其旨。"北冥有鱼,其名为鲲。……南冥者,天池也。"(《逍遥游》)"冥"者,取其溟漠无涯之意。"窅冥无极,故谓之冥。"(引自《庄子集释》,中华书局2004年版,第2页)"冥"者无极而深奥,在色彩呈现上为"黑",故冥海是黑海。"冥"与"玄"有通义,合为一词就可用来揭示大道的存在意蕴。"玄冥"观念,首见于"于讴闻之玄冥"(《大宗师》)。郭象注:"玄冥者,所以名无而非无也。"成玄英疏:"玄者,深远之名也。冥者,幽寂之称。既德行内融,芳声外显,故渐阶虚极,以至于玄冥故也。"(同上书,第257页)"名无而非无",正道出"玄"的真谛。看似无,实则非无。心致于虚己,则无有私执、"前识",故为"玄冥"之境。这里,"玄冥"作为名词意指具有体道境界的至人。《庄子》继承《老子》以"窈冥"为道性的思维。"至道之精,窈窈冥冥;至道之极,昏昏默默。"(《在宥》)"窈冥"与"昏默"通谓,既是本体存在的微妙无形,又是为认知所呈现的恍惚之状。"玄冥"观念体现在认知上,是"目无所见,耳无所闻,心无所知"的"无视无听"和"慎女内,闭女外";体现在心术上,是"必静必清,无劳女形,无摇女精"的"抱神以静";体现在心境上,是"入无穷之门,以游无极之野"的逍遥自适。"玄冥"之境,既是遂于"大明之上",达致"至彼至阳之原",又是"入于窈冥之门",达致"至彼至阴之原"。"大明"与"窈冥"融为一体,以《老子》思维言是"明道若昧"。对绝对本体存在的感知、体悟,是虽"视乎冥冥,听乎无声"然在冥冥之中"独见晓",在无声之中"独闻和"(《天地》)。一方面,"独见晓"和"独闻和"是"玄冥"之境的不可或缺的内涵,非仅是无可视听而已。另一方面,相对于世俗自察的一曲之执而言,又是不可致诘。"视之无形,听之无声,于人之论者,谓之冥冥,所以论道而非道也。"(《知北游》)习人之论,视听于有形,故以"可道"为道。真正体于大道的"玄冥"者,则以"不可道"为恒道。老庄的"玄冥"观,并非不求所知,而是在去己知执、脱离剖畔思维的基础上,进入"知通为一"思维,进而把握"道不可道"的玄妙质性。"无东无西,始于玄冥,反于大通。"(《秋水》)或东或西,是剖畔的"小知"思维。相反,"无东无西",是浑全的"大知"思维。"始于玄冥",是通过"坐忘"、"心斋"工夫,脱离分析、剖畔思维而达致的虚极澄明心境,它是非东非西的静观、玄览。"反于大通"是在静观、玄览基础上达致的既东又西的道观、玄同,它是"知通为一"和"复通为一"。对习执于分辨言,知通即是复通。虽始于"玄冥",然"玄冥"中涵摄"大通",二者犹如恒道存在的微妙与至神关系。成玄英疏云:"玄冥,妙本也。大通,应迹也。"始于"玄极"则其道"杳冥",反于"域中"而"大通于物"。(引自《庄子集释》,中华书局2004年版,第602页)"大通"方是"玄冥"的根本归趣,能"玄冥"自能"大通",要"大

通”必然“玄冥”，二者不可割离。在《庄子》思维中，“玄冥”与“齐物”思维对接，“大通”与“道通为一”思维对接，二者融贯一体。以周遍存在、无所不通为“大通”，以不可致诘、神妙莫测为“窈冥”，二者是至极而无极的一体思维。“动于无方，居于窈冥。”（《天运》）“动于无方”，既是动不执于定方，又是动于神化无方，它是感通之用。“玄冥”为妙本，本立而用自生。“窈冥”与“无方”的关系，犹如《易》所谓的“寂然不动”而“感而遂通”的思维结构。只有“居于窈冥”，无为无执，方能“动于无方”，神化神应。以“无为而无不为”的思维言，“居于窈冥”是“无为”和“一不化”，而“动于无方”是“无不为”和“万化未始有极”。从认知上言，“居于窈冥”是“不自见”和“不自视”，如此固能“明”和“彰”。因为不自执，必用人之智，故通于神明；不自为。必用人之为，故动于无方。《文子》从本体存在“窈冥”与认知“玄冥”的角度，揭示二者的思维同构性。以道性言，它是“惟象无形，窈窈冥冥，寂寥淡漠，不闻其声”（《道原》）。以其无形寂寥淡漠而不可见闻为“窈冥”，以其“陶冶万物，终始无形”为“大通”。这里，“大通”与“混冥”同为道性，以其无极为“混冥”，以其至极为“大通”。前者以“无有”为体，后者以功成“大有”为用。“道以无有为体，视之不见其形，听之不闻其声，谓之幽冥。”（《上德》）作为“幽冥”的“无有”，既是无定体、用无方的存在质性，又是视不见其形、听不闻其声的认知况谓。“玄冥”的归趣在于“大通”，“能游于冥冥者与日月同光”（《微明》）。“游于冥冥”者，已无自见自闻，故能同于日月之照，无所不明。以知为言，是“知之乃不知，不知而后能知之”。只有知不知，不自恃其知，无执自知，才能玄鉴照物，因物照物，无所不知，知无不明。“大通混冥”，既是道性，又是德性、知性。“贤圣勃然而起，持以道德，辅以仁义，近者进其智，远者怀其德，天下混而为一，子孙相代辅佐，黜谗佞之端，息未辩之说，除刻削之法，去烦苛之事，屏流言之迹，塞朋党之门，消智能，循大常，隳枝体，黜聪明，大通混冥，万物各复归其根。”（《上礼》）“混冥”者，作为知性去自察言是“消智能”和“黜聪明”，作为德性去私我言是“隳枝体”，作为道术去执言是黜谗佞端、息未辩说等。“大通”者，作为知性是“循大常”，作为德性是“辅以仁义”，作为道术是“持以道德”。“混冥”与“大通”二者的一体思维内涵是：无知无不知，无为无不为，无治无不治。秉持于“大通混冥”，则能达致“万物各复归其根”的功效境界。“玄冥”观念也见于《淮南子》。“秉皓白而不黑，行纯粹而不糅，处玄冥而不暗，休于天钧而不为，孟门、终隆之山不能禁，唯体道能不败”（《俶真训》）。体道者之所以能不败，在于无执，无执故无败。类此思维，处玄冥者之所以能不暗，是不自明而同人之明，它是“明道若昧”的思维，亦是“大智若愚”的思维。“玄冥”之境是在“剖之判之，离之散之”的“已淫已失”之后，“复揍以一”。“既出其根，复归其门；已雕已琢，还反于朴。合而为道德，离而为仪表。其转入玄冥，其散应无形。”（《齐俗训》）剖判、离散、出根和雕琢是分析、有限之属，而“复揍以一”、“复归其门”和“还反于朴”，是玄同、浑全之类。道德

朴全大备，而仪表离散则为定形。"转入玄冥"是"居于窈冥"、"散应无形"是"动于无方"。郭象以独化为宗，以自然为本，以玄冥为要。在他的思想中，玄冥失去了绝对本体存在"大通"的内涵，而成为彼此不相因、物物各自独化的根本条件。"造物者有耶无耶？无耶，则胡能造物哉？有耶，有不足以物众形。故明众形之自物，而后始可与言造物耳。是以涉有物之域，虽复罔两，未有不独化于玄冥者也。故造物者无主，而物各自造。"（《庄子·齐物论》注）物各自造，则无造物主。"独化于玄冥"，则各自独化而无有"大通"，宗主于内而任化自然。

（三）玄通

"微妙玄通"是"善为道者"的体道、行道境界，"玄通"思维方式的产生，或者说是道观思维层次的提升，正体现在对绝对本体存在的认知上，来自对恒道微妙至神存在玄性的体悟。以恒道存在质性言，"微妙"既是"无状之状"、"大象无形"和功用至神的存在，又是感官映像上的"混而为一"和"不可致诘"的存在。"玄通"思维，既是道性的"容乃公"，又是"知天下"和"见天道"。归结言之，"微妙玄通"本自"道不可道"的深刻意旨。河上公将"玄通"进行分解，认为是"志节玄妙，精与天通"。实则，《老子》"玄通"观念来自对"道通为一"质性的揭示，它是"知通为一"的思维，有别于物性和世俗的通达、通常，穷通，也有别于对可道可知者的通晓、精通和通识。"玄通"思维，既涵摄前面"通"的十个字义内涵，又超脱它们而成为无所不通的大通、道通。成玄英认为，"微妙"是"能修之智"，"玄通"是"所修之境"。以《老子》思维言，"微妙"是知性上的"知不知"，无知而无不知；是德性上的"为无为"，无为无不为。"微妙"中内涵"玄通"，同样"玄通"中涵摄"微妙"。分言之，"微妙"侧重于无执、无为、无知，"玄通"侧重于通观、通一、通变。二者合一方是"深不可识"的真谛所在。李荣认为，道者"机微要妙，玄寂虚通"，其行是"极细穷微，不滞无壅"。以《老子》思维言，"机微要妙"是执一无形，"玄寂虚通"是因循大同。"极细穷微"是"尽精微"，"不滞无壅"是"致广大"。吴澄云："旁达曰通。妙万物者无所不通。其妙也，微而不显；其通也，玄而难辨。"恒道"旁达"，是妙物周遍，无所不通。恒道"微妙"，是无形至神，深不可测。"微妙"不显与"玄通"难辨，二者相互涵摄、界定。徐大椿认为，"微者不可见，妙者不可测，玄者不可穷，通者不可执"。虽然《老子》有云"视之不见名曰微"，然"微"中见"妙"，"妙"者固"微"。因"玄"同而"通"，"通"者不执故"玄"。"微妙"与"玄通"相互涵摄，共同成为道性，正如"独立不改"与"周行不殆"相互界定一样。《庄子》继承《老子》"玄通"思维，明确提出了"道通为一"的思想。"天地，一指也；万物，一马也。可乎可，不可乎不可。道行之而成，物谓之而然。恶乎然？然于然。恶乎不然？不然于不然。物固有所然，物固有所可。无物不然，无物不可。"（《齐物论》）天地一指、万物一马，是齐物而"通于一"。以道通观，则物物各有其所可、

所然。以自可为可，则无物不可；以自然为然，则无物不然。只有各然其所然，各可其所可，则物虽万殊而性皆同得，故"道通为一"。以道通观者，因物观物，可其所可，然其所然。"无物不然，无物不可"是通于一道。以个体存在物言，有成有毁之化的分别、区隔，而道者通于物化。体现在认知境界上，是"凡物无成与毁，复通为一"。体现在认知思维上，是"惟达者知通为一"。成与毁是分析思维，通为一是统一思维。"知通为一"，是玄达或玄通思维。"复通为一"，是知性解析、分辨思维的反面。固执成与毁者，或是自见成而不见毁，或是自见毁而不见成。玄通者不滞于一方，条畅通达而不固不执。玄通，是"同于大通"。"堕肢体，黜聪明，离形去知，同于大通，此谓坐忘。"（《大宗师》）"坐忘"，非是执滞于"忘"，而在于"同于大通"，"坐忘"作为功夫境界，是"离形去知"和"同于大通"的统一。前者是去己偏执一曲的"小知"，后者是知通为一的"大知"。"大通"作为道性，是"道通为一"。"玄通"之境，既是"同于大通"，又是"反于大通"（《秋水》）。前者是"惟道是从"，后者是"复通为一"。"玄通"的具体内涵，是"立之本原而知通于神"（《天地》）。立于本原，即"以道观之"；"知通于神"，是配于神明。在《庄子》本旨，"道通为一"思想，既是绝对本体大道的存在样式，又是认知思维的"玄通"模式。在二者的关系上，前者是后者的根本，后者是前者的澄明。在揭示前者的内涵上，还有"行于万物者，道也"（《天地》）和"通天下一气"（《知北游》）等论说。"行于万物"，是通于万物。通于一气，是一者通贯。"游乎天地之一气"，则"与造物者为人"（《大宗师》）。"一气"之化，是造化的万化未始有极。在揭示造化的内涵上，还有"通于万物"的"天乐"（《天道》）、"原天地之美而达万物之理"（《知北游》）和"达绸缪，周尽一体"（《则阳》）等言说。"通于万物"是"知通为一"，达万物理是"以道观之"，"周尽一体"是大通于物。概言之，"玄通"的思维结构既涵摄"外天地，遗万物"（《天道》）的神无困、心无累，又涵摄"大一通之"（《徐无鬼》）的以道观之。人之所以不能通达，就在于心神的困累，而要去除之必得依靠"道通为一"思维的提升。反过来说，要"知通为一"首先得凭借"坐忘"的功夫。"坐忘"与"玄通"一体，相互涵摄。"大一通之"既是"知通为一"的认知境界，又是"坐忘"以"复通为一"的工夫。《文子》继老庄深入阐释了"道通"的思想。道者是"大通混冥"（《道原》），"大通"是"深闳广大，不可为外；析毫剖芒，不可为内；无环堵之宇，而生有无之总名"。以其无所不至、周行不殆而为"大通"。道者"大通"，则为宇宙。"往古来今谓之宙，四方上下谓之宇，道在其中而莫知其所。"（《自然》）"莫知其所"，则无有定所。"道在其中"，则无所不涵。通一于时空中的存在，则道通万物。体道大通，则为神明。大道无方无体，通行不殆，故"变化无常"。神明者，"得一之原，以应无方"（《自然》）。"得一之原"，是秉执"大通"；"以应无方"，是通用如神。通于道者，与道同明。"神明"，既是"以道观之"的通观，又是泛应曲当的通应。圣人的神明境界，一是"内不失情"，一是"外与物化"。前者依靠"通于道"而"反于清静"，具体言之

是"以恬养智，以漠合神，即乎无门"。清静则无执无知，"坐忘"方能"通于道"。知不知方能大知，"无门"方能"四达皇皇"。后者为"循天者，与道游"（《道原》）。"与道游"是玄通之为，"与造化者为人"。以德性、道术言，玄通是"执玄德于心，而化驰如神"。"玄德"者，生生而不有，故不息不殆，神化莫测。"内不失情"，是玄通在己；"外与物化"是同于大通。"玄通"又为"大通"，"圣人若镜，不将不迎，应而不藏，万物而不伤。……故通于大和者，暗若纯醉，而甘卧以游其中，若未始出其宗，是谓大通。"（《精诚》）"大通"者，在于"未始出其宗"，不离于道。"大和"，和于不同，具有"道通为一"的思维质性。以德性言，不伤万物则因物付物，通于成物。以通观言，明镜照物则不留，若物自照，故无所不照。因物观物，故无所不通。"至人潜行，譬犹雷霆之藏也，随时而举事，因资而立功，进退无难，无所不通。"（《精诚》）"潜行"、"随时"和"因资"，皆是去己固执，而通于万不同的事功。要成为"大通"，一方面要去己私执，从德性上言是"不贪得，不多积"和"除秽去累"（《九守》），从知能上言是"清目不视，静耳不听，闭口不言，委心不虑"的"弃聪明"、"去知故"和"无好憎"。一方面要回归道本，从德性上言是"适情辞余"，从知能上言是"反太素"、"休精神"和"未始出其宗"。若能"大通"，故能不自私、不自蔽、不自执；若能守其宗，则能大通于物。"禀道与物通者，无以相非"（《自然》）。"相非"者，一曲之执，自察自好而非人所是所好。"与物通"者，则因物观物，通达于道，齐于是非。大道是微妙而至神，"玄妙"中涵摄"玄通"。"反之玄妙"，则通于大道。大道是"混而为一"和"道通为一"的存在，"太一"中涵摄"大通"，通统于一为"太一"。"上通太一"，则与道同通。"太一之精，通合于天。"（《自然》）这里，天道为绝对本体存在，"太一"之通就是天道之通。从肯定思维的至极来看，"玄通"是帝者的体"太一"，以其"明于天地之情，通于道德之伦，聪明照于日月，精神通于万物，动静调于阴阳，喜怒和于四时"（《下德》）为无所不通。个个皆通，方为无有不通。正因大道通一，故体道的玄达或玄通者，以知则知天下，以为则无不为，以治则无不治。恒道既是"不可道"的无极，又是通于可道、无不可道的至极。《鹖冠子》继言道通于物，"道者开物者也"，"道者通物者也"（《能天》）。"开物"即"通物"。大道因万物之殊而言通，通于一则曲成无遗、溥洽无弃。"玄通"作为道性，是通行于万物，万物无不由，万物无不赖以生，万物皆分有于道。万物的通一就是大道。"周行不殆"是通行，"容乃公"是其大通，"曲则全"是其通一，"玄同"是通同，"玄德"是通生，"玄冥"是通分。从大道寓于万物上言，以其各自"得一"为性分通一，以分有道性为朴者浑一，以各正性命为贞一。"玄通"作为道观是"以天下观天下"，以其总览为"以道观之"，以其静观为"玄览"，以其大知为"神明"，以其浑一为"不可致诘"，以其恍惚窈冥为"微妙"，以其齐观为"玄同"。以道术言，"居善地"是通为，"心善渊"是通变，"与善仁"是通利，"言善信"是通言，"政善治"是通治，"事善能"是通能，"动善时"是通时。

（四）深不可识

在《老子》思想中，"微妙玄通"与"深不可识"是一体思维，相互界定，相互涵摄，二者犹如"周行"与"不殆"的表达思维结构。河上公解"深不可识"云："道德深远，不可识知。内视如盲，反听若聋，莫知所长。""深远"是道德的至极质性，"不可识知"是它的无极质性。如盲若聋、"莫知所长"，是进一步揭示"深不可识"的意旨。王弼认为，它的寓意为"情不可见"，具体来说是"端兆不可睹，德趣不可见"。在《老子》言，恒道不可睹见，既是"不可致诘"的不测，又是"混而为一"的不执。李荣指出，"行与道合，不测难知。不可以言言，言之者非道；不可以识识，识之者乖真。""行与道合"，是与造化一。造化不测，故难知。可言可识者，可尽其意，为可道之道。相反，大道"不可以言言"，故为"不言之言"，虽言而非言，言不可穷；大道"不可以识识"，故为"不识之识"，虽识而非识，识不可止。李贽认为，"得道之士微妙玄通，而变化无穷。其至深者，不可测识。""至深"者，是"变化无穷"的"微妙玄通"，以其无穷故不可测识。"微妙"则无有定体、定执，"玄通"则通于一切、无外，二者皆内涵"不测"之旨。微妙则至神，玄通则无穷。与"微妙玄通"的至极思维一体，"深不可识"是"不可致诘"的无极思维。《庄子》中这样的思维结构很多，可以举一反三。大道，既是"通于一"的"周遍咸"存在，又是"无所不在"和"无乎逃物"的存在。前者是周尽至极，后者是无穷无极。大道作为"通达"存在，既是周尽的整体、一体，又是无所不至的无限、无体。"精神四达并流，无所不极"（《刻意》）。"四达并流"，即"周行不殆"；"无所不极"，即"无所不在"。"精神生于道"，它既是"无迹"、"无崖"的"无门无房"，又是"四达之皇皇"（《知北游》）。"无门无房"是无极，"四达皇皇"是至极。无极而至极，既是"道通为一"的思维内涵，又是"玄通"的思维结构。《吕氏春秋》以"深微玄妙"揭示圣王之德的通达不测。"圣王之德，融乎若日之始出，极烛六合，而无所穷屈；昭乎若日之光，变化万物，而无所不行；神合乎太一，生无所屈，而意不可障；精通乎鬼神，深微玄妙，而莫见其形。"（《勿躬》）这里，"极烛六合"、"变化万物"和"精通鬼神"是周全的至极，"无所穷屈"、"无所不行"和"莫见其形"是无限的无极，"太一"是"混而为一"，"意不可障"是"不可致诘"，二者同样是至极而无极的思维结构。"深微玄妙"，是"微妙玄通，深不可识"。逮至《文子》，这样的思维结构更是多次出现。"天道嘿嘿，无容无则，大不可极，深不可测。"（《自然》）这里，天道为绝对本体存在，"太一"之通是天道之通。"无容无则"是有限的否定，"大不可极"是否定的无限，二者构成了"深不可测"的内涵。至大至通是绝对的至极，独一无偶；不测无限是绝对的无极，独一无待。前者是肯定思维的至极，后者是否定思维的无极，二者相互界定，共同揭示"大通"的内涵。《淮南子》多有同于《文子》的论述，也有不同言说，兹举一以见其余。在兵术上，"与玄明通，莫知其门，是谓至神"（《兵略训》）。"莫知

其门", 是不定、无执的 "莫能识", 故 "若鬼之无迹, 若水之无创"。以其玄妙言, "若雷之击, 不可为备"。以其通变言, "所用不复, 故胜可百全"。"与玄明通"的 "至神", 是 "微妙玄通"。"莫知其门", 是 "深不可识"。归结言之, 只有具备 "玄通"的意境, 才能保持 "微妙"的容态, 成其至神之用, 求长生久视之效。牟宗三指出, "玄"者不可以分别清楚言说, "凡分别说的都要遵守逻辑的法则, 无论讲得如何复杂都不玄。凡要遵守数学逻辑法则的都不玄, 这是大原则的分别。玄是个圆圈, 说它无, 它又无而不无就是有; 说它有, 它又有而不有就是无, 因此是辩证的。……只有辩证的才玄、才深, 就是道家所说的玄。" (引自《中国哲学十九讲》, 上海古籍出版社 2007 年版, 第 95–96 页) 以 "圆圈"解 "玄"的思维, 是有无一体。它是对分析性形式逻辑的扬弃。"无"是对 "定有"、"具有"的否定, 它是否定有限的无限, 故不可以定识。

(五) 强为之容

善为道者 "微妙玄通", 虽 "深不可识", 然可 "强为之容"。这里的思维结构是以 "可道"揭蔽、澄明 "不可道", 正如恒道的 "不可名"而又可以强名。《老子想尔注》云: "独行道, 德备渊深, 不知当名之云何, 强名之善为士者, 道美大之也。" 在《老子》本意, "强名"是强以名 "微妙玄通"之容, 非是强以名 "善为士"者。"善为士"是定人定性, 可以称名。而 "微妙玄通"作为 "深不可识"者, 不可形容拟议, 故强为之容。王弼以 "容象不可得而形名"解之, 它是 "大象无形"和 "大道不称"的思维意蕴。既然有所指称、名谓, 就不得不强为其容; 然其又是 "深不可识"者, 故无有形容。正如揭示恒道为 "无状之状"一样, "微妙玄通"是无容之容, 虽不可尽于形容, 然无况谓、强为之容则其玄旨不显。李荣认为, "道既难思, 行亦叵识, 恐来人无因体道, 学者不知立行, 下文略举容相, 以劝勖也。"《老子》所言的每一个 "强为之容"皆是体道之容, "深不可识"是就 "不可道"的总体来说, 就每一个事为言皆有不同的玄德之容。唐玄宗认为, "唯德量难识, 故强为容状以明之, 谓下文"。体道者, "居善地, 心善渊, 与善仁, 言善信, 政善治, 事善能, 动善时", 不一其容, 无恒为容, 不测其容, 然行为曲殊各有其容状。以其 "可道"的容状, 揭示 "不可道"的无状之状、容之不容。"下文"所言的实际内涵是: "豫兮, 若冬涉川; 犹兮, 若畏四邻; 俨兮, 其若客; 涣兮, 其若凌释; 敦兮, 其若朴; 混兮, 其若浊; 旷兮, 其若谷"。每一强名皆是体道 "不可名"中的曲殊一名。陈景元指出,《老子》恐后世 "无以为师法", 故强为 "说其容状, 指陈表仪"。正如 "书不尽言, 言不尽意" (《易·系辞上》) 的思维一样, 虽然圣人之意不可穷极, 然非是无有可见诸形容者。"崇效天, 卑法地"以及 "知周乎万物, 而道济天下"皆是 "见天下之赜, 而拟诸其形容", 在 "可法"中揭蔽 "不可法"者, 在 "可象"中澄明 "不可象"者。既是 "为道也屡迁"和 "不可为典要"的 "唯变所适" (《易·系辞下》), 又是 "通神

明之德"和"类万物之情"的"穷神知化"和"精义入神"。恒道"不可道"可以通过"可道"以揭示其"玄妙",体道"微妙玄通"者可以假借"强为之容"揭示其"深不可识"的无容之容。即"可道"而不执于"可道",是无常"可道"的"不可道"。陈象古认为,"强为之容"是"显教示信",若不如此,则恐"来者不可学"。"显教"是"可道"者,"示信"是以"可道"证显"不可道"的存在。每一"强为之容"皆是一个"楷式"。每一"可道"皆是"不可道"中的殊一,在无常曲殊中方能达致"曲则全"。强为模拟形容,只是概略相示。以事为言,一事一时一容,然事无恒、时无常,故其容不可穷,"事善能,动善时"。概略言之,《老子》"强为之容"与"强为之名大"为同样的思维模式,是假借"可道"以揭示"不可道"的思维结构。无前者则后者遮蔽、隐暗不彰,执著前者同样非是后者。"可道"不可无,也不可定执,"不可道"正是在"可道"的无恒常、无定理中得以揭示。恒道存在,虽然玄妙难测、不可定名,然在"强为之名"中证验其"其名不去"。在不可定指的指谓中揭蔽其存在质性。"善为道"者,虽"微妙玄通"、"深不可识",然在"强为之容"中指点其体道之容。无"可道"则无以言"不可道"。既言无限的"不可道",就不能离开对"可道"的肯定、揭示。

三、思想影响

老庄言大道之"通"(达),揭示的是其寓于万物之中的一种通在、通行质性,由之而产生"玄通"或"玄达"的认知思维和道德境界。这一思维模式影响深远,对儒家、法家等流派都产生了深刻影响。这里只略作提示,以见其一般。《荀子》不仅言及大道的"玄通",而且论及认知思维的"玄达"。"知通乎大道"(《哀公》),"知通"相对"大道"言,二者犹如"知通为一"与"道通为一"的思维关系。"道者,体常而尽变,一隅不足以举之。曲知之人,观于道之一隅而未之能识也。"(《解蔽》)大道是通变的恒常存在,"体常"是不变其变,犹如"一不化"的"独立而不改";"尽变"者,涵摄万化,总揽无方,是"通天下之变"的"周行不殆"。"曲知"与"通达"对反,是"得一察焉以自好"的蔽塞来源。圣人见"蔽塞之祸",故秉持"无欲无恶,无始无终,无近无远,无博无浅,无古无今"的无蔽,以"兼陈万物而中县衡",达致通达的神明。神明何来?一要"虚壹而静"而"不以所已臧害所将受",不以此一蔽彼一。二要"知而有异"而"同时兼知",使万物"莫形而不见,莫见而不论"。知有"精于道"者,有"精于物"者。"精于物者以物物,精于道者兼物物。""精于物"是一曲之士,犹如由"用"解道尽利,由"俗"解道尽嗛,由"法"解道尽"数",由"势"解道尽"便",由"辞"解道尽"论",由"天"解道尽"因"。因其"不该不遍",故不免于蔽。"精于道"者是通识之士,"疏观万物而知其情,参稽治乱而通其度,经纬天地而材官万物,制割大理而宇宙里"。通达大道,则包通宇宙,故为"大清明"。"虚壹而静"的"大清明",在《老子》是"静观"的"以天下观天下",在

《庄子》是"以道观之"。"百王之无变，足以为道贯。一废一起，应之以贯，理贯不乱。不知贯，不知应变，贯之大体未尝亡也。"（《天论》）"礼"者大体无变，应变则"理贯不乱"。道者，一以贯之，故通行周遍。《荀子》"道贯"思想上承《老子》"道纪"和"玄通"思维、《庄子》"通于一而万事毕"观念，后与《文子》"执一而后能群"和"执一而应万"等道术思想相贯通。《易传》贯穿着"通于一"和通变的思维结构。《易》通万物之理，理一而分殊。《易》之为书"广大悉备"，"有天道焉，有人道焉，有地道焉"（《系辞下》）。正因兼天道、人道、地道而广大悉备，通一于《易》。以其理的通用言，"寂然不动，感而遂通天下之故"（《系辞上》）。《易》既有通理，又有通用，它们来自通变，"知鬼神之情状"和"知变化之道"（《系辞上》）。知变化之道，是知"神之所为"。"神无方而《易》无体"，"为道也屡迁"（《系辞下》）。通变知通，系辞然后成为《易》。"圣人有以见天下之动，而观其会通，以行其典礼，系辞焉以断其吉凶，是故谓之爻。"（《系辞上》）"观其会通"是通晓其变化之道，"行其典礼"是建立动态律动的常理楷式。"易简而天下之理得"，得其理可通"天下之志"（《系辞上》），体"天地之撰"可通"神明之德"（《系辞下》）。《易》以为通用，既是"通其变，遂成天地之文"（《系辞上》），又是"趣时"的"唯变所适"（《系辞下》），还是"以定天下之业，以断天下之疑"。《易》之卦爻无不蕴涵"通"的思维，它既是"推而行之谓之通"和"推而行之存乎通"，又是"变而通之以尽利"和"举而措之天下之民，谓之事业"（《系辞上》）。《文中子》直接以通变为"道"，"通变之谓道，执方之谓器"（《中说·周公》）。通变是无方，执方是定方。"通其变，天下无弊法；执其方，天下无善教。"能通变，则因时而制法，法因世而迁，适时而当其宜。执方者，虽时世变迁而无更其法，故礼教不能当其实理，故无善教。道用通一无方，唯变所适。通于时变，则通于时宜。法家传承了道家"道通"和"知通"的思维。对此，《管子》中多有言及。"明者察于事，故不官于物，而旁通于道。道也者，通乎无上，详乎无穷，运乎诸生。"（《宙合》）"旁通于道"是知通明通，而它本自道无不通。"通乎无上"，则无所不通；"详乎无穷"，则通尽无外；"运乎诸生"，则通于化育。大道之通，相对"官于物"的定执言，它体现于"天不一时，地不一利，人不一事"之通用中。"宙合之意，上通于天之上，下泉于地之下，外出于四海之外，合络天地以为一裹。"（《宙合》）"宙合"囊天地、万物，无所不通，犹如"道通为一"。正因道无不通，故在知通上要"通之以道"，在通德上是"通德而天下定"（《幼官》），在通行上是"通若道然后有行"（《五行》），在明通上是以天下之目视则无不见、以天下之耳听则无不闻、以天下之心虑则无不知，故谓之"通于神明"（《九守》）。"通于神明"是明通于道。《韩非子》对《老子》"道通"思想给予了进一步的阐发。"道者，下周于事，因稽而命，与时生死。参名异事，通一同情。"（《扬权》）道"周于事"，是"通于一而万事毕"；"与时生死"，是通于时变；"通一同情"，是"道通为一"，通于分殊之理。"万物各异理，万物各异理而道尽。"（《解老》）万物异理是分殊，"道尽"通于殊理为一。

宋儒吸收、消化或同化了道家"道通"思维，提出了理一分殊和万物一体思想。周敦颐云："无思，本也。思通，用也。几动于彼，诚动于此。无思而无不通，为圣人。不思，则不能通微。不睿，则不能无不通。是则无不通，生于通微，通微，生于思。"（引自《周敦颐集》，中华书局 2009 年版，第 22 页）《易》以无思无为为本，无思方能思通，无为方能感通天下。"无思而无不通"，正如道家"无为而无不为"的思维结构。"通微"者，极广大而尽精微，通尽一切。张载认为，"能通天下之志者为能感人心，圣人同乎人而无我，故和平天下"。（引自《张载集》，中华书局 1978 年版，第 34 页）同于人则通天下之志，大其心则体天下之物。道大在于通物我，故无有弃者。合内外、平物我，自见道之大端。"通万物而谓之道，体万物而谓之性"。（同上书，第 64 页）道通万物，是"道通为一"的思维。性体万物，是"孔德之容"的思维。程朱言"理一分殊"，是"道通为一"的思维，此不重释。程子云："天下之事，无一定之理，不进则退，不退则进。时极道穷，理当必变，惟圣人为能通其变于未穷，使其不至于极。"（引自《二程集》，中华书局 2004 年版，第 1220 页）事理无定，故理与时宜。通于时变，则为"唯变所适"。叶适直接指出，"道也者通也，无不通也。"（引自《朱子法言》，载《习学记言序目》，中华书局 2009 年版，第 658 页）道无不通，来自道家道无不由的思维。朱熹云："夫道之极致，物我固为一矣。然岂独物我之间验之？盖天地鬼神、幽明隐显、本末精粗、无不通贯而为一也。……今学之未博，说之未详，而遽欲一言探其极致，则是铢两未分而亿料钧石，分寸不辨而目计丈引，不惟精粗二致，大小殊观，非所谓一以贯之者，愚恐小差积而大谬生，所谓钧石丈引者，亦不得其真矣。"（引自《朱子全书》第 23 册，上海古籍出版社 2010 年版，第 3116 页）虽然，"道之极致"是境界器宇，然"无不通贯而为一"则与"道通为一"思维相类。"一以贯之"，既是理一分殊的思维，又是通万物为一的思维。朱子在解"一以贯之"上认为，"圣人之心，浑然一理，而泛应曲当，用各不同。"（引自《四书集注》，北京古籍出版社 2000 年版，第 81 页）在《庄子》中，"道通为一"与"齐物"二者一体，后者是齐于物各有所然的万殊，前者是万物之殊的通一。"浑然一理"是"容乃公"的大通，"泛应曲当"是"曲则全"的通一。王廷相云："仁者，与物贯通而无间者也。'万物并育而不相害，道并行而不相悖'，天地之仁也；'老者安之，朋友信之，少者怀之'，圣人之仁也。"（引自《慎言》，载《王廷相集》第三册，中华书局 1989 年版，第 762 页）"与物贯通而无间"，是体天下之物，通万物为一。"万物并育"，是通生万物；并行不悖、各得其所，是道通为一。天地之仁，是通一于生化万物；圣人之仁，"民吾胞与"，各得其宜。王阳明云："经礼三百，曲礼三千，无一而非仁也，无一而非性也。"（引自《礼记纂言序》，载《王阳明全集》第一册，浙江古籍出版社 2011 年版，第 259 页）无一非仁，是通为一仁。无一非性，是通一于性。"仁是造化生生不息之理，虽瀰漫周遍，无处不是，然其流行发生，亦只有个渐，所以生生不息。"（同上册，第 28 页）"生生不息"，是通于一生；"瀰漫周遍"，是通生无外；

"无处不是"，是通行一体。天地之仁，通生万物；圣人之仁，廓然大公。圣人之心，"以天地万物为一体"，其视天下人无外内远近，"莫不欲安全而教养之，以遂其万物一体之念"。（同上册，第59页）天地万物本吾一体，无一非性。心通、性通就是道通、良知之通、天理之通。王畿继言以心通著其道通，"人心原能通达万变，经纶酬酢，与国家天下相为应感，所谓虑也。有欲始窒而不通，知止以至于安，则有以复其无欲之体，故无所不通而能虑。"（引自《〈大学〉首章解义》，载《王畿集》，凤凰出版社2007年版，第176页）人心固有"通达万变，经纶酬酢"的通虑通能，不窒于欲、复其不塞本心，自能"无所不通"。心通于道，故能通达万变。"人心之灵，变动周流。寂而能感，未尝不通也；虚而能照，未尝不明也。……夫心之通明谓之圣，圣人者，生而知之，学之的也。"（引自《国琛集序》，同上书，第353页）"变动周流"，是心灵之通，"未尝不通"；"寂而能感"，是知能之通，"感而遂通"；"虚而能照"，是通于照物，"心之通明"。三者既是人人具有的本能、潜能，又是人人可达致的圣境。尽其本能，即为圣境。在《老子》言，"同于道"、修于身则通于万物。"惟道是从"则"微妙玄通"，故为"孔德之容"。人人既秉承道德，又要效法自然。恒道自然，因物付物，通生万物而无弃；圣人效法，辅助自然，曲成万物而不遗。儒家、道家同以心性之通涵容万物，皆以因物付物为通生之理。道家言通一中曲全，儒家言"致广大而尽精微"。刘宗周有言大心通一的"体认亲切法"："身在天地万物之中，非有我之得私；心包天地万物之外，非一膜之能囿。通天地万物为一心，更无中外可言；体天地万物为一本，更无本之可觅"。（引自《学言上》，载《刘宗周全集》第二册，浙江古籍出版社2007年版，第394页）"身在天地万物之中"，是通于一身；"心包天地万物之外"，是通于一心；"通天地万物为一心"，是通于一体；"体天地万物为一本"，是通于一本。通于一身，则无私而公；通于一心，则大而无囿；通于一体，则全而无外；通于一本，则独而无偶。心通与理通、道通三位一体，道通万物，理通万殊，心通万理。道通为一，是无不涵摄；理通为一，是无不合宜；心通于一，是泛应曲当。"心无通塞"，然"理有通塞"。"理虽具于一原，而用实散于天下。其有时而通也，天地万物即与之俱通；其有时而塞也，天地万物即与之俱塞。"（引自《文编下》，同上书第四册，第57页）"理有通塞"，是"用实散于天下"的分殊定理，故有时而通，有时而塞。然理既是万殊之理，又是通一之理。以通一言，则无时不通，通于通塞。通理则心通，心通则用通。心通与理通，犹如"知通为一"与"道通为一"的关系。王夫之云："礼之所自为本者，原于天，率于性，达于百物，通于万行。故推之天下而皆可行，一理之所推也；达之古今而不可易，一心之所贯也。"（引自《四书训义》，载《船山遗书》第三卷，北京出版社1999年版，第1702页）礼有通礼、曲礼之分，它是理一分殊的思维同构。礼"通于万行"，无不贯通，是通于一。"一理所推"，是"理一分殊"的一以贯之；"一心所贯"是"泛应曲当"的无不中礼。可见，"一以贯之"既是"理一"，又是"心一"。"己之理尽，则可以达天下之情；己之情推，则遂以通

天下之理。故尽之以其理，推之以其情，学者之所以格物致知也，学者之忠恕也。理尽而情即通，情不待推而理已喻，圣人之所以穷神知化也"。（引自《读四书大全说》，同上书第四卷，第 2531 页）圣人穷神知化，由通天下情以通天下理。理通在于通情，情通天下志，则情通而理尽。情通在于理通，理类天下情，则理通而情推。忠恕之道，既是推情的推己及人，以达之天下；又是尽理，己立立人、己达达人。情通在于公人我，各遂其情；理通在于正我人，各当其情。情通于宜，则理通于义。理尽其宜，则情通于适。情通则体万物为一，理通则适天下之情。在《老子衍》和《庄子解》《庄子通》中，王夫之更是深言"玄通"之蕴。"忘言忘象，而无不可通，于以应无穷也，皆无所碍。照之以天，皆一也，但存乎达之者尔。"（引自《庄子解》，同上书第七卷，第 3922 页）"忘言忘象"是无执无住，"无不可通"是"知通为一"。应于无穷，是通于感通。"照之以天"，是通一于以物照物。"虚静之中，天地推焉，万物通焉，乐莫大焉。"（引自《庄子通》，同上卷，第 4078 页）虚静无执，故可推于天地、通于万物。反身而诚，因物付物，故乐莫大焉。戴震以《易》之理"通天下之志"而言理通天下之欲。"人之有欲也，通天下之欲，仁也；人之有觉也，通天下之德，智也。恶私之害仁，恶蔽之害智；不私不蔽，则心之精爽，是为神明。静而未动，湛然全乎天德，故为'天下之大本'；及其动也，粹然不害於私，不害於蔽，故为'天下之达道'；人之材质良，性无有不善，见於此矣。"（引自《原善下》，载《孟子字义疏证》，中华书局 2008 年版，第 74 页）"通天下之欲"是公其欲，以其各得其适为仁；"通天下之德"是兼其德，以其各得所用为智。心者"不私不蔽"，则可精爽神明，然非必精爽神明。既"不私不蔽"，又通于知识，方可精爽神明。此在老庄是"坐忘"和"大通"的关系。"全乎天德"，在《老子》是"得一"之全；动而粹然，在《老子》是"得一"之贞。"天下之大本"，是"复命曰常"；"天下之达道"，是"惟道是从"。理通在《孟子》是性无不善，道通在《老子》是性无不道。

最后，对本节内容做简要概述。"玄通"或"玄达"，既是体道之识、认知之境，又是恒道之通。既然"道通为一"，则必以"知通为一"方能揭蔽、澄明。善为道者，"微妙玄通"，以其"不可道"为"深不可识"，以其"可道"为"强为之容"。"微妙玄通"是"可道"与"不可道"的一体，为至极与无极思维的统一。"玄通"思维，贯穿于道性、德性、知性以及道术之中。体于道性，则有知性之境，成其德性之得、道术之用。反之，通过对德性之得、道术之用、知性之境的揭示，可以反证道性的玄妙存在，进而深化对道性的认知。由《老子》开启的道家"玄通"思维，影响至于儒家、法家，在相互交融中共同构建了国人世界观、价值观的各个方面、层面。

第三节　得意忘言

《老子》恒道"玄妙"、"玄通"意蕴，体现在语言表达上既是言以载道，又是

"得意忘言"。一方面，恒道靠"言"以揭蔽其存在样式，为人所共识，使之具有道纪、楷式和玄德的质性，进而成为可遵循的"惟道是从"；另一方面，又要避免拘执、遮蔽于所言之"道"，而保持"道可道，非恒道"的理性精神，去体验"不道之道"的意境。"得意忘言"思维既来自恒道的玄妙质性，同时反过来又可以进一步深化对其玄妙存在质性的揭示。

一、文句解读

"得意忘言"观念来自《庄子》，但其思想内涵承自《老子》第五十六章的"知者不言，言者不知"。从文字校对上看，帛书《老子》甲本"知者"两字缺损，乙本文同。楚简《老子》写作："智之者弗言，言之者弗智。"三个版本，文义基本相同。可见，它是《老子》的一个核心思想，与恒道"不可道"、恒名"不可名"等观念相为阐发，融贯一体。在《庄子》中是"大道不称"和"非言非默，议有所极"。

（一）知者不言

结合各家主要注解和诸子传承发展，来揭示"知者不言，言者不知"的深刻意蕴。归纳注家之说，主要有以下解法。

一解贵行于言。河上公认为，知者"贵行不贵言"，因为"驷不及舌，多言多患"。从"多言多患"的角度揭示"知而不言"旨意，重在论述慎言的涵义。"言行君子之枢机，枢机之发，荣辱之主也。言行，君子之所以动天地也，可不慎乎。"（《易·系辞上》）正因戒慎于言，故"希言自然"。自然则言而"守中"，言而无言。在《老子》本旨，"知而不言"非是揭示言行不一、谨言慎行的问题，而是在揭示恒道不可道、不可名和不可执得的问题。同"不可得而亲，不可得而疏；不可得而利，不可得而害；不可得而贵，不可得而贱"一样，"知而不言"是不可得而言，言不可穷究其旨意。言者分辩、分析，而"玄同"是"大道不称"。赵志坚指出，"不言"是"离言言则非道"。知道者，知言之所言，而非执于言表、辩说。同时，无言则无道，故"离言言则非道"。陈景元认为，知道者，是"以心而不以辩，贵行而不贵言"。谈道者，是"以辩而不以心，丧道而不丧说"。贵言辩说者，不闻"不言"，不知所以然。"道深微妙"，恒道不可道，故"知者不言"。

二解道不尽言。严遵指出，"道无常术，德无常方，神无常体，和无常容"，故既是"知不能陈"，是"口不能言"。道不可道，故无常道。言以指实，实者为定象、有状的分殊存在。言者有分，知者以别，二者皆是可道之属。道术、德方、神用、和容皆为"无常"质性，故感知不可尽陈，指言不可穷意。以有限言知固不能尽无限之道。大道虽不能言尽，但并非不可言，"无状之状可视而不可见也，无象之象可效而不可宣也，无为之为可则而不可陈"。视之不见其状，而可察其造物之状；不可以传授呈献，然可以效法自得为道纪、天下式；不可以定理陈明，然可以为道术法则。恒道的这种

不可道、不可言，然又可假言以道、可以效法的存在质性是"知而不言"。葛玄解"知者不言"为"一不可说"，解"言者不知"为"说者不知一"。"一"既是"混而为一"的通一，又是"得一"万殊的分一。"一"者不测、无限，故不可言说以穷极。若知"一"之真谛，故不执于言说。成玄英认为，"至道虚寂，妙绝名言"。知道之人达于妙理，知"理无言说"，所以不言。《庄子》云道无问、问无应就是此谓。执言求理，则封滞名言。"理超言象，所以不知。"《庄子》以问道而应之者为不知道。以至道为虚寂，以"理无言说"、"理超言象"为妙理，则不言不知所揭示的只是不可封滞，落入释氏"遣之又遣"的思维，而非能揭示恒道存在的玄妙质性。《庄子》以道无问、问无应所揭示的是道"不可道"，问道而应是执于可道，故为不知道。然其又云"言而足，则终日言而尽道"，言说可以假"可道"以揭示"不可道"。苏辙指出，"道非言说，亦不离言说。"能知者未必言，能言者未必知，唯"默然不言而与道同"。道非言说可以道尽，故言未必知；但道也离不开言说以表征。《老子》著作传于后世本身，即证明了言以喻道的功能。"默然不言"是"希言自然"，故可同于道。对《老子》来说，"知者不言"内涵的关键不在于言不言，而在于言要有宗，假言以明道，虽言而不滞于迹。"知者不言"，非是不为言、不言说，而是不执于言、不妄其言。言为道筌，既是"唯言不能尽"，又是"非舍言而求其宗"。若道可言尽，则何言"言者不知"？显道不可离于言，然又不可以言为尽道。李嘉谋指出，"世之所有，皆为梦境，故知者不言，知言之未尽也。世之昧者，以梦为实，譊譊诵说，终不离梦，故言不知，由其见之未至也。"知者所以能不言，在于知"言之未尽"，世俗之言皆为假言。言者所以为不知，在于其"见之未至"，世俗所见以假言为实，故诵说以为自察。刘骥和进而指出，真知道者必不肯喋喋辩言，因为"道贵普遍，苟指言一端，则必有未言者万端，挂一漏万，徒见差别不齐之迹之至而已"。道者普遍于"可道"者，而为"不可道"者。"指言一端"是囿于"可道"，固执一曲则不能指言"不可道"的万端无穷。差别、不齐是"可道"之分、之迹，通一、不测是"不可道"之全、无限。

　　三解因于自然。王弼以"知者不言"为"因自然"，以"言者不知"为"造事端"。前者以《老子》"希言自然"为据，因于自然故行"不言之教"。后者以"多言数穷"为据，造事端故至于数穷。然其解法是揭示恒道自然的道术之用，非在于揭示恒道本体存在的"不可道"质性。以《老子》本旨言，知恒道不可道，则道不道，不道之道方为至道。知其不可知，则知不知，不知之知方为至知。知其不可言，则言不言，不言之言方为至言。不可道、不可知、不可言，皆针对习人固执、自察、争辩而言，重在澄明大道存在的无限质性。何心山认为，"知而不言"是"所以天"之谓。古人"天而不人"，秉持于"道本自然"。"天而不人"，非是一概否定"言"之用，而是守中于"希言自然"。"道法自然"，法无定法，为无状之状，故不可以言辩而穷极，只可假言以见其"可道"的无常、不测之端。知道"深妙"，故言于自然，而不言于辩说。范应元指出，道者"不可知，不可言"，知者知其"不可知，不可言"，故不

言。言者不知其"不可知、不可言",故言。然则,五千余言岂非言乎?老氏忧后世"溺于言辞而不能反身而求之于此心之初",故令人"因言以求意,得意则忘言",要在于"体而行之"。"此心之初"是"希言自然",言其所当言,不言于伪,无以为言。恒道以"不可道"为自然,故不可尽知、尽言。然"不可道"以"可道"揭蔽、澄明,故虽不可尽言而假言其自然。假言以表诠,故因言求意,以著五千余言;知言为道筌,则得意忘言,以明"言者不知"。体行于道,则怀之而不议不辩。王道认为,因为"道不可道",故知者"默而成之,不言而信"。其有言者皆是窥见其"仿佛",而非是"实有诸己"。"默而成之",是因物以成之,己无容心;"不言而信",是"言善信",己无所与。执言者不能"希言自然",以窥见"仿佛"而"多言数穷"。知言不尽言,得意忘言,则"实有诸己"。

四解得意忘言。李荣认为,"得意忘言,悟理遗教。"相反,"多言则丧道,执教则失真"。假言以得意,得意则不拘执于言。在言教上,悟理者行不言之教。多言数穷,故丧道。执教滞迹,故失真。唐玄宗以"知"为"了悟","言"为"辩说",认为了悟者"于言无执滞","了悟"者知"大道不称",故明"知者不言"。"辩说"者,"说而不休,多而无已",以胜人为名,以其"弱于德"而"逐万物而不反",犹如"穷响以声,形与影竞走"(《庄子·天下》),故为"言者不知"。"言无执滞",则得意忘言。李约云:"忘言者,知之盛","未知,故滞言"。至知者,知言非即是道,故"忘言"。不知者,以所言皆为"道",故滞于糟粕、陈迹。陈景元在注"言有宗"上云:"百家之言虽殊途而同归于理,得理者忘言,故言以不言为宗本。"百家之言,各得道之一端,故殊途而同归于一理或一道。得其理则忘所言,不以自察为好,莫使道术为天下裂。虽言而不执著于言,故以"不言"为本。言于"不言",方能言道理之所以然,虽言而不执言,得意忘言。吕惠卿指出,"知至于知常",则为"知之至"。知至者,"默而成之",而"无不理",何所容心?苟为不能"无言",则不能"无我",虽知之而非"真知"。知常者,"容乃公",因物成物,故无所不理。理物不宰,则心无妄执。执著于言,则言者有我。言不言,非是去我,无我何言?去我,是去己私之言。知于言者,则不知所以言。知不言者,则真知于言所不能尽言。以"言"为尽言"道",则"言非道"。知者以"言"为假以知,是"知知"。道非默然,"言所以不得不出",以其言出于"无言",故是"虽言犹不言"。以言说为道,则所言非是所以言。执著言迹,故非是道。知者知此,假言为知,故为真知。大道无言不显,虽言不得不出,然皆是假言。先觉假言以觉后人,后人假言以由悟道。既然言可指物,则可假言以体悟于道,因反于"物"指即为"道"。虽有言然知皆为假言,故犹不言。王雱认为,"不言"者非是"密而不言",而是"诚无所事言"。何则?以其"不见一法故",故能"物物而不物于物。"在《老子》文旨,"不言"的前提是"知",是"知者"的"不言"。知恒道不可道,言非为道,故诚无事于辩言,"大辩若讷"。知恒道无常,故不拘于一法之见。知"物物而不物于物",则言言而不言于言。既假言而"言而足",

终日言而尽道。又非事言于固执，不居成言，不落言迹。若"言而不足"，则"终日言而尽物"。"密而不言"，是固执于默，不知假言之妙。假言以言，则言无常言。正如《老子》所谓的"无为"非是隐蔽不为而是因循以为一样，"不言"非是密默不言，而是言而有宗，假言以言。《老子》既言"知者不言"，又云"言有宗"，正是揭示言与不言在表诠认知道性上的玄妙质性。刘骥解云："善为道者，默而识之，性以成之。"知道不可见闻得，故"默而识之"；知道可修之于身，故"性以成之"。"得意则言可忘，忘言者事之宗"。得意则得所以言，故不执所言。忘言则不滞于迹，而得道之宗。

　　《庄子》继言"知者不言"之旨，"六合之外，圣人存而不论；六合之内，圣人论而不议；春秋经世先王之志，圣人议而不辩。"（《齐物论》）"六合之外"无物，"不可致诘"，故"存而不论"。"六合之内"有物而无割，为"道通为一"，故"论而不议"。"先王之志"有分而不执，为"希言自然"，故"议而不辩"。存者怀之而浑全，有论则有封畛可道，有议则有分判离析，有辩则有自察自好。议者分别而未始有是非，而辩则是非之彰、爱恶以成，故道已亏。"分也者，有不分也；辩也者，有不辩也。"执著于分，则不能全其分。执著于辩，则有不见之辩。圣人怀之以体道，众人辩之以相示。圣人非不论议，而不辩说争胜。"世之所贵道者书也，书不过语，语有贵也。语之所贵者意也，意有所随。意之所随者，不可以言传也，而世因贵言传书。世虽贵之，我犹不足贵也，为其贵非其贵也。故视而可见者，形与色也；听而可闻者，名与声也。悲夫，世人以形色名声为足以得彼之情！夫形色名声果不足以得彼之情，则知者不言，言者不知，而世岂识之哉！"（《天道》）世俗所贵之"道"，是书中所言之道。言语表"意"，然"意"之所随为大化自然。以其化而无常，变而无恒，"不可致诘"，故不可形名言传。视听闻见者，是形色名声的物迹之类，为可道之属。道者无常化，形色名声不足以得彼之情，故不可道。世人所贵者是言传书载之道，以其固化不能随化，故非能尽得其真。以言教陈迹为贵，非贵其变化之道，故是"贵非其贵"。知者，知文言不足以尽道，故不滞于言；执于文言者，不知言非尽是道，故言者不知。《庄子》又进一步以寓言释之：桓公于堂上读书，轮扁见之认为所读者为"古人之糟粕"，便以斲轮之事解之。"斲轮，徐则甘而不固，疾则苦而不入。不徐不疾，得之于手而应于心，口不能言，有数存焉于其间。臣不能以喻臣之子，臣之子亦不能受之于臣，是以行年七十而老斲轮。"与此相类，"古之人与其不可传也死矣，然则君之所读者，古人之糟魄已夫！"斲轮"得心应手"，妙不可言传。书载之意随变已逝，同样不可言传，故书传者皆是历史陈迹的糟粕。以六经言，"夫六经，先王之陈迹也，岂其所以迹哉！今子之所言，犹迹也。夫迹，履之所出，而迹岂履哉！"（《天运》）"六经"是陈迹的可道之道，而"所以迹"者是变化不息、不可道的恒道。人皆以"言"为道，殊不知"言之不言"方为道，故云"知道易，勿言难"。"知而不言，所以之天也；知而言之，所以之人也；古之人，天而不人。"（《列御寇》）道无处不有，故"知道易"；人以善言为贵，故"勿言难"。"所以之天"者，知道不可以言尽，不滞于言，故守于天钧。知天

然之分，故言不执言。郭象解云："知虽落天地，未尝开言以引物也，应其至分而已。"
开言引物，是以物合于己，言出于己，故所言皆为人执。"应其至分"，是以言合于物，
虽言不言，故所言皆天。"天而不人"是"不言之言"，它非是闭口不言，而是言彼所
言，非以己自言。知者"不言"，在于言于不言，言彼所言，而言非出于己，不恃己
言。知道者，言皆道性，虽言而非己事于言。这里，"言"的问题不在于言与不言，而
在于所言的从谓，言之何所言，因何而言。圣人行不言之教，是以百姓心为心，故所
言非出于己，而出于民意。言于自然之分，表民之意，故未尝不言。郭象云："圣人无
言，其所言者，百姓之言耳，故曰不言之言。苟以言为不言，则虽言出于口，故为未
之尝言。"（《徐无鬼》注）所言非己，虽终身言而未尝言。言所当言，则"以道观言
而天下之君正"（《天地》）。天下之君所以为"正"在于"以道观言"，言自道出，言
以天下，言所当言，非从己妄，故言教皆正。《管子》指出，道之所以不可言，在于
"言不能兼"，不能全尽于道。道者，"通乎无上，详乎无穷，运乎诸生"（《宙合》），
而"辩于一言"可以"曲说"，而不可以"广举"。因"言之不可兼"，故知道者"博
为之治，而计其意"。"曲说"者自是、自执，正与道"详乎无穷"相背，故不能"广
举"。只有言于无言，兼言其言，方能言通于道。言而不滞，若言于自然，则言而无
言。《文子》对"知者不言，言者不知"思想给予了进一步阐发。"书者言之所生也，
言出于智，智者不知，非常道也。"（《道原》）知常道者不言，不知者智于事言、出
言。以书为智，实是不知。"诵先王之书，不若闻其言；闻其言，不若得其所以言。得
其所以言者，言不能言也。"（《上义》）此上承《庄子》继言"言者不知"的旨意，执
于书籍之言则不知，"言不能言"则为真知。《淮南子》从历史发展的角度，揭示了恒
道不可言的思想。"以《诗》《春秋》为古之道而贵之，又有未作《诗》《春秋》之时。
夫道其缺也，不若道其全也。"（《氾论训》）《诗》《春秋》等作为"衰世之造"，因为
王道缺、礼义坏所致，为世道、时代的产物，不可以其言为恒久不变之道。先王之言
有其所以言，其所以言者"与化俱"，故言弗能尽其所以言。"道其全"在于"言弗能
言"。就"言者不知"的问题，"周室衰而王道废，儒墨乃始列道而议，分徒而讼。于
是博学以疑圣，华诬以胁众，弦歌鼓舞，缘饰诗书，以买名誉于天下。"（《俶真训》）
以诗书为缘饰华诬、招买名誉，正与"知者不言"思想相悖。固执于诗书，是"抱残
守缺"。五帝三王，"上与神明为友，下与造化为人"，故能"抱大圣之心，以镜万物
之情"（《齐俗训》）。今欲学其道，不得其"清明玄圣"，而守其"法籍宪令"，则不能
为治也明。"法籍宪令"是有言之教，"清明玄圣"是不言之教。前者为时治所然，具
有历史局限性。后者为大道无常，以秉持时中为要。"与造化一"是"卮言日出"，与
道德同言。从"言"的逻辑内涵和用意看，"言弗能言"秉承于"不道之道"思想。
这里提出了一个知识与客观本体存在的认知符合问题：恒道是否能被认知、言表？恒
道固然不可感知视闻，然非不可知；恒道非言所能尽表，但并非无言可表。关键在于
从"言表"中达"所以言表"者。名言之属具有历史的传承、沿袭性，不免滞后于变

化实际的"所以名言"者。同时，名言作为分析之属，著于化迹、静相，以固态、分别为基准，以定理、定常而名谓，故不能尽恒道之全。若执著文言，将会窒息、割裂甚至湮灭恒道活生生、涵摄变化无常的存在质性。恒道澄明于人，只能在言语中诉说，靠言语揭示、解蔽自己。言语是恒道澄明之家。没有言语媒介，恒道何以知识、传教？言语虽以表道，但永远非是道之全体。苏辙正确指出，道不可言，"可言皆其似者"，达者"因似以识真"，昧者"执似以陷于伪"。"似"者象形、况谓之言，故非真体。因似识真，假言以明道；执似则伪，以言为尽道。道不可名，故强名。"似"为模拟之容，因一物一时的"可道"者揭示无形无象、变化无常的"不可道"的恒道，故"似"非恒道之真。

（二）得意忘言

"得意忘言"首见于《庄子》杂篇，"荃者所以在鱼，得鱼而忘荃；蹄者所以在兔，得兔而忘蹄；言者所以在意，得意而忘言。吾安得夫忘言之人而与之言哉！"（《外物》）"荃"者，香草之类，可以饵鱼。或言"筌"为鱼笱，捕鱼之具。不管为哪一义，皆是得鱼的凭借、工具。"蹄"者，得兔的凭借、工具。它们揭示的是"得"与"所以得"的本末关系，道出了不可舍本而逐末的道理。以为"言"与"意"关系之譬，则"言"之本在"意"，"意"靠"言"以得。"得意忘言"的关键在于以言得意，无言则意不可得。它并非否定"以辞抒意"，相反坚持"循所闻而得其意"和"执所言而意得见"（《墨经》）。既要以言得意，又不可执于言而害于"得意"。只有"忘言"，不滞于言，无言于迹，方能真"得意"。"忘言"所揭示的是在"言"与"道"的关系上，"言"为从属性、不可执著性。"知而不言"、"得意忘言"与"言有宗"并不矛盾。正因为"言有宗"，才能假言以"得意"。它们的关系是"应于化而解于物"（《天下》），"应于化"犹如"假言"，为"言有宗"；"解于物"犹如"忘言"，为言非即是道；"理不竭"和"未之尽"者是"得意"，揭示出恒道的"不可道"。言之为言的功能实质，在于作为得意的工具、媒介。《庄子》以"得意忘言"丰富深化了《老子》"知者不言"的思想，使其内涵有了新的拓展。"言"者作为归类、分析之思维工具，本来自对具体实在、有形存在的揭蔽、澄明，使之呈现于世人面前，以相互得以交流、认知和对话。它与实物是一种反映与被反映的关系。作为人类的文化存在，"言"一经产生、应用，因其形式化、规范化、固态化的特性，就会出现与现实实在之间的一种张力，甚至是裂隙。一方面"言"作为相对静态的存在，产生了与变化现实不能同步的问题。另一方面，它作为表达工具，具有分析性、有限性和遮蔽性，不能尽全以指谓道性。"道未始有封，言未始有常"（《齐物论》）。因道无封无限，故表道之言是不可固常。言以指称，而"大道不称"，执分则非道；言以分辨，而"大辩不言"，争辩则不及道。"道不可言，言而非也。"（《知北游》）执著于言，不得于意，故言而非道。言不尽道，故"道不可言"。大道是"不道之道"，必然要求"不言之

辩"（《徐无鬼》）。"道不可有，有不可无。道之为名，所假而行。……言而足，则终日言而尽道；言而不足，则终日言而尽物。道物之极，言默不足以载；非言非默，议有所极。"（《则阳》）道既不可以"有"论，也不可以"无"论。言"有"言"无"皆非大道。道假"有"以名"或使"，假"无"以名"莫为"，兼"有"与"无"一体而言为"玄"。作为"玄之又玄"者，言其"有"而不可执著为"有"，"有"又是"无"。如此，则终日言"有"尽是道之无常其"有"；反之，终日言其"有"，以"有"为道，则所言皆是物性之"有"。"或使莫为，在物一曲，夫胡为于大方！"言以表道，故假言以喻道；言不尽道，则不可执著默。或言、或默皆不足以载道，而非言非默方能极道之真。非言非默，是俩不执的既言既默。言而不执著于言，则言中有默；虽道不可尽言，然论道不可无言，默中有言。大道既是"为物"的已有存在，又是"生物"的潜在无有。前者是功成事遂，后者是不息不测。"道"为言指、名谓的皆是已有，而不能言指、定谓的是无限的"无有"。"道不可言"与"丘里之言"有别，后者是"合异以为同，散同以为异"，为有限之大；前者是涵摄万不同，一而生万殊，为无极之大。正如"万物"名称由来一样，"今计物之数，不止于万，而期曰万物者，以数之多者号而读之"。"万物"之名的总量不止于万，但假以言无穷多之谓。"因其大以号而读之则可也，已有之矣，乃将得比哉！"万物是假名，正如恒道是假言，而物者可名。"有名有实"为"物之居"，"无名无实"在"物之虚"。"言之所尽，知之所至，极物而已。""极物"者有分有议，而"睹道"者"不随其所废，不原其所起"，故成其"议之所止"。随有废、原有起是"议"，而议止者无废无起，"道通为一"。"议之所止"，则是非不彰，故道者不亏。恒道的思维是无极而至极、至极而无极。既可假万物以为言，"道通为一"，又是"与物反"，"大道不称"。实质上，"万物"之名也是无穷的代名词。万物作为至极之名，无物不涵其中，它包括物之过去、现在和将来。万物的总名即是宇宙，亦是大道的别名。恒道既在万物之中，"泛兮其可左右"，又是生物不测，"周行不殆"，无有其极。假已有万物以言道，而道非即是万物，它是物生不测。"不言则齐，齐与言不齐，言与齐不齐也。故曰言无言。言无言，终身言，未尝言；终身不言，未尝不言。……非卮言日出，和以天倪，孰得其久！万物皆种也，以不同形相禅，始卒若环，莫得其伦，是谓天均。天均者，天倪也。"（《寓言》）言者有分，取此舍彼，故不齐。不言则自齐，齐即不辩不言。齐与言、言与齐，皆是有分，故俱不齐。正如辩者有不辩一样，言者则有不言，不言则齐于"天均"、"天倪"。"言无言"者，"和以天倪，因以曼衍"。言非出于己，则随乎言而言之，故终身言而未尝言；虽终身不言，然口未尝不言。言物固然、固可，则无言不然、不可。"卮言"与变化同出，因循万有，故言于不言。事物变化无穷、终始无端，故言不可尽。"天均"者，言与化俱，则言而不执、言而不滞，故因偕变化而日新其言。正如"物物而不物于物"思维一样，已言的皆是陈迹、一隅，只有言与物化为一，言当言而不执著于言，方是至言。知于至言，则不执于言。"寓言十九，重言十七，卮言日出，和以天倪。"

寓言者，以人不信己，故寄证他人，则十言九见信。重言者倚重老丈人之言，故十言七见信。卮言者，因物随变，惟彼之从，故若日出日新，尽其自然之分。"卮言日出"，是"得意忘言"。以其日新得变化的自然之分为"得意"，以其日新而不执于所言为"忘言"。就知道言，以其假言而喻恒道"不可道"为"得意"，以其言皆为"可道"而不可执为"忘言"。"卮言日出"，又是"希言自然"。言合自然之分，非为己辩，非由宰教，言而不恃，言而不滞，则言与化为一，与时物同指，与变化同符。"言休乎知之所不知，至矣"（《徐无鬼》）。"知之所不知"，本自恒道"不可道"的"不道之道"的质性。道不可道，则知则不知。知而不自以为知，知其所知非是绝对真知，故不恃己知，知而无止，知于无穷。言来自知，知不知之知则言于不言。言而不以所言尽道，不执所言，言与化俱，故言于所不言。《文子》继承老庄思想，进一步阐发"得意忘言"之旨。"事生于应变而动，变生于时。知时者无常之行，故道可道，非常道；名可名，非常名。"（《道原》）可道、可名与可言同类，可言非至言，"得意忘言"方是真知道、真知言。知无常，则言无常，"卮言日出"。"道不可言，言而非也。"（《微明》）之所以不可言，因为道"可以弱，可以强；可以柔，可以刚；可以阴，可以阳；可以幽，可以明"，归结言之它可以"应待无方"。假言以得意，是因"可道"而喻"不可道"。强和弱等对反存在，是言以名实，定指一性。言者有限，而道者无不兼，"应待无方"，故非言可尽表。言以表"有"，而道为"无"。执言为道非为真道。然非言无以知道，二者合言是"得意忘言"。至人之治，以其"含德抱道，推诚乐施，无穷之智"，故"寝说而不言"（《精诚》）。"不言"来自"道德"之性，在于"无穷之智"。恒道不可道，故圣人以为治则不言。"寝说而不言"，非是无有言教，而是"贵其不言者"，同于大道，言与化俱。言说者，可道之道。"著于竹帛，镂于金石，可传于人者，皆其粗也。"得意于"不可道"的恒道，则忘言于可道之道。有"无穷之智"，则"知者不言"。《淮南子》以"至言去言"揭示"得意忘言"的旨意。"知言之谓者，不以言言也。争鱼者濡，争兽者趋，非乐之也。故至言去言，至为去为。夫浅知之所争者末矣。"（《道应训》）以言为言，图口辩之利，求争竞之胜。正如知时者无常行事一样，知言者无常其言。不执于言，而言于不得不言。"至言"者，知言为假言，故言所以言。虽不得不言，然得意忘言。《吕氏春秋》进一步指出，"得意忘言"的内涵在于既要"言以谕意"，又要"得意舍言"。在"言以谕意"上，"言者以谕意也。言意相离，凶也。乱国之俗，甚多流言，而不顾其实，务以相毁，务以相誉，毁誉成党，众口熏天，贤不肖不分"（《离谓》）。言的功能在于谕意，言固然不可离意，因为"意"是"实"，为言之本。言背离意，则流言乖于实意，毁誉悖于言用。"务以相毁"，则口诛笔伐；"务以相誉"，则阿谀奉承；党同伐异，则"毁誉成党"；众口铄金，则鱼目混珠。在"得意舍言"上，"辞者，意之表也。鉴其表而弃其意，悖。故古之人，得其意则舍其言"（《离谓》）。言辞以表意，意为言辞所达，故不可弃辞。然更不可舍本逐末，以言为本，而弃其实意。正确的思维观念，是"得意舍言"。一方面，"非辞无

以相期"。人无辞则无有期必之常，不得交流之用，故"言者以谕心"；一方面"从辞则乱"。言心相离，言行相诡，一味执于言辞，则必陷于淆乱，故"不祥莫大"（《淫辞》）。

魏晋时期，"言"与"意"关系成为论辩的一个主题："意"可否能离开"言"而存在？"言"能不能达"意"？"言"在认识中起什么作用？围绕这一主题，形成了三类观念。一持"言不尽意"。嵇康著有《言不尽意论》，此文虽今已不存，但在其《声无哀乐论》中亦有所体现。他认为，"言"是约定俗成的产物，为人所公认和共同使用，然不同语言之间则不可通约。一方面，知不必言。因"言非自然一定之物"，故"知之之道，可不待言"。为知不必假言，则以言为知非是必然。另一方面，言不证心。"心不系于所言，言或不足以证心"。心非无言而必不知，言非所言即可证心，"心不待言，言不证心"。但嵇康言论前后并非一贯，他也提出"因事与名，物有其号"和"反三隅者，得意而忘言"之论。"因事与名"，是名以指实；"物有其号"，是名以表实。"反三隅"者，不执于言，得意则忘。荀粲认为，"言"所表达、反映的只是具体存在之物，而不能反映事物的内在意蕴。二持"得意忘言"。王弼用"得意忘言"思维方法注《易》，认为"言生于象"，而"象生于意"（《周易略例·明象》）。意即义，"象之所生，生于义"。《易》以"象"著明，"有斯义，然后明之以其物"（《易·乾卦·文言》注）。意生象，象生言。得意莫若象，知象莫若言。但"言"的表达功能是有限的，"意"一经得到，"言"就成为陈迹，得意要忘象，得象要忘言。"立象以尽意，而象可忘也；重画以尽情，而画可忘也"（《周易略例·明象》）。"言"生于"意"，故可以"言"观"意"；"言"为"意"之表，不可执"言"以为"意"；得"意"要忘"言"，忘"言"方纯于"意"。"象"与"意"关系，犹如"言"与"道"的关系。"道"者无象，然因象以揭示其为"大象"。王弼认为，"道"、"玄"、"大"等"言"各有其义，然皆未尽言绝对本体存在。"弥纶无极"者，不可定名以细；"微妙无形"者，不可限名为大。"言之者失其常"，故圣人"不以言为主，则不违其常"。（引自《魏晋全书》第二册，吉林文史出版社2006年版，第121页）不以言为主，则不拘于言。道不可言尽，然可假言以喻道。郭象《庄子》注虽提出"寄言出意"的观念，然因其否定造物者存在，故其"意"的内涵已大不同。王弼以"忘言"所得的"意"，是本体之道或"无"。郭象以"寄言"所出的"意"，是"造物无主"以及"不废名教而任自然"。"昭昭者，乃冥冥之迹也，将寄言以遗迹。"（《山木》注）昭昭者为玄冥之迹，"寄言以遗迹"是去其昭昭，而明玄冥独化之"意"。"遗迹"以得"自然"，"寄言"以存"意"。"夫言意者，有也；而所言所意者，无也。故求之于言意之表而入乎无言无意之域，而后至焉。"（《秋水》注）言意表迹为"有"，所言所意为"无"。"求于言意之表"为"寄言"；"入于无言无意"为"遗迹"。"求道于言意之表则足。不能忘言而存意则不足。"（《则阳》注）寄言出意，则不落入言执；存意而言不忘，则落入言筌之拘。宜忘其所寄而存其意。三持"言尽意"论。欧阳建指

出，"形不待名而方圆已著，色不俟称而黑白以彰。然则名之于物，无施者也。言之于理，无为者也。"（《言尽意论》）"无施"则名与物一一对应，反映、指称者真实无妄；"无为"则言与理一一相符，名理、言理则若理之自名、自言。"无施"、"无为"，揭示了名言在反映真理上的符合论。言可达理，名可辨物，故言名不可或缺。"诚以理得于心，非言不畅；物定于彼，非名不辩。言不畅志，则无以相接；名不辩物，则鉴识不显。鉴识显而名品殊，言称接而情志畅。"心无言则不畅其志，无以相接沟通；物无名则不得其辨，无以传达鉴识。言、名既是鉴识明理必需的凭借，又是相接交流必需的中介。物非自然有名，理非自在有称。"欲辩其实，则殊其名；欲宣其志，则立其称。"名称虽由人而定，然非由妄作，而定于物理志实。"名逐物而迁，言因理而变。"它们是一而不二、一一相符的关系，犹如"声发响应，形存影附"，不得相与为二。"苟其不二，则言无不尽矣。"不二其指谓，则名定于实，称合于理，言无不尽，则言尽其意。归结而言，如果说"言不尽意"揭示的是"言"的静态性、固态化，在反映变化之实上的滞后性、有限性的话，那么"言尽意"揭示的是"言"的动态性、更易化，在反映变化之实上的无限接近性、符合性。欧阳建提出了"实物"与"真知"在动态反映上的"真理符合论"，虽然逻辑上尚不尽完善，但已在认识论和知识论之间搭建了一个联结的桥梁。在言语知识与变化实物之间的认知关系上，知识来自对实物的认知，实物变化则知识也要随之变易，它是一个无限的认识、再认识的过程。既要用新的认知校正固化的言论，形成新的意义，产生新的观念，使之成为动态的无限接近真知的发展过程。又要通过既有语言、知识认知面对的事物和世界，在此基础上顺应事物变化，进行创新，使言论、知识逐步接近真理。对恒道的认知也是一样，只有对"可道"性的无限认知，方能接近对"不可道"性的绝对把握。在揭示"得意忘言"的观念上，葛洪云："荃可以弃，而鱼未获，则不得无荃；文可以废，而道未行，则不得无文。"（《抱朴子外篇·尚博》）"文"虽非即是"道"，然无"文"无以载"道"。知"文"不可无，亦不可执，方为"知言"。僧肇以释氏思维提出了"言而不言"的思想。针对有难者云"物无以自通，故立名以通物。物虽非名，果有可名之物当于此名矣。是以即名求物，物不能隐"，僧肇答曰："般若义者，无名无说，非有非无，非实非虚。虚不失照，照不失虚，斯则无名之法，故非言所能言也。言虽不能言，然非言无以传。是以圣人终日言，而未尝言"。（引自《般若无知论》，载《中国佛教高僧名著精选》，四川出版集团巴蜀书社2000年版，第442页）难者以为，"名"可通物，物可"名"通。即"名"求物，则物不能隐；"名"可当物，则"名"不可无。僧肇以"般若"为宗，提出了既非言所能言，又非言无以传，终日言而未尝言的"言而不言"思想。"无名无说，非有非无，非实非虚"的"般若"，与恒道有实质不同。前者是无住无执、遣之又遣的智慧，后者是微妙至神、玄之又玄的实存。前者是即相而不住于相，求如如幻化之境，否定造物者的实在；后者是物物而不物于物，突出生育造化之功，肯定造物者的存在。然在思维结构上，二者又具有相类性。恒道不可道、不

可名。也是"无名无说";恒道既是有无一体,又是"非有非无";恒道既是虚实相即,又是"非实非虚";"以道观之",静观万物,也是"虚不失照,照不失虚"。无言道不得,有言不可执,也是"言而无言"。二者之所以在思维上相类,在于"般若"与恒道具有相同的玄妙思维质性,同是化者无极、不留于迹,同是假言以言,言而不执。《老子》的"言而无言",所言皆是实在,"无言"在于"得意",得于大道实存的玄妙质性。释氏的"言而无言",所言的皆是物相,"无言"在于证慧,求"般若"相识的双遣妙旨。

二、思维同构

《老子》"知而不言"、《庄子》"得意忘言"思想影响深远,已成为一种哲学思维模式和诠释方法。这种思维模式在儒家典籍中同样有所体现,显见它们具有思维上的同构性。就"言有宗"思想,《论语》中多有论说。"夫人不言,言必有中。"(《先进》)言不妄发,则言者有中,言当其理。"言必有中",则言而有意,言以载德。然在"德"与"言"上,存在着二者的乖分、割离。"德者,必有言。有言者,不必有德。"(《宪问》)德为言本,言为德表。无言则德不彰。有德而言,则所言皆德。言非必德,故言与德离。无德之言,是口佞巧言。言以表意,然不可执言以为意。孔子忧于此,而提出"予欲无言"(《阳货》)的观念。"天何言哉?四时行焉,百物生焉,天何言哉?"此非否定"言",而在于揭示言与所以言的指称关系。"四时行"、"百物生",为天之实言。人虽有言,然或无有其实。天者不言而信,故是"言善信"。人者巧言,故"美言不信"。从言以表德看,"予欲无言",则要求弟子不得执于我言,而要求其自然生生之德,得我言的所以言。《孟子》也提出不执于言的观点,"尽信《书》,则不如无《书》。吾于《武成》,取二三策而已矣。"(《尽心下》)无书固然弊大,然尽信书之害胜于无书。取二三策,提出了一个科学对待史籍所载观念的问题。书以载史实,然不免有与事实相背之处。对待史籍,当取其真实之言,去其浮夸之言。就"言"与"象"、"辞"与"意"的关系,《易传》给予了深刻的揭示。一方面,"书不尽言,言不尽意。"另一方面,言可得意。既是"立象尽意",又是"系辞尽言"。寄言以得"意",舍言以得"道"。卦、象和辞既是言,又是器。器以寓道,言以载理。卦来自仰观俯察的效法,它可以通"神明之德",类"万物之情",断其吉凶,行其典礼,"设卦以尽情伪"(《系辞上》)。"象"者是圣人见"天下之赜",而"拟诸其形容,象其物宜",它的目的在于"立象以尽意"。《易》卦作为显"象"者本身就是"象"。"辞"是"以言者尚其辞"。辞有险易,"各指其所之"。系辞在于"所以告"和"尽其言",目的在于"系辞焉而明吉凶"。"意"是道理,"天生神物,圣人执之。天地变化,圣人效之。天垂象,见吉凶,圣人象之。河出图,洛出书,圣人则之"。以卦言,"尽情伪"是尽其意;以象言,"象其物宜"是尽其意;以辞言,"明吉凶"是尽其意。三者尽意,则"弥纶天地之

道"，以成盛德大业。彰往察来而微显阐幽，可通"天下之志"，可定"天下之业"，可断"天下之疑"。在揭示"书不尽言，言不尽意"的内涵上，《易》的妙旨主要体现在"神无方而《易》无体"，它既是"阴阳不测之谓神"，又是"往来不穷谓之通"。《易》以澄明"变通"，为"化而裁之存乎变，推而行之存乎通"。"通变"是尽其意，"极天下之赜者，存乎卦；鼓天下之动者，存乎辞；化而裁之，存乎变；推而行之，存乎通；神而明之，存乎其人；默而成之，不言而信，存乎德行。"《易》者尽神，"惟神也，故不疾而速，不行而至"（《系辞上》）。可见，《易》之思维是假"可象"以得"不可象"之意。"乾坤其《易》之缊邪？乾坤成列，而《易》立乎其中矣。乾坤毁，则无以见《易》。《易》不可见，则乾坤或几乎息矣。"乾坤作为器、卦、象、辞、言，是可道之道。无乾坤则无以见《易》，犹如无言无以揭蔽恒道存在质性。然《易》又非尽于卦辞，它是"不可为典要，唯变所适"的"为道也屡迁"（《系辞下》）。以《易》的"广大悉备"言，是"穷神知化"的至极；从"神无方"上言，又是变化不测的无极。无极以至极而得以揭蔽、澄明，至极以无极而揭示"言不尽意"。宋儒继承孔孟、《易传》思想，并吸收了道家的思维。邵雍指出，"有意必有言，有言必有象，有象必有数。象生则言彰，言彰则意显。象数，则筌蹄也。言意，则鱼兔也。得鱼兔而忘筌马，可也。舍筌蹄而求鱼兔，则未见其得也。"（引自《皇极经世》，九州出版社 2003 年版，第 592 页）在《易》的言意和象数之间，是"得意忘言"的思维结构。有意必有言、象、数，它是设卦的次序。象生言彰，言彰意显，是以卦得其理。无象数则无以见言意，犹如不可"舍筌蹄而求鱼兔"。既得言意则象数可忘，犹如"得鱼兔而忘筌马"。张载云："运于无形之谓道，形而下者不足以言之。"（引自《张载集》，中华书局 2006 年版，第 14 页）"道"无形，而"形而下"者有形，以有形言无形，故不能尽。"形而上者，得意斯得名，得名斯得象；不得名，非得象者也。故语道至于不能象，则名言亡矣。"（同上书，第 15 页）"形而上者"类似恒道，得其"意"则强为之名，立为"无物之象"。无名则象不立，无名则不得象。前者是言以表意，后者象以言彰。语"道"于"无象"，则名言不得尽表。以名言为道，犹如"道可道，非恒道；名可名，非恒名"。得辞得象，是假言以喻道；神为不测，是言不可尽其意。"《易》所以明道，穷神则无《易》矣。"（同上书，第 218 页）《易》以明道，是假言以悟道、尽道，若"穷神"则不必用《易》以预测。《易》以"极深而研几"，以"可道"见"不可道"。极深则尽通，"穷神知化"；研几则尽变，"精义入神"。程颐坚持以义理统率物象，而扬弃忘象说。《易》因象以明理，由象以知数"；"理无形也，故因象以明理。"（引自《二程集》，中华书局 2004 年版，第 615 页）因象明理、知数，是假像以显"意"。理无形不见，只可因象以明。"至微者，理也。至著者，象也。体用一原，显微无间。"（引自《朱子语类》，中华书局 2004 年版，第 1653 页）至微无形，然以象而明。理以用明，用以证体，故体用一原；理以象见，象以明理，故显微无间。程朱以"言

意无间"为言尽其意，只可从绝对真理上说。蔡渊承接其说，"'圣人立象以尽意，设卦以尽情伪，系辞焉以尽其言'，夫子岂欺我哉？世儒乃欲忘象忘言，果圣人作《易》之意乎？圣人之意，正在乎言、象之间也，惟'变而通之'，则象可以尽其利，'鼓之舞之'，则辞可以尽其神，本末一贯，皆实事也。欲忘末而求本，是乃老聃之学，岂圣人作《易》之意哉！"（引自《宋元学案·西山蔡氏学案》，载《黄宗羲全集》第五册，浙江古籍出版社 2007 年版，第 414 页）圣人之意在言、象之间，因言、象而传于世。然不可执于言、象，而要假之以见"变而通之"的本旨。不能忘象忘言，固执于《易》之为书，则不能以穷神知化。老庄"得意忘言"，何尝是"忘末而求本"？若"得意"不以"言"，何以云"忘言"？尽利、尽神皆言《易》之至用，但非是系辞言象之用，而是在"观其象"和"玩其辞"的基础上"观其变"和"玩其占"，通其变则"唯变所适"。观象、玩辞是"典要"，观变、玩占是"趣时"。《老子》之学是崇本以举末，忘末求本者为道家之滥觞、末流。刘宗周云："作《易》者在立象尽意，而用《易》者贵得意忘象，反复以明易道之妙。"（引自《周易古文钞下》，载《刘宗周全集》第一册，第 235－236 页）圣人作《易》，固是"立象尽意"，以前民用，使"民咸用之"。然所尽之"意"，不过是所知之"意"。事物之理变化不穷，故所得之"意"是一个动态发展的过程，理不尽意也不尽。惟有以《易》为凭借，得其妙理，进一步格物穷理，直至于"穷神知化"，方可尽于理的无穷之"意"。清大儒王夫之对"得意忘言"给予了更大关注和阐发。在释"喻于义"上云："唯其喻之也，则其机愈明，而得意忘言之下，情自不能已。其见既定，而委曲详尽之致，才自足以有为。"（引自《四书训义》，载《船山遗书》第三卷，北京出版社 1999 年版，第 1726 页）"机"明，是豁然贯通的得"意"，故有"唯义所适"之笃。"得意忘言"，是求言之所以言，故自得于理而诚之，"沛然莫之能御"。"意"得见定，致广大自能尽精微、委曲详尽。在"言"与"意"关系上，贵在"得意而忘言"。"三代之得天下，得之以仁而已矣。知其得天下之理，与生天下之心，以读三代之书，则得意而忘言，不至以学术杀天下矣。……学者审其理，而见先王之心，信以道，不信以言也。"（同上书第四卷，第 2290 页）读三代之书要在知其所以言，明其"得天下之理"和"生天下之心"，此即以言谕道。若固执于学术，一信其言，则以至于杀天下，故言"尽信书不如无书"。"得意忘言"，方为读书的正确方法和道问学的工夫。"忘言忘象，而无不可通，于以应无穷也，皆无所碍。照之以天，皆一也，但存乎达之者尔。"（引自《庄子解》，同上书第七卷，第 3922 页）"忘言忘象"在于知通，只有忘于言象，去心之执、除言之辩，方能达致一种澄明无杂的心境，进而澄明如鉴，"照之以天"，无所不通。心若鉴则无与，只有忘言象之执、通达无碍，以天下为一，方能应无穷。他又指出，"忘言"者，非是"有言而忘之"，而是因为"道大而言小，道长而言短，道圆而言方，道流行而言止于所言，一言不可以摄万言，万言不可以定一言，古言不可以为今言，此言不可以

为彼言。所言者皆道之已成者也，已成则逝矣"。（引自《庄子解》，同上卷，第4008页）"忘言"在于"言"不能全合于道。"言"的属性为小、短、方，分析而有畛，故止于所言，。一不摄万，万不定一，古不为今，此不为彼，揭示了言的定限性，"言未始有常"。作为"道之已成"，"言"皆是已逝的陈迹、糟粕。相反，"道"的质性为大、长、圆，它流行不滞，无所不通，"道未始有畛"。自执于言，言不与化则脱离于实，言不符实则其用不至，故以自善则不适，以治人则不服，以教人则不化。道大，通古今，合大小，一彼此，固不可以定执之言尽无常的道意。事变不息，机化不再，只有"忘言以听其消"，方能"无不消"。若以言留之、滞之，则执"故吾"而死其"日新"。"道日徂而吾已故，吾且不存，而况于言乎！"（同上页）大道无常，故吾时逝，言为吾言，必与吾同逝，成为陈迹。得道之要，在于"得意忘言"，或者说是"言而无言"。王氏认为"莫为"、"或使"二说既"皆是"又"皆非"，"皆非故皆是，皆是则是其所是，而固皆非矣。"（引自《庄子解》，同上书第七卷，第4040页）言"或使"者，如毂有轴，虽为天下枢之环中，然环中虚，虚固不能使实，故其言为非。言"莫为"者，如环中之虚，然既有"环"，就是有名实可纪之物。其虽有实而无处，然初非无实，故其言也为非。"皆非"者，二说皆是偏执，不执则反皆是。二说各自是其所是，"皆是"于偏执固皆非。在解"道不可有，有不可无"上，他认为"有"者为"物"，故"极物则无道，恶有无哉？"无"无"则言穷，言穷则默。默又不得当，因为"道不可尽，尽之于物"。道不可言，故"于道则默"；因物言道，故"于物则言"。假言以谕道，是假可言、可道之物，以揭蔽恒道存在的玄妙质性。在"物物而不物于物"中，恒道存在得以澄明。恒道作为"造物者"，因物之造、造于物而得以假名。"以人思虑之绝，而测之曰'莫为'；以人之必有思虑，而测之曰'或使'；天下之测道者，言尽矣。夫'莫之为'则不信，'或之使'则不通；然而物则可信而已通矣。知其信，不问其通；知其通，不恤其信；一曲之见，不可以行千里，而况其大者乎？"（引自《庄子通》，同上卷，第4083页）"莫为"、"或使"皆偏执之辞、言尽之辞，故或"不信"或"不通"。实则，都是一曲之见，不能"道通为一"。信以物则通于物，即为道；知通则不信于物，亦非道。道不离物，然又非物。言者名物，假物谕道。在评论《庄子》的学说上，"庄子既以忘言为宗，而又繁有称说，则抑疑于矜知，而有成心之师。且道惟无体，故寓庸而不适于是非，则一落语言文字，而早已与道不相肖。故于此发明其终日言而未尝言之旨，使人不泥其迹，而一以天均遇之，以此读《内篇》，而得鱼兔以忘筌蹄，勿惊其为河汉也。"（引自《庄子解》，同上卷，第4045页）惟道无体，不可执言，故要"得意忘言"。"忘言"，非是不言，而是不拘于言，非泥滞于言。因为一落言执，则与道不肖。《庄子》虽繁有称说，然皆为寓言、假言，故是"终日言而未尝言"。揭蔽于"道"则不得无言，无言则无可道之道。然若泥于言迹，则其害甚于无言。"天均"者，言而无言。在诠释"书不尽言，言不尽意"上，他又指出，

"言可以著其当然，而不能曲尽其所以然；能传其所知，而不能传其所觉。"（同上卷，第 179 页）"当然"，"所知"是殊理、已然之理，故言可尽；"所以然"、"所觉"，是不测之道、玄妙之理。揭示不测之道，"当合卦象变通鼓舞之妙，以征《系辞》之所示，而不但求之于辞"。（同上页）《系辞》所示者，是趣时以变的"唯变所适"。"言辞"者，皆是"典要"。就"《易》与天地准"的真理至极言，固然"藏密之实理"无不可尽于书。但就现实《易》为书言，则只是历史的产物、相对的真理，不能尽全万变不测之理。在言象与变通的关系上，《易》有象、辞，因象而立；有变、占，因数而生。"象至常而无穷，数极变而有定。无穷故变可治，有定故常可贞。"（引自《周易外传》，同上书，第 344 页）"象"来自天地万物变化的法象，物象不测则《易》象无穷。《易》者"常以治变"，"至常"是常于无常，涵尽变化不测之理，以无常为常。《易》者"变以贞常"，"极变"是见天下动变，观其会通而以行其典礼，系辞以断其吉凶，常用于无常。象以言理，数以占卜，二者皆是常与无常的统一。与此思维相类，《老子》以"可道"揭蔽"不可道"的恒道，可道则有常，不可道则无常，恒道无常于可道之常。因可道的不常，方为无常；因无常的有常，方有可道。恒道的"物物"，既是常，常于生物；又是无常，不测生物。《易》理是无极与至极的统一，就其无所不涵的"已然"说是"广大悉备"，言尽其意；就其不可穷尽的"未然"说是神而无方，言不尽意。言不尽意，并非一概否定言以表意，前者是就统摄的绝对意义上说，后者是就变理的相对意义上说。二者是绝对真理与相对真理的统一。王氏又以道器关系作解，对"得意忘言"思维给予了批判。"辞，所以显器而鼓天下之动，使勉于治器也。王弼曰：'筌非鱼，蹄非兔'。愚哉，其言之乎！筌、蹄一器也，鱼、兔一器也，两器不相为通，故可以相致，而可以相舍。形而上谓之道，形而下谓之器，统之乎一形，非以相致，而何容相舍乎？"（同上卷，第 359 页）筌非鱼，然无筌不得鱼；蹄非兔，然无蹄不得兔。固然二者相致，而可以相舍。以道家思维言，筌、蹄固是一器，而鱼、兔是以谕道，即"可道"而言"不可道"。以器识道，即是相致；离器识道，即是相舍。以鱼、兔为一器，是求定理，而非通道，两者内涵不同。"夫蹄非兔也，筌非鱼也。鱼、兔、筌、蹄，物异而象殊，故可执蹄筌以获鱼兔，亦可舍蹄筌而别有得鱼兔之理，舍象而别有得《易》之途邪？若夫言以明象，相得益彰，以拟筌兔，有相似者。而象所由得，言固未可忘已。"（引自《周易外传》，同上书第一卷，第 363 页）在老庄本意，"得意忘言"非是否定以言得其意，而是否定执言为得意。《庄子》言"得鱼而忘筌"和"得兔而忘蹄"，"忘"是用而不执，而"舍"是弃而不用。一字之差，谬以千里。忘蹄筌非是舍弃蹄筌而别得鱼兔之径。

《老子》"知者不言，言者不知"与《庄子》"言而不言"和"得意忘言"思想，以及儒家"书不尽言，言不尽意"的语言观，既揭示出语言表达的功能、界限，同时揭示出其澄明与遮蔽一体的玄妙质性。一方面，"言"具有达"意"载"道"的功能，

使之澄明于人的面前。它通过对现实事物的取像、反映，承担了认知存在、传达意谓、沟通交流、历史记忆以及传播文化等方面的功能。另一方面，"言"作为达"意"载"道"的媒介、载体和工具，又具有相对的稳定性、独立性、固化性。象形、指事和会意等造字思维皆是静态的截面反映，始终与宇宙间事物变化的进程、幅度和呈现具有裂隙和错位现象。人们在"言"的使用中，往往将其视为是实存的本真反映，导致言说与现实脱节，带来遮蔽的问题。在道家看来，凝滞之"言"是历史存在的糟粕、陈迹，它必须根据事实的变化发展而不断纠正、完善，以使之不落入绝对"符合论"的窠臼。语言是文化的家园，失去语言人类就会失去心灵的自由。作为表达的形式和工具，我们依赖语言，但我们不可为语言所"主宰"。卡西尔指出，语言文字除了具备传达、沟通等许多能力之外，还具有一种能力："足使一切流徙变易的都得到巩固，而使其免陷于偶然与随意"。（引自《人文科学的逻辑》，上海译文出版社 2004 年版，第 4 页）"巩固"是通过语言的静态固化性、抽象性，而使事物变化的存在样态、性质得以遮蔽，我们依赖于语言认知的往往是历史的陈迹、糟粕，世界被语言格式化、固态化。同时，语言还作为历史认知的条件，以经验的形式左右我们。"经验"总是包含以下事实：被理解的本文必是在由前意见所规定的处境中得以述说和表达。虽然这也是诠释可能性的条件或诠释学处境。就言语认知与本体存在的反映关系问题，德国存在主义哲学家雅斯贝尔斯指出，"任何被认识了的存在，都不是存在本身。"（引自《生命哲学》，上海译文出版社 2005 年版，第 3 页）"存在"本身是无所不包、变化莫测的"大全"。"大全是那样一种东西，它永远仅仅透露一些关于它自身的消息——通过客观存在着的东西和视野的边际透露出来——但它从来不成为对象。……它自身并不显现，而一切别的东西都在它的里面对我们显现出来。……由于它，一切事物不仅成为它们各自直接显现的那个样子，而且还都继续是透明的。"（同上书，第 4 页）这里所谓的"存在"和"大全"，与老庄之"道"是多么相类。道以所生之物、所运之物作为媒介展现自己，揭蔽自己，使之澄明在天下万物之中，作为人认知、体行的存在。恒道不是"对象"性的呈现，而是在可道之物中透漏消息，显现自己的功用实存质性。它永远是欠缺者或尚不完全者，故不能作为可具体感知认知的对象或存在者。一切存在者都从大道中产出，而其本身又非是存在者。语言是揭蔽存在者的语言，而大道不是存在者，故"道不可言"。鉴于语言认知的滞后性，要认清具有无限敞开可能性的大道——或说是其"物物"的不测性、世界无穷变化发展的真正面目——就必须面向现实，让事物现身于前，保持镜观的流动性，语言的灵动性，直言现实真理，不被书籍所记载的言辞所蒙蔽。认知不息，言说不滞，这样方能与大道自身的无限呈现、物物而不物于物的无限进程达到逐步的契合一致。"言以表意"的内涵是常与无常的统一，稳定性之常既是它的局限，也是人类认知、文化传承的基础。"言"既可揭蔽恒道存在的意蕴，又在遮蔽恒道存在的质性。前者是假言以悟道，后者执言以为道。"知言"则假言而不执言，得意而忘言。言以喻道，则不去言，寄言以得意。言而不执，言非己

出，"希言自然"。言不尽知，不著于言，则言而不辩。言者有宗，故信言不美，去其巧言。名言作为分析、静态之属对应于"可道"，假言、强名对应于"不可道"。既要假言以明道，又要得意而忘言。至言去言，言而不执。不言而言，虽言不言。

最后，对本节内容做简要概述。《老子》"知而不言"、《庄子》"得意忘言"与儒家"书不尽言，言不尽意"等思维同构观念，共同成为了一种哲学思维方式和语言表达模式。老庄的言意思维来自对恒道存在的揭示，反映出恒道的玄妙、玄通质性。"得意忘言"是"言尽意"与"言不尽意"二者的统一。一方面肯定"言以表意"和"言以载道"，另一方面肯定"寄言喻道"和"假言明理"。它的思维内涵在于恒道为"可道"与"不可道"的统一性。恒道的"不可道"以"可道"而彰显，然"可道"皆非是"不可道"的恒道。与此对应，"名可名，非恒名"，以"言"揭示恒道存在质性是"不言之言"或"得意忘言"。恒道不可言，然又要以言喻道。"得意"又要"忘言"，故不执于所言。"大道不称"则"知而不言"，"不道之道"则"得意忘言"，"大道不道"则"至言去言"，"道法自然"则"希言自然"。

第二十六章 道为机体

拥有"玄德"的恒道，既是万物生养、化育的唯一本体，又是寓于万物之中存在的唯一本体。作为寓于万物之中的唯一存在，既是，就涵摄万物为统一一体的"道通为一"存在，又是宇宙存在形态的机体存在。每一存在物既禀赋于道以自化自然，同时又以他物的存在作为自己生存、发展的条件、场所和环境系统。万物之间的和谐相生、共生是"机体"的生生，它是生物圈式的自然界系统。宇宙机体作为恒道存在的另一种形态，体现在万物自生自化、相生相化之中。

第一节 老庄的机体观

要真正把握《老子》的恒道或宇宙机体思想，必须从道家哲学的纵向历史发展脉络中进行揭示。虽然，《老子》机体观不如后来道家诸子阐述的那样内涵丰富，但是作为始作、开端者，机体观的根本思维取向已然定调。后学者正是继承发展这样的思想脉络和逻辑结构，而逐步加以丰富、拓展。《庄子》使《老子》所开创的宇宙机体思维更加系统、丰富。通过《庄子》，更可发现《老子》宇宙机体思维的全部内涵和意蕴所在。

一、《老子》机体观

"机"者，字意本为机关，引申为有机关的机械，如织布机等。因其具有自动的属性，后引申为人和动物的机理、机体，它的自组织功能属性逐步彰显。"机体"者，自我维持，自我发动，自我调适，自我均衡，自我满足。内涵拓展后用以揭示宇宙或自然界存在，形成宇宙机体观。虽然在先秦道家思想中，并未曾有言及人为机体、宇宙为机体的直接论述，但从其思想内涵看，无疑具有这样的属性意蕴。当然，它与现代科学、哲学的机体观相比，还不够深刻、系统。但开启这样的思想探索、思考，已是当时人类思维创新的一个重大成就，并且成为中国哲学思想发展的一个重要特征和世界观的价值特性。

（一）机体理论

在诠释《老子》《庄子》和《文子》思想中的机体观之前，有必要对现代哲学和

科学的机体概念或观念有所了解和把握，然后以为基准，通过比较去挖掘道家的思想内涵。从现代哲学的定义看，"机体"是有生命的个体的统称，以之揭示宇宙存在状况是机体世界观。英国哲学家怀特海曾把自己哲学定为机体哲学，他提出要以"机体"取代原来哲学的"物质"概念，使之成为解说世界的图式。首先，他对牛顿的绝对时空观进行了批驳。在牛顿看来，连续运动可由三个相互排斥的实体来加以解释，这三个实体为：空间上的点、时间上的瞬间和物质性的粒子。绝对时间、绝对空间和惰性的物质，虽然被证明为非常实用，然却无法解释人们所经验到的绵延性感觉。因为它们是彼此独立存在的，故作为解释图式是静态的世界观。牛顿的物理学具有两个密切相关的谬误：一为"简单位置的谬误"，二为"误置具体性的谬误"。在这种思想中，某物的存在及其性质，除了直接相关的东西以外，独立于其他一切事物。然世界的事实却是，每个实际存在物皆在每个其他的实际存在物中显现自身。与"简单位置的谬误"不同，机体哲学的思维本质，是"呈现于另一存在物之中"。（引自《过程与实在》，中国城市出版社 2003 年版，第 90 页）机体哲学把直接感知的"存在"视为事件，将其当作自然要素的终极单位。事件与一切过程有关，与其他一切存在者有关。有机体的根本特征是活动，活动又表现为过程，它是有机体内在各元素之间相联、持续的创造过程。每一个机体都可向另一个机体转化，整个宇宙就是一个生生不息的活动过程，成为一个大的机体。机体哲学的特征，是揭示事件间关系以及相互影响、作用的过程。实际存在物在本质上是摄入性的事物，每一事物皆与宇宙中的其他各项存在具有确定的连结关系，相互"摄入"和"连结"。"摄入"分否定性、肯定性两类。"否定性摄入"，发挥排除作用，即将某项从实际存在物的主体现实情境中予以排除。"肯定性摄入"，发挥吸纳作用，即将某项纳入主体现实性的关涉气质之中。"联结"是每一存在事件的各要素之间、各个事件之间、事件与整个宇宙环境系统之间形成的相互联系、相互依待的关系。这样说来，"机体"概念具有双重意义。它的微观意义，关涉到"实际场合"的形式建构，是理解经验的个体统一性的过程；它的宏观意义，关涉到"现实世界的给予性"，为当下"实际场合"提供机遇。（同上书，第 235－236 页）对每一个实际存在物而言，宇宙皆是一个环境体，环境的本质是由实际存在物所组成、各种集合体所具有诸特征的总和。"处于一定环境之中的诸集合体将会构成其有序的要素，而那些非集合体性质的实际存在物将会构成其混沌的要素。"（同上书，第 202 页）环境分为远近、直接攸关和间接影响、有序与混沌等不同集合系统。有序统一的系统，是日常生活所假定的世界。浑沌是遥远、非直接关联的系统。从牛顿哲学的第二个谬误来说，它将抽象误认为具体，把经验的丰富复杂性和动态过程还原为简单的抽象，然后又把这种抽象误认为是具体的实在。世界的真实情况却是，宇宙为一个总体，每一个存在物都要以他物，甚至以全宇宙的存在物作为自己存在的基础和条件。"每一个实际存在物都是宇宙的一个点。"（同上书，第 146 页）解说世界观的正确图示，应以动态、联系的存在物取代静态、独立的实体。"过程"是世界，世界是"过

程"。"过程"是实在，实在是"过程"。整个宇宙本是活生生、有生命的机体，它处于永恒的创造进化过程之中。机体哲学的宗旨：是要表达一种内在一致的宇宙论，使之建立在系统、过程和进入新颖性之中的创造性进展，事件与环境，经验个体统一性，以及作为永恒凋谢的时间等概念之上。（同上书，第235页）机体是一个包含不同子系统的系统存在，而作为系统存在又在创新发展的过程之中。实际存在物要成为现实，意味着所有现实事物必定成为其共同的客体存在或环境条件，它构成了创造活动中的客观不朽性存在。"宇宙中的每一项，包括所有实际存在物，都是任何一个实际存在物的构成之中组成要素"。（同上书，第269页）有利的环境，不仅对客观自然的延续性极其重要，而且还融入了每一个事物存在、发展的事件之中。任何破坏环境的行为，都是自取灭亡。每一现实物皆为主体，都要摄入它由之产生的环境宇宙。因为世界中的每一个实际存在物，都有绝对的自我造就功能，故创造过程是绝对性的，而静态存在则是暂时性的。"经验"是合生的过程，整合着"精神"与"物质"存在的两极。从宇宙整体而言，实际存在物完成之日，即是它毁灭之时。因为毁灭而成为不朽，进而成为超越其上的实际存在物的一种拥有、居有，后者以之建构自身的事件和寓于其中的周围世界。实际存在物"凋谢和消亡"于时间的流程之中，系统事件或世界中的一切都处于变化的过程之中。这样，具有过程质性的各种事件的综合统一体，就构成为"机体"。与事件集合相行，"机体"也分不同等级、层次，它有自己的个性、结构和自我创造能力。"机体"的根本属性，是各个因子之间内在相联的持续创造活动和过程。一个机体转变为另一个机体，整个世界是机体的活动过程。活动、过程是"机体"之恒，而唯一存在变化的是活动的结构。自然界是活生生的，有生机的。但囿于西方逻辑思维的趣向，怀特海又把宇宙分为"事件"的世界和"永恒客体"的世界。"永恒客体"作为抽象的可能性存在和确定性的逻辑范式，是上帝使之成为现实。上帝既是现实世界的概念源泉，又是具体实在的基础条件，对世界具有引导作用。这样一来，自然界就非是纯粹的自在机体，而是上帝引导下的机体。怀特海的机体哲学，内涵二元性的矛盾。一方面批判机械唯物论将自然分解成静态物体和变化特征，另一方面又将存在分成事件过程的动态特征和静态特征（永恒客体）；一方面认为实际存在物是最终实在，另一方面又承认上帝是最终的一个创造者，其他一切都是其产物；一方面坚持现实过程是实在，另一方面又承认永恒客体的概念存在是实在，使现实存在变成了现实世界与上帝天国并行对应的两个世界，哪个世界也非独立、自足。虽然内涵这些矛盾，但怀特海提出"机体与环境"的论题，将生物圈理论吸收在自己的哲学之中，无疑为我们提供了一个新颖的世界解释范式。现代科学理论认为，生物圈是地球上有生命存在的环境系统。生物圈作为有机统一的最大生态系统，可分化为不同、众多的子系统。它的重要特征，是有序性、自组织性。在这个系统中，生物之间，生物与环境之间，各种因素按照一定的规律相互作用，进行物质、能量、信息交换。它表现了万物间结构和功能上的协适性，构成了动态平衡的自然系统，成为了有机统一的整体。

生物圈中有各种活动机制，人类社会的存在是其重要的组成部分，它在其中发挥的作用越来越重要。同时，生物圈是历史变化的结果。不论是机体、环境系统还是生物圈系统，除了包含大小系统之间、个体与个体之间之外，还包括一个重要关系，那就是个体与整体系统的关系。而这正是道家所关注的主题。

（二）《老子》论说

《老子》"机体"思想来自恒道与物的一体关系，它包含两个层面：一是个体作为自然自足的机体，一是宇宙万物之间所构成的生存环境和生物圈类的和谐机体。后者来自恒道作为"万物之宗"和"万物之奥"，前者来自万物的"得一"。

1. 个体机体

人作为万千种类生命体的一个代表，作为生物进化最高级的高级动物，具有一切生物所共有的自组织能力和自我调适能力。犹如机械自发、自动一样，人的生理机能是自在的自组织、自调适系统。这种内在和谐平衡和自我适应的机体结构，在《老子》那里表现为赤子的"精之至"和"和之至"。"含德之厚，比于赤子。……骨弱筋柔而握固。未知牝牡之合而朘作，精之至也。终日号而不嘎，和之至也。""比"是类如、比如。以赤子的机体状态来喻人的含德之厚。何谓赤子？陈景元云："赤子者，取其始生，其色赤纯，和之至也。"赤是人初生的本色，赤子是人始生的机体质性。"精"者，是个体机体自组织的能力和机理。为何以之喻"含德之厚"？王安石云："赤子者，天守全而阳不散"。"天守全"是万物以生的"得一"之纯，"不散"是恒德不离。《老子》云："载营魄抱一，能无离乎？搏气致柔，能如婴儿乎？""抱一"则纯备，"离德"则"五色令人目盲，五音令人耳聋，五味令人口爽，驰骋田猎令人心发狂，难得之货令人行妨"。"抱一"是从精神上言精不亏、神不怠。"精之至"，则神自不敝。"搏气致柔"是从气质上言气柔志弱，内敛调适，故能"和"。《老子》云："恒德不离，复归于婴儿"。"恒德"者，因"得一"而分有于恒道。"婴儿"与"赤子"同谓。"骨弱筋柔而握固"，是"载营魄抱一"和"搏气致柔"的自然状态，不可强为而致，只能无为自得、自适。赤子本性是"得一"之纯，故为机体自然的禀赋之性。为何"未知牝牡之合而朘作"？河上公云："赤子未知男女之合会而阴作怒者，由精气多之所致也。"知男女合会以"朘作"，是意欲、知求所致；反之，赤子精气聚，神守全，故不知牝牡之合。"精之至"针对精之亏言，人始生自能"朘作"，而若亏其精则虽有意欲为之，则或有不可得。赤子"朘作"，本精所然，而意欲、知求则是"有以为"使然。"未知牝牡之合而朘作"，是"机体"的自然生理所为。这里，并非否定知男女合会"朘作"的欲求，而是指出人若知男女合会就会意欲"有以为"，以至于贪求过欲，造成本精之失。若反以节制，则保全本然、自然。陈景元认为，"朘"是赤子之命源，为情欲未萌而阳德自动者，它是真精之气运行所至。"朘作"是阴阳之气的均衡，体现为男性只是阳多而谓之"阳德"，非是纯阳之德。妄情贪欲方是阳强之气。体现为女性

只是阴多而谓之"阴德"，非是纯阴之德。苏辙以"朘作"为"无欲而自作"，是"精有余而非心"。它是机体自然而然的机理使然。宋徽宗以"执道者德全，德全者形全，形全者神全"（《庄子·天地》）为依据作解，认为"未知牝牡之合而朘作"是"形全者神全"。"执道"则"抱一"，故德全；"德全"来自恒道的"得一"，自然"形全"；"恒德不离"，自然"神全"。精至则德全，而神不亏。赤子之生自然而然，无不全。若人知诱于外，意欲孳生膨胀，则往往放失本性。复其本性，则为"赤子"和"婴儿"。恒道分有于万殊之物，以人"得一"之"德"言，是"赤子"、"婴儿"的自然本性。对《老子》言，"精之至"故"德全"，"德全"故"精之至"。前者是自然禀赋，后者是修道所致。陈象古将"朘作"看作是"不因有为而自动"，自动则自然，为本然所致。程大昌以为，不知而"朘作"是"真淳未散，不知其然而然"。"真淳未散"，则自然而然。"不知其然而然"，不得不然。"精之至"，是人禀赋道德的原始机体状态，亦是"得一"成性的自然生理机能。"精之至"自然"和之至"。"精"者涵"神"，是机体具有自组织、自发的能力，而"和"为"神"的表现和体现，是机体的自调适、自均衡，故"终日号而不嗄"。守于至精，方能至和。"和"是"精"的"神"用，"精"亏则"和"不成。"德全"则"神全"，故无不和。"精"亏，则号不俟终日必嗄。"赤子"者，机理自然，故"终日号而不嗄"。何谓"嗄"？陈景元云："啼极无声曰嗄，又声嘶也。"何以谓"和之至"？河上公云："赤子从朝至暮，啼号声不变易者，和气多之所致。""和气"是机体自我调适、自我平衡的机能和机理。以机体质地完备言为"和气"，以功能至神言为"机能"，以自然宜然言为"机理"。"赤子"者，精气自足，自然神妙。机体自然调节平衡，固然啼号不嗄。"气"为人体自然的基质、机能，"和"为人体自然的机理、功能，"号而不嗄"是其自组织机能的结果和表征。《老子》云"冲气以为和"，"和气"是机体内在阴阳构成的一种均衡、自调适的自然状态。"和气"作为机理、机能，无不适宜。王弼认为，赤子因"无争欲之心"，故"终日出声而不嗄"。有争欲则伤自然，就是恒德之离。人体机理，本然均衡自足，然往往为知欲贪求所损害。人之所以丧失机体本性，一方面源自五色、五味、五音以及驰骋田猎等外物的引诱和欲念的不制、放任，心贪求则发狂。另一方面源于心智之伪、名誉之殉，它是凿智、前识。"绝圣弃智"、"绝仁弃义"和"绝巧弃利"，皆是去除人伪而恢复本然。保持机体自然、本然，要求"见素抱朴，少私寡欲，绝学无忧"。《老子》以"赤子"、"婴儿"的自然存在，揭示"精之至"、"和之至"的机体自然本性。机体者，自在自然，具有自组织、自调适，自我均衡，自我实现，自我控制的机理机能。正是基于人物之性的本然、自然，所以才要求圣人的"无为"和"辅助自然"。这里，要明确一点的是，《老子》并非想要人回到本初自然状态或动物性机理本性，相反它是让人认识到人物个体所具有的自组织、自调适、自充足的能力，要求尊重和给予人物一个自在自然、独立自为的存在权利。"我无为，而民自化；我好静，而民自正；我无事，而民自富；我无欲，而民自朴。"个体机体的自组织、自调适

性，一方面证明恒道赋予的"德全"，因"得一"而机理自足。它是《庄子》"自适"观、郭象"独化"论的本原。另一方面，揭示恒道无为而辅助万物自然的生化质性，万物"得一"各自然，相互形成一个和谐生生关系。它是《庄子》"观于天地"、郭象"自然"观的来由。在承认万物作为个体机体自然的同时，《老子》并不否定人的知能，相反要求知能在于"因物观物"和"以身观身"，遵循人物存在的个性而辅助其自然，"圣人辅助万物自然而不敢为"。而要维护这种知能的纯粹性，前提在于否定"知诱于外"的"前识"、逆于物性的"凿智"以及殉于名利的巧智。严遵云："赤子之为物也，知而未发，通而未达，能而未动，巧而居拙。生而若死，新而若弊，为于不为，与道周密。生不生之生，身无身之身，用无用之用，闻无闻之闻。无为无事，无意无心，不求道德，不积精神。既不思虑，又无障截，神气不作，聪明无识。柔弱虚静，魂魄无事。乐无乐之乐，安无欲之欲。生不枉神，死不幽志。故能被道含德与天地同则，蜂虿虫蛇无心施其毒螫，攫鸟猛兽无意加其攫搏。骨弱筋柔，握持坚固。不睹牝牡，阴阳以化。精神充实，人物并归。啼号不嗄，可谓志和"。"被道含德"是"得一"自然。知未发和通未达等，是性朴自然。生若死和为无为等，是复朴自然。"生不生之生"和"安无欲之欲"等，是性情自然。"无为无事，无意无心"和"神气不作"等，是无妄自然。"聪明无识"和"魂魄无事"等，是不智不凿。柔弱虚静和生不枉神等，是恬淡自然。"骨弱筋柔"和"精神充实"等，是机性自然。"握持坚固"和"啼号不嗄"等，是机理自然。"与道周密"和"与天地同则"，是因循自然。动物机体的自然，只是机理、机能自然，而人性机体自然，更有与世界和谐相处、因循利用自然的无限知能，故名教即自然。

2. 宇宙机体

个体作为机体，其自调适、自均衡的过程，是在与它物相生的联结中实现的，也就是说它的生存离不开一定的环境和条件。赖以资生的环境和条件是个体机体自调适、自均衡的内在机制。离开它物的资生和环境场所，机体就不成为有机系统。在恒道的两种存在样态中，本始存在是"有物混成"，寓于万物之中是"泛兮其可左右"。恒道生成万物之后，个体之物如何存在？恒道生生万物，是"万物之母"和"万物之奥"，从始生言是"道生之，德畜之，物形之，势成之"，从寓于万物之中，是"长之育之，亭之毒之，养之覆之"的"善始且善成"和"以阅众甫"。至于"生而不有，为而不恃，长而不宰"的"玄德"，"万物赖之以生而不辞"和"万物归焉而不为主"等，既体现恒道为生生的一本，也体现为万物生化的通生通化。后者是以"得一"而寓于万物中所成就的宇宙机体，它是万物相生、滋生所形成的生物圈系统。在《老子》的思想中，宇宙机体至少有以下九个层面涵义。一是造化不息。林希逸指出，"长之育之，成之熟之，养之覆之，皆言既生既有之后，其在天地之间，生生不穷，皆造化之力"。"既生既有之后"，揭示出恒道存在的宇宙机体样态。造化者，是天地之间生生不穷的宇宙机体。万物既禀赋于恒道以自生，同时禀赋于恒道以相生。对每一个存在物言，

相生相化是相互资生、辅助。恒道"独立不改"犹如"为物不贰","周行不殆"犹如"生物不测"。它既摒弃了另立一个绝对本体存在以主宰于物，又能涵摄、统一宇宙之间的一切生生行为。二是系统存在。在宇宙中，每一个存在物都以它物存在作为赖以生的滋生条件和环境。恒道作为"万物之奥"的存在，又是生物圈系统的宇宙机体。恒道分有、寓于万物之中，则为万物相生的联结大系统。每一存在物中皆分有恒道所在，本身又自然成为其它存在物的有机生存条件和环境。每一存在物皆因分有恒道而存在，也因处于生物圈系统（恒道）中和谐相存资生。在这一和谐、自组织的有机系统中，每一存在物各有其固定的功能和位置。它既是主体存在，而其他存在物作为客体成为其赖以为生的环境系统；又是客体，存在于生物链中成为它物赖以生生的条件和环境。物物皆自然，然就整个大系统言又是必然、不得不然。三是善利与善。恒道"善利万物而不争"，不争于物则利而无害。"天道无亲，恒与善人。"恒与善，则"万物恃之以生而不辞"。万物生存所需要的一切，皆在恒道或宇宙机体系统中得以供给和提供。万物资生、资始，统一于恒道的作为宇宙机体。恒道与万物只是"一"与"分殊"的关系，万物相生一本于恒道的恒于善利、与善。四是自然普遍。"天地不仁，以万物为刍狗"。正因"以万物为刍狗"的"不仁"，固能"容乃公"。天地生生自均，均平其化育，则万物普遍得其资生之功，无弃人弃物。它是"衣被万物而不为主"，辅助万物自然。不宰则齐物，"道通为一"。五是均平平衡。宇宙机体既是化育的自然普遍，又是"曲则全"的均平。"天地相合，以降甘露，民莫之令而自均。"自均，则各得其所，自然均衡。"天之道，损有余而补不足。"万物有余、不足，自在调适，具有自在的平衡能力。六是感通善应。天地是恒道的分有者，在宇宙生机系统中担当着重要的生生、辅助功能。就万物之间的滋生、依存来说，具有生生化育上的自组织功能，展现着恒道"为物"的自足、感通质性。"天之道，不争而善胜，不言而善应，不召而自来，繟然而善谋。"天地是自然而然，存在于宇宙相互感应、自动感通中，万物有求必与，善利无有差失。七是和谐秩序。"天网恢恢，疏而不失。"万物之所以和谐共生，就在于禀赋于恒道的先天和谐。"天得一以清，地得一以宁，神得一以灵，谷得一以盈，万物得一以生"。自天地以及万物，每一物皆各自有其固定的特定质性或性分，以及在生物圈系统中所承担的殊分功能，各自成为整个生物链条的一个环节和一种环境条件。万物之间相互依存，而天、地、神、谷作为灵性存在，便承载着生养、承载万物的重要功能。正是同自得于"得一"，故各自具有"势成之"的自然能力。万物生机系统，何以保持秩序上的和谐？"以道莅天下，其鬼不神；非其鬼不神，其神不伤人；非其神不伤人，圣人亦不伤人。夫两不相伤，故德交归焉。"正是因为恒道的存在，则鬼神恪守其本分，不伤人物。互不相伤，则万物之间相济共生，互资利用。鬼神人物互不相伤，则自然形成和谐秩序。八是自在调适。"天地之间，其犹橐籥乎？虚而不屈，动而愈出。""天地之间"为宇宙机体存在，虚不屈、动愈出是其生化无穷的机体势能，自动组织，自我调适。在其间，"夫物芸芸，各复归其根"。物化循环中，

见证着物质、能量和信息的交换、更替，也见证了万物生机不灭的永恒性。体现在"飘风不终朝，骤雨不终日"上，飘风、骤雨有其止分，故不成大害。何新认为，《老子》之道是自然秩序，放任于"看不见的手"。其控制模型是刺激、响应、调整的自调适。(《老庄新解》序)"看不见的手"体现在万物之间的"刺激、响应、调整"中，是自然的自组织、调适。九是社会自正。对《老子》思想言，社会也是一个机体，它建立在人的个体机体之上，体现于统治者与百姓的和谐关系中。王道之治，就在于法自然而无为。侯王若能守于恒道自然，则万物将"自化"、"自宾"。无为而治，则任物自然、自化。圣人的职能是"辅助万物自然而不敢为"、"侯王得一以为天下正"。侯王正天下，是以天下正天下，曲成万殊而不遗，使各得其所。只有秉持于恒道，因物付物，故物各自正。无为而正，故"其政闷闷，其民惇惇"。最高的政治境界，是"功成事遂，百姓皆谓：我自然"。最美好的社会理想是"小国寡民"，人人"甘其食，美其服，安其居，乐其俗"；"邻国相望，鸡犬之声相闻，民至老死，不相往来"。圣人以恢复道境为目的，实行无为而治。二者统一构成宇宙机体的生物圈系统。

二、《庄子》机体观

《庄子》机体观传承于《老子》，其个体机体和自然机体思想内涵更为丰富，使《老子》机体思想有了新的发展。这归因于其多以生物为寓言，揭示个体机体的存在质性。它以自然存在为论说的主题，揭示宇宙为"道通为一"。

（一）生物机体

在揭示个体机体的内涵上，如果说《老子》将阐释主要对象放在"人"上的话，那么《庄子》则拓展至生物层面，并且对人的机体属性给予了深入阐发。这里突出对其发展内涵的阐释。《庄子》对《老子》个体机体思想的发展主要体现在天性自然、性分自足的不可损益上。

1. 性分自足。"物固有所然，物固有所可。"(《齐物论》) 每一个体存在物都有其自然存在的自性、性分，在性分自得上万物齐一。鲲鹏不自以为大，斥鴳不羡于大，各得自适而逍遥。从物性的功用说，若"树之于无何有之乡，广莫之野"，则物各自有用，无不可用。既言"性分"，就是殊分。既各有其有，也各有其无。有无不兼，方为物性自然。"梁丽可以冲城，而不可以窒穴，言殊器也；骐骥骅骝一日而驰千里，捕鼠不如狸狌，言殊技也；鸱鸺夜撮蚤，察毫末，昼出瞋目而不见丘山，言殊性也。"(《秋水》)"殊器"、"殊技"和"殊性"，各适其性，各得其用，各宜其为。万殊各自适，乃是"万物之情"。舍此效彼，以我宰他，物性相伤，则不得其宜。生物作为机体有其"常然"，自适其适，自便其用。

2. 机理各足。物类与人类机性各不相同，每一类各有殊异的机性，它是独特的个性，不可增减，不可置换。先看一则寓言：

南海之帝为儵，北海之帝为忽，中央之帝为浑沌。儵与忽时相与遇于浑沌之地，浑沌待之甚善。儵与忽谋报浑沌之德，曰："人皆有七窍以视听食息，此独无有，尝试凿之。"日凿一窍，七日而浑沌死。(《应帝王》)

浑沌之为机体存在，浑然自足，性者固然，不可损益。凿以七窍，则伤其天然浑沌机性，破坏其内在固有的生命自组织、自均衡系统。以此类推，每一生物机体皆天然具有自足的性理或机理，它本自完全、适宜。若以人的机性标准取代它物的属性，则物将不物，丧失其作为个性机体的存在。机性来自天然，又谓之"天机"。再看另一则寓言：

夔谓蚿曰："吾以一足趻踔而不行，予无如矣。今子之使万足，独奈何？"蚿曰："不然。子不见夫唾者乎？喷则大者如珠，小者如雾，杂而下者不可胜数也。今予动吾天机，而不知其所以然。"蚿谓蛇曰："吾以众足行，而不及子之无足，何也？"蛇曰："夫天机之所动，何可易邪？吾安用足哉！"蛇谓风曰："予动吾脊胁而行，则有似也。今子蓬蓬然起于北海，蓬蓬然入于南海，而似无有，何也？"风曰："然，予蓬蓬然起于北海而入于南海也，然而指我则胜我，鰌我亦胜我。虽然，夫折大木，蜚大屋者，唯我能也。故以众小不胜为大胜也。"(《秋水》)

夔兽一足，蚿者多足，蛇者无足，三者虽形体不同，然机性自足，同于自生自存，自适自遂，一于自然而然的天机。"动吾天机"，是天机自动，自然而动。"不知其所以然"，是天机自然如此、自能使然、自我调适。天机不可易，因为机理独特，不可复制。风作为自然机体中一物，对夔、蚿、蛇等物言又是自然机体的环境存在。机体自足，完满具足，故"合者不为骈，而枝者不为跂；长者不为有余，短者不为不足"(《骈拇》)。生物机体自然，各成一体，均衡自足。"凫胫虽短，续之则忧；鹤胫虽长，断之则悲"。人作为自然机体，机能自适。"醉者之坠车，虽疾不死。骨节与人同而犯害与人异，其神全也，乘亦不知也，坠亦不知也，死生惊惧不入乎其胸中，是故遻物而不慴。彼得全于酒而犹若是，而况得全于天乎？"(《达生》)神全者乘坠不知，胸无惊惧，全于生命机理固然。全于天者，得于天赋，具足于机体，形全而神全，自然和谐，故莫之能伤。无知无欲、人生本静，正是机体自然。

3. 机性各宜。因生物是机体自然，故人不可忤逆，而要"以鸟养养鸟"(《至乐》)。鸟有其独特的机理特性，必须因其机理给之以养，不可"以己养养鸟"。马之真性，"蹄可以践霜雪，毛可以御风寒。龁草饮水，翘足而陆"(《马蹄》)。真性，是生所具有，自然而备，机体生存之适。"夫马，陆居则食草饮水，喜则交颈相靡，怒则分背相踢。"马作为机体，自然而自适。万物作为机体存在，还体现于内在有灵上。"沈有履，灶有髻。户内之烦壤，雷霆处之；东北方之下者，倍阿鲑蠪跃之；西北方之下者，则泆阳处之。水有罔象，丘有峷，山有夔，野有彷徨，泽有委蛇。"(《达生》)万物各有鬼神之灵，证验了机性无所不存。

4. 机体知性。民人作为高级机体，具有适者生存的"常性"，"织而衣，耕而食"。

织衣耕食，自给自足，故为"同德"。人的机体借助劳动的中介，而与生存环境、条件系统进行物质、能量的交换，维持自己的生存。然若逞其知欲，则将伤其机性。复归于自然禀赋，就要"无视无听，抱神以静"，这样就能使"形将自正"。只要"必静必清，无劳女形，无摇女精"，就可以"长生"。只有"目无所见，耳无所闻，心无所知，女神将守形"，才能达致"形乃长生"（《在宥》）。"长生"为机体本然，而劳形摇精者则丧失本然机理。因为视听逐于外、引于物，故精竭神殆。对人的机体而言，道全是机性之全，道全故神全；机理之备是"神全"，神全故形全。要保持此一自然机性，就要清静守神。"闭女外"，使耳目无外在的诱引；"慎女内"，使心中无知求的执著；"守其一以处其和"，一于机体自然之和。神自守形，就能"修身千二百岁"而"形未常衰"。

对《庄子》言，一切生物或生命体皆有本初机性，它使每一存在物各自成为一个自组织的个体，它与外在宇宙环境系统进行着维持生命的自然、自足活动。机体自性还被赋予"真人"、"至人"等人格理想。

（二）宇宙机体

个体机体的生存，离不开所处的环境系统。一方面，只有融入宇宙机体之中，才能进行自组织的新陈代谢和生命活动。另一方面，宇宙机体只有作为一个有秩序、自我平衡的生物圈系统，才能使生命个体在其中得以自然、自正和自化地去存在和生存。对《庄子》言，宇宙之所以作为一个有机体，首先在于天地等物质系统的建构，然后是生物间的相生关系，最后是万物所形成的生物圈系统。

1. 环境系统。天地既是万物中的两个有形最大者，又是宇宙机体中的两个承担覆载功能的存在者。天地不成，则万物不生。天地产生后，各自自在、自正。首先，天地有序自正。天地自正，既是自然、固然，又是本然、秩然。因有"天地之正"，而后有"六气之辩"（《逍遥游》）。其"正"是万物赖以生存的自然和谐秩序，它是经纬万物的"经"。阴阳六气是万物存在的构成者、辅助者。天地相合，则六气调和。反之，"天气不和，地气郁结，六气不调，四时不节"（《在宥》）。无"正"，则"玄天弗成，解兽之群，而鸟皆夜鸣，灾及草木，祸及止虫"。天地作为宇宙机体系统中的至大存在者，本自自然均衡，自在承担生化辅助万物的功能。"万物云云，各复其根"。有天地之正，然后有春夏先、秋冬后的"四时之序"。以此，则"万物化作，萌区有状；盛衰之杀，变化之流"（《天道》）。万物因以化作，各自有其成理。盛衰、变化是宇宙机体中万物的自然存在状态。天时有序，包涵四季循环和昼夜更替，"天犹有春秋冬夏旦暮之期"（《列御寇》）。有期则有序，万物资以生，便有了恒然、必然的生存条件。天地固有常，日月固有明，星辰固有列，则"禽兽固有群"、"树木固有立"（《天道》）。"固有"者，本然具备，不得不然，故为"常"。各自有"常"，则宇宙生生系统以成。宇宙机体之常，关键在于"天有六极五常"（《天运》）。上下四方为六合，金木水火土

为五行，此皆固然而自然。"六极五常"，既是万物成化的条件，又是宇宙机体自然的内在蕴涵。其次，天地自然生化。"天德而出宁，日月照而四时行，若昼夜之有经，云行而雨施"（《天道》）。在宇宙机体系统内，"天德"承担着重要的生生功能作用，它又是"大美"和"成法"。"天地有大美而不言，四时有明法而不议，万物有成理而不说。"（《知北游》）天地有覆载之功，四时有代叙之序，万物资生以成性命之理。各自自然而然，一切不得不然。"天不得不高，地不得不广，日月不得不行，万物不得不昌"（《知北游》）。天地日月在各自"不得不"的存在中，内在就具有一种有机秩序、固有不穷的生化功能，形成一个万物赖以生存的生物圈环境系统。作为"运量万物"的条件、环境系统，已然具备自组织功能，成为生成化育的辅助、滋生者，万物往资以昌。这些宇宙机理、机能，是绝对本体存在恒道生成万物后，分散、分有于万物中所形成的自组织、自调适的宇宙机体系统。"天地有官，阴阳有藏，慎守女身，物将自壮"（《在宥》）。天地有官、阴阳有藏，皆是不得不然；"物将自壮"，是"万物不得不昌"。宇宙机体自组织，则人要无为顺其自然。反之，若有为欲官则成为"物之残"。"云气不待族而雨，草木不待黄而落，日月之光益以荒"，一切自然而然。天地不得不然，亦是自然而然。"天之自高，地之自厚，日月之自明"（《田子方》）。天地之性自高自厚，内涵日月自明，成万物自生。无所不然，无不自然。第三，天地无私覆载。天地不得不然，内涵无私周遍的存在质性。"天无私覆，地无私载"（《大宗师》）。天无私则均覆，无所不覆；地无私则均载，无所不载。它们是天地之所以为天地的本然、固然。无私覆载，就是无私化育。"天地虽大，其化均也"（《天地》）。天地化均，则化育万物无私，无所不至。天地平物，在于养一。"天地之养也一"（《徐无鬼》）。"一"于养者，一视同仁，齐物无私，养物无外。天地不得不然，是"不仁"和"无为"。"天无为以之清，地无为以之宁。故两无为相合，万物皆化。"（《至乐》）天地无有私为，同时是不得不为。清宁、相合皆不得不然、莫命自均。"万物皆化"，是天地均平之验。天地无为，是"生而不有"、运而不积，不产不长。"天道运而无所积，故万物成。"（《天道》）天以自然运，不得不然，故运化不滞不息。为物不贰，生物不测，故万物以成。"天不产而万物化，地不长而万物育"。天地不仁，以万物为刍狗。天无私于生产，地无心于长成，无为而无不为。天地无为于生产，实则辅助万物自然。宇宙机体或造化者的生生行为，是自然自为，无有宰制。天以无所不化、生物不测为"神"，地以无所不长、厚德载物为"富"。天地运化自然，生物必然，故可"乘"；万物机理自然，自遂其生，故可"驰"。归言之，天地的覆载生养功能，犹如"万物之母"。"天地者，万物之父母也。合则成体，散则成始。"（《达生》）合、散为天地机理自然，生生不息。天地生生，还体现于交和生物上。"至阴肃肃，至阳赫赫。肃肃出乎天，赫赫发乎地。两者交通成和而物生焉"（《田子方》）。天地以至阴、至阳交通成和生万物，它涵摄了一切生生功能，为万物之宗。"消息满虚，一晦一明，日改月化"以及"生有所乎萌，死有所乎归"，皆天地生化之为。万物存在皆是天地之"委"。吾身

是"天地之委形",生化是"天地之委和",性命是"天地之委顺",子孙是"天地之委蜕"(《知北游》)。天地付属与"委",则为"万物之奥"。

2. 万物相生。天地覆载、化育功能,为万物相为滋生、相互克杀提供了有机条件和环境系统。万物因天地生育之功,而赖以生存于天地之间。"民食刍豢,麋鹿食荐,蝍蛆甘带,鸱鸦耆鼠,四者孰知正味?猿猵狙以为雌,麋与鹿交,鳅与鱼游。"(《齐物论》)物类相生相依,形成了生物链条。每一物的存在都以它物的存在为前提,物物相互联结,共同形成生物圈系统。物物联结各有殊异,"同类相从,同声相应"为"固天之理"(《渔父》)。天理者自然之趋,物性使然,机各自宜。民、麋鹿、蝍蛆和鸱鸦四者各得所生,猿与猵狙、麋与鹿、鳅与鱼各有相从。在物的雌雄相从上,"白鹢之相视,眸子不运而风化;虫,雄鸣于上风,雌应于下风而风化;类自为雌雄,故风化"(《天运》)。类各自为雌雄,其类虽殊,然个性机体相为联结,自然而相适。同类者相生相化,"乌鹊孺,鱼傅沫,细要者化,有弟而兄啼。"各有所宜,则各得所适。物类殊用,相互为用。"山木自寇也,膏火自煎也。桂可食,故伐之;漆可用,故割之。"(《人间世》)物有利用之资,自然备可用性。在生物链条和资生条件的整体系统中,无物不可用,无物不为用。万物相生于"种",它是物类机体间的相化。"种有几?得水则为继,得水土之际则为鼃蠙之衣,生于陵屯则为陵舄,陵舄得郁栖则为乌足,乌足之根为蛴螬,其叶为胡蝶。胡蝶胥也化而为虫,生于灶下,其状若脱,其名为鸲掇。鸲掇千日为鸟,其名为乾余骨。乾余骨之沫为斯弥,斯弥为食醯。颐辂生乎食醯,黄軦生乎九猷,瞀芮生乎腐蠸,羊奚比乎不笋,久竹生青宁;青宁生程,程生马,马生人,人又反入于机。万物皆出于机,皆入于机。"(《至乐》)万物皆出入于机,"机"的通一就是宇宙机体。万物形化卵化,皆是机生机化。

3. 宇宙一机。机体系统依据不同层级、远近可分为不同的子系统,小至于存在其中的生活圈或直接相关系统,大至于天地之间的宇宙机体系统,"道通为一"。"天籁"者,"使其自己",则"咸其自取"(《齐物论》)。"使其自己",是造化者因物付物,曲成万物,辅助自然;"咸其自取",是万物因资以生,有求必得,自生自化。二者一体,皆是自然而然。万物齐于机化,通言之是宇宙化机,"道通为一"。万物自齐于机,和谐相生而形成不同的机体系统。不同机体的统一体,则为一个各得其适的宇宙之机。以个体机体自性言,是每一个存在物的"固有所然"和"固有所可";以宇宙机体相化言,是"无物不然,无物不可"(《齐物论》)。每一存在物在机性上一齐,各为自适的机体。万物各自自然、自适,无所不宜,则为和谐、均适的宇宙机体系统。通一于生生,则为"道"。"道者,万物之所由也。"(《渔父》)万物所由,通于一道;物各自适,汇聚一机。万物相资相生,通言之是机生,统言之是道生。宇宙之机,犹如"精神"的化育无极,"四达并流,无所不极,上际于天,下蟠于地,化育万物"(《刻意》)。"无所不极",则生生充满宇宙。"上际于天,下蟠于地",则为宇宙之域。"精神生于道",而万物"以形相生"。"九窍者胎生,八窍者卵生",通于一是"形本生于

精"，其本是"昭昭生于冥冥，有伦生于无形"（《知北游》）。无形、冥冥者为大道，是"万物之宗"和"万物之奥"。"精神"的生化功能，既是"道"体，又是宇宙之机。作为宇宙机体，无物不在其内，"六合为巨，未离其内"；无物不以之成，"秋豪为小，待之成体"；无物不以之化，"天下莫不沈浮，终身不故"；无物不以为序，"阴阳四时运行，各得其序"。以其神妙生生，则"油然不形而神"；以其生生自然，则"万物畜而不知"；以其生物不测，则"万物皆往资焉而不匮"。"道"或宇宙机体，作为自组织、自均衡的机体系统，是万物生杀一体、相待而生。"阴阳相照相盖相治，四时相代相生相杀，欲恶去就于是桥起，雌雄片合于是庸有。安危相易，祸福相生，缓急相摩，聚散以成。"（《则阳》）在相生相杀、相辅相成中，形成万物生生的均衡，保持物种、物类的平衡。万物相为生化，是其机之运；万物生杀之理，是其机之序；终始无穷循环，是其机之反。宇宙机体又名"大块"，善生善死，善始善成。大块者，"载我以形，劳我以生，佚我以老，息我以死"，它既"善吾生"又"善吾死"（《大宗师》）。正因为如此，则万物生生自然，各自得宜。"泉涸，鱼相与处于陆，相呴以湿，相濡以沫，不如相忘于江湖。"相呴相濡，是生存上的不得已而为，相生相化为救穷补困之类。"相忘于江湖"，是各自自化、自富自足，相生相化为无不自得之境。宇宙机体有无穷的生生之功，故为"伟哉造化"。犹如"以天地为大炉，以造化为大冶"，宇宙机体是生化造为，"陶冶万物"。道无乎不生，而物皆赖以生。大道本自内在和谐、一体，"有物混成"；分有于万物之中，就使万物相互间构成一个相生相杀的机体系统。寓于万物的"道"或宇宙机体，不过是万物生生归于一本的假名而已。宇宙机体生物不测，则永远处于创新、更新的日新过程之中。"命不可变，时不可止，道不可壅"（《天运》）。宇宙间的一切事物皆在"变化之流"的"日徂"中，一切生命活动皆在于"万化未始有极"的历程之中。"道不可壅"，是宇宙机体生生大化的日新不穷。在宇宙机体的内涵上，包括自然机体系统和社会机体系统。在《庄子》的外篇、杂篇中，社会机体有被同化于自然机体的趣向。人类社会机体被定格为生物生态系统，则否定了二者的本质区别。"至德之世，其行填填，其视颠颠。当是时也，山无蹊隧，泽无舟梁；万物群生，连属其乡；禽兽成群，草木遂长。是故禽兽可系羁而游，鸟鹊之巢可攀援而窥。"（《马蹄》）人类早初的自然状态，却成了"至德之世"。又"至德之世"是："同与禽兽居，族与万物并"；"同乎无知，其德不离；同乎无欲，是谓素朴"。无知无欲，则复归于本初自然的状态。"有巢氏之民"，其时"禽兽多而人少，于是民皆巢居以避之，昼拾橡栗，暮栖木上"。"知生之民"，其时"民不知衣服，夏多积薪，冬则炀之"；神农之世，"卧则居居，起则于于。民知其母，不知其父，与麋鹿共处，耕而食，织而衣，无有相害之心"（《盗跖》）。以此为"至德之隆"，否定礼义名教，则宇宙机体自然成为了社会理想，它显然与黄帝尧舜等人文社会理想相左。在《庄子》内篇中，社会理想模式是"建德之国"："其民愚而朴，少私而寡欲；知作而不知藏，与而不求其报；不知义之所适，不知礼之所将；猖狂妄行，乃蹈乎大方；其生可乐，

其死可葬。吾愿君去国捐俗，与道相辅而行"（《山木》）。虽然此也批评名教之饰，但并未否定仁义之实、道德之理。愚朴、少私寡欲是天性，作而不藏是不私其有，与不求报是功成不居，不知礼义是无有名伪，蹈于大方是逍遥自得，生乐死葬是顺性自然，与道而行是同于大化。作为"独与道游于大莫之国"的境界，是"以道莅天下"的社会理想。自然机体与社会机体不同，后者以人类知能存在为前提，形成了与自然和谐相存、人人和谐的社会理想。儒家思想正可弥补老庄社会机体观的欠缺、不足。

最后，对本节内容做简要概述。在老庄的宇宙机体思想中，大道分有于物，寓于万物之中，内化为万物之德，成为每一存在者内在的自生自化的潜质、机理。在这样的共同分有或赋性中，万物之间已具备相互分工、联结、有序、和谐的机体系统质性，共同构建起自组织、自调适的生命有机体或生物圈系统。禀赋于恒道的每一类独特存在者，或是承载生化功能的天地等存在者，或是生物个体的机体存在。个体与个体之间相生相资，每一个体机体既是主体，以其他存在体为生存条件和环境系统；又为客体，构成为它物主体的生存条件和环境系统。宇宙机体的自化育、自均平、自组织、自调适、自创新，构成了万物一体、相生相克的生机系统。在恒道与万物的关系上，恒道辅助万物以自得的道德机理、质性去存在、生存和变化、发展，它不同于上帝有目的创造、主宰世界的模式，而为自然式的宇宙机体系统。

第二节 《文子》机体观

《文子》在《庄子》的基础上，对宇宙机体思维又有了新的深化、发展，在其论说中以道为宇宙机体的观念更加明确，它无所不涵，生物不测，具有类似生物圈系统的属性。《淮南子》文多与《文子》合，但也有拓展、增撰的言说。本节以《文子》思想为主，附以《淮南子》的论述，对"道"作为宇宙机体的内涵做进一步的诠释。

一、道为宇宙机体

《文子》继承《庄子》"宇宙"观，使其与"道"具有了同样的内涵质性。它非只是时空极限的观念，而是具有生机统一体的意蕴。宇宙机体的功能内涵，包括四个基本构成，一是万物统称的无不涵摄，二是生生不测的生机系统，三是造化覆载的功能结构，四是自我调适的机能质性。

（一）无不涵摄

大道分化、分有于万物或成就万物后，就以万物的存在为自己的存在。万物是统称一切存在物的总名，宇宙是万物存在方式和结构的统称。大道与"宇宙"同大，无不包含。宇宙万物只不过是大道的另一种存在样式。此中涵义已在前面揭示"宇宙"意蕴时进行过阐释，这里只对《文子》思想作以概说。道者，"高不可极，深不可测，

苞裹天地"（《道原》）。高深无极，是独一无偶；包裹天地，是无有其外。作为至大者，它是畅通不碍的"大通"。"深闳广大，不可为外；析毫剖芒，不可为内。"至大无外，无不涵容；至小无内，微妙贯通。二者合言是贯通为一的无所不通，四达皇皇的无所不极。可见，"宇宙"是大道现实存在之"域"。"道至高无上，至深无下。上乎无上，下乎无下，故能高能深，能上能下也。……包裹天地，而无表里。"（《符言》）高深莫测、无上无下，则无所不极；能上能下，兼并高深，故无所不在。包裹天地，无不涵摄；无有表里，大通无极。《淮南子》更直接点明"宇宙"来自"道"。"天之所覆，地之所载，六合所包，阴阳所呴，雨露所濡，道德所扶，此皆生一父母而阅一和"（《俶真训》）。天覆地载，是天地之间；"六合所包"，是无不统摄。"生一父母而阅一和"是道为一原，为"万物之母"和"万物之宗"。通于生生，则无生非是其生。"道始生虚廓，虚廓生宇宙"（《天文训》）。这里，直接道出了"宇宙"的来源，"宇宙"是大道的分化存在，它是"虚廓"的无形者和太虚存在。"能包天地，曰唯无形者"（《缪称训》）。"虚廓"能包天地，故为"宇宙"。宇宙是内涵天地万物、虚实相在的统一体。

（二）生生不测

"道"不仅是宇宙的生成者，为大通的宇宙存在，而且是宇宙生机的别名，生生不息。生生不息，验证了宇宙时空的永恒性和无限性。芸芸万物相生，揭蔽着大道为生生一本；生生不歇不止，则证明大道无有穷极。"道"是一切生生活动的"通于一"，以其囊括一切生化运动，故又名为宇宙生机系统。道者的"施之无穷，无所朝夕"（《道原》），显现为生物不测，悠久无疆；道者的"陶冶万物，终始无形"，显示为功成事遂，至神无极。"施之无穷"，则为造物者，"物物而不物于物"；"陶冶万物"，则为造化者，"万化未始有极"。"天地未形，窈窈冥冥，浑而为一，寂然清澄。重浊为地，精微为天，离而为四时，分而为阴阳。精气为人，粗气为虫，刚柔相成，万物乃生。"（《九守》）道者生天生地，以其本始为"浑而为一"，是天地之根；"重浊为地，精微为天"，则分化为天覆地载的生化之功；离为四时、分为阴阳和刚柔相成，进一步析为生生的结构和构成；"精气为人，粗气为虫"，是万物以生的构造机制。从"道"的"浑而为一"中，既分化出生物机体的条件和环境系统，天地、四时、阴阳皆是；更分有而生成了万物的个体机体实在，人、虫皆是。人、物与天地、四时、阴阳的生存关系，构成了宇宙生机系统。一切生化行为皆是"道为之命"，"万物变化"皆"合于一道"。从阴阳的生化功能看，"冬日之阳，夏日之阴，万物归之，而莫之使，极自然。至精之感，弗召自来，不去而往，窈窈冥冥，不知所为者而功自成。"（《精诚》）"至精之感"，是阴阳交通，四时代化，故万物归之。莫使而极自然，是生生之恒，为物不贰；不知而功自成，是生生自然，生物不测。"天地合气，万物自生，犹夫妇合气，子自生矣。"（《论衡·自然》）宇宙作为生生机体，生物化物是自然而然，不得不

然，无物不生，无时不生。

（三）造化覆载

在大道或宇宙机体的生化功能中，包涵着造化和覆载，它是万物存在、变化和发展的维持者、资助者和推动者。宇宙间一切事物运动、变化和发展，皆可归功于它的统一功能。万物中的一切生化之能，就是"道"之能。道者的造化功能，体现在约能张、幽能明、柔能刚的无不成化，以及含吐阴阳的章其三光中；体现在赋予万物以存在运行上，山以高，渊以深，兽以走，鸟以飞，麟以游。凤以翔，星历以行；体现在构造生物的环境系统上，天地轮转无废，水流不止，风兴云蒸，雷声雨降，与物终始而并应无穷；体现在维持宇宙机体的自组织、自调适的秩序中，和阴阳，节四时，调五行，"有万不同而便乎生"（《道原》）；体现在辅助万物自然的过程中，润草木，浸金石，使禽兽硕大、毫毛润泽，使鸟卵不败、兽胎不殰。万物之生，是其生生；万物之化，是其造化；万物之存，是其承载；万物之遂，是其覆育；万物自然，是其使然。道者，为"德之元，天之根，福之门"（《道德》），万物待之以生，待之以成，待之以宁。宇宙间的一切存在、变化和发展，无不是大道作为"万物之母"和"万物之奥"使然，它是恒其生生、不贰化化的宇宙机体。以天地气化的功能分工言，"天气下，地气上，阴阳交通，万物齐同。"（《上德》）天地之气是阴阳，二者交通成和，万物同以生成。在阴阳交通上，"阴难阳，万物昌。阴复阳，万物湛。"万物昌，是"无不赡"，为阴阳作用的周遍；万物湛，是"无不乐"，为阴阳交通的合宜。万物乐，是"无不治"，为阴阳功用的效验。若"阴害物"，则"阳自屈"。若"阳气动"，则"万物缓而得其所"。阴阳生化有主次，以"阳上而复下"言为万物主，以其"不长有"言则能终而复始。"终而复始，故能长久。能长久，故为天下母。""生而不有"，则为物不贰；"长而不宰"，则万物归焉；生物不测，则为天下母。阴阳交通，则万物以生。反之，"阳不下阴，则万物不成。"在阴阳二者的功能区别上，"阳气畜而后能施，阴气积而后能化，未有不畜积而后能化者"。阳气以畜为施，阴气以积为化，虽然功能不同，然二者合一则无不化。"化"有盛衰，"阳灭阴，万物肥。阴灭阳，万物衰。"阴阳交合的不同结构，造成了不同的造物效验。阴阳之间相互转化，而成万化。"阴阳之动有常节"，故"阳气盛，变为阴；阴气盛，变为阳。"阴阳为气化一本，取代天地成为万物之母。"阴阳陶冶，万物皆乘一气而生。"（《下德》）阴阳和气，有陶冶万物之化。万化未始有极，则阴阳不测。"天地之气，莫大于和。和者，阴阳调，日夜分，故万物春分而生，秋分而成，生与成，必得和之精。故积阴不生，积阳不化，阴阳交接，乃能成和。"（《上仁》）天地之气交通，是阴阳氤氲交和。和成则四时序、万物化生。

（四）和谐自然

大道不仅生成万物，而且理于万物，成就宇宙内在生机的和谐、有序。道生万物，"理于阴阳，化为四时，分为五行，各得其所"（《自然》）。阴阳有理，四时有序，五

行有则，一切生机子系统皆来自于道的一本，内在具有和谐共存的先定机理，各得其所。宇宙机体对每一生物存在者言，是任其取与，使万类各得其所，各成其终。它是"容乃公"，均平无私地普惠于每一物，曲成而不遗弃一物。它的无私体现在"生物而不有，成化而不宰"的"自然"中，在其中蕴含者道理和自然机理，故万物恃以生而莫知其德，恃以死而莫之能怨，"收藏畜积而不加富，布施禀受而不益贫"（《道原》）。生化自然，故生不有、为不宰。不有不宰，则不积不逆。不积不逆，则不息不害。天然均齐，则公平无私。自然、均衡和公平，保持了万物之间的一种和谐、有序关系，使万物成为有机一体，相生相持。天致高，地致厚，日月照，列星朗，阴阳和，"正其道而物自然"（《精诚》）。一切自然而然，就是"道"。不背于道，则万物自然。阴阳四时非为生万物，雨露时降非为养草木，高山深林非为虎豹，大木茂枝非为飞鸟，源流千里、深渊百仞非为蛟龙，在自然中神明接、阴阳和，自能形生万物，自能遂万物自长、自成。万物自然是一个有机和谐、自组织的生生系统。"天设日月，列星辰，张四时，调阴阳。日以暴之，夜以息之，风以乾之，雨露以濡之。其生物也，莫见其所养而万物长；其杀物也，莫见其所丧而万物亡；此之谓神明。"（《精诚》）生物、杀物，皆自然而然，不为而成，二者一体均衡，故为"神明"。"春风至则甘雨降"，则"羽者妪伏，毛者孕育，草木荣华，鸟兽卵胎"；自然生生则各得其宜，则"萍树根于水，木树根于土，鸟排虚而飞，兽蹠实而走，蛟龙水居，虎豹山处"；自然资生则适者生存，"各生所急，以备燥湿；各因所处，以御寒暑；并得其宜，物便其所"（《淮南子·原道训》）。宇宙自然是"莫见其为者而功既成"，故"天动不欲以生物，而物自生"（《论衡·自然》）。"物自生"，验证着宇宙自然中蕴含着不得不然之理。大道既是通于万物变化的"造化"者，又是宇宙机体的自组织、自调适的生机系统。春不为生，夏不为长，秋不为成，冬不为藏，一切自然而然。"阳气自出，物自生长，阴气自起，物自成藏。"万物生存以自然选择，而之所以能如此，正因为宇宙自然是一个生物圈的有机和谐系统。在这里，万物皆是大道的生成者，互不相伤而"德交归"，故是"万物并育而不相害"。万物各自"得一"以生，各正性命以"得一"贞，故是"道并行而不相悖"。

二、宇宙构成机理

宇宙机体作为生物圈系统，主要包括三个构成子系统。一是生物存在其中的时空区域、生生环境和化育条件，二是万物之间相生相资的生物链条，三是生存自得其所的机体感应个体。三者合起来，构成了《文子》的宇宙机体的内在机理。

（一）环境系统

宇宙作为机体存在，具有内在的生化能力和机理。天地阴阳、日月四时和风雨谷神等，无疑是宇宙机体组成中的关键子系统，在生物圈系统中承载重要的生育造化功

能。它们既分有、形成于大道，同时分担着大道赋予的化育功能。在万物相生相化的日新过程中，天地、阴阳、日月、四时等具有核心的化育功能，它们构成了生物赖以为生的外在条件和环境系统。大道作为绝对本体存在，正是通过它们继续、恒久地发挥其生生的重要功能作用。就其先后顺序言，有天地然后有阴阳、日月、四时和风雷等，各自具备特定的功能。"以天为盖，以地为车，以四时为马，以阴阳为御"（《道原》）。"覆盖"是天的功能，"持载"是地的功能，"代化"是四时的功能，"运化"是阴阳的功能。以天为盖，则无所不覆；以地为车，则无所不载；以四时为马，则无不更代；以阴阳为御，则无所不化。从天地分工言，"天化遂，无形状，地生长，无计量。"（《自然》）天以化遂为功用，用不可既；地以生长为职能，功不可测。天地至德无私，普照生财，任物取与以资生。"天有明，不忧民之晦也。地有财，不忧民之贫也。"（《符言》）天必有明，则民必不晦，故不忧无明之时。地必有财，则民必不贫，故不忧无财之时。天地自然，期而必然。与不为"赐"，则万物赖以生而不辞。若以为赐，则或有不赐，非是"容乃公"。功不为"德"，则善利万物而不争。若以为德，则或有不德，非是"功成不居"。天地自然，既恒其生生之功，又周全其化育之资。"天不一时，地不一材"（《自然》），备其化功；天地"不怀一物，不产一类"，化育万殊。天地均平其施，自然周遍、恒久。天地功能不同，效验亦不同。天覆万物，"施其德而养之"，以其"与而不取"，故"精神归焉"；地载万物，厚其德而长之，以其"与而取之"，故"骨骸归焉"（《上德》）。天者"与而不取"，是"生而不有"，故不滞不息；地者"与而取之"，是功成而有，故不能无迹。精神归，故清明；骨骸归，故厚重。虽各有生化之功，然相依存在。"地承天，故定宁"。地定宁，则无不载；地广厚，则无不容。"地定宁"，则万物形。"地广厚"，则万物聚。"定宁无不载，广厚无不容。"地势深厚，则水泉入聚。地道方广，故能久长。从天地质性分殊言，天者圆，地者方。"天圆而无端，故不可得而观；地方而无垠，故莫能窥其门。"从其功能不测言，"天化育而无形象，地生长而无计量"（《淮南子·兵略训》）。天圆无端、地方无垠，是微妙无体；天无形象、地无计量，是神功莫测。天化育、地生长，是生生各有分工。"天道曰圆，地道曰方。方者主幽，圆者主明。明者，吐气者也，是故火曰外景；幽者，含气者也，是故水曰内景。吐气者施，含气者化，是故阳施阴化。"（《淮南子·天文训》）天地之功是"阳施阴化"。"天爱其精，地爱其平"（《下德》）。天之精为"日月星辰、雷霆风雨"，地之平为"水火金木土"。"地之生财，大本不过五行"。以五行归地，是成物有材质。天与物以灵性，地与物以材质。从天地与日月、草木的关系看，"天不定，日月无所载。地不定，草木无所立。"日月因天定而有所载，草木因地宁而有所立。天地以德，则日月以明，鬼神以灵，四时以信。天地无不覆载，日月无不照明。天道公平，无私就、无私去，使能者有余、拙者不足，使顺之者利，逆之者凶。从日月功能上看，"天道极即反，盈即损，日月是也。"（《九守》）日中则移，月满则亏。"天明日明，而后能照四方"（《上德》）。万物无日光之照，则不生长；人无月光

之明，则不便利。日出、日入，则万物蕃息、休息。"日出于地，万物蕃息"；"日入于地，万物休息"。在天地、日月之间的生成关系上，"天不发其阴，则万物不生；天不发其阳，则万物不成。天圆地方，道在中央，日为德，月为刑，月归而万物死，日至而万物生"（《淮南子·天文训》）。天发阴阳以生成万物，日月变化而有生死之环。然日月之功有别，日为德以生万物，月为刑以杀万物。在日月和四时的关系上，日月运行则四时代谢。"象日月之运行，若春秋之代谢。"（《自然》）从四时功能上言，万物更生更始。"十二月运行，周而复始。"（《自然》）无时，则物不生、不成。四时不同功，"春气之生，秋气之杀"；"甘雨以时，五谷蕃殖，春生夏长，秋收冬藏"（《精诚》）。天以四时不同施，人以四时不同用。四时之化，"无故无新，无疏无亲"（《淮南子·泰族训》）。四时日新月异，自然而然，故无故无新。四时不私赐，故无亲无疏。日夜、四时来自天地、阴阳之和。"天地之气，莫大于和。和者，阴阳调，日夜分。故万物春分而生，秋分而成；生与成，必得和之精。"（《上仁》）万物以春分生、以秋分成，因时更生。四时虽自天地，然有成物至功。"天道为文，地道为理，一为之和，时为之使，以成万物，命之曰道。"（《上德》）天地文理，其成万物之德皆体现于四时更化之中。"时"化是"道"或宇宙机体的重要内涵。在天地、日月、阴阳和四时的次序上，"天覆地载，日月照，阴阳调，四时化"（《淮南子·泰族训》）。天地、阴阳生生之德，无时不成。日月、阴阳本自天地，日月的更运又表现为四时的节气。"天地以设，分而为阴阳，阳生于阴，阴生于阳。阴阳相错，四维乃通。或死或生，万物乃成。"（《淮南子·天文训》）阴阳相错则四时通，四时更迭则盛衰死生，故万化乃成。雷雨风等来自天地，"天之偏气怒者为风，地之含气和者为雨。阴阳相薄，感而为雷，激而为霆，乱而为雾。阳气胜则散而为雨露，阴气盛则凝而为霜雪。"（《淮南子·天文训》）它们各有功用。"雷之动也，万物启；雨之润也，万物解"（《上德》）。"启"是复苏，"解"是更生。"雷动地，万物缓；风摇树，草木败。"在自然环境系统的各个构成上，"天地之气，日月之行，风雨之变，律历之数，无所不通。"（《淮南子·氾论训》）因无所不通，而构成一体。水来自天地阴阳，具备雨露润泽的生生功能。水之为道，"上天为雨露，下地为润泽，万物不得不生，百事不得不成"（《道原》）。万物因水以生成。它的润泽是"大苞群生"，小则遍及微虫，大则富赡天下而用无尽止，德施百姓而不以为费。它是"无私无公"，"任天下取与，禀受万物而无所先后"。从天地各有品性言，"天有五方，地有五行"（《微明》）。通于一，是五为一；分殊之，是各有五。五方，四方中央；五行，金木水火土。以五行质性言，"金木水火土，其势相害，其道相待。"（《自然》）五行之势，相害为相克；"其道相待"，是五行相生。凡物相生相克一体，至寒至暑伤物，然无寒无暑不可。可与不可，相为左右，相为表里，相用皆可。"至寒伤物，无寒不可；至暑伤物，无暑不可，故可与不可皆可"。五行相克中又相生，维持着万物存在之间的平衡。宇宙中蕴藏着自我调适的功能，"天地之道，极则反，盈则损。五色虽朗，有时而渝；茂木丰草，有时而落；物有隆杀，不得

自若。"（《淮南子·泰族训》）万物盛衰、损益等循环、反动属性，在于揭示宇宙生化的自组织、自均衡的过程和机理。每一物类的环境系统是相对的，近至于生活环境系统，远至于整个宇宙环境系统。"天清地定，毒兽不作，飞鸟不骇"（《淮南子·览冥训》）。对鸟兽来说，"天清地定"是自然环境系统，同时是相生的条件系统。环境系统对每一类物的生存言，皆是自然而然的，先在存有的，是大道分化一并生成的。

（二）相生系统

万物皆在相生中自生，亦在自生中相生。同样，万物在相克中相生，亦在相生中相克。万物相生相克，自然而成一有机的均衡机体。"天地运而相通，万物总而为一"（《九守》）。在天地之间，自然相通，则使万物相联系而成为一体。"总而为一"，揭示宇宙机体内在蕴藏着万物相生相克的先定和谐。"山生金，石生玉，反相剥，木生虫，还自食"（《符言》）。相生相克，自我调适。

第一，表现在具体存在物和生命体的一体相生、互生上。它包括三个方面。一是物性因资相趋使然。如"川广者鱼大，山高者木修"，各有其生生之理。玉在山，则草木润；珠生渊，则岸不枯。"水积而鱼聚，木茂而鸟集"。生存条件一经具备，则生物自然归往。如"飞鸟反乡，兔走归窟，狐死首丘，寒螀得木"（《上德》）。生物各依其所生，而趋向、寻找生活之所。二是物性自然之势使然。生存有不得不然者，"犬豕不择器而食，俞肥其体，故近死。凤凰翔于千仞，莫之能致"（《上德》）。居处有不得不然者，"木处榛巢，水居窟穴，禽兽有芄，人民有室，陆处宜牛马，舟行宜多水，匈奴出秽裘，干、越生葛絺"（《淮南子·原道训》）。有自在而然者，"员者常转，窾者主浮"（《淮南子·原道训》）。在相互存在的不得不然中蕴藏生生的机理。三是物性相互作用、影响所然。如有其因则有必然之果，"山致其高，而云雨起焉。水致其深，而蛟龙生焉"（《上德》）。"春风至则甘雨降，生育万物，羽者妪伏，毛者孕育，草木荣华，鸟兽卵胎"（《淮南子·原道训》）。如有其因则有不然之验，"山有猛兽，林木为之不斩。园有螫虫，葵藿为之不采。"（《上德》）有相因而共成一果者，"两木相摩而然，金火相守而流"（《淮南子·原道训》）。在自然中，万物相互为势，互相为资。各因势而生，各因资而成。万物皆因便其生、遂其性，而适应外在的环境系统，构建自己的生命条件系统。

第二，表现在具体存在物和生命体的相克、相害上。它包括四个方面。一是物性之间的相克，两物相争、相损。如"月望日夺光，阴不可以承阳；日出星不见，不能与之争光，……一渊不两蛟，一雌不二雄"。二是同一物性内部，两种质性并生相害。如"天二气即成虹，地二气即泄藏，人二气即生病。"三是物性之间不并其存，相互更替、转化。"川竭而谷虚，丘夷而渊塞，唇亡而齿寒，河水深而壤在山"；"沟池潦即溢，旱即枯"；"霜雪麃麃，日出而流。……兰芷以芳，不得见霜；蟾蜍辟兵，寿在五月之望。……日不并出，狐不二雄，神龙不匹，猛兽不群，鸷鸟不双。……蝮蛇不可

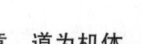

为足，虎不可为翼。……日月欲明，浮云蔽之；河水欲清，沙土秽之；丛兰欲修，秋风败之；……橘柚有乡，萑苇有丛。……华太早者不须霜而落……木方盛，终日采之而复生；秋风下霜，一夕而零"（《上德》）。四是物性之间违背常理，则导致灾害。"秋风下霜，倒生挫伤，鹰雕搏鸷，昆虫蛰藏，草木注根，鱼鳖凑渊，莫见其为者，灭而无形。"（《淮南子·原道训》）万物相克既是事物本性所然，又是相互之间的作用自然而然，势所必然。万物各以生存所急，而避害趋利。

第三，表现在具体存在物和生命体的同类相从、相应上。"兽同足者相从游，鸟同翼者相从翔。"（《上德》）物以类相从、聚集，是自然之理。毛羽者为飞行之类，故属于阳；介鳞者为蛰伏之类，故属于阴。日为阳主，"春夏则群兽除，日至而麋鹿解"；月为阴宗，"月虚而鱼脑减，月死而蠃蛖膲"。物类同趋同势，"火上荨，水下流，故鸟飞而高，鱼动而下。"物类相动者"本标相应"，故"阳燧见日则燃而为火，方诸见月则津而为水，虎啸而谷风至，龙举而景云属。麒麟斗而日月食，鲸鱼死而彗星出，蚕珥丝而商弦绝，贲星坠而勃海决"（《淮南子·天文训》）。物有不同类属，每一类之间具有相同的生存质性，故相互为群。每一物类间具有相和相应的自然态势。"寒暑燥湿，以类相从；声响疾徐，以音应也。故《易》曰：'鸣鹤在阴，其子和之。'"（《淮南子·泰族训》）物各自有性，性各有适，然相互间因生存而形成了相从、相应关系。作为自然之势，它们构成了自然的均衡。

每一物类都在宇宙生机系统中充当着生生的不同链条环节、滋生条件，相互为滋、相互生克。万物因相生相克相从而相互联结，因联结形式和性质的差异形成为不同的子系统，构造了不同大小的有机系统，故环境系统与相生系统是相对的，二者相互转化。"湿之至也，莫见其形而炭已重矣。风之至也，莫见其象而木已动矣。日之行也，不见其移，骐骥倍日而驰，草木为之靡，县烽未转，而日在其前。故天之且风，草木未动而鸟已翔矣；其且雨也，阴曀未集而鱼已噞矣。以阴阳之气相动也"（《淮南子·泰族训》）。以炭木、骐骥、草木言，湿、风、日是外在环境系统。以"阴阳之气相动"言，则天、风雨、草木和鸟鱼等是"通天下一气"的相生系统。"天地所包，阴阳所呕，雨露所濡，化生万物，瑶碧玉珠，翡翠玳瑁，文彩明朗，润泽若濡"。瑶碧玉珠、翡翠玳瑁等既是阴阳之化，又在天地包含的大环境中。万物相通相生，进行物质、能量和信息的交流、交换，以其自然而不得不然，必然而相互使然，故构成为"自然界"。

（三）人为机体

个体机体寓于相生系统、环境系统中，宇宙机体是个体机体的整体。上面，以生物为基准，建构了生物之间的相生系统以及相为条件地基的环境系统。生物作为机体的极致，是人作为有机体的存在。对其内涵的揭示，将会使其他生物机体的存在质性触类旁通。人的机体内涵主要包括以下层面。

道 与 物

1. 道性为本，感通造化。它是不同于其他生物的机性、机理。人的道性来自自然禀赋，天然具有，内在自足。全性保真、精通于天，成为人的机体本性自然。"人道者，全性保真，不亏其身，遭急迫难，精通乎天，若乃未始出其宗者，何为而不成？死生同域，不可胁凌"（《精诚》）。人道是保全真性，又是"未始出其宗"，虽死生不可胁凌。"精通乎天"，则死生一体，与造化感通。感通于天，则能"官天地，怀万物，返造化，含至和"。性与道为一，则与万物并。无私已则成大通，故"未尝死"。"含至和"者，不仅内和于身，形治神全，且外和于物，"神气动于天"。环境与人类密切相关，有以相通。感通来自"阴阳陶冶，万物皆乘一气而生"（《下德》），通于一气则"天地之间"为"一人之身"，"六合之内"为"一人之形"。以一气相感应揭示出人与道一、和万物机体相通的认知思维。它以知能为前提，通过去己私执而与大道通同，具有与其他生物迥异的机体存在质性。虽处"众枉"而不失其"直"，与天下"并流"而不离其"域"。这里的"直"和"域"既是本性，又是道性，以一不化而外应万化。人只有不专己和不自执、不豫谋，方能达到"与天同心，与道同体"和"循天者与道游"（《道原》）的道性境界。

2. 机体自足，真性和谐。圣人守其机性，在于知"九窍四肢之宜"，故游于"精神之和"（《九守》）。对于失去机性者，就要内修于道术，得精诚于内，复其真性。若外饰于仁义，则失其真性，离于机理之本。"九窍四肢之宜"，是机体之适；"精神之和"，是机应之宜。九窍四肢者为身之形体，宜则自和谐；精神之和为性情之真，和则自调适。反之，若"精神越于外，智虑荡于内"，则将损害身体的机体均衡，而"不能治形"。作为机体，人要保持身内的平衡、和谐，就得"血气专乎内而不外越"。血气为人机体的精华，贯通于九窍四肢，身体之宜赖于血气之和。内敛血气，不使外驰，固能"胸腹充而嗜欲寡"，无殉于外物。五藏是人之机体构成的精物，若能"属于心而无离"，则"气意胜而行不僻，精神盛而气不散"。以之听则无不闻，以之视则无不见，以之为则无不成，故"患祸无由入，邪气不能袭"。在人的机体中，血气是"五藏之使候"，孔窍是"精神之户牖"。血气不外越，则"耳目清而听视聪达"。血气外越，使候五藏，以为贪婪嗜欲。精神驰骋，借助五官，以为妄执好憎。机体自在相通，"肝主目，肾主耳，脾主舌，肺主鼻，胆主口。"志气日耗，则不能终其天年。唯"无以生为"者，则所以得"长生"。贪于嗜欲，执于好憎，皆自私其身有以生为使然。人不能不生存，就得与外在事物进行物质、能量和信息的交流、交换，"嘘吸阴阳，吐故纳新"。然知诱于外，不能无节于内，则将失去机体的内在和谐，故要"不以人易天"和"不以事滑天"。人之天守全，则"纯粹朴素，质直皓白，未始有与杂糅"（《淮南子·原道训》）。天机在身，则自得其得，"不以身役物，不以欲滑和"。"役物"则殉于物，"滑和"则丧其真。

3. 与天同构，天人感应。汉初儒家以为，人之机体系统既来自天地，就与天地相互对应，在性情上通构。《文子》吸收了这样的思维结构。"天有风雨寒暑，人有取与

喜怒。胆为云，肺为气，脾为风，肾为雨，肝为雷。人与天地相类，而心为之主。耳目者日月也，血气者风雨也。"（《九守》）与天地相类，则人与天副，具有类似的性情、感应。"万物有以相连，精气有以相薄"。气动于天，则"景星见，黄龙下，凤凰至，醴泉出，嘉谷生，河不满溢，海不波涌"。国将亡则"天文变"，世俗乱则"虹蜺见"。受气于天，则机感机应。"道悬天，物布地，和在人。人主不和，即天气不下，地气不上，阴阳不调，风雨不时，人民疾饥。"（《符言》）人主不和，则有天谴感应。在人与天地万物的感应上，人主无为而治，道德上通，则"日月星辰不失其行，风雨时节，五谷丰昌，凤凰翔于庭，麒麟游于郊"（《精诚》）。反之，"政失于春，岁星盈缩，不居其常。政失于夏，荧惑逆行。政失于秋，太白不当，出入无常。政失于冬，辰星不效其乡。四时失政，镇星摇荡，日月见谪，五星悖乱，彗星出。"至德之世，"风雨不毁折，草木不夭死，河出图，洛出书"（《道德》）。及世之衰，主上无道，则"山崩川涸，蠕动不息，蛰无百蔬"。积道德者，"天与之，地助之，鬼神辅之，凤凰翔其庭，麒麟游其郊，蛟龙宿其沼"。人主能"通体乎天地，同精乎阴阳，一和乎四时，明朗乎日月，与道化者为人"，则"天覆以德，地载以乐，四时不失序，风雨不为虐，日月清静而扬光，五星不失其行"（《下德》）。天人感应说，不如帝道治德说。逮至黄帝治天下，"从天地之固然"，"理日月之行，治阴阳之气，节四时之度，正律历之数，别男女，明上下"（《精诚》），使强不凌弱，众不暴寡，则"民保命而不夭，岁时熟而不凶"。帝者"诚能包裹道，合至和，则禽兽草木莫不被其泽矣，而况兆民乎！"（《淮南子·氾论训》）宇宙机体"至和"，在于道之使然。帝能体道，以道莅天下。则宇宙必能至和。天副机体观，不过是一种天人同构上的比附，并没有实质价值。

　　4. 人有知能，迥异物性。生命机体只是人的身体和生理机理，而知性是人机体机能的重要构成。在人的知性机能上，只有去己而"以恬养智，以漠合神"，方能不伤机体之性，维护与外在人物的和谐和能量物质的交换。"以恬养智"，则知以当用，而不诱于外而流于物欲。"以漠合神"，则神于天全，而不驰于外而流于妄执。人与外在生存环境系统的机体感应，与其他生物的适者生存、物竞天择不同，虽是机感机应，然能运用知能，遵循天道天理，顺从天期天则，自节于内而不伤于外，因顺以为而自我调适。人与生物在机能上各有所长。然人为万物之灵。蚯蚓无"筋骨之强、爪牙之利"然能"上食晞堁，下饮黄泉"，一于自得以生。鳖无耳而"目不可以蔽"，因"精于明"而一于自生。"凡有血气之虫，含牙带角，前爪后距，有角者触，有齿者噬，有毒者螫，有蹄者趹。"（《淮南子·兵略训》）血气之物各用其有，以为自利，便宜其生。华骝绿耳一日而至千里，使之搏兔不如豺狼；鸱夜撮蚤蚊察分秋毫，然昼日颠越不能见丘山；螣蛇游雾而动，龙乘云而举，猿得木而捷，鱼得水而骛，各有伎能、形性，然不能兼。人与禽兽在机性、机理上虽皆为阴阳所生，涵血气之精，性情同于见利而就、避害而去，然有知能上的本质不同。禽兽爪牙虽利，筋骨虽强，不免为人所制。人有知能，故"才力不能相一"。禽兽机能"所受于天不可变"，禀赋自然而不可损

益，"若鱼之跃，若鹊之驳，此自然者，不可损益"（《淮南子·修务训》）。人的独特机能在于开出了知能和道德之性，"尽众益"，通于能。"凡人之性，莫贵于仁，莫急于智。仁以为质，智以行之，两者为本，而加之以勇力辩慧、捷疾劬录，巧敏迟利、聪明审察，尽众益也。"（《淮南子·主术训》）知能的核心在于能"因便"：九疑之南的民人，因陆事寡而水事众，故被发文身以像鳞虫，短绻不绔以便涉游，短袂攘卷以便刺舟；雁门之北者"便之"，故"狄不谷食，贱长贵壮，俗尚气力，人不驰弓，马不解勒"（《淮南子·原道训》）。因便其为，则各适其宜。能"因便"是知能利用的主动、积极行为，有别于生物固守天机的本有、纯是生理本能的感应和对环境的被动适应。

5. 道德为性，智能利用。正因人有知能，故使机体存在具有了道德之性和智能功用。原始纯朴之世，宇宙机体自然，人性本真不失。上古，真人与天地阴阳之气相通，自得神和之德，故"群生莫不仰其德以和顺"，而"万物大优"（《上礼》）。及世之衰，至伏羲氏，则知为渐生，而皆欲离其"童蒙之心"，而"觉悟乎天地之间"，故"德烦而不一"，恒德乃离，真性有失。及至神农、黄帝，"核领天下，纪纲四时，和调阴阳"，于是使万民莫不竦身注视其耳目，浇薄治理，故"治而不和"。下至夏、殷之世，"嗜欲达于物，聪明诱于外，性命失其真"。知求贪欲盛行，则无不以利相攻。施及周室，"浇醇散朴"，人人"离道以为伪，险德以为行"，智巧萌生，诈伪盛行，失其"大宗之本"。世道衰败，则机性受损，本真已去，故圣人辩以大道，示人以真，以求复其本初的机性自然。此篇作者以人类原始生态的自然和谐为至德之境，对黄帝圣治之境进行批判。作者认为，世界原初本自和谐均衡，一切无序失衡来自人之作为。《文子》在论述人类社会机体上，既强调道术的因循利用，然又有否定圣人之治的言说，出现了前后不相符合的问题。人的智能虽有使本真机性损失的倾向，然它提高了人类生存能力，实现了人性的自觉，成就社会机体的存在。在《淮南子》中，提出了与此相反的历史观。往古之时，世道无序相残，"四极废，九州裂，天不兼覆，地不周载，火爁炎而不灭，水浩洋而不息，猛兽食颛民，鸷鸟攫老弱"（《览冥训》）。正因不堪此害，女娲出以拯救之，故"苍天补，四极正，淫水涸，冀州平，狡虫死，颛民生"。圣人出以王天下，对阴阳所壅沈不通者以窍理之，对逆气戾物伤民厚积者以绝止之，使人人"侗然皆得其和"。当此之时，人与禽兽和谐以处，互不相伤。作者认为社会机体不同于自然机体，"天之所为，禽兽草木；人之所为，礼节制度。构而为宫室，制而为舟舆是也。"（《泰族训》）礼节制度，是道德行为；宫室舟舆，是智能所为。二者揭示出人与其他生物在知能上差异。

最后，对本节内容做简要概述。《文子》继承老庄的宇宙机体思维，从包容涵摄、生生不测、造化覆载和自我调适等功能方面，以及环境系统、相生系统和人之机体等基本构成上进一步丰富发展了宇宙机体的内涵。宇宙或天地之间囊括万物，万物自在而自然，同时相互资生、辅育，构成一个有机的生物圈系统，成为一个内在统一、有机和谐的机体系统。在宇宙机体中，围绕生物的生成和发展形成了不同的生态系统和

环境系统。其中，人是自觉主动的机体生存行为，既适应环境以图存，同时又以知能利用自然、建立文化，形成了社会有机体。而其它生物包括动物还处于适者生存，物竞天择的自然状态。

第三节 郭象的自然观

郭象以独化自然观注《庄子》，其思想既继承了《庄子》的自然观，又进行了理念创新。独化论、性分论的自然观，揭示了万物存在上的自在自然，形成了生物机体自组织、自调适的思维意蕴。"天"在他那里成为万物自然的总名，彰显着万物独化和天然和谐的存在方式和属性。从一定意义上看，"天"就是宇宙机体或自然界。

一、生物机性

在郭象的思想中，万物虽种类纷繁、个性迥异，然一于"独化"。每一生物皆是具有天性的有机体。自然中的一切生物无不性分自足，自在存在，皆具有自组织功能，自我驱动，自我实现。每一生物皆是天然自生，率性而动，独自而化，内在具有生命的机理和力量，蕴藏着运动和变化的势能。

（一）机性自然

郭象认为，万物生性自然，作为个体机体存在，它自然而生，自然而有，自然以成。生物机体以其本自自然，又是自然的枢机，故谓之天机。作为机性，它性分自足，机理自适，无知故、企羡、使为等效法、干涉之为。

1. 自然即本性。"自然则自然矣，人安能故有此自然哉？自然耳，故曰性。"（《山木》注）非"故有"，则自然而生，天然本有。无物非然，无非自性。以自然为性，天然本有。真自然者，率性而为，不知所以然而然。只有无心于自然，体与变俱，无矜无执，方为真自然。"物之自然，各有性"（《天运》注）。物物自然而然，各有自性。万物虽有大小等属性万殊，各异其性，然在性分自然、自得自适上则为一齐。"对大于小，所以均异趣也。夫趣之所以异，岂知异而异哉？皆不知所以然而自然耳，自然耳，不为也。此逍遥之大意。"（《齐物论》注）物物率性而行，必有趣向。所趣虽异，然为性之固有，同于自然，一于自得。既是率性自然，就非是有为使然，而是不得不然。诱然皆生，油然而得，不知所然而然。若有知故，即有意有为，就非自然。自然既为万物同性，亦为机体正性。"自然生我，我自然生。故自然者，即我之自然"。"自然生我"，我者不得不生；"我自然生"，我者非为它生。个个自然，一切皆是自然而生的存在。"自然者，不为而自然者也。……不为而自能，所以为正也。"（《逍遥游》注）万物以自然为性，必以自然为正。"正"非是以此之正正彼之正，而是性各自正，物物各正其正。自正在于自然、自能，故非施为、相校而正。自然作为万物性

分，是天然、本然和必然。以其天然，则无故伪；以其本然，故纯不杂；以其必然，故不得不然。不为知故，无为则自正自平。凡不平不正者，皆生于有为，而非源于率性自然。安于性分，即是有德。"唯自然乃德耳。"（《徐无鬼》注）德者，自得性分，机理自得。得是自得于自然，非得外在妄求。得于外，是效仿。"理自尔，故莫得。"（《寓言》注）人人、物物各自得性分，亦各得其机理，不可外得、外求。

2. 自然即真性。性分自然，纯而不伪，就是真性。本性之真，相对于文化、教化的人伪而言，它是本然、自然之性，纯而不凿。"任之而自尔，则非伪也。"（《齐物论》注）自然必无伪。生物机体率性自然，纯由内在自我所发，内无智凿意欲之趋，外无效仿习教之规，纯任天机自张。它是告子所谓的"生之谓性"。道家多以婴儿、赤子言于真性，因为人之始生、初生时，作为婴孩的机体存在，无知无伪，机性自备。"凡得真性，用其自为者，虽复皁隶，犹不顾毁誉而自安其业。故知与不知，皆自若也。若乃开希幸之路，以下冒上，物丧其真，人忘其本，则毁誉之间，俯仰失措也。"（《齐物论》注）真性自得，自安性分，不以不知和为知而改其自然。虽为皁隶之卑，亦能自安其业，独化于自然，毁誉不容于心。天守自全，固然"自若"。不过，人毕竟处于世俗之中，其长以后不免与世俗处，也不免为习俗所熏陶习染，以至于真性丧失，落于贪执有为之若鹜。希幸冒上者为习染之人，盲目追逐外物而习以为常，性本已失而不觉其丧，终日奔波碌碌于毁誉之间，俯仰举止岂不失措？染在其中而昏然不觉者，乃为"大悲"。人为世俗所染，要回归其真，就必反思其性。物物皆有真性，真性就是机性，包括机能。以马者言，"马之真性，非辞鞍而恶乘，但无羡于荣华"，"若乃任驽、骥之力，适迟疾之分，虽则足迹接乎八荒之表，而众马之性全"（《马蹄》注）。马之真性的根本所在，是"无羡于荣华"，无智伪、企夸之心。若任自性之力，尽己之能，自适其适，则虽有驽、骥材质之别、迟疾能力之殊，而马之真性全。马作为一个生物机体，自然至足，真性固全。马之真性，不在于是否为人用，而在于是否自尽其用，非有非分之想。配鞍以乘，正是尽马的机能。"天命之固当，虽寄之人事，而本在乎天。"（《秋水》注）人事在因于天，用于天。

3. 自然即无为。性分自然，并非一无所为，而是为而无执。"以性自动，故称为耳；此乃真为，非有为也。"（《庚桑楚》注）真为，是性分自然而为，而非知故、有以为之为。"以性自动"是真为，亦是无为。真为者，机理自然；无为者，非故意为。"为其所有为，则真为也，为其真为，则无为矣，又何加焉！"（《天下》注）"为其所有为"，是以性自为；"为其真为"，则无为于"有以为"之为。性分真为而足，故不可强加。"凡自为者，皆无事之业也。"（《达生》注）无为于施为、矫正之为，则为于性分；使各自自为，则为无事之业。率性自为，是无为而为，无执以为。"率性自为耳，非恃而为之。"（《达生》注）率性自为，是机性自然。自恃而为，是为"有以为"，以知故为。各为性分之真，则无执无系。"不为而自得，故曰诚。"（《徐无鬼》注）诚者，率性而为，自得性分，纯而不伪。无为于意欲知故，为而不恃，故无伪。

"不知其然而自然者，非性如何！"（《则阳》注）性者自然，不知其然，故知故无与其间。在郭象言"为而不恃"是率性自然，为而不执。在《老子》"为而不恃"是恒道自然，为物不贰。《老子》在于揭示道性生物自然。郭象在于揭示个体性分自然。机性自然不能无功，若无功则无为，无为则性不存。郭象在对待"功"上，否定的是相互施为、使为之功，并不否定性分自然的功为。"目成见功，足成行功也。"（《田子方》注）性自为，则功自成。功自成，则无施功，无功名之迹。"功自彼成，故势不在我，而名迹皆去。"（《山木》注）有"名迹"，则功成而居。"恃功名以为己成者，未之尝全。"（《山木》注）全于自然，则功成不居，足于性分。若恃已成以为功名，则不能全于至理。"功尽其分，无为之至。"（《则阳》注）功成其己，尽其性分，不恃所为，为而无执，故为"无为之至"。自然者，不居已成之功，故无功。"为功者非己，故功成而身不得不退，事遂而名不得不去，名去身退，乃可以及天下也。"（《田子方》注）功成不居，则名去身退。"及天下"，非是施功于天下，而是任天下自成其功。性分自然，则与化为一，变化日新。"变化日新，未尝守故"（《秋水》注）。在自化上，"不可执而守。"己与化一，则不将不迎，日夜相待无极。正而待之，无所为怀。若不能随变，而执守成迹，则不能齐于性分自然。"圣人无爱若镜耳。然而事济于物，故人与之名，若人不相告，则莫知其爱人也。荡然以百姓为刍狗，而道合于爱人，故能无已。若爱由乎闻知，则有时而衰也。"（《则阳》注）"无爱若镜"，即爱而不知。无为于爱，则爱于自然。犹如母之爱子，爱出于性分自然，天性使然，则自为不能已。人若以其爱之效验或功迹而名之，使之为知名闻名而爱，有以为爱，则不免于衰。爱有以为，则或不为，故衰。爱人若己，则于理自然。无知无为，故自然。

4. 自然即不迹。在性命自然上，是否有为于仁义？或者说，仁义是否为性分自然？郭象在注《庄子》"德无不容，仁也；道无不理，义也"一文上云："无不容者，非为仁也，而仁迹行焉。无不理者，非为义也，而义功著焉。"（《缮性》注）非为仁义，只是不执于仁义之迹，而非无为仁义之实。"仁迹行"、"义功著"，则仁义实质寓于其中。当然，仁义非有意为之，而是不得不然的效验。礼乐亦是如此，"仁义发中，而还任本怀，则志得矣，志得矣，其迹则乐也。信行容体而顺乎自然之节文者，其迹则礼也。"（《缮性》注）仁义有文、有质。文是迹者，而质是所以迹者。礼乐是迹，得志、顺自然节文是所以迹。以道德行，是仁义；以仁义行，则有迹。性分自然，不失其迹，而不执于迹。执于迹，是假器而贪。"仁义可见，则夫贪者将假斯器以获其志。"（《徐无鬼》注）仁义之迹伤于殊理，因为执以为器，则必扰人以自遂其志。执仁义之迹为教化、效法，则伤各自个性的独化。爱人是自然，然爱为闻知，知所以为爱人则落入执迹。"事至而爱，当义而止，斯忘仁义者也，常念之则乱真矣。"（《天道》注）真性者，事至而爱，当义而止，忘仁义之迹而不居其功。常念之，则以仁义为功德，自恃其为，故乱"为无以为"之真。自然而爱，非为爱而爱。若有辞谢，则人己已分。"不人者，视人若己。视人若己则不相辞谢，斯乃礼之至也。"（《庚桑楚》注）礼至则视

人若己，何有辞谢？辞谢即为执迹，而爱于自然则为所以迹。"礼义之弊，有斯饰物也。"文博者，质之伪饰。礼义以为"饰物"，即为执迹，亦为矫效之为。"礼有常则，故矫效之所由生也。"（《知北游》注）执著常则，则规范、矫正生，效法、教化行。矫效生，则人不能独化，不能守性自然。离道则善生。"善者，过于适之称，故有善而道不全。"（《缮性》注）为善之善，即仁义礼乐之执。以心自役，因善而为，则性分失、道不全。道全在于本分自得。道在自得，以善而为是得于性分之外，非是自然。只有去善，还以道全，才能自得自善。至善在于性分自得，率性自然。"去善则善无所慕，善无所慕，则善者不矫而自善也。"（《外物》注）可慕之善，是执迹。无所慕善，不矫以善，各自善，则无不善。自然在所以迹，而非执于迹。忘知任性，斯为自然定分。以此类推，贵、富、美等皆如此。无贵、无富、无美则道全。《老子》云："天下皆知美之为美，斯恶已；皆知善之为善，斯不善已。"知美之为美、善之为善，则有以为美善，不免于执迹，失其所以迹，故斯恶、不善。明夫自然者，非以知得，而当冥乎无知之地。自然则冥物。"患害生于役知以奔竞。"（《山木》注）役知以奔竞，则逐于外，失去本分，相争则患害生。役知者以趋利避害，奔竞者争利害人。"不以害为害，故莫之能害。"（《秋水》注）"不以害为害"，则无知故之争执，故可免害。机理以其天然本有，故又是天然、自然。"天理自然，知故无为乎其间"（《刻意》注）。理者"自然"、"自尔"，为万物建立了内因驱动模式，同时排除了外因使动。在内因驱动上，又排斥了知故的有为。有知故，即非理。"知用者，从感而求，勃而不已，斯贼生也。"（《秋水》注）贼生于贪欲知用，孜孜以求，欲壑难填。自然的最大损害，是"有其身"。若无身，吾有何患！"有其身而矜其国，故虽忧怀万端，尊贤尚行，而患虑愈深矣。"（《山木》注）"患虑愈深"，归根在于自矜自执。率性自然者，以身非汝有，而为块然自有，它是理之所在。"若身是汝有者，则美恶死生，当制之由汝。今气聚而生，汝不能禁也；气散而死，汝不能止也。"（《知北游》注）身非自有，则遗身而忘营生之贪。自然者知足，守于性分。"顺天应人而受天下者，其迹则争让之迹也。寻其迹者，失其所以迹矣，故绝灭也"（《秋水》注）。"受天下"而不有，则得其所以迹，无为而自然。争让天下者执迹，失其所以迹，不免于灭绝。执迹者，有为于天下神器，故必失败。世德之所以衰，就因为在上者不能无为而羡有为之迹，故致弊。若使皇王之迹与世迁徙，则圣人之道未始不全。羡有为之迹，即执于迹。"爱民之迹，为民所尚。尚之为爱，爱已伪也。"（《徐无鬼》注）上德不德，至爱不爱。爱以自然，则不贵尚。息迹以反一，则爱与自然，纯而不已。"莫知反一以息迹而逐迹以求一，愈得迹，愈失一，斯大谬矣。"（《缮性》注）逐于迹，不得所以迹之本，故愈执愈失。无迹则自然，上自然无为则物各自然。"反任物性而物性自一，故无迹。"（《缮性》注）一于自然、本然，故无迹无失。在迹与所以迹的关系上，"所以迹者，真性也。"（《天运》注）真性自能发见于外，而发于外者皆为性之迹。迹者有滞，有故，非性之本。"所以迹"者，机体本有之能，是自然自为者。玄冥而化，故不知有故；天机自张，则

为"所以迹"。

（二）天机自张

既然物物互不干涉、仿效，纯任自然，则自然即机性，机性即自然。从性之所本言，机性是物性本分。从其所从出的生机呈现和自得实现言，是天然而有的潜质、造备。从性分的呈现、实现言，是率之而然，自尽所然。人物皆有性分，亦皆有自然机理，故自能尽己之性，遂己之理。它是自然而然，亦是不得不然，故为天机自张。

1. 机理自然。性以禀赋、材质自备言为天然、本然，而理以能力、趋势言为自然、不得不然。物外无理，理必是物理，故亦是万殊之理。作为机理，"理固自然"（《逍遥游》注）。我性自然，即是机理自然，自然以生，自然以化，自然以成，自然如此。率性自然，在于"理自尔耳"（《德充符》注）。我性自然而然，是理固自然。机理自然，是不得已然。"不得已者，理之必然者也。"（《人世间》注）"不得已"者，不得不然，故为理之必然。理固自然，亦是必然，同时是不得不然。万物因理而自然、必然、不得不然。无物无理，无不自然，无非必然。正如"天随理而行"（《在宥》注）一样，生物必随理而行于自然，不得不然。就人的机体言，是"任理而起，吾不得已也。"（《刻意》注）"任理而起"，是纯任机理自为；"吾不得已"者，是不得不然。人当付以天理，顺内在机理而行，率性自然。无物无理，亦无物无道。道即理之自适，率性自然。"物得其道而和，理自适也。理适而不失其分也。"（《天道》注）机理自然，在于性分自得，不失其本然。物得道以和，是自得的理之自适。"分"者，物物性分各有和，自然而然，不能不和。"和"者，物物性分皆有，机理自备，无所不适。"分"从外在性别言，"和"从内在机理言。一切存在物皆是自然，也都是机理自得，莫有得于己机理之外。"和，故无不得；道，故无不理。"（《缮性》注）"和"者，作为万物的"无不得"者，同时是万物的皆自得。自得即和，故无不和。物物自得于和，则一于机理自理，一于自理则无不理，无不理则为道名。万物皆得理，故无不理。这里，道非是理物的绝对本体存在，而只是"无不理"的总名称谓。道是物各自理，理是物各自和，和是物各自适，适是物各有分。物外无理，道外无物。道则无所不理，理则自然而然。"理至而应。"（《刻意》注）理至即应，是机感机应。理必有应，是不得不应；乘变应权，是独化之能。

2. 不得不化。人物率性在自化，不得不化，化而不已。在化与自化的关系上，"与化为人"者，任其自化。在《庄子》是与造化者为人，故能万化未始有极。郭象否定造化者的存在，而以化为人，则化是独化。物物皆是自化，无化不物，无物不化。在《庄子》看来，至人与造化为一，故有内化、外化之分。内化者，一而不化；外化者，与物偕化。而在郭象看来，化即自化、独化，非有同于它化。物物皆自化，人不能同于物化，只能尽己独自之化。此物不能同于彼物之化。在万物自化上，已然没有效法、因循和统摄的涵义。物与化俱，则日新不已。付之日新，则尽化于性命。"各恣其本

步，而人人自蹈其方，则万方得矣，不亦大乎！"（《山木》注）自蹈其方，是自尽其理。各自尽理，则各自独化，故为自然之大。这里的"大"，非是包容、统摄的实质之大，而是任化的无不自化的总名之大。在注"奚足以至乎先是色而已"（《庄子·达生》）一文上，向秀云："同是形色之物耳，未足以相先也。以相先者，唯自然也。"（张湛《列子》注）郭象在注中，则删去了后一句。显见，向秀是以"自然"同于造物之"道"，郭象则专言物化，否定高于物的造化者存在。真性自然而化，各自独化，就是机体真性。人物有其机理在，则自成始终，自然往来、变化。"往来者，自然之常理也，其有终乎！"（《知北游》注）往来在自然中，则自然于往来。往来自然，则自然就是往来等一切自然行为。往来至始至终、无有终穷，它是"常理"自然。"以变化为常，则所常者无穷也。"（《天运》注）所常者为理，理是变化之常。所常无穷，是一于变化、不息其化。理一于变化，故不主故常。"齐一于变化，故不主故常。"（《天运》注）不主于故常，不执于定常，则变化无常，化化迁而不滞。以始终言，理必自始至终，"理必自终，不由于知，非命如何？"（《寓言》注）命即理之命，理是命之理，理必为命。理不得不然，即是命所必然。理自自终，即命之必终。自尽其本分，终其天年，既是理的自然，又是命的必然。"理"为自然而然，"命"为不得不然，二者同名异谓。知者不得与，有为干预则为枉然。命者必然，若有物使然，实则非有意使然，而是自在的不得不然。"不知其所以然而然，谓之命，似若有意也，故又遗命之名以明其自尔，而后命理全也。"（《寓言》注）"有意"，则为使动。命之内涵，在于"不知其所以然而然"。若以为命定为或有意使然，则必以命为它命使然，而非是自命的不得不然。命是理之命，以理言命，则全其理。然理也是命之理，自然而然，非有外在主宰使然。"命之所有者，非为也，皆自然耳。"（《天运》注）命者，莫之为而为，是自然的不得不为，而非是外在使为。"夫物皆先有其命，故来事可知也。是以凡所为者，不得不为；凡所不为者，不可得为；而愚者以为之在己，不亦妄乎！"（《则阳》注）"先有其命"，是性命固有，理在性分之中。"来事可知"，是理之必然，不得不然，有常可知。理之所在，为所必为，不得不化。愚者不知命，故不能与化俱。各自有理，各自有命，故能天机自张。

3. 冥知冥化。物物各自独化，则冥然不知其化。若知其化，则是以知故化。"冥然与变化日新。"（《达生》注）冥然则无执故吾，故能同于变化，日新不止。人物自然是自在自为，各自独化是"天机自张"。"至于各安其性，天机自张，受而不知，则吾所不能殊也。"（《逍遥游》注）安于本性，以其自在自为为率性自然，以其命之所为为天机自张。"受而不知"，无有知故，则不知所以然而然。"天机"者，物之性分本有，天然所备，不可效法、修为，不得杂糅荣华人伪。"自张"者，理固如此，命当如此，不得不如此。它是机性由潜在或潜能而成为现实的实在，成遂其机理。"吾不能殊"，是"天机自张"的不可改变，不可知故妄作。以事理言，理发则为事，自在必然，故冥然不觉。"事由理发，故不觉"（《外物》注）。由理为命，故不知所然。正因

为"不觉",方是理之"命"。若"觉",非是自然,而是有意使然。独化自然必是冥然,方是天机自然。"自尔,故不可知也。"(《天运》注)不知,则无故。"物事之近,或知其故,然寻其原以至乎极,则无故而自尔"。若要保证万物皆独化于自然,故必言无故以使然。守故不化,则失其性命之正。感应非是知故以为,而是机感机应。"物之生也,非知生而生也,则生之行也,岂知行而行哉!故足不知所以行,目不知所以见,心不知所以知,傀然而自得矣。迟速之节,聪明之鉴,或能或否,皆非我也。而惑者因欲有其身而矜其能,所以逆其天机而伤其神器也。至人知天机之不可易也,或捐聪明,弃知虑,魄然忘其所为而任其自动,故万物无动而不逍遥也。"(《秋水》注)人物生行,是机理自应,自然而然,不知所以然而然。若知生而生、知行而行,则有成心、前识,而非机体感应。机体之应,非知故所为,而是不得不为。迟速之节是机理自适,聪明之鉴是机能感知,能否之择是机性天择。一旦贵身矜能,则伤其天机神器。至人知天机自张,故捐弃聪明知虑易性之属,无私己身,内适于忘适之适,自得于无得之得。万物皆有天机,则各冥然,各自得,各自化,则各得其所。"人而脩人,则自得矣,所以常泰。"人人自得以为己真,个个成遂己之自适,故恒泰。物物自然,人人自然,各自独化,则一于自适,同于机宜。"物皆自然,故至一也。"(《缮性》注)"至一"者,独化之至,物物一于自然。理者自然、天机自然、性命自然、冥然自然,四者合为一体。

(三)性分自足

性命所以能自然,机理所以能自张,机性所以能独化,就在于其性分自足。若非至足,将依赖他物驱动,则不能独化。郭象认为,万物自然之性必是自全、至足,全于性分,足于命理,备于机体。

1. 自得而全。"全其内而足。"(《缮性》注)内于自得,全其性分,故至足。"庖人、尸祝,各安其所司;鸟兽、万物,各足于所受;帝尧、许由,各静其所遇,此乃天下之至实也。各得其实,又何所为乎哉?自得而已矣。故尧、许之行虽异,其于逍遥一也。"(《逍遥游》注)各安所司,各足所受,各静所遇,皆是性分自足,然内涵不同。"所司"者,是职分;"所受"者,是禀分;"所遇",是命分。三者具有机理与事理不同,然郭象认为皆是理分、本分。既然冥知,何以有职司和不得已莅临天下?可见,其在调和自然与名教上,还存在不能调和之处。天下至实,在于各足其性,各得其所。性分至足,则自得其得。同于自得,各自逍遥。在《庄子》逍遥是自由的境界,而此言逍遥一是自张其机能性分,非是精神的体验。在齐物上,物苟足其性,则大鹏无自贵于小鸟,小鸟无羡于天池,小大虽殊而"逍遥一"。自得者自化,不过"全其性分之内而已"(《应帝王》注)。内全性分,则足于自得,尽其至足性分。就物物相通于一言,是"各正性命之分"。各正性分,前提在于自得至足。因性分自足,故各正性命。"夫以形相对,则大山大于秋毫也。若各据其性分,物冥其极,则形大未为有

余，形小不为不足。苟各足于其性，则秋毫不独小其小而大山不独大其大矣。若以性足为大，则天下之足未有过于秋毫也；若性足者非大，则大山亦可称小矣。故曰天下莫大于秋毫之末而大山为小。大山为小，则天下无大矣；秋毫为大，则天下无小也。……苟足于天然而安其性命，故虽天地未足为寿而与我并生，万物未足为异而与我同得。"（《齐物论》注）"以形相对"，则大小有殊。"据其性分"，则一于自得。"物冥其极"，则不相仿效。机体至足，故齐一独化。大小各适，则其用同一。若"足于其性"，则秋毫、大山同于性足自得。若以性足为大，则物莫不大；若以性足为小，则万物莫不小。以性分自得言，天下无小无大。以天性为至足，则万物与我同得无异。天然本性、本能至足，就是性命固然。人物各有性命，生即安之而已。性命不全，则不能安。安其性命之情，即安于本分，尽其性命之本己。"万物万形，同于自得，其得一也。已自一矣，理无所言。"（《齐物论》注）一于自得，全于自得，故理自无言，天机自张。性命，是性之本分，知足者安，贪求者妄。"物情无极，知足者鲜"（《秋水》注）。以习物之情言，不知足，故以此求彼，贪趣无极。生物率性自足，而不知足则迷。就物之为物言，世间万物各有机性，也各有其性命，性分有殊然一于成遂自己。每一类生物只能成就其自己，故大者成大，小者成小。就其成就自己言，万物虽有大小之殊，然齐一于性分自得，同化于性分至足。"统小大者，无小无大者也；苟有乎大小，则虽大鹏之与斥鴳，宰官之与御风，同为累物耳。……故游于无小无大者，无穷者也。……若夫逍遥而系于有方，则虽放之使游而有所穷矣，未能无待也。"（《逍遥游》注）"统小大"、"无待"者，已然没有了绝对本体存在的玄妙质性，而是一于性分自然，"各有自然之素"。以机理为至足，故"无小无大"。质小者所资不待大，则质大者所用不待小，故"各安其天性"。物有机理，理自能游，无游不适，"其于适性一"。然"有乎大小"、"系于有方"，则适人之适，反不能逍遥自适。小大之物，苟失其分理，则同于有害。心有所累，则有待于物。只有自适其适，方可无待于物。"性各有极，苟足其极，则余天下之财也！"（《逍遥游》注）因性分至足，不贪不执，故以天下财为有余。"至富者，自足而已，故除天下之财者也。"（《天运》注）内在至足，何尝取财？"至足，故恒有余。"（《天道》注）性分自足，则所在皆适。优裕恣意，故若游刃有余。郭象认为，"庄子之大意，在乎逍遥遊放，无为而自得，故极小大之致以明性分之适"（《齐物论》注）。"性分之适"，尽己之性；"逍遥遊放"，自适其适；无为自得，安分守己。三者皆基于性分至足。"至理尽于自得。"（《人世间》注）万物皆"尽于自得"，则各得其理，故为"至理"。自得之外无理，至理在于尽其机理。天然至足，故"不修不为而自得"（《田子方》注）。若修若为，即非天然，而是它得。自得，是得于自然已足。"自然各已足。"（《天运》注）自然则备矣，否则不能纯于自然而然。自然已足，方能因御无方。时行则行，时止则止。"无方，故能以万物为方。"（《秋水》注）以万物为方，是机应万方，一于自得其方。"道之所容者虽无方，然总其大归，莫过于自得，故一也。"（《徐无鬼》注）道是自然的总名，万物各自然，则

各自得。虽一于自得，然万物无限，自得万殊。以其自得不同，万殊不测，故谓之无方。虽各自得殊，然同于自得，故一于自得，总名之为道。"道"是假名以说理，寄言通于自得，非实有绝对本体的道在。

2. 机理至足。自得而全，足于自得，又是机理至足。"既禀之自然，其理已足。"（《德充符》注）"禀"为自得，"理"为机理，"足"为性分全，不假外求。禀于自然，则本然如此，全理在己。"理固自全"（《大宗师》注）。既然全理在身，则不需外力辅助，"任之天理而自尔。"性理全备，则机理自然。就人作为机体言，人之思行即至理所趣，任之自至。"虽沉思以免难，或明戒以避祸，物无妄然，皆天地之会，至理所趣。必自思之，非我思也；必自不思，非我不思也。或思而免之，或思而不免，或不思而免之，或不思而不免。凡此皆非我也，又奚为哉？任之而自至也。"（《德充符》注）"物无妄然"，理当如此，一切合理。自思非我思，是机感机应，非是知故、贪求之思。思与不思，皆至理自趣，何有为于我？"付之自尔而理自生成，生成非我也。"（《人世间》注）我性即理，理自生成，非我生成，自然而已。有此理、则此性自能生，不得不生，非我能宰生与不生。人物为自然或理的委形委蜕。生是理之必然，一切生为即合理。"苟知性命之固当，则虽死生穷达，千变万化，淡然自若，而和理在身矣。"（《德充符》注）性命固当，合于至理。"淡然自若"，则由理而为；"千变万化"，为理之所然；"和理在身"，人人皆备。至理所趣，命当如此。性命之当，在于我不得不为，理所当为，为独化之至。守理在身，无不可通。"反守我理，我理自通。"（《徐无鬼》注）机理自能通，揭示出性分的独化之能，显示出机性潜能的至足自备。"应理而动，而理自无害。"（《秋水》注）守分而不妄动，循内在性理而为，为当其理，故无害。"理自无害"，蕴藏着理并行而不相悖的先定和谐。人生理分有定，各有其宜。"知其小而不能自大，则理分有素，跂尚之情无为乎其间。"（《秋水》注）知己自足，则去"跂尚之情"，安其本分，自得其理。"任其天性而动，则人理亦自全矣。"（《达生》注）天性即人理自全。人生至理在于行其性分。性分自足，至足则为命分，机理必然。"命非己制，故无所用其心也。夫安于命者，无往而非逍遥矣"（《达生》注）。"命"者，是机理全于固然、必然。自然所致，命定如此，全于自得，非由己制，不可改易，故无可用心。"命"是定分，机理必然，本我性情的不得不然。安于性命之有，无往非性分当然。以其尽于机理、自适其适，故何往而非逍遥！"性分各自为者，皆在至理中来，故不可免也，是以善养生者，纵而任之。"（《达生》注）"至理"至足，以其潜在成为现实，是尽己性分、实现自我。"纵任"者，尽性于至理，率性于命定，无有私意宰制。机理作为"至理"，自能如此，若以为有余则伤其性理。"知止其分，物称其生，生斯足矣，有余则伤"（《达生》注）。"知止其分"，则安于定分；"物称其生"，则尽其机理。以性分自足言，知故营为者离却本分，故为"有余"。"我自然而生耳，而四支百体，五藏精神，己不为而自成矣。又何有意乎生成之后哉！达乎斯理者，必能遣过分之知，遗益生之情，而乘变应权，故不以外伤内，不以物害己而常全

也。"（《秋水》注）既然各自独化，冥然于知，何来"达乎斯理"和"乘变应权"？作为说辞，不过是郭象的寄言出意。实则作为人物机体，根本无有此为。"己不为而自成"，是机理自成，己无知故无意。既然人人冥知而互不效法、互不影响，而遣过分知、遣益生情等皆是唤醒、教化所为，莫非自相矛盾？"乘变应权"的"常全"，不过是机感机应的冥与化俱。"常全"，则"独化而足"。足于独化，则全于机理之生，应感而已。"不将不迎，则足而止。"（《知北游》注）理至则感应，感应已足，故止于不将不迎的无意之为。人物机理是变化不息，通一于变化则谓之通理。"通理有常运。"（《外物》注）常运，运而不已故有通名，它是郭象作为旁观者的观察和觉悟，实则机体个人不知其通，也不知日新。"日新则尽其自然之分"。尽于自然之分，虽无常其化，然是机理之命运。"成毁无常分而道皆通。"（《庚桑楚》注）或成或毁是化有常分，化化不止故通一于化。人物各有性分独化的化化不止的道，道是假言揭示机体之化的无常定分和一于殊化。机体作为主体，虽化化无常，然统一于机体的感应。物者天机自足，相互不得效法，故必守性分以安于性命，成其机理自然。

3. 性分自足。自得而全，机理至足，同时是性分自足。"物各顺性则足，足则无求"（《列御寇》注）。尽性至足，自备则无外求。万物作为机体，自能全己生、尽己化。若有羡欲、法效，就非是至足。"物未尝以大欲小，而必以小羡大，故举小大之殊各有定分，非羡欲所及，而羡欲之累可以绝矣。夫悲生于累，累绝则悲去，悲去而性命不安者，未之有也"（《逍遥游》注）。物物各有定分，然从其实现自己言，是一于机理之全、性分自足。物若不能安分守己，"以小羡大"，则悲于自累。要固守机体独化之分，就必须去其悲累。真性者，天然已备，自足于机体。机体虽有小大之殊，然同为一个性分至足的个体存在。"羡欲"者，不自得其得，而适人之适。若自得、自适其机性，则各得其适。"苟足于其性，虽大鹏无以自贵于小鸟，小鸟无羡于天池，而荣愿有余矣"（《逍遥游》注）。贵、羡，皆是法效之为。"荣愿"者，企羡、法效所求。无贵无羡，则安于性分，自得性分之足，自适性分之适。知己至足者，"旷然无不适"。人不知自足，因夸企于非誉。"非誉皆生于不足。故至足者，忘善恶，遗死生，与变化为一，旷然无不适矣"（《大宗师》注）。"忘善恶"，则己无羡求；"遗死生"，则去其自累；"与化为一"，则冥于自化；"旷然无不适"，则各适其适。机体至足的关键，在于自安性分，自得所得，自适己适。"长者不为有余，短者不为不足，此则骈赘皆出于形性，非假物也。然骈与不骈，其性各足，而此独骈枝，则于众以为多，故曰侈耳。而惑者或云非性，因欲割而弃之，是道有所不存，德有所不载，而人有弃才，物有弃用也，岂是至治之意哉！夫物有大小，能有少多，所大即骈，所多即赘。骈赘之分，物皆有之，若莫之任，是都弃万物之性也。"（《骈拇》注）以机体至足言，同于天然所得，一于性分所有。虽有形体长短之别，然皆"出于形性"，本于机体自得。若以为有余、不足以及"于众以为多"，就非是安于本分，而是生于夸企。机体所有，即道德所存。从机体自组织、自调适的机能言，生之本在无有弃才、弃用，皆为性分之才、

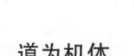

自得之用。自适其适，则自用其用。既然齐于机体至足，则大小形殊、少多能别无贵无贱，不可是此而非彼。若以所大所多为骈赘，则无异在弃万物的自性。在郭象看来，物之差殊是机体特质，何可相跂？何可相弃？"然少多之差，各有定分，毫芒之际，即不可以相跂，故各守跂方，则少多无不自得。"（《骈拇》注）"各有定分"，是个个性分自足。以机体自得观之，物无不足，无不自适。既然物物自性至足，则法效乃为多余。"舍己效物而行仁义者，是灭削毁损于天性也"（《骈母》注）。天性自足于性分，而"舍己效物"是毁损自性。"行仁义"者，是知故之为。天性自足，则行仁义为戕贼。效法是失己之适而适人之适，失于自得而得人之得。自足则至乐，乐在自适。"至乐者，适而已。"（《天运》注）物无不自适，故为"至乐"。足于性分，又是"朴素而足"（《山木》注）。"朴素"者，本性不失，全于性分。"守其朴而朴各有所能则平。"（《徐无鬼》注）朴素的性分，全于机能。各尽己独化之能，则平于所能。朴素自足，则去利远害。"去利远害乃全。"（《庚桑楚》注）心无所系，无可无不可，则全于性分自得。"文者自文，武者自武，非大人所赐也……岂唯文武，凡性皆然。"（《则阳》注）"凡性皆然"者，自全其性分，文武则各为所能。非文武如此，死生亦然。"待隐谓之死，待显谓之生，竟物死生也。"（《田子方》注）生死时行，理所必然，故生不可留，死不可哀。生死全于性分，一气变化，有生则有死。一切皆合理，将奚去哉？当"安乎命之所遇"（《秋水》注），无可无不可，无所不适。守于性分，则长生久视。"性之所安，故能久。"（《则阳》注）安于性命，自化以诚，诚而不息，故能长久。尽其性命，故为久。性分自足的体现，既是自得性全、各有定分，又是各遂性命、各自自适。性分自足、机理至足，决定了生物机体具有自组织功能。

　　（四）机理各殊

　　机体自然，在于机理固然，不得不然，不可相效、损益、改易。何以如此？因为每一类生物机体全是机性至足，不可相互取代、仿制，亦不可强加改变天机本性。"各自有故，不可相代。"（《徐无鬼》注）万物各有性分，宜各尽其分，故不可相互取代。"相代"，即否定了人物作为机体自足的个性、特性。每个机体作为自足个体，皆是各自独化、特定殊异的存在有机体。在郭象的思想中，"性分"含有两义：一方面揭示物性各异，以相互区别而言分殊之分，它为性质分别上的"殊分"；另一方面揭示不同物性的各有定分，因每一机性至足则有其特质和界限，它是事物的"止分"。二者为内涵与外延的关系。物体机性至足，既是特有性分的自足，又是机理上的不可相代。拥有个性，方为机体。机理各殊，方有万物。"理有至分，物有定极，各足称事，其济一也。"（《逍遥游》注）理有定分，分者有止。"至分"和"定极"，皆是事物内在固有的"止分"。正因为此，故不可强求逾分、损分。如果任其自理，则"各足称事"。一于定理，同于性分，则自然各得其所。以性分言，理既是有规定和限度的性分；又是物物各殊的特定性分。以机能言，"各止于其所能，乃最是也。"（《齐物论》注）虽机

能自足，然能各有殊。能尽其能，各尽所能，方为"最是"。就自尽其殊能言，则"不为其所不能"（《应帝王》注）。各尽自能，是齐于能适。反之，若为其所不能，则为不安本分，僭越其能。"目与目，耳与耳，心与心，其形相似而所能不同，苟有不同，则不可强相效法也。"（《庚桑楚》注）所能不同，然一于尽己之能，就是机能"最是"。强相效法，忘己之能而能人之能，或人不能而强其所能，皆非是尽己自能。足于机能者，善用己能，能其所能，尽其所能。万物各能其能，则无所不能。人物所能各殊，各尽所能，则为齐能。"群物不同，率性差异，或巢居穴处，走地飞空，而亭之毒之，咸能自济，物各得理，故无功也"（《则阳》注）。率性差异，是能者各殊，故不可强于其所不能，攻于为胁迫。使物各得理，能于自能，殊其所能，则咸于各尽所能，故各一自济。"性各有分，故知者守知以待终，而愚者抱愚而至死，岂有能中易其性者也。"（《齐物论》注）知与愚，是性分、机能之殊。在郭象看来，知者守知以待终，愚者抱愚而至死，既是机理殊分固然，又是性命不可易，性分不可损。智愚相对相较而分，若智愚不可易，皆一于自然，则亦无智无愚。性分有极，机理有定，"物各有性，性各有极"。"极"者，分限之止，尽性之极。因为物性各有极，性分不可相易，故"小大之殊各有定分"（《逍遥游》注）。"定分"，既是各自机理的分殊，又是自个定限的涯量。以量殊言，是"物物各有量"；以年殊言，是"生时各有年"；以能殊言，是"所知各有限"。量与量不同，年与年迥殊，知与知各异。性分至足，在于止于殊理，各当其可，各得其所。"定分"，既是性分的分内定限，又是各自所有的本分。"天性所受，各有本分，不可逃，亦不可加。"（《养生主》注）机体自足的本分，以其各有涯量为定分，以其各有特质为别分，以其不可逃为命分，以其不可加为常分。"逃"者逃避己命，"加"者损害己理。安于禀赋，则性分各殊。"莫若安于所受之分而已。"性分同于自得为一，异于禀分为殊。以小求大，理终不得，不若"各安其分"，则"大小俱足"。以是非言，"理无是非，而或者以为有"（《齐物论》注）。是非相较，是此非彼。理者在物，无物不理。物各有理，以其皆至足、自足言则一切合理，故无是非。俗情之人以为有是非，故固执于己是，非彼所是，以己干人则不能各自独化。以善恶言，只有忘善恶而居中，任万物自为，不干不迫，闷然与至当为一，才能"刑名远己，而全理在身"（《养生主》注）。善恶者，俗之所执。刑名者，世之所习。二者皆是相较仿效，故悖于机理自足。以机理各自适言，则理无不善。物物殊理，故"任理而自殊"（《秋水》注）。任理自殊，则全理于各自独化。独化各有其分，故殊理。"天地之理，万物之情，以得我为是，失我为非。适性为治，失和为乱。然物无定极，我无常适，殊性异便，是非无主。若以我之所是，则彼不得非，此知我而不见彼者耳。故以道观者，于是非无当也，付之天均，恣之两行，则殊方异类，同焉皆得也"（《秋水》注）。从每一物的机理言，理有定极，情有固分，万物皆以自性为至足，以得我理为是，以适自性为治。就物物间的理殊言，各自殊理，不可一齐。"物无定极"，是物物间无有恒式，个个以自得为式；"我无常适"，是彼我间各适其适，个个以自适

为适。万物纷繁，各尽其分，各便其能，故"殊性异便"。"以道观者"，物各有固然固可，自是其是，不可以我所是而使彼是，故为"是非无主"。万物性分是不同是，所当者迥异，故为"是非无当"。"付以天均"，则任其殊方异类同于自是，各是所是，故恣于两行。这里要明确的是，"物有定极"在于揭示个物的性分自足、各有涯量，"物无定极"在于揭示物物间的无同定式，个个有其殊理。《庄子》以"齐物"为中介，齐于物有固然，齐于万物无所不然，它在于揭示物物的各有机体自性。与此不同，郭象以"齐物"的思维为中介，强调物物殊性自足，齐于各自独化。"均齐者岂妄哉？皆天然之分"（《寓言》注）。齐于"天然之分"，虽齐于自得，然所得各不同，性分各殊。万物"宜各尽其分"（《徐无鬼》注），则理各有殊，齐于不齐。齐于独化，摒弃了《庄子》"道通为一"的造化思想。机理自殊，则"性之所能，不得不为也；性所不能，不得强为"（《外物》注）。"不得不为"，机理自尽；"不得强为"，不可法效、相宰。机体之作为机体，各自至足，各自自然，互不干涉，同于独化。万物作为机体，主要体现在各自具有的特殊个性之中。机理各足，故非相为作用。"凡物云云，皆自尔耳，非相为使也，故任之而理自至。"（《齐物论》注）"非相为使"，否定了物物间外在的相互作用、影响以及主宰。"理自至"者，以其个物独立自足言是自因自果，自我呈现，自己完成；以其物性各殊言是理自不同，各有所得，各正性命，不可篡越、取代。以彼此之正言，是各自正。"乘天地之正者，即是顺万物之性"（《逍遥游》注）。顺物之性，则物各自正。各曲己成，自正性分，则无所不正。"物各顺性则足，足则无求。"（《列御寇》注）足于自性，非足于它性。自足，故不它求。因彼此性分相殊，故不可相互损益。以物各自长言，是不可长宰。"任其自长耳，非宰而长之。"（《达生》注）宰而长之，类如拔苗助长。只有因其殊性而任其自然，方能各遂其长，无所不长。既无造物主，何有宰长？以万物皆自然言，郭象解"大目"为"用万物之自见"，"大均"为"因其本性，令各自得"，"大方"为"使各得其分，则万方俱得"，"大信"为"命之所期，无令越逸"（《徐无鬼》注）。因否定"知通为一"，故无"大目"等，只得以独化的自见、自得、自命解之。自见则不以己见强加于彼之见。自得则不以己得强人所得，自方则不以己方宰于万方，自命则不相互于主宰。以万物独化之殊言，各自见，各自得；各自方，各自命，无不自宜，万类机体各自然。郭象在思想史上的一大贡献是其"理"的观念，它已是世界之所以为世界的内在秩序维持者、事物运动变化驱动者和万物性分足的赋予者。虽然它不是主宰性的独立存在，然它以看不见的手，守护这个世界的本来自然、命定必然和相互秩然。它启迪了宋儒理学的发展。日本学者沟口雄三指出，"只是当'理'与'自然'相连而被广泛使用以后，'理'才含有了原来'道'一词所担当的那种存在的根据性的观念。"（引自《理气论的形成》一文，载《中国观念史》，中国古籍出版社 2005 年版，第 150 页）虽然在郭象的思想中"理"已失去了绝对本体存在的意义，但"理"与"自然"相结合，并通过道无不理的观念，打通了"道"与"理"的关系，"理"作为物理、机理、定理、

殊理和通理，具有了自然、必然、宜然和通然的深刻内涵，宋儒"理一分殊"思维潜涵其中。但他的"理"观只能用以解释自然世界，一切存在皆合理，而失去了智能上的穷理、知理，故非能用以改造现实世界。

二、人为机体

建基于生物机体性分自然、机理至足、天机自张和机理各殊等生理机能内涵之上，郭象提出了与《庄子》人性知能有别的机体观。在老庄思想中，知能是人区别于其他生物机体机性的本质内涵和重要标志。

（一）逍遥自适

人若"苟足于其性"，则同其一得，"适性一"。（《逍遥游》注）在逍遥自适上，没有高低贵贱之分，没有能与不能之殊，人人平等，人人皆可。尽己之性即是自适，就为逍遥。在一于逍遥上，郭象消解了"有待"与"无待"的区别，认为不论"有待"、还是"无待"，并不妨碍"逍遥一"。"苟有待焉，则虽列子之轻妙，犹不能以无风而行，故必得其所待，然后逍遥耳，而况大鹏乎！夫唯与物冥而循大变者，为能无待而常通，岂独自通而已哉！又顺有待者，使不失其所待，所待不失，则同于大通矣。故有待无待，吾所不能齐也；……夫无待犹不足以殊有待，况有待者之巨细乎！"（《逍遥游》注）列子虽"有所待"，无风则不行，然并不影响其"逍遥"。至人"与物冥而循大变"，固能无待而逍遥。有待、无待皆可通同于或齐一于逍遥自适。叶蓓卿正确看到，郭象的"无所待"思想与《庄子》的逍遥思想相悖。后者认为，修道者和圣贤之士都是有所待的，惟无己至人、无功神人以及无名圣人，才有资格算得上是"无所待"的逍遥。前者认为万物因皆为自造、自得，故"个体与个体之间、个体与整体之间，也都是各自独立而'无所待'的"。他已将"逍遥游"的绝对意义、极少数人能达到的至高境界，空降为一种普遍存在、人人皆可得致的寻常境地。（引自《论郭象的"适性逍遥"说》一文，载《诸子学刊》第三辑，上海古籍出版社2012年版，第297页）郭象"逍遥"说，服从于其性分自然、自得、自适的独化论，故在名称上虽相同，实则内涵大相径庭。在《庄子》中，"逍遥"是精神自由的境界，必是"无何有之乡"的无待境界。郭象的"逍遥"则成为了尽己性分的"独化"和"自适"。前者是建立在"道通为一"上的达观、大心，而后者自得性分的逍遥则建立在冥然感知基础上的机体感应、自化。《庄子》的"自适其适"，虽是不为外物所役的尽己性分之真，然涵摄"利泽施乎万世"的爱人思想，非是不相影响的冥然独化。郭象注"不自适其适"为"舍己效人，徇彼伤我"，已将圣人"自适"下降为人人性分的自得、自适。当然，在《庄子》外篇中，"自适其适"观有成为常人机体自适的趣向，它是郭象独化观的注解来源。"不自见而见彼，不自得而得彼者，是得人之得而不自得其得者也，适人之适而不自适其适者也。夫适人之适而不自适其适，虽盗跖与伯夷，是同为淫僻也。"

（《骈拇》）见彼、得彼者，是法效之为，以人之是而为己之是，故谓之"得人之得"和"适人之适"。以"适人之适而不自适其适"的标准来衡量，盗跖与伯夷皆为"舍己逐物"之属，同是淫僻之类。从"凫胫虽短，续之则忧；鹤胫虽长，断之则悲"（《骈拇》）的"不失其性命之情"的角度看，郭象的机体自然、自化思想是有所本于《庄子》的。"忘足，履之适也；忘要，带之适也；知忘是非，心之适也；不内变，不外从，事会之适也；始乎适而未尝不适者，忘适之适也。"（《达生》）履、带本为足、腰之适，而有足、要之成心，则适不常适。是非之正在于自正，而固执是非，则心不能适。"内变"者内化以爱恶，"外从"者外化以法效，事会之适是与化自适；"忘适之适"者，心无定适，适其所适，故"未尝不适"。执适者不适，与物俱化，会当其事，则忘适而适。执义以为适，则殉于义迹，而非适其所宜，故真性"不知义之所适"。"忘适之适"，是无所不适。这里，"忘适之适"既可是摒弃"知巧果敢之列"的弃世无累、弃事遗生者，也可是"藏乎无端之纪，游乎万物之所终始"以及"通乎物之所造"者。前者是机体自适，冥然独化，适用于一切生物；后者是人体自适，精神大通，与造化者为一。逍遥自适者，"独与天地精神往来而不敖倪于万物"，它是"上与造物者游，而下与外死生、无终始者为友"（《天下》）。造物者，物物而不物于物，故游于无有之乡，无所不游。从《庄子》逍遥自适思想看，无不贯彻着自由、通达的精神，而其前提在于"知通为一"。无通达之观，则无逍遥意境。《庄子》之"适"，既有顺适自然，与生存环境相得相融的内涵，又有追求畅游生命，享受精神愉悦快适的意蕴。它包括四个涵义：其一，"适"揭示了主客相融的一种关系。"适"与"不适"虽是主体的体验和感受，但非由主体单方面因素所决定，也取决于环境和客体因素的互动。既奠基于"人"的机性和谐，也与"天"为总名的自然机体"协调一致"。其二，"适"的感受是人作为有睿智灵性个体存在对生命愉悦的追求，以及在精神上的自由体验。其三，"适"作为个体人的追求和体验，它恰当、宜合、顺适，而又无碍于群体和谐，甚至完全可以融入各自体"适"的社会群体之中。其四，"适"是一种以物我关系相融洽、谐和为基础的，以自我感受和精神体验为表征的生存方式。这种生存体验，包含顺应、接受、认同和相融等精神感受，展现为通达、适宜、畅适和惬意等心理体验。郭象的自适观，只是机体的冥化感应，没有了精神自由的体验。

（二）独化自然

郭象提出，吾人为生要"与化为体"或"与变为体"，化、变就是我，我就是变、化。既是独于自化，又是自化于独。"茍然直往而与变化为一，一变化而常游于独者也。"（《齐物论》注）"一变化"者，是"与变化为一"。这里"与变化为一"，与"与造化者为一"不同，前者是冥然自化，后者通于万化。以变、化为己，是独于本己性分的变化，非是通于万物之化。"常游于独"，是独成自己之化，而非是化于它物之化。在与变化为一的自适上，《庄子》的自适观中虽有万物性分自适、"忘适之适"的

观念，然并没有摒弃畅游于大道以自适的精神自由境界。郭象虽提出"与变化为一，旷然无不适"（《齐物论》注）的观念，然"无不适"只是独化的自得之适，各自性分之适，而非是通于万物之上、游于无有的精神自由体验。"与变化为一"，是冥与化俱；"旷然无不适"，是尽己之化。至于其提出的"与化为一"、、"与化俱往"、"与化日新"、"与化俱去"和"以变化为形之骇动"（《大宗师》注）等观念，皆是冥然自化的独化，或是独于己化的尽化。当然，在化化而不化于化的一不化上，郭象也有与《庄子》的名谓同称。"不知与化为体，而思藏之使不化，则虽至深至固，各得其所宜，而无以禁其日变也。故夫藏而有之者，不能止其遁也；无藏而任化者，变不能变也。"（《大宗师》注）"与化为体"，在《庄子》的主旨是与造化一，在郭象的主旨是独化于自化。虽然二者在"思藏之使不化"上，同对知故固执、滞止所化持否定、批判的态度。这里"不知"和"思藏"皆为习俗之知，然否定习俗之知，首先得知习俗之知的不当，而这就要以独化之知为前提，然后方能去彼取此，回归于"与化为体"的独化。站在习俗之中，要实现真正的独化，必得以独化为宗的"真知"为前提。虽然"思藏"不能"禁其日变"和"止其遁"，然囿于习执的变化内涵已非是性分、机理的自然独化，而是流于世俗知故之化。只有无藏任化，不干其化，方能"变不能变"，一于自化。"变不能变"，虽是化化而不化于化，然不过是各自本分的自化，而非是体于造化的游于万物之化。郭象站在解读《庄子》思想的角度来阐述己说，不知其所言的与化为一、与变日新等观念若是自觉的意识，就必以"道通"观为前提，非是习俗之人所能体悟的，故也不能为习俗之人所体验。习俗之人或不知不觉落入"藏而有"之中。在与时俱化的常通上，亦是同样的思维转换。"唯与时俱化者为能涉变而常通耳。"（《山木》注）在郭象的独化观中，"与时俱化"与"涉变常通"一样，皆不过是提点语、形式语，以强调"与化为一"之义。其所揭示的内涵不过是冥与时化的自化，与《庄子》"道通为一"的大通观毫无瓜葛。"涉变"是自化、独化，"常通"是同于自化。机体有感有应，作为化的主体自能通于一己之感化。"常通"是"更生"的"日新"，非是通于万物之化。"更生者，日新之谓也。付之日新，则性命尽矣。"（《达生》注）性命之尽，在于尽己自化，日新己化。"更生"，是新吾取代旧吾。虽我与化一，化无常在，不住不息，然一于尽己性分之化，而非是"知通为一"的体万物之化。若体万物之化，就非是冥然的各自独化。要保证人人独化、自化，就只能求助于玄冥之境。

（三）玄冥而化

郭象的天机自张、独化自然思想还有"冥化"的一个重要内涵，独化赖于冥化，因冥化而机感机应。"冥化"是其机体观的一个不可或缺的重要环节和组成。有了冥化，方能摒弃知故、仿效和教化，成为独自的机体感应。虽然在他的思想中也谈及社会关系以及社会分工，然要真正贯彻独化论，冥化观是前提，而"冥化"的存在必然

将泯灭一切文化、文明的知故影响，因为它们都是"迹"，而非所以迹。"冥化"的独化，不必与世俗处，因为世俗环境不影响玄冥的"独化"。郭象"玄冥"观主要包括五个方面。

1. 体与物冥。"体与物冥"，既是成就"独化"的修为方法，又是消解有为、进入冥化的工夫。"冥乎不生不死者，无极者也。"（《逍遥游》注）不生不死之冥，即不知生、不知死，而浑然以生死为物化。"无极"非是通于一的自我意识和体验，也非是机体冥化者的真感真觉，不过是假言以寄意，道说郭象本人对物化的认知。"冥化"失去了通达的认知，只是机体的感知、感应。"对神全形具而体与物冥者，虽涉至变而未始非我"（《齐物论》注）。既然体与物冥，虽有变化然亦是物化，何尝感知到"未始非我"？既有我之体验，就必有对我之生存的感知或内省，有意识则有自我意识。冥者无知，必无自我认知。在解"未始有物"上，郭象认为，"此忘天地，遗万物，外不察乎宇宙，内不觉其一身，故能旷然无累，与物俱往，而无所不应也"（《齐物论》注）。既然忘天地、遗万物而无执无累，然若不察不觉，则与物俱往便是冥化。"无所不应"只是机能感应，而非是泛应曲当。"有心于为德，非真德也。夫真德者，忽然自得而不知所以得也。"（《列御寇》注）老庄虽也言有心为德非是真德，然并非否定施为的功德。郭象独采其无心，而使之服务于独化，故是冥知上的"不知所以得"。郭象否定相互给予之仁，故否定施与的仁德。"真德"，只能是尽其性分的独化自得。"苟得中而冥度，则事事无不可也。"（《养生主》注）若"冥度"，何能得中？"中"者，理之得，用之宜，故能事事无不可。它以"知"为前提，非是"冥"者能如此。可见，郭象所谓的"得中"不过是性分自得，"冥度"不过是天机自张，"事事无不可"不过是机体感应。"将任性直通，无往不冥，尚无幽昧之责，而况人间之累乎！"（《人间世》注）"无往不冥"虽无人间之累、幽昧之责，然也否定了灵性之知，变成了冥而无知。"任性直通"，是机体的自化感通。知识是精神自由的前提，郭象由于过分强调心知之过，而否定了心知之觉。"心神奔驰于内，耳目竭丧于外，处身不适而与物不冥矣。不冥矣，而能合乎人间之变，应乎世世之节者，未之有也"（《人间世》注）。心神"奔驰于内"，是知虑之伪；耳目"竭丧于外"，是感官物诱。二者皆为心知之"过"，然非是灵性本心的道德真知真感。若冥于物，则其所谓的合人间之变、应世世之节，只不过是客观自然的独化过程，而非是心灵的体验。"与物冥者，与变化为一。"（《大宗师》注）冥与物化，故"与变化为一"，这里没有精神体验，而只有机体感应。与物冥者，"物萦亦萦"，我同于物，则无意识。"任之于理而冥往"（《大宗师》注），"冥往"是天机自张。"体天地，冥变化"（《大宗师》注），也非言心灵体验，而只是冥化。"冥然与变化日新"（《达生》注），则落入物化；"冥然无不体"（《德充符》注），则落入感应。"任其天行而时动"，则落入冥化。在郭象看来，只有冥内，才能极外。"理有至极，外内相冥，未有极游外之致而不冥于内者也，未有能冥于内而不游于外者"（《大宗师》注）。虽然冥内者无桎梏之心，无知故之执，故能顺物以游，然此

"游于外"非是心灵上的体验，而是机体感应的落于物化。郭象以"冥"摒弃分别、偏执之弊，但他却忽略了通达之观。郭象注"道通为一"为"理虽万殊而性同得"（《齐物论》注），注"复通为一"为"无是无非"，注"唯达者知通为一"为"达者无滞于一方，故忽然自忘，而寄当于自用"，注"通于道"为"虚己以待物"（《在宥》），等等。《庄子》认知的"达观"都被解读为个体性分上的自得、无执和自化，丧失了不同性分的贯通，虚己无执的包容。"至理有极，但当冥之，则得其枢要也。"（《徐无鬼》注）要得至理的枢要，就在于"冥"。冥然则"应物宜而无方"，天机自张；冥然则"与至理为一"，由理自为；冥然则"理与物皆不以存怀，而暗付自然"（《在宥》注），"无为而自化"。"暗付自然"，则无藏而皆任之。"无所藏而都任之，则与物无不冥，与化无不一。故无外无内，无死无生，体天地而合变化，索所遁而不得矣。"（《天地》注）心无藏任化，故冥与物化，一于物化。"冥"的本质内涵在于"无外无内，无死无生"的无藏无执，同时在于"体天地而合变化"的与物化一。郭象否定造物主，也就排除了与造化一、万化无极的精神自由和心灵体验。在老庄言无藏无执是为了"复通于一"，"玄冥"内涵"大通"。而郭象将之服务于冥然的独化。

2. 忘吾无我。冥然的重要内涵，在于忘吾无我。只有忘吾无我，才能去其执为，体与物化。"玄同外内，弥贯古今，与化日新，岂知吾之所在也。"（《大宗师》注）不知有我则玄同于物，与化为一是冥于物化。冥而无知，何能有我？知我必有我。冥然无己，然后或是通于造化，或是落入物化。前者是《庄子》内篇所言，后者是郭象所持。人所不能忘者为"己"，而"己犹忘之，又奚识哉？斯乃不识不知而冥于自然"（《天地》注）。冥然皆忘，心中还有何有？"独化"以玄冥为前提，玄冥在于忘我无己，无知无识。只有"不识不知"，才能"冥于自然"，真正成为"独化"。"冥化"是无我的同于物化。对人而言，有知就会有我的意识，而有我就有识知。我知故我在。虽然郭象也有"故吾"、"新吾"之说，然皆是寄言出意以揭示机体自然的变化，实则并无自我意识、自我体验。"虽忘故吾而新吾已至，未始非吾，吾何患焉！故能离俗绝尘而与物无不冥也。"（《田子方》注）"故吾"有我，是吾执之迹。"新吾"有我，是现在的自我。"故吾"和"新吾"皆以人的时间意识为前提。忘而冥识则不知有我，莫知"未始非吾"。无患亦是不知之属，非达观之识。"离俗绝尘"，非是精神上的提升，而是"与物无不冥"的去知和降为物化。冥化无我，是"混然与化俱"（《列御寇》注）。"混"就是"冥"，不知不识，纯是天机感应。忘吾，则不知寿夭、穷通，而任其自运。"忘寿夭于胸中，况穷通之间哉！"（《天地》注）《庄子》言"坐忘"和"心斋"，是在"离形去知"之冥的基础上"虚而待物"和"同于大通"。心虚无执，方能与道同体，体于万物之化。与此不同，郭象的"坐忘"是另外一种内涵。"坐忘者，奚所不忘哉！既忘其迹，又忘其所以迹者，内不觉其一身，外不识有天地，然后旷然与变化为体而无不通"（《大宗师》注）。"忘其迹"是忘故吾，"忘其所以迹"是忘其理。不觉不识则无执，体与变化则通于一己的物化。通于物化，是冥与化俱。忘

迹又忘所以迹，则冥然一切。《庄子》内篇主旨虽也强调"忘其迹"，然求于"所以迹"以体验之。郭象贯彻其"冥化"和"独化"宗旨，必然要消除外在法效行为，故天地必在所忘之中。"善于自得，忘仁而仁。"（《骈拇》注）"善于自得"，是自尽性命；"忘仁而仁"，以不仁为仁。它非是利泽万物、至仁不仁的境界，而是消极意义上的无为施为、不相影响的意义。在老庄那里，圣人利而不害，虽以百姓为刍狗，然是至仁不亲，并非不为生生之利，否则何来"恒善救人"和"成功而弗居"？郭象认为，"本非人而化为人，化为人，失于故矣。失故而喜，喜所遇也。变化无穷，何所不遇！所遇而乐，乐岂有极乎！"（《大宗师》注）人本非人，而化作人，失故生新，故无极。人同于生物机性，故喜乐只是生理感应的心理反应。机体之化，固然可以变化无穷而无所不遇，然喜所遇是冥与物化的机体感应和生存情境，非是知通为一的精神体验。

3. 无知无识。冥于自然，要求不识不知。"知与变化俱，则无往而不冥，此知之一者也。"（《德充符》注）在《庄子》看来，"知与变化俱"，是弃小我而成其大我的体验，体万化而不止于一身所遇的感化。郭象的"知与变化俱"，是对不知者而言，然其与天机自张思想有悖。若知如此，就有同它物化和回归独化的分途。只有无往不冥，方能复于独化。若存在"知与变化俱"，则或是外在闻知，或是自我反思，然这与互不仿效、去除教化和冥然无我的思想相背。即使有"知"也在于"冥"，不知不觉而同于物化。"知之一"，不过是一于物化上的"冥"。我既丧，则天下不足为识。"吾丧我，我自忘矣，天下有何物足识哉！故都忘外内，然后超然俱得。"（《齐物论》注）冥化要求内外俱忘，我自忘则天下不足识，生也不足知。之所以天下皆不足识，因为无知方能不离性分之本。"超然"是去我之执，"俱得"是自得其得。它非是通于万物的大得，而是限于个体境遇圈的机体自得。"万物虽异，至于生不由知，则未有不同者也，故天下莫不芒也。"（《齐物论》注）我与万物同于不知所生，生且不知，何知？冥于天下，则"莫不芒"。非生不知，受亦不知。"天机自张，受而不知"（《逍遥游》注）。"天机自张"的关键，在于"受而不知"。"受"是对境遇外物的机体感应，"不知"是"不知其所以然而然"。"在彼为彼，在此为此，浑沌玄同，孰识之哉？所识者常识其迹耳。"（《天地》注）在老庄"玄同"是去除偏执，又是大同无弃。而此"玄同"为"玄冥"，无有分别固执，它是无识。既然人所识的常是其迹，则不如无识。"率性自然，非由知也。"若由知以率性自然，是修道之谓教。在《孟子》是"思则得之"，在《庄子》是"知通为一"。不知的率性，只能是天机自张。"混沌无知而任其自复，乃能终身不离其本也。"（《在宥》注）要"不离其本"，就要持守"混沌无知"的冥化。只有"混沌无知"，才能"任其自复"，使天机自张，不离机性之本。因无知不离性本，故为己性之至。"以无知为愚，愚乃至也。"（《天运》注）以愚为至，则冥于理，自足于天机。"愚乃至"非同于"大智若愚"，后者是相对世俗自察一曲之识而言的守愚以为大智，前者是无知的冥化。在"知"与"冥"的关系上，"凡得之不由于知，乃冥也。"（《知北游》注）得而不由于知，是无知于得的"自得"。无心于得，

是冥然自得。要去己之知就要摒弃、清除心之成见和前识，进而切断、去掉知的另一来源渠道——教学。"绝学去教，而归于自然之意也。"（《知北游》注）教学皆去，人人就没有了法效之知，也就失去了知故之执。外无教化，则内能保持独立，从而任己天机自张。"凡所能者，虽形非为，虽习非学，虽言非辩。"（《庚桑楚》注）所能是固有机能，故非为、非学、非辩。既然无知，何以有言？言只能是机体感应的信号，而非是符号。既然无学，何以有习？习只能是反复、一贯的感应之为。"学者不至，至者不学"。要达成机体冥化观，不唯要不学不识，而且要使"聪明"成为机体的生理感知之能。"聪明之用，各有本分，故多方不为有余，少方不为不足。然情欲之所荡，未尝不贱少而贵多也，见夫可贵而矫以尚之，则自多于本用而困其自然之性。若乃忘其所贵而保其素分，则与性多而异方俱全矣。"（《骈拇》注）"聪明"是感知的机能，其内涵与《庄子》"黜聪明"的观念有别。所黜的"聪明"是知故、自察之类。"多方于聪明之用"，揭示的是外殉物化之弊，它是"属其性乎五声"的"通如师旷"、"属其性乎五色"的"通如离朱"一类。《庄子》自言的"聪明"在于"闻彼"和"见彼"，而非"自见"和"自闻"而已。真正的聪明之用在于"自得其得"和"自适其适"。郭象的"聪明"犹如"擢乱六律，铄绝竽瑟，塞瞽旷之耳，而天下始人含其聪矣；灭文章，散五采，胶离朱之目，而天下始人含其明矣"（《胠箧》），它是去除礼乐文采等人伪知故、还于机体自在的感知能力。"断弃知慧而付之自然"《知北游》注）。各保机性则无用知慧，冥化于自然而不由于知。郭象在提出去知的同时，亦有正面肯定知识的言论，如"恬静而后知不荡，知不荡而性不失"，又如"无以知为而任其自知，则虽知周万物而恬静自得"，再如"知而非为，则无害于恬；恬而自为，则无伤于知；斯可谓交相养矣"（《缮性》注）。"知不荡"则"性不失"，好似并非否定"知"，而是否定其"荡"，实则是摒弃了知吾、知物、知天下。若以"恬静"而知，则知不必去。知不荡，是无有知故的"自知"和感知。自知则不知彼，故非荡于知。"知周万物"，是对万物的感知。人之生存不能不作用于物，知就在于作用之中。"知虽落天地，事虽接万物，而常不失其要极，故天人之道全也。"（《秋水》注）若能知落天地、事接万物，何尝是忘我冥化？人的认知决定了个体生存自觉的境遇范围，处在其中自知必知彼，知彼则将相互利用、作用。人作为社会存在，以相互认知、影响为前提，独化否定外在的影响、作用，同时也关上了对外在事物知识、利用、影响的大门。否定了实质的相互作用、法效，则知识只能是机能感知。因为人的群体或社会生存，就是相互作用和影响的存在。郭象企图以知识的"冥化"构筑他的"独化"观，最后必将落入机体机能的生存论。郭象认为，"目之能视，非知视而视也；不知视而视，不知知而知耳，所以为自然。若知而后为，则知伪也"（《庚桑楚》注）。知视而视、知知而知，是自我意识在其中的自觉行为，知己者能视能知。不知而视知的自然，是生物机能的机体感知。"知而后为"是有意以为，若为"有以为"则伪。郭象以知为人伪的必然原因，故否定知。老庄认为，"为"的伪来自"小知"，可以通过"大知"以除去

有为之弊。"率其真知而知各有所长则均。"（《徐无鬼》注）"真知"是机体感知，感应，别分为机能的视明、听聪和触觉灵。虽物物不同，然均于机能适用。感知各自具有，因遇而知，故为生存机能。"知之所遇者即知之，知之所不遇者即不知也。"（《知北游》注）"遇"则感，知为"应"，全为机能感应。"我不知则彼知自用，彼知自用，则天下莫不皆知"（《徐无鬼》注）。自用其知，各自用知，内涵限定于感应感知。既然以感知为知，则天下何思何虑？"若有纤芥之虑，岂得寂然不动，应感无穷，以辅万物之自然"（《则阳》注）。"寂然不动"则无以知为，"应感无穷"则机感机应。辅万物自然是无有施为、不干涉，这里完全没有了因循资助之义。

　　4. 无心感应。机体感应的前提，在于"无心"。"虽天地之大，万物之富，其所宗而师者，无心也。"（《大宗师》注）以无心为宗师，则成为冥化之旨。作为独化、冥化的人，所行所为只能是机体的无心感应。"无心玄应，唯感之从"（《逍遥游》注）。"无心"者不主故为，无以知为。"玄应"是"感从"，遇事触物即感即应。"无心"感应，全然剔除了理性知识的指导和价值的评判取舍。"至人之心若镜，应而不藏，故旷然无盈虚之变也。"（《齐物论》注）人体机能有感方应，无感则无应。无心若镜，则物来即感；应而不藏，则过而不留；无盈虚变，则无分别知。有认知则有分别，而感知无有知故。在《庄子》言，玄同盈虚之变是体之以通，"旷然"则兼容。郭象虽与《庄子》同于"无心"，然在内涵上有别。后者所谓的真人无心，是无有成心成见，它不否定体道的大知以及真知后有真人。真人者随遇而安，无处不适，因为"知之能登假于道"。前者的冥化感知，是机能自然之为，已没有了知识和"无所不适"的精神体验。"无心者与物冥，而未尝有对于天下也。"（《齐物论》注）与物冥化的本质或前提在于无心，无心非是消除机能感知，而是涤除成心、前识等一切知故和价值取舍。无心者无我，一切冥然，故无对于天下。若"有对于天下"，则知通为一。"夫神全心具，则体与物冥。与物冥者，天下之所不能远，奚但一国而已哉！"（《德充符》注）"神全"者，机理之和，无知之至。知以外求，即非"神全"。"心具"者，感应之体，感知之官，然非是"心则思"之官。思则有为、自觉，而感者迫动、受遇。既与物冥，无心则国非国，天下非天下。无心则冥化，冥化则无己执、己为之化，故一于不化。己之化为机感之化，非是知故之化。"常无心，故一不化；一不化，乃能与物化耳。"（《知北游》注）无心于化，是冥与物化。解心之知，则机感机化，恣其独化。无心之化，不将不迎，感而后化。无心应物，唯冥化为化。无心冥化，则"动静无心而付之阴阳"（《刻意》注）。无心方为真独化，任知则失真。只有"泊然无心，枯槁其形"（《徐无鬼》注），方能"随物化"而"偕会"（《应帝王》注），若有心则"累其自然"，故当"刳而去之"（《天地》注）。在感应感化上，即物而感，即感而应。"随感应者，因物之自行。"（《大宗师》注）"随"是跟随、随从，"因"是感遇、接触。这里，"因"非是因循有为，因为因循是法效之属，它以知物性物理为前提。而冥化无知之"因"是无知故，故不知物性。这里的"随"和"因"只不过是机体感应或物物相

遇产生的被动反应和机能适应。遇物则随即感应，感知而无前知。在"虚心"上，《庄子》以虚心而体于大道，郭象以无心而冥然于独化。"譬之宫商，应而无心。"（《人间世》注）宫商无心而自应，犹如机能感应。对人而言，郭象认为若冥然以所遇为命，而不施心于其间，则泯然与至当为一，而无休戚于其中。然若冥然、泯然则不知有命，何以知以遇为命？既已无识，何以知"与至当为一"？若以性分自然为至当，则不必言"与至当为一"。

5. 玄冥之境。冥然、泯然既是回归机体自然的要求，又是独化、冥化的内涵所在。人人独化，则为"玄冥之境"。"至仁极乎无亲，孝慈终于兼忘，礼乐复乎已能，忠信发乎天光。用其光则其朴自成，是以神器独化于玄冥之境而源流深长也。"（《庄子序》）"神器"者，一切机体独化的自然。独化于"玄冥之境"，则一切自然、无执，独化自得，互不作用、影响。在老庄言，"至仁无亲"在于善利普惠无弃。郭象独化、冥化观已然排除了施泽普惠的可能性，他所谓的"至仁"只不过是"无心插柳柳成荫"而已。实质上，他是以天地万物的不得不然、自然固然而诠释其独化的旨意。既然人区别其他物种物类，具有灵性和知识能力，它既可打破原有自然机体的和谐秩序，又能建构出不同自然机体的社会机体。郭象采取否定相互知识、法效的观念，"知识"在他那里成为了独化的自感自知，失去了知识的社会交流、文化和实践价值。基于"独化"，提出了"玄冥"；基于玄冥，否定了心识。一切框进了与物冥化、机体感应的独化观固定格式中。无心兼忘，则孝慈、礼乐和忠信成为了动物性的自然情感和生理机能，全无了道德理性。虽欲调和名教与自然的矛盾，然为其玄冥、独化观所不容。因为仁义礼乐皆建立在人的社会关系之上，否定人与人之间的相互认知沟通和联系作用，则必然不能为名教留下兼容的地盘。郭象之说近于慎道思想，"弃知去己，而缘不得已。泠汰于物以为道理"，故其道"非生人之行而至死人之理"（《天下》）。"死人之理"，是生物机体的机理。郭象认为，"涉有物之域，虽复罔两，未有不独化于玄冥者"（《齐物论》注）。无物不独化，无物不玄冥，玄冥与独化一体成为物之存在的唯一方式。独化与玄冥相互界定，玄冥方能独化，独化必是玄冥。玄冥则无有知故，独化则不相施化。"卓尔独化，至于玄冥之境。"（《大宗师》注）"玄冥之境"，即每个个体皆独化的境地，也是万物皆冥化之境。以独化为至，故名为"卓"。玄冥名"无"，而非一无所有之"无"。"玄冥者，所以名无而非无也。"（《大宗师》注）玄冥因其非有知故之伪而名无，以其"天机自张"而非无。玄冥既是感应无知的至无，又是"天机自张"的至有。"无不待有而无"。若待有而无，就非是至无，将使"独化"的"玄冥"绝对性受到损害，因为"独化"与"玄冥"是一体两面，相互界定，不可分离。"玄冥"则无知荡于外，"常以纯素守乎至寂而不荡于外，则冥也。"（《刻意》注）"守乎至寂"是"冥"，固能"不荡于外"。万物个个皆自守性分，互不干扰，方能各自独化。"玄冥"，既是"守乎至寂"的内涵，又是"不荡于外"的前提。玄冥，既在于忘我、去知和摒弃主动的施为作用，又在于成就自化，成遂人的各自独化。玄冥的机体

即独化之体。老庄以玄冥无执、否定干涉主宰为前提，通过知物自性以辅助万物自然，它不否定造物者和物物间的生生之德。郭象以玄冥无宰而求无物不是独化的意旨，既否定了造物主和物物间的法效因资的积极作用，则必然导致万物只能独化而无有相资相因的仁德辅助。在满足于独化的思维建构上，一方面要求存在物之间既不相主宰、施为，更不相侵害、践踏。另一方面要求物物间不能相互施恩、法效，更没有仁义、企羡。达到这样的要求，必然是无知、无执、无欲，而这又要以"冥"为关键。因注重个体的独化，故"冥"只有去知去识的内涵，丧失了《庄子》"与道为一"的大通和"以道观之"的大知内涵，物之冥化变成了机能自化、"天机自张"，失去了"玄冥"以为"道通为一"的精神自由体验。

三、宇宙机体

在郭象的思想体系中，每一人物存在都是性分自足、各自独化的，没有相互发生法效和施为作用的关系问题，但每个存在又处在不同共存范围的场所、"事件集"和"关系簇"中，不免发生自然的联系。这个矛盾如何解决？对此，汤一介指出，"照郭象看，正因为每一事物都是独立自足的存在，那么如果一事物不能独立自足地存在，别的事物也就不能独立自足地存在，所以在事物之间，此一事物的'独化'必是彼一事物存在的条件，彼一事物的'独化'也必是此一事物存在的条件，'相因之功，莫若独化之至'。"（引自《郭象与魏晋玄学》，第148页）每一个人物存在的"独化"，只要是各自自然，不得不然，相互之间就会形成天然和谐、有序的自然机体。每一人物在实现性分自然、天机自张的独化中，又必然为其他物的独化提供条件，相互之间形成了命定的先天和谐和有机整体。每个独化存在者皆性分自足，自能实现自己，无有欠缺，好像不需要它物自觉、有为的辅助、仁恩，然现实的情景是万物之间是一个相关的生物链条，同时自然界的生存竞争是十分残酷的，适者生存，物竞天择。对人来说，"玄冥独化"非是最佳的自然选择，劳动实践、智力产生、社会分工和工具创造等才是人的必然选择。郭象以《庄子》"泉涸，鱼相与处于陆，相呴以湿，相濡以沫，不如相忘于江湖。与其誉尧而非桀也，不如两忘而化其道"（《大宗师》）的思想为旨归，吸收其以"天性"和"自然"为真，以万物自然为不得不然的思想，构建了自己的独化观体系。它的"独化"观建基于以人和生物为机体的基础之上，机体是独化的机体，独化是机体的独化，机体是独化、玄冥的统一体。个个独化，就为宇宙机体自然。

（一）万物皆自然

天地存在是自然，人和生物等生命存在亦是自然，万物无不自然构成了宇宙机体的自然。郭象的宇宙机体观。首先奠基在万物皆自然这个观念基础之上。"天地万物，变化日新，与时俱往，何物萌之哉？自然而然耳"（《齐物论》注）。天地万物，包涵了宇宙机体中的一切存在。一切存在物都是自然而然，同时是独化自然。"变化日新"

和"与时俱往",正是自然的内涵和外在呈现。"万物皆造于自尔"(《达生》注),造于自然则别无所由,就是无待的独化。"若责其所待而寻其所由,则寻责无极,卒至于无待,而独化之理明矣。"(《齐物论》注)无物不是独化,其中包含生物性分足然、定分必然、自然使然、自得固然等涵义。本来如此,则机理自宜,无不是,无不宜。正因为每个存在物的机理之宜,方有万物存在、变化和发展上的谐和。"物物有理,事事有宜。"(《齐物论》注)"有理",则能独立自化;"有宜",则能各得其宜。事宜即物物相处安然和谐,因为其中有物物之间的自然联系、联结,虽非法效、教化施为。物物有理,则"物无不理"(《知北游》注)。作为人物至理,它是性分各自为,本然具足,无不合适,各尽性分。"性其性乃至。"(《天下》注)万物各性其性,性其本性,各尽自性,则"任性独立。""独立"者,自立而不缺,至足于己。在序《庄子》中他提出,"夫心无为,则随感而应,应随其时,言惟谨尔。故与化为体,流万代而冥物,岂曾设对独遘而游谈乎方外哉?此其所以不经而为百家之冠也。"这里的"心无为"是无知故的自化。"随感而应",即机感机应。"谨"者谨于独化,独化必与时化。"与化为体"是冥化,"冥物"是不知有物。物我无分,我即物化。反之,有分则为"设对独遘"。"方外"者是独化之外,各自然则一切独化。"死者独化而死耳,非夫生者生此死也。生者亦独化而生耳"(《知北游》注)。生死皆独化,故无不独化。若生者生此死、死者死彼生,则生死之间就发生相待的关系,而就与独化相悖。一切互不相生,则一切成为无待存在。一切事物之间没有了主动相生之功,也就没有了施为因果作用联结和外因的主宰干预。生死皆是不得不然,理自有固然。生死虽独化,然还有一个何时、何处和何种方式生死的先定秩序问题。可见,要贯彻独化论,必须依靠理的至足、固然,而这何尝不是独化的根据?郭象的宇宙机体观,还奠基于万物独化的命定或不得不然上。万物独化是守己性分,尽己机理。"止于所受之分。"(《达生》注)"止分",既是个性的量限,又是独化的界限,它规定了个体机体独化在芸芸独化自然中的时空坐标和具体定位。因无他分之求,故为独化。以其不得不然为止尽其化。独化者的自化其化,既是尽己本分、定理,又是无心无有知故的不企羡它化。"独化"观建立在一切皆是理之当然、必然的基础上,以其不得不自尽的止分为必然,以其各自自适的止分为适然。在一切不得不然中蕴藏着命定的和谐和秩序,若其中一环出现差缪,就会影响甚至损害先定的和谐。若赋予人"反其理而行"的能力,则至理的必然性、自然性就会受到冲击,整个理之体系也将受到致命的损害。为此,郭象通过否定知识,进而否定相互法效干涉、僭越本分的妄为,而赋予了人以自然机能感应和玄冥物化的机性。在一切互不干涉影响和不知所以然的命定、必然中,维护其一切皆合理的独化论。固守自然,追根溯源还得求助于命理的先定秩序。郭象不过是放弃追寻而已,或者说先立一个命理的先定和谐假设而已。

(二)万物间关系

万物皆自然、独化,必然关涉物物间的关系,分别为物与物、人与物、人与人的

关系，这些关系决定着独化的内涵和质性。

1. 物与物关系。万物各自自然，是个个独立、独化，非是相为使。"凡物云云，皆自尔耳，非相为使也，故任之而理自至。"（《齐物论》注）"相为使"，是相互作用、影响，包涵着主宰、干涉的行为。在郭象看来，物之所以能自然、独化，一方面在于物理固然、不得不然，一方面在于无有干涉、损害。物皆有理，各自足，不用外求，不需外予，故非相为使。"使"是主动作为，有意施为，甚至是主宰以为。郭象并不否定物物间客观性的相互为资，如马以吃草为生的生物链观念，它否定的是物物间的相互施为、法效。何以保证万物自然而不相僭越？因为理有定分，妄为则不成。"意虽欲为，为者必败，理终不能。"（《庚桑楚》注）僭越其分，则必败。"理终不能"，决定了万物必守本分，命定如此。意欲有为，是相效校正，悖于自然。"彼与女各自有所宜，相效则失真"（《列御寇》注）。"相效"则逾分，以此效彼，则失其本分宜然。万物既是个性性分自得、本性至足，同时是相互共存、一齐俱有。"天地万物凡所有者，不可一日而相无也。一物不具，则生者无由得生；一理不至，则天年无缘而终"（《大宗师》注）。自然的存在性，既是物各自有，又是万物俱有。每一个有者不可无，若无则有不可以生。万物种类，是一齐而生；万物机理，是一并全备。"生者无由得生"，揭示了物物间客观存在着生命链条式的环境系统；"天年无缘而终"，揭示了物物存在变化皆是全理使然的客观命运。万物种类共存的整体性不可或无，而更改、变化的只是个体的消失、灭亡和重生。"天地阴阳，对生也；是非治乱，互有也，将奚去哉？"（《秋水》注）天地阴阳对生，是独化自然中有不得不然之理。"对生"非是相生，而是各自生的共生，相互无为，不相为使。然在不得不然中涵摄着相互作用，只不过非是故意、主宰使然。是非治乱互有，是人类自然中有不可更易之秩。既然无一物存在非理之必然，则何有是非治乱？是非的"互有"中蕴藏着知为，治乱的"互有"中蕴藏着施为，二者与其非相为因使的独化观相悖。一切是命定必然，一切是至理不得不然，则是非治乱只能是生态的自然淘汰和适者生存。万物运动、变化和和谐，皆因至理而来。至理保证了万物生化的能量守恒、自我调适。万物本来具备，至理本然已有，故世界本然是一个有机的生物圈系统，其中的相生相资关系是自动组织，命定如此。每一个存在物只有独化，不知所以然，以别物为生滋只是机能使然，也是命理使然。它并非知故有为使然，因为独化即是冥化。"万物万形，各止其分，不引彼以同我，乃成大耳。"（《天地》注）万物自得，各有性分，形性虽殊然皆有尽己本分的潜质、能力，若各止其分则各自独化。物物互不干涉，本然相在和谐。引彼同我，是一种干扰、强迫的主宰性施为。若"引彼以同我"，既损害了相互间的自然和谐，又破坏了独化自性的自然。万物天机自张，机感机应，无为知故其间，则虽相互资用甚至残杀，亦是生理、机能必然。它为至理的不得不然，非害独化之性。"同类之雌雄，各自有以相感。相感之异，不可胜极，苟得其类，其化不难，乃有遥感而风化也"（《天运》注）。同类相感，是自然机能使然，亦是机理必然。虽感应有殊，不可胜数，然同于机性之

感，自然而然。"遥感"是理之所然，"风化"是理之所致，它是命理的不得不然。以水为例，"水常无心委顺外物，故虽流之与止，鲵桓之与龙跃，常渊然自若，未始失其静默"（《应帝王》注）。"无心"和"静默"是冥化自然，"委顺外物"是性分所然，或流或止是理势必然，"渊然自若"是性分固然。它们既是自然而然，又是不得不然，一于独化。这里，并非否定物物之间的相互联结，但只能限于客观的不得不然，非有心、有为于其间。若主动以为，则联结必是知利害结果基础上的理性抉择，不免于相效利用、施为控制和主宰改易。以世俗观点看来，罔两待景、景待形，有"待"就有相因的因果关系，而郭象认为，凡有物之域莫不独化于玄冥，"彼我相因"如"形景俱生"一样，虽复"玄合"而非有待相使，一切皆是至理的不得不然和客观必然。明斯理，将使万物各"反所宗于体"中，而"不待乎外"。万物若"内无所矜"，且"外无所谢"，则将是"诱然皆生而不知所以生，同焉皆得而不知所以得"。共生共得和相互联结皆是客观的必然，有意知故不存其间。罔两因景是各自自生的并生、共生，为至理要求如此。它非是相生的相待，以形景罔两相因而生是认识的错觉。"罔两非景之所制，而景非形之所使，形非无之所化也。则化与不化，然与不然，从人之与由已，莫不自尔，吾安识其所以哉？"（《齐物论》注）制使、所化，皆是主动施为作用的行为。万物各自独化，不知所以然，故非有意之为。从人与由已皆是机能自然，至理如此，非是故意使然。万物之间的客观联结，是无识的不得不然。若乃"责此近因"，寻其有待，相使法效，"宗物于外，丧主于内"，则爱尚以生，"忘其自尔"。有识则不能齐一于物之独化，只有冥然而无识，方能一于独化。物物独化的前提在于玄冥无知，故万物之间的客观联系、作用是"万物虽聚而共成乎天，而皆历然莫不独见"。共聚而成一天，即为自然界或自然世界。"莫不独见"，是万物虽共在然各自独化，个个冥化。每个存在物的机体自然感知，在机感机应中，固不能离弃客观的物物联系，不能没有生存链条上的必然联结，然以其机理相资相因的不知所以然，则为冥然的自取自用。大自然，是无有人类知能自觉、有意施为于其间的生物性机体系统，其中人回归于动物性的机能感应和冥然物化。

2. 人与物关系。人要生存、自尽性分，在独化中不能离开物。人与物之间的关系，非是主宰、控制和自觉利用的模式，而是冥然与物化的感应方式。"随感应者，因物之自行。"（《大宗师》注）冥与物化，是感物之化。作为生命机体，人不得不与物相交感，然感应是机理不得不然，非知故有为。因物自行，即机感机应，即物而感，遇物则应。通过感应，人与物间形成了客观意义上的关系，甚至是影响、作用上的联结。不过这种联结是机能使然，知识无与其间。感应非是有意施为，而是机体功能。虽是自知，然是生理反应性的感知。这里，起决定作用的是物，而非人。人生虽于物以资为，然只能是有物以生则生，无物而死则死。它是理的必然，人没有了与自然命运抗争的权利。物之存在，决定了人感应的范围、性质和程度，甚至是生死。人赖以生存的实践主观能动性荡然无存，自觉的知识、意识在这里已被弱化为机能感知。人同于

物，则与动物同类。"形与物夷，心与物化"（《山木》注）。人不仅在形体上同于物，而且在心识上与物冥合。人在独化中虽遭遇于物，然只是生理感应、迫应。"唯所遇而因之，故能与化俱。"（《则阳》注）"因之"非是因循物性以为利用，而是去己心识的即感即应。正因为"物有自然，理有至极"，所以对人来说，只有"循而直往"，才能"冥然自合"（《齐物论》注）。冥然者，去己知为，合理于物，与物同化。"一无为而群理都举。"（《天地》注）每一存在物在独化的自理中皆以他物的独化自理为前提，互不干涉，方能和谐相处。人于物不可使之相效，同于己是，因为"若相放效，强以不可为可，不然为然，斯矫其性情"（《天地》注）。以"不可"强为"可"，以"不然"强为"然"，则物失其固然、固可的本真性情。"矫其性情"，是以己正彼，以己平物。"以一家之平平万物"，未若"任万物之自平"。万物各自平，何须外平？自平者，独化之为，机理之宜，个性之适。"因"是法效之为，同样要予以否定。人的"因而不作"，是"不知所以因而自因"（《齐物论》注）。"不知所以因"，是因物感应，非是自觉因物以利用。"自因"则无外因，任其自因是"因其性"。"因其性而任之则治"（《在宥》注）。人无为于物，则物自化、独化。要使万物各自独化，就必须使人自然而无为宰物。在人物之间，"我既不能生物，物亦不能生我，则我自然矣"（《齐物论》注）。人物不能相生，则各自生。郭象虽也提出人利用物的问题："人之生也，可不服牛乘马乎？服牛乘马，可不穿落之乎？牛马不辞穿落者，天命之固当也。苟当乎天命，则虽寄之人事，而本在乎天也。穿落之可也，若乃走作过分，驱步失节，则天理灭矣。不因其自为而故为之者，命其安在乎！"（《秋水》注）以"穿落"牛马为"天命之固当"，则与独化、玄冥思想相悖。马不听人使唤，故"穿落"。"穿落"之为，何尝不是知故之为？既已"穿落"，就是知用的有意以为，使马常为己用。马既已为"穿落"，则将陷入人为的限制、桎梏之中，成为人"独化"的附属物，本自就不能真正独化。人的独化既是无知无我，何以知"穿落"？若以为天命固当，岂非天命的"独化"以人为中心，而物的独化服从人的独化？要贯彻"独化"的一体性，就必须去掉人的中心主义。即使"穿落"不伤马之性理，然亦是"以马用马"，为法效相使之为。殊不知，既言人事则人理就不同物理，人之机能就不同于物之冥化的机能。用物必有知，知必知其所以然，然后因循利用其所以然。《庄子》虽提出不以人灭天的观念，然并不否定知为于物，因为知物才能不伤于物，此即是"以鸟养养鸟"的深刻寓意。既"穿落"又不使"走作过分，驱步失节"，使用合度符节，足见知为的价值所在。郭象本想调和名教与自然的矛盾，然在物性的自然中嫁接人事之为，则不免出现自然机体与人类知能的不能调和之处。他以物物间的关系代替人与物的关系，就只能通过冥化去知，使人性等同于动物的机体。对比于郭象的"独化"观，《庄子》更能调和名教与自然的关系，在它那里名教是因循自然、辅助自然。

3. 人与人关系。同物物、人物间的关系一样，人与人的关系也是各自独化。以成生言，"人之生也，理自生矣，直莫之为而任其自生。"（《德充符》注）人之生为理自

生，非是相生。相生则有为，而莫为则各自生。"天下莫不相与为彼我，而彼我皆欲自为，斯东西之相反也。然彼我相与为唇齿，唇齿者未尝相为，而唇亡则齿寒。故彼之自为，济我之功弘矣，斯相反而不可以相无者也。"（《秋水》注）在各自独化的过程中，人与人并非毫无瓜葛，而是各自自为。在各自为中，产生了一种无心、客观的联结。犹如东西相反而相为彼我，彼我之间具有唇齿一样的自然关系。唇齿虽然各自在，未尝相为使，然仍有唇亡则齿寒的客观联系。可见，在人人各自自然、自为中蕴含着相互之间客观的资济关系，虽彼我相反却不可相无。唇、齿各自独化，然共存不可或缺是先定之理。唇在则齿固不寒。以喻人人关系，虽彼此各自为，然内定具有相济的客观联结。我在独化的同时，成为彼人独化的条件、环境。在我之独化中，客观上存在以别人或物为条件、环境，打上为我生存的事件相联结的小圆圈。同时，我又是彼人独化联结小圆圈的组成或部分构成。虽然人、我相互之间各自冥化，身在其中并未觉察到或不知所以然，但客观上构成了不同范围、层次和性质的关系、联结。在独化的共在共存中，每个人的独化皆不可或缺。在各自的感应生存中，自然形成一定的和谐秩序，犹如蚂蚁般的协作机能。对自己言，济彼之功只是独化的附带产物；对他人言，却是不可或缺的生存条件。正如天地非为生人而存在、然有予人的生生之功一样，人人之间的功为关系是虽功成而非有意以为，相资之功是不得不然的客观作用。"因其自为而无其功，则天下之功莫不皆无矣；因其不可相无而有其功，则天下之功莫不皆有矣。"（《秋水》注）人人遂己性分各自为，非为他而施功，不知成功于人。各自冥化，故天下之功皆无。彼人赖此功而遂其自性，故不可谓之无功。人人在各自为的过程中成己，同时功成于人，成为相互赖以资济的客观条件。这样，各自虽无施恩之功，然在各自成己独化中，相互产生了成就他人尽己独化的客观功效。人与人各自独化，虽相互间无意相助，然作为先定的客观上不可或缺者，没有我的独化则彼就不能尽己独化。人人在各自独化的事件中，彼此又相互把对方作为自己独化的条件和环境。否定人人的有意恩施之功，并不必然否定客观自然所形成的相济之功。"若乃忘其自为之功而思夫相为之惠，惠之愈勤而伪薄滋甚，天下失业而情性烂漫矣，故其功分无时可定也。"（《秋水》注）"自为之功"，是在己独化中所形成的客观济人之功；"相为之惠"，是各自有意的主动施恩之功。有恩则求报，故惠之愈勤则伪薄滋甚。"情性烂漫"是失独化而求施为，故性分皆失。相为之功不止，故无时可定。惟各自独化，无为施功而功自在，尽理之必然故功分定。人与人的相互关系，又如一身之于器官。"相治者，若手足耳目，四肢百体，各有所司而更相御用也。"（《齐物论》注）"相治"者，彼此客观相济之功。"各有司用"，即各自独化。彼此不相使为，然客观上却形成更相御用相济的自然关系。在各自独化的相互客观效验上，人人为我，同时我为人人。人人在客观相济中成就彼此独化，它正合杨朱"拔一毛为天下而不为"的思想。何以能保证在人人独化中互不干扰伤害、达致有序和谐？如动物残酷竞争、厮杀一样，每一个人的独化，可能是对另一个人独化的侵害。要长保人人间的有序和谐，就必须建立

在相互之间的个性尊重之上，节制自己而同时成就他人，这是人类社会机体存在的必然要求，也是相互之间保持自由与自我约束的辩证统一。郭象独化论的机制性缺陷在于：一方面要求人人独化于自然，尽己性分，机感机应。只有人人为我，而无意于成就他人；另一方面又要求人人作为相互独化的条件为他人所御用，甚至是践踏、伤害。因为没有知性理性的自控能力，就没有真正的共处和谐。动物的和谐只能建立在血缘、族群，而人依靠理性可以超越族群，达成世界大同。郭象纠结于对人类知识、故意行为负面性的认知，认为人若法效于他人或施恩于他人，就不能独化于成己。它的"唇亡齿寒"说不过是旁观者的描述，实则人人之间本来是各自造、各自然，不知所以然，并没有"相依"的联结意识。人与人相互的和谐，只能是机能间各自独化的和谐，不免于相害的发生。先定和谐，相互具有互不干扰、不相侵害的联系，是他心中的假设前提。若以为人人机理之间本不相害，那它就不是对客观自然残酷竞争的真实描述。在生存竞争中，怎么能保证人人独化特别是族群间的不相宰割、伤害？理论上说是自然如此和谐，然与现实世界不相吻合。当然，作为自然机体存在的人，在独化之中因为冥化无识，并不知相互影响、使为以至于侵害的存在。每一个人都将他的世界看做是给定的、客观的，在其中他人之独化成为其中一个组成部分。人人各自独化，每个人在成己独化的过程中成为他人独化的适宜条件与必要环境。从真实历史发展来看，人只有作为社会存在，提高自控和制衡能力，才能避免自然竞争相互淘汰的命运。每一个人存在于社会之中，只有在成人中成己、己立立人、己达达人，才能构建大同的社会理想。它正是先秦儒、道两家以人区别其他生物，以理性政治、道德来构建人人间和谐关系的真谛所在。

4. 道与天内涵。万物共成一天，天是万物各自自然的总名，道是万物各自独化的总名。在郭象的思想体系中，天与道的内涵合一。世界或宇宙存在的秩序来自自然，本源于万物各自独化所客观形成的一种有机环境或关系集合体。其中，一切皆是各自不得不然的独化，亦是至理的命定所然。至理固全，是"一齐俱在"，无少欠缺。天地万物自然共在，事物之理天然大备，宇宙机理自调适和谐。宇宙万物各自独化之理，别名为道。"道，故无不理"（《缮性》注）。物无不理，是物无不独化，相互不主宰、干涉。独化的存在，根源于宇宙机理为自组织的秩序者。"无不理"者，非有为于义，非故意有为使然，而是自然使宜，不得不然。"付之自尔，而理自生成。"（《人间世》注）万物各自然、皆独化，本于先在之理的自然和不得不然。在理的自然中，蕴藏着万物相互独化的秩序存在，它是至理自足的自然机体系统。至理具有先定成遂秩序之宜。万物独化天然中有和谐之节，秩序之宜。"足能行而放之，手能执而任之，听耳之所闻，视目之所见，知止其所不知，能止其所不能，用其自用，为其自为，恣其性内而纤芥于分外，此无为之至易也。"（《人间世》注）一切在自然、独化之中，同样在无为、自为之中。在各自自为、自化的同时，于它物而无为、不宰，二者构建了一种自然的和谐。足行、手执、耳闻、目见等自用、自为，是各尽己性分，无索分外。"知

止其所不知"，足于自知；"能止其所不能"，尽己所能。一切无为，则不相施为；一切独化，则各尽性分。各自独化，限定了各自必须无为。各自无为，保证了各自自为。一方面，己无为则不干他为，让他者得以不受干扰地自为；另一方面，己无为不越于分外，则能尽己自为，尽己自为则成为他自为的客观条件。在各自无为中，遂成各自自为，以其皆自然故为"至易"。"至易"之境，建立于物物各行其分内的率性之中。"率性而动，动不过分，天下之至易者也；举其自举，载其自载，天下之至轻者也。"（《人间世》注）在尽己性分中，"率性而动"和"举其自举"是自为，"动不过分"和"载其自载"是无为。二者合一则独化之境成，故为天下"至易"和"至轻"者。就宇宙机体言，人人独化，物物自然，相互无恩则相互无宰，相互无为则相互无害，相为无功则各自功成，斯不亦是"至理"？各自互不干扰保证了各自自化自为，而各自自为的不得不然又来自于至理。万物自然、独化之中，内涵必然之理。物以自然，理为必然。"其理固当，不可逃也。故人之生也，非误生也；生之所有，非妄有也。天地虽大，万物虽多，然吾之所遇适在于是，则虽天地神明，国家圣贤，绝力至知而弗能违也。故凡所不遇，弗能遇也，其所遇，弗能不遇也；凡所不为，弗能为也，其所为，弗能不为也；故付之而自当矣。"（《德充符》注）一切皆自然，亦是必然，同时是宜然。"其理固当"，决定了非有误生妄有，遇与不遇、为与不为各有自当。"不可逃"和"弗能违"，决定了万物存在的命定必然和先天固然。理有必然，则物化自然。理之必然，决定了自化宜然。自然中内涵必然，自然表征必然。万物自然中有不得不然的秩然，天然中有和谐的固然。命行事变，自然不舍昼夜，固然推之不去，必然留之不停。一切随所遇而宜，死生皆是时行，得失同是性分，时化中至理存。在空间存在上，万物各自无为，而各自独化。在时间存在上，万物各自冥化，而化与时一。既言宇宙机体，不能不言及人间的秩序。"君臣上下，手足内外，乃天理自然，岂真人之所为哉！"（《齐物论》注）以君臣上下为天理自然，则社会秩序在自然秩序之中。表面看来，郭象似乎并没有否定人人之间的职责分工以及相互关系，人人各自独化、相互无为，同时各司其任。实则不然，君臣上下是相互的主动关系，而非是独化无意的客观联结。"工人无为于刻木而有为于用斧，主上无为于亲事而有为于用臣。臣能亲事，主能用臣；斧能刻木，而工能用斧；各当其能，则天理自然，非有为也。若乃主代臣事，则非主矣；臣秉主用，则非臣矣。故各司其任，则上下咸得而无为之理至矣。"（《天道》注）"各司其任"的分工，非自然所形成，而是认知反思的结果，为人类文明的成就。君臣上下是有为使然，非冥化所能致。"各当其能"，非是天理自然，而是有为道术使然。"各司其任"，是上下的主动依赖关系，无臣之有为则无君之无为，无君之统为则无臣之殊为。"上下咸得"，是政治效验。在这里，郭象明显有将社会机体视同自然机体的倾向。在他看来，尊卑先后虽为人事，然从至理中来，非圣人之所作。尊卑先后虽非圣人创制，然为因循以为，是在认知法效基础上所形成的。"夫用天下者，亦有用之为耳。然自得此为，率性而动，故谓之无为也。今之为天下用者，亦自得耳。

但居下者事亲，故虽舜禹为臣，犹称有为。故对上下，即君静而臣动；比古今，则尧舜无为而汤武有事。然各用其性而天机玄发，则古今上下无为，谁有为哉！"（《天道》注）以"率性而动"为"无为"，则君臣上下关系何以来？莫非人一生下来就有尊卑高低之分。为君的独化为君，为臣的独化为臣。人人独化，何以有君臣？君臣之分，是社会分工，亦是理性认知基础上的职能分工。"上之无为而用下，下之无为则自用"的观念，更是一种知为的道术。郭象独化观没有解决的一个重要问题是：如何在机体观中融贯性统合自然与名教的问题？不可简单视名教为自然，因名教与自然有本质区别，名教的自然必是因循自然、辅助自然，它是知能、理性的产物。而郭象去知能、贵冥化，故无法容纳因循的理性。另一个问题是：出现桀纣、盗跖等恶之存在该怎么办？按照他的独化思维，这是理之必然，也要放任、自化。因为相互之间不能主动作用、施为，推翻、消灭皆非自然独化，而是有意施为。各自无为、独化，不能解释恶的来源以及去除问题。正因为世界产生了无序和恶，故老庄提出了"以道镇之"的拯治道德道术。老庄与郭象一样否定凿智、贪欲、情伪，然并未否定"以道莅天下"的因循以为、辅助自然。郭象遵循《庄子》以人合天的思维，在否定人伪上走向了机体自然的极端，放弃了人类因循自然、辅助自然的理性知能。生物作为自然机体，独化是冥化的各自自化；人作为社会机体中的知能个体，独化只能是循理而为的道化。郭象的道或天是客观的万物各自独化、冥化自然，而老庄的道或天既是造化者的自然、万物存在的自然，又是人类在知能上体道的因循自然、辅助自然。社会机体自然，建基于圣人以人治人、遵循利用客观自然之上，"以道莅天下"。

（三）根除外在主宰

万物之所以独化、自然而然，还在于无物使之然，而自己使然，已不得不然。要使独化、自然一以贯之，除了万物相互独化、不相法效、不为因使以外，还要根除外在的绝对主宰、外因的推动或施为干预，使人物本身成为自在、自为的独化存在。郭象对《庄子》提及的造物者等主宰、使为存在的诸多名谓，皆一一否定之。

1. 消解"大道"。要消解万物的外在主宰和使生实体，首先要摒弃的是作为绝对本体存在的"道"。"至道乃至无也。既以无矣，又奚为先？"（《则阳》注）以"至道"为"至无"，则无有外于存在物的独立实在，物化没有外在的造化者。在《庄子》中，"道"先天地为绝对本体存在，而"无"是"道"的别名。"无既无矣，则不能生有。有之未生，又不能为生，然则生生者谁哉？"（《齐物论》注）"无"不能生"有"，则无本体存在"无"。"有"者自生，否定了生生者的"无"存在。否定先物者"无"的存在，就必须确定"有"的长存地位。无未"有"之时，则无"有"生于"无"的存在可能。"有"者不得"一为无"，则"自古无未有之时而常存"（《知北游》注）。"有"者自古而有之，无未有之时。"夫有之未生，以何为生乎？故必自生耳，岂有之所能有乎！此所以明有之不能为有而自有耳，非谓无能为有也。若无能为有，何谓无

乎！一无有则遂无矣。无者遂无，则有自欻生明矣。任其自生而不生生。"（《庚桑楚》注）"有"是本有、自有，非生于"无"。"无"不能生"有"，则"有"者自生。"非唯无不得化而为有也，有亦不得化而为无矣。是以夫有之为物，虽千变万化，而不得一为无也。"（《知北游》注）无"无"，则不存在"有生于无"，"有"是自有、固有。因《庄子》屡言本体存在"道"，郭象在注解上不能视而不见，故只能进行观念上的内涵转变，以消解之。《庄子》因"物所由而行"而假名的"道"，是"道通为一"的存在。而郭象将之视为每个个体所由而行的内在至理，理是独化之理。"道"作为物无不理者，只是各自理于独化。此"理"与物同在，作为物理而与"道通为一"的思维观念有别。就这样，它以无物无理、理为定理消解了绝对本体"道"的存在。在排除"道"外在或先于物存在之后，还必须否定它主宰、使为能力的存在。"道，无能也。此言得之于道，乃所以明其自得耳。自得耳，道不能使之得也；我之未得，又不能为得也。"（《大宗师》注）道者无能，不能使物有得，故并不存在赋予、给予等主宰、恩赐的能力。"道"在于自得，而非能使之得。"道"从"道生一"、"德畜之"的赋予、给予之得，变成了万物各自得。通过对"道"内涵上的转换，既没有忽视、无视《庄子》"道"名谓的存在，又赋予自得以本然、绝对的内涵，万物皆自得而独化。若在己性分自得外另立一个赋予性命的存在，就成为外在的一个全能主宰存在。在"道"的无能上，它既不能使"得"，也不能使"生"。"知道者，知其无能也；无能也，则何能生我？我自然而生耳"（《秋水》注）。道无能生，则我必非道生，只能自然而生。否定"道"的无能，必须摒弃其生生之功。郭象在注"天不得不高，地不得不广，日月不得不行，万物不得不昌"一文上云："此皆不得不然而自然耳，非道能使然也。"（《知北游》注）"不得不然"即物理自然，非是"道能使然"。"道"之无能还体现在它无有"赡"的功德上。"道之赡物，在于不赡，不赡而物自得，故曰此其道与。至道无功，无功乃足以称道"（《知北游》注）。万物自得不为它赡，"道"不能赡物则非为绝对本体存在，而为物自得的寄名。

2. 消解"造物"。郭象认为，《庄子》一书，"上知造物无物，下知有物之自造"（《庄子》序）。《庄子》主旨以能"物物"而言"造物"，郭象偷换概念内涵，认为造物无物、有物自造。若"无物"，何以为"造物"者？这里，点明了由我注《庄子》到《庄子》注我的思维转变。"造物者有耶无耶？无耶，则胡能造物哉？有耶，有不足以物众形。故明众形之自物，而后始可与言造物耳。……故造物者无主，而物各自造。"（《齐物论》注）以"众形自物"名"造物"，则内涵已发生翻转。否定其"有"，则摒弃了造物者作为主宰实体的存在。既以为"空无"，则自然不能造物。郭象以物皆自造为前提，故否定了物为它造的可能性。既然众形自物，无物使然，则"造物"只是"物自造"的寄名。物各自造，故无待于造物之主。在《庄子》中，造物者是生物者、物物者和大块者。"明生物者无物，而物自生耳。"（《在宥》注）以生物者并非有物，因无不能生有，故物者自生。"明物物者无物，而物自物耳。物自物

耳，故冥也。物有际，故每相与不能冥然，真所谓际者也。不际者，虽有物物之名，直明物之自物耳，物物者竟无物也。际其安在乎？既明物物者无物，又明物之不能自物，则为之者谁乎哉？皆忽然而自尔也。"（《知北游》注）既以"物物者"为"无物"，则不能生物，故物必自物。物者自物，不知所以然，故"冥"。"不际之际"是物物者之名，既然物物者无物，则不过是明物自物而已。"物自物"，此物不能为彼物，故为"忽然自尔"。物既自然、自在，不知所以生，故忽然自生。按照郭象的逻辑，并不能真正否决造物者的存在，不过在转换内涵而消解它的存在。在保证各自独化上，又得求助于至理、命理的和谐、使然。在老庄言，造物"无物"是大象无形，非是不存在，而郭象以"无物"为非存在，这里"无物"从绝对本体存在质性的"无"变成了有无相对的空无。同时，他通过"冥"的不识所以然，而将关注点转向现实的独化"现象"存在上。"大块者，无物也。夫噫气者，岂有物哉？气块然而自噫耳。物之生也，莫不块然而自生，则块然之体大矣，故遂以大块为名。"（《齐物沦》注）名为"大块"，实则"无物"，只不过况"块然"自噫、自生而已。"大块"即万物"块然自生"。这里，"大块"失去了"生生者"和"造物者"的内涵。

3. 消解"真宰"。在《庄子》中"道"、"造物者"、"物物者"、"大块"和"生生者"等皆是"真宰"的别名。否定它们的存在，实则摒弃了外在"真宰"的存在。"真宰"为使物者，它是万物自然的所以然者。要否定"真宰"，就得摒弃知所以然的思维趣向，回归于玄冥的意境。"物各自然，不知其所以然而然。"（《齐物论》注）"不知所以然而然"，从认知上消解了探究外在使然者存在的可能性。物皆自然，无物使然。"寻其原以至其极，则无故而自尔。"（《天运》注）"寻其原"，是求知其所以然而然。"至其极"，是追溯原初的统一本源。"无故"者，无有使然者。无有使然者，则物自然是不得不然。真宰的主宰行为是"命"，然它是"似若有意"，实则是物各自然，无为其命。"不知其所以然而然，谓之命，似若有意也，故又遗命之名以明其自尔，而后命理全也。"（《寓言》注）有意于命即有主宰者，无使为命则"命"是万物自然的不得不然。无物使之然，则本己的命理全。在郭象看来，"真宰"不过是一种错觉。"万物万情，趣舍不同，若有真宰使之然也。起索真宰之朕迹，而亦终不得，则明物皆自然，无使物然也。"（《齐物论》注）俗情以万物趣舍不同为若有使之者，实则求索其所以迹，不得其朕迹，故无有真宰的存在。"谁得先物者乎哉？吾以阴阳为先物，而阴阳者即所谓物耳。谁又先阴阳者乎？吾以自然为先之，而自然即物之自尔耳。吾以至道为先之矣，而至道者乃至无也。既以无矣，又奚为先？然则先物者谁乎哉？而犹有物无已。明物之自然，非有使然也。"（《知北游》注）通过循环追溯推导，最终可知无使物然者，故物皆自然。若有"真宰"，必是先物者，而阴阳、自然、至道皆不能当之。既然无物使然，则真宰不存。若造物有主，则有"致之"者。"理必有应，若有神灵以致之也。理自相应，相应不由于故也。则虽相应，而无灵也。"（《寓言》注）"理必有应"，是物理存在的不得不然。好似有神灵使之，实则为"理自相应"，

性分必然。"不由于故",是万物皆诱然以生而不知所以生。在注《庄子》"或之使,莫之为"一文上,郭象认为,"物有自然,非为之所能也。由斯而观,季真之言当也。"(《则阳》注)以"或使"为实则无有使之,则消解了使然的存在。道不能使为物,则物者自然,故"莫为"为当。通过消解万物统一根源以及知其所以然的思维趣向,郭象消解了"真宰"的存在。此外,郭象还通过否定"形形者"和"本根"的存在,否定主宰的存在。"形自形耳,形形者竟无物也。"(《知北游》注)在《庄子》言"形形者"为"造物者",郭象以其"无物"为空无而否定了赋形者的存在。"死者已自死而生者已自生,圆者已自圆而方者已自方,未有为其根者,故莫知。"万物皆"欻然自生,非有本。欻然自死,非有根"(《庚桑楚》注)。莫知其根,因为无有本根。无有本根,就无有"天地根"的造物者存在。万物非但"无根",而且"无门"。"死生出入,皆欻然自尔,未有为之者也。然有聚散隐显,故有出入之名;徒有名耳,竟无出入,门其安在乎?故以无为门。以无为门,则无门也。"(《庚桑楚》注)"无门"则无有生生者,万物非它生。"无根无门,忽尔自然,故莫见也。唯无其生亡其出者,为能觌其门而测其根也。"(《则阳》注)有根有门,则有物从出的造物者。无根无门,则无有真宰。在《庄子》言"无门"是相对有门定在而言的绝对本体存在,它是万物从出之门。郭象以之为相对有门而言否定存在,它是空无无有。

4. 消解"天地"。就《庄子》中有以天地为万物本根的思想,郭象同样以转换观念内涵或偷换概念的形式进行消解。造物之"天"成为了万物自然的总名,亦是自然的代名词。"人所因者天也,天之所生者独化也。人皆以天为父,故昼夜之变,寒暑之节,犹不敢恶,随天安之,况乎卓尔独化至于玄冥之境,又安得而不任之哉?"(《大宗师》注)以"相因之功,莫若独化之至"为前提,将人因天解为因于天生的独化,则"天"是己之独化天机,"因"是任己理自化。"随天安之",是安于性命天分。这里,"天"从外在法效、主宰者转换为人人各自具有的独化天性或自然。"天地,万物之总名也。天地以万物为体,而万物必以自然为正"(《逍遥游》注)。天地之为万物总名,是来自它们以万物自然为体、为正。天地无体,故不为主宰者;天地自然,故任万物自然。"乘天地之正",是"顺万物之性"的"物各自造而无所待"。物物自然自正,则天地不能使为,故其作为大之名,就只能是万物自然的总名。天为万物总名,则无为主宰。"天者,万物之总名也,莫适为天,谁主役物乎?故物各自生而无所出焉,此天道也"(《齐物论》注)。物皆自适,各自适即天。物自独化,故无主役物者。"天"从绝对本体存在转换为"物各自生而无所出"的称名。"天"以物性本有言是"天然",以物各自得言为"自然"。"天然"者,自然而然,非使为然。"凡所谓天,皆明不为而自然。"(《大宗师》注)"不为"者,不宰、无使。"自然"者,任化、独化。"天者,自然也。自然既明,则物得其道也。物得其道而和,理自适也。理适而不失其分也。"(《天道》注)"天"、"道"和"理"一以贯之于"自然"。分言之,以其总万物自然之名为"天",以万物各自独化为"自然",以万物性分自得为"道",以万物

各尽性命为"理"。"不为万物而万物自生者，天地也。"（《刻意》注）针对世俗以万物为他生、有主使为的观念，故假名"天地"为万物自生的总名。"不为此为，而此为自为，乃天道。"（《天地》注）"不为此为"，是无有使为；"此为自为"，是各自自为。"天道"的内涵由使为转换为了物皆自为。"天门者，万物之都名也。谓之天门，犹云众妙之门。"（《庚桑楚》注）以万物总名为"天门"，则"天"非自有门。己自无门，则为"众妙之门"。"众妙之门"，是万有各自为门的总名。消解了天地的绝对存在质性，则天地变成了各自独化者。各自独化，则无意无为。"天，无为也"（《在宥》注）。"天"无为，则不为主宰，无为覆载，则覆载是不得不然的自然。"天不为覆，故能常覆；地不为载，故能常载。使天地而为覆载，则有时而息矣。"（《德充府》注）覆载只是天地独化的自然。天地是"无心而自动"（《天地》注），"无心"则无故，"自动"即自然。天地作为自然存在物，是自古恒存。"天地常存，乃无未有之时"（《知北游》注）。若有"未有之时"，则为它所生，就存在先于天地的"真宰"。

5. 消解"圣人"。要使宇宙机体保持自然和谐，还涉及圣人的地位和作用问题。在老庄思想中，万物自然的前提在于恒道的赋予能力和和谐秩序，同时本自圣人"以道莅天下"的辅助自然。一方面，圣人无为因循，不宰于物，而使万物自然。另一方面，圣人对违反自然的现象或问题进行纠治，复其自然之正。郭象为贯彻他的独化观，就必须消解圣人施为教化的辅助功能，使之回归于自然无为。既然人人无为、独化，则无有圣人。正是通过对圣人观念的内涵转换，表面上好像在维持、保留圣人价值的存在，实则在消解圣人的存在。这方面的注解很多，兹举其大要以见宗趣。首先，转换了圣人观念内涵。"圣人者，物得性之名耳，未足以名其所以得也。"（《逍遥游》注）物得性而不知所以得，就是圣人之名。"尧舜者，世事之名耳；为名者，非名也。故夫尧舜者，岂直尧舜而已哉？必有神人之实焉。今所称尧舜者，徒名其尘垢秕糠耳。"（《逍遥游》注）神人之实，是独化于玄冥者。世事所称尧舜之名，不过执于尘垢秕糠而已。世人以用天下为名尧，实则无为遗天下者方为尧称。"然遗天下者，固天下之所宗。天下虽宗尧，而尧未尝有天下也。……夫尧实冥矣，其迹则尧也。自迹观冥，内外异域，未足怪也。世徒见尧之为尧，岂识其冥哉！"（《逍遥游》注）圣人之为圣人，在于"遗天下"和"未尝有天下"的"冥"，而非是"有天下"的"迹"。正因"与物冥"，故"群物之不能离"。无"冥"则无圣人，而"冥"则不知有圣人。圣人无名方为真圣。既忘迹去名，则何以知有圣人？郭象为何还屡称圣人？在老庄那里，圣人之真并非全在于忘迹去名，而在于有功为而不自恃其功迹，功成名遂而不居。百姓不知有圣，在于圣人保持无功无名。虽然如此，"圣"非圣人自命名，而是百姓以命名。百姓以功迹名圣人，圣人忘功迹而不名有。郭象没有理清此中的玄妙所在，故以"玄冥"服务其"独化"。只有圣人"玄冥"，无有施为教化，方能保证万物各自独化。在老庄那里，圣人非是无为无功，而是"为而不恃"、功成不居。郭象之"冥"，否定圣人的作为、功功，必然是一无所为，故只能是无为的独化而已。圣人与常人对

称，若与常人同于自得，则圣人不可名为圣人。在老庄那里，圣人是超乎常人的存在者。其次，确立了圣人无宰内涵。"唯莫之制则同焉皆得，而不知所以得"（《外物》注）。莫制则不宰其化，不知所以得则莫知有圣人。在上者无为，则天下各以无为而应之。各自无为，则各自自为。"在上而任万物之自为也。"（《在宥》注）上无为而天下自化。在为治上，圣人"无为乎其间"（《刻意》注），无为则"付之天理"，而下者自然"理至而应"。只要"各司其任"，则"上下咸得"，而"无为之理至"。在老庄是上无为而用下之有为，而郭象则提出上无为而下页无为，各自独化。人见其人，物见其物。人人具足性分，故不必外以治。以独化思维言，圣人之治必是不治。"能令天下治，不治天下者也。故尧以不治治之，非治之而治者也。"（《逍遥游》注）"治之而治"，是有为以教化，非使独化。尧以不治天下而令天下自治，人人冥化，人人独化。"圣人在上，非有为也，恣之使各自得而已耳。自得其为，则众务自适，群生自足，天下安得不各自忘我哉！各自忘矣，主其安在乎？"（《天运》注）无主则群生自得，忘我则各自自化，故为至治。"夫为天下，莫过自放任，自放任矣，物亦奚携焉！故我无为而民自化。"（《徐无鬼》注）既以天下为自放任，则何必有"为天下"？郭象虽欲摒弃现实存在的有为天下之弊，然则回归于无为放任的原初自然形态。这里，又存在这样一个问题：主上可以做到"我无为"而放任，然下民存在法效、相干行为怎么办？若强使其无为独化，是否违背其意志，是不是施为？《老子》思想中有使为畸者不可妄为的施为存在。"世以乱故求我，我无心也。我苟无心，亦何为不应世哉！然则体玄而极妙者，其所以会通万物之性而陶铸天下之化，以成尧舜之名者，常以不为为之耳。"（《逍遥游》注）以原始自然状态言，圣人无心于物，故不夺物宜。然以世道衰败言，世乱则独化自然不可能，必求圣人以成玄冥之境。"不为为之"，是"无心而任乎自化"。"无事而自成"、"任物而物性自通"和"因天下之自定而定之"等，皆是不干于物之为，并没有拯治的所为。"至人不役志以经世，而虚心以应物，诚信著于天地，不争畅于天地，然后万物归怀，天地不逆，故德音发而天下响会，景行彰而六合俱应，而后始可以轻寒暑，涉治乱，而不与逆鳞迕"（《养生主》注）。"虚心以应物"，是迫而后动、不以知故而求的遇物感应。相反，"役志以经世"是有意以为的施为作用。"诚信"于独化，故不争。己冥化不宰，不逆不争，则万物同畅于自化。"诚信"、"德音"和"景行"，皆是恒于无为不宰的称谓，没有了辅助自然的积极内涵。非"执大象"，无衣被万物之功，何有万物归怀、天下响会和六合俱应之境界？"圣人生非以起大盗而大盗起。此自然相生，必至之势也。"（《达生》注）既以圣人生而"大盗起"为"必至之势"，则圣人不必生。既然圣人与大盗并生，则圣人不为、任天下自化，岂非"大盗"是合理的独化？第三，提出了君上无施的观念。"无行而不与百姓共者，亦无往而不为天下之君也。以此为君，若天之自高，实君之德也。"（《逍遥游》注）以行与百姓共为君，若所共者为同忧乐则是主动知为，就非是冥然独化；若所共者为同于自得独化，则无有施恩何来君德？若以为君之德为"莫之偏任"，而"付之自均而

止"（《齐物论》注），则有君与无君何别？人人冥然独化，本来自均，何尝需要任付？
在《庄子》中，圣人"休乎天钧"建立在"天钧"基础之上，是法效于公平，而非是
一无所为。君主不能法天公平，而只有任化自均，那与常人何异？在郭象思想中，既
否定了相因，又否定了施为，则"付之自均"就是虚语，失去了本质内涵。"无所偏
为"，并非能"一万物而夷群异"（《则阳》注），并非是"子万物"（《达生》注）。
"无所偏为"只是"玄同彼我之逍遥"（《逍遥游》注），玄同彼我独化，并没有生生功
德。因为一切皆是我自生，非有生生者。郭象在强调圣人玄冥、独化的同时，又提出
了圣贤存在的合理性。"唯圣人然后能去知与故，循天之理，故愚知处宜，贵贱当位，
贤不肖袭情，而云不用圣贤，所以为不知道也。"（《天下》注）这样的论说，要么是
郭象采用了承认造物主存在的向秀观点，造成了内在思想体系的不融贯；要么是对圣
贤之为圣贤的内涵进行了重新界定。郭象的独化观否定造物主、圣人，虽在"去知与
故"与老庄同，然在"循天之理"上有别。老庄的"循天之理"包含用人之力。郭象
的"循天之理"，只能是固守机体性分的内在机理。各自独化，相互不能法效，则圣贤
何在？他所谓的圣贤是："去知任性，然后神明洞照，所以为圣贤"。"去知"则冥识，
"任性"则独化，"神明"则机感，"洞照"则感应。圣贤只能是独化的极致，而个体
相互间并不知有圣贤。郭象因世俗不能皆独化，故以求圣人"循天之理"而达致"玄
冥之境"，实现他的独化自然理想。然这何尝不是教化。施为作用？以"无用圣贤"为
"不知道"，实则是他"不知道"，因为在他的"道"论中只有独化，何用圣贤！王夫
之曾指出，"抑庄子之言，博大玄远，与天同道，以齐天化，非区区以去知养神，守其
玄默。"（引自《庄子解》，载《船山遗书》第七卷，北京出版社 1999 年版，第 4059
页）"守其玄默"，正是郭象"独化"观的内在根本旨意。"与天同道，以齐天化"方
为《庄子》的主要旨归。虽然郭象有"苟无物而不顺，则浮云斯乘矣；无形而不载，
则飞龙斯御矣"（《逍遥游》注）之论，但它是冥然独化的同于物化，因没有因循、知
通的智能，则"浮云斯乘"和"飞龙斯御"就不能成为精神上的自由体验。郭象的
"逍遥"只是自得其适，冥其所化，何尝能体于此御乘？郭象的"独化"只能是物化、
冥化，而不能是"物物而不物于物"的造化"独化"。体于造化的"独化"，方有精神
上的自由体验，才有无所不适的逍遥。郭象指出，圣人所以为大胜者，在于"乘万物、
御群才之所为"，而使"群才各自得，万物各自为"，故"天下莫不逍遥"（《秋水》
注）。若圣人无有"用人之力"的社会统治地位、政治权势，何以能乘御？人人各自独
化，本自逍遥自得，何用圣人？"千人聚，不以一人为主，不乱则散，故多贤不可以多
君，无贤不可以无君，此天人之道，必至之宜。"（《人间世》注）郭象已然看到社会
历史发展的必然性，认为君与贤人是历史"必至之宜"的产物。既言多贤不可多君，
无贤不可无君，已然承认了建基理性认知基础上的君臣相互作用关系的存在。有君的
主使才能使千人聚而不散乱，这又与他的冥化独化观产生矛盾。与郭象不同，老庄以
人能知道法道为前提，通过"以道观之"，进而"以道莅天下"，侯王"得一以为天下

贞"，达致宇宙和社会的和谐。在"以道观之"中包含了因物付物、以人治人的认知理性和道德实践价值，人的自控能力包括无欲、无妄、不争、无执、凿智等都需要知道知物然后通过"以道镇之"得以达致。虽然《老子》有"愚民"观念，但非是欺骗、利用的权术，而是保持人类的自然纯朴之心，实现"小国寡民"自足、和乐的社会理想。社会机体的内涵，明显不同于自然机体。郭象思想的突破性贡献是：以个体为本体、机体，认为个体存在物或生命机体是唯一实在，没有超然其上的造物者或上帝。个体的一切行为全由自己做主，虽因冥化观而打了折扣，然自然观却贯彻了思想的始终。在万物独化的先定和谐上，无疑为绝对、统一的本体存在留下了想象空间，犹如莱布尼茨的单子先定和谐依靠着神的作用。

最后，对本节内容做简要概述。郭象沿着《老子》"我无为，而民自化"和《庄子》"无为而才自然"的思维趣向，以期通过建立相互无为而各自自为的"独化"自然观，建构一个天然和谐、自组织自调适的宇宙机体系统。在这个自然世界中，每个存在物在独化、冥化中既自尽性分，率性而动，同时自己的所作所为客观上又为其他存在物提供着独化、自化的条件和环境。人人、物物皆各自独化，自然自适，命定必然。这个和谐机体系统以万物性分自足、自得为基础，以至理皆宜、命定必然为关键，以玄冥无我、不知不识为前提，它接近自然机体观，在一体性、丰富性、系统性上无疑是对老庄自然机体观的丰富、发展和完善。但由于降低了人性的标准，因否定知能而使人变成了同于物的冥与物化和机能感应的机体，同时将社会机体视为自然机体，泯灭了人的文化、文明属性和社会功能，在调和自然与名教的关系上导致了思想上的不能融会贯通。

第二十七章　恒道可道

　　《老子》提出"道可道，非恒道"的核心思想，然既言"可道"之道非是恒道，难道恒道只是对"可道"的全盘否定？还是在否定定执于"可道"的同时对无限"可道"存在质性的肯定？"泛兮，其可左右"和"万物之奥"等思想，既揭示了恒道存在于万物的寓存关系，又是恒道与"可道"的兼容关系。执于一曲的"可道"之道固非恒道，然要认知、揭示恒道的"不可道"何尝能离开"可道"之道。前面曾对恒道"不可道"的存在质性进行过揭示，本章拟对恒道所蕴涵的"可道"之道内涵予以解析。

第一节　道之分义

　　现代汉语中，"道"者无疑是一个意义丰富、涉及领域很广的一个观念。《现代汉语词典》将"道"归纳为四大类：一是历史上行政区域的名称，在唐代设道为一行政区划。二为道说，"用语言表示"，以为、认为。其用法如"能说会道"、"一语道破天机"等。三为"导"，古"道"从"导"字分出，具有疏导、引导等涵义。四为通用之道，如名词指称的道路、道理、道德、道术等。这里，没有指出"道"作为绝对本体存在的涵义，它又涵盖本体论、自然观、认识论、知识论、方法论和境界论。下面，概要提示"道"字的各个分义或殊相，它也是恒道作为绝对本体存在的"可道"性。

一、道之为"导"

　　"道"者，会意字，从"导"字分化而来。因"导"而衍生四义。

（一）引导

　　"道"字，金文从"行"（街道），从"又"（手），从"首"。谷衍奎在《汉字源流字典》中指出，"道"的金文字形会手于头前在路上引导前行之意。篆文加脚，以突出引导行走之义。何新指出，"导"字象人之初生，首逆出即以手引产之形。《说文》记古文"道"即"导"。"道"的本义，应为动词，即导/导，导产之术曰"导"。引产之路曰"道"。"导"的简省字体即"道"，为导使顺行之的涵义。（参见《老子新解》，北京工业大学出版社 2007 年版，第 180 页）不管哪种解法，皆为引导使顺行之。"道"

的本义是指明去向或经由途径，让其有所依凭、参照。衍为道路一词，本身是一种趋向上的选择，它必有前后或始终方向，也即为……目标（目的地）而经由之。而其前提在于必须对之知晓，不能无所适从，迷失去向。要知晓就得依靠引导。"来吾道夫先路"（《楚辞·离骚》）。"道"即引导之谓。《论语》多言"道"为"导"，如"道之以政"和"道之以德"（《为政》）。"政"者为"正"，是以德而导之，使从正、从德。朱熹云："'道'，犹引导，谓先之也。"（引自《四书集注》，北京古籍出版社 2000 年版，第 62 页）"先之"者，是作为先导，以使人从于义理而行为。行有"导"则必有"德"之据，"据于德"。又如"忠告而善道之，不可则止"（《颜渊》）。"善道之"，是以善导之，使其由道而行，"举善而教不能"（《为政》）。所"导"者在忠告之中，包涵道理、准则以及利害得失的权衡等劝诫。"忠告"是告知"道"的内容。《荀子》多将"道"与"导"通用。圣人治民"导之以礼乐"，因为"声乐之入人也深，其化人也速"，故"乐行而民乡方"（《乐论》）。礼乐为"道"，可"导"。"以道制欲"则乐而不乱，故乐是所为"道乐"和"道德"。"道乐"是导之以乐，"道德"是导之以德。明君"道之以道"，故可使"民之化道也如神"（《正名》）。"道之以道"，是以道导之，使其从道。前一个"道"是动词，为"导"，后一个"道"为名词，为遵循。《礼记》也以"道"为"导"。君子教谕，要"道而弗牵则和"（《学记》）。"道"为引导、诱导，而"牵"为强迫使行。先王慎所以感民者，"礼以道其志"（《乐记》）。"道其志"，是导引使之"志于道"。王夫之云："道，引也；引其志于正也。"（引自《船山遗书》第二卷，北京出版社 1999 年版，第 1092 页）引而使正，正以"礼"导之。在《老子》言"惟道是从"，就是以道而导之从正之谓。

（二）疏导

"道"作为"导"，对人言是引导使之行以正，对物言是疏通、疏导使之正行，让其按照当可之路出流，以达到顺畅、通达。《说文》云："一达谓之道"。导水以行之，能直往通达，就是疏导。疏导，是辅助其行，内涵"行"义。"道，行也。"（《荀子·王霸》）以"行"解"道"，则"行"必是因道而行。"诚者自成也，而道自道也。"（《中庸》）诚者天道，天道自然而成，故为"道自道"。诚者涵理，"自道"则自以理行。"道"自行而通达，有障碍则疏通之。"然犹防川，大决所犯，伤人必多，吾不克救也。不如小决使道。"（《左传》襄三十一年）决川将伤人多，不可挽救。不若小决之，将可使之从"道"，疏导之使不致祸患。"九河既道"（《尚书·禹贡》）。"道"者导之以为正流，它是因地势而疏通、疏导之，使其顺水道而不泛滥成灾。河水既泛滥成灾，就要顺势而疏导，疏其河道，导其流行，控制其泛。"导弱水，至于合黎，余波入于流沙。导黑水，至于三危，入于南海。导河积石，至于龙门……入于海。""导"者，疏导使畅通以入海，避免水之为患。"道"为"导"，皆因循顺势而为。后来，疏导也用来对人思想上的疏通、劝导等。《老子》一书的宗旨，就在于以道来疏导、劝导

人，使之从习俗的固执中摆脱出来，走上"同于道"的人生之路。

（三）教导

引导是先导之使人知所向行，疏导是顺人物之性而使畅通以行，而教导是通过教化、传授使人归入正道。如果说引导的内涵偏重于表示方向、指向，"疏导"侧重于表示疏通、畅流，那么教导侧重于表示教化、改造，让人知道该怎么选择，应当去做什么。从改造思想观念上看，教导包涵引导的涵义。前言"道之以政"和"道之以德"，既是引导之以从正，又是教导之使从正。引导是中性词，而教导带有道德、政治涵义。"其道我也似父"（《庄子·田子方》），所"道"者亦即教化内容为"明乎礼义"。"不教无以理民性。……立大学，设庠序，修六礼，明七教，所以道之也。"（《荀子·大略》）"道之"者，是以"六礼"、"七教"教导之。"道盛德至善，民之不能忘"（《礼记·大学》）。以"盛德至善"教化之，则民不忘所行的遵循。"道民之门，在上之所先。"（《管子·牧民》）"道"者，教化民使其行为有所由，故若门。"君子之道，辟则坊与！……故君子礼以坊德，刑以坊淫，命以坊欲。"（《礼记·坊记》）"坊"是教化的目的。王夫之解"道"为"正己率物之教"。"民性至善，天理人情自有其节，唯不足于善斯恶矣。坊者，使足乎善以止恶也。"（引自《船山遗书》第二卷，北京出版社1999年版，第1196页）教化的重要功能是"坊"，其依据是"礼"，其目的是劝善止恶。"道"作为引导、疏导、教导，是定方、定理之导，故所以导者必是可道之道。以《老子》思想言，人主使"不道"者归于修道、行道即是教导。

（四）正理

"道"由理义的教化，到成为礼法规范、惩戒和匡正的行为，便是"治理"。治理使教化之"导"的内涵大大拓展，从思想上教化引导扩展为行为上规范、控制和奖惩，以使民众行有规范、遵循，不得背离而妄为。它的本质在于让民有礼可规，有法可循，有赏可劝，有罚以禁。治理是以正正之，而用以正者是"道"。治理之"正"，首先在于上"帅以正"，然后以"道"导之于正。《论语》多言此义。"政者，正也。子帅以正，孰敢不正？"（《颜渊》）"正"者道之正。己先以道自正，然后方能正人。正人先要正己。之所以能"孰敢不正"，就在于正人者拥有道德上的权威和权势。"其身正，不令而行；其身不正，虽令不从"（《子路》）。"道者，所以变化身而之正理者也，故道在身则言自顺，行自正，事君自忠，事父自孝，遇人自理。"（《管子·形势》）"道"的设立，目的在于化身以正，使其言行合于事理，无不得宜。"之正理"，是以道导之以正。道之正所以为理之正，因为理者分殊，故为可道之正、分殊之正，各正其正。"怨、恩、取、与、谏、教、生杀八者，正之器也。"（《庄子·天运》）"正"者作为"器"，必然是分殊、具体和多样的手段和工具。道以为正，理也以为正。"夫明王为天下正，理也。"（《管子·霸言》）为天下正以道理，道理行则天下正。"以教道民"，同样是以可道之道导民。"上必明正道以道民，民道之而有功"（《礼记·燕义》）。"正

道"者，礼义之属；"道民"者，以正导之。以"正"言"道"，则"道"是匡正之道。有"不道"则匡正于"道"。"道千乘之国：敬事而信，节用而爱人，使民以时。"（《论语·学而》）敬事而信、节用爱人和使民以时三者每一个皆是可道之道，以为正之正者。"爱之、利之、益之、安之，四者，道之出。帝王者用之，而天下治矣。"（《管子·枢言》）爱、利、益、安是"道"的四个"可道"内涵。"道民之略，在于务本。"（《史记·文帝纪》）"道民之略"，即治理之术。导是以理正之，理为分殊的道德和事理，导为具体实在的动作，二者合言是分殊性的"可道"之导。《老子》言"以正治国"，是因事理之正而正之，使各自正。"无事取天下"，是"得一以为天下贞"，以天下正天下，非是以己正天下。

（五）言说

何新又指出，"道"字结构从首从走。"首"象人张口叙说，即今语"说"。"首"和"说"为一音之转，二者近通。此义从让人所知、为人知道、昭明于世而来，从知识、道理的传播、传达、互通和共享等语用内涵而来。"会朝之言，必闻于表著之位，所以昭事序也。视不过结襘之中，所以道容貌也。言以命之，容貌以明之，失则有阙。"（《左传》昭十一年）"言"为言说、言论，命名之谓；"道"为以礼则、规范整饬之谓。"言不过步"，因未昭礼序，故"言不昭"；"视不登带"，因未行礼仪，故"貌不道容"。"言"以为"昭"，"道"以为"明"，二者皆为显明理则使之通用为行为遵循。"不道不共，不昭不从"。行不知有礼仪之道，则不恭；言不知有事序之昭，则不顺。"言"和"道"虽前后连用，然各有其义。一以语言述说而澄明，一以伦理行为而昭明。作为认知、知识之道，首先来源于感知、领悟，然后以为知识传授他人，而传授多以语言为媒介，故学知上"道可道"的"可道"就是言说、言论。为什么不能直接将《老子》"可道"之道直接解为"言说"，因为"可道"具有本体内涵，只有在自悟、自得、自用、自证的基础上成为道理，然后以为互通、交流和共享之用，方有言说。"墨子泛爱兼利而非斗，其道不怒。"（《庄子·天下》）这里，"道"既是墨子的言论主张，又是思想的实质内涵。同时，"可道"者并非全于言说之中，一方面有不可尽的未知和不可言说者，另一方面人人之间交流沟通也非限于言说，身教重于言教。只有在道德、道理产生后，然后通过言说以阐述、说明，进行传达、告知和教化。言说是主观形式，承载着揭示真理的客观内容。朱熹解"夫子自道"（《论语·宪问》）云："'道'，言也。自道，犹云谦辞。"（引自《四书集注》，北京古籍出版社2000年版，第170页）王夫之解云"'自道也'，只是自言如此意。"（引自《船山遗书》第三卷，北京出版社1999年版，第1893页）实质上，"仁者不忧，知者不惑，勇者不惧"作为君子之道，为孔子"自道"正揭示其以为道德目标而勤行追求之意。"自道"是自我弘道。言以载道，道为本，言为末。"非先王之法言不敢道"（《孝经》）。"法言"虽为言说，然承载着所以言者，它是先王之"道"。这里的"不敢道"，非是不敢言，

而是不敢行。行是有所遵循者，故以道为导。在先秦文献中，"言"与"道"具有不同涵义，只是随着文化发展，言说、言论逐渐成为客观真理和道理的承载者，成为普遍的取法、取道的媒介，也即道理、法则多以言载而传承、教化，这时"道"的言说义方得以产生彰显。"道"为言说是言以载道，道在言中，言要为"导之以道"服务。后又引申为对品德功绩的称道、称说。"尧舜，人之所誉也；道尧舜于戴晋人之前，譬犹一吷。"（《庄子·则阳》）尧舜以功德为人"所誉"，成为人所遵循、取法的道德。此文的意义是以为道德而称道于戴晋人之前，则不为所动。习人既为称道则以求共鸣附和，而"吷"者则不附和。言说以为表达、传达道理，具有使之归于正道或导以正理使之有以遵循的意蕴。"《诗》以道志，《礼》以道行，《乐》以道和，《易》以道阴阳，《春秋》以道名分"（《庄子·天下》）。这里的"道"，是在认知通晓道理的基础上，著书以表达自己思想，让人阅览以传达于人，使之有所遵循、依据，进而导入正路。"道"作为言说还是表达、传达的意谓，即将自己内心的意图给予、道明他人，如道歉、道喜、道贺、道谢等。"道"作为言说，言不尽意，故"道可道，非恒道"。然无言则道不显，执言则非道，故"得意忘言"方为得于大道旨意的方法。

二、"道"之为路

《说文》云："道，所行道也，从辵，从首，一达谓之道"。从"道"作为会意字看，显然"道"是一个行为事件和过程，含有三个要素：一是前行，行走动作；二是街道，所行之路；三是引导，导向之的。甲骨文"行"为象形字，象"十字路口"形，表示十字街口。"所行道"为街道之"行"，加"一达"方成为直通的道路。在战国文字中，"道"的另一款异体字，是从行从人，作"彳人亍"形，象人行于四达之衢。此字在楚简《老子》中两出，一是"以道佐人主"，一是"保此道"。"道"作为"路"，包涵经由和取道两个含义，一为行走的途径和载体，一为经由方向的取舍。

（一）道路

在"导"和"道"字的象形中，皆包涵着途经或依凭的街道，它是"路"。"行道迟迟"（《诗·小雅》），"道"为路途。在"道听而途说"（《论语·阳货》）中，"道"与"涂"合言为路途。"禹动教乎九夷，道死，葬会稽之山。"（《墨子·节葬下》）"道死"，死于道途之中。"列子行食于道从"（《庄子·至乐》），"道从"即道路之旁。"孔子之去鲁，曰：'迟迟吾行也。'去父母国之道也。去齐，接淅而行，去他国之道也。"（《孟子·尽心下》）"道"含有双重涵义，一为经由之路。孔颖达云："道者经也，物所从之路也"。（引自《尚书正义》，上海古籍出版社2007年版，第94页）所经、所从者，是作为物质载体的路途。一为行为的礼则。"履道坦坦，幽人贞吉。"（《易·履卦》）以道路平坦寓意贞吉之理。在《礼记》中，"道路"连用成为一词。"道路，男子由右，妇人由左，车从中央。"（《王制》）行走于道路之中，有礼则之容。

"见老者则车徒辟，斑白者不以其任行乎道路，而弟达乎道路"（《祭义》）。孝悌达于道路，亦是治道之境。"一达谓之道路。"（《尔雅·释诂》）有始有终，通行无阻，方为道路。后"道"由行走的路途、道路，引申为人生之路。"诗之好仁如此，乡道而行，中道而废。"（《表记》）"乡道"者，是"志于道"；"中道而废"，是半途而废。人生有始终，正如路途有起止。正如道路有终点，人生之路行而有终。邵雍指出，"道无声无形，不可得而见者也。故假道路之道而为名。人之有行，必由于道。一阴一阳，天地之道也。物由是而生，由是而成也。"（引自《皇极经世》，九州出版社 2003 年版，第 597 页）"假道为名"，是"字之曰道"；"行必由道"，是"勤而行之"。

（二）取道

道以经由言，是来自、自从。"风道北来"（《山海经》）。"道"为"从"，从北方来是取道于北面而来。"何从何道则得道"（《庄子·知北游篇》）。"从"与前一个"道"，皆取道之谓，是以何为路径的问题。取道的目的是"得道"。对行道言，要自觉地瞄准方向，经由道路而到达终点目标。对人生言，要自觉地"志于道"，取道以成己成仁。"取道"以知"道"为前提，抉择有由，然后行有定向。《论语》多言此义。"君子道者三，我无能焉：仁者不忧，知者不惑，勇者不惧。"（《宪问》）君子所取道者或循道而行者，有三个可道之道。君子"乐道人之善"（《季氏》），以人之善为取道者，则有诸己信以行。"道"即善，善即"道"。"智子之道善"（《国语·晋语》），以善为"道"，则取道以行。人生有道，然取之内涵有不同。"居下位，不以贤事不肖者，伯夷也。五就汤，五就桀者，伊尹也。不恶污君，不辞小官者，柳下惠也。三子者不同道，其趋一也。"（《孟子·告子下》）三者所取道者不同，然一于道义行。《荀子》多言"以……为道而行"的观念。"君子大心则敬天而道，小心则畏义而节。"（《不苟》）以天为道，则极广大。小其心，循义之路，则中节和，尽精微。天道、义节，皆为君子所行，故都为所取的人生道路。"君子道其常，而小人道其实。"（《荣辱》）君子取道于人生正道、常则，则唯义所适。小人取道于实惠、利害，则唯利是图。"道者，非天之道，非地之道，人之所以道也，君子之所道也。"（《儒效》）"道"者礼义之属，"所道"是人以为道而取以行之。"如切如琢，道学也"；"道善则得之，不善则失之"（《大学》）。朱熹解"道"为"言"，非确。"道学"是取道于问学，从学习中得道；"道善"是取道于善，以善为常。在《老子》思想中，"取道"与"取法"相关，取法的皆是可道之道。

（三）道义

"道路"有方向、理则，又与"道义"相关。道义是人生的取道者。人生之路以道义为方向，正如出行经由门户。"谁能出不由户？何莫由斯道也?"（《论语·雍也》）无门户，则不可出；无道理，人生无向。人生之路，漫长而任重。"士不可以不弘毅，任重而道远。仁以为己任，不亦重乎？死而后已，不亦远乎?"（《泰伯》）人生任重道

远，故要弘毅。以仁为己任需要担当，"死而后已"需要矢志不移。《孟子》多言仁义为人生的道路。"仁，人之安宅也；义，人之正路也。"（《离娄上》）"夫义，路也；礼，门也。惟君子能由是路，出入是门也。"（《万章下》）"仁，人心也；义，人路也。"（《告子上》）以仁义为宅、门、路，首先在于自觉以行，而知仁义是前提。"道若大路然，岂难知哉？人病不求耳"（《告子下》）。可见，人生之路是导向（仁义）、践行和自觉的统一。陈淳解"道"云："道，犹路也。……道之大纲，只是日用间人伦事物所当行之理。"（引自《北溪字义》，中华书局 2009 年版，第 38 页）道路，不仅是经由、通行，而且具有当行之理。王夫之云："夫道也者路也，人率路以行，路不足以有行也。"（引自《尚书引义》，载《船山遗书》第一卷，北京出版社 1999 年版，第 529 页）"道"作为路由人而行，前提在于人的自觉、自为，此是取道之"率"。"人有是心，而道义出焉；豁然悟之，则坦然行之，如大路然。而为物欲所蔽之余，偶有志焉，偶有闻焉，以求通于道义，则如山径之蹊间而已矣，未有可由之路也。"（引自《四书训义·孟子》，同上书第四卷，第 2300 页）"道义出焉"，是人生有路；"豁然悟之"，则知有此路；"坦然行之"，即循而前往。道义决定了人生的路向，也决定了人生的意义。以《老子》思维言，人生之路和道义蕴涵在"修之于身，其德乃真；修之于家，其德有余；修之于乡，其德乃长；修之于邦，其德乃丰；修之于天下，其德乃溥"之中。

（四）道理

"道"与"循"相关，有"道"可"循"，"循"必有"道"。取道于道义，亦是遵循。前面已就道理关系进行过解析，在那里重点揭示了二者的本体内涵，这里侧重于揭示其作为可遵循的理则知识内涵。"道"由指引、言说引申为众人共用同由，人所依凭遵循的规则、道理。作为可遵循的依据，必是可道之道、分殊之道。《论语》对此已有了深刻揭示。"本立而道生"（《学而》），孝悌为"为仁之本"，忠恕为"为仁之方"。为本、为方是可道之道。人生道理，既包括"五常"准则，又包括先后、主次、本末之序。从古今言，"先王之道"有"文武之道"，"先王之道斯为美，小大由之"。遵循先王道理，小可以成人成己，大则治理国家。"朝闻道，夕死可矣"（《里仁》）。"道"可闻、可传、可学，故为分殊性的道理准则。人生行为有取舍，道理是取舍之当然、应然。"富与贵是人之所欲也，不以其道得之，不处也；贫与贱是人之所恶也，不以其道得之，不去也。"（《里仁》）不以其道不为、不以其道不去，则道为唯一理则，它是分殊而理一。《荀子》中"道理"连用为一词，且多论治道。君子"其行道理也勇"（《修身》），"道"以总摄言，理以分殊论，然二者通用。道涵殊理，理涵殊道。道一而万殊，正如理一而分殊。天下一切物理、事理、理则皆为道理一名所涵摄。道理可行，即可知道、可遵循。"道也者，治之经理也。"（《正名》）"经理"，是经纶以治理。经理者分殊，则道统殊理。理者多殊，故"善学者尽其理"（《大略》）。尽理之

精微，方成道之广大。《中庸》言"君子之道"、"大哉圣人之道"、"修身以道，修道以仁"和诚身"有道"、"天下之达道五"等人道，它们可学、可致、可得、可循，以为行为遵循故为"絜矩之道"。"道理"一词又见于《庄子》，慎到之说"泠汰于物以为道理"（《天下》）。这里，"道理"既是人生的遵循、依据，又是慎到自己的主张、观点。《易》既言"三才之道"，又言理"广大悉备"，前者是道一而分殊，后者是万殊而理一。王夫之指出，道因事而立，凡可行可由者皆为道。理之在天下，分而言之则秩序差等不容昧，统而言之则推行公溥不可遗。（参见《四书训义·孟子》，载《船山遗书》第四卷，北京出版社 1999 年版，第 2298 页）因事立道，事殊则道殊；可知可弘，则道为"可道"。秩序差等，是理之分殊；公溥不遗，是理之统一。以《老子》思维言，"道生一"和万物"得一"是道一而理殊。"万物之宗"、"万物之奥"是理殊而道一。道理内涵，还体现在"曲则全"和"容乃公"的一体关系中。

（五）道德

道理涵盖人物理则，无所不包。以其为人所认知言，是知识、理念、观点、理论、主张，以其为行为取舍、价值取向言是志向、信念和道德。道德作为知识、理则为道理，道理作为行为遵循、依据是道德。道理得之于心、行之于身，就是有诸己的品性、德行，通言之为道德。道德是实践理性，是知识、价值和实践的统一。《论语》多有言及。"君子所贵乎道者三：动容貌，斯远暴慢矣；正颜色，斯近信矣；出辞气，斯远鄙倍矣。"（《泰伯》）"动容貌"、"正颜色"和"出辞气"，以为遵循是"道"，以为实践为"德"。德与性相关，率性为道，自得为德。德行品格作为行为遵循亦是道，故合言道德。道大涵摄物理，德行本于人性。共循由常为道理，行诸己身为德行。"志于道，据于德"（《述而》）。道者价值目标，故为志向；德者内在品节，行为依凭。道得诸己，则行有可据之德。以儒家思维言，德者分殊，有层次之分。"君子之德风，小人之德草。"（《先进》）君子、小人各有所德。"行义以达其道"（《季氏》），"行义"是德行，达道是德行的极致。追求道义以践行，学习品德以体验。德性、品德作为可效法、遵循的常用准则、标准又是道理。德是可学得之道理，道理是可践行之德，二者通用。"执德不弘，信道不笃，焉能为有？焉能为亡？"（《子张》）弘道是"志于道"的行于德，"执德"是有诸己的"据于德"。"夫子亦放德而行，循道而趋，已至矣。"（《庄子·天道》）德本诸性故言"行"，道外于己故言"循"。因物付物、以人正人，故有因循之循。"礼恭，而後可与言道之方；辞顺，而後可与言道之理；色从而後可与言道之致"（《荀子·劝学》）。通言行礼为道，而容恭、"辞顺"和"色从"为德目。德之一目，即道之一方、一理、一致。道者统言，德者分殊。"别交正分之谓理，顺理而不失之谓道，道德定而民有轨"（《管子·君臣上》）。理以分别故可正，道以常则故可信。行理则为人道，为道必由于理。道一于万殊之理、万殊德目。德者，人之品格，行之所据。人伦行为之道，作为品行即德。父慈子孝各当其分是道理，慈孝作为品性

是道德。父之道在于止于慈，子之道在于止于孝。父之德在于为于慈，子之道在于为于孝。王夫之指出，"仁、智、勇是德，不是道。此'道'字解作'由'也，由之以成德也。"（引自《船山遗书》第三卷，北京出版社 1999 年版，第 1893 页）以"道"为由，言取之以成德。仁、智、勇是"三达德"，以其得之于身、行以成仁谓之德，以为所追求达致的境界标准就为"道"。取道于"三达德"而行不止，自能达致"不忧"、"不惑"和"不惧"的道境。正如理可通一分殊一样，德也可统称一切分殊的德目。以《老子》思维言，"孔德之容"是德一而分殊，通于分殊之德则为"孔德"。

三、"道"之为常

何新指出，"道之观念的先型，是商周书中所谓'常'的观念。而德之观念的先型，则是'行'与'循'的观念。传说尧舜时代的民谣：'日月有常，星辰有行。'（《古谣谚》引帝载）日月之'常'，即'天道'；星辰之行序，即'循'与'天德'。"（引自《老子新解》，北京工业大学出版社 2007 年版，第 180 页）"道"必为"常"，方为万物所循。《说文》的"所行道"即是"循"。循"道"以行就是"德"。道理、道德作为常则、恒秩，方能作为行为的遵循、依据。对恒常的求索，来自古人生活实践上对秩序、可期等规律的探求。恒常、有规律，就使人类生活、生产活动有了安顿之所，进入了自觉遵循、主动适应和有效利用客观自然和社会规律的新纪元。"所谓道，忠于民而信于神也。"（《左传》桓六年）忠于民则恒，信于神则常，恒常在则道存。道理、道德是人生的路标、指向，同时是人生的规范、秩序。共通、公用和常循，是"道"的内涵所在。在前面的诠释论说中，已揭示出恒道是"不可道"与"可道"的统一，也是"无常"与"有常"的统一。

（一）道德规则

"道"者，恒常如此，普遍通用，人所共由。作为道德规则，揭示了社会伦理、道德之常。儒家的人伦礼法、规章制度等皆是规则，其主旨在于规范人的行为，引导成就人的道德理性。《论语》一书所言，大多是道的规则意旨。"君子学道则爱人，小人学道则易使也。"（《子路》）道在忠恕以为仁义，故爱人。道在礼法以为规范，故易使。"爱人"是成人之仁，人人尽性。"易使"是克制己欲，人人复礼。克己复礼是成仁的前提。二者统一于恒常的规则。发端于孔子的仁义礼智信，作为"五常"是人生的规则、规范。《孟子》直接以规则言道，对其恒常内涵已有了高度的自觉认知。"获于上有道：不信于友，弗获于上矣。信于友有道：事亲弗悦，弗信于友矣。悦亲有道：反身不诚，不悦于亲矣；诚身有道：不明乎善，不诚其身矣。是故诚者，天之道也；思诚者，人之道也。"（《离娄上》）"有道"，则有了可常循、通用的行为准则。以诚为天之道，以思诚为人之道，在明确各自恒常性的同时，又具体化了各自恒常内涵，使之具备了可行性和规范性。《中庸》所谓的"五达道"和"三达德"是天下的通则，

《大学》提出的格物、致知、诚意、正心、修身、齐家、治国、平天下的"八条目"是人生入道的恒规。《荀子》以礼义为道，使之成为规范人们行为的规范。礼以别分，分则有常。人道之常，在于亲亲、尊尊、长长、男女有别。乐以导和，和则有常。"曲直、繁省、廉肉、节奏足以感动人之善心"，而使"邪污之气无由得接"（《乐论》）。王道有常，循则无私，行则无偏。"无偏无陂，遵王之义。无有作好，遵王之道。无有作恶，遵王之路。"（《尚书·洪范》）王之所以为王，具有为王的楷模、楷式。以为遵循，是恒常的规则、道理。王夫之云："先王之所制为天下后世必遵之法，以建久安长治者，曰道。"（引自《四书训义》，载《船山遗书》第四卷，第2251页）"道"为"必遵之法"，则为法的常则。恒于道法，必有"久安长治"的恒功。人主"牧万民，治天下，莅百官"，常于"治之以法"（《管子·形势解》）；父母"和子孙，属亲戚"，常于"治之以义"；臣下"敦敬忠信"，常于"事无过失，而官职政治"；子妇"爱亲善养，思敬奉教"，常于"长幼理而亲疏和"。用常则有常治。主之常在于"治安百姓"，父母之常在于"教护家事"，臣下之常在于"正谏死节"，子妇之常在于"尽力共养"，用常则恒安。"治民有常道"（《管子·君臣上》），道为"万物之要"，为人君者"执要而待之"。在《老子》中，"玄德"就是"天下式"的通则。

（二）自然规律

如果说孔孟论说的主要是人伦日用的规则、通则，那么《易传》《礼记》等儒家典籍则以法天地而成通则，揭示出事物运动、变化和发展的规律。"《易》与天地准，故能弥纶天地之道。"（《系辞上》）《易》兼天道、地道与人道"三才之道"，包涵自然变化的规则或规律，"范围天地之化而不过"。《易》中的自然律则，来自"仰则观象于天，俯则观法于地，观鸟兽之文，与地之宜"（《系辞下》）。圣人作则，必"以天地为本，以阴阳为端，以四时为柄，以日星为纪，月以为量，鬼神以为徒，五行以为质，礼义以为器，人情以为田，四灵以为畜"（《礼记·礼运》）。自然规则，成为人所遵循的法则。"天不变其常"（《管子·形势解》），天有其常则时序循环；"地不易其则"，地有其则则"生养万物"；"覆万物，制寒暑，行日月，次星辰"，不易其则则万物生。戴震以《诗》"有物有则"为依据，认为"物"者名谓"实体实事"，而"则"者名谓"纯粹中正"。天地之大，人物之蕃，事为之委曲条分，皆为实体实事，其"无非自然，而归于必然"，故皆是常则之"理"。苟得其理，如直者中悬，平者中水，圆者中规，方者中矩，"推诸天下万世而准"。"举凡天地、人物、事为，求其必然不可易，理至明显"。（引自《孟子字义疏证》，中华书局2008年版，第12-13页）理有分殊，不得将人理以物化、泛化，混淆人理、物理之别。人伦规则是行所当然，而自然规律是行所必然，二者有不同的内涵界定。在《老子》中，"长短相形，高下相盈"、"合抱之木，生于毫末；九层之台，起于累土"等皆是自然的律则。

（三）规矩权衡

"道"作为人所遵循的常则，犹如规矩权衡。"离娄之明、公输子之巧，不以规矩，

不能成方圆；师旷之聪，不以六律，不能正五音；尧舜之道，不以仁政，不能平治天下。"（《孟子·离娄上》）正如规矩可成方圆、六律可正五音一样，仁政作为常则遵循，则可平治天下。虽有聪明之极、机巧之至，然无规矩、六律不能成方圆、正五音。"圣人既竭目力焉，继之以规矩准绳，以为方圆平直，不可胜用也；既竭耳力焉，继之以六律，正五音，不可胜用也；既竭心思焉，继之以不忍人之政，而仁覆天下矣。"规矩、六律为不易之则，以类先王之道，虽内涵有别，然揭示了遵循理则的客观性、必然性。规矩之用，在于为"方圆之至"。圣人之则，人伦之至。"不以尧之所以治民治民，贼其民者也。"作为规范之常，既是遵循的准则，又是校正、衡量的律则。"大匠诲人，必以规矩；学者亦必以规矩。"（《告子上》）规矩通用、实用，故为常识。学者学以规矩，则行有常则，为有常式。王夫之指出，"大匠之事，方圆皆合乎规矩，学匠者固未能矣。而其教之也，必以规矩为方圆，然后告以遇圆则当圆、遇方则当方矣；故学者亦必审方圆之于规矩，而后无所参差，无所邪曲，乃以通大匠之教而悉其术。"（引自《四书训义》，载《船山遗书》第四卷，北京出版社1999年版，第2235页）规矩犹如权衡，称万物而量其准，故时宜而中。《荀子》以衡为道，认为衡者"兼陈万物"，而"众异不得相蔽以乱其伦"（《解蔽》）。道为古今正权，权用不失其宜。"衡不正，则重县于仰而人以为轻，轻县于俛而人以为重，此人所以惑于轻重也。权不正，则祸托于欲而人以为福，福托于恶而人以为祸，此亦人所以惑于祸福也。道者，古今之正权也，离道而内自择，则不知祸福之所托。"（《正名》）权衡不失其准，道正不失其宜。"绳墨诚陈矣，则不可欺以曲直；衡诚县矣，则不可欺以轻重；规矩诚设矣，则不可欺以方圆；君子审于礼，则不可欺以诈伪。故绳者，直之至；衡者，平之至；规矩者，方圆之至；礼者，人道之极也。"（《礼论》）礼作为人道之极，正如绳墨、衡、规矩一样，是行为的规范。道之为贵，在于如规矩一样无私，如绳墨一样正直，如权衡一样公平。"规矩取其无私，绳取其直，权衡取其平，故先王贵之。"（《礼记·深衣》）无私则公正，直则不枉，平则无过。权衡规矩一定不易，常一不邪，方行不流，故为规则楷式。在《老子》中，"抱一"、"崇本举末"就是规矩权衡一类的通则。

（四）楷式标准

　　人处于社会关系之中，要调理相互关系就必须对人之言行进行规范，使之条理有循，这是礼节、仪表和秩序等楷式标准的来源。以恒常、普遍和秩序性言是常则，以可遵照执行和效法践履、作为通用规范、方法和楷模言是标准。规则不等于标准，然标准必是规则。人生的楷式标准，是行为的遵循，具有普适性、规定性和实践性。标准可因时代变化而更改。"道"作为标准是人之成为人的法式，它可以是成为圣贤、君子的人格标准，可以是道义行为的礼节准则，可以是通用的工夫方法，可以是事业功为的规矩准绳。"道"作为标准，首先来自"式"。"成王之孚，下土之式。"（《诗·大雅》）"式"者，楷式、法式之谓，是可以遵循、模仿的标杆、样式。《论语》多言君

子的行为标准。成为君子，要有"行己也恭"、"事上也敬"、"养民也惠"和"使民也义"（《公冶长》）等行为标准。君子修身的标准是"动容貌"、"正颜色"和"出辞气"（《泰伯》）。"善人之道"作为标准，是"不践迹，亦不入于室"（《先进》）。此类行为标准很多，它们规定着君子之为君子的范型、模式，同时是学习践履的楷式标准。孔子的人生经历和修为，成为了后人追求成圣的境界标准。"吾十有五而志于学，三十而立，四十而不惑，五十而知天命，六十而耳顺，七十而从心所欲不逾矩。"（《为政》）。《孟子》以尧舜为人伦之至，故以尧舜为圣人标准，认为人人皆可为尧舜。尧舜既是本心思存的先行者，也是"性之"、"率性"的表率者，同时是以"先觉"觉"后觉"的标准。以尧舜为标准，道之以道，则有思存本心、尽心知性、尽命事天、省察存养等行为楷式。王道为君的标准，在于"惟天为大"而尧"则之"、舜"巍巍乎有天下而不与"。以尧舜为标准，则行于孝弟。"子服尧之服，诵尧之言，行尧之行"（《告子下》）。"尧、舜之知而不遍物，急先务也；尧、舜之仁不遍爱人，急亲贤也。"（《尽心上》）知有先后，仁有主次，是圣人修为的次序标准。"尧、舜，性者也。"（《尽心下》）尧舜是尽性的标准。此外，尧舜还有"什一而税"的标准。《荀子》以礼义为规则，又以礼仪为标准。规则侧重于纲常、大要，标准则侧重于具体、细节。有了具体标准，则邪枉之行不得欺诈、乱分。礼以"度量分界"，则"贵贱有等，长幼有差，贫富轻重皆有称"（《礼论》）。礼有分殊标准，尽之是尽精微，体现于"以财物为用，以贵贱为文，以多少为异，以隆杀为要"之中。《周礼》《仪礼》和《礼记》对"礼仪三百，威仪三千"的具体规定都是当时的行为标准。动静循理，则不惑祸福；赏罚不阿，则不妄喜怒；理于好憎，则不贪无用；养性知足，则欲不过节。"事不本于道德者，不可以为仪；言不合乎先王者，不可以为道；音不调乎《雅》《颂》者，不可以为乐"（《淮南子·泰族训》）。《雅》《颂》是制乐的标准。"道德"具体化、分殊化为礼仪、事理，成为可道之道。在《老子》中，"以道莅天下"是圣治标准，"德善"、"德信"等是圣人之为圣人的标准。

四、"道"之为艺

将"道"运用于具体事为中，成为一种能力、技巧就是技艺，成为一种方略、举措就是方法，成为权术、心术就是道术。

（一）技艺

技艺是由掌握事物道理、规则而加以利用所形成的一种熟能生巧的技能、路数和技巧，多表现于手艺、习性和学习上。从技艺的来源上，一般从实践的事为中获取，它离不开对事物属性、结构和性质的认知、把握和因循，以至于习以为常，习而成性，习而成巧。古代儒家提出的"六艺"之道，是人要习得的六种基本技能。"养国子以道，乃教之六艺：一曰五礼，二曰六乐，三曰五射，四曰五驭，五曰六书，六曰九

数。"（《周礼·保氏》）"六艺"逐渐从养国子之道成为儒者教学之道。"射不主皮，为力不同科，古之道也。"（《论语·八佾》）"六艺"之道，古时很早就存在。朱熹云："古者射以观德，但主于中，而不主于贯革，盖以人之力有强弱，不同等也。"（引自《四书集注》，第74页）"射中"，人人可学而能，习以为贯注集中其志，故为通常之艺。修为中有技艺之道，以井井而有理，以严严而敬己，以分分而有终始，因猒猒而长久，以乐乐而执道不殆，以炤炤而用知之明，以脩脩而行用统类，以绥绥而有文章，以熙熙而乐人之臧，以隐隐而恐其不当。达此技艺之道，乃出于一，故"执神而固"。"《诗》言是，其志也；《书》言是，其事也；《礼》言是，其行也；《乐》言是，其和也；《春秋》言是，其微也。"（《荀子·儒效》）五者为习艺之经，是修己成人之所必需。以《诗》言之，学习《风》则"取是以节之"，学习《小雅》则"取是而文之"，学习《大雅》则"取是而光之"，学习《颂》则"取是而通之"。在"道"为技艺上，儒家多言修身、养性，道家多言习性、技巧。捶钩者有道，年已八十而不失钩芒。其道在于"年二十好捶钩，于物无视也，非钩无察也"（《淮南子·道应训》）。要得捶钩之巧，必得捶钩之道。"于物无视"是全神贯注，"非钩无察"是专心致志。《老子》曰："从事于道者，同于道。"一切技艺本自如此。

（二）治道

由掌握人伦规则、为政道理以为治理、管理国家上的方略、招数、道法和能力，合言之为治理之道，简称治道。《论语》多言"为政"之方，以政正之即是治道。"为政以德，譬如北辰，居其所而众星共之。"（《为政》）"德"者是治理之道、为政之要。德行，则平治。治民之道，在于"道之以德，齐之以礼"，使民"有耻且格"。道以德、齐以礼，为治道之方。治国之本，在于"足食"、"足兵"和"民信之"（《颜渊》）。政以正之，是"君君，臣臣，父父，子子"。《孟子》言治道在于行仁政，"养生送死无憾，王道之始也。"（《梁惠王上》）为政之要，在于"制民之产"。"仁者无敌"，是王道之要。"善推其所为"，在于"老吾老，以及人之老；幼吾幼，以及人之幼：天下可运于掌"，它是为政之方。王道之方，在于"与百姓同乐"（《梁惠王下》）。交邻国有道："惟仁者为能以大事小"，"惟智者为能以小事大"。要成就王道，关键在于"乐以天下，忧以天下"，因为"乐民之乐者，民亦乐其乐；忧民之忧者，民亦忧其忧。"王霸各有其道："以力假仁者霸，霸必有大国。以德行仁者王，王不待大"（《公孙丑上》）。霸者"以力服人"，王者"以德服人"。王道之术，在于"以不忍人之心，行不忍人之政"，故"治天下可运之掌上"。平治天下有方，"天下之本在国，国之本在家，家之本在身"（《离娄上》）。知其先后，则为政治方略。得天下之"道"在于得其民，得其民在于得其心，得其心在于"所欲与之聚之，所恶勿施尔"。王夫之认为，治道至约，不过在于仁政而已。得天下有道，"近者安，远者来，虽有强大，不能率子弟以攻父母，一举事而天下定"。得民有道，不过遂民生养安全之欲，去冻饿离散之

苦。"聚之"者，在于"公吾欲以公之而使各得"；"勿施"者，在于"推吾恶而不以相加"。（引自《四书训义》，载《船山遗书》第四卷，第 2120-2121 页）《孟子》认为，定国在于正君，"君仁，莫不仁。君义，莫不义。君正，莫不正。"（《离娄上》）统合为政的方略，是"道"。《荀子》以礼义为政治之道，君子"治礼义"以为正，"去乱而被之以治"（《不苟》）。为治之经，在于礼与刑。只要"明德慎罚"（《成相》），则国家治、四海平。《管子》多论"治道"，为天下以国为本，为国以乡为本，为乡以家为木，为家以人为本，为人以身为本，为身以治道为本。治国有"三本"，审其德、功、能，则"刑省治寡，朝不合众"（《立政》）。安国有"四固"："大德至仁，则操国得众；见贤能让，则大臣和同；罚不避亲贵，则威行于邻敌；好本事，务地利，重赋敛，则民怀其产"。富国有"五事"："山泽救于火，草木植成"；"沟渎遂于隘，障水安其藏"；"桑麻植于野，五谷宜其地"；"六畜育于家，瓜瓠荤菜百果备具"；"工事无刻镂，女事无文章"。为治还有"首宪"、"首事"、"省官"、"九败"和"七观"等方略。治国之道，"上无苛令，官无烦治，士无伪行，工无淫巧，其事经而不扰，其器完而不饰"（《淮南子·齐俗训》）。为治之枢要，在于各当其职，各尽本分。以《老子》思维言，治道是"以正治国，以奇用兵，以无事取天下"。

（三）道术

"术"字繁文为"術"，《说文》解为"邑中道"。"百家为里，里十为术，术十为州"（《管子·度地》）。"术"为区域之名，与"道"字意义相近，二者或有通用。"术"由道路引申为门径、方法、策略。"道者，群物之道。"（楚简《性自命出》）道以群物，故为理物方略、法术。《管子》多言道术，"羿之道，非射也；造父之术，非驭也；奚仲之巧，非斫削也。"（《形势》）术与道、巧三者意义相近、相通。造父之术在于善驭马，"善视其马，节其饮食，度量马力，审其足走，故能取远道而马不罢"（《形势解》）。明主之术犹造父善驭，"善治其民，度量其力，审其技能，故立功而民不困伤"。霸王之术，在于授爵以德则下兴义，因功予禄则士愿战，上任正帅则上下和，授事以能则人尚功，审刑当罪则人无讼，无乱社稷则人有宗，毋遗老亲则下不怨，举知人急则众不乱。行此道术，则"国有常经，人知终始"（《问》），故霸业可成。"道"与"术"合为一词，则为道术。"道术知能"（《制分》），"道术德行"（《君臣下》）。道、术合名，正如道、理并称。道理以言规则、规律之常、之正，道术重在言方略、途径或办法等。道术又与技能有别，技能是知能之属，道术是谋略之类。法家以权、势、术言道术，主旨在于维护君主统治。阴谋家以诡谲权变为道术，变成功利化的工具。道家多以辅助自然为道术，以实现道境为依归。《淮南子》杂儒道法家以言道术。"为善则观，为不善则议；观则生贵，议则生患。"（《诠言训》）道术在于复本去伪，"法修自然，己无所与"。"由其道，则善无章；修其理，则巧无名"。以巧斗力常卒于败，以慧治国常卒于乱。德可以自修，而不可以使人暴；道可以自治，而不可

以使人乱。君子修行而使善无名，布施而使仁无章，无为而自治。相对于"有为"言，"无为"是道术。人主好智，则背时任己，弃数用虑，独任其智；人主好勇，则轻敌简备，自负辞助，专用其才；人主好与，则无定分，上不定则"下之望无止"。"好智"为"穷术"，"好勇"为"危术"，"好与"为"来怨之道"，修无知、无为、无与道术方为"圣明"。用兵"至神"之术："示之以柔，而迎之以刚；示之以弱，而乘之以强；为之以歙，而应之以张；将欲西，而示之以东；先忤而后合，前冥而后明"（《兵略训》）。兵术至神，"所用不复"则若鬼无迹，"莫知其门"则若水无创。道术有可道之殊，《老子》"无为而无不为"也是一种道术，不过是与习常"可道"相反的"反其道而行"的玄妙道术。

五、"道"之为境

前面已引用牟宗三将道家之"道"释为境界形态存在的观点，它可从《老子》"以道莅天下"，以及《庄子》"道通为一"和"知通为一"等观念加以阐释之。道家之"道"虽非仅是境界形态的存在，但就其境界形态上言则分为：认知上的玄同、玄通之境，体行上的与道为一、独与天地精神往来的逍遥境界，世道上的"其政闷闷"的至德之境。就认知、体行上的道境意蕴，留待后面言及，这里只对世道之道进行概说。《老子》云："其政闷闷，其民惇惇；其政察察，其民缺缺。"虽然表达形式不同，但与《论语》同样在论及世道之道。"邦有道，不废；邦无道，免于刑戮"（《公冶长》）。邦有道、无道，则"为"有不同。"不废"者，见于朝用；"免于刑戮"，避祸无为。"宁武子邦有道则知，邦无道则愚。"邦有道，见知于用；邦无道，守愚免刑。"道不行，乘桴浮于海。"世道不道，则独善其身。"危邦不入，乱邦不居。天下有道则见，无道则隐。邦有道，贫且贱焉，耻也；邦无道，富且贵焉，耻也。"（《泰伯》）世道不同，则君子居入、见隐、贫富、贵贱所适不一，各中其道。"邦有道，谷；邦无道，谷，耻也。"（《宪问》）不同世道，则"谷"有不同价值取舍。邦有道则"危言危行"，邦无道则"危行言孙"。若同其"矢"，虽一于"直"，然非时善。"直哉史鱼！邦有道，如矢；邦无道，如矢。"（《卫灵公》）与此相反，"君子哉蘧伯玉！邦有道，则仕；邦无道，则可卷而怀之。"邦有道，仕以从道，达则兼善天下；邦无道，道不得行，穷则独善其身。天下有道，则"礼乐征伐自天子出"，且"政不在大夫"；天下无道，则"礼乐征伐自诸侯出"，且"庶人不议"（《季氏》）。世道不同，政令所出不同。儒家的世道理想是，"夫子之得邦家者，所谓立之斯立，道之斯行，绥之斯来，动之斯和。其生也荣，其死也哀，如之何其可及也。"（《子张》）圣人治邦家，固有如此世道境界。《孟子》继言世道不同中的不同价值作为。"天下有道，小德役大德，小贤役大贤。天下无道，小役大，弱役强。"（《离娄上》）在大小贤德的关系上，不同世道则有殊异表现。有道则贤德尊，无道则贤德隐。"天下有道，以道殉身。天下无道，以身殉道。"（《尽心上》）天下有道、无道，则有不同之"殉"。"以道殉身"，则终身尽行于

道。"以身殉道"，则献身于弘道。有道之世为"大道之行"（《礼记·礼运》），"人不独亲其亲，不独子其子"，则"老有所终，壮有所用，幼有所长，矜寡孤独废疾者，皆有所养"。在此世道中，"天下为公"。治道不同，世道不同。在《老子》中，"小国寡民"是有道的世道。

最后，对本节内容做简要概述。"道"有不同质性、内涵，也就有不同之面相、种属。《老子》虽言"道可道，非恒道"，然非是对定常规则的一概否定，它不过告诫人们不要执著于单一固常的"可道"，而要保持对定常"可道"者的开放状态。从《老子》揭示恒道存在的思维看，一是否定思维，如恒道的"不可道"；一是通一思维，如"万物之宗"和"万物之奥"。二者合言是无极而至极、至极而无极的思维。无极是"不可道"，至极是涵摄一切"可道"。基于此，通过对道相的不同"可道"内涵的梳理，可以揭示恒道"不可道"中所涵摄的"可道"种类、属性。在《老子》思想中，虽然与儒家等其他流派在"可道"的实质内涵上不尽相同，但是无疑蕴涵着道德、道理、道术等"可道"的内涵。否定恒道的"可道"内涵，就会否定其存在的地基，使之落入空无。恒道"不可道"以"可道"而彰显，它的"可道"性是"玄德"、"道纪"和"楷式"等。

第二节　恒道之纪

《老子》认为恒道非为"可道"者，然并非否认"可道"的价值、意义。恒道固然是对定常可道性的否定，然否定同样是肯定，它是在否定的无限中涵摄肯定的无限性，在肯定的无限中揭蔽否定的无限性。作为否定性的存在，恒道以另一种"可道"性而彰显其存在，"无状之状"、"恍惚"等皆是其存在质性。它们建基于存在物的"可道"性之上，既是定理、定执的否定，又是对无常定理的肯定。本节重点对恒道不同于物的"可道"性进行揭示。

一、道纪

《老子》第十四章云："执古之道，以御今之有。能知古始，是谓道纪。"帛书《老子》甲、乙本皆写作："执今之道，以御今之有。以知古始，是谓道纪。"楚简《老子》无此句。今本《老子》以"古"取代第一个"今"字，改字的原因可能是因为"人之迷，其日固久"之故。以俗世而言，身在其中浑然不觉，若以今道御今有，不免于大迷。只有摆脱现实的局限和桎梏，摒弃现实分离斑驳的假象，追根溯源，以知古始，方能复于本来的清明，透视把握恒道本始的整全，以为拯救现实的"道纪"。《孟子》有与此相类的表达方式，"今之所谓良臣，古之所谓民贼也。君不乡道，不志于仁，而求为之强战，是辅桀也。由今之道，无变今之俗，虽与之天下，不能一朝居也。"（《告子下》）今道、今俗，与古道相对而言，二者取道的内涵不同，固有不同的

结果。帛书《老子》言"执今之道，以御今之有"，正是当时世俗的执为，故以"知古始"的"道纪"否定之。今本"执古之道，以御今之有"，正是揭示"道纪"的内涵。若以恒道为恒常存在，古今同在，故可言"执今之道，以御今之有"。道常在，然人在知用上有执与不执的不同。可见，帛书本、今本的思想内涵相通。虽然恒道不可道，无名，搏之不得，似乎给人一种道不可效法、不可遵循的意蕴，然《老子》道论来自德论，既可"勤而行之"，则恒道必有其纪。《庄子》评述老聃之说为"以深为根，以约为纪"（《天下》），有"根"和"纪"，则有可循、可道之常。当然，要掌握"道纪"的思想内涵，首先得了解"纪"字的意蕴。

（一）文字校解

"纪"者，《说文》解为"丝别"。本义为别丝而系结的丝绳，引申为事物的纲纪、纪要。"善人，天地之纪也，而骤绝之，不亡何待？"（《左传》成十五年）经纪天地者赖于善人，人在则纪存，人亡则政亡。善人纪天地，具有一统而贯众殊的意旨。同时，"纪"有分别而条理之意。"礼，上下之纪，天地之经纬也"（《左传》昭二十五年）。正如经纬有天地殊理一样，礼之为"纪"有上下之分。圣人作则，"以日星为纪，故事可列"（《礼记·礼运》）。有"纪"，则有定分、条理，故事列而有序。以其秩序谓之"则"。"日月星辰行其纪"（《庄子·天运》），各有其"纪"则有次序规则、定数殊理。人事有"五纪"："一曰岁，二曰月，三曰日，四曰星辰，五曰历数。"（《尚书·洪范》）纪以别分，事物不同则纪有分殊。"纪"因别录之义而与"记"通，故有纪年之谓。"书者、政事之纪也；……礼者、法之大兮，类之纲纪也。"（《荀子·劝学》）"类之纲纪"，是总摄一类，纲领同类。"纪"与"纲"相通，皆有统理之义，连为一词则意为经营、治理、统治。"亹亹我王，纲纪四方。"（《诗·大雅》）"纲纪"者，统理、治理之谓。郑玄笺云："以罔罟喻为政，张之为纲，理之为纪。"孔颖达以为，纲者为网之大绳，故"若网在纲，有条而不紊"。举纲能张网之目，故云"张之为纲"。"纪"者别理丝缕，故言"理之为纪"。为政纲举，以赦小过；有理微细，以穷根源。（参见《毛诗正义》，上海古籍出版社1990年版，第1001-1002页）"纪"与"理"通，既是条理，又是统理。"三纲者何谓也？谓君臣、父子、夫妇也。六纪者，谓诸父、兄弟、族人、诸舅、师长、朋友也。……何谓纲纪？纲者，张也。纪者，理也。大者为纲，小者为纪。所以张理上下，整齐人道也。"（《白虎通·三纲六纪》）"纲"与"纪"，犹如"道"与"理"，虽有大小之别，然皆是常则、可循以行者。"张理"和"整齐"者，是规范、条理之常。"纪"又与"律"相通，俱有规范、约束之义，连为一词则成为人人遵守、受其约束的规章、条文。"夫德，俭而有度，登降有数。文物以纪之，声明以发之。以临照百官，百官于是乎戒惧，而不敢易纪律。"（《左传》桓二年）"纪律"为度数规范、礼节等，"戒惧"、"不敢易"是"纪律"的要旨和效验。在《礼记》中，"纪"的"理一分殊"思维更加彰显。"礼义以为纪"（《礼运》），

纪是理一；礼为"众之纪"，故"纪散而众乱"（《礼器》），纪是分殊。"纪"又与"经"通，皆有条理、统领之义，连为一词则为经理、管理的作为。前面曾对此进行了揭示。"古之制礼也，经之以天地，纪之以日月，参之以三光，政教之本也。"（《乡饮酒义》）以天地日月为经纪，是政教之礼的本质。"纪"是条理之为，故与"义"相通，"纪之以义"（《文王世子》）。"义"以分别为宜，故以为"纪"。

（二）文句解读

下面，分两个断句对《老子》义句进行解读。

1. "执古之道，以御今之有"

"执古之道，以御今之有"一文，至晚从河上公本《老子》起，已成为对"能知古始，是谓道纪"文意的铺垫，也是对后者的解说。河上公云："圣人执守古道，生一以御物，知今当有一也"。"古道"者，道之原始，为"道生一"的存在。循此古始，以"一"为"道妙"，故能以一御众。因"万物得一以生"，故"一"在万物之中。知今之有"一"，而不离古道之"道生一"，以本始浑全之一统会今分殊之一，故为"道纪"。道无始终，亘古今长存，本"一"未尝失，万物万事无时不有其"一"。世人执著于物之"得一"，而不能知古始的统一，它为"万物之宗"和"万物之奥"。王弼注"有"为"有其事"，是将"有"具体化为事理之"一"。因"无形无名"者为"万物之宗"，故虽"今古不同，时移俗易"，然"莫不由乎此，以成其治者"，故可执古道以御今之事。他在《老子指略》中进而指出，"道"者为常，"天不以此，则物不生；治不以此，则功不成。故古今通，终始同；执古可以御今，证今可以知古始；此所谓'常'者也。"（引自《魏晋全书》第二册，吉林文史出版社 2006 年版，第 121 页）恒道遍诸成物，故无物无道。又恒道贯通古今，故终始一同。然若如此，何必执古以御今？不若言"执今之道，以御今之有"。既然"古今通，终始同"，则何必"证今可以知古始"？不若言以今之有求今之道。概因为现实认知的皆是分析的殊物、分相，而"道"是"道通为一"的浑一，故通过古始以为达道，"知通为一"。《老子》以"道"与"有"对，即将"道"与具体存在的"物"对。实质上，恒道之"常"，是生物之常，同时又是无常于一物的存在。若为恒常一存在，即无非如天地之一有限的恒在。李约从"心虚"与"道"的关系入手，认为"心诚能虚，道将自至，然后执之以御群有，无不致理"。心虚则无，然无执非能使道自至。若不知有"道"，"能知古始"以为"同于道"，何以能使道自至？若以为道一而分得，则人物自有得，它是机能、资质存在。失道是知能行为所致，而非是生理机能所致。它归因于心执而蔽、不能知通。执道以御群有，是因物付物，故无不致理。陆希声云："唯能执古无为之道，御今有为之名者，乃可以还淳反朴，复于太古之初矣。"固然，古始之道是无为而无不为，淳朴在此，本源在此。以无为御有为、无名摄有名，正是"道纪"的内涵所在。"复于太古之初"是掌握本始存在的道性，而非是回归于人性的原始存在状态。司马光以"古之

道"为"无"，以"无"御"有"正是"有生于无"的反用。陈景元认为，"古道者，无形无名，天地之原，万物之宗也。""古道"所以能御今有，因为它是本始存在的"无"，又是万有本源的"有"。今之有或流于人伪不纯、分割，故必求于古道之全、之纯。"无形无名"者大全，无形生有形，无名制有名。能为"天地之原，万物之宗"，故能御今万殊之有。王雱认为，"古之道"是"古今常一之道"，唯其"古今常一"，故可御"世故之万变"。本始本原之道，以其自本自根、"道乃久"为"古今常一"，以其"周行不殆"和"动善时"为古今万变。大道有两种存在质性，从"独立不改"到"周行不殆"，与此相应则有两种认知思维，从"混而为一"至"知通为一"。只有以"能知古始"而"知通为一"，然后方能以"道通为一"御今分殊之万有。黄茂材认为，"时有古今，道无古今"。此言固是，然无古今之道涵摄有古今之时，时变见证、揭示大道的恒常。人处于时变之中，行必以时中为道。道无时不存，故时中为道。以道无体则无古今，以道寓于时物则有古今。"可执而御，谓道为非有可乎哉?"道不可搏得，有似为无，然执御则是有。道之不可道，是从其为大全、无限的总持上言；执御可得、可道，是从其为时空中所寓的无不存在而具说。恒道非离物而存在，也非是空无存在或物性存在。恒道既寓于万物之中，又是"与物反"的存在。即物言道，是"物物而不物于物"。犹如"朴散则为器，圣人用之，则为官长"一样，执古道以御今有，是"大制不割"之用。执御之为，是因物付物的道用。林志坚以《老子》"天下有始，以为天下母"观念解之，以古道御今有犹如知子守母，以母生子的道用关系。有古始的"为天下母"的道用思维，则能"以道莅天下"，因物以成物，无所不可御。王道指出，以"古"言"道"，是揭示其"未有天地，自古以固存"的真常，以"今"言"有"，是揭示物生"若骤若驰，无动而不变，无时而不移"的变幻。"真常者妙于无而难知。变幻者显于有而易见。"然易见者为"众人之所滞"，而难知者非圣人不能握其机。实则，恒道作为真常存在，是固存与变化、常与无常的统一。在"有"的变化莫测中揭蔽其无定有而无所不有，"生物不测"；在"道"的恒常如一中揭示其不执有而独立于生有，"为物不贰"。世俗众人滞于易见，不能睹"无"用"无"，圣人知道以为枢机，御万有而不滞，无所不宜。薛蕙指出，《老子》此言是"任虚无以应事"，非是"弃事而独守其虚无"。《老子》之学非不应事，关键在于"第其所以御之者，在不悖其虚无之本"。固然，《老子》之道非是弃事独守虚无，相反是以虚无为本，应事成物而不执已有，因物付物，不宰不恃。《老子》的"虚无"非是空无，而是万有大全的通有、不可穷尽的潜有。大道既是无体无用，又是有体有用。前者是微妙而至神的无极思维，体无方而用不测；后者是通一的至极思维，以万物为体，以化万物为用。因不明道之"无"，故常落于执"有"。

2. "能知古始，是谓道纪"

"古始"是"道纪"，然其所以能为"道纪"，在于"能知"。不知则不能把握恒道之本。在《老子》著述之世，人已迷日久，故著说以觉悟之，使知之"古始"，以澄

明现实"大迷",复其"道纪"。河上公云:"人能知上古本始有一,是谓知道纲纪也。"本始之"一",是"有物混成"。它通过"道生一"成为万物的"得一",故为能御万有的"纲纪"。纲纪者,范围万物而不过,曲成万物而不遗,先天而天不违,极广大而尽精微。王弼云:"上古虽远,其道存焉。故虽在今,可以知古始也。"道恒存,寓于万物之中。"古始"是万物的潜在、朴全,现今是恒道的实现、分化。就《老子》一书言,本源道德何以澄明?就在于对宇宙万物存在、变化的静观省思,这需要对现实进行诘问、批判和反思,溯源归本,循文究实,在追问中考察辨析其原本。由现实之弊反求其所以失,由其所然而求道本之所以然。以今溯古,以古看今,前提是要具有一种批判的勇气和精神。从"古始"可知今迷之所在,进而在认知基础上给予批判、重建。古道浑全,而今道割离;古道纯朴,而今道驳杂;古道本真,而今道饰伪。"古道",是价值之正,无剖分之离析,无人伪之遮蔽。成玄英以"古始"为"无名之道",无名即本真浑一者,而有名即割离分析者。有名本自无名,无名涵摄有名。李约云:"道为太古之始,人能知而复行,是谓得理化之纲纪"。太古之始,本真之正,无驳杂饰伪,故可为纲纪。"复行",是复其道德之正。陆希声认为,能知"太古之初淳朴之性",则知"大道之纲纪",可以为"教化之都要"。在《老子》言,"道纪"是"以道镇之"和"以为官长"。"纲纪"是总理、统治,"都要"是枢要、关键。司马光认为,"道以无为纪"。古始之道,无形无为,然遂万形,无不为。以无御有,是因有御有,无有不可御。陈景元认为,"持执上古无为自然之道,制驭即今有为烦挠之俗,归乎淳风,复乎太始,使各正性命,不迁其德,是谓知道之纲纪"。上古之道与今有之俗,相对也相背。前者无为自然,与物自得,故各正性命;后者主宰烦挠,相效是非,故以己宰彼。去"烦挠",则"归乎淳风";去"有为",则"复乎太始"。恒道之为纲纪,在于"各正性命","得一以为天下贞"。能知古始之道,则知"有生于无"。既知无能生有,则能因物付物,纲纪万物,辅助万物自然。陈象古认为,"道之妙"正在于"知其古始,通其物理"。"通其物理",在于因物付物,以道理之。恒道作为"古始"存在,是"有物混成"。能知之而以为"道纪"就是"知通为一","复通为一"。宋徽宗认为,"一阴一阳之谓道",师天无地或"蔽于道之动而凭其强阳",师阴无阳或"溺于道之静而止于枯槁"。若"为我者废仁,为人者废义",岂古之道哉?古道不可致诘而非有,恍惚而非无。"执之以御世,则变通以尽利,鼓舞以尽神,而无不可者,道之大常,无易于此,所谓自古以固存者欤?"道通于一,不可致诘,不可偏执,有无一体。道为大常,在于无物不物,无所不可。其用无常,故变通;用不可既,故尽神。虽"自古以固存",然有不同存在样态,知古始之道的"有物混成",则知今之道的"道通为一"。以认知思维言,前者是"混而为一",后者是"知通为一"。王道认为,道之纲纪,"万目皆其所统",孔子"一以贯之",正是"道纪"之意。大道之用以为纲纪,既是统理无不理,又是使物各自理。道一而御殊有,正是"一以贯之"。

何谓"古始"?何为"道纪"?通观《老子》一书,"古始"相对今"大迷"言,

非是恒道有古今之别，而是人对恒道内涵的理解、把握和体悟的不同。人对恒道体悟的深度、广度和角度，决定着古今之别。"道纪"的内涵非是"古道"的原始之境，而是其为万物之宗、之母，既为"混而为一"，又是"复通为一"。既是"有归于无"，又是"以无摄有"。正如恒道无常其道，恒于不常一样，它是"无状之状"和"大象无形"。"道纪"者无常其纪，纪无常纪，因时变而更易其纪，因事物而不同其理。"道纪"，既是变通无常纪，又是通万物之纪。事物万殊，世变无常，纪也无常。纪在曲变之中，无所不纪，又涵万常之纪。通纪万物，是至极的"道通为一"思维；无常其纪，是无极的"不可道"思维。实则，"大象无形"作为"道纪"本身是无极与至极思维的统一。

（三）传承发展

在《老子》中，"道纪"是可纪与无纪的统一。下面结合道家诸子的传承发展，从四个方面进行解析。一是道纪无形，二是可纪之纪，三是纪与无纪的统一，四是无纪之纪。

1. 道纪无形

"道纪"之纪无常，又是无恒、无限其纪。凡"纪"者分殊，有畛域，有分别，有可执，有可循。"道纪"无常其纪，体现着恒道"泛兮其可左右"和"周行不殆"的存在质性。"至阴肃肃，至阳赫赫。肃肃出乎天，赫赫发乎地。两者交通成和而物生焉，或为之纪而莫见其形。"（《庄子·田子方》）虽言天地阴阳交通成和生物，然"或为之纪而莫见其形"则本自于《老子》"微妙而至神"的思维。以常识言，生物者有形，必有始有纪。以恒道言，生生者不息，生物不测，故莫见其形、其纪。"或为之纪"，是求其有本，索见其定朕之纪。"莫见其形"，是不见其迹，无有朕迹之纪。因其纪者无形，故能纪理万物，以无形生有形，成为有形之本。无形者无不形，故能形万不同之形。因其能纪万物而言"或为之纪"，因其无常可纪而言"莫见其形"，二者合言是"道纪"。《管子》提出了"道之纪"（《心术上》）观念。天地有常有纪，故不忒。"天曰虚，地曰静，乃不忒。"以道术言，"物固有形，形固有名，名当，谓之圣人。"物自形，形自名，各当其所，各有其纪。只有知"不言之言，无为之事"，方知"道之纪"。"道纪"者，无常其纪，故无言、无为、无名。同时，纪不同理，"殊形异执，不与万物异理"。道寓于万物，纪理万物，故在"万物异理"中无常其纪。"古始"之道，虚无无形，而形纪万形，成为"道纪"。体之在心，是心术上的虚无因循。因者无常纪，循万物以为纪。《文子》对"道纪"观念给予了进一步阐发。"随时而不成，无更其刑；顺时而不成，无更其理。时将复起，是谓道纪"（《微明》）。"时"本身即是一种"纪"，然时变无穷，故其纪无常。无常则不可执纪，故要随顺时举而成功。刑理自然而然，必因循而为，不可执纪以为之。"道纪"者，因事物以为刑理，故刑无定刑，因时而刑，时成刑更；理无常理，时变其宜，时更理易。《淮南子》将《老

子》"道纪"思想运用到了兵略上，"凡物有朕，唯道无朕。所以无朕者，以其无常形势也。轮转而无穷，象日月之运行，若春秋有代谢，若日月昼夜，终而复始，明而复晦，莫能得其纪。"（《兵略训》）有"朕"则有纪，有常形势则可纪。道无朕，无常形势，故纪无常而莫得。变化无常，则纪无常纪。道纪无常，然能制有常。"制刑而无刑，故功可成；物物而不物，故胜而不屈。"无形无纪者以制有形有纪者，故无功不成。"物物"者，纪不同物，故无常纪。"物于物"，则有可纪，定执其纪。用兵之至，"至于无刑，可谓极之"。无形可纪，则兵无常势。"大兵无创，与鬼神通"。纪者以定形、常势为前提，"无创"者则无朕、无纪。"鬼神"者，无常形纪，神妙莫测。"道纪"者，纪物而不定于纪，无常其纪则无不纪。时世、时事不同，则纪有不同；事物、言行不同，则纪有不同。无常其纪，方合万殊事理。

2. 可纪之纪

"道纪"无常，然是常的无常，常在无常之中，无定常则无不常。道虽无常纪，然因能纪物而为言，无可纪则无"道纪"。道因物可纪，而言无常纪。正如《老子》道德关系一样，道者无常纪，而德有定执。在品德的无不为中，彰显了恒道的无常定理。《庄子》继承之，因可纪而言道纪无常。"执德之谓纪"（《天地》）。"德"者有畛，故可执为纪。"无为言之之谓德"，德者品殊不一。在"德成之谓立"的每一个成立中，揭示出"循于道之谓备"。"道纪"与物纪相对，凡物皆是"名实之可纪"，有定理故有定纪。"安危相易，祸福相生，缓急相摩，聚散以成。此名实之可纪，精之可志也。"（《则阳》）名以指实，实以命名。安危、祸福、缓急和聚散，既有分畔则有定形，故可志可纪。可纪者，分别以形名。事物本自有定限，故可形名。人以为执，则固执一端。人以为纪，则滞于可纪。可纪可识，人常以为执。可纪之纪，毕竟是定限之纪。纪有定限，则有正反。有纪，则有无纪。事物变化，理者不定，则纪者无恒。纪者不恒，则无常其纪。"道纪"，非否定有纪、可道，而在于否定执于定纪，固守可道。《管子》的主旨在于以正正之的政治，故多言常纪。人主"立常行政"则"服信"，"能服信政"则为"正纪"（《正》）。信者有常，无恒不信。"信政"在于为政有常，有常故可纪。之所以言其为"正"，因其"常"在于当理。凡"正"者，必是定正、理正，因事物之理以正之、纪之。理不同，正不同，则纪不同。每一"正纪"皆是定常之纪、准则之正，以"正纪"正其不正是曲成其纪。"为国之本，得天之时而为经，得人之心而为纪，法令为维纲，吏为网罟，什伍以为行列，赏诛为文武"（《禁藏》）。天时有常，故为"经"；人心有常，故为"纪"。经纪、维纲和文武，皆是常纪之属。有纲纪，则可为行为遵循。"凡言与行，思中以为纪。"（《弟子职》）"中"之至为"时中"，然"中"为时间之中，亦是定理之中、定纪之中。"时中"无常、无定，然时时有定"中"、可循之纪。以"中"为定理言，是可纪之纪。以"中"为时宜言，是无常之纪。"中"为"纪"，则"时中"是"道纪"。圣人"法天顺地"，"以天为父，以地为母，阴阳为纲，四时为纪"（《文子·九守》）。"纲纪"作为秩序之常，是人生利用以为定理、恒常的依据、遵循，故为常则。治理有纲纪，则纲纪为常。天地人各有其纪，既不同其纪，又各有可纪。昔者圣王仰取象于天，俯取度于地，中取法于人，因以为纪，故立事生财而除饥疾，理人事而序人伦，成家国而行教化。得治之"纲纪"则举，失之则废。有"道纪"，则有可纪的道术。"见本而知末，观指而睹归，执一而应万，握要而治详，谓之术。居知所为，行知所之，事知所秉，动知所由，谓之道。"（《淮南子·人间训》）与其它诸家不同，道家的"道纪"或道术更侧重于大道的应用、运用，而非是事理的利用、知用。后者固然是无常纪理，然包涵于道术之中。前者同样有不同道术，亦是不同纪理。"道通为一"是知，执一以应万、握要以治详是术。在《老子》看来，恒道或因可道之常而用其无常，或因无常而用其定常，它们是有无相涵、相证、相制的辩证道术。以"道纪"言，可纪之纪中蕴藏着不可纪者，虽可纪无常然不能无纪。正如有之以为利，无之以为用，它是因可纪而言无纪，秉无纪而用有纪。"道，导也，所以通导万物也。"（《释名》）导是以理纪之，道通导万物，则无所不纪。

3. 纪与无纪

"道纪"，是有纪与无纪的统一。吕惠卿指出，大道虽"不古不今"，而未尝无古今，它是"长于上古而不为老"，得之以日用是"执古之道，以御今之有"。古者非异于今，以知"古之所自始"，今者非异于古，以知"今之所从来"。诚知"古之所自始"，则知"今之所从来"。"道纪"是"无端之纪"，"始无所自，来无所从"。虽"道不可执"，然得此"道纪"可以"执之以为德"，故为"执德之谓纪"。古、今有分则可纪。以"不古不今"言，大道是无为定纪；以通于古今言，大道是无常可纪。有可纪方能为日用，"御今之有"。从恒道存在的大全、整体言，古非异于今，今非异于古，"自古以固存"；然以其所寓的万物言，"今之所从来"本于"古之所自始"，故知"古始"以为"道纪"。执以为德而纪理万物，是"侯王得一以为天下贞"。恒道分化为万物无常，故有"无端之纪"。在执德之纪中，蕴含着无常其纪。"道纪"是纪与无纪的统一体。对此，《庄子》更有深入的阐发。在言"才全"上，"死生存亡，穷达贫富，贤与不肖毁誉，饥渴寒暑，是事之变，命之行也；日夜相代乎前，而知不能规乎其始者也。……使日夜无郤而与物为春，是接而生时于心者也。"（《德充符》）死与生、存与亡、穷与达、贫与富、贤与不肖、毁与誉、饥与渴、寒与暑、日与夜，皆分判之属，有分则可纪，每一分殊皆是一种可纪。事变、命行，可纪在其中。然可纪不可固执，必以无纪而通之。知规其始，是执著于纪。日夜无郤，则纪而不滞。时有可纪，时变无常纪。"生时于心"是因时以纪而无执，时措之宜是无常其纪而无不纪。"道纪"是在无纪中有可纪，在可纪中不滞其纪，因循万物纪以其纪，无所不纪。以其有常纪，故可守、可循；以其无常纪，则无滞于定常，因物以为纪。生死有分，执其一端，则有其纪。以"万物一府，死生同状"言，则无常其纪。"生也死之徒，死也生之始，孰知其纪！人之生，气之聚也。聚则为生，散则为死。若死生为徒，吾又何患！

故万物一也。"（《知北游》）气聚为生、气散为死，是各有一纪。生可为纪，死可为纪，固执其纪则乐生恶死，不能"安时而处顺"，无纪而不适。以"通天下一气"言，则生死无端，生为死徒，死为生始，孰知其纪！执于可纪，是定常之纪、固执之纪。无常其纪，是与道为纪，通于殊纪。"道通为一"，则纪而无常，无物不纪。"道者，万物之始，是非之纪也。是以明君守始以知万物之源，治纪以知善败之端。"（《韩非子·主道》）"万物之始"是"古始"，因其始物而为纪，故为"道纪"。"道纪"虽为"始"、"纪"，却是无常其纪，纪于万物。道无是非，物有是非。是物所是，非物所非，故为"是非之纪"。是与非固为纪，是定常之纪；万物各有所然，无常其是，无常其非，故无常其纪。道无常纪，是统万物各有其纪而言，在因物纪物中成其无常之纪，纪物而无物不纪。知"万物之源"，则以道为纪。道无常纪，因物以纪物，故"善始且善成"。"善败之端"，类于"是非之纪"。有端便有纪，变化无端则无常可纪。"名自命"和"事自定"，皆是各自可纪。心无执纪，方能因物以为纪，纪无不宜。"虚则知实之情，静则知动者正"。实情不一，动正不同，各自有纪。只有"去好去恶"和"去旧去智"，虚静方能因物之纪以为纪，使各自纪理。"执道以御民者，事来而循之，物动而因之。万物之化，无不应也。百事之变，无不耦也。"（《文子·道原》）事来而循、物动而因，是因事物固有之理以为可纪。因事纪事，因物纪物，故无所不纪。纪物以正，则正不同正，纪不同纪，各适其纪。"道纪"是纪一而万殊，"道有经纪条贯，得一之道，连千枝万叶。是故贵有以行令，贱有以忘卑，贫有以乐业，困有以处危"（《淮南子·俶真训》）。大道内涵经纪条贯，故总为一而连结万殊。贵贱贫困各有所纪，各有所适。道纪以"无"统揽于"有"，故能无纪不纪。"道纪"通于殊纪，"道者，天地之始，一其纪也。"（《鬼谷子》）在"万物得一以生"中，各正性命，则各有其纪。然一本于道，则道一而万殊。通万殊为一，则为"一其纪"。"一"与"无"、"玄"一样，皆是大道存在质性中的可道、一纪。

4. 无纪之纪

"道纪"作为有常之纪与无常之纪的统一，是"无纪之纪"。正如无状生成、涵摄万殊之状而为"无状之状"一样，"无纪之纪"是以无纪统摄一切可纪。"道纪"作为"无纪之纪"，是其纪无常，因物固然之纪而为之纪，万物不同而纪理万殊。从道术言，"道纪"既是虚无无执的无滞其纪，又是因循以为纪的无所不纪。因物之纪而纪其可纪，则纪当其理，无所不宜。作为一种楷式、遵循和依据，"道纪"是因物纪物，时中之纪。"道纪"作为"古始"存在，是万物性理可纪的来源和统摄者，万物各有之纪（或理）皆从此来。恒道作为"道纪"，在分有于万物中同时赋予万物各正性命的万殊之纪。澄明万物之纪，即在于揭示"道纪"的无限可纪。"道纪"无纪，非是一无可纪，而是不定于一纪，因物之纪以为纪，纪万物而不滞于纪。因物无常纪，故无所不纪。正如恒道"独立不改"以"周行不殆"证显一样，"道纪"在纪万不同之纪中揭蔽其恒于纪物，揭示其无常可纪、无不可纪。它通过分化自己以为万物有常之纪，在

万物殊纪中证实、揭蔽其作为大全的"无纪之纪"。从历史认知上言，人类在初始时代的生活、劳动实践中，首要的认知需求是通过认知的分析能力，赋予生活世界的存在以秩序化、恒常化，进而条理化、规则化为行为的遵循、纲纪。构建恒常之纪，是生存需求的必然，也是生存的急务。对事物常纪的追寻，贯穿于人类一切存在的文化化、文明化之中。《老子》"道纪"观，正是在纪常思维取向的反省中对思维上的提升、超越，最终达致了对常纪与无常纪统一关系的辩证思考。"道纪"的辩证思维，既让我们通晓了纪常观的利弊，也体验了"无纪之纪"观的至高价值。只有站在这样的思维层次上，去理解《老子》"道纪"观，方能把握其思想的真谛。《老子》"道纪"观，蕴含着"无极而至极"的思维结构。《老子》云："知其白，守其黑，为天下式。……恒德不二，复归于无极。"白与黑，可纪有极，而知白守黑是黑白之通。"恒德"者为而不执，故纪物而不滞于可纪。循物之变而无常其纪，故"复归于无极"。这里的"天下式"，就是"无纪之纪"的思维模式。以其非白非黑是无常其纪，以其可白可黑为通其可纪，以其复归无极是无常其纪。楚简《老子》有云："临事之纪，誓终如始，此无败事。""誓终如始"，是"无纪之纪"。或始、或终，执着一端，即非"道纪"。然既是"临事之纪"，则必有可纪以纪事。在始、终常纪之中不忘纪之无常，以"无纪之纪"审视纪之常纪，这样就能因循以为纪，以事纪事。始终无端，无常其纪。事物变化无止，则无绝对恒常定理。对"无纪之纪"的思维结构，《庄子》多有论述，兹举两例以见其要。一言"德不形"。"德者，成和之修也。德不形者，物不能离也。"（《德充符》）"成和之修"是德者的有纪有理，而"德不形"者纪物而不滞于纪，无所不和，无物不纪，故物不能离。二言"无端之纪"。"彼将处乎不淫之度，而藏乎无端之纪，游乎万物之所终始"（《达生》）。有端则有纪，无端则无纪。"无端之纪"，是"无纪之纪"。度和始、终皆是可纪之类。"不淫之度"，是无度之度。游于万物终始，是无始无终，无有定纪。以恒道自性言，"古始"是无始之始，本自无始，因物以为始。无始则无终，然与物为始，则与物以终。万物终始无端，无常定纪，通一于造化，则为"无纪之纪"。《管子》言"效夫天地之纪"："孰能治无治乎？始无始乎？终无终乎？弱无弱乎？故曰：美哉弡弡。故曰不中有中，孰能得夫中之衷乎？……孰能亡己乎？效夫天地之纪。"（《白心》）"天地之纪"，无常其纪，纪物而不滞于有纪。治以无治，始于无始，终乎无终，弱而无弱，皆是"无纪之纪"的思维结构。"中"之为道，因时因物而不同于一中，不定一中方是"时中"。"时中"者无定一中，因物之中而中，无所不中。得"中之衷"，即为"时中"的"无中之中"。一"中"作为定理是一纪，"时中"是"无纪之纪"。正如"道可道，非恒道"思维一养，纪可纪，非恒纪。《老子》"道纪"虽为"无纪之纪"，然是涵摄常纪的存在。"无纪之纪"作为"天下式"，同样是一个常纪。"道纪"或"恒纪"、"无纪之纪"，既是不定一纪、无恒一纪，又是涵摄一切可纪之纪。"圣人所由曰道，所为曰事。道犹金石，一调不更；事犹琴瑟，每弦改调。故法制礼义者，治人之具也，而非所以为治也。故仁以为经，义以为纪，此万世

不更者也。"（《淮南子·氾论训》）所为之事有定理、可纪，所由之道无定理、无常纪。法制礼义，是为治之纪；时变则更易，故无常其纪。仁义经纪的万世不更，是通言之的恒纪之纪。仁义之理有分殊，难以尽表，又是无常可纪。王夫之指出："彼驰骋天下而丧其天则者：一为聃、周之徒，游万物而自匿，则以礼为薄；一为权谋之士，随万物而斗智，则以礼为迂。"（引自《周易外传·系辞下》，载《船山遗书》第一卷，北京出版社1999年版，第371页）《老子》虽薄礼，然非一律丧礼、丧则，所丧的礼则只是"有以为"的行仁义、饰名伪，而非否定生生之仁、适宜之义以及玄通之知、信实之信、尊贵之礼。《老子》的"以深为本，以约为纪"思想意旨，何尝不是提倡另一种天则、礼义？它与斗智的权谋具有天壤之别。以礼为忠信之薄，是相对道德而言，非是绝对否定、摒弃，否则何必有言"丧礼"？《老子》也非斗智而用权术，儒家以"礼"与"法"并称，然随着儒学的御用化，则不免走向"天不变，道也不变"的固执，倒向了"法则万古不变"的另一极端。道家强调礼法的与时俱变性，正是对"时中"观的真正贯彻。礼法有常可纪，然也要与时俱进，无常其纪。何新认为，《老子》所言道德之义，具有不同于儒家的存在特性。"道的实质是自然秩序和自然法。'道法自然'，德则是人业。"（《老子新解》序）在《老子》中，固然道与德分，道为万物宗、万物奥、万物纪之外，尚有认知论、人生论、政治论等观念。德为人业，是"同于道"的得于心、修于身。道与德皆是"无纪之纪"的思维结构。道纪是理一分殊，无常可道。德纪是德一品殊，无常定则。

最后，对本节内容做简要概述。《老子》以"可道"揭示恒道"不可道"的思维，体现在"道纪"观上是常纪和无常纪的统一。无常纪是纪的不执，无常其纪，无限可纪。常纪是"天下式"、"楷式"等。它们虽然具有不同儒家规则、标准式的行为遵循、依据内涵，而在以为道德遵循、规范言行上则殊途同归。究其原因，是它们的关注点和指向对象不同。一是侧重于成为君子、士，以为行为准则；一是侧重于成为王侯、皇帝，以为道术方略。"道纪"思想，蕴含着至极而无极、无极而至极的思维结构，是"可纪之纪"基础上的"无纪之纪"。正如恒道无定理而无所不理一样，它是无定纪而无所不纪。

第三节　惟道是从

《老子》"可道"思维，又体现于"执大象"和"惟道是从"等观念上，可执、可从就是可纪，虽然它是不同于定理、定律、定则的遵循、依据。作为总摄、通一和枢要的"可道"性，它是对恒道存在"道通为一"和"无状之状"质性的运用。分言之，在德术上是"孔德之容"，在道术上是"以道镇之"，在治术上是"以道莅天下"，在认知上是"以天下观天下"，在法术上是"道法自然"。作为"同于道"的"惟道是从"，涵摄、统摄一切定理、定律和定则。本节拟从两个观念的诠释上进一步揭示恒道

"可道"的思想内涵。

一、执大象

《老子》第三十五章云："执大象，天下往。"帛书《老子》甲、乙本与此文同。楚简《老子》丙本"执"写作"埶"。裘锡圭先生认为，"执"当为"设"，与《易经》所谓"设卦观象"义同。（引自《郭店老子与太一生水》，学苑出版社2005年版，第25页）"执"的意义究竟为何，要放在《老子》的思维融贯性中去解析。

（一）字义解析

"执"者，会意兼形声字，古文"埶"，字源有两款。一款为"执"，本义为拘系、缉拿。《说文》云："执，捕罪人也。"后从中分化出"守"、"持"的行为，如"择善而固执"（《中庸》），"允执厥中"（《尚书·大禹谟》），"能执干戈以卫社稷"（《礼记·檀弓下》），等等。又"执"为"处"，如"执友称其仁"（《礼记·曲礼上》）。另一款同"艺"的繁体字，写作"藝"。《说文》释为"种"。王夫之认为，"埶"本种植字。"埶从丸，持也；从坴，土也。持埶而播之土，埶之义箸矣。借为治也者，埶以治地，故通为习治也。习《六经》者称六埶，治经术者滋培吾心义理之种而去其粮莠，如耕者之事也。若技术工匠称其事曰埶，则僭词。"（引自《说文广义》，载《船山遗书》第五卷，北京出版社1999年版，第2795页）显然，王氏对"执"的两款义进行了综合，指出了执持与治理之间的字义转换关系。《荀子》多言"执"，义用有六。一为持守。"君子贫穷而志广，隆仁也；富贵而体恭，杀执也。"（《修身》）"杀执"与"隆仁"对，其中"执"与"隆"对。"杀执"者，是行义之宜，而"执"为持守自处之谓。圣人"执神而固"（《儒效》），"执"为秉持。二为礼法。"人之生固小人，无师无法则唯利之见耳。……君子非得执以临之，则无由得开内焉。"（《荣辱》）既以人性为恶，则善由外铄而来。"开内"以善，必以礼义之执。"礼义"为所得、以临之制，故为"执"。得礼义之执，临以矫性，则使小人为君子。"礼义"为可法、可教者，故能"执"。儒者隆礼义，人主用之则"执在本朝而宜"（《儒效》）。杨倞解"执"为"权执"，王念孙释其为"位"。（见《荀子集解》上册，中华书局2008年版，第117页）"本朝"必有位，不必再言"位"。从前后文看，"执"为"道诚存"者，故为道执或礼义之执。有此道执，则为经纪。三为权执。权执者，因行礼义而生，后两者分离，执或无有礼义。以德为执，则"厚敦"和"合群"。今之仕士，"无礼义而唯权执之嗜"。以礼义为执，则舜、禹为圣人，故能"一天下，财万物，长养人民"（《非十二子》）。权执有道，则以行道德；权执无道，则淫威肆行。文王以道行执，则"载百里地而天下一"。桀纣"厚于有天下之执而不得以匹夫老"（《仲尼》）。人主之所以危，在于"不务得道而广有其执"。人主为"天下之利执"，得道以执则"大安"、"大荣"。反之，则是"大危"、"大累"（《王霸》）。明君"临之以执，道之以道"

（《正名》），故"民之化道也如神"。四为权位。由有所执而转言所执之位，"分均则不偏，执齐则不壹，众齐则不使"（《王制》）。"执齐"者，品级一齐，位不分等。之所以"不壹"，在于"两贵之不能相事，两贱之不能相使"。执位齐，必争而乱。桀纣作为"圣王之后子孙"，虽有"执籍之所存"（《强国》），然俄而土崩瓦解，失其天下。"执籍"是国执，代表王权的象征。天子"执位至尊"、"执至重"，若能"道德纯备，智惠甚明"（《正论》），则可无敌于天下。五为力量。用兵贵在"执利"，所行贵在"变诈"。孙吴以"感忽悠暗，莫知其所从出"的"执利"，而无敌于天下。《荀子》以为，兵之"执利"在于善附于民的"仁者之兵，王者之志"。贵于"权谋执利"，用于"攻夺变诈"，是"诸侯之事"（《议兵》）。"执利"的意义，是武装力量强大。六为执缚。"无爱人之心，无利人之事，而日为乱人之道，百姓讙敖，则从而执缚之，刑灼之，不和人心。"（《强国》）"执缚"，即拘系、逮捕之为。七为权术。"术者，因任而授官，循名而责实，操生杀之柄，课群臣之能者也，此人主之所执也。"（《韩非子·定法》）人主所执在于术，而臣下所执在于法。"所执"者，统治术之类。

从以上对"执"字文的解析看，虽意有不同，然有一个共同的属性，就是可持、可执、可用。"执"作为一个行为事件，内涵执为、所执和为执三个方面。"可执"之执，与"执大象"之执明显具有不同的寓意。尹振环在解析楚简《老子》中，将今本的"执"字订正为"势"，并解读为"盛大权势威力的形象"。这样的解读不符《老子》本旨，因为"大象"在五千文中是恒道的另一名号，"大象无形"，故不可言以形象。校验于楚简《老子》文本，其中"执之者远之"和"无执故无失"中的"执"，与"势大象"之"势"非为同一个字，在帛书《老子》中"执大象"与"势成之"也是不同字，显然二者字义不同，否则为什么写作不同的字形？"执之者"的"执"是定执、固执，而"执大象"的"执"是道术之用。楚简《老子》的"势大象"的"势"字，可能更突出揭示行于大道、因循自然的效能、势力，因为以大道为执，故有"天下往"的"势所必然"。帛书《老子》的"执大象"的"执"，更强调居执者的至尊地位、作用。

（二）文句解读

先对主要注解进行述评，然后解析其中的深刻内涵。河上公注"执"为"守"，以"象"为"道"，认为"圣人守大道则天下万民移心归往之"。他将天下归往的原因，归之于"治身则天降神明往来于己"。"守大道"在于"治身"，而"治身"固为王道之本，然非是"天降神明"使然，而在于"修之于身，其德乃真；修之于家，其德乃余；修之于乡，其德乃长；修之于邦，其德乃丰；修之于天下，其德乃溥。"道德广大，故民归往之。《老子想尔注》解"执大象"为"王者执正法像大道"，然"大象无形"，何可"法像"？王弼注"大象"为"天象之母"，是从"象帝之先"文义而来，因为"天象"为具在之象，而"天象之母"则是"大象无形"。"大象"者，"不寒、

不温、不凉"。以其"包统万物"，故为"万物归焉"；以其"无所犯伤"，故"利而不害"。大象之德如此，故"主若执之则天下往"。在这里，"执"是"勤而行之"。行于大道则德溥，故为天下所归往。成玄英认为，"执大象"之"执"，是"不执而执，执无所执"。忘大之圣人，持"无形之大象"，常"善救物"，为天下归往。因为"大象无形"，故"执大象"必是执无定执，同时是"以道莅天下"。它是执万物之理而理之，使万物无不理。之所以为天下归往，在于"善利而不争"和"万物恃之以生而不辞"的"玄德"。"善利"是因物所利而利之，"执大象"是辅助自然，因物付物，无有定执。以"不执而执，执无所执"揭示"执大象"的"执"者之妙，虽是从释氏思维上作解，然也道出了《老子》为文的玄妙意境。大象作为道用之执，统万殊之理，摄万一之执。虽非限于定理、定执，然有其所道、所执，虽有所执然非是定理之执。李约注"大象"为"道"，认为"未有一物不因道而为形象"。"大象"无形，而形成万物形象。恒道存在，既是"大象无形"，又是"物形之"，故为"无象之象"。对人而言，同样有一个效法、体行之义。"若执此道以临天下，民无不归往也。"在世俗看来，有德行可象，有圣人为主，方可为民所归往。然在《老子》看来，无形、无名、无为方为至德。圣人无为无名，"长而不宰"，辅助自然，故万民归往。王雱认为，"大象"者是"道之完体无形"之谓。帝王体道以君临天下，"不示人以迹"，而使天下"逍遥于自得之场"。执有为于仁，不若无为而自得。执象者有为则有迹，而"执大象"者无不为则无迹。不仁，则一视同仁。陈象古指出，"执之则行之至"，然非是"固执"，天下从其"不逆不忤"。非固执，则因物以为执。不忤逆物性，故天下归往。宋徽宗以"象如天之垂象"而"无为"、"运之以健"而"无言"作解，无为无言同为"无形"的内涵。"天之垂象"，非是"大象无形"。大道包天象，而不止于天象。"大象"虽无定形象，然非无功用。只有依据"示之以文"的天象等，方可揭蔽其大象无象的神妙质性。圣人体于大道，御世"处无为之事，行不言之教"，故"民归之如父母"。法道无为，无为而无不为；希言自然，不言而无不化。因而不宰，顺而不违，故似父母养子。曹道冲解云："无象者，大象也，母之于子也。未有母处而子不往就之也。"大象无象，是"万物之母"。以为天下母，故万物归之。达真子指出，"道不可执"，圣人"体之固若其执"。"执大象"，非是揭示大道可执，而是体行似执。"执"非固执，而又不离于执，故若执。恒道虽不可得执，然可体之以为用，"以道莅天下"。对《老子》言，"执大象"的道术之用是因物付物，"辅助万物自然而不敢为"。"执大象"，从己无私意固执言是无为无执，从循物无违言是因循以为。正如"无纪之纪"一样，它是"无执之执"。范应元认为，"道不可执，此言执者，谓守道者如手之执物不可失也。"守道不贰，故不可失，失则不能为天下往。然道非是物，故不可定执。"执大象"虽非定执、固执，然不能不持守之，"同于道"。就"大象"的意旨，他进而指出，"道本无象，此言象者，以万象皆由是而兆见，故曰大象也。"因物象而求象之所由出，故为"无象之象"的"大象"。在解"天下往"上云："圣人能执道不失，则天

下皆心往而诚归之，非圣人有招来天下之心也。"道在天下自然归往，势所必然，不可有意强招。即使有"招来天下之心"，若无道以莅临，则亦不能使至。天下之所以"心往而诚归之"，在于圣人具有辅助自然而无为的"玄德"。"执道不失"，是"惟道是从"。"天下诚归"，犹如"水之就下"。天下归往，是"无一物不得其所"。林志坚以《老子》的"侯王得一以为天下正"思想作解，为天下正是各正性命，利而不害，故天下归往。王道以"抱一为天下式"解，"抱一"是体道而不固执，执一无为，它是因物以为则无所不为。薛蕙指出，"圣人守道无为而天下自往归之。""执大象"，固是守道的"无为"，因为"无为而无不为"。长而不宰，善利不争，曲成万物而不遗，故天下自相往归之。王夫之云："其象甚微，制之甚大。故清虚者物之凑，而重浊者物之司也。不弃其司，不奔其凑；于空得实，于实得空，扼其重浊，以致其清虚。……无情者不可强纳有情以为之主，则冲淡晦寂而用无方，斯亦无欲之至矣。始乎重浊，反乎清虚；得乎清虚，顺乎重浊；有欲无欲，而常者未有变焉；斯执大象者之所独得与？""执大象"的独得，在于体行大道，"以道莅天下"。大象无形，故为微妙；万象以制，故为至神。清虚与重浊、空与实、有欲与无欲，相对而统一。不弃司、奔凑，则两在；空中得实、实中得空，则相得；扼重浊而致清虚、得清虚而顺重浊，则互摄；有欲无欲其常未变，同玄。它们皆是对立双方的相涵一体、相互为用。体现在圣人玄德上，是自然、因循、无为。虽有欲而以无欲持之，故能用于方而不羁一方，顺物自方而用于无方。圣人为执，己无所与，因物付物。反其定执之用，而因循自然。

（三）无执之执

犹如"无纪之纪"，"执大象"是有执与无执的统一，它是"无执之执"。其思想内涵源自"道可道，非恒道"和"无状之状"等思维意旨。《庄子》继以言"无从无道始得道"等思想，然并未真正把握《老子》的真谛。若"大象"不可执持以为道术、道用，则无从"同于道"和"惟道是从"。在《老子》中，"执"者多义。一为不可执。"天下神器"不可执，"执者失之"。在先秦儒家认为，"平天下"的前提在于以正己修身为本，有为于德行教化，故天下往。"天下神器"之所以"不可为"、"不可执"，因为天下非以巧夺或强取所能得，非以妄为主宰所能持守。这里，"执大象"并非否定"王道"观念，否则何以言"天下往"和"乐推而不厌"？为天下者，以天下为己有，主宰以为，肆意妄为，非以天下为天下，故为者败之。执天下者，以天下为己有，图其权执而无行道德，民心不顺，故不可长保。圣人无为，利而不害，故无败；圣人无执，以民为心，故无失。这里的"执"显然非是一般意义上的持守之执，而是"在执者"之执，或者说是统治、治理象征的一种执为。"执无兵"，是从否定意义上立说，乃对妄为用兵行为的否定。二为可执。"为奇者，吾得执而杀之，孰敢？""执而杀"，是拘捕而杀的执缚。圣人"执左契，而不以责于人"，"执左契"是统治行为的所执。与定执不同，"执大象"是"执古之道，以御今之有"。从《老子》以及《荀

子》所言"执"义看，"执"具有政治上和道德上的深刻涵义。对于客观事物言"执"，揭示的不过是一种简单的持守、捉拿行为，然在政治、道德上言"执"则具有深刻的意蕴。它与所执者一并形成一种价值意义，具有正、反之分，合道与背道之别。决定"执"性质的在于人行为关系整体之中的价值取舍。"执大象"、"执无兵"和"执左契"是有道之"执"，而"执天下"是无道之"执"。所"执"不同，决定了"执"的价值取向以及行为后果。以"执大象"言，它是有执与无执思想的辩证统一。大象无形，恒道不可道，是道不可执；"惟道是从"和"执大象"，又是可有执。这并非悖论，而具有玄妙的寓意。在习俗看来，"执"的行为必是可道、可得、可为、可用之执，作为一种价值取向固是一种执为，然不免于定执、固执，甚至落入一曲、一偏之执。在老庄看来，不可道、不可得、无为、无用何尝不是一种取舍？道不可道，方为大道；道不可得，方为玄妙；大道无为，方无不为；大道无用，则无不用。"大象"无形，恒道不可得，然可有"执"、可为"道纪"，虽然所执的是"无执之执"。至于"勤而行之"和"修之于身"以至于"修之天下"，皆是体道有"执"。"执大象"者，既是"以道莅天下"的"执一无为"，又是因循以为的"无执之执"。因理殊、纪别而有执，然所执非是定执、一曲之执，而是无定常之执。正如恒道无常而涵摄万不同定常、大象涵摄万殊之象一样，"执大象"作为"执一"是因循以为。相对定理之执言，它是无定执为其执，虽执而无偏执，执而不自恃其执，执而顺物之执，无执无不执。因循以为执，是以天下执天下，故天下自然归往。以《庄子》思维言，"执大象"是"循于道之谓备"（《天地》）。之所以如此，在于"不同同之之谓大"。因物固可，则无所不可；因物固然，无所不然。古之畜天下者，"无欲而天下足，无为而万物化，渊静而百姓定"。道行于万物，辅助万物自然，无不成化；圣人"执大象"，则无欲无为清静，以百姓心为心，故天下足。《文子》将"执大象"变为"执一无为"的道术。圣人"以道镇之"，故"执一无为"（《九守》）。何谓？"执一无为"，是"因天地与之变化"（《道德》）。"执一"者"见小"，故能"成其大"；"无为"者"守静"，故能为"天下正"。"见小"则"守柔"，故"退而勿有"。不自大，故能成其大。"无为"则"守静"，故因循而为。因天下而为，故无不为。"执大象"者，长而不宰，因物付物，善利万物，曲成不遗，故天下归往。

二、惟道是从

《老子》第二十一章云："孔德之容，惟道是从。"帛书《老子》甲、乙本文与此同。楚简《老子》无此句，但楚简乙本有云："上士昏（闻）道，勤行于其中"。"闻"即知道，"勤行"是"从道"。可见在楚简、帛书和今本《老子》三个版本中，体道而行的"惟道是从"是一以贯之的思想。上文曾指出"执大象"与"惟道是从"在思维内涵上相通。

（一）文字校解

"孔"者，象形字，主要有三义。一为孔窍。"孔，间也。"（《尔雅·释诂》）"间"者，是间隙、孔窍。王弼注："孔，空也。"从孔有窍的象形中，引申为穿越的途径、门径。"利出于一孔者，其国无敌；出二孔者，其兵半诎；出三孔者，不可以举兵；出四孔者，其国必亡。"（《管子·国蓄》）"孔"为"利途"。"孔"与"窍"通，联结一合成词为孔窍。"孔窍者，精神之户牖"（《文子·九守》）。"户牖"者，门户之谓，为出入的枢径。二为通达。孔由孔窍、门径引申为通达之义。《说文》解"孔"为"通"。段玉裁注："通，达也，于《易》卦为'泰'。'孔'训'通'，故俗作'空'、'穴'字，多作'孔'；其实'空'者，窍也，作'孔'为假借。""孔"有空窍、通达之义，以物从出之窍，推本于万物所出之一窍，就是"道"。"万物之揔，皆阅一孔，百事之根，皆出一门"（《文子·道原》）。"孔"、"门"作为"所从出"者，既是孔窍，又是可通达、经由的途径。《老子》云"玄牝之门"，就是此谓。三为甚大。孔由空间可通达，故引申为通。王夫之解析认为，"孔，本训通也；……孔音近空，空则无所室塞也。转为大也，甚也：通而无碍为大，大则甚也。……孔，美之甚也。"（引自《说文广义》，载《船山遗书》第五卷，北京出版社1999年版，第2792页）"孔"能出物，通行无碍，故引申为"大"。"孔"字，《诗》中多出。"德音孔昭"（《小雅》），"孔"为"大"。又"大"为"甚"，"其新孔嘉"（《豳风》）。《尔雅·释言》释"孔"为"甚"、"大"。河上公注："孔，大也。"成玄英注："孔，甚也。大也。"王安石解"孔德"为"盛德"。"孔乎莫知其所终极"（《淮南子·精神训》），"孔"以况本宗存在的"至大"。

"容"者，前面已揭示出其包容、涵容和宽容等意义，此处着重就其形容、容貌、形态等义进行疏解。"容，法也。"（《广雅》）容为定形、表状，故可为法仪、法式。以外在仪表、形态言是容貌，"动容貌"（《论语·泰伯》）。静态形况为容貌，动态形容为容态。"语必之容，命之曰心之行；必之容，谓心之动也。"（《庄子·天下》）心动为容，则为"动容"。动静兼言为"容止"。"雷将发声，有不戒其容止者，生子不备，必有凶灾。"（《礼记·月令》）郑玄注："容止犹动静。"（引自《礼记正义》，第475页）"容"为礼仪，则为有德之容。"动容周旋中礼者，盛德之至也。"（《孟子·尽心》）德者光被四表、格于上下，故为盛德之容。"孔德之容"类于盛德之容。苏辙注："道无形也，及其运而为德，则有容矣。"道虽无形，但因物以成功，因功以见其德，故有容。成玄英云："容，貌相也。""孔德之容"，是强为之容。

"从"者，会意字，甲骨文从前后二人，会相跟随之义。"吾从众"，"吾从下"（《论语·子罕》），"从"即跟从、顺从，以我从人。由顺从引申为听从。《说文》云："从，相听也。""民不诽议，则听从"（《管子·法法》）。用作使动词，是使听从、服从。"其不正，虽令不从。"（《论语·子路》）使人从我，即服从。又"从"与"常"

相关，"修阴阳之从，而道天地之常"（《管子·势》）。"从"为遵从因循，"常"为取道的规则。

（二）文句解读

《老子》"孔德之容，惟道是从"一文，注家之解不一。河上公云："有大德之人无所不容，能受垢独处谦卑也。"以"孔"为大，甚是。然以"容"为"无所不容"，与"惟道是从"的语言用法不合。《老子》有"强为之容"的文句，"孔德之容"本就是"强为之容"的德容。以"受垢"、"谦卑"为道的内涵，偏离了《老子》的意旨。"受垢"非只是"谦卑"，而是道德之目。《老子》云："受国之垢，是谓社稷主"。《庄子》评述其思想为"人皆取先，己独取后。曰：'受天下之垢'。"其思想内涵是"后其身而身先；外其身而身存。非以其无私邪？故能成其私。"它是道术，而非只是"谦卑"之德。显然，"受垢"、"谦卑"不能囊括玄德之全。在《老子》看来，道为德本，德为道从。"孔德之容，惟道是从"，揭示的是道德之间不贰的因从关系。王弼云："惟以空为德，然后乃能动作从道。"以"空"解"孔"，以言德为虚心，然心虚并非必然能动作从道。虽然"惟道是从"必以虚心为前提，要剔除"意、必、固、我"等前识，但要"从道"还要有意愿和能力。实则，德大来自道大，而"从"是"同于道"。以《老子》思维言，"孔德"是"玄德"、"盛德"和"上德"。成玄英提出两解，一解"容"为"貌相"，"甚大之容，容貌若何？唯从于道，即是其相。"一解"容"为"虚容"，"大德妙契，故能虚容。动止施为，独从于道。"以《老子》思维言，"孔德之容"既是强名的"甚大之容"，又是不可形容的"无容之容"。从统一、一本上言，"惟道是从"就是"孔德之容"；从无方、分殊上言，"孔德之容"又是"虚容"，具有和涵摄不同可道、德性之容。李荣以"道"为"理"，认为"从"是"动皆顺理"。道以通一言，理以分殊言。道一分殊，是"理一分殊"。从统体言是从道，从曲全言是从理。道通万殊之理，无物不理。王雱云："道之在我之谓德，德至则与道为一。道不可容，因德而显，德者无我，从道而已。"道分有于我为性，得于吾心为觉，二者同为"得一"之德。人与物不同，物只能分有于道为质性、机性，人还能体道以为知能，故有"与道为一"的道用。在道与德的本体关系上，道者微妙无形，不可形容；然因"为物"的功德品殊揭蔽自己的存在。在二者的认知关系上，道者不可致诘，不能名状、执得，只能以孔德强以名"同于道"之得。孔德作为至德，以从道为大得、盛德。"从道"方有"孔德"。苏辙认为，道本无形，以为运化方有德容。"德者，道之见"。自此推之，"众有之容"皆为"道之见于物"。德以见道，则道体现在德中。道不可道，则容非定容。"孔德之容"，既无具象之容，又以"众有之容"为容。"孔德之容"与"惟道是从"的关系，既是德一于道一，大德"同于道"；又是德殊于道分，可道不一则各有德容。德有品殊，道者通一。恒道不可道，则德容不定，为"无容之容"。"孔德之容"与"惟道是从"，皆是至极而无极的统一思维。它与"大象无形"为同一

思维。吕知常认为，"常道无名，唯德以显。至德无本，顺道而成。"道为无形之在，及其"运而为德"，则有容。圣人"抱道怀德"，则"备天地之美，广神明之量，体大德之容"。从"道生一"的本体内涵言，道生德畜，道统德殊，道隐德见。从"同于道"的知行内涵言，至德本自大道，以"从道"为"孔德"。知而体道于心，则是怀德。从大道，则体大德，故备天地美、广于神明。焦竑指出，因"道无形容"，故"即属之德"。知"德容"，则道可从而识，如所谓"恍惚窈冥"。体道之德，既有"恍惚窈冥"、"上德不德"等一类的无容之容，也有豫兮犹兮、俨兮涣兮、敦兮混兮、旷兮泊兮以及沌沌未孩、儽儽无归等不同的殊容。对应于无理不从道来，则孔德涵摄不同品德。"惟道是从"与"孔德之容"，皆是理一分殊的思维结构。王夫之指出，"阅其变而不迁，知其然而不往；故真莫尚于无实，信莫大于不复，名莫永于彼此不易，而容莫美于万一不殊。私天之机，弃道之似，夫乃可字之曰'孔德'。"至德者既在于阅变不迁、知然不往，又在于穷神知化，辅助自然。既要不落物化，"不物于物"，又要因物付物，曲成不遗。至真之德，既在于无定其实，又在于实当其实。至信之德，既在于不期而复，又在于恒于"善信"。至德之名，既在于名当其实、不易其名，又在于无能称名，"道襄无名"。至德之容，既在于万一不殊、通一万殊，又在于曲全品德，无所不然。"孔德之容"，既然是"惟道是从"，就是无常其容，容无常容，涵摄万有之容。"私天之机"，则固执；"弃道之似"，则固常。何可为"孔德"？《老子》之意何尝如此？"孔德之容"，既是至德、盛德、大德、玄德、上德，又是无德之德，上德不德。作为与恒道存在质性同一思维层次上的"孔德"，以其涵摄万物之德（得）为大德，以其畜物不测为盛德，以其德溥不恃为玄德，以其德无定容为无德，以其独一无二为至德，以其是不可称誉为上德。大德无德，方能德善于万殊物性，德合无疆，使物无不自得。

先秦文献中多有"从道"之言，而"唯道是从"一句式早已存在，不过"道"之内涵有所不同。"君子之行，欲其道也。故进退周旋，唯道是从。"（《国语·楚语上》）"欲其道"是使行合于道，道是规则、准则的可道之道。道一分殊，进退周旋各有其道，故曲成合礼。"唯道是从"，既是通一于道，又是曲循殊道。这里的"唯道是从"与《老子》的观念既有思维上的相通性，皆言因循曲全；又有不同之处，前者强调礼则之常，而后者突出无常之常。"礼岂不至矣哉！立隆以为极，而天下莫之能损益也。……天下从之者治，不从者乱，从之者安，不从者危，从之者存，不从者亡，小人不能测也。"（《荀子·礼论》）礼为至极，无所不包为礼一，三千三百是礼曲。无不从礼，是"唯礼是从"。除强调可道之道的曲全外，道家更突出道的不可道性。然不可道性又必以可道的通一至极思维来揭示、表达。从分殊言为曲循于道，从通一言为曲全于道。大道既是"道通为一"，又是"道不可道"。前者是至极的大全思维，后者无极的无限思维。它是两种表达方式，相互界定。若完全否定恒道的可道，则使之落入空无。若以为"无思无虑始知道，无处无服始安道，无从无道始得道"（《庄子·知北

游》），将大道的不可得推极于空无，则非是识道之真。若道不可思虑，何以知道？虽然不可执得，然道也非不可从、可服，否则何言道纪、天下式？《老子》的所从之道是"道纪"之道，以顺从万物殊理为可道，以不滞不执为不可道。陈淳解"道"云："道，犹路也。当初命此字是从路上起意人所通行方谓之路，一人独行不得谓之路。道之大纲，只是日用间人伦事物所当行之理。众人所共由底方谓之道。"（引自《北溪字义》，第38页）道路为经由者，具有共由、恒常的意蕴。既有万物通行之路，也有"当行之理"。"随其所受之性，便自然有个当行之路，不待人安排著"。（同上页）"随其所受之性"，是各有各的道，道一而分殊，可道者无穷。"道之大纲"，是统一的道一，"当行之理"是事物的殊理。恒道涵摄分殊的可道之道，是总摄的至极思维；恒道的可道不可尽，是不可道的无极思维。

三、可道之道

恒道以"为物"为存在，它的不可道性存在于可道的不可测中。恒道虽不可道尽，然体之以行，修之为德，自有其可知、修持之容。从《老子》的思想看来，道用、道术、德性等都是可道之道，它们为人所用，成为行为的遵循依据。至少可从以下八个方面疏证"惟道是从"的可道性。

一为可保可处。"保此道者，不欲盈"，其中"保"是持守的行为。"物或恶之，故有道者不处"，"不处"是不居持。"保"和"处"，皆是可道的行为。体现在道用上，能知"古始"，则为"道纪"；体现在德性上，它是"玄德"、"上德"和"盛德"等；体现在道术上，它是"微明"、"袭明"，可以为天下式、楷式等；体现在认知上，它是"以身观身，以家观家，以乡观乡，以邦观邦，以天下观天下"；体现在政治上，它是"以道莅天下"和"治大国若烹小鲜"，以及"受国之垢，是谓社稷主；受国不祥，是为天下王"等；体现在人格境界上，它是"圣人处无为之事，行不言之教"和"为而不争"等。虽然这样的可道之道，皆是玄妙的可道者，非是单一肯定性的准则、定理。

二为相较有分。恒道虽作为无形无名的不可道者，然并非否定其在人生价值层次上的至尊地位，"道之尊，德之贵，夫莫之命而恒自然。"从历史发展的角度上看，"大道废，有仁义"，"失道而后德，失德而后仁，失仁而后义，失义而后礼"。道高于、先于德仁义礼，既是原本、至贵之道，又是价值基准、评判者的可遵循之道。《老子》正是以之作为价值评判的标准，对世俗大迷行为进行批判，重新建构自己的学说和道德楷式。

三为可从可行。《庄子》提出"无从无道始得道"，而《老子》非否定"道"的可服从、循行。如"孔德之容，惟道是从"，此在上面已进行了重点阐释。又如"从事于道者，同于道……同于道者，道亦乐得之"，思维取向相当于《大学》所云"道善则得之，不善则失之"。恒道不可致诘，并非不可体循。"上士闻道，勤而行之。"道不虚

行，以"勤行"为用，它犹如"士不可以不弘毅，任重而道远"（《论语·泰伯》）的思维方式。道既可从行，又可修为。"修之于身，其德乃真；修之于家，其德有余；修之于乡，其德乃长；修之于邦，其德乃丰；修之于天下，其德乃溥。"能有修为，是可道的工夫。

四为可佐可得。《庄子》云："使道而可献，则人莫不献之于其君；使道而可进，则人莫不进之于其亲；使道而可以告人，则人莫不告其兄弟；使道而可以与人，则人莫不与其子孙"（《天运》）。大道不可献进、告与，然非不能用以辅佐。"以道佐人主者，不以兵强天下。其事好还。""以道佐人主"，相当于儒家的"以道事君"的思维结构。道者可得，"古之所以贵此道者何？不曰：求以得，有罪以免邪？"《老子》所持有道，如"人皆求福，己独曲全"（《庄子·天下》）等，它是"去彼取此"的思维。

五为道有分相。既有天道，又有人道。天道为"不争而善胜，不言而善应，不召而自来，繟然而善谋"，是"损有余而补不足"和"利而不害"。人道为"为而不争"。道有本末，"重为轻根，静为躁君"，"贵以贱本，高以下为基"。它们类如"本立而道生"（《论语·学而》）的思维。此外还有守母存子、崇本举末等玄妙的可道思维。在第一节中，曾对《老子》道的分相进行了概略性的提示，它涵摄本体论、道德论、政治论、人生论等各个方面。

六为取舍可择。"大道甚夷，而人好径"，犹如"君子怀德，小人怀土。君子怀刑，小人怀惠"（《论语·里仁》）思维。"圣人去甚，去泰，去奢"，类于"君子泰而不骄，小人骄而不泰"（《论语·子路》）思维，虽然各自内涵取义有别，然在可道性上同。慈勇是持守之德，"慈故能勇"如"仁者必有勇"（《论语·宪问》）。在治民上有明愚取舍，"古之善为道者，非以明民，将以愚之"。在对待始终上，"慎终如始，则无败事"类于"有始有卒者，其惟圣人乎"（《论语·子张》）以及"始条理者，智之事也；终条理者，圣之事也"（《孟子·万章下》）。

七为世道之道。"天下有道，却走马以粪。天下无道，戎马生于郊。"它的思维相类于"天下有道，则政不在大夫。天下有道，则庶人不议"（《论语·季氏》），也类如"天下有道，以道殉身。天下无道，以身殉道"（《孟子·尽心上》）。上行有道，就为有道之世。

八为长久之道。"长生久视之道"，也是可道之道。"不失其所者久"，类如"大德必得其位，必得其禄，必得其名，必得其寿"（《中庸》）。

以上是从大道的可行、可用上揭示其可道性，至于其中的丰富可道内涵留待揭示《老子》的德性、道术中详加解析。在同先秦孔孟思想的对照中，可以看到它们皆代表着先贤在理性上的觉醒，是对无所作为、无能为力宿命论的抛弃，二者同趣于改变世道的意志和志向，虽然在改造的目标、方式和举措上有所不同。《老子》更强调人性朴素、自然和玄德之真的回归，孔孟更突出仁义、弘毅和善的教化。在《老子》看来，最高的善是真，真者自善；在孔子看来最高的真是善，善者自真。二者殊途同归于真、

善、美的境界。在道之为道上，孔孟等早期儒家更强调道的规则性、效法性和可遵循性。在孔子那里，道的来源是"祖述尧舜，宪章文武；上律天时，下袭水土"（《中庸》）。"祖述"和"宪章"，是取其可道之道。"上律"和"下袭"，是取其效法之道。《孟子》继承了这一传统，宗旨在于效法尧舜之道。《中庸》《荀子》《易传》和《礼记》等皆可看到"上律"、"下袭"等效法的可道思维。《老子》之"德"来自对恒道绝对本体的效法体悟，即使"道法自然"也是可以作为取法者，"辅助万物自然而不敢为"。《论语》云"因材施教"，《中庸》云"以人治人"，《易传》云"《易》与天地准"，与此因循观相通，《老子》亦云"以天下观天下"和"知常曰明"等。当然，因为所言的侧重点不同，在道德内涵上不免有其差别，但在遵循道德以修为、改造人性和世界上则有异曲同工之妙。在可道性的德容内涵上，《老子》突出玄德、上德、盛德等玄妙性、自然性，具有统合有无、正反等相对性于一体的思维结构，如"长而不宰"、"上德不德"和"盛德若不足"等。

最后，对本节内容做简要概述。"惟道是从"作为道德行为"孔德之容"的总楷式，它的思维质性是假可道性以揭示其不可道性。循从于"道"，既要在具体可道性中体行，又不可固执于可道之道。从道理上言，因万物殊理，故通于殊理，因循曲成，则无所不理。因变化不测，物无定理，故穷理不止，则道不可尽。从道德上言，德有品殊，皆本自道，道一德殊，通德为道。道不可道，则德无常容，因为人处事而有不同德行。它们皆是至极而无极的一体思维。恒道无所不含，一统于可道之道。作为"生物不测"和"周行不殆"的无极存在，又是无限于可道之道。以至极揭示无极，以无极统摄至极。"孔德之容"，既是对应恒道独立存在质性的独一之容，又是对应恒道周行万物质性的众有之容，还是对应恒道不可道质性的"无容之容"。从"事善能，动善时"的角度看，"惟道是从"是与时俱进、因物付物，在遵从定理、常德中穷极其无穷、不测的定理、常德，它是可道性与不可道性的统一。

第二十八章　评说概略

　　《老子》的"道"论内涵丰富，思想深奥，思维独特，在历代注家和思想家中多有评述论说，它们从不同层面或侧面揭示出恒道存在的大备质性和玄妙思维。下面，重点选取几家对《老子》思想的评述、解说，通过对其的诠释、理解，进一步揭示恒道作为绝对本体存在的思维结构和深刻意蕴。

　　一、《庄子》评说

　　现《庄子》一书的末篇是《天下》，它从道家思想纵向传承发展的历史角度，对《老子》主要德术思想进行了概略评说。作者开宗明义指出，古之所谓道术者"无乎不在"，认为"圣有所生，王有所成"的"神明"皆"原于一"。依据与本宗天道的关系，他将人格样式分为了六类。"天人"者，"不离于宗"。"宗"即人所本的本源之天。它是"天人合一"的思维，人生即"天行"，与造化为一。"神人"者，"不离于精"。"精"者微妙而神，与本精合一，则神妙不测，故"神人无功"。"至人"者，"不离于真"。真者，纯粹不杂，无有私伪，故"至人无己"。"圣人"者，"以天为宗，以德为本，以道为门，兆于变化"。己无所与，因循自然，宗本则天，大"无能名"，故"圣人无名"。"君子"者，务德以行，"以仁为恩，以义为理，以礼为行，以乐为和，熏然慈仁"。秉持理义，勤勉以行，立己成名。"理民"者，"以法为分，以名为表，以参为验，以稽为决，其数一二三四是也，百官以此相齿，以事为常，以衣食为主，蕃息畜藏，老弱孤寡为意，皆有以养"。协理养民，明分以别，正名表实，操验德行，考决其能。六者虽异名殊性，然可统于一。作者进而提出，古之人大备，"配神明，醇天地，育万物，和天下，泽及百姓，明于本数，系于末度，六通四辟，小大精粗，其运无乎不在"。"道通为一"，故无所不极。"《诗》以道志，《书》以道事，《礼》以道行，《乐》以道和，《易》以道阴阳，《春秋》以道名分"。之所以有此六"道"，乃在于各明其分，道其可道之道。然天下大乱，则"贤圣不明，道德不一"，故"天下多得一察焉以自好"，道术不能相通，则"判天地之美，析万物之理，察古人之全，寡能备于天地之美，称神明之容"。因"不该不遍"而成为"一曲"之识，终至于内圣外王之道"暗而不明，郁而不发"。后世学者，不幸"不见天地之纯，古人之大体"，道术则为"天下裂"。在这样的思想史观基础上，作者主要从道家源流发展的纵向对比中对《老子》德术主旨进行了概述。

（一）宋鈃、尹文

宋鈃、尹文传承"白心"之道，冀通过此道术使人"不累于俗，不饰于物，不苟于人，不忮于众"，做到"养毕足而止"，以恬静知足达至"天下之安宁以活民命"之境。这些观念在《老子》中都有所体现，"见素抱朴，少私寡欲"，则"知足之足，恒足"。为道者，"非以明民，将以愚之"。主上"无以生为"，体行玄德，则可致"安、平、泰"的圣治之境。这里失去了恒道"无为而无不为"的玄妙思想，缺少了"修之于天下，其德乃溥"的功德境界。至于"作为华山之冠以自表"的主张，类似《老子》的"容乃公"的均平思想；"接万物以别宥为始"的观念，犹如《老子》"知止不殆"的各有止分；"心之容"的容受观，则与《老子》"不得已"思想相合；欲主者"以聏合欢，以调海内"以及"君子不为苛察"的观念，犹如《老子》的"薄责于人"和"常宽容于物"的思想；欲以"见侮不辱"而"救民之斗"，犹如《老子》"勇于不敢则活"的思想，但内涵也有不同。"见侮不辱"，是为人所侮而不以为辱，是消极的适应；而《老子》的"勇于不敢则活"是主动地去除侮辱的行为。无侮自不为辱。以"禁攻寝兵"而"救世之战"，犹如《老子》"夫兵者，不祥之器，物或恶之，故有道者不处"思想；君子"不以身假物"，则与《老子》"不欲见贤"思想相合。概而言之，宋鈃、尹文的学说是：内以求"情欲寡浅"，外以求"禁攻寝兵"，以"无益于天下"者为"不如已"。图傲于救世，虽上说下教，而天下不取，故只能"强聒而不舍"。相较于《老子》，其之所以为天下不取，是因为还没有上升为道术的层次，展现理性的玄妙。

（二）彭蒙、田骈、慎到

彭蒙、田骈、慎到所传承的古之道术是："公而不党，易而无私，决然无主，趣物而不两，不顾于虑，不谋于知，于物无择，与之俱往"。公正无倚，平易无私，循法决断，无己主宰，是"容乃公"；无有知虑，是楚简《老子》的"绝智弃辩"和"绝伪弃虑"思想；"于物无择"，是无择无弃，犹如《老子》的"无弃人"和"无弃物"思想；趣物不两、"与之俱往"，是与物宛转、顺从迫应，犹如老庄的虚静从物思想。他们以"齐万物"为主旨，认为"天能覆之而不能载之，地能载之而不能覆之，大道能包之而不能辩之"，知万物"皆有所可，有所不可"，故"选则不遍，教则不至"，而"道则无遗"。万物各有所可、不可，故齐一于性分所有的定分、止分。"大道能包之"是"道通为一"。"不能辩之"，是《老子》"道可道，非恒道"和《庄子》"大道不称"的思想。"选则不遍"，与《老子》"德善"和"德信"思想相通，类似于《庄子》"道之所以亏，爱之所以成"思想。"教则不至"，与《老子》"不言之教"、《庄子》"立不教，坐不议"思想一脉相承。"道则无遗"，与《老子》曲全无弃、《庄子》"无物不然，无物不可"思想具有思维传承上的同构性。

慎到主张"弃知去己而缘不得已，泠汰于物以为道理"。前者，是《老子》"弃

智"、"不宰"和"不得已而用之"的思想意旨。后者，以迫物而动、感而后应、机不得已为道理，则非同于《老子》的"惟道是从"。"惟道是从"是以知道为前提，而慎道以"知不知"为主旨，认为有知则有不知，故伤于全理。《老子》云"知不知"，乃在于"以天下观天下"，非是成为"无知之物"。慎到以"謑髁无任而笑天下之尚贤"为宗要，用人自任，使物自得，与《老子》"不尚贤"和"用人之力"意旨相通。其以"纵脱无行而非天下之大圣"为旨归，无殉迹名，与《老子》"绝圣"和"绝仁弃义"思维相通，但《老子》是另立一种楷式，并非一概去"圣人"。其以"椎拍輐断，与物宛转"为道术，虽无固执，能与物俱化，然"舍是与非"，则落入"不师知虑，不知前后"的"魏然"境地。虽欲任性独立，然无知则成为玄冥的"独化"。其提出"若飘风之还，若羽之旋，若磨石之隧"的"推而后行，曳而后往"主张，虽"全而无非，动静无过，未尝有罪"，然必是无有作为者，只能被动适应、消极保全。概而言之，慎到虽有"无建己之患，无用知之累，动静不离于理，是以终身无誉"的学说，然因以人是"无知之物"为前提，以"无用贤圣"为表，以"块不失道"为本，使人去知如土块，则非"生人之行"，而成为"死人之理"。只有"无为"，而缺少了知循以为的"无不为"之妙。

田骈学于彭蒙，彭蒙之师曰："古之道人，至于莫之是莫之非而已矣。其风窢然，恶可而言？"既然"齐万物以为首"，则无是无非，何可言执？其术"常反人，不见观"，不免于"魭断"，故不能通万物；其所谓"道"，因"不知道"，故所言不免于非，"道非道"。

(三) 关尹、老聃

关尹、老聃的道术是，"以本为精，以物为粗，以有积为不足，澹然独与神明居"。精、粗以贵贱的价值层次言，本、物以存在的等级层次言。《老子》以恒道为本，至精无形，它是"无物之象"，然"万物以之生"，故"物物而不物于物"。在恒道与物之间，形成了无限与定在的对反两极、价值本末的关系。说物为粗，并非贬低物的存在，而是赋予物以载道、物以显道的实存本体地位。《老子》认为，足则不积，"不足"方"有积"。圣人"不积"，既已与人己愈有。以天下为己，何有不足？何用为积？"澹然"者，"致虚极，守静笃"。"独与神明居"，是"惟道是从"。"神明"，既是"原于一"的"大道"，又是"以天下观天下"的道观。关尹、老聃学说的共同宗旨是："建之以常无有，主之以太一，以濡弱谦下为表，以空虚不毁万物为实"。"建"和"主"者，是思想上的自觉，以"道纪"为用，用其玄妙。"常无有"，是虽有而不执，有而若无。"常无"相对于"常有"而言，后者为前者的前提，"常无"生成并涵摄"常有"。"常无有"是不以"所有"为"有"，而要有其所未有，达致"无所不有"。作为道术，它是以无摄有，有则以无处之，不滞于有。"太一"者，相对于万有之一言，它是"浑全"和"混成"之道，具有"道生一"的意蕴。正如"无状之状"的思维一

样，"太一"是无一之一。以其不定限于一有，谓之"无一"；以其无物不以之生，谓之"太一"；以其生成、涵摄万有之一，谓之"至一"。三者统一一体，相互融贯。"濡弱"者，本自"柔弱胜刚强"思想；"谦下"，本自"江海之所以能为百谷王者，以其善下之"和"大者宜为下"等思想。"空虚"者，恬淡无欲，清静无为，无凿无妄；"不毁万物"，不逆物性，"长而不宰"，"辅助万物自然而不敢为"。清静无为，则"万物将自宾"。作者评述关尹、老聃为"古之博大真人"。博大在于容物，纯真在于无己。在揭示二者思想共同点的基础下，作者又对其思想的内在区别进行了分析评说。

关尹主张：在己无居，形物自著。其动若水，其静若镜，其应若响。芴乎若亡，寂乎若清，同焉者和，得焉者失。未尝先人而常随人。无居则虚心，鉴物若自见；水流不息不滞，顺物则恒动；静若镜则无妄，不挠不凿则无为；响而应者不唱，不主则感应迫动；有而若无，化而不止；寂然若清，冥然澄明；同于物化，则和顺自然；执于欲得，反而为失。常随人后而为，不敢先于人动。从关尹的思想主旨来看，以清虚己心为要，以和顺于物为循，以感应镜观为本，突出心境之修，去己之执，顺物不逆，然却失去了以道为用的生生玄妙性，其"真人"的旨趣只不过是"其德乃真"而已，而没有了"以道莅天下"的外王境界。

老聃主张：知其雄，守其雌，为天下溪；知其白，守其辱，为天下谷；人皆取先，己独取后，曰受天下之垢；人皆取实，己独取虚，无藏也故有余，岿然而有余。其行身也，徐而不费，无为也而笑巧；人皆求福，己独曲全，曰苟免于咎。以深为根，以约为纪，曰坚则毁矣，锐则挫矣。常宽容于物，不削于人。老聃以宗道守本为要，以"反"为用，以"无为而无不为"为道术，以内圣外王为旨归。知雄守雌、知白守辱、取后不先、反实取虚、有余无藏和无为笑巧等，皆是"反"的道术之用。世俗执于雄、白、先、实等，而老子反其道而用之。当然，这里的"反"非只是对反之反，而是反于根本，反于大道。为"天下溪"和"天下谷"，受"天下之垢"等，皆是"无私故能成其私"和"善下能成百谷王"等思想意旨。"天下溪"即"玄牝"，"天下谷"即"谷神"，故"用之不勤"。"受国之垢"，能为"社稷主"。后身而身先，不与民争则天下莫能与之争。有道者无藏，"能有余以奉天下"；独立无待，故"岿然有余"。顺理自然，则无疾无益，故"徐而不费"。无为者因物以为巧，巧者执己以为巧，故"大巧若拙"。求福者执以为己，曲全者常顺于物。不伤物则己无祸，"免于咎"则福不失，全其生乃为至善。玄德深远，"深根固柢"，故为"长生久视之道"。约者要妙，"能知古始，是谓道纪"。坚于强硬，恃坚则反为它毁；锐于尖利，逞利则反被物挫。"揣而锐之，不可长保"。无为故无败，无执故无失。"宽容于物"，则"容乃公"；"不削于人"，则"曲则全"。辅助自然，天下安平，故其道"至极"。以上评说多言德术，虽贯穿了"常无有"、"无为"和"曲全"等思维意旨，但似乎对恒道"玄之又玄"、"以天下观天下"和"以道莅天下"等思想的揭示不够深刻。相对于现存《老子》文本丰富的道术思想，评说尚不能见其玄思之全。这可能意味着道论晚于德论而出现。恒道

的存在质性，方能标志《老子》思维的极致。

（四）庄周

单列庄周道术以评述，显然已看到其与上面二者在思想上的差异。庄周取法之道是："芴漠无形，变化无常，死与生与，天地并与，神明往与！芒乎何之，忽乎何适，万物毕罗，莫足以归"。在这里，"芴漠无形"，是恍惚不定、无常形状；"变化无常"，是变而不止，化而不息；"死与生与"，是以死生为一条，为"生也天行"和"死也物化"；"天地并与"，是"天地与我并生"；"神明往与"，是"神明至精，与彼百化"和"独与神明居"；"芒乎何之，忽乎何适"，是逍遥于无何有之乡，无所不适；"万物毕罗，莫足以归"，是与万物同化，趣向无方，"万化未始有极"。庄周其说"谬悠"，其言"荒唐"，其辞"无端涯"和"参差而諔诡可观"，其趣"时恣纵而不傥"，其见不觭介，其语"以天下为沈浊"，其文"以卮言为曼衍，以重言为真，以寓言为广"，其书"虽环玮而连犿无伤"，其论"充实不可以已"，其旨"独与天地精神往来而不敖倪于万物，不谴是非，以与世俗处"，其归"上与造物者游，而下与外死生无终始者为友"。因往来不羁，而逍遥自得；因和光同尘，而顺物不矜；因齐一是非，而与世同行；因与造化一，而游无有方；因外于死生，而一气通化；因无有终始，故神化莫测。庄书于本"弘大而辟，深闳而肆"，于宗"稠适而上遂"，可谓深得大道妙旨。虽然如此，其"应于化而解于物"，而"理不竭"、"来不蜕"，故"芒乎昧乎，未之尽者"。应化解物无有固常，故不竭于理，不滞于舍，无有穷极。归结《庄子》一书，以齐物通一为本，以逍遥自适为境，以无功无名为修，以不与物迁为守，以自得其性为真，以与造化一为归。其与《老子》在道大玄通、虚己去执、清静无为和外死生上有着相同的思维趣向，然《老子》偏重于"道纪"和"德行"，而《庄子》侧重于心识、心境，二者又有很大差异。现本《庄子》内篇、外篇和杂篇之间思想上也非一贯统一。从其内篇与《老子》思想比较看，二者皆以大道"自本自根"和"道通为一"为根本，以"物物而不物于物"为宗要，以得意忘言为认知体悟方法，以"以道观之"的"玄通"为前提，以体行大道的道用为旨归，以"以道莅天下"和"上与造物者游"为境界。二者与前期道家在知道用道上具有本质区别，标志着对绝对本体存在道性的认知上升至一个新的高度，实现了"道通为一"和"不道之道"的至极与无极思维的统一。

二、司马迁、班固评说

司马迁、班固在评述六家道术要旨的特性利弊中，突出了对道家思想的偏爱和赞誉。太史公云："道家使人精神专一，动合无形，赡足万物。其为术也，因阴阳之大顺，采儒、墨之善，撮名、法之要，与时迁移，应物变化，立俗施事，无所不宜。指约而易操，事少而功多。儒者则不然，以为人主天下之仪表也，君倡而臣和，主先而

臣随。如此，则主劳而臣逸。至于大道之要，去健羡，绌聪明，释此而任术。夫神大用则竭，形大劳则敝。形神骚动，欲与天地长久，非所闻也。"（引自《太史公自序——论六家要旨》，载《史记》，中州古籍出版社1996年版，第914页）以道家之术因阴阳大顺，采儒、墨之善，撮名、法之要，显然看到道家思想的兼容性以及系统性。正因道家因袭古道之全，故《庄子》言"归于一"。"精神专一"，在《老子》是"载营魄抱一"和"恒德不离"，在《庄子》是"其神凝"（《逍遥游》），"官知止而神欲行"（《养生主》），"抱神以静"（《在宥》），"形体保神"和"体性抱神"（《天地》）以及"用志不分，乃凝于神"（《达生》）等；"动合无形"，在《老子》是"事善能，动善时"和"随之不见其后，迎之不见其首"，在《庄子》是"万化而未始有极"；"赡足万物"，在《老子》是"善贷且成"，在《庄子》是"运量万物而不匮"。因时举事，因资立功，故"无所不宜"。"指约而易操"，在《老子》是"以天下观天下"，具有"以道镇之"和"道纪"等纲要性遵循和总摄性道术。在《庄子》是"以道观之"和"与造化为一"。"事少而功多"，在《老子》既是"辅助万物自然而不敢为"和"用人之力"，又是"我无为而民自化，我好静而民自正，我无事而民自富，我无欲而民自朴"和"无事取天下"。在《庄子》是"至人无为，大圣不作，观于天地之谓"。道家因循而为，无为而无不为。人主"无为"，用人以为，则"垂拱而治"。至诸侯争霸，假天子以令诸侯，"春秋无义战"，有为之弊凸显。治民之本在于正君。君不正，其令何从？君妄为则民祸及身。从孔子始，儒者以人主为"天下之仪表"，要求正己而后正人。主张君倡臣和，主先臣随，强调施仁政，务教化，事必躬为，故"主劳而臣逸"。道家反之，要求主上无为，一来正己无私、清静自守，一来因循事理、用人之力。不令而行，无为而治，各尽其职，人主何劳？道家的大道之要，在于"去健羡，绌聪明，释此而任术"。人主之能，不在于己多知能，而在于"任术"，用人知能。"任术"非是诡谲权术，为私无所不为，而是无私无有以为。司马迁又从各家流派相互比较中揭示道家道术之贵。

（一）阴阳之术

"阴阳之术，大祥而众忌讳，使人拘而多所畏；然其序四时之大顺，不可失也。"阴阳四时、八位、十二度、二十四节，虽各有教令，然未必具有"顺之者昌，逆之者不死则亡"的效验。若以为其繁琐之节皆为因果必然，将使人拘于教令，多畏而不敢作为。虽然如此。所言的天道大经、四时大顺，如"春生夏长，秋收冬藏"之类不可失。事务弗顺，则"无以为天下纲纪"。阴阳之术，律历之兴，确为古人大训。尧启"敬授以时"之政，守时慎时遂成为为政的纲纪。《夏小正》《大戴礼记》《吕氏春秋》和《淮南子》等汉以前著作中无不将之作为纲纪以申论之，更遑论二十四史多有《律历志》以彰明之！班固指出，阴阳家一流派，盖来源于"义和之官"，其长于"敬顺昊天，历象日月星辰，敬授民时"。然若为拘执者所循，则"牵于禁忌，泥于小数，舍

人事而任鬼神"。(引自《汉书》，中华书局 2006 年版，第 1734-1735 页) 古之天文律历，多为圣王参政之用，通过"序二十八宿，步五星日月"，以纪征"吉凶之象"。"历谱"者，"序四时之位，正分至之节，会日月五星之辰，以考寒暑杀生之实"。(同上书，第 1767 页) 阴阳、节气、征候和时纪等律历的出现，表明先人对自然现象和客观律则有了自觉的认知和利用。作为定常律则和规律，它们无疑成为道家"因阴阳之大顺"的道术内涵。

(二) 儒家之旨

"儒者博而寡要，劳而少功，是以其事难尽从；然其序君臣父子之礼，列夫妇长幼之别，不可易也。"儒者"以六艺为法"，然六艺经传多以千万数计，即使累世也不能通其所学，"当年不能究其礼"，故流于博而寡要，束于劳而少功。以言其博是圣人之道"礼义三百、威仪三千"(《中庸》)。将人之行为规范细化，无不以礼节之，可谓尽详其极。然如以循行，确实会使人小心谨慎于繁文缛节。寡要则不能守约，俗儒自是如此。孔子虽有"文质彬彬，然后君子"和"文犹质"、"质犹文"之训，但更强调"道中庸"和"忠恕"等约要之说，提倡"君子务本，本立而道生"，自谓吾道"一以贯之"，非局限于礼云乐云。孔子"审仁义之间，察同异之际，观动静之变，适受与之度，理好恶之情，和喜怒之节"，其"性服忠信，身行仁义，饰礼乐，选人伦，上以忠于世主，下以化于齐民，将以利天下"(《庄子·渔父》)。可见，孔子之道何尝"博而寡要"？孔子之后，儒者八分，有服儒服而不得儒本者。真儒者，"冠圜冠者知天时，履句履者知地形，缓佩玦者事至而断"(《庄子·田子方》)。不知本要，而陷于礼节规范，为俗儒所为，非君子之道。王廷相指出，"圣人之为学，博文约礼，求其中而执之。圣人之立心，正义明道，无所为而为之。圣人之应事，主之以义，而由之以诚，终也得失要于命焉。"(引自《慎言》，载《王廷相集》第三册，中华书局 1989 年版，第 806 页)"约礼"、"执中"、"主义"和"由诚"等，何其简易约要！在王氏看来，司马迁谓儒家"博而寡要，劳而少功"，是不得其门而入。至于其言"宜乎清静无为"之旨，是以黄老先于六经，更是不知"道"。实则，道家与儒家各有其要，亦各有其秩序。序君臣父子，别夫妇长幼，二家何尝不同？《庄子》认为"君先而臣从，父先而子从，兄先而弟从，长先而少从，男先而女从，夫先而妇从"是人道之序，"宗庙尚亲，朝廷尚尊，乡党尚齿，行事尚贤"为大道之序。语道非其序则非道。在孔子思想看来，为仁之要在于"克己复礼"和"推己及人"的忠恕之道，克己之要在于"毋意，毋必，毋固，毋我"的"绝四"，复礼之要在于"义之与比"，行义之要在于"己所不欲，勿施于人"和"君君、臣臣、父父、子子"。"推己及人"之要在于己立立人、己达达人。由仁义行之要在于"忠诚"，忠诚之要在于率性尽命。率性之要在于修道尽己，尽命之要在于事天知命。儒家修身、尽己、大心、知化、因循和时中等观念，皆寓于道家的思想之中。"修之于身"是"修道"，"勤而行之"是"弘道"，"同于道"

是"大其心","以道观之"是"穷神知化","因物付物"是因循,"动善时"是"时中"。可见,儒、道同出一源。

(三) 墨者之说

"墨者俭而难遵,是以其事不可遍循;然其强本节用,不可废也。"墨者尚尧舜道,崇节俭,非礼乐,无别尊卑。"世异时移,事业不必同"。因人性不一,故执于俭则难遵,为其事而难从。强本不滥末饰,节用俭而不费,故为政不可无。墨翟的道术是:"不侈于后世,不靡于万物,不晖于数度,以绳墨自矫,而备世之急"(《庄子·天下》)。其作《非乐》,为《节用》,主张"生不歌,死无服",倡导"泛爱兼利而非斗",虽"好学而博",其"道不怒",然"为之大过,已之大循"。墨家法大禹之道,"形劳天下",而"以自苦为极"。令物同于己,而"不与先王同"。毁古之礼乐,以"桐棺三寸而无椁"为法式。因为"歌而非歌,哭而非哭,乐而非乐",生勤死薄,故其"道大觳"。以此教人,"恐不爱人";以此自行,"固不爱己"。其道术"反天下之心",天下不堪,故不可为圣人之道。墨子虽能独任,奈天下人何!"离于天下",故去王道也远!墨子之道如此,故后世不显。墨家"强本节用"的"人给家足之道",在《老子》中有所体现,如"圣人欲不欲,不贵难得之货",再如"虚其心,实其腹,弱其志,强其骨"。非攻非斗,在《老子》中体现为"善为士者,不武;善战者,不怒;善胜敌者,不与"。《墨子》是真复古于朴素,而《老子》主旨在于复归于古始"道纪"。

(四) 法家之旨

"法家严而少恩;然其正君臣上下之分,不可改也。"法家"不别亲疏,不殊贵贱,一断于法"。不重教化,严于惩罚,故弃"亲亲尊尊之恩"。虽可以"一时之计"行,然不可以"长用"。法家"一断于法"思想,强调权衡、准绳、规矩之用,与《老子》"天道无亲","容乃公"和"玄同"思想相承,强调公平、无私、周遍。法者公平普一的意蕴,在《老子》呈现为"天地不仁,以万物为刍狗"的自然平均思想,在《庄子》呈现为"天钧"、"两行"的论说。法家侧重法则之用,其长处在于"尊主卑臣,明分职不得相逾越",为百家所不能篡改。班固指出,法家一流派,盖来源于"理官",贵于"信赏必罚,以辅礼制"。然道术若为刻薄者所执用,则将"无教化,去仁爱,专任刑法而欲以致治",将导致"残害至亲,伤恩薄厚"的结果。(引自《汉书》,中华书局 2006 年版,第 1736 页)秦暴政以亡,统治者看到法家道术的弊端,故在为治上实行儒法并治,实则以儒家为名表,以法家为其实。慎到吸收古先道家之术,而成为法家的重要代表人物,《管子》有道家"四篇",《韩非子》有《解老》《喻老》两篇,从中可看到法家对道家思想的传承和利用。从中可以看到,道家思想中蕴含着"法"的思维。

(五) 名家之辩

"名家使人俭而善失真;然其正名实,不可不察也。"名家"苛察缴绕",使人不

得"反其意"。因"专决于名",而失之于实务。墨子弟子俱诵《墨经》,"以坚白同异之辩相訾,以觭偶不仵之辞相应,以巨子为圣人"(《庄子·天下》),相为传诵,"至今不决"。惠施之道术"多方"且"舛驳","言也不中"。以"至大无外"为"大一",以"至小无内"为"小一";以"无厚"为不可积,而大至于千里;以天与地同卑,以山与泽齐平;言日者"方中方睨",以物者"方生方死";以"大同而与小同异"为"小同异",以"万物毕同毕异"为"大同异";言南方为"无穷而有穷",以今日为"适越而昔来";言"连环可解",以天之中央在"燕之北、越之南";言"泛爱万物","天地一体"。终以二十一辩晓于天下:"卵有毛。鸡三足。郢有天下。犬可以为羊。马有卵。丁子有尾。火不热。山出口。轮不蹍地。目不见。指不至,至不绝。龟长于蛇。矩不方,规不可以为圆。凿不围枘。飞鸟之景未尝动。镞矢之疾,而有不行、不止之时。狗非犬。黄马骊牛三。白狗黑。孤驹未尝有母。一尺之棰,日取其半,万世不竭。"名家辩术,只能"饰人之心,易人之意,能胜人之口",而不能"服人之心",故为"辩者之囿"。惠施"遍为万物说",虽"说而不休,多而无已",然"犹以为寡,益之以怪"。因其"以反人为实,以胜人为名",故"与众不适"。以其"弱于德"而"强于物","散于万物而不厌",故不能自宁,只得以善辩为名。以其"驰荡而不得,逐万物而不反",则若"穷响以声,形与影竞走",故悲不可以免。虽然如此,名家长于"控名责实,参伍不失",为道学问者所不可不察。名家作为中国古代的语言和逻辑学派,他们触及到了指与实、名与形之间的关系,开启了概念界定、名谓审视的思维发展之途。班固指出,名家一流派,盖源于"礼官",得自于"古者名位不同,礼亦异数",所长在于正名稽实。然若为攻讦所用,则将成为"破乱而已"。(引自《汉书》,中华书局 2006 年版,第 1737 页)名家的优长,在儒道法等诸子中都有所体现。孔子有"正名"之论,《老子》有"知者不言"和"强为之名"之说,《庄子》有"名实之可纪"和"得意忘言"等观念,《韩非子》有"令名自命"和"形名参同"之辨。名以纪物、指事和辨实,必是人生、为治所需。

(六)道家之道

司马迁对道家道术观进行了重点概述,兹分列如下并进行解读。

1. "道家无为,又曰无不为,其实易行,其辞难知"

《老子》多言"无为":"我无为而民自化","为无为","无为故无败","处无为之事","上德无为","无为之益","无为而无不为"等。这里的"无为"意蕴,既是修身持己的清静无妄,又是不宰不恃的顺物无执。"无不为"的意旨,既是因循以为的道术,又是无所不为的目标功效。为于无为,在于虚静束己、因循辅助。《老子》云"吾言甚易知,甚易行",因为"言有宗,事有君"。"其实易行",在于"指约而易操";"其辞难知",在于恒道玄妙的不可致诘。"古之善为道者,微妙玄达,深不可志。"以其重本贵道,玄德深远而与物相反,故"天下莫能知,莫能行"。正因为"知

我者希"，故"则我者贵"。"无为而无不为"思想，方能代表今本《老子》玄妙思维的所在。

2. "其术以虚无为本，以因循为用"

虚无是修己内圣，因循是务实外王，前者是后者的前提，后者是前者的归趣。二者的统一，构成了道术的大妙。在《老子》中，"以虚无为本"思想，既是"万物生于有，有生于无"的绝对本体虚无，又是"致虚极，守静笃"的心境虚无。有绝对本体的虚无，方有"玄德"之用。"虚无"既是无形无名，又是潜有早备。心境虚无，方能"惟道是从"，而成为"孔德之容"。心之虚无，既是无知无执的无己，又是因循大道的大己。"道法自然"，宗旨在于因物成物；圣人无为，关键在于因循辅助。在"因循为用"上，既是"辅助万物自然"，又是"用人之力"等。无为因循观，在《文子》中发展为一个根本性的道用之术。

3. "无成势，无常形，故能究万物之情"

道家之术的"动合无形"，来自于大道的"无成势，无常形"。以《老子》言是"不可道"、"大象无形"、"无状之状"以及"动善时"；在《庄子》是"不道之道"，在《文子》是"唯道无胜……以其无常形势"等观念。形势不定，变化无方，故成为"万物之情"。在"究万物之情"上，在《老子》是"以天下观天下"的静观，在《庄子》是"以道观之"的"原天地之美而达万物之理"，在《文子》是"执道之要，观无穷之地"和"物至而观其变"。从道用上看，在《老子》是"事善能，动善时"的因物付物，在《庄子》是"知道者必达于理，达于理者必明于权"，在《文子》是"知时者无常行"和"得一之原，以应无方"。

4. "不为物先，不为物后，故能为万物主。有法无法，因时为业；有度无度，因物与合。故曰'圣人不朽，时变是守'"

"不为物先"，是先之太过。在《老子》是"不敢为天下先"，在《文子》是"不先物为"、"常后而不先"和"以退取先"。"不为物后"，是时变间不容息，后之不及，故必须"因时立功"。在《老子》是"动善时"，在《文子》是"所谓后者，调其数而合其时"。动善时则无不宜，使民、物自得，故可为万物主。"日回月周，时不与人游"，故法无定常，与时更改；度无定常，以物为准。因为"时难得而易失"，故圣人"随时而举事，因资而立功"。常循时变，故"无朽"。圣人"时变是守"，在于"与时迁移，应物变化，立俗施事"，故无所不宜。道家重视因时、循变，故无常守。正因无常固执，方能因物付物，曲成其宜，无功不成，无事不遂。

5. "虚者道之常也，因者君之纲也。群臣并至，使各自明也。其实中其声者谓之端，实不中其声者谓之窾。窾言不听，奸乃不生，贤不肖自分，白黑乃形"

虚静因循，为道家道术的核心宗旨。"虚"以为"因"，"因"的前提在"虚"。道虚能容万物，心虚能涵众实。虚己无执，故能因循顺物。心之虚无在《老子》是"致虚极"，在《庄子》是"恬淡寂漠，虚无无为"，在《文子》是"虚无、平易、清静、

柔弱、纯粹素朴"为"道之形象"。"因"者，以民为心，用人之力，成天下功，故为"君之纲"。在《老子》既是"容乃公"和"圣人无心，以百姓心为心"，又是"用人之力"和"辅助万物自然"。在《庄子》是"虚无恬淡，乃合天德"，在《文子》是"无不治者，因物之相然"，"因物以识物，因人以知人"，执道御民者"事来而循之，物动而因之"。能因则群臣辐辏，各尽其明，故万物之化而无不应，百事之变而无不耦。以道修身，其德乃真。以道观之，玄鉴照物。心无妄求，则窾言不听。因人知人，则贤不肖自分。因物观物，白黑自见。

6. "在所欲用耳，何事不成。乃合大道，混混冥冥，光耀天下，复反无名"

以道而为，则因循其用。为之于事，用当其用。功成事遂，故无事不成。大道混成，恍惚寂寥，然为"神明"。"视乎冥冥，听乎无声。冥冥之中，独见晓焉；无声之中，独闻和焉。"（《庄子·天地》）万物以生，善利万物，故为天下至贵。混冥中有光照。"冥冥之中，独有晓焉；寂寞之中，独有照焉。"（《文子·道原》）道家并不否定光照天下，然又以"复反无名"持之，此即是"上德不德"和"光而不耀"的意旨。《老子》云"道褒无名"，功遂身退，"功成而不名有"，"不欲见贤"，"恒无名朴"。无名则无为，无为而无不为。

7. "凡人所生者神也，所讬者形也。神大用则竭，形大劳则敝，形神离则死。死者不可复生，离者不可复合，故圣人重之。由是观之，神者生之本也，形者生之具也。不先定其神形，而曰'我有以治天下'，何由哉？"

神者精和之至，故为人生之本；形者神之所舍，故为人生之具。神形合一，是道分有于人成为生命机体。在神与形的关系上，"抱神以静，形将自正"（《庄子·在宥》），"神伤乎寒暑燥湿之虐者，形苑而神壮，神伤于喜怒思虑之患者，神尽而形有余"（《文子·道原》）。治身之要，在于"太上养神，其次养形"。养生之本，"神清意平，百节皆宁"；养生之末，"肥肌肤，充腹肠"（《文子·下德》）。要养神养形，就要"塞其兑，闭其门，终身不勤"。反之，则是"开其兑，济其事，终身不救"。人以其生生之厚，则动之于死地。"神大用则竭，形大劳则敝"。圣人之道，在于"神全"。"执道者德全，德全者形全，形全者神全。"（《庄子·天地》）"神清意平，物乃可正。"（《文子·下德》）定其形神，然后可以正物。己不正，何以正天下？"定其神形"者，内不失和，外不驰物，清静寡欲，"惟道是从"，故"贵为身为天下，若可托天下；爱以身为天下，若可寄天下"。

司马迁从六家要旨的横向比较中，揭示了道家的道术思想，虽然所罗列的只是道术，但是它们皆以"大道"的绝对本体存在质性为基本依据和遵循。班固指出，道家盖出自于"史官"，历记"成败存亡祸福古今之道"，知于"秉要执本"，故"清虚以自守，卑弱以自持"，成为"君人南面之术"。道家之所长，在于"合于尧之克让，易之嗛嗛，一谦而四益"。然其若为放任者所为，则欲"绝去礼学，兼弃仁义"，而固守"独任清虚可以为治"。（引自《汉书》，中华书局 2006 年版，第 1732 页）道家以清

虚、卑弱为守，以宽容不争、不伤物性为特性，以因循、辅助为道术，以功成事遂、任物自适为依归，以"道通为一"、"天下安平"为境界。清虚、卑弱相对于居大位、操天下权柄而言，是一种治术，目的在于因循、辅助而为，非是放荡自任的无政府主义，亦非是个人消极无为的准则。《老子》虽言"绝圣弃智、绝仁弃义"，然是相对"圣人殉名"、"凿智小识"、"行于仁义"言，何尝去仁义之实？玄德生物、"善利"、"三宝"等何尝不是仁义之本？至《庄子》，特别是其外篇、杂篇已以自适、养生为本，治理道术意味趋于弱化，而智慧通达、精神自由观念凸显。"帝王之功，圣人之余事也，非所以完身养生"（《让王》）。在《老子》那里，内圣、外王是相统一的，修道于身，以至于"以道莅天下"。对于《老子》，道教取其清静无为以修真长生，阴谋家取其无不为以图利邀名，法家取其权术势以维护统治。

（七）综合评说

司马迁从"天下一致而百虑，同归而殊途"的立场出发，意将各家思想"统一化"，以期达到各用其用，通过汇聚大全形成一个"集大成"的有机整体。借助这一"殊途同归"的思维模式，顺便对诸子思想之蔽予以概说。各家流派既有优长，但因各有偏重，不能大备。"墨子蔽于用而不知文；宋子蔽于欲而不知得；慎子蔽于法而不知贤；申子蔽于势而不知知；惠子蔽于辞而不知实；庄子蔽于天而不知人。"（《荀子·解蔽》）墨子重节俭重实用，而遗弃了人情礼乐之文；宋钘强调"白心"、"无欲"，而忽略了"自为"、自得；慎到重视法术，而笑天下尚贤、非天下大圣；申不害偏重权执用势，然固执于"去智无以知则公"；惠施"说而不休"，然逐物不反"弱于德"；庄子以为治在于"忘己"而"入于天"（《天地篇》），而忽视了人性的能动作为。这里，《荀子》为什么没有评论孔子、老子？因为孔子为"集大成"者，而老子是持道大全者。二者皆有所贵，然并非偏执。"老子贵柔，孔子贵仁，墨子贵廉，关尹贵清，列子贵虚，陈骈贵齐，阳生贵己，孙膑贵势，王廖贵先，兒良贵后。"（《吕氏春秋·不二》）除孔老外，言其他诸子各有所偏则可。因为孔子删诗书、定礼乐，作《春秋》，研于《易》，道理无不赅备。言孔子"贵仁"，是以仁统仁义礼智信的一本说。"仁"既是修身成己，又是成人成物。《老子》的道大无不包，德者统摄一切智术。言《老子》"贵柔"只是道德之一，莫如说其贵于无不涵摄的道德。"柔"作为道术，既是克己寡欲，也是顺物因循。孔老皆是内圣而外王的统一思维。"贵廉"者，为人太多，然自苦己身。"贵清"者，玄鉴以照，然略于事功。"贵虚"者，虚无以待，然不能因循；"贵齐"者，齐一物性，然不能大通。"贵己"者，全于己生，然不为利人。"贵势"者，诡谲无常，然无有中正。"贵先"、"贵后"思想不详，可能是以凡事豫备、不先物为之旨。刘宗周提出，"夫子所云异端，即近在吾心。……凡从生死起念便是佛，从成毁起念便是老，从名实起念便是申、韩，从毁誉起念便是乡原，从人我起念便是杨、墨，从适莫起念便是子莫。四下分消，粹然立中正之极，便当下是圣人体

段。"（引自《学言上》，载《刘宗周全集》第二册，浙江古籍出版社 2007 年版，第363 页）这种说法不免于有主观臆断、以偏概全之嫌。道、儒、佛各有生死观，不过旨意不同罢了。道家是以生死为一条，儒家是未知生焉知死，佛氏是因缘的无生无死。《老子》反本归宗，申韩重法求实，乡原求人之誉，杨子为我、墨子为人，子莫以执中为适。惟理义所是，方为粹然中正。

三、《老子指略》论说

王弼在《道德真经注》之外，另著有《老子微旨略例》，又名《老子指略》，其对《老子》思想进行了融贯性的申说和概述，影响深远。兹分列如下，并加以阐释。

（一）"物之所以生，功之所以成，必生乎无形，由乎无名。无形无名者，万物之宗也。不温不凉，不宫不商；听之不可得而闻，视之不可得而彰；体之不可得而知，味之不可得而尝。故其为物也则混成，为象也则无形，为音也则希声，为味也则无呈，故能为品物之宗主，苞通天地，靡使不经也。若温也则不能凉矣，宫也则不能商矣。形必有所分，声必有所属。故象而形者，非大象也；音而声者，非大音也。然则，四形不象，则大象无以畅；五音不声，则大音无以至。四象形而物无所主焉，则大象畅矣；五音声而心无所适焉，则大音至矣。故执大象，天下往，用大音则风俗移也。无形畅，天下虽往，往而不能释也；希声至，风俗虽移，移而不能辩也。是故天生五物，无物为用。圣行五教，不言为化。是以'道可道，非常道；名可名，非常名'也"

以上重点诠释了《老子》全书的总纲和要旨，"道可道，非常道；名可名，非常名"。在这里，采取"道与物反"的逻辑形式，明确揭示出大道与可道、无名与可名、五音与大音、形象与大象、声与希声等的玄妙关系，提纲挈领，言简意赅。正因为道者无形无名、无声无呈，方为"万物之宗"，方能包裹天地，无使不经。若有形分、声属，即为物性，而非大象、大音。或温或凉，温不能凉，凉不能温，为物之性。从大道存在的"其可左右"言是可温可凉，从与物或温、或凉属性相反言是"不温不凉"。凡可视听体味者，皆为存在物。相反，"混成"、"无形"、"希声"和"无呈"等是大道的存在质性。大道不离于物，即物而非物。"象而形"者，有定限则为物。大象者，以四形为寄寓，畅通不定于形，故为"无形"。音声与大音等存在关系类此。大象者，以生化成众形，无物不然；"执大象"者，利物不宰，故天下归往。用大音者，移风易俗，然不落入分辩之执。道之于物，可道之道；物之于道，不道之道。用于无用，则"无物为用"。正如至为无为而无所不为一样，至用不用则无所不用。言之于教，可教之教。至言不言，希言自然，故"不言为化"。无化非教，至教不言。大道不可以形物求，然可因形物见功存。恒名不可定名得，只能假名以称至名无名。王弼所言"无"的意蕴，既是不定居、局限于一有、又是涵摄万有的无所不有。

（二）"五物之母，不炎不寒，不柔不刚；五教之母，不皦不昧，不恩不伤。虽古今不同，时移俗易，此不变也，所谓'自古及今，其名不去'者也。天不以此，则物不生；治不以此，则功不成。故古今通，终始同；执古可以御今，证今可以知古始；此所谓'常'者也。无皦昧之状，温凉之象，故'知常曰明'也。物生功成，莫不由乎此，故'以阅众甫'也"

炎和寒、柔和刚、皦和昧、恩和伤，皆是形名定分、物性之殊。作为天下母的大道，是定限、殊分存在物的否定，为涵摄有待质性的无待存在。为什么不能用正面、肯定的语词来称谓"道"？这是语言表达方式使然。表达"遍在"、无限存在的质性有两种形式：一为肯定兼通式，如亦柔亦刚，它是一而二，二而一的通一思维模式。分言之，柔刚是二；合言之，柔刚是一，通一于柔刚。用肯定兼通式思维揭示大道一体、大全的存在属性，是"道通为一"。二为否定的不定式，如非柔非刚一类思维。非柔非刚的思维，既是不固定的存在，或柔或刚，又是兼涵柔刚的能柔能刚。以否定的不定式思维表达绝对本体存在，是无限、不测的"不可道"，"大道不称"。二者的思维结构分别是无所不涵的至极和不可穷极的无极。至极是涵摄有限的至极，无极是否定有限的无极。在道家思想中，二者互用以揭示恒道存在的至极而无极质性。从王弼的思维看，大道既非是固定于一柔或一刚的有限物性，同时具有涵摄柔刚、能柔能刚的存在质性，否则就不会成为生成性的"母"。作为原本之母，既是万物的潜在，又是原始统一的存在。既言"不炎不寒，不柔不刚"、"不皦不昧，不恩不伤"，同时是"泛兮其可左右"的存在，它是大道作为"万物之奥"的存在样式。虽"自古及今，其名不去"，然大道存在样态已发生了根本转化。作为"与物反"者，作为否定思维的"不可道"存在质性，恒道存在固然是独立不改的质性。然作为"不变"的存在，又非是物性的固定存在，而是"无"的存在。绝对本体存在"无"，既是对或柔或刚定在物性的否定，同时具有能成或柔或刚定在物性的潜能，为有无相待的统一。前者是肯定之否定的"无"、"不物"，后者是否定之肯定的"有"、"物物"。天以此生物，治以此成功，故功为恒存。在《老子》本旨，恒道虽有"有物混成"和"泛兮其可左右"存在样式之别，然是同一个绝对本体存在，故古今通、终始同。恒道之"常"或"恒"，既是无所不涵的大全性，又是无不统摄的一体性。能知的"古始"作为"道纪"，揭示的正是这样的质性，因分殊而言统一。恒道之"常"非是古今不变的一定存在，而是"独立不改"、"周行不殆"的恒一存在，亦是无常之常、恒于无常的大全、统一存在。无状无象只是其"恒常"的一个方面，实则"无状之状，无物之象"方是其"恒常"的真谛，它是微妙无形与至神不测的统一。"知常曰明"，是知其为"无状之状"的至极存在，虽本自无状然能生成万状，功成万状后又复反于无状。它是为物不贰、生物不测的功成不有存在。"以阅众甫"，既揭示出物生功成莫不由道的质性，又揭示出大道功成不居、生物不测的质性。在《老子》那里，"有物混成"和"万物之奥"

是恒道存在的两个不同样式。王弼诠释《老子》的思维转向，是将绝对本体存在恒道从作为宇宙万物生成本源、"有物混成"的存在样式，转变为无物不由、作为"万物之奥"的存在样式，然限于《老子》原本思想的存在，在注说上并不能彻底贯通，还留有宇宙论生成的痕迹。

（三）"奔雷之疾犹不足以一时周，御风之行犹不足以一息期。善速在不疾，善至在不行。故可道之盛，未足以官天地；有形之极，未足以俯万物。是故叹之者不能尽乎斯美，咏之者不能畅乎斯弘。名之不能当，称之不能既。名必有所分，称必有所由；有分则有不兼，有由则有不尽；不兼则大殊其真，不尽则不可以名。此可演而明也"

"演"即逻辑推演，以此推知恒名不可名、恒道不可道。奔雷、御风不可谓不是疾极者，然尚不能"一时周"和"一息期"，故不可为至极。善速者在于不疾，善至者寄于不行。不疾、不行者，不可道其尽，故为至极。可道之盛、有形之极的大物，莫过于天地，然天地以分，各有定限。"官天地"者，无定一能而兼其所能；"俯万物"者，无定一形而能以形形。无形无名者之所以"叹之不能尽其美"、"咏之不能畅其弘"，乃在于其名无以名，只能强名，可名非恒名；称无以尽，只能假谓，可称非恒道。凡名必像乎形，因定分之形而有名。名必有分，分则不兼，不兼则不能指全道之真。凡称必法乎状，因定分可由而有称。可由则不尽。不尽则不能命道之容。此文对恒道与可道、恒名与可名，以及名称与物形间关系给予了进一步的揭示。无形无名者，是绝对无待者；可名可称者。是有待定在者。以有限之名谓指称无限之存在，故不可尽表。然无名称则大道不显，故假言以得象，得象而忘言。

（四）"道也者，取乎万物之所由也；玄也者，取乎幽冥之所出也；深也者，取乎探赜而不可究也；大也者，取乎弥纶而不可极也；远也者，取乎缅邈而不可及也；幽也者，取乎幽微而不可睹也。然则'道'、'玄'、'深'、'大'、'微'、'远'之言，各有其义，未尽其极者也。然弥纶无极，不可名细；微妙无形，不可名大。是以篇云：'字之曰道'，'谓之曰玄'，而不名也。然则，言之者失其常，名之者离其真，为之者则败其性，执之者则失其原矣。是以圣人不以言为主，则不违其常；不以名为常，则不离其真。不以为为事，则不败其性；不以执为制，则不失其原"

《老子》恒道为诸理之统，它是"无形无名"的精妙涵义所在。恒道不可定名，然因其在"物物"中的不同存在质性而有不同假名。以万物由生而"字之曰道"，以有欲无欲同出而"同谓之玄"。"幽冥"是玄冥中独有照，幽微是不可睹中至功存。深远是探赜不可究中其中有精，缅邈是不可及中有信，大是弥纶不可极中有物。作为恒道的不同殊名，皆是假名、强名，故不可以单一、定性称名以指谓之，而要以有无、大小等一体的玄义寄名以言之。恒道既是"无形无名"者，又是有众多强名的存在。同其存在质性是"道一而分殊"一样，假名、强名亦是分殊不一。以其统摄言是"混

而为一"、"道通为一"；以其殊分言是"同出而异名"。道、玄、深、大、微、远等作为绝对本体存在的假名、强名，每一个内涵指谓皆涵摄其他的涵义指称，相互间是一以贯之。"名"是定形可名之名，故弥纶无极者不可以形细名，微妙无形者不可以形名大，然恒道既是不可名者，又是可假名为大、小的统一。王弼之所以用"无"称谓绝对本体存在，正是看到这一存在质性和假名多殊的问题。它不能以"一"与"多"的统一思维来揭示这样的思想内涵，故只能以"无"来统摄诸性，以取代于"道"。由于不明绝对本体存在的"道一分殊"思维质性，故其所谓的"道"、"大"等诸名只能是对绝对本体存在一方面质性的揭示，而不能相互涵摄融贯，一以贯之。以"玄"思维言，在《老子》本旨，"玄"作为幽冥是窈冥中有精，在《庄子》是"至道之精，窈窈冥冥"（《在宥》），作为绝对本体存在的假名，它涵摄"深"、"大"、"微"、"远"等存在质性和强名涵义。正如辩者有不辩一样，言者有不言，故知道者不言。言非所以言，故执言失常。名以形为名，故恒道不可名，只可强名。名非所以名，故执名离真。可道而非道，故恒道不可道。恒道非有"可道"则不明，故有"道纪"；恒德非有执为则不贵，故有"执大象"。以名言为假，以执为为用，虽名言而非执名言，虽执为而非固执定为，方得恒道之妙。

（五）"然则老子之文，欲辩而诘者，则失其旨也；欲名而责者，则违其意也。故其大归也，论太始之原，以明自然之性；演幽冥之极，以定惑罔之迷。因而不为，损而不施；崇本以息末，守母以存子；贱夫巧术，为在未有；无责于人，必求诸己；此其大要也"

《老子》以恒道非定常而不可执为主旨，固然道不可道，名不可名，辩不可诘，然其为文则以强名而得意：以"无状之状，无物之象"强名其象状，以"无为而无不为"指谓其功为，以"玄德"、"上德"揭蔽其德性，以"以道莅天下"、"执大象"指示其道用。从恒道存在质性的绝对无极论，是"道之不道"、"大道不称"，故不可致诘。若辩诘则失其旨，若名责则违其意。从恒道存在质性的相对至极论，是"有物混成"、"泛兮其可左右"，是"玄牝之门"、"天地之始"，是"万物之母"、"万物之奥"等。恒道作为绝对本体存在，是"不可道"与"可道"的统一，通过"可道"以揭示"不可道"，以"不可道"否定"可道"的定执。"可道"性，体现在恒道与万物的关系中，恒道在"为物"的功用中揭蔽其存在，在"物物而不物于物"中揭示其玄妙质性。物可名可言为肯定思维，然否定的肯定是另一种肯定，故假物强名可以揭蔽恒道存在质性。绝对"无"相对于定有，是即"可道"揭示"不可道"，非有即是无。语言的这种玄妙思维，是《老子》为文的要旨所在。恒道作为"不可道"与"可道"的统一，体现在认知上就是：只能自悟，非可辩诘；只可自得，非在炫智；只得修己，不可强为。辩诘失旨，本于大道"不可致诘"；名责违义者，本于"名可名，非恒名"。"太始之原"者，是"象帝之先"、"天地之始"；"自然之性"者，是"道法自

然"、莫命恒自然;"幽冥之极"者,是窈冥恍惚、"混而为一";"惑罔之迷"者,是"俗人昭昭"、"俗人察察";"因而不为"者,是"辅助自然"、"用人之力";"损而不施"者,是"损之又损"、"为而不恃";"崇本举末"者,是"能知古始"、"处其实,不居其华";"守母存子"者,是"既得其母,以知其子;既知其子,复守其母";"贱夫巧术"者,是"大巧若拙"、"绝巧弃利";"为在未有"者,是"为之于未有,治之于未乱";"无责于人"者,是"宽容于物"、"以德报怨";"必求诸己"者,是"修之于身"、"惟道是从"。《老子》因世道浇薄、其迷日久而揭示"太始之原",忧"道之不存"而匡正于"以道镇之",以玄同之识、玄德之真为世人定"道纪",明"袭明",解"惑罔"。《老子》的大要在于:探太始之源以明自性,究幽冥之极以除迷执,秉因循之术以道无为,用损盈之道以期自守,持雌母之德以存本宗,守卑贱之基以容用众,修自胜之强以处柔弱,复朴俭之真以为摄生。

(六)"法者尚乎齐同,而形以检之。名者尚乎定真,而言以正之。儒者尚乎全爱,而誉以进之。墨者尚乎俭啬,而矫以立之。杂者尚乎众美,而总以行之。夫形以检物,巧伪必生;名以定物,理恕必失;誉以进物,争尚必起;矫以立物,乖违必作;杂以行物,秽乱必兴;斯皆用其子而弃其母,物失所载,未足守也。然致同途异,至合趣乖,而学者惑其所致,迷其所趣。观其齐同,则谓之法;睹其定真,则谓之名;察其纯爱,则谓之儒;鉴其俭啬,则谓之墨;见其不系,则谓之杂。随其所鉴而正名焉,顺其所好而执意焉。故使有纷纭愦错之论,殊趣辩析之争,盖由斯"

此论各家学术要旨,以申明"用子弃母"、"离朴执器"之迷,揭示"道术为天下裂"之所在。法家以准绳、衡称、规矩为常式,以恒一不易者权检于众,故以"齐同"为尚。然检形也可以"袭取",故巧伪必生;名家以指事为用,求于名言符实的确信,故以"定真"为尚。然名者可以定物,也可用为辩术,故失其实理;儒者以仁义为道,以亲亲尊尊为旨,故以"全爱"为尚。然以名誉劝进,则行于仁义,故争尚殉名;墨家以忧天下不足为义,以自苦备世之急为至,故以"俭啬"为尚。然以舜自矫而形劳天下,立物而忤人情,故乖违必作;杂家以兼儒墨名法为统,希总括而悉得之,故以"众美"为尚。然以为行物则漫羡无定,故秽乱必兴。"朴散则为器",执器以为守,则失其所本。道本为一,"致同途异,至合趣乖"。学者惑所致、迷所趣,故道术为天下裂。后世自察所好,执著定名,因己鉴以正名,顺己求而执意,贵贱由己,故争论不止,"往而不反"。循道者以道观之,当贵而贵,当贱而贱,贵以贱为本,贱以贵而尊。贵贱迷执已息,则"纷纭愦错"、"殊趣辩析"等争论止。圣人用器则"以道镇之",为之"官长",坚守"大制不割",故秉持"道纪"。

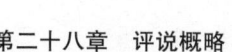

（七）"又其为文也，举终以证始，本始以尽终；开而弗达，导而弗牵。寻而后既其意，推而后尽其理。善发事始以守其论，明夫会归以终其文。故使同趣而感发者，莫不美其兴言之始，因而演焉；异旨而独构者，莫不说其会归之徵，以为证焉。夫途虽殊，必同其归；虑虽百，必均其致。而举夫归致以明至理，故使触类而思者，莫不欣其思之所应，以为得其义焉"

此言《老子》为文的思维特质和逻辑内涵，"举终以证始"则知道本，恒道为"万物之宗"、"万物之奥"；"本始以尽终"则知道用，"能知古始，是谓道纪"，"以道镇之"。无终何以溯源于始？无始何以推究终极？终始一贯，相互为用。同时在有始有终中，揭示恒道的无始无终，为"象帝之先"、"天地之始"。恒道本自无始，然因"为物"成为万物之始。恒道本自无终，然因成物、寓于物而有终，为"善始且善成"。文以开导得意，不可固执。假言以得其意，究事以推其理。既善发事始，以统摄总要；又明其会归，以一以贯之。因"兴言之始"，而演知其归终，知有名万物母而无名天地始；因其"会归之徵"，而证知其本始，明"万物芸芸，各复归其根"。推演者，为得道悟道之思维逻辑。"同趣感发"者，以体其万殊；"异旨独构"者，以证其一本。殊途而同归，一致而百虑，触类而旁通，理一而分殊。直达妙理，则要言不烦，言简意赅。不知玄旨，则言者不知，文博无宗。

（八）"凡物之所以存，乃反其形；功之所以尅，乃反其名。夫存者不以存为存，以其不忘亡也；安者不以安为安，以其不忘危也。故保其存者亡，不忘亡者存；安其位者危，不忘危者安。善力举秋毫，善听闻雷霆，此道之与形反也。安者实安，而曰非安之所安；存者实存，而曰非存之所存；侯王实尊，而曰非尊之所为；天地实大，而曰非大之所能；圣功实存，而曰绝圣之所立；仁德实著，而曰弃仁之所存。故使见形而不及道者，莫不忿其言焉。夫欲定物之本者，则虽近而必自远以证其始；夫欲明物之所由者，则虽显而必自幽以叙其本。故取天地之外，以明形骸之内；明侯王孤寡之义，而从道一以宣其始。故使察近者而不及流统之原者，莫不诞其言以为虚焉。是以云云者，各申其说，人美其乱。或迁其言，或讥其论，若晓而昧，若分而乱，斯之由矣"

大道与物形反，以为德是"玄德"之妙，以为用是"反者道之动"。存物而反于无形，则不恃其形；功成而反于无名，则不名其有；实存不忘于亡，则救亡图存；长安不忘于危，则思危求安；善力举重若轻，故"用人之力"；善听闻于雷霆，故"大音希声"。反其性而用之，"安之所安"在于思危，"存之所存"在于知亡。侯王实尊在于卑以自持，天地之大在于因物成能。圣功实存，在于不恃，故"绝圣弃智"；仁德实著，在于不居，故"绝仁弃义"。非行仁义，则由仁义行；功成不居，则其用不竭；知于不知，则"大智若愚"。见形者执著于功名，体道者于功名而不有。人之习情莫不忿其言非实用、知非权术，因忿而迷执。体道者知言非尽道，故"知者不言"。定物之

本，因万物之生而证求天下始母，故曰远始；明物所由，从"万物皆生于有"中见"有生于无"，故曰幽本。探寻天地之外的本始，以明其形骸之内的分有；问究孤寡的道理，以晓其柔弱道用之妙。小知近察，不能溯其流统之原，故诞其言以为虚。迂其言、讥其论者，以自察云云，各执所是，若晓而实昧，故不能得《老子》大道之全。不见《老子》妙旨，不亦不幸而悲夫！

（九）"名也者，定彼者也；称也者，从谓者也。名生乎彼，称出乎我。故涉之乎无物而不由，则称之曰道；求之乎无妙而不出，则谓之曰玄。妙出乎玄，众由乎道。故'生之畜之'，不壅不塞，通物之性，道之谓也。'生而不有，为而不恃，长而不宰'，有德而无主，玄之德也。'玄'，谓之深者也。'道'，称之大者也。名号生于形状，称谓出乎涉求。名号不虚生，称谓不虚出。故名号则大失其旨，称谓则未尽其极，是以谓玄则'玄之又玄'，称道则'域中有四大'也"

名以"定彼"为命名，命名因彼形而自名之，故云"名生乎彼"。称以"从谓"为称呼，称呼以我求彼之应，故云"称出乎我"。恒道不可名，然所以称之为道，乃因其"无物而不由"，为"众由乎道"；所以假名之为玄，乃因"无妙而不出"，为"妙出乎玄"。"玄"是妙、徼的统一，无徼则无妙，故同谓之玄。固然，名号来自形状的摹象，有名号则必有其所指谓的具在实在；称谓因于涉求而指事，有称谓则必有所指谓的实为。恒道作为"无状之状"、"大象无形"者，若以名号尽言奥妙，则将"大失其旨"；恒道作为"窈冥恍惚"、"众妙之门"存在，若以称谓尽其玄旨，必将"未尽其极"。"道"为域中"四大"之一，涵天地人三大为自己的内在，因天地人揭示其为似不肖之大。"玄"之立名，在于揭示两个相对、相反质性的统一，故为名谓上的"深远"者。"道"之强名，在于揭示"生之畜之"与"不壅不塞"的统一，故为指称上的至大者。"道"既是生生不息，又是生生不生，二者合言是"生而不有"。"为而不恃，长而不宰"类此思维结构，故通谓"玄德"。有功而不居功、强名而无能名等皆是恒道"玄"性的呈现。

（十）"老子之书，其几乎可一言以蔽之，噫！崇本息末而已矣。夫素朴之道不著，而好欲之美不隐，虽极圣明以察之，竭智虑以攻之，巧愈思精，伪愈多变，攻之弥甚，避之弥勤。则乃智愚相欺，六亲相疑，朴散真离，事有其奸。盖舍本而逐末，虽极圣智，愈至斯窔。况术之下此者乎！夫镇之以素朴，则无为而自正；攻之以圣智，则民穷而巧殷。故素朴可抱，而圣智可弃。夫察司之简，则避之亦简；竭其聪明，则逃之亦察。简则害朴寡，密则巧伪深矣。夫为能至察探幽之术者，匪唯圣智哉？其为害也，岂可记乎？故百倍之利未渠多也"

以"崇本息末"为《老子》行文要旨，不若以"崇本举末"而概言之。因为道与德就是本末关系，道为本，德为末。德本自道，故不浇薄驳伪。若以为"息末"，

则德莫非要除去？既以智虑巧伪言之，也非一概而弃。如"大智若愚"、"大巧若拙"等，只不过立另一个反于习俗的智、巧内涵而已。《老子》一书，其文以道为统，以德为要，以通为明，万殊而一理，殊途而同归。以道德为本，是为天下式。恒道存在作为一本，固是万物所由。然它又是玄德所出，道术所本，举事所主，信言所宗，内圣所据，外王所归。法于道德，则无心贪欲，无有凿虑，无有妄为。"崇本"者，闲邪在乎存诚，息淫在乎去华，绝盗在乎去欲，止讼存乎不尚，如斯而已。见质素以静民欲，弃圣智则无有巧伪；抱质朴以全笃实，绝仁义则不薄习俗。寡私欲以息华竞，摒巧利则无兴奇巧。若使民贪欲不生，则司察自绝，聪明自潜，华奢自去，明誉自灭，巧用自弃，宝货自贱。何邪之为可攻？然圣智、仁义、巧利之实，岂可息乎？息将不分良莠，不近人情，圣人何以成能？天地何以立心？言《老子》弃华伪则可，若言弃末则道本何以载、何以用？物以道为生，器以道为用，事以道为理，行以道为凭。不过是"崇本举末"而已。"舍本攻末"者，正与"崇本举末"相反，其弊甚大。在人之情，素朴不著，则好美不隐。若极圣明以自察，竭智以巧攻，固是攻弥甚避弥勤，以至于"智愚相欺，六亲相疑"。王弼此论的思维类于《庄子》的"圣人不死，大盗不止"（《胠箧》）、"圣人已死，则大盗不起，天下平而无故"（《盗跖》）。它们的意旨合于郭象的独化论，而与《庄子》内篇的内圣外王思想不合，更与《老子》重视圣王的思想不合。《老子》云：朴散为器，则以为官长；去欲少私，则曰知足恒足；弃智去察，则曰知常者明；摒弃争妄，则曰为而不争；寡利去竞，则曰利而不害；绝仁弃义，则曰慈故能勇；除习之尚，则曰尊道贵德。此皆是"为之于未有，治之于未乱"的"以本制末"之妙，非是回归原始无知无欲状态。以道镇于素朴，以修道于德真，则无为而民自正。主以制己，少取于民，不乱农时，让民自富，何以欺民？"我无为，而民自化；我好静，而民自正；我无事，而民自富；我无欲，而民自朴。"民之饥在于上取食税多，民之难治在于上之有为。《老子》云"民其难治，以其智多"，故善为道者非以明民，将以愚之。"愚之"是"镇之以素朴"。民之"智多"在于上之"苛察"。上竭聪明以察，则民弥贫，不得已"逃之亦察"，故"以智治国"为"国之贼"。上行宽政，则民不离德，巧伪不兴。人主圣智，在于清静无欲，辅助自然而不妄为，善利民而不争，故天下莫有能与之争。人主"攻之以圣智"的苛察可弃，然"以天下观天下"的圣智不可无。

道 与 物

（十一）"不能辩名，则不可与言理；不能定名，则不可与论实也。凡名生于形，未有形生于名者也。故有此名必有此形，有此形必有其分。仁不得谓之圣，智不得谓之仁，则各有其实矣。夫察见至微者，明之极也；探射隐伏者，虑之极也。能尽极明，匪为圣乎？能尽极虑，匪为智乎？校实定名，以观绝圣，可无惑矣。夫敦朴之德不著，而名形之美显尚，则修其所尚而望其誉，修其所道而冀其利。望誉冀利以勤其行，名弥美而诚愈外，利弥重而心愈竞。父子兄弟，怀情失直，孝不任诚，慈不任实，盖显名行之所招也。患俗薄而名兴，行崇仁义，愈至斯伪，况术之贱此者乎？故绝仁弃义以复孝慈，未渠弘也"

王弼在此深言《老子》"名"与"理"、"实"的关系，重点揭示了"绝仁弃义以复孝慈"的意旨。名辩与言理，定名与校实，已涉名言逻辑，直指《老子》名言的要妙。名因形而命，有名必有形。形必有分，名必有实。仁与圣、智与仁，因实有别而名有分。只有"校实定名"，方可正名无惑。察见至微、探射隐伏者，只是"校实定名"。然"善言可以市尊，美行可以加人"。修尚望誉，名愈美，则诚愈损；修道冀利，利愈重，则心愈偷。显名行、薄风俗，"怀情失直"，而以仁义救之，不亦是扬汤止沸？《老子》以道修真，并非绝弃功名，否则何以言功成事遂而身退？功成事遂，则名必就。这里的关键在于能否"身退"，持守无名？功名不是有没有的问题，而是怎样看待、持守的问题。若否定一切功名，则人人不为，何以有"玄德"？求仁义的名伪可不为，而为仁义之实则不可废。孔子言仁义，何尝不是复孝慈之直？"直"者，有诸己、诚诸中，形诸外，忠恕之谓。不以求名利而实其孝慈，是率性以直。德真即"直"。不修其真，则与俗化，"直"非诚直。《老子》提出"绝仁弃义"，正是要摒弃名伪，而非否定生生之仁、适宜之义。通于大道者，知名不可名，道不可道。功成而不名有，至誉无誉，则必无伪。抱道怀德，性直真诚则孝慈自复。

（十二）"城高则冲生，利兴则求深。苟存无欲，则虽赏而不窃；私欲苟行，则巧利愈昏。故绝巧弃利，代以寡欲，盗贼无有，未足美也。夫圣智，才之杰也；仁义，行之大者也；巧利，用之善也。本苟不存，而兴此三美，害犹如之，况术之有利，斯以忽素朴乎？故古人有叹曰：甚矣，何物之难悟也！既知不圣为不圣，未知圣之不圣也；既知不仁为不仁，未知仁之不仁。故绝圣而后圣功全，弃仁而后仁德厚。夫恶强非欲不强也，为强则失强也；绝仁非欲不仁也，为仁则伪成也。有其治而乃乱，保其安而乃危。后其身而身先，身先非先身之所能也；外其身而身存，身存非存身之所为也。功不可取，美不可用。故必取其为功之母而已矣。篇云：'既知其子'，而必'复守其母'。寻斯理也，何往而不畅哉"

"既知其子，复守其母"，是申述"崇本以举末"之旨。在人之习情，固然"利兴"而导致"求深"，私欲行则巧利昏，然也不能因噎废食。"崇本"，不在无欲，而在于以道德制欲。王弼以"存无欲"为崇本，偏离了《老子》之旨。在《老子》言，

修之于道方能德真、寡欲知足则虽赏不窃。上无巧弃之心，则下无盗贼之兴。民多盗贼在于迫不得已而以求生为之。在《老子》本旨，存于道德之本，自绝圣智、仁义和巧利之伪，然后自然圣功全、仁德厚，而非是"绝圣而后圣功全，弃仁而后仁德厚"。修道则功成身退，功为不测，全于圣功。绝圣弃仁，在于崇本于道德。以道德行，则圣仁名伪自弃。固然，恶强非欲不强，而在于为强失强，以道行则自强。若为于"有以为"，则为仁成伪、谋治反乱，保安致危。相反，后身则身先，外身则身存。既然非欲不强、身先、身存，那么非是功不可取、美不可用。取为功之母，是"功成而不居"、"不自伐，故有功"，它以玄德为本。道者以柔弱为用，以自卑处下为德，以后身、外身为道术。若圣智、仁义本于务本，则"本立而道生"，"何往而不畅"？弃仁义之名伪可，去仁义之实则不可。否则，就会造成否定生畜之德。生生之德作为仁义之实，寓于玄德之中。圣人"利而不害"，何尝不是仁义？今本《老子》皆云："偏将军居左，上将军居右，言以丧礼处之。杀人之众，以悲哀泣之，战胜以丧礼处之"。对此，王弼不注，可能认为它非是原文。但从帛书《老子》看，证验其为本文。可见，《老子》并非一概否定"兵"和"礼"，而是更强调以道用之，"以本制末"，而非"崇本息末"。

四、《抱朴子》评说

东晋葛洪在著《抱朴子内篇》一书的《明本篇》中，提出了儒道思想为先后、本末关系的价值评判。

（一）儒者之务

儒者之务的重点在于："升降俯仰之教，盘旋三千之仪，攻守进趋之术，轻身重义之节，欢忧礼乐之事，经世济俗之略"。归结一点是伦理、政教之务。儒者以周孔为代表，以"六经"为主，以"祭祀"为祈福，以"势力"为所爱，以"汲汲于名利"为所求，以"相研之簿领"为所道。儒家的宗旨在于求"治世存正之所由"和"立身举动之准绳"，故其"用远而业贵"，"事大而辞美"，为有国有家者的"不易之制"。这些论述，并非能概儒家思想之全。《易》也言天地造化之理。实则，儒家伦理道德的重点在于：以伦理定分求秩序，以仁义礼智信"五常"为德性规范，追求大同的社会理想，追求"从心所欲而不逾矩"的人格境界。葛洪认为，儒者以有为救世，不免于"君臣易位"，"父子推刃"。因为正如"疾疫起而巫医贵"一样，"道德丧而儒墨重"。儒墨是救乱之说，而非治本之论。以此为治，不免落入"忠义制名於危国，孝子收誉於败家"的境地。其实，儒家本宗在于忠诚率性，"由仁义行"，孔子更是对巧言、无耻之徒大加挞伐，名伪不在其思想本旨中，而在于政教世俗的习尚。《中庸》云："文武之政，布在方策。其人存，则其政举；其人亡，则其政息。"道不虚行，待其人而后行。"苟不至德，至道不凝"。

（二）道家之业

道家之务，在于"全大宗之朴，守真正之源"。道家之业的重点在于："外物弃智，涤荡机变，忘富逸贵，杜遏劝沮，不恤乎穷，不荣乎达，不戚乎毁，不悦乎誉"。其归趣以"履正"而"禳邪"，以"无欲"为所宝，以"抱一而独善"为指归，以"遣情之教戒"为所习。这些论述，并非能概道家思想之全，况且道家诸子思想之间也非全同旨归。"外物弃智"、"忘富逸贵"等，只是"坐忘"，还应有大通、"同于道"。不恤穷、不荣达等，只是保真，还要有"与造化一"的精神逍遥。《老子》何尝弃一切情欲，以"无欲"为宝？"三宝"者在于"慈"、"俭"和"不敢为天下先"。《老子》的宗旨更准确地说是节欲、"寡欲"，"知足不辱"、"知足恒足"，然它们皆是"以道镇之"的修为所致。"抱一而独善"，只是"修之于身"而已，还要有"修之于天下"的"其德乃溥"。"遣情之教戒"为佛氏之宗，而《老子》以道德为所习。在葛洪看来，道家坚持以道治世，故"内以治身，外以为国"，能令"七政遵度，二气告和，四时不失寒燠之节，风雨不为暴物之灾"，最终达致"疫疠不流，祸乱不作，巉垒不设，干戈不用，不议而当，不约而信，不结而固，不谋而成，不赏而劝，不罚而肃，不求而得，不禁而止"的境界。它正是《老子》"执大象，天下往。往而不害，安平泰"的意境。以道家的治境言，是"处上而人不以为重，居前而人不以为患，号未发而风移，令未施而俗易"。道之兴，则三王"垂拱而有馀"，"无为而化美"。道家之贵，在于因物付物，无为辅助，故功大而化美。道者之务，为则"善自修以成务"，居则"善取人所不争"，治则"善绝祸于未起"，施则"善济物而不德"，动则"善观民以用心"，静则"善居慎而无闷"。以《老子》所论，人主成务固必善自修，然也要贵于因循，"善用人者，为之下"。"不争"相对人情之争言，作为一种德行是"不与人争"，非是取"人所不争"。善治者固是"治之于未乱"，然还要有"以道莅天下"。善施在于"因物付物"，且"上德不德"。圣人恒无心而以百姓心为心，而"善观民以用心"不免于迎合世俗之嫌。前者是王道之政，后者可是霸者所图。《老子》言"静"是虚静，无私欲、无妄为。"慎"是"慎终如始"。而"善居慎"是慎独，持敬以行。"无闷"，是不为知而不闷。虽然二者在道德不失的意义上相合，然居慎者是有为而无闷，而处静者是无为而不忧。前者是君子之修，后者是圣王所为。

（三）道本儒末

在比较儒道之说利弊后，葛洪认为二者的先后、本末关系可定。"道者，儒之本也；儒者，道之末也。"以本末关系揭示道家与儒家的思想内涵，非是精当之言。孔孟思想、《易经》何尝不言道本，《老子》何尝不言末务。他指出：黄帝之道可治世太平，又能以升仙，故其道高于尧舜；老子兼综礼教，而又久视，不减于周孔。显然，此是从道教的立场、角度去衡量儒道价值的层次，特别是其升仙观念更是道教独有之旨，而非道家之本。道家虽言修身、养生，然以生死为气化，对厚生持批判的态度，

而"升仙"何尝不是求生生之厚？《老子》固是究极礼教之始，明礼教之由，非是"兼综礼教"，而是为礼教立一个道本；之所以能"久视"，就在于掌握道德性命的本真，非是修炼而成仙。葛洪进而认为，世人"修儒墨而毁道家"，何异于为子孙而骂詈祖考？此不亦"不识其所自来"之已甚！他以为道为"百家之君长"，"仁义之祖宗"。此说也不甚精确。《老子》道学，虽就其思维高度、思想深度上可与周孔齐圣，然他们思想上同来自一个道统，各有侧重点，应该相济并用，并无价值高低之别。一言王道之术，一言王道仁政。在《抱朴子外篇》的《用刑篇》中，葛洪又站在儒家的立场上指出，若行道家之言，则当弃桎梏，堕囹圄，罢有司，灭刑书，闲干戈，平城池，散府库，毁符节，掊衡量，昏目塞耳，反乎天牧，相忘江湖，朝廷无人，民至死不相往来。这些观念多为《庄子》外、杂篇的某些篇章所载，多是俗道学的陋习，非《老子》道德本旨。《老子》何尝言去邦国？何尝言弃兵？何尝云昏塞？抨击"朝甚除"，何尝提出"朝廷无人"？言"司杀者"，何尝"废有司"？就是"民至死不相往来"，在当时也具有民本价值。在小农经济条件下，民众自给自足，丰衣足食，邦国间和平相处，至死如此，何用相互间往来调剂不足，以至于为争攘而迁徙？相反，它的宗旨在于以道德为本，以本制末。只要有此理性的主宰，"以道镇之"，就能不为世俗迷乱所惑，保证物尽其用，人尽其宜。

五、赵实庵评说

宋道士赵实庵著《老子》注，在序中对《老子》思想进行了概要评述。现辑录如下，分别阐释之。

（一）"混成之体，冥於寂寥。日用之功，宗於气母。造形而上无，无者，俱隐而无。下法而亲有，有者，均而俱有。善守则固无死地，得一则洞化神机"

"混成"、"寂寥"为道之容，既为"无状之状"、恍惚无形，又为"气母"，具有不测神功。"气母"源自《庄子》"袭气母"，是"通天下于一气"的一气之化，以造化者言则与恒道同实而异名。恒道作为绝对本体存在的质性，是有与无的统一。作为"无"者，因微妙遮蔽而言"隐"，以无形无状、混成不分而言"无"。"无"相对"有"而言，万物均是"有"，"万物生于有"，而"有生于无"。得其有无一体的玄妙质性，以为道术则摄生而无死地，以为道观则通于神明。善守道者，曲则全，有罪以免，祸患不及身，不入死地；得于道者，执一以观天下，物无不照，照无不明，知通于神机。

（二）"本自无亲，肖形者同夫不宰，谁云有作。造化者禀之自然，以其行於万物而为道，不即不离"

大道自然，容乃公，无亲无疏，顺物自然，"长而不宰"。无亲则无遗弃，无宰则

无伤害，无为则不妄作，自然则不争利。万物自然，若无造作、主宰。道法自然，物物而不物于物，故即物非物。非物于物，故"不即"；寓于万物，故"不离"。"不即不离"思维，正揭示出恒道以"为物"揭示自己存在的质性，为"万物之宗"、"万物之奥"，"泛兮其可左右"。既"行於万物"，就是辅助万物的"善始且善成"者，何尝未有善利之功？

（三）"有天下者号曰神器，而不可执，以其得於自己，而为德或仁或义。辅天下者贵夫清净，而不可挠"

"天下"之所以为"神器"，以其自有固然之理，不以人的意志而转移，得之有道，持之有术，故不可执为。以己执为则失，无执则无失。得天下者，在于修道于身，以至于德溥天下；有天下者，在于"以道莅天下"，辅助自然不敢为。两者之要，在于以天下为天下。道德有诸己，则行之天下。为政之要，在于清净无为、辅助自然。"或仁或义"，为道德之理。至仁不仁，利泽自然天钧；至义不义，因物裁制，各得所宜。人主辅于天下，以清净不挠为德，然后辅助自然，"利而不害"。以"利而不害"为旨归，则清净不挠既是德性，又是道术。前者是"修之于身"的自得德真，后者是"修之于天下"的辅助德溥。

（四）"道非难也，简易求之，得於希夷之妙，神变不测。道非易也，言默究之，流于动静之域，真理全昧，故有无二致，可以同观。家国殊途，宜乎一贯"

得道非难，以简易求，则得其"有无一体"的要妙。"希夷之妙"，是微妙无形；"神变不测"，是功用至神。二者合言为"玄"。得其"玄"，则一以贯之，无不通达，无不自得。得道非易，或言或默不足以载，滞于动静则"真理全昧"。道者，实有若无，似无而有，必有无同观而互摄。知者不言，言者不知。言无言，则虽言皆默；默无言，则虽默亦言。知道一贯，则言中有默，默非不言。以动静言，即动即静，动而无妄即静，静而因循即动。静而无动，是执静滞固；动而无静，是肆意妄动。大道恒静，是"独立不改"；大道恒动，是"周行不殆"。二者一体，独立是周行的为物不贰，周行是独立的生物不测。修之于身，以至于家、国，一贯而殊途。以家观家，以国观国，各有其道。

（五）"且二篇之义，正标道德之宗，……得道者上为皇，而下为王；失吾道者上见光，而下为土。了乎斯道，莫匪以心。……夫既如是，果何守耶？恬淡寂寞，不求而自至。果何得耶？征行作为，不迎而自随"

大道是一而分殊，分殊而一，通统而一贯。德以道为宗，道以德而显。从来源上说，无道则无德；从分有上说，无德也无道。得道以为皇王，则有通达之效；失道见光为土，则有警戒之证。道以心而澄明，心以道而通畅。莫非是道，亦莫非是心。莫非是心，亦莫非是道。无心则道用遮蔽，无道则心知不明。《老子》一书，一言以蔽

之，是以先觉觉后觉。守道为心，不求而自能"恬淡寂寞"。得道以行，不迎而自随"征行作为"。欲不欲，为无为，则无为而无不为。

（六）"元古之君，施行乎天下，而不知有道，道乃无为。衰周之时，善诱乎天下，而道有不知义不能徙。此吾师所以付授于尹君，而庄列随以广明乎当世"

为道在人，施行天下"不知有道"，固然"道乃无为"。后世"道有不知"，固然"义不能徙"。前者是无知而道不得为，后者是不知而道不能为。善诱天下，或以善而致不善，"天下皆知善之为善，斯不善"。无为于善，由仁义行，方为至善。不知其道，则徒善不能正其宜。以授尹子，则清静不居，动而若镜。庄以坐忘而逍遥，列以清虚而顺乘。

（七）"虽然仁义可以治世世之不治者，惜乎仁义之不常；道德可以鸣时时之浮伪者，患乎道德之不讲。高明之道，是故存于圣人。中庸之言，何尝废于斯旨？《上经》曰可道可名，非吾之常道常名。宜乎隐奥而难识。若上仁上义，分无为有为之理，亦岂放荡而不收？盖三皇善用，终日兮不离；五帝能承，奉天而有别；下世浇薄，失之在人"

仁义可以治世，然而"不常"。"不常"者，"有以为"使然。可由仁义行，亦可行于仁义。用于仁义，亦可以仁义为利。仁义可以尽性无私，亦可用以图名自私。以道德为之，则可去其浮伪。浮伪不除在于道德不讲。道德讲明于世，"以道镇之"，则复归于朴。圣人高明，存于大道显明。中庸之旨，在于大道日用。恒道不可道、不可名，固然"隐奥难识"，然有"玄德"、"道纪"和"楷式"可循。由仁义行是无为，行于仁义是有为。《老子》以礼为"忠信之薄"，然非以仁义为"乱之首"。"处其厚，不居其薄"、"处其实，不居其华"正是崇本以制末的思维。以道为则由仁义行，饰而伪则礼薄于忠信。若无仁之生生、义之适宜，则道德何以能生育万物，亭毒万品？既言父慈子孝，则仁义实在。道行在于人，善用者无非是道。三皇上德，上德不德；五帝上仁，至仁不仁。若循道而已无以为，则二者同功。

（八）"《易》曰：乾以易知，坤以简能。惟能行简易之道，乃合吾清净之宗。夫如是，则治天下者安有治乱之名哉？善乎盖公之言曰：治道贵清净，斯《道德》二篇之旨所以作矣"

治道贵清净，在上无为而民自化，上不挠则民自安。清静无为，则以百姓心为心，利而不害。人主清静不敢为，在于辅助自然。《易》言易简之理是"顺帝之则"，循理适变。《老子》清净之宗在于辅助自然，因物付物。《老子》既以道德为本，则清静必以道德为宗。以己无为言是"寂然不动"，以无不为言是"感通天下"。

六、刘骥评说

刘骥开宗明义指出，《老子》一书，"首章始于道可道非常道，以明道之不可以情

求也。末章终于信言不美、善者不辩，以明道之不可以言传也。难终难穷、难测难识，仰之弥高，穷之益远，宜若登天然，似不可及也。"以情求"，是通过形状动作的实情而究极。"以言传"，是假言说、言论以明大道之意。恒道是不可穷尽的无限存在，故不可以情、言穷极其意。虽"难终难穷、难测难识"，然非若登天然的不可及。恒道"不可道"在"可道"中得以揭蔽，在对有限的肯定与否定的统一中揭示无限，无限是涵摄有限又不囿于有限的无限。

作者进而指出，《老子》一书的大要是：吾言甚易知甚易行，而天下莫能知、莫能行。致虚极，守静笃，"开其兑而济其事"。人心只要不散乱，就必"安在道中"。"归乎虚静之本"，自能"复其性命之原"。依靠"归根复命，性修反德"的工夫，通过"德至同于初，复归于朴"的修为，就可达致"与道同体"、"复归于无物"、"随迎莫见，隐显莫测"的境界，成就不生不灭、无我无名、"存亡在己，出入无间"的大我，进入"离物遗人"和超脱"天地阴阳度数之外"的境地。这样的评说显然是以《庄子》解《老子》，多有不合《老子》归趣者。致虚极则观复，守静笃则无为，知常因循则济事。知道则心不乱，同于道方能"安在道中"。归于虚静，复其性命，在于体行道德。因为人生湛溺习俗为伪，故要"性修反德"。德复归于朴初，固能"复归于无物"，然非必能"与道同体"。只有"知通为一"，方能与道为一，隐显莫测。只有与造化一，独与天地精神往来，方能不生不灭、无我无名、出入无间。《老子》是道不离人物，《庄子》是"以与世俗处"，皆非"离物遗人"的空自超脱，相反是即物而不流于物，入俗而不染于俗，它需要精神人格的独立。刘骥又分十门以条理梳解《老子》的内涵意旨。

（一）教起因由

周王室衰微，天下"荡荡无纲纪文章"，民受其害。圣人"闵周室凌迟，人失性情"，而欲去矫伪，"还淳反朴，归之太古"，故为文以"厚忠信，尚敦朴，薄礼义，绝圣弃智，使后世之人复见天地之纯，全古人之大体"。

在这里，重点揭示了《道德经》的缘由，评述多引《庄子·天下篇》之文。天地之纯、古人大体，是道德为一。然古人不知有道德，而《老子》以道德为本，二者具有本质不同。以道德为宗，匡正于时世，则立王道之治。"还淳反朴"，是于民"将以愚之"，欲去矫伪，使其复本性之真。"归之太古"，不是复于人类初始时代，而是恢复敦朴的性情。"厚忠信"与"忠信之薄"对反，而忠信何尝不是礼义？所薄者不过是文伪而已。"尚敦朴"，是绝巧弃利。绝弃巧利者，不过是去人心之伪。绝弃圣智者，是功成而不名有。由仁义行即是道德，而行于仁义则非道德。道德者，有生生之德而无名利之伪。

（二）序教离合

道者有二：一为"虚无恬淡寂寞"，崇于"高明"。然超脱者流于枯槁，自摈而不

用于世，不肯以一毫累己心，以超然物外为至人；一为"礼义法度政治"，尚为"中庸"。治士修礼乐，正人伦，谨权量，制法度，用于济世，不肯载上古鸿荒之言，以处乎方内为贤人。若各自自察，则"直若冰炭不相该贯"，岂真知大道哉？"夫高明与中庸，同乎圣人之一道，出于圣人之一心，圣人全德，一出一处，无非内圣外王之道也。"虚无者，"无用而为众用之祖"；恬淡者，无味而为天下之味；寂寞者，"至静而为制动之机"。德全乎此，以治天下可。"物蓄而有礼，刻制以为义，缘情而制法，观天而为度"，然后治道大明。治者由性，尽性则知天，性明即通道。尧无为而治，无为之功皆本于道。"情生于性，性裂为情，水荡为波，波止为水，其实一也。"《老子》因人失性情而明道德，匡正其失，何尝不是极高明而道中庸之学？五千言分其用有三：一为无为之道，二为长生之道，三为治世之道。三者合言，即内圣外王之道。"谓大道为虚无，而虚无之中有治世之法。谓治世为大道，而治世即大道绪余之功。至于治心养性，金液还丹之方，不可一理而推之。忘言为尽虑，则知上下二经吻合万法，沤和方便，无所往而不通"。

将高明与中庸之道一贯，视内圣与外王为一体，深得《老子》为文要妙。"虚无恬淡寂寞"，非仅为去世遗累、超然物外而为真人，更在于养正以治世。修真无为为内圣，兴事造业为外王。《老子》侧重言王道德术，用人之力在于人各尽其职为，如司杀者杀等。修礼乐，正人伦，谨权量，制法度，皆是"朴散为器"之属，圣人非是不用之，而是为之官长，使"大制不割"。"高明"在于"以天下观天下"、"以道莅天下"，"中庸"在于"惟道是从"、"因循曲成"。以《老子》道性思维言，虚无无用方为大用，恬淡无味方为至味，寂寞至静方为动机，执一无为以治天下则无不可。大道之用，不离于物，因物付物。物蓄有礼、刻制为义、缘情制法和观天为度，皆是因循以为，何悖于大道之用？"以身观身"，则治者由性。人物之性各有固然，无所不然则通道。无为之功本于大道，"无为而无不为"。《老子》言道用有二：一为修身之道，"修之于身，其德乃真"。德真无妄，故动行无"死地"。一为治世之道，虚静无为，辅助自然，故又为长生久视之道。二者合为内圣外王之道。"死而不亡者寿"，是与"不道则已"对言，非是金液还丹、求仙长生，而是治心养性、从道而终。亡者，非正命而死，而是自招灭亡。大道为虚无，虚无则无为无不为，故有治世之法。世治则见大道之功。在体悟《老子》真谛上，不可执言以固，而要忘言以得意，此是"极高明"。通其要则感通万事，知其道纪则无不方便，此是"道中庸"。

（三）明宗达趣

言道必有序，无序安取道？"先明宗趣"，然后"原始要终"。"老子作经，先道而后德。庄子九变，先明天而道德次之。庄子之言，事之序也，故先明天。老子之言，道之序也，故首曰道。道以无宗为宗，无祖为祖。圣人作经，以因为主，所因者道，以道为宗，道性至玄。以常极妙，妙极返无，故常道无名，常名无物，有复归无，有

无一致。既升玄也,事理兼忘;既入兼忘,重玄始显。"善恶初分于六对,妙观速转于无为,出则纵横,入而寥缪,"道之大本,实自无为"。"须心月以朗明,谓之无为。存性天而焕若此宗主空虚无物"。若乃道分宗派,性命两殊,"性宗则破约归真,命本则深根固蒂"。从无入有,仙人存修炼之功;自有入无,性理契冲虚之地。"要其极致,道本无为,欲明宗趣,以道为宗,虚无为趣。"今分宗趣,别有"五对":一为"教义对",即"教说为宗,义意为趣";二为"双明对",即"有无为宗,同玄为趣";三为"约己对",即"柔弱为宗,自胜为趣";四为"正因对",即"修真为宗,长生为趣";五为"神化对",即"敦朴为宗,复古为趣"。

道必有序,无序何以为天下贞?《老子》宗趣固主要在于"原始要终",崇本以举末。先道后德,是道德本体存在之序。"先明天而道德次之",则言事理之序。道以"无宗为宗"、"无祖为祖",是"道可道,非恒道"。无宗则以无常为主,无祖则无常其定执。"以因为主",是"道法自然"。"以道为宗",是"以无宗为宗",道之不道。恒道之常,在于无常其常,常于无常。"至玄"者,虽无而涵摄万有,虽有然不测其有,有无一体。"以常极妙",是因有见无;"妙极返无",是有而不滞。以道言之,"道褒无名","大道不称";以名言之,"名可名,非恒名"。以玄言之,非是事理兼忘,而是理事相即不执;若入兼忘,则非"玄之又玄"。"事理兼忘",是佛氏的双遣不住。"玄之又玄",是实有"众妙之门"。固然,道之大本在于无为,然无为非是"心月以朗明"的"空虚无物"而已,而是为了"无不为"。朗明、空虚,只是不住的智慧,而非圣智成功的道术。宗者事理本由,趣者价值趋向。总揽《老子》一书,道者为宗,德者为趣。道本无为而无不为,德者虚无而从道。性宗是"修之于身","深根固柢",命本是"归根曰静","复命曰常"。从无入有,是圣人为化育之功,非是仙人存修炼之功;自有入无,是功成于玄德之归,非是性理契冲虚之地。从《老子》立意言,固然以教说济世为宗,以义意正行为归趣。言有宗,事有君。然也以教说为假,因言以悟道,得意而忘言。固然以有无为宗,以同玄为趣。"有无一体"即是玄同。有中含无,无中摄有,就是"玄之又玄"。"双明"者,通一而明,以无见有,因有证无。固然以柔弱为宗,以自胜为趣。以柔弱为道用,则自损、自卑、自下、自俭等,此是"约己";以柔弱为德,则自胜、自强、自尊、自爱,也是"约己"。柔弱胜刚强,是自胜者强。自胜者,修身制己,强而居弱,守弱以强。固然以修真为宗,以长生为趣。以道修真,是"修之于身,其德乃真";以道长生,是"不自生故能长生",为"修之天下,其德乃溥"。固然以敦朴为宗,以复古为趣。因"道无名朴",故要"见素抱朴","镇之以无名之朴"。以"能知古始"为"道纪",执古道以御今有,非是复归于人类本初。在《老子》的"五对",是以道德为本,以道术为用。

(四) 天人宗承

"道与德同也,天与人一也。知同而同之,则大同。知一而一之,则大一。德知有

道，则升德而会道；人知有天，则以人而修天。道杳难知，人与天隔。欲通之者，必本于圣人。圣人已矣，则本之经图。考经而知道，则自人而之天。得意而忘象，则由德而入道。"老氏以《道德经》明训于世。经旨或有一时是训，如"兵者不祥之器"；亦有万世不易之法，如"常道"垂之无穷。"使道还隆古，则返淳而复朴；治心养性，则返老而还童；涤除万行，则微妙玄通。天子修之则享太平，诸侯守之则镇邦国，卿大夫守之则忠孝，士庶人守之则纯和，方士修之则升真，兵家守之而善胜。此人道之承流也。"

在《老子》是"道与德同"，在《庄子》是"天与人一"。前者是"道生一"与万物"得一"、侯王"得一"的关系，后者是"以天待人"（《徐无鬼》）的意旨。"知同而同之"，则修之于身以至于天下。"升德而会道"，则大同于"惟道是从"。"知一而一之"，则"不以人入天"（《徐无鬼》）。"以人而修天"，则大一于"天而不人"（《列御寇》）。然老庄思想有别，前者是"以道莅天下"的道术，目的在于治天下，以人而治人；后者是"无以生为"的德性，目的在于成就真人的理想。虽然也有"同乃虚，虚乃大"（《天道》）的论说，然主旨在于知天而不知人，有天然而无人作。道与天的内涵有别，则二者归趣有别。道者难知，故圣人作经以觉后人。道一而德殊，道统而德分。"考经而知道"，是假言以悟道。"得意而忘象"，是以德而证道。固然，《道德经》为针砭时弊以作，然道德意旨为万世开太平。隆古复初是返淳朴性情，治心养性是修心性之真，涤除玄览是玄通静观。道用至大，修之守之则各得其所。

（五）三洞所摄

一言"无上大道"，如常道常名、无为清静，无有入无间，视听不可致诘，用之不既，象帝之先，皆非"色象可缘"；二言"六对不齐"，如宠辱若惊、后身外身、不争柔弱，此有"中小之分"；三言"平常道分"，如治人事天莫若啬，治大国若烹小鲜，太上下知有之，无为而民自化。四言"治身之教"，自修之于身及家国天下，小以之大；曰慈曰俭不敢为天下先，从爱以及恭；用兵以丧礼处之，沉机有微明等。五言"长生之诀"，如谷神不死，实腹虚心，载营魄而抱一，精腌作而会神，恍惚窈冥而有信等。详体此经，则"言命有事有理，该贯总摄，互相包含"。谓之顿则非无顿，谓之渐则渐也兼言。"当此经性命混融，自为圆教"，大率一个"道"字已极虚玄。"至于修真养命，錬气养神，虽同超证之门，大存制死之术，固常融命理而入道，证极道而无为，故诸经以制命为先，穷极五行变化。"

"无上大道"，涵道德为一体，以微妙至神为宗。"六对不齐"，融德与术为一体，以弱者道用为本。"平常道分"，合德与治为一体，以"以正治国"为要。"治身之教"，通爱人与制己为一体，以"三宝"、"微明"为机。"长生之诀"，统生生与养生为一体，以功用不竭为旨归。经该事理，总摄性命，顿渐一体，贯通虚玄。《老子》本宗，非是"修真养命，錬气养神"和"大存制死之术"的道教，而是王道之极的道

术。融命理为"可道",证极道为"不可道",入道而无为,无为而无不为。以宗道德为先,非以制命为先。既通极五行变化,又无常于无定理。以通道修道为德,以道理无常为知,以机用若神为术。

(六) 明经殊胜

"语道之大,必师其全;语神之功,必主乎变。苟以道为虚寂,魂处灭亡,木石同躯,禽虫类性,岂能通其变邪?"诸经昧于筌而多岐竞裂,故示无为以不言,阐长生以关键,推五行于隐伏,辨药石于寒温,明运度于兴衰,禁邪异于符箓。"经图诰诀,别趣殊宗,虽同真一之门,未蹑混融之理。"

《老子》道大在于为"万物之宗"、"万物之奥",神功在于"周行不殆",功用不测。若不能"知通为一",则道通何来?玄通何谓?不言之教,是无为之治。长生是生生不息,而非长生不死。推五行、辨药石等皆是道教之说。

"较量殊胜,岂类本经?"作者略举十六种"胜因"以明《道德经》"融贯"意旨。

一云"以常而尽万法"。道与万物是一与万殊的关系。恒道之常,在于"独立不改"、"周行不殆"。周行于万物,则万化未始有极;虽"为物"有万化,然自体独立"一不化"。恒道之常,既是"一不化",又是万化不穷。"一不化",则能尽"万化"。若化于化,则滞为一化。因万化之化,而有造化之常。恒道既能成化,而不拘于已成之化,故"化化而不化于化"。

二云"以玄而同有无"。《老子》云:常有欲观徼,常无欲观妙,二者同出而异名,同谓之玄。或一有,或一无,有无相隔,不可谓之玄。只有有无一体,方可谓之玄。"玄"是道性,非是物性。无以有而无,有以无而有,有而不有,无而不无,乃为真玄。

三云"又玄为众妙之门"。"又玄",本自"玄之又玄"。"又玄"者,妙徼一体,有无互摄。无中涵有,无而有之,是一玄;有中摄无,有而无之,又是一玄。二者合言,则为"玄之又玄"。"玄"而又"玄",无有"玄"性出其外,故为"众妙之门"。

四云"以无为为有为之体"。"无为"与"有为"是体用一体的关系。大道无为相对定为而言,无不为赖于每一殊为,功成事遂,曲则全;有为要靠无为以统摄,为而不恃,则功为不测。道有为,无所不为;人无为,因循以为。上无为,是"用人之力";下有为,是尽其所为。执为而不能无为,则不免于妄为;无为而不能有为,则成为寂灭"土块"。体道之为,是"为无为",体无为而用无不为。

五云"以不胜为大胜"。胜人者有力,是以力服人,非是真胜。柔而怀之,使人心悦诚服,则为真胜。不以力胜,胜以得人心,则天下归往,成为大胜。大胜不在于胜于力,而在于胜于心。胜人于心,首先在于自胜,自胜以强。知刚守柔,柔弱胜刚强。守于柔弱,薄责于人,用人之力,则民乐推不厌。不争于天下,则天下莫能与之争。

六云"以无乐而言乐"。"乐杀人者,则不可得志于天下"。乐杀人者,战胜而美

之，是"无义战"。水能载舟，亦能覆舟。乐杀人者，取于天下，民所遗弃，故"为者败之"。无乐者，杀人众则"以悲哀泣之"，战胜之则"以丧礼处之"。圣人乐于得道，不乐于取天下。若"处上而民不重，处前而民不害"，则"天下乐推而不厌"。不乐于"乐与饵"，而乐于"执大象"。至乐不乐。

七云"以有数而隐数"。恒道无数，而万物有数，无数以有数证其实，有数无尽则至于无数。无数者，不尽于数，不可量数。无数因有数而不测，隐数则不拘定数。隐其数，方能不测其数。"善数不用筹策"。筹策何由兴？源于数穷，穷数于民则烦苛不道。善数者，不穷于数，故不用筹策。

八云"以大宝为神器"。"道者万物之奥、善人之宝，不善人之保。"又云："虽有拱璧以先驷马，不如坐进此道。求以得有罪以免，而为天下贵。"以道而为，"有罪以免"，非大宝乎？能成天下贵，可不为神器乎？吾有"三宝"，"慈故能勇，俭故能广。不敢为天下先，故能成器长。"得道者，无事取天下，以战则胜，以守则固。道为大宝，可以修身以成己、可免罪以保身，可莅以天下治，岂非神器！

九云"以退为进而用兵"。兵者，不祥之器。"师之所处，荆棘生焉。大军之后，必有凶年。"人主于兵，"有道者不处"。用兵有言："吾不敢为主而为客，不敢进寸而退尺"。用兵以进，则以掠夺土地、胜杀人为美，故为不义之兵。退者"执无兵"，不得已而用兵，慈而守之，不以兵强于天下。

十云"无事而定天下"。天下作为神器不可为、不能执，为者败之、执者失之。取天下恒以无事。无事则以百姓心为心，善下怀柔，天下归往。以有事定天下者，穷兵黩武，以战求胜，不义而争霸。无事取于天下，"大邦以下小邦，则取小邦；小邦以下大邦，则取于大邦。"己无事，则以天下事为事，事当其事。

十一云"复季世而还隆古"。季世，末世之谓。隆古，"配天古之极"。以道言，是"能知古始，是谓道纪"。以国言，是"小国寡民"。以性言，是复归于朴。古道不衰、不裂，故为尊贵。"隆古"者，以古为贵，以古为训，以古为循。"古"者，道朴全备，人性纯真，恒德不离，道术不为天下裂。

十二云"大似不肖物咸归之"。道大似不肖，故成其为大。若肖，则"久矣其细"。唯不肖，乃与物反，为"深矣远矣"之"玄"。大象无形，而形万物。道者善利万物而不争，"执大象"者，天下向往。"万物归焉而不为主，可名为大。"不执不宰，则为大顺。

十三云"以抱一为治身治国之道"。抱一者。载营魄而无离，以之治身则有"精之至"和"和之至"。魂魄离，神劳形敝，"魂飞魄散"，身何由治？以"抱一"治身，其德乃真，其性不失。以之治国，则"执一以为天下式"。执一而不偏，诚全而归之，何国不治？

十四云"以简略而包群经"。司马迁言道家"指约而易操"，其为术"因阴阳之大顺，采儒、墨之善，撮名、法之要"。《老子》言虽五千，文虽简略，但众理咸具。道

德性命、仁义礼智、鬼神魂魄、信言名数、中和时化等，无不包统，可谓"道一而分殊"，兼于三才之道。

十五云"不言性而性理咸著"。《老子》全书虽无"性"字，但无处不在说性言理。得道于身为德，德为性理。人物"得一"以生，得一即存其性理，以为天下贞则为道理。道为性之本，德为性之存，术为性之修，真为性之境，和为性之蕴，柔为性之用，自然为性之诚。以道德为本，则性理自著。

十六云"总包道德性命而一一证实"。从生生一本言，道是"万物之宗"；从寓于物为物性言，德是"德畜之"。以"生而不有，为而不恃，长而不宰"言，是"玄德"。以"归根曰静"言，是"复命"。道命于物，为物自得为德，以其本有为性。道生、德畜、物形、势成，道尊德贵，"含德之厚"，"静曰复命"等，道德性命无不一一具现。

（七）明道运启期

"天运靡常，得乎时而道斯兴矣。大道无数，同乎人而数所系焉。"历代宗承，"或去取之因时，或兴亡之在事"。"事是非常，只因颓运之交，疑有清谈之失，不知劫传有日，教亦待时。"世将成治，则"道不虚行"。"《庄子》曰万世一遇，欲求玄解，姑用筌蹄。披乘之人，无忘大教。"

大道以世运，然世有不道之时。世主有道，则道兴于世。道得于时，则世兴乎道。治道不可一定求，然归于"以道莅天下"。教明道兴，则复太平之序。事是非常，则教也待时。欲求玄解，得意忘言。无忘大教，念兹以求。

（八）明通别

"凡经有通别，通谓通序，别为别序。"通序者，"论一经之大旨"；别序者，"经义逐章开陈"。以《老子》有通别，"当以道德为通，八十一章为别"。

从经文内涵与表达结构言，无疑道德为全书总要，它们在经文中"一以贯之"。五千文，无非言于道德二旨。邵若愚云："道德二字，包含而无所不至，所陈阶梯次第，缘道有浅深，德分内外，若不明阶梯，罔纯互谤。"通序者，若第一章与其他八十章。别序者，每一章各有旨归，作为道德的殊目。通别之序，还可以道为经，以德为纬，成其经纪条贯。

至于第九门《明酬请》、第十门《依文分判》，言经文事由及为文结构分判，兹不作解。

七、《意总》评说

宋学者程大昌著《易老通言》，旨在贯通《老子》与儒家学说，现选取其《意总》一篇以见其解说大略。

（一）明总上

作者首先列出两种议老子者，一是认为老子"据道本而溯器原"，则圣智仁义等治之具、形下器皆当"受其覆冒"。一是认为，天下恃以治者仁义礼乐刑政，无是器则无是用，徒手无操而望天下自治，古今必无此理。程大昌认为二者皆自主其见，不能参言道器之本。若使"道不藉器"，则老子所主当"专于无"。然而兵刑税货、舟车器用悉资以为治，未尝遗有，故圣智仁义也应在。尊老者以其上乎形器，疑老者谓其空虚无用，皆非知老者。然老子之高致在于："知道之奥而谈无，曲尽其妙，运器以道，而在有不局于有，凡六经主于纪迹而不暇究言者，此书实皆竭告也。则《论》《孟》之所务明者，与此乎加详矣。是故其书得与六经并行也。"

《老子》在揭示道器的关系上，是"朴散则为器，圣人用之，则为官长，故大制不割"。这里，非否定朴散之器，关键在于"为官长"，思维宗旨是"大制不割"。"大制不割"是"运器以道"。在揭示有、无的关系上，是"生而不有"和"功成而不名有"。它们为"在有不局于有"。谈"无"的要妙在于不定于有，而无限其有。恒道"不可道"，然不离"可道"，故不弃纪迹而重在究其所以迹。"以道观之"，则《论》《孟》所务加详者更明，方知"由仁义行"的"诚"之为贵。在揭示道、德的关系上，二者犹如道器的相互为用，道以德而彰，德以道为本。每一个德术皆是显道以为器用，犹如《易》之理为器用。

（二）明总下

圣贤谈道，本以明世。以此标准言，则老氏之道有怀不尽。究其说有二：一是认为，其人未可与言而与之言是徒言；一是认为，吾意欲致而言不能即，则姑发其端而已。既不可以人不能受知而否定之，也不可以无人可知而不以言授人。老氏著其超绝之见，以期万世一遇大圣，其所期者远，故不待亲见可受之人，而后始以其语授之。"天地所始，造化所起，道德所底，皆穷根极以畅达之，立等级以次比之"。若能探妙资详，则为儒伦之大助。

《老子》究极玄妙，然以立道德为宗。道者玄妙，"万物生于有，有生于无"。以无摄有，则有而不滞于有，故无所不有。德者玄通，"生而不有，为而不恃，长而不宰"。功成不居，则为物不贰，生物不测。究"天地所始"，则知无形无名者至大；寻"造化所起"，则知"物物而不物于物"为至极；明"道德所底"，则知"以道观之"为大知，"惟道是从"为"孔德"，"以道莅天下"为至治。道尊而德贵，"失道而后德，失德而后仁，失仁而后义，失义而后礼"。等级次第立，则知"以道镇之"为道用之要。明玄知本，则照儒伦流弊，清其本原之真，防止俗伪浇薄，非大助乎？

（三）有无

以形言有、无，则自未为天地以上皆可名无，既为天地则人物事为器具皆当名有。世人闻老氏贵无，而疑其表里之皆无形体，则固不适用。岂知其所谓有、无是"道器

交相轮载，而不可泛以形求"。"混成"、玄、又玄，其深至于不可见闻，搏执则为无；而天地由之以生，然其无岂不概涵万有？"大道之沠，是为德仁义礼，而德仁义礼皆函大道也，则凡云万有者，又皆分载混成之一无也。于此致察，而后始见有无之本末也。"老子祖《易》以言道，而皆变其称谓，故"道器之名，转为有无"；而"上下之名，变为妙徼"。此不过是自立己而示无师承，而其理无异。老氏贵无，以其"在本而该"，非是"乐其空无"。及其贱有，非是"处有而拘"，不曰"一涉有具，而遂不为道用"。

《老子》以无形、有形言道物，《易》以形上、形下言道器。二者思维具有重大差别，非是道理无异。无形生有形，是先后、本末关系；形上寓形下，是表里、隐显关系。无形涵摄有形，而不可言形上涵摄形下。无形者，是绝对本体存在；形上者，是事物的本质存在。无形分有于有形之物，则包涵作为事物本质、根据的属性。恒道无形体，因此而有神妙之用。无形无名是体无，而万物由以生是用有。从"有生于无"言，无者潜涵万有，"在本而该"；从万物之母言，无者化为万有。万有分载混成一无，是"万物得一以生"。以历史发展言，道德仁义礼有先后之别，然德是道之用，仁义礼是德之末分。以无为本，以有为末，崇本以举末。《老子》既非是转道器之名为有无，也非是将形上、形下之名变为妙徼。妙徼是恒道存在的微妙无形和功用征迹，非是表里的道器关系。虽然二者皆具有隐显、并存的思维结构，但道器是表里关系，而妙徼是互摄关系，故同谓之"玄"，是"玄之又玄"。妙徼是功成与不居的关系，统一于"物物而不物于物"中。《老子》所贱者，非是贱"有"，而是贱恃有、执有的"处有而拘"者。"一涉有具"非不为道用，相反是以道用之，用有而不拘于已有。

（四）有中之无（上）

以形分有无，则凡在道者为无，在器者为有。道既已为器，则有体有质，体质具而真无不可复见。老氏主无运有，则体质之中于何取无？"有中固自载无。"无最难言，事物之中虚实悉常对立，人可与知。实是体质，虚是其不著体质而能御此之实者。"实中之虚"，是"有中之无"。老氏云："有之以为利，无之以为用"。车之所以运，在于辐毂之备，辐毂之在车是有而实者，至于车所从运非是车之所有，运用在于体质之外，故命其为无。以此为证，有能载无，无能运用。此是老氏"超有用无"之则，道形见于器者类此。以兵刑言，是"出兵言兵、超刑言刑，使兵刑反为我用，而我常不为兵刑所束，而非世人指为无用之无"。

从道器关系言，道者为无、器者为有，有无为内在一体存在属性，是隐显关系。而恒道为无，器物为有，有无既是寄寓关系，又是统摄关系。通于有则为无。以《老子》思维言，道朴散为器，寓于万物以万物为体质，是"其可左右"的"道通为一"。同样以其不定体质，可命名其为"无"，并非真"无"不可复见。虽"无"然作为"万物之奥"，统摄万物存在一切功用。万物存在、变化、发展的功能，统言之是大道

使然。每一存在物作为具有，皆分有、自得于大道，故可言"有中固自载无"。至于"有之以为利，无之以为用"，只是比喻恒道体无用有的存在质性。无之用作为大道之用，非是空无其用。主无运有，是以道用器。事物体质之"实"与不著体质而能御此之"虚"，仍是道器关系，道是器用所以然者。然"实中之虚"与"有中之无"思维有别，前者犹如现象与本质、表象与根据的关系，而后者是寓存与分有、分殊与统摄的关系。车所以运在辐毂之备，而辐毂之备中分有于大道。大道，既包括车、辐毂，又包括车所从运的势力、动能。器与其所以运之道，二者皆是大道的赋予使然，统一于大道的存在质性之中。一器一道，有能载无，而其"无"非是绝对存在本体的大道"无"，而是事物所以然的不显之无；无能运用的思维类此，其"无"只是大道所涵摄无数事物之根据的一种属性。绝对本体"无"与存在物属性"无"具有根本区别。《老子》的"超有用无"法则，是以无统有，因有用有。以兵言，是知兵者为不详之器，不得已而用之。虽非去兵，然更非恃兵。兵者不可无，而强兵只是止战自保之用。若言"兵刑反为我用，而我常不为兵刑所束"，则不免落入权诈之术。然若以"出兵言兵、超刑言刑"为用兵刑之理所当然，则与《老子》思想相合。因为"以道镇之"，则兵刑当其器用之理，故侯王"得一"以为天下贞。

（五）有中之无（下）

老氏"出兵言兵、超刑言刑"之理，孔孟亦曾言之。曰："听讼，吾犹人也，必也使无讼乎！"（《论语·颜渊》）曰："仁者无敌。"（《孟子·梁惠王上》）"两造交攻，乃始为讼；两军相加，乃始为敌。有攻有敌，而后兵刑生"。体道者，资有以损而无之。即孔老之言兵刑，而参配其有无为，则如此而已。以礼乐言，"礼云礼云，玉帛云乎哉。乐云乐云，钟鼓云乎哉。"（《论语·阳货》）其言器物不足以尽礼乐。礼之有敬，非玉非帛。而玉帛不得此敬，则不能成其为礼。乐之有和，非钟非鼓。而钟鼓不得此和，则不能成其为乐。此皆"实必资虚"之谓。以较老语，钟鼓玉帛犹如车之辐毂。礼乐之用，皆资器物以自见，而器物不能自成礼乐，正与越出辐毂之外而有使车用效乎运载者，二者同为一理。"比其用无之理，全与儒应。"以《易》言老氏之意，是"尊道而卑器"，"运道以役物"。变道器以为有无，则知无中蕴有。试于读老之际，"以道易无，以无想道"，则"无"为可贵之理自明，其疑老氏空无无有之惑自释。

听讼必使无讼，是就交攻之讼而求无攻无讼。"仁者无敌"，是就相加之敌而求无争无敌。孔孟以仁义理分止争，道家以道德清静息争。仁义之理，涵摄在道德之中。在道家的道德是仁爱而不自恃仁，行义而不居其名。器物不足以尽道，是"道可道，非恒道"。钟鼓玉帛不足以尽礼乐，是礼乐有本有末。敬和是本，钟鼓玉帛是承载于本的器用。舍本则器用固不能为礼乐。以道家的道用言之，通言万物之本，是崇本以举末。就每一事物皆各有本末言，是"深根固柢"为"长生久视之道"。在"本立而道生"上，儒家、道家具有思维相通性。不过，儒者多就事理言本，揭示事理各有其本。

道家另立一个万物之本，揭示涵摄万殊之本的无本之本。以道观用，各当其理，用当其用。以车之辐毂类如礼乐之用，非是一理。前者是有无关系，后者是本末、显微关系。前者的有、无是对待、相资关系，后者是存在与所以然的关系。在《老子》言尊道贵德，以本举末。以道为用，则各当其用。而"运道以役物"是以理用物。道家之道以通其用言，儒家之道以理当然言。后者自在前者之中。道家"无中蕴有"，既是无中潜涵万有，"有生于无"，又是无者通于万有，"道通为一"。儒家道器的有无，只是显微的关系，二者并无包含关系。道只是器之所以为器者，无器无道，不可言无道无器。道家以朴散为器，无道则器无由生。在《老子》本旨，道是绝对本体存在的无，二者异名而同谓。"道"或"无"，皆内涵无穷生有、化有的妙用。儒家也言道通万殊，然是理一分殊思维，已析理气二分，属于道器思维。道家道与物之间，既是本始与现实存在的关系，也是整体大全与个体分有的关系。儒家道与器之间犹如理与气的关系，是显像存在与所以然的关系。

（六）用无

老子的"即有用无"，其别有三，然不出"集虚以化实"。挫锐解纷，和光同尘，涤除玄览，寡少私欲，则求以去害虚者；"冲其盈而不极，阆其神而不示，辞其成而不居，则求以体此之虚者也。"至其"操虚实之柄，以制有无之则，则于刚柔之用，最为该贯而明著"。刚之为道，"欲达而直达，无所回隐"，故其象为"实而塞"；柔之为道，"待唱而应，顺而不争，其中实行断制而廉棱不露于外"，故其象为"虚而通"。通者可以运塞，柔者常能胜刚。凡其知雄守雌，欲夺而予，欲先人而身后之，皆是恶刚之塞而体柔以行其虚。"求以反物，而终致大顺"。以通虚为成，则"行焉而无辙迹，无为而无不为"是其效验。"方其运实主虚，人皆不可得见，及其效成于虚，而后始惊其神。则《易》之不疾而速，不行而至者，又其则也。"老氏自言其总则为"弱者道之用"，随其所从用弱而言"天下之物生于有，有生于无"。

《老子》"即有用无"，别有三：一是"有生于无"的大道之用，以无统摄万有，无为而无不为；二是有以为利，无以为用，有无一体各有其用，相互为资；三是有无相生之用，利用事物有无转化之理以为相生，它是事物律则之用。后两者本自于大道之用，同时是其分殊之用。"即有用无"，一是虽生有而不居其有，一是不定于有而用不测。"集虚以化实"，不过此二用。挫锐解纷、涤除玄览和寡少私欲等去害虚者，是前者之用；冲盈不极、阆神不示和辞成不居，是在前者之用基础之上的后者之用。以柔刚言，刚者肆己直达而常忤逆物性，柔者唱应不争而委屈从于物，柔胜刚是"曲则全"。因物成物，不逆物性，故常胜于无不为。知雄守雌、欲夺而予、先身后身等，皆是无为因循，利而不害。不与民争，则民也不与之争，乐推而不厌。世俗之求，以己制物，强物适己。反于习为，成人成己，使物自适，故终致大顺。善行无辙迹，是"无为而无不为"。"无辙迹"则不拘于一为，而善行于行所当行，故有无所不行的效

验。以道为用，不居成有，不测定有，不落入物迹，故人不得见，而效成若神。《易》是无思而无不思，因为理无不备；无为而无不为，因为寂然而感通，"不疾而速"、"不行而至"，正揭示的是《易》用之神。《易》与《老子》思维相通，《易传》受到《老子》思想影响。道家之道，无定理而无不理，无执为而无不为。"弱者道用"是柔以胜刚的无为因循之用，它本于"有生于无"的大道。"道法自然"，因物成物，物无不生则德大，物无不成则功大。善利、曲成，正是玄德的内涵之义。大道的弱之用，正是辅助自然的无为，然因无为辅助故能无不为。

（七）用无成败

贵无之道，古今固有实而用之者，然或以之成，或以之败。后世执迹以讥其道不成者，是不知其言。列子曾设向、国二氏致富之说，明于"同意向而异成败"者，向氏喻国氏致富之言，而不喻其致富之道，则遂反为身殃。"八十一章固皆本柔为用矣，而其所从用之，则济宽者有制，纠弛者有猛，暗行乎其间也。"凡世之慕清虚而隳事功者，皆是"守雌而未尝知雄"者。凡无古圣人之德，以求为结绳无干之事者，无往而不及败。

道以无为用，则无败。以老子之道不能成功者，是不知其真谛。《老子》虽"本柔为用"，然是知刚而守柔，以柔用刚，非是专守于柔，而成猥琐卑怯者。慕清虚隳事功者，非是用无之妙，而是执无之滞。守雌而不知雄，则不能真知于雌，也不能在雌与雄的对待、相依中真正用雌之用。圣人之德，是知雄守雌为天下雌。以雌为本，是在知雌、雄对待中超脱对待而成其妙用。求为结绳无干之事，不知在用有中体无，故无往不败。

（八）道等

《易》分有无只是道器，而老子有无等级甚多。"自无以上，有玄有又玄，乃为众妙之门。"常无者，可循以观妙而已。"自玄以及又玄，即上乎道而为自然者是矣。"自然者，莫之为而为，其在天下自宾自化，自正自富，而不知帝力何有者，是其效验。"由道将为德，以后能常其有，而不自入于有者，一也、象也、朴也之三名者，是其总也。自此而出为天地，造化为仁义礼智信，则皆德矣。"五常之中，每一德又分上下。上德之品既极于上，而又有深于此之上德者，则又加玄以冠其上，而曰玄德。牝之玄牝、同之玄同、览之玄览，皆是其类。名虽在德，其实已入于道。六经、《论》《孟》皆可资，信其非以虚为尊。孔孟言仁，虽有分际，然所立等级不及老氏之察。老语主无，故能于道等加详。至于儒者详于涉世，而老氏又是疏略之甚。"若夫老氏之无，其当藉六经之有者，则又人人知之，不论可也。"

《易》分道器为有无，而老氏有无则有上所言的三个等级。然玄、又玄皆是有无一体之名，非是自无以上另立等级。"无"为万有之门，是第一层次的"无"，"有生于无"；常无观妙，是恒道第二层次的"无"，有无一体。有无相生，是第三层次的

"无"。道与自然，二者也是异名而同谓。恒道自然，是莫之命而自然，自本自根；天下自宾自化、自正自富，是万物自然，为恒道使然。"不知帝力何有"者，是恒道使然的效验。道之为德，由不可道下降为寓于可道之中，是常其有而不自拘于有。一、大象、朴三名是其强名。出为天地，是分有于道，以自得为德；为仁义礼智信，是"同于道"以为德。二者内涵不同。固然，德有上下之分，但玄德非是高于在上者，而是两德合为一德之妙。例如，生生是一德，不有是又一德，"生而不有"则为"玄德"。其他其类。六经、《论》《孟》皆可为大道所用，故可信其非务虚空之说。孔孟言仁义，既肯定"由仁义行"之忠诚，又否定"行于仁义"的名伪。但《老子》重本主无，故能于分殊之道上立一个统一、根本的大道。因侧重于道术、圣人之德，故在涉世上疏略其文。老氏之道，当藉六经、孔孟之道，以揭示其因物正物、亭毒万物的无不统摄的意蕴。

(九) 道序

下学而上达，践迹而可以入室。有初有终，确乎其序之有定。世人待老氏太高，以为道之涉器则其所不谈。故凡言其方及学益者，皆引言其"损已及无"，以其书之所载为"无之无"，而非是"无中函有之无"。儒老言道，皆以道及"化"为圣贤机要。究其化之所由致，皆有"有可损乃能化有及无"，即此理而推之方为见道。损之始于学益，未致学益而从损始是不用凭资而凭空出化。"益之未致，中不充实，则用何为地以受此损也？"世必有讥其浅者，而敢于自信者参会六经孔老，而见其无不契合。

《老子》云："为学者日益，闻道者日损。损之又损，以至于无为。无为而无以为。"在领悟《老子》道学上，同样是下学而上达，践迹然后入室。世人以为老氏道学太高，涉器不谈，故指言其学益者皆为"损之又损"的"无为而无以为"，故取其意旨为"无之无"，非是"无中涵有"者。实则，儒老皆以修道而为圣贤的机要，"有可损乃能化有及无"。能损乃始于学益，学益然后方能闻道日损，损已循道，无以为则"惟道是从"。学益未致，则不知道尊德贵，故不能以此为于日损。参会六经孔老，则能去"四毋"而"从容中道"。日益的是穷尽物理、人性之知，如此方能因循以为。日损的是去已执为，做到莫从已出，如此才能因循而为。

(十) 天人

凡言有、无，不过两途。大道所居，则杳冥昏默，是为无。"自无而有，自有而化，仍复于无"，则是《老子》的有无观之一。学益道损也者，"始乎有而终乎无"，则又是其有无观之一。前之有无，则托诸阴阳生杀，既已为物，物又复归根，是为在天之有无；及其著诸仁义礼而为德，德之玄者复合乎道，则为在人之有无。二者同出一本，而其形见之地，则不容概同。老氏有不分天人混言有无者。知其本一，而不必以彼此为间。

大道所居为无，一是"有生于无"和化有复无，前者是绝对本体之无，后者是

"有无相生"之无。一是学益道损之无，无则心虚从道。以天人关系言，无以生有犹如托诸阴阳生杀，有复归无是物复归根，以其为客观自然的理则言可指称为天之有无；以仁义礼为德，复合于道（"无"），以其修为"可道"可指称为人之有无，学益而道损。二者内涵迥异，不可概同。《老子》虽未明言天人之分，然内涵分判之理。以"得一"言，"万物得一以生"是存在论上的分有、自得，"侯王得一以为天下贞"是认知论上的效法、因循。前者是禀赋于道，后者是"修之于身"。二者的关系是"同于道"。

（十一）明矫

老子绝弃圣智仁义，深知其旨者曰：此特矫耳，非其本心也。而古今多咎之，以为其迹与经戾。以事观之，《易》云垂衣裳而天下治，盖取诸乾坤，是黄帝尧舜相为传承。可知，黄帝也居其一为圣智。若一概而绝圣智，则黄帝也在摒弃之列，岂有同是一人，其道可师，而其法可弃？故老氏在矫，非其实绝。至庄子曰：剖斗折衡而民不争。此语尤累老教，而致讥诮者。结绳之制，老庄皆以为效古，然其何自而有？"得非人我不相保信，而未免假物以防诈伪也欤？使其淳朴全在而无奸欺，则亦何所事乎结绳也？"推其意是殆欲造书契而智未及。惟淳古无法之世，尚不免资信于结绳，而谓人伪已极，法不能奈何，乃欲去其具，而冀其争心之无。其势非使老聃为君，而尹、庚、列、庄与之为民，则决无可措之理。庄子自矫已甚，故谓其语荒唐谬悠，反诸宗本而调适上达。世人概指老教以为虚无者，皆循其荒谬致矫之初，而不知求诸调适上遂之后。孔孟之生略与老庄相先后，独于二子弃绝之论若未尝有闻，不与之对辨。知其异而无害于同，究其宿而不责其初。

《老子》云绝弃圣智仁义，古今学者多咎其与经戾。从历史传承上看，固然是黄帝尧舜一脉相承，不明绝弃圣智之意，以至于绝弃黄帝。在《老子》的绝弃圣智中，圣智是习俗所持价值观念，而非是体于大道的圣智。若一概否定圣智，则何以有言侯王、圣人？绝圣弃智一文在楚简《老子》中为"绝智弃辩"，可见圣智、智辩皆是自察自执之为，非是"以天下观天下"的圣智。《庄子》外篇中的剖斗折衡而民不争思想，本与内篇思想不合，更与道用思想不符。以结绳之制言，非是人我保信假物以防诈伪，而是淳朴全在而无奸欺。非是造书契智未及，而是古朴结绳式的诚信在而不用契约。淳古无法之世不免于信用，可见去人伪不在于信具，而在于争心。若以道制之，信具何尝不是道用？正如兵不可无然无所陈一样，信契之具也不可缺，因为人心难测、惟危。庄子之语荒唐谬悠，非在于自矫已甚，而在于调适上达，与造化一。老教之虚无，本意在于矫自见、自恃、自执、自是之情，而非是否定善利善与之仁，善能善时之宜，上下左右别分之礼，以天下观天下之智，信言德信之信。从思想内涵上看，老庄主旨在于内圣外王，与孔孟思想相通。在内圣上，老庄是"惟道是从"，修身德真，修于天下德溥而为圣人；孔孟是"由仁义行"，修身性诚，达诸天下为圣人。在外王上，老庄是"以道莅天下"，"德交归焉"，各得其所；孔孟是王道仁政，"天下为公"，各得其

所。老庄本旨在于探究事物本源，然后从"以道观之"的角度、对现实进行价值批判和理性考察，目的在于重塑"道通为一"和"道不可道"的价值观念，建构"以道镇之"的实践应用价值模式。

（十二）孔老

《易》理散在六十四卦，至《系辞》而后会集于总。今通考老子一书，凡其说理不能外于《系辞》而别立一抚。"揣切其情，大似资根株于《易》，而摭枝叶于上下《易》也。"列庄尊老氏为师，以为孔子曾师于老子，此乃故为夸高。韩愈咎儒者不能致辨，以其毫无瓜葛。道无二致，安得不可相袭？苟孔氏尝师老氏，择其善者而从之，也必无忤。孔子受万世宗信，以为道德本祖，集圣智大全，从心所欲而不逾矩。列子设为颜子坐忘，以较孔子，为耳顺之后，在老教是"益已而损"。庄子设孔颜相语，则是"能损而未能及无"。又设颜子自道不及孔子。夫子奔逸绝尘，回不能追。惟孔子为"损之又损，而及乎无为而无不为"。此等级别，盖可考甚明。

《系辞》会集《易》理而为总论，其思维受到《老子》思想影响。然《老子》思维玄妙，非《系辞》所能统摄。仅以"有生于无"一语，就为《系辞》所不尽。《系辞》建立在变通思维之上，本体在于变化之"有"，而《老子》建立在"不可道"思维之上，绝对本体在于无定有之"无"。在思维表达方式上也不同，《老子》以"玄"言有无一体、通于对立。当然，《老子》与《易》具有很多相通的思维质性，如"神无方而易无体"、"书不尽言，言不尽意"等，在本书中已有论说，这里不作赘述。至于师承上，孔老本于同一个文化传统，虽然所取法的侧重点不同，《老子》为王道明术立心，《论语》为君子明性立命，《孟子》为王道立仁政治方。列庄虽尊老氏为师，然别立一宗，主以澄心成真逍遥。在人格理想上，《老子》突出"惟道是从"的"同于道"，其方在于"以身观身"、"因物付物"；《论语》突出"从心所欲而逾矩"的"义之与比"，其方在于推己及人的"忠恕"。《孟子》突出"理义根于心"的"居仁由义"，其方在于思存推己扩充。《庄子》突出"与造化一"的"行天静地"，其方在于坐忘而与物同化。孔氏尝师老氏，正合"三人行必有吾师"逻辑，所以集圣智大全。坐忘在孔子是"四毋"，"耳顺"是在老教是"损之又损"。只有去己私方能循于道，"惟道是从"。《庄子》设孔颜相语，非是损未及无，而是不能达致"虽忘乎故吾，吾有不忘者存"的境界。孔子奔逸绝尘，正在于"损之又损"而后能"无为而无不为"。己无为则由仁义行，推己及人，博施济众，用人之力，故无不为。

（十三）本易

老语皆出于《易》，独变其名称，以示无所师承，而求别成一家。无名天地之始，即太极能生天地，而未肯为物。常无常有可观妙徼，是道器之形而上下。一生二，二生三，三生万物，是天地之与絪缊为三，而万物以之化生。作复之相更，其出于谷神橐籥者，是消息盈虚递为屈信。不敢为天下先，是群龙无首。袭明袭常，是显仁藏用。

此其大致然，其播而散，小者不胜言。若夫绝弃圣智仁义，而黄帝仍在所师，则圣智何尝弃绝也？功用莫非刚柔，是刚柔之所疑，安得不为仁义也？是仁义日常为用，不须吏而离。用此理而通之，则五经、《论》《孟》之在老语者，名变而实不变，触事皆是。

《老子》与《易》是别成一家，因为"无"、"玄"和"妙"非《易》所能涵摄。《易》所言万殊事理、定理，皆可统摄于恒道作为"不可道"所涵摄的"可道"之中。归结言之，《易》理不过在于"居善地，心善渊，与善仁，言善信，政善治，事善能，动善时"以及"有罪以免"的"无咎"。"《易》有太极，是生两仪"，是"一阴一阳之为道"。《易》是法象思维，天地自在然后有乾坤法效。乾坤资生资始，效法于作为绝对本体存在的天地。《老子》以无名为天地之始，既是立一个"象帝之先"，又是立一个"有物混成"的统一存在。常无常有可观妙徼，是绝对本体恒道在"为物"上的统一存在质性，而道器作为形上形下是器以载道、然与所以然的关系。"三生万物"是"冲气以为和"，类于天地阴阳絪缊的"太和"。谷神是玄牝之门，橐籥是天地之间的宇宙之机，皆为《易》所未言。消息盈虚与屈信思维相通。"不敢为天下先"，是不先物为于主宰的德性，而"群龙无首"揭示的是"首出庶物，万国咸宁"。"无首"，既是"天德不可为首"，亦是"首出"的见于"天则"。二者在有主而不宰上思维相通。袭明袭常是玄通之知，而显仁藏用是妙用之神，二者所指不同。虽功用莫非刚柔，然所言思维不同。《老子》以柔为本统摄刚、柔对待于一体，《易》以刚柔当位合理，一侧重言道术，一侧重言道理。道术涵摄道理。当然，二者可通于由仁义行而不行于仁义。五经、《论》《孟》之理，皆在"可道"之中。

（十四）道德经

书分上下卷，总名道德经者，为王弼所传。今本分标《道经》《德经》者，恐是后人为之。盖上卷自言治言兵，下卷方且论一论道、论无论柔，此足以见道德之不可分为二。

《老子》上下卷，非是或言道为《道经》，或言德为《德经》，而是各有道德之论。道为德立本，德为道立用。

（十五）分章名章

八十一章，每章各摭首语以标次先后，或出于后人。五千文者八十一指，每章著语，曰故、是故、是以等，率皆求以通贯上下脉络，使语省而意全。每章之语既有更端，一章之中指意又相联属，理以明之。而释其意者，遂句为一意，使此句不可通于他句，章为一说，使此章不可致诸他章，则老意法不其然。

八十一章固然有八十一指，每章既有更端推演，一章之中又是指意联属。章与章之间，指与指之间皆连贯一体。或通贯上下，如第一章与后面八十章，前者是总纲、提要，后面是分说、概览。或一章所指前后逐步深化，如第十一章，前言辐毂、埏埴、

户牖三者当其无而有其用，然后通言一个哲理："有之以为利，无之以为用"。或一章内容之间逐步引申拓展，如第十四、十五章。在十四章中，先从可感知上揭示大道之性的"不可致诘"和"混而为一"，接从本体的玄妙性上以言"无状之状，无物之象"，然后立一个"能知古始"的"道纪"为道用。以道性引出道用，以道用揭蔽道性。或采取比喻类比的表达方式，如第六章以"谷神不死"比喻大道生生的"绵绵若存，用之不勤"。以"玄牝之门，是谓天地根"类比恒道为"天地之始"。每一章只有在八十一章的系统思想中方能得以揭蔽其真谛、意蕴。每一指之间皆是相互界定、相互阐释、相互澄明。只有不囿于一章、拘于一句，总体掌握全书宗旨、把握道德真谛后，才能融会贯通，领会、认知每一论说的真实意旨以及蕴藏的玄妙思维。

（十六）类例

老子书指，固是至虚而难搏执。然熟复前后则皆有类有例，交相来发。此章之语，启其端而不竟，则后章必有别语以终之。立训当明其汇，"会其散而宿之于一"，始知老氏虽主于谈无，而其部分乃如《周官》六典，巨细偏全，递相灌注，条条可以审覆。谓老语为中空者，试于此而思之。

《老子》一书，固然在揭示恒道"不可道"上似是难搏执，然非有"可道"则不可揭蔽其"不可道"。"不可道"，正寓于"可道"之中，正如有、无相互涵摄。有类有例，则交相阐释。"道可道，非恒道；名可名，非恒名"是通类，恍惚、窈冥、不可致诘、大象无形、道褒无名、功成而不名有，无为而无不为等思维结构之例皆蕴含其中。无名有名、无欲有欲、无为有为等例皆寓于"玄之又玄，众妙之门"中。立训当明其汇，道一而分殊。《老子》宿于一的要旨在于：恒道是"可道"与"不可道"的统一。"可道"与"不可道"为"有无一体"，无中摄有。在"巨细偏全，递相灌注"中揭示出"可道"的"不可道"，定理的不可穷尽。离开"可道"，则无法揭蔽其"不可道"性。它的思维真谛是：通于"可道"而不固执于"可道"，在究极"可道"的无穷中揭示其"不可道"的无限。

（十七）杂隐

老氏以高世之见，能测道奥，故尝罄其有以言之，而小使意尽言下。于是有离隐之体。离者，本一义，而散其语于数章，不一章究极。隐者，言其然不言其所以然。其言相绝而相贯。说者不悟，遂至于章分句裂，而其理散漫不全。运用离隐者，举一反三之谓。世之训老，济其深而晦之。及其甚者，如释氏谈禅，读者至不可晓。为训当明白其辞，证以人事，达诸成败，其说诚当则固善。若欲借晦为深，自匿于不可致诘，则曷如勿为也哉？

道奥高世之见，娓娓道来于常见事物的现象之中。离隐之体，见于道德经与八十一章所指之中。道德旨归，非八十一章所能究极，然寓于八十一章可见其崖略，推演其极。把握离隐者，是在"可道"中揭示"不可道"性。"言其然"，是绝对本体存在

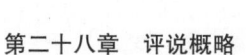

的"可道"表现，"不言其所以然"，是绝对本体存在的"不可道"质性。其言相贯是通于"可道"，若束于章分句裂则理散不全；其言相绝是"知者不言"，举一反三而微妙玄通。济深而晦，不知"可道"。通其道者，虽言"可道"而知其"不可道"。《老子》若是自匿不可致诘，则何以著述明世？

（十七）列庄

古无训传，苟其欲述前作，则别为一书以明之。故列氏庄氏二书，正为五千言者立为义疏。老子之语，简严而不舒放，离隐而难遽解。此二子者皆敷绎而会辑之。盖有敷绎太过，而言涉于诞者。而其合散明断，则若道若器，悉有归宿。以二子之所释，而概他人之所释，则喜为鬼神而不尝真识鬼神者多矣。

《列子》《庄子》二书，正为《老子》疏证。或敷绎太过，如道无可问答、无可知服；或涉于诞者，如"圣人不死，大盗不止"，重圣人治天下是"重利盗跖"。二子所释，多有不得要领者，或别为他宗之趣向，故若"概他人之所释"则不得《老子》真玄妙。在道理、道术上，二子之释不若《文子》之衍。《老子》一书，"简"在只有五千言，"严"在思想融贯一体，"不舒放"在句句直言要旨，"离"在指一而通贯，"隐"在玄思不可穷诘，"难遽解"在于与世俗反其道。

八、宋明清儒者评说

宋时诸儒多入佛老而出佛老，将佛老归入一途进行评述和批判。明清之儒沿袭这一框式，多对佛老进行摒弃，当然亦有纳老子观念为儒学之用的学者，如王畿。诸儒对老学的评说多限于道术。这里，撷取几家进行概说。

（一）程朱评述

作为宋代理学的主要代表者二程、朱熹对道家，特别是老庄哲学的道术观给予了重点评述。他们的观点对后代诸儒影响甚大。程子认为，"《老子》书，其言自不相入处如冰炭。其初意欲谈道之极玄妙处，后来却入作权诈者上去。"（引自《二程集》，中华书局 2004 年版，第 235 页）因未能正确把握大道玄妙与道术利用的关系，而将《老子》思想等同于权诈。大道玄妙在于自然，"道法自然"，故德术以"无以为"的自然为依归，何来权诈？相反，《老子》对"有以为"的权诈术是坚决的摒弃。至于其道术被用于权诈，只是为道在人的问题。即使是儒家仁义，何尝不能被作为权术利用，以至于阳奉阴违？朱熹继承程子之论，将《老子》归于权诈之术。"康节尝言'老氏得《易》之体，孟子得易之用'，非也。老子自有老子之体用，孟子自有孟子之体用。'将欲取之，必固与之'，此老子之体用也；存心养性，充广其四端，此孟子之体用也。"（引自《朱子语类》第八册，中华书局 2004 年版，第 2986 页）在王道政治理想上，《老子》与《孟子》有很多相合处，不过后者言论仅限于人性和政治，并没有言及宇宙论、自然观。"将欲取之，必固与之"之类，在于揭示道理和事件的发展趋

势，以作为行为遵循，并非在于窃弄权术。举例来说，上取食税先要与农以赈，使农不贻时。"代大匠斲则伤手"者，是用人之力，各尽其职。申韩、兵家是用其道理以为权术、谋术，并非思想本来如此。陆九渊指出，"老氏出于春秋而有弃智之说"，乃见"逞私术之失"。其言"绝圣弃智"，又言"以智治国国之贼"，是"直泛举智而排之"。世之君子常病其污吾道，而不知其皆是售私术者之过。"使术之说破，则为老氏者将失其口实，而奔走吾门墙之不暇，其又何污焉？"（引自《陆九渊集》，中华书局1980年版，第350页）陆子正确看到世俗强加于《老子》身上的一些不当言说，认为其因矫"私术"而"绝圣弃智"，并非一概否定圣智。否则，何以有圣人之言、见天道之语？对《老子》思想大加批评排斥的朱子也看到，《老子》之学是要治天下，"清虚无为，所谓'因者君之纲'，事事只是因而为之"。（引自《朱子语类》第八册，中华书局2004年版，第2987页）"因而为之"，方是清虚无为之实。"杨朱之学出于老子，盖是杨朱曾就老子学来，故庄列之书皆说杨朱。孟子辟杨朱，便是辟庄老了。"（同上页）"人皆言孟子不排老子，老子便是杨氏。"（同上册，第2988页）以杨朱就学于老子，就认为老子与杨朱为同一学旨，不可。后学学于《老子》者多矣，以《庄子》内篇以及外、杂篇某些思想言，就与《老子》思想不合，更何况《天下篇》作者已将道家分为不同学派。恰恰相反，杨朱"为我"思想，与《老子》王道观背道而驰。倒是《庄子》杂篇中"完身养生"观念与杨朱思想相类。薛蕙曾就朱子"老子便是杨氏"言论进行过反驳，"愚谓杨氏为我，盖学老子之道而得其一偏者也。"他又指出，"昔人谓孟子不排老子，其言殆未可非，不然孟子何以舍其师而攻其弟子哉？学者知孟子不排老子，庶几知老子之道未可轻议也。"可见，前人已对《老子》《孟子》思想关系有过评说，孟子排杨朱，并非排《老子》。杨朱拔一毛利天下而不为，以为人人为我则各自独化，无有名伪。朱子又提出，"《易》不言有无，老子言'有生于无'，便不是。"（同上册，第2998页）以《易》不曾言，就否定《老子》之说，不亦武断？《易》以法象、器物释道理，而《老子》因形名以揭示恒道玄妙，二者在思维上具有很大差别。当然，程朱也有言《老子》主旨的精当处。程子认为，"老氏'谷神不死'一章最佳。"（引自《二程集》，中华书局2004年版，第64页）既认为《老子》主旨落于权诈，又肯定其思想有精当处，评述似为公允。然《老子》道德相互发用，融贯一体，有其道必有其德，道以实德，德以证道。肯定谷神、玄牝，就要肯定《老子》道德之论。在礼的论说上，朱子指出，"他（指老子）晓得礼之曲折，只是他说这是个无紧要底物事，不将为事。某初间疑有两个老聃，横渠亦意其如此。今看来不是如此。他曾为柱下史，故礼自是理会得，所以与孔子说得如此好。只是他又说这个物事不用得亦可，一似圣人用礼时反若多事，所以如此说。《礼运》中'谋用是作，而兵由此起'等语，便自有这个意思。"（引自《朱子语类》第八册，中华书局2004年版，第2997页）固然，只有掌握礼之利弊及其来源后，方能揭开道与礼的本末关系。从《老子》言"丧礼"等看，也非一概不用礼，关键是何样的礼？礼有本末，如果过度强调其

"文"而忽视其本"实"，无疑为其所遗弃。"上礼为之而莫之应，则攘臂而扔之。""礼"为"忠信之薄"，故为"乱之首"。就《老子》与《庄子》、佛氏之说的内涵区别，朱子指出，"若曰'旁日月。扶宇宙，挥斥八极，精气不变'者，之乃庄生之荒唐；其曰'光明寂照，无所不通，不动道场，徧周沙界'者，则又瞿昙之幻语，老子则初曷尝有是哉！今世人论老子者，必欲合二家之似而一之，以为神常载魄而无所不之，则是庄释之所谈，而非老子之意矣。"（同上册，第2986页）《庄子》的"荒唐"，在于逍遥游的恢宏恣肆；佛氏的"幻语"，在于"月映万川"的法相无相。它们皆非是"老子之意"。指出三者学说上具有巨大差异，甚是。然而，他又认为，"佛氏之失，出于自私之厌；老氏之失，出于自私之巧。厌薄世故，而尽欲空了一切者，佛氏之失也；关机巧便，尽天下之术数者，老氏之失也。故世之用兵算数刑名，多本于老氏之意。"（同上册，第3013页）佛教有大乘、小乘之别，虽同"厌薄世故"，尽欲空一切，然是为了拯救心灵之苦，发扬心性之善，非仅是"出于自私之厌"；至于言老氏之失在于"关机巧便，尽天下之术数"，更非精当之语。《老子》若是"自私之巧"，何以说"天下莫能知，莫能行"？何以有"绝巧弃利"之说？"用兵算数刑名"，可能来自其道理之用，但非本于其意。道理为价值中性，不免于为权诈之用。兵者在《老子》是"不得已而用之"，何尝是称美者？至于言"庄老绝灭义理，未尽至"（同上册，第3014），更是不得其旨。无义理之分别秩序，则道德不成为虚玄、空无？相反，"老子说他一个道理甚缜密。"（同上册，第3008页）此说一出，不知他是否在推翻自己评述《老子》思想为"权诈术"、"绝灭义理"的观点。

（二）明儒评述

明儒对《老子》多有评论，这里重点举几说以见其梗概。王廷相指出，"世儒谓'理能生气'，即老氏道生天地矣；……可乎？不可乎？由是，'本然之性超乎形气之外'，'太极为理，而生动静阴阳'，谬幽诬怪之论作矣。"（引自《慎言》，载《王廷相集》第三册，中华书局1989年版，第753页）王氏认为，气为"通极上下造化之实体"，其内载理，而非是理能"始气"。然"理能生气"、"太极为理，而生动静阴阳"，是套用道生天地思维，非是《老子》本旨。物有理、气之分，然皆源自大道的分有，故可推理出大道必是理气一体的存在。儒者以"理"为"道"，是将本体论的"理"（太极）、本质构成的理（理为气所以然者），取代道家宇宙论的"道"（万物之宗）、兼本体论的"道"（万物之奥），二者内涵不同。朱熹就游离于其中，既认为理在气先，又认为理必在气中。"理能生气"，是将理放在了形气之先、之外。无气质料的理怎么能生出气？《老子》提出道生天地，是"有物混成"的分有、分化。《易传》提出"易有太极"，虽是一本思维，然"太极"非是宇宙论的恒道。以"太极为理"，则自然认为"理能生气"。在道术上，王廷相认为老子之道以退为主，而惟欲利己，及其蔽也害治。"始也未常不曰可以治天下，终也反以之坏天下"。（引自《雅述上》，同上

册，第844-845页）若欲利己，何以言"寡欲"、"不欲见贤"以及"其德乃真"？"以道莅天下"，何以"害治"？汉初用其术，休养生息，何尝不是仁政！《老子》思想之所以不行于后世，正是因为其对人主的约束限制过高，"天下莫能行"。如果说"治弊而救之"是本于"中道而已"，那么《老子》为"矫俗救弊之过"者，则"类于不知道"。（同上册，第846页）以儒家之"道"为准，认为《老子》不知其所谓"道"，此非是自必、自是？道家以"因时而举事"为要，何尝是"矫俗救弊之过"？固然，《老子》的一些道术思想理应随着历史的发展而改易，然"道可道，非恒道"思维无疑为儒学所吸收，成为其思维拓展上的依据或引擎。王阳明"良知"的很多思维属性，就源自《老子》的启发和传承。王畿继承赞同邵雍所言的"老子得《易》之体"思想，直接将《老子》所言的"慈"解为"仁"，认为是"与物同体"，为"元之亨"；将"俭"解为"啬"，认为是"凝聚保合"，为"利贞之性情"；将"不敢为天下先"解为"谦冲礼卑"，认为是"无为之先"，为"用九之无首"。（引自《王畿集》，凤凰出版社2007年版，第156页）视《老子》得《易》之体，已与前面诸儒评述有别。不拘儒道派别之分，而能兼容并蓄，足见王畿思想的包容性、融和性。"慈"固有"仁"义，"慈故能勇"类于"仁者无畏"。慈为帝王之德，居高临下，与造化生生为一；仁是君子之德，为仁由己，在成人中成己。以"俭"为"啬"，"啬"自能俭。"啬"者寡欲，俭者自制。与"俭故能广"相反，"率兽而食人"（《孟子·梁惠王上》），则国家土崩瓦解。以"谦冲礼卑"为"无为之先"，是因循无为而顺从民情。在虚无的宗旨上，王畿指出，"老氏曰虚，圣人之学亦曰虚；……春秋时，佛氏未入中国，老氏见周末文胜，思反其本，以礼为忠信之薄，亦孔子从先进之意。孔子且适周而问之，曰'吾闻诸老聃云'，未尝以为异也。"（同上书，第486页）礼有本末，若无仁义之本，则必是"忠信之薄"。打通《论语》与《老子》思想内涵的隔阂坚壁，无疑具有学识上的勇气，同时是对《老子》思想真谛的深刻领悟把握。《老子》以"虚"去前识之执，而舍于道德以制"文胜"。《论语》言"虚而为盈"（《述而》）、"实若虚"（《泰伯》），同在于揭示虚以制实、主从先进之旨。在解《老子》观妙、观徼之意上，"有无交入，老氏之玄旨也。在吾儒即寂感之义。"（同上书，第698页）"有无交入"论，甚得《老子》"有无互摄"的玄旨。以之同于《易》的"寂感"，则看到二者思维上的同构性。此外，他还认为"与百姓同其好恶"、"以复性为宗"，亦是儒道相通的意旨。若儒者不能明宗以普物，"自私用智"，伪以行仁义，亦是异端。"与百姓同其好恶"，在《老子》是"以百姓心为心"，在《孟子》是"与民同乐"。"以复性为宗"，在《老子》是回归道德之性，在孔孟是回复理义之性。儒者若不能明宗，而"自私用智"，则不免于巧言、文过和行仁义之伪，故同样是异端。刘宗周在解《论语》"无为而治"、"恭己正南面而已"文句上认为，"君道以'无为'为至，古帝王之所同也。……舜劳于求贤而逸于任人，若泯其有为之迹，故曰：'无为而治者其舜也与。'夫天下本无为也，舜亦何为哉？……敬德之至，穆然如天运于上而四时行。百物生，

自莫知其所以然者，此无为之象也，其斯以为君道之极乎！"（引自《论语学案》，载《刘宗周全集》第一册，浙江古籍出版社 2007 年版，第 486-487 页）以"无为"为古道，使之成为儒道共同的思想，在二者之间架起了沟通的桥梁，看到了思维上的同构性和思想上的统一来源。然而，他又提出，"自古清净无为独称皇帝，时当然也。老子之教本于皇帝，其言曰：'我无为而民自化。'至绝圣弃智，复结绳而用之，则非无为之旨矣。君道无为而无不为，无为者敬而已，敬则知要，知要则事理。尧、舜兢兢业业，而唯不得舜、禹、皋陶为己忧，急先务也。治至于唐、虞无不为矣，而诵无为者，乃不归皇帝而归之舜，固知老氏之教不可以治天下也，故晋以黄、老亡。故曰：'居敬而行简，以临其民，不亦可乎？居简而行简，无乃太简乎？'"（同上册，第 487 页）以"敬德之至"、"敬而已"解"无为"，是惟理是循。然将《老子》"无为"认定是"居简而行简，无乃太简"，非是。知常因循、"无为而无不为"、"惟道是从"正是《老子》道术的根本玄旨，"辅助万物自然"。"绝圣弃智"，正是为了摒弃自私凿智，以为"为而不恃，长而不宰"。"用人之力"，既是己无为，又是因循用为。"君道无为而无不为"，正是道家"因"为道术之所在。"晋以黄、老亡"，非合历史史实。相反，因政治衰败，而后老庄等"三玄"兴。

　　（三）清儒评述

　　清大儒王夫之在解读先儒经书以及对历史事件的评述上，间或对《老子》思想进行过评析。他认为《老子》之教，"欲张之必固翕之，欲先之必固后之。见利不争，以为豪杰，曰我有忍矣；以德报怨，以为长者，曰我有容矣。不炫小利而大利归之，不亟争名而名不能舍也。斯道也，用兵者以为制人之机，欲富者以为巧取之术，养生者以为缘督之经。是则忍也，容也，异端之所宝，权谋者之所尚也。"（引自《尚书引义》，载《船山遗书》第一卷，北京出版社 1999 年版，第 563 页）张翕、先后、容忍、不争等皆是道术，非是道本。治道之本，体现在"圣人无心，以百姓心为心"和"吾有三宝"上。权术家用其理，而弃其本。"以德报怨"，是"德善"、"无弃人"，何以求长而有容之名？功成名遂身退，不欲见贤，何以邀名？"大利归之"，是上下皆得利，非上独利利。兵者不祥之器，不得已而用之，何以为制人之机？取天下常以无事，不欲见贤，何以求富贵？"缘督之经"为《庄子》语，养生循理，何以为权谋？他又指出，"能忍于利，而不能忍于害，利不获，害亦不侵，是辞利以违害之谋。名在彼，实固在此，是去名以取实之术也。老氏之教，终于权诈，心与迹判，诚不属而操物之生死，止此而已矣。"（引自《尚书引义》，同上卷，第 563 页）《老子》言"利而不害"，利是因物之利而利之，故不害，何尝辞利？远害非是辞利，而在于"善利"。利己为物，则不免于害物。不害于物，物亦不害己，何尝权谋？名待实以彰，实由名而立。《老子》并非否定"名"，而提倡不自伐、自居其名。民众以为侯王，而己则自为"不谷"。何尝否定别人对己的称名？与其说是去名取实，不如说是去伪存真？《老子》

非是"操物之生死",相反是"辅助万物自然而不敢为"。王氏因固执于《老子》道学道术的流弊,而不能正确把握其所言之本,故认为其说"贼道甚"。"老氏曰:'善行无辙迹',则能废矣;曰;'涤除玄览',则知废矣。……知能废,则乾坤毁。"(引自《周易外传》,同上卷,第207页)此全然是不理解《老子》的思维表达方式所致。"涤除玄览",是去己知故,然后以静观知。《老子》贬损"前识",然非无知。《老子》曰"知古始"、"知常"、"知止"、"自知者明"、"知天下"、"以天下观天下"等等,何尝弃知?"善行无辙迹",是能行而不矜其所行,尤滞于定行之迹。言"事善能"、"取天下",何是废能?在"道法自然"的观念上,王氏认为,若"以道为法,浅之则谓道远人;而推其极,必将于若有若无之中,立一物曰道"。《老子》求外于性,故曰"人法天,天法道"。若"道而可法",则亦"虚器而离于人",奚可哉!(参见《读四书大全说》,同上书第四卷,第2492页)《论语》《孟子》皆言尧则天而大,此非是法?《易》无非法象天地人物之理。"万物皆备于我"、"反身而诚",虽言性为大全,然天人合一。知天可以知性,正如法道可以尽德。"服尧之服,诵尧之言,行尧之行",何尝不是效法?在言"橐籥"上,王氏认为,呼者为阳,吸者为阴,不呼不吸,将又何属?所呼所吸,抑为何物?"老氏唯不知此,故以橐籥言之。"橐籥一推一拽,鼓动的是甚么?若无实有,尽橐籥鼓动,风气何来?"唯本有此一实之体,自然成理,以元以亨,以利以贞,故一推一拽,'动而愈出'者皆妙。"可见,未尝动时,"理固在气之中"。然"停凝浑合"中的"合理之气",便是"万物资始,各正性命,保合太和"。(引自《读四书大全说》,同上书第五卷,第2645页)"橐籥"在《老子》是揭示天地之间的宇宙造化机理,非是立一个"橐籥"实体以主宰变化。相反,"橐籥"是恒道存在质性的体现,为寓于万物之中所使然。"橐籥"来自恒道,固然是理气一体的造化存在。以造化一体言,理气不过是内在机理而已,"冲气以为和"。在治术上,他认为黄老之治为异端之论,"与王者之道相背戾"。黄、老之弊,"掊礼乐,击刑政,解纽决防,以与天下相委随,使其民宕佚而不得游于仁义之圃"。以为师而从政者,"唯汉文、景,而天下亦以小康"。而流弊之甚者,乃为"晋人反曹魏之苛核,荡尽廉隅,以召永嘉之祸"。(引自《宋论》,同上书第六卷,第3480-3481页)既有文景之治,可见黄老之治有其实用。休养生息,何尝不是仁政?且看《文子》所言,黄老政治何尝"掊礼乐,击刑政"?就是《老子》也有"恒有司杀者杀"、"战胜以丧礼处之"之论,何尝否定刑礼?固然,《老子》有以道德求仁义之实,而摒弃以仁义名教为治的倾向,然并非否定一切政治之具。王夫之解儒经可谓精深详尽,多言前人所未言,然对《老子》评述因固执成见而往往不能通理,落于简单性的否定和排斥。此在《老子衍》《庄子解》和《庄子通》中有所改变,并表现出儒道互释的思维取向。

戴震曾就程朱理学与老庄道学进行过纵向性的比较评述。他认为,宋明理学多受老庄思维影响,程朱出入于老、释,乃就老庄、释氏所指而转说其理,以"理"取代于"道"。陆九渊、王阳明诸人就老、庄所指而以理实之。老庄既以为"守己自足",

故“毁訾仁义”以伸其说。陆王诸人同于老庄，不过改其“毁訾仁义”而为“自然全乎仁义”，巧伸其说。程朱尊理以为“天与我”，又以“理为形气所污坏”，故认为中下之人皆形气不美者，以其同于荀子性恶之说。以“理”别为“凑泊附著之一物”，犹老庄所谓“真宰”凑泊附著于形体。“理既完全自足，难于言学以明理，故不得不分理气为二本而咎形气”。（引自《孟子字义疏证》，第14-15页）以宋明理学杂糅老庄傅合而成，可见《老子》思想影响之深。老庄固然主于去甚欲而勿害本性，然非全然否定问学以及扩充之功，否则何以言“以天下观天下”？何言“修之天下，其德乃溥”？儒道二者皆言修道，不过道之内涵不同罢了。老庄认为，求仁义名是行伪之源，故“毁訾仁义”。圣人行于道德，也非摒弃生生之德、因循之理，仁义之实内在其中。陆王诸人袭诸孟子，以“万物皆备于我”言“自然全乎仁义”，以“良知良能”言仁义知能，非是全袭同于老庄，不过是取《老子》与《孟子》思维相通处而已。程朱尊理以为“天与我”，本来自《中庸》“天命之谓性”以及《孟子》“天爵”等思想。老庄之道寓于形体，作为“万物之奥”并非形体之外的另一物。蔽恶在于“不道”、离于“恒德”，非是“理为形气所污坏”。戴震指出，程朱受道家浸染甚深，起初非有意背弃六经、孔孟思想而信彼，后见彼能“捐弃物欲，返观内照，近于切己体察”，使“思虑渐清”，故冀得之鉴事物之本，以为“明心见性”、“还其神之本体”，究极于本体而无欠阙。然体悟久之，终也知其不可恃以衡鉴事物。《老子》“致虚极，守静笃”、“道法自然”等皆起于自私，以使“神离形体而长存”。所谓性、道专主于“神”。宋儒邵雍得于老庄最深，提出“神宅于心”、“神乘乎气而资气以养”等观念。朱子以其“指神为道”、“指神为性”而转以言理。老庄自贵其神，以为“妙应”、“冲虚”足于“天德”。《易》云“精气为物”，以神灵不徒曰气，而称为“精气”。老庄之谬在于歧分之，“内其神而外形体，徒以形体为传舍”。因徒见于自然，故“以神为已足”。程朱见六经、孔孟言理义，归于“必然不可易”，因尊之以当于神，为生阳生阴之本使别于阴阳，为人物之性使别于气质，故反指孔孟之道非道，性者非性。就天地言之，化谓其生生，神谓其主宰，不可歧分而言。化则赅神，神亦赅化。由化知神，因化与神以知德。天地以中正为德。就人言之，有血气则有心知，有心知则皆可学以牖其昧而进于明。天之生物，使为一本。然若以性专属之神而视形体为假合，或以性专属之理而气质有浑浊，皆是二本之说。在戴震看来，老庄尊其神、理为超乎阴阳气化，朱子将事物与道二隔。盖程朱理学借阶于老庄，仅以“理”之一字易其所谓“真宰”者，而余无所易。固然，程朱出入于老、释是历史事实，儒、道、释在清静己心上具有相通处，然所论及的主旨迥异，不可一概同观。以《老子》所言起于自私，是顺着宋儒说，非是知晓之论。以老庄归趣于“神离形体而长存”，非是确论，道教方有此说。老庄以生死气化，道通为一，只是精神体验，非是图谋长存。长生为道教主旨。《庄子》虽有“神将守形，形乃长生”（《在宥》）等观念，然是回复自然养生，非以为“长生不死”之术。道家言精气神相统一，非是专主于神。邵雍以“道与一”为“神之强

名"，将"神"取代"道"，虽言生生一本，殊不知内涵已与《老子》之"道"相差迥殊。在老庄思想中，"神"是分有于道而构成万物的一种存在，二者在内涵、外延上不同。至于说邵子得于老庄最深，也只能从思维方式上说，非可就内涵上立论。"神宅于心"、"神乘乎气"，是以神为主体，秉承于神不灭思维。老庄以道载于心、寓于气化，前者是认知所得，后者是性体分有。道为一本，气赖以成，心赖以生，神赖以灵，自然之理内涵其中。朱子承袭邵雍思维，则误入歧途。老庄以精气神统一于道，非是歧分之。"内其神而外形体，徒以形体为传舍"之说，本自佛教思维。老庄言外形体，本在于修心于真，非是为了脱离形体而另外求一个"神"。即使是"汝身非汝有"而为"天地之委形"等言论，也是道通而大心、修真而不执之意，非言形体为传舍的神不灭论。固然，老庄以道为具足，"执道者德全，德全者形全，形全者神全"，但何尝言"以神为已足"？倒是释氏以性专属于神，视形体为假合。程朱比类之，则以性专属于理，而视气质有差等。戴震言化神一体、血气心知一体之说，是为至论。然说老庄以神为超乎阴阳气化的存在，则非确。在老庄看来，阴阳气化即道之所在，道何尝是自立的一物？认为程朱之学仅以"理"易道家"真宰"而余无所易，更是偏激之辞。朱子著有《四书集注》，其学思主体是孔孟之道，不过为迎合道释学术挑战增加了宇宙论、本体论而已，其中确实是吸收了道释的一些思想和思维结构。以宋儒受到《荀子》及老庄、释氏思想影响则可，认为杂以入六经而使孔孟之道亡则是夸偏之语。戴震指出，宋儒浸染于老庄、释氏之说，以形气神识为己私，而理得于天。推而上之，则理气截之分明，理为无形无迹的实有，而视有形有迹为粗。更因彼将形神别为二本转言理气为二本，相类于以神为气主宰而提出理为气主宰，相类于神能生气而提出理能生气，相类于神受形生而提出理坏于形气，相类于不以物欲累之则复其初而提出无人欲之蔽则复其初。认为老庄以神识为形体之本，是以佛学同于道学，非是。"以神为天地之本"，视神为《老子》之道，也非是。道与神在内涵上迥殊。《老子》的"无形无迹"者，是就"有形有迹"的定在而言的另一种"实有"，非是以定在为梦幻。恒道作为"万物之奥"，何尝离气化而存在？神生气宰气、受形以生等论，皆是比附之说，非是《老子》本旨。理气二分本自形神二分，而道寓于物是一体关系。理为气之主宰，为气化所以然，是道器思维，而非是《老子》的道物思维。神能生气是比附于《庄子》的道生气之说，然道是潜在含有气的混成之物，而理气关系是绝然二分，问题的症结就出自此。在老子思想看来，物欲之累既来自外在环境的熏染，也来自内心的无以节制。复其初，既要改造外在环境，更要改造人的内心。宋儒的无人欲之蔽，同于庄子、释氏的改造自心说。戴震又指出，老庄自贵其神而外形体，毁誉仁义，"贵其自然以保其生"，背于圣人之道。《老子》以抱一持生，是神形魂魄的统一。至《庄子》有外形体而贵其神的言说，然此"神"是灵性机能，而非是传舍之神。《老子》"贵其自然"，是辅助万物自然，何尝只是保生？至《庄子》外、杂篇方有贵自然以保生的思想。在道家之道与儒学之理的联系上，他进而指出，宋儒合仁义礼而统谓之理，视之

"如有物焉，得于天而具于心"，以其是"冲漠无朕"的"形而上"，而以"万象纷罗"的人伦日用为"形而下"。此盖由老庄、释氏舍人伦日用而别有所谓道，遂转之以言夫理。在天地则以阴阳不得谓之道，在人物则以气禀不得谓之性，以人伦日用之事不得谓之道。《老子》何尝舍人伦日用而别有道？其所言的"德"处处是王道，处处是恢复人伦的和谐，处处是保护民生的权利。"道"既是无形的存在，又是涵摄"可道"者，道一而分殊。宋儒"理一分殊"，即与此具有思维同构性。如果说程朱继承了老庄之道，那么必是理气统一于一身，因为道为大全。在《老子》那里，"孔德之容，惟道是从"。道性玄妙，德性则为玄德，仁义之理统摄其中。"得于天而具于心"是天命之性、理义之心，然要不放其心就要思以操存。在《老子》言，物在则道在。本心之放是"不道"。要保持本真之德，就得"修之于身"。要保持处物之宜，合于理义，就得依靠因物观物之知。物变不穷，则知者不止。戴震还指出，自宋以来儒者皆力破老、释，然不自知已杂袭其言，一一以傅合于《经》而为儒学。杨、墨、老、释之学皆言躬行实践，劝善惩恶，救人心赞治化，天下尊信之。正因其惑人也易，故"破之也难"。（参见《孟子字义疏证》，中华书局2008年版，第57-59页）程朱虽吸收了老庄、释氏的一些思想，然非是以"改变其言"就为六经、孔孟之道，相反从本体论、人性论等方面丰富发展了孔孟之道。宋儒以"实理"破释氏之"空寂"，本自不失，何惧吸收老庄观念！立仁义之理以为行道，自与《老子》无为治术、《庄子》逍遥自适等思想立意角度不同，然何惧思想上的交融！戴震深刻看到，宋明诸儒在与老庄、释氏等学术思想交锋、融合的过程中，已经加入了不同于早期孔孟思想的内涵，然以其思维和观念来自老庄、释氏就一概认为是异端之学，不免过于偏激。更何况早期孔孟思想有其立论的侧重和角度，也应随着时代发展不断加以丰富和发展。

九、当代学者评说

当代新儒家在阐释、复兴儒学的实践中，也多有对道家学说进行论说。自熊十力等人起始，就站在时代学术交融的前头，或以西方哲学思维，或吸收道、释思想，重新对儒学给以新的阐发、拓展。这里，简要列出有代表性的两家。陈鼓应对《老子》思想的解读，堪称一家。最后，对刘笑敢的解读作一概览。

（一）方东美论说

在《原始儒家道家哲学》一书中认为：可从道体、道用、道相和道征四个层次对《老子》道之为道的内涵进行梳理和揭示（见该书第四章，中华书局2012年版，第155-220页）。

1. 道体。侧重揭示《老子》恒道存在的根本质性，主要体现在六个方面。

（1）道为"万物之宗"，它是渊深不可测，存在于天帝之先。恒道为万物的本源，是宇宙存在的本始，具有无限的存在质性。

（2）道为天地根，其性无穷，其用无尽，视之不可见，而万物所由生。恒道作为万物根由的无形无名存在，是"无物之象，无状之状"，以为视闻是"不可致诘"，以为功用是"用之不勤"。

（3）道为元一，为天地万物之所同具。恒道为万物存在的根据，它既是"道生一"，又是"万物得一以生"，同时为"万物之奥"，成为万物的"德畜之"。

（4）道为一切活动之唯一范型或法式。恒道作为存在的法式，是万物存在、运动、变化的律则来源。如"虚而不屈，动而愈出"，"孔德之容，惟道是从"。再如"圣人执一为天下式"。作为遵循，是"以道佐人主"、"以道莅天下"。

（5）道为大象或玄牝，为"无象之象"，它抱万物而畜养之，如慈母之于婴儿，太和，无殃。恒道作为"万物之母"，是"谷神不死"的玄牝，是天下归往的"大象"，是"复守其母"的"慈"，是精和之至的"含德之厚"。

（6）道为命运的最后归趋，一切万物的创造精力挥发殆尽后，无不复归于道，谓之"复根"。恒道不朽，它既是万物的运动、变化的赋予者，同时是辅助者。万物芸芸，复归于根。在"归根"中见证了万物生成的一本存在。自永恒观之，万物一切最后莫不归于大公、平静、崇高、自然，以道为依归。

这里，从绝对本体的立意上揭示了恒道为万物本原，生生不息，道性无穷，功用不尽，为万物存在根据、动力、法则，是命运归趋等思想内涵。但这里要明确四点，一是恒道存在具有原初的"有物混成"和寓于万物作为"万物之奥"的两种存在样式。二是恒道存在与万物存在的关系，恒道自然使万物自然，它是辅助、不宰的关系。万物各自分有大道以自足其性，自在自化，构成和谐宇宙机体。万物内在的根据、势力和相互之间关系和法则，揭示、验证着恒道的存在质性。不可将恒道视为别于万物的另一个独立、主宰存在。三是恒道"为物"、生生的模式是"玄德"，具有自然性的特征。四是万物芸芸归根是"反者道之动"的体现，万物之反证实了大道的"使反"功能和"道通为一"的绝对存在质性。

2. 道用。无限伟大之道，周溥万物，遍在一切之用（或功能）。它取之不尽，亦用之不竭。其显发的方式有两类。

（1）"退藏于密，放之则弥于六合"。道收敛之，隐然潜存于"无"之超越界。退藏于本体界，则玄之又玄，不可致诘；发散之，则弥贯宇宙万有。

这里要明确，恒道存在是"独立不改"与"周行不殆"的统一。作为"独立不改"的存在，是不可穷尽、无以形名的无限存在，以其遮蔽于存在者的物之中，固可言为"退藏于密"，亦即"不物于物"。然之所以为"独立不改"，又在于弥纶六合的"周行不殆"中，在"为物"的无所不为中弥贯宇宙万有，"泛兮其可左右"。退藏与发散的统一，是有无一体，"玄之又玄"。"不可致诘"，是不可道的无极思维；"弥贯宇宙万有"是通一的至极思维。

（2）"反者，道之动"。当下实有界的能量挥发或浪费，有"用竭"之虞，故势必

向上求援于"道"或"无"之超越界，以取得充养。

就每一存在物言，皆是有限的存在，都有能量耗尽、形态改易的属性。然正如此，万物兴衰、生死等循环不止，揭蔽着恒道无穷的力量，以及赋予万物反动不测的势力。恒道自本在根，自足永恒，本自不反而使万物以反动。万物的反动，证验了恒道的永恒、绝对性。

（3）道之发用，呈双回向：顺之，则道之本无，委生万有；逆之，则当下万有，仰资于无。以各尽其用，故"有之以为利，无之以为用"。

"双回向"，是"有生于无"和"归根复命"的统一。存在者之"有"是本体论，"万物生于有"是"有无相生"的形化，为种生、胎生、卵生；"无"是超本体论，为绝对本体存在。它是"有生于无"，揭示万物存在的一切皆统一来自于这个"无"。道本无而委生万有，是"万物之宗"。当下万有仰资于无，是"万物恃之以生而不辞"。恒道从"无"到"有"，是生生不测的功用，为宇宙的展开。万物从"有"到"无"，归根复命，返于自然，万物往资于道而不匮。两者皆是"永恒的行进，永恒的程序"。在万物复于本根而重生无穷的无限循环当中，见证了宇宙的物质不灭和能量永恒。至于"有"以为利、"无"以为用，是恒道寓于万物之中，无所不为用，无不有用。"有之以为利，无之以为用"，揭示的是物性的有无一体性。

3. 道相。道的属性和德性分为两类：一是属于天然者，一是属于人为者。前者涵一切天德，属于道性，只可就永恒面而观之。属于天然者，包括以下内涵。

（1）"道之全体大用，在无界中，即用显体；在有界中，即体显用。"大道是"兼综有无"，为涵盖本体与现象界的统一。

"即用显体"，揭示的是恒道微妙而至神的存在质性，"窈冥恍惚"中有精有信。无道则物不生，万物生则证道存。无能生有，有以证无。"即体显用"，揭示的是恒道在"物物"中呈现、揭蔽自己的存在。离开物，则道不存。有生于无，无在有中。道寓于万物。它与黑格尔的现象服务、服从本质的思维不同，大道分有、辅助于物。

（2）"无为而无不为"。在现象界表现为"无不为"，在本体界表现为"无为"。前者是万有在现象界里面的一切活动，后者就是万有返本归根，回归宁静的本源，"致虚极，守静笃"。它是兼综本体与现象而言。

以"无为"为绝对本体存在质性，是不定于执为而能无所不为的功用潜能，非言万有返本归根、回归宁静。以"无不为"为现象界，是功用的实现，现象界一切活动同时是恒道的功用使然。"致虚极，守静笃"，是舍道、从道的心境。实则，"无为"与"无不为"，既是恒道存在的潜能质性，又是其功用不测的表征、效验所在。因无为无形，方能有无不为的至神功用。以本体言，"无为而无不为"是"无状之状"的思维结构；以功用言，是"物物而不物于物"的思维结构。

（3）"生而不有，为而不恃，长而不宰"。道把宇宙创造出来后，就让这个宇宙本身自己自由自动的在那个地方去变化、去发展。此与宗教不同，"一切宗教上的创造

主，站在超自然界的立场创造自然界之后，他的精神就要主宰这个自然界。"大道的精神，是让万物自然自在发挥其用，不加以钳制、束缚、控制。

上帝以掌控、主宰自然界的存在为全知全能，让万物按照自己的意志行事。而恒道以成遂万物为己能，因为万物就是自己，它在让万物成遂自己中成就自己生生的存在质性。"玄德"观，既是自然不宰，又是辅助曲全。辅助万物自然，本身就是恒道自然的体现。在万物各自自然、自化中，验证了恒道自然的无所不能，善利之能。

（4）"以无事取天下"。

此是道用在为政治国上的应用，"以道莅天下"是"以无事取天下"。帝王无事，则利而不害，故天下归往。这里的"无事"，是事无事，事因民需求而为，为非出于己，而出于民心，非是一无所事。

（5）"功成而弗居"。大道是"既公且大"，对万物表现出高超的任自由精神。

"功成而弗居"，既是功为不测，又是功成不伐。以其不自伐有功而功为不穷，则为大。以其功成周遍而曲成万物不遗，则为公。功成而不名有，不图恩报，固然不宰于物。成物而不宰物，故具有任物自由、自然的"辅助自然"德性。

方东美又指出："道之人为属性，即来自处处以个人主观之观点，而妄加臆测，再以人类拙劣语言而构画之，表达之者"。撇开此种妄识，就道本身言乃是"真而又真之真实"，"玄而又玄之玄奥"，"神而又神之神奇"。惟上圣者足以识之。

以人之臆测言道，是以"可道"为恒道。"道可道，非恒道。"恒道作为"真实"存在，"真而又真"是以生物之真证验本真，它是非定物之真的至真。作为"玄奥"存在，"玄而又玄"是有中摄无、无中涵有。作为"神奇"存在，"神而又神"是既在"为物"不测中展现其神，又在万化未始有极中呈现其神。

4. 道征。恒道作为高明圣德，体现为两征。一方面显发之而为"天德"，一方面为具体而微、当下呈现和成为"道成肉身"的圣人。圣人体于大道，是理想人格的极致，他凭借高尚精神，追求向往无限价值，超越一切限制和弱点，故能慷慨无私，惠世救人，赢得举世尊敬和爱戴。惟其舍己利人，故自身价值愈丰富，"既以予人，己愈有"。惟其如此，自己愈加充实，恒善救人、救物而无有遗弃。老子之教，在于觉悟人："尽性之道端在勤做圣贤功夫"。人之天职，在于孜孜以求，精勤不懈，使其实现，此即内圣的精神修养功夫。"他（圣人）能够冲破鄙陋世界上，一切偏狭鄙陋的心理，而在精神上面开出一个解放的大路。他生命的精神，一天一天向外面发展，向上面提升，然后拿这一种精神感染了、感召了世界，再使这个世界上一切鄙陋的人忘掉他自己的鄙陋，也朝精神解放之路向前生活。"

作者深刻认识到，《老子》思想非是颓废哲学，它的真正精神是同儒家一样，追求内圣而外王的精神境界。它以修行自然玄德、辅助不宰为内圣，以功为不测、万物归焉为外王，以天下安平泰为社会理想。就其"道德"宗旨言，保持了一种开放性、无限性、尊贵性，作为价值理想又带有现实的批判性、拯救性。《老子》思想以先觉觉后

觉，无疑是人类理性思维提升、精神解放的巨擘。

（二）成中英论说

成中英从中西哲学的会通与融合上，对《老子》恒道的思维属性进行了阐释。（引自《成中英文集》第一册，湖北人民出版社2006年版，第232页）他将《老子》思想概括为五种认识、观念。

1. 道是一切现象根源和最后归宿

《老子》"万物一本"以及"归根复命"的内涵，重在于寻求世界的统一性、绝对性和无限性。道通为一、行于万物，是统一性；独立不改、周行不殆，是绝对性；道不可道、功成不测，是无限性。"万物恃之以生"、"万物归焉"，揭示出了最后归宿的意义。

2. 道是自然化生的过程

自然化生是绝对本体存在的一体两面，一为恒道"为物"自然。"道法自然"，"长而不宰"，自然而然。二为万物自然，万物自生、自化构成了自组织、自调适的宇宙机体系统。恒道自然，就是宇宙机体的造化自然。万物自然，在于恒道自然的使然。

3. 道是全体宇宙的本质

恒道为"万物之奥"，"万物得一而生"。本质相对于现象言，而恒道与万物或宇宙是同一的关系，万物分有于恒道，恒道寓于万物之中。恒道是万物的根本，而非是本质。万物内在的构成、动力和理则皆本自于恒道。若以道为本质，则有宋儒的理气二分思维。

4. 道包含并遵循"有无相生"、"负阴抱阳"、"无为而无不为"和反、覆、一的辨证原则

存在物"有无相生"，本于"有生于无"；"负阴抱阳"，本于"道生一"；"无为而无不为"，本于"无状之状"；"反、覆、一"，本于"反者道之动"。恒道具有成就万物规则的存在质性，作为不有不无的"无"使万物存在"有无相生"，作为不阴不阳的"无"使万物"负阴抱阳"，作为非为非无为的"无"使万物变化芸芸，作为无正无反的"无"使万物反覆运动。"无"者"不可道"，而生成万殊"可道"之"定有"。"无"涵摄不可测的定理。恒道存在是玄妙、机体、生命思维，而非是分析综合、否定之否定的辩证思维。恒道具有玄妙存在质性，体现在所生之物上则有自然的律则。

5. 道无所不包，而且可为人用来处世治国，故道不远人，人能弘道

大道无所不包，分为两个层面：一是从"万物得一以生"言，揭示恒道涵摄万有存在物，"道通为一"。一是从"侯王得一以为天下贞"言，揭示在"道观"基础上的"知通为一"。用来处世治国，是后者的道用。因物付物，则无用非道。"勤而行之"，则道不远人；"惟道是从"，则人能弘道。恒道通过人的认知而成为自觉的楷式，人在认知基础上可以成为"同于道"者。通过"以道观之"，然后"以道莅天下"。

成中英运用怀特海的"象征指涉"思维，通过建立达道之知的意象内涵，包括道的形上学、辩证学、知识学、伦理学、美学和政治学等，揭示了道的体系意蕴。这些象征指涉系统，动态产生了具体的感应场，赋予了道的存在以生动深刻的意义，形成了一体而不断拓展的体系。将道家哲学归类于机体、生命思维，道出了中西方在揭示宇宙本体上的思维差异。

（三）陈鼓应评述

当代学者陈鼓应对《老子》恒道的存在特征进行了概括性归纳，现简要叙述如下，并作以述评。（参见《中国古代哲学家老子及其学说》，科学出版社 1957 年版）

1. 道是物的自然法则，它排斥一切"神"和"天志"

《老子》思想的一大特点，是消除了意志天，破除了"人格神创造"的观念。"道法自然"、"长而不宰"、"辅助万物自然"等存在质性，界定了恒道非是上帝式、形式因以及主宰人格神的存在，也非是具有奖惩意志的"天志"。这种自然观并非否定恒道的存在，相反却肯定了它的自然质性。恒道存在的自然，既是自本自根，自在自为，又是以"玄德"方式"为物"，辅助万物自然。恒道作为"万物之奥"，寓于万物之中，赋予万物以自然的潜质、能力和机理、法则。万物自然和万物存在、变化和发展的自然法则，皆来自恒道自然的使然。恒道为万物自然法则赋予者，故可以说存在物的一切自然法则就是"道"性。从物的存在方面言，每一个自然法则只是大道的分有，不能将其限于自然法则层面，因为大道无所不包，不止于自然法则的内涵。

2. 道永远存在，它是永存的物质世界的自然性

道在时间和空间上都是无限的。作为"象帝之先"，它自古以亘存，"其名不去"。同时，又寓于万物之中，无所不在。作为永恒存在，它不是脱离万物而高高在上的别一个独立存在。恒道的永恒性，体现于"为物不贰"和"生物不测"中，同时表征于万物存在、变化和发展的无限过程之中。物质世界永恒，彰显出恒道的永恒。说其存在、实在，然现实世界并没有这样的独立实体、具体个体；说其不存在，然万物赖之以生以成，万物不过是恒道的分有、居有。恒道是万物自然性的给予者、辅助者，同时是万物自然性的总名、通一。恒道自然，体现、澄明于物质世界的自然性中。在万物自然中，见证了恒道的"长而不宰"，也见证了恒道的辅助自然。万物自然，既是恒道自然生成的结果，也是它辅助不宰的结果。恒道"不宰"是万物自然的外在条件，而万物内在之"奥"、"得一"之德方是自然存在的根本内因。从统一性言，恒道自然性是万物自然性的共同本源和总称，它是宇宙机体的自然性。从个体性言，每一存在物的自然既根基于禀赋于恒道的德性，同时有赖于宇宙机体外在环境的自然给予和谐秩序。

3. 道是万物的本质，它通过它自己的属性（德）而显现

恒道生成万物之后，就成为"万物之奥"。恒道在生物的"玄德"中，分化自己

为物的"得一"，成为"德畜之"。分有、禀赋过程是自得其性全，各自成为个体存在或机体存在。它非只是万物的本质，而是万物的全部。若以为本质，就容易落入宋儒理气二分的悖论。万物皆分得恒道之"一"，以为自得之"德"或本性。正是通过生物的"玄德"性以及作为"万物之奥"的内在德性，恒道揭蔽、显现出自己的存在，揭示出自己作为不测、无形的存在。圣人通过人物存在、变化和发展的表征、事迹，寻究其根源，以功迹见证恒道的功用、功为存在。恒道存在虽有无限的"可道"性或"不可道"性，但每一"可道"性皆是其"不可道"性的表征，正如在事物变化不定中揭示不测之神一样。恒道生物玄德的"可道"性一立，人就可以静观效法，作为一种道德以为行为的楷式、遵循和人格理想。恒道在"为物"、生成辅助万物存在中呈现、成就自己，同时通过人的知能揭示、澄明自己，让自己成为"为认知"、"被循用"的存在。道无状可见，因万物之状显其为"无状之状"。从宇宙论的角度言，无道无物，恒道是造物者。从存在论的角度看，无物无道，恒道是物物者或造化者。

4. 作为本质来说，道是世界的物质基础"气"及其变化的自然法则的统一

恒道生成万物，为万物来源的一本。万物皆分有于"有物混成"的恒道，宇宙中一切存在者无不是恒道所给予。按照这样的思维逻辑，就可反过来推测恒道大全存在的潜备构成。从"万物负阴而抱阳，冲气以为和"中，可推溯恒道必含有气。气作为万物的构成要素，同时是恒道用以生成万物、分有于万物的物质（能量、信息内涵其中），万物从"得一"中自得性分。气是精与神的统一，精气中包含质料、势能和理式。道与物之间，与本质与现象的相对思维不同，因为本质是一物之所以为一物的根据，在西方哲学中往往用逻各斯、理性或共相、逻辑等形式来表示。在中国古代哲学中，相类于"有物有则"的"理"。恒道不可以本质言，即使作为"万物之奥"也是万物之德，为气与理的统一。宋儒以"神"、"理"言之就偏离了恒道的存在质性。万物内在的自然法则或通则，只是一种构成，其内涵于精气中。精气是理与气的统一，理为精气构物的形式、法则，气为精气构物的势能、质料。无物无气，"通天下一气"。精气涵于神用。无物无理，气化所以然为理，气化不测为神。区别于西方的本质形式观，恒道是"道生"、"德畜"、"物形"和"势成"的统一，是万物自得的质性皆备。从统一无外的质性言，万物的现实构成本自于恒道的潜在构成。恒道作为潜在的无限，就使万物处在无限的生成、变化、发展的过程中。

5. 道是物质世界中不可破灭的必然性，万物都从属于道的法则。道摧毁一切在它道路上的障碍

恒道作为完备大全、独立不改者，总体上说固是物质不灭、能量守恒。就万物所由使然言，无道则无物。物质世界中的丰富存在、千变万化，既是恒道赋予、辅助使然，又是恒道寓于万物之中的具体存在样式。世界"不可破灭"的是"通天下一气"，自然法则是气的无限变化状态的所以然。恒道作为寓于万物之中的存在，它是一个自组织、自调适的系统或有机体，一切都在自然和谐的秩序中。宇宙秩序是万物相互依

赖、相互作用关系的必然性，它证明着恒道的圆满性和完全性。物质世界中不可破灭的法则或必然性，就是恒道分有于万物之中的内在势力和律动，它必然如此，不得不如此。恒道的自然，体现在万物自得、自适存在的必然性之中。能使万物存在自然、必然，则证明恒道自己自本自根。恒道在成就万物中成就自己，在成遂万殊中展现通一，在成功秩序中揭示太和。能使万物自化中和谐有序，则证明自己完满具足。万物存在的不得不然、各自有常，是宇宙机体有序和谐的基本内涵。万物在尽自己性分的自然中，同时蕴藏着各自性分的必然以及相互间的秩序必然。万物从属于恒道使然的法则，是从属于自己内在的法则。万物的自得、自适存在，既是存在物自己想要、最好的存在，又是恒道的最完美的实现。人作为具有知能的有机体，在因循效法中固守着宇宙的秩序必然，同时在因循辅助万物必然中利用自然。恒道"周行不殆"，自然畅通无限，何有障碍？反过来说，万物既然分有恒道以为内在的潜能、禀性，就必然遵守恒道给予的前定和谐。

6. 道的基本法则是：万物与一切现象，处于经常的运动与变化中，在变化的过程中，万物与一切现象都转化为自己的对立物

变化、转化规律，揭示出一切存在物都在相反对立的状态下生成、形成。从共性、普遍意义上说，是"反者，道之动"。既然是"基本法则"，就是万物存在的必然准则，亦是通用规则。恒道非是存在物，故不在万物法则规定的范围之下。然它是万物存在的赋予者，故又涵摄万物自然具有的根本律则。从分有与禀赋、分殊与统一的关系上说，万物不同的存在法则构成为恒道涵摄万殊法则的通一性。当然此法则对于物来说非是主宰性的，而是内在具有的存在属性。从生成上言，恒道是万物法则、禀性的赋予者；从运化上言，恒道是万物法则、禀性的使然者。反过来说，"道法自然"，万物内在法则就是恒道在"为物"、化物上的所以然，二者一体。因为，辅助万物自然就是恒道"为物"的使然。恒道非是如上帝那样以自己的法则主宰万物，而本自不受法则约束。相反，它以"有物混成"的无法则存在，分有、分化于万物，成就万物的内在法则。万物以自己的法则生为，恒道辅助自然，以成就万物法则为实现自己的存在。恒道作为"独立不改"的存在，本自无"反"，方能使万物相互转化。正如其化化而不化于化一样，自己"一不化"方能使物化于化。万物的兴衰、生死，既界定了存在物的有限性、时间性，同时揭示出恒道作为"物物而不物于物"的无限性、永恒性。万物存在的法则，既是恒道作为宇宙机体存在的内涵，也是恒道具有先定和谐的存在质性。"反"作为法则，是万物内在两种属性之间的转化，因为存在物作为有限存在者必然有自己存在的界限，"反"是其具有存在界限性的标志。万物向与自己当下状态相反的趋势变化、发展，非是为自己确立对立物，而是内在具有存在形态、样式转化的势能。若以为对立物是两物，则相互间就是对立、冲突和矛盾的。《老子》所强调的是"一物两体"的反方向运动，它是同一物存在的不同阶段、样态。物者以一态存在，而"道通为一"。事物运动、变化都有一个量变向质变的过程，各自具有存在形态

上的极限和转化。"返回原点"的归根，是万物运动中的相对静止，为变化能量的稀释和重新的积聚获取。"反"作为事物运动、变化法则，是通一法则和总趋势，并非否定现实世界存在状态的复杂多样性。万物皆分有恒道，皆具有存在的价值，则相互间就不存在必然的对立矛盾和相互毁灭性。对立存在者之间，有的只是生物链条上物竞天择的相生相克。死是生的限制，因死而重生。相克是相生的限制，相克才能相生。

7. 万物与一切现象，都处于相互联系的状态中，这种联系通过统一的道而完成

相互联系的观点，可以从《老子》的宇宙机体观中得以揭示。万物相互联系的规定属性，体现在恒道成就万物的必然过程中，天地相合自然降甘露，万物自然以资生。《庄子》提出"齐物"、"道通为一"，揭示出万物存在的相互关系以及和谐共存。"物固有所然，物固有所可"，则万物各有自性，各自自然，和谐共存；"无物不然，无物不可"，则物物互不相害，相资相生相利。万物处在相互关联之中，体现了和谐共生的关系。区别于道家，孔孟更强调人伦人际关系，君臣、父子、夫妻、兄弟、朋友的伦理秩序是各止于分，各当其然。恒道作为宇宙机体，是自组织、自调适的存在，它是万物相互联系而形成的和谐一体。恒道辅助万物自然，以成就万物为成就自己，此与孔子的己立立人、己达达人，与《中庸》的"诚者非自成己而已也，所以成物也"具有思维上同构性。朱熹云："扩然而大公者，仁之所以为体也；物来而顺应者，义之所以为用也。"（引自《定性说》，载《朱子全书》第23册，上海古籍出版社2007年版，第3277页）"廓然大公"犹如恒道"容乃公"的无弃，"物来顺应"犹如恒道"因物付物"的辅助。仁是德溥，曲全而不遗；义是善利，因物以为利。在万物的联结中，体现着大道的辅助、亭毒功能。

8. 道是视之不见，搏之不得的。它是我们的感官所不能感知的，但在逻辑思维中，它是可以认识的

恒道无形、无状、无味，故不可得视，不可搏得，但因其为"万物之宗"，其"用之不既"，能"以阅众甫"，故又是可以思存体会者。恒道因生物化物见其功存，然又在"与物反"中无有功迹。与此对应，既可从肯定万物的实存上验证恒道的存有，也要在反于物的否定中揭蔽恒道实存的无限性。恒道存在，因分析综合思维而揭示其"可道"性，"道通为一"，"泛兮其可左右；同时又在否定逆推思维中揭蔽其无限性，"不可道"，"有生于无"。二者是无极而至极的思维统一。恒道非是外于物的独立存在，犹如"'道'只是概念上存在而已"。（引自《老子注释及评介》，中华书局1984年版，第42页）它所具有的一切特性，都是预设的。"它只是一种预设，一种愿望，藉以安排与解决人生的种种问题"。（同上书，第43页）恒道的存在，既不能否认它，亦不能证实它。否认它，则万物何来、谁化？证实它，则恒道成为存在物。恒道虽是概念上的设定，然有其功存的证验，况且在本源上是实存。正如"物质"概念一样，恒道既是客观实在，又非是具体实在。通于万物实有，则名为恒道存在。《老子》立论的宗旨，试图"为变动的事物寻求稳固的基础"，同时更企图"突破个我的局限，将个

我从现实世界的拘泥中超拔出来，将人的精神生命不断地向上推展，向前延伸，以与宇宙精神相契合。而后从宇宙的规模上，来把握人的存在，来提升人的存在"。（同上页）恒道非是存在物，然在存在物的生成、运化上揭示出自己的存在。"玄德"、"德善"和"上善"等价值观皆由以形成。恒道存在质性的构建，一方面拓展提升了思维的能力，形成了宇宙一体的机体思维、通一思维、玄妙思维、无限思维；另一方面为人主确立了政治道术，为人生建立了道德理想。

就"三玄"、"四典"的学派关系，陈鼓应指出，通过对三玄（《易》《老》《庄》）学谱内涵的梳理，凸显出其与伦理型的儒家文化是属于不同学派的发展。"老学在辩证思想方法上，上承《易经》；在天道观（自然观）上，下启《易传》。"（引自《诸子学刊》第二辑，上海古籍出版社 2012 年版，第 56 页）从儒、道学说的基本范畴、特点和思维倾向看，先秦儒家虽有孔、孟、荀之分，但他们基本上"继承西周'尊尊亲亲'之德治主义的文化传统，崇礼乐、尚仁义、行忠孝之道，着重政治社会的伦理道德教育"。道家虽有老、庄、黄老之别，但他们共同"以'道'、'德'为核心建立起形上与形下、本体与现象界之相互涵摄的理论体系——以'道'作为宇宙万物的本原、本根以及运动变化的法则，并以得道之'德'作为万物存在的根据"。（同上册，第 57 页）《老子》否定神权和神造说，在哲学层次上建立起一套完整的宇宙观和人生观，儒家则停留在"文化层面倡导仁义礼乐之教"。在思维取向上，道家与《易》属于"静观—法效"思维，重在认知知识以探索事物发展规则，作为行为的遵循。《论语》《大学》等四书则在于内心的"反省—推及"，重在调解人伦关系以确定规则，作为行为的准则。当然《孟子》《中庸》也受到《老子》思维或同一道统思想的影响，这体现在性命与道德关系的对应上。这些新的研究成果，更加证明了《老子》内圣外王的思维取向。

（四）刘笑敢评述

刘笑敢在《老子之"道"——超越并兼容宗教与科学》一文（引自《诠释与定向——中国哲学研究方法之探究》一书，商务印书馆 2009 年版，第 289-260 页）中，将恒道与上帝观念进行了对比研究。兹分列如下，并予以具体揭示和阐发。

1. 相类性。在特征描述方面，可以归纳出以下十二个相似点。

（1）独一无二。恒道作为"独立"存在，天下无有匹合者。它既是"混而为一"，又是"道通为一"。与物相反，它是"物物而不物于物"。既是"无物"者，又是"造物"者。

（2）无规定的存在。相对于万物形状、表象之"有"，恒道是"无"，为"无状之状，无物之象"。它是"大象无形"，为无常形势的无朕者。既是微妙无形，又是至神不测。

（3）代表世界的整体性、统一性，不可分割。恒道为"万物之宗"，是统一本源；

为"万物之奥",是统一本体;为"道通为一",是宇宙一体;"有物混成",是完整全体。

(4)永恒。恒道既在"象帝之先",亘古以固存,又是"道乃久","自古及今,其名不去"。与物具有时间性相反,它是无时间性,然又寓于一切时间之中。

(5)不朽。与万物具有生死、兴衰、消息的短暂不同,它是不朽。恒道是"周行不殆",若"谷神不死"。其用"不可既",可以"没身不殆"。生生者不死。

(6)绝对。万物为有待存在,而恒道为无待存在,无古无今,无始无终,无上无下,无圆无方。以"为物不贰"言,是"独立不改";以"生物不测"言,是"周行不殆";以自本自根言,是"道法自然";以"以阅众甫"言,是"万物之宗"。

(7)不为事物所动。万物相待,相生相克,变化不止。在万化未始有极中,恒道是"一不化"。它是造化者,本自不为所化。"莫之命而恒自然",自在自然,天下莫敢臣;"不争",而万物莫能与之争。

(8)无限深远。恒道具有"玄德"的存在质性,"玄德深矣,远矣,与物反焉"。作为深远存在,又是"大曰逝,逝曰远"。以其深远谓之窈冥微妙、功用不测。

(9)无所不在。恒道既是"湛然似或存"的寓于万物的存在,又是"泛兮,其可左右"的"周遍咸"存在。它"无乎逃物",无所不在。

(10)超越。恒道存在质性是"与物反",然非是简单地与物性对反,它是超越物性的绝对存在。万物有无相生,或有或无,而恒道以"无"本,是有无一体。绝对本体"无"既超越有无对待,又涵摄有无对待。作为玄妙存在,是"玄之又玄",为"众妙之门"。

(11)不可言说。"道可道,非恒道。名可名,非恒名"。物性可名可称,而"道褒无名","大道不称"。以其"不可致诘",故为"混而为一","不道之道"。

(12)只能用比喻的语言。恒道具有无限丰富的质性,不可分析、割裂以言说。既要假言喻道,又要"得意忘言"。"谷神不死"、"玄牝之门"和"上善若水"等皆是比喻的言说。

奥古斯丁指出,若我们能够,"便该把上帝理解为善而无质、大而无量、创造而无需要或必然、统辖而无地位,持有万物却不占有、遍在却无空间、永存却无时间、本身不变却造出了可变之物、无所遭受",这样思考上帝,就不会把上帝想成所非之物。(参见《论三位一体》,上海世纪出版集团 2008 年版,第 160 页)以恒道的思维来诠释,则"善而无质"是"至善无善","大而无量"是大不可测,"创造而无需要"是"因物付物","统辖而无地位"是"长而不宰","持有万物却不占有"是"生而不有","遍在却无空间"是"泛兮其可左右","永存却无时间"是"无古无今","本身不变却造出了可变之物"是"独立"而"周行"、一不化而造化,"无所遭受"是"随之不见其后,迎之不见其首"。

2. 区别性。较之于上帝,恒道缺乏的则有:全知、全能、人格性、博爱、宇宙的

创造者、设计者。感情、意志、目的等。

（1）全知。恒道非是独立于万物之外、掌控宇宙的人格神，它非以理性、形式、逻辑设计创造世界，故非全知。恒道非是全知的有意识存在，但可以成为认知的基准。全知是圣人境界，"以天下观天下"是"以道观之"。

（2）全能。恒道非是如上帝一样的自由主宰、掌控世界，相反它以成遂万物的自在潜能为能，从通于万物之能言可说是全能。在成遂万物自然的无限功能中展示出自己的无所不能。全能，体现在辅助万物上，而非主宰万物上。

（3）人格。固然，恒道非是具有人类情感、意志的人格神、上帝，但它也具有人格特征，"道法自然"，"自然"为"玄德"式的人格理想。这种自然、均平、普惠的人格性，同样蕴涵着人格价值理想的灌注和比拟。

（4）博爱。恒道非如上帝那样的博爱，博爱是有意恩惠，建立在对人信仰、皈依的回馈之上。对于不信仰者，它则没有爱的意志。恒道生畜万物，"万物恃之以生而不辞"，自在提供人物生存的条件、环境，何尝不是善利、德溥？同时，这种功德是自然之爱，至仁不仁，上德不德，善利不害。在"德善"中，无弃不遗。

（5）创造。上帝创造世界，是以自己的理念、形式去设计，去制造。既然世界被创造，则世界就是它的附属品，完全没有了独立的人格特征。恒道生成万物是以自身分化万有，虽造物而不宰物，虽造化而不宰化，辅助万物自然是成遂自己的存在。人物是自然尽己性分，同时是恒道在辅助成就自己。

（6）目的。上帝按照自己的意志创造世界，作为别于世界万物的另一个存在，就有把世界看作显现、展示其意志的目的。人物是奴仆，上帝是主人，前者是后者的工具。恒道生化万物，是自然的分化、分有，非是以自己意志、目的而为，它是自然而然。如果说有目的话，它以成就万物自然作为实现自己的目的，以因物付物为依归。成就万物是成就自己。

在"道"的思维内涵上，刘笑敢指出，"道作为符号语言可以激发人们的想象力，开拓人的襟怀视野，提升人的精神境界，促进人们对终极真理的关切和思考"。（引自《中国观念史》，中国古籍出版社 2005 年版，第 276 页）通过对"道"内涵的揭示，《老子》把科学解释与宗教情怀、人类与自然、个体和群体融为一体。更为独特和宝贵的是，它认为美好价值和目标都应是自然而然地实现，没有强迫，没有暴力，没有人性的沦丧。这就是《老子》之"道"所提倡的人文自然原则。"人文自然"的核心，应是以对方的存在、需求作为行为价值的取舍，把成就他人、它物作为成就自己。它包括两个方面，一是克制己私，摒弃强迫干涉的妄为。"己所不欲，勿施于人"。在《老子》是"不敢为"、"不敢为天下先"、"不得已而为之"；一是善利无违，因物付物，利而不害，"辅助万物自然"，把成遂万物当做成就自己。

十、海德格尔的存在思维

海德格尔曾认可他的"存在"思维类于道家之"道"，下面将其"存在"质性的主要内涵（引自《尼采》，商务印书馆 2010 年版，第 942–944 页）分列如下，以作对照解说。

1. 存在是最空虚的东西，也是一种丰富性的存在。一切存在者，皆是从存在这种丰富性而来才获得它们的存在的各个本质方式的。

存在是虚无，而存在者类于物，它是定在、具在、实在、可表象之在。"存在"与"存在者"的关系，正如《老子》恒道之于万物。恒道是"无状之状，无物之象"，无形无名，不可谓不是"最空虚"，或者说是"至无"。然"万物生于有，有生于无"，无形生有形，无状生万状，无涵摄万有，它又不可谓不具有"丰富"的存在质性。恒道为"万物之宗"、"万物之奥"，是万物存在的生成、维护者，万物自然或存在者存在有赖于恒道的分有、赋予和辅助自然。

2. 存在是最普遍的东西，它可以在一切存在者中见出。它又是丧失任何一种特性，或者说从未拥有过任何一种特性。

存在者源自存在，存在存在化则成为存在者，存在者是存在的存在者化。恒道是"泛兮，其可左右"的存在，以寓于万物而存在，成为"无乎逃物"的存在。万物"得一"以生，无物不分有恒道，恒道在万物中展现其功用，揭蔽其存在。无物无道。恒道之于物是"生而不有，为而不恃，长而不宰"，亦是"物物而不物于物"。功成于物而不居其有，故有而若无。正因为不执于有，"不物于物"，所以能为物不贰、生物不测。始终是"无"，为不可道、无定理、无常形势。正因不具特性，方能"神无方"，而成就存在者或万物的一切存在特性。

3. 存在是独一无二的东西，它的唯一性是任何存在者都不具备的。因为一切存在者皆相对而立，总还有另一个与之相似的东西，无论其变化多端。而存在却没有与之相似的东西。与存在相对而立的是虚无，这种虚无在本质上也还隶属于存在，仅仅隶属于存在。

恒道是"独立"、"无待"的存在，天下万物无有匹合者。与此相对，凡物皆是定限或有畛的存在，虽千变万化，然每一存在物皆化者有极。物者有类，就有同似。物者有待，相互对待。恒道是造化者，一不化而成万化未始有极。正如"虚无"隶属于"存在"，恒道是有无一体的存在，它是绝对本体"无"。正如"虚无"成就了"存在"的无限性，绝对本体"无"成就了恒道生物的无穷性。"无"者涵摄万有，而万有不同则见显其为神妙不测、无定体的存在。存在物或有或无，而恒道存在永远是"不可道"的本"无"。正如"存在存在"而不会变成存在者，或者说"存有是可能性，是绝不现成的东西"（引自《哲学论稿》，商务印书馆 2012 年版，第 502 页）一样，恒道在造物或物物中复归于"无物"，永远"不物于物"。

4. 存在是最明白易解的东西，以至于我们不会留意是如何毫不费力保持在存在理解中的。但同时也是最少得到把握的、而且是似乎不可把握的东西。应当从何处把握存在？在存在之外有什么？从何而来赋予存在一个规定？因为虚无最不适合于作为一个规定者，原因在于：虚无乃是无规定的东西，是无规定状态本身，这个最明白易解的东西抗拒一切可理解性。

存在的"似乎不可把握"，与"道可道，非恒道；名可名，非恒名"的思维模式相类。正如存在是虚无无规定的存在一样，恒道是无形无状，不可道、不可名、不可视闻、不可搏得、不可致诘，很难把握。正如存在之无化是"虚无之无化"（同上书，第510页）一样，恒道分有、寓于存在物中，既在于揭示自己，又被遮蔽其中。它既是体无定体，为无定方，不知如何把握；又是无所不涵，无物无道，可谓最易把捉。恒道既是不可规定、无限性的"无"，又是无物不有、随处可见的"有"。在一切事为中所当为者皆是其"可道"性、"惟道是从"者，何尝不是"最明白易解"？恒道是即物而非物，在否定中涵摄一切规定性。恒道排斥一切可理解性，但又是可把握、"可道"的存在。

5. 存在是最常用的东西，在一切行为和一切态度中都乞灵于它。因为我们处处都保持在存在者中并且对存在者有所作为。存在已被损耗殆尽，但同时不假思索每时每刻都在其到达中。

存在从不离开于存在者，因为没有存在者则存在就不能存在。恒道是万物赖之以生者，万物无之则不生、不成。人不能不存在，正如呼吸不能没有空气一样。同样，人无道则不能成其自己，以至于功成事遂。人的生存并非本真于存在，或沉溺于习俗的闲谈、狂妄和执著中。同样，人之迷"其日固久"，"大道甚夷，而人好径"，故为道者常为世俗所排斥、耻笑。不能体于大道，则"不道早已"。正如回归于本真存在一样，人之于道是"修之于身，其德乃真；修之于家，其德有余；修之于乡，其德乃长；修之于邦，其德乃丰；修之于天下，其德乃溥"。正如我们不能不存在，而只能选择如何存在以及是否本真存在一样，同样不管怎样对待它，恒道在宇宙中不辞其为，我们只能按照各自以为道理的方式去行为，在"居善地，心善渊，与善仁，言善信，政善治，事善能，动善时"中行于大道。

6. 存在是最可靠的东西，它绝不使我们不安而产生一种怀疑。对存在者存在与否、此态还是彼样存在会有怀疑、思量。而如果没有存在，甚至不能从某个角度怀疑存在者。存在的可靠性无论在哪里皆是不能超越的。不过，存在并没有提供一个像存在者那样的基础和基地，好让我们投身其中，在那里建造什么，好让我们依循于它。存在是对这样一种奠基作用的拒绝，它放弃一切奠基性的东西，是深渊般的存在以成就存在者而有最可靠性，恒道以成就万物而为宇宙中最牢固的地基，它为"万物之宗"、"万物之奥"，万物无不以之而存在、变化、发展。同时，它是人生的根本，"深根固柢"则成为"长生久视之道"。恒道无所不在，怀疑、否定它，也就否定了一切存在者

存在的地基。此种可靠性在万物是否"得一"的不同证验中得以显明。恒道若深渊，寂寥而不可测，然为"万物之母"。它以无用之用为用，为万物提供着有求必与、如大地式的牢固地基，但又非是有形定在式的固定地基、实物依靠。它是"无"，永远非是存在物的定有。

7. 存在是最多被遗忘的东西，它如此无度地被遗忘，以至于这种被遗忘状态也被吸入它自己的漩涡中了。人皆追逐存在者，几乎没人思量存在。但它同时也是最令人回忆的东西，唯有它使我们领悟到曾在之物、当前之物和将来之物，并且让我们置身于其中。

存在是存在者之存在，无存在者则存在无法揭蔽、实现自己；但存在又非存在者，存在者无时不在遮蔽存在。这种揭蔽、遮蔽的对反关系，正是恒道与物的关系。恒道既在生成于物的过程中揭蔽自己，又在寓于物的存在上遮蔽自己。揭蔽的机制，是功为不测，生生不有，"是其所不是"，"不是其所是"；遮蔽的机制，是功成自居、名有，"成为其所是"，"是其所已是"。正如人常忙碌于对存在者的计算、制造和利用而遗忘对存在的反思守护一样，道者不如"乐与饵"那样使"过客止"，而以"淡乎其无味"常为人遗忘。"吾言甚易知，甚易行。天下莫能知，莫能行。"恒道是最令人回味的存在，唯有它可以"以阅众甫"，使我们"以天下观天下"。在恒道"为物"的存在中，我们可以领悟到功成的"曾在之物"、"物物"中的"当前之物"和"生物不测"的"将来之物"。置身其中，我们赖资于道成为宇宙中顶天立地的"大人"，成为存在于过去、现在、未来三维时间和过程中的追寻者。

8. 存在是最多被言说的东西，因为在每一个动词中，即使它的变化形式并没有使用"存在"这个名词，存在也还被言说了。每一个词语和词语结构，都言说着存在。然同时也是最缄默的，也许本身即是缄默。对自己本质保持缄默，它是存在的一个词语。

恒道寓于"可道"之中，我们言说道德、道术、楷式、规则，虽非全尽其意然假之可以"得意"。恒道不可尽言，但并非不可言。恒道以"可道"性揭蔽自己的存在，虽然又往往因之给人以遮蔽。凡有言以载道的地方，"言而足，则终日言而尽道；言而不足，则终日言而尽物。道物之极，言默不足以载；非言非默，议有所极。"（《庄子·则阳》）恒道为人所认知，就其全知的历程言，它是相对真理和绝对真理的统一。现时我们已揭示的道理皆是相对真理，对比于无限的绝对真理来说就要保持缄默，不自以为是，知于不知，言于不言。只有缄默，不执、不矜于"可道"，我们才能更好言说，言所当言，言其未尝言者。当然，因为言论的角度和思维的趣向有异，"存在"与恒道的内涵具有很大差异，前者是西方现代存在主义思潮的主要观念，而恒道是中国古代《老子》道德论的思维质性。

《老子》一书，虽然于恒道之论言简文疏，但却揭示出一个博大精深、内涵丰富的思想体系。借用黑格尔"真理即是全体"的哲学用语，恒道存在是一个无限开放的全

道 与 物

体，至极而无极，它永恒在持续拓展中，没有终止之时。对大全真理的揭示、澄明，要通过历史"可道"性的相对至极而逐步接近其"不可道"的无极存在质性。本书所作的诠释，只是"提纲挈领"而已，并非能涵盖《老子》恒道存在质性的全部，后面还将继续在认知的道路上前进。

参考文献

1. 《老子集成》，宗教文化出版社 2011 年版。

2. ［英］A. N. 怀特海著：《观念的冒险》，周邦宪译，贵州人民出版社 2000 年版。

3. 李学勤主编：《十三经注疏》，北京大学出版社 1999 年版。

4. 《张载集》，中华书局 1978 年版。

5. 牟宗三著：《中国哲学的特质》，上海世纪出版集团 2008 年版。

6. 《陆九渊集》，中华书局 1980 年版。

7. 《成中英文集》（全四卷），湖北人民出版社 2006 年版。

8. 《张岱年学术文化随笔》，中国青年出版社 1996 年版。

9. ［德］黑格尔著：《小逻辑》，贺麟译，商务印书馆 1996 年版。

10. ［德］黑格尔著：《哲学史讲演录》（全四卷），贺麟、王太庆译，商务印书馆 1997 年版。

11. ［美］理查德·罗蒂著：《哲学和自然之镜》，李幼蒸译，商务印书馆 2003 年版。

12. ［德］汉斯-格奥尔格·加达默尔著：《真理与方法——哲学诠释学的基本特征》（上下卷），洪汉鼎译，上海译文出版社 2004 年版。

13. 刘笑敢著：《诠释与定向——中国哲学研究方法之探究》，商务印书馆 2009 年版。

14. 胡道静主编：《十家论老》，上海人民出版社 2006 年版。

15. 章学诚著：《文史通义校注》，叶瑛校注，中华书局 2004 年版。

16. 钱穆著：《老庄通辨》，三联书店 2005 年版。

17. 李存山著：《气论与仁学》，中州古籍出版社 2009 年版。

18. 徐复观著：《中国人性论史》（先秦篇），上海三联书店 2002 年版。

19. 陈鼓应著：《老庄新论》，商务印书馆 2008 年版。

20. 何新著：《老子新解》，北京工业大学出版社 2007 年版。

21. 沈善增著：《还吾老子》，上海人民出版社 2004 年版。

22. 王夫之著：《船山遗书》，北京出版社 1999 年版。

23. （东汉）班固著：《汉书》，颜师古注，中华书局 2006 年版。

24. 于闽梅编：《大家国学王国维卷》，天津人民出版社 2009 年版。

25. 张尔田著：《史微》，上海书店出版社 2006 年版。

26. 金春峰著：《〈周易〉经传梳理与郭店楚简思想新释》，中国言实出版社 2004 年版。

27. （清）章太炎、陈柱著：《国学十六讲》，长征出版社 2008 年版。

28. 陈鼓应著：《易传与道家思想》，商务印书馆 2007 年版。

29. （宋）叶适著：《习学记言序目》（上下册），中华书局 2009 年版。

30. 吴光等编校：《王阳明全集》（全六册），浙江古籍出版社 2011 年版。

31. 南怀瑾著：《禅海蠡测》，复旦大学出版社 2002 年版。

32. 李零著：《郭店楚简校读记》，中国人民大学出版社 2007 年版。

33. 欧阳哲生编：《大家国学傅斯年卷》，天津人民出版社 2009 年版。

34. （宋）朱熹著、黎树德编：《朱子语类》（全八册），王星贤点校，中华书局 2004 年版。

35. （汉）司马迁著：《史记》，中州古籍出版社 1996 年版。

36. 方勇主编：《庄子学刊》（第二辑），上海古籍出版社 2009 年版。

37. 汤一介著：《郭象与魏晋玄学》，北京大学出版社 2009 年版。

38. 方勇主编：《庄子学刊》（第三辑），上海古籍出版社 2009 年版。

39. 韩格平主编：《魏晋全书》，吉林文史出版社 2006 年版。

40. 康中乾著：《有无之辨——魏晋玄学本体思想再解读》，人民出版社 2003 年版。

41. 弘学选编：《中国佛教高僧名著精选》，四川出版集团巴蜀书社 2000 年版。

42. （宋）程颢、程颐著《二程集》，中华书局 2004 年版。

43. 沈善洪、吴江主编：《黄宗羲全集》（全十二册），浙江古籍出版社 2005 年版。

44. 李宗吾著：《厚黑学》，中国文史出版社 2003 年版。

45. 胡道静主编：《十家论庄》，上海人民出版社 2004 年版。

46. 胡适著：《先秦名学史》，安徽教育出版社 2006 年版。

47. 熊十力著：《原儒》（熊十力别集），中国人民大学出版社 2006 年版。

48. 南怀瑾著：《南怀瑾选集》（第二卷），复旦大学出版社 2003 年版。

49. 钱穆著：《晚学盲言》，广西师范大学出版社 2004 年版。

50. 陈鼓应著：《老子注译及评价》，中华书局 2003 年版。

51. 邹新明著：《敬天的信仰》，北京语言文化大学出版社 2001 年版。

52. 汤一介著：《汤一介学术文化随笔》，中国青年出版社 1996 年版。

53. 牟宗三著：《中国哲学十九讲》，上海古籍出版社 2007 年版。

54. 孙隆基著：《中国文化的深层结构》，广西师范大学出版社 2004 年版。

55. 谷衍奎编：《汉字源流字典》，华夏出版社 2004 年版。

56. 唐汉著：《唐汉解字》（全四册），书海出版社 2003 年版。

57. （清）张玉书编纂：《康熙字典》，中华书局 2004 年版。

58.（清）郭庆藩著：《庄子集释》，中华书局 2004 年版。

59.（明）刘宗周著、吴光主编：《刘宗周全集》，浙江古籍出版社 2007 年版。

60.《中国哲学史资料简编》（先秦部分全二册），中华书局 1973 年版。

61.《中国哲学史资料简编》（两汉—隋唐部分全二册），中华书局 1972 年版。

63.《中国哲学史资料简编》（宋元明部分），中华书局 1972 年版。

64. 王先谦撰、刘武撰：《庄子集解·子集解内篇补正》，中华书局 2006 年版。

65.（宋）邵雍著：《皇极经世》，九州出版社 2003 年版。

66.（宋）邵雍著：《梅花易数》，九州出版社 2003 年版。

67.（宋）陈淳著：《北溪字义》，中华书局 2009 年版。

68.［英］A. N. 怀特海著：《过程与实在》，杨富斌译，中国城市出版社 2003 年版。

69.（清）戴震著：《孟子字义疏证》，中华书局 2008 年版。

70.［法］埃德加·莫兰：《方法：天然之天性》，北京大学出版社 2002 年版。

71. 韩格平主编：《魏晋全书》（全二册），吉林文史出版社 2006 年版。

72.（宋）朱熹注：《四书集注》，北京古籍出版社 2000 年版。

73.（宋）朱熹注：《朱子全书》（修订本全 27 册）上海古籍出版社、安徽教育出版社 2010 年版。

74. 林忠军著：《易纬导读》，齐鲁书社 2003 年版。

75.［德］文德尔班著：《哲学史教程》（上下卷），罗达仁译，商务印书馆 1997 年版。

76. 庞朴著：《中国文化十一讲》，中华书局 2008 年版。

77. 李明辉编：《儒家经典诠释方法》，华东师范大学出版社 2008 年版。

78. 黄克剑、吴小龙编：《冯友兰集》，群言出版社 1996 年版。

79. 牟宗三著：《心体与性体》（上中下卷），上海古籍出版社 2007 年版。

80.（唐）房玄龄等撰：《晋书》，中华书局 1974 年版。

81.［法］亨利·柏格森：《创造进化论》，肖聿译，华夏出版社 2003 年版。

82.［德］海德格尔著：《路标》，孙周兴译，商务印书馆 2001 年版。

83.（宋）张载著：《张载集》，中华书局 2006 年版。

84.［美］成中英著：《易学本体论》，北京大学出版社 2006 年版。

85. 王明编：《太平经合校》，中华书局 1960 年版。

86. 东昌主编：《古诗源》（白话楚辞卷），哈尔滨出版社 2002 年版。

87. 林忠军著：《易纬导读》，齐鲁书社 2002 年版。

88.（清）陈立撰：《白虎通疏证》，中华书局 1997 年版。

89. 汤用彤著：《魏晋玄学论稿》，上海世纪出版集团 2005 年版。

90.（明）王廷相著：《王廷相集》（全四册），中华书局 1989 版。

91.（宋）周敦颐著：《周敦颐集》，中华书局 2009 年版。

92. 王利器撰：《文子疏义》，中华书局 2000 年版。

93. 杨伯峻撰：《列子集释》，中华书局 1997 年版。

94. ［古希腊］亚里士多德著：《物理学》，张竹明译，商务印书馆 2004 年版。

95. 《文白对照全译诸子百家集成》（全二十册），时代文艺出版社 2002 年版。

96. （清）王先谦撰：《荀子集解》（全二册），中华书局 2008 年版。

97. 蒋礼鸿撰：《商君书锥指》，中华书局 2006 年版。

98. （清）王先慎撰：《韩非子集解》，中华书局 2007 年版。

99. 何宁撰：《淮南子集释》（全三册），中华书局 1998 年版。

100. （宋）胡宏著：《胡宏集》，中华书局 2009 年版。

101. 《黄帝四经注译　道德经注译》，谷斌等注译，中国社会科学出版社 2004 年版。

102. 李锐著：《新出简帛的学术探讨》，北京师范大学出版社 2010 年版。

103. 尹振环著：《楚简老子辨析——楚简与帛书〈老子〉的比较研究》，中华书局 2001 年版。

104. 姜涛著：《管子新注》，山东出版集团齐鲁书社 2009 年版。

105. ［德］马丁·海德格尔著：《面向思的事情》，陈小文、孙周兴译，商务印书馆 2002 年版。

106. ［德］马丁·海德格尔著：《在通向语言的途中》，孙周兴译，商务印书馆 2004 年版。

107. ［德］马丁·海德格尔著：《林中路》，孙周兴译，上海译文出版社 2004 年版。

108. ［德］马丁·海德格尔著：《存在与时间》，陈嘉映、王庆节合译，生活·读书·新知三联书店 2006 年版。

109. ［法］萨特著：《存在与虚无》，陈宣良等译，生活·读书·新知三联书店 2009 年版。

110. ［德］恩斯特·卡西尔著《人文科学的逻辑》，关之尹译，上海译文出版社 2004 年版。

111. ［德］恩斯特·卡西尔著：《国家的神话》，范进等译，华夏出版社 2003 年版。

112. ［德］恩斯特·卡西尔著：《人论》，甘阳译，西苑出版社 2003 年版。

113. 杨训乾著：《惠施十句　老子十字》，四川大学出版社 2008 年版。

114. 丁原明著：《横渠易说导读》，齐鲁书社 2004 年版。

115. 谭戒甫撰：《墨辩发微》，中华书局 2004 年版。

116. 高明撰：《帛书老子校注》，中华书局 2004 年版。

117. （清）孙诒让撰：《墨子閒诂》，中华书局 2001 年版。

118. 李安纲著：《玄参文始经》，中国社会出版社 2005 年版。

119. 吾淳著：《中国哲学的起源》，上海人民出版社 2010 年版。

120. 李守奎、李轶译注：《尸子译注》，黑龙江人民出版社 2004 年版。

121. ［古希腊］柏拉图著：《蒂迈欧篇》，谢文郁译，上海世纪出版集团 2003 年版。

122. ［古希腊］柏拉图著：《巴曼尼得斯篇》，陈康译，商务印书馆 2008 年版。

123. 《莱布尼茨与克拉克论战书信集》，陈修斋译，商务印书馆 1996 年版。

124. ［德］黑格尔著：《哲学科学全书纲要》，薛华译，上海世纪出版集团 2003 年版。

125. ［法］柏格森著：《时间与自由意志》，吴士栋译，商务印书馆 2004 年版。

126. ［英］罗素著：《西方哲学史》（上下卷），上卷 何兆武、李约瑟译，下卷 马元德译，商务印书馆 2004 年版。

127. ［英］A. N. 怀特海：《思想方式》，韩东辉、李红译，华夏出版社 2007 年版。

128. ［古罗马］奥古斯丁著：《论三位一体》，周伟驰译，上海世纪出版集团 2006 年版。

129. 张志刚著：《猫头鹰与上帝的对话——基督教哲学问题举要》，东方出版社 1996 年版。

130. ［俄］舍尔巴茨基著：《佛教逻辑》，宋立道、舒晓炜译，商务印书馆 1997 年版。

131. 孙中原著：《诸子百家的逻辑智慧》，机械工业出版社 2004 年版。

132. ［德］黑格尔著：《逻辑学》，杨一之译，商务印书馆 1991 年版。

133. ［古希腊］亚里士多德著：《形而上学》，吴寿彭译，商务印书馆 1997 年版。

134. ［德］费尔巴哈著：《基督教的本质》，荣震华译，商务印书馆 1997 年版。

135. ［英］罗素著：《人类的知识——其范围和限度》，张金言译，商务印书馆 2003 年版。

136. ［美］保罗·蒂利希著：《文化神学》，陈新权、王平译，工人出版社 1988 年版。

137. ［挪威］G. 希尔贝克、N. 伊耶著：《西方哲学史从古希腊到二十世纪》，童世骏译，上海译文出版社 2004 年版。

138. （战国）吕不韦著：《吕氏春秋》，中国文史出版社 2003 年版。

139. 苏舆撰：《春秋繁露义证》，中华书局 2002 年版。

140. 鸠摩罗什译：《佛经》，中国文史出版社 2003 年版。

141. 胡道静主编：《十家论庄》，上海人民出版社 2004 年版。

142. 汤一介著：《儒学十论及外五篇》，北京大学出版社 2009 年版。

143. 何新著：《哲学思考》，时事出版社 2010 年版。

144. 蒋礼鸿撰：《商君书锥指》，中华书局 2006 年版。

145. 林语堂著：《圣哲的智慧》，陕西师范大学出版社 2002 年版。

146. 张松辉译注：《抱朴子内篇》，中华书局 2011 年版。

147. 杨明照撰：《抱朴子外篇校笺》（上），中华书局 2004 年版。

148. 杨明照撰：《抱朴子外篇校笺》（下），中华书局 1997 年版。

149. 熊铁基、马良怀、刘韶军著：《中国老学史》，福建人民出版社 2005 年版。

150. 熊十力著：《乾坤衍》，世纪出版上海书店出版社 2008 年版。

151. （清）刘一明著、姜子夫主编《道书十二种》，大众文艺出版社 2005 年版。

152. 何新著：《诸神的起源》，北京工业大学出版社 2007 年版。

153. 姜子夫主编：《吕祖全传》，大众文艺出版社 2005 年版。

154. 张岱年等著：《中国哲学大纲》，中国社会科学出版社 1982 年版。

155. 王明撰：《无能子校注》，中华书局 1997 年版。

156. 周与沉著：《身体：思想与修行——以中国经典为中心的跨文化观照》，中国社会科学出版社 2005 年版。

157. 北京大学哲学系中国哲学教研室编：《中国哲学史》，商务印书馆 2004 年版。

158. 干昌新著：《破译〈老子〉祖本》，中央编译出版社 2008 年版。

159. 张远山著：《庄子奥义》，凤凰出版传媒集团江苏文艺出版社 2008 年版。

160. 蒙培元著：《心灵超越与境界》，人民出版社 1998 年版。

161. 赖贤宗著：《道家诠释学》，北京大学出版社 2010 年版。

162. 牟宗三著：《从陆象山到刘蕺山》，上海古籍出版社 2007 年版。

163. （北齐）刘昼著：《刘子校释》，中华书局 1998 年版。

164. 黄怀信撰：《鹖冠子汇校集注》，中华书局 2004 年版。

165. 《韩诗外传集释》，许维遹校释，中华书局 2005 年版。

167. 唐君毅著：《中国文化之精神价值》，广西师范大学出版社 2005 年版。

168. （东汉）王符著：《潜夫论校注》，张觉校注，岳麓书社 2008 年版。

169. 王利器撰：《新语校注》，中华书局 1997 年版。

170. 于智荣译注：《贾谊新书译注》，黑龙江人民出版社 2004 年版。

171. 孟庆祥、孟繁红撰：《孔子集语》（上下册），黑龙江人民出版社 2004 年版。

172. 张岱年等著，苑淑娅编：《中国观念史》，中国古籍出版社 2005 年版。

173. 熊铁基、麦子飞主编：《全真道与老庄学国际学术研讨会论文集》（上下册），华中师范大学出版社 2009 年版。

174. （明）王畿著：《王畿集》，吴震编校整理，凤凰出版社 2007 年版。

175. （明）吕坤著：《呻吟语》，当代世界出版社 1998 年版。

176. （明）洪应明著：《菜根谭》，汇编当代世界出版社 1998 年版。

177. （明）陈眉公著：《小窗幽记》，当代世界出版社 1998 年版。

178. （清）王永彬著：《围炉夜话》，当代世界出版社 1998 年版。

179. 李生龙著：《无为论》，湖南师范大学出版社 2009 年版。

180. ［美］亚伯拉罕·马斯洛著：《动机与人格》，许金声等译，中国人民大学出版社 2009 年版。

181. 谢华编著：《黄帝内经》（白话释译），中医古籍出版社 2003 年版。

182. （五代）谭峭撰：《化书》，丁祯彦等点校，中华书局 2002 年版。

183. （西汉）戴德著、（清）王聘珍撰：《大戴礼记释诂》，中华书局 2004 年版。

184. 陈宏天、赵福海著：《昭明文选译注》，吉林文史出版社 2007 年版。

185. 叶舒宪著：《庄子的文化解析》，陕西人民出版社 2005 年版。

186. （东汉）杨雄撰、（宋）司马光集注：《太玄集注》，刘韶军点校，中华书局 2003 年版。

187. （隋）文中子著：《中说》，黑龙江人民出版社 2004 年版。

188. ［德］雅斯贝尔斯著：《生命哲学》，王玖兴译，上海译文出版社 2005 年版。

189. 邢文编译：《郭店老子与太一生水》，学苑出版社 2005 年版。

190. ［德］海德格尔著：《尼采》，孙周兴译，商务印书馆 2010 年版。

191. ［德］海德格尔著：《哲学论稿（从本有而来）》，孙周兴译，商务印书馆 2012 年版。

192. 庞朴著：《庞朴文化随笔》，中国青年出版社 1996 年版。

193. 叶舒宪著：《老子与神话》，陕西人民出版社 2005 年版。

194. 冯友兰著：《中国哲学简史》，新世界出版社 2004 年版。

195. 廖名春著：《出土简帛丛考》，湖北教育出版社 2004 年版

196. 汤用彤著：《汤用彤学术论文集》，中华书局 1983 年版。

197. 舒炜光主编：《自然辩证法原理》，吉林人民出版社 1986 年版。

198. 姜井水著：《现代科学辩证法与现代科学认识论》，学林出版社 2003 年版。

199. 吾淳著：《中国哲学的起源——前诸子时期观念、概念、思想发生发展与成型的历史》，上海人民出版社 2010 年版。

200. 徐小跃著：《禅与老庄》，凤凰出版传媒集团江苏人民出版社 2010 年版。

201. ［美］亚伯拉罕·马斯洛著：《马斯洛人本哲学》，成明编译，九州出版社 2003 年版。

202. ［美］理查德·罗蒂著：《后哲学文化》，黄勇编译，上海译文出版社 2004 年版。

203. 郭齐勇编：《现代新儒学的根基——熊十力新儒学论著辑要》，中国广播电视出版社 1996 年版。

204. 冯友兰著：《中国哲学史史料学》，江苏教育出版社 2006 年版。

205. （春秋）左丘明著：《国语》，华龄出版社 2002 年版。

206. 李零著：《新出简帛的学术探索》，北京师范大学出版社 2010 年版。

207. ［英］A. N. 怀特海著：《科学与近代世界》，何钦译，商务印书馆 1997 年版。

208. 张俊宏主编：《多功能现代汉语辞海》，吉林大学出版社 2003 年版。

209. （宋）李昉等著：《太平御览》，中华书局 2000 年版。

210. ［德］卡尔·雅斯贝尔斯：《大哲学家》，李雪涛主译，社会科学文献出版社 2005 年版。